聯合評論

第一輯

《聯合評論》週刊導讀
——兼敘五〇年代香港第三勢力運動研究概況

陳正茂：（北台灣科學技術學院教授）

一、前言
——中國第三勢力運動發展史略

近年來，國人對「第三勢力」一詞並不陌生，此為受傳媒影響所致，但對「第三勢力」之認知，可能僅限於國、民兩黨外的其他較具實力之黨派，如親民黨、台聯等等，對於過去「第三勢力」之瞭解，恐怕知之甚少。其實，過去「第三勢力」運動，不論在中國或其後在香港，都搞的有聲有色，雖不敢言舉足輕重，但最起碼是有若干影響力的，因此，國、共兩黨都曾積極爭取之。

基本上，中國的第三勢力運動，可分為兩個階段，前一階段為大陸時期的在野黨派與「民盟」第三方面之政治勢力；後一階段則為五〇年代以香港為大本營的第三勢力運動。前一階段的第三勢力運動，時間可追溯至上世紀二〇年代末，彼時國民黨北伐統一中國，開始實施「黨外無黨」的一黨專政，為反對國民黨的一黨專政，一些主張民主自由的有志之士，開始紛紛成立政黨與之抗衡。首先為民國十二年曾琦、李璜、何魯之等人在法國巴黎成立的中國青年黨，繼則民國十九年鄧演達的第三黨，和二十三年張君勱的國家社會黨；其後又有所謂的三派：即梁漱溟的鄉村建設派、黃炎培的職業教育社與沈鈞儒的救國會。

上述諸黨派均標榜為國、共之外的第三股政治勢力，也都有其政治主張與理想，然實力薄弱，尚不足以對抗國民黨，是以雖言為第三勢力，其實僅略具雛型而已。且當時處於國民黨訓政專政時期，這些小黨常備受國民黨打壓，存在相當不易。民國二十六年，抗戰爆發，時代變局，為這些中間黨派的生存發展提供了契機。原因是，國民黨為營造朝野團結，共赴國難的氛圍，主動釋出善意，邀請在野黨派領袖共商國是，其後「國防參議會」的成立，網羅在野領袖參加即為顯例。

國民黨與在野黨派關係之改善，亦為渠等中間黨派尋得一有利發展的機會，即支持國府抗戰，但取得國府承認合法存在的條件。民國二十七年，青年黨領袖左舜生與國社黨領導人張君勱和國民黨總裁蔣介石交換信函，就是在此情況下，兩黨才正式取得合法承認的地位。

各小黨派雖與國民黨關係有所改進，然追求民主政治仍是其努力奮鬥的目標。因此，即便國家處於抗戰的艱困時刻，它們仍希望在抗戰中推進民主憲政，這使得中間黨派與共產黨的政治主張相契合，從而營造雙方相互援引合作之機。尤其大家在爭民主、自由、憲政理念一致下，在四〇年代初期，國民黨專制獨裁又逐漸趨強之際，終於使得這些原本各自為政，甚至政治立場相去甚遠的小黨派，捐棄成見，共組「中國民主政團同盟」，即日後之「民主同盟」。

「民盟」成員來自於「三黨三派」，內部有左右派之分，有親共如救國會者，也有堅決擁護國府，政治立場極右之青年黨者。其雖較缺乏群眾基礎，但因網羅一批學者名流，擁有清望和高知名度，故實力仍不容小覷。戰後國、共劍拔弩張的時代，「民盟」即以「第三方面」調和者的身分，穿梭於國、共兩黨高層間，為和平建國努力奔走，最終雖以調解失敗收場，但卻引起國際間對中國這股標榜自由民主為理想之政治團體的注意，其中尤以美國為最。當時負責調停國、共衝突的美國特使馬歇爾（George C. Marshall），即曾有寄望中國前途於這批自由主義知識份子之論，馬帥此語隱然已為五〇年代，美國以香港為大本營，積極扶持中國第三勢力運動留下伏筆。

四〇年代在中國的第三勢力運動，終因「民盟」分裂及親共，遭國府以非法政治團體取締而宣告瓦解。然民國三十八年，在國、共內戰劇變，大陸淪陷，國府遷台的風雨飄搖之際，又使得第三勢力有了生存發展的希望，此即五〇年代香港的第三勢力運動。當時這股力量，在美國和桂系李宗仁的支持下，雲集香江一隅，首揭反國、共兩黨大旗，標榜反共、反蔣，堅持民主自由的第三勢力主張，在香港曾盛極一時，喧騰不已。

基本上，五〇年代的第三勢力運動，是美蘇冷戰結構下的一環，它背後有美國援助；也有反蔣勢力副總統李宗仁等之奧援，故有其錯綜複雜的國內外背景因素存在。當時第三勢力的要角有張發奎、顧孟餘、左舜生、李璜、張君勱、張國燾、許崇智、伍憲子、李微塵、童冠賢、邱昌渭、謝澄平、羅夢冊、董時進、許冠三、王厚生、司馬璐、孫寶剛、孫寶毅等。這些人分屬民、青兩黨，部分為國民黨及桂系政治人物。它們在美國金錢支助下，先後成立了「自由民主大同盟」、「自由民主戰鬥同盟」等組織，並透過報章雜誌宣傳其理念。

其後因「韓戰」爆發，國際局勢丕變，使國府當局所在的台灣，成為美國在西太平洋圍堵共產主義不可或缺的一環。由於台灣是美國在東亞的重要戰略要地，使得美國不得不改善與台灣國府的關係，蔣介石政權重獲美國的支持，而先前美國暗中支持的第三勢力運動，也因美台關係的轉好而趨黯淡，最終風流雲散矣！

二、五〇年代香港第三勢力運動研究概況

基本上，對過去在大陸時期的第三勢力運動，兩岸三地研究者已甚多，但對五〇年代香港的第三勢力運動，目前學界研究者仍非常之少。坦白說，其實五〇年代香港的第三勢力運動，仍有諸多可供研究之價值，尤其可藉此運動之失敗，來深刻探討何以在中國特殊政治文化格局下，第三勢力政治運動，為何始終沒有發展的空間，其因素何在？此對當今海峽兩岸之政治生態，當有可供深思反省之處。筆者過去數年對此議題一直懷有高度興趣，也蒐集不少相關資料，曾欲撰寫《中國第三勢力運動史》一書，後因鑽研其他議題而暫且擱置。然有鑒於第三勢力運動之研究，仍有其重要的歷史意義，故筆者先行介紹略敘有關這方面的史料，或許有裨於學界或同道之研究。

基本上，過去以「第三勢力」為名撰寫之著作，最早為張君勱先生的《The Third Force in China》（第三勢力在中國）一書，但本書重點是張君勱以民社黨黨魁身份，在戰後國、共內戰期間，以「第三方面」角色奔走斡旋於國、共間的政治觀察。全書雖以「第三勢力」命名，但不啻是張君勱個人的政治回憶錄，殊非吾人所謂的五〇年代「第三勢力」運動。五〇年代初的第三勢力運動，張氏其實是參與其中，且扮演重要角色的，此書出版於民國四十一年，正是第三勢力運動進行的如火如荼之際，張氏大可以將此段歷史放進去，之所以未提及，是有所顧忌？或另有考量，就不得而知了。總之，張氏之書雖以《第三勢力在中國》命名，但卻缺少五〇年代的第三勢力運動，這是美中不足，也是相當可惜的地方。

真正敘述五〇年代香港第三勢力運動之始末經緯的文章，是化名焦大耶的〈第三百六十一行買賣〉一

長文，取名如此，頗有諷刺從事第三勢力運動這一行，根本是「買空賣空」之空行的意味。該文於民國四十二年十月三日，開始在《新聞天地週刊》連載，共連載十二回，於是年十二月十九日刊載完畢。《新聞天地週刊》最後以《第三勢力全本演義》之名，發行單行本問世。此書優點為作者可能是當年參與第三勢力運動人士，故對整個五〇年代香港第三勢力內幕訊息知之甚詳，可說提供了相當完整的原始資料。但最大缺點是為賢者諱，文章人物多用假名、化名、甚至英文代號，如此一來，欲了解從事者真正為何人，稽查十分困難，且行文以演義方式為之，嘻笑怒罵亦欠嚴謹。又當年參與第三勢力運動，有不少青年黨人士，據筆者所知，他們在台灣的青年黨刊物如《醒獅月刊》、《全民半月刊》等，也撰有不少回憶第三勢力之文章，值得研究者注意。

另大陸學者楊天石於一九九二年以英文發表「The Third Force in Hong Kong and North America During the 1950s」一文，此論文刊載於 Roger B.Jeans 主編的《Roads not Taken：The Struggle of Opposition Parties in Twentieth－Century China》論文集中。本書是一九九〇年九月，美國維吉尼亞州 Washington and Lee University 舉辦有關二十世紀中國在野黨研討會之論文集，是西方（美國）探討民國時期少數黨派之首本著作，全書收錄論文十五篇，極具份量。楊天石於一九九八年將論文改以〈五〇年代在香港和北美的第三種力量——讀張發奎檔案札記之一〉刊出中文版，內容與之前英文發表的論文，幾乎完全相同。楊文是利用哥倫比亞大學所藏張發奎口述歷史與文件信函為素材，簡介一九五二年十月在香港所成立的「中國自由民主戰鬥同盟」此一組織的形式、文宣與核心份子，並分析其失敗原因。該論文僅以張發奎檔案為主，資料上有其侷限性，對當時之第三勢力運動缺乏全盤之觀照。

至於筆者過去撰寫的〈第三勢力在兩岸交流之角色分析〉（《第二屆海峽兩岸關係研討會》，一九九二年七月八至十一日）、〈簡述五〇年代香港「第三勢力」運動〉（《傳記文學》第七十一卷第五期，民國八十六年十一月）、〈宣揚第三勢力的自由陣線〉（《全民半月刊》第十二卷第十期，民國八〇年十一月）、〈「第三勢力運動」史料述評——以《自由陣線》週刊為例〉（中華民國史專題論文第四屆討論會，民國八十七年十二月）等四篇有關第三勢力之文章，亦有可供參考之處。

然嚴格言，〈第三勢力在兩岸交流之角色分析〉僅著重探討第三勢力失敗的原因；而〈簡述五〇年代香港「第三勢力」運動〉則略敘五〇年代香港第三勢力運動之經緯始末。真正以第三勢力史料，有系統地來闡述分析此運動之理論、內涵的為〈「第三勢力運動」史料述評——以《自由陣線》週刊為例〉一文，但不諱言，筆者那篇文章仍是非常不足的，裡頭只是對第三勢力的政治主張，作些括性的敘述，缺乏深入的分析，尤其更缺少全面性的觀照。所以坦白說，兩岸三地學界，仍乏對第三勢力運動作深入探討之研究者。

萬麗鵑博士的〈一九五〇年代的中國第三勢力運動〉一文，可說是兩岸三地目前研究五〇年代香港第三勢力運動最完整的論文，此為其在政治大學歷史研究所的博士論文。該論文之優點是將五〇年代香港第三勢力之組織、理論有一清楚介紹。缺點則為諸多基本史料闕如，如筆者拙文〈「第三勢力運動」史料述評——以《自由陣線》週刊為例〉即無參考；又當年參與第三勢力運動有不少是青年黨人士，據筆者所知，他們在台灣的青年黨刊物如《醒獅月刊》等，撰有不少回憶第三勢力之文章，而該論文亦無觸及，至於上述焦大耶之《第三勢力全本演義》，萬博士也毫無援引，又如有關第三勢力之理論，該論文雖有著墨，但欠深入，尤其缺乏對《自由陣線》或《聯合評論》等代表性刊物，作一較全面完整的分析，誠為美中不足處。

三、《聯合評論》之創刊與立論

基本上，第三勢力運動活躍於香港的十餘年間，辦雜誌是它們最主要，也是較有成績的工作。這當中，尤以謝澄平主導的《自由陣線》週刊，和左舜生發行的《聯合評論》週刊最具份量和代表性。在五〇年代香港第一階段第三勢力運動的《自由陣線》雜誌將近尾聲之際，民國四十七年（一九五八）八月十五日，《聯合評論》週刊創刊了。《聯合評論》創刊的時代背景是，第一階段的第三勢力運動，如「中國自由民主戰鬥同盟」和「自由中國民主政團同盟」因內部人事糾合而相繼瓦解後，香港的第三勢力運動陷入了沈寂低潮期。尤其在民國四十五年間，大陸推動的「鳴放運動」，積極拉攏知識份子和海外中國人回歸，近在咫尺的香港，更是其統戰的焦點。也因此，一些當初高喊反共、反蔣的第三勢力人士，其實是投機政客，如程思遠、李微塵、羅夢冊等，紛紛響應中共號召而回歸中國大陸。

於此氛圍下，若干仍堅決反共且秉持第三勢力立場的人，如謝澄平、黃宇人等，覺得針對中共的統戰攻勢，有必要予以回擊，而且沈寂已久的第三勢力，亦須重整旗鼓以張士氣，否則反共前途堪虞。在此背景下，謝、黃二氏乃商議於張發奎。初步決定以座談會方式凝聚共識，後來覺得座談會易流於各抒己見，太過空泛，殊無力量可言，不如還是以建立團體為佳。張發奎即言：「過去我們的失敗，乃在於以個人為單位，未被邀請者即表示反對；參加者則又難免良莠不齊，某一個或某幾個人有了問題，便影響全局。若以團體為單位，我們只選團體，不選個人，倘若某人發生問題，可由他的團體自行解決，與大家無關。」

左舜生、謝澄平等人接受張的意見，決定將團體擴大，原則上不限於國、民、青三黨人士，舉凡一切民主反共人士均為結盟對象，待成氣候後，再共同建立一個聯盟。正當大家期待有結果時，是年十月底，青年黨籍夏濤聲專程赴港晤左舜生，告知台灣方面雷震、李萬居、高玉樹等人正積極籌備成立新的政黨，並極力遊說胡適出面領導，雷震並且希望香港的民主人士能有所行動，最好成立一組織以為呼應。左舜生甚以為是，並引見夏去見張發奎，亦獲得張正面回應。

未幾，張發奎、黃宇人、王同榮、左舜生、李璜、冷靜齋、羅永揚、劉裕略、謝澄平、丁廷標、劉子鵬、胡越、史誠之、蕭輝楷等十四位代表各黨派的香港民主人士，出面召開「大團結運動座談會」，並決定於四十六年春天成立「中國民主反共聯盟」（簡稱「民聯」）為「大團結運動」的領導組織。此外，並決定發行《聯合評論》週刊，作為該組織之機關刊物。

《聯合評論》週刊，督印人為黃宇人；總編輯為左仲平（按：即左舜生），社址位於九龍金馬倫道三十八號三樓。該刊立論宗旨，強調「將不逾越憲法的範圍，所追求的目標第一是民主，第二是民主，第三還是民主！」之所以強調民主為該刊立論主軸，原因是「民聯」成立之際，國內外情勢已有極大的改變，尤其「韓戰」爆發後，冷戰格局已定，在西太平洋防線，美國極重視台灣的戰略地理位置。職係之故，雖然美國對蔣介石個人仍不喜歡，對國府亦有意見，但卻不得不支持台灣的國府當局。而蔣也了解其中微妙關係，故極力要求美國不要在暗中支持第三勢力運動，所以「韓戰」停火後，兼以第三勢力自己不爭氣，美國確實對第三勢力運動不若往前積極奧援。

在失掉美國強有力支援後，香港第三勢力人士也體察到自己無力擔負反共復國重任；另闢蹊徑的做法是寄望於台灣的民主化，且考量到與台灣方興未艾的籌組反對黨運動相呼應。因此，「民聯」乃採取比較務實的政策，提出「政治反攻大陸，民主改造台灣」口號，擬發揮輿論監督力量，促使台灣能朝民主化之路大步邁出，俾得匯集海內外一切反共力量及早反攻大陸，此即《聯合評論》創刊號一再強調「民主、民主、民主」為其創刊宗旨之由來。

換言之，「民聯」與過去第三勢力運動的做法有很大的改變：一是放棄在台灣以外另尋反共途徑的想法；二為務實的了解到，短時間內國府要軍事反攻不易，所以只有先求台灣的民主化，再以民主化為主要訴求向大陸號召。然民主的基本前提是遵守憲法，所以「憲政與民主」即為《聯合評論》的兩大基調，苟能做到如此，方足以談到以民主反攻大陸的手段。

左舜生於《聯合評論》〈發刊詞〉即談到：「台灣是今天中華民國所憑藉以反攻復國的惟一基地，環境安全，建設的基礎良好，擁有一千萬的人民，得著盟邦不斷的援助，這是中國歷史上任何一個力圖中興的時代所不能完全具有的。……我們以為國民黨有兩種為中共所絕對不能具有的特殊武器：其一為國民黨的原始精神，其一為一部中華民國憲法。……現行中華民國憲法……實無一字一句不表現民有民治民享的精神，……這是我五億人民的血淚所灌溉培育出來的花朵，只要我們真能本著崇法務實的態度予以尊重，本著擇善固執的精神付諸實行，中國共產黨還值得一打嗎？……本刊今後的言論宗旨，將不逾這部憲法的範圍，我們所追求的目標，第一是民主，第二是民主，第三還是民主！」

綜觀《聯合評論》發行六年餘，從言論內容來看，「為民主而反共」與「為憲政而反蔣」，始終是該刊立論的主要核心理念。舉例而言，民國四十九年初，當蔣欲違憲連任第三屆總統時，《聯合評論》即對蔣的違憲之舉，連篇累牘的進行強烈嚴厲的批判。該刊曾發表〈我們對毀憲策動者的警告〉的聯合聲明，希望國民黨當權派和國大代表，不要做毀憲禍國的歷史罪人，不要做出「親痛仇快」之事。同年九月，「雷案」爆發，《聯合評論》也出版「援雷專號」，撰述數十篇文章，對台灣國府當局大加撻伐，指出台灣當局濫用「戒嚴法」，迫害人民言論、出版、結社等自由，要求應無條件立即釋放雷震，否則將向聯合國提出控訴。總之，在「援雷」議題上，該刊言論之犀利，砲火之猛烈，在當時海內外刊物中，可說是空前絕後。

基本上，五〇年代在香港的第三勢力運動，藉由刊物出版進行文宣闡述理念，一直是他們表達訴求與推展運動的重要方式與管道。因此，無論是顛峰時期的《自由陣線》或走向調整時期的《聯合評論》，都反映了第三勢力運動，在不同時空環境下，倡導者的理念訴求。作為第三勢力運動殿軍的《聯合評論》，若從言論內容分析來看，大致呈現幾個面向：一是第三勢力相關理念之闡述，《聯合評論》與早先的《自由陣線》，在第三勢力理論闡述上，仍有若干差異。《自由陣線》對第三勢力理論的探討，立論內容稍嫌於口號宣傳，深度與廣度都不夠；《聯合評論》則將第三勢力名詞，轉換成「自由民主運動」或「民主中國運動」，且在此理論上有較深入合理的論述。二為對國內、外現況與大陸情勢的評論，見解深刻，曾引起美國注意與參考。三係有關台灣政治民主化訴求的探討，其中尤以對「自由中國事件」、「雷案」、「反對黨」和「違憲連任」等重大議題，更是提出最嚴厲的批判。

誠如大陸學者黃嘉樹所言：「民社黨的黨魁張君勱和青年黨的黨魁左舜生、李璜都未隨蔣介石逃往台灣，他們在香港、美國等地搞所謂『新第三勢力活動』，即一方面反共，另一方面也批蔣。左舜生在香港創辦的《聯合評論》，是這些人設在台灣島外的總論壇」。據黃宇人回憶，《聯合評論》紐約航空版發行後，迅即成了美國華僑社會的輿論中心，台灣雖不准進口，不少人仍想盡辦法以求一睹為快；中共亦列為幹部的參考材料，承認該刊具有代表性，美國駐港總領事館也常翻譯該刊社論以供國務院參考，由此可見《聯合評論》影響力於一斑。

四、延伸書目

——第三勢力運動重要文獻介紹

當然除《自由陣線》與《聯合評論》這兩份最重要之原始刊物外，有關闡述第三勢力運動理論的期刊雜誌，尚有黃宇人、程思遠、甘家馨、涂公遂等主編之《獨立論壇》；王厚生主編的《再生》；雷震的《自由中國》；顧孟餘、張發奎、伍憲子、張國燾等創辦之《中國之聲》週刊；張發奎、許崇智、李微塵、顧孟餘之《大道》雜誌；及《中聲日報》、《中聲晚報》、《民主與自由》、《主流》月刊、《前途》等報章雜誌。另外，包括成舍我為其發起人，立場稍偏國府，但立論尚稱公正的《自由人》三日刊、《自由報》；卜少夫的《新聞天地週刊》；張丕介、徐復觀之《民主評論》和《祖國週刊》、《時與文》及台北青年黨陳啟天所辦的《新中國評論》、余家菊之《醒獅月刊》等，都曾報導過第三勢力運動訊息，為研究第三勢力運動不可或缺的基本資料。

在專書方面，則有民社黨人孫寶毅的《第三勢力必興論》、王厚生的《中國之路》（一名《第三勢力與中國前途》）、司馬璐的《平民政治》、于平凡（許冠三）之《中國自由民主運動史話》、李微塵的《中國局勢的必然發展》、易重光編的《黨天下與國家》等，上述諸書均由香港自由出版社及友聯出版。此外，傅正主編的《雷震全集》中之《雷震日記》，對五〇年代香港第三勢力運動著墨頗多，有其重要參考價值。而司法行政部調查統計局第六組編的《中國黨派資料輯要》一書，更是國民黨調查局當年專門調查在野黨派動靜的重要內部參考資料，其（中冊）部分，即為調查當時海外香港第三勢力組織動向的第一手資料，彌足珍貴。而匪偽人事資料調查研究會編的《附匪黨派組織及重要附匪份子人事資料彙編》一書，與《港九政治活動的透視》（香港：自強出版社），亦為我們提供頗為可觀有關第三勢力的情報。

回憶錄部分，不少為當年參與者之事後追述，如李宗仁口述，唐德剛撰寫，《李宗仁回憶錄》（台北：曉園出版社出版，一九八九年）、李璜，《學鈍室回憶錄》（香港：明報月刊社出版，一九八二年版）、程思遠，《我的回憶》（北京：華藝出版社，一九九四年版）及其《政海秘辛》（台北：桂冠版，一九九五年）、黃宇人，《我的小故事》（香港：吳興記書報社，一九八二年）、雷嘯岑，《憂患餘生之自述》（台北：傳記文學出版社，一九八二年）、馬五（雷嘯岑），《政治人物面面觀》（香港：風屋書店，一九八六年）、鄭大華，《張君勱傳》（北京：中華書局，一九九七年）等。

而在個人著述方面，胡頌平編，《胡適之先生年譜長編初稿》（台北：聯經版，一九八四年）、胡適，《胡適的日記》（台北：聯經版，二〇〇四年）、顧維鈞，《顧維鈞回憶錄》（北京：中華書局，一九八八～一九九三年）、林博文，《歷史的暗流——近代中美關係秘辛》（台北：元尊文化，一九九九年）、關玲玲，《許崇智與民國政局》（台北：大安出版社，一九九一年）、汪祖華，《中國現代政黨結社搜秘》（台北：大眾時代出版社印行，民國八十四年）、楊天石，《海外訪史錄》（北京：社會科學文獻出版社，一九九八年）、《抗戰與戰後中國》（北京：中國人民大學出版社，二〇〇七年）、《尋求歷史的謎底》（北京：首都師範大學出版社，一九九三年）、黃嘉樹，《第三隻眼看台灣》（台北：大秦出版社，民國八十五年）、周淑真，《一九四九飄搖港島》（北京：時事出版社，一九九六年）等。

期刊研究論文有周一志，〈我對許崇智了解的片斷〉《文史資料選輯》十三輯（北京：中國文史出版社，一九八六年）、汪仲弘註釋，〈台北舊書攤上發現的「總統府秘書長箋函稿」〉《傳記文學》第七十一卷第四期（民國八十六年十月）、沈錡，〈我所參加過的蔣公與美國訪賓的重要會議〉《傳記文學》第七十八卷第二期（民國九十年二月）、郭士，〈「自由出版社」滄桑史〉《醒獅月刊》第一卷第一期（民國五十二年一月）、陳復中，〈「自由中國抵抗運動」的風流雲散〉《歷史月刊》第一八一期（民國九十二年二月五日）、張葆恩，〈大時代的悲劇人物（上）：悼念謝澄平老哥〉《全民半月刊》第十四卷第七期（民國八十一年十月十五日）、薛化元，〈張君勱「自由中國」政府（一九四九~一九六九）——以「第三勢力」論為中心的考察〉、及目前仍在《傳記文學》連載之阮毅成〈中央工作日記〉等。

零星披露第三勢力資料的報紙，有當年港、台的《工商日報》、《香港時報》、《中央日報》（台北版）、《公論報》（台北版）、《臺灣新生報》、《新生晚報》、《新中國日報》（檀香山）、《世界日報》（舊金山）、《自然日報》（香港版）、《星島日報》、《晶報》（香港版）、《人言報》（香港版）等，均有不少第三勢力消息之報導。

在外文資料方面，就屬美國外交檔案最為重要，因為五〇年代香港第三勢力運動，背後主要支持者即為美國。這方面最權威的資料為美國國務院所出版的Department of State，〈Foreign Relations of the United States，The Far East：China，East Asia and The Pacific，Korea and China，China and Japan，1949~1954〉（Washington：United States Government Printing Office，1978~1985）。Davis, Michael C, ed,〈Confidential U.S.State Department Central Files. China,Peoples Republic of China,1955~1959〉（Internal Affairs. Frederick, MD：University Publications of America,1987）（microfilm）Davis, Michael C, ed,〈Confidential U.S.State Department Central Files.Formosa,Republic of China,1950~1954〉（Internal Affairs.Frederick,MD：University Publications of America,1986.）（microfilm）。

五、結語——建議與期許

總的來說，第三勢力運動史料是十分零散且不易搜集的，且研究成果也非常有限。而《聯合評論》因批蔣甚烈，故常遭台灣當局查扣，或禁其入台，因此在台灣欲覓此刊物並不容易，這也是國人及國內學術界對五〇年代香港第三勢力運動瞭解不多之主因。至於香港，雖是其發行地，但年代已遠，留存恐也不多。筆者研究青年黨多年，曾結識不少青年黨前輩，多年前承當年參與第三勢力及《聯合評論》的青年黨故主席劉子鵬先生餽贈整套原版《聯合評論》（共三一六號，內缺二四〇、二九三號），彌足珍貴，恐係宇內孤本。

五〇年代香港第三勢力運動之研究，仍是目前兩岸三地學界最缺乏的地方，研究成果不多，很大的原因是重要基本素材蒐羅不易。今筆者提供《聯合評論》全套原件，委由秀威資訊股份有限公司掃瞄出版，相信對兩岸三地學術界，於此領域的開拓與研究，當有些許貢獻及裨益之處。

目次

聯合評論週刊合訂本

本刊已經香港政府登記

聯合評論 週刊

每逢星期五出版

United Voice Weekly

創刊號

督印人：黃宇人
總編輯：左仲平
社址：九龍金巴倫道三十八號三樓
電話：六一四一三（61413）
承印：嘉羅印刷有限公司 灣仔馬斯道五號
售價：每份零售港幣一毫
總代理：友聯書報發行公司

發刊詞

我們不能把反攻復國的希望完全寄托在外援和世界變化上面，我們必須別求所以自力更生之道。只有有了眞正可靠的自力，然後才能與外援和世變得到很好的配合，否則卽令外援有加，世變驟起，也可能與我們所要實現的希望全不相干。這是今天一個抱有反攻復國決心的人所必須具有的基本認識。

以我們今天所有的人力物力乃至國際支援與中共相比較，必須坦率的承認：我們只是處於劣勢。可是中共有一個先天也是永遠無法克服的困難，便是他們的政治形態。他們只能因敎條而生，爲敎條而死；他們永遠只能一輩子胡搞一黨專政；他們沒有法子不把他們的政權建立在武力，警察，特務，以及經過黨化的敎育，司法等等之上，同時他們也沒有法子不倚仗這些暴力去威脅人民，威脅他們的同志而强其服從；在他們這樣一種的政權之下，人民不單是要交出他們的財產，他們的生命，聽憑中共去支配，同時也必須交出他們的心，他們的靈魂，聽憑中共去控制；中共是上登三十三天一個巍巍高大的特權階級，人民是沉淪九淵乃至永遠打入十八層地獄的一大羣寃鬼！在這種政權之下，自然無所謂思想，言論，出版，集會，結社的自由，也根本無所謂穿衣，吃飯，走路，訪問，交談的自由；『爲人民服務』是假的，『爲奴役人民』才是眞的；左派右派是假的，消滅異己才是眞的；和平共存是假的，侵畧獨佔才是眞的；所謂工業躍進只是他們的幌子，集中物力趕造殺人武器才他是們的本意；所謂擴展國際貿易也只是他們的招牌，滲透，顚覆，誘脅，積累侵畧的賭本，才是他們的主旨。像這樣種種的做法，中共未嘗不以爲萬全，實際乃無異於以炸彈支床而鼾睡其上，以鴆酒解渴而狂飮不休；他們以爲擁有五億以上的奴才，乃是他們舉世無敵的政治資本，實際古今中外顚覆一切暴君專制的義擧，何一而非發動於當時一群毫無憑藉的奴才？你仗恃着你有嚴密的組織，聽憑你怎樣嚴密，也嚴密不過被壓迫者的萬衆一心；你倚靠着你的龐大武裝，聽憑你怎樣龐大，也大不過被壓迫者血與肉的總和；因此，我們認爲中共政權的必垮是沒有問題的，待研究的乃是如何促成他們垮的時間提早，換言之，卽如何使大陸人民被壓迫的時間縮短而已。

台灣，是今天中華民國所憑藉以反攻復國的惟一基地，環境安全，建設的基礎良好，擁有一千萬的人民，得着盟邦不斷的援助，這是中國歷史上任何一個力圖中興的時代所不能完全具有的。今天的台灣當局，積累了三十年的反共經驗，因一度遭受頓挫，不得已而退處一隅，其反共決心的堅强，也爲國人所深信。可是自從退台以後，已荏苒將近十年，平日一切反攻的準備，也不能不說曾盡了他們可能的努力，乃截至目前爲止，不僅反攻的期限已難於確指，甚至所遭受的威脅，且比較初退台灣的時候反有增加，其癥結究竟在什麼地方？這難道不值得我們平心靜氣加以深長的考慮？

默察台灣近年的作風，我們不難以幾句簡單的話加以概括：以黨對黨，以黨治對黨治，以武力對武力，以國際援助對國際援助，以經濟建設對經濟建設，乃至以訓練對訓練，以特務對特務，以干涉對干涉，……質言之，卽凡中共之所有，我無一不有，師敵之長以制敵，卽以其人之道，還制其人之身。只要我們對台灣今天的現狀一加分析，他們所有一切的努力，一切的準備，一切的言論和行動，不問你從任何一個角度去看，便可一目了然，知道大抵不出這末一套。現在我們要問的，便是充分發揮這末一套，我們反攻復國的目的，是不是便可居然達到？

今天沒有任何人反對國民黨去擴大它的黨，但國民黨可擁有一百萬兩百萬的黨員，中共不難把它的黨員增加到兩千萬三千萬；中華民國陸海空三軍人數，經常保持六十萬左右的數字，就今天台灣的兵源與物力來說，顯然已到達了飽和，或已經超過了力所能任，但中共所擁有的兵力，卻可能五倍乃至八倍於此，而給養與裝備決不較台灣低劣，其兵源無盡，更爲一不容否認之事實；以理性推測，我們可信美國不會放棄台灣，亞洲卽不會放棄台灣，換言之，卽不會再度出賣中華民國，但誰能証明美國對台的軍援，比之蘇聯所援助中共的更爲充分，更爲踏實？關於台灣的經濟建設，自然是急不容緩，近年所表現的成績，也確有可稽，可是究竟爲資力與科學技術所限，爲天然的地域所限，美國雖於軍援以外更有所謂經援，但比之蘇聯那樣有計劃有模規的援助中共，其所投下力量的大小，又爲何種比例？至於說到訓練，特務這類的工作，乃至在某一程度上所加於人民的干涉，就當前的現實來說，容亦不宜一筆抹煞，可是關於這類的事項，中共可說是操之甚熟，而且執行得更爲澈底，過度信賴這類的做法，以爲便可與中共比權量力，我們確也不能不感到惶惑。不過話雖如此，我們卻並不悲觀，一方面我們不願把國民黨近年的努力加以否定，同時也不願對我們的盟邦作過分的非難，但就反攻復國這一偉大艱難的使命來說，當政的國民黨似乎更應該發揮其所長，不能專以摹擬中共而暴露其所短。我們以爲國民黨有兩種爲中共所絕對不能具有的特殊武器：其一爲國民黨的原始精神，其一爲一部中華民國的民主憲法。

我們回想一八九四年中山先生在檀香山創建興中會的時候，他不過是一個二十九歲的青年，赤手空拳，一無憑藉，但他固執着一個崇高的理想，肩負着一個偉大的使命，決心要把一個君臨中國二百六十一年的滿洲皇統，一舉而加以摧陷廓清！他由最初所結納的同志，逐漸遍及於全國；由最下層的秘密會社，上至學貫天人的學者名流，甚至改革中國的主張根本與他不同的康梁，他也願意與之合作，我們試想其廓達大度的氣象爲何如？經過一十七年的時間，不斷宣傳，不斷行動，遭遇無數的挫敗，他也決不灰心，決不氣餒，而卒底於成，我們試想其堅忍不拔的氣概又爲何如？今日大陸五億人民的痛恨中共，遠在當時一般人的厭惡滿清之上，我們今天所憑藉的力量，乃百倍於中山，只要中山的精神能重復燃燒在每一個國民黨黨員的胸中，能重復燃燒在每一個青年的胸中，中國共產黨還值得一倒嗎？

中國人追求一部民主憲法，已經有了半世紀以上的時間，曾經過無數次的阻撓，曾遭遇過無數次的打擊，可是這一部現行『中華民國憲法』，乃卒能於去今十一年卽民國三十六年的元旦，公佈於全國！我們今天檢討這部憲法一百七十五條的條文，實無一字一句不合於中山先生創立中華民國的原意，也無一字一句不表現民有民治民享的精神，這是本於我五億人民半世紀以來的痛苦經驗所產生的果實，也是我五億人民的血淚所灌溉培育出來的花朶，只要我們眞能本着『崇法務實』的態度予以尊重，本着『擇善固執』的精神付諸實行，中國共產黨還值得一打嗎？

關於以上兩點，現在我們僅僅在這裏微引其端，今後我們將在本刊予以切實詳盡的闡發，凡本刊今後的言論宗旨，將不逾越這部憲法的範圍，我們所追求的目標，第一是民主，第二是民主，第三還是民主！

把三個運動連結起來

胡越

除非是命定論者，否則我們必須承認歷史是可以由人爲的努力來改變的。聚合多數的人一齊努力來改變政治社會情況，這就是運動。近代文明喚醒了人類，人是應該自由的，政治是應該民主的。因此歷史改變的方向是朝着自由民主前進的。中國亦不能例外。

林肯對自由有一最簡單動人的見解。他說：人所以應該自由，因爲人不願意當奴隸，不但是表現一種深刻的意義，同時是表現一種不可制服的力量。這種力量是現在正潛流在每一個中國人民的血管裏；這種力量正在鬱積滙湊，不斷高漲！今天大陸上的反共運動，台灣內部民主運動，海外的自由民主運動，都是這種力量的具體表現。

台灣的民主憲政運動

共產主義是地道的極權主義，共產黨是正牌的極權政黨，中共政權是自由民主的死敵；我們對他們無理可講也無話可說，唯有死心塌地與它相搏到底，這是不需多說的。大陸上不斷發生的反共運動，也是不足爲異的。但是今天在「自由中國」的台灣，「民主憲政」仍需「運動」，就令人有點惘然了。照說，現政府是一行憲政府，民主與憲政應是自在此中的，還另外需要甚麼民主憲政運動？可是事實上則大謬不然。這因爲執政的國民黨，極權主義中毒太深，至今昏迷不醒；他們正以民主憲政之名行獨裁專制之實；這還不算，國民黨中的當權派更狂妄的效行共黨極權作風，竟公然攻擊和醜詆自由民主，使反共抗俄的基地變成效共師俄的實驗場。國民黨中不少開明人士，雖然反對這種開倒車的作風，但是他們凜於黨內獨裁的淫威，一直噤若寒蟬，坐視當權派胡作非爲的倒行逆施。

針對上述黑暗情勢所湧起的民主憲政運動，他們的主張正大而溫和，他們僅要求國民黨政府遵守憲法，切實保障憲法所給予國民的自由權利，如言論自由，人身自由，旅行自由，組黨參政的權利等等。可是這些溫和正大的要求，却遭受當局憤怒的壓制與惡毒的曲解，竟誣陷這是「共匪思想走私」。這與中共動輒把表示異見的人指爲反革命份子正是同一手法！

上述的民主憲政運動，雖然在國民黨當局有計劃的壓制與摧殘之下，可是仍能有長足的發展；最近在「修改出版法」事件以後，更達前所未有的高潮。

大陸的反共運動

轉過頭來看看大陸上的反共運動。如果不是去年中共錯搞「鳴放」，我們還不知道大陸的反共運動究竟有多深有多廣，由鳴放運動暴露出來，今天大陸上不但人民反共，並且黨員反黨。單是在反右派鬥爭被處分的黨幹就有廿多萬人，一般黨員就更不知有多少。從大陸的資料及逃出大陸的共幹與學生的口述可以判明，目前在大陸不但「民主黨派」反共，工商人士反共，知識分子反共，青年學生反共，農民反共，工人與黨員也反共；反共人口已佔百分之八十以上；這與一九五三年以前，單只少數知識分子與農民反共的情形相比，反共意識反共階層已有驚人的「大躍進」！有人也許懷疑，既然百分之八十以上的人反共，中共政權爲何仍能安然無恙呢？這因爲中共仍保持一强大的有效的鎭壓體系，這個鎭壓體系由軍隊、特務、警察所組成。中共給予鎭壓體系中的工作人員以最優厚的待遇，尤其是軍隊，待遇之高創前所未有的紀錄。試以少校級的軍官而言，每月除了二百七十元薪金，另配給吉普車一輛，私用勤務兵一名。而普通工人月薪只三十元，大學畢業生也只能賺到相同的數目。而軍隊中一小小連長的薪金却高達一百八十元。厚養兇戾的鷹犬來宰制飢弱的人民，這就是今天中共的根本政策。但是這種政策，只能收效一時，不能維持長久；須人民的慘苦、遍地的哭聲，才可以感天格地而動人心！以沙皇時代的俄國來看，統治階層的貴族待遇何嘗不厚，權位何嘗不尊，但是他們的人性良知終忍不過四海困窮的悲慘，遍地農奴的哭聲，而棄沙皇的恩眷如敝屣，紛紛走入革命的行列。巴枯寧與克魯泡特金這兩個最著名的虛無黨領袖就都出身自顯赫的貴族。鑒此以言，中共所豢養的新貴階級，是可動搖可瓦解的。如果國民黨當局，能夠乘此時會改革政治，樹立民主憲政的規模，使台灣土上的中國人得享自由之福，則風聲所播，大陸同胞固將如大旱之望雲霓，共幹亦必心動神搖，加速崩解。

大陸的反共運動，在鳴放時期表現了一個高潮，在中共「反右派」的鎭壓之下雖已暫告沉寂；但是中共既不能把百分之八十的人完全殺掉，它也就無法把反共運動消滅。目前大陸上的反共運動，正走向一個新階段，俟時境變遷機會成熟，它將以更大的聲勢表現出來。

海外的民主自由運動

與台灣的民主憲政運動與大陸的反共運動相比，海外的自由民主運動有它特殊的便利與困難。就便利來講，它得免現有政權的迫害；就困難來講，它遠離自己的國土，不能直接在同胞之間發生影響。同時，他們寄居在異國統治之下，只有宣傳的自由，沒有行動的自由。而他們所辦的報刊，並不能像當初梁啓超亡命日本時所辦新民叢報那樣可以流進大陸發生普遍的影響，甚至連台灣也進不去，這是他們最大的苦悶。但是在這種艱阻之下，八年來的發展也有許多成就。最顯明的他們的思想主張對東南亞華僑社會產生了巨大的影響，阻遏了中共的滲透與擴展。其次由於他們的活動與努力，使香港變成大陸台灣以外的一個中國文化和政治重心，這種形勢對大陸和台灣無疑的有重大的作用，對中國的民主運動產生了不可缺少的貢獻。

無論是台灣的民主憲政運動，大陸的反共抗暴運動以及海外的自由民主運動，它們的箭頭都是針對着自由民主的。這三個運動應及早連結起來，使中國民主運動滙成一股洪流，這個洪流將沖決極權主義的堤防，將帶來中國歷史的黎明！

揚棄苟安心理積極準備反攻

黃宇人

中共竊據大陸，政府退守台灣，已經快九年了。在此漫長的歲月中，最初，當局尚提出「一年準備，二年反攻，三年掃蕩，五年成功」的號召。不幸，年復一年，時至今日，反而說要配合國際形勢。這無異是說，政府現在尚無反攻的確切計劃，而要等待國際形勢來替我們決定了。

國際形勢不可靠

政府中人之所謂國際形勢，揭開來說，不外二者，（一）希望第三次世界大戰早日發生。到時，我們把反攻大陸與自由世界的反共戰爭聯在一起；就可以不用苦鬥，隨着自由世界的勝利而勝利了。（二）希望有朝一日美國會全面的援助我們反攻。不但成為我們的造幣廠和兵工廠，還要担任我們的運輸隊和護航隊；更重要再次供給我們若干個飛虎隊。

以上兩種想法，都是很危險的。就擺在目前的跡象而論，國際局勢有驚無險。三次大戰雖不能說沒有；但何時發生，誰能逆料？而且我們沒有充分的準備，縱然有有利的國際形勢來到，政府也將無法把握得住。韓戰經過了數年之久，無異是天賜我以反攻復國的良機；我們不是已經交臂失之了嗎？而今還有什麼更好的國際形勢可以等待和依賴呢？至於希望美國會全面的援助我們反攻大陸，經過了這些年的事實教訓，我們也應該不再存幻想了吧！

偏安之局不可久

或以為目前的國際形勢既然不容許我們反攻大陸，我們自不應輕率冒險。政府年來固守台灣，維持中華民國的法統於不墜，已經為國家盡了大力了。何況今日之局，非僅中國為然，西德、南韓和南越的政府不是也同樣的受着國際形勢的限制而不能對該國的共產政府發動軍事行動嗎？但須知我們和他們的性質不同，條件各異。第一，德、韓兩國的分裂，是二次大戰時盟國劃分戰區的結果；南越和北越之誕生，則是由於日內瓦協定。所以他們都必須受國際的約束。今日台灣與大陸的對峙，其性質完全不同，試問有何國際協定限制中共不要攻署台灣呢？第二，西德、南韓和南越的政府均在本土內行使職權，擁有一半或一半以上的土地與人民。他們自可採取生聚教訓的漸進政策，先將範圍內的半個國家建設起來，確立基礎，充實力量，靜待有利時機之來臨。我們如果還在南京、廣州、或重慶，尚作了同樣的打算。無如整個大陸都非我有；政府困守台灣一隅，已成偏安之局。台灣的人力物力不但不能與大陸上的相比，而且不足以支持由大陸帶來的這樣一個龐大的政治場面。年來寶島的安定和發展，多有賴於美國的軍援和經援。而美國之所以援助台灣，並非對於中華民國的法統有何偏愛，而是要保有這一個軍事基地。一旦局勢變化，美國認為不可能或不必要保有此一基地時，或美國認為採取其他方式還可以更廉價而有效的達成此一目的時，或中共以台灣作為交換條件而與美國妥協時，美援都會發生問題的。不要說美國第七艦隊撤退會給我們帶來災難；只要經援停止，台灣的財政經濟就將險象環生了。我們怎能與西德相比呢？

不圖反攻即自滅亡

今日政府困處台灣，完全是一個偏安之局。歷史上的偏安王朝，其生存的時間雖有久有暫，而結果都是歸於滅亡的。主要因素，即由於他們經過了大失敗之後，心力交瘁，鬥志全失，再也沒有冒險犯難的進取精神和氣魄了。一旦得了一個可以偏安的機會，他們就想苟延殘喘下去。我們讀史，總沒有發現一個偏安王朝曾經勵精圖治，積極反攻的。他們都是見了敵人暫時不來，就以為敵人不會再來了。所以雖處偏安而仍冥頑不靈，多行不義，以致滅亡。政府今日賴有美援，始能偏安台灣。論形勢，比較歷代的儲安之局還要危殆。只有以史無前例的決心，作死裏求生的苦鬥，積極準備，早日反攻；才可望收復大陸，創造歷史。若再苟安下去，前途眞不堪設想啊！

反攻的條件——團結與民主

反攻大陸，是一種史無前例的艱苦鬥爭，絕非一人或一派一黨的力量所能僥倖成功的，也非一個違反民主潮流的政府所能領導的。當局似乎也深明此義，所以不時放出團結反共的空氣；並口口聲聲地說我們的政府是民主憲政的政府，而自居於民主國家之列。可是事實呢？九年以來，政府對於黨內和黨外的民主人士，視如眼中釘，壓迫、抵制、分化、摧毀，不遺餘力，務使其不能發生任何作用。不特如此，政府還公然違背憲法，實施出入境管制，規定台灣以外的中國人非經政府恩准不得入台直視台灣為少數人的私有禁地。不久以前，政府又強制立法院通過出版法修正案，準備對於台灣僅有的些許言論自由隨時加以扼殺。凡此所為，無一不與團結民主之道背道而馳。當權者也許還要認為這些開倒車的作法已收到了集中權力與鎮壓異己的實効；但不幸政府卻愈來愈孤立了。現在我們這些被視為大逆不道的人，固然不敢對政府存奢望。就是那些派到海外作欽差大臣的忠貞之士，他們如何向蔣總統寫報告固不得而知；但他們和海外朋友私人談話時，不都眾口同聲的說政府是沒有希望的了嗎？輿情已至於此，自無怪有些反共國家也要視政府為一個殘餘的政權而甘願和中共打交道了。

綜上所述，今日政府尚沒有具備反攻大陸的條件。我們希望當局能大澈大悟，改弦更張。最基本的，是揚棄自暴自棄的小圈子觀念；效法中山先生當年號召革命的精神和氣魄，把一切反共的民主人士團結起來，結成一個強大的陣勢。同時，立即依據憲法，實施民主改革。務使全國人民都相信政府爭取團結，其目的在於集中力量，反攻大陸，而不是要大眾來擁護一人或一派的政權；更相信政府反攻大陸，不是為了要恢復過去那種貪污腐敗的局面，而是要推翻中共暴政，解除人民痛苦，並重新建立民有民治民享的中華民國。在如此的一個新的政治陣容和新的政治號召之下，凡是反共的中國人，無論其為何黨何派，或無黨無派，都將和政府站在一起的。大家相信政府，擁護政府；台灣的形勢一新，政府的威望日高。近悅遠來，眾志成城，我們才能跳出偏安的死局而踏上復興的大道。

盱衡全局，我們的時間已經不多了。但願近日吹向台灣海峽的風雨，能即早驚醒當局的偏安迷夢！

◎　·　⊙

時事述評：

俄共已失宣傳資本

由於伊拉克政變所引起的緊張局勢，由於伊新政府的穩健態度已使局勢急轉直下；在英美宣佈承認伊新政府之後，中東的緊張已暫告消失了。今後的問題是西方國家如何重新確定對納薩的根本政策。

當伊拉克政變之初，美英進軍黎巴嫩約旦，赫魯曉夫樂透了頂，以為從此美英駐軍拖在中東的泥淖中，運用中東民族反西方的情緒，在冷戰上置西方國家於死地；但是赫魯曉夫這個幻夢在伊新政府與西方國家妥協後很快就破碎了。赫魯曉夫已失去了宣傳資本，他變卦不開高峯會議，又提出了開特別聯大的建議，未料到即刻被艾森豪所接受，看樣子美國在聯大是有信心的，反之俄共在聯大將難有便宜可討。

台灣海峽風雲莫測

中東局勢才告暫安，中共又在台灣海峽興風作浪起來。中共雖然大叫「解放台灣」，但這個口號與「反攻大陸」同樣陳舊了。已經不能引起人的注意。但是，「解放台灣」雖屬望洋興嘆，攻襲金馬卻有可能。

金馬這兩個小島對自由中國來說是瞭望大陸的兩隻眼睛，對中共來說是胸前的兩把利刃。到目前為止中共雖已佈置就緒，仍未下決心進攻；美國方面對金馬的防守，到今天還是含渾不明。他們不明說協防金馬，也不明說不協防金馬，這大概是中共躊躇不前的一個原因。

經濟滲透急需對策

中共一方面在台灣海峽製造緊張，一方面對香港及南洋大行經濟滲透。

最近他們在香港開了四五處土產行號，買去一處電影製片廠，新租了一所劇院，秘密開設了若干工廠，甚至跑到新界開農場，在好幾個工會新辦了刊物；此外更普遍向海外及南洋狂銷物雖不美，價廉驚人的土貨。

上述的經濟滲透比台灣海峽的緊張可怕得多，如果不加以防制，它將會把這一地區的脆弱工業基礎毀掉。本港及東南亞各國當局，應及時謀求對策了（國）

從二次大戰到三次大戰

東方生

一

從二次大戰的發生，可以吸取三次大戰的教訓。二次大戰是怎樣發生的？大家應該仍記憶猶新。

自一九三三年希特拉執政，三四年興登堡逝世後而成為德國的獨裁者，即聲勢洶洶，力謀向外發展。其最重大的行動，便是於一九三五年收回薩爾地區，重振軍備，一九三六年進兵萊茵地帶，成立三國防共軸心，到一九三八年併吞奧大利，慕尼黑協定成立，更進佔捷克的蘇台登地區。一九三九年夷捷克為保護國，進謀窺伺波蘭，由德蘇協定的成立，遂爆發而為大戰，德蘇兩國第四次瓜分波蘭。計自希特拉得勢到大戰爆發，前後不過六年。這裏慕尼黑會議不消說是一個重大的關鍵。由英法安撫政策的失敗，於是大戰遂成了不可避免。

在二次大戰爆發以前的五六年間，時局緊張已極，眞令人為之戰慄不已，不過這時候，叫做「神經戰」。對於希特拉的向外發展，當時英法的政策是力主退讓妥協。他們認為法西斯主義根本是反共的，到了勢力長成，必然要與蘇聯共黨發生衝突。這便是張伯倫安撫政策與希特拉成立慕尼黑協定的由來。但是希特拉的野心，至少是要支配整個歐洲大陸。他不能以併有奧大利與捷克為滿足。因為要支配歐洲大陸，就有取得波蘭的必要，波蘭正是歐洲的中心。實際上波蘭若落入德國的勢力，那麼最感危險的是蘇聯而不是英法。英法只因與波蘭有盟約關係，負有國際上的義務。但是英法既可犧牲捷克，不負責任，對波蘭也可同樣表示不理的。

在慕尼黑協定，犧牲捷克以後，蘇聯對英法的安撫政策，即感到此種恐懼，深恐英法再犧牲波蘭。而在英法，則因波蘭地勢的重要，為了維持歐洲的均勢，不能再由德國加以併吞。因此乃有英法與蘇聯的軍事談判，圖謀設法保全波蘭。但是這裏發生了蘇聯與英法間對波蘭勢力的爭奪，而波蘭政府則傾向英法，反對蘇聯紅軍的開入波蘭國境。蘇聯認此為英法利用波蘭以謀操縱德蘇關係的政策，所以最後史大林排斥英法，遂轉而與希特拉攜手，共同瓜分波蘭。希特拉認為既得史大林的同意，英法之於波蘭，形勢上鞭長莫及，遂斷然出兵波蘭。英法因為勢難坐視，遂對之宣戰爆發了二次大戰，這是出於希特拉的意外的。

大戰爆發以後，對德國的佔據波蘭西部，英法果然無力救援。當時形勢，德國之與英法，非無和平可能，然其條件必有為英法所不能接受者。而形勢至此，和平也難辦到。於是到了次年，德國為打擊英法，由進襲丹麥、挪威，而攻取荷蘭、比利時，進圍巴黎。法國降伏以後，英德隔海對峙，希特拉的目的是壓迫英國妥協，成立和平，以便轉而進兵蘇聯。但是英國至此，堅主作戰到底，所以納粹第三名首領赫斯飛英求和之謀不成，希特拉在平定了巴爾幹之後，遂不顧一切進兵莫斯科了。這是一九四一年六月的事，從此蘇聯也加入了英法的對德戰爭。

二

戰後德國形勢分成了東西兩半，由一九四八到四九年的蘇聯封鎖柏林的故事，任何一方倘欲謀統一德國，那麼勢必演成大戰。這是一個武裝對峙，相持不決的僵局。從一九四五到一九四九年，冷戰中心在歐洲，以後史大林為另謀發展，遂利用中共之奄有大陸，從一九五〇年起，發動韓戰，繼着並有越南戰事。此時適史大林去世，於是由一九五四年的日內瓦會議，成立停戰協定，在遠東方面也暫時妥協成立彼此相持的僵局。但是東西間的冷戰，並未告終，不過把冷戰的地區，又從遠東移轉到中東而已。

一九五五年在國際上是關係重大的一年。由日內瓦首腦會議的失敗，於是激化了中東的冷戰。英美為防止蘇聯勢力的侵入中東，在其北部地方成立巴格達協定，蘇聯為破壞協定，則乘機勾結埃及那塞，供以軍火，援助其阿拉伯民族主義的活動。阿拉伯民族主義的口號有二，即反猶太主義與反殖民地主義，但對象惟一，即西方國家。那塞的野心，就是利用此二口號來把從中東以至北非的阿拉伯回教國家統一而為一大帝國。在此地區，勢力最大的是英法，但是美國在中東有其巨大的煤油經濟利益，並且以色列的建國，美國的支持最大。所以那塞勢力的興起，必然與西方國家為敵，這在蘇聯是大可利用的工具。

因為運河交通的關係，埃及的敵人是英國。美國對民族主義取同情的態度，最初寧壓迫英國撤兵，於一九五四年成立英埃運河協定。那塞勢力興起以後，英美還一致與以援助，希望能夠妥協。但是那塞的政策，一面在利用美國以壓迫英國，同時也利用蘇聯以壓迫美國，一九五六年，那塞與蘇聯的勾結更深，且進而承認中共，於是美國一怒而放棄尼羅河壩計劃的援助。那塞即宣佈運河國有以為報復。然運河利權關係最大者為英法，此後，那塞以蘇聯的軍事援助，軍力增強，且時侵擾邊境，以色列為先發制人，進兵西奈半島，英法為運河問題亦乘此出兵。這便是一九五六年底的運河戰爭。（未完）

暴露一個絕對可靠的反動文件

蹇叔

台北通訊

承各位的好意叫我為你們的新刊寫寫通信，我實在感到『無可奉告。』

我平日也覺得很奇怪：有許多事我們坐在台灣的人還不會弄得清楚，你們遠在海外的人却早已明明白白。因此我很惶恐：恐怕我在下面所報告的一段消息，在你們看來也早已是『明日黃花。』

在台中旅行的一個意外收穫

事情是這樣的：八天以前，因為陪着一位新到台灣的朋友到日月潭去旅行，在那裏住了一夜，我這位朋友返回台北，我因為還有別的事得順便的辦一辦，便在台中停留下來。

到台中第二天的一個早晨，我到車站附近一家有湯包可賣的點心店去過早，剛一坐下，老張便從我上首第三張的桌上跑了過來，一面握手，一面對我說：

『難得，難得，您是那天到這裏的？為什麼不來找我？』

『我是昨天下午從日月潭到這裏的，因為有件小事得辦一辦，明天便要回去。』

於是這位隔了一年多不會見面的老友，便把我拉到他的桌上，一塊兒吃，彼此互問了上次分手以後的私人生活情形。我吃了一客湯包，還擾了他一碗雞絲麵，他又約我到他家裏去午餐。我說：『午餐無論如何來不及，我在十一點鐘有一個約會，要麼您請我吃晚飯，您嫂夫人的回鍋肉棒棒雞，我是多久不會領教了！』『那好極了，最好您把旅館的房子回掉，今晚便在我家裏住，我的老三新近在新竹找了一個工作，我的家裏現在居然多了一間客房哩。』『好吧，就是這麼辦，六點半我準到，晚上再暢談吧！』

這一晚的七點到八點，我擾了老張一頓道地的四川菜，飯後便回到他那間客室兼書房的屋子裏喝茶，聊天：從大陸動態談到最近中東的風雲，從出版法通過的花絮談到最近行政院的改組，最後也還談到彼此的私人生活，和孩子們的教育問題，時間已經快十點，我看見老張桌上還有不會寫完的信件，我自己也實在要休息，乃告辭退歸客房，臨走還從他書架上帶走幾本新近出版的雜誌，準備用作催眠之用；這因為我近來有一個很不好的現象，便是在那一天說話太多，或興奮過度，往往可能有失眠的危險。

坐下把枱燈扭亮，從七八本雜誌中翻開了第九期的『文星』，無意中在這一本內發現夾着另一文件，面上的標題：『展開革命戰鬥，鞏固領導中心。』題傍兩行小字是：『劉光漢』，『民國四十七年四月五日。』我為『劉光漢』三個字所吸引，便把雜誌推在一邊，來專看這篇東西。翻開第一頁的背面，又有幾行小字：一、『發至小組』，二、小組於六月三十日繳交區分部點收焚燬，……』啊！原來是一篇不可告人的秘密文件！於是我便一氣把全文（約一萬字）看完，並且把要點錄下，整整花了我兩點鐘左右。全文的內容分作兩部分：第一部分是『四十七年各級書記會報專題報告』這篇報告的題目便是封面上那十二個字——『展開革命戰鬥，鞏固領導中心。』第三部分是『四十六年各級書記會報專題報告，』（去年二月二十六發出的），這篇報告的題目是：『思想戰鬥的基本觀念和行動要領。』作為本文件的附錄。我把全文看完便完全了解：這是由國民黨在軍隊裏面的特別黨部發交軍中各級黨部和小組的一個指示工作的文件。這個文件所編的號數，更是『侍字第一一三號』。以前分發這類文件的代名詞用『周國光』，現在改用『劉光漢』。

毀損憲法實際等於顛覆政府

文章儘管是『王大娘的裏脚布，』但他們的要點却只有一個，便是說明他們要以『窮追猛打』的方式，『不等待，不觀望，不猶豫，』去打擊他們所謂近年在台灣和海外所流行的一種『思想毒素。』究竟什麼是含有毒素的思想呢？他們對這一點總算交代得很明白：

『有一個刊物以共產匪黨式的假冒的「民主自由」作幌子，肆無忌憚的散播以下各種毒素思想：一、主張「言論自由」，二、主張「軍隊國家化」，三、主張「取消軍隊中國民黨的黨部」，四、主張「廢除主義、領袖、國家、責任、榮譽五大信念」，五、主張「取消部隊官兵宣誓效忠領袖，」六、主張「取消青年反共救國團」，七、主張「廢除學校學生研讀總理遺教，總裁言論及三民主義」，八、主張「要求領袖作無智、無能、無為的元首，」……』

他們更坦率的指出散播這類『毒素思想』的，包括得有下面這樣許多人：一、『所謂知名學者』；二、『在野政黨分子』；三、所謂個人自由主義者』；四、『失意的官僚政客』；五、『好出風頭的所謂政治家』；六、『不滿現實盲從附和分子。』

我們知道：自由中國的這個政府，是依據現行這部『中華民國憲法』產生的；換言之，離開這部憲法，它便沒有存在的餘地。憲法第二章第十一條明明規定：『人民有言論，講學，著作及出版之自由；』又第十三章第一百三十八條也明明規定：『全國陸海空軍，須超出個人，區域及黨派關係以外，效忠國家，愛護人民。』可是這般反動分子，他們一定要說主張言論自由是毒素思想；主張軍隊國家化反對國民黨在軍隊中搞黨是毒素思想；乃至主張軍隊效忠國家而不必去效忠個人也無一不是毒素思想；然則他們不只是要撲滅人民的這些正當言論，而是明目張胆正式的去與這部神聖莊嚴的憲法宣戰！現在的政府既是依據憲法產生，他們這種毀滅憲法的行為，不是安心顛覆政府還是什麼呢？

配合共匪大舉清算胡適思想

尤其奇怪的，他們更在這項文件中，造了一個惡毒的謠言，他們說：

『根據確切可靠的資料，散播毒素思想的分子當中，有人在抗戰時期，會秘密寫信給毛匪澤東，主張毛匪奪取政權，但不贊成毛匪使用武力。此人現在仍以「愛自由的站過來」相號召，指使某刊物之主編人，在輿論方面爭取自由與佈署，以待將來組黨時獲得輿論界之支持，並公開主張「毀黨救國」！……』

總括言之，這個文件雖然只是軍中特別黨部指示工作的一個方案，但最近幾年來他們的一切荒謬行為，都已經在這裏面不打自招！其為他們所得意的，乃是配合着共匪清算『胡適思想，』而更做得有聲有色。我們看過這個文件，便可完全了解：為什麼他們一定要修改出版法；為什麼『胡適與國運』的小冊子初集二集大量的在台灣和海外發行；為什麼台灣若干民營刊物隨時受着他們的圍勸和威脅；為什麼海外若干原已准許進口的刊物，經常被他們扣留銷毀。

反動份子原與國民黨史無關

此外還有一點，他們分發這類的文件，用了『劉光漢』這個代名詞，更証明他們對國民黨的黨史全不了解：『劉光漢』乃是同盟會時代著『攘書』和『中國民約精義』提倡革命排滿的劉師培（字申叔江蘇儀徵人），後來此人被端方收買，公然出賣同志；到民國四年，他更擁護袁世凱做皇帝，做了籌安會六個發起人之一；這明明是國民黨的一個叛黨分子，像小區區這樣一個無黨無派以賢達資格在台北混一碗政治飯吃的人，尚且知道這一段醜史，但他們却用了這個代名詞在三軍中發號施令，以為忠黨愛國，豈不是滑天下之大稽！不過，我也知道，像今天在台灣橫行霸道的這一羣特殊人物，他們原與國民黨的歷史是絲毫沒有關係的。

我寫完這封通信，感覺得對老張有一點抱歉；我很顧慮因我這一次的暴露，會要影響到他那一隻吃不飽餓不死的飯碗；但我也知道，在最近的三四年，老張久已中了『毒素思想』的毒，老早就想『改邪歸正，』只看他有這樣一份文件在手，既不遵令『燒燬，』又隨隨便便的夾在一本雜誌裏邊，可見他也不在乎，即令他因此而遭壓迫，我想他也決不會埋怨我的。（八月七日）

（讀者來書欄）

親愛的讀者們：

我們創辦本刊的主要目的，在於督促政府立即依據憲法實施民主改革，並早日反攻大陸。這雖是八九年來全國人民普遍的要求；而政府因為迷惑於極權的習慣與苟安的心理，至今仍我行我素，無動於中。現在要想督促他們立即實施民主改革並早日反攻大陸，實在不是本刊小數同人的呼籲所能為力的。必須海內外憂時愛國之士一致奮起，積極主張，羣策羣力，再接再勵；庶可振聵發聾，而使政府當局接受。因此，本刊特闢讀者投書一欄，供讀者諸君發表其寶貴意見之用。希望大家不斷的多賜鴻文，以光篇幅，即有和我們不同的見解，只要出於負責的態度而又有討論的價值者，本刊也樂於登載。唯以篇幅有限，來稿請勿超過五百字為幸。

親愛的讀者們：今日國家的局勢如此嚴重，自不容許任何一個中國人置身事外。我們救國即原以自救，請大家多多動筆，共同奮鬥吧。我們在這裏敬謹等待。

編者敬啓

稿約

一、本刊言論以宣揚自由民主為主旨，園地完全公開，凡符合上述宗旨之稿件，本刊一律歡迎。

二、來稿本刊有修改權，不願修改者，請於來稿時說明。

三、來稿刊出後，本刊即以每千字港幣六元至十元奉酬，聊表微意。

聯合評論社謹訂

大陸通訊

從看戲談起

——大陸娛樂生活的一面——

衣其

馬連良到上海了，唱的是他的拿手好戲——失空斬，人民大舞台門前從中午起就有人帶了櫈子去排隊，一直要等到第二天早上九點鐘——排二十個鐘頭的隊——才能買到票。

所有的越劇（紹興戲）院門口，也是天濛濛亮就擠滿了人，演的戲是「綠衣人傳」或「鯉魚精」。

排隊的人在長時間的無聊的等待中，很快地熟悉了。

「同志，你是哪一個單位的？」

「徐滙區政府，你呢？」

「公安局。」

「上次我天天沒亮就來了，買到第八排，今天不知道能不能買到好位置？」

「至少在十排以後了，前十排是招待蘇聯專家和首長的！我們小幹部，只好將就着點，你買幾張？」

「三十張。」一揚手中的機關幹部團體票購買証。

「我也是。」

另一方面，電影院的廣告牌上比人還大的字寫着：革命英雄主義的史詩！人民的勝利！可是門口却小貓三隻四隻，幾個工人模樣的行人走過電影院門口，從口袋中摸出電影票，三把兩把地扯了，氣哼哼地對同伴說：「媽的，這個月發工資硬給我派了二十張電影票！老子就不看！」

「唉！」另一個說：「回頭討論會上要你發表觀後感你，說不出來不又得挨整？」

「怕什麼！只要說幾句眞了不起和只有在共產黨的領導下才能有成績不就行了麼？每一個電影都是一樣的。」

「哈哈！你這個竅門找得不壞。」

電影沒有人看，這是一個大問題，越是「革命性」强的，越是「社會主義現實主義」的，越沒人看。電影不但收不回成本，一部「解放後的北京」甚至連廣告費也有沒收回來。賣座率情形最好的是百分之二十三，最慘的是百分之九。自從為了扭轉這樣的悲慘局面而實行發工資時搭配電影票以來，電影收入是增加了，但是依然沒人看。

別以為大陸人民不愛看電影！西班牙片「生的權利」、法國片「鬱金香．芳芳」、印度片「流浪者」乃至香港片「春」、「秋」都贏得了大量觀衆，有人甚至連看十餘遍之多！中共看事情不妙，對這些電影大加批判，可是觀衆依然不見減少。

為什麼資本主義國家或殖民地的電影能引起人們那麼大的興趣呢？為什麼題材取自古代帝王將相才子妓女甚至無稽的神話的京劇和越劇會使幹部們趨之若鶩呢？（對不起，看得起京劇和越劇能夠買得到京劇和越劇票的沒有老百姓。）

很簡單，人們怎能在過了灰溜溜的毫無生氣的生活後再去領教那些和生活一樣毫無人性的「娛樂」呢？人們怎能在整天被派出所同志訪問之餘再在銀幕上看公安人員皮笑眼溜的陰險樣子？

人們在苦悶、絕望當中，在生活要按照共產黨的模子變成一個樣子的時候，怎能不向古代神話去尋找精神寄託呢？人們在得不到一點新鮮和自由的空氣中，怎能不對尙有民主自由的資本主義國家的電影感到新奇呢？

不但是戲劇和電影方面的情形如此，其他的文學、藝術領域也都是一樣。一切的作品都可適應下列公式：

農村——單幹戶抵抗不了天災，黨教育了他參加合作社——豐收。

工廠——保守思想為黨員擊敗——完成增產任務。

軍隊——攻無不克戰無不勝，愛民如子——黨的領導。

驚險——特務抓住，人民公審，公安幹部講話——黨的正確。

詩——口號——黨。

一切全是一樣，曾經有人提出反對藝術上的公式化概念化，可是，不按照這個公式的作品怎能通得過檢查老爺的關口而與人們見面呢？即使與大家見面了，作者的生命就危險了，例子太多，遠至王實味、蕭軍；近至胡風、秦兆陽、劉賓雁，都是因為眞實地反映出了人民的歡迎而為共產黨清算掉的。

大陸人民的文化生活之黯淡已到了空前的程度，難怪乎各大城市中烈性酒經常脫銷了，除了借酒以澆愁外，精神還有什麼其他的寄託呢？

中華民國的三度厄運（上）

（民國史話之一）

左舜生

中華民國已經有了四十七年的歷史，在這一短短的期間，她已經有過三度的厄運：

第一度是遇着一個背叛民國稱帝的袁世凱；

第二度是遭逢一個挾持溥儀復辟的辮帥張勳；

第三度是跳出一個倚仗外力要從根本上毀滅中華民國的共匪毛澤東。

關於第三度，目前正在生死搏鬥中，不算了結，姑且不談；關於前兩度，却已經是四十年前的往事，不妨試談一個大概作爲我們今天反攻復國的參考。

從民國四年（1915）十二月十二日袁世凱表示接受帝位算起，到次年三月二十二日被廹撤銷承認帝位案爲止，老袁的皇帝夢，僅僅做了一百天，這個時間正與袁氏投機破壞的戊戌百日維新差不多；從三月二十二再經兩個多月到六月六日，這一代奸雄便已含羞帶愧追隨『戊戌六君子』於地下，而打倒他最有力的人物，乃正是戊戌倖免於難的梁啓超，和由梁一手培植出來的一個青年蔡鍔。尤其奇怪的，首倡帝制陷袁於死的，更是不多不少另一批所謂『洪憲六君子』，說句迷信的話，眞好像冥冥中有數存焉。

溥儀第二度爬上皇的寶座，在民國六年的七月一日，亦即復辟派所謂的『宣統九年五月十三日。』從七月三日段祺瑞在馬廠誓師，到同月十二日辮子軍全部投降，張勳逃入荷蘭公使館，這一幕把戲從演出到閉幕，爲時更不過一十二天，黃龍旗在北京城裏飄揚，眞好比曇花一現！

這兩幕活劇的兎起鶻落，大家以爲袁世凱、張勳當眞是冥頑不靈，毫無憑藉，便這樣鹵莽滅裂的自討滅亡嗎？事實上並不完全是如此的。

袁世凱以他個人爲中心所培養的實力，開始於甲午以後的小站練兵，保全於庚子前後的一任山東巡撫，擴大於辛丑（光緒二十七，1901）到丁未（光緒三十三，1907）近六年的直隸總督兼北洋大臣。當時所謂有名的北洋六鎮，（按一鎮便是包括各個兵種的一個師）便成於袁氏一人之手。光緒三十四年十月，光緒帝與慈禧同時死去，袁氏乃爲載灃所放逐（時袁任外務部尚書兼軍機大臣）。儘管他在家鄉（河南項城）表面上只是釣釣魚，做做詩，但他的內心却未嘗一日忘情於權位，像他那種類似隱居的生活，不過是蓄勢待時的一種姿態而已。

辛亥革命既起，清廷除掉北洋六鎮以外，實無可調可戰之兵；除袁氏以外，也找不出一個比袁氏更適於指揮的人；於是這位『袁宮保』，乃成了一時的天之驕子！『湖廣總督』，『欽差征討大臣』，『內閣總理大臣』，這樣一頂一頂的大帽子，一直往他的頭上戴，而惟恐這位宮保大人不肯賞收！可是袁世凱之不能做曾國藩，這在一面是袁氏的個性使然，一面也是時代的背景使然，因此他不僅不肯運用他這個武力爲清廷效忠，反而以這個武力作爲威脅清廷的一個工具；不僅不肯浪費武力與革命作戰，反而憑藉這個武力向革命軍討價還價以爭取他個人的政治地位；這便是袁氏從中山手中奪得中華民國臨時大總統的由來。

民國二年，袁氏暗殺宋教仁以激起二次革命；又憑藉武力，濫借外債以摧毀異己；再以非法手段，取得正式總統的地位；處在北京那樣一種腐化的環境，更受着群小的包圍；又加上一位儼然以太子自居的大少爺袁克定，更天天在那裏鬼鬼祟祟的多方勾結；到了民國三四年之交，像袁氏那樣一套做法，那樣一種排場，雖無皇帝之名，却早已具有皇帝之實了。

民三（1914）歐戰既起，列强對遠東的控制，驟失均衡，日本利中國之分，不利中國之合；利中國之亂，不利中國之治；於是威脅利誘，作出可以贊成袁稱帝的姿態以引其上勾；等到袁氏快要袍笏登場，她又暗助倒袁派以大搗其亂（梁啓超入廣西，岑春煊再起，均得着日人的掩護與鼓勵）。袁氏迷信武力萬能，以爲天下實莫予毒，當時蔡鍔所率以入川的護國軍，不過三個梯團，全數三千一百三十八，而且是『衣不蔽體，食無宿糧』（參看松坡軍中遺墨），袁氏所調以對付護國軍者，則爲曹錕的第三師，張敬堯的第七師，而後來在北洋軍閥中赫赫有名的吳佩孚、馮玉祥，也都在這一幕中出現，其餘在四川當地調動之兵，還不計算在內；以實力論，何止超出護國軍十倍以上，可是倡義者卒能以少勝多，成敗利鈍，結果相反，這可看出袁氏之亡，不一定亡於武力不如人，實際是因爲國際的覆雨翻雲，非利令智昏的袁氏所能逆睹，而人心不忍一個艱難締造的中華民國毀於一旦，更不是袁氏頑固的頭腦所能理解得了的。

以下再談張勳的復辟。

亮齋閑話

得失復

徐亮之

客　我聽說你很喜歡讀歷史；現在請問：我們歷史上的皇帝，江山自我得之，自我失之，而又能夠自我復之的；例子到底有多少？

主　史無前例；——我想大概可以這樣說。

客　那末，老子得之、老子失之，而兒子能夠復之的；這例子想必有的是。

主　這，有倒有，但也並不像你想像的那樣多；而且這必須能夠具着「所以復之」的條件才成。

客　今日箇閑着也是閑着，就請你隨便舉個把例子出來談談怎麼樣？

主　唐肅宗李亨的復興，就是一個好例；雖然唐室的江山並不是他老子玄宗李隆基打得來的。

客　這點我知道我想問的只是：當時他老子「失之」的程度究竟如何？

主　幾乎全部失掉；但好在並沒全部失掉。如果當時他老子再多堅持五分鐘，非把政治重心直系部隊全部還蜀不可，便大唐江山非全部斷送不可。

客　你這指的便是馬嵬父老挽留車駕的一幕，因而隆基勉徇民心，撥飛龍廐馬和後軍兩千給李亨建立西北根據地；因而各方軍心才有所系屬，才不致全部崩潰；是不是？

主　一點不錯；民心軍心不變，江山變不了，那兒去的！不過，既談到這裏，我却先得考考你；你認爲隆基堅持還蜀，到底是一種什麼心理？

客　自卑感作祟，安全第一。

主　那末，還蜀便安全了嗎？

客　當然。「蜀道之難，難於上青天」；「一夫當關，萬夫莫開」。再用時髦話說：北有秦嶺劍閣做山幕，東有三峽夔門做水幕，如果更「自卑」得徹底些，便不妨再來嚴格執行一套什麼入境証制度，安史匪幫匪諜縱狠，豈能凌空插翅飛來？丟了大江山，來做土皇帝，地盤之安全，寧有過於此？所美中不足始料不及的，倒是那「宛轉娥眉馬前死」，只落得「夜雨聞鈴腸斷聲」罷了！

主　喲，倒瞧不出，趙子龍一身都是膽，閣下倒滿口都是典了！

客　別廢話；現在輪到你談李亨怎樣收復他老子失去的江山的本題了。

主　關於這，却首先得把一個基本事實交代清楚；即是平心說：他老子只不過如你剛才所謂「自卑作祟」，其實江山並沒失光，還蜀並沒必要。因安祿山「匪幫」初反，論兵力，只不過十五萬人；論地盤，只不過河北三道。但是反復不上兩月，常山太守顏杲卿登高一呼，四分之三的河北郡縣便立即反正；范陽匪巢交通，便立即斷絕；直到第二年杲卿敗死，才始又淪入匪手。可是同年五月，郭子儀李光弼攻敗匪黨史思明於嘉山，淪陷的十多個郡，却又再度反正；紛紛驅殺匪官；范陽交通再度斷絕；弄得「匪幫」，恐慌異常。假使這年六月，他老子不自作聰明，不盲目強迫靈寶守將哥舒翰出戰，則「匪幫」處境，實已進退維谷；聚而殲之，實已大有可能。不但如此，安史「匪幫」造反以來，主力活動始終只在黃河中下游；其他地區並沒受到什麼大的影響。即就黃河中下游說：既有郭子儀李光弼牽制匪的主力於河北，復有張巡許遠抗拒匪的偏師於河南，也仍不能算是匪的確實控制區。所以，玄宗的倉皇還蜀，只是「自卑感作祟」，和一手把江山失光的殊不可同日而語。

客　老子江山既沒失光，兒子收復自更容易。

主　不，仍得具有該有的條件。

客　什麼條件？

主　一方面是客觀上「匪幫」的力量由腐化而削弱。

客　例証呢？

主　匪酋安祿山一打下兩京，便立即把掠得的珍寶掃數解往范陽老巢；這表示他基本上只配走腐化的路，而不配走革命的路，亦即必然走上滅亡之路。所以，造反不到三年，他便給兒子安慶緒殺掉；安慶緒又和頭號匪將史思明矛盾，廹得思明以十三州降唐。這樣腐化惡化的力量而不滅亡，是沒有天理的。

客　那末，李亨的收復工作，就越發容易了！

主　不，仍得具有該有的條件。

客　什麼條件？

主　第一、他能用人才；第二、他能聽眞話；尤其第三、他眞正準備積極反攻，而並不是只想投機取巧。

客　你所謂第一、乃指他能善用郭子儀李光弼等；所謂第二、乃指他對李泌「事無大小皆咨之，言無不從」之類；這我知道。但第三點却不十分瞭然。

主　根據當時的情勢，能夠收復兩京，便必能聳動天下，便必能給「匪幫」以致命打擊；你承不承認？

客　唔，這就政戰兩畧說，確是一着要棋。

主　李亨便是堅持要走這着棋，而積極準備，及時行動，最後成功的。

客　不過，李亨的老子畢竟沒把江山失光；你對我提的問題，畢竟不能算是滿意的答復。

主　你提的乃史無前例的問題，我早說過了。

客　問題碰到史無前例，是不是就完蛋大吉？

主　我說史無前例，並不等於說史無後例。

客　後例怎樣構成？

主　對不起，我倦欲眠；但也不妨告訴你一句最後的話，便是：「仍得具有該有的條件」。

爲聯合評論創刊號，集龔定盦句。並塵舜生，宇人，亮之諸君子。

邵鏡人

一

秋鐙忽吐蒼虹氣，喜汝文無一筆平。今日不揮閒涕淚，原非感慨爲蒼生。

二

高譚俊辯皆沉雄，一睨人才海內空。消我關山風雪怨，歸來料理書燈紅。

三

莫抛心力貿才名，歌哭無端字字眞。收拾遺文歸一派，詞鋒落日互縱橫。

四

少年奇氣稱才華，手種江南千樹花。各有清名聞海內，高言大句快無加。

六出祁山與心戰

劉裕畧：心理作戰叢談之一

心理作戰雖是近代名詞，其史實則中外古今皆有。中國古代兵學家對此早已瞭解，歷代政治家與名將對此亦頗多傑作。美國心理作戰專家林伯樂教授曾在其近著「心理作戰要畧」一書中引舉若干心理作戰史例，而以中國史例佔多這可見中國人在這方面決不執輸。在我看來，其實，林伯樂教授所舉，還沒有眞正觸及中國歷代最巧妙的一些史例。中國古代之心戰，有些是政畧性的，有些是戰畧性的，比之今日許多人只知注意戰術性的和技術性的心戰，實更值得欣賞。

就以中國民間素以神機妙算著名的諸葛亮來說吧！他的心理作戰，就確有幾手。七擒孟獲，固然是心戰；六出祁山，又何嘗沒有心戰成份在內？只是歷代史家都只着眼於兵出子午谷或兵出祁山的戰畧論爭，而忽畧了其中的心理戰成份罷了。

原來漢代兵制，漢室皇家軍的組成，一向是由天水、安定、隴西、北地、上郡、西河六郡良家子徵集的。所以，這六郡的人與漢室關係特別深，漢代名將之所以多由這一帶出身，原因也在此。而這六郡就都靠近祁山，蜀漢乃漢室繼統，諸葛亮又是漢相，諸葛亮將蜀漢大軍指向這一帶，自易引起心理共鳴。事實上，諸葛亮一出祁山、南安、天水、安定三郡果然立即叛魏響應，姜維亦於此時投降，姜維投降後，諸葛亮評他爲「心存漢室」，這可見諸葛亮之取道祁山，確有心戰原因在了。

近年，談反攻者，有人主張先反攻江浙，也許他們以爲江浙兩省與現政權人事淵源特別深，心理上容易有作用。殊不知今日之反攻，與六出祁山不同。當年的攻勢不是眞攻，只是攻勢防禦，只在旨在保衛蜀漢，今日則志在恢復整個大陸，而非保衛台灣，乃眞攻，所以在心理作戰方面，就必須從全局着眼，而不宜着眼於局部地區。今日大陸之全體民心在期望什麼呢？無疑，他們都在期望自由民主。所以，只以心戰來衡量，台灣今日實行自由民主，亦係最緊要，否則，何能引起大陸民心之共鳴？又何能引起大陸人民之響應？而台灣今日却不實行眞正的自由民主，以與大陸人心相結，但知投下幾張「心戰」傳單，或放幾個什麼輕氣球，這縱然不是開玩笑，最多也只算是一種技術性「心戰」而已，號召云乎哉！政策性政畧性心戰云乎哉！

本刊已經香港政府登記
每逢星期五出版

聯合評論

週刊
United Voice Weekly
第二號

督印人：黃宇人
總編輯：左仲平
社址：九龍金馬倫道三十八號三樓
電話：六一四一三（61413）
承印：田風印刷廠
香港高士打道二二一號
售價：每份零售港幣一毫
總代理：友聯書報發行公司

泛論當前局勢

左舜生

（一）大戰一時難爆發

不到美蘇兩國本身直接遭受攻擊非同時挺身出來不可，所謂第三次大戰，便還沒有爆發的可能。

一艘原子潛艇從阿拉斯加穿過北極冰層下面的深海而到達歐洲，這只足以說明美國的防堵政策可能更趨堅定，仍不足以促成美國輕於參與大戰的決心。

蘇聯擁有四百五十艘以上的潛艇，這對於民主陣線的海軍及其海上運輸原可構成一大威脅，但如果美國這類原子潛艇繼續增造與改進不已，蘇聯便非參加這一新的競賽不可，這也只足以說明大戰的時間表更須向後延宕，甚至可能使人意識到全面戰爭將永不會有爆發的一天。

說由美蘇直接參加使用一切武器的全面戰爭一時或永遠不會爆發，這並不是說由美蘇間接支持使用次級武器的局部戰爭不可隨時隨地發生。以當前的事實來說，蘇聯利用阿聯以擾中東，唆使中共以威脅台灣海峽，其目的亦僅在給美英以困擾，或因利乘便取得若干較小的利益。美英止於出兵黎約而不續採行動，蘇聯高呼派遣志願軍而徒托空談，這正足以證明雙方都沒有挑起大戰的意圖。

換一角度來看台灣海峽，假定美國早已申明協防金馬，或以較多較佳的飛機裝備台灣空軍，則中共根本不敢採取目前的這種行動；或在台灣空軍加强以後，能有限度的同意台灣掃蕩閩粵浙沿海的中共噴射機場，充其量也不過造成一個局部的戰爭而已，台灣所受的威脅固可暫告解除，而美國所贏得亞洲人民的信賴，實足以提高其在世界的威望，也與她所抱的防堵政策並不相違。截至目前爲止，我們除聽到美國留台軍事人員會給予我方創造『奇蹟』的空軍勇士以空言鼓勵以外，還沒有看見任何事實的表示，確實使我們不能不就心美國仍有再犯錯誤的可能。但我們依然確信：希望別人幫助，仍然應從『自助』做起，只要我們堅持守住金馬的決心，並進一步能繼續予侵略者以膺懲，美國也終於不會坐視。不過能做到這一步，以目前情勢而論，也僅能確保台澎與金馬，眞正反攻則依然有待。

（二）中國要自力更生

以上說明各國仍在極力避戰，大戰一時決無驟然爆發之理；即局部的小戰也可止則止，看不出擴大的可能；美國能間接支持我防守金馬，已屬難能，希望她公然幫助我們反攻大陸，除非美國本身已直接遭受攻擊，或中共除騷擾台灣海峽以外，再度侵略南韓，更進一步猛犯東南亞，則無論如何只是一種空想。凡此均足以證明自由中國確有力求自力更生之必要，而台灣八九年來所實行的一貫政策，乃正與培養自身力量的要求相反。黨治的推行比較大陸時代有增無減；人民的基本自由已遭受種種不必要的限制；地方選舉的壟斷與行政的把持，更引起當地人民的怨望；軍隊黨化經過大陸的慘敗已證明完全無效，仍蹈常習故不肯更改；經濟政策尤其金融政策的失敗，已表現於工商界的癱瘓與倒閉，所謂吸收外資僑資，自然更屬無望；至於小圈子的加速製造，不僅數年來已引起海內外人民的普遍不安，且招致國際上種種無謂的揣測，至今仍沒有看見任何消弭的具體辦法；凡此均大損人和，影響團結，直接間接增加反攻復國的障碍，減低大陸反共人民對祖國的希望，也減少了他們自發革命的勇氣，這都是顯而易見的事實，但何以至今不肯放手加以改革呢？

（三）台灣不願改革！

說到不肯輕於改革的原因，以及由不肯改革所發生的流弊，這個話說來很長，但概括的舉要言之，也不外下列的各點：

一、當還台伊始，原沒有長期的打算，因此一切規模，只好因襲了大陸的那一套；從一方面說，固然是因爲吃飯的人多，變動太大，牽涉人事的範圍太廣，而失業者一時無法轉業，依然是政府的一個包袱，其惟一辦法，便只好依舊叫他們做官。從實際說來，今天確有許多機關早已無事可做，可是這類機關却依然保留下來，甚至連一個蒙藏委員會，至今也儼然存在，以言『崇法』，也許有之；以言『務實』，我眞想不出從何務起！從另一方面說，人情總是需要一種安慰的，從那樣一個泱泱大陸，忽然退到一個區區的島上，這眞是天地變色，精神上確實有些受不了，惟有把這個舊有的政府全部保存，乃可慰情聊勝於無，一旦打回大陸，也就免得另起爐灶。可是感情上的安慰誠然有了，但不幸過去一個龐大政府所有的毛病，也就聯帶的存留了下來。平心而論，今天行政院所不可少的只有國防，外交，財政三部，其餘各部的業務，一健全的省政府足以了之，要這麼多的衙門幹嗎？有人問：如果眞像這樣一來，那還成什麼景象？我說：這就叫作蒙難精神，非常時代，戰時體系！如果說今天並非蒙難，時代也並不非常，眞正的戰時體系也無須樹立，那我們還有什麼話可說？

（四）對民主的誤解

二、今天台灣還有不少的人討厭民主，他們甚至把大陸失敗的原因，一切歸罪在當日那班高談民主者的頭上，但我們所知道的事實，大陸失敗最基本的原因，乃是由於外交出了毛病，軍隊打了敗仗，財政金融陷於無法收拾，尤其有一點，乃是自來對中共的力量估計過低，而自信確有辦法。既把這些事實抹煞而單獨歸罪民主，於是退台以來，除加强黨治以外，乃別無途徑可循，甚至無形中解除了在大陸二十年領導反共失敗的國民黨責任，仍認爲非由國民黨一黨領導不可。其實今天一般人把民主與反共相提並論，既不是要向國民黨算舊帳，也不是要求國民黨放棄政權，其惟一目標，只是希望國民黨懷於反共復國的工作過於艱難，已早經事實證明，決非一黨所能勝任！非以民主方式團結全國，以促中共之亡，無以加强大陸反共人民的勇氣，也無以矯正國際的視聽以爭取更多對我們的同情，我們實在看不出這種思想包含得有什麼毒素，更不了解何以一談民主，便算是爲共匪鋪路。不幸事實告訴我們：今天黨外一切强調民主反共的人們，實已陷於荆天棘地，隨時要當心有形形色色的帽子會要套在自已的頭上，於是消極者遠走高飛，積極者苦悶憤慨，實已找不出一個如何始可與國民黨合作的方法，甚至連同國民黨內有不少頭腦清晰的人們，也感到惶恐不安！情勢演變至此，可能『季孫之憂，不在顓臾而在蕭牆之內』，這還不值得國民黨內的當權派加以深切的反省嗎？

（五）反共民主不可分

三、此外還有一種說法：國民黨決無放棄民主的意圖，不過鑒於目前乃一非常時期，運用民主方式稍一不愼，即難免流於放縱，而影響到當前的秩序；又或人多語雜，徒亂人意，反不如由國民黨少數當權者領導，比較可以頭腦冷靜而於事有益。因此他們解釋：限制民主的實行，原僅以今天的台灣爲限，一且返回大陸，民主便可兌現。可是，我們不承認眞正的民主與不守秩序可以混爲一談；我們也不承認人多語雜比離德離心更壞；我們更不願『逆詐臆不信』，以爲國民黨以不民主的方式反共成功，回到大陸以後將更不民主；我們一種最現實的憂慮，乃是今天不實行民主，則所需一切反共助力，均將無從得到充分的發揮，根本便很難希望有返回大陸的一日，而且第一，可能使人誤會到所謂反攻復國，其重點只在恢復一黨的政權，與恢復整個中華民國的目標並不完全符合；第二，也可能使得大陸反共的人民意冷心灰，即令他們已對中共深惡痛絕，但看見自由中國的自由也屬有限，他們便只好屈服於中共的高壓之下，不敢再度抬頭了；第三，更可能使得國際上誤會中國人的反共，只是少數人的企圖，對中國其他包括大陸，海外，台灣百分之九十以上的中國人民，其反共態度的堅決並不下於國民黨的這一印象始終不會淸楚，而認爲中共政權乃一既成事實，而使得他們不能不對中共去尋求妥協。

以上種種，只是一些概括的看法，另有若干具體的事實尙待專題討論，因爲篇幅所限，姑止於此。

破曉的鷄啼

——請聽大陸逃亡學生的呼聲

雷厲

知識分子是歷史的候鳥，他們對政治氣候的感覺最是敏銳，因此他們的動向和聲音就是歷史的消息與國運的徵兆。

青年是社會的棟樑，一個政治勢力能不能存在、能不能發展，要看新時代的青年是不是跟着它走。

從上述兩點看中共政權，我們深信它是絕不能久長的；這可以從最近一群大陸逃亡學生所發表的宣言裡得到一個新的證明。

在這篇宣言第一段「我們的控訴」中，他們列舉了四點逃出大陸的理由；（一）他們不能忍受中共的媚俄政策，（二）他們不能忍受無時不在、無孔不入的政治恐怖，（三）他們不能忍受「新階級」狂奢極慾與人民慘苦生活的對比，（四）他們看穿了「人民民主專政」的騙局。這四點理由不是空洞的理論，而是血淋淋的事實。這些見解在海外人士們看來是算不了甚麼的，可是在他們則是從無數痛苦經驗中覺悟了的眞理。這些見解出之於一向反共的人士、出之於羅隆基、章伯鈞等人之口是不足奇的，但出之於他們這羣青年學生，這就不同凡響了。

據知這羣大陸逃亡學生，年歲都在二十左右。中共侵佔大陸時，他們才不過是十歲的兒童。他們從小學、中學到大學，一直是受共產主義教育，是中共一手培養出來的。照理他們應該是中共最可靠的生力軍了，可是現在他們都普遍背離了中共，這對於中共眞是深刻無比的打擊！

人們都說共產黨的「洗腦」厲害，可以把「舊社會的鬼」改造成「新社會的人」。現在証明以這種說法是毫無根據的。積有自由知識的成年人洗腦固然無效，即使大腦如一張白紙的兒童，不須洗刷任憑他們塗染塑造，現在証明也是無效的。這因爲人總有人性人心，暴力恐怖只能迫人股慄服從，但是絕不能使人衷心誠服，更不能使人回心轉意。人性不移，人心不改，反人性反人心的共產黨是註定要失敗的。

逃亡學生的宣言中有一段話最值得注意，說中共待遇他們並不壞，農民每月每人吃三兩油，他們一般每月都吃到十二兩油，理工學院的學生每月吃到廿兩油。他們從小學起，吃用學具一切都是官費的，畢了業之後，學理工的學生可以有足以吃得飽的待遇。只要你關閉良心老老實實服從黨的路綫，就可以安安穩穩的做小特權階級。但是他們的良心是淸醒的，他們不忍做共產黨的工具來壓搾苦難的同胞，於是他們才捨死忘生逃出鐵幕；他們的逃亡是純潔的犧牲，是崇高的奮鬥；從這裡我們望見歷史的生機！

以往我們總認爲共產黨對青年是有辦法的，百分之八十以上的青年知識份子是擁護它的；不管它用的方法是多麼卑鄙殘忍，但是只要能牢籠青年跟他走，它就有源源不絕的生力軍，它就是可怕的難敵的力量。可是現在証明，青年知識份子是背離它而去了，並且是「一去不復返了」。它今天縱然尙能橫絕一世，但是它的前程已註定絕望。使我們感到歷史已從黑暗之夜走向光明之始；大陸逃亡學生的呼聲，正是破曉的雞啼！

簽名在這篇宣言上的同學雖然只有一百二十六人，但是實際逃出來的學生，據保守的估計也有幾千人。據星加坡首席部長林有福所發表，從星加坡去大陸升學的學生，逃出大陸並已獲准重返星加坡的已有四百人，在港澳等待許可入境的還有五百人，單是星加坡一地就有九百人。此外印尼、泰國、馬來亞等各地的僑生以及海外無家的其他省籍學生，加起來一定有數千人。而這幾千人不過是漏網之魚罷了。

最近我們獲悉，中共對逃亡港澳的學生已感到震驚，正展開大規模誘返大陸的工作。對於在「鳴放」運動中曾眞鳴眞放的學生，在「反右派鬥爭」中被當做典型對象的學生，他們竟出價五千元港幣來買他們回去。並逼迫在大陸的親友不斷來信規勸他們回大陸；有的在大陸的親友已遭逮捕及迫害；更有帶黑眼鏡駕駛美式汽車的神秘人物向他們恫嚇：「如果你們再執迷不悟，人民將給你們嚴重的處罰！」你瞧這副兇相是多麼醜惡！可從這種種跡象看出來，中共對於逃亡學生問題是多麼痛心和重視了。可是對於這些滿懷熱情的反共青年，海外社會及自由中國當局一直都在漠視不理，任他們流落街頭，自生自滅。實堪痛心！熬不住飢餓，耐不了冷落，其中少數人如果被中共誘買重返大陸，這實在是自由世界一個莫大的損失。所幸他們現在已集體發出呼聲來，這個聲音是這樣大，誰都不能再裝聾做啞了。亡羊補牢，尙未爲晚，希望有關當局速採有效辦法來幫助這些好青年，讓他們在自由社會中得到溫暖，重建他們的生活。

我為什麼繼續堅決反共

宗一

反共的理由和原因，各人不盡相同。但反共態度之堅決，大家却很一致。

以我個人來說，我為什麼要繼續堅決反共呢？以下是我個人的理由：

反對不斷的鬥爭

同是中國人，中國人沒有不希望中國強的，這種願望，流亡在海外的中國人並不稍減於任何中國人；同是中國人，中國人沒有不希望中國工業化的，愈快愈好。像我們這種親眼看見外國工業發展的人，更何能坐視中國永遠停滯在殖民地的經濟地位。但回頭一看大陸，從最初的肅反清算、三反五反、到最近的反右，一直在反，而且還勢必再反下去，究竟反到那一天為止呢？從歷史的眼光來看：這種不斷的反，是終久要反到自己身上來的。反得愈烈，來的亦愈快，沒有人能逃出這個歷史公例。

反對中共一面倒

中國者，中國人之中國也。這是清末革命志士們的一致口號。由於種種原因，近代中國在現代文化的發展下，不幸而暫時沒有居於先進地位，但中國終亦未被外力征服，而國際勢力的均衡，亦是中國民族所以抗敵致勝和所以能夠生存和發展的外在原因。所謂外交，在今日的人類活動中，從民族或國家立場講：就是縱橫捭闔的技術之運用。一面倒就用不着縱橫了。以泱泱大國竟連印度阿拉伯人之不如，把運用國際均衡的權力輕輕放棄，把民族的生命緊緊的連繫在別人的頸項，把自己的生存寄托在別人的命運上，這那裏是外交？由於中共與蘇聯軍事同盟，大陸上的中國人只有跟着蘇聯向原子彈尋死，如果人類全部都滅絕了，那倒還可不用多說，假設原子彈的結果只一部份人受害最烈，那末，獨立自主的印度人不是比中國人要高明些嗎？凡是關心中國同胞安全與福利的人，對此怎能不關痛癢？個人與家屬事小，民族生命事大，這是不能不反對的。

反對中共不民主

現代文化本是以民主為主流的。共黨極權制度則恰恰違反這主流。共產黨是服膺辯証法的，但共產黨却不應用辯証法於政治制度。只有共產黨的「正」，而沒有其他黨的「反」。比較進步的政治制度乃在如何利用這個正反相濟的作用以促進人類生活的幸福和有意義。而一黨專政就必須以清除敵對為能事。不要說，任何政治如果沒有人反對，就會腐敗停滯，就說清除敵對勢力又那能清除得完？嗚放已經表達了中國大陸的眞正民心，他們冒死不斷要求民主自由，這就說明不民主，就必被大家反對，必被大家打倒。

不該太控制經濟

由於蘇聯短時間能夠走上高度工業化之路，又由於經濟落後國家根本無法與先進資本主義國家競爭，又看到蘇聯所走國家資本主義之路，所以，有一些人便以為學蘇聯的辦法，用强大政治力量來控制經濟，將是中國的出路，可是這中間却有一個問題，就是政治控制經濟究竟有沒有止境？國營國有到什麼程度為止？蘇聯經濟建設的經驗是一切國有國營，國有國營的最終目的在做什麼？國營國有的最終目的則在提高生產，由政府管理分配。但中國是不是要沒有止境的國營呢？實行沒有止境的國營之基本條件是政治控制經濟。此種控制對人民的直接影響，是政府控制人民的生活。聽話者有飯吃，不聽話者不給飯吃。不給飯吃的用不着天災就得活活餓死，沒有止境的國營是建立於政治控制着經濟的原則之上的，集體農場就是這個錯誤的犧牲品。集體農場並非馬恩列的意思，而是史大林的創造，其目的在以有系統的壓搾農民以濟工業。另一目的則在控制糧食，從而直接集攏農民的資本，間接掌握農民的生命。農民被迫只有擁戴，否則沒有飯吃。蘇聯經濟建設最大的失敗亦在於集團農場，而中共社會化的最大努力亦在於集體農場，這不是人家上吊我亦跟着上吊嗎？何況蘇聯可耕地和人口的比例要七倍於中國的可耕地對人口的比例。以蘇聯的客觀條件，四十年來的農業生產還趕不上帝俄時代，而中共學之惟恐不力，這不是禍害是什麼？波蘭與南斯拉夫已放棄了農場的集體化，那是有理由的。由於現代工業對農業的影響，所以農業工業化才是正當的出路，而非農業社會主義化。今日為了救急，必先自還田於民，耕者有其糧始。

另一方面官僚主義常常與政府權力同胎而生。政府對於人民的生活管制愈力，官僚對於人民的威脅亦最甚。共黨的經濟經營全部政府化，那就說明中共全部官僚化的可能亦最高。蘇聯的糧食原本是出超的。有歐洲穀倉之說，所以蘇聯的工業資本還可向農民身上想辦法，中國農民眞是人類中最苦的人，何能再向他們身上壓搾？今日世界有些國家已發生過剩資本，中國何嘗不可以利用？一定要把人民苦死，實在是不應該的。

共產主義不人道

不論何種主義，目的都在以人的生活為本。如果一個主義的實施要千百萬人去喪生，那個主義的本身就有問題了。而共產主義卻就是這樣一種動輒喪生千萬的主義，是這樣一種違背道德與人性的主義，所以，任何有人性有道德感的人都是不能不反對它的。

大陸逃亡港澳學生
控訴中共暴行　呼籲各方救助

「大陸學生，以不堪中共極權政治之迫害，更由於熱愛祖國，嚮往自由，最近由大陸逃來港澳者即達一千餘人之多，其中包括中共北京大學、清華大學、武漢大學、中山大學、天津農學院、廣西大學、復旦大學、交通大學、成都醫學院、北京郵電學院、唐山鐵路學院……等約一百個大中學校之學生，地區更遍及各地，這可見大陸人民對中共之普遍不滿，更證明中共政權由於不得民心而終必垮台。我們對於這些由大陸逃來港澳的青年學生，衷心至為欽佩，對於彼等流亡到港澳後之處境，尤表同情，近由逃亡港澳大中學生楊成、關宏志等一百二十六人所發出之控訴與呼籲，我們特為發表，並請各方注意！

本社附識」

親愛的父老兄弟姊妹們：

我們是一群才從大陸逃出來的學生，我們以孤兒萬里尋親的心情，進入香港或澳門——這失去了自由的人們朝夕蒙念着的天堂。現在我們猶如投入了家人的懷抱，政治的恐怖，已遠離了我們，親愛的父老兄弟姊妹們，請聽我們的訴說。

（一）我們的控訴

今天每一個中國人的苦痛，都源自中共的暴政，我們所受的苦難，更毫不例外，「你們為什麼要逃出大陸？」這是我們每個人都被問過幾十次的問題，在這裡我們一個簡要的答覆。

（1）因為我們是中國人，所以我們不能忍受中共的媚蘇政策，今天的大陸從政府，軍隊，到學校和工礦企業，每個單位，都有從蘇聯來的「專家」，一切決策全要等蘇聯「專家」同意之後才能實施，全國各學校的同學，一律被迫學習俄文，高等學校中一切教材皆取自蘇聯，理工學院更乾脆地完全使用俄文課本。

在外交上，處處追隨蘇聯，為蘇聯打頭陣；在內政上，一個蘇聯「專家」就要幾十個中國人去侍候他……伏羅希洛夫訪華時，中共更通令全國稱他為「爺爺」。……

中共的媚蘇政策最顯明的是將中國人民的褲帶勒緊，而將大量糧食輸往蘇聯，更給在中國無所事事的蘇聯「專家」以駭人的高薪。……甚至無恥到向政務院提出配給他們的女翻譯的主要條件應該是年輕美貌！

在「一邊倒」的口號下，蘇聯的一切都變成了神話，可是事實戳穿了謊言：……。

可是，被稱為「最好的國際友人」的蘇聯對中共的態度怎樣呢？蘇聯唆使中共參加韓戰，將數千萬中國兒女送去當炮灰……還背上了一筆永遠還不清的大債！

（2）我們不能再忍受那些無孔不入，無時不在的政治恐怖，統治者的刀架在我們的脖子上，隨時可以砍下來，我們終日戰戰兢兢，聽到了沉重的腳步聲就心驚，因為我們沒有一點人權的保証……許多同學失蹤了，許多同學自殺了……

「反右派」以前，中共千方百計叫人「大鳴大放」，……於是數萬個同學就都成了「右派份子」，鬥爭、虐待，我們有什麼罪啊！。

解放以來，在幾次大運動中，被捕的人使全國不斷緊急地起造新監獄。而今天全國的監獄卻已患人滿，中共號稱人民當家，可是監牢裡關的都是人民，今天是人民，明天就可能被指為反革命，我們起先所相信的「人民民主專政」，事實體驗的結果，實是共產黨專政！

中共要人民一切行動，都集體化，所謂集體化，是由黨員，或團員帶頭，鼓勵人與人之間的相互猜忌，相互仇視，相互懷疑，相互以出賣朋友而使自己安全。……

（3）解放以後九年，不但人民喪失了自由，而且也跌入窮困的深淵……。普遍的貧困和飢餓……。但是，窮的只是人民，「新階級」是不會窮的，豪華的旅館夜夜滿座，吃烤鴨要排隊，鮮紅的葡萄酒在杯子中打漩，而飯店門口，却排着長長一列等領殘羹的因飢餓而流入城市的農民。

「金樽美酒千人血，玉盤佳肴萬民膏」正是現實的寫照！

（下略）

從二次大戰到三次大戰

東方生

對於英法的出兵，蘇聯以飛彈轟炸倫敦相恫嚇，要求停戰撤兵，藉以支援那塞，美國與英法有同盟關係，論理至少當保持中立，但是却因恐懼大戰的爆發，反在聯合國與蘇聯取一致態度，也主張停戰撤兵。於是英法形勢孤立，受到了重大的失敗，那塞以此氣勢更為張大。但那塞所認為救命恩人者是蘇聯，對於美國並無感激之意。美國這樣雖然在中東取代了英國的領導地位，但英國在中東的困難，也以此落在美國的身上了。

從此以後，那塞與蘇聯的關係更密，中東形勢愈呈不安，於是到了去年先有約坦的危機，繼有土叙邊境的緊張，美國提出艾森豪主義，希望安定中東，但是在那塞阿拉伯民族一致的號召下，除了伊拉克與黎巴嫩，却鮮有敢表示接受艾森豪主義的援助者。迨至今年，那塞竟將埃及與叙利亞合併而為阿拉伯聯合共和國，並使也門加入為聯邦之一，沙地阿拉伯以此放棄親美政策，而標榜中立。接着黎巴嫩內亂，約坦軍人異動，伊拉克竟以政變而國王首相俱被戕殺。英美不得已乃出兵黎巴嫩與約坦，以圖保全其中東利益。

目前那塞在中東，其形勢正有如二次大戰前希特拉法西斯主義活躍的時代，這裏稍有不同者，希特拉初時並未受到蘇聯的支持，而那塞則自始即與蘇聯相勾結，故尤為可慮。那塞自一九五四年政變取代那吉勃總統地位，以後中東形勢即呈緊張，每年都有危機，我們在上面已略有叙述，以一九五六年底運河戰為樞機，最初由於對英國的行動，美國不與合作，以後美國居領導地位，但是美國的安撫政策，亦未能有何等效果。

三

由今日的英美的政策，我們明白可以看到是不願與那塞阿拉伯民族主義正面為敵，致為蘇聯共黨所利用，這也可說是英美在朝鮮越南等顧退讓停戰的由來。他們誤認為中共是民族主義而非真正共產主義，以為對之妥協乃可希望其與蘇聯相分離，成為遠東的狄托，倘若相迫過甚，中共將一面倒於蘇聯而更難自拔。因為此一理論，乃主張承認中共政權，與之貿易往來。不過這一政策，美國態度無英國積極，但在中東，則恰相反，美國比英國積極主張那塞交好。所以不管那塞的行動如何，英美為了避免蘇聯的干涉，致引起大戰，力主和平妥協。

但是那塞賴有蘇聯的援助，大可發展阿拉伯民族主義，向英美索取得利益，沒有退讓的必要。於是英美的政策，武力解決既意所不願，只好設法支援中立而親西方的民族主義以與那塞中立而親蘇聯的民族主義相對抗，藉以阻止其發展。這就過去完全支援親西方的政權來說，顯為一種退却，因為親西方的政策，由那塞阿拉伯民族主義的宣傳，乃是背叛民族的，所以如伊拉克的努利沙特首相竟一夜之間而被推翻，黎巴嫩的夏蒙總統卒不得不代之以比較中立的陸軍參謀長希哈勃將軍，約坦國王胡塞英，那塞公開指為要如其祖父一樣為阿人所殺死。英美為了避免這種指責，最近乃不惜承認伊拉克新政權，主張黎巴嫩與約坦的中立化，竭力想擺脫武力干涉，而爭取阿拉伯民族的好感。英美的新政策能够成功嗎？

今日形勢，那塞已成阿拉伯民族主義的象徵，過去與那塞相對抗的伊拉克首相，現在反被視出賣民族利益的叛徒，其次，會想與那塞對抗的沙地阿拉伯國王，他也失勢閒居，質言之，在阿拉伯國家中竟無一人可與相抗爭者。蘇聯有那塞可資利用，而西方則無其人。且如所謂中立化計劃，以之防止外力的侵入，倘可發動國際的干涉，但若其變動出於國內的顛覆活動，如今日的伊拉克，則國際的武力干涉不得而施。英美對之，有什麼挽救的方法呢？

總而言之，那塞一日受蘇聯的利用，則中東固不可能一日保持安定。對於這位中東的小希特拉，西方若不能滿足其大阿拉伯主義的野心，他決不會離去蘇聯而從此罷手。西方既不能完全退出中東，坐視以色列之為其所消滅，就不可能與那塞求得妥協。而蘇聯政策，其利用那塞，固在削弱西方的勢力，但同時亦在壓迫西方讓步於歐洲問題。西方能有什麼方法，可以把小希特拉的那塞從蘇聯手中，爭取過來呢？

二十年前，歐洲神經戰的結果，希特拉與史大林携手，終於爆發大戰，現在中東的冷戰，小希特拉的那塞四五年來，完全是赫魯曉夫手中的好工具了。無怪中東時局始終動盪不安了。首腦會議的結果能夠把中東時局安定下來嗎？倘若不然，結果怎樣呢？明年就是歐洲大戰的二十年紀念，這就值得我們的注意了。（完）

台北通訊

最近台北的二三事

寒叔

一、中共打錯了主意

我現在坐在電燈下來為你們寫這次通信的時候，正在我今天兩次聽到前線的捷報以後：一次在中午，由馬祖前綫傳抵台北，說今天午前十一點四十七分，我方軍刀機七架，與共方米格十七式機八架發生空戰，結果共機兩架，在馬祖南的二十海里的天空，被我機當場擊落，另一共機中彈，也可能被燬，我機安全返防。第二次在下午六時左右，說我方炮艇與共方炮艇七艘，在平潭島附近發生遭遇戰，結果經過二十分鐘炮戰，共方炮艇一艘被我方熾烈的炮火擊沉。

這兩度同日發生的捷報，我知道你們早已知道，其所以還要為你們提一提，乃是我知道政府這次確有不惜任何代價堅守金馬的決心，甚至美國是否協防金馬，也不在他們的考慮之列！假定共方狃於大陳的往事，以為一經威脅，我們便將撤退，便是打錯了主意！在半年以前，我曾在金馬兩地分別視察兩天，以當地防禦工事的萬全，士氣的旺盛，中共即準備十萬人作為奪取金馬的犧牲，也無把握，這是我敢向你們保證的。

二、台灣人研究自治

另外有一件事值得向你們報告的，便是台灣本省人士吳三連、李萬居、郭雨新、高玉樹、王地、李元載、許世賢等七十七人，簽名組織『自治研究會。』這簽名的七十七人中，包括省議員及縣市議員各十餘人，刻已成立委員會，並已正式辦理立案手續，惟尚未奉到批准。

我們知道這件事已醞釀了一年以上，發起這個組織的人，基於他們切身的利害，確實抱有非常的決心，不達目的不止。同時我們也知道：這一群人的姓名，海外知道的或者不算太多，但就台灣本省來說，則無一非知名之士，其言論行動足以代表台灣大多數的人民，可以說毫無疑義。依據憲法規定，關於省自治的條文，列舉得非常清楚，只要他們不違反反共復國的國策，又不與憲法相抵觸，他們以本省人而研究本省的自治，於情，於法，於理，政府是沒有理由可加以拒絕的。不過我依然躭心：政府的開明人士自然很多，但蠻不講理的人也並不是沒有，假定這部分不願講理的人，戴上有色的眼鏡，也可能把一件本來十分輕鬆的事，弄得非常嚴重，卻也難說，我們姑且靜聽下聞吧！

三、陳院長茶話餘波

上月十七陳誠院長在台北中山堂光復廳茶會招待立委，陳曾針對文委員羣（江西人）的發言大發過一次脾氣，我知道海外的若干刊物已曾有過詳細而正確的報導，不願在這裏複述。但當時茶會上有一位出席的政務委員，正和一位坐在他傍邊的女立委低頭說話，忽然聽見陳院長拍桌子的聲音，乃大吃一驚，等到完全明白陳院長說話的內容以後，他乃說：『大可不必這樣。』最近我還聽說：上月某日，陳院長赴草山交卸教育長（後任為張其昀）時，他對他當日在茶會上的說話有所辯護，並且還提到另一位江西人王又庸，認為都有問題，意在說明他的發脾氣沒有錯，這大概算是那次茶會的餘波了。最近我和兩位出席茶會的立委見了面，問他們對這件事的觀感如何？他們兩位中的一位對我說：『這次所爭執的乃是一個「聽話的態度問題」，聽話應以「話」為本位，不應以說話的「人」為本位，如果「話」說得對，便是兒子說的也不能不聽；說得不對，就是老子說的，也不見得非聽不可！』我覺得他這個話說得很持平，但是不是值得陳院長參考，當然又是另一問題了（八月十四日晚九時於台北）

大陸通訊

從捉麻雀談到建築藝術

皓夫

三弟：你六月二日的信，我早已收到了。現在，上級號召我們，「幹勁冲天」，一個多月來，我也忙着撲蒼蠅，捕老鼠，捉麻雀呢！像我這樣一大把年紀，撲撲蒼蠅，捉捉老鼠，倒也沒有什麼，說到捉麻雀，那你也許要笑了。報上曾經刊載過，有人為了上房子，到屋簷邊捉麻雀，以致跌下來，傷了身體，你也許以為我這大把子年紀去捉麻雀，也許有危險。其實，我是根據許多專家研究來的結論在捉，並沒有危險的。據專家說，麻雀的續飛力有限，通常每隻麻雀最多只能在空中連續飛行四個小時，超過了四個小時，麻雀就會自動跌下來，讓我們去活捉了。所以，我們的辦法很簡單，讓小夥子們上屋簷的麻雀巢裏去抓，如果麻雀飛了，沒有抓着，我們大家就拿着竹竿一類的東西，到處搖旗吶喊，使麻雀不敢着陸，等到麻雀們慌慌張張的在天上連續飛到四個小時以上，麻雀自然就乖乖的跌下來了。所以，你不要以為我這老頭子捕麻雀有危險，其實是沒有的，最近我每天都這樣幹勁冲天的捉麻雀，我口裏也從來沒有說過疲勞呢！我常常在想，比之那些「自願勞動」和那些「被勞動改造」的成千成萬的人，我這種「幹勁冲天」，實在已經是太享受了啊！

究竟上了年紀了，勞動之後，又幾乎每天都要開會，每天都要學習，最近，我們大家又趕着到廣場上對中東問題去示威去表示抗議去遊行，所以這就是一直沒有和你寫信的原因之一。

中東與山東

中東問題初初發生時，因為大家對世界情形知道得太少，不消說「伊拉克」這三個字是什麼東西，許多人不知道，什麼「黎巴嫩」，還是「嫩巴黎」，大家也搞不清楚，甚至還有熱心的積極份子在山東省地圖上找伊拉克、約旦和黎巴嫩，後來還是上級指示，事情是發生在中東，不是在山東，大家才沒有再在地圖上找了。在上級沒有指示以前，也曾經有積極份子問過我，我雖然曉得什麼是中東，但像我這種老牌知識分子，怎敢教導積極份子呢！何況，現在的一切都是政治掛帥，如果說錯了，我被誤會是在替帝國主義助威，那可吃不消，所以，我沒有多說。事實上，你可以想像得到，我從前所有的書藉都已毀了，最近幾年又很少在報上看見中東的新聞，對於中東，我實在也是陌生的。我尚且陌生，更難怪有人把中東搞成山東了。你來信沒有詳細敘說中東問題，其實不談也好。我們反正都是要抗議要示威的。

你來信問老九的情形，老九現在身體還不算壞，讀書也很用功。不過，老九很落伍的是他那頭腦，始終對哲學不感興趣，對辯證唯物主義以及馬列主義不大懂。他現刻在大學裏學建築，大學黨委認為他太看重技術，太不看重政治和思想，大學黨委來訪問過我三次，每次都是談老九的學習態度問題，總覺得他本科成績固然不錯，但政治水平趕不上。同時，認為老九對於蘇聯建築藝術雖沒有發表過反對言論，甚至也還曾經屢次在小組學習時表示擁護，但大學黨委說他對蘇聯建築藝術的擁護似乎有點不夠熱情，換言之，就是缺乏狂熱。但你知道，老九的性格就是冷冰冰，對政治從來不感興趣，對本科才是有興趣的。

東德訪問團的批評

最近，一個東德建築師訪問團，到此訪問，抵達時，老九和他的同學們都在黨委領導下到機場歡迎，訪問團也到他們學校參觀過。對於德國，老九是很有好感的，所以，這一次東德建築師訪問團到來，老九倒很有興趣。訪問團曾經和許多學建築的學生談過話，老九也是其中之一，老九很高興，大學黨委也曾經說東德建築師們是很了解馬列主義的，也是最傾心蘇聯建築藝術的。但隨後傳出了消息，東德建築師訪問團看了中國大陸模仿蘇聯建築作風之後，卻大力抨擊大陸建築師們不該模仿蘇聯建築藝術作風。東德建築師訪問團離此前夕，曾舉行座談會，訪問團團長東德亨波爾物大學建築系主任希賴伯瑞特教授在會上發言，他說：中國傳統建築藝術諸如宮殿、廟宇帝王的陵寢以及人民的住宅、園林等都很優美，實在不必盲目去向任何外國模仿。

代表團團員威瑪工業大學校長安格伯格爾則說：中國建築師應放手大膽創造，不要被任何外國的教條所束縛。他又說：尊重傳統與完全復古是兩件事。最近，完全復古的傾向雖然有了糾正，但在另一方面卻又沒有擺脫斯拉夫式的建築藝術影響。而這是和完全復古同樣不對的。

對於華北的住宅建築問題，代表團團員賀甫教授認為四合院的住宅就恰恰針對這現象起着作用。和許多住宅背向街道一樣，它正是防風沙的妙法。現在拋棄了這種妙法，向莫斯科紅場那樣的注重廣場，結果當然是到處飛沙走石了。

還有一位訪問團團員更指出上海有個新建的醫院，很像哥薩克騎兵的馬廐，又低又濕，衞生條件完全不合。此外，他們還提了許多意見，據老九回來說：大學黨委即將在學校裏召開小組會，研究和評論東德建築訪問團提的各項意見，每一學生都得發言。老九正愁着他該怎樣發言，如果說東德訪問團的意見對，又怕上級批評他有反蘇觀念，同時不懂得政治掛帥，只知着重科技。如果說訪問團的意見不對，又找不出理由，老九問我，我也茫然。好，我現在要和老九再討論這問題了，其餘以後再談。

你的大哥

八月五日

金邊通訊

柬埔寨的搖擺

望餘

柬埔寨在幾天前宣佈正式承認中共，並將互相在國都設立大使館，美國國務院的發言人表示了「遺憾」和「驚異」。其實呢，「遺憾」也許，「驚異」倒是不必的。在現行的西方政策之下，柬埔寨之終有一天承認中共，應該是意料中事。每一次，當記者從白馬度過了週末，驅車行過那條其平如鏡的，預備從貢不直達金邊的大道時，總不免想起到將來在這條美援大道上馳驅的，怕不會是塗着鐮刀或五星徽號的坦克。

要了解柬埔寨之所以終於承認中共，或者先須了解它之所以採取了中立政策。有人覺得奇怪，何以一個賴美援為活的小國，卻拒絕了追隨西方。但柬埔寨似乎覺得為了自己的安全着想——那一個國家不是先着眼於自己的安全？——只有中立一途可走。記者曾有一次和一位曾任柬埔寨首相而思想上絕對反共的人物談到這個問題，這位人物曾反問記者：「要是柬埔寨一面倒親西方，一旦有事時，誰來保障柬埔寨的安全」？是的，誰來保障柬埔寨的安全？柬埔寨人是決不相信西方國家會為他們而戰的。一九五四年它們不會為越南而戰。那時法國起初硬說越南問題是法國的內政問題，不容別人干涉。到了奠邊府危急之際，才轉口說那不是法國的內政問題，可是來不及了。英國完全無意於作軍事冒險，美國起初是劍拔弩張，後來卻又以不願單獨行動為藉口，讓越南被宰割了一大半。這些史實所給人的印象太鮮明了。一九五四年的西方國家如此，一九五八以後的西方國家會忽然強硬起來嗎？有什麼証據可以使人相信美國——遑論英法——將為一個比越南更不重要的蕞爾小邦一戰呢？東南亞公約？那是誰也欺矇不了的。它雖然也把中南半島的三邦列入被保護地區，但要希望簽字國採取有效的行動，卻必須被侵略者提出請求，然後經由簽字國按照其各自的憲法程序，決定態度。於是問題還是一樣：美國國會通過為柬埔寨而戰的議案嗎？太難想像了。

既然如此，柬埔寨為了它自己的安全着想，它不該捧住周恩來——尼赫魯的所謂「五項原則」來作為護身符嗎？柬埔寨知道，法國已經鎩羽而去了，西方國家對它不會再存帝國主義的野心，要是有外來的威脅的話，那必然是來自中共和越盟。他們以為採取中立政策，可以緩和來自共方的威脅。

可是，既然中立了，人們就必須料定它總有一天得走上承認中共之途。印度、緬甸不是中立而又承認中共的嗎？美國的承諾本是最好的，但當美國不能給予承諾時，亞非集團的聲勢反而更可依靠。還有，中共不也正在對柬埔寨作所謂無條件的經濟援助嗎？既能對它威脅，又還在對它援助，在台灣與北平之間，你想柬埔寨應該選擇那一個？

在這裏，我們實在涉及了一個這樣的問題：對於一個弱小不能自保的國家，美援即使運用得最好，（在柬埔寨是不能謂為運用得好的，這只好待有機會時再說）也還是不夠的。人民生活改善了，共產主義的病菌便侵入不了，這誠然是一種深刻的見解，但並不是真理的全部，也不是問題的全部。這一類國家更感迫切的不是別的，而是政治保障。西方國家沒有決心給這類國家以安全保障的承諾，則無論把多少金錢物資投下去，其結果都有像記者在篇首所提到那條其平如鏡的大道究將由誰來使用的憂慮。

至於柬埔寨，我們倒也不能就此下結論，說它此後將變成一個親共國家。這個八口不滿五百萬，為兩種尖銳對立的勢力所包圍激盪着的國家，是不可能有一成不變的偏於一方的政策的。它仍將惶惶恐恐地把定中立路線。施漢諾王子無論如何習於輕率從事，至少也明瞭一點：共產黨在柬埔寨猖獗起來時，首先受害的將是皇室。就算這個八瘋狂到極點，一味自掘墳墓，許多老成持重有識見有權位的人物也決不能讓他一手把柬埔寨斷送。柬埔寨的政局將有一個長時期的動盪不安，除非把亞洲的禍根——中共除掉。它今天可以表現得親共一點，明天又可以表現得親共一點的，全看內外勢力的激盪消長而轉移。所可慮的只有一點：在親共時共黨的滲透活動即乘機深入和擴大，只怕有一天施漢諾也再控制不住，那時類似伊拉克的變化就可能再在亞洲出現一次了。

雨季已到，湄江河水正幽徐地從那金碧輝煌的王宮前倒灌入洞勒薩波湖，為高棉人培產萬千肥美的魚類。扶疏十丈的林梢，傳過來竹琴的幽韻，有高棉少女輕聲曼唱。一切是靜穆而和諧——但這種和諧又知道它還能維持多久？當共產主義者正處心積慮地要把這個寧靜的古國變成一個血腥四溢的奴工營的時候？就很難說柬埔寨決不會被洪流淹沒了。

（七月廿五日於金邊。）

中華民國的三度厄運（下）

（民國史話之一）

左舜生

張勳，字少軒，江西奉新人，少年時便投效廣西軍，隸蘇元春部下，算是行伍出身。他曾參加過中法戰役，累保至參將。甲午中日戰爭，他屬毅軍馬玉崑部，曾參加過奉天的防守。袁世凱小站練兵，他曾充管帶，但與袁的關係不深。庚子拳亂，他統巡防營防勦，叙功擢副將。『兩宮』出奔及辛丑『回鑾』，他有『護駕』之勞，因此頗為西太后所賞識。日俄戰役，他在奉天，節制三省防軍，賞黃馬褂。

辛亥革命時，他任江南提督，駐兵浦口；他曾與當時的兩江總督張人駿，將軍鐵良共同防守南京，一度予當地起義的新軍以打擊；等到江浙聯軍把南京攻下，張人駿與鐵良均逃往上海，張勳乃帶着他的兩萬『辮軍』退駐徐州；於是清廷命他為江蘇巡撫，兼署兩江總督。清帝退位，袁世凱取得中華民國的臨時大總統，對張仍多方敷衍，其目的在保留這一部分的實力，希望必要時可為他效忠。

民國二年，因宋案而發生二次革命，張奉命首先攻入南京，袁乃任他為江蘇都督。可是當辮軍攻入南京時，對當地的日本居留民曾有所騷擾，日本對他督蘇提出抗議，袁本來不認他是『自己人』，得此外交口實，乃調張為長江巡閱使，而以蘇督一席給予了他的親信大將馮國璋。張藉口江蘇也屬長江範圍，因此他仍蹯踞徐州不動，馮雖十分難過，可是也無可如何。

民六復辟這一幕，表面看來自然近於滑稽，可是說張對當時一般情勢毫不了解，也正未必。

第一、其時去清室之亡不過五年，已經過一度二次革命的戰爭，一度推翻袁氏的護國戰爭，而地方局部的動亂還不計算在內；加上約法被毀棄，國會被解散，袁死黎繼，而黎元洪與段祺瑞之間，又因府院權限問題而鬥爭不休，一個初步的民國體制，自始未能樹立；清非亡於暴君而亡於腐敗與衰弱，其召致衰弱的主要原因，則為對外的歷次失敗；自入民國以後，腐敗未見減少，而外力的壓迫却有增加，甚至像日本所提的二十一條，也只能俯首屈服。這在當日一般無知無識的老百姓心目中，民國確實不見得比清朝高明，能有『眞命天子』出現，或由『宣統皇帝』重登大寶，未始不是他們下意識的要求。

第二、其時清室的遺老重臣，多數健在，大抵散居於大連、青島、上海一帶，沒有一天拋棄他們復辟的希望；其他因民國出現而失業的多數芝蔴綠豆之官，也滯留在他們原來服官的各省，而無法返回故鄉，其留戀清廷，詛咒民國，自更不用說。加上民國對於清廷，原有一種過分的優待：不獨溥儀的帝號未予削除，而且依然讓他住在故宮裏面，其朝儀體制，較退位以前，不過具體而微，這也確實給予一般人一個隨時可以復辟的暗示。徐州居南北要衝，張對復辟的主張既毫不隱諱，於是這班遺老及其他失意分子，乃仰『辮帥』如神明，以得一望顏色為光寵。張本來是一個頭腦單簡而又虛榮心極重的人，自亦樂得有這一班人為他張目，因此復辟運動乃一天一天趨於成熟。

第三、當袁歸葬河南的時候，一般北洋的官僚軍閥，原已集中在彰德有所會議，其目的即在商討北洋團結及其實力的保全。據說這次『彰德會議』由徐世昌主席，而主張復辟便是他們所得的結論之一。因此在張勳心目中，這般北洋的官僚軍閥之不會反對復辟，他是確有把握的。同時，張本人在徐州原已有過三度會議，加盟者由最初的七省，增加到十三省，而張則儼然以這一督軍團的盟主自居。南京的馮國璋，其地位是副總統，也就是北洋派的老大哥之一；廣西的陸榮廷，在倒袁一役中，已取得了西南軍閥領袖的資格；張覺得只要把馮、陸特別拉攏，其餘的人便不會有什麼問題，因此他對北馮南陸這兩位較有特殊地位的人物，事前也着實下過一番工夫，以為這樣一來，總可萬無一失了。

以上都是說明張在復辟以前的看法和佈置。為了國會問題，對德絕交與宣戰問題以及若干內閣閣員的去留問題等等，黎、段衝突已鬧到了白熱化，延到六年的五月二十三日，黎在忍無可忍的情況之下，乃毅然將總理段祺瑞免職，段即退往天津，於是擁段的督軍們乃紛紛宣告獨立！張勳不參加獨立而採取了比較超然的態度，黎誤認借張之力可對付督軍團，乃請張北上調停，張以六月七日率領辮子軍六千人赴津，到津即逼黎下令解散國會；六月十四日張到了北京，即積極作復辟準備，以為水到渠成，決無問題。可是為他意料所不及的，乃黎到了萬分危急的時候，居然重命段為總理；段為了挽回自己的威信與地位，又居然親自出馬；同時，張所帶到北京之兵，不過他全部辮軍的三分之一，而且極不耐戰，一經與李長泰、馮玉祥等部接觸，即紛紛繳械，剪辮投誠；於是張大帥的一切希望付諸流水，而復辟一幕也僅在民國史上留下一個笑柄而已。

近代詩話

狷士

章太炎先生雖近代通儒，而詩名為學術所掩，近體詩尤絕無僅有，民初先生應袁世凱約入都，嘗有七絕四首云：「時危挺劍入長安，流血先爭五步看。誰道江南徐騎省，不容臥榻有人鼾。」「懷中黃素聲猶厲，酒次青衣淚未收。一樣勳華成賤隸，諸君爭得似孫劉。」「歌殘爾汝意春容，伸足誰知在局中。笑煞後來陳叔寶，獻書猶自請東封。」「威儀已欵漢官消，纔鬚諸于各自聊。明鏡不妨相曉照，阿龍行步故超超。」

太炎近體五律，尚偶為之，七律則殊少見，嘗見其贈孤桐一律云：「十年誓墓不登朝，為愛湖湘氣類饒。改歲漸知陳紀老，壘才終覺陸雲超。長沙松菌無消息，樊口鯿魚乍寂寥。料是瀛洲春色早，羈人樓上更迢迢」。

梁任公嘗自言其文勝於康南海，而詩與字皆不及，彼極稱南海之詩，謂能以中國詩歌描寫外國景物與思想。顧其為詩，多為一時興到，發抒鬱勃而作，隨手散佚，都不留稿，當其為舉人時，已文名藉甚，丁酉游食廣西，城外有隆祐寺者，元祐黨碑所在地也，碑石尚存，群公方為游賞之會，南海賦詩云：「嫗相薰天錮黨人，鞭龍笯鳳已千春。即今隆祐年間路，猶為遺碑動馬塵。」氣象萬千，一時擱筆。然戊戌黨獄，竟成詩識矣。

談當代畫壇

王世昭

當代中國畫壇約分四大派系，其一，是中國畫系；其二，是西洋畫系；其三，是以中國畫為主，以西洋畫為輔的，吾無以名之，命之名曰中西合璧畫系；其四，是模仿東洋採自中國畫風，而又滲以西洋畫的透視與塗抹，造成自己的風格，影響到中國來的一派，吾亦無以名之，為擬其名曰中日合璧畫系。

一個民族的藝術成就，如以正反合三段論法來說明，似乎稍嫌不夠。何以故？西洋邏輯學的原理，如應用在藝術上，我覺到有點簡單。前天夜裏，我睡在床上，想來想去，冀求解答，結果，我發現了五大原則（其實，這已很接近印度的因明學），即：一、正。二、反。三、反中正。四、正中反。五、合。這五段論証，我想無論用在任何知識上，或許藝術上，必[illegible]來為之一變，又因耶穌教東來，為之一變；這兩個變，佛教的影響却大過耶穌教無數倍。到了今日，所謂[illegible]中國畫，即[illegible]中印度交相影響[illegible]中國畫（尤其[illegible]人物畫！）。而印度的畫，又與希臘文化結了不解緣，所以，中國畫中，是遠紹希臘，近師印度的。

而西洋畫呢？也必然要遠溯希臘，近師羅馬——即拉丁文化。而其發展，則與東方大異其趣，其方向也就各不相同了。

中國畫重創造而不離實在，而西洋畫則亦重視創造，但是有些却完全離開了實在，幾乎使人看不懂。不過，他們畫的領域比我們擴大了，這種擴大，不是直訴於感覺世界，而是超越感覺世界，向理想的世界去捕捉，新的興趣，新的氣氛，新的題材。

畫，照理是不能離開形象的，我們也可以說，沒有形象就不會有畫。但近代西洋人却不然，他把線，點與顏色打成了一片，自成其為獨特的畫風。這種畫風，與東方人所意想的完全不合，可能使東方與西方的藝術橋樑——希臘——也斷了。也許，東方人在這一方面暫時比西方人落後了一些，也說不定啦！

不過，我還是固執我的成見，「正」，「反」，「反中正」，「正中反」，總有一天是要「合」起來的！

賀新郎　敬步某前輩韵

君左

水繪園中水，廿年前徘徊依慕，陳迹難指。三世深交同骨肉，百代風流同喜，數天下無如此美。烽火淮南鴉背冷，被罡風一陣吹來此。家國恨，泫然矣。　而今枉自將愁理，悵前輩凋零殆盡，所存無幾。魯殿靈光惟霍叔，目極神州千里，憑一瓣馨香遙寄。嘉話春秋圖卷展，看滿腔幽憤猶如是。眼中淚，心中事。

前調

舜生

頃見某前輩賀新郎詞，悲涼淒麗，讀之殆難為懷，君左已有和作，輒復效顰，賡歌一闋。

吳淞半泓水，卅年間匆匆一夢，歸期難指。蠻觸蝸爭爭一瞬，得失何關憂喜，且一覽江山信美。謾言豎子竟成名，數今來古往多如此。拔劍起，雞鳴矣！　家園破碎從頭理，為問他沐猴冠帶，屍居能幾？少時徒侶沉淪久，淚眼看雲萬里，只賸有相思堪寄。待從容攬轡登車，幸壯懷激烈今猶是。共携手，事所事。

和天石春游余墅原韻

鄭水心

水碧沙明又一灣，樓臺花木對春閒，引吭赴節疲簫管，隔座傳觴響珮環，詞客先成青玉案（謂君左），暮雲不見紫金山，江南風景勞追憶，脈脈斜暉有夢還。

題立聲荒山孤亭圖

前人

亂麻潑墨破鴻濛，木末飛雲一徑通，猶有空亭愛幽獨，年年無語待春風。

曹操的心理作戰

劉裕畧：心理作戰叢談之二

曹操是一個具有多種才能的人。舍輝煌的文學造詣不談，其善於用兵，諸葛亮就恭維他彷彿孫吳。實則，除戰場用兵之外，曹操尤工心戰。美國心理作戰專家林伯樂教授曾稱賞曹操「先發矯詔，馳報各道」，假造天子密令，糾合各方以聲討董卓的事。不過，曹操心戰傑作，却還在赤壁之戰的時候。

魏志：建安「三十年春正月，公還鄴，作玄武池以肄舟師。」舟師即是水師，乃技術兵種，非短期訓練所能成功；鄴城內原有玄武苑，曹操鑿池其中，其池之小，可以想見。半年後，曹操即出師南征，此一水師之不能作戰，曹操當然知道。曹操之所以如此這般來搞這一水師，無它，旨在攻心而已。蓋荊州劉表江東孫權皆有水師也。其後，荊州水師投降曹操，其人數也不過七八萬人，但曹操却立即寫信給孫權說：「今治水軍八十萬，方與將軍會獵於吳。」如此誇大其兵力，意在恐嚇孫權，逼降孫權，亦心戰也。不要以為這種心戰無作用，孫權手下以張昭為首的主降派，即受了此種心戰的一些影響。事實上，不僅此也，曹操當時還有另一心戰在配合。

原來荊吳之地與曹操的關係極淺。荊州劉表與劉備又皆皇室。皇室在當時是很有聲光的。曹操雖有實力，却只是漢朝的一個權臣，以漢朝一個臣子的身份來攻打皇室，在政治號召上總是有點名不正言不順的。為此，曹操知道此次南征，除了依靠自己的軍力外，還得在心理上增強政治號召。於是他在南征前一個月，斷然改組漢獻帝劉協的中央政府，罷三公之官，改置丞相，按漢朝政制，前漢設丞相，後漢不設丞相，只設太尉、司徒、司空三公、丞相本宰執重任，秦及前漢皆設之。後漢分置三公，其用意即在避免丞相專權。但曹操這時候為了增強自己的號召力，為了對劉表、劉備、孫權用兵，就取消三公制，仍置丞相，並且就以自己作了丞相。他既變成了漢帝的丞相，自然就可以假借漢帝的名義來號召各方了。這種加强政治號召的作法，就正是一種政畧性質的心理戰。張昭認為曹操挾天子以征四方，江東不可與之抗衡，正是中了曹操的這種攻心作用。說到這裏，我們又不禁想到曹操以優勢兵力作戰，尚且知道在攻心的政治號召上用力，今日台灣欲以劣勢兵力反攻大陸，如果沒有適當的政治號召以引發大陸民心的共鳴，那還行嗎？

頌橘廬叢錄

陳散原　曾克耑

先大父伯厚公晚居燕，而余屬蜀都。大父故善草書；家書亦以草行之。余時年十二三，見而心喜，亦以草作稟，大父則遺書斥之曰：小子學書，當先致力楷法。楷書工乃能為行草。不可躐級而登也。」余心殊不平。以為大父能為之，獨禁我之作草何邪？乃于肆間得草韻百訣歌等，試摹之。間又以攀溶水書，而以墨塗紙背。紙之着攀者，皆不為墨侵，白如堊，大類世所行碑帖。以呈吾父，吾父甚賞之，以為非我書。蓋孩子弄筆，悉出天眞，有時或偶合古法而不自知；故吾父賞而疑之也。其後北游學燕都，得石印懷素自序則大喜。以大父嘗推懷素書為草書第一，時時臨寫之[illegible]（一）

聯合評論

週刊

United Voice Weekly

本刊已經香港政府登記

每逢星期五出版

第三號

督印人：黃宇人

總編輯：左仲平

社址：九龍金馬倫道三十八號三樓

電話：六一四一三(61413)

承印：田風印刷廠

香港高士打道二二一號

售價：每份零售港幣一毫

總代理：友聯書報發行公司

從抗日看反共

胡越

回顧大陸淪陷，我五億七千萬同胞遭受共產黨的宰割，倏忽已近九年了。在抗日戰爭的第八個年頭，我們已經脫除戰爭的苦難，高唱勝利的歌聲；可是當我們已臨反共抗俄九年的今天，強敵依然頑在，政府仍困處偏安，距河山重光之期仍不知幾遠，大陸同胞仍面臨茫茫無期的慘淡歲月，兩相比照，怎能不令人慄慄危懼，焦憂如焚？

回憶在抗戰期間前方犧牲之慘烈，後方生活之艱苦都遠過於今天，可是當時大家只要想到一句話：「中華民族不會亡」！便會心安理得，勇氣倍增；雖在烽火流離之間，穿草鞋，吃糙米，枕磚頭；但仍洋溢着歡天喜地的情緒，昂揚着精誠奮發的氣象。可是今天，我們鬥而不戰過了九年「太平」生活，歲月蹉跎，反攻無期，人心不振，士氣不高；天海茫茫，陷於空前未有的消沉與苦悶。

何以抗日時期有那樣的旺盛的氣勢，何以今天反共陷於如此尷尬的局面，這不深值得我們痛切檢討嗎？

如果我們不諱疾忌醫，我們必須承認，與抗日戰爭相比，今天的反共戰爭正存在着左列三大缺陷。

一、沒有舉國一致的陣容

抗日戰爭一開始，政府就召開廬山會議，集全國各層各界、各黨各派的賢俊於一堂，奠立了堅持抗戰的大方針；接着是解除黨禁，使青年黨、國社黨等各黨派從地下狀態變成合法政團；此後又有參政會的設立，做爲宣達民意溝通朝野的機關。在這些「政通人和」的措施之下，乃完成舉國一致，上下一心的抗戰陣容；因此歷經無數次嚴重的挫敗，堅忍慘烈無比的犧牲，而「人不分男女老幼，地不分南北東西」能貫徹始終追隨政府奮鬥不懈者，主要因爲有舉國一致的陣容，全國軍民能夠同心同德。反看今天的反共陣容，則是內爭未已，上下離心。爲甚麼弄到內爭未已？這因爲執政的國民黨違離憲法，一黨專政，排除異己，包辦反共；在抗日戰爭時，國民黨解除黨禁，布誠天下，把敵人變成朋友；可是今天國民黨一黨獨尊，把遵照憲法談民主自由的人看成「共匪思想的走私」者，把朋友當做敵人。爲甚麼弄到上下離心？抗日戰爭時期，國民黨能夠開放門戶與各黨各派團結合作；而今天則講求「忠貞」，圈子愈劃愈小，甚至小到一家一姓，弄到黨內外的志士反共無路，報國無門。因此國民黨如果不能開誠布公團結所有反共力量，照目前這樣各自爲戰下去，我們對反共前途實難抱樂觀。

二、缺乏鼓舞人心的目標

今天官方人士每喜歡把反共戰爭稱爲反共抗俄，有意把反共戰爭簡化爲民族戰爭拿來與抗日戰爭相提並論。無可否認，今天的中共政權的確有若干附庸性，有媚俄政策亦的確遭受全國同胞所憎恨，高舉民族主義的旗幟也的確是反共的一個有力原則，但是如果把反共戰爭看成單純的民族戰爭，則不但是錯誤的並且是危險的。因爲民族主義不是我們反共的最後目標，主要目的。希特勒和莫索里尼都是偉大的民族主義者，但是他們却帶給德意兩國人民慘酷的災難。這因爲只講民族不講民主，獨裁的民族主義即是極權主義。因此今天的反共戰爭主要是以民主反極權、以自由反奴役、以人性反物性、以人爲目的反以人爲工具的戰爭。

從上述來看，今天政府必須遵守憲法、實行民主、保障自由；如此才能樹立風聲，與民更始，重振反共形勢；否則大義不立，所謂反共抗俄不過是一黨一派一人一姓攘奪政權的私爭而已，嚐盡「革命」苦頭的老百姓，又何必管此閑事呢。

三、缺乏主動進攻的信心

政府高唱反攻九年，可是最近金馬炮聲一響，就忙於疏散，鬧得人心皇皇。悠長九年的歲月，不但沒出現反攻的局面，並且反處於被攻的困境，當政者何以對國家？又何以對人民？

官方人士總說反攻時機尚未成熟，請問到甚麼時候反攻時機才能成熟？有人替他們辯護說礙於中美協定，反攻大陸必須徵得美國當局同意，請問爲甚麼讓中美協定束縛反攻的主動權？果眞如此那不是自暴自棄嗎？如此還宣揚今年反攻、明年反攻？那不是自欺欺人嗎？其實美國人何嘗不願意台北當局眞能夠收復大陸。即使美國人怕戰爭，不願國軍進攻大陸，如果我們眞有把握，國軍一登陸，共軍就會紛紛陣前起義，大陸同胞就會「簞食壺漿以迎王師」，那我們還等待甚麼，遲疑甚麼？有人曾經對我解釋，韓戰當時國軍所以未能乘機反攻大陸，是因爲財政有赤字，不能支持大規模軍事行動，還有武力裝備還未充足；請問美國獨立戰爭時，十三州的政府財政如何免得赤字，他們軍隊的武力裝備何嘗充足？上述這些都不是眞正的問題所在。問題在於台北當局缺乏主動進攻的信心，這因爲在政治上和心理上還沒有取得絕對優勢。

以台灣之小與大陸相比，很明顯的我們無法在有形力量上取得優勢；我們只有在政治上心理上，即在無形力量上爭取優勢。致此之道則非改革政治、發揚民主、光大自由不可。如果不在這方面着手，則反攻云云不過是毫無意義的宣傳罷了。

總括上述三點，解決的辦法只有一個，那就是民主。唯有民主才能把海內外的反共力量團結起來，才能形成舉國一致的反共陣容；唯有民主才能使反共戰爭有正面的意義，才有鼓舞人心的目標；唯有民主才能爭取政治上心理上的絕對優勢，才能開創反攻的機運。

我們不愁地小兵寡，「文王百里可興」，只要能夠修德立信，天下歸心；八千虎賁足以克十萬暴君之師。我們也不愁與國外援，自助天助，得道多助；我們只要造成反攻的機運，外援終會源源而來的。我們更不愁中共的強大，因爲中共的強大是空心的，是正加速度在衰弱和沒落中；（最近中共調一師八來威脅羅湖邊境，部隊才一開到，就跑散三百多士兵，有兩名士兵已跑過羅湖橋來了。）我們只怕肩負反共責任的人們冥頑不靈，至死不悟。他們以自私和愚昧，在阻攔國運的復興；我們始終以誠懇的善意期待他們翻然改變；但是我們不能靜坐等待，要發出聲音，更要發出更大的聲音，更多的聲音，造成他們不能不醒不能不改的形勢！

赫魯曉夫安撫毛澤東

鄭竹園

毛、赫北平會談後，各方面推測紛起。有人認爲赫的東來，在勸阻中共挑動台海戰爭，有人認爲赫魯曉夫可能教唆中共在大陸沿海製造緊張局勢，以便牽制美軍在中東活動。我們的看法，始終認爲毛、赫會談在解決其「內部矛盾」，安撫的意義高於一切。

三項安撫行動

最近二週來的各項發展，証實這一看法比較接近事實：

首先，中共對蘇俄同意麥米倫的建議，在安理會中舉行高峯會議，而不顧中華民國是安理會常任理事這一事實，最感難堪。對俄共這一做法必已有微詞。七月三十日「人民日報」社論中，即曾公開表示「法國總理不贊成以安理會會議來代替政府首腦會議，這種看法無疑是明智的」。中共這一表示，乃是借題發揮，間接抗議俄共前此的決定。

鑒於中共對這件事的不滿，赫、毛談判以後，赫魯曉夫即改變態度，反對在安理會舉行巨頭會議的建議，主張召開聯大特別會議，並一再爲中共撐腰，希望使中共有機會加入。這一點很明顯的赫是對毛的一種安撫行動。

其次，毛、赫會談以後，俄共機關刊物「共產黨人」雜誌，在八月份這一期中，列舉十二名共產黨理論家時，以史達林排名第一，毛澤東排名第二，赫魯曉夫排名第三，東德的泰爾曼排第四，捷克的高特華德排第五，保加利亞的德米特洛夫排第六，劉少奇及周恩來分居第七、八位。其中史達林、泰爾曼、高特華德、德米特洛夫等，都已死亡。如以現存者而言，則毛澤東排第一，赫魯曉夫排第二，劉少奇排第三，周恩來第四，這是俄共破天荒的一項表示。等於承認中共在共產黨圈理論方面的領導地位。理論領導雖不等於實際的領導，但其安撫中共的作用已昭然若揭。

復次，俄共對中共的經援，在過去一年中有減少迹象。去年毛澤東親赴莫斯科乞援，亦無功而還。但這次赫魯曉夫回到莫斯科後，八月八日中共和蘇俄即在莫斯科簽訂一項關於蘇聯在技術上援助中共建設和擴建冶金、化學、煤炭、機械製造、木材加工、建築材料工業企業和電站等四十七項工業企業的協議。協議規定，「由蘇俄有關機構完成某些企業的勘查，研究和設計工作；提供個別車間和裝置的重複利用的設計；負責供應部份的工藝設備，儀表和電纜；以及在現場製造成套設備所需的若干專用材料；派遣必要的專家幫助安裝，調整各企業的開工生產，並且幫助中共培養能在上述企業中工作的本國幹部。」協議並規定，蘇俄無償地將產品的生產特許權轉讓中共，且提供這些企業組織生產產品所需的圖報和其它技術資料，中共只償付編製和移交上述技術資料的實際費用。這一經援協定，不簽訂於去年莫斯科會議期間，而簽訂於赫魯曉夫東來之後，很顯然地是這次北平會談的另一結果。

平抑中共不滿

赫魯曉夫對毛的安撫，一方面是企圖放寬近年來對中共的壓制，以平抑中共的不滿；另一方面是毛澤東玩弄兩面手法的結果。

從一九五六年以來，由於對清算史達林問題立場的歧異，赫魯曉夫與毛澤東間早有矛盾。鑒於毛的飛揚跋扈，赫魯曉夫不斷向中共施以壓力。最明顯的迹象，是對中共的貸款，由一九五五年的十六億五千七百二十萬元（人民幣計，下同）。減爲一九五七年的二千二百三十二萬元。到今年更全部停止，且追索舊債七億六千萬元。在去年上半年並撤退部份技術人員。這些行動都在對中共實行經濟制裁。

這一制裁行動，曾經使中共財政經濟陷入困境，助長其黨內的「保退派」。因此去年四月，中共曾決定減少本年度的經建投資，並進行縮小第二個五年計劃。去年下半年由於情況並未好轉，迫使毛澤東親自朝俄乞援，高呼以蘇聯爲首，但依舊一無所獲。在這一刺激之下，毛返北平後即四出視察農村，決定發展農業及小型工業，搞所謂「大躍進」，以土製機器代替洋製機器，以土法代替洋法。表示即使無俄共的援助，中共仍可能「大躍進」。

另一方面毛對俄共亦採取幾項含有反抗性行動，如：（一）中共與東歐各附庸國簽訂長期貿易協定，但與俄共却沒有簽成；（二）當俄共向日本發動和平攻勢，大肆攏絡時，中共却對日本採取斷然行動，切斷經濟文化關係；（三）俄共對中東問題千方百計促成談判，唯恐美國訴諸武力，中共却在大陸厲兵秣馬，擺出即將動手奪金馬的格局。這些不調和的步調，使赫魯曉夫覺得搞下去，雙方裂痕可能愈來愈大，甚至可能發生亂子。因此只好忍氣吞聲，收起威嚴，陪出笑臉了。

毛的兩面手法

赫魯曉夫的安撫手法，雖已暫時彌補中俄共的裂痕，但毛當前的許多措施，仍是玩弄兩面手法。

在表面上，毛澤東絕對承認以蘇聯爲首，處處強調社會主義陣營大團結，以打倒「美帝」爲目標。但另一方面又多方設法，保持對美國的談判。日內瓦談了三年多，目前又移到華沙去繼續談判。表示毛對這一「紙老虎」，仍並未放棄拉攏的企圖。其目的不僅企圖與「美帝」達成某種外交上的交易，而且藉此來威脅「老大哥」。這是毛兩面手法的一種運用。

目前對台灣海峽的緊張局勢，亦是一種兩面手法。對西方國家來說，是希望由於這種局勢的嚴重性，吸引國際注意力，使中共有機會以主角身份參加國際會議。對中共內部，則是藉緊張局面，來刺激工農增產，支持其所謂「大躍進」。

如果能看透毛、赫會談的眞相，並瞭解毛澤東製造緊張氣氛的內外因素，我們對大局的發展，可以保持較冷靜的判斷，來觀察局面的新發展。

文化的連帶觀

散人

「文化」，一個多麼大的名詞！什麼文化的本體，文化的類型，文化的異同，文化的階層和什麼靜的，動的，物質的，精神的，向內的，向外的，持中的，向前的等等，眞可說一句教授們編講義所最通用的成語：「聚訟紛紜，莫衷一是！」而我得在海外的民主自由運動號召之下，偏要選擇這樣一個唯一有關當前文化的問題，這叫做「乳牛不畏虎」，初學剃頭，便不由自主的碰上了連腮鬍子。筆者之所以硬起頭皮，選擇了這個難題，其理在此。「拋磚引玉」，事屬當然。

聚訟紛紜的文化觀

原來文化兩個字最普通的了解是指「文治教化」而言，凡國家民族文明進步到了某一階段，就統稱之曰文化。「文明」、「文化」兩詞，在中國都淵源很早。易經：「見龍在田，天下文明」。這顯然是說一個或一小羣德行好的人，雖然不在上位，而社會已被其化。所謂「潛移默化」，「移風易俗」，那力量是偉大的。所以在「賁」卦的象詞裏，則說「文明以止，人文也。……觀乎人文以化成天下」。歷來治易的人，就說這是「人心共由而不厭」的「大雅之文」，以別於「可暫而不相久」的文飾之文。「人心共由而不厭」，這可見是「易知」「易從」的。「易知則有親，易從則有功。有親則可久，有功則可大」。所謂「易則易知，簡則易從』易簡而天下之理得矣。天下之理得，而成位乎其中矣。（俱見易）在這裡，老實不客氣，我們就不妨大胆的說是「中國本位文化」的最古老的根源。

我們要知道文化決不是一成不變的。尤其這一個「化」字，有「強化」，有「同化」，有「腐化」，有「美化」，亦有「惡化」。天地萬物的變化，裁而成之，端賴乎人。亦就是易繫辭所說「化而裁之存乎變，推而行之存乎通，神而明之存乎人」。

因此，所謂文化，簡單的說，就是「人文向善的變化」。申言之，就是人類文明向好的方面所應努力推行，以求合於「天下之理」的一種必要的進化。也可說要使人從善的方面求得眞正和平。（近賢梁任公說：「文化者，人類心能所開積出來之有價值的共業也」。錢賓四先生說：「文化只是人生，只是人類的生活」。牟宗三先生亦說：「文化」就是「人文化成」的那個文化。人性，人道，個性，價值，就是「人文的根源」。胡秋原先生則說：「文化是性於近，習於遠的。而因文化之交流，相生相尅，最後又是趨於大同的」。──他們的說法各不相同，雖「衆說紛紜」，但大體上，可以說是「歸於一是」的。附錄於此，以資參證。）

什麼叫做善？

問題是什麼叫做「善」？什麼叫做「天下之理」？

擺在我們眼前的活活生生人類世界，很顯明的劃分爲兩個敵對堡壘，兩種相反文化（如果照共產黨黨徒自己所說，他們的奴役制度是一種進步的文化的話）；民主與極權，自由與奴役。但依我們看來，共產黨所大吹大擂的文化，明明是一種文過飾非的虛僞的詭辯。極權奴役的共產制度，絕對是違反於「天下之理」的一種極度的「惡化」。

目前的人類，就恰恰面對面的遭遇着這種形勢萬分險惡，力量十分強大的惡化的危機。共產制度，在某種限度內，確實可說是近百餘年來資本制度所孕育助長而成的一個毒瘤。歸根到底，這確然是一個文化問題。

文化的內涵雖極其繁複，文化的形成及其動向，雖極其紛歧。即以資本制度而言，最近二三十年來，實在已經有了內在的重要變化；而爲要反資本，反剝削而發生，而崛起的共產制度，竟也已很快的變成了比資本制度本身更黑暗，更悲慘的眞正地獄。所以盱衡大勢，我們如果要從根源上拯救人類文明，挽回這個當前的危機，似乎的確只有向中國文化可大可久的無限的寶藏裏去發掘。

『仁』是最基本的

然則中國文化的寶貝究竟是什麼呢？

千言萬語，中國文化最基本的道理。只是一個「仁」字，易繫辭說：「天地之大德曰生。聖人之大寶曰位。何以守位？曰仁。」這就是說一個或一小羣德行特別好的人，「繼天地以立極而法其好生之心，則代天地以宏仁必居其可爲之位」。我們今天反極權爭自由民主，老實說，一人乃至一國的關係，意義尚小；我們反極權爭自由民主，實在是應該「當仁不讓」，以天地爲心，爲生民立命，而根本立場就是這個「仁」。

孔子言仁，光在論語一書，就提到一百零五處，而詞意處處不同，眞可說是隨人隨事隨時隨地而各異。這使我們言必稱孔子的中國學人，也多少不免有影響模糊之感。王船山先生在周易外傳裏研討乾卦的義理，曾說：「元者，仁也。善之長也。君子以之長人者也。成敗得失又奚足論之有？」這與我們今天反極權爭自由民主的人道立場甚爲切近。王氏又說：「元德紹而仁之名乃立。天理日流，初終無間，亦且日生於人之心。」依此，反極權爭自由民主既本於仁，而仁卽是天理。亦須自由世界一本此理，持之以恒，流播既廣，人心自順，則反極權必成，爭自由民主必勝，亦爲邏輯當然之結論。因爲王氏在周易內傳裏又說：「體仁者天之始物。以清剛至和之氣，無私而不容已。人以此爲生之理而不昧於心。君子克去己私，擴充其惻隱，以體此生理於不容已，故爲萬民所托命而足以爲君長。」這在今天的情勢來講，凡是領導反極權的，不問是個人還是國家，第一要克去己私，擴充惻隱；其次就是要廓然大度，不分彼此，只須是反共非共的人們，都須在「代天地以宏仁」的基本立場上完全團結起來，以極廢惡化的共產制度及其首惡們爲唯一對象，合力予以摧毀，斷無不成之理，務使「天地交而萬物通，上下交而其志同」，然後可久可大的「賢人之德」，「賢人之業」，庶幾可望，而國家康樂與「天下和平」，亦必有實現之一日。這才是中山先生所遺留給我們來完成的眞正順天應人的革命事業。

連帶觀的由來

於此乃可說到筆者在標題裡所提出的文化「連帶」觀了。

考「連帶」(Solidarite）一語，源出拉丁。當時羅馬法學家還不曾創立這個字，而只說人們是被安排於互相聯繫（in Solidum）之中的；「債權人可以 in Solidum 去行動，各人爲全體；債務人可以 in Solidum 去行動，一人爲全體」。直到十九世紀末葉，法國社會急進黨有一位領袖，叫做雷雄‧蒲爾雪窪（Leon Bourgeois）的，把他自己所寫的若干鼓吹和平主義的論文，於公元一八九六年編印爲一本册子，署其名曰「連帶」，而連帶主義的思想和理論，遂日益風行於全世界。他的主要理論是說，我們每個人於出生之時，便已成了過去社會的債務人；每個人單獨的或集體的成了他們的祖先的債務人。他們應該把這種債務償還給他們同代的和後代的人。他一方面經過竭力的鼓吹，終於把這個理論定入該黨的政綱裡；一方面又虔誠的預備創立一種新的通俗的倫理，一種「無須乎上帝」的倫理，以作爲人類社會未來的生活準繩──雖然基督的門徒聖保祿也曾說過：「我們大家是同體的四肢。因爲一人的受罰而萬民同科，正如因爲一人的正直而令人類得救」的話。大哲學家孔德（Auguste Comte）在他的實證精神講話裡亦說：「新哲學從許多方面把各時代地方所存在的社會連帶的親切情愫，有意的使成爲家常生活所習見習行的東西；使從個人到社會全體的關係顯出來」。並認爲這「眞是重要而且是道地現代式的理想（見氏著哲學講義第四章第六九三頁）。經濟學家巴士典（Bastiat）在他的名著「經濟的和諧」裡，則說：「一個社會是一個互相交錯的連帶總體」。事實上。這種連帶如果一停息，無論個人也好，社會也好，連結各細胞的力量亦必隨之消滅，每個或每部份細胞從而各自爲政，分裂在一種散漫無組織的狀態之下，則個人或社會終將歸於死亡或解體。

連帶是仁的實踐

由此可見連帶是生命的表徵而爲人類文化的本體。

這本體，在我們中國的哲學理就叫做仁。（不過或者應得聲明的：仁一定是善的，不善就叫做不仁；連帶是中立性的，有善的連帶，也有惡的連帶，甚且善與惡之間，也常常會發生正的或負的連帶──這也許就是胡秋原先生所說的「文化交流，相生相尅」）。而連帶就是仁的用。如果仁是社會關係最高的原理，那末連帶就是它的實踐。必須透過連帶的運用和實踐，而後仁的功效方能昌明。亦必須大家努力闡揚仁的原理，發展善的連帶，而後方能遏制惡的連帶，使它終必歸於消滅。目前的實例；近之如前次木屋區的先後火災，全香港社會人士都立刻響應救濟，這是連帶；遠之如一年前波、匈反共熱潮，全世界自由民主國家卽在聯合國旗幟下共起制裁，這也是連帶。這是較大的事情。至於小的事情，雖小到隨地吐痰，足以傳播

（下轉第三版）

論今日中國之兩大問題

劉裕畧

今日中國正面臨着兩大問題：一是中國如何建國的問題，這是一個根本問題；二是今日中國大陸已經淪陷，如何把中共打倒──如何把大陸予以收復，這是一個當前問題。

民主建國問題

遠在六十年前，亦卽戊戌維新之當時，中國如何建國的這一根本問題便被當時有識之士提了出來，對此，當時有兩種主張，康有爲氏最先提出的是君主立憲，康氏君主立憲的主張是漸變的，孫中山氏隨後提出的革命主張是突變的，辛亥革命的結果是推翻了滿清，而且也在形式上建立了民國，但眞正的民主政治却並沒有隨滿清之倒而在中國建立起來。辛亥革命以後，先有竊國大盜袁世凱的帝制自爲，後有辮帥張勳的宣統復辟，再有北洋軍閥的連年內戰，民國十五年國民黨北伐以後，國民黨在全國所實施的是一黨專政下的所謂訓政，仍與眞正的民主政治距離很遠，抗戰勝利後，國民代表大會雖然製訂了一部民主憲法，卽現行憲法，但憲法的精神和規定，仍未具體實現在國民黨退出大陸以前的中國，其後，由於國民黨當權派之無能，共黨猖獗，終至大陸淪陷，於是，在共黨暴政統治下的大陸，固無從談民主，退到台灣一隅的現政權，其民主自由也就只是口頭的了。因之，中國民主建國這一根本問題，亘六十餘年，到現在便仍然沒有實現。

收復大陸問題

大陸淪陷後，海內外愛國人士之注意力都一齊放在如何收復大陸這一問題上，這是可喜的現象。但究竟如何才能收復大陸？不容否認，也不必否認，對於這一問題的看法，現在就存在着兩派：一派主張用極權方式對付共黨，一派主張循民主道路擊潰共黨，前者屬於國民黨當權派，後者屬於海內外民主人士。國民黨當權派以爲共黨是極權的，對付共黨的最好辦法，便也是極權。殊不知，他們沒有看清共黨固然因極權而興，但亦勢必因極權而垮，何況，取法乎上，僅得乎中，取法乎中，僅得乎下，畫虎不成反類犬，三民主義的性質與馬列主義的性質，國民黨員的黨性與共產黨員的黨性，國民黨員的成分與共產黨員的成分，國民黨的處境及可能的作風與共產黨的處境及可能的作風俱各各不同，國民黨不但不該學共產黨，就是學也必然學不成的。所以，事情很顯然，國民黨當權派之嚮往極權，拼命向共黨學，這只是說明他們對極權政治，估價過高，對整個問題認識不夠而已。

另一方面，他們又總以爲民主政治是軟弱無力的，又總以爲民主政治的結果徒足以造成紛亂，他們以爲大敵當前，如果不用獨裁方式反共，不用極權方式反共，反共將無效率，甚至台灣基地亦將不保，共諜亦將容易滲入。其實，民主政治像水一樣，看來，雖似無力，實則水能覆舟，亦能載舟，其作用正是多方面的。試以民主政治著稱的英美來看，在英國或美國共黨是可以自由宣傳、自由組織的，依國民黨當權派來看，英美早就該赤化了，英美政府也早就被顛覆了，然而，事實却不然，英共與美共的人數就都少得可憐，美共的機關報雖然可以在美國市場上自由行銷，却因爲沒有人閱讀而停辦，這就可見一個建立了眞正民主政治制度的國家，它反而不怕共產黨，民主政治制度本身對共產黨就恰恰具有一種抗毒作用和消毒作用。誠然，中國是一個尚未眞正建立民主政治制度的國家，這情形與英美已經建立了民主政治制度的情形又畧有差別，英美兩國所擁有的其它軍事、經濟、工業、社會等條件也與中國不同，但民主政治制度並非軟弱無力一點，却由此證明。而這一點就非常值得國民黨當權派的深刻反省，假如國民黨當權派是以國家爲中心，而不是私心自用的話。

解決之道

國民黨當權派目前還有另一項錯誤觀念，那就是他們認爲收復大陸以前，根本談不到實行民主，他們以爲實行民主應在收復大陸之後，而不在這以前，對於這種說法，姑不論其對民主之誠意如何？這說法的基本錯誤之一就在他們忽畧了敵人力量很龐大的這一事實。在敵人實力小的時候，自己不團結衆多的人，已經是錯誤，在敵人龐大自己實力小的時候再不團結衆多的人，那就非常危險了。

嚴格說來，不僅危險而已，如果不團結更多的人，收復大陸，就一定辦不到的。因爲事情原本簡單，要反攻大陸，就非有力量不可，要有力量，就非團結不可，而民主實現與否却又恰是能不能團結的關鍵。

所以，說到這裏，我們很容易得到一個結論，就是：今日中國雖然同時面臨着兩大問題，但解決這兩大問題並不存在着矛盾。解決之道，就是民主。因爲民主原本是中國的建國目標，同時也正是反共復國的方法。只是眞正的民主絕不是一黨專政的「黨主」，也絕不是任何個人獨裁的「人主」吧了。

大陸通訊

「安全」運動

這裡說明了中共對知識分子的種種暴行

王江

「反右派」以後，公安部門展開了所謂「安全運動。只要是在「鳴放」時講過幾句話的——當然是對極權統治不滿的話了——都在這次運動清算之列。現在這「安全」運動正由點到面地在整個大陸推展中。

「鎮反」是針對社會上原來的和奉命潛伏的反共者；「三反」是對付工商界人士；「肅反」是向高級知識份子及中共內部不穩定份子開刀的一齣好戲；「安全」運動則是搖幌在青年學生與青年知識份子頭上的一把解腕尖刀。

從中共登上統治寶座一次又一次地大逮捕中可以看出一個事實，即反共的範圍在人民中已越傳越廣了。

起先，是肅清本來就反共的人士；繼之，用殘酷的手段使先天與共產主義格格不入的資本家就範；再接着，把最先看清中共本來面目的高級知識份子打入十八層地獄；然後，在「解決」時只有十一二歲的小孩也起來反共時，中共也就毫不客氣地開始迫害他們。

在「安全」運動中已遇害的青年知識份子與大學生無法獲得確實的數字，但是在筆者在大陸的親友中，已有一人被捕判刑，一人被開除，另一人失踪了。

「安全」運動實質上是對在「反右派」時作出結論爲「右派份子」的人加以法律處理或集中勞動的一種手段。

無論在學校中，機關中，廠礦中，一旦被黨委會認爲是「右派份子」之後，立刻受停職反省的處分。要你在停職期間交待問題，方式是寫。

交待問題要包括「羣衆」在鬥爭大會上所提出的一切問題和毫無根據的懷疑，要將自己過去對黨的所有不滿言論全都原字原句地寫出來，把自己的「錯誤」根源挖出來——例如出身，成分，歷史以及一切的一切都要找出來，並表示今後應如何如何，最後一部份就叫「交心」。

中共並鼓動所有人孤立「右派份子」，妻鬥爭夫，母鬥爭子，女鬥爭父。夫妻之間因爲沒有響應黨委提出的「大字報」運動——即相互把對方對黨不滿的言論寫在報上公佈——而雙雙被評爲右派份子的不知有多少！

比被捕被殺和失踪更慘的慘劇就在孤立「右派份子」時產生了，丈夫是「右派份子」，妻子明知他是沒有罪的，但是還要血口汚衊自己的丈夫，夫妻兩人的目光接觸時，女的說了一半就昏了過去；年邁髮白的母親，由南方趕到東北去探視久別的兒子，但是被拒絕於校門之外，絕望地回到家中後還要在居民委員會或合作社社員會上承認自己的行動是同情「右派分子」！

人性！如果以前還有人認爲共產黨尚有一線人性的話，從這次就可以看出共產黨絕滅人性的眞面目了！

秦始皇時代統治者是多麼可怕！但是萬杞良被拉了伕後孟姜女還有哭的自由，還有思念所愛的丈夫的自由，可是現在呢？損失了親人的只能在半夜裏偸偸地流淚！

「右派分子」中，中共認爲該處以刑事處分的都已處分了，可是無論將整肅的範圍怎樣地擴大，還有無數是連「莫須有」的罪名都無法加在他們的頭上的，於是這一大批青年就被以「純潔機關、學校內部」爲名而從工作學習崗位上開除了。開除了以後他們的命運怎樣呢？中共已佈好了一個更毒辣的陷阱，那就是所謂「勞動教養條例」。

「勞動教養條例」是由中央公安部發佈的，它不同於「勞動改造條例」。所謂「勞動教養」就是把沒有罪的，連中共也不得不承認是無辜的人民關押起來勞動，沒有工資，只由中共發給衣服、日用品及給予伙食。

什麼樣的人要被集去「勞動教養」呢？失學學生、失業者，在學校中不用心「學習」者；在機關中不肯服從命令或調皮搗蛋者；工廠中破壞「勞動紀律」者；農業合作社中不肯按時出工者；總之，一切在中共眼中看來不順眼的人以及中共認爲是需要「勞動教養」的人都得被送去「勞動教養」。目前，大陸各地「勞動教養」所中所關押來勞動的大多是罪不足以判刑的「右派分子」，可是「勞動教養」的範圍正一天天地擴大着，不少不願上山下鄉去的青年學生就已被送進去了。

「勞動教養」是一種惡毒到了極點的統治手段，它沒有期限，一進去了之後就永生永世見不到太陽。名爲集體勞動，還有「選舉權」與「被選權」，還保持「公民」的身分，實質上一切自由皆喪失了，通信要檢查，活動有範圍，甚至見親人也得有規定的時期和限定的時間，一切的一切，完全與犯人無異。

這種法西斯的血腥統治使得青年人暫時不敢開口，但是青年們採取了沉默來對抗。學校的鬥爭「右派分子」大會上除了黨團員幹部以及職業學生外，簡直沒有其它學生來發言，在無可奈何的情形下，中共只好拉了學校附近的農民、工人來鬥爭學生，美其名曰「我們傾聽工農羣衆的意見」，實質是把一羣無知無識的人來「挖青年的思想根」。

青年已到了中國歷史上最悲慘的關頭，統治者先以爲青年易於豢養，繼又爲青年人反共力量所擊，於是大肆補戮。

但是，我們深信，青年反共力量是一股永遠撲不滅的火！

毛澤東與成吉斯汗

毛澤東在「沁園春」詞裏數典忘祖，先把秦皇漢武奚落了一頓，又把成吉斯汗批評了一番，據他說：「成吉斯汗只識彎弓射大鵰」，但我們曉得：成吉斯汗會經開創人類社會歷史上的第一個大帝國，他的鐵騎會踏進俄國祖先的版圖，在那裡建立屬國，成爲該地的統治者。然而毛澤東呢？卻在莫斯科公認「蘇聯是頭」，言外之意，當然自承自己是尾巴。以他們兩人相比，一主一奴，眞算是顯明的對照，但毛澤東卻還顧盼自雄，毫不知恥呢！（劍）

毛澤東與狄托

南斯拉夫是一個小國，面積不大，人口也不多，比之中國，誠不可以道里計。但狄托卻敢反抗史大林，又敢反抗赫魯曉夫，中共雖自誇偉大，但毛澤東卻不敢反抗史大林，也不敢反抗赫魯曉夫，據赫魯曉夫說：史大林就會經把中共視爲殖民地，但毛澤東卻還一直在口口聲聲「向蘇聯老大哥學習」，由此可見，毛澤東不但根本不能與成吉斯汗相比，就連狄托也實在是比不上的。（劍）

大陸歸客談

健公

一位在大陸淪陷後一直在北平住過七八年的朋友，因爲看穿了中共的虛僞，也受不了他們的壓迫，依然回到我們的陣線上來了。前天他來看我，我們談過兩小時以上，我覺得他所說的，畢竟和那般偶然去過大陸一兩次只看到一個表面的截然不同，換言之，即別人所看的只是局部的，一枝一節的，而我這位朋友所看的，則是對大陸全局的一種鳥瞰。現在把我們的談話記出一些要點供大家參考，但我得首先聲明：這是事後的追記，內容難保不小有出入，這個責任自然是應該由我負的。下面便是我們的問答：

主：張東蓀近狀如何？

客：張在一九五二年便已軟禁，我已多年不看見他，但聽說還沒有死，現在已經是七十二三了。

主：章伯鈞羅隆基在『反右派』以後的情形怎樣？

客：章羅仍住在他們的家裡，但事實也等於軟禁，因爲凡被中共清算過而又被認爲『壞分子』的人，一切親友便都不敢和他們往來，他們除『閉門思過』以外，也毫無活動的餘地。

主：史良清算章伯鈞，浦熙修也清算羅隆基，究竟是什麼一回事？

客：浦完全是由於壓迫，史便多少是自動，史根本是一個毫無知識的女人，中共居然提拔她做了一名『部長』，她要特別表示『忠貞』，以保全她的位子，這是很自然的。

主：梁漱溟呢？

客：梁在四川住了一個時候，現已回到北平，他還是那個樣子，現在也已六十五六了。

主：聽說這一類的知識分子，也一樣參加學習，究竟他們學習一些什麼呢？

客：內容不完全一樣，形式也不太嚴格，有時遇着什麼重大問題，大家交換交換意見；沒有重要問題，便學習文件；但馬列主義的要點是要唸到能夠背的，即如我，便確實是背過的。在每一次的學習中，梁漱溟章行嚴之類也常發言，不過遇到他們發言的時候，參加的高級共幹，必羣起加以駁斥，有時眞是弄得人啼笑皆非。

主：前年毛澤東發起『鳴放』，究竟他的根本意思何在？

客：這可以從兩方面看：大陸一般知識分子對中共不滿，毛是知道的，他覺得不如讓大家公開說出來，比較好；同時，他也覺得，這般知識分子經過了多年的磨折，就鬧也不敢逾越範圍，他有把握；後來居然越鬧越凶，卻出於他的意料之外，因此不能不擺出猙獰面目，趕快收束，假如不是收束得快，這道堤確實是可以衝破的。事後中共說是故意設下這個圈套，讓這般知識分子自投羅網，這只是一種遮羞的說法，實際乃是毛澤東最初的估計錯誤。

主：近來中共高唱『節約』，這又是什麼意思？

客：中共高級幹部這幾年生活的糜爛，實在鬧得太不成話，幾乎每一個人都在參加作一種奢侈的競賽，即令是一些地位不太高的人，他們也居必洋房，出必汽車，一切飲食，服裝，室內的陳設等等，居然都已有了一種達官貴人的神氣。他們說自己已能製造汽車，但自己造的汽車，中共的高級人員是不坐的，他們坐的不是來自西德，便是來自蘇聯，而且還考究非某種牌子的車子不坐，這比之當年他們在延安的那種情形，眞有天淵之別了。現在這種奢侈情況，已經成了風氣，有人不願這樣做，可能被別人看不起，覺得你不重要，你到某一機關去看人，可能被傳達人員擋駕，現在只有經過毛澤東一次大聲疾呼以後，大家在短時期內可以稍稍歛戢一點，但不到一兩星期，又一切故態復萌，無法挽救。至於何以幾年之間，他們竟墮落至此，這要從他們的『哲學』和心理狀態去詳加分析，才能完全明白不是偶然的。

主：近來中共忽然大吹大擂的宣傳建設，實際的情形又到底怎樣呢？

客：建設多少是有的，但不如他們所宣傳的那樣；至於這類建設過程的浪費，那更是駭人聽聞，同時建設的目標，只在誇耀他們的實力，並不在改善人民的生活，因此建設越多，人民越窮，說人民的生活可以與他們的建設成正比的改進，這只是一種夢想。最初的三兩年，市面曾有過一時的假繁榮，這幾年農村的錢榨光了，工商界也榨光了，一般人的購買力普遍收縮，便連這種假繁榮也看不見了！

主：聽說中共預算上的赤字已經不小，這應該怎樣看？

客：這是很自然的，蘇聯的經援，已事實等於停止；人民的財富，又已花光；建設部門有經濟價值的少，側重軍事意義的多；可是依然要打腫臉充胖子，甚至他們還非去經援東南亞的若干小國不可哩！赤字安得不增加。

主：聽說蘇聯爲了搜括，已發行巨額獎金的彩票，中共有不有這種打算？

客：（笑笑）大概總也快了吧！

續文化的連帶觀

疾病，貽患人群，這是惡的連帶；反之，即如依次上車或尊賢敬老，足以樹風氣，重禮貌，維持人與人之間相處的優良秩序和社會和平，這是善的連帶。我們日常生活中，一言一動，一飯一衣，幾乎沒有一事不與他人發生連帶的關係，也就是沒有一事不對他人顯出仁或不仁的辨別。舉凡善的連帶，就是仁。要仁就仁。仁對於每一個人，都是近在眼前，取用不竭的。孔子云：「夫人者，己欲立而立人，己欲達而達人，能近取譬，可謂仁之方也矣」。如果我們能夠照着這個方向而發揚光大之，眞所謂「推恩足以保四海」，而連帶作用，就重在這一個「推」字，亦即孔子「推己及人」的道理。

五十餘年前，法國有一個政治家米勒蘭（Millerand）曾說：「社會之物質的和道德的偉大秘密，完全包括於連帶二字之中」。我們要發揚中國文化到全世界，最簡易，最有效的方法，似乎就在行連帶以宏仁道。因此之故，所以筆者夜郎自大，就將這篇東西叫做「文化的連帶觀」。

台北人心安定

華民

【台北特訊】幾年以來，中共砲兵時常在轟擊金門，對於這種轟擊，台北的人都聽慣了，所以毫不以爲奇。這一次，由於中共砲轟空前猛烈，加以中共空軍大量南移，大家才有了不同的感覺。國防部長俞大維分析敵情，認爲共軍可能進攻金馬，各方頗重視。

共軍究竟是否進攻金馬？人言紛紛，看法各異，但有一點，卻很一致，那就是大家都認爲台澎沒有危險，即使中共進攻金馬，大家認爲中共也決不敢進攻台澎。因爲第七艦隊的報復力量强大，而台澎又是美國世界戰署之一環。如中共向第七艦隊挑戰，目前陳列在台灣的門牛勇士飛彈，就勢必射往大陸廣大地區，而戰爭也就勢必不限於台澎局部地區了。因爲如此，所以大家判斷，中共是不敢進攻台澎的。

對於金馬，從政府一直到老百姓，大家都希望美國乾脆宣佈協防。因爲大家認爲，中共所以可能進攻金馬，就因爲美國可能不協防金馬，假如美國明白宣佈協防金馬，那末，中共自然也就不敢進攻金馬了。這一點，就是那些平時不滿政府的人們，現在卻也都希望美國協防金馬的，他們認爲金馬乃中華民國之領土，並不屬於任何私人，基於愛國和反共立場，他們也希望金馬不落入共黨之手。

梁任公逝世前寫下最後的一個字

左舜生

數近代眞正能以文章報國的人物，我必首推梁任公。

任公生清同治十二年癸酉正月二十六（即1873年二月二十三），死在民國十八年（1929）一月十九，他所得的實足年齡，如以陽曆計算，實為五十六歲零五天。

民國十一年十二月二十五，任公向南京學界講演『護國之役回顧談』，他說他可以活到八十歲，果然如此，他便還可繼續努力二十年以上，不幸他這個希望終於沒有實現，這眞是國家一個無可補償的損失。

任公從事報紙的文字工作，從光緒二十一年『强學會』出版的『中外紀聞』開始（任公自己說是『中外公報』，此從戈公振的『中國報學史』），其時任公二十三歲。我自己讀任公主編的雜誌，則始於宣統二年出版的『國風報』（旬刊）。其時我十七歲，高小還沒有畢業。『國風報』算是任公主編的刊物第七種，其他六種為『中外紀聞』（日刊），『時務報』，『清議報』（旬刊），『新民叢報』（半月刊），『新小說報』，『政論』（月刊，只出七期）。以上七種刊物均發行於清末，以『新民叢報』的時間最長，影響最大，複印與翻版也最多。我在長沙補讀的『新民叢報』，便是翻版的一種。入民國後，還有『庸言』（半月刊）與『大中華』（月刊），『庸言』印行於天津，『大中華』印行於上海。

民國二十一年由林宰平先生（志鈞）編定的『飲冰室合集』，計有文集十六冊，專著二十四冊，除掉任公所手書近一萬封的遺扎和家書不會收入以外，大致他生平散見於各雜誌的文字和若干已有單行本的專著，都已編入這部四十本的合集裏面了。

我覺得：論到宏博和深思，任公或者不及他的老師康長素（有為）；對國故所下的工夫，似遠不及章太炎（炳麟）；融滙中西自不如嚴幾道（復）；對某一方面或某一問題的精闢見解，他有時乃不及王靜安（國維）。可是說到他在近代中國人精神上所起的作用，却遠非康、章、嚴、王諸先生所能相提並論。其所以如此，乃由於任公熱情洋溢，文字暢達明晰而有條理，而又興趣多方，經歷三十餘年從未間斷他的工作，他之成為中國啓蒙時期的大師之一，決不是僥倖取得這一地位的。

我所說他對學問的興趣多方，並不是說他治學沒有重點，任公生平有一宏願，便是要寫下一部適於中國一般國民閱讀的中國通史，以陶鑄國魂。他對這一目標所用的工夫眞是不少，也確實為下一代的學者開闢了無數的門徑。可是像這樣一件大事，決不可能成於一人之手，乃是限於事實之無可如何的。

一直到任公臨死以前，他還有一部不會寫完的著作，便是『辛稼軒先生年譜』。這一位志切光復的英雄和中國文學史上的大詞人辛棄疾（字幼安），活了六十八歲，但任公為他寫的年譜，却只到他六十一歲為止，便因病重不能再寫下去。稼軒六十一歲這一年的三月，正遇着他的好友朱熹死去，他有一篇『祭朱晦菴文』，全文已佚，但在稼軒本傳，却留着下面的四句：

『死不朽者，垂萬世名，孰謂公死，凜凜猶生！』

任公的兄弟梁仲策先生（啓勳），在任公這部未完的稿件後面所跋的一段短文說：

『伯兄所著「辛稼軒先生年譜，」屬稿於十七年九月十日，不旬日而痔瘡發，乃於同月二十七日入協和醫院就醫。病榻岑寂，惟以書自遣，無意中獲得資料數種，可為著述之助，遂不俟全愈，携藥出院，於十月五日回天津，執筆側身坐，繼續著此稿，如是者凡七日，至月之十二日不能支，乃擱筆臥床，旋又到北平入醫院，遂以不起。譜中錄存稼軒祭朱晦翁文至「凜凜猶生」之「生」字，實伯兄生平所書最後之一字矣，時則十二日午後三時許也。稼軒卒於寧宗開禧三年丁卯九月初十日，年六十八，此譜止於六十一歲，尚缺七年未竟。』

我們從這篇短跋中，可看出任公臨死前的一種氣象，實足令人感奮興起。辛所讚揚朱熹的十六個字，我們即移以讚揚任公，可以說是半點不過分的。

近代詩話

猖士

昔年嘗得南海手書橫軸，錄和顧亞蘧侍郎二律云：「老鳳高飛么鳳清，中州天闕發靈英。亡韓尚有子房奮，復漢如聞耑勃兵。再毀乾坤無有易，橫流滄海尚思平。西山王氣風雲欝，臣靡猶聽鼙鼓聲。」「瑤臺夜雨感淋鈴，錦瑟初停聽爆聲。玉女投壺聊作博，金仙下淚太多情。家人篁篋載忠節，大陸龍蛇起甲兵。怕讀孤忠悲痛句，近看南北陣雲生。」窺此二詩中語氣，似復辟前後所作也。民十五，余權廬山下一小邑，城背五老，濱彭鑫，煙波浩淼，奇峯插天，景物明靚，廨為南康府舊址，前有層樓，傳為周瑜將臺。南海是時來游廬山，山南諸寺，止宿署中，夜飲既闌，余備紙墨乞書，南海立書一律為贈，詩云：「麗讌樓觀亦雄哉，傳是周瑜舊將臺。鹿洞濂溪有遺愛，玻璃璧壁認重來。聞琴俯仰人間感，把酒沉吟桑下回。管領湖山皆第一，好招五老共銜杯。」

讀飲冰室詩話中，嘗載潘蘭史（飛聲），蘭史曾主香港華報筆政，嗣德國捌東文學會，聞其名，延主柏林京城教習。著述宏富，頌見其題菽園詩集一律云：「好詩一卷壓行滕，辞勵風霜閱歷增。四十萬言成著作，八千里路祝飛騰。山中虎氣看誰臥，天上龍門許共登，我正滄江吟歲晚，對君猶覺筆峻增。」余嘗讀其遊薩克山水記，卷末有嶺南蕭伯瑤山人題二絕云：「別我西征惜霸才，豈知神女日頻催。一千八百年山水，待汝開天一晝來。」「古今一斗謝臨川，山水雄奇又不然。誰向大荒能岸幘，酒酣親見舞刑天。」是眞能道出蘭史才氣者。（二）

科學的奴隸政治

亮齋閑話之二

徐亮之

客　您知道有所謂「科學的社會主義」這個主義嗎？

主　畧知一二。

客　現在這個主義，不是據說在某國已經實現，某些國度也向着它「大躍進」的嗎？您認為最「大躍進」了的是什麼？

主　科學的奴隸政治。

客　什麼？「科學的社會主義」竟會向「奴隸政治」「大躍進」？大老！講笑搵第樣，咪攪我；我就不相信他們竟會墮落成這樣。

主　這不是墮落，而是躍進。

客　躍進？「躍」到比原始社會只「進」一步的奴隸社會，豈非躍進墳墓去？

主　那末，您是承認奴隸社會乃從原始社會躍進的了。

客　當然；原始社會只懂屠殺俘虜；也根本不可能有「奴隸」這樣的觀念。

主　那末，您又承認奴隸俘虜要比屠殺俘虜躍進的了。您的社會進化史的確「學習」得很到家。不過我却要請教您，照您這樣說，豈非奴隸唯一的來源只靠俘虜的嗎？

客　奴隸的子孫也是奴隸。

主　縱這樣，不是來源仍然有限嗎？

客　貴族有罪也常常降做奴隸。

主　縱這樣，不是來源還是有限嗎？

客　奴隸社會生產規模根本就不會怎樣大，容不了許多奴隸的；用不着您替古人担憂。

主　萬一生產規模大了呢？

客　您這分明想逼我說把全體人民都降做奴隸了；我却偏不「躍進」您這圈套。

主　那末，全體人民皆奴隸比光只罪人和奴隸子孫皆奴隸更「躍進」，不，「大躍進」了。您又是承認的了。老實告訴您，這不是我對您的圈套；這正是我所說的「科學的奴隸政治」的眞面目。依您看，這樣的政治，還不夠得上說是空前「大躍進」的嗎？

客　眞有您的，在這兒等着我。但這樣殘酷的控制手法給戴上「科學」的皇冠，我却到底不能承認。

主　您不承認「科學」本身並不負道德的責任嗎？您不承認「控制了肚皮便控制了一切」這手法是「科學」的嗎？您不承認如今竟由「控制肚皮」躍進到「交心運動」是更「科學」的嗎？

客　（沉思有頃，恍然大悟地。）哟！天！他們現在的成功，倒眞有科學的根據的了！

主　他們將來的失敗，同樣有科學的根據。

客　此話怎講？

主　人民不能永遠做奴隸；否則，古老的奴隸社會便永遠不會被擠下歷史的舞台。

頌橘廬叢錄

曾克耑

陳散原

散原先生為江西義寧州人。而先五世祖霽峯於嘉慶間曾牧是州。先大父以幼育於生祖妣楊太淑人，嘗為西山永慕圖，以誌孺慕。遍乞當代名公題詠；嚴幾道為之贊，林畏廬為之記，王晉卿柯鳳孫王壬秋易實甫樊樊山鄭海藏陳石遺並有詩。斯圖藏余家。文之長者苦不能憶。今獨憶海藏石遺散原三公之作。余獨以散原為冠。今錄其詩於次；石遺詩曰：「吾友題名日，重闈喜可知。西山方日薄，東野敢歸遲。圖卷風何古，絃歌意益悲！千秋有同慨，薄宦近犍為。」以李令伯犍為人，而吾祖嘗令蜀，故末句云然也。海藏詩曰：「所出不育擇所後，祖母抱孫枝逾秀。課孫課子事何殊，坐閱成名登上壽。性中慈孝自食報，撫育恩私勝堂構。捧圖垂泣老京曹，苦憶同光話耆舊。」散原先生詩曰：「令伯昔陳情，為報祖母劉。少孤出鞠育，此意緜千秋。曾侯遘零丁，與密相匹儔。含飴笑軒眉，担簦淚咽喉。就傳迄通籍，老眼收驊騮。頹日薄西山，抔土陰松楸。一官去邛壠，入夢乾兩眸。換世作羈客，旗劍闃荼甌。魂氣接萬里，往事傷椎牛。俗濤騰異說，骨肉視綴疣。孝思榮本根，公獨盟諸幽。喟我金墠圩，山勢蟠龍虬。十年不歸掃，忍死營菟裘。斯圖覓髣髴，望海空白頭。」精警闓括，無一剩義，無一贅語，而情事悉包羅無遺。余幼時最喜誦之，故尚能憶及。蓋散老初集五七律絕余大半能背誦也。其後余從桐城吳北江師受詩古文法；師又授以范伯子詩。故於范詩律絕亦能誦其七八。蓋肯散二老皆吾學詩之啓蒙師也。（二）

雜憶錄（一）

述留法勤工儉學之前因後果

幼椿

事之過於理想，不切實際，而且陰錯陽差，適逢其會，卒致助成國家大患，人類悲劇，莫若留法勤工儉學一事。閑中憶及，述其經過，並識其因由與結果；其中，責應誰負，咎將誰尸，留待評者！

第一次世界大戰（1914—1918），我國既參加英法抗德，無兵可出，乃招募華工數萬人，送往法國，作後勤工作。被募者多為河北山東之農家子弟，精壯樸實，不畏艱苦，大為法國兵間民間所稱道。戰後雖多數已先後回國，然有在法與該國女子由戀愛而娶妻生子，長留不返，且或學得相當技術，或取得相當知識，足以養家活口，安居樂業者，亦不乏其人。派遣華工一事，為北洋政府要角梁士詒以「惠民公司」名義進行招募，李石曾先生為幕後主持者之一人，實始終其事，故第一次大戰後，華工在法之善後問題，李氏甚為出力，稍得補救。華工出國，並無護照，受法人軍事管理，行動不得自由，戰後如不願歸，則只有逃出兵營，形同落荒而走，境遇至窘，我猶憶及一事：

民國七年秋，我初抵巴黎，寓居巴黎城遠郊蒙達爾尼，遇李石曾氏於小火車站中，將同赴巴黎。忽見一中國青年，體格魁偉，形態倉皇，來與李氏密談久之，匆匆走去。氏請我同赴一咖啡店中，小事勾留，待下班車再行。坐未久，此一中國青年又至，且偕一法國少女，體健貌美，不加脂粉，而臉色如蘋果之初熟，且狀至靦覥，含羞謝坐。李氏卒然以法語問女：『你愛某君嗎？』女點頭。又問：『你願嫁他嗎？』女又點頭。再問：『懷孕幾個月了？』女笑而不答，青年代答：『五個月左右。』李氏因誡兩人，萬勿墮胎，墮胎危險。彼有辦法，使青年獲自由，少女有夫家，長圓好夢。李氏索青年小照片五張，於是男女兩人，稱謝而去。

是眞好事之徒！我嘆李氏，有何辦法使此中國青年忽能在法變為自由僑民？車行至半途，停站為「麥南」，李氏忽拉我下車，我好奇性發，聞下車係為此青年設法，欣然從之。站外，買鮮花一束，兩人同赴麥南初級工業實習學校，逕入校長居宅，晤見校長夫婦。李氏表示：日前得校長信，知校長夫人小病新愈，特來省覘，並以鮮花為壽。校長年近七十，鬢髮白頭禿，夫人年似五十許，兩人皆大喜，立命茶點，招待甚殷。將別去時，李氏忽求校長，云日內將更送一中國學生來就讀，且寫出其名，姓為某某，其年若干歲，中國某省某縣人，請校長就其所寫，填一入學准許証，以便學生自行到校，以入學証上照片為據。校長不假思索，立即照填一表，交與李氏，我兩人告辭而出，又匆匆上車，我仍不解李氏用意所在，詢問究竟，云，有此證件，請我國駐法公使館另發一護照不難也。

三日之後，李氏約我在華法教育會中相晤，以一新護照託轉交青年某君，囑其持護照與入學證立往麥南上課習木工，讀三月即請假來巴黎，華法教育會將為覓工作，工作崗位一定，即囑其愛人法女也來巴黎相聚。我返蒙達爾尼，一如所囑轉致，次年我在巴黎並曾晤此一對異國情鴛，以啤酒謝我幫忙的雅意。

本刊已經香港政府登記

每逢星期五出版

聯合評論

週刊

United Voice Weekly

第四號

督印人：黃宇人
總編輯：左仲平
社址：九龍金馬倫道三十八號三樓
電話：六一四一三(61413)
承印：田風印刷廠
香港高士打道二二一號
售價：每份零售港幣一毫
總代理：友聯書報發行公司

以常識測金馬

左舜生

毛將打一次最沒有把握的仗？

最近中共炮擊金馬已超過十天，打出的炮彈已十餘萬發，據官方發表的數字，大致近兩百發的炮彈，卽造成當地軍民一人的傷亡，可是金馬屹然不動。

中共眼見炮擊無效，又運用他們一貫的陳腔濫調，發出三次的『招降』文告，但金馬守軍的答覆是不理不睬。

目前中共的陸海空部隊仍在繼續南移，看樣子，好像毛澤東眞想打一次沒有把握的仗。

這幾天台北已進入緊急狀態，美國協防的海空軍也已在加强部署，中美雙方且準備在台南有一次海空聯合的大演習。

不錯，根據中美共同安全條約，金馬原不在美軍協防的範圍以內，可是美軍是否協防，艾森豪總統握有最後決定之權。

就中國方面說，金馬確爲台澎的生命線，放棄金馬，卽無異放棄反攻復國這一總目標，這可能立卽影響自由中國整個的局勢；無論美國所表示的行動或硬或軟，或模糊，或明朗，但就中國的立場說，卻只有確保金馬的一途。

進一步看，金馬不但直接關係台澎，且間接關係遠東的全局。假定中共這次在金馬得了甜頭，它的第二步行動，將不會以威脅台澎爲限；南韓南越不待說，乃至整個東南亞，聯同非律賓、澳洲、紐西蘭、……也將立卽發生動搖。我們單看最近香港政府因爲顧慮一個學校師生的生命安全，不得已將該學校暫予封閉，中共卽大肆叫囂，大有把英國多年來對中共多方安撫的善意一筆抹煞而不惜與之翻臉的神氣，這可看出中共對整個亞洲的侵畧野心，確屬處處配合而暴露無遺。

上月十一，美國國務院向他們的所有駐外使節，發出了一篇題名爲：『美國對中國人民政策』的備忘錄，其分析中共的野心，及其與蘇聯不可分的關係，並說明貿然承認中共，乃至進一步聽其竄入聯合國，將對整個自由世界帶來何等的災害，確實是深切著明，爲美國近十年來一篇最有力的外交文件。假定美國這次竟坐聽金馬挨打，或竟坐視其淪陷而無動於衷，試問這與縱容中共竄入聯合國以提高其侵畧氣燄，有何區別？因此，我們覺得美國當前考慮是否應該協防金馬這一問題，就不應斤斤於中美共同安全條約的文字如何規定，而應着眼於美國維護整個自由世界的全盤政策。同時，我們也還覺得：中共對蘇聯不能不繼續依存，自屬一種事實；可是說中共與蘇聯之間絕對沒有矛盾，却也並不正確；最近毛、赫在北平會談，接着便是台峽的緊張，這可看出中共這一行動，確已得有赫酋的鼓勵。當前的中東局勢只是暫告和緩，並未根本解決，而且可能永無根本解決的一天；美蘇間武器競賽的冷戰，仍得繼續進行，尤其蘇聯的潛艇落後，更非有較長的時間，將無法趕上；因此赫酋縱容中共在遠東放火，無論其居然得手或大碰一次釘子，其對蘇聯的倚賴只有加强，而足以減低老毛妄自尊大的氣燄，終於蘇聯控制整個共產集團的企圖有益。假定我這一看法近於事實，則中共這次對台峽的輕舉，便將冒着三重的危險：（一）台灣堅守金馬的決心，遠出中共的意料之外；（二）美國居然把協防範圍擴及台澎的外圍島嶼，且同意支援台灣對中共沿海機場及其他防禦工事加以澈底掃蕩；（三）中共在台峽挨打，在大陸沿海挨打，不到毛澤東再度乖乖的倒在赫爺爺的懷裏，蘇聯可能坐視不救。毛澤東平日自命能穩紮穩打，但這次對台峽的冒險，我實在看不出他們的把握在那裡。

中共無勝算可操！

換一個方面看，假定美國終於不肯協防金馬，中共是否便確有奪取金馬的可能呢？據我看這種可能性依然很小，而中共所必須投下的代價，則可能大到難以預測：（一）單靠炮擊與轟炸決不能使守軍屈服，眞要佔領，便非使用陸軍，陸戰隊，降落部隊，蛙人，……實行登陸不可。像這樣一次必須運用多種部隊的複雜戰爭，中共自來缺少經驗，其司令員也將不知道如何指揮，其難於把握遠非徐蚌與韓戰可比。（二）運用若干登陸艇或機帆運兵，姑無論未登陸以前卽有遭遇打擊的可能；卽令在一次能有一兩萬人（最大限度）居然竄登島上，但比之守軍依然數量甚微，而且一經有少數部隊登陸，共方的炮擊與轟炸便得立卽停止，這對於守軍有絕大的利益，而進攻的部隊則無異陷於死地。所謂降落部隊與蛙人之類，這在中共還是最新的玩意，未必敢用，卽用也只能限於騷擾，不難一舉殲滅。（三）說蘇聯已有原子彈給予中共，這是不可信的；所謂共方已將金馬包圍使台灣無法增援，這是不可能的；利用宣傳使守軍瓦解，我相信也斷然無用。在徐蚌會戰中，國軍在指揮上確有毛病；同在前線的各個部隊，似乎有互不相救的形跡；在緊急時希望增援，也呼應不靈。今天一切的情形，都與當日相反，守軍已陷於背水陣，只有死與硬拼的兩途，共軍眞要在金馬登陸，便會有眞正的肉薄戰出現！守兵的士氣旺，地形熟，團結堅，以逸待勞，掩護較多，這一切都於共軍不利。卽令共方準備以五萬人至十萬人分別在金馬犧牲，我看也決無勝算可操，何況眞正進入緊急階段，美國的態度究竟如何，還大費共方的揣測呢?!過去中共在大陸的作戰，照例是避大吃小，避實擊虛，避硬欺軟，而且照例是先之以宣傳分化，而後繼之以實際行動，現在這一切的戲法都無所用之，不打則已，一打便是一場無可躲閃的硬戰，而且還有不可預測的大禍在後邊，我實在看不出他們的把握在那裡。

必遭滅頂之禍！

過去幾年，我認定毛澤東有一個最大的狠處，便是不去輕動台灣海峽。本來台灣割讓日本，已經有過半世紀的時間，過去中國沒有台灣，仍不失爲泱泱大國，有什麼理由一定非拿到手裡不可？所謂聯合國事，原也就是那末一回事，我有實力，站得住，還怕聯合國不買我的帳？最近幾年台灣的政治經濟，並無可觀；團結工作，也從未着手；美國本來的意思，僅僅在保有這一基地，以鞏固其自身的安全，何嘗非把台灣現政府送回大陸不可？在這樣一種形勢之下，假定毛周劉輩多少有一點起碼的知識：（一）以假民主和緩大陸的人心，對一般知識分子繼續敷衍，不去敲破他們的幻想，更不去挑起他們的惡感，使他們渾渾沌沌，不知不覺的跟着共產黨走。（二）所謂建設，可以幹，也不能不幹，但用不着大吹大擂，尤其應該講步驟，分緩急，處處顧到老百姓的死活，既不竭澤而漁，也不殺鷄取卵，總要使得他們也還有一口飯可吃。（三）以『和平共存』的幌子去欺騙一般弱小國家，就要侵畧也不能操之太急；以禮貌，以貿易，以開放去欺騙一般強大國家，英國已經上了你們的當，還怕美國、法國、日本、西德等等不繼續上你們的當？（四）謹守延安時代的作風，黨內上層分子的生活不放縱，下層分子也嚴加約束，總要使得共產黨在一般老百姓的眼中，依然保持相當的信用，至少總不能使得他們咬緊牙關，隨時隨地都想吃你們的肉。（五）文化教育是要提倡的，科學尤其非眞正下工夫不可，就要灌輸一點教條黨義，也儘有你們的自由，何必一定要做得使大家面從心違，爲識者所笑！假定是如此這般的行之十年二十年，你說共產黨的江山一定不保，那才奇怪哩！可是中共沉不住氣，不僅不肯這樣做，而且步步要與正當的路子相反，以致鬧得整個大陸，人翻馬仰，鷄飛狗跳，人民求生不得，求死不能，幾乎無一人不與共產黨同歸於盡，現在毛澤東更把這隻破船開進了惡浪險灘，其必遭滅頂之禍，所謂自作自受，還有什麼可說？

論中共對金馬的心理作戰

劉裕畧

心理作戰一詞，共黨方面歷來少用，蘇聯中共皆如此。但事實上，他們對心理作戰却進行得不遺餘力。他們在文字上避免使用一名詞，是覺得常常使用這一名詞，反而容易使人提防，反而容易減低心理作戰的效果的緣故。

共產黨人雖是唯物論者，但他們深知心理作戰之重要，亦極深知心理作戰在現代戰爭中之價值，所以，他們從四面八方，從思想到政策到政畧到戰畧到戰術到戰鬥，無處不用心理作戰。本來，共產黨的一切，原本就是一個政治大騙局，要進行這種政治騙局，原非依靠心理作戰不可。中共之終於能夠暫時起家，實與此分不開。

當然，中共的政治行騙，與蘇聯之陰謀也是分不開的。北伐以前，越飛與中山先生的聯合宣言，是蘇聯對中國進行政治行騙的首次紀錄，也正是國際共黨對中國進行心理作戰的第一仗。其後，共產黨人願以個人身份參加國民黨，表面上說是爲中山先生的革命主張鬥爭，實則以共黨陰謀爲務，這是第二次行騙。民國十六年，國民黨清共後，共產黨人在江西以土地改革者自居，並以此宣傳國內國際，這是第三次行騙。抗戰以前，全國抗日情緒高漲，中共搖身一變而爲民族主義者，高喊抗日，提出了民族統一陣線的口號，這是第四次行騙。抗戰勝利後，中共環顧國內外大勢，全國人民皆在要求民主自由，於是它又搖身一變而爲民主主義者，要求聯合政府，喊出了民主聯合陣線的口號，這是第五次行騙。……中共類此政治行騙之事尚多，此處不及盡述，諸如馬歇爾調停失敗，戰事再起，中共澈底施行釋俘政策，故示寬大，以瓦解國軍軍心，徐蚌會戰前後，提出「首惡必辦，脅從不問，立功受獎」等口號，以誘惑一般軍公人員，又自江西時代起，毛澤東卽親訂所謂「三大紀律，八大注意」，其中包括「不取人民一針一線」等諾言，以欺騙一般老百姓，毛澤東更提出所謂新民主主義，人民政治協商會議，四大階級專政，聯合政府等以吸引知識份子，折穿來，都無一不是騙局，無一不是心理作戰。論效果，中共在這許多形形色色的心理作戰中，是確有收獲的。共黨之猙獰面目，原本世人皆知，然卒能亂人耳目，一部份青年且曾目延安爲聖地，一部份政客，且曾長期把中共當友人，甚至大陸淪陷前，許多人且曾在心裡與中共起共鳴，無它，此卽中共心理作戰成功之故。否則，中共以少數兵員，劣勢軍力，何能擊潰强大國軍，何能席捲整個大陸？

不過，話說回來，中共佔有大陸之日，亦正恰是它的擴張膨脹到達顛峯狀態之時，過此，就走下坡了。因爲中共佔據大陸之後，一切政治騙局都已揭穿了，原有的猙獰面目暴露無遺，中共從事心理作戰的資本也開始消失了。

中共從事心理作戰的資本開始消失以後，中共的政治號召再也玩不靈，幾年來，它對海外自由民主人士的勸駕，除了二三無恥之徒外，再也沒有反應。這一方面說明中共佔據大陸，不但未能在國內政治號召力上更加强，另一方面說明它的政治號召力反日見減弱。

最近兩個星期，中共揚言卽將登陸金馬，並對金馬守軍造謠，說金馬對外海空連絡已斷，除了投降，別無生路，但金馬守軍毫不加以理睬，這更足証明中共玩弄心理作戰，實已到了黔驢技窮，再不發生作用的時候。中共今天還以爲把錄用傳作義鄭洞國的事抬出來就可以騙人，殊不知，今天誰不知道傳作義鄭洞國少數人只是被中共用作傀儡，用作進行心理作戰的工具呢？而其它大多數人則皆已被殺，幸而生存者，也難逃集中營的「勞動改造」命運呢？又誰不知道今日之中國大陸乃是一座大屠場，乃是一座活地獄呢？

事實上，今日世界與今日中國，自由與奴役之路已極分明，愛國者與賣國者已勢不兩立，中共還想襲用舊日的一套騙局來欺騙今日之金馬守軍，那只愚蠢的表明中共今日已明不知人且不自知吧了。

檢討三十年來國共戰爭史，抗戰勝利後的東北戰役，實爲國共兩軍優劣變化之轉折點，在此以前，共軍是居於劣勢的，以後則轉成優勢，不旋踵而席捲大陸，但事隔十年，目前之金馬之戰，不管結果如何，中共挾大陸之全力，對區區金馬孤島，遲遲不敢爲，遲遲不敢硬拚，而欲利用心理作戰來巧取，這亦足見中共內心之懦怯，與其戰志之動搖了。這一動搖是今日中共業已大爲衰退之象徵，也正是反共戰爭，在實質上今日已到達優劣互換的另一轉折點了。而這一轉折是值得我們注意的。

論中國畫的鑒賞

尹述賢

一

在畫史上，中國畫的鑒賞，不但是一種專門學識；而且有名的鑒賞家，多半是有名的畫家。不過這並不是說：惟有畫家，才能成為鑒賞家。

所謂鑒賞，有兩種不同的意義；一是考訂古畫眞偽，一是品第繪畫優劣。至於用什麼標準來考訂眞偽，用什麼法則來品第優劣，尤其應該具備些什麼造詣，才會養成這樣的眼力，這都是最基本的問題。古代繪畫撰述家，對於這些基本定義，雖是各有各的創見，但合而觀之，自不難識其大概。

據唐人張彥遠的『歷代名畫記』說：『識書者，多識畫』。宋人米芾的『畫史』說：『好事者與鑒賞之家為二等，鑒賞家謂其篤好，遍閱紀錄，又復心得，或自能畫，故所搜皆精品』。元人湯垢的『畫鑑』說，『若鑒賞，則天資高明，多閱傳錄，或自能畫，或深畫意，每得一圖，綹日寶玩，如對古人，雖聲色之奉，不能奪也』。明人李開先的『中麓畫品』說：『善旌別，知源委者，鑒賞家也』。清人惲格的品畫說：『凡觀名跡，先論神氣，以神氣辨時代，審源流，考先匠，始能畫一而無失也』。

上列各例，可能代表五個朝代畫家的見解，也可以說是五個朝代鑒賞家的經驗之談。揣其語氣，似乎愈到近代，愈較具體，愈近古代，愈覺簡該。看張彥遠氏的文意，只是書畫同源論的啟發。看米芾氏的說法，也不出見多識廣的含義以外。至於元人湯垢，很明顯的是米芾理論的引伸，而所謂天資高明的那種條件，更不免落入泛泛的窠臼了。倒是李開先和惲格的理論，比較上可以說是鞭辟入裡，體認到家。唯一的是對於各個朝代的畫風，畫法，畫體，畫意，裝裱，欵識等，大家都沒有條分縷晰的提示，不能不說是鑒賞上的最大缺點。然則，一個鑒賞家，關於優良精當的造詣，是不是有一個可資遵循的界說呢？依據歷代各家繪畫撰述，加以比較鑒理，似乎應該是善讀畫錄，兼識畫法，而有文學修養。這不算是對鑒賞家的過分苛求罷。

二

歷代畫錄，可分兩類；一種是畫評，一種是古畫紀錄。專輯畫人姓名，彙成書刊，或專記傳代名畫，集為撰述，這是紀錄。如唐人李嗣眞的『續畫品』錄，裴孝元貞觀公私畫史，宋人周密的『雲烟過眼錄』，近代的『故宮書畫錄』等。對於古代畫家，及古畫傳世者，都有詳明紀載，以資識別。另一種是就畫論畫，而兼及於畫風，畫法，畫體，畫意，欵識，裝裱，紙絹，筆墨等的評述，是為畫評。如南齊謝赫的『古畫品錄』，唐人張彥遠的『歷代名畫記』，宋人米芾的『畫史』，元人夏元彥的『圖畫見聞志』等，約有五十餘類。卷帙相當浩繁，品第也極其淵深，要想抉精入微，自然不是一蹴可躋那末容易。且士論品質，畫重微意。有因民族氣節個人操守的關係，而把繪畫的價值，提得很高，或降得很低。亦有因固於成見，或環境壓力的情事，而會把優劣眞偽，故為掩蔽，或黑白倒置。文人相輕的陋習，畫家也不能例外，這是無可如何的風氣！所以沈顥的『畫塵』上說：『專摹一家，不可與論畫，專好一家，不可與鑒畫』。這是說執一以概全，是不足為訓的。然則，鑒賞家之所以必須善讀畫錄者，由此可以想見它的重要。

三

繪事的根本要訣，是畫法。魏晉以往，年代久遠，縱有著作，早已湮沒不聞。從南齊謝赫的六法創始以後，中國畫的畫法，才有中心標準可循。唐人接近古代，立論較高，標準極嚴，畫重本法，別名逸品。五代繼倡六要，趙宋再倡六要六長三病十二忌，可惜都是山水人物的專論，對於花鳥一類，概視為不入雅玩之林。元世接受唐人遺旨，在寫竹上，獨創書畫同體說，典籍交譽，可謂別具異彩！有明中葉，畫風盛極一時，而六要四病之說，見解不算不精微，範圍不算不廣泛。但明末人士，門戶之見頗深，以致覽本溷淆，而為後世所垢病。清初畫師，長於臨摹，所謂七忌三到四難六長，非深於畫法者，自難道出這種新意。而陰陽虛實，旁側俯仰的卓見，又與現代中西畫法互為應用者，大相吻合。惟近世畫人，漸趨牟利，而畧識之無，便以輪廓線條，上下議論於中國畫法之間。所以中國畫的今後，是不是會另創新型，或竟流於庸俗，那就很難說了。且畫有十三科，又宗派別體之外，更有工筆，寫意，設色，界畫等運筆用墨的不同。尤其是神韻，風姿，剛勁，柔和，渾厚，瀟灑等各種精神迹象的銓定，都不是一知半解者，所能勝任愉快。總而言之，畫體是複雜的，畫法是繁衆的，畫風是多面的。單憑天資，不容易鑒定，單憑經驗，也不可能品第。所以鑒賞之家，不能不兼識畫法。

四

文學修養一語，驟視之似乎不着邊際，其實按照一般說法，也就是有學識的讀書人。不過一個鑒賞家，為什麼一定要有文學修養？要不是陳義過高，一定是故為誇誕。因此，我不能不回復到品第優劣考訂眞偽的兩個問題上去。前者畧與近代所說的『欣賞』相類；一幅畫的好壞，感到愉快或感到厭惡，是一回事。激起同情，或激起反感，又是一回事。在中國畫範圍內，還得注意到它的神韻高古，筆調超凡，命意深遠，體法周贍。這在謝赫六法上，就規定得非常明顯詳盡。後者一定得辨印章，審識跋，省源流，考畫法。而且還要引用各家繪畫撰述所載，以為証憑。所以明清兩代的畫論，都很注重讀書。清人的意思，是在培養畫家的書卷氣。明人的意思，便是在增進鑒賞家的知識了。而繪畫的風尚，又向與歷史文字詩詞等，都有不少不可分離的關係。例如漢魏晉隋的畫風，多取材故事，或取諸經史詩賦，或取諸佛典天文，或取諸列士女箴，或取諸山川城郭。降至唐宋，盛倡跋識。既以詩文解畫理，更用印章判次第。元人特創風格，起用篆隸入畫，筆高意遠，不同庸俗。趙孟頫會作詩明說：『石如飛白木如籀，寫竹還應八法通，若也有人能會此，須知書畫本來同』。明人唐寅也說：『工畫如楷書，寫意如草聖』。而清人王原祁論畫，則認為畫與詩文，都互相有關聯。所以他說：『畫法與詩文相通，必有書卷氣，而後可以言畫，王右丞詩中有畫，畫中有詩畫』。足見鑒賞家的必須有文學修養，決不是一種皮相之論。尤其修養一道，最為困難。比如明人韓世能王鐸董其昌輩，都是當時有名的鑒賞家和文學家，他們在鑒定『文姬歸漢圖』一畫，曾認定是唐初閻立本畫，虞世南書。而『文姬歸漢圖』，却是根據胡笳十八拍詩意寫成。而胡笳詩的作者，則是唐大歷時進士劉商。豈有初唐人，會書畫中唐人作品的道理？所以『故宮書畫錄』的案語，直斥為『疏於考訂』。這說明文學修養對於鑒賞家，不僅具備着最高價值，而且應該謹愼從事。

從金門島往成功湖

東方生

一

毛澤東在大陸竊號自娛，忽已八年，但是迄今未能正式參加國際社會，始終為聯合國擯於大門之外。而以此故，致許多國際會議也未能出席，不但西方所召集者，不許中共代表廁身其間，甚至如蘇聯所要求舉行者，也無中共的地位，例如最近赫魯曉夫為解決中東問題而提議舉行的首腦會議，除英美法蘇四國外，即有印度而無中共，又如在日內瓦為停試核子武器而舉行之科學專家會議，代表共產國家者四國，蘇聯、波蘭、捷克、羅馬尼亞、也沒有中共。這就是說直到今日，中共在大陸尚只是僭竊的地位，身分未明。毛澤東的心懷憤慨是當然的。

但是要置身於成功湖的聯合國，却事不容易。近年以來，用盡了所有的外交手段，不管蘇聯以及印度的屢次為之提出，仍是受到拒絕。只見安理會中五大國代表之一，始終是蔣廷黻而不是張聞天。可知要由外交談判來達到目的，為事甚難。如日內瓦與美國的大使談判，歷時二年有半，仍無結果；而自去年底談判中止又忽逾半年，縱把談判地點移到華沙，結果還不是一樣？

二

於是無可如何，毛澤東乃想到使用武力手段。因為如在朝鮮戰爭時，中共雖受到聯合國的譴責，但其代表伍修權至少會出席會議，得到慷慨陳辭的機會。可見在這權力政治的時代，一切全賴實力，空言無補事實。只要在國際上能有驚人的表現，不怕不引人注意。倘能把平靜的時局，翻江倒海似的擾亂一番，應該會有和平主義者以息事寧人的態度來要求聯合國打開方便之門的。

因此近數月來，我們看到為了日本的不願承認中共，許其正式懸掛五星旗，中共至不惜斷絕經濟貿易關係以相壓迫。如在香港，為了英國已承認中共，但是態度冷淡，始終未派大使，因此遂借端生事，以相窘迫。但此等行動，到底不足影響國際大局。至如對日內瓦專家會議之提出異議，對首腦會議之表示反對，則不過損害了赫魯曉夫的體面。其實對於中共之加入聯合國問題，蘇聯確已盡其所能，只是力不從心而已。

於是最後無可如何，毛澤東遂想到了從金門島往成功湖的道路。因為就中共來說，使其不得進入聯合國的最大阻碍是台灣，美國的拒絕承認尚在其次。因為自由中國的代表占據了安理會的席次，才使中共代表失去地位。但要「解放台灣」，排除自由中國，却有與美國第七艦隊發生衝突的可能，事極危險。不得已而思其次，倘能打擊蔣介石的威信，使中共地位得以提高，那麼至少可使台灣相形見絀，而援助中共進入聯合國的各國便有辭可藉了。

並且從進攻金馬入手，使台灣海峽風雲驟緊，對於不願多事的和平中立主義者是一大衝擊，他們深恐釀成大事，不可收拾，必要出而設法調停，那就有了進入聯合國的機會了。例如英國，因為香港的關係，勢不能袖手旁觀，即可能壓迫美國而同意中共的加入聯合國。又如印度的尼赫魯，向來全力援助中共進入聯合國，就會利用時局的危急而號召亞非國家，共同出而支持中共的要求。

毛澤東由於這種打算，所以最近調兵遣將，佈置東南防務，想從金馬而一顯其雌伏已久的身手。在美國與台灣的聯防條約中，金馬本來劃在防衛範圍以外。這是中共可乘之機。但是想不到日前美國國務卿杜爾斯的表示，認為中共冒險用兵金馬，將不是一隅的戰事，而有威脅和平的危險。由第七艦隊之定期與台灣海軍舉行聯合演習，美國是否有意出而援助，以保衛金馬呢？不過同時，對於中共之砲擊金馬，美國又力阻台灣不要乘此反擊大陸。藉以避免捲入戰禍。美國之意是否想從此圖謀調解呢？由過去大陳島的故事，這是最可注意的。

三

但是金馬，尤其是金門，關係台灣的威信者至大，不能與大陳相提並論。由美國最近之鄭重聲明不能承認中共，認為將影響台灣的地位，則妥協辦法若迫令台灣退出，豈非自食所言？美國當不致出爾反爾，不顧信義。但如美國之躊躇莫決，則只有啓野心家覬覦的機會，殷鑒不遠，就在最近中東黎巴嫩的內爭。當時美國的第六艦隊雖已陳師海上，但舉棋不定的結果，卒致在一夜之間，發生伊拉克的大變。一之為甚，美國對於這重大的敎訓能夠有所認識嗎？

總而言之，在這重大的關頭，只有美國可以阻止毛澤東從金門島以到成功湖的企圖。因為金馬地理有利於中共，倘時日遷延，不許台灣反攻，則由坐待挨打的形勢，將難以久守。這樣美國在表面上雖支援台灣，而實際上却是援助了中共。美國的所謂不承認主義究作何解呢？所以此時，就台灣來說，為了戰略上的必要，必須不顧一切，衝破美國的阻力。因為金門在毛澤東只是到達成功湖之路，而在中華民國却是存亡所關。絲毫放鬆不得！國民黨流亡到了台灣，勢已無路可退，還不打算背城借一嗎？須知今日只有堅決抵抗乃可使毛澤東因顧忌大戰而放棄冒險的行動。台灣高唱反攻，現在正是惟一的機會。

接第三版

從大學生到農奴

菜豌豆飯，以後還得吃紅苕飯呢！

在勞動中，我們起先是種玉米，地點在高山上（實際我們農村也在高山上），走到工地須四十分鐘爬坡，走到上面已命半條了。種玉米工作有挖地、鏟坡、播種，我全做過，就是丟糞在坑內未做。

現在，我轉入水田工作，每天下水田，水田內有小虫要咬人，咬得我兩腿全是塊；水田還有許多奇形怪狀的動物，常弄得我一場虛驚，或一身冷汗。

工作時間是早晨六時一刻到八時半出早工，十時至三時午工，三時至七時晚班，有時還要加班，不過我至今未加過。每天下班回來，疲倦得很，但晚上還要實行三三制，三三制就是一天晚上搞家務勞動——燒火、挑水、洗米等等；另一天晚上是學習；第三天晚上參加社會勞動或社會活動。每天須在十一時才能安眠，這就是我現在生活情況。

你看了這些，一定會認為我思想上搞不通，或存開小差回家的想法，但我告訴你，却……相反。

至於我的戀愛，我告訴你，完全吹了，現在在農村中，我也不想，以後再講吧。你呢？生活上這些痛苦在農村勞動是最好的醫治的方法，這是眞的，哈哈！

我的地址是××省××縣××區××鄉××村一社二隊，接到信就來回信吧，我等你信。不多寫了，現在夜已深了。再會，好友，一定來信呀！

祝你

學習成績好

弟××

四月廿九日晚

稿約

一、本刊言論以宣揚自由民主為主旨，園地完全公開，凡符合上述宗旨之稿件，本刊一律歡迎。

二、來稿本刊有修改權，不願修改者，請於來稿時說明。

三、來稿刊出後，本刊即以每千字港幣六元至十元奉酬，聊表微意。

聯合評論社謹訂

大陸通訊

「紅色文學」是怎樣躍進的？

皓夫

三弟：

前一封信，我已經把我們怎樣捉麻雀的事情談過了，現在，我們來談談我的日常工作吧！你知道四年前我就担任了文學方面的工作，尤其是中國古典文學與現代文學方面的工作。

實在說，對於中國古典文學我雖然素有興趣，且已沉浸其中幾十年，不過，用新的觀點來重整舊文學，我却不敢多動手。爲什麼？因爲我對於新的觀點，即人民的觀點，亦即馬列主義的歷史唯物論的階級觀點，太缺乏了解，除非先向工農大衆和積極份子以及黨委虛心學習，否則，我實在寫不出來。

不過，幾年來，上級曾經一再指出「把古典文學通俗化，是當前的重要政治任務」，「幫助讀者欣賞古代文學是有益的工作」。所以我雖然對馬列主義缺乏了解，却也有心來對中國古典文學下番工夫，因爲我覺得：中國古典文學確實是光輝萬丈的。但怎樣下手呢？我一直遲疑。

畢竟還是黨委能幹，不知道他從那裏找來了一批示範材料，他說「現在好了，大家再也不怕摸不着竅門了，現在已經找着眞正站穩了階級立場的文學了。大家應該趕快加緊學習」。我們的黨委，是工人階級出身。他把「毛主席」的詩詞背得爛熟，黨認爲他的文化水平很高，黨認爲他是極有文學修養的人。他平時對我們的生活情形弄得很清楚，黨派他來敎導我們，足見黨對古典文學的重視。

黨委給我們大家閱讀的示範材料是把舊詩譯成白話的一些新詩。據黨委說：「我們今天必須有勇氣運用今天的口語來重寫古人的思想感情」。黨委又介紹這些示範材料給我們說：「這種敢於帶着古人躍入現代語言的大海裡去的勇氣，無疑地，正爲中國古典文學通俗化工作創了先例」。

這先例究竟是怎樣的呢？我一看，他介紹的第一件示範材料却原來是王昌齡的那一首著名的「閨怨」，王昌齡的閨怨確係好詩，我平時就非常喜歡讀這首詩，因此，我也就特別急於要拜讀這些示範佳作，我趕忙着扶正我的眼鏡，湊上去一看，只見前半頁寫着王昌齡的原詩：

「閨中少婦不知愁，
春日凝粧上翠樓，
忽見陌頭楊柳色，
悔敎夫婿覓封侯。」

後半頁寫着新譯的大作：

「大人家的一位年輕太太笨得像牛，
一生光吃白飯不曉得憂愁；
春天對着鏡子打扮完畢，
扭扭揑揑地走上紅漆的高樓。
她磕着瓜子消磨時間，
忽然看見田埂上發綠的楊柳；
這才想起丈夫出門打仗已經一年，
現在不知道在靑海還在蘭州；
新婚夫妻不能一起過快樂的春天，
都因爲自己要男人去得個血腥的銜頭。」

黨委還告訴我們，這首詩的譯者是根據譯者自己平時讀這首詩有無體會深淺來譯的。有體會才譯，沒有體會就不譯，體會深的才譯，體會淺的就不譯」。黨委說：「這首詩眞譯得好哪！原詩我就讀不懂，但譯成的新詩我就完全懂了！這足見譯得好啊！尤其這譯成的詩是多麼站穩了人民立場，多麼符合階級利益啊！」

後來，黨委又介紹我們閱讀了另外一些新譯的佳作，如：白居易賣炭翁一詩原有這樣兩句：「滿面塵灰烟火色，兩鬢蒼蒼十指黑」，新譯則是「他天天弄得面孔像鬼，不是塗着黑炭，就是蒙着灰塵，上看不見白色的皮膚，只有二邊的手頭髮好像葱根」，黨委同時還把「文藝日報」對這一譯句「與原作似乎沒有多大出入」的評語也介紹給了我們。

黨委給我們介紹的還有杜甫的詩的譯作，杜甫飄泊到夔州的時候，曾經有一句詩說「潦倒新停濁酒杯」，新譯則是「要不是新近吐了血，我還不肯放下手中那杯混濁濁的白乾」。

黨委給我們介紹的還有白居易的詩的新譯：原句是「昭陽殿裡歌舞人，若要織時應也惜」，新譯是「昭陽殿裏的各位奶奶，要你們織上一天就會累死」。

白居易江南旱一詩中之「朱紱皆大夫，紫綬悉將軍」，新譯是「文的是三隻手的大夫，武的是四條腿的將軍」。

貫休的公子行，原有句云「稼穡艱難總不知，五帝三皇是何物？」新譯則是「人家問他三皇五帝，他說是五個土地三個城隍」。

唐詩「兩朵紅腮花欲綻」，這一句新譯則是「塗了胭脂的臉紅得像兩塊橘皮」。

……………

總之，在黨的號召下，人民文學勢必還要再躍進，目前的確已經向前大躍進一步了。這些新的佳作，都是我過去從未讀過，也從未想過的，如果不是黨的正確領導，我那能拜讀這些站穩了階級立場的大文。不過，眞也慚愧，黨委屢次叫我按着這些示範佳作試行譯述，我就一直寫不出來，大概，我還得勞動改造吧！

大陸通訊

從大學生到農奴

王江

這裏給大家看到的是一封大陸的信，寫信的人是筆者的朋友，畢業於全國最負盛名的一家大學的動力機械系，但現在却在做農奴，做着沒有唸過一天書的人都能勝任的勞動。

筆者之所以極希望讀者看看這封信，目的是想通過這一件事實使大家知道中共是使用着什麼樣的手段在殘害知識份子。

這封信寫得很亂，間中還有些頌詞八股，當然有他不得已的苦衷的，有些不通的地方，也是今日大陸大學生的普遍程度。最堪注意的是在「思想搞不通」「却相反」的「却」字之後，有「……」的符號，寫信者的一切原意，盡在不言中了。

筆者收到這封信後，會立即按址回信，但迄今未收到回信，不知他又上那裏去了？已被整肅？或是下放到更偏僻處？還是已不在人世了呢？在寫這篇稿的時候，不禁又深深地懷念他了。

下面是他的信，有些字不便公開的，就以××代之，請大家原諒。

××××

親愛的××兄：

會想到是我寫信給你嗎？同時，也會奇怪我的地址嗎？

我首先的第一句話，就是我十分的想念你——我的好友，自從你走後，我感到我週圍就失去一個知心的朋友，的確在某種程度上是感到寂寞的。同時我也怪你，如何離滬前竟不告而別，這是給我最大的刺激了。你走後，我來找你，得到的却是絕然的失望，抱着憂鬱的心情回家，這些，難道你不能體會嗎？

以後，我也不知道你的地址，你也一直沉默無信來，就如此，造成咱倆將近半年的隔絕，彼此的了解也就隨日子越來越遠了，希望從這信後能打破這不良的局面，你願意嗎——我的朋友？

現在，我把我這半年來情況大概與你談一下吧！不然，你會莫名其妙的。

你未離滬階段，我正處在校中反右派的運動中，每天開會達十時以上，生活十分緊張，也造成不能經常來找你的原因。九月（按：去年九月）上旬，公佈了統配各軍，我被分在××電業局。九月三十日離家前往，一路上經過……等地於十月十日到達。報到後，被分在當地最大的電廠工作，到廠後，職務是實習值長，首先在各分場中實習一年。我一開始在鍋爐場內實習。實習階段，參加了鍋爐研究小組，解決廠中鍋爐存在的缺陷，這些問題基本上解決了。同時，廠內大鳴大放，我也提了很多合理化建議，有些是被採納了。

五八年二月初，廠內展開了上山下鄉運動，每個幹部工人積極爭取上山下鄉去參加農業勞動鍛鍊，我也積極報了名，結果被批准第一批上山。當地的電力系統與紡織系統合組成一個國營農場，地址在荒僻的高山上，條件是較艱苦的，夏季炎熱，冬季寒冷，交通不便。

三月六日從廠內出發，乘汽車乘了一天到達××縣，第二天汽車又進入山區，該日下雨，我們皆落濕，下汽車在轉運站吃了午飯，揹上必要的行李出發，走了四十里的山路，山路又驚又險，大有「智取華山」（按：一齣中共拍攝的電影名）的情景。到下午六時半到達終點××農業社（我們暫不立農場，國營農場公路未修好，基建完成，從農業社走到農場約兩小時）倒下就睡，疲乏不堪。

九日，又至轉運站揹其它行李，來回又八十里；十日，到十餘里外去揹米；十一日開始勞動。

我是開荒山，山坡坡度在六十度以上，甚艱巨。工作主要是伐樹、割野草，這需要好體力才行，起先我腰酸背痛，手磨了泡，泡破血流，繼續幹，就成了堅硬的繭。

睡覺的地方又黑又擠，房內黑暗無光，一小室睡二十五人（我們一起共一四一人），伙食是青菜、蘿卜加米飯，有時飯還混玉米。沒有葷菜，但十天有一次牙祭，每次有猪肉半斤（一個人）。

三月廿六日農場同志來做了一報告，說農場建場方針改變，所以一部份人不能進農場，要到農業社中鍛鍊，就這樣我下了社（一四一人中留農場有三分之二）。

三月廿九日離××社出發，走二十餘里到達××村，我和還有二個同志在村黨支書記家裡安了居，起先居住條件甚不良，無光，下爲猪舍，下雨還漏，現已調整三個人住晒穀樓，室內光線較好，也較淸潔，且有一小卓好寫寫，至於伙食，那是十分艱苦的，每頓飯菜或菜粥，菜佔百份之六十以上，菜有時是青菜，有時是野菜，吃了甚不消化，菜飯中無油，至於小菜更不談了。不是生拌野菜就是青菜湯，中間也無油，放些鹽和辣，因此，我們現在根本沒有油吃。目前豌豆出產了，就吃野

（下轉第二版）

讀者投書

應改善救助自由文化人士的辦法

——向中國文化協會進一言——

春江

年來台灣大陸救災總會，透過香港中國文化協會的關係，對海外自由文化人士進行有限度的救助，雖屬杯水車薪，亦可聊勝於無，較之過去不理不睬和漠不相關的態度，總算有了改變。在海外自由文化人士來說，精神上所得到的慰藉和鼓舞，或者要超過那非薄的稿費或寫作費，因爲，台灣方面，已開始關懷我們——自由文化人士，如果不是「自作多情」的話。

中國文化協會，訂有一份「協助清寒作家長篇作品收稿辦法」。茲將該項辦法摘錄如次：

「一、（畧）

二、凡清寒作家送請本會收稿者，至少須具備下列資格之一：（1）已出版有文藝學術著作或譯述者；（2）經常在報刊發表文字者；（3）受過大學敎育二年以上者。……

三、本會接收稿件，皆以作家本人自著或自譯而未經出版者爲限。

四、五、六、七、八、九、（畧）

十、根據此項辦法所收之稿件，本會如發現有假冒抄襲等情，除此後不接收其稿件外，如已領有稿費者，即請其退回稿費。

十一、作者送稿，均限於原作者本人，代人送稿，本會不予接受，……

十二、同一作者，向本會投稿後六個月內，請勿向本會提送第二次稿件。

十三、（畧）

十四、本會限於經費，每月只能收稿十一本，……

十五、（畧）」

這項辦法，在原則上是令人同意的。現在認爲需要改善的是執行的問題。所謂「協助清寒作家」，要是「作家」而又「清寒」者，始在「協助」之列；是作家而不清寒，雖清寒而並非作家，當然不予協助。

目前該會每月收到的稿件，常常超出限定的數額幾倍，以致許多稿件延到兩三個月尚不能處理，而出版之稿件竟百無其一。這並不是說海外自由文化人士寫作水準的低劣，而係被冒牌作家魚目混珠，使一般眞正從事寫作的自由文化人士，不得不爲之擱筆。

由於難胞人數之多，其中有些不務正業者，專以逃難精神而唯利是趨。譬如各敎會主辦救濟，便出現許多「敎販」和「敎棍」，只要有福利，便大呼「分我一杯羹」，甚至還要搗亂行兇，强取勒索，威脅敎會，因而，各敎會都遭遇同樣無法解決的困難。近來，有許多「敎販」，「敎棍」，又兼做「文販」和「文丐」了，心中原無一點墨，却能妙想天開，向舊書攤子搜購出版年代久遠的小說或雜誌，把它改頭換面，外國說成中國，張三改爲李四，白紙寫滿黑字，湊成三萬五萬字數，冒充自己的作品，送到中國文化協會，取得一份收據，有時更得意忘形地拿到朋友面前去炫耀，表示自己是有憑有據，如假包換的「准作家」。其本人送稿雖未滿足六個月，攤上的舊書買不盡，有的是空閑的時間，更不怕浪費紙筆，於是再買一本舊書，不需幾天工夫，又完成一本「佳作」，請一位連字也不大會寫的朋友代送，領到的寫作費，二一添作五，又成爲「分贓式」的行爲。

該會既屬協助清寒作家，便要名符其實，澈底執行上項辦法，防止一切投機取巧之情弊，使清寒作家得到協助，庶不負救助之初衷。對於作家之資格，在收稿時應作嚴密之審查，如第（1）項之規定：已出版有文藝學術著作或譯述者。須繳驗其著作，如發表係筆名，必須出版社証明作者之眞實姓名；第（2）項規定：經常在報刊發表文字者。須檢出近作三篇以上，發表如係筆名，亦須報社證明作者之眞實姓名；第（3）項規定：受過大學敎育二年以上者。必須繳驗修業或畢業證書，如無證件可繳，則須符合一二項之規定。凡資格不相符合者，一律拒收稿件或不給寫作費，這樣才可防止假冒和抄襲之弊，以清理文化界之蠹虫。

雜憶錄（二）
述留法勤工儉學之前因後果

幼椿

李石曾先生以無政府主義者知名於今世，其所以不憚煩勞，為此一對青年男女促成好事，且甘為之騙取護照，亦有其無政府主義之思想存在其間。李氏常告我，欲致世界大同，不有國界，必須使人類大量交流，種族互相婚配，混血兒多，種族界泯，優劣之見，地域之分，便可逐漸減少，則四海一家，自然形成。（李氏在華法教育會中特託人負責，專門收養華工與法女相愛而產之私生子，有嬰兒二十餘人，認為是即大同主義之種子云。）

因是，李氏提倡留法勤工儉學，雖無錢人子弟也可以出洋留學，無公家官費也可以出國讀書，然其中心思想仍在於大量交流，八種混合這一方面，故李氏對於留法勤工儉學生之招收，並不擇別，務求大量，初尚於北平，上海設立留法預備學校，以為有志於此者補習法文法語，後竟對此預備階段也予省去，任何人以學生資格，只須交出二百元大洋費用，報名前來，即為之辦理護照，交付船票，送之上船。因之在民國十年左右，每一法國郵船到上海，必有留法勤工儉學生一二百八上船，魚龍混雜，良莠不齊，有在中途船上即鬧出笑話者，有一抵馬賽即與法國警察起衝突者，有在巴黎做小偷而為百貨店員捉住者，有帶上小腳太太，並帶着鍋灶，有似從王家莊搬到張家村去者，這類「大量交流」的故事，不僅是我耳聞，而且常是目見，因為李石曾先生見勤工儉學生來得太多，華法教育會中人手不夠，有時請託老同學去馬賽接船，我也是偶然被請的一位。然而這類都市流氓，鄉村學究，參雜其中，畢竟是少數，而大多數仍是高中畢業生與大學修業生，省籍以湖南，四川，廣東為最多，合計在千人以上，江浙次之，北方又次之。

李石曾先生見華工能吃苦耐勞，無論在法國農村或工廠任勞作，均見重於雇主，因而認為只要是中國人，一到法國，皆必能勞力自活，勤儉所得，大可有餘錢餘力讀書，故勤工儉學生到法之後，荷包中尚有幾文者，則被送入初級工業或農業技術實習學校，使其補習法語，獲得技能，以備將來為覓工廠或農村中之技術工作，荷包空空者則為之匆匆補習法語兩三月，即送入法國各地工廠或農村中去。（荷包空空者佔來人百分之六十。）戰後，法國無論工廠或農村皆缺乏工人，且以華工勞作成績優良，故勤工儉學生一經介紹，立受歡迎，分別前往法國各地就業，其初頗有來者不拒，賓至如歸之勢。但一經在工廠或農村作工，不到幾時，便大成問題，勝任勞作者不過十分之二三，而十之七八，均紛紛回到巴黎，住於華法教育會，及豆腐公司宿舍中，情形立呈嚴重！

汲古書屋談薈

秐農

通州三生

朱銘盤　張謇　范當世

泰興朱曼君（銘盤）與南通張季直（謇）、范肯堂（當世），皆嘗受業於武昌張廉卿（裕釗）之門，號通州三生。南通於清為直隸州，泰興則州之屬邑也。廉卿與桐城吳摯甫（汝綸），俱師事湘鄉曾滌生（國藩），能傳其學。張年長於吳十七歲，為道光丙午舉人，官候補內閣中書；吳則同治乙丑進士，官直隸冀州知州。無錫薛叔耘（福成）叙曾文正公幕府賓僚，謂從公治軍事，涉危難，遇事贊畫者，凡二十二人，而以淵雅許摯甫；其以宿學客戎幕，從容諷議，往來不常，並不責以公事者，凡二十六人，而以古文推廉卿。蓋吳之才雄，張長於氣度，所為文章，奇偶錯綜，閎中肆外，均能嚴守桐城派家法，而無其寒澀枯窘之病，則得力於湘鄉陽剛勁直之氣為多！侯官嚴幾道（復）以譯述歐西政學鉅著，卓然成家，然亦私淑摯甫稱弟子，稿成，必以質正。摯甫自謙不通西文，顧亦時有獨見。嚴嘗語人曰：『不佞往者每譯脫稿，輒以示桐城吳先生，老眼無花，一讀即窺深處，蓋不徒斧落徽引，受裨益於文字間也！故書成必求其讀，讀已必求其序。』其傾服有如此！

按張季直自訂嗇翁年譜卷上：『同治十三年甲戌八月，孫先生（雲錦）介見鳳池書院院長武昌張廉卿先生裕釗叩古文法，先生命讀韓昌黎，須先讀王半山。』時季直年二十二歲，是為問學於廉卿之始。廉卿著有濂亭文集，光緒六年庚辰，贈范生當世序云：『余以今年三月，因通州張生謇晤其同里范生當世邗江舟次。……洎七月，生偕朱生銘盤來金陵，復攜所為文求余為是正，且懇懇問為文法。』是范朱之得列於裕釗為門弟子，乃由季直之輾轉介謁，而桐城姚叔節（永概）撰范肯堂幕誌，則謂：『武昌張裕釗客江寧，見張、朱、范三先生，大喜詫曰：吾一日得通州三生，茲事有付託矣！』叔節與肯堂有郎舅親，而其言已微乖於事實；蓋三生從學有先後，並非廉卿一日得之也！

曼君於三人中年最長，生咸豐二年壬子，弱冠後，與季直同客慶軍統領提督廬江吳筱軒（長慶）軍幕，先後凡八載，吳歿後三年，改就提督張仲明（光前）之聘，以光緒十九年癸巳病逝旅順軍中，年四十二，季直為經紀其喪。次年，廉卿亦卒於保定蓮池書院，年七十二，季直設位以祭。肯堂少於曼君二歲，與摯甫交最親，以季直之介也。摯甫薦之於直隸總督合肥李少荃（鴻章），並授李子季皋讀，賓主極融洽。迨中日戰起，竟以東床西席狼狽為奸二語，形諸奏牘，東床謂張幼樵（佩綸），西席即指肯堂，乃謝職南歸，居州為紫琅，東漸等書院山長。光緒三十年甲辰歿，年五十一；而摯甫先一年卒於故里，年六十四。季直長於肯堂一歲，以甲午大魁天下，其聲名事業均在朱范之上，而又獨享高齡，至民國十五年丙寅逝世，年七十四。餘杭章太炎（炳麟）稱其得濂亭薪火之傳，以文章擠科第者也，詩文別成一家，旨在經世致用。而曼君工於駢文，磅礴鬱紆，雄深雅健，與王壬秋（闓運），李蒓客（慈銘）諸家，均不相似。其能紹述桐城義法，以之流衍於通州而張一軍者，唯肯堂一人而已。其繼室姚夫人，執教南通女子師範三十餘載，抗戰初期猶健在；肯堂門弟子著籍甚衆，尤以徐益修（昂）稱高足；徐氏主講南通省立中學時，余受業師也，後膺杭州之江大學國文講席之聘，馳譽大江南北云。均以桐城古文授諸生」（一）

近代詩話

狷士

林琴南先生以譯西洋小說名，而其詩性情眞摯，哀惻芳馨，詩人之詩也。如水軒云：「卅年舊夢此留痕，病婦從余住水軒，潮落偶然逢紫蟹，竹深容易入黃昏。此身豈卜長為客，老母當時正抱孫。一水一山無恙在，眼中處處長情根。」此詩能將人生中年哀樂之情，體味無盡，雖詩中無愁苦之字句，而愁苦自溢言表。三復令骨肉增重。又悼友一律云：「當年持節使歐西，草草離筵君子齋。逆測歸期疑死別，痛箴狂病發悲啼。寸心祇有君能諒，老福何為命不齊，檢視十年前小影，蠅頭細字尙留題。」末首二句云：「慟極失聲還自咽，摧心不顧九原知。」詢至情沈痛之作，非有眞性情者不能道也。

如皋冒鶴亭（廣生）有送子南行詩，語極眞摯，余最愛誦之。詩云：「汝去幾時歸，吾衰難再健。何因為此別，吾貧使汝賤。炎方風土異，食宿汝豈慣、以吾戀汝心，汝子汝亦戀。」「汝中腸數日惡，愛與忍交戰。翻促汝早行，暫息吾方寸。」「汝性鄰於剛，不識世路歧。凡心意所造，弗辨艱與危。教汝以機巧，不免父道虧。要當識力定，而以學養滋。勗哉儀先民，雅道庶可幾。」（三）

「人民」是什麼？

高明

郭沫若說：

「人民本是生產奴隸；這是我在古代社會中所發現的一個重要的事項。」（「十批判書」訂正本P四一）

高明說：

「人民的確只是生產奴隸；這是我在今日『中華人民共和國』中所發現的一個更重要的事項。」

文羣賞戴紅帽子

亮齋閑話之三

徐亮之

客　這次行政院長陳誠在招待立委茶會席上對立委文羣大發脾氣，大拍桌子；你對這事的觀感如何？

主　文羣不對。

客　怎麼？做客人而被主人拍桌子發脾氣，自己粒聲不出總算修養到家；你倒說他「不對」；試問這「不對」在什麼地方？

主　「不對」在不識時務。「識時務者為俊傑」；在台灣猷而不識時務，壓根兒就沒法子「對」。

客　你說他那點不識時務？

主　他勸陳院長要聽多數人的話，別光聽一個人的話；只這便是不識時務。

客　這不恰是一班人所謂「民主精神」的嗎？怎反說是「不識時務」？

主　台灣當局的所謂「民主」，據說是要等待打回大陸之後才拿出來用的；現在只能放進冰箱。不能認識這點，便是「不識時務」。

客　那末，本報第二期台北通訊，報道院長在草山另一集會上的發言，說是乃「他對他當日在茶會上的說話有所辯護；並且提到另一位江西人王又庸；認為都有問題；意在說明他的發脾氣沒有錯」云云，眞是「沒有錯」的了？

主　錯的仍然是文羣。

客　錯在什麼地方？

主　錯在不該是江西人；更不該是江西籍的立委；因為「另一位江西人王又庸」正是龔攏的立委；既然「禍不自殄滅」，當然要「延」到不識時務的這一位江西老表來；當然要被院長「認為都有問題」來。

客　我眞不懂什麼叫做「都有問題」！當年紅得發紫並會喊過「夫人萬歲」的人都龔攏了，王又庸龔攏還算個什麼「問題」？王又庸的龔攏，又怎會構「成」了文群的什麼「問題」？

主　當然「成問題」。以文羣七十多歲的高齡，擁有居留台灣七八九年的歷史，而尚「不識時務」，不懂行情；這在院長眼中，「問題」嚴重，寧過於此！

客　那末，依你看怎麼辦？

主　不是依我看，是依老例子和院長的語氣看。

客　依老例子和院長的語氣看，該怎麼辦？

主　着即賞戴紅帽子一頂可也！

戊戌仲夏同人集
秀竹園席上口占

徐文鏡

南陬正伏天酷暑，連日無雲更無雨。探涼小醵秀竹園，張弦設管治鷄黍。簫聲吹徹竹籟清，瑤琴初奏天風鳴。冷冷靜聽不知夏，梅花三弄落江城。二弦四弦和夜月，春江宛轉花如雪。江花江月可憐春，王郎呂侯何妙絕。西宮宮詞春恨長，玉笛聲中夜未央。吹起一池池水綠，羽衣唱罷唱霓裳。（王憶慈西宮詞。）絕藝清才蔡大家，漁歌一曲世所無，手揮目送若有餘，輕徹淡遠接今虞。（蔡德允古琴宗虞山派。）結契空山梅鶴緣，更向空山思隱賢。縵師撫軫音冷然，雲水瀟湘何處邊。（余與吳鶴梅合奏思賢操，吳純白奏瀟湘水雲）因明禪意深幾許，水仙來與佛相處。獻三妙指撥春風，小桃紅上秦箏柱。（吳因明奏水仙操，獻三彈箏，奏小桃紅。）畫裡仙翁莊半仙，仙翁半操足流連。眞趣何勞弦上傳，無弦始信有陶潛。（莊一郎能彈仙翁半操）獨立吹簫蕭立聲，隨弦索到深更。十年一鳴亦可驚，誰云南郭之先生。（蕭立聲吹簫）亮之酒酣奏胡弦，弦音獨占梅雨田。鴻來引嗓出雲端，風流不減譚叫天。（徐亮之奏京胡，沈鴻來唱京劇。）此時四座歡更狂，喧喧崑曲雜皮黃。左翻北調右南腔，坐我中間兩耳忙。宗頤可是逃禪者，昨宵跨鶴飛羅馬。趙孁預約集伊家，此夕殷勤先乞假。麗君時代曲滿腹，欲歌轉守默。笑予半載詩不作，且把短歌譜絲竹。人生及時須行樂，但欠今朝珠一斛。（蔡佩珠未到。）

文藝瑣談

君雲

一

長文難寫，短文更難寫，論文難寫，短篇的筆記更難寫，只長到萬言的長文，只要有一部分的精采處，其餘的便可藏拙，別人決不會因為它部分的鬆懈處，而忽略它的精采處。論文可以自由揮灑，只要持之有故，言之成理，便可成篇，短篇筆記，一字一句都須確有根據，非手邊有多書可查，單憑記憶便難免不出毛病。

二

前輩先生寫文章往往以艱深文淺陋，堆上許多難字難句，以別人看不懂為原則，時下人則專尚白描，重內容不重形式，總以多數人能了解為目的。前者好比濃裝艷抹，有時因本質太差，適增其醜，後者如淡裝素服，薄施脂粉，如果寫得好的話，眞是風韻天然。從實際說來，古今中外一切流傳最廣的作品，往往都是容易懂的東西，決不是那些令人看了昏昏欲睡的東西。

本刊已經香港政府登記
每逢星期五出版

聯合評論 週刊
United Voice Weekly
第五號
督印人：黃宇人
總編輯：左仲平
社址：九龍金馬倫道三十八號三樓
電話：六一四一三(61413)
承印：田風印刷廠
香港高士打道二二一號
售價：每份零售港幣一毫
總代理：友聯書報發行公司

論美國護航金馬

雷厲

護航等於協防

最近美國對中國外交有兩件可稱道的表現，一是國務院關於不承認中共的五點聲明，一是在台峽戰雲緊急之際毅然宣佈協防金馬。關於金馬，美國雖然沒有確切申明承担防守義務，但是已直接採取行動實行護航決心，維持台澎到金馬之間的補給綫，這已無異於是承担防守金馬的義務了。因爲金馬所面臨的危險，不是共軍的登陸攻擊，而是以海空軍切斷補給綫，把金馬困成兩個孤點，然後迫國軍自動撤退。因此只要補給綫不斷，金馬兩地的防守是不會發生問題的，所以美國參加護航實際等於參加協防。

軍事上必守金馬

金馬兩島雖小，但在軍事上政治上價值極大。就軍事的進攻說，固然可以用做反攻大陸的跳板，脅制大陸的前哨；而在防守上尤其重要，因爲失掉金馬，即失掉台灣海峽；使台澎直接暴露於中共海空軍的攻擊之下；中共的海軍可以從旅順、葫蘆島、青島經閩廈到海南島連成一氣；現在因金馬在國軍手中，致把中共海軍活動橫腰劃斷，堵死福州廈州兩大港口，使中共海岸綫的防衛呈現兩大缺口，隨時遭受致命的威脅。

金馬在軍事上的價值既如上述，但在美國第七艦隊的巡弋拱衛之下，台澎的安全是根本不成問題的；而在國軍實力未定無力反攻之前，金馬在積極進攻上所具有的位能並不能發揮出來，而維持金馬兩島的軍民供應，在海運交通上是一繁鉅的工作，與其做無謂的消耗，不如放棄節省軍需；而兩島距大陸近，在防守上倍加艱困，所以單從軍事上看，目前死守金馬並無絕對需要。但我們仍主張堅守金馬，主要的理由是政治的而非軍事的。

政治上必守金馬

從政治上看金馬不能不守的主要理由有：

（一）金馬是反攻大陸的象徵，是九年來台北當局用以鼓舞和維繫人心士氣的兩塊金牌；只要仍握守金馬，就可以保持隨時反攻大陸的態勢，就可鼓舞打回大陸去的熱情與信念。反之放棄金馬就等於放棄反攻的希望，這對民心士氣將是致命的打擊。

（二）在中共的文化、經濟、政治的滲透之下，東南亞一千餘萬華僑已經感到沉重的壓力，如果中共進佔金馬，將打擊華僑的反共信心，這不但對自由中國不利，而對東南亞各國亦屬不利。

（三）國軍握有金馬二島，對大陸內部反共份子及一般人民具有激勵的作用，如果放棄金馬，將導致大陸反共份子及人民的絕望；而大陸人民的反共運動是國軍反攻的主要因素，因此他們的絕望即等於反攻的絕望。

美國協防的原因

美國國務院在所發表不承認中共的五點理由中，已經說得很明白，承認中共將打擊亞洲反共國家的士氣，將影響東南亞華僑的反共信心；美國爲此而不承認中共，也正爲此而毅然協防金馬，這兩件事原是根據一個判斷而來的。

由於美國協防金馬，台灣是穩定了，現在的問題是今後怎麼辦？有人在叫嚷乘機反攻，其實台北當局比任何人都更急於反攻，如果能反攻早就反攻了。空談反攻已經九年了，再空談叫嚷下去徒自貽笑毫無好處。反攻是一主觀願望，如果沒有客觀形勢，主觀願望始終是空想。因此單純的軍事反攻觀點，到此應該徹底反省和改變了。唯有從政治反攻做起，樹立民主憲政的楷模，創造舉國一致反共的形勢，軍事反攻才有可能，否則反攻永遠是畫餅充飢而已。

急需改造台灣

金馬台澎是中國的土地，防守中國的土地，必須借重美國軍隊，做爲一個中國人，我深深感到恥辱。雖然美國人的友誼是眞誠和純潔的，對此我毫不懷疑，與俄共之駐兵旅大在本質上毫無相同之處；我所以感到恥辱是因爲執政當局太不爭氣，他們顢頇自私，空喊反攻欺騙國人，弄到頭來防衛自守還要依靠外力，他們如果尙有良知，能不自責自愧？

在美國決心協防金馬之後，中共馬上有了反應。一面笑臉求和，一面又在大陸各地發動反美示威。其實求和是眞的，反美示威是姿態。中共的如意算盤，是擺出不惜與美國一戰的兇相，藉此來敲詐美國，打算不戰而得金馬甚至台灣。它這個如意算盤早被美國識破，因此就預先聲明在談判中絕不做損害自由中國的利益。美國本不欲大打台峽戰事，尤其不願意與中共直接交手，因此爲了緩和局勢不得不與中共談談。而中共既已誇下海口要攻佔金馬，可是由於米格機的成批叛變（台灣有人來信證實）及美國的護航行動，使它不得不勒住馬頭重作考慮。大打既無把握，不如藉和談下台。那麼今後的台峽形勢，可能出現邊打邊談的局面。共產黨有它狂熱的一面，也有它冷靜的一面，面對現實他們是陰鷙而冷靜的。

中共擴大領海

東方生

九月四日中共的聲明，把領海範圍從向來的三哩擴大到十二哩，於是金門馬祖成了內海的島嶼，非外國船艦及飛機所能擅入。台澎四周十二哩內也成了領海範圍。由中共的用意，顯欲藉此阻止美國的支援台灣。美國倘若不顧中共的聲明，那就是破壞領海主權，爲一種侵畧行爲。所以美國對此，由國務院方面的聲明表示不能承認，謂美國對於領海的限界向以三哩爲準，中共此舉，無非藉此掩飾其侵畧。

本來，領海範圍三哩乃國際法的規定，各國倘可自定標準，而要求他人遵守，那就是破壞國際法的原則。領海三哩的說法，由於過去大炮的射程，縱與今日形勢不合，但在國際未能成立協議以前，豈能自作主張，以啓紛爭？老實說來，此一主張的成立，首先必須獲得他國的承認，次之還須自身有實力以行使其主權，倘若不然，還不是徒託空言？現在中共的聲明，既不獲他國的承認，中共對於此十二哩的領海，能否有力以爲保衛，也是問題。

我不知中共的聲明，是否以爲美國若進而支援金馬，或者如美國今日之與台灣訂立聯防，共同演習，便是破壞其領海主權？那麼第一、美國所承認爲代表中國的政府者，乃台灣國府，而非今日大陸的中共政權；第二、美國有正大的理由根本否認中共擴大領海的聲明；並且第三、也有實力足以打破中共所謂十二哩的領海限界。中共此舉只表示其爲無意識的行動而已。因爲單憑其聲明，不能即指美國爲破壞主權，並且中共是否有意乘此對美國支援台灣行使武力，藉以保障其領海主權呢？美國並非紙老虎一頭，由今日台灣海峽的形勢，中共應該有所認識罷。

至於領海範圍十二哩之說，現已有多數國家贊同，則如今年二月由聯合國召開於日內瓦的國際會議，談判逾月，對於領海限界迄未能成立協

（下轉第三版）

論台灣海峽的局勢

疑今

日前周恩來突然申明願意和美國恢復大使級的談判，毛澤東更表示希望此一談判能產生結果；頓使二十天來漸趨緊張的台灣海峽局勢，一度有緩和的跡象。但是，近幾日來中共仍繼續加强對金門的封鎖，並恢復炮轟，似乎他們的態度又有些轉變了。

中共沒有力量發動大戰

爲什中共的態度如此忽軟忽硬呢？原因是很顯然的，他們目前正在抽緊全國人民的褲帶以從事於所謂生產大躍進，自不願意有戰爭發生，也根本沒有力量作戰爭的冒險妄動。再加上韓戰的教訓，更不敢輕意動了。現今他們突然在金門蠢動，仍虛張聲勢的成份最多，其目的當不外下列三者：（一）擺出不惜一戰的姿態，以企圖嚇退美國和中華民國政府，不戰而奪取金門馬祖，一如當年之獲得大陳。（二）表示中共有力量製造緊張局勢，任何國際會議如果沒有他們參加，即將不能解決問題；希望能擠入所謂高峯會議和聯合國，（三）配合蘇俄的陰謀，在中東局勢緩和之後又於台灣海峽興風作浪，藉以困擾美國。

以上三者，都是中共所想望的，不意他們向金門的炮聲一響，美國的態度即表現得相當强硬，守軍的鬥志又極堅强，於是又改變策畧，要和美國重開談判，這也是重襲當年和政府談談打打，打打談談的故技，企圖藉此造成有利的形勢，而無尋求和平的誠意。近日來談判未復，中共却又恢復對於金門的炮轟，並繼續加强封鎖，他們似乎存心要使美國無法測知其和戰意向，以便進行敲詐，若謂他們又不想談和而仍企圖從事軍事冒險，則非也。

美國應有的警惕

中共既然是外强中乾而又沒有和平的誠意，美國對於周恩來的聲明原可不必過於重視。最低限度也要迫使中共停止對金門的威脅，並恢復上月十一日以前的狀態以後，才可加以攷慮。不意美國政府太急切了，他們在周恩來發表聲明後數小時，即指派美國註華沙大使與王炳南接觸。而後者却至今未予理會，不但於台灣海峽的局勢無補，也未免有些自取凌辱吧！

最荒謬絕倫的，是某些國家反要與虎謀皮，主張將沿海島嶼讓與中共，主張聯合國托管台灣，主張讓中共加入聯合國，美國也有許多人發表同樣的見解。他們以爲如此便可以使中共心滿意足而不再滋生事端了。殊不知這種主張如一旦見諸事實，適足以鼓勵中共繼續冒險，遠東將永無寧日矣！昔年張伯倫促請捷克將蘇台區割讓與德國時，也以爲希特勒的慾望獲得滿足以後，歐洲即可相安無事。但結果反而使希魔覺得兼併和擴張是如此容易，乃進而侵畧波蘭，迫得英國不能不對德宣戰。假設當年英國對於希特勒不姑息而團結盟國即時予以制止，也許第二次世界大戰不會是那樣的發生了；而英國在國際上的信譽和威望也不致受到如此嚴重的損毀了。可遺憾的，是張伯倫雖已死去多年，而其靈魂仍飄渺於泰晤士河畔。今日倫敦方面的政治家們還要蹈着莫黑尼的舊路前進，我們除了自己躭心而外，也爲他們躭心啊！

我們認爲今日台灣的局勢，不是中國單獨的問題而是與自由世界息息相關的問題。在道義和利害上說，自由世界尤其是美國都不能迴避其應盡的責任。回想十餘年來，許多亞非國家原是反共親美的。只因覺得美國在他們遭受危難時不會爲他們作戰；才競以中立的姿態出現，以求不開罪於共產集團而苟安一時。因此，今日美國唯有積極援助我們，予中共以迎頭痛擊，才可以恢復其在國際上應有的威望而阻止共產洪波的泛濫。現在中共對於美國速開談判的動議，既然遲不答覆，美國也似乎也應該不再存幻想了吧！

我們的自救之道

今日中共對台灣海峽的企圖已極顯明。他們一方面避免登陸作戰而只以炮轟和封鎖來困擾金門的守軍。另一方面則表示願意和美國重開談判，藉以緩和美國人的情緒，並使台灣陷於迷網而挫其銳氣。中共此一詭計至爲險毒。政府若再不求有效的對策，坐視金門守軍困處小島，整天被轟而又沒有機會出擊。日子久了，勢必要影響民心和士氣的。同時，美國與中共的談判而恢復，政府更不能毫無行動表現，只是束手以聽任他人的安排。我們固然應該相信友邦絕不會出賣中華民國的。但我們也沒有理由不相信美國政府的公開申明，他們說只要中共宣佈不在台灣海峽使用武力，美國並不反對中共對於台灣的提出領土要求。這不是已經够我們提心吊膽了嗎？我以爲政府不應該再存依賴他人的念頭，而要急圖自主自救。最單簡而有效的辦法，莫如即日轟炸大陸沿海的軍事設備，並突破中共的封鎖，把戰爭的範圍擴大起來，金門的威脅自可解除。復次，也是更重要的，政府應把海內外一切反共人士團結起來，形成一個强大的力量，尅日反攻大陸，然後才可望粉碎國際間的一切安撫中共的陰謀，而打開一個新的局面。年來中共的暴政日益加劇，大陸上天怒人怨，政府如要反攻大陸，此其時矣。

座談紀要：本報茶會招待各作家並順便交換時局意見

本報自八月十五日創刊以來，轉瞬將屆一月，承蒙讀者及作者厚愛，使本報獲得鼓勵不少。為感謝盛意並請指教起見，本報特於九月九日午後三時假座香港宇宙俱樂部舉行茶會招待，並順便交換時局意見，賓主躋躋一堂，計到有：王世昭（排名按筆劃先後）、王同榮、左舜生、左幹臣、尹述賢、李中直、金一鴻、金達凱、徐亮之、胡欣平、張六師、姚立夫、黃宇人、陳錫餘、孫寶剛、孫寶毅、劉子鵬、劉正明、劉裕畧、謝澄平、蕭輝楷、羅永揚等二十二位先生。由本報編輯委員兼總編輯左舜生先生對本報經過畧作報告後，即順便交換時局意見。茲記其概畧如下：

左舜生先生意見：

左舜生：今天聯合評論社招待各位先生茶會，除了請求各位先生對聯合評論指導而外，並順便請各位先生對金馬問題所引起的時局提出意見。

孫寶剛先生意見：

孫寶剛：從軍事觀點看金馬在軍事上原無重大價值，但台灣必守，中共必爭。既無價值，又何以必爭必守呢？主要原因，乃中共欲以熱戰達到冷戰目的。同時，金馬之得失，乃國共雙方強弱的象徵。所以中共要拿。何況，如果中共拿下金馬，則大陸人心可望稍為穩定，國際政治肩客亦可趁機替中共幫忙，所以中共之必爭金馬，其目的在政治作用，而不在軍事作用。至於金馬問題的關鍵，還在美國的政策。如果美國政策強硬，中共自然不敢攻金馬，否則，中共就必攻金馬了。因此，希望美國對金馬的態度，要像蘇聯對中共的態度一樣，關於蘇聯對中共的態度，蘇聯已經宣佈說：如果美國進攻中共，即等於進攻蘇聯，那末，美國為什麼不宣佈：如果中共攻金馬，即等於攻美國呢？

劉正明先生意見：

劉正明：中共攻金馬即為了攻台澎，中共攻台澎即為了攻太平洋其它各國，而中共之攻金馬與攻台澎，即在除根，而金馬台澎與整個自由世界利害相聯，所以，美國決不應該讓中共進佔上述任何一點。

李中直先生意見：

李中直：首先我完全同意孫寶剛先生所說金馬並無重大軍事價值，但我的問題在問世界大戰究竟有無爆發可能？又從金馬有無爆發世界大戰可能？依我看：計劃性的世界大戰的爆發，其可能性是極少的。這因為一、原子彈氫彈的威力太大，大家害怕；二、共黨集團不願冒險，所以，計劃性的大戰很少可能。但這不是說偶發性世界大戰必不可能，這不是說沒有計劃的原子戰爭必不爆發，所以，說到這裏，我們應該研究金馬之戰，究竟能否轉變而為世界大戰？

張六師先生意見：

張六師：金馬地區甚小，若在平時，大家根本不注意它。所以我以金馬的軍事價值縱然不是絕無，也是甚小。但國家立國之道，守在四夷，金馬的戰畧意義雖小，政畧意義却大。因為如果金馬失守，則關係民心士氣甚巨，亦關係海外僑胞對中華民國的信心，更關係大家反共復國的信念，金馬之價值如此，所以我對葉公超簽訂的中美聯防協定表示遺恨。何以當時不把金馬包括在協定之內。美國既承認中華民國的領土是完整的，又金馬既是中華民國的領土，就沒有不把金馬包括在協定之內之理。至於中共屢次宣稱台灣乃中國領土，現被美國侵佔，其宣傳用意全在激發大陸人民的民族意識，以轉移國內人民對中共政權的不滿。中共財力有限，而戰爭的消耗驚人。中共雖可從蘇聯取得軍援，但所有軍援都是要付錢的，中共現在實在沒有能力從事現代戰爭，若要攻金馬，也只利於速戰速決，否則對中共極不利，而金馬不同於一江山，除非蘇聯給予大力援助，否則，我以為中共是拿不下金馬的。

謝澄平先生意見：

謝澄平：剛才左先生說今天茶會有兩個意義：一個是聯合評論的事；一個是金馬問題的事，我覺得無論我們今天談那一個問題，我們的根本問題還在我們今天應該做什麼？我們今天應該做什麼呢？我以為中共這一次炮轟金馬，完全是心理作戰。但中共炮聲一響，台灣表現太差，無論黃少谷陳誠蔣介石，對於中共這一次心理作戰，完全不懂得如何還手，這顯然表現台灣根本負不起反共復國的任務。台灣既然負不起反共復國的任務，所以，民主改造台灣實為我們今天當務之急。而我們曉得：民主改造台灣，又以海外民主人士大團結為起點，既然改造台灣是以海外民主人士的大團結為起點，所以，我希望我們今天在座各位，在討論金馬問題時，切實認清民主改造台灣之重要。並共同切實來團結來幹。

左幹臣先生意見：

左幹臣：我很失望，今天聽了各位的談話以後，因為各位的分析，都似乎說大戰不會馬上打起來。大戰不能馬上打起來，所以我很失望。因為失望，所以我改一個題，我要說的目的是說中共對東南亞的滲透和各種侵畧，及中共對香港的經濟侵畧和陰謀。據我所知：中共對東南亞的各種活動，是很積極的。中共對香港工商農各方面的工作亦日趨擴大，且其擴大的速度異常驚人。而自由世界的反應則是遲鈍的，各種反應也是這樣不澈底的，這樣下去，我們的前途就非常危險。所以，我以為如果自由世界不準備打大戰，那末自由世界就很危險了。對於金馬，我倒希望它能擴大為大戰。

尹述賢先生意見：

尹述賢：對於金馬，我們只看到蘇聯與中共的宣傳，就看不見台灣方面的有利宣傳，這是台灣方面表現得最差的。此外，台灣方面尤其差的，是它在這一次金馬炮聲中，根本不知道促成海外同胞與台灣的一致。

胡欣平先生意見：

胡欣平：剛才各位多認為金馬無重大軍事價值，但我以為金馬是有軍事價值的。一、大陸海岸綫自東北迄華南，惟有金馬給予有力的威脅，這是具有軍事意義的；二、金馬可以封鎖廈門福州，軍事意義亦大；三、金馬在國軍手中，則大陸民心仍以為反攻有希望，若無金馬，則大陸人民將認為反攻無望，所以，金馬對大陸人民之反共，是有鼓勵作用的。中共對金馬的原打算是採取作戰姿態，對金馬施壓力，以取得這兩個小島，從而達到政治經濟軍事各方面的目的；另一方面，中共是想表示自己的威力，是想表示自己的行動關係全球的和戰，藉以提高自己的地位，從而達到參加高峯會議的企圖。至於中共對台，我以為中共目前是沒有主動轟炸台灣的膽量的。但國民黨之一再下令疏散，則顯然在想把形勢弄得緊張。台北當局似乎更想把戰爭帶到大陸。本來，不只我們想回大陸，國民黨當然也是想回大陸的，如果國民黨轟炸大陸，中共勢必亦行轟炸台灣，而中美是對台灣訂有聯防協定的。如果中共果爾轟炸台灣，那末，美國自必捲入戰爭了。至於台灣必守金馬的原因，是因為金馬是反攻大陸的象徵，如果金馬不守，那末，台灣就再也不能高喊反攻大陸了。從整個形勢看，從民主反共立場看：我主張仍應堅守金馬。因為金馬關係整個東南亞的民心士氣甚大，為了反共，所以我認為堅守金馬是必要的。此外，如果金馬失守，則大陸人民認為美國與台灣將無能力反攻大陸，這對於大陸反共人士將失去鼓勵。

孫寶毅先生意見：

孫寶毅：我的幾點簡單意見是：不要上中共的當。中共所謂和平，實即戰爭，因為中共把和平當作達到目的的另一種手段，而基本上講：美國如果強硬，則中共自然會退却的，反之，如果美國退却呢？中共就會前進，就會強硬。至於我們今天的問題則是：一、堅守金馬，二、促使美國更加強硬，三、我們要團結起來，四、呼籲美國幫助中國反共，並應立即切實改造台灣。

羅永揚先生意見：

羅永揚：從政畧看：金馬今天是不能失的，從戰畧看：金馬又無軍事價值，這政畧與戰畧的矛盾，只有美國出來幫助反共，必要時，立即用空軍轟炸大陸或沿海中共空軍基地，才能解決。至於我們自己，我同意謝澄平先生的說法，應該立即民主改造台灣。因為台灣是屬於中華民國，並不是屬於任何個人，我們必須立即把台灣改造成反共復國的有效基地。

王世昭先生意見：

王世昭：一、我認為金馬事件乃中共主動，二、我認為中共企圖進攻金馬，乃獲得赫魯曉夫的鼓勵，三、大戰終必爆發，四、應堅守金馬，因為金馬在交通上誠如胡欣平先生所說：它截斷中共南洋與北洋的交通，同時，金馬又掩護了台澎的安全，且又掩護了中美海空軍在台灣海峽的橫行無阻。

左舜生先生結論：

左舜生：根據各位所說，有幾項共同肯定的結論：一、金馬應死守，二、不要因為金馬死守忽畧了我們要民主改造台灣，更不要忽畧了團結。台灣有一個毛病，總是希望大家在軍事緊張時期不談民主，但我們的看法恰與相反，不民主就一切沒有辦法，所以，我們不但不要上中共的當，同時也不要上台灣的當。三、至於世界大戰的發生，固然總有其基本因素，但偶發的世界大戰，其可能性却很大，而且，戰爭的發生，原本常常是偶然的。所以，我們認為世界大戰並非必不爆發。

時事述評

華沙會談

中共不要打仗，美國也不要打仗，但這次雙方的姿態却表示得非常像眞，彼此都非找一張梯子下台不可。於是一經周恩來提議再談，美國立即欣然，同意。美國惟一的要求是不要中共動武，但在不動武的條件之下，我們不知道美國所能給予中共的是甚麼？我們不能阻止美國與中共會談，但我們應該嚴重否認美國有代表自由中國向中共討價還價的資格。今天可以阻止中共動武的可能，只有兩點：其一是國軍撤出金馬；其一是准許中共加入聯合國，無論採取任何一點，即無異公然出賣中華民國，這是我們全國反共的人民所誓死要反對的。台灣在今天似乎是少不了美國的幫忙，可是說到賣國，却絕對無仰仗美國的必要，我們覺得台北政府現在應該是說話的時候了。

一士

赫魯曉夫的一封信

赫酋為中共撐腰的一封信，畢竟發出來了，這至少證明三點：（一）毛赫在北平會議，赫至少給了毛攻金馬的一種鼓勵；（二）中共畢竟不是一個獨立國，緊要關頭，便非仰仗爺爺不可；（三）中共要參加高層會議，要參加聯合國，赫在這封信裏都已和盤托出；兩週來中共砲打金馬為的是什麼，可見大家所看的都大致不差。

大陸通訊

我下放到「人民公社」

純青

如此自願

××同志：

長久沒有與你通訊了，很對不起！一方面是因爲教學太忙，一方面是反右鬥爭，所以沒有與你寫信。現在我仍舊非常忙，但却又非抽出時間來與你通信不可，因爲我即將離開原有的工作地點，下放到「人民公社」去工作了，此後，通信地點將更改，所以必須先告訴你。

說到「人民公社」，你也許有點茫然，甚至也許根本沒有聽見過吧！是的，不只像你這樣一個身在海外的人，沒有聽見過，就是一般老百姓，以前又何嘗聽見過呢？我們平時讀書讀報的時候，只曉得蘇聯有集體農場，就沒有聽說蘇聯有人民公社呢！眞的，到現在，我還不知道人民公社是否就是集體農場。與集體農場究竟有什麼區別。

建立人民公社的消息，雖然出現在人民日報上的時間還並不太久，但我早已聽說過了。那似乎是偶然，有一次，學校開過反右派份子大會之後，我回到寢室，黨委忽然來對我說，你的右派罪嫌還不太大，同時，現在大家也還沒有大力鬥爭你，如果你自願下放到人民公社去的話，對於你的右派罪嫌鬥爭，我將設法緩和下來，我看你身體很好，是可以到人民公社去幹一番的。我問他人民公社是怎樣的，他說他也弄不清楚。我說，你都弄不清楚，那末，我怎樣可以決定去不去呢？

隔了兩個星期，黨委正式宣佈，我們這一批涉嫌右派罪嫌的人，應立刻參加另一個學習，學習有關人民公社的事情。並且承黨委「愛護」，黨支小組審核名單時，已特別光榮的將我批准爲「自願勞動」，下放到人民公社去勞動，於是，我當眞只好自願了。

下放邊區

我究竟分派到什麼地方去自願勞動，現在還不曉得，依照種種迹象看，大概是遠遠的邊區，大概是新疆方向的邊區，因爲上級挑選自願勞動者的時候，曾經似乎特別注重體格，黨支小組又一再在學習會上號召大家要抗冷抗寒。所以我推想我們將會下放到遙遠邊區。

事實上，我們如想參加內地省區的人民公社，其可能性幾乎是沒有的，爲什麼？因爲根據學習文件來看，內地省區的人民公社是把各地原有農業合作社制度揚棄，另行大規模的合併成立人民公社。原則上是實行「鄉社合一」，即一個鄉合併爲一個社，社是生產單位，鄉是行政單位，也可以說社是經濟單位，鄉是政治單位，同時，又因爲人民公社的組織，將按照軍隊裡面的團營連編制，所有社員都得接受軍事訓練，所以，人民公社便又成爲一個軍事單位。首長們時常在口頭說要使生產與戰鬥配合，要使政治與軍事配合，要使黨務與政務配合，人民公社便是這一切配合的具體實現，也是「兵工農勞動大軍大軍」眞正形成。黨則更加強了控制。因爲目前所推行的公社，每鄉只有一社，社長由鄉長兼，鄉黨委書記兼社黨委書記，黨委的領導是高於一切的，所以，黨就更加强的控制了一切。

據我們學習小組的指導員說：人民公社也並不硬性規定由一鄉組成一社，不過，一鄉一社是原則。一切當視具體條件決定，尤當視生產工具的狀況來決定，像河南遂平縣衛星人民公社，就是由四個鄉二十七個農業生產合作社在今年四月間合併組成的。各個公社所屬戶數人數的多寡也頗不一定，目前的資料，顯示河北省平原地區一般公社是一萬戶左右，丘陵地區一般是五千戶左右，山區一般是三千戶左右。其它地區，最大的公社則有超過二萬戶的。綜計自今年四月在河南信陽專區開始推行以來，目前雖尚未普及全大陸，但在黨的大力推動下，全大陸的每一角落每一地區都決不會例外的。截至八月底止，河北省已有一百零七個縣市實現了人民公社化，辦起大型的綜合性的人民公社七百一十六個，可見此一公社制度推行之迅速。

又一「躍進」

據我們學習小組的指導員說：人民公社制是農業社會改造的基本工作，也是整個社會改造的一個重大環節。在人民公社制推行以後，工業與農業的矛盾將逐漸完全消除，個人與社會的矛盾也將得到適當的解決。由於分配方面是採取按勞付值的辦法，所以個別農民不可能再屯積餘糧，政府的糧源將更增加，又由於伙食的制度化公共化集體化，燃料等的消耗均將大爲節省，再由於人民公社裏沒有閑人，包括婦女在內的一切勞動力都將投入生產。所以上級認爲人民公社的建立，是中國社會的大躍進，不但消除了舊資產階級意識，而且也消除了舊的封建觀念。所以有百利而無一害。當然，說到這裡，你也許要問：這豈不完全破壞了中國傳統社會嗎？這豈不完全破壞了家庭組織嗎？這豈不完全失掉了的人性嗎？這豈不完全損害了個人精神生活嗎？是的，許多人都在這樣想，也曾經有人正式提出來問詢，但指導員認爲這種想法是犯罪的，是反黨反人民的。問詢的人已經離開我們了。至於我，你知道，我是不會再去發這些問題的，這一點，你倒可以放心的。

評『張謇傳記』

劉厚生著　上海龍門聯合書局出版

左舜生

一

張孝若早已爲他的老子季直先生寫過一本傳記，我讀後所留下的印象，乃遠不如劉厚生的這一本。

劉是張季直二十多年的老友，他任過大生第二廠的經理，民二季直任熊希齡內閣農商部長時，劉做過短時間的次長，其他清末民初若干與季直有關的大事，劉也每多與聞，因之他對季直一生的經歷及其在當時所處的環境，大抵得之耳聞，目擊，或躬與其役，因之以他來寫這本傳記，確實是一個最適當的人選。

劉在這本書的結論上，不承認季直是一個政治家，或文學家，甚至並不承認他是一個實業家，似乎有點近於唐突；可是當你把這本書看完以後，你便會感到季直的一生確不以政治，文學，實業爲限，而確確鑿鑿是清末民初約四十年間一個極有關係的人物。

著者寫這本傳記的計劃，不完全着重在把張季直一生的事跡不問重要不重要一一搜括無遺，他的主要目的只在借張作一個線索，把他所生存這一時代的重要史料好好的保存下來。這本書共有二十多萬字，從正面寫張的不過佔全書篇幅的十分之三，而寫他時代背景的乃佔十分之七，這自然是寫傳記的一種變體，可是在我這樣一個熱心搜求近代史料的人看來，却有極高的價值。在本書的五章正文，一篇叙言，三種附錄所寫這一時代的大事，有一部分是我以前所不知道的；就知道一個大概的，也不怎樣的清晰；經過作者這樣一番叙述，確使我得益不少，我不能不在這裏對作者表示敬意。

二

張季直生清咸豐三年癸丑（1853，即洪秀全佔領南京的這一年），卒民國十五年丙寅（1926，即國民黨北伐軍佔領上海南京的前一年），活了七十四歲。這個時期確實是中國的多事之秋，也就是中國變動最大的新舊交替之際。張本人曾眼見清朝的中興及其衰敗以至滅亡；他曾牽入立憲革命兩派的鬥爭，而參與了中華民國的創建；他對甲午，戊戌，己亥，庚子，辛亥，以及民國四五年間的倒袁護國，都曾顯過他的身手；而且民五以後以迄民十五這個軍閥動亂的十年，他也還儼然活着，而與這一羣牛頭馬面的人物，不能不有若干輕微的關係。可是他一切都所入不深，出面的時候少，幕後的時候多，地位儘管重要，可是以一身當萬難之衝的險境，他却不會有過。

例如甲午中日一役，張因爲對朝鮮問題比較當時其他的人看得清楚，因此他在經過光緒八年（1882）的朝鮮動亂以後，便有善後六策的提出；及甲午戰敗，他又痛劾李鴻章；可是以當時的環境以及他個人的地位，儘管他的文字確有內容，但在事實上是不會有何等影響的。

戊戌維新在原則上張是贊成的，但他對康有爲的爲人却曾表示不滿；本傳記的作者對譚嗣同等的急進曾強調的稱許，以當時的實況來說，不把那拉氏趕走，變法自然不會成功，可是以張季直的性格來說，假定他直接參與的話，他也決不會首肯這類躁進的做法，首先他對袁世凱就不會給以太高的估價。

己亥（光緒二十五年）的廢立不成而止於建儲（立大阿哥），這雖是當時國內外的形勢使然，但兩江總督劉坤一的一個電報却於光緒帝位的保全大有關係，而這個電報乃正是出於張季直的手筆。這個電報有兩句警句：『君臣之分已定，中外之口宜防，』大致也是張生平的得意之作。

庚子東南自保，張是參與策劃的重要分子之一，當時和各國在上海訂立這個互保條約，中國方面最主要的代表人物，長江上游是張之洞，下游是劉坤一，而劉之敢於下最後的決心，却與季直一席剴切的陳述有關，東南的元氣賴以保全，清朝猶得苟延十年的殘喘，這一幕也是一大關鍵。

辛亥革命得以迅速成功，革命立憲兩派合作是主要原因之一，張在當時不僅參加了南京的臨時政府（實業部長），甚至連清廷所下的退位詔書，也是由張起草，這可看出張在當時所處地位重要的一斑。

反對袁氏帝制的一幕，季直積極的表示不多，但即以他那種消極的不合作，我相信對於馮國璋等的反袁也不無影響。至於軍閥一期他對李純，齊燮元，孫傳芳等不能不偶有週旋，這也是環境使然，因爲他經營的地方事業，其勢不能不與這班人發生若干關係也。

三

那拉氏自同治初元秉政，迄光緒卅四年之死，前後凡四十七年。在這四十七年的下半期，也正是張季直最積極活動的時代。本傳記的作者既以保存張季直一生時代背景的史料爲主，所以本書的開始，即詳述那拉氏最初之如何取得政權。那拉氏第一期的主要助手是奕訢（恭王），二期是李鴻章，三期是袁世凱，因此作者對於奕訢和李袁三人的叙述，幾乎佔了全書篇幅的半數，實際也是全書最精采的部分。關於作者對這三個人嚴格批評的部分，雖然也偶有過火的地方，但大體上要不失爲客觀而公正。

張季直的一生不是沒有重點的，他在甲午以後的口號是『實業救國』，『教育救國』，而着手則在他的本縣南通；入民國後他叫出『棉鐵政策』，這正是『實業救國』的具體化，即在今天看來也還是不錯的；張用力最勤的是導淮計劃，與墾荒計劃，儘管是成敗互見，但重要却不能不說是十分重要。作者叙述張的生平，着眼多在他的全國性，而忽畧了他的地方性，因此對他在南通一地的建樹，似乎是叙述太簡，其實在清末民初，能一以地方人士的資格埋頭於一縣一鄉的建設而使其影響及於全國如張季直其人者，求之當時的全國，能有幾人？自然，他的地方事業太側重個人而忽畧了組織，不能不說是一種毛病，但在張死去近五年的時候我去參觀南通，儘管『人存政舉，人亡政息』的景象已經逐漸暴露，但地方的一般風氣與教育水準，乃至家給人足的那種樣子，依然非他處所能及，這能不說是張氏之賜？

四

此外在全書叙述上還有一兩點可斟酌的地方，我也可附帶的提出：

一、庚子拳亂一役，清廷在對各國正式宣戰以前，曾舉行過四次的御前會議，當時李秉衡還不及參加，作者說在這個會議中漢大臣祖拳最力的爲『徐桐，李秉衡，趙舒翹三人，』其實這幾次會議舉行在五月二十五日宣戰以前，而李秉衡自清江入援，却在六月二十以後，這在時間上應該是一個小小的錯誤。

二、趙秉鈞是袁世凱的一個特務頭子，而宋教仁在當時的活動，又與趙個人的利害直接衝突，刺宋一幕，趙確爲最初的主謀者之一，這有當時在應夔丞家裡搜出與趙往來的密函密電可證，可以說是鐵案如山。作者對這件事在本書有好幾處爲趙開脫，甚至說刺宋爲趙所反對因而遭袁之忌，爲袁所毒斃，我看不出作者有何必要把眼前的事實歪曲一至如此！

但這些都是比較小的瑕疵，一經更正，自於原書的價值無損。

★　★　★　★

接第一版

中共擴大領海

議。雖多數反對所規定的三哩，但衆說紛紜，或主四哩，或至六哩，如南美智利，爲了保護捕鯨，竟主擴大到二百哩。可見十二哩之說未足爲國際共守的原則。此時冰島因擴大領海自四哩以至十二哩，正與英國發生漁業紛爭，蘇聯爲了討好冰島，以破壞大西洋聯盟，因對冰島主張表示支持，中共尤而效之，豈能得英國的贊同？英國外交部之與美國同一態度，自不待言。並且如日本，西德也提出反對了。中共有什麼力量可以壓迫國際的同意呢？

中共的聲明實際是對美國，但是聲明雖未提及香港，而受影響，以後外國船艦飛機之來到香港，若未得同意，中共是否認爲即屬破壞主權呢？倘若不是破壞，那麼十二哩的聲明，便是毫無意義的；倘若認爲破壞，中共的對策是怎樣呢？中共應該知道今日的香港，無形中已是美國的海空基地，美國船艦與軍機的往來，報章所載，無日無之，中共是否決意以武力加以阻止呢？

老實說來，英美在香港的軍事行動，決不以中共聲明而受到影響。此時立即感受中共橫暴的壓力者，只是民間的航行與漁業。報載往來港澳間的船船，已在預備改道。香港的漁民二萬餘人，漁船三千餘艘，本因中共限制在珠江口捕漁，已大感生活爲難。現在這樣自更斷絕了生活之路。但是須知這些商船與漁民，都是被稱爲「港澳同胞」的中國人民，中共標榜「人民共和國」，却不許其人民在領海內往來捕魚，試問中共的人民是那一種人民呢？中共所要求人民愛護的祖國，又是怎樣的祖國呢？

所以由中共之聲明擴大領海限界，其實對英美各國來說，根本只是一句空話，不能成爲事實。但是對於國外的中國人民，却從此多了一種限制與束縛。正如中共年來用廉價商品的傾銷政策，來破壞國外中國人民的農工業一樣，中共要以此來使國人的航業漁業，都陷於絕境。中共在國內，已迫使人民共產交心，成爲勞動的奴隸，現在要把他慘酷殘暴的政策施諸於海外的華人了。所以殘民以逞的中共政權，若一日保其存在，必然將使中國人民無有噍類。

雜憶錄（三）

述留法勤工儉學之前因後果

幼椿

於是華法教育會中人始了解，中國學生與中國工人，兩種性質，截然不同：前者多係膏粱子弟，素不勞力，且視勞力爲下賤，後者生而習慣勞作，八小時之工廠賣力，或輕便之機械耕種，只感輕鬆，勝任而且愉快。而且勤工儉學生之來法，雖然袋裡無錢，而必以留學生自命，豈有留學生而來抬鐵條，執犂頭，出賣苦力者！（初來，既未學得技術，入工廠，赴農村，只有先幹粗笨工作，否則工廠與田間，皆非學校，未必出錢雇學生來坐着聽講呢！）華工離開法國兵營之整理戰場艱險工作，而入安定的工廠與農村就業，雖仍是勞力，但等於「高升」；學生要到工廠農村去幹笨活，則等於今日大陸之所謂「下放」，下放而又無警察或特務加以軍法部勒，於是勤工儉學生多數不聽會裏勸告，自由辭工歸來，大呼上當，大罵主持者毫無愛惜學生之心，等於出賣「猪仔」。在民十前後之間，華法教育會客廳飯廳地舖睡滿，不足容納，又於花園中搭起帳幕，安設舖位，一時客滿，三餐麵包，會中供給，群居終日，議論紛紛，從此多事矣！

華法教育會中幹事常被學生打罵，張繼（溥泉）先生時在巴黎，常到會勸勉學生，學生尚能聽其告誡，因張先生頗同情學生景況，會云：『在中國數千年習俗，士之子恒爲士，農之子恒爲農；勞心者治人，勞力者治於人，這本是不合理的。但這不合理的社會風俗相沿既久，於是讀書人自來不事勞作，手無縛鷄之力，一旦用力，自難勝任，君等辭工，並不足異，所異者，會中主持人不能早見及此，故今日彼此皆陷於狼狽境地，我將設法爲君等向國內政府及君等父兄呼籲，供給費用，仍使君等能安心求學，不負初衷。』溥泉先生尤能坐言起行，通電各省政府，並於報端公佈留法學生之現狀，於是國人始知留法勤工儉學，實行上遇到困難，又經石曾先生回國奔走，廣東省政府首先響應，全部廣東省籍之勤工儉學生給予公費，（因是廣東籍勤工儉學生均能有機會入校讀書，後來變爲共產黨人者特少，）而其他各省或因內戰，或因忽視，給公費者不多，其中父兄既明瞭此種情況，有錢立即滙濟其子弟者，也不乏其人，於是問題解決一大半，然尚餘三數百人，既不能勤工，又不能儉學，依然客滿！

★　★　★

汲古書屋談薈

耘農

通州三生

朱銘盤　張謇　范當世

肯堂，一號無錯，原名鑄，字銅士；詩學黃庭堅，工力甚深，筆勢峻峭，不肯猶人，著有范伯子詩集十九卷，自訂文集十二卷。義甯陳散原（三立）誦其詩，贊歎不絕，曰：『蘇黃而下，無此奇矣！』因酬以詩，稱『吾生恨晚數千歲，不與蘇黃數子遊！得有斯人力復古，公然高詠氣橫秋』者也。弟鍾，字仲林，進士，爲令河南；鎧，字秋門，拔貢，爲令山東，皆受學於肯堂。仲林嘗與散原及龍陽易實甫（順鼎）遊廬山，成廬山詩錄合刻。秋門善古文，工書，學張濂亭極得神似，與二兄並負時名，世稱南通三范。肯堂初娶於吳，生子罕，字彥殊；況，字彥矧；女鞠，字孝嫦。彥殊詩至雋妙，侯官陳石遺（衍）評其怪而可喜。季直贈詩起句云：『九代詩人八代窮，郎君十代衍家風，懶牛尚遜蝸牛貴，三范憑開一范雄。』蓋范氏世傳其詩，至彥殊已十代矣！彥矧能詩古文，惜不常作。孝嫦字散原伯子師曾（衡恪），嫁數年卒，肯堂爲文志其墓。方吳夫人之卒也，肯堂客湖北，修通志，草列女傳，聞耗，成悼詞四絕，有『讀遍三千摯婦傳，可知男子負心多』之句，又挽以聯云：『又不是新昏垂老無家，如何利重離輕，萬古蒼茫爲此別；且休談過去未來現在，但願魂凝魄固，一朝歡喜博同歸！』上聯用杜少陵三詩題，頗具匠心，而語深意長，伉儷之情尤篤。因誓不更娶，嘗繪大橋圖以志哀思。後遊冀，摯甫憐其遇，商諸肯堂尊人強其締婚姚氏。姚夫人父慕庭，時官安福知縣，與摯甫有通家之誼，初議許矣，旋又中悔，摯甫大窘，乃爲書抵慕庭云：『鄙意議昏專以擇婿爲主，其他皆其所輕，執事初見極是，若左右顧盼，長慮却步，則必至淑女徑期，交臂而失佳士。執事閱人多矣，知人才之難得，尚望採納鄙言，旁人忌才嫉用，或多誹議，不足聽也。況范氏但坐一貧字耳！貧非士君子所憂也。』慕庭得書，議乃定，此即肯堂詩：『藹藹敦詩媛，持以配當世，當時却不言，咄哉吳刺史，持我煙霧中，德我亦已詭』也！范姚之姻既成，摯甫亦爲文記大橋圖，備論其事，而以撮合爲樂。肯堂於光緒十四年戊子十月就婚安福署中，到日呈一詩，慕庭大激賞，喜得才婿。婚夕，姚夫人聞有人吭聲誦其詩中庭，使婢偵之，乃肯堂也，自是閨門之內，翁婿之間，倡酬無虛日。肯堂成婚後，摯甫已去官，乃改入李合肥幕，携夫人北上之天津。光緒十八年壬辰，李壽七十。肯堂與弟書中有謂：『相國壽文決意不作，而壽聯固不可少。撰一聯云：「環瀛海，大九州，欽相國異人，何待子瞻說威德；登泰山，小天下，藉通家上謁，方今文舉足平生。」二三知言者固以此聯爲高絕，然議其亢者亦不少矣！蓋相國無平行之人，僅南皮相國（張之萬），而又無人爲之撰此語。其他矯矯如翁尚書則云：「壯猷爲國重，元氣得春先。」未嘗不自以爲高，實則試帖佳聯耳！張香翁（之洞）則云：「四裔人傳相司馬；大年吾見老猶龍。」其與幼樵信中，尤自命不凡，實則上聯斷非壽三十年宰相之語，下聯亦屬平平，二公如此，他可弗論。』其自視之高，類如此。蓋肯堂聯語，亦以古文法爲之，自會湘鄉而後，無與抗手者。合肥屢欲保舉，或諷令入場，肯堂皆堅却，其敝屣科名，浮雲富貴，尤非熱中鑽營之士所能方其萬一。光緒二十七年辛丑九月，合肥以與八國聯軍議和，逝世於北京賢良寺，諡文忠。肯堂挽以聯云：『賤子於人間利鈍得失，渺不相關，見公情親數年，爲獨與書生窮翰林而已；國史遇大臣功罪是非，向無論斷，有吾皇褒忠一字，傳俾內諸夏外四夷知之。』感憤之情，溢於紙上。而摯甫之歿，則挽以『君今安往乎？吾末之也已！不無善畫者，莫能圖何哉！』交誼至深，情無所洩，而以渾沌出之，即彌見其摯。凡此數聯，均爲世所傳誦。

近代詩話

猖士

山陰俞恪士（明震），爲晚清詩界一大家，與吾鄉陳散原詩老誼兼姻婭，唱和最多。散原序其詩有云：『君有宅青溪上，鄰於余，復有廬杭之南湖，與陳仁先爲鄰，歲月之往還，游賞之頻數，出一篇，輒有爲余與仁先所驚歎者』。其推重如此。「觚庵詩存」，篇目雖不多，然幾於句句精湛，字字珠璣。錬詞之功什二三，錬意之功什八九，讀之惟覺晶光烱烱，驚心動魄。如亂後還金陵弔劉姬云：『一訣忍再見，反恨死難速。止我勿登樓，呻吟抵牀褥。那知樓下人，腸斷不可續。惟餘百悔心，迸作一聲哭。避疫衞生言，寧堪待骨肉。人病汝服勞，汝病仰空屋。持此例平時，感歎到傭僕。詩成付穉女，是我酸辛錄。認父哭母聲，開函時一讀。滄桑萬事改，吾衰景尤促。回頭視家人，早死庸非福。淚盡忽失笑，待我湘山麓』。秋光云：『隱約鐘聲雜市聲，又看斜日下重城。人前惻惻無高論，江上悠悠入晚晴。憂世但知來日在，倚樓眞覺一身輕。棲鴉流水成終古，吟徧秋光識此情』。相逢云：『相逢且各開懷抱，涕淚乾坤百事艱。悱惻養成眞氣節，沉吟莫負好江山。情深枉自傷哀樂，物競何從辨聖凡。我自支離託人海，介乎材與不材間』。（四）

古代神話與現代神話

亮齋閑話之四

徐亮之

客　您知道最近大陸「生產大躍進」的程度嗎？

主　不知道。

客　告訴您，現在一畝田已經可以收到六萬多斤穀子了。也就是說，現在一畝田的收穫量，已經差不多等於戰國時代四百畝田的收穫量了。

主　您說的上半段，有些報紙確是那樣說。但下半段卻不知何所根據？

客　虧您還說愛讀歷史，連李悝相魏「作盡地力之敎」的一幕都弄不明白。

主　願聞明敎。

客　漢書食貨志不是載過李悝的報告書嗎？他說：「今一夫挾五口治田百晦（畝），歲收晦一石半，爲粟百五十石。」這百五十石，不就是一萬五千斤左右嗎？您想：那時一百畝田才不過只收穫穀子一萬五千斤左右，現在卻一畝田即能收穫穀子六萬多斤；豈不就是現在的一畝，等於戰國的四百畝嗎？

主　這有什麼奇怪？

客　嘻！這還不奇怪？還有什麼更奇怪？

主　山海經載崑崙虛的「木禾」才奇怪。

客　「木禾」？木禾怎樣？

主　它的高度是四丈（長五尋），幹圍的直徑是五尺（大五圍）。您想：一株禾這樣高大，把它結的穀實輾成米，豈非一米就夠一個壯漢吃一天？比起現在大陸一畝田只增產六七萬斤穀子，豈非小巫見大巫？

客　這的確奇怪！

主　不；山海經上的「視肉」更奇怪！

客　「視肉」？——慢來，慢來！提到「肉」字，我又要報告您一個報上的消息了。據說這次大陸「生產大躍進」的結果，猪居然每天可以長肉到十三斤哩！

主　這有什麼奇怪？

客　好吧，您還是說說「視肉」怎樣奇怪法吧！

主　這乃是不用任何餵料與營養而由土裡長出來的一種自然肉。它的形狀像牛肝，上面生有兩隻眼睛，所以叫做「視肉」。這種肉眞是「任吃唔嚟」；任你今天割吃多少斤，明天仍然長回多少斤，永遠割吃不完。——現在大陸猪一天只長十幾斤肉，算個什麼來！

客　唔，不對，不對；您分明有心「擺景」。您口口聲聲提出「山海經」，「山海經」不是據說乃古代神話的嗎？

主　我說的是古代神話，您說的是現代神話。

頌橘廬叢錄

陳散原

曾克耑

散原享詩壇名數十年。海藏序其初集有云：「源雖出於魯直，而蒼莽排奡意態，卓然大家，未可列之江西社裡也。」至序其續集，[illegible]以爲其所褒貶，有同乎春秋之華袞斧鉞也。[illegible]（三）

本刊已經香港政府登記

每逢星期五出版

聯合評論

週刊

United Voice Weekly

第六號

督印人：黃宇人

總編輯：左仲平

社址：九龍金馬倫道三十八號三樓

電話：六一四一三(61413)

承印：田風印刷廠

香港高士打道二二一號

售價：每份零售港幣一毫

總代理：友聯書報發行公司

痛感與沈思

左舜生

一

本月七日，赫魯曉夫有一封信給艾森豪威爾；緊接着本月十一，十三，艾森豪有過一次廣播，另給了赫魯曉夫一封回信。就文字論，赫氣壯而理太不直，艾理直而氣不夠壯，看來兩方都沒有眞幹的意思，美蘇都不願直接幹，世界整個局勢，便依然只有僵下去，任何一個問題也不會得到切實的解決。

二

艾森豪的廣播，說明美國志在和平，但又一再强調決不姑息。其實以和平的方法求和平，其勢便不能不姑息，和平不過是姑息的一個別名而已。

三

說到姑息的事實，原也不必追溯到二次大戰前的慕尼黑，近在十三年前，即一九四五年雅爾達，波茨坦兩度會議，加上馬歇爾的東來，美國白皮書的發表，以及近年的韓戰越戰，蘇彝士運河的爭奪，乃至最近的黎約出兵與伊拉克的承認，試問造成今天中東和遠東這一局勢的過程，那一次不含有姑息的成分？可是我也不想以此去責難美國，或抱怨美國，千不是，萬不是，總怪我們自己太不爭氣！因爲我們知道：今天任何一個國家，包括美國和蘇聯在內，都不能孤立的存在，其勢必以種種名義，種種方法去尋求與國，以收到互相維繫之效。因此，說今天任何一個國家，都不能不有幾分要靠朋友，這是半點也不稀奇的事。可是，話得說回頭，儘管助人即所以自助，但無論如何，利益總是自己的利益第一，『嫂溺不援是豺狼，』『從井救人』豈不是傻小子？關於這一點，我覺得不問大陸也罷，台灣也罷，都值得深深的提高警覺：不要聽見別人高叫幾聲『偉大的朋友，偉大的盟邦和鄰國，』或說幾句『決不損害盟邦的利益去換取和平，』便過度的認眞！

四

赫魯曉夫這封信的內容，眞是猖狂放縱達於極點，我想在過去任何最惡劣的外交文件中，也找不出這種先例。假定像他這樣顚倒黑白，淆亂是非，抹煞事實，含血噴人，滿紙荒唐，一派胡言亂語，便可以求得所謂『世界和平』，我恐怕『和平』的實現，不待付出人類半數毀滅的代價，將永無可能了。

五

赫魯曉夫說：『台澎金馬自古以來就是中國的領土，』不錯的！但『自古以來』中國就無所謂『人民共和國，』是誰用强姦的手段把它造出來的？朝鮮的人民，越南的人民，德意志的人民，『自古以來』就是親愛一體的，是誰把它一一分爲二，叫他們相互仇視對立的？波蘭的人民，匈牙利的人民，『自古以來』就不要你們狗屁的共產主義，是誰用大炮坦克殺得血肉橫飛强迫他們去接受的？蘇彝士運河，中東的石油，都大有助於人類的和平相處，是誰把這一地帶挑得渾水一潭，危機四伏？拉丁美洲更『自古以來』就是和平樂土，又是誰在那裡挑撥滲透，把那裡的人民也弄得逐漸不安？總而言之，蘇聯有共產政權的出現已四十年，就在這四十年，人類乃無一天眞正的能和平相處，今天赫魯曉夫乃以和平相處騙人，難道世界上一切一切的人都是傻瓜，只有你們共產集團的人，才具有這種特殊的騙人智慧？

六

赫魯曉夫更有一點最爲荒謬的，乃是他責備美國『妨碍了聯合國這個以保衛和平事業爲使命的國際組織進行正常活動。』試問若干年來經常以在安理會行使否決權以妨碍聯合國正常活動的，還有那一國更超過了蘇聯？蘇聯經常統率着幾個共產集團的嘍囉國家和另外幾個搖擺不定，俯仰隨人，兩面伸手的所謂中立國家，在聯合國搗亂猶以爲未足，現在更妙想天開要把一個爲舉世大多數國家所不承認，而且早經聯合國宣佈爲侵略者的中共也拖進這一國際和平組織來作爲幫凶，這豈不是滑天下之大稽？尤其可笑的，乃是赫魯曉夫先生居然記得『中國是聯合國創始國之一，』請問這個參加創始聯合國的中國是中華民國還是所謂『中華人民共和國？』一九四五年中共領袖毛澤東，還以一種怕死的姿態在重慶高呼『蔣主席萬歲，』一個勉强追隨着中華民國代表團去參加這次舊金山聯合國創始會議的董必武，還是儼然的拿着中華民國的外交護照才取得出席資格。無論如何，赫魯曉夫先生總也算是今天一個堂堂大國的領袖，何以對於你們這個『偉大盟邦』在那一天才開始呱呱墮地的過程，也忘得一乾二淨？還是伏爾加衝昏了頭腦？還是故意要欺騙世人，才說得這樣語無倫次？本來，所謂共產集團的這些共產黨徒，（他們各該國的人民除外）實際乃是人類中另外的一種人類，你們平日既視那些帝國主義者如異類，究竟有什麼必要，你們一定要看聯合國如神壇，視成功湖如聖地，拼命要拖着你們這班徒子徒孫，往那班帝國主義者的臺中去攢？你們本有本領把世界上許多本來統一的國家一個變成兩個，爲什麼你們就不敢把這個統一的聯合國也一個變成兩個呢？假如在莫斯科或列寧格勒有你們的另一聯合國出現，你們豈只可以不費吹灰之力把你們『偉大盟邦』的毛同志，周同志，劉同志之類，招呼進去作幾尊活傀儡，同時也還可讓世人瞧瞧那些自稱中立的蝙蝠國家，究竟往那一方面飛，這豈不是一面最理想的『照妖鏡？』試問像這樣做，究竟何碍於你們所標榜的『共存』？更何碍於你們所謂的『和平』？爲什麼你們不放開膽子來幹一幹呢？

七

赫魯曉夫還另外有一種妙論，他說：『有這些過去曾經是可怕的海軍軍艦，實際上只能用作禮節上的訪問和鳴禮炮而已，當它們還可以作爲適當類型的火箭打靶目標！』我眞沒有想到平日在爛醉如泥之後便滿口胡說亂道的赫魯曉夫同志，居然還能有這樣一手幽默！請問：爲什麼你們還在不久的前幾天，還把你們的這些『火箭靶子』推到海外去大大的表演一番呢？在老早以前，我也會聽見你們說過：『美國在地中海上擺來擺去的第六艦隊，這算得什麼，我們自有方法把它們一一送入海底去做他們的鋼製棺材！』自然，你們擁有近五百艘，自以爲了不起的潛艇，這是我所知道的，可是自從二十世紀六十年代的第八年，即最近的前一兩月，先後有兩隻『水怪』，在你們後門口的北冰洋的深海下面攢了出來，這不只是咱們不會見過，就是你同志又何嘗見過？請問：這究竟還是『火箭靶子』？還是可以送出裝有原子彈頭的火箭的活動堡壘呢？你應該說呀！像咱們不過是一介流亡分子，平日說話開玩笑沒有什麼，可是你有所不同：你是運用過種種陰謀詭計，辱罵你們的先同志，又栽誣暗害，勾心鬥角，淸除了你若干多年共事的老友，然後才得由你自我封爲這兩億人民的領袖的，你總不好把你這兩億善良的人民，隨意拿來開玩笑，一如你們毛脚毛手的毛同志一樣吧！

八

最後，我還是想談談我們的金門。實際也是因爲金門近事，引起了我另外的一些思索。

最近的三個星期，以毛澤東爲首的紅軍，猛向着一個彈丸之地的金門，發出超過了二十萬發的重炮，炮是蘇聯的，配合着炮彈擊所開出若干的米格十七，和若干的魚雷艇，也無一不是蘇聯的。中共恬不知耻的拿着這些『自古以來』就是我們的敵人的武器，去射擊我們的平民，號稱收復他們的領土，反而誣衊那些不得已借助於美國武器以從事防禦，從事保護中華民國的軍士們爲侵略者，毛澤東，聽憑你們如何的狡辯，我相信世界一切良知沒有喪盡的人，總不會相信你們所說的是一種事實。

我雖不是一個絕對的無神論或無鬼論者，但我對任何宗教都沒有堅定的信念；可是有一點，我確信多種惡因決不會產生任何善果。日本軍人在一九〇五年日俄戰爭以後，不斷的作惡了四十年，一直到一九四五年乃有兩顆原子彈落到了日本的國土。日本人民代他們的軍閥贖罪，所遭遇的還是十三年前初期的核子武器，總算是不幸中之大幸。去今五十八年以前，當時的德皇威廉第二，派遣了他的一個六十八歲的老軍人瓦德西，作了八國聯軍的統帥，他有機會逮捕或搜查當時北京的許多壯丁。他有一個報告寫給他的主子，說中國多數壯丁的體格，都可訓練成爲優秀的兵士，於是德皇乃倡『黃禍』之說，頗聳動當時全世界的觀聽。最近九年以來，毛澤東及其黨徒在中國大陸的作惡，超過了日本的軍閥何止一千倍，而毛澤東還天天在誇耀他的『六億人口』，彭眞更說他們可以出兵一億！在今天這個氫彈時代來誇耀人多，這自然只是一種最落伍的思想；可是毛澤東却早已公開宣言：他要做一個超越成吉斯汗的風流人物，我現在可以作出這樣一個預言：假定毛澤東及其黨徒繼續製造『新黃禍』不已，（實際早已開始）世人爲了奠定世界的永久和平起見，大可能指定中國大陸作爲一個最適宜投擲氫彈的場所！那個時候美國的氫彈可能不投向莫斯科或烏拉山以東而投在華北；蘇聯的氫彈也可能不投向紐約或華盛頓而投向華南；因爲到了那個時候，大陸南北的交通網早已炸燬無餘，我們這條滔滔的長江，便可能變成中國大陸共與反共的『三八線』！那個時候毛澤東及其黨徒固早已化骨揚灰，可是我們六億無辜的人民，却要與共匪同歸於盡！只要你相信共產黨征服世界的企圖不會太假，我這個不幸的預言便可能近眞，我們今天不自動起來撲滅這羣瘋狂的暴徒，難道我們等待滅種!?

當前國際的兩問題

觀虹

一、金馬現勢

金門不過六十方英里之地，包括附近若干小島，距大陸自三英里至十五英里不等。馬祖在其北一百五十英里，小島尤多，面積則尤小。然金門可以控制廈門，馬祖可以控制福州，殊爲中共對外通商之障碍，尤其現在實行傾銷政策之時。且在政治上爲反攻大陸之象徵，我們終不能心死，而共產黨則巴不得我們心灰意冷下來。

美國只允協防台灣與澎湖，不過因金馬失陷而危及台澎，則亦當進而協防，國會已付總統以便宜行事之權。艾杜二人，此次先不宜佈其將否協防金馬，而讓中共去猜測。中共則以軍事試探代猜測，先以炮轟金馬，見美國未協防，乃繼以飛機轟炸，再以海軍封鎖，且宣佈十二英里，即金門所有各島，皆爲中國內海。美國乃不許中共再猜了，遂代國軍突破封鎖綫，運輸物資至金門，且聲言將協防金馬。於是中共飛機不再起飛，海軍多開回，而炮聲亦漸靜寂下來了。事實上證明美軍如協防金馬，中共即不進攻，如不協防即進攻，惟一可挽救遠東之戰禍者，只因爲中共感到與美國紙老虎作戰，仍無把握，共軍一向不打無把握之戰，亦從無一發不可收之局。至蘇聯不過爲中共聲援而已，然其聲援亦非同小可，蓋美懼蘇聯原子之報復，必不至以原子武器對付中共。然而即不賴原子武器，美國亦鎮壓得住中共，韓戰美國何嘗用原子武器？

所以海峽風暴，不久必歸沉寂。然吾殊倖其言之不中，而開出早日回大陸之局面。

二、中東糾紛

根據阿刺伯十國提案，哈馬紹於是再赴中東，研究中東恢復和平的六案，於九月卅一以前，提交聯合國大會。

蘇聯與埃及，堅持英美軍隊，須先退出約但，與黎巴嫩。但英美之對策，爲聯合國軍隊，或改稱爲監察人，代英美戍此兩地。美國大約要與黎巴嫩新總統，訂立空軍基地協定。總之英美軍隊必須此兩國安全，始能退出。

英軍之退出約但，更非數月內所能辦到。胡辛王要增練軍隊三分之一，並須鄰國不再搗亂，始能自保。約但人民共一百五十萬，而五十萬爲難民。約但每年預算，爲九千萬，而自己只能担負二千五百萬，其餘要賴英美代償。

伊拉克之緩和，叙利亞，埃及之鎮定，皆有其理由，因懼一有行動，即資英美以不撤兵之藉口。開羅電台，數年以來攻擊西方不稍休，今竟突然停止。殺盡皇族之伊拉克殘暴政權，不特未收石油爲國有，且繼續與英國合作而促其增產，如此均出吾人意料之外的平靜。

假定中東長此安定下去，英美不能不撤兵，只要英美撤兵，納薩即可發動各地之政變。大抵約但，黎巴嫩爲最危險，而沙地阿刺伯，甚至伊朗亦不能倖免。

所以中東僵局，要得聯合國來打開，而哈馬紹迄無能爲雙方皆能接受之計劃。

美總統廣播與金馬形勢

東方生

金門與馬祖，這兩個沿海的島嶼，在共軍的炮火下，正陷於極大的危險。金馬是台灣的前哨基地。失去了金馬，台灣不但在軍事上，尤其是在政治及反共的心理上，將是重大的打擊。中共之奪取金馬，用意即在於此。且自一九五五年因中共的進攻，美國的壓力，使台灣不得不退出大陳，現在鷹潭至廈門的鐵路告成，中共在沿海地區有了軍事的準備，可見其此次進窺金馬，乃是有計劃的行動。所以很明顯的，今日中共若能取得金馬，則他於參加聯合國以後，必將繼而要求領有台灣。

美國經過壓迫台灣退出大陳以後，由這次美總統的廣播，知道金馬與保衛台灣的關係，知道安撫主義之可一而不可再，我們不能不承認他是一種進步。但令人遺憾者（一）是在金門遭受猛烈共軍炮火之時，而提議恢復華沙談判，希望求取和平解決。為什麼不能要求中共以停止炮擊作為談判的先決條件呢？（二）美國既表示支援金馬，然其護航海程卻以三哩外為限，致台灣的供應船仍不能免於共軍炮火的威脅。美國既斷然否認中共十二哩領海的聲明，且初未承認中共政權，然則又何來三哩的領海呢？（美國阻止台灣進攻，摧毀共軍海岸炮兵陣地，使金門處挨打地位，有被封鎖之虞，美國的用意果何在呢？

美國的所以如此，顯是由於盟邦的影響，為了避免孤立，乃有此不澈底的折衷主義。因為此時各國都深恐以此引起戰爭，所以乃有金馬小島，不值得為此而戰之言。

當前大勢，因為核子戰爭的慘酷，所以一般人心都對戰爭懷抱恐懼，這心理是可以理解的。因此，和平共處成為最流行的口號，蘇聯共黨以此相號召，西方及其他國家，也爭相響應。但是結果那知對於蘇聯共黨戰爭的威嚇，都無形中削弱了抵抗的力量，反以武力的抵抗為好戰行為。很明白的，中共此次對金馬之發動攻勢，就想以武力來作為威嚇而達到取得金馬的目的，只是此時美國忽然表示要保衛金馬，遂使中共的威嚇不得逞其謀，於是不得已只好見風駛舵，對停頓半年以上的華沙談判，同意恢復。同時為了支援中共的威嚇政策，赫魯曉夫乃致函美總統，表示蘇聯與中共一體，攻中共就是攻蘇聯。美國原來也無意戰爭，便允許與中共相談判了。

但是這樣，在中共炮火之下，開始談判，首先提出的就將是停火問題而給與中共以勒索代價的機會。美國要想以中共放棄行使武力作為談判的條件，必反被視為次要。這實是一種失策。美國之所長而為中共所懼者在軍事，現在卻自行放棄，試問還憑什麼來與中共相談判？所以此時在談判開始恢復，美國至少應該打破三哩的限界，護航直達金門灘頭。這雖然含有戰爭的危險，但是中共可以戰爭相威嚇，美國何以不敢呢？因為美國心存恐懼，所以才給人視為紙老虎。這不是沒有由來的。

既然放棄武力為解決紛爭的手段，那只有和平談判。這等於彼此從事商業交易，有取有與（Qive and take），各得其平，交易乃成。但若所取者甚少而所與者甚多，這就等於削本求售，得利屬於對方。在外交上就是所謂安撫主義。當時的慕尼黑會議，張伯倫承認希特拉併有捷克的蘇台登區，而只獲得希特拉不再侵略的空頭保證。現在關於金馬的談判，美國的條件是怎樣呢？由美總統的廣播，謂當不損害盟邦中華民國的利益，這樣就當保持中華民國對金馬的主權與現狀，中共將毫無所得，談判還能成功嗎？所以此時的金馬中立論是可以注意的。美國希望以中共對台灣放棄行使武力來作交換條件，然而中共恐亦未必能夠同意呢！

過去兩年半來的日內瓦大使談判，即因美國要求中共對台灣放棄行使武力，而中共則以解放台灣為內政問題，要求撤退第七艦隊並廢止聯防條約，然後中共與美國之間，可以放棄武力。因此彼此相持，迄無結果。今日形勢，與前相同，且以中共的炮擊金馬，更增加了嚴重性，美國若想在中共武力威脅之下，求取解決，那麼勢將不免於慕尼黑之路。美國放棄其軍事上的優勢，而與中共相談判，已為失策，若更不能憑其所長，堅決保持立場，那麼，要想制勝於壇坫之上，即為事不易。若由日內瓦七十三次會談的往事，那麼華沙談判勢將仍是相持之局。我們應知共黨赤化世界的野心，決不是和平談判所能滿足的。美國能有這種覺悟嗎？

中共的「家務社會化」、「生活集體化」

曾明

一

中共近在大陸農村全面積極進行的「人民公社」，主要的是毀滅人性社會關係改變為共產主義的黨性社會關係，而進一步達到實行「全國皆兵」、「全民皆奴」的目的。

人性社會關係的基礎建築在家庭上面，因為家庭，不僅具有人類生存和繁衍的基本功能，並且是社會的一個生活單位，一個經濟單位；而且是社會結構的基本單位，是農業生產的經營單位。加之，中華民族幾千年來是「禮義以為紀」的「以篤父子，以睦兄弟，以和夫婦。」而「親其親」、「子其子」倫理觀點的家庭。因此人民的生活與發展都是以家庭為中心，而社會關係也就從這一個中心而發展，這就與共產主義的黨性社會基本衝突絕不相容。因為共產主義的黨性社會只有組織關係，根本不容許人與人之間的關係聯繫存在。

雖然，中共實行農業集體化以後，改變了社會生產關係，卻不能消除人民以家庭為中心的觀念。並且因為只要有家庭組織的存在，則共產主義的基層組織就無從插足。因此，中共在一開始進行「人民公社」，就提出了「家務社會化」、「生活集體化」的口號，從根本上毀滅家庭組織。

二

「家務社會化」、「生活集體化」是由於「人民公社」本質的生產工具公有化、生產公共化、分配公共化而產生出來的行動口號。中共以此進行一步的消弭私有觀念，徹底的毀滅家庭組織；而改變人類幾千年來的生活方式；並且以此擴張勞動利用率，提高勞動強度而奴役人民。

中國幾千年來，都是以一家一戶為單位的進行生產，都是以一家一戶為單位的過生活。因此，在「家務社會化」、「生活集體化」的行動之下，就發生了根本的變化。隨着這樣的變化，做飯、帶孩子、縫衣、洗衣等等「已經不是家務勞動，而是同在工廠裏做工」，下田「種地一樣的「社會勞動了。」因為共產黨人把人類無分老幼、婦女、青壯都當作獨立孤體的生產工具，只不過勞動力利用的程度不同而已。這樣一來，佔人口半數的婦女就脫離家務勞動而從事它們所需要的「社會勞動」了。

同時，以生產隊代替原來農業生產經營單位的家庭組織，因此把一家之中的老幼、婦女、青壯，以勞動力強弱的不同，分別搭配到各個生產隊之中，並以「生活集體化」的藉口，從此就將一家之人拆散開來。

三

中共「家務社會化」、「生活集體化」行動的主要手段，是實行公共食堂化，公共住宅化，此外設立縫衣、做鞋、洗衣、碾米、磨麵、托兒所等等的組織。

所謂公共食堂化，就是將農民以生產隊為單位的集中起來食飯，農民不再個別的煮飯燒菜，而由「人民公社」統一辦理。中共對於這一「化」所提出的表面理由是節約勞動，提高勞動出勤率。其實別有用心，因為中共過去對於糧食雖有定量供應辦法，將農民所需的口糧留給農民，但以中共要得太多，農民於無可奈何情形之下，只有將留為自用的口糧挪移來湊足應付中共所需要的數目，因而形成食糧不夠斷糧為炊的現象。而這種現象是大陸農村中極其普遍的嚴重情況，現在公共食堂化一來，中共可以對農民實行半飢半飽政策，有計劃地、有效地限制農民每餐的食量，避免斷糧為炊的現象發生。

至於，公共食堂的眞實情況，絕不是中共宣傳的那一種的好樣子。頃據台山來人說：在實行公共食堂化開始的時候，中共壓迫農民將其一家所有的炊具，如：鍋、碗、刀、鏟等等全部交出。然後由中共調派一部份婦女做飯；並以提高勞動強度的延長工作時間，規定每天進餐二次，上午一次在早晨六時，下午一次在夜十時，居時農民憑證領取飯食一份。至於這份飯食能吃與不能吃和夠吃與不夠吃，那就不是中共的事了。據來人說，現在大陸農民忍飢挨餓的痛苦情形，實在無法描摹。

再說，公共住宅化，中共以「農民住房過於分散不利於發展生產」為理由，提出逐步修建「社會主義莊院」的辦法，在河南遂平縣「衛星人民公社」的簡章裏有如下的規定：「公社要逐步改善社員的居住條件，對全社居民點的安排和住宅的建設，做出通盤的長期的規劃，並且逐步付諸實施。根據有利生產，和便於領導的原則，小的居民點可以適當地、逐步地合併。」「按照規劃新建住宅，由公社統一備料派工。社員原有住宅的磚瓦木料，由公社根據逐步拆用。新建的住宅歸公社所有，社員居住要出租。」

這種「社會主義莊院」現在甘肅的酒泉和敦煌兩縣已有出現。莊院房屋內容，除了社員住宅以外，還有「人民公社」和生產隊的辦公室，以及托兒所等等所用的房屋，此外還有運動場。因為「人民公社」的社員不是以一家一戶而是以個人為對象，可以了解，所謂社員住宅事實就是農民的公共宿房。進一步以房屋配備來說，這種莊院就是士兵訓練營房；也可以說是農奴集中營。

還不止此，因為「人民公社」，以生產隊為經營單位，並且以「組織軍事化、行動戰鬥化」，農民勢必隨生產隊共同作息，必然的與家人分別隔離。這樣一來，就以組織關係代替了倫理關係，以黨性代替了人性；這樣就使農民的道德觀念，思想意識，生活習慣完全改變；因而父不成其為父；子也不成其為子，夫也不成其為夫，妻也不成為其妻，兄弟姊妹視同路人，中國幾千年遺傳下來社會結構的基礎倫理關係被摧毀得乾乾淨淨！社會的風貌也就面目全非了！

馬列主義與古典文學

春江

中共對大陸高等及中等學校的語文學，普遍運用馬克斯、列寧主義的立場、觀點、方法進行教學，以貫澈奴化下一代青年的思想。把文學作為政治宣傳的工具，提倡所謂「厚今薄古」的論據，企圖澈底摧殘我國民族文化道德的傳統精神。

據本年七月十七日人民日報載：偽北京師範大學中國語文學系古典文學教研組，學生不滿老教授們編製的古典文學教學大綱，指為販賣資產階級思想，進行一場熱烈的辯論——思想鬥爭，然後在四個黨員教師的支持下，由學生寫成一部新的古典文學教學大綱。新教學大綱中，把古典作家李清照等人貶為「反現實主義的脈絡」，把歷史上的叛徒黃巢的「菊花詩」等作品，捧為「現實主義的民間文學」。

該校四年級女學生孫一珍，讀到李清照所寫的「聲聲慢」那一首詞裡所謂「尋尋覓覓，冷冷清清，淒淒慘慘戚戚」，隨即問教授：「老師，這算是什麼生活氣息？這是一個貴婦人吃飽了沒事幹，發洩她那沒落的頹廢的感情。」

她這就是所謂「厚今薄古」的批評古典文學的態度，腦子裏裝滿了馬列主義的思想，大有「當仁不讓」的精神，把文藝拉回到實際人生裏去，用「沒落」和「頹廢」的字眼來輕蔑這首詞的文藝價值。然而，這何異於蚍蜉撼大樹呢？「聲聲慢」這首詞的題材是「秋情」，可能是李清照在南渡流亡時期的作品，這時她的丈夫（趙明誠）已經死去，使她身受國破家亡的慘痛，面對衰草黃楊的秋色，觸景傷懷，一個未亡人的心情如何，不難想像，用文字來發抒她那憂悒悲憤的情感，使作品中的人情和物理融成一氣，產生一個完整的境界。我們讀她的作品時，不能領略她的情感，沒有「設身處地」和「體物入微」的本領，徒事信口雌黃，何異井蛙語天。

且看宋人張正夫給予李清照這首詞的評價如何，他寫道：「秋詞聲聲慢，乃公孫大娘舞劍手，本朝非無能詞之士，未曾有一下至十四疊字者。後疊又云：「到黃昏，點點滴滴。」又使疊字，俱無斧鑿痕。「怎生得黑」，黑字不許第二人押，婦人有此奇筆，殆間氣也。」他這個評介，固然重在文藝價值。文藝是和實際人生有距離的，與極端的寫實主義不相容，在文藝中原有所謂「古典派」、「浪漫派」、「寫實派」和「象徵派」的區分；我們對於文藝作品的欣賞與批評，亦應分為「主觀的」和「客觀的」兩類。文藝是時代和環境的產物，決不是持馬列怪論者所可污衊的。

當南宋時代，那個社會是以男人為中心的，並沒有馬克斯、列寧主義的種子；更沒有要「把婦女趕進厨房裏去」的希特勒；也沒有「解放婦女勞動力——驅向山上田裏去」的毛澤東。「吃飽了沒事幹」和今日大陸幹了活吃不飽的婦女，恰恰是一個強烈的對比。在那時能夠像李清照在文學上有這樣卓越成就的婦女，確實是鳳毛麟角，這不是「薄古」者所能蔑視的。

如果要死硬地把文藝拖到現實主義中去，那末，這個世界除了飲食男女的角逐之外，便毫無其他意義。只有過屠門而大嚼，見到年青貌美的女子或風流倜儻的男子，就想到「一杯水主義」，使這個世界成為「人慾橫流」的世界。

筆者在前面說過，文藝與實際人生是有距離的，我們要使文藝從實際生活羈絆中解放出來，使人對文藝能瞭解欣賞，不要把文藝引回到實用的世界中去。比如一個急色兒看西廂記，為着愛上了崔鶯鶯，正患起單思病來，也許他是為着「詩人老去鶯鶯在」這句詩所迷惑；一個土豹子看戲，看見飾奸雄曹操的角色表演得維妙維肖，不覺義憤填胸，持刀跳上舞台，把他殺了。前者是個多情種子，後者可稱俠義之士，只是可惜他都不得其時，不得其地。就是他不能把藝術和實際人生維持一個適當的距離。

畢竟，馬列主義是馬列主義，古典文學是古典文學。要把古典文學拉進馬列主義中去，更進而歪曲歷史人物，無異於急色兒單戀書本上的崔鶯鶯，土豹子斫死舞台上的曹阿瞞（操），這，是風馬牛不相及的。

讀者投書

閒話「投鼠」與「忌器」

趙正

在我們日常生活中有一句成語：「投鼠忌器」，意思很明白：恐怕打爛「器」，只有眼巴巴地看着「鼠」在「器」上橫行而不敢動牠一根毫毛。

一句成語，往往在一定範圍內，未始沒有它的道理，可是若一味死裏活裏地用它，或用之而別有居心，那麼成語也着實害人不淺呢！譬如說「守株待兎」這句成語罷，是說在某種客觀可能的情況之下，守着株以待兎兒來，描準發射，定必百發百中。可是你如果在獵狗滿野中守株待兎，或誤聽別人「勸告」而死守在樹下，結果你等一輩子，包管你連兎兒的影子也看不到，那些勸告者們呢！倒可以混水摸魚，投機取巧，得其所哉，得其所哉了！

這一例子，不外是說明「成語」應用得適當，死用、亂用、誤用，都會害人不淺！

回到本題上來分析「投鼠忌器」罷，投鼠為什麼要忌器呢？其中有兩種心理：

一是珍惜那個「器」，要保全那個器。

二是唯恐投擲之下，怕打爛了鼠輩盤據下的器，怕連帶鼠器同歸於盡。

為了保全器，為了怕打爛了器，所以才眼巴巴地看着鼠輩在器上得意洋洋地橫行而「舉」手旁觀，這樣可能的結果有五：

一、鼠輩爬上了器又輕輕地爬開，器毫無損毁地保全；

二、鼠輩大吃大喝器裡的民脂民膏，吃飽遠颺；

三、鼠輩覺得此器正合吾用，老死在器上；

四、鼠輩遭別人攻擊，一飛身把器打得稀爛；

五、鼠輩在器上拉屎拉尿，弄得一塌糊塗，後來連自己也無法存身，被別人輕易地拿去。

這五種情況，惟有在第一，第二兩種情形之下，也就是衡情度勢，確知鼠輩必然會「輕輕爬開」或「吃飽遠颺」，才停止投擲飛石，以便保全「器」，投鼠忌器，這才是正道。

但是如果衡情度勢之下，確知鼠輩將是三、四、五種可能性中任何一種，那麼，就不能再相信投鼠忌器這句成語了，也就是說，投鼠忌器，這個時候不但不合時宜，且會害人不淺，它可以使得本來尚有一綫希望甚至多綫希望的「一投」，變成絕望的「袖手旁觀」。因此，在這個時候，就得冒險投擲飛石，打走盤據在器上，拉屎拉尿，又想老死器上的鼠輩。更何況當人們已確知鼠輩必是三、四、五種可能之一，甚或兼而有之，人們也確知這一投必然不會影響於器的保全，那麼，這還有什麼投鼠忌器之可言哩！

我中華民國今天所以弄得這樣一個砸鍋的局面，所以弄得四億五千萬人在共黨奴役下熬煎；所以弄得數百萬人流亡海外，誰為為之？孰令致之？這都是這幫[illegible]輩橫行霸道的結果，到了今天還說什麼投鼠忌器呢？在這樣的情況之下再投鼠忌器，民主運動的前途，必不堪想像！

因此，吾人今日應投鼠而勿須忌器，因為器絕不會因投鼠而打爛的！相反的如因忌器而不投鼠，器一定被鼠輩打得稀爛或不堪收拾！而那些勸別人「投鼠忌器」的「鼠之友」倒可混水裡撈一把，又搞成一九四九年那種亡國政權的調調。

上述這些字句，寫出來未免有點尖酸刻薄，可是鼠輩們把中華民國人民弄到如今這樣砸鍋局面，其罪何止是尖酸刻薄呢？朋友們！想想！

大陸逃港學生控訴之一：我曾是奴隸（上）

——記在「北京青年志願墾荒隊」時的一段日子——

張正文

二年半以前，我在北京市第十四中學的學業已接近完成了，我，高中即將畢業，我認為是我的一生眞正的開始，所以思想上既緊張又激動，一點不敢鬆懈地學習着。

由於我的家庭是地主，在土改時代我家中被清算到一無所有，所以組織上一向認為我是對共產黨不滿意的消極分子，我雖然盡力向組織靠攏，很認眞地檢査自己的思想，但是我申請入團四次，都未能得到批准。在最後一次申請未批准時，團委書記劉傑（過去當過解放軍的連長）找我談話，批評我說我在思想情緒上是與黨對立的，雖然我竭力在行動上想和黨走一條路，但是由於階級出身的關係，這些積極的行動都是表面化的，一旦碰到有什麼艱苦環境到來時，就會和黨分道揚鑣的。

我聽了劉書記的批評，心中非常着急，問他怎樣才可以眞正的和黨站在一條綫上，他說應該從勞動中去鍛鍊，培養勞動人民的感情，才能一心一意地參加人民的行列。

一星期後，北京市失學失業青年在政府的領導下組織了「北京市青年志願墾荒隊」，劉傑又找我談話，他說，鼓勵我去參加，勞動才是最好的學校。我當時考慮到自己從來沒有參加過體力勞動，而且有了知識不是一樣可以為國家人民服務嗎？可是我的意見立刻惹來劉傑的怒吼，他嚴厲地批評我，叫我好好的考慮考慮，是要黨要人民還是要我的地主階級思想。

在接下來的幾天中，團委會又發動了羣衆對我開了四次鬥爭會，把我當作地主階級的剩餘來鬥爭。主要的意見是我一貫留戀本階級的思想，表面偽裝積極，到了黨須要我走上農業生產的崗位時諸多推委，這種思想發展下去，可能成為人民的罪人……等等。

另一方面，校長又找我個別談話，他認為社會主義的學校中不能再有像我這樣的學生存在，如果我再不願意參加墾荒隊的話，學校會考慮開除我的學籍。

這時我眞的走頭無路了，我渴望求學，但是事實上已不可能，我暗暗哭了幾塲，答應參加了「志願墾荒隊」。

我送上了我的「志願書」之後，第二天就帶着紅花給同學們送到農墾部的招待所，那裡面已有四十多個青年朋友在了，「中國青年報」的記者還訪問了我們，稱我們為「農業戰綫上的英雄」。

接着，我們在人們的歡送下離開了北京，帶我們走的是農墾部的一位同志，三天後，我們在黑龍江省鶴立縣下了火車，又搭了兩天一宿的大車（馬車），就到了目的地——蘿北縣三區。

區政府劃給了我們一百十畝荒地，撥給了我們一部農具和葦子、木材、糧食隊農墾生活就開始了。

我們最先是來回運材料，區政府離隊部來回四十里，隊長規定每人每天運兩趟，揹着葦子、木材，兩個人抬一包二百斤的糧食，一天下來，晚上睡在地上，混身又酸又痛又漲，肩頭早就磨破了一大塊皮，肉紅紅地露在外面，即使一張紙拂過也痛得直冒冷汗，全隊沒有一個人還有氣力站起來小便的，有幾個體弱的同志，晚飯——小米稀飯和窩窩頭——也不吃就倒了了，隊長本來還要叫我們開檢討會的，一看見我們東歪西倒像死了一般的情形，哼了一聲「小資產階級知識分子」就走了。他自己一天來就是在鎮上找野味下酒呢！

我們在油燈下相互望望，雖然我們只認識了一個星期左右，可是今天一天下來我們突然變得親熱了，在這樣的情形之下，同命運的人之間還會有什麼隔膜呢？

第二天，還是不准休息，天不亮，我們又每個人担上一百斤的重荷開始走路，走路，不，不是走路，簡直是一步一步地在爬行了。昨天晚上磨起的大水泡，經過一夜之後變成了紫血泡，今天再一走動，立刻就磨破了，每走一步，就像有千百萬支尖針直刺到心頭，我們咬緊了牙，走一步淌一滴汗，以後想起來，不知道怎麼能夠忍受下去的，在這樣的情形下，自然進度比昨天慢得多了，所以等到一來一回，等到第一次運完時，時間已經下午了，隊長在區政府中等得大發雷霆，我們的肚子已經餓得不像話了，負責燒飯的兩位隊員看到我們陸續回來了之後，急急地招呼我們吃飯，但是隊長（我忘了介紹他，他是農墾部的科員，過去當過副營長，是負過傷的戰鬥英雄，姓趙。）不准我們吃，要等我們全到齊了以後聽他訓話。

到走得慢的隊員回來時，天已開始黑了，隊長雙手插着腰說我們這樣担誤職務的完成是妨得了社會主義的建設，要受到法律的制裁的，隨即他又叫我們認淸楚，說我們都是些出身不佳，思想與人民為敵的人，如果再像今天那樣子，人民有權要求政府處理我們。

到這時，我們全都明白了，什麼「志願墾荒隊」我們原來全是被壓迫到這兒來當奴工贖「罪」的！

晚上，雖然我們倦得要死，但我們都睡不着覺，有一位隊員問大家身邊還有錢的都給他，我們都知道他想開小差，我們都同情他，第二天他不見了，以後再也沒有聽到他的消息，隊長說他給抓起來送到勞改隊去了，以後沒有人再開過小差。

捱過那比十年還長的十天，材料運完了，我們的手上、肩上、腳上都一層血泡疊一層血泡，我們又動手自己搭工棚，工棚矮得直不起腰來，用木頭插在土中，上面蓋些茅草與葦子，睡在地下，也在地上鋪些草。

正式的農業勞動開始了，第一項任務是開荒，每人每天的定額是一畝五分，全部一百十畝地準備兩天完成。

大陸逃港學生控訴之二：我為什麼逃出大陸？

子民

一九五四年，大陸上有很多高初中畢業生，由於共產黨要照顧工農子弟和歸國華僑，所以這般畢業生，尤其是資產階級家庭的子弟，天主教友，或父母在香港做事的子女，都考不取學校。本來向工農子弟開門也沒有人反對。但盲目過分，不管工農子弟的功課是零分，或者品德十分惡劣，却反能讓他們進大學，高中，就未免太『照顧』了吧。

他們招收歸國華僑子弟另有用意，因為如果華僑子弟在大陸上沒書讀，就會申請回印度尼西亞，或其他國家去，放他們出大陸，即等於共產黨自己打自己耳光，更恐華僑子弟到了自由世界中，就會講出共產大陸是怎樣一個吹牛國家，那麼怕海外華僑不回大陸，所以不管程度好壞，品行怎樣，統塞進高中或大學，於是那些華僑子弟就沒有理由申請出國了。

但還有多下來的資產階級子弟們呢？共產黨是不管的。一九五四年，上海有許多學生聯合起來，向中共上海市教育局提出入學要求，希望教育局答覆，但教育局一隻電話打到公安局，說教育局門口有國民黨特務指使的阿飛學生搗亂，公安局立刻派出大批軍警，手拿槍枝，向手無寸鐵的學生們包圍，第二天就有許多學生失蹤，以後雖然也有幾個被釋放出來，但已給他們疲勞審問弄得皮包骨頭，奄奄一息。

反過來講，考取學校的工農華僑子弟及少數的普通學生他們是否對共產黨滿意呢？那也是出乎共產黨的所料的。

一、首先學生對共產大陸教育感到不滿，共產黨為了獻媚他們的老大哥蘇俄，就把世界一切科學教育事實抹煞，像電燈乃美國愛迪生發明的，這是人人都知道的事，但共產教育局偏說電燈是俄國偉大發明家保保夫發明的。這種謬論有誰相信呢？連大陸學校中的共產黨員教師自己也不相信。

在大陸一切課程不脫離勞動，強迫學生參加勞動生產，義務勞動，讀書時間少於勞動時間，高中或大學畢業生為了適合中共計劃，有些人不得不去做理髮師和裁縫。

二、一般學生對學校教師不滿，本來教師處罰學生一般來說是應該的，但大陸上高、初中教師，他們本身剛從高中畢業，一事不知，只知道對上級拍馬，對學生們屁事不管，如青年團員向教師密告，某班某同學是怎樣的壞，這老師就立刻可以對這個同學處罰，要這同學寫像馬列主義那樣厚的檢討書。但學生寫好後，教師連看也不看就把這檢討書丟到字紙簍中去了，而這被檢討過的同學的成績那就永遠不會好了。這樣寫坦白書眞躭擱同學許多時間。

三、學生對目前共產政府和政治不滿，因為在大陸要看到一篇眞正由國外傳來的新聞是不可能的，報上新聞多是中蘇如何偉大，英美如何不中用，從來沒有一篇是眞正的國外新聞，偶然有也被中共報館編輯改過，僅剩幾十個字了，所以共黨的報就是有眞新聞，也沒有人相信。

大陸一切電影多是蘇聯和共產中國片，千篇一律，不會脫離反特，反美，農村等關係，沒有學生想看的片子，一九五六年上海放映這幾部外國影片，如法國片子馬蘭花芳芳，印度片流浪者，巴西片生的權利等，凡是放映此等影片的影院都是擠得水洩不通。後來共產黨幹部和影藝人員着急了，硬說此等片子含有毒素，從此就停止放映了。

對於政府，學生們不是每天看到捉人，就是看到每天紅車子（大陸槍斃人的車子）開到郊外去執行槍決任務，每天學生坐立不安，心驚肉跳，因為大家不是害怕自己給拉去審問，就是怕自己家中家長有特務嫌疑，因而被拉去勞動改造，學生們在蒐苦萬狀中得不到一絲快樂與安慰，大家都希望中華民國快些回到大陸。當韓戰發生時，有些同學青年團員們背後講『當心「解放」了老子要你好看』這解放意思就是希望南韓勝利，中華民國打回大陸，在一九五六年中，匈牙利民族革命暴發，同學多數希望他們革命成功，脫離紅色控制的苦難。還有些同學呢就不是這樣，因為他們得不到快樂和安慰，就自暴自棄，向壞的方面發展，時常打架，吸烟，只有這樣使自己解脫心中的苦悶。

實在說，大陸的青年學生，差不多每一個人都夢想香港，夢想自由，他們只要一有機會，就會逃出紅色共產黨控制的大陸，到自由自在的天堂，情願冒生命危險偷渡，再也不情願在共黨紅色的大陸多留一天。

幾年來，我也是一直如此的嚮往自由，現在我終算是很僥倖的逃到香港來了，我希望現在仍舊在大陸受苦難的同學們也能夠逃出來，大家一起回到我們祖國中華民國，得到自由，得到幸福。

汲古書屋談薈

通州三生　朱銘盤　張謇　范當世

耘農

據張季直嗇翁年譜卷上：『同治七年戊辰十月，應院試，主試爲鄞縣查侍郎華。題爲「裨諶草創之，世叔討論之，行人。」榜發，取中二十六名坿學生員。……先是州試，余取列百名外，同時通范鑄少余一歲，取第二；（宋）璞齊先生大訶責，謂「譬若千人試而取九百九十九；有一不取者，必若也。」余至西亭，凡塾之窗及帳之頂，並書「九百九十九」五字爲誌，駢二短竹於枕，寢一轉側即醒，醒即起讀，晨方辨色，夜必盡油二盞；見五字即泣，不覺疲也。至是余雋而范落。』敘其少時爲學之刻苦自勵，而於肯堂則不免稍矜意氣！自後季直凡五應鄉試均不中，至光緒十一年乙酉始中順天鄉試南元，爲常熟翁叔平尚書（同龢）所得士。復四應禮部會試均報罷，至光緒二十年甲午始以恩科會試中第六十名貢士，旋應殿試，閱卷大臣仍爲翁尚書，乃以一甲一名賜進士及第，授翰林院修撰，年已四十二矣！時肯堂正客李合肥幕，合肥與常熟政見兩歧，張、范遂亦異趨。未幾，中東衅起，翁李和戰之爭，世傳二公陰主之，蓋曾於家書中各露其微指也。范伯子文集卷七祭季直封翁潤之先生文有云：『嗟兩家之兄弟，逐風塵之累遷，既酸鹹之各異，亦升沈之各天！』又云：『昔金恭人之歿也，余不憚百里而星奔，恨公喪之獨否，屬有故而羞陳，殆昔勤而今惰，豈今疏而昔親，自問百不如賢子矣，猶庶幾乎斯言之能誠。』按其時爲光緒二十一年乙未正月，在季直擢高魁之次歲，而季直母金恭人歿於光緒五年己卯十一月十八日，無葬地，肯堂尊人以田八畝贈之。伯子文集卷一有歸田券，記其事，則前後才十五年，張范交誼之親疏可見。而肯堂祭文所云「屬有故而羞陳」，語意含蓄，亦耐人尋味。然嗇翁年譜則謂：『光緒六年庚辰正月十八日，治金太夫人喪，開弔。……延太倉諸生王幼園（元鑫）度葬地於餘西，金沙、通城東三處；定用城東小虹橋耕陽原地，本范氏墓外之餘地也，四畝弱，歸白先君，以海門田八畝易之，而移其租，訂易地券。』瑣瑣言之，即意在闡明茲事之原委。然所記互異；一曰八畝，一曰四畝弱；一曰贈，一曰易地，近乎各執一詞。又嗇翁年譜：『光緒十六年庚寅，小虹橋先母所葬墓地，前以海門田與范氏易者；地隔，范氏收租不便，而墓地不定，固亦非計，因議照時償地價，而范氏歸我庚辰所與易地之契，至是閱十一年。』此中殊有曲折。翁常熟嘗許季直以霸才，於此可畧見一端焉！洎後時異境遷，張范復和洽如初，故肯堂之歿，季直輓以聯云：『萬方多難，僑扎之分幾人！折棟崩榱，今後誰同將歷懼；千載相關，張范之交再見，素車白馬，死生重爲永辭哀！』蓋方同致力於鄉里教育，前嫌已盡釋，遂不覺辭之悲苦矣！（三）

雜憶錄（三）

述留法工學前後　勤儉之因果

幼椿

此三數百人，既無家庭滙欵，又無政府照顧，賣力則乏力，求學又無路，日食會裡麵包，久而厭煩之至，眞所謂前途茫茫，自然是孤憤滿腔，就在這種情形之下，俄國共產黨的特務乘隙而來，宣傳，收買，着着生效，尤其是好動而不甘困守的調皮搗蛋者，先後接受共產主義，同時接受俄國盧布之勸工儉學生至少有五六十人。以我個人所接觸，而首先感到其有共味者，第一批計有李隆致（即李立三），任卓宣（即葉青），周恩來，李富春，聶榮臻，鄧小平，蔡和森，劉清揚，趙世炎，向警予（趙向已死）等人，第二三批中乃有徐特立，陳毅，蔡暢，王維舟，李鶴林，謝澤州（李謝已死）等人。我所接觸之自稱社會主義者，在公園中手執「人道報」（法共機關報）大翻其華法字典之人，並不算多，然而我甚了然俄共特務之爲何引誘中國學生，墮其術中，久而與之俱化。俄共用心之深，設計之工，茲附帶畧述一二。

有法國小說家巴爾比斯者，其見稱著作之一，書名「火」，會被譯爲中文，於一九二〇年發起一「光明社」，專收青年學生爲社員。光明社之宗旨爲引導人類避去黑暗，趨向光明，其辦法爲開講演會，介紹書報，研究問題，促進新知，表面平平無奇，似乎後來中共所發起之讀書會，而內容則用漸進手段，浸潤工作，誘導青年使之信仰共產主義。我會以偶然機會，去該社聽講一次，研討一次，見社中開會，以美貌少女爲主席，而研討時茶點均豐盛，即以爲異，坐中有各國青年學生，且有一中國壯年人來我前，稱如聽不懂，可爲我作義務翻譯，送我一冊馬克斯的「共產主義宣言」，我不加深究，即知其社之目的所在。

類此所謂「第五縱隊」之暗地活動，在此五方雜處，一切自由之巴黎社會，當至爲便利，實施各式技倆，以誘導青年知識分子，入其轂中，亦比較易於下手，何況華法教育會中留居尚無出路之勤工儉學生，麵包與知識均正在飢渴之中，而又正在憤恨有錢者始能讀書，此世界却少光明，此類第五縱隊，聞風而來誘惑，遂有吸如磁吸鐵，拍合至快，一個又一個，漸次的，離開華法教育會之帳幕生涯，而移居小旅館中，作起寓公來也。

然而共產主義之思想，根本傾向鬥爭，共產黨之訓練青年，在實習鬥爭生活，豈有第三國際支隊主持者，月給中國學生三數百佛郎，而聽其安坐讀書，而不爲之工作者！但中國人在巴黎，即以全數計之，也不過數百人，分居城廂，眞所謂「萬人如海一身藏」！況此輩靠俄人金錢爲活，而自稱科學的社會主義者，其初不過五十餘人，法語尚未說好，情勢皆甚隔膜，要覓鬥爭對象，自難從法國社會下手，無已，只有被人指導向巴黎中國人僅有的幾個社會開始鬥爭：霸佔巴黎中國學生會所，作爲聚會機關；（前清末年，派遣留學生後，政府在派遣地首都永租有屋，設日用器俱，備中國圖書爲學生修頓之所，舊爲留學生監督照料，今爲各國公使館大使館招呼，稱學生會所）搗亂中國駐法公使館，且槍擊公使陳籙；凡中國學生有聚會時，則五十餘人必全體出動，乘機上台講話，高談，尚未讀通之共產學說，每至一二點鐘，聽者厭煩，促其下台，則大打出手一場；凡雙十國慶，此五十餘人亦必整隊出發，以紅旗前導，步入會場，高唱國際歌，扯毀中國國旗而去。此種鬥爭，宗旨並不正大，方式完全搗亂，一兩年間，惡霸舉動，愈來愈甚，令人不耐，於是巴黎中國學生顯然分成兩派：共產與反共，各有中文油印報紙，（共產黨爲赤光報，反共者爲先聲週報，）各有隊伍，各有組織，要說請講，要打奉陪，於是巴黎學生界之秩序稍得寧靜，而大舉進佔法國里昂中國學生宿舍之一幕，最後演出。

李石曾先生見勤工儉學難達目的，雖經私人與政府分別協力，而尚有四分之一學生困守華法教育會與蒙達爾尼中學宿舍中，數近三百餘人，中有通信國內報紙，大訴苦況，致後來者裹脚不前，殊對石曾先生之「大量交流」理想有所妨害，於是彼商得北洋政府與里昂市長同意，協力在北京與里昂同時創辦中法大學。但既已到法之勤工儉學生法文素無根底，如何能入大學眞正聽講，因此，所謂里昂中法大學之設，乃不過一法文預備學校，至多稱爲大學先修班，里昂市長撥出相當經費，且指定里昂城郊兵營一所，爲學生住宿及補習之地，能聽講或願聽講者則可乘車至城內里昂大學自由選修。學生一有歸宿，安心讀書，則共產宣傳將失效，共黨擴張將止步，因此周恩來輩定計將此里昂學生宿舍打垮，暗中宣傳，學生入住，擇別甚嚴，必須先行佔據，始得權利。於是在開幕前兩日，約期而進入里昂中法大學之中國學生百數十人，不聽主持者招呼，高喊開飯上課，干涉則出手打人，以致秩序大亂，里昂市長只得請軍警維持，軍警又不便與學生起衝突，法國政府只好將鬧事者全數送往馬賽，免費上船回國，而此被遣回國之百餘人中，並無當時在法中國共產黨之主要人物，其中只有後來始知名之陳毅，聶榮臻，而聶且在中途埃及波賽埠上岸逃脫，間關赴俄。至民十三，勤工儉學一事已成過去，而國內聯俄容共之勢又成，於是西歐之中國共產黨人，紛紛經由莫斯科返國，周恩來一派與毛澤東一派合流，未久，周以國民黨中委資格出現於廣州市上。四七、八、九（完）

再次漁叔介壽堂初見

燕子均　曾克耑

畫堂妙舞記依稀，絕海衝風羽翮微，
一曲笙歌箋舊怨，數行烟柳縮斜暉。
殊方殘哺爭猶辞，危幕新泥喚不歸，
玄鳥高禖靈已遠，辛勤癡與呴毛衣。
齊州煙點望瀰漫，故壘雲迷欲反難，
弱水無心起鮫鰐，神山有夢侶鸞鸞。
樓臺麗日啁啾集，檣櫓驚濤睒睗看，
新國烏衣灰刼表，四天風雨玳梁安。

赫魯曉夫乃可參加亮齋閒話

亮齋閒話之五

徐亮之

客　在赫魯曉夫與杜爾斯之間，您認爲誰最有資格可參加亮齋閒話？

主　赫魯曉夫。

客　爲什麼？

主　因爲杜爾斯乃職業的而非熟練的閒話家；赫魯曉夫乃熟練的而非職業的閒話家。

客　此話怎講？

主　這不必多講，只比較一下這次金馬事件杜爾斯和赫魯曉夫的「閒話技術」，便見分曉。

客　赫魯曉夫和杜爾斯這次對金馬事件竟有表演「閒話技術」的這樣的閒情？

主　赫魯曉夫懂得咬牙切齒講「閒話」，杜爾斯却只是有晒表情講「閒話」；便足見閒話人人會講，各有巧妙不同；相形之下，杜卿遜色多矣！

客　老赫怎樣咬牙切齒來？

主　他在九月七日給艾克的信上說：「對我國偉大的朋友、盟邦和鄰國中華人民共和國的侵犯，也就是對蘇聯的侵犯。」您瞧：這表演多麼逼眞!?多麼得着「閒話」三昧!?這「架勢」簡直就不下於「上海佬」的所謂「閒話一句」；這種人才不來亮齋聊聊，豈不可惜！

客　那末，杜卿又怎樣有晒表情來？

主　八成兒給老赫「閒話一句」嚇昏了！──您記得九月九日華盛頓美聯社記他在記者招待會上的「閒話」的電訊嗎？

客　記得；唔，不錯；您不提起，我倒忘懷了；我現在正要請教您，這電訊記他說：「中共如同意眞正放棄使用武力，情勢一定大大改觀。此舉當然有種種後果；但他不能事先討論，因爲這些後果涉及中華民國的權利。」請問這話是什麼意思？

主　這意思是：只要中共答應不再炮轟金馬，他便不惜讓美國以自由世界盟主的地位出面去犧牲「中華民國的權利」。

客　笑話！這不眞成了名符其實的「美帝」嗎？

主　這倒不是「名符其實的美帝」；而是美國竟有這樣一位出色的「職業的而非熟練的閒話家」的國務卿。

客　不過，當記者問他「美國是否將因中共同意放棄使用武力，而建議撤退金馬等外島國軍」時，他却倒又表示過「美國本身不能談判此等外島的前途，因爲此等外島屬於中華民國」；並隨卽又表示：「如果中共今天就進攻，美國決首先在補給上協助國軍；如果國軍無法擊退侵畧者，美國隨後決出兵相助。」您看這些表示的價值怎樣？

主　有了前面的話，這些表示只是廢話，連「閒話」的價值也無。

客　也許他已經發覺前面的話走火了，所以才立刻來這一套表示，以資補救。但由於這一補筆，却又博得新華社北平十日電「典型的強盜口吻」的考語了。這眞叫「床底下敲斧頭」呢。

主　所以說他乃「職業的而非熟練的閒話家」，他的閒話技術比赫魯曉夫遜色多了！

近代詩話

狷士

湖居云：『世轉無窮境，人生有收束。老尋湖上廬，滄桑了無觸。一籬分割據，圖史羅百族。晨炊松柏香，書聲過牆屋。此是承平聲，思之涙盈掬。汝汝五十年，舊夢今可續。』余往年流亡海角，居鑽石山村，矮壘疏燈，讀此詩，輒有異代同悲之感。觚庵五言律詩尤深摯，度隴云：『擾擾悲生事，悠悠入晚晴，微風生柳態，孤雁帶河聲。家遠人垂老，山荒石有情。漸知天意改，翻覺客途平』。『多少滄桑事，艱難有此行。窮邊飛鳥盡，殘月大河橫。出塞人情遠，還家白髮生。明知覆巢下，流涕說歸耕。』山行云：『百轉迷前路，從知出世難。長愁肝肺熱，新霽水雲安。閑澹看僧老，艱危逼歲殘。在山泉似鏡，流作萬重灘。』末二句較老杜『在山泉水清，出山泉水濁』，意境更博大，試觀山中潭水，靜止如老僧入定。但若人間需要，一經疏導，卽可澤被大地，霖雨蒼生，如伊呂孔明隱居時，何嘗不靜如止水，一旦風雲際會，卽成偉烈豐功，如波瀾壯闊之萬重灘。作者之自許，果何如乎？

易哭庵詩老之詩，驚才絕艷，健筆淩雲。固爲才子本色，然吾獨愛其談名理之作，如方廣山中一首：『古與古相推，人與人相續。薪盡火傳孤，舟還壑存獨。念我平生親，宿草依拱木。缺者不可完，往者不可復。俯仰百年內，去如飛鳥速。何況千載遙，空文垂誦讀。竭來入方廣，名山訪遺躅。宵然天地間，惟見山水綠。精誠一相接，鬼神幌來告。我歌古人歌，我哭古人哭。方知性凝性，卽是眞血肉。方知心印心，卽是眞面目。萬古共一堂，九州同一屋。書此聊自寬，毋爲涙盈掬。」吾嘗於秋燈夜雨中讀此詩，澈耳哀音，歎逝傷離，眞不禁涙盈掬矣。

合肥王什公有贈鄭海藏四絕，能將鄭氏一生行誼概括，而感慨系之，亟錄以供同好：「濠棠鷗樹渺前壘，搖落江山幾鳳麟。健飯挽強渾易事，最難養氣尚如新。」「國門重入十三年，辛苦孤臣拜杜鵑。幾度推秤仍袖手，蛾眉謠詠古今憐。」「駿骨千金世豈知，看天忍涙又移時。神州來日方多事，出岫閑雲未是遲。」「看罷繁櫻又遠游，閑身更爲海鷗留。年來詩境頽唐甚，那有雄心到九州。」

雙照樓主人秋庭晨課圖，爲紀念其母之作，光宣詩流，多有題詠。余愛冒鶴亭氏和原唱一律云：「墻角依然舊短檠，憑將注海涙河傾。彌天事業親寧峩，早歲艱虞夢尚驚。縱有畫圖留寸紙，重談報答已來生。錦衣那及萊衣樂，頭白攤書坐到明。」三復此詩，令人生母氏劬勞之感。

本刊已經香港政府登記

聯合評論

週刊

每逢星期五出版

United Voice Weekly

第七號

督印人：黃宇人
總編輯：左仲平
社址：九龍金馬倫道三十八號三樓
電話：六一四一三（61413）
承印：田風印刷廠
香港高士打道二二一號
售價：每份零售港幣一毫
總代理：友聯書報發行公司

聯合國的危機

黃宇人

一

聯合國第十三屆大會開會，適值台灣海峽狂風暴雨之時，成功湖畔冠蓋雲集的盛況，正與金門島上炮彈橫飛的景色，形成一個尖銳的對照。

本屆聯大所面臨的問題，除了舉世關切的台灣海峽問題尚未正式提出而外，就程序委員會所擬議的議程言之，多爲久而未決的老問題。其中裁軍問題，更是遠自第二屆聯大時即已提出，迄無結果。因此，我們自亦不能希望本屆聯大會產生任何奇跡。

聯合國成立的目的，原在於維護世界和平。但因蘇聯包藏世界革命的禍心，隨時隨地製造亂源，或以滲透，或以煽惑，或以恐嚇，或以分化，無所不用其極，務使危機四伏，使美國顧此失彼，疲於奔命。因之，十三年來聯合國關於維護和平的一切努力，無不遭受蘇聯的阻撓和破壞。他們甚至還公然犯衆怒，在安全理事會濫行否決權。聯大已不是一個爲人類尋求和平的崇高機構，而成了蘇聯和民主國家唇鎗舌劍的比藝場了。

二

聯合國既已遭遇了如此的困難，民主國家的對策怎樣呢？眞說來令人喪氣。有些國家的政治家們，缺乏高瞻遠矚的識見，他們只知自私，但求近利，身在聯合國而不維護聯合國的憲章，口稱現實而不敢面對現實作不屈不撓的奮鬥。他們對於蘇聯的侵畧行爲不思制止；反而因襲傳統的舊習，處處犧牲弱小國家的利益，以與侵畧者妥協。甚至於開明進步的英國工黨，在共產主義的橫流到處決堤泛濫危害人類和平生存的今日，他們對於如何建立一個和平與正義的世界新秩序，不能提出正確的主張；而仍舊在强權政治的廢墟中繞圈子，主張聯合國托管台灣並容納中共加入聯合國。試問他們這樣不顧中國人的死活而存心安撫中共，與其所倡導的社會主義不是背道而馳嗎？他們無非想藉此以求緩和台灣海峽的緊張局勢而苟安片刻罷了。

再說到居於自由世界領袖地位的美國吧，早年艾森豪總統當政之初，曾提出解放鐵幕的號召。此一正確的主張曾給與鐵幕內被壓廹人民以極大的鼓勵。無如隨着時間的過去，解放政策演化而爲嚇阻政策。最初美國政府也許以爲自己擁有舉世所無的氫氣彈，自可嚇阻一切。不料歲月蹉跎，時至今日，核子武器已不再爲美國所獨有。美國的嚇阻力量大大的減低了。七年以來，在嚇阻政策之下，遠東方面，强固了北韓，坐大了中共，分裂了越南，中立了印尼和高棉。在中東，產生了納薩政權，覆滅了伊拉克王朝。在歐洲，東德，波蘭和匈牙利的革命運動，雖然悲壯激烈，驚天動地，卒因得不到外來的援助，都被壓迫下去了。甚至在南美，尼克遜副總統的親善訪問，也要招來前所未有的侮辱。凡此都說明了嚇阻政策並未達到其預期的目的。

月來中共炮轟金門，美國又在加以嚇阻。因爲美國一向是嚇而不阻的，所以美國儘管嚇而中共仍不肯罷兵。赫魯小夫雖然是小夫也學會了美國的這一法寶，而且似乎更青出於藍，艾森豪總統請他勸中共不要在台灣河峽使用武力，可以說並無嚇阻的意味；但他反而要求美艦即自台灣海峽撤退回國，否則中共將加以驅逐，態度橫蠻，咄咄逼人，美國固不致被嚇退，可是，我們不能不躭心某些國家又要認爲大戰臨頭而敦勸美國犧牲金馬以求緩和局勢了。

三

總之，在英國的姑息政策和美國的嚇阻政策之下，蘇聯和中共的氣燄日張，美英兩國的威望日低，聯合國的功用也日益喪失。美英法諸國既不給予實力的支持，蘇聯集團更忽視其存在而肆意擴張和滲透，亞非許多國家也覺得聯合國不可依恃而競向中立。各色各樣的區域性組織紛紛建立。聯合國憲章已被强權政治所替代，此一世界組織也逐漸走向國際聯盟的老路，雖然成功湖畔的車馬水龍至今未減，但恐怕是夕陽無限好了吧！

我們基於愛好和平的立塲，自不願意聯合國歸於失敗。我們希望美英法諸國能積極領導自由世界團結奮鬥。捐棄一切自私自利的陋習，急作高明遠大的打算，高舉聯合國旗幟，堅持聯合憲章，不姑息强暴，不犧牲弱小，以正義對邪惡，以實力對挑戰，自能恢復世人的信心，而抵制蘇聯的陰謀，並維護聯合國的威望於不墜。聯合國當年出兵韓國，制止了韓共的南侵，就是一個很好的例證。或以爲如此作法容易導致世界大戰，但應知蘇聯有世界革命的企圖，他們決無意與民主國家永遠和平相處下去。假設他們認爲可以在戰場上取勝，無論你如何予以姑息，他也將發動大戰。反之，如果他們力有未足，民主國家的强硬而堅定的對策，適足以制止其行險僥倖，絕不致引起戰爭的。最近美英兩國出兵黎巴嫩和約旦，穩定了中東局勢，蘇聯又何曾介入呢？

四

走筆至此，閱報得知艾森豪總統拒絕接受赫魯小夫的信，這眞是一個果敢而明智的舉措。自赫魔當權後，不循外交的正常途徑，不斷的直接寫信與美英法等國的首長，他似乎是一個書信職業家，信愈寫愈多，內容愈寫愈離奇，或嬉笑，或怒駡，連人與人之間的一點最起碼的禮貌都不懂。和如此的魯人通信，自不會有任何結果，不過給予以宣傳的機會而已。今值聯大開會，赫魔有話不到聯合國來說而却致書美總統，大肆恐嚇；給他原封退回，正是一個最適當的懲戒。赫魔今後也應該知恥而不再沿此等卑劣手段來妖言惑衆了吧？

本報價目　歡迎訂閱

港九	零售每份壹毫；每月四毫；全年四元	
美國	平郵每月美金伍角	空郵每月美金二元
日本	平郵每月港幣三元	空郵每月港幣伍元
南洋	平郵每月港幣三元	空郵每月港幣伍元
歐洲	平郵每月港幣三元	空郵每月港幣陸元
南美	平郵每月港幣三元	空郵每月港幣十二元

時事述評

打回去！

舜生

艾森豪威爾不是不能忍耐的，美國人民也不是不能忍耐的，尤其像美國這樣的一個民主國家，不到全國輿論達到十分成熟，任何一個當政者都不能採取積極而極端的行動。

例如第一次大戰，如果德國不發動無限制的潛艇戰畧；第二次大戰，日本不去偷襲珍珠港；美國還是可以忍耐下去的。一直等到忍無可忍，然後他們才不顧一切，不惜賭乾坤之一擲！可是這個力量不發出則已，一經發出，却等於雷霆萬鈞，立即可使得天地昭蘇，風雲變色。

美國近年所採的防堵政策，在世界各重要地點建立基地，與許多國家訂立安全協定，歷年所耗費美國人民的金錢與人力，確實是一個可怕的數字，但爲了整個世界的和平，美國認爲義不容辭，從實際講來，也可以說是美國忍耐的最大限度。

蘇聯，像赫魯曉夫這類的蠢東西；中共，像毛澤東這類的笨貨；他們以爲美國眞正沒有力量，以爲美國可欺，以爲美國是『紙老虎』，於是一步逼緊一步，一直到最近赫魯曉夫寫給艾森豪的兩封信，乃敢公然對美國加以莫大的侮辱！不惜毀棄一切國際的禮貌，對一個號稱還有邦交的大國元首，破口大罵，這簡直是我們湖南話的『跳起脚罵娘』，『廣東話的所謂『丟拉媽』』於是乎艾森豪畢竟到了再也不能忍耐的時候，乃不惜捲起袖筒，站穩脚步，揮動他那隻又硬又重的老兵拳頭，描準赫魯曉夫位置在他那張又肥又厚的面孔上的『大鼻子』，給以比一顆氫彈還重的一擊，把赫給他的第二封信『打回去！』

瞧！我們瞧瞧赫魯曉夫的第二步！看他如何把那張已經被擊落在糞坑裏的『面子』，怎樣改變姿態的好好檢回去！打嗎？這實在是一件太沒有把握的事，我們確實沒有任何人希望看見世界第三次大戰！

毛澤東太草包！

遠在三十年前，我對毛澤東有一個錯誤的觀察：我覺得毛澤東的性格儘管是『陰狠』，但態度總算還相當從容，步驟總算還相當穩健。

民國三十四年七月四號的午後三四點鐘，毛澤東站在延安棗園的一棵樹下親口對我說：『蔣介石，他總以爲天無二日，民無二王，我就「不信邪，」偏要出兩個太陽把他看看！』我當時聽了這個話，也覺得沒有什麼，一個人被人看不起，或受過若干的壓廹，心存報復，這是半點也不稀奇的。不過，由今天想來，安心製造『兩個中國』，在毛澤東可以說是由來已久的。

沒有想到：毛在大陸，富貴逼人而來，居然做了這八九年的草頭皇帝，年紀也到了六十五六，照理說，他總應該變得更穩練一些。可是自從前年鬧出一幕大鳴大放，搬起石頭打自己的脚，我證明毛澤東太不『知己』；聽信蘇聯的唆使，公然去參加韓國的內戰，上月和赫魯曉夫這個傻瓜一番談話，又公然發動對台灣海峽的威脅，我更證明毛澤東太不『知彼』！

不料最近兩三年，毛乃更變成了瘋狂狀態：他們編了許多神話，誇耀他們的建設如何如何『大躍進』，口口聲聲說不要十五年便可趕上英國，實際這還是他們一句表面的話，他們內心所想的，乃是蘇聯超過了美國，他們更要超過蘇聯！本來，論土地大陸比之蘇聯不算太小；論人口，中國確實多於蘇聯兩倍；論地下蘊藏，也不一定比蘇聯不如；加之近年周恩來東跑西跑，大吹特吹，弄得若干的亞洲落後國家神魂顚倒。於是毛澤東儼然以亞洲的盟主自居：『高層會議』是什麼東西？沒有我，那還了得；『聯合國』是什麼東西？不許我進去，那還了得；『蘇聯』更是什麼東西？居然敢騎在老子的頭上，那還了得！赫魯曉夫雖是一個粗人，但毛的這種瘋狂狀態，他是看得出的；內心也老是不痛快；法國前總理雷諾就不向他提到『黃禍』的一番話，他們也早視中共的坐大如芒刺背。斯大林說中國的人口太多，非殺掉一大部分不可；赫魯曉夫繼承斯大林的衣鉢，也覺得中國人太多可怕，非慫恿毛澤東去闖禍不可；最近赫寫給艾森豪的兩封信，表面看好像是爲中共打氣，實際乃是安心害死中國人，我眞沒有想到，毛澤東老不長進，依然還是這樣一個『草包』，萬一不幸，他眞瘋狂到發揮義和團的精神公然去與美國打仗，中國的老百姓未免太可憐，我們看他如何收拾。

蔣的一篇演說

『城門閉，言路閉；城門開，言路開。』這是說中國在專制時代每當國家危難之際，政治作風總是比較可以開明一點的。

最近海外的輿論，因爲看見中共倚仗着蘇聯的撐腰正在炮轟金馬，給予台灣海峽以嚴重威脅，於是有不少的人乃發生一種幻想，以爲國民黨感於時局的險惡，未來或許更會險惡於今天，因而大家乃希望台灣的政治可能眞有一點改革，甚至還有人把『反共救國會議』的召集舊話重提。

據我看，這是多餘的。我最近讀過本年七月十六日蔣先生在國民黨中央評議委員會一篇長達萬餘言的演說，其內容說明兩點：一點解釋『革命民主政黨的性質』，一點說明『黨員重新登記的意義。』我花了不少的工夫，細細的看過兩遍，我敢說這篇講稿可能會由他的秘書加以整理，但內容却完全是蔣先生自己的意思。依據他這篇講稿加以分析，我知道蔣先生的基本觀念不會有什麼改變，對於許多推測，且包含有嚴重的錯誤，既不知己，也不知彼，實在是可惜之至。

我本來想節錄一部分在本刊發表，供大家討論，但爲了中華民國，我承認我有若干的顧慮，且待金馬風潮過去了再說吧！

從三個假設上推斷中共前途

冷靜齋

中共這一史無前例的殘暴政權，其運命之短暫，似乎是註定了的。除『公算』專家或膚淺的中共研究專家外，一般識者對於中共前途的估計，大致都有同樣的結論。筆者茲就文化，心理，生物三個層次上，做出三個假設語式，試圖推斷中共的前途。

一、任何政治制度凡與文化模式相調和者則久，反之則暫。

任何社會都有若干文化特質，聚此特質而形成一個整體者，文化學者稱之為文化模式（cultural pattern）。這種文化模式一經形成，便具有排拒選汰作用，其韌性是相當大的，而文化愈老，韌性亦愈大。所以兩種文化接觸時，他社會文化凡與本社會文化相調和者便易於吸收，相牴觸者便受排拒。這就是文化的保守性（cultural conservatism）。這種保守性不無阻滯文化進步的弱點，但也有保持文化於不亡的優點。試以太平天國為例，它那種以宗教立國的原則（其實與西方宗教大有出入），不論其動機如何，目標如何，惟究與中國傳統的文化模式不合，故不旋踵而亡。今天中共所行的政治制度以馬列主義為基礎，以俄國暴政為藍本，其所作所為無一不與中國文化牴觸，而且它破壞傳統價值標準及道德規範的程度，既空前而又絕後。

這種外來文化雖一時用暴力強迫人民接受，但因其與中國文化模式格格不入，終必引起嚴重的衝突。所以，我敢斷言中共的政治制度能存在於一時，不能在中國社會生根，而生不了根的政治制度無論如何也無法穩定；既不穩定，故遲早必被中國文化吞沒。本於此，筆者製訂了第一個假設，並根據這個假設，確信中共的壽命不長。

二、任何政治制度凡與心理平衡相調和者則久，反之則暫。

人民的心理平衡與否為一國治亂的關鍵。故現代政治學家凡從心理觀點以探究政治現象或行為者，莫不懸心理平衡為治國的最高準繩。因為人類社會建於分工合作的基礎，其錯綜複雜的關係，非蜂蟻社會可比，但這種基礎必須通過社會各階層的心理平衡才能趨於穩固。中國歷史上每當治世（如文景及貞觀之治），朝野之間，君臣之間，一片祥和之氣，都多少表現着心理平衡狀態，但一到亂世（如五胡十六國及五代十國之亂），人心便顯出高度的偏頗來。今天中共以無產階級專政為號召（其實這是幌子，骨子裡是共產黨人專政），其目的無非掩護一個新興階級實行其恐怖統治而已。這種統治的結果使人民陷於焦慮、恐懼、絕望、悲觀之中，心理上呈現出極度的 upset，一旦遇到發洩的機會（如災荒戰爭等），老百姓潛意識裏的不安情緒便有突然總爆發的可能。到那個時候，任何政治制度的武裝力量都難壓服人民的憤怒。因此，我的第二個假設便建於這項心理因素上面，並據以斷定中共制度能暫而不能久。

三、任何政治制度凡與人類求生原則相調和者則久，反之則暫。

我們知道孟子說過『食色性也』，又有所謂『民以食為天』的古訓，衡以現代語意，都在說明食的目的在求生，而求生為人類的本能或慾望。因為人雖是高級動物，但其需要營養質料以維持生理機能，則與其他生物無殊。故就生物學言，求生為人類最基本最低級的慾望，必須予以充分的滿足；否則他將發揮為求生而鬥爭的本能。故使人民求生有路，謀食無憂，才是一種理想的政治。中國古代政治哲學上的『足食』原則，現代政治哲學上的『生活權利』，都是這個道理。一切政治制度順此道而行者，便能長治久安；反此道而行者，便難免於崩潰。中國歷代王朝因人民求生無路而引起叛亂並失去政權者，不勝枚舉。今天中共一切作為雖不能說它採的是飢民政策，但許多可靠的資料指出大陸百分之八十以上的國人都在飢餓綫上掙扎，卻是鐵一般的事實。足食之後，民乃有信，餓着肚子信任政府，恐怕只有聖賢才能做得到的。孫卿子云：『人生有慾，慾則求，求則爭，爭則亂，亂則窮。』從這個原則上看，亦可知道中共使人民吃不飽的作法，不久必出大亂子。固然，中共可以美麗的國家遠景來麻醉飢民，但遠水究不能救近火，飢民終必起來反抗，似屬毫無疑問。因此，我根據第三個假設，斷定中共必在短期內瓦解。

以上三種假設雖不能如自然科學假設之堅實（solid），但也不能說沒有文化學，心理學，與生物學的根據，故它們的驗證性是相當高的。同時，這並非『大胆假設』，乃是根據共見共聞的事實為『小心』的推理。是歸納也是演繹。即使粗率有餘，精密不足，但以之窺測中共前途，似不無裨補。

宗教與政治

周祥光

一

宗教與政治為人類歷史上的兩個軸心，換言之，人類所有體力與心智上的活動，無不循此兩個軸心轉動。惟宗教與政治兩者皆無定型，而常起變化。蓋任何時代，人類無不各自信仰其所歸依的宗教，每一宗教又分若干宗派，各宗派又有其自己的歷史。如佛教有大乘小乘之別，在大乘佛教又分為瑜珈中觀各派是也。世界上各宗教亦往往自行走上「生」「住」「滅」的途程上，例如當年與佛教同時盛行於北印度的阿耆毘伽Ajīvika宗教，今已消滅，成為歷史上的名詞與陳跡，而佛教本身雖誕生於印度，卻盛行於中國、日本、暹緬等地，印度本土的佛教徒，目前不到一百萬人耳。所以我們無法將宗教依照科學方法，入於某種類型，永恆不變，同時，我們信仰宗教之人，亦不一定要遵守一種固定的修行理則，如淨土宗仗他力修持，又禪宗依自力修持，若耶教之士求上帝生天等便是。總之，不論自力也好，依他力也好，殊途同歸，當無疑問。

二

我們對宗教想作一種評價，未免輕率；可是我們依理去解釋宗教，似屬必要。例如所有各宗教之共同性是什麼？有否某種普遍的屬性將各宗教聯串起來？惟各宗教間有其基本相異之處。例如早期佛教對於宇宙主宰與靈魂問題，默然不作表示。回教對於上帝是認為獨一無雙的，其代神發言的穆罕默德，是上帝的浸透者。耶教是篤信聖父聖子及聖靈為一上帝，是以本體上三者為一上帝而個性上為三身。佛教信人之作業，為生死輪迴之因，如證涅般，才了生死。回教認為人類為阿拉所造，亦係彼之僕役，能否進入天堂，由阿拉A-llah選定。耶教以為人能信基督，則其原來罪惡或可洗雪是也。其他不同之點尚多，恕畧。

三

除上列外，我們可以從宗教之形態與涵容而瞭解各教的共同性。每一宗教均有其內涵與外延兩方面，前者為個人所得而不可言說之精神經驗，此基於我人之心（非肉心）運用而來。當代心理學家詹姆斯設法瞭解之。雖然，精神經驗之性質可勉強分門別類之，惟各人之精神經驗隨時隨地不同，如信耶教之人，嘗見到聖母顯現，佛教徒往往於定中，到兜率天謁彌勒佛祖，（虛雲法師自言有此經驗），道教徒則與呂祖師論道。由於此種精神經驗之不同，修持時期之短暫久恆關係，使若干人變為超人，與仙佛同位。此外，環繞着此種精神經驗之結果，乃產生宗教上的許多禮儀與教理，佛教名相之繁，使人不易入門，我還記得昔年隨龔云白禪師習「百法名門論」一書，即化去三個月時光，不若耶教聖經簡單明白，故今日社會上的一班人，入耶教者多，佛教者鮮，此豈下里巴人與陽春白雪之不同故耶？佛教與耶教重修持與倫理，而婆羅門與回教則包括政治經濟社會與夫法律等思想在內。外延者乃宗教所涉及倫理道德等是。

四

宗教與政治兩者，無不要人忠心歸順服從。因要求人們之歸順與服從，故宗教與政治成為人類歷史衝激矛盾之泉源。人類文明愈進步，國家之權力亦隨之而增，若宗教與政治不分之時，則國家必操有無限制之權力，證之歷史，屢見不鮮也。

在人類歷史早期之時，最高祭師與一國帝王為同一之人，同時，為帝王者亦常被人視為一種神的人格化。我國古代稱帝王為天子，大概亦是這個意思。所以，一般人認為帝王是具有不可思議的神力。中世紀時，丹麥之農人嘗携穀米而婦人携子去謁見丹王，他們認為只要國王舉手相招，即可獲得天賜福樂。又若查理斯二世以手摸千萬人之頭頂，云可治愈瘰癧之病。因此，帝王之具有神力，普遍各地。古羅馬帝國嘗以帝王與周彼德Jupiter天神，乃同體者。回教徒以彼等之帝王乃阿拉Allah上帝之身影。阿克巴大帝Akbar會言：「人之向望宮廷，乃向上帝呼叫的一種方法」。即今日西藏達賴喇嘛被西藏人民認為佛之化身。

惟一國之元首並非一定是宗教之主。印度教之法論Dharma Sastra會規定臣民帝王之職責，以及彼等所共同遵守之法例。回教之可蘭經上，亦曾規定每一回教徒之職責所在。當耶教傳入歐洲後，羅馬天主教會即成為歐洲耶教徒之首領，甚至有權監督帝王。所以，在此耶教、回教及印度教文化影響之國家中，無不遇到國家與教會，或政治與宗教關係不安之苦境。

當第十三世紀時，羅馬教皇會自稱為世上之最高權力者。尤其在羅馬教皇逢尼非斯八世（一二九四—一三〇三）之時，自行宣佈為全世界所有教會之主。神聖羅馬帝國皇帝以英法各國元首，皆被視為教皇之從屬，其唯一職責乃遵守聖父之訓令耳。

然當日之歐洲社會係自混亂之封建體制，而組成為強有力之中央政府，且此一中央政府，由中等階級所擁護。因此，政府之執政者與中等階級人民，均感覺到教皇之干涉政治，使帝王之權力降低，臣民之效忠減弱，以，財富浪費於教會方面。所以，馬丁路德Martin Luther之改革羅馬教而創立新教，即所以直接反擊天主教對於宗教與政治之舊觀念也。嗣後在法國因宗教與政治關係所發生之內戰，達三十年之久。在英倫方面乃有天主教徒與耶教徒互相殘殺之事件。這種種教訓中，使當時歐人感覺到，如宗教與政治不分，為國家亂源之一。所以自七世紀中葉以來，宗教開始與政治分離，同時，政府對於各宗各教之相忍並存，為國家基本之政策。現在歐洲及回教國家亦在憲法上規定，人民有信教之自由。不過有些國家仍未絕對放下宗教，如敘利亞之憲法規定，該國總統必須信仰回教，英國之皇帝必須屬於英國教會。所以，宗教與政治分離，對於國家與教會，均有益處。

五

宗教之目的，使我人與宇宙和協，物我同登壽域，所以，宗教的律儀與教理，是永恆的，絕對的，是超出世事的矛盾的。政治是管理衆人之事，其境界並不如宗教之高尚與深湛。所以，耶穌說得好：「凱撒之事由凱撒管，上帝之事我來管」！眞是一句名言，應永記在心。

近來南洋台灣以及香港各地佛教徒紛紛討論「佛教與政治」問題，有些主張佛教徒要參政，有些主張佛教徒應一心修持，不過依我管見所及，佛教徒要參政，惟此一「政」字，係指制定國家政策而言，並非參加行政事務。可是，政府則不應干涉宗教，政府更不應將宗教產業，據為已有，如台灣省政府或若干中央機關將佛廟佔有，作為辦公之用，殊不應該，宜即刻歸還佛廟，而政府不敢佔據耶穌教堂，至此亦使人費解者。中共在大陸之下毀滅宗教矣。我為佛教徒，此刻提出宗教與政治問題時，我亦仿效耶穌的話：「國家行政事務，你們執政黨與政府公務人員去管，佛教之事，我們釋迦牟尼佛教徒來管」！

民國四十七年九月九日寄自印度阿拉哈巴大學

困守孤立據點的戰略還可用嗎？

今微

對日抗戰勝利後，中共獲得蘇聯的大量軍援，軍力由弱轉強。政府對付共軍的戰略，即採取固守據點主義，從未考慮把各個據點的軍力集中起來，靈活運用，尋找共軍的主力而予以殲滅。到了後來，許多據點都因為對外交通被中共截斷而陷於孤立無援的危局。政府既無力量確保補給綫，又不准守軍突圍而出。反而仍責其堅守下去。彈藥和給養全靠空投。不但費用浩大，財力不能長久支持；而且中共的包圍圈越來越小，空投也成了問題。在如此的情形之下，守軍只有兩條路可走，一是戰死，二是投降。但無論走那一條路，其所守的據點都無法保全了。這就是長春、錦州、濟南、兗州、襄陽以及其他很多大小據點喪失的原因。政府的五百萬大軍也就是這樣的被中共各個擊破了。

今日政府困處台灣，對於金門、馬祖的防衛，似乎仍採取過去的困守據點戰略。金門已被封鎖，政府既不轟炸大陸，摧毀金門對岸的共軍機塲和炮位，以解除金門的威脅；也不衝破中共的封鎖，以確保台灣海上的交通。雖然這幾天來，政府尚能於萬難中，設法給予金門守軍一些補給。可是，長此下去，守軍整日整夜捲伏於戰壕內，忍受中共的轟擊，而永無減敵制勝的希望，民心士氣，自會受影響的。為今之計，政府唯有轟炸大陸，並乘機反攻，目前中共大陸人民怨聲沸騰，政府如能派遣一二十萬軍隊返回大陸，採取避實擊虛的游擊戰略，分股流竄，互為呼應，想容易獲得人民的響應，而且漸壯大起來，這才是反攻復國的急切之圖啊！

本刊已經香港政府登記
每逢星期五出版
聯合評論 週刊
United Voice Weekly
第八號
督印人：黃宇人
總編輯：左仲平
社址：九龍金馬倫道三十八號三樓
電話：六一四一三(61413)
承印：田風印刷廠
香港高士打道二二一號
售價：每份零售港幣一毫
總代理：友聯書報發行公司

中國何以不曾有像樣的反對黨出現？

左舜生

一

在中共炮擊金馬已歷五星期以上，國民黨正在目不傍瞬以應付這一瘋狂强敵的時候，我忽然提出這樣一個問題來討論，豈不是有一點不合時宜？

但我們必須知道：凡一嚴重事態的發生及其演變，必有其深遠的根原，換言之，我們必從此一事態追溯其歷史的演進之跡，始能對於當前嚴重局勢得到一個較爲深切的理解，同時也才能求得一個打破難關的切實方案。如果只看眼前，忽視了一切過去，這好比病源不知，便亂開脉案，其不能收得藥到病除的實效，殆可前知。

我們試進一步加以思索：今天屏居在大陸以外的中國人民，至少也還有兩千三四百萬，可是臨到國家民族的存亡絕續之交，我們却只看見絕少一部分的國民黨員在那裏獨力苦撐，甚至金馬的安危之機，僅僅掌握在一二領導者的手上，此外想找出第二第三的集團力量予以一臂之助，也絕無可能，這豈不是近三十五年以來這段歷史事實所造成的自然結果？

二

當民國十二年的八月，鮑羅廷已到達廣州，中山先生有一封關於組織革命委員會的信給蔣先生，這裡面說：

『革命委員會即先成立，可以應付種種非常事項，惟漢民與精衛可以不必加入。蓋今日革命非學蘇俄不可，然漢民若無此信心，自可不參加，勉强從事，……雙方皆失作用。……精衛原非蘇俄式之革命者，不參加亦無妨。我輩今後革命如不效法蘇俄，斷無成功之望。漢民與精衛，皆不能以全副心情，服膺此義。……』

從這幾句簡單的話裡面，我們可看出中山先生當日對於聯俄容共的大計，確實抱有極大的決心。同年的十二月，蔣先生自莫斯科回到中國，他曾就考察所得，向中山以書面以口頭提出他個人的疑慮，可是中山的決策已定，無可動搖，而且十三年黃埔建軍的這一艱鉅責任，也仍然落到了蔣先生的頭上。

三

自民國紀元前十八年中山開始創建興中會，以迄辛亥革命的實現；更從民元以迄民十三年國民黨的改組；中國從來沒有過所謂『黨軍』，有之即自黃埔建軍始，這自然是『效法蘇俄』的一個自然結果。國民黨因建立『黨軍』而收到了打倒軍閥與統一全國的效果，是事實。自十三年以迄今日，國民黨從來沒有放棄對於軍隊的黨化，也是事實；自從有了這樣一個擁有『黨軍』的執政黨的事實存在，任何一個在野黨或反對黨所能採取的態度便不出兩途：其一是一樣來建立『黨軍』，或不願一樣來建立『黨軍』，便惟有自甘沒落，永遠不作取得政權之想，名義上儘管好像存在，但實際却不能有絲毫的作用，其歸宿自然只有日就消滅之一途。其一則毫不客氣也自行建軍，等到實力一經充沛，或得着一個特殊機會，可以運用，即起而向執政黨以武力作政權的奪取。

我們今天站在人民的立場，與其他反共的人們也一樣的反對中國共產黨，但我們反對的理由，乃是反對他們毀滅中華民國，反對他們屠殺人民，奴役人民，反對他們勾結外力；至於他們自建『紅軍』去向擁有『黨軍』的國民黨問鼎之輕重，我們却找不出適當的反對理由，而只能認爲是勢逼處此的當然結果。在今天像法國或日本這類國家的共產黨，他們所具有影響政治的力量雖或大或小，但他們自身沒有建立『紅軍』則係事實。可是法國或日本的任何一個執政黨也一樣不會擁有『黨軍』，因而法、日這類國家共產黨的存在與活動，仍有其意義，只要他們的主張一旦得到多數選民的贊成，或有一個特殊機會可以給他們運用，他們也一樣可以和平方式取得政權。所以在一切確實建有民主制度的國家，即有或大或小的共產黨存在，也並不足以構成大患。像過去在大陸乃至今天在台灣的民社黨與青年黨，他們除掉由擁有『黨軍』的執政黨的恩惠配給幾名立法委員或一兩名政務委員以資點綴以外，乃永無以和平方式取得政權以實現其主張的可能，與其號稱存在，實際乃不如自動取銷要痛快得多。這種道理實在是顯而易見，可是今天若干熱心組黨的人們，似乎都沒有注意及此，這是很可怪的。

更澈底的一點說，『黨軍』與民主制度是無可並存的。只要一個國家以內有了所謂『黨軍』存在，政權便只能隨武力爲轉移；如果有兩個以上的黨一樣都擁有武力，其勢不造成相互或循環的所謂革命，便惟有招致國家的分裂。

四

當抗日戰爭的後期，我們留在重慶而熱心追求民主的若干朋友，眼見當時『國家至上，民族至上』的標語雖遍貼通衢，但國民黨却依然沒有放棄軍隊的黨化，而『忠黨愛國』與『擁護領袖』的口號，似乎也叫得更爲響亮。同時中共又正處心積慮在那裡擴建『紅軍』，廣佔地盤，而兩黨的齟齬也更日趨尖銳。我們知道大禍快要臨頭，於是尋常總有三五個或七八個朋友在私室中經常考慮。積之既久，乃自自然然不約而同的產生了兩句口號，是即所謂『軍隊國家化，政治民主化』是也。把這兩句口號寫成整齊的文字是出於何人的手筆，我們現在已不能確指；不過自從有了這兩句口號以後，我們這般篤信民主的人，乃常常把它存在心頭，掛在口頭，寫在筆底，惟有國民黨與共產黨乃對這十個字絕口不提，甚至聽到我們說出這兩句話的時候，還表示出一種厭惡或漠視的神氣，這可看出我們這十個字確實是針對國共兩黨而發，而我們也誠有見於廢止軍隊的黨化，乃爲建立民主政治的前提，否則希望在這個國家以內能有兩黨以上和平共存，而又能以其主張訴諸國民的選擇，做到以和平方式交替的執掌政權，必永遠沒有實現的一天！

五

後來一個更好的機會來了，國民黨準備實行憲政，發願製定憲法，於是我們乃截取這兩句口號的前一句，製成兩條具體的條文，現行中華民國憲法的第一百三十八條說：

『全國海陸空軍，須超出個人，地域及黨派關係以外，效忠國家，愛護人民。』

又第一百三十九條說：

『任何黨派及個人不得以武裝力量爲政爭的工具。』

其時的中共正準備以武裝力量發動政爭，這部憲法不爲他們所接受，同時對國民大會又決心加以破壞，自屬意料之中；可是後來國民黨畢竟召集了製憲的國民大會，而這部憲法經過審慎的討論，且已爲執政的國民黨敬謹承受，可是行憲已近十年，國民黨却依然我行我素。他們現在在軍隊中照舊設立各級黨部，向軍人灌輸一黨的黨義，而且特別强調個人崇拜。我個人所以對國民黨不能諒解，這件事算是最具體的一端。

我現在所以在這裡詳述這一事實的經過，意在供一般熱心建黨的朋友們參考，假定你們不能促成『黨軍』制的廢止，即令你們建黨有成，其結果依然要歸於失敗；整個民主制度既決不會在中國實現，而一個有力的反共政治號召，也終於無法形成。

× ×

救助流亡學生不可再拖

胡越

自從逃亡港澳的大陸學生一二六人發表了「我們的呼聲」的宣言，已經快一個半月了。這一個宣言表現了大陸知識青年背棄中共的動向，開啓了中國歷史的曙光，而且正在中共對海外滲透攻勢的高潮時發表，它深具有深遠重大的意義。因此它被所有的自由報刊所重視，不但爭先刊載並且著論呼籲有關當局快快施以援手。

在一二六人的宣言發表之前，流亡在港澳的大陸學生的呼聲已不斷的見之於若干報刊，可是有責救助他們的機構一直閉着眼睛不理不睬，有些流亡學生去請求救濟，多被冷言冷語搪塞出來；一直到一二六人的宣言發表之後，他們才感到不能不管了。可是直到今天仍是口惠而實不至，迫急待救的同學實在無法再等了。

當然我們也可以料想到，救助流亡學生是一項複雜艱鉅的工作。有如學籍的審核，經濟環境的調查，輔導入學的安排，防制中共職業學生的滲入等等，都是很繁難的事情。但是我們應該分別緩急、權衡輕重積極加以處理，表現出愛護子弟的熱誠，不能老牛慢車的拖延。至少應該顧慮到下列三點：

（一）在輔導入學的安排之前，對於已經確定其爲流亡學生，在海外沒有親友接濟的同學，應即開始發放救濟金，解除其飢困，安定其生活。據知輔導入學的問題，牽涉很複雜，可能還要拖延相當時間，如果等到入學問題解決再開始救濟，任使無依無靠的同學繼續吃這一頓望那一頓的流亡生活，實是毫無道理的。

（二）對於已經在學或已經考進學校的同學，應即按月發放助學金，維持他們得以繼續求學。據作者所知，有若干同學已在某些學校讀了一學年或一學期，可是因爲欠交學費被學校當局拒絕註册，致被迫停學，因而非常焦燥不安。對這些同學應該即刻施助，不能讓他浪費寶貴光陰。

（三）對於若干患病的同學，應施以緊急救助。最好指定一間診療所專門負責替流亡同學施診。

以上三件事都是迫不及待，不能再拖的事情。而這一期間中共在港的特務人員，正千方百計的向流亡學生、尤其是參加簽名宣言的學生進行脅迫和利誘的滲透工作。（一）他們勸誘流亡學生回大陸去，表示既往不咎，並且表示歡迎，並保證送往蘇聯留學；（二）發動大陸的同學和親友來信勸誘他們回大陸；（三）利誘他們替中共當職業學生，從事教育滲透工作，或資給鉅欵，或按月發給津貼，或介紹在土產公司做掛名職員；（四）脅迫他們爲中共驅使，大陸家屬被捕者有之，被恫嚇暗殺者有之。

在上述脅迫利誘之下，據知雖然都遭受同學們的嚴詞拒絕，好幾位同學爲了躲避共特的糾纏已經搬了幾次住處；可是時間再拖長下去，情況的發展就非常可慮了。假如因爲久等救助而失望，而墜入中共的毒網那不但毀了青年，並且貽患無窮，到那時候就悔之不及了。

流亡學生的救助工作所以不能迅速進行，據我們所知經費不足仍是一個主要問題。據中國文化協會、難民救濟總會及孫氏基金會三個團體所發表的資料，目前已籌到每月一萬元的救濟費。蓋人皆知這三個機構都是與台灣有關係的，這每月一萬元的經費顯是政府撥出來的。但是僅以一萬元經費能救助多少同學呢？以每人一百五十元計（食宿學費皆在內）只能救助七十五人。而據經辦流亡學生登記的機構發表，目前登記人數已有五百人。如此的話，區區一萬元實是杯水車薪了。如果經費不增加而要擴大救濟人數，那就必須縮減救濟金額。上周教育部長梅貽琦氏在立法院答覆立委質詢時，曾透露，流亡學生的救濟金是每月五十元港幣，恐怕就是不加經費而擴大救濟的苦肉計。每人五十元，一萬元亦僅可救濟二百人，這顯然是不夠的。而實際上每人每月五十元港幣，除非另有收入和接濟，是絕不足維持一個人的生活及學用的。據此情形以言，政府必須增撥經費乃勢所必行的。但是直到如今還未聞有增撥經費的消息，以致全部的救助工作，不得不陷於拖延狀態。

目前金馬前線如此緊張，我們不願在這個時候對政府加以責難，但是救濟流亡學生工作已到不能再拖的關頭，爲流亡學生的前途，爲救助工作，爲海外反共陣容的聲勢，甚至爲政府的反共威信，我們都不能不做緊急的呼籲了。

今天的反共戰爭絕非單純的軍事戰爭，而實際且是以政治爲主的戰爭，這是人所共知的。而今天在海外尤其是在港澳的政治戰，其緊張慘烈實不下於金門前綫；據我們所知，今天政府不惜一切代價堅守金馬，也爲的是政治聲望，並非爲了軍略價值。既然如此那麼就必須在海外的政治戰綫上爭取勝利；而這次救助流亡學生工作，實是政治戰勝敗的一大關鍵。須知這些同學，捨死亡生逃出大陸，對中共是一極慘重的打擊，對於自由中國是一極大的振奮；其重要性可以與韓戰兩萬共軍投奔自由相媲美，而且重大的政治利益不談，這些追求自由同學，政府百分之百有責任救助他們，況且救助他們所需經費並不多，只要把反共青年救國團的經費撥過一小部分來就足夠了。我們知道反共救國團所辦的各種刊物就有一百多種；爲甚麼有錢賠在那些無人看的刊物，而沒有錢救助缺衣乏食失學流落的反共青年呢？這是我們局外人百思不得其解的。

我們重複一句，救助流亡學生不可再拖了。希望本港有關的救助機構，即速向當局陳明利害，盡速增撥經費，不要再使同學們焦切失望，不要再使海外同胞失望。

存在決定意識，抑意識決定存在？

應宜

「存在決定意識」是馬克思唯物主義認識論應用到社會發展上的最高原則，而後來的共產黨徒們也奉為金科玉律。馬克思在他的政治經濟學批判的序言中說「生產諸關係之總體，形成了社會的經濟結構，它的實在的基礎；在它上面高築着法律的和政治的上層建築，各種的社會意識形態，亦適應着它物質生活的生產方式，決定着一般社會的政治的和精神的生活過程不是人們的意識決定他們的存在，相反的，是社會的存在決定他們的意識。經濟基礎一發生變化，建立在基礎上的全部巨大的上層建築，也就或快或慢的改變起來了。」從上面這一段話裡，我們可以看出馬克思實在不愧為一個不折不扣的唯物論者，他是如何的強調存在決定意識，如何的貶抑意識的作用。照他的意思，經濟基礎可以自動的變化，不需要任何人類的意識行動來推動。這是何等地貶抑人的價值！現在讓我們以理智和經驗的尺度來衡量和證明馬克思的謬誤。

馬克思承認社會經濟基礎的變化係以生產力的發展為轉移，生產力的發展又以機器的進步為條件，不過他把機器進步，生產力發展以至於生產關係之改變機械地刻板地看為一種因果關係本身自動的變化，毫無半點人為的關係在內，反而美其名曰社會發展的客觀規律，試問機器的發明及進步是否是人類智慧活動的結果？生產力的發展是否是人類採用及運用機器的結果？如果沒有人類發明和運用機器，生產力自己怎樣會發展，生產關係又如何會自動的改變？總之，這一切都是因人而成，無人類智慧及意識的活動，一切機器，生產力，生產關係都必然的是死的，都必然的無法進步，無法發展，無法變化。舉凡機器，生產力，生產關係無不因人而進步，而發展，而變化，離開了人一切都將毫無意義。從上面的分析我們可以看到究竟是存在決定意識，還是意識決定存在。我們也可以清楚的看出人類意識活動在社會發展過程中所起的巨大的決定性作用。

人類發明和運用機器的結果，提高了生產力，很明顯這是意識決定了存在；由於生產力發展的結果，人們意識到舊的生產關係不再適合現實的需要，這是存在影響了意識（不是決定了意識）；為着適應新的生產力的發展，人們逐漸的緩和的改變了舊有的生產關係，於是社會經濟的基礎為之改觀，這又是意識決定了存在。如此循環不已，交互前進，如人之兩腿，鳥之兩翼，這才是所謂客觀的社會發展規律。

追根究底，為什麼馬克思的理論應用到哲學的認識論上尙屬具有部份的正確性，而應用到社會的發展上就不正確了呢？那就是因為他忽畧了社會發展過程中所包涵的人類意識及意志活動所起的主導作用，走入了機械的硬化了的片面理論的牛角尖而無法回轉，只是武斷的對人類的意識活動妄加規範。這就是所以共產黨為什麼把人當作機器，貶低了人的價值及違背了人性的基本原因所在。

如果我們再進一步來討論這個問題，我們不難發現一項奇蹟，那就是相信存在決定意識的共產主義者，却天天在執行着意識決定存在的工作任務，今天中共在大陸的一切鬥爭、清算、洗腦、政治學習以及土改等等的殘暴行為無一不是意識決定存在的極度表現，即其在海外的顚覆滲透工作也無一不是一種意識決定存在的企圖。由此可見共產黨本身之一切表現正是意識決定存在的最好說明。如果說共產黨是掛羊頭賣狗肉，那就名符其實了。這也就是共產黨本身一個永遠不能統一的矛盾，那只有待後來的革命者為之統一。革命本身就是一種意識決定存在的積極行動，不管是共產黨的階級革命或是推翻共產黨的民主革命全是一樣。社會的不合理激發了一般人，尤其是先知先覺者革命意識，以為非改變此種社會形態不足以適應人們的需求，這是存是影響了意識；由革命意識而產生了革命行動，革命行動的結果改變了原有的不合理的社會形態而建立了新的合理的社會形態，這就是意識決定了存在。如果說社會發展有其客觀規律的話，那麼其規律應該是：「存在影響意識，意識決定存在。」

今天共產黨的所做所為已普遍的激起了海內外同胞們的憤怒和不滿，革命的意識業已形成，革命的行動正在醞釀，終有一天革命的洪流會以堅強的革命意識及行動來否定今天共產黨這個不合理的存在，從新依民意建立一個合理的服務性的民主政府這將是必然的趨勢。

中共的「組織軍事化」「行動戰鬥化」

曾明

中共在進行「人民公社」運動中，提出了「家務社會化」、「生活集體化」而毀滅家庭組織，把人民從家庭中分離出來而變為「社會化的個人」。

同時，中共為了要奴役「社會化的個人」的勞動力，把他們當作生產工具。因此，又提出了「組織軍事化」、「行動戰鬥化」作為擴張勞動利用幅度，加強勞動強度，提高勞動生產率的手段。並想將生產上的勞動力隨時可以轉變為軍事上的戰鬥力。同時也可以轉變為工業上的生產力。

因為「人民公社」是一種經濟形態，這種經濟形態能不能穩定，是要看農業生產有沒有發展為前提的。而決定農業生產的要素，是自然條件、勞動力和資金的三個主要問題。自然條件包括土地、土壤、氣候和雨量；這些條件與農業有不可分離的關係，沒有這些條或者這些條件不好，不但談不到發展，而且就不能或者就很難進行農業生產。同時，如氣候和雨量不是人們可以預知或者可以絕對控制的，這就成為農業生產的最大困難。

至於資金，因為農民本身吃飯已經成為嚴重問題，根本沒有力量投資到土地上面。而中共又沒有積累基金和儲備基金的準備，尤其是它們的基本觀念，對於農業不願意化多錢；雖然有一點，也是杯水車薪無濟於事的。

因此，中共要使農業生產發展，避免「人民公社」垮台，只有提高勞動生產率的一途。所以提出「組織軍事化」、「行動戰鬥化」的口號，就是想利用「人民公社」的組織效率，發生更高的奴役效率，便於它自由調動靈活壓榨農民的勞動力，實行以對待工業生產計劃對待農業生產，而滿足它的過分提高勞動強度的不斷生產辦法，達到它所要求的輪作制度。同時，並要加強勞動力與戰鬥力，生產力相互轉變的效用。

（一）「組織軍事化」

自從中共佔據大陸以來，大陸的農民生活不但沒有改善，而且因為中共對農民由「清算鬥爭」、「土改」、「統購統銷」、「三定」、「農業合作化」到正在進行的「人民公社」不斷宰割手段，而日益加深了農民的生活痛苦。尤其農民受不了飢餓恐怖的威脅，於是設法逃進城市去謀食而解決飢餓問題；綜合這種情況是一年比一年來得嚴重，在一九五七年十二月中共會命令幹部在大陸全面通往城市的路上，沿路攔截，不讓農民逃生就食。由於這種情況就產生了農村勞動力大量的外流，對於中共的「國家計劃」來說是一個直接破壞，一方面農村減少勞動力的數量，另一方面增加了城市的負担。中共為了要妨止勞動力的流動性破壞了它的「國家計劃」，因此透過「組織軍事化」把農民陷在組織，牢籠起來，成為終身奴隸。

同時，中共利用「組織軍事化」將農民編成民兵隊，經常進行軍事訓練，並且要他們担負「國家」所分配的任務，實行全國皆兵。其情況：

如：「廣西僮族自治區柳州專區十六個縣在八月下旬實現人民公社化以後，現在又分別組成了工農兵相結合的勞動大軍，實現了全民軍事化。

各縣的勞動大軍由十七歲至四十周歲的男女勞動力組成了營、團、師、公社內也根據作業區和生產隊分別組成連和排。」

再如：「河南遂平縣衛星人民公社民兵生產時都吹哨集合，排隊下地，生產時除帶生產工具外，還攜帶槍枝、靶板、木製手榴彈，休息就進行打靶練習，學習軍事技術。」

由此可知，中共將農民在平時做農業生產的農奴，在戰時又可以做替它打仗的士兵。一方面以軍事紀律嚴格管理的制度擴張農民的勞動強度；另一方面以應盡的社會勞動脅廹農民接受軍事訓練，以作為後備兵源基礎。

並且，中共隨時可以抽調大批農民勞力，作為支援工業需要的工奴。

中共以組織軍事化的組織力量，可以將農民時而為農業勞動力，時而為工業生產力，時而為軍事戰鬥力，相互轉變的擴張勞動力利用幅度而提高勞動強度。

（二）行動戰鬥化

行動戰鬥化是淵源於列寧在一九一九年所提出「共產主義義務星期六」「突擊運動形式」的社會主義「競賽」所造成的「斯坦哈諾夫運動」的「勞動競賽」演變而出來的新口號。

中共為甚麼將「勞動競賽」改變為「行動戰鬥化」呢？就字面上意義說，「勞動競賽」是體力角逐；「行動戰鬥化」的「戰鬥」是生死相搏；其改變用心，可想而知。

中共既沒有技術條件，又沒有可靠的物質基礎。且由於蘇俄幾個五年計劃，資金只有百分之六十，其餘百分之四十，都是提高勞動強度增加生產率而完成的原故；所以，中共以「行動戰鬥化」的口號而提高勞動強度，作為發展農業生產而穩定「人民公社」這種經濟形態的基本手段。因此，中共強廹農民做到「白天趕月亮，黑夜趕太陽」的不斷勞動。以這樣過分的提高勞動強度，使農民體力極度緊張的辦法，來提高每一個農民的生產率。不過，勞動強度的提高，必然使農民體力的迅速損耗，以致於造成殘廢和早亡；這種「過勞致死的手段其結果反而使最主要的社會的生產力的浪費。同時，也是中共間接殺人的一種方法。

總之，人究竟是人，不是牛馬，不是機器；人既沒有牛馬那樣的體力耐勞，也不能像機器那樣的有個長期的轉動不停；有人又不會像牛馬一樣的可以任人鞭策驅使，也不會如機器一樣的可以任人駕駛操縱，因為，人是有思想的。不是思想上所能接收的，人就不會心服的。就是以共產理論「主觀思想服從客觀的事實」來說，客觀存在的嚴重痛苦，必然的引起激烈反抗的主觀思想；挨不下去，會轉而利用組織力量起來打垮中共。

××

台灣開始厲行戰時生活

至於台灣的老百姓向以奉公守法，吃苦耐勞著名，他們很少有人甘於萎靡頹廢，而多數人又不願奢侈浪費的，然則台灣社會風氣之壞由何而來，此間民營報紙的看法與中央日報剛剛相反，認為政府機關多少要負點責任，九月五日此間公論報「厲行戰時生活」的社論，列舉四項與抗戰時期的國民生活相較，認為此地風尚日趨下流，對此極為有關：

（1）國慶祝壽之過分鋪張，不同於抗戰時期；

（2）溜冰團歌舞團之類的娛樂團體不斷來台表演，影響社會風氣。

（3）電影明星和歌星的過分尊榮，使得社會上的觀念大變；

（4）招待盟軍的各種設備如跳舞酒吧之類，國人也多同樣享受，與抗戰時期有差。

因為這許多原因，造成奢侈、享樂、萎靡頹廢的風氣，是老百姓自甘墮落呢？還是政治上和社會已有意無意之間提倡的呢？九月廿一日此間聯合報對此一問題也有更坦白的指陳：

「說實在，我們試一回想民國三十八九年那種危疑震撼下海天孤憤的社會風氣，和今天這樣昇平安樂，頹廢靡爛的情形相對照，凡是有心人誰不興恍如隔世之感，而這十年隔世的大轉變之形成，由於客觀環境變的成份少，由於主觀觀念變的成份多，因為論客觀環境，非但神州未復，國仇未報，而且俄共耽視，從未放棄過進犯金馬台灣的念頭，其危疑震撼的本質，可說一如民國三十八九年，其近一步即無死所的處境，亦許更甚於民國三十八九年，但是由於這幾年台灣海峽的戰事沉寂，台灣本島的經濟小康，抗戰剛勝利後那種狂歡作樂觀念，又無形中抬起頭來，摩登化代替了現代化，奢侈浪費代替了克難節約，在發展觀光事業美好名詞之下，講宮室之美，極視聽之娛，豪濶的外國遊客沒有招來，國內消費的享樂，却找到了法令的罅隙，憑添了風行的機會，而逢時逢節，更不惜鋪張，或則四出邀請外人和華僑來台訪問，或則粉裝玉琢以共襄盛典，上有好者，下必有甚焉，如公務人員之出入酒家，實屬小之又小的事了！」

無論從那一份報紙的社論來說，此間十年來社會風氣之變動，崇尚奢侈，頹唐萎靡，是無可否認的事、但是所謂奢侈浪費的人並不是盡人如此，所謂萎靡頹廢的更是少而又少。至少在今天的台灣社會裡要求維持生活，就不能萎靡頹廢，如果生活的最低條件都不能維持，更談不上奢侈浪費了！事實也是如此，在台灣能享受奢侈浪費生活的人少之又少，只是這少數人居於社會領導地位，因此，風尚所趨，不可遏止了！「以一個農業社會的生產水準，却儘想享受人家工業社會的生產水準，」（聯合報社論語）在此時此地，已經極不太合適，而況於此以外，還要歌樓舞榭，極視聽之娛？眼看着大吃大喝的是那批人，進入歌場舞場的還是那些人，捧明星戲子的也還是那批人，有幾個公務員能夠出入酒家的？那些人裏面可能有少數公務員，那是少之又少的了！

不要大炮一停又忘其所以

陳誠行政院長在立法院第一次報告施政談到如何切實實行戰時生活，有兩點主張為此間輿論界所重視：其一是應從軍公教人員做起，其二是因此而減少財稅收入不要緊，改善社會風氣要緊。近七八年來一般軍公教人員清苦，已為有目共睹的事實，只有少數特權份子在窮奢極慾，所以今天談戰時生活應該從那批特權份子做起，傳聞今天雙十節已經決定停止以後一年一度的大規模閱兵，（合衆社電見九月廿四日聯合報）這是政府當局實行戰時生活的第一聲，其原因迫於金門戰事者少，而俯順輿情者多，（此間民族晚報九月廿三日的社論即有此呼籲）希望以後不致再「以一個百劫餘生的破殘國家，却偏要裝出雍容華貴的漂亮相。」（聯合報社評語）大家實事求是，眞正在臥薪嘗膽，來渡過這一段艱危的復國路程，不要大炮一停，又忘其所以了！

讀者投書

我對八年來海外民主自由運動的看法

張舉

八年來海外的民主自由運動，是中國整個民主自由運動的一部分。不過，這一部分是比較特殊的。何以故？因為中國以前的民主自由運動大抵都是在中國大陸進行的，只有這八年，大陸上固然也到處有着反共抗暴的民主自由運動，但那是地下性的，台灣雖然也有民主自由運動，但那是在壓制下，不能完全公開進行的，只有海外的這一部分，雖然，環境上的顧慮也很大，但畢竟還比較自由，同時，也正因為大陸的民主自由運動和台灣的民主自由運動所遭遇的環境都很艱難，所以，海外民主自由運動便命定的，不可推諉的應該多負一些責任，也不可避免的被大家寄與厚望。

最近，我在九月二十六日出版的第七期「聯合評論」上，很高興的讀到應宜先生一篇「談八年來海外的民主自由運動」的大文。我和「聯合評論」的編者一樣，是不能完全同意應宜先生的某些觀點的，但我也只和編者，對應宜先生的觀點抱有不同意見而已，另一方面，我和編者的意見又未必相同。但由於「聯合評論」基本上顯示了民主自由的言論風範，不但平時在鼓吹民主自由，而且身體力行的把不同意見刊登了出來，並且又歡迎讀者來共同討論，所以，我這樣一個讀者便毅然來對此問題發揮一點意見，我希望「聯合評論」也把我這點意見登出來。「他山之石，可以攻玉」，假如因為應宜先生和我的這種拋磚引玉，從而在「聯合評論」展開一場有關民主自由的討論，我覺得那將是最好不過的事。想來聯合評論的編輯先生們一定也會同意吧！

對於應宜先生的觀點我雖不盡同意，但我首先對應宜先生要表示敬意，因為他對民主自由運動，不但有如聯合評論編者所說：「語重心長，對近年來在海外作民主自由運動的人士，責備頗為嚴厲」，而且，他還充份的顯露了他對民主自由運動的眞切感情，這是我特別要致敬意的。至於意見的不同，觀點的各異，我覺得這並無傷於應宜先生，也正如應宜先生的意見與我或聯合評論的編者在意見上有所不同，也並無傷於我或聯合評論的編者是一樣。況且，是非愈辯愈明，究竟誰對誰不對？也只有經過辯論質難之後才能明白，而這種辯論質難又正是民主自由的起碼條件，又正是民主自由的起碼要求，所以，我以為我和任何眞正愛好民主自由的人都有責任而且都有義務起來從事這種起碼的辯論，因為這種辯論在本質上便是民主自由的一種眞正實踐。只有假民主的人才反對這種實踐，只有那些主張階級專政或一黨專政的極權主義者才仇恨這種實踐。事實上，我相信中華民國的民主自由運動也只有在每一個人關心民主自由運動每一個人都來參加這種實踐，像「四月薔薇處處開」一樣，民主自由之花才眞能一朵一朵的開遍大地。

此外，我對聯合評論許多執事先生熱愛民主堅持自由的言論態度，以及聯合評論許多作者在字裡行間所流露的民主自由心情，我也要表示敬意，至於我對民主自由運動的基本主張，我是完全贊成聯合評論第一期胡越先生「把三個運動聯結起來」那一主張的。但如何才能把三個運動聯結起來呢？那就還要希望胡越先生在可能範圍內多所闡揚。

對於應宜先生，他說「八年來海內外多少熱血青年在渴望着民主自由運動嫩芽的成長，然而却一直使人失望」，這一點，我有同感。因為中國必須民主化，這是天經地義的。

在今天這種國破家亡的時候，海外民主自由運動應該特別有表現，這也是毫無問題的，然而無情的事實却告訴我們：海外民主自由運動在這悠悠的八年，却無特別成果，這怎不令人失望！

當然，失望並不是辦法，我們應當在嚴格檢討之餘，更積極的去幹才對。對於海外八年來的民主自由運動，應宜先生認為一、缺少一個孚衆望的英明果斷的領袖；二、缺乏一個堅强有力的組織；三、缺乏一個正確有力的統一的理論體系。對於這三點，我與應宜先生看法頗有不同。一、我認為任何運動誠不可缺少領導人，但就任何一種極權組織來與民主自由運動作比較，則領袖的重要性在民主自由運動中却比在極權組織中為低。因為民主自由運動所依靠的是大衆，是每一個自我，是每一個應宜先生和每一個我，而不僅僅是一個領袖，更不是只有一個什麼「英明果斷」的領袖就行。除了領袖之外，必須還要每一個人。二、缺乏一個强有力的組織是眞的。但怎樣才算强有力的組織呢？這又是一個問題，用極權仿共的辦法來反共，是可以的嗎？這也是一個問題，如若不能，那末，怎樣才是最好的組織方式呢？這亦是一個問題？三、至於民主自由運動的理論體系，我以為這也似乎是中了時髦毒。多年來，某些黨棍子動輒談什麼理論體系，實則民主自由運動誠然不可缺少基本理論，但却不可凝固為一種教條，更不可把凝固的教條自許自誇為正確的理論體系。我們曉得：在民主政治制度的實踐上，英國和美國都是比較先進的。但英國和美國都並沒有什麼理論體系的。以言號召，應宜先生認為應改為「民主自由實現運動」或「民主自由革命運動」，我以為民主自由與革命是頗有矛盾的。而且軍閥和獨裁者往往假借革命之名掠奪民主，這尤宜警戒。所以我以為正名雖可，用「民主自由革命運動」這一名詞則決不可。

× × ×

大陸逃港學生的控訴：「黨對我的考驗」

李長華

我從進入大陸求
學以後，遭受到了不
知多少次的侮辱與廹
……

一下。
一九五四年，我
因為堅決要回大陸（
……

「愛國主義思想檢查
」中幻滅了。那第一
次檢查，中心是寫一
篇自傳，而最主要的

疑，我的心情又是如
何的痛苦！雖然當時
自傳是被通過了，但
是補校黨支部對我所

進入大陸的我下了這樣的斷語：『該生出身資產階級家庭，社會關係複雜，返國原因不明，應予嚴密監視。』

在補校混了半年，學了些『社會發展

談，在五一年鎮反時，就有不少僑生因此被認為反革命而被捕的，這是多麼可怕的事啊！於是我只好接受辱罵與毫無根據的指責，這些提出來的意見全都記錄起來歸入了我的檔案。

平時的小罵小鬥，到了五五年十二月，反胡風運動剛開始，我就立刻被目為『胡風分子』。過去的老帳全部翻出來了，我被認為『與胡風反黨思想完全一致的』『反革命分子』，當然，經常和我在一起的同學也不能避免這個命運，不過他們的情形怎樣，因為被分別關押的關係，再也沒有見到他們，那兩位印尼歸國僑生，是和我一起在全校師生及郊區農民、市區工人的鬥爭大會被當堂銬上手銬當作反革命分子逮捕的。

我們的罪名是什麼呢？有下列幾項：『組織與黨團對抗的有綱領小集團』，『肅反運動開始後結成攻守同盟堅決抵抗坦白』，『平時在學校中散佈反動言論』：……等等，其中最嚴重的是『組織有綱領的反動小集團』一項。這是根據搜查我們的行李，從我們的日記本中得出的結論。我們在日記中記些什麼，自己也想不清了，可是對現實不滿又不敢說的話當然是有的。在幾次鬥爭會中，我們堅決拒絕無中生有地誣自己為『反革命』，這時，學校黨委三人小組就拿出了廣州補校黨支部對我所下的斷語，向羣衆公佈，肯定我是『壞分子』了。

承認反動

我被捕後，一到派出所手銬就被除下了，但是接着而來的是寫坦白書和疲勞訊問，公安幹部告訴我，現在政府還不當我是犯人，但如果再不坦白，人就要與犯人一樣處理了。我知道，所謂『坦白』就是要廹我承認組織過『反動小集團』，我如果承認了才眞的會變成犯人呢！所以我在坦白書上儘量寫出我平時的『反動罪行』，並且承認同情胡風思想，但是始終沒有自誣組織小集團。

以後，我又被從學校到派出所中拖來拖去地鬥爭，那時候的精神恐怖現在回想起來猶冒冷汗，羣衆要我筆挺地站着，我就不能動一下，羣衆要我除下眼鏡，我只好除下，羣衆要我自己摑自己的頭表示痛改前非，我更不敢不做。總之，那時我完全成了一個羣衆滿足虐待心理（羣衆鬥爭我時表現積極，就可以逃避自身的被鬥）的玩物，我還有什麼尊嚴可言！到這時，再回想起當時不顧一切地要到大陸去和飛奔過羅湖橋的情景，我不禁慘笑。也在這時，我下定了決心：如若不死，我一定要逃出大陸。

廣州補習

在威迫利誘，大鬥小審之下，在公安幹部拿着一大疊紙告訴我那兩位印尼僑生已經『坦白』的威嚇之下，我咬緊牙關不承認，兩個月以後，揚州市公安局將我解回廣州僑生補習學校，事情也沒有作出結論，就這樣糊裡糊塗的算了，我的受折磨的事，據說是『黨對我的考驗』！

在補校又住了一個多月，我要求分發在廣州上學，出乎意料之外的批准了，於是我進入廣州市第十七中學。高中畢業後，當然考不取大學，由區政府介紹當了近一年的小學教員，去年『鳴放』開始，我申請來港，理由是我託了在港的親戚偽造了我母親已到港且又重病的家信，五月七日，我自由了，並且眞正地懂得自由兩字的眞諦了。

原稿空白

公論聯合兩報的社論

馬周

比照工商界支援前綫
動，一致響應，並各
體經濟能力，盡量捐
少各捐獻一日所得，
狀況，另訂捐獻標準
儘速彙送軍友總社統
軍將士及前綫來台傷
心隨時與軍友總社聯
體主動歡迎、慰問，
適時分赴前綫或醫院
員厲行戰時生活，將節
，並先由我全國各級
及職員，倡行五項示範

這一個厲行戰時生活運動，表面上是民衆團體自動自發的行動，實際上還是由官方的「民衆團體活動中心」（屬社會處）和「軍會友總社」（屬國防部）兩個單位在策動，其精義所在則在捐獻勞軍，因為要捐獻就不得不提倡節約，因為節約就牽涉到戰時生活，其實戰時生活豈僅節約一端而已？但却因此引起了厲行戰時生活的一窩蜂運動，此間各報均以「厲行戰時生活」為題，大做文章，中央日報則以若干年來國民生活不合戰時標準，責之於民衆，大有「不知死活只知享受」的意思。

該報這篇社論所責於一般國民者太苛，因為自從政府遷到台灣以來，所有的軍公教人員的生活，維持起碼的條件都不夠，更談不上奢侈浪費，由於物質生活的貧乏，萎靡頹廢容或有之，但係由於政治和社會的環境所造成。

（文轉第二版）

原稿空白

汲古書屋談薈

耘農

通州三生

朱銘盤　張謇　范當世

『光緒十年甲申四月，公隨吳公調防金州，有留別朝鮮士大夫詩。時吳公已病甚，吳公自朝鮮分其軍三營畀慰廷留防，自統三營至奉，不兩月，慰廷自結李相，一切更革，露才揚己，頗有令吳公難堪者，公因與張季直昆季移書切讓之。閏五月二十一日吳公卒於軍，賓客星散。公與張季直邱履平南旋，有金州述別聯句之作。公作祭廬江公文，哀廬江公文及吳武壯公墓誌銘。』

『光緒十一年乙西　公客江蘇督學瑞安黃公漱蘭（體芳）幕。是年朝鮮國王李熙感吳公平亂功，爲建靖武祠於漢城，歲時致祭。祠內有去思碑，金尙鉉撰，金允植，沈履澤書。碑鐫光緒八年隨征將士賓吏題名，首列幕賓優貢江蘇通州張謇，訓導江蘇海門廳周家祿，舉人江蘇泰興縣朱銘盤，第二十一名爲營務處同知河南項城縣袁世凱。

『光緒十二年丙戌是年二月公入京應禮部會試不售，四月與張季直、劉仲魯（若曾）出都，至保定蓮池書院起居張先生廉卿。』

『光緒十四年戊子，公客金州張軍門仲明（光前）軍幕。是年有題肯堂照像寄肯堂詩：「武昌白頭財七品，冀州脫手空三都，君我尺牘互嘲弄，商量便服利走趨。季翁腹飽喜高論，彥叟病懶甘腐儒，餘者羣子各南北，有時一見在道塗，吾黨爲學幾途轍，丈人及我一冶爐，天津對酒電過眼，南蘇望遠月邊湖。古時軾轍說麟鳳，君家罕况眞於菟，安我無楚丘卜臣妾，令人知方朔生龍猪，轉眼老感激想年少，醜成顚胡。」

『光緒十八年壬辰　仍客金州軍幕。公爲張季直作柳西草堂記。昔孝標自儗敬通，謂有三同四異，而公方於季子，則有四同三異云。』

『光緒十九年癸巳　仍客金州軍幕。十月，姬趙氏生子麟之。十一月十八日，公以積勞病瘵，卒於金州軍中。季直祭公文云：「洸洸廬江，風雲干旄，偉余兩人，河球赤力，君氣食牛，何有衆豸，獨余是親，詠陶好喜。余之聰明，實非君匹，意量相資，磋磋切切，分牋寫檄，畫几宵燈，捉舟並轡。抵蹠揄肱。」翌年甲午，中日戰爭將起，旅順地處衝要，姬趙氏携藐孤，抱遺文，扶柩倉皇南歸，張季直爲公經紀喪事，並安其家屬生計。』

記中所述光緒甲申曼君與張季直昆仲，移書切責袁慰廷之原稿，即影印於文集之首，辭鋒咄咄，酣暢淋漓，對袁之個性指摘備至，累三千言，以文長，不具錄。章太炎題朱曼君先生像贊，謂『海陵之彥，唯君溷步，訓辭深厚，翰音飛翥，以彼良材，屈身戎路。寶筆樂浪，治書玄兎。嘉之解嘲，宏之作賦。才固絕人，阨亦難度。君歿韓亡，金遼多故。今遂耗矣，君離其汙。』蓋言其實，非諛美也。

（五）

×　×

戊戌生朝書懷

梁寒操

十載流亡痛。思鄉涙暗吞。赤氛摧白業。黑獄窒黃魂。文物殘餘惜。倫常澈底翻。何年與收拾。撫事悵難言。

金馬風雲急。休須喚奈何。戰從全局看。師貴一心和。不亡求在我。多助事由它。後軫追前轍。重揮反日戈！

近代詩話

狷士

民十三遇鄭太夷於洛陽，太夷極稱江弢叔之詩，爲誦其一律，僅記六句，題似爲聞砧，「隱隱砧敲約臂金，浣衣人去水深深。試看石上何所見，只在村中不可尋。客路有情原浪擲，詩人無賴只偸吟」。風光細膩極矣，其情景絕似東坡「花褪殘紅青杏小」一詞，當墻外行人被墻內佳人笑聲所激動，而欲見無從，遽起遐思，眞如霧失樓屋，月迷津渡。惟伏敔堂詩，久未覓得，至今尙往來余心也。

太夷是日曾以橫幅書其詠懷詩二律見貽云：「寥寥詩卷寄平生，慚愧才人意盡傾。已迫晚年成定論，那堪低唱換浮名。彌天縱有逢辰恨，倒海難爲變徵聲。誰惜英雄袖中手，枉教弄筆掣長鯨。」「絕勝張園二十年，消磨人物作雲烟。繁華事散空餘恨，兒女情移莫問天。詞客有才應賦此，老夫無夢亦凄然。後村穠至清眞麗，爲汝傷懷到酒邊」。

太夷當日年將七十，而談鋒之健，兀傲之氣，猶令四座俱驚，自謂星命家言，七十以後尙有晚遇，曾賦詩誌慨云：「班彪王命論猶新，又過今年甲子春。日者橋邊休縱語，命中終恐是遺民」。太夷往矣，竊以爲人生是非功罪，自有歷史家公正裁判，至於文學作品或有一言一行之善，應皆視爲歷史文化遺產，不當以人廢言也。

頌橘廬叢錄

曾克耑

然吾觀散老之詩，則眞能馭新名詞使範我馳驅而不失其雅者，茲筆全首者二如下。其讀侯官嚴氏所譯社會通詮詩云：『悲哉天化之歷史，蝨於穹宙甯避此，圖騰進入軍國期，三世低昂見表裡，我有聖人傳作尸，功成者退惡可欺，蛇形範影視鑪錘，持向神州呼籲之』。讀侯官嚴氏所譯羣已權界論詩云：『自有天地神，莽莽靈頑界，既久挺人羣，萬治孕變怪，聖哲亦何爲，扶生掖凋瘵，其義彌亭毒，日震聾與瞶，吾國奮三古，綱紀匪狡獪，侵尋狃糟粕，滋覺世議隘，天闕縛制之，視息偸以憊，卓彼穆勒說，傾海挈衆派，砭懦而發蒙，爲我斧天械，又無過物憂，繩矩極顯戒，萌芽新道德，取足持善敗，復也雄於文，百幽竭一曝，揚爲皦日光，吐此大塊噫，玄思控孤詣，餘痛託紹介，挑鐙起摩挲，起死償宿快』斯眞能以舊詩之風格寫新思想者。其敢於用「天化」「歷史」「圖騰」「軍國」「新道德」「紹介」等新詞，但讀之只覺其雅，不覺其礙眼，此則詩人鑪錘鎔鑄之新功絕詣也。此外尙有：『四海學校昌，教育在釐正，創設師範章，捷速日還併，余乃執爵興，種禍豈能更。』『手摘海王星，環顧非我鄉，蹴落黑彈丸，遂拆東西洋。』『今代汽船與，訝亦格沙礫，又議敷鐵軌，橫縱貫閩鄂。』『巍巍孔尼聖，人類信弗叛』，『國民如散沙，披離數千歲，近儒合羣說，嘵嘵強置喙，日責愛國心，反脣笑以鼻，環球懸宗教，始賴繕萬類。』『携取太和魂，佐以萬金藥，日舉國皆兵，日無人不學。』『張氏營實業，農商炫區內，范氏專教育，空拳辦茲事。』『四百兆人原禍始，涙看成海夢成絲』，『人極公例可潛輸，挈取華智開典謨。』『我欲騎鯨戲三島，橫刀獨立向風潮。』『中國少年姚叔子，爲誰費盡短燈檠。』『歐西粈粥滑流匙，餐了逃檐看雨絲。』『捲菸東紙出夷製，竹筒一映適且便。』『世變已成三等國，吾徒猶癖一家言』『萬古奔騰成創局，吾五洲震動欲歸仁。』『忍看雁底憑闌處，隔盡波聲萬帕抬。』『歌泣已開新世界，神仙眞謫小蓬萊。』『昨逢重老話蒙學，爲問朝廷變法無。』『羅馬名師不可攀，至今派別角荊關。』『宏綱鉅目那眚省，限權立憲供挪揄……士民覆幕出至痛，地方自治營前模。』吾人試檢其所用之「學校」「教育」「師範」「種禍」「海王星」「東西洋」「汽船」「鐵軌」「人類」「國民」「合羣」「愛國心」「環球」「宗教」「太和魂」「舉國皆兵」「無人不學」「實業」「四百兆人」「公例」「三島」「獨立」「風潮」「中國少年」「歐西」「捲菸」「三等國」「五洲」「萬帕抬」「新世界」「蒙學」「變法」「羅馬」「限權立憲」「地方自治」皆新名詞也，而因其安排位置得宜，故不覺其爲新名詞而若習用者，斯技巧之妙也。

論艾森豪退信

——亮齋閑話之七

徐亮之

客：艾森豪總統繼九月十三日電視廣播之後，又在二十日那天乾脆把赫魯曉夫總理寫給他的信退回，您對這事有什麼感想？

主：近來香港曾流行「杜魯門不魯，艾森豪不豪」兩句口碑；我認爲現在第二句該改作「艾森豪能豪」了。

客：您也想到這事件的嚴重後果沒有？

主：誰也不會涉想到這事件會有什麼了不得的嚴重後果，包括赫魯曉夫自己在內。

客：您太樂觀！赫魯曉夫信中不是口口聲聲要美國退出台灣，國軍退出金馬的嗎？不是口口聲聲說美國的艦隊到了今天，最妥當的用途，只能放放禮炮，做做火箭炮垛的嗎？我看大戰倒眞已到了「箭在弦上」的呢！

主：樂觀比天眞好。

客：您認爲我這看法天眞？您認爲艾森豪退信竟退得一點沒錯？

主：不但一點沒錯，而且堂堂大雅之至。

客：那末、依您看艾森豪乃豪士而兼雅人的了！

主：就事論事，的確如此；但您却得先聽我講一個中國大畫家倪雲林的故事。當年張士誠的老弟張士信，屢次想方設法要雲林的畫，他老是不答應；腦得士信火起，派人大揍他一頓。他被揍得半死，却始終粒聲唔出。後來有人問他：「爲什麼要這樣？」他回答說：「開口便俗」。就某一角度來看，艾森豪這次對付赫魯曉夫也一樣，一答便俗，退回爲妙；正恰是我們倪高士的風範。

客：那末，赫魯曉夫便會甘捱退信的恥辱，連張士信的能耐都沒，一點也不「火起」？

主：所以我說您天眞。記住！這只是私信，並不是蘇聯政府給美國政府的哀的美敦書。這次事件的本質，只不過是表示：在艾森豪和赫魯曉夫私人之間，曾有過退回私信這麼一回事而已。

客：據您說，赫魯曉夫同志捱了這記耳光之後，便不會對這丟人的事採取什麼步驟的了？

主：唯一可採的步驟只是多飲「伏得佳」兩支；因爲在這一點上他正是我的「同志」；——酒鬼。

本刊已經香港政府登記

聯合評論

週刊

每逢星期五出版

United Voice Weekly

第九號

督印人：黃宇人
總編輯：左仲平
社址：九龍金馬倫道三十八號三樓
電話：六一四一三(61413)
承印：田風印刷廠
香港高士打道二二一號
售價：每份零售港幣一毫
總代理：友聯書報發行公司

今年紀念雙十的主題
——為爭取民主而反共——

左舜生

緬懷無數革命先烈創建中華民國的艱難，每年遇着這個武昌起義的光榮紀念日，總會自自然然引起我們無限的感想：

中華民國四個字是無量純潔的鮮血染成的，決不是一個憑藉外力的中國共產黨可能把它一筆抹煞得了，這是我們的確信。

現在是我們四十七年度的雙十節，回想這四十七年以來，一誤於袁世凱的復古稱帝；再誤於軍閥們的割據稱兵；三誤於日本軍閥的瘋狂侵略；四誤於在國民黨一黨專政之下，孕育出一羣大小新舊的腐化官僚，忽視了中山先生的主義精神與建設理想，致逼得無數活潑有為的青年無路可走而誤入歧途；五誤於蘇俄的甘言誘惑，深入滲透；最後，乃引導出毛澤東這一類的惡魔，屠殺、奴役了無數的人民，而把整個中華民國破壞得如今天的景象！

中山先生創建中華民國的基本理想是『天下為公』，四十七年來的一切一切，都敗壞在一個『私』字！

中山先生最高精神的表現是『博愛』，『博愛』生於『有容』，『容異』實乃民主政治的精髓。

有人說：同盟會時代人少而力量大，推翻滿清二百七十年的皇統，乃如拉朽摧枯；辛亥後國民黨時代人多而力量小，乃不堪袁氏的一擊；因而今天有人主張把國民黨範圍縮小，於是有重新登記的一說。這個話從表面看好像很對，實際乃與事實不合。中山先生在進入革命初期的時候，誠然同志不多，可是除掉他個人的人格感召以外，他還有一個純潔無疵的理想。在當時一般不顧身家性命而參加革命的人，並不是有權可爭，有利可奪，同時也不只是追隨孫中山先生這個人，實際乃是服膺他的理想。今天的反攻復國與解放大陸被奴役的同胞，誠然也是一個偉大的理想，可是這是人心之所同然，並不以國民黨一黨為限，更不以重新登記後的國民黨為限。而在大陸，在海外大多數的人民，其對於實現民主的要求，乃遠過於六十年以前，不為實現民主而反共，僅為反共而反共，這豈只人民與國民黨之間可能發生歧見，即國民黨內也不能不發生歧見，而且黨內的歧見，也決不是一度登記所能解決得了，這確實是國民黨的領導者所值得重加考慮的。

即以辛亥起義一幕而論，所謂人少力大，人多力小的說法也不正確：當日發謀決策，決定在長江中部發動，誠然是同盟會主持的，在武昌臨時發難的也是革命派分子，可是各省響應之快，則以人民之力為多，而立憲派合作的力量也不小，例如湖北的湯化龍，湖南的譚延闓，江蘇的張謇，浙江的湯壽潛，都是立憲派的主要人物，他們不僅領導於地方，而且參加了中山先生的臨時政府。今天中共的力量不弱於滿清，而國民黨的朝氣更未必超過當日的同盟會，不以民主方式放開手來大做，而斤斤於縮小範圍，以歷史的教訓來說，以當前的形勢來說，我是期期以為不可的。

× ×

我對雙十國慶的省察

蕭輝楷

中華民國四十七年的國慶，是被迫逃出大陸的許多中國人在海外及台灣所度的第九個國慶。在這將近十年的流亡歲月中，一度國慶無非一個使大陸土地平添更多瘡痍，使大陸父老兄弟加深更多的苦難的曆誌，這讓我們無法強顏歡笑，無從體會「慶祝」所應具有的滿懷欣悅。但是一年一度，我們仍要慶祝，而且要打疊精神來興高采烈地慶祝，因為對於雙十國慶的慶祝之情，即是目前還顯得微小稀弱的中國自由力量的根苗，而這力量正是光復神州，解救大陸同胞倒懸所主要仰賴的。

「國慶」是對於一個國家權力開始的慶祝。國家權力的具體代表是政府，或者政府的延續存在所顯示的「法統」，但是國家權力的本質並非這些，而是一整套文物制度，一整片造成這些文物制度的，作為整個社會靈魂的文化精神，以及全國民心對於這一文化精神的堅持和對於這套文物制度的擁護。雙十國慶是「光復中華，建立民國」的慶典，我們慶祝雙十國慶，具體地宣示我們承認民國法統所在的國民政府為中國的合法政府，但是更本質地宣示的，是我們對於中華民族數千年大本所在的文化精神的堅持，和對於民初先烈捨生爭取的自由民主這一社會理想的堅持。每一次對於雙十國慶的慶祝，即是我們對於這些堅持的又一次確認與強化；對於深植我們心靈的這些文化精神和社會理想的確認與強化，即是我們對於光復一個國家重建一個國家的力量的增長與壯大。

中共是不足畏的，正如曾為數十萬儒士歌功頌德而且掩有天下甲兵的王莽短命政權之不足畏一樣；待到作為我們國慶本質的文化精神和社會理想在國內外民心中凝聚成型的一天，即是中共坍台，我們能重回大陸慶祝國慶的一天。

× × ×

國慶感言

羅永揚

中華民國的誕生，現在已經有了四十七年，在這時間中，先則有軍閥割據，繼則有一黨訓政，再則有八年抗日戰爭。這其中的功罪是非不在本文討論之列。總算皇天不負苦心人，贏得一個抗日戰爭的空前勝利！因之，一個被外人譏笑為次殖民地都不如的老大中國，在一夜之間洗去百年來奇恥大辱，一躍而入於世界五強之林！若當時執政當局能善用此一勝利果實，外而聯合以平等待我之民族，內而放棄一黨訓政之不良作風。真正還政於民，與民休養生息。憑我國人口之衆，土地之大，物產之豐。敢相信不出十年定能成為一個名符其實的偉大強國。

誰知執政者，計不及此，以言政治則任用私人，使奸妄變倖貪污腐化之徒霸據要津，以致政治無能；以言軍事，則實施排除異己之整編運動，使抗戰八年的有功將士迫得相率「哭靈」。以言經濟，則法幣政策之後，造成金元券，銀元券，又相繼瘋狂貶值。以致社會不安，人心浮動，人民對政府失掉信心！而予共黨以可乘之機，終至造成剿共戰事之一敗塗地！遂將整個大陸淪陷於共黨之手，使革命先烈艱難締造的中華民國暗淡無光，退而據守台灣一隅。正所謂，「人必自侮，然後人侮之。」此言可為執政者寫照也。

迨中華民國現收府退據台灣小島，而又處於敵人日見強橫，與國日見減少的嚴重局面中。現政府允宜痛定思痛，發奮圖強，團結海外所有民主反共力量，號召愛國華僑，同心協力以求早日實現反共復國才是道理。誰知江山易改，本性難移，雖然外有被人隨時出賣遺棄之虞，內有金門，馬祖等離島被圍之險！但仍未聞執政有何團結反共力量，以作救亡圖存之措施，所以說到國慶，我覺得民主改造實最重要，否則，就太對不起中華民國流血的先烈們了。

× × ×

變黨國為民國

胡越

大陸變色以來，今天是我們在海外過第九個雙十節了。每年我們舉杯祝禱國慶時都這樣盼望：「明年回大陸過雙十節」！可是九年的悠長歲月已在盼望中過去了，今年今日我們只能以盼望來安慰焦切的心靈，怎能不令人激烈慷慨，仰天惆悵！

從海外的民心來看，中共的垮台是註定了的。十月一日街頭的冷落景色已經證明。雖然中共今年為了慶祝十一使出了吃奶的勁兒；中共在香港的地下組織既由廣東省領導升為中央領導，添設了十數家土產行號，增辦了不少報刊，利用幾間赤色學校和工會不斷製造事件，配合以經濟的傾銷和滲透，加上炮轟金門，邊境示威；看樣子不真想一口把香港吞下去。可是負責共幹萬也料不到，十一那天港九街上除了他們自己化錢紮的八十幾座杉排以外，只零零落落掛出了一千多面血旗，比去年更慘！慘得出人意外。港九居民三百萬只有千多戶掛共旗（這些戶多半是共幹，而且是中下級共幹，因為聽說高級共幹怕發生暴動挨打所以住處不掛旗。）這說明人心是百分之百反共的！在大陸邊上的香港尚且如此，在大陸裏邊的同胞反共當更堅決激烈，從這一點看中共政權是不能久長的，反共復國是有希望的。

可是反共復國的大業為甚麼蹉跎了九年毫無進展呢？我們不能不忍痛的指出，主要是國民黨執政者自私自用！他們把黨的利益放在國家利益之上，又把一人一姓的利益放在黨國之上。我們都知道，反共復國需要海內外反共力量與同胞團結合作才能達成的，可是今天他們逼人要對黨對個人忠貞，反共而不忠貞就別有用心?!因此把反共陣營攪得四分五裂，到今天仍各自為戰。

中華民國，顧名思義應是民主之國，絕不是黨主之國，更不是一人一姓所主之國。一人一姓一黨都是一私，而民主則是大公。唯有大公的民主，才能使中華民國變成人人的中華民國，才能建立人和，完成團結，反共復國才有開步走的基礎。中華民國的復興才有希望！

紀念國慶是民族大義

冷靜齋

世界上最著名的國慶有三個：

第一個是美國七月四日的國慶。這一天是美國獨立宣言公佈之日，也就是英國殖民地人民反抗漢諾威王朝統治之日，至今歷時一百八十二年之久，而美人紀念勿衰。

第二個是法國七月十四日的國慶。這一天是巴斯蒂獄暴動之日，也就是法國人民推翻二百年波旁王朝統治之日，至今歷時一百六十有九載，而法人狂熱如昔。

第三個就是我國十月十日的國慶。這一天是武昌起義之日，也就是顛覆二百六十年滿清王朝統治之日。其歷史意義，尤超美法兩國國慶而過之。因為我國國慶除民族意義外，尚含有更嚴肅的民主意義。這一點是我國國慶比較特出的地方。

然而今天最倒霉的却是我國的國慶。人家的國慶只有一個，我們的國慶却生出一個冒牌來。中共把民國三十八年十月一日建立偽政權的日子定為國慶，其用意在否定雙十國慶的意義與價值，是顯而易見的。

可是這種舉動又多麼愚蠢！

盡人皆知，雙十國慶是漢族復興的象徵，凡屬炎黃子孫對這一象徵，心理上已視之如神聖，這是任何人抹煞不了的。今天中共竟思以偽政權成立紀念日以代神聖的國慶，何不自量乃爾？這不但在效果上表示中共的徒勞無功，而且在民族大義上尤足證明北平偽政權具有十足的漢奸本質。

所以我們今天紀念國慶是不折不扣的民族大義。

紀念國慶，須再創造

劉裕畧

雙十節又到了，許多人都在慶祝。緬懷往烈，雙十節確也是值得紀念的。不過，以中國現況來看：對於雙十節，我却沉思重於歡樂，感慨多於懷念。

我，一個四十歲的人，比雙十節遲生七年，歡然與嚮往之情俱深。我們曉得：中國在清末時還是一個老大帝國，只是由於少數先知先覺的仁人志士拋頭顱，灑熱血，才把中國的國體在形式上推上了現代民主政治軌道，雖然，中國的問題還多，但他們最先按照自己的理想和願望創建了民國，這不能說不偉大，其政治創造力和豐富的生命力，也都不能說不值得欣賞。

對於生命和政治創造，看法是多種的。我却以為創造的本身原就是一種藝術。對政治人物的評價，並不在他的地位高低，亦不在他的名氣大小，更不在他的官爵顯隱，而在他本人從事政治活動從最初起就是否有偉大目標。如果他的目標偉大，那末他為這偉大目標所從事的一切活動便都偉大。成功固偉大，失敗亦偉大。相反，假如他根本沒有偉大目標，由於機會與僥倖，縱然官高爵顯，實仍舊是一個小人物而已。豎子成名，有何足貴？這正如一個藝術家創作一件偉大藝術品，不必等待該藝術品完成，他的每一筆，便都是偉大藝術創造是一樣。老實說：那些把別人的藝術創造寫上自已名字的人，決不是真正偉大藝術家，同樣，那些摘取別人政治創造成果而煊赫而自以為了不得的人，又何嘗是真偉人呢？我以此一尺度來看四十七年前那些創建民國的仁人志士，我覺得他們是偉大的。在另一方面，我自青年時期以來，屢次躬逢慶祝大典，也屢次聽聞別人站在台上發表漂亮話而一無實際貢獻，我再以此一尺度來衡量那些站在台上的人，那就感想多了。

回顧民國歷史，四十七年前的仁人志士的政治創造是屢次被人盜竊了的。最先有竊國大盜袁世凱，最近則有毀損民國的毛澤東，誠然，創造者本人並無意佔有這一創造。但民族國家之不幸，則豈後代愛國者所能忍耐旁觀？所以，我以為我們今天紀念雙十節，最應該發揮的還是那些仁人志士的創造精神。因為這一個時代更需要再創造的緣故。「江山代有才人出，各領風騷五百年。」看天才創造，還看今朝，並不是說今日已有什麼風流人物值得我們承認哩！

向勝利躍進的戴高樂（上）

練漢雄

（一）戰後法國一瞥

法蘭西在二次大戰前，原是一等強國，它本土雖只有五十五萬平方公里，人口也不過四千餘萬，而遠在本土之外的屬地卻遍亞非各洲，面積有一千一百餘萬平方公里，比本土要大上二十倍之多在世界上實在也是一個「無日落」的國家，文化教育、農工建設與生產、國防、交通及全國人民生活等方面，都居於現代國家的水準上，其科學、哲學、文學、藝術，亦確為世界的第一流，而為舉世所尊重。可是到一九四〇年，它的命運，似乎隨着馬奇諾防綫的崩潰而走向下坡了：一九四四年，中東的黎巴嫩和叙利亞先後反法，至一九四六年法軍被廹撤出兩國，終止其三十八年來的統治權利；一九五四年日內瓦會議，結束了越南八年來的苦戰，法國在這八年中，付出了難以勝計的人力財力，到後來不特白費了，連帶與越南接壤的高棉、寮國也跟着整個越南的喪失而喪失；一九五四年連憲法內規定為宗主國之一的阿爾及利亞，也發生問題，於是年十一月一日民族分子在卡比里山區掀起獨立自主要求的戰火。之後，接踵而來的，又是一九五六年三月的摩洛哥與突尼斯兩個保護國，借助外力的關係，乘機相繼脫離法國的羈絆，同年十月，法出兵蘇彝士運河，欲乘機奪回在運河方面的固有權利，結果卻受辱而返。

阿爾及利亞事件，起初不過是一種暴動式的小型事件，法國當局似乎也等閒視之，後來星星之火，漸漸燃遍了整個防區，聲勢日壯，成為難以了結的消耗戰，把法國為了應付該區事件陸續調來的五十多萬大軍，就像一根細小的繩子橫纏直繞着一把巨薪似的，形成難分難解的局面。法國在這方面經常付出龐大的戰費。前蓋拉德總理于本年一月在美時，曾經表示過阿區的戰費佔着法國整個預算的主要部份。事實上一九五七年一年中，其數即將達四億美元之鉅。經過將近四年的戰爭，法國經濟已被拖至危險的盡頭，導致週期性的金元缺乏，外滙枯竭，通貨膨脹，物價、工資及生活費不斷上揚，貿易入超，收支不平，財政赤字日增等等惡性現象，紛至沓來。去年八月的法郎貶值，和本年一月向歐洲支付同盟和國際貨幣基金所借得的六億美元，也似乎只收了治標之效。第四共和國十四年來，廿五易內閣，人來人去，紛紛擾擾，弄得舉國不安，多半是由北非戰爭及國內經濟危機所召致。

法國大多數人民，（包括北非移民和軍人）對政治原有高度的認識與敏感，他們眼見國家遭遇「淩遲碎剮」的厄運，國齊危機日甚，國祚衰微，歷任總理都面對難題而俯首掛冠。因此，普遍醞釀一個共同的要求——希望出現一個穩定的政府，把大法蘭西從搖搖欲墜的危機中挽救過來，以恢復曩昔的光榮和聲威。本年五月十三日的北非軍人，組織公安委員會，公佈取消他們尊重巴黎政府的宣言，表面上是軍人單方面的跋扈干政，但事到如今，已給世人一個很深刻的印象：他們的動機，純然出於愛國的行動，他們覺得在戰後，軍事上的受挫，並不是在戰場上的失敗，而歸咎於大後方的巴黎政客們的昏庸無能，爭權奪利所致。對法國最後所剩下一塊蘊藏相當豐富的阿爾及利亞，又漸有向民族分子低頭言和，甚至不惜放棄這塊土地，以換取結束這場戰爭的危機傾向，更刺激起他們的積極行動。當該公安委員會的主持人馬秀將軍登高一呼後，不旋踵間，遠近響應，除了阿爾及利亞全境遍設同樣的組織外，法屬西非洲、赤道非洲、塔希提、科西嘉乃至於法國本土（包括巴黎）均先後成立公安委員會。海軍、空軍也相繼響應支持，一致要求當時的佛蘭林內閣辭職，擁護戰時「法國英雄」戴高樂出而掌政。當時除了法共下的一部嘍囉激然鼓噪表示反對外，所有參加示威高喊戴高樂萬歲、馬秀、薩蘭將軍萬歲的羣衆中，以平民身份的為多，即北非各地和科西嘉方面的居民亦有類似的傾向與行動。本年五月十九日戴於巴黎記者招待會後，返回他的故鄉，在一百多里的途程上，沿途又佈滿向彼歡呼的民衆。由此一例，即可說明北非軍人的意志，實在就是大多數法國人民意志的縮影。戴高樂的東山再起，也可以說是法國民意所攸歸。

（二）新憲法投票前戴的施政概況

這位「戰時英雄」，於一九四六年憤於當時的政黨爭權奪利而斷然下野後，即息影家園，韜光養晦，已過了長長的十二年了。其間他除了偶然和一般朝野貴賓往還外，但對法國政治，一直噤若寒蟬，從未公開過問或表示過意見。及至北非軍人事件發生後，法國人民喊出「把議員投進塞納河去」！「戴高樂萬歲」！「大法蘭西萬歲」等口號，響徹了整個法蘭西的每一角落之際，他在巴黎東一百五十哩的阨里西村聽見這期待已久的響音後，即公開指摘法國政黨政府無能，表示決心過問政權，以挽救目前國家的危機自任。同時聲言運用合法手段，去取得政權，而從事改變政制。『老驥伏櫪，志在千里，』英雄將老，雄心仍未稍減當年！他的願望，畢竟是達到了。並且他的登台組閣，比之第四共和國以往歷居總理的上台，似乎不平凡得多。他打算以雙管齊下的手段，去醫治垂危的法蘭西，一方面處理阿爾及利亞事件；一方面他要結束第四共和國的政制而重新建立第五共和國。國民議會在他的要求下，作史無前例的措施，通過如下的三大法案：（一）賦予戴高樂廣泛全權，在六個月內代替國會施政；（二）賦予全權修改一九四六年頒佈的憲法；（三）賦予處理阿爾及利亞的特權。

戴高樂這次再度脫穎而出，至今已有四月，國會議員們也一反過去所為而甘心閉上嘴巴，聽由這位「強人」去幹。他走馬上任後的第三天，便先從法蘭西的一個死結——阿爾及利亞問題下手，匆促地飛抵阿區，安撫軍民並宣佈他對阿爾及利亞政策：在大法蘭西三色旗幟下，法國人民，一律平等，在三個月內，參加整個法蘭西之廣泛公民投票，（指新憲法公民投票）共同決定法國與阿爾及利亞之命運後，兩地同時分別舉行普選，以選出參加將來新政府國會之代表。當時博得不少當地土著回民之鼓掌擁護。及至七月一日，戴高樂作第二次阿區訪問，除了巡視重要之作戰區域並與當地軍政首要舉行會議外，對阿區政策，更進一步對土著回民許下如下的諾言：（一）回教婦女有選舉權；（二）法國政府負起進行與法本土並行的新建設計劃，將原有的六百二十億法郎建設費追加一百五十億，在本年內撥出五十億法郎作阿區新建設費用，民房之建造將比原定程序增加一倍，並在本年之內開始實施龐大之工業建設計劃，致力灌溉，革新農具以發展農業，振興教育，使所有土著在學齡者，一律有入學受教育的機會；（三）設立單一選舉機關，徹底保證法回人民在選舉時得到平等；（四）統一法國本土與阿區的郵票。

隨着時間的過去，戴高樂在他的新憲法起草完成後，為了爭取整個大法蘭西（包括海外屬土）人民的擁護，曾於上月廿日啓程作環繞非洲一萬二千哩之旅行，呼籲海外屬地人民支持他的新憲法，並作晴天霹靂似的聲明謂新憲法能使海外屬地自決其前途，甚至脫離法國。

突尼西亞和摩洛哥，雖已獨立，法國軍隊，仍有不少駐於兩個新獨立國土內。（單駐突法軍即有二萬二千人）而這兩個國家，卻同情阿區民族分子，各方面都予他們不少的幫助，例如民族分子年青的戰士，多由此兩地受訓出來，來自開羅接濟的武器，也以此兩地為他們安全的轉運站，這樣一來，自始即釀成法與摩、突間的惡劣情感，法、突雙方且曾鬧到聯合國安理會去，而仍未得到解決。戴高樂於處理阿爾及利亞問題的同時，先則於六月十七日與突成立協議，七千名法軍，在四個月內撤出，另外一萬五千人則集中於海岸之比賽大，再候談判解決。對摩洛哥方面，則於七月中旬，由法政府提出新方案，建議法國駐摩國東部的軍隊先行撤退，前時欲維持在摩境的九個海空軍基地，亦願減去將及半數。希望因此而改善兩國關係後，換取摩國政府保証不接濟阿區叛徒並負責防止他們自由進出摩境。

法國的經濟，其病根在北非戰爭，應該隨着阿爾及利亞問題的解決以求解決，在整理個法蘭西問題的過度期間，更不能不於同時使其納回正軌，以求安定。戴高樂面對這一個現實，他除了要求美國政府，許以延付債欵外，並發行公債，以應付目前的困難。他的財長皮奈於六月十三日，宣佈力求穩定，以制止惡性循環的經濟政策。

（下轉第三版）

人民公社下的夫妻關係

中仁

一

由於中共在「人民公社」中，實行「家務社會化」，「生活集體化」以後，家庭不復再是社會的經濟單位，「從根本上破除了家長制度」（見紅旗第八期第八頁）。因此，家庭之內的各個分子就被拆散開來，連帶的夫妻的兩性關係也就發生了基本的變化。

本來，誘導兩性關係互相婚配的最重要因素是生理現象，而性的要求，是種族得以延續和發展的重要本能，沒有兩性關係，人類就不能存在。因此，生育是人類的天職，是健康男女對社會應盡的義務。並且以婚姻和生育所結構的關係，夫婦，父子的分工合作成為社會發展的基本功能。

在我們中國傳統的社會觀念一向都是以「家齊而後國治」。認為有穩固的家庭，才能有安定的社會；有和愛的家庭，才能有團結的社會；有進步的家庭，才能求社會的進步。而家庭基礎建築在兩性關係的一夫一妻結合上面。

但是，共產主義者認為，「相襲幾千年來的一夫一妻制家庭，也還遠遠的不是人類理想的家庭。因為迄今以前的一夫一妻制是建立在私有制基礎上面的，女子完全居於依附男子的地位。」（見學習，一九五八年第十七、十八期合訂本）而不是由「個人的性愛」發展的。

在這種情況之下，就「變為最粗鄙的賣淫行為，有時是夫妻雙方的，但是以妻的一方面更為尋常。不過，妻與普通的賣淫婦不同之點，只是在於她不是像工資勞動者那樣計件的出賣肉體，而是一次永遠的出賣」肉體（見恩克斯，家庭、私有制和國家的起源）。這就成為共產黨反對的藉口了。

二

因為「人民公社」規定凡是加入公社的人民，將其全部所有的生產資料，涓滴不留的全數歸為公有，私人的享有，一概不准。因此，隨着「家務社會化、生活集體化」實行的同時，將夫妻的兩性關係必然的發生基本變化。會如恩克斯所招認的：『這樣一來，男子底地位，不論何如，便大起變化。即婦女底地位，一切婦女底地位也要發生很大的轉變。隨着生產資料轉化為社會公有，個體家庭也不復是社會底經濟單位了。私人的家庭經濟變為社會的工業，孩子的照管及其教養成為公衆的事情；社會同等地關切一切兒童，無論是婚生或非婚生的。因此之故，對於「後果」底恐懼心也除去了。』（見恩克斯、家庭、私有制和國家的起源）

在這鼓勵不恐懼「後果」的情況之下，恩克斯提出了從單純性慾出發的「個人的性愛」的口號。因為它認為生產資料沒有轉化社會公有以前，男子以家長地位在家庭之中握有財產權力，女子在經濟上不能獲得平等地位；因之女子非與男人同居而不能生活。而生產資料轉化公有之後，人人必須從事勞動才能生存，男女間相互依賴關係就因此一掃而空了。」（見同上）

三

男女間相互依賴關係既不存在，而又在「個人的性愛」教條掩護之下，男女就可以憑其主觀的愛好，一時性慾衝動的自由結合。但是，這種「個人的性愛」的持久性如何？在各個人中間是一個值得研究的問題，根據性本能來說，「是有極度喜新嫌舊的傾向」（見F. Müller—Lyer 著，蔡啓芳譯，婚姻進化史第一四二頁）；並且，這一種「個人的性愛」是「出之於易於消散的熱情之上，而不是以一種永久的經濟需要為基礎的」（見同上）必然不能穩定而不會持久的。正如蘇俄在十月革命以後，列甯提倡從「個人的性愛」出發的「性的解放」，作為利用男女的手段，而造成所謂「一杯水主義」。其結果，因為性生活放縱無節制，以致身體衰弱，精神頹廢，影響到幹部工作能力；並且以孩子無人教養，使社會極端不安。就連列寧在當時都認為這是「崩潰的象徵」，一部分的共產黨人也都稱那個時候為「黑暗的時代」，情形惡劣，可想而知。因此，列寧就提出了「共產主義的道德問題」來抑制「一杯水主義」的發展。

四

中共在「人民公社」中，既以「家務社會化」，使婦女脫離家務勞動而從事中共所需要的社會勞動，更以實行工資制度，「工資直接發給勞動者個人，不再統一分配給家長。直接領取工資的青年、婦女都非常歡迎。這就從根本上破除了舊社會遺留下來的家長制度。（見紅旗第八期第八頁）這樣一來，僅破除了家長制度，而且一家之人相互依賴生存的關係就被割斷；至於夫妻之間僅僅的只剩了兩性的性慾關係。但，由於喜新嫌舊的性能，當理智為性慾所湮沒的時候，離離合合必然像是「撒尿」一般的事了。同時，子女也就失去「天倫之樂」的溫暖，以及無人教養之苦。

並且，當茲「人民公社」開始推行，中共必定以「個人的性愛」的口號，作為利用青年壯大支持力量的刺激手段，而鼓勵男女亂搞兩性關係，那是毫無疑問的事。不過，人民體格的衰弱，社會道德的淪亡，將會陷中華民族於萬劫不復之境。

相反地，等到「人民公社」建立相當程度之時，中共必然和蘇俄一樣，抬出共產主義的道德問題的照牌，來抑制這種消極的放縱手段；而以「生活集體化」的手段，必然計劃地限制『兩性接觸』，以達到其積極目的節制生育減低人口增殖的要求。因此，在共產主義之下兩性關係所結構的生育問題，將會不是生理需要的結果；而是按照其「國家計劃」社會需要所生產，這是可以預言的。

大陸逃港學生的控訴：
我逃脫了買賣婚姻的魔掌

方芳

一九五六年，我正在中山醫院附屬護士學校求學，我未婚夫在香港一間洋行裏打工，我曾寫了好幾封信要他回廣州來參加自己祖國的建設，不要在香港爲外國人服務，他說因爲回廣州不能肯定找到職業，所以不能回來。我依然經常和他在信中談論祖國的建設，希望能打動他的心，因爲我們的感情很好，我很想和他常在一起。

我這樣做，學校的團委會和黨委員全部都知道的，團委會並且還在壁報上表揚過我，說我思想進步，我自己也的確認爲是這樣。

但是半年之後，事情却完全變了，終於變到我自己逃來香港，並開始從我自身的經歷中體驗到中國共產黨的醜惡面目，因此毫不猶豫地在這裡大聲控訴。

在晚會中我明白了過去爲什麽有些同學那麽怕去參加聯歡而要團委會一再動員的原因。解放軍的動作粗鹵極了，拉住一個同學跳舞也不管人家倦不倦，尤其是軍官，更是滿口粗語，軍人還洋洋自得。我見了這樣的情形，心中也有些害怕，但是既然來了，會場門口又有人守着不讓人隨便出去（名義上是維持會場熱鬧，不讓人走光了太冷清），躲也躲不過，就被一個上尉拖着去跳舞了。

那個上尉是山東人，一面跳舞一面毛手毛脚，又一面嘰嘰咕咕地講話，我也聽不懂他說的什麽話，這傢伙緊盯着我，一個音樂也不放棄，一直到午夜，我才像逃難一樣地回到了宿舍，想起了這傢伙的惡形狀還覺得噁心，又想幸而自己機警，才沒有吃大虧。

我簡直莫名其妙！

「于善達上尉已經向他們組織上報告了他和你的戀愛經過，他們組織上已經轉過來了，你們如果要結婚，學校當局可以批准。」

我越聽越忍不住：「書記，你知道我是訂了婚的呀！」

「你未婚夫在香港是不是？你叫他回來他不肯回來是不是？最近公安部門曾接到群衆檢舉信，說他可能是蔣匪特務，材料也轉到我們這兒來了！」

我嚇了一大跳，阿清是特務？而我却和他每星期通信！

「好好想想吧，嫁個軍官多好！入團問題也可以解決了，我不就是嫁了陳書記才入團的麽？」——

我忽然想到，這裡面可能有陰謀，因爲我絕不信阿清是特務。書記見我沉吟不

家逐字逐句的研究，當然是什麽問題也沒有，不過黨委書記和保衛科長特別指示，要說明爲什麽不愛解放軍官而愛在香港面目不清的分子。

我怎麽敢說我討厭于善達呢？討厭解放軍是大罪名，但不服從組織的介紹也是大罪名，經過幾次地小組會議，事情牽涉越來越廣，從我的革命人生觀起一直鬥到我的父親（過去當過保長），我寫了多少次檢討，但是一次也通不過。我哭過，也在宿舍中想過自殺，因爲黨委爲了我的問題而歸罪我的父親，我豈不成了對不起父親的罪人了。但我想到這種種的恐嚇和折磨只不過是爲了要我

就範和于善達結婚，我怎能犧牲在這樣無恥的陰謀之下？於是我咬緊牙關，不論在鬥爭會上人家怎樣地侮辱和罵我，不管組織上怎樣地恐嚇我，說我渺視人民解放軍與身份不清，我儘量把問題扯到辯白自己的無辜，不讓他們把問題接觸到婚姻上去。

果然，僵持了一個多月，組織上忽然手法一變，讓我恢復了上課，又由團書記甜言蜜語地來勸我，又是「唸書四年畢業也不過當個見習護士啦！」、「老幹部可以在政治上幫助你進步」呀！「上尉一個月工資一百八十多」呀，我依然不聽她那一套，以前我也見過

有些同學中途輟學嫁了軍官或幹部的，她們的結果全是被毆打，被虐待，何況我堅信阿清等着我！

這時候，有一位同學經常鼓勵我，增強我生活的信心，（反右派後，她成了右派份子）。眞幸運，正在軟說不行又要來硬的時候，「鳴放」開始了，人人都對黨員提意見，黨團員平時的威風不知道上那兒去了，我趁機申請來港，很容易的就被批准了，到港後，事實証明，阿清和特務毫無關係，他們捏造事實只不過是要迫我嫁給于善達，滿足中共幹部軍官的獸慾，把我們女學生作爲慰勞品！

現在我自由了，但想起那時的屈辱，我一定要把我的經歷說出來，讓大家看看中共在骨子裏是何等的無恥！

向勝利躍進的戴高樂

（上文接第二版）

外交方面，雖然[illegible]宣佈外交政策，畧謂[illegible]

[illegible]官爲首的東方集團的威脅之後四天，又約晤北大西洋公約組織最高統帥諾斯達德，商討西方同盟範圍內之[illegible]

讀者投書

談未來革命運動中的領袖問題

應宜

看到九月二十六日貴刊編輯先生對筆者所寫『談八年來海外的民主自由運動』一文的編後評，深表敬意。因爲筆者雖然站在國家民族的立場，純以對事不對人的態度，對過去八年來民主自由運動的成就加以批評，其意雖善，但措辭方面，自感多少有些失之魯莽。今貴刊能不以芻蕘見棄，予以刊登，足見貴刊之各級負責人的民主風度和容人雅量，由此也可預卜民主自由運動之必成功。既然如此，筆者也就不揣固陋，願更進一步與諸位先生討論這個重要問題，以求就正於高明。

筆者坦白承認在今天這個偉大的民主高潮時代，提出『英明果斷的領袖』這種詞句來似乎有點不合時，似乎有點偶像崇拜嫌疑。當時也實在限於篇幅，未便詳細說明，更加時間倉卒，未暇深思熟慮，另選詞句。筆者鄭重的承認此項錯誤，忠誠的接受這項責難和批評。但必須首先聲明，筆者決不是一個盲目崇拜偶像的人，故決非基本意識之錯誤，尚希諒察。同時對先生的其他論點也有未盡同意之處，如先生所說：『今天中國所需要的乃是若干肯聽話，懂得聽話而又樂於與人合作的開明人物』。從上面這幾句話裡，我們可以看出先生憂國之誠是多麽令人可佩，可是反過來說主觀色彩也未免過於濃厚，內裏蘊藏着無限的絕對服從意識，這是值得引以爲憾的。如果我們只要求別人肯聽話，而自己不肯虛心聽別人的話，這對民主如何解釋？過去民主自由運動之所以沒有成就，恐怕也就是因爲要求別人肯聽話而不肯聽別人的話的人太多。退一步說，當有人不肯聽話的時候，我們必須虛心研究他爲什麽不肯聽話，原因在什麽地方，是不是青年羣中都是缺乏理性而不足與談？如果不是，那麽你就得反身求諸己，檢查一下你的話有沒有使人聽的價值，假若你的話沒有使他聽的價值，他當然不聽，不但不聽，他也不願與你合作，就因爲你要他聽他不願聽的話。他一定會說：『某某人的話不能使人誠心悅服，却反而要求別人聽從，這不是獨裁是什麽？』我們今天的民主自由革命運動目的就在打倒極權和專制，他又有什麽理由不反對你，假若你是獨裁。（請原諒筆者對事不對人的坦率直言）所以設法使人樂於聽我們的話和願意與我們合作這是當前革命者的責任。

雖然我們今天不應該過於重視領袖問題，可是事實上我們却需要一位有氣魄和有高度熱誠的人物來把今天這個局面統一起來。過去的所以不能團結，就是因爲缺少這樣一位領導者。『誠之所至，金石爲開。』非有一個大公無我而且具有高度熱誠的人不足以統一今天的反共陣綫，只有以高度的熱誠才能把這些生鐵礦石鎔於一爐而鍊成精鋼。所以今後的領袖人物應具備的首要條件就是大公無我和誠懇豁達，英明、果斷、學識、能力等等尚屬其次。他的英明並不是自作聰明和剛愎自用，而是要他有敏銳的頭腦來綜合大家的意見和觀察客觀現實的演變。他的果斷不是要他來獨裁，而是要他以堅定的信念來執行大家的決議，來貫澈大家的意志。所以他的英明只能表現在聽取別人的意見和歸納別人的意見上，他的果斷只能表現在執行大家的意志上，這就是筆者的原意。如果一個領導人只要求別人肯聽話和懂得聽話，那就是獨裁；大家要求一個負責領導的人物肯聽話和懂得聽話，那才符合民主精神。所以今後的領袖正是一個肯聽話，肯聽大家的話，懂得聽話，懂得聽取大家的意見而有氣度的人。他必是一個勇於執行大家決議的人，他必是一個眞正的人民公僕。無怪先生慨嘆肯聽話和懂得聽話的人太少，當然太少，如果不少，那就人人可作領袖了，那麽民主自由運動老早就成績卓著了。

至於今天領袖的產生問題，筆者決無意『預定某人爲領袖而聽其去英明果斷』。前面已經說過，今後的領袖在執行衆人的決議上表現他的果斷。今天是民主時代，我們大家正

[illegible]一個領袖去英明果斷。民主時代的領袖是大家選出來的，他的人

[illegible]家才肯選舉他。選出來不是要大家跟他走，而是要他跟大家走，按

[illegible]家走，向大家公認的目標前進。大家是主人，他是僱工，大家是監

[illegible]人的意志行，否則可立刻罷免他，而另選他人。

[illegible]學識淵博的老前輩，而應該是一位有氣魄的血氣方剛的青年人或壯

[illegible]權力，而是代表着責任。如果他如期不能達到付託的任務，那就

[illegible]馬上下台以謝國人。如果情不可原，他還須接受國家最高法院的審

[illegible]，他們可以形成一個類似元老院的組織，作爲最高的監督機構，元

[illegible]或受命的青年或壯年領袖就等於內閣總理。但他必須有民主的素養

[illegible]賢下士，否則絕難當此任。（這不過是未收復大陸前的作法，收復

[illegible]設我們的國家和確定我們的政治制度）今天如果老年人不肯放棄而

[illegible]與老前輩們合作而欲獨行其是，亦必將因操之過急，或考慮未周而

[illegible]確有一般青年人認爲老年人都是腐敗，都當殺，這實在是一個極

[illegible]青年老年之分，七十歲，八十歲，只要他的思想正確而不落伍，過

[illegible]人效法的老青年。反過來，二十歲，三十歲，如果他的思想腐化自

[illegible]污泥而不染的老年人才眞正值得尊敬，將來才有資格被請入國家的

[illegible]青年老年之分，那就是所以筆者主張老年人決策，青年人執行的

[illegible]，密切配合，則一切惡勢力定必垮台，民主自由革命運動定必成

汲古書屋談薈

耘農

通州三生

朱銘盤　張謇　范當世

季直，家世業農，幼名長泰。行四，兼祧外家東台吳氏，故又名吳起元。咸豐四年甲寅，五弟警生，仍還本姓。年十六，誤入族籍，應如皋縣試，改名育才，字樹人。二十五歲，始具呈學官，更名謇。五十後，號嗇菴。著有張季子九錄。其子孝若（怡祖）編述「南通張季直先生傳記」一鉅冊，胡適之讚許其『用白話做先傳，打破一切古文家的碑傳義法，充分表現出他的偉大的父親的人格和志願。』按季直經營實業，興學治政，至民國而大顯，為世所稔知，然生平實得力於父母之教，季直為其尊翁作墓誌銘，有云：『府君督謇弟兄讀書力田，曰：從古無窮人之人也；人而惰，則天窮之。每作一事，必具首尾；每論一事，必詳其表裡。雖倉卒小扎，鹽米計簿，字必完整，語必謹備，亦往往以此教子，而觀人，曰：輕重者，植骨貴賤之徵，人莫賤於輕，莫貴於重。藝蔬種樹，橫縱成列，位器疏密，皆有尺寸。傭或倫貳，不如約，不厭再三勗，曰：凡事有度有當而後安也。雖貧不求援於富室；雖為農，不降詘於有勢力之人。曰：同戴三光，吾任吾力：吾不違天，而誰吾詘也？……方謇之登朝籍也；倭氛日棘，戚友賀者，數謇歸期；府君曰：丈夫之仕，猶女子之嫁也；子尚為吾有乎？病亟，或問思謇否？府君曰：渠不當歸……』又張濂亭通州張生母金孺人墓誌銘有云：『謇兄弟甫四五齡，母夜篝燈，教識字，益擁架，手衣履箴作，且作且復問謇等。深宵寒風凜冽，室中蕭然，顧視謇兄弟，輒淚下；蓋其悲苦有不可道者。……其生平訓迪謇兄弟，必以遠大中正，無世俗之言。諸子有過，痛笞楚不少貸。所與遊，必問其何人，近者察視，遠者參詢，輒能決；是其賢也，則喜，至必加敬禮；不賢邪，戒勿與近，而其人後果往往敗。……』是季直日後之成功，所恪遵於庭訓者深矣！民國九年庚申，距金孺人逝世，已四十年，張氏昆季特購地於東台縣附郭王家舍，建母里師範學校，以誌劬勞之思，蓋東台為金孺人之故鄉也。及季直之歿，已為昔日所謂通州三生中之巋然一老，又值其一生事業之最顛峯，各方哀挽甚夥，均備致推崇。余獨以為徐師益修一聯，全用成語，熨貼自然，於沈鬱中見其哀痛。聯云：『子弟誨之，田疇殖之，子產而死，誰其嗣之？今所聞於輿人者，乃亦類是；泰山頹乎？梁木壞乎？哲人其萎，將安放乎？此豈獨其徒黨也，而始云然！』極得肯堂神似。而紹興蔡孑民（元培）挽張聯云：『為地方興教養諸業，繼起有人，豈惟孝子慈孫，尤屬望南通後進；以文字鳴光宣兩朝，日記若在，用禪徵文考獻，當不讓常熟遺編。亦不愧為學人之作。』則—惟張氏日記，迄未傳世，三十年來迭經變亂，不知其後人尚能永保之否？（完）

國慶感懷（四十七年）

謝康

一

紫金陵墓壯山川，錦繡關河劇可憐。
北地胭脂紅欲滴，南朝金粉霧如烟。
烽塵滿眼傷流徙，將帥無謀致凱旋。
往事愴懷無可說，只憑寸管恨難捐！

二

收京復國知何日？孤島偏安忍論功！
糾合攘夷微管仲，赤心興漢憶孫公。
金門守將孤忠耿，港澳流人慷慨同。
徒使人民憂社稷，朝班典職愧崇封！

三

降幡當日出扶桑，拒虎前門後進狼。
北狄興師鷹隼擊，中原逐鹿虎倀狂。
遷台豈應衰老？在莒難忘薪膽嘗。
一旅一成渾無恙，義旗開處見壺漿。

四

大好神州竟陸沉，海東又聽鼓鼙音。
隨人俯仰終非計，努力更生繼自今。
綏撫難饜強寇慾，風波長凜歲寒心。
反攻定慰雲霓望，一賦同仇敵愾深。

蒼盦詩話

愚公

廣州長堤，繁盛中別有無邊風月，古今名輩，流風餘韻多矣，堤上陳塘酒家，舊懸江霞公一聯足以概之，聯云：「立殘楊柳池塘，十里鞭絲，流水似車龍似馬。望斷玻黎格子，三更燈火，美人如玉劍如虹。」霞公為晚清翰林，息影五羊，不廢聲伎，一時議其儇薄者有之，震其高華者有之，其珠江夜月一律，頗能切情體物，跌宕生姿。錄如下：「珠兒珠女盡髫年，花埭花開集畫船；近水柳條增嫵媚，入春人意更纏綿。相逢鬥草湔裙節，最好清明穀雨天。歸去莫愁江路暗，海珠明月似珠圓。」海珠為珠江中小島名也。

易哭庵珠江夜泊二律，余尤喜哦之，詩云：『萬千燈外見漁舟，三四更時聽粵謳。簾影亞花花亞檻，帆痕遮柳柳遮樓。雙雙翡翠雙雙燕，六六鴛鴦六六鷗。收取珠江無限景，屏山閑坐當閑游。』『焚香讀畫每終朝，度曲評花更徹宵，仙佛詩心名士酒，英雄劍胆美人簫。夕陽已過剛新月，微雨初收又晚潮，合寫海天霞唱本，他年回首再魂消。』此二詩以粵東方言唱之，尤有神光離合，盪氣迴腸之致。對仗之工，猶餘事耳。（一）

金門罵陣喜劇

黎明

金門，這距大陸狹處僅三英里而今日已馳名世界的小島，在它的周遭，不但有炮戰、海戰、空戰，而且有出色的空中罵陣戰了。下面所記便是這新鮮戰爭中的一幕，參加的一個是國軍的兵士，一個是共軍的兵士。戰爭是這樣開幕的：

共　兄弟！放下武器回祖國吧！「中國人不打中國人」。

國　你們不配做中國人，你們是蘇聯的走狗。

共　別這麼說，兄弟！你們不也是「美帝」的走狗嗎？

國　誰是不是誰的走狗，你我只消說一句話便明白了。

共　說一句什麼話？兄弟！

國　我現在敢對着你罵美國鬼，你現在敢對着我罵俄國鬼嗎？

共　……（寂然）。

國　說呀！為什麼不做聲？

共　……（仍舊寂然）。

國　兄弟！你現明白你們是誰的走狗了吧！為什麼不挺起胸膛，拿起武器，和我們一塊，把賣國賊共產黨打倒？把俄國鬼子攆去西伯利亞喝西北風？

共　……（在繼續寂然中幕下）

中國民主浩刦里程碑

——亮齋閒話之八

徐亮之

客　今天又是雙十節了！歲月不居，時節若流；不知不覺，我們的頭髮都差不多由全黑變成全白了！而依然年年紀念雙十節，年年參加雙十節的紀念；這到底意義何在？所為何來？

主　主要的，也是唯一的意義，就在於它乃中國民主浩刦的里程碑。

客　我不懂您這意思。

主　這說明您的頭腦並不如頭髮高明；您的頭髮事實上早已對這意思懂透了。

客　我越聽越糊塗。

主　我且問您，也摸過中國現代史這玩意兒嗎？

客　笑話！白髮蒼蒼老教授，縱不敢說給十三經念四史，撐破肚腸；但自束髮受書以來，看的現代報紙，讀的現代雜誌，堆積起來，總不見得便不比您亮齋高。

主　失敬失敬！我近來說話也不免常常會和杜爾斯先生一樣，有時荒腔走板；千萬請勿介意！

客　您的模稜而令人不可捉摸的閒話技術，似乎也會向杜爾斯先生遞過門生帖子。

主　得了，得了；今天良辰佳節，別「頂頭」；還是就您提的問題繼續談下去罷。您認為年年紀念雙十節，意義究竟在那裡？

客　四十七年前的今天，乃國父中山先生艱難締造的中華民國誕生之日，亦即中國民族向民主之康莊大道正式開步之時；所以值得紀念，紀念的意義也便在此。用不着什麼「主要」「唯一」等您那套杜爾斯式的詞彙去形容。

主　承蒙指教！但開步走到民五年怎麼樣呢？

客　袁世凱帝制自為，袁克定東宮自命；何勞下問?!

主　那末請教：那時的「中國民主」在那兒呢？

客　這——

主　告訴您：那時的「中國民主」，正飄泊在中國西南天地間。——哦，我再請教：走到民國六年，又怎樣？

客　張勳復辟，辮子兵進北京。

主　那時的「中國民主」又在那兒呢？

客　在梁任公的筆底下，在段芝泉的馬背上。

主　一語破的，一針見血，拜服拜服！惜乎呀惜乎！今日我們家亡國破，鬼慘神愁；民主大道，鞠為茂草；竟偏沒有任公其人，運其如椽之筆，為生民請命，為國家除賊；為天地存正氣，為「民主」作長城！

客　光感慨有什麼用!?您還是繼續發放您的高問下去罷！

主　還問個什麼!?從此以後，一直只是軍閥混戰，一直只是鬼打鬼。「中國民主」懸命刺刀長槍口，呻吟車塵馬足間。不問您也明白。

客　那末，自北伐完成到抗戰勝利，這一長段里程，「中國民主」在那裡？

主　善哉問！告訴您：這一程可倒升格了；掛在領袖口角邊！

客　遷台以後又怎樣？

主　再從口角邊，丟進冰箱底！

客　那末，您對今日中國大陸上有名的所謂「集中領導下的民主」觀感又如何？

主　將見「民主」青芽遍地生；可謂「集中」得法，「領導」有方；否極泰來，剝極而復；「中國民主」復興機運，端賴於此。可喜可賀！

客　什麼話？！您瘋了！您頭髮根發癢，想一樣討戴紅帽子!?

主　忙什麼？您參加過清算鬥爭大會沒有？您看見過大家一舉手人頭便落地沒有？大家舉手作數，便是「民主」ABC。

客　老糊塗！告訴您：那是幕後牽綫另有人。

主　大家殺人，可以不過一舉手之勞；將來大家殺幕後人，同樣可以不過一舉手之勞。你我好留白髮看滄桑可也。

本刊已經香港政府登記

聯合評論

每逢星期五出版

週刊

United Voice Weekly

第十號

督印人：黃宇人
總編輯：左仲平
社址：九龍金馬倫道三十八號三樓
電話：六一四一三（61413）
承印：田風印刷廠
香港高士打道二二一號
售價：每份零售港幣一毫
總代理：友聯書報發行公司

中共繼續停火的我觀

左舜生

一星期的停火過去了，又由彭德懷宣佈，再停兩星期。

中共延長停火的動機究竟在那裡？由於美國方面的壓力或利誘？由於國際政客們的奔走和設計？或者想更進一步來破壞中美間的現存關係？又或想利用第一星期的實際停火，以誘起金門守軍的鬆懈，然後在此二度停火期中，來一次包括登陸戰的空前猛攻？……凡此種種，都不失為近於情理的推測，大家能意識到這些方面，也不是一對於『確保金馬』這一主題沒有好處，可是中共其所以不能不繼續停火的基本原因，卻與這些推測不甚相干。

一、中共測驗的工作落空

中共過去四十幾天的砲打金門，原不是一個經過一番深思熟慮的計劃行動，也沒有一個確有把握可以達到的預期目的，其可能的作用，不過對自由中國和美國聯繫的堅決，以及自由中國全體軍民反共的決心，作一次正式的測驗，以為他們今後解決所謂「統一中國問題」在認識上做下一點預備工作。經過這四十幾天測驗的結果，自由中國確不會有所軟化，甚至在台灣在海外若干堅持民主原則的人士，儘管他們對政府若干年來的政治措施隨時都在表示不滿，但對於堅決反共這一基本態度，以及對於「確保金馬」這一臨時問題，他們所表示的卻與政府並無二致。以美國方面來說，他們對於履行條約義務的決心，確實比較以前任何時期都愈顯得積極，即令沒有做到正式的協防金馬，但對於護航這一點，艾森豪、杜爾斯確已會突破國內一部份輿論的非難而毅然為之，這對於打破中共對金門的包圍，不能說沒有密切的關係。上月三十日杜爾斯在招待記者會的一番說法，誠然可能引起台北少數人的誤解，但我們細玩這篇問答的全文，杜爾斯在基本觀點上並無如何了不起的錯誤，充其量不過有一兩句話在措辭或用字上稍欠斟酌，微失通常國際上應有的禮貌而已。同時，我們也還應該了解別人的弦外之音，站在杜爾斯今天的立場，他誠然不願冒犯干涉別人的內政之嫌，可是要他相信今天台灣的一套政治做法，已足以號召大陸主張民主反共的人民歸心自由中國而有餘，他卻不能不抱着非常的疑慮。他懂得要好好來解決中國問題，這是最大癥結的一端，他目覩這一現實，內心實有不能不說的痛苦，「求其說而不得」，於是辭鋒一轉，乃不知不覺把他的箭頭指到了個人的身上！其實講起來，今天在台灣，在海外，與杜爾斯抱着同一疑慮而對這一癥結所在懂得更為清楚的人豈少也哉？中國人畢竟還是一個寬於責人而勇於自責的民族，像這麼一件個別事實，其不足以影響到中美間的密切合作，自不待論。

二、中共弱點的暴露

依據以上所分析，中共想藉砲打金門這一測驗以求得他們所假定的結果，乃完全落空；相反的，中共自身的弱點，乃因這次測驗而澈底暴露。自從蘇聯和日本在張鼓峰作戰以來，我們便知道蘇聯的炮隊是相當有名的，可是這次打上金門的蘇聯砲彈，卻有一部份不肯開花，其中必有緣故；台北曾一度廣播米格機若干架起義，但隨即又加以否認，海外所有中共的尾巴報紙，至少對這件事沒有發出過分的譏評，也可見事實並不簡單；再以此次台峽的空戰來說，實際上不過是一種遭遇戰而已，可是三十架左右的米格機卻已寃沉海底！他們不承認自己的士氣不揚，卻埋三怨四於響尾蛇作怪！更證以韓戰後一萬四千名俘虜，竟無一人願重回大陸，便更可看出在中共部隊中早已是怨氣冲霄，無人不在那裡待機反正。回憶過去韓戰的一幕，中共斷送在戰火中的壯丁，至少超過美方死傷數字五倍以上，可是因為麥克阿瑟衝過鴨綠江的計劃為杜魯門所制止，而艾森豪就職伊始，又要實踐他停火的諾言，中共的面子總算勉強保住，但沒有想到他們在此「慘勝」之餘，卻以「凱旋」的姿態在那裡向世人招搖撞騙，以為他們總算和美國交過一次手，便以為莫大的光榮！可是這次怎樣呢？送出了幾百萬發的炮彈，犧牲了幾十名可愛的空軍戰士，只落得金門無恙，馬祖猶存，乃至連小金門、大担、二担這類小島上的一根草，他依舊在那裡迎風招展，承不承認是失敗？好，他們這次總算是坦率的承認了，一個承認得最為明朗的表示，便是紅軍的參謀總長粟裕免職！

三、毛澤東領導破產

上所云云，還不是我從這次金門炮戰所要說明的主要之點，同時由中共所暴露出來的無數弱點，究竟也還不是他們致命的要害所在，此外更有兩點，才眞是他們必然垮台而無法補救的絕症。

其一，中共今日主要的問題，在內而不在外，凡對外所表現的任何姿態，幾無一不是掩蓋內部困難的一種企圖，掩蓋無效，便終於不免原形畢現。綜計近幾年中共在大陸的種種行為，從第一個五年計劃到最近的所謂生產大躍進；從大放大鳴到去年對所謂右派的總清算；從五百萬紅軍到最近的所謂全國皆兵；從初級高級農業合作社到目前的所謂人民公社；幾無一不足以證明中共領導層的神經失常，一天天在那裡加速的自掘墳墓，而毛澤東尤其是這種神經病害得最深的一個突出代表。今天國際有名的人物如羅素尼赫魯之流，他們也似乎震於老毛的虛聲，以為他眞有如何了不起的本領，實際毛澤東在一個畧懂得人物標準的中國人眼中，他不過是一個平凡得不能再平凡的膿包！不幸「時無英雄」，乃讓他一躍而躍到了今天這樣一個莫名其妙的地位，而他又狂於自已一段僥倖的成功史，居然自命為一個不世出的天才，所謂馬列主義，他本從來就沒有摸過邊，而所謂「蘇聯老大哥的經驗」，似乎也不在他眼下，一切只是以天馬行空的天才去亂衝亂撞，預備撞在那裏就倒在那裏。即以鳴放問題來說，所謂「百花齊放，百家爭鳴」這兩句口號，本來就是這位「村學究」的得意之作，等到弄得無可收拾，他又解釋這正是他的一種「陽謀」而拿來遮羞；以目前的人民公社來說，他的目的是要做到「鄉社合一」，也就是要把原有的七十五萬個農業合作社，歸併為二萬五千個左右的公社；以中國農民的數字來計算，至少每一社的平均人數，總在一萬以上；這不只是一個生產單位，同時也就是一個行政單位，而管理這一萬人以上的責任，便完全落到一般鄉下共幹們的頭上；自然他們也會想到要出毛病，於是乃找出若干破爛的槍枝，交給他們的所謂積極份子以從事鎮壓，這便是他們所說的「民軍」，也就是他們所謂的「全國皆兵」，而這每一社一萬以上的男男女女，卻被他們像趕牲畜一般的趕到田裡去成日成夜的工作。他們既無財產，也無家庭，既無夫妻之愛，更無父子之親，赤條條除去一條遮羞的褲子（或只有一塊布也說不定）以外，乃別無長物，工作在田裏，野合也只好在田裏，他們原有的一羣小兒小女，卻被另闢在所謂托兒所，在那些地方成日成夜的哭哭啼啼，鬼喊鬼叫，大家試閉目想一想，把今天大陸的農村與往日的比一比，人間何世！然而這是中共的傑作，也正是這位毛天才的傑作！難道大陸五億的人民，便可像這樣的生活着長此終古嗎？

其二，乃是中共對蘇聯的裂痕加深。這次炮打金門，本來是在赫魯曉夫訪問北平以後，當時毛澤東以不得參加高峰會議，不得加入聯合國，不免對老赫發出幾句牢騷，自屬情理之常，本來老赫也是一個瘋子，眼見這位毛瘋子發了脾氣，乃「就湯下麪」的着實敷衍了老毛一番，毅然把高峰會議一說作罷，同時又叫老毛不妨去試打金門，許他可以贊助，如果勒索有得，自然是各放光明；否則對於中東發生一點牽制作用，至少可以促成英美提早從黎約撤兵，也未始無益，論到這一夕談話的意義，本來是異常輕微，不想毛天才誤會了老赫的表情，以為這個「偉大的盟邦」眞會為他賣力，因此在老赫回去不久，他乃對金門大幹特幹，最初他滿以為發上幾萬炮便可一鼓登陸，沒有料到依然碰上這個撼不動的石頭，偷雞不得還蝕了一把米。在老毛初打金門的時候，蘇聯原也有過一些輕敲的響應，甚至老赫還給艾森豪寫過兩封措辭惡劣的信，其主要目的原不是對美，乃是對老毛打氣，惟恐他中途不安協，則中共的損失不多，對蘇聯的低頭便不會十分澈底。不想炮擊金門無效，米格機也不堪一擊，老毛乃不得已藉華沙談判下台；老赫看見情況變了，他也透過塔斯社，表示蘇聯無意介入台灣海峽的中國內戰，這無異是蘇聯也支持了美國的停火主張，於是老毛乃上了老赫的一個大當，除說上一些「人道主義」和「民族大義」的鬼話，悄悄收兵以外，更沒有第二條路可走了，中共和蘇聯的這一裂痕以後還要加深，我們等着瞧罷。

論反共鬥爭的基本性質

——反共問題認識論之一——

劉裕略

任何鬥爭都必有其一定的性質，反共鬥爭亦復如此。認識鬥爭的性質是一件很重要的事。通常鬥爭的性質就基本的決定了它的內容，也基本的決定了它的方式，甚至更基本的決定了它的必然發展與歸結。

不把鬥爭的性質先弄清楚，就很難把握這一鬥爭的內容。不能把握這一鬥爭的內容，當然也就不容易設計並製訂出這一鬥爭的政策和方式，從而陷於盲動的境地，而盲動是從事任何鬥爭所切戒的。

同樣，盲動也是從事反共鬥爭所切戒的。

對於鬥爭性質的分析，論者極少。中國名史學家陳寅恪先生在其所著唐代政治史述論稿上篇有一段論安史之亂的性質係兩方面：一是安祿山史思明都是唐玄宗所派的節度使，所以，從官職系統來看：安史之亂是一種內部叛亂；另一方面安祿山史思明都是異族，所部亦多胡人，所以從血統和身世來看：它又是一場民族戰爭。當前反共鬥爭，其基本性質與安史之亂不盡相同，但卻也有相似處：它不是一場單一性質的鬥爭，則正和安史之亂一樣。歷史上，有許多鬥爭的性質是單一的，但也有許多鬥爭的性質是雙重的或多重的，而當前的反共鬥爭與唐代安史之亂同屬後一類。

反共鬥爭的性質何以不是單一的呢？主要的是它既為民主自由而戰，又同時為民族獨立及保衛民族傳統文化而戰，其性質遂不單一了。

共產黨托名無產階級專政，其實就是共產黨專政；共產黨標榜新民主，其實就是反民主。共產黨的所謂社會化，就是否定個人，反民主與眞民主不兩立，共產黨的極權專利更與個人自由絕不相容。許多人之所以反對它，正因為它不民主不自由的緣故。

至於民族問題也是反共鬥爭的一種性質，那是因為中共的一切都與民族主義相違背的關係。本來，從血統來看，中共的成員也都是中國人，這與安祿山史思明在血統上之為胡人似有不同。但我們曉得：他們的肉體雖是中國人，他們的靈魂卻是俄種，他們所信奉的馬列主義也與中國傳統文化不合，所以，中國人之反共，除了民主自由意義之外，便自然而然的帶有民族主義色彩。為了保衛中國傳統社會組織型態，固然必須與蘇俄及其走狗作戰，為了保衛中國傳統文化，為了保持民族獨立與自尊，我們也是必須與中共展開殊死戰的，說到這裏，我覺得「反共抗俄」這四個字之所以還是其一定的意義，其原因也就在此。

一個月前，我與唐君毅先生會談到民主自由運動問題。對於民主，不消多說，只要讀過由唐君毅先生執筆而由張君勱先生牟宗三先生徐復觀先生暨唐君毅先生四人署名的中國文化宣言就知道唐君毅先生對於民主是如何肯定的了。而且他還從中國傳統文化的成人成己的道德觀點出發，在理論上賦予民主自由以新的內含，這是值得我們特別注意的。但當唐先生談到民主自由與民族文化時，卻表示假如在反共過程中，民主自由與民族文化二者不可兼得，則其本人寧肯犧牲個人之民主自由而選擇國家民族利益云。雖然這一假設並不眞正成立，因為這二者並不衝突，但唐先生，這種民族意識，這種民族熱情卻使我感動。我之所以在這裡未經唐君毅先生同意引述這一段話，我之主要目的，就在說明民族意識在反共鬥爭中的重要作用。愛好民主自由固然可以發熱發光發力，民族意識與民族熱情在反共戰鬥中也正是可以發熱發光發力的。

民族意識與民主自由之所以並不衝突，主要還在這兩者都是以國家絕大多人的最大利益為前提，因為它們都是以國家絕大多數人的最大利益為前提，所以，他們雖從不同的角度去看問題，不同的尺度去衡量問題，結果卻殊途同歸，同歸於國家絕大多數人的最大利益那一共同前提下。於是，那一共同前提就把兩者統攝在一起，一起為國家絕大多數人的最大利益而鬥爭而服務。

何況，中共之許多措施，諸如破壞原有家庭組織等事，皆為民族主義者與民主自由人士所共同反對。再說，只要打倒了蘇聯及其走狗中共，無論民族主義或民主自由就一齊得到解決。所以這兩者在反共鬥爭中不但並行不悖而且是相濟相成的。

我以為，無論目的或方法，民主都最能涵蓋一切。民主常常都是多種不同的統一，也只有民主才能把多種的不同眞正統一起來。舍民主而外，就再沒有第二種方式可以把多種不同予以統一了。這也就說明民主不但不會與其它任何有衝突，而且還最有效用。就今日現勢看：專談民主自由也確有問題。如果沒有民族意識的話，那末，英國美國就最自由民主，難道大家便都去變英國人美國人不成？

總之，反共鬥爭的基本性質不是單一的。在方式上，我們必須採用民主原則以集納和統攝各種戰鬥力，使之導向反共鬥爭，然後反共力量才能夠強大起來，從而克敵致果。這是我對反共鬥爭基本性質的認識論之一。

向勝利躍進的戴高樂（下）

練漢雄

（三）勝利的因素在那裏

四個月來法國國內，呈現一片新氣象：戴高樂上台的第一天，巴黎金價暴瀉至最近十個月來的最低價錢，股票市場，對局勢也同樣極具信心，例如石油股票即有上漲百分之五至百分之八的消息傳出；美元黑市價跌至接近官定比率，人民購買國家公債，踴躍空前。據法政府宣佈：六月十七日（即戴高樂組織「戰鬥法國」在倫敦廣播，號召繼續抗戰的十八週年紀念日的前夕。）所賣出的公債，以黃金折價賣出的，佔總數百分之三點五，政府因此所收入的黃金總值達一千一百萬美元之鉅。照上面黃金折算美元後的數字，再以賣出公債總數內的百分之三點五去計算，則十七日那天，所賣出的公債總數（包括黃金折價與非黃金折價）為三億一千餘萬美元。以目前法國人民的一般經濟狀况而論，這個數字，實在是極可觀的了。照理，公債購買與否，人民是有其自由去選擇的，現在竟有自動動用私存黃金去購買，而且數字竟又如此龐大，那確是難能可貴了。還有：戴高樂雖然在六個月內，有處理國家政務的全權，但人民言論，依舊絕對自由，對戴高樂數月來所作所為，卻尚少非議與指摘。即奉行克姆林宮命令行事，自五月十三日以來即大罵戴高樂為「法西斯獨裁者」，先後發動罷工示威的法共，也覺得自己無能為力，漸漸偃旗息鼓了。至於阿爾及利亞的民族叛亂分子，雖仍高喊反抗法國，不達到獨立自主絕不罷休的強硬口號，而阿區的炮火，顯然比前沉靜得多了。這一切，顯示戴高樂確已贏得了法蘭西大多數人民的擁護和信賴，也獲得了海外屬地人民的尊重，上月二十八日新憲法獲得壓倒性的通過，就是這種沛然不可禦的民情的最高表現，然而他憑什麼換來這空前的勝利？歸納說來，有如下的幾個基本因素：

（1）法蘭西大多數人民認為戴高樂是一個名符其實的「愛國英雄」人物，惟有他才能挽救國家。

（2）傲岸自尊的作風正是目前大法蘭西所需要者。

（3）戴高樂摒棄了共產黨。

關於第一個因素，法國人民，當然不是一個無國家觀念和健忘的民族，尤其在處於窘困之境的當前，他們自然不會忘懷不很近的往事，例如一九四〇年，德將魏茲列率領其悍勇之師，攻破了馬奇諾防綫，巴黎相繼陷落，那位凡爾登英雄貝當元帥，竟忘記了自己的光榮歷史，貿然向希特勒作屈辱性的投降，當時戴高樂頗不以為然，僅以上校的身份，匆促赴英，在倫敦組織「戰鬥法國」，「法國只在一個回合中敗仗，卻未敗於整個戰爭！」就是他當時（一九四〇年六月十八日）在倫敦所呼出最能喚起法國已經普遍低沉下去了的民心的一句響亮的口號。至一九四四年八月，卒能勝利還都，巴黎萬人空巷，高呼「戴高樂萬歲」，熱烈空前。其後，他鑑於國內政黨傾軋爭奪，感覺自己的願望與抱負，殊難於此時得展，遂憤然棄政歸田，由他一手創造的第四共和國的命運，也就落在這班政客們的手上，這次他重掌政權後，他知道自己國家走到「破落戶」的境地、不氣餒也不自卑，遵循着自己的意向，圖謀大法蘭西從窘困與疲憊之中，恢復過來，迎頭趕上，穩據「大國」的坐位。當麥美倫與杜爾斯先後訪法期間，他即表明他決心在東西不能取得裁軍協議之前，使大法蘭西成為原子國家，他要加入目前美、英、蘇三國專用的「原子俱樂部」，要求英美支持與協助。另一方面，繼羅奈河畔稱得上西歐大陸第一的馬可黑原子工廠之後，另外還建設第二，第三兩原子工廠，積極製造原子彈燃料，原子潛艇也在積極建造中，最近且聞將在北非薩哈拉大沙漠區爆炸第一顆原子彈的消息了。這種種勵精治圖意圖把法蘭西躋於「強國」之宏願，自然為法蘭西人民所喜見樂聞。十多年來，國家越弄越糟，幾有江河日下之勢，他們需要一位出色的人物，來倒挽國家的狂瀾，自是意料中事。回顧國內朝野，林林總總，誰為最適當的人選？在他們的心目中，除了閃爍着「愛國英雄」戴高樂的影子之外，將還有什麼呢？

法蘭西從一九三九年以來，可以說是飽經憂患，軍事上甚而外交上，一直是處於受挫的境遇中。國內經濟要接受大筆外援和向外借欵，才能勉強維持到目前這個地步。現尚還保有的屬土中，民心有漸離的惡劣趨勢。政府頻頻更易，亦於事無補。在自由世界方面，所參加之各項多邊組織中，大多是只站在掛名或協從地位。同時又為了國內各種難題所困擾而不能履行自己的承諾，在目前的兩大集團之間，冷戰與熱戰，如走馬燈式的迴旋交替，法國在這些場合中，似乎只落在尾後跟着，拖發生不了甚麼大作用。在「大國」的比重上，實在比前遜色多了！巳往的「面子」，也褪色不少，民族自尊心，也可能受到若干損害。但此刻法蘭西人還慶幸有一個個性極傲岸和自尊心極強的戴高樂在！『法蘭西若非偉大，就不是法蘭西了。』『我就是法蘭西。』這兩句話，還深深牢記在法人的心頭。並且也還記得它是出在戴高樂的崖岸自高的口中的。充份表現他是陶醉和追求法蘭西已往的光榮和自視甚高的頑強人物。事實上的確也是如此：他認為法蘭西應該是歐洲的主宰者，或是國際巔峰階層世界中的國家之一，事事應該受到尊重和咨商。當他在戰後的臨時總統任內，西方首領與之折衝樽俎之間，每每發現他一切以法蘭西的利益為前題，很少站在客觀的立場去顧全大體而讓步的時候，總覺得和他不易結交與相處。最近在中東問題中，他雖然是站在西方世界的一邊，例如於英美出兵黎、約的當時，法艦亦隨之游弋於地中海東岸一帶，作象徵式的參與行動。但後來為了這問題而醞釀召開高峰會議，在若干細節上，顯然是為法蘭西的利益打算，不惜與英美背道而馳，暴露了西方世界的弱點，同時他還準備在此一未來的高峰會議中，有代表歐洲大陸的義、荷、比、西班牙、中東的以色列、希臘，甚至北非的突，摩等國，闡明對時局的立場，企圖利用此一會議，提高法國地位，成為歐非的中心國家。這一連串的行動，與他登台後所宣佈的外交政策，是若合符節的。姑不論它對西方世界有何重大的損失，也不問它對法蘭西眞正有什麼好處，但只從法國人民的立場的一個角度去看，它實在迎合了法蘭西人民的渴望與要求。

共產黨播種於法國，時間是相當早，（一九〇五年成立）在一個以工業為主的環境裡，勞動大衆，免不了會受共產主義假招牌所誘惑與麻醉，因此法共的根基，是相當穩固的，發展也相當驚人！在歐洲除了義共外，便要算它了。被它控制下的工人階級，據稱有三百萬之衆，已居於第一大黨的地位，每次普選中，差不多都佔選票的四分之一以上，法共黨員也曾任過閣員要職，但從一九四一年起，屬地脫離法國的一連串事實相繼出現，乃至阿爾及利亞戰火燃起後，它對此所採取的立場，一向是與法國人民的利益為敵，例如不斷贊成讓阿區脫離法國，企圖把它奉送到蘇聯的懷抱中，這些事實，透過了法國人民明辨是非的目光，它的醜惡面貌，自然無所遁形，他們知道它是欺騙工農大衆接受莫斯科指揮出賣法國的敗類，是應該受唾棄的傢伙！尤其經過最近的波蘭和匈牙利人民起來革命的聲浪所冲擊，這種不滿和厭棄共黨的情緒，已普遍蔓延到由它控制下的工會裡面了。這，可以從以下的幾項事實，加以証明：一九四六年法共佔法國會議員的一百九十六席，降至目前的一百四十九席；選票由五，四七〇，〇〇〇票，降至一九五一年的五，〇〇〇，〇〇〇票；在此次公民投票中，法共亦失去百分之二十至三十的支持者：巴黎郊區的伊夫爾，法共總書記陶雷士在一九五六年選舉中，得一四八，五八四票，而這次則只有一二，一七一票「反對」新憲法；蒙特紐爾，在一九五六年選舉中，法共書記杜克洛得二一，六四〇票，而今次對新憲法的反對票只有一七，四七三票；夏末爾港，市議員大多是共黨，市長也是共黨，這次投「贊成」新憲法的六萬票，「反對」票則僅有二萬四千票；馬賽區於一九五六年，法共得十二萬二千票，這次僅八萬餘票「反對」；里昂區法共於同年亦得五萬票，這次只有一萬六千票是「反對」的。法共喉舌「人道報」，原是巴黎銷路極廣的一份報紙，以前銷路超出四十萬份以上，現在已慘跌至九萬餘份，另外還有三家銷路亦極廣的法共雜誌，近來亦因銷路銳減至不能維持的程度，不得已合併為一；當比奈政府時，法共曾三次發動罷工，但殊出它的意外，遵命能工的人數，還不到百份之二，電報工人二十餘萬中，僅有寥寥幾個參加而已；當佛蘭林內閣危機面臨內戰邊緣的時候，以共黨為骨幹的「人民陣綫」，與戴高樂派進行搏鬥，以第一大黨自居的法共，如果要在那時興風作浪，則何事不可為！結果呢？還是向對手低頭，發動罷工示威也終於失敗。這說明了連工人們都已漸漸覺醒，起來脫離它的結果。原是與戴高樂的個性，與共產黨積不相容的。

（下文接第三版）

談從善如流（民主生活談片）

李金曄

八年前初到香港，雖不免慶幸虎口餘生，但總覺得這是大英帝國殖民地；呼吸的空氣雖是自由的，而腳下踩着的土地，卻一點兒也沒有家鄉的泥土氣息。惟一覺得可慰的，就是儘管生活在這個洋化的都市裡，卻盡可以和居於統治地位的洋大人不接觸，不往來。洋大人自亦不會無事生非來找麻煩。

初來時，也因為缺少社會關係，幾個同學蟄居斗室，分工合作地生活，接觸的人雖在語言上有隔膜，畢竟還是一塊土地上生長的。生活久了，也自然地覺出廣東人和廣東話，自有另一套味兒。漸漸地也分得出廣東人中，有內地的廣東人和香港的廣東人之別，但即使是土生在香港的「香港仔」，也還說自己是廣東人，不說是香港人。這點民族自尊心，由衷地使我欽佩。雖然國家多難，也儘管還有許多人要歸化入英國籍。

由於能識別香港廣東人了，於是漸漸地也說出「香港文化」與「內地文化」，雖都是從一個祖宗傳下來，但有很大區別。比如說，當時這裏的公共汽車站的牌子上，寫着「若要停車乃可在此」的妙句兒；「××禁區」的門口豎立着「諸色人等不得在此停留」的告示。這些，雖可望文生義，知是怎麼會事，卻總是見一次蹩扭一次。

但是不痛快的，還不止於此。當人們看完電影散場前走出電影院時，必然有一陣音樂的樂曲相「送」，而洋人則皆必恭必敬地肅立以待。初時覺得有入境隨俗的必要，但後來又發覺「老香港」的唐人是蠻不理會的。儘管是有可以不予理會的自由，但總還是覺得蹩扭，有時更感覺到從一場電影中得來的那點兒情緒和靈感，一股腦兒全給這一股鬧熱的樂聲給帶走了。

其實現場情況說，既已是託庇在大英帝國之下做個難民，是應該肅立以待音樂奏完的，但是散場時情況之零亂，則尤如童年在內地見到的鬧鬨鬨的墟市那樣，又何嘗有絲毫莊嚴肅穆氣氛之可言！

漸漸地，這個社會在變了，其變，竟使你絲毫感覺不到有變的氣息。「巴士公司」不聲不響地換去了那種咬文嚼字的站牌；「諸色人等」的告示，也逐漸地減少了；還有那些自香港者有史已來即已存在，屬於「香港文化」系統的玩藝兒，都在自我蛻變中。更令我恍然感覺到的，還是那電影院散場時播放的音樂，也盡量的減少了放送的需要。（雖然現在偶而也還有放送的，反覺得是透着點新鮮。）

如果說，這些都是香港對內地人的讓步，我覺得讓步最大的還是電影院裡停奏，少奏音樂。而其可貴是可貴在聲悄悄地不知不覺中，使你淡忘了。

英國這個民族，你能說它是沒有文化的民族嗎？法國人可以大膽地詛咒美國人只有「可口可樂文化」，但對盎極魯撒克遜人，就得另眼相看，儘管法國人對自己的「光榮傳統」重視萬分，並不在我們重視中國傳統文化之下。同時，英國人也是個善於幽默的民族，就從能夠自覺地在電影院停奏，少奏音樂來說，也就可窺知為什麼偌大的大英帝國還能長久地維持其帝國的團結。對於被認為不恰當的，足以引起混亂的任何措施，英國人是最能自覺地適應糾正的。

這些生活中感應到的瑣事，本無一譚的價值，但是從這些瑣事中，卻能體味出為什麼英國從一六八九年通過了『權利法案』以來，就不再曾發生過流血革命這會事。很顯然，這是皇室總在不自我傷害尊嚴的原則下向人民讓步，讓步。皇室懂得應該如何地適應着社會思潮和人民心理的趨向。

前些時，會聽到一位來自台灣的朋友說，台灣的電影院裡，是在開映前首先奏「三民主義」，又同時映出蔣公中正的幻燈像，而觀衆也就照例懶洋洋地，掀起半邊屁股，裝着站了起來應個景。可是可笑的事，也就往往出在這一剎那，有時樂聲未完緊接着「蔣公中正」之後，銀幕上出現了穿着三點比基尼泳裝的美女廣告幻燈片，而此時此際的歌聲，則尚未放送到「貫徹始終」，於是往往又緊跟着爆出了滿堂的笑聲。

在香港，唐人電影觀衆，可以無須理會音樂聲，拍拍屁股走人，那自是因為在電影散場的時候，可以一走了之。在台灣，則只有「全體肅立」以待，那怕只是抬起半個屁股，也得裝個樣，因為化了錢未看到正片，是誰也不會起身走的。（據說很多人就因為討厭這調調兒，寧願晚十分鐘入場，於是無形中破壞了正片放映後的場內秩序。）

就事論事，台灣的統治者畢竟比香港的殖民地政府高明，但從另一面去看，從眞正維持統治者的尊嚴去看，我覺得英國人畢竟棋高一着。英國人懂得乾脆停止放送或減少放送音樂，這正是英國人善於保留皇室尊嚴和懂得民主政治藝術之所在。

舊瓶裝新酒，和新瓶裝舊酒，其間的距離何至十萬八千里。眞正的民主政治與經過裝扮過的「民主政治」，其差別就只要從這些微末細節處，即可窺見了。還用多所辭費嗎？

英國的民主憲政的精髓何在呢？就在於身為統治者的，知道如何去做個統治者，知道如何地去追隨思潮作必要的適應與讓步，少做或不做那些挨罵不當的事。

多多地從善如流，尊嚴就自在其中矣！

大陸逃港學生的控訴：黨委會的設計

劉英珠

在「聯合評論」上看到了多次大陸逃亡同學的控訴，最使我感動和止不住流淚的是最近方芳同學的控訴。

因為我的遭遇和她一樣，但結局卻悽慘得多。

這一切都是因為我是團員，團員是應該服從組織分配的，組織上叫你怎樣做你就得怎樣做，甚至是犧牲自己終身幸福，將我們的女兒身供人蹂躪，都要二話沒有地服從。

一九五二年七月，在「黨的生日」那天，我舉起了手，宣了誓，參加了新民主主義青年團為正式團員，因為我家庭成份是新中農，本人歷史也清白，學習和社會活動都很積極，所以沒有候補期就成為正式團員。

那時，我正在廣州四中中學讀書，十六歲，初三。

參加了團以後，我工作得更積極了，成為學校數一數二的

寫過：「十八歲，在人生，只有一次。」可是，我的十八歲卻是一個最痛苦的回憶。

那是一九五四年尾，學校中調來了大批軍隊轉業的幹部來工作，原來的黨委書記，團委書記等又全都調走了。為了工作，我和黨委會青年委員宋云彬（專負責領導團的工作的一個委員）就必須經常接觸。宋云彬已將近四十歲了，論年齡可以做我的父親，但他竟向組織上提出要和我結婚！

無論我怎樣地擁護黨，怎樣地熱愛黨，可是我怎能嫁一個比我年紀大一倍，而且毫無感情的人呢？

在黨委會林書記作「組織介紹」的時候，我一口拒絕了。因為這太不可想像，宋云彬是什麼東西！

林書記的第一番談話我還記得，現在講出讓全世界的人聽聽，他說：「劉同志，宋云彬同志是革命

黨作過犧牲的老戰士嗎？」

這是多麼荒謬的論調！在他們看來，女同志只是慰勞老戰士的工具！他們否認婚姻應以愛情為基礎！

這是我最先的想法，那時我想，雖然黨要我這樣做，但是婚姻自願的原則，是法律明文規定的，應該可以得到尊重才是。我太天真了，最天真的是我把整個黨和個別黨員分開來看，以為黨是正確的，但個別黨員是有錯誤的。以後的事實證明了整個黨，它的行為完全和那些絕滅人性的黨員一樣，因為黨正是由這些黨員組成的呀！

在我拒絕了林書記的「組織介紹」之後，宋云彬會鬧了一次自殺。事情就嚴重了，組織上認為我有「賣弄色相，謀害革命同志」的嫌疑。幸而我入團早，家庭成份清白，這一個追查才不了了之。可是「

人家在課室中接吻」、「劉英珠向宋云彬要錢要不到才不嫁給他」等等，一個年輕的姑娘聽到這些話心境是多麼難受啊！但我都默默地忍受着，不作聲辯。

要取得我的心，宋云彬是一刻也未曾熄滅的。

最駭人聽聞的事情發生了。

那一晚，是一九五五年六月十一日，我畢生咬牙切齒紀念的日子，禽獸們給我的身體和心靈留下了永遠無法彌補的創痕的日子！

那晚，黨委婦女委員齊大姐找我談話。同學們都不在課室中，她也不把燈開開，在黑暗中亂七八糟地和我談話，接着，她又叫我等一等，就出去了。

在黑暗中，我等了一會，有點害怕，剛想走去開燈，一個人進來了。

以後的遭遇，我不願詳細地說出來，我太羞、太氣、太……我簡直沒法說出來。

那天以後，我在逼不得已的情形下和宋云彬結了婚，以後，宋云彬得意地告訴我，所有的一切全是組織上設計和安排的！

這是什麼世界！我眼前一陣又一陣地發黑，我的心情比那晚更沉痛！因為一個卑污的圈套在等着我鑽，而我卻還在相信佈置那圈套的是全世界最偉大的人們！

事後我去責問齊大姐，她嬉皮笑臉地說：「我這個媒人做得不壞吧！」

我氣急了，一把抓住她的頭髮，和她打了起來，她大叫我是瘋子。

以後，我真的有點瘋瘋癲癲了，可能因為受的刺激太大。學校中的課也不上了，什麼事都不管了。

我母親從鄉下出來看過我一次，我們相對着直流淚。

我母親回去後，寫信給我在香港的哥哥，哥叫我到香港來一次消遣一下，宋云彬也同意，因為他要我到香港來買鋼筆買錶帶回去給他。

我出來二年了，再也沒有回去。

宋云彬已經向人民法院申請和我離婚獲准，又娶了另一個。

我是自由了，但我的青春已被活埋了。

我講不出太多，只是想哭。誰能制住像有我那樣苦命的遭遇的人的眼淚呢？

越南通訊

越柬糾紛問題

越柬兩國都是位居東南亞的小國，國土毗連，有如唇齒相依，依理它們是應該非常友好的，但由於柬國三個月前突然宣佈中立，這就使得越南不安了。

當然，這一舉動也不僅使得越南不安，附鄰各國也都是不安的。當一九五八年七月廿三日柬埔寨總理施漢諾王子對報界發表聲明時，為着辯護其承認中共之決定，其措辭中竟涉及越柬邊境事件，其聲明是越南政府極不滿的。

越南政府不滿意的原因，是因為越南認為施漢諾以「柬埔寨若干土地被歸併，及藉口柬埔寨領土被用作共產黨及其政體敵人之巢穴，而以軍事恐嚇對待柬埔寨」為理由作為自己改採親共政策之辯護，乃極不正確的事。越南政府以為施漢諾之此一談話，顯然在使人相信柬國之領土安全及領土完整已受到鄰邦之威脅，更容易使人誤信柬埔寨之鄰邦早在欺凌柬埔寨，而在越南政府看來，這問題卻恰恰與此相反。

在越南政府看來，問題的關鍵並不是有如施漢諾所說，而是柬埔寨政府掩護越南武裝叛徒問題，以及柬埔寨政府准許越南一般傾覆份子在柬居留問題，而這些人，是越南政府所絕不容忍的。所以，越南政府認為越柬問題不在彼而在此。

因為越南政府的看法如此，所以在施漢諾發表談話後不久，越南外交部即會根據上述觀點予以駁覆。現在，這些問題還在繼續發展，還一直未能澄清，看來，在這些問題未能澄清或解決以前，越柬關係是難望改善了。

向勝利躍進的戴高樂

（上文接第二版）

當他担任臨時總統的時候，國會的黨派勢力，形成鼎足而三之勢，此三者為法國共產黨、社會黨和天主教派，而其中最大的據說要算法共了。當時法共要求担任外交、內政及陸軍三部中任何一個部長的職務，照理應該是順理成章的，但卻為臨時總統的戴高樂堅決拒絕了，並且還向法蘭西人民公開宣佈：『法共是蘇俄的走狗，當然不能給以政府中任何要職！』這次他着手進行組閣前幾天，曾接見各黨派領袖，徵詢組閣意見，獨法共被屏諸門外；內閣名單中，法共也榜上無名，在新憲法中，更有禁止政黨非法活動的條文。這種無視法共的存在和抑制法共的作風，無疑的是博得大法蘭西人民的喝采的。

（四）結論

隨着新憲法獲得法蘭西人民的批准，第五共和國便呱呱墮地了。在戴高樂政治生涯的途程中，峰迴路轉，又大大地躍過空前的一大關。他要做一個傑出的『藝術家』，把殘破了的一塊碧玉——法蘭西從新彫塑成一座巍峨壯觀足以炫耀當世的國家模型，擺在太空時代的地球上面，無疑的他的抱負，可說已經奠其始基了！那新共和國的首任總統，也無疑是非他莫屬了。大多數觀察家都不去注意總統誰屬這一件事，而把目光投射到更遠的一些問題上面：（一）他有沒有勇氣更進一步宣佈那違背法蘭西人民利益的法共為非法組織，從而徹底把它消滅？（二）今後他能否使阿爾及利亞在大法蘭西的三色國旗下真正與法融成一體？（三）在西方陣營裏，大法蘭西如何盡它應盡的責任與義務？法國是歐洲主要的國家之一，法國如隨着戴高樂的勝利而改觀，這不只要直接影響到歐洲，間接更要影響整個的世界。

讀者投書

「談八年來海外的民主自由運動」讀後感

李翔

九月廿七日的早晨，當我讀完了應宜先生的大作：

觀台灣，我們所朝夕期待的政府呢？她不但沒有一種反省思過的誠意，從而製定一個網羅海內外反共人

先生所說：大陸嗷嗷待哺的同胞倒懸待解，而海外的有志之士，又處在旱禾望雨的情況下，現在若能

用一種『微言大義』的方法，來糾正人心，改造社會，時至今日，不但要用『微言大義』來完成『口誅筆伐』的任務，同時在這個國共兩黨之間，為了要正視社會上的聽聞，糾正『異形離心交喻，異物名實互紐』的遺言，更必須要有一個響亮而新興有力的名目，如此既可正之視聽，又能用以號召，況且的任務，乃是革命性的歷史任我們絕不能僅用一種名稱涵義設想完成這一艱鉅工作，因此不但要注重正名的動機，同時注意到正名的實用功效，所以不應當再坐而言，而應該要起了。『衆志可以成城』，『團有力量』，盼望先進們速即登呼，來籌商這一歷史使命吧！

二、關於『英明果斷的領袖』：自從儒家提出『惟仁者宜在』的人治觀念以來，思想界始有擺脫這一鎖鏈，其原因完全了人與政權分不開的影響，須法的不必是聖君，乃是政權，乃是勢位，且看韓非子難勢篇引慎子的『堯為匹夫，不能治三人，而桀為天子，能亂天下，吾以此知勢位之足持，而賢智不足慕也』的記載，便可明白這類道理，今天饒是原子時代，不還有人在那裡歌頌什麼東方紅嗎？什麼大哉中華的領袖歌嗎？由於個人崇拜的結果，益使這些獨夫，更囂於世態，而妄自尊大，終日夢想封建獨裁，基此一念之差，害盡蒼生而猶不知悔，這樣的妄人，古往今來已不知幾多了！如今歷史既然不會重演，時光又焉能倒流，當此新生力量萌芽之始，萬萬不可再讓此種思想上的流毒存在了，因此我認為一個強有力的組織，必須先有一個完密的綱領，因為只有拿這個客觀性的東西作標準，才可如鈞石權衡，比較公道可靠，如此便很自然的可以免除過去『以心裁輕重』的壞處了。在這樣的情形下，如能順乎自然，產生了英明的領袖固好，否則再也不怕那些不是英明而又太果斷的領袖們重把我們帶進危險的深淵了！

原稿空白

記甲午戰爭前的中日糾葛（一）

左舜生

中國近代的無數糾紛，大抵始於甲午中日一戰，舉其大者言之，如戊戌維新，己亥建儲，庚子拳變，日俄戰爭，憲政籌備，辛亥革命，溯其根源，殆無一而非由甲午一役所引起。

甲午一戰，爆發於光緒二十年至二十一年之間（一八九四至一八九五）。孫中山創建興中會，於檀香山，在光緒二十年十月；康有為領導公車上書，則在二十一年三月；這可看出中國近代革命立憲兩派運動的與起，與甲午一戰的關係是何等密切。但甲午一戰不是破空而來，我們為了解這次戰爭的起因及其結果，單單求之於普通中國近代史的敘述是不夠的，同時必須知道日本維新史以及朝鮮當時的實況，和一般國際的大勢。

本篇所述，以甲午戰爭前中日兩國間所發生的糾葛為限，至中日實戰的經過，則留待次篇。

（一）中日締結修好通條約

自道光二十二年（一八四二）江寧條約（普通稱南京條約）訂立以後，中國海禁大開，西洋各國先後與中國立約互市，日本則遲到同治元年（一八六二），始由長崎奉行（日本官名）遣八附荷蘭船到上海，以荷蘭領事介紹，見我蘇松太道吳煦，請如西洋無約各小國例，專在上海一埠貿易，中國通商大臣薛煥許之。這算是近代日本正式與我國通商的開始，比之西洋各國蓋已落後二十年，然而已經是九十六年前的往事了。時太平天國已近尾聲，但李秀成仍在苦苦掙扎，上海亦正在緊張狀態中。

同治三年（一八六四），改由英國領事巴夏禮（Harry Parkers）代請，許日本商民自報我海關納稅。是年會國荃攻破南京。

同治七年（一八六八，日明治元年），英領事又為日本請照料其游歷過境的官紳，日本商民也自請憑護照入中國內地經商游學。以上都是日本德川幕府時代的事。

同治九年（一八七〇，日明治三年），時值日本維新伊始，雅有開國進取之意，乃遣其外務權大丞柳原前光及權少丞花房義質等（大丞少丞均日本官名，權是署理的意思，下仿此），帶着他們外務府的書信到天津，謁大學士直隸總督李鴻章，通商大臣成林，請通商立約，書辭恭順委婉。鴻章成林上其書總理各國通商事務衙門（簡稱總署，亦稱譯署），總署僅許通商，不許立約。柳原固請於鴻章成林，總署卒允之。

同治十年六月（一八七一，日明治四年七月），日本以大藏卿伊達宗城為正使，柳原前光為副使，來議約。中國則以李鴻章為全權大臣，江蘇臬司應寶時，津海關道陳欽為幫辦，與之議於天津。先是柳原去年之來，原已交出日方所擬約稿一份，此次乃另提新稿，欲一切如西洋各國例，鴻章嚴辭拒絕。經過月餘的磋商，始於是年的七月底（公曆九月十三日）簽訂修好條規十八條，通商章程三十三款，並附以中國和日本的海關稅則，其不同於西約的地方，為不准日本商人運貨入內地，並不准入內地購買土貨。日本意雖不滿，但同治十二年（一八七三，日明治六年），其外務卿副島種臣來華，卒於是年四月初四（公曆四月三十日）於天津完成換約的手續。

此次副島種臣之來，仍以柳原前光為副，携帶海陸軍將領多人，並以美人李仙得（Legendre）充顧問；換約僅其附帶目的之一，其主要使命，乃在前往北京，以賀同治帝親政為名，以頭等使節資格，單獨覲見同治帝，面呈國書；並與總理衙門接觸，以窺探中國虛實，為侵畧琉球，台灣，朝鮮預佔地步。其結果則一切企圖均告達成，此實中日兩國關係漸趨複雜的關鍵。

和瘟詩

達凱

邇來左報紛載毛澤東新作「送瘟神」二首，其一云：「綠水青山枉自多，華陀無奈小虫何？千村薜藶人遺矢，萬戶蕭疏鬼唱歌。坐地日行八萬里，巡天遙看一千河。牛郎欲問瘟神事，一樣悲歡逐逝波」。詩意平庸，技術低劣（一首中竟同三字），詞句欠通，但表現出作者「夜不能寐，浮想聯翩」（見序言）之苦悶心情與途窮日暮之悲涼感嘆，故步韻和之。

底事無眠感慨多？投自絞索奈君何！
害虫吸血猶吞骨，新鬼含冤帶淚歌。
北地愁雲連溯漠，南天巨浪撼山河。
可憐夜夜迷長夢，霸業終將逝碧波。

論做壽

——亮齋閑話之九

徐亮之

客　我們領袖近年以來好像特別有鋪做壽癮，您看出來了沒有？

主　「人生七十古來稀」；田舍翁多上一兩歲年紀，多收一兩石穀子，也會首先想到做壽；上海大亨更一年一年做壽；何況身為領袖？即拿領袖說：當年封建領袖乾隆在位就老愛在古代名畫上鈐蓋「古希天子」的印章。無產階級領袖史達林活着時，也曾不避「頭腦封建」之嫌，大做其壽。領袖們有鋪做壽癮，哈稀奇！

客　您知道乾隆自號「十全老人」嗎？丟開當年滿漢恩怨不說，像他那樣的開疆闢土，文治武功，主觀上確也夠得上「十全」的驕傲呢！至於史達林當年客觀上是個什麼地位，我不說您也明白。像這樣偶爾做做壽耍子，卻倒無傷大雅，夠風光呢！

主　我想這八成兒是你們做幹部的閧的罷！您卻不好錯怪！

客　「上有好者，下必有甚焉者」；憑空沒事幹部閧得起來?!縱使幹部起閧，一個條子下去，誰再閧閧看！難道我們一直是「條子政治」您竟全無所知？

主　別說風涼話！假使您設身處地想一想，對這一年一度的起閧，怎麼辦？

客　一個文告，堂而皇之，嚴厲禁絕。包管勝過五百個祝壽團，抓回五億顆失望的心。

主　那這不成了原子靈符了嗎？我倒要認眞請教來。

客　放心！這文告不會像過去般長得只令您想睡覺。聽着：「神州板蕩，責在藐躬。不飲黃龍，實慚馬齒！以言祝嘏，只益汗顏！倘天福中國，重光日月；待罪之餘，得以餘年，賀猶未晚。今宜作罷，務各凜遵！」

主　不成，不成；您這氣派簡直就是要強領袖「下詔罪己」；而他卻一貫只是「下詔罪人」的！

客　沒有罪己的雅量，斷無恢復的鴻規。

主　那末，您認為今日領袖做一個壽，便會失盡人心咁巴閉囉？

客　最少並不如當年慈禧太后做壽風光。

主　慈禧？對了對了！我倒想起梁任公（？）當年送給她的一幅壽聯來了；不、不，年紀大了，只記得大意，記不起原文了。

客　大意怎樣？

主　大意是：某年失琉球，某年丟緬甸，某年割台灣遼東，千萬里河山破碎，「為問萬壽究疆無」!?

客　着呀！今日大陸丟光；台灣在國際政治肩客口中還兀自是「妾身未分明」；假使有個冒失鬼恭送一塊「萬壽無疆」的祝壽扁來，怎麼辦？

× ×

禱

盛紫娟

悶熱的下午，窗外的擴音器放送着鬼哭神號似的粵曲，心頭正擠滿焦切與煩悶。忽然一陣門鈴響，母親開門迎進一位客人來。

這是一位高身材的老者，微駝着背，灰白色的長髮散在紅潤的額上，兩隻藍色的眼睛，閃着慈祥和喜悅的光。

他雖然是個歐洲人，但說得一口地道的北平話。他笑着對剛走出來的女孩子問：「啊呀！這就是阿蘭。我早就想來看看妳，一直沒有功夫。阿英常常說阿蘭這個，阿蘭那個的，咱們已經算是朋友了吧？」

他看她不出聲，就扭頭對媽媽說：「喲，還有點害羞呢。阿蘭，妳現在做什麼呢？」

「唸英文。」

「妳今天下午有什麼計劃？能不能化一點時間跟我出去一趟？」

「如果你要的話，咱們就去吧！」

當他們走到街上的時候，老者問：「咱們去吃冰淇淋好嗎？並且可以談談話。我來的時候對阿英說：『阿蘭一定不理我。』她說：『不會的。』我想：一個剛從內地出來的青年，對一個外國神父，一定感到害怕，和不信任，是嗎，阿蘭？」

女孩子看了看神父的親切的面孔，說：「不，您想錯了。」

在一條熱鬧的街上，老神父只一心一意地尋找一個乾淨，清靜的冷食舖，但很多舖子不是因為髒，就是因為鬧，都不能使他滿意：他說「太亂了。哪個地方都放唱片。」

「這大概因為廣東人特別愛好音樂的緣故吧！」

「阿蘭，妳喜歡看電影嗎？」當他們經過一個電影院時，老神父問。

「好片子喜歡看，壞片子就不喜歡。」

「從大陸出來的人，說話總是很謹慎，走路時東張西望，怕被人暗算，已經養成習慣了吧？阿蘭，這個地方很不錯，我們就在這兒吧！」

他們叫了兩客雪糕，就一面吃一面談起來。

老神父忽然說：「喂，阿蘭，『坦白坦白』他們怎麼會放妳出來的？」他見她，只是抿咀笑；便又問：「怎麼？害怕嗎？偷偷告訴我，我替妳保密。」

阿蘭附在老人的耳上，說了一會兒，神父不禁哈哈大笑，又說：「妳跟剛出來的人不太一樣，妳膽子好像很大。」

「一點也不假。」

「他們為什麼要把妳下放呢？」

「家庭出身不好，受資產階級影響太深，立塲不穩。」

「不去不行嗎？」

「那怎麼行？」

「共產黨的報紙不是說，下放生活，一面生產一面讀書很快活嗎？」

老神父只見她一閉眼睛吸了一口氣「共產黨的報紙那有眞話。聽說很多下放的單位幾乎都有自殺的，天曉得有甚麼快活！」

「妳想過自殺嗎？」

「想過。」

「為什麼不自殺呢？」

「自殺是弱者的表現。我已經深受不自由的痛苦，我怎麼能使後代的人，永遠過着奴隸生活。」

「太過分了吧，奴隸生活？」

「一點兒也不過分。您是生活在香港的人，當然體會不出我們是怎樣生活着，所以您也應該去改造。」

這句話逗得老神父哈哈大笑。他一面用小匙攪着已經化成水的雪糕，一面說：「吃完再說，要不要我餵妳吃？」

她搖着頭，瞪大了眼睛，咯咯笑起來。

吃完了雪糕，又叫來橙汁。神父說：

「聽說你最初是很擁護共產黨的，妳思想是什麼時候轉變的？」

「肅反時，我看出了共產黨兇惡的本性，鳴放以後，我才知道共產黨是騙子。」

「這太簡單了，你講幾段你自己的故事給我聽好不好？」

（未完）

本刊已經香港政府登記

每逢星期五出版

聯合評論

週刊

United Voice Weekly

第十一號

督印人：黃宇人
總編輯：左仲平
社址：九龍金巴倫道三十八號三樓
電話：六一四一三(61413)
承印：田風印刷廠
香港高士打道二二一號
售價：每份零售港幣一毫
總代理：友聯書報發行公司

論美國的彈性政策

孫寶剛

中共炮轟金門，在停火了一個星期之後，又宣佈再停火兩個星期。於是許多人在猜，兩個星期後會不會再停火，或竟然開火呢？假如有人來問我，我會肯定的說，中共定要再開火的。不過我的意見不是等兩個星期期滿後立即開火。

爲什麼我敢這樣肯定呢？理由很簡單，因爲杜爾斯前幾天不是說：美國對於防守台灣海峽的島嶼的政策將更富於彈性的運用。既然是更富於彈性，易言之，伸縮性更大。但是綜合美國各方的言論和措施，中共定已明瞭，伸至最大，不會超過堅強的防禦，決不會轉爲攻擊的。至於縮到怎樣，那倒不可知，所以中共在有利的時機下，爲什麼不來試探一下美國縮到什麼程度呢？因爲美國的縮，就是中共的伸。

由於中共這一次的炮轟金門，已使美國總統都說要減少金門兵力；在金門配置十萬大軍是愚蠢的。我們姑不論配置十萬大軍在金門是否愚蠢，但至少我們可以相信，台灣在金門配置十萬大軍，美國的國防部，甚至艾大總統，事先不會不知道的，那麼事先爲什麼沒有提出勸止呢？照理，既有中美防禦協定，對於各地兵力配備，美國必然事先知道，也必然雙方同意後施行，難道艾大總統以下的美國軍事家都一向頭腦胡塗，而沒有提出在金門配置十萬大軍的不妥當，須待中共打了四十餘萬發炮彈之後，才清醒過來，才知道置十萬大軍於金門是愚蠢麼？我不相信艾大總統以下竟然這樣胡塗，恐怕毛病的根源，在台灣方面是總想假裝反攻大陸，在美國方面的毛病，早已想對防守台灣海峽的島嶼，作彈性的運用，想叫毛澤東來猜謎。但是毛澤東對於資本主義國家早已有了一個看法，他認爲資本主義國家間是有矛盾的，資本主義國家的內部也有矛盾的，所以對付資本主義國家，只要增加壓力，這些外在和內在的矛盾力量，都會成爲他的幫兇，而很易達成他的目的。所以他已不需要猜，只有以行動來試探，以知美國的彈性運用，在縮的一方面，究竟可以縮到那裡？

中東問題發生之後，在全世界怕原子戰爭的人們的心理上已緊張到了飽和點，美國人也不能例外，所以乘這個時機，炮轟金門，最可能使美國的這條彈簧政策縮到最高度，也正是全世界及美國害怕原子戰爭的人們最會拍住美政府的後腿的時機。毛澤東選擇這個時機，不能說他不巧妙，可惜中東問題在聯合國解決得太快了；再加上蘇聯自中東問題起至金門事件止，始終是虛張聲勢，證明蘇聯也怕原子戰爭，不敢打也不願打，毛澤東也忘記了他自己的口號，「沒有和平，不能有建設」，和「時間是有利於我們的」。這不也証明，中共也不宜於現時立即有戰爭。美國對金門的彈性運用，這一次還算聰明，取了伸的一面，所以使中共不得不臨崖勒馬，宣佈停火，免得以熱戰的姿態，以求取冷戰的效果這一目的，眞的成了一個眞正的熱戰。

但是毛澤東以後就不試探了麼？美國對今後防守台灣海峽島嶼的政策，既更富於彈性；那就是說，美國人在引誘毛澤東再來試探，不過毛澤東當然要選擇一個有利的時機來試探，所以我說中共定要再開火的，不過我的意思並不是指在兩個星期期滿後的下一分鐘才開火。

有人把四十萬炮彈的價值太强調了，有的人還計算出，這許多炮彈要抵值一億餘美元，假如像這次試探一樣，在試探之後，一無所獲，中共不是損失太大嗎？我認爲這些人沒有知道中共素以人民爲奴隸，這一些些的炮彈的價值，只要令中國老百姓多餓半天的飯，不是就抵償了麼？反之，假如因試探而美國讓步，而使中共能加入聯合國，而參加高峰會議，其所得是很大的。

話說到這裡，我們已可明瞭，美國的彈性政策，正是在製造台灣海峽的危機。共產集團的擴張政策，乃是基於其世界革命的一貫性理論，決不是彈性政策可以阻止其擴張的，所以彈性政策，決不是一個適當的政策。除非美國確有決心，預備對中共挑起一個美國所謂的局部戰爭，予中共以相當大的打擊；明知蘇聯現在還不敢戰不願戰，世界各國正在怕原子戰爭，所以這個局部戰，不特不會形成世界大戰，並且也不會時間太久，我相信戰鬥不上十天，各國政府便會努力奔走停火，那時中共已大受打擊，可以使亞洲許多恐懼中共而專替中共搖旗吶喊的國家，稍長一些自尊心，而同時使中共內部也更清楚美國並不是一個一碰即穿的紙老虎。這對未來的世界形勢是非常有利的。但是美國有沒有這個決心呢？假如有的話，那麼在中共停火前幾天，已可使台灣去轟炸金門對岸的大陸而一步步地導向這個局部戰爭去。可是美國並沒有這樣做，這就是說明美國沒有這樣決心，至少在這一次的時機上把握不住，以後是否能把握時機，是使人們懷疑的。

假如美國沒有這樣決心，而希望在台灣海峽苟安一時，那麼彈性政策之錯誤，已可自明。美國應該像對付南北韓，南北越和東西德一樣，宣佈以現在雙方佔領的一條綫，作爲雙方暫不侵犯的境界，中共自會像南北韓等地的不敢妄動。現在不是這樣做，而斤斤於減少金門兵力的問題上，這眞是使人們不易瞭解的。因爲兵力的多少，是軍事配備的技術問題，金門要不要堅守，纔是一個政策的問題。金門經過這一次炮轟以後，已由軍事價值，升化爲自由世界與共產集團的心理作戰問題。假如美國的要求金門減輕兵力，是放棄的先聲，那末毛澤東的所謂對資本主義國家增加壓力，便可使其讓步，眞是一點不錯；共黨一定用其蠶食政策，一步步的逼美國讓步，以達成其最後目的。假如美國的意見是指軍事的配備技術問題，那麼這是雙方軍事家的事，又怎值得政治家的爭論呢？而況現在爭論這問題，在時機上是最不利的。

十•二〇

有感於美國務卿訪台

今微

中共於杜爾斯國務卿抵台之前夕，突然宣佈提前中止停火期限，恢復炮轟金門，連日發炮萬萬以上，使這位滿懷和平願望的使者，眞的走到了戰爭的邊緣，無怪與華盛頓方面要表示驚異了。杜氏此次應邀訪台的主要原因，中美兩方都沒有明確的宣佈；但我們從各種跡象看去，似乎與應否及如何減少金馬的守軍問題，有很大的關係。

一

年來若干西方國家總以爲將金馬交與中共，即可獲致台灣海峽的風平浪靜。自中共砲轟金門以後，此說更囂塵上。美國政府也許鑒於中華民國當局的堅決態度，未曾作此主張；但華沙談判開始，中共宣佈暫時停火，艾森豪總統和杜爾斯國務卿都表示金馬的守軍太多，殊爲不智。絃外之音，就是主張減少金馬守軍。雖然他們隨後又補充說明，這應該由中華民國政府自己決定；可是，在台北對於美國如此依賴的現狀之下，只要美國堅持此一意見或在其他方面予以若干好處，他們終會聽從的。目前台北軍事當局突然宣稱不再派飛機偵察大陸，我們也不能不疑惑是由於外來的壓力。總之，在美國方面，也許以爲如此這般的解除了台灣可能加於大陸的威脅，中共必樂於接受。同時，讓中華民國繼續保有金馬，台北亦將無話可說。這樣台灣海峽的持久和平，就可以實現了。杜爾斯國務卿說，他此行是爲了和平，或即此意。

但我們要問：如此的和平，不是等於保障中共的安全嗎？我們反攻大陸既被阻止，中華民國不是將老死在台灣嗎？這將使海內外的中國人受到何等重大的打擊！

假設犧牲中華民國的前途可以導致世界的和平，而五億中國人的苦難能夠帶給西方的人民以幸福；那麼，爲了拯己助人，我們也可以萬死不辭的。可是，如所週知，共產黨是要實現世界革命的。他們的目的，不限於某些特定區域的奪取而是要征服全世界和奴役全人類。他們如能在東方爲所欲爲，其侵略箭頭又將指向西方的。因此，對於共產黨根本沒有信義與和平之可言。西方國家的政治家們又非盲然不知，而却不肯放棄安撫中共的念頭，我們不能不表示憤慨！

如今在西方的安撫聲中，在杜爾斯東來尋求和平的途中，中共又恢復炮轟金門。美國還希望是暫時的，我們也一向認爲中共沒有發動大戰的力量和意向。可是，中共敢於如此挑釁，已充分說明他們是不易被安撫的了。

二

我們以爲西方國家——尤其是美國，應該積極的援助中華民國反攻大陸。唯有將中共政權摧毀，東亞才能得到安寧。同時，蘇俄失去了中共政權這一個大幫兇之後，自亦不易在世界各地興風作浪；國際局勢才可望慢慢的緩和下來。這是尋求持久和平的正道。捨此不圖，而但知與侵略者妥協以求苟安一時，其後果是不堪想像的。二十世紀短短的五十年中，人類即遭受了兩次世界大戰的災害；而今瘡痍未復，第三次大戰的陰影又已籠罩吾人，原因簡單得很。就是由於西方國家的政治家們往往在侵略者尚未鞏固時，不知即時制止；有時爲了私利，反而多方姑息以助其長大。等到侵略者的羽毛一旦豐滿而向他們襲擊時，他們仍得出之一戰。今日的局勢，正與一九三四年間的情形相彷彿，誰說歷史不會重演呢？

或以爲如果美國援助中華民國反攻大陸，美國勢必捲入戰爭，蘇聯也不會置身世外，這豈非爲了台灣一隅的前途而招來一次爲舉世所急求避免的核子戰爭嗎？我們的看法則反是。我們以爲美國只需要在物質上和精神充分的支持我們即已足矣，用不着參戰。那麼，蘇國又何從捲入戰爭呢？最近中共封鎖金門時，第七艦隊實行護航，中共尚認爲美國和他們之間沒有戰爭狀態存在，可知中共也不會因爲美國供給我們某些物資就會認爲美國參戰了。至於蘇俄是否會介入呢？君不見赫魯曉夫最近一次的談話嗎？他說只要美國不侵入中國大陸，蘇俄對於中國的內爭是不干預的。俄酋已經如此宣佈了，西方國家還用得着杞人憂天嗎？

三

現在我們想談談美國的某一種外交政策或外交技術。杜爾斯國務卿的堅決反共態度，我們是很欽佩的；可是，我們對於美國在外交上的某些作法確不能同意。最重要的，是美國在任何國際紛爭中，都置身於第一綫，這雖是一種負責精神的表現，然而却缺少迴旋的餘地，往往招致種種不必要的困擾。我們希望今後美國外交當局能從衝鋒蹈陣的前綫，退居運籌帷幄的幕後，以領導代干涉，以行動代空言，庶可運用自如。第二次大戰以來，美國也曾對於許多國家出錢出力，多方援助；可是反美的情緒則隨處都有。此雖由於蘇俄的煽惑；而美國處處強佔第一綫，使有關國家不能發揮其力量，有時甚至於損傷了他們的自尊心，實爲造成此種現象的主因。以中國的情形而論，沒有美援，則台灣不可能維持到今日，這是中國人應該感謝的。可是，美援的目的，應該是援助我們恢復我們的國家；而不是藉此來束縛我們的手脚，使我們永無翻身的希望。更不應該是將台灣變成了美國的軍事基地而不顧我們國家的利益。中國和中共政權是不能併存的。我們如果要和中共妥協，還用得着美國幫忙嗎？因此，美國只有援助我們反攻大陸，早日推翻一面倒向蘇俄的中共政權而重建一個與自由世界爲友的中華民國民主政府，這才是兩利之道。現在美國第七艦隊警備台灣海峽，雖云協防台澎，却也協防了大陸。中共炮轟金門，台北當局欲轟炸大陸，美國也予勸止。金門被封鎖，美國不設法加强我們的海空實力，使我們自己去突破，而直接由第七艦隊護航。凡此都是美國要正面介入我們的反共鬥爭，長此下去，中美雙方都將蒙受其害的。

四

最後我們還想向台北當局說幾句不入耳之言。杜爾斯說，你們的反攻大陸只是一種幻想；而且縱要反攻，人民也不一定歡迎你們。這雖是外交上極無禮貌的談話，却反應了今日國際間對於你們的印象。我希望你們放棄那種與中華民國同歸於盡的打算，立即大澈大悟，把一切反共的中國民主人民團結起來，實施民主改革。形成一個新的政治形勢，讓世人對你們另眼相看，然後才可以得到多助。復次，中共既然炮轟金門，希望你們立即派遣空軍轟炸大陸沿海的共軍陣地，將戰爭的範圍擴大起來，然後才可以使國際間的姑息主義者無機可乘，也才可以打開反攻大陸的契機。千萬不要貪圖新的些許較新式的武器就得放棄自己的目的，試問不能反攻大陸，你們得到新武器又有何用呢？

中共為什麼實行「工資制」「供給制」代替「按勞分配」

曾明

一

「按勞分配」、「工資制」、「供給制」都是中共欺騙農民的手段。

二

中共在一九五六年實行所謂「社會主義改造」，把人民的私有財產變成中共政權的國家財產以後，無論農民、手工業者、工人、資本家、商人、知識分子就隨着這樣變化而淪為中共不同類型的奴工，人民必須服從其奴役才能生存。中共並以計劃的形式，組織的管制，固然將人民的生產活動控制在它的國家計劃裏面，並且將社會全部活動的總產品又掌握在它的手中。因此之故，對於人民維持生存的生活資料供給，中共有其應負的責任。所以，中共透過下列形式維持的：

第一、以工資的形式，作為工人、教職員、幹部（包括資本家、知識分子）的收入。

第二、以勞動所得的形式，作為農民、手工業者個人的收入。

此外，在目前階段中，以有限七年時期的低利定息，以利潤的形式，作為資本家個人的收入。

因此，中共在農業集體化「合作社」中的按勞分配，是以「勞動日」作為農民分配勞動所得的根據。

「勞動日」，是集體化「合作社」計算勞動消耗和分配「合作社」收入的尺度。勞動消耗的尺度，是以農民在「合作社」中所消耗的勞動，按其數量與質量都用勞動日計算；至於分配收入的尺度，「合作社」將一年之內全部收入除去對「國家」的各項負担繳納和本年度消耗的生產資料以及提出的各種基金外，所餘之數，除以「合作社」的總勞動日數，所得出的商數，就是每一個勞動日所得分配的報酬。這種分配，中共規定一年之中進行兩次分配。

三

分配是集體化「合作社」的主要問題，也就是農民與中共之間對立的核心問題。在中共公佈的「高級農業生產合作社示範章程」中，規定按照下列項目進行分配：（一）繳納國家規定的稅額——農業稅及附加稅；（二）公積金——不超過全年收入的百分之八，（一般的）及百分之十二（經營經濟作物）；（三）公益金——不超過全年收入的百分之二；（四）再生產的費用；（五）全部勞動日的報酬。照上列分配，按理不會影響到農民的生活，但事實並不如此，因為中共只顧政權需要，不合理地不切實際情況地把產量定得過高，以便進行無底的統購。至於中共對農民的「三定」政策，不過是以「定購」作為收購農產品的起點標準；「定產」是要農民包足定購數量的法令根據；「定銷」是掌握農產品與工業品交換供應的權衡。這樣一來，「合作社」章程所規定的分配比例，就被破壞而成為具文了。因此，中共究竟要多少？「合作社」應該留多少？農民能夠分多少？根本就沒適當的比例，或者數量的標準，農民固然摸不着底，幹部心中也沒有數目。到了收割時候，幹部根據上級命令，不管實際產量如何，以「任務套政策」的手段，強迫農民接收。但是，農業生產要受自然條件的影響，決定了產量豐歉的不同，不可能如工業那樣生產呆板定額的量。而中共所定的產量都是超過實際產量。因此，農民不僅分不到，並且在壓迫之下，只有將口糧挪用來包足中共「定購」的數量。所以，按勞分配不但是中共欺騙農民的手段，而且以此陷農民於半飢餓半死亡的生活，就造成了農民與中共之間「根本利益相衝突的基礎上發生了對抗性的矛盾。」而影響到集體化「合作社」基礎的動搖。同時，因為規定一年兩次分配，這就使農民感到非常不便，而農民為了要維持日常生活，使他們不得不定期的不斷的預借實物和現金。這樣，不僅農民感到幹部留難的麻煩，並且養成幹部敲詐農民的貪污行為（見一九五八年九月二十日人民日報），更加重了農民的生活困難，農民認為「合作社」一來反而使生活發生了恐慌。

四

因此，中共將集體化「合作社」合併為「人民公社」而鞏固其政權；同時把按勞分配制改變為工資制和供給制而穩定農民不安心理。中共也承認不諱「公社在分配上實行工資制，或者實行半供給半工資制，是由集體所有制轉變為全民所有制的一個重要條件。這樣做，就改變了原來農業社分配社員勞動報酬的辦法，使社員生活消費的部分由不穩定變成比較穩定。」（見紅旗第九期十八頁），這種不穩定是因為中共要得太多，而造成了農民在集體化「合作社」中忍飢挨餓的惡劣生活情況，可想而知。中共實行工資制、供給制改變按勞分配的辦法，不過是變的一套戲法，愚弄無知農民。

人民公社中不管是實行工資制、供給制，或是實行按勞分配，中共並不需要從荷包中掏出一文；只要中共負起維持農民生活的責任，少要一點，多一些留給農民。因為，農民所得到的收入，不是由中共以保證的工資形式來支付，也不是在某一時期按照勞動的一定數量和質量所規定，如固定工資一樣的報酬。這種收入，不僅是由每一個農民的勞動數量和質量來決定，而且也是由「人民公社」全體成員的勞動結果來決定。換句話說，卽是由「人民公社」的總收入來決定。結果羊毛出在羊身上，農民的生活還是由農民自己來負責。總之，千變萬變，變不了的是一個事實，假使中共沒有誠意放鬆搜刮的大讓步，給予農民生活的保障。如果還是口惠而實不至，仍然叫農民忍飢挨餓，那只有火上加油。儘管組織軍事化，生活集體化，也管制不住農民挺而走險。

戊戌變法給我國的影響

散人

一

戊戌變法在當時雖然沒有成功，我們都知道由於不可能的成分太多，可是它給後來的影響是非常之大的。那一次戊戌變法，可以說是對內對外作了一次規模宏大的宣傳運動。戊戌變法對內等於向民衆作了一個大規模喚起民族意識的運動。明白地告訴了民衆現在中國所處的情勢，國際環境的惡劣，以及被瓜分的危險。使人民發現了滿族——極權舊勢力與腐敗的統治者的無能和誤國；使人民知道了中國需要改革，換句話說：也就是自由民主思想的萌芽與乎奴役極權制度的衰落時期，這種思想，初初沒有甚麼大的力量，越久就越入人心，最後成功了辛亥革命的原動力。

二

戊戌變法，好像以上所說的，它對喚起民衆的民族意識既有很大的功效，可是戊戌變法因為後來發生了政變，並沒有成功。那次政變還牽連了不少人，流了許多血，而在政變以後，慈禧又馬上下詔一切恢復舊觀，這使漢人不但認識了當時統治者——慈禧和他的一羣皇親國戚——的殘暴與毒辣，而且也着透了統治者根本缺乏改革的決心和根本反對改革。一般有先見的志士想藉改革方法，復興中國，結果不但不能得到統治者的贊許與幫助，還要受到了他們的反對，因而造成了戊戌政變事件。一般抱有改革政治，復興中國的愛國志士，見到了康有為一般人的前車，且也不敢和統治者商議此項國事。那麼，假設他們不願放棄他們的改革的志願的話，就只有一條路好走了。這條路就是革命。用革命為手段來改革中國，根本將阻碍或者妨害他們改革政治，復興中國的人推翻。再也不採取妥協的方法了。

三

戊戌變法無疑的對外也大大作了一番國際宣傳。至少也可以使列強知道中國並不是完全像他們想像那樣——天生作奴才的材料，永遠是無出息無希望的。變法雖然因為政變失敗了，可是至少也可以使各國知道中國民族，已經漸漸的醒覺了，中國有復興的希望了。中國民族向外國這種表示，在中國處於瓜分情勢之下的危機一髮的時候，是非常的重要的。

戊戌變法在當時完全是做效外國，尤其是做效日本，換一句話，戊戌變法是船來品。好像民主自由這一類辦法，在中國是開首的試驗期的一件新事。這樣當然引起守舊派的嫉視和憎惡。這種嫉視和憎惡的最後的爆發，就造成了戊戌政變。在戊戌政變的時候，守舊派的意思，不只是改變過一切新的設施，使之恢復舊觀，而且要得到一班提倡維新的人物，才能甘心。換言之，也就是想把維新的勢力，一網打盡。可是舊勢力這一看法是失敗了。他們雖然發動了政變，把新勢力摧殘得可以，可是他們未能將一般變法人物，一網打盡，所以也未能把變法運動，斬草除根。舊勢力未能做到這個田地的原故，完全是因為變法的人物，得到了外人的同情和庇護的原故。康有為——變法運動的首領，也是舊勢力所最要得到的一個人，他本來就無法在國內插足的，却是他幸運得很，藉了英國人的庇護而脫了險。在戊戌政變後，非徒康在通緝之列，而且光緒亦被因在南海的瀛台島上，和外間完全斷絕關係。野心家的太后就在這個時候，下詔皇帝病危，其居心如何，不難想像，但是因外國駐在北京的公使，對光緒十分同情，表示關切。聲明請中國保全光緒生命，並派醫生至瀛台探望診斷。這樣乃使西太后對於這個眼中之釘的光緒，簡直是毫無辦法，欲除不得，欲罷不能。中國的變法是要做效外國，外國對這ㄨ變法，表示十分同情。對能逃走的康梁，幫助他們逃走；對不能逃走的光緒，表示不可傷害。外國這種態度，自然引起西太后及一班守舊派的不滿。對外國異常仇視，恨不能趕盡殺絕，方稱快意。所以後來一碰到義和團這個機會，就成了拳匪之亂。

其實，我們要把當時的情況看清楚，所謂拳匪之亂，不過是西太后同黨所仇視外人藉圖報復最卑劣的手段而已，對國家民族全無什麼補益，反而釀成賠欵割地利權外溢的無限損失，相反地看出慈禧獨裁極權暴露無遺了。

四

最後我們曉得，康有為雖然是失敗了，變法雖然有若干處可再加研究的，可是在那個時代，有他們那種思想，確是不十分容易，戊戌變法雖然不像康有為那樣所宣傳的，認眞實行，就可使中國變為一等強國，但是若能認眞實行，中國也許會比不實行要好的多。戊戌變法雖然與同治新政的時間，相隔不遠，可是比同治新政要高明的多了。中國那時候若能眞正實行變法，中國或者不會引起革命也未可知。

進一步說，康有為雖然是失敗了，可是因為那次變法，而發生的重大的影響，是不可埋沒的。特別是六君子的不怕流血，慷慨就義的那種精神，不知感動了多少人。變法雖然沒有成功，可是影響到中國民族意識的醒覺，啓示了反極權反獨裁而爭民主自由的思想意識，造成辛亥革命的伏線。

（上文接第三版）

談民主自由革命運動中領袖組織及理論體系的重要性

革命理論問題

談到組織問題，張舉先生也承認缺乏一個強有力的統一的組織，但他未講明組織的方式，故這項問題只有另文討論。

關於革命的理論體系問題，張舉先生說『似乎是中了時髦毒』。這一點筆者却大不以為然。我們必須了解革命不是一種盲目的行動，而是一種有計劃有目的的行動，那麼就一定要有一個理論體系作為指導原則。唯有革命的理論與實踐配合得宜，革命才有成功的希望。任何一個革命的產生都有其不同的時代背景，於是各有其不同的主張。然而古今中外過去沒有一個革命對象有像今天共產黨這樣堅强，這樣頑固，其所以堅强頑固的原因是因為其有一套他們認為正確而實在不正確的片面理論體系，這套不正確的片面理論却能在不合理的腐敗的資本主義社會起着相當的作用，引動着一些善良的貧苦老百姓和一些熱血衝動的純潔無知的青年們，為它效死命。所以今天要想根本上打倒共產黨首先就要從思想上着手，那就是必須首先打倒其以恨為出發點的片面的理論體系。重新建立一套新的合理的理論體系作為我們未來革命的最高政治指導原則。如果缺乏這項指導原則，革命行動就等於無韁之馬，無舵之舟，不知何所底止。不僅在打倒共產黨後不能建立一個新的合理的國家社會，甚至於根本無法打倒共產黨。過去共產黨之所以不重視海外的民主自由運動，就是因為民主自由人士缺乏一套夠分量堪稱為理論體系的革命理論。對付一個持有堅强理論體系的革命對象就不能不談理論體系，敵人之頑强，就因為其有一理論體系，反過來敵人之不足恃，就是因為其理論雖頑强但不正確，而我們之所可恃，就是在於我們的理論既堅强而又正確；敵人之所以斷定必敗就在於其理論之不正確性，我們之所以斷定必勝就在於我們理論之普遍正確性。筆者堅決相信必須有一個正確而有力的放諸四海而皆準的理論體系出現以後，放出去如太陽一樣的光芒萬丈，才能使馬列主義見而失色，才能引起共黨內部的劇烈變化，才能吸引海內外的熱血青年奔赴這個目標，團結一致自願地為這個目標而奮鬥，為實現這項偉大的理想而拚命流血，這樣才可收事半功倍之效。幾年來筆者曾誠懇地期待着學術界的前輩能夠完成這項工作，可是終於使我失望！不僅中國，卽整個的自由世界到現在為止也拿不出一套足以與馬列主義抗衡的理論體系來，更奚論制服唯物論打倒共產黨！所以暫時只有讓共產黨繼續猖狂下去。我們要當仁不讓，這項責任我們不能再寄望於他人，我們必須自己來完成。這項責任將必然地降落在我們中國青年人的身上，為着國家，為着人類，義不容辭，我們必須勇敢的來接受這項時代使命，毅然決然的來完成這項歷史任務，重新為人類開一新紀元。

張舉先生又說英、美都是民主先進國家，而至今都沒有什麼理論體系。要知由於時間空間的不同，於是我們所處的環境也就變成與英、美完全不同。英美的民主基礎由來已久，且其民主並非由極權的共產集團手中獲得，而今天也並未被赤化。我們今天則不同，我們今天却要在極權的國度裏實行民主自由。除去蔓草，才能產生良苗，如果沒有一個堅强的正確的理論體系先在思想上取得了優勢，恐怕這棵民主自由的種子始終無法下土，這是我們應該了解的。

至於張舉先生所說理論不可凝固成一種牢不可破的教條，如今天的共產黨及耶穌教會一樣，筆者完全同意。因為一般的革命理論多數是有時間性的，相對性的，是受時間空間限制的，如果凝固成一種教條將必然地貽禍於後代，這點筆者完全同意張君的看法。

最後張舉先生說『民主自由與革命是頗有矛盾的』，但他沒有講明是怎樣的矛盾。依愚見則不然，中共的人民民主專政是矛盾的，是盡人皆知的，但民主自由革命運動則不同，何以不同呢？因為民主自由是不可分的，是一不可分割的全國同胞共同要求實現的目標，為實現民主自由的革命運動，當然可以稱為民主自由革命運動。根本沒有一點矛盾。假若不通過革命程序民主自由能夠自動的實現嗎？當然不可能，既不可能，那就沒有辦法不走革命的路。不過革命有流血革命和不流血革命之分，在原則上當然我們希望不流血革命能夠成功，可是萬一不幸，那也沒有辦法只有流血革命的一途可走。人間沒有倖致的事，依現在的情形觀察，民主自由運動不透過革命手段恐怕永遠也不會成功。所以張舉先生認為民主自由運動正名則可，但改為民主自由革命運動則決不可，筆者認為欲求有成，則非改成民主自由革命運動不可。

大陸逃港學生的控訴：說眞話就有罪

孔文揚

凡在大陸讀過書的青年，相信每個人都有一段極其痛心的遭遇，回憶起來會增加我們反極權的意志的。

我既然曾在中共佔領的大陸中讀了六年中學，二年大學，自然不能例外。但我總算是僥倖的一個——不是指我終於能逃出虎口，而是指我的遭遇——所以我要在這兒除了我自己的控訴外還要代一位已被折磨至死的好友控訴，控訴那殘殺青年的劊子手！

我出生和長大的地方都在上海，一九五〇年，當舉家南遷來香港時，我為幼稚的愛國心所驅使，毅然地留下了。那年，我初中二剛唸完，那是虹口復興中學，後來轉到市北中學，在那兒高中畢業。

到了市北中學時，我十七歲，極活躍好動，事事有我的份，雖然家庭在香港，但經我多次申請，很容易也就被吸收入團，成為正式團員。

高中畢業後，那，我相信黨的宣傳，相信黨使全國人民的生活提高了。

一個最初使我受到實際教育的是一九五六年暑假，學校中組織藝術愛好者到紹興去寫生，同行的還有很多華東藝術學院的同學，我報名參加了。

在紹興，我看到了農民的眞正生活。這個原來在一切書刊的記載中都是豐衣足食的魚米之鄉，在解放以後的幾年中，農民生活竟然一年不如一年。我到那裡時正是高級農業社已在農村中開始成立的時候，我宿在東湖附近的一家農戶中，這家農戶的主人和主婦，終日相對而泣，尤其是那個主婦，時不時地要走到牆旁去摸索一個牆洞，那兒是他們以前放置土地神的，現在土地已給政府收回去了。而且自從實行統購統銷以來，這家人就從來沒有吃飽過，一個二十多歲的兒子，因為糧食配給額太少而與村幹部吵了起來，被捕判刑，和大家研究，小組的團員無不欷歔，有的家在鄉下的更舉出家信來證明農民生活的困苦來。小組長韋振幾次想把話題扯開，但我們越談越激烈，黨並不是不准人提缺點的呀！韋振看見沒有辦法，就溜了出去，我還記得我在他身後喊：正視現實吧！將人民的生活當作自己的生活，才是共青團員的責任。

誰知韋根這傢伙去找到了團支部書記，黨委會青年委員，華東師大無人不知，無人不恨的黃成虹來了。

黃成虹一進課室門，立刻宣佈解散這個小組，我站起來，感到同學都在支持我，指出他這樣做不合團章。他陰險地笑笑，對我說：「孔文揚！你好幾次在團小組中帶頭散佈反黨情緒的事組織上不是不知道，你別以為你裝出一副天眞熱情的積極相就能騙過黨！」這時他又轉向其它團員：「我現在宣佈孔文揚是一個混進團中了今天農民的眞實情況吧了，說眞話就是犯罪？就是反革命？

黃成虹又惡狠狠地看我，一句一句盤問我，這時我才知道黨了，因為我太相信共產黨了，所以一切都根據黨所講的那樣去做，誰知在這時已使黨懷疑我有政治問題了呢！黨懷疑的根據是：為什麼我家搬來香港時我不去，而又與香港頻頻通信；為什麼我要這樣喜歡接近羣衆？而最嚴重的是，金起祥臨死時給了我一封信，這封信已由金起强所屬單位轉來學校組織上了。親愛的起祥，到那天我才知道你已永遠離開這醜惡的世界了，才知道你正如你所崇拜的胡風所說的那樣：被迫地默默地死去了！

起强是我最好的同學，他有着非常的才氣，四五十行的詩看上幾遍就能背誦，自己動起筆來所寫出的作品也淸秀嚴肅得使人吃驚，他最愛亦門以及胡風的詩，早就對鉗制思想的黨化學校制度表示不滿，一九五五年反胡風運動開始，他是典型，接着學校將他宣佈為出身反動階級的壞份子，而從學校中開除了出去，以後就下落不明，我到他家去過幾次，他媽媽一提起來就直流眼淚，我雖然自己也傷心，但不得不勸慰她。

誰知道他就這樣不明不白地死了！我眞不敢想像他媽媽的悲痛，所以以後我雖獲自由，也只敢偸偸傷心，不敢去看她。

原來起强在判了刑後，即被送到江西鷹夏鐵路的勞改隊去做苦工，本來就有些詩人的憂鬱氣質的他怎能忍受這樣的折磨！半年多他就死了。臨死前，他寫了一封長信，未及寫完更未及發出，就給勞改隊幹部收去了。

他在這封信中對我——他的好友——訴說了他的寃屈和所受的折磨，雖然我未能全部讀到，但在我以後所受到的鬥爭中——與胡風份子感情相通、擴大暫時的困難，煽動團員對黨不滿為主要罪名——黃成虹曾引用了那封信中的幾句話，從那幾句話中就可以體會到這是一個正直的青年在遭受到非人折磨後的血淚的控訴。

在搞我的問題搞到一半時，嗚放開始了，我翻了身，黨團員看見羣衆的反共怒潮都有點害怕。或許這時我犯了畢生最大的錯誤，我沒有乘這時站上民主講壇控訴這些劊子手，而借着母親病重的名義申請來港了。這是我至今想起來猶感慚愧的事。所以我必須在現在一有機會就揭發中共的眞相，謝謝聯合評論報給我這個機會。

原稿空白

從一篇小說看「解放軍」的影子

岳騫

去年五月份「解放軍文藝」登載了一篇小說，題目叫做「溫床上的霉菌」，作者李月潤，是一個部隊裏面的作家。因為這種雜誌不准出口，今年才能看到，時間雖然隔了一年多，不過文藝並沒有時間性，從這篇小說裏仍然可以看到「解放軍」的「高貴品質」，對於共軍實際情形也增加一些了解，所以特地介紹出來。

這篇小說只有兩個主人翁，都是反面人物。

其中一個是吳水帆中校，官拜某部隊文化部文藝科長，作者對吳水帆的外貌，描寫的頗為生動：「

這樣的一個人，其工作情形可以想像了，要他下部隊去檢査工作，他就怕蚊子，怕蜈蚣，怕走路。日常處理事務更是一塌糊塗，對於職員的攷核，不問能力和是否共黨忠實黨員，只揀會吹牛拍馬的人重用，在這種情形下，另一個主角常祥高就得其所哉了。

常祥高官階中尉，担任文化科助理員，此君形象頗似「法門寺」裡的「桂」，道地跑龍套的脚色，作者寫他的情形是：

「他平時，東游西轉，只有每

常祥高更懂得如何向上爬，「他平時不好好工作，但是替吳水帆做事却十分賣力，原來是給自己造成一種隨時可以接近科長的地位，才能在科長心目中積累起來越來越多的好感。」

而且常祥高吹拍的對象並不限於一個吳水帆，甚至於「部長叫他，他就預示着有更遠大的前程，立即買了兩包禮品……」最重要的就是這一點，足以証明共軍中已有送禮的風氣，若非部長平時有收禮習慣，善於觀察風色的常祥高也絕

標非常明確，工作出色，戰鬥勇敢。」是一個「文武雙全的闖將」。現在却變成了一無所用的糊塗虫，轉變的原因何在，作者也有個交代：「現在不同了，老婆孩子，柴米油鹽，就像個圍着你團團轉的漩渦，你就是有天大精力，也不怕你不沒頂？」

作者這種分析，自然有相當根據，中共三反五反時所反出的貪污幹部，如天津地委劉青山等人，都是在逃竄陝北時吃過皮帶，喝過雪水的，可是一旦得志，馬上就作了□八十度的轉變，任何貪污手法施展出來。

李月潤這篇「溫床上的霉菌」是在去年大鳴大放開始時發表的，「解放軍文藝」編輯茅漢文特別□動，譽為「一篇反官僚主義的優□作品」；贊揚作者「創造了一個□醜的官僚主義形象，並通過它揭□「我們現實生活中的一種矛盾。」

茅漢文評價最有價值的一點是□作者「通過對生活眞實感受和□緻的觀察，成功的創造了官僚主義的化身。」

這段按語不僅正確，而且也是行家的話，寫小說沒有生活的體驗僅憑靈感是不成的，任何人寫小說也必寫他自己熟悉的東西，古今中外都是一樣，紅樓夢和水滸傳總是中國空前絕後的兩部偉大小說，但是曹雪芹不懂得繡花的手續，施耐菴（姑且假定是水滸作者）不知道由大名府去開封的路程，都在書中擺了烏龍，就因為對這一方缺乏眞實的體驗和經歷。

由於「溫床上的霉菌」對人物描繪特別成功，使人相信吳水帆，常祥高之流，在「解放軍」中是到處存在的，作者假若不是眞接觸了這一類人，決不會隨便創造出這樣反面人物來誣蔑自己的隊伍；更不可能引起茅漢文的共鳴。

這雖然是一篇小說，描寫的也是小人物，但是却第一次透露出共軍的眞實面目，進一步更可以使人想到這類人物也決非存在中下級幹部，恐怕將軍元帥都不能免，部隊墜落到這種程度，還有什麼戰鬥力，怪不得毛澤東炮轟金門四十幾日之後，突然宣佈停火，又一再延期了。毛澤東何以要退縮，從這裡也許可以得到一點綫索。

× × ×

讀者投書

談民主自由革命運動中領袖組織及理論體系的重要性

應宜

讀到十月三日聯合評論第八期張舉先生對筆者在該刊九月廿六日第七期所寫的『談八年來海外的民主自由運動』一文的批評後，深為高興。

領袖問題

張舉先生對筆者上次所提出的領袖問題，組織問題以及理論體系問題不表同意，筆者除對張舉先生的批評態度表示敬意外，對其所提出之意見實不能盡為同意。筆者前次對『英明果斷』四字業已申明，今願重作解釋並下一定義，英明並非自作聰明，並非小智小慧，而是一種大智若愚的聰明。我所談的英明是一種深沉的智慧，一種崇高的修養，其態度必定是虛心下人，其智慧必足以見事於未明。果斷並不是武夫之獨裁或武斷，果斷是一種大勇，是一種除却私利的大公無我的表現，也就是決心的表現。英明者必能果斷，但果斷者不一定英明。只有透過英明思考的果斷才能稱為眞果斷，英明與果斷必須相稱，才是眞正的英明果斷。

不錯，筆者也承認張舉先生講的『領袖的重要性在民主自由運動中比在極權組織中為低』，

我也承認『民主自由運動所依靠的是大衆，是每一個自我，而不僅僅是一個領袖』。當然失去了羣衆領袖也就根本無法存在，領袖離不了羣衆，可是羣衆也必須有一個領袖，必須有一個優秀的自我來歸納和執行大家的意見，否則就不是革命，必然是一些烏合之衆，不僅打不倒共產黨，甚至於一事無成。領袖是從羣衆中產生出來的，是從多數的自我中產生出來一個比較優秀的自我，也就是大家認為最適合執行大家決議的一個自我。雖然說民主國家中領袖的重要性比極權國家中為低，在一個上軌道的民主國家裡誠然如此，可是在一個初創尙未具雛形且正在奮鬥的民主自由運動中領袖所起的作用就不同了。任何一個革命，在初期如果沒有一個具有獨特風格的領導人物，其成功之可能性是非常少的。過去之所以無成，其因在此。今後的領袖不是享權利，而是盡責任、盡義務；但是我們必須了解，欲求其有成，我們事先必須發掘和選擇一位最適合的人來駕駛這架民主自由的時代列車，然後我們才能安然的坐在這架時代列車上以銳敏的眼光監視着這個駕駛人向唯一的正確方向前進。

（下文轉第二版）

記甲午戰前的日中糾葛（二）

左舜生

（二）日本侵我台灣

先是同治十年（1871，日明治四年），有琉球人六十六名，遭颶風漂到台灣，其中五十四名，爲牡丹社生番所殺，日本鹿兒島知事以事實告其政府。十一年三月，又有日本小田縣民四人，也漂到台灣遇害，於是日本大譁。十三年副島種臣在北京，曾遣柳原前光到總理衙門，告台灣生番殺害琉民及日人事，並質問生番熟番經界如何。我總署大臣毛昶熙，董恂回答：『生番殺害琉民事，我們已經知道，殺害貴國人，則還沒有聽說。但台灣琉球均我屬土，屬土人民自相殺害，其裁決之權在我，我國撫恤琉民，自有一定辦法，與貴國有何相干而煩代爲過問呢？』柳原因大爭琉球爲日本版圖，又陳述小田縣民被害情形甚悉，並且說：『貴國已知道要撫恤琉人，爲什麼不懲辦台番呢？』毛董回答：『殺人的都是生番，只好置之化外，日本的蝦夷，美國的紅番，都不服王化，這也是各國常有的事。』柳原說：『生番害人，貴國置之不理，我國卻要問罪島人，因與貴國盟好的關係，特先來奉告。』毛董更推托說：『生番係我化外之民，問罪與否，聽憑貴國辦理！』當時毛董這班人其所以有這種不負責任的話，一方面固由於無識，一方面也是因爲經過了鴉片戰爭與英法聯軍兩役，創巨痛深，對於外人總是抱一種息事寧人的態度，不敢惹是生非，豈僅毛董如此，即李鴻章亦何獨不然？可是日本方面聽了這番話，卻做了他們出兵侵略台灣的把柄。

同治十三年三月（1874日明治七年四月），日本在長崎設番地事務局，以大藏卿大隈重信爲總理，陸軍中將西鄉從道爲都督，美人李仙得爲參謀，以戰船兩艘，並租英美兩國船載陸軍三千六百人發品川，會於長崎。但英美均嚴守中立，不願牽入漩渦，美國且令其駐廈門領事逮捕李仙得。於是日本政府止軍行，而從道不受命，其內閣亦只好聽之，乃將英美船解雇，將李仙得送還東京，另購英美輪船，首載千六百人赴台，於五月初二（公曆六月十五）泊社寮澳。登陸後，熟番迎降，而生番時出狙擊，或憑險力拒，頗有殺傷。時日兵已增至三千人，雖以此爲苦，但從道仍退龜山，建都督府，設病院，修橋梁，闢荒蕪，爲屯田久駐之計。於是中國海疆戒嚴，徵發號召，絡繹於道，且一面命船政大臣沈葆楨爲欽差，督福建水師赴台觀動靜；一面令福建藩司潘霨，台灣道夏獻綸往就從道議和。潘夏以六月初一（公曆七月十四日）抵琅嶠灣，次日登岸，與從道開始商談，雙方爭執甚烈，延至初七日，得結論三點：一、中國償日本兵費；二、中國嚴馭台番，令日本漂民無罹損害；三、立約後日兵撤出台灣。

> **哀大陸**
> ——集毛澤東送瘟神句　　黎明
>
> 綠水青山枉自多，
> 一樣悲歡逐逝波！
> 紅雨隨心翻作浪，
> 萬戶蕭疏鬼唱歌！

這個時候駐紮龜山的日兵，以暑雨疾病，死亡甚多，情形異常狼狽；而閩撫王凱泰將兵二萬五千人又將次渡台；於是日政府深感困惑，乃以其內務卿大久保利通來議，李仙得與偕，以七月（公曆八月）抵北京，與我總署辯番界，兩月不決。大久保宣言歸國肆要挾，暗中卻託英公使威妥瑪（Sir Thomas Wade）出任調停，要求償軍費三百萬元。時軍機大臣文祥，巡視台灣大臣沈葆楨，均竭力反對。葆楨在一封奏摺上說：

『……倭備雖增，倭情漸怯，彼非不知難思退，而謠言四布，冀我受其恫喝，遷就求和，儻入彼彀中，必得一步又進一步。但使我厚集兵力，無隙可乘，自必帖耳而去。姑寬其稱兵既往之咎，已足明朝廷逾格之恩，儻妄肆要挾，願堅持定見，力爲拒卻。……』

他還有一封寫給李鴻章的信也說：

『……大久保之來，其中情窘急可想，然不必故示整暇，不肯就我範圍，是欲速之意在彼不在我；我既以逸待勞，以主待客，自不必急於行成。……』

葆楨這種說法，確實是道着日人那種外強中乾的心理的。可惜當時的總署不能堅持，卒於九月十一（公曆十月廿日）與訂喪權辱國的條約三款，且無形中將琉球斷送，這種畏難苟安的精神是影響後來的中日外交很大的，條約的原文如下：

一、日本國此次所辦（指出兵台灣），原爲保民義舉，清國不指爲不是。

二、前次所有遇害難民之家，清國許給以撫恤銀十萬兩；日本所有在該處修道建房等件，清國願留自用，先行議定，籌補四十萬兩。

三、所有此次兩國一切往來公文，彼此撤回注銷，作爲罷論。至該處生番，清國自宜妥爲約束，以期永保航客，不至受害。

既認日本此次爲琉民被害出兵爲保民義舉，則是在事實上已認琉球爲日本的屬國；既償費五十萬兩，則日本已顯爲戰勝國無疑；清廷對日外交的第一步即鑄此大錯，無怪西鄉從道率兵返國，儼然以凱旋的方式出之，日人得此鼓勵，於是得步進步，乃有滅琉球，侵朝鮮的事實發生。

論「嚴重警告」及其他

——亮齋閒話之十

徐亮之

客　您記得現在中共爲金馬事件對美國的「嚴重警告」是第多少次了？

主　幾乎天天都是「嚴重警告」，誰耐煩記!?不過自報載杜爾斯將要訪台後，這種「警告」倒像失踪了！

客　連續「警告」到第幾十次，還一點花樣沒有，這有什麼「嚴重」可言？這豈不比蘇州人打架還洩氣？

主　花樣在華沙不在金馬哩！華沙會自十六日起到二十三日止，休會八天，正是把花樣獻給美國充份選擇的時候。現在據說已延遲二十四小時復會；二十一日杜爾訪台；二十四日美國該答復；二十五日王炳南該作報告；二十六日北平該作決定；二十六日晚上十二時兩週停火期滿；二十七日早報，準有花樣看。否則，所謂「嚴重警告」，只是紅色官僚「嚴重」的吃了飯沒事幹，遠不如參加亮齋閒話更實受。

客　就「停火」與「休會」「復會」的時間跡象看，您這說法也不無理由。但中共口口聲聲要美國從台灣海峽「滾回去」；美國也口口聲聲要尊重中華民國的離島權利；雙方都只在死結上兜圈子，花樣如何出得來？

主　您知道光棍佬和財主佬「嗌交」的故事嗎？光棍佬說：「老子人只一個，命只一條；你不乜乜物物，老子就同你拼了！」所以，共產集團只要擺出不怕世界大戰的面孔，包管新鮮花樣有得翻。

客　那末，您認爲中共在不得美國滿意答復之後，會翻個什麼花樣？

主　您聽過赫魯曉夫大言炎炎美國進攻中共就是進攻蘇聯的揚言嗎？您聽過周恩來要報復「響尾蛇」和在台灣海峽掀風暴的豪語嗎？您知道停火以來金門對岸每天有幾千人趕築「雙尾蝎」（？）或X砲的陣地嗎？您知道由毛澤東主稿彭德懷出名的那篇文告，說中共停火乃是便利金馬國軍增加補給固守的幽默所在嗎？另一方面，您知道陸對空導向飛彈「勝利女神」——巨人」及其它已經翩然到了台灣嗎？……

客　得了，得了！這些報紙情報何勞背誦！反正不過表示金馬人民將再度遭殃而已！

主　有了「鴨婆子」，中共封鎖政策便「鈴鈴都丟埋」；金馬人倒可以相當安枕了。

客　那末，您是說中共的次一個花樣要翻在第七艦隊身上了？

主　如果中共說話還有百分之一作數，不像你我只是說說閒話；這也並不值不得怎樣奇怪。

客　您認爲共產集團眞不怕惹世界大戰？

主　過去十幾國參加的朝鮮戰爭既然是「局部戰爭」，將來由美國更扮演重頭戲的台峽戰爭，依然是「局部戰爭」；如果美國當局眞能面對現實的話。

客、我想：美國財主佬現在內部已經起鬨；萬一您眞不幸而言中，將來台峽炮聲一響，更不知鬨成點？

主　鬨得中共麥克麥克，然後再找機會，翻新花樣。

禱

盛紫娟

她兩眼望着天花板沉吟了一下「故事可太長了，我簡單點說吧！」

四八年底，隨着內戰的爆發，我們變成了難民，和伯父全家擠上了南下的輪船，在海上，我們受到國民黨散兵的射擊，一過朝鮮，又受到暴風雨的顛播。糧食快吃完了，我們每天只能喝些稀米湯，一個多月後，才在香港登岸。在香港住了一年多，流言也聽了不少：『共產黨並不可怕，也不殺人放火，還特別照顧資產階級呢！』我伯父千方百計地騙我母親回去，並且申明，他們馬上就要回去的。

「五〇年秋天，我們又踏上了故鄉的土地，秋風捲着落葉，在馬路邊盤旋。家，還是老樣子，父親卻已經衰老了，外婆見了我們欣喜地哭了起來。

「我們幾個孩子，都在學校裡接受共產黨的教育了，在冠冕堂皇的『愛祖國、愛人民、愛科學、愛勞動、愛護公共財物』的教育下，我是深深地被感動了。我就成爲少先隊的活躍份子。

「就在這年冬天，『勝利折實公債』開始發行。共產黨對資本家進行第一次開刀。

在『建設祖國，人人有責』的美名下，逼着我父親把汽車賣掉，八個用人，只留下了四個，銀行的存款變相地沒收了，我們買了五億人民幣的公債。破產了；我父親隻身跑到香港去，我們的家庭就離散了。

「就在我上初中一那年的寒假，在三反五反的高潮開始『打老虎』。」

「母親以爲，解放後，沒作什麼生意，大概不會有問題。

「誰知一天半夜，正當全家人都酣睡的時候，十幾個大漢，衝上了二樓，廚子揉着睡眼，還沒弄清是爲了什麼，我們的臥房就被人粗野地推開了，我顫抖着爬出了溫暖的被窩，套上了毛衣，被人帶到我母親房裡去，（我的書房在中二樓）我的腿不停地抖，牙齒也碰得咯咯響，我眞想哭，但還是忍住了。母親臉色蒼白，頹喪地，無力地，衣冠不整地坐在沙發上，有幾個人圍住了她，粗暴地問她。姐姐用手搓着自己的牀欄干，妹妹們和弟弟們擠在一起，像是受驚的小鹿，驚慌失措地望着那些檢查人員，只有外婆留在三樓，另外有人審問。連未解人事的我，也被一個矮個子盤問：『妳父親還有什麼財產？都藏在哪兒了？知道嗎？』

我語不成聲地說看：『不……不……知……知……道。』

（待續）

本刊已經香港政府登記

每逢星期五出版

聯合評論

週刊

United Voice Weekly

第二十號

督印人：黃宇人
總編輯：左仲平
社址：九龍金馬倫道三十八號三樓
電話：六一四一三（61413）
承印：田風印刷廠
香港高士打道二二一號
售價：每份零售港幣一毫
總代理：友聯書報發行公司

西德與台灣

張君勱

西德與台灣在現世界上同爲一半共產一半反共之國家。其分割之情況相似，然其地位與權勢實有不可相提並論者。十月一日西德國會移至西柏林工科大學中物理教室開會，同時國會議長格司頓麥耶氏已宣佈在柏林德國會廢址上重建新國會會所。凡此均爲德國國民對俄之示威決不放棄東德之表示。此次在西柏林召集之國會，通過一種各黨共同贊成之決議案，舉其要點言之，計有五項。第一項云：年來由東德逃至西德之人民已達三百萬之多，此即彼等所受良心痛苦生活痛苦之表示。此即東德之統治超過人情所能忍受之限度。因此西德國會對此反於人性公道之舉，特別提出抗議。第二項云：今年以來由東德至西德之交通往返，較去年減少百分之八十五。西德國會再行提出行旅自由之要求。兩方互相尊重法律以謀行旅便利，此爲各國間所共同許可之事。第三項云：國會要求聯邦政府與地方政府對於逃難者許以居住之便利。此不獨爲政府之義務，即德人中之每一人家，共有收容流亡者之義務，惟有如此方能表示不僅以空言求統一，且以實在行爲求統一。第四項云：德意志聯邦共和國具有自覺其國家生活之秩序，不獨限於目前，必繼續於今後，以求統一實現之日爲止。德國國會再行呼籲其基本法之原則曰：全部德意志人民之義務在乎本民族自決之精神完成其自由與統一。此項義務與四强之負有重建德國統一之義務不相衝突。德意志國會等待以直接與自由之民意表示決定統一，惟現時反對此項自由投票之障礙必先有以去之。第五項云：西德國會再行承認其各黨所一致通過之四强合作解決德國問題之委員會。德國政府應以全力促成此事。吾人讀此決議文，誰不爲德國統一之前途，抱有樂觀。良以全民族一致之要求，非任何外人壓力所能妨礙者也。自大陸流亡海外之中國人誰不願見有此種反共統一之決議，奈政府退至台灣以來，但見其故步自封，自安於小朝廷，並求此一類全民合作之機關之表示而不可得乎？台政府但知依賴美國爲生，不知美國遠東政策受有種種之限制：（一）須商西方各國；（二）須求人民與國會同意；（三）美台協防之約，早已不許中國單獨行動；（四）美國但求保台，不爲自由中國復國打算。此爲依賴美政策之自食其報，而無可如何者。至於內政方面，除一黨專政而外，試問有如西德之經濟復興政策乎？有如西德公然走上民主自由之方向乎？有如西德對學術文化之努力乎？凡此自力更生之事一件不做，而但空言反攻。宜乎蔣氏頤指氣使之言，不見容於今日國際壇坫之上矣。

十月三日慕尼黑

× × × × × ×

讀中美聯合公報

左舜生

本月二十三日的一篇中美聯合公報，頗引起台灣和海外許多的悲觀論調，其實講來，這種悲觀根本就是多餘的。

在過去的三四年，台灣和海外曾有不少的先見者，他們老早便有過如下的看法和建議：

一、若干年來，台灣所走的，根本不是反攻的路子，僅僅只是自保的路子，而且僅僅只是仰賴美國以求自保的路子。

二、所謂「軍事第一」，所謂「一切爲了反攻」，根本便是一種落伍的想法；以今天整個國際的形勢來說，只是鬥智而非鬥力，以台灣現有的本錢而輕言鬥力，原來就是一個笑話。

三、他們隨時都在分析：世界第三次大戰，一時決無爆發的可能，把反攻的希望寄托於三次大戰，過去的九年已經落空，再來一個九年，也許還是落空；而且他們會進一步的說過：以台灣的現狀而論，即令世界大戰就起來，不僅於台灣無益，也許還要爲台灣帶來一個更大的災害。

四、從一九四九年前後開始，抱着一種明白的反共態度而離開大陸的人們，其總數約爲六百萬，這六百萬人半數到了台灣，半數則散居海外；如何把這六百萬人團結而成爲一體，在過去的九年，台灣不僅沒有過這種打算，而且認爲是多餘，這完全是一個「私」字在作怪，也就是「師心自用」，「予智自雄」，「包辦把持」的心理在作怪。這一心理的發展，已經賡續了三十年以上，要改過來自然是很不容易的。

五、這班先見者，原也不只是消極，他們確曾提過積極的建議：他們希望台灣嚴格的執行憲政，實現民主，以爲團結一切反共力量的張本，先求自立於不敗，以待敵人之可敗。可是台灣所做的剛剛與這個相反：他們不僅不許黨外有民主，即黨內一點起碼的民主，也要摧殘得乾乾淨淨。最近國民黨當權派所鬧的重新登記，便是要把黨內的民主分子一律肅清，以求完全做到淸一色。我可以不把這個叫做「愚蠢」，但無論如何是削弱自己以加强敵人。

六、這班先見者也曾冒大不韙主張裁兵，主張把軍事列爲第二、第三，而把政治與經濟建設升爲第一。他們認爲在中美協防的條件之下，爲了防守台澎與各離島，根本用不着六十萬大軍，能有二十萬的精兵也就恢恢有餘了。可是台灣當局爲武力萬能一個觀念所支配，以爲擁有一個龐大的武力，能超過日本，超過南韓，超過南越，便一定可以爲人所重視，不難在亞洲取得一個反共的領袖地位；却不會想到以不足三萬六千平方公里的土地，（而且幾乎半數是山地）一千萬的人口，以及貧乏的資源與資金，脆弱得可憐的工業，根本便不配養六十萬的大軍，一定要這樣做，便非大部分倚賴美國不可，既要大部分倚賴美國，其勢便非聽憑美國人頤指氣使不可，過去這班說明不能反攻，而又主張裁兵的人，會被台北的一大羣小孩子罵得狗血噴頭，認爲是失敗主義者，甚至認爲是賣國！現在如何呢？這次的中美聯合公報明明白白的寫着：

『中美兩國政府重申其維護聯合國憲章之決心，並鑒及兩國現正履行之條約，係屬「防禦性質」，中華民國政府認爲恢復大陸人民之自由，乃其神聖使命，並相信此一使命之基礎，建立在中國人民之人心，而達成此一使命之主要途徑，爲實行孫中山先生之三民主義，而非憑藉武力。』

既然承認恢復大陸不能憑藉武力，則過去所謂「軍事第一」，所謂「一切爲了反攻」，乃至這九年以來，不僅仍要由國民黨一黨專政，而且還要由訓政時期一直退到軍政時期，領導錯誤一至如此，難道還可把責任向別人的身上一推嗎？

儘管國事的敗壞，已經到了如目前這一步，可是只要能夠幡然改圖，一切從頭做起，也還是來得及，當前最應注意的，更有以下三點：

一、不可錯怪美國，就履行條約義務這一點來說，美國可以說已經做到了十成，他們原沒有把我們送回大陸的諾言，居然辦到對金馬護航，已經算是仁至義盡。

二、中共的領導者，現在正進入瘋狂的狀態，確實給我們以大好的機會，可是我們不能斷定中共這一瘋狂狀態永遠不會改變，機會稍縱即逝，應該切實把握。

三、「需者事之賊」，澈底放棄黨治，以實行民主求得全國的團結，並以號召大陸廣大的民衆起來推翻中共政權，目前是僅有而且是最後一個時機，過此以往便一切都完了。

台北當局心亂如麻

胡越

（一）晴天霹靂

自從蔣杜會談的公報發表以來已經一個多星期了。這期間海內外對於公報的內容反應非常紛紜混亂，也可以說是微妙複雜。杜爾斯回到華盛頓朝野讚他完成了一項輝煌的勝利，英印等中立集團國家則表示欣慰，日本官方竟說蔣杜會談公報是創時代的文獻！而這些天來台北當局初則表面宣稱中美團結成功，繼則暗中透露出於不得已才接受了杜爾斯的想法。

華盛頓方面所說的勝利，中立集團所感到的欣慰，所謂「創時代的文獻」，台北當局「不得已」接受的想法，這些所用的字，以及話中所含的情緒，雖然不同，但是這分明是指的一件事情，那就是台北當局已正式宣告世界：已放棄使用武力反攻大陸，而收復大陸，恢復同胞自由的方法在於台灣實行三民主義！

我們知道反攻大陸是台北當局九年來掛在嘴邊的「基本國策」，在這一「基本國策」之下厲行戰時體制，用以壓迫自由堵塞民主；用以支持民心士氣，鼓舞海外僑胞；爲了支撐這一國策，不惜在不足一千萬人口的台灣蓄養了六十多萬大軍，使財政經濟陷於百孔千瘡之地步；爲了堅持這一國策不知化了多少慘痛代價，現在竟一旦正告世界不憑武力反攻大陸了，這豈不是晴天霹靂！

（二）蔣杜同陷錯誤

從蔣杜會談經過來看，兩天之中會談五次，可見其緊張與嚴重，外傳蔣杜之間會發生劇烈爭執，這是不言而喻的。因爲事實很明顯蔣絕不甘心同意放棄軍事反攻的，但是結果居然同意了，未免有些令人意外。蔣的性格素以固執倔强著稱，二次大戰時攆走不合作的史迪威將軍，最近在舉國反對之下强壓立法院通過修改出版法，都可以反映其性格。可是這一次竟在杜爾斯的壓力之下妥協了，豈不有點意外？對杜爾斯說豈不是一大勝利？

蔣所以對杜爾斯妥協，以我們看可能由於蔣對局勢判斷的錯誤，或由於年事已高血氣衰微已沒有當年的膽識與魄力。當然美國人握有足夠的壓力條件，諸如今天台灣在經濟上無美援不能自給，在軍事上無美援不能自立，在外交上無美國支持在聯合國站不穩，這三大支援變動任何一個都是台北當局吃不消的。但是就目前的局勢來說，美國還不到動搖這些根本來施壓力的時候，換言之如果台北當局能夠合理的堅持既定主張，絕不會招致停援的後果。除非美國不看重台灣的戰畧價值，或放棄亞洲的反共陣線，否則絕不會在中共炮轟金馬的時際，犧牲一個堅決反共的盟友。台北當局無識無胆，竟率爾答應放棄軍事反攻，眞使人扼腕嘆息！即使非妥協不可，也應該咬牙堅持到中共聲明放棄用武進攻台灣之後。斷不能在中共口口聲聲要解放台灣之際，先自行表示放棄武力反攻大陸。這件事台北當局與杜爾斯都表現了不可饒恕的愚蠢昏憒！

杜爾斯所以要台北當局放棄武力反攻大陸自有他的苦衷。這因爲美國在英印澳加等盟國的壓力之下爲了持續冷和共存的對蘇政策偸製了「兩個中國」的方案。這個方案可能是這樣的：目前美國急謀台峽停火的行動，是實現「兩個中國」方案的初步。只要金馬停火，有第七艦隊橫在台灣海峽上，就可以實際上是兩個中國。第二步是促台灣和大陸都放棄用武力彼此進攻，以圖增進雙方的互容並存；第三步在保留中華民國於聯合國之內的原則下使中共進入聯合國。

在上述一個方案之下，反攻大陸，不僅是美國反對，而是大多數西方國家共同的主張。

（三）今後當局的難題

蔣杜會談公報發表後，台北當局正面臨一大堆頭痛的難題。第一今後拿甚麼來維持民心士氣？第二還要維持六十萬不打仗的軍隊？第三今後反共抗俄怎樣反法和抗法？第四以往以軍事時期壓制民主，毀棄憲政，今後該如何？我們可以猜想到，這些天來，台北當局正在坐臥難安，心亂如麻！

放眼看看今天大陸上，毛澤東正陷於王莽與洪秀全的自我狂迷狀態。毛在最近發表的一首歪詩中竟發囈語：「紅浪隨心翻作雨」，表示他已失去知見的冷靜，迷信武力和組織可以達成任何狂慾與妄想。因此他在鳴放，反右、下放、躍進一連串的瘋狂舉動之後，在大陸同胞精竭力盡，氣息奄奄之餘，繼之雷厲風行「人民公社」。（下文接第二版）

謬矣，台北中美聯合聲明！

黃宇人

此次杜爾斯國務卿來台與蔣總統作三日的會談，我們早就料其共必將勸服中華民國作若干的自我犧牲，以期緩和中共，而使美國共和黨在卽將舉行國會議員改選中不受台灣局勢的困擾。我們也會料到九年以來不知團結改革自力更生，而只想依靠美援苟安下去的政府當局，對於美國的壓力必將屈從。可是，一向以反攻大陸爲號召而又深信武力萬能的蔣總統竟會同意不以武力反攻大陸，而且還要在中美聯合公佈中正式宣佈出來，這不但完全出乎我們的想像，恐怕也不是他邀請杜爾斯來台訪問的初意吧？

本來，以台灣目前的局面而論，誰也認爲是不可能反攻大陸的。雖然當局隨時都以反攻大陸的口號掛在嘴上；但誰也知道是欺人欺己的妄言。不過，人們總希望他們不會放棄此心此志而徐徐圖之。如今蔣總統在國防部發言人聲明不再派飛機偵察大陸之後，又聲明不以武力反攻大陸，這無異說，政府已經放棄收復大陸的神聖使命了。雖然葉公超大使在離台飛美時，會向中外記者有所解釋；可是，只要將他的談話和中美聯合公報對照，就可見其强詞奪理，欲蓋彌彰了。

蔣總統聲明不以武力反攻大陸的謬誤

蔣總統所以願作如此重大的讓步，當然不會沒有原因的。他也許以爲一紙聲明便可交換美國協助我們確保金馬，並增加我們的軍援和經援，我們是只有所得而無所失的。一旦美援到手，我們的力量加强，自可隨時反攻大陸，就不患美國不同意了。但依據這些年來的教訓，自中美聯防條約訂立後，台灣的防衛固然有了保障；但政府對於中共所欲採取的行動，卽處處遭受限制。我們要美國協防台澎，應該是爲了鞏固中華民國的反共基地，以培養反攻復國的力量；而美國的目的，則很顯然的，僅僅爲了要保有台灣作爲防守西太平洋的軍事基地，從無援助我們收復大陸的意向。今後美國對於台灣的援助如有增加，其對於我們的限制也必將隨之而加强。政府於獲得更多美援之後，祇會更加受制於人；對於反攻大陸這樣重大的問題，更不能自由行動了。至於希望以聲明不以武力反攻大陸來換取金馬的安全，也是一種幻想。日來中共既未停止砲轟，英美的輿論還認爲不將金馬交與中共則台灣海峽的局勢仍不能緩和。他們這種意見固屬荒謬之至；可是，在如此的情形之下，誰能斷定中共不會在華沙談判中做出某些姿態，而誘致美國又來勸說我們放棄金馬以實現其所謂持久和平呢？而且，在此次的中美聯合公報中，仍未將金馬列入中美聯防的範圍之內，也未宣佈金馬爲台澎的安全所必需；而只說是有密切的關係。可見美國對於金馬的防衛問題，還是保有彈性的。

九年來政府累次喪權辱國

我們認爲政府退守台灣後，九年以來，在外交方面喪權辱國之事有三：第一，是對日和約。自九一八事變起，日軍侵擾中國，達十四年之久，我們所蒙受的損失是何等的慘重？舊金山對日和會，竟被摒之於門外，這又是何等的耻辱？政府原應保持自尊，堅守立場。如不能與日本訂立一個公平合理的和約；甯可讓其成爲懸案，俟有利的時機來到再行交涉。但政府反而迫不及待似的要求和日本單獨訂立和約，竟至放棄一切應有的賠償要求，使國家受了極大的損失；而日本對於中華民國的態度始終沒有誠意。此政府之喪權辱國者一。第二，是中美聯防條約。上文說過，美國要協防台澎，完全爲了確保他們在西太平洋的安全。因此，縱然沒有中美聯防條約，第七艦隊也不至撤退的。而政府爲了爭取些許美援，甘願將反攻大陸的自主權分一半與外人。此其喪權辱國者二。第三，卽此次的中美聯合公報。中美聯防條約只規定政府如要反攻大陸須先和美國會商；如今則更進一步聲明不以武力反攻大陸，豈非把反攻復國的自主權完全放棄了嗎？此政府之喪權辱國者三。

政府將何以善其後

政府所以如此一而再，再而三的喪權辱國，其主要原因，卽是他們在內政方面不知團結國人，勵精圖治，力求上進；而反私心自用，圈子越縮越小，信譽越來越壞；自稱民主而不遵守憲法，滿口革命而存心依賴外力，以求苟延殘喘。因此，不但得不到國際間的同情和支援；而且成了姑息主義者所想像中的犧牲品。我們希望政府當局因爲有感於此，所以才在中美聯合公報中說，要以實行三民主義爲恢復大陸人民自由的主要方法。換言之，就是今後要在內政方面多多努力。可是，三民主義的基本精神，是天下爲公；而三民主義的政府又是應該爲民所有，爲民所治，爲民所享的。過去三十年，三民主義都只是一種口頭禪。今後政府當局是否眞有決心而使其能有百分之幾的實現，還是要待事實來証明的。

美國必將自食其果

最後，我們還要向杜爾斯國務卿說幾句話。美國和中共的大使級談判開始時，卽要求中共聲明不在台灣海峽使用武力，至今尚無結果；而杜爾斯此次在台北的短短三日中，卻促成蔣總統首先聲明不以武力反攻大陸。在前者當然會覺得這是一個很難得的勝利。他也許還以爲今後西方國家和美國人民將不再疑慮美國會捲入中華民國對中共的戰爭；既可使美國與其西方盟國的關係，因此而大爲改善，更可助成共和黨在此次選舉中獲得全勝。不特此也，美國在華沙談判中，還可憑藉此一新而有力的形勢，廹使中共不得不聲明在台灣海峽放棄使用武力。如此，此一區域乃至遠東的持久和平不是卽可實現了嗎？但我們則認爲不然。除了美國的選舉誰勝誰負我們不願臆測而外；關於中共今後的動向，我們可以斷言其必不放棄使用武力，也不會讓台灣海峽恢復風平浪靜。相反的，他們將因杜爾斯此行的勝利而得鼓勵。他們在表面上雖然不停的叫罵；而其內心卻深慶他們恢復炮轟金門後，其所消耗的炮彈，並非完全浪費的。

總之，蔣總統不使用武力反攻大陸的聲明，固然使我們的民心士氣受了極大的打擊，使政府在海內外尚獲得一點威望根本發生動搖，中華民國所受的損失，不是容易補救的。但是，我們敢說，其將帶給美國的煩惱，也不會太輕微吧！

台北當局心亂如麻

胡越

（上文接第一版）

剝奪了和拆毀了他們唯一感到生趣的家庭，驅迫他們走向蜂蟻式的集體生活，掀起了大陸人民怨憤的新高潮！如果台北當局不是貽誤了九年，確實有了反攻準備的話，此時此際正是旋乾轉坤重光大陸的良機！可是正在此時台北當局宣佈放棄武力反攻大陸了，能不令愛國之士椎胸泣血，仰天長嘆！

儘管台北當局宣明放棄武力反攻，並非等於斷絕重光大陸的希望，今後在外交上只不過多了一層阻礙，只要自誤誤國的執政當局，能改除錯誤，重新做起，打回大陸的道路是擺在面前的，直到現在我猶堅信，海外反共的中國人打回大陸絕不是夢想！只要樹立原則方法正確，自由一定能在大陸重光。

一提到反攻，一般人腦海裡出現的圖畫是這樣的；數百萬精强的大軍，從台灣基地出發，乘美式登陸艇在優勢的海空掩護之下萬舟齊發一如電影上所看到的二次大戰美軍進攻冲繩琉璜島那般景像。假使未來反攻大陸以此爲藍本的話，那麼我敢冒大不韙說一句洩氣的話，我們乾脆趁早死心絕望算了。其實這種反攻夢想早已被「自由中國」雜誌說穿了，從客觀的形勢與條件看這都是絕無可能的。台北當局對此最近也似乎有所覺悟，因此他們提到反攻時，不再强調硬打回去，而强調大陸內部的革命，於是變成坐等大陸內部起革命！殊不知大陸內部的反共力量正在焦等外面先反攻，因爲他們在韓戰當時已經吃了先動手無援應而遭殲滅的苦頭了。

（四）反攻的有效辦法

如此說來用甚麼辦法重光大陸呢？在沒提具體方案之前，我們先談一談史例。孫中山先生最初倡導革命只有「四大冠」，試想四個妙手空空的白面書生怎樣能將擁軍百萬的滿清政府推翻？我們知道同盟會在海外並沒有進軍打進大陸去，而是他們的思想主張飛進了大陸，地下組織伸進了大陸，武器新銳的新軍受了革命思想的洗禮，十月十日武昌一聲槍響中國就變了色，歷史就翻了新頁。這證明深入人心的思想意識是一個大動力，沒有這個大動力推不翻滿清政府，也打不跨今天的中共。

當時滿清是既有的政府，同盟會在海外是一羣亡命客，當時他們搞革命是適當的，可是今天在台灣的是行憲（雖然並未眞行）的政府，中共是違法作亂的叛黨，此時此地我們再談革命就是自我否認自我諷刺了。但是我們以甚麼東西可以振奮人心深入人心呢？以我看那就是反共產黨之道而行之；中共行一黨專政，我們行民主憲政；中共以主義教條桎梏自由，我們就尊重思想學術自由；中共隨便抓人殺人，我們就尊重人權獨立司法；中共行黨化教育，我們行自由教育，中共行黨軍制度，我們就行國軍制度；以人人渴望的自由對比慘無人道的奴役，以人人負責的民主，對比人人受制的極權；如此的話台灣就成爲中國同胞的燈塔，成爲有史以來中國眞正享有自由的聖地，這樣才可以鼓舞海外民氣，深入大陸人心，這樣反共復國就有了心理和政治的絕對優勢，才有了翻天覆地的大動力！

海外有了這個大動力，大陸內部鼓舞着的反共力量將如隨時爆發的火山，到這個時候只需要海外一個主動的進攻，歷史的黎明就來到了。

所謂海外主動進攻，不是數百萬大軍的登陸，而是以海空兩路投送政治行動隊。這些部隊需受高度的政治技能訓練，須熟知任務地把握地理形勢及中共的一切政治制度措施，最好是湖南人去湖南，江西人去江西；這些部隊全是幹部不要士兵，每一行動隊進入鄉土就集中攻破一個「公社」，打開米倉放給飢餓的人民，組織這些不感生趣但求一飽的飢民成爲游擊隊（中共現正訓練他們使用武器妙極了），解決了四鄉的公社然後再解決縣城，攻佔了大部分縣城再圍攻省城。同時要破壞交通，發揮佔面枯點，斷綫孤點，遊動急竄，避實擊虛等，中國歷史上農民造反的傳統戰術。

在這種行動隊千百處同時進入大陸之際，從台灣基地出動正規軍向大陸沿海做騷擾性登陸作戰，以收牽扯呼應之效等行動隊斷絕了中共海防部隊的後方補給，動搖了他們的戰志然後再大舉集中兵力正式登陸作戰。在行動隊進入大陸的同時當然要以無綫電廣播及空投傳單號召潛在大陸的反共力量同時起義，在一最短時間內點起千萬處火種，使中共的軍力顧此失彼，眼花撩亂。

（五）今天的中共

有人或說中共打游擊起家，以游擊戰爲主來倒中共豈不是班門弄斧。其實游擊戰有甚麼神秘，當初大陸國軍在剿共戰爭時，何嘗不明白游擊戰那一套，可是中共官兵能日行百里，可以日夜在荒山草澤中遊轉，而國軍官兵已非車不行，尤其是將校們在上海、天津、南京各大城裡有嬌妻美妾，銀行裡有存摺？他們身體和精神一樣癱軟無力，請問如此怎能打仗？相同的中共那些游擊幹部在今天早已豐衣美食、汽車洋房養得嬌嫩了，他們今天在大陸已是既得利益階級，子女玉帛把他們纏軟了。到那時候再叫他們去荒山叢林裏去和餓得發瘋，仇恨如火的農民軍去拼命，縱然他們有此心也無此力了。俗云：「廿年風水團團轉」，正是這個道理。

上述的一幅反攻的圖畫，說來容易做起來難。需要種種技術上的訓練和準備，如果沒有民主憲政的基礎，沒有舉國一致的大動力大信心，沒有一個受選民監督的向人民負責的政府，上述的圖畫那也只是腦海中的一幅圖畫而已。反之如果能有那些基礎和動力，我敢果斷的說一句，我們打回大陸去絕非一個夢想！

紐約華文報紙近況

在美國，華僑是相當多的，據估計：現在美國担任工程師的華僑就有六百餘人之多，其在美國文化敎育機構工作俱如担任敎授等項工作的亦有五百餘人以上。以前，華僑在三藩市的人數最多，但現在則以紐約最多。紐約現有華僑五萬人，三藩市則只三萬人。

華文報紙亦以紐約爲最多，共有六家：中美週報、聯合報、世界日報（紐約版）、美洲日報、華美日報、華僑日報。其中美洲日報與華美日報是屬於國民黨的。其言論之基本是替台灣、蔣介石作宣傳，華僑日報則是共產黨辦的報紙，其餘三家華文報紙：中美週報、聯合日報、世界日報則都是鼓吹民主自由的。其間以鼓吹民主自由的報紙最有銷路，而共黨辦的華僑日報只能日銷數十份，算是最沒有銷路的了。這也可見海外人心之向背。

主張民主自由的三家華文報紙，都是很有地位的，世界日報原在舊金山出版，該報是中英文合璧，最近才又加出紐約版。中美週報創刊於一九四二年，每逢星期四出版，銷路極廣，每期銷一萬五千份，遍及南美及東南非，其分銷處卽達二十餘處。聯合日報日銷八千份，亦已創刊六年半。此次由加拿大航空公司邀請乘坐該公司飛機來港遊埠之吳敬敷先生，卽係中美週報社及聯合日報社之社長。

一班在美出版之華文報紙，均係印老五號字，並均各自設有廠房，所有印刷機器亦多係美國之新式機器。紐約各華文報紙亦如此。以行銷最廣之中美週報來說：該報係釘裝本，共三十二頁，另有圖片八頁，售價美金貳角伍分，足見其內容之豐富云。事實上，華人僑居之所在地，能有如此其多的華文報紙，亦足見華人之不忘祖國。

大陸逃港學生的控訴：下放到坑道勞動

閔友政

我上一個月才從大陸逃亡來港。本來我是不敢將我所遭遇的講出來的，因為在大陸，我還有親人以及幫助我逃脫虎口的朋友。如果連累了他們，那我怎麼對得起人？可是逃來香港以後，越想越感這是個要依靠青年人的努力才能使極權主義消滅的時代，一個流亡學生的控訴，雖然未必有多大的作用。但我深信萬里長城是由最微小的土粒造成的，我願充這億萬土粒中的一個。因為我出來未久，又因為開頭所提到的那個原因，所以我把我的學校名字略去了。

今年我二十歲，大學一年級生，讀的是最專門的科學——數學系。在全國各大學中，數學系是最難考取的一系，而去年竟能給我僥倖考上，當然毫無猶豫地摒擋北上。上學期的課程雖然緊張，但是我們都只有三分之一的時間是上課的，其餘的時間都在社會活動中毫無意義地消磨了——開會鬥爭右派同學，聽大課，向街坊居民作宣傳等等。在「鳴放」初期，我沒有隨着大伙兒攪「大民主」，在反右派時，我也被劃為二等學生——不左不右的一類，組織上認為我有純科學觀點，雖然純科學觀點是資產階級個人主義的觀點，發展下去也會變作反黨反革命的。但是因為鬥爭火力集中對付右派份子，我終算未有遭到嚴厲的指斥，只是寫了兩次檢查書小組就通過了。

今年六月，學校中的反右運動已初步告一段落，一些被認為嚴重的反黨同學，都被學校清洗了，下放運動與又紅又專運動又接踵而來。本來，下放運動是對落後同學的一種懲罰，並不如講得那麼好聽是國家的須要，我本來可以逃脫這個折磨的，但因為我在聽了黨委宣傳部長的「又紅又專」的傳達報告後，說了一句話：「學數學的，紅，是二加二等於四；白，是二加二也不能等於五！」不巧，這句話被同宿舍的一個同學聽到了，他是轉業軍人，很積極的，當然立刻向組織彙報，於是我就為了這一句話而墮入苦海了。

下放運動開始時，照例由黨團員帶頭報名，羣衆（非黨團員）想不報名也不行。結果，黨團員下放的少得可憐，我們這一批「思想與勞動人民有抵觸」的同學都一個也沒有跑脫。

我和幾位同學被下放到唐×鐵礦坑道作業隊，唐×離我們學校二百多里，是一個陳舊的礦場。

勞動結合理論，我起初想，我是學數學的，可能被派作為技術員的助手吧！誰知一到現場，我就被編為雜工隊的雜工，任務是挖土，每天定額二•七公方。這些須要清除的積土據說是日本人留下來的，所以廠黨委的口號是：多挖一方土，等於多殺一個侵略者。勞動的時間是九小時，完不成定額必須加班加點，無加班費。完成定額而任務須要時，也要加班加點，有加班費。第一天，到下班時，我舉起那把鏈子已經覺得好像千百斤沉重，一彎腰一揚土，眼前直迸銀星，正在我咬緊牙關一鏈一鏈地挖的時候，有一個工會幹部帶着黨書記巡視，來到了我身邊站住了。他們像奴隸主對待奴隸似地欣賞着我的辛苦到腰部已失去知覺的勞動，並且不斷嘲笑，諸如：「你們看這個知識份子，現在也不得不丟掉臭架子了。」、「喂，完成了沒有啊！國家的飯不是白吃的！」我當時的心境眞是痛苦極了，社會有分工，誰也不會輕視勞動者，可是，計算方程式難道就不是勞動麼？為什麼要强迫一個學了十多年而又可以負責另一種勞動的人來從事這連小學都沒有進過的人也能做的事呢？所以我低着頭，忍受着侮辱，極力忍住眼淚，我不是弱者。他們一面說，一面又用紙卷在我身上指指點點，我避開了，他們更轟然大笑。我混身因為氣憤而發抖，看這羣新的奴隸主，我明白了為什麼古代手無寸鐵的奴隸敢於起來反抗了。黨書記眼中的殘忍的嘲弄，使我感到他是主人而我是奴隸，我那時的臉色一定很難看了，因為他突然吃驚地後退一步。我是想舉起鐵鏈向他頭上丟去的，但抖着的手舉了一半，我就暈倒了。

再醒來，我已躺在工棚裡，旁邊圍住幾個工友，並沒有醫生。離我最近的那個工人悄悄對我說：「你放心休息吧，你沒完成的我們已幫你補上了。」原來，臨時有病，沒有事先請假，不管病多重，任務是不許耽擱的！

第二天，硬撐着起來挖土，如果不起來，鬥爭的痛苦遠超過肉體的折磨。挖了幾天土，我又被調去推斗車。斗車載重七千餘斤，兩個人推，遇到上坡，肩頭被斗車的車沿壓得陷成斜的了，腳跟死命抵住光滑的鐵軌，如果一失車，斗車壓下來，人就成為肉泥了。這簡直不是人世，坑道中又昏又暗，汗，迷糊了眼睛，人們的眼珠個個都凸得像魚球，低着頭，迸住氣，將肉體與鐵鑄的斗車撕拚，擴音器還猛喊加油，唉！好不容易一寸又一寸地推過一個上坡，斗車滑行了幾公尺，另一個上坡又來了。見不到陽光、呼不到新鮮空氣，忍受着侮辱，捱着黨抽在我心靈上的鞭子。我，一個數學系的大學生，推了一個多月的斗車。肩頭上多出一塊肉又不是肉，像骨頭不是骨頭的一個大瘤，指甲因為用力而全都裂開了，我不敢照鏡子，因為不能相信鏡子中那個臉色灰白的、下頰尖削、眼睛整個地陷下去的人就是我自己！

終於，有一天，八月三日，我咯出了第一口血。勞動兩個月不到，我就被折磨到咯血了！

經醫生檢查，送到廠醫務師去作X光透視，證明是肺病，不適宜於坑道作業，又被調去作統計員。但是，病況越來越惡化，工廠大概不想負死人的責任吧，將我送回學校，學校又叫我停學休養，我趁機申請出國，經過幾位朋友的幫助，很順利地達到目的了。

來港一個月，身體已漸漸恢復，但我的這一段遭遇所給我的影像，我却永遠不會忘記的。

「人民公社」下的大陸　「萬戶蕭疏鬼唱歌」

瘦梅

中共對於大陸人民使用極權統治的手法，是層出不窮，永無休止的，陷身在大陸億萬人民，也就隨着這層出不窮的新暴行，愈陷愈深，以至淪於亙古未有的悲慘境地。中共在「社會主義總路綫」和「大躍進」的口號下，近乃更進一步的加緊控制，於強迫人民參加「集體勞動」，「集體食堂」之後，繼之又強迫人民參加「集體居住」了。這一違反人性、毀棄傳統、拖倒歷史的暴行，已將中國原有的家庭制度，倫理觀念，以及「出入相友」「守望相助」等古代諄樸之風，一掃而光之。

同時人民的生命與生活，從此更緊緊地控扼在中共掌握中，人民在這魔掌下，求生不得，求死不能，惟有輾轉呻吟，苟延殘喘，挨渡着那悲慘無情的歲月。據一位最近來自台山的朋友所述，目擊當地人民一般生活的苦況，其慘酷的遭遇，實屬慘絕人寰，曠古未有。聽之者固已為了酸鼻，言之者亦頻頻揮淚，誠令人有「人間何世」之感。

原來中共為着配合對台灣海峽的軍事行動，首先劃定閩粵沿海一帶為「集體居住實驗區」，強迫當地人民，遷入指定的新蓋的大型草棚內，把人民原來所有的各型各式的房屋，全部拆毀，新蓋的草棚，每座規定容納一百人，每兩人一床，每床約佔位三尺，床與床之間，毫無間隔，一言一動，均在彼此監視之中，這給予人民的不慣與精神上的威脅，已足使人如芒在背，無法安枕了。同時一個家庭的人口，或分散於數棚，甚且由於思想有問題，分遣赴內蒙、新疆，或者別縣去，使一家骨肉分離，父子兄弟不能團聚。然而中共對這草棚，美其名為「社會主義新家庭」。每一草棚編為一生產中隊，三分隊，九小組，合三棚為一大隊，九個棚為一支隊。所有小組長以上至支隊長人員，一律派由復員軍人，下放幹部，中共黨員担任。同時，即按這編制，將所有的農民，編為軍事組織，實行全民皆兵。這是中共對於廣大農民一法兩用手段——消極的控制與積極的備戰。

目前農民工作時間，除參加「小組」「檢討」各種會議所費的時間不計外，每日平均至少須工作十四小時以上，從早到夜，從年頭到年尾，已無「農忙」「農閒」之分，每天都在烈日風雨之下做着牛馬般的奴役，毫無喘息餘地，其精疲力竭可想。因此每逢開會之際，便都撐着頭伏着首去打盹，共幹們問他們什麼？說了些什麼？他們也就根本不理會。共幹們每每為着這只急得直跳，有的拿着「驚堂木」敲得桌子震天價響，也還是依然無效。這一方面由於人民精神疲倦不堪，無法勉強支持，一方面却是對中共只敢怒而不敢言的消極反抗。

此外，中共還有一件滅絕人性的作法，自中共與日本貿易關係斷絕後，所有過去從日本大量輸入的肥田粉之類的肥料，亦告斷絕。中共於焦思苦慮之餘，竟然會想到用「死屍」作肥料的辦法，於是大陸廣大農村，無論何等親屬，如有人死了，必須按時報告共幹處理。共幹們乃指定「糞池」，以為死屍腐酵之所，肌肉腐化的「屍水」，即流入第二個糞池中，與其他的肥料混合，發酵若干日後，再施之於各種農作物中。據說：這種肥料，遠超過任何科學肥料萬萬倍。無怪近年來中共報紙上大事宣傳：某處一畝田可產穀六萬四千餘斤，某處一畝可得麥子幾萬萬斤，最近又說某處一畝地收穫山薯二十五萬幾千斤，數字雖不可靠，必與這事有關。同時，屍首在腐化時，除極冷的天氣外，必然生「蛆」，而中共對於死屍的利用，更無所不用其極，除了將「屍水」作肥料外，所生的「蛆」，又可作飼料。中共規定一部份老年婦人專司餵鷄之責。當死屍生「蛆」時，將舊籮筐放入陳屍的糞池中，不一會，死屍上的「蛆」便爬了籮筐的內內外外，餵鷄人便將籮筐撈取，送入養鷄場，以供作鷄的飼料，據說，用「蛆」餵的鷄，特別容易長大。因之，我們想到，年來大陸來的鷄和罐頭鷄，既多既平，其多而平的程度，幾乎使人無法計其成本。只是死屍的「蛆」餵養出來的鷄，是否有毒，毒發的期間是遲或速，這倒是此間的醫學界當前一個新的研究課題了。

從中國舊的社會道德來說，死屍的掩埋，乃由於生者不忍見死屍者暴露於地，任令禽獸虫蚋的嚙食，因之以不忍人之心，加以掩埋，其後更進而「死葬之以禮」，這且不論，但「誰無父母，誰無昆弟」？中共這一滅絕人性的作法，已成為古今中外史無前例的暴行了。吾人試一閉目冥想，今日之大陸，該是如何的一個現象？我只有借用毛澤東新作送瘟神詩：「萬戶蕭疏鬼唱歌」，來紀述心中的感痛。

讀者投書

再論民主自由運動的幾個重要問題

張舉

十月廿四日出版的第十一期聯合評論週報，應宜先生有一篇「談民主自由革命運動中領袖組織及理論體系的重要性」的文章，內容是針對我在十月三日第八期聯合評論的一篇「我對八年來海外民主自由運動的看法」來討論的。可以說，應宜先生對我的看法，大部份都提出了不同的觀點和不同的結論。

民主自由運動是中國的大事，其成敗是與國家民族的前途關係極大的。而應宜先生最先提出的「領袖」、「組織」、「理論體系」三個問題，又一直是民主自由運動的大問題，所以，我覺得我們每個熱心民主自由運動的人，仍有繼續對這些問題提出意見，從而促成一種共通意見，以作民主自由運動的一種指針的必要。

因為這三個問題都是民主自由運動的大問題，而且與此三問題相關連的問題還非常的多，所以，在這短短的篇幅中，我不準備把三個問題都提出來討論，而是逐次來討論。

就應宜先生的次序，先說領袖問題吧！說到領袖問題，在我腦中，就不禁回憶起民國二十二、三年在南京和在其他地方所耳聞目擊的事。記得那時候正是希特勒和墨索里尼分別在德國和意大利得意的時候，蔣介石及其手下的一批法西斯分子也東施效顰，攪什麼藍衣社，於是「領袖」二字大行其道，同時什麼「一個領袖，一個主義」，「擁護領袖，服從領袖」的口號和標語也在全國各處張貼起來，尤其黨政機關，更以此為時髦。最笑人的，是當時由張治中當教育長的中央軍校，所有官兵學生的制服，其第一顆扭扣便是領袖肖像，而且當講演者口頭提到「領袖」時，大家便都把皮鞋根「可」的一聲合攏來，用立正的姿態來表示敬意，有些缺德的講演者，更會在一次短短的講演中連續提上二十次「領袖」兩個字，讓大家也「可」上二十次。

不止此也，更妙的是中央訓練團，照例由張治中大講「領袖言行」。實在說，當時的這一套，固然也中毒似的害了一部份人，但却也使另外一些人感到肉麻不置，我之所以一看到這兩個字，就有一種壞印象，也許就種因於此。

不過，話說回來，從事民主自由運動與攪法西斯不同，民主自由運動的領袖與攪獨裁極權的領袖也不同。在今天的台灣，有些人對於談領袖，就自然而然的作三日嘔，那是很自然的，但在海外，像應宜先生這樣基於民主自由運動來希望出現領袖，則大大不同了。主要的，應宜先生之此一希望，（當然也不只應宜先生有此希望。）是基於熱愛國家民族，熱愛民主自由運動，寄希望於民主自由運動，希望民主自由運動有成的緣故。在應宜先生看來，要使民主自由運動有成，就非有領袖不可。正如要使民主自由運動有成，就非有「組織」和「理論體系」不可是一樣。就我來看這三者，雖然在上一篇討論中，我已經說過，領袖在民主自由運動中的重要性遠比攪法西斯對領袖的重要性為低，但我這並非說不要領袖。

我們從一方面去看，即從民主自由運動的質與量看，我以為民主自由運動本來就是一種絕大多數人起來過問國家政治的運動，所以，人民羣衆的本身，即每一個自我的起來是很重要的。否則，這便不成為質豐量多的民主自由運動，而只是一種少數先知先覺的民主政治啓蒙運動了。但從另一方面看呢？領袖的重要性則仍是肯定的。何以故？這有兩大緣故：一、民主自由運動既是質豐量多的一種絕大多數起來過問政治的運動，正由於這運動的人是這樣多，所以就急切的須要領導，更急切的需要領袖，否則，就不會產生效率，就難於辦事；二、是今日中國的環境問題，尤其是散處在海外的這一現實狀況問題。這狀況制約了民主自由運動的作法，有些作法不得不秘密，不得不迂迴曲折，於是，執行和負責某些工作的領袖不可或缺了。但這是不是說有了領袖就一切都行呢？是不是說領袖可以預定呢？却又不是。事實上，我以為領袖是必須從才能、德性和他對民主自由運動的信用的累積來產生的。因為信用是累積起來的，不是憑空來的，所以，我以為太年輕的人是不適宜領導民主自由運動的。這與應宜先生的看法就恰有差別。

記甲午戰爭前的中日糾葛（三）

左舜生

琉球為日本鹿兒島縣與台灣間的一串小島，大小凡三十餘，日本今名曰冲繩縣。往日琉球國之地原分三部：北部總稱大島（今屬鹿兒島縣），南部總稱先島，其中部稱冲繩島。以其地如虬龍流動之狀，故漢人稱流虬。琉球之名，則係明洪武年間為中國所賜云。

琉球自上古天孫氏開國，二十五傳為權臣利勇所滅。時有浦添按司名尊敦者，起兵誅利勇，諸按司遂推尊敦為君，是曰舜天王。先是有日本人名源為朝者，遭日本保元之亂，竄伊豆大島，後又浮海到琉球，娶大里按司之妹生尊敦，可見舜天王確與日本人的血統有關。可是舜天王再傳至其孫義本王，乃禪位於英祖，英祖則仍舊為天孫氏苗裔，與日本人並無關係。由英祖三傳至其曾孫玉成王，國人不服，國分為三，大里按司稱山南王，歸仁按司稱山北王，而玉城則稱中山王。玉城卒，子西威立；西威卒，國人廢其嗣子，立浦添按司察度。這個時候，正當明太祖初定中原，因遣行人楊載奉表招琉球王臣服，於是洪武五年（1372），琉球乃遣使至明稱臣，貢獻方物，從此奉明正朔，按歲朝貢不缺。至明永樂間，巴志王統一山北山南，明主乃賜王姓尚。入清以後，琉球仍世受清朝封冊，恭順異常。

可是明朝的萬曆年間，琉球已與日本發生糾葛。先是巴志王時，琉球嘗獻方物於日本將軍義持；明正統年間，將軍義教，乃命琉球為薩摩守護島津氏之附庸，自是琉球通使聘於島津氏無虛歲。明萬曆間，日本豐臣秀吉侵朝鮮，令琉球王尚寧供軍糧，尚寧輸其半，又借金於島津氏以補其不足而不還。及德川家康統一日本，島津家久奉德川氏意招之，不來，乃遣樺山久高將兵伐之，先取大島，德之島，進兵至運天港，海陸並進，諸城皆潰，尚寧不得已請降。久高虜之至，家久乃引尚寧謁德川氏，德川氏以禮待尚寧，送之歸國，命其永隸島津氏。自此以後，琉球在事實上已成了一個中日兩國的屬邦了。

清同治十年，（1871，日明治四年）有台灣生番殺琉球難民的事件發生，日本乃一面於明治五年（同治十一年）對琉球行果決處分，以琉球為藩，封尚寧十三世孫尚泰為藩，並派外交官四人代其辦理外交事務，同時照會各國公使，申明琉球已屬於日；一面則遣其外務卿副島種臣以賀同治帝親政為名，來中國窺探虛實，同治十三年（1874，日明治七年），因藉口生番事件，出兵侵我台灣。中國與之訂約，既明認日本出兵為『保民義舉』，於是日本乃於光緒元年（1875，日明治八年）阻止琉球向中國朝貢，並命其改用明治年號。其時琉球王尚泰遣紫巾官向德宏赴福建，哀求閩浙總督何璟代向中國政府乞援。延至光緒三年五月，政府仍無絲毫辦法，僅以一紙上諭令向等統行回國，毋庸在閩守候。到光緒五年四月（1879，日明治十二年五月），日本乃以決然的態度，吞併琉球，改為冲繩縣，並迫尚泰遷往東京。此後中日兩國雖以此事爭論數年，李鴻章且曾請美國卸任總統格蘭特（Ulysses S. Grant）從中調解，但於事實仍無所補救。

論隔洋助選之類

——亮齋閑話之十一

徐亮之

客　言多必失，閒話亦然；您撞板了。

主　撞什麼板？

客　您上次說中共因為封鎖無效，金馬可能沒事；今後的花樣可能出在第七艦隊身上。結果他們卻對美國仍然只是「嚴重警告」了事，而炮彈卻仍然只是而且提早向金馬轟；雖然自十月二十五日起，據說為要對金馬「同胞」「化敵為友」，改為雙日講「人道」，單日才砲擊！這豈非您撞板撞到正？

主　這只怪他們光有本領打「同胞」，並沒胆量打洋人，和我什麼相干？

客　我看他們這回可能真要拿金馬了。

主　第七艦隊一天不離開台峽，他們便一天不會拿金馬。

客　別開玩笑！這是放炮，一百二十個美金一發呢！您以為小孩子放爆仗嗎？

主　他們並不是放炮，是在那兒做文章呢！是在給美國民主黨隔洋助選呢！

客　隔洋助選？您這話很有意思；我們過去確會有過隔洋助選的經驗；而且民主黨確會討厭過這件事；據說我們大陸所以變色在民主黨執政時代，都可能和這事件不無瓜葛呢！

主　但您知道這回杜爾斯到台灣又是向我們拉選票嗎？

客　美國選舉竟向台灣拉選票？

主　中華民國四十七年十月二十三日蔣杜會議聯合公報公告天下：「中華民國政府認為恢復大陸人民之自由，……為實行孫中山先生之三民主義，而非憑藉武力」；只這幾句話，在美國大選中，便足以做共和黨的隔洋助選啦啦隊而有餘。

客　唔唔，我相當同意您這看法；但我卻有更進一步的看法：我們蔣先生一向只迷信武力和特務的，現在居然大澈大悟，居然「認為恢復大陸人民之自由，……為實行孫中山先生之三民主義，而非憑藉武力」；確是值得我們樂觀的事。

主　您樂觀得太早太天真；如果蔣先生真能「實行孫中山先生之三民主義」的話，他的行轅照例是在廬山，也絕對不會是草山的了；而所謂「匪幫」也早在井崗山時便已罪孽深重，自行殄滅，再也用不着中央社直到現在還費事報導的了！

客　不過您也忒悲觀了！您不看見十月二十五日中央社電說蔣先生已經頒了手啓辭謝祝壽的嗎？這也許是覺悟的初步呢！但您卻不好「量浪」，以為這乃讀了「亮齋閒話」的結果；須知像你們「聯合評論」這樣的刊物，是絕對沒資格進入私家重地的台灣水幕的。

主　放心，這點我比您更清楚。任何人沒有聽真話的雅量，是更沒有聽閒話的高懷的。

客　在現階段，台灣當局該聽的您以為那些是真話？

主　最近一期台灣「自由中國」呼籲的「展開自新運動」的各條目，便句句是真話。老實告訴您：蔣先生既已公告天下放棄武力收復大陸了，不趁這時宣佈「軍隊國家化」更待何時？其他可以例推；如果他真像您所說能有覺悟的話。

戊戌毋生日祭

君左

大亂歸桑梓，人天夢一場，
慈音猶在耳，兒鬢已成霜，
國似三叉路，家如半堵牆，
哀哀遙祭奠，湖海兩茫茫。

轉應曲

水心

殘夜，殘夜，耿耿玉繩低掛；
思量角枕餘溫，隔海悲笳斷魂。
魂斷，魂斷，又被東風吹亂。

「福壽無疆」

艾森豪善頌善禱
中央社皮裏陽秋

一讀者

【台北十八日中央社電】外交部消息：美國艾森豪總統本年誕辰時，蔣總統曾致電祝賀；艾氏頃特復電申謝，並同時預祝總統華誕。其電文譯文如下：「中華民國蔣總統閣下：本人生辰，寵承閣下馳電申賀，至深感荷。本月杪閣下壽辰即將屆臨，謹祝『福壽無疆』。艾森豪。」天！當我讀到這則電訊後，恰好讀完「聯合評論」第十號「亮齋閒話」「論做壽」。我不敢說中央社竟會受亮齋的影響，更不忍說艾森豪懂得幽默；我只情不自禁地說「艾森豪善頌善禱，中央社皮裏陽秋」。

蒼盦詩話

愚公

近代閩賢中，林（長民）宗孟矯然秀出者也。此君一生長處，在善於了解，萬事萬物，一落此君之心之眼，無不渙然，人生眞處，彼參得最透，故僞言僞行，亦爲彼所最惡，彼一生過惡，恆向人言之，負謗從不置辯，如此美才，竟死於飛彈之下，傷哉，余嘗欲爲文紀其行誼未果，茲錄其甲午戰紀用杜甫諸將韻五首其二云：「秋風平壤接邊城，誰向牙山建漢旌。白口當年曾苦戰，碧蹄今日又鏖兵。關山落月吹笳急，海水揚波攪轡清。衞媼有兒稱內附，封侯無相繼長平。」自注唐蘇定方伐高麗，日本援之，大敗日軍於白口，即錦江口也。明李如松亦會敗日本兵於平壤及碧蹄館，衞青封長平侯，漢書稱爲內附之親，衞汝貴爲李鴻章乳媼之子，濫執兵柄，不戰而潰。其三云：「橫海樓船姓字標，金戈鐵甲未全銷。攪翻渤海濤洶湧，偷度陳倉夜寂寥，遼左不歸華表鶴，多魚竟有漏師貂。降幡已出劉公島，一死何能答聖朝。」自註丁汝昌以海軍敗，降日自殺，其五云：「甘泉盼斷捷書來，榆塞淒涼雁叫哀。落日如烽威海衞，朔風吹雪誓師台（在廣寧境）誰麾鐵騎歌三箭，（吳大澂檄文有七擒七縱語，敗後爲士林所笑）竟負黃龍酒一杯。成敗只須論大節，偏裨未必盡無才」。林氏詩筆，於此數首中，足窺一鱗，而其書法，姿態橫生，富雄傑氣，尤爲人所寶愛。舊嘗得其與梁任公往來書扎數通，亦於亂離佚久矣。

禱（三）

盛紫娟

他忽然露出一絲笑容，又冷冷地說：『妳是新中國的好兒童，作毛主席的好孩子，妳怕什麼呢？不必為妳以後的生活發愁，要檢舉妳的父親，監視妳的母親，知道嗎？』

我一聲不響，他又問我：『妳知道三反五反的意義嗎？』

坦白地說，我始終不知道，我父親到底犯了什麼法，他有哪點兒像老虎，賢良的母親，又有哪點兒像母老虎？

「檢查開始了，他們乒乒乓乓地各處亂翻，我母親的陪嫁也都堆在牀上，一切值錢的東西全被沒收了：美金、大頭、銀元寶，甚至我母親手上的鑽戒、翠戒、金鐲、耳環也都拿走了，這是過去生活留下的紀念品。我們眼睜睜地看着他們把東西用布包起來，看着他們把所有的東西封起來，我們幾個孩子，看見母親流着傷心的淚，也禁不住號淘大哭起來。

俗語說，財去人安樂，可是我們被搶之後，並沒有安樂，找着僅餘的一所印刷廠開始鬧事。四叔還帶着印字館的工人來找我母親算賬，說我們剝削了他們，我四叔代表着工人階級利益，不肯罷休。其實，他在背後正偷着印字館的存貨，把機器也拆了，這時候，就想嫁禍給人。在短短的幾個月中，就把一所印刷廠，弄得七零八落。工人還要找我母親去廠裏講話，貿易公司裡的職工也一羣羣地來我們家翻東西。一個老當差的也以工人階級姿態出現了。正是『墻倒衆人推』啊！

為了賠欵，公司不得不解散，工廠我們也不敢要了，家裡廁所的花磚都被掀開看——有沒有金子。

「五二年夏天，法院判我們賠三億五千萬元，職工的遣散費每人七百五十萬元，公司裡的東西拍賣了，但離需要的錢，還差得遠，我母親自動把自己的家用東西也拍賣，電冰箱、無綫電、留聲機、沙發、地毯、古董、傢俱、三輪車、自行車、但還是不夠。

「拍賣的那天，我們姐妹幾個坐在樓梯上看，住在旁邊的什麼土產公司的幹部也來參觀，他們幸災樂禍地看來看去，有些乞丐甚至也跑到客廳去，坐在沙發上大聲喧笑，三教九流的人，在花園裡殘踏着花草——亂、亂！我覺得太慘了，但只能眼淚汪汪地看着，大小幹部扛着東西走。只能聽見在嗡嗡的人聲中，傳出拍賣行伙記的：『五百、五百！賣！』」

「全市進入社會主義，我流着辛酸的淚去跟着游行，我在強顏歡笑，我勉強自己舉臂高呼：『共產黨萬歲！偉大的毛主席萬歲！』」

其實，受過劇創的心靈，正在流血，又為家裡的生活發愁，我不止一次地，餓着肚子去上課，當然，我們還殘存着一些公債，但是賣公債是犯法的，什麼公私兩利？十年後才能還本還息，還能等十年以後再吃飯？

「姐姐大學畢業了，去北京××大學作了助教，但菲薄的薪金，只够她一個人用。我不得不忍痛離開了學校，去作一名小職員，卅四元的薪金怎麼能養家？糧食不夠，連山芋、土豆也都成了珍品，我是沒有富裕錢去買奶油蛋糕的，『人民生活空前提高』，是真的嗎？我懷疑。只有首長們是真的生活提高了，周總理的一次酒宴，不知是榨了多少人民的血汗，為了『伏羅希洛夫』爺爺來參觀，北京一座牌樓，就用去廿萬元新人民幣，軍官們聚在過去資本家聚過的地方，大嚼有名的『罐悶雞』，大喝有名的『紅菜湯』，他們挽着年輕的女郎在街上高視濶步，鄉下的妻子卻望穿了眼睛。您不信嗎？我們被迫搬到地窖子住後，（房子變為公產了。）住在三樓的人民區長，張××就是這樣，政府為了使他不犯重婚罪，只得判他與前妻離婚。

（待續）

本刊已經香港政府登記

聯合評論

週刊

United Voice Weekly

每逢星期五出版

第十三號

督印人：黃宇人
總編輯：左仲平
社址：九龍金馬倫道三十八號三樓
電話：六一四一三（61413）
承印：田風印刷廠 香港高士打道二二一號
售價：每份零售港幣一毫
總代理：友聯書報發行公司

關於「反共救國會議」
——介紹蔣先生的一種看法

左舜生

共匪在八月二十三日開始炮擊金門，到十月二十三日因杜爾斯訪台的結果，乃有中美聯合公報的發表，為時剛好是兩個整月。現在隔公報的發表又已半月，合前後計算，則距共匪掀起這次風浪以來，為時已歷七十五天。

在這七十五天當中，我們對於共匪的言動，台灣的反應，以及美國和整個國際的表示，曾予以密切的注意，審慎的分析，其間是是非非，真可以說極複雜之能事。

（一）香港的輿論

以香港一隅的輿論來說，對於中美聯合公報的內容大體是悲觀的。何以會悲觀，其原因也很簡單：在過去的若干年，政府對於反攻復國工作的重點，始終是表示軍事第一，而且屢次聲言，準備早已完成，只等待時機一到，反攻便立刻可見諸事實。可是這次公報內容，乃說：『……達成此一使命之主要途徑，為實行孫中山先生之三民主義，而非憑藉武力！』假定政府今後的行動，對這次公報所說種種，不能不受一定的拘束，則過去若干年政府所抱持的方針，以及竭全力以赴的準備工作，豈不一切付諸流水？

再加上，在最近這半個月以來，政府既已接受美國的意見而有『非憑藉武力』的表示，好像台北方面也在醞釀由軍事重點轉移於政治重點的一種空氣。於是『三分軍事七分政治』之說，已有人在舊話重提，甚至傳說『反共救國會議』仍非召開不可。因此，海外一部分輿論，例如日報中的『工商日報』，定期刊物中如『新聞天地』，乃本其過去一貫的主張，又在繼續催促召集這一會議的實現。

（二）政府的疑慮所在

就我個人所了瞭，政府對這件事始終是，『群疑滿腹，衆難塞胸，』而所謂『這種會議於憲法無據，』『與立法院的權限，可能有所抵觸，』乃至顧慮『政府願意邀約者不必來，而政府不一定要約者，又非爭取一席不可，』……這些都還不是這一會議所以至今不能召集的基本原因；即令政府真正有了這些疑慮，也還不難消釋；這一會議所以始終無法召集的癥結所在，乃是政府最高當局，基於過去失敗的教訓，一談到這類性質的會議，便不免談虎色變，因此才不敢放手一幹。說到這裡，我不能不節錄本年七月十六蔣先生在國民黨評議委員會一篇具有權威性的演說，以証實我這一看法並非謊言。我知道海外民主人士，乃至有言論界的代表人物，有機會讀到這篇演辭，並不多，為明瞭問題的真相所在，確有拿來參考的必要。蔣先生這篇演辭長到一萬餘言，我在下面所節錄的，不過涉及『反共救國會議』的一小段而已，原文如下：

（三）蔣先生演辭原文

『自從我去年六月「蘇俄在中國」一著作出版以後，同時由「中央社」聲明這一著作出版，乃無異作共匪數年來無恥「和謠」的一個總答覆，至此共匪的「和謠」乃澈底粉碎，不得不自認其此一奸計已完全失敗，所以去年六月以後，共匪亦就改變其「大鳴大放」的號召，轉而發動其「反右派」的鬥爭了。雖然如此，他對於海外的民主人士，還是施展其積極滲透，並策動其在台灣提出「反對黨」的號召。這當然又是共匪往日「民主同盟」的慣技，亦就是「統戰」的基本戰術，至少可使反共心理發生了影響。萬不料這些民主人士乃會重蹈其過去覆轍，而毫不醒悟，這豈不可嘆！

『由於民主人士積極推動這一幕「國共和談」一舉來看，又不能不使我們聯想到這些民主人士當時所主張召開「反共救國會議」的用意，實令人發生一種疑慮。這種疑慮或許是多餘的，也不一定正確，但我們對於其為匪推動「和談」運動，無法不抱杞憂，後果所及，必將搖動我們反攻復國的國策，故不能不將昔日「國共和談」的後果，及其共匪今日所要策動「國共和談」的內容予以澈底揭破。他們的內容是什麼？第一步就是要以「反共救國會議」為其契機，而成立其變相的「政治協商會議」。這個變相「協商會議」的結果，最後勢非要約共匪參加在內不可。第二步就是以這變相的「協商會議」的方式，來組織其「聯合政府」。而最後一步亦就必然要毀棄今日中華民國憲法，取消今日民主憲政，而將我們今日在台灣唯一的反攻復國基地與全部軍民斷送給共匪，以實現其共匪所謂「人民共和國」來統制全國的幻夢。這種亡國滅種的陰謀，如果得以實現，豈啻陷害我們整個黨國於萬刧不復之境！

『不過我以為這種後果，並非現在這些民主人士預想所及的，更不是過去希望召開「反共救國會議」的一般純潔心理所想像得到的，但是這的確是共匪三年來，對海外人士所策動的統戰工作中，最主要的一個陰謀。因為這是我們本黨反共革命的成敗關頭，所以不能不向這些醉心於「和談」「協商」的民主人士提出嚴正的警告。但是我們對於聯合政府的態度，是有其既定政策，並不是一概拒絕的。我們所反對的，乃是反對他以「反共救國會議」為契機以「政治協商」為條件，而實現其「國共和談」與「聯合政府」的陰謀。這樣他們所組成的聯合政府，自然就是共黨所謂各黨派「互相監督」「永久合作」的「聯合政府」，我們對共黨參加在內的捷克、波蘭式的聯合政府那就絕無協商的餘地了。只要不是共匪及其同路人所參加的聯合政府，那是十年以前我們在南京就早已實現了的，而且今日政府仍是保持這個性質。因此只要大家誠信相孚，堅決反共，不受共匪任何影響的各黨人士，我們仍是歡迎其參加政府，而決不拒絕的。這是最近三年來本黨對共匪作生死存亡鬥爭，和對黨外人士抒誠合作，所經過的實際情形，特向各位同志提出報告，希望本黨同志今後對黨外人士所謂「民主自由」的一般觀念，與共匪所謂「國共和談」的主要陰謀及其失敗的經過概要，能夠有一個切實了解。』

（四）願與海外人士共證

我細讀蔣先生這段演辭，他簡直懷疑到近年一部分人主張建立『反對黨』的，乃是由於共匪所『發動』，所『號召』；他懷疑到空中樓閣的『國共和談』，乃是海外民主人士所『積極推動』；他懷疑到共匪更以『反共救國會議』為『契機』，使其成為『變相的政治協商會議』；他更懷疑到由這種『變相的協商會議』，要醞釀一個『聯合政府』，來『毀棄今日中華民國的憲法』，『取消民主憲政』，以陷『黨國於萬刧不復』！

我希望海外民主人士與言論界權威，大家來對蔣先生這段演辭，加以共証：假定蔣先生所說的有百分之一或千分之一合於事實，大家便應該承認今天海外的民主人士真是罪該萬死；如果連百分之一或千分之一的事實也沒有，而蔣先生受國民付托之重，乃公然對他的在黨內負有高級責任的幾十位同志，倡為這種歪曲的說法，他似乎也應該反省，究竟對國家應負何等的責任！

談自我狂迷

朱狷夫

一個人追求某種慾望達到瘋狂的程度，就會產生精神上的種種病態，其中一種病態可以叫做自我狂迷。

所謂自我狂迷是對自己狂妄的迷信。從歷史上看瘋狂爭權並且一度成功的人多容易陷於自我狂迷。篡漢自帝的王莽，當漢兵已臨長安王朝已瀕末日之際，他還胡說：『天生德於予，漢兵其如予何』的夢話。太平天國的洪秀全也有同樣的狂迷，當清兵圍攻金陵到最後關頭，他還說奉天父天兄之命云云的囈語。

上面我們說陷於自我狂迷有兩個因素，一是瘋狂爭權，二是一度成功。當一個瘋狂爭權的人在未成功之前，他的權力慾雖然把他燒得瘋狂，但是還沒達到迷的程度。這因為艱苦的現實還阻礙着他的意志，壓迫他做困心衡慮的奮鬥，他還保持着冷靜與機智。可是一旦成功之後，瘋狂之慾得到滿足，自我瘋狂的意志乃轉為自我迷信。一陷於自我狂迷，就喪失了冷靜與機智，乃容易盲目的好大喜功，逞強爭勝，製造否定自己的條件，而走上敗亡的末日。因此我們了解拿破崙何以在稱帝之前，戰無不勝，攻無不克，縱橫歐陸，所向無敵；而稱帝之後，銳氣頓消，昔日英風不復再現，滑鐵盧一戰身為階下四，永為天下笑。以此來看今天的毛澤東，實深有同感。

民國三十二年冬，為促進國共和談，一批民主人士從重慶到延安去訪問毛澤東。毛澤東對左舜生先生說過這樣一段話：「蔣先生相信天無二日，民無二王，我便偏要出兩個太陽給他看看。」這段話充分表現了他瘋狂的權力慾。及至他被美國赫爾利大使約請到重慶與蔣先生會面，他則一改在延安時的瘋狂口氣，擺出一幅卑屈溫順的樣子，稱頌蔣委員長領導抗戰；可是在一次湖南同鄉的宴會上，談到北伐時期國共合作的經歷，他說「北伐的結果是廣東人出錢，湖南人拚命，浙江人做官。」這些言動都表示了他的機智和冷靜。當他乘飛機回到延安發表了那首「沁春園」詞。大言「秦皇漢武略輸文采，唐宗宋祖稍遜風騷；」「數風流人物，還看今朝。」表現了他不可遏止的瘋狂意念。

『時無英雄，遂令豎子成名，』執政者自腐自爛，給毛澤東揀了便宜；四年內亂把國民黨逐離了大陸，於是毛澤東就在北平做起摩登皇帝來。

從中國歷史上看，當一個新王朝在兵燹廢墟上初建立，凡予民休養使天下生息者則可保命永位，如漢、宋、明、三代都是這樣的，反之繼戰亂之後大興土木，變法困民，頻於征伐者都不旋踵而亡，秦、莽、隋王朝就是好例。毛澤東自吹智過秦皇漢武，騷勝唐宗宋祖，其實他萬萬及不上。你看他在北平得志之後，凡固有文化，不問好壞，一切予以摧毀，虐行土改，殺人如麻，又大興土木「躍進」建設，更狂妄出兵參加韓戰；此三者皆歷史上之大忌，他一齊犯了，証明他已陷於自我狂迷；如果不是台北諸公昏昧低能，乘大陸沸騰之民怨與韓戰的膠着而伐之，毛澤東早就跨台了。

由於波匈革命的刺激，毛澤東震懼了，他的自我狂迷一度被刺醒了，由於恐懼心理，為了發洩民怨，乃毛手毛腳攪鳴放，不攪鳴放還則罷了，一攪鳴放匈牙利式的革命便幾乎跟着鳴放爆發出來。於是他慌亂了手腳不得不失大信於天下，用「反右」來收拾局面。由於錯攪鳴放，及左傾冒險的農業集體化政策，他在黨內遭受到國際派及穩健派的聯合反抗，他一度在中共中委會中失去優勢，他警覺到大權旁落的危險，於是從去年冬起開始拉攏心腹，削除政敵的長期地方巡遊。於是在今年五月間在中共八屆全代大會中他鬥倒了國際派，鞏固了黨內的獨裁權位，於是他再陷於自我狂迷。

當毛澤東在鳴放期間黨外洶湧着羣衆的反抗，黨內受制於國際派，同時俄共停了經濟援助，這三大壓力齊頭並進，毛澤東被迫跑到青島、韜光養晦；這個時期他震動、苦悶、自危，感到風雨飄搖；最後他打定主意，回到北平之後決定去莫斯科朝拜，並大事舖張慶祝俄共十月革命，不惜當着各國共黨領袖的面前頌揚俄共是「頭」，但是赫魯曉夫並沒因此軟化而予以援助。碰了一鼻子灰回來，好不喪氣。一賭氣開始攪「大躍進」，「下放」，狂言「十五年趕上英國」，採用土法鑄鐵煉鋼，不惜逼老百姓拆門毀窗。最近他一時心血來潮又下令中國實行「人民公社」，拆毀幾千年為中國人生活精神堡壘的家庭，剝奪了五億七千萬同胞僅餘的一點生趣；劇烈增高了反抗的危機。有一位最近從大陸跑出來的人告訴我：「國軍怎麼不反攻？上陸一百立刻可以變成一萬！」（可憐，就在這個當兒，我們的蔣總統聲明放棄武力反攻大陸了！）

毛澤東已經狂迷到看不見危機，（或許他確知台北當局絕不反攻？）在最近發表的「送瘟神」一首歪詩裡，他竟躊躇自滿的說：「紅雨隨心翻作浪，青山着意化為橋」；王莽迷信讖緯，洪秀全迷信天父，毛澤東迷信他自己的意志與共產黨的組織。迷信對象儘管不同，迷信則一也。狂則暴，迷則亂，毛澤東的自我狂迷正在加速製造暴亂。中國老百姓縱然溫順堅忍，但是當他們了無生趣，生不如死的時候他們也就不戀其生了。可嘆的是，只因為他們心中海外還有一個政府，這個政府九年來天天告訴他們要反攻，他可能為了等待而忍耐，現在他們的等待落空了，也許他們再不能忍耐了，最近汕頭及湖南已蜂起搶糧殺幹的暴動，這恐怕就是大動亂前夕的徵兆，壓力有加，反動力愈大，今天的陳涉吳廣該是誕生的時候了。

中共為什麼想飛躍進入「共產主義社會」

曾明

蘇俄經過了四十年來的「不斷革命」尚未達到「共產主義社會」階段的今天，而中共竟以十年不到的統治時間，就想由形式的「社會主義社會」「飛躍」進入「共產主義社會」。而「社會主義」與「共產主義」的社會差別，以共產理論解釋，在『各盡所能，各取所「值」』與『各盡所能，各取所「需」』的不同。按照大陸實際情況來說，中共這種飛躍念頭，豈不是瘋狂。

中共為什麼會有這種瘋狂念頭呢？

中共這種瘋狂思想是由於受了下列的影響而產生的。

第一，因為中共自從一九五五年八月以來，不管客觀實際的可能性如何，不問社會條件是否具備，一下子突變，把中國幾千年綿延下來的自由經濟條件發展的小農社會結構全部推翻摧毀，代替以蘇俄集體化奴役剝削性質的農業合作化，從管制着手，直到干涉農民的人身自由。而中國農民幾千年來相襲過慣了「日出而作，日入而息，鑿井而飲，耕田而食」的生活；這樣一來，農民在思想上固無法接受，感情上也無從忍耐，生活上更是格格不入。何況，中共又從農民終年辛辛苦苦勞動成果中拿去了太多，陷農民於飢餓死亡線上掙扎。因此，中共的農業合作化，不但沒有實質的成功，相反地由於農民反抗連農業合作化的形式架子都要瓦解，帶動了中共的工業化也要全部失敗，使中共政權面臨到崩潰垮台的緊張情勢。

第二，毛澤東是一個不甘屈居人下的，想爬過蘇俄的頭，以「形勢逼人」，爭取領導共產世界的權力。其促成原因，是由於：

（一）因為共產黨是以「理論指導行動」為原則的。從斯大林死了以後，儘管赫魯曉夫飛揚拔扈，氣燄囂張；但，談到共產主義理論，它要比毛澤東差一級。這就是蘇共中央機關刊物「共產黨人」在今年八月間列出的一批共產世界權威理論家名單，承認除了死去的斯大林，現在還活着的，要以毛澤東為第一，赫魯曉夫只能名列第二。赫魯曉夫不僅在理論上談不過毛澤東，即在處事上也是猖狂放縱，粗魯已極，不像一個大國領袖，活像一個市井無賴。比如，它這次致艾森豪威爾一封胡言亂語失態的信，遭到拒絕接收而擲回，並沒有搞出什麼下文，非但難堪，實在是無能的表現。這種場合，毛澤東是要比赫魯曉夫高明得多，他於一九四五年在重慶高呼「蔣主席萬歲」，不碰硬釘子，就是一例。總之，赫不如毛是一個鐵定事實。

（二）以中國大陸的地大，人多，自然環境條件優越，在共產世界中任何一個國家都比不上。即以蘇俄而言，人口只有中國大陸的三分之一，自然環境的潛在資源又不知差了多少。

（三）蘇俄是個民族複雜的國家，在蘇維埃聯盟裡十六個加盟國內，就有六十個不同的大的民族和種族集團；此外，還有數十種的少數民族。這些民族，語言、生活習慣、過去的歷史、文化水準，都是彼此各不相同的。其中一些民族，例如，俄羅斯人、烏克蘭人、格魯吉亞人、阿爾明尼亞人，在古代就有了自己的國家，自己的民族文化。其他民族，例如，馬里人、柯米人、朱考特人、愛文克人、涅茨人，只在蘇維埃政權時代，才開始建立自己的國家組織，開始發展自己的民族文化，有些民族只在蘇維埃政權時代，才創立了自己的字母，每一民族有每一民族的特徵。因此，蘇俄對於這些民族的國家組織和社會制度，都是適應着他們的民族特徵而設立，因之雖然經過了四十年來的「不斷革命」手段，却無法得舉國一致的辦法，所以，仍舊徘徊於所謂的「社會主義社會」。因此之故，即使再過四十年，蘇俄也很難進入「共產主義社會」。但是，中國大陸人口最多的是漢族；此外，現在可以列出名稱的也有四十六種之多的少數民族。這些少數民族的總人口只有三千五百五十多萬。他們大多數住在高原、山地和邊疆地區，這也和蘇俄大不相同；而且，少數民族在中國大陸的政治上、經濟上、社會上並不具有決定性的作用，因而中共在國家組織和社會制度上，可以撇開少數民族實行統一的辦法。

毛澤東在這樣「形勢比人強」的情況之下，使他的一顆領導共產世界的野心蠢蠢欲動。不過，蘇共與中共這種主奴從屬關係，三十年來已經根深蒂固，一下子想推翻這種情勢，確實不是一件容易的事情。除非：

（1）製造一次大戰，利用他人擊毀蘇俄力量，中共乘機崛起而領導共產世界。

（2）中共自己的成就超過蘇俄，以「形勢逼人」，壓迫赫魯曉夫等一班人自甘退居下流。

關於第一點，在目前情勢中，還不可能。至於第二點，中共的科學技術與蘇俄相比，瞠乎其後；工農業生產按人口平均計算，不如蘇俄。所以，老大哥眼看小老弟這樣急燥冒進的爬頭作風，有些眼紅，因而，赫魯曉夫沉不住氣，於本月十四日在蘇俄的「斯塔夫羅波爾」城說：「蘇共第二十一次代表大會將通過蘇聯在今後七年中共產主義建設中發展經濟的綱領。」「今後七年中蘇聯經濟發展的數字簡直是難以想像的。」「全世界都將為社會主義經濟發展的前景而感到驚訝。」這些話似乎是對外吹牛，其實是針對中共而發；言外之意，就無異是警告中共：架子儘管搭得好看，沒有物質基礎，終歸是落空的。

總之，毛澤東面對農業合作化將要瓦解的緊張情勢，並以為自己條件優越於蘇俄，一顆領導共產世界的野心又蠢動不已。因此，就不管社會條件如何，不管人民死活，只求目的不擇手段，以「人民公社」空架子，一方面以此加強管制人民，一方面想以此飛躍而進入「共產主義社會」。其實都是做不到的，這不過是毛澤東心勞日紲的瘋狂思想而已。

稿約

一、本刊言論以宣揚自由民主為主旨，園地完全公開，凡符合上述宗旨之稿件，本刊一律歡迎。

二、來稿本刊有修改權，不願修改者，請於來稿時說明。

三、來稿刊出後，本刊即以每千字港幣六元至十元奉酬，聊表微意。

聯合評論社謹訂

論獨善其身與兼善天下

應宜

一般人認為中國今天之所以不強是因為獨善其身的人太多，而兼善天下的人太少，所以梁任公有『束身寡過者太多』之嘆。誠然一般人都在為自己忙，為自己開闢天地，都在為自己建築幸福，為自己擴大享受領域，誰還顧得國家社會！

但是，筆者認為這種說法只是看到了問題的一面，而沒有把問題作一個完整的深刻的觀察，如果你作進一步的觀察，你就會發覺兼善天下的人誠然不多，但獨善其身的人更少！如果你再作深刻一層的觀察，你就會發覺恰恰相反的奇蹟，那就是獨善其身的人一個也沒有，而兼善天下的人處處皆是。中國今日之不強，却正是因為真正獨善其身的人太少，而妄想兼善天下的人太多所致。貧者不能獨善其身，所以社會亂；達者不能兼善天下，所以人心不平。越不平越亂，越亂越不平，所以把整個的國家社會弄到今天這個地步！

如果貧者皆能獨善其身，則天下自治，達者皆能兼善天下，則人心自平，何亂之有？但是，實際不但貧者不能善其身，連達者也未能善其身，反而恣意妄為，為着滿足他個人的邪惡慾望，無惡不作，為着鞏固他自己幸福的堡壘，盡量的破壞國家，危害社會，於是才為共黨所乘。

如果硬說中國今日之不強是由於獨善其身的人太多，那麼這個命題就必須加以解釋，這種獨善其身應該是指有力量兼善天下而不肯兼善天下，却偏偏以明哲保身的態度來獨善其身的聰明人。站在革命的立場來說，這當然是一種極端自私自利的行為表現。如果作退一步想，這也無可厚非，這總還比一般偽兼善天下者好得多。最可恨的是一般獨善其身既不夠格，却反而戴着『兼善天下』的假面具出現於社會，以為天下非我莫屬。而其行為表現，處處是害人利己，圖飽私囊。處處以危害國家，方便自己為務，他們骨子裏根本就不知有國家，只在為他們個人打算盤。所以問題就越弄越糟！這才是真正國家的蟊賊，這才是過去國家之所以敗壞的真正原因所在。今天的談革命者猶不敢說沒有這種敗類份子，這是我們所宜謹防和警惕的。

一個人如果窮能獨善其身，達必能兼善天下；反之，達能兼善天下，貧亦必能獨善其身。設人人皆能善其身，各守其分，則天下垂手可治。方今天下國家之患，患在人皆不能獨善其身，一般企圖兼善天下者，自己未先善其身，却硬要善人之身。今天的共產黨就是一個好例。

孔子說：『政者正也，其身正，不令而行，其身不正，雖令不從。』又說：『子率以正，孰敢不正。』這種寶貴的遺訓實在是兼善天下者的一個良好藉鏡。雖然在這幾句話裡充份的表現了人治的色彩，但也包含了不少的民主氣氛，縱然與今天的民主時代不盡相合，但也相去不遠。今天能有這樣一個以身作則的領袖人物，視民主亦無愧色。然而今天之想兼善天下者，不從誠意，正心，修身作起，却妄想兼善天下，妄想治國平天下，實在有負先哲留給我們這種寶貴的遺訓。

筆者不是反對兼善天下，而是反對偽兼善天下者；不是嫌兼善天下者太多，而是嫌偽兼善天下者太多。自己未先正其身，却欲正人之身，豈可得乎？這種人的兼善天下實在想兼天下之善而獨得，兼天下之利而獨享。筆者也並非反對獨善其身的人，而是反對有力量兼善天下而不肯兼善天下的自私自利的動物。所以論者必須分辨清楚，否則將使後來者不知何所適從。

筆者認為獨善其身與兼善天下的分界應該以環境為轉移，假若環境不允許兼善天下，那你獨善其身可也；假若環境允許你兼善天下，你具備了兼善天下的一切條件，那你就不應該獨善其身，而必須兼善天下。總之，退則獨善其身，進則兼善天下，可進則進，可止則止，完全以客觀環境的需要為轉移，這才是民主時代的領袖風度。

論民主自由動運

（上文接第三版）

事實上，說馬列主義的理論合乎科學，那是完全不對的。因為馬列主義本身就已變成了一種教條，凡教條就必定是不合科學的。同時，凡教條就必定制約了它的最後發展，規定了它的最後必然死亡的命運，所以，共產黨人以為它可以靠組織起家，那恰恰是錯誤。

我現在說共產黨將因其自鳴得意的組織而最後死亡，共產黨人一定不會承認，一部份反共人士也必然不會承認的。因為共產黨人及一部份反共人士是認為共黨似的組織是最理想的。不但在理論上是最理想，而且表現在實踐上也是已經最有成效的。他們會說：共產黨靠組織起家的事實不是很明顯的在眼前嗎？你說共產黨人會因其組織而死亡，豈非閉着眼胡說！是的，我也承認共產黨靠組織起家，有如目前擺在眼前的事實確是無可否認的事實，但我說它最後必將因其組織而死亡的話與此却並不衝突。何以說呢？我是說它最後必將因此死亡，却不是說它死亡前不能發展，這是我們必須辨明的第一個要點；其次，是我們萬不可因其已有發展或正在發展，便以為它將永遠無止境的發展，實際上，一定的發展，就規定了它的一定的死亡的。一個幼小的嬰兒，我們經年累月的看：一年二年三年四年，是沒有一年不在生長發展的，不僅一年二年三年四年他是在生長發展，就是十年二十年他也是在生長發展的，因為嬰兒是這樣的在生長發展，我們能因此斷定這一個嬰兒將永遠生長發展嗎？不必多加說明：誰也知道，生老病死是一切生物的必然過程，生長或發展到達一定階段之後，它就一定要死亡的。這是確定不移的事實，也是顛仆不破的真理。然則，共黨的命運能例外嗎？那是不能例外的，這不能例外的道理，共產黨人所信奉的唯物辯證法也是這樣承認的。何況，共產黨人的信奉的教條，更因其僵硬性而決定了它那不可變動的最後命運。這原是無可如何的。與共產黨人討論最後命運時，共產黨人總不敢面對問題來討論，其原因也就在此。

不過話說回來，共產黨的最後命運雖是如此的不可逃避，被套上共產黨機器的每一個個人却不敢想像它。於是，他們就只好以經驗論似的精神食糧來自我陶醉。舉一個例說吧！他們黨員彼此間，或者是在向人民宣傳的時間，對於第三次世界，他們總是說：如果發生第三次世界，共產黨一定勝利。他們的理由是：第一次世界大戰打出了一個蘇聯，第二次世界大戰打出了東歐各共黨國以及中國，所以，不打第三次世界大戰則已，一打就必定打出一個共黨世界來。我們看看共產黨人的這種話，是何等的不合邏輯！是何等的淺薄幼稚！但大部份共黨黨徒却深信不疑，實則，共產黨人的這種論斷，正如看見一個嬰兒，三年五年在長，十年二十年又在長，於是斷定這一個嬰兒將永遠像過去三年五年十年二十年之必生長是一樣，然而無情的事實，却說明凡人皆有死，過去的生，過去的長，並不能保證它將永遠生永遠長。共產黨人斷言其永遠生，永遠長，其謬誤可知矣。

共產黨人不明瞭他們本身的錯誤，或者，他們之中也有一些人已經明瞭這一錯誤，但暫時不敢指出這一錯誤，這些事實和這些問題，我們暫且不在這裡討論，最荒謬的，是反共非共人士中，居然一部份人被共產黨過去生存發展的事實所炫惑，遂以為要反共就只有以組織對組織，以極權對極權。他們不知道共黨的性質與反共的性質根本不同，共黨可以藉極權藉暴力來暫時得勢，反共力量却是不可以藉極權藉暴力來推翻中共的。要推翻中共就只有走民主反共之路才行。

說到這裡，也許有人會問：民主反共又要不要組織呢？如果要組織，又何以別於上述極權反共的組織呢？對於這問題，我的答案，前面已經說過，民主反共是必須要組織的，不過這與極權反共的組織却有不同。極權反共是用極權性的組織，民主反共則是用民主性的組織來反共。那末，也許有人會說民主反共的方式缺乏力量，殊不知，民主反共的方式才最有力量，極權反共的方式才最沒有力量，蔣介石搞了幾十年的獨裁，終於不能有效反共，這是極明顯的例子，而今日世界之反共大業，終要依靠英美等民主國家作主力，這是又一個明顯的例子。而這都是值得我們深思的。

中共大捧左宗棠

岳騫

說起來很有趣，從今年起，中共報刊忽然大捧左宗棠，雖然語氣方面還有保留，但已經可以「將功折罪」，比起曾文正和李鴻章，總算是「幸運」得多了。

左文襄所以能翻身，主要受了新疆人民反共行動所賜，中共過去假仁假義，到處抨擊大漢族主義，提倡民族平等，指責左文襄平定西域，是屠殺新疆人民的劊子手。曾幾何時，中共在新疆也鬧得焦頭爛額，受到四面八方各式各種的反抗，任何天花亂墜的宣傳，都無法欺騙了新疆人民，面對這種惡劣的形勢，中共不由得「聞鼓鼙而思將帥」，覺得左文襄定新疆那一套辦法，倒是不錯的。尤其在新疆的共幹，大部份是湖南人，緬懷先賢偉績，黨性也沖淡了。他們私裏到眞是服膺左文襄，頗以湖湘子弟再滿天山而自豪，只是還未能公開宣之於口。

到了本年初，新疆的反共活動，已經到了攤牌階段，中共為了打擊新疆民族主義份子，不得不抬出左文襄來，可以說完全是受了時勢所迫。

事情經過是這樣的，在中共「國務院民族事務委員會」下面設有一個「民族出版社」，其中「維吾爾文編譯室主任」伊不拉音·木鐵意，也是一個反共份子，不過，他的反共思想較其他新疆人更進一步，所給予中共的刺激就更大。

據中共宣佈這個木鐵意是三民主義青年團候補執行委員，新疆省團部的副書記，黨團合併後，任國民黨候補中委，和麥斯武德、艾沙、伊敏等人接近，並且担任過反共的阿爾泰出版社的副社長，自由報的副主編。這樣一個人，中共居然會留用，而且授以維吾爾文編譯室主任，可見中共對少數民族，過去是如何遷就了。

木鐵意反共和中共新疆區委會書記艾甫拉也夫，新疆維吾爾自治區副主席艾斯海提，伊敏諾夫等人不同，這些人反共而不敢反蘇聯，他們所提要求新疆獨立口號，明顯是背後受到蘇俄支持，因為新疆本身既不夠獨立條件，又全面受到蘇聯和中共包圍，沒有蘇聯支持，他們無論如何恨中共，也不敢夢想到獨立問題。中共也曉得癥結所在，所以一定要在毛澤東朝俄得到蘇聯允諾後，才敢動手整肅早已不服領導的一羣地方民族主義份子艾甫拉也夫等人。

木鐵意的辦法就不同了，首先在民族觀點上木鐵意的看法和中共就有很大的矛盾，木鐵意認為整個中亞細亞的民族，如所謂維吾爾族，哈薩克族，烏孜別克族，吉爾吉斯族只是語言和習慣上不同，血統上都是屬於突厥族，所以應該建立一個突厥族的國家。當然這種理論並非創自木鐵意，以前新疆省主席麥斯武德（被中共害死），省府秘書長伊敏（現在巴基斯坦）都是如此主張，最早的「東土耳其基斯坦」名稱，還是這批人取的，後來被親俄派盜用了。

麥斯武德等人還只是理論，眞正在新疆實行建立過突厥族國家的，應數到一八六八年據新疆獨立稱王的阿古柏。

阿古柏的眞名字叫穆罕默德·亞庫甫，父名叫阿由甫，生於塔什干南面皮斯坎提鄉村，其父是塔吉克人，其母是火尖地方人，自幼父母雙亡，在其叔父手裏撫育長大，他最初在伯克（類似酋長）手下當差，以後逐漸提升為百戶長，以後又在阿合買齊提充任行政官，一八六四年由浩罕國王派去喀什担任布孜如克和卓的軍隊統帥，一八六八年阿古柏趕走了布孜如克，自立為王，並且派人向土耳其蘇丹稱臣納貢，和英國維多利亞女皇也有往還，當時土耳其蘇丹希望把整個中亞細亞到新疆聯成一個突厥人的國家，英國也希望能出現這個局面可以作為印度的屏藩，依當時情況來說，阿古柏成功可能性相當高，因為有英國出而支持，清廷不少大臣曾有放棄新疆的意圖，幸而左文襄力排衆議，抗表出師，終於平定新疆，打敗阿古柏，這當然是中國近代史一件大事。

木鐵意希望新疆人民步阿古柏後塵，重新建立突厥民族的國家，這樣一個國家不僅包括中國新疆，還要連上蘇聯中亞的六個「共和國」。在中共看來，反他們尙可，反蘇聯實在是大逆不道的事，非予以澈底鬥爭不可了。要鬥爭木鐵意必須否定阿古柏政權，也就非頌揚左文襄不可了。

本年第二期「民族團結」鬥爭木鐵意一文，就坦率承認：「儘管左宗棠是當時反動統治階級的代表人物，並且是鎮壓太平天國革命運動的劊子手，但是平定阿古柏叛亂這一行動的本身却是應當加以肯定的。」

三月份「歷史研究」鮑爾漢（前新疆省政府主席，與陶峙岳一起投共）寫了一篇「論阿古柏政權」，也說：「左宗棠和他所統率的軍隊雖然本質上是反動，是封建制度的支柱，但由於他推翻了土耳其蘇丹和英國殖民主義者的走狗阿古柏政權使新疆重新歸併於中國，使新疆人民擺脫了殖民地奴隸，從這方面看，他是具有進步意義的，我想這是任何人都不能否認的。」

其實，左文襄的功業在歷史上能與媲美的只有班超一人，只要是中國人「都不能否認」而必須「加以肯定的」，除非一羣賣國有癮的匪徒，甘心認賊作父，才會把自己歷史上開疆拓土的英雄罵成「劊子手」、「反動派」不過眞理總是無法磨滅的，匪徒們終於低下頭來，左文襄地下有知，也許會掀髯大笑的。

大陸逃港學生的控訴：

回國升學如惡夢

黃顯法

我是馬來亞歸國僑生，一九五四年經香港到廣州，參加統一考試成績合格，被分配在南京大學西方語言系就讀。

我父親現在還在彭享。我的家庭雖不能稱為殷商，但是生活也很過得去，我原籍福建漳州，從祖父那一代就遷至馬來彭享，起初是打小工，後來慢慢地靠着勤儉蓄積，有了些小資本，開始做商業，日子才漸漸過得好起來，到我父親一代，已可稱為富裕了。

我父親只有我一個兒子，當然希望我克振家聲，在唸完書後繼承他的事業，但是我們學校中，很多青年都嚮往自己的祖國，我們學國語，打定主意高中畢業後回國升學。當然這個願望在父親處是絕對通不過的，我就在母親身上打主意，再三地把她說得心軟了，答應替我隱瞞回大陸的事實。直到我去年從大陸逃出來以前，我父親還一直以為我在新加坡呢！

我很懊悔，我欺騙了親生父親。我更懊喪，因為我不能識破美麗的謊言，而被它欺騙，使我最寶貴的三年青春被犧牲。但是我總還有一點收穫，那就是三年來我看到了這二十世紀六十年代的文明世界中的最黑暗的一頁。

不用說和我一起歸國的華僑學生的命運了，也不用說其他同學被迫害的程度了，就只說我自己吧，我要以我親身的經歷中的一件事來說明中共法西斯的統治在學校中的猖狂程度。

我的家庭情況前面已介紹過，這些並不是廢話，我在小組檢查會上就是如此說的，寫自傳時也是這樣寫的，於是一頂永遠受歧視、永遠要被鬥爭的帽子——「資產階級」就落到了我的身上。

那已是在五五年學校中開始「肅反」（開始時叫「反胡風」）運動的時候了。在那以前，僑生還可以受到不少優待，比如說，不大習慣中共的生活——開會、批評、鬥爭那一套，你不參加些也不會受到多大地批評，只不過由團小組長或團委經常找你談談話，打通打通你的思想而已，也從來未挨過鬥爭，當然更不屑血口噴人地去鬥爭別人。可是，由於受了馬來人的影響，要有什麼不滿當然也藏不住。我的牢騷，大半是學習上的，比如說學西方語言系，政治課幾乎佔去三分之一的時間，而且三天兩天地要去聽幹部作莫名其妙毫無邏輯的大報告，閱讀西方文學名著要經組織批准、思想方法更不能自由等等。而這些話平時都是對我一到學校就和我表示特別親熱的也是我引以為知己的團員鄭震林，這狗特務，現在還以同樣的手法在騙取華僑學生的友誼，從而得到荒謬絕倫的誣陷根據。

我平時的講話，有時態度不免激烈些，有時更引用了西方國家的大學制度來作比較，對黨團控制學校更感到是同學學業進步的大防碍。這些話，鄭震林都詳細地記下來，再加以他自己的「分析」，送到了黨委組織科。組織科掌握了這些材料以後，久已想抓我作典型來「整」一「整」，以警誡其他的僑生了。

「反胡風」運動開始，在動員大會上，作報告的黨委曹書宛宣佈，胡風分子不但在教授中有，就是在學生中也有，例如最突出的早就為羣衆所發現的黃顯法等等。

我當時的震動眞不可想像，我一向醉心於西洋文學，胡風是個什麼的人還不知道呢！

但是已不容你辯白了，我卽刻被勒令暫停上課，專寫自傳。自傳要從八歲時寫起，尤其着重於在馬來亞時候的活動與社會關係以及他們的階級出身和政治面目，同樣更要說出「眞正的」回國目的，以及回國後的「現行反革命」活動——我的那些平時所說的話，被列為「反黨反人民」的煽動和破壞，因此即是「現行反革命」。

黨委組織了一大半是黨團員的小組來鬥爭我，鬥爭小組的成員有其它班級的同學，有學校職員。同班的同學大約有一大半組織上認為是沒有問題的，坐在旁邊旁聽，有問題的，也像我一樣地被鬥。

自傳寫好了，拿到小組會上讀，通不過。他們認為我避重就輕，談小不談大。鄭震林第一個發言，他說：不可能沒有在國外參加反革命組織而回國後做出一系列的有計劃的反革命罪行。其他人相繼辱罵，我起先忍受着，到了惡毒的汚衊與卑鄙的恐嚇使我實在忍不下去時，我笑了一聲。這下子眞正的不得了了，我立刻被喝令站起來，立正，並除下深度近規眼鏡。關於後者，他們的理由是：不能讓他們對社會主義的祖國有着惡毒的咀咒的眼睛看見東西！

我直挺挺地站着，小組的人更情緒激烈了，即使我動一動手，一連串的幺喝以及手指戳我的鼻子就要好久才停息。鬥爭者繼續發言，但我已聽不進這許多了，我想着我怎樣地挖空心思硬要到祖國來，無非是要想保持中國人的尊嚴，誰知，中國人失盡了人的一切尊嚴的地方並不是在國外，正是在祖國大陸！

第一次鬥爭會直到深夜，我站得兩腿發麻，以後每逢鬥爭我時，先喝令我站起來幾乎成了慣例。

第二篇自傳，仍然沒有通過。「如再不思悔改，組織上要通知公安機關逮捕你」的警告已被提出來，我在聽了一大串「意見」（教我如何擬構自己的罪狀）後又寫第三次自傳。

那時的心境是可以想像的，我變得六神無主了。寫吧，按照黨的意圖寫，那些莫須有的罪名我怎能自己控自己有罪？如果不寫，拒不坦白，而且黨委會已明白地告訴過我，黨判人有沒有罪不須根據口供，而只根據事實，不承認，只有罪加一等。

罪，勞改，非人的折磨，我不敢想下去了。

我回國是國外的特務組織派遣的？我根據事實講話是為了「反黨」？我根本不知道胡風這個人而是胡風分子？我絕對不能承認！

雖然我在第三次自傳中加進去了很多辱罵自己的字眼，但依然招來更大的可怕的懷疑。

我走投無路，我想過自殺，更想過殺死鄭震林這狗特務以後再自殺，然而我被嚴密地監視着，吃飯時也隔開，與「胡風分子」在一起吃。

這時，已兩個多月過去了，鬥爭會忽然停止，據說是方式改變了，由鬥爭而轉為審查，學校中組成了「審查委員會」，派人四出去「了解底細」。當然也派人去了南洋。

我仍停着學，不准上課。

這樣僵持了一個多月，組織上宣佈我的問題「還待調查」，暫時恢復學籍。

事情雖然暫時平息了，但是我也看透了中共的一套，更了解到以我這樣已啓中共懷疑的人再在大陸住下去絕不會有什麼好下場。

我捏造了有關僑滙方面的事實，在「鳴放」開始時申請來港。

現在，我流落在香港。好像一場噩夢，但我却慶幸我的殘生。

× ×

讀者投書

論民主自由運動

黃聖明

近來，在聯合評論週刊上，不斷的讀到讀者投書討論中國民主自由運動問題，我很興奮，我覺得今天有許多人關心這一問題，而且很熱情的來討論這一問題，這是一個好現象。

不過，正如那些已經參加討論的人一樣，對於若干問題，我是有不同意見的。

譬如：以組織問題來說吧！有人主張有組織（如應宜先生），有人主張不需要組織，又有人主張在原則上，組織是需要的，但組織的方式却是問題。以我來說：我就認為非有組織不可。這道理很簡單，試問今天的中共有沒有組織？又試問今天的台灣有沒有組織？他們既然都有組織，我們怎可以沒有組織？沒有組織如何辦事？

記得孫中山先生就曾經說過：中國人像一盤散沙，中山先生何以有感於中國人是一盤散沙呢？那就因為有當時的中國人太自由太散漫的緣故。今天與中山先生當時心有所感的時代又已不同，當時中國的形勢雖然不好，還不及今天這樣危急，今天大敵當前，形勢之危急遠較當年為甚，何能允許我們再放任再散漫？

這是就一般形勢而言，我們不能沒有組織的理由已如此。再就民主自由運動而言：所謂運動，它本身必有方向；再則一切運動之動，也正如物理學上的運動定律一樣，當物體不受外力作用時，動者恆動，靜者恆靜。而民主自由運動是一種在主觀上期其有成就的運動，在國家的客觀狀況上，是急切需要推動，急切需要發展的一種運動，所以，如何形成一個力量來推動它，便是一樁至為緊要的事，而且也是一樁極為迫切的事。那末，究竟如何才能形成一種力量來推動它呢？顯然的，這就需要組織。

研究過馬列主義的人都知道馬列主義者是自稱其主義乃科學的社會主義的。他何以要加上「科學的」這字眼呢？固然，加上這一美麗的外衣，它的一個目的是在藉此麻醉人，欺騙人，它的另一個理由則在自認為從馬列主義思想可以產生有力的組織，進而可以達到馬列主義的目的，其意蓋欲以其組織保証其目的之具體實現也。因此，它自認為是科學的，而不是空想的。

（下文接第二版）

記甲午戰爭前的中日糾葛(四)

左舜生

以上三段，第一段述中日締結修好通商條約的經過，次述日本侵我台灣，次述日本滅我琉球。現在進一步叙述：

(四)中日兩國在朝鮮的角逐

朝鮮問題爲引起中日甲午戰爭的主要原因，吾人欲叙述戰前中日兩國在朝鮮角逐的經過，其情況相當複雜，時間亦頗悠久，爲理清眉目，不能不更分下列的六個子目：

(A)同光時代的朝鮮

政治背景

首先我們對於自同治三年(1864)至光緒十九年(1893)這三十年左右朝鮮的國情不能不有相當的了解。

原來日本吞滅朝鮮在宣統二年(1910，日明治四十三年)，其時朝鮮的皇帝名叫李坧，由此上溯，李坧的父親名叫李熙，當李熙爲朝鮮王時，尚在童年，於是由他的生父興宣君李是應執政，號大院君，其時正是中國的同治三年。大院君這個人，『好弄術智而不知大體，喜生事而無一定的計劃，性殘酷驕慢而內荏多猜』，(用梁啓超批評他的話)加以頭腦頑固，一味守舊，對於世界的情形，可以說全不了解，那種盲目的排外精神，也與中國的慈禧太后不相上下。同治五年(1866)與同治十年(1871)，法美兩國先後侵犯朝鮮，均未得逞，於是大院君覺得西洋各國技止此耳，其驕傲乃更不可一世。大院君這種排外精神與仇教精神合而爲一，所以在他秉政的時期，外國宣教師與朝鮮的信徒被殺者，殆不下十餘萬人。

同治七年(1868)，即大院君執政的第五年，日本的明治天皇初即位，遣對馬守宗重正使朝鮮，告以日本已經開始維新，朝鮮人看見日本的璽書中有皇帝字樣，拒絕不受。

同治八年(1869，日明治二年)，日本更遣外務權大錄佐田伯茅，少錄森山茂(大錄少錄均日本官名)爲赴朝鮮交涉使，朝鮮依然拒絕。

同治九年(1870，日明治三年)，日本復遣外務少丞吉岡弘毅往，森山茂廣津弘信副之，滯留朝鮮一年有半，並由宗重正寫信，勸朝鮮接見吉岡等，可是仍舊不得要領。

同治十一年(1872，日明治五年)，宗重正又使其家臣相良重樹到朝鮮周旋，凡上書於朝鮮政府者二十四次，終不見納。同年日本復遣外務大丞花房義質及少錄森山茂乘二軍艦前往，也拒絕如故。

同治十二年(1873，日明治六年)，廣津弘信與森山茂復奉命往，結果仍一無所得，只好怏怏而歸。

從上述這些事實，一方面可看出由大院君所代表的朝鮮政府是何等的頑強無禮；一方面也可看出日本始終以朝鮮爲對手，決不肯向中國低頭，其態度又何等的堅定！

日本因爲屢次受到這種辱侮，實在忍無可忍，當明治六年森山茂回去報告以後，日本的廷議乃分成兩派：一派主張征韓，參議西鄉隆盛，副島種臣，板垣退助，江藤新平，後藤象次郎主之，而以太政大臣三條實美爲首領；一派反對征韓，參議大久保利通，木戶孝允，大限重信，大木喬任主之，而以右大臣岩倉具視爲首領；兩方爭執的結果，幸而是反對征韓一派得到勝利，否則日本和朝鮮間的糾紛便早已發生，等不到同治以後了。

大院君的政敵爲王妃閔氏。本來閔妃是大院君的內姪女，其得冊立爲妃，即出大院君之助力。可是妃頗聰明，通書史，尤其喜歡讀「左氏傳」，因而也頗有政權欲望。她因爲要排斥大院君的勢力，乃利用太后趙氏不悅大院君專擅的心理，聳恿閔奎鎬，趙寧夏等與大院君的長子載冕，合謀勸王親政，而諫官崔益鉉更上疏嚴劾大院君，大院君不得已，乃將政權交出。

閔氏既代大院君而興，於是大院君的黨羽，悉被竄逐；而朝鮮的排外政策也爲之一變；遣特使李裕元赴北京，及與日本訂立修好條約，並派人赴日本留學，聘日武官代朝鮮訓練軍隊，便都是這個時候的事。

× × ×

汲古書屋談薈

汪兆銘與吳佩孚來往函札(一)

耘農

吳佩孚(子玉)與汪兆銘(精衛)，俱清末科舉出身之八股秀才，吳祖籍山東蓬萊，汪寄籍廣東番禺，一北一南，秉賦不同，性行亦異。蓋吳年事較長，往往泥古不化，於近代新知，多不及汪；而吳持躬狷介，硜硜自守，則非汪之慣喜舍經用權，失於纖巧者可比；至若吳生平以忠義自許，卒能克全晚節，尤非汪所能幾及。昔人有言：「一生誤盡是聰明」，其汪之謂乎？然斯二人者，固皆民國以來之政治風雲人物也。其歷史上之功罪是非，流芳遺臭，似無待後世史家而當代已有定論矣！

佩孚早歲投筆從軍，初隸段日陞部下爲弁卒。時膠縣郭緒棟(樑丞)爲段之幕僚，以鄉誼知吳爲秀才，言於段，拔充司書，旋稔其有大志，爲謀肆業武學，吳日後功名，實基於斯。郭能識吳於微時，可謂巨眼也。入民國後，吳以旅長駐防衡陽，受曹錕(仲珊)之統轄，洊升至第三師師長，兩湖巡閱使，直魯豫巡閱使等職。直皖、直奉兩戰役，先後擊敗段祺瑞(芝泉)、張作霖(雨亭)，威名震全國。當其開府洛陽時，即以郭緒棟爲秘書長，以報知遇之恩。值五十生日，康有爲(更甡)撰聯以賀。聯云：「牧野鷹揚，百歲功名才一半；洛陽虎視，八方風雨會中州。」極諛頌恭維之至，亦佩孚如日中天之得意時期也。迨民十三甲子九月直奉再戰，以馮玉祥(煥章)中途倒戈，遂被迫下野，猶持不走外國，不入租界，不借外債之「三不主義」，倔強如故。明年，再起漢皐，任十四省討賊聯軍總司令。又明年，革命軍北伐，經湖南直取武漢，吳兵敗，一蹶不振。自是退入西蜀，不再問鼎中原。迄「九一八」事變之次年，始間道返抵舊都，卜居什景花園，寄人籬下，鬱鬱不得志，已無復當年之雄風矣！

兆銘於宣統二年庚戌，以革命黨人埋炸彈於北京銀錠橋，謀刺清攝政王載灃，事洩被捕，繫刑部獄，其自賦詩云：「慷慨歌燕市，從容作楚囚，引刀成一快，不負少年頭！」意氣之壯，聞者欽之！翌年辛亥，武昌起義，始釋出，而清社屋矣！民國肇建，汪與吳稚暉、李石曾創六不會及進德會，以不作官，不作議員，高自標榜，爲世所崇仰。惟以與袁克定締結金蘭之故，黨人知其隱者，多輕視之，孫中山先生亦致疑焉，在孫逝世前，僅隨侍左右，或奉使四方，實亦未嘗畀汪以重權也。及中山既歿，國民黨已實行聯俄容共，汪受俄人鮑羅廷之蠱惑利用，遂以陰謀攫取高位，任國府主席。嗣以中山艦事件，被嫌出國。至革命軍底定武漢，汪翩然返國，與陳獨秀發表國共聯合宣言於上海，一意左傾，致造成寧漢分裂；繼爲共黨所逼，始不得已而與共絕；其在政治上只求滿足其權力慾，而並無中心主張，於此可見。自後，汪在黨內另組改組派，自成一系，會與閻馮合作，召集擴大會議於北平，引起中原大戰；復以胡漢民被幽禁，謀於西南另樹一幟，而又中道攜貳，獨自舉行第四次全國代表大會於上海大世界，產生部分中委，以爲個人政治資本。因是國民政府自奠都南京後，政潮迭起，兵連禍結，而無一役不與汪有其直接關係。其翻雲覆雨朝是夕非之作風，識者類深鄙之！迨瀋陽事變發生未幾，汪任行政院長，力主一面交涉，一面抵抗。及「七七」事變繼起，中日戰爭開始，政府內遷重慶，汪以國民黨副總裁身份，倡議對日言和，放棄抗戰，未爲中樞接納，遂於二十七年十二月十八日，由渝飛昆，轉往河內，發表「艷電」主和，徵求全國意見，並開始與日方及陷區通聲氣，以爲試探。翌年三月二十日，在河內遇刺未中，其秘書曾仲鳴則以身殉，汪疑行兇者爲重慶所指使，益觸發多年來之私人積怨，態度更衝動而橫決，自是汪之政治生命，遂陷入泥淖而不克自拔矣！

夫吳爲北洋之魁帥，汪則革命之黨要，二人立場逈異，且從無一面之雅。然以國家困於日人侵略之故，轉促其互通音問，信使往還不絕，寧非怪事？亦可見政治風雲之變幻，人生遇合之無常也。二十八年五月七日，汪由日人之掩護，自河內乘北光丸至滬，計劃成立政府，謀與日人議和，以吳旅居北平，極爲日人重視，乃於是月廿二日派人携書北上聯絡。其書云：

(待續)

禱(四)

盛紫娟

「什麼只有職務的區分，沒有地位的高低，這全是騙人！三輪車夫不仍在拉着那些軍官，軍官太太，中級幹部？他們仍是被壓迫的呀！首長們的汽車裡，不是坐滿了，對革命並沒有貢獻的老婆孩子嗎？司機也不能作首長啊，老百姓也只能看見懸在汽車玻璃上的紗帘子，發呆呀！

「在工作崗位上，我先遭到的是輕視、不信任、猜忌，後來就是挨批評、受監視，我是沒有自由的。我想逃出魔掌，但是插翅難逃啊！

「我母親的心臟病發了，我也預備和姐姐、妹妹們一起去香港，但領導上武斷地說：『組織上認爲，妳去香港一趟，是得不償失的，妳母親如果病死了，妳就是去了，也看不見了，如果妳母親病好了，不是白花路費？妳只需多寫幾封信問問，或者叫妳母親寄張像片來就行了。其實呢，我代表組織上來勸妳，還是爲妳好。』

「我怎麼能這麼冷靜地來分析？我哀求他，放我去。但他却乾脆說：『告訴妳，就是不許去。』

「原來共產黨就是這麼不通人情，我伏在桌子上嗚嗚地哭，但是沒人來理睬我。我姐姐帶着兩個妹妹走了，我孤獨地徘徊在車站站台上，呆呆地注視着往南奔馳的長龍。

當天回來我還寫了一首小詩呢，神父你要不要我唸給您聽？

神父兩眉深鎖面容嚴肅正聽得出神，聽了忙說：「好，好，你唸給我聽。你喝點潤潤嗓子。」

她舉起杯子飲了一口橙汁。就接着唸出來：

「『往南飛去的雁群啊！請妳們代問我白髮的母親，請你們轉訴我的苦辛。不是我不孝順啊！因爲我被困在牢籠。』

我雖然是孤寂單調地生活着，但恰像在泥濘中輾轉，在痛苦中掙扎。

「爲什麼不放我走？因爲我是個落後份子，從此我悟出了一個道理！還是積極些吧！於是我也參加了各種會議，我也去義務勞動，也開始過組織生活。我把全部業餘時間，都貢獻出來。

「五七年五月開始，共產黨開始整風。

(待續)

論機械的辯證法

——亮齋閑話之十二

徐亮之

客　君子有三畏，我却看報有三怕。

主　看報都怕？您也未免忒膽小了！

客　唔係第樣怕；係「週身蟻」，「週身唔聚財」咁嘅怕。

主　這倒怕得奇怪！倒要請敎是怎麼個怕法？請問這第一怕？

客　怕共產黨叫「親人」。

主　爲什麼？

客　據台灣估計，他們最少殺了兩千萬人；據他們自白，也已經殺了八十萬人。折衷估計，說他們殺了八百萬人，和傳說中黃巢殺的人數先後媲美，總不致十分冤枉。而無數萬名爲「勞改」實爲奴役的人還不在內，還是一筆糊塗賬。您想：這樣的人延着臉居然叫你「親人」，吃不吃得消？

主　請問這第二怕？

客　怕大陸「民主黨派」喊「擁護」或「打倒」。

主　這只是奴隸的哀鳴，只是「萬戶蕭疎鬼唱歌」的鬼歌之一，何怕之有？

客　這只是「週身蟻」，「週身唔聚財」的「怕」，我已經說過了。

主　那末，請問這第三怕？

客　這一怕，倒是最近才有的事。即是他們向金馬轟了四五萬炮彈，轟得金馬人民家殘屋塌，血肉橫飛，却據說居然轟出了一個「人道主義」來！

主　現在已經改做隔日一炮轟了。

客　這大概可以叫做隔日一「人道」！

主　中國古人曾有過「相反相成」的說法；共產黨這樣做，也許正是「辯證法」的妙用呢！「辯證法」的妙用，就在永遠都是遵照「正」「反」「合」、「矛盾的統一」的路道發展，而由質到量突變的。他們的以炮彈行「人道」，主要便是等待這「辯証法」式的「突變」。

客　但「辯證法」並不是「搵笨」法。

主　「搵笨」？這話從何說起？

客　您相信他們喊幾聲「親人」，便可以在人民心中洗淸他們的血債？您相信大陸還有眞正的民主人士和黨派？您相信他們炮彈與「人道」齊飛，台灣便會有反美反蔣的「突變」奇蹟？而蔣先生便會坐直升機越過「紙老虎」的第七艦隊飛北平，欣然去就「周恩來總理」幾年前所口頭封拜的「部長以上」的「高官」？……

主　得，得，得！大老，唔好再「搵」了；我相信我還唔會「笨」得咁交關！

客　但您該知道，這倒眞正是他們在那兒運用「辯證法」呢！

主　這是運用「辯證法」？這是一種什麼「辯証法」？

客　機械的辯証法。

本刊已經香港政府登記

聯合評論

週刊

每逢星期五出版

United Voice Weekly

第十四號

督印人：黃宇人

總編輯：左仲平

社址：九龍金馬倫道三十八號三樓

電話：六一四一三（61413）

承印：田風印刷廠

香港高士打道二二一號

售價：每份零售港幣一毫

總代理：友聯書報發行公司

與投共某君一夕談

翰承

前幾天的一個晚上，一位曾經投向中共的S君突然來訪。雖然我們許久沒有見面了，但他卻摒除一切客套話，一開口便問我對於「和談」的看法怎樣，從八點正說到十一時許，他覺得無法再談下去了，才辭去。我想，在中共的和談攻勢中，這樣的不速之客，許多人都曾經碰見或者將要碰見的，所以特把S君和我的談話摘錄寫出來，公諸本刊的讀者，也許不是完全沒有意義的吧！

客：你對於和談的看法怎樣？

主：我不大了解你的意思。

客：我是說，中共決心以和平的方式解決台灣問題，他們正等待台灣提條件。

主：你相信中共有和平的誠意嗎？

客：有何不相信呢？他們炮轟金馬並斷絕其補給，本可一舉而下。但爲了要和平解決，他們曾一再停火；後來鑒於台灣方面還不悔悟，他們才改爲隔日發炮。一面表示薄懲，一面仍大開和平之門，讓台灣方面隨時都有機會提出和平的條件！

主：我認爲中共宣佈停火，其主因是爲了避免華沙談判破裂，並藉此機會將那些不能再用的廢炮補充新的；而隔日發炮乃明示其無意在台灣海峽發動大戰，企圖將熱戰暫時轉變爲冷戰。換言之，他們不以武力奪取金門，完全因爲無此力量，絕不是爲了和平或所謂人道主義。一部中共的歷史，盡是窮兵黷武，陰毒險狠的紀錄。任何一個有良知的人都不會相信他們會有和平誠意的，何況我們這些曾和他們鬥爭了三十餘年的人呢？我認爲今天他們高談和平，不過是想以和談的烟幕來達到其武力所不能達到的目的而已。一旦他們認爲有利可圖時，又會恢復全面發炮的。

客：中共確有和平的誠意。我以爲台灣方面應該作良好的反應。過去他們希望美國幫助反攻大陸；經過最近的蔣杜會談，已證明美國不但不幫助他們反攻大陸，而且不許可他們反攻大陸。美國援台的目的，第一步是實現兩個中國；第二步就要將在台灣的那一個中國變爲台灣共和國，或竟由聯合國來托管。無論如何演變，台澎金馬將自中國的版圖中重又割裂出去而永遠淪爲美國的基地。因此，我以爲台灣方面如不趁此和中共談和，實在沒有前途。

主：某些國家想以實現兩個中國來達到他們一時的利益，這是很顯然的。可是，我們由四强之一而淪爲今天任人擺佈的局勢，完全是中共一手造成的。我認爲中國人只有早日推翻中共政權，使中華民國的旗幟重新飄揚於中國大陸的每一個角落，然後國際間兩個中國的陰謀，就可以不攻自破了。

客：台灣有幾十萬大軍尚自認不能反攻大陸，你憑什麼去推翻中共政權？海外的民主人士連十個人也團結不起來，你有什麼辦法？

主：你不要以爲台灣放棄反攻大陸和海外民主人士未能結成堅強陣綫，中共就可高枕無憂了。古今中外的暴君，都是被他們壓迫下的人民起而推翻的。秦政焚書坑儒，沒收天下兵器，外築長城，內禁偶語，其統制方法的嚴密和澈底，中共在某些方面也許還有所不如。然而陳勝吳廣揭竿而起，一轉瞬之間，他的萬世帝王的美夢卽被粉碎了。今天中共不但把一切屬於中國人的東西都破壞無遺，而且把一切屬於人的東西橫加蹂躪和摧毀，使整個中國大陸成了人間地獄，人民敢怒而不敢言，其殘暴的程度還過於秦政。如果台灣方面能實行民主改革，或急圖反攻，或海外民主人士能團結一致，共同奮鬥，固然可以促成秧歌王朝的早日崩潰；反之，縱然台灣方面和海外民主人士都不能有所作爲，中共政權也不能持久的。舉一個近例來說，去年毛澤東忽然心血來潮，提倡大鳴大放，他原以爲大陸人民經過了八年的清算鬥爭和洗腦，必已對於中共心悅誠服；縱有極少數的人仍存反共思想，也絕不敢表示出來的。因之，他想像中的鳴放，一定是一種歌功頌德的交響曲，正可以顯揚今日的紅色大陸是一個史無前例的太平盛世。他萬不料鳴放一經開始，不但附庸黨派的人士紛紛作不平之鳴；而一般知識分子更充分表露其對於共黨之深惡痛絕；甚至已有十餘年黨齡的中共黨員也對於中共的種種罪行提出控訴，這說明了中共對於大陸同胞的控制和改造並未成功，也永遠不能成功。儘管一年以來，他們以右派的罪名，不知使多少敢於向他們挑戰的志士被監禁，被奴役，甚至於被慘殺，可是，我可斷言，中共的嚴刑峻法絕不可能消滅大陸同胞對於他們的仇恨；一旦時機來到，不知有多少陳勝吳廣會揭竿而起。你爲什麼只重視台灣政權和海外民主人士之缺乏應有的成就而忽略了中共在大陸上自掘墳墓的種種呢？

客：我說不過你，我不想如何爭論這些；我只問你，大陸既然伸出手來要和台灣方面講和平，無論蔣介石願意與否，也無論你反對中共與否，中國人用和平的方式來解決自己國家的問題，這一原則，總不會有錯的，爲什麼海外的民主人士不來一同呼籲呢？你再說中共沒有誠意，要如何才算有誠意呢？

主：所謂中國人用和平的方式來解決自己國家的問題，這不過是一句空話。它的含義如何，還要看說話人的動機，目的和行動而定。我以爲如果中共眞是大澈大悟，應該首先自動的實施下列各項，才可表示他們確有和平的誠意：

一、恢復中華民國。

二、大陸上凡因政治關係及思想問題而被監禁或奴役的人士立卽一律恢復自由。

三、停止絕滅人性的人民公社。

四、取銷一面倒向蘇俄的外交。

五、確保言論出版集會結社的完全自由。

六、取銷鐵幕，讓大陸上的民主人士能自由來港，並讓海外的一切報刊能進入大陸。

以上所述，不過是我臨時想起來和你閒談的，你以爲如此的事毛澤東他們能實行嗎？

客：這個，我不敢說。

主：如此的事中共尚不能實行，証明他們無意放棄其一切暴政。中共的暴政一日不取銷，人民一日不得安寧，還有什麼和平之可言呢？依我想，你大可不必昧了良心爲他們奔走了。

客：我並沒有昧了良心。

主：那麼，你是由衷的相信共產黨了。既然如此，爲什麼不搬回大陸去住呢？至少也應該住上一年半年，親身嚐嚐「毛主席的恩情」是什麼滋味，然後再出來爲他們奔走，不是更爲內行嗎？我想，如果眞有那麼一天，你和我的意見又會重趨一致了。曾記得過舊年時，你家女傭去廣東住了一星期，回來說：「鄉裏的人穿的是補了又補的舊衣，吃的，則油鹽米都不足，更不要說肉食了。每年勞動所得，幾乎全被『政府』拿去，人人嘆苦而又不敢說。」想不到你家的女工對於中共的眞面目尚能認識，而你却反而似乎一無所知。

客：工人的話怎可信呢？

主：你好大胆，居然敢說工人的話不可信！如果我向中共告密，你一定會被清算的。你不知道今天的大陸是「工人」當家嗎？

客：你不要拿這些來難我。總之，我問你，你這樣的堅決反共有誰知道呢？能有何結果呢？

主：我反共只爲行其心之所安，根本不求人知。論結果嗎？我雖然不能說中共政府卽將在兩年或三年中崩潰；但我敢說他們崩潰的命運已經是注定的了。

客：他們不會放棄你的，我和你談沒有結果，還有人要來繼續找你的。

主：請你告訴他們，不要自作多情吧！我的反共決心是永遠不會動搖的。如果眞有人還要來當說客，我一定餉以閉門羹，那就莫怪言之不先了。

三叉路上的中華民國

左舜生

金門的炮擊已近尾聲，台北似乎又進入了一個雍容時代。

在一個不太緊張的時候最適於考慮問題，我們不知道台北目前考慮的是什麼？據海外一般的推測，台灣今後可走的路子不出三途：

一、沿着九年來所走的這條老路，加强黨治，澈底黨化，在六十萬黨軍與美國協防的情勢之下，『實行』孫中山先生的三民主義，以完成恢復大陸人民自由的神聖使命。可是並不憑藉武力，惟靜待大陸人民自動起來革命。

二、一反過去所爲，避去空洞的主義不談，澈底實施民主憲政；解除對海外及當地反共人士的懷疑，加强台灣人民的自治，以求得眞正的團結；裁減軍隊，以陸海空總數不超過三十萬人爲原則；淘汰所有拿錢吃飯不做事的人員，以提高行政效率；鼓勵科學研究，集中科學人才，改善其待遇，作爲建設台灣的張本；一切工作的執行，原則上不用六十五歲以上的老人，以發揮興國的朝氣；凡教育、講學、著作、出版、研究、討論、以及文學、藝術的創作，一律聽其保持充分的自由，不讓孩子們去亂加干涉；再以十年八年的努力，卽以從這些所得到的成績，以形成對大陸一種有效的政治反攻。

三、口頭上避居『兩個中國』之名，事實上容忍『兩個中國』之實；名義上避免『托管』，事實上仰人『保護』；乃至美國承認中共也罷，中共竄進聯合國也罷，依舊抱着一種高度的阿Q精神，一切以不變應萬變；只要金馬猶存，台澎無恙，『小朝廷』可以自娛，夜郎可以自大，但求老者得盡其天年，少者壯者仍有所依附，世界十年不變拖十年，二十年不變拖二十年，看，中華民國不猶是中華民國？毛澤東其奈我何？

第一條路已經走了將近十年，（也可說走了三十年以上）結果不過如此，恐怕就是當事者也漸感厭倦，而終於覺得『此路不通』；更加上不滿之聲已遍及於海內外，彭孟緝的炮不能再開，五•二四事件也難於重演，卽令中共一時不會打來，難道不怕『季孫之憂，不在耑臾而在蕭牆之內？』看來這條路不能不多少有些更改，已經是勢所必至而理有固然了。可是三十幾年以來所玩的只是這樣一條蛇，儘管今昔情勢大有不同，可是玩來畢竟得心應手，夫是之謂惰性，希望其澈底更張，眞所謂談何容易，談何容易啊！

第二條當然是坦坦大道，今天台灣當事者誠有意完成其神聖的使命，也僅此一路可通。可是事有難言，我也不願多說，以我所了解，不等到蔣先生對總統總裁一律表示倦勤以後，事實上是走不上去的。一旦到人事大有變化以後，究竟還有不有時間，讓大家從容展步以出此一途，這更在可知與不可知之數了。

第三條路是大家所不願聽的，可是追溯過去，展望將來，默察現實，乃一天天與這條路接近。今天的世界大勢，絕不容許任何一個國家獨行其是，以自外生存；趨勢如此，說凡您所不願其實現的事實，便一定不會實現，恐正未必；卽以最近一兩月間的世界大勢而論，我實在看不出一件於我確有好處的變化出現，反之，我所直覺得到的，乃是第二幕第三幕的驚風駭浪，可能在不久的將來便要到來啊！

以上這些話，好像是過度悲觀，但有一點我卻願在這裏指出，卽毛澤東最近的行動，確在爲中華民國大力幫忙，假定毛不是這樣倒行逆施，迷途不返，則中華民國前途的險惡，恐怕連我們從容考慮的餘裕也沒有了。因爲如此，我總覺得不可爲而尚可爲，因而我的論調儘管悲觀，心情卻還是積極的。

諾貝爾文學獎金風波的主角

巴斯脫納和「齊伐哥醫生」

鐵馬

巴斯脫納的遭遇，正是鐵幕內許多作家的遭遇；而「齊伐哥醫生」的感慨，也正和鐵幕內許多科學工作者的感慨一樣——當人們看到了蘇聯當局最近對付諾貝爾獎文學獎金得獎人巴斯脫納的手段，同時要聆悉「齊伐哥醫生」的內容的時候，任誰都會發出上面同樣的感慨。

當然，事情不止是一個作家或一篇小說的關係那麼簡單。這次諾貝爾文學獎金所以使蘇聯鬧得滿城風雨，是因爲自由與極權的問題，所以蘇聯當局不惜出盡壓力施諸巴斯脫納的身上，也不惜再一次地向世界顯出，共產黨教條主義和極權統治的眞面目。而現在我們且把巴斯脫納及「齊伐哥醫生」的有關鱗爪，輯譯介紹，俾讀者瞭解這次「諾貝爾文學獎金的風波」的眞相。

巴斯脫納其人其事

波里斯、巴斯脫納，是詩人、小說家、和譯家，今年已經六十八歲了。他像這次得獎小說「齊伐哥醫生」中的主人公齊伐哥醫生一樣，出生於鄉間，受過高等教育，和有知識份子的獨立感。但也和許多知識份子一樣，擁有愛國的熱誠，在第二次世界大戰期間，他寫過許多反法西斯戰爭的文章，又譯過許多莎士比亞和席勒（德國作家）的戲劇，蘇聯舞台上演的許多莎翁戲劇，是由巴斯脫納所譯的莎劇編成的。可是因爲巴斯脫納並不是蘇聯官方的文化喇叭，在蘇聯國內，他並不會獲得應有的崇高地位。而巴斯脫納亦滿不在乎，他甯願躲在鄉下，從事他的著作，終於用他的著作，「以沉默的方式，高舉抗拒極權國家的義旗」。

史太林不斷清算作家的時候，許多蘇聯作家都被流放殺害了，可是巴斯脫納逃避了史太林的清算，於史太林還有五年生命的一九四八年時候，開始寫他的巨著「齊伐哥醫生」，並且設法把它的稿子寄出國外發表，終於獲得了諾貝爾獎的榮耀。

暴露「典型的」蘇聯生活

「齊伐哥醫生」於史太林死後三年的一九五六年脫稿，在蘇聯，當然不能容許這部著作出版，因爲它是「眞實的」。齊伐哥醫生自幼與家人住在烏拉爾區，有妻子而又結識了一個年輕的愛人，小說中就以醫生爲中心，寫到醫生的死亡，但却反映了蘇聯自革命初期以至建國之後幾十年的生活。他的寫法是「象徵式的」，「書中的每個人物，大人物或小人物，甚至一座城市，一棵樹，都是蘇聯一種典型的代表」，當然這反映了革命的眞面目，極其重要而亦是了不起的傑作。可是正像一般所瞭解的，蘇聯生活，從政治經濟到社會人生的各方面，是不容許「暴露」的，而「齊伐哥醫生」既暴露而又眞實，當然就遭受到奚落。

不只如此，當蘇聯當局知道「齊伐哥醫生」可能在意大利出版時，還通過共產國際命令意共阻止該書的出版，並且僞冒說是巴斯脫納的意思，可是意大利的一位共黨出版家竟把它出版了，因爲他認爲那是「眞實的」。

與「戰爭與和平」媲美

英文譯本的「齊伐哥醫生」於今年九月由倫敦的柯林斯書店出版，售價二十一先令，可是暢銷非常，並獲得評論家的好評，推許爲「俄國最偉大的小說之一」，並說巴斯脫納可與但丁及歌德相比，而「齊伐哥醫生」這部小說，則簡直是上追托爾斯泰的「戰爭與和平」的傑作。

除了英譯本外，還有法文及其他許多國文字的「齊伐哥醫生」的譯本，只有蘇聯，迄今仍未有該書出版。蘇聯當局原想以沉默來對付「齊伐哥醫生」，讓它自生自滅。可是正像鑽石在沙礫之間終於顯出光芒來一樣，巴斯脫納一鳴驚人，「齊伐哥醫生」獲得了諾貝爾獎文學獎金！於是，蘇聯不能再緘默了。

蘇聯「作家協會」鳴鼓而攻

蘇聯作家協會「一致通過」，將巴斯脫納革除於蘇聯文藝組織以外，及剷除他的「蘇聯作家」的名銜，並要求蘇聯政府，將「賣國賊」巴斯脫納取銷蘇聯公民資格，因巴斯脫納「已經出賣祖國及其人民」。作家協會副主席史摩納夫抨擊「齊伐哥醫生」內容「憎恨社會主義」，因巴斯脫納久已「和蘇聯人民文藝界分離」，（這是指巴斯脫納沒有與蘇聯那班文化官攪在一起，埋頭在鄉下從事他的巨著）。史摩納夫又說：巴斯脫納所謂「純藝術作品」，「成爲布爾喬亞的宣傳武器！」

這就不難瞭解了，「純藝術作品」，在蘇聯以及鐵幕內是遭受反對的，因爲它沒有遵從共黨文學「政治掛帥」的原則。而如果一部作品不對共黨的奴役及悲慘人民生活加以歌頌——不作「社會主義的宣傳」，那就是「布爾喬亞宣傳武器」了。

「我從未見過有一種運動（暗指共產主義運動）更爲自我中心的，也未見有一種運動更爲離開事實的」，「齊伐哥醫生」中對於共產主義的描寫，給予鐵幕內千萬知識份子以同感。

「自由的預兆充滿了整個戰後的氣氛，惟有他們才能夠決定他們的歷史重要性。」這也是鐵幕內知識份子的認識和抱負，而由「齊伐哥醫生」說了出來。「齊伐哥醫生」甯過貧乏的生活亦不肯爲蘇聯政府服務，與巴斯脫納的躲在鄉下，是相同的。這部偉大小說，正是巴斯脫納本人的寫照。中國大陸在「鳴放」期中所表現的許多知識份子不肯與中共合作，以及他們對於「自由氣氛」的嚮往，是相同的。

「生活在蘇聯這社會裡」

莫斯科電台以十種語言迫巴斯脫納「離開蘇聯」，一面則說巴斯脫納要求赫魯曉夫不要把他驅逐出境，因爲「走出祖國的邊界，對我等於死亡」；電台並且慷慨地說：巴斯脫納「可以自由出境去領諾貝爾獎金」，以表示是巴斯脫納本人「拒絕領獎」。實際上，巴斯脫納「拒絕」領獎的理由，就已經說明是「生活在（蘇聯）這個社會裡」。巴斯脫納之所以「放棄」這個世界的榮譽，爲高爾基及蕭洛霍夫等所未能得到的榮譽，原因就是「生活在蘇聯社會中」，如果他企圖走出蘇聯邊境，他知道那便是死亡。這與羅隆基的「婉拒」毛澤東周恩來「好意」，不敢赴美遊歷研究，是一樣的。（十月四日）

× × × ×

金馬戰事的推移

高洞

一

中共對於台灣問題，明知因爲有了中美協防條約的存在，是絕非用武力解決所能達到希望的，故此一向只把解放台灣這句話，在口上叫囂，在紙上宣傳。此次突然乘中東糾紛剛在聯合國告一段落的時候，發動進攻金門馬祖，其本意仍然不是想以武力奪取台澎，誠如世人所已周知的：其動機在掀起台灣海峽的波濤，對外可引動世界各國注目台灣問題，一以促美毛大使會議恢復舉行，二可使聯合國大會討論中國代表權問題時對中共有利；對內可轉移大陸人民對人民公社慣懣的情緒於戰事，以完成其全國皆兵的計劃。其目的側重在政治上希圖有所收穫。

不過，若專從軍事上來檢討，中共開頭氣勢，頗覺猖狂，似乎以爲武力奪取金馬，很有可能。查其調兵遣將，早在赫毛會晤後八月初間，便派噴射戰鬥機隊進駐福建；海軍也在八月前後集中了約三十隻高速魚雷艇於廈門；至於海岸大砲和彈藥的配備，當爲時更早，自不待言。中共當亦料到：如果只在海岸附近的金門馬祖作有限度的戰爭，美軍多半是不願意直接介入的，於是乎便胆敢發動砲擊了。豈意交戰結果，出乎意外的中共大失其利。

經過的實情是這樣：當中共空軍在八月初間大舉進駐福建新基地時，世界好些軍事家都認爲該方面的制空權，不久將會落到中共手上，國軍守備金馬，恐怕立即會發生困難。然而八月十四日在馬祖的空戰，共方有米克17機十六架，而我方F86機數少於敵方，敵機速度又較我機快一百公里，但戰鬥結果，敵機被我擊墜兩架至三架。因此一擊，中共當初企圖只用空軍便足以封鎖金馬的念頭破滅了，後來約有三週光景，中共空軍幾乎不敢有何活動。直至九月八日中共空軍復在金門被擊墜米克17機三架至五架。更於九月二十日我軍使用響尾蛇飛彈，竟然一次擊墜米克17敵機十一架之多，博得最大戰果，傳聞中共空軍因此不得不自福建向內地撤走了，敵欲獲得制空權的迷夢，終成泡影。中共空軍總不敢輕於嘗試，不用說是在憂慮美軍會介入，但中共汽油不足，亦其最大的原因。

不特空軍，中共的海軍也碰上了同樣的惡運。敵方由今年二月起就開始在馬祖方面用魚雷艇作戰。八月前後，更將魚雷艇大量集中於廈門。當其砲擊發動後，八月二十四日敵魚雷艇便大舉出動襲擊我補給金門的上陸用輸送艇，此一海戰，我方的輸送艇被敵擊沉擊傷各一艘。中共海軍竟因小勝而驕，想協同其砲擊戰來截斷我金門的補給綫，在九月二日大胆出擊，在料羅灣海戰，據說：因我海軍使用「近接信管」，一舉而擊沉敵高速魚雷艇十二隻，獲致大勝，和九月二十四日空軍的大勝，先後輝映。」

中共此次的炮戰，最激烈的有兩次。第一次是在八月二十三日至二十五日之間，一日發射的最大量爲四萬發。第二次是在九月八日至十三日之間，一日間發射竟達五萬至六萬發，那時候，聯大即將討論中國代表權問題，中共這些炮彈，彷彿是向紐約發射的，可是結果變成了彈皆虛發。中共的海岸大砲約爲三百門左右，由八月廿三至十月五日，總計已打了四十多萬發，依此平均每一門砲已經發射過一千五百餘發砲彈了。這種一五〇米厘或二百米厘的長射程炮，它的壽命只能打二千發或一千發，所以我們可以斷言：中共到了此時，其大部份的炮已經到了不能不更換的時候了，而且彈藥也該消耗得差不多要等待補充了。

中共的海軍空軍都遭了大敗，又怕我空軍會施行報復而不敢空炸金馬，僅能用砲擊來妨碍我的補給，使得敵在軍事上企圖封鎖金馬的可能性完全消滅。其空軍的再建，海軍魚雷艇的整備，就是大砲的更換和彈藥的補充，也須得個空兒的；所以不得不於十月六日自動宣佈停止炮擊兩週，彭德懷飾詞說是爲着人道主義，但其實是軍事上的氣衰力竭，雖然政治上亦另有陰謀。

此次戰事，中共之所以失敗，固由我軍的勇敢善戰，亦由美軍爲我後盾。而金門補給的成功，美軍的直接護航，關係很大。所以中共千方百計也想要使美軍避免加入。

二

中共在軍事上既不得逞，遂轉向政治上用勁，按照政治活動的需要，用軍事的打打停停來調節。爲做離間中美的活動，於是由十月六日中止炮擊兩週。爲做擴大蔣杜會議減兵的爭執，於是十月二十日又復開炮。到了蔣杜公報聲明不用武力反攻大陸，於是宣佈雙停單打，賣弄其要停要打，完全可以自由。

自此以後，一日間發射數目，少者二百餘發，多者達三萬餘。揣其用意，因金馬我仍固守，想力取萬做不到，索性利用我金馬守軍在中間做遮蔽，免得自己和美第七艦隊直接對壘，便可自由或停或打，既可節省彈藥，便於持久，又可隨時狂呼台灣問題是中國內政問題，應由中國人自己和平解決，藉此使在台灣民衆、國民政府、美國三者中間發生離間作用，企圖孤立美國和引起台灣民心的離散。因時日的延長，冀情況有變化。而且明知撤開美國，絕不能解決台灣問題，也明知美國不會屈服於中共「這是中國內政問題」的主張而將兵力撤出台灣，僅在得一步算一步，想由大使會議進到外長會議吧？所以金馬戰事，就是這樣的斷斷續續，忽鬆忽緊，既不會擴大，也不會停止的拖下去。

三

在這場戰事中，敵方儘量利用機會來拚命大做其宣傳戰心理戰。回過來看我們自己，國府對於中肯動人的意見，發表得實在太少了。不僅此也，且在蔣杜公報裡宣告世界：放棄使用武力反攻大陸。不管其中存在任何不得已的原因，這樣一來，豈不自己證明了叫過八九年的口號全屬謊話？但事到如今，說也無益，且再看公報上說着：「國府要憑藉實行孫中山先生的三民主義來恢復大陸人民的自由。」天呀！假使蔣氏早有實行三民主義的眞心，又何至把大陸丟給共產黨？本來用政治競賽來吸引大陸民心的歸趨，其效力勝於武力何止百倍，蔣氏不應等到今天才來下決心。但果能誠心竭力照此做去，則今日猶未爲晚，古人曾有十年生聚教訓的話，即使再過十年，只要大陸獲得解放，誰又會咎其太遲呢？不過三民主義是整套的，像台灣現在只施行一點耕地政策，不能便說是我已經在實行三民主義，硬要說是，也顯不出實際的效力，因爲其他的設施，多是非三民主義的，令人看來，台灣現在彷彿像是要和中共做極權比賽呢！然而台灣畢竟是解放大陸最好的憑藉，蔣氏又在其位，我們雖知其本性難移，習慣難改，但他既以此明告國人，那我們只有督促他認眞去做，勿使徒託空言，從今日起，看蔣氏做出甚麼來給國人看罷！

本報價目　歡迎訂閱

港九	零售每份壹毫；每月四毫；全年四元
美國	平郵每月美金伍角；空郵每月美金二元
日本	平郵每月港幣三元；空郵每月港幣伍元
南洋	平郵每月港幣三元；空郵每月港幣伍元
歐洲	平郵每月港幣三元；空郵每月港幣陸元
南美	平郵每月港幣三元；空郵每月港幣十二元

大陸逃港學生的控訴：我怎樣作職業學生（上）

馬襄庭

昧良心幹卑鄙勾當

在一位同學的介紹下，最近我不斷地閱讀聯合評論，其中的「大陸逃港學生的控訴」，每每使我心驚肉跳。爲什麼呢？我自己本身也是大陸逃港學生之一，爲什麼會看了同學們的控訴後心神不安呢？因爲我曾經有一段非常不光采的歷史，在中共的威脅利誘下，我曾經當過職業學生，監視着同學們的一言一動，向上級黨委彙報。

在同學們的那些控訴中，那些面目猙獰、行爲陰險的黨員學生和團員學生，就是我過去的生活，雖然，在同樣的迫害降臨到我自己身上來時，我才開始眞正認識中共的眞面目。但當我以前幫助黨委做出種種陷害同學的事情就可以用「無知」兩字掩飾過去麼？過去，我心裡苦痛過，腦子思索過，對着黑暗默默佇立過，但是爲了我個人能得到黨的信任，和爭取畢業以後到蘇聯去留學，以使自己的前途一帆風順起見，我一直昧着自己的良心，幹着那些卑鄙的勾當。

當我自己同樣地受到迫害時，我利用了家庭關係逃來香港，一年來，在自由世界種種新鮮事物的刺激下，我越回想起過去的那段生活來就越害怕。我曾經是幫兇啊！無數被迫害的正直的同學會饒恕我麼？好在我們學校來港的同學很少，我又有點暗暗地自慶，我的底細不容易被人家知道。雖然如此，但是良心上的虧負是無可比擬的，尤其當我看到上兩期一位同學在控訴說，在「反胡風」運動時一位同學被送到鷹廈鐵路的勞改隊中去而被折磨死了時，我的心大大地震動，在「反胡風」時，我就曾經根據幾句話而向黨委彙報了一個同學是「壞份子」，後來這位同學也被捕了。

良心的譴責

我開始考慮到，如果我這一世還要昂昂藏藏地做個人，不但是我自己因憎惡中共而逃來香港就算數了。如果我以後要我的良心不覺得曾經對不起過什麼人，那只有從揭發中共在學校中的陰謀做起。或許我的遭遇和我在學校中的任務能驚醒海外一部份青年，使他們免得送入虎口，那或許就可以算是我的自贖了吧。

我囉嗦了很多廢話，佔據了不少寶貴的篇幅，請大家原諒。大家想必知道，有着像我那樣經歷的一個人，在作這樣一個重大的決定時，心境是如何地矛盾，思想鬥爭又是如何地激烈，所以又亂又長，請大家原諒。

我被拖下水的經過

現在我要挺起身來控訴的，是中共在高等學校中的特務組織，尤其是對待僑生的卑鄙迫害行徑。同時也控訴我是在什麼樣的情況下被拖下水去的，以及中共誣陷同學們爲「胡風份子」、「右派份子」等手法之惡毒，最後，我也一樣逃脫不了被鬥爭的命運。我希望我的控訴能給中共加在大學生身上的暗影劃出一個輪廓來。

我祖藉是廣州西關人，從父親起開始遷到上海居住，我父親開始是在上海擺雲吞担，後來因爲買賣不好，就又搬去南京，我就是在孝陵衛的茅屋中出生的。

我七歲時，父親就死了，據說是被人打死的。母親靠着十個指頭，縫縫補補把我養大，好不容易念到初中，但是因爲生活越來越困難，我進了一家電池廠做學徒。

我十八歲那年，南京解放了，我立刻成爲工廠中的積極份子，因爲我年輕、成份好、出身清白，是共產黨發展的對象之一。開始時，我協助派出所搞居民登記工作，後來華東軍大（中國人民解放軍華東軍區軍事政治大學）招考青年學生參軍，聽說畢了業以後就是幹部，我毫不猶豫地去參加了。

經過了幾個月的學習，現在回想起來那簡直是一所不折不扣的訓練班，「大學」也者，不過是吸引青年人的一塊招牌而已。青年人在裡面被分化、被審查、被鬥爭，然後在這個「革命熔爐」中被熔煉成中共意想中的工具了，又被放出來——分配工作。我被分配在駐××的華東軍區××處三科當文書。

因爲這些遭遇與題目沒有多大的關係，只不過說明一下我在中共的眼中是一個最可放心利用的，絕不會對中共存有二心的人而已。所以以後我到學校中後，黨委會只翻了一下檔案就放心把許多任務交給我了。

我幹保衛工作

一直到一九五四年，黨中央號召「向科學大進軍」，鼓勵每個同志學文化，我也立了一個計劃，日夜勤勞地自修起來。我們的科長姓徐，一天，他對我說：「小馬，組織上準備調你去升學，你有意見嗎？」

我還有什麼更比聽到這個消息更歡喜的！

第二天，我拿了科裡的介紹信去人事科，人事科長照例要和被調動的同志談一次話的，但是有幾句話我到事後才明白眞正用意。科長說：「馬同志，組織上調你去學習，名義上是由南京市第六工農速成中學保送的，你要記住。還有一點，你去學習，不是爲學習而學習，而是爲黨的任務而學習，懂得嗎？」

我當時想，學習好了爲黨服務，當然是爲黨的任務而學習了。

科長接着又說：「可能志願和你所想的不很相同，聽說你在向工業自修，但是山東農學院向軍區（按：指華東軍區）要人，組織上考慮你可以去。學農業也是很有前途的。」

雖然我從未想到自己會去學農，但是我也答應了。

就這樣，我進入了山東農學院，被分發在園藝系（功課最輕的一系），但卻住在農業機械系（同學最多的一系）同學的宿舍中。

在學校中交待清了一切關係後，保衛科長郭盛昌首先找我談話：「馬同志，你的擋案已經由軍區轉過來了，我們很高興多了你這麼一位好同志。我們認爲，你不要公開担任團的職務，會使你工作進行方便些，對麼？」

我聽了之後莫名其妙，想開口問，郭科長攔住了我，繼續說了很多話，不外是革命雖然成功，但是敵人的活動也越來越猖狂了，學校和一切文化機關，成了敵人的最佳隱蔽所，所以必須加強學校的保衛工作。社會安寧，人人有責，尤其是團員，更應和黨的安危休戚相關等等，又說明了我雖在表面上是就學，但工資仍是照領的。

就這樣，你願意也好，不願意也好，上學，注意同學，向人事科彙報，甚至假裝落後，就成了我的職業了。（未完）

稿約

一、本刊言論以宣揚自由民主爲主旨，園地完全公開，凡符合上述宗旨之稿件，本刊一律歡迎。

二、來稿本刊有修改權，不願修改者，請於來稿時說明。

三、來稿刊出後，本刊卽以每千字港幣六元至十元奉酬，聊表微意。

聯合評論社謹訂

東京通訊

張君勱先生抵日講學後即赴美國

中日兩國在文化關係的密切性，是世人所週知的。但長時間以來，中國著名學者之來日講學者却不多，以著名學者兼政治家而如張君勱先生者更少，宜乎張君勱先生這一次來日講學，引起了日本朝野尤其學術界的重視。

自中國大陸淪陷後，張氏最先卜居在澳門，隨後，接受印度總理尼赫魯的邀請，赴印度講學。直到一九五二年，張氏才由印度經香港前赴美國。在美國時曾在美國斯坦福大學講學，並在美國發表其所著「中國的第三勢力」（英文本）、「中國新儒家思想史」（英文本）等書，本年七月廿五日始離美作環球旅行，先赴英國，英國工黨曾招待三天，跟着，英國保守黨亦以同樣節目招待。張氏曾在英國工黨及保守黨之招待會上發表講演，認爲准許中共入聯合國，對於世界大局並無補益，蓋張氏認爲准許中共入聯合國，其最大作用不過使聯合國多增加一個「蘇聯」，在聯合國內多增加一個「蘇聯」，對世局是決無補益云。張氏曾在英停留一週，即過法國，赴比利時參觀展覽會，再到西德，曾在西德各處遊歷並講學，張氏對西德之觀感甚深，曾在慕尼黑撰文比較「西德與台灣」。該文已載由中國民主人士所聯合創辦在香港出版之聯合評論。離西德後，復在印度、越南、香港等處講學，所講多爲中國儒家哲學問題。

張氏爲對於中國儒家哲學素有創見之著名學者，本年初，張氏曾聯同唐君毅、牟宗三、徐復觀三教授在香港發表「中國文化宣言」，該宣言業經日本學術界翻譯成日文，故張氏此來，日本學術界咸盼張氏討論中國文化中之若干重大問題云。

張氏此次來日講學係應日本亞細亞問題研究會及亞細亞大學之邀請，已於本月六日午後三時由香港飛抵東京機場。當時到機場歡迎者計有中國駐日大使館之楊雲竹公使、張伯謹公使、崔萬秋參事等。日本外務省亦派清水董三參事到機場迎接。此外尚有日本亞細亞問題研究會理事長和崎博夫，亞細亞大學教授池田，柳內之教授等多人在機場迎接。

張氏抵東京後之次日（七日）即與日本外務省山田次官、板垣修局長等會見。八日復赴日皇太子師傅日本著名學者安岡先生之宴，八日午後即在「師友會」開始講演節目，當時到場聽講者四百餘人，皆爲日本學術界高級知識人士，蹐蹐一堂，至爲熱烈。據悉，張氏離日赴美前，每日均有講演，講演畢，並將赴西京參觀「人文研究所」云。

全民煉鋼原來如此

中仁

冶鐵煉鋼，沒有鐵和煤是冶煉不成的。大家知道，鐵砂冶成生鐵，生鐵煉成純鋼，必需消耗大量的煤，一般的情況，煉鐵一噸就要消耗兩噸的煤。而鐵和煤由於地質分佈的限制，並不是處處皆有。

中國產鐵區域，集中於東北一帶，東北的鐵儲又集中於遼寧南部；東北整個儲量差不多佔全國的百分之七十五。其餘多數分佈在察哈爾、河北、山東、湖北、安徽、江西、湖南幾個省區，浙江、福建、廣東也有少數。全國煤藏正如鐵儲一樣，也是分佈不勻，大部分集中山西、陝西兩省，佔到全國百分之八十以上，其餘分佈在河南、河北、山東、四川、湖北、湖南、江西、安徽、浙江、江蘇等省，廣東雖有，但產量甚少。這種分佈是自然的趨勢，不是人力可以強變的。

因爲冶鐵煉鋼，耗煤太多，所以礦工業發達的國家，爲了合於經濟上的原則，節省運費，大都是移鐵就煤，在煤區冶煉；除了特殊情形，勢非移煤就鐵不可，才會在鐵區冶煉。很少在既不產煤，又不產鐵的地區從事冶煉。

由此可知，就不能「遍地開花」的處處都冶鐵煉鋼。但是，中共在今年來進行全民煉鋼運動，如火如荼，不管大街、小巷、庭院、空地、田間、山上、溝邊、河濱都築起冶鐵煉鋼的大小高爐，無分男女老幼，人人日以繼夜，緊張萬分。如，本港大公報在十月三十一日刊載署名劉郎的唱江南詩三十兩首，並有註釋，正是大陸上冶鐵煉鋼情況的寫照，茲將原文抄錄於後：

『燦爛鋼花開不已，紅紅鐵水看長流，高爐處處多於塔，誰謂吳儂似水柔？

（原註）上海正在發動全民煉鐵，但蘇州卻早於二三月前已經實行。郊區、市區的大街小巷乃至人家的庭院裡，築起了無數小高爐，爲了今年國家要產一〇七〇萬噸鋼而營營不息。蘇州人一向以軟綿綿出名，所謂「吳儂還比水般柔」。但是誰會相信現在的每個蘇州人，都會和鋼鐵打交道呢？目前的情勢，就是要我們一切反常，某些社會裡的人所不可理解的，也正在此。

傾城士女懶梳頭，朝暮羣爲「元帥」謀，九月吳門閒客少，弄孫媿煞一嫗嫗。

（原註）目下，蘇州每一個婦女，都在忙。忙着讓鋼鐵元帥升坐寶帳。我的老婆於九月三十日赴蘇，因爲十月二日是孫女兒周歲之期，她趕去祝賀。不料一到蘇州，看見親家和兒媳都在高爐邊工作，忙得不亦樂乎，她才感到自己的好整以暇，一個難爲情，搭着二日的夜車回上海來了。』

從作者註釋中，想到三個問題。

第一、蘇州這個地方，既不產鐵，又不產煤。鐵煤的來源，究從何來？

第二、既然老太婆，都「忙得不亦樂乎」，鐵煤的需要量，定然可觀。

第三、老太婆不見得懂煉鐵煉鋼的技術，其產量質地如何？

上列三個問題，不僅蘇州，我想除了鐵煤產區以外的地方，都會有這樣的問題，連日百思而不得其解。幸而昨天從大陸上來了一個朋友，我就請教他，中共的全民煉鋼鐵實情如何？並且，將上面三個問題，請他解答。承他告訴我，中共這個全民煉鋼鐵運動，第一是搜括民間鐵器；第二藉以剝削人民；其辦法，按照人口每人每次攤派一斤，老百姓家中那裡有這些存鐵，只有將舊飯鍋、鐵鏟、廚刀、鉛絲、洋釘等等搜羅湊足繳納，自己再購買新的應用，次次如此。因此，中共並不顧慮鐵源缺乏。至於煉鋼，實際是熔鐵，化零爲整。於是，我才恍然大悟，原來如此，不由得不拍案驚奇；中共的魔術確實是神化了。所以，處處紅光滿天，熔鐵煉鋼；像在蘇州這種地方就無啥稀奇，老太婆懂不懂技術就無關緊要，木柴就可以當煤燒了。別說年產一〇七〇萬噸，只要時間許可，再翻上十番，也不是難事。

至於，作者在註釋中特別強調說：「目前的情勢，就是要我們一切反常，某些社會裡的人所不可理解的，也正在此。」這是作者身在大陸內心矛盾所激發的良心話，表面上似乎是爲中共解釋，實際上是作者將中共在大陸上的一切措施，都是反常，人民受不了的情況，輕輕的透露告訴在海外的人們。無異警告在海外的人們說，「大陸上人民生活在水深火熱之中，痛苦萬分，勸勸你們，不必回到大陸，任何人都逃不了中共奴役宰割」的。我認爲這兩首詩，並詳加註釋，特地在本港大公報發表，其理由就在此。

記甲午戰爭前的中日糾葛（五）

左舜生

（B）中日在朝鮮鬥爭的開始

先是副島種臣於同治十二年（1873，日明治六年）以換約及賀同治帝親政來中國，除交涉台灣生番事件外，並以中國與朝鮮的關係向我國提出質問，總理衙門答以『中國對於朝鮮雖與以冊封，並令其奉中國正朔，可是內治和戰，皆由朝鮮自主，與中國無關。』日本得了這樣一個不負責任的答覆，乃決定以獨立國待遇朝鮮。同治十三年，日本侵台的事件既告一段落，其次年為光緒元年（1875，日明治八年），九月，日本以軍艦雲揚號侵入朝鮮的江華灣，用小艇溯漢江窺探，炮台守兵發炮阻止，雲揚號乃突近江華島，燬炮台，燒永宗城，殺朝鮮守軍然後退去。次年正月，日本以陸軍中將黑田清隆為全權大臣，參議官井上馨為副，率陸海軍威脅朝鮮訂約。時大院君頗欲利用此機會以恢復政權，因力斥和議；但中國政府以開戰不必於朝鮮有利，曾予以勸告；諸閔不願大院君重握政權，亦以主戰為非；而日本正值西鄉隆盛一派主張征韓的人失敗，當然也並不眞想和朝鮮開戰；由這幾方面的關係湊合，朝鮮與日本的修好條約，乃於是年的二月初二（公曆二月二十六日）簽訂。日本的全權代表，即上舉的黑田，井上，朝鮮則為申櫶與尹滋承。全約凡十二款，要點如下：

一、朝鮮為自主之邦，保有與日本平等主權；

二、簽約十五個月後，日本得隨時派使臣至朝鮮京城；

三、在京畿、忠清、全羅、慶尙、咸鏡五道，擇通商港口兩處；（後來所開者為元山、仁川。）

四、准日本人民往來通商，隨意在兩港租借地皮，修蓋房屋，並租借朝鮮人民房屋；

五、准日本航海業者自由測量海岸。

這便是有名的『江華條約』，乃是日本對朝鮮取得優勢的第一步。

其時中國方面辦理外交的主體，名義上本屬於總理衙門，可是決定外交方針和担任折衝重任的，却由北洋大臣李鴻章包辦。光緒五年（1879，日明治十二年），日本既把琉球滅了改為冲繩縣；自『江華條約』訂立後，日本在鮮朝的勢力又逐漸伸張；李鴻章受了這一番刺激，乃運用中國自來『以夷制夷』的老方畧，勸朝鮮與美、英、德、法諸國訂約通商，藉均勢以牽制日本與俄國。當時鴻章曾有一封信寫給朝鮮的致仕太師李裕元，（薛福成代筆）便是討論這件事的。我們從這封信裡，頗可看出當日朝鮮所處的地位，而鴻章這種主張也大體是不錯的，現在把這封信的要點，節錄一部分在下面：

『橘山尊兄太師閣下：……承示日本與貴國交涉各節，倭人性情，桀驁貪狡，為得步進步之計，貴國隨時應付，正自不易。客歲駐倭公使何侍講（何如璋）來書，屢稱倭人倩為介紹，欲與貴國誠心和好，兩無虞詐。……日本比年以來，宗尙西法，營造百端，自謂已得富强之術，然因以致庫藏空虛，國債纍纍，不得不有事四方，冀拓雄圖以償所費。其疆宇相望之處，北則貴國，南則中國之台灣，尤所注意。琉球乃數百年舊國，並未開罪於日本，今春忽發兵船，刼廢其王，吞其疆土，其於中國與貴國，難保將來不伺隙以逞。……尤可慮者，日本廣聘西人，教練水陸兵法，其船炮之堅利，雖萬不逮西人，恐貴國尙難相敵。況日本詔事泰西諸國，未嘗不思藉其勢力，侵侮鄰邦。往歲西人往貴國通商，雖見拒而去，其意終未釋然，萬一日本陰結英法美諸邦，誘以開埠之利，抑或北與俄羅斯句合，導以拓土之謀，則貴國勢成孤注，隱憂方大。……為今之計，似宜用以敵制敵之策，次第與泰西各國立約，以統與西人通商制日本則綽乎有餘。……至俄國所據之庫頁島，綏芬河，圖們江等處，皆與貴國接壤，形勢相逼。若貴國先與英、德、法、美交通，不但牽制日本，並可杜俄人之窺伺，而俄亦必遣使通好矣。誠及此時幡然改圖，量為變通，不必別開口岸，但就日本通商之處，多萃數國商人，其所分者日本之貿易，於貴國無甚出入。……平日既休戚相關，倘遇一國有侵佔無禮之事，儘可邀集有約各國公使公議其非，鳴鼓而攻，庶日本不致悍然無忌。……則所以鈐制日本之術，莫善於此；即所以備禦俄人之術，亦莫先於此矣。……』

這封信是光緒五年寫的，當時並未發生何種效力，在李裕元的復信中，更有所謂『泰西之學，素所深惡，不欲有所沾染』云云，並以該國『向稱貧瘠，不能多容商船』為拒絕與各國通商的理由。我們只要看光緒六年美國政府請日本介紹要求與朝鮮訂約通商，仍然為朝鮮所拒，便可以知道朝鮮對中國的意見，絲毫未肯容納。不過等到光緒八年，大院君已完全失勢，李鴻章的這種主張，却已一一實現：在這一年（1882，日明治十五年）先後與朝鮮訂約互市者，有美、英、法、德諸國，中國遣道員馬建忠及水師提督丁汝昌涖盟，並率軍艦隨同保護，條約內容，由各國代表先與李鴻章有所接洽，臨時則完全在馬建忠指導之下進行。各國雖不肯於條約正文中確定朝鮮為中國屬國，但於約外由朝鮮分別照會各國元首，自承為中國藩屬。馬建忠所著『東行三錄』，其『初錄』，『續錄』，即記載是年朝鮮與各國訂約的詳細情形，字裡行間，仍可令我們想像當日『上國』的姿態。其時日本駐紮朝鮮的公使為花房義質，事前對訂約經過及約文內容，曾多方偵察，但始終未得要領，其內心自然是十分不快的。

汲古書屋談薈

汪兆銘與吳佩孚來往函札（二）

耘農

『子玉先生勛鑒：去歲多間，曾致電左右，畧陳悃愊，惟辭意未盡，而耿耿之誠，幸蒙鑒察。旋奉覆電，意味深長，循讀之餘，彌深嚮慕。中日兩國為敵則兩敗俱傷，為友則共同發達，其理自明。不幸數十年糾紛膠結，鬱結至於今日，遂敗壞決裂一至於此。欲謀收拾，且引之入於正軌，其事誠難，然又不可以已，且捨此實無他道也。國民黨人，當此厄運，撫躬自責，不敢有一息之安，而旋乾轉坤，則非海內仁人志士之心力以共謀之，不能有濟。我公功在民國，萬目顯危，誠知心惻然有動於中也。銘自去職之末，發表豔電，棲遲河內，未嘗別有謀劃。蓋以此身曾參與重慶政府，雖諫不從，言不聽，而去國之際，深維孟子三宿而後出畫之義，不憚再三呼籲，以期重慶當局之最後覺悟。今此望已絕，不得不易地奔走，期與海內豪俊，共謀挽救。現在國難日深，而國際危難，又日趨緊迫，非恢復和平，無以內除共禍，外應世界大勢；非組織統一有力自由獨立之政府，無以奠定和平。公老成謀國，如有所示，極願承教。銘一得之愚，亦當作芻蕘之獻。但求有益於國，任何艱險，皆所不計。區區之懷，特託趙叔雍先生趨前面承，尙祈鑒察，是所厚幸！專此，敬請勛安！汪兆銘謹啓。』

函末又加附數語：『再者抵此間後，始聞公於二月間曾有賜電，道途阻隔，至今未獲拜誦，至深歉仄，謹此陳謝，並乞鑒原為荷！兆銘又及。』似在此函之前，汪、吳已互通電訊，惜原稿已佚，無從悉其內容。至汪所派之趙叔雍，名尊嶽，江蘇常州人，與申報關係甚深，工肆應，擅詞章，亦汪記政府初期奔走和平負聯絡之責者，後陳公博出任偽上海市長時，趙為秘書長。其父鳳昌，字竹君，久在張之洞幕。庚子義和團之役，與曾為盛宣懷定策，與上海領事團訂約，以助成東南各省自保，免於兵禍。清末，寄寓上海，榜所居曰惜陰堂，頗具亭園之美。辛亥光復，革命黨人，每往來其間，張宴無虛夕，斡旋南北和議，與有力焉！並聯絡浙江名流張謇、章炳麟等組統一黨，為世所知名。叔雍早歲趨庭，耳聞目接，多所習染，於各方政要，頗有舊誼，故能於汪吳之間，充一介之使焉。佩孚接汪書後，即在封面批示：「復，共謀和平，極表同情。」其幕府中人旋於六月七日代為致覆。其函云：

竹居吟

王世昭

說吾貧，吾眞貧；說吾樂，吾眞樂。文章賣去不值錢，幸有撐觴水一勺。朝飲芙蓉泉，夕聆秋風籜。泉清水美不須錢，籜剝林高欣有託。一椽出自自家力，千卷亦緣親手釀。書齋之內見古人，竹居而外友寥廓。海山大地屬近親，日月星辰盡鄰約。招之時時來，對之情躍躍。有時倦欲眠，彼此不造作。一覺朝天四大輕，夢裏依稀無美惡。（戊戌秋抄作）

論釋耒守株

——亮齋閑話之十三

徐亮之

客　台灣當局以「反攻復國」為號召，背着「中華民國政府」的招牌投入台灣的懷抱。這回竟又異想天開給美國共和黨助選，被杜爾斯牽着鼻子走，宣佈放棄武力恢復大陸，不惜自毀「反攻復國」的立場，失盡海內外的人心，而卒無補於共和黨選舉的失敗；眞所謂「鈴鈴都丟埋」哩！

主　「反攻復國」？您是背歷史還是談現實？

客　是歷史，也是現實。當年他們初到台灣，便已嚴正宣佈過：「一年準備，二年反攻，三年掃蕩，五年成功。」雖然這已成為明日黃花，空頭支票；但直到今年七月十六日，蔣先生在國民黨評議委員會演說，不，應該說「訓話」，不是還仍然認為台灣乃「唯一的反攻復國基地」的嗎？足見政府立場蔣杜聯合公報以前並沒改變。這難道還是假的不成？

主　那末，我現在向您嚴正宣佈：我明天便去月球旅行；您認為也不會是假的了！

客　但您最少總不能否認他們曾經有過九年的時間都一直標榜着「反攻復國」。

主　您同樣不能否認他們的標榜並不等於他們的底牌。

客　依您看，他們對大陸的底牌到底是什麼？

主　等待機會，回去接收。

客　回去接收？告訴您：「大福不再」；您以為他們祖墳的風水便永遠那麼好；永遠會有第二次世界大戰似的甜頭吃？

主　您記得當年他們標榜「反攻復國」的同時，也正是他們高唱第三次世界大戰即將爆發的時候嗎？您想：如果第三次世界大戰眞正爆發，原子彈把大陸共產黨收拾得一干二淨，那時接收的資格，誰還優越得過他們？

客　但大戰並沒有如他們的預期爆發。

主　所以根據接收底牌，他們又希望大陸人民自動起來革共產黨的命了。您又想：如果大陸人民眞把共產黨革得雞飛狗上屋，同時也把自己革得如他們所想像的只剩半條命；那時接收的資格，誰還又優越得過他們？

客　偏世人皆笨他們精；人家拼死拼活，他們坐享現成；世界上偏有這許多「笨」可「揾」！

主　這種精明人原是自古有之，不過於今為烈罷了！您讀過韓非子五蠹篇嗎？

客　五蠹篇那一段？

主　「宋人耕田，田中有株，兎走觸株，折頸而死。因釋其耒而守株，冀復得兎。兎不可復得，而身為宋國笑。」——告訴您：蔣杜聯合公報的所以為天下笑，正是因為那乃台灣當局接收哲學的不打自招，釋耒守株的畫魂傑作。

禱（五）

盛紫娟

「同事們互相監視、出賣，和攻擊，為了某種目的來對妳表示關心。『我不信任，對誰也不信，』從鳴放開始，一直到反右派結束，我始終誰也不理，也不說話，我忍受着他們罵我是冷血動物，我忍受着他們斥責我不關心政治，我有我的主意。他們威脅、利誘的手段使盡了；謙虛、善良的角色演夠了。最後一翻臉，我成為重點，叫我暴露思想，坦白思想根源，批判資產階級思想，坦白對黨的看法，對勞動的看法，及自己的人生觀。不說不行，說也不行。我曾目睹了許多可歌可泣的事，也看見過，更多的人在搖尾乞憐地痛哭流涕。他們打着自己的嘴巴，罵自己：『忘恩負義，辜負了黨。』我鄙視他們，因此我默默地忍受着他們的羞侮，和謾罵，我心平氣和地聽着某些人的下流話，我冷靜地看着被拳頭震倒的玻璃杯在桌上亂滾。有些被整過的人，為了表示悔過，就拿我當了墊脚石。他們比別人還要罵得兇，我不恨他們，這些糊塗的羔羊，我只恨這罪惡的世界。

「領導上，不止一次地對我說：『丟掉小資產階級的那套吧！還要什麼面子。』多麼露骨的惡毒，可是我還沒有習慣不要面皮，去討人歡喜，去乞求憐憫。本來認為我沒什麼問題的人，也疑神疑鬼地認為我有問題，有政治背景，我眞恨不得把痰筒扣到他們頭上去，來發洩我的怒氣。這些愚昧的人，這些沒主見的人，這些苟活者。他們問我：『妳為什麼不去香港？』

「我心想！『只要你們肯放。』但嘴裡却也學會了幾句：『忠於祖國，忠於黨。』

本刊已經香港政府登記
每逢星期五出版
聯合評論 週刊
United Voice Weekly
第十五號
督印人：黃宇人
總編輯：左仲平
社址：九龍金馬倫道三十八號三樓
電話：六一四一三（61413）
承印：田風印刷廠
香港高士打道二二一號
售價：每份零售港幣一毫
總代理：友聯書報發行公司

一個政治的美夢

左舜生

一

難，在中國這樣一個國家，假如您是為做官而做官，換言之，即實行『百搭主義』，（註一）不問您給我一個怎樣的官，我總幹，而且最低限度，保証做到勤勤懇懇『無毀無譽』，這是一點也不難；換一個方式，不是為了做官，而是想拿着一個名義，憑藉一個地位，真正來幹政治，困難在所不辭，毀譽在所不計，硬想憑着自己的所信，多多少少，為國家，為人民，做出一點過得去的成績，這就太難了。

當上一名大型報紙的記者，或居然做到一名主筆，每晚在八九點的時候，走下麻將桌子，坐到寫字枱，根據該一報紙的立場，攤開稿紙，提起筆，以一兩小時的時間，敷衍一篇一千五百字或兩千字的社論，說來頭頭是道，按之空無所有，看去又好像『義正辭嚴』，最低限度，辦到社長不受警告，執筆者本人不被『炒魷魚』，或者報館的津貼不被停止，這也不難；換一個方式，一位主筆先生居然以立言者自命，以輿論的先驅者自居，儘管報紙有其無法變更的立場，但他能在一篇社論的字裏行間，就一個密雲不雨的時局，有幾句或幾行能搔着癢痛，可引起看報人發生看社論的興會，這就不容易了。民國以來，有兩位頗像樣子的記者，一位是為當年大公報寫社論的張季鸞，一位是為申報寫北京通信的黃遠生。張能在社論中透出人所不知的政治內幕，每每去事實不遠；黃能在通信中把握時局的傾向，而洞見其癥結；現在的言論界中，有不有像張、黃兩位那樣的人物，我便很難確指了。

二十年以前，我在上海常和一位學人而兼報館主筆的某君談天，（此君在大陸，據說還沒有死。）一次，他對我說：『中國的事，您不能往好處猜，只能往壞處猜，看好，您便希望猜中一兩分也不容易；看壞，您一猜便可猜到十之七八！』抗戰勝利以後，我有一位好友，在京滬道的火車上碰見胡政之，我這位朋友問胡：『您近來對時局的看法怎樣？』其時胡的身體已經很不好，（大致在他逝世前的半年光景）他慨歎的對我這位朋友說：『國大人小，國大人小啊！』這兩位所說雖微嫌過於深刻，但您能說他們是言之無物嗎？

二

以當前的例子來說，好比『反共救國會議』，大家已經談了四五年，一會兒寂寂無聞，一會兒又甚囂塵上，以台北而論，究竟這件事是那一方面首先倡導，我現在已弄不清楚；可能是政府自動，也可能是在野有人提議而為政府所贊同；但海外無任何人提倡，卻是事實。可是不幸得很，現在竟被誤會到為海外人士受了共匪的策動，要藉這樣一個會來推動和談，這就未免去題有十萬八千里了。

有人問我：『您覺得像這樣一種會，究竟能開不能開？應開不應開？』我對這一問題的回答，始終只有『慎重』兩字，換言之，即無所謂『能不能』與『應不應』，所要問的，只是目的何在。如果說，為的徒壯觀瞻，熱鬧熱鬧，集合海內外若干人士來對現政府所持反共抗俄的國策重複作一次集體的熱烈擁護，或白紙黑字，寫上一二三四五……若干條『反共建國綱領』，交給現政府去執行，或供參考，甚至還要送到立法院去作一次七折八扣九五兌，老實說，像這樣，便開與不開都無關係，甚至為了免得勞民傷財，徒傷感情而無補實際，便還是不開更來得妥當。

假如說，開這樣一個會，真是想對政治有一番改革，不僅僅只在形式，而確有實質，那我便認為真值得考慮考慮。說到這裏，我必得奉告大家，中國實行黨治（註二）已三十年以上，在目前最高領袖，以總統兼國民黨總裁的蔣先生領導之下，能不能會不會真有實質的改革，我便不能無所疑慮：因為他老先生的經驗最為豐富，政治上的一切得失利害看得最為清楚，對反共抗俄尤其是世界有名的專家，假定他覺得真有改革的必要，便早已改了，何至於要等到今天？經過了大陸的二十年，台灣的十年，說忽然真想改革，豈不是微嫌遲暮？

三

我對這件事有一點積極的簡單意見：要開這樣一個會，無論是小型的或大型的，都是困難重重，政府最好預先有一番審度，是不是真有從事實質改革的誠意？如果說，只是為了敷衍輿論，姑試為之，那便最好老老實實的不開；例如說，經過了一番慎重的考量，覺得確有誠意，毫無問題，也就不一定非開不可；只須把若干年來為輿論所最為不滿，而又與憲法精神確不相容的事實停止幾椿，或把類似的法律或條例廢止幾件，乃至把不受輿論歡迎的政治人物撤換幾位，甚至於把若干於法於理都不應剝奪自由的人，讓他們隨意走動，也就再好沒有了。要做這類的事，政府有的是權，有的是立委先生們的贊助，比起在目前便召集一個這樣的會議，豈不輕而易舉得多？把這類的事做得確有相當的成績，經得起國民的考驗，然後政府以報告成功的姿態，約集一般好學深思的學者名流，如張君勱先生（七三），胡適之先生（六八），錢賓四先生（六四）之類，以及海外赤誠愛國而又富有資力的僑領先生們，如某某某某之類，五十個或八十個，大家相聚一堂，來從容討論反共建國的百年大計，學者們不妨更來一點科學玄學之爭，漢學宋學之辯；僑領們更不妨踴躍投資，提出若干繼續建設台灣的切實計劃；能表現這樣一種清明景象，我想不僅一般國民一定鼓舞歡欣，一般青年們也一定會感奮興起，甚至就是蔣老先生（假定他那時候已不在總統任內而退為國老），也一定樂觀厥成，扶杖列席，一面傾聽大家從容的辯論，一面也給會眾一番親切的指導，這豈不猗歟盛哉？

四

說到最後，我依然很躭心我這個美夢難於實現，尤其使我常常慨歎的，乃是中國近六十年來（戊戌到戊戌）確會產生過不少的人才，假如不把他們消耗在消極的方面，而能使他們一一在積極的路子上發展，則豈僅中國的思想學術不會如今天的落後，即中國的政治又何至如今天這樣糟糕！尤其在這個六十年的後半期，在重重的障礙之下，更有不少可望大成的人才，大抵多被摧殘，橫遭壓抑，以老，以死，以墮落而無言消失。近十年來的共產黨，乃更是一個摧殘人才的劊子手，即少數脫離大陸而又較有希望的人，也散居四方，國家乃無法集中使用，這真是一件最可扼腕的事實。因此我常常默禱：積極的反共工作趕快展開，中國的革命趕快結束！

註一：這句話有點語涉不莊，『百搭』是一百三十六張麻將牌額外加入的張子，一名『聽用』，只有不講技術而專講『手氣』的人，才樂於打這種牌。

註二：在我的心目中，中國只有個人權利本位的政治，並無真正的黨治，這裏只是隨通俗的意義用的。黨治已與憲政不能相容，個人權利本位的政治當然與憲政更不相干了。

形勢迫人，非變不可！

雷厲

這些年來海外的輿論，對於台灣始終抱着相忍為國的態度；認為大敵當前，反共第一，為了避免長敵人的志氣，滅自己的威風，對於反共陣容內部的問題總是話到嘴邊留半句，輕描淡寫，不忍直指其非，認真責備。這種用心之寬厚之識大體，是可尊敬可贊佩的。但是，執政當權的那些人們，却以此為得意，在這種不痛不癢，不黑不白的氣氛中昏惰苟安、弄權逞私，自誤誤國！

事到今天，我們再也不能姑容他們以國事為兒戲了，因為他們已把中華民國置於萬劫不復之險地！現在我們不能不含辛忍痛，將危險的真相列舉出來。

外交的慘敗

九年來台北當局藉軍事反攻大陸這頂大帽子來壓制一切政治改革的意見，可是現在他們竟宣告放棄軍事反攻了。這在蔣杜會談中已說得清清楚楚，可是他們事後又不斷更正否認；弄得欲蓋彌彰，其自欺狼狽之狀真使人啼笑無從。九年來政府沒有造成反攻的形勢，沒有決心反攻是鐵一般的事實，因此這次放棄軍事反攻的宣告只是對事實的承認。因此蔣杜公報所造成的危險不在軍事上，而在政治上人心上。對於這個問題海外報刊已有透澈的討論，並已人所共知，在此不必再多說。

黨內的反抗

國民黨自從開過第八次代表大會之後，黨內即陷於空前的低潮。這因為八大代會及八大所產生的中委、執委，幾乎是清一色的太子系。黨內較開明的，有見解有志氣的，同情黨外民主憲政運動的，不肯閉着眼睛說假話逢迎取媚的分子都被踢開了。因此「圈子愈劃愈小」，「傳子不傳賢」的憤懣，在黨內鬱結莫解。這一趨勢反映在立法院裏，是一百多國民黨籍立委誓死反對修改出版法。因此我們看出，當權者如果不改其一人一姓的專權政策，在黨內必將激起更大的反抗。

台灣本地人的不滿

台灣是中國的領土，台灣人是中國人，就天理人情講從大陸遷到台灣的政府不應該有甚麼不妥之處。但是由於國民黨專制腐敗的作風，激起了台灣人的反感，尤其在地方選舉上，演成國民黨與本地人尖銳的對壘。這一對壘的形勢，在國民黨的高壓政策之下，已愈來愈深刻化。數月前台灣知名之士七十餘人發起成立地方自治研究會，呈請立案已被當局批駁。治安當局派人嚴重警告為首的幾個人，如果再鬧就下令拘捕！在此我們提醒台北當局：目前國軍之中台省籍士兵已佔半數，你們這種顢頇的壓制政策，如果再不回頭，請你們仔細思量可能發生的後果！

民主的高潮

國民黨的獨裁專制，所激起的民主憲政運動，在台灣內部已日益壯大。雖然幾年來，當權者曾千方百計來打擊和壓制這一運動，但是仍愈激愈揚，目前已達到前所未有的高潮。從台大畢業回來的許多同學告訴我說，青年反共救國團所辦的一百多種刊物，到處贈送無人看，大學生並以看這些刊物為恥，可是「自由中國」半月刊卻在大學生宿舍中爭相傳閱。這一事實反映出來這個時代的消息，民主憲政已是人同此心的公是，心同此理的主潮，違反公是逆拒主潮徒為歷史的罪人。這形勢再明顯不過了。

僑胞的苦悶

台北當局總挾海外華僑以自重，動不動就說有海外一千四百萬僑胞的支持如何如何。其實身在華僑社會中的人了解得更為清楚；我們不能武斷的說，國民黨在華僑社會中已毫無影響，但是由於過去政策的錯誤，陷華僑於苦境，其影響力在急劇的衰退中乃是事實。其中最嚴重的一項錯誤，是未能鼓勵僑胞爭取當地公民權，仍根據忠黨愛國的老套來維繫華僑。華僑人數這麼多，經濟力量這麼大，試想在東南亞各新興的小國中，誰願意忠於外國的外國人握有全國經濟命脈？以我們看，華僑取得當地國籍有百利無一害，因為有了公民權在政治上才能出頭，才能影響這些國家對中國的政策。可是政府計不出此，寧可使僑胞為保留空洞的中國國籍，而嚐受東南亞各國政府的排華政策。弄得今天各地華僑叫苦連天，走頭無路。

今天大部分華僑依然是反共的，但是由於政府僑務政策的錯誤，以及各地僑務工作的腐敗，許多愛國僑胞不得不陷於獨立自發反共的狀態，而逐漸已與海外的自由民主運動相結合，目前這一結合正在大踏步的擴展中。

綜合上述外交、黨內、黨外、海外的形勢來看，今天台北當局已面臨危機四伏非變不可的局面了。但是直到目前為止，我們還沒看出任何變的跡象，說不定仍是以不變應萬變，上演一幕『不見棺材不流淚』的歷史大悲劇！

中共非不可敗

國家到此地步，挽救危亡人人有責。多少年來我們一直認為多行不義的中共是可亡的，自從鳴放、反右、下放以來我們的自信更為堅強，最近酷行「人民公社」驅人做蜂蟻，中共正加速製造否定它自己的條件；可憂可恨的是，直到現在反共陣容裡，仍不能握緊一個打擊中共要害的拳頭！因為握有政權的國民黨，一直在自私的小天地裏斤斤於小政權的保持，集中大部分力量來打擊摧毀反共的友軍，到今天仍然迷夢不醒！

從中國歷史上看，國家民族每到危亡關頭，就出現兩種典型人物；一種是比干型的人物，直諫而死；一種是趙高型的人物，哄騙秦二世，指鹿為馬。在民主時代的今天，尤其在「天高皇帝遠」的海外，我們幸而嘴吧上沒有貼上封條，到這個時候，還不能痛陳是非利害，還昧着良心瞎捧瞎吹，那真是自甘墮落了。

為留港立法委員出席問題

——測驗台灣民主政治——

夢山樓

最近自由人三日刊載有「立法院的秕政」一文，據作者馬五先生說：他是根據台灣出版的「民主潮雜誌」論文而發的。他的要點是說：『他們並非不願意赴台出席會議，而是拿不到台灣入境證，……每屆正式會期，照例搞一紙醫生証明書，聲請告假，等於公開作偽舞弊，這成甚麼體制？既不致他們奉職服務，乾脆的就注銷其委員資格好了。既承認他們立委資格，而又不讓其赴會，蟄居異域，遙領俸薪如儀，遍查古今中外政治史乘，有這種怪例嗎？……』

因這一篇文章，引起隱鷗先生有「讀馬五先生立法院的秕政書後」，也是在自由人刊上發表的。他是針對委員資格而辯。他說：『立法委員資格，是根據「中華民國憲法」，及「立法委員選舉法與罷免法」而產生的，法律具在，不能隨便注銷的。獨裁政權，可以這樣做，但在神聖法律面前，不可以這樣說。……』隱鷗先生的論斷，可謂一語破的，要言不煩。但，對馬五先生，還是很客氣的。

馬五先生所謂：每屆會期，聲請告假，公開作偽舞弊，究竟有無這樣事情？我不知道。可是，這些枝節問題，我不願多說，我所要說的，乃是拿不到入台証的委員，應否入台，何以不得入台的問題。據我所知，政府核發入台證的機關，故意拖延不發，而且說不出理由的不發，其實，也無理由可說。而這一部分委員，蟄居海外，每一會期，都接到立法院一封堂哉皇哉的通知書說：『本院第某會期，第某次會議，討論事項，某某委員等，因交通阻礙，「不以無故不出席論」。』照這句解釋，不出席，等於出席，既然出席，何來請假？所以，請醫生証明，公開作偽云云，對於這批委員，是風馬牛不相及的。

本來，這一部分委員出席問題，對於整個國家來說，正如莊子所謂：『猶小石小木之在大山也。』值不得大驚小怪來討論的。然而，這是國家法治問題，也是測驗台灣有無民主精神的問題？更加最近「中美聯合聲明」好像自由中國居然承認不以武力反攻大陸，這種說法，便是多年以來一般民主人士所倡導的政治重於軍事的老調子。那末，既然談政治，這一批留港立法委員，也是受人民付託之重，代表人民參與政治的，因此，值得正視了。所以，才引起民主潮，及馬五先生以如椽之筆，來討論這個問題。而區區小子，由輕視這個問題，也轉到重視了。因此之故，特地詳述出來，以澄清國人的誤會，並藉此以測驗台灣，實行民主程度如何？現在，把這段公案分節述論如次：

一・外間應有的誤會

馬五先生的論文，雖然有一點錯誤，但，大體還是事實，居心是善意的。「民主潮」，我尚未見全文，以臆度之，不外是指責留港委員，逍遙異域，領薪如儀。誠然，誠然！豈有受人民選出的代表，八九年來，蟄居海外，不出席院會的道理。（中國立法委員，差不多等於英美各國會的議員。）誠如馬五先生所說：『古今中外政治史乘，有這種怪例嗎？』因此，一般人對這種現象，在未了解事實時，當然表示不滿的。於是，不管法與不法，憤然而言曰，注銷他們的資格好了。人同此心，心同此理，假如我不了解事實，我也許作如此指責的。

天曉得！誤會儘管誤會，事實自是事實。天下事被人誤會而受冤枉者，也太多了。這一批留港委員，九年以來，受無法無理的蹂躪，以致徬徨海外，報國無門。告狀吧，無從告起，告洋狀吧！我愛中華民國，我不願家醜外揚。滿肚皮冤抑，只有浩歎而已。

二・事實的內容

這一批留港委員，有的是早已客居海外，大多數還是中共渡江以後，狼狽逃出的。更有一二人於中共佔領某地區後，變名化裝，違父母，棄妻子，間關萬里，九死一生而抵香港的。申請入台，不是一次了，然而，台灣行政當局，始終拖延不准入境，也無理由，拖！拖！拖！一拖九年多，人生有幾個九年，試問這種責任，究屬誰負？寧有負國家言責的議員，而無出席議會的自由，滑稽，滑稽！滑稽得匪夷所思了。

每一會期，每人必接到『不以無故不出席論』的通知書，以九年計算，每人都有十八封通知書。有時通知書中還帶個尾巴，說：已由本院秘書處，催促行政機關速發矣。照此，在立法院，已認定入台是應當的，不發，是不對的，所以才有催促。不出席，等於出席，所以才發公費。

據我所知，有一個委員，致函劉前院長健群，質問何以遲遲不發入台証，得復云：『手示敬悉，入境事，雖屬盡力，尚無結果，殊為耿耿！弟可能為力者，定不推卻，但願早日聚晤為快耳。』此可証明劉前院長，對於此事，亦為耿耿呢！

又有人致函張院長道藩說：『弟入台出席院會之權利，橫遭剝奪，實令人百思不得其解，……』得復云：『承詢入台事，自經轉請主辦機關辦理以後，迭經洽催，迄未發下，茲奉大函，已飭秘書處查案速催辦理。』此又可証明張院長亦認定應發而不發的。

現在台灣的委員成舍我先生，前年會向行政院俞前院長鴻鈞，提出數千言質詢書：有曰：『若干困居香港不能來台的委員，並非他們不願來，而是台灣主管機關，不肯簽發他們的入台証，……行政機關有如此不可思議的大權，可以隨便拒絕立法委員入境，使若干委員，不能報到出席，則所謂最高立法權的行使，將成何現象？成何體統？據說，這些被拒入境的委員，他們的言行，到現在還是指天誓日，反共抗俄，但政府卻必須負起責任，將拒絕他們入境的原因說清楚，究竟是怎麼一回事？……』這篇大文發表以後，引起海外左舜生先生，有讀成舍我委員質詢文書後一篇巨論，作正義的共鳴。而行政當局依然含糊塞責了事而已。

三・留港委員言行與法理的判斷

留港委員，九年以來，所發表反共抗俄的言論，每個人，少則有數萬言，多則至數十萬言，這全有事實可稽的。如果有附共，或通共的情事，查明有據，政府應當依法處理，豈僅除名而已，更應通緝歸案。這是國家的綱紀，應該執行的。然而，一再拖延敷衍，至九年之久，拿不出合理合法處理的辦法，可謂太不明智了。

或曰：這批委員，確是反共，但他們搞第三勢力，第三勢力，是台灣所頭痛的，不過，以我所知道，他們現在沒搞什麼勢力，大多是埋頭讀書，寫作，或者拿粉筆糊口。姑假定他們這批人中，也有人曾經搞過第三勢力，那末，顧名思義，便是一種政治運動，民主國家，除政府黨以外，有人作政治運動，也是合理合法的。即就我國憲法第十四條，亦明白規定人民有集會及結社之自由，只要沒有顛覆政府的陰謀，亦斷不負犯法的責任。行政當局，如果以此為拒絕入台的理由，那不啻自暴其短，而自認為是反民主的獨裁政權了。

綜我以上所述，留港委員，被拒入台，是不合法，不合理的違憲行為，是「中華民國憲法」一個污點。政府有力量，委員無力量，有力量，欺無力量，強凌弱，衆暴寡，吾嘗寤寐以思之，一個人屈於一時，未必屈於永久，屈於一地，未必屈於天下，只看他做的如何而已。

抑有言者，我寫此稿時，心中十分難過，因為這個問題，總是一部分的問題，縱使爭到合理合法的解決，而於國計民生，究有多少裨益？而整個國是，日益艱窘，天方夢夢，世尚滔滔，渺茫前途，無從設想，而又不能不想。凡是愛國家，愛民族的人，諒無不繞室徬徨，同抱無窮隱憂的。

×　×　×

正告海外僑胞

曾明

一

最近中共的福建省僑委負責人就目前福建全省實行「人民公社」化，對僑眷、歸僑參加勞動，僑匯，華僑投資，華僑在城鄉的房屋所有權等問題發表談話（原文載於一九五八年十一月十三日香港大公報）。這個談話內容，完全是欺騙僑胞。

別的不說，先來談談土改的往事，中共在一九五〇所公佈的「土地改革法」中的第二十四條規定：「華僑所有的土地和房屋，應本照顧僑胞利益的原則，由大行政區人民政府（軍政委員會）或省人民政府依照本法的一般原則，另定適當辦法處理之」。當時中共在僑胞家庭所在的最多地方中南區、華東區，確曾另定照顧的辦法。但在土改時並沒有照顧的實際情形，及至後來在農業合作化有沒有例外呢？這是僑胞在鄉眷屬所親歷身受的事實，為海外僑胞所深切了解的，也是僑胞不會忘記的事情，用不着我多說。在現在提出這一件往事，不過是提醒海外僑胞注意，在共產政權之下，絕對沒有「特殊」和「例外」的事；即是有也不過是一時權宜之計的和緩與利用的手段而已。

同時，要請僑胞認清：中共是萬變不離其宗的馬列主義，而列寧的目的，不僅要消滅私有財產，並且將人類的體力、思想、智慧、知識都要壟斷起來。他曾在「消滅工人與農民之間的階級差別的道路時」說過：「為完全消滅階級，應當不僅推翻剝削者、地主與資本家，也不僅廢除他們的所有權，而且應當廢除生產手段的一切的私有制」列寧這種「廢除生產手段的一切的私有制」的說法，就是不僅要將人民的物質財產，如：土地、房屋、裝具、工廠、工廠設備、工具、原料、燃料等等掠奪為它們的財產，搞得人民一無所有不算外，還要將人民的超物質的精神作用可以作為生產手段的體力，思想、智慧、知識等等都進一步的壟斷起來，把人民當作牛馬器械。這就是說，人民在共產政權之下，任何財物固然不准私有，就是連自己的身體都不能算是自己的，腦神經也不能思想自己的事情，一切皆歸共產政權所有。前些時，中共在大陸發動的交心運動，就是將人民可以作為生產手段的思想、智慧、知識壟斷起來的一種事實。

還要請你們注意，不要以為你們在海外辛辛苦苦所掙得來的錢，是以血汗勞動得來的，不是剝削得來的，可以自由運用，就不會受到中共的干涉。但必須知道，在共產黨人心目之中，只要你有錢，他們就認為是資產階級。你們身在海外，他們是無可如何；只要你們進入大陸，麻煩就會跟着來，搞光為止。因為，共產黨人認為，有了錢就有了獨立性和個性的，而且認為這是屬於資產階級的獨立性和個性的，他們就要廢除，不讓存在。馬克斯和恩克斯說過：「真的，事情是在於廢除資產階級的個性，資產階級的獨立與資產階級的自由。」（見共產黨宣言）

二

中共這次推行「人民公社」是進一步宰制人民而妄想進入「共產主義社會」的手段。以「家務社會化」、「生活集體化」、「組織軍事化」、「行動戰鬥化」的口號，從根本上毀滅家庭組織，不容許人與人之間的關係聯繫存在；而以黨性社會關係代替人性社會關係，只許有組織關係存在，把農民整個生活牢籠在政治管制之中。並且，將農業的生產、分配、交換、消費等等經濟計劃都納入中共的國家計劃之中；同時，中共以「財貿機構下放」到「人民公社」，把生產、分配、交換、消費等等經濟行的關係又都掌握在它的手中，叫農民「無條件執行國家的統一方針政策和統一計劃，按照國家計劃交售國家統購的產品，按照國家計劃向社員配售國家統銷物資。」（見一九五八年十月二十七日人民日報）因為這樣一來，農民勞動成果固然全部歸入它的手中，而農民的所需要的生活資料也是聽憑中共配給。並且，統購產品與配售物資不以現金支付，而以轉賬結算方式進行清算。

三

至於，中共福建省僑委負責人所發表的談話內容，不過是迎合僑胞心理，套取僑匯的一種騙術；根本與共產教條衝突的；所以如此，也不過是一時權宜之計。因為，中共雖然自從一九五三年就開始進行以軍備為目標的工業化，到今年為止已有六年之久，但以設備條件太差，不得不向自由世界的國家，購買必要的器材；因而就需要大量外匯，方能進行。而中共對外貿易額，蘇俄及衞星國家就佔了百分之八十以上；所以，現在中共所需要自由世界國家的外匯，大量可靠來源，只有僑匯。因此，該僑委負責人在談話中就大施騙術說：「僑眷、歸僑參加人民公社後，僑匯收入仍屬私人所有」，「如果僑眷，歸僑自覺自願把不急用的或餘存的錢投資於公社或存入銀行，信用部也表示歡迎。」「至於投入華僑投資公司或地方工廠、企業、農業社的資金也仍然歸投資人所有，並按既定還本付息辦法給予保本付息。」

這些話都是「請君入甕」的糖衣毒藥。僑眷、歸僑既經該負責人說明：「人民公社化後，僑眷、歸僑，凡是有勞動能力（註：包括體力與腦力）的，應該本着參加勞動是每一個公民應盡的義務的精神，積極參加勞動生產，聽從統一安排或輔導，並均成為公社、社員」的組織成員之一，就不會有「特殊」和「例外」的享受。何況「統購產品」與「配售物資」不以現金支付，而又必須參加勞動；以生活集體化必憑票到公共食堂食飯。僑匯現金就「英雄無用武之地」了；成為「不急用」的「餘存的錢」，等不到僑眷、歸僑的「自覺自願」，中共就會動員群衆脅迫僑眷、歸僑將僑匯投資到「人民公社」。至於投資的「保本付息」，顯而易見，還不是和所謂「社會主義改造」時工商業實行「公私合營」對待資本家那套手段一樣嗎！總之，「萬水歸源」一切為中共所用。

再說，「房屋所有權仍屬原主，但多餘的房屋得由公社暫予借用社，華僑新村不動。」這是「人民公社」對於「生活集體化」進展的程度，尚未達到建設「共產新村」的條件暫時讓步的話。中共這種讓步的話，可能明天就有變化。

我正告海外僑胞，不要相信中共的鬼話，不要再上中共的當。

大陸逃港學生的控訴：我怎樣作職業學生（下）

馬襄庭

故意表現落後

在我接受了任務之後，總感到不自在，見了人總躲躲閃閃，恐怕人家知道我是這樣的玩意兒。開學後一個多月，我盡量避免和黨委及團委的朋友接觸，也沒有去彙報過一次。誰知這樣反而得到了組織上的嘉獎。組織上說：「你這樣做很好，保持着你和黨團的距離，一般同學已經認為你是落後同學了。同學和團小組對你的反應很多，大致說來都是說你雖然嘴裏不說，但是行動上對黨委團委是表現出敬而遠之的討厭心理的。你這樣的表現對今後的工作很有好處，雖然以後組織或許會故意在各種場合批評你，甚至嚴厲鬥爭你，進一步在羣衆中造成你落後甚至極落後的印象。你要知道，心理相同，話也投機些，你在群衆中造成這樣的印象後，眞正的落後份子一定會向你暴露思想的，你彙報了，組織就可幫助組織，那些落後份子進步了！」

多麼輝煌的目的，但又是多麼卑污的手段啊！

我更小心了，我知道我自己既然站在陰暗處注意別人，別人也會在陰暗處注意我。我放棄了三年來一直記日記的習慣，將以前的日記全部打包裹寄回南京家裏去。因為我在日記中最喜歡講眞話，而這又是很危險的。

上學期快結束了，我認識了不少朋友，他們都是所謂「問題人物」，思想和黨有距離的。我受了一次申斥，那是因為我在半年中只彙報了一次，還是口頭彙報的，事情也很小，引不起組織上的興趣。在申斥我的同時，組織上還舉出了幾件事，證明我對這些事知道得很清楚，但沒有彙報。我推諉說功課忙。組織說，特為將你分配在功課最輕的園藝系，你還說功課忙？當然我再也沒有別的話可說，寫了一張檢討書了事。

我時常寫小報告

以後，我就不時寫小條子向組織彙報同學們的情形，主要的是他們的思想情況。

幹這一類的事情，雖然心情痛苦，但久而久之，思想感情似乎也麻痺了，而且所彙報的又都是事實，雖然使用的手段太卑鄙些，但對黨和國家來說，總是有幫助的。對同學來說，使組織掌握了他們的思想情況，由落後幫助到進步，也不是一種壞事。我這樣地安慰自己，倒也心安理得起來。

不久，「反胡風」運動開始了。正當運動進行到小組討論胡風的「反黨材料」（即人民日報公佈的胡風的私信）的時候，我突然接受了一項任務。

組織上要我在平時接觸的農業機械系和農場管理系的幾十個同學中，找出百分之五的壞分子，先以「落後」到極點，同情胡風的姿態出現，套出他們的思想，將材料整理出來，以便組織作審查鬥爭及對照自傳之根據。

當時我眞急到不可名。在和同學相處的這一年光陰中，我眞正知道了黨委指定要我多加「接近」的那些同學，實在都是最好的，最有良心和最有血肉的青年，不錯，他們平時對現實不滿，但是誰又能對這樣骯髒的現實表示滿意呢？當然，我對組織上說出我的意見時，是不敢提起這些的。我只是說，根據我的觀察，我所接近的同學都絕不能算是「反革命」的，他們只不過是言語上不夠注意，喜歡發發牢騷而已。

負責和我佈置工作的是保衛幹事高俊明，他說：「發牢騷的人就是我們尋找反革命份子的線索，你以為一定要殺人放火才算反革命麼？要知道現階段的對敵鬥爭，敵人的鬥爭方法是隱蔽得多了！你不要和老虎一起睡覺都還不知道！要深入地觀察每個有嫌疑的人！」

佈置了這個任務後的兩個星期中，我痛苦極了，我實在不能隨便誣陷一個清白無辜的同學為「胡風份子」。高俊明在和我作第二次談話時，臉色就難看多了，他擺起面孔說：「運動已進行到寫自傳階段了，你不可能發現壞份子。今天，可以這樣說，誰對運動不滿的，誰就是壞人。如果你不能將你已獲得的情況整理出來向組織上作有系統的報告的話，組織上就有理由認為你包庇壞份子。你想想，包庇壞份子的是什麼人？」

我開始出賣朋友

為了逃避自己的迫害，我開始迫害別人了。

我現在仇恨我過去的行為，我知道同學們不會原諒我，但是在這種情形下，我怎麼辦呢？在當時寫那些莫須有的材料時，我的手不是不顫抖，我的心情不是不痛苦，但我怎麼辦呢？

我整理了四個同學的材料，他們都是我平時多談的好朋友，他們做夢也想不到我會在背後將他們和我談的知心話變作了他們的罪狀。我出賣了朋友，現在想起來我眞是慚愧，難過，痛心。

這四位同學當然都被鬥爭了。組織上指定我作主要發言人，當我低着頭在發言而偶然和他們的悲憤的眼光接觸時，我眞內愧啊！

我知道了，全校那麼多的「胡風份子」都是這樣產生出來的。那四位同學中，結局最慘的是宗青雲，他被捕了。我所以要特別提出宗青雲的名字來，就是藉此機會告訴中共：他是沒有罪的！這話出自構陷他的罪狀的我的口中，中共統治者，你們難道還不用考慮嗎？

我自己也終於被鬥

宗青雲被捕失踪後，運動已到了最高潮，我自己也成了「胡風份子」！罪名是：經常藉「幫助落後同學」為借口，在落後同學中攬小圈子。

我的材料之豐富眞出於我意料之外。我急欲找高俊明個別談談，但「胡風份子」是沒有行動自由的，也不能隨便請求見任何人。後來我沒有辦法，只好對鬥爭小組說：「我只能向高幹事作個別坦白」。這樣，才見到了他。但他只說了簡單的一句話：「回小組去好好坦白。」

我回到了鬥爭小組，又不能說出組織佈置我這樣做的，即使說了出來組織上也不會承認，又沒有證據，我的罪更重了。

鬥爭我時，發言最起勁的是張千之，他是一九五〇年在上海參加「軍事幹部學校」的，也曾在北京公安幹校學習過，我知道我的材料是他整理的。但我不恨他，因為我也整理過人家的材料。

我能逃脫悲慘的結局，不能不拜謝我家庭的窮困，在運動發展到「重點審查」階段時，我因為「出身好」、「歷史清白」而過了關。但我神經上所受的刺激使我身體虛弱不堪，終於在五六年休學回南京，在南京又因「回鄉」運動而來廣東故籍，終於在去年因香港一個親戚之助而逃出虎口。

我的話簡單來說就是這些。可能起不了反共作用，但大家不想，我要不將這些話說出來我怎能在晚上安然入睡呢？

——完——

為「亮齋雜筆」小聲明

徐亮之

頃友人出示十一月十日「華僑日報」，謂有王北山君者為「北山隨筆」，對拙著「亮齋雜筆」曾予引述云云。當取讀之，始知不然。蓋北山君所引述者乃「徐某的亮齋雜筆」；亮之雖有拙著名「亮齋雜筆」，而北山君所謂「徐某」，確非指「徐亮之」也。其證有二：拙著「亮齋雜筆」「相奇」條（P一〇二）言「依生物生理諸學以著人相學」者，乃「盧毅安」，而「北山隨筆」所引之「徐某的亮齋雜筆」乃為「馮毅安」，名同姓異；此其一。又「相奇」條所述與張君勵盧毅安餞梁啓超者為胡石青，而「北山隨筆」所引之「徐某的亮齋雜筆」乃為「石瑛」；石瑛湖北人，胡石青乃河南人；姓名與籍貫均異；此其二。有此二證，因確知北山君所引之「徐某的亮齋雜筆」，絕非「徐亮之的亮齋雜筆」。恐滋誤會，特此聲明。

鄭振鐸的最後一篇文章

岳騫

十月十七日鄭振鐸乘俄製噴射客機失事消息傳出後，海外文化界普遍感到惋惜。

幾年來，鄭振鐸對於保存固有文化，確實盡了一部分力量，大陸上這幾年來翻印了一些珍本古籍，都是鄭振鐸主持，其中有的確實難得，最近所印的便有：孔尚任的「湖海集」，洪昇的「稗畦集」，「稗畦續集」，湯顯祖的「問棘郵草」等書。

「湖海集」刻本極少，目前只有南京圖書館藏有一部，「稗畦集」根本沒有刻本，只有抄寫本，海內已發現的只有兩本，至於「問棘郵草」更為難得，在康熙三十二年陳石麟重刻玉茗堂全集時，在序文中提到「問棘」和「雍藻」兩部集子已散佚無存，不料將及三百年後，又發現了「問棘郵草」，而且影印出來，未嘗不是天壤間一大快事。所以，鄭振鐸的靠攏和周作人的落水相同，若說是為了作官，不如說是為了保存固有文物，還公道些，鄭振鐸的心跡，更會得到後人諒解的。

鄭振鐸死後，此種工作將受到重大影響，因為目前大陸學者能得到中共信任的不多，能得到信任又有淵博學識的更少，即使二者畧具如郭沫若之流，也只打疊精神去作「頌聖」文字。眞肯披肝瀝胆，不計毀譽為保存固有文化而努力的，鄭氏死後，殆無繼者。

不過，鄭振鐸這幾年的工作也並不順利，郭沫若因為懷恨當年創造社和文學研究會的舊怨，時刻放冷箭中傷他，本年三月間陳伯達提出「厚古薄今」口號之後，田漢一馬當先向他攻擊，接着光明日報文學遺產發表連篇累牘的文字批評他，鄭氏雖未答辯（可能是政治環境不允許答辯），但內心一定相當憤懣，因為所有指責都不是從學理出發，而只是漫罵，乃至把販賣胡適思想的帽子扣在他的頭上。不久鄭氏就奉命出國，墮機而死，相信他是懷着悲憤心情死去的，只不知鄭氏骨灰運回北平後，中共舉行追悼會，郭沫若，田漢參加沒有，他們是不是會有「伯仁由我而死」的想法。

十八期「文藝報」發表鄭振鐸一篇文章，題目是：伊朗詩人薩迪的「薔薇園」——紀念薔薇園出版七百周年。

十八期「文藝報」是九月二十六日出版的，距離鄭振鐸之死整整三個禮拜，大概是鄭振鐸最後一篇文章，因此特別提出介紹一下。

中共近幾年推行一種文化統戰運動，不但勾引活着的作家，而且還向死去的作家統戰，對於世界上所有的著名作家，學者，不問是生年，卒年，或者是某一部偉大著作出版之年，只有到本年多恰夠整數，一百也好，一千也好，三百、二百也可以，都攏在一起紀念，出版專集介紹，本年度共有七位文化名人，第一名是中國戲曲家關漢卿，第二名就是伊朗詩人薩迪，兩人同是七百周年紀念，其實關漢卿的生卒年月尚未確定，所謂七百周年紀念也無非是以意為之，表示中共「愛護」祖國文化就是了。

鄭振鐸在「文藝報」發表的文字，就是專門紀念薩迪的，本來說到寫作，鄭氏是不太高明的，他缺少魯迅的鋒鋩，也遜於周作人的雋永，更趕不上創造社一批人的奔放熱情，鄭氏的唯一長處只有一個「穩」字，說理清楚，不誇張，不自我作古，所以寫文學史一類文字相當成功。而且也翔實可靠。

這篇文字總共不到四千字，沒有什麼特異之處，完全談的薩迪為人和薔薇園的風格，不過其中有些話也好似另有所指，例如：

他有時也感到難於吸引聽衆的苦惱，他會在一篇故事裏寫道：「我看到，我的靈感吸引不住他們——潮濕的木柴中吹不起火燄來。」

鄭振鐸特別提出這一段，大概是有所感觸，他努力去保存祖國文化，卻被暴徒們指為「厚古薄今」，令一羣虎倀作無理的攻擊，他雖然想以火焰自居，無如所遇到的只是一群石塊。潮濕的木柴經過一個時期乾了之後，還可燃起火焰，只有石頭，無論遇到怎樣強烈的火焰，充其量只能「改造」成石灰，永遠發不出火來。

鄭振鐸又提到薩迪「他是那個時代的最偉大的人道主義者，他毫不退縮向當時的權威者們作鬥爭」，並且舉出薩迪的詩句：

既然你把劍舉起，就向勝利走去。

薩迪，你的言詞無畏懼，揭露出你知道的一切，

暴露出全部眞理，丟開自私的言詞及其虛偽的把戲。

這幾句詩雖然是薩迪所作，但也切合鄭振鐸的環境，可惜他未能「暴露出全部眞理」，「丟開虛偽的把戲」，就向死亡走去，眞值得惋惜。

前面講過，鄭振鐸寫這篇文章時正被圍勦得遍體鱗傷，但是又不敢發出抗議，只有借古人酒杯澆自己塊壘，他特別引述薩迪說的：「你難道不知道花園裡的薔薇花是不能永遠地開放着的嗎？薔薇花叢也不會永遠地有着芬芳的花朵的。聖人說過：易變的東西不值得去留戀。」他是不是有意把薔薇花比作中共的政權呢？可惜沒有機會問他了。

假若中共政權眞愛惜人才，鄭振鐸正應該給他一個安定機會做研究工作，不派他充當國際統戰棋子，又何至於喪身異邦，也許陳伯達之流感到慶幸，今後無人再敢「厚古薄今」了。

本報價目　歡迎訂閱

港九　零售每份壹毫　每月四毫　全年四元

美國　平郵每月美金伍角　空郵每月美金二元

日本　平郵每月港幣三元　空郵每月港幣伍元

南洋　平郵每月港幣三元　空郵每月港幣伍元

歐洲　平郵每月港幣三元　空郵每月港幣陸元

南美　平郵每月港幣三元　空郵每月港幣十二元

記甲午戰爭前的中日糾葛（六）

左舜生

（C）光緒八年的大院君之亂

這一次的亂事，從表面上看是因爲尅扣軍餉引起一部軍士的譁變，但實際上是大院君與閔族爭權。原來李昰應這個人雖說是頑舊不明大體，可是當他秉政的時期，對內對外也還有他自己的立場；國家的財政，儘管是取之盡錙銖，用之如泥沙，但究竟也還沒有陷於完全破產的境地。自閔族代興，乃更揮霍無度，宮中倡優妓女，日夜張樂，飲食賞賜，費至鉅萬，逮大院君時代那一點規模，也不能保存。因之官吏至五六年不能發薪，軍隊至十三個月不能發餉；而金輔鉉，閔謙鎬，更是蠹公肥己，不以軍民爲念；大院君自失政柄以後，見諸閔一反己之所爲，既與各國訂約互市，又聘有日本軍官代朝鮮訓練軍隊，內心非常憤慨，加以舊日的軍隊與軍官，眼見新軍代興，其自身自亦不免惶恐；積是種種，當然給予大院君一個乘機再起的機會。

光緒八年六月初九（1882，七月二十三日），因爲閔謙鎬的私人某倉吏以陳腐之物充軍糧，且多方剋減，在京城一部分的軍隊乃公然倡亂。大院君嗾使殺李最應，閔謙鎬，金輔鉉諸執政，平日辦理外交諸人亦多被害，並闖入王宮，圖殺閔妃，閔妃脫走；日本教師堀本禮造以下七人死於亂軍，日使館被焚，日公使花房義質走濟物浦。其時大院君奉命鎭撫亂軍，而亂軍以王妃閔氏未死不肯撤退，大院君不得已乃頒國喪令，詭言閔氏已死亂中。於是大亂暫平，而政權乃全歸於大院君掌握。

其時王妃閔氏，逃在忠州，見大亂已息，乃一面命人至京與國王通信，一面又令閔台鎬秘密遣使向中國政府告急。先是朝鮮金允植魚允中等在天津聞變，已向我署理直隸總督張樹聲請援（時李鴻章丁憂離任），同時中國駐日公使黎庶昌也有急電到津，報告日人對朝鮮變亂的態度。於是樹聲遣提督丁汝昌，道員馬建忠，督帶超勇，揚威，威遠三兵輪，以六月二十五（八月八日）起椗，向朝鮮出發，又豫調南洋及招商局輪船以備運送陸軍。我三兵輪以二十七日（八月十日）抵朝鮮的仁川口，泊月尾島，而日本海軍少將仁禮景範已率兵艦金剛號先到。時朝鮮臣民惶懼，望我援兵甚切，建忠乃上書樹聲，請發陸軍六營，用兵輪運船加速輸送，並主張以迅雷之勢，直入王京，掩執逆首。他說：『所以爲是亟亟者，一則恐亂黨日久蔓延，驟難撲滅，一則以日本花房義質及井上馨等，不日將率領兵船大集漢江，設其時中國仍無舉動，彼必以重兵赴漢城，自行查辦，則朝鮮國內必至受其荼毒；而此後日本定亂有功，將益逞强鄰之燄，中國相援弗及，或頓寒屬國之心，藩服將由此愈衰，國威亦因之小損，事機之失，有深可惜者！……』（原書見馬建忠所記『東行三錄』）

七月初三（八月十六日），日本兵船陸續到達仁川者，已有七艘，開列多欵，向朝鮮要挾，並限三日答覆。七月初七日（八月二十日）中國政府命吳長慶率淮軍六營，亦已到達。時花房與朝鮮大員連日會議，正相持不決，朝鮮偵知中國援兵快到，拒日益堅。於是花房表示交涉決裂，於初十日（二十三）率衆悻悻退往仁川。中國方面，則由馬建忠率精銳兩百名於十一日（二十四）趕到漢城，與李昰應見面，多方敷衍。以安其心；並於同日馳赴仁川，勸花房同心討亂，但爲花房所拒。十二日（二十五），吳長慶所率大軍，亦已馳抵漢城，漢城形勢，乃完全入我掌握。日本沒有料到我軍來得這樣快，乃深悔不該退出，但已無可奈何。

七月十三日，（八月二十六）吳長慶、丁汝昌、馬建忠密定機宜，往拜是應，以禮周旋，[illegible]應來答拜，遂執之，由丁汝昌以兵輪押解天津。（後將其軟禁於保定蓮池書院至三年之久，至光緒十一年八月始遣歸。）

時亂黨數千，尙盤踞漢城枉尋、利泰兩里，金允植持韓王手書來營，乞我軍速討。十六日黎明，我軍往攻，兩處共擒百七十餘人，大亂以平。七月十七日（八月三十）朝鮮接受馬建忠建議，派出全權大臣李裕元，副官金宏集，與日使花房義質會於仁川，簽訂『濟物浦條約』六條，又續約二條。其六案重要內容爲懲凶，謝罪，撫恤死者遺族及負傷者五萬元，償軍費五十萬元，並許日本於漢城駐兵，保護使館。續約二條內容則爲擴大元山，釜山，仁川各港範圍，於一年後增闢楊花鎭爲商埠，並許日本駐朝鮮使領及其隨員眷屬得入內地遊歷。

光緒八年十月（1882，十一月）朝鮮派赴日本的謝罪大使爲朴泳孝、金晚植、而徐光範、閔泳翊、朴泳孝、金玉均等隨行。朴泳孝、金玉均等眼見日本維新後進步甚速，頗思加以效法；而日本則希望利用此輩，排去中國在朝鮮勢力；雙方互有需要，因而勾結甚深。光緒九年（1883，明治十六年）日本駐朝鮮公使竹添進一郎，根據『濟物浦條約』，已於使館置有衞兵兩中隊，計二百四十名；而中國於上年亂平以後，亦尙留有軍隊三營屯駐朝鮮，而袁世凱實爲此項軍隊中最有力之人物；（袁世凱及張謇，均爲光緒八年隨同吳長慶軍隊赴朝鮮者。）中日兩國勢力既日趨接近，而雙方又各有其政治上之企圖，於是光緒十年（1884，明治十七年）乃更有朴泳孝、金玉均等謀變的一幕。

汲古書屋談薈

汪兆銘與吳佩孚來往函札（三）

耘農

『精衛先生執事：叔雍先生至，拜展手書，讀竟愴感不置。中日輔車相依，爲友爲敵，利害本自昭然。兩國當枋皆一時賢雋，智慮周遠，詎謂見不及此？徒因乘隙抵釁，積漸已久。吾國自甲午熠師，庚子喋血，迄於九一八事變，隱忍依違，專以不滋生事端爲無上自全之策，敷衍因循，正如癰瘍附身，終歸一潰，而又內外情勢複雜，因風縱火，更有促使熾燃者。平情而論，國民黨不過適逢其會，儻亦國運有以致之，不必盡在人也。公怵惕危亡於喧㗭抗戰之中，遥議寢兵，翰音登天，宙合皆曉，復眷眷於風雨同舟之誼，猪口嘵音，冀反衆迷，終且險患親嘗，高振六翮，嚶求海內仁人志士，共計匡維，爲國忠貞，至堪敬佩！並承謙衷見訪，履綦遠勞，翹企風猷，彌增感奮。竊謂中華民國四萬萬民衆，實爲主體。民意趨歸，果以抗戰爲然，則任何犧牲，均可弗計。若民衆厭戰，相戰之國復有感於窮兵黷武之非，即宜矜恤同胞，戛然而止。有史以來，從無久戰不和之理。以德皇威廉第二之睥睨一時，鑒於大勢傾頹，至不惜黻屣尊榮，爲民請命。誠知民爲邦本，和與戰同一爲民，則應戰應和，自不能不以民意之向背爲準繩也。弟分屬軍人，昔亦誤以武力爲萬能，經體察國情，默觀世界大勢，乃於太公所謂全勝不鬥，大兵無創，微通鬼神者，一以政治之原理，權衡其際，益憬然經國之畧，初不盡恃藉於疆埸之決勝也。故自蘆溝橋變起，兀坐故都，本所信念，日以啓導和平爲事；和平要領，則以保全國土恢復主權爲唯一之主張。區區此志，窃幸與公倘有鉞芥之合，九皐鶴鳴，敢云吾道不孤矣！尊論謂非組織統一有力自由獨立之政府，無以實現和平，確爲扼要之言，與鄙見亦正相符。蓋不如是，不但無以實立和平，且無以見諒國人，並無以改國際之觀聽，願共本斯義，力圖邁進，友邦誠能具充分理解，悉予贊同，中日眞正之親善，固可依次以舉，而彼所揭櫫於世界之聖戰意義，並可即事實爲之証明。近德意於西班牙撤兵，復歸其政權於弗朗哥，歐洲疑雲，因之頓消，此誠友邦之極則，尤望公切爲正告也。弟忝質國家，誓與國家同其命運，苟能山河無恙，自計已足，幸叨不棄，更當進附賢者，竭畢衷忱，如能教益頻施，資爲鍼圭，更所欣盼，而不容自己也。修賤奉答，未罄萬一，統希惠炤，維爲國珍重，千萬！敬頌勳祺！吳佩孚拜啓』

青玉案

（戊戌褉修荃灣用方回韻）　君左

雲迷大帽峯頭路，有幾個人來去？修褉今朝全日度，荒村四合，名泉三叠，曲水流觴處。

輕陰漠漠春將暮，絕似催題短長句；爲問詩魂寄何許？滿園芳樹，一山濃霧，幾點淸靈雨。

論所謂「和談」

——亮齋閑話之十四

徐亮之

客：現在中共又在發放願意和國民黨「和談」的空氣了，我們今天也來談談這個問題好不好？

主：您又想討戴紅帽子不成？您難道不知道蔣先生曾經親口說過「國共和談一舉」，乃「由於」「民主人士積極推動」才有的嗎？當心點！這卽是說：誰如提出「和談」二字，誰最少便有共產嫌疑！

客：我眞不知道他現在是一種什麽頭腦！他而且還居然把過去行政院所擬議並曾煞有介事籌備過的「反共救國會議」，也栽到海外民主人士身上，認爲乃他們所「主張」的哩！

主：您知道中共爲什麽炮轟金馬？

客：別打岔！我是說蔣先生老了；老得頭腦已經頑固得不明事理，不講是非了！

主：我要研究的正是蔣先生的頭腦。據陳毅說：中共放的幾十萬發炮彈，目的並不是轟金馬，而恰是想把蔣先生轟得「頭腦淸楚一點」呢！

客：哦，您是指北美聯合通訊社北平八日電所載陳毅對一個外國記者的談話？這倒也不失爲一種紅色的幽默。但這談話中陳毅同時提到，希望蔣先生「不要依靠一家靠不住的外國保險公司」；只要他能答應所謂「和談」，他們定可以「爲他作出滿意的各項安排」呢！您想：假使所謂「各項安排」眞「滿」了蔣先生的「意」，「和談」是否會實現？

主：我保證蔣先生將仍然寧願「依靠」這「一家靠不住的外國保險公司」，而絕對不會「依靠」那「一家」更「靠不住的」「中國土產公司」。因爲那「一家土產公司」信用早已破產了；自所謂「鳴放」到所謂「反右派」以來，尤其是自慘絕人寰的所謂「人民公社」「大力」「躍進」以來，弄得大陸人人自危，「父子不相見」，兄弟妻子離散」，生活連奴隸牛馬都不如；試問誰再有勇氣敢接受這個公司的空頭支票？

客：我們姑且認爲他們這次的支票並非空頭；那末，您看他們最多能對蔣先生「作出」些什麽「滿意的各項安排」來？

主：最多不過毛澤東比周恩來慷慨，給蔣先生的地位不只「部長以上」，而是讓出「主席」，蔣正，毛副，和當年林森做主席，蔣先生謙就委員長一樣。

客：您相信「毛主席」竟會這樣瀟洒「風流」？

主：這不是「瀟洒風流」，而是「搵笨」到實」。

客：萬一「毛主席」眞個是「風流人物」而非存心「搵笨」，又怎麽樣？

主：這要看蔣先生對歷史有無肩承亡國責任的勇氣以爲斷。

客：您別故作驚人之筆吧！所謂「和談」，依中共的邏輯只不過是「國共再合作」罷了；怎麽扯得到什麽亡國責任上去？

主：中華民國的總統而可以出任「中華人民共和國」的主席，請教那時的中華民國還存在沒有？還不亡何待？何況所謂讓出「主席」云云，只不過是你我在亮齋的閒話；至於「毛主席」雖然自命「風流人物」，是否眞個「風流」，還是問題。

客：那末，徹頭徹尾只是所謂「和談」「搵笨」，絕無成功希望的了！

主：告訴您：如今天下笨人只剩你我兩個了；任何人要向第三個人「搵笨」，八成以上總是沒希望的。

禱（六）

盛紫娟

子給我戴：「他們隨着自己的高興，選擇了各種帽子……觀、資產階級立場、資產階級生活方式、資產階級化身」：這很刺傷了我的心，使[illegible]

下放開始了，全校的教員和職員都爭先恐後地報名，我一看形勢，又覺得肉體上受刑比精神上受刑好得多，我決心下放了。[illegible]

道吧？我們在鄉下是怎樣生活呢？您很想知道吧？我們每五個人住一間茅屋，每一室中都一定安插兩個以上的黨團員，爲了監視右派[illegible]不敢請假，受了傷也不能下火線。我們還要擔糞、拾糞，[illegible]我們每天累得渾身疼痛，爬不上坑。幹了一天苦工，還要參加檢討會，肉體的痛苦加上精神的折磨，每個人疲乏得東倒西歪，但求睡一番好覺，可是第二天照舊又是這麼一套！

「神父，後來的事，您已經知道了，我就不重複了。」

「大糞眞的很難聞嗎？」神父用手絹擦去熱淚，勉强笑着問。

「您可以去試試！」

老神父淚還沒擦乾，就又哈哈大笑起來。

「你這個孩子眞有意思，還吃甚麽東西？」

當他們走到街上時，神父說：「阿蘭，你是不是恨共產黨？」

「不！」

「其實他們是可憐的。殺人的人靈魂是可憐的！」

阿蘭若有所思的望望神父嚴肅的面容。老人停住了，說：「在這一座教堂門前，好嗎？」

她跟着走進去，莊嚴肅靜的氣氛，[illegible]她跪在神父旁邊，不自覺地劃了十字，聽神父喃喃地唸着：「主啊！我是個罪人，但我相信你，你愛我。讓我愛一個罪人吧！主啊！請你在我心中，請你給我力量，使他們能夠幫助別人了解你，信你愛你，因而使他們互愛！阿們！」

神父帶着阿蘭看了那些耶穌受難圖，一面給她講耶穌的故事。兩人走出教堂，落日映着紅霞，海風習習的吹來；「噹！」教堂敲了晚禱第一聲鐘響……（完）

本刊已經香港政府登記

聯合評論

每逢星期五出版

週刊

United Voice Weekly

第十六號

督印人：黃宇人

總編輯：左仲平

社址：九龍金馬倫道三十八號三樓

電話：六一四一三（61413）

承印：田風印刷廠

香港高士打道二二一號

售價，每份零售港幣一毫

總代理：友聯書報發行公司

本報自十二月五日起，發行紐約航空版，由紐約中美週報社經銷。此啟！

「人民公社」激出了「七年計劃」

胡越

一

中共目前在大陸上，狂暴推行「人民公社」一事，已引起舉世的震動。它所以引起這麼大的震動，並非因爲「人民公社」有甚麼新奇高深的道理，實際上「公社」所根據的理論是馬克斯主義中最荒唐陳腐的部分；可驚異的是毛澤東居然有這麼大的愚妄，把這些荒唐陳腐的理論，以六億生命做賭注來强制推行。

因爲人民「公社」所根據的理論是荒唐的，因此實行的結果在人類生活史上引起了空前劇烈的變革，給身受者空前未有的災難。就自由世界人士來看，「公社」最值得注意的是家庭制度的毀滅與私有財產的根除，但這只是旁觀的驚異而已，實際受震動的是共產世界，尤其是共產世界的首腦莫斯科。

二

關於中共實行「公社」的目的，近一個月來我們已看過了種種的評論，以我來看，中共這次實行「公社」主要目的有二：一是爲了解決經濟枯窘，實行公社可以徹底控制人民的胃（大食堂制）及勞動力（生產隊制），迫使人民做得最多吃得最少，這是中共榨取大陸同胞最後的手段，現在人人都「一窮二白」了。（二）是爲了向俄共報復和挑戰。俄共與中共之間一直就存在着嚴重的爭執，在此我們不假細論這一連串爭執的事實經過，我們僅能指出爭執的最大原因在於：中共不堪受俄共的控制與榨取，尤其俄共勾結國際派以制中共一點最使毛澤東惱火。毛澤東甘心願意奉莫斯科爲「天可汗」，只要莫斯科能把他當兒輩諸侯來看待，承認保障他對內的統一領導權就行了。可是他得不到。俄共根據對狄托的經驗，深知凡是俄軍不能駐在之處，雖然是共產主義國家也是靠不住的，隨時可以脫離莫斯科向資本主義國家投靠的。）俄共在韓戰時（最需要中共的時候）給了大量經濟援助，韓戰過後就逐漸減少經援，到一九五七年就近於停止了。爲此毛澤東不惜賣老臉，去年十月親自跑到莫斯科去朝拜，當着「共產主義兄弟國家」面前，肉麻的捧俄國爲「頭」，爲了乞求經援不惜開罪波共匈共爲俄共抬轎助威，可是毛澤東這一套軟功夫並沒有換來實惠，結果空丟臉白屈膝憤憤然回到北平來。於是他搞「大躍進」，狂喊要十五年趕上英國，以「遍地開花」的土辦法煉鋼，這不外是做給俄共看，沒有你援助我照樣「躍進」。接着又搞「人民公社」，不但在經濟上要自力躍進，並且要在共產主義建設的里程上跑在俄共前頭，要在一點上突出領先！毛澤東這一着打中了俄共的要害。因爲這牽涉到共產集團的領導權問題，俄共不能不鄭重的來應付了。

在共產國家當中對「人民公社」最先做正式反應的是南斯拉夫。南共批評實行「公社」是嚴重的修正主義，諷刺俄共及其附庸共產國家，只罵南國的修正主義，對中共這麼大的修正主義反倒緘口不言。其實就馬克斯教條來說，「人民公社」並不犯修正主義的錯誤，而是在實行上犯了左傾冒進主義的錯誤。因爲根據馬克斯的荒唐說法，從社會主義進入共產主義的主要變革有三：（一）是各盡所能，各取所值變爲各盡所能，各取所需；（二）是消滅腦力勞動與體力勞動的區別，（三）消滅國家及政治機器，人人成爲生產勞動者。就這三點來說，第一點是荒唐的空想，馬克斯自己就一直沒有設計出具體的方案；（說得上甚麼科學社會主義？）第三點違反常識，只要人類羣居就有公共事務，有公共事務就有辦公務的權力設置，國家可能消滅（世界大同實現的話）政治機器是絕對不會消滅的；而人人都做生產勞動者一點可謂荒謬絕倫。因爲社會進化的方向，是分工愈來愈專愈細，如此才能提高和豐富生活。豈有人人都做生產勞動的道理？設想沒有醫生、記者、詩人、教師、音樂家等等腦力勞動者只有工農勞動者的社會，還能成爲社會嗎？關於第三點腦力勞動與體力勞動的區別問題，根本不是個問題。由於工業發達，體力勞動者已日近於腦力勞動者，用不着有計劃的加以消滅。只要使勞動强度繼續減弱，勞作環境更舒適，時間更縮短，生活更富足，無論體力勞動者腦力勞動者都有自由幸福，這才是眞正目的。況且即使縮短二者的差別，也應該使體力勞動者日進於腦力勞動，絕不該迫使腦力勞動者返回體力勞動。目前中共下放智識分子去耕田，强大學生去挑糞打蒼蠅捉蛔，這是浪費知識，這是『白蓮教』『義和團』的思想，是廿世紀的科學時代的『天方夜譚』！

三

不管馬克斯的共產主義論多麼荒唐陳腐，但在共產主義者的心中仍是不可動搖的聖典。莫斯科仍用此來號令和教訓所有的共產黨員，共產國家莫斯科這唯物教的聖地，俄共首腦是教主，對於教義的實行與解釋，是教主的獨佔權力，那容得他人染指？可是現在毛澤東居然敢不得教主准許，冒行「人民公社」，這對赫魯曉夫來說實在是天大的禍事。因此我們說這是毛澤東對俄共的報復和挑戰。此一挑戰使赫魯曉夫處於進退維谷的困境。他不能公開斥責和鎮壓，因爲這樣會把中共逼成第二個南共，但是對共教主地位的挑戰又不能不理睬。於是我們看見赫魯曉夫一面安撫一面反擊的手法。

本月初俄共公佈援助中共建設四十七個重點工業。恢復對中共經濟投助。這是毛澤東爭鬥一年多都沒獲得的東西，現在給毛澤東了。在莫斯科近代共產主義理論集中，把毛澤東的思想列爲第二位。金馬炮戰緊張之初，赫魯曉夫親自枉駕赴北平向毛澤東握手。此三者都是安撫的表現。

另一方面，在最近一次俄共中委會議中，通過了經濟建設七年計劃。據赫魯曉夫說有三特點：（一）以七年計劃來提高人民生活水準，可望趕上美國；（二）中學改八年制，學生須進工廠或集體農場勞動二年，（消滅腦力與體力勞動之區別）；（三）爲從社會主義社會進入共產主義社會創造條件。

五年計劃改成七年計劃已經不屬尋常；而七年計劃之三重點，每一點都是針對中共而發的。以提高生活水準對針對中共之殺雞取卵；以學生參加工農生產來針對中共下放；以創造進入共產主義的條件來針對中共的「公社」。

依照馬克斯主義條來看：中共推行公社所犯的最大錯誤是主觀盲動，左傾冒進；因爲照唯物史觀的說法，社會制度（上層建建）之改變，必須在客觀物質條件，即社會生產力改變之後。否則，一切主觀努力都是無效的。況且俄共建設社會主義四十多年，尚未敢說向共產主義躍進，後生小子中共才搞了十年就敢實行「人民公社」，這不但有違唯物史觀教條，並且把俄羅斯民族顯得大蠢笨了。

對於中共這一觸犯天條的錯誤，俄共礙於國際冷戰形勢，也許不會立時發作，但是我估計俄共是絕不會干休的，可能過些時候，唆使衛星國家共黨出來圍剿中共，或誘迫中共自動適可而止，矯正錯悟。

當前政策的重點何在？

——應當是團結人民發展政治的時候了！

甘友蘭

自中美聯合公報公佈以來，中美官方儘管會有種種的解釋，但國人心情的沉重，並未稍有減輕。雖然，木已成舟，國人事後無論如何表示不滿或反對，於實際皆已無補，此聲明的不利影響和後果如何，只好且待以後事實作証了。但是有一點是我們現在必須要問的——那就是中美公報公佈後，自由中國政府當前推進反共復國大計的途徑是些什麼呢，亦即是說，當前反共的政策重點，究竟何在呢？這是全國人民現正普遍關切，且深有惶惑之感的。

一　過去的政策重點

九年以來，關於政府的政策重點，可以看得清楚者有二，一是外交開展，二是軍事第一。這個外交開展，事實上就是對美國交涉，交涉的實質，主動地位屬於美國，我們只在美國決策之下，肆應周旋，故此種外交，實際上亦談不到獨立自主的政策立場。至於軍事第一，可說是政府對內的唯一工作，亦是效果有表現的工作，但其基礎，亦全是賴於美國的援助，自己並未形成能獨立的地位和行動的自由。雖然，無論其內容和結果如何，過去的九年，總還有以上的政策重點作爲反共復國的基礎，外交與軍事不能不說會有相當的成效。

從另一方面說，過去政府所注意致力的只是爭取美國和訓練軍隊，而後者仍惟美援是賴，故總括講，加緊對美關係乃爲過去九年來政策上唯一的重點。基此重點，九年以來，政府專重對外，專重美國人，專注意於軍事力量的培育，而對內政，對國內人民，及對軍事以外的國家民族廣大潛力，則不見其有視爲政策重點的表現，且可說是漠然視之。這種重外輕內重軍輕民傾向的發生，一言以蔽之，蓋由於政府的認識，只知道反共爲軍事問題，以爲只要仰仗美國軍事力量，中共就可打垮；而中共垮後，將來一切問題，悉可憑戰勝的權力地位，予以解決，目前不管其他許多。基於這種如意算盤，所以九年以來，國內政治問題，政府從不重視，對於人民的意向和言論，似乎是充耳不聞，其中有一部分極端意氣用事的人，則更大有只要我們有美國有軍隊在手，他人其奈我何之概。

二　中美同床異夢

然自中美公報宣佈以後，客觀事實不能符合我們主觀的打算已甚顯明。試言依賴美國，美國對我的最高承諾爲不作有損中華民國主權的事，而其心目中的中華民國則爲台灣地區，是故其最高的實際行動，最多只是保障台灣的完整與安全。以言軍事，美國援助我們的目的，只以履行中美條約，防衛台灣爲範圍，其作用限於保障美國人心目中的中華民國，這就是他們在軍事上的唯一立場。美國這種態度，在此次金門大炮轟的場合中，表現得十分堅定明白，天下有目共覩。至於站在自由中國的立場說，我們應不是單要有一個安全繁榮的庇護所之國，而是要復興一個完整的中華民國，我們組織軍隊，不是爲了保護一個小朝廷，而是要將中華民國國旗，插到大陸領土之上；易言之，自由中國的願望和使命，是在大陸，我們的目的不是要呆在台灣。但是我們要回大陸，而美國人則只管台灣，並且就在保持現狀上，美國還一天一天的在醞釀兩個中國，對我們所有用以防衛爲目的軍力，實際亦並未許以運用的自由，凡此事實，指明了我們和美國之間，原是處在一種同床異夢的狀態中，此即我們過去所持的政策重點，現已根本動搖了。

三　真實情況明白以後

基於以上的形勢，我們若要反共復國，重返大陸，則當前的政策重點，應當何在呢？我們若再一心唯美國是賴嗎，則美國不但不會予以援助，並且正想實現兩個中國的理想，以便減輕其條約上的負担，謀脫出於與中共發生戰爭的危險。我們若再以軍事爲唯一的辦法嗎，則姑不論與中共的力量對比如何，即以現有的軍事力量而論，我們倘且還要受美國政策的支配，甚至想多打幾炮還成問題，然則我們更何從希望靠它幫同打回大陸去呢！況且從正面說，中美公報所聲明的是放棄軍事反攻，以實行三民主義的政治鬥爭來謀恢復大陸，那末，軍事第一根本已不再爲政策的重點，而在政治鬥爭方面，不是外國人的所有事，美國人無從來幫同實行三民主義，故再專注重對外關係和爭取美國支持，事實上亦並解決不了問題。準上推論，我們現在應有的改革，並不是要抹煞外來和軍事的重要性，但無論在理論上或事實上，那不應再是政策上的唯一基礎，而當前最重要的方針，應該是把注意力集中於內政問題的解決，重視國內人民的團結及其力量的發揮，因爲不眞正實行主義及政治反攻則已，否則，將以上的方針，列爲政策重點，應當是一種天經地義的先決條件，不須多所說明的。

四　團結人民發展政治

總而言之，我們在中美公報上所承諾的話若確是算數，則過去的重外輕內，重軍事輕政治的政策，現在應該至少矯正爲相互並重，即團結人民發展政治，應是刻不容緩的急圖。我們姑不說憑一種主義就可使中共垮台，但要說主義便斷不能離開人民，而況中美公報還將光復大陸的事情，寄期待於大陸人民起來革命！我們以爲單靠政治鬥爭或政治反攻，未必便可回到大陸，但既言以政治爲對付中共的手段，則我們便不能不先謀本身政治的堅强；因此，即從主義與政治手段問題來說，離開了團結人民與發展政治，亦是沒有意義的。至於這個怎樣才能收到實效呢？簡單地說，最重要的是握權的人能改變觀念，擴大認識，至少能懂得並相信古代「得天下有道，得其民斯得天下矣」一類的政治常識，但我們人民則當不斷地號召主張。

關於「和談」與「論紙老虎」

王厚生

在共產黨，報紙不是人民的喉舌，不是民意的反映，相反的，報紙却是一種教育和指導人民思想的工具。在我們看來，共產黨的報紙完完全全是在欺瞞它的讀者，使它的讀者們不僅無法明白事實的眞相，而且是在無形中跟隨共黨報館編輯的故意做作而曲解事實的眞相。

我們可以舉出二個最近的實例，來說明共產黨的報紙是怎樣在蒙蔽它的讀者，同時，又是怎樣在爲共黨本身的失敗或弱點做掩飾非的工作。

一　關於和談

先說「和談」。說起「和談」，有人懷疑是海外的自由反共人士所倡議，這眞是不明事理至極了！如果海外的自由反共人士對於共產黨竟一無認識到可以倡議「和談」，他們又爲什麼要在海外渡過艱苦的十年流亡生活呢？他們不但沒有和共黨妥協的意思，且有繼續過流亡生活的準備和打算！在這種情形之下，他們豈有「和談」的幻想？

不錯，在海外的反共知識分子之中，確曾有一二無知和衝動的人發表過國共再來一次「和談」的議論，但是這議論在絕大多數的反共知識分子眼光中，實在是不切實際的和不負責任的，發表這類議論的人，非但得不到響應，且遭受各方面的冷譏熱嘲，這類議論不旋踵就自行消散了。說「和談」是海外自由反共分子搞出來的話的人，可能是根據了這一二人空想的議論，而沒有鄭重地注意到海外絕大多數反共人士的想法和主張，因此，把「和談」謠言的責任推在海外自由反共人士的身上，實在最不公道，也可以說是一種故意加在自由反共人士身上的欲加之罪，憑此以掩飾說話者本身的不是之處。

最近「和談」空氣之濃厚顯然與共黨的宣傳有着密切的關係。十月六日，彭德懷發表告台灣同胞書，首先建議與自由中國談判和平，彭的文告中有這樣的話：「我們都是中國人。三十六計，和爲上計。……歸根結底，美帝國主義是我們的共同敵人。……你們與我們之間的戰爭，三十年了，尚未結束，這是不好的。建議舉行談判，實行和平解決。」這個文告發表後，中外一致認定，這是中共企圖離間中美關係的詭計。實際上，對中共的確無和平談判解決問題之可能，三十餘年來的歷史，談談打打，打打談談，已充份說明中共無「和談」的誠意，而且關於「和談」問題，中共沒有絕對的自決權，它需要隨時遵照克里姆林宮的指示，並且隨形勢的變異而行事，形勢對它不利時，它不妨可以談一陣，待形勢轉而對它有利時，它的談判態度就會强硬起來，所提的條件也必使對方不易接受，且通過它的宣傳，將談判失敗的原因和責任一一朝對方身上推卸。

「和談」顯然是由中共所建議（其實，周恩來在幾年以前就已經提過了），怎能說這次「和談」是由海外自由反共人士所倡議的？海外的自由反共人士主張把反共者造成團結一致的局面則有之，不僅未嘗倡議「和談」，甚至連理會這種「和談」的興趣都沒有。

中共爲什麼要建議「和談」？老實說，這並非表示中共眞想「和談」，而是中共針對美國要求「停火」的一種宣傳武器。因爲中共說，「中華人民共和國與美國之間並無戰爭，無所謂停火。無火而談停火，豈非笑話？」目前美國在西太平洋的立場十分堅定，中共見此情形，知道無法僥倖，但又不能不爲它自己在金馬的魯莽舉動找個下場，如依美國的要求而停火吧，未免太過軟弱，如不停火吧，又怕事情鬧大，一發不可收拾，而且，克里姆林宮也不容許中共在台峽闖大禍，連累蘇聯。於是，中共設計出這個「和談」的武器來對付美國的「停火」建議。能夠「和談」，實際上即能夠「停火」，二者的差別微乎其微，途徑雖不同，而目標則一樣，這個目標就是停火。根據美國的建議，是先停火，然後再談金馬問題，華沙舉行的中（共）美談判，不能算是和談，只能算是安排停火的談判。幾年來，美國與中共先在日內瓦現在華沙的談判，主要的議題只有二個，一個是釋放被囚在大陸上的美僑問題，另一個是中共同意在台灣海峽停止使用武力問題。後一項問題即是停火問題。依照中共的「和談」來說，當然可以先停火再談判，也可以一邊談一邊打，但「和談」的最終目的還是停火，一切問題採用和平談判的方式來解決。我們讀了彭德懷的第一次文告，他聲明停止向金馬砲轟七天，這暗示中共的態度是先停火後談判。基本上，中共這態度還是符合了美國的停火要求。不過，中共的「和談」武器有着多面的刀鋒，它雖符合了美國的停火要求，但它也將美國推開一邊，不讓美國干預中國的事，彭德懷在文告中說得很明白：「這是中國內部貴我兩方有關的問題，不是中美兩國有關的問題。……美國人總是要走的，不走是不行的。……」這段話是說「和談」是國共兩黨之間的事，與美國不相干，美國應站開一旁，撤回到東太平洋去，「西太平洋是西太平洋人的西太平洋」。這一理論可以發生二種作用，首先，是鼓勵美國國內反杜爾斯外交政策的人士，繼續壓迫杜爾斯，不要使美國牽累進金馬的離島戰爭中。自八月二十三日中共砲轟金馬之後，美國的民主黨對此曾以大力反對杜爾斯的强硬政策。雖然，由於交通的便利和空間的縮小，今天已不能用地域觀念來衡量各國的利害關係，美國民主黨未必同情中共的「西太平洋是西太平洋人的西太平洋」的說法，但民主黨的基本態度是要國民黨政府放棄金馬外島，固守台澎。但無論怎樣，中共的國共「和談」詭計，可以沮喪美國國內的民意，並助長袖手不管中國事的姑息思想。這種思想的增長，無疑是中共所求之不得的。其次，中共很想利用民族的情緒挑撥自由中國軍民與美國之間的感情，這是「統戰」的一部份，一方面助長台灣內部的反美情緒，製造糾紛和混亂，另一方面是軟化自由中國軍民的反共決心，安圖不戰而達成它所冀求的目的。

可是，「和談」這個武器對外界可以使用，利多於弊，對大陸內部來講，它却是弊多於利的。大陸人民受了中共的煽動，爲「一定要解放台澎金馬」而出過大力（無論是遊行、集會、呼口號或增產），人民的「熱情」據說已被提得很高，忽然，中共變了政策，大砲停轟了，要改用「和談」來解決問題，這終究是件洩氣的事，於是人民的腦筋開動起來，這一定是自由中國的軍力强大到無法壓倒了，這一定是美國實力政策阻止了中共的軍事行動，這一定是共產集團落後、自由世界先進的緣故，等等。

二　關於「紙老虎」

中共不是不知道國內民衆所引起對「和談」的懷疑，所以，它設想了第二個掩飾自身失敗和欺騙人民的玩藝，這就是毛澤東「論帝國主義和一切反動派都是紙老虎」的謬論。在北平出版的「世界知識」雜誌編輯部最近將毛澤東歷來指罵「帝國主義和一切反動派都是紙老虎」的文章、講演和談話，輯錄在一起發表。在出版本文錄的時間上，顯然配合了中共在金馬的軍事失敗，而「世界知識」雜誌編輯部做這項工作，也是受了中共的命令行事的，這是一本完全對內對人民的謊言集，對於「帝國主義和一切反動派」本身不發生絲毫的影響。「帝國主義和一切反動派」是不會因爲有毛澤東的謬論而變成眞正『紙老虎』的，但這個文錄的刊印，其對內部的宣傳作用是顯而易見的。十月二十七日，人民日報編輯部爲這個集唯心論之大成的東西寫了一段文字，其中說：「帝國主義橫行霸道的時代已經一去不復返了，他們已經快完蛋了。應當是反動派畏懼革命力量，而不是革命力量畏懼反動派。現在有許多人還看不到這些，他們還有迷信，還有幻想，還對帝國主義特別是美帝國主義懷着敬畏的心理。他們在這個問題上還是被動的。」到了十一月十二日，人民日報更發表了一篇題爲「藐視帝國主義和一切反動派」的社論，它將毛澤東這個文錄的作用說得更加清楚。總的說起來，毛「論紙老虎」的用意是要在人民心理中培養「藐視帝國主義和一切反動派」的觀念，從而對共產黨雖失敗而仍抱必勝必對的錯誤心理。人民日報社論的後半篇幾乎完全是駁斥一些對「帝國主義和反動派」的所謂「錯誤觀念」，譬如說，「對「帝國主義反動派」的力量估計過高，對「人民的革命力量」估計過低是錯誤的；認西方是先進的，東方是落後的看法是錯誤的；認爲西方的實力不可小看的觀念是錯誤的；認爲對「美帝國主義最好不要刺激它，刺激了它，它就會使它更加瘋狂，對世界和平不利」的說法也是錯誤的等等。要之，「對於全世界人民來說，不爲帝國主義反動派表面上的虛張聲勢所迷惑，而從本質上看淸楚它不過是『紙老虎』，這是十分重要的。只有認淸楚美帝國主義到處逞兇，揚武耀威，不過是它外强中乾的表現，才能大大地增强我們的鬥爭信心和勇氣，才能正確地布置我們的戰略計劃，引導人民勝利前進」。

這幾天，毛的「論紙老虎」正在大陸上進行普遍的學習，中共爲什麼要怎樣做？我們可以直率的指出，這是中共在金馬蠢動失敗以後收拾民心的一種措施。依作者個人的觀察，金馬問題已使中共平添三個矛盾，第一個是中共和蘇共之間的意見分歧，中共很想取得金馬，蘇共害怕出事，只准中共以炮轟爲限，不得輕舉妄動，即以炮轟而論，也以不轟擊美艦美機爲原則，因爲「美帝」的確不是好惹可欺的，中共唯蘇共的命令是從，雖對「美帝」機艦發出四十餘次犯境的警告，却未嘗對美機採取行動。第二個矛盾是中共高級領導人之間的矛盾，在這些領導人之間，對攻取金馬和戰略問題有意見分歧，毛澤東似爲洗手不幹派或稱退却派的主角、發表「論紙老虎」，就是爲軍事退却辯護和遮醜。粟裕之免職，反映中共內部的意見不一致。第三個矛盾是主要的，即廣大大陸民衆與中共之間的裂痕，大陸人民對於美國和自由中國，自有一種獨立的看法，他們心中很明白中共在金馬戰役中的失敗，並對此暗自欣喜。中共所以要在這個時候輯印毛澤東的「論紙老虎」，旨在迷惑民衆，欺騙民衆，使大陸人民失去對「美帝國主義和一切反動派」的信心，轉而相信共產黨一定是有辦法的。十月十三日，當彭德懷以「國防部長」名義發表炮擊金門再停二星期的命令時，也知道一般人民和共產黨員會奇怪中共中央的做法，所以，彭說：「有些共產黨人可能暫時還不理解這個道理，怎麼打出這樣一個主意呢？不懂，不懂！同志們，過一會兒，你們會懂的。」實際上，到了今天，大陸上一般民衆和共產黨員對中共中央的做法還是不懂，「和談」國民黨迄未同意，「美帝」迄未撤走，而炮轟金馬已無形中陷於停頓，此中道理確非常人所能懂得。現在，有了毛澤東的「論紙老虎」，企圖用阿Q精神去說服大陸民衆和共產黨員，我估計其結果還是兩個字：不懂！

趙樹理也有人冒充

高瞻遠

中共的十九期「文藝報」發表了一篇「眞假趙樹理」的短文，原來有人冒充趙樹理的名義，寫了一篇小說寄給「東海」雜誌，「東海」馬上予以刊出，而且在「編後記」中大事吹捧，不料刊出來以後才曉得是假的。「東海」雜誌固然鬧得啼笑皆非，在海外的人看見這個消息也有無限感慨，中共統治了八年的大陸，不但物質缺乏，人的靈感也沒有了。居然會有人去冒充趙樹理，文藝界那還有一點生氣。

說起趙樹理這個人，海外作家也許感到陌生，但在共區却是當時得令的「紅作家」，眞可說「那個不知，誰人不曉」。從一九四二年被「發掘」出來以後，一帆風順已經十幾年，不但丁玲，胡風無此幸運，郭沫若，茅盾也要讓他三分。在共區寫作，動輒會受到批評，最近連被胡風罵爲「欽差大臣」的何其芳都不能免，只是沒有人惹過趙樹理，這裡面有兩個最大的原因，一是趙樹理的「成分」好，眞眞出身在貧農家庭，另一點則因爲他是毛澤東一手捧紅的，打狗還看主人面，等閑還是不惹他爲妙。

趙樹理「成名」在一九四二年，當時正値毛澤東在延安文藝座談會發表演說之後，要作家爲「工農兵」服務，貫澈新的文藝政策。這時，趙樹理還是「太行軍區」一個鄉村共幹。一次偶然去參加太行區黨委所召集的文藝座談會，出席的人雖不一定是作家，但也都有點文學休養，那時因爲交通不便，毛澤東雖然在延安文藝座談會上規定了寫作方向，可是還未下達到太行區，地方共幹對於文藝政策仍可自由討論。因此在開會時，各自發表意見，這時却有一個四十多歲的男人，光着頭，穿了一套破軍服，羞怯地站起來，掏出一張黃裱紙封面的小本子，張開大嘴，露出黑牙說：「我來介紹一本眞正的華北文學」。接着他就唸道：「觀音老母坐蓮台，一朵祥雲降下來，楊柳枝兒灑甘露，搭救世人免禍災。」剛唸到這裏，會報中已笑得一塌胡塗，沒人再聽，他也只好坐下。

不料，沒有幾多時間，毛澤東的講詞寄到了，太行軍區政委忽然想到趙樹理，覺得這位「司志」到是和「毛主席」的文藝路線吻合的，於是把他送去延安，經過毛澤東召見後，大大予以吹噓，從此趙樹理就成了名作家，各地共幹居然喊出「趙樹理方向」，要大家向趙樹理看齊。

以後趙樹理又寫了小二黑結婚，李有才板話，李家莊的變遷，三里灣等作品。有的還拍了電影，其中「李有才板話」就是按照「觀音老母坐蓮台」的格調寫的，不過已沒有人再敢笑他，連郭沫若都恭維這是一個「新的方向」。

趙樹理目前的職務也數不完，凡是文藝團體的委員都有他一份，其中比較重要的是「人民文學」編輯委員，這是共區分量比較重的一份文學刊物，算是作家協會的機關刊物，主編張天翼，編輯委員共八人（連主編在內），趙樹理也名列其中，他現在不但是名「作家」，而且已成爲文藝界的領導人員了。

這次冒名案是怎樣發生的呢？原來共區有一份「東海月刊」，也是文藝刊物，九月份該刊登了大批工農作品，另外就由一位署名趙樹理的作者，寫了一篇「友誼之花」小說，小說內容敘述一個落後而帶有流氓習氣的學生，被他的進步同學感化的事。

這篇小說寄到「東海編輯部」之後，編輯同志如獲至寶，馬上予以發表，並在「編後記」介紹說：『趙樹理同志是

（下轉第三版）

大陸逃港學生的控訴：

我參加了「鋼鐵大增產」

區海賢

先搜集五斤廢鐵

我才從廣州出來不到一個月。我的處境，比起一般大陸逃亡同學來，要幸福得多。因爲我有家在這兒，生活有依靠，雖然苦些，但總比同學們流落街頭的情形好多了。

因爲我才從廣州出來，所以無論是舊同學或新同學，見了面問起來，總是：「現在裏面的情形怎樣了？」可知青年人雖然不得已離開了自己的家園，但是無論如何，總是懷念着自己的家鄉的，總是懷念自己的親人的。

「裡面的情形如何？」這一個問題的範圍太廣，我只不過是一個高中學生，根本沒有可能作出全面性的答覆，但談一下我們學生最近的遭遇却是可以的。

我在廣州市市立第十四中學讀高中三上學期，因爲我家裏的人都走來香港了，所以我什麼都不怕，可以將眞實的校名寫出來。今年七月底，廣州就展開了鋼鐵增產的宣傳，每人要負搜集五斤廢鐵的任務，完不成任務的要依照犯罪一樣地看待。因爲蘇聯有句名言：完不成國家任務就是犯罪行爲。

那時剛好是暑假，功課很少，於是同學們都到處去找廢鐵湊數，找不到的當然只好在自己家裡翻。團小組在這時每天晚上要開團臺（團員與非團員）擴大小組會，由每一個人彙報自己的成績，當着大家的面將揀來的廢鐵拿出來給大家檢查，然後獲得小組的通過後過稱記數。

廢鐵，在沒有人注意的時候，隨地皆是。可是當全市百多萬市民全都每人要繳去五斤廢鐵的時候，你想要在街上覓一個鐵釘却都困難了。我們整天在外面挽着個籃子或布袋流蕩，遠到黃花崗，更有人潛水到江底去撈，但是漁民和當地居民是不准我們去的。

一天回來，筋疲力盡。如果多少有點收穫還好，能捱過檢查的那一關，如果一無所獲，那就得受嚴厲的批評。更不能說已出了力而找不到。因爲組織已經說過，只要有爲祖國服務的心，就沒有克服不了的困難。誰敢承認自己沒有爲祖國服務的心呢？我記得有一次只不過說了一句：「我們現在像標準的流浪者了」，就遭受到想像不到的批判，團小組長對我的結論是：「區海賢同學有着嚴重地不滿祖國建設的情緒，這種情緒應該是只在資產階級右派份子的身上產生的。」

經過了一個多月，居民委員會，街道辦事處和派出所的空屋裡已經堆滿了廢鐵，所謂廢鐵收購站更是滿了。這是人民一滴汗一滴汗搜集起來的。在收集運動中，不少人又因此失踪（被捕），我們同學中就有一個，因爲怕受批評，又實在找不到廢鐵，家中又因爲人口多，分配到的數量多，實繳無可繳了。有一天，他趁深夜將陰溝上的鐵柵敲下了幾根來湊數。因爲那些鐵太好了，人家追問他的來源，他不得已說了出來，就被學校報告了派出所，後來解送到勞動教養所去了。他的母親去探他，派出所的人告訴他母親說：「你兒子是破壞份子，不但破壞公共財產，而且破壞了人民大增產大躍進運動的情緒。你如果愛國，應該以你的成績來補回你兒子所造成的損失，而不應該虛費時間去看這種破壞份子！」

義務勞動

這種運動進行的緊張程度，不是可以想像得到了嗎？廢鐵檢得差不多了，那已經是九月中旬了。學校原來決定的開學日期到了，但是區教育科通知暫停開學，將同學分配到各個工廠去作義務勞動。因爲工人已經在大躍進的口號下接連日夜開工了一個多月，實在頂不住了。所以要學生去幫忙。我被派到西關的一家小型製鍋廠，這家廠是新設的，專爲鄉村的人民公社公共食堂製大鍋，原料就來自農民上繳的小鍋。廠裡分配我做碎料工作，就是將鍋用鎚子打碎，再挑到冶鍊車間。

這樣做了兩個多星期，我認清了工人眞正的生活。我們的眼睛紅得怕人，試想，一天十八小時的勞動啊！冲個涼時間久些也要被工會幹事在門口盯住你，看你是否故意偸懶。吃飯時匆匆忙忙，手也來不及洗，鐵灰掉進碗裏也不敢挑去，如果不小心挑出了一粒米，那還了得？廠工會宣傳叫大家吃蕃薯，說蕃薯既可當飯又可當菜，等於我們既節約又建設。

幸而兩星期後就復學了。不然我眞不知道我還能忍受多久哩。

整日鍊鋼

學校開學後，只上了一個多星期正常的課，因爲區政府的鍊鋼的指示，起先是半天讀書半天鍊鋼，以後（到我出來香港時爲止），就是全日鍊鋼了。

提起鍊鋼，到現在還不寒而慄。那種勞動，簡直是故意地去折磨人。

鍊鋼的原料是檢來的廢鐵，所謂小高爐是用黃泥和破磚砌起來的，頂上留一個洞，下面留一個洞。當中的爐膛由政府發下一些耐火磚來砌成。燃料更是五花八門，樣樣都有。鍊鋼的目的就是要將廢鐵化成一大塊一大塊，集中上繳。設備如此之簡陋，有時候化着化着，爐就坍了，那通紅的可怕的鐵水，就在地上亂竄，跑不及的，當堂燙得一股肉臭。看鐵化沒化時，又沒有眼鏡來保護眼睛，而要人用烟將玻璃燻黑了來代替。到緊張時包不定將烟擦掉了，於是就用肉眼去看。不到幾天，沒有人不是一面走一面流淚的，我想，人們心中的悲傷現在總算可以發洩了。

是的，人們的悲傷不單是發洩，而且有行動。西關的居民就因拒絕築高爐而被捕了十多個。每當通紅的鐵塊放在地上時，我知道人們的反抗心正和這鐵塊一樣地熱啊！

中共誣陷反共僑胞

美國司法部已予注意

美國—十一—通訊　文式庭

紐約爲美國華僑聚居之第一大城市，其人數已超過五萬人，但近年以來，一部份僑胞則受到美國移民局官員到華僑之商店或住所搜查；因此多數僑胞爲之不安。所幸僑胞譚錫乃美國共和黨黨員，目睹此項情形，內心爲之不平，特別花費許多時間，搜集證據，得知凡被搜查之僑胞，多爲忠貞愛國反共反暴人士，其所以被搜查者，乃因共匪及其同路人使用卑鄙手段，密函誣告，謂非正式入境之關係。又譚錫獲知香港報告，亦謂美國駐港領事館亦有派員偵查申請來美之男女，亦有爲共匪及歹徒因勒索不遂而密函誣告，指爲左傾或非正式親人，從而阻礙駐港美領事之簽證，至不能來美者。譚君鑑於上述之搜查，使僑胞不安，而今年十一月恰爲美國國會大選之年，特致函紐約共和黨第一區主席加倫，請求設法阻止此類騷擾行爲，對共和黨而言，即可由此獲得更多人之支持，而有助於共和黨之選舉。加倫君乃將譚君原函寄交上議員努倫，努倫乃將原函送交國務院，該院管理簽證主任又將譚君原函送交司法部之移民局歸化司，該局局長當即復函努倫稱；譚君來信所稱各節，本局特加注意。關於調查問題，以後自當審愼辦理，而不致於騷擾被査之人，關於駐港美領館對於申請人之調查証據，當使之特別留心審愼，而免發生被人勒索等行爲云。

從前進到自殺

周砥

在北風蕭索中，一雁南來，爲我帶到「千里故人一紙書」。一個他鄉遊子，在這冷落的清秋節序裏，偶然能接到老朋友的一封信，自然是喜出望外的事。

當我讀完這封來信後，除勾起無限鄉情旅思外，悵然有「冰心玉壺」之感！信中叙述我少時一位同學李遠志的悲慘遭遇，怎敎人不爲之千里斷腸呢！

李遠志是抗戰末期投筆從戎的，曾在國軍青年軍一〇二師當過上士，三十六年轉業到粵漢鐵路衡陽東站貨運調配所充司事，三十八年六月離職，返回故鄉──耒陽。自湖南易手後，赤色政權成立，爭取青年作爲政治工具。這時，李遠志經過思想改變後，決定要跟着共產主義的路綫前進，做一個「革命」的青年。

因爲他出身在地主家庭，而且過去和國民黨有一段關係，不能參加黨、團組織，這是共產黨防止投機份子混入的方法。李遠志在幾個有地位的共產黨員的勸告和支持下，決定以另一方式來爲「人民」服務，就是做一個秘密情報員，隨時都有共產黨員保護他，他的工作比做一個黨員更有價值，他接受了這個秘密任務。

做一個秘密情報員，首先要克服道德上一切的顧慮，只有一心一意獻身於共產主義，丟掉思想上的舊包袱──滅絕人性和理性，澈底奉行一種集體信仰。

在工作開始的時候，他還可以憑着良心做事，在秘密報告中不滲雜謊話，對於鄰居的人不揑造資料，不檢舉自己親信的朋友，只是以實際所得的情況紀錄下來。

後來發現他的報告具有一種很大的力量，許多人因他的報告被捕或失蹤了。這便引起他一種「英雄思想」，認爲「犧牲他人，完全自己」是一件最便宜的事。果然，他也得過上級對他的獎勵，而且可以憑着個人的愛惡去決定他人的命運，有時爲着包涵自己的親友，可以嫁禍於一個自己所不喜歡的人，這時他還能把持自己主觀的心理。

後來由於組織上對他的工作要求更苛，他已漸漸養成一種陰狠的個性，終於澈底背叛了自己的良心，來滿足工作上的要求。只要是平日對共產黨稍有怨聲的人，就加上他一頂「陰謀反革命活動」的帽子，報告上級，使他永無翻身之日。因之，他所接近的朋友，親戚甚至於叔伯，兄弟，也有許多遭受到無端的慘禍。

他漸漸覺悟到自己這種陰險可恥的行爲已到了「傷天害理」的程度，深深地受到良心的譴責！從迷惘中回復自己的理性，決心要擺脫這個任務。可是上級不准他辭職，而且威脅他：「不革命，就是反革命！」從此他精神上的痛苦更加重了，最後只有自我燬滅來結束這罪惡的人生。一九五八年八月一個清晨，他跑到小水舖附近的森林中拔槍自殺，隨即昏倒，血流滿地，就近的民兵聽到槍聲，上山搜索，發現他尚未氣絕，馬上報告公安所送他去耒陽人民醫院急救，因子彈穿過偏左的腹部，腸胃沒有受傷，經過注射及輸血，使他從死亡邊緣又回甦過來。

李遠志傷愈出院後，隨即被耒陽縣人民法院逮捕控訴「企圖自毀生命，造成革命損失」的反革命罪名，援用「懲治反革命條例」判處有期徒刑七年。

大陸許多青年，過去受共產黨的虛僞宣傳所欺騙，以爲共產黨眞正是爲國家、爲人民的，因此身陷泥沼，而不自覺。經過八年的血腥統治，大家如夢初覺，北平僞政權，不過是俄共侵畧的傀儡工具而已，把俄式的殘殺、飢餓、奴役、鬥爭的政策强加在中國同胞身上，這是任何一個有靈魂的中國人所不能忍受的。

目前在中共機關部隊中，中下級幹部自殺已蔚成風氣，他們對共產黨由希望而至於失望，由失望而至於絕望！心靈上充滿苦悶與徬徨，彷彿墜入罪惡的深淵而不能自拔，最後只有以自殺來求解脫，李遠志不過是千百個中之一個現實例子而已。

李遠志是屬於「統治階級」的共幹，尙且陷於求生不得，求死不能的境地，而一般被統治的人民所遭受的痛苦，還堪想像嗎！怯弱者以消極的自殺來反抗暴力統治，不如化悲憤爲力量，以積極的行動推翻殘暴政權，才是自救救人之道。然而，「不自由，毋寧死！」不亦壯哉！

×　×　×　×

趙樹理也有人冒充

（上接第二版）大家熟悉的作家，他滿腔熱情爲本刊寫了小說「友誼之花」……這篇小說對青年人將會有深刻的教育作用。』東海編輯部在編後記中用了三分之一的篇幅來介紹這篇大作，不料刊出來竟是假的。趙樹理到沒有什麼直接表示，引起了下面走卒的憤怒，在文藝報發表文字，批評「東海」編輯部胡塗，褻瀆了趙「人民作家」的尊嚴。看情形也許編輯部還有人要受處分。

由於假趙樹理事件發生，對於共區文化界情形可以增加一點了解。籠統來說八個字可以包括，就是「一團漆黑毫無生氣」。畧加分析，又可以分成幾點：

第一，目前大陸文藝界只有趙樹理這種人能吃得開，所以才有人冒充。即以現階段來說，巴金，曹禺等人正被清算中，固不必論，茅盾，老舍，張天翼一批人還算受到禮遇，何以他們從未發表過正式作品，也沒有人去冒充他們。整個文藝界去向趙樹理學習，再過幾年可能連「觀音老母坐蓮台」的作品也寫不出了。

第二，大陸文壇仍然被一群「人民作家」盤據着，眞正從事文藝工作的青年，想崛起很難，文藝報提到這次事件也感慨地說：「如果友誼之花不是署名趙樹理，而是一個初露頭角的作者，是不是也會在編後記中讚美一番。」其實這篇文字假若不是署名趙樹理，恐怕未必就能發表。

第三，中共幹部似乎傳染了毛澤東「不信邪」的脾氣，任何事都一意孤行，例如趙樹理這種人，居然面請去北京大學教書，結果還算趙樹理知趣，未肯接受，最後還是請到北大作了一次「學術講演」，只講了二十分鐘，在北大校史上留下一個永遠的笑話。

第四，本年夏天趙樹理已經下放到太行山去安家落戶，人民日報還特別介紹他受到當地農會的歡迎，可是到了八月間他又回到北平，證明下放完全是一個騙局，目的只在把非黨作家趕走，以後更易控制。

D.光緒十年金玉均等之亂

這個時候，朝鮮有三黨分立：金玉均、朴泳孝、洪英植、徐光範等親日；閔台鎬、趙寧夏、尹泰駿、金允植、魚允中等親中；韓圭稷、李祖淵、趙定熙等親俄。日本第一步既決心排去中國在朝鮮的勢力，乃積極對親日黨人加以運用。光緒九年十一月，日使竹添進一郎歸國，金玉均乃藉口借債赴日，向日政府密陳排斥中國的計劃。日政府對金說欣然嘉納，因將光緒八年朝鮮應償日本的軍費餘額四十萬元付金，以助其進行。於是玉均率留日學生二十人歸國，以從事排斥中國的工作。

光緒十年，中國正以安南問題，與法人搆釁，日本認爲有隙可乘，於是竹添與金玉均等秘密聚議，擬藉日兵以抗中國，養刺客以刺親中黨人，且有由日本派遣軍艦以爲後援之密約。是年十月十七日（十二月四日）朝鮮郵政總局舉行落成典禮，親日黨人洪英植，以該局總辦資格設宴，邀請各大官及各國公使領事。中國商務總辦陳樹棠，中國所推薦德國顧問穆麟德（Paul George Von Monllendroff），英使、德使、美使及閔泳翊、金玉均、朴泳孝、徐光範等大臣，均應約而往，獨日使竹添不到，以參贊島村爲代表，是日下午六時開宴，英植等預伏士官學生於王宮門前及景祐宮內，又伏刺客於郵政局前溝中，至八九時頃，忽見牆外火起，時月明如畫，火光衝天，禁衛大將閔泳翊以救火退席，出門即爲刺客所劍擊，賓客皆大驚走散。日黨計劃，原想殺盡親中黨人，見只死泳翊一人，英植、泳孝、玉均等乃退入王宮，迫王書『日使入衛』四字送日使館，而日兵固已早到。於是英植、泳孝及日使竹添，乃閉王及王妃等於一室，於次日清晨，矯詔殺李祖淵、韓圭稷、柳在賢、閔台鎬、趙寧夏、閔泳穆、尹泰駿等多人，由朴金等改組政府，並有廢立及囚王於江華島或送往東京的擬議。

記甲午戰爭前的中日糾葛（七）

左舜生

十九日，中國統兵官袁世凱、吳兆有、張光前、見韓廷紛亂，將陷於不可收拾，乃遣人向韓廷質問詳情，至三時無回報；以信通知日使，日使亦置之不理；於是袁世凱乃投袂奮起，率兵直赴王宮。日本首先開槍，傷我兵士多人，中國不得已應之，日兵大敗。竹添知事不可爲，乃雜兵中狼狽逃走，朴金等亦隨日兵退去，朝鮮王被洪英植等挾之避入北門關帝廟，袁命吳兆有張光前等率兵覓得之，移置下都監中國兵營，惟英植及士官生九人被殺。時朝鮮人民，痛恨日本，見日人輒與格鬥，殺傷頗多。竹添知王入中國兵營，形勢已完全失敗，乃自焚使館，率兵出小西門前往仁川，沿途放搶，韓民死者不少，羣情益憤。是役日本陸軍大尉磯林眞三被殺，玉均、泳孝、光範等，均斷髮洋服，於二十四日逃往日本。韓王被送還宮，大亂以息，而韓廷實權，乃大部落於袁世凱之手，時袁乃一二十六歲之青年人物也。

十一月十七日，（1885一月二日）日本所遣赴韓交涉之全權大使外務卿井上馨到達漢城；中國所遣調查此次事變的吳大澂、續昌，亦於先一日到達，以無全權資格，日方拒與商談。時中國以中法戰爭尚未結束，不欲多啓禍端，因勸朝鮮忍耐息事，韓廷不得已，乃以金宏集爲全權，與日本訂約五款，其大要爲謝罪，賠款十一萬元撫恤，懲凶，以二萬重建日使館，並關營舍駐使館衛兵。一場風波，乃暫告平安，而袁世凱則於是時快快退回中國，徐待時機，以備捲土重來。

× × ×

汲古書屋談薈

汪兆銘與吳佩孚來往函扎（四）

耘農

按二十七年冬，淪陷區即盛傳華北臨時及華中維新兩僞政權將合組聯邦政府，並有吳佩孚，靳雲鵬出任正副總統之說；惟是年十二月行政院長孔祥熙致書佩孚，倩青年黨人劉泗英自渝間關携往北平，密候起居，諮詢大計，吳覆函有「處境安如泰山，應付綽有餘裕」之表示，各方謠言，始告澄清，而日僞兩方則廹脅愈甚。二十八年一月，王克敏、梁鴻志、王揖唐、溫宗堯等，先後前往什景花園吳寓勸駕，敦促出山，且擬成立全國綏靖委員會，推戴吳爲委員長，而吳始終堅拒，其處境益趨艱困矣！迨汪兆銘自河內抵滬，即於五月杪偕周佛海、梅思平、高宗武等赴日，與日首相平沼騏一郎晤商，作組府之試探。其致書佩孚，備道誠欵，亦亟思與吳携手合作，以免另生枝節。而吳覆書，雖亦贊同汪之主張，然須以保全國土恢復主權爲前提，且「誓與國家同其命運，苟能山河無恙，自計已足」，並無其它之希求。至論及中日關係之惡劣，積漸已久，國民黨不過適逢其會，一切委諸國運，而不歸責於任何個人，其胸襟殊爲磊落光明。嗣汪由日返，復於六月下旬赴平與華北僞組織合流，並曾約吳晤商，而吳辭謝不見；惟彼此信使往還，則仍保持聯繫。七月，汪赴青島，與梁鴻志、王克敏等會商合作；八月初，復飛廣州，發布廣播詞，冀搖惑抗戰軍心；嗣又在滬召開國民黨「第六次全國代表大會」，廢總裁制，自任主席兼代總理；凡此俱爲其另組政府之初步工作。其間，曾屢向佩孚徵詢意見，每多格格不入。即如是年十月九日，汪託人致書佩孚，論及恢復國民政府問題，於吳之不贊成黨治，即甚有距離。蓋吳故作難題以拒要挾耳！原函云：

『子玉先生勛鑒：中孚兄來，獲誦九月二日大敎，敬承一切，並稔福履綏和爲頌！竊念銘之與公，爲國爲民，心事相同，而立塲不無稍異。數月以來，雖屢通函扎，而胸懷容有未敢盡吐者。顧國難日深，事勢日急，茹而不言，將來必有失人之悔。素仰公忠鯁正直，能受盡言，故終以一吐爲快。十五六年間，公嘗與國民革命軍爲旗鼓之周旋，勝負兵家之常，而公對國民政府始終抗節，天下共見。今者一旦以參加國民政府之說造於公前，誠有冒昧之嫌，此銘前此格格不吐之所由也。繼而念及國民政府統一中國，於今已十餘年矣！蘆溝橋事變以來，軍事挫敗，和平運動，隨之以起，不惟國民黨人力持恢復國民政府，以收拾時局；即國民黨以外之人，平日不滿於國民黨，不滿於國民政府，不滿於青天白日旗者，至今日而擁護之熱，不下於國民黨人，其故何哉？蓋對內爲一事，對外又爲一事。甲午戰敗，乙未議和，未聞易政府，換龍旗也。庚子戰敗，辛丑議和，亦未聞易政府，換龍旗也。上次歐戰，德國戰敗，議和，亦僅威廉二世退位而止，易帝制爲共和，待德人民之自決，而國旗之換，則遠在國社黨得政之後。蓋對外戰敗之結果，至於易政府，換國旗，則內政干涉，國將不國，不可不懼也。爲今之計，國民政府急須恢復，以當收拾時局之大任。林主席地位，在法律明文規定「不負實際責任」，故軍事當局宜引咎辭職，行政機關宜改組，而主席地位不宜更易，以省糾紛，而利進行。至於國民政府之職權及名稱，以暨種種制度，如有更改之必要，於國民大會中議定之。如此則對內對外不相混淆，國權民意兩得顧全矣！由是言之，今日國民黨人主張恢復國民政府，其爲國民政府謀，忠也；非國民黨人亦主張恢復國民政府，其爲國民政府謀，俠也；一忠一俠，其立塲雖異，而爲國爲民之心事則同。銘竊願公以一忠字對民國，以一俠字對國民政府，則公之風節必照映宇宙，而旋乾轉坤之功業，亦必成於公手。銘之與公，並未謀面接杯酒之歡，而於公之人格，夙所傾仰，故敢以率直之辭，貢其誠悃，惟垂察之，幸甚幸甚！專此，敬請勛安，尙祈霽照，不宜！汪兆銘謹啓』。

「再啓者：昨晤陶星餘先生，暢談一切，因託帶此函，藉廑清聽，倘祈亮詧爲荷！兆銘又啓。」

蒼龕詩話

愚公

近代名畫師張大千，能爲傲兀之句，題畫詩尤多可誦，不僅以畫名也。如題峨眉金頂云：「千尋雪嶺飛靈鷲，一片銀濤護寶航。五嶽歸來閑坐臥，忽驚神秀在西方。」題黃山云：「黃山之松如龍騰，黃山之雲如釜蒸。攀蘿捫葛不到處，有人長嘯似孫登。」題虎云：「石濤畫松能畫皮，漸江畫山能畫骨。兩師黃山住半生，不見當年此神物。」題仕女圖云：「嬌麗高賢妙主持，誤他舉舉與師師。劇憐春日凝妝態，聊賦冬郎側艷詩。此是誰家新眷屬，老來愁對好花枝。少年張緒風流甚，幻作人間三影詞」（此詩有本事）。又題半裸佳人云：「蓮步梅妝俗與違，屐翻新樣鬥芳非。蘭襟約雪無羞袒，玉爭翻雲有褻衣。自說天眞忘禮數，每矜健美薄纖肥。千金石黛波斯賤，猶笑妝台近日非。」其二云：「偶逢佳士寫其眞，却恐豪端着點塵。眼中恨少奇男子，腕下偏多美婦人。鬢髮拋家雲亂卷，修眉傾國玉橫陳，從君去作非非想，此是摩登七戒身。」大千篤於昆弟，某年客游南洋，寄妹一絕云：「放游海國滄溟外，雲白山青此卜居，爲報西京張一妹，阿兄今又擬扶餘。」又九日寄弟華山云：「獨對良辰百感侵，茱萸徧插少年心。遙知玉女峰頭月，照汝騎驢過華陰。」（三）

論所謂「兩個中國」

——亮齋閒話之十五

徐亮之

客：您對近來正囂塵上的所謂「兩個中國」這一不祥的名詞，或者這一幕後的活動，有什麼感想？

主：「物必自腐而後虫生」，在台灣和大陸統治者有形無形的打算中，早就是「兩個中國」的了。

客：您喝了國際政客的毒酒。截至現在爲止，台灣和大陸的統治者他們不都還是口口聲聲反對什麼「兩個中國」的嗎？您究竟何所據而云然？

主：您在歷史上發現過多少心口如一的統治者？告訴您：他們的反對都只不過口裡嚷嚷，其實心裏却都深喜之哩！

客：您非他們，安知他們的心？

主：您非我，安知我不知他們的心？

客：正因爲我非您，所以不能知道您的心；而同樣您非他們，所以也不能知道他們的心。

主：那末，您自己的心，自己總該知道？

客：只要您談的不是禪機，則我知我心，正如你知你心一樣。

主：這便好了！你我都是酒鬼，目下亮齋菊花盛開，明天我就作個小東，搵蟮陳年花雕，一盤洋澄大蟹，來個苦中作樂，風雅風雅，「採菊東籬下，悠然見南山」。——這時，您知你心該是如何？

客：「試酌百情遠，重觴忽忘天」。

主：這就好了！那末我們風雅之後，再進一步，翩然聯袂，出羅湖，入深圳；回家鄉，進「公社」；啃番薯，吃稀飯；一天做工十六時，一天鍊鋼十八噸；來個把「鋼鐵衛星」，給香港反動派瞧瞧。——這時，您知你心又該如何？

客：要去你去，我却老了，不中用了。

主：放下酒杯去鍊鋼，您便心知已經老不中用；放下武力去反攻大陸，難道便不是心已經老不中用了嗎？既然已經心知老不中用，便在台灣養老畢竟比在大陸「幸福院」養老好得多；試問所謂「兩個中國」，對這樣的老人還有什麼不好來？猶如獃在香港喝酒而不回家鍊鋼，對你又有什麼不好來？

客：那末，中共反對「兩個中國」該總不是自認老不中用吧？

主：這却另有文章；但自從他們一貫大力宣傳「美國是紙老虎」，而又一貫揚言要「和平解放台灣」，却始終對在台灣海峽的「紙老虎」也不敢動一動以來，我便知道他們心坎裡同樣是「兩個中國」的信徒。

客：顧聞其詳。

主：去請教「毛主席」可也。

頌橘廬叢錄

曾克耑

海藏于並世詩家少所可，嘗譏弢庵矣，斥石遺矣，獨于散老不敢有所攻擊，惟陳鄭並稱，私意終欲駕散老而上之，方散原居南京而海藏已出關爲僞國務總理時，一日有客自遼瀋過白下，海藏寄語曰：「試語散原，鄭某今日之詩其可居第一乎」，意蓋與散老爭也，散老聞之大笑曰：「吾作詩譬若涕唾，盤鬱于胸，一吐爲快，初不計及世間毀譽也，吾已無心于世譽，而海藏乃斤斤于第一第二，是猶有詩之見存，是已輸我一着矣」，人還以語海藏，海藏嘿久之，是蓋吾友合肥李栩厂語我者。栩厂又語我：渠北居燕時，夕宴蒼虬心畬諸詩畫名流，散老時亦北居，栩厂以其年邁不敢，散老聞乃巾車往，欣然與讌，同坐皆盛贊其詩，栩厂尤服膺其，因語栩厂曰，「吾詩萬不可學，若仍以多讀范先生詩爲宜，蓋橫絕千古，遠非吾所及也」，栩厂對曰「余于太老師詩有深好篤，非他家所能奪也」，座客悉大笑曰，「是眞不愧小門生口吻」，蓋栩厂尊人木公先生初學古文于馬通伯，繼復與袁伯夔陳病樹同散老者也，余因叩栩厂君當時曾叩散老以范詩橫處安在否？栩曰「是未逮及」，然吾於詩終愛散原，是或先入爲主之故邪？然世知陳鄭者夥，而知范生先者則寥寥可數，蓋眞賞之難也。

本刊已經香港政府登記

聯合評論

每逢星期五出版

週刊
United Voice Weekly
第七十號
督印人：黃宇人
總編輯：左仲平
社址：九龍金馬倫道三十八號三樓
電話：六一四一三(61413)
承印：田風印刷廠
香港高士打道二二一號
售價，每份零售港幣一毫
總代理：友聯書報發行公司

台灣的出入境管制還不取銷嗎？

黃宇人

自中美聯合公報發表後，國人對於政府當局居然聲明不以武力反攻大陸，莫不深感失望。政府所謂以實行三民主義爲反攻大陸的主要方法，至今亦未見有何跡象。月來台灣和海外的若干報刊，都表示希望政府從速召開反共救國會議，似乎只要反共救國會議一開，我們就可以推倒中共政權而重回大陸了。我個人雖然沒有這麼樂觀，但也認爲政府如有誠意邀集海內外各方面的人士舉行一個會議以商討復國大計，總比目前的關門主義好得多。可是，要在台灣召開這樣的一個會議，除了議題，人選等問題而外，還有一件事不但可以作爲測驗政府有無誠意的試金石；而且又與反共救國會議能否順利的開成和完滿的結束有密切的關係，人們似乎尚未十分重視，此即台灣出入境管制辦法的存廢問題。我以爲如果此一辦法不取銷，縱使政府召開反共救國會議，而許多被邀與會的海外人士，因爲非向台灣省保安司令部申請核准並發給入境証不得入台，爲了保持自尊也就不願意去開會了。而到會的人士又因爲須經保安司令部發給出境証才可出境，爲了出境的顧慮，也自然不願意在會議中對於應興應革的事仗義直言了。在如此的環境之下，試問，反共救國會議有何意義呢？

現行出入境管制辦法的由來

台灣出入境管制辦法，是民國三十七八年之交南京危急時，台灣省政府規定的。當時中央政府高級官員及國大代表和立監委員等並不在被管制之例。三十八年二月立法院在南京復會，立委邱漢平等會以該項管制出入境辦法與憲法有違，提案請院會函行政院轉飭取銷。繼因時局劇變，立法院未及會終即隨政府南移，對於邱委員等的提案自不及處理。迨蔣總統復職，更將出入境管制的範圍擴大，政府高級官員及立監委員與國大代表等都同受管制。同時，主管出入境管制的機關，表面上雖仍屬於保安司令部，實則審核之權完全操之總統府資料室（主任蔣經國），而最後決定者則爲總統，於是，責任內閣制下的國家元首而竟親司管制人民出入境的事務了。

在立法院遷台初期，許多立法委員都被認爲不忠貞而橫遭政府當局的歧視，對於總統親自主管的出入境管制，雖明知其謬，但亦不敢置喙。而且當時若干尚留在港澳的委員，非經政府中得力人員爲之担保不准入台；其不願如此者則以無故不出席論，過了一個會期之後即取銷其委員資格。甚至委曲求全而申請入台者，至今尚有多人未獲准許。由此種種，可知立法院本身實深受控制，縱屬敢言之士亦不能不有所顧慮了。因而出入境管制辦法，不但剝奪了海外中國人回到祖國的權利，而且還限制了立法委員的言論自由，眞有意想不到的效力，直到兩年以前，台灣的政治氣氛稍有改進，立法院在討論搶救港澳難胞一案時，才有人提出管制出入境的違憲問題。但在當權者的壓力之下，除通過「入台審查應放寬」一個空洞的原則而外，關於該項管制辦法的法律問題，迫得以「重付審查」的官樣文章不了了之。這是現行出入境管制辦法的由來及其演化的經過。

政府所持的表面理由

台灣省政府於南京危急時實施出入境管制，據說是恐怕大陸上那些囤積居奇的奸商湧入台灣危害寶島的經濟安定；到了蔣總統復職後，則又說是爲了防止共諜滲入並確保台灣的人口不超過其可能負担的範圍，以求穩定此一反攻復國的基地。但明眼人都知道這些只是次要的理由而非其主要的原因。就防止共諜滲入來說，台灣四面皆海，對外交通極易管制；而全省戶籍，在日本侵佔時代已有基礎。因此，只要治安機關能在海岸交通和戶籍方面善盡其責，共諜自不易滲入；縱有漏網者，在戶口方面亦可發現，又何致小題大做而普遍的限制入境呢？至於說誠恐海外的大批難民湧入而超過了台灣所能負担的範圍，更不成理由。以台灣的現狀而論，如能改善那些作繭自縛的經濟管制辦法而使外來的投資有確切的保障，不要說外國人會來投資；即東南亞的華僑，年來備受所在地政府的壓迫，自更樂於將其資金移到台灣來經營各種企業了，今天在香港的大量游資也將向台灣滙流了。我認爲以吸收外資發展台灣的農工商業及觀光事業來安置流亡在海外的難胞；同時，並有計劃的向南美移民，才是政府的當務之急。不此之圖而關了國門坐視他們在港澳過非人的生活，還成其爲政府嗎？

政府管制出入境的真意所在

政府所以一意孤行，要實施出入境管制，其主要原因不外爲排除異已。他們以爲如果讓海外的民主人士自由入台，則這些人一定會對於政府的某些措施予以無情的指責，而使當局不便爲所欲爲。於是，率性關閉國門，迫使這些異已者若不向政府低頭，就祇以在海外過着流亡生活。政府中人或許以爲民主人士，如不因窮困而投向中共，亦必因窮困而潦倒以死。如投向中共則可證明政府的一切栽誣都是屬於先見之明；如潦倒以死也可以除去他們的眼中釘，不料九年以來，海外流亡人士之投向中共者不過二三敗類；而潦倒以死者也爲數極少。大多仍在極艱苦的環境中高舉反共與民主的旗幟，繼續奮鬥，而且還產生了不少的青年民主鬥士。於是政府當局又極盡其詆謗和分化的能事，處處予以破壞，使海外民主人士難上加難。據說，台灣方面爲偵察港澳民主人士的活動，竟不惜以重價收買可供利用的人，這證明政府不但將民主人士擯於國門之外，還不讓他們在海外有所成就。這些倒行逆施如仍繼續下去，還說什麼反共救國會議呢？

以上畧述政府管制出入境的經過及其用意何在？因篇幅關係，下期再論政府實施出入境管制的違法失德及其流弊。

閒話第一篇　不談政治，還是政治！

左舜生

成日成夜坐在房間裏，連篇累牘的寫上一些涉及現實政治的文字，這眞是一件令人噁心的事。以我個人的性格來說，我是一個天然不適於幹政治的。要我一本正經的坐下來和那些熱心政治的朋友們談天，我雖不一定比他們談得更壞，但我總覺得不如讓我去讀幾首詩，唸幾句詞，或看一篇小說，甚至於叉幾圈麻將，要對於我實惠得多。

在近代中國幾位已經去世而又確有歷史地位的人物中，例如章太炎先生，他總夠得上說是一位貨眞價實的讀書人了，可是他歡喜談政治。記得二十五年以前，有一次，我陪着一位從遠處到上海的朋友，一陣到同孚路同福里章老先生的家裏去閒談，老先生的話匣子一經打開，不免又是高談政治。我實在聽得有點不耐，乃抓住一個機會，向他提出一個我久想得到解答的問題。我的問題大致是這樣提出的：

中國的讀書人，爲什麼都歡喜搞政治？

老先生的回答，我現在已不能完全記得清楚，但至少包括了下面的幾個要點：

一，大致受了儒家思想的影響；二，與後來的考試制度也不無關係；三，中國是一個大而難治的國家，中國確有一部分的讀書人，却偏歡喜往這個難於解決的大問題裏面去攢；四，與第三點剛剛相反，亦有不少的人總以爲政治是人人可以幹得的，其實這種人只是讀書不成的廢料，而混到政治方面去的又以這類人爲最多，於是大家誤會，總以爲讀書人特別歡喜幹政治，其實是不盡然的。

關於第三點，我記得老先生在一次江蘇省教育會的講演，還有過一番切實的發揮，那一次我也在座，因此對於這一點，我記得最爲親切。

×　×　×

中國青年黨有了三十五年的歷史，但把我作爲一個青年黨人，我却只有三十四年的黨齡，因爲我並不是青年黨的發起人之一。回想我這三十四年的黨人生活，似乎也沒有十分對黨不起的地方，可是要我把『忠黨』擺在第一，『愛國』擺在第二，却又得難辦到。

一個人參加了一個黨，多少有一點黨見，這或許是難於避免的；但一爲黨人，便一定要擺出一副『黨混子』的面孔，却是非常討厭。自從二十三年開始，我便常和許多國民黨的朋友混在一塊，在一塊兒玩，一塊兒聊天，一塊兒共事，一塊兒高談國家大事或國民黨的珍聞，乃至，還有少數也偶然間彼此交換一點讀書的心得，甚至就脫得精精光光，同時跳進一個日本式的溫泉浴池，去泡上半點鐘，一點鐘，也覺得彼此以清白相照，了無所謂。在對日抗戰的八年間，和我混得很熟的共產黨人，至少也在二十個以上，一次聽到秦邦憲、王若飛同坐飛機掉死了，也確會使得我非常難過；一直到最近的十年，我才認識了共產黨人的眞面目：他們不只是向國民黨爭奪政權，而是在根本上仇視中華民國，同時也太不把中國人當人！於是我才向他們開罵，罵，罵，罵，一直罵了十年，這畢竟也只是基於公仇，而非由於私恨，我檢點我這六十多年來內心生活，『私恨』這一觀念，大概我是一輩子不會有的。自從大陸經過一次所謂大鳴大放以後，居然有不少黨齡甚高的共產黨人，同樣發出了他們的不平的抗議，也同樣遭遇到共產黨的清算，這可看出共產黨人的『人性』，並沒有完全死絕，這也就是中國民族還有幾希之望的一端。現在有不少的人，把大陸光復寄托於大陸人民起來對共產黨的革命，我却另有一個期待，這便是多數共產黨人『人性』的復蘇，基於近年所表現的事實，我覺得我這一期待，也並不是毫無根據。國民黨自有國民黨的歷史，更有一種國民黨的原始精神，但不幸近年似乎竟有一部份人要向共產黨看齊，有若干舉措，也幾乎做得與共產黨類似，這却是我所最不了解的。

×　×　×

我知道，近來確有不少的人，頗熱心於組織一個新黨；同時我也知道，還有不少的人想把胡適之先生拉上，作爲這個新黨的枱柱。有人問我對這件事的意見怎樣？我想，這件事我只能分作兩段來說：第一，不組新黨則已，眞要組黨，即令活動不必以台灣爲範圍，可是黨的本部，畢竟不能不留在台北，今天國民黨的心情，確實是一片樹葉子掉下來也怕打破了頭，即令這個新黨不會對他們有任何惡意，但實逼處此，天地也實在不寬，像我們這裡十個左右的人，偶然在一塊兒談談天，一不出賣國家，二不勾結共匪，三不顛覆政府，大家湊合幾個小錢，辦一張這樣小得可憐的小報，但不幸打着一個『大團結』的招牌，他們已經是談虎色變，居然可以爲寫情報的人，添上一筆買賣。您能說台北眞的有一個新黨出現，他們能不猜忌橫生嗎？徒然增加彼此的麻煩，在軍隊未澈底解除黨化以前，試問於實際何補？這還是就消極的方面說。從積極方面看，目前可能構成的條件與形勢（就這一層加以詳細的分析，說來太長，姑且從畧），還只能形成一個有力的自由民主運動，而無法立即組成一個像樣子的大黨。只要這個運動做得相當靈活，範圍相當廣泛，也還是一樣可以發生制衡作用，爲什麼一定非馬上便有一個野黨出現不可呢？

第二，關於拉上胡先生來幹的一層，我覺得本於『君子愛人以德』的這個意思，似乎也可不必，這個理由很簡單：孫中山先生開始作正式政治活動的時候，他的年齡才二十有九；梁任公先生參加戊戌維新運動的時候，更不過二十有六。孫先生一生奮鬥的經過，大家都很清楚，用不着談；最近讀了梁任公的半本年譜，才知道他在清末種種活動的經過，確實是十分的艱苦。今天可以供我們作政治活動的環境，並不比孫梁兩先生的時代更爲簡單更爲容易，而胡先生却已經是望七之年，張岳軍先生所說七十歲才是人生的開始，這個用意不外是想給予台北一羣老頭子一種鼓勵，以我這個二等老頭子的體驗，已足以証明他這句話並不怎樣科學。胡先生讀書和寫作的興趣，似乎還很濃厚，以他的精力，大致還可奮鬥十年，就讓他坐在書房裡面完成他那兩本未完的著作，或更留下一點別的東西，這在他算已經可以交代得過去，又何苦一定要把他拖上來活受罪呢？曾慕韓先生奮鬥了半生，不到六十便已死了；張君勱先生則已屆七十有三的高齡；他們所成就的不過是『青年』『民社』兩個這樣的黨，您們還能說組黨工作是怎樣輕鬆嗎？

近來不成片段的零星感想，特別來得多，我這一方式的閒話，或者還有機會寫下去，姑且把這個作爲閒話第一篇吧。

新法蘭西聯邦前途

——仍決於阿爾及利亞

練漢雄

戴高樂自受命組閣，直到他的新憲法獲得法蘭西絕對多數人民的批准以至於今天，他已把那座不很舊而却呈現出不能抵禦暴風雨的高大樓房——第四共和國——壓根兒拆掉，再依照他的設計，將原有的主要材料，從新舉梁搭架，搭起了一座規模相當宏敞的廣廈架子——第五共和國從此便步上砌牆、蓋頂以至於彫梁畫棟的工程上面去，但使他遺憾的，這座架子的兩根主要棟梁——法國本土和阿爾及利亞——之一的阿爾及利亞，仍有毛病在身，而使之動搖不固。在今後的建設工程上，未始不是一件值得深為顧慮的事。

（一）仍有毛病的一根棟梁

阿爾及利亞之所以仍為第五共和國毛病在身的一根棟梁，其致病之由，正如衆所週知：這個地區位在北非，隔了一道地中海，才是法國本土，面積有二二〇五〇〇〇平方公里，現在的人口有九五〇〇〇〇〇左右，（其中法國移民及其他少數的歐洲人共一百二十多萬）它本身的命運，原是不幸得很：遠在十六至十八世紀時期，為土耳其帝國所統治，至一八三〇年才易主，從那時起，回人便開始在遠遠的「蔚藍海岸」上空飄着的三色旗幟下，過着那悠長的歲月。現在所稱為的法國移民，從那時起，也陸續地挾着他們的雄厚資金，南渡地中海，登陸彼岸，從事經營大規模的農場。在一個未開化的落後地區，原有的古老耕農，隨着時間的過去，漸漸淪為不能維持的小耕農或僱農地位，整個農村經濟便給外來的客人所壟斷。此地所有民政機構，不說位居要津的盡是法人，即中下級職位，回人也很少有問津的機會，一九四八年根據阿爾及利亞法規選出的民意機構的議會，議員們雖是經過合法選舉產生，但却硬性規定由當地法國移民及回人各佔半數，以法移民數與回人數之比率來說，顯然是一大不公平之事。法當局在此地的一切設施，關心到回人福利的地方，似乎是少之又少，如要從他們的檔案中，找出特為回人的利益而推行的事物的紀錄，那幾乎是一件絕不可得之事。因而回人的生活水準，低到可憐，有些農人一年的收入，只有五十美元。具有勞動力的精壯男子，八九十萬經常失業，有四分之一的人口，仰賴從法國本土的回人滙返以勞力掙來的法郎過活。可以說，他們一直就是「貧而無告」者！至於當地的教育事業，如果以當地的需要為標準，那簡直相差得很遠：大學只有一間，一九五四年時，中等學校不超過五十間，小學也不過兩千間上下。並且回人為經濟力量所限，能送子弟入校受教育的，成數極低，據同年估計，平均每二十個已屆學齡的兒童，能入學者，還不到一人。另一方面，法國當局，在各方面，也有意無意地，把法、回人民間，給它劃分界線，例如在軍中，士兵塡寫各種表格，所用墨水，法人用藍色，回人則用紅色。待遇也有很大的差別，據一般估計為為三比一。在地域與種族關係之外，還加上這種人為不平等的措施，歷一世紀多而不變。那大部份蚩蚩寡識的土著回人，還是素其位而行，蜷伏在他們的貧民窟裏，並沒有起着應有而顯明的反感，在本年九月二十八日，依然保持百份之九十七擁護以法國為主的新憲法。但那少數的回族知識份子，自一九二〇年以來，便已開始覺悟他們的民族本身的處境，獨立思想與行動，已在潛滋暗長。當時的組織雖是具體而微，但數年之間，其活動範圍，却從阿爾及利亞伸展到法國本土的民衆階層中，（因有不少留居法國的回人）引起當時法國當局的密切注意。當時民族分子領袖瑪沙里・哈德查的被捕，即其明証。迨至德國希特拉逞威歐洲，巴黎陷落期間，哈德查的黨徒，分裂為二：一為溫和派的政治家，主張以溫和的手段去爭取獨立，包括拉課爾、梅克里、瓦齊特和巴葛拿等人，以上層的知識分子為主，組織了中央委員會；一派為激烈派的群衆組訓者，主張以激烈和恐怖的手段去打倒殖民主義者，從事建立自己的國家，包括貝拉、可星你、機特、阿伯拿和玻剌提等人，以下層的群衆為基礎，組織了政治委員會；此外還有以阿巴斯為主的溫和親法派，主張以合作的態度，在法國的扶掖下，徐圖脫離法國而獨立的「阿爾及利亞民主宣言聯盟」。這三者形成鼎足之勢。

埃及納薩爾，打垮了他的對手納吉培之後，崛起中東，倡大阿拉伯主義。這一顆富於誘惑性的石子，投入過了長時期黯淡日子的阿拉伯人的腦海中，的確廣泛地汎起了微笑的波瀾，有競相趨附的傾向。那時，貝拉企圖借助外力，以鞏固和提高其在民族運動中的地位，悄然投奔開羅，在納薩的卵翼下，將原有的組織，改為「民族解放陣線」。不久，溫和派的政治委員會，和阿巴斯的一派，也先後逃抵開羅，在反抗法國爭取民族獨立的大前題下，宣佈合流了。

四年來的阿區戰爭，民族陣線的武裝，由落後的舊武器進為現代輕型武器，由零星的游擊隊進為六萬至十萬的正規軍，由卡比里山區的小據點，發展至控制阿區約二分之一的廣大土地，使法國的五十萬大軍，進退維谷，疲於奔命。

在戰場上的軍事，多由貝拉這一派的激烈份子所指揮，貝拉本人却於阿區戰爭進入第三個年頭——一九五六年為法軍俘去，囚於巴黎聖特監獄中，直至現在。

本年九月中旬，新憲法的公民投票，正在密鑼緊鼓階段，民族陣線總部，便掛起「阿爾及利亞臨時政府」的新招牌，以資對抗。招牌下面，仍是原班伙計（溫和親法派的阿巴斯為總理，副揆則由在囚的貝拉掛名）擔任着各個角色，他們的本錢仍是散佈在阿爾及利亞各地的「民族解放軍」，所不同者似乎在表面上有了一個名正言順的招牌，作為法國敵對的一個立體對象罷了。到現在為止，承認這個臨時政府的有九個拉阿伯國家和那善於投機取巧推波助瀾企圖在北非達成其某種陰謀的中共。

（二）戴高樂的「醫治」手法

戴高樂出掌第四共和國的末任總理後，在他整個計劃中，以處理阿爾及利亞為其重要的一環。他很清楚在以往一百二十多年來，法國在此地所施行的什麼政策，當地土人對法國起着怎樣的反應和到達什麼程度，民族運動分子與大多數回人之間的關係和程度如何，現在要他們統一在法蘭西的三色國旗下，又需要付出若干代價，始克有濟。因此，他在新憲法的公民投票前，不惜以總理的身份，三次蒞臨阿區。最後一次，跟隨在他後面的，還有一位是主和的溫和派人士前任內閣，現任國務部長的傅林靈其人，擺出親善的姿態，對回人先後許下極為中肯的諾言，希望把八百多萬顆人心，一把抓緊。及至贏得第一回合的大勝利——新憲法壓倒性的通過——又再第四次訪問北非，除了對回人給他以高度擁護與合作的行動致其深深的謝意外，還做了兩項主要工作：（一）探求阿區的法人與回人的意見，考驗他們的忠誠，搜集有關資料，作為未來對該區的重要措施的張本。這是他解決阿區問題必須的初步工作，尤其在新國民議會普選行將來臨的當前，更為來得廹切。因為他要銳意實行法回平等諾言，作為解決阿區的根本辦法。在減少議席後的新議會中，將原有阿區議席的三十名（因戰事關係，未能選出，一向是空懸着的）增加至七十名，（包括薩哈拉區四名代表）就中除了薩哈拉代表外，回人必須佔三分二。（即四十五名）並且他希望這些回人代表，均孚衆望，眞正能代表八百多萬回人的人士當選，作為根治阿區痼疾的必要交手人。此舉實非簡單易行，因為阿區除了那衆多的土著回人外，還有法國移民和軍人政客，他們的大前題——愛國——與戴高樂固相一致，而他們還有一個小前題的自身利益在，此點却是與戴不一致的地方。他們在阿區的潛勢力，一向極大，不幹時，可鴉雀無聲，要幹，則可有左右大局之勢。戴要推行法回平等的政策時，他將損及他們的原有的優越利益。六十六名議員的二與一之分配比，已使他們大為不滿，其後他為了保證阿區普選，眞正公平，由人民在其自由的意志中，去選擇他們的代表，命令駐阿法國軍人，立即退出以之推翻傅林靈內閣擁他上台的公安委員會，停止一切政治活動。軍人當能以國家利益為重，立即遵命而行，而所餘的非軍人委員，以失去軍人勢力的支持，嗒然若喪，聲明號召民衆從事罷工抗議。幸戴高樂的阿區全權代表薩蘭將軍（他是駐阿法軍總司令，五月十三日時，渠亦採支持公安委員會的行動）和已遵命退出公安委員會的傘兵司令馬秀將軍（公安委員會由他領導所發動，他任全阿爾及利亞及薩哈拉聯合會主席）曉以大義，使他們在國運絕續之秋，權衡利害之後，罷工之議乃寢。至筆者執筆時止，法國本土的普選，經已揭曉，戴高樂又再獲一次大勝利。阿區普選之期，也只有兩天了，只以所提出的競選名單，仍多為法籍右翼份子和由他們在幕後支持出來的國人，簡直就向法國移民右翼一面倒，他在此地所面臨的難題，顯未能予以克服。（二）宣佈實施阿爾及利亞五年計劃。阿區回人過去在政治上經濟上受到不平等待遇，衣、食、住等都陷於極度貧乏之中，實為阿區叛亂根源之一，最低限度予民族份子以宣傳和煽動的藉口。戴歷次發表的阿區政策和許下的各種諾言，堪稱「對症下藥」之圖，此次所宣佈的五年計劃，是進一步重複說明其早經決定的內容，使國人更清楚的知道他積極向着下面的目標邁進：法國民政機關職務十分之一讓年青回人出任；將二十五萬公頃農田，配給回農；新國民議會中的阿區代表，三分之二屬於回人；在阿境內，積極開發與建設，以增加四萬職位，盡量予回人以工作機會；大事興建民房，使一百萬回人居有定所，發展教育事業，使國人學童，都能獲得受教育的機會。

（待續）

中共的黨團員也要反了

王奇

中共在今年進行了三個大的運動：

第一、全民煉鋼運動；

第二、人民公社運動；

第三、教育與生產結合運動。

就這三個運動的個別性質簡單地來說：

全民煉鋼運動是搜刮民間鐵器，防民造反。

人民公社運動是摧毀社會結構，廢除行政制度，以黨直接管制人民的役民組織。

教育與生產結合運動是降低人民文化水平的愚民手段。

總括起來說，中共是要以這些運動搞得社會上一切反常；就是要每一件事脫離了常規，要每一個人失去了常態。因此一來，大陸上人人緊張，個個驚慌，皇皇不可終日；綜合來自中共報導，確實已進入天下大亂的現象。

究竟大陸實情如何，請看看中共骨幹力量的黨團員的反映，就可以了解中共覆亡為期不遠了。

第一、中共青年團主辦的「中國青年」，一九五八年十一月一日出版的第二十一期第三十四頁載了一封署名陳步新的投信，其內容，一字不遺，照抄如下：「編輯同志：我是在人民銀行工作的幹部，是共青團員。我非常熱愛黨的事業，過去各項政治運動我都積極參加。自從黨中央提出要為完成一〇七〇萬噸而奮鬥以後，全國人民開展了轟轟烈烈的大煉鋼鐵的運動。我們縣裏也掀了起一個大煉鋼鐵的熱潮，機關幹部、學校學生和街道居民都投入了這個戰鬥。我的愛人在學校煉鋼，我的母親也在街道參加煉鋼工作，我自己在機關也有煉鋼的值班任務。煉鋼要日夜苦戰。同時，工作也要大躍進，幹部下放後，一個人要頂幾十個人的工作，經常的加班加點。這就無形中已打破了正規的八小時工作制，也經常沒有業餘時間和星期日。開始，我和其他同志一樣，幹勁很大，但是時間一長，我就感到這樣苦戰的生活太緊張，太不自由，太勞累了。生活常規被打破了，星期日也不能看看電影，逛逛公園，找朋友聊聊天。我知道，社會主義建設的速度要快，我也希望社會主義早日建成。但是，我感到像今天這樣是不是太緊張、太過火了？再說，我們苦戰一年來，糧食大豐收，吃穿也不愁了，鋼鐵也因為全民都在大搞特搞，建立了無數的大、小高爐、煉鋼爐，生產量已經日日在增加。那麼，是不是一定還要這樣白天黑夜地苦戰？整風以後，我原想可以輕鬆一下了，但是，接着又是糧食生產大躍進，又是全民大煉鋼，運動一個接着一個，任務却愈來愈重了。另外，因為苦戰，學習也無法進行，這樣又怎麼能夠紅專並進呢？我不知道這樣的生活還要多久，所以才寫信給你們，請你們回答我，究竟苦戰何時了。」

這一位陳步新，不用說當然是一個所謂的積極分子；而其身分又是「共青團員」。寫的這封信，文字很好，將一肚子的不滿意，隱隱約約描寫出來而不露鋒芒，以事實的不合理使「中國青年」的編者無詞可答，只好強詞奪理的說：「總的來說，希望你要積極投入緊張的勞動和戰鬥中去，結合勞動和工作努力學習；只有這樣，才能成為一個又紅又專的新人」。這些空話，當然不能使這位青年滿意。不過，我們從這封信中，可以了解到有兩點：

（下轉第三版）

大陸逃港學生的控訴：憶「鳴放」時期的學生運動

朱純

我們應該繼續鬥爭

我來到香港已經一年多了，現就讀於本港。本來我是讀電機工程的，現在因爲英文程度差，只好改讀文科了。無論學什麼，我感到我們生活在這一個時代裏，這還是次要的。我認爲，我們青年人，如果不是沒有信心，如果不是只知醉生夢死的話，就應該把自己投入鬥爭的熔爐，將自己的全副精力放在與共產黨的鬥爭上面，才是道理。我曾接觸到一部份情形和我相同的同學，他們到了香港後一切都不管，拼命學英文，準備再唸工科，這是必要的麼？

同樣的，在聯合評論的大陸逃港同學的控訴中，有着太多的怨艾，太多的僥倖感，而且只是想把過去的遭遇講出來就算了，並不準備如何使我們的青年朋友或我們的下一代不遭受與我們同樣的命運。或許是由於「控訴」的大前提的限制吧！但是青年們逃出大陸後便以爲從此萬事大吉的人，確也不少，有少數人甚至害怕，怕中共找麻煩。

我堅信與中共的鬥爭，我們是能取得勝利的。所以我想請編輯先生破例，允許我稍稍突破「控訴」的範圍，讓我來零碎地追憶一下「鳴放」時期的一些事，以及中共在人民反抗運動前的倉惶失措的醜態。一方面，可以堅定我們的信心，另一方面，可以看到中共的兩面三刃的欺騙人民的手法。同時更可以看出在中共的統治下，反抗的人民是包括了各個階層，甚至黨員在內的。

一九五七年四月，我正在大學上學。我暫不說出什麼大學，並沒有其它原因，只是爲了下面要提到領導我們向黨委進攻的一位講師，現在他已經被捕了，不能因爲這裏的披露而增加他的罪名。四月初，「鳴放」已經提得很熱鬧了，共產黨的整風，裝出向各方面徵求意見的臉孔，要人民大開言路。

同學們要自由

這一股風暴，會吹得那麼猛烈，中共原本不會想到。我們學校中的同學，於四月上旬自動地集合在禮堂裏，由一位年青的講師跳上講壇，他的話煽動了所有的同學對統治者的仇恨。他說：「我們今天所要的，是人民的中國，而不是共產黨的中國！」

這時候，平時那些威風凜凜的黨員和團員，都悶聲不響地坐着，同學們有的舉手喊口號，有的集合在一起唱歌，有的跳上長櫈，發表自己對共產黨的意見，更多的同學擠上講台，發出自己同情匈牙利革命的言論。

黨委書記和保衛科長，鐵青着臉坐在台下，校長在辦公室中接見同學。

經過種種運動之後，大陸上每一個人本來就有明哲保身的念頭，不敢多發一言的。可是，這次鳴放是黨委書記親自作過保証的，可憐又可笑的秦書記啊！他怎麼能料到人民不是一隻馴順的綿羊而是一頭猛獅呢！看到同學、助教、講師的激烈攻擊，每當有人指名道姓要他上台來交待問題並答覆群衆要求的時候，他們都悄悄地溜走了。

黨員退黨

經過這次大會以後，學校中已經成了半停課的狀態，黨團員那股見了人就討好地上來招呼的情形，很有些像見到阿Q就叫老Q的趙老爺。佈告牌上貼滿了大字報，最有趣的是流行在每個人中的兩句話，我還記得：「過去一步三跨，現在點頭也把腰彎」。那兩句話也把黨團員的小丑形象形容盡致了。有兩個黨員同學，會公開宣佈退黨，同學們立刻將他們抬了起來，繞校園遊行一週。

人們愛講什麼就講什麼，這時候也不知道哪裏上來的那麼一股勁，喉嚨都嘶啞了，但一遇見同學總仍要談談心事。

類似訴苦會形式的小形鳴放會，在每一個班級的課室中進行。平時的團員班長被同學們任命爲「記錄」，叫他詳詳細細地把同學們的話記下來，以便轉上去。平時動不動就要反映，彙報的狗腿子，這時候變得出乎人意料之外的恭順，老老實實頭也不抬地記着。同學們有秩序地訴述自己的遭遇，有的自己家庭如何被迫分散，有的訴說「肅反」時如何身受迫害，有的代匈牙利人民譴責蘇聯，有的擁護狄托元帥在拉賓的演說……。

每天的報紙，更成了同學們搶奪的目標，社會上的人士的反共言論，每每被剪下來用紅筆圈上貼在黨委書記的宿舍門口和辦公室的門口。老教授們也舒了一口氣，因爲同學們要求教授們講自己所要知道的東西，而這些東西正是過去黨委不准老教授們講的。

我很難形容出當時那麼異樣的空氣，像我這樣在黨的控制下長大的青年，從來就未會想到一旦擺脫了黨的控制，生活會變得那麼快樂，那麼有意義。

同學們被剝奪了的青春又重新得回來了，學校中充滿了學校的氣息。市教育局長到學校來過兩次，同學們在禮堂中「歡迎」他，任意地發問，使他狼狽下台。

迫害繼鳴放而來

同學們的行動，都是有秩序的，受班級代表的指揮，根據中共自己所作的號召，沒有絲毫違反的地方。但是，迫害終於來了。我記得那次迫害，那是人民日報發表了那篇「向右派反攻」的社論後的第二天，黨委書記突然貼出佈告，召開全校師生大會。會場上，四周圍出現了不少工人，據說是來參加會議的。

學生民主運動，只不過展開了一個多月，就結束了。並沒有成功，不錯，但是共產黨的底細給我們摸到了。這一羣低能的黨員和幹部在羣衆反抗怒潮的面前是如何的無能力也給我們看穿了。更給我們知道得徹底的是，共產黨的一切保証，都是可以隨時推翻的。

同學們且想想，這樣一個專靠撒謊欺詐的政權怎能不是我們的敵人？尤其當我們的父老兄弟還被這個政權統治着的時候，我們還能夠不與它作鬥爭麼？

我的話與一般「控訴」不同，但我相信至少代表一部份流亡同學的心聲，同時，我以爲這種回憶也正是一種控訴。

中共黨團員也要反了

（上接第二版）

1這位青年陳君，毫無疑問，是「共產教育」培養出來的一個青年分子，在思想上完全屈服於馬列主義，文化水準並不低，就不應該有這樣的不滿意情緒。從這一點上可以說明，人總是人，是有人性的，中共要以黨性汨沒人性是絕對辦不到的。

2既然黨性汨沒不了人性，人性的容忍是有限度的，到了一定飽和的程度受不了的時候，就必然要起而反抗。這位青年陳君就是超過容忍飽和而到反抗的必然現象。

第二、中共中央主辦的「紅旗」，其實這個「紅旗」可以說毛澤東私人的刊物。在一九五八年十一月十六日出版第十二期中刊載的中共湖南省委會一篇報告性的文字，題曰「插紅旗，拔白旗」中透露農民黨員反抗人民公社的情形，茲節錄於後：「瀏陽縣星星農業生產合作社的隊長劉耀琪，是一面資產階級思想的白旗，劉耀琪雖然也是共產黨員，出身於雇農家庭，那時是上無片瓦，下無寸土，佃住三間爛茅屋，天晴晒太陽，落雨屋成塘；如今依靠共產黨翻了大身，「吃的喝的，樣樣齊全。」「可是他不但沒有提高自己的覺悟，反而思想蛻化了，忘本了。合作化以後，他逐漸對黨的政策不滿，總感到受限制，不自由。特別是這次建立人民公社，他更大肆反對。在黨員大會上，他大放反黨反社會主義的謬論，說公社統一分配是窮社沾光，富社吃虧；說超支戶是懶鬼，要靠富裕戶帶到共產主義，我就不幹，欠錢一定要還，爺不還清崽也要還，還不起連米湯都不給他們喝。說實行糧食供給制是共產主義產生的新剝削。」「他還恐嚇地說共產黨再這樣搞下去，羣衆就會要不答應了。」

根據上面所說，這個劉耀琪是中共培植出來的農村基幹，本來像這種「上無片瓦，下無寸土」一下變到「吃的喝的，樣樣齊全」的農民，也就不應該「忘本」而反對共產黨，所以如此，可以想到，還不是中共的殘酷手段逼出來的嗎？因爲這一個是沒有前面所舉的青年陳君的文化，所以就拿出人類自然本性，「老子和你拼一拼」的老粗態度。

上面所舉的雖然是個別的情形，其實也是整個大陸普遍的事實。在這種情形之下，中共的壽命，必然爲期不遠了。

「五子登科」害了張恨水

岳騫

沉寂已久的名小說家張恨水，最近也出了問題。種因在一部「五子登科」的小說上。

「解放」了這麼長時間，張恨水只寫了兩部小說，一部是最近寫的「五子登科」，另一部是較早寫的「魍魎世界」。兩部小說都以抗戰爲背景，「魍魎世界」叙述抗戰時期重慶的情形，公務員生活清苦，投機商人的花天酒地，官僚資本的活躍，確很忠實，不過其間既未正面攻擊國民政府，也未宣揚共產黨的「豐功偉績」，這篇小說在國內當然沒有出路，後來寄到香港一家尾巴報逐日發表。尾巴報當時因苦於銷路太差，正力謀打開，放棄了原來八股說教的副刊，改載一些武俠，黃色小說以迎合讀者口味，雙方對於張恨水的作品十分歡迎，可說一拍就合，「魍魎世界」開始登在「魑魅報紙」上。可是這篇小說寫的太長，尾巴報登了一年多仍未能登完，最後竟然不問情節勉強截住，等於變相「腰斬」。

張恨水當然不開心，正值那一個時期中共對文藝政策畧予放寬，這篇稿子經過一番活動，居然在上海出版了，這是第一個回合。

「魍魎世界」是寫抗戰時期的情形，張恨水又接着寫了一篇以勝利接收爲背景的小說，書名叫做「五子登科」，看到書名就可以了解是寫的接收大員初抵淪陷區的情形，「五子」是「條子」，「房子」，「票子」，「車子」，「女子」，正是一般接收大員所追求的目標。

這篇小說故事內容也很庸俗，叙述勝利後派往北平接收大員金子原墮落的事。金子原本是一個奉公守法的公務員，在重慶捱了八年苦，突然勝利了，被派到北平去接收，在動身的時候，金子原絕未想到發財的事，不料到了北平，首先接觸到一批漢奸，市儈，這些人有的已經犯了罪，希望他能開脫罪名，有的想和他聯絡在一起作生意，於是展開包圍，用各種方法去誘惑他墮落。第一步是用美人計，利用幾個漂亮女人，楊露珠，田寶珍，還有日本的下女杏子，去引誘，再次就是用金錢送禮，最初金子原還能堅守立場，義正辭嚴地責備漢奸劉伯同，可是終於掉在美人計的陷阱裏。玩女人當然要錢的，金子原那有錢呢？他們教他走私黃金，因爲北平金價低，重慶金價高，只要在北平買了黃金用飛機運去四川，一轉手就可發大財，最後金子原也走到「五子登科」的路上去。

當金子原「五子登科」之秋，正在北平大享其福，突然被政府當局查出，來一封電報詰責，並且明白告訴要派人來查辦。金子原驀地接到晴天霹靂電報，登時不知所措，因爲他很了解自己事情是經不起調查的，最後覺得三十六策走爲上策，好在下半世也夠用了，打算逃去海外作寓公，可是已經來不及了。

張恨水這篇小說仍然和「魍魎世界」風格相同，並未正面攻擊國民政府，只是傍敲側擊描繪出接收大員生活腐化墮落情形，站在宣傳政策上來說，這樣才是超級的手法，但中共不懂這一套，一定要把教條八股注入到任何一方面，他們沒有用腦想想，假若章回小說加進去一段列寧怎樣說的，馬克思如何講的，這篇小說還有沒人看嗎？

本年十七期的「讀書」雜誌，有一位署名蔡樹立的人，寫了一篇「充滿毒素的五子登科」，對張恨水及這篇小說展開攻擊。蔡樹立指出「五子登科」語氣中間有問題。

第一點，張恨水沒有否定國民政府領導抗戰的事實，和重慶當時向全國發號施令的地位，在張恨水看來，儘管當時官吏貪污違法，政府腐敗低能，但這只是個別現象，就整個情形而論，對日抗戰是國民政府領導的。所以在書中，張恨水不斷提到「重慶這地名在當時是高貴的」，說金子原專員「表示他來自抗日司令台畔的身份」，又經金子原口內說出：「我們抗戰八年是艱苦的」，「抗戰八年，什麼苦都吃過，衣食起居，全不在乎。」

第二點，張恨水沒有宣傳共產黨的「功績」，據蔡樹立的說法「眞正的抗戰中心在延安」，「共產黨領導和堅持了敵後的抗日運動，延安是人民嚮往的革命聖地，八路軍，新四軍和地方武裝打擊和殲滅了敵人有生力量，後來又配合蘇軍作戰，殲滅了敵人精銳兵團，廹使日本無條件投降。」這段話蔡樹立說的頭頭是道，可是張恨水卻寫不出，也許就因爲這一點，張恨水小說在國內仍然擁有廣大銷路。

第三點，最令蔡樹立「氣憤」的，就是金子原大罵漢奸說：「你也是中國人，你也太不替中國爭氣了。」

這本是一句很普通的話，有什麼犯禁之處，實在無法了解。不過有一點要注意的，共黨報紙上從不罵漢奸，似乎誰提到這兩個字都要受到攻擊，雖然攻擊的理由是另外找出來的，但總是因爲罵漢奸而起。

共產黨報紙上找不到「自由」兩個字，還可了解，爲什麼不准別人罵漢奸，似乎就微妙了，是不是內心有一種自卑感，怕別人指桑罵槐呢？

蔡樹立最後替五子登科下個總評，指出「是對國民黨政權小罵大幫忙的作品。」至於下文如何，目前尚不知道，但既然有人放出第一槍，依照共產黨的慣例，不全面勝利決不收兵，看來張恨水還有一場磨難的。

記甲午戰爭前的中日糾葛（八）

左舜生

E　光緒十一年的天津條約

光緒十年金玉均等之亂，日本雖與朝鮮訂約，但實際衝突乃存於中日兩國之間，日本懂得：要維持朝鮮和平或澈底解決朝鮮問題，終非以中國爲對手不可，於是於次年正月（1885二月），乃遣其宮內大臣伊藤博文，農商務大臣西鄉從道來華，與中國協商善後。中國以李鴻章爲全權大臣，吳大澂會同商議，與伊藤等談判於天津。自二月十七日（四月二日）起，迄三月初四日（四月十八）止，共談判六次，簽訂天津條約三欵，其原文如下：

一、議定中國撤駐紮朝鮮之兵，日本撤在朝鮮護衛使館之兵弁。自畫押蓋印之日起，以四個月爲期，限內各行盡數撤回，以免兩國有滋端之虞。中國兵由馬山浦撤去，日本兵由仁川港撤去。

二、兩國均允勸朝鮮國王敎練兵士，足以自護治安。又由朝鮮國選雇其他外國武弁一人或數人，委以敎演之事，嗣後中日兩國均勿派員在朝鮮敎練。

三、將來朝鮮國若有變亂重大事件，中日兩國或一國要派兵，應先互行文知照，及其事定仍即撤回，不再留防。

本來伊藤這次到中國來的目的，一在結束過去，一在規劃未來。所謂結束過去，日本原意本希望懲罰中國在朝鮮的將領，並賠償日本商民在此次事變中的損失，但這不是伊藤所必爭的，所以結果僅以一紙由中國表示願意繼續調查的照會了事。所謂規劃未來，便定了這次的『天津條約』。梁啓超說：『江華條約，使朝鮮自認非我屬國；天津條約，使我認朝鮮非我屬國。蓋江華條約說明朝鮮與日本平等，日本既非他人之屬國，朝鮮自亦非他人之屬國也。天津條約說明中國對於朝鮮之權利義務與日本平等，中國既可目朝鮮爲我屬國，則日本亦可目朝鮮爲彼屬國也。』（見梁啓超所著『日本併吞朝鮮記』）至於原約第三條規定中日兩國或一國派兵赴朝鮮要相互行文知照，這更是爲後來的甲午戰爭直接留下一個根子，因此就大體說來，鴻章這一次的交涉，不能不說是大大的失敗。然而以中國當時的國力以及清廷的苟安心理而論，安南已不能不放棄，又何能以獨力撫有朝鮮？並且鴻章在『天津條約』訂立以後，曾有一封信寫給總理衙門，不能說他對當時日本所持的政策以及伊藤之爲人，沒有相當的認識，原信上說：

『該使（指伊藤）久歷歐美各洲，極力摹仿，實有治國之才；專注意於通商睦鄰富國強兵諸政，不欲輕言戰事，併吞小邦；大約十年內外，日本富強必有可觀。此中土之遠患，而非目前之近憂，尚祈當軸諸公，及早留意是幸。……』

果然，由光緒十一年到光緒二十年甲午戰爭的爆發，剛好是十年，一面我們不能不讚許鴻章的料事之明，一面更不能不痛恨西后那拉氏以次那班人的昏庸胡鬧，致有甲午一役的慘敗。不過所謂『十年內外』，鴻章依然健在，而甲午一役，鴻章且以北洋大臣的地位首當其衝，我們決不能因此而解除鴻章的責任，就是了。

汲古書屋談薈

汪兆銘與吳佩孚來往函札（五）

耘農

此時供吳、汪兩方奔走者，一爲陳中孚，一即陶星餘。陶之政治關係不詳，周佛海日記中似曾提及此人，容待考。陳爲著名之親日派，早年隸籍國民黨，參加癸丑討袁之役；其後，孫、段、張三角同盟時期，中山先生於直系未盡忘情，曾遣陳至洛陽說吳合作，故與吳夙具淵源。「七七」事變前，一度任冀察政務委員會外交委員會委員長，爲宋哲元主持對日外交，亦以其與日方關係深切欲有所倚畀也。事變後，仍居平津，甚爲活躍。汪恐其爲吳所用，足以影響日方決策，於彼不利，故覆吳書中於易主席，改政府，換國旗三事，力爲剖析，而以忠俠二字爲餌，冀佩孚之能就範也。殊佩孚接函後，極憤怒，於原書封面，援筆親批：「覆：公離重慶，失所憑依，如虎出山入柙，無謀和之價值，果能重回重慶，通電往來可也。」其對汪之飾詞詭辯，至不耐，故深斥之！覆汪書原文如下：

「精衛先生執事：星如兄北來，再荷十月九日手書，秉聆種切！辱承指示中情，意氣勤勤懇懇，令人益深感仰！大難同膺，救亡圖存，爲舉國一致之心理，漏舟風雨，舊事寧堪復言。因公之坦懷，遂亦不得不稍攄固陋。民國初建，英俊雲興，同氣相求，政團蔚起，政策政論，亦即丕振於時。先進國家數十年乃至數百年經營締造而始獲者，吾皆咄嗟便辦。未幾，隙末兇終，互相排陷，一星之火，遂至燎原。政黨政治，本憲治國家共由之常道，吾所取則，不惟未進國家於隆平，甚且導人民於塗炭。淮橘爲枳，適反所期，乃悟國人既無政治之修養，復少道德之薰陶，國民教育又未徵其普被，憂時之彥，遽欲以民治精神，期諸人人，縣鵠相招，冀平其流，意非不善，特齊其末耳！往鑒及此，頗謂黨治非急，人治宜先，假令全國人才，能集中於統治大權之下，不任分野，盡天下才，爲天下用，鼎盛之局，庶幾旦暮遇之，此亦公與海內豪傑共謀之意，非於其它有所嗛也。公以此次之變，主席不負實際責任，軍事當局，宜引咎辭職。國家經百餘年之積弱，曩函曾以國民黨不過適逢其會，初不必有所歸咎。然若作法理上之討論，抗戰基於政府之政策，且國以黨治爲幟，今因軍事之挫敗，惟軍事當局是問，似不免稍失其平。願公稍持寬大之論，藉免內滋不協，外復示人以間，大難未夷，尤以共相諒解爲宜也。聞公發自重慶之日，關於和平論列，已得政府多數之贊同；近在南中，於友邦研討意見，更日趨於接近；謂宜趁此時機，委曲求全，與重慶爲全面之商洽，一使內外交融，悉歸一致。若能駕返西蜀，與友邦開談判，尤妥。公以國民政府當收拾時局大任，則於法律方面，即不能同時有兩政府之存在。萬一外內未經協調，和議已臻成熟，一方即組織政府，而重慶之政權依然健在，聽之，則屬非法，或致有碍和局之履行；反之，則西班牙殷鑒不遠，而人民益不堪其命。自接大札，關於此節考慮數日，深恐遂如所料，誠國家不幸中之尤不幸矣！弟與公曾爲同心斷金之約，公誠於主權土地之保全，悉得其把握，於弟所鰓鰓過慮者，並得確實解決之法，不致重生枝節，則其餘悉可迎刃而解，不煩過計矣！餘託星如兄面罄，不復一一，敬頌勳綏！吳佩孚拜啓。」

此函辭意，主在規勸諷諫，所謂「黨治非急，人治爲先」，即針對汪之隱衷而發。至囑其重回西蜀，與友邦開談判，實揶揄之也。汪既出走，已無歸路，明知之，而強其所不能，殆故意玩弄使之難堪耳！然較諸吳氏批覆旨意，直斥其失所憑依，如虎出山入柙，無謀和之價值者，已較緩和多矣！其往復推究軍事當局引咎辭職一節，吳持論平恕，不似汪一味以個人私怨介乎其間，其識量之宏遠與汪之氣度褊狹，適成一強烈對照。其後，吳於是年十二月病逝，或謂爲日人所鴆殺，國民政府軍事當局曾致電唁其家屬，有云：「先生託志春秋，精忠保國，比歲處境彌艱，勁節彌厲，羣奸竭其簧鼓，暴敵肆其誘脅，仍屹立如山，不移不屈，大義炳耀，海宇欽崇。先生之身雖逝，而堅貞之氣，實足以作勵兆民，流芳萬古。」抗戰期間，北洋耆宿若段祺瑞、曹錕之先後逝世，固皆昔日指目爲軍閥而應打倒之者，然以其同情抗日，大節無虧，故咸邀國民政府之明令褒揚，而措詞親切，榮寵有加，胥不若對吳之唁電矣！吳歿後之次年三月，汪卒組僞府於南京，美其名曰：「國府還都」，主席初尚擁戴林森（子超）以欺世惑民，旋聞林死，即取以自代，實則日人導演下之傀儡班主而已，主席云乎哉！三十三年三月，汪舊疾復發，赴日就醫，延至十一月十日身死，葬南京梅花山。次年九月，抗戰勝利，有人以炸藥轟其墓，夷爲平地。諺曰：「自作孽，不可活！」然亦可見怨毒之入人心也深矣！

上引汪吳來往函扎，爲友人張伯倫兄錄以見示。張兄早歲留法，久居吳幕，吳避居西蜀時，任之爲外交處長。此極有價值之史料，據云得之舊檔，特手抄保存，是誠有心人也。爰表而出之，以供研究民國史者之參攷。

聯語徵對小啟

本報茲代辦聯語徵對，畧備薄酬，首名港幣五十元，二名三十元三名二十元。並請左舜生易君左徐亮之三先生評閱。聯語如左：

度日如年，一天等於二十年。

「人民公社」淺說

——亮齋閑話之十六

徐亮之

客　「天上星星數不清，公社好處說不盡」；這據說乃大陸人民歌頌「人民公社」的歌聲。您看這到底是一種什麼玩意？

主　「毛主席」「送瘟神」詩有句云：「紅雨隨心翻作浪」；這正是極權主義者隨心所欲翻出來的血淚交融的雨和浪。

客　別說得這麼陰風慘慘，鬼氣森森好不好！您不是看見過報載「公社」包食、包衣、包住、包唸書、包醫病、包棺材，甚至有些「公社」還七包、八包、十三包的嗎？人生的問題原無非生老病死，如今既有「公社」包盡包絕，試問還有什麼不好來？

主　您常常看見我家裏沒米下鍋是不是？

客　這乃書生本色，不足爲奇，不足爲辱，何必耿耿於懷，不達乃爾？

主　別小看我！只消您自明天起絕對遵照我的條件行事，我便絕對自後天起，對您包食、包衣、包住；包您孩子進學校；包您太太生孩子進醫院；最後、包您死了進殯儀館和永久墳場。

客　哞！「大吉利市」。——不過「自古皆有死」，您如果眞「包」得了，倒也不無可以商量的餘地。您且說說您的條件看。

主　條件很簡單，只消把您的銀行存欵，家中現金，橱內古董，壁上書畫，中環商號，荃灣工廠，新界農場，山頂住宅，梅窩別墅，全數移交給我，然後您和您太太聽我隨心所欲分派工作，「各盡所能，按勞取酬」；——我準向您保證，絕對照「包」無訛。

客　天下偏只你聰明；你一夜之間發橫財，我一夜之間全破產。謝謝您的好意，還是免「包」爲妙！

主　這有什麼值得大驚小怪？您沒有瞧見有名的「河南省衞星人民公社」的簡章嗎？這簡章有一條說：「社員轉入公社，應該交出全部自留地，並且將私有的房基牲畜，林木等生產資料轉爲全社公有。」同時，各地公社都要成立供銷部，資金即由過去農業合作社供銷社的股金抵充，不再分紅。老實告訴你：我對您提出的條件，正是現在大陸所以要大力組織公社的理由之一。

客　不過，十年以來，大陸人民由於領教夠了共產黨「說不盡的恩情」，也都已差不多「貧無立錐」的了！

主　人民過去是「貧無立錐」；現在入了公社，更是「連錐也無」，奴隸十足；這便是大陸所以要大力組織公社的理由之二。

客　所謂「連錐也無」，我想：也便是意味着「一身以外無長物」的吧！那末，自這以後，共產黨縱狠，想來再也「翻」不出什麼新花樣的了。

主　恰恰相反，花樣恰便「翻」在這上頭。老實說，只要你仍然有一息尚存的「一身」，便是証明你仍然有勞力可給極權主義者搾取的資格。而慘無人道地榨取人民的勞力到最後，恰又是大陸所以要大力組織公社的理由之三。

客　笑話！老子說：「吾所以有大患者，惟吾有身；及吾無身，吾有何患？」俗話說：「人急懸樑，狗急跳墻。」說來說去，既然只是這個臭皮囊作祟；那末，我自殺好了，共產黨其奈我何？

主　你自殺？你滿以爲便嚇住共產黨了？又恰恰相反；你的屍虫可以養雞，你的骨灰可以肥田，仍不失爲你對公社的最後光榮貢獻；更可能這便是大陸所以要大力組織公社的理由之四。

蒼盦詩話

愚公

嚴叔夏爲幾道哲嗣，篤志懿文，雖不以詩名，然淵源自不可掩，嘗見其丹經一律云：「春自言歸老自留，丹經讀徧未通幽。飢烏睥睍千家屋，落日蒼茫一角樓。往事已隨生滅轉，凡情總作溯洄流。窮年癡病眞何補，剗盡靈苗不剗憂。

頃於星洲友人處見郁達夫自書詩三首：似爲游戲之作，而集中未見，亟錄之以告知達夫者。「重見雲英思黯然，秋燈無語恨綿綿。西風莫使吹搖落，身山垂楊瘦可憐。」「輕烟消受落紅時，翠袖闌珊半不支。一枕髮香人夢醒，綠窗微雨聽彈詞。」「似水年華悔有情，難消薄福是聰明。天涯何況曾相識，愁聽琵琶江上聲。」

生平所見詩才最捷者，當推鶴山易大厂。甲子乙丑之歲，余居上海，時過棋盤街華南樓，樓爲大厂延賓之所，詩酒流連，談諧最樂，友朋中多畫人，大厂詩書畫印四絕，故衆畫皆乞大厂題詩，大厂輒不假思索，振筆直書，頃刻盡數十幅，無不好語如珠。即書屛聯，亦信筆爲詩，從不書古人成句，一日余將歸江右，乞其畫松，攤紙即書「天高有尋丈，不及吾胸次」。余曰：此乃乞公畫松者，大厂畧一停筆言能補救，繼書云：「劉郎要畫松，在此最愜紙。居士先作詩，醉後有此致，携歸潯陽江，且示潯陽妓」。書畢餘有下方空白，畫松一株。宛然八大山人韻味，亦佳話也。大厂夙與胡展堂，葉遐菴友善，倡和至多。但狷介無求，窮老以死，可悲也已。

本刊已經香港政府登記

每逢星期五出版

聯合評論

週刊

United Voice Weekly

第十八號

督印人：黃宇人
總編輯：左仲平
社址：九龍金馬倫道三十八號三樓
電話：六一四一三（61413）
承印：田風印刷廠
香港高士打道二二一號
售價：每份零售港幣一毫
總代理：友聯書報發行公司

再論台灣出入境管制辦法

台灣管制出入境的經過及政府的主要用意，我在本刊上期已有所論列，茲再從法律和道德的觀點加以剖析，以證其謬誤。

出入管制違法亂紀

憲法第十條規定：「人民有居住及遷徙之自由」，第二十三條又規定：「以上各條列舉之自由權利，除為防止妨礙他人自由，避免緊急危難，維持社會秩序或增進公共利益所必要者外，不得以法律限制之。」這就是說，人民的自由權利，除了憲法所列舉的特殊情形而外，不得加以任何限制；而縱然為了這些特殊情形，必須有所限制時，也不得以法律以外的方法行之。所謂法律，憲法第一百七十條更明確規定：「本憲法所稱的法律，謂經立法院通過，總統公佈之法律」。準此而論，台灣出入境管制辦法，既未經立法院通過和總統公佈，自不得稱為法律。而竟據以限制人民的遷徙自由，此政府之公然違法也。數年以前，立法院討論「搶救港澳難胞」一案時，曾有委員建議：「一、由政府將出入境管制辦法，送交立法院審議，使其成為法律；二、或由總統以緊急命令公佈之。」立委們不追究政府非法實施出入境管制的責任問題，而處處為管制辦法尋求法律根據，其不為人民謀而專為政府謀的苦心可謂至矣！然而當局尚不願採納。因為無論由立法院審議或以緊急命令行之，假設要明文規定總統府的資料室為審核出入境的主管機關，並規定總統為主持人，未免不倫不類。如改由其他有行政權力的機關經辦，當局似乎又不放心。由此更可見出入境管制辦法的本身固然是非法的，而由總統主持其事，則更破壞了行政系統。蔣總統主政達三十年之久，在世界史上堪稱第一。但他一向主張法治，強調建立制度；而至今法治蕩然，一切制度多成了有權無責或有責無權的畸形現狀，其原因何在，也許可以從他躬親出入境管制這件事上獲得某些答案吧？

政府管制出入境的失德

黃宇人

台灣出入境管制，不但侵害了人民的遷徙自由；而且剝奪了人民自由進入祖國的權利，此誠古今中外前所未有的奇聞。歷史上的暴君也未曾在他們的各種殘暴刑律中，列入本國人民不得自由進入本國的禁例；現代以為人服民務為天職的民主政府，更不敢如此妄為了。舉一個近例來說：韓戰停火後交換戰俘時，有些美國俘虜因為受了中共的洗腦，會拒絕返回美國而自願投入中國大陸，其中一二人甚至公開發表許多不利於美國的言論。這些人可說是公然叛國了；但當他們一旦表示仍願回國，美國政府不但未予拒絕，而且還責令其駐港澳的外交機構予以照料。直到他們回到美國之後，美國政府才依據案情提起公訴，聽由法律解決。因為一個生而為某一國的人，無異是上帝賦予他以生於斯，長於斯，以至死於斯的永久權利。除了他自願脫離而外，縱然他成了罪大惡極，政府也無權剝奪其自由進入祖國的權利。可是，在台灣施行出入境管制的現局之下，海外中國人非申請政府許可並領有入台証件，不得入台。在申請許可時，不但要請政府認為有資格的人負責担保；還要接受政府派在海外工作的某些特殊人物的訪問和盤查。如果申請者曾經陷於大陸一段時間，無論其在大陸時如何遭受中共的廹害，也無論其如何的堅決反共，更無論其担保人如何內願以身家性命担保其忠於領袖，也要書寫坦白書若干次，有時還要對這些特殊人物作適當的報效，才能使他們滿意而報請政府發給入境証。入台之後，如果沒有獲得永久居住的恩准，也只能停留入境証上所限定的期間。假設入境人誤以為進入台灣就是回到了自己的國度未經申請核准而竟多盤桓了幾日，則他和他的担保人都要遭受嚴懲的。由此種種，可知今日寄居海外的中國人的中國國籍已被政府一筆勾消了；否則中國人進入自己的國家為何還要比去其他國家困難得多呢？同時，我們還想問問：一個政府緊閉國門，不讓中國人自由進入和居住；這個政府還算是中國人的政府嗎？政府既已失去其成為中國人的政府的道德基礎，還說什麼反攻復國？

政府管制出入境的損失

總上所述，可見台灣出入境管制實為一違法亂紀的乖謬措施；而政府在國家存亡危急之時不但未能善盡救國救民的天職，反而乘數百萬同胞逃避共禍之危，將國門緊閉，迫使他們在海外顛沛流離，從道德方面來說，更是一種不可寬恕的罪行。是即抛開法律和道德的範疇而只就現實政治的觀點而論，政府實施出入境管制，不過表露其毫無團結海外人士急圖反攻復國的決心，而只視台灣為少數人的避難所，準備在寶島上苟延殘喘而已。政府中人也許還自慶九年以來許多異已者都未能入國門一步，亦可以稍洩積怨。但事實上則是政府劃了一個小圈子將自已孤立起來，不但許多本來可與政府為友的人士都畏足不前；而且喪失了華僑社會的廣大基礎，以一個負有反攻復國重担的中華民國政府而竟成了如此殘缺不堪的局面，對內徒增人民的失望，對外則招致友邦的輕侮，其因素固多，而出入境管制實肇其端也。因此，我以為政府果有決心作政治反攻大陸的雄圖，則取銷出入境管制，實為當務之急。願拭目以待之。

更表現中共政權的本質

孫寶剛

一　人民公社的出現

在香港居住的人都知道，在香港有兩種房屋，一種是舊房子，受着租務條例的約束，房東不能任意加房租，另一種是新房子，不受租務條例的約束，房東可以任意定租金，也可任意加租金。所以住在舊房子的房客，雖然住的房子很大，房租却很低，反之在新房子內住，房租便貴了。十年前我住在上海，我住的是一個兩樓兩底的房子，就等於現在香港的兩層相當大的新樓，可是因為國民政府時代幣制不穩定，又時時改變法幣，那時的房租也受着房租條例的約束，所以經過幾次改變法幣以後，到了金元券時期，我的房租伸算起來只值二毫金元券。金元券的跌價是驚人的，所以在跌價之後，房東如要到我家來收租，他須化去一筆相當數目的金元券作車資，才能到我家來收到我的兩毫錢。其結果只有不來收房租，白白地給我住他的房子。這當然是不合理的政府政策的後果，但是在這裡我們可以發現一條原則。就是說，在某種政策之下，所有權不是最重要的，使用權才是最重要呢！

二

在十九世紀以前，政府是絕對不以政策來干涉人們的經濟行為，所以所有權非常重要，你要獲得某物件的使用，非得所有者的同意，或付以租值不可，並且租值是由所有者任意決定的。到了今天，世界上已經沒有一個國家的政府，完全沒有經濟政策，換句話說，已經沒有自由經濟，個個國家的政府在干涉人民的經濟行為，於是所有權就受到侵害，有時政府為了整個國家的利害關係起見，對某些所有權干涉得很利害，可以使擁有所有權的人也等於沒有。上面我講的房子的例子就是一個證明。

所以從今天的事實來說，馬克斯斤斤於私有財產而倡導共產主義，在瞭解今天的經濟情形的人們看來，已是多餘的，甚至可說是落伍的學說了。

共產黨人，如對經濟學理和今天的世界情形稍有瞭解的，當然也瞭解到這一點，所以從史太林起，一直到今天的赫魯曉夫，毛澤東，狄托等等，他們不能不在馬克思主義之外，加上一套所謂馬克思主義的發展或修正，來欺騙世人。中國的經濟學術和經濟發展是比較落後的，加上蔣氏專政，不注重學術研究，又經了八年的抗戰，十年流亡，世界上新的理論更不易介紹進中國，而共產黨的宣傳品確充塞市上，所以一般人就被共產的宣傳所欺騙了。

三

我們可以這樣說，今日世界各國的共產黨，已經失去了他們的思想的中心，他們今天唯一目的是爭取政權，維護政權，和加強政權。以中國共產黨來說：在未獲政權以前，其主要的口號是反饑餓，反壓廹，爭取各黨派的合作，但在其已得政權後的今天，不可否認地，一般人民饑餓更甚，被壓廹更甚，各黨派也一一被置之高閣，可見當時的口號並不是他們的中心思想，而是一種爭取政權的策略而已。其後又有所謂土改和三反五反，和歡迎民族資本家投資等等政策，但到今天公社制實行以後，農民分到的土地沒有了，商人和民族資本家的公司商店也沒有了，一切成了全民所有，但全民是以共產黨為代表的，全國人民不是都落了空？於是共黨的政權就因是而維護住，並且加強了。

假如我們瞭解了這個道理，那麼，今日中共把生產合作社一變而為人民公社，也就不足為奇了。在生產合作社的政策下，增加生產還要人民來公議，生產品的分配，果然可以藉農幹來控制，但形式上還是間接的；農民的財產確已十室九空，但多少還剩有一些，一家人住在一起和一起工作，對於人民的行動還不能十分控制，所以他們乘反右派和下放運動的餘威，乃又實施人民公社。

因為在人民公社的制度下，老板是公社，個個人民都是奴工，以往共黨只做到工商業全民共有制，易言之，共黨所有制度，現在農業也為共黨所有了。居住既是以軍隊的形式編成營連排班，工作也不限於自己的公社農地，再加上軍事訓練，所以控制更確實了。今天的公社是要治農牧林漁工商兵於一爐，情形複雜了許多，沒有像以往合作社那樣單純，一般人民更不可能有什麼主張和議論，公社的公積金比合作社時增加了差不多一倍，這就顯明公社在剝削人民的立場上說，更為有效，再加上人民既須去公共食堂就食，每餐給人民多少食糧，也更能控制起來。所以一言以蔽之，由合作社而變為人民公社，妙在加強了對人民的控制，也就加強了共黨的政權！這是共黨的一貫政策，其分別不過是五十步笑百步而已。瞭解共產黨的人們又何必大驚小怪呢？

四

說到這裏，我又想起我常常聽見許多人說的一句話。中共這樣的倒行逆施，奴役全國人民，現在大多數人民已顯然的不贊成中共，這個政權是不會長久的。但我認為秦朝的政權所以這樣短，是因為秦二世才幹太差。英國統治了印度三百年，第二次世界大戰以後才能獨立；日本統治朝鮮也近四十年，香港已是英國殖民地百多年了，一般人連自治都無此要求。這幾年來，中非洲的英人要成立一個中非聯邦，而土著確起而反對，他們希望仍由英國統治下去，過他們的生活。再讀中外歷史，一個不得民意的王朝，常常有統治了很久的王朝。我們只能說，不獲民心的王朝，基礎是不穩固的，但這只是不穩固，或崩潰的一個因素。共黨政權也不能例外，它已經有了這個崩潰的因素，但是反共的人們努力與否，以及一般人民的自覺心如何，才是真正決定共黨政權是否立即崩潰的決定因素。我希望大家能注意到這一點。

不可忽視的「托管」說

左舜生

一位我所不認識的留美報人，今天從紐約寫信告我，要我勸勸一般留在海外作民主運動的人們，對於目前部分世界輿論所鼓吹托管台灣的一說，不可過於忽視。他並且具體的說：

『今年聯合國開幕後討論中國代表權問題時，只有美、英、澳洲、紐西蘭、加拿大為維持現狀講話，其餘各國均默然不發一言。共黨集團及亞非集團不用說，將我台府罵得狗血淋頭，即去年反美今年反英的冰島，也大放厥詞說：「台灣非中國，」又說：「台灣獨立，交聯合國托管，吾人歡迎之！」你說氣不氣死人呢？』

他又說：『我在這裡讀了「聯合評論」第十五期，先生所期待政府的種種措施，在我看來，已屬最低限度的論調，而先生。竟視為「美夢」，能不令人慨嘆！』

這封來信所涉及的方面頗廣，但就我所節錄上面的兩段，已不難看出我留美僑胞對祖國當前的處境，他們是何等的着急。

返觀目前的台灣現狀，又怎樣呢？據說自金馬砲擊以來，美國駐台的軍事人員已有增加！自中美聯合公報發表以後，各類新武器已運到不少；下年度的經援，也已經決定增撥美金一千萬；以現狀說，美國之不會放棄台澎，乃至不會放棄金馬，自屬無可否認的事實。可是所謂反攻大陸云云，乃至其他的任何軍事行動，如不得美方許可，卻是一動也不能動。至於，台灣自身尚可自決的行動，其使人失望之點，乃更不勝枚舉。據我所聞，所謂「反共救國會議」，已斷然決定不開；自民國三十八年五月二十日到現在，已快到十年，自由中國的人民一直是過的戒嚴生活，根本沒有打過一次正式的戰，却天天叫人民「遵守戰時法令」；一個學術性質的中國地方自治研究會，以正當手續請求立案不許，且遭受種種壓迫，一位與該會有關的「自治研究」半月刊編輯孫秋源，竟橫遭逮捕，據說還要誣以販賣毒品的罪名；台灣司法在「配合國策」的原則之下，其腐敗已是舉世所週知，至最近乃更有所謂「奉命不上訴」的活劇出現……

「人必自侮，然後人侮之，國必自伐，然後人伐之，」以台灣的現狀來說，如果人民不起來管一管，托管的命運恐怕是無可倖免的。

新法蘭西聯邦前途（下）

——仍決於阿爾及利亞

練漢雄

（三）談判的癥結

　　戴高樂上任後，首次訪阿時，當地所有國人，在不同的角落裡，都清楚地聽到他說，「法國人民，在法國的旗幟下，統一起來」的第一句話。後來他對着所有屬地宣佈：「公民投票將使各民族自決前途，甚至脫離法國」的政策，也沒有把阿爾及利亞包括在內。他是要要求阿爾及利亞與法國合作，要「使阿爾及利亞與法國永結不解緣」來共同建設大法蘭西聯邦。他的圖謀，顯已獲得初步勝利。遠遠流亡到開羅的「阿爾及利亞民族解放陣綫」份子，瞻望前程，早知屈居下風，面臨失敗邊緣，於九月十九日倉卒間成立臨時政府，第三天即首次向法建議，以談判結束戰亂。其後陸續不斷地發出同樣的呼籲，並提出試探性的條件，其所表現急欲尋求訂立停火協定的眞切態度，以此爲第一次。當時戴高樂這一方面却置之不理，一直到十月二十四日（距離阿臨時政府向法建議談判的日子已三十三天）才擺出白眼看天的傲漫姿態，首次聲明歡迎阿區民族份子前往巴黎談判，並保証彼等安全出入巴黎之間。瀰漫在陰霾裡達四年之久的阿爾及利亞局面，至此已露解決曙光。連一向支持民族份子的突尼西亞鮑吉巴總統也說戴高樂的聲明，係屬一種新的意見，認爲法政治家第一次聲明願與阿人建立政治方面之接觸。然而至今雙方只在幕後秘密洽商，而仍未發展至公開談判。揆其癥結，實由於雙方立場的過分硬性（最少在表面上）所致：法國方面，對阿區戰火，一向視爲叛亂行爲，他們出動五十萬大軍，只是「綏靖」的行動，現在的談判，對方只是叛亂份子而已；在阿臨時政府方面，却以一個國家政府自居，要談，雙方應站在平等地位來談，因而主張地點應改在中立地方，否則，最低限度法亦應予他們以國家首長待遇，始願赴法談判。

（四）展望與蠡測

　　儘管雙方在開始表示其願意談判的意見之際，即觸着問題的焦點，致雙方仍無法碰頭，可是局勢發展到目前這一地步，「談判」一事，畢竟爲雙方所亟求者。如能尋出一比較折中的辦法，把彼此的立場觀念，暫時予以冲淡，談判仍是極有可能的。

　　假如上面的一個假設，在不久的將來，果眞能成爲事實，在某種程度的氣氛下，談判的話，盱衡局勢，似乎也只能在戴高樂計劃的原則下（充其量最多不過是法蘭西聯邦之一員，完全獨立是不可能的。）去談，它之所以促成如此者，實有如下的因素在：（一）新憲法已獲得通過，阿爾及利亞百分之九十七贊成，無異說明回人已絕對擁護新法蘭西聯邦；戴高樂又積極改善回人的經濟與政治上地位，實踐法國平等，回人已普遍感到滿意；戴高樂與回人間，似已打成一片，因而民族份子失去了大多數國人的支持。（二）政變後的伊拉克總理卡森，憬然其國內將重臨危險邊緣，施展他的鐵腕，把一位從西德原爲他的副總理近被派爲駐西德大使，悄悄潛回在各地發動國內群衆情緒，以促成立刻與阿聯合併的不速之客——阿列夫——拘捕，以維持伊拉克的自主獨立後，繼而有參加阿聯前後僅十二天的突尼西亞（與摩洛哥同時參加）斷然作一百八十度的轉身退出阿聯並與之斷絕邦交。最近又有蘇丹的軍人政變，傳聞是以阻止前總理哈利勒向納薩低頭甚而親阿的傾向所促成者。這一連串的事實先後出現後，納薩在北非，已陷於孤立，予他以空前的沉重打擊，他平日所運用的法寶，已露出到技窮的地步！在開羅的阿臨時政府，一方面感到他的支持者漸趨失勢，前途十分可慮；一方面突尼西亞與阿民族份子及摩洛哥，以地理及種族宗教等關係，一向是有深切交往。突、摩從法國手中，掙得獨立後，不斷予阿民族份子以同情援助，增加法國在阿區不少困難。今者，突既與阿聯交惡，鮑吉巴總統自不願彼等繼續投靠阿聯，除拉攏摩洛哥採取一致行動，杯葛開羅外，還提出法與阿民族陣綫談判，並自願出作調人，以巴黎方面先行釋俘作爲停火前奏的建議。當此之時，他明知戴高樂不會作何重大的讓步，竟然提出前所未有的意見，此中之意，似乎暗示要求民族陣綫的讓步。（三）本文第一段，已說明阿民族陣綫，原是溫和親法派與激烈恐怖兩派的組合物，論勢力，應該激烈恐怖派佔優，因爲它正是羣衆的組訓者，它所控制的有近十萬的「民族解放軍」，貝拉雖尚在囚，然與貝拉最初的「拍檔伙伴」現在民族陣綫中鼎鼎大名的，當仍不乏人。臨時政府的最高總理一職，怎麼反而落在曾經在一篇文章裏公開說過「阿爾及利亞是法國的土地，我雖是回族身份，但我却是法國人。」的話的阿巴斯呢？這顯然是主和親法派的抬頭。（四）法國爲了應付阿區戰事，其武裝部隊，在本國幾已抽調一空，即爲了實踐條約上的義務原派在北大西洋公約組織駐防歐洲東綫的法軍，也多調集於此，影響該公約的防衛實力。四年來法因戰費負担過重，致經濟枯竭，政局不穩，一年前的歐洲自由貿易區計劃，直至目前法國仍因本身困難而異其趣，亦影響歐洲團結前途，蓋有其不得已之苦衷者。

　　而另一方面，過去美國對阿民族份子，因恐其陷於共黨集團的手中，在大量援助法國建設的同時，也會公開的支持民族份子，一方大力救火，却一面澆油，身爲自由陣營之主，亦同樣有其不得已之苦衷！自戴高樂登台後，法蘭西整個局勢，顯已改觀，美國前此的作法，亦顯已改變。最近英美準備與突尼西亞的一項軍火交易，還想先行徵得法國同意。這種種態勢，似乎足夠說明北非的和平，爲歐美自由國家同一的願望。而戴高樂得到英美的更多尊重，也是一個顯明的事實。

　　法蘭西聯邦這一根棟樑，今後能否把「毛病」治愈，使他在那新大廈——新法蘭西聯邦中起着主要的力量作用，其關鍵似在這一着——談判——了，我們且拭目以觀吧。

（一九五八年十一月二十六晚於香港）

中共迫馮沅君鬥爭陸侃如

高瞻遠

一、陸馮的愉快時期

　　當代文壇，夫婦並負盛名的，首推陸侃如、馮沅君夫婦，陸馮伉儷，治學同一方向，成就不相伯仲，兩人合著作品，無不一紙風行，在青年群中影響尤大，時人比之如趙明誠、李清照夫婦，而陸馮白首偕老，福分遠過趙李，神仙眷屬，福慧雙修，三十年來，傳爲文壇佳話。

　　大陸變色後，陸馮伉儷均在山東大學教書，陸侃如頗爲活躍，担任山大副校長，九三學社山東負責人，人代會山東省人民代表，在一般陷共文人中，算是受到禮遇的一個。

　　不料到了一九五七年大鳴大放時，陸侃如山東副校長已被解除，仍在山大任教，鳴放開始後，山大學生情緒相當激烈，陸侃如挺身而出，抨擊中共摧殘教育的措施，特別提出教育獨立，黨委退出學校的建議，此言一出，舉國風從，一時成爲各地鳴放的中心問題。

二、陸被清算時期

　　中共反右派開始，陸侃如被列爲主要右派份子，地位僅次於二章一羅，和儲安平並駕齊驅。中共當時對於反共人士最恨的不是要殺盡共產黨的葛佩琦、王德周，而是儲安平和陸侃如，因爲葛王喊出殺盡共產黨的口號，鼓動人民反共情緒雖然有餘，建立起理論鬥爭却不足，情緒的衝動短期可以平復，理論的反抗，永久不能消除，儲安平所提黨天下的指責和陸侃如要共黨退出學校的建議，都是心平氣和討論問題，深入人心，也擊中共黨要害，所以中共絕不放過他們，儲安平的經過，暫不具論，即以陸侃如來說，鬥爭的文字僅發表在山大學報「文史哲」月刊上的，也有幾十篇。最初中共一些嘍囉只是攻擊陸侃如思想「反動」，要把共產黨趕出學校，不要黨委領導等罪名，大概後來共黨中也有通達事理的人，曉得人民群衆，青年學生對於共黨的感情，覺得這樣攻擊下去，越攻擊厲害越抬高陸侃如的地位，變成了小人爲禍，無往不福君子了。於是轉一個方向，從著作上找毛病，把陸侃如說成一個學識平庸，盜名欺世的學者，以打倒他在知識分子中的偶像地位。著作中又特別攻擊陸侃如成就最大的一部書「中國詩史」。

三、『中國詩史』被批判

　　「中國詩史」是陸侃如馮沅君合著的，其中分爲古代、中代、近代三部份，古代詩史是陸侃如在清華大學研究院的畢業論文，當時指導他的導師就是梁任公。以後陸侃如又寫了「中代」，馮沅君則寫了「近代」。

　　這部書寫成後，民國二十年由大江書店出版，銷路甚好，陸馮兩人並不自滿，民國二十六年又著手修改，改訂稿尚未寫成，抗戰軍興，就停了下來。

　　大陸陷共後，中共作家出版社於一九五四年重新付印，仍用「大江」本爲主，刪去一些特別不妥的字句，又滲了一些改訂稿，不過與本來面目相差不遠，只是陸侃如在序言中寫了一些共黨八股作爲烟幕彈，書也就順利出版了。

　　假若陸侃如政治上不出問題，「中國詩史」即使受到批評還無大得，但自反右派鬥爭開始後，中共欽定他是山東右派分子的統帥，情形就不同了。

　　中共鬥爭陸侃如，由政治問題轉到學術方面，集中火力專攻「中國詩史」之後，打手們也經過一番討論，他們決定不惹馮沅君，單鬥陸侃如，尤其是專門批判「詩史」古代部門的詩經一章，先後在「文史哲」、「文學遺產」、「史學」、「學術研究」、「學術月刊」、「新建設」等雜誌展開抨擊，當然任何人的著作都不是完整無疵的，任何學說，也難有顚撲不破的眞理，而中共發動抨擊「中國詩史」的打手，有些也確是有成就的學者，但是受到了共黨敎條的束縛，下筆

（下轉第三版）

中共怎樣虐待兒童

勵君

　　誰都知道：中共是利用教育作爲宣傳馬列敎條的主要途徑，把學校作爲奴役少年兒童的機關，以有背人道的悖逆措施，强制人類固有的權能與天性，窒息自然的生長，而達到它們政治的目的。這樣强制施行政治訓練的結果，一方面政治的效用未必能夠獲得，在另一方面却犧牲了兒童的精神時間學業品德，以及身心的正常發展。

　　而中共對於兒童進行虐待教育的荒謬理論，是說：「一個人的思想，觀點的形成，首先不是依靠書本，而是依靠人們的社會實踐，依靠生產鬥爭和階級鬥爭的實踐。課堂教學搞得好也只能學到些前人實踐經驗的總結，必須和學生的實踐，學生的感性知識結合起來，才能在政治思想教育上和知識技能上收到一定的效果。」

×　×　×

　　茲揭發幾件事實，讓讀者們了解中共的毒辣。

　　（一）「在今年春耕以後，貴州普定縣，組織了一百六十六個兒童農業社，社員有二千六百十四人，都是十歲上下的兒童。有的是校內兒童辦的，有的是校內外兒童聯合辦的。」「小合作社是孩子們從小學管理集體生活的園地。小社也跟大社一樣，有名稱，有社章，有公約，各個小社都設有主任，生產隊長，有的還設有各種委員，組織社管會，有會議制度，評分記工辦法，有的還有試驗地。社裡的工作都由兒童自已來作。」「龍潭鄉的自願社選出了會計、生產、保產、衞生、治安委員。他們利用星期六下午放學後或是課外活動時間去勞動。每次生產前，生產委員都要檢查大家的工具齊了沒有，然後排着隊唱着歌下地生產。回來時衞生委員就帶大家到河邊去洗手洗工具，洗完了還要檢查誰最淸潔。治安委員經常給大家解決打架，吵架問題，有時還到地裡去巡查，防備害鳥、野獸偷吃莊稼。孩子們不僅學習分工負責管理生產，還初步學習了按勞取酬的原則。他們按體力强弱和做活多少，最高的十分，最低的一分，每天評了由會計記在工分簿上。」（見一九五八年第九期人民教育）

×　×　×

　　（二）兒童年齡小，是不懂政治的，而中共硬要引導兒童參加政治生活。所謂政治生活，就是叫兒童參加實際鬥爭行動。如「北京大學附屬小學的少（年）先（鋒）隊員們，受到隊的教育懂得了右派是人民的敵人以後，當他們在路上遇到右派份子譚天榮時，就把他圍住，罵他是大壞蛋，質問他『爲什麼要組織百萬大軍，爲什麼要反對共產黨？』」（見同上）

×　×　×

　　（三）福州市實驗小學的「一星期一次的紅領巾義務勞動日」。這個勞動日，就是要兒童每一星期當中，做一天的義務勞動。其實況：如「打掃學校周圍的小巷，爲農業社塡園地，積肥、運肥，爲修路挑土、搬磚、清理工地等。在勞動的過程中隊員們手起泡出血了，肩膀腫了，還堅持不肯休息。」（見同上）

　　（四）一九五八年十一月三十日人民日報載在廈門島上的何厝村中的小八路。「他們都是何厝小學的少先隊員，可是他們又是部隊的小後勤兵。他們幫助成年人修公路，擦炮彈，送開水，成爲解放軍的好幫手。」

×　×　×

　　（五）近來大陸推行煉鐵運動。小學生也終日做煤球，捶爛鐵，弄得手破血流，面黑焦枯，無人照管，大部份病倒。尤其孩子們不懂煉鐵煉鋼技術，一個不小心，不是被火熱鐵汁烙傷，就是被爛鐵劃傷，情況之慘，目不忍睹。

　　以上都是中共自已報紙所暴露的事實。試問十歲上下的孩子怎樣能做這些勞動呢？可見中共實在是國家民族的大害，不但害了這一代，而且也害了下代子孫哩！

×　×　×

「普寧暴動」的眞相及意義

思流

今年九月二十三日，正當台灣海峽戰雲密佈，金門島上炮彈橫飛的時候，廣東省東南部的普寧縣，發生了中共軍隊掃射農民，死亡近二千餘人的大事件，就是被一般報刊稱之爲「普寧暴動」的那件事。

一、暴動的開始

事情發生在九月二十三日的上午，地點是普寧縣流沙墟。

那天，國共雙方有空戰發生。第一次，國軍飛機低飛而過，在田間操作的農民已紛紛議論，聚在一起，更有發高聲大喊的，勞動已在無形中停頓了。

那時空戰激烈，農民目擊一架飛機被擊落及機上人員跳傘降落，就紛紛荷鋤向降落人員降落的地點奔去，一面口中高喊「捉俘虜」，一面奔走相告，霎時間就聚集了幾千人。

當時農民的心理，是沒有暴動的意圖的。到了降落人員降落的地點後，那人正在整理降落傘。農民那管三七二十一，有的推，有的打。其實降落者是中共空軍，但那時在成千的羣衆前，那有他說明身份的餘地。在情急之下，這空軍就鳴槍射殺了幾個首當其衝的農民。

事態就此急劇地轉變，農民在飽受中共奴役之後，那一股莫名的仇恨全被那幾下槍聲引發了。直到此時，農民還依然不知那放槍的是中共空軍。而且也不相信那開槍射擊農民的傢伙嘴裡自稱的說法，於是羣情洶湧，一鼓而上，那中共空軍就死在農民的鋤頭之下了。

二、打死中共空軍人員

這時，附近的駐軍已聞鎗聲趕到，驅散了一部份農民，到達了肇事的現場，一檢查之下，原來那人眞是中共的空軍人員！

駐軍立刻就認爲是農民發生了暴動，通訊員立刻奉命報告，派來了大量軍隊，架起機鎗，裏外包圍，開始掃射。

這樣一來，混亂就開始了。開始，農民還只是逃避，想衝出包圍，但後來，爲了自己的生存，就開始反撲。至此，才形成了一個眞正的農民與中共軍隊的生死搏鬥的場面。

三、農民的死傷

在混戰中，農民死亡近兩千人（估計），軍隊死亡約七十餘人。

因爲出事時人都聚在一起，所以給了鎮壓屠殺的軍隊以極大的便利，而農民的屍體，幾乎是一個挨一個地排在地上。

事後，未被殺死的及受傷的農民，全都被聚集在一起，這許多農民，包括了流沙墟附近的好幾個鄉村，共有一千餘人。中共並在各鄉中搜捕了近兩萬人，一起解押到大南山集中看管。

被屠殺的農民屍體，在田野上暴露了四天之久，旁邊有軍隊看守，重傷未死的就補上一鎗，並嚴禁家屬前往認屍。

一件大慘案，其眞實內容就是這樣。這並不是農民暴動，沒有人組織，也沒有人領導，否則中共就沒有這樣容易在幾個鐘頭內就將之鎮壓下去。甚至事態發展到了最後，仍不能稱之爲暴動，因爲在機鎗的掃射下，任何人都會爲生命而掙扎。農民那時和中共軍隊搏鬥，並沒有反抗中共政權的意味，而是爲了求取眼前的生存。

我並不想削減這次事件的意義，也並不想澆一些抓住了這一事實就認爲「政治反攻」有望的人的冷水。事實情形就是這樣，願望是一會事，事實又是一會事。

四、從這次暴動可看出的意義

但我們能從這件事中看出兩個很大的問題，這兩個問題，對於我們從事反共革命的人，有絕大的意義。

（一）大陸人民的自發革命如果沒有導火線，目前還不能爆發。台灣方面現在似乎將一切希望寄託在「大陸人民起義」上，而國軍只是負接收任務似的，應該更在這一次事件上吸取教訓。

自發的人民革命如果在大陸發生，必定是農民革命。（我所說的人民革命乃是指足以動搖中共政權的大規模革命）而如果沒有知識份子參與，如果沒有領導人物去鼓動領導，在目前的情形下，只可能出現小規模的，爲求取自己生存的暴動，而不會是以推翻中共政權爲目的的革命。

農民並沒有做慣奴隸，反抗的怒火在他們的胸中鬱結着，但如果沒有導火線，這股怒火就只好鬱結着，或者零星的爆發，白白地浪費。

這次「普寧暴動」，在開始時，有國機低飛而過，就這一點，已引起了農民的大會聚了。當然農民的目的並不是一定歡迎國軍，可是任何意外的風吹草動，都足以引起騷亂這一點，卻是不能否認的。中共深知這一點，因此也就在金馬問題上軟了下來，不惜化鉅大的代價來謀求「和平」解決的辦法。

（二）中共害怕人民暴動。從「普寧暴動」事件來看，中共已深知自己遭到人民的反抗。因此，像怕瘟疫一樣地害怕農民暴動。

「普寧暴動」在開始時，農民絕不是暴動，已可肯定。但是駐軍卻立即將事情判斷爲農民暴動，不加思索地開始鎮壓屠殺，事後又將大批農民驅往大南山集中監管。

這說明了一個什麼問題呢？說明了中共現在時刻在提防的，時刻在害怕的，就是人民暴動。

人民革命現在仍未能大規模地展開，和中共的嚴密控制的關係只有一半，另一半是缺乏導火線。

尤其在人民公社成立後，農民的生活更慘，農民的生活更集體的時候，農民暴動的可能性已大大的增大了。

可是，如果只是東一起西一起的發生小規模的暴動，而沒有支援，沒有根據地的話，怎麼可以造成一個國軍前去接受的革命大成功？

只有先反攻，然後才能引發一個全民革命，應該是不用懷疑的了。或者說，反攻時，農民一樣地會去「抓俘虜」，幫助中共打仗的。這樣說法，在開始時是可能的，但是中共絕不會相信人民還會幫他們的忙的。農民「抓俘虜」的情緒，牽涉到頗爲複雜的人性問題，這兒只能簡單地說一兩句，那就是在中共殘暴的統治之下，人民幾乎已經失去了與它對抗的信心了，在信心喪失之餘，就只好討好中共以求生存，這種慘痛的例子太多了。但是如果有一個強有力的力量來支持人民反抗的信心，事情就截然不同了。

這種支持人民信心的力量，和革命的導火線實在是一而二、二而一的。

以上兩點，就是這次事件給我們的眞正教訓，也是它的意義所在！

大陸逃港學生的控訴：我的家庭

梁鐵功

我蜷伏在漁船裏

一艘漁船，靜悄悄地在海面行駛，我躲在艙底下，好像感到自己的心跳聲甚至響過海浪的泊泊聲。我蜷伏着，汗水濕透了我週身的衣袴，我動也不動地蜷伏了十多個鐘頭，艙上的漁民才走下來對我說：「到公海了！」我舒了一口長氣，爬到上面，望着遠遠的一些朦朧的燈光，那就是我逃亡的目的地——香港了。

海風吹來，我打了好幾個寒戰，一半是爲了涼，一半是爲了想起了幾天前還是生死未卜，現在再過十幾個鐘頭就可以和叔父會面了，不知是爲什麼，身體反而戰慄起來了。

這是三個星期以前，我從大陸逃來香港的經過。

我家祖籍浙江鄞縣，父親和叔伯父皆以航海爲生，一向住在上海，我則就讀於上海市復興中學（一九五四年已改爲市立第十六中學）。在上海，我們有一個很好的家庭。我父親專跑天津、上海、廈門的貨船，已經由於幾十年的辛苦勤勞，由一個普通水手而升到二副了。我三叔父（就是這次設法把我救出大陸的那位）專跑南洋一帶的埠頭。

父親雖然一年中很少在家中，但是他對我們的愛護是無微不至的。母親是一位最典型的中國母親。我們，就是她的生命。

這樣的一個家庭，在一九四九年上海解放後，就開始她不幸的命運了，我那時正讀初一上。

父親失踪

解放後，我父親被留用了一個時期，又被調去學習，那正是五反時期。共產黨要我父親證明他所服務的輪船公司的老板（姓陸）「五毒俱全」，並迫他承認和資本家之間有攻守同盟。我父親本着海員的正直精神，毅然拒絕了這種陷害。於是共產黨惱羞成怒，將他調到安徽蚌埠的一間海員政治學校去，名義是學習，實質是不斷的鬥爭。起先他還有信來，半年後就沒有音訊了。我母親到處向熟人打聽父親的消息。據說父親曾經被判勞役，在海員政治學校中當炊事員。但這消息剛被証實時，父親的朋友又來說，父親已經被解走了。因爲他在當炊事員的時候，仍有「破壞行動」。共產黨到底把我父親弄到哪裏去了，誰也不知道。從此，我們失去了又親愛又威嚴的父親。父親對我們所說的那些故事，成爲我們回憶他的唯一憑藉。我和妹妹、母親，常常對着父親的像片默默不言。母親常常哭，妹妹也跟着哭，我當然也禁不住流淚。

父親音信不明後，我們就只好靠在香港的三叔父寄錢回上海維持生活，一直捱到一九五五年，那時，我因爲經濟困難，已輟學了三年。上海突然發起還鄉運動，我們被派出所遣回鄉下。因爲鄉下的生活程度較低，所以母親也願意去。回到鄉下後，村幹部給了我們一間破茅屋，我憑着幾年來自修的成績，在第二年考上了寧波市第三中學。母親則替合作社餵猪，妹妹在家鄉讀小學。雖然比起過去來，一個家已經不成其爲家了。在我們之間，再也聽不到笑聲，母親的頭髮全白了，雖然她才五十多歲。可是，在經過父親失踪的打擊後，終算又有了一個暫時的安定。如果共產黨肯給人民以這種最低程度的安定，我也不會出來香港的。可是共產黨它非要使人民連這種悲慘的安定都不給維持！

一九五七年，「鳴放」開始，我在學校中就父親失踪事件爲例，說明我父親是典型的勞動人民，但也脫不了「三害」的魔掌，因此獲得了很多同學的同情和擁護，我們曾集體到寧波日報社談過這件事。我希望我的父親能因此獲釋。但好夢不成，我被鬥成了第一號右派學生，被學校開除了。開除後，我設法到農業社幫忙記帳記工分，空的時候也下地種田，我母親看到我這樣下去不是辦法，會要求三叔父讓我來香港，三叔答應了，但是拿了區政府的介紹信到寧波市公安局去申請來香港時，公安局幹部說：「你被學校清洗出來，就是受管制的壞分子，到香港，別做夢了。」連申請表都不給我填，就把我趕了出來。經過這一次事情之後，我再也不敢去冒險談到香港的事了。只好老老實實地在農業社記帳種地。

母親因勞動而死

母親的身體一天比一天衰弱，又得了氣喘病和大脚瘋（甯波人稱腿腫病叫大脚瘋），但是農業社裏是不准休息的。而且餵猪是「輕勞動」，社裡已經算是照顧的了。

我每當看我母親蹣跚地提着一桶猪食，困難地一步一步地走動的時候，心裡就和刀子割一樣地難受。有時我母親因爲腿軟吃不消，而跌倒在猪欄中，雖然混身沾滿泥漿，也是不准回家去換衣服的。我有一次經過猪欄，將我母親扶了起來，我母親伏在我肩頭哭了起來，我根本想不出任何言語來安慰她！就是因爲這個事情，我還被社裏的壁報提出批評呢！

今年六月，在「大躍進」中，我母親在白天餵猪，晚上還要被社幹驅策到田頭去幫忙，以及送飯送水。可憐她虛弱的身體怎能支持得住啊！在地頭上她暈過去了好幾次，都被救醒。最後一次暈在地頭上，被鄰居抬了回來，四天後，母親死了。寫到這兒，我的眼淚又滴了下來，但在當時，我卻竭力地忍住了眼淚。

妹妹去開荒

我將母親逝世的事寫信告訴三叔，三叔派了一個人來，是他輪船上的同事，現在跑香港的，到寧波托人帶口信來給我，要我去見他。我向社裏編造了去寧波向人借錢將我母親下葬的理由，見到了他。他說，三叔要我和妹妹一起通過他逃到香港去。我已不用多加考慮，就答應了。

那次見面後，又是三個多月沒有消息，我度日如年，人民公社已經成立，社裏不要我再記帳了，我下地勞動。妹妹在十月份初旬突然被調到育皇去集中，準備到西安那面去開荒。於是，相依爲命的兩兄妹，又分離了。如果妹妹遲一個月調，或許我們還能一起逃來香港，但或許兩個人行動容易發覺，更逃不出來了。

妹妹走後，我自知不久會輪到我了，逃亡的事我已絕望。但三叔到底設法找到了某地的漁民，還是託上次帶信來的那人找到我。我又向公社編了學校裏要我去的借口，用過去留下的學校信封信紙假造了一封信騙過了那些不識字的幹部，到了寧波。到寧波後，立刻轎赴某地，搭上了那艘漁船。

和三叔見面時，我們相抱痛哭。我的家庭，就這樣莫名其妙地完了。家破、人亡！

到香港後，看見有些報刊上有不要和中共作戰的主張，原因是戰爭是殘酷的。但，難道在共產黨統治下，就沒有人死亡嗎？我的家庭，就是一個活生生的例子！我要和共產黨鬥，要和共產黨打，橫堅一家已經完了，我願以不死之身來使得更多的家庭不要像我的家庭一樣！

謝謝聯合評論給我控訴和表達自己心願的機會。

（上接第二版）先搬出馬克思、列寧的話來批判詩經，完全是牛頭馬嘴，連隔靴搔癢都不够，雖然陸侃如沒有還手的權利，可是這種攻擊法也實在無損以陸侃如的權威。

四、用馮清算陸

中共最愛唱「不獲勝利，永不休兵」，對付一個手無寸鐵的學者，他們卻無法獲得勝利，自不甘心，於是打出最後一張牌，威逼馮沅君出頭來鬥爭陸侃如。

一九五八年十一月份「文史哲」發表了馮沅君的「中國詩史初步批判」——批判陸侃如並批判自己——這篇文字開頭就說：「陸侃如暴露了他的反黨反人民反社會主義的醜惡面目，墮落爲右派分子，在政治上反動的人，他的學術思想不可能不是反動的，我和這樣一個具有反動學術思想的人長期生活在一起，又一再共同著述，我自己的學術思想必不可能沒有極其嚴重的錯誤。因此，儘管我和他在政治上不同走一道路，而在學術上是同樣的應受批判的。爲了改造自己，也爲了對資產階級的反動學術思想作好消毒工作，我決定寫一系列的文章批判陸侃如，並自我批判………」這那裏是批判別人，完全是自我的「坦白書」，可以想見馮沅君的處境不會比陸侃如好了多少，爲了避免同歸於盡，只有走這樣一條大家都走過的路，這不但是馮沅君的意思可能還是陸侃如先行提出，鼓勵她這樣作的，假定這推斷不錯，那末這篇批判，以及將來的無數篇的批判文字，還是陸侃如，馮沅君合著的，這實在是歷史上最大的悲劇，不過也是大環境的壓廹使然，相信李清照在今日，也無法不鬥爭趙明誠的。

記甲午戰爭前的中日糾葛（九）

左舜生

F.天津條約訂立後的十年間（上）

自天津條約訂立以後，中日兩國在朝鮮便成了一種均勢的局面，在外表上好像還能相安，但暗鬥的劇烈則有加無已。加以光緒十年（1884），俄國也繼美、英、德、法各國之後與朝鮮訂約，其所派赴朝鮮的第一任公使，又是一位富有野心的韋貝（Charles Waeber），因此把朝鮮的局面弄得更爲複雜。其時朝鮮的政權，完全握於閔妃一派之手，國王李熙，則庸懦而無定見，內政既依然腐敗不堪，外交上也弄得毛病百出。茲將此十年間幾件有關朝鮮的事實，概括的敘述如下：

一、韋貝任駐朝鮮公使後，俄國即與朝鮮訂立通商條約，此事實由李鴻章派赴朝鮮之外交顧問德人穆麟德幫忙促成。而韋貝的夫人也是一位交際社會的尤物，與閔妃勾結頗深，因之，俄國在朝鮮的勢力大爲增進，乃至有所謂親俄派出現。

二、從光緒十一年（1885）三月（四月）開始，英國與俄國因阿富汗問題幾乎鬧到開戰，會一度佔領朝鮮南海的一個巨文島作爲軍港，以防止俄海軍從海參威南下，後因中國代爲交涉，廷至十二年十一月（1886十二月）始允退出。

三、大院君李昰應被軟禁於保定蓮池書院凡三年，至光緒十一年八月，始由朝鮮王李熙之請求，清廷命袁世凱將其護送回國。在鴻章之意，原想藉李以控制閔妃，可是其時昰應的年齡已六十有六，儘管他對閔妃一派依然仇恨甚深，但回國以後，卒爲閔妃所扼，迄光緒二十年以前爲止，他僅能杜門自保而已。

四、袁世凱以光緒八年隨吳長慶軍赴朝鮮，其名義爲營務處會辦，其時袁的年齡才二十有四。大院君之亂弭平以後，袁以吳之保舉，以同知用，並賞戴花翎。其時吳長慶駐朝鮮之軍共爲六營。光緒十年，吳奉調防金州，留三營以袁任留後，於是袁奉命『總理慶軍營務處，會辦朝鮮防務，』因之十年金玉均等之亂，袁乃得一顯身手，漸有知兵之名，且爲李鴻章所賞識，袁亦多方自結於李。袁已先後居朝鮮三年，對於朝鮮情形頗爲熟悉；迨大院君返回漢城，朝鮮朝野對之頗有好感，大有歡迎其久駐朝鮮之意。適其時中國駐朝鮮『總辦商務委員』陳樹棠因病請假，（實際亦由日本對其人表示不滿）鴻章乃專摺並函總理衙門保薦世凱繼陳。其專摺稱世凱『膽畧兼優，能知大體，』並請『加恩超擢』；其致總理衙門函，則謂世凱『兩次帶兵救護朝王，屢立戰功，該國君臣士民，深爲敬佩，才識開展，明敏忠亮。……』於是袁奉旨以道員升用，加三品銜；總理衙門復加檄委袁『駐紮朝鮮總理交涉通商事宜；』鴻章致朝鮮王李熙函，更對袁稱道備至，並謂：『貴國內治外交緊要事宜，望隨時開誠布公，與之商榷，必於大局有裨。……』以是，自光緒十一年開始，迄甲午中日開戰前夕爲止，袁世凱留駐朝鮮凡歷九年，不僅干涉其外交，實亦與聞其內政；也可說袁氏一生的發跡，實自其駐紮朝鮮一幕開始。

五、俄國駐朝鮮公使韋貝，既抱有積極干涉朝鮮的野心，又得穆德麟穿插其間，韋之夫人且與朝鮮宮廷有所勾結，於是乃力求進展。其時中日兩國駐紮朝鮮之兵盡撤，且依據天津條約，中日均不得派人代朝鮮練兵，而英國又久據巨文島不退，金玉均且有在日購買槍枝回國起事之謠，朝鮮政局實相當不穩。於是俄國以爲有隙可乘，既強迫要求聘用俄人代爲練兵於前，復誘致朝鮮請其派兵保護於後，袁世凱見情勢險惡，乃連電鴻章請嚴加制止，並由清廷向日本政府交涉，限制金玉均活動，此均光緒十一十二年間事也。

略談文學的本質與使命

胡應湖

文學是我們人類特有的一種意識形態，也可說是我們人類心靈的一種高級活動方式。它主要是用文字表示，但也可不必用文字表示；譬如李太白、杜工部的詩，李重光、李易安的詞，固然是文學；然而演劇雖不用文字表示，我們却也不能不說它是文學。文學與非文學的區別究竟在什麼地方呢？我們可以說，凡含有情感的便是文學，否則便不是文學；情感的成分含得越多，則這種文學便越成功。固然一部用文字記下來的文學作品，應該講究文字的技巧；但僅有文字的技巧而無內容，則這部作品仍不免是失敗的。而內容，無論有其種種不同的變化，其本質上總離不開情感。現試舉春秋爲例。春秋雖屬經史之類，然而也是一部大文學書。它的文學價值，與其說因爲它是一部「屬辭比事」的修辭學，倒無寧說因爲它包含有孔子善善惡惡的濃摯情感在內。因此，我們可以說，文學的本質即是情感。我們看，古今中外成功的文學作品，那一部不含有豐富的情感？當我們讀到三國演義關雲長敗走麥城以下幾章時，能不淒然若有所失？當我們讀到水滸傳林冲之脫難而得上梁山，又怎能不欣喜若狂？紅樓夢裏林黛玉之死，令人感到深切的悲痛；而杜工部詩中所描寫的亂離情景，亦使人興起了無限的感傷；莎士比亞的羅密歐與朱麗葉，賺取了讀者多少熱淚！托爾斯泰的戰爭與和平，亦替人帶來了莫名的悲涼。文學作品之動人，是因爲它具有豐富的情感，無論這情感是隱藏在自然化或藝術化的形式之下，它感人的力量是同等的！我們能不隨着陶淵明的詩：「結廬在人境，而無車馬喧；問君何能爾？心遠地自偏；采菊東籬下，悠然見南山；山氣日夕佳，飛鳥相與還；此中有眞意，欲辯已忘言。」而湧起對大自然的熱愛？我們又能不讀到詩經：「彼黍離離，彼稷之苗；彼邁靡靡，中心搖搖；知我者謂我心憂，不知我者謂我何求；悠悠蒼天，此何人哉！」而迸發深沈的哀思？

可見文學之必須具有豐富的情感，是天經地義，不容懷疑的。正因爲文學感人至深，所以它能成爲改變人性之最有效的藥石。今日人心偸薄，世道澆漓，只有採取「普及教育」的辦法才能挽救；而此種教育之主要內容，便是文學運動之提倡。魯迅在朝華夕拾一書中，談到他在日本讀書的時候，某一次在教室裡看到學校當局放映關於日俄戰爭的宣傳影片，上面映出幾個爲俄國作間諜的中國人被日軍捉住殺頭時，而旁邊所歡呼喝采的却正是一群中國人。這事對於魯迅刺激至深，因而他決定放棄習醫而從事文學著述。他認爲醫術固然可以增進人類的健康，但僅有健康的身體，而缺乏一顆善良的心，則這種人不過等於行屍走肉；而文學却正能改變「國民精神」，使惡性變爲善性。魯迅這一見解，恰說明了文學的使命。有人說，文學的價值只是使人娛樂，我們認爲這一看法是錯誤的。文學固然可以使人獲得愉快，但其價值決不止於此，而在它之能善善惡惡，負起指導人生的使命。這就是爲什麼當我們欣賞一場好的電影時，我們常要爲劇中的善良人物之苦難遭遇而淒然淚下，或爲劇中的巨奸大憝之醜惡行爲而深惡痛絕呢。文學既能發揮如此的作用，因此，我們如要拯救人類墮落的靈魂，便非從文學運動着手不可。今日萬千喪失人性的「英雄」們，倘果能以富有眞性至情的文學作品來感化他們，我以爲他們久已蒙蔽的良心將不難恢復。風雨如晦，雞鳴不已！我們熱烈的期待着文學運動的到來！

××　××　××

臨江仙

君左

（深秋樓居）

近海樓台浮畫意，小舟不讓潮平，斷霞紅向臉邊明，西風搖曳處，短笛一聲清。　彈指十年羈客夢，黃昏猶自多情，江山萬里淚縱橫，雁馱雲影重，鷗捲浪花輕。

鷓鴣天

君左

（過鑽石山雙溪書屋舊居）

石屋三間隱翠微，獅峰斜照海風吹，隔牆花影多嬌媚，徹夜灘聲亦壯奇。　尋舊夢，寫新詞，白雲深處最相思，而今羞見雙溪水，辜負江山筆一枝！

徵聯補啓

自本報上期以「度日如年，一天等於二十年」聯語徵對以來，承讀者不吝珠玉，紛紛應徵，感荷無任。唯茲應少加解釋者，即上句乃成語，下句乃大陸的標語，尙祈惠予留意是荷。

也談談「反共救國會議」

——亮齋閑話之十七

徐亮之

客　現在台灣當局既已聲明不用武力反攻復國，而重彈「三分軍事七分政治」的老調；我想這回「反共救國會議」也許可以開成了。

主　先生其將仕乎？其將參加「變相」之「政治協商」而入有「共匪參加」的「聯合政府」乎？

客　別胡說八道！

主　這不是我說的，是蔣先生說的。

客　蔣先生說的？是什麼時候？在什麼地方？有什麼證據？

主　時間是今年七月十六日；地點是在國民黨評議委員會席上；證據是紀錄有案的在這席上的演說辭。

客　演說辭中對「反共救國會議」到底怎麼個看法？

主　他的看法是：所謂「反共救國會議」實際上乃「變相的政治協商會議」；乃推動「國共和談」的「第一步」「契機」，而以達成組織有「共匪」參加的「聯合政府」爲目的。而這一切一切又都只是民主人士中了「共匪」「統戰」「魔術的緣故。這段演說的原文，已載本報第十三期，您找出看看便知道決非我造謠。您想：蔣先生心目中的「反共救國會議」只是這樣，他還有勇氣召開嗎？縱然召開，誰又還有勇氣參加來？

客　妙哉，妙哉！周恩來表示可以考慮蔣先生回大陸做「部長以上」的官兒；蔣先生倒却又害怕「共匪」會來台灣參加他空中樓閣的「聯合政府」。眞乃二妙雙絕，猗與盛哉！——不過話得說回來，那篇演說辭畢竟是「蔣杜公報」宣佈放棄武力反攻以前的事，現在情況變了，可能蔣先生的看法也變了。

主　蔣先生的哲學是「以不變應萬變」；況且又已是七十開外的高齡，縱變還變得了那兒去！

客　由一貫揭櫫的武力「反攻復國」，轉到「三分軍事，七分政治」的「反攻復國」，您總不能不承認這乃是變。同時，「政治」成份變得這樣高，您總不能不承認爲團結海外力量擴大反共陣容而召集一個較大的政治會議，這乃政治上比較聰明的措施。

主　「蔣杜公報」乃應他人之急的急就章，表面上政治成份提高，事實上則是政治作法準備毫無。在蔣先生沒有決定政治作法之前，不可能召集任何大的政治會議的。

客　您竟認爲不是政治會議產生政治作法，而是政治作法產生政治會議？眞乃因果倒置，昏瞶糊塗！

主　難得難得！可喜可賀！倒瞧不出先生年過半百，依然這樣可愛與天眞。我且問您：咱們國民黨自第一二屆大會以外，您數得出有那幾種政治作法眞正是由政治會議所產生？

客　那末，您是認爲一旦蔣先生政治作法決定之後，較大的政治會議仍可能召集的了。

主　可能這樣說。他一旦決定了新的政治作法，便必然可能需要新的政治花瓶；那時，先生如有興趣，不妨嘗試嘗試去。只恐怕會議的醞釀還沒成熟，國際政治客們的台灣託管運動倒先成熟了！

蒼龕詩話

愚公

大厂時爲南洋兄弟烟草公司顧問，簡氏兄弟頗尊禮之，嘗爲公司印行之日曆作畫題詞，凡二年。計每日撕下一頁之背面，均有大厂詩畫，或山水花鳥人物佛像，大半配合時節，如四月八日則佛像，端午則鍾道士，題詩有極幽默而雅馴者，如題佛像云：「赤手已無蛟可斬，白頭惟有佛堪歸。」事過卅年，恐知者無幾人矣。

黃季剛氏嘗言，民初作幕遼陽，於逆旅壁上見女子題詩數首，其一云：「城上荒笳送曉寒，又隨征轂去長安。當年嬌養深閨女，那識人間行路難。」其二：「北來辛苦別慈幃，日日長途泪獨揮。但恨柔軀無羽翼，不能隨雁向南飛。」黃氏援筆題其後云：「戎幕棲遲杜牧之，愁來長詠杜秋詩。美人紅淚才人筆，一種傷心世不知。」「簪筆何殊挾瑟身，天涯同病得斯人。文才遠愧汪容甫，亦擬攄辭弔守眞。」

季剛與劉仲蘧交契，同游東瀛，仲蘧客死，季剛挈其喪歸國，賦詩哭之，有「飄零猶與共，死去忍相捐」之句。另長古一首尤沈痛：「生存累萬緣，朋友亦其一，緣盡判人鬼，幽明不相悉。來生果何境，閉目黑如漆。一見一回親，生交愁短疾。病起尙過我，詎知一面畢。讀君最後詩，痛絕爲擱筆，溯風凄殯棺，空榻猶在室，便當縋黃泉，骨入那復出。平昔共憂生，果死曾無恤。游魂念初生，甯更念昨日。」

（五）

本刊已經香港政府登記

聯合評論

每逢星期五出版

週刊

United Voice Weekly

第十九號

督印人：黃宇人　總編輯：左仲平
社址：九龍金馬倫道卅八號三樓
電話：六一四一三（61413）
承印：田風印刷廠（高士打道二二一號）
總代理：友聯書報發行公司
售價：每份零售港幣壹毫
本報紐約航空版總經銷處
CHINESE-AMERICAN PRESS, INC.
199 CANAL STREET.,
NEW YORK 13 N. Y. U.S.A.
紐約航空版零售每份美金壹角

一篇現代史話

給毛澤東一個初步的解剖

左舜生

我們沒有理由說台灣絕對沒有眞正了解目前大陸情況的專家，我們更沒有理由說台灣遣赴大陸的情報人員簡直就沒有一個好手能展開活動，而居然得着中共較高的秘密。因此，最近透過這類專家與情報人員的合作所發出有關毛澤東快要垮台的消息，他們既『姑妄言之』，我們也就不妨『姑妄聽之』，好在在最近的將來有無事實可資証明，大抵無關宏旨。即令毛澤東偶然變更一個職務，也值不得大驚小怪。

毛澤東遲早必敗

我個人平日也強調毛澤東遲早必歸失敗，但我並無任何『情報』可資依據；也不是說我有任何眞憑實據，足以証明中共少數領導階層的人物之間，確有無法克服的矛盾；至於蘇聯對毛的態度究竟如何，是否把毛運用到某一階段便要斷然中止，我也只聽到一些類似『馬路新聞』的說法，我從來沒有把這些認爲可靠。可是『毛澤東遲早必歸失敗』的這一信念，我至今沒有動搖，這只是由於我對毛的一種基本認識。

人與法兩派

在最近的若干年頭，我們常在人們的口頭上聽到『法治』兩字，甚至也還有人強調『組織』或『組織領導』，其實這是不相干的。中國人的政治思想，誠然有『人治』『法治』兩派，可是在中國全部歷史的過程中，法治派抬頭的時候很少，很短，人治派卻經常的佔着優勢。中國共產黨鬧成如今天的這一局勢，毛澤東個人的影響占着很重要的成分，這是沒有疑義的。因此，如果我們眞要懂得目前的中國共產黨，對於毛澤東個性的分析，似乎是一個值得留意的方面。分析毛澤東的個性，我不是一個最適當的人，尤其中共發展到了現階段，我們要澈底剖解毛這個人，更非懂得佛諾伊得一派的心理學不可，這顯然更不是我所能勝任。我在下面所說的，只是一個最粗淺的發端，聊供一般眞能研究毛的朋友，作爲一種參考而已。

如何研究毛

要研究毛澤東，首先不要忘記他是一個湖南人；在現代的湖南人中，何以會有毛這樣一個怪物出現，最低限度，我們應該懂得咸同以來以迄今日約一百年間，由湖南人所扮演的若干史實，及其代表人物的個性；尤其對清末民初湖南教育界的風氣，更非有一番親切的體驗不可。毛澤東生於甲午戰爭的前一年（光緒十九年，一八九三。），他現在已經是進入六十六歲的老人了，自聖賢以至一切渾蛋，都逃不出其所生時代與環境的影響，毛當然也不是例外。

從太平天國談起

太平天國一幕是湖南人領導結束的。當曾國藩開始在湖南建軍的時候，太平軍的勢力已由廣西到達長江，清廷已危如累卵。可是曾等經過十餘年的奮鬥，屢瀕於危，卒將這一次的六動亂弭平下去。清末一派種族革命論起來以後，乃對洪楊予以過分的推崇，而立憲派則仍對曾胡等景仰備至（梁任公曾一度打算爲曾寫傳，蔡松坡有『曾胡治兵語錄』），黃遵憲對曾雖有微辭，但他仍承認曾雖不可學卻不可謗〇。四十年前著『清朝全史』的日本史學者稻葉君山，目湘軍非勤王之師而爲一種宗教軍；最近日本岡山大學教授木下彪和我的朋友沈雲龍通信，則斥洪楊爲盜魁，而目曾爲中國古今所僅見之人物，並認中國近人著書目曾爲漢奸者爲不辨事理；凡此均足見公道自在人心。三十年來，我對太平天國一時期的史料，也有過部分的涉獵，我雖不否定太平軍亦自有若干的種族觀念，可是他們那種殺人越貨的行爲，離奇怪誕的宗教，五花八門的制度，以及洪楊等到達南京以後那一類驕奢淫逸的勾當，與毀滅中國文化的無知，則雖欲不目之爲盜魁，以與今天的中共相提並論也不可得了。

咸同風氣的感召

我是十九歲才離湖南的，在我青年時期所見一部分的同鄉前輩，深深覺得他們那種講學治事的謹嚴，多少總還保持得有一種咸同時代的流風餘韻；後來我知道譚嗣同唐才常在戊戌庚子兩役所表現那種倔強不屈的精神，又看見黃克強蔡松坡對革命與倒袁兩役所表現那種樸誠邁往的氣概，我乃更感到曾胡江羅輩的影響未容忽視。假定戊戌一役沒有譚嗣同等的壯烈犧牲，則維新一幕的光芒可能爲之低減；假定同盟會成立以後沒有黃克強六年的苦鬥，清廷的顚覆便不見得那樣的迅速；更假定民國四五年之交沒有蔡松坡的崛起，則中華民國的基本動搖，又何必要等到今天？江忠源明明知道廬州不能守而必守，譚嗣同明明可逃而卒不肯逃；羅澤南受命於危難之際而戰死武昌，武昌卒得而不復再失，黃克強也受命於危難之際而苦戰漢陽，漢陽雖失而卒有南京的繼起；胡林翼能與一個闒茸庸劣的官文相處得水乳相融，蔡松坡乃能把一個一代奸雄的袁世凱玩之於掌股之上；這些雖都是偶合，但您能說歷史人物的感召，對後起者絕無影響？大致湖南知識分子的墮落，是從楊度章士釗一輩才開始的，而陳天華，楊篤生，宋教仁，譚人鳳，禹之謨……仍爲湖南人才的後勁，到劉揆一，胡瑛，李燮和……的晚節，則已趨於變種。其實少壯期的楊章，又何嘗不顯其美質，以時代有變化，學術有純駁，政風有良窳，乃逐漸流於荒唐，亦不盡屬章楊之咎。

毛澤東的出現

最爲一般人感到奇怪的乃是近代湖南人物在再衰三竭之餘，又居然像戲劇一樣的爆出一個冷門的毛澤東！其實凡懂得我在上面所舉咸同以來的一些脈絡，懂得清末民初的湖南學風，再加上「五四」一期的一些影響，而又略明白第一次大戰以後的世變，像毛這樣一種角色之出生於湖南，更出生在『長沙裏手湘潭漂』的湘潭（註），卻是半點也不稀奇的。

原來毛在青年期也仍不失爲一個優秀的學生，他受了一點中等教育，已居然能夠胡亂的看一點書，也居然能在長沙的報紙上偶爾發表一些文字，乃至自辦刊物；其行爲似乎也相當的謹飭，因此才爲他的母校第一師範的校長楊昌濟所賞識。楊字懷中，號華生，長沙人，英國留學生，曾任『北大』西洋倫理學史教授，（所用講義係日人某所著，我找來看過，內容似乎不壞）曾有一篇涉及倫理宗教的文字，發表於章行嚴所辦初期的『甲寅』，所署筆名爲Y．C．Z，章譽胡適之『中西之學俱粹』，而目楊爲『魯殿靈光』，其時還是章行嚴頭腦最清明的時代。毛澤東與楊的女兒結婚，據說是由於他們自動的戀愛，與楊不一定有何種關係，因此楊對毛的影響究竟如何，我很難作切實的說明。但據一位最了解揚毛關係的人告我，楊曾勸毛涉獵過胡曾左諸人的遺著，而毛對胡林翼最爲崇拜，胡字潤之，毛之改號潤之，即是毛崇拜胡的一種表示。

清末民初的湖南教育

清末光宣之際，長沙教育界有幾個影響青年最大的人物，據我所知，如徐特立，何勁，曹孟其（惠），朱劍凡（周南女學校校長），姜濟寰（字詠洪，其人體貌頗似黃克強），乃至陳夙荒（楚怡校長），胡子靖（明德校長），彭國鈞（修業校長）等等均是。這類人大抵對學問都無深造，對立憲革命也不一定有何成見，但改造社會的要求則異常強烈，用力也十分猛勇，那一種高度的熱情，簡直有點不近人情，一般守舊者目這類人物爲『國民派』，其意義乃等於『怪物』，可是當時我們這般十七八歲而不太遲鈍的青年，乃多數直接間接在他們的領

（下轉第二版）

實際改革重於救國會議

胡越

一

「反共救國會議」是國民黨自己出的題目，可是懸隔五年到如今仍杳無下文。這五年間倒有不少反共人士，爲這個題目所鼓舞，發表了不少贊助言論，提供了很多具體意見，甚至擬出了參加救國會議的人選名單。與此相反，對反共救國會議也有一部份人士始終加以反對的。他們認爲反共救國會議只是國民黨統戰的一種手法，其目的在以團結的形式把主張自由民主份子納入忠貞的外圍，來消滅民主憲政的言論與活動。並且認爲，這樣一個會議開成之後，會給人一種錯覺，以爲國民黨眞的改過自新，開誠布公了；在這種錯覺之下，海內外同胞對國民黨政府就容易放鬆督責與警覺，任令其獨裁專制下去，民主憲政運動就會被窒息而死，至少是弄得是非不明，黯然無光。但是在台灣內部的民主人士則認爲召開反共救國會議，對於民主憲政運動不但無害反而有利。這因爲他們身處在國民黨當權派的圍攻壓制之下，危在旦夕，不知何時禍從天降；據我所知有不少人已經寫好遺囑，隨時準備從容就義。處在這種情形之下，如果能召開反共救國會議，海內外反共人士結成一公開的陣綫，對於當權派多了一層限制，約束他們不能任意胡作非爲，也就等於對民主憲政運動多了一層保障。

在一九五六年夏天，正當大陸開鳴放到達高潮之際，大陸的反共抗暴運動正如火燎原，我和一羣朋友會力主速開反共救國會議，希望乘時團結一起反攻大陸。因爲那是韓戰以後最好的反攻時機。可惜國民黨政府自縛重重，徘徊瞻顧，終於又錯過了一個黃金機會。當時之所以主張即開反共救國會議，是爲了應對大陸急變的有利形勢。

二

因此那個急變形勢一經過去，那個主張也就跟着失去時效了。我們認爲實際改革重於救國會議。所持理由如下：

一、我們奮鬥的根本目標在於民主憲政的實現。而反共救國會議的主要目的在於團結反共陣綫。期望透過反共救國會議來實現民主憲政的目標，容易把兩個目標弄得混淆不清。民主憲政是根本，救國會議是枝節。如果民主憲政的實現沒有保障，召開一空頭的反共救國會議是毫無意義的。與其主張召開這種虛張聲勢的救國會議，不如主張有利於民主憲政的實際改革。諸如言論自由，出入境自由，出版自由，組黨自由等，都是民主憲政的基石；這些東西個人享而有之爲權利，發而用之爲民主。爭得一分是一分，進得一寸是一寸。萬丈高樓平地起，是一尺一丈砌成的，對今天民主憲政的發展，也應作如是觀。

最近從台灣聽到兩種傳言。一說國民黨的當權分子中，百分之八十反對召開反共救國會議，百分之二十贊成召開反共救國會議；另一說國民黨最高當局已決定不召開反共救國會議了。據分析當局心理，當有辦法的時候才可召開類似的會議，赴會者在威臨勢禁之下不致於大吵大鬧，即使大吵大鬧，由於局面看好也可以受得了撐得住；而蔣杜會談發表之後，局面太黯淡了，赴會者可能牢騷太多，如果吵鬧起來，恐怕受不了撐不住。不管此二說的眞實性如何，也不管此二說的是非如何，據種種跡象看，反共救國會議恐怕要胎死腹中，最少是不定期的延擱了。當這個時會再叫嚷請開反共救國會議，以及如何召開反共救國會議，顯然是不合時宜，自討沒趣了。

三

今天的苦悶，是客觀形勢急切要求變革以興國振作，而國民黨當局則頑冥自私，一意孤行。大有寧可顚預到底，坐以待斃，也不願顧與情稍試改移。這種「春蠶到死絲方盡，蠟炬成灰淚始乾」的執拗空氣，使人有置身清朝末年的感覺。我們沉思默察，所以造成這種心理的原因，當權者的性格固然是如此，而在美國的協防政策下，賴有第七艦隊這座海上長城的拱衛，使台灣失去危亡的威脅，實造成了主觀心理上的苟安。當然，我們無理由埋怨美國協防的不是；但是協防下的安全助長了當局的痲痺恣睢確是事實。昔唐德宗外逼於吐蕃，回紇，內危於藩鎭跋扈，生死存亡緊急呼吸之間，乃不得已下罪己詔以挽救人心，振作士氣。而今天台灣的局面在敗喪之餘，不但無自責自罪的表現，反而倒行逆施，壓制自由，摧殘民主；口喊反共而又拚命學共；其所以敢如此橫行無忌者，主要因爲有苟全之安無危亡之痛使然。這種微妙離奇的現象，可謂史無前例。我們講出這些話，內心裏實痛苦萬分；因爲到今天這步田地，非如此痛切之言，不足以刺醒昏頑，激發血性！我們已隱忍十年了！

一篇現代史話

給毛澤東一個初步的解剖

左舜生

（上接第一版）導之下，而蠢蠢欲動。毛澤東也正是這一風氣中的一個產兒。由今思之，我覺得當時這一般人的社會改造運動，比戊戌時代時務學堂一派人在我們湖南所生的影響，要廣泛，深澈得多。

下面再舉兩個實例來說說。

我前面所提到的何勁，乃是一位專側重社會教育的鬥士，他自己辦有一種白話報，發行不少改良社會的小冊子，也隨時舉行一種通俗的講演。我看過他一種名叫『女先生』的小冊子，是提倡普及女子教育的，其劈頭四句便這樣說：『女子無才便是德，此語本來是胡說，試看蘇州女先生，如何有才又有德！』我覺得他這類的東西，乃與陳天華所寫鼓吹革命的小冊子『猛回頭』異曲同工，也可以說是互相呼應的。何勁這個人的樣子短小精幹，勁氣內歛，而又幹勁十足，眞可以說是名如其人。這個人大致已去世多年了。

徐特立其人

其次我要提到當時的徐特立（此公刻已八十以上，大致還住在北平，爲中共五老之一），其人也是敢作敢爲的（敢作敢爲加胡作亂爲，便是咱們湖南人的特性之一！），『好讀書不求甚解』，好像什麼都懂得，其實什麼也不懂，他似乎有一個信念：『大致凡新的總是對的。』可是其人身體壯健，富有熱情，好名之心甚切，那一股幹勁，也是一往直前的。清末請願開國會的運動起來以後，我們湖南的兩個代表之一便是羅傑，（字峙雲，留日學生，有文采，首先剪辮，入民國後還在上海辦過群治法政學校，在我的心目中，算是最富有咸同精神的一人。）當羅出發北上的時候，徐特立乃砍下一個指頭，血書八個大字：『請開國會，斷指送行！』當面交給這位羅代表。羅峙雲送了他一首七律，中有句云：『指痕送別壯南行，才氣逼人求李雙，』其時大致是宣統元年，我還在高小二年級，但這件事對我的印象却是很深的。徐又是留法勤工儉學生中年紀最大的一個，因爲缺了半顆門牙，讀法文咬音不正確，學算學，有無所得，我不得而知，大致總是未能深造的。三十四年我在延安還見着他，他拉我談得不少，說他要編一種各科混合的教科書，其態度如在長沙師範當我的校長時一樣，雖已七十開外，但不顯其老，別人告我，他有時還跳到延河裡去洗個冷水澡哩！毛澤東受此老的影響，可以說是最深最深的，卽令我說您如果不懂得徐特立，您便無法了解毛澤東，也不算是如何過分。申言之，您如果不知道徐特立到七十以上還可跳入延河去洗澡，您如何會懂得毛澤東的浮渡湘江，浮渡長江是幹的一回什麼把戲呢？

從正面看毛澤東

毛澤東生平也覺得『凡新的總是對的，』也一樣『好讀書不求甚解，』他的敢作敢爲，更早進入了胡作亂爲，他對共產主義的愛好，開始於讀了陳望道從日文翻譯的一篇『共產黨宣言』，現在他儘管滿口馬列主義，其實他隔馬列之門還有十萬八千里，您想，他憑什麼可以窺見馬克思列寧的全貌？充其量不過『拿着鷄毛當令箭，』利用這一工具，來演一回搶奪政權的全武行而已。我知道有毛澤東其人，大致在民國八年，是我的朋友王光祈寫信告我的，其時他已加入了『少年中國學會』，其時我在南京。第一次我和毛見面，大致在民十一二之間，是李守常寫信通知我的，其時我在上海，毛對我的第一個印象，沒有什麼，只是土頭土腦的一個苦學生，但談話中也偶有一兩句可聽的。第二次我在延安會見他，已隔了二十年之久，他却長進多了，他拉着我們同去的六人（褚輔成，黃炎培，冷禦秋，章伯鈞，傅斯年，加我）一塊兒座談，雄辯滔滔，居然能談出許多不成道理的道理，有一次在煤汽燈下（？）談得興高采烈，他把外面的一件衣服脫掉，裏面居然是一件潔白的襯衫，我恍惚看見舞台上的一員『白袍小將，』其週旋進退，也類似羣英會中的周瑜，其時我對這位富有戲劇性的『湘潭漂』（音票），倒是覺得蠻有趣的。

最近十年，毛澤東殺了無數的人，玩弄了無數的知識分子，製造出了無數離奇怪誕的名辭、口號，也創造了無數匪夷所思的神話，到最近乃更有全國練鋼，全國皆兵，人民公社等等的把戲出現，好像眞是把一個地獄的大陸，居然說成了天堂，其實毛還是一個毛，一個平平常常的毛，不僅對一個『紙老虎』沒有動得了分毫，乃至連他所寫出那些太不夠水準的詩詞之類，也非痛打手心不可！

莫誤會毛一無長處

話雖如此，假定看了我這篇文字的人便覺老毛一無長處，却又大大的不可：

一、你不可忘記毛確是一個『不信邪』的湖南人。

二、他富有實踐性，卽幻想也無阻於他的實踐。

三、他頗能運思，可惜的只是『思而不學。』

四、他有頗強的組織力，就他操縱軍人的本領說，他不失爲一個活宋江。

五、他有一種『居之不疑』的氣概，這是在我們中國人中充當一名領袖所必須具備的條件。

附帶想說一說的話還很多，可是已經占去篇幅不少，有一位小弟弟來信，說「聯合評論」快要變成左舜生評論了，這句話倒是很可取，就此打住了吧。

（註：『長沙裏手湘潭漂（音票）是我們長沙一句流行的話，是湖南人製造出來挖苦自己的。『裡手』是明明不懂不裝作內行的意思，『漂』是表面漂亮而中無所有，同時就是上海話『像煞有介事』的意思。

中共鬥爭不倒巴金

岳騫

從今年五月以來，中共在大陸上發動了一個鬥爭巴金運動，如火如荼進行了幾個月，本來這是一面倒的官司，不必看到結果，就可以曉得誰勝誰敗。在初開始時大家都想到，巴金也許要步丁玲，黃苗子等人的後塵，去北大荒「愉快的墾荒」了。那知事情常有例外，中共鬥爭巴金的形勢，忽然逆轉，巴金本人雖然未敢反駁，但是一些青年學生、工人、幹部起來爲巴金助威的越來越多，再加上中共目前所處的困難情形。對巴金的鬥爭，也許暫時要停止下來。

巴金被鬥爭的因素當然很多，遠因要說到當日在上海的「左聯」時代，近因當然與巴金最近的消極態度有關，「解放」九年來，他未曾寫過一部中篇小說，在過去他是中國數一數二的多產作家。再加上去年四、五月間下放開始時，巴金曾提批評，希望中共放寬對文藝的控制，這一切新仇舊恨，可說蘊積已久，不過，中共還是顧忌他在青年羣衆中的影響力，不敢輕易動他的手。

（一）巴金的認錯

不料今年四月間因爲清算法斯特事件，波及到巴金身上，成爲鬥爭他的導火線。原來美國共黨作家法斯特，脫離共黨之後，寫了一本（The Naked God）——本港自由出版社出版，譯爲「裸神」——對俄共提出攻擊。中共對於任何人「誹謗蘇聯」，向來視爲不共戴天之仇，報章雜誌紛紛在咒罵法斯特，文藝報不敢後人，邀請了巴金、曹禺、袁水拍三人撰文清算法斯特，刊在第八期文藝報上，袁水拍和曹禺兩人，只是破口大罵，甚能「站穩立場」，只是巴金却露出溫情，頗爲惋惜，文中曾坦率的說：「我們從此失去了一個誠實的作家，這的確是值得惋惜的。」巴金文中又特別提到法斯特脫黨是因爲讀了赫魯曉夫清算史大林的秘密報告，這一點也觸了中共之怒，因爲這是一件「犯天條」的罪，巴金以前從未有任何人敢提起過。這篇文字馬上引起風波，第十一期「文藝報」又發表了三篇攻擊之文字，迫使巴金發表了一個簡短的認錯聲明，當時似乎告一段落。

（二）清算巴金舊作

不料到了十月間，中共突然對巴金舊作品展開攻擊，各雜誌紛紛提出批評，「北京師範大學」居然組織了一個「巴金創作批判小組」，專門從巴金舊作品中找毛病，寫了一篇「論巴金筆下革命者的形象」，和「讀巴金『家』裡的覺慧」（中國青年第二十期），還有一位姚文元寫了一篇「論巴金小說『滅亡』中的無政府形象」，直接攻擊巴金是一個無政府主義者，這樣就牽涉到了政治問題上去。

十月份出版的「文學知識」創刊號，有一位楊敬提出號召，要「大家來討論巴金作品」，楊敬自己寫了一篇「對青年只有害處，沒有好處。」那知這個號召提出之後，果然得到讀者熱烈反應，首尾不到一個月，共收了一百四十九封信，據「文學知識」第二期透露：這一百四十九篇來稿的作者中，有工人二十四人，學生五十一人，機關幹部三十七人，社會青年十七人，農村工作幹部四人，部隊十六人。就其意見的總的方面說，趨向於全部肯定這兩個『三部曲』有七十四篇，否定較多的有四十篇，基本肯定而又有所批判的有三十五篇。

（三）巴金的羣衆

從上面統計數字可以看出，絕對贊成的恰占二分之一，加上大部份贊成的三十五篇，將占到四分之三，其餘的也並非澈底反對，只是反對其中一部份，這可以看作是共區從未實行過小型「民意測驗」，巴金得到了一面倒的勝利。

第二期「文學知識」一共發表了六篇文字，四篇是贊成的，兩篇是反對的，前四篇中，有很多正義之聲。例如：「說巴金作品是無政府主義和小說裏面沒有黨的領導，這可說是在鷄蛋裡頭找骨頭，不知道當時的社會情況，那時候黨成立不久，對黨有認識的人是很少的，我想描寫黨的領導等，是不符客觀情況的，再說，恐怕還沒有巴金所採用的這種描寫方法影響大。

「另外我要高聲喊叫，不要聽楊敬所說的：「對於巴金的作品，我以爲今天所要作的，只是批判和消毒工作」，如果那樣的話，就等於把一個甚爲精緻的茶壼打碎，而自己却沒有什麼水喝了。」（西安市第十中學趙磊）

又如：「他的作品和其它古典作品一樣，總是教人向眞、向善、向美，純潔些、善良些、對他人有用些」。（河北建屛李蓉）

這兩篇都很過火，李蓉頌揚巴金的作品和古典文學作品都是眞、善、美的，反過來說，攻擊巴金及反對「厚古薄今」的人豈非都是僞、惡、醜的東西。

替巴金打不平的人，還不止「文學知識」所收到信的一百多人，十八期「讀書半月刊」一位署名柔劍的作者，寫了一篇「關於巴金的作品」，開頭就說感到氣憤，「我不應該再沉默下去，我應該起來維護一個作家的聲望及其作品，應該起來維護至少是我認爲對的認識——況且又何止我一個人呢？」

接着就談「家」裏面覺慧出走的問題，「大概那些指責巴金作品的人認爲只有寫覺慧外出參加了共產黨，打了游擊才滿意呢？」這眞是一個大胆的諷刺，大鳴大放之後，尙未見過這種過火的作品。

目前中共又擺出一付和善的面孔，章伯鈞、羅隆基、陳銘樞、黃紹竑、龍雲等人居然又露面，巴金適逢其會，也許可能逃過暫時的難關，一羣發動鬥巴金的人，將遭到一次可恥的失敗。

蘇俄集體農莊失敗的原因

中仁

一　蘇俄集體農莊的槪況

蘇俄在一九二八年因農村經濟衰退，耕地面積，糧食和牲畜，都曾大爲縮減。而這個時間正是要實行第一個五年計劃，發展工業。然而先決問題，却是要解決農業生產適合於工業發展的需要；因而蘇俄於一九二八年年底決定實行將小農經濟合併而爲集體化的集體農莊。這三十年來，依據蘇俄自我宣傳，蘇俄農民差不多有百分之九十五參加了集體農莊，差不多有八萬個集體農莊，有五千八百個國營農場，國營農場的耕作面積佔蘇俄全國耕地的百分之二十五。在農業操作方面有一百六十三萬二千輛拖拉機（每輛以十五匹馬力計算），有四十二萬穀物康拜因機，大概有六十六萬輛卡車，在農業差不多百分之八十的工作已經機械化（以上數字見一九五八年八月號學術月刊）。以蘇俄摸索了三十年的經驗，機械化程度又如此之高；而況它們又是以「社會主義生產目的是在最大限度地滿足人們的需要」爲標榜的，就不應該有生產不能滿足人民消費的現象，可是，問題恰恰發生在此，所以，蘇俄迄至現在，農民仍然反抗集體農莊。

二　失敗的原因

其原因，茲擇其最突出最尖銳的而最嚴重的畧述於後：

第一、由於蘇俄是一個民族複雜的國家，在其十六個加盟國家以內，各有其適應民族特性的組織制度；加上自然條件不同，因而就影響到各地的集體農莊的農民的勞動條件和生活條件，極不相同。制度不同，氣候不同，土地肥瘠不同，土地數量的多少。結果，活勞動的平均消耗就不同了。這種不平等地位就產生了個別農莊的「級差利潤」。因而就產生了兩種趨向，一種是收入貧乏的農莊，無力支付正常的勞動日報酬，使農民日常生活都成問題，因此它們希望變成國營農場，由國家來負責它們的生活，這種情形的農莊，在目前蘇俄仍然是爲數很多；但蘇俄迄今也沒有具體辦法而能解決這類農莊的嚴重情形。另外一種是條件優越收入較好的農莊，都採取了自己保障自己辦法。所以，蘇俄就無法實現「勞動平等，報酬平等」到「各盡所能，各取所需」的共產主義的社會，因此，蘇俄現在正醞釀着「把集體農莊的界限擴大到共和國聯盟的水平」的辦法，挽救集體農莊的分化而歸於失敗。

第二、在蘇俄的集體農莊，在表面上要接受兩方面的領導，一方面而接受集體農莊的領導；一方面要接受機器拖拉機站的領導；形成了領導上的二元性，於是集體農莊上面有了兩個主人，這兩個主人以立場不同，彼此矛盾，衝突時有。因爲機器拖拉機站，表面上的作用是一個機械中心站，以便利某一地區的集體農莊的使用，但其實質是國家控制集體農莊的主要工具之一。因其是重要機械的所有者，如果它不供給機器，集體農莊就不可能收割，就不能應付征糧定額，也就不能維持農民生活。因此，蘇俄的集體農莊表面上是兩個主人，其實是控制在機器拖拉站一個主人之下，因爲機器拖拉機站是國家所有，是接受國家命令而爲集體農莊工作的，是配合國家計劃而爲集體農莊工作的，不僅時常剝削集體農莊，而它常常以機器發生毛病或缺乏零件爲藉口，暗中執行監督計劃進行

（下轉第三版）

大陸逃港學生的控訴：

內心的哭泣

姜銘

我是在一九五六年畢業於廣州市的「廣東廣雅中學」的。同年高考（全國高等學校統一招生考試），未被錄取。我只好在家裡自修。我明知我高考的成績並不低於被錄取的標準，可是我的政治條件太差。

考試落第

一九五六年的高考，實際上是錄取人最多的一次，大批青年軍官，機關幹部都在那一年進入學校。有的人甚至連初中都沒有進過，可是他們因為政治條件好，所以都被錄取了。

而我卻知道自己的不取，僅是因為我父親以前曾當過鄉長，現在還是「管制分子」的緣故。家庭成份不好，好像就是我本身的罪過，不用說入黨入團了，就是想升學，也比登天還難。五六年我高中快畢業時，班級中會發下一種表格叫我們填，是講升學後的志願的。我填的是升學，並且指明我願將我的青春貢獻給祖國的地質建設事業，因此希望能考取北京地質學校。當我把表交給團小組長時，他看了後冷笑一下，我就知道我的希望是沒有實現的可能了。因為我們報名考高等學校，都是集體報名的。招生委員會要求學校當局在報名表的附註欄中加上對同學的意見，以我這樣的學生怎麼可能被錄取呢？我的考試，只不過是一種形式吧了。取與不取，學校與招生委員會是早有默契的。譬如高三甲班一個叫彭忠陵的同學，是五四年插班進來的，唸了兩年高二，才勉強升上高三。因為他是烈屬，是縣政府特為保送來的，又是黨員兼團員，竟然非常順利地考上了北京大學東方語言系。

偽裝積極

在這種種事實的教訓下，我明白自己如果要上大學的話，光靠學問是不中用的。所以我在未能被錄取之後，一方面猛力自修，一方面積極地參加了居民委員會的工作。在居民委員會中，我表現的那種積極簡直使我自己吃驚。可是那有什麼其他的辦法呢？這個社會，就是叫人屈服，屈服，只有屈服才有生路，才能生存。我雖然為了自己的前途而屈服，在這種情形下又有什麼不對呢？

果然，因為在居民委員會中工作的積極，區政府的同志也知道我的名字了，有時區裡要開大會什麼的，也經常找我去幫忙。因此我和副區長也搞得很熟悉，我不止一次地向他提出過我的願望，他也答應為我設法。

果然，這樣一年下來，五七年的高考我就通過了。當然不可能按我的第一志願，而是分配到我連想都想不到的山東師範學院，讀歷史系。

或許大家會問我為什麼那樣地想上大學。我很坦白地回答，事實教育我像這樣家庭出身的人，只有上了大學以後才能得到一份可以養活家庭的工作，換句話說，也就是只有恭順地接受奴才訓練，才可以苟延殘喘的活下去。這不能怪我的卑鄙，社會是這樣的！像我這樣沒有任何政治保証的人，如果不再表現對黨的忠誠擁護，我會得到什麼後果是不難想像的。說我是忍辱偷生也好，是什麼都好，我要活着！我要過像人的生活！我彷彿像在演戲一樣，在火車中我冒充青年團員，向大家談蘇聯幸福的生活，向大家稱道共產黨建設國家的成績。我竟演得那麼的眞切啊！好像我的心裏正是那樣想的一樣。誰知道我心裡的痛苦呢？我要隱藏着自己眞實的感情——我極度地憎惡我周圍的一切，我要惡毒地詛咒這社會；然而我卻連做夢都要露着微笑，講夢話也不能漏了「黨的偉大」。

我要適應這環境，在適應環境中求得生存，我放棄了一切對周圍的憎惡，學會了唯唯否否。

我無恥屈服

我無恥？我無視於人民的痛苦？我向統治者屈服了？我忘了我自身所受的屈辱和悲慘？是的，我是這樣，但是即使我記得，即使我反抗，又有什麼用呢？

在山東師範學院上了兩個月的課，「下放」運動就開始了。那時正是「反右派」之後，每一個人都目睹黨在「反右派」時手段的狠毒。任何人，即使幾年前有過一句對黨不滿的話的，都可以被認為是「右派分子」，白髮蒼蒼的歷史學家被迫住在校役室中，做掃地打雜的工作。我見到他想去擁抱着他痛哭，然而我高昂着頭走過去，遇見迎面來了一個黨員的話，我還得故意說：「讓右派分子從事勞動教育，是必要的」……在「反右派」以後，人們變得更馴服了，黨一號召下放，我明明知道有些同學自知會輪到他們而躲在宿舍中暗暗痛哭的，但是在動員大會上他們都慷慨激烈地舉手首先報名，要求「下放」。當然我也是。因為黨委會在動員以前已經半公開的說過了：「凡是出身於地主、資產階級、小資產階級的同學，未經過實際勞動的，都要放在第一批下放中。服從下放是表現自己對黨沒有三心兩意的最好機會。」

我到農業社工作

於是我又為了求得黨的信任，在去年十月間到達了益都縣第七區，區政府將我分配在一個農業社中當半脫產的會計員。

上午，我們在社裡整理那些字跡不清的帳目；下午，拿起鋤頭下地。我用手檢糞，我腰酸斷了也不休息，我博得農民的稱讚：這個大學生眞梆（梆是山東土話，即好的意思）！我起勁地在晚上教青年社員識字唱歌，區裏舉我為模範社員，我一次又一次地申請入團……

今年五月，我突然接到區政府的通知，說是因為我表現得好，社裏提意見，保送我去繼續上學，以便畢業回來再為農業社服務。回來我提出仍回原校，將來可以在農社的學校中教書。

回到學校，我成了最動人的人物，黨將我作為宣傳的資料了！我知道我的路快成功了！

這時，我還不知道母親已到了香港，並且給了我好幾封信，說是病重，要我去探。黨委幹事問我如何？我當然回答聽憑黨的處理，但一方面卻又做出非常焦慮的樣子。眞正意想不到的是學校竟給了我四十天的假期，由黨委寫介紹信到公安廳去拿到了通行證！

我眞不知怎麼樣才好，但能夠離開這樣個環境正是我夢寐以求的啊！於是我來到了香港。

我到香港後幾個月，我拼命地閱讀一切報章雜誌，我感到中共政權非崩潰不可，但是第一步要做的卻是救青年人！不要再使青年人繼續在沒有希望的絕境中屈服，不要使青年人都像我那樣地為了追求自身的生存而變成了中共最馴服的奴才吧！給青年人一點希望吧！

讀者投書

民主自由運動的當前幾個問題

李翔

自從聯合評論刊行以來，海外的民主自由人士、多因平添了這塊園地，而感到增加不少的聲勢。時間雖僅短短的三個月，但是由於園地主人作風開朗、立場堅決，致使愛好自由氣氛的人們，方得隨心所欲，一泄多年積愫。從各期展開討論的文字裏，不難看出這一新拓的園地，已是主客一家，情感交溶了。儘管在討論問題的時候，大家意見或有個別的出入。但是追求民主、追求自由，反對極權，反對獨裁的總目標，確是每一個人的共同信念。基於這一信念的相同，所以才能收到『集思廣益』之效，而發揮眞正的民主精神與潛力哩！當茲欣慶之餘，願將個人對民主自由運動當前幾個問題的看法，分別提出藉供大家參考。

行動的問題

（一）行動才有力量：溯自中共佔據大陸，流落海外的民主人士，初本寄復國之望於台灣的政府，九年以還，耳聞目睹，他仍不但沒有一種團結海外反共人士共赴國難的復興打算。並且根本就認為此舉乃是多餘之事。究其原因，不外是『師心自用』，包辦把持的自私心理在作祟。他們自知無能，所以才把一切希望寄託於國際間的變化之上，寧願厚顏的任人『頤指氣使』，而不思奮發自強，以拯同胞於水火，像這樣尸位的苟延政治生命的無賴作風，固早已為我海內外反共人士所不齒。近年以來，民主自由運動的呼聲，雖然時有所聞。但總是各行其是，未能眞正做到團結協商，誠摯互見的地步。因而一誤再誤，迄無若何進展。走筆至此，能不慨嘆？茲者，大陸倒懸待解的同胞，已是望眼欲穿，而海外的民主人士更復熱血沸騰，當此千鈞一髮之秋，萬望各捐己見，本人飢己飢之心，熱誠坦白商討，期以精誠團結，風雨同舟之志，迅速設法多方聯絡，早日完成此一歷史性之開拓工作。目前縱以種種限制，而不能即刻擴大展佈，但是『星星之火，可以燎原』，揆諸有利形勢之殆待，一旦着手行動，其勢甯不如潮汐之澎湃？或旭日之東昇？

組織的問題

（二）組織重在健全：二次大戰之後，國共兩黨同因遭受當時國內外的壓力，都不得不暫時放棄武力使用，轉而走上政治協商的道路。而當時形成此一壓力的具體表現，並且確會發生一定制衡作用的力量，便是那時以第三方面姿態出現的所謂民主政團同盟。正因為這一同盟當時是可代表一般社會中各階層人士對國是的共同意見，而他們本身的組成，又確是一般熱愛民主的公正人士，所以才有那樣一種表現。後來，雖然因為救國會份子加入，精神上已經起了變化，但其在初期所表現的那種公而忘私的偉大精神，確絲毫並未遭受因國共訴諸武力的掠奪而隨之烟消雲散。相反的，其留諸吾人腦海之印象，至今尚且難忘。基於這一教訓，使我仍深切的體念，要爭取民主自由，一定先要有一個健全的組織，因為只有篤信民主堅決反對獨裁的人，才能眞正做到『富貴不能淫，貧賤不能移，威武不能屈』的地步，也只有心堅似鐵的人，才肯『殺身成仁』、『捨身取義』。俗語說：一人拚命十八難擋，這就是他在必要關頭，肯做肯犧牲的表現。一個團體之中，他的成員，若是個個都具備了這一共同信念，那還有什麼事情可以讓他們再你爭我奪的去私鬥呢？因此，我們知道，凡是一個有力量的組織，首先必求其自身的健全，因為有了健全的組織，運用起來才能靈活，也只有靈活的運用，才可收到統一指揮與分工合作的共同功效，以之攻堅，何堅不破，像這樣一種得心應手的組織，才可以眞正發揮他的妙用。那時還怕什麼狂風暴雨的侵襲，簡直可以穩然渡到自由之彼岸了。

綱領的問題

（三）製訂精神綱領：自從一九一七年，俄國發生革命，並即推翻沙皇政權、馬克思主義得以初次實行於蘇聯以來，在這四十一年的時間當中，因此，洪流的侵襲，已經蔓延了十多個國家了。目前：恰當亞非兩洲反殖民地主義浪潮高漲的時候，共產黨們抓住了這一矛盾，極盡能事的加以渲染、煽動，而極端的愛國份子，便首先為之利用。他們以民族解放為口實，到處在製造暴動，這種聲東擊西的戰略，使西方國家，終日疲於奔命，防不勝防，於是滿地硝烟，弄得他國焦頭爛額，就在這樣一種不戰不和，亦戰亦和，忽冷忽熱的無常變化下，使西方國家異常困惑，即偉大如邱吉爾的當代政治家，前幾天也慨然感到世態的嚴重與棘手。究其原因，還是今天民主國家的政治家們，不能放手拿出一套辦法，去與共產主義相週旋，他們為了本身的眼前利益，而不敢正視現實，也不想一個從根本着手的解決辦法，只是在被動，只是在挨打，其帶來的結果，都是些煩惱的失利與困擾。其實若果我們肯進一層的觀察，則不難看出今天的世界，特別是落後地區的人民，已是普遍響起『逝將去女，適彼樂土』的積極反殖民地主義的呼聲了，赫毛之輩，也正是掌握了這一機會下的矛盾，用來實行其分化破壞的目的。要知道，他們的老祖宗馬克思，充其量也不過只是類似我國的陳涉吳廣，在社會形將發生基本變化的前夕，以之破壞確可收到相當功效，若是因迷惑過去的輕易勝利，而奉之為天經地義的定律，則一至於風狂的倒行逆施，証之於種種滅絕人道的施為，其死亡之期當可預卜了。綜觀目前局勢，使我們知道自由世界的短處，也知道共產集體的缺點，明白了這一情形之後，就應該根據當前的需要，製訂一個配合國際局勢，並且完全適合我國需要精神的綱領。因為今天的爭取民主，爭取自由，乃是向一個有組織，有思想，有武力的團體手中奪取，若是我們自己沒有一個足以克服他們的東西，那又憑什麼可以去與玩敵週旋呢？所以我認為無論談對外的號召也好，或者對內作精神上的指導也罷，確都必須要有一個適合環境需要的思想理論體系。能以此為根據，張本，其在爭取民主自由，反對封建獨裁的進行當中，勢必能夠發揮宏效。這一客觀存在的事實，千萬希望當今的思想家們能夠抓緊機會，拿出魄力，不畏權勢，大刀濶斧的來細心擬訂一個民主自由運動的總綱領。如此，則我人實不勝其延頸企盼了！

蘇聯集體農莊失敗的原因

（上接第二版）

。這樣，顯然地有決定集體農莊生產計劃先後次序的權力。更進一步，機器拖拉機站可以操縱工資等級表的調整。總之，它可以決定集體農莊種植某一種農作物，對它有利而對國家最有利，對於農民的需要而置之於不顧。因此，農民對於兩個主人之一的機器拖拉機站表示非常不滿，因而也就對於集體農莊表示怨恨，情形惡劣，造成了生產銳減的情況。赫魯曉夫為了挽救集體農莊這種接近瓦解的情勢，不顧斯大林「不要將機器拖拉機站交於集體農莊」的教條，在今年二月份提出了「關於進一步發展農業和機器拖拉機改組的提綱」將機器拖拉機站歸併入集體農莊之中，以遏阻集體農莊瓦解情勢的發展。

第三、由於自然條件不同，國家計劃規定生產的作物就不相同；因而個別的集體農莊的產品也就不能相同。這些產品，是否適合於農民維持生活所需是很成問題的。因為，蘇俄的勞動報酬是實物報酬，以致農民分到的實物報酬，並不一定是農民生活所需，就勢必向國家的消費合作社銷售，換取現金，再行購買必需的生活資料。這樣一來，農民在無形之間，又多了一層剝削。因此，農民對於實物報酬並不歡迎，而多怨言。蘇共為了和緩農民情緒，殖使蘇俄將實物報酬改為貨幣報酬。

三　中共胆大的妄為

以上所舉，可見蘇俄集體農莊雖有三十年的歷史，却沒有成功，而有隨時瓦解的危險。中共統治不過九年，竟不自量，就要越過蘇俄實行人民公社，並且，還要進一步實行產品交換制度，消減人民的經濟行為。這種瘋狂悖逆的措施，將會鬧得天下大亂、促成中共早日的覆亡，應該是沒有疑義的。

一點和談往事
——亮齋閒話之十八

徐亮之

客　現在好像所謂「國共和談」的空氣已經快濾清了；不過，我倒因此想起了十年前李宗仁代總統主持的南京和談來。您那時既在南京，又和李先生有過香火緣，這內幕想必很清楚，今天何不提出來聊聊？

主　他乃命定失敗的悲劇人物；乃獨裁主義和極權主義夾攻中的犧牲者；將來歷史家會給他應有的地位的；何必拿來亮齋作閒話聊？

客　「一壺濁酒喜相逢；古今多少事，都付笑談中。」歷史遲早總歸是閒話的資料，何必這樣認真？聊聊又復何妨？

主　我只聊一點，成不成？

客　管窺蠡測，見微知著，一點也成；請問那一點？

主　他的失敗，對得住國家；尤其對得住蔣先生。我聊的只是這麼一點。

客　只這麼抽象的一點，教我如何明白？而且，他對不對得住國家，這只有讓將來的歷史家去慧眼處理；至於說他尤其對得住蔣先生，何以蔣先生却一直就尤其恨他刺骨？豈不更教人如墮五里霧中？您何必這樣故示神秘？

主　神秘？我所說的這一點，也許可以從這兩個字開頭。您記得當年南京報上會經有一天登載過機場上來了三個「神秘客」嗎？告訴您：當時這三個神秘客對於共方的代表性，的確高過共方任何公開和談代表的代表性哩！

客　到底代表到什麼程度？

主　您知道當時的京滬會有過蔣先生「下而不野，退而不休」的口碑嗎？您知道當時的代總統號令並不能出南京城嗎？您知道當時的總統府要錢使還得看台灣省府的顏色，而自那時起台灣便已經變成了「私家重地」嗎？您更知道當時東南西南的安全繫於長江天塹的安全，而海軍首腦桂永清的報告，只是呈送溪口而並不呈送南京；陸軍方面負責保衛京滬的湯恩伯，更不理總統府的賬嗎？——這三個神秘客便是代表共方希望能幫忙李先生解除如此這般的困難而來；您說這代表性到底到了什麼程度？

客　哇！的確夠得上「神秘客」的資格。那末，他們到底帶了些什麼神秘法寶來？

主　您聽了可別害怕！第一，要求李先生准許共軍渡江，讓共方替他徹底消滅蔣系部隊；同時，保証共軍絕對不進南京。第二，和談成功，部隊整編，廣西部隊可以例外，廣西省原有行政體制亦准維持三年。

客　哇！哇！李先生怎樣答復？

主　答復很乾脆：「如果共軍渡江，便是和談破裂」。

客　下文呢？

主　下文是神秘客照直向共方報告後，引出了周恩來如下的話頭：「請轉告德公，別那麼固執；老實說：我們只消一百根條子，什麼地方都可以渡江。」

客　下文呢？

主　李先生立即嚴令桂永清：隨時具報江防切實情況，否則軍法從事。

客　下文呢？

主　下文您清楚得很；天下明眼人也都清楚得很；何必問！

徵聯再補啓

「度日如年，一天等於二十年」自本報代辦上列聯語徵對以來，遲承讀者諸君踴躍應徵，至用感奮。本擬印行發表，俾讀者諸君先覩爲快。唯本報自第十六期起已發行美國版，又海外各埠亦有代銷，誠恐外埠應徵函件，遞到較遲，未免滄海遺珠。爰謹訂本月三十一日爲收函截止期，外埠來函概以本市郵戳爲憑，謹啓。

浣溪紗（四首）

君左

兩岸青山映畫簾，鵝黃嫩紫夕陽天，翠波一綫盡漁船。
已任年華浮海上，更無消息到湖邊，心花開似晚霞燃。（晚眺）

× × ×

軟語清香細細飄，遺情無計是塵囂，淡紅衫子賣鷄包。
終覺故園風韻好，柳堤花塢話漁樵，一壺相對看春潮。（市樓飲茶）

× × ×

老屋秋風望眼穿，蘆花邊出小漁船，一湖鷗鷺最堪憐。
剪盡燈心猶有燄，銷殘燭淚尚餘煙，不隨明月入胡天。（遺情）

× × ×

酒冷燈昏夢未休，蓼花低語在船頭，商量何事最宜秋？
人倚玉樓吹短笛，雁隨明月下荒洲，空江寒露一天愁。（秋懷）

記甲午戰爭前的中日糾葛（十）

左舜生

F. 天津條約訂立後的十年間（下）

六、光緒十三年（1887），朝鮮派朴定陽做駐美全權大臣，趙臣熙做駐英德俄法意五國全權大臣，亦由袁世凱電鴻章積極干涉，最後罷職了事。

七、光緒十四年（1888），俄使韋貝與朝鮮代表趙秉式，在慶興訂定『俄鮮陸路通商條約』九條，除援例與各國在朝鮮之濟物浦、元山、釜山、漢城、楊花津五處通商外，另開咸鏡道慶興府准許俄人貿易；俄國人民在各該地享有借地權，派駐領事，兼理司法行政；圖們江准許兩國船舶自由航行，西岸爲兩國人民自由通商地，由兩國官吏監理貿易。

八、光緒十五年（1889），朝鮮咸鏡道觀察使趙秉式禁止米穀出口，時元山埠日本商人有大宗黃豆方欲輸出，也因阻禁以致腐朽，日商損失十四萬餘圓，要求朝鮮賠償，朝鮮罷秉式官，許償六萬元，日人不可，凡三易公使以爭償金。延至光緒十九年（1893），日方派出大石正已爲代辦，向朝鮮嚴厲交涉，且集矢於袁世凱，認他從中操縱，並提出最後通牒，以下旗歸國相要脅，卒由伊藤博文電鴻章調停，償十一萬元結案。

九、前述光緒十一年親日派首領金玉均在日本有所活動，日本以中國向其提出交涉，不得已將玉均安置小笠原島，至光緒十五年，乃復將其縱出。適其時朴泳孝亦自美國到達日本，並在東京創辦『親鄰義塾』，於是金朴二人，又有新的策動。這件事是朝鮮政府所最感不安的，因於光緒十八年（1892）派遣李逸植前往東京，密謀對付。李在東京又覓得新自法國到達東京之洪鍾宇與之合作。洪鍾宇者洪英植之子，痛其父以金朴連累死於光緒十年郵局一役，謀報復甚切，與李逸植的目的正同，因決定分別着手。鍾宇佯交歡玉均，於光緒二十年二月（1894年三月）偕玉均乘西京丸同赴上海，即以手槍將玉均擊斃於東和洋行。鍾宇爲上海租界巡捕所捕獲，後經朝鮮政府要求，由鴻章派軍艦將鍾宇及玉均屍體同送漢城。朝鮮戮玉均屍，超賞鍾宇五品官職，日本大譁，乃至集合數百人爲玉均發喪。會逸植刺泳孝於日本未中，日廷於朝鮮駐東京使館中將逸植捕得，處以極刑，於是日朝如水火，而中日關係也更形惡化。

上所述者僅其犖犖大端，至其他較小事件更不勝枚舉，總而言之，在此十年之間，中國仍事事以屬邦待遇朝鮮，而日本則事事謀鼓勵朝鮮之獨立，不獨日本人對袁世凱的行動深表厭惡，甚至連一個由鴻章推薦以代替穆麟德充朝鮮外交顧問的美國人德尼（Owen N. Denny），也著書對袁表示極端的不滿。會光緒二十年三月（1894年四月）朝鮮發生東學黨之亂，中國以朝鮮政府之要求不得已出兵，中日兩國間的戰爭乃因以爆發。（完）

蒼盦詩話

愚公

台灣詩壇能爲淒婉深摯之辭者蓋寡，大抵吟玩山川風月以爭輕重耳。而彭醇士素庵爲獨異，醇士身丁亂亡，乃中極沉鬱，而澹遠溫邃自掩其跡，可謂志深而味隱者矣。頃得其所寄近作四律，錄如後。次和止齋秋聲二首云：「忼絕誰知不繹心，去鄉來遠共秋陰。結軨剩掩潺湲涕，撫瑟仍揚幼眇音。未盡孤燈聞惜誦，猶懸雙杵入愁吟。極明惟有寒星在，墜夢西堂惘自尋」。「霜風淒厲日喧城，搖落山川信莫名。一代于喁消物論，九州噫氣助豪情。高丘無女哀同遇，舉俗從流忍廢爭。欲控飛廉周八極，瑤臺偃蹇暮雲橫。」丁酉除夕云：「騰騰逝景老相催，未免殘年永路哀，七聖皆迷無處問，九夷何陋有人來。早知道已升雞犬，豈謂仁會屬虎豺。坐憶孤雛懸萬里，燈前新報遠書回」。戊戌元日云：「寒戀孤燈不覺春，眼中冠蓋隔年人。漫忘壓爵爲罍恥，徒對椒盤綴坐辛。失道遜朝悲覆轍，橫行夷陸賭推輪。可憐杜老空皮骨，却喜生涯脫要津。」

張默君爲今日女詩人中卓卓者。錄其山居八首云：「朝霞麗旭景，把卷語山林。籠岡一孤嘯，流音拂紫冥」。「岩翠過飛雨，溪光躍活川。空香識禪意，亘古媚春妍」。「翻律隨蟬唱，吹花學鳥歌。自然生意滿，此是得天和」。「玉渫泉魂馨，瑤鐫天夢綠。儀此渭川情，携琴坐深竹」。「高翔翻鷺日，嫩喘戲鵝黃。菌萏明漪靜，凌風聽妙香」。「居近緱山麓，鸞笙髣髴聞。清玄若可接，欲叩雲中君」。「坐樹參蜷嘯，憨山醉鶴吟。林泉媚幽獨，日日響寒音」。「夜色弗可繪，繪之以明月。漾射方池深，遙遙契玄月」。又詠柳五律云：「搖曳昆池影，光浮夜月來。玉關無限怨，羌笛不勝哀。別意將焉託，騷魂漸欲灰。萬緣成獨嘯，何處有樓臺」。

長沙袁守謙之詩，亦台灣詩壇不易才也。頃讀其刪我少年塲四首，亟錄如下：「胡爲刪我少年塲，結客華燈照玉堂。已試笑談能却敵，待添文字與撑腸。歌園酒陣長無急，豹袖金鞍任比量。輕負秋期終不悔，爭妍桃李又春妝」。「境往無端跡去踪，此心非實亦非空。戒途早夜忘多露，入海尋常見巨風。微惜流狂憎揖客，若爲翩舞阻巴童。年年尺籍稽前約，却證新丹九轉功」。「話雨山窗跡漸陳，倘携殘願覓來因。停流赴海心無貳，掠檻歸雲影足親。倘許翩翩名濁世，料應栩栩惜前身。春寒細拾荒燈意，詩欲懷人語未眞」。「深坐無人識念深，護蘭何竟起重陰。萬星搖動知天墜，一般漂流看陸沉。不分殘音驚久寂，來安詩格破長瘖。暮山供碧從消受，不許他時更惜今」。自註云：「偶讀黃仲則少年塲總刪吾輩之句，爲之低回不能自已。頃廣其意賦此。雖省己觀人，興懷有別，而長言永嘆，或與兩當無異也」。

瑞安姚琮，追摩西崑，錄其書所見二首，詞意清婉，玆非尋常艷體可比，可入玉台新詠者也。詩云：「仙子何綽約，忽從林下過。臙脂開兩靨，石黛發雙蛾。不語情誰屬，徐行意自多。平生忘得失，於此獨狂歌」。「近前忽復却，欲語轉無由。眉斂將誰怨，頭低且掩羞。花明新月白，木茂遠山秋。不盡懸遲意，何時共夜游」。

晉江吳春晴，亦今日爲詩能雅者也。年前聞其友軼劉於其鄉被害，爲詩哭之云：「野哭聲通百二州、嘉揚十日迴難併，燒書世忍觀秦火，去國天教切杞憂。薄宦無心淪左海，殺機誰信擊楊修，廣陵曲散淞波遠，從此詩亡不可求」。「傷心事有勝窮途，便決鯤波眼欲枯。室毀鴟鴞猶未已，詞高鸚鵡可無虞。江山未刼消游釣，姓字當前勒沈吳。聞道豈應悲夕死，兵間苟活亦須臾」。

鄭縣戴靜山（君仁）詩筆蒼秀，余深喜之。錄其山居早起一首云：「山居恒早起，孤眺犯寒露。連山千里黑，海天秋難曙。微明樓畔月，深翳雲中樹。泠然曉風清，鷄聲出烟霧」。靜山詩不輕示人，而精妙如此，足以愧世之純獵虛聲者矣。

滲水的笑話

阿平

有一則不算新穎的笑話。

說是酒店裏零沽的酒，在開罈後都先經滲水，而酒店裏爲此特地用一種稱爲「歇腳韻」的隱語問答，以欺顧客。某日：有一懂得此種隱語的顧客上門了。

店東先問夥計，罈裏是否滲水？（當然是用的隱語，可惜筆者已忘了。）

夥計答稱：「罈中壬癸早調和」。

顧客聞言不悅，便說：「有錢不買金生麗」，打算拿起酒瓶便不買了。

此時夥計便向顧客說：「那邊青山綠更多」。就是說：沒有一家酒店不滲水的，還是我家比較滲得少些。於是，顧客聞說有理，何況換一家可能水滲得更多，結果還是買了他的。

孔子的沽酒市脯不食，也許是爲了免受滲水的閒氣。但在無法「家有佳釀」的現代，有誰能不沽酒而飲，要沽酒而飲，就不能怕滲水。開了酒店有誰不想多滲點水。日本語稱浮報濫開「水增」，大概也是緣此而來。

此一原理還可用之於任何行當，以至當國柄政，亦不例外。

譬如說起民主自由，當道者有一句不二價的口訣：「民主自由該向共匪去爭」。這話很有點「那邊青山綠更多」的味道，「你若嫌這邊不夠民主自由，請那邊去好了」。政府與國民的關係，是否相同於酒店之於顧客。應不待再專嚕嘛，而這一酒店是獨資的、合夥的，或則股份公司的，以至於是合作社性質的，引來作比喻的時候也須有出入。如果是合作社性質的，那麼顧客該是社員，無論店東也好，夥計也好，便不應再說「那邊青山綠更多」了。

我國一些號稱老牌子的店鋪，却有這麼一手，夥計爲討好店東，拚命滲水，店東（或者是掌櫃的）以旨在營利，也復不以爲忤，久而久之，甚或夥計一個失手，難保不弄的「青山綠比那邊多」。

爲有別於那邊起見，最好還是不滲水，萬一爲顧客識破了還是死不認賬，則這一酒店的前途是不會門庭若市的了。

再者，如果擺出了座上客常滿，樽中酒不空的塲面，而酒壺裏裝的却全是「金生麗」，那就太有背中國固有道德的忠恕之道了。

本刊已經香港政府登記

聯合評論

每逢星期五出版

週刊

United Voice Weekly

第二十號

督印人：黃宇人　總編輯：左仲平

社址：九龍金馬倫道卅八號三樓

電話：六一四一三（61413）

承印：田風印刷廠（高打道一二二號）

總代理：友聯書報發行公司

售價：每份港幣壹毫

本報紐約航空版總經銷處

CHINESE-AMERICAN PRESS, INC.
199 CANAL STREET.,
NEW YORK 13 N. Y. U.S.A.

紐約航空版零售每份美金壹角

樹立應付緊急局面的規模

左舜生

今年是戊戌維新的六十週年紀念，我們目睹國家現狀，再把這六十年來所經過的一切事變一一加以回憶，分析，眞是令人感慨繫之。

在這個六十年的悠長歲月，我們眼見有不少的國家，或由貧弱而轉為富强，或中落而仍圖振奮；或一敗再敗而屢蹶屢起，或亡國已久而居然復興；或由專制黑暗矯枉過正而仍陷危機，或因先天不足雖努力掙扎而仍遭受條件的限制；可是我們要舉出一個例子，其情況與中國當前的景象大致相當，則頗不容易。

說到歷史之長，人口之多，土地之廣，以及由時間，空間累積容受下來所表現於文化的矛盾複雜，中國誠然不失為一個特殊的國家；治理中國這樣一個特殊國家需要更多的年代與更高度的政治能力，這大致也是事實；可是我們要生存，要建國，要支撐這樣一個泱泱大國使之繼續發揚光大於不墜，却又不容許我們以此自解。

論抄襲之為害

老子說：『治大國者若烹小鮮，』我們決不能以『無為』或少所作為去解釋他這句話；只應該說：像治理中國這樣一個偉大的國家，我們必須具備極高度的耐性，隨時提心吊胆的一種小心，加上體察入微的觀察，綿密細緻的思考，週到正確的技術，更加上因應無方多種適時適地的方法，再繼之以繼續不斷的努力，然後庶幾有成。抄襲別人現成的一套無所用之；輕率嘗試也誤事不淺；顢預蠻幹尤其要不得；不能愼之於始，一且看出此路不通，又一切棄置再從頭來過，當然更是廢時失事。我們默察這六十年來在中國的種種演變，戊戌維新抄日本，辛亥革命抄法美，搞法西斯的抄德意，搞共產的抄蘇聯，『東施效顰』，『邯鄲學步』，一切喪其所守，而又懶於創造，天天只在從事抄襲他人，到頭來把中國弄成如今天的一個四不像，能說不是受到抄襲的害嗎？因為抄襲的心情即是姑試為之的一種嘗試，其勢乃非蠻幹不可，等到蠻幹依然幹不通，當然便只好一切棄置而從頭來過，其所以舉國皇皇花了六十年的時間，濫費了無數的人力財力，其結果乃把整個國家造成如今天這一可憐巴巴的景象，豈不令人慨歎！

有人說：您們今天依然以大力在鼓吹民主憲政，請問這不是抄襲又是什麼呢？

對於這樣的一問別人準備如何作答？我不得而知，但在我個人的心目中，我們之所謂民主，既非盲目的抄襲英美，更非抄襲瑞士，而只在根據若干別人行之而確已有效的基本原則，針對中國的現實而加以妥善的運用，逐漸的推行，同時承認在中國先民的思想中亦自有其若干合於人性的民主精神，而不容加以否定。至於具體說到這部一百七十五條的憲法，從一方面說，所謂別人行之確已有效的若干基本原則，我們誠然已大部加以採納；從另一方面說，針對中國現實加以糾正的若干條文，確又富有創造精神。就富有創造性的方面舉例言之，我們果能依照這部憲法的基本精神去從事政治建設，則一種無所不專的一黨專政，當然不應繼續存在；（無所不專的一黨專政與一黨執政截然是兩回事）而軍隊徹底的國家化，更足以消弭實質的軍閥政治於無形；至於文化教育的推行不應受黨化的影響，更是這部憲法精神的命脈所在。凡此等等，只要我們能就全部條文加以研討，即不難發現這部憲法，確實是渾然一體，既具備崇高的理想，也絕對不遠於現實，即以號稱信仰三民主義的國民黨執政去加以推行運用，也斷無扞格不通之處，所需要者乃是必須具有明白的認識，與最高的誠意和決心而已。因此，任何人說我們以大力鼓吹實施民主憲政，也不過是隨俗浮沈，一種人云亦云的看法或主張，我是要斷然加以否認的。

論人才的消長

另有人說：我們這個國家其所以搞了六十年而始終搞不出一個道理，其咎不完全在制度之是否由於抄襲，而剛好是在這一時代中國的人才乃最為缺乏，制度即令良好，人才不行或太不夠用，也還是不能把這個國家好好的建設起來。這一說我也無法贊同：像說中國這樣一個歷史悠久的大國，一且要去舊從新，進躋於世界現代國家之林，比較中國歷史上任何時代需要更多的人才，自屬事實；可是說惟有最近的這六十年，我們的人才乃特別稀少或不夠優秀，則我根本否認。而且我可以反過來說，中國最近這六十年乃是人才特別的多，也異常的優秀，其所以依然不能把國家弄好，乃是由於世變太急，花樣太多，一切由於抄襲而來的制度，在中國生不起根來，其勢不能不迴黃轉綠，隨時發生變化，乃把中國無數的人才大部耗費於消極方面，而無法使他們從積極的方面去發展；甚至還有無數極有希望的人才，沒有等到他們已屆完全成熟的階段，即不能不預支而加以濫費。舉事實言之，戊戌維新消耗的人才不少，革命運動耗費的人才更多，有不少的人才已犧牲於打倒軍閥與對日抗戰，有不少的人才被排擠於國民黨的一黨專政或一人專政而無法抬頭，更有不少的人才被用於反共或直接遭受共產黨的摧毀，而所謂政府也者，對於後起人才的培育與獎進，又毫無有效有辦法，一直演變到了今天，於是中國的人才乃眞正發生了一種青黃不接的現象，而國家的危殆，乃更陷於岌岌不可終日！

談具體的辦法

然則今天應該怎樣辦？一、我們必須謹守這部憲法。這並不是說一百七十五條的憲法在明天早晨都一一要見諸實行，但它的基本精神，則絕對不容違反。衡量政績的尺度，只應以不違反憲法精神為準繩，也不容許節外生枝而跡近搗亂。

二、執政的國民黨，在黨內不容許再有任何的暗鬥與明爭，要明白認識在台灣一隅的任何鬥爭，都絕無價值而只足以令人齒冷；即令以一方的力量壓倒對方，而結果仍只有同歸於盡。

三、執政只限於執政，不能誤解為包辦一切，國民黨對黨外有黨無黨以及台灣當地人士的禁錮，必須予以澈底解除，以求得精神上的融洽，與事實上的通力合作。

四、要相信團結是絕對可能的，其方法在第一先求得國民黨自身的團結，其次求得台灣一千萬人的團結，再次求得海一千四百萬人的團結，必須有了一個這樣的團結基礎，然後始能給予大陸反共同胞一種精神上的支援，所謂政治反攻也才有根據。

五、蔣先生的總統任期，只有一年多便將屆滿，究竟老先生是斷然不幹，還是想繼續再幹，都應該早有打算，不應該完全隨國際形勢為轉移，也不宜過信放下總統專幹總裁仍可一切指揮如意。這個問題截至目前為止，還沒有正式提出海外的論壇，可是這不是個人的問題，而是國家的問題，我們當然有提出討論的權利。

不錯，目前的中共，確已遭遇空前的困難，但不可誤解為「鄰之薄」一定就是「君之厚」，反攻復國的切實辦法，一切只能求之於自身，自己不能急起直追，以為別人出了亂子，我們便有落地桃子可撿，這叫做不成辦法的辦法。

論反共鬥爭的必然發展

劉裕畧

凡鬥爭必有發展，反共鬥爭也是鬥爭之一種，所以，反共鬥爭就必然有發展。

鬥爭是一種行動，是一種動作，凡「行」「動」「作」都是必有變化的，變化即是發展，所以，凡鬥爭就必有變化必有發展。

今天有些人以為中國局勢將一如現狀的長久僵持下去，這是不正確的；今天有些人以為世界局勢將一如現狀的長久僵持下去，也是不正確的。鬥爭之存在，是今日世界的客觀事實，鬥爭之存在，也是今日中國的客觀事實，既然鬥爭的事實早已存在，既然凡鬥爭必有發展，那末，要想中國局勢不變化，不發展，當然不可能；要想反共與非共的中國人能與中共和平共存，也當然不可能；那末，要想世界局勢不變化，不發展，又如何可能？要想民主集團能與共黨集團和平共存，又如何可能？

但變化既有可能與必然之分。可能的變化，又有好的變化與壞的變化之別，那末，反共鬥爭的變化又將是何種變化呢？又將是何種發展呢？

在共產黨人彼此間，或在共黨統治地區內，共產黨人常常有這樣一個膚淺理由，宣傳未來局勢的必然發展。他們說：第一次世界大戰打出了蘇聯，第二次世界大戰打出了東歐各共黨國及中共，等到第三次世界大戰，就一定可以赤化全世界了。這種似是而非的經驗論，是共產黨人深信不疑的。這就正如馬克思深信資本主義愈發達的國家，無產階級（馬克思所謂無產階級並不是指沒有錢的人，而是指沒有生產工具的工人。）就愈多，無產階級愈多，該資本主義國家就將最先赤化的那種必然發展是一樣，然而一百年來人類社會歷史的發展，粉碎了馬克思的預言，至今，共產主義並沒有在——而且一直沒有在資本主義最發達的美國和英國成功，甚至美國的工人和英國的工人也並不親共，這就說明馬克思所判斷的必然發展是錯覺是謬論了。目前共產黨人所深信的第三次世界大戰將帶給全世界赤化的必然發展又何獨不然。

從辯證法來說：正、反、合是必然發展，由矛盾到統一也是必然發展，所以，民主集團與共黨集團矛盾、對立、鬥爭的結果，終將走上統一之路，就正如反共的中國人與中共矛盾、對立、鬥爭的結果，終將走上統一之路，乃是必然。問題在由矛盾到統一，也有兩種方式：一是對立的一方，屈服於對立的另一方，一是對立的一方，克服對立的另一方，任何一方，屈服於另一方，是不必經過最後鬥爭、最後克服的，但今日的反共人士會屈服於對方嗎？這是根本不可能的。今日之共黨肯屈服於反共人士嗎？這也是不可能的，對立中的任何一方既然都無屈服於另一方的可能，那末，由矛盾到統一，當然就只有經過鬥爭經過克服了。所以，反共鬥爭，不可能妥協，也不可能中途停頓不變，而終將走向統一，乃是必然。因此，反共人士必須抖擻精神，一致對外從事鬥爭，也就成為事實上的必要。

說到這裏，問題是在這一鬥爭中，究竟誰克服誰？是反共的中國人克服中共呢？抑或還是中共克服反共的中國人呢？是民主集團克服共黨集團呢？抑或還是共黨集團克服民主集團呢？共產黨人相信他們必勝，但我們卻相信我們終將克服它。這理由很簡單，一是局部在全體中存在，局部被全體所影響，全體一變，局部自必隨之而變。而世界局勢是必變的，今日世界本來就無所謂「原子僵局」，第三次世界大戰之所以一直還沒有爆發，也決不是因為今日世界有什麼「原子僵局」，而是其它若干條件沒有成熟，就假定世界上有什麼「原子僵局」，由於形成「原子僵局」的質與量的漸變，那也會使所謂「原子僵局」變得不存在的。這是說中國反共鬥爭乃整個世界反共鬥爭的一環，整個世界既必變，中國反共鬥爭的基本形勢及其發展自必隨之變。而以美蘇各自為首的鬥爭力量的對比來衡量，由美國為首的民主反共集團仍是必勝的。所以我認為即將到來的世界戰爭，將是以美國為首的民主反共集團克服共黨集團，而不是共黨集團克服民主反共集團。因為如此，所以，屆時中國局勢就將隨着全體的變而產生新局面。

我這樣把世界局勢之必變與中國局勢聯在一起，也許有人會說我把中國局勢寄望於第三次世界大戰。殊不知，局部被全體所決定，今日世界之任何國家都不可能孤立，共產黨人縱然不願意很快發生第三次大戰，但第三次大戰仍將來臨，這是客觀的必變，不是任何人的主觀願望所能影響的。因此，我們不能把對客觀趨勢的認識和判斷解釋為把反共復國的希望寄托在第三次大戰上。

單言中國，反共的中國人當然應該謀自立更生之道，若第三次大戰適時發生，我們便該迎接和配合那一情勢，若第三次大戰暫不發生（暫不並非永不），由於大陸人民對共黨離心力之日增，仇恨情緒之日高，中共所推行的人民公社制度已替中共自己挖掘了一個可能的墳墓，因此，只要我們能夠把反共復國的目的與大陸人民渴求民主自由的願望相結合，屆時只要我們用相當兵力去撞擊大陸這一火藥桶，裏應外合的結果，也就必然可以鬥垮中共這一政權了。

那末，中華民國現政權是否符合大陸人民渴求民主自由的願望呢？我們可以肯定的說，現政權是不能適應這一要求的。但我們應該曉得：現在台灣的中華民國現政權正如世界局勢一樣，並非不變，而是必變的，而是將向自由民主大道必變的，這從十二月廿三日現總統蔣介石先生表示反對修憲並不再競選下屆總統這一件事，也可看出民主洪流之不可抵擋了。

中華民國現政權既必民主化，那末，中華民國政府終將以民主自由為基礎來與大陸人民渴求民主自由的願望相結合，從而在鬥爭中克服中共，自係必然。

這是單就中國局勢而談。事實上，全體的變與局部的變將是很可能同時發生的，屆時，當然就更容易克服中共了。

對清民之交一個政治人物的簡介

性格影響了成就的梁任公先生

胡應湖

梁啓超任公先生是中國現代歷史上一位傑出人物。無論從言論界、學術界、政治界那一方面說，他都卓然有所立，而予後人以極深的影響。任公先生的言論行事，爲什麼對現代中國人具有極大的影響力？其主要的關鍵，可說是由於他之具備優美崇高的性格。然而正因爲這種性格，却大大影響了他在政治上及學術上的成就，這眞是十分值得惋惜的事！我們現在試將他的性格分爲幾點說出：

一・服膺眞理

任公先生之服膺眞理，眞可說是死而後已！這種精神確乎彌漫於其一生的言論與行事。例如民國六年張勳「復辟」一役，康有爲是竭力慫恿張勳而且躬預其役之人，但任公則促成段祺瑞馬廠誓師予以討伐，使民國危而復安。又如戊戌以前的任公，是主張保孔教，設立保教公會的。（見復友人論保教書）然而曾幾何時，當康氏倡設孔教會，定國教，祀天配孔諸議，任公即作保教非所以尊孔論一文力闢其謬，他說：「此篇與著者數年前之論相反對，所謂我操我矛以伐我者也。今是昨非，不敢自默。」又說：「爲二千年來翻案，吾所不惜；與四萬萬人挑戰，吾所不懼。」這可見任公先生對事絕不隨便，眞理之所在，則必篤守之；即與其最敬愛的師長立於敵對地位，亦不敢辭，這是何等精神！孔子說：「當仁不讓於師。」亞里斯多德說：「吾愛吾師，吾尤愛眞理。」任公先生眞可當之無愧！

任公對他自己之服膺眞理一點，是有自知之明的。他說：「鄙人性無他長，惟能不自護前短；一言一行之過，其不安於吾心者，必改之而後即安。」（申論種族革命與政治革命之得失）又說：「自認爲眞理者，則舍己以從，自認爲謬誤者，則不遠而復；如惡惡臭，如好好色；此吾生之所長也。」（答和事人）

此可見任公確是隨時代而進步的，所謂「我操我矛以伐我」，及其「不憚以今日之我，與昔日之我挑戰。」（政治學大家伯倫知理之學說），均爲其隨時代而進步之明証。然而任公先生之隨時代而進步，則正是其服從眞理之表現。換言之，隨時代進步是其表面，而服從眞理才是根本。如果有人說任公先生之隨時代進步是隨波逐流，投機取巧，則其人根本就不配批評任公先生！

二・感情豐富

任公先生感情之豐富，在現代人物中實不多見。我們讀他的文章，如其論文學方面的：中國韻文裡頭所表現的情感，情聖杜甫，屈原研究等篇，及其論政治方面的：愛國論，少年中國說，申論種族革命與政治革命之得失，吾今後所以報國者，傷心之言，異哉所謂國體問題者等篇，都是至情流露之作。他之筆鋒常帶情感，乃由其心中之充沛的情感所湧出。所以他說：「若就感情方面論之，鄙人雖無似，抑亦一多血多淚之人也。」（申論種族革命與政治革命之得失）又說：「吾之作政治譚也，常爲自身感情作用所刺激，而還以刺激他人之感情；故持論亦屢變，而往往得相當之反響。」（吾今後所以報國者）又說：「吾富於感情人也……及今殆不復能以自制。獨居深念，則歌哭無端；歔欷唔言，則欷歔相對。」（傷心之言）又說：「我是感情最富的人，我對於我的感情都不肯壓抑，聽其盡量發展。」（知不可而爲主義與爲而不有主義）。任公先生覺得自己感情過豐，乃取莊子「今吾朝受命而夕飲冰，我其內熱與！」之意，而名其書齋曰飲冰室。相傳任公先生教書，有一次講至書中某處，竟感情激動得痛哭起來。而任公幼年讀桃花扇，亦不自知淌了幾多眼淚（見中國韻文裡頭所表現的情感），凡此都足以証明任公先生是感情豐富的人。

任公先生早年在湖南長沙時務學堂講學，僅三個月左右，便因大病到上海就醫，其後以戊戌維新失敗而逃亡到日本；而任公在時務學堂的弟子李炳寰、林圭、蔡鍔等十一人，竟棄家相從。任公自己說過：「用情感來激發人，好像磁力吸鐵一般，有多大分量的磁，便引多大分量的鐵，」（同上）觀於任公弟子輩對任公之心悅誠服，久而益親，可見任公感情的磁力之大了！

三・率直眞誠

任公先生之待人接物，是十分率直眞誠的，無一絲虛僞雜乎其間；凡與任公接觸過的都會有如此感覺。任公先生這種性格之養成，似乎應該歸之於母教。他在我之爲童子時一文中說：「我家之教，凡百罪過，皆可饒恕，惟說謊話，斯不饒恕。我六歲時，不記因何事，忽說謊一句：……但不久即爲我母發覺：……當時被我母翻伏在膝前，力鞭十數，我母當時教我之言甚多……但記有數語云：『汝若再說謊，汝將來便成竊盜，便成乞丐。』……『凡人何故說謊，或者有不應爲之事而我爲之，畏人之責其不應爲而爲也，則謊言吾未嘗爲；或者有必應爲之事而我不爲，畏人之責其應爲而不爲也，則謊言吾已爲之。夫不應爲而爲，應爲而不爲，已成罪過矣……今說謊者，則明知其爲罪過而故犯之也；不惟故犯，且自欺欺人，而自以爲得計也：……則與竊盜之性質何異，天下萬惡，皆起於是矣。然欺人終必爲人所知：……則無人信之；既無人信，則不至成爲乞丐焉而不止也。』我母此段教訓，我至今常記在心，謂爲千古名言。」由於任公先生少時即有賢母的督教，故其後來便無形中被培養成了一種率直眞誠、光明磊落的性格。

四・趣味主義

任公先生的興趣是多方面的，他對於政治有然，對於學問亦有然。他曾說過：「我生平是靠興味做生活源泉，我的學問興味、政治興味都甚濃；兩樣比較，學問興味更爲濃些。我常常夢想能彀在稍爲清明點子的政治之下，容我專作學者生涯。但又常常感覺，我若不管政治，便是我逃避責任。」（外交歟內政歟）然而任公的時代，政治始終沒有清明過，故任公不能專門研究學問；而又因其對政治有責任感，故不免要常從事政治活動了。

我們之所以不憚煩的敘述任公先生的性格，一方面是因此可以幫助我們了解任公先生之爲人，一方面則因爲任公先生在中國政治上與學術上之成就，確爲其性格所決定。我們如要研究任公先生與中國現代政治之關係，似乎不可忽畧了他的性格。

總結——對梁任公成敗的重估

任公先生在中國政治上究竟是成功呢？還是失敗呢？我們應該從兩方面來討論：

從現實方面看，任公先生在政治上是失敗的。因爲任公的時代，政治根本沒有上軌道，而爲無恥的軍閥黨棍官僚政客所把持，將國事弄得黑暗重重。像任公這樣一位服膺眞理、感情豐富、率直眞誠的書生，是決不適宜在這樣污濁的政治界活動的。或許有人說，正因爲政治腐敗，我們便應該投身政治來從事改革，這眞是談何容易！我們看孔子除了在魯得執政極短時期外；其後一車兩馬，周遊天下，極想改善當時混亂的政治；但結果到處碰壁，各國諸侯都認爲孔子的政治主張迂濶。孟子的處境又何嘗不然！因此我們要想人爲的使政治由據亂而進至升平，更進而至太平，那眞是難如上青天！任公先生之參加政治，可說是一貫服膺「政者正也」的政治原則，但不幸在中國政治界說來，「子帥以正，孰敢不正」還只是一句空話！以孔孟之才之美，其成績尚不過如此，則我們又何必苛求任公先生呢！然而任公畢竟是屬於改良派，他總想憑藉一種固有的勢力來實現他的主張。所以在清末戊戌以後那樣惡劣而腐舊的環境裏，他還努力不懈的作他的憲政運動；而在民初袁世凱、段祺瑞那些軍閥執政時期，他又與他們合作，企圖引導他們走上政治軌道。然而這些努力都是白費了的。清廷之表面上籌備憲政，只是緩和革命派的革命行動；袁段等軍閥，則根本不理會任公的主張。唯其後任公發動反帝制及反復辟兩役，則是成功的。然此兩役雖成功，卻並無補於中國政治之根本改善。袁世凱垮了，而有張勳；張勳垮了，而有大大小小的軍閥；中國政治始終沒有走上軌道。任公先生深致憾於其政治活動之失敗，故晚年乃不得不轉而致力於社會文化教育運動了。

從理想方面看，任公先生在政治上是成功的。成功在他之能開風氣。現代幾次大政治改革運動，稍遠如戊戌維新、庚子自立軍，近如辛亥革命、反帝制、反復辟諸役，幾乎都無不有任公自己及其朋友或弟子參加，而且他們多數都先後以身殉國。而任公這些朋友（譚嗣同、唐才常、湯覺頓等）及弟子（李炳寰、林圭、蔡鍔等），都是受任公影響很深的。任公在發動反帝制一役時，與蔡鍔相約道：「事之不濟，吾儕死之，決不亡命；若其濟也，吾儕引退，決不在朝。」（盾鼻集序）此役二人均以必死的精神赴之，而幸能成功，二人則又均能實踐其言，潔身引退。這是何等偉大的大公無私精神！如果這種精神爲那時及今日的當軸諸公所學步與服膺，則中國政治豈不立即臻於清明！又何至今日千萬人民都不免呻吟於水深火熱之中呢！說到這裏，我們眞不禁感慨萬千！這是任公先生的不幸！也是中國萬千人民的不幸！然而，任公先生這種大開風氣的做法，在短時期內，雖尚未獲得普遍的響應；但優良種子既經下種，則必然會開花結果。因此我們相信在不久的將來，任公的大公無私精神，是一定能彀影響到每一個中國人的心的！（任公晚年在學術界亦同樣開了不少風氣，如中國文化問題，清儒學案，諸子新研，古書眞僞年代問題之提出，予後學影響亦甚大。）

任公先生是聰明絕頂的人，其眼力異常敏銳，剖析事理確有獨到之處；而又善於爲文，深入淺出，感人至深。以如此天資，倘能專心研究學問，確乎能成爲獨步一時的大學問家。可惜他畢竟爲其性格所影響，以致其大部分時間精力，都浪費在政治活動上；因此使任公先生對現代中國學術界不能有更大的貢獻，這眞是現代中國學術界的莫大損失！雖然，即以他遺留給我們的幾部學術著作而論（墨經校釋，墨子學案，清代學術概論，先秦政治思想史，中國近三百年學術史，中國歷史研究法，中國文化史，古書眞僞及其年代等），已經在現代中國學術界留下萬丈光芒了！

要之，無論從政治學術那一方面來看，任公先生都不失爲現代一位很有成就的人物。任公先生早年有兩首自勵詩，其第二首是最能表現他自己的精神的。我現在即錄此詩爲本文作結：

獻身甘作萬矢的，
著論求爲百世師。
誓起民權移舊俗，
更研哲理牖新知。
十年以後當思我，
舉國猶狂欲語誰！
世界無窮願無盡，
海天寥廓立多時。

福爾摩斯也被清算

高瞻遠

中共統治大陸之初，到處宣傳「共產黨的恩情說不完」，經過九年的考驗，共產黨的「恩情」已經用不着說了，可是我總覺得共產黨的笑話到是說不完的。

就拿文學、歷史來說，他們從孔子鬥爭起，等而下之，李後主、蘇東坡、黃山谷降而至於明清兩代學者，都被他們提出來辱罵一番。假若這種清算，眞是從作品方面來研究，到也未嘗不可，但他們不然，所提出攻擊的理由總是說這些歷史上成名作者的作品，不合乎馬列主義，皆缺乏勞動觀點，因此，他們的作品就變成了反動、有毒、要清算、消毒。有時候他們荒謬絕倫的程度，超乎想像範圍，類如本年上半年發動反對「厚古薄今」運動之後，一些蝦兵蟹將，紛紛出馬攻擊古人，其中代表要算康生抨擊『西廂記』，特別指出西廂記「草橋驚夢」一折不通，而且還氣勢汹汹的號召大小嘍囉一齊發動，不要怕古人。

康生的本領居然高過王實甫，這已經是一件空前的笑話了，但是並不算絕後，最近花樣愈來愈新奇，不久創刊的「文學知識」第二期，竟然清算到福爾摩斯和它的作者柯南道爾頭上去，我想諾貝爾獎金假若肯設一個「笑話獎」，此君一定會入選的。

不過，要作深一層的看法，中共這種半吊子作風，也實有不得已之處，因爲大陸上的知識份子，不問青年、老年，大家普遍厭看共黨馬列主義一類的宣傳文件，但是讀書人又有一個共同嗜好，不能不看書，於是上焉者專門去研究古人作品，次一級的則喜歡看翻譯小說，大陸變色以前的創作。當代作品中據說最受歡迎的是「無名氏」的著作，中共早幾年就通令禁止過，至於翻譯作品中，行銷最普遍的就是福爾摩斯偵探案全集。

中共總以爲「馬列經典」所以不受歡迎，是因爲被古典文學和偵探小說搶走了生意，只要把這些異端作品禁絕了，「經典」自然就易流通了。毛澤東這種作風也許是學自歷史上「文采風流」遠遜於他的漢武帝罷黜百家獨尊儒術的政策，所不同的是儒家本身確能卓然自立，所以經漢武帝一尊之後，能歷兩千年而不墜，而馬列「經典」宛如一條井繩，垂在井裡到也很直，舉出井口無論如何也立不起來。

現在簡單介紹一下清算福爾摩斯的經過，在第二期「文學知識」上，有位楊耀民「同志」寫了一篇「福爾摩斯是什麼樣的人物」。指出福爾摩斯的缺點，第一，「作者柯南道爾根本是站在資產階級統治者的立場。我們在小說中看不到對資產階級社會的批判。他的作品的主要傾向，即維護英國資產階級的利益。」

第二點是「作者把福爾摩斯寫成爲社會除害，維護正義的英雄人物，實際上福爾摩斯並沒有向不正義的統治階級，不正義的政府作過任何的鬥爭。」

這種批評原則，和指責李後主生活奢侈，蘇東坡不勞動（下轉第三版）

大陸逃港學生的控訴：煉鋼、勞動與軍訓

丁娥

我是華南師範學院歷史系二年級的學生，我並沒有什麼大志向。老實地說，作教員便是我最高的理想了。

我希望教書

讀大學時，我只想有一個好環境給我讀書。考試時如果成績都在四分以上，我就感到萬事俱足了。（註：大陸學校，均採取五分制，五分為滿分，即相當於百分制的一百分。）我的個性極恬淡，這種恬淡的個性，從中學時代起就不知給我召來了多少麻煩。生活檢討會上總有人提起我的名字：「丁娥同學不關心政治」啦，「丁娥脫離羣衆」啦。但我對這種批評不加理會，我酷愛讀書啊！反正我家庭出身好，父親是機器工人。我本人又絕沒有任何政治問題，組織上的確知道我的個性，所以幾年來我總躲避着一切羣衆活動，專門啃書本子。

但事情終於在今年激烈地轉變了。轉變到我不願意再在廣州停留。在大陸，想專心一致求知識的同學一定不止我一個。而現在中共竟然不給學生手持書本，所以我要代表一部份想尋得安靜的讀書環境的同學來寫下這篇東西。

學生，當然是應該以書本為最好朋友的，以前組織上雖然也經常叫同學們參加社會活動，但是從來沒有發展到像現在這樣的瘋狂過。

我却到了人民公社

我是今年十月尾出來的，在我出來之前，這學期雖已開學兩個月，但我們却只上了六天半課。其餘的時間，都在勞動。初期，黨提出了「大躍進」的號召，農村中成立了人民公社。我們師範學院的全體教職員和學生，都被派到番禺縣的社中去勞動。我和幾十個同學被分配在番禺南村的南村人民公社中。在那裡，男同學一律下田，和農民一樣地操作，而且比農民還不如。農民稍為休息一下還沒有多大的問題，可是同學們如果伸一伸腰，社幹馬上就要譏笑了：「哈哈，知識分子到底係唔得，里點勞動都頂唔順！」我每天晚上看到下田的同學們一步又一步簡直像死人一樣地拖回來的時候，心裏簡直難過極了。他們都是有知識的大學生啊！

担猪菜與受軍訓

至於我自己，因為身體弱，起先派我担豬菜。後來看我實在担不動，連挑兩個空桶都搖搖幌幌地站不穩，所以後來改派我在托兒所管小孩。我和兩個老太婆，一共管四十一個小孩子，有的還要吃奶，也要我們負責抱到田裏去給他們的母親喂奶。勞動雖然輕些，可是我一面做着一面流淚。一個人的樂趣與志向，被絕不合理地扭曲着，還有什麼事情比這個更痛苦的呢？幸而大半個月以後，領導上又把我們全都叫回去了，回去上了三天課，學校中展開「軍事化」運動，將班級都改為什麼營什麼連的。我們二年甲班改成了楊根保連，團支部書記叫指導員，班長叫連長。男女同學都一天操練，又到晚，又是跳木馬，又是爬戰壕，拿着竹竿由轉業軍人教刺殺。幾天下來，我又頭暈又眼花，想請假被「連長」批評了一大頓，說我一點沒有愛國思想，對「軍事化運動」的不擁護就是間接幫助敵人，嚇得我只好堅持下去。操練了不到一個星期，「戰鬥任務」下來了——參加石榴崗人民的煉鋼運動。

又去煉鋼

每天天還未亮，哨子聲就此起彼落，將所有人都叫出宿舍，排隊前去煉鋼。再也沒有比土法煉鋼這種勞動更野蠻更原始的了。一個一個一個土高爐等於是煉鋼的人的墳墓。我們女同學被編在運輸組裏，負責挑廢鐵和礦砂，每人每次至少四十斤。男同學以及年邁的教授，都站在土高爐旁。有的用最低等的烟煤生火，有的在入口將廢鐵傾倒進去。離土高爐還很遠，一股熱氣却燻得人嘴唇都快裂了，我每次挑廢鐵挑到附近時，就感到一陣陣噁心。真不知道那些逼近烟囪的同學怎麼在支持着的。

鐵化了沒有，鋼鍊好了沒有，是要憑肉眼來看的。把高爐的門打開時，那一股火氣撲面而來，有時還會爆出鐵汁和燒紅了的礦砂。被燙傷的同學雖然肉被燒得焦紅了，但是絕不准退縮的。組織上提出口號，把這叫作「輕傷不下火線」。

幾天下來，同學們的頭髮都發紅了。女同學更不必說，都將頭髮剪得短得和男孩子似的。我的肩膊，因為挑担子而紅腫了一大塊，每天晚上疲倦到飯都不想吃。回來時，總要讓肩頭裸露着，給涼風來吹散那一陣陣的痛和燒身。睡覺時要是翻一個身，不小心碰到了枕頭，就會從夢裡痛醒。可是，第二天天不亮，沉重的担子又要痛澈心肺地壓在我的肩頭上。

我們簡直不被當作是人，為了那些醜陋的鐵塊，我們的生命，我們的思想，我們的痛苦，簡直比螞蟻還不如！

受傷的人每天都有，一位女同學因為被鐵汁濺到臉上，成了一個極難看的疤而哭了好幾晚上。這一個月不到的鍊鋼生活簡直是地獄中鬼的生活。人都被驅策到忘記了自己是人，而感到自己是應該為了那幾斤鐵而死去似的。真是死去倒也好了，偏偏是每天的折磨。

這大半個月對同學們的體力的消耗是外面人所想像不到的。等到領導上又將我們叫回課室，實行四二一制時，課室就活像監獄。每個同學的眼睛都紅得怕人，頭髮因為沒有時間去理而長得怕人，個個臉色變青，手臂上帶着各式各樣的疤痕（註：四二一制，即一星期中四天上課，二天勞動，一天休息）。我實在忍受不住這樣的生活了。經過一再設法，我再到了澳門。

我自由了！但我的同學們還在繼續受苦啊！海外的同胞應該知道大陸人民都渴望自由呀！

接「福爾摩斯也被清算」

（上接第二版）同樣的幼稚可笑，相信按照這個觀點去批判古人，恐怕沒有一個能逃掉清算的，即使馬克思也未嘗勞動過，毛澤東的生活也許比李後主還要奢侈得多。

不過，這位楊「同志」在批評福爾摩斯，却也透露了一件非常有意義的意見。他指出福爾摩斯「捕到許多罪犯——其中也包括統治階級的人物，這些罪犯也確實受到懲罰。但是我們應該看到這些罪犯的活動是破壞資本主義社會秩序的，使這些人落入資產階級的法網正是維持資本主義社會秩序。」

這段話相當露骨，以前在中共報章雜誌上還未見到有人如此坦白的說法，根據他的意見，資本主義社會的秩序破壞得愈澈底愈好，維持這個社會秩序的人就是錯誤，依照這個邏輯，目前在香港殺了人，警察最好不用管，假若警察拘了犯人，維持了社會秩序，就和福爾摩斯一樣犯了錯誤。再根據這項理論推演，在資本主義社會安定時，最好設法去破壞它，由此可以了解，大前年「三一迎親人事件」，以及最近的什麼學生露天上課事件，都是有意取鬧，破壞資本主義社會秩序的，相信以後還要繼續破壞。

更值得注意的是，中共把世界分成兩個陣營，一個是他們自稱為人民民主國家的共產國，此外就都是資本主義國家（包括中立親共國家在內），都應該設法破壞其社會秩序。這樣無異給「東南亞公約反顛覆委員會」供給了有力材料。

可是中共的宣傳有時又犯了扶得東來西又倒的毛病，當這位作者把福爾摩斯及一些偵探小說攻擊得不值一文時，忽然又想到大陸目前正在大力宣傳「反匪反特」，也出版許多類似偵探小說的反特故事，這些故事因為有「政治掛帥」，所以內容完全一樣，只是人名，地名更換一下，不用說讀者不歡迎這種故事，就算勉强看看，只買一本也就夠了。其銷路之差是可以想見的。

所以本文作者在結尾時說：「福爾摩斯探案與我國作家寫的驚險反特小說有着本質上的區別。前者是為資產階級政權服務，而後者是為勞動人民的政權服務。」

這些話假若不錯的話，目前在大陸上的勞動人民為什麼厭棄「人民作者」的品作，偏要去看資產階級的著作，道理就很費解了。

是誰鬥垮了毛澤東？

以來自蘇聯的壓力最大

曾明

毛澤東亂搞人民公社，引起了人民激烈反對，惹起了蘇俄深刻嫉妬。在這兩種力量衝擊之下，除了毛本人表示亦不想再幹中共的「國家主席」，並對於人民公社若干問題作了決議。從表面上看來，似乎毛澤東自知理屈而讓步，但究其實際，並不是這回事，却別有陰謀詭計，包藏禍心。

（一）

在中共宣佈的「關於人民公社若干問題的決議」的文字上有「個人的生活資料（包括房屋、衣被、傢具等）和在銀行、信用社的存款」，仍然歸社員所有」。「社員的多餘房屋，公社在必要時可以徵得社員同意借用，但所有權仍歸原主。社員可以保留宅旁的零星樹木、小農具、小工具、小家畜和家禽等」的讓步話。其實這些話，不待事實表現，而在這個決議中以另一種騙人語氣，就根本的否定了。如：

（一）關於房屋，決議中說明：「要逐步改造現有的舊式房屋，分批地建設新型園林化的鄉鎮和村的居民點」。這樣一來，現有的房屋遲早都不能保留存在，還談到所有權嗎？至於零星樹木、小農具、小工具、小家畜和家禽等等，就連帶的一掃而光了。

（二）關於在銀行、和信用社的存款，決議中說明：「應當着重指出：在今後一個必要的歷史時期，人民公社的商品生產，以及國家和公社之間，公社和公社之間的商品交換，必須有一個很大的發展」。「為了保証交換計劃的實現，要在國家和公社之間，公社和公社之間，廣泛實行合同制」。所謂商品交換，就是根據中共「國家計劃」的「統購」與「配售」的產品交換。而產品交換在蘇俄實行時，是以每一畝的產品換取若干農用品及日用品為交換標準，而不是以相互交換的產品價格結算為交換標準。因為如此，商品流通及其貨幣經濟就完全不存在了。而況，中共又實行「劃撥清算制度」，根本取消貨幣流通。在此情況，農民即使提出存款而持有貨幣，因為沒有商品存在，而貨幣就成為廢紙了。至於中共在決議中拖了一個尾巴說：「過早地否定商品、價值、貨幣、價格的積極作用，這種想法是對於發展社會主義建設不利的，因而是不正確的」。中共不敢肯定說要絕對要保持存在，而以「過早地否定」、「不利的」、「不正確的」軟弱辭令，不過是作為到了搞壞了的時候藉口而已。

（三）關於停辦城市人民公社，並不是讓步，而是目的已達不必再多此一舉。要知道毛澤東建立人民公社的主要目的是要把無組織分散的人民，以組織把他們牢籠起來陷在政治管制之中，進行無盡無底的奴役剝削。所以決議中直言不諱的說：「社會主義的全民所有制在城市中已經是所有制的主要形式，工人階級領導的工廠、機關、學校（除了一部份職工家屬以外）已經按照社會主義原則高度組織化了」。因此，可以了解，「除了一部份職工家屬以外」，城市人民已經在它的「高度組織化」牢籠管制之中。就是連「一部份職工家屬」也早已在街坊組織管制之下了，已達到它的目的，就可不必多此一舉。而且，如果城市中實行人民公社的組織，勢必與原來的工廠、機關、學校的組織衝突，反而影響到中共管制的效力。

由此可見，中共這一個決議，對於人民並沒有讓步，在實質上還要加強宰割農民。在一九五八年十二月到一九五九年四月的五個月整社期中，又不知有多少農民要受到中共的無辜殘害。

（二）

本來中共中央於一九五八年八月在北戴河舉行政治局擴大會議的決議中說：「建立人民公社首先是為了加快社會主義建設的速度，而建設社會主義是為了過渡到共產主義的積極地好準備，看來，共產主義在我國的實現，已經不是什麼遙遠將來的事情了」。但這次說「儘管我們前進的速度較快，需要的時間還將很長；全部完成這個過程，從現在起，將需要經歷十五年、二十年或者更多一些時間」。中共為什麼變呢？其實，毛澤東主持召開這近四十天的一連串會議，就是為了這幾句唱詞。因為，毛澤東的為人，誠如左舜生先生所說：「毛確是一個不信邪的湖南人。他富有實踐性，即幻想也無阻於他的實踐」。他以為自從斯大林死後，在共產世界中由赫魯曉夫起，不管在理論上、實踐上都不如他，就是蘇俄也承認他是斯大林死後的第一人。加上中國的自然條件和社會條件優越，自蘇俄起任何一個共產國家都比不上。毛澤東在這種「形勢比人强」的情況下，因而就想以人民公社爭先進入共產主義社會，以奪取領導共產世界的權力。並且，毛澤東的所行所為完全走的斯大林路線；而赫魯曉夫是對斯大林鞭屍人物，這已經犯了赫魯曉夫的大忌；赫魯曉夫除了以「七年發展經濟綱領」對付毛澤東的人民公社空架子以外，並且，揑住中共的經濟建設只是以蘇俄為中心經濟建設中的一部份建設的疼足，壓廹中共內部所謂國際派的劉少奇等人，向毛澤東算賬。因此，毛澤東只有軟下來，放棄「國家主席」不幹。並表示至少要比「七年計劃」加上一倍時間十五年，乃至於二十年或者更多一些時間，才會進入共產主義社會。但，毛澤東是個不信邪人物，廹於一時現實環境不得不低頭一下。不過，要注意，他並沒有放棄共產政權中權力最大的黨主席地位，還要從事馬列主義的理論工作。看來，毛澤東還要掙扎報復哩！

三十年前中共廣州暴動之回憶(一)

張發奎

中國大陸淪陷在中國共產黨手裏，現在已經九年了。在這九年中，大陸上的同胞橫被中共屠殺，其殘暴凶狠眞是曠古未有，今日大陸幸而不死的同胞，其精神與肉體亦備受中共之摧殘與奴役，這是我們今天離開了大陸的人所日夕不能忘懷的。仔細檢討起來，中共陰毒險狠，殘暴不仁；以及它那禍國殃民，甘心作蘇俄走狗的可恥行徑，不自今日始，三十幾年以來，實係完全一貫。卽以本年十二月十一日恰恰屆滿三十週年的中共廣州暴動來說，就是一個明顯的例子。

今年七月三十日北平出版的中共人民日報曾刊載一篇署名「葉劍英」題爲「大革命失敗與廣州起義」的文字，該文對我個人迭加攻擊，這種攻擊，對我這樣一個堅決反共的人來說，當然毫不意外。葉劍英說「廣州的革命羣衆曾對張發奎抱着很大的幻想，他們渴望着由北伐軍剩下來的最後這支武裝能領導他們繼續革命。南下時，張發奎也還表示願意回廣東繼續革命，可是當他看到廣州人民這種高漲的革命氣燄時，却又動搖了。最後終於脫下了假左派的外衣，露出其原來的反動面貌……。」事實上，中共所謂革命，原本都是危害國家民族。所以，他們雖想包圍我，雖想把我變爲他們的工具，我却始終不上當。他們今天罵我，自係當然。

猶憶民國十六年六月，我正在河南北伐途中，忽奉命班師回武漢，被任爲第二方面軍總指揮，轄第四軍、第十一軍及第二十軍。當時第二方面軍總指揮部及所轄各軍負責人員如下：

第二方面軍總指揮　張發奎
參謀長　謝嬰白
秘書長　高語罕
政治部主任（兼黨代表）　郭沫若
第四軍軍長　黃琪翔
參謀長　葉劍英
第十二師師長　繆培南
第二十五師師長　李漢魂
第二十一師師長　富雙英
第十一軍軍長　朱暉日
參謀長　吳　涵
第十師師長　蔡廷鍇
第二十四師師長　葉　挺
第二十六師師長　許志銳
第二十軍軍長　賀　龍

當時正是聯俄容共時期，高語罕、郭沫若、葉挺都是著名的共黨分子。葉劍英則是部隊移駐到鄂南南潯線後才升任第四軍參謀長的，大家當時都不知道葉劍英是共黨分子。這時候，共黨眼見北伐卽將成功，就在各處運用陰謀作起亂來。他們自參加國民黨後，本已一再違背諾言，曲解主義，此時更變本加厲，鼓動階級鬥爭，隨北伐軍勝利所到之處，假借革命之名，各處掀起農民暴動，以致湘鄂贛諸省都陷在恐怖的流血慘境。針對這一情形，國民黨中央執行委員會乃於民國十六年五月初決議在湖北、湖南、江西等省組織特別委員會，負責檢查各該省之黨部，各級政府，各民衆團體之行動與言論。到了民國十六年六月一日，我們又查獲了第三國際給共產黨之文件，指示共黨暴動，其大意是：

一、土地革命，主張無須政府命令，而以暴動方式解決土地問題。

二、改革中國國民黨中央執行委員會，增加農工領袖爲委員。

三、武裝兩萬共產黨員及五萬工農分子。

四、利用國民黨的領袖，組織革命法庭，制裁反共軍官。

由於上述發現，國民黨中央執行委員會才在民國十六年七月十五日決議，實行取締共黨，解除鮑羅廷等俄國顧問職，並準備召開國民黨中央委員會第四次全體會議，討論淸黨問題，在未開會前，先制止共產黨人一切違反國民黨政策之言論與行動。但七月十六日武漢市面發現共黨傳單，宣言中國共產黨中央執行委員會議決撤回參加國民政府之共產黨員，惟共產黨員之已加入國民黨者，則不退出。七月二十日又發現中國共產黨青年團之傳單，對國民黨肆意攻擊，至此，國民黨乃決心分共。一面由國民政府允准共產黨人一律退出政府機關，一面則訓令軍事委員會通飭國民革命軍各部長官，將共產黨人一律遣去。我當時奉到命令，卽先將各級政治部改組，嚴行檢舉各級政治部所發出之言論，並加倍嚴密各級官兵之管教，以防共產黨乘機蠢動。

但共黨陰謀層出不窮，鄧演達、高語罕、郭沫若等又來包圍我，請我仍繼續執行聯俄容共政策，鄧演達當時對我說，請我繼續革命。但我知道他們所謂革命，實際上就是禍國殃民，就是替蘇俄當走狗。我當時認爲基於國家民族的利益，我們是不應該再聯俄，也不應該再容共的。所以當卽嚴予拒絕，並堅決執行政府的分共命令。

共黨此時知道他們企圖利用我的想法已落空，於是共黨分子葉挺就勾結第二十軍軍長賀龍於民國十六年八月一日晨在南昌實行暴動。他們在南昌高揭紅旗，並在南昌組織蘇維埃政府，佔據省政府等機關，圍繳南昌防軍及警察槍械。我第十一軍第十師蔡廷鍇部當時亦駐在南昌，葉賀亦欲脅持蔡廷鍇一同叛變，但葉賀自南昌撤退時，蔡率部向浙江上饒方面單獨離去。我仍以爲迅卽擊潰葉挺賀龍之叛變實爲當時最緊要之事。所以，一面呈報政府，一面就親率第四軍之第十二師第二十五師及第十一軍之第二十六師由九江分向南昌，取包圍形勢前進，準備在南昌及其附近殲滅叛軍。（未完）

「人民公社」卽奴隸公社論
——亮齋閑話之十九

徐亮之

客　您讀過最近中共八屆六中全會「關於人民公社若干問題的決議」嗎？這乃由社會主義過渡到共產主義的指標式的大文章呢！

主　不，只是一篇拙劣的文章；同時也是一幅失敗的遠景畫；雖然共產黨的看家本領，一向都是善於自欺欺人地畫遠景畫。

客　「失敗的遠景畫」？您是說這決議所開的支票乃更靠不住的遠景？

主　「忽聞海上有仙山」，無奈「山在虛無縹緲間」！這決議案的總指標恰正指向這樣的一座仙山上。

客　我不明白您這話的意思。

主　您不明白，最少參加這項決議的共產黨人心裏明白。

客　您這越說，我越糊塗。

主　決議案不是明白地告訴了您，要由社會主義過渡到共產主義，「從現在起，將需要經歷十五年，二十年，或者更多一些的時間」的嗎？那末，「現在」尊庚是五十，卽是說共產黨人已經坦白告訴了您：到您舉行七旬大慶時，社會主義能否過渡到共產主義，仍然是在「虛無縹渺」之列。

客　您說來說去原來只是爲這一點，未免眼光太短視了。「五百年而有王者興」也不爲遲，何況區區二十年？何況「成功不必自我」，咱們中國人有的便是這種傳統的決決大國氣概？

主　「成功不必自我」，我相信您有這氣概；但決議案同時肯定：您必須一輩子做奴隸；也同樣有這氣概沒有？

客　「奴隸」？您竟使用這一奇怪的名詞，便足見您對這個決議案只是走馬看花。告訴您：「人民公社的組織原則是民主集中制」；「黨的羣衆路線的工作方法是人民公社的生命」；這才眞乃爲決議案所肯定。試問奴隸社會也能出現「羣衆路綫」和「民主集中」的嗎？

主　那末，您大概對這決議案不是走馬看花的了？我且問您：您看見這決議案堅決肯定「辦好人民公社的根本問題是加强黨的領導」嗎？看見這決議案硬性規定公社的「民兵組織和生產組織的領導機構應當是兩套」嗎？黨加强領導於上，民兵和生產兩套機構分別領導於下，共產黨式的「領導」卽「奴役」的代名詞，乃薄海皆知的；這樣層層密密的「領導」，試問還有「民主集中」沒有？還有「羣衆路綫」沒有？一句話，除了「奴隸」還有「人民」沒有？「人民」既只是「奴隸」的代名詞，所謂「人民公社」說它本質上卽是「奴隸公社」，毫無奇怪之可言。

客　「奴隸公社」？您這名詞倒很新鮮。

主　您認爲新鮮，我却認爲可怕。您讀過亞理士多德的「政治論」嗎？他把奴隸分爲「天然的」和「非天然的」兩種；認爲「天然的奴隸，反以臣服其主而有裨益。」所以，我替中共担心的，倒不是他們把奴隸公社美其名叫「人民公社」；而是「人民公社」裡面並非全然是「天然的奴隸」。

踏莎行（兩首）

舜生

軟水溫山，丹楓白露，漁舟點點神州路，誰言遊子竟忘歸，歸帆總被秋風誤。濁酒休停，閒愁休訴，歡娛共把頹齡駐，從頭收拾好家居，思量未必他人錯。（筆會同人小聚青山酒店）

共解愁城，同消永晝，良朋高會詩和酒；醉人何只小陽春，朱顏綠鬢依稀舊。天幕四垂，哀箏三奏，心情還似當年否？歸雲冉冉又黃昏，家山凝望空回首。（和君左水心原韻）

汲古書屋談薈
黃膺白與章太炎

耘農

黃膺白，名郛，浙江上虞百官人，與餘杭章太炎有葭莩親。早歲，二人均隸籍同盟會。蓋自清末膺白以浙江武備學堂高材生保送日本成城學校，組丈夫團，聯絡軍事同志爲基幹；太炎則於蘇報案出獄後，赴日主持民報編輯，作民族大義之鼓吹，故皆有功於革命者也。辛亥光復，膺白與陳英士、蔣介石結異性昆季之交，嘗佐助英士底定淞滬，收復蘇浙。洎民二癸丑討袁之役失敗，不爲同志所諒，並爲袁世凱懸賞二萬金購緝，有不論生死，一體給賞之語，乃亡命日本及美洲，袁死，始歸國，遂北走京津，與北洋派相結納，外示和光同塵，內實沉機觀變，雖未加盟於中華革命黨及國民黨，而仍互通聲氣。迨至民十三甲子十月奉直之戰，陰促馮玉祥倒戈反直，回師北京，因曹錕於禁室，逐溥儀出淸宮，膺白以內閣總理兼攝臨時總統，其勳名遂大顯於世。太炎於辛亥革命成功之前，以左袒陶成章而與孫中山不協，致同盟會發生內訌。民國初建，又因陶成章之被暗殺，漸與同盟會携貳。中山雖甚禮敬備至，而詆訶如故。然至民七丁巳護法之役，又嘗與中山携手合作，躬赴西南各省，說軍事將領團結北伐。其後以國民黨實行聯俄容共故，曾號召昔日同志，從事護黨救國運動，然所謀無成，論者惜之。自是太炎杜門講學，海內奉爲國學大師，其言論主張益與國民黨處於相反之地位矣！民十六丁卯，國民政府奠都南京，膺白受命爲首任上海特別市長。時太炎方隱居滬濱，頗爲衆矢之的，然卒能安然無恙者，則膺白暗中護持之力也。

民十七戊辰，膺白以外交部長主持濟南「五三」慘案對日交涉，頗滋世人誤會，乃謝職歸浙之莫干山，築室曰白雲山館，以爲與其夫人沈亦雲偕隱之所。迨「九一八」瀋陽之變發生後二年，始應當局之敦促，再起任行政院駐平政務整理委員會委員長，支撐華北危局近兩載，而爲時論所譏，至以親日派目之，實不諒其苦心也。遂毅然辭職返滬，於莫干山中建文治藏書樓，以紀念其先人，有久居之意焉。樓成，太炎應膺白之請，爲之記曰：

（待續）

更正

『上期給毛澤東一個初步的解剖』一文，引有羅傑的兩句詩：『指痕送別壯南八，才氣逼人求李雙』，南八的『八』字，排成了『行』字，這是不可原諒的錯誤，特此更正。

蒼盦詩話

愚公

南洋富詩料而尠詩人，余居星洲年餘，所識詩人中，八閩潘國渠氏其表表者矣。國渠名受字虛之，抗戰時年甫逾冠，浪跡巴蜀滇黔，以詩游諸名輩間，頗爲劉禺生趙堯生章孤桐諸老所激賞，酬唱至多，其詩恢奇英發，自成孤詣。一九三七年春，於風雲雨雪中登泰山賦四律云：「記從學語慕崔巍，今日登臨亦快哉，風急吹雲扶脚上，雨寒挾雪打頭來。巖巖俯仰空依傍，蕩蕩陰陽有闔開。未到天門天已近，泰山不愧萬山魁。」「鬼泣神驚過鳥悲，岱宗絕頂險還奇。三千弱水蓬萊遠，百萬重山世界卑。立足平時欣足穩，置身高處覺身危。雲端顧盼頻舒嘯，一任天風自在吹。」「未了餘青分四海，彌高浮黛入三天。人文魯國通邾國，碑碣秦年雜漢年。時世必衰方降聖，帝王太貴不能仙。我携非聖非仙想，來看神州混沌前。」「直從泰岱望崑崙，九曲黃河赴海奔。五百兆人同禹甸，四千年祖溯軒轅。如何錦繡江山美，竟至烟塵日月昏。一慟金甌今半缺，陸沈誰與起民魂」。

本刊已經香港政府登記

聯合評論 週刊

每逢星期五出版

United Voice Weekly

第二十一號

督印人：黃宇人　總編輯：左仲平
社址：九龍金馬倫道卅八號三樓
電話：六一四一三（61413）
承印：田風印刷廠（高士打道二二一號）
總代理：友聯書報發行公司
售價：每份零售港幣壹毫
本報紐約版總經售處美國紐約中美出版社
CHINESE-AMERICAN PRESS, INC.
199 CANAL STREET.,
NEW YORK 13 N. Y. U.S.A.
紐約航空版零售每份美金壹角

千萬不可修改憲法

疑今

今天已經是中華民國四十八年了。

在海外流亡的中國人每年都渴望能早日重返家園；可是，時間一年一年的過去，而今我們又踏上流亡中的第十個年頭，當此新年佳節，不禁萬感交集。

照常理言之，中華民國的政府至今仍在一部份國土上行使職權，我們要反攻復國，自非毫無憑藉。不幸，九年以來，當局不知團結奮鬥，自立自强；而只是依賴外援以圖苟安。坐視反攻的良機一再失去。今日思之，倍覺悲痛。

然而往事已矣。自蔣杜公報發表後，國人又以沉痛的心情期待政府能有一番足以振奮人心和號召團結的政治改革，庶可確立政治反攻的基礎。我們雖不敢多存幻想，但因爲今年一年可能與中華民國的命運有很大的關係，也不能不對政府寄以最低限度的希望：縱不能奮發有爲，也千萬不要再作任何適足以自我毀滅的措施。舉例言之，如修改憲法等是也。

我們也認爲現行憲法有若干缺點。然而它是政府所以存在的唯一依據，也是大陸同胞和海外流亡人士與政府之間的一個共同基礎。今日無論大家和政府當局的政見有多大的不同，只要依據憲法都不難求得適當的解決。若一旦以早失時效的少數國大代表在目前台灣實行閉關主義的氣氛之下，擅自修改當年全國人民（除了共產黨外）所一致接受的憲法，無異是政府自毀其基礎，造成紛亂，其後果是不堪設想的。

本來，自蔣總統於上月二十三日在台北光復大陸設計委員會明白宣佈他反對修改憲法後，海內外的疑雲應該完全消散了。他說：「我代表中國國民黨和政府來說，我們不僅是沒有修改憲法的意思，並且反對修改憲法。」又說：「憲法尤爲反攻復國的有力武器，所以我們必須尊重它而且維護它，才能達到反共復國的目的。」這是何等堅定的態度。可是，人們仍不敢深信，甚至還疑惑他是以退爲進，不過藉以探測各方面的反應而已。

回憶十年以前，國民大會在京集會之前夕，蔣先生也曾公開宣佈不願作總統候選人，並且還提議由國民黨推舉一位在學術上有地位的黨外人士出來競選。當時有一部份國民黨中央委員極表贊成。他們以爲蔣先生完成北伐和領導抗戰以後，如能放棄國家元首的權位，不但一般軍人不敢再干擾政治，而使民主憲政的基礎得以確立；並且還將在中國歷史上樹立一個比華盛頓不連任三次總統還要偉大的楷模，今後中國的政治上如果還有爭權奪利的人，單憑蔣先生的名字就可以使他們知所省悟了。這一部份委員對於蔣總統的推崇和期待，可謂至矣。但在國民黨中央常務委員審查此案時，陳布雷見着正反兩方相持不下，突起立發言，他說蔣總裁非不願出任總統，只因憲法之規定總統的權限太小，不足以應戡亂建國時期的特殊需要，所以他才有捨總統而就行政院長的意向。現在正徵得國大代表莫德惠的同意，由他向國民大會提出，在憲法中加入一個臨時條欵付與總統以某些必須的特權，如此，蔣總裁就願意担任總統了。陳說完以後，就由袋裏取出一張字條，大意說，總裁既堅絕表示不願作總統，國民黨中央亦不能另提候選人，只得聽由國大代表自行決定，希望總裁仍本救國救民的初衷，出任總統以慰萬民喁喁之望云云。這是陳布雷代審查會預擬的決議案文。一經宣讀，大家自不好再表異議。次日國民黨中央全會也就照審查案通過了。於是蔣先生就由數百位國大代表提名而爲總統候選人並依法當選了。這是當年總統選舉的經過情形。

（下轉第二版）

恭賀新禧

本社同人鞠躬

迎中華民國四十八年

左舜生

中華民國已進入第四十八年，這是一個太可喜的現象。

中國共產黨一定要把民國的民字改爲『人民』，民國改爲『共和國』，這已注定他們必然失敗。因爲這樣一改，他們已在不知不覺中犯下了三大錯誤：

一、証明首先製造『兩個中國』的是他們；

二、中華民國四個字是經過辛亥以前和辛亥以後無數先烈們的鮮血染成的，世間凡是血染過的東西，你要去輕於抹煞它，無形中你便犯下了一大罪惡；

三、他們是心甘情願不要取得世界一切有歷史觀有正誼感的國家的承認。

假定中共當日不改國號，不換國旗，即在中華民國的旗幟之下幹他們今天的這一套，則我們的處境固然非常尷尬，即國際豈不也要感到異常的惶惑？可是他們畢竟不敢這樣做，此所謂天奪其魄，殆亦諸先烈於冥冥中對毛澤東等一種精神壓迫的結果也。

以我個人的感想來說，不僅中華民國這個國名絕對不許更改，即國民黨在大陸時代動輒改地名，改縣名，改街名這類的勾當，我也極不以爲然。中山先生的豐功偉烈，自足以流芳百世；即蔣先生這三十年來的功罪是非，也自有後代的歷史家爲他論定，一定要把一個縣，一條街，或一所公園，乃至一亭或一臺的名字去紀念他們，究竟何關宏旨？等而下之，如所謂立煌縣，經扶縣，培德路，滌平路，……當然更要笑掉牙齒了。從前中華民國還在北京的時候，不聞有人要把南京改叫金陵或建業，爲什麼北伐成功以後，一定要把北京改爲北平呢？北大的師生首先便反對改『北京大學』爲『北平大學』，可見凡一切約定俗成的名稱，不得人民的批准，決不是政府的一紙命令所能變更得了的。六十年來，我們幾乎是事事摹仿別人，可是日本的江戶改爲東京以後，西京依然不改，別人的這種好處，爲什麼獨不肯學學呢？

我們今天眞是處在一個遺大投艱的時代，每一個人都應該選擇一種當務之急或最爲艱難的事業去努力，凡改變地名街名或製造標語口號的這類輕鬆工作，應一律加以禁止。從前在大陸上，我們常看見『負責任，守紀律，明禮義，知廉恥』這類的字樣，油漆滿街，其結果則眞正負責任守紀律的人找不出幾個，而無禮不義，寡廉鮮耻的新聞，則報不絕書，這還不足以証明這類的東西毫無用處嗎？

毛澤東便是一個製造標語口號或怪異名詞的專家，連上海的『甲級流氓』黃楚九，也能造出『百齡機有意想不到的效力』，這還値得一學嗎？中華民國必須把這類無聊的工作一律屛絕，人人脚踏實地的埋頭苦幹！我們反攻復國的大業才眞有樹立的可能哩！

反攻大陸與進攻民主

雷厲

（一）

台北當局高喊反攻大陸將近十年，可是光說不幹，至今仍是一句空話。在蔣杜會談以後，連這句空話也變了內容：所謂反攻大陸，變成政治反攻爲主，軍事反攻爲從了。

自從政治反攻爲主以來，又已兩三個月了，可是到今天爲止還是鴉雀無聲。好像過去的軍事反攻一樣，只是拿來說說安慰人心的，並不是認眞來實行的。我們這麼說，似乎有點武斷，起碼有人要懷疑，既不軍事反攻，又不政治反攻，那麼台北當局衰衰諸公成天做些甚麼事呢？的確有這麼一個問題。

從頭檢查一下這些年來當權派的行爲，我們才恍然大悟，原來他們並沒鬆懈，但日夜孜孜不息的並非反攻大陸，而是進攻民主！我們這樣說絕不寃枉人，請看下列的事實：（一）孫立人事件，（二）孫元錦事件，（三）黨員自清運動，•（四）圍剿自由中國半月刊事件，（五）胡適與國運事件，（六）倪師壇事件，（八）修改出版法事件，（九）孫秋源事件，（九）奉命不上訴案，（十）不許地方自治研究會立案事件。

（二）

以上我們僅列舉三年來重大的事實，至於包辦地方選舉，檢扣海外反共書刊，侵害司法獨立，摧殘言論自由諸多反自由反民主的措施，在這裏實無法一一論述。假如將九年來所有反自由民主的措施，製成一張統計圖表，那一定是洋洋大觀，絕不愁沒有資料的。

從上述事實得知，高踞台北手握大權的那群人物，他們的心智氣力完全貫注消耗在反自由反民主上面了，那還有精力去反攻大陸呢？他們晝夜惴惴不安，咬牙切齒，恨不得生吞活剝的對象，不是海對岸荼毒同胞的中共集團，而是在他們淫威之下惕勵喘息，掙扎不屈的幾個懷有自由民主夢想的反共知識分子。

對於台灣內部的自由民主人士，他們固然赤裸裸的加以廹害，諸如龔德柏、倪師壇、孫秋源之被逮捕和監禁，公論報社長李萬居被放火燒宅，自由中國半月刊社長雷震被當面辱罵警告，刊物遭毀版禁售等等；對於海外的自由民主人士，他們又何曾放過。其手段之卑鄙與中共可以並駕齊驅。因此今天在海外本獨立主張從事反共的人，不但要應付中共的攻擊，同時要應付來自國民黨的攻擊。二者所使用的手段也是差不多的；（一）曰滲透破壞，（二）曰收買拉攏，（三）曰造謠中傷，（四）曰離間分化。

關於滲透破壞，他們的成就甚少。因爲他們的滲透手法破壞技巧太笨拙，滲透份子很快就被發現被驅逐；有些雖被發現而沒有被驅逐，是因爲滲透者早已表明了身份與任務，於是拿他們的寃枉錢供給假情報。類此的故事我們聽得太多了。

與滲透破壞相較，收買拉攏多少還有些成績。但是，一個人或一個團體，甘於把自身當做商品來出賣者，那麼這個人或這個團體具有何等價值也就可想而知了。今天香港月拿三百元津貼的人，月領數千元經費的團體，大家早已瞭然於胸了。某些人在身分清白的時候，本來還有些活力有些見解，多少能發揮些反共作用；可是一經收買便面色如土。意志消沉，生活墮落，一個人就宣告完蛋了。因此收買政策所帶來的直接後果，是汚爛人格，毀滅反共力量。

一個人唯有在仰不愧俯不怍的時候，他才能有信心與勇氣爲一個理想目標去奮鬥。一個意志被收買的人，等於靈魂被姦汚了；做爲生命主宰的心靈一旦汚爛了，於是整個生命就癱瘓麻木了，這個人就自墜萬丈深淵，終其生歉然內疚，痛苦無窮！

關於造謠中傷實在令人啼笑皆非。左右夾攻的謠言常常是同時而來的，這面左報罵我們是「美蔣特務」，那面第六組的仁兄則傳佈我們是「共匪」。造謠者更非常得意的說：「我們有人在裏頭，消息絕對可靠。」最初他們一口咬定某某團體是共黨外圍；久了沒人相信，現在改了口氣，說是被共黨所滲透了。

這些年來我們常蒙不白之寃；有些素未謀面的人背地裏對我們咬牙切齒，恨不德吃我們的肉；有些個人或團體素無衝突怨尤，忽然對我們實施奇襲伏擊，槍炮齊鳴；使人莫明其妙，不知那來的邪火。後來我們才澈底清楚，原來有人有計劃的在挑撥離間。

（三）

列舉上述這些現象，目的絕不在宣揚「家醜」，發洩私憤，因爲在反共大義之前，私憤黨見是太微小了，是一文不值的。我們所以忍痛列述出來，爲的是喚醒中國反共人士，使他們知道今天反共復國的癥結所在。今天在台灣的國民黨，所以蹉跎十年，坐廢國事，是因爲他們集中力量在反共陣營打內戰，他們一直是進攻民主多於反攻大陸，如此下去，反攻大陸將永遠是騙人的空話！

因此我們向中國反共人士及各反共黨派提出三項主張，做爲今後共同努力的參考。

一、我們要求國民黨當權派即速停止進攻反共陣營中的自由民主力量，大可同心合力槍口對外反攻大陸！

二、我們反對坐待大陸發生革命的苟且消極想法；我們主張以政治反攻來創造軍事反攻的形勢。

三、我們認爲政治反攻之道在於：恪遵憲法，實行民主，保障自由，政治改革，在上述的基礎上實現反共陣容的大團結！

× × × × ×

民主的青年站攏來！

一個目標，一致行動，甘苦與共，生死一團。

陽明

我們數千年立國的根據地——大陸——，已經被共匪盤踞了將近十年，這十年的時間，並不算短！自大陸淪陷那年起，一直到今天，在小學讀書的十歲孩童，現在已經變爲成了年的大漢子；在初中畢業的十五歲少年，現在已經加入了服務社會的行列；二十至三十五間的青年朋友，現在已爲社會的中堅份子；再大一點的中年人，現在已要走向老邁的途徑了。朋友，時間過得那樣可怕的快，而我們祖宗廬墓的所在地，與五千年來炫耀於世界的錦繡河山，依然在爲獸蹄踐踏；與我們早夕相處的父母兄弟姐妹，妻室兒女，和親戚朋友，依然在受匪徒們壓榨殘殺！尤其是，最近匪徒們瘋狂地實行「人民公社」以來，把數千年傳統下來，以仁愛爲中心的倫常家庭、社會制度，完全推翻無遺，使整個大陸的同胞，都變成了共匪的牛馬和奴隸，我們僥倖居在海外，難道可以忍心苟延一輩子嗎？

國際間的風雲，朝夕莫測，亞洲的「慕尼黑」，隨時都要提防。我們是一個忠厚而堅毅的民族，曾經吃了不少的虧，但是，邪不能勝正，莠不能壓良，我們始終會延續着傳統文化歷史的發展，轉敗爲勝，變弱爲強的！

自古以來，青年都是克難興邦的健將，挽瀾支傾的能手，沒有一個國家的滅亡，一個朝代的衰敗，不是從青年的手裏復興起來的。今日，國家到了最危險的邊緣，民族遭到了空前的大難，我們此時不挺身而出，尚待何時？

過去，也有不少民主人士倡導了一些救國的組織，像潮湧一般的青年，都踴躍的參加了，但是，事到如今，多默爾而息，一事無成。推原其故，不是沒有明確的目標，就是內部發生紛爭；不是爲少數人的利益被出賣，就是受外來敵人的破壞而挫敗。今天是我們生死存亡的關頭，我們不能讓過去那一些失敗的原因再生，一定要穩健的自動站攏起來，自動的獻出純潔的身心，然後一齊開步，一齊用力；用那轟天轟地的無比力量，去消滅俄帝與朱毛匪幫，重新建立富強康樂的中華民國！

現在我提出四點站攏的綱要，給諸位青年民主人士作爲參考：

一個目標：

這個目標就是反共復國，民主自由。

我們很知道今天處境的危險，一個曾列四強之一的中華民國，隨時隨地可以遭到不堪設想的命運！剩下台灣僅僅一塊小土地，匪共正在張牙舞爪，國際的政治掮家們，也在糊亂叫囂，這是多麼危險的一面！我們掉過頭來看，大陸的同胞在共匪的殘酷壓榨之下，人人都在計劃反抗，海外的同胞們，也都在想及時爲國求存，這又是多麼有利我們行動的一面。我們處在這利害安危的夾縫中，還有什麼猶疑的餘地，我們自己不去努力復國，就要給人家把我們亡了！

目前，正是民主自由與極權專制鬥爭的大時代。以往我們的國家，因爲不能走向眞正民主自由的大道，所以，被匪共借着民主自由的口號，欺騙了整個大陸的同胞。現在，他們都在極權統治之下，過着牛馬不如的奴隸生活，亟需眞正的民主自由去解救他們於倒懸，因此，我們的一切生活方式，當以眞正的民主自由爲標的。

在這個顯明的目標之下，凡是反共的民主青年，不問其過去的歷史背景，與政治社會關係如何，只要是誠心爲上述目標而來的，都是一律歡迎。

一致行動：

錯雜的思想，與散漫的行動，永遠無法達到成功的境域。反共復國與民主自由，不是一個空洞的口號，而是一個偉大而實際的行動，我們要從積極的行動中，才能夠達到既定的目標。

一件非常艱鉅的偉大事業，並非一蹴可就，也並非憑少數人的力量可以成功，而是要在統一的指揮之下，組成堅強的隊伍，然後分工合作，羣策羣力，一致向前，始克有效。

我們試觀，過去推翻滿清，建立民國；打倒日本，獲得抗戰的最後勝利，這兩次偉大的成功，都是全國青年共同一致的力量。時代的巨輪，今已推進到我們的前面，這一個反共復國的艱鉅責任，自然應由我們一致的來負起，所以，我們每個有血性的青年，應毫不猶疑的參加反共行列，齊步邁進！

甘苦與共：

反共復國，是一個偉大的革命事業，我們要想革共匪的命，必先從革自己的心着手。如果，我們自己也像共匪一樣的滅絕人性，殘酷剝削，或則還像過去大陸時一樣的自私自利，腐化墮落，那麼，我們不但不能去執行革命大業，相反的始終要作人家的革命對象。

我國五千年來的傳統道德精神，是以仁愛爲中心，而國家迭經變亂仍能屹立不動者，也是全賴此種傳統精神之所致。近數十年來，因共匪的詖詞邪說，滲入人心，致使傳統的倫常社會，大大的變質，而經共匪的大肆摧殘之後，現已蕩然無存了！我們現居在海外，一切可獲相當的自由，我們到底都是炎黃的子孫，血緣相親，我們應該從實際生活上去恢復傳統的道德精神，在精神上彼此互相愛護，在生活上彼此互相照顧，做到甘苦與共，禍福相同的境地，以確實發揮仁愛的偉大精神，而爲將來行動的訓練與考驗。

生死一團：

「有組織才能團結，有團結才能發揮一力量，」這可說是一個定論。一個力量的大小，因須視團體的大小而定，但是，堅強的程度卻佔了主要的因素。所以，團結得多固然重要，而團結得緊則更加重要。如果，能達到又多又緊，則更好不過。

我們嘗看到古時英雄好漢們堅強團結，通力合作的偉大精神，與忠烈衞國，篤實尚義的良好榜樣，不禁慚愧無地。尤其處在寇深國危，大難當前的今天，仍然朝野不合作，異己不相容，甚至宵小之徒，故弄是非，亂戴帽子，搞到疑神疑鬼，離心離德，草木皆兵，自亂陣容，使親者痛，仇者快，眞是一文不值！

現在擺在我面前的危難，已經不容我們顧及那些，凡是有志反共復國，建立民主自由中華民國的青年，應趕快的站攏來，團成一個巨大無比堅強而有力量的鋼球，朝向竊據我大陸的共匪滾過去，壓得牠——共匪——粉身碎骨，身死血流！

反共復國，是每個炎黃子孫的責任，我們是年富力強的現一代，我們應該勇往領先，奮身行前，「鐵不鍊不成鋼，事不幹不會成，」苦難的中國青年們！起來呀！中國的大陸是我們的！

大陸電影界的反共行動

魏銘

一九五八年十二月十六日上海文滙報刊出陳荒煤寫的一篇「堅決拔掉銀幕上的白旗」，下面小標題是「一九五七年電影藝術片中錯誤思想傾向的批判」，從這篇文字中可以看出一九五七年大陸電影界普遍反共，厭共的情形。

據陳荒煤的分析，電影界大概有三種情形：

第一種是專門挖苦共產黨的片子，他舉出來的有：『未完成的喜劇』，『球場風波』，『尋愛記』，『三個戰友』，『幸福』，『誰是被拋棄的人』，『探親記』等片。

這些片子中間，中共最恨的就是『未完成的喜劇』，導演呂班被列爲右派份子，主角殷秀岑，韓蘭根也被丟進雪窖，永不起用。

陳荒煤並未說出這部片子的內容，而且這部片子在大陸上也是被禁演的，不過筆者在戲劇報及其他雜誌中尚能看出本片一些精采內容，約略把輪廓說一下。

殷秀岑和韓蘭根這一對寶貝，相信三十歲以上的讀者都還記得，當時在國內有東方勞萊、哈地之稱，論演技實在較美國的高腳七、矮冬瓜還高一皮，可是自從中共「解放」殷、韓兩人首先被擱置起來，生活困苦萬分，到了一九五七年正值大鳴大放時期，中共對各種機構的控制都放寬了，殷、韓僥倖出籠在呂班導演下拍了這部「未完成的喜劇」，以國營公司爲背景，殷秀岑先生充任國營公司的經理，韓蘭根是他的屬員，主題在挖苦國營公司的官僚作風，共產黨員的顢頇無能，也許是因爲他們受夠共產黨的氣，眼見的共產黨員胡塗蛋太多，所以把戲中人演活了，尤其是殷秀岑演的那個共黨經理居然死都能死錯，烏龍程度古今中外所未有，這部片子若能來香港，包管比『梁祝』還賣座。可是在審查時，被指爲有意污蔑『共產黨員高貴品質』，片子禁映，呂班變成了右派分子，片子永遠作「未完成的喜劇」了。

被陳荒煤指出和『未完成的喜劇』同一類型的片子，其中有一個共同之點，都塑造出一個小丑來逗人發笑，而這個小丑一定是共產黨員，甚至是黨支書記。

其中『誰是被拋棄人』，情節稍有不同，主題是在敘述一個鄉村幹部進城後蛻化變質的經過，其中除去穿插一些笑料之外，主要的卻在說明『老黨員，老幹部進了城，當了領導，就都變質了』。（陳荒煤語）

第二種是專門揭露共產黨黑幕的，計有『青春的腳步』，『情長誼深』，『生活的浪花』，『懸崖』，『霧海夜航』，『護士日記』，『牧人之子』，『洞簫橫吹』，『母女教師』，『乘風破浪』，『鳳凰之歌』等片。其中可舉出『青春的腳步』作代表，這部片子演出後，大陸許多雜誌（文藝報，讀書，）及報紙（人民日報，文滙報）都曾展開猛烈抨擊，內容是一個共黨幹部強姦一個女職員，結果並未判罪，中共報刊對於『青春腳步』的抨擊，到不是因爲它誣蔑了共產黨員『高貴的品質』，而是質問在整個片子中間沒有抬高黨書記的作用。其他的片子所犯『錯誤』大致相同，只有『霧海夜航』又有些例外，此片以輪船觸礁爲背景，片中倒也抬高了黨書記的地位，但是在輪船觸礁後，他急得滿頭大汗，張皇失措，只得求教於非黨員的船長，聽憑船長的安排了。中共對這個片子發生惡感，主因在這部片子說明了外行不能領導內行，儘管平時作威作福，可是一遇到非常事件就顯得可憐了。

比較值得注意的是『護士日記』，這部片是由王丹鳳主演的，當年在上海王丹鳳也是一流紅星，她和韓非合演的『梁山伯與祝英台』，也是七彩片，曾經風靡一時，去年被下放到上海附近一個村子裏面種田去了。這部『護士日記』也許是她現階段的最後一部片子，上月曾在本港兩家中共戲院上演過，按說能出口的片子應該沒問題，結果也出了毛病。

陳荒煤指責這些電影『不應該，也不可能把黨員和領導人物的形象從銀幕上排擠出去。』但是畢竟被排擠出去了，完全是一種厭共心理使然。

第二種是宣揚資產階級的觀點和思想情感，屬於這一類型的片子除去前面已經講過的『情長誼深』，『青春的腳步』，『懸崖』，『乘風破浪』，『護士日記』，『生活的浪花』等片之外，尚有『復試』和『上海姑娘』，而『上海姑娘』可作爲典型，完全代表了知識分子看不起共幹的普遍情形。陳荒煤指這種影片是『借屍還魂來表現，宣揚小資產階級，資產階級的思想情感。』又指爲『宣揚資產階級的所謂人性論，倫理道德，愛情至上，友誼第一，溫情主義，天才論，人情味等等』。一大堆的帽子，實際這正是知識分子始終反共的原因。

最後陳荒煤又說出大陸電影界的一般趨向。第一是『工農兵的題材吃不開了，文藝的黨性原則不再提了，創造新英雄人物的要求被放棄了。』甚至於被中共一手捧出，靠拍戰爭片走紅的導演郭維就公開說：『再不當戰爭販子，再不拍攝戰爭題材了。』

還有些人在大聲喊：『要大胆寫痛苦，寫感情，寫戀愛，寫眞實。』這樣將是更大胆的暴露，題材固然俯拾即是，但是共產黨能允許『寫痛苦』嗎？那麼觀衆一定要問，痛苦是誰給予的呢？

又有人宣佈『導演是三軍統帥，要導演治廠』，這種論調和『教授治校』完全相同，共黨既不肯退出學校，當然更不肯退出片廠，那只有用血腥手段來鎮壓了。

千萬不可修改憲法

（上接第一版）

假設蔣先生當年能貫澈其不做總統的主張，則大勢所趨，李宗仁自不敢競選副總統。那一場敗黨禍國的副總統爭奪戰當可避免。而這一場爭奪戰就是促成國民黨內部的分化和李白離貳的關鍵所在。也可說是大陸變色的張本，不知今天蔣總統回憶往事時作何感想？

當時蔣先生宣佈不作總統，蔣經國也深信他老人家的決心是很堅定的。到了事實向另一方向發展以後，有人又說，這是由於戴季陶和陳果夫等的力勸，蔣先生才打消了原意。但無論如何，總給人們留下一個印象，那就是蔣總統的所言，不一定與其行是符合的。即以近年來台灣方面的情形而論，蔣總統曾一再宣佈謝絕祝壽，然而事實上不但寶島上每年都有或大或小的慶典，海外的祝壽團也年年不斷的湧進台北而大受歡迎。蔣總統的左右敢於如此公然反抗他的昭示而無恐懼，當然不是沒有原因的。

因此種種，現在蔣總統雖然已宣佈他反對修改憲法，可是，他是否將貫澈初衷，仍有待於事實的證明啊！

大陸逃港學生的控訴：我的「反黨罪行」

匡非

我是積極分子

我是上海市華東師範大學生物系二年級的學生。一九五一年十一月父母親來香港時，我已經戴上了紅領巾，是一個「光榮的少先隊員」了。當時我留在上海親戚家中。

在求學期中，我的思想一直是被認爲進步的，而且我又在上海最著名的「五四中學」就讀，高二那年就參加了青年團，還曾代表班級參加過上海市青年積極份子大會。我是怎樣也想不到自己終於也會在去年逃到香港來的。

有一種人往往要到了自己受到損害時才能體會到痛苦，我就是這樣的。以前，在種種運動中，雖然會目擊同學們被迫害被鬥爭，但我始終是站在鬥爭人的地位上，所以絲毫不覺得痛苦，反而以爲這些同學應該被鬥爭。我之所以被組織上認爲是積極分子或許就是這一原因吧！

一九三六年春天，「鳴放」運動開始時，我也始終沒有說話，那時同學們反對黨委會的怒潮洶湧極了，但我依然相信黨的領導係必要，並沒有參加反黨的正義行動。「鳴放」事件急轉直下，變爲「反右派」時，我還暗自慶幸自己立場穩固呢！

誰知意想不到的事就在這時發生了。六月九日那天，正是「反右派運動」熱烈進行的時候，早上，同宿舍的同學林青登在晒被子。他那條棉被大約已有半年沒有洗了，骯髒的程度可以想像，我看到了之後，一時興起，用一張十六開的白紙，以紅墨水寫上了「污穢不堪、嚇退太陽」八個字，用大頭針扣在他的被子上。

林青登和我之間，平時是開慣了玩笑的，果然他看到了並不以爲忤，也沒有找我說話，又悄悄地將這張紙貼在我的牀上，以作「報復」。

那時候，我們忙着半天上課，半天「反右」，沒有事誰也不會到宿舍去溜躂的。所以那張紙竟然貼了一個上午，我還不知道。麻煩也就在這時候發生了，團小組游政炳恰好有事回宿舍，看到了那張紙，他立刻將紙收起來，悄悄地交給了組織上。

我被鬥爭

當晚，我已經完全將這件事忘了，所以更沒有注意到同宿舍的同學對我有點異樣。我只感到當晚宿舍中出奇地靜，游政炳也來了好幾次。這些現象都是「反右」期間所常見的，團和黨要佈置一些人去鬥爭右派份子是反右期間最普通的工作，所以我也沒在意。

第二天一早，我剛走出宿舍門口，迎面一張大字報，寫着十幾個拳頭大的字：「雷匡非！你反黨反社會主義的罪行交代了沒有？」當時我嚇了一大跳，不知是怎麼一回事，當我莫名其妙地看着周圍的同學時，他們都避開我的眼光。我想招呼幾個平時較好的同學，他們也都不理不睬，我一急，找到了游政炳，他說：「你來得正好，下午就要輪到你交代思想了，上午你不必上課了，好好準備一下吧。先告訴你，你不用狡賴，組織上已經掌握了你反黨的証明了。」

我一個人冷清清地留在宿舍裡，我自問思想上絕沒有任何地方和共黨抵觸，平時我積極響應黨的號召，「鳴放」時我也沒有攻擊過黨委會，怎麼我也會變成右派份子了呢？

下午，小組會開始，游政炳先說：「我們眞是和老虎睡覺都不知道，黨的指示最正確。黨告訴我們，右派份子不是在臉上寫了字的，而是異常巧妙地隱藏着他們的反黨面目的。可是無論他們怎樣隱藏，終有暴露的一天，只要我們細心觀察，右派份子就無所遁形。雷匡非的右派反黨面目就是這樣子被羣衆揭穿的。現在，先叫雷匡非澈底檢查他自己的反黨思想，大家再作定論。」

我怎樣說話呢

輪到我自己說話了，我怎麼說好呢？在這種情形下，又不容你不說，於是我開口道：「我的思想一向是服從黨的領導的，自問沒有任何反黨的思想。有的恐怕也只是對黨的措施有些不滿，發發牢騷而已。例如吃飯要限時間，我就會表示過不滿……」

才說到這兒，立刻就被人制止了，一連串的叱罵聲接連而來。什麼「不老實」、「想與人民爲敵到底」、「不鬥爭你，你是不會向人民低頭的」……我眞是急得走投無路，差點哭了出來，說：「我眞是沒有反黨的思想啊！」

但是沒有人相肯信的，小組長禁止我再發言，叫同學們提意見。

意見越提越多，最後集中到我家人身上，他們追問：「你家庭去香港你爲什麼留下？爲什麼你仍和香港保持聯絡？爲什麼你平時裝得那麼假積極？爲什麼你將自己的情緒隱藏得那麼巧妙，甚至連「鳴放」時都不發一言？是不是你以爲這樣便有利於你的潛伏？……」這一連串問題，要限我在三天之內作坦白的交代。

限我三天交代

三天！不用說三天，就是三年我也交代不出來啊！三天過後我仍然堅持說我無論從思想上或行動上都沒有反黨、反社會主義的可能。這一次，小組會上緊張極了，保衛幹事也來了兩個參加鬥爭會。等到我這樣說完了之後，游政炳向大家宣佈：「雷匡非是頑固到底的反動份子，現在組織上決定拿出証據來，使他心服口服。大家看了他反黨的証據之後，就可以明白右派份子是如何地狡滑了。」說完，他拿出了那張用紅水寫着「污穢不堪，嚇退太陽」八個字的那張白紙。接着分析說：「這張紙是雷匡非寫了貼在他牀頭上的，在這八個字中，他對黨進行了惡毒的汚衊，現在居然還說是純潔的！」

污穢不堪，嚇退太陽

我想開口分辯，給保衛幹事大聲喝止了，他說：「看到了証據，就想坦白了嗎，先等一等，在人民的鬥爭會上沒有你右派份子講話的權利！」我已不能開口了，游政炳接下去分析：「雷匡非將我們黨領導下的美好生活汚衊爲汚穢不堪，並用嚇退太陽來說明暗無天日，更別有用心地用紅墨水寫字，拿紅色來使人知道這八個字是罵黨的！如果不是他對黨恨之切骨，怎麼能設想得那麼週到？」

他這樣一分析，大家都轟動起來了。「証據」是那麼明顯，還不是反黨份子是什麼？於是大家你一言我一語地分析我的思想根源，一致認爲我反黨思想起源於未能進入醫學院，因爲個人的目的不能達到而墮落爲卑鄙的反黨份子。而且更進一步地懷疑我在「產生了反黨的思想」後是不是有嚴重的反革命罪行，例如將情報往香港送寄。

一直等到小組要我作進一步的「反黨罪行」坦白的時候，我才得到說話的機會，我申明了寫那八個字的來源，並且指出，組織上如果不信，可以找林青登証明。在當時，小組並沒有接受我這樣的提出，仍不斷以爲我是在狡賴。但林非登是一個轉業軍人，黨員，是黨所信託的。他的証明，使我暫時鬆了一口氣，鬥爭暫時停止了。但是「右派」的帽子卻一直戴到十月份才被摘掉！

這就是我被鬥成「反黨份子」的經過，共產黨定人的罪，就是這樣定法的！

讀者投書

關於民主團結的小小建議

高明

如果不是大陸變色，香港當然不會有這麼多義民，太平山下如果沒有這許多流亡知識份子，香港文化也難有今天的蓬勃氣象。賣花人說花香，但最怕貨比貨；冷眼旁觀，此時此地才配說是「百花齊放」。君不見港九街頭大小書肆，陳列着各種書刊，形形色色，應有盡有。試問這種自由，今日大陸寶島能享受乎？一般流亡港九的政治難民，除勞心勞力爭取正當營養外，當然不能罕少精神糧食和文化活動。海外民主人士熱心文化事業，近來創辦許多有價值的刊物，供應「星期美點」；例如聯合評論，立論公允，短小精悍，價廉物美；山居寂寞，做完了工，喝杯清茶，有時也學習陶淵明採菊東籬下，悠然望南山，斯時也，看看自己喜歡的刊物，如對良師益友多麼快活呵！但是讀其文想見其人，而很難一一接近領教，不無咫尺天涯之感；如果民主先進人士能夠百尺竿頭更進一步，除多寫多印多「賣大飽」外，再犧牲一點時間，舉辦「聯合講座」、「聯合茶座」之類的工作，於民主前途當獲益更多。我們都知道團結就是力量，登高自卑，行遠自邇，舍近圖遠不是上策；例如港九政治難民中有許多無名英雄，民主鬥士。近在眼前不加團結，僅注視大人先生搞甚麼大型小型救國會議就可解決國是問題嗎？

但如果有民主人士舉辦甚麼講座（就叫聯合講座亦不俗呀），規定每月或半月假學校大堂舉行，由民主先進就政治或國是問題發表演講，講畢由聽衆隨便發言質疑辯論，這樣一來，不獨可加深認識，促進團結；且可演習民權初步，慢慢可以造成輿論，說不定將來可以形成民主自由黨發揮偉大潛力哩；假如海外形成堅强牢不可破的民主陣線，何事不可說？何事不可爲？

上述講座辦得好，不妨再加一味「茶座」，（也叫做聯合茶座如何）每月來一次「偉大飲茶」，凡願參加可預先到聯合評論社報名繳費，（份金不超過二元爲妙，歡迎樂捐或帶食品作爲加料）最好於星期日或假日舉行，擇平民化的大茶樓或郊外勝地，這樣一來，羣賢畢至，少長咸集，不拘形式，大家客客氣氣，認識認識，擺擺龍門陣多麼有趣呵！站在民主立場，來做朋友，可增進友誼，交換智識，生活交流，才是眞正團結之道。共信不立。互不信生，互行不生，團結不固；民主自由是我們的共信，上述的講座、茶座似乎不失爲加强團結之一個方法，不圖揣陋，謹向港九民主人士提出小小建議，是否有當？敬候公決。拜拜！

從「紅旗」脫期出版說起

中仁

中共中央主辦的「紅旗」半月刊，由一九五八年六月一日發行以來，每逢月之一日、十六日出版這一天，本港經銷共產書籍的書店即有出售。最近的第十四期應該在一九五八年十二月十六日出版，但在二十日才見，當時還以爲是寄遞遲延之故，不足爲怪。後來看見遲到的十二月十六日人民日報第八版所載的「紅旗」廣告中的附啓說：「本期因故延期三天出版」。紅旗爲中共最高的指導性刊物，也可以說是毛澤東私人的刊物。中共並沒有宣佈負責編輯是誰，然而從半年來出版的各期中看來，可以了解，是由毛澤東親信在中共裡邊佼佼的共產理論家陳伯達主理的；可以想見，「紅旗」份量之重。以中共現有的人力、物力來說，是不會脫期的，也是不應該脫期的。大家知道，辦刊物脫期是最丟人的事。任何一個刊物，除非萬不得已，是不讓脫期的。而這期「紅旗」竟因「故」延期三天出版，就不得不令人引以爲「怪」了。

這期「紅旗」，一共只有十一篇文章，究其內容，都沒有一定的時間性，而執筆的人都是中共二流以下的人物，竟要延期三天，使人費解？及至看見十七日人民日報載有共產頭子赫魯曉夫在十五日開始舉行蘇共中央委員會全體會議的報告，才知到「紅旗」延期之故，也才了解到這期第一篇文章「蘇聯建設共產主義的偉大計劃」的重要性。因爲，毛澤東這一次吃了赫魯曉夫一記悶棍搞垮了，弄得頭昏眼花，心慌意亂。而毛澤東要知道赫魯曉夫的報告內容如何，非到十六日以後不可，因此，就不能不遲三天出版了。而這期「紅旗」第一篇文章，雖然以「蘇聯建設共產主義的偉大計劃」爲題，由于兆力其人署名發表，事實上是毛澤東搞人民公社與赫魯曉夫背道而馳，受了赫魯曉夫重重打擊低頭認輸的悔過書。

因爲，赫魯曉夫起初對於毛澤東亂搞人民公社保持緘默，繼則以「七年計劃」對付人民公社，並對美國議員堪富利說人民公社是反動；再則利用中共內部所謂國際派人物壓迫毛澤東放棄「國家主席」。這次赫魯曉夫又借題發揮，指桑駡槐，痛斥斯大林嫡系人士馬林科夫、卡岡諾維奇、莫洛托夫、布爾加寧、謝皮洛夫等「一些不懂農業的人，他們不正確地對待了農民，把農民看成是抵抗社會主義建設的力量。這種對待集體農莊和集體農民反列寧觀點的錯誤方針在實踐中導致了一九五三年以前農業方面的那種困難情況」。原來馬林科夫等人在蘇共二十次代表大會以前要堅持執行斯大林的經濟政策，與赫魯曉夫放寬「農民自營經濟交售給國家」的政策衝突受到清算而垮台。而毛澤東是一步一趨的走斯大林路線，所以，赫魯曉夫意在言外的又警告毛澤東，如果不跟着我走，仍舊踏斯大林死人的脚印，必然要導致如蘇聯一九五三年以前農業方面的那種困難情況，並且，也就會如馬林科夫等人的下場。

於是，毛澤東胆戰心驚着由于兆力其人代表發言，向赫魯曉夫頻送秋波，極盡獻媚能事，始則說：

『正如赫魯曉夫同志在報告提綱中所說「世界社會主義體系是各國人民最偉大的成就和驕傲」。社會主義世界體系是一個整體，共同的理想和共同的利益把我們緊密地聯結在一起。社會主義各國的相互關係是同命運，共呼籲，互相尊重和互相信任，互相援助和互相鼓舞，共謀社會主義世界體系的經濟和文化的高漲。蘇聯的七年計劃定，蘇聯要同所有的社會主義國家實行全面的經濟合作，這充分表現了在蘇聯共產黨領導下的蘇聯人民的偉大的無產階級國際主義精神』。

繼則說：「蘇聯永遠是世界各國無產階級和勞動人民的先進榜樣，是我們社會主義陣營和國際共產主義運動的團結的中心。這一點，人們從蘇聯建設共產主義的偉大綱領中獲得了新的令人信服的証明。」

這些話，就是代表毛澤東向赫魯曉夫提出絕對臣服的保証。並且，希望赫魯曉夫要尊重他，相信他，援助他，鼓舞他，而不要打擊他。不僅如此，還提出毛澤東過去在「關於正確處理人民內部矛盾的問題」文中會經說過：「爲了使我國變爲工業國，我們必須認眞學習蘇聯的先進經驗」。作爲毛澤東臣服赫魯曉夫的証明。

總之，毛澤東是一個善觀風色，機詐百出的人，在此天怒人怨，內憂外患之時，而又脫離不了蘇俄的控制只好低頭認輸，暫時忍耐一下，保存自己以便捲土重來。

三十年前中共廣州暴動之回憶(二)

張發奎

八月七日我各師到達南昌，葉賀已聞風向進賢撫州方面逃遁。我除了招撫安輯外，當即指揮各師緊向葉賀兩部叛軍追擊。等我追到撫州的時候，葉賀又竄向宜黃，而有由宜黃南下窺粵之勢。

後來，葉賀叛軍果然竄廣東直趨潮梅，政府爲挽救革命策源地之廣東起見，乃令我追勦。當時廣州政治分會主席李濟深亦派前第四軍黨代表陳可鈺來贛，洽商清勦計劃。因此，我就決定取道新淦、吉安、泰和、贛州、南安、南雄、始興、韶關，逕趨廣州，以增強廣州防務。必要時，再移廣州之師東向潮梅，予以截擊。

我回廣州後，爲充實革命力量計，特將第十一軍軍部取銷，軍長朱暉日調充公安局長，以增強廣州市的力量。原第十一軍第二十六師則撥歸第四軍建制。我爲了防勦葉賀，爲了維持各地的治安，並爲了應付當時廣東內外的各種複雜情事，將各部隊分別調至肇慶、都城、惠州、江門等地駐紮。

葉劍英於七月三十日的人民日報說我當時「大舉鎮壓工農運動，捕殺共產黨員。」說我捕殺殘暴成性的共產黨員，那是不錯的。至於說我鎮壓工農運動，則不確實。因爲對於任何正當的工農運動，我素來支持，如果是地痞流氓冒充正當工農亂搞，或者是共黨分子煽動暴亂，我才嚴懲。

葉賀南昌暴動後，他們本來很想在南昌立足，但因我及時進勦而未成功。後來他們流竄到廣東潮汕，也終於在潮汕被擊潰。

不過，他們在潮汕被擊潰後，卻仍企圖繼續活動。當時葉挺彭湃等又潛入了廣州，以蘇聯領事館作掩護，並接受其接濟及指使，再由葉劍英等在我軍作內應，秘密策動我廣州駐軍，以及廣州市之一部份工人連同地痞流氓，準備暴動。十二月正是冬防期間，我軍大部既已出防各地，市內只駐有教導團一團及第四軍特務營一營，加上廣州市公安局之警察保安隊而已。在這種情形下，共黨認爲廣州防務空虛，機會難得，遂以教導團之一部，雜以一部份廣州市人力車工人及印刷工人，再加上地痞流氓，號稱紅軍，並以葉挺爲總司令，於十二月十一日晨舉行暴動。

廣州暴動發生於十二月十一日晨二時。當時我和黃琪翔、陳公博都住在東山。十一日晨兩點半鐘的時候，我忽然接到第二方面軍總指揮部參謀長謝嬰白的電話，說廣九車站一帶發現槍聲，大概是共產黨開始暴動了。

我也判斷那是共產黨暴動了。當謝嬰白在電話中向我報告尚未說完，電話即中斷，我猜想電話局一定被佔領了。所以我立即約同黃琪翔、陳公博（陳公博當時任廣東省政府主席）。三人一同到二沙頭頤養院找廣州市商會會長鄒殿邦，找到鄒殿邦時，時間已經早晨四點多鐘。爲了便於策劃和指揮勘亂，我們四人由鄒殿邦借了一艘電船從二沙頭到河南海棠寺找第五軍軍長李福林。

河南是第五軍的防地。找着李福林時，天已亮了。天亮時，我率同江防司令馮肇銘乘江鞏兵艦沿河巡視了一番，跟即派人到沙面以無綫電下令駐防廣州外圍的各部隊回師廣州勘亂。

共產黨這時所策動的部隊，原只教導團之一部，不過，當時廣州市內駐軍不多，所以共產黨雖只煽動了教導團之一部，也就成了共黨廣州暴動的主力。

教導團原是由黃埔軍校武漢分校的學生改編的。團長楊樹松原係武漢分校教育長。改編後，政府命令歸我指揮。共黨這次策動教導團，確只一部份人參加，這從事後發現教導團許多官兵在暴動時被囚被綁可以証明。事前，我們本有計劃將教導團解散，這是葉劍英所知道的。

至於第四軍特務營營長梁柄樞，葉劍英在七月三十日的人民日報說梁當時是警衛團團長，那是不確實的。當時只有把特務營改編爲警衛團的計劃，但尚未正式成立。所以梁柄樞並非警衛團團長，而是特務營營長。事後知道梁柄樞也是共黨分子。不過暴動時，特務營雖轄三連，但其它兩連分駐各處守衛，梁手邊只一連人，梁當時自已也知道要指揮其它兩連參加暴動是不可能的，所以，梁只叫那連人繳械了事。

至於共黨廣州暴動原定十二月十三日忽提前於十一日晨舉行的原因，則是因爲我們風聞共黨企圖暴動後，廣州即宣佈戒嚴，公安局長朱暉日並在廣州市人力車總工會及印刷總工會搜出了一部份槍械，拘捕了一部份人。於是，他們提前舉行了。

共黨暴動時，所謂紅軍及參加暴動之分子皆佩懸紅帶。他們攻入公安局後，立被改爲「工農兵聯合辦事處」，除散發傳單，自吹勝利外，並在各馬路縣出紅布標語，如：「打倒反革命的國民黨」、「八小時工作」、「勞農政府供給工人衣食」、「工人監督生產」等。

共黨所散發之傳單，題爲「廣州蘇維埃革命紀實」，原文如下：

「工農兵聯合的革命實力，經過一次英勇的鬥爭，奪取了廣州的政權，大部份留守廣州的兵士，都在紅軍指導之下，造成了這次的暴動。十二月十一日晨四時，五千工人赤衛隊佔據了公安局，繳了公安局保安隊的械，釋放了一切革命的政治犯，隨即由一隊隊的兵士，一營營的赤衛軍用手槍炸彈長槍等佔據了一切反動政府的機關，許多革命軍隊佔據了廣州市內一切軍事要隘，現在他們已經佔據了第四軍軍部、廣州衛戍司令部、公安局、省政府、財政廳、軍事廳、國民黨省黨部、電話局、電報局、電燈局、郵政局、中央銀行、粵漢、廣三、廣九三車站，其它次要機關尚在肅清中。」

事實上，各師留守處的兵力雖只一排或一班，但共黨暴動分子屢經攻擊，卻並未被佔。第四軍軍部亦未被佔。所以這一傳單內所說的許多事情，都是一種誇大地宣傳。（未完）

論書生

——亮齋閒話之二十

徐亮之

客　現在「亮齋閒話」已引起人家的「閒話」了；在台灣，有人說您尖酸刻薄；在大陸，有人說您頑梗不化；聰明人應該左右逢源才對，您卻只落得左右不討好；未免太書生了！人生只如白駒過隙哩！眞是何苦來！

主　什麼？「聯合評論」這個在獨裁和極權主義者心目中所認爲「不祥」的刊物，居然能在台灣和大陸引起「閒話」？如果此話當眞，我卻首先滿意。至於「不討好」、「太書生」云云，如果是您由衷之言，則我尤其滿意之至；因爲我根本就沒有準備討好於任何獨裁與極權主義者的意思與決心；同時，一個國家太不書生的人太多，我也總認爲並不太妙。

客　「百無一用是書生」；倒想不到您對書生竟這樣好感！

主　您對書生的好感也和我一樣。

客　怎見得？

主　中國歷史上共有多少皇帝？他們的名字又是什麼？我相信您數得出的一定有限；但中國歷代的許多書生，我卻相信您能如數家珍地數出來；是不是？——這便是您對書生和我一樣有好感的證據。

客　不過，一提到書生總未免令人有酸溜溜的預感。

主　酸溜溜？那乃秀才本色，並非書生本色；未便混爲一談。

客　秦始皇游會稽，項羽見了，大刺刺說：「彼可取而代也」。劉邦出差咸陽，看了皇帝排場，也慨然地說：「大丈夫當如此」。無論何種本色書生，總不可能有這氣派。

主　談到書生的氣派，比起區區劉項之流，眞不知要高要大多少萬倍。顏淵讚孔子「夫子之道大，天下莫能容」；不必說。孟子「善養浩然之氣」，「見大人則藐之」；也不必說他。就拿莊周說，「以天下爲沈濁，不可以莊語」，而「獨與天地精神往來」；您瞧瞧，這是一種什麼精神！再拿張載說，他撰「西銘」，說「民吾同胞，物吾與也」；您瞧瞧，這是一種什麼胸襟！更拿眞德秀說，他著「大學衍義」，說要「爲天地立心，爲生民立命；爲往聖繼絕學，爲萬世開太平」；您瞧瞧，這是一種什麼氣象！即拿近人梁任公說，他也就曾公開宣言過：「爲二千年來翻案，吾所不惜；與四萬萬人挑戰，吾所不懼」；您瞧瞧，這又是一種什麼魄力！區區劉項一丁點英雄思想個人主義的粗聲浮氣，算什麼來！

客　那末，您是安心做而且做定了左右不討好的書生的了？「汝安則爲之」；失敬失陪！

主　做書生是寂寞的；但縱然寂寞也總得有人做；如果大家都不願意做書生，我相信人間將更寂寞。倘若先生不棄這所謂「書生之見」，他日獨裁與極權主義者如不死亡，您我一同徜徉於「寂寞之濱」繼續書生地聊聊「閒話」可也。

遊峨眉雜詩

舜生

平疇百里碧毿毿，秀絕峨嵋畫裏看，一似美人慵睡起，曉烟鬟翠出雕欄。（由嘉定坐滑竿到山麓）

禪閣山環水抱中，月明橋影鎖西東，幽花爭傍巖邊發，映入波心未肯紅。

四面風聲雜水聲，山山樹樹有蟲鳴，夜深更聽修篁弄，到此詩清意亦平。（入山宿清音閣）

汲古書屋談薈

黃膺白與章太炎

耘農

『華亭黃氏者，余先王妣家也。清嘉慶中，徙浙之嘉興。逮今百餘年，而膺白始以朝官著戶籍於杭。膺白於先王妣爲弟之孫，宦既通，俄而倦游，則上述其先人友樵丈之志，入莫干山，樹樓藏書，以無忘世德，而爲反初服計。樓成，屬余發焉，以志其事。余少時聞黃氏尊屬子周丈者，尤好書，家貧，每得銀十兩，輒造書肆盡之。性樸拙，亦不盡通其義。嘗以雜職待敘浙江，人或誠之曰：初謁撫院，宜自飾容止，無喋喋作簡明目錄語爲也。遽大言曰：皇帝尙當見，何撫院也！以是人點焉以爲戇，卒落魄不遇以終，亦不遺鄉里惡聲，顧其好書不可尙已。今聞友樵丈之風，乃知黃氏勤學敦古，世相漸濡久矣！後之人誠不可以無繼也。自墳籍之興，仍世逾富，今佚書時出四庫外，非有力者莫能具，非其材亦無由徧觀。當友樵丈存時，亦時甓甓不足於財，雖好書，因弗能廣致，今膺白有其力矣！材又足以周覽之矣，所謂勝其任而愉快者非歟？雖然，人固有一患，非讀書難，周用難；周用非難，求令聞難；求令聞非難，完之則難。吾視膺白非廓然忘其名者也。當今之世，道衰人澆，求點焉以爲戇者固罕，如膺白者於仕宦得聰慧名，顧亦自用其戇，不自馴伏於彊有力之人，以是拒鄰援，故位不極尊寵，名亦不至於大辱，由是日進碌碌然，以樸拙自將，蓋所以上思承先，下思補過者，固非有佗道也。余老病且入墓，異日稱與無稱，固弗計，獨念與黃氏三世異姓之好，懼膺白需於去就也，故如其請，作是記發之。』

此記敘兩姓之姻婭及黃氏之先德，甚簡潔有致。而於其繼承先世勤學好書之遺志，頗爲撝揚。太炎對當世殊少許可，獨推重膺白，可見其相知之深也。記中所稱之友樵丈，即膺白之父。膺白幼失怙，賴母氏劬育成人。晚年嘗自撰「懷抱思親圖記畧」，以誌追思。其文至情流露，詞意悱惻，感人殊深。爰轉錄如下：（仍待續）

蒼盦詩話

愚公

孕雲盦詩一卷，吾鄉義寧涂容九前輩所作也，邵瑞彭氏序其詩謂「託興淵醇微，發言邃。緬合歐王雙井西崑諸家變通而神明之，獨契神理，高謝言詮，使天假之以奇情壯采，安知不與散原一老齊鑣接軫哉」。其推許深矣。其題鵝湖峯頂寺云：「巉天樓閣帶春星，檻外飛泉坐倒聽。樹色濕雲諸洞碧，磬聲搖月數峯青。院中宿鳥參禪定，池上游龍學佛靈。頓覺前身金粟是，懸燈蘿幌獨翻經。」落花四首錄二云：「韶華一瞥去來今，歌罷迷陽歎陸沈。等是蓬飄兼梗斷，難言蒂固與根深。眼中落落空餘子，宇內紛紛盡綠林。昨夢杜鵑枝上語，天津橋畔血花浸。」「錦帆風送隋堤柳，銅雀香分渭水塵。槐國史當書殂落，桃源花亦避强秦。繽紛亂墜更番雨，富貴能留幾日春，金谷已荒幽谷冷，河陽一縣盡憂貧。」題思齋遺集三首錄一云：「十年失所仰，一帙寄將得。開卷忽無言，琅琅不可說。故人今何往，詩文乃其魄。萬里扶杖歸，箸書鍥馳跡。異域戀烏詞，琅誦掩孤獸。跋語仲千哀，字字對之寂。」桃花扇題詞八首錄四云：「書生名義總空談，便快人心死亦甘。不殺敵人殺奸相，千秋雄畧左寧南。」「北馬嘶風夜渡河，滿城聞哭不聞歌。可憐十萬生靈血，紅比桃花扇上多。」「昨夜天街問小星，長門不復閉娉婷。侯家公子來何暮，酒盡燈殘夢未醒。」「不忍悲歡憶舊緣，回頭只合作神仙。君歸試問秦淮水，流盡繁華又幾年」。

談及桃花扇，忽憶昔年在北京，於顧巨六酒宴，見名伶汪笑儂。時正排演桃花扇一劇，巨六謂笑儂不能無詩，笑儂投杯而起，援筆書二絕云：「風流輸與楊龍友，扇底桃花寫出來。剛被云亭收拾盡，我今一躍上歌台。」「南朝金粉慨興亡，無主殘紅自主張。誰譜桃花新樂府，扇頭熱血幾時涼。」雖非雅音，而自有一種豪宕之氣，於伶人中亦希見也。（七）

本刊已經香港政府登記

每逢星期五出版

聯合評論 週刊

United Voice Weekly

第二十二號

督印人：黃宇人　總編輯：左仲平
社址：九龍金馬倫道卅八號三樓
電話：六一四一三（61413）
承印：田風印刷廠（高士打道二二一號）
總代理：友聯書報發行公司
售價：每份零售港幣壹毫
本報紐約版總經售處美國紐約中美出版社
CHINESE-AMERICAN PRESS, INC.
199 CANAL STREET.,
NEW YORK 13 N. Y. U.S.A.
紐約航空版零售每份美金壹角

讀了蔣先生反對修憲的演辭以後

代爲補充三點理由

左舜生

一、蔣先生的演辭

去年十二月二十三，蔣先生在光復大陸設計委員會第五次全體委員會議，發表了長達五十五分鐘的演說，其中有涉及憲法的一段，據中央社的報導，其原文如下：

『……自去年以來，國民大會有好些代表曾經提出修改憲法的問題，自然，這是各位代表的職權，個人不便有所干預，但我可以代表中國國民黨代表政府來說，我們不僅是沒有修改憲法的意思，並且反對修改憲法。反共復國的武器，如軍事、政治、經濟、文化等等，莫不皆是，而憲法則尤爲反攻復國的有力的武器，所以，我們必須尊重它，而且維護它，才能達到反攻復國的目的。……』

我近年讀過蔣先生不少的演辭，其措辭的明白朗爽，完全從他的內心發出，決非敷衍場面，大概以這次爲最，其將影響今後中國若干年的大局，可能與他二十年前在盧山談話會所說一段話的性質差不多。

不過，自從蔣先生說了這一番話以後，聽說國大代表中主張修憲者，還是大有人在；即國際上類似揣測與顧慮的言論，也不是絕對沒有；因此，也有人覺得，蔣先生的話儘管是說了，但今後的演變究竟如何，總還要等到一年以後，才能有切實的分曉；但我個人卻不是這樣想法。

蔣先生這次的談話，一面他是站在政府的立場代表政府說的；一面他是以國民黨總裁的身份代表國民黨說的；過去主張修憲的人，我知道仍以國民黨的黨員爲最多，即一般從政的國民黨員，正式參加修憲活動的雖不多，可是希望把憲法修改一兩個字，使蔣先生仍得連任第三任總統的人，也不見得完全沒有。這次蔣先生既以二重的身份代表了黨與政府反對修憲，只要這般修憲的主張者與希望者，不根本否認蔣先生可以代表黨，也可以代表政府，他們的這種活動，似乎是可以適可而止了。

蔣先生儘管沒有權干預國大代表行使職權，但他確有權遏止國民黨黨員採取與國民黨主張相反的行動。

二、修憲不是時候

本來，依據一定的法定程序，憲法原不是不可修改的。成問題的乃是今天是不是一個修改憲法最好的時候。假定在選舉第二屆總統的時候，即有人在國民大會正式提議修憲；同時在憲法實行了六年以後，又能確切指出憲法的某一條某一項，在事實上確實發生扞格無法推行之處，我想，只要能把握着這樣一個時機，即令提出以後仍可贊成與反對各執一辭，但在動機上總可得着多數人的諒解。可是今天主張修憲的人，在五年前並沒有採取這樣一種的積極行動，一直延到今天第二屆總統任期又將屆滿，乃忽然強調修憲，即令所主張修改者不以第四十七條爲限，但因爲正在第三屆總統將要選舉的期前提出，總難免不引起一般人的誤會。

憲法第四十七條規定：『總統副總統之任期爲六年，連選得連任一次。』當初某一部份人最初看到這部憲草的，原已有過不同的意見：第一，他們覺得六年的任期未免太長，『連選得連任一次』的規定，又嫌過於硬性，似不如把任期改爲四年；『連選得連選一次』這一句，則改爲『連選得連任之』，乃比較的富於彈性；同時使得一般國民多有注意選舉的機會，也未嘗不是民主教育之一種。可是有人不以爲然，他們覺得中國正在行憲伊始，選舉過於頻繁，徒滋紛擾，於國事無益；又值抗戰結束以後，百廢待舉，任期過於短促，長才也不足以供展佈；現在規定六年一任，又得連任一次，實際乃等於美國總統三任的任期，從一方面說既不致委屈長才；從另一方面說，稍示限制，也可避免造成『終身總統』的危險。這可以說是當日起草這部憲法者的一種苦心，後來國民大會也就愼重的予以通過，由現在想來，我們也實在看不出有什麼草率的地方。

三、現行憲法並未完全實行

不幸大陸風雲變色，政府退處台灣，在最近這個十年，因爲處在一種非常時代，一般國民所期望於政府者，乃在國家的重大措施不可違反憲法的精神，原沒有人强迫政府非把一百七十五條的憲法，在台灣這樣一個島上一一付諸實行不可。我們以政府近年的舉措與憲法條文加以對照，其大部份固未見諸事實，一小部份則顯已超出憲法以外；大體言之，說這部憲法並不會完全實行，總是事實吧。已經實行而發現其確有不妥，主張加以修改，這是有理由的；沒有實行而輕言修改，其理由安在？

四、大陸的變化太大

中國大陸的這個十年，眞已被共產黨開得天翻地覆，我們復國工作的成功，可能很近，也可能還要較長的時間；假定再過五年十年，中共會把大陸變成什麼一種樣子，目前很難預測。主張修憲的人，其目標至少應以整個中國爲範圍，決不應以台灣一島爲對象，如果今天就來閉門造車，把這部憲法大加修改，一旦大陸收復了，又發現無數的情況與這部修改過的憲法依然格格不入，豈非再有修改一次的必要？不注意這部現行憲法所代表的精神，不檢核這部憲法已經實行的究竟有了多少，而徒然吹毛求疵，在文字上來兜圈子，是何許子之不憚煩耶？

我因爲有感於蔣先生代表國民黨代表政府反對修憲，認爲深合機宜，洞明大體，因此補述上面列舉的三點理由：一，爲容易引起誤會不宜修；二，未經完全實行不能修；三，大陸變化太大，收復以前不必修。

蔣先生說這部憲法是反攻復國有力的武器也是不錯的，可是大家不要誤會：如果不體會這部憲法所代表的精神，使之能逐漸表現於實際的政治，以爲在名義上有了這部白紙寫黑字的憲法存在，即可使共匪望而却步，這便有點近於崖山舟中講大學，事實上也還是不會有多少補益的。

至於國際間有少數人因蔣先生這段演辭而發生一種揣測或顧慮，這更跡近多餘，且適足証明他們對中國的實際情況不太了解。蔣先生從二十四歲參加上海浙江的實際革命算起，到現在已快要五十年，從黃埔建軍到現在，亦已三十五年，一個人爲國家服務由二十幾到了七十幾，嘗盡了一切酸甜苦辣，經歷了一切成敗利鈍，說還一定非强迫他繼續幹下去不可，這無論站在國民立場或一個國民黨黨員的立場，都未免太近於殘忍了。蔣先生在解除總統職務以後，在他的健康情形許可之下，爲了國家，乃至爲了他自己，他實在還有一個更重要而且最有歷史價值的工作可以完成，我想這一點他會妥爲選擇，用不着我多說了。

毛澤東難竄「公社」關

鄭竹園

最近中共宣佈毛澤東不連任下屆「共和國主席」，其眞正動機及原因，迄今雖仍無法獲悉。但毛的引退，必然與「人民公社有關，則係一可確定的事實。在毛決定引退的同時，中共對其「人民公社」政策亦提出若干修正，企圖透過這些修正，來緩和內外的不滿。但由大陸的局勢觀察，毛澤東欲竄過這一公社關，看來將極爲困難。

公社政策的頓挫

鄭州會議及武漢會議的結果，「人民公社」已進入一新階段。這二次會議，對「人民公社」的內容及其發展步調，提出四項重要的修正：

第一項修正是停止城市公社的編組。今年九月，中共總書記鄧小平視察東北哈爾濱、四平、瀋陽等城市時，曾宣佈城市組成人民公社，乃一必然趨勢，要求各市市委草擬章程，進行籌備。可見當時中共係企圖在農村完成建社工作，即同時在城市進行。但由於內外壓力的緊迫，終使中共在這次六中全會中，不能不宣佈城市情況複什，對城市編組公社應暫緩舉行。

第二項修正是保留人民私有財產的殘餘。宣佈社員個人所有的生活資料，包括房屋、衣被、家具等，和在銀行、信用社的存款，在公社化以後仍歸社員所有，而且永遠歸社員所有，社員多餘的房屋，公社在必要時可以徵用，但所有權仍歸原主。此外，社員可以保留宅旁零星樹木，小家畜和家禽等，也可以在不妨碍參加集體勞動條件下，繼續經營一些家庭小副業。這些規定，說明中共倘不敢一舉肅清私有制的殘餘。

第三項修正是肯定人民公社是社會主義性質的組織，因而「按勞計酬」仍應成爲主要分配方式。對於前一時期大吹大擂的供給制，已不再强調。工資制仍是其基本的分配形式。

第四項修正是改變民兵組織的指揮系統。由原來民兵組織與生產管理組織是一套機構，一套人馬的做法；改爲民兵領導與生產領導分開。各級民兵組織的指揮員，即團長、營長、連長等，不由公社主任、大隊長、隊長等兼任。這些指揮員乃受同級機構與上級民兵指揮機關的雙重領導，以防止各地民兵譁變。

這四項修正的提出，一方面在使人民公社後退一步，成爲與俄共集體農莊相類似的組織。以保持與俄共在農業集體化進程中步調的均衡，不致因「扒頭」而招致俄共的阻力。另一方面乃在緩和農民、幹部、及智識份子的廣泛不滿，希望鞏固農村已建成的二萬六千多個公社，避免四面楚歌，全軍盡墨。

俄共的幕後壓力

在中共修正其公社化政策過程中，俄共的幕後壓力極爲明顯。

十二月十五日俄共舉行全體會議，討論和通過赫魯曉夫關於最近五年來蘇聯農業發展的報告。這次會議，不但肯定赫魯曉夫自一九五三年九月以來的農業措施，並指出「黨在這個時期所製定的措施，標誌了發展和鞏固集體農莊制度和整個社會主義制度的新階段，這些措施，對蘇聯共產主義建設具有重大意義」。

赫魯曉夫自一九五三年九月以來的農業政策，在本質上乃其一九五一年「農業城」（Agro town）計劃失敗後大退却。首先是提高農產品收購價格，減少農業稅徵收額，減低集體農莊義務交售給國家的牲畜，馬鈴薯及蔬菜比率，並承認「集體農莊中，每一農民保有一定數量的私人牲畜，乃增進農民物質福利，增加全國牲畜產品總量的重要條件」。充分表示對農民私有習性的讓步。到本年二月十六日，蘇共中央委員會全體會議上，更提出一項革命性的改革，將現有的九千個機器拖拉機站所擁有的一百六十三萬二千台拖拉機，四十二萬台穀物收割聯合機，出售給其八萬個集體農莊，由全民所有退歸集體所有。在這次蘇共中央全體會議上，赫魯曉夫更進一步宣佈要改變農產品的徵購制，實行自由售購制。赫魯曉夫這一路綫，乃是着着向農民退讓，利用農民的自利心以刺激生產。與毛澤東所標榜的人民公社，正成爲一相反的對照。俄共在這一時期來公開肯定赫魯曉夫的農業路綫，不可否認地有向毛共施壓力的意義。

公社面臨的難關

這次中共對「人民公社」政策的修正，並非意味毛澤東準備放棄公社政策，相反地，毛正企圖集中全力來鞏固農村公社。最近各省市組織萬人檢查團深入各公社檢查，並動員數萬軍官參加整社，同時將農村積極份子大量選拔入黨，其目的皆在鞏固其公社。但就現階段的情勢觀察，毛的公社政策正面臨四大難關：

（一）城市停建公社後，農民爲逃避奴役，已大量流入城區。據十二月二十一日廣州「羊城晚報」報導，廣州四鄉農民正洶湧流入，不但破壞其城市治安，亦將動搖農民情緒，而使其農村公社，更難臻於鞏固。

（二）由於公共食堂的浪費糧食，而農民又不得一飽，吃大鍋飯已成爲一嚴重問題。人民公社以生活集體化爲其特徵，而生活集體化又以吃大鍋飯爲基礎。如果公共食堂不能維持，其人民公社將名存實亡。而最近各地所報導的消息，這一公共食堂制度正成爲衆矢之的。

（三）公社成爲工農商合一單位後，農村自給傾向益爲明顯。各級幹部本位主義再度抬頭。秋收期間已普遍出現瞞產現象。湖南許多公社，中共規定公共食堂的口糧是一半大米一半薯類，而幹部卻全部用大米，打擊其糧食收購。這一情況繼續發展，將使其國家財政大受影響。

（四）民兵大量編組後，農民反抗潛力空前提高。中共最近將民兵指揮系統與公社管理系統分開，即已看出民兵有倒戈相向的可能性。這一問題措理不好，全國皆兵隨時可能變爲全國皆敵。

上述這些問題，都是毛澤東在整社過程中的苦惱問題，由於農民對家庭觀念的根深蔕固，中共整社的結果，可能還要對農民作進一步的退讓，而使人民公社變成與集體農莊更接近的形態。在經營方面，其範圍可能擴大，而家庭生活仍然要繼續保持。如此，則毛的公社制，雖然面目全非，但可維持其政權於一時。如果毛不顧一切，蠻幹到底，則其未來的失敗，可能更爲徹底。所謂由公社進入共產主義社會，正如方士的求仙，永遠是無法實現的謊言。

一九五八年除夕

讀彌爾敦艾森豪報告有感

筱微

華盛頓一月三日電訊，在古巴獨裁者巴提斯達被推翻以後，美國官方發表艾森豪總統的兄弟，彌爾敦艾森豪博士於去年八月旅行南美各國後向白宮所作的報告，他認爲拉丁美洲各國人民對於美國政府只支持獨裁政權而不顧各該正興起中的民主勢力，極爲不滿；如果美國還想保持其在此一地區的信譽，就必須停止此項政策。我們對於彌爾敦的看法完全同意。不過，我們還要指出：美國政府這種只支持獨裁政權而不顧民主勢力的政策，不但在南美爲然；其在亞洲——尤其是中國，又何嘗不如此呢？白宮發言人說：艾森豪總統對於彌爾敦建議設立一個特別會議以研討美國對拉丁美洲的外交政策，表示同意。這不失爲一種亡羊補牢的良圖。但不知他是否已覺悟到如果美國還想保持其在中國人心中的信譽，其對華政策也急需作一番檢討呀！君不見參議員曼斯菲爾一月四日在無綫電問答中之言？他說：「預料蔣總統將改變其決定而連任總統，如果蔣總統退休，將使美國政策走入十字路。」這不是說明這位民主黨參議員也認爲美國現行的對華放策是以蔣總統爲中心嗎？如此的對華政策，不是正與其對拉丁美洲的現行政策並無二致嗎？

共產黨員的宗教信仰

岳騫

（一）

一九五五年四月在印尼萬隆舉行的亞非會議席上，周恩來致詞時，說了一句：「我們共產黨員是無神論者」。在會場引起了一片噓聲，因爲出席那次會議的二十八個國家（中共不能算一個國家，故未計入），絕大多數都是有强烈宗教信仰的：阿拉伯集團信仰伊斯蘭教，奉穆罕默德爲眞神，非律賓是天主教國家，泰國、緬甸、尼泊爾、高棉、寮國都是佛教國家，其餘尚有一些不屬阿拉伯集團的如巴基斯坦、印尼、伊朗也都奉伊斯蘭教爲國教，就連那個「宋襄公再世」的「亞洲領袖」尼赫魯也不敢說印度是無神的國家。周恩來冒冒失失講出這句話，碰釘子是必然的。可是，假若了解周恩來爲人的，都可以認定那是周恩來有生以來講過的唯一的實話，因爲共產黨反對宗教信仰，是載在馬列主義經典中的。

馬克思曾經說過：「宗教是麻醉人民的雅片煙」。列寧更指出宗教是一個騙局，消滅宗教有兩個最好的方法，第一「吸引最廣大無產階級羣衆參加自覺的革命社會實踐」；第二「要求教會與國家分離……用純粹的思想武器，而且僅僅是思想武器，即用我們的書刊，我們的言論來跟宗教迷霧進行鬥爭。」

不過，馬克思、列寧雖然先後發出消滅宗教的預言，但是直到俄共「革命」四十一年之後，沙皇時代奉爲國教的「東方正教」依然可以在莫斯科存在，雖然微弱並未消滅，至於東歐附庸國對宗教信仰更是束手無策，波蘭和匈牙利的天主教力量仍較共黨勢力强大，波蘭的戈慕卡政權一半是靠天主教的支持才能存在，這樣對於共產黨教條來說，是一個絕大諷刺，可以証明馬列主義並非放之四海而皆準的眞理。

（二）

在中國大陸，共黨遭遇到各種宗教的反抗，比蘇俄及東歐附庸國更要强烈，最早要算是天主教和基督教，中共對付他們還比較容易：第一、因爲天主教和基督教傳播地區都在大城市及文化水準，生活程度較高的鄉區，中共控制容易；第二、天主教和基督教雖然到中國已有三四百年歷史，但是和民族風俗、習慣並未揉合一起，中共可以把民族和宗教分開處理，所以只要勾引一些教會敗類，另組新機構，倡導「三自運動」，和外國教會絕緣，就可以暫時取得勝利。

中共眞正遭遇巨大的抵抗，是來自少數民族的宗教，尤其是藏族的喇嘛教和新疆各民族及內地回族所崇奉的伊斯蘭教，這兩種宗教和民族已經結成一體，中共要使藏人不信喇嘛教，要維吾爾人、哈薩克人不信伊斯蘭教，那就等於殺掉他，他們無論冒任何犧牲，也要堅强抵抗的，中共八年來，在西藏，在青海，在新疆，在甘肅，吃盡了這兩大宗教的苦頭，直到今天還想不出什麼對策。

可是，中共却也發現出癥結所在：統治這些地區，完全用漢人，更加深民族之間的惡感；用當地幹部，他們不能放棄宗教信仰，即使他已加入共黨，他還是宗教信仰第一，共黨的政策第二；當共黨教條和宗教信仰發生衝突時，他們一定站在宗教立場上反對中共；假若中共的政策和少數民族信仰沒有衝突時，本可相安一時；無如中共所施行的暴政，件件都違背少數民族的信仰和習慣，於是引起少數民族普遍反共，共產黨員也是一樣。試看新疆此次整肅，就包括了省委書記一名，副主席兩人，州長兩人，市長一人，這些人都是中共黨員，可是當毛澤東和穆罕默德眞神發生衝突時，他們只肯接受神的啓示，而不肯聽毛澤東的話了。

（三）

中共當局對這個問題，大概是搞通了，知道要統治這些地區，非有少數民族心腹幹部不可，但是對這些幹部忠誠的最大考驗，就是要他們放棄宗教信仰，否則一旦共產教和當地宗教發生衝突時，他們又背叛了共產教。

一九五八年十月份「民族團結」曾經有一篇「共產黨員有沒有宗教信仰的自由」一文，赤裸地說出這個中共從來不肯宣之於文字的問題。

該文說：「我們共產黨人認爲宗教對國家而言是個人的私事，但是決不是說宗教對黨，對馬克思主義而言也是個人的私事，這是共產黨人對於宗教的根本原則。

這是什麼意思呢？這就是說，作爲國家的公民，我們承認它是個人的私事，承認每個人都有宗教信仰的自由，但是就我們黨來說，每一個黨員却不能有這種自由。因爲共產黨員，馬克思主義者的宇宙觀是唯物主義的，無神論的，它和宗教宇宙觀是根本對立的。」

這一段話是中共黨員對於宗教信仰最大的一次挑戰，作者「愛羣」是一個蒙古族，中共大概利用他也是少數民族，又是信仰喇嘛教的少數民族，所以叫他先放出氣球，試探各方反映，下一步中共也許會提出「教會與國家分離」的口號，要幹部在共產黨員與宗教信徒中間選擇一個，這當然是一個絕大的冒險，相信到那時將有百分之九十幾少數民族的共產黨員會放棄黨籍，中共對於少數民族的統治將更形困難。

作者也許覺得前面的話說直了，非「組織」本意，後面又加上一段委宛語氣，勸告少數民族共產黨員，只要願意克服迷信觀念，經過黨的教育和他本人的努力，一定可以成功，如若不願克服呢？作者並不敢說應當開除黨籍，只是說「和共產黨員的稱號不相容的」，眞是一句軟弱到極點的話。

× × × × × × ×

赫魯曉夫證明共產政權虛報生產數字

曾明

（一）

數字統計是硬性事實，分析研究是彈性工作。而數字綜合統計工作是及時反映客觀事物的有力工具；因爲事物在數字綜合統計之下，多少分明，絲毫不讓。因而對於掌握消長情況，規劃工作，製定辦法，檢查工作，都可以從數字中加以分析研究，找出矛盾所在，及時採取措施。因爲如此，數字統計工作不僅具有重要的現實意義，而且是處理事物最科學的法則。

共產黨人從來就以數字統計，表示其發展情況而炫惑人心。雖然世人明知其僞，但數字是硬性事實，除非親歷參預其事，否則無法指出它們的虛報程度。因此，人們對於共產政權的數字統計，只能從理論上否定，而不能從實際上指出虛報假造；甚至在必要時只好引用虛報數字，作爲分析研究的根據。這樣一來，不僅不能發生否定作用，並且因爲人們常常引用虛報數字的統計，相反地助長了它們做假吹牛的氣燄，成爲對內奴役剝削藉口，對外誇張宣傳的有力武器。同時，將統計工作由最科學的法則而變爲最混帳的手段了。

（二）

我們中國有兩句俗語說得好，「要得人不知，除非己不爲」。四十年來共產政權虛報生產數字的秘密堡壘，終於在赫魯曉夫爭取領導權力爲遂一己私慾之下不攻自破了。

赫魯曉夫早在一九五六年二月舉行蘇共第二十次代表大會中，就揭穿斯大林自從一九二八年一月以後到死爲止的二十五年當中沒有到過農村。因此，斯大林所了解蘇俄農民生活，是從電影上看到「把集體農場生活，描寫成食桌上堆滿了火鷄和鵝的情形。斯大林顯然相信眞是如此的」。以致使斯大林提出「蘇俄全國集體農場和集體農場工作人員繳納國家稅額增加四百億盧布的規定」，而鬧出「一九五二年集體農場及其工人的全部生產交付和賣給政府，也才得到二百六十二億八千萬盧布」的大笑話。依照赫魯曉夫指証，當時斯大林這一個提案並不是建立在實際的情形計算上，而是建立在一個脫離現實的人的狂想上的。

由於赫魯曉夫這一指証，是說明了以斯大林這樣的一個獨裁首領，都無法得到正確的生產數字統計材料作爲根據，而就發生了以意爲之脫離實際的狂想規定。因此，可見共產政權的生產數字統計的虛報作假程度了。

最近，赫魯曉夫又在一九五八年十二月十五日於蘇共中央委員會全體會議中，更提出共產政權虛報生產數字的具體証明。它說：

「馬林科夫曾經欺騙了黨和人民，他一九五二年在黨代表大會的講台上說，全國穀物的總產量爲八十億普特。事實上當時的總產量還不到六十億普特（一九五二年國家採購的穀物只有二十一億普特）。馬林科夫的話不外是一種瞞哄的做法，它的目的在於掩蓋當時委托馬林科夫領導的農業中所遭到的巨大失敗」（見一九五八年十二月十七日人民日報）。

（三）

赫魯曉夫所提出的証明，當然是千眞萬確的事實。不過斯大林既然無知於前，而馬林科夫又虛報於後，依此類推赫魯曉夫、毛澤東，乃至所有共產國家的頭子，都是一樣的由胡說八道的共產特殊材料造成的活寶，跟在這些材料後面一路的作假虛報，自屬順理成章的事情。何況，赫魯曉夫、毛澤東等人比之於斯大林、馬林科夫是「青出於藍，而勝於藍」呢！它們虛報作假的程度，一定凌駕斯大林、馬林科夫之上，這是無疑的。即如：中共坦白承認統計數字不正確，不全面的混亂現象。特提出提高統計數字質量的指示說：

「爲克服統計數字不正確、不全面的混亂現象，各公社應結合生產大檢查，對統計數字進行一次全面檢查，與事實核對，發現問題，找出原因，逐級訂正，並逐級建立制度，杜絕誇大成績，隱瞞缺點，不實事求是的假報現象。」（一九五八年第二十期統計工作）

並舉出虛假現象的具體例証，如，河南許昌縣榆林人民公社柏冢大隊的揀烟虛報：

「柏冢大隊會計劉國池作風不深入，光聽匯報，分隊給他說揀烟一千杆他也不加分析，就照樣滙報一千杆。經過支書當場驗收，實際是六百五十杆。」（見一九五八年第二十二期統計工作）

由此事實証明，中共統計工作的混亂不可靠，因而中共所報的生產數字，如一九五八年，工業方面：機床產量由一九五七年的二萬八千台增加到九萬多台，煤炭產量由一九五七年一億三

（下轉第三版）

談彫朽木的人

狷夫

早在兩千年前，孔老夫子就愷切的告訴人：「朽木不可彫也。」朽木不可彫之理非常簡明易知，因爲既朽之木已經爛透了心，渾身都是虫孔，稍一碰就沙沙的直掉渣；不要說彫飾了，就是拿當廢柴來燒，由於木質已壞也發火不旺。

木朽不可彫，人朽了也不可彫，一家一黨朽了也不可彫。「國家將亡，必有妖孽」。今天偏偏出了一群彫朽木的人。他們拿着一塊朽木硬當象牙來彫，在那裏弄三弄四，裝五裝六。好不醜煞人也！

論到人之朽，朽不可與老相混。年紀大的人未必就朽。年紀青的人未必不朽。朽不朽要看你的思想意志。在民主世紀的今天，仍抱着一氏一姓的政權意志，非舅子連襟不重用，重用結果，天翻地覆非兒子侄子不掌權（現在正當令），這都是兩千年前的東西了，今天還拿來治人應世，那不是朽是甚麼？其人之朽也是彰彰明甚之事，而一些人硬是抱着彫，這事情就眞怪了。

左派兒郎捧毛澤東，頌俄國人，其肉麻處叫人作嘔；共產黨方法之不可學，乃世之公論；但你一定要學，咱們也管不了。你學它甚麼都有可說，你怎麼學它那套比妓女、奴孫都不如的肉麻呀！以肉麻來對付肉麻，天下皆肉麻，嗚呼哀哉！

筆者在這一段朽木談，彫朽木者固然早已咬牙切齒，就是一般食君祿報君恩的忠貞之士，亦不免怒髮冲冠。「好，你這是反反共，你爲匪張目，你是共匪間諜……」哇，筆者算是幸運，如果身在一畝三分地的台灣，區區小命早就不保了。君不見孫秋源不是無辜被扣以「甲級流氓」的帽子抓起來了嗎？

其實區區何嘗願意寫這樣的露骨話，只因爲我們「話到嘴邊留半句」，委屈求全顧大體，已經忍了十年，渴盼當權的人們良心發現，翩然改圖；可是把國事蹉跎了十年，他們反倒更氣勢洶洶了，更橫加迫害了；稍有血氣良知的人就不能再忍了。腐朽不去何以生新？該死的快死吧，該生的快生長吧！否則自腐自爛，拿甚麼力量反共？十年了，你們還瞪眼睛說白話嗎？

日本自民黨的內紛

東京通訊

東海書生

（一）

日本政府與黨自由民主黨的年末內紛，由於反主流三閣僚池田勇人、三木武夫、灘尾弘吉的辭職，達最高潮；又由於首相岸信介的豹變，全面接受反主流派的條件，形將分裂的自民黨，暫時挽救了危機。但雙方的成見，並未消除，總裁選舉的時期，黨內人事刷新的內容，意見能否一致，一切均待明年（一九五九年）再說了。日本報紙評自民黨此次內紛之結束為懷抱「時限炸彈」過年，岸的心境，正是如此。

自民黨向分主流派與反主流派兩大派別，黨內時常鬧蹩扭。而此次內紛之爆發，則自十二月十日之自民黨兩院議員總會，反主流派中堅議員點起「黨執行部刷新」的烽火之日起。

（二）

反主流派認為前屆臨時國會警職法改正案未獲通過，及以閃電方式宣佈延長國會會期，引起糾紛兩事，現任黨部負責人川島幹事長，河野總務會長，福田政調會長，村上國會對策委員長等幹部應該負責，要求岸加以更迭。

岸信介的自民黨總裁任期至明年三月廿一日為止。主流派因自警職法改正案失敗後，岸在政治上的聲望失墜，對黨內的控制力亦趨於衰弱，反主流派伺機而動，若假以時日，反主流四派中推薦對立總裁候選人，岸在公選時甚感威脅，故決提早總裁公選日期，於來年（一九五九年）一月十七日舉行。

對於主流派上項主張——提早公選，反主流四派全體反對。

十二月十四日，反主流派公推三長老石井光次郎，松村謙三，益谷秀次訪問岸首相，提出兩個條件：（一）反對一月公選總裁，（二）年內人事刷新。會見後松村對記者談話，謂對於公選時期，岸表示將尊重多數意見，頗有誠意。但佐藤藏相於三長老自岸公館辭出後往訪岸首相，出來對記者談話，謂三長老所談岸已同意放棄一月公選云云，與事實不符。

十二月廿二日自民黨總務懇談會以三分之二的多數贊成一月公選，岸首相接受河野總務會長的建議，決心一月公選總裁，人事刷新放在總裁公選之後。廿四日，岸招反主流派三長老石井，松村，益谷談話，告以上項決心，請三長老諒解並協力。三長老以岸之方針與十四日所言不同，不允協力。反主流派中堅議員，聞之大譁，開會決定：（一）反主流派三閣僚池田、三木、灘尾辭職，（二）反主流派在黨內職員及政府之政務次官的辭呈暫存三長老處，以便於必要時提出，實行總撤退。

十二月廿五日午後反主流派三閣僚池田等攜帶辭呈訪岸，會談一小時餘，強調三長老十四日所提兩條件，岸允再檢討，池田等乃將辭呈帶回。

（三）

為收拾此危局，岸委託副總裁大野伴睦進行妥協工作。東條內閣時代之大藏大臣賀屋興宣與岸為舊同僚，反主流派首腦池田勇人則為賀屋之部下，賀屋以此資格，並商同前首相吉田茂亦進行妥協工作。藤山外相則體會財界的意向，亦透過三木武夫進行妥協工作，但均失敗了。黨內糾紛達最高潮，池田、三木、灘尾三閣僚終於二十七日夜提出辭呈。

河野總務會長，川島幹事長等主流派幹部，於三閣僚提出辭呈後，仍持強硬論；岸首相對池田等三閣僚過於固執己見，異常憤怒，廿八日晨對側近者表示，應加以「罷免」，「這三個人的面孔都懶得看」。但三十日午後五時招見反主流派三長老，對反主流派全面投降，（一）一月總裁公選，白紙還原，（二）至遲於一月十日前刷新黨內人事，（三）總裁公選問題由新執行部協議之。三長老對岸提議，表示諒解，決定停戰。惟池田等三閣僚辭呈則不撤回，恐外間誤會彼等以辭職為討價還價之工具也。

（四）

岸首相為何前倨後恭呢？其原因有二，其一為財界之壓力，其二為參議院自民黨的要求。

二十八日晨岸首相對三閣僚之辭職，還在憤怒，是日晚與財界最有力的團體「經濟團體聯合會」副會長植村甲午郎氏會見之後，態度突然軟化。二十八日池田會與財界小林中（前輸出銀行總裁）晤談，小林即於同日午後約集櫻田武、水野成夫、今里廣記、植村甲午郎、永野重雄等開會，決議防止自民黨的分裂，如自民黨仍繼續內紛，經濟再建懇談會每月對自民黨二千萬元（日金）之獻金，即將停付。岸恐斷絕糧道，乃不得不君子豹變。

參議院自民黨向岸表示在通常開會前，應刷新人事，使黨一本化，也是岸突趨軟化原因之一。

這次內紛的結束，暴露岸個人的無定見，無魄力，忽硬忽軟，中間變化有三次之多，主流派的大野，河野兩派對岸極感失望，大野在進行妥協工作時，已對敵方之池田暗通欵曲，謂將來池田出任總裁時，願與之協力。岸在池田辭職之前，會密告池田，今後將不使河野出任要職，消息傳出後，河野與岸之間的鴻濤益深。佐藤派則宣稱，對岸雖仍然支持，但無意與大野、河野「心中」（情死）之意。主流派如此渙散，岸今後對主流派的控制，預想難關不少。

（五）

反主流四派，內部極複雜，但為一致對岸起見，此次團結總算強固，所以獲得了勝利。為了繼續奮鬥起見，一且結成的單一俱樂部「刷新懇話會」，也仍然存在。然而此種團結的將來性，則問題甚多。池田是舊自由黨系，保守色彩濃厚，三木、松村是舊改進黨系，革新的色彩濃厚，兩者在思想上既有距離，今後的行動，步調能否完全一致，大成問題。石井、池田同屬舊自由黨系，比較容易接近，但石井派內分親岸反岸兩派，石橋派內部亦不太統一。將來推選與岸對立之總裁候補時，池田、石井、松村（甚至石橋）均躍躍欲試，共同推戴一個人，很不容易。

一九五九年的自民黨的派閥爭鬥，仍將繼續，惟主流派與反主流派的勢力分野，則難免有若干變化耳。惟離開主義，政策，徒爭黨內領導權的內紛，則只有漸失日本國民信賴，自民黨當局者不可不深思也。

四十七年除夕寄自東京。

大陸逃港學生的控訴：我到大陸升學的經過

先在香港進左傾學校

麥嘉傑

我是由香港返回大陸去升大學的，現在又回到香港來。不管我這樣是否能算是大陸逃亡同學之一，但我在大陸升學兩年來所遭遇的一切，使我感到我有這個責任向人們公佈，使大家能進一步瞭解中共對青年的迫害。

我畢業於此地的香×中學，父親將我送到這家學校去的時候是一九五〇年。

我家是潮州人，但一向僑居在曼谷，從我父親一代起才搬回香港。「解放」後，父親在報上看到了共產黨的一系列的宣傳，對共產黨佩服得五體投地。因為他是商人，也很注重現實，恐怕將來香港「解放」，所以特地將我送到中共控制的香×中學去唸書。

初期，我年紀還小，根本不懂什麼，既然家長叫去，也就毫不考慮地進去了。進入香×中學以後，我倒漸漸喜歡起共產黨來了。最對共產黨狂熱崇拜是在高中以後，我喜歡那種嚴肅不苟的學習，喜歡我能夠在國家（大陸）日益富強的時候雖然身在殖民地而仍能受到黨的教育，這個黨正是領導着我們國家強盛的呀！當時我是這樣想的，同學們也都這樣想。因為我們對於共產黨的一切知識都來自此地的文×報，大×報和教員們的口頭的歌頌。那時，每當我看到英文書院的學生或不是「我們的學校」（我們經常這樣稱呼香×中學、培×中學等左傾學校）的學生時，總感到他們可憐，因為在我看來，他們是絕無前途可言的人呀！

再到大陸升學

一九五六年夏天，我高中畢業了。八月上旬，我和十多個同學到廣州去參加高考，結果被按照第三志願分配到南京大學西方語言學系。

九月初，我就到南京報到了，學校當局對我似乎照顧得很週到，還指定了一位暑期留校的老同學陪我，他叫易模卿，是中文系的。

易模卿對我的關懷，開始我還覺得是「革命大家庭的溫暖」，但後來漸漸覺得不對頭，因為有一次我自己到新街口去玩了幾個鐘頭，又看了一場電影，回校後他竟然鐵青着臉問我上哪兒去了。我向他說明了我去的地方，他好像沒有聽見似的，只管追問我在南京有沒有親戚？有沒有熟人？是不是去看他們去了？我老實地告訴他沒有，他沉吟了一會，叫我開一張社會關係表，即晚就要，將所有在大陸親友的名單全都寫出來。我當時非常氣憤，問他憑什麼資格向我要這樣的名單，他說是組織上要的，他又說本來要等開學後寫自傳時才要，可是因為我今天下午「行蹤不明」，所以組織上要立即進一步瞭解我的情況。

行動被監視

這到底算什麼呢？我自己連支配一個下午的時間都沒有權利麼？在香×中學時，教員說大陸的人民都生活得多姿多采，最多自由的，而我，就僅僅因為自由地去玩一個下午就要受到這樣的待遇嗎？

當時我就和易模卿吵了起來，他悻悻然而去，我獨自連晚飯也氣得不想吃，和衣躺在床上。

過了些時，他又回來叫我到教務處的辦公室去。一個幹部臉色很難看地坐着，翻着一些表格，易模卿說他是保衛幹事，姓方的。方幹事冷冷地問我今天下午去了哪裏，我照實的說了一遍。他笑笑，說：「以後你不要自己一個人亂跑，這樣無組織無紀律是不行的。」

「現在還沒有開學呢！」我說。

「不錯，可是你既然報到了，學校就要對你負責。你現在先將易同志剛才向你要的名單寫來，這是每一個回國僑生都要寫的，尤其是香港的學生。如果沒有什麼見不得人的關係，為什麼一定不肯寫呢？」方幹事一面說，一面故意笑笑。

我當時真氣得發火，衝口而出地說：「難道你們把我當作特務？」

「不管你是不是，」方幹事也大聲說，「不是的話黨也不會冤枉你，是的話你再大聲點也是沒有用的！今天的事你要好好寫一張檢討書，把去過的地方詳細寫下來，我們要調查你是否說實話。名單一定要寫，這是黨的命令！」

聽到了最後一句話，我抗聲說：「我又不是黨員。」

這是黨的命令

這一下子他們兩個都站起來了，這句平常的話把他們激怒到這種程度我是想不到的，我想，只有黨員才有義務服從黨的命令，非黨員是不必而且不該服從黨的，可是我知道了這句話的嚴重性時已經太晚了。

他們立刻叫我暫時先回宿舍，我只好回去睡了。第二天，距離開學只有八九天了，有些老同學已經紛紛回校，看到我的穿着，他們都投以奇異的眼光，像是把我當作動物似的。有的同學還忍不住跑過來摸摸我的袴子（一條極普通的尼龍免熨袴），一面稱讚一面問我是不是從香港來的。我說是的，他們又趕緊地走開了。

中午，方幹事又將我叫了去，他說：「你昨天晚上的表現，從好的方面來分析，是你才從香港來，對祖國的環境不熟悉，從壞的方面來說，就是嚴重的反革命行為，你難道還想不服從黨的領導麼？這至少說明了你的思想中有着嚴重的與黨對抗的情緒！有着這種情緒，你是暫時不能入學的。」

我開始有點恐慌，問他怎麼辦？他陰險地笑笑，說：「快開學了，同學們也陸續要到了，現在你先拿介紹信到教育廳的招待所去住吧！」

寫坦白書

就這樣，我還沒有上一天課就被趕出了學校，搬到了水西門附近的教育廳招待所。在招待所一住就是半個多月，易模卿來過一次，問我的檢討寫好了沒有？又帶來了一張印就的自傳提綱，叫我老老實實地寫，寫好了之後，學校才能考慮我的復學問題，否則根據我那晚上的表現就可以將我移交給當地的公安部去處理了。

在招待所，我已經等於是失去自由的囚犯了，我害怕他們真把我當反革命來辦理。我只好化了四天的時間寫了一份檢討書和一份自傳。在檢討書中我承認自己因為在香港長大，所以對黨不夠了解。唉，在香×中學高喊共產黨萬歲時，我何曾想到黨是這樣的？又何曾能料到我有這一天呢？

這一次我總算混過關了，我復了學。我看見許多歸僑的慘遇，我離開大陸的決心也定了。我懂得了「禍從口出」這句話的意義了。因為我的英文程度還好，所以在以後的學習中還被舉為學習小組長，雖然在每週兩次的生活檢討會上我總是成為被批評的對象，連走路哼哼歌曲也會牽涉到「家庭出身」和「來自香港」的根本問題。但我都忍受着。

偽裝積極才離虎口

一九五七年暑假，我向組織上提出了請假，沒有准。我也不敢問理由，組織上的解釋是要同學們爭取假期時間，下農村或工廠去義務勞動。因此，我也到了南京市第二量刃具廠當了兩個多月的統計員。在第二學年中，我偽裝積極，到一九五八年暑假，我才被批准來香港。

我不回去了，連經過香×中學的門口我都會感到一陣寒戰，直到今天，大陸的那種恐怖氣氛似乎還追隨着我。

我所遭遇到的無理的迫害當然不止這麼一件，但這一件因為是第一次，所以給我的印象最深，就將它寫了出來。我無意勸阻青年同學的愛國心，但共產黨決不能代表我們的祖國，大陸的也確實不是任何追求自由空氣的人能夠容忍的地方！

（上接第二版）

（赫魯曉夫證明共產政權虛報生產數字）

千萬噸增加到二億七千萬噸，鋼的產量由一九五七年的五百三十五噸增加到一千零七十萬噸。至於農業方面：一九五八年糧食總產量為七千五百億斤左右，棉花總產量為六千七百萬担的這些數字，必然與實際產量有着很大的距離數目，這是可以肯定的。

中共這種誇大數字的作用，其目的是對內奴剝削的藉口，對外人的誇張炫惑宣傳。同時，也正如赫魯曉夫所說是一種瞞哄的做法，而掩蓋中共內部的失敗危機。因此，我們要正確認識中共所有數字統計的虛假性，不要上它的當。尤其希望西方迷信數字的專家們，更不必圓於數字的困惑，對於中共有過高的估價，而導致不必要的錯誤。

三十年前中共廣州暴動之回憶（三）

張發奎

又印刷工人散發所謂「廣東印務總工會罷工宣言」，原文云：「工友們罷工，一致參加大罷工，幹政治的大暴動、大鬥爭，殺盡一切買辦階級的工賊，管理一切的生產機關，農友們、工友們，要一致起來，推翻幾千年來壓迫和剝削你們的大地主、土豪、劣紳、貪官汚吏，沒收一切土地，兵士們警察們你們和我們痛苦都是一樣，你們要一致聯合起來，把你們反動的長官反射，所以要一致打倒屠殺工農劊子手李濟深、蔣介石、張發奎、汪精衞。打倒國民黨反動的統治，打倒反革命的國民黨，工農聯合起來成立工農兵的政府，工農兵革命萬歲！中國共產黨萬歲！聯蘇俄！反對帝國主義！」

在上面這些口號、標語、宣言、傳單中，共產黨口口聲聲說為人民謀利益，但他們在廣州舉行暴動後，却四處刼掠，姦淫擄搶，殺人放火，無所不為。當時中央銀行、財政廳、東堤、南關、西關等處就各有火頭十餘起。全市都陷於恐怖狀態中。

至於所謂「廣州蘇維埃組織，那是十二月十二日下午二時在中央公園開會決定的。他們把公安局改為「工農兵聯合辦事處」後，蘇聯人即在內指揮。成立所謂廣州蘇維埃，也是根據蘇聯人的命令。共產黨當時曾在廣州市內發出一種上印紅旗的佈告，公佈了所謂「蘇維埃革命職員名單」如下：

主席　蘇兆徵（未到由張太雷代表）
人民內務委員　黃平
人民肅清反革命委員　楊殷
人民勞動委員　周文雍
人民外交委員　黃平
人民司法委員　陳郁
人民經濟委員　何來
人民海陸軍委員　張太雷
秘書長　惲代英
工農紅軍總司令　葉挺
工農紅軍總參謀　徐光英

從上列名單可以看出葉劍英在當時並不是一個重要分子，僅潛伏在我軍內幹策應工作而已。共黨在廣州暴動後之次日，即成立所謂廣州蘇維埃，說明共黨是企圖長期佔有廣州的。但我當時把廣州市內共黨實力冷靜估計一番之後，已經確定可以迅速予以肅清。嚴格說來，共黨此次暴動之所以能夠暫時佔據廣州，不過乘我廣州市區駐軍空虛而已。若我將各路駐軍調回一部，即足以勘平廣州之亂，這是我深信不疑的。所以我決定乘兵艦赴肇慶，轉江門，指派一部份部隊回省平亂。我當時下達的命令如下：

「一、十一日共逆乘省城空虛，糾集工人暴動，縱火焚刼，我海陸空軍現扼守河南南石頭一帶。

二、我軍為迅速肅清廣州共逆，決將東江交陳軍長銘樞接防，西江固守肇慶，南路固守江門單水口之線。

三、我軍各部隊之移動任務如左：

1東江二十五師師長李漢魂即率部回廣州，撲滅共逆。

2西江十二師全師，第二十六師除派出第七十八團回廣州討共外，餘仍留駐肇慶，統歸許師長志銳指揮，扼守肇慶附近，對廣西方面警戒。

3南路教導第一師之第一第二兩團，着鄧副師長龍光率領回南石頭附近，與討共各軍協同作戰，歸黃軍長琪翔指揮。（黃軍長現在河南指揮討共各軍）

4南路教導師之第三團，及第五軍之第四十五團，第四軍獨立團，統歸南路指揮部胡參謀長銘藻調遣，扼守單水口江門及鐵道沿綫。」

這時候的第四軍，已於回廣東後重新編組，共轄五個師。軍長仍為黃琪翔，第十二師師長為繆培南，第二十六師師長許志銳，教導第一師師長薛岳，教導第二師師長黃鎮球。所以這一命令中，包含有關教導師的話。

命令下達後，我即乘艦返廣州指揮，十三日拂曉，教導第一師鄧副師長龍光，已率領第一第二團，到達河南車尾砲台附近，二十六師七十八團團長林祥亦率領所部到達石圍塘。我即令教導第一師由靖海門渡河，第七十八團由黃沙渡河，駐在省河南岸之第五軍亦於同時渡河，分途向廣州之敵猛烈攻擊。而原駐西村之教一師第四團莫雄部亦已佔領觀音山一帶，共黨知我援軍已至，即退守維新北路之廣州市公安局一帶，扼守街口，仍圖頑抗。我軍乃將敵三面包圍，激戰至下午五時，斃敵甚多，敵不支，乃向燕塘龍眼洞方面潰竄。我當即下令追擊，將敵盡殲，以免繼續流竄。追至龍眼洞附近，卒將敵大部包圍，並即予以繳械。所以，這次共黨廣州暴動，自十二月十一日晨起，迄十二月十三日止，為時只有三天，便被完全撲滅了。（未完）

新年十願

——亮齋閒話之二十一

徐亮之

客：又過了一年了；新年新歲，無論對世界、對國家、對自身，您也有什麼願望沒有？

主：一切願望，保証結果全是失望，不說也罷！

客：橫直咱們只是說「閒話」而並不生「閒氣」，縱然全是失望，又有啥子關係？說說亦復何妨？——請問您這第一願？

主：願西方信上帝的政治家，所言所行全都對得起上帝。

客：第二願？

主：願美國的政治家，別永遠只認為美金萬能，美國至上，美國人命最值錢。

客：第三願？

主：願蘇聯的政治家，最好從此收拾起他們「和平天使」的嘴臉，別再獻世。

客：第四願？

主：願台灣當局真正實踐「政治反攻」的諾言，別再過度渲染「特務反攻」的偉績，真正「三分軍事，七分政治」；別搞「三分軍事，七分特務」。

客：「特務反攻」？「七分特務」？的確、蔣總統元旦告全國軍民書，對大陸同胞確有過如下的話：「須知在你們的中間，在你們的周圍，到處都有反共革命志士協助你們、支持你們、引導你們；只要你們隨時留心，密切注意，相互聯繫，積極參加組織就行了。」這樣看來，滲透工作倒真到了家，中共該真是到了「相驚伯有」、「風聲鶴唳，草木皆兵」的末日了！

主：別忘了，中共也是特務起家的。縱然工作到家，也未免宣佈過早。

客：理由何在？

主：理由很簡單；即是：如果工作真到家，說這話只有幫助中共提高警覺，無端坑陷了我們的「反共革命志士」。如果工作並不怎麼到家，則說這話只等於「此地有銀三十兩，對門王二不曾偷」！

客：您說錯了；是「此地無銀三十兩，對門王二不會偷。」

主：反正王二不會存在原子世紀的，您放心好了！豈是繼續您的高問吧！

客：唔、唔；——那末、您這第五願？

主：願毛澤東先生是個真正的「唯物論」信仰者。

客：什麼？您這真太笑話了！共產黨乃「唯物論」的信徒，毛先生乃中國共產黨的領袖，您這願望真未免太笑話，太幼稚了！

主：「紅雨隨心翻作浪」，乃毛先生最近膾炙人口的詩句。任何「唯物論」者、縱使「又紅又專」、也不可能有「紅雨隨心翻作浪」的論據的。所以從這詩句分析、如果不是毛先生向「唯心論」大轉彎，便是他背叛「唯物論」的証據。

客：那末、您第六願？

主：願「人民公社」的同胞別被「躍進」得連人類合理的休息時間也無。

客：第七願？

主：願「人民公社」的同胞能因某種合理措施而有人間尚屬溫暖的感覺。

客：第八願？

主：願香港想自殺的男女同胞，在自殺前鄭重考慮五分鐘。

客：第九願？

主：願報紙雜誌別純然只打銷路的算盤。

客：那末、說來說去，您對自身竟然一點願望也沒有的了？

主：有的；我願意今年中馬票；因為這至少可以免除您再打石子過活；免除台灣救總或聯合國難民救濟機構對您的殷勤關懷。

遊峨眉雜詩

舜生

一雨來從山北邊，奔泉飛澗樹籠烟，攢天路險蒼苔滑，我息塵心汝息肩。（阻雨滯息心所，與夫云過此即上攢天坡。）

微雨穿林隙，霏霏濕我襟，遲回別橘去，詩思托牛心。（清音閣附近有巨石狀如牛心，為名勝之一）

寺號慈延古，仙稱九老尊，叢巒開碧嶂，百鳥弄晴暄；覓徑探幽洞，登臺索夢痕，靈猿何處去，清磬又黃昏。（再宿九老洞）

贈溥心畬

千原散人

落落東南筆一枝，王孫三絕古來誰？風塵不掩山林氣，海甸還藏廊廟姿。落葉哀蟬秋作意，殘山賸水客何之！沉浮身世寧堪問，地變天荒道獨持。

汲古書屋談薈

黃膺白與章太炎

耘農

『我生未七歲而孤，先父友樵公聲音笑貌均不能記憶。少時見他人之有父者，輒羨而慕之，則琑琑問先妣陳太夫人以先父在世時事。先妣為言予三歲時，偶溺，婢為更衣，不慎，痛予足，予大哭，不令更，時值嚴冬，父恐予寒，亟解襟納予懷抱，指門上聯句使讀，意在止予哭也。隔晨，予忽自指門聯成誦，先父大奇，自是日課以字。嗚呼！此予一生受教之始也，乃在親恩無意之中。五十年來，每一回思，淚涔涔下。民國二十五年丙子春，予年五十七。距先父棄養正半世紀，爰築藏書樓於莫干山麓庾村莫干小學之前，以先父諱名曰文治藏書樓，樓成，予妻亦雲議作懷抱思親圖，以誌永慕。友人許君修直為請賀天健君繪之，懸於藏書樓之堂，瞻對畫圖，緬懷當日，悲涕隨之。雖然，父之事實，母之傳語，妻之同情，友之推愛，至性所集，可謂得倫常之獨厚，宜足以慰憂患之餘生也已。』

膺白此文作於民二十五丙子正月，而即於是年冬十二月患肝癌症逝世。太炎之黃氏藏書樓記則作於同年三月，逾百日，亦先膺白而疾歿，得年六十九，蓋長於膺白十二歲，其記中所謂「老病且入墓」者，殆成語讖！而膺白之逝，則以憂傷國事，喪其天年。是一代人才之衰歇，所繫乎國運之否塞者，殊非淺鮮矣！

猶憶兩年前，筆者曾作「黃膺白之特立獨行」一文，載於民主潮。（現收入拙著「近代政治人物述評」中，即將由自由出版社印行）不意黃夫人在美閱及，曾馳書筆者，有謂：『大作論先外子風格為進取而有所不為，可謂一語中的之言，亦見賢者知人論世宗旨，拜讀之下，不勝感激，特此遠道修書，畧申敬謝之意。大作提到黃膺白先生故舊感憶錄之語，想曾見過此書，雲在三十四年秋草有黃膺白先生家傳一篇，不知曾經屬目否？兩書付梓，相距八年，然均在國家大風雨之前夕，未能普遍公諸社會，廣求指正及補充，似與先外子生平同其遭際。不圖二十年後播遷中，猶有持公論如大作者，令人感奮。自辛亥革命以迄塘沽停戰，國家劇變時，往往有先外子蹤跡，事實或未為世所盡知。屢欲將刼餘遺墨，綴述成編，供治史參考。塵事碌碌，迄未竣稿，歸國有期，當請教益』云云。此函係由膺白先生舊屬張君轉致，而未示以黃夫人在美地址，僅云覆書可由某顯達代為寄遞，筆者生性疏懶，不樂干進，故黃夫人之函亦迄未致覆，爰附於此，以誌憾耳！（完）

蒼盦詩話

愚公

湘潭李漁叔，為台灣詩壇健者，其詩能以婉麗悲涼…… [illegible]

本刊已經香港政府登記

聯合評論 週刊

United Voice Weekly

每逢星期五出版

第二十三號

督印人：黃宇人　總編輯：左仲平
社址：九龍金馬倫道卅八號三樓
電話：六一四一三（61413）
承印：田風印刷廠（高士打道二二一號）
總代理：友聯書報發行公司
售價：每份零售港幣壹毫
本報紐約版總經售處美國紐約中美出版社
CHINESE-AMERICAN PRESS, INC
199 CANAL STREET.,
NEW YORK 13 N. Y. U.S.A.
紐約航空版零售每份美金壹角

關於台灣查扣書報問題

提議一個具體的辦法

左舜生

我們知道，今天海外，尤其大陸出版的許多書刊，台灣的治安機關向例是加以查扣的。因此，關於共方的報紙、書籍，乃至海外若干站在反共立場，而對政府仍有所批評指摘的刊物，都一律不許進口。除掉若干特殊階級的個人或機構有特權可以保有這類資料以供研究以外，其他私人或民間團體想要得到這類的東西，眞是千難萬難。即令有少數人運用種種偸關漏稅的辦法，或委托一種更有特殊權力的人物，可以偶然得着一些，但要作出一種有價值的研究依然不可能，甚至一個不小心，還會有人給您送上『一頂帽子』也不一定。

我們必得平心靜氣的想想，台灣當局所採的這種『鴕鳥政策』是不是很妥當？

第一，『知己知彼，百戰百勝』，今天大家既然決心反共，凡共方的一舉一動，不問鉅細，我們當然都有充分明瞭的必要。如果單單憑着一知半解，或道聽途說的一些看法，便想針對中共定出一個有效的應付方案，這應該是不可能的。尤其應該了解，在今天，即以羣策羣力去解決中共這個難題，是否解決得了，已經大是問題，妄想由少數人去包辦，豈不更是笑話？不久以前，我看見台北某君的一篇演說，關於大陸農村和人民公社的，這在海外早已成爲一種常識，而在某君好像還自矜是獨得之秘；我這裏所有代表台灣的刊物，也不少於二十種以上，儘管滿紙都是反共，但大抵是原則性的，攏統式的，求其有一篇能作深入的研究確能說明大陸一般眞實情況的文字，乃渺不可得；凡此都足以證明一般人可能看見的資料實在過於貧乏。那些屬於特殊階級的少數個人或機構，他們肯不肯研究是一個問題，能不能研究又是一個問題，實際的情況只是如此，爲什麼不想一個較妥善的辦法，使得多數願意明白大陸眞實情況的人，都有與這類資料接觸的機會呢？防止中共宣傳的毒素，應有更積極的方法才行，像這樣因噎廢食的消極作法是不成的。

第二，近十年來，海外出版的反共書刊，何止二三千種，雖不一定多數都有價值，但確有價值的却也不少，據說台灣檢查的機構，不先問該刊物的內容究竟如何，只看見係某人所寫或某機構所出，便一律照扣，直接阻碍一般人的研究興趣，削弱反共的力量，間接影響到反共的正確方法，這豈不是甘心爲共匪幫忙？

第三，我們必須知道，能逃往台灣的學人，僅僅只是中國學人的一部份，另一部份則依然留在大陸；這種留在大陸的學人並不一定是共產黨，他們的處境相當艱苦，研究也受到限制，可是在最近的十年，他們也還是做了不少的工夫，儘管他們爲了牽就環境不能不對中共有所敷衍，或因某種刺激，不能不有些新的觀點，但這在研究的立場看來，究竟有什麼妨碍？我知道，有若干種過去爲私人或大學圖書館所藏，從來不會印行過的現代史資料，現在已居然陸續出現，這可以說是與共產黨毫無關係，而在從事這一方面研究的人，卻是異常寶貴。台灣從事檢查的人，不問青紅皂白，只要看見是大陸出版的，便照例扣下，甚至兩年以前，我爲台灣友人代買一本由大陸根據初版影印的『長生殿』，也無法收到，這豈不是荒天下之大唐？

這件事看來很小，關係頗大，我提議：台灣從事文化研究的朋友，應該自動的（包括多方面）組織一個委員會，請教育部撥款，就近十年海外與大陸出版的書刊，作一次廣泛的購入，經審查後，規定某種可以進口，某種則仍在禁止之列，給予檢查機構一個清單，請他們就准予進口的東西一律放行，這或許不失爲一個補救的辦法。

如何解救印尼僑胞的苦難

自由中國的政府與人們應正視這個問題

幼椿

（一）

自由中國號稱有一千二百餘萬華僑，足以爲其反共復國的後盾力量，然而現在就有三百萬華僑，在中共與傾共的印尼政府雙重壓迫之下，精神物質兩陷於絕境，岌岌不可終日！問題的嚴重性，並不亞於在大陸的三反五反以及人民公社的傾家蕩產，普遍的不能生存！——我們的政府與人民又豈可熟視無覩，默爾而息，不想想解救印尼僑胞的苦難的辦法。

印尼僑胞在一年以來，被蘇加諾聽信中共唆使，甘心媚共傾共，而無情的加以橫暴壓迫，自由中國的報紙歷載其事，尤其是香港的祖國週刊上印尼通信中有較詳細的報導。不過，甚多的報導中，較偏於印尼中國僑領的被害，中文報紙的被封禁，華僑學校的被干涉，以及中國知識分子的被監視，侮辱及囚禁等。這些橫暴行爲，固足以使我們聞而心驚，見而髮指。但還未曾知道蘇加諾及其政府與無知印尼人，對我印尼僑胞的壓迫，乃是普遍的，不只是及於僑領們，文化分子們，而是要使這三百萬華僑一律的失其生存的依據，普遍的無法生存下去！

（二）

筆者最近在接近印尼的一個英屬殖民地旅行，就隨時接觸着從印尼坐篷船小舟逃出虎穴的印尼華僑，據他們向筆者說：『最利害的是不許印尼僑胞再做小商店的生意，初而限制，繼而干涉、封閉，更進而聽任無知的印尼暴徒去霸佔、刼奪，以致放火殺人！』這一來，蠻橫的壓迫眞是普遍化了！因爲我們游歷過南洋的人，都會知道僑胞的最大多數乃是開設小商店的。無論在南洋各國的大都市中，小鄉村裏，以至窮鄉僻地，無不到處林立着華僑的零售日常用品的小店鋪。這些作小商的僑胞大半是苦力出身，胼手胝足，省衣節食，餘下幾個錢來，簡陋的開設一間店鋪，妻與子就是店員，日夜開着門，賺取蠅頭微利，幾十年數代相守下去，這不能說是爲共黨所嫉恨的資本家，更不能說是妨害印尼政府的國民黨分子，而乃普遍的被干涉、壓榨，以致被刼奪！像這樣，已成爲無理可講，無法可訴，直是黑暗到毫無人道；哀哀無告的印尼僑胞，除了冒險而逃以外，更無別的生路了！

（三）

但是幸運的逃到英屬殖民地，還是要靠當地有親友爲之設法掩藏，設計謀生，否則入境不合法例，一旦發現，又要被英屬殖民地政府驅逐出境，茫茫大地，容身何所？筆者就遇見了五位自印尼逃出的青年僑胞，到了北婆羅洲的山打根，因係非法入境，當地僑領爲之暫時担保，終須擇地出境，彼此相見之下，一席話未說完，大家都不覺淚涔涔下，眞令筆者有「人生到此，天道甯論」之感了！

筆者當時卽會想到，區區無聊的蘇加諾，不過一投機政客，而其毫無知識，連左傾幼稚病都說不上的這一羣印尼現政府中人，竟敢於向我三百萬僑胞橫加壓迫，固然其中不免受着毫無心肝的中共分子所煽動，要想借刀殺人，把傾向自由中國的華僑威脅來投降共黨，但我們自由中國的政府與人們也太懦怯，只圖一黨自身，一人自己，苟安苟活下去，而太不管同志同胞的死活了！

（四）

筆者要首先責備台灣的中華民國現政府，過於懦怯，而且要求政府速想辦法，解救印尼僑胞的苦難。國民黨當局應該知道，這年來越來越兇的印尼僑胞的受壓迫，印尼政府乃是以打擊國民黨分子的名義出之！無論這種藉口，不一定是事實，然而南洋僑胞大多數是爲愛護中華民國，因而普遍反共，這是千眞萬確的。而且老華僑許多都是傾向國民黨的，就筆者所接觸，不少年在古稀左右的華僑們，在青年時，都會與同盟會中的先烈先覺有過關係，一經薰陶，至今不忘，因而父召其子，兄召其弟，對於孫中山先生及其黨，始終是抱着同情的。——這的確是今日國民黨當局祖先所貽留的一注好資本，也的確是反共復國的後盾力量，這如何能不去積極的想出辦法，趕快行動，以圖解救印尼僑胞的苦難！

時論對此廹切問題，也會有所主張，然大多只及於聲援方面，如向印尼政府抗議，如向聯合國投訴，但這總比今日我政府不聲不響，一味聽便好些，不過這是不够的。至少筆者認爲，這抗議應該先向美國說話，因爲美國政府還不斷的在用經濟力量扶助這個不講人道，而媚共傾共的蘇加諾政府。其次，向聯合國投訴，應該請聯合國的人道委員會派員去印尼調查，一個政府向三百萬人横加壓迫，這不是一件小事！至於在國民黨當局方面，如果今日國民黨還要自命有革命的精神，而不甘於聽任別人四殺其黨員，荼毒其人民，則在環境上雖碍難出兵護僑，也應當畧施報復手段，使蘇加諾及其一羣媚共傾共者，知道利害，不要以爲自由中國的人民就這樣可以聽便壓迫，而終無還手之力的！

（五）

如果自由中國政府與人們不甘欺侮，則報復手段，有下列三事，可以考慮，實施：

一、印尼的自身經濟，不是關着門，便能自給自足的。他必須以其土產的椰干，咖啡等出口，來換取紗布，以及日用各成品的入口。這種輸出與輸入一向是靠香港，新加坡，及英屬其他殖民地的中國人爲之貿遷。這些地方的中國人固然爲做生意謀利，而與印尼，交往但同時印尼人也是由於中國人的貿遷，而得着便宜不少。一旦東南亞的中國人全部能施以「杯葛」（boycott），則蠻橫幼稚的印尼政府立刻便要手忙脚亂，經濟陷於窘狀。

二、美國人民確是有人道主義的觀念的，我們應該把印尼政府這種慘無人道，傾共媚共，不惜傷天害理的壓迫僑胞的行爲，有系統的向美國去普遍宣傳，以影響其民間輿論，使之發生力量。美國政府雖畏首畏尾，尙在以金錢物資幫助印尼，然而如果美國民間輿論譁然，反對其政府助紂爲虐，則美國政府自會翻然改圖，至少要對蘇加諾那種橫暴，加以警告與壓力的。

三、印尼反蘇加諾的革命勢力並未消滅，在印尼境內各島到處潛伏，力量不小。印尼現政府既已一口咬定，說是國民黨會幫助印尼革命分子，反對其政權，而把所有印尼僑胞幾乎都認爲是國民黨分子，普遍的加以蹂躪，那嗎國民黨當局又何必還在那裡忍受，特別避除嫌疑，而一味的裝聾作啞！請看菲律濱政府就毫不在乎，要掩護反蘇加諾的印尼革命領袖，就公開加以收容，要幫助印尼革命分子，還在不斷的暗中予以助力。難道，號稱有革命精神的自由中國政府就連菲律濱都不如嗎！

這問題關係於一千二百餘萬華僑對國民黨當局的心理及其行爲的向背，關係於自由中國的反共復國的前途，兩者都非常重大，筆者希望大家不要再忽視了啊！

敬以杜魯門的名言奉贈主張修憲的人們

——民主國家，沒有一個人是不可少的——

筱微

正當「修改憲法以維國本」之聲在台北甚囂塵上之時，漢城方面也傳出韓國執政黨要修改憲法的消息。中韓兩國不但在同一個時間有修憲的醞釀；而且所以要修憲的原因，都是爲了使現任總統能繼續連任下去。事情竟有如此的巧合，眞不愧爲兄弟之邦了。

不過，我想起美國前總統杜魯門離開白宮後所說的那句名言：「民主國家，沒有一個人是不可少的，」覺得富有啓示性，甚願主張修憲的人們三思而後行之。

曾記得蔣總統當年主持黃埔軍校時，常對學生說：「你們革命不要以校長爲中心；要以黨和主義爲中心。如果以校長爲中心，一旦校長反革命或是死了，你們怎麼辦呢？」可見蔣總統原來也不以爲自己是不可少的人。因爲他具有如此的襟懷，所以才深得黃埔學生的信仰而奠立其一身事業的基礎。但自斯以後，蔣總統因爲負責心太重而其週圍的人又從而推波助瀾，逐漸形成了他是一個不可少的人。既有許多人捧爲民族救星，他自己也不免要以神明自居了。於是，舉凡稍有有獨立意志的人都被視爲大逆不道而橫加排斥，國家的典章更隨時因他一個人的需要而朝令夕改。因此，三十年來，蔣總統完成北伐統一並領導抗戰勝利，其功勛自不可磨滅；然而黨事日敗，國事日非。今日退處台灣，他老人家固不免有晚運欠佳之感；而我們的國家民族也遭受了千古未有的災難。其中原因雖多；而「我是中國不可少的」這一念之差，實有以致之。

現在蔣總統公開宣佈反對修改憲法，足見他已恢復當年那種天下爲公的襟懷，而不再以爲自己是不可少的人了。但台北方面的某些人們似乎還認爲反攻復國乃至困處台灣都非他不可，還要爲他修改憲法以便繼續連任總統，眞不知他們是愛他，還是害他？是爲國，還是誤國啊！

至於韓國修憲事，我們只有關懷，不便多說了。

總之，中韓兩國現均面臨同樣的修憲問題，我希望當國者對於杜魯門『民主國家沒有一個人是不可少的』這一句富有啓示性的話能有所省悟。

如此外交之一——

鄧巴頓橡園會議

（摘編自作者雜感回憶錄稿）

張忠紱（言責自負）

張子纓先生旅居美國，已十年以上不執筆爲文，因見本刊，乃以此文見寄。所談雖係追溯過去，但仍與今日之外交問題息息相關，特爲刊載，幸讀者毋輕予放過。——編者——

作者於一九四四年參加鄧巴頓橡園會議，一九四五年參加舊金山會議。返國後適逢外交部簽訂中蘇友好條約，復聞默認雅爾達會議中的規定。作者任職外部，事前既不知悉，事後自無法諫止，且無從問訊（主管司爲條約司，事前亦未必知悉）。乃毅然於一九四五年秋辭去外交部職務，兩次遊平津瀋陽等地，親身觀察，深悉國事已不易爲，且人微言輕，無從着力。

辭去外交部職務時，原有意作報紙生涯，以啓發民衆。無奈當日通貨膨脹迅速，難於集資自辦。國府中某前輩報人本有意以海上某大報囑辦，一切已商洽就緒，終因作者所提言論不受干涉的條件，不能爲某方所接受，卒至無成。

一九四六年夏，應上海新聞報的邀約，爲撰一星期日社論，題爲中蘇友好條約平議。其中雖未盡所欲言，而新聞報編者某君竟被外交部請到南京，當面警告謂，中蘇條約爲已定的最高國策，任何人不得非議，嗣後此種文字不得見諸報章！

在政府裏面，係屬員的身份，不能發表意見。在政府外面，言論又不能自由發表。因是乃決定隨郭泰祺先生到聯合國代表團任職（一九四六年秋）。出國前，曾謁某秘書長辭別，並談到，現時的經濟狀況若不能改善，勢難進行戡亂的戰爭。但是他的答覆却出乎作者的意外。他說：『你們只是說我們的經濟不行，共產黨的經濟更不行啦！』這位老先生原係金融界前輩出身（現已故），不會不懂當時的情況。他的答語，是他自己的本意？還是他當時所處的地位使他不能不這樣說？那就不得而知了。

從中蘇友好條約平議一文替上海新聞報編者引了麻煩以後，十二年來，作者沒有發表過任何文字。從那時起，三年後，國府就退出了大陸。國府撤退大陸前後，官吏更橫行無忌。專就外交界講，有靠攏『起義』的，有貌爲『忠貞』而實際在投機取巧作弄錢打算的。外交界雖不是稅收機關，然而要找錢，還是有辦法的。除護照，簽証，黑市外滙等弊端暫時不談外，專以公欵變作私欵，公物賣給公家，也就可以發點小財，而其爲舞弊營私則一。大約官愈大者胆愈壯，胆愈壯者財愈聚。長袖善舞，因之而財愈多的，升官也愈快。惡性循環，直至山河破碎，亦不能自止。南宋晚明之所以不能復國，漢唐之所以能够中興，我想就在於他們能不能够打破這個惡性循環。

舉一個例說，代表團爲各國觀瞻所繫，然而在政府撤退大陸的前後，也正是我某代表因桃色案件，爲夫人在美控告，不得已而引用治外法權的時候。紐約銷數最多的日日新聞於社論中，直斥其拒絕出庭爲非男子漢的行爲！舊報具在，不難復按。

又如，代表團在郭先生去職時（一九四七年秋冬之交，移交後任的存欵，尙有兩萬多美金。嗣後政府遷出首都前，又發給應變費六萬餘美金，以備公欵萬一不能寄到時的需用。一九四九年夏，公欵果然不能按時寄到，積欠至三四個月。團中的職員因生活艱難，請求主管長官於公欵中先行墊發一個月（大使館及總領事館均早已設法按月墊發）而某代表竟以無欵爲辭，不肯墊發一文。直到團員中有人公開詢問公欵賬目，該代表竟又允諸先墊發一月。前後矛盾，不知何以自解。今大使及總領事均已更調，而該代表固『我自爲之』如故也。可見中國的官場，凡會作官的，知道他個人的名利前途，在彼而不在此，然而人民苦矣，國家危矣！

作者深信中華民國總有一天會重行建立起來的。一國的興衰固然繫於根本大法，但是政府中的組織與人事却不能說沒有很大的影響。一般人民所日常接近的是官吏。官吏不肯，怨毒勢必積於政府。作者很盼望，凡深悉政府各部門全部或一部的人，都能將其利害得失寫出，以爲日後重建中國者的借鏡。這也是作者寫雜感回憶錄的本意。作者無意攻擊任何私人，但爲証實作者的題旨，實難完全避免舉出事實。官官相衛，一向是黑暗的護符。要使國家進入光明，這護符却不宜令其存在！

下文只是作者雜感回憶錄中的一段，尙希編者與讀者敎正。

×　×　×

構成國力的因素很多，外交與國際關係至少是一項。世界愈縮小，國際關係愈重要。中國自抗戰末期到今天，外交上的錯誤與失敗，幾不勝列舉。失敗，不盡怪我們自己；錯誤，則我們的外交當局不能辭其責。他們有時明知錯誤而仍然執行，或文過飾非，則更答無可恕。問其故，他們不是說外力的壓迫不獲已，就是說這是上頭的意見。

各國的立場不同，因而看法互異，何況友邦的政策與作法不見得全是對的。一國的外交固然有取有與，但『與』以不傷國本爲限。一國對敵國的强力壓迫，尙力圖掙扎；對友邦的强力壓迫，何至决無轉環或緩和的餘地？若說是上頭的意見，則歷來何以不聞執行外交的當局有一言相爭，更不聞有因政見不同而辭職者。至少，我們說這般人是尸位素餐，只圖升官發財，罔顧國家利益，當不爲過。從勝利的前夕到今天，僅專就外交政策及執行方面而言，已决非興國氣象。茲就見聞所及，拉雜述之，雖明日黃花，或亦有心人所願聞。

一九四四年秋，聯合國勝利已在望，美國爲籌備聯合國組織，召集鄧巴頓橡園會議。因蘇聯藉口於尙未對日宣戰，不肯與中國共同出席會議，於是分爲兩個三國會議舉行，即美英蘇會議與美英中會議。等到中國代表出席會議，美英蘇三國業已擬就聯合國組織草案，而蘇聯已不在座。此種情況下，中國縱有計劃，根本亦無法提出，因英美動輒以蘇聯無代表在此，不能更動原案相搪塞。

先是，國民政府於一九四二年即已令國防最高委員會秘書長，召集有關機關合擬聯合國組織草案。經過兩年的詳細討論與準備，草案作成後，於鄧巴頓橡園會議前，寄交我出席代表團。此外，軍事委員會參事室亦擬具有一草案，與國防最高委員會所擬者，無大出入，亦經於會前寄交我代表團。

開會前一日，中國代表團忽然秘送一說帖給美國國務部，包括所謂中國全部主張。其中與國防最高委員會集衆人的研究討論，費時兩年而作成的草案頗有出入，且不乏重要荒謬之點（例如有關國內少數民族一項）。由政府派定的代表團員共十二人，嗣因孔院長保舉（時駐華府，任幕後指導），加入駐美大使館參事某，亦共不過十三人。然送出說帖一事，以及說帖內容，團員多有不知悉者。翌日紐約泰晤士報全文披露，團員多由美國報紙始知本代表團提案。事雖奇特，但實係當日情形。當日出席該會議者，多尙健在，不難証實。（聞該說帖係久居國外，奔走於達官之門的某巧宦所擬，而以此表功者）。

尤奇特者，旣已送出說帖，包括中國全部主張，且經紐約泰晤士報全文披露，而翌日會議正式開幕時，我方代表反似若無此事。我方整個代表團的努力，僅在對美英蘇三國草案設法增訂數點而已。我代表事前旣已知我方對美英蘇三國草案只能增訂，不能修改，則我方又何必岌岌於送出中國全部主張。此種舉動沒有絲毫的實利，反徒作繭自縛，甚至其中不無引起外人反感之點。何況此一說帖根本不是經過縝密討論費時兩年的國防最高委員會的原草案！

我方對美英蘇三國草案既不能修改，於是集全力於增訂方面。結果共提出六點，其中三點獲得會議通過，即（一）聯合國爲維持國際和平，應以正義及國際公法爲基礎；（二）增强國際經濟與文化合作；（三）增訂國際公法。閉會前，美國國務卿出席致詞謂，羅斯福總統不久將與史大林會晤（意指即將舉行的雅爾達會議。當時此事尙未見諸報端），居時當以中國所提三點徵求蘇聯同意，並與羅史會議結果同時公佈。

所謂名列四强的中華民國，其在國際間的實際地位究屬何若？除我首席代表由英國飛抵華盛頓機場，會經國務部以上賓之禮接待（有軍樂隊歡迎，並奏國樂）外，但實際上，實反不如其他各國。其他未列名鄧巴頓橡園會議各國，在舊金山會議中尙得自由發言。我國既出席鄧巴頓橡園會議，反受四國草案的拘束。而四國草案在實際上僅爲三國草案。美英蘇三國所業已同意者，我國根本不能稍持異議，而我代表團亦未嘗作此努力。

蘇聯不肯與中國共同出席會議，表面上的理由是牠還沒有參加太平洋戰爭，實際上片無形中剝奪了中國在四强會議中的發言權。四强之一的光榮頭銜使中國在舊金山會議中受四國草案的限制，而在鄧巴頓橡園會議中受三國草案的束縛。首創給予中國這個光榮頭銜的羅斯福總統，似深知中國人的面子第一。他實不愧爲一位大政客。（上）

少數民族出版工作也出了問題

魏銘

中共於一九五八年底，在北平召開一次「全國少數民族工作會議」，規模很大，從一九五八年十二期「民族團結」上，可以約畧窺見此次會議的內容及中共統治下少數民族出版事業的現況。

在出版方面，設立了一個中央民族出版社，十個地方民族出版社，到一九五七年底，已經用蒙古、藏、維吾爾、僮、布依、苗、朝鮮、彝、黎、泰、哈薩克、柯爾克孜、錫伯、景頗、傈僳、拉祜、佧佤、哈尼和漢文共計十九種文字，出版了圖書六千七百五十一種，共六千一百二十一萬冊。此外中央民族出版社一九五三年又以蒙古、藏、維吾爾和朝鮮等四種文字翻譯出版了「人民畫報」，一九五五年創辦了蒙古、藏、維吾爾、朝鮮、哈薩克及漢文六種文字的「民族畫報」，一九五七年創辦了民族團結月刊，從一九五八年六月起，又用四種文字出版了「紅旗」雜誌。

由上面數字看來，中共對於少數民族的出版工作，確實下了一番工夫。按理應該可以獲得相當的成就，但是事實恰好相反，中共的工作作得愈多，招來少數民族的怨恨也愈深，從中共民族事務委員會副主任兼中央民族出版社社長薩空了的報告中可以看出。

首先，我們知道中共在少數民族地區的控制力量並不穩定，有些地區還是用的羈縻政策，對於少數民族中的知識份子，不問過去做過什麼事，完全抱着「不究既往」的政策，以取得他們的向心力。

對於少數民族地區的統治已經不易，但是中共還可以直接派人去主持，只有少數民族的出版事業，非了解少數民族的文字不能勝任，中共急劇間那裏能訓練出此類人才，只好引用少數民族中的知識份子。因此曾任三民主義青年團候補執行委員，新疆省團部書記，國民黨候補中委的木鐵意，居然也能擠進「中央民族出版社」任「維吾爾文編譯室主任」（本刊十三期，岳騫著「中共大捧左宗棠」一文，曾有詳細介紹），其他的少數民族編譯人員，即使不似木鐵意如此「反動」，但是死心塌地信仰共產黨的恐怕也不多，信仰共產黨而又擁護中共的，可以說少而又少，這般人經手編出來的書報，自然不能合乎中共的標準了。

據薩空了的說法，少數民族出版工作，目前出現了幾個嚴重的毛病：

第一、少數民族書刊站在和漢族敵對的立場上看問題。在歷史每一次爆發的少數民族和漢族的戰爭，漢文書上說是叛亂，少數民族的文字都說是「起義」，一些領導人物，如新疆的「阿古柏」，漢文說是賣國賊，維吾爾文却說是民族英雄，這一個「內部矛盾」，確實使懂得少數民族文字的中共幹部啼笑皆非。

第二、排斥漢語借辭。少數民族文字，一部份是固有的，一部份是中共代爲制定的，一般說來，都很簡單，語彙尤其缺乏，中共希望他們和漢文多先聯系，凡是少數民族文字中沒有的辭句，應該用漢文代替。可是少數民族出版社的人員却藉口要保持民族語言的「純潔性」，不肯接受中共的領導，他們提出的辦法是「一挖」、「二創」、「三借」，主張首先從本民族古典著作和經典中挖掘人們早已廢棄了的詞彙，挖不出就閉門造車硬創，有時寧願大量借用外國語文也不借漢語，甚至連當地羣衆已習用的漢語詞彙也不採用。

第三、不肯爲工農兵服務。他們說：「農民一無錢，二無閑，三無文化，怎麼能爲他們服務。」這些到是實話，不過在中共看來又是違反了「政策」。因爲他們不肯遵照中共的出版政策，所以出了一部份中共認爲「反動」的書籍，最重要的有朝鮮文的「說吧，海蘭江」，反對中共在延邊所進行的殘酷的階級鬥爭。藏文的「西藏王臣記」，明白的說出藏人滿意於目前的制度，而反對中共在西藏所試行的「社會改革」。最大胆的是維吾爾文的「維吾爾民間諺語和謎語」，薩空了指這本書「五毒俱全」，「反黨反社會主義」，「贊揚剝削階級」，「侮辱勞動人民」，「破壞民族團結」，「宣揚宗敎迷信」。類似這種書的還很多，不過薩空了未曾全部舉出。

第四、大量用外國文。這一點是中共最頭痛的，因爲所謂外國文，決不是英文，法文和拉丁文。絕大部份是俄文，少數的有韓國文、泰文、緬文和印度文，在新疆敎科書選用俄文的敎材，竟佔百分之七十，中共也覺得無法容忍了。另外一個中共民族幹部張養吾居然提出限制用外文敎材的建議，張養吾說：「關於外國的作品也應該有批判的加以選用，即選其爲我們所需要和適用部份，不是囫圇吞棗的一概搬用，無論對於古典作品或外國作品在選題的比例上，書籍的印數和定價上都必須加以合理的安排。」

中共統治大陸所留下的災禍，非二十年所能恢復元氣，至於在邊疆問題上所遺的後患，更不是期短所能消除，因爲大陸人民受到中共的毒害雖重，但當中共政權垮台，中共黨員消滅之後，人們心理也就漸告平復，獨有邊疆民族把中共所施行的暴政，看作是漢人的征服統治，結果少數民族不僅反中共，變成普遍反漢人，此種仇恨心理决非短期所能消失，這一個問題，對於將來收復大陸，重建國家時，將會感到十分棘手，一些措置不當，都可能導致分裂的危機。

大陸逃港學生的控訴：一語成罪人

譚源

看到第二十一期「聯合評論」雷匡非同學因爲八個字而被共產黨評爲「右派份子」的「反黨罪行」後，使我想起了我自己的經歷。

黨對我們青年人的猜忌和懷疑，眞不是生活在自由世界中的人所能想像得到的。一句話、一個字，都可以莫名其妙地使人變成罪不可赦的「反革命份子」。我想將我獲罪的經過說出來，情況和雷匡非同學的差不多，不過我是因爲一句話。

我是在廣州市第三十四中學唸書的，一九五七年暑假來港，來港時是高二下。

市委會的前門與後門

我的事情是發生在一九五四年的冬天。那是一個星期日，我們初中三甲班的七個團員，在小組長麥桂麗的領導下從永漢公園開完團小組會出來回家去。在團小組會上，我們集體討論了人民日報所公佈的「胡風反革命集團第一批反黨材料」。

當我們走過一座樓房的後門時，我發現這座樓的附近骯髒不堪，滿地是垃圾。冬天了，旁的地方蒼蠅已經很少，這裏卻還是嗡嗡地亂飛。我問身旁的小陳：「這是什麼地方？怎麼衛生工作做得那麼差？」

小陳搖搖頭，說不知道。我又問麥桂麗，她說，這是市委會。

市委會的前門，我是走過的，在永漢路，又莊嚴又堂皇，但想不到後門卻是那麼髒。一時口滑，我說：「想不到市委會的後門那麼污糟！」

幾個團員聽了都笑了起來，連小組長麥桂麗在內，但有兩個沒有笑，反而嚴厲地瞪了我一眼。他們是和我平時最談不攏的黃平與胡襄義。吳襄義是團支部的副書記，是黨員兼團員。

當時我絕沒在意，怎麼地也想不到這句話會引出來什麼大麻煩的。但是他們兩個人就不同了。在歸途上，他們不住地嘰咕着耳語，又故意地落在大家後面。當有人回頭叫他們走得快一點時，他們又馬上不說話了。

和老虎同床睡

當時的「反胡風集團」運動，在學校中還正在讀材料的階段。「和老虎同床睡」的口號雖也已被提出，但嚴重的鬥爭還沒有展開。所以在一連串的緊張的學習中，我早就將這件事拋到九霄雲外。

材料學習完之後，領導上作了幾項報告。提出了「百分之五是壞人」的說法。並且詳細的分析了所謂「壞人」是怎麼樣的，和怎樣才能判別一個人是壞人還是好人。這以後，接着而來的就是寫自傳。

當時，雖然人人都惶恐，我卻因爲問心無愧，所以一點也不怕。「解放」那年我才十三歲，十六歲就入了團。所以我的行動和平時仍是一樣，有的時候還有說有笑的。當其它許多人都比往日沉默的時候，我這樣做法自然使人感到十分刺目。於是組織上的懷疑就更肯定了。

一直到自傳寫完，開始小組通過的時候，我才覺察到組織上對我的態度有些異樣。例如團員開支部大會由黨委書記作傳達報告時，竟不准我參加。我入團多年，並未受過處分，爲什麼不准我參加支部大會呢？想來想去，只有一個原因，那就是組織上已將我看成是不可靠的人了。

那天，當團員都在圖書室開會的時候，我徘徊在走廊中，心情之難過眞是難以形容。一方面，同學們都知道我是團員，對我是敬而遠之的，而我平時也很威風。現在莫名其妙地被踢在團的大門之外，給同學們看見，不是顯然我已屬於「壞人」一類了嗎？

果然，在自傳由小組通過的時候，我和另一位同學被安排在最後。那位同學是地主出身，平時牢騷多得怕人，是全校出名的落後人物。可是我又有什麼罪呢？

隱藏反黨思想

什麼罪？我終於聽到了。每個人的發言像針一般地刺着我的腦子。我是什麼罪呢？第一條：隱藏反黨思想，混入團內進行破壞工作。第二，在「肅反」期間，還不向組織澈底暴露自己的思想，反而故作鎮靜，企圖作長期隱瞞。而我所謂「反動」的事實，就是「市委會的後門原來是那麼污糟的」那句話！

黨委分析說我這句話就等於胡風罵黨是「膿」、「蒼蠅蚊子」和「市儈」一樣的惡毒。而且我是當着整個團小組的成員面前說這句話的，可能引起的後果極其嚴重。更進而肯定我是趁閱讀了「胡風反黨材料」之後故意借題發揮的，是完全同意胡風的反動行動。更申而廣之，由此便証明我的思想完全和胡風一樣。

在會場上，胡襄義還裝模作樣地對大家說：「我們多麼痲痺啊！和老虎一起上課還不知道。要不是黨教育我們的話，我們怎麼能發掘出他潛伏的反動思想！」

我的罪名成立，越分辯越沒有用處。我說了我早先根本不知風胡其人，怎麼會和他一樣的思想？但黨說反動份子不一定要和胡風認識，思想的發展便自然會殊途同歸的。

這時，大家又追憶我平時的一言一語。這個說一年前我說過一句「解放了」（在打下課鈴時），是嚴重的反革命罪行。另一個說我有一次不上大課，和幾個人一起逛街去了，是否討論反黨行動，組織要我澈底交待。

許多莫須有的罪名都來了，我除了「深刻地檢討」以外還有什麼其它的辦法？幸而「肅反」運動後來一轉而變爲着重於「組織調查」。門爭雖已停止，但我在學校中做人之難猶如向人討乞。隨便誰都可以當面呼喝我，團籍也在無形中停止了。

在「組織調查」以後，因爲我終於沒有任何「反動」思想的社會根源，所以就將我漸漸地放鬆了。

古語有云：「偶語棄市」，形容虐政，而我只不過因爲一句話，所受的折磨，唉，一直到現在回想起來還感到可怖，常常做夢做到身在門爭會中。太恐怖了！

人民公社奴役農民的真相

勵君

（一）

中共推行人民公社以來，利用組織軍事化，行動戰鬥化，生活集體化的手段；並以工作不講價，勞動不計酬，服從統一調配，互相支援協作，苦戰猛戰，車間住宿，地頭紮營的行動奴役人民。

據中共報導，在一九五八年大陸上有三億六千萬青壯年勞動力，服從奴役。另有三千萬左右老人和少年參加勞動，五千萬左右的婦女脫離家務出來參加生產，義務勞動和勤工儉學共折合一千五百萬個勞動力。中共並預計今年將有三千三百七十萬老人和少年參加勞動，比一九五八年多六百七十萬人；有七千萬婦女參加生產，比一九五八年多二千萬人；義務勞動和勤工儉學今年可以增加到一千八百三十萬個勞動力。綜合起來，就是說在一九五九年有四億八千二百萬的青壯老少婦女的勞動力中被共奴役。

（二）

中共奴役人民的眞相：據一九五八年第十二期「計劃經濟」所載的湖北鄂城旭光人民公社蒲團耕作區七大隊的情況來說，全隊有七個生產小組，共二百〇九戶，計九百二十八人，其中男子四百六十六人，婦女四百六十二人，可以參加生產勞動，只有三百五十八人，其中還要有半勞動力六十五人。而全隊計有水田一千〇三十四點八五畝，旱地一千一百〇八點〇九畝，每個全勞力平均耕作地面積六點六畝。以這樣的平均耕地面積，勞動力是相當緊張的。

自從上舉這一人民公社成立以後，該隊抽調青壯勞力去支援「國家建設」和公社本身工業單位。計抽調至桂潮鐵礦十一人，陽新煤礦二人，原華煤礦一人，牛山煤礦五人，黃石市煤礦一人，區隊鐵廠五人，公社鐵廠十七人，大隊鐵山三十八人，大隊木工廠七人，大隊土化肥廠十四人，鄂城搬運站五八，鄂城養殖場三人，黃陂農場二人，共計一百〇三人。此外，參加鄰區咸甯牛鼻潭水庫工程，抽調七八。負責公共食堂炊事工作二十五人，幼兒園、托兒所二人，倉庫保管員七人，再加幹部，民衆教師，共有一百五十二個勞動力離開了農業生產。而剩下來實際能參加農業生產的全勞力只有一百四十一個，僅佔勞動力總數的百分之四十七。而且在一百四十一人當中有百分之七十五是婦女勞動力。

（三）

由此可知，中共把農民當作生產工具，抽調青壯年勞動力外出，作爲支援「國家建設」的工奴。而農村所剩下來是老弱和婦女的勞力，這些勞力，是否能勝任農業生產的勞動呢？是值得懷疑的事。

至該隊對農業生產所需要的勞動力，按照該隊的中共黨支部開列的一筆細賬：

一、水利建設：計劃在一九五八年十二月開抽水機渠道，修理塘堰共六千土方，需工三千個。

二、水產：塘堰養殖水面四十二畝，需工一千二百個。

三、農副業生產：共需工二萬二千五百七十五個。

四、拆舊房、建新房三十間，需工一千個。

五、隊部、家務工三千二百四十個。

六、因病假、產假和事假不能參加生產工日，預計二千二百五十個。

並據該隊黨支部說明：全部秋收、多播生產計算到一九五八年年底爲止，需工三萬三千二百六十五個，但是全部勞動力，除去外調，全勞動力加上婦女半勞動力全部出工共二百〇五個，到一九五八年年底，按九十天工作日計算，只能做一萬八千四百五十工日，與需要比較少了一萬四千八百十五個。因而能不能完成秋收，冬播生產的工作是極其嚴重的。

（四）

在這種情況之下，該隊「生產小隊的隊長隊委」們都驚慌起來了，他們認爲「過去勞力全部在家，也搞不過來，現在尖子貨（抽青壯年勞力）抽走了，多播生產就搞不成了！有的說，今年的冬播生產是放鋤頭吃年飯。有的準備再來一個廣種薄收，反正爲了鋼鐵，農業可以馬虎一點。」「老農担心今冬生產將造成一團糟。說：鋼鐵再好，不能吃。」在農民不滿青壯年勞力外調和担心生產將造成一團糟的情緒之下，於是該隊中共黨支部又提出「在秋收冬播中以苦幹苦戰的姿態進行勞動。」強迫農民做到「夜晚當白日，毛風細雨當好天」。其奴役辦法：

一、在秋收、多播、積肥、興修水利中開夜工三十天，每個夜工以半個工計算，可以做工三千〇七十個。

二、小學實行半工半讀，在秋收、冬播期間做到每人每日做半天工，計十二歲至十八歲的學生共九十九人，按九十天一半的出勤四十五天計算，可以做工四千四百五十五個，折合全勞力工日二千二百三十個。

三、在秋收時，動員十歲左右兒童和六十歲以上未算半勞力的老年人，從事積肥、摘花、拔棉杆、晒花、照護小孩等輕微勞動。有一百六十人按每天從事半天勞動計算，可做工七千二百個，以三工折一工計算，折合全勞力工日二千四百個。

四、在生產中實行組織軍事化和行動戰鬥化，開展勞動競賽。每人每天多做〇點一五工日計算，可多趕出三千二百六十七個工日。

綜合上面的情況，可知中共把人不當作人，而當作牛馬器械，無分男女老幼，只要會走路，會動手，會吃飯，都是難逃奴役的。

留美通訊

諶君

中國學生在美國

在美國的中國留學生一天天地增多，無論任何大學幾乎都有中國學生在內。我們國家百年來爲戰爭侵擾，各方面皆未能走上軌道，但就教育而論，尙堪慶幸；一般而言，中國學生程度都屬上乘，中國大學在美國亦有良好信譽，美國甚多大學對於世界其他國家的大學成績單不予信任，但中國學校成績單各校均通行無阻，由此可見中國學校很夠水準，中國人智力不差於洋人更可得一明証。一天指導我論文的教授與我論及中國，他說系裏面的外國學生大多數程度不行，唯有中國學生不但夠上水準且常有出人頭地者，他覺得中國人非常聰明，預言中國要工業化一定很快，中國會強亦屬必然。我甚同意他的見解。中國人常以爲中國之不強乃科學落後，其實如果國家無戰爭發生，政治走上軌道，我們一定會很快建立工業，我們也很快會在科學上有所成就，問題在於我們必須先有這樣一個環境；先有一筆大的資本，中國人的頭腦必可做世界上最艱困之事，國人果能自勉自勵，我國必可成世界最富強之國！

美國的大學

美國的大學規模大小相差甚遠，程度也大有上下：大的學校學生多至四、五萬，校區廣濶，有的城其實就是一個學校，學校一旦放假，城也頓顯冷落。小的學校學生僅數百人，只有一幢小房子，看上去全不像個學校，有名的大學多半歷史悠久，校內設備齊全，集多數人材於一校，集科學、文學、歷史、藝術於一爐，應有盡有誠然有偉大之感。但非常差的大學什麼儀器圖書全無，師資也糟，完全不成明堂。美國全國有幾個聯盟，加入聯盟的大學彼此水準須到達某種標準，全國主要大學均加入此種聯盟，大體而言不在聯盟中的學校程度均差，入學資格也寬。

高中畢業生不應出國

中國留學生大多數在此唸研究院，依照我國現行法令唸大學本科學生不准出國，對此點我非常擁護；許多高中畢業就出來的留學生，似乎知道自己國家事反少，知道美國的事更多，以致國家民族意識喪盡，生爲中國人乞求做美國公民者多數爲此輩。高中畢業生思想性格均未定型，美國社會之各種誘惑力又大，年青人常會習染各種壞事，唸書成效反不如國內，況且中國大學水準並不差於外國，大學未畢業前在國外亦難求自力謀生之道，如依靠家裡接濟作爲經濟來源眞是天大浪費，國內賺錢太難，老百姓血汗換回之外滙豈能如此耗費？有時我眞懷疑，中國數十年來戰爭未停，不論任何職業任何階級奉公守法者都不可能有此能力供子弟在此如斯花費，然則此批都是貪官奸商者之子弟乎？有時我發覺凡大人物的子弟全在美國，又發覺依照法令不能出來唸大學本科而偏在此唸的也都是大人物子弟，不竟令人感慨千萬，夫復何言！

對於這一役，葉劍英在七月三十日的人民日報說：「起義開始後不久，起義指揮部討論了當前的局勢，當時曾提出：應該迅速停止槍聲，建立市內的革命秩序，對一切尚未攻下的殘餘據點，應包圍監視，在政治上瓦解他們，爭取他們，應該以教導團為基礎，迅速擴建軍隊，把工人赤衛隊和教導團合編成立三個師，將戰線推向郊外，發動農民，組織農民隊伍，以便迎擊前來增援的敵人。大家認為這些措施是正確的，可惜時間不容許我們這樣做，敵人在帝國主義軍艦幫助下進展很快，我們還來不及在市區內建立革命秩序，來不及以教導團為中心擴編武裝力量，更來不及把戰線推到郊外，敵人從三面圍上來了。從江門趕來的許志銳部，以及從石龍趕來的李漢魂部，很快又搶佔了市內主要據點，在敵强我弱情況下，經三晝夜奮戰的起義部隊，不得不撤出了廣州。」是的，我們就是這樣把在廣州暴動的共產黨迅速肅淸了的。

至於葉劍英和葉挺兩人在廣州暴動失敗後，却並沒有和共黨部隊冒險繼續作戰，當他們的同志被我軍圍攻的時候，他們兩人都已化裝偸偸逃到香港去求安全了。

葉劍英在七月三十日的人民日報又說：「必須指出：帝國主義的武裝干涉，使起義軍處於不利的地位，英、美、日等帝國主義，除了出動炮艦不斷向我市區轟擊外，還派海軍陸戰隊在長堤一帶登陸。法帝國主義也參加了這一干涉，在帝國主義軍艦掩護下，市內反革命部隊向我展開了猛烈的反撲，廣州郊外的敵人，也準備前來增援。」這一段話，從頭到尾，可以說全是謊話，因為當時擊滅廣州暴動的主力是我從廣州外圍調回來的戡亂部隊，而不是市內的什麼「反革命部隊展開了猛烈的反撲」。我軍當時駐在市內的部隊不多，除教導團與特務營外，就只各軍師駐省辦事處的留守排或留守班而已。他們强烈抵抗暴動分子是眞的，說他們在「帝國主義」掩護下展開了猛烈的反撲則談不上。因為英、美、日、法等國當時根本沒有用軍艦或海軍陸戰隊幫助我們，當然更談不上替我軍作掩護。我記得十二月十一日晨，我準備派人到沙面用無線電命令廣州外圍各部隊回師戡亂，但當時我們就沒有辦法進入外國人住的沙面去拍發無線電報，還是請托商人譚禮庭先生出面才拍發出去的，由此可見，我們當時並沒有得到什麼外國的幫助。

三十年前中共廣州暴動之回憶（四）

張發奎

對於廣州暴動，除了上述情形外，檢討起來，我覺得還有幾點特別值得一提：

一是中共廣州暴動，自始至終是受蘇聯人的掩護、接濟與指揮。共黨於十二月十三日由廣州市區退到燕塘時，我軍曾在燕塘龍眼洞一帶擊斃共黨甚多，其中就有六名蘇聯人在內。可見這次共黨暴動，乃受蘇聯人指使和協助無疑。同時，我們檢查東山蘇聯領事館時，蘇聯領事正在焚燒重要文件，已燒去一部份，就尙未燒去的文件觀察，蘇聯領事及其它蘇聯人實為此一暴動之主謀。所以，中共的這種可恥行徑，實是任何愛國的中國人所不能容忍。

二是共產黨的殘暴，素來有名。而廣州暴動時，有一件最足說明中共殘暴的事：原來我軍各部回師廣州時，共黨眼見大勢已去，竟不顧廣州市全體人民之生命財產，欲將全廣州市付之一炬。當時他們已經在南堤珠光里人力車工會集合了五六百人力車工人，各携五加倫汽油一小桶，火柴一盒，報紙一捆，準備在各處放火，把全廣州市化為灰燼。幸我軍及時趕到，才制止了這一暴行，廣州市才免於浩刼。

三是共產黨總以為自己善於欺騙人，尤善欺騙工人，但廣州暴動之事實說明工人之被欺騙者實係其中少數。前面說過參加廣州暴動的就只有廣州市人力車工會的一部份工人及廣州市印制工會之一部份工人而已。儘管共黨暴動後已自感力量不足，意欲煽動工農，擴充軍隊，有如葉劍英在七月三十日之人民日報所說，但他們努力煽動之結果，只不過獲得二三千地痞流氓之參加。至於工人，恰恰相反，所有廣州機器工會，廣東總工會，革工聯合會等工會之工人不但拒不參加暴動，而且紛紛逃至河南集中，隨後，電燈工人，自來水工人亦均逃至河南，以致廣州市自十二月十二日起就無電燈和自來水了。他們逃到河南後，反共態度非常積極，他們自願組成敢死隊，與共軍作戰。十二月十二日那一天，自動報名願意作戰的就有一千餘人之多。這是當時絕大多數工人並不擁護共黨的鐵証。

四是共黨雖然到處煽動農民，想利用農民作工具，但暴動分子由市區退到郊外時，除受我軍追擊外，又到處受到農民的襲擊，終致全部被殲滅。我一回憶到這裏，就想到將來大陸一旦有變，共黨將遭農民襲擊，必更嚴重。因為中國農民都保有中國民族的優良傳統，性格亦較保守，中共現在到處搞人民公社，使大陸人民妻離子散，家敗人亡，農民恨共黨之心，自較廣州暴動時，增大千倍萬倍。所以，中共今天自以為南昌暴動廣州暴動是中共走向勝利的起點，殊不知，殘暴者終必滅亡，我以為南昌暴動與廣州暴動實不過是中共自掘墳墓之開始而已。從今日之種種跡象看，中共滅亡之期，實已不遠。（完）

× × × × ×

論修憲與毀憲

——亮齋閑話之二十二

徐亮之

客　去年十二月二十三日蔣總統宣佈反對修改憲法，換言之，亦即等於宣佈恪遵憲法第四十七條「總統副總統之任期為六年，連選得連任一次」的規定，在這次任滿之後，不再競選總統。這本是尊重憲法的最明智的表示；雖然附有但書，說是修憲乃國大代表的職權，「個人不便有所干預」；但仍然可作為這乃尊重憲法的民主風度而解釋；所以曾博得海內外一致的贊美。何以近來台北居然會有「修憲以維國本」之類的論調？

主　在台灣現狀之下，任何「修憲」的主張，都是「毀憲」的罪証。

客　那末，依您說，世界上竟有不可修改的憲法的了！最近法國的修憲，在您的邏輯中，也是他們的罪証的了！

主　如果法國也和我們一樣，本土全部淪陷，投入北非殖民地的懷抱，其修憲困難可能和我們一樣。

客　依您說，我們到底該在什麼條件之下才能修憲？

主　不是依我說，而是我們現行憲法的明文規定。

客　依我們現行憲法的明文規定，該怎樣才可以修憲？

主　第一、國民大會可以修憲。但縱然是國民大會，也只有依憲法第一七四條第一款「由國民大會代表總額五分之一之提議，三分之二之出席，及出席代表四分之三之決議，得修改之」的規定，才能修憲；否則仍然不得修憲。

客　那末，就依第一七四條第一款辦理好了。

主　不成；許多國大代表都已淪陷大陸，在台灣和海外已經湊不起這人數了。

客　萬一湊得起呢？

主　他們仍然不成；他們的任期，依憲法第二十八條「國民大會代表每六年改選一次」的規定，早已居滿了。任期早已居滿的代表，未經改選當選，如果不是今日這樣的非常時期，他們的代表權在憲法上是沒有根據的。

客　那末，就改選好了。

主　改選？依憲法第二十六條的規定，除了第五款「僑居國外之國民」以外，所有各款規定的代表人選，都必須在大陸選舉而後可，區區彈丸之地的台灣，是沒法進行這樣大規模的選舉的。換言之，如果不是依照憲法第二十六條在大陸改選出新的國大代表來，便修憲一事，絕對談不到；便所謂「修憲」只是「毀憲」的代名詞。

客　您既說第一，必有第二；依第一條路修憲既行不通，便依第二條路怎麼樣？請問這第二條路又是什麼？

主　第二條路是立法委員也可修憲。然而不幸，這和國大代表的情形正差不多一模一樣！他們的人數，同樣不夠。他們的任期，依憲法第六十五條「立法委員之任期為三年」的規定，更居滿已久。他們的改選，除了依憲法第六十四條第五款「僑居國外之國民選出者」以外，同樣非在大陸選舉不成。因之，他們的不能修憲，「修憲」即是「毀憲」，正和國大代表如出一轍。

客　那末，還有第三條路沒有？

主　關於憲法之修改，只能遵循憲法第一七四條的規定；而憲法第一七四條並沒任何暗示還有第三條路可走。

客　那末，在台灣現狀之下，依憲修憲簡直沒有可能的了！

主　關於這，蔣總統最清楚，也最英斷；除非在蔣總統任期屆滿以前，能夠打回大陸，重辦選舉；才能順理成章，依憲修憲；否則，無往而非毀憲修憲。君子愛人以德，成人之美，我以為：愛護蔣總統的人士，仍以尊重他反對修憲的明智表示為是；不然，便愛之適所以害之。

哭虛舟翁　並序

亮之

民國十六年秋，余以黨禍繫南昌獄，議當死。余母自鄉來視，悲讞定無可回，日負冤帖號市中，冀執義相拯者不可得；病瘤，幾不起。時翁以省政府秘書長兼審判委員，知余冤，排衆議力雪之。哀余貧，更厚振余家；無素也。感其意，遂為忘年交。未幾，翁以他謗去官，居香港；余則避地海上，貧益甚，婦死不得葬。適翁來，又傾囊周給之。嗣余入桂，過港，翁為置酒，歡談竟日而別。別未幾，而翁亟有姬人之變，飢驅去港矣。前年國戰起，余隨軍江漢間，時復念翁，訪其動止不能得。去春來渝，叩之翁鄉人，則唯知其去港後嘗僑居滬瀆，又客食武甯而已。不虞其竟以窮困死也；傷哉！聞翁之死，幾無以殮；武寧某鳩資，始得草草了葬事。翁之遇，何蹇耶!?而昔之嘵嘵謗翁者，對此又何如耶!?翁晚歲聞頗以聲色自放，翁固非甘鴆溺者，殆有激然耶？又可哀已！詩以哭之。翁徐姓，雲南省昭通縣人，卒年僅五十有四云。中華民國二十九年冬徐亮之識。

我昔遘陽九，生死不容髮。翁為排羣囂，沉冤片言折。嗣我走海壖，窮愁萬事裂。翁復澆拂之，送炭適在雪。生我者父母，翁實肉白骨。高義世寧有？明明天上月。一別變海桑，城野盈戰血。了知荆棘餘，車出詎合轍！人情薄秋羅，共命有秦越。萬恨戢一棺，永永風流歇。而我庇閑曹，由命亦由拙。報施竟無期，歎息腸內熱。歎息復何補，翁靈應不滅。陳詩當庶羞，天乎吾何說？

附贈詩二首

奇冤誰遣覆盆開？往事思量信可哀！士眇遺行吏議死，人皆欲殺我憐才。少年患難原膏澤，亂世文章本禍胎（按指當年愚以所謂「宣傳反革命文字」定讞）。千古鄒陽同一例，又見六月飛霜來。

紛紛衆女妬娥眉，射影含沙事至危。善不可為惡寧論？動而得謗名亦隨。投杼有母疑曾子，對簿何人是魏其！太息千秋文字獄，冤魂纍纍不勝悲！

東遊雜詩（四十三年）

舜生

訪小田原古稀庵山縣有朋故居

好句『寒梅自在香』，元戎勳業亦堂堂。五十年間彈指頃，忍令遒寇又披猖！

（山縣為日俄戰爭元勳，去今四十九年矣。古稀庵廳事有橫披一，題『寒梅自在香』五字，伊藤博文手筆也。）

參觀乃木神社及其故居，歸途得兩絕句

虎牢天險血玄黃，一將功成慟國殤，子死沙場妻死節，滿門忠義報君王。

碧血留千古，忠肝奉至尊，英靈可憑式？遒寇又窺門！

（乃木希典大將，以日俄戰爭攻旅順一役享大名，然士卒戰死者逾兩萬，其二子亦均死於是役。一九一二年九月十三日，明治天皇舉行葬禮，乃木夫婦同時以自殺聞，其自殺之一室，至今保持原狀，「踏踏米」上猶血跡殷然。）

遊東京後樂園

三百年間事，思之一惘然，園林猶靜好，芳躅仰前賢。

（園為朱舜水先生故居，內有小廬山，六橋，三竺等名目，今開放為公園。舜水名之瑜，字魯璵，浙江餘姚人，（1600——1682）淸兵陷南都，舜水避地交趾，已乃返舟山，轉赴日本乞師，為藩主德川光國所賓禮。事不就，即留以學授日人，卒年八十有三，日本學者私諡文恭先生。）

此行所見櫻花，以小田原箱根道中者為最好

明媚幽姿襯晚霞，幾株疏落傍人家，羞將香色矜凡艷，淡白輕盈少女花！

贈日本某酒家女郎

十年我自悔蹉跎，待得重來奈老何！看罷櫻花望顏色，詩情琴意為誰多？

（女郎為故相某之女孫，任某酒肆經理，應客雍容，不掩舊家閨秀之美。）

聯合評論

週刊

本刊已經香港政府登記

每逢星期五出版

United Voice Weekly

第廿四號

督印人：黃宇人　總編輯：左仲平

社址：九龍金馬倫道卅八號三樓

電話：六一四一三（61413）

承印：田風印刷廠（高士打道二二一號）

總代理：友聯書報發行公司

售價：每份零售港幣壹毫

本報紐約版總經售處美國紐約中美出版社

CHINESE-AMERICAN PRESS, INC

199 CANAL STREET.,

NEW YORK 13 N. Y. U.S.A.

紐約航空版零售每份美金壹角

米高揚圖挽俄共對外的頹勢

李璜

醉漢赫魯曉夫自以鞭打史太林的死屍起家，對內着着勝利，排走了馬倫可夫、謝魯洛夫、莫諾托夫、布爾加寧與朱可夫等鉅頭，而將集體領導又變為一人獨裁，為所欲為，大為得意！但赫魯曉夫的本領究竟不及史太林老辣而穩練，對於衛星各國的控制，對於新興小國的誘惑，對於國際共黨的支配，對於自由世界的縱橫捭闔，所看的火色不能老到，所施的手段不免幼稚，因之，不是陰謀暴露，就是鐵血表演，於是蘇共一向對外的那種欺騙嚇詐的把戲完全揭穿；到今天，除了拿火箭特別射得高的這一個法寶來賣弄外，赫魯曉夫向外舉目四顧，感到了俄共在國際間的活動已處於頹勢劣勢地位，不能不令米高揚到美國去出賣狗皮膏藥了！

我們都知道，一個獨裁者，要能控制得住其國內羣衆，大半是要靠向外發展，耀武揚威，聲勢甚大，以便鎮住其內在的矛盾，外在的敵人的。何況俄共自來以領導世界革命，擴張勢力範圍，為其支配國內的羣衆，國際共黨所誇張的理論與事實為表現的。因之俄共頭子，如果在國際的場合上不能佔着上風，而對外處處居於頹勢，則其命運注定，不但本人要垮台，而且國內也要起革命的。

不幸，赫魯曉夫一開始活躍，便因手法太欠穩練，而引起了匈牙利的人民革命，革命一發展，勢將使俄共之衞星國要全部解體，因之廹得赫魯曉夫等露出本來面目，實行坦克大砲政策，屠殺匈國民衆，赤色帝國主義的面孔，畢竟完全暴露，這一下，業已注定俄共在國際共產主義化上必然失敗了！因為匈牙利的革命怒潮雖慘遭俄人屠殺而被鎮壓下去，但影響所及，國際共產黨以及傾共的人士大為震驚與灰心喪氣，先後與俄共分離，甚至放棄了共產思想，而毅然右傾。

自匈牙利革命被鎮壓下去以後，俄共在國際上大受打擊之事件，屈指可數者，略為（一）狄托之始終不再就範，而修正派民族主義的共產主張日形強固，且影響及於波蘭與東德，直至前月中，狄托借得美國鉅欵，更形漠視莫斯科而右傾於華盛頓，俄共不能不惶恐了！（二）為西歐國際共產主義之沒落，與乎意法共產黨之解體，直至最近法國大選，法共竟一敗塗地，潰不成軍；法共在法國老操勝算，最初成立人民陣線，有二十餘年的輝煌戰果，一旦竟成陳跡，國際共產黨的這一頹勢，我們反共者也為之感到意外，何況俄共，豈不深深覺察到這一風向實在於他大為不利呢？（三）為中東問題，本來在蘇彝士運河問題上，因英法應付之失當，赫魯曉夫利用埃及納薩之野心，利用民族主義之抬頭，巧妙插手，一時左右逢源，以致英美都弄得手忙脚亂。但畢竟因為赫魯曉夫的幼稚，俄共的過於急色，立刻便想赤化埃及，囊括敘利亞，而又將納薩搞翻了，埃及大舉清共，英埃關係復活，而且反過來俄共恐懼沙地亞拉伯與美國軍事同盟了！

俄共年來這種種的對外頹勢，顯然的大減其領導世界革命的聲光，因而中共一向以徒子徒孫自命的，對於俄共老大哥也漸漸表示瞧不起的態度，而在力圖超越俄共，自行號召，單獨領導，以致赫毛兩人在對外問題上，不但不像以往的合拍，而且屢起糾紛，如在金馬問題上，北韓問題上，中共都逼着俄共隱忍附和，而俄共究竟忍耐不住，赫氏於是在人民公社問題上忽予毛氏以無情的打擊，這一打擊充份的表示出「老大哥」的面孔，暫時的將中共要想超越的招牌取下來，但赫魯曉夫亦愈感到對外頹勢如不即早挽回，則勢將陷於孤立，不但莫斯科將不足以領導國際共黨，而且所謂「反黨集團」會起來清算他本人了！

挽回頹勢，惟有從軟化美國下手，最為捷徑，有擒賊擒王，射人射馬之效。如果能夠巧妙的掌握住美國，首先可以離間西方，特別是西德一向對美國的信心，故米高揚一到美國，即強調美蘇兩大國，如能協商就緒，世界問題不難解決，而且主張秘密的對各種問題都加以商談。——這一點，杜勒斯未上米高揚的當，一開始談，即將談話記錄通知了英法與西德，西歐雖仍有疑雲，但西歐政府中人尚了解內幕。而且美國是眞正的民主國家，外交無從眞正秘密起來，國會議員要問眞象，艾杜不能隱諱，終於公開。但退而思其次，米高揚即使做不到俄國與美國併稱兩大，以解決世界問題，然而只要四強會議能夠因美國贊同而重開，則支配世界問題，俄國畢竟還有一份兒，而且是重要的一分子，至少狄托與毛澤東總得還要懼怕幾分，當心一點咧！俄共為要求重開四強會議，以便縱橫捭闔於其間，挽回他的對外頹勢，於是不惜盤馬彎弓，做了許多過場來的：在禁止原子武器的突襲問題上，隨時強調四強普遍討論裁軍及政治問題，鬧了很久不成功，乃又忽然提出柏林自由市的問題，要求英美法撤兵德國，把西方大為驚動，其目的也無非要重開四強會議，最好是四鉅頭會議能了！

總之，一個獨裁者，至少必須對外能表現力量，隨時擴張，然後始能懾服且控制其羣衆，今日的赫魯曉夫對外既陷於頹勢劣勢，渴望至少開一個四鉅頭會議，使他能出出風頭，擺擺架子，也還足以鬼混下去，不致便為中共勾結「反黨集團」把他打下台去。最好，四強會議重開，他能夠又用謀略，分化西方，混水摸魚，重振聲勢，（俄共在國際會議中，分化西方，混水摸魚，這一手段，杜勒斯在「戰爭或和平」書中敘之特詳），乃是赫魯曉夫本人之大願。不知美政府究能遂其願望與否，這要看艾森豪與杜勒斯的智慧與決策如何耳。

四八、一、一九

台灣將有效保障人權嗎？

筱微

本月十七日香港時報以「我國進行行政改革」的特號標題，刊載台北十六日合衆社和中央社的電訊兩則，略謂行政院王雲五副院長在記者招待會說，行政改革委員會去年會提出八十八項建議；政府已採納其中之八十七項，只有一項建議未被接受。並透露該會作了六個月的研究，其第一項為「有效保障人權」；而在司法方面的建議中，也包括有「制定冤獄賠償」一項，這可算是近年來台灣的第一個好消息。

雖然，王副院長不肯透露未被政府接納的那一項建議，不免使人疑慮其可能與保障人權有關；同時，他還表示因為時間甚短和尚需完成立法程序的關係，行政改革委員會的建議案尚未到執行階段。這就是說，政府已經採納了的那八十七項建議，也沒有實現的確期。因此，更使人們對於當局是否確有保障人權的誠意，仍不敢輕信。可是，我總覺得該會既然是奉蔣總統之命而設立的，其組織份子又是政府中的要員，他們能夠作出如此的建議，足見政府人員也有了覺悟，不但要有效的保障人權，而對於那些無辜被拘的善良百姓，還覺得應該制定冤獄賠償法，使他們獲得些許的安慰，這不是証明政府還有希望嗎？

憶自蔣總統主政以來，不但人民的結社集會及言論出版自由常常未被尊重，即人民的生命財產亦有時遭受威脅。政府退守台灣後，此風有增無減。從干擾人民的遷徙自由進而為普遍限制人民不得自由投奔祖國。從限制人民的結社集會自由進而為强迫大中學學生一律參加於法無據的青年反共救國團。至於特字號的神秘人物，不僅在台灣可以隨意搜查民居和拘捕人民；就是遠在港澳的中國人，也有遭受他們欺侮和勒索的。凡此，皆屬有目共睹之事而為政府侵害人權的鐵證。

最近，政府於公然不准台灣地方人士組織地方自治研究會之後，更以所謂「甲級流氓」的莫須有罪名將發起人之一的孫秋源拘押，又在其侵害人權的紀錄中，添了可恥的一頁。

如今，王副院長在記者招待會透露行政改革委員會曾有「有效保障人權」和「制定冤獄賠償」的建議，雖然只是一種建議，我們也不禁要默祝：「孫秋源和許多無辜被押的人們有福了。」同時，覺得當局果能將此類建議見諸實施，則所謂爭取大陸人心，其庶幾乎矣。

目前中共的動向

金達凱

中共自武漢會議以後，其政治策略，顯然着重於兩方面：對外，加强統戰工作，發動和談攻勢；對內，鞏固「人民公社」，繼續推行生產躍進，並廣泛清算右傾份子，强化極權統治。換言之，對外實行哄和騙，對內實行打和壓。這一外貌矛盾而實質統一的手法，不僅是其目前政治任務的中心，也將是他們今後一長時期的策略。

（一）

從統戰工作來說，中共中央統戰部於一九五八年十二月十八日到一九五九年一月八日在北平召開了「全國統戰工作會議」。這次會議的議題，雖然中共宣佈是討論民族工作和宗教問題，但從一般情形看，其實際討論的問題決不限於民族和宗教問題兩點，必然檢討到海外的統戰工作和作某種新的決定。觀乎劉少奇、朱德、陳雲、鄧小平、彭眞、譚震林、陸定一、康生等之接見會議人員，也可想見這當是一個有關全般統戰工作的會議。

為配合統戰工作的進行，中共又於五八年十二月在廣州舉行「全國僑務工作會議」。這個會議，一方面是解決人民公社在華僑中所引起的問題，決定僑滙存欵仍歸私有，歸僑僑暫不參加公共食堂等，以緩和華僑的反感；一方面當是研討如何在海外華僑中進行新的宣傳工作和展開新的統戰攻勢。

在上述情況下，最近有董必武南來之說。此一消息雖未得到証實，但中共鑒於章士釗之未能達成任務，而調派一個「元老」身份的人物到海外來搞風搞雨，也是有可能的。又據大陸消息，中共對下屆主席已內定由林伯渠担任，並由宋慶齡任副主席，此說如屬實，則其作用亦當是對外。但是不管中共的人事調動與在海外的活動如何，其統戰工作企圖，必然遭受徹底的失敗。

（二）

其次，自中共對內的策略來說，其八屆六中全會的決議中，雖然批判了冒進思想，決定放緩建立公社的速度。但其急進的統治政策，則毫未變更。從五八年十二月至今年一月，先後召開了各種羣衆性的會議，如「全國青年積極份子大會」、「婦女積極份子大會」、「空軍積極份子會議」和「全國農業先進代表會議」等，其目的，仍是運用「加油」「打氣」的手法，以準備再發動一個冒進性的羣衆運動。其農業代表會議向大陸農村提出的「十大倡議」，聲言保証一九五九年要完成糧食生產量一萬零五百億斤和棉花產量一億担的任務，基本上就是一九五八年大躍進運動的再躍進。因之，可以想見一九五九年又將是中共壓榨農民勞力最嚴重的一年。

為配合生產上的躍進，中共已在各省縣組織檢查團，深入檢查人民公社的生產工作。並抽調軍事幹部數萬人分批參加地方整社工作，以加强對公社農民的控制。

（三）

另一方面，則實行併縣，擴大縣區。至目前為止，廣東已由七個專區，十二個市，一百〇八個縣，併為五個專區，八個市，五十八個縣。計撤消了惠陽專區和合浦專區，及撤消了澄海、平遠、佛崗、恩平、茂名、曲江等五十個縣。山西撤消了陽曲、廣靈、曲沃、河津、忻縣等五十五個縣。陝西撤消了寶鷄、南鄭、潼關等四十七個縣。浙江撤消了定海、常山、甯海、餘杭、崇德等二十四個縣。他如吉林、河北、江蘇、安徽、甘肅等省，亦正在併縣中，預計這些省的縣份將減少二分之一或三分之一。這是中共為鞏固人民公社，擴大使用人民勞力而不惜破壞傳統縣區建制的又一表現。

（四）

復次，是繼續進行清黨和對知識份子的批判鬥爭。過去一年來，中共除清算浙江省長沙文漢，副省長楊思一，安徽副省長李世農，青海省長孫作賓，甘肅副省長孫殿才，河南省委第一書記潘復生，廣西副省長陳再勵，廣東省委委員白馮駒，山東副省長王卓如、袁子揚等外，武漢會議期間，湖北省委清算了十個高級幹部。最近又在遼甯省大舉清黨，如省委書記王錚、省長杜者衡、副省長李濤等都受到嚴重的鬥爭。並且這種鬥爭還有繼續發展的趨勢。

知識份子方面，一年來大陸每一個大專學校都有一個或幾個著名教授被鬥爭批判。如北大對馬寅初的經濟理論的批判，對馮友蘭「新理學」和「抽象繼承法」的批判和對賀麟的新黑格爾哲學的批判，復旦大學對劉大杰的文學史的批判，廣州中山大學對陳寅恪的史學觀點及其著作「隋唐制度淵源略論稿」、「唐代政治史述論稿」和「元白詩箋證稿」等書的批判，說明中共的統制思想與摧殘高級知識份子的罪行，比前幾年的「思想改造」還要深入一步。至於最近他們之吸收力學家錢學森、地質學家李四光、生物學家王應睞、化學家康辛元等一萬餘人的入黨，則不過是奴役知識份子的另一方式而已。

由上所述，可以了解中共的政策仍然是急進的，毛澤東雖宣告準備下台，但由他的變態心理所決定的冒進政策，仍是中共遵行的基本方針，且將變本加厲。但這些倒行逆施，已完全暴露出中共的邪惡的面貌，加深了海外自由人民與大陸人民的認識，而促使它走向滅亡。

如此外交之一——

鄧巴頓橡園會議

張忠紱（言責自負）

中國在鄧巴頓橡園會議中受美英蘇三國草案的束縛，放棄了自由發言權。我代表團對此，據作者所知，至少在會議中，連一次正式抗議都沒有。例如聯合國安全理事會組織中的否決權，有利於強國，而無益於弱小。對中國也是有百害，而無一利。中國戰後的大患為蘇聯，在當時為盡人皆知的事實。蘇聯若侵略我國而引用否決權，很明顯的於中國極為不利。若謂我國也可以引用否決權，但我國既不至為侵略者，於我國有何益處？作者當時亦明知我國決無力推翻成議，但主張我代表團應聲明反對立場，一則可以為日後留地步，二則也可以爭取四強以外的國家的好感。然而我代表團感覺多一事不如少一事，終於投票贊成，不表示絲毫反對意見。

在當時，主張規定應有否決權者，實不僅蘇聯一國，英美兩國政府都有這種主張，不過他們對於否決權應用的範圍尺度不同。美政府深恐日後聯合國通過制裁侵略，不經美國同意，美國即須遵從會議的決定加入作戰。英國在當日充滿了實際主義者的心理。他們的理由是，強國若不合作，世界終不能維持和平。縱令強國沒有否決權，聯合國也沒有辦法叫他們完全服從多數意見。

英國的這種主張也許近於事實，但從法律的立場上講，却有極大的分別。安理會中若不規定有否決權，則強國一旦不服從多數，將處於明顯的違法或背約的地位。相反的，安理會中若規定有否決權，則強國不服從多數的決議，在法律上既不違法，在道義上自亦視為當然。嗣後蘇聯濫用否決權的事實，充分證明了這一點。

英國素以重視法律與法治見稱於世界，而在鄧巴頓橡園會議中，英國代表竟大談其實際政治，實不外自私自利的心理作祟。無怪乎在美英蘇三國草案中，談到聯合國組織的宗旨在維持世界和平時，竟略去『以正義及國際公法為基礎』等字樣。這種規定有利於強大國家，但却對弱小國家極為有害。

聯合國的目的若僅在維持世界和平，而不顧及正義與國際公法，則遇有國際爭端，聯合國勢必將迫使兩造中的弱者讓步，以維持其所謂的世界和平。第一次戰後的國聯組織中，原規定有，為維持國際和平，必須依據正義及國際公法。如是，則至少在法律與道義上，弱小國家有所信賴（雖然未必完全可靠），而強大國家亦有所範束。今美英蘇三國草案中竟無此項規定。在四強中，惟中國的地位特異，有其名而無其實。故作者在代表團中主張，我方應將此項規定加入。好在這是屬於增訂的範圍，不用修動原文。嗣經美英兩國同意，得列為此次會議所通過的中國三點中的一點。

中國三點，經中美英三國會議通過後，蘇聯的同意尚未到達華府以前，美國共和黨（時在野）也有此項主張。蘇聯對中國三點的同意遲至一九四五年六月始送達華府，轉到舊金山，時在舊金山會議開幕前數日，僅得及時列入鄧巴頓橡園會議草案中，而作為中美英蘇四國草案，提供大會討論。大會討論結果，規定聯合國為維持世界和平，必須以正義及國際公法為基礎，即今聯合國憲章中的規定。

嗣後美國共和黨於競選時，強調共和黨對聯合國憲章的貢獻，會特別注重此點。從美國內部說，此點的確是共和黨首先提出並推動的。但從國際間說，則首提此點並見諸文字者，應推中國（一九四四年十月）。

中美英三國橡園會議閉幕後，中國三點原由美國國務卿當場聲明，將與雅爾達會議其他結果同時公佈。雅爾達會議於一九四五年二月中宣佈結果，作者適路過印度，迄未聽到廣播中提到隻字。返抵重慶後，我外部已進行準備參加舊金山會議提案，外部簡任以上的官吏均參加是項會議。

迄作者趕返重慶參加時，外部舊金山提案準備會議已開會多次，並已油印有提案初稿，但迄無人提到或詢及鄧巴頓橡園會議所通過的中國三點。美國國務卿似已忘却他在該會議閉會前的然諾。英國原無責任（當日一切會議結果由美國國務部負責彙集並交換）。蘇聯更樂得不問。作者所詫異的是，我有關當局竟亦漠然不問，淡然若忘！作者返抵重慶參加外部會議後，乃提請主席注意，主席立即以之詢問在座，且曾出席鄧巴頓橡園會議，並早已返國的外部某高級官吏，獲得證實。於是由外部拍電駐美大使，轉詢美國國務部。直至作者於一九四五年六月下旬抵舊金山時，始悉蘇聯同意中國三點的復電於數日前方抵達華盛頓，幸得及時到入四國草案中。

以全國的人力財力艱苦抗戰數年，幸而獲勝。勝利的果實勢必須於坫壇上摘取，然而我外交方面的組織與人事，其顢頇的程度殊難使人置信。聯合國組織若不重要，則我政府又何必事前多方準備，臨期復勞力傷財？聯合國憲章若果重要，則開會期間以及會期前後的措施，何以又如此顢頇，漠不經意？

以此類推，中國政府的組織與人事，實在大有問題，而尤其是人事。中國多數官吏的目的僅在升官。毛病就出在這個『僅』字上。而中國官場的升遷，既不依照正軌，於是凡想作官的人，都集中智力以取得長官的歡心。抗戰期間，在使館任職而終日跑紐約奔走於達官之門的有之。任國家駐外職務，不問本館事務，而為達官在醫院經月任收發者有之。在舊金山會議時，以大使身份甘與保鑣者同列，以求接近長官者有之。走捷徑由薦任一躍而為大使者有之。為部長擦皮鞋而終榮任次長者有之。至於讀書人於戰前為文主張中國應採取法西斯獨裁制而『平步青雲』者，尤為別具肺肝！

專就鄧巴頓橡園會議而論，至少有下列幾點值得研究：

（一）四強聯合國組織籌備會議，因蘇聯拒絕與中國共同列席，而分作兩個三國會議舉行。中國何以在事前不嚴詞拒絕，且未聞有任何抗議。至少我政府似應對其必然的後果，於事先設法彌補，免得到開會時，受三國草案的拘束，而不能自由發言。作者深信我政府若於事前對這種辦法提出異議，美國當時需要中國裝門面，以代表遠東及非白種民族，且已提出四強的口號，難於出爾反爾，至少中國必可獲得更多的發言自由。（其實蘇聯有大使駐華府，何以不能於會外代表蘇聯）？充其量，中國不參加此項會議，到舊金山開會時，中國仍得自由發言，而不受美英蘇三國草案的束縛。與其名列四強而無發言權，曷若不要此虛名，反可獲得較多的自由咧！嗣後雅爾達會議中，美國當局敢於在事先不徵詢中國同意，而以中國若干權利移與蘇聯，未始不是中國這種顢頇態度有以啓之。

（二）為準備聯合國組織草案，國防最高委員會秘書長會召集各有關機關人員及專家，共同研討，費時兩年，方作成一方案。我出席鄧巴頓橡園會議的代表團，以一二人的力量，花兩三天的工夫，竟另作一說帖，列舉所謂的中國全部主張。而當時的起草人又係久居國外，抗戰期中迄未返國者。他們既不熟悉國內的情形，更不知道抗戰期內國人的情感，在兩三天以內，草成中國的全部主張。這樣作法，怎樣能避免荒謬之點！尤奇者，代表團共僅只十三人，而代表團正式提出的主張，反不令團員得知。名為秘密，但翌晨全文見於紐約泰晤士報。中國代表團的團員，對本團的主張，反需要從開會地國家的報紙得悉。這樣作法，國家何必派一個十三人的代表團，豈不是白花錢！國防最高委員會秘書長以及其他人員的兩年的苦心研討，又豈不是白費！

（三）我代表團當局於會前早已知道，我方對美英蘇三國草案不能自由修改，但我代表團當局仍於會前一日送出包括中國全部主張的說帖，真不知用意何在！是要讓他國人知道中國有這許多主張與意見呢？還是欺騙政府，表示我們曾經提出這許多意見呢？等到正式開會時（只隔一天），我代表團當局並未有一言聲明，說我們反對會議中剝奪了我們對美英蘇三國草案的自由修改權利。既然默認此項束縛，

（下轉第三版）

應如何糾正中立主義者

散人

所謂中立主義，顧名思義，無非是在當今之世界現勢中，處於共產集團與非共產集團之間的一種集團，換句話說，即是一個想中立於美蘇兩大陣營間的。其痴心所在點；一方面要求獨立，乃利用國際的矛盾，二方面幻求和平，遂為蘇聯共黨冷戰攻勢所乘，說來也有它的苦衷，不可貿然一筆抹煞。可是他們一旦標榜中立以後，既不能反共，相反地竟大為共產主義所利用，尤以目前的情勢所顯示的，正是如此。以印度而論，加拉拉省已為印度共產黨所掌治，使翻雲覆雨的尼赫魯，也有啼笑皆非之慨。柬埔寨和印尼的情勢，已開始嘗到共黨初步控制的味道。這固然是中立主義者一時執迷的錯覺，但我們自由世界和共黨侵略勢力作戰，最主要的工作，就是不能蔑視這一點，應該盡量設法針對共黨誘惑的陰謀，來糾正這不正確和不合邏輯的中立觀念。使他們知道是非善惡之間無中立，正義和暴力的鬥爭，也絕對沒有中立的可能。

談到這裏，或許有人會發問；現在世界為什麼會有中立主義思想的產生？難道世界人類還不知道蘇聯和中共的侵略主義，要比以往西方的殖民地主義厲害百倍嗎？

在未解答這個問題之前，我們先得研究若干背景和事實，然後才得了解一切：

第一、我們要明瞭所謂中立國家，皆屬戰敗後新興國家，在地理上大都貼近共黨，尤以緬甸、寮國、尼泊爾和印度為然。這些國家，都是害怕着中共的軍事侵略。我們知道中緬邊界始終沒有最後劃定，中共可以隨時藉口邊界問題和緬甸為難。寮國介乎中共和北越之間，以薩乃康為首的新閣，政權非常脆弱，隨時有發生政變的可能。印度的處境，也是十分困難。自從西藏由中共直接控制以後，中共陳兵藏印邊地，印有隨時被侵略的偷襲或滲透的可能。據某方可靠消息，知道中共和印度的哨兵，在藏印邊界，經常發生衝突。雖然，這些衝突，在尼赫魯是不願意公開宣佈的。由此可想見，這些所謂中立國家，並不是對共黨真正懷有好感，實在是心存畏懼，遇事逢迎，不敢正式開罪而已。

第二、像東南亞多數國家，緬甸、錫蘭和印度都是屬於大英集團。英國在西歐採取強硬的反共政策，但在亞洲並不如此。英國在亞洲的政策，至多也是一種中立主義。亞洲各國對美國的全面反共，毫不懷疑。可是美國和中共在日內瓦舉行大使級的談判，延續將近二年之久，多少使美國在亞洲的道德威望，受到相當的損害。因為在亞洲人看來，以英美的認識共黨為害的深切，還要想法和共產集團覓取諒解，那末，亞洲自己為什麼不可以和共產國家暗送秋波呢？亞洲中立思想形成的原因固多，而以西方自由國家對反共不夠着實，不夠澈底，不夠堅定實為主因。

第三、我們不要忘記，西方尤其是英國在亞洲有過殖民地紀錄。這事實雖已多少成為歷史的陳跡，但這一段不愉快的帳目，仍能隨時引起亞洲人民對西方國家的懷疑，或甚至反感。我們知道亞洲有許多國家的領袖人物，受過西方尤其是英美的高等教育。這對西方有利，同時也有不利。為什麼不利呢？正因為他們在內心上是傾向西方，他們在外表上，為了政治的理由，不能過於偏依西方，以免反對派有所藉口，誣指為「昔日殖民地主子」的奴役。只有對本國文化傳統確有深刻修養的領袖人物，才能卓然獨行，無所顧忌。現在世界上標榜中立的國家，無論在亞洲或其他處，與其說是一種政策，毋甯說是一種取巧，較為確切。

第四、世界上新興國家和人民，無論如何都是需要和平。那些國家，方才取得獨立地位，在在亟需建設。生活水準必須提高，國民教育正須促進，社會經濟必須改善，這一切一切，都需要時間和外來的援助。因之，不但不惜以任何代價求取和平，而且不計政治利害謀取外來的經濟援助，愈多愈善。這不但在亞洲是如此，在非洲和拉丁美洲，也有同樣的情形。以目前亞洲而論，例如阿富汗、緬甸、柬埔寨、錫蘭、印度、印尼、尼泊爾等七國，同時接受美國和蘇聯集團的經援。其中以柬埔寨為最，同時接受美國、法國、蘇聯，和中共的經援。據一位新近從東南亞回來的教士告訴我，柬埔寨的中立毒素，幾乎病入膏肓，已到不可救藥的地步。認為共產主義是國際的敵人，應由國際處理，像柬埔寨這麼一個小國，為什麼要獨自反共呢？這種對反共漠不關心，置身事外的情勢對反共前途實在是最足担心的事！

第五、我們要知道所謂中立政策，乃是出於一國獨自為謀的自私打算，也是一種狹義不過的投機行為。國家雖不像個人，可以採取純粹的利他主義，可是立國於今日，不能不在全面利害和局部利害之間，國際互利和一國私利之間，求一適度的交點，以為和平相處宏揚正義之道。欲達此目的，非具有超越國家主義以上的信念和大無畏精神不為功。說來也殊令人氣短，這種信念和精神，求諸世界新興各國，實不可多得。以印度而論，在尼赫魯的政權之下，狹義的政治和宗教國家主義，最後不能不使印度分治，並產生了巴基斯坦，而克什米爾就陷入了進退維谷的僵局。錫蘭為了使用語言問題，內部紛擾，與日俱增。柬埔寨的施亞努為了和越南及泰國的國界問題，欲假外力以自重，竟不惜引狼入室，承認中共，無異斷送了自身的國運。印尼的內戰，已使共產勢力登堂入室，儼然變成了亞洲的敘利亞。另外其他各洲有同樣的情形，當不待而言了。

中立主義和國家主義，固然都不是共產主義的運動。可是莫斯科共產集團最狡猾也不過的，往往利用中立主義和國家主義的漏洞，從中搬弄是非，造謠離間，作為伸張共黨侵略的工具。以致共產集團以往的口號是：「不和我們在一起的，是反對我們的。」而現在的口號是：「不反對我們的，就是和我們在一起的！」

照此說來，我們在自由世界的反共陣營欲求有效的遏止共產主義的侵略，一定要先乘着世界一些要中立的國家而又獲不到真正中立的痛症，設法予以糾正或根除，使之不為共產集團所利誘或恐嚇；更宜盡量給他多方扶助或援手。顯而易見的，共產集團在各處的陰謀詭計不外三點：和平、貿易、減除國際緊張局勢。則我們的對策，也該從三方面：政治、經濟、文化、同時兼顧，齊頭並進地向中立國家貫輸，說不定中立主義會掉頭向右安心地投身反共陣營吧！

大陸逃港學生的控訴：黨員永遠是對的

戴樂明

在一九五七年六月，「反右派」進行得最激烈的時候，我因為一件半年前所發生的事被鬥成「右派份子」。在中共統治之下，有沒有道理可講？我想我這一段經歷是最能說明這一問題的了。

從曼谷回大陸

我於一九五五年自泰京返國升大學，家裏抱着既不反對也不贊成的兩可態度。在香港的姨父則竭力慫恿我回大陸。姨父是做藥材生意的，來往的人全是中共貿易機關的職員，他們在聽見我要回大陸升學時也都贊我「好嘢」、「有前途」等等。從曼谷到香港時，招生工作還未開始，我在香港住了一個多月，姨父對我照顧得很好。這次從大陸逃亡來港，他却對我大加白眼，罵我「沒有出息」。我回了他一句：「你自己為什麼不回大陸去過有出息的日子？」我和他吵了起來，現在我住在荃灣，幫紗廠做雜工。雖然苦，但是我覺得安慰，因為我開始懂得憑自己的主見去生活了。

進水利學院

話再說回頭，我高考合格後，被分配在「武漢水利學院」的灌溉工程系。這是我的第一志願，我當然極其高興。在我正式上了學以後，正巧是「反胡風」的那一段時間。雖然我在組織科的命令下填了柒份很詳細的表格，有點不自在。但是倒還沒有什麼，平時的所謂「生活檢討會」雖然令我討厭，但我時時推託了不參加，倒也沒受到什麼鬥爭。總的來說，對我這個僑生，共產黨還算是個客氣的。

現在說到我被鬥成「右派份子」的那一段因果了。那件事發生在一九五七年農曆元旦。假期中很多同學都離開了學校回家過年，只有無家可歸的或離家太遠的同學還留在學校裏。我們的宿舍原來睡八個人的，也只剩下了三個。我，藍勤安和小郭。藍勤安是三年級的同學，平時人家對他都很恭敬，聽說他是十五歲那年就當「紅小鬼」（對小紅軍的暱稱）的，參加過不少次大戰役，來學校前是駐新疆的軍隊的一個什麼參謀。因為軍隊轉為農墾軍，所以派他來學校學習水利工程。

對於一個剛到大陸不久的人來說，像他那樣的人是最能博得尊敬的。年輕、有革命經驗、已經是軍官、又是黨員，雖然學問差些，但總是因為過去的環境的關係啊！我對他——藍勤安——就是抱着這種心情的。在平時，我總抽空要他講「革命故事」，問他打仗時的感覺是怎樣的等等，所以和他的關係搞得挺不錯。

黨員偷了我的錶

除夕那晚，我和他和小郭三個人買了一些牛雜，又買了兩瓶高粱，喝得很痛快，一直睡到第二天上午。我一覺醒來，看見他和小郭還睡得呼呼的，我想看看什麼時候了，但舉起手腕一看，我的手錶已不見了！我一急，一骨碌翻身起來找，我也記不清昨晚上有沒有脫下錶，所以翻被子丟枕頭地找了很久，將他們兩人都吵醒了。他們聽見我不見了錶，也都幫着我找，但是到了中午，還是影子不見。

藍勤安首先提議報告教務處，教務處只有一個姓李的幹部在值班，聽了之後也無法可想。

我丟了東西，心裏自然不很快活，而且這隻錶丟得很奇怪。小郭也一樣很難過，只有藍勤安，興緻還很好，還提議過江去玩呢！

本來事情到也就這樣完了，校中失竊事件很多，很少物歸原主的。可是，在開學以後不幾天，藍勤安突然買了一個手錶回來。他說是買的舊貨，從錶殼上看也的確是配上去的雜牌。可是藍勤安雖然一個月可以領七十多元的工資，誰都知道他要寄回家去的，怎麼忽然買起錶來了呢？當時我有點疑心，小郭也偷偷地和我表示過他的意見，我決定要弄一個清楚。有一天，我要他把錶給我看看，他遲疑一下就答應了。我趁機轉開錶蓋，發現錶蕊的牌子赫然是惠勒（Wyler）！

教務處袒護小偷

我將這個發現報告了教務處，處長批給了李科員辦理，李科員將我訓了一頓，說我無根無據地冤枉別人。我真敢肯定藍勤安是賊了，但組織上不理，我又有什麼辦法？

這時，正好是醞釀「鳴放」的開始，我在小組學習中提出了這件事，大家都感到譁然。到了「鳴放」大張旗鼓地展開時，我們小組衝進了三年級的課室，由我向三年級的同學說明了這件事情的經過和學校行政上不作處理的情形。我並沒有想到同學們平時對黨團員的憤怒已經到了形將暴發的程度，因為我的覺悟水平一向是較低的。誰知我這樣一說，同學們立刻轟動了。有的高叫「什麼高貴品質的共產黨員」，有的喊「學校官僚主義」，更有的喊「我們反對官官相護」和「法律面前人人平等」。

同學們譁然

藍勤安起初還嘴強，但立刻有同學提出要他交待那裏買的，要去調查。李科員這時也趕到了三樓，站在一旁聽，臉色鐵青。在「鳴放」時黨委書記保衞幹事那些人見了同學開會就像老鼠見貓一樣，連露面都不敢露，所以只有李科員進了來看看。他曾想站起來幫藍勤安講話，但是給同學們轟了下去。藍勤安這才着了慌，乖乖地承認是他經不起誘惑，所以拿了我的手錶。同學們當場逼他將手錶拿出來還我，他也照做了。我拿到了錶就走了出來。這時彷彿聽到有一位同學在高聲講什麼「共產黨員的漂亮的外衣下是卑污的靈魂之類的話，我一向對這些話不感興趣，也就沒有注意聽。

黨員自認偷竊

在同學們的幫助下，我取回了我失去的錶，但麻煩也接着而來了。「反右派」開始，我成了鬥爭的對象。我的罪名是：「煽動同學對黨的不滿情緒，直接地向黨作進攻」。這倒也罷了，最氣人的是藍勤安竟指我「用資產階級的享受品來誘惑革命軍人」！

在水利學校的「反右」運動中，同學們都以沉默作為對抗，但是學校調來了很多工人來「支援」，由他們來發言鬥爭。在小組上討論我的問題時，藍勤安還站起來「控訴」，「控訴」我怎樣怎樣「卑鄙」，先是「誘惑」黨員，然後再發動羣衆向黨作總進攻。我的罪被肯定了——「頭號右派」。我不知寫了多少遍自白書。黨委要我從「誘惑」的動機寫起，一直寫到煽動同學為止，並要我藉此事件對黨作了什麼不利的詆譭「原字原句」地寫出來。這是什麼樣的社會啊！還有天理沒有？除了黨員以外其他的人還算人不算？但我是沒有反駁的餘地的，我只有一遍又一遍地寫，寫，寫……

在「宣判大會」上，我的名字被排在第四位。「宣判」正式成為右派份子之後，我被下放到武鋼建設工地去勞動。一年以後才恢復學籍，那已是一九五八年春天了。

在勞動中的悲慘情形，有很多同學已作過控訴，我不重複了。去年暑假，我申請來港，借了「僑生」的光，被批准了。或許共產黨以為在香港我只有姨父，而姨父一定會逼我回去的。但是我甯願苦，寧願勞動，我與其在奴役下勞動何必不在自由的天地中勞動呢？

接「鄧巴頓橡園會議」

則我們又何必於會前一日攤出我們的全部主張？何況還不是我國政府所原提的主張！

（四）會開完了，事情完了。不管事的，拿了錢走路，各回原職。管事的藉此接近了達官要人，正好作日後升官的張本；這也正是這般人所管的事。舊金山會議還沒有開，我國參加鄧巴頓會議所僅獲得通過的三點，早已被一初有關的人們遺忘！這就是中國的外交！這就是中國外交界的作風。（下）

稿約

一、本刊言論以宣揚自由民主為主旨，園地完全公開，凡符合上述宗旨之稿件，本刊一律歡迎。

二、來稿本刊有修改權，不願修改者，請於來稿時說明。

三、來稿刊出後，本刊即以每千字港幣六元至十元奉酬，聊表微意。

聯合評論社謹訂

人民公社在轉變中

曾明

（一）以責任制為中心環節

中共為了挽救人民公社瀕臨瓦解的趨勢，在其八屆六中全會決定了「關於人民公社若干問題的決議」，規定一九五八年十二月至一九五九年四月的五個月間為整社期間。並規定「在進行整社的時候，要對公社的生產規劃、經營管理、財務工作、組織領導做一次全面的深入的檢查」。「由省、地、縣三級黨委的第一書記掛帥，領導整社工作」。

由於這個決議的規定，中共的各省黨委就隨着召開了人民公社經營管理會議。所謂會議，只是形式而已，實際是各省黨委向各級黨委及與會人員宣告中共中央既定的整社辦法，通飭施行。其整社的經營管理辦法，如一九五九年一月十日人民日報所載：江蘇省中共黨委從一九五八年十二月二十九日至今年一月三日，在蘇州召開了全省人民公社經營管理會議，要求各地在繼承高級社的管理經驗的基礎上，建立起一套適合人民公社的性質和管理制度」。「會議着重研究了建立和健全人民公社的各種責任制問題，認為這是當前改經營管理的中心環節。要求各地根據統一領導，分級管理和按勞分配的原則，建立和健全各級勞動組織，建立和健全各方面的責任制」。

（二）範圍縮小，由公化私

人民公社的範圍大小，以及勞動組織，在這次會議中也有了變化。「人民公社的勞動組織，應該分公社、管理區（大隊）、生產隊三級。公社的規模，在目前一般應堅持一鄉一社。管理區（大隊）一般以五百戶左右為宜，最好以原來農業生產合作社為基礎，一社一區。生產隊的規模不宜過大，一般以五十戶左右為宜。人民的勞動組織，必須逐步向工廠化（即軍事化）的方向發展。實行專業專管，是走向工廠化的一個重要步驟。因此，人民公社的生產勞動的分工，必須盡量做到專業化。為了充分合理地利用勞動力，使每一個能逐步向多面手的方向發展，各個專業組織，在不影響主業前提下，應當盡量結合經營一些別的生產項目，實行綜合經營。並且，在專業專管的基礎上，在必要時組織大規模的協作和突擊」。

中共將農業生產合作社合併改為人民公社，其目的是想利用人民公社範圍大、人多，以「組織軍事化」，「行動戰鬥化」的行動口號，組成團、營、連等形式，作為它「統一調配勞力」奴役人民，支援工業，裹脅參軍的工具。現在這樣一變，很顯然的連人民公社的架子都是名存而實亡，退却到以原來農業合作社為基礎的管理區（大隊）為組織中心，公社本身也就變為懸空的架子了。由於實行專業專管，由公化私。因而，人民公社的基本的特點的「一是大，二是公」，不僅化為烏有，連帶將「組織軍事化」，「行動戰鬥化」都要消失於無形。

（三）由「責任制」到「責任田」

在這會議中提出的責任制，是中共對於人民公社改變的重要關鍵，也就是中共由「全民所有制」，越過「集體所有制」而退到「私有制」重大變化的手段。「會議認為責任制度必須和獎勵制度同時建立。為了政治掛帥的前提下，進一步發揚廣大農民的積極性和責任心，決定由各公社對管理區（大隊）、管理區（大隊）對生產隊實行定產（產量與產值）、定本、定工（實行工資制的公社定工資，未實行工資制的公社定勞動日）的三定集體責任制。生產隊對各個勞動組，也要實行定土地、定措施、定時間、定人員、定生產資料（如肥料、耕畜、農具等）的五定責任制。社內各廠、礦、企業和其他專業組織所屬的勞動組，也要參照上述辦法對產，建立相應的責任制度，在農業生產勞動組裡，還要建立責任田的制度，規定必要獎勵制度」。

第一、從上面決定中，可以指出的，農業經營單位由原來生產隊的大單位而退縮到勞動組的小單位；第二、由公社對管理區（大隊）、管理區對生產隊實行定產、定本、定工的三定集體責任制，這就是以管理區為組織中心的大包制度，至於生產隊不過是管理區與勞動組的聯繫組織。而勞動組才是實體的經營單位。所以，生產隊對各個勞動組，也要實行定土地、定措施、定時間、定人員、定生產資料（如肥料、耕畜、農具等）的五定責任制。還要建立責任田的制度。這是人民公社改變的關鍵。所謂定土地、定措施、定時間、定人員、定生產資料，建立責任田制度，就是要恢復家庭組織為農業經營單位，保留私有制，以刺激農民生產情緒的手段。

（四）公共食堂等都要垮台了

同時，對於人民公社的財務管理與生活管理又實行「四統」，「五包」的辦法，「四統」是：統一計算盈虧；統一分配；統一使用公社積累；統一規定各種費用的開支（包括生產費、雜支費、福利費等等）。「五包」是：生產費用包乾；辦公費、雜支費包乾；耕畜農具的添置修理包乾；社員福利費包乾；食堂伙食費包乾。管理區（大隊）按照以上包乾項目，根據需要有分別地包到生產隊和所屬專業組織」。

這樣一來，中共對於人民公社的政治管制及經濟壟斷的力量，並沒有薄弱。而對於公共食堂、托兒所、敬老院這些騙人的噱頭，在根據需要包乾的辦法下都要垮台了。總之，中共對於人民公社的改變，只是手段上的變態，而不是根本的質變。不過，就這種變化來說，在目前是可以做到和緩農民激烈反抗的作用。至於中共是否能維持這種變化而不變，是值得注意的。

記甲午中日戰爭始末（一）

舜生

（一）前言（上）

中國近六十餘年間的一切動亂，可以說完全自甲午中日一戰開始（光緒二十年至二十一年1894—1895）：

第一，在這一次的戰爭以前，中國對外雖已經過屢次的挫敗，但所遭遇的威脅或損害，乃來自英、法、俄這些比較強大的國家，我們承認自己的實力本來遠不如人，心理上已自認輸，所以雖經失敗，而在精神上所受的刺激並不太大，因而也引不起國家須加以徹底改革的反省。對日本不然：我們總覺得日本受中國文化的薰陶甚深，從來沒有放棄自大的傳統觀念；在甲午以前，中國僅有極少數人知道日本早已效法西洋，在政治、軍事、文教、經濟各方面，曾大加改革，且已具備一現代國家的基礎，但大多數人却依然異常茫昧，認日本決非英法等國之比，斷不足與中國爲敵。可是一經雙方以武力接觸以後，那曾經煊赫一時的淮軍湘軍，固然是不堪一擊，即經李鴻章所新建的北洋海軍，也幾乎是片甲不回，這確實是從精神上給予中國人一次猛烈的打擊，於是乎中國才漸漸了解：要效法西洋，單單把重點擺在軍事方面，依然不能有效，因而政治改革的要求才一天天的迫切起來。無論是康梁一派的維新運動也罷，孫黃一派的革命運動也罷，都是經過這一次戰爭以後，才同時的正式起來，自乙未馬關條約訂立以後，僅經過十六年以上的時間，（一八九五——一九一一）清室即抵於亡，其間經過的種種事實，所表現動盪、緊張、複雜的一切景象，確實使我們一個研究歷史的人眉飛色舞，而民族活力的充沛，也確足使我們自豪！

第二，不單是『新政』的呼聲係從中日一戰以後開始，即『新學』的要求也是在這一戰以後才逐漸的趨於積極。原來所謂『西學』的輸入中土，遠在明末清初即已萌芽，舉例言之，如艾儒略（Giulio Aleni 1613到達中國，1649卒於福州，意大利人。）的『職方外紀』，『西學發凡』；傅汎濟（Francisco Furtado 1621到達中國，1653卒於澳門，葡萄牙人。）的『名理探』；利瑪竇（Matteo Ricci 1552—1610，1583到達中國，1610卒於北京，意大利人。）的『乾坤體義』，『幾何學原本』，『勾股義』，『測量法義』；湯若望（Joannes Adam Schall von Bell 1622到達中國，1666一說1669卒於北京，日耳曼人。）的『曆法西傳』，『新法表異』；南懷仁（Ferdinandus Verbiest 1623—1688，1659到達中國，1688卒於北京，比利時人。）的『新製靈台儀象誌』，『康熙永年曆法』等，均極有名。不過其範圍大抵限於天算，輿地，而這班教士其所以從事這類學術的介紹，也僅僅只作爲他們傳教的一種方便，使得他們有機會可以接近中國的政府和學人，以免遭受排斥。可是等到十八世紀的上半期，即一七二三到一七三五年的雍正時代，他們的傳教事業既已遭遇打擊，因而他們這種學術的介紹工作，也就歸於停頓。乾隆朝開四庫全書館（1773），這類西學書籍見於箸錄者雖有四十一家，但當時充四庫館總纂官的紀曉嵐（昀），他便不相信艾儒略的『職方外紀』，和南懷仁的『坤輿圖說』，以爲不過如中土瑤台閬苑，大抵寄托之辭；著有『二十二史劄記』的趙甌北（翼），他說俄羅斯北有準噶爾大國，以銅爲城，方二百里；著有『疇人傳』的阮芸臺（元），他也不信對足抵行之說。（以上三例參看康有爲戊戌保國會演說辭。）這可看出這一時期的所謂『西學』，即對當時著名的學人也影響甚微，其與一般民衆絲毫不生關係，自然更不用說。

中共眼中的封神榜

高瞻遠

中共據有大陸以來，雖然也出了大量的「古典文學」書籍，但是共幹却對古典文學作品全部採取否定態度，因爲中共審查一部作品的標準，先要看是否合乎馬列主義，又要看是否和勞動人民的觀點是否相同，中國古書的作者，發夢也未想到將來世界上會出現一個「馬列主義」，下筆時更不會顧及到什麼觀點，所以也就無法合乎中共的標準了。

舊的章回小說比較受歡迎的，要算是紅樓夢、水滸傳、儒林外史、西遊記等書，大陸上這些年來也出版了不少討論這幾部書的專書，可是，另外還有一部平時爲知識份子所看不起，目前在大陸却大行其道的書，就是「封神演義」，又名「封神榜」。

一九五八年第九期「讀書半月刊」發表了一九五七年所印行的幾部暢銷書的數字，坐第一把交椅的是三國演義，印了二七九・〇〇〇部，第二是紅樓夢，印了二〇〇・〇〇〇部，第三是唐詩三百首，印了一六二・〇〇〇冊，第四位就是封神演義了，共印一〇三・〇〇〇冊。

讀者喜歡讀封神演義，完全是一種苦悶心理的反映，渴望當今也能出一個哪吒、楊戩一類的人物，來除暴安良，把毒害人民的共幹，殺得乾乾淨淨。至於主管出版工作的共幹，爲什麼准許大量印刷封神演義，當時深爲不解。最近看到新出版的「文學知識」第三期，有一位曹道衡君寫的『談談封神演義』，才曉得中共對於封神演義這本書，原是肯定的方面多，認爲是一部瑕不掩瑜的好書。

中共讚揚封神演義，側重其中兩點：第一、是關於『武王伐紂』的問題，曹道衡指出：『作者歌頌的同情的顯然不在暴虐無道的紂王方面，而在推行仁政的周武王方面，書中一再強調君主不行仁政，臣下就可以對他不忠。這種思想是和封建道德有一定矛盾的，而和被壓廹的廣大人民的思想要求有共通之處的，從這一意義上來說，封神演義的主題思想本身就含着一定的進步性。』其實這種思想在二千年前，孟子已經坦率說出『民爲貴，社稷次之，君爲輕』的話。至於『武王伐紂』問題，孟夫子也肯定說是「聞誅一夫紂矣，未聞弑君也」，何嘗要等到封神演義，才發揮出來進步性。到是曹君此時提出這項意見，對於中共政權反而充滿了危險性，因爲中共所謂的「黨組織」，實際就是古代的帝王化身，千多萬黨員幹部，也很似那時的大小臣工，而中共黨組織的暴虐不知甚於紂王多少倍，也許不久將來，會出現許多周武王演出伐紂的一幕，曹道衡的這篇文字，不僅充滿進步性，而且還含有巨大成份的「催生作用」。

第二、曹文特別讚揚哪吒，認爲哪吒鬧海，逼父那一段是全書最精采部份，哪吒打死巡海夜叉，打死龍王太子，也就是共黨所指的惡霸之流，頗合乎中共鬥爭，清算的法則。最合中共心意的，要算是哪吒追殺李靖一段，原來哪吒因鬧了龍宮被龍王興師問罪，恐怕連累父親，自行『剖腹、剜腸、還骨肉於父母』，可是李靖還不能諒解他，又把他的廟宇打掉，所以哪吒還魂之後，不講父子之情，一定要殺李靖報仇，把李靖追得上天下地，狼狽不堪。

確實說，中國舊小說類似這種描寫，只有封神演義這一段，雖然以後經過『神仙點化』，父子又恢復本來面目，但是中共却看中了這一段，認爲含有巨大的『誘導』作用。當中共據有大陸之初，曾提倡兒子清算父親，妻子鬥爭丈夫，在全國各地，逼出了無數血淋淋的案件，但是出自心願的究竟沒有，中國人的倫理觀念靠馬列主義一類學說，未必能掃除，也許在那時起，中共搬出了家喻戶曉的封神演義作爲『上大課』的『教材』，哪吒就變成了一「人民英雄」。

作者不但表揚哪吒，並且考証出另一位和哪吒相同的人物殷郊。根據『武王伐紂平話』，殷郊原是姜子牙手下大將，並且親手殺死紂王，可是到了封神演義，也許覺得兒子殺父親究竟不好，於是把殷郊寫得很矛盾，本來下山時是打算輔佐武王伐紂的，可是半途變志，終於又去幫助紂王，對抗周軍戰死。曹道衡對此特別表示惋惜，指出這是封神演義的嚴重缺點。

此外，曹道衡對於封神演義中的一些故事，如雷震子有翅善飛，土行孫能夠入地行走，哪吒乘坐的風火輪，『表現了古人要求上天入地及快速地來往的要求。』又如楊任的眼睛可以上看天庭，下觀地穴，中識人間萬事。曹君也認爲這是『反映了古人廹切希望知道天空和地層的眞相，這歸根到底是征服自然的要求』。甚至如姜子牙[illegible]冰凍岐山，呼風喚雨，『也多少表現了控制氣候的願望』。

封神演義居然被推崇爲有科學意義，不惟該書作者所不及料，即使現在的讀者也難了解，不過，若是再往深處看，也許和大陸上目前所推行的一切土法有關，不問是土法煉鋼，中醫代替西醫，以及小工廠代替大工廠，人力代替機械，甚至如木軌修鐵路，再進一步，如母雞每天生蛋四個，猪每日長肉十三斤半，本質上比較封神榜也進步不了許多，不過封神榜自以爲是假的，還能引起讀者興趣，中共却把假的當作眞的，自然成爲笑談了。但是封神榜的理論，究竟是和中共宣傳相近，所以中共要大力提倡了。

蔣總統還可以再做幾件漂亮事

——亮齋閑話之二十三

徐亮之

主　「鳴鶴在陰，其子和之」；「君子居其室，出其言善，則千里之外應之。」自從蔣總統發表反對修憲的談話以後，至今海外仍然稱道不絕，眞漂亮呢！

客　您稱道得未免太早；您不知道台灣方面正可能掀起「修憲以維國本」的高潮嗎？萬一那時候，蔣總統也認爲既然事關「國本」，只得勉爲其難；您的稱道豈不只是廢話？

主　「勉爲其難」？王莽謀「即眞」，曹操受「九錫」，都會企圖給天下後世以他們乃「勉爲其難」的錯覺；偏天下後世誰也不肯有這種錯覺。告訴您：誰都知道，一千九百五十五年前，四十八萬多人頌功德的對象是王莽；一眨眼間成爲天下討殺對象的也是王莽。誰都知道，一千七百四十七年前，先意承志慫恿曹操受九錫的董昭一小撮人，只不過眼面前撿得些不義富貴；而反對九錫的荀文若，却歷史上永遠地凜凜如生。任何聰明人不會在原子世紀、民主時代、重演操莽式的「民主把戲」的；放心好了。

客　果眞這樣，自是中國民主憲政之福；我願三薰三沐爲中國民主憲政的前途如是祝福。

主　不過，一談到民主憲政，我却覺得蔣總統還可以再做幾件將來在國史和年譜上都足夠大書特書的漂亮事。

客　什麼事？咁巴閉！

主　其實也不是什麼了不起、辦不到的事；只不過天下人都覺得應該這麼辦，蔣總統却偏不愛這麼辦罷了！

客　到底是幾件什麼事，您總得說出來呀！

主　您覺得張學良這人怎樣？

客　兵諫以悟領袖，忠也；束身以歸國憲，勇也。既忠且勇，難乎見於今之世矣！然而，忠而見疑，勇而獲罪，罪而不知出諸國憲何條；此乃中國憲政之諷刺，台灣法治之汙點；何必問！

主　那末，蔣總統於上次重申憲法尊嚴之餘，同時或明或暗地把張學良釋放，這件事您是並不反對的了？告訴您：聽說蔣總統還和張學良曾有義結金蘭之雅的呢！「一尺布，尚可縫；一斗粟，尚可舂；兄弟二人不相容！」乃千古所悲。如果現在蔣總統眞能大度汪汪，把這個淘氣的小兄弟放了，您想將來的國史上該是怎麼寫？他的年譜又該怎麼書？眞乃一舉而數得哩！

客　您不是說過我「並不反對」嗎？那末，您便儘管說您的第二件事好了。

主　您認爲像白崇禧、孫立人等死心塌地追隨中華民國政府投入台灣懷抱的這樣的人，會再造反不會？

客　如果最近的將來，月球還不可能作爲任何基地而使用；我敢保証：他們不會有造反的任何打算與企圖，縱然有人認爲他們好像一離台灣便非造反不可。

主　您看見報載董必武已經來港，並暗示已經拜訪過本報左舜生先生而相左，並且有詩爲証的嗎？

客　這類的報導，香港司空見慣，沒有什麼稀奇；但和您所問的白孫造反問題却是風馬牛不相及。

主　對不起；這乃我一時興之所至的感觸。我覺得毛澤東倒眞也說得是個「風流人物」，還不時能派章士釗董必武來是非之地的香港溜躂溜躂；我們的蔣總統却始終不能大大方方漂漂亮亮讓白孫之流出來換換空氣！告訴您：孫先生怎樣我不知道；至於白先生，這位「小諸葛」，不但談軍事本行可以使您三天三晚不會再想睡覺；同時，他還是個「閒話」的好手呢。如果他來香港，亮齋人士最少可以「又得浮生半日閒」。

近作四首

君左

戊戌中秋望月

彈指又中秋，離人十載愁。
海飛濤百尺，魂繞國千周。
月色今年白，鄉心幾處浮？
微涼風乍起，猛憶在高樓。

夢中得第二聯醒成之

嶺外深秋矣，蒼茫四顧中。
片雲全海白，高樹一山紅。
鹿洞慙朱子，江村老放翁。
誰懷匡復志？際會正飛龍。

壽均默得先字

法相三千界，滄桑六十年。
匪轟雙日後，人壽七星邊。
天意隨公轉，詩心向我延。
知能寒夏膽，後樂總憂先。

冬夜

一燈滅後夜深沉，海角高樓遠客心。
人似鸞飄兼鳳泊，風如虎嘯[illegible]龍吟。
難堪一夢朱顏老，常苦愁邊白髮侵。
雙劍一琴書萬卷，等閒辜負到而今。

本刊已經香港政府登記

聯合評論 週刊

每逢星期五出版

United Voice Weekly

第廿五號

督印人：黃宇人　總編輯：左仲平
社址：九龍金馬倫道卅八號三樓
電話：六一四一三（61413）
承印：田風印刷廠（高士打道二二一號）
總代理：友聯書報發行公司
售價：每份零售港幣壹毫
本報紐約版總經售處美國紐約中美出版社
CHINESE-AMERICAN PRESS, INC
199 CANAL STREET.,
NEW YORK 13 N. Y. U.S.A.
紐約航空版零售每份美金壹角

山窮水盡、一綫生機！

胡越

一

凡是心靈未死的中國知識份子，今天若說他不苦悶、不悲痛，我是絕不相信的。這因爲國家民族、歷史文化都已到了山窮水盡之地步！我最仰慕的梁任公每愛用：「此吾不忍言，又不忍不言」一句話，這句話恰可表述此時此地我心頭的悽苦與徬徨！

到現在我才能領會，當年陳天華在日本蹈海，王國維在北平投湖的心情。當一個人所懷抱的理想面臨絕望，所至愛的文化已到窮途，而自己又不甘隨世浮沉墮落，那麼他唯一理性的選擇是放棄這怵心刺目的現實，那是一點兒也不奇怪的！別人看來是慘痛的悲劇，而在他自己則感到如河川奔大海，如久客遊子之歸故鄉，是再自然平靜不過的。可是，今天的大苦大悶，是還不到徹底絕望的時候，雖已有山窮水盡之感，但仍留有一綫生機。唯有感到山窮水盡之大悲大痛，才能喚醒昏睡的心靈，才能翻出旋乾轉坤的動力與生機！

我所謂「山窮水盡」，並非指中共佔據中國大陸這一悲慘的事實。儘管今天中共有兩千萬黨員，五百萬雄兵，佔盡了天時與地利；但是我從內心裡瞧不起毛澤東、劉少奇這群人，也瞧不起他們所迷信的馬列主義，更瞧不起他們這套殘民以逞的毒虐做法；我毫無疑惑的相信，只要大陸以外的反共力量能在民主化的基礎上團結一致，同心破敵；中共是不難打倒的，光復大陸，再造中華，絕不是無根據的夢意！

我所謂「山窮水盡」，指的是神洲陸沉以來，悠悠十年，到今天我們還不能建立舉國一致的反共陣容，反共復國的大業還沒有一個起點（那談得到反攻，更那談得到三年收復大陸！），而且默察現勢，當權者自私昏昧已到了無藥可救的程度，而我們魂夢縈繞，涕泣以求的自由民主，仍是茫無邊際的遼遠！

從歷史上看現實的黑暗並不是稀奇。使人苦悶的是，我們內心裏確知甚麼是光明，但是摸索不出一條走向光明的道路來。

二

「當歐洲中世紀開始之際，在公元四一〇年日爾曼蠻族攻陷了羅馬——這地上的『永恆之城』——。當時羅馬人自傲的一切文物制度和生活方式都毀滅了。他們目睹野蠻人焚毀劇院與教堂，殺戮高雅有學識的羅馬人，蹂躪有文學藝術修養的羅馬女子，撕毀和搗碎羅馬的法律和秩序。總言之毀滅了一切羅馬人自以爲驕傲的、光榮的、文明的、視爲生命一般的東西。他們感到失去了一切，在羅馬的廢墟上，他們傷心的號泣着世界末日的到來，史家就把以後的日子稱爲『黑暗時代』！

「就在上述這樣黑暗苦難的日子裏，有一位生長在非洲的基督教士，他掩其悲憫和靈智寫出了一部驚天動地、扭轉歷史的聖書來。這個人是聖奧古斯丁，其書就是『上帝之城』。他在這部書中，喚醒那些涕泗滂沱的羅馬人；在大地之上還有天國。地上的羅馬可以毀滅，上帝之城是永恆不滅的。地上的物質生活是一種虛幻，天國中靈魂生活才是歸信。人世間一切善行將在天國中得到報償，一切罪惡必在天國中得到懲罰。

聖奧古斯丁的『上帝之城』，不但開創了基督教的神學理論，並且救住了羅馬人心靈的死滅，填補了文明毀滅後的空虛，它的影響所及終使日爾曼蠻族，慴於天國的最後審判，匍匐在上帝像前懺悔，而化除了他們只知火與血的蠻性。」

三

奧古斯丁的「上帝之城」是歐洲中古時期的歷史之光。孔子的春秋大義，仁禮之教是中國上古時期的歷史之光。在漆黑一團，完全絕望的時代，凝聚精神氣力於「著書立說」以俟來者，這是一條路，但這不是今天我們要走的路。單就中國來說，我們還剩有台澎列島一大塊土地，海外還有兩千多萬効忠中華民國（不等於効忠某黨某人）的人民；就世界來說，自由陽光仍照耀着地球的大部分，並且與鐵幕地區比較在精神與物質兩方面都仍居於優勢。今天我們的任務是爲保衛自由文明而戰，爲大陸神洲的重光而戰，爲拯救五億七千萬同胞而戰；就是說，我們仍可站在自由土地之上與野蠻黑暗搏鬥。這與大地上一切盡毀，在廢墟上只能祈仰已天國的情形是根本不同的！

在人類爭取自由奮鬥史上，印度民族成功的歷程與採行的方法是最特出的，也是最值得深思與感佩的。聖雄甘地以崇高的宗教情操喚醒了印度人，以非暴力主義的不合作抵抗殘酷的迫害，憑以德報怨的柔善之道驅退了大英帝國的統治，他們竟能光榮的成功了。

甘地主義能夠成功，一個主要因素是他的對手爲紳士型的英國人，使甘地得以在祖國的土地上保持相當的自由活動；如果是共產黨，恐怕一千個甘地也都被殺光了。因此，所以印度的道路也不是我們今天要走的道路。第一我們的主要敵人是兇殘無比的共產黨，第二我們已離開了母土與同胞寄居在這擁擠的英國殖民地的矮簷下，困苦顛連，一籌莫展！

四

有許多人，連我自己在內，把今天的民主運動來比擬孫中山先生所領導的革命運動。我們今天與當年同盟會諸君的處境，確有若干相同之處。如：（一）被迫逃開大陸，（二）以海外華僑社會爲基礎從事救國活動；但是基本形勢則大不相同。（一）今天的中共政權遠比滿清政府爲强大。當年滿清政府雖然也雷厲風行壓制革命活動，但是革命黨人仍可進出大陸從事活動，而今天面對中共之極權統治這種可能性則至爲微小；（二）當年的海外華僑曾對革命做積極的貢獻，而今天的華僑則已無此種熱情，即使有此熱情，也難以發揮出來。這因爲華僑居住地多已由殖民地變成了新興國家，這些新興國家的民族主義正達高潮，而且都帶有強烈的排華彩色；任何與中國政治有關的華僑行動皆遭深惡痛絕、認爲是干涉內政，加以無情的懲處與迫害。（三）論者每謂，辛亥革命當時，革命運動是孤立的，而今天反共的民主運動則是自由世界反共運動的一部分，相形之下，遠較辛亥革命當時爲有利。其實並非如此。因爲今天自由世界的政策，在與共產集團和平共存，爲了和平共存乃劃定彼我雙方的勢力範圍，反共復國的軍事行動被看成破壞和平！因此今天反共運動的國際背景，對反共運動是一束縛，並非一動力。（四）今天與孫中山革命時代最大一點不同，是當時的反清的革命運動，是由民間志士組合的，因此它是與中國民衆血肉相連，聲氣相通的，所以能夠感格人心，洶湧澎湃；可是今天領導反共抗俄不是民間力量而是把持政權三十年，被共產黨擠出大陸的國民黨。時人每以在台灣還有一政府存在而自幸自傲，其實大謬不然。第一，執政三十年的國民黨當權派，已墮落成一羣貪戀權位，作威作福的官僚，辛亥當時那種摩頂放踵，匡救天下的精神氣概早已不復存在。絕大多數國民黨的高層人物，都已意識癱瘓，生活腐化，作風苟且，心地黑暗；日事醇酒婦人，而口唱革命高調，此眞千古未有的大諷刺！第二，古今任何政治運動的成敗，都決定於民心之向背。而今天當權者之壓制民意，摧抑民氣，忽視民權，都到了使人不能緘默的程度。例如軟禁孫立人，修改出版法等事件，都是海內外一致沸騰反對之事，而他們竟悍然倒行逆施。因而在在打擊了反共的民心士氣。最後使人痛心的是他們摩做共黨作風，與自由民主爲敵；這個大前提一錯，反共便失去正面意義；反共即使成功也不過是以暴易暴而已。

今天國民黨政府的存在唯一可承認的價值是保住了中華民國的統緒。但是，假如沒有美國的協防，國民黨現政權能否守住台灣那還是一大疑問。因此以爲有國民政底存在是反共抗俄一大有利條件，這種看法，實在是值得研究的。

五

從以上各種因素來看，今天我們在海外從事民主運動，實遠較同盟會革命時代爲艱難。而主觀條件已遠較當時的革命陣綫薄弱。今天在台灣的民主力量，在當權派的兇殘壓制之下透不過氣來，而在海外的民主力量，由於客觀環境的限制而絕難形成公開的普遍的運動。這些年來我們在居住地所以一直不能生根，因爲我們大部分的精神氣力都貫注在大陸與台灣的問題上面。我們希望自己的努力能對大陸及台灣的局勢有所影響，可是我們的努力都被反民主的統治所封鎖所阻擋了，我們隔絕孤懸在這大英帝國統治的小島上，每有上天無路，入地無門之感。這豈不是山窮水盡！

我常常這樣問自己：「在此時此地，究竟能做些甚麼有利於祖國同胞之事？有利於中國自由民主之事？」我一邊做一邊想，經九年來的反覆思量，我終於得到這樣一個結論，爲在中國建立民主制度，使同胞享有自由生活，必須推翻中共政權；爲了推翻中共政權，必須在民主基礎上實現反共大團結；爲了實現民主團結，必須解除國民黨當權派的獨裁專制。

本上述結論，我對自己的工作方向做了如下的安排：在居住的社會中，貢獻一切可能的力量及方法從事反共工作，同時運用一切可能的力量和方法促進台灣的民主化。

我認爲有了上述的認識與實踐，才是中國民主運動的生機！

國家的命運不可依靠一個人

唐人

近來，台灣和南韓都有一部份人在醞釀修憲。其動機不在其它，而在謀使現任總統連任。他們這樣做，並不是爲了國家，也不一定就是爲了總統本人，而只是爲了與總統有關連的那一羣人自身的既得利益而已。對於李承晚總統，原本可以給予許多好評。南韓今天雖然只有半壁江山，但能有這半壁江山，李承晚的貢獻不小。不過，李承晚總統現已年逾八十，如果說沒有李承晚，南韓便沒有前途，那末，凡人皆有死，李承晚是人，李承晚也必將死，李承晚死後，南韓又將如何呢？這就值得愛護南韓與愛護李承晚的人們深思了。就李承晚本人來說，如何把國家的命運不要隨着自己的埋葬而完結，那也是應該自己深思的。

至於今日中國，其艱難處境，正不下於南韓，現任總統已達高齡，亦與南韓情況相似。然而台灣今日居然也有人想把國家的命運寄託在蔣先生一個人身上，從現代政治觀點來看，這實在太離奇。凡人皆有死，蔣先生又何能例外？如果把國家的命運寄託在蔣先生一個人身上，蔣先生一死，國家豈不也完了。然而我們曉得：任何人都可以死，國家却是不能死的。人亡政息是封建社會的人治悲劇，我們現在則必須從建立現代民主政治制度來拯治這一切毛病。我們必須把國家的命運寄託在政治制度上，而不是寄託在任何個人身上。然後國家的命運才不會因任何個人的死亡而死亡。這樣來爲國家打算，才是眞正愛國。

至於身爲總統的人，也是應該爲國家着想，而不應該只爲個人着想的。若身爲總統的人不把國家的命運和自己的命運分開，而胡亂的把它搞在一起，那末他的這種行爲就無異是他對國家的一種陰謀，同時，那也就証明他只知道自私，而不知道愛國。蔣先生是自私抑或還是眞正的愛國，我們倒要看看他在這緊要關頭究竟如何來對這一問題。

在中國歷史上，其本身被敵人擊敗而又終於自己復興起來的，只有越王勾踐一人。但勾踐被吳王夫差擊敗時很年輕，所以他的年齡允許他以十年生聚十年教訓的長時間來從事復國，蔣先生與他的情況不同。如果蔣先生在這高年能利用自己的威望，捨去個人的權利慾念，爲國家建立一個眞正的政治制度，使國家的命運永固，有如美國的華盛頓，而非有如法國的拿破崙，那末，蔣先生對國家的貢獻也就偉大了。否則歷史的裁判是不會饒恕任何人的。

書評：風暴十年

孫寶剛

一

周鯨文先生近著「風暴十年」已經出版了。這是一本報導和評論中共十年來情形的最完整的一部著作。全書三十餘萬字，分十四章。在開頭時另有一篇序幕。他以「船」來譬喻每一次的中國執政者，岸上待渡的人是中國的老百姓。中國老百姓——是一批難民，個個想早日脫離這個受難的災區，可惜所有的渡手都是壞人偽裝的，他們並沒有眞眞想把難民渡到安樂的地方去，反把難民們僅餘的一些行李都打刼了。中共是最壞的一批船手，所以難民們——中國老百姓受禍最深。這一篇序幕寫得很生動，可見周先生對於文學的素養，也很高。

自第一章至十四章，周先生由清末的時代背景寫起，寫到現在中共實行人民公社為止，最後並指出了一個方向，凡是有心要拯救中國的人，我認為，都應該閱讀這本書。

當然在香港，我們已經看見過許多著作、報導並評論中共的情形，但是像周先生這樣親歷其境，自身是一個負重要責任的民主運動者，對於政治、經濟、社會、文化的理論本有修養，而八年來時時能與中共以及民主黨派的決策者在一起，並且還走過許多地方，實地參加工作，耳聞目擊中共每一個政策實施的實際情形，並且瞭解中共背後的企圖，那不能不說在香港只有周先生一個人具備這個條件。依照我的觀點，要研究中共政權，只研究其理論，以及其發表的政策和法令是不夠的。我們非知道其背後的另有企圖，才能眞正的瞭解中共政權。

我在上面已經說過，全書有三十餘萬字，所以要在這一篇短短的文字中來詳盡的介紹風暴十年的內容是不可能的。我現在只摘錄幾句周先生的話，使讀者知道全書的內容之非常豐富。

二

在第一章中說：「人類的歷史走到二十世紀，這是人民的時代。在這個時期中，中國起了很大變化……這說明按之歷史的規律，一定還在變化，肯定的必有巨大的變化，而且是向着正確合理的方向變化，向着人民的時代所要求的方向變化，向着民主自由的方向變化，向着大衆幸福的道路上變化。」世界的歷史已經充分表明，變化不可能是直綫的，中間定有許多不如人意的插曲，中共的執政也是插曲之一，正如前幾次執政者一樣。所以我們不要灰心，只能把這許多不如意的變化，看作時代變化中的彎曲處。但在大處遠處來看，並沒有失去其固有方向。所以軍事上有一句格言說不必「眩於當面之敵」。更不必就此悲觀的。但是我們要努力，使這個變化，不要太彎曲了，因為每一個彎曲，老百姓就犧牲很大，國家的元氣也喪了許多。「共黨產成功之前，國民政府雖以共產黨為死敵，」但他們幫助了共產黨。周先生在其書中講起梁漱溟先生口述的一段話，很生動的，那時梁先生在重慶北碚，他目睹幾十萬國民黨的大軍狼狽遁逃的情形，其實那時的共軍只有一連人，並且在幾十里之外。所以紅軍的參謀長葉劍英和周先生等在北京相遇而握手時，「他脫口而出：局勢的發展，完全出乎意料之外。」周恩來也時時說，「中共能這樣快的把國民黨逐出大陸，眞是意料之外的。」從這幾節文字中，周先生已明白的告訴我們，國民黨在當時太腐化，並且心理崩潰了，所以才有共產黨的大勝利。我們今天既然認清中共是一個壞的政權，我們想打倒它，那麼我們就須振作一番，去除一切的腐化情形，在心理上自己要準確地建設起來，才有打倒共黨政權的希望。關於這一點我尤其希望在台灣的國民政府的人們特別要反省，詳詳細細讀一讀周先生這本書。

又在第四章中，周先生專以毛澤東為主題，評論毛澤東的為人，他提出了「忍」與「狠」兩個字，作為毛澤東成功的主因。當然這兩個字是中國歷代開國的帝皇的成功要訣，毛澤東是專讀中國老書的人，所以學會了這個秘訣。但是毛澤東對於現代的學問太少，赫魯曉夫就有這樣的批評，在我們想來，以今天科學如此進步，國際的關係如此複雜，毛澤東既已把大權集中於一身，而自身對於現代學問這樣缺乏，是否能夠應付現代的局面呢？這是使人不得不懷疑的。而讀了風暴十年後，確使我們對毛澤東的瞭解更深一層，對於毛澤東領導下的中共政權，可以有更進一步的認識。

「不斷的清算」和「人民的地獄」幾章，很具體的告訴我們中共十年來的暴政，周先生在這幾章中除了告訴我們許多運動的事實以外，他並說共產黨是「靠運動吃飯」的。而所謂運動大約可分成兩種：一種是具有清算鬥爭內容的，如土地改革，鎮壓反革命，抗美援朝，三反五反，新三反，司法改革，婚姻法，思想改造，反胡風，肅清反革命，鳴放整風反右派運動等。另一種是輔助政府機構推行日常工作的。如增產節約，愛國清潔衛生，消滅文盲，識字運動等。

這一系列的運動，都有它各別的特徵。如土改運動在消滅農村中有影響力的地主，鎮反運動為消滅廣大社會中不忠於中共政權的人們。抗美援朝是清算資本主義國家在中國的勢力和影響。思想改造為壓服知識份子。婚姻法為破壞家庭制度。三反是整機關中不順服的幹部。五反為清算工商界的初步。整風是在打擊沒有十分被壓服的知識份子。

每個運動都是有組織的在共黨領導之下進行的，在事先共黨已經選擇好了對象，到了鬥爭時，誰鬥誰，怎樣鬥，都已準備好了，並不是像外界所誤解的，以為由參與的羣衆所亂咬出來的，所以表面上好似羣衆情緒很激昂，實際上是一幕戲劇而已。

大體上說，清算是對付不利於共黨政權的上中下級份子，人民的地獄幾章是敘述共黨怎樣的奴役並剝削一般的人民。我們看了這幾章以後，把中共十年來的罪惡，瞭如指掌。而最難得的是，周先生陳述每一件運動或政策的時候，都有理論的批評和解釋，所以對一般沒有政治經濟理論素養的人們，讀了也頗清楚。

三

最後，周先生在革命再革命一章中，提示我們說：這是一個人民醒覺的時代，人掌握了知識，有了辨別能力，知道什麼是善和惡，什麼是眞理。共產黨利用以往國民黨政權的腐敗，處處以欺騙手段得到了人民的支持而獲取了政權。但是人民只能被騙一下子，不能長期被騙下去的。所以自共黨執政到現在，首先由人民的擁護而到了懷疑，現在已由懷疑而進入了沉默的階段，不久定會進入反抗的階段的，現在確也已有人在反抗。羅瑞卿也曾報告過，「全國各地有反抗的羣衆」，周先生並告訴我們：「五一節和十一國慶節是遊行熱鬧的場面，本是大家高興的日子。但在遊行中發現反對共產黨的標語和傳單，有的青年以『打倒毛澤東』的口號代替了『毛澤東萬歲』而被捕了。」

就以共黨統治的本身來說，也存在着內在的矛盾和弱點。

以統治方法言，「共產黨的欺騙，打罵、鬥爭、鎮壓、恐怖的統治，是基本上包含致命的內在的矛盾和弱點。」就黨內人事來說，「這個與它有生俱來的毛病就是官僚主義、宗派主義、主觀主義。他們天天警惕這「三害」，這「三害」還是時時侵害它。」所以共產黨對外作戰，最害怕的是內部團結問題，「這就是它們所說的『堡壘由內部攻破』：」共產黨為健全自己，就不能不繼續的清洗，清洗就是內部不安，就是清洗一部份敵人，同時也製造了敵人。」所以「清洗是為了團結，同時也製造不團結。這個矛盾對共產黨來說是無法解決的。」

「共產黨原是一個組織嚴密，騙術甚高，戰鬥力頗強的黨。但是因為內在的矛盾重重，在黨的權力發展到一定程度時，它就走向分化、削弱、內部不安、以至沒落的境地。」所以我們不必灰心，我們定能戰勝共產黨的。

就經濟方面說，「那種無知、主觀、與鋪張，造成了浪費，與廣大人民窮困的生活不相容。這就是基本矛盾」。「他們建立工業是要保持政權，發展野心，而不顧人民需要的。但是中國經濟力量有限，絕對應付不了共產黨人擴大的胃口。絕對支持不了共產黨人的盲目鋪張和收效頗遠的所謂建設。」

就文化方面說，「高懸統一思想的旗子，明為尊重馬列主義，實際就是要人服從毛澤東的一言一行，其結果就是文化貧困，毫無生氣，社會是呆滯不前，人民是一副苦臉。」

所以周先生的結論認為中國人民如能以大仁大義，以愛為出發點，要不分階級，聯合各階級，拿着民主自由的旗幟，社會主義的遠景，來一次再革命，前途是很有把握的。

本文當然只能把風暴十年的概要作簡單的介紹，詳細的內容希望讀者自己去發掘。

共區歷史教學方案

岳騫

最近看到一九五九年第一期「歷史教學」，載了一篇上海「新滬中學」初中一年級中國古代史的教學方案，其內容荒謬程度，頗值得震驚。應舉出向海外讀者作一簡畧介紹。

本來共區這幾年所用的歷史課本，每年都在改，越改越離譜，越荒謬，但是到了一九五八年「大躍進」，毛澤東鼓勵幹部要敢想，敢做之後，於是許多平常想不到，做不出的怪事都見到了。

一九五八年三月間陳伯達提出「厚今薄古」的口號，要學術界拔白旗，插紅旗，各地馬上雷厲風行，學校居然試行自編課本，有許多地方充份發揮了敢想，敢做的作風。

上海市新滬中學所以要自訂初中一年級歷史教學方案，因為該校學生自第十五週至十八週為下廠時間，原有課本太長教不了，不能不重編，縮短。

重編的結果，正合了毛澤東的「指示」，對於歷史「取其精華，去其糟粕」，不合乎共產黨需要的歷史都不要了。

這一個「方案」是從西漢到南北朝，共分六章（第九章至十四章），每章又分三段。計第九章西漢，第十章東漢，第十一章西漢的文化，第十二章三國和兩晉，第十三章南朝和北朝，第十四章南北朝的文化。

六章內容，除去十一、十四兩章專談兩漢南北朝的文化，其餘四章重心都在「農民起義」上面，沒有重大的也要想法湊上一宗，西漢有「綠林赤眉起義」，東漢有「黃巾起義」，三國和兩晉則拉上一個「孫恩起義」，南北朝又出現了一個「葛榮起義」。中共好似很同情失敗的人，凡是在歷史上起事未成功的就叫做起義，已成功的就變成統治階級，革命的對象。按說，綠林赤眉是起義，光武帝劉秀何以又不算起義，三國兩晉時代與其硬拉出孫恩、盧循，何如表揚一下率流民起事據有全蜀的李特，失敗就是英雄，成功便為罪人，適足表現中共好亂成性，那能談到歷史。

中共的歷史教材重心有三點：

（一）「階級鬥爭」，如綠林、赤眉、黃巾、孫恩、葛榮等「起義」。

（二）「生產鬥爭」，如兩漢經濟發展，屯田制，均田制的實行，西南、江南的開發，北周、隋初農業生產的發展等。

（三）「愛國鬥爭」：如兩漢時對匈奴的戰爭，跟西域的交通，祖逖的北伐，淝水戰爭等。

至於朝代的遞嬗，歷史的演變，中共看來只是紀述封建帝王的活動，所以不肯編入教材，有的根本就畧而不提。實在說，讀歷史僅僅研究帝王將相的生活起居，確實不夠，但是帝王年代是紀載歷史進度的「里程碑」，為了讀歷史的方便，還是無法廢除的，中共把帝王年代略而不談，在初中學生讀來，對於整個歷史演變就無法了解，好似赤眉之後就接到黃巾，不知道其間差了兩百年，至於這兩百年發生的其他事件，大部都不知道，這種歷史學了等於未學。

中共的「歷史教材方案」錯處尚不止此，最大毛病在極力還就「政治」，變成了宣傳小冊子，根本不似歷史課本。

如第十二章「三國和兩晉」，特別强調「吳對江南的開發，吳軍到達台灣，說明台灣從古以來就是祖國不可分割的領土。」台灣是中國領土，中國人從來未曾否認過，中共若非別有想法，似不必在學生課本中提出。而且領土的定義也不必牽扯到從古以來，若是按照中共的理論，東北外興安嶺以北，烏蘇里江以東，西北伊犂河外，在幾十年前尚是中國的領土，也應該讓學生知道才是。

又如第九章，「西漢經濟發展的情況」居然說：「西漢前期社會經濟發展了，而小農戶仍不免貧困破產，可說明個體農戶一方面工具簡陋生產不多，一方面統治階級仍有剝削，一遇天災人禍還是貧窮破產，只有在工人階級領導下，農民不再受到剝削並組織起來走集體化的道路，現在人民公社使農民更加幸福。」

看了上面這一段，我們覺得這位編者可能就是「右派份子」，他為什麼要拿西漢的文景之治來和人民公社相比，那個時候，米爛在倉裏，串錢的繩子都朽爛，今天的人民公社是什麼情形，這種宣傳法豈不是要起反作用。

再如西漢對匈奴戰爭經過，「教材」强調「勞動人民起了巨大作用」，諸如飼養馬匹，運輸物質，英勇作戰，這些道理只可說是部份理由，較此更高級的政略戰畧指揮，和一般社會條件却忽畧了，可是到了最後又加上「結合當前反美侵畧，積極支援前線，貫徹三化運動，進行愛國主義教育」，使人看了，覺得中共所以强調「愛國」，就是因為反美，愛國只是口號，反美才是目的。

更淺薄無聊的是，淝水戰爭一段，居然最後又歸結到「今天的美國侵畧者與我們六億中國人民為敵，它一定要遭到澈底的失敗。」這種口吻那能作為歷史課本，完全是毛澤東論「紙老虎」裏面抄來的。

這類情形當不限於「新滬中學」一校，其他學校也許會更胡扯些，中共目前的辦法，確已亂了步驟，現在課本又由各校自編，將來甲校學生所學和乙校不同，如果升到一間大學，課程又當怎樣排法，教育方面的混亂情況是可以預料的。

移民淚

大陸通訊

江一青

湘共從一九五八年九月初旬起，同時厲行「三大新政」：一、實行全民皆兵，把少壯男女完全置於軍事組織控制之下；二、實行「公社制」；三、強廹移民，把「地主」、「富農」驅往邊遠地區。除第一、二兩項已成爲全國性、公開性之暴政外，第三項目前則只限於少數地區，並未對外正式宣佈。

中共以湖南人口稠密，土地不夠分配爲理由，令湘共製定一項「移民邊區墾荒辦法」頒佈施行。移民專以地主富農爲對象，顯然是排除異己的新陰謀。茲將上項辦法摘錄如後：

「一、爲照顧本省土地與人口問題，特製定此項移民辦法。

二、本省暫以地主，富農爲移民對象。

三、凡被移民者，可享受下列各項優待：

（1）改變原有成份，正式享有民權公利。

（2）沿途由政府供給交通工具及照顧食宿。

（3）到達目的地由政府供給材料建築住房。

（4）由政府免費發給棉被一條，棉衣一件。

（5）在墾荒期間由政府供給膳食一年以上。

（6）所需農具及用具由政府就地供給。

四、被指定移民者不得抗拒，否則以反動論。

五、移民者之老年父母及未成年之子女，一律留在原籍，由政府予以安置。

……」

這項辦法一經公佈後，縣、鄉、區各級政府積極進行調查登記，並製有一種志願表發給指定移民的人自行填報，移民目的地分黑龍江、松江、安東、熱河、察哈爾和遼北等六省，可任擇其一。

那些被強廹登記移民的人，面臨又一次「掃地出門」的刼運，而且還要骨肉分離，不由不肝腸寸斷！自來生長在湖南這個溫帶地方的人們，偶然去那冰天雪地的邊遠不毛之地過生活，縱不餓死，也會凍死！雖然人人視爲畏途，但在極權統治下誰敢反抗？只有含恨忍痛被驅上死亡的路綫。

從十月初起，湘桂、粵漢兩路，每天有一列專車運送移民的人，在湘段大小車站都有移民的候車隊伍。據初步統計，首次全省移民人數約二百一十萬，在一九五八年年底以前可以辦理竣事。

十一月十八日的中午，筆者到祁陽黎家坪車站去送一個移民的堂兄，見到一幕骨肉分離的慘劇，禁不住陪了不少的淚水！這天祁陽縣東區首批移民人數約三百，許多白髮老人，扶着行將遠別的心愛兒女哭得淚人似的，少小的孩子，牽着臨別的父母的衣襟細問歸期，大家都是「流淚眼觀流淚眼；斷腸人對斷腸人」！及至火車到站，行者魚串地上了車，汽笛一聲，一條長蛇似的車輛向北蜿蜒而去，剩下來的是喊爺叫媽聲，呼兒喚女聲，號泣聲，混雜在一起，淒慘的情狀，足以驚天地而泣鬼神！我想起古人有兩句詩道：「世間第一傷心事，惟有生離與死別！」我只有含着滿眶淚水迅速地離開那悲劇的現場。

移民者携帶行李規定每人不得超過五十磅，現欵不得超過人民幣二十元。臨行的前兩小時，由區政府派員分發一條破舊重不過五斤的棉絮，沒有被單和被面，一件舊棉軍大衣，這算是政府給予的優待品了。

近據本鄉一個姓周的移民者寫給親人一封信說：

「當我們抵達安東後，地面積雪已達四五呎，到處都像一個銀世界。我們沒有房子住，有的宿在人家屋簷下，還算得幸運者；有的挖窰洞暫住，聊以避風雪；有的張開布幔（政府臨時發的），就在冰天雪地上安家。要移民者自行建屋，既沒有建築材料，又沒有工具，要有房子住，恐怕在半年內是不成的。有時因交通不便，食物供給斷絕，以致一集體絕食。在饑寒交廹之下，許多同來的伴侶，又移往另一極樂世界去了。唉！已死者的痛苦已告終結，未死者還在繼續……」

從這封信所描繪的情景來看，確是一幅活生生的流民圖。中共把人命視同草芥，過去對地、富進行殘酷的鬥爭流血，被犧牲者數以千萬計，如今又以強廹移民來徹底消滅地、富的殘餘生命，其殘暴的程度曷其有極！

在中國古代，也有所謂移民邊疆的辦法，但就沒有這樣慘。記得洪秀全楊秀清之亂，湘軍會建大功。曾國藩以後，左宗棠亦曾率領三湘健兒遠征新疆。三湘子弟踏遍天山南北，是以勝利者的姿態爲國家民族平亂，三湘父老當時都是歡天喜地的。所以，「大將西征尚未還，湘中子弟遍天山。新栽楊柳三千里，引得春風度玉關。」這一首詩爲廣大國人所傳頌，更爲湖南父老所欣喜，但今昔情勢完全不同了。三湘的年輕子弟不是在歡天喜地中出征，而是被押赴邊區作奴隸，家人的別離，不是在勉勵自己的子弟爲國家作戰，而在但願他們不死。

自從中共政權統治大陸以來，紅朝新貴中湖南人很多，甚至「吾郡居然成豐沛」，毛澤東也是湖南人。但湖南人民並沒有高興，因此大家也沒有因此眞正願意擁護毛澤東，因爲共產黨這一套，湖南人在民國十五六年的時候早就深知了。所以，湖南老百姓對於中共從來沒有寄予希望，但在三反五反，各種管制鎮壓之餘，中共又強迫移民，把青壯年驅往邊遠地區，則是完全出乎意外的，然而湖南父老在刀鋸虎鉞之下，除了悲痛的望着的子弟被共幹押上火車一列車一列車的開走以外，還有什麼辦法呢？

台灣戶籍的烏龍

台北通訊

介人

台灣的戶籍，在日治時期就已經上了軌道，可說是早已經奠下了基礎，自從光復以後，迄今已十有餘年，應該是沒有問題的。只是由於經費人事的關係；更由於防匪防諜，着重於保安，安全的措施，有若干地方不免矯枉過正，刻舟求劍，竟鬧出不少的笑話，令人爲之啼笑皆非。

姑且列舉最近的一件小事爲証。從大陸來台的一對恩愛夫妻，從事教書工作，已經十有二載，夫妻間原相安無事。詎料，最近一次戶籍上的突擊檢查，這對恩愛夫妻却觸犯規章，夫妻名義發生動搖。

過去在大陸家鄉時，他倆原是青梅竹馬，長大後又一同獻身教育事業，乃在十五年前結爲終身伴侶。起因由於他倆各有乳名，他叫何有聖，她名吳有寶，大家都說他倆的「有」字實是多餘的字眼，於是他倆就在結婚前夕改名何聖，吳寶。他倆婚後三年，應友邀約來台任教，由於教書須証明文件，學校發給他倆的聘書，是根據畢業証書，仍以何有聖，吳有寶的名字方稱合法，這對夫婦却滿不在乎，依舊沿用乳名，呼叫起來異常親密，一如婚前相戀時期。

可是，當他倆報戶籍時，倒成了問題，因爲他倆的結婚証書的新郎是何聖，新娘是吳寶，吳寶的配偶是何聖，而今却要將何有聖與吳有寶連在一起，當被認爲依法無據，何況他倆隨身帶來的身份証上並沒有照片，戶籍員就更毫不通融了。

既然夫妻名義有了問題，這對夫妻只好請教戶籍人員，據戶籍人員當時告訴他倆解決的方法有二：一是向法院再來一次公証結婚手續：另一是戶籍登記爲「同居」。但這兩條辦法，吳寶均表反對。她說：「我是明媒正娶，那有做同居姘頭之理，至於重婚一次更不像話，貞節女郎是不二嫁的。」

由於吳寶的僵持，兩夫妻爭執了一些時，報戶籍的事亦暫時擱置，等到戶籍非報不可的時候，何聖私自行動，而戶籍機關填報吳寶是他的「弟媳婦」。於是，何有聖身份証上的配偶填着吳寶，吳有寶身份証上的配偶填着何聖，搞得一對失妻眞假不分。

何有聖竟與「弟媳婦」同居，並未引起同事間的非議，這是因爲他倆的同鄉認定眞人眞事，從無人懷疑過，因此，他倆也就存着得過且過的心理，打發這平淡的日子。

但事隔一年，吳寶有喜了，當他倆弄璋之慶時，何有聖又爲兒子的戶籍問題煩惱了，「弟媳婦」的無夫生子，此時此地不算新奇，何家戶籍冊上却不能認定是有聖的親生子，亦只有「認領」之一途。

於是，何有聖認領「弟媳婦」的私生子連續了三次，戶籍上雖然名義不正，實質上並沒有阻碍何家愛子之心。但好景不常，當他倆最近調離屏東，遷居靠近屏東的鄉村時，戶籍人員弄不清楚他倆的「關係」，遂於一次突擊檢查時，他倆被認爲違警，涉及倫常問題，把這一時眞夫妻搞得啼笑皆非，到處託人說項。

當這有趣的問題鬧開了，同鄉長輩均在勸導吳寶，應該捨棄「不二嫁」的偏見，必須「重婚」一次，先行辦理何有聖與吳寶，吳有寶與何聖的離婚，然後舉行何有聖與吳有寶新婚喜慶，讓同鄉與友好重喝一次喜酒。

不過，這麼一來，只有何有聖佔便宜，吳有寶不只是「二嫁夫人」，還拖着三隻油瓶，吳寶大爲叫屈，咬着牙根不答應，是否再行婚禮，戶籍機關已否爲之登記，目下尚無所悉。

另一件小事是台北市政府戶政課，最近爲了舉辦戶口總校正，特製大型標語牌，高高懸掛在通衢大道之上，以廣宣傳。每幅標語牌用十五塊洋鐵皮連結而成，正反兩面，各用油漆寫上十五個斗大楷書，不准所費不貲，而且用心良苦。不過把「肅清戶口」寫成了「蕭清戶口」，算是又擺了一次烏龍。

於是台北某報以「蕭清戶口」爲題，寫下了如後的短評：

東門市場附近掛着一幅標語，正反兩面，皆寫的是「爲蕭清室戶漏口必需辦理戶口校正」十五個大字；有位老太太看見這幅標語不很順眼，一直看了三天，實在忍無可忍，打電話到本報，要記者去「共賞」這「奇文」。本報記者一看之下，果然發現「肅」字頭上長了草；當即跑到市政府「蘆政課」，請他們「校正」一下。不料該課負責人只嘆經費不夠，像這樣標語牌，原定做一百個，結果只做十六個，言下頗覺未足。倘「蘆政課」經費充足，這樣標語牌做上一百個，掛遍全市，大「蕭」其清，實在要人受不了！

十五個標語字，辦事認眞，態度嚴謹，只錯一個字。全市七十萬人口，本人及家屬的名字合計起來，約有一千萬字；其中錯誤之多，不難想見。問題倒是不怕錯，而怕不認錯；戶籍人員寫錯了字，請他認錯改正，殊難辦到。筆者身份証父親的名字被寫錯，屢請「校正」，均不獲准，這次「蘆」籍人員辦理戶口總校正，不知能虛心一點否？

以上兩則小事，就已佔去篇幅不少，其他的姑且從略吧。

論聯合與團結（讀者投書）

江鶯濤

在二十一期聯合評論上，拜讀了陽明先生的「民主的青年站擺來」後，使我有着許多的感想。

在海外的十年流亡生涯，大家除了忍苦忍痛的求生存外，唯一的寄望是要推翻中共的極權暴政，和重建殘破了的家國，回憶這十年來海外自由民主運動究竟有何成就？想必每一個關心國事的人都要感到不滿足了，而大陸同胞在中共暴政下，卻仍然堅決地追求民主自由，這使海外的我們實在有些慚愧了。

陽明先生的「民主青年站擺來」是對的，也是正確的，但我覺得要做到眞正的團結，決非陽明先生說得那麼容易，因爲這是一個極艱巨的工作，決非是說說就可以辦到，陽明先生的「一個目標」，這是用不着長篇大論來解釋的，凡屬每一個有良知的中國人，都會爲自由民主復國而奮鬥，但談到「一致行動」、「甘苦與共」、「生死一團」則實在是太不容易了，我覺得能在短時期內做好聯合的工作已是不錯，因爲團結與聯合在本質上是有差異的，在這裡沒有浪費軍墨和佔有篇幅的必要，用不着多予解釋，因爲前者是要有互信心，有步驟有層次有組織，而後者則是替前者鋪路，使個體向羣體的相結，大家多交換意見，建立友誼，然後才能談到其他的問題，走向團結之途。

所以團結並不是一句口號，而是有對象的，青年人、中年人、老年人都須要團結，團結是有方法有層次的，如老年人的道德學問經驗，青年人的充沛精力，堅苦硬幹的精神，如何使大家交融在一起，青年人應如何敬重老前輩的道德爲人，老年人應如何的領導灌輸青年人，使他們接收自己的經驗學問來發揮工作効力，這樣我們才能夠做到廣泛網羅人材，做到自由民主復國的團結工作。

十年來，海外的自由民主運動究竟有什麼成果呢？以我所接觸的朋友以及個人的認識來觀察；只覺得失敗多於成功，過去的表現增添了未來的許多阻碍。這其中當然是有極複雜的因素存在。

但只要我們能面對這各種困難，力於克服，循着聯合的途徑上來建立友誼，由個體趨向羣體的結合，自由民主復國的工作，是不難成功的，海洋中的水是積無數點滴而成的驚濤駭浪，由於每一水點的奔騰跳躍，才能造成澎湃的巨響聲，所以「聯合」的初步辦法是極適當而重要的。

× × × × ×

本報價目

港九　零售每份壹毫
　　　每月四毫
　　　全年四元

美國　平郵每月美金伍角
　　　空郵每月美金二元

日本　平郵每月港幣三元
　　　空郵每月港幣伍元

南洋　平郵每月港幣三元
　　　空郵每月港幣伍元

歐洲　平郵每月港幣三元
　　　空郵每月港幣陸元

南美　平郵每月港幣三元
　　　空郵每月港幣十二元

記甲午中日戰爭始末（二）

舜生

（一）前言（下）

至於第二度引起中國人對『西學』的注意，這是經過兩度鴉片戰爭和太平天國以後的事。這一時期，如北京的總理各國通商事務衙門（簡稱譯署或總署）成立於一八六一年，即咸豐十一年的十二月。）同文館（成立於一八六七年，即同治六年的正月。）天津的水師學堂，上海的製造局，福州的船政局，以及若干外人所設的學會醫院等等，莫不從事西書的翻譯。梁啓超在光緒二十二年，著有『西學書目表』三卷；上卷爲西學諸書，其目爲算學、重學、電學、化學、聲學、光學、汽學、天學、地學、全體學、動植物學、醫學、圖學；中卷爲西政諸書，其目爲史志、官制、學制、法律、農政、礦政、工政、商政、兵政、船政；下卷爲雜類之書，其目爲遊記、報章、格致；合計總數約在三百種左右。此外如前面所舉明末清初艾、利、湯、南等人的著作，還有數十種，則列入附卷。大致在同治初年以迄光緒二十年以前，中國人高談『西學』的，除掉極少數通西文可以直接讀西書原本者外，其餘的人便都靠這類的譯本，以滿足他們嚮往『西學』的欲望，可是就連這種人也還是少到如鳳毛麟角。

自從經過了中日一戰，這種情形便完全起了變化：中國的知識分子，一方面感到國家的積弱，必須力圖補救，一方面也覺得日本效法西洋已經收到了富強的實效，乃不勝其艷美，於是對於新的追求，已趨於白熱，而對八股文試帖詩乃至科舉制度，也引起了十分的厭惡。黃公度（遵憲）著的一部『日本國志』，本來在光緒十三年（1887）已經脫稿，可是在當時並沒有印行，僅僅抄寫了四份，除自己保留一份外，其餘三份則以一份送總理衙門，一份送李鴻章，一份送張之洞，這可以使我們想像當時一般國人對於日本從事改革的經過實在所知太少，無怪當時一般士大夫依然充滿虛憍之氣，而發爲主戰拒和的種種高調。一直要等到慘敗成爲事實，然後這部『日本國志』才引起國人的注目，而黃公度其人之爲明瞭外情的先知先覺，也才爲國人所公認了。嚴又陵（復）譯赫胥黎『天演論』，也是中日戰爭以後的事，梁啓超在光緒二十二年讀過他的譯稿，他自己寫的一篇序在二十二年的九月，吳汝綸爲他寫的一篇則在二十四年的四月，大概正式印行也在戊戌以後了。繼此以後，嚴氏更譯有亞丹斯密『原富』，甄克思『社會通詮』，穆勒『群己權界論』，孟德斯鳩『法意』，斯賓塞『羣學肄言』，耶方斯『名學淺說』，『穆勒名學』等多種，大抵成書都在中日戰後的十年以內，其足以予中國學術界一種新的刺激，自不待言；而馬眉叔（建忠）根據西洋文法書以通中國文法的一部『馬氏文通』，也成於光緒二十四年，這大致也還是中國人前此不會有過的一種學問。至於以後留學生一天天加多，印刷機構與印刷技術一天天擴大與進步，然後中外學術的溝通，才漸漸的走上正軌。

第三，就列強侵略中國的事實來看，在甲午中日戰爭以前，中國雖因鴉片戰爭於一九四二年（道光二十二年）與英國訂有『江寧條約』，但經過十六年（一八五八）咸豐八年）才與英法兩國分別訂立『天津條約』，又經過二十七年（一八八五，光緒一一）然後才與法國訂立越南條約，可見他們侵略的進廢還相當和緩，即賠欵的數字也還不算太大。關於土地的侵佔，則除帝俄於中國北邊隨時有若干巧取豪奪以外，在東南沿海奧區，僅於『江寧條約』割讓了香港，（澳門於明嘉靖間已事實上爲葡人佔領，姑置勿論。）其餘則尚無恙。因此，中國的國際地位還能勉強保持，至少沒有感到隨時有被人瓜分的危險；至於戰前所負的外債，總共不過六百八十四萬餘鎊，對中國的財政也還不感到如何的威脅。經過甲午一戰以後，情況乃完全不同：俄德法三國以壓迫日本退還遼東與中國之故，起而向我要求報酬：俄既強租旅順，大連，又以華俄道勝銀行東清鐵路等關係，囊括滿洲大部分權利，蒙古也被視爲己物。德國藉口曹州教案，德教士兩名被殺，乃以海軍強佔膠州灣，要求九十九年的租借期，且攘奪山東全省的路礦權利。法國以安南的地位關係，所注意者在雲南兩廣，見俄德既各有所得，也要求廣州灣九十九年的租借權，同時要求雲南兩廣不得割讓他國。英國對於遠東的侵略，素來是態度極其沉着，手腕極其敏活，她看見俄德在北方發展，法人在南方經營，乃一面租借威海衛以抗俄人，同時分德人在山東之勢；一面又要求租借九龍以抵制法人，並且要求揚子江沿岸各省不得租借或割讓與他國。至於日本，則除根據『馬關條約』割了台灣以外，因見西方列強在中國各有勢力範圍的指定，她也就要求福建應該歸入她的範圍。當時在名義上好像一無所得的要算是美國，但她的態度更聰明，乃純從經濟利益上着想，於光緒二十五年（一八九九），由國務卿海約翰（John Hay）提出中國『門戶開放政策』，（實際發動的還是英國）非正式的徵得列強同意。這一政策雖使中國倖免於瓜分，但各國對華經濟侵略的競爭，却更趨於激烈。

至於說到中日戰後所負的外債，更是令人吃驚：戰時兵費一項已所耗不資，戰敗賠欵二萬萬兩，贖遼又三千萬兩，窮無復之，惟有向外國借債之一法。計自光緒二十年到二十四年，外債總額已突飛猛進，加到五千四百四十五萬五千鎊，更加利息二千五百一十八萬五千兩，蓋已十倍於戰前。又馬關條約允許外人在各通商口岸設廠製造，於是外人得運用其雄厚的資本，支付低微的工資，廉價的原料，打入中國的堂奧，以與中國幼稚的實業界競爭，中國的實業難有發展的希望，自更不用說。

以上各點，還是就中國直接受到的損害立論，試進一步觀察：則因中日一戰的影響，乃引出了戊戌維新；戊戌維新的反動，則爲庚子拳變；因有庚子的拳變，乃演出帝俄以重兵踏踞我整個的東北，因而給予日本一個報復還遼一役的機會，於是乃有一九〇四至一九〇五年的日俄戰爭發生。中日戰爭加速了中國的革命，日俄戰爭更加速了俄國的革命。我在前面已經提到，在中日戰爭以後，僅經過十六年以上的時間，滿清即已歸於滅亡；在日俄戰爭以後，更只經過一十二年，羅曼諾夫王朝，便已傾覆。尤其在俄國革命以後，西方列強對中國的侵略還比較的趨於緩和，惟有日俄兩國，則一個明爭，一個暗鬥，更一步不肯放鬆，其間更經一度八年的對日抗戰，一個第二號的紅色大帝國便已在亞洲產生。上面這些大事，可以說是一貫相生，其因果關係，至爲明顯，追本窮源，幾乎無一不發端於甲午一戰啊。

「公無渡河！」

——亮齋閒話之二十四

徐亮之

主　本月二十四日「自由人」轉載大法官史尚寬先生對修憲問題的意見，結論說：「總之，我國憲法有待於修改，爲不可否認之事實；然在目前尚非其時。」可謂一語破的，得我心之所同然。

客　但我却看見本月十四日「世界日報」李大明先生「台灣內幕二三事」的社論；他引述的內幕却是：蔣先生表示「不擬競選下屆總統，乃是對下屬的測驗，看其反應；蓋師中共『百花齊放』的手法，等待異己者伸出頭來，藉便開刀。」

主　台灣當局若干作風的成爲中共的尾巴，早已使人有「觀止」之歎；難道這種醜惡無聊的手法，也定要向他們看齊？

客　急什麼？——這篇社論繼續引述說：「至蔣介石將來連任三屆總統的手法，不外下列三途：（一）由立法院修改憲法適合已用。（二）根據國大代表、立法委員、監察委員得延任的先例，把總統延任，不須選舉。（三）援用「臨時條欵」的先例，把憲法中對己有影響的一部份，停止有效。以上三者，任擇一條都可行通；故蔣決不放棄其終身總統。」——這樣看來，「手法」既然如此之多，蔣先生的「終身總統」大概可能做定的了。

主　我不相信居然會有這樣事；不相信「十目所視，十手所指」，蔣先生親口說過的話，居然可以不作數。但我却不妨給您宣讀呂覽自知篇的一個故事；故事是：「范氏之亡也，百姓有得鐘者，欲負而走，則鐘大不可負，以椎毀之。鐘況然有音，恐人聞之而奪已也，亟掩其耳。」現在我們中華民國這部憲法，雖然也已等於范氏出亡後的大鐘；可是，現在無論任何人想用憲法以外的任何「手法」「以椎毀之」，其「況然有音」却遠非范氏之鐘所能比擬；所以，縱然有人斷章取義，一如盜鐘者，胡亂檢得些殘毀的碎片，「亟掩其耳」，「欲負而走」，而毀鐘的罪惡以及這鐘本身的鏗鏘音響的感召，却是掩不住天下人的耳目的。

客　萬一居然竟有這種事呢？

主　以蔣先生年事之高，閱世之深，依正常的情、理、法判斷，我畢竟不能相信他會居然毀滅自己的政治生命至於如此。

客　蔣先生的作風，您依正常的情、理、法判斷，曾有幾次靈驗過？

主　「公無渡河！公竟渡河！墜河而死，當奈公何！」我們的話只能說到此地爲止了。總之，我仍然希望蔣先生對這事能夠自崖而返，切莫渡河。

五十感懷（三十一年重慶）

舜生

百歲忽過半，流光只自驚，尚餘飛動意，無復少年情。慷慨曾紆策，艱危欲碎枰，好從屠狗去，莫漫說生平。

六十五歲生日書感兼懷台北北平爭民主自由諸友（四十六年）

舜生

病魔書蠹自年年，歲月偷閒感萬千。敢詡寃禽終不悔，且輸滄海未能塡。兒童嬉笑當筵樂，老子幽憂倚案眠。綺夢壯懷如逝水，島雲燕樹尚情牽。

次韻奉和舜生先生生日書感之作

凡功

寰中羞見廣明年，驛路茫茫又幾千。但覺美新奇字誤，何如哀郢碧湘塡。幽花自媚芳寧掩，矮屋能安倦亦眠。一老高樓吟嘯處，藤蘿星月共攀牽。

諸葛亮與「漢沔地主集團」

——三國人物故事叢談之一——

劉裕畧

認爲諸葛亮未出山以前，在荊州與諸葛亮接近的那一羣人是所謂漢沔地主集團，並且認爲諸葛亮和他那一羣朋友的活動，無非在求取地主階級的利益。這是中共御用史學家對諸葛亮那一羣隆中朋友的看法。（見趙儷生著「文學史的新探討」）說來，這眞算是荒謬歪曲的新探討了。不過話說回來，倒也並不奇怪。因爲共黨極權用嚴格的歷史唯物論的教條觀點規定身陷大陸的一切史學家都必須遵循這種觀點去分析歷史人物故事，那末，又怎能夠不作出如此這般的結論呢？在共黨極權統治下，這原是普遍的而不是特殊的現象哩！

東漢末，黃巾起，中原亂，荊州較安定，各地知識分子率多避亂荊州。知識分子比較著名的便是所謂名士，依照他們後來的政治傾向，荊州名士大體上可以分成兩派，如韓嵩、鄧義、王粲等後來靠攏曹操是一派。與諸葛亮接近的另一羣人包括：龐士元、徐庶、司馬徽、黃承彥、龐德公、崔州平、孟公威、石廣元以及馬氏弟兄（馬謖與諸葛亮的關係即從此而來）等是另一派。在政治傾向上，等到曹操佔有荊州前後，他們也終於分裂了。徐庶最先以救母爲名靠攏曹操，石廣元也認爲三分無望而北行，以水鏡先生聞名的司馬徽也於曹操到荊州後爲曹操所得。然而在初期，諸葛亮這一羣隆中朋友是一派却是事實。不過這一派的關係是建立在志趣與政治看法上，並無正式的組織，決不是建立在經濟關係上。因爲他們並不是任何地主集團的清客，也不是任何大地主在供養他們，他們本身也不是什麼大地主，以諸葛亮來說，他自己就躬耕隴畝，根本不是什麼大地主，更談不上專爲地主階級求取利益了。

諸葛亮和他那一羣朋友，最初雖然都贊成先取荊州，再三分天下，再圖一統中原的政治作法，但其中有些雖有政治見解，本身却不願幹實際政治，願幹實際政治的只有諸葛亮、龐士元、徐庶等人。但不管他們本身願不願幹實際政治，他們每人都有一種政治願望，願望國家統一安定，則又千眞萬確。因爲他們之中，誰都是反黃巾賊的。由於他們反對黃巾，於是，便指他們是爲地主階級利益着想，那是最荒唐的事。自來，中國知識分子就具有國家民族責任感。諸葛亮傳說「亮躬耕隴畝，好爲梁父吟，身長八尺，每自比於管仲樂毅。」那正是說他年輕時就有政治抱負。諸葛亮臨死只成都有桑八百株，並非田連阡陌，這也是他沒有地主思想的明證。歷史唯物論者由其庸俗的唯物主義觀點出發，只知道從經濟利害去看問題，而不知道從人生的崇高理想和知識分子對國家民族的責任感去看問題，當然就流於卑下荒唐與歪曲了。

蒼盦詩話

愚公

三原王陸一氏，於近代詩壇中可稱異才，氏早年之作近乎義山，婉麗瑰奇，思深悲咽，至若讀革命史感詠諸作，則以舊形式寫新思想，尤爲難能，抗戰軍興所作長篇，則又沈雄奔放，熱情四溢，則逼眞少陵，獨惜天不假年，卒於日本乞降之前一年，僅四十有七歲，七七事變，舉國憤激，氏時在盧山，有紀事詩三首，今錄其一云：「蘆溝霜月上弦高，右北平秋一怒號，世界事痞持正義，人民情鑄復仇豪，圖成早愧潺焉地，逐虜今纔壯所遭，海水應飛山應立，東方橫出漢唐刀。」次年四月，台兒莊大捷，氏時在武漢，喜爲詩曰：「鐵劵河山戰鼓殷，臨沂春服萬朱顏，公仇十世無情報，狂虜千營一夕熠，皇漢大風芒碭際，元戎神武指籌間，台兒莊畔明明月，起爲中興照夜闕。」汪精衛離渝與敵妥協，氏有哀降敵者二律云：「無顏文字泣明靈，上下河山氣息腥，日暮危行甯至此，哀沈身死似曾經，黃金名節全垂地，白日盟言失未形，痛是當年承顧命，有何心淚孝陵青。」「秋庭晨課付終風，刺字還誰手線紅，燕市刀橫成淺笑，雁門詩好失元功，人間短氣無文采，國命將興有困窮，忍此須與千古事，萬方聲罪戰雲中。」

本刊已經香港政府登記

聯合評論 週刊

每逢星期五出版

United Voice Weekly

第廿六號

督印人：黃宇人　總編輯：左仲平
社址：九龍金馬倫道卅八號三樓
電話：六一四一三（61413）
承印：田風印刷廠（高士打道二一二號）
總代理：友聯書報發行公司
售價：每份零售港幣壹毫
本報紐約版總經售處美國紐約中美出版社
CHINESE-AMERICAN PRESS, INC
199 CANAL STREET.,
NEW YORK 13 N. Y. U.S.A.
紐約航空版零售每份美金壹角

本報啓事：

本報第廿七期原應於二月十三日出版。適值農曆春節，印刷工友休息，故本報亦休息一期，本報第廿七期延至二月二十日照常繼續出版。本報紐約航空版第十二期同樣順延一期，至二月廿七日照常繼續出版。特此敬告讀者。

抱定原則，終現光明

李璜

一

我們主張民主自由的人士，始終不與一黨專政，個人獨裁相妥協，甘願流亡，困苦自不能免，然而這困苦是有代價的，是值得的。因爲我們所抱定的民主自由原則，乃是人類社會所賴以進化，由野蠻進爲文明，由黑暗進到光明的一個鐵則，一條主流。尤其是我們中國人要改革這二千多年的專制政治，愚民作風，我們更是需要民主自由來解放這個世界上佔人口四分之一的五億同胞。

試去一翻人類爲自由奮鬥的歷史，一觀歐美以民主建國的成績，皆足以加强我們爲民主自由這原則而努力的信心，值得爲它受苦、奮鬥，以至殉道！何况，我們已經有許多先覺先烈爲反對滿清的專制，爲反抗袁世凱的獨裁，而流過血，殉過道，畢竟把中華民國這塊招牌掛了起來，而今還有一部全民代表所通過的民國憲法，這成績，在二千多年專制社會裡畢竟表現出來，萬不可以去輕視它，而應該是爲它去繼續奮鬥。

不幸的是，在三十多年前，我們踏着先覺先烈的血跡，隨着人類進化的主流，進一步爲民主自由的原則，繼續向前奮鬥的時候，世界上，特別是在歐洲，發生了一個反乎主流的逆流，國際共產主義的一階級專政，一黨專政，——這個逆流，在十九世紀的後半期，醞釀了好多年，結果，把「平等」拿來與自由相對立起，要拿「公道」二字把民主主張壓下去，而重行專制。這是產業革命以後，西歐民主先進國，當時還不知道如何妥善處理這個新的機器生產的工業變化，仍舊實行經濟放任政策，於是在其國內，產生了大資本家，確是利用了新的生產工具，壓榨勞苦大衆；在其國外，以炮艦輔助着經濟侵略，吸取工業落後地區的人民血汗。於是社會主義者登場，一開口强調「公道」，即非常有力，而爲實現其片面的所謂公道，國際共產黨更主張絕滅民主自由，實行一階級其實是一黨的專制。

這個逆流的有力衝擊，在民主政治已有基礎，自由主義已形成熟的國度裏，如英，法，美及北歐諸小國，不但可以抵擋得住，而且相機的不斷的以民主方式調協於平等與自由之間，相當的限制私人競爭，而實現計劃經濟與福利社會，使民主主義與社會主義相輔相成，已足以與國際共產極權相對抗。但在民主自由尚在萌芽，正待培植的中國，又加以飽受上面所說的炮艦輔助着的西歐及日本的經濟侵略，而民族思想因以熾熱，於是貧弱兼着憤恨，國基很不堅定的中國，便容易爲這逆流所衝潰而被淹沒至今！只怪我們國人，戊戌變法，未將憲政造成，辛亥革命，也只樹起民國招牌，而創造民國者及其黨徒，对於其民有，民治，民享之主義自己並沒有眞知與信心，一個無原則，乏理想，把持鬼混的官僚政治社會，爲有不被這逆流衝潰之理！然而這十年來，大陸同胞被共產極權弄得家破人亡，慘絕人寰，中共既絕滅了民主自由，說是爲實現公道平等，究竟實現了沒有呢？——結果無非實現出一個高高在上，享受特殊的新官僚階級，一個多數普遍的生活降至最低水準，非人所堪的全國大衆的悲慘社會而已。這種違背進化原理，絕滅人性人情的政治制度是絕對不能長久存在的。但是，還要看我們抱定民主自由原則的人們，信心是否堅固，工作是否努力，影響是否擴大，力量是否表現得出來，否則中共俄共也不會是自化膿血而亡的。

二

本國人在說，外國人也在說：「不相信有五千年優美文化的中國民族，就會被野蠻的俄式共產極權所統治下去了！」然而這可愛的優美文化是否已到了窮途末路，其精神已不能再起作用，重行發揮它的效能了呢？這一問題，當代的中國哲學大師們正在那裏用心思，求答案，這篇短文不能縱論及之。但在我個人，則似覺得中國文明雖然優美，不免偏枯；雖是悠久，但未普及。尤憶四十多年前，一位德國教授，來到中國游歷了黃河流域及長江下游以後，留在上海教書，他曾告訴過我：『來到中國，與南北大都市的政治界，教育界和工商界的知識分子往還，見着禮貌的周到，動作的文雅，腦經的細密，計算的合適，不愧是有五千年文化陶鎔的中國民族。但在華北及江北窮苦的農村，去與力作的農人周旋，情形便兩樣了！這些只勞力者多半是文盲或識字很少，生活的方式及內容都比較粗陋，胼手胝足，終歲但求一飽。以中國大都市與窮苦農村比較下來，不能不令我這個外國觀察者要驚異了，好像中國都市中的優秀，與鄉村中的苦力是不在一個文化系統中，或甚至不是在一個民族中生長出來的一樣。』

大多數的中國人，只勞力不勞心，而委心任運，長久坐聽被治於少數士大夫階層，野心家只要能用手腕把這少數士大夫籠絡住，或用力量把他們壓制住，以之作爲臣僕走狗，且將不願當臣僕走狗的更少數的知識分子除去或放逐，則專制皇帝便可以做成功，而且傳統下去；一直要等到這皇朝的末代，大多數的老百姓實在是受不了政令的暴亂摧殘，大家造起反來，大殺一陣，大亂幾十年，然後纔又如法泡製的出現另一皇朝。照史實所昭示，中國文明雖優美，至少在政治表演上，這文明是不能完全稱爲健全的。文化遠遜於中國人的異族，如蒙古族建立元朝，可以照樣如法泡製的統治中國八十年，如滿族建立清朝，也照樣如法泡製的竟至統治中國近三百年；今日俄式共產極權固然更爲野蠻，固然更爲暴亂，然毛澤東等也是照樣如法泡製的，籠絡住了一般臣僕走狗，而不願作臣僕走狗的知識分子不是已被除去，就是已被放逐，所以俄式共產極權，也能統治中國大陸竟已有十個年頭，到今天，還看不出它有立刻崩潰的現象來。——這不能不令眷念祖國，愴懷同胞的有心人要憂傷頹顇，覺得似乎有山窮水盡之感了！

然而一綫生機，不能只寄望於台灣的國民黨當權派的民主改革，因爲台灣的國民黨當權派始終不自反省，不願意檢討失敗的眞實原因，而到現在還正在遷怒於我們這班主張民主自由的人士，說是就因爲開民主憲政把大陸弄亂了，乃爲共產黨所乘，丟掉了大陸的啊！——要促進台灣的民主化，我們應從多方面去努力；要打倒大陸的共黨極權，我們也應從多方面去努力。這努力雖無法去求急效，然而我們的心情並不悲觀，我們是有可以樂觀與奮的地方。

三

因爲世界多數人心所趨是傾向於民主自由方面的，國際政治的現象是一天一天的有利於民主勢力的進展的。這風向，在史太林死後，轉變得很快而順利。前年匈牙利的人民革命，大多數匈人爲自由生活，不惜赤手空拳與俄共的坦克大砲相拼，就表明這風向的大轉變了！接着西歐北歐，以至南美洲各國的共黨優秀紛紛脫黨，共黨組織完全動搖，直到去年法國大選，有三十年勝利成績，有一百多議會席位的法共，竟至一敗塗地，潰不成軍，連黨部經費已無法籌集了！這足見其在民主自由生活中，或者傾向民主自由的生活，大多數老百姓，或以選舉，或以脫黨，或甚至以性命相拼，都先後逐次表示出眞正的態度來，使俄共中共爲之膽寒，爲之手忙脚亂，而其向外的侵略發展，雖仍有野心，也大爲躊躇而失步。

我們觀察國際政治，世界趨勢，要從大多數人心所趨的這方面，去看遠景，而不應只是留意當前少數政治家或政客們的談話與手法，朝三暮四，暮四朝三，而隨之以喜怒憂懼，這是容易上當的。總之，鐵幕竹幕一有漏洞，在俄式共黨極權統治下的人民，就要拼命的往外跑，從東德逃到西德的德國人，動以萬計，港澳的中國難民一天比一天來得多，大勢所趨，機會一來，這重重黑幕還禁得起裏外合力的一擊嗎！——至少，反共抗俄的人，縱觀全局，日在增加，氣壯山河，吾道不孤，我們只要抱定原則努力前進，光明終必大放的啊！

四八，二，二

談由被動轉爲主動

厚生

一

依照孫中山先生的說法，政治是管理衆人的事，那末，作爲一個政府，當然應該是管理衆人的事的工具或手段了。「管理衆人的事」這句話，其本身就包含政府必須積極和主動的意義在內，即是說，政府必須積極和主動地管理衆人的事，始有政治可言，否則，政府只是消極、被動和不管衆人的事，這就沒有政治可言了。一個國家而無政治，就不成爲國家；一個政府而無政治，這個政府等於虛設，毫無用處，徒然耗費國家和人民的公帑而已。因此，一國的政府不應自陷於消極和被動的狀態，僅爲國家和人民做些例行公事，而應時時處於積極和主動的狀態，爲國家和人民多做開創和改進的工作。

今天，中華民國是在患難之中，我們國家的政府已於數年前退守台灣，這個政府至今仍負反共復國的重大責任，在這樣一種國力小使命大的情形之下，政府還不應積極和主動地有所作爲嗎？

可是，事實是：政府雖已退守台灣，却很少有積極和主動的做法，時時事事處於被動的地位，所謂「以不變應萬變」，即是被動的思想典型。從某種角度來看「以不變應萬變」，雖有其用處，但以自由中國今天的環境來說，「以不變應萬變」這條路是行不通的，因爲今日的自由中國是在驚濤駭浪之中，處境十分艱險，倘本身不努力求變，很有被大浪吞沒之虞。有人喜歡在驚濤駭浪中採取「沈着應變」的態度。其實，問題不是這麼簡單，在驚濤駭浪中，沈着是需要的，待變就犯大錯，待變的結果每每是覆舟。沈着是應付危急的一種良好態度，但是「沈着」本身首先就是主動的，它表示我們對艱險的客觀環境自有主張；同時，沈着不等於隨波逐流，沈着的次一動作是一面把握自身的穩定，一面是觀測風向和氣象，避開驚濤駭浪，將我們的破船航行到風平浪靜的地帶去。所以，「沈着應變」根本與「以不變應萬變」不同。固然，我們也可以說，「不變」即是變，能「不變」始有變。但是，這種方式的變實在太緩慢和被動了，完全不適用於今天自由中國的急迫情勢。本來，以中共今日的形勢來說，它的確可以採取「以不變應萬變」的政策，因爲無論怎樣，它的本錢已比自由中國大得多。可是，內外的壓力仍迫使中共不得不有所動作，這種動作，我們可以稱之爲被動的動作。但能夠採取被動的動作，即能於無形中從被動轉爲主動，與「以不變應萬變」根本不可相提並論。中共因有內外的壓力常由被動轉爲主動，而自由中國同樣感受到內外的壓力，却仍以「以不變應萬變」的態度加以應付，這樣，雖被動而仍無動作，更談不到從被動轉爲主動。在這一點上，自由中國就已經輸了。

二

現在，讓我們來看政府的被動態勢。

中美聯合公報發表後，政府保留了自衞權，就是說，只好敵人打來，我們可以還手，却不准我們先發制人，給敵人以重創，這就是被動。本來，被動不甚要緊，只要我們能採取被動的動作，即盡量發揮自衞權，將金馬對岸的敵人陣地予以摧毀性的回擊，則這種自衞權就可變成攻擊性，而原先的被動就一變而成爲主動。但是，我們的政府從未這樣做，即使在中美聯合公報之前，政府也沒有好好地利用陸海空三軍的實力，猛烈地打擊中共的挑釁。因此，去年八月二十三日中共轟金馬的炮聲一響，我們先就處

（下轉第二版）

合同制箍死了人民公社

曾明

中共對於人民公社經營管理辦法，在其「八屆六中全會」以後提出了以責任制為中心環節，實行專業專管；並實行定產、定工、定本的三定集體責任制，以及實行定土地、定措施、定時間、定人員、定生產資料的五定責任制，乃至於到責任田制和四統、五包的辦法。經在前期本報指出中共這些改變，只是手段上的變態，而不是根本的質變。而中共對於人民公社的政治管制及經濟壟斷的力量，並沒有薄弱。

據一九五九年一月十八日「人民日報」報導：中共「各省、市、自治區的農業部門和商業部門的負責人，十六日在北京分別簽訂了各地的一九五九年農業品產銷協議會。這些協議書的簽訂，是為了把各地今年主要農產品的生產、收購計劃用合同形式規定下來，便於指導農村人民公社進行更有計劃的生產，促進人民公社商品性生產的發展，並且進一步把人民公社的各項生產都納入了計劃經濟的軌道。

這些協議書是經過各省、市、自治區農業部門和商業部門的代表協商制定的。今後各地的農村人民公社和基層商業機構也要根據省、市、自治區的協議，簽訂具體合同，以便把公社的生產計劃和國家計劃銜接起來。今年國家支援農業生產的農業機械、化肥、農藥等，也將由商業部門簽訂合同，保證供應。」

中共中央書記處書記兼中共「中央人民政府財貿部」部長李先念、中共中央書記譚震林以及中共農業、財貿部們負責人員都參加了這個簽字儀式。李先念和譚震林二人並在儀式中指出：

「農業生產部門和商業部門簽訂合同，這不是一種形式，而是表現農村人民公社化後，社會主義的經濟必須愈作愈細，必須愈來愈準確，必須更有利於生產的發展，必須更充分地發揮社會主義計劃經濟的優越性。要求各省、市、自治區農業部門和商業部門嚴肅地對待這次的合同，並且，盡最大努力來完成合同規定的任務，並把合同貫徹到人民公社。以實現黨的八屆六中全關於建立合同制的規定。」

關於合同制的作用，筆者早經指出，中共通過合同銜接基礎，可以實現其「國家計劃」來確定「人民公社」計劃的播種面積、單位面積產量，公有牲畜頭數及其產品率、農業總產量、征購量、副業種類及其產量，以及控制到人民公社的剩餘產品和對各個時期各種工作的勞動力利用。正因為如此，所以中共在對人民公社的整社時期裏，舉行了這一個各省、市、自治區農業和商業部門在中共中央督導下簽訂產銷協銷協議書。這就是中共在這春耕以前事先把一九五九年的農業生產的指標和收購計劃用合同形式規定下來；這也就是中共利用合同基礎，事先確定人民公社計劃而保證其「國家計劃」的實現。

中共自從奪取大陸以來，雖然實行「統購統銷」，「三定」，以及實行「農業合作化」，只能達到搜括壓榨的目的。現在合同制一來，而就達到了所謂「社會主義計劃經濟的優越性」壟斷農業的生產、分配、交換、消費等經濟行為的目的。

不過，就這次中共的農業部門和商業部門簽訂產銷協議書的合同制來說：可以指出中共在其「八屆六中全會」關於人民公社若干問題的決議」中所作欺世的謊言。

第一，中共的決議中說：「農業生產合作社變為人民公社，使原有的集體所有制擴大了和提高了，並且帶上了若干全民所有制的成分，但是這並不等於已經把農村中的集體所有制變成了全民所有制」。既然人民公社是農民的集體所有，依照任何一個國家（除了共產國家）的商業慣例，訂立合同，都是由買賣雙方出面簽訂的。而中共不僅沒有把集體所有的農民當着負責履行合同的一方，由農民出而簽訂；而由中共對人民公社主管與收購部門來簽訂，並且把合同制中規定的各項，「要求各省、市、自治區農業部門和商業部門嚴肅地對待這次簽訂合同」，「貫徹到人民公社」。這就是說，在中共心目中把人民公社的物力視為己有，而把農民當着奴工。因此，農民的集體所有制就變為空話了。

第二，中共在決議中說：「在目前時期，不但在城市中而且在農村中，應當實行平時實際工作八小時，孿習二小時的制度。農忙或者農村其他工作特別忙的時候，工作時間可以適當延長一些。但是無論如何，必須保證每天睡眠八小時，吃飯、休息四小時，共十二小時。這個時間一定不可少，這些話」對於目前在大陸上過着疲勞過度生活的農民，是有相當的安撫作用。因為，從人民公社成立以後，中共利用支援「國家建設口號下，將農村中的尖子貨青壯年的勞動力，全部調走。農村中所剩下的是老弱婦女的殘缺勞動力，應付農業生產的需要，勉勉強強的只能湊到半數。所以中共為了完成農業生產，就強迫農民苦戰猛戰，夜晚當白天，加班加點，不要命的拼命做，增加一半效率，完成需要，因而激起農民怨恨反抗。因此，中共提出保証每天睡眠八小時，吃飯、休息四小時來和緩農民的反抗心理。

不過，中共在其「八屆六中全會」提出「一九五九年發展國民經濟」的幾項主要指標是：一九五九年：鋼的預計產量增加到一千八百萬噸，煤炭預計產量增加到三億八千萬噸左右。而一九五九年的糧食預計產量從一九五八年的七千五百億斤增加到一萬零五百億斤，棉花從一九五八年的六千七百萬擔增加到一億左右。因此農業增產數量都比一九五八年加到了百分之五十以上，而況一九五八年農村所有勞動力，只能應付當時農業生產的一半力量。這種情況，就是要一個勞動力担負三個勞動力的工作。加上合同制硬性規定一來，農民的過度勞動緊張程度又要比一九五八年加上了一倍。所謂休息十二小時，是中共騙人的鬼話。總的說來，中共是利用合同制箍死了農民。不過，箍緊必炸屬於自然之理，看吧！一九五九年大陸農民不起來打散了人民公社空架子，那才怪呢。

接第一版

「由被動轉為主動」

於被動地位，以後有一段時期，一直處於被動挨打的地位，毫無辦法。雖然，中共拿不下金馬，從心理和政治觀點來看，是它的失敗，但它的失敗，並不說明這是由於我們政府的主動。

同樣的，所謂支援大陸人民反共革命可以使用武力這句話，實際上也很空洞。根據各方面的評斷，今天只有政府先發動反攻，然後，人民才會響應起義。要求或希望大陸人民先起義，政府隨後加以支援，這是很難想像的事，尤其自人民公社普設以後，集體起義的可能性雖不能說絕無，至少也是很小。縱有起義，政府的軍事支援也要看當時的情勢發展而定，政府將來是否有發揮支援權的一天，猶待事實証明。即以支援大陸革命一點來說，政府已無異放棄主動，而自甘於被動的地位。作為中華民國的政府，它負有解救大陸人民倒懸的神聖使命，不應該這樣的消極。老實說，如果大陸人民能夠發動大規模的革命，能夠自救，他們是絕對不會寄希望於台灣的政府的。

三

拿比較最近的事例來說，即是政府放棄憑藉武力反攻大陸。從表面看來，政府作此表示是主動，但表面背後的事實是政府在外交上完完全全處於被動的地位。這個被動是國人所不能諒解的，大陸人民尤其不能諒解。我們知道中共和美國之間的談判已經舉行好幾年了，在這項談判中，美國一直要求中共作一次明白的表示，即不再在台灣海峽用武。然而，到目前為止，中共始終沒有答應美方的要求，最近，它雖然用「和談」的手法迂遠地迎合美國的停火和不用武力的要求，但露骨地聲明不用武力，却未嘗有。而作為反共復國的中華民國政府却先中共而宣佈「非憑藉武力」，這是何等的荒謬？這是何等的挫敗？政府在外交上可以被動到這步田地，而仍望大陸人民保持反共的熱情而不墜，這有可能嗎？

政府處於被動地位既然不好，應轉取主動，然轉取主動之方法又如何呢？我以為，第一步，國民黨當權派及其政府應派負責的代表與各方反共人士談判休戰，談判的方式以召開一項會議為宜，在會議中，談判休戰的條件，此類條件應包括保障基本人權、黨派的自由活動、取消黨化教育、軍隊國家化、司法獨立、解散「反共救國青年團」等等，國民黨當權派及其政府能忠實地履行休戰條件，即是國家命運的吉祥之兆，如片面破壞休戰條件，不交政府切實施行，即是毀棄團結，各方反共人士立即恢復抨擊政府之自由。這項會議不必要有法律上的根據，其舉行和常設也不抵觸現行憲法，但會議的決議案確有必須付諸實施的効力，莊嚴無比。

召開這項會議的方式如何，小型抑為大型？作者暫無意見，因本文不能討論這個問題。朝野休戰之後，應多方防止爭執之再起，故成立舉國一致政府，監督休戰條欵的實施，似甚必要。怎樣成立舉國一致政府？這也非本文範圍，暫不詳述。

中共重編辭海

高瞻遠

中共目前正加緊進行重編辭海工作，自一九五七年九月起，在中華書局內部成立了一個專門機構——中華書局辭海編輯所，由中共中華書局黨支部書記領導。

當初成立之時，其主持共幹也知道工程太大，初步只打算改訂，把其中有關張獻忠、李自成、黃巢等人事跡加以改寫，以求符合中共的觀點，不過，後來仔細一檢查，覺得毛病實在太多，非修改所能奏效，於是決定重新編輯，和舊有的辭海本子全不相干。

一

說起來也算是個奇跡，中共統治大陸之後，把整個社會閙得天翻地覆，舊有的典章制度，破壞無遺，獨獨對於辭源、辭海這兩部辭典，遲遲不敢動手刪削。一九五二年曾經發行過一個辭源「簡編本」，其中揀重要的更動一下，那次可能是書局自動修改的，所以語氣也很溫和，我當時曾經揀了李自成、黃巢幾條對了一下，大致還不算過火，論調雖然也承認李、黃是農民起義，可是也指出他們後來所以失敗，是因為變了質，和羣衆脫離。

這種寫法實在是兩面不討好，海外讀者不敢買，因為閙不清他究竟改了多少。大陸的共黨官吏，也無法滿意，所以這個簡編本，不久就絕市了。

辭海辦法更妙，原封未動，只在封面裡加了一頁，說明書中對於共產黨的解釋，完全錯誤，希望讀者不要作為參考。此外還舉了幾條，都是同樣性質，這篇小啓，等於給那些「錯誤」條目作了廣告，本來不一定要看這幾條的，也要查一查。這種情形，按照共產黨的觀點來說，有嚴重的政治問題，但是中共大小幹部，對此並未採取操切行動，依然准其發行到現在，最近商務印書館的中國人名大辭典，中國古今地名大辭典，都重新發行，雖是新書，卻是用舊紙型澆的版，原封未動，封底裡，赫然是中華民國若干年出版。

這些問題，當然不是共產黨真有「雅量」，而是無可奈何，因為大陸學校和機關幹部，要想讀書，離開這幾本書就不成。一直到了去年大鳴大放被鎮壓之後，中共才決心重編辭海、辭源，打算拔掉「資產階級」最後的堡壘。

中共這次重編辭源、辭海，並非僅僅修訂其中「反動」字句，而是根本從新編寫，所以「新辭海」和舊辭海之間是完全不同的。

二

除去辭源、辭海之外，中共又增編了一種「現代漢語辭典」由「中國科學院語言研究所詞典編輯室」編輯。

中共對這三本書採取分工辦法，所選材料及詳細註釋完全不同。辭源是屬於古典文學的，把其中有關新的條目全部刪去，註解也用文言文，作為研究古籍的參考書。現代漢語辭典全部是新的，特別注重五四運動以來的口語和書本上的通用語彙。當然「解放」後的新詞更要全部注進去。辭海就是介於二者之間，半新半舊的書，其中大部分是新的，可是也保留一部舊的，註解則用白話。如此分工的結果，對於讀者可以說不方便到了極點。現在用的參考書，辭海、辭源二者具備當然最好，即使有一種也可解決困難。但是重編後卻非買三種不可，在經濟方面固然加重負担，而應用起來，尤不方便，因為一個名詞，有時不能決定確實在那一部書上，那就必須要查三部書才可以。

重編後的辭海，單字將有九千個，語詞約三萬條，每條平均字數八十個，約計二百四十萬字。百科性詞目約六萬多條，每條平均字數約一百五十字，將有九百萬字，全書合計約為一千一百四十萬字。

三

新辭海的編輯方針，是要打破「厚古薄今」的原則，用「馬克思、列寧主義的觀點和方法」，決定取捨。編輯方面有幾項特點，可以約略推測「新辭海」的內容。

（一）「大量淘汰已死已舊的單字和文言詞滙」。這樣以來，現在的「辭海」起碼要刪掉百分之三十。

（二）大量增加五四以來，特別是「解放」後大批產生的新詞。這一點自然是共產黨重編辭海的最大原因，不過，我總覺得五四以來的新詞語究竟不多，「解放」後，共產黨發揮了創造名詞的天才，一些似通非通的詞句，滿眼都是，但是真要揀到辭海裏面，比較幾千年相傳下來的名詞，還是渺小得很，無論如何也抵不了中共要刪去的單字和詞滙。

（三）「對於歷史上的反動人物以及資產階級偽科學中的詞目，必須採取鮮明的無產階級立場，加以批判。」這一點也是中共重編辭海的主要原因，但為害辭海卻較第二項更重要，新辭海出版後，若拿舊辭海對照一下，可以看出淆亂是非，顛倒黑白之處一定多到不可勝數。

除去以上三點之外，另有一項原則比較可述的，「在學術範圍內貫徹百家爭鳴的精神，對若干爭論中的問題和學說，可以兼述各家主張，不作結論。」這一點和第三項是有矛盾的，不曉得是否真能這樣作。

這部「新的社會主義的辭海」，預計在一九六零年上半年出版。不過，辭海編輯委員會，也感到任務艱鉅，實在因為中共朝令夕改，昨是今非的政策，使人無所適從，及至新辭海出版後，恐怕其中有許多條又出了問題，到時間重改則永遠改不完，不改又不合政策，甚至會成為反動，這一點是辭海編輯所人們最頭痛的事。

大陸逃港學生的控訴：

中共欺騙僑生的眞相

田木

我可以算是泰國人，因爲我在泰國出生並長大。可是華僑因爲常受僑居地當局種種不合理的排擠，所以愛國的思想特別濃厚。我們都固執地保留着我們華人的身份。我既然在這種氣氛中長大，所以我曾經回大陸升學，實在也不是什麼奇怪的事。

祖父寄望國民黨

爲了使自己的祖國富强，以便我們華僑在國外不致受欺侮，幾十年來，我們華僑確曾出了很大的力量！我的曾祖父在印尼時，就曾將他的財產的一半捐給國民黨去搞革命。但是國民黨並沒有將中國搞好，共產黨卻來了。

共產黨佔有大陸之初，很多華僑都欣喜若狂，我的家庭也如此。雖然以後的幾年，共產黨慘無人道的消息不斷傳來，但是華僑們在對國民黨的失望之餘，對共黨仍寄最後的希望。

我對共黨存希望

我回大陸是一九五三年。因爲我父親在泰國商界一直有些地位，所以我現今在香港的生活，比起一般露宿街頭的流亡同學，已經好了很多倍。但生活的好壞並不能決定我反不反共，我反對共產黨並逃亡來港是爲了眞理和我們幾億同胞，並不只是爲了我個人。在北京大學時，我是特殊學生，這就因爲我父親有一些朋友現在都當了委員之類的東西。同時，共黨至今還想通過我的關係吸引我父親回大陸，所以他們對我很客氣。我能夠一參加高考就被錄取，在人人都想進的北大，恐怕也是這一關係吧。

我進了北大

我逃到香港後，就收到父親的來信，叫我先安心在香港住着，切不可招謠生事。我聽了他的話，閉門不出地住了一年多，但是我實在不能再沉默下去了。我並不想在這裡談我自己在學校中的經歷，因爲我上面已經說過了，共產黨待我算是較好的。我只想對千百萬華僑同胞講些我在大陸看到的現實和我爲什麼反對共產黨的原因。希望我的話能在華僑中起到一些作用而已。

我要說的話最主要的一句，就是：共產黨統治中國以後，中國並不是强了，而是已澈底地淪爲殖民地了。

俄顧問侮辱女同胞

在北京時，世伯叔們曾帶我參加過不少次的盛大宴會。在那些堆滿了山珍海味的大宴會上，我常常感到羞辱，因爲我看到了人民政府的高級首長向最起碼的蘇聯顧問也在卑躬屈膝地諂笑，我也看到年輕的姐妹，被蘇聯顧問任意地摟在懷裏，逼得氣都喘不過來，而又不敢躲避。沒有一個眞正的中國人能在這時不感到熱血沸騰的。在這種情形下，我不禁常常在問：我們的民族自尊在哪裏？我們的國家獨立在哪裏？

而共黨幹部卻把這種事認爲是當然的。他們對女招待和女翻譯員說：「使國際友人感到舒服是最有意義的革命工作」。多麼無恥的話啊！共產黨的所謂「革命」，原來就是爲了「使國際友人感到舒服」嗎!?

我曾經與「國務院專家工作局」的一位女翻譯員相識。她是一位很可愛的姑娘，燕京大學畢業，曾被調學習了兩年俄文，她在語言方面很有天才。在我們日漸熟識的時候，她告訴我曾在組織的壓力下被一個水利部的蘇聯顧問在河南奪取了她的貞操。她因此產生了無比的自卑感，自卑到不敢再和任何人談戀愛。

這只不過是小焉者，在整個國家的決策方面，甚至於「全國人民代表大會」的會議程序都要在事先報告蘇聯大使館。這是和我有親戚關係的一位「人大代表」親自對我說的。我問他爲什麼不回南洋，他搖搖頭，說不出話來。

中共政權只是一個傀儡政權，毫無獨立自主的見解可言，也不可能產生任何獨立自主的見解。因爲在軍事上和政治、經濟、文化上完全給蘇聯控制了。離開了蘇聯的控制，中共就一天也不能生存。在軍隊中，中共的少將要對着蘇聯上尉級的顧問行敬禮；在政府中，重大的決策在呈報中央時必須取得蘇聯專家同意這個決策的副署。在學校裡，則索性連記分制都採取了蘇聯的記分辦法。兪平伯教授的文章道德，是我們在海外時就非常欽仰的。但是在中文系的教學會議上，他得服從蘇聯的所謂漢文學家的意見。這些荒唐的事，僑胞們是怎樣想也想的到的。

我也訪問過郊區的農民，他們自從土改後，生活一天不如一天，勞動卻一天比一天增强。我的國語講得並不很好，可是當我表示了同情農民的生活之後，他們都把我當作自己人一樣，農村幹部的橫蠻愚蠢與兇殘，即在共產黨宣傳過去國民黨統治時期的地主迫害農民的作品中，我都沒有法子找到例子。農村幹部甚至可以隨便打報告誣陷農民爲「反革命份子」而公安機關又絕不從事調查就任意逮捕。

人民窮困高幹享福

人民穿得破破爛爛，幹部爭小汽車坐。在我幾年的印像中，找不出絲毫共產黨是爲中國人民着想的事實來。

至於工業建設，我也絲毫看不出對中國人民的實際生活有什麼幫助。主要的機器全來自蘇聯不要的陳倉貨，而中國卻要付出代價去交換。蘇聯像一個永遠不會滿足的吸血狼，通過了共產黨這支吸血管在吮吸着中國人民的鮮血。

在這一切使人不能忍受的現象中，最使人致命地感到窒息的是共產黨爲了防止人民的反抗而作出的種種拑制人民思想自由的措施。共產黨員有權叫任何人向他們交待自己的思想，而他們可以提出任何問題叫你答覆。共黨公安幹部和共黨特務的權力則更高了。而全國人民則都被當成敵人般監視着，這眞是曠古未有的事。

我絕對贊成僑胞熱愛祖國，只是僑胞必須認清中共所成立的僞國決不可愛，我也深知海外的中國人，渴望中國有一個使我們僑胞揚眉吐氣的政府，但僑胞必須認清這個政府絕不是今日的中共政府，中國實在需要一個眞正獨立眞正民主自由的政府啊！僑胞們共同起來努力吧！

讀者投書

希持拉的聲音

江北明

我在去年十一月就看到了「痛論中國的出路」這本書，當時並未怎樣注意。惟近來接到海外和台灣許多朋友的來信，卻都提到了這本書，而且是相當的注意。於是我把這本書找來再看，不看猶可，越看就越覺得不簡單。看畢，我似乎聽到了一種很熟識的聲音在呼嚷——希特拉的聲音。

這些年來，一種有形和無形的反民主勢力，時時都在打擊自由民主運動。他們反對中國現在即走民主的路，他們硬說在反共抗俄期間，這不能做，那不能做，一切民主都要留到反共成功後再說；卻一直不敢公開聲明澈底反對民主，或宣傳民主在中國的不可能實現。然而「痛論中國的出路」的作者，現在竟公然反對民主，主張獨裁，認爲「自由民主的路，就是一條死路」。該書作者殷懷遠對於國民黨有極尖銳的批評和指責，但這種批評和指責卻是別開生面的，認爲國民黨過去不夠獨裁，現在也不夠獨裁，因爲不夠獨裁的緣故，所以過去是把大陸失去了，現在則遲遲不能產生反攻的力量。他主張國民黨應該扔掉三民主義，取消憲法，解散立監兩院，取締異黨，禁錮言論，以「建立一個全能的政府，來領導國人反攻復國」。這一大胆而狂妄的見解，尚屬初聞，如果不是黑字印在白紙上，我眞不敢相信會有這樣的論調。這本書的不簡單，這就是第一點，因爲獨裁抑民主，是關係於反共復國的基本原則，我們要反共，是因爲共黨獨裁和殘暴，如果我們也以獨裁和殘暴來反共，豈非以暴易暴？又何必多此一舉？對這一種謬論，自由言論界有繼續加以澄清的必要。

然而最引起我的注意的，卻是殷某對於自由民主人士的正面攻擊。他與台灣某巨公的高見一樣，認爲大陸的失去，自由民主人士應負極大的責任。他說：『中共之能奪得大陸，民主人士可以說是厥功至偉。』又說：『那些醉心民主自由，空言民主自由的所謂「自由民主人士」，除了小部份流離到海外來，多數正在大陸享受着既不能生，又不能死的自由，這些空言禍國，死有餘辜，中共今天加給他們的迫害，正是現報，原不值得我們絲毫的重視和同情。我們最感到奇怪的，倒是一些流亡到台灣和海外來的「自由民主人士」，仍然執迷不悟，依然高唱自由民主的濫調，大有非誤盡蒼生誓不休止之概。這些人大概是要親身嘗試中共的教訓後，才會後悔莫及。』這就是這本書不簡單的第二點。自從蔣杜公報發表，聲明不以武力反攻大陸以後，反攻的聲浪沉寂下去，而在另一方面，台灣官方的言論，以其黨報及葉青的「政治評論」爲主力，正繼續加緊其對自由言論的圍剿，態度之兇，言辭之辣，比罵共產黨還要來得厲害，這是很值得我們注意的。至於老先生之不主修憲，任滿後決意退休，許多人對此都寄予一種樂觀的期望和等待。然而依我的悲觀的看法，這正是台灣政治醞釀新變化的跡象，而這種變化多半是朝着更集權化的方向走。因爲老先生在位一天，國民黨的實力派還不便明目張膽的胡來，以損老先生的令譽，但是等到老先生一走，至少不負表面責任的時候，他們就可以放手去大幹一番，到其時，恐怕連「全能政府」也會出現了。我希望這一種看法不確，但是我們却不能不有這樣的警惕。

從近來反民主言論的增多，我們的確可以相信大政治是越來越複雜，自由民主陣營的任務也越來越艱鉅。本來爲了加强反攻復國的力量，我們在原則上是擁護台灣，不過這種擁護也有其一定的原則，那就是自由民主的原則。如果台灣逾越了這一原則，則自由民主陣營別無他途可循，只有實行兩面作戰，以自救救國了。爲了避免這種不幸局面的出現，自由言論界應立即共同展開對獨裁謬論的掃蕩，使他們覺得人心不可逆，潮流不可抗，從而收斂其野心。

論所謂「行政改革」建議（讀者投書）

黃成

不久以前，台灣忽然傳出消息：說蔣總統已經命王雲五組織一個委員會，類似美國的某一個委員會，專門提供改革行政的建議，以作蔣總統實施行政改革之參考。到最近，據說此一委員會已經作成了一百多項行政改革建議，呈送總統採擇施行，並又據說蔣總統將全部採納施行云云。對此，鄙人不能無辭。

查美國有一個委員會係一個專門對美國總統提供行政改革意見的機關，那是不錯的。不過，我們要曉得：美國是一個總統制的國家，中國則是一個內閣制的國家，而美國之所以是總統制，中國之所以是內閣制，則皆係根據各該國家憲法之規定而來。由於美國憲法對美國總統賦予了龐大行政權力，美國總統因此命令一些人組織一個委員會專門從事行政改革意見之草擬，那是順理成章的。但中國則不同。中國憲法所賦予總統之行政權力，並不像美國總統那麼大，在中國，依據憲法，行政院才是行政權力之中心，但作爲中華民國現任總統之蔣介石先生卻效法美國總統之所爲，豈非牛頭馬嘴，逾越憲法權限？所以，不管王雲五委員會之工作效果如何，認眞講：蔣先生的這一作法就根本不對。此其一。

以今日中國國情來說，今日中國當務之急是依據憲法建立眞正的民主政治。而要建立眞正的民主政治，其切要之圖，尤在實行內閣制。當然，僅僅實行內閣制，還是不夠，必也同時實行軍隊國家化，黨團退出學校等事方可。今蔣總統不此之圖，卻只在行政改革方面下工夫，（究竟下沒有下工夫，也還是疑問），而根本忽畧了政治體制之建立，這也是根本不對的。當此海內外一致要求民主之時，假如蔣先生避重就輕，把行政改革作遮眼法，企圖以此轉移全國人民之視綫，那就更應該予以譴責了。

當然，蔣先生是否以此作遮眼法，我們不曉得。不過，我願意促起台灣當局注意的是蔣先生縱然誠意尋求行政改革，也應該瞭解今日中國大敵當前，反共復國的任務異常艱鉅，當局必須在行政改革之外，與全國人民開誠合作，尋求更澈底更廣泛更根本更具體的改革才行。僅僅搞點行政改革是不夠的。此其二。

由於多年來的積習，中華民國現政權潛伏着許多毛病，這也是不可諱言的。就行政而言行政，能改革當然總比不改革好。不過，王雲五委員會的各項行政改革建議，是否都是正確的呢？如果正確，又是否都可以眞正見諸實行呢？最好是正式公開出來讓大家共同來檢討，然後決定何者可行，何者不行，似乎更好一點，此其三。

歸根結底的說：我並不反對行政改革，但不能以此爲滿足，處今日之勢，我們必須積極建立的是眞正的民主制度，而不是其它，這是絲毫不容忽畧的。

本報價目

港九	零售每份壹毫 每月四毫 全年四元
美國	平郵每月美金伍角 空郵每月美金二元
日本	平郵每月港幣三元 空郵每月港幣伍元
南洋	平郵每月港幣三元 空郵每月港幣伍元
歐洲	平郵每月港幣三元 空郵每月港幣陸元
南美	平郵每月港幣三元 空郵每月港幣十二元

記甲午中日戰爭始末（三）

舜生

（二）中日實戰經過與馬關條約

甲午中日兩國之引起直接衝突，由於兩國依據光緒十一年天津條約同時向朝鮮出兵，其出兵目的則在代朝鮮平所謂東學黨之亂，是東學黨者實挑起中日一戰最直接之媒介也。

（A）東學黨是怎樣一種組織？

所謂東學黨者，其原始本爲一種排外團體，因爲看見耶教在朝鮮流行，因採取儒釋道三教教義以資號召，立意旣在對抗西教，故自號『東學』。

東學的創始人名崔福述，自稱神師，與耶穌基督相比；行動不外扶乩降神，從事祈禱，並教其信徒減食，以節餘之米供奉他們的這位教祖。福述於同治三年（1864）以邪說惑衆被殺。

光緒十八年（1892），崔福述的門徒崔濟愚，在全羅道集合了幾千人，事爲他們被殺的教主雪冤建祠，請願於當地的觀察使未准，第二年又跑到漢城直接向國王上書，且跪在宮門外面哀懇，但依然毫無結果。他們這封上國王的書裏，還是强調排外，並聲言要驅逐殺戮外人，中國在這個時候，曾調靖遠、來遠兩兵船前往鎭壓。同年，他們又在忠淸道的報恩縣集合了兩萬多人，準備起事，總算因朝鮮政府的鎭撫勸諭，暫告解散。

光緒二十年甲午三月（1894四月）正式在全羅道古阜泰仁兩縣起事的首領名崔時亨，黨徒號稱數萬，頭蒙白布，手執黃旗，殺戮地方官吏，搶奪軍械糧食，聲勢相當浩大。但依據他們這次所提的口號及所頒布的檄文，則排外的意味已見減輕，而指摘內政腐敗，官吏貪污，以及描繪人民困苦的情形，則殊爲濃厚，以匡君救民爲名，蓋儼然以革命軍的姿態出現了。

原來朝鮮政府經過光緒十年金玉均等之亂以後，時間已有了十年，政治不但無絲毫改進，且貪污腐化有加；官吏恣作威福，人民敢怒而不敢言；儘管官俸兵餉積欠不發，但國王依然能以數十萬元爲自己建造洋樓；宮廷日夜宴樂，動輒召集優伶數百人演戲。當時民間有一首歌謠流傳說：『金樽美酒千人血，玉盤佳肴萬姓膏，燭淚落時民淚落，歌聲高處怨聲高！』人民不滿的情緒已經到了這種程度，一經有人煽動，各方即羣起響應，這當然是一種很自然的趨勢。

東學黨這次的起來，『逐滅夷倭』儘管也是他們的口號之一，但日本浪人內田良平領導的所謂『天祐俠團』，却對他們加以幫助，且惟恐亂事不能擴大，持久，蓋日本久蓄侵畧朝鮮之志，不把朝鮮弄到十分糜爛，他們便不能渾水摸魚，後來日本侵畧中國也慣用這種手法，這個時候不過是小試其端就是了。

朝鮮政府應付這次的變亂，曾派洪啓勳爲招待使加以進剿，中國也曾借予平遠一艘爲運兵，且由袁世凱派人予以幫助。初戰甚利，亂黨逃入白山，官兵追之，中伏大敗，幾至全軍覆沒。於是亂黨由全羅犯忠淸，陷全州，獲軍械無算，並出示全州，聲稱即日進攻公州洪州，直搗王京，於是朝鮮政府大恐，乃於四月三十日（六月三日）向袁世凱提出公文，請求中國出兵。

（B）中日同時出兵

光緒二十年（1894）正是日本的明治二十七年，其時距日本憲法的頒佈已歷五年（日本憲法頒佈於光緒十五年，即明治二十二年的二月十一日），議會的召集已經是第三屆，當中國決定出兵的時候，正值伊藤博文在憲政時期的第三次內閣，陸奧宗光任外務大臣。一個立憲國家的議會和政府吵吵鬧鬧，這本來是極尋常的事，可是當時中國駐東京的公使汪鳳藻，眼見這種現象，乃向政府提出『日本政府與議會衝突，無力對外』的報告。李鴻章於接到由袁世凱轉來朝鮮請求出兵的公文以後，立即便作出兵的決定，多少受了這一報告的影響。

光緒二十年五月初三日（六月六日）鴻章奏派直隸提督葉志超，太原鎭總兵聶士成共率蘆榆防兵四營援朝，士成率前鋒八百人先發，即於是日乘招商局輪船自天津動身，初六日（六月九日）到達朝鮮，後兩天，葉志超也到，合屯牙山。其地在仁川之南，成歡之西，去漢城一百五十里。

當中國決定出兵，即於五月初三日依據十一年天津條約，由我駐日公使汪鳳藻照會日本，說明中國出兵係由朝鮮政府請求，文中所錄淸廷上諭，並有『速平禍亂，以綏藩屬』等語。次日，日本外務省復我汪公使書，對於藩屬一層表示不能承認，並於同日由其駐北京公使小村壽太郎照會我總理衙門，說明日本亦須出兵。我總署復小村書，雖說明日本無派出重兵必要，但爲日方所拒。

汲古書屋談薈

張一麐與袁世凱

耘農

張一麐，字仲仁，江蘇吳縣人，生清同治六年丁卯（一八六七），卒民國三十二年癸未（一九四三），得年七十七。幼穎異，有聖童之譽。年十二，即入縣學爲諸生。光緒八年壬午，年十六，中江南鄉試副貢。是年六月，朝鮮發生東學黨之亂，王父李是應，號大院君，與王妃閔氏爭權，日本乘機干涉，國王李熙遣使乞援於清廷，朝命署直隸總督兼北洋大臣張樹聲（振軒）檄登州提督吳長慶（筱軒）統淮軍六營渡海平亂。時南通張謇（季直）以優貢居吳幕、掌文案；項城袁世凱（慰廷）以世家子投効，任營務處幫辦。長慶出師倉卒，屬謇爲之理畫前敵軍事，並命世凱執行前敵營務處，俱隨軍前往。七月至朝鮮京城，長慶誘執大院君，以「登瀛洲」兵船衛送天津，安置於保定。明年，一麐北上省親，蓋其父是彝以庚辰進士爲直隸即用知縣，需次保定，方奉委監守李是應差也。一麐嘗隨父入視是應於禁所，後曾於民國十九年冬在其所著古紅梅閣筆記中追叙之：有謂：「李是應者，朝鮮王本身父也。羈禁於保定府舊道衙門，派文職兩員，武職兩員監守之。每半月，文武各一員，輪流交替。出入之鮮員，必登於簿，入市，則飭役隨之，慮其通消息謀脫逃也！先君值班，則挈余往焉！衙門自大堂內有廳堂五大間，文武兩員各住兩間，又進則五大間上房，右二階爲大院君住室，左二間朝鮮文武居之。鮮語鈎輈不能辨，其文號稱漢文，而大半俚野不可讀。凡彼國信至，委員拆閱乃達，去信亦如之。大院君年已六十許，能畫蘭，余以扇乞畫，欵稱某某雅士。聞先有乞畫者，君問華人給事何者爲尊稱？對曰：老爺。渠即題欵曰某某老爺，此扇遂成笑柄。後告以此乃以稱主人之名，不可用，方以雅士呼之。其隨員多使酒任氣，委員時時裁抑，然以其瑣尾流離，不能峻也。其食時，置肴於地，衆蹲踞作環形，飲啖與島人不甚殊。一日，彼國王遣使來聘，閱其名刺，則新科狀元南廷哲，刺長六寸，與華之翰林院庶吉士同。南爲彼國壬午舉人，以年家子禮見先君焉！入內堂，大院君高坐於胡床，南北面跪奏，如臣工召見禮，隆重擬於上皇。大院君眷念故國，憤欲東歸，必多方拊慰之始已。入其室，所閱皆范文正王陽明等集，在朝鮮以篤舊不容於東學黨，故錮諸直隸省城。」此爲大院君羈禁保定之起居注，亦研究清季中韓國關係之極好資料。羅惇曧中日兵事本末謂幽大院君於保定蓮池書院者，殊不確，當以一麐親見之實錄爲可信。後二年，朝鮮再亂，妃黨失勢，清廷始釋是應歸國，從國王李熙之請也。

光緒十年甲申四月，長慶奉諭防奉天金州之命，分其軍三營界世凱留韓，時世凱已納貲爲中書科中書，至是以軍功叙同知，旋直隸總督李鴻章（少荃）奏荐世凱，稱其「胆略兼優，能持大體，爲韓人所重」，奉旨以道員升用，加三品銜，總理各國事務衙門亦加以委袁駐紮朝鮮辦理交涉通商事宜。次年，中日議約成，各撤屯韓之兵，世凱仍留駐如故。惟長慶至金州，不久病逝，幕客星散，謇經紀其喪事畢，歸應乙酉順天鄉試，中南元，一麐以副貢亦例得與試，列第十名，二張訂交自此始。其時一麐年十九，而謇已三十三歲矣！自是謇凡五應禮部試，卒於甲午大魁天下，而一麐則屢次報罷，甲午後三度計偕，復因其姊丈夏孫桐（閏枝）襄事試闈，例應迴避，未得與試，直至光緒二十九年癸卯，始以經濟特科獲雋，是一麐科名雖早達而實迍邅，殊不若謇之晚而通顯也！矧自甲申至癸卯二十年間，世凱駐韓近十載，於甲午中日戰端將啓，先期歸國，未久，即以浙江溫處道留京差委，旋奉詔督練新軍於天津小站，洊升至直隸按察使，嗣以戊戌告密，獲慈禧寵信，擢任山東巡撫。庚子義和團之役，保境安民有功，又適李鴻章辛丑議和病逝，遂繼李爲直隸總督，開府北洋，其仕途亨通，扶搖直上，又非二張之徒重科名者所可企及矣！

論宣傳的符咒化

——亮齋閑話之二十五

徐亮之

客：您留意過近來報上有兩種活靈活現而相映成趣的新聞報導嗎？

主：您是指台灣方面活靈活現肯定：因「人民公社」問題，毛澤東和赫魯曉夫有矛盾；大陸方面活靈活現肯定：「美帝」正加緊準備趕蔣集團出台灣；是不是？

客：是的，一點不錯。

主：這的確是相映成趣的問題。

客：您看他們葫蘆裏到底賣的什麼藥？

主：只是一種宣傳；一種符咒化的宣傳，或一種宣傳的符咒化。

客：不、不；並非空穴來風。先拿台灣問題說：最近美國海軍退休情報官查加利亞斯少將就說過「台灣在國民黨手裏是對美國安全的一種威脅」的話；就提過「台灣應該由聯合國託管，而由美國統治」的主張。同時，像杜魯門艾德禮等政治大亨們也不時對所謂「台灣國際化」大放厥詞。您想：如果一旦台灣眞個被「託管」、被「國際化」了，蔣集團不是捲鋪蓋，還能做什麼？

主：您知道我們自農曆臘月二十四以後天天都可以過新年是不是？過新年時，家家都得貼上幾張「童言無忌」的紅紙條是不是？告訴您：美國立國的歷史實在太淺了，大孩子實在太多了！我們中國人對於孩子的話，向來只是認爲「童言無忌」，不值一笑的；頂多聽了也不過和廣東朋友般喊句「大吉利市」，也就沒事了。至於政治大亨的閑嗑牙，則我們除了羨慕他們生在民主國度，縱然聲言要打破人家的鼻子，也沒有被關進保安司令部或被「勞改」「下放」的危險以外，到底還是沒有值得緊張的可言。

客：原來您還不知道更重要的一點，美國正在台灣搞「第四勢力」哩！目前台灣六十萬國軍中，台籍人便佔百分之七十到七十五，即是最顯明的證據。這種「第四勢力」一旦被美國製造成功，老實說，蔣集團便簡直不捲鋪蓋也得捲。

主：這更笑話！台灣乃中華民國的領土，服兵役乃中華民國人民的義務。中華民國的領土旣不幸而只賸台灣了，兵員不向台灣徵，難道還向大陸和美國去徵不成？台灣同胞在國軍中的比率高固然是事實，台灣同胞對當局的獨裁作風不滿也是事實，然如認爲這便可以構成什麼「第四勢力」，「第四勢力」便必然要贊成台灣「託管」或「國際化」；便必然要驅逐蔣集團出台灣；却未免太侮辱我們的台灣同胞了。

主：這正是宣傳符咒化的實踐；他們天眞地以爲憑了這樣的符咒作用，便可以咒得蔣先生認爲在台灣條條都是死路，只有回大陸做「部長以上」的官兒，才是生路；而他們所謂「和平解放台灣」的目的，也便可以這樣和在大陸驅策奴工生產一般，「超額完成」。

客：那末、台灣方面活靈活現肯定赫毛之間有矛盾，您認爲怎麼回事？

主：又是宣傳的符咒化。

客：理由安在？

主：您大概不會不承認毛澤東和赫魯曉夫的關係，乃兒皇帝和父皇帝的關係的吧？

客：普天之下全這樣承認，何況我。

主：告訴您：這却是台灣方面一個美國大孩子的當了。這個大孩子曾因和老赫談了幾個鐘頭的話而沾沾自喜，甚至另外一些美國孩子更孩氣十足地要選他做下屆總統的候選人；殊不知「其父攘羊，其子證之」，老毛決不會幹；「反之，老子攘羊，其父證之」，老赫也決不會幹；而台灣方面，居然拈住了老赫逗一個美國孩子的鬼話而鬼畫桃符起來；看來台灣當局不但放棄了軍事反攻，放棄了政治反攻，簡直就在那兒做符咒反攻的夢的哩！

晨課

君左

沐浴晨曦路，徘徊冷店門。已傷人老大，還與世溫存。曲巷車聲轉，頑童笑語喧。同僚驚早到，一笑默無言。

一九五八年聖誕前夕

午夜狂歡後，幽幽聖誕臨。六街人影寂，半島漏聲沉。客倦驚迴夢，鴉飛繞故林。月黃斜墮海，三度報佳音。

題雙玉簃圖

白門秋柳夢如烟，只在清溪一線邊。猶記聯吟雙槳去，蓼花紅上後湖船。

海外鴻光証宿因，雙環小築忽成塵，留將圖畫千秋寫，月白風清憶玉人。

歲暮步漢嶽韻

曾聞興夏一戎衣，不信滄桑萬事非。七國弓刀方角逐，五隣裘馬自輕肥。花常入夢仍留筆，囊未全空尚掩錐。歲暮故人頻寄語，寒風獵獵馬頭闉。

謁金滋軒世叔長洲

海角天涯地，年頭歲尾時。謁公如見父，問道即爲師。離島漁村。寒流客棹遲。同光諸大老，唯一典型垂。

訪月溪上人晦思園

高齡羣訝手柔荑，踏破人生偶見之。萬佛一僧原默契，十年片刻付沉思。春遲花至梅先落，客拂雲行瀑早知。海外靈光衣鉢在，還期杯渡返滇池。

本刊已經香港政府登記

聯合評論

週刊

每逢星期五出版

United Voice Weekly

第廿七號

督印人：黃宇人　總編輯：左仲平

社址：九龍金馬倫道卅八號三樓

電話：六一四一三（61413）

承印：田風印刷廠（高士打道二二一號）

總代理：友聯書報發行公司

售價：每份零售港幣壹毫

本報紐約版總經售處美國紐約中美出版社

CHINESE-AMERICAN PRESS, INC

199 CANAL STREET.,

NEW YORK 13 N. Y. U.S.A.

紐約航空版零售每份美金壹角

短論三則

舜生

（一）從杜爾斯的病倒談起

『鄰國之賢，敵國之仇。』

在目前這個任何人物不感缺乏，惟獨缺乏偉大政治家的世界，居然能有一個杜爾斯，總也算是難能可貴了。

杜爾斯確信和平是可以爭取的，但必須在阻遏共產集團繼續侵略的原則之下，和平始有暫保的可能。他這六年以來，便完全是根據他自定的這條原則奉以週旋，而能予人一種不辭勞瘁的深刻印象。儘管他有時受着國內或國際輿論的壓迫，不能不採取若干的迂迴途徑，可是他所堅持的原則，却依然屹立不搖。他無論對國人對友邦，凡對他所採個別策畧有所誤解的，他總是以說服的態度出之，有時且不惜加以若干的修正，以他這樣七十的高齡，在短短的六年之間，飛行的紀錄乃達到五十六萬英里，但憑這一點，我們便可想像他的勤勞為何如！

在他供職的這六年期間，世界不能不說是多事之秋，可是儘管是屢瀕於危，但卒能有驚無險，我們便說他功在世界，夫豈過譽？

共產集團中的兩大柱石——蘇聯與中共，他們一向也是標榜和平的，可是他們對這樣一位和平鬥士，乃恨之刺骨，甚至不惜以『戰爭販子』的惡名相加，一旦聽見他病倒了，便欣然色喜，究竟誰對和平確有誠意，誰在和平的幌子下面想達到他們侵略的企圖，因杜爾斯的一病，豈不又得到一次確証？

照前天所發表的病情公報，杜爾斯這次的病確實是非常嚴重的，儘管艾森豪還是沒有決然放他走，但就人情來說，畢竟以讓他休息為是。前年在東京，中國一位有名的老實業家對我說：『有關諸葛亮的四句話，即澹泊明志，寧靜致遠，鞠躬盡瘁，死而後已，我所絕對贊成的只有前三句，至於「死而後已」，則大可不必。』我極以他的話為然。中國古人，把四十歲定為強仕之年，七十歲為退休之年，我覺得很有道理。所謂強仕便是正式為國家服務的意思，一個人從四十歲幹到七十歲，時間有三十年，假定真能幹出成績，有三十年也足夠足夠了，如果終於幹不出什麼道理，就再幹下去又怎樣呢？邱吉爾在退休以後，能繼續不斷的著書，作畫，出遊，足證他的精力彌滿，可是他究竟要把國家最高的責任讓給後一輩的人去幹，他這種自處處人之道，確實是很高明的。李承晚愛德諾兩位都是復國的英雄，八十以上還要幹，容有他們的不得已之處，可是南韓這次強迫修改憲法，李大有非做終身總統不可的意思，從嚴格的民主原則來說，究竟是不足為訓的啊！

（二）今天的德國與日本

大致在五年以前，我在『自由人』三日刊，便寫過一篇短論，我說：現在的所謂冷戰，即令演變到如何危險的邊緣，也還是無可憂慮。只有等到兩大集團在歐洲要死爭德國，在亞洲要死爭日本，我們便不能掉以輕心了。這個道理很簡單：因為德日兩國都有極強大的工業基礎，其人民又富有活力，過去兩次的大戰，他們都是主角，無論蘇聯也罷，美英法也罷，都會吃過他們的絕大苦頭，至今還談虎色變；即以這十餘年來的復興成績而論，也不能不令人十分驚羨，而且他們只是不聲不響的埋頭苦幹，從來沒有聽見他們叫出什麼『大躍進』，或十年十五年趕上某一國家的這類醜話！同時他們人民的生活，也一天一天的趨於繁榮富裕，享受着相當高度的自由，我們沒有看見他們的政府有權強迫人民去為國家服力不勝任的勞役，而接受一種奴隸牛馬不如的待遇。截至今日為止，以他們工商業發展的情形而論，即在國際上與人作和平的競賽，他們也早已被証明不失為東西的兩強。自然，他們已各有其相當的武備，現代可怕的核子武器，他們並不是力不能有，而只是時機未到。同時，他們目前要繼續前進的，也只是藏富於民，蓄力於國，而並沒有急於要以武力和那個見過高下的必要。凡此種種情形，今天的民主和共產兩大集體，都看得明明白白，因此他們相當的惶恐，乃不能不急起直追，來進行這種爭取的工作，最近這半年以來，至少已進入到密鑼緊鼓的階段了。這一大問題在今後的演變究竟如何，目前尚難預測，但以過去十餘年兩大集團所下的工夫來說，則共產一方似不如民主一方遠甚，可是這並不是雙方惟一的或最主要的決勝之點，眞正決勝的主要因素，還是存於德日兩國的自身。德國精神是統一的（有從東德逃往西德三百萬的人民可證）；但形式却是分裂的，日本形勢是統一的，但精神却又是分裂的（有無數左傾幼稚病的青年與政客及一部分近視的工商界人士可證）；德日兩方所有的這種弱點，只有靠他們自身的努力可以補救，民主集團是無能為力的。

（三）中共顛覆台灣的詭計

自從去年中共發動炮擊金馬以後，這半年來他們的宣傳方針和技術顯然是十分矛盾，而且是十分幼稚的。

截至現在為止，他們已經知道硬幹的可能性很小，不得已乃掉轉頭來軟幹。所謂軟幹的主要重點之一，便是以所謂『民族大義』來挑撥台灣與美方的惡感，他們的最得意之作，乃是一口咬定美方一定要逼蔣下台。照他們目前的做法，好像世界上最不樂意蔣先生這個政權存在的便是美國，而最愛護蔣先生的乃莫如中國共產黨。這一種大轉舞台的戲法，我們無以名之，名之曰『反美援蔣』！

他們說美國要逼蔣裁兵，唯有中國共產黨才樂於蔣先生擁有一支強大的軍隊。

他們在事實上已停止炮擊金馬，但他們決不是對美屈服，而是希望台灣隨時得有補充金馬的便利，而使金馬守得非常牢固。

在中共想來，不問台灣也罷，金馬也罷，總之是美國的囊中物，只要台灣能反美，民族大義可得到正當的發揮，他們與蔣之間便無事不可商量。

單以這些去挑釁美台的惡感還不夠。他們知道蔣先生一向對民主不大放心，對於運用民主更不熟練，於是他們便把一切民主人士都算成美國的一夥，美國從外面逼，民主人士從裡面逼，其目的無非要把蔣先生這個政權拖垮。同時，他們還知道台灣土著與外省人士多少不免有些主客之見，於是他們針對這一漏洞，也大來下工夫，大凡台灣人有着任何對政府不滿的表示，他們總認定是得着美國的支持，甚至連一個廖文毅留在東京，他們也認定這是美國委托日本所幹的勾當，其意即在保留廖所代表的一小撮渾蛋，留到將來另派用場。同時，他們也知道，台灣曾有過五十年的日治時代，在今天的台灣人中，仍與日本保持着相當關係的，可能不止是絕無僅有；[illegible]至今未能忘情於日本的，也還是[illegible]；於是他們又把中國人和日本人拉在一塊，所謂台灣共管說，便說是美日同樣在一拉一唱，[illegible]不只可挑撥台灣對美國的惡感，同時還可挑撥台灣對日本的惡感。

總而言之，中共今天這一惡毒的設計，乃是要把台灣一切一切對內對外的關係，一刀一刀的斬斷，逼得台灣路路不通，然後才能顯出中共是台灣唯一的『親人』，除掉和他們重開談判，謀求統一，便別無其他的路子可走，如此，才可達到他們所謂和平解放台灣的目的。他們這一設計雖是最近才積極的展開，可是伏下的根子却由來已久，周恩來老早就口口聲聲說他們終有一天要解放台灣，能說他們不是處心積慮已久嗎？

自然，天下人不盡都是傻瓜，像中共所要的這一套把戲，乃至連條氈子也不用來遮蓋遮蓋，難道眞會有人為他們的手法所迷惑？可是話仍得說回頭：台灣幼稚而衝動的分子並不是絕對沒有，過去也不是沒有上演過公然反美的活劇；一部分當權的國民黨，我們也不好說他們絕無嫉視民主人士和歧視台灣本地人的事實，至於若干美國人舉動的幼稚，一部分日本人所懷的鬼胎，說中共絕對無可利用之處，事實上也正不見得，大家還得提高警覺，不要再上共產黨的當啊！

從人民公社談到共黨統治下的剝削問題

劉裕略

人民公社的出現，不僅使全中國人民震驚，也使全世界的人震驚，因為它帶來了人類歷史上空前規模的集體奴役。

人民公社的出現，不僅使全中國人民震驚，也使全世界的人震驚，因為它帶來了最嚴重最廣泛最普遍的經濟剝削。

其實，一點也不奇怪。共黨政權原就是依靠奴役與剝削為生，將來也必因奴役與剝削致死的。

在那些受了共黨宣傳而又並沒有眞正了解共黨政權性質的人想來，奴役與剝削的現象，不應該而且也不會在共黨統治下存在。因為反奴役反剝削是共黨一貫宣傳的口號，共黨平時對自由世界的指責，尤其對資本主義和舊社會的指責，就一直特別着重這兩點，誰說共黨自己會是世界上最大的新奴隸主和世界上最徹底的剝削集團呢？

從馬克思主義來研究共黨統治下的現象，如果我們不為共黨的歪曲宣傳所迷惑，我們很容易發現奴役與剝削是共黨政權的命定現象，而且這現象是異常嚴重的，像吸食嗎啡白麵一樣，沒有它就不能活，有了它也不能活。究竟什麼叫剝削，我們不妨看看馬克思的解釋。原來馬克思所意味的剝削，簡單的說，就是指社會關係中的一方，用經濟的或政治的手段去攫取社會關係中另一方的勞動果實的那種現象之謂。因之，在性質上，他便把這種剝削分為兩種方式，即通過經濟手段的剝削方式與通過政治手段的剝削方式。而通過經濟手段的剝削，是應該從資本週轉過程去尋求，通過政治手段的剝削，則應該從經濟管制的狀況及勞動的性質去察看。

馬克思又認為在資本主義社會，商品生產發展到一定階段時，貨幣就變成了資本。其資本週轉過程，首先是資本家到市場去把貨幣轉化為商品（即購進商品），再把購進的商品（原料），通過生產過程（僱傭勞動者從事生產勞動），製成商品，資本家然後又以售賣者的資格把他的商品賣掉，變為貨幣回來。這以上的過程：貨幣——商品——貨幣，即為賣而買的過程，馬克思名之為資本週轉過程。而此資本週轉過程，馬克思認為就正是資本家獲取利潤的過程，也就是資本家剝削剩餘價值的過程。有剩餘價值的存在，便是有了剝削現象的存在。

其實這一由勞動創造價值的剩餘價值說，對資本主義社會來說，根本並不正確。因為，假如資本家所獲得的利潤即是馬克思所說的剩餘價值的話，那末，我們仔細分析利潤，即可發現利潤並不僅僅因為僱傭勞動是惟一原因。資本家的投資、社會購買力、工廠管理、工程師的設計與發明、商品的保存運銷等都是與利潤有無及大小密切相關的，所以，馬克思只看見僱傭勞動這一點，並即從這一點來構成他的全部經濟理論，安得而不大錯？

以馬克思剩餘價值理論來看資本主義社會實有大錯，已如上述。但以馬克思的剩餘價值理論來衡量共黨政權統治下的經濟剝削現象，則倒反而很有所成，因為依照馬克思理論，諸如延長工作時間，減少工資、提高勞動強度等都是加強剝削剩餘價值的方法，而中國共產黨今天則正是按照這些方法，把政治的和經濟的兩種手段結合在一起，以黨以軍以特務作為社會關係的另一方，用最龐大的集體勞動——人民公社——來攫取社會關係中另一方的勞動果實，從而剝削全體農民的剩餘價值的。所以，如果有人問今日世界有無馬克思所說那種嚴重剝削的事實？我們的答覆是「有」。而這一剝削者不是別人，也不是資本主義社會，恰恰正是現今大力實行人民公社的中共政權。

說到共黨政權，有些天眞的人以為在他們統治下，便沒有剝削剩餘價值的事，其實馬克思自己早就認為剝削的存在和進行，在共黨政權下也是繼續存在的。不過馬克思幻想這種剝削是為社會準備基金和積累基金。因此，在這種剝削的支付和用途上，馬克思的幻想是：「一、作為那已經消費掉生產手段的補充之用的。二、為了擴大生產的補充部份。三、作為預防不幸的變故和自然災害等等的預備或保險基金之用。」（見馬克思選集第三卷）但馬克思却沒有料到中共現今這種變本加厲的龐大剝削現象會出現，更沒有料到中共大力剝削的剩餘價值根本沒有用到他所理想的方面去，而是完全用在浪費、鋪張和備戰方面去了。

由於資本家不斷剝削勞動者的剩餘價值的關係，馬克思曾經預言資本將愈集中，勞動者將愈來愈多，再由於無產階級的覺悟，無產階級將起來統治一切。但這一預言由於馬克思對資本主義社會分析得不正確而並未實現，可是以這一個預言來看中共政權的命運，則倒反而眞要實現的。因為中共盡一切手段對所有人民從事普遍嚴重剝削的結果，自將激起所有人民的反抗，那末，誰說中共不是正在加緊自掘墳墓呢？

× × ×

× × ×

集體所有制與全民所有制

曾明

（一）

大家知道，財產歸誰所有，就由誰支配；及因財產所產生的利益，也就歸誰所支配。這是所有制的根本性質。

中共爲了要把人民的私有財產變成他們政權的「國家」財產，並且要將大陸社會全部生產活動結果的總產品盡歸入他們的掌握支配之中。因此，中共早在一九五六年實行其所謂「社會主義改造」時，就將七萬戶的私營工業企業改變爲公私合營，將近二百萬戶的私營大中小商店改變爲公私合營商店、合作小組或直接變爲國營商店；以及將五百多萬個的手工業和一億二千萬戶的農戶的個體經濟改變爲「集體經濟」的「手工業合作社」和「農業生產合作社」。這是中共把幾千年來人民的財產私有制掠奪爲己有的政權所有制的徹底手段；也就是財產所有制從私有制變爲公有制的深刻變化。隨着財產這種變化，人民就淪爲中共的不同類型奴工，必須服從其奴役才能生存。徹底的說，這樣一來，人民生活就應該由中共負責維持。

（二）

人民公社是由農業生產合作社轉變而來的，是中共更進一步奴役農民的組織形式。因而在所有制的性質上來說，人民公社的財產和產品完全是屬於中共政權所有，根本不屬於農民所有，而農民在人民公社之中，僅是盡力勞動的農奴。因此，人民公社根本沒有農民集體所有制的成分存在。

依照共產理論說法，「社會主義」生產資料（即財產）公有制有兩種形式：一種是集體所有制，一種是全民所有制。在前者的生產資料和產品屬於人民集體的所公有，由人民本身根據集體的利益和需要來加以調度和分配。在後者的生產資料和產品是屬於代表全民的國家政權所有，因而由代表全民的國家政權直接統一調度和分配。這就是說，集體所有制，是由人民集體本身自負盈虧，集體的積累和人民的消費水平取決於集體本身的生產和收入。一切災害所造成的損失落在集體和人民自己的身上，與國家政權沒有多大的關係。如果是全民所有制，發生了損失，就要國家負担，無論損失多麼大，人民的消費水平都不應受到影響。也就是說，生產收入無論低落到如何程度，而國家政權要負責維持人民日常消費生活的一定水準。集體所有制與全民所有制的性質不同就在此；而國家政權對於集體所有制和全民所有制所負的責任不同也就如此。

（三）

所以，從人民公社一開始，中共就抱定了對農民消費生活不負責任的態度，表示說：「農業生產合作社轉變爲人民公社，使原有的集體所有制擴大和提高了，並且增加了若干全民所有制的成分。但是，它基本上還是集體所有制的」。中共基本態度不僅如此，還策動他們一班共產理論家，對於集體所有制和全民所有制，幾個月來當着理論的問題曉曉不休的討論。竊其用心，不過以此討論而來模糊人心，使之混淆不清。因此，不僅將身在大陸的人民搞得糊裡糊塗，就是連在海外的人士，有些也有因爲人民公社的所有制性質的緣故，在批判中共措施的文章裏表現出混淆不分的錯覺，這是一件遺憾的事。

在我看來，集體所有制與全民所有制，不是理論的問題，而是中共逃避負担農民生活責任的術語。因爲人民公社實質是全民所有制，換言之，即爲中共政權所有，以中共對於人民公社的生產、交換、分配、消費等方面利用合同制而列入「國家」計劃之內，生產根據「國家」規定的任務來進行，其產品直接列入「國家」產品計劃「國家」支配，由「國家」按計劃進行調撥，其中一部分上繳由「國家」統一支配。其所需物資由「國家」計劃供應。儘管人民公社的生產資料和產品都歸中共所有，但中共在對於農民生活的支配上也只敢做到半供給制半工資制的程度而已。

（四）

中共對於人民公社的所有制，不敢如「社會主義改造」時一下子宣佈人民私有財產改變爲國家政權公有財產的那樣，宣佈集體所有制而改變爲全民所有制的最主要原因，是因爲農業生產根本不同於工業生產，因爲農業生產主要受着天時地域的自然條件的限制。這種限制在今天人們還無法改變，而就成爲農業生產不能預計的重要因素，以致就不能保證生產有滿意的結果。

所以，中共宣佈人民公社基本上還是集體所有制的，不過是增加了若干全民所有制的成分。就是怕自然條件所造成的不足和損失落在它的身上，要它來負責農民日常消費生活一定的水準。因爲，人民公社基本上還是集體所有制，中共就可逃避責任要農民自己解決自己的生活。

同時，由於各個人民公社的自然條件和經濟條件，各個人民公社的生產水平和農民的收入水平都有相當大的距離。如果中共承認人民公社是全民所有制，在實行統一分配時，各個公社的農民收入水平就不應有兩樣，在不同公社中的同質同量的勞動就應有同樣的報酬。因爲各個公社由於自然條件和經濟條件所形成的級差利潤，也不是人們的力量所能改變的。如果中共以同樣分配的辦法，必然使生產率愈高的社，其社員的收入水平就愈被拉低；否則就愈被抬高，因此就要影響到農民對於人民公社有不同的心理，必定產生分化的現象。

因此，可以了解，自然條件和經濟條件造成了集體所有制過渡到全民所有制的難關，也就成爲「共產主義社會」兩個階段的「社會主義社會」與「共產主義社會」之間的不可逾越的銅牆鐵壁。這就是說，共產政權沒有獲到可以免於自然條件所造成災害的辦法以前，絕對不敢宣佈進入共產主義社會。也就是說，共產主義者所幻想的共產主義社會，不可能有實現的一天。

共黨政權下的婦女生活

白璞

自從中共佔據大陸以來，香港親共報紙就時常宣傳大陸婦女已經隨着中共政權之來而獲得解放了，他們說現在大陸婦女的生活非常幸福。共黨政權下的婦女生活究竟是否幸福呢？欲知中共統治下的婦女生活情況，不妨先看看「一切以蘇聯爲師」的蘇聯革命成功後的婦女生活情形。

據蘇共宣稱：自蘇維埃國家成立的第一天，就最先考慮到婦女的解放。列寧也曾經在國際婦女勞動節說：「在我們蘇維埃的俄羅斯，法律上的男女不平等，一點痕跡也不存在了。婚姻及親族法裏面的特別討厭的，下賤的，虛僞的不平等，以及關於小孩子的不平等，已被蘇維埃政權完全取消了。」可是事實究竟如何呢？地方代表卻在全國中央執行會審查新的親族法的會議上報告說：「現在不論是男是女，都非常的放縱了。有些男子有二十個妻子，和這個妻子同住一個星期，又和另一個妻子同住兩個星期，所以無論那一個妻子，每人都生了孩子。」（見聯共第十三屆中央執行委員會第二次會議紀錄）而這所說某些男子是什麼人呢？是共幹。爲此，眞理報也不得不警告說：「黨內的輿論是不容許任何人拿布爾雪維克黨並不是修道士團體這種强辯來隱蔽自己的放縱的。」

不僅在都市，「革命以後，農村中未結婚的性的結合，已非常普遍。並時常有人墮胎。有時生出孩子來，就發生請求養育費的訴訟」。蘇聯農村曾經流行這樣歌謠：「現在不是蘇維埃政權嗎？不要害怕男子！如果生活不好，拿着錢分開就是了。」（以上均見蘇聯出版「舊的生活方式與新的生活方式」一書），而另一方面，所謂農村婦女的經濟獨立，又不過是誘迫農村婦女去參加勞動的一個美麗名詞，正如它所謂婦女解放，其着眼完全在瓦解原有家庭組織，以誘迫婦女走向社會，而共黨政權又不能保証人人就業，於是，那些從家庭出來的婦女不是被迫低價勞動，便是被迫走向賣淫。

共產黨常常指責賣淫是舊社會的專業，但蘇聯革命成功後，卻成爲無業可就的那一羣被「解放」後的婦女的正業，眞理報還甚至承認許多女公務員也會以此爲副業。雖然一九二二年蘇聯內務人民委員會曾爲防止賣淫而設立過「風紀警察」，但一九二二年的列寧格勒城仍有賣淫婦女三萬二千人。（見蘇聯出版：「結婚和家庭的社會學」）而列寧在一九二○年時也不得不嘆息「賣淫——這是無產階級取得政權以後的大問題。」又說「賣淫還在我們面前提起了許多困難的任務」。（見蘇聯出版蔡特金著「關於列寧」）

雖然以後的若干年，蘇聯的這些現象已略爲減少，但原有家庭的互助關係既已破壞，每一個婦女既然必須自己覓食，而共黨政權又不能給予每個婦女以就業保障，所以蘇聯的婦女仍是很苦的。變象的賣淫仍然繼續以各種方式存在，一直得不到解決。而今日之中共，當然也就只有步蘇聯之後塵了。所以，對於大陸婦女同胞的命運，我們是非常關心的。

唐詩三百首也受批判

岳騫

中共最近已經開始指責『唐詩三百詩』，看來這本在大陸銷行最廣的古書，不久要變成禁書，不准再翻印。

自從中共竊據大陸以來，『唐詩三百首』就交了好運，僅僅一九五七年一年間，即印行了二六二．○○○册，在所有的古籍中，僅次於三國演義、紅樓夢。

唐詩三百首所以暢銷，基於兩種因素，一是中共頭目的提倡，毛澤東愛作舊詩，已是盡人皆知的事，此外會在報紙，刊物上發表過舊詩的，有朱德、林伯渠、董必武、陳毅、劉伯承、葉劍英，等而下的甚至如蕭向榮（空軍中將），朱光（廣州市長）之類，也居然要胡謅幾句。當然這些人作的詩，比「天雨花」還要遜一籌，不過每句都是七個字，他們以爲那就是舊詩，也都以詩人自命。

流風所被，大小共幹紛紛學作詩，上級共幹對於下屬的考核，要看他是否「有文化」（這是一句中共術語，意思是說有學問），就看他會不會作舊詩。中共最近也有一套升遷制度，沒有文化，就要影響升級。

於是各級共幹都拚命學作詩，作詩「雖然容易」要編成七個字五個字一句，讀來順口，也要經過「學習」，這種學問，馬列經典中沒有，還得求之於中國古籍。過去有一種俗諺，『熟讀唐詩三百首，不會吟詩也會吟。』這兩句話流傳非常普遍，大概共幹都知道，所以每人都買了一本唐詩三百詩來熟讀，結果，眞的不會吟詩也會吟了。一九五八年七月十一日「解放軍報」會報導某一個師八天創造出一萬八千多首詩，可能都是唐詩三百詩的及門弟子。

另一種人是「有文化」的，但是他們卻感到苦悶，許多想看的書不能看，能看的書又不想看，只有唐詩三百首，價錢既便宜，閱讀又不犯法，確實還可以發舒胸中的悶氣，所以這批人也要買本唐詩三百首了。

唐詩三百首的大量暢銷，對中共的文化政策，實在是一大打擊，一九五八年『讀書半月刊』已經提出指責，但是只指出是厚古薄今的現象，對唐詩三百詩本身，尚無批評。直到一九五九年二月一日的光明日報文學遺產副刊上，有一位署名潘天慶的作者，寫了一篇『簡評唐詩三百首』，正面的向這本書展開攻擊。

潘天慶倒是熟讀了唐詩三百首，而且在唐詩三百首之外還讀過許多專集，談話並不外行，不過完全站在共產黨的立場上寫書評，不免基本有錯且不免使人看了索然無味。

他指出唐詩三百首有三大缺點：第一、精華少，糟粕多。他所訂的精華與糟粕的標準，並不基於作品的優劣，而是以政治作爲標準，也就是以中共現在的文化政策爲標準。因此，他指出唐詩三百首中『現實性較强的作品』只有三十多首，如李頎的『古從軍行』；高適的『燕歌行』；沈佺期的『雜詩』、『獨不見』，李白的『關山月』、『子夜吳歌』，杜甫的『兵車行』、『麗人行』，陳陶的『隴西行』等，約佔總數百分之十。

其次是一般抒情詩和寫景詩，約有一百五十多首，這一類的詩，潘的意思以爲，『感情基本上是健康的，但思想性卻不如上一類的詩强。』

其餘的詩就完全是「糟粕」了，大別被分爲『描寫無聊生活的香詩』；如李商隱的無題詩。『歌頌封建貴族階級腐朽生活的宮詞』；如顧況、朱慶餘等人所作。『歌頌隱士生活的田園山水詩』；如王維、孟浩然的作品。封建統治者炫耀自己文治武功的作品，特別指出唐玄宗的那首律詩，並且拉出魯迅作注脚，說明『和我們不相干』。『爲統治階級歌功頌德的應制詩』，也以王維爲首，『思想消極頹廢、逃避現實的作品』，爲王翰的『涼州詞』及韓愈的『山石』，李商隱的風雨、落花等詩。

第二、範圍狹窄，指出未選當時的一些民歌、童謠，如安邑坊女子的『幽恨歌』，葛亞兒的『懷良人』，「唐永淳初童謠」，「唐乾符中童謠」等篇。

第三、代表性不夠，他認爲唐詩三百首所選名人的作品，也不是最好的，他所指的最好的作品，偏都是率意之作，如李白的『金陵酒肆留別』，還有許多，不再詳細列舉。

潘天慶所讀的詩，雖較唐詩三百詩爲多，但在論點上，可以明顯看出，他本身就犯有兩大錯誤，一是政治性的，一是技術性的。

先說前者，人所共知，唐代是中國詩學最絢爛時期，販夫走卒，娼優皂隸，各階層都有詩人，即以現存的全唐詩來看，尚有二千二百餘家，四萬八千多首，從其中選出三百首詩，平均合一百六十首選一，是何等困難的事。所以後來雖有許多選本，但都沒有唐詩三百首流傳普遍，深入民間，可見這實在是一個最完善的本子，潘天慶要中共重選唐詩，相信一定會變成唐代民歌選，而不能代替唐詩三百首。

至於後者，潘天慶指沈佺期的『獨不見』，陳陶的『隴西行』是『現實性較强的作品』；而把王翰的『涼州詞』列爲『思想消極頹廢，逃避現實的作品』，不知何意，我眞懷疑潘本人未讀懂唐詩。

試看這三首詩：「白狼河北音書斷，丹鳳城南秋夜長」，（沈佺期：『獨不見』）。「可憐無定河邊骨，猶是春閨夢裏人」，（陳陶：『隴西行』）。「醉臥沙場君莫笑，古來征戰幾人回」（王翰『涼州詞』。）這三首詩，無論內容風格完全相同，而前二首是健康的，後一首卻是頹廢的，眞不知是什麼標準了。

大陸逃港學生的控訴：
悔不該從新加坡回大陸

先看槍斃人

之均

一九五二年年底我隨着一個自命為「熱愛祖國」的青年到達了廣州。三天後我照例辦理回國登記手續，當一個女公安人員見過我的証件後便說：「你欺騙政府」！我問她何所見而云然？她說你那麼高大才十五歲嗎？我告訴她南洋是熱帶氣候，早熟的人很多，而我的証件是以出生紙為憑，字跡上沒有塗改的現象，為何還懷疑呢？最後，她一定要我改為十六歲，我也沒法可說了。之後，我去投考廣州華僑中學，在歷史考卷上有一題是關於李自成和張獻忠的事，我當然依照海外我所知所學寫上去。說：李自成、張獻忠是明末清初的叛亂領袖，打到那裏殺到那裏搶到那裏等等。誰知隔了一個星期，該校的黨書記叫我去上大課，說我輕聽反動分子和帝國主義者的謠言，把農民革命說成流寇，對廣大農民革命缺乏分析能力和同情，隨後叫我當面檢討了事。其實並不是了事，而是對我開始監視。後來有一天，敎導處忽然派人叫我去校門口等着，校門口這時已有幾十個同學和兩部巴士。我莫明其妙，問在旁的敎師，這是幹什麼？他說等一會你就知道。於是我上了車，車一直往白雲山開去，同車的同學也許太天真了吧！他們也不知去何處？幹什麼？只顧在車上拉開嗓子大唱其「當祖國需要我們到那裡，我就去那裡」的歌。一會，車停在白雲山丘路旁，同學們都下了車，敎導主任向我們訓話了，他說：「反革命份子應有的下場是槍斃！同學們長期生長在國外，對祖國的愛是肯定的，但是我們要怎樣愛呢？我說，應該通過行動，首先是分清敵我。今天是我強大的公安同志執行除去一批壞人的時候，我叫同學來，無非是要同學對敵人的認識。列寧同志說：對敵人的慈悲就是對同志的殘酷」。他的話還沒說完，我們就看到山那面大約離我們二百公呎左右，有六七十個穿着襤褸衣裳，雙手反縛的人，前後左右有十多個「武裝同志」手握着各式的槍枝押着走來，離我們大約百公呎的地方又出現十多個手提輕機槍的「武裝同志」，他們各就各位的伏在地上，上了子彈，準備射擊。一聲「放」槍聲格格，那批「反革命」聞聲而倒，似乎像一根柱子倒在地下一樣，毫無反抗。同學中有人叫號起來，有些還用人拖上車呢！一幕殺人戲演完了。我回到學校才知和我同車的人都是落後分子，校方是採殺雞敎猴看的方式來「敎育」我們這批落後分子的。

我得到這個落後分子的帽子後，我不能不謹慎小心，我除將功課搞好外還隨時拿着一本馬列主義的書，和同學談話總是這個問題：……列寧說……活像馬列主義的傳道師。但是還脫不了落後分子的帽子。以後去看槍斃「反革命分子」都有我的分，在我的記憶中一共有七次之多。

到江蘇北部吃南瓜

一九五四年七月我參加高中統一考試，八月底校方執行「統一分配」，我被遣放到江蘇北部。那裏冬季很冷，而且又是災區，伙食極壞，有時整個夏季都吃南瓜飯，蘿卜頭做小菜，根本談不上營養。然而「黨的話永遠是對的」，我因落後分子的帽子沒有脫，移動不得。儘管飢寒交迫，我也不敢「亂說亂動」。有時家裏寄錢多一點，我就偷偷地買些營養品作「資產階級的享受」。這樣忍受到我高中畢業——一九五七年。這年的大學統一招考是在六月，我考上了上海復旦大學。而離開學時間還早，我被校方留下來學習整風，我無事時只在學校裏溜躂，或者去看看大字報。有天中午，我無聊之極，跑回課室，無意的在地下檢到一支粉筆，就順手在黑板上寫了幾個英文字，隨後我就擦了。晚上，我若無其事的上床睡覺了。剛入睡就有一個同學來敲門說：「之均，黨支部請你去」，我知不妙，我還是鎮定的到校長室（黨支部設在校長室），校長一見我便板起面孔說了一套類似於「思想啟發」的話，而最後他用很平靜的語調說：你今天在黑板上寫了些什麼？這時我才恍然大悟，原來狗腿們立了「大功」。我說「沒有寫什麼，只是寫我愛你，新加坡（I love you, Singapore）」。「好吧！你得回去好好的想想，人民虧待了你嗎？看你怎樣對待人民？」校長說完了我也就回去睡覺了。這一夜我不能入眠，想着明天的大字報。

說我不該想新加坡

果然，第二天早上就有一大批狗腿子跑到寢室來貼大字報。內容很多是造出來的，說我經常唱中國出了一個王八蛋，吃也吃不飽等等，又說我將周恩來說成小白臉，把毛澤東說成大冬瓜，把彭德懷說成像蘇北賣猪肉的人，……總之，說我是學校一個典型右派分子，有人還喊拘捕我，槍斃我呢！

兩個星期後我接到上海復旦大學來信說我是右派，暫取消我的學籍和叫我停學檢查等等。再過一個月我被押送到安徽省南部進行「勞動改造」。

我在安徽受苦役一年後，因有「悔改的氣色」，所以準我請假回家一個月。這「一個月」就是救我出地獄的一個月。我從此再不回去了。

台北市警民混戰

台北通訊

介人

在農曆的年關歲暮中，台北市居民正紛紛準備掃除迎接新年的時候，在一月三十一日這一天，竟發生了一件警察與居民的惡劣混戰，而且警察還開槍示威，如臨大敵，市參議員俞士雄也受到池魚之災，當場被警打得昏厥不省人事，哄動了台北一時的聽聞。

一、起因

這一場警民混戰的起因，是因為台北市新生北路二段五十六號之六後面的一棟房屋違章建築引起，屋主是宋光耀與周樂埔二人，均業三輪車夫工友，年來這所違章建築要予拆除已達十餘次。據有關方面調查：宋、周二人突於日前將該屋由竹籬笆改建為木板瓦頂的房屋，三分局中山一派出所管區警員向工務局違章建築拆除大隊申報，而於日前派拆除人員前往執行，均由市議員俞士雄、顧忠年等二人制止。

工務局違章拆除隊隊員五人攜帶工具，會同中山北路第一派出所巡官所率領之警員十八人，於三十一日晚上七時再度前往出事地點拆除上項違章建築，附近其他違章建築居民逐漸集中，當拆除工作，正在展開時，附近居民開始叫囂。並有居民以石子向拆除隊員及警員投擲，另有二三人，則以木棒扁担向拆除隊員及警員攻擊，現場情況乃形惡化，大約七時半左右，在現場指揮的巡官，乃下令所有工作人員暫時撤離。

二、混戰

半小時後，原担任拆除工作之隊員及警員們，會同警察總局增援之巡邏車兩輛，及第三分局緊急調集之大批警力，復再度前往現場進行強制拆除，其時附近的違建居民，未採取任何行動，至八時半，周樂埔、宋光耀之違章建築全部拆除，警方及拆除隊大部人員，此時均乘汽車離開現場，僅剩下七、八個騎脚踏車的警員在後，不料違禁住戶百餘人，竟將彼等加以圍毆，一時棍棒與亂石齊飛，警員曾鳴槍示威。

此一混戰中，受傷的警士有方大為等四人，方大為且被槍彈擊中右頭部，有生命之虞，其他三名則係輕傷。另一位作調解的市參議員俞士雄，也被棍棒亂石擊傷。他實在是前來排解糾紛，及防止事態擴大有傷警民感情，乃竟被警察人員誤為替老百姓撐腰的「罪魁」，因背部受傷甚重，已送馬偕醫院診治中。

此一警民混戰事件，現雙方各有說詞，治安當局現所注意的尚有下列幾個問題：

（一）混亂中除警察之外，是否尚有違警住戶放槍？

（二）警員方大為被誰開槍擊傷？

（三）有無該違建區以外的市民參加混戰？

（四）混戰中有無其他市民受傷？

三、房荒

這一個警民混戰不幸事件，起因是極其單純的，完全由於違章建築的糾紛。可是違章建築的起因則很複雜；但有一個最基本的共同因素，即是台北市的房荒程度日益加重。

根據統計，台灣人口在光復時，尚不及六百萬，自大陸淪陷後，各方來台同胞日益增加，人口已激增至一千萬左右。這是政治因素所造成的人口大量增加，同時自然增加的人口，每年也達千分之三十五，即三十五萬人之譜。人口增加如此迅速，過去原有的房屋，當然不夠容納。而公私住宅建築有案可稽的，每年不過八千多戶，也與實際需要量相距遙遠，由是發生了嚴重的房荒，也發生了遍地都是「違章建築」的糾紛，事態相當嚴重。

四、善後

當時輿論界似亦早已注意及此，於兩月前，某報即曾經著論，提供了下列幾點的意見：

第一、國民住宅的修造，必須與各地都市建設計劃密切配合，萬不可草率處理，或各行其是，弄得將來相互抵觸，形成「合法的違建」。

第二、確定配售標準，以確實無屋可住的軍公敎人員與平民為優先配售對象，並可舉辦購產貸欵與分期付欵辦法，解決居住問題。特別注意不令少數特權階級，壟斷控制，肥私牟利。

第三、對已在公地搭蓋違禁之住戶，只要所佔地不妨害都市建築計劃，應在籌建國民住宅時，辦理公有建地放領手續，同時照一定計劃改善違建之結構方式，逐步求其合乎標準，也一併使若干違建經過上述程序，變成合法建築，漸進的解開違禁這一死結。

第四，如果政府財力不濟，妨鼓勵人民投資，並吸引僑資或外資，這是極穩定而有一定利潤的投資，相信比「觀光」「遊樂」事業，更易於吸收。

惜乎當局未能注意及此，言猶在耳，乃禍起蕭牆。曲突徙薪之謀，既未蒙延為座上客，卒至變起倉促，弄得焦頭爛額起來。

過去政府似乎也曾重視這個問題，曾爭取一部份美援，並且設立了專責辦理的機構，國民住宅興建委員會，集政府及國際援助力量，來解決嚴重的房荒。但不幸由於人謀之不臧，美援中斷，其所建造的國民住宅，多不合工程標準，引起種種糾紛，且不能對解決房荒有何實際裨益，各方指責紛紜！這個機關也就早已結束了。

後來台灣省政府鑒於房荒之亟應改善，特通過了「台灣省國民住宅興建計劃綱要」和「台灣省國民住宅興建管理辦法」，辦法雖多，條例具在，惜類多等於具文，無裨於實際問題的解決。這一件聳人聽聞的警民混戰新聞，相信可以謀得解決和及早處置，只是房荒的問題仍然是無法解除的。

賊船與官船（讀者投書）

晨光

周鯨文先生在新著「風暴十年」那本書的楔子裡，把今日大陸禍國殃民的紅色政權比作「賊船」。在苦難中的人們，急不及待，被騙誤上了賊船，到了中流，不是被迫入夥，就是被謀財害命，這個譬喻，是足以發人深省的。

所謂「不臨深淵，不知沉溺之患」，著者若不是誤上了賊船，那裏會把賊黨的兇惡的面目看得這樣清清楚楚。這本書是值得海外一般反共人士、非共人士以及親共人士一讀的。因為賊船仍在繼續使用那些「愛國一家」、「愛國無分先後」、「歡迎海外華僑回國參加社會主義建設」、「……」種種花言巧語在喚渡啊，大家小心莫再上當！

那麼，今日在台灣的國民黨政權便是一條「官船」了。官船只有官兒們有份，而且限定在某些階層的小圈子裏，並不是官官有份的。我也有一個實際的例子來譬喻一條官船：

「在三國演義裏，叙述一位少年英俊的將軍——馬超，為了要報父仇，盡起西涼兵馬，浩浩蕩蕩殺奔長安來。曹操是當朝丞相，也就是馬超心眼裏的仇人，他（曹）那敢怠慢，便親自統率大軍迎敵，不料在渭橋六戰，被殺得割鬚棄袍。這天被敵兵逼到渭水之濱，情況非常危殆！河上有一條船已離岸丈餘，曹操不得上去，幸而他部下有員虎將許褚，既勇且「忠」，把曹操負在背上，一躍上了船，才脫離了險境。

丞相上了船，那條船不是官船也是官船了。許多殘兵敗卒，也跟着泅水到了船邊，大家都想攀上船頭，船小了，容不了這許多人，幾乎翻沉水底！許褚只知保護丞相要緊，顧不了袍澤之誼，只有拔出劍來，把攀在船邊的手指像斬瓜切菜一般地斫落水裏，使渭河立即染上了一片殷紅，兵卒們忍不住墮指之痛，浮沉在紅浪中慘叫，那情景是令人驚心動魄的！眼見得曹操那一條官船，在敵人亂箭如雨之下，咿咿呀呀渡過了彼岸。

當大陸行將易手的時候，國民黨的官員們，捷足先登上了官用救生艇——寶島台灣，以先入為主，「忠貞」自命，在救生艇的周圍佈上一道羊角刺的鐵絲網，——頒佈限制出入境辦法，防止投奔自由者的闖進。不管是反共的人民也好，國民黨舊日的袍澤也好，一律拒之於國門之外。

台灣當局以治安和社會問題為藉口，限制反共人士入境，剝奪了人民遷徙居住的自由，這是違背憲法的反動措施，及至目前仍然沒有改變的跡象，空談「團結反共」，有人要進去又閉門了，那種自絕於人的限制出入境辦法，何異於許褚手上的利劍呢？

今日流落海外的百萬難胞，既不願上賊船，又上不了官船，兩頭無岸，十年來在暴風雨中掙扎，他們仍然在為自由民主而奮鬥，繼續地奮鬥！及到獲得最後的勝利為止。

記甲午中日戰爭始末（四）

舜生

原來伊藤陸奧等人，久蓄解決朝鮮問題之志，現在看見朝鮮內亂日劇，而中國又已出兵，認為千載一時的機會已到，於是一面奏請日皇裁可出兵，一面毅然決然將議會解散。並首先決定兩項方針：一、務使日本立於被動者的地位；二、竭力避免第三國干涉。當聶士成所率前鋒八百人到達朝鮮的這一天（五月初六即六月九日），日本公使大鳥圭介，即已乘坐軍艦八重山號馳抵朝鮮的仁川，並率四百人前往漢城，還有六艘兵艦停泊漢江口。當時中國出兵以忠清道的牙山為目的地，其意在就近平亂；日本以漢城為目的地，則在控制朝鮮全局並挾持其政府；就這一點看，中國在決策上實已處於劣敗的地位。其時東學黨人聽說中國的大兵到了，早已棄全州逃走，不久大亂便已平息，但日本的陸軍仍續續開來。朝鮮阻止日本增兵，日本不聽；中國約日本撤兵，日本也不理；延至五月中旬，日軍先後到達朝鮮者，實已達八千人左右，均屯駐漢城周圍要害，其軍隊的番號為第九旅團，其統兵官為陸軍少將旅長大島義昌。中國屯駐牙山之兵，則除葉志超聶士成所統之四營以外，後又陸續添派夏雲青及江自康所帶來之兩營，其總數殆不足三千人，以兵力論，也完全處於劣勢。

（C）日本要求改革朝鮮內政

中日兩國的軍隊，一屯牙山，一駐漢城，相去一百五十里，日本想要找一種口實與中國開釁，也很不容易。於是伊藤陸奧等乃運用一種外交策略，要求以中日兩國協力鎮壓變亂的辦法，並改革朝鮮內政的大要，則由中日兩國派出常設委員若干名於朝鮮，調查該國的財政，淘汰其中央政府及地方官吏，同時設置必要的警備兵，以維持該國的安寧秩序，並且整頓該國財政，募集能募集的公債，以使用於開發國家公益的事業。……原案是由伊藤提出閣議的，而陸奧等予以贊成。可是陸奧知道這種提案決不能得中國的同意，而日本的外交或將陷於僵局，於是經過通宵考慮之後，乃決定於伊藤原案以外，更加入下列的兩項：一、不問與中國政府的商議能否成功，非觀其結果如何，決不撤回目下在朝鮮的日本軍隊；二、如果中國政府不贊同日本提案時，日本政府須以獨力担任，使朝鮮政府行前述之改革。（參看陸奧宗光所著『蹇蹇錄』，龔德柏譯，改名『日本侵略中國外交秘史』）

日本方面，根據伊藤陸奧上述提案，於五月十四日（六月十七日），即以中日兩國代朝鮮改革內政的要求，向我駐日公使汪鳳藻正式提出。五月十九日（六月二十一日），汪公使根據總理衙門訓令，以三項極正當的理由加以駁覆：

一、朝鮮內亂，現已平定，中國軍隊已無須代朝鮮政府討伐，更無中日兩國協力鎮壓之必要。

二、朝鮮內政的改革，應讓朝鮮自為之，中國尚不干預其內政，日本素認朝鮮為自主之國，更無干預其內政之權利。

三、事變平定，依照天津條約，中日應彼此撤兵，此時已無容再議。

這三項答覆，即在陸奧等亦未始不認為理由充足，甚至陸奧在他後來所著的『蹇蹇錄』中，且盛讚中國覆文中第二點所用的這個『尚』字十分有力。然而理智不能戰勝他們的野心，所以日政府於收到此項公文後，即於五月二十日（六月二十三日）答覆不願撤兵，並且說：『帝國政府之不遽行撤兵，不僅係遵守天津條約之精神，且為善後之防範。』此實力求貫澈其既定方針，絲毫未肯讓步。

（D）各國調停無效，日本斷然挑釁

自五月初三日（六月六日）中日軍隊同時到達朝鮮，迄六月二十三日（七月二十五日）豐島海戰的爆發，其間尚有五十天的時間；在這五十天中，李鴻的始意，仍在設法避免戰爭，日本則在如何求得一個開戰的口實；所謂中日協力改革朝鮮內政云云，這原不過是日方裝出的一個幌子，但鴻章不了解日方眞意所在，而口口聲聲只要求日本撤兵。其間鴻章曾請托英使歐格納（Nicolas R. O'conor），俄使喀西尼（A. P. Cassini）從中調解，美俄雙方亦曾分別在東京、北京有所活動，然均先後為伊藤陸奧等運用或硬或軟的方略，設辭加以拒絕。

日方既堅持改革案不讓，而中國則惟要求日本撤兵，延至六月十二日（七月十四日），日本駐北京公使小村壽太郎，乃向我總理衙門提出一挑戰口胎的照會；其大意說：『朝鮮屢有變亂，實以內政紊亂之故。我政府以為中日兩國對於該國之關係均甚緊要，今若使該國釐革內政，以絕變亂於未萌。曾以此意告中國政府，詎料中國政府拒絕此議，惟望以撤兵一事，是實我政府所深為驚訝者。其後英國駐華公使顧慮友誼，為使中日兩國妥協，盡力調停，然中國政府依然主張撤兵，毫無傾聽我政府意見之意。由是觀之，非中國政府有意滋事而何？今後倘生不測之變，我政府不負其責。』同時，日本駐漢城的公使大鳥圭介，也接到東京外務省的訓令，要他『施行斷然的處置。』

六月十七、十八兩日（七月十九、二十）大鳥以哀的美敦書的形式，分作三次，向朝鮮政府提出四點要求，限三天以內答覆：

一、日本政府自行架設京城釜山間軍用電綫。

二、由朝鮮政府依照濟物浦條約，為日本速建兵營。

三、令駐牙山的中國兵速行撤退。

四、廢棄中朝間一切抵觸朝鮮獨立的章程、條約。

朝鮮的答覆未能使日本滿意，而袁世凱已於十七日歸國（七月十九日），其職務由唐紹儀代理。於是六月二十一日（七月二十三日）大鳥即率兵包圍王宮，擄去國王，擁大院君李昰應主政，諸閔族大臣或捕或逃，朝鮮政府狼狽不堪，不得已只好一切惟日本之命是聽。二十三日（七月二十五）矯詔宣佈『朝鮮從此自主，不再進貢；』第二天，又矯詔請日本驅逐中國駐紮牙山的軍隊，至是中國與日本的關係完全破裂，而戰端以開。

汲古書屋談薈

張一麐與袁世凱

耘農

一麐之應試經濟特科也，以江蘇巡撫恩壽，陝西學政沈衞（淇泉）之保薦，初試列一等第四，覆試試卷，為張之洞（香濤）激賞，置第一（按是科初試一等第一為梁士詒，第二為楊度，時值戊戌政變之後，梁為蜚語所中，以其姓名有梁頭康尾之嫌，故未覆試，楊則覆試而落第。後世凱禮聘士詒任北洋編書局總辦，楊亦為世凱羅致，在憲政編查館行走），及拆彌封，主者以大魁宜出翰林院，乃易袁嘉穀（樹五）為首，改列一麐第二。據古紅梅閣筆記云：

『特科兩場，俱張文襄總校。首場取一等梁士詒等四十八名；二等桂坫等七十九名；共百有二十七人。覆試只取袁嘉穀等九名；二等馮善徵等十八名；共二十七人。傳聞文襄初定仍取百餘人，慶親王奕劻傳旨不得過三十人。蓋內廷畏革命黨混入京僚，預備散諸各省。余卷本列第一，拆封，見一江蘇舉人，以煌煌大典之特科，而首列本無官階，過於減色，乃以原定第十名之袁君易之。袁為雲南總督金文詔所保，又新科庶吉士，授職編修，免其散館，余以第二名發往直隸，以知縣補用。引見後，謁見各閱卷大臣，文襄時以湖廣總督留京定學制，接見各門生，開口即云，你們濶極了，康熙乾隆鴻博數百人，現只二十七人，名貴之至！謂余曰：你願從余往湖北乎？余曰：書生不諳吏事，湖北人才所萃，從師學習公牘，固所願也。退後，見鄧孝先君談及此事，孝先云：香帥門生四川夏某，入幕十餘年，以咯血終，子精神不能隨老師，余為君不取，然已諾之，不能背也。乃文襄奏定學堂章程，久未脫稿，延至月餘，余資斧將罄，幸文襄幕府汪荃台世丈言諸文襄，許先往直隸。直隸總督袁世凱先已允文襄電調，長蘆運司汪瑞高，為余先容，袁督一見，即令入幕，不三日，而委扎下矣！』是為張袁遇合之始。

一麐初參袁幕，辦文案，為文工且敏，他人數百言不能盡，以數十言了之。昏夜，世凱索幕客不得；獨張危坐屬草，十餘稿立就，自是得參機密。一麐嘗於筆記中自述其初客北洋之幕僚生涯，謂：

『北洋幕府二十餘，候補道有陳昭常、蔡滙滄、阮忠樞；翰林則于式枚、傅增湘；留學生金邦平等。天津洋兵初退，舉行新政，經緯萬端。海門周嘉祿，本管學務

由張學良談到胡適之

——亮齋閑話之二十六

徐亮之

客：關於張學良的問題，近來本港的雜誌報章已很有幾篇討論的文字了；甚至有些熱心的編者和讀者還把我們在亮齋對這問題的閒嗑牙也引上了哩；不知您見過沒有？

主：見過了；這是輿論界的好現象。不過，對這問題，我卻只想再提出一點請輿論界注意；便是：無論張學良如何罪大惡極，他犯的應該只是「國法」，並不該是「私刑」；如果犯了「國法」，又罪有應得，則明正典刑，誰也無話可說；然而不幸，像張學良這樣不明不白的無期監禁，除了作為這乃「蔣總統的私刑」而解釋外，卻誰也找不到第二種解釋。而「私刑」縱使是出之於總統，無論如何，在有憲法並號稱「法治」的國家是不容許的。

客：從前常聽說一句「法外施恩」的老話；照您說來，蔣總統對張學良倒眞是「法外施刑」的了！

主：孟子說：「齊人莫如我愛王也」；我也敢說：「國民黨人莫如我愛蔣總統也。」這理由很簡單；因為我認為：一個政黨要培養成功一個總統是不容易的；培養好了的總統卻自甘毀滅，無論如何，最少站在黨的立場，黨人是應該挺身出來說話的；雖然我並不一定便是台灣方面所承認的「改造」過了的國民黨人。所以，我雖一方面反對蔣總統年年做壽；另方面卻也顧念他的來日無多。他如不及身釋放張學良，將來史筆無情，是要後悔莫及的！

客：「史筆」？您那替古人担憂的老毛病又來了！還是打開眼睛看看現實吧！告訴您：據二月五日台灣「自立晚報」的消息，胡適之已被「加强」「護衛」了呢！

主：對胡適之「加强」「護衛」？應該，應該！這最少表示政府已懂得尊重學者；最少比美國政府對胡先生的態度高明；如果這消息可靠的話。

客：我簡直不懂您這是說的什麼！

主：哦，原來您並不知道胡先生在美國的一個故事。少安無燥，待我告訴您，我所間接聽來的關於他的故事吧：有一天，胡先生外出，丟了胡夫人獨個兒看家。您知道，當時胡先生的職業，雖並沒淪落到像若干高等華人一般，替美國人開電梯，擦碗碟；而僱不起工人卻是事實。於是一個西裝筆挺的美國小偷乘虛而入了。這小偷一坐定，便以命令的口氣叫胡夫人 Get out。您知道：胡夫人的英文程度雖和你我差不多，這兩個字的意義卻是懂得的，當即很客氣地站向門外；而這個幸運的小偷便從容搜括而去。——您想：如果當時美國政府能對我們的胡先生少知「護衛」，何致鬧這笑話？如今胡先生已經翩然回到祖國的懷抱了，政府為了尊重學者，而「加强」「護衛」，以防萬一，誰曰不宜？

客：老糊塗！虧你還在政治圈子裏混了幾十年！老實對你說：所謂「加强護衛」，只是「加强監視」的代名詞罷啦！

主：「加强監視」？您是說胡適之要造反？在台灣當局的心目中，胡適之也造反得起來？

客：在台灣當局的心目中，凡屬談過「民主」，「反對黨」，和「反共救國會議」的人，無往而不視為反骨。胡適之對這三者雖然唱的都只不過是「扒字調」，而在台灣當局褊狹的心目中，原則該屬於反骨之列，實屬毫無疑問。好在他唱的還只不過是「扒字調」，否則，由「監視」而「監禁」，變成張學良第二，毫不稀奇。

主：報上講「護衛」他的到底「加强」到什麼程度？

客：據說除了中央研究院警衛二人外，另由汐止警察分局長宣善嶼加派了警員三人，日夜在胡寓巡邏。

主：您知道當年章太炎先生給袁世凱監禁北京，用勳章做扇墜的故事嗎？「書生原自有千秋」；為我寄語適之先生，對此等非法的「護衛」人員，如果認為他們敢於作怪，以白紙扇兒敲破他們的頭兒可也。

[illegible]

（二）

[illegible]

本刊已經香港政府登記

聯合評論 週刊

每逢星期五出版

United Voice Weekly
第二十八號

督印人：黃宇人　總編輯：左仲平
社址：九龍金馬倫道卅八號三樓
電話：六一四一三（61413）
承印：田風印刷廠（高打道一二二號）
總代理：友聯書報發行公司
售價：每份零售港幣壹毫
本報紐約版總經售處美國紐約中美出版社
CHINESE-AMERICAN PRESS, INC
199 CANAL STREET.,
NEW YORK 13 N. Y. U.S.A.
紐約航空版零售每份美金壹角

關於我上期一篇短文所引起的論爭

中共向來是遇事生風

左舜生

我在本刊上期，寫了三篇短論，最後一篇，題爲：『中共顚覆台灣的詭計。』這篇千字左右的短文，內容原是很簡單的：意思不外說明最近半年以來，中共從表面上看見台灣與美國之間，似乎多少發生了一點矛盾，尤其自去年十月二十三日蔣杜的『中美公報』發表以後爲然。同時，在台灣，在海外若干的民主人士，本着他們一貫要求民主憲政的方針，對台灣的政治現狀，也依然不免或重或輕的有所指謫。再加上，台灣本地與外籍人士之間，也偶然發生了若干不愉快的事實（例如中國自治研究會不許立案，孫秋源等被捕或開除黨籍等等）。更加上，日本一部分的淺識者，汲汲要求其政府對打開日本與中國大陸的貿易途徑，應採取適當的措施；岸內閣爲了緩和野黨的壓迫，於是有與中共舉行所謂『大使級談判』或派重要閣員前往大陸磋商的擬議，因而不能不引起台灣的抗議。凡此種種，本來各有其複雜的因素，而且也不難一一求得其補救之道。可是中共自來是遇事生風，凡有挑撥離間的機會，他們決不放過。於是他們乃一口咬定，美國存心要推翻蔣先生所代表的這個政權，而海內外的民主人士則與美國互相呼應，尤其『自由中國』半月刊的言論，以及胡適之先生的留台，更認爲是他們施展這一挑撥詭計的最佳資料。照他們一向情願的打算，最好自由中國與美國的關係澈底惡化；民主人士能由自由中國政府加以更多的壓迫；台灣土著與外籍人士之間，其矛盾最好是表面化；連日本與自由中國的關係，也最好發生正面的衝突；因此，他們繼續不斷的擴大宣傳了半年，他們的目的，確實在把台灣一切一切對內對外的關係，一刀一刀的斬斷，逼得台灣路路不通，然後才顯出中共是台灣惟一的『親人』，除掉和他們重開談判，實行所謂國共的第三度合作，以求得中國的統一，便別無其他的路子可走，如此，才能實現他們所謂『和平解放台灣』的這一詭計！

看他們的所謂『民族大義』！

照他們的說法，台灣無論如何是中國的一塊土，蔣先生畢竟是中國人，而且他老先生已經是七十以上的高齡，祖宗廬墓的思想，懷鄉念舊的觀念，總多少是有的，與其讓美國人緊緊地控制着台灣，反攻既然不許，復國即永無希望，長此弄得不上不下，日趨寞落，更加上民主人士的七嘴八舌，美國以外的友邦態度也冷熱不常，何如與他們攜手合作，共同反美，擺脫美國所加於中國的一切羈絆，以伸張他們所謂的『民族大義』呢？他們這一套天眞，幼稚，乃至近乎無聊的想法，眞所謂巧言如簧，騙死人不償命，我無以名之，名之曰『反美援蔣』！他們意若曰：蔣先生今天的處境，其危險的程度，已較西安事變的當時有過之而無不及，除掉他們可伸出援蔣之手以外，更沒第二人可以助蔣一臂之力！好傢伙，眞乖得很！

人不親筆桿親我仍得答覆幾句

就我上期在本刊發表的這篇短論來說，儘管是語焉不詳，可是把他們手上所握着的一副得意底牌，已全部翻出，更加上第二天（二十一）『新生晚報』，又把我這篇短論一字不動的全文轉載，因此看到的人更多，於是與中共有關的港報乃着了慌，惟恐他們半年以來，一派胡扯亂拉的宣傳工作，將一切歸於無效，於是大動其員，以銷數較多的兩報，以社論與閒話的方式，對我大開其玩笑；儘管他們所說的決不足以動搖我的觀點，可是他們的態度究竟還算相當客氣，人不親，筆桿親，以中共有關的報人，居然還不肯放鬆我們這張小報，要拿來看，要寫文字來反駁，僅此一點，也就不無可取，因此我還得在這裡答覆幾句。

老實說，造謠不一定是不可能發生效力的。中國一個最有名的造謠故事，便是『曾參殺人』。原來曾參的母親是相信她的兒子斷不會殺人的，可是有人對她說到第三次，她也就不能不投杼而起，踰牆而走！中共的多數報人，造謠原來就是他們的職業，好比在不久以前，中共有關的港報，爲了要渲染大陸糧食增產的特殊成績，他們便造出一畝稻田，可產出萬斤以上穀子，一顆葡萄；乃至比一個鷄蛋還大；其時有一位中國的水稻權威，剛好從遠道路過香港，我在陪他吃了飯以後，正在喝茶聊天，我把這個新鮮故事講給他聽，他幾乎連一口茶也笑得噴了出來！可是現在香港某一與中共有關的報紙，乃又居然用大字標題，寫出頭條新聞，說：『胡適之陰謀煽動台國軍叛變』，甚至還說他：『對國軍實施心理作戰，用美金收買軍官！』大凡一個稍稍知道胡先生爲人，或稍稍知道目前台灣軍隊情況的人，對他的這種造謠伎倆，寧不嗤之以鼻？可是你儘管嗤之以鼻，但他們的謠言，却還是要繼續製造的，信不信由你，造不造由他。我相信：在最近的將來，他們的某一報紙，可能選擇一個最適當的機會，或他們認爲一個最妥當的時間，還會突然發出一張號外，說：『台北發行的自由中國半月刊，已被當地的警備司令部執行封閉，該刊的主編雷震同時被捕，生死不明！』於是在一點鐘以內，這個消息，便會被播送到大陸的每一角落。如果是純出揑造，他們可表示他們造謠的成績已經登峯造極；如果稍有可資附會，他們便會舉行提燈，慶祝他們的挑撥又一次成功！總而言之，統而言之，他們總歸是大有所得！

當心你們的『交心』無效

可是，話又得說回頭，在今天的台北，確有少數人會對雷震先生或胡適先生表示過不同的意見，但我却從來不會爲他們兩位担過心。去年我讀了蔣先生的大著『蘇俄在中國』，老先生把他三十餘年和蘇聯與中共交手的經過，總算是報出了一大篇清帳，讀過的人很多，有不少的事實，在我也還是聞所未聞；要他老先生再上中共的一次當，似乎是不太容易啊！不要說蔣先生，就是我們的一位少壯同志沈雲龍先生，最近他印行了一本『中國共產黨之來源』，（本港的經銷者，友聯書報發行公司）雖說只有五六萬字，但也算把中共和國民黨初度合作的成績，寫得淋漓盡致，你說今天台灣一般稍有頭腦的人們，還會甘心情願去喝中共的這碗迷魂湯嗎？因此，我感到，你們儘管委婉其辭，說『中共應有援蔣之心』，但蔣老先生會不會謝謝你們這一次的『交心』運動，總還是一個大大的問題吧！我誠意的奉勸你們：你們必得好好的寫文章，但凡能夠不丟人的時候，總還是以不丟爲是，這也正是我前面所說的『人不親，筆桿親』哩！

× × ×

復國運動與民主運動

蕭輝楷

一　反共復國努力的團結問題

面對中共這樣一個裹脅了整個中國大陸力量的頑强敵人，大陸以外的反共者顯然居於絕對少數的劣勢地位。用劣勢的少數來對抗龐大的多數，一般說來，勝算之機只能繫於下列這兩種努力：

（一）把這種抗爭形勢擴爲更大規模的抗爭形勢之一環，用抗爭者以外的更多更大的力量，來平衡甚至顚倒這種優劣懸殊的形勢，這是外在條件的運用。

（二）發掘並擴大佔有數量優勢一方的內部矛盾，以逐漸削弱、癱瘓、對消，甚至瓦解其數量優勢，使其成爲大而無當，不堪一擊的臃腫的多數，這是內在條件的運用。

可以肯定地說：龐大的勢力並不足畏，歷史上許多不可一世之雄，都是在反抗者的上述兩種努力之下倒下去的；今日看來聲勢烜赫銳不可當的中共，今後應該也不例外。反抗者的努力的道路，主要即在如何加强對於上述內外兩種條件的創造與推動。

不過，歷史事實告訴我們，上述兩種可以擊敗龐大敵人的努力方式，其絕對不可缺少的共通前提：劣勢少數必須是有旺盛的鬥志，堅强的信心，並經常保持高度的團結開展的活力——有了這些，才有眞正能和優勢敵人抗衡的主體力量和領導中心，對於友好力量的爭取和聯繫，對於敵對力量的滲透和分解，才能眞正地發爲實踐並發揮作用。

今日中國的反共鬥爭，早已由一國的規模擴爲世界的規模；今日中共內部，早已由「小脚女人」事件、「鳴放」和「反右派」事件，以至「人民公社」及毛澤東下台事件的一連串發展，愈益展現其分裂與不穩。外在條件至少不壞，內在條件日益成熟，一切只待反共者的眞正團結了；然而，剛好就是這個無比重要的團結問題，成了今日反共者之中最難解決的頭痛問題。

這裏，有關現實團結的問題，姑置不談，我認爲至少我們應該先對若干有關團結的錯誤觀念，加以澄清——這些錯誤觀念中的最大者，即是爲了「團結」，爲了「反共復國」力量的集中，海外民主中國運動者是否應該放棄其督促國府實現民主憲政的言責，是否應該放棄今日正在海外展開的中國民主運動。

二　團結問題的癥結

中國民主運動與反共復國的努力是否會發生對消作用的問題，說來可以非常複雜，但是問題的基本癥結則非常簡單：團結爲了壯大實力並加强反共努力的機能，實力的壯大與反共努力機能的加强爲了反共復國；唯有實現民主憲政，才能造成眞正的團結，才能眞正地壯大反共實力並加强反共機能，才能眞正地達成反共復國的目的——不從民主憲政下手，任何形式上的「團結」，全是畫餅充飢，無濟於事的政治喜劇。

今日不了解這一道理者似乎還大有人在，今日香港報刊上仍能不時見到一些「大敵當前，相忍爲國」「羣策羣力」，不要批評台灣」之類似是而非的議論。對於這些議論，下列簡要的指陳是有其必要的。

三　團結必有其道

首應指出：所謂「團結」是具有許多不同性質不同形式的。所謂「團結」，可以是强大者對於弱小者的兼併脅從，可以是同床異夢者某一時期某一程度的利害結合，也可以是志同道合者對於共通理想之堅固不移的同心協力；某些人在某些事上，需要什麼性質的團結，應該達成什麼性質的團結，端視所要努力的目的爲斷。

現在，反共力量的團結，其目的在反共復國，在重新締造一個自由民主的中國，這種團結就必須是志同道合的精誠團結，而所同之「志」，所合之「道」，是而且只能是民主憲政。中共是裹脅兼併他人的大行家，中共的龐大聲勢早已使單純考慮利害得失的人如不退縮即已靠攏，剩下在海外的這些堅持民主中國運動的人，幾乎全是既不可能以利害相誘勸，更不可能被反民主者的「實力」所裹脅兼併的。十年來的事實表現，早已是無可置疑的最[illegible]的證明。

四　民主憲政與政治反攻

反共復國的成功可能，如本文第一節所述，只有聯合自由世界的友軍與瓦解中共內部的結構這兩條路。這兩條路，前一條由於世界實力的長期均衡，早已陷入很難更有發展的膠着狀態，而且，自去年十月國府在蔣杜會談公報中聲稱放棄武力反攻後，更是難寄以任何期望，簡直「不在話下」了。剩下來的，只有對於大陸內部的號召與積極滲入，這便是蔣杜公報中所强調的「政治反攻」，這是目前唯一可走的路。

這裏又可簡單指出：「政治反攻」的主力，也是而且只能是民主憲政的實踐，或者說民主運動的推動。

因爲，任何反民主的政權，如非澈底的極權，如共黨或法西斯，即必是對人民和在野者壓制，而統治集團中則官官相護僵硬腐化的落後政治體制，如酋長的專橫與軍閥的割據。以眞正的極權來反抗中共的極權，成功了是以暴易暴，而「以暴易暴」又如何能號召大陸人心？以落後的專制獨裁政權來反抗中共的極權，無異使大陸人民重新憶起抗戰勝利以後的國內情況，而且無異在用土槍土砲來向洋槍洋炮挑釁，這種情況而以爲能夠成功，豈非癡人說夢？

所以，唯有民主憲政，才是「政治反攻」的眞正開端。

所以，唯有民主憲政，才是能夠完成反共復國大業的眞正團結之道。

不容忽視的西藏反共運動

高天仰

一

西藏同胞因受不了中共匪幫毫無人性的壓迫，而自發的展開了反共抗暴的起義運動，遠在民國四十五年就不斷的發生，直到最近，據英國駐藏記者的確切報導，西藏同胞這種抗暴運動，已再向前推進了一步，人民憤怒的反共火焰，聚合成了一股反共的洪流，如火如荼的向着共匪政權挑戰，同時，其反抗的對象，並不單是中共匪徒，而且是中共匪徒的主子俄共。我們看到在共匪魔掌下的人民，已不斷紛紛覺悟，增長了自由陣線不少的力量與聲勢，這對於酷愛民主自由，反對極權奴役的海外同胞來說，確是一件莫大的喜訊！

不過，我們在興奮之餘，却還應該認識到，（尤其是為保衞自由而戰的領導者們更應該認識到）西藏同胞是需要援助的，可以斷言，他們必須要有援助，才能夠充實力量，與强敵抗爭到底！現在，他們所用的武器只是土鎗、長矛、古劍、硬弓，他們已經憑藉着這些古老的武器，用他們那無比憤怒的火焰形成的精神力量，去反抗敵人那慘無人道的統治；如果他們能夠得到較優良武器的援助，則他們鬥爭的成績，是可以想見的。西藏同胞反共運動能夠取得成績，那就不只對我反攻大陸，光復神州，消滅共匪，驅逐俄寇有密切的關係，而且對民主世界保障亞洲的安全也有着很大的影響。因此，我們不但應該重視這個運動，而且更應該援助這個運動，並進一步設法擴大這個運動！

二

現在，我們且看看西藏在地位上所佔的價值，從地位價值而對反共抗俄大業所發生的重大影響：

從地圖上看，由西藏到印度，雖然有喜馬拉雅山的梗阻，但其間也有好幾條交通綫可以利用。舊時交通的大道，以春堆一線最為重要。自拉薩西南行，經白地、春堆、江孜、康馬、帕里宗、亞東、即可以出吉嶺，俯瞰阿薩密省而直下，加爾各答。英人入藏，即採該路線。西藏西部的噶大克，也是一個對印度交通的重要據點，由此地西行，循印度河上源頭之一的狼楚河，即達巴基斯坦農業中心的旁遮普省。西部的羅多克，是進入印度巴基斯坦的另一重要據點，由此經拉達克，即可至克什噶爾。自後藏首府的喀則或孜西南行，經協噶爾、定日、聶拉木，可至尼泊爾的首都加德滿部；由此南行，則可至印度恆河中游的大都市如巴那勒斯、巴特那等。由藏印大道上的春堆分道南行，則可入阿薩密。此外，由拉薩循雅魯藏布江東行，經西康也可以進入印度。

以上是藏印交通比較重要的路線。由於藏印之間有着這樣的路線，所以西藏對於印度是居於威脅與控制的重要地位。未曾「十月革命」之前，帝俄所以重視西藏，其原因不外於此。「十月革命」之後，俄共要擴大其侵略的範圍，重視西藏的原因亦在此。中共作蘇俄的幫兇，並為其侵略亞洲的爪牙，其對西藏加以重視，其原因尤其在此。

就我們反共抗俄大業來說，西藏的戰略價值更不容忽視。西藏與青海，西康毗連，通稱為青康藏高原；北與甘肅相鄰，東與四川交界，這個區域，主要的居民就是我們的藏胞，他們的主要生活方式是遊牧；他們的行蹤，向東至於四川的松理茂汶與雅屬邊界，向北則自河湟直達隴右，向東出渭水而達豫晉，其活動範圍，可謂甚廣。

就我們反攻大陸的形勢來說，西藏同胞與我們呼應，而可以作鉗形夾擊之攻勢的，乃以昌都與玉樹兩地為最重要。昌都是西康東西與南北交通的十字路綫的交點。從昌都西行，經思達、碩督、嘉黎、太昭可入前藏，而拉薩則亦可在望。從昌都南行，經寧靜、鹽井可入雲南。從昌都東行，經同登、德格、道孚可抵康定。從昌都北行，則入青海而抵玉樹。玉樹亦名結古，乃青海南部的交通樞紐；玉樹不但有遙通拉薩昌都的路線，而且更有直通康定的路綫，中華民國在抗戰後期所建築的青康公路，就是經由玉樹而至康定的。由玉樹北行，經尼牙淖爾博塞圖庫特爾（在鄂陵海與扎陵海之間）那木山口、巴隆、都蘭等地，可抵湟源、西寧，這乃是我們藏胞北牧的通道。

在反攻大陸，光復神州時，反暴力量的裏合外應，是要依靠上述兩條大道的，我們依靠這兩條大道，我們爭取自由的西藏同胞組成的反共游擊隊，可以對四川和甘肅兩省施行襲擊，那時候，大陸各省受共匪壓榨已深的忿怒同胞，羣趨響應，滙流成反共的怒潮，戳破了共匪對城市及鄉村的表面控制，則我們登陸反攻部隊所遭遇的抵抗力量為之大減，反共的隊伍，可以迅速深入內地，以促使共匪的土崩瓦解，加上了大量反共抗暴人民的配合，徹底淨盡地消滅共匪，那是一件必然的事！那也是我們反攻大陸，光復神州的重要保證之一。

三

另一方面，我們當然也知道，在西藏同胞未能得到援助，反共抗暴的正義運動，未能取得完全勝利之前，共匪要鞏固西藏為其侵略南亞洲的根據地，它必然會想盡辦法來消滅西藏同胞的反共力量，然而，我們可以相信，共匪要想消滅西藏同胞的抗暴力量是很難的。從地形來說，藏胞的反暴活動大都在大高原與峽谷山地，這些地區的實際情況，只有當地的同胞才能清楚，共匪的軍隊，涉入此「秘密之境」，人地生疏，道路不熟，給養既要經過遙遠的路綫，一切的補給均要來自遼遠的後方，試問它那裏有戰勝藏胞反共游擊的力量？其次，氣候的條件也是對我藏胞游擊有利的，我們知道，西藏高原有利的交通期間，一年十二個月中只佔三個月，所謂「一、二、三，雪封山；四、五、六，泥沒足；七、八、九，正好走；十、十一、臘，皮開拆。」那就是說，西藏高原只有七、八、九，三個月是有利的交通期間，一二三等月是大雪封山的期間，四、五、六月是雪水下注或泥濘載途的期間，而十月以後的三個月是氣候嚴寒，對交通不利，也就是對行軍不利的。這正好說明了，如果共軍要想大舉向我藏胞的反暴隊伍進攻，那就無異替它自己挖掘墳墓。

四

西藏同胞的反共抗暴運動，實在不止是西藏同胞本身爭取自由的問題，而是整個自由世界的問題！自由世界對西藏同胞的反共抗暴運動，實在應該予以積極的支持，這不單是支持自由民主，人權正義，同時更是為了南亞洲的保障與安全。自由世界萬不能袖手旁觀，應該針對當前的情勢，盡可能的力量，來援助西藏同胞這種正義的反共抗暴的運動。

西藏是我們的領土，西藏同胞是我們的血親，西藏同胞的抗暴運動，也就是我們自己整個抗暴運動的一部份。所以我們認為自由中國當局對於西藏反暴的運動，不但應認重視，並且還應該立即直接支援它。

西藏這個地方，是有着極高的戰略價值的。如果控制了它，俄共就可以俯瞰印度巴基斯坦，使南亞洲永無安枕之日。自由世界能掌握了西藏，就不僅可以保障印度巴基斯坦的安全，並可在我們中華民國反攻大陸，光復神州的運動中，縱橫於中共後方，以加速反共勝利的來臨。因此，我認為我們非積極援助西藏同胞的反共抗暴起義運動不可！

蘇俄又擴大了在中國大陸的軍備生產基地

曾明

（一）蘇俄協助中共概況

周恩來以「中共副主席」身分代表中共朝俄，除參加蘇共第二十一次非常代表大會捧場外，並以「中華人民共和國國務院總理」身分與以蘇聯部長會議主席身分的赫魯曉夫於一九五九年二月七日在莫斯科簽訂了雙方進行合作在一九五九年到一九六七年年間在中國大陸建設冶金、化學、煤炭、石油、機器製造、電機製造、無綫電技術、建築材料等七十八個大型工業企業和電站的協定。

在這協定中規定，蘇俄機關根據蘇俄最新的科學技術成就進行研究和設計工作，供應設備、儀器和某些專用材料。由蘇俄派遣必要數量的專家主持企業的施工、安裝、調整和開工及經常生產方面。同時，蘇俄並接受中共的專家和工人到蘇俄企業中學習生產技術。

這次協定規定，由蘇俄供應中共的設備、設計和其他各種技術援助的總值為五十億盧布左右。而中共方面則根據蘇俄與中共之間的現行貿易協定，以商品償付蘇俄供應的設備和各種技術的費用。

蘇俄協助中共實行工業化，從一九五〇年就開始了。在一九五〇年到一九五二年的三年中，蘇俄宣佈協助中共新建及改建五十個企業單位。一九五三年三月，李富春代表中共與馬林科夫協定，增加九十一項。一九五四年十月十二日，赫魯曉夫與布爾加寧訪問北平時，又增加十五項。一九五六年四月七日，米高揚訪問北平時，又增加五十五項，共二一一項。在一九五八年八月又增加了四十七項，加上這次七十八項合共三三六項。此外，在中共第一個五年計劃期間，蘇俄另協助中共建設二十一個單獨車間。

在這次協定以前的二五八項企業單位及二十一個單獨車間裝備總值，加上這次的協定的總值，折合美金將近四十五億元之譜。而中共償付這一筆鉅額債務，現在可以作為商品供應出口的，只有農產品，如糧食、肉類、食油等等。這就是說，以人民必需生活資料換來工業設備與器材。換句話說，中共的工業建設基礎是建築在降低人民生活消費水平，陷人民於飢餓死亡的上面。

（二）一切都在配合蘇俄

以蘇俄為首的共產政權，是要擴張其政治霸權而赤化全世界，奴役所有人類。因而他們所進行的工業建設，只注意集中加强武裝力量，拼命地建設有關軍需的重工業，而忽視了人民生活所需要的生活資料的生產。不僅此也，而他們所進行工業建設，都是以蘇俄為中心工業體系中的一部分。中共曾對此坦白供認說：「由於社會主義陣營已經形成，蘇聯和各個人民民主國家在經濟已經密切聯繫起來，而且它們在地理上又是緊密連接的。因此，各人民民主國家不必像蘇聯那樣，勉強去建立重工業一切部門，而可以根據社會主義各國的國際分工，建立和發展在本國最有利條件的重工業部門，使自己國家的工業成為整個社會主義這一個的完整的工業體系的一部分。這就是說，在各人民民主國家裏，社會主義工業化的主要要求，可以不必建立一個完整的工業體系」。

所謂社會主義的國際分工，其目的就是將共產集團的各國的工業建設計劃，都要按照蘇俄侵略世界的統一計劃進行，利用各國其本身的最有利條件建立和發展重工業部門。這樣，不僅可以提早共產集團的軍備生產與自由世界並駕齊驅的時間，並且蘇俄可以抓住個別的共產國家沒有完整的工業體系的缺點，使個別的共產國家不敢產生叛離的思想，永遠為蘇俄的統一計劃服務。這就可以說，共產世界的整個發展就是蘇俄一國的發展。

（三）所謂經濟互助委員會

而蘇俄控制共產各國的工業建設的手段，是利用共產國家經濟互助委員會的機構組織。即如在一九五八年五月在莫斯科舉行的共產國家經濟互助委員會，製定了遠景計劃，決定在專業化和協作化基礎上，使工業建設配合起來，達成了下列協議：「第一、要在原料和材料的生產方面，特別是鋼鐵和有色金屬、化學產品、燃料和農業原料的生產方面實際解決這些任務；第二、要在工業生產方面，特別是機器製造業方面實際解決這些任務，以便在機器和設備上最充分地滿足社會主義國家的需要。另外，還通過了關於必須進一步提高經濟互助委員會及其機構的作用的決議」。

在一九五八年六月舉行的經濟互助委員會第九次會議上又製定了一套實際措施。這些措施的第一個方面，就是共產各國之間在一九六五年以前時期關於商品交換和經濟合作的雙邊談判。這些談判，要利用各國的有利條件，而有助於整個共產世界基本建設計劃和生產計劃的相互配合，相互供給。在這基礎上就規定了波蘭供給共產集團煤、有色金屬、化學產品和機器；東德供給機器；捷克供給機器和某些原料，如焦炭和煉焦用煤；匈牙利供給機器、糧食和農業原料，鋁土礦和鋁；羅馬尼亞供給石油和石油產品，糧食和農業原料和機器；保加利亞供給有色金屬糧食和農業產品。而中共在這一體系中現在可以供給的只有糧食和農業產品。至於蘇俄在其七年計劃中，規定到一九六二年年底，蘇俄將給共產各國四百六十二項工業技術、企業單位和一百二十個獨立車間的機器和裝備，而在文化上也有一套侵略計劃。共產各國不僅在軍備是如此

（四）企圖侵畧世界計劃的完成

周恩來與赫魯曉夫這次所協定的合作，完全屬於軍備生產的重工業，並不是有助於中國大陸人民生活的改善，而是蘇俄為首的共產世界的侵略計劃的體現。這就是以中國大陸人民的血肉，擴大了蘇俄在中國大陸的軍備生產基地。就這一點，值得我們提高警惕。尤其作為領導自由世界的美國，不能熟視無睹，在協助自由世界的盟友，應該抱定貫徹始終的精神，堅持到底，不要因為一些波動，而就為德不卒，那就不能免失敗於共產集團了。

煉鋼列入課程

高瞻遠

去年下半年中共在共區推行土法煉鋼，一時瘋魔了整個大陸，煉鋼成爲大陸人民的唯一工作，工人輟工，農人輟耕，學生輟課，都去煉鋼，有些學校爲了配合煉鋼，竟然開了「煉綱史」一課，總也算是教育界的一大奇聞了。

目前中共煉鋼的高潮已經過去，但是「煉鋼史」的課程却普遍設立，此種課程因爲比較特殊，中共主管教育部門也未明確規定教學進度及課程內容，一經各校自行擬訂，所以情形相當混亂。試以「西安市第十中學」和「湖北實驗師範」兩校爲例。

以兩個學校爲例

西安第十中學，編了「我國冶鐵煉鋼技術的發明和發展」，作爲補充教材。共計兩個課時，在高中二、三年級講授。

這份教材內容分爲三部：第一部份是介紹中國歷史上關於土法煉鋼冶鐵技術方面的發明和發展，指出中國發現鐵在西周末年，比歐洲要早一千七百多年，到春秋時代已經普遍應用，明代已有大規模的冶鐵廠，冶鐵工人達二千五百多人。

關於煉鋼部門，在戰國時代已經開始，並且認定吳王闔閭時代造的干將莫邪兩把寶劍就是鋼造成的。其次又說到煉鋼方法，也斷定是由中國首先發明，並舉「天工開物」爲證。由煉鋼又引起有關的發明，如水力鼓風機械、石碳、木風箱等類。

第二點指出鴉片戰爭以來，中國在「重洋輕土」情形下，煉鋼事業所受的打擊，。一九四三年中國鋼的產量只有九十萬噸，一九四九年只有十五萬八千噸。

第三點也是最重要的一部份，指出中共奪得政權以後的進步，一九五二年是一百三十五萬噸，佔世界第十八位，一九五七年提到五百三十五萬噸，佔世界第九位，到了一九五八年又翻了一翻，達到一千零七十萬噸。

據說學生很歡迎

這一節課講授情形，據說很得到學生歡迎，可是只限於高中三年級和二年級，是否因爲這兩級學生年齡已達到煉鋼年齡，亟於要搞通他們的思想。

湖北實驗師範所授的煉鋼史是比較普遍性的，全校都在開這項課程，不過內容比較西安市第十中學簡單，而且也不似正式課程，只是一個教學提綱。

教學提綱共分兩部份，（一）新舊中國鋼鐵生產情況對比，（二）我國和英國鋼鐵生產情況的對比。並且製了許多圖表，第一部份在說明中共統治下大陸煉鋼工業的飛速發展，第二部份在說明已經趕過英國，目前英國鋼的日產量是四萬七千多噸，中共已能達到十萬七千噸，比較英國要多一倍以上。

不過，這兩間學校教授煉鋼史，也發現了眞正問題，學生大部份反對煉鋼，及至聽完課程之後才能轉變思想，如「湖北實驗師範」學生聽了課之後，方才明確了「全民煉鋼的偉大意義」，同時更認清了「一切帝國主義都是紙老虎」。

西安市第十中學教師授課時也特別指出，「全民煉鋼不僅可以加速我們的社會主義建設和爲過渡到共產主義社會準備條件，同時也是對帝國主義的一種打擊，會壯大社會主義陣營的力量，不應低估這一運動的偉大意義。」

「湖北實驗師範」在授課之初，並未得到學生歡迎，後來到鋼鐵生產指揮部政治處，調查學生的思想情況，然後根據學生的思想加以教育，如有些學生對煉鋼的後方工作不重視，也要在「教學中進行思想教育」。

這種教材是去年編的，到了今年又不合時了，原來經過去年下半年「大躍進」之後，共區經濟情形及工業生產的均衡完全打亂，落後的部門拉住先進的腿，例如煉鋼，即使到處搜羅的廢鐵可以溶化，但是沒有焦煤不成，焦煤的供應量已經不足，加上運輸量的缺乏，就算有鐵擺在那裏，也無法去煉鋼。何況有些地方勉強能煉出的鋼，其質量也和鐵相去不遠，根本就不能派用場。

土高爐也都垮了

中共當局眼見情況已經不能再拖下去，非想法改良不可了，在本年二月三日、四日、五日，中共人代會常委會一連召開了一〇四、一〇五、一〇六三次會議，聽取了商業部長程子華，冶金部長王鶴壽，化學工業部長彭濤，煤炭工業部長張霖之等人的工作報告，報告內容雖然未見透露，但是除去商業部之外，其餘三個部的工作都與煉鋼有關，一定是在研究改善煉鋼辦法。本年以來，中共已不再談到小高爐（事實上也都垮了）和小土羣，而改爲「小洋羣」了，可見過去所建的土高爐完全不能應用，今後還是非用洋方法（實際上是科學方法）不可。

不過，許多學校的煉鋼史教材，都在大罵「重洋輕土」，指爲反動份子的觀點，不料課程還未講完，新中國也重洋輕土了，看來煉鋼史要停止講授了。

煉過的鋼還是鐵

中共去年所推行的史無前例的煉鋼運動，其殘忍固不必說，就中共經濟情形來說，也是一件空前的浪費，據最近逃亡來港的天津大學學生講，去年下半年整個一學期只上了兩週課，其餘時間都去搞運動，大部份是去煉鋼，至於煉出的鋼，還是鐵，試看上海文滙報所刊宋慶齡煉鋼的照片，宋慶齡在住宅內設了一座小高爐，宋慶齡用鐵鉗鉗了一塊鐵，由一個工人舉起鐵錘來敲，那樣就算煉鋼，就能趕過英國，豈不讓英國人笑死。

大陸人民果眞支持中共嗎？（讀者投書）

陳少勇

近半年來每當國際危機發生時，我們便在中共報紙不時看到橫一條是六萬萬人民支持，豎一條又是六萬萬人民的反對。炮轟金門時如此，反對英美出兵黎巴嫩時也如此。六萬萬之數是否可靠，本是問題，而中共經常抬出六萬萬人民這數字恐嚇美國。是因爲美國有核子武器，而中共沒有，於是，中共只有拿六萬萬人民這數字，並且還說可驅一億民兵上戰場來恐嚇美國了。

誠如中共所說：「六萬萬人民是不怕原子彈的」。不錯，假如六萬萬人民眞正支持中共的話，其力量確屬驚人。遠者不說，即如抗戰之時，我們中國那時人口還未足六萬萬，只得四萬萬。日本西侵了，我們中國人因爲同是爲了中國，人人的目標都是抗日，所以我們中國人團結起來了。所謂衆志成城，實比長城還堅、還固。每一個中國士兵拿一枝舊式槍枝就勇敢的和配備優良的日軍週旋。憑一點熱血，敵愾同仇，誰害怕過日本人呢？還不是，終於把日本拖垮了嗎？雖然說日本之戰敗，是由於盟軍在太平洋戰勝之故，但如果沒有中國軍隊把日軍牽制在中國，恐怕盟軍沒有勝得這麼易。

同時如果中國人不團結起來，中國決不能支持得那麼久。正如日軍所說不到六個月，中國就要盡入日本的版圖了。由此可見如果眞正得到全國人民團結起來的支持，其力量是如何的大。但相反，如果六萬萬人民團結起來反對呢？其使人失敗的力量也就是驚人的大啊！

在台峽危機的時候，儘管中共一方面說人民在如何支持中共炮打金門，如何支持中共「解放」台灣，又在如何支持中共驅逐「美帝」。他們又硬說美國是紙老虎。但另一方面中共敢向紙老虎開炮嗎？美國戰艦就在眼前，中共的炮彈却「恰巧」不會向它打，而只向中國人打。美國既然是紙老虎，中共見了紙老虎也如此驚懼，如果見了眞老虎，眞不知如何了。由此可見中共比紙老虎還不如，中共之所以比紙老虎還不如，無他，皆由於得不到人民的支持，什麼六萬萬人民一致支持只是鬼話而已。事實上，人民不但不支持中共，而且根本就是極端反對中共這一殘暴政權的。

在中共統治下，人民的生活，慘無人道。人民既無思想自由，亦無行動自由，更無言論自由，人民只能以番薯充飢，故人人都皮黃骨瘦，衣衫襤褸。每天天未光就起來做工，有時甚至晚上還徹夜做工。最近推行人民公社後，人民生活更苦。所以，現在大陸人民對中共已極度不滿。都有「予及汝偕亡」的心，那裏還說得上支持中共？所以，自由世界對中共的恐懼，實在是多餘，我希望自由世界和每一個海外的中國人都萬萬不要害怕中共，不但不要害怕，而且大家一致站起來打倒它。

×　×　×　×

追述張學良被審判的一幕

介人

自從去年宋子文一度來港，外面盛傳他有赴台之訊，而且還有請求釋放張學良之謠，於是這一位被監禁了廿三年的張學良，舊事重提，一時頓成爲新聞人物，新聞天地和新生晚報，都有關於這一問題的詳論，春秋半月刊亦有「張學良廿三年南冠歲月」的記述，本刊的亮齋閑話，更有極其幽默和精闢的批判。

幽禁了廿三年的張學良，申訴無門，英雄老去，早已成爲「活死人」。這一幕大悲劇，自然有着許多「歷史的新聞」，除了熱風（現已停刊）曾經連期刊載郭某所寫的西安事變前後若干秘聞以外，還有張學良的受審的這一幕更是全劇中最精彩最緊張的一段。宋子文更是受到良心上的譴責，一直是遺憾至今。

民國二十五年的十二月二十五日，張學良決心釋蔣，同他赴京，事前極端秘密，就是他的高級幹部亦毫無所聞。張同蔣到了飛機場，楊虎城趕來送行，張已搭上了飛機，回頭過來，向楊拱手道：「一切費心，偏勞你善後，我同蔣先生走了。」楊一時不知所措，連呼：漢卿！漢卿！這是怎麼一回事！你如何能走？」但機門已閉，機身已動，昂然而去。東北軍從此失去重心，而呈土崩瓦解之勢了。

是夜到洛陽，大家都在機場接蔣，張因人矮，週旋其間，迎者大驚，謂「你也來了！」一時幾至動武，由蔣說明乃免。二十六日午十二時正蔣先回京，爲避免刺激南京，張學良、宋子文至傍晚方悄然抵京，直入宋子文北極閣官邸，當時很少人知道。

蔣後來何以如此對張其動機雖不得而知，但是既然到了南京，便也自然難免成此一局。由二十六日蔣歸來，至卅日交軍法審判止，連日會議，準備一切文件及消息，均由陳布雷主辦，乃至判決後的請赦文，亦經草好。僥倖在西安同難的陳誠也到京，風頭更高，主嚴辦尤力，宋氏兄妹，聞此不詳消息，心神不安，子文尤覺惶恐，曾泣訴「無以對人」。然而安慰的話，只說：「這不過是一形式，沒有關係，對張無他。」宋子文在可信可疑之間，只好勸張靜候審判，審判長爲李烈鈞，也是張學良的父執，當時被推不得不表演一番。

是日由副官帶憲兵乘車到鷄鳴寺宋宅持傳單提人，子文覺得太難堪了，陪張前往。張到軍委會休息室小坐，宋即離去，張想今後情形已非尋常，心情非常激昂。少頃傳呼張學良，張由副官引入法庭門前，衛兵請其卸下領章肩章，及所佩自衛手槍，張不理，昂然而入。審判席對面，爲置一小桌小櫈，張略爲禮，靜坐無言，迄不起立。審判長照例問：「你是張學良？是不是弓長張？學而時習之的學？良知良能的良？若干年齡？那裏人？父母在否？妻室姓名？子女若干？」張冷笑一聲似答：「隨便好了！」審判長又問：「你是軍人，爲什麼刼持長官，躬行叛變？」張答：「這個問題太大了，中間經過，請問蔣委員長，他是知道的，我也不便詳說。不過我不是刼持，而是愛惜蔣委員長，也不是叛變，而是擁護國家，我們要申述我們的意見，實現我們的主張，並無絲毫謀亂之意。」李烈鈞究竟看在老帥面上，自己爐火純青，毫不發氣，沈默一下，又看看左右陪審官，都相對無言。張學良遂將兩手交叉兩肩，兩脚置於桌上，仰首向天。

審判長碰到如此冷場，如何下台，乃轉入輕鬆。續問：「你爲什麼把中央許多大員，都拘禁起來，這還不是叛亂嗎？」張大笑，答：「他們身爲大員，平日窮奢極侈，不知愛國，蔣委員長就誤在他們身上。除了蔣百里先生未作官我是敬佩的以外，那一個是有犧牲精神的。譬如陳調元身爲軍事參議院長，在西安拘留，不過幾天，還要調戲萬耀煌的娘姨，可謂老而好淫。又如平日大言的××，領袖遇難，既不營救，又不殉節，竟逃入厠所陰溝內，把他拉出來，滿頭滿身，都是屎泥，這也配得上談抗日救國嗎？還有……」李一聽到罵到「二陳」，愈來愈不像樣，只得停止其發言。稍息，當庭宣判，並退庭。李烈鈞步下審判席，親握學良手，慰之曰：「老弟，近年來很進步，佩服佩服。」張學良恭對曰：「又鬧笑話一次，把李先生太費心了，先大元帥（指作霖）在地下當亦感激。」李覺得張錯怪了人，話中有刺，只好不再說了。這一幕「神聖」的軍法審判，就如此草草完畢。

據陳布雷親筆的回憶錄，寫明：「軍法審判張學良之日，蔣公恐有人爲張說情，徒多煩擾，至熙和路寓中小住半日，何部長詢蔣公所在，亦不以告。」是當時同情張者，當大有人在。是夜宣佈對張學良判刑特赦，這是張所預料；又宣佈交軍委會委員長嚴加管束，恐非張所預料。據聞宋子文因此即夜離京赴滬，聲言不再問政。後來他對郭某嘆道：「除了避免一次戰爭，少死幾萬青年外，我們沒有做出什麼！」他後來又在重慶和上海對人說：「這是我今生唯一的負債，終歸須要償還的！」

然而不幸的是張學良的被管束，一直至今是二十三年了，長期的幽禁，等於無期徒刑；宋子文的負債，也一直是永無償還之期，所以宋子文的來港，引起了有保釋張學良之謠，這決不是空穴來風的。

×　×　×　×

記甲午中日戰爭始末（五）

舜生

三、豐島海戰與成歡陸戰

袁世凱回到天津，向李鴻章報告日方在朝鮮行動甚悉，至是鴻章已知非戰不可。於是於六月二十二日（七月二十四日）一面電令牙山速備戰守，一面更有四大軍赴援之命。所謂四大軍者，計：一、提督馬玉崑所統毅軍，凡四營，發自旅順；二、高州鎮總兵左寶貴所統奉軍，凡六營，發自奉天；三、大同鎮總兵衞汝貴所統淮軍之盛軍，凡十三營，發自天津；副都統豐伸阿所統奉天之盛軍，凡六營，也發自奉天；合計凡二十九營，一萬四千餘人；如果把葉志超所統駐牙山的六營也一併加上，則為三十五營，共一萬七千餘人，此即我在朝鮮境內作戰之總兵力。（參看姚錫光『東方兵事紀略』）

四大軍以朝鮮平壤為目的地，時慮海行可能發生危險，乃由陸路分起，從遼東前進，渡鴨綠江，以入朝鮮，軍行須十天左右始能到達，此於援救孤懸牙山之我軍實毫不相干。

中日兩軍的正式接觸，發生於六月二十三日（七月二十五日）的豐島海戰。先是鴻章以牙山兵力單薄，租得英商船高陞號，載北塘防兵兩營前往增援，輔以操江運船，並令原在牙山內島的濟遠、廣乙兩艦予以掩護。二十三日晨七時半，兩艦駛抵豐島西北，望見日艦吉野，浪速，秋津洲橫海而來，互擊一時許，廣乙受重傷，死傷數十人，駛往東北逃避；濟遠受彈甚多，亦死數十人，駛向西北逃避。時高陞、操江兩船已開到，操江被脅懸白旗，為秋津洲掠去；浪速迫高陞降，我將士嚴重拒絕，日方發魚雷將其擊沉；是役我損失兵力一千一百餘人，牙山之援遂絕。廣乙雖已出險，但已重傷，駛撞朝鮮海岸淺灘，鑿鍋爐渡殘卒登岸，遺火火藥倉自焚燬。濟遠為吉野所追，吉野為新式快船，每小時行二十三海里，濟遠則僅能行十二海里半，勢將及，管帶方柏謙初樹白旗，繼樹日本旗，吉野仍窮追不已，有水手王姓者，以尾炮向日艦連發四炮，三炮命中，濟遠始得脫險，但栢謙回威海，仍虛報軍情，謂已斃日海軍統帥，欲藉以邀功。

日軍知我牙山軍援斷力弱，日將大島義昌乃親率大隊向我軍壓迫。時聶士成率五營駐成歡驛，葉志超率一營駐公州。六月二十七日（七月二十九日）清晨，大島已率隊踞成歡西北面山坡，士成自督隊與相持甚猛，鏖戰至夜，以器械不如日軍精利，卒為所敗。我軍死傷約五百人，日軍亦死傷近百人。士成率殘卒趨公州，而志超已棄公州先遁。於是聶亦追蹤北走，沿半島東面各城邑，並繞過漢城，直渡大同江以達平壤，與大軍會合。志成以七月二十一日（八月二十一日），士成以二十八日（八月二十八日）先後到達。時值天熱，在路上走了近一月，兵士疲勞中暑，死亡頗多，而志超方以成歡之戰，殺敵過當，並沿途屢敗日兵，鋪張電鴻章入告。又奏保員弁數百人，獲嘉獎，並賞軍士銀二萬兩，未幾志超且拜總統平壤諸軍之命。這件事不只表現葉志超的無恥，可看出鴻章晚年暮氣已深，（時鴻章年七十有二）非復同治初元以淮軍崛起上海，擊敗太平天國名將李秀成時的景象了。

鴉片戰爭·江寧條約·黃恩彤

許冠三

一

提起黃恩彤的名字，我相信，很多讀過近代史的大學生會不知道。一般人多數只知道，代表清帝國與英帝國談判並簽訂江寧條約的是兩個滿洲貴族；耆英和伊里布。後來和英人商訂通商細則的先是伊里布，復是耆英。其實，眞正負責主理其事的乃是黃恩彤。他不只是『劃策謀』，而且為他們『效奔走』。

黃恩彤，字石琴，清山東寧陽人，道光六年（一八二六）進士。當英國水陸大軍兵臨城下時，他正以江蘇臬司的官職署理江寧藩司。清政府既決心命當時的兩江總督牛鑑，欽差大臣耆英及伊里布三人會同與英方議和，於是，他便經由牛鑑推荐，被任為清方的談判代表（耆英自選的代表是滿人咸齡），而英方則由璞鼎查派他的秘書麻恭少校為首席代表。江甯條約簽訂後，調為廣東按察使，協助伊里布（伊里布死，耆英代之）與英方商訂通商細則與善後事宜。

在英國人的眼中，他是當時最出色的一位政治家（現在看來，他確做過一些蠢事）。據當時參與英方代表團在南京淨海寺與黃恩彤談判的利洛（英海軍上尉）紀載，『黃恩彤年約三十七八，是中國最重要的將要起來的政治家之一。他的舉動言談是一個十足的紳士。即在英國，我還不記得遇到這樣舉止文雅，恭而有禮，文質彬彬的君子。他同外人接觸，不卑不抗，恰如其分，和其他中國人頗不相同。』（譯文見『鴉片戰爭資料』，卷五，頁五〇七）

二

以上是述他個人的出身，人格以及他與中英和約的關係。現在我們要看看他對當時局勢的見解。

當敵人兵臨城下，戰守無策，被廹議和時，他曾對當時代表伊里布奔走，安排正式談判的張喜說：『事已至此，不必傷感。』『漢朝曾輸五千斤金與匈奴，所失者小，保全者大，如能善了，總比打破城池好，而此處一了，各處均安，你亦不要心裏難受。』（張喜『撫夷日記』，七月初八日。）這可以說是他主張講和的『理論根據』。後來，他竟把這個觀念發展成一篇『撫夷論』，指出『夷之不能制者有五』，痛論主戰派之不切實際。同時他也指出，『夷之不足慮者亦有五。』因此，他提出了自己的主張：『中國之所以控制羈縻之者，惟在通商。』這可以說是一種『通商制夷論』。他以為只要中國方面，『捐釋前嫌，示之寬大，裁減陋規，明定稅則，無事則撫之以恩，有事則折之以信，』英人就會『伏首帖耳，歌詠皇仁，不復有盜弄潢池之事矣！』因為英人『灼知用兵之害，通商之利。』他顯然沒有想到，如果英人於用兵中國將得利更大時，中國將何以自衛？

（一）

沁園春　戊戌除夕大雨簡懷舜生老兄山居　　左君

風泊鸞飄，遠海遙山，歲暮更闌。念千萬生靈，水深火熱；兩三故舊，影孑形單。縱酒談詩，登壇論政，坦蕩心胸天地寬。愁拋去，看花隨人艷，燕帶春還。

煙巒，美景如環，好侍候高賢松石間。幸多餘精力，無妨小病；艱危時日，反得粗安。我本清狂，君非落寞，卅載知交眞已難。今何夕？但雲迷白下，雨打紅磡。

木蘭花　得璧如書賦寄，兼似萬濤、歌川、琴如。　　蕭石君

疏星明月夜，離緒落海東邊。縱歲晚酒慳，篆殘字燼，禁受年年。世事滄桑人倦，賴舊儔颼至報春妍。中原競將鹿逐，匡床却似蠶眠。

珍珠軟語訴從前、幽咽若驚弦。剩楚蘭心事，黎花雲夢。紅葉啼鵑。異域穠華飄忽，每登高仍憶舊山川。但願相逢甚易，毋須瞻望茫然。

論符咒術士怕白紙扇兒

——亮齋閑話之二十七

徐亮之

客：您看過本月二十一日的香港「文滙報」沒有？對我們那篇「由張學良談到胡適之」的閑話開火了呢！

主：這有什麼奇怪？

客：聽說這間報館，早已不是「吳下阿蒙」了；您可不能把它和香港人士所謂「尾巴報紙」一例看待。

主：這便更沒有什麼值得奇怪。告訴您：反極權、反獨裁，要民主、要自由，乃我們這一代有種的炎黃子孫的神聖使命。明乎此，便任何自極權與獨裁圈圈裏發射來的明槍暗箭，都是題中應有之義，值得什麼奇怪來！

客：您不知道；他們把我們的話解釋得妙得緊呢！您如不信，拿去看來：

拿蔣介石軟禁胡適事大做文章
香港親美反蔣分子
促胡適在台灣造反

（本報訊）香港的親美反蔣分子顯然還嫌現在台灣的胡適反蔣不力，公然用激將之法，促他率領徒子徒孫「造反」。

第三勢力主辦的「聯合評論」第二十七號中，發表了一篇題名「由張學良談到胡適之」的文章，引用了台灣「自立晚報」報道蔣介石「加强衞護」胡適的消息，這篇文章指出「加强衞護」就是「加强監視」的代名詞。接着問道：「你說胡適之要造反？在台灣當局的心目中，胡適之也造反得起來？」這篇文章認為胡適目前反蔣還不夠賣力，如果他的行動更激烈一點，蔣介石集團已對他「由監視而監禁」，使他「成為張學良第二」了。這分明是用激將之法，叫胡適趕快造反。這篇文章最後還公然唆使胡適以武力對付蔣介石集團的武力，說：「寄語胡適之先生，對此等非法的『護衞』人員，如果認為他們敢於作怪，以白紙扇敲破他們的頭兒可也。」

主：這尤其不值得什麼奇怪；除了這張「尾巴報紙」，不、「喉舌報紙」，暴露其低能的挑撥，高度的心虛以外。

客：什麼叫「低能的挑撥」？

主：告訴您：大陸這幾年，雖再也看不見像樣的文學創作，却出現了不少的童話創作哩！現階段中共的「喉舌報紙」，正在領導「尾巴報紙」向一種童話式的挑撥宣傳「大躍進」哩！他們以為這樣宣傳便是對蔣先生佈好了有效的迷魂陣；便可以有效地實現他們嚷了許多年的所謂「和平解放台灣」哩！即：繪影繪聲煞有介事地說美國靠不住；「現在台灣的胡適」及其「徒子徒孫」也靠不住；「香港的親美反蔣份子」或「第三勢力」更靠不住；只有蔣先生自動取消「中華民國」的國號，回去做「中華人民共和國」「部長以上」的官兒才最靠得住。換言之：他們的宣傳術，只是符咒似的自說自話；只是要對七十老翁說童話；只是希望蔣先生相信，如今茫茫人海只有共產黨對他是好心腸。您說這種宣傳妙不妙！假如您是蔣先生，對這種宣傳信不信？

客：何以又說他們「高度的心虛」？

主：任何極權和獨裁主義者，站在時代洪流的面前都是心虛的。

客：我不喜歡聽這類的抽象話。我現在且問您：胡適之在台灣到底擁有多少「武力」？記得我們上次的閒話，只提醒胡適之，如果眞有什麼「護衞」人員敢作怪，不妨以白紙扇兒敲破其頭；何以「文滙報」竟說我們「公然唆使胡適以武力對付蔣介石集團的武力」？

主：這正是他們將心比心高度心虛的証據。但也別小看了白紙扇兒，符咒術士怕的就是白紙扇兒哩！「天父天兄」的「太平天國」，基本上是曾國藩胡林翼的白紙扇兒打倒的；予智自雄的袁世凱政權，也基本上是孫中山、章太炎、梁啓超的白紙扇兒打倒的哩！在地父地兄（斯太林爺爺，蘇聯老大哥）的他們的高度虛怯的變態心理狀態中，把「白紙扇兒」看做「武力」，一點也不奇怪。

× × × × × × × × × ×

汲古書屋談薈

張一麐與袁世凱

耘農

一麐既獲世凱知遇，復以相從日久，對世凱之認識亦較深切。筆記又云：

『光緒三十年間，朝有大政，每由軍機處問諸北洋，事權日重，往往有言官彈劾，賴中朝信任，未為動搖。毛碩君年丈上書，勸其學湘鄉之謙退，項城雅重之。然軍人性質，頗與胡文忠包攬把持為近，但其虛懷下士，亦有不可及者。與幕府言，或謂吾文學不通，汝為我改之。屬員多就原文稍加是正，彼即不懌，謂如是不足蓋吾愆也。盡易之，則大喜。然長篇文字經其竄易者，如神龍點睛，起稿者自愧弗如。固由更事之多，抑其天禀有大過人者。一日，晨起，召余商公事，問已食否？答以已食，乃令侍者進早餐，先食鷄子二十枚，繼又進蛋糕一蒸籠，旋講旋剖食皆盡。余私意此二十鷄卵一盤蒸糕，余食之，可供十日，無怪其精力過人也。兩目炯炯有神，凡未見者，俱以為異。與人言，煦煦和氣，人人皆如其意以去。故各方人才奔走其門者，如過江之鯽。然所用無私人，族戚來就食者，悉以己俸食，給月廩，不假事權。屬吏苟有贓私，必嚴劾治罪。總督本兼鹽政，時長蘆及永平七屬鹽務，餘利近萬，又灤州煤鑛，啓新洋灰公司，皆蒸蒸日上。每曰：彼等拉余入股，余拒之。無諸己而後非諸人，余為一省長官而近利，何以責人？故袁氏所有股票，皆段芝貴以黑龍江巡撫罷斥後，虧帑過多，項城為出資彌補，而以股票作抵，非袁氏所固有也。其不用私人，不有私財，非當世貴人所能望其項背，使遇承平之世，豈非卓卓賢長官哉！此非一家之私言，凡當日過北洋閱政者之公言也。』

此對世凱之評隲，殊為公允，雖與一般詆訶世凱者大異其詞，尚非盡屬阿私之言。而世凱自知文字非其所長，不欲以尋行數墨炫其能，故終其身，從未利用他人編撰而冠以己名之長篇鉅著問世，更無所謂理論體系哲學基礎之類文字以眩惑國人，蓋恐為有識者所竊笑也！是世凱善於用人之才，掩己之短，遂能蔚為清末重鎮，北洋領袖，玩滿廷親貴於掌上，由內閣總理大臣一躍而為民國大總統，殆非無因矣！（三）

本刊已經香港政府登記

聯合評論

週刊

每逢星期五出版

United Voice Weekly

第二十九號

督印人：黃宇人　總編輯：左仲平

社址：九龍金馬倫道卅八號三樓

電話：六一四一三（61413）

承印：田風印刷廠（高士打道二一二號）

總代理：友聯書報發行公司

售價：每份零售港幣壹毫

本報紐約版總經售處美國紐約中美出版社

CHINESE-AMERICAN PRESS, INC

199 CANAL STREET.,

NEW YORK 13 N. Y. U.S.A.

紐約航空版零售每份美金壹角

略論最近台北爆發的陳懷琪事件

左舜生

金門的砲聲，已經是疏疏落落的聽不到幾響，台灣若干專門只在內部造亂子的人，似乎又要發起一次對『自由中國』半月刊第二度的圍剿。

『自由中國』的危險由來已久

第一度的圍剿是四十五年的祝壽專號，其罪名僅是對領袖失敬，後來鬧了一個相當的時候，總算是過去了。可是最近兩年，該刊的態度依然不改，而且言論越來越硬，舉例言之，如對過去教育部張其昀的指謫，如『蘋果案』的揭發，如主張一切於法無據的機構的停辦，如『奉命不上訴』事件對司法行政部部長谷鳳翔的攻擊等等，這類言論，在被抨擊的一方視之，誠然是罪大惡極，可是一般讀者卻是加倍的歡迎。在這樣一種推演的情勢之下，該刊要遭遇到另一度的圍攻，自屬無可避免的當然結果。

在不久以前有一位由台北來的朋友告訴我，說台北某治安機關，曾有一個簽呈送到其上級，陳述他們已經拿到『自由中國』社的『眞憑實據』，確有匪諜滲進到了該社的裡邊，要求立即將該刊封閉，並將該刊的主編人雷震加以逮捕。可是某上級機關畢竟還有幾位明白人，知道這件事牽動太大，幹不得；尤其顧慮的，乃是該刊已有十年以上的歷史，在國內國外已擁有幾萬的讀者，而政府平日對國際宣傳中華民國確有言論自由，又往往首舉該刊為證，現在如果以『莫須有』的罪名，居然封報捕人，政府將何以自解？於是這個專門造亂的所謂治安機關，乃碰了一個不大不小的軟釘子，不得已只好忍氣待機，徐圖再舉。

這次事件的由來

不幸本年的一月十六，該刊的第二十卷第二期出版，其第一篇社論，便是『取消一黨專政！』其小標題是：『從黨有，黨治，黨享走向民有，民治，民享的大道。』這確實是該刊十年以來一個最具硬性的標題，可以說是該刊十年以來一篇畫龍點睛的結論。因為不能辦到『取消一黨專政』，即該刊十年以來的言論都是廢話，海外十年以來的呼籲，也半點不生作用；同時也可以說，要保留『一黨專政』，就必得取銷『反共復國』，這是三十餘年來的一個總病根，也是遭遇徹底失敗的一個關鍵！可是今天在台灣說來，所謂『一黨專政』並不是單純的一個政治問題，實際只是一個飯碗問題，罪莫大於打破別人的飯碗，尤其莫大於打破一羣人的飯碗，該刊敢公然是這樣主張，其必遭毒手，自屬題中應有之義。照文字的刺激性來說，一般痛恨該刊的人，本應該是以這篇反專政的文字作為發難的手段的，可是以這篇文字發難，困難頗多：第一、該刊已有十年的基礎，平日所指出一切腐敗的事實，無一而非一黨專政的當然結果，今天他們提出這一『取銷一黨專政』的結論，可以說是前後一貫，凡平日同情該刊言論的人，斷無不同情這一結論的道理，這樣一來，一般陰謀破壞該刊的人，在輿論上便得首先認輸！第二、『取銷一黨專政』儘管實際不是一個政治問題，但從表面上看，究竟不能不歸入政治一類，一份刊物，對政治提出一種較激烈的主張，聽怎樣也沒有什麼大不了，惟有牽涉到軍隊，例如『軍紀』，『軍譽』之類，方才可以勉強的向『匪諜』的方面拉，也惟有送上一頂『匪諜』的帽子，才足以置該刊於死地！大家必須明白認識：這便是今天在台北鬧得滿城風雨，所謂『陳懷琪事件』的由來。

港九各報能見其大

關於所謂『陳懷琪事件』，港九的報紙除某一幸災樂禍與共黨有關的尾巴報有過詳細的紀載以外，其他各報，無論與台灣是否有關，大抵都一字未提，因為大家心裏有數，這一定又是台灣內部在搗鬼，把這類令人喪氣的事件，向海外流亡人士作詳盡的報告，惟有弄得大家意冷心灰，此外別無好處，因此我覺得，這次港九多數大報對這件事不予紀載，實在可以說是能見其大。可是這件事還在繼續擴大中，據說所謂『陳懷琪』其人，已決定依法起訴，看樣子非弄到『自由中國』關門，雷震坐牢不可。如果眞的要做到這一步，影響所及，便可能還有更不好的事會要發生，因此，乃逼得我們關心台灣的人，不能不作一較詳盡的報導，並加以我個人的一點看法。

這次事件的詳細經過

原來『自由中國』第二十卷第二期，除了那篇可注目的『取銷一黨專政』的社論以外，還登了兩封讀者投書，第一篇標題為『軍人也贊成反對黨』，作者署名『老兵』；第二篇為『革命軍人為何要以「狗」自居？』作者署名『陳懷琪』，第一篇沒有引起問題，姑且不論，現在要研究的乃是第二篇。照這第二篇投書者的口氣，自然是一個軍人，而且他自稱『是一個幹了二十幾年革命的軍人』。他這次投書的用意，乃是說明他在『國民黨軍隊黨部舉辦的三民主義講習班』受訓六天後的一點感想。這次講習班的主題為：『堅定反攻復國信念，鞏固革命領導中心。』像這樣兩句一看便可明白的簡單口號，要由若干教官來講演六天，聽憑這班教官們有如何了不起的學問，在一般受訓者聽來，總不免要感到東拉西扯索然寡味，其表示不滿，自在情理之中，毫不足怪。但如何又牽涉到狗不狗的問題呢？原來在這封投書的後面有一段說：『更使我莫名其妙的，有一天我們班裏的訓導主任給我們講話。他說以前有人罵戴笠是領袖的走狗，戴笠不但不怒，反而很榮幸的以狗自居；現在我們革命軍人也要以領袖的走狗自居。如果有人攻擊我們的領袖，我們就毫不客氣的咬他一口。天呀！『革命的聖（？）人』居然變成咬人的狗！無怪乎當貴刊前年『祝壽專號』出來以後，各方面都朝向你們亂咬一氣，原來他們自認是狗啊！』

平心而論，這段話確實是富有刺激性的，有關方面看了非常難過，自無怪其然。不過我細讀過這篇投書以後，卻仍有幾點意見：

一、假定『陳懷琪』確有其人，既確任軍職，又確實參加了這次的講習班，他寫的這封信，原是一再希望『自由中國』給他發表的，但他何以不用筆名，而用他的眞名實姓？難道這封信可以惹起麻煩，於他自身非常不利，他也全不知道？

二、假定『陳懷琪』雖有其人，但信卻不是他寫的，而是另由一不知誰何的人所假托，則在『自由中國社』一方面，最多只有應不應發表這一封信的問題，而並無所謂『偽造文書』的責任。

黨化軍隊是否違憲？

三、據『陳懷琪』二月二十二日對中央日報所發表的談話，他証明他確實『曾在三民主義講習班受訓』而且國民黨的第一黨報中央日報也已為他發表，可見國民黨在軍隊中設有黨部，並設有宣傳黨義的講習班，已屬一種公開的事實。但現行中華民國的憲法第一百三十八條規定：『全國陸海空軍，須超出個人，地域及黨派關係以外，效忠國家，愛護人民。』像國民黨的這種搞法，是不是顯與憲法的規定相牴觸，而發生了違憲的責任？蔣總統去年十二月二十三日在『光復大陸設計委員會』發表反對修憲的演說，他承認這部憲法『尤為反攻復國有力的武器，』如果國民黨在軍隊中搞黨確屬違憲，是不是即等於對這一反攻復國的有力武器加以澈底的破壞？我想這一點總也得請大法官們加以解釋解釋才好吧！

最近這一事件的發展

依據我所看到上月十八，十九，二十，二十一，二十二幾天的台北各報，這一事件顯然還在擴大發展中。第一步是居然由一個所謂陳懷琪者親自攜帶函件到自由中國社去請求更正，這封更正原函『自由中國』雖然沒有發表，但中央日報卻替他發表了（上月十九日）。據陳懷琪上月十八對中央日報社記者的談話，他說他『不會寫文章』，可是這封更正原函，卻寫得非常簡潔老到，以我二十年在大學教書的經驗，就很少看見一個大學生能寫出這樣的文字，陳懷琪在同一次談話中還說：『他從來不看這本雜誌，』（指『自由中國』）又說：『不看的原因，並非有任何成見，而是因為平日業務太忙，對這一類的『閒書』，沒有時閒去看。』可是我在他的這封更正原函中，卻發現了幾句頗為可疑的句子。原函說：『本人平生守法守紀，明辨是非，不僅從無偏差思想，更無不當言論！』我們這些平日專愛看『閒書』的人，都知道『偏差思想』乃是共產黨書報中的常用語，因此我懷疑這位陳先生不僅像『自由中國』這類的『閒書』他可能看過，甚至連共產黨的書報，他也會涉獵，否則像『偏差思想』這一類的句子是斷不會搖筆即來的。這一點我僅僅只想証明這位陳先生並不老實，別無其他的用意。

第二步，上月十六，陳懷琪因為看見第二十卷第四期的『自由中國』依然沒有把他的更正函發表，而僅僅只來了一個不滿四行的聲明，於是他第二度又跑到『自由中國社』去交涉，交涉無結果，他『迫不得已，』於是第三步乃一面於上月十八、十九兩天，在台北的『聯合報』，『中央日報』，『新生報』，『青年戰士報』，刊登『陳懷琪警告自由中國雜誌啓事』的廣告，一面則決定向法院提出控告。最近幾天的發展如何，因為我還不曾讀到台北的報紙，無從懸揣，但我根據上面的分析，已覺得有幾點可疑：一、在四家報紙登八次廣告，用費並不太菲，而陳懷琪的官階卻只是一個中校，是否政府對軍人的待遇，最近確已大加改善？二、陳先生自稱『不會寫文章，』但他的更正原函和警告啓事，都寫得確實不壞，是不是他還僱用得有隨身的秘書呢？果然如此，這位中校先生便未免濶氣得可驚！三、我們知道台灣的司法是要『配合國策』的，不久以前已經有過一次『奉命不上訴』的笑話，如果這次陳先生眞要提出控告的話，是不是又來一次『奉命起訴』呢？這便要等待事實的證明了。

麥赫會談與柏林危機

許子由

「柏林危機」的嚴重，達到了空前的階段。美國國會兩院議員，已經發出「為柏林而戰」的呼聲。參院武裝部隊委員會委員會委員傑克遜，主張美國應該動員陸軍及國防軍四至五個師，對蘇聯表示「我們當眞的是不惜一戰」。參議員佐威茨在廣播中說：美國如欲保持世界領袖地位及和平，則「不得不在柏林冒戰爭之危險」。著名參議員曼斯斐爾認為，赫魯曉夫可能不惜冒戰爭之危險，雖然他未必蓄意發動戰爭，但難保他不會在緊要關頭做出一些事來，以致引起戰爭。民主黨衆議員柯爾瑪，特於週一提出一項聯合法案，要求國會切實為總統後盾，「不論其對柏林情勢認為應採任何必需行動。」可見柏林危機已經迫近到攤牌的形勢。

一

英國首相麥美倫的蘇聯訪問，就東西談判問題有所接觸，曾被認為可以緩和柏林危機，甚至有「冷戰解凍」的期望。可是由於赫魯曉夫的強硬演說，麥赫會談大致失敗已成定局——雖然麥氏尚未離開蘇聯。美國總統艾森豪，則早就認為赫魯曉夫態度死硬，談判無多大希望；並聲明美國對柏林權利，「決不作絲毫退讓」。這反映出白宮方面對於麥美倫訪蘇，開始就沒有寄與過奢的期望，而美國對於柏林的立場，也是相當堅定的。

柏林是自由德國的象徵，也可以說是北大西洋公約的命脈；正如美參議員紀丁所說的：西方國家無法同意蘇聯所提東西德自行談判解決柏林問題之說，如此將會意味着完全放棄西德，造成「另一次慕尼黑」，對世界和平構成嚴重的威脅。美國對柏林問題立場的堅定，是可以理解的。目下美國的民意比政府還要強硬，要求「備戰」，以及輿論的強調「舉國一致」，信任及支持總統的決定，一似戰爭前夕的氣氛；也足以反映出美國全國對柏林地位重要性的認識。

二

因此，假如蘇聯竟照着它所恫嚇的做去，實行把四強共同管制柏林的權力，移交給共黨東德，由東德來管制通入柏林走廊的交通；而西方國家則對此不加承認，依然遵循盟國原有的柏林協定，萬一東德封鎖交通，西方勢非用武力打通「走廊」不可，那便會意味着「歐戰」也即世界大戰的爆發。西方似乎早已準備到這「最後一着」，並早已聲明其後果應由蘇聯負之了。

東德共黨權威首領烏布里特，一日還對西方警告，謂蘇聯對東德之計劃，包括締訂一項和約，是「無論如何，事在必行」。而在這個時候，赫魯曉夫剛宣佈有東德之行，這當然不是為去參觀萊比錫國際貿易展覽會，因此一般懷疑赫魯曉夫此行，會不會就與東德單獨締訂和約？

蘇聯與東德單獨訂約的話，德國分裂狀態便會無限期繼續下去，而亦同時關閉了談判德國問題之門。赫魯曉夫是否會採取這一做法，與美國各走極端呢？

三

從蘇聯的基本策略觀察，蘇聯似不願在此時發動世界大戰；因為蘇聯絕無決勝的把握，而美國使用其前進基地的中程飛彈，或由艦發射飛彈，都有把蘇聯摧毀的力量。何況年來東歐國家不穩，一旦發生戰爭，共黨帝國必定崩潰。所以，除非是因錯誤而引起的戰爭

（下轉第二版）

「大躍進靠不住」

勉齋

中國大陸農民說：「小麥豐收了沒有麵吃，糧食增產了還要吃甘薯，大躍進靠不住。」（見「紅旗」一九五九年第四期第十八頁）

中共在其八屆六中全會提出了一九五九年的鋼、鐵、糧、棉四大生產指標。這些指標，可以肯定說一句，都是可望而不可即的。其實，虛構假報生產數字，炫惑人心，是共產黨徒的看家本領，一點兒都不奇怪；怪就怪在不能自圓其說，遮住處處漏洞。

別的不說，現在談談與人民肚皮最關緊要的糧食問題吧。

中共提出糧食生產要從一九五八年的七千五百億斤左右增加到一九五九年的一萬零五百億斤。這就是說，一九五九年要比一九五八年增產百分之四十。在我看來，中共面臨困難重重，「大躍進靠不住」，是無法達成指標的。

一　勞力缺乏，老弱婦孺担負不了。

據中共說，今年大陸上「糧食播種面積在十六億畝左右，平均每畝產量在六百六十斤」。大陸「農村現有的勞動力折合成為全勞動力約有二億二千萬個」。據估計「除用於經濟作物、林牧副漁、工業交通、基本建設、生活服務等方面以外，能用於糧食生產的不到百分之四十」。（以上見「紅旗」一九五九年第四期）這就是說，一九五九年只有八千萬個勞動力來担負要完成將近一萬三千二百斤的糧食生產。即使依照中共規定每畝產量達到六百六十斤的話，以一萬三千二百斤的任務計算，就是每一個勞動力要担負二十畝田的深耕，施肥、播種、澆水、追肥、鋤草、治虫、治病、收割等等工作。只要稍稍了解農業生產情形的人，就會知道一個勞動力絕對不可能負担這麼重這麼繁的工作，結果是顧東失西，徒勞無成。中共之所以把「人」估計比牛馬和機器的生產力還要高，這是無他，是毛澤東的「只見人不見物」失常神經作怪。

何況，大陸農村中所謂「尖子貨」青壯勞力，都被中共拉夫調到「工業交通」，「基本建設」上面去了；現在農村所剩下來的，只落了些老弱婦孺的殘兵衰勇。這樣指標，即使全部勞力都在農村，能不能完成就很成問題的；現在把這付重担子叫這些殘兵衰勇挑，就是磨折的送了命，或者壓搾成有骨無肉，都與事實無補。因而可以肯定說，「大躍進靠不住」。

二　技術革新，是遠水救不了近火。

「技術革新，是一遠水救不了近火，無助於完成當前生產任務」。（見「中國青年」一九五九年第四期）這到是老實話。技術革新，不是一蹴即就的事情，從發現，到運用，到推廣，非有一個相當長的時間不可。絕對辦不到馬上發現，就可以馬上運用，馬上推廣。所以技術革新，也是可望而不可即的，說說而已。因此，可走的只有一條老路，墨守成規，靠人拼命。——因而「大躍進靠不住」，已成定局。

三　災象已成，中共同天無力。

農業生產主要的決定於自然條件。據中共中央書記處主管農業工作的書記譚震林說：「一九五九年的天時條件如何，現在還難於預料。目前旱象已露頭，有的地方七個月沒有下過雨，雪不足，北方的雪也下得不多，許多地方冬季的氣溫也不穩定。今年出現一個和去年同樣的甚至更大的水旱災害，不是沒有可能的，這必須引起我們足夠的警惕。」（見「紅旗」一九五九年第四期）如此，災象已成。雖然蘇俄有宇宙火箭升空，但中共却無回天之力。因而又可以肯定說，在災重人弱情勢之下，「大躍進靠不住」，是必然現象。

四　幹部精神瓦解，人民激烈反抗。

不信，請看中共內部自己人的一種意見，認為，「去年已經苦戰一年了，今年不能再苦戰了，即使苦戰也沒有多大效果，所謂潛力已經挖完，辦法已經想盡，苦戰已經到頂了，完成去年的指標，已經化了老大一把勁，今年還要繼續躍進下去，恐力不勝任」。（見「中國青年」一九五九年第四期）這是他們自己說的，不是我們說的，由此可見中共內部的人對於大躍進已經沒有了信心，精神上首先瓦解了。加上，被壓迫被奴役的農民，早已憤憤在心，激烈反抗不已。這樣一來，就是說明了人心渙散，大勢去矣。因此，「大躍進靠不住」，就成了一定事實。

五　肚皮不飽，人就沒有勁幹。

大家知道，決定農業生產的因素有三個：一、自然條件，二、勞動力，三、資金。這三個因素與農業有不可分離的關係，就是三者缺一不可，或有三者之一的有了問題，不但談不到發展，甚至就很難進行農業生產。現在大陸自然條件的災象已成，勞力又嚴重缺乏；至於資金，毫無着落，因而糧食生產「大躍進靠不住」，則是鐵定事實。同樣，棉花的指標，也就成了空話。鋼、鐵的大躍進，亦復是要靠人拼命，有了人必定要吃飽肚皮才有幹勁，吃飽肚皮就要農業生產的糧食來充實。因為糧食生產「大躍進靠不住」，必然影響肚皮吃不飽，肚皮不飽人就沒有勁幹，這是事實。因此，就決定了中共所希望一九五九年的鋼、鐵、棉、糧四大生產的大躍進都靠不住了。

儘管毛澤東「欲與天公試比高」，一股子瘋狂思想，但這次要撞板了，假使再不悔悟，還是以為「政治掛帥」命令第一，必然是「多行不義必自斃」，等着瞧吧。

麥赫會談與柏林危機

（上接第一版），比較穩健的看法，應該是赫魯曉夫正在玩弄戰爭邊緣政策。

這就是說，赫魯曉夫想利用所謂柏林危機，利用英國的懼戰心理，利用保守黨政府受國內輿論要求談判的牽制，廹使英國影響美國對蘇聯讓步。

這一個讓步，未必是西方對「柏林自由市」計劃的同意，也未必是「東西德直接談判」原則而是接受的「巨頭會議」。

於是問題就回到麥赫會談破裂的原因上來，西方認為須先由四强外長會議談判，獲有充分進展，然後開巨頭會議。赫魯曉夫則認為外長會議「不中用」，不過是西方的「拖之一法」，便以一篇演詞粉碎麥美倫斡旋的希望。果然麥美倫不肯認為莫斯科之行失敗，傳將於自蘇回程中訪問巴黎、波恩，可能要勸促法國、西德、美國，考慮與蘇聯舉行巨頭會議。赫魯曉夫的訛詐，似乎相當收效，最少對英國是如此的。

四

對蘇聯讓步，不但不能促使蘇聯作相對的讓步，反而會使它得寸進尺；麥美倫蘇行失敗，便是一個教訓。蘇聯之不能接受「自由選舉統一德國」以解決柏林問題，與西方之不能接受蘇聯方案是一樣的。所以縱開巨頭會議亦仍然解決不了問題。事實上蘇聯亦不期望在巨頭會議解決問題，赫魯曉夫不過欲藉此加强他個人及東德的地位，並藉此鬆懈自由世界的鬥志，發生緩和鐵幕內反抗蘇聯的作用，而蘇聯則可以爭取備戰的時間。

美國應該洞察蘇聯的狡計，堅守不立即舉行巨頭會議的立場。如不開外長會議，亦可以作其他事前準備的談判。美國民意及輿論的一致，是良好的表現，它可以警告蘇聯不要冒險。

事實上杜爾斯原定的「堅定而有彈性」的外交原則，已打開了德國問題談判之門，如准許東德代表列席將來盟國會議，便是西方的一大讓步，相信赫魯曉夫不至拒絕一些可走之路而走向魯莽滅裂之途。

距離「柏林危機」的五月二十七日還有近三個月，在這期間，「冷戰將會更冷」，不過和緩的機會還是有的，如哈馬紹訪蘇，可能有新的醞釀。不過無論如何，美國應該堅定，而世界輿論，亦得對蘇聯加强警告，叫赫魯曉夫「不要玩火！」（三月二日）

編者按：許先生本文脫稿於二號的晚上，但這兩天蘇聯的態度似乎有了若干的變化。可是蘇方雖同意召開附條件的外長會議，但她的主要目的仍在促成一個所謂高層會議（其實對高層會議有無誠意也還是問題）其所以在麥美倫離蘇的前一天便把這同意外長會議的文件送出，其用意在稍稍給予英國以面子，以便送客出門，同時也免得使麥相在赴蘇前所抱幻想全歸消滅，而使全局完全僵化，這正是蘇聯自來從事冷戰的一貫手法。在外長會議中，一定要把兩個純粹附庸國家的波捷擺上，淺看只是壯大共方的聲勢，深看也可能是為將來拉上中共參加解決亞洲問題的一個張本。西方對這一點如不肯貿然同意，即外長會議也難於實現，因此我覺得許先生的觀點依然是正確的。

評中共新編「唐詩三百首」

岳騫

本刊二十七期，筆者曾寫過一篇「唐詩三百首也受批評」，報導中共攻擊唐詩三百首的經過，不料本文剛發表不久，由大陸中華書局出版的新編唐詩三百首已經出版，劍及履及，其效率到是可佩的。

（一）新舊唐詩三百首之異同

這本「新編唐詩三百首」，的確稱得起「新編」，除去篇數和書名仍沿用舊書之外，其內容更換了十分之九以上。總計「新編」共計三百十四首詩，與舊編相同的只有二十八首，其餘的二百八十六首完全是新選的。

「新編」中最出風頭的是民歌，共選了十四首，都未指出作者姓名，在當時只是屬於民謠之類，現在却列在每一項目之前。

新編與舊篇雷同的詩篇，計有杜甫的「望嶽」、「夢李白二首」；（以上五古）。李白的「子夜歌」一首（樂府）。李白的「廬山謠寄盧侍御虛舟」、「夢遊天姥吟留別」、「金陵酒肆留別」；白居易的「琵琶行」；（以上七古），王維的「洛陽女兒行」；李白的「蜀道難」；杜甫的「麗人行」；（以上七言樂府）。李白「渡荊門送別」；杜甫「春望」、「天末懷李白」；（以上五律）。杜甫「聞官軍收河南河北」（七律）；王維「相思」；王之渙「登鸛雀樓」；（以上五絕）。李白「送孟浩然之廣陵」；韋應物「滁州西澗」；張繼「楓橋夜泊」；張祜「集靈台」一首；杜牧「赤壁」、「泊秦淮」、「寄楊州韓綽判官」；李商隱「隋宮」、「瑤池」、「嫦娥」、「賈生」；（以上七絕）。

其次，新編與舊編比較，有名的詩人都受到打擊，如李白在舊編中原選三十五首（據蔡慧冰編註唐詩三百首本，友聯出版社出版，下同）。新編只選了二十九首。杜甫在舊編中選了三十九首，新編只選三十一首。最慘的是王維，舊編共選二十八首，新編只選了三首，韋應物舊編選了十二首，新編只選一首。還有孟浩然在舊編選了十四首，司空曙舊編選了三首，高適舊編選了兩首，但是在新編中，這三位大詩人全落選了。稍微對唐詩有點了解的人都知道三位在唐代詩人中所佔的比重，但是竟因不合時代的要求而被淘汰了。

（二）三個特殊詩人

新編中三個特殊人物，都是在舊編中未入選的，第一名是張巡，此公是古今第一烈士，忠義存乎天壤，原不必以詩名，而就詩論詩，在唐代詩人中原沒有地位，可是中共編選幹部，喜歡捧古人以自重，居然把張巡的詩選了一首五言古詩，「守睢陽作」，詩到確實很好，列入唐詩三百首原無遜色，這點還不無可取。

第二人是黃巢，此君歷史已不必介紹，中共多年來，即奉黃巢、張獻忠、李自成若神明，三人中自以黃巢最似毛澤東，兩人都是知識分子出身，都能作幾首歪詩，都嗜殺人，所以中共對黃巢特別敬重，過去批評舊選唐詩三百首的錯誤，其中一項就是未選黃巢作品，可以說中共匆忙改選唐詩三百詩，主要就是為了推銷黃巢作品，可是在新編中勉强選進了兩首七絕，實在不高明，茲照錄於下：

（一）題菊花

颯颯西風滿院栽，蘂寒香冷蝶難來，他年我若為青帝，報與桃花一處開。

（二）不第後賦菊

待到秋來九月八，我花開後百花殺，衝天香陣透長安，滿城盡帶黃金甲。

這兩首詩和毛澤東詩的風格完全相同，居然選入唐詩三百首作為範本，豈非絕大荒唐事。

第三個受到表揚的人物是皮日休，此君據傳會參加過黃巢亂事，不過在宋時就有人加以駁斥，證明其非，但中共對這類問題是「寧可信其有」，幾年來大陸研究歷史的學者，拼命在找尋皮日休隨「黃巢起義」的證據，終於賜給皮日休一個「人民詩人」的頭銜，皮日休當然是晚唐詩人，但地位並不高，所以舊編「唐詩三百首」沒有他的作品，新編却選了七首。

（三）新編的幾個特點

新編有幾個特色，和舊編是迥然不同的。

第一、舊編中所有宣揚民族精神的詩歌全部刪去了。本來唐代是中國國勢最盛的時代，尤其是初唐、盛唐詩人，邊疆之作相當多，雖然內容也有反戰的，但都不失為佳章。可是新編把這一類作品全部刪去了，不但被指為「思想消極頹廢」的王翰「涼州詞」已在必刪之列，即被譽為現實性較强，佔全部舊編唐詩三百首十分之一的好作品，如高適的「燕歌行」，沈佺期的「獨不見」，李白的「關山月」，陳陶的「隴西行」都被刪去了，大概因為這些作品民族思想太濃的緣故。

第二、新編所選作品，偏重低級趣味，已經淘汰的作家不說，即使仍舊入選的如李白、杜甫等大詩人，也都專選最差的作品，如李白的「贈汪倫」、「金陵酒肆留別」，完全是衝口而出的應酬之作，為太白集中最差的詩。至於杜甫的「黃四娘家花滿蹊」和「兩個黃鸝鳴翠柳」兩首七絕，千年來被人指為老杜不會作絕詩的根據，想不到竟也被選中了，眞是相賞於牝牡驪黃之外了。

第三、新編唐詩三百首，既然和舊作毫不相干，為什麼不多選或少選，定名為唐詩五百首，四百首，兩百首。却賴死着也叫唐詩三百首，這種作風和開會時舉出孫中山先生遺像一樣，完全是借古人欺騙今人的統戰手法。

大陸逃港學生的控訴：「勞學結合」使我逃出大陸

歸雅

暨南大學從上海搬到廣州，我也跟着來到廣州。我是一九五四年回大陸升高中的，高中在廈門集美中學畢業。畢業後考入暨南大學歷史系，我的志願是研究中國近代史，我從小就對歷史很有興趣，前年能夠給我按第一志願一考而得，我的高興程度是可想而知的。

陶鑄抓僑生思想

我是從印尼回大陸升學的，我家在耶加達。

在兩年的大學生活中。我對政治活動，一向不很關心，我上學校的目的既然是求知識，所以也一向抱着「閉門熟讀聖賢書，兩耳不聞窗外事」的態度。「鳴放」和「反右派」，我都沒有捲入漩渦。要開大會了，我就帶着一本書去聽。雖然也給批評過好幾次，但是都沒有什麼了不得的。我既然認定了讀書是學生的本份並深信自己沒有錯，為什麼要隨着一些人起哄呢？青年團支部叫我「兩脚書櫥」，批評我對體育活動不注意，對社會活動不注意，不能做「三好學生」，我也都不在乎。我只是沉浸在求知的領域裡，有多少書本多少知識等着我們去探求啊！怎能拋棄了這些而去把大好時間浪費在一些不相干的事上呢？

一九五八年下學期，學校搬到了廣州，一切就完全起了變化了。

我們學校中僑生本來就很多，差不多要佔一小半，開學後，又從各地調來很多僑生，因此增加了許多，全校幾乎一大半是僑生了。

共產黨對僑生特別「關懷」中共廣東省委第一書記陶鑄是我們政治課的教授，經常到學校裏來上大課。我記得有一次他說：「暨南大學是華僑同學的集中地，因此我必需親自來担任政治課的講授。中央既然將暨南大學下放給了廣東省，省委就有責任把它抓起來。你們之中不少出生在富裕家庭，又都來自資本主義地區，因此省委最主要的工作是抓你們的思想，狠狠地抓你們的思想，使你們的思想感情在短期內變得和祖國人民一致，能夠和祖國人民一起躍進。」

所謂「勤工儉學」

當時我聽過也沒在意，以為這是老一套了，誰知中共的「勤工儉學」方針最先在我們學校實施了。

開始時，領導上佈置了「教育與生產相結合」的學習方針，工業系、海洋系的同學紛紛下船下廠勞動去了，文史系的學生還沒有動。我心想，學歷史的人要「勞學結合」的話，只有多看書一個辦法。誰知不是，才開學幾天，就在校園裏烏烟瘴氣地攪起土高爐來了。

搞土高爐是全民煉鋼突擊運動，我自然不能例外，分配給我的任務是挑泥砌爐。我那裏幹過這個玩意兒呢？每天弄得混身泥漿水，歷史系二年級四十幾個同學要負責建兩座土高爐，還有江門人民公社來的「土專家」做指揮。我們辛辛苦苦地勞動了兩個星期左右，總算造起了兩座墳堆似的土高爐，但只煉了一次鐵——將廢鐵熔化成一塊一塊的。以後因為原料沒有了，也就在無形中停頓了下來。這時又上了一個星期的課。在挑泥和砌爐的時候，因為要用鹽來拌泥，我的兩手全都開裂了，手指縫和手指節中，不斷地滲血，但是為了「一〇七〇」，咬緊牙關熬過了這一關。看到不再煉鋼了，眞是高興得無可形容，以為又可恢復正常的學習了。誰知一個星期後，又將我們歷史系一百多個同學全都調到了番禺人民公社去當社員了。原來這就是「勞動與學習相結合」！

只有勞動沒有學習

在公社中，我們被要求和社員一起勞動，負担同樣的勞動定額，因為領導上要我們不能給農民以壞影響，不要顯出「知識份子」的弱點來。在從沒有勞動過的人來說，怎麼能和農民相比呢？又怎能有時間學習呢？所以我們就只能勞動了。

到了公社後，才知道因為公社增加了各式各樣的勞動，光土高爐就有一千九百多座，農田人手自然感到不夠了，我們就是被調來補充這不夠的勞動力的。

我被分配在江村管理區，臨走時校黨委員會豪氣叫我們盡量不要帶書本下鄉，要全心全意地參加勞動，所以我們都是除了一個背包以外別無他物的。很多同學因為被蓋過於漂亮，學校當局還作了一次檢查，將綢緞面的被蓋都拆掉，換上布面子。據說這樣可以使我們和農民在生活上接近，也就易於接受工農思想了。

在江村管理區起先是當公共食堂的炊事員，後來食堂主任楊連宜（轉業軍人）說我年青力壯的，應該下田去，將燒火的工作讓給老弱殘廢去做，所以我又被調到第六團去參加田間勞動了。

農民全都不睡在家裏的，在田頭搭着一座一座的寮棚，晚上就大家擠在裏面。天不亮就起來，我的勞動主要是堆肥。農民挑着一籮籮的肥料來了，我就用义堆起來。同時因為我會計算，還要我計算全團的積肥數量。一團的土地有萬多畝，肥料堆到處都是，一天光跑來跑去就夠累的了，眞是累得連吃飯都沒有心思。

這樣的生產勞動，和教育有什麼關係？我眞弄不懂。我們不過是成為候補勞動力罷了！果然，十一月底，我們又被調回學校了，因為已不煉鐵，公社的人夠用了。

到學校後，又化了一個星期討論這次生產勞動的收穫，每個人還都寫了以後哪裏需要就到哪裏勞動的保証書。等到再拿起書本來時，好像是一件極生疏的事了。

沒有唸多少書，又是寒假了。我藉口母親從耶加達到香港要我去見一面，批准後，我來了香港。

我不回去了。如果有人問我為什麼過去要進大陸而現在又跑出來，我的回答很簡單：我過去因為要求知識，要唸書所以才進大陸；現在大陸上既然已不將學生當學生，已不給學生以唸書和求知識的機會，我為什麼還要留在那裏呢？

鳳凰女侍與黑名單（台北通訊）

介人

轟動台灣一時的政府官員上酒家「黑名單」案，數月來猶餘波盪漾。台北各報紙亦競相披露，列為政壇秘聞之一，茲雖事過境遷，以其餘味盎然，不可不記。

美女如雲

談到「黑名單」的來由，不能不從酒家說起，這個被稱為公共食堂的好地方，在日據時代固然是盛極一時，但台灣光復十三年以來，這「食色性也」的場所，仍然是受到了極大的重視。本省籍的新貴們固然以酒家為消遣勝地，就是外省來的大人先生或商場巨子，也莫不以上酒家為榮。當酒酣耳熱，年青標緻的酒女們巧笑迷人的侍候，誰也會忘其所以了。

「商女不知亡國恨，隔江猶唱後庭花」，這現象，當然會受到各方的指謫，於是變相的酒家，用公共食堂來代替。新酒家的不斷湧現，正如雨後春筍，而暗中還是「美女如雲，招待親切」，這情形象徵了什麼？是人心的日趨腐化，抑或是社會經濟的繁榮？也許兩者都有，或都不是，但政府中上級公務員之出入酒家，早亦視為極平常的事。

女侍鳳凰

且說台中的酒家衆多，但規模較大的要算「醉月樓」，醉月樓酒家規矩最嚴格，凡是曾經在它那裏混過的酒女，各地酒家莫不歡迎。原因：第一、它選擇酒女最嚴格，除了貌之外還要講究「品」；第二、凡是新來的酒女，都必須經過禮節的訓練；始能正式應卯執壺。因此「醉月樓」的酒女，「應對進退」頗有分寸。

也就因此，商人們請政府官員上酒家，當然非「醉月樓」莫屬，而民政廳連震東廳長之認識女侍鳳凰，且因演出了「黑名單」，也是在「醉月樓」上。

台灣的酒家與內地的窰子有一樣的規矩，老客人光臨必須由固定的酒女陪酒。當熟悉的顧客入座之後，不待召喚，會經是你臨時伴侶的酒女便笑盈盈地到你身邊來，即使你上次稍有不滿，對此面如桃花，春風閃盪的嬌娘，怎忍拒絕？於是，一次又一次，你便成為「入幕之賓」了。

連震東之與鳳凰，據說也是基於這種因素而益為接近的。因此，鳳凰之名，亦從此大噪，大有當年南京秦淮河上大集成女侍雅雲的聲勢，政要們為之捧場的實繁有徒，直可說要後先媲美。

酒後失言

却說某天某夜，台中林縣陪同連廳長多人又去醉月樓買醉。這一次來勢不凡，在座多人一致向連廳長敬酒，而且笑謔間又把鳳凰與連氏聯在一起。於是當酒酣耳熱，忘乎其形的時候，連震東廳長也就不拒絕由鳳凰陪他離開酒樓，護送他回「家」。

在社會上，這種事情似屬尋常，每晚上不知有多少起，就是在官場，這種事也司空見慣，不足為奇。不幸的是這件事竟被人在議會上公開提出質詢，報紙上競相刊載，事態便嚴重了。

何以這種事件會在省議會上被公開提出呢？這可不能不歸咎於連震東的「酒後失言」，據說連震東在某次「酒後」，和省議會一部份同仁談天，話題轉到省議會新厦鬧鬼的謠傳，連廳長脫口說：「我不相信有鬼的話，有一次我和林縣長帶着鳳凰到那裏去，也不會發現什麼動靜呀！」

河東獅吼

說者無意，聽者有心，旁座一位女議員靈機一動，計上心頭。於是在第二天的議會上，提出詢問。

這位女議員何以要對此提出質詢呢，倒不是她要維持議會大厦的尊嚴，認為身為民政廳長竟帶了酒女同去，太失體統，而非起於私人的恩怨。據說這位女議員的丈夫是台中縣長林鶴年的政敵，林鶴年捲土重來，奪得縣長寶座後，作為省級民意代表的夫人，自然更為丈夫的失敗抱持「不平」，而今林縣長竟帶同酒家女奉陪民政廳長，不僅有辱官箴，抑且滋人疑竇，林鶴年如此討好上級，其用意何在？

這一着殺手鐧，的確厲害非凡。但因事機不密，被另外的議員知道了，認為茲事體大，雖然她的對象是林鶴年，但因其中牽涉到連震東，「投鼠忌器」，應慎加考慮。可是這位女議員「報仇」心切，顧不了這許多，於是第二天的議會上轟然一聲，震動了全場。

黑名單案

這樣一來，陳兼院長為了整頓官常，乃毅然下令禁止公務人員上酒家，凡是上了酒家的，另有所謂黑名單，而在黑名單中的，財政廳長陳漢平居然名列第一，省議會副議長謝東閔名列第二，還有其他省政府的要員和省議員。據說這一張黑名單，有的實在是受到無妄之災，可說是殃及池魚。

後來據陳兼院長在某一次的集會中對「黑名單案」有所叙述。據稱：自政府下令禁止公務人員上酒家後，五月來的事實發展，公務員上酒家之風氣已大有改善，足証各級官員對政府明令所禁，已能充分瞭解並盡力自行檢束。陳氏相信如循此以進，此種惡劣風氣，實不難清除。

聞陳兼院長手中另有一張黑名單，列的是「吃外匯」，「報物價」的「亦官亦商」人物，較諸酒仙們，身份更高一級，罪惡更大一層，惟迄今未予宣佈，始終還是「黑名單」。

我的呼籲（讀者投書）

葉共和

由於大陸共黨政權的日益黑暗，共產黨的殘暴，人們不堪共產黨的政治迫害和奴役而冒死逃向自由的人越來越多了。其中流亡學生佔了很大的比例。首先，我認為這是一個好現象。因為我們青年學生從共產主義思想薰陶中挺身衝破黑暗，來爭取自由新生，證明我們反共的意志堅決，在敵人和强暴面前從不害怕和畏縮，而且也證明共產黨的洗腦工作是不能麻醉中國青年的。

但是，我們青年學生逃出鐵幕後却有重大任務，筆者也是逃亡份子的一員，我深感到我們的工作做得不夠。不錯，我們逃亡學生都有一定的知識，寫文章也是我們對敵鬥爭之一，而且，在一定程度上，它是會產生一定效果的。不過，我總覺得，雖然香港識字的人不算少，但親自來閱讀這些文章的人就很少了，特別是香港的勞苦大衆和工人，因此，宣傳範圍就受到限制。我想：這就是反共文化工作做得美中不足的地方。如何去填補這一個眞空？這就是我們逃亡學生的任務了。為此，我建議：

第一、我們應該加强原來的工作，同時却不只限於在報紙雜誌上宣傳，在口頭上，在書信裏也要對共產主義和共產黨展開攻勢。

第二、中共以宣傳與欺騙起家，但我們却都是親自身受過共產黨的奴役和迫害的。因此，我們就是最有力的證人。我們應該在每一個可能的場合，為共產黨的罪惡作証。

第三、進一步加强我們的團結和聯繫，建立一個完整有系統的組織。在有關方面的援助下，迅速成立逃亡學生委員會，以刺激大陸上更多的人走向自由。這無形中就是逐步削弱敵人的力量和逐步加强我們的隊伍。

以上三點就是我的建議。雖然這三點並不包括全部問題，可是由於現實條件的限制，我們不能作更多的更明顯的事。

逃亡同學生們啊！怎樣使我們的幻想成為現實？怎樣使我們的思想化為行動？怎樣使我們期待的鬥爭成為勝利？最正確的回答是：靠我們努力！

記甲午中日戰爭始末（六）

舜生

（下）平壤之戰——一天

經過了豐島和成歡兩戰以後，中日雙方，乃於七月初一（八月一日）同日宣戰。宣戰的第二天，即七月初二日（八月二日），我馬玉崑，左寶貴，衞汝貴，豐伸阿四部，共二十九營凡一萬四千餘人，始到達朝鮮的平壤。平壤爲朝鮮舊京，城垣壯濶，南北綿亙十餘里，凡六門，北面玄武門跨山爲城，附城一山曰牡丹台，尤爲全城命脉所在。出平壤東南可直達漢城，東走則爲朝鮮東岸元山浦，西南出大同江口，北面則爲往義州大道，亦即我軍後路，以平壤的形勢論，確實是一個可戰可守的地方。可是我軍到達以後，遷延四十餘日，既不直趨漢城以與日人爭利，又不擇險分屯互爲策應以絕覬覦，乃置酒高會，僅知日督勇丁及朝鮮人民於城內外築壘環炮，爲嬰城固守的下策；衞汝貴且縱兵掠朝民，漁婦女；及志超到軍，更庸懦無佈置；未戰以前，我軍實況如此，識者固已竊竊憂之。

平壤之戰，正式爆發於八月十六（九月十五日），而該城即於同晚陷落。先是日兵從漢城出發，共分四大枝：第一枝，由少將大島義昌指揮，從漢城西北出，經過開城，金川，瑞興，鳳山，黃州，東北折，歷中和，直達平壤東南；第二枝，由第三師團司令官中將野津道貫指揮，也是從漢城西北出，到達黃州，即渡大同江，以襲平壤的西南；第三枝，由少將立見尚文指揮，由漢城東北出，至朔寧，經過新溪，遂安，祥原，抵江東縣，即渡大同江，以襲平壤的北面；第四枝，由大佐佐藤鍊太郎指揮，從元山登岸西行，經過文川，陽德，成川，以達順安，以截平壤西北大道斷我軍歸路。四大枝總兵力約兩萬人左右，統期於十六日會師平壤。

在這一次戰役中，我軍作戰最勇者爲馬玉崑部，死事最烈者則爲左寶貴。十六日馬玉崑與日軍第一枝戰於大同江東岸，從早六點鐘開始，戰到午後兩點半，日軍冒死奮進，我軍也以肉搏相撐，其時汝貴渡江援馬，隔江炮台並開炮轟擊，日軍積屍如山，仍鏖戰不讓，但以彈盡伏地無策，終告敗退。左寶貴曾於十四十五兩日，出玄武門以抗日軍第三第四兩枝，十六日清晨，日軍分兩路來撲，我軍鏖戰甚猛，日軍死傷無數，但以重砲毀我城外數壘，更以全力爭我牡丹台，砲隊向台排擊，步兵則蟻附而登，牡丹台卒不守。寶貴見大勢已無可爲，矢志必死，乃着黃馬褂，登城上往來指揮，連中數炮而殞！我軍氣奪，日軍十餘人乃以繩梯登城，開玄武門納日兵，志超於城上揷白旗，城中已陷於紛亂；其實這個時候，正是馬玉崑在大同江東岸獲大捷，衞汝貴於城外西南角禦日兵，日兵亦未得逞，及玄武門陷，志超撤兵速退的命令也已到達，兩軍乃不得已撤退。志超於是夜率諸軍棄城北走，日兵截於山隘，以槍砲排擊，人馬相踐踏，我軍死者至二千餘人，被擄數百。城內所有軍械，餉銀，以及公文密電，一切爲日軍所有。敗軍經過安州，定州，均棄而不守，直奔五百餘里，退過鴨綠江，於是朝鮮全境乃完全落於日人之手。

鴉片戰爭·江寧條約·黃恩彤

許冠三

現在就請看看他的撫夷論：

英夷不靖已三年矣，無論昔之言戰言防，均成畫餅，即今之言造船，言鑄砲，言練水勇，言築台堡者，亦復毫無把握。大約言戰守者均未與該夷接仗，不能悉其伎倆，而但參考成書，如『練兵實紀』，『紀効新書』，『金湯十二籌』，『洴澼百金方』所云云者，以爲可以施之今日，甚或誤信稗史，以周郎江上之火，鄂王湖中之草，乃水戰之秘訣。而不知該夷之船堅砲烈，斷難力敵，亦無術破。以肉身禦大銃，雖銅筋鐵肋，立成虀粉，往往備之累歲，敗之崇朝。夷船在海中，浪湧如山，束薪灌脂之小舟，豈能攏近？即近矣，而彼隨三板多隻，不難即時撲滅，至以草網輪之法，或可施之小小輪船，若近日內地所造之水輪船耳。夷人以十餘丈之火輪船，大船水激輪飛，奮迅飄忽，木簰大練，且不能遏，而欲以盈尺徑寸莖柔幹弱之腐草，投諸茫茫巨浸之中，將以縛其輪而膠之，此眞夢囈之語，不足值一噱者也。言善後者，明知無制彼之術，而不能不敷衍完局，除造船，鑄炮數著之外，更有何法？其實以船而論，同安梭船，僅足入海捕盜，不是禦夷。即潘觀察之船，堅厚長大，裝炮亦多，窮中國工力物力，不能復加於此，而以當夷船，恐亦難言制勝。至大炮來自西洋，名曰紅衣，實紅夷也，彼乃造炮之祖也。我未能得其製鑄之秘訣，而火藥不及，彈亦不及，炮手更萬萬不及，遽欲與之爭能，勿亦不揣本而齊末乎？竊謂夷之不能制者，大約有五：舟如堅城，銅牆鐵壁，舵水純熟，駕駛如飛，一也。一切炮火猛烈，機法靈巧，連環轟擊，竟日不休，二也。彼伏舟中，我立岸上，以逸乘勞，反主爲客，三也。孤軍深入，有進無退，我軍失利，頓成瓦解，四也。朝東暮西，瞬息千里，我備其七，彼攻其一，五也。夷之不足慮者，亦有五：七萬里重洋，徵調不及，一也。水土不服，易生疾病，二也。恃船爲穴，不敢深入，三也。得城旋棄，不能固守，四也。性貪安逸，夫制於婦，五也。

而中國之所以控制而羈麋之者，惟在通商。……其所以呈繳鴉片者，非畏法也，慮絕其通商也。其所以兵犯順者，非謀逆也，圖復其通商也。其所以滋擾他省而不肯蹂躪廣州者，非畏靖逆也，自護其馬頭也，上年粵東百姓燒燬洋樓，搶奪夷貨，而樸酋置不報復者，非畏粵民也，恐結怨愈深，則通商撤兵之後，將有猝不及防者也。其廈門，上海等處均過而不留，寧波雖久據，而以假仁假義要結民心，亦係爲將來設立馬頭，不肯殘敗其地而戕賊其民也。不求讓稅而甘心納稅者，無稅則我得禁止華商不與交易，故遵例輸將，以饜我之心而平我之氣也。然則馭夷之法，概可知已。捐釋前嫌，示之寬大，裁減陋規，明定稅則，無事則撫以恩，有事則折以信。彼既灼然知用兵之害，通商之利，自當伏首帖耳，歌詠皇仁，不復有盜弄潢池之事矣！（稿本公文類存第六冊）（二）

汲古書屋談薈

張一麐與袁世凱

耘農

世凱起家於小站練兵，及任直督，除銳意舉辦新政外，並成立督練公所，仍以編練新軍爲亟務，任徐世昌（菊人）爲總提督，王士珍（聘卿）爲總參議，分設教練、兵備、參謀三處，每處一總辦一會辦。惟世凱對武人部屬則不如文人之禮重，從不稍假以詞色。一麐筆記中曾述及一事，頗有趣。謂：

『余未習軍事，一日奉批，以步兵操典囑爲潤色，僅就其文義不適者，分條簽出。文數日，有事候見，遇教練處何君宗蓮亦至。及入謁，何君即以步兵操典稿上呈，已將余所簽出者，亦分條駁回。項城曰：汝輩武夫，不知文墨，此原簽之人，即在座之張某也。何君大窘，連稱余爲老夫子。余先退出，頃，何君亦來余齋就商。余曰：我本不願强不知以爲知，府主强余爲之，雖有改易，於文義本無出入，請公酌之可也。何君後爲第一鎮統制，與余相得甚厚。其姪即茂如（按爲何豐林），曾爲上海護軍使，亦與余訂交。此一段趣史，至今猶爲捧腹。』

是世凱之於一麐，信之敬之，且於其部屬之前，表而出之，俾知所尊崇，宜乎一麐之拳拳服膺也！然世凱對文人之籠絡，不特於其幕僚如此，即並時督撫中，其才識清望出乎己上者，僅一湖廣總督張之洞，其政治權勢足相匹敵，亦復曲意交歡，往往於他人不經意處，顯其小聰小智之手腕，如一麐筆記云：

『南皮張文襄督兩湖時，值七十生辰（按爲光緒三十二年丙午），項城送壽屏十六幅，命余爲文，而使官報局總辦張遜之（孝謙）書之。張遜之書名本重，若幕府能文之士，多如過江之鯽，何以徵及下走？偶與同事謝仲琴先生談及，謝君謂余曰：府主以南皮爲文章山斗，善罵人，汝與遜之皆出南皮門下，若以爲寫作不佳，則是自罵其門生也！余怳然項城雖此等交際小事，尙鈎心鬥角，亦見其精力之過人也！』

世凱夙尚權謀，注重小節，蓋亦天性使然，而其慣喜做作，令人莫測，尤可於丙午奏請立憲一事見之。先是清廷受日俄戰爭之刺激，深以日本實行立憲爲其致勝之由，乃於光緒三十一年乙巳九月命載澤、端方、戴鴻慈，尚其亨，李盛鐸五大臣出洋考察東西各國憲政，以爲改革政治之張本。翌年，載澤等歸國，與世凱會銜奏請預備立憲，疏上，允行，而於是年七月下詔宣示。一麐筆記中曾述茲事之原委，及袁對憲政之見解，有云：

『考察政治大臣回國時，一時輿論靡不希望立憲。南通張季直致書項城，以大久保相期，而自居於小室信夫。一日，余入見，力言各國潮流均趨重憲政，吾國若不改革，恐無以自列於國際地位，且滿漢之見，深入人心，若實行內閣制度，皇室退處於無權，可消隱患，但非有大力者主持，未易達到目的。項城謂：中國人民教育未能普及，程度幼稚，若以專制治之，易於就範，立憲之後，權在人民，恐晝虎不成，發生種種流弊。余力言專制之不可久恃，民氣之不可過抑，反復辯論，竟不爲動。且問余至此尙有何說？余曰：公既有成見，尙復何詞！退而悒悒。乃越宿，又召余入見，囑將預備立憲各欵作說帖以進，與昨日所言，似出兩人，頗爲驚異。對曰：昨陳者，只爲救時之策，至其條目，則須與學習政治法律之專家研究之，退而糾合金邦平，黎淵，李士偉諸君分條討論，繕成說帖。後見北洋與考察諸大臣會銜奏請預備立憲稿，即余等所擬，未易一字。且知項城先與余辯論之辭，實已胸有成竹，而故爲相反之論，以作行文之波瀾耳！』（四）

論傳統的造反技術及其演變階段

——亮齋閑話之二十八

徐亮之

客　現在什麼「反動派」「反革命」乃至「反對黨」一類的名詞，常常會在報紙雜誌上碰到；我想：這大概該和一個古老名詞的「造反」不無相當瓜葛呢。請問您對「造反」這事，究竟作何觀感？

主　我並不反對造反；因爲孔夫子就不反對造反，「公山弗擾以費畔」，「佛肸以中牟畔」，老夫子就都會準備參加來。不過，造反也得有造反的技術呢。

客　依您看來，造反也有一定的技術嗎？

主　不但有一定的技術，而且有傳統的技術。

客　造反居然會有傳統的技術？

主　不但有傳統的技術，同時，還有演變的階段。

客　造反技術，既有傳統，又有演變；請問這傳統的精華如何？演變的階段有幾？

主　傳統的精華唯一，演變的階段有二。

客　這唯一的傳統精華是什麼？

主　騙人；而且騙死了人不要償命。

客　笑話！「造反」從基本上說，即「革命」的別名；您竟把歷史上的革命運動都看成騙局，眞乃豈有此理。

主　無論您說是「革命」也好，「造反」也好；基本上，領導者不把羣衆當做阿Q處理，便永遠「造反」或「革命」不起來。而歷史上永遠總有足夠的阿Q給人處理，乃無可否認的事實。

客　那末，照您說第一階段造反的技術是什麼？

主　土法神話造反。

客　拿証據來：

主　二千一百六十八年前，陳勝造反，便先用帛丹書「陳勝王」塞進魚肚皮裏；又夜篝火狐鳴，說「大楚興，陳勝王」；騙得那時的阿Q們團團轉，一齊反了起來；便是第一個證據。接着劉邦乖巧，也串通太太和死黨大擺烏龍，硬說他躲的地方，上空定有一朵雲掩蓋；硬說他斬的白蛇便是白帝子的化身；騙得那時一班阿Q非跟着造反並承認他乃「眞命天子」不可；便是第二個証據。餘如漢末黃巾的以妖術教授；晉末孫泰孫恩的以五斗米道聚徒，都或多或少地發揮了造反的技術作用，便是承繼這傳統而來；也便是第三和第四個證據。

客　第二階段怎樣？

主　洋化神話造反。

客　証據呢？

主　這乃造反技術的第一階段的演變。這演變和佛教、明教、耶教的先後輸入中國大有關係。因爲自從隋末先有了假託彌勒佛下凡的造反技術的失敗，一脉相傳，七百年後，方才能有佛教淨土宗與明教同盟，高唱「彌勒下凡」「明王出世」的造反技術的成功。而朱元璋的所以不能不建號叫「明」，便是這一騙局成功的證據。同時，因爲有着這樣用洋化神話造反的輝煌成績的啓示，到了滿清末葉，會出現拚拾耶教唾餘，別開生面用「天父天兄」騙人的洪秀全，便毫不足奇；雖然他的「太平天國」不幸短命死矣。

客　那末，第二階段怎樣？

主　洋主義造反。

客　証據呢？

主　向「毛主席」要去；只不過他的主義雖洋，辦法却土哩！

清明

亮之

又是清明上塚天，山高途遠心茫然，
故家子弟誰仍健，宰木風烟世已遷。
報國報親寧有日，孤兒孤往不知年，
哦詩坐對滄波晚，看盡村童下紙鳶。

本刊已經香港政府登記

聯合評論

週刊

每逢星期五出版

United Voice Weekly

第三十號

督印人：黃宇人　總編輯：左仲平
社址：九龍金馬倫道卅八號三樓
電話：六一四一三（61413）
承印：田風印刷廠（高士打道二二一號）
總代理：友聯書報發行公司
售價：每份零售港幣壹毫
本報紐約版總經售處美國紐約中美出版社
CHINESE-AMERICAN PRESS, INC
199 CANAL STREET.,
NEW YORK 13 N. Y. U.S.A.
紐約航空版零售每份美金壹角

為「自由中國」說幾句話

胡越

在近代中國歷史上，純粹的民營報刊對社會人心，國運政局發生重大影響者，有梁任公主辦的新民叢報，陳獨秀主辦的新青年，以及其後張季鸞主持下的大公報；再有就是赤潮泛濫大陸之後，雷儆寰先生在台北所辦的「自由中國」半月刊。

不愧言論先鋒

「自由中國」創刊業已十年，在這十年期間，它一直是自由中國言論的先鋒，民主憲政運動的重心。它的言論不但為自由中國朝野所警惕，並且為國際友人及海外僑胞所重視。有朋友從台灣來，我每問「自由中國」在台發生的影響，有好多台大的學生告訴我，「自由中國」是他們普遍熱愛的刊物，每一期新出來之後，平均每間宿舍都有一冊，大家輪流搶着看。「自由中國」的言論常常成為他們談話的資料，「自由中國」的思想是他們衡論國是的主要參考，相反的黨辦團辦和官辦的刊物，大小不下百餘種，大學生絕少過目。知識分子是時代的先覺，歷史的候鳥，他們的心之所嚮，可以看出國運的脈搏，世變的消息。從這也可以看出「自由中國」所發生的深刻影響。

以一個內容嚴肅的半月刊，單憑發行收入而能維持自給，在中國是罕見的事，在今天發行地區如此有限的狀況下尤其困難。而「自由中國」在台灣地區竟能銷行近兩萬份，真是可驚的奇蹟！足見人心傾向之一斑。假使國民黨當局不透過黨團組織限制軍公人員購讀，該刊的發行數字必將更多。

當然引起嫉視

正因為「自由中國」是鼓吹民主憲政的刊物，而又是深入人心影響鉅大的刊物，所以遭受國民黨當權派的忌恨。他們之恨這個刊物眞是痛入骨髓。這因為「自由中國」的言論主張與他們的私心打算恰恰是針鋒相對的。有如「自由中國」主張實行民主政治，而他們則妄想保持家天下的獨裁權力與一黨專政的體制；「自由中國」主張軍隊國家化，而他們則固執黨軍制度；「自由中國」主張自由教育，而他們則厲行黨化教育；「自由中國」主張言論自由，而他們則想統制言論；「自由中國」要求司法獨立保障人權，而他們則破壞司法縱容特務濫行捕人押人；「自由中國」主張以自由民主的方法反共，而他們則妄行以共黨方法反共。由於這些根本衝突，以致「自由中國」的每一言一字都使國民黨當權派感到針心刺目，因而誤會主辦自由中國的一羣人有意與他們處處為難，存心仇對。因此他們之渴欲消滅「自由中國」由來已久了。但是他們顧忌人心輿論的制裁與國際視聽的逆轉，所以一直忍恨抑怒不敢公然動手。但是他們一直在暗中千方百計進行迫害「自由中國」。過去該刊曾被迫停刊一次，燬版一次，發行被阻數不清次數；他們經常令特務跟踪「自由中國」的主要負責人，治安機構屢次發出恐嚇性的警告，脅迫神經，摧殘情緒；前年他們透過特務及黨組壓迫印刷商拒印「自由中國」，幾乎迫令「自由中國」停刊；後來由於陰謀暴露才自動緩和下來。而最近爆發的陳懷琪控告「自由中國」事件，到現在為止，我們雖然還沒有充分證據證明這是國民黨當權派一手製造的，但是蛛絲馬跡至屬可疑，而根據以往他們迫害「自由中國」的紀錄，難怪大家做可能推測了。

大有可疑之點

關於陳懷琪控告「自由中國」事件，左舜生先生在「略論最近台北爆發的陳懷琪事件」一篇文章裡已有說明了。在此不必贅述。對此事件我們覺得更有下列可疑之點：

（1）按常理陳懷琪登報聲明自身與「自由中國」雜誌所載之陳懷琪無關，便可自了責任，為何沾邊就賴，耗費精力時間進行控告「自由中國」呢？

（2）他前後在台北各大報刊登攻擊「自由中國」的廣告，耗費至少數千元，而中校官階月入不過數百，他何處來此鉅欵為此事大登廣告？

（3）當陳懷琪登廣告之際，黨報和官報便不斷發表片面的與「自由中國」不利的消息，給人一種印像，這一切都是事前安排好了的。

由於上述可疑之點，陳懷琪控告「自由中國」的發展就至堪注意。這些年來台灣的司法一直就是「配合國策」的，不久以前鬧出來的「奉命不上訴」案告訴我們，「奉命要判罪」案也隨時可能發生的。讓我們睜大眼睛看着台北地方法院怎樣審理此案！

港九流亡人士與台灣

劉季子

依據我的直覺，近來港九一帶對台灣關心的人，似乎是越來越少了。其所以有如此現象的理由，當然不難推測：

第一、最初大家對於政府反攻復國的調子正在高唱入雲，大家信以為真，以為這個目的不難達到，因而大家對台灣的動態乃特別關心。近來眼見快要經過十年，尤其看見去年十月有『中美聯合公報』的發表，大家乃感到這一希望已大部落空，於是由熱烈而趨於冷淡，由高度期待而流於完全麻木，這當然是勢有必至而理有固然的。

第二、五年以前，政府似乎還感到有團結的必要，因而自動的有召集『反共救國會議』的擬議，後來因為一部分人害怕這樣一個會議可能引起麻煩，尤其害怕妨碍黨治，會損害到少數人的把持操縱，因而老是給以一『拖』，這一拖轉瞬便是五年，於是更把大家由熱烈而拖到冰冷。

第三、時間經過得愈久，海外若干萬流亡人士的處境，當然愈趨於艱難。期待國際予以援手，國際對這類問題自來就漠不關心，偶然有人提到，已經算是空谷足音，至於實際辦法，自然更是談不到；說回到祖國的台灣去吧，不要說這個祖國的大門，並不是中國人可以隨便出入，即令勉強擠進去了，其毫無辦法也還是一樣。既是這樣路路不通，於是大家便只好把心一橫，率性一切不管，都轉入到人自為戰的一種狀態。有的費盡千辛萬苦，好容易搭上一架運難民前往美國的飛機，他們今後惟一的希望，只是如何在美國找到工作，進一步便希望如何取得美國的國籍，至於祖國今後的情況如何，他們那裏管得了許多？大陸經過鳴放以後，對知識分子更大施壓迫，現在留在海外的知識分子，公然向中共靠攏的確已不多，可是以工人或商人的身分，或明或暗參加中共海外經濟行列的，却已不少。他們並不是對中共有任何信心，其目的無非在找到一口飯吃，如果中共更施行若干的小恩小惠，或改進一點統戰的技術，他們中間的大部分被騙而進入大陸，也還是有可能的。至於在港九一帶無法生存，分散往東南亞或其他國家以求餬口的，其人數儘管不多，但十年以來，也還是分去了一部分。像這兩類的人，他們不會繼續關心台灣，我想大家總也容易明白。

上面這樣幾點簡單的分析，只是就港九一地而說的，港九去台灣最近，其離心的現象已經是如此，至於去台灣更遠的各地，至少也還有千萬左右的僑胞，他們的想法又是如何，當然更不是我所敢想像的了。誠然，即以港九而論，死守善道，堅定不移，牢牢抱着他們這一反攻復國的宗旨而繼續反共的也還是大有其人，可是今後是不是會仍有變化，其關鍵也就看今後的台灣到底有沒有較好的辦法了。

× × × × × ×

論民族大義與民族氣節

高瞻遠

最近因為左舜生先生寫了一篇短論，指出中共現階段的統戰手法在拆散中美團結，一方面拼命製造「美蔣矛盾」的謠言，一方面又擺出替台灣打「抱不平」的姿態，這種手法無以名之，只好名之為『反美援蔣』。左先生只用四個字就道破了中共在海外推行了半年之久的新統戰手法，負責宣傳的共幹既驚且怒，命令轄下嘍囉向左先生展開圍攻，一犬吠影，眾犬吠聲，有一家共報紙，甚而用社論作為武器，向左先生作人身攻擊，尤開報紙的先例，不妨說這家粉紅色的報紙又放了一顆衛星。

可是，中共嘍囉雖然如此賣力，其如缺乏理論根據，只能漫罵一番了事，更暴露其本身的淺薄。而且他們在無可奈何之中，居然口不擇言，提出民族大義和民族氣節的口號，眞是以『肉麻當有趣』了。共產黨有什麼資格談民族大義？實在使人覺得嘔心，民族大義四個字，在中共窃國之前，早被共會們指為反動的資產階級學說，在延安朱德就曾公開宣稱過『工人無祖國』，無祖國，何來民族？更從那裡談到大義？劉少奇在奉史大林之命，撰寫『國際主義與民族主義』抨擊狄托時，特別提出『必須根據共產階級的國際主義，而不是反對無產階級的國際主義，必須廢除資產階級的民族主義，而不是根據資產階級的民族主義』，並且號召共產黨徒要使『眞正的愛國主義與國際主義相結合』。

在這裏我們要請問高談『民族大義』的共黨宣傳幹部，你們口中的民族主義，究竟是資產階級的還是無產階級的，如若是資產階級的民族主義，早被你們的『劉副主席』廢除了，想必你們也不敢談及；假若是無產階級的民族主義，則你們的『朱副主席』早說過『工人（無產階級）無祖國』，無祖國何來民族主義？這項矛盾又如何統一？在理論方面說，你們共產黨人（包括親共的在內）不配談民族大義，在行動上來說，你們也從未顧及過民族大義。遠的不說，自從你們建國以來，首先你們的『元首』當建國之日，面對全大陸的人民，高呼我們要一面倒，前年底在莫斯科國際共黨大會上，又甘心作蘇聯的尾巴，這是什麼民族大義？你們的憲法，居然載入『和蘇聯友誼不可分』的條文，世間有沒有這樣的怪憲法？你們常罵日本人在美國佔領下，但是日本眞在美國佔領時代訂的憲法，並未載入和美國友誼不可分，你們的國家的獨立性尙比不了在美國佔領下的日本，稍微有一點民族自尊心的人，能忍受嗎？還有臉面侈言民族大義嗎？

你們的政府成立以來，和蘇聯訂的條約，是否喪權辱國，非短文所能盡述，但是在這裏且舉一個簡單的例子，在黑龍江省璦琿東岸，精奇里江以南，有我們中國人（也包括你們在內）墾荒的六十四個村子，人通稱江東六十四屯，在清朝光緒二十六年庚子拳變時，居民被俄人全部殺死，村莊被強佔，事經五十幾年，中國政府由清朝而北洋，而國民政府，從無人承認俄人佔我江東六十四屯的合法性，可是當你們政權成立後，不聲不響在地圖上抹去了，此事有新舊地圖可以對照，不須強辯，這種任意把本國領土割讓給外國的行徑，是不是也算民族大義？

其次說到民族氣節，更是大笑話？郭沫若（現在也是共產黨員）在克里姆林宮喊史大林爺爺的故事，已經家喻戶曉，不必多說；就拿你們幾家海外共報來說，當一九五三年三月初史大林死去的消息發表後，你們自己如喪考妣不算，還發新聞說是港九老百姓巷哭（有當時的××報為證）！你們自己作史大林的孝子賢孫不算，還要把所有中國人都拉進去，這種無耻行徑，當時即引起有民族氣節的中國人普遍憤怒，現在你們又轉過頭來高談大義，談氣節，顏之厚矣，其如別人未必如此善忘何？

最後，我再提醒你們幾句話，世間事惡莫大於胡亂殺人，罪莫大於公然賣國，中共政權兩罪俱犯，即使它眞能使中國糧食畝產六萬斤，運詐也不會太久的，你們若是還有一點民族良心，想維護民族大義，保持民族氣節，就該早一天和毛澤東及其手下的一羣民族敗類脫離關係，善惡只在一轉念之間，望早日採取行動，一旦調回大陸去『愉快的墾荒』就悔之晚矣。

胡對雷加讚揚

去年十月胡適之先生回到台北，在民主潮社一次講演中會讚揚「自由中國」雜誌及其發行人雷震先生，為爭取自由民主所盡的努力；胡先生說應該替雷先生鑄造銅像以紀念他的貢獻。有人以為這個話太過分了，我則覺得雷先生確可當之無愧。我平生最痛恨恭維，既耻於恭維別人，也憎惡別人恭維我，但是對於雷儆寰先生這十年來為自由民主所表現的奮鬥，我則由衷感到不能自已的敬仰與感佩。在今天國人仍太愛講倩面，講情面已講到「不黑不白，不痛不癢」的地步，而雷先生這些年的言論則本「是甚麼說甚麼」的科學態度，不顧倩面，只問是非；力矯麻木癱瘓的頹風。經數千年的專制，又經數十年的訓政專制，中國知識分子多習於甸甸在地喊奴才該死，畏權勢已是通行世故；而雷先生這些年來在國民黨當權派的壓迫脅制之下，始終堂堂站立，直言正論，據說他己備妥遺囑，隨時準備坐牢丟腦袋。攻擊雷先生的人，每以他過去是國民黨，今天不應對國民黨這樣不客氣；這種指責實在毫無道理，國家大事與私人恩怨豈能混在一起？雷先生犧牲其數十年既有的政治關系而獻身民主憲政運動，這正是他國爾忘黨公爾忘私的大澈大悟大智大勇。

應有最後準備

我常想，這十年來如果沒有「自由中國」雜誌，該多麼黑暗與寂寞！「自由中國」是反共中國的一盞燈，並且應是不熄的長明燈！有了這份能批評敢批評政府的雜誌，所稱自由中國才有自由的味道，在國際友人及海外僑胞的心目中，台灣較大陸才的確有不同！

我們希望海內外一切熱心爭取民主的人們，一致對本案加以密切注視，看他們如何發展，如果台灣的反動派真要倒行逆施，我們應有最後的準備！

有些社會黨何以贊成中共入聯合國？

孫寶剛

（一）社會黨是共產黨的敵人

站在一個中國人的立場上，大家都痛恨中共，所以見到有些國家或有些人主張要中共入聯合國，當然是不願意的。因此許多朋友常常問起我，有些國社會黨為什麼都主張中共進入聯合國？有些朋友更問我社會黨和共產黨是不是同路人？關於第二個問題我想沒有必要去答覆，凡是留心民主社會主義者的思想的，都知道民主社會主義者是共產主義者的敵人，在鐵幕之內，民主社會主義者被共黨所監禁和殺戮的人是相當多的。現在在社會國際所領導下的幾十個各國的社會黨，果然有的思想偏左，或有的思想偏右，但是他們都是反共的。他們在其本國，都以其行動和言論在反共。所以各國的社會黨決不是共產黨的同路人，反之，確是共產黨的敵人哩！

至於有些國社會黨都主張中共參加聯合國，這倒是事實。於是有的朋友一定在想，社會黨既然是反共的，為什麼又主張中共參加聯合國呢？這不是自相矛盾嗎？本文就想對此問題作一說明。

我是一個民主社會主義者，我從事於民主社會主義運動幾十年，我出席過國際性的社會主義者會議，我接觸各國民主社會主義者較多，我也會和各國的民主社會主義者討論過這個問題，尤其亞洲社會主義者會議前年在孟買開會時，當以色列社會黨提議，日本的社會黨附議要通過中共進入聯合國時，我會經上主席台痛陳反對中共進入聯合國的理由，可惜那時贊成我的意見的只有越南的社會黨，所以這條議案還是通過了。但是在事後就有那時代表以色列社會黨的前任以色列政府的總理對我表示抱歉的說，「你的理由完全正確，可惜在實際政治上我們不得不這樣做」。日本的代表也有同樣的表示。

（二）作為爭取政權的工具

諸位應該知道，每一個政黨，他們都有一套政治的理想，而這套理想，只有執了政，才能實施出來。否則任你的理想怎樣好，只是空談罷了。所以政黨一定以取得政權為其目的的。在一個民主國家競選是取得政權的唯一辦法。所以一個政黨，一面要使選民相信它的基本思想和政策，一面不得不在不妨礙其基本思想和政策之下，來迎合選民的意見，這就是所謂政治的運用。我舉個例子：日本和英國是靠輸出而生存的兩個國家，所以世界市場是他們最注意要爭取的。在以往一百年來，英國日本都以中國為最大市場，但自中共佔據大陸以後，這個情形就大變了。英國和日本都已不能向中國大量傾銷。而英國和日本在這幾年來，確也受着輸出困難的痛苦，以致國內工業受了影響，人民失業，生活困難。在這個情形下，一般人民便有一個傾向：那個政黨能打開對中共貿易之路，那個政黨才是大救星，在選舉時便選那個政黨執政。我們如關心日本政治的，更可證明我的話，不管自民黨和社會黨，都在向這條路上走，走通或不通，是另一問題。當然自民黨是執政黨，一切行動不特向國內人民負責，更向國際間負責，任何對中共的諾言，便要見之行動，所以要謹慎些。社會黨是在野黨，受國際間的壓力較少，即使給中共諾言，不須馬上兌現，所以行動更大胆些。因此他們對中共處處表示好感，其結果雖然不一定能達到大量貿易，但這樣做至少可作為競選時的宣傳。中共當然也瞭解這一套戲法，於是將計就計，便以贊成中共進入聯合國為討論貿易的先決條件。在這裏我們要瞭解，在我們這些中國的反共的人士看來，中共進入聯合國，是我們所很不願見的一回事。但在其他國家的人看來，中共進聯合國是一件不最重要的事。所以他們認為對中共許諾了一件不最重要的事而有助於他們的獲取政權，何樂而不為呢？站在這個立場上的人是相當多的，有許多社會黨也就站在這個立場上。

（三）恐懼中共

再有一些小的國家，或不很強的國家，是很可憐的，他們和中共接壞，或和其他共黨國家接壞，它們隨時在受中共或蘇聯的龐大軍事、政治、經濟力量的威脅，所以它們要息事寧人，不希望中共或蘇聯給它們麻煩。我有一天和一位亞洲社會黨會議的副秘書長談天，他是一個印度人，他對我說，印度和中共接壞處，有一千數百英里，假如中共的軍隊無論在那一處進來，我們當然要抵抗，但是雙方軍力相差太遠，決計無法阻擋的。印度這個國家窮得很，貧富懸殊，這給共產黨以很好的宣傳機會。所以中共如真要找印度的麻煩，無論在軍事、政治、經濟上，印度是無法抵擋的。所以尼赫魯處處替中共張目，有他的苦衷，我希望中國的民主社會主義者應當諒解這一點，正如我們諒解你們為什麼不遺餘力的要反共。

上面的一段話你能完全否認他的理由麼？大家都知道，埃及的那塞總統接受了蘇聯的大量經濟和軍火，而那塞是以色列的死對頭。最近那塞發表了不滿蘇聯的談話，以色列就有一萬移民自羅馬尼亞移入以色列。那塞聽到一萬移民的消息後，已在焦急了，反之以色列得到一萬移民，當然很高興，因為以色列正缺少農人去開墾。誰都不能否認，蘇聯境內還有很大數量的猶太人，也還有很大數量的軍火和經濟力量，所以蘇聯的厚此薄彼，在在使以色列，埃及發生極大問題，難怪以色列的社會黨代表對我說「實際政治上，我們不得不這樣做。」

（四）因為是反對黨

當然也有許多國家，並不屬以我以上所說的兩類，那麼，那些國家的社會黨為什麼也主張中共進入聯合國呢？

在政治學上有一個名詞叫「反對黨」這意思是指民主國家內必有一個黨是執政黨或兩三個黨組成聯合政府，其餘不執政的黨便是反對黨，它以反對政府的政策為其任務。這個名詞在一部分中國人聽了是很奇怪的，政府怎麼可以反對呢？國民黨和中共政府之下，反對政府的人都不是要坐牢，甚至有殺身之禍麼？我說，這就是我們要反對這兩個政府的最大理由，在民主國家之內，反對政府的政策才是在野黨的責任呢！因為執政黨負了執政的責任，要是沒有人反對，它會大胆妄為，做出許多不利於人民的事來，所以反對黨就發生了監察的作用。有時執政黨的政策不一定是壞的，但是一般人民不瞭解，如有反對黨反對，於是雙方發生辯論，真理是愈辯愈明的。執政黨政策的好處，在辯論中顯明出來了，這可以堅人民擁護執政黨的心，同時也給人民以一種教育。在今天世界上有許多國家是反對中共進入聯合國的，而那些國家的社會黨大都是反對黨，所以那許多社會黨主張中共進入聯合國，只是在履行反對黨的任務而已，我們不必看得太嚴重。

（五）缺乏瞭解

最後我要提出有一些社會黨主張中共進入聯合國的，才是一個嚴重問題，我希望讀者注意。前年我去歐洲，遇到許多社會黨的領袖們，他們發覺我既不屬大陸，也不屬於台灣，認為非常奇怪。後來我告訴他們，中國有很多的人和我的立場相似，因為兩個政府都不是民主的政府，所以從事民主運動的中國人，對兩者都不贊成。他們更為奇怪。他們都不約而同的說，他們不瞭解中國情形，他們所能看到的和聽到的大多是中共的宣傳，所以對於中國的事情，他們多少受了中共宣傳的毒素，他們說，中國離我們太遠，中國太大了，太複雜了，我們不容易瞭解，再加上文字的完全不同，想研究中國問題事實上很困難。我和他們講了許多中國現代的事，他們很驚奇，他們希望我能源源不絕地供給他們以關於中國的資料。他們有些人也承認，他們在形成他們的黨的關於中國問題的政策時，是多少受了中共宣傳的影響，所以就主張中共進入聯合國。由於這一個事實，我們立在反共的立場上，不能不說，我們以往對國際宣傳工作，實在是做得太少了，簡直可以說沒有。所以我們不能苛責人家，我們也應責備自己，我們應當怎樣來負起這個任務，我認為每一個反共的人應當考慮一下，並應該貢獻出他所有的力量來。

（六）台灣不爭氣

末了，我還要說出一個不愉快的事情，就是台灣的不爭氣，也是使人們主張中共進入聯合國的最大助力。一個政黨必有其一套政治思想，尤其社會黨為如是，他們在三十年來聽慣了國民政府的劣跡，他們的反對法西斯蒂，正如他們反對共產主義一樣，所以今日台灣如不自政治上改良，而成為一個民主的政府，那麼在各國的社會黨看來，兩個都是壞政府，而中共是一個力量較大的壞政府，影響中國人民及世界比較大，所以和中共打交道，不是較能解決問題嗎？他們以此為立場來主張中共進入聯合國，是不可厚非的。唯有台灣成為民主的政府，雖然力量不及中共，但這與正義有關，民主社會主義是以正義為其思想的出發點的，我相信台灣假如能這樣做，各國社會黨一定會改變態度的。最低限度可使我們在各國社會黨辯論中共應否入聯合國時，增加了我人的辯論的力量。

中共想用槍桿子打服農民

曾明

（一）槍桿子萬能，可以造出一切東西。

在毛澤東的腦子裡，只有一條「真理」，就是「槍桿子裏面出政權」。因之他就認為槍桿子「還可以造幹部，造文化，造民衆運動」。他並以此理由推演下去，就以為槍桿子萬能，「可以造出一切東西」。因為如此，毛澤東從來就沒有想過「以德服人」，而專是「以力服人」。這個力，就是憑着殺人武器的槍桿子。

因為憑着殺人武器「以力服人」的人，就脫不了打家刼舍、殺人放火的強盜本色，由於如此，自古以來由殺人強盜起家而奪得政權或者割據為王的，如：黃巢、李闖、張獻忠等等，都是能發不能收，能亂不能治，因而都不成大勢。最後總歸是走上了覆滅的一途。

中共奪取大陸政權以來，兇橫殘虐，宰割人民，有增無已，演變到一九五八年八月，出現了中國歷史上從未有過的暴政——「人民公社」。

因為，人民公社不僅從根本上消滅了家庭組織，連帶的摧毀了中國大陸社會的基本結構。並且剝奪了人民掌握經濟行為的能力。中共以為這樣一來，中國大陸社會上一切生產資料和生產活動及其成果，都就控制在它的計劃之內；同時，割斷了人與人之間的關係，把農民陷在組織之中，使農民離開人民公社的組織寸步難行，因而就消滅了農民可以發生政治活動的因素，也就是根絕了人民反抗的作用。

但是，事實並不如中共理想那麼簡單，因為人民公社與農民的道德觀念，意識形態、生活習慣有根本的衝突。所以從人民公社一開始，就遭遇到農民的激烈反抗。中共不但沒有自認錯誤而讓步，反而變本加厲的在其八屆六中全會提出了由各省、市、自治區組織千人，幾千人或者萬人左右的檢查團，由中共的省、地、縣三級黨委的第一書記掛帥，領導整頓人民公社，並對人民進行一次「教育」。同時還規定了從一九五八年十二月至一九五九年四月的五個月時間為整社工作時間。這就是表明了由於人民公社一來，搞得大陸農村社會一切混亂失常，個個驚慌，人人反抗，進入大亂現象。

因而影響到中共政權搖搖晃晃，岌岌可危。可是，中共為了挽救政權倒台，而他不從正本清源去設法改善，還是不脫強盜本色，憑着殺人武器，「以力服人」的壓迫農民就範。

（二）黨政軍一齊上，用槍桿子打服農民。

由一九五八年十二月到現在已經有三個多月，而距離一九五九年四月底止，不過只有一個多月。這就是說，中共整頓人民公社的期間，只剩了一個多月了。也就是說，人民公社的成敗，就決定在這一個多月之中。在過去三個多月中，中共對於人民公社的整頓工作，如：改變勞動組織，加強勞動管理，建立生產責任制；健全下放的財貿制度；實行合同制等等措施。這些措施，非但沒有改善勞動條件，照顧到農民的生活，反而加重了勞動緊張，加緊奴役，加強壓榨。因此一來，如火上澆油，更加增了混亂的情勢。中共面對現實，拿不出「收」的路道，「治」的辦法，在這窮途末路無計可施之時，只好還是拿出據山為王的一套伎倆，由大小頭目率領嘍囉下山大搞一場。

因此，中共最近在進行勞動鍛煉和加強基層工作的領導力量口號下，發動由縣級以上的領導幹部下放到人民公社中，當社長、當隊長、當社員，以及到工廠中當廠長、當工人。即如，廣東省決定第一批下放幹部就有四萬五千多名，現在已到達下放地點。在這批下放幹部中，省級處、科長以上幹部佔很大比重，廳長、局長、處長、科長就有八百多人。這次下放的時間，一般為二個月到三個月。

同時，中共的「人民解放軍總政治部」最近發出「軍隊參加社會建設工作綱要」，在綱要中指出，「軍隊參加社會主義建設，必須在地方黨委的統一計劃下進行」。綱要中並規定「全體官兵積極參加有利於公社發展和鞏固的各項工作，教育家屬和親友成為公社的積極分子」。並規定「各部隊必須經常注意協同地方改善和加強民兵工作，貫徹黨的全民皆兵的方針，使民兵真正成為生產戰綫上的突擊隊和軍隊良好的後備力量」。這就是以

（下轉第三版）

廣東各地人民公社暴動情況（澳門通訊）

劬餘

在去年這一年中共的「人民公社」正進行得如火如荼的時候，所謂社會主義大躍進，三年苦戰的第一年，大陸上的抗暴運動，也就普遍的如火燎原，到處滋生。關於抗暴的眞相，中共自然諱莫如深，海外的報刊，很難作有系統的報導。筆者旅居澳門有年，密邇大陸，從華南各地逃抵澳門人士所述，多屬信而有徵，謹彙誌於次：

惠來暴動

惠來暴動，關於惠來的抗暴消息，這是從一位劉君口述的，他是潮陽金溪鄉人，去年十月十二日逃抵澳門。據他說：惠來神泉鄉自從創辦「人民公社」後，農民即紛紛起而反抗，當於憤極之餘，活埋匪幹二人，於是事態嚴重，中共不惜採用高壓政策，株連二百餘人，勾留將達一年之久，迄今生死不明。當金門炮戰既起，粵閩沿海局勢緊張時，中共借此機會將神泉鄉人民強迫疏散，該鄉從此竟成廢墟。

潮陽暴動

潮陽暴動，這一項消息，係得自翁君口述，翁是潮陽義美寨人，該鄉會於去年八月二、三兩日，由於在「人民公社」的食堂，食既不飽且極粗劣，於是發生農民搶糧大運動，事先絕無任何人策動，完全由飢餓引起。因爲從前分得的耕地，尚可播種雜糧，現在要過集體生活，每人每月僅配糧三十市斤毛谷，每日勞動十二小時以上。但各糧食倉庫儲米甚豐，有某農民無意中開玩笑，人多口雜，於是羣起搶糧，搶掠一空，隨即蔓延，如陽前村，銅盂村，淡西村，洋田村，華僑村，東溪村及練江沿岸均有響應，共軍用機槍掃射，當時被槍殺者已達二百人之多。

普寧暴動

普寧暴動，這是何君口述，他是普寧流沙圩人，他說：去年九月廿四日，流沙上空曾發現台灣空軍的機羣，民衆鼓掌歡呼：「反共軍要回來了！」在極其興奮之下，竟亦採取行動，將「人民公社」的物資掠搶一空。因爲流沙圩爲僞普寧縣治所在地，駐有共軍，當即用機槍掃射，當場打死百餘人，受傷的亦將近百餘人。

揭陽暴動

揭陽暴動，這是由馬君口述，據他說揭陽的外沙鄉，於去年九月廿四日會發生暴動。起因由於受了金門炮戰的影響，沿海局勢緊張，國軍飛機會飛入潮汕上空。一般農民，誤以爲升空攔截之共機係國軍飛機，中共地面發出高射炮，又誤以爲國軍迅將攻佔彼等之家鄉，於是乘機暴動發動搶糧，中共軍以機槍掃射，死傷民衆三百餘人，拘捕人數不詳。

饒平暴動

饒平暴動，這也是馬君口述。他說：饒平的浮山鄉，於去年九月間亦發生暴動，起因由於民衆在公共食堂用飯，有一部人故意細嚼，引起伙夫及共幹的不滿，當予以催促，農民亦反唇相稽，大起口角，繼則互毆。浮山鄉附近各村落民衆數千人，紛紛響應，羣起圍攻鄉政府及派出所，並搶存糧，匪以機槍掃射，死傷人數大約三百餘人。

海豐暴動

海豐暴動，這是黃君口述，據說海豐十三鄉山頭寮，以山頭寮爲中心的「人民公社」，十一月三日會發生暴動，死傷二百餘人。起因由於該社凌晨四時即强迫人民開工，下午七時始收工，如果是突擊加工，則要延長至晚間九時。時序已進入初冬，收工回來吃飯，菜飯均已冰冷，簡直無法下咽。晚餐則僅有三碗粥，早午兩餐吃飯，鹹魚則爲經常的佐膳物。民衆以受此虐待，當即推舉代表五人向公社陳述。乃不料社長黃仲平竟予以訓斥，其時門外已聚集千餘人，一聲喊打，即衝入辦公室，將社長及匪幹八人毆斃，復往山頭寮之第一第二號倉庫搶糧，千餘担糧一掠而空。其時公安人員並未敢開槍鎮壓，一直到海豐援軍開到，始用機槍掃射，死傷人數不詳。

安全運動

以上的暴動僅係廣東地區，其他各省各地的抗暴情形，當有過之，因此毛澤東亦不得不爲了「人民公社」的暴行，而有自行辭職的引咎，中共的「六中全會」也不得不作出「五月整社」的決定，在某些方面作若干的退却。最近中共當局鎮壓各地的暴動，又在各地實行「安全運動」的措施，其要點包括：

一、依照已有之人事資料，將人民分左右兩派，嚴密予以管制。

二、加强特務力，加緊「紅專改造」。

三、加强調查研究工作。

四、訂立羣衆性「防諜保密公約」。

五、大量吸收「積極份子」。

六、組訓「民兵」防制暴亂。

七、加强邊防，海防，及沿海的保衛工作。

八、必要時再度實行鎮反」。

以上是中共「安全運動」中的幾項重要規定，從各項規定中看出所謂「安全運動」，實爲一「救亡運動」，正反映出大陸共區人民反抗力量的强大與抗暴運動的積極性。

總之，「人民公社」可以說是大陸革命的搖籃，因爲農民已由分散而集中，由無組織而組織起來了，而中共的「全民皆兵」運動，無異是製造人民的反共武裝，若干的下放進步份子，知識人士，尤其是農村中的下級幹部，將成爲反共的急先鋒。

近來的西藏及西北地區的抗暴運動，正日益擴大，對共匪展開數萬乃至數十萬人的武裝鬥爭，人民的血不會白流的，大陸上的反共武力與抗暴運動，必將在不斷的挫敗中繼續壯大起來。

接「中共想用槍桿子打服農民」

（上接第二版）黨爲領導，配合政軍，深入基層，直接壓服農民的手段。在中共以爲行政幹部配合部隊官兵下放到人民公社，不僅可以取得領導權力而監視鎮壓農民，並且可以壓迫農民接受奴役；從而又發展「全民武裝」運動。這不過是中共一廂情願的天眞想法而已。

（三）中共難逃覆滅的一途。

因爲人民公社的成敗關係到中共的存亡，而人民公社中緊張混亂情勢，現在已達到嚴重階段。在這整頓人民公社爲期無多，最後一個多月生死關頭時期中，中共無路可走，只好拿出實行「政治掛帥」命令第一，配合槍桿子萬能，來一套黨政軍一擁而上，用槍桿子打服農民的辦法。中共以爲這樣一來，農民懾於他們恐怖惡相，就可以順順服服乖乖的聽憑奴役宰割，而挽救人民公社的不倒。其實這種强盜作風，在打家刼舍、殺人放火的時候，是可以收一時之效。但對於統治人民處理國家大事，仍舊不脫强盜氣習，還是想憑着殺人武器的「以力服人」，那就不啻是自掘墳墓。

從這一點，證明了中共充其量不過是黃巢、李闖、張獻忠的一流，基本上是能發不能收，能亂不能治，不成大勢的東西，不會搞出什麼名堂，最後總難逃覆滅的一途。因而可以說，人民公社在黨政軍一齊上的掙扎情勢下，至多是維持一個時間的名存而實亡，最後還是難免於崩潰的。

一九五九年停刊的共區兩種刊物

岳騫

從本年大陸出版的雜誌中，可以看到有兩種刊物停刊了，這對於中共一貫排斥異己的作風上來說，只是一件很渺小的事，不過對於歌頌中共的海外知識分子，未嘗不可多一層教訓。

（一）『文史哲』

第一個刊物是『文史哲』，這個刊物是山東大學的學報，在大陸所出的學報中，是份量比較重，學術性也比較濃厚的一本刊物。

文史哲最早出名是由於俞平伯「紅樓夢事件」，當一九五四年春天，俞平伯寫了一篇「紅樓夢簡編」，送給中共中央宣傳部副部長胡喬木審定，胡喬木當時提出許多意見，要俞平伯改寫，俞平伯因爲胡喬木的意見實在太外行，沒有按照他的指示修改，逕寄去「新建設」雜誌，「新建設」編者不知道胡喬木指示的經過，未經調查就發表了。文字刊出後，胡喬木才知道，對俞平伯大爲不滿，過了幾個月，正在山東大學讀書的兩個學生藍翎、李希凡發表一篇攻擊俞平伯的文章，從此引起對俞平伯紅樓夢研究的批判，成爲中共早期的文字獄之一，從此「文史哲」成爲海內外知名的刊物。不過中共過去對大部份雜誌都不准出口，文史哲也在內，即使能偷運出來，價目也貴得驚人，非一般人所能買得起，正式開禁是在一九五七年下半年，不料到了一九五八年底就停刊了。

（二）停刊的原因

「文史哲」雖然靠攻擊俞平伯出名，但刊物本身仍保持相當水準，處處表現着學術第一政治第二的立場。尤其是當鳴放期間，「文史哲」會發表過幾篇代表性的作品，（即使有時刊載一些站在中共立場的「正面文字」，實際上仍包含有宣揚「反面文字」的用心，例如一九五八年一月份文史哲會刊出一篇署名徐緒典的「批判陸欽墀關於東北邊界的反動謬論」，從這批判中透露出一九五七年鳴放時，大陸史學界人士會提出與蘇俄重劃東北疆界的要求，特別要求收回『璦琿條約』和『北京條約』所失地，後來中共進行整風運動時，還有一些高等學校學生要求和蘇俄重訂『璦琿條約』和『北京條約』（詳情見拙著『大陸史學界的反俄潮』，刊祖國周刊二七二期），這件事情經過，在中共鳴放進行最熾烈時，共區報紙刊物也不敢提及，終借「文史哲」批判之力，透露到海外來。

其次，「文史哲」編輯取材也相當謹嚴，刊出稿件全以文、史、哲爲主，一切八股，甚少刊登；一九五七年收到兩篇捧蘇聯的譯文，其中有一篇是『列寧論無產階級在民主革命中的領導權——讀「社會民主黨在民主革命中的兩個策略」筆記之一』一文，這樣的『天書』居然也被退了稿，原譯作者都是有背景的人，如何不去告狀？到了一九五八年六月份，該刊就受到批評，刊載了一位署名趙華富寫的『談談文史哲厚古薄今的傾向』，會對文史哲的編輯委員會大加抨擊，該刊經過檢討之後，從七月份就改組了，以後刊物內容也大爲改變，什麼大躍進，人民公社，工農作品也都刊出來，雖然如此，還是無補於停刊的命運。

（三）『爭鳴』

『爭鳴』月刊是民盟的機關刊物，創刊於一九五七年二月，正當大鳴大放將要開始時，『民主黨派』人士的心情，都和費孝通寫的早春天氣差不多，懷有一種乍暖還寒的感覺，中共爲了推動鳴放，命令民盟辦了一份『爭鳴』月刊，可是，鳴放經過短短時期收場了，『爭鳴』未隨之停刊，又多鳴了一年多，還算共產黨『寬大』。

爭鳴也是到了一九五八年底停刊，而且停的相當迫促，『文史哲』停刊在最後一期還登了一個停刊啓事，『爭鳴』的最後一期，絲毫未露停刊跡象，甚至其中有一篇翻譯的『馬克思恩格斯論共產主義的全面教育』一文，尚未刊完，留待下期，不料下期竟沒有了。

『爭鳴』停刊啓事，登在『光明日報』上，可見決定相當迫促，奉到命令時，最後一期『爭鳴』已經付印，只好刊在『光明日報』了。

（四）『爭鳴』停刊原因

『爭鳴』似乎尚未受過公開指責，但這個刊物本身既因鳴放而創刊，鳴放以後鬧得一塌胡塗，中共對於有關鳴放的刊物，自然時刻存有戒心，不願和它「長期共存」，加之『爭鳴』撰稿人，又都是民盟盟員，一些大學教授，被中共指爲資產階級知識分子，永不能脫胎換骨，一有機會就會反抗。中共又何必爲他們留一個發言的園地。

事實上也確是如此，這批人即使有心捧中共，有時也會變成諷刺，例如鄧初民寫的『爭鳴』最後一期，第一篇『在偉大的形勢下，努力完成盟組織及其成員社會主義根本改造的任務』一文，開頭就說：『今天的中國，眞好像進入了一個神話時代』，使人看了不禁作會心的微笑，雖然後面他再三解釋神話都是眞的，但是人們只會欣賞前面的兩句話。

（五）結論

共區還有一份名義上是民主黨派的報紙——『光明日報』，可是，已沒有一份『民營』的刊物，即使在中共黨員直接領導下，偶然犯了一點小錯，馬上就會遭到停刊的命運，這就說明一個事實，在共區的知識份子，反共固然不能生存，親共也未必能長期存在，一旦利用完畢，馬上就要踢開，這對於海外一些親共的知識分子，到是值得三思的。

記甲午中日戰爭始末（七）

舜生

(G)黃海海戰——半天

平壤陸戰結束於八月十六(九月十五日)，黃海海戰乃爆發八月十八(九月十七日)。先是八月十三(九月十二日)，鴻章命我海軍提督丁汝昌，率海軍全隊十二艘，計：鎮遠(管帶林泰曾)定遠(劉步蟾)兩巨艦，致遠(鄧世昌)靖遠(葉祖圭)經遠(林翼升)來遠(邱寶仁)濟遠(方柏謙)超勇(黃烱臣)揚威(林履中)平遠(李和)八兵輪，再加上向隸廣東的廣甲(管帶吳敬榮)廣丙(程璧光)兩艘，此外並有鎮中鎮南炮船兩艘，魚雷艇四艘，保護五艘商輪，載銘軍十二營援平壤。十六日夜半，從大連灣出發，十七日午刻，抵鴨綠江口安東縣屬的大東溝。十八日，護送運船的任務已畢，除平遠廣丙留鴨綠江港口外，汝昌令其餘十艘於午刻起碇，將歸旅順，而日艦十二艘已鼓輪橫海向我軍而來，計吉野，高千穗，秋津洲，浪速四快船，松島，千代田，嚴島，橋立，比叡，扶桑，西京丸，赤城八戰艦。日艦小於我，而速率大於我；大砲少於我，而快炮則多於我。我定遠、鎮遠兩艦排水量各七千四百三十噸，日艦最大者如松島，也不過四千二百七十餘噸。我艦如定，鎮兩戰艦，均裝有十二吋口徑大炮各四門，其餘裝有八吋炮者更不少；日艦則除松島一艦有十二吋八吋炮各一門外，其餘裝有八吋炮者乃絕無僅有。但我方定，鎮，來，經四條主要的戰艦，均建造於一八八五年(光緒十一年)，日艦除兩條以外，均建於一八八五年以後，如秋津洲，且建造於一八九二年，吉野，千代田兩艦，則建於一八九〇年。因之比較航行的速率，我定、鎮兩巨艦，每小時不過十二海里，最快者如靖遠，致遠，也不過十四十五海里，日艦則半數均爲十五海里，秋津洲，千代田爲十九海里，吉野且二十三海里。蓋當日的北洋海軍，自光緒十一年以後，便絕對沒有加過一條新船，也絕少加裝新炮，這種情形，只有不敢輕言作戰的李鴻章才完全明白，主張作戰最力的廷臣如翁同龢，李鴻藻等，文人如張謇、文廷式、易順鼎等，則未必明白。至於把擴建海軍的經費移用於修建頤和園的醇親王奕譞以及西后那拉氏這班人，自然更是罪無可逭了。

這次黃海海戰正式接觸的時間爲午後零時五十分。我方的提督丁汝昌以定遠爲旗艦，日方負指揮責任的伊東祐亨中將，則以松島爲旗艦。兩軍相距六千米突，我艦卽發炮一排，無一命中；日艦進至三千米突內外，才開始應戰；於是兩軍乃激烈交炮。未幾，我超勇先沉；致遠彈盡，艦長鄧世昌，粵人，素忠勇，欲撞敵艦最快者吉野同沒，未及，而中敵方魚雷，人船同殉；濟遠受傷，見致遠沉沒，轉舵將逃，又撞傷揚威，揚威幾不能動，敵炮擊中其機艙，也立卽沉沒。經遠、靖遠與來遠三艦原已駛出陣地，但爲敵四快艦所追，經遠管帶林翼中陣亡，大副二副也戰死，船行無主，仍爲敵艦所沉。廣甲夜半逃到大連灣外，不愼觸礁，隔一日也爲敵炮所毀。在酣戰中而始終不退怯者，僅有定遠、鎮遠及一魚雷艇。丁汝昌雖受重傷，仍惡戰苦鬥到底；鎮遠艦長林泰曾，在波濤洶湧，敵彈橫飛中，也屹然站立艦橋，護衞着彈痕累累的定遠，毫無懼色。事後敵方紀載，對丁頗表敬意，對林泰曾更譽爲中國海軍第一名將，良非偶然。是日旗艦松島爲定遠炮擊幾至沉沒，比叡，赤城，西京丸三艘也受重傷，(一說西京丸沉沒)一直戰到暮色蒼茫，雙方始各收隊。計我軍損失致遠，經遠，超勇，揚威，廣甲五船，官弁死者八十七名，兵士死者一千餘人，日軍死九十四名，傷二百名。我剩餘之艦，僅有定遠，鎮遠，濟遠，靖遠，來遠，平遠，廣丙等七艘，(平遠，廣丙兩艘於酣戰中駛來會戰。)且大抵殘破，留旅順船塢修理，旅順陷落前，卽已潛伏威海衞不能再出，於是敵艦更得縱橫海上，運兵運械以擾我遼東，山東，且進而佔我澎湖，以爲割台灣準備。是役濟遠管帶方柏謙，於本月二十四日在旅順正法；丁汝昌則於十月(十一月)旅順陷後始革職，仍留軍戴罪圖功。

亮齋閒話

說狗

徐亮之

台灣某訓練班教官，公開勸學員做狗，替領袖咬人。名論也！作「說狗」。

狗的祖先，依古生物學家和地質學家研究的結果，新生代便已在世界上出現了。狗是必依附人的；所謂「狗仗人勢」是也。而狗的歷史以及和人的關係的源遠流長，也就不言可知。然而不幸，我們中國民族似乎一直就特別瞧不起狗。如果有位中國小姐也摹仿外國小姐的口調，對一位中國男士說「如果您愛我，請您也愛我的狗」；我想，無論這位中國男士如何摩登，如何認爲外國月亮大，也是要倒胃口的。因而，任何摩登仕女，搔首弄姿，牽狗過馬路，中國途人往往會側目而視，也就毫不足奇。

的確，中國這個民族，不知爲了什麼，硬是對狗沒有好感；除了認爲狗肉可食；歷史上並確會出過幾個「屠狗」將軍，或「狗肉將軍」以外。

中國民族對狗的觀感之不妙，似乎就下列的成語和故事中可以窺見一斑：例如說「桀犬吠堯」，這是說狗是沒有是非善惡觀念的。又如說「蜀犬吠日」，這是說狗的常識實在非常有限的。再如漢高祖封功臣，以諸將爲「功狗」而蕭何爲「功人」，這是說狗是絕對不能和人相提並論的。更如范蠡去越，留書給老搭擋文種說：「狡兎死，走狗烹」；後二百零一年韓信以楚王被漢高祖計捕廢爲淮陰侯，也發過「狡兎死，走狗烹」的歎息；這是說，狗畢竟是狗，縱然怎樣賣力，結果也並不一定就能扭轉狗在中國的命運的。餘如「鬥鷄走狗」，「聲色犬馬」，「狐羣狗黨」，「鷄鳴狗盜之士」之類的連舉並列，其爲對狗之估量不高，更屬不在話下。狗之稍得揚眉吐氣者，莫如所謂「一人得道，鷄犬皆仙」。但這故事乃好事者對漢淮南王安的踵事增華；認爲淮南王安並非自殺身死，而是「白日飛昇」，「鷄鳴天上，犬吠雲中」；殊不知「自殺」，史記本傳已說因謀反發覺而「自頸」，說得明明白白，「飛昇」之說，只是鬼話而已。而狗之命運，於是乎慘矣！

狗的所以如是爲中國民族所憎惡，大概和牠們本身作風的惡劣，不無有些關係。而關於牠們的作風，劉基在「郁離子」中，有一段的確說得不中不遠；他說：

「晉靈公好狗，築狗圈于曲沃，衣之以繡。變人屠岸賈因公之好也，則誇狗以悅公。公益尙狗。一夕，狐入于絳宮，驚襄夫人；襄夫人怒。公使狗搏狐，弗勝。屠岸賈命虞人取他狐以獻曰：『狗實獲狐』。公大喜；食狗以大夫之俎；下令國人曰：『有犯吾狗者，刖之』！於是國人皆畏狗。狗入市，取羊豕以食；飽則臾以歸屠岸賈氏；屠岸賈大獲。大夫有欲言事者，不因屠岸賈，則狗羣噬之。趙宣子將諫，狗逆而拒諸門，弗克入。他日，狗入苑食公羊，屠岸賈欺曰：『趙盾之狗也』。公怒，使殺趙盾。國人救之。宣子出奔秦。趙穿因衆怒，攻屠岸賈，殺之，遂弑靈公于桃園。狗散走國中，國人悉擒而烹之。」

狗之作風如此，其遭烹固宜；而所以有時人們也往往並不如何反對「打落水狗」也。

汲古書屋談薈

張一麐與袁世凱

耘農

觀於世凱與一麐之一席談話，可見其對憲政初無若何深切之認識，後忽幡然變計者，仍不過意在迎合輿情冀博好評耳！馴致清廷預備立憲而無誠意，卒以覆其宗國。近半世紀以來我國憲政運動之頻遭挫折，其受撓之最大阻力，大抵以與袁氏持同一之論者爲多，若夫三十年之「以黨治國」及大陸秧歌王朝之「人民民主專政」，實皆專制之變相，此我國民主憲政之所以不振也歟！

世凱當清廷遜位之後，挾北洋實力以自重，遂得攫居民國總統之高位。一麐以北洋舊人，受任爲總統府秘書。嗣設政事堂，以徐世昌爲國務卿，一麐復兼機要局長。及民國四年乙卯，世凱密謀稱帝，始則有楊度(晳子)等六君子之籌安會，爲之策劃；繼則有梁士詒(燕孫)等之各省請願聯合會，爲之勸進；有人密詢世凱：「公欲稱王稱帝，自爲之可耳！卽不然，得羣雄擁戴，於事良便，奚必假手群儒以製造民意？」世凱答曰：「吾不欲開武人干政之端，且不經製造，安有民意？吾爲此」，或亦未能免俗耳！蓋世凱心目中之民意，可由文人一手造成，武人僅堪供驅使，不足爲重。故當洪憲帝制運動正熾之時，所有北洋翼下之無恥文人，平素受世凱之籠絡，幾無不墮其彀中，競作攀龍附鳳之想，世凱之才足以濟其奸，於此可見一端焉！（五）

鴉片戰爭·江寧條約·黃恩彤（三）

許冠三

當時的主戰派倘有兩種想法，一是聯絡美，法以抗英；一是利用民團以制英。他認爲這兩者都靠不住。當時議者，皆以英爲禍首，而佛、米素與不睦，故佛每進助順之說，米亦深以英爲可恨，以爲資二國之力，可制英人，而粵民屢與洋人門，若可恃以禦侮。余每謂三國外若水火，內實狼狽，在西洋則不無蠻觸之爭，在中國則隱有輔車之勢，必不肯戕同類，以媚天朝；而粵民見利忘義，剽悍輕浮，難與爭鋒，亦難與持久，必不可倚以爲用。聞者往往心非而目笑之，詎意會不十年，竟不幸而言中哉？（撫遠紀略，後序。）粵民如果眞與夷爲仇，制之甚易。夷往中國，爲貿易計耳，一切皆仰給於內民，如果衆心堅一，但能不與交易，而通事，買辦，麻占（想係商人之譯音），沙文（僕役），艇戶，挑夫及販賣食物之細民，一皆絕夷而勿與通，不出三日，不煩一兵，而夷已人困矣！今貪其利者如蟻附擅，甚且爲之腹心耳目，夷之憑恃甚固。而一二粗通文墨，不安本分，不曉事體，不知維何之人，徒欲假忠義之名，自快一時之筆舌。今日標紅單，明日出白帖，刋刻，張貼，欲以空言懾點虜之心，不知區區倭倆，早被他族窺破，揚之百萬雄兵，按之實烏有先生，何益之有哉！

粵之所以富甲諸省者，爲通商也，實通洋也，卽通夷也。此數十百萬之衆，攘攘而來，不過爲此赤髮綠睛之數百怪物，有寶可探耳。今勿論我閉關絕市，卽使彼忽然歛舶而去，羊城無業之若干萬人，從何安頓哉？

其尤難者，上海等口開港以來，官民待夷本寬，俱如其意以去。惟粵東因舊制之難改，幾致新章之不行。（與江翊雲給諫論粵東民夷書，知止堂集，卷九，光緒六年刋本。）

比之當時的一般官吏，他似乎是一個較比能作獨立思考的人，所以常能見到問題的癥結和事實眞相，不若同輩人多以耳代目，以空言代實際。但限於知識，對英人的船堅炮利，亦不免估計過高。（三）

錄舊作十一首

舜生

陪幼椿遊揚州瘦西湖（十四年）

夾岸垂楊拂水低，蕪城四月草萋萋，輕篙一舸從君去，花影波光夢欲迷。

漫言春去太匆匆，載酒酬春興未窮，春盡江南又江北，我來猶及杜鵑紅。

津橋（十九年）

津橋臥病兼旬客，黃浦縈懷夢百回，收拾行囊歸去好，相思莫待又成灰。

書浦口車站所見（十九年）

大江南北遍哀鴻，隻手狂瀾莫障東，十萬饑軍驅北向，將軍猶有氣如虹。

贈北平某女郎（二十五年）

意態雍容屬大家，芙蓉嬌面護輕紗，鯫生不只同車雅，曾共西山看晚霞。

答竹生（二十五年）

冷雨清愁送一春，生涯濁酒與車輪，殷勤多謝數行字，小病煩君慰問頻。

汎舟五通橋（三十一年）

遊蹤遙憶荔枝灣，一槳風橫人未還，四面笙歌繞楊柳，嶺南繁急此悠閒。

幼椿六十自壽詩，有『我亦飄蕭六十翁』之句，因以小詩代柬，約作郊遊（四十六年）

談笑居然六十翁，名山無分霸圖空！紅酥美酒從君飲，莫遣春光負乃公。

讀報有感答某君（四十七年）

卅年許國寸心丹，閱世觀人漸覺難，辛酸久味垂垂老，何用當門更種蘭？

筆會同人，青山酒會，暮歸戲柬君左亮之（四十七年）

又從離亂得優遊，不負春光肯負秋？詩酒琴心聊共樂，波搖鐙焜兩悠悠。

不恨飄零歎索居，幸有能狂易與徐，一事差堪傲公等，伊人纖手爲迴車。

本刊已經香港政府登記

每逢星期五出版

聯合評論 週刊

United Voice Weekly

第三十一號

督印人：黃宇人　總編輯：左舜生

社址：九龍金巴倫道卅八號三樓

電話：六一四一三（61413）

承印：田風印刷廠（高士打道一二二號）

總代理：友聯書報發行公司

售價：每份零售港幣壹毫

本報紐約版總經售處美國紐約中美出版社

CHINESE-AMERICAN PRESS, INC

199 CANAL STREET.,

NEW YORK 13 N. Y. U.S.A.

紐約航空版零售每份美金壹角

現實與幻想之間

有感於麥美倫赴美會談

李璜

在東方人的政治哲學觀點下，西方人的政治見地及其實施，未免偏於注重現實，往往忽畧理想。甚至有時令人感到，在國際場合上，西方政治家好像在做生意一樣，喊價還價，隨時注重到本國對外貿易的銷場。如像這回英首相麥美倫訪莫斯科，本是爲的由柏林問題引起的戰爭緊張局面，可以說，所以不惜移尊就敎，爲的是世界和平，念的是天下蒼生，然而離開莫斯科時，英首相對柏林問題還沒有絲毫結論，而乃結論到英蘇的貿易問題，以至於結論到多推銷英國電影片子於蘇俄，已有把握。——這無怪世人要感到英國的政治是商人政治了！

然而我覺得商人政治，一味注重現實的生意眼，也未可厚非。因爲商人只要能把算盤打得清楚，折本的生意橫順不做；而且遇着厲害的對手，老抱住：「有虧血本，絕不讓價」，這八個大字，那還是不怕任何狡黠的對手的。不過，商人未有不知道自己血本所關，而且既是商人，未有不會打算盤，總想賺幾文，而沒有願意折本的。但是商人仍舊有算盤打得過於精時，而反折本關門的：這就是過於注視到眼前的現實，而忘了方來的風險，所謂因小失大，得不償失，終於大虧其本，這是一；再者，想賺厲害對手的現錢，而忘了對手更有大的手法，要制你的死命，收你的老本，這是二。自命精於算盤的商人，太注重現實，便因是不免涉於幻想，自以爲現實，而其實是幻想，年終總賬一結出來，方才恍然大悟，不應當在幻想中去求現實，但是血本却已虧定了！

這兩年來，蘇俄除了先放成功一個人造衞星，足以矜誇以外，東歐不穩，南國反目，國際共產組織解體，內部鉅頭互閧不已，敗像畢露，不堪一擊，然後，狡黠的赫魯曉夫方才有時改用笑臉，到處訪問，既已自己訪問英倫，宣傳他想做生意，而又令米高揚去與美國商人勾搭，對於資本家也可以大做其好朋友的樣子，於是這種「吊胃口」的狡猾辦法，便引起英美商人的幻想來了！不過，與共產黨人交手做生意，這生意是不大好做的，至少有幾分冒險性，所以英國商人仍很審慎，雖責備美國禁運不肯開放，而英國自己也開放得不多。至於美國商人，則看見戰時戰後，蘇俄借美國的錢已完全賴賬，一文不還；對於這種信用破產的對手，這在商家是不能不防的，故美國商人至今向未對蘇俄買賣完全動心。

然而赫魯曉夫却等急了，特別看見西德日益富强，東德抵擋不住，法國完全右傾，德法竟能一致，北大西洋公約只有日益鞏固，不趕快將英美軟化，抓住，則東歐只有形勢日非，狄托更要囂張，其結果，波匈又要大生問題，衞星國必然解體，而莫羅托夫輩便振振有辭，捲土重來了！於是狡猾的赫魯曉夫忽然收起笑臉，裝出黑面，而提出柏林自由市的主張，並要限定於五月間片面實行！赫魯曉夫這前後的一笑一怒，好像是在發神經，不大配合的樣子，其實，他的前恭後倨，一軟一硬，在明眼人看來，對於英美商人及其現實政治，乃是對症下藥，相當配合的：與我妥協，就有生意可做，就有錢賺，不與我妥協，就可打仗，就要犧牲金錢；於是英美商人及其現實政治者便開始軟化起來，逼得英首相也不能不載馳載驅，奔走不息，甚至未開會議，而已自行表示要在東西之間，設立緩衝區，以便赫魯曉夫至少可以橫行東歐，而無所忌懼了！

於是波恩報上，質問英相：民主世界，不前進，又要往後撤嗎？這叫做「原則不變」嗎？我們知道，英國人在國內的民主原則是歷久而日新，這原則是不會變的。然而今天英國政治家口裏雖未聲稱在指導美國政治，至少是晤中在支持或呼應美國政治，而美國政治家是公開的聲言在領導自由民主世界的，且在軍事經濟上的種種設施，是不諱言要圍堵共產世界的。——領導自由民主世界，以與共產惡魔對抗，這個國際的民主原則，英國政治家究竟承認過沒有？承認過，究竟變不變呢？

我們認爲，歟日內，麥美倫首相到了華府，與艾森豪會面，應該先行對這國際的民主原則，究竟變與不變？討論一下，如能不只顧眼前現實，因小失大，而能衷心的顧到這國際的民主原則，（即還要想領導自由民主世界往前邁進），則艾麥的會議却不在枝葉問題，而柏林前途也並不如何嚴重；目前大家都已看出來，赫魯曉夫是在裝腔作態，色厲內荏的，所以麥美倫首相也表示，與俄國會議不一定要急於就開。

然而，英美輿論還是主張開會的佔優勢，因爲英美商人認爲，只要不影響於民主世界的原則，而又可以做做生意，開個外長會議，以至鉅頭會議，又何樂而不爲！同時會議如能解決緊張的問題，使世局安定下來，以便在和平共存中，大家安樂一下，少花錢於軍備方面，豈不是更好嗎！——這就是從現實主義中所生出的不現實的幻象來！蘇俄要求開會，其目的並不想根本解決問題，而就只想動搖民主世界的合作原則，要將自由民主的夥伴拆散；在醞釀會議，以至於在會議中，運用手法，挑撥離間，弄得西方的陣營混亂，中東及遠東的反共國家也因之突啓疑懼。這種情形，在戰後屢次會議，蘇俄都表演得很明白，很厲害，杜勒斯飽嘗其苦味，（在其「和平或戰爭」書中述之甚詳，）而在前次日內瓦鉅頭會議中，英美鉅頭如不健忘，也應認記得蘇俄頭子在那次會議中的顛三倒四，弄得英美步調無法齊一，結果仍是毫無成就，而民主世界合作的原則已幾乎爲之動搖咧！

十年以來，因爲西方的現實主義政治，常常徘徊於現實與幻想之間，結果並不現實，而反誤事，如對中共一例更爲明顯：中共一經估領中國大陸，要想與中共做生意，便幻想一個「中共變狄托」來自行陶醉，結果在韓戰中大遭犧牲，而至今生意沒有如意。因此我希望艾麥這次會談，不可以再徘徊於現實與幻想之間了啊！

短評四則

左舜生

（一）求和平莫忘戰爭

世界永遠在動盪中，從四面八方所發生的無數問題，幾乎無一可以得到適當的解決。

一個帶得有世界性的問題，當然不會是孤立的，如果牽涉到了四五個方面，各從各的觀點與利害去打算，其間的矛盾衝突，自然會複雜到無從理出一個頭緒，期待大家發揮一點互讓精神，但求各有所得，便不妨各有所犧牲，這在一個一個的私人間還容有可能，一涉國際便希望甚少。

爲了一個嚴重而複雜的問題，眞正到了忍無可忍而讓無可讓的階段，戰爭依然是可能的。說現代戰爭的毀滅性太大，彼此相誡不敢動手，因此戰爭便永遠起來不了，這僅僅只是一個假定，而非必然。

凡戰爭必有其原因，質言之，一次戰爭的爆發，必經過較長時間的醞釀；可是戰爭的初起，却往往由於偶然的一觸。

以今天的形勢來說，大家幸毋假定局部的戰爭一定不會擴大；吾人寧假定全面的大戰，終必由局部的逐漸演變而成。

說世界的某一大城如紐約，倫敦，莫斯科，乃至巴黎，東京……之類，在某一時間會遭到敵人的猛襲，一下便造成幾百萬人的死亡，我看這是不會的；因爲誰也不敢公然把自己做成這樣的戎首，不僅事後有無可諉謝的責任，而且可能立卽遭遇無情的報復，這畢竟不是任何人敢於嘗試的。

但，好比喝酒，最初經由兩人對飲，彼此的神知都很清明，只是您一杯我一杯的淺斟低酌，這在形勢上似乎是不會演出什麼嚴重後果的；可是等到參加同飲者由兩人而變爲三五人，七八人，情況便會逐漸緊張；等到由小杯而換上大杯，由大杯而進入牛飲，馴至彼此的理知全失，已無法考慮後果，則其勢非有人醉到發瘋不止！據我看，未來的戰爭可能還是要照着這樣一個公式去演進的。

戰爭的起來，本來是由於問題的複雜而嚴重，已無法用和平方式去解決，然後才不得已出於孤注的一擲；可是戰爭究竟能不能解決問題呢？在古代，或從前，也許還可以；也許經過一度戰爭還可得到若干年的休息；可是非所論於今天。今天的戰爭，不問您是戰勝國也罷，戰敗國也罷，在戰後所留下的一大堆問題，其複雜與嚴重的情况，只有較戰前有過之而無不及；說問題的性質有變化則可，說問題可以不存在，便完全沒有這回事。

在最近的十年間，世界已發生過好幾度的危機，而每一危機，幾無一而非由共方直接或間接所策動，儘管在韓，在越，在蘇彝士，在中東……都還是適可而止，但共方已或多或少各有所得。去年中共的炮擊金馬，事實上也還是蘇聯所默許的；中共六十萬發的炮彈雖是白花，但由於中共的敗北，蘇聯乃更加强了對中共的控制。這次蘇聯對柏林問題所擺出的姿態，仍不外『不戰而有所得』一個原則的應用，不惜一戰的決心，蘇聯在目前是不敢有的。從去年的台峽風雲到目前的柏林緊急，美國似乎已有了一種較清楚的認識，因此她對金馬則毅然護航，對柏林則一寸不讓。老實說，只要有了這樣一種不避戰的堅定態度，赫魯曉夫高興要談，就和他談談也是無所謂的。

昨天艾森豪已表示有條件的不反對首腦會議，雖將來的結果如何尚不可知，但有了美國的硬，其勢自然有蘇聯的軟，看來因柏林問題導致戰爭的危險，已經是和緩多了，不過這種和緩是否可以繼續，而終於使德國問題得到合理的解決，則仍以西方團結與美國加强備戰爲條件。

（二）中共在遠東

蘇聯在歐洲不敢大動，中共在遠東會不會小動呢？據我看，不會。排美，挑撥，統戰，滲透，市場的爭奪……這類的工作他們是要儘可能加强的，但動武則不敢。原因很簡單，大陸內部的問題太多：窮；人心不穩；建設無把握，與改進人民的生活更不相干；反抗的力量在繼續擴大；領導層人物因衝動而遭遇挫折，不敢再掉以輕心；類似金馬的炮擊且不能不自動收束，說他們會採取更大規模的行動，我們實在不能想像。

台灣宣傳中共在沿海有調動，這在中共方面說，自屬可能有的行動；在台灣方面說，則對內對外均有造成緊張空氣的必要，否則如此一成不變的政治，實在對所謂政治反攻，太講不過去。在今後的一年，這種緊張空氣可能還要設法加强，否則連一個總統問題，也將不好如何解決。

中共對日必運用日共與社會黨以顚覆自民黨的政權，這自然是一定的方針，即令對貿易略予放鬆，其目的亦在政治而不全在經濟。中共似乎也很懂得：要從遠東動搖美國，以動搖日本爲第一，台灣次之，東南亞又次之。可是中共自身的力量畢竟有限，除貿易外，日本亦無必須遷就中共之處。假定中共只看見日本一二都會確有較多左傾的青年與工人，便以爲日本不難動搖，而忽視了日本一種難於動搖的潛力，則中共最後是要碰壁的。

東南亞情形比較複雜，新加坡，馬來亞，泰國，南越等反共的態度都很堅決；北越力量有限，柬埔寨用處不多，中共要從這方面得手，除非它自身有更大的經濟力量，否則是難於發展的。

（三）陳懷琪事件的現狀

關於用一位下級軍官陳懷琪出名大張旗鼓控告『自由中國』半月刊主編雷震的這件事，本月三日下午經過一次偵察庭，謝檢察官已就陳所控所謂『僞造文書』與『毀謗名譽』兩罪，向雷有所問訊，至於第三罪所謂『觸犯懲治叛亂條例第七條有利於叛亂之宣傳』一項，好像還不會提起。據說這一天在庭外聽候消息的中外記者與大學生爲數頗多。截至現在爲止，我們所知道的僅止於此，最近半月來發展的情形如何則不得而知。

據台北所傳出消息：在陳的控訴未提出以前，這件事究竟如何辦，是經過二月二十四日在宣傳會報上有所決定的。假定這一消息確實的話，則陳某的一切行動，自屬『奉命』辦理無疑。

又據說，有關方面對這件事的態度分爲兩派：急於要發洩私忿的一派，主張澈底嚴辦，非辦到『自由中國』停刊，雷震關起來不止；另一派則主張顧全大體，適可而止，不必令共匪稱快，更不必令一般外國記者飛短流長，損害國家的名譽與地位。最後的歸宿究竟是那一派的主張勝利，這可以說是對當權者的一度智慧測驗。我們在目前不願提出任何意見，惟有靜待這件事的如何發展而已。

（四）駐日大使易人

關於中華民國駐日本大使換人的消息，海外還只有一些零零星星類似揣測的消息，政府可能已有決定，不過我們還不知道而已。

我們在外交上可以運用的途徑已不太寬，就目前的外交人才說，我們原也不敢過存奢望。可是日本的地位逐漸重要，無論日本與美國，與中國大陸，乃至與南韓及其他亞洲國家的關係，在在都涉及我方直接的利害，無論如何我們總希望政府以愼重的態度出之。最低限度，不好派一個既聾且瞎而又兼啞巴的人，到那個外交市場上去鬼混！

毛澤東詩詞的種種解釋

代表大陸無恥文人的種種臉譜

岳騫

毛澤東作的二十一首舊詩詞，在大陸成爲一個文化運動，出了單行本不算，又出了一本仿宋木刻的本子，古色古香，這件事若換別人一定要被指爲「厚古薄今」，在毛澤東身上，大概算是「古爲今用」了。

可笑的是書雖然印得古意盎然，名字仍叫做『毛主席詩詞十九首』，却俗到了透頂，未免有『松下鳴鑼，花前喝道』之嫌。假若經辦共幹肯用點腦筋，將此意上奏，也許老毛會採納，改爲什麼『瑞金集』，『延安集』，或者『潤之詩鈔』，表面上，就比較像樣了，至於內容像不像詩詞，那可以不去管它。

毛澤東詩詞出版以後，一些黨內嘍囉，黨外幫閒，紛紛捧場如儀，有許多人爲了立功，自告奮勇，代爲解釋，結果福到未至，禍却先臨，原來解釋錯了。

一九五九年第四期『文藝報』，有一位『佛維』君，寫了一篇對『毛主席詩詞的幾種誤解』，他指出流行的解釋毛詞共有五種毛病。

第一、有意求深，找僻典來附會，他特別指出唐弢著『送瘟神二首試釋』，把『千村薜荔人遺矢』的薜荔，解爲餓鬼，根據是：『按本起經註，薜荔是餓鬼的名稱，患血吸虫病的人，大都面黃肌（原文作飢）瘦，形消骨立，有些因發育受阻，成爲侏儒，形狀極似餓鬼。又患腹瀉，常常因內急而痾野屎。這一句竭力寫出許多村落裏病患者痛苦的形象。』同時又替『坐地日行八萬里』中的『坐地』，找了個『神仙傳』的出處。（據神仙傳上說，王遙能治病，亦不祭祀，不用符水針藥，但以八尺布帊敷坐於地，不飯不食，須臾病愈，謂之坐地。）

唐弢實在太賣力氣，難爲他找出這些冷僻的註釋，也許想和郭沫若爭寵，郭沫若曾替毛澤東『浣溪紗』詞『一唱雄雞天下白』找到出處（實際是照抄）是在李賀昌谷集中，唐弢又費了大事找到這兩個典故，不料却撞了板，正合廣東俗話『同遮不同柄』了。其實唐弢恭維得太過分了，毛澤東何嘗看過『神仙傳』和『本起經』，尤其是後者，書名他也未必聽說過。

第二種是「轉灣抹角，糾纏繳繞」。這一類典型例子是袁行景的「我的一些看法」，他把「青山着意化爲橋」，說是「建設長江大橋等橋樑的鋼鐵，原來也是山中的礦藏，只是由於祖國建設面貌的日新月異和大躍進，才使山中的礦藏開發而煉爲鋼鐵，而建爲橋樑，故曰着意。」

這樣說法，已經想入非非了，可是有一位王卓先生，寫的『千村薜荔人遺矢一解』，就更妙了。他解釋『千村薜荔人遺矢』的矢字，認爲可能作箭頭，泛指武器，這裏應作生產工具講，由於血吸蟲病的傷害，人民沒法拿起生產工具進行生產。這樣不但與『萬戶蕭疏鬼唱歌』聯繫更緊密，而且也恰好與後一首的『銀鋤落』，『鐵臂搖』構成鮮明的對比。

這樣解法，等於一個不能喝酒的人看見和尙就醉了，因爲和尙是吃窩窩頭長大的，窩窩頭是用高粱作的，酒却是用高粱蒸的，所以看見和尙就等於喝了酒。如此曲折就眞虧他想，王卓君確實『卓爾不羣』。

第三、解釋狹隘化，特別指出臧克家對於毛詞沁園春（長沙）一詞中的『悵寥廓，問蒼茫大地，誰主沉浮』。解釋爲『對着眼前這些生機活潑的景物，誰能不感到宇宙的寥廓，因而惆悵地想到一個哲學意味的問題……』是把毛詞變成一種『淡淡地哀愁』，與毛澤東『改造大地的宏願』不符，並且舉出宋江的一首詞『天南地北，問乾坤何處，可容狂客』，以表示毛詞的淵源有自。其實宋江這個人，在歷史上尙未十分考訂清楚，至於宋江塡詞更是『小說家言』，居然也能形之文字，尤其是捧毛的文字。由這一點可以看出今天大陸文壇，通人不敢寫文章，敢寫的都是共幹，歷史與小說根本就分不清楚，不過這樣正迎合毛澤東的口味，因爲毛澤東的學問也是如此。

第四、在詩裡找「政治」，找「隱射」。例如上海文滙報刊載一篇破雲君的『薜荔及其他』一文，解釋『借問瘟君欲何往』說：『我想當毛主席遙望南天，浮想聯翩的時候，一定聯想到那盤據台灣的瘟君，很可能語帶雙關，予以痛斥，予以警告，給讀者以巨大的鼓舞力量。』至於『紙船明燭照天燒』，則是『隱射美國紙老虎在台灣海峽的艦隊的。』這種解法，任何人看了都會發笑，不怪佛維君指爲「庸俗化」了。

第五、是指責一些人把毛詞譯成白話的不當，從畧。

關於毛詞的解釋，當蝶戀花（遊仙）一詞發表後，張光年（文藝報主編），臧克家（詩刊主編），郭沫若，謝思潔（此君經歷不詳）等人就打過一場筆墨官司，互指對方解釋錯了，我當時在祖國（二八五期）發表「評毛澤東的蝶戀花詞」一說過毛詞『宛如傳說的劉伯溫燒餅歌，怎麼解都可以，怎麼解也解不通。』現在看到大陸報章雜誌的各種解釋，益覺過去評的正確。

最可笑的是大陸一些共幹，恭維毛澤東的詩詞脫胎於三李（李白、李賀、李商隱），始作俑者又是郭沫若，郭沫若考証毛詞『一唱雄鷄天下白』是脫胎於李賀的『雄鷄一聲天下白』，以後大概感到李賀的名聲不夠大，又加上太白和義山，實際上，毛澤東除去這一句照抄「昌谷集」之外，那有一句詩詞和三李有一點相似處。

不過，毛澤東的「詩學」還是得自唐人，我最近替他找出一個「祖師」就是黃巢。試看黃巢的詩（題菊花）：

『颯颯西風滿院栽，蘂寒香冷蝶難來，他年我若爲青帝，報與桃花一處開。』

再看毛澤東的詞「念奴嬌」（崑崙）：

『而今我謂崑崙，不要這高，不要這多雪，安得倚天抽寶劍，把汝截爲三截，一截遺歐，一截贈美，一截留中國，太平世界，環境同此涼熱。』

風格完全相同，足徵機杼一家，黃巢不但『革命』是個『先進』，作詩也足爲老毛導師，不怪『新編唐詩三百首』竟把黃巢僅有的三首詩選進去兩首了，另外一首還是因爲『政治關係』未能入選，不然要全收的。

「公共食堂」戕害人命

曾明

（一）人爲什麼要吃食物？

吃是人類生活衣食住行四大需要中的最緊要事情。肚皮飢餓了，就必需要吃食物；如果沒有食物吃，就會飢餓難忍，甚至生命不能繼續存在，趨於死亡，換句話說，就要餓死。這是人人知道，人人重視的。

遠在戰國時代的孟子就注意到這一件事情，說過：「一簞食，一豆羹，得之則生，弗得則死」。這就與營養學家所說，人如果沒有食物吃，繼續補充身體中所需要的養料，必然消耗身體中所貯存的養料，等到貯存的養料消耗完了，必定消耗到身體組織，消耗到無法再消耗的時候，人就會死亡的話，完全符合。所以孟子所說「得之則生，弗得則死」的意義，就是說人的身體必需要有養料繼續補充，保持身體組織的完整，才能免於死亡的。

同時，孟子又說過：「飢者甘食，渴者甘飲」。這兩句就是說明人類生理自然要求所反映的現象。因爲人到了飢餓的時候，對於無論什麼食物，都覺得好吃；口渴的人，對於任何飲料，也就都覺得好喝。所以告子說：「食色性也」。所謂「性」也者，就是人類的本性，就是人類生理的自然要求。而且，人類的生理就以同等年齡來說，就有強弱不同，同時，工作輕重也就有能量消耗的不同；因而各人生理的自然要求也就不同，固然不可能將各人所需的食量強求趨於一致。並且不應該有糧種和定量限制的，而且也是不能限制的。如果違背人類生理自然要求，限制人類食物的品種和數量，那就是戕害人類生理的正常發展，縮短人類的壽命，無異的就是殘殺人類。

（二）中共限制人民食量辦法

中共定量供應限制人民的食量，早在一九五五年就開始實行了，在這一年八月二十五日公佈的「市鎭糧食定供應暫行辦法」中規定：「依勞動，年齡與地區分九類供應。食米地區，特殊重體力勞動者每月可得五十斤，重體力勞動者每月平均可得四十斤，輕體力勞動者每月可得三十二斤。機關團體與企業職員、店員每月平均可得二十八斤。大、中學生每月平均數爲三十二斤。一般居民和十歲以上兒童每月平均數爲二十五斤。十歲以下兒童依年齡分三級供應」。

中共推行人民公社以來，以「實行公共食堂制，吃飯不要錢，解除人民歷史上愁吃愁喝的永世之憂，使人民不再爲柴、米、油、鹽等而操心」爲號召，作爲關心人民生活的欺騙手段。談到公共食堂在中國歷史上確實是一個創舉，然究其實際，是中共進一步有計劃地、有效地限制農民每餐的糧種和食量的措施，而達到他們計劃用糧的減少目的。其具體的例子，如：河北省遵化縣建明人民公社公共食堂所實行「以人定量」的辦法，規定「冬天日短活輕，應該吃兩頓飯，吃得稀一些」「平均每日用糧零點九斤或一斤，最少不能少於零點八斤；農忙活重吃三頓飯，平均每人每日一點一斤或一點二斤，最多不超一點三斤。」根據這樣的原則，該社制定了「按平均每人四百斤的供應標準，統一包到食堂，由食堂掌握，自負盈虧。食堂按年齡大小，身體強弱，在每人平均四百斤指標分七等，實行以人定量飯票制。計：一歲全年九十斤，二歲至三歲一百五十六斤，四歲至八歲二百五十六斤，九歲至十二歲三百一十一斤，十三歲至十七歲三百八十六斤，十八歲以上四百八十六斤，鐵木工五百四十斤」。

（三）以甘薯爲主食，戕害人民的生命

即如這個建明公社公共食堂以人定量的辦法，是中共在一九五九年三月七日「人民日報」所舉出的典型例子，從這個例子中，可以見到，中共的心狠手辣，根本不顧到人民生理的自然要求。兩頓三頓，稀的稠的且不談，即以按平均每人每年的四百斤食糧，以一年的三百六十五日計算，每人每日所得還不到一點一斤，與中共一九五五年所公佈市鎭糧食供應暫行辦法，不僅在數量上差了好多，而且糧種上也有了優劣之分。

第一、市鎭糧食供應辦法是以大米爲標準的，而建明公社公共食堂，以「飯量小的按量打回去吃不了，剩下喂猪喂鷄，也有的曬成薯乾」(見人民日報)這句話，加上中共中央書記處主管農業工作的書記譚震林說：「去年收穫的甘薯，佔糧食總產量的四分之一，有些集中產地佔到一半以上。薯類作主食雖然不如細糧，但是比過去許多地方糧食不足的情況却好多了」。(見一九五九年第四期「紅旗」)可以了解，所謂四百斤的糧食是甘薯，並不是米麥，這是無疑的。以甘薯產量佔一九五八年糧食總產量七千五百億斤的四分之一，就有一千八百七十五億斤。再按照每人平均四百斤計算，將近供給到四億七千萬人，照中共所說大陸農村人口爲五億的話，只有三千萬人可以免除以甘薯爲主食的厄運。如果以年齡分組來說，這三千萬人的差額，就會消失於年齡差別之中了。這就可以說，大陸農民都是以甘薯爲主食，是不容爭辯的事實。再以薯類四斤折合原糧一斤，大米一斤折合原糧一點七斤計算，四百斤的甘薯，只等於五十八斤大米。

第二、甘薯與米、麥所含化學成分，又有優劣之分。甘薯最多是碳水化合物的澱粉質、維他命A，以及糖分、維他命B・C的一部分；而缺乏蛋白質、脂肪。至於米、麥，既含有碳水化合物，又有多量的蛋白質、脂肪，以及維他命B1、B2和尼古丁酸等等。

而蛋白質是任何細胞中不可缺少的物質，因而在人體中功用很大，如：調節滲透壓力使身體中各部分的液體平衡，調節酸鹼度，將吸入肺中的氧氣送到身體中各部分。並且，蛋白質能產生抗體的物質和免疫性的物質，減少人類被疾病侵襲的危險。

至於脂肪的用途，是供給能量，並且是一些脂溶性維他命的溶劑。如果沒有脂肪，那末這些脂溶性的維他命就不能溶解，而被身體所吸收。

由此可知，甘薯成分最多的是澱粉質，而澱粉質的作用，只有作爲塞滿胃腸的塡料，因爲缺乏蛋白質和脂肪，對於促進身體中新陳代謝的就很少有作用，因而甘薯的營養價值，就不能與米麥相提並論。不僅如此，假使人民長期以甘薯爲主食，而再沒有蛋白質和脂肪的營養，必然疾病頻生，影響到身體的正常發展。這樣不僅摧殘人民易於衰老，並且殺傷了人民的生殖能力。

總之，中共是一個殘民以逞的暴力政權，在他們觀念中，認爲中國大陸人口太多，就殺死了三億人口也無損於他們的力量。相反地因爲人口一少，可以減少物質消耗，而就增加了他們物質基礎。所以他們千方百計的在想主意，不是直接加害於人民，就是利用手段間接殺人。殺死了這一代不算，還消滅了下一代的繁殖。

大陸逃港學生的控訴：

我是一個被中共欺騙的高棉僑生

何作明

我偷了錢回大陸

一九五六年，我是一個天眞無邪的青年學生，自幼生長在富有的家庭，到十七歲時還不知天高地厚，人間的陰險奸詐，幼稚無知的思想，一時愚蠢誤聽共特的花言巧語，竟然在他們慫恿下竊拿我父二萬多元的鉅欵，從高棉偸逃到大陸去「升學」。那年的春天我到達廣州市，偽省僑委會的「要人」（是我父親的朋友）接見我，稱讚我有勇氣擺脫資產階級的家庭生活，投到祖國的懷抱。並立刻送我進石碑華僑補習學校讀高中一年級；他還特地指示該校要特別照顧我的生活習慣，所以我在石碑補校時校長和教導主任經常找我談心，問我生活過得慣嗎？學習上有什麼困難？「要人」不時請我到他家裡吃飯，常勸我寫家信，向我父親認錯，並把「祖國在前進着」的事實介紹家裏的親人知道。

有一次「要人」又請我到他家裡吃晚飯，同桌的人，除了他太太外，還有一位姓魏的，據「要人」說：姓魏的是我父親的老同學，現任廣州市華僑投資公司主任，姓魏的表示看到我很高興，並說他以前跟我父親同窗共硯時，大家都稱兄道弟，要我把他當做自己的親人看待，他們一致表示將要寫信給我父親，讓他知道我在學習的成績很好，勸我父親原諒我的過失。那時我很感激他們這樣關心我和我父親的事。却不知他們是在利用我去欺騙我父親的錢。當他們知道我父親回信表示只要我努力求學，他決不記憶往事時。隨後他們就寫信給我父親，想說服我父親滙欵到大陸投資工業建設。後來我父親果然滙了一筆可觀的欵項到大陸投資。故此，我在石碑補校被公認爲思想前進的愛國僑生。又由於我一向學習成績優良，故在同年八月我被分配到杭州市第三中學唸高中二年級後不久，我又被選爲學生會的文藝部長，並兼全校黑板報的主編。不久我就以「三好」生的名譽被批准參加「共青團」。

叫我父親向大陸投資

不幸的事就在五七年的春天，「大鳴」「大放」時期開始，當上海解放日報含血噴人，惡意誣衊孫大雨先生，該報並要求讀者發表對孫先生的意見，我和幾位同學因憤憤不平，大家覺得不應該對孫先生採取謾罵及攻擊人身尊嚴的態度，尤其是對一位學者——大學教授，中國稀有的外語專家。故此，我給解放日報寫了一封幾百字的信，提出了我的意見，希望能珍惜人才，爲國家保留極需要的一位學者，反對他們那樣謾罵傷害人身尊嚴等。那封信始終沒有刊登，我更不知道那封信已埋下對我不幸的根源。後來在報上閱見孫先生被指爲右派，並且被判六年徒刑，當時我的心裡充滿着對孫先生的同情，我始終懷疑一位像孫先生那樣有學問的人，會「犯」下他們所宣判那麼可怕的罪狀。

在全民整風時期，我起初是不發言的，後來經過班主任陳老師及班上的「團分支」書記屢次找我談話，要我以「團員」的身份起帶頭作用，多發言，並要我熱烈的參加爭辯。當時我還被蒙在鼓裏，不知他們準備把我推進那個他們早已挖好的死坑。不久爭辯到高中畢業生的出路問題，學校要每個畢業生寫一張大字報表現自己的志願，我的大字報寫着：如果考不上大學就回家——回到高棉去。大字報貼出後，學校的「團總支」楊書記（是黨員）立刻找我去談話，問我爲什麼想出國，我說我父親早已來信說：如果我考不上大學，他就要我回去高棉幫助他做生意，楊書記追問我願意回南洋嗎？我表示考不上大學時，只能聽從我父親的話。這時他扳起嚴肅的臉孔，嚴厲的說：你受了黨幾年的敎育，「祖國」培養了你，而你却存心爲資本家服務……況且你還是個「共青團」員呢！組織是決不容許你這樣的行爲的，……你海外那個資本家的父親，和那個資產階級的家庭，我們組織認爲必要時，你應該跟你父親和家庭斷絕關係。……這些教人不愛自己的父母親；不愛自己的家庭的話，使我愕然。但我也緘默了我的口。我帶着沉重的心情離開這位「人民靈魂的工程師」——楊老師兼團總支書記。

說我走第三條路

第二天，團支部及學生會聯名貼出一張大字報，號召全校的同學對我走第三條道路——出國（當時第一條道路是升大學；第二條道路是下農村）展開無情的鬥爭，立刻湧出大批小共特、狗腿們攻擊我的大字報，罵我是資本家的走狗，「祖國」的叛徒，趕我出學生會。……甚至有幾張大字報指我是「反革命份子」。總之把我罵得體無完膚，小共特們一碰到我就用仇視的眼光瞪着我。接着學生會宣佈根據「群衆」的要求革去我所担任的文藝部長及黑板報主編等職。在「羣衆」的壓力下，我可恥的向他們屈服了。因爲我想擺脫孤軍苦鬥，處處挨打的痛苦。故此，我貼一張辱罵自己的自我檢討的大字報，表示在集體的教育和幫助下已初步認識到自己犯到很嚴重的錯誤。並承認出國是走資本主義道路，完全是爲了個人利益打算等等。跟着，團支部就要我寫檢討書。我一連寫了四次，最後一次長達一萬多字，都被團書記以檢討得不徹底，挖得不深，而且主要的問題沒有保証和表明，要我再寫。那時我摸不着頭腦，既然我已表示儘力說服我父親，請他同意我留在大陸，而且我那時覺得再也沒有什麼好檢討，故請教團書記後，才知道他們要我跟父親斷絕父子關係，從今以後不允許我跟家裏的親人通信。他還說：如果你能有這樣堅決的行動，才能使「祖國」和「黨」對你信任，而你的思想再也不會受資產階級感染。我眞沒有想到他們的手段這樣毒辣，硬要我在家庭父母親和所謂「祖國」兩者間選擇一個，但我心裏却暗自在想這教人不愛自己父母的「祖國」，究竟還是不是我們的「祖國」？

後來又鬥爭我

不久，團支部召開全校團員大會，來處理我的問題，在會上狗腿和共特卑鄙無恥的說我平時常用美國貨，是崇拜美帝的象徵，是美國的走狗，把我生活不習慣說成是我對現實不滿，甚至揑造出很多事實，說我對各個政治運動採取對抗的態度，曾經罵過共產黨和人民政府等。接着黨書記親自在大會誦讀我一年前寫給解放日報的信，他還强說我在支持「反革命」和「右派份子」孫大雨等。我知道爲自己辯護是沒有好處的。乾脆讓那些蠻橫的人把我打得遍體鱗傷還比較好些。大會的結論說我自回大陸後，一向反黨，反人民和反社會主義，有嚴重的右派思想等。並宣佈開除我的團籍。問大家同意大會這樣處理我嗎？那些共特和狗腿們即大喊太過寬大，應該送我去勞動改造。

是的，學校當局是有這個意思，校長寫過信給我父親，騙他說我一向不肯努力學習。在校外又亂搞男女關係等。經過老師們屢次教育不改，希望我父親同意他們送我去「勞改」。其實我父親早已知道我受迫害的事實，又見到學校這樣荒唐的舉動，使他對中共更憤怒，所以覆信給學校說：如果學校認爲沒有辦法教育我，那麼請他們讓我離開大陸，等他自己教育我。學校接到我父親的信後不敢下決定，去函請示偽中央僑委會，偽中央回信說讓我出國。可能那些偽高級幹部看我父親是高棉頗有名聲的僑商，還想再設法欺騙海外華僑的財富，所以准我出國。但學校裡的黨支部還是再三留難我。我的偽通行證申請了半年多的時間才拿到，終於在今年二月初離開了那人間的地獄最後一個關口——深圳。

馬曉軍之死與駐台美軍地位協定（台北通訊）

介人

馬曉軍的枉死

高齡的立法委員馬曉軍，不幸於二月廿三晚，被美軍上士羅德斯所駕汽車撞傷逝世，有關失事現場經過及責任問題，根據中美雙方會同鑑定結果，馬曉軍係因遭碰撞大腦出血致死。至於現場情況鑑定結果，由於碰撞之地點係在快車道外，鄰近安全島，馬曉軍所乘三輪車之行車並無錯誤，且肇事汽車碰傷位置係在左前方，而三輪車則在右後方，亦可斷定此一肇事之責任。

美國政府對此不幸事件甚表重視，除代理國務卿赫特已代表美國政府及人民，致電弔唁，並表遺憾外。美國駐台的文武官員，亦對此感到非常難過，當車禍發生的翌日，美國駐華大使莊萊德，即曾分別致函與外交部及馬曉軍公子表示「深切的遺憾」。當舉行祭禮時，美國協防台灣司令史慕德，美軍援顧問團長杜安，均親至靈前行禮致敬，以示哀悼之忱。

雖然鑑定的結果，已由中國政府以書面送達美軍軍方，但由於美軍駐台協定迄未簽訂，其有關美軍肇事交涉及刑事責任部份，仍將由美軍軍方處理。因此，有關本案，仍將由美軍組成軍事法庭審判。

美軍駐台地位協定

馬曉軍的枉死，自然引起了中美雙方極大的重視，聳動了一時國際的聽聞；更引起了立法委員的一致傷感，鑒於美軍駐台地位協定久未簽訂，其後果將不堪設想，於是由立委趙惠謨等一百廿六人對此問題提出質詢。

當由外長黃少谷答覆說：中美雙方對此問題一直在不斷接觸洽商之中。自四十三年十二月起，即開始與美方交涉，此項協定的簽訂，去年八月十二日已將稿約正式送交美方。只是金門戰事發生後，中美雙方必須急其所急，共同致力於鞏固台澎防務，維護海峽交通，及確保對我外島守軍、運輸、補給，致對台美軍地位協定之談判，暫居次要地位，但這不是說中美雙方在此期間未就此事有所接觸，而是說我方於八月十二日將草案遞送美方後，以美方尚未對我草案表示意見，故雙方尚未進行實質性談判，事實上，在此期間，中美雙方就此問題隨時均有接觸，外交部今後自當繼續催辦。

刑事管轄權問題

據熟知此協定內容人士的透露，此一協定雙方均感需要，原則上已無問題，實際上只是「刑事管轄權」的問題，距離尚遠，所以迄未簽訂。

關於對駐在盟軍的刑事管轄權，並無一般國際法爲之規定原則。因之，專家學者們所主張亦不相同，有的主張盟軍在駐在國應比照外交人員的待遇享受完全的治外法權，即盟軍在駐在國不問何時何地，均不受駐在國的法律管轄。

另有學者專家主張，盟軍在駐在國的軍艦或兵營內犯罪，應仍由該盟軍的軍事法庭審判，概視其軍艦或兵營，爲其本國領土之延伸。因而相對地，他們主張在兵營或軍艦以外的駐在國地土犯罪，應受該駐在國內法院管轄，不能享受豁免權。

在實例上，關於盟軍地位協定，又有戰時與平時的約略不同。一般來說，戰時的盟軍地位協定，爲了便利盟軍，先是對絕豁免，繼而採取營內營外的兩種不同的管轄，繼而又演變爲駐在盟軍的刑事審判，由派軍國與駐在國共同管轄。至於平時，就二次大戰以後大多採取共同管轄的原則，而僅美國與其少數盟國之間的協定，仍採完全豁免的原則。

這事實上可以反映出各國政府在談判協定時的相對地位。故亦可說，盟軍如在駐在國享受完全的治外法權，則表示出派軍國的地位較高於駐在國，這種在不平等地位所訂的協定，是否爲吾國所能忍受，實在是值得考慮。

今後的問題

基於以上所述，大勢所趨，共同管轄，似爲調和小國與大國或弱國與强國之間的利害折衷方案。一方面弱小國家仍可保持其主權的某種程度的完整，一方面，强大國家也可爲其軍隊獲得一部份的便利，且共同管轄所延伸出來的「免除管轄」，可用來解決兩國間政治爭端而無傷法律的尊嚴。

今天駐台美軍地位協定之所以雙方仍有距離，因爲本問題的實質爲一個主權對抗治外法權的問題，而中華民國總想保持其主權的完整，但美國似乎總認爲已經在軍事上對我貢獻很多，他們的軍隊似乎就應該享受豁免權。

假如美國於此時猶抱持此項觀念或立場，顯是落伍的、不智的。且美國竟將此項我國所提出的草案遲了半年以後方表示須作某種程度的修正，在外交慣例上，固然顯出不禮貌，且也顯示美國對此地位協定的簽訂，有若干地方缺乏誠意。

我們更鑒於年前，爲了一個美軍開槍殺死中國人，該美兵被美方軍事法庭宣判無罪，而跟着發生了羣衆騷動，搗毀美國大使館事件，這是令我們至今還引爲遺憾的。

總之，我們確認，馬曉軍之死，固然是需要一個合理的解決，公平的處置；但駐台美軍地位協定的簽定，更需要從速加以確定。這是根絕後禍的辦法，和避免此類事件的重演。庶幾中美兩國的情感，不會因此而受到損傷，亦即中共的反美宣傳，當無所用其藉口了。

稿約

一、本刊言論以宣揚自由民主爲主旨，園地完全公開，凡符合上述宗旨之稿件，本刊一律歡迎。

二、來稿本刊有修改權，不願修改者，請於來稿時說明。

三、來稿刊出後，本刊即以每千字港幣六元至十元奉酬，聊表微意。

聯合評論社謹訂

記甲午中日戰爭始末（八）

舜生

（H）日軍侵我遼東

日軍經過平壤陸戰及黃海海戰兩次勝利以後，乃將其陸軍組織成第一第二兩軍。第一軍以陸軍大將山縣有朋任司令官，其任務為從義州渡鴨綠江以攻我遼東；第二軍以陸軍大將大山巖任司令官，其任務則為由海道以攻我大連旅順。

遼東半島的旅順與山東半島的威海衛，形勢天然，同為我北洋重鎮，津京門戶。旅順港開始經營於光緒六年（一八八〇），迄光緒十一年（一八八五），其要塞工程始告完畢。港口寬九丈，但內港周圍約十四里，水深兩丈，可以停泊大船，並建有船塢。內港羣山環繞，炮台林立，陸路也有炮台若干，可與港內炮台相呼應。大連灣接近金州，也建有較新式的炮台六座，屏蔽南關嶺，兼防金州，實為旅順後路。駐守旅順的軍隊原有三十營，開戰以後宋慶的毅軍與劉盛休的銘軍雖已調動，但有新軍補充，仍保持三十營左右這個數目，統由北洋大臣指揮。並且設了一個北洋前敵營務處兼船塢工程總辦，在戰爭時期担任這個職務的，便是龔照璵，官階是一個道員。就一般的情形說，當時旅大的防務，不應該是完全不能守的。

日本的第二軍，於九月二十六（十月二十四日）在貔子窩東北百五十里的花園港登岸，十月初（十一月初）便佔領了貔子窩，在這裡起運了不少軍械，旅順才得到消息。接續着日軍於十月初九（十一月六日）陷金州，十一（八日）陷大連，在大連休兵十天，二十五（十一月二十二日）便佔領了旅順！計算實際作戰的時間不過幾天，何以中國這樣一個經營了十幾年的要塞便如此的不濟事呢？說來原因也很簡單：一、原來防守旅順的老兵（如毅軍銘軍）已調走，換防的大部份是新軍；二、本來留在旅順的殘餘海軍，也於九月二十（十月十八日）調往威海衛；三、將領中除一總兵徐邦道外，如趙懷業、黃仕林、衛汝成、張光前、姜桂題、程元和幾乎無一敢戰，而趙懷業和龔照璵尤為荒唐：在金州十分危急還沒有陷落以前，徐邦道向懷業請救兵，懷業早在大連灣碼頭親督勇丁搬運行李，準備逃難！龔照璵在十月初十（十一月七日）便已逃往天津，被鴻章罵了一頓，然後才退回旅順，可是等到旅順陷落的前三天，他還是一逃了事。

日軍進入旅順以後，藉口幾個日俘被殺，乃把當地的非戰鬥員殺了兩千多，連老弱婦孺也無一倖免，所剩下的只有中國人三十六名，還是因為要掩埋被殺者的屍首才被保留下來的。

當日本的第二軍正在攻取旅大的時候，其第一軍便開始在鴨綠江以北活動。中國在鴨綠江以北的九連城，和朝鮮在江南的義州，隔江對峙，這算是通中朝兩國的一條大道。其時我方的葉志超已革職，衛汝貴早已逮問，負責統率江北諸軍的，便是帶領毅軍的四川提督宋慶。當時我駐在鴨綠江北的軍隊，有總統宋慶所部毅軍九營，黑龍江將軍依克唐阿所部鎮邊軍等十二營，聶士成所部蘆榆防軍四營（士成未參加平壤之戰，當時被調回召募新兵），呂本先孫顯寅等所部盛軍十八營（即衛汝貴所統淮軍舊部），劉盛休所部銘軍十二營（即由我海軍護送到大東溝登岸者），江自康所部淮軍五營，耿鳳鳴等所部奉軍各營，豐伸阿聶桂林等所部盛軍（此奉天的盛軍）練軍十二營，合計新舊共得七十餘營，人數近四萬，兵力可謂甚厚。可是宋慶能戰而不長調度，諸軍初稟節度，也不大願聽指揮，因此依然是散漫無紀。

日本的第一軍，於光緒二十年九月二十六、七兩天（十月二十四、五）分別從上游安平河口及義州正面渡過鴨綠江，我軍一與接觸，即開始節節敗退。計自二十年九月下旬，迄二十一年二月中旬，經過四個多月，我軍先後在遼東半島這一區域失去的地方，計有九連、安東、鳳凰城、長甸、寬甸、岫巖、柝木城、海城、蓋平、太平山、鞍山、牛莊、營口，一直到遼河西岸的田莊台。在這一戰區我軍有較好戰績表現的，在初期惟有聶士成所部配合依克唐阿一軍堅守摩天嶺，使日軍未能越雷池一步，並曾收復了連山關；在後期則惟有東邊道張錫鑾所部定邊軍七營曾收復了寬甸、長甸，並壓迫這一路的敵軍一直退回九連城。此外在這一役中還有一事值得一提的，便是湘軍的再度出現。原來湘淮兩軍，都興起於太平天國一役，湘軍自克復南京以後，便部分收束，代之而起者乃為淮軍。自從淮軍在平壤一戰失敗以後，清廷乃又起用湘軍，於是布政使魏光燾，按察使陳湜，道員李光久，均奉命募軍；而兩江總督劉坤一，且被派為欽差大臣，督辦東征軍務，駐節山海關；同時湖南巡撫吳大澂，也慕曾左之為人而自請從軍，做了宋慶的幫辦。可是除掉陳湜所統湘軍二十營代聶士成守摩天嶺還算能站穩以外，（二十一年春士成已奉調保衛京畿）其餘吳大澂、魏光燾、李光久等所統湘軍，參加海城，牛莊，營口，田莊台各役者，也毫無戰績表現，甚且聞風先遁。所以，經過這一次的中日戰爭，不只是表現淮軍已成強弩之末，同時也證明湘軍並無再起之望，這是說明中國一個舊的軍事時代將告結束，一個新的軍事時代快將起而代之了。

亮齋閒話

論清算陶淵明

徐亮之

據說大陸竟在清算陶淵明了。我想：既然連陶淵明也被清算，從前吳稚暉說的「把線裝書丟向茅厠裏二十年」的鬼話，實現的日子，大概不會遠的了。

不過，要清算陶淵明而只像大陸報導般光拿「反現實主義」或「現實主義的詩人」做案底，却是搔不着癢處。因為，眞能懂得陶詩的人，便誰也不會不承認這位江西老表乃道道地地的現實主義者。他敢於用「述酒」詩去諷刺劉裕酖殺晉恭帝的罪行，便是道地而大胆的現實主義者的一例。然而這首詩，連另一位江西老表的大詩人黃山谷都自己承認讀不懂，遑論其他？遑論共產仁兄？而且他們縱然僥倖讀懂了，也只恰便奠定了陶淵明的現實主義的寶座，豈非自討沒趣，白嚷一場？

所以，我這個江西老表倒願意貢獻他們幾點愚見，即如果眞決心要清算陶淵明的話，遠不如列舉他左列罪狀，倒比較實得多。罪狀是：

第一，他乃封建遺孽。證據是，他的曾祖陶侃乃都督荆、江、雍、梁、交、廣、益、寧八州的「封建軍閥」；他的母親孟氏，乃依附另一軍閥桓溫流傳「龍山落帽」佳話的官僚孟嘉的女兒；歷史確難交代清楚。

第二，他有反動證據。證據是：他和那時「偉大的領袖」南朝宋室開國皇帝劉裕本都是軍閥劉牢之的幹部；後來劉裕執主晉政，改元義熙，他却就在這年發表一篇傳誦千古的「反動文字」「歸去來辭」，以退為進；此其一。自這年後，他的詩題，居然多用甲子，不書年號，顯係不信任「領袖」的「偉大」；此其二。庚申那年，「偉大的領袖」劉裕革命成功，建號改元，他更公開發表「忽值山河改」的反動詩句，堅決表示「飢食首陽薇」的消極抵抗；此其三。

第三，他拒絕思想改造。證據是：蕭統「陶淵明傳」會說他有如左的一故事：「江州刺史檀道濟往候之，偃臥瘠餒有日矣。道濟謂曰：『賢者處世，天下無道則隱，有道則至。今子生文明之世，奈何自苦如此！』對曰：『潛也何敢望賢？志不及也。』道濟饋以粱肉，麾而去之。」（道濟剌江州「宋史」本傳系於宋文帝元嘉元年，蕭傳以為乃陶淵明少年事，非。）道濟乃劉裕的高級幹部，開國元勳；好意給他「洗腦」，給他生活津貼；他竟這樣悍然拒絕，實屬頑固不化已極。

第四，他毫無階級覺悟。証據是：蕭傳說他「躬耕自資，遂抱羸疾。」；「南史」本傳並說他的太太翟氏「志趣亦同，能安苦節；夫耕於前，妻鋤於後」；他自己的「歸去來辭序」中也說過「余家貧，耕植不足以自給」的話；而他詩集裏面，描寫躬耕的詩句，更屬不勝枚舉；可見他的階級成分，確是一流不折不扣的貧農。然而他却居然忘其所以，老愛和什麼慧遠大和尚以及小資產階級知識分子的劉遺民、祖企、謝景夷們胡混。其為立場不穩，敵友不分，甚至不無出賣階級利益的嫌疑，昭然若揭。等由准此，陶淵明的大逆不道，可謂罪無可逭。起之於九原，編之入公社，參加「生產大躍進」，包管他夫婦倆再活一次，再死一遍，斷無怨言。

四八、三、一四

張紉詩女士開畫展畢，以長律告別山打根諸友，奉和原韻。

幼椿

遲來恨未預清游，想望南樓一唱酬。萬里投荒同調少，十年浪跡此身浮。梁間歸燕心期渺，天外飛鴻指爪留。他日香江文酒會，要當良晤再圖謀。

己亥春朝　訪仲平老友於九龍，承示聯合評論，並讀『筆會同仁青山酒會暮歸柬君左亮之』，敬次原韻，兼柬君左。

劉泗英

又向匡門得暫遊，知君筆底有陽秋。洞庭合似瞿唐水，十載東流歲月悠。

修禊園林有定居，父書能讀我來徐，天風海浪匡門活，共起黃魂返日車。

君左新居，室懸尊甫親筆詩扇，及與任公前輩等北平修禊圖，以未及展謁實老為憾！君左丙申新春訪仲平郊居詩：「吾儕垂老矣，尚欲起黃魂。」

汲古書屋談薈

張一麐與袁世凱

耘農

惟一麐雖參預北洋大政日久，而不願以北洋二字為標幟，儼然以「北洋中之非北洋派」自居。帝制議起，一麐堅主不可，曾力諫世凱，反復陳利害，有密陳大計呈稿，輯入其心太平室集中。世凱素以書獃目一麐，夷然不以為忤，亦不為其說所動，僅謂：「軍人將不利於君，幸勿多言！」是世凱之不欲武人干政者，乃飾詞也！一麐遂憤然曰：「如不能管束軍人，假令受其推戴，專橫跋扈，為禍更烈，稱帝者之結果可知矣，烏乎可！」出語同僚，人皆服其胆。政事堂會議籌備大典，謀於民五丙辰元旦，擁世凱登極，改元洪憲，一麐獨起立直斥，甫發言，某武人舉槍怒目之，徐世昌急起排解始已。一麐出，立辭機要局長，世凱改任為教育總長以羈縻之。一麐在京，與反對帝制派之進步黨人亦多往還。故蔡鍔（松坡）易服出亡時，瀕行，貽一麐以盆桂二，蓋盆者朋也，桂者歸也，隱諷以朋友偕歸之意，一麐雖不能，然亦常避居津沽，以示不與頌莽功德者同流。及至雲南護國軍起，各省先後揭幟獨立。世凱惶急不自安，始召一麐謝過，其廢除帝制文告，仍出一麐手筆。於是一麐之風骨嶙峋，識見不同凡俗，愈為世所推重矣！

一麐除古紅梅閣筆記外，尚著有「五十年來國事叢談」，載諸申報五十周年紀念刊。兩者對清末民初政壇故實，以其及身親歷，頗多常人所未道。即如世凱稱帝一事，世人咸知受其子克定之慫恿最力，然克定之推動帝制，早萌念於民國初建之時，其後，欲易共和再為專制，積極奔走策劃者，則又多為袁氏平日奴蓄厮養之輩。一麐在國事叢談中，會言其梗概。有云：（六）

鴉片戰爭・江寧條約・黃恩彤

許冠三

四

他的軍事知識以及有關的見解，無疑也很傑出的，不祇非當時的一般將軍、提督所不及，即比之於林則徐這樣的人物，也無遜色。在『上督部祁公論粵東砲台戰船書』中，充份顯露了他在這方面的知識。其時，他剛接任廣東按察使之職，奉命視察當時廣東所建的新炮台，和新造的戰艦。本文可以說是他的視察報告。

竊有謬議，以為粵東炮台，患不在少而在多，戰船患不在小而在大，乍言之似駭衆聽，熟思之未必無當萬一也。炮台以防奔突，而炮力所及，又足以中敵船而碎之，是以守為戰也。戰船以備衝擊，而遇有敵船犯我炮台，不難飛駛來援，而夾攻其背，是以戰為守也。二者相須為用，缺一不可者也。

粵東自防夷以來，慮彼乘虛登岸，則於外海內河，凡形勢扼要之處，均經設台安炮，台則大小不等，炮亦多寡不一。意在節節愼防，不予彼以可乘之隙，炮台之多，蓋由於此。

但試為彼計，能必其分兵犯我各台乎？抑合兵攻我一台乎？能必其用正兵以犯我兵炮俱多之大台乎？抑用奇兵以攻我兵炮俱少之小台乎？夫我之兵必須分，而彼之兵可以合，彼之戰利用奇，而我之守須用正。是彼以兵合而力厚，我以兵分而力單，彼以用奇而勢鋭，我以用正而勢鈍。因分合而衆寡異形矣，因奇正而強弱異形矣，以衆攻寡，以強攻弱，而勝負異形矣，繇是則小台不守，則大台為之震動，一台失利，則各台不及應援。是彼以全力制我一台，即以一台牽我全台，此勢所必至者也。夫處處設台、設兵、設炮，將以制敵而不免為敵所制，孰若於扼要適中之地，審度形勢，建一高固大台，台後建城，以作退步。城後添建兩子城，以作觭角，環列大炮數百於台前及三城之上，而戍以精兵二千，統以大將一員。都守以下，按額選拔，糧餉器械，足備平時。則雄關屹立，有臥虎之威，猝值有督，敵船至，則開台上之炮縱擊之，敵登岸，則開城上砲橫擊之，敵出我背，則開兩子城之炮狙擊之。力能敵則更番出戰，以逸制勞，不能敵則聯絡聲勢，且戰且守。弁兵既得輪替以養力，自無難鎮靜以待援。於是乎調陸路之兵，以夾攻城下之賊，調水師之兵，以環攻台下之賊。如此則我之氣盛，彼之氣衰，我得勝勢，彼得敗勢，即不就擒、亦必潰走。（四）

本刊已經香港政府登記

聯合評論 週刊

每逢星期五出版

United Voice Weekly

第三十二號

督印人：黃宇人　總編輯：左舜生
社址：九龍金馬倫道八號三樓
電話：（61413）三一四一六
承印：田風印刷廠（高打老道二二一號）
總代理：友聯書報發行公司
售價：每份港幣壹毫

本報紐約版總經售處美國紐約中美出版社
CHINESE-AMERICAN PRESS, INC
199 CANAL STREET.,
NEW YORK 13 N. Y. U.S.A
紐約航空版零售每份美金壹角

以少勝多之道

胡越

今天的中國反共鬥爭，在方法上是如何以少勝多的問題。以大陸之廣濶，人口之衆多，兵員戰備之數量，與台灣的幅員、物資、人口、兵力來比較，那是小巫之與大巫，比例的差距是相當可怕的。如果從數量的觀點看，反攻大陸將絕無可能，「自由中國」半月刊所指陳的反攻不實論是客觀的誠實意見，是無可非議的。但是自由中國半月刊那篇社論的作者，只說明了問題的一面，而忽略了另一面；即只從數量的對比上說明了這個問題，沒有從質素的對比上說明這個問題；只從物質力量看這個問題，沒有從精神力量看這個問題；只道出了台北當局無能反攻的現實，沒有指出反攻如何可能的希望；如此，所招致的反攻無望論、反攻取消論的誤解與責罵，固屬不公道，但該刊的立論也確有進一步研討與補充的必要。

依我看，反攻大陸是可能的。關鍵在於找出以少勝多之道。歷史上不乏以少勝多的實例。最突出的例子莫如清太祖之得中國，在最初具決定性的薩爾滸戰役，清太祖率八萬騎兵破明將楊鎬二十二萬之衆，此後就以這八萬精銳無擋的騎兵為基礎，侵遼東，入河北，而掃平大陸，混一中原。其間前後與清兵對抗的明兵流寇何止百萬，但是都一一被清兵擊敗。遂使不滿百萬的一個部族，統治了一億多漢人，達二百六十餘年之久，豈非罕見的奇蹟！

滿清所以能征服中國，當然憑藉了許多有利的因素。有如明朝政治的腐敗，將帥的離異，人民的厭怨，流寇的騷擾等等。但是清軍的精銳，內部的團結，政略的高明靈活（如刻意懷柔降臣降將以為已用，聯合蒙族擴大政治軍事基礎等等），也是不可少的主觀因素。由此而看今天的反共鬥爭，大陸民怨沸騰，幹部動搖，已有可乘之形勢；只要反共陣容提高質素，完成團結，以主觀努力，創造客觀有利的形勢，則反攻大陸，光復中華不但是可能，並且是必成的。但是，怎樣才能具備這些主觀有利的條件？就是說以少勝多之道何在？我粗略的想到左列幾點意見。

一　實現反共大團結

反共大團結是今天舉國一致的要求。可是直到今天，我們不得不痛苦的承認，反共力量仍在脫節對立之狀態中。這包括國民黨內部當權派與開明份子的對立；在野黨與政府間的分携；民間反共力量與政府的脫節；台省同胞與外省人及政府之間的隔膜。我們知道，我們反共的有形力量，既已居於劣勢，而仍不能精誠團結，所謂反攻大陸豈非夢想？

今天反共力量之所以未能團結一致，是因為執政當局未能開誠心，布公道；仍妄執一人獨裁一黨專政的迷夢。我們鄭重的忠告國民黨當權派，時代變了，今非昔比，沒有人再願意為一氏一姓的權勢、一黨一派的私利而賣命了。

因此團結之道，說來也甚簡單，只須民主二字。黨內有民主，則全黨團結一致，政府遵照憲法實行民主，則朝野團結一致。民主使人人有權有責，反共抗俄成了人人的神聖責任。政府實行民主，人人自然會對政府忠貞，反之以獨裁專制要求人人忠貞，忠貞於你們的私心私慾，那豈不是緣木求魚？

二　修明政治，擴大號召

中共之多行不義，罪大惡極，已為五億七千萬同胞刻骨銘心，這是不消多說的。問題在於有沒有一取代中共的政治希望。國民黨過去在大陸給人民的印像壞極了，否則中共也不會有今天。請問政府遷台十年，究竟有了甚麼改進？不要以為大陸同胞痛恨中共，就一定無條件的歡迎國民黨回去，有人如果這樣想，那就是天大的錯誤。今天大陸同胞所以痛恨中共者，是痛恨中共所行的那套極權制度，具體來說是痛恨一黨專政、特務橫行、壓迫思想、鉗制言論、黨有軍隊，黨化教育；請問國民黨諸公，今天在台灣是否仍存在着這些為同胞所痛恨的毒物？如果仍然存在，你們與共產黨有何區別？也許只有程度的差別，但是以小惡反大惡，五十步笑百步，我們老百姓何苦來跟着你們拚命？因此要想反攻大陸，以少勝多，就必須立定腳跟，反極權主義之道而行，根據憲法，改革政治，建立民主，鼓導自由；以自由天堂之光明，照耀極權地獄之黑暗，如此才能動搖瓦解中共，才能鼓舞大陸同胞揭竿而起的意志，才能提高國格，爭取與國的同情與支援，才能振奮國內外的人心與三軍士氣，就是說才能一新耳目，創發旋轉乾坤的機運！

三　精練三軍，以一當百

「兵貴精，不貴多」，古有明訓。在今天敵衆我寡的形勢之下，精兵主義乃勢所必行的。所謂精兵主義，不但指的是機械精良、訓練精粹，而且要有新的政治覺悟。須把官兵從個人崇拜，一黨教條中解放出來，軍隊應效忠於人民、憲法與國家。既稱「國軍」應受全國同胞的愛戴，如果是國軍其名黨軍其實，那麼軍隊就成了一黨把持政權壓制人民的工具，欲使人民愛軍敬軍，那是不可能的。

這裏所說精兵主義包括要裁汰冗員，節減軍費。今天以台灣千萬人口養六十萬大軍，負担太重了，弄得民窮財盡，軍公教人員的生活，已達絕望之境，如果即時反攻，現有兵員不但不能減，還應增加；但是我們一直都在準備，短期內還看不見反攻行動，如此何不減少現役兵，擴大訓練後備兵，一有反攻行動後備兵即刻入伍應敵，並不會誤事。對於這種精兵方案，有人竟誤解是要求政府解除軍備，是瓦解政府的手段，這眞是政治白癡的夢話。

四　非常之功需非常之才

滿清遭遇太平天國之變，八旗駐防已不能用，故太平軍乃能所向無前，清朝命運不絕如縷；曾、左諸人起自民間，缺餉乏械，既不如官軍之整備，更不如太平軍之鋒銳，但在曾左胡羅等人大智大勇，苦心孤詣的經營之下，竟能平滅洪楊，造成一幕中興之局。我們仔細研究滿清遭遇這樣一幕，其所以還能夠轉危為安，其主要原因，實由當日滿人中還有一二眼光銳敏，頭腦清晰之輩，（如文慶肅順等）他們懂得滿人的暮氣已深，非重用漢人，決無起死回生之道，因而曾胡左李諸人，才能夠脫穎而出，卒成大功。我們不願說今天台灣當權執政的人物，盡都是腐化無能，但經過了三十年的一黨專政，這般人已儼然成了一個特殊階級，平日只知道勾心鬥角，確保黨權，希望他們為國求才，豈不等於癡人說夢？例如最近新任命的駐日大使張厲生，即為一辦黨專家，在此中日外交如此微妙與多難之時，派這麼一個無胆無識，既不懂得日本，更不知今世何世的人去充當一名大使，也足証當局用人不明之一斑。毛周輩的凶狠遠在洪楊之上，而政府的舉措乃不如清代的咸同，這確實是今天的絕症。

羅斯福起用艾森豪為盟軍統帥時，艾森豪不過為一少壯的上校；此乃欲建非常之功，需用非常之才的又一例。今天我們屈居劣勢，要想以少勝多，非破格拔擢非常之才不可。

關於反攻大陸的可行辦法在拙著「台北當局心亂如麻」一文中已陳梗要，在此不再贅。

上述四點，卑之無甚高論，但都是我由衷之言。國事如此，我們惟有攄誠勉盡言責而已。

閒話第二篇

從明仁太子的結婚看日本

左舜生

一、從十三年前的國共分裂談起

『好人之所惡，惡人之所好』，這大概是共產黨的特性之一。

我記得很清楚：在一九四五年八月日本接受波茨坦宣言，無條件向盟軍投降的時候，日本皇室的地位確實是相當危險的。當時的共產黨及其同路人，從世界的各方面，以各種類似的理由，都發出一種不利日本皇室的言論，其時我還留在重慶，所讀到這類的言論便也不算太少。

其時我和少數的朋友，正做着國民黨和中共之間的搭橋工作，把毛澤東拉到重慶來和蔣先生面談，便算是這種搭橋工作的登峯造極。其時因為勝利在望，國民黨的氣餒是相當高的。毛澤東到達重慶不久，國共兩方的首腦人物，便關起門來協商，大致經過了一個星期的樣子，他們所談的是什麼，我們可以說全不知道。就在這個國共關門的時候，某一天，一位民盟的朋友跑來看我，他對國共兩方的這種態度，頗有不平之鳴。我勸他：『不必，國民黨自然是驕餒逼人，共產黨也陰陽怪氣，他們都自命不凡，總以為國家的問題，只有他們擁有實力的才有過問資格，我們是命定的只能幫閒，現在既是幫閒也用不着，我們還不樂得袖手？』大致又過了一兩天，我們青年黨一位最長於打聽消息的朋友，才從邵力子口中，知道了中共的全部要求。同時，國民黨方面一位參與首腦協商的朋友，也就枉駕到了我所居重慶朝天門信義衙三十九號的陋巷，把他們近十天來所談的一切一切，向我和盤托出；並且承他的好意，問我有什麼意見。其持我對中共最不能諒解的，乃是他們公然要保留四十八師的軍隊，一個廣大的地盤，而實行割據！因此，我對這位來訪的朋友，乃概括的提出了我十六個字的主張，即：『政治可讓，軍事不讓；中央可讓，地方不讓。』老實說：我已看透了國共間決無和平可言，與其曠日持久，虛與委蛇，反不如提前破裂，彼此來個痛快。（這個道理梁漱溟這位老實的好人最不了解。）

有人誤會我和李幼椿都參加過後來的政協會議，其實對這個會，我們是斷然謝絕的。等到不久青年黨推出五位參加的人選發表，周恩來還對我們着實有過一番埋怨，我惟有目笑存之，而不願申述我的理由。

還都以後，國大召開以前，我們在國共之間，還有在南京交通銀行協商的一幕，這一幕我却是參加的。其實中共之不會參加國大，在我是前知其當然的，其所以又去參加，一方面是有感於梁漱溟各位的熱心而不能無動於中，一方面我還是想把這篇文章提早結束；同時也癡心妄想希望把這部憲法拿出來以固國家的根本，如是而已。後來最使我失望的，乃是蔣先生所手造的一個完整的武力乃不堪一擊，而毛周等這十年在大陸所表現的，又是這樣的低能，這大概只能委之於國家的命運了。

二、歸到我的本題

這篇閒話的一開始，我原是想談談日本明仁太子的結婚，意在很輕鬆的對這件事表達我個人的一點感想，同時也為這兩位青年人祝福。不想一拉乃拉成了一大段十三年前國共破裂的史談，這豈不是有點風馬牛不相及？其實不然，至少在我的腦子裏，這個截搭題也還是搭得上的。

原來對日抗戰一經勝利，甚至就在重慶都郵街那晚舉行遊行慶祝的時候，我自己的一個對日方針便已確定：即儘可能的給日本以寬大待遇，維護其皇室以作為日本人精神團結的象徵，並期待其復興工作的順利進展。後來政府所採的方針，居然與我所見到的不約而同，這眞使我喜出望外。這並不如我的朋友尚方先生最近所譏諷的『自作多情』，實在為中國的前途打算，為整個亞洲打算，乃至為日本自身打算，都不能不有這樣一個態度。戰後我去過日本兩次，（一九五三，一九五六）其目的即在視察日本一般的情況，看它是不是與我所抱持的這一方針，發生了何種矛盾。不幸我這兩次去日本的時候，便遇着若干的朋友對我大潑其冷水，他們總以為日本的赤化就在眼前，多數知識分子與青年的左傾，已到了不可救藥的程度，甚至有人說，您明天一早起來，便可看到東京一切公共建築的屋頂已遍懸紅旗也不一定！但經過我一番仔細的體驗，我對這般朋友的看法，終於無法苟同，而且我進一步還承認日本畢竟會成為亞洲一個堅強的反共堡壘，這有我下面所舉的幾點事實為証：

三、戰後兩度我在日本所見種種

一、我深深的覺得多數的日本人，依然保持了他們優良的傳統，即一面認眞的進取，一面也認眞的保守，而在進取與保守之間，又能做到那樣的協調。換言之，即他們對於自己那一套固有的生活方式，依然懂得十分的寶愛，斷不會輕於放棄。

二、自從一九四七年五月日本這部現行的民主憲法施行以來，在大體上，他們確能全國一致的遵守，一切謹慎從事，未敢逾越範圍，決不像咱們中華民國那樣的掛羊頭賣『狗』肉。

三、日本的皇室，也確能在憲法範圍以內善於自處，其姿態確已做到如康有為在清民之際所倡導的那種所謂『虛君共和』。

四、我眼見不少從外地到東京觀光的農民和小商人等等，他們對皇室的向心力依然很強，我理想上要維護日本皇室作為多數的日本人精神團結的象徵這一點，他們確能不負我的期待。

五、戰後第二次我去日本，看見日本工商界的領導人物不少，他們那種沈着的態度與豐富的常識，確實令我起敬；日本這十年來的復興工作，其成績能有這樣的優良，大致以這一般人的盡力為多；尤其一般日本人生活的漸趨安定與富裕，當然與他們工商業的繁榮有着直接的關係。

六、他們近年對中國大陸的情況，已特別加以注意，毛澤東等的胡鬧，也確能促成他們的反共決心。

至於他們一部分商人希望和大陸做做生意，這也如澳門的何某和香港的高某之類差不多，何足動搖日本的根本？社會黨要去大陸勾搭勾搭，這不過是他們奪取政權的方法之一，根本不必予以重視，何況中共也懂得：假定社會黨眞有登台的一天，他們便立即要發生分裂，那時候在他們中間聯共與反共的分野，一定是非明朗化不可的。

最後說到明仁和正田美智子的婚姻，這在某一意義上，原不過一對青年男女的私的結合，可是究竟因為他們的地位不同，所給予一般日本人的影響卻是非常大的。現在隔他們的婚期還有兩個星期，但在日本全國，尤其東京，已引起了一般人一種空前的狂熱，而皇室有了這樣一種的開明的舉動，也使得它的地位特別提高，因而使得以日本皇室作為多數日本人精神團結的一種象徵的功用，也就不難發揮到淋漓盡致，這一點確實使我感到非常喜悅。關於這件事的報導和看法的文字，我先後已看過四五十篇，但以徐逸樵先生一篇『明仁的婚約在預兆些甚麼？』說得最為透闢而深刻，（見自由中國第二十卷第四期）希望大家取來看看，恕我不在這裡多說了。

從淺沼「訪華」失敗說到共產國家對外貿易

・曾　明・

（一）淺沼失敗是理所當然

以日本社會黨書記長淺沼稻次郎爲首的日本社會黨「訪華」代表團，已於三月二十日完成其「訪華」行程，二十一日取道香港返國。

淺沼這次率領日本社會黨代表團「訪華」的目的，是想解開中共與日本關係的僵局，而打開日本與中共貿易之門。

大家知道，日本自從甲午之役（清光緒二十年，公元一八九四年），打敗了滿清政府，簽訂馬關條約（清光緒二十一年，公元一八九五年）以後，止於抗日戰爭結束。在這將近七十年當中，日本不僅以中國大陸爲他們的工業產品最大的傾銷市場，同時並以中國大陸是他們發展工業最可靠的經濟資源基地。換句話說，日本的工業生命大部分是寄托在中國大陸市場之上。

但是，自從中共盤據中國大陸以後，根本的推翻了這種情勢，直接打擊到日本的輸出入方針。而近年以來，日本以輸出困難，原料價格高昂，影響到國內工業的生產，以致人民失業，生活痛苦。因而日本朝野人士，都想打開與中共貿易之門，而解除經濟窒息之苦。

作爲日本一個在野黨的社會黨，希望增加其國內政治地位，爭取選民擁護，而達到獲取政權的目的，通過國民外交途徑，協助政府解開與中共之間的僵局，打開貿易之門。依常理來說，如果有成，社會黨就可憑這一注本錢與執政的自由民主黨，一爭短長；即使失敗，也無損於他們的聲望。這原是無可厚非的。

不過，淺沼是以社會主義者自居，當然知道社會主義是一種睿智公正而實際的政治制度。這種政治制度，是「根據三種主要因素，就是：成長中的工人階級的政治權力，成長中的各階層許多人士的社會共鳴，以及成長中基於科學方法的權威的信仰，而使社會秩序能藉一種意識和審慎的計劃去改造」（見羅伯、布萊奇福特——社會主義是什麼？）。而淺沼對於中共的暴力政治、奴役制度，牽强附會的硬說：「親眼看到中國進入社會主義的實踐」。這種說法不僅侮辱了社會主義，並且混淆了世人的視聽。其實，在現實「商人政治」之下，熱中追求名利，不辨利害，不計得失，只圖一時一己利益的商人政治家們，何止淺沼一個人呢！老實說，共產黨這個毒菌，就是這班商人政治家們培養繁殖的，到現在這班人仍然不能痛改前非，還寄望於幻望虛無飄渺之中，這就令人不能不嘆惜了。

淺沼這次「訪華」情形，固然不能與日共宮本顯治同日而語。而且中共以「中日兩國的關係問題必須通過政府間的談判解決」。「經濟和政治問題必須同時商談同時解決，而且在當前，政治問題必須居於優先地位」的話，拒淺沼於大門之外。並且，中共以冷嘲熱諷的奚落態度對付淺沼，尤其對淺沼說：岸信介「他妄想一面利用中日民間的來往撈取經濟上的實惠。」這簡直是當着和尚面前罵禿驢。

淺沼這次「訪華」是遭遇到徹頭徹尾的失敗，備受了中共的侮辱，嚴格地說來，是理所當然。也不啻是給了一班現實主義只圖一時一己利益的商人政治家當頭一棒。

（二）共產國家對外貿易是以政治爲目的

因爲，共產國家的對外貿易，是以蘇俄爲中心的。自從「社會主義國家經濟互助會」出現以後，蘇俄利用這個超國家的機構，就把自己的意志强加在落後的伙伴附庸國身上。在一九五五年的經濟互助委員會上，就決定了共產國家國際分工的專業化和協作化的原則和方法。所謂國際分工的實現，是通過共產國家之間的貿易；而共產國家之間的貿易是配合共產世界中整體的經濟計劃而進行的。其作用，以分工合作而縮短共產世界經濟建設時間，提早完成侵畧世界的目的。這就是說，共產國家之間的貿易，並非由於經濟的作用，而是以政治爲目的。因而對於作爲貿易交換的商品，着重於調節作用，並不計較到價值規律的要求。而且他們之間通過貿易的經濟聯繫是利用長期協定，因而就凍結了個別共產國家對外貿易的活動能力。這種做法，共產國家雖然不是關起門來實行某種自給自足與自由世界在經濟上隔絕。但是，可以說，如果不是共產世界眞正缺乏無法調節而必需要的物資，他們是不會求諸於自由世界；或者，如果不是整個共產世界多餘的物資，也就不會供應到世界市場。此外，除非是要利用某些國家，才會有貿易往來。換句話說，共產國家對外貿易的原則是不僅是「以有易無」；而且，着重於政治的目的。倘使自由世界的商人政治家們，仍舊抱着以經濟自發交織形成的自由貿易觀念，想與共產世界個別國家打交道進行貿易，那必然碰壁與日本社會黨的淺沼同一下場。

至於，中共對蘇俄及其他共產國家的貿易，在一九五〇年只佔到全部對外貿易總額的百分之三十三，到了一九五三年就有百分之七十五。而蘇俄對中共的貿易額在一九五〇年是二十三億零六百萬盧布，在一九五七年增加到五十一億二千九百萬盧布。至蘇俄供應中共的是工業設備、黑色金屬、有色金屬、金屬切削車床、各種動力機器、農業機械、儀器、機車、卡車、石油、農藥等。中共供應蘇俄的是大豆、大米、食用油脂油料，各種有色金屬和礦產品、絲綢、茶葉、豬鬃、羊毛、各種皮張和皮革制品、凍豬肉、凍牛羊肉、凍家禽、水菓、蛋品、罐頭、烤煙，各種化工原料，各種輕工業品和手工藝品等等。

從中共與蘇俄之間的供應情形來看，非但貿易額逐年有所增加，並且蘇俄供應中共的是生產資料，而中共供應蘇俄的是生活資料。他們彼此之間的供應，這種貿易範圍擴大達到了「各盡所有，各遂所需」的地步。這一種情況，已足夠使商人政治家們警惕，不要再因貪而誤事，坐失時機，看着這個毒菌繁殖禍害人類。

一部蘇聯影片在大陸引起風波

高瞻遠

去年底，蘇聯出產一部電影「共產黨人」在大陸放映，各電影雜誌也循例要寫影評捧場，本來對蘇聯影片是能譽不能毀的，多年來都是如此，可是「共產黨人」實在太糟，不論從電影情節來說，還是根據共產黨的道德觀念來看，都在水準之下，當放映之後，「大衆電影」舉行一次「共產黨人」影片的筆談，有三位作者，在大捧之後，居然輕輕彈了一下，於是惹起風波。

「共產黨人」的情節是這樣的：當蘇聯革命成功之後，遍地出現了災荒，物資缺乏情形異常嚴重，人力也同樣不足。紅軍一個負了傷的士兵古班諾夫，被派到扎高拉地區的發電站充任幹部。古班諾夫到了工作地區之後，住在中農非德爾的家裏，不久却把非德爾的妻子阿妞達勾上了手。以後被黨委知道了，勸他放棄，他也準備放棄了，但是因爲非德爾發現了妻子不貞，曾經把她打了一頓，於是阿妞達就跑到古班諾夫身邊去，兩人就變成了夫婦。

影片中的古班諾夫，當然是個「英雄」，他有一次奉令去接運一列火車的糧食，找到了列車，却停在路軌上，站長、司機、司爐、列車員都躺在站長辦公室睡覺，古班諾夫問他們爲什麼不開車，他們說是沒有木柴。古班諾夫指着周圍的樹林，有取之不盡的木材，但是司機、司爐並不理會，古班諾夫一怒之下，親自拿了鋸子，斧頭去砍伐樹林，結果感動了其他的人，也一齊來幫助伐樹，終於使火車安然抵達工地。古班諾夫的「英雄事跡」還不止此，最後因爲保護糧食，和「匪徒激戰」，終於殉職了。

這類電影故事是共區最典型的，試打開共區電影雜誌所介紹的電影內容，大體都有一個勞動英雄（當然是共產黨員）。一批落後份子（經過教育後可以改正的），一個「美人」（也是共產黨員或青年團員），最初崇拜英雄，最後終於和英雄結婚）還有一些壞份子（是「舊社會」的官僚、地主。後來經「英雄」消滅的）。「共產黨人」這部電影還算變了一些，例如英雄並未殺死匪徒，却被匪徒殺死了。英雄的愛人也未再嫁，居然「守」下去，比較算是脫出了一般窠臼。

批評這部電影的有三個人，是張孟恢、劉遼逸、齊風春。他們集中攻擊兩點：第一、古班諾夫不應該和有夫之婦談戀愛，最後終於破壞了人家的家庭。第二、古班諾夫個人英雄主義太深，爲什麼不動員大家一齊去伐木，却自己提了一把斧頭跑到樹林裏去，伐到什麼時候，才能以開動火車。這兩次指責，前者是由一般道德觀點出發，後者則是根據共產主義的教條。

這兩項指責都頗能言之成理，對於「共產黨人」的信譽影響甚大。中共領導幹部下令要矯正這種「過失」，於是「大衆電影」，「國際電影」都出馬代爲辯護，甚至本年第一期「文藝報」也登載了一篇四千多字的長文，指責這幾位作者是「簡單化、庸俗化的批評」。

這幾種刊物代爲解釋的理由，關於第一點！指出阿妞達的丈夫非德爾是一個「渾身發散出資產階級臭氣的中農商人」，所以古班諾夫抱走他的妻子不算過失，假若認爲這是違反了道德，那只是「封建主義道德」。

關於第二點，指出古班諾夫這種單槍匹馬伐樹林的行爲，並非脫離羣衆的個人英雄主義，而是「用共產黨員的模範行爲，喚起群衆。」經這樣一解釋，古班諾夫變成一個完人，「共產黨人」自然也就是一部優良的影片了。

不過從這次事件中，可以聯想到幾個有關問題。

第一、對於一個影片的批評，在資本主義社會裏，本是一個輕鬆到近乎開玩笑的事情，即以本港而論，憑記憶所及，以前奇勒基寶演的「江湖客」，最近英格烈褒曼演的「六福客棧」都會引起爭執，各報因爲看法不同，毀譽參半，各人說各人的道理，在報紙上也會發生過筆戰，但是說過算了，影片是好是壞，自有觀衆評判，沒人去爲它嘔氣。

但是在大陸就不同了，批評了蘇聯影片，就等於破壞了「偉大的友誼」，一定要發動許多報刊代爲辯護，這種作法，十足代表了一付奴才像。此間共報總愛把自由輿論分爲「親美報」、「親蔣報」，但是「親美報紙」却經常不留餘地去批評美國一切措施，電影尚是小節。只有他們這些「人民報紙」，連俄國人放個屁都要用鼻子連嗅幾嗅，然後再讚好香，這種行爲若說他們是「親俄報」，就太抬高了他們的身份，只能算是「奴才報」了。

第二、中共此時搬出這個影片放映，主要作用在教育人民和幹部，例如影片上描寫當時整個扎高拉工地上缺乏糧食，鬧着傷寒病，有些工人成羣結隊的逃跑（當然電影上不會映出公安部隊鎮壓的鏡頭）。這種情形不正是今日大陸的縮影？中共企圖藉影片教育人民和幹部，當「建國」之初總是有困難的，不信試看蘇聯當年也是如此。只要咬牙忍受，總有幸福的日子。

其次中共利用古班諾夫這個形像，來鼓勵復員轉業軍人，自從韓戰停火以來，中共每年要遣散一批軍人，始終未會辦理完善，到鄉間滋事亂來，中共的法律也約束不了他們，中共乘此機會拉出古班諾夫作個典型，向所有共軍復員人員示範，希望人人都作一個古班諾夫。張孟恢等人不懂得「黨」的意思當然要撞板了。

「自由中國」事件觀感（讀者投書）

葉　冬

最近台灣自由中國的陳懷琪事件，使海外的民主自由人士（以香港爲最）寄以莫大的關切，同時寫了不少支持該刊物及揭出這控告事件之疑點之文章，對於該刊物主辦人雷儆寰先生，更表頌揚。到今天爲止，這件案子還在發展中，其結果如何，只能待時間答覆一切。

不過，就這事件來看，我們又一次證實了純粹民營之獨立刊物，其宗旨若要影響社會人心及督促執政當局，這奮鬥之過程眞是千辛萬苦的。從歷史來看，這樣的輿論力量，勢必引起統治者的嫉視。

我們不能不感到悲痛的事實是：這樣的力量隨時捱受左右兩方所夾攻。「帽子」是亂拋過來，這次自由中國事件，台灣國民政府說它是「不配合國策」、「影射國家」，而在港的共黨的尾巴報更大聲惡狠地說是「第三勢力的呼叫」、「反共先倒蔣」或「美要倒蔣」等等。

當我們回顧一下，這類的例子也不少；稍留意過國共爭鬥的過程者，都能夠說出這類的事情來。其結果都是被人利用。

這的確是幾十年來中國知識分子的苦悶。我們彷彿必須服從任何一方，不然，兩大統治集團必迫使你無立足之地，甚至有滅身之禍。時代就是這樣的時代，眞理並不是站在無權無勢的人民本身方面，（雖然人民是佔了大多數）誰有財有槍，天下便是他們的。

然而，這個現象是歷史的法則？而這「歷史法則」是不能變移的？假如是，這個世界將不是世界，而中華民族早不會存在。

（下轉第三版）

大陸逃港學生的控訴：

年輕姑娘被迫自殺

秦露

我們的學校在廣州市著名的名勝黃花崗附近，以前是叫執信女子中學，後來改稱爲廣州市第一女子中學。

我現在雖然離開這家學校，但因爲我從初中起一直到高中畢業都在那裏渡過的，所以還時時想念起她來。我們的校舍校園都是極美麗的，杜鵑花、紫荊花等，密疏交間地種植着。然而每當我憶起那美麗的校園的時候，就會在眼前浮起一個眼珠突出的，舌頭微伸、嘴角流血的可怖的臉孔來。啊！太可怕了，我不能擺脫這位死了的同學的可怕的臉。她的眼珠突出，正像是她在憤怒這個世界：爲什麼那麼醜惡？爲什麼那樣使青年人沒有前途？她像是要用臨死前最後的一分氣力來射穿這茫茫無邊的黑暗，看看在這人世間是不是還有光明。

她就是上吊自殺的陳惠羣，我的好友。

成績好，肯用功

陳惠羣死的那年只有十九歲，十九歲的姑娘，應該是對生活懷有多麼熱切的憧憬和愛的年齡啊！但是她却自殺了。我們對陳惠羣的自殺一點也不感到奇怪，因爲在我們這一個年齡中，有着與年齡太不相稱的心靈。環境是這樣的灰暗，等待着我們的又永遠是沒有希望的「將來」，我也不止一次地想到自殺，而且同學中想到自殺的也不止我一個人。所以陳惠羣和我們的差別只是她實現了而我們還只是想着而已。我在回憶陳惠羣的時候，也就會想到是誰使我們這一羣年青的女孩子的心靈蒙上如此灰暗的悲觀情緒的，是誰使我們對生活失去了信心的。

陳惠羣的死，給我的印像最深。因爲在假期中，其他的同學都回家去了，宿舍中只有我和她以及很少的同學。我們將床鋪併在一起。她特別胆小，我也是。我們會約定晚上如果上厠所的話一定要叫醒另一個一起去的，這樣胆子可以大一些。

那是一九五七年的暑期，陳惠羣在高三第八班畢業了。我也是和她同期畢業的。在我們未畢業以前，校長孔慶餘（女的）已經不知道和我們做過多少次報告了，團委會也通過團小組佈置了一連串的「思想學習」工作，主要內容是說：「如果考不上大學，要回鄉安心參加勞動，做好一個知識農民。」換句話說，考不上大學的就要去勞動，永遠也不能唸書了。

這對我們來說是一個極大的威脅。在大陸，我們誰都知道一下鄉勞動，這一輩子就算完了。我們都想唸書，想在大學中獲得豐富的知識，誰想到農村中去當農民呢？

但是事實是無情的，取錄的名額只有百分之三十左右，也就是說，要有百分之七十的同學不能升學。

學期快結束前，學校中曾動員一些同學自動回鄉生產，不參加統一招生的考試，陳惠羣便是其中之一。

被動員的同學大都是所謂「思想落後」、「家庭成份不好」的人，陳惠羣是地主成份，父母都在鄉下被管制着，所以領導上就找到了她。和她作幾次談話的是高三八班班主任白展譽（男的），但是陳惠群拒絕了。

强迫「自動下鄉」

學校當局本來想通過這個動員工作，在學校中組織一個「自動回鄉生產隊」的，這樣就可以教育其他沒有能考上的同學了。但是，經過了好幾星期的動員工作，沒有一個同學願意作所謂「自動下鄉」的事的，學校也沒有辦法。

雖然在名義上都准大家報名考試，但招生委員會的報名單上，學校早已塡上了意見。誰該錄取，誰不該錄取，完全不是根據學業的成績，而只是根據政治條件，就這樣內定了。報名、考試，只不過是一個形式而已。

陳惠羣在被動員以後，就鬱鬱不樂，在談話中，時常對我說：「如果眞的考不上大學，我就自殺。」

當時我也沒有法子勸她，因爲我也正爲這個事情煩惱着。我的家庭在香港，我又一直未曾入團，組織上是不是能讓我升學，也是一個問題。

這時，一些團員和積極份子以及教師等，非但不安慰陳惠羣，反而狠狠地批評了她，說她沒有勞動觀念，抱緊了地主階級的思想不肯放手，她偷偷地躲在宿舍中哭了好幾次，雖然她不敢再在人們面前提起這件事了，可是她的心情却更難過了。

陳惠羣的功課是很好的，尤其是數學和俄文，她的志願是學電機工程。可是電機工程是工業建設的重要部門啊！她的政治條件怎能合格呢？

但是她並沒有灰心，還是一樣地準備功課，應付考試。考試完了之後，我們仍在學校的宿舍中等消息。這時，她聽到了佳校幹部的談話，大概是談下鄉的一定下鄉，尤其是動員了而不肯去的人，一定要叫她們在勞動中好好鍛鍊一下等等。

被迫上吊

前一天，她蒙着被子不聲不響地睡了一天，飯也不吃。第二天下午我回家去了。她就在宿舍中上吊死了。

在死前，她沖了涼，穿上了新衣服。可知她還是對人生有着美的留戀的，但是這個環境却把她逼死了。

一個又聰明又用功的女孩子，想唸書而因爲人爲的階級，使她不能繼續上學並永遠剝奪了她求學的願望，她自殺了。

自殺是對中共教育的無言的控訴，我在她自殺以後，離開大陸的願望更强烈了。因爲這環境太可怕、太黑暗。黑暗到竟不能容下一個十九歲的活潑潑的生命！

多少同學爲陳惠群的死而流淚，也爲自己的命運而流淚啊！多少同學在悼念自己好友的死亡的同時在思想上認識了這個環境的罪惡！

學校當局呢？輕描淡寫地向同學們解釋了一番，並叫同學們不得外傳，她的母親在接到通知後也趕到學校中來了一次，但學校不准她哭，也不准她在學校中逗留。

陳惠羣雖然死得默然無聞，但她的死證明了青年人在大陸的苦況，她的死對中共虐待青年學生的罪行是一個永遠的控訴！

接第二版『「自由中國」事件觀感』

於是，筆者個人覺得：所有海外爭取民主自由的人士以後要努力的就是建立第三方面的眞正力量，這個「第三方面」，不是代表國民黨或共產黨的「第三方面」，是代表廣大中國老百姓的眞正要求的「第三方面」！我們要不懼怕國共兩方的「帽子」攻勢，我們要堅信時代不會只讓兩條對立的路存在，其中必有第三條正確的路；我們堅信中國更必須存在第三條路，因爲時間已爲我們作證他們的歷史步伐已經走錯。

究竟如何建立第三方面眞正的力量呢？當然，這不能空言亂講的，我們必須設法拿行動聯結我們的羣衆。我們應該認識到我們的羣衆（這一羣中間階層）是易受擺佈與流動性的，假如我們不乘勢把他們聯結，他們輕易會投向兩大統治集團任何的一方。（列寧革命與中共奪取政權便是兩個顯著的事實。）

因此，我們應該了解到：我們這一邊不是沒有羣衆的支持，問題是我們如何爭取羣衆。「自由中國」半月刊是一個很好的開始。上期胡越先生說得對「我常想，這十年來如果沒有『自由中國』雜誌，該多以黑暗與寂寞！『自由中國』是反共中國的一盞燈，並且應該是不熄的明燈！有了這份能批評敢批評政府的雜誌，所稱自由中國才有自由的味道，在國際友人及海外僑胞的心目中，台灣較大陸才的確有不同。」

希望所有海外民主自由人民首先破除成見，一致團結起來，共同建立一個眞正的第三方面的力量！這個「第三方面」，不是標奇立異的「第三方面」，就是代表中國人民眞正利益——也就是中華民族本身的利益——的「第三方面」。我們不能坐望兩大統治集團的欺騙及扼殺的手段而無睹。讓我們努力吧！

五光十色的法院新聞（台北通訊）

介人

近月以來，自由中國的各縣法院，頗有一些聳人聽聞的新聞，五光十色，令人目不暇給，至於離奇怪誕，亦頗能令人發噱，嘆爲觀止。

雷震應訊轟動一時

爲了「自由中國」雜誌登載了一篇讀者投書，而引起了陳懷琪控告僞造文書一案，雷震於接獲地檢處傳票後，當於三月二日下午一時偕同辦事人員，到達司法大厦警室候訊，這事眞是轟動一時，當報到時，即爲記者及旁聽人所包圍。

因爲本案還是偵查時期，是禁止旁聽的，當檢查官，書記官，雷震等進入偵查庭後，門窗緊閉，門口並有法警守護，致令所有之報社及通訊社記者二十餘人，均徘徊於走廊上聽候消息。

費時將及三小時，偵查才告結束，雷震並出偵查庭，即被記者羣所包圍，一些旁聽的大學生，更是圍得緊緊的，記者們並紛紛向雷震提出問題，要雷震作答。一位女記者問雷震：「雷先生，那封讀者投書，是不是眞有其人？」

雷氏對此一問題，云已向檢察官說明，不便再公開向新聞界答覆。那位女記者更採用極其俏皮緊迫釘人的方法問：「那麼雷先生是拒絕答覆了。」

「不是這個意思。」雷震一邊向外擠，一邊回頭問那女記者：「你是那家報社？」「中華日報」女記者當即答道。

擠在走廊上的人羣，都不禁哈哈大笑起來。這一笑是含有意義的，原來當前年「自由中國」的「祝壽專號」出版時，中華日報社長曹聖芬和雷震會有精彩的筆戰。現在這件事，既已進入司法程序，大家雖然都很關心，但是只有靜待法律的公正裁判。

控告議長受人利用

上一件陳懷琪控告「自由中國」之案，幕後有人，自然是呼之欲出。同時台南市法院却也發生了一件受人利用而控告的新聞。有一位叫做鄭中來的市民，向台南地方法院控告市議長辛元炳涉嫌套購三七五耕地坐收暴利，貪圖不法。但是，在法院尚未開庭審訊時，原告鄭中來突然又拿了二千元現欵，送到地檢察說，他之控告辛文炳，是受了別人利用。他說，台南市對事務股長許炳焜交給他二千元收買他控告辛議長。

至於台南市政府事務股長許炳焜，却另發表書面聲明，向新聞界堅決否認收買鄭中來控告辛議長。而且指出：鄭中來所控各節，顯然另有其他作用，他也決定向法院提出訴訟，以求水落石出。在法院偵辦的同時，台南市長葉廷珪亦已手令有關科長就此事查報。

一件官司兩造勝訴

還有兩件花邊新聞，是屬於法院本身的。第一件是監察院司法委員會，提案糾正台北市地方法院處理一項申請房地所有權移轉登記案，前後裁判矛盾。該項糾正案經司法委員會第一一二次會議審議通過，並據請司法行政部促其注意改善。

糾正內容係指一件民事官司，判決雙方均獲勝訴，這件民事官司，在同級法院進行，但由兩不同之推事審理，結果造成矛盾。該糾正案中特別指出：同一事件同一法院必應就先後有關各案予以考慮，不應以時間有先後，主辦推事非一人，即可引爲先後矛盾的理由。又該院先後裁判均經院長核閱蓋章，縱推事非一人，該院長亦應予注意，乃均視若無睹，因而致訟多年，不僅人民增加財產損失，而且影響社會時於法院的信心，此種情形，近聞各地法院迭有發生，特依法提出糾正案，以促起司法當局注意。

因此，台北某報的短評說：一件民事官司，兩造均獲勝訴，在同一法院而演出不同一判決，也算得「千秋奇聞」。監察院糾正得對，同一事件，同一法院必應就先後有關各案予以考慮，不應以時間先後，主事推事非一人，即可引爲先後矛盾的理由。而那位綜合其成的院長之視若無睹，信手核批，也算糊塗得可以。

照說，一宗糾紛，當事兩造各自爭作原告，並不希罕，所謂爭主動是也。主辦非事，依案子收到先後輪值，也是法院例行習慣，所謂獨立審判是也。但此種爭相告狀，是人民的權利，人民無罪。不同判決，是推事應有精神，推事無罪。問題乃在同一宗事件的官司，而因原告不同，承辦推事不同，而有了不同一的判決，則那一個標準，求直的人民，可就受不了。

法院院長登門道歉

第二件是台北地方法院院長親到告訴人（原告）家中道歉一事，也傳爲一時的笑談。事緣國大代表達鑑三前參加法院之集體公証結婚時，因公證處錄事袁曉田大打官話，致延誤交與結婚證書。達代表乃大鬧公堂，而公證法官不知達氏乃國大代表，乃下令法警將其拘禁於一間小屋子裏。達氏於新婚大慶中而嘗到坐牢風味，當然氣憤已極。後該法院院長陳宗皐查明達氏乃國大代表，隨即釋放，但達代表心有未甘，將此事報告於國大聯誼會，由該會函司法行政部，而達氏本人即向法院控訴法官韓宗道，案情乃告擴大。

法院雖自知理虧，曾處分袁錄事，但達代表要求處分韓法官，因此相持不下。台北地方法院陳宗皐會兩次跑到達代表公館表示歉意，希望小事化爲無事。但達代表並未接受，官司仍要打下去。聞已有人主張由法院請一台和事酒，以便了事，也許杯酒言歡以後，此一重案將不了了之。

記甲午中日戰爭始末（九）

舜生

（Ⅱ）山東之戰與海軍殲滅

當日本的第二軍於十月下旬（十一月）取得了旅大以後，他們的第二目標便集中在山東的威海衞。蓋威海衞與旅順同為北洋海軍根據地，而海軍敗後所留下的一個殘餘艦隊，也於九月二十（十月十八日）調到了威海。日本人充分了解：當時中國一個比較像樣子的軍事力量便是北洋，所謂與中國作戰，實際無異與代表北洋的李鴻章個人作戰。要廹清廷講和，非澈底打擊北洋不可，要澈底打擊北洋，除擊敗其陸軍以外，同時也非消滅這一部分殘餘的海軍力量並佔領這另一海軍要塞不可，於是乎威海乃終於不保。

先是當中日開戰後不久，日本海軍便曾三度來我威海作試探性的窺伺。等到我海軍大敗，而這一部分殘餘海軍又從旅順調到了威海以後，日本海軍更是三五天必來窺探一次。窺探的結果，日方知道我南幫北幫等炮台的火力頗强，而鎮遠定遠兩巨艦還在，而陸路則雖由清廷把當時一個頗負清望的李秉衡調到山東做巡撫來從事佈防，可是軍隊甚少，戰鬥力也異常薄弱，於是日方乃決定以陸主海從的姿態，對我威海施以猛烈的夾擊。

二十年十二月十五（一八九五年一月十日），日方集合第二軍所部兩萬人，由二十五隻兵艦加以護衞，從大連灣出發，向我山東進攻。十二月二十五（一月二十日），日軍於成山頭的龍鬚島登岸，同日攻陷榮成。由十二月二十五到次年的正月初五（一月三十日），我軍雖小有抵抗，但孫萬齡部與戴宗騫部不能合作，南幫炮台即於是日陷落，我官兵陣亡了兩千多人。丁汝昌早知道南幫炮台如為日方所踞，我方停在港內的兵艦必將大受威脅，因此曾派人到各該砲台將砲上的零件卸下，但為戴宗騫所極力反對，只好依然裝上，至是日人果以台上巨炮向我港內各艦猛攻。正月初七（二月一日），汝昌親到北幫炮台，下令命人員退出，炮台炸燬，並且把戴宗騫載到劉公島（戴在這裡自殺），可是於整個局勢已經不能有所補救。時我停泊港內的船隻，尚有鎮遠，定遠兩巨艦，靖遠，來遠，濟遠三兵輪，平遠廣丙兩小艦，威遠，康濟兩練船，鎮中等炮艇六，合計凡十五艘，此外尚有雷艇十二艘。自正月初五（一月三十日）南幫炮台陷落，到正月二十（二月十四日）我海軍正式簽約投降，為時尚有半月，在這半個月中，日方以海陸全力向我夾擊，我威海全境，包括劉公島，實已陷於一種紛亂狀態：正月初九，我定遠中雷鑿沉；十二，來遠，威遠為敵雷艇擊沉；十三，我雷艇十二艘逃出被擄；十五，靖遠亦為敵炮所燬。至是人心渙散，鬥志已完全消失，十三日，兵弁且曾一度鳴槍示威，聲言向提督求生路。延至十六日，護軍統領張文宣被兵弁擁到汝昌所駐的鎮遠艦，（鎮遠管帶林泰曾早於去年十一月二十二（十二月十八日）因鎮遠一度觸礁，仰藥自殺。）外面有水兵包圍，營務處道員牛昶炳，各艦管帶也都到了，彼此相向而泣。德員某勸汝昌沉船燬台，徒手降敵，汝昌贊成，但諸將不應。十七日，敵人更向我急攻，我殘艦彈藥且盡，得煙台密信，李秉衡已走萊州，陸援更屬無望，汝昌欲率艦突圍，諸將依然不允，水兵且露刃相威脅。汝昌不得已乃入艙向鴻章發出電報一通，文曰：『始意船沉人盡而後已，奈衆心潰亂，無可如何！』遂服毒自殺。張文宣，劉步蟾繼之，（一說劉早於十五日以手槍自戕）延至十八日天未明前四更許，均死去。於是由英員某以汝昌名義草降書，閩人某管帶譯成中文，牛昶炳蓋以海軍提督印，由廣丙管帶程璧光乘鎮邊艇懸白旗向日軍乞降，日將伊東祐亨許諾，降約乃於光緒二十一年正月二十（一八九五年二月十四日）簽字，舉殘餘船隻十一艘，（包括鎮遠，濟遠、廣丙，平遠，康濟及雷艇六艘）及劉公島各炮台軍資器械，全部交付日方，我北洋海軍乃掃地以盡。先是伊東會於二十年十二月二十八（一八九五年一月二十三日）以書向汝昌誘降，汝昌置諸不理，至是伊東命以康濟練船載汝昌及其他死者諸靈櫬還煙台，縱水陸將士居民內渡。日兵集中劉公島以與威海相犄角，且於二月下旬（三月）另編艦隊一枝陷我澎湖列島，其時我遼東之陸軍已大敗於田莊台，形勢惡劣至此，清廷不得已，乃惟有出於忍辱求和之一途。

亮齋閒話

論詩與政通

徐亮之

中國歷史很奇怪，幾乎有一條鐵則，便是詩與政通；便是每個朝代統治時間的長短，往往系於其開創者的詩的氣象之如何；如果這位開創者曾經做過詩的話。

這兒所謂「詩的氣象」，不外下列三種，即：一、帝王氣；二、名士氣；三、土匪氣。而其統治時間的長短隨之。

為了節省篇幅與便於說明，關於第一種氣象，我們不妨姑以漢高祖劉邦、宋太祖趙匡胤為例：

「大風起兮雲飛揚，威加海內兮歸故鄉；安得猛士兮守四方!?」

這乃劉邦做了皇帝後的第一首詩，確當得起重、拙、大三個字；而兩漢的政權，便大概這樣由於其開創者的氣象不凡，一直延續了四百二十五年。

「太陽一出光赫赫，千山萬山如火發；頃刻一輪上天衢，驅逐蠹星與殘月。」

這據說乃趙匡胤的詩；雖然辭藻上比較劉邦的遜色多多，但就氣象說，卻確不失為一個開國帝王之詩；因而兩宋政權，也便延續了三百一十六年。

又司馬懿乃兩晉政權的開山老祖，其「讌飲詩」也說：

「天地開闢，日月重光。遭逢際會，奉辭遐方。將掃逋穢，還過故鄉。肅清萬里，總齊八荒。告成歸老，待罪武陽。」

這詩氣象雄邁，一往無前；較之他的上司、另一朝代實際開創者曹孟德的「觀滄海」詩，尤過之而無不及。因而兩晉雖然土宇分崩，五胡雲擾，其政權畢竟還是延續了一百五十四年。

第二種氣象便不然。關於這，我們不妨以魏文帝曹丕和梁武帝蕭衍為例；曹丕曾做過有名的「燕歌行」，有句曰：「秋風蕭瑟天氣涼，草木搖落露為霜；羣燕辭歸雁南翔，念君客遊思斷腸！」蕭衍曾做過有名的「西洲曲」，有句曰：「卷簾天自高，海水搖空綠。海水夢悠悠，君愁我亦愁。南風知我意，吹夢到西洲。」前者乃空閨思婦的哀辭，後者乃高樓怨女的怨曲；名士用來文其寄託，尚屬無傷大雅；帝王用來吟詠性情，未免洩氣過甚。所以他們政權的生命，包括他們本身和子孫在位合計，前者只不過四十四年，後者也不過加多了十年。

至於第三種氣象，便更「衰」了；洪秀全便是一個最好的例子。他曾做過一首七律說：

「手持三尺定山河，四海為家共飲和。擒縛妖魔投地網，推殘奸宄入天羅。東西南北歸皇極，日月星辰奏凱歌。直搗黃龍須盡醉，太平一統樂如何？」

天！這那裡像是詩？這只不過是土匪坐寨，幫會開堂的黑話韻語罷啦！而他的所以僥倖能夠統治十二年的半壁河山，說穿了仍只不過是僥倖而已。

寫到這裡，有人問：「您對『毛主席』的『送瘟神』詩作何觀感？」我毫不遲疑答覆：「比洪秀全的更『衰』；因為洪秀全還能勉強打腫臉充胖子，還能勉強湊出『東西南北歸皇極，日月星辰奏凱歌』的匪氣盎然的惡句；『毛主席』雖和他用的同是一韻，卻不知受了什麼『瘟神』的啓示，只能看到聽到『千村薜荔人遺矢，萬戶蕭疏鬼唱歌』；事之不祥，莫過於此！」

× × ×

自民大校友會席散後謁公俊先生於中園深夜共談禪悅歸而有作即呈教政

朱子範

偶來花葉三摩地，得見安禪戒定軀，漸覺寸心皆是佛，何妨一指即眞吾。萬千劫向恒河盡，過去光留火宅無？報道夜深鐘磬語，寒山依舊似姑蘇。

朱子範教授以詩見贈奉和原韵并呈槐邨世伯

胡國偉

小祇園內留佳客，靜室談禪論色軀，痴暗迷時成假我，妙明悟入見眞吾。原知般若皆空有，證到菩提願本無，最足怡情言去處，神隨月色過姑蘇。

中園談禪酬答詩見示奉和即寄公俊居士兼柬朱教授同正

鍾槐邨

世界微塵何可數，壺中猶此論全軀，息心那辨後前際，回夢寧嬉今故吾？並代朱胡宗匠有，本來風雨妙峯無，舌翻蓮露硯圓淨，想見園花一夕蘇。

再疊前韵簡公俊居士兼呈槐村先生

朱子範

我慚面壁非神悟，猶是泥塗五濁軀，願作傳燈觀自在，難將慧劍拂昆吾。九洲鑿空眞成幻，一夢如來有若無，賸得大瓢留布袋，半開雲住似髯蘇。

鴉片戰爭・江寧條約・黃恩彤

許冠三

昔之與夷戰也不勝，則曰彼船大而我船小，故議者咸曰，宜造大船，以與之抗。其說似已不知人能用器，非器用人。夷之所以雄於外洋者，匪直以其船也。蓋其立國以通商為本，欲通商必謀航海，欲航海必資堅固大船，而貨船須有兵船以護之。其番卒大都以海為家，以船為命。所有製造之精，金木之利，駕駛之靈，炮火之猛，傳之非一代，習之非一人，成之非一時一事，其由來甚漸，而致力亦難乎其難。今我之水師弁兵，不過按期出洋巡緝，事竣歸伍，非能以海為家也。且往往視風濤為畏途，甚至有收泊內港，揑報出洋者，更非能以船為命也。平時講求駕駛，不過米艇撈繒及拖風紅單而已。於夷船蓬颿縴索之轉摺取勢，外洋風雲沙線之頃刻換形，非所素悉也。今一旦舍其所明，而用其所昧。必須雇募靈便水手，為之教演，精細弁目為之訓練，非旦夕所能取效也。且國家經費有常，弁兵口糧限於成額，絲毫不容溢支。又非若夷之寓兵於商，即取商船之贏餘，供兵船之用度，無須另籌也。且夫授干鏌於專諸，而靡擊弗斷者，有專諸然後可用干鏌也。以干鏌授傭夫而責以擊斷可乎？不若釋干鏌而弄鋤梃也。畀函鼎於孟賁，而靡重弗舉者，有孟賁然後可勝函鼎也。以函鼎畀孺子，而望其舉重可乎？不若置函鼎而運瓴甓也。

今不歸咎於兵之不精，而但諉過於船之不大，於是以不習之弁兵，有限之口糧，歲月之間，耳目之近，遽欲師數萬里外不傳之巧，期數十年後難必之效，多見其惑矣！（知止堂集，卷九，光緒六年刊本。）

無論就他的思想和行為說，他都是屬於當時的所謂『主撫派』，現在，有些人稱之為『投降派』或『妥協派』，我無意在這裡批評當時兩派政策的優劣得失，或為黃恩彤個人辯護。這篇短文，只不過是想介紹黃恩彤個人與鴉片戰爭及江寧和約的關係，他在這次劃時代的歷史事件中所扮演的角色；不特別注視他知道些什麼，想些什麼。至於是非得失的評判，那是歷史評論家的事，而不是致知史學家的事。但，公正恰當的評論必須基於可信的史實。不先弄清事實眞相，我們就永遠不會有公正恰當的批評。

手邊的資料有限，這裏所陳敍的只是現存資料中所能見到的一部分事實，請讀者不可作『止於此矣』觀。以部分的眞代全部的眞，也同樣足以導致可怕的誤解。（完）

（元，二十八，一九五九）

汲古書屋談薈

張一麐與袁世凱

耘農

『丙辰之事，不自丙辰而始發，其所由來久矣！讀者諸君不記民元正月之北京兵變乎？當南京政府之議決，請袁項城南遷踐位也，時則專使蔡元培、宋敎仁入京就館。某公子者，召各鎮中下級軍官開會密議，議決以兵入東華門，奪清帝位，效黃袍加身故事。是時禁衞軍為馮國璋所統，不與謀。故火焚東華門，禁衞軍抵禦，不能入，兵無所洩，遂大掠東西二城，以及於天津，此一事也！

『癸丑之役，張勳既任江蘇督軍，有崇文門監督何棪者，先為張屬僚，至是奉命至寧，謂張曰：公大功告成，盍請願大總統改為大皇帝。張厲聲斥之。未幾，而以張為長江巡閱使，馮國璋代為督軍。作者於民國五年十二月五日宿於徐州巡閱使署，張親以告余者，此一事也。

『民國四年九月，正交片參政院，認變更國體為不合事宜，突有安徽省長倪嗣沖入京，余以問項城，其入京何事耶？則曰：彼欲效陳橋故事耳！是月十日，拱衞軍統領，步軍統領，軍政執法處處長，參謀部長，統率辦事處副處長，警察廳長等八人，飲余於東興樓，共二席：一席倪嗣沖居首；一席余居首；蓋倪因計劃未行，將歸皖，余則以反對帝制聞於軍人，而為此示威運動也。……』

此一席宴會，原在對一麐加以恫嚇，而一麐仍堅持不屈，且大聲呵斥，幾為嗣冲所殺。一麐知袁為其左右所惑，終必歸於失敗，故在叢談中又謂：『甚矣直道之難行也！即以余與項城而論，素無纖芥之嫌，惟以特科發往直隸，為候補知縣，值直省舉行新政，在幕府八年，幸見信任。然洪憲之役，倘幾不免於媒孼，甚矣忠言之逆耳也！夫個人之毀譽，本無容心，生死禍福，尤置於度外。……古人以成敗利鈍，歸諸運命，如洪憲之事，遲至民國六年，必可不作，何也？德皇被逐矣！俄皇被殺矣！皇帝夢必不作矣！相隔幾時，帝國日少，民國日多，德謨克拉西之聲浪日高，迪克推多之惡魔將絕，政治也，經濟也，世界重心，方集中於美洲矣！』是言之猶有餘憾也！（七）

本刊已經香港政府登記

聯合評論 週刊

每逢星期五出版

United Voice Weekly

第三十三號

督印人：黃宇人　總編輯：左件平
社址：九龍金馬倫道卅八號三樓
電話：六一四一三（61413）
承印：田風印刷廠（高士打道二二一號）
總代理：友聯書報發行公司
售價：每份零售港幣壹毫
本報紐約版總經售處美國紐約中美出版社
CHINESE-AMERICAN PRESS, INC
199 CANAL STREET.,
NEW YORK 13 N. Y. U.S.A.
紐約航空版零售每份美金壹角

西藏起義及前途展望

許子由

三月十日爆發的西藏反抗中共暴政起義，由「世界屋脊」的高原響徹了全世界。西藏的僧侶庶民包括婦女羣衆的起義，以活佛達賴喇嘛爲首的起義行列，曾在西藏的聖城拉薩，對龐大的中共軍力，作了浴血七天的戰鬥。可是因爲他們沒有擁有中共軍那樣現代化的武器，終於只有作奮戰後光榮的撤退；達賴喇嘛活佛，攜民離開了聖城，前往南部的藏民抗共根據地。中共軍像蘇軍在布達佩斯屠殺那樣，在拉薩屠城，殺戮已在五千人以上，拉薩城目前在中共「軍事管制」之下，城內已無男丁，宛如死城！「另一匈牙利革命」在亞洲爆發，但目前中共正準備向全藏推行「軍管」——加强鎮壓，企圖根本摧毀西藏人民有組織的武裝革命；而達賴喇嘛則正率其擁護者僧俗藏民，在外從事抗戰。預料西藏革命行動還會繼續下去，它也許不會像「匈牙利革命」那樣易於結束。

北平、拉薩衝突背景

中共企圖扣留達賴喇嘛，激起了西藏——人民忍無可忍的反抗，是必然的。本來，在中共軍優勢武力的控制下，藏民如果能夠保持宗教信仰自由和固有生活方式，他們是能忍耐下去的，而且，他們已經忍耐了九年了。

可是，中共是無神論者，它不能容許西藏全境有一律的宗教及一個活佛，中共更不能容許西藏地方政府有若干特權足以保障西藏固有生活方式的存在。因爲整個大陸已不容許有部族或地方主義。尤其在家庭制度也被粉碎的「人民公社」化的今日；中共必須驅全國人民爲其直接的農奴或工奴，因此中共不能任令西藏保存固有方式而形成特殊化，以致影響中共的統治。西藏的有土地私有制度，有佃農制度，與及在中共統治下仍有達賴喇嘛活佛的多一層統治，都是中共的「眼中釘」，必要去之而後快。

中共奴役全國政策的發展，就成爲中共與西藏人民衝突的根源。一九五〇年中共軍進入西藏，當時中共在大陸亦立腳未穩，只能夠以「十七條」條約承認達賴喇嘛及其地方政府的統治。但「條約」不過是一項欺騙，此後中共一方面扶植親共的班禪，使他與達賴磨擦，爭衡；雖然在西藏人民的信仰中，班禪無論如何也比不上達賴。（現在中共已達到迫走達賴，利用班禪爲傀儡的目的，明知班禪沒辦法統治西藏，中共就預備以「軍事管制」補其不足。）另一方面，中共却採取步驟，企圖基本消滅達賴的政府及其勢力。「西藏自治區籌委會」的設置，便是中共這項陰謀的表面化。

依照西藏的傳統，達賴除了是神（活佛），在宗教上有最崇高的地位外，還是傳統的政權執掌者；班禪只不過有宗教地位罷了。所以中共與西藏協議的達賴地方政府「噶倫」——即閣員中，並沒有班禪的名字。但一九五六年中共發表的「西藏自治區籌委會」，就以達賴爲主委，以班禪爲副主委，破天荒的要班禪參政，與達賴開始爭領導權。同時，「自治區籌委會」亦就是準備取代西藏地方政府的機構。這就是西藏政府所指「中共破壞條約」。一九五六年西藏一度發生動亂，以及是年達賴喇嘛到印度參加二千五百年佛誕，對尼赫魯要求政治庇護，就是爲了反對中共擴大奴役式的「自治推進」。到那年底，中共答應「在六年內不進行改革，不改編藏軍」，以「等待這些反動分子的覺悟」。而實際上的情況，是中共陸續增派大軍入藏，進行武力壓服。西藏人民亦開始武裝自衞，各地游擊蠡起。醞釀到了中共企圖扣留達賴，西藏人民的武裝起義，終於爆發而震驚世界。

是「另一回匈牙利事件」嗎？

西藏人民的起義並不是什麼「獨立」運動，而是與中國大陸其他地區所不斷發生的一樣，是中國人民反抗中共暴政運動的一部份，因之它與中國人民抗暴運動是分不開的。即是西藏人民抗暴運動如果失敗，那就會成爲「另一匈牙利事件」。倘若成功，則那將會是中共暴政崩潰的開始。

達賴已經領導西藏僧俗軍民，在拉薩以外從事的全藏抗共戰爭，這必然要再度捲起抗暴的高潮。針對這一形勢，中共亦已聲明推進全藏「軍事管制」，決心軍事鎮壓。西藏戰爭將會此起彼伏而長期化。不過中共雖然說西藏政府「與帝國主義及蔣介石匪幫連結」，及「叛亂的指揮中心在加林邦（印度），可是以西藏抗暴軍武器的朽劣，並不像是近年「從外國輸入」的武器。反之，他們偶有一些「前所未見」的犀利武器，倒是來自帝國主義蘇聯而由抗暴軍自中共軍奪得的。實際上西藏抗暴，與中共所指的「帝國主義」無關。至於台灣方面，據中共說抗暴軍有「蔣介石匪幫的空投接濟和特務電台」，但台灣官方對空投一說「保持緘默」，同時，「反共之西藏部隊正要求國民政府予以無綫電裝備，讓他們能夠和外界保持聯絡」，（括孤內係路透社三月二十七日台北電）。可見電台不是沒有，便是不足。至於由台灣空投武器，據美國當局的分析，「或者經過印度」——此不能獲得印度允許——「或須經過整個大陸，幾乎必然地遭逢中共戰鬥機的截擊，」似乎情勢上難以實行空投，尤其是更難希望台灣負此重責。迄今爲止，台北當局拿不出具體的援藏辦法，立法委員正在集議要求「採取軍事行動」的援助，可是政府人員如黃少谷、葉公超，却轉而向自由世界呼籲，要求不可坐視西藏革命「自生自滅」。

美國對於西藏人民起義之未採決策，可於艾森豪總統的談話見之，艾氏說：「未能估計其成功機會」。美當局只「歡迎」台方的援藏聲明，但「尚未與國府談及援藏問題」。甚至根據中美條約，台方「不能把美援武器移交給第三者」，是否適用於限制移給西藏人民？這個問題也尚未澄清。

（下轉第三版）

「達賴看戲」的問題

根據中共的公佈，由於「達賴看戲」問題，「西藏地方政府和上層反動集團的武裝叛亂，三月十日就開始了。」據中共說：「達賴在一個月前答應於三月十日到中共軍——西藏軍區禮堂看戲，但到這天，叛亂集團大肆散佈西藏軍區要扣留達賴喇嘛的謠言，並且以此爲藉口，發動武裝叛亂，刧持達賴喇嘛……並且當場打死反對叛亂的西藏自治區籌備委員會藏族官員堪窮索朗降措，打傷西藏軍區藏族副司令桑頗才旺仁增。同時包圍了人民解放軍西藏軍區司令部和（中共）中央駐拉薩各機關」。

中共如果爲尊敬達賴喇嘛，要演戲給他看，大可把戲班帶到布達拉宮演出。劇場設在中共軍區的大禮堂，實在有「鴻門宴」的意味。達賴喇嘛答應看中共軍的戲，而屆時不來，那亦不算什麼一回事，爲什麼因此就鬧出驚天動地的「叛亂」？如果不是達賴喇嘛已被騙進中共軍區禮堂後，靠攏中共的藏族官員堪窮索朗降措及桑頗才旺仁增等，不許關心達賴安全的其他藏族官員進去護衞，便是因爲達賴臨時決定不去看戲，而中共軍則派桑頗才旺仁增等率領武裝，到布達拉宮企圖刧持達賴喇嘛去「看戲」。否則，就不會「當場」打死堪窮索朗降措，打傷桑頗才旺仁增。打死打傷人「同時包圍了人民解放軍軍區司令部」，說明了衝突是與中共軍區有關的，而也暴露了中共企圖扣留達賴喇嘛的陰謀。（按：中共繼續發表「達賴與譚冠三（西藏軍區政治委員）來往函件，想證明共軍未扣留達賴。就算那些信是眞的，但只看達賴那種惶然，恐懼喪失生命的情形，及對譚冠三「親筆呈」的恭敬，已可見得達賴自知生命已瀕危境。）

由梁漱溟事件看中共

孫寶剛

周李說梁有陰謀，毛更失態

周鯨文著「風暴十年」內有一段說起一九五三年夏季的某日下午，毛澤東在懷仁堂召集一次政治協商會議，全國委員會的擴大會議，到有千人左右，都是高級人員，題目是討論「過渡時期的總路綫」在幾位人士發言之後，梁漱溟先生亦到台上發言，這時主席台上坐着毛澤東、劉少奇、周恩來、李維漢，以及幾位民主黨派負責人。梁氏發言除認爲總路綫的重要之外，會提到一點，說他知道鄉間農民很苦，比起工廠工人的待遇，眞有一個在九地之下，一個在九天之上之別。說時會場也平靜無事，只是毛澤東有不悅之色，嘴裏不斷的咕嚕，台下也聽不清他說的是什麼，接着他人又發了言，以後會議宜佈休息。

但在會議再繼續開時，周恩來首先發言，說梁漱溟的話有陰謀，想破壞工農聯盟，接着李維漢也强調梁的話有陰謀性，接着就介紹梁的「反動歷史」。梁漱溟遞了一個紙條給毛澤東要求十分鐘的再發言，得到允許，在衆目集視之下，他開口說：『我的發言一則是考驗我自己，一則是考驗共產黨的雅量。』這時毛澤東已忍不住了，把桌上的擴音機移到自己面前，對梁漱溟說：『你覺得很美，比西施楊貴妃更美，我看你臭得很。』『台灣說你有氣節，有硬骨頭；我看你有臭氣，有臭骨頭！』梁漱溟站在發言台上如聽到不及掩耳的迅雷，這時台下也怒吼了，『反動分子滾下台來！』『反革命分子滾出去！』『打死反革命分子』一片沸騰聲，農工民主黨的秘書長黃琪翔和國民黨革命委員會常務委員陳其瑗也是喊得最兇的兩個。

陳銘樞爲梁解圍

這如何下場呢？會還得開下去呀！這時十九路軍老將軍陳銘樞走上了主席台，向毛澤東鞠個躬，然後說：『請問主席，梁漱溟今天的事，是思想問題，還是政治問題？』毛澤東在盛怒之下，回答說：『是思想問題。』陳銘樞說：『若是思想問題，我想說幾句話。』他得到了允許，他批評了梁漱溟，但他說：『既是思想問題，而不是政治問題，大家似乎不須有今天這樣騷動的場面。』

讀者對思想問題和政治問題的分別，也許不大明瞭，原來在今天大陸上，思想問題是指沒有行動的，政治問題是指有行動的。思想落後不算什麼罪，可以用教育方法來改造。政治問題才嚴重，不論大小是要治罪的。了，上面這一段報導雖然很簡短，是很有戲劇性的。不過毛澤東是今天六萬萬人的統治者，有人說他讀了許多綫裝書，並能吟幾首歪詩，吟詩的人應當很風雅，讀綫裝書的人應當頗有涵養，因爲翻開中國四千年的文化，一天到晚在研究做人在講涵養，那麼毛澤東怎會如此口不擇言，在主席台上，當着千餘個高級人員，說臭說香呢，如此語無倫次呢？不特風雅掃地，綫裝書那裏去了！

周恩來李維漢俱是身當中共的重任，一個是總理，一個是共產黨統戰部長，怎能在聽到一個人講了幾句話之後，沒有經過調查，在幾十分鐘之後，就可對千餘高級人員宣佈這講話的人有陰謀，以此類推，他們如以這種態度去處理國事，不是太直覺了，簡直是拿國事當兒戲。而最妙的，當陳銘樞問毛主席說梁氏的問題是思想問題抑政治問題時，毛確說是思想問題。這不是當場否定了周恩來和李維漢的所謂陰謀的話麼？

更無聊的李維漢當場介紹梁漱溟的「反動歷史」。試問梁既如此反動，爲什麼中共又請他參加全國政治協商會議呢？這不是反證到中共政權是一個藏垢納汚的政權麼？這怎麼能代表人民，爲人民謀幸福呢！並且李維漢對梁的反動歷史早不介紹，遲不介紹，偏在這個場合來介紹，我不禁笑共產黨的雅量，眞給梁漱溟考驗到了。

陳銘樞還算不差，夠勇氣，夠智慧，不特爲梁漱溟解圍，其實也替那天出席的人解了圍，梁誠然應感謝他，那天出席的人，尤其毛、周、李等也應感謝他，但據說陳銘樞自此以後便遭遇到許多打擊，我總覺得共產黨太沒有智慧，太直覺太沒有雅量了。

一般投機無恥之輩

黃琪翔和陳其瑗太無恥了，也許因爲幾年來不斷的受着共產黨的有形的和無形的威脅，所以不自覺地養成了這種無恥的可憐習慣，見到人家喊，他就喊，見到人家罵，他也罵，並且喊得更響，罵得更兇，以爲如此可以投機，可以自求洗脫和被攻擊者關係。我想這不僅是黃陳二人而已，凡是智慧不夠，意志薄弱的人都會如此。從這個故事中，我們就可以看出：當梁漱溟說話完畢後，只是毛澤東有不悅之色，也沒有發作，所以接着梁之後還有人發言，並且還休息，可見台下千餘個所謂高級人員，對梁的話並沒有引起忿怒，直等到毛、周、李發言以後，千餘高級人員才大吼起來，這不是投機或洗脫是什麼呢？我只能說這千餘高級人員是可憐的。但是他們去治理中國這樣大的一個國家，那眞是罪過了！

那裏配談什麼建設？

所以這幾年來，儘管有許多人驚佩中共的物質建設，中共也以此自誇，但是我懷疑，他們的建設是否做得很好，以他們的雅量，尤其輕忽的加人的帽子，眞正能使有能力的人充分發揮他們的能力麼？『農人在九地之下，工人在九天之上，』今天全世界的人都已知道了這是一個事實，梁漱溟把事實說出來，尤其在討論總路綫的會議內說出來，場合是很適合的，並且也不算一回事，而況出席的都是高級人員。難道高級人員不應知道一些事實，以調整他們的計劃和工作嗎？依此推論，中共的所謂建設意計劃，必至閉門造車，不顧實際的條件，任意施行，錯誤，浪費，急其所不急，不急其所急，必是難免的。中國由於清末的腐化，民國以來又經着不斷的戰爭，已經非常之窮乏，所以應好好地計劃，好好地實施，才能把中國建設起來。現在只求一時的表現，而把人材物力消耗殆盡，我們從遠處和大處看，看這對中國的損失是不可計量的。

進一步來說，建設好了又有什麼用處？假如把全國人的廉恥喪盡，都養成了盲從、投機和遇到困難時不挺身起來，反而一味想洗脫責任。而當局者稍有不愜，便把人加上帽子，任意把人毀損，不待到，有所利用時，無論其人反動或不可救藥，都藏納起來；這怎能說是治國之道呢？

一個國家或一個社會，誠然有物質的一面，但也有精神的一面。二者合起來才能成爲一個國家或一個社會。我們由梁漱溟事件來看中共，便知道今天的中共，在精神一面已經蕩然無存，物質的一面，也決沒有做好。可惜有許多人坐井觀天，以爲中共建設是偉大的，其實以中國之大，不顧根本，不顧實情的亂建設一下，這一點點成就，算什麼一回事呢！

日社會黨訪「中」代表團鍛羽而歸（東京通訊）

東海書生

以淺沼稻次郎爲團長的日本社會黨訪問中共代表團一行七人，於三月四日由東京出發，在北平聽受周恩來訓話，在鄭州朝見毛澤東，並與張奚若發表了共同聲明，已於三月廿三日鍛羽歸來了。

一、社會黨希望的幻滅

最熱心推進派遣代表團訪問中共者，爲社會黨左派中之和田派，還有一部分熱心中共貿易的商人。他們判斷中共對岸內閣雖懷抱很强的敵對感情，但對日政策有緩和之傾向。社會黨以「國民代表」的資格，直接與中共政府當局談判，或許可以打開「中」日貿易的僵局，社會黨取得中日貿易「窗口」的地位。「窗口」二字可譯爲「櫃台」，即經手人之意也。可是社會黨估計錯誤，中共對社會黨代表團非常冷淡，不惟周恩來的談話及張奚若、淺沼的共同聲明，否認了社會黨所標榜的「國民外交」的意義，强調一切問題，須待政府與政府間交涉，否則一切無從談起；就是表面上的招待，亦非常冷淡，所以社會黨冷水澆頭，掃興而歸。參加該團的右派議員曾禰益於三月廿二日的每日新聞發表一文，題爲「日中會談結束後」其副標題爲「切身體驗到的情勢變化」。曾禰說：

「此次的日中會談與兩年前的日中會談比較，日中關係的巨大變化歷歷如見。此種變化，我們自身在出發以前雖然已認識，預料到了，但百聞不如一見，來到一看，更有滲肌透骨之感。例如與周恩來會談的情形，上次是開誠佈公的交換意見，而此次則不是會談，而是會見，簡直是公開的日本記者團之招待會。上次我們自北平出發前，周恩來突然跑到旅館裏來看我們，從容歡談而去。這次就沒有。

『冷嚴的現實與困難的特徵，在任何地方，從任何人俱可聽到。「岸信介敵視中國」云云的語音，不知聽了有多少遍，甚至耳朶裏可以生藺。『冷嚴的現實之另一具體例證，共同聲明起草之際，表現得最清楚。上次會談時，中國對形式方面固不待論，就是內容方面也是日本說怎麼好就怎麼好。但此次則不然，關於台灣問題及所謂貿易重開的三原則，不只基本原則，甚至字句、表現，均將中共方面的主張，明白列入。」

從曾禰的自白，可以看見中共對社會黨此次代表團之冷淡。

周恩來於三月十五日接見淺沼等一行，不惟隨團行動的日本新聞記者團同席，而且有幾位與代表團毫無關係的不速之客：亞細亞農業交流協會秘書長田崎末松，日中文化交流協會常務理事西園寺公一，前全國遞信工會委員長土橋一吉等。

二、周恩來談話的內容

周恩來對淺沼等暢談兩小時，其最重要內容爲（1）根據過去經驗，國民外交只可以聯絡感情，不能推動其政府。至少在岸內閣政策之下，是行不通的。所以中共自去年四月，改變了態度。（2）兩國國家國家間，政府間所應做的事，仍應由政府間去做，兩國政府應直接接觸，解決問題。兩國間既無正常關係，戰爭狀態仍然存在，和平條約，尚未締結，不談政治談甚麼。若國交恢復，則貿易、漁業、郵便等協定，可以解決。（3）「日台和平條約」，因台灣不能眞正代表中國，所以不能承認。岸信介爲何繼續阻止與中共之正常關係，不與台灣分開？（4）岸信介主張只談經濟，不談政治，中共反對此說。政治與經濟分離的現象，世界上不存在。（5）聽田崎氏說，藤山有意到中國來與陳毅外交部長會談，請轉達藤山，中共不拒絕政府間的交涉，但須談政治。不談政治，有甚麼好談呢？（6）岸信介不根據三原則，改變其敵視中共政策，不能重開貿易。所謂三原則，即（甲）停止執行敵視中國政策；（乙）不參加製造「兩個中國」的陰謀；（丙）不阻撓中日兩國正常關係的恢復，並採取與此相應的措施。

三、日本方面的反響

周恩來談話，在日本引起甚大反嚮。

內閣官房長官赤城談稱，政府方針爲將政治經濟分開，應付中共，此方針並無變更。

外務省批評周談話內容，並無新鮮意義，但周自身公式發表此項强硬談話，今後日中關係打開將益趨困難。

政府及與黨，包括藤山外相在內，曾判斷最近中共對日態度有緩和傾向，周之談話，對上項樂觀看法，打擊甚大。

藤山外相因周恩來在大庭廣衆之中，暴露了他密託浪人田崎末松向中共輸誠，立場甚爲尷尬，乃於三月十六日夜對新聞記者發表談話，謂與田崎向未謀面，且亦未曾託人轉託他試探中共意向，他本人亦無以外相身份訪問中共之意。對周談話內容，藤山認爲周雖强調非政治不談，但今後卽將召開之中共人民代表會議，共產陣營對柏林問題之對策等，可資判斷之資料甚多，政府不宜輕於表示態度，應愼重處之。

岸首相於三月十七日出席日本商工會議所第九回通常會員總會，即席發表演說稱：（一）社會黨訪中團長淺沼氏聲明美國爲日中雙方之共同敵人云云，問題重大。現在日本經濟之發展，乃靠美國之協力與支持。今後之繁榮乃至世界之和平，均須以美國爲友邦。社會黨揭櫱美國爲日中共同敵人之國策，決不能得國民之支持。

（二）中共主張政治、經濟不可分，但中共乃視對手而異其方法。對紐西蘭則謂政治與經濟，乃另一事項，雙方進行貿易。西德設有中共通商代表團，並未發生國旗問題。中共所以要求日本與之談政治問題，目的乃在廢棄日本與國府間之中日和約也云云。

周恩來把社會黨當作唯一招牌的「國民外交」，說得一文不值，社會黨大爲洩氣。但表面上仍不服輸，成田代理書記長强辯道：「社會黨訪中使節團之主要目的，爲企圖打開日中國交，全盤交換意見，並不單純爲打開貿易。社會黨主張之國民外交，並非單純的積少成多方式，乃在要求政府轉換其政策」云。

社會黨對於周恩來接見其使節團之方式，亦頗爲不滿。不惟隨行的新聞記者在場，且有許多「不可思議的立會人」如田崎、西園寺、土橋等在場，彼等既非團員，亦非隨員，以何種資格參加在內呢？可見中共對淺沼一行之輕視。

四、共同聲明的內容

表面上具名邀請社會黨代表團訪共的中共外交學會會長張奚若，於三月十七日與淺沼發表共同聲明，其內容以周之談話爲骨幹，要點如次：

（一）中日兩國政府應該進入就正式和全面地恢復邦交問題，進行談判的階段。但是不幸，由於岸信介政府執行的敵視中國政策，兩國關係反而大爲變化，陷於僵局。中國認爲必須實行三原則（參看上引周恩來談話）並採取相應的措施，才能打開這種僵局。否則，重開中日貿易是不可能的。

（二）日本社會黨根據它去年九月十一日所確立的打開日中關係的基本方針，不僅完全同意中國方面提出的上述三原則，並且明確主張，不承認「兩個中國」的存在，解放台灣是中國的內政問題，承認「中華人民共和國」在聯合國的代表團，並且爲了達到中日邦交的正式恢復，必須首先廢除「日台條約」，必須同「中華人民共和國」簽訂和約。中國方面歡迎日本社會黨的上述主張。

（三）中國方面進一步指出，兩國之間的政治和經濟問題不能分開，經濟和政治問題同時商談，同時解決；而且在當前，政治問題，必須居於優先地位。社會黨代表團對此表示同意。

（四）日本社會黨代表團表示了日本人民要求打破所謂日美安全保障體制之後，撤退美國在日駐軍，取消軍事基地，實現完全收回冲繩、小笠原諸島等日本領土，以確立日本的獨立自主。中國人民歡迎並支持日本人民這一願望能夠早日實現。中國方面表示，台灣是中國領土，美國軍隊必須從台灣和台灣海峽撤退。代表團對此表示支持，並且希望它通過和平談判得到實現。

（五）在日本粉碎了日美安全保障體制，實現了完全的獨立，並且同中國和蘇聯締結了互不侵犯協定之後，可以期待以日本軍國主義爲對象的中蘇友好同盟互助條約中對日本軍事條款將會自然歸於失效；並且在亞洲和太平洋地區各國間首先是中、日、蘇、美間的集體安全條約締結之後，日本的中立地位將會得到進一步的保障。

共同聲明之外，雙方又另行同意文化交流的原則及由中國賣給日本五項「配慮物資」，如生漆、甘栗、中國菜原料、甘草、麥桿、滑石、桐油等。數量既少，且完全爲救濟日本中小企業家之苦境，與重開貿易無關，重開貿易須待岸政府實行中共要求之三原則以後。

社會黨代表團因「配慮物資」字樣太難堪，懇求改爲「特別物資」，中共不理，可見其對社會黨代表團之不客氣。

五、自民黨對社會黨的譴責

此項聲明傳到東京後，自民黨立即以福田幹事長名義發表聲明，譴責社會黨代表團屈從中共之主張，採取中共代言人之言動。該聲明稱，共同聲明謂日中國交問題應由兩國政府開始交涉，乃强調社會黨之所謂國民外交的力量，自有限度。政治體制相異的國家之間，互相尊重其立場，在解決實際問題上，甚爲必要。而此次之共同聲明，非難日本由民主方式選出來的政府，漠視日本的國際立場，無條件的屈從中共之政治的主張，代表團始終從事中共代言人之言動，殊爲遺憾。內閣官房長官（相當於中國之行政院秘書長）赤城氏亦發表談話稱：由此共同聲明，吾人獲悉中共明白表示了政治、經濟不可分，國民外交只能聯絡感情，不能締結協定、條約。政府將以此兩點爲基礎考慮今後的對中共策。共同聲明主張廢棄日美安全保障條約，採取中立主義，作爲現實問題，根本上談不到。中共主張一切問題須由政府間交涉，但以與中共恢復國交爲前提。作爲自由國家羣之一分子的日本，鑒於現下之國際情勢，立即與中共恢復國交勢不可能云。

藤山外相於三月十八日在衆議院答覆社會黨議員戶叶里子之質問稱，中共主張政治應較經濟優先解決，在現階段辦不到。中共對日本以外之國家，採取政治、經濟分離之態度，獨對日本採特別態度，可見中共對現實情況，認識不足云。

六、結論

綜觀社會黨代表團此次訪共之結果，可謂毫無所得。不惟預期的中日貿易之「窗口」的地位沒得到，甚至於將數年來的金字招牌「國民外交」，也被周恩來說得一文不值，眞是啼笑皆非。社會黨代表團的唯一收穫，是替岸內閣探聽到中共的行情，中共願意和日本政府作對手交涉，其他的職業的親共日本團體，只可以聯絡感情，不能解決問題。惟與日本政府交涉的先決條件，價錢相當高：政治優先，解決必須恢復國交。在美國未與中共恢復邦交之前，日本心裡隨便怎樣急色，但決不敢單獨和中共談復交問題，所以中共間接對日本政府表示的一種姿態，恐怕也不會發生甚麼效果，惟共產黨的手段變化無窮，硬軟自在，其對日的策略，是值得自由主義陣營警惕的。

寄自東京　三月廿六日

西藏人民抗暴運動

勉齋

（一）抗暴運動的起因和情況

自從印度新德里方面傳出西藏人民掀起大規模反抗中共政權的抗暴運動消息，自由世界便寄予莫大的關切與興奮。其重要性，尤甚於一九五六年的匈牙利人民抗暴運動。

這次西藏人民抗暴運動的發生，是由於中共西藏軍區司令員張國華及政委譚冠三奉中共命要求達賴喇嘛必須獨自一人，不准携帶武裝侍從人員，前赴軍區司令部向他們提出報告，引起西藏人民的注意。復因假藉本年三月十日請達賴到中共西藏軍區禮堂以看戲爲名，想刧持西藏人民素所信仰崇佛佗化身的活佛達賴送往北平作爲人質，破壞協定，而脅廹西藏人民接受改編藏軍與進行「社會主義」的社會制度，使西藏人民正式進入它們的暴力政治與奴役制度的統治之下。因爲這樣一來，徹底的破壞了西藏人民的固有的政治制度，宗教的信仰自由和傳統的生活方式。

因此，西藏人民於三月十日這一天，數以千計群集於拉薩的布達拉宮四周，保護達賴，以防被中共逮捕。而中共西藏軍區企圖以武力解散人民的保護行動。於是，觸發起西藏人民反抗中共的戰鬥行動，當戰事發生以後，整個西藏首府拉薩區內的人民都牽入了這次戰鬥之中，展開與中共軍的激烈作戰。

據中共報導說：這次西藏人民抗暴運動，是由前任藏王（藏語稱爲司曹），魯康娃・澤旺饒登所領導的，指揮的中心設在葛倫堡（在印度錫金境內）。並由在中共政權之下西藏地方政府（藏語稱爲噶夏）的大部分委員（藏語稱爲噶倫）所策動。

西藏地方政府，共有委員六人，其中阿沛・阿旺晉美、桑頗・才旺仁增等二人是親共分子，其餘宇妥・扎西頓珠（於一九五七年逃住葛倫堡）、索康・旺清格勒、柳霞・土登塔巴、先喀・居美、多杰（戛蘇）等四人都是反共分子。據中共說，索康、旺清格勒等人，早已利用他們在噶夏中的合法地位，糾集反共勢力，指揮康藏兩地的反共力量，在雅魯藏布江以東、以北、以南若干地方，組織武裝，實行反共。而這次即由索康・旺清格勒等人發動的。

據中共報導：這次西藏人民抗暴運動是三月十日就開始了。三月十七日西藏人民將達賴搶救脫險離開拉薩。並且在三月十九日夜間西藏人民對駐拉薩的中共部隊發動了全面進攻。中共從三月二十日對西藏人民利用陸空武裝力量，進行了殘酷的鎮壓，截至三月二十三日，俘虜了四千多名的西藏人民，並繳獲山炮六門，迫擊炮二十七門，槍八千餘枝，機關槍八十一挺，子彈一千萬發。

這些報導，是說明了西藏人民除了極少數的親共以外，絕大多數的人民也是堅決反共的。而且，也是表現了一個勇敢民族不屈不撓的精神，同時，可以看到西藏人民的壯烈鬥爭和中共全力對付弱小民族的殘酷手段。

（二）西藏人民反共是由來已久

從一九五一年五月二十三日中共與西藏地方代表在北平簽訂了「和平解放西藏辦法協議」以後，中共根據該協議的規定，得在西藏成立「軍政委員會」和「西藏軍區」。當時，中共派張經武爲中共「中央人民政府」駐藏代表，負責行政事務；派張國華爲軍區司令員，譚冠三爲政治委員；並派藏族親共分子阿沛・阿旺晉美、朶噶・彭錯饒傑爲軍區第一、二副司令員；以及派范明、王其梅爲副政治委員等，率部於一九五一年十月二十六日在拉薩舉行入城式。於是，西藏淪入鐵幕。

中共進入西藏之後，陡然的增加將近八萬人的共軍，給養一律就地籌措，因爲西藏本來是缺糧地區，這樣一來，就加重了糧食緊張情勢，提高了糧價；加上横征暴斂，屠殺凌虐，使西藏人民無法安享固有生活。因此，西藏充滿飢民，强者流爲盜賊，弱者變成乞丐，造成了社會的紊亂，以致人心皇皇。

而且，西藏是政教合一的政治制度，政治的基本力量是在喇嘛。雖然，中共治藏重心，仍然着重於喇嘛。起初對於喇嘛表面是相當客氣，允許一般寺院高級喇嘛可以擁有武裝衛士，兵力以不超過一連爲原則。但是，到了一九五三年十月間，中共以西藏治安已恢復正常爲理由，命令各寺院高級喇嘛所擁有的衛士一律解散，槍枝由「政府」派員驗收。同時又規定每一喇嘛可僱用兩個至五個侍從人員，此種人員對可申請携帶手槍。此外，每一有地位的喇嘛，均派有翻譯一人，實際是監視他們。

與此同時，中共積極進行共產主義宣傳，妄想以馬列敎條代替經義，從根本上破壞西藏宗教信仰。以此種種緣故，激起西藏人民的反抗。

遠在一九五二年五月間，中共入藏之初，西藏反共人士，組織了叫做人民委員會的團體，最初組成分子是貴族、喇嘛及少數在英國、印度受過教育的知識分子，後來組織遍及全藏，改名爲人民黨，進行反共活動。

在另一方面，於一九五二年十月間，在西藏東部喀罕地方，即有藏軍一部配合當地人民，第一次公開武裝反抗。此後，西藏各地軍民聯合，不斷的發生武裝反抗中共事件。這次抗暴運動，是從一九五二年以來規模最大的一次，也是西藏全體人民起來驅逐中共離開西藏的開端，絕不會如中共所說那麼容易，二三日之內就敉平了西藏人民猛烈反抗火焰。要知道，西藏人民勇敢性成，加之地形複雜，氣候條件特殊，有利於西藏人民作戰。而中共陷於供應線太長，以及地形氣候的不利條件，不可能一時的就會征服了西藏人民。但是，曠日時久，對於孤軍作戰的西藏人民，是極蒙不利的，因此，自由世界對於西藏人民抗暴運動，不能只有精神的鼓勵，而應該有物質有效的協助，以免西藏人民抗暴運動步上匈牙利人民抗暴運動後塵。否則，不僅造成了又一次大的悲劇，並且助長了中共的囂張氣餤，而消失了人民反共的信心。這是自由世界應該深切注意的一點。

大陸通訊

台峽緊張下的福建鐵路網

翃餘

最近美國作家艾倫在其「華府內幕」專欄中報導稱：美國國務院和國防部，都預料共匪不久即將恢復對台灣外島的大規模攻擊。美國官方作此項推測，是根據下列三種情勢的發言：（一）共匪拒絕考慮美國所提共同放棄在台灣區域使用武力的建議；（二）金馬當面的匪軍，繼續加强其海陸空的力量；此項行動最顯著者，爲共匪最近在金馬集結大批的船艇；（三）來自鐵幕的情報指出，克里姆林宮將以再度挑起金馬戰火，爲柏林問題對西方施以壓力的手段。

實際來說，如果中共恢復對金馬等外島作全面的炮轟，乃是不足驚異的。我們只就中共所公佈趕修福建的幾條鐵路，均可以看出中共積極準備進攻台澎的企圖，也許大規模的攻勢，還有待鐵路網的完成，兹簡述於下：

玉福鐵路

鷹厦鐵路及通龍岩通福州的支線完成以後，現正趕修由北部伸入福建的新鐵路路綫，計有「玉福鐵路」，「金南鐵路」，及「寧福鐵路」三綫。玉福鐵路起於江西東北角的玉山經廣豐入福建，經浦城、松溪、政和、屏南、周寧、寧德、羅源、連江、馬尾而達福州，此一鐵路綫長達五百五十公里，於去年底已開始動工修築，此線何時完成？中共沒有具體公佈。

過去，中共修築「鷹厦鐵路」時，宣傳一年內完成，但結果一再愆期，甚且若干段山洞橋樑因工程粗濫，完成後即行陷毁。「玉福鐵路」據宣稱全綫計有隧道總長五十多公里，署具規模之大中橋樑近百座，橋樑總長約十多公里。中共修築「鷹厦鐵路」則由南部開始，看情形此一鐵路會分爲兩截完成，趕先完成福州至連江、羅源、寧德、周寧、政和各站路綫，以備一朝有戰爭發生，福建省內交通能應軍事上之要求。

金南鐵路

「金南鐵路」之起終點爲浙江之金華至福建之南平，這條鐵路何時開工，何時完成；未見公佈，相信此條鐵路如果開工修築，將會由金華開始，直至政和與「玉福鐵路」滙站，然後一向西北，一向西南，政和將是「玉福」「金南」的兩綫中點。在戰略意義上說，閩東北的政和的地位將不下於閩西南的龍岩。在經濟方面，「鷹厦鐵路」完成時，中共大事宣傳龍岩將成爲閩西南的工礦業重鎭，預料不久，「玉福」、「金南」兩鐵路綫到達政和之時，此一地點，將被宣傳與龍岩同樣重要。

寧福鐵路

「寧福鐵路」的起終點是浙江寧波與福州，這是孫中山先生的「東南的鐵路系統」首先要修築的一段。可是，今天中共着眼於這一綫，完全是爲了戰爭上的需要。唯其是因爲了戰爭，這一綫易受破壞，且對內陸腹地的聯繫不若玉福綫之重要，因此，這一綫何時開工，現在還未有確期。

龍贛鐵路

由西部伸入福建的鐵路是「龍贛鐵路」，這一鐵路綫的起終點是由閩西南的龍岩直達江西南部的贛縣，甚經過所重要站將有長汀、瑞金、雩都等。這一條鐵路之重要性（對福建及台灣海峽而言），實不下於「鷹厦鐵路」的鷹潭至南平那一段。由龍岩經長汀、瑞金至雩都一帶，廿五年前是中共的老巢穴，人民恨共極爲深切，共黨控制大陸後，曾傳該地一帶的反共活動頗活躍。中共趕修此段鐵路的作用，一方面是暢通此一僻落山地的交通，使閩贛兩省與漳州（龍溪）的軍事運輸更快捷；另一方面是借築路而進駐重兵，以解除閩省後方受反共游擊隊的威脅。

梅龍鐵路

由西南伸入福建的鐵路綫，在測勘中或在計劃修建中，將有「梅龍鐵路」，「汕漳鐵路」兩綫。「梅龍鐵路」的起終點是由龍宕至粵東的梅縣，另由梅縣伸延至廣州，這一綫聞已開始修築多月，其進行之詳細情形，一說與寧至梅縣至大埔至福建的永定，不久即可通車，一說龍宕至大埔的路基工程已大部完成，此兩項消息差別並不大，總之中共進行此一綫之工程，是在「玉福鐵路」之前。

汕漳鐵路

「汕漳鐵路」的起終點，是漳州（龍溪）至汕頭，此一綫關於一九五五年已完成勘測工程，但何時開始修築，未見公佈，相信中共一定不會輕視此段鐵路。因爲中共近年來駐紮於漳州，厦門及汕頭的軍隊，是屬於同一系統，駐汕頭的部隊與駐漳州部隊亦時聞有互調，同是一個戰區，而汕厦間的陸上交通，却有不足之感。

伸入福建的六綫鐵路，分別其性能，鷹潭至南平及贛縣至龍宕兩綫，將是內通福建的主要幹綫。「玉福」，「梅龍」；「寧福」，「汕漳」是次要的輔綫。在修築時間上是先完成主要幹綫，而後進行「玉福」，「梅龍」；再而後「寧福」，「汕漳」。

此外福州至厦門沿海修築的「福厦鐵路」，似亦於一九五五年被中共提起，此一綫如完成，即將「寧福」，「汕漳」兩綫連接成中國大陸東南的濱海鐵路，但是這一沿海鐵路綫在戰爭環境下，成爲最易破壞的目標，因之，中共對此一項工程進行比較遲緩。

總之，福建過去是中國大陸沿海唯一沒有鐵路的省份，而現在，鐵路八達，除了備戰而外，別無其他適合的解釋。只是在短促的這時間內，福建人民爲了中共的戰爭需要，而要負荷這麼多的築路工程，福建人民更將遭受到加倍的折磨了。

「太陽照在桑乾河上」受到批判

魏銘

一

中共佔據大陸之前，仍在零星割據時期，丁玲當時在晉察冀邊區工作，參加了三個月的「土改」，回來寫了一本二十多萬字的小說，就是馳名國際（共產國際）的『太陽照在桑乾河上。』

這部書出版之後，曾經受到中共報紙刊物的吹捧，到了一九五一年居然得到「史大林文藝獎金二等獎」，這在中共區確實是一個「殊榮」，因爲直到今天還後無來者，以後雖然有「暴風驟雨」和「白毛女」也曾得過「史大林文藝獎金」，却是得的「三等獎」，現在史大林獎金已經取消，丁玲這個紀錄沒有人能打破了。

從一九五五年起，丁玲在中共文藝圈子裡就走向下坡，中共「全國作家協會」曾經鬥爭過她，不過中共當時因爲丁玲名氣太大，仍有利用之處，而且當時史大林雖死，偶像還在，史大林屍骨未寒，他所賞識的中國作家，竟變成叛徒，未免太和「偉大的導師」開玩笑，所以中共表面上仍然優容，這時丁玲可以說是受史大林的庇蔭。

二

一九五七年八月間，中共「作協黨組」召開擴大會議，終於演變成鬥爭丁玲、馮雪峰的會議，結果丁玲被判爲右派分子，罰在「作協」辦公室拖地板，最使中共痛恨的「三八節有感」，也和王實味的「野百合花」，同經一九五八年第二期文藝報重刊出來，以加重丁玲的罪狀，但是在鬥爭時，中共文化總管周揚及其得力幫兇邵基麟、劉白羽兩人也未曾提及「太陽照在桑乾河上」，主要還是避免觸及史大林。

只有中共詩人田間批評丁玲會涉及這本書，田間說：「她的『桑乾河上』並不能算是一本大書，就是這樣的一本書，如果不經過黨內一些同志的批評，作過一些改正，能不能拿得出來，還是一個問題。」又說：「他說她愛晉察冀，她愛桑乾河，可是我們的彭眞同志，她說，會經是晉察冀地區黨的領導者之一，晉察冀，桑乾河羣衆所愛戴的同志之一，對她的『桑乾河上』只批評了幾句，她就因此不願見到彭眞同志，見面都不願打一個招呼。」（一九五七年二十一期文藝報）

不過，田間也未敢說到「桑乾河上」一書不好，還是只對丁玲個人的攻擊。

三

到了本年第一期「書文學評論」，登了一篇「太陽照在桑乾河上究竟是什麼樣的作品」？用了將及兩萬字的篇幅，評論這本書才開始否定它。

批評第一點，在於壞人是否能寫成好書，根據共產黨的定理，一個人不管過去替共產黨出過多大的力，只要一朝被整肅，馬上前功盡棄，變成一個十足的壞人，從初生下來就是一個壞分子。蘇聯的托洛斯基，到貝利亞，中共的陳獨秀到高崗，饒漱石都是一個典型，但是對於作品是否能沿用這個公式，中共幹部也表示懷疑，「太陽照在桑乾河上」就是一個新的考驗，若說這本書不好，何以會得到「史大林文藝獎金」，難道史大林還會錯（史大林在蘇聯已被視爲功小過大的人，但是在中共區依然是至善至美的神），若是這本書好，就證明壞人也能寫成好書。這樣對於中共清算一批著名學者而連帶禁止他們的著作發行，就變成了無理取鬧。中共文藝幹部對這個問題確實鬧到大傷腦筋。

現在這篇却大胆斷定「壞作家並不能寫出眞正的好作品，壞的思想無論怎樣掩蓋，多少總要流露的。」理由是文學作品的優劣是根據時代轉移的，丁玲是個好人，書當然是部好書，當發覺丁玲是個壞分子時，書也自然就成爲壞書了，這種理論實際是一種滑稽文字，類如香港報紙的「怪論」，但是中共作者却是鄭重出之。

其次又牽扯到馮雪峯的身上，原來馮雪峯曾寫過文章捧場，譽這本書寫出了「不可磨滅的典型」。丁玲既然是右派分子，何能作「典型」，這是評論「桑乾河上」一文的主要目的。作者不憚辭費把「桑乾河上」一書中主要人物逐個批判，證明沒有一個能成爲典型，丁玲能寫出的，別人也能寫得出。

四

客觀的來看「太陽照在桑乾河上」，實在不是一部好書，但在中共統治區內所有的創作中，畢竟還是較好的一本書，也誠如馮雪峯的批評，成爲「不可磨滅的典型」。只要看看這部書的內容，就可以知道它對以後的共區小說起了如何巨大的啓示作用了。

「桑乾河上」是以土改作爲背景，土改過程是農民鬥爭地主，最初鬥爭不起來最後由於共黨縣委宣傳部長親自出馬才完成任務。其間穿插着地主的狡猾，農民的無用，共幹的英明，人民的擁護共產黨，試打開共區所有的土改作品，千篇一律都脫離不了這個公式，不是典型是什麼？

站在一個讀者分看丁玲，深覺得替她可惜，這部書雖然替她帶來了曇花一現的榮譽，但是她三十年的作家地位也付之東流，以她那樣成名人物，寫出這樣小說不是小說，報告文學不是報告文學已經可悲，更要不得的是其中汚言穢語，竟達二十多處，這那像一部文學作品，又那像一位成名作家所作，看過這部書之後，相信即是過去崇拜丁玲的人也會對她發生厭惡的。丁玲因爲夠不上共產黨的標準而被鬥爭，這部小說也受到毁滅的命運，丁玲假若肯從頭到尾想一想，也許會覺得比拖地板更值得悲哀。

西藏起義及前途展望

上接第一版

英國則只逕直以爲西藏局勢「並不影響和平」了事。這對西藏革命，未免過於敷衍、漠視了。

西藏問題的關鍵在印度。中共看到這一點，所以它首先「封鎖印藏邊境」，防達賴逃出及截斷外界可能的援藏。中共一面指責印度的加林邦爲「國外指揮叛亂的中心」，指責尼赫魯在議會談論西藏革命是「不禮貌和不適當的」。中共說：「中國從沒有干涉印度的內政，也沒有在全國人民委員會上談論印度的內政」。）這顯然已以「干涉內政」爲題，對印度施行恫嚇。而尼赫魯呢，雖然亦談西藏事件，雖然說「關懷達賴」，但終於「恐怕妨害與中國（中共）的邦交」，否決了印度社會黨要求辯論西藏問題的建議。

世界的佛教徒，自印度、錫蘭、緬甸以至美國，都紛紛要求支援西藏。印度的左、右翼政黨，輿論，甚至國大黨主席甘地氏的夫人（尼赫魯女兒），或主張宣佈達賴以政治庇護，或抨擊尼赫魯袒護中共，或主張爲正義及和平，而予西藏革命以某種程度的聲援支持，可見世界人心對於西藏抗暴運動的同情與重視。

包括西方國家及印度的所謂自由世界，以及中國反共政府的台灣，對於西藏革命，決不能任令自生自滅。匈牙利事件沉寂了，歐洲就有柏林危機。西藏革命如果息，也就是中共進攻金馬台澎的時候。自由是不可分割的，你們的是否對西藏加以眞實的支援，將決定達賴喇嘛和百餘萬西藏人民的命運，同時亦是亞洲前途安危之所繫。

（一九五九年三月三十日）

記甲午中日戰爭始末（十）

舜生

三、馬關和約與三國干涉

（A）日本態度咄咄逼人

當中日兩國還沒有正式開火以前，李鴻章原抱定一和平解決的希望，後來以日本存心挑釁，且已採取軍事行動，（如擊沉高陞運船）鴻章才為事勢和所謂『清議』所迫，不得已起而應戰。等到經過平壤和海軍的大敗，而日陸軍已渡過鴨綠江、金州和旅順已陷於危急，（二十年的十月初旬）清廷始經由外交途徑，請英俄德法美義等國出面調停，可是各國的態度並不一致，甚至美國也拒絕出面。一直等到十月十六（一八九四年十一月十三日），美駐日公使譚恩（Edwnun），始以其政府之意，轉致日外相陸奧宗光，問日本是否願意議和。其時日軍已佔領大連，準備奪取旅順，軍人氣燄已不可嚮邇，陸奧對美提議，只好婉辭謝絕。

其時清廷已起用恭親王奕訢管理總理衙門，並任軍機大臣，（按奕訢於光緒十年三月為慈禧所罷免，至二十年九月始復起用。）他的意見側重和議。經他與鴻章商量的結果，始於十月中旬（十一月）決定派津海關稅務司德人德璀琳（Detring）前往日本試探。德璀琳於十月二十二（十一月十九日）東渡，並攜有鴻章致伊藤函件。日本以德璀琳既非大員，又無國書，不肯接待，德璀琳乃於十一月初一（十二月二十七日）快快返回中國，其時旅順已陷落五天了。

德璀琳的使命既告失敗，中日雙方意見的溝通便靠美國駐北京和東京的兩位公使。十一月初一，日政府送備忘錄與美使譚恩，請他通知清廷，必須中國有正式資格的全權委員派出與日方全權委員會見後，日本始能宣布休戰條件。十一月初四（十一月三十日）清廷托駐北京美使田貝（Charles Denby）問日本議和的基本條件，日方仍予拒絕。延到十一月十六（十二月十二日），中國建議雙方派全權委員在上海會合，但日方要先知道中國全權的人名和官位，而會議地點只能在日本選擇。於是中國不得已，乃決定派遣尚書銜總理各國事務大臣戶部侍郎張蔭桓，及頭品頂戴署湖南巡撫邵友濂為全權大臣，並聘定美國前任國務卿福世德（John W. Foster）做顧問，助訂和約。張邵代表團於二十一年正月初六（一八九五年一月三十一日）由上海到達由日本所指定的廣島（在中日戰爭期間，日本明治天皇駐此），日本即於張邵到達之日，任命伊藤與陸奧為全權大臣。雙方全權於正月初七初八（二月一日二日）經過兩度見面，伊藤陸奧根據中國的國書與敕書，認為張邵的全權不足，不能開議。伊藤並且對張邵說：『如果貴國誠信求和，委其使臣以確實全權，選擇有名望官爵足以擔保實行條約之人員當此大任，則我帝國當不拒絕再開談判。』張表示可補請電旨，伊藤不許，並且要張邵立即離開廣島；張表示電告清廷後才走，伊藤依然不許；於是張邵不得已，乃於正月十一（二月五日）退到長崎。當張邵滯留長崎的期間，清廷仍請駐東京北京的兩位美使周旋，表示可以更改全權證書，仍由張邵重開談判，但日方依然堅持前議，予以拒絕。並且在張邵離開廣島以前，伊藤已對張邵的隨員伍廷芳表示，希望由李鴻章或恭親王出而當此重任。於是張邵代表團不得已，乃於正月十八（二月十二日）由長崎啓程歸國。

日本的態度是這樣咄咄逼人，而我威海與劉公島又相繼陷落，清廷不得已，乃於正月十九（二月十三日）任命李鴻章為頭等全權大臣，日本仍問明鴻章確有割地權限始表示接受，但把會議地點由廣島改在馬關，並指定春帆樓為會場，接引寺為鴻章住所。二月十九（三月十五日），鴻章率參議李經方（鴻章之子），顧問福世德，參贊羅豐祿，馬建忠，伍廷芳及其他醫官翻譯等數十人，分乘兩輪，從天津出發，於二十三日（三月十九日）到達馬關（其地一名長門，又稱下關）。日本方面的全權大臣，則仍為伊藤陸奧。

孟教授（一）

感紫娟

一別津沽已經三年了。當火車降低了速度，駛進市區的時候，葉正之感到渾身一陣冷一陣熱的，過去的回憶與三年來的變化，使他有無限滄桑之感。他一出車站，馬上僱了三輪車到××大學去。他坐在車上，親切的看着兩旁景物，仍是一樣的街道，一樣的店鋪，但人却已大大地改變了。人人的臉上都陰鬱的凝着一團愁霧，使他感到哀傷。當車子經過××大學外面護校河時，他激動得不安起來，心砰砰跳着，他想：見了孟教授「第一句話應該說什麼呢？校園裏的刺玫，海棠花，桃花開得像是錦團，在淡綠色的枝葉中間更顯得嬌艷。

「妳好？母校！」

他竟像個小孩子似的，恨不得馬上就跑到樹蔭下的草地上躺下來打個滾兒。

付了車錢之後，他仰着頭一直往裏走，他記得很清楚，孟教授住在西村二十二號。當他興奮的剛要轉到那條熟悉的小路上時，有人從後面趕上來，一面喊着：「同志，等一等！」

他站住了，一看，原來是傳達室的老馮，一面伸出手緊握着他的大手，一面高興地叫道：

「老馮，還認得出我嗎！」

那個老頭用另一隻手背，揉了揉眼睛，隨即臉上的皺紋都化開了，粗聲大氣地說：

「喝！是你！來，來，葉正之，到我這兒來坐坐。」

「好，我先去看孟教授，回頭一定來。」

老馮慢慢鬆了手，顯出些不安，悄悄地說了聲：「孟教授已經不在這兒了。」

「去什麼地方了呢？」他焦急地問。

「不太清楚。你那一班的同學倒有幾個人還在。」

「李天民在嗎？」

「在的。他現在是講師了，住在西南樓，二二〇號。」

「謝謝！」葉正之他來不及多說甚麼，就匆匆地向西南樓跑去。

「已經不在這兒了，莫不是死了嗎？怎麼從沒聽人說起過？」他滿腹狐疑，猶豫不決地在二二〇號門上敲了兩下。

「請進！」

他聽到這熟悉的聲音，胆量反而小了，深恐會由這個聲音告訴他一個大不幸的消息。

門開了，在他面前出現的，似乎不是當年那個愛說愛笑的老同學了。

兩個人默默地相視了一會兒，忽然猛烈地擁抱起來。

「葉正之！」他叫。

「李天民！」他喊。

「一晃咱們已經幾年不見了，你近來可好？」

葉正之沈了一會兒，不回答他，反問道：「你呢？」

「還……還好。」李天民輕輕咳嗽了一下，又說：「去校園裏蹓蹓，好嗎？」

「當然好嘍。你還沒結婚？」

「蕙蘭不肯早結婚，又有什麼法子？蓮雲呢？」

「她上山了。」

說到此，兩人互望了一眼，話就噤住了。

兩人默默的走着，脚步的聲音特別沈重。

半天，李天民從鼻子裏出了長長的一口氣，避免「唉」出聲來。

「眞想不到你能回來一趟，是辦公事？還是……」

「半公半私吧，我路過此地到東北去。最近我遇到一個難題，翻遍了參考書也弄不通。我知道孟教授是這方面的權威，在此地停兩三天，一方面來向孟先生請教，一方面看看舊朋友。誰知道……。」他皺了皺眉尖，盯着老同學問。

「他到底怎麼回事？」

李天民笑笑，做作地聳了聳肩。

當他們在林蔭道上漫步的時候，正之忍不住用兩隻手緊緊地壓着天民的胳膊，不安地探詢：

「他死了嗎？」

對方還是沈默。

下課鈴響了，臂彎裏挾着書的男女大學生，從各樓的課室裏湧出來，向各方散去，有幾個人停留在河邊爭論着某個問題，正在談戀愛的青年男女，搶坐在花蔭樹影交映的綠草地上。

「喂，你聽見了嗎？」正之碰碰他，見他很為難，就說：

「去光明湖吧！那裡清靜。」

汲古書屋談薈

張一麐與袁世凱

耘農

當洪憲帝制運動炙手可熱時，各省紛紛勸進，江蘇教育界，則以宿儒繆荃蓀（藝風）為首，繆曾任江陰南菁書院山長，學術文章，世所知名。一麐筆記中，詳述此事，頗示惋惜。有謂：「繆藝風金石目錄與地之學，卓絕一時。乃藝風以洪憲江蘇代表首列其名，遂為平生之玷。聞當時偽造公民公意者，以江蘇文物之邦，須求一老儒為弁冕。乃由省當軸餌繆以白鏹二萬，先致五千為壽，俟登極後，補贈如約。不料西南起義，代表取消，一萬五千之契約，遂成泡影。藝風不容於公論，抑鬱以終。夫以藝風之學，雖不能比亭林、船山、梨洲之蒙難明夷，開有清一代風氣，欲如近世王湘綺、樊雲門之徘優嬉戲，身享大年，固自易易，乃名山壇坫，尙不如投閣之大夫，吾悲藝風，吾思牧翁，後之君子，當陽九百六之交，其亦知所自擇夫！」此一有關洪憲之掌故，頗足資世人以警惕鑑戒者也。

民五丙辰六月，世凱以帝制失敗，憤恚逝世，得年五十八。黎元洪（宋卿）繼之為大總統，一麐遂謝職南歸。次年丁巳七月，張勳復辟，黎去職，由馮國璋（華甫）代理大總統，禮聘一麐為總統府秘書長，未久仍請辭返蘇。自是杜門不復談國政，然遇重要事故，則挺身代表人民與軍閥相爭持，地方主政者，咸嚴憚之。迨「七七」抗戰軍興，政府設立國民參政會，一麐以耆年碩德膺選為參政員，自二十七年第一屆以迄三十二年第三屆。一麐在參政員中，齒最長，非病不缺席，每次代表全會致詞，一本至誠，發為直言。三十年十一月第二屆第二次大會中，會提出實現民主以加強抗戰力量樹立建國基礎案，列辦法十條，請禁以國庫支給黨費，禁任何黨派在學校推行黨務，禁一切非法特殊處置，皆人人所欲言而不敢言者，案雖為主席團留中，然如召開國民大會，製訂憲法，保障人民身體言論自由，則均獲通過。張氏之忠誠謀國及不畏強禦，大率類此。

吳縣汪懋祖嘗謂一麐「貌清癯，自奉甚寒儉，初見之，類一村儒，及把談既久，其清剛之氣，每使人悅服。蓋其素養極深，內充而弗外露，又遇事肯負責，而不居其功。其出處進退之際，毫無遺憾，憂國之忱，老而彌篤。」寶山張君勱亦稱其「秉性剛正，有古所謂一士諤諤之風」，洵非虛譽。孔子曰：「剛毅木訥近仁」，其張氏之謂乎？

（完）

月當頭夕溥王孫自暹京來同渡海賦

千原散人

幾回望斷南飛鵲，始見王喬下履舃，大月臨流光自照，萬燈搖岸氣相呼，獨憑正色窺塵界，但覺浮雲蔽舊都，歲晏無歸悲木葉，鳳樓人在海之隅。

贈溥王孫

前人

襆被南溟筆一枝，王孫三絕古來誰，風塵不掩山林氣，海甸還藏廊廟姿，落葉哀蟬秋作意，殘山賸水客何之，沉浮身世寧堪問，地變天荒道獨持。

剩怨二首

符五

剩從啼鴂憶年芳，贏得花時一斷腸。已分韶光歸冥漠，更無着處費思量。江山故故生紅豆，門巷家家種綠楊。咫尺畫欄憑曲水，舊經行地有滄桑。

怨碧哀蟬惹墜情，霎時境物記分明。輕寒翠幙春猶掩，細雨疎燈句乍成。事了優曇餘蝶粉，夢凝宓枕記釵聲。屏風怕見天涯路，又向天涯問去程！

己亥元宵風雨中渡海作

謝康

十年影事依稀記，今日飄零故國遙。渡海梯航愁巨浪，觀燈花市悵元宵。鄉情賸得歸心箭，親舍刼餘陋巷瓢，怪底春寒苦消受，漫天風雨正瀟瀟。

本刊已經香港政府登記
每逢星期五出版

聯合評論 週刊

United Voice Weekly
第四十三號

督印人：黃宇人　總編輯：左仲平
社址：九龍金馬倫道卅八號三樓
電話：六一一四一三（61413）
承印：田風印刷廠（高打士道一二一號）
總代理：友聯書報發行公司
售價：每份港幣壹毫
本報紐約版總經售處美國紐約中美出版社
CHINESE-AMERICAN PRESS, INC
199 CANAL STREET.,
NEW YORK 13 N. Y. U.S.A.
紐約航空版零售每份美金壹角

共黨要消滅民族文化·注定失敗

藏胞抗暴是又一例証

李璜

國際共產黨人盲目的相信唯經濟史觀，老抱定馬克斯的武斷的唯物論，而忽視了世界上各個民族均有其歷史傳統的文化根性及其力量，妄想以其所謂的社會主義及階級鬥爭，去打倒一切，消滅一切，——這是一種妄誕的想法，而且本此妄誕所發出的狂暴舉動，近幾年來歷受打擊，屢次失敗，要舉出最明顯的例證，大家都能看得見的，如前年匈牙利人民的抗暴革命，至今還未停止；如東德人民不斷的走向西德，竟至三百萬人以上；如在馬來亞、緬甸、泰國、寮國的威脅利誘，均已失敗，如在中東激起回教民族的公憤，納薩大舉反共；以及在法國的共黨優勢，一度完全破產，選舉一敗塗地，等等，不勝細舉的一片「反」與「抗」的現象發生，無一不是各個民族的宗教信仰，歷史觀念，傳統風俗，生活習慣，文哲薰陶，社會組織，……種種文化力量在予共黨以反擊，並且一經反擊，共黨注定的必然失敗。此次西藏人民的大舉抗暴，方興未艾，乃是很明顯的又一例證。

原來以欺騙起家的中共，以為既然能夠用「新民主主義」騙住中國大陸人民，誘入圈套，然後吊起來打；對於西藏人民也可以用自主自治的十七條簽約，藉此進兵控制，然後以其所謂的社會主義來「改造」西藏，奪取達賴喇嘛的宗教及政治領導權。那知道，中共只懂得的馬克斯，而便不懂得宗喀巴（西藏黃教始祖）在西藏的信仰力量，乃是不能輕易動搖的——這是藏民族的文化根子，是與馬克斯的武斷唯物論根本不能相容的，即使中共不想用馬克斯去代替宗喀巴，就只是以兵威鎮壓，也必然遲早是要失敗的，何況共黨總迷信着在任何地方都可以用階級鬥爭去消滅民族文化呢！

住在國內西南省區的中年人，或研究中國現代史事的中西學人，應該還記得起清末的趙爾豐，民初的尹昌衡，陳遐齡對藏軍事失敗的往事！如不是聰明的趙爾巽（爾豐之兄）主張罷兵，則趙爾豐等不到辛亥在成都被殺頭，就早已困死西康了！至於尹昌衡，消耗了四川不知好多錢糧，其結果，也只留得「昌都」，「碩督」，（尹字碩權）幾個自誇的地名而已！陳遐齡號稱安撫而妄自尊大，結果狼狽逃回，被袁世凱囚死於北平，其衞隊十九餓死，走死於崇山之中！

中共今天要對藏用兵，已成騎虎難下之勢，因為狂暴的中共主持人既胡鬧的去炸壞了西藏人的「聖地」三大寺，已與西藏內外的全部佛教無法妥協；而又因達賴喇嘛竟自逃出虎口，其號召反共抗暴的力量，便只有加強；中共不願意退出西藏，就只有多派兵，多殺人，血腥鎮壓之一法！然而以運兵與補給而論，可以全部用飛機嗎？大家知道不但中共，就是俄共也無此力量。以地形與控制而論，中共五萬人，又加上傘兵，連達賴一行八十人，一天只走二十哩，都趕不上，找不着，擋不了，捉不到手，就不必談還要想去消滅康巴族、果洛藏族，與洛卡區的英勇藏人了啊！

試翻開西藏以至青海南部，西康西部的地圖一看，到處是白色的長圓塊子，那是高達七八千呎以至萬多呎的高山峻嶺；到處是黑蛇樣的曲線，那是高山下深谷中的河流；達賴一行之艱難，大半原因在此，而中共要用兵與土著的人民相追逐於此高山深谷之中，其艱難更可想見！行見，可可稀立山與唐古喇山之間，共軍將有「行不得也」之嘆，還說得上竟會打入印度去嗎？——此所以尼赫魯一經考慮之後，胆子也大了起來，他知道泥脚愈陷愈深的中共，終要求教他呢。

連日香港各報所登載關於西藏民族抗暴的圖片，我看見印度的藏人成羣的跪地閉目，和南祈禱，又看見世界各地的佛教徒向共黨示威的遊行與標語，令我深切的認識，這處處表示出文化的力量，這絕非任何武力所能征服的！這也如同在前幾日的復活節中，莫斯科與俄國國內的教堂，還是有千萬民衆，擺長龍擁擠起去！在無神論的唯物者統治下的俄國，不是已有四十年以上用力摧殘宗教的做法了嗎！其成績安在？

中共一向追隨着俄共，認為要眞正赤化中國大陸，必須消滅中華民族的文化及其根據。既淺薄的認識中華文化建立在家族主義上面，故一經佔領大陸，便不斷的唆使兒子清算老子，拆祠堂，挖祖墳，以至於近來實行人民公社，最大目的還是在將大陸上中國人的家庭一律拆散，其結果，引起大陸所有同胞反感，不但公社已紛紛發生變故，而且農村生產減低，到處成爲荒亂現象，小共幹們無法鎮壓，為之手忙脚亂，以至要在北平派出大共幹赴各省鎮壓，毛澤東本人也得要親自去河南鎮守着！——大陸上這種到處不約而同的反毛，反公社，怠耕減產，民與偕亡的悲壯舉動，在在足以表示中華民族的文化表現出了力量；然而中華民族文化力量的根源處，又豈只以仁慈為本的，溫情為用的家族主義的一方面！

固然，當此清明佳節，祭掃先人墓地之期，即我們逃亡在外的人們，祖宗墳墓或早被挖掘，填成平地，而也不能不在此日思親追遠，想及兒時父母的恩情，祖宗奮鬥的往蹟，因而憶到出生之地，釣游之所，江南桃李，北國牡丹，焦山帆影，灞橋柳色……。然而最令中國人不能忘懷的，還是：在西湖的岳王墳，在成都的丞相祠堂，特別是在曲阜的杏壇，以至於姑蘇城外，燕市樓頭，……。這種種懷念便不只是家族主義，而是中華民族文化所逐漸凝成的結晶，同時也是為中共所想要消滅去掉的，所以中共要「厚今薄古」，要抬出殺人王的黃巢、張獻忠等等，來作為模範人物。這是對我中華民族人格的侮辱，這等於炮打西藏人的三大寺一樣嚴重，中共對於消滅中華民族文化的狂暴舉動，也必然的注定失敗無疑！

四十八年清明節

香港各大雜誌社負責人舉行集會

聯合支援西藏抗暴運動

（本刊訊）四月三日香港各大雜誌社負責人舉行集會，討論支援西藏同胞抗暴運動問題。出席者有「聯合評論社」左舜生、黃宇人，「自由陣綫社」謝澄平、劉子鵬，「自由人報社」陳克文，「時代批評社」孫寶毅，「新社會雜誌社」孫寶剛，「民主評論社」金達凱，「再生雜誌社」嚴南方，「文學世界社」司馬璐，「文壇雜誌社」王厚生，「展望雜誌社」盧森，「人生雜誌社」梁宜生，「大學生活社」、「春雷雜誌社」、「祖國周刊社」胡永祥，以及「中國學生周報」、李金曄，史誠之、徐東濱、蕭輝楷等。會上發言極為踴躍，除決定共同發起為西藏流亡難胞捐助醫藥及款項，委託「自由人報社」及「祖國周刊社」彙集轉交國際紅十字會外，各大雜誌社並決定聯名致電達賴喇嘛，支持其抗暴努力，電文如下：

達賴喇嘛鈞鑒：

此次西藏同胞奮起反抗中共，悲壯激烈，同人等深切同情，頃聞大駕安抵印度，尤感興奮，除向聯合國、國際紅十字會等國際機構呼籲外，並在此間發動各界捐助醫藥及款項，匯郵救濟逃亡之西藏同胞。尚希繼續奮鬥，同人等誓為後盾，謹電致敬，祈維鑒察。

此外，各大雜誌社並決定共同致電聯合國人權委員會、聯合國反集中營委員會、國際紅十字會、文化自由大會、世界青年大會等國際機構，呼籲從速援助西藏抗暴人民及藏邊難民，電文如下：

中國人民對共黨極權統治已展開大規模的反抗。數以百萬計的西藏同胞正在西藏及其他地區以武器及徒手對共軍進行英勇的戰鬥。這是一個偉大民族爭取人權及自由的堅決鬥爭。我們向你們呼籲，請對英勇的中國人民在他們最壯烈的時刻給以道義支持與物質援助。

閒話第三篇：西藏問題及其他

左舜生

一

中共在中國大陸上攬風攬雨，已經有了三十年以上；盜竊大陸的政權，也已到達十個年頭；照常理說，他們總也應該多少有些進步，可是不幸得很，時間拖得愈久，乃愈表現了他們領導層人物的低能！

所謂中共領導層的人物，姑以他們的毛、周、劉三巨頭來說吧！虛偽而專橫莫如毛澤東；面善心狼而又沾沾自喜，莫如周恩來；裝模作樣，陰陽怪氣，實際中無所有，莫如劉少奇。他們根本不懂得中國，更不必說中國的文化；他們根本不知道今世何世，但他們卻要侈談世界革命，而造成了對整個人類的威脅；他們自命為無神論者，但即以毛澤東來說，他便是滿腦經的神，滿腦經的怪，滿腦經的鬼，看他們十年來的行為，他們也只知道乞靈於『馬經』，乞靈於符咒，白紙變雞習，紅薯變人參，蝌蚪節生育，屍骨代化肥，土爐煉鋼，掘墳盜寶；……他們最崇拜黃巢，張獻忠，李闖，義和拳，你們只看看毛澤東，周恩來那一股子神氣，也眞和義和拳的『大師兄』曹福田，張德成之類一模一樣，可是他們卻明目張胆要與世界的一切宗教為敵！

二

當他們奉命『反美援朝』時候，就在他們的黨內，也有人以為不可，但他們的領導層人物卻堅持要幹，毛澤東且不惜以他的兒子毛岸英去抵擋頭一炮，也就居然取得了一個『毛烈士』的頭銜！這一戰的結果，美方死傷了十萬人以上，美國政府確有詳細的數字與表冊昭告他們的國民，中共死傷了百萬出頭，卻至今一無交代；以一比十的人力與美國的二三等武器作了一次比賽，明明慘敗，卻還要舖張勝利，歡呼凱旋，而且自命發現了世界一大秘密，證明美國不過是一隻『紙老虎』！不知道人間有羞恥事，罪過還小，像這樣公然的欺騙人民，實在是罪無可恕！

去年毛大師兄忽然心血來潮，要搞什麼『人民公社』，當時中共黨內外確也有一部分比較持重的人不以為然，可是鬥不過老毛的一股橫勁，一定要幹，幹上一年的結果，豈只是弄得全國人民妻離子散，家破人亡，就據老毛自己的體驗，也確實到了怨氣衝上『重霄九』，『萬戶蕭疎鬼唱歌』的時候了，可是除掉為中共高級幹部集中的若干都會暫緩實行以外，其餘一切的地帶，依然還是要硬幹，實幹，早幹，晚幹，……直幹到皮脫肉脫，總之非幹不可！有一位新聞記者，他曾有過一度與周恩來握手的光榮，據他打出的電報，卻証明周恩來的手，依然是肌理細賦，軟如柔美；我們就從報紙上看到『毛主席』的『玉照』，也眞夠得上腦滿腸肥，方面大耳。這可以說明所謂『人民公社』也者，確確鑿鑿只以『人民』為限，共產黨卻是騎在『人民』頭上而自成一特殊階級。譚鑫培在清末被人稱為譚貝勒，最近譚富英居然也由『人民』榮升而取得了這一貴族地位，這大致也就是貝勒之流，叫天地下有知，不只要高興乃孫的『克繩祖武』，就是『毛主席的恩情』，也眞可與『老佛爺』後先輝映啊！半月前看了一次『借東風』，我由譚富英想到叫天兒，由叫天兒想到慈禧太后，義和拳，同時也不能不使我想到毛澤東和共產黨。中國現代史上，過去已經有了兩個庚子年，第一個一八四〇，中國正鬧着鴉片戰爭；第二個一九〇〇，義和拳大鬧天津北京，引出了八國聯軍；第三個便是明年的一九六〇，毛澤東除已經發動了一個翻天覆地的『人民公社』以外，現在又掀起了一個震動世界的西藏問題。我們必得把『鴉片煙』，『義和拳』，『馬列主義』相提並論的來研究研究，以比較它們貽害中國的淺深；我們也必得認識伊里布，琦善，那拉氏，載漪，剛毅，徐桐，曹福田，張德成，毛澤東，周恩來，劉少奇是某一類型的人物，以比較他們為禍中國之大小啊！

三

說到目前的西藏問題，大家已有一共同的認識：即中共要憑藉武力或利用傀儡以求得這一問題的解決，已絕無可能。以西藏的地形，交通，氣候，作較大規模的現代戰爭，固無以展其長；即小規模的遊擊戰，持久戰，也無所施其技。以西藏宗教信仰的堅定，民風的強悍，言語與生活習慣的特殊，凡中共所擅長的離間，滲透以及特務活動，更一切歸於無用。目前中共所能勉強掌握的，只有幾個點，此外的面，則全部控制在當地的人民手裏。中共要迅速增援，無論從北面或東面進入西藏，交通隨時都可截斷；無論從拉薩，江孜，日喀則，任何一點出擊，較大的部隊均無法展開，而且西藏的人民決不會和中共部隊作正面戰，所謂窮追，所謂圍剿，一切都是廢話。目前氣候的情況還好，只要拖到半年以上，到十月十一月之交，在西藏的若干地區，普通都在零下十五度至零下四十度，冰雪載途，寒風刺骨，如果中共部隊沒有完備的禦寒裝備，則除龜縮在較大據點以內，實寸步也不能移動；如果以小組出擊作遊擊戰，則叢林密菁，深澗高山，不僅不容易發現敵人的蹤跡，卻隨時有被敵人襲擊的可能。假定中共部隊沒有特製的牛毛蓬帳，而僅有普通的帆布帳蓬之類，則大風一起，要求一安穩的宿營也不可得；糧食飲料，固然十分困難，一入冬季，甚至要求得少許牛糞作為禦寒的燃料，西藏人也將斷然不予。假定中共眞有二十萬至三十萬的大軍進入西藏內，即在交通未斷以前，給養已不容易，一旦交通全部截斷而純靠空投，則此二三十萬的大軍，不繳械投誠，便惟有活活餓死凍死！

目前中共以班禪為傀儡，姑無論班禪在藏人心目中的信仰絕非達賴之比，而達賴既已安全到達印度，則舉世的同情，也將集中於達賴，而決非班禪，班禪不能解決問題，這一點在班禪自身，也十分明白。

截至現在為止，中共惟一可採的途徑，只有周恩來即飛新德里向尼赫魯老爹登門請教，但中共的一兵一卒不全部退出西藏，所有共產黨員在西藏的活動不全部停止，尼赫魯也將愛莫能助。周恩來要在這樣一種的先決條件之下，去請求尼赫魯幫忙，誠然是一大丟臉的使命，可是以中共的低能妄動，已造成目前這種局勢，不大丟臉尙有何法？可是即令上舉條件辦到，達賴本人是否願意在某種保証之下重返西藏，也還是大有問題，達賴一天不返回西藏，西藏的抗暴運動便一天不會停止，中共更丟臉的活劇便還得繼續的演下去，我們等着瞧吧！

中共奴化人民思想的手段

曾明

（一）中共的文化目的

文化是全體人民所公有的，不可能為某一階級所獨有；也不可能為某一階級的需要，製造某一種特別形式的文化來壟斷獨佔。同時，文化當然隨着時間前進而進步；但，如果不是順乎時代反映自然的演進，就不會為人民所接受。這是一定的道理。

然而，中共却認為文化的目的，是跟着政治的需要和情勢而轉變的。毛澤東說過，文化是「一定社會的政治與經濟在觀念形態上的反映，它只是替政治經濟服務的」。這就是說，在共產社會制度下，文化沒有主動影響政治經濟的可能，只有被動的受政治經濟的支配而為政治經濟服務。換句話說，文化是政治經濟的工具。因為如此，中共消滅原來的教育文化思想，而另行製造奴化教育思想，以達到他們所希望的，將移植過來的馬恩列史的思想强迫中國大陸人民接受，造成共產主義文化的天下，代替中國固有的文化。同時，中共以此一刀將文化劃開為兩個階級的文化水平：一個是中共統治階級的高級文化水平，一個是被統治階級人民的低級文化水平。

（二）以農業中學為奴化人民思想的手段

中共為了壟斷獨佔高級文化水平，以作為他們新貴族世世代代騎在人民頭上做統治階級的武器，同時要把人民的下一代壓迫沉淪在工農的低級文化水平。因為，中國大陸仍然是一個農業社會，因而是從農村教育着手，提出以教育為工人階級的政治服務，教育與生產勞動相結合的口號，在一九五七年年底和一九五八年年初硬性地實行了兩個措施，一個是農業中學的開辦；一個是在大陸各學校實行勤工儉學，作為他們進行奴化教育的手段。本文僅就農業中學這一年來的情況，作扼要的剖析。至於勤工儉學容另文再敍。

農業中學在表面上說來，是一種民辦的半工半讀的職業（技術）學校，所有經費由農民自籌，並不要中共負担一個錢。當中共提出這種措施以後，江蘇省於去年三月首先在該省的海安縣雙樓鄉和原邢江縣施橋鄉開始創辦。中共中央宣傳部部長陸定一並於三月十七日親到江蘇督辦，在到三月底半個月當中，就由兩所農業中學而發展到二千多所。至大陸上其他各省跟着江蘇也普遍的辦起了農業中學。以江蘇說到今年三月，農業中學辦了恰恰的是整一年。從這一年來的情況來說，農業中學是官督民辦。

（三）農業中學的作用

中共之所以推行農業中學，不僅可以達到愚民教育奴化思想的基本目的，而且解決了中共當前的初中教育不能容納高小畢業生和農村缺乏勞動力的緊張情勢。即如今年而言，據陸定一說：大陸上十三歲到十六歲的高小畢業生，約有三千七百多萬人，而初級中學，只能容納七百多萬人。這就是說，平均每五個高小畢業生當中，只有一個有機會升入初中，其餘四個半高小畢業生都要淪落到農業中學。也就是說今年大陸農村增加了三千萬個的半勞動力。

而中共對於農業中學的宣傳，認為有八大好處：「一是高小畢業生能繼續升學，提高文化；二是半耕半讀，既可掙到工分，又能學到知識，人人可以上學；三是學習珠算，簿記，為農村培養幹部；四是擴大掃盲隊伍，可以提前完成掃盲任務；五是羣眾自辦，減少國家投資，支援工業建設；六能學習農業技術知識，有利於生產發展；七使農村青年安心生產，不再盲目流入城市；八是學習時事政治，加強農村宣傳工作」。這八大好處歸納起來說：第一、將下一代的人民凍結在低級文化水平之內，不可能自由的竄上高級文化水平；第二、奴役高小畢業生的勞力；第三、減少中共對於教育經費的負担，第四、堵住高小畢業生升學的藉口，而控制勞力的流動；第五、根本沒有培養人類發展的教育意味。

（四）農業中學的實在情況

因此，農業中學的學制，有的定為三年，有的定為二年。招生對象，以高小畢業生為主，同時，也招收一些二十五歲以下同等程度的青壯年。課程內容，一般開設四門功課，即政治、語文、數學、農業基礎知識；到二年級並開設生理衛生課，到三年級又要開設理化常識課。教材規定除由省統一編印外，各地可以因時因地，根據需要，自己補充教材。教學時間規定是半耕半讀，有的半日制，有的隔日制。不放寒暑假，只放忙假。經費來源，以誰上學，誰出錢為原則；一般的收費標準，學生每學期繳學費人民幣四元，雜費一元。教師的每月工資，由收來的學費支付。校舍有的借用小學，有的借用公家房屋，有的利用祠堂、廟宇；設備大部自帶桌櫈。教師就地選聘，以「能者為師」。政治課以中共鄉黨委書記担任；農業基礎知識，由農業機關農校下放幹部担任；語文、數學由高中畢業生或下放幹部担任。學校領導，由中共鄉黨委書記兼任。

（五）農業中學一團糟

從這一年來說，農業中學最嚴重的有下列三個問題，第一教材問題不好解決，因為初中課本，不能適用於農業中學，以致產生了教師感到沒有書不好教，學生感到沒有書無法學的鬼混現象。例如，南京紫金山農業中學農業基礎常識，教師不會上課，就請老農來講。上課前，教師先去拜訪老農，聽老農講一遍，記下來，再告訴老農，應該先講什麼，後講什麼，上課時，老農講，教師跟班當助教；第二、教師缺乏問題，由於幹部本身文化有限，而且對於課堂教學根本不懂，講解不清，引不起學生興趣；因而，中共提出了「能者為師」的口號，即如前面所說的以老農當講師，而來解決師資缺乏問題；第三，沒有一定的規章制度，一切依照中共鄉黨委的主觀情緒而定。由於上列問題，農業中學表現的一團糟。

因此，在本年三月十四日中共中央宣傳部部長陸定一，又提出了整頓農業中學的四個原則，想挽救農業中學崩潰瓦解的命運。這是中共徒勞心計的幻想，因為文化教育是時代反映自然的演進，絕不可能以命令強制人民接受違反人民自己需要的奴化教育。其實，中共推行農業中學，不過是奴化人民思想、愚民教育的手段，並不是提高人民的文化水平，其失敗是必然的事實。

達賴、班禪、藏王的職掌及區分

何雨文

西藏的統治者是達賴和班禪，過去還要加上一個藏王。目前這三個人的來歷，與中共的關係及目前情況，我們應該加以說明，這對於西藏局勢發展的瞭解上是有益的。

現在的班禪是班禪十世，他的全名應該是班禪額爾德尼‧却吉堅贊。他的過去情況是這樣：班禪九世因為受制於達賴十三世，為了應納賦稅超過扎什倫布寺（班禪駐錫處）的負担能力，不得達賴諒解，於一九二三年十一月逃出西藏，次年秋季抵北平，請求北平政府支援，亦未得要領，不得已巡行各省，宣揚佛法。國民政府奠都南京後，對班禪甚為優待，一九三二年任為西陲宣化使，並封護國宣化廣慧大使。達賴十三世對政府之優遇班禪，數提抗議，於是班禪九世與達賴十三世函電交馳，互相攻訐。一九三三年，班禪九世派安欽多傑鑑持親筆函回藏，要求和解，當為達賴十三世接受。不幸，達賴十三世於該年十二月十七日圓寂，事乃擱置。政府於一九三五年派趙宋鈺為護送班禪回藏特使，行至青海玉樹後，又為西藏地方當局所拒，便停留玉樹無法再前進。班禪九世於一九三七年十月三十日在玉樹圓寂。九世班禪圓寂後，十世班禪於一九四三年尋得，因無法回藏，乃於一九四九年七月在青海塔爾寺坐床。這就是目前的班禪十世。

目前的達賴是十四世，他的全名是達賴喇嘛‧丹增嘉錯。他的來歷是這樣：十三世達賴圓寂後，由熱振活佛攝政。一九三九年，熱振在青海西寧尋得達賴轉世靈童，呈報政府核定。政府特派蒙藏委員會委員長吳忠信前往西藏主持坐床大典。吳忠信於一九三九年十二月啓程，假道印度，一九四〇年一月抵拉薩，二月廿二日完成達賴十四世坐床大典。

因為在中共佔據大陸之前，有過這樣曲折經過，所以這二位西藏教主和中共就結下了不同關係，遂發展成目前情況。

班禪十世於一九三九年七月坐床，該年九月中共就佔領青海塔兒寺，將班禪及其左右囚禁，送往北平加以思想改造，特別是軟化班禪左右，以便包圍，使班禪失去自由意志。一九五一年五月，中共與西藏（達賴所派遣之代表）簽訂「和平協議」後，即用武裝送班禪回藏。在「和平協議」中中共特地爭取班禪權益：一、「班禪額爾德尼的固有地方及職權，應予維持。」二、達賴喇嘛和班禪額爾德尼的固有地位和職權，係指十三世達賴與九世班禪額爾德尼彼此和好相處時的地位及職權」。這種規定，中共的目的不是有愛於班禪，特加保護，乃為了分化西藏，利用班禪以便隨時制服達賴。在政治地位上，班禪是次於達賴的，例如中共組織之「西藏自治區籌備委員會」，達賴任主任委員，班禪任第一副主任委員，張國華任第二副主任委員。但因班禪本身沒有政治和軍事力量，完全在中共控制之中，所以中共得以隨意支配。例如中共在西藏成立之「西藏土地改革委員會」，即由班禪担任主任委員，這是達賴不願担任的一個職位。這一次西藏反暴運動展開之後，達賴出走，中共就任命班禪代理達賴的「西藏自治區籌備委員會」主任委員，看來中共暫時要用班禪以號召西藏人民了。

達賴十三世英明果斷，為五世達賴以後最英明之教主，目前的達賴十四世所表現的也夠英勇有為。他是十六歲便親政的，照規定早了二年。他是反共的；在軍事上和中共在昌都打了一個硬仗，不幸噶倫兼昌都總都阿沛‧阿旺晉美率部投降，藏軍精銳全失，無法再戰，在政治上他向聯合國直接提出呼籲無效，又由薩爾瓦多代向聯合國提出，被擱置，印度英國均袖手旁觀，政府該時又難直接援助，兵臨城下，達賴只有與中共和談一途了。在北平與中共簽字的首席代表就是昌都降將阿沛‧阿旺晉美，也是中共硬性指定的，作為和談條件之一，另一個條件只是和談地點要在北平。

這一次的反暴運動，雖不一定是達賴主動的，但他至少是支持的，他是永遠站在西藏人民一邊，維護他的教義，愛護西藏人民。他所以不顧危險於三月十七日自拉薩出走，目前已進入印度，他將領導，至少是精神上領導西藏人民的反暴運動。

在這次中共電文中，特別指出前任藏王魯康娃‧澤旺饒登在噶倫堡指揮反抗中共的運動。對於藏王、達賴與班禪三者之關係，也有加以說明的必要。在十三世達賴親政之前，西藏雖久已政教合一，但設一個藏王的位置，藏王是秉承達賴意志推行政令。藏王的地位一如首相。一八九五年達賴十三世廢置藏王，自行兼攝藏王之權。這一次藏王率兵反抗，重與達賴十四世合作，潛在的反抗力量一定不小，只要能夠獲得必要的軍援和經援，逐出中共勢力於西藏之外，也非不可實現之事。

班禪與達賴關係如何呢？按照西藏冊籍，班禪為彌陀佛化身，字義為「無限光明」，達賴為觀世音化身，字義為「慈悲之王」。彌陀佛是觀世音之心靈指導，所以西藏人認為班禪在宗教意識上地位高於達賴，但班禪不理俗事，所以政務完全由達賴處理，這次中共以班禪代理達賴執行政事，是違反西藏政教傳統的。

共區學生寫書的笑話

岳騫

一

去年中共大躍進時期，鼓勵大家敢想敢作，工人要敢創造，知識分子要敢寫。工人創造的笑話已經很多，類如大陸各地流行的汽車掛拖車，木軌鐵道等發明，鬧哄哄宣傳了一個時期，終於無聲無息結束了。

至於知識分子的「敢寫運動」，在共區似乎未能大力推動起來。最少一些成名老作家是不敢寫東西，被迫訂計劃是一回事，訂過計劃永遠還是計劃；不僅一些被統治的人如此，即使貴為文化部長的茅盾也是一樣；還有一位論才華，論拍馬工力，論「聖眷之隆」，在共區都不作第二人想的郭沫若，這些年又寫過什麼東西？

儘管名作家不肯寫，但在大躍進時期中，却出了許多軍中作家，農民作家，寫作了大量據說叫做「詩」的作品，不過也只如曇花一現，轉瞬就完了。只有各大專學校集體編寫了許多「巨著」，因為份量多，存在的時間也比較長，而鬧的笑話也最大，本文就是介紹一部「中華人民共和國史稿」。

這部書是「河北北京師範學院」歷史系三年級師生集體編寫的，也是共區出版的唯一此種著作。這部書的寫作經過，稱得起「大躍進」，三十多萬字的書，在短短二十天內就完成了，比較司馬溫公十九年修一部資治通鑑，時代真是進步到原子世紀了。

二

書雖然寫得快，毛病也特別多，初出版時，當然有許多報刊也大力吹捧，該院歷史系主任李榮樸在光明日報上發表文章，認為「史稿」是一本「黨性和科學性最强的著作」。此君是「史稿」的「主編」，當然要替自己吹捧，另外又有人在「河北日報」上發表詩歌，稱「史稿」是「歷史創作的衛星」，寫這首詩的人，實際也還是本書的編者。不過經過幾處亂吹亂捧之後，加之這本書還有兩大特色：（一）它是第一部「中華人民共和國史稿」，過去從沒人寫過，雖然留在大陸的歷史學家很多，而且共黨黨員中也有許多史學造詣都算不錯的，類如范文瀾、吳澤以及可能是共產黨員的翦伯贊，都還未敢作過如此「偉大」的嘗試。（二）它也是「大躍進」中躍得最快的一部書，二十天中寫了三十萬字，在共區也是創舉。有此兩個原因，所以銷路據說也不壞，於是引起了一些人的注意及嫉妬，仔細加以研究，發現了其中的問題很多，這本書的內容也近似「荒謬」，一人發難在報端提出批評，其他的人馬上一起鳴鼓而攻，看情形這本史稿將會被禁止發行

三

這本史稿第一個毛病是「亂」。完全七拼八湊抄來，先從「

（下轉第三版）

大陸逃港學生的控訴：

我在羈留所住了兩年

東賢

我是江蘇鎮江人。毋親在我幼年時就病死，留下父親和我相依爲命。父親原在鎮江市經營一間賣米油醬的南貨店，我則在市第一中學唸書，課餘在店面幫助父親做生意。中共佔有大陸後，面臨糧食危機，故藉「三反」「五反」掠奪商人財富，我家難免浩刼，不但我父親被鬥爲「奸商」，財產被沒收，並被冠以對「人民政府」有不滿情緒的罪名，判了五年徒刑，被送西北做苦工，從此我們一直沒有見過面，也沒有通過一封信，對他的生死存亡至今還不明。由那時起，我既是無家可歸的孤兒，也是「反革命」分子的兒子了。

十六歲失業失學

那年我才十六歲，父親被迫害後我的生活就發生問題，曾想輟學就業，以自食其力求生存，但那時成千上萬具有專門技術的人材，及體壯力大的工人，他們都失業，何況我是個無一技之長的初中生。家庭成分又「不好」，那裏能找到工作呢？經過一再東奔西走，使我體會到找工作是沒有希望的。故回到學校要求學校當局替我解決生活上的問題，以便使我能夠繼續讀書下去，誰知校長（黨員）竟以我是「反革命」的兒子沒有權利享受「人民助學金」等，只批准減免我的學宿費，還說這樣做已是「政府」對我的特別照顧。於是，我開始在學校裏吃苦，以同學的殘羹冷飯過活。在中共統治下的人民是很苦的，尤其是學生，中共說是消費者，所以學生的伙食甚劣，剩飯很少，我經常空着肚子去上課，空着肚子睡覺。我這樣挨過了二年多，一直到我被捕時才結束。

隨後又被捕

我被捕那年是五四年的秋末。有一個夜裡學校出現大批反共標語。第二天校裡的「黨」「團」大爲震動，整天跟僞公安人員開會。當天晚上我就被捕了。他們認爲我是寫貼標語的人是有理論和事實根據的，以共產黨人的觀點來說：「反革命」的兒子及其家屬等的思想大多數是反動的，甚至刑事犯的親人也不可靠，尤其是我那段時間的生活苦，故他們認爲我的嫌疑很大，其實我是個無辜者，這究竟是誰幹的我確不知道。起初他們利誘我，表示很同情我的生活，說是由於我的生活沒有着落，情緒不好才被「敵人」利用，只要我坦白交代，把參加貼「反動」標語的人及主使人，說出來，他們將免去控告我，讓學校行政處罰我，並給我繼續唸書。當我回答我沒有參加也實在什麼都不知道時，他們冷笑的說說好吧！既然你頑固，不肯坦白交代，那麼我們就給你顏色看。接着我被關在一間又濕又暗的小房裡，內面無一物，地板濕得連一塊睡的地方也沒有，那時的天候甚冷深夜更甚，凍得我不停的發抖。每日只能得到一碗冷稀飯和一杯開水。在這種精神和肉體的磨折下，到了一個星期後，我被帶出黑房，已是半死，幾乎昏倒了，兩手軟，兩脚無力，不能走路。後來我被拘禁在羈留所，內面已有三十多個「犯人」，我們晚上擠在一起睡覺，誰輕輕的動一下，就會把別人弄醒。

羈留所的生活

羈留所的生活更苦，早上五點我們就起身，半小時的時間給我們穿衣服，整理被窩，刷牙洗面等。然後有廿分鐘早操，本來兩天中僅有這廿分鐘能活動，但大家覺得是額外磨折，因這二十分鐘我們在槍桿下被廹長跑，要跑得快，跑慢的人要受槍桿打。有一天早上，一個五十多歲的老人因跑不動，被僞公安人員用長槍柄在他背上用力敲一下，那高齡的老人立刻吐了幾口鮮血後，當場昏倒在地上，而那個僞公安人員却還罵他裝死，又用皮鞋對他亂踢……。通常，上半天是審問「犯人」，照編排的號數被帶去。下午是政治學習及寫坦白書，「犯人」的坦白書可以說是個人的回憶錄，從你開始懂事時期寫起，內容包括很廣，每天你思索到的往事，點滴零碎片斷都得寫出來。很多人的坦白書都寫得很好，一字一淚，動人肺腑，同監的閱讀人後無不流淚，但只不能感動那些審問員！坦白書是永遠寫不完的，只要你留在裏面一天就得寫一天，每隔幾天就被收去查看一次，看你前後寫的符不符合。下午四時有一餐碎米飯，小菜是蘿蔔干。晚飯後有一個小時在房裡「自由活動」。他們是禁止犯人抽煙的，當我們房裡多數人是利用這段時間偷抽煙，有一次被管理員發覺，兩個抽煙的人當場被打了幾個耳光，打得頭昏眼花，香煙也被收去。「自由」活動後是聽報告，有時是那個胖胖的所長操着河南的口音大講「馬列主義」、「毛澤東思想」或是中央「首長」的報告文件，接着是小組討論，有時深夜還不能睡覺。夜神的降臨，誰都提心吊膽，他們常常利用深夜來磨折人，或者殺害人。在我同房裡有個姓陳的，他被人告密是特務，案情很嚴重，經過不少次嚴刑拷打，終於在一個深夜被叫去了就沒有回來。

我在羈留所過了二年多，有一天上午，照例叫到我的號碼，審問員照舊問我肯坦白交代嗎？我說：自己覺得實在沒有犯罪沒有好交代的事情，所有的事都早已坦白了。他看看我後說：你的嫌疑我們已查清了，快點去收拾行李走罷！我不信是自己的耳朶。但我已經當做「反革命」關了兩年多，那天我走出羈留所的大門，抬頭看見天空是陰沉沉的，眞是沒有一絲陽光啊！

是誰挖了我們的祖墳？

伏堯

中共藉詞生產大躍進；增加可耕地，自從實行人民公社制度以來，即積極展開「平墳運動」。他們更爲了展開積肥措施；實行向「地下找肥」，在「說服志願」下，逼使農民挖自己的祖墳，取出先人骨殖，磨粉作肥田料。

他們更爲了防止農民抗暴，拆拼若干山區百戶以下的自然村，拆毀民族的祖先祠堂，嚴厲禁止農民祭祖。這一些和人民公社男女分編生產隊，開大鍋飯，一個生產連三個大鍋，一把菜刀，藉詞生產鋼鐵大躍進，收天下鐵器，使農民手無寸鐵反抗，其作用如出一轍！

因爲共黨這一系列滅絕人性的暴行，不僅僅是爲了控制人民的思想行動，人民的腸胃。同時也是建立「人民新制度，人民新觀念」，其實就是毀滅我民族傳統文化，消滅道德倫理，民族觀念，家庭制度，好讓「反人性」的「蘇維埃文化」取而代之！

根據中共指出，死人不該拖着活人，因爲墳墓上有用的土地，可開墾成肥沃的田地，石碑可打作石子築路，棺木可作建築器材，殉葬品的金銀玉器，可變賣得錢作增加生產資金，死人遺骨可磨粉造肥田料。

無怪「公社社員」因飢餓，或勞役磨折而病故，或被逼害而死亡後，這一副「會說話的工具」便算利用完畢，在追悼儀式舉行之後，即拖到公社特製的尸窟存儲，讓尸腐生蛆餵鷄，尸水流於池裡，逼令農民取尸水澆菜，剩下人骨磨粉作肥料。

在粤省廣大農村裏；全部人民公社轄下的人民祖墳，從上年十月起迄目前止，分期分批把他變成可耕地，祖墳則全部挖出，新棺木即製各種盆桶椅桌……廢棺木則劈開爲燃料，殉葬物却一切歸公，一切人民遺骨，却訂定三種辦法處理。（註：澳門對面大陸邊界中山縣一部墳墓尚未平毀）

拿粤中「番禺人民公社」爲例吧！（甲）一切反動分子及逃亡分子的祖墳，一律把他們的祖骨起取，在清算反動分子祖先的口號下，逼令「反動家屬」取骨磨粉，並取骨粉下田施肥。（乙）在「積肥運動」「積肥競賽」「地下找肥」口號下，說服人民向祖先索肥田料，與其說是志願自動；毋寧是威脅强逼，於是決定挖自己的祖墳，或者挖別人的祖墳，取骨殖去磨成肥田料交公社儲用，例如目下春耕展開，「番禺人民公社」逼令每一個社員，必須繳交各種肥料二百斤，包括糞溺各六十斤，人或獸骨粉共八十斤，並展開積肥競賽，訂定競賽辦法獎勵。（丙）查明「祖墳」爲海外華僑的，一律將遺骨載在瓦缸內，由「公社」暫設厝房停放，聽候擇荒山埋葬，這一項「優待華僑祖骨措施」，表面上似乎共黨「澤及僑胞祖先遺骨」，其實後面是大有文章在？最近港澳僑胞，不少人們接到家信，索取祖骨遷葬費，去遷葬先人的遺骨。據說每具索費五十元港幣，否則限期於本年重陽節日止，仍無人認領遷葬的話，「公社」有權自行處理。至於如何去處理，雖然沒有說明，但是衆信難逃製成肥田料的命運啊！

值此清明佳節，在事實上，大陸廣大農村農民們，第一祖墳已全部平毀，祖骨作肥，想作孝子賢孫去掃墓，又不知祖墓在何處？惟有含淚默視田野，俯思「祖骨肥料」下肥的地方憑弔，第二農民正被逼忙於「大力勞動生產」，日夕胼手胝足辛勞，飯也吃不飽，那有閒心更那有餘錢購一些香燭，去作象徵式的祭奠呢？第三祖祠既拆，中族子弟分編生產隊，他們更沒法去祭祖了。

昔時粤人掃墓，祭祖祠，分胙肉，族中父老子弟聚宴，長族講族史，勉後生，原是飲小思源，愼終追遠的我民族傳統美德，同時也是人性的表示。到而今，却爲滅絕人性的中共破壞無遺了！

× × × × ×

× × × × ×

共區學生寫書的笑話

岳騫

（上接第二版）論人民主專政」抄起，其次是「過渡時期總路綫」，「三大改造問題」，都是根據中共公佈的對內對外的文件照抄。因爲抄，有些不必要大談的問題，但是有現在材料可抄，佔的篇幅也特別大，例如「新民歌」一章，就是根據周揚那篇著名講話「文藝戰綫上的一場大辯論」寫成。美國經濟危機是根據張聞天在「紅旗」上發表的一篇文章照抄過來，可以說是一個最無聊的事，試想美國經濟危機何以要寫進「中華人民共和國」史稿裡去？更使人忍後不禁地，它抄也抄錯了，把「生活資料」錯爲「生產資料」。

其他照抄地方還很多，總之有現成材料的就抄得多，沒有現成材料就抄得少，至於一本書的章法、結構根本就沒有規定，也算是這本書的「特色」之一。

第二個毛病是「粗」。也許因爲是照抄的關係，不分粗細全部抄進去，沒有經過仔細的考訂，毛病自然就多了。「中華人民共和國」雖然「誕生」了不到十年，可是，翻天覆地的事情實在太多了：以人而論，一九五四年以前的高崗是「永遠正確」的「領導同志」，一九五四年之後，就變成了「叛徒」，名字要永遠使人民忘記。寫這部「史稿」，談到東北的事情，就沒辦法不說到高崗；東北地區的「建設」事業，也沒有辦法和高崗斷絕關係。若說東北地區的建設工作一蹋胡塗，雖然可藉此罵了高崗，但是對於「老大哥」的「無私援助」又無法交代。諸如此類的事，多到不可勝數，所以范文瀾，翦伯贊之流都不敢藉此立功。

這類問題，在中共的尺度只是被列爲政治問題的，去反革命分子只是五十步與百步之間，假若認起眞來，到是可大可小的一件事。

第三個毛病是「簡」。中共的文告完全仿自俄國，常常一句話有五六十個字，繁瑣到了極點。可是你千萬不要以爲它累贅，却是删不得的，有時也許少了一個字，就作了一百八十度的轉變。例如「反革命份子」假若去了一個「反」字，其中相差就毫厘千里了。其他方面也是如此。例如「統一戰綫」這一節是抄自毛澤東，毛的原文是「統一戰綫，是實行武裝鬥爭的統一戰綫。」史稿却抄掉了「鬥爭」兩個字，變成了「統一戰綫是實行武裝的統一戰綫」，這句話就很難解釋了。

最後還有一個毛病是「籠統」。對於一個問題想用「史家」的筆法來斷一斷，那知道又出了軌。例如說「三反運動達到了除惡務盡的目的」，這句話表面看來也許不錯，但是讀者也許會問，既然「三反運動」已經除惡務盡，以後爲什麼又要「反右派」、「整風」呢？又如「中華人民共和國成立之後，黨和政府堅決執行了保護民族資產階級的政策。」這更是笑談，「民族資產階級」已經被保護得變成了「無產階級」，現在舊事重提反而破壞了「黨的威信」，這又可算作政治問題之一。

四

一位高瀾先生批評這部史稿之後，曾經下了這麼一段結論：「首先，應該承認，凡事都有它本身的規律，科學研究不能例外……編寫科學的歷史著作，需要開展多方面的研究工作，並獲得一批一批的結果，把編寫歷史著作神秘化是不對的，但也不能視若等閒，以爲有一批文件在手，不加研究，只要照抄，就可以成功。」

這到眞是行家的話，不過間接就指出「大躍進」是一件胡鬧透頂的事了。

代郵

江鷩濤
江北明　先生：稿費無從奉上，請即將尊址示知！

聯合評論社啓

記甲午中日戰爭始末（十一）

舜生

(B)李鴻章被刺和約簽字

鴻章留駐馬關為時約一月，從光緒二十一年二月二十四（一八九五年三月二十日）迄三月二十一（四月十五日）將和約內容一切議妥，兩方全權大臣共會談五次。二十四日第一次會談，除互換全權文憑並由李提出一請停戰的英文節略外，僅由李伊兩人追述十年前在天津見面時之往事，李泛論亞洲大勢，也無關宏旨。及互問年歲，知伊藤五十五，陸奧五十二，李說他已七十有三，對伊陸之年富力强，似不勝烈士暮年之感。李問及榎本武揚（曾任駐華公使）及大鳥圭介，伊亦問及袁世凱。

第二次會談為二十五（三月二十一日），日方提出由日軍先行佔領大沽、天津、山海關三處為停戰和談條件，鴻章表示『萬難應允』，結果鴻章允於四日後答復而散。經過鴻章向北京請示，會談於二月二十八（三月二十四日）午後重開，鴻章表示停戰暫擱，先行議和，並促伊藤即將和約條欵提出，伊允於明午面交。是日散會後，鴻章由春帆樓返回行館接引寺，於途中為日刺客所槍擊，中左頰，登時暈絕輿中，血流不止，於是日本朝野一致震駭，除伊藤陸奧首赴行館表示謝罪外，明治天皇及小松親王均派專使慰問，並遣御醫佐藤前來診視；日后則手製繃帶，且特派看護婦兩名；日本全國報紙在戰時對鴻章醜詆備至者，至是也態度一變，極盡阿諛恭維之能事；日皇且明降諭旨，斥刺客為『不法凶徒，下賤已極！』至鴻章傷處，經醫生診斷集議結果，知槍子入肉兩寸有餘，深嵌骨縫，認為割開兩邊皮肉，將槍子挖出，創傷可好，但子彈取出後，仍須長期靜養，不能勞神。如不能忍痛開割，日用藥水洗治，皮肉也可望補復，不過無法根治。鴻章在臥榻聽到這個意見，乃慨然說：『國事緊急萬分，和局刻不容緩，我怎能為了個人生命，延宕時間以貽誤國家呢？死就死吧，請不必割。』第二天，有人看見他那件血染的袍子，感慨的對他說：『此血所以報國也！』鴻章却回答說：『犧牲我的性命而有益國家，我也毫無顧惜，區區流這一點血算得什麼呢！』鴻章在辦理對日交涉的全部過程，以及應付這次戰爭的種種措置，儘有不少可議之處，可是他這一種愛國精神與責任感，百世後也還是可以令人興起的。

日刺客名小山豐太郎，經日法庭判處無期徒刑，馬關所屬的山口縣知事及巡捕長革職。民國二十五年的秋天，著者曾到春帆樓附近及鴻章當時所住的接引寺視察，鴻章贈醫生佐藤詩一首，仍張貼鴻章臥室的壁間。接引寺附近街道甚窄，刺客能到鴻章轎前五尺左右放槍，其命中自甚容易，但兇手的目的，本在狙擊他的胸部，乃誤中左頰，總算是不幸之幸，否則當時中日的情況便可能兩樣了。

經過這樣一次意外的波折，陸奧深慮鴻章或藉口負傷歸國，使和議陷於中斷，則引起二三强國的干涉非無可能，於是他向伊藤建議，主張無條件停戰，伊藤甚表贊同。二月二十九（三月二十五日），伊藤親赴廣島與諸閣員協商，得全體同意，並經日皇裁可，於是三月初五（三月三十日）停戰條約乃告成立。但停戰範圍僅以奉天，直隸，山東為限，台灣澎湖除外。其停戰期限，則為二十一天。其時清廷加派李經方為全權，自三月初七（四月一日）日方將和約底稿提出以後，經過雙方再四磋磨，鴻章對北京屢有請示，日方更大施壓力，並經過三月十六（四月十日）及三月二十一（四月十五日）鴻章與會伊藤在原場兩度面談，（這兩度陸奧因病未能出席）日方除將草案所要求的賠欵三萬萬兩減少一萬萬兩，並將遼東割讓地範圍畧畧縮小以外，即絕對不肯再讓，而停戰期限已僅餘幾天，於是經清廷許可，鴻章卒於三月二十三（明治二十八年四月十七日）同意簽字。全約共十一欵，其要點如下：

一、中國確認朝鮮為完全無缺的獨立自主之國。

二、中國割奉天南部及台灣澎湖列島與日本。

三、中國賠償日本軍費庫平銀二萬萬兩，分作八次交完。

四、改訂中日通商行船條約及陸路通商章程，並於六個月後實行下列各項：

A、開沙市，重慶，蘇州，杭州為商埠。

B、自宜昌至重慶，自上海入吳淞江及運河至蘇州杭州，許日本汽船自由通航。

C、許日本臣民在中國內地購買經工貨品及自生之物，或將進口商貨運往內地，得暫租棧房存貨，不必納稅。

D、許日本臣民在中國各通商口岸從事工藝製造，並將機器進口，只交所訂進口稅。

五、由日本軍隊暫行佔領威海衛，以為中國履行條約之保證。

在條約簽字的第二天，鴻章即已動身回國。添章自身留在天津養病，僅派伍廷芳及福士德將約本送交總理衙門。在這個條約簽訂以前及簽訂以後，廷臣與疆吏以及朝野知識分子持反對論調者確實不少，根據道聽途說，對鴻章個人加以猛烈抨擊者，更所在皆是；然大抵激於一種愛國感情，類多不明事實眞象，求一能說出再戰確有切實把握者，畢竟沒有。鴻章自己在三月二十六（四月二十日）有一封奏摺說明此次簽約經過，內中有一段說：『……臣適當事機棘手之際，力爭於驕悍不屈之廷，既不免毀傷殘年之遺體，復不能稍戢强敵之貪心，……然而敵燄方張，得我鉅欵及沿海富庶之區，如虎添翼，後患將不可知！臣昏髦，實無能為，深盼皇上振勵於上，內外臣工，齊心協力，及早變法求才，自强克敵，天下幸甚！』所謂『變法求才，自强克敵，』這反而不失為當時的對症良藥，惜乎當日的清廷談不到此耳。

孟教授（二）

盛紫娟

「你是五三年走的吧？」天民在小竹橋上問。

正之點點頭。

「就在那年暑假，學校裏開始思想改造，孟教授是重點。」他把身子斜倚在欄杆上，目光定定地看着清綠的河水，無言的哀痛，填滿了他的胸腔。

「為什麼呢？」正之彎腰拾起一朵被踐踏了的花，問。

「所有的人都不明白；」他輕輕地拍着欄杆，看了看葉正之又說下去：「在本埠的畢業同學，都要參加鬥爭會。我最後一次見到孟教授就是那時候。他穿着得還是很講究，站在禮堂台上，神色自若地看着大家。

「有人站起來，領着學生喊口號，叫他跪下，叫他向人民低頭。他只是哈哈大笑。」

「什麼？在那種時候他居然笑，不是找倒霉嗎？」正之着急地說，他們在光叻湖畔坐下來，倚着一棵老榆樹。

「是啊！檢查小組的人，氣憤填胸的向他揮拳頭，問他笑什麼？他聳聳肩說：『滑稽！』『少說廢話！你回國的目的是什麼！你說！』『我早已說過了的，就因為輕信了你們的宣傳，愚蠢地入了陷穽。』『撕破孟予的假面具！』『打倒偽裝的愛國者！』『坦白你的政治背景！』『公開你的身世！』

「他只是冷靜地看着那些振臂高呼的狂熱者，微微笑着。當吶喊聲低下去時，檢查小組長又嚷道：『我們已得到可靠的資料，知道你與國民黨有關！你坦白不坦白！？』」李天民心如刀割，臉孔漸漸變白，他把臉埋在手心裏，停了半響才又說：「孟教授觀察着那些交頭接耳的人們，緩緩地舉起手來，示意大家安靜。小組長厲聲喝道：

「『公開你的歷史！』

「『沒有必要。我首先需要申明的是，我與國民黨無關。我回國的目的，只是想把我的知識供獻於國家民族。我是中國人……。』

「『少廢話！我們有證據！』

「『那很好。』孟教授仍很有禮貌。

「回答他的却是一記沈重的耳光………」

正之不覺失聲大叫，看見天民直掏手絹，便把自己的遞給他，一面吃吃地問：

「孟教授………他………。」

「他的鼻血滴出來，滴在西服上，眼鏡也被打落了。他跟跟蹌蹌地往後退了幾步，還沒站穩，馬上又被另一個人往前揍了一拳。台下齊聲喊『打！』不少同學用手蒙着臉，我甚至偷偷地掉下淚來。」他住了口，半閉着眼看天上的白雲。

「孟教授！」

「在那些人拳打腳踢之下，他倒下了。」

正之的心緊張到不能受，喉嚨像被人捏住似的。

「我同情他，但又不能幫助他。看着他被抬回宿舍，我一直跟在後面。因為怕他自殺，要派一個人去監視。我爭取到這個任務後，便精心細意地替他擦去血污，給他換好衣服，又用冷水手巾冰他的頭，他漸漸醒了，看見我坐在旁邊，便苦笑了一下說：

「『愚蠢！我為什麼要回來呢？真是自討苦吃。自討侮辱。』

「我垂着頭，不敢看他，他却和靄地拉着我的手說：『年青的孩子們，無知，又容易激動，我不怪你們。』他搖了搖頭，又感嘆道：

「『現在我才知道，共產黨原來是義和團，中國完了………。』

「他再也不開口，我覺得空氣不夠起來，頭也昏沈沈的，我真想哭。」天民拳頭握得緊緊的，恨恨地搥了自己一拳。正之拉着他的手，用力搖了搖，不安地問：

「後來，他怎麼樣了呢？」

「他被糟踏得不成人樣，黨委會才發覺寃枉了好人，黨委書記，校長一個個偸偸地跑去道歉。你想想，公開侮辱，秘密道歉，多可笑！孟教授精神頹喪，不願見人，也不去講課，也不要薪水。他想了很久，決定申請出國，公安局往學校推，學校往政府推，誰也不理他。悲怨忿懣的情緒控制了他，他苦悶得發慌，想哭，又沒有眼淚。前後懸殊的待遇，改造期間的情景，無人理睬的生活，最後，他………他瘋了。」說到最後一句，天民已經沒有氣力。

清末民初經營康藏的兩個人物：趙爾豐、尹昌衡

劉裕畧

最近，由於西藏的武裝反共和達賴喇嘛的出奔，使我想起近代最後經營康藏的兩個人物。一個是趙爾豐，他是滿清末年代表清廷最後經營康藏的一個人物；另一個是尹昌衡，他是民國初年最先經營康藏的一個人物，說來有趣，也很不幸，這一位民國初年最先經營康藏的人物，在民國史上恰巧也就是民國四十八年來最後經營康藏的一位人物，因為，自尹昌衡以後，中華民國政府就一直再沒有派專人前往正式經營康藏了。

趙爾豐和尹昌衡經營康藏的史實，至今仍與康藏問題有影響，尤其在人文地理方面，而趙爾豐的事跡距我們不遠，尹昌衡則是與筆者有世交的前輩先生，且極熟識，其生平逸事，筆者知道較多，爰筆為文，以供研究近代史和研究今日西藏問題者之參考。

趙爾豐是滿清漢軍正藍旗人，字季和，光緒年間拳匪為亂，趙爾豐曾隨升允堵扼聯軍於直隸廣昌，初與康藏問題無關。先是光緒初，俄人有覬覦我西藏之野心，竟向達賴十三世偽稱俄國乃奉行佛教之國，以騙達賴十三世之信任。達賴十三世信以為眞，遂遠英親俄。其後，俄國官員竟又偽裝喇嘛，秘密入藏，為達賴十三世策劃軍事，購置軍火，因之，西藏問題益形複雜。迄光緒三十年（一九〇四）日俄戰起，俄人雖因日本之牽制，暫無餘力謀藏。但由於中英對西藏問題之矛盾，及清廷對西藏問題處理上之種種失策，遂又有宣統二年（一九一〇年）藏民殺戮清廷官吏的事情發生。至此，清廷乃派趙爾豐由四川入西康經營康藏。

在滿清派往邊區的官吏中，比較起來，趙爾豐是有才幹的，而且也是很有心於邊政的。他入康後，除了剿平巴塘叛亂以外，又攻克裏塘，所從事之「改土歸流」工作，亦極著成效。其本人很有心在康藏地區作一番事業，所以，清廷擢升他為四川總督時，在別人看來，由貧瘠危險的康藏工作擢任官高富庶之四川總督，正是求之不得，但他屢電清廷請辭，並一再表示願在康藏地區繼續未完邊政。清廷未以此作罷，仍發表他為四川總督，但他却並未因此返川就任，而繼續進行工作，四川總督職務則由總文案代理。這就可見我們對趙爾豐有值得讚許的地方了。

但這位總文案性格懦弱，當時，革命黨人正在各處作地下活動，總文案惟恐事情擴大，自己難於處理，乃連電趙爾豐促返，趙仍不理，繼續幹其邊政，總文案平時知道趙爾豐很怕太太，要促使趙爾豐返川，只有從趙太太下手，於是一再敦請趙太太用電報促趙返川，趙太太終為所動，乃電趙促返川。趙果然兼程趕返川，適辛亥革命爆發，四川保路同志會在四川各地發難，尹昌衡乘機在四川省會成都獨立，將方由西康返川之趙爾豐拘捕，並立即在成都召開民衆大會將趙爾豐處斬，於是，趙爾豐個人生命和清末的康藏邊政便都從此結束了。

（未完）

迎泗英過港並簡幼椿

易君左

西隔鄉關一萬重，十年仍在亂離中。
英雄磨劍斜陽老，遠客登樓柳色濃。
留得故人三五雁，終成神物一雙龍。
劉郎新自天台降，詩律窮探晚益工。

大霧

乾坤兒戲捉迷藏，故遣煙塵黯八方。
五夜樓臺多慘白，萬家燈火盡昏黃。
開窗忽失羣山影，對鏡難窺半面妝。
愁絕鯉魚門外路，海天消息入微茫。

本刊已經香港政府登記

聯合評論 週刊

每逢星期五出版

United Voice Weekly

第三十五號

督印人：黃宇人　總編輯：左件平
社址：九龍金馬倫道卅八號三樓
電話：六一四一三（61413）
承印：田風印刷廠（高士打道二二一號）
總代理：友聯書報發行公司
售價：每份零售港幣壹毫
本報紐約版總經售處美國紐約中美出版社
CHINESE-AMERICAN PRESS, INC
199 CANAL STREET.,
NEW YORK 13 N. Y. U.S.A.
紐約航空版零售每份美金壹角

正視藏局的微妙發展

黃宇人

西藏同胞奮起對中共政權展開武裝的鬥爭，我們自始即感到無限的關切。然而，就近十天以來從印度所傳來的消息看去，此一鬥爭的本質，似乎正朝着一種微妙的方向發展；而與西藏爲鄰且有悠久歷史淵源的印度，正企圖，或已經在其中發生了某些作用。

若干年來，尼赫魯總理身披中立主義的外衣，不時給蘇俄和中共作代言人，反共的人們多不直其所爲。但我個人對於這位曾爲印度獨立奮鬥了半生的政治家，並不懷疑其爲國爲民的一片忠誠。他所以屈意討好蘇俄和中共，也許因爲恐怕他們對於新近才獲得獨立尙無充份力量抵抗外來侵略的印度動了邪念，所以才不惜「通匪」以求自保；但其內心仍是反共的。尤其是中共在西藏的一切活動，他可能還比我們反共的中國人更加注意和警惕。

在月前中共正以俄國配備的新式武器摧毀拉薩的寺廟和屠殺西藏同胞時，尼赫魯似乎會一度感到如此的煩惱：假如印度起而支援西藏的反共鬥爭，則無異與中共爲敵，勢不能不有所戒慎恐懼。因爲不但要開罪強鄰，而且等於宣告他多年以來的親共政策已完全失敗，這對於他的威望將是一種何等重大的打擊。但反過來說，假如嚴守中立，則又無異坐視西藏的反共勢力孤立無援而終不免於挫敗，一旦中共的魔掌得以伸展到藏印的邊界，不但印度將隨時遭受外來的突襲；即印共也將乘機活動，從內部製造紛亂，以達其奪取政權的目的。這就是說，西藏的反共鬥爭如果不幸失敗，必給印度同時帶來內外兩重的嚴重威脅，尼赫魯怎能不煩惱呢？

尼赫魯的動向

可是，隨着達賴喇嘛的安全到達印度，我們反共的中國人固然感到興奮；而正爲煩惱所苦的尼赫魯也獲得了新的希望。只要達賴喇嘛一日留在印度，中共即一日無法平息西藏同胞的武裝反抗，尼赫魯即一日握有對於西藏問題發言的王牌。他今後不但不會爲西藏的局勢而煩惱；相反的，他還可能盡量利用達賴喇嘛托庇於印度的這一個新形勢，展開外交的活動，以求達到於印度有利的某些目的。

爲了便於推論尼赫魯對於西藏問題的可能動向，應先將達賴喇嘛今後可採的途徑作一個簡單的分析。我們以爲他只有五條路可走：

一、到台灣與中華民國政府合作反共；

二、去美國向聯合國控訴中共的罪行，並爭取外援；

三、爭取印度的支援，就近指揮西藏的反共鬥爭，與中共作戰到底；

四、留在印度作政治難民，不再從事政治活動；

五、留在印度依循尼赫魯的佈局與中共重開談判，以爭取獨立的姿態來求得高度的自治權。

以上五條路都是達賴喇嘛可以走的。然而他今日已在印度的保護之下，尼赫魯的意向對於這位活佛的行動，勢必有最大的影響力。前文說過，達賴喇嘛在印度一日，尼赫魯即一日握有對西藏問題發言的王牌。在藏局尙未解決以前，他當不會輕易放棄了這張王牌。因此，達賴喇嘛很少可能離開印度而踏上前兩條路。走第三條路嗎？不但爲國際公法所不許；尼赫魯更不願如此公然向中共挑戰。走第四條路嗎？中共可能默許，然而達賴喇嘛將因此失去其在西藏同胞及佛教世界中的領導地位，對於印度也是不利的。那麼，他似乎只有最後一條路可走了。

本來，就印度的立場而論，最好是有一個獨立而親印的西藏，以爲印度國防的屏障；可惜印度目前的國力不足以達成如此願望。不得已而求其次，但有一個享有高度自治權的西藏，藉作中共與印度之間的緩衝地帶，尼赫魯似乎也就可以暫時滿意了。我們看西藏的反共鬥爭發生以後，他一再聲明同情西藏的人民，同時却又說願意仍與中共保持友善的關係，其意圖不是已經昭然若揭了嗎？再加上近日來自印度的報導，西藏同胞已在邊界成立了臨時政府，但此一爲反抗中共才組織的政府竟宣言願與中共友好相處，並把尼赫魯式的中立主義照抄一遍，這不是更證明達賴喇嘛大有被導向上述第五條路的可能嗎？

政府的當務之急

尼赫魯對於藏局所以能施展如此的魔力，並非由於他具有超人的智慧和手腕；也非由於印度擁有強大的國力；而僅是因爲台北方面的無智和低能，再加上美國對於西藏問題缺少正確的認識所致。曾憶當年中共第一次進軍西藏時，達賴喇嘛一行多人也一度逃亡到印度；只以美國熟視無覩，台北也沒有伸出歡迎之手，他們覺得前途茫茫，才被中共的甜言蜜語所騙回。此次西藏同胞起而武裝抗共，又給政府帶來了一個可以有所作爲的良機。但外電雖然屢傳政府曾由空中投下不少的援助。而華盛頓方面則反而一度聲明中國政府無權將得自美國的軍火和其他物資移作防衛台澎以外的用途，日前台灣方面的電訊，又說政府在藏空投的物品以傳單標語爲多，我們眞不勝憂慮之至。我們認爲政府應即採取下列的措施：

一、即日宣佈達賴喇嘛和其他西藏同胞可以自由進入台灣，以示台灣與西藏同爲一體。在現行的入境管制辦法之下，稍有自尊心的西藏同胞自不願向台灣保安司令部申請入境許可；政府欲邀請達賴喇嘛訪台又恐招受拒絕而損失其所謂威信，此誠自作自受也；

二、加强對西藏的空投，並應以軍火，醫藥，糧食等爲原則；如有標語傳單，應限於表達政府支援西藏同胞的誠意，千萬不可亂說廢話；

三、派妥人設法與達賴喇嘛取得聯繫。採取主動總比投意人策動海外各界致電活佛請與政府聯繫的作法要切實些；

四、派妥人進入西藏如果蔣經國能如眞報的報導，親自出馬，更可改變人們對他的觀念；但其任務應限於協助西藏同胞對中共作戰及建立對外的聯絡，絕對不得干預他事；

五、在台灣和海外各地發起救助西藏逃亡同胞的運動，將捐獻所得洽商紅十字會派員赴印發放，並對志願入台者予以協助。

以上五項，是政府當務之急。今日西藏同胞所需要的是實質的援助而非空言。及時政府如從這一方面作最大的努力，使西藏反共的勢力因而強大起來，則西藏同胞與政府的關係自會日益密切，他們對蔣總統的愛戴也將有加無已，尼赫魯縱然別有懷抱，也就無所施其伎倆了。假如當此西藏同胞與中共浴血苦戰之時，政府未有實惠，而竟先要求他們對蔣總統效忠，或是但知責罵尼赫魯而不反求諸己，其結果將不堪設想啊！

最後，我們希望達賴喇嘛去台灣一行；不可呆坐在印度不動，更不要再受欺騙而重返中共的懷抱。最好還不時到美國和其他自由國家作旅行演講，揭發中共的一切罪行，並與中國在海外的一切反共力量聯合起來，共同從事於反共復國的神聖鬥爭。

由西藏事件來談反攻

馬煥然

自達賴喇嘛到達印度後，西藏反暴運動，已進入全面性了。這種發聾振聵的吼聲，引起了國內外同胞的正視，同時亦改變了國際上對中共的認識。今後局勢的發展如何？確難斷定；但由這一事件的啓發，我們可以看出中共崩潰的因素，已在生長中。至於崩潰的時間，外力的打擊，是一個重要的因素。

一

在西藏這次反暴運動中，藏胞受了血腥的洗禮，宗教受了無情的摧殘，把所謂「和平共處」和一切美麗的諾言，都已現了原形。這種騙人的謊言，已被拆穿無遺。

中共對西藏的統治，雖未像內地的澈底摧殘，但軍事式的管理，已有九年之久，駐藏的十八十九兩軍，人數有八萬之多，控制西藏，當無問題，而西藏的同胞，此次仍能演成反暴事件，豈不是大大的笑話嗎？

先是達賴於一九五六年訪問新德里時，曾有自願留在印度的意圖，後經周恩來欺騙尼赫魯，許以各種虛僞的承諾，說服達賴返回西藏。由此可見達賴出亡的動機，已非一天。此種動機，應爲中共所預知深悉，按中共傳統的警覺，對達賴行動上的注意，應該相當嚴密的。再以藏胞反暴來說，自一九五二年以來，頻頻的發生，已非一次，中共應在軍事上早有戒備，以防不測。但由這次事件經過看來，連阻止達賴的出走，都沒有做到，這是什麼原因呢？在拉薩附近的駐防軍有五萬之衆，不能截獲達賴，在藏南之十九軍加上空軍，又未能追獲達賴，終使達賴經過三百哩長遠的旅程，安全脫險。這固然是達賴因人事和地理上的關係，未遭毒手，可是中共是打游擊起家，二野又是中共軍中有名的機動性最强的部隊，駐藏日久，照理是不可能的完全爲西藏的地形所限制。倘若不是官兵存有異心，不努力去執行任務，那就是控制力量發生了嚴重的問題，中共全賴控制來鞏固政權，控制失效，統治亦必失效。

照報載，反暴事件在短短地一個月中，還不止西藏一地，邊區多處都已冒了反暴火頭，勢將影響整個大陸反暴的戰火。例如由新疆通往西藏綱道公路起點喀爾哈立克地區，已爆發了武裝革命。青海方面，在通往西藏的公路上，亦發生小型武裝反共行動。另一消息，雲南邊境的中共駐軍新一旅，全部萬人，已於三月二十二日在西康的德榮，稻城一帶起義，西藏義軍，已在其所控制基地內成立臨時政府，青海之安多區，反共藏胞，已與中共軍發生戰鬥。

由於這一連串的消息，可以證明了反暴運動，正在蔓延，中共是無法弭平的，並且也表現了中共軍內部的不穩，等待戰事一經擴大，將來第二個第三個以及無數個的「新一旅」，必源源而來，這是中共的致命傷！

現在中共正在調集大軍，以圖「速戰速決」，但事件演變到現階段，必將成爲持久的游擊戰。加之天時地利有利於藏胞的長期抗戰，中共已陷足於這個泥沼中，要想拔出，實在不是一件的容易事情。

二

根據以上數點看來，中共崩潰的因素，不但存在，並且正在擴張中。於此我向台北政府當局說幾句話：

大好河山，是在誰人手中丟掉了？生靈塗炭的來由，又是誰人所造成？這兩個責任，台北當局是不能辭其咎的，如能反攻復國，以贖前愆，將來對歷史和對人民，才好交代，此其一。

反暴運動，既已由西南，擴展到西北，這是反攻有利的時機，可是時機不是常在的，「稍縱即逝」，古有明訓。回憶中共在江西突圍時，如果當時政府不是對粵桂等省另有其他作用，不難一鼓盪平，那還有今天的浩刼呢？敵不可縱，機不可失，政府當局亦應有警覺，此其二。

西藏事件發生後，已引起國際上和宗教人士，對中共的指摘，中共今後的外交上，已受了嚴重的打擊，即以進入聯台國問題來說，從前有許多姑息主義者，給予中共的支持，這種怪現象，最近將不會再度出現，以美國助理國務卿羅伯遜和英國外相勞合近來的言論，可爲印證。

羅伯遜向張蘭臣保證美國繼續反對中共進入聯合國，勞合的談話：「中共之行爲，將給予基於某種理由而反對中共加入聯合國之人士，以更多口實」。（見四月十日工商日報）在此形勢下，政府反攻，對外定可獲得多方的支持，此其三。

摧毀中共，必不是台灣現有的武力所能達成；大部力量，還是在中共本身上，在中共控制力量未到失效的時候，有心反正的部隊，絕不敢冒險妄亂，一定要等待陣前，才可揭起義幟。希望內地的共軍在沒有助力之下來起革命，這個公算太小了，必定要在國軍登陸後，才能達到這個目的，此其四。

政府會經一再申言，一旦大陸革命起來，國軍立即反攻，並且申言，政府已經完成反攻準備，隨時可以反攻，現在大陸已起了革命，政府諾言，應當兌現，不要再失信用，以失人心，此其五。

在此內外有利的條件下，政府如不毅然即謀反攻，對義軍作有效的支援，僅僅以少數物質的空投（尙待事實的證明），以及官樣文章的談話或傳單，來敷衍塞責，那是無補於事實，西藏義軍，雖不易被中共弭平，但得不到外來的實力支援，亦不易有多大的成就，這樣拖下去，必使人心沮喪。

至於軍事反攻，當然有許多的困難，這是事實，我們也不否認。但在反攻條件成熟的時期，不作主動的打算，試問台灣十年生聚，所爲什麼？「因噎廢食」，絕不是明智之舉。倘仍存有期待國際變化，坐享其成，或期待大陸人民革命成功，恭迎聖駕的錯誤觀念，那眞是痴人說夢。

拿北伐成功的經過來說，是否有充分的準備，是否受挫於國際的阻力，再翻開歷史來看，自來「吊民伐罪」之師，無不以少勝多，今天來伐人民所共棄的中共，還愁不能操其勝算嗎？形勢迫切，不容再緩，反攻復國，實爲當務之急啊！

四月十一日

民主需要孵育的時間

胡越

一

人生最大的苦悶是努力一件事情而長久期間見不到結果，得不到鼓勵。今天我們在海外從事自由民主運動，正有這種情形。今天我們的處境比當年孫中山複雜困難。孫中山當時所面臨的形勢，在上是腐敗專制的滿清政權，在這個政權底下是怨怒沸騰的民衆；他的目標是簡單明確的，喚醒民衆，推翻滿清。所有反清的愛國志士都集合到這個旗幟之下，因此武昌一聲槍響，中國歷史就翻了新頁。可是今天我們所遭遇的境況則大不相同，大陸上的中共政權雖然窮兇極惡為大陸同胞所切齒痛恨，但是台灣還存在中華民國政府。照理說有這麼一個被國際所承認的合法政府，仍擁有一千萬人口，對於推翻中共政權是一大有利條件；但是事實上，我們感覺到遠不如當年孫中山亡命一無所有之有信心有勇氣。請問誰敢相信，今天的國民黨政府會一定能夠收復大陸？據有台灣而無能反攻大陸，這是使吾人惶惑的焦點。因為據有台灣，維持着中華民國的法統，並控制着六十萬軍隊，這一具體的現實，使人覺得捨此而另覓其他反共途徑，却是緩不濟急，不切實際。因為未能反攻大陸，不能有效的打擊中共政權，致使反共復國變成畫中之餅，千年之夢；乃至人心日萎，國運日乖！處此情境怎麼辦？

今天國民黨當局，不惟無能無法反攻大陸，以致力量無處施展，就關起門來做鬩牆私鬥。惡狠狠逼打主張自由民主的反共力量。鬼祟的檢扣合法入台的自由報刊，恫嚇，監禁民營報紙的主筆編輯；致令敵人稱快，國際嘲笑！

因此今天為自由民主而反共的人，不但要抵擋中共的進攻，並且要防禦國民黨當權派的打擊。處此情景我們怎麼辦？

二

苦心摸索，反復思量，我覺得我們必須做多面多層的努力。無疑問的要把反共擺在第一位，竭盡一切力量和方法打擊共產黨；對於顢頇暴戾，擅作威福的國民黨當權派，我們應以無知的小孩子視之，不能跟他們一般見識；因為用大力與他們鬥，要傷損反共元氣，為敵人所快；但是我們不能放棄基於自由民主的批評，對於他們的大錯大惡應加以誠懇的忠告；否則反共就失去正面意義。因為我們是為中國的自由民主反共的，如果我們容忍反自由民主，我們就應該容忍共產主義了，那又何必反共呢？

我們的最後目標在創造自由民主的中國。從這個目標出發，第一步要實現台灣的民主化，把台灣造成民主聖地，自由樂土，光復大陸，把自由民主普及於全中國的基地。為達到這個目的，我們應與一切民主力量聯合，共同推進民主憲政運動。這需要持久，深入的思想推廣工作；這步工作目前已有相當成就，可從「自由中國」半月刊在台灣的影響，以及「聯合評論」、「祖國周刊」等刊物在海外，尤其在歐美中國的學生中間的影響看得出來。只要思想運動成熟，全國之人，心同此理，造成了要求變革的形勢，高高在上的當權者是不能不變的。

三

建立民主制度有如孵小鷄，需要熱心又需要忍耐，溫度不足時間不夠是不行的，如果操之過急，小鷄孵不成只落得一枚臭蛋。因此今天對於反民主的國民黨當權派，我們不能尖銳的刺激他們，激起他們劇烈的反動是不好的，也是不必要的，他們反攻大陸雖力有不足，但是廹害手無寸鐵的民主人士還綽綽有餘。我們應該盡量消解他們對民主的疑懼，使民主化的過程變成無痛生產。從各國民主運動史來考察，民主只能在溫和冷靜的氛圍裏生長，暴戾之氣激烈之情都是戕害民主的。

總而言之，我們要爭取一段孵育民主的時間；如果我們認識到時間對於民主運動是有利的，我們就可減少主觀的煩燥與苦悶，就可把熱誠和精力深細的綿密的貫注到實際裏去，這樣才可以加速民主憲政的進展。當然，這不是說，我們不需採取任何有利民主憲政的行動，如果有利的話，我們應毫不猶豫。

民主憲政運動甚麼時候才能成功，這是誰也不能預料的。當年辛亥革命成功是突然的，出於孫中山意料之外；當年俄國二月革命的成功，也出於列寧的意料之外。因此我們只要加深加細做思想推廣的工作，該羣衆意識熟透之時，有利的轉變是隨時可到來的。我們所期待的轉變，當然不是流血式的轉變，而是和平的轉變。

我們認為唯有台灣民主化了，反共大團結才有實現的可能，反共復國才有了起點。我相信在民主基礎上團結一致的反共陣營，光復大陸是不成問題的。中共的殘暴統治，內在的爆炸性已達到飽和狀態，只要從外面引火，就可導致燎原之勢。目前的問題是到現在為止反共陣營不能燃起撼動大陸的聖火。這個火需是自由之火，民主之火，一黨一姓的權位利益是不能燃起這把火的。

在火光未起之前，時間是寂寞的黯淡的；我們需耐得住，持得穩；只要我們心裡的火焰不熄，經由我們不息的躍動，以心鐵磨乾木，功到自然成，火焰就要迸出來了。

如何支援西藏的抗暴革命

尹述賢

中共關於西藏的抗暴革命，其初是諱莫如深，其後據新華社四月十一日的廣播，則要點有五：

一、「藏人實已於一九五二年，計劃發動革命」。

二、「抗暴分子與西康的反共分子，有密切關係」。

三、「抗暴分子，獲得全體藏民的支持」。

四、「上層反動集團與帝國主義，蔣介石，及外國反動分子的結合」。

五、「革命的本身，是由印度加鄰旁方面指揮」。

君之薄，鄰之厚也。共產黨是以騙術起家，難道說這點小小道理都不懂嗎？何以他要強調康藏人民的關係密切，強調全體藏民的支持革命，強調反動分子的普遍結合，強調印度地方的參預其事？無論他的自說自話是如何的居心叵測，至少他是在張皇失措中，暴露兩種無可奈何的苦悶；一是應不應打擊友邦印度，一是陷不陷於內部人民長期鬥爭。

我並非對於印度尼赫魯有所偏向，可是達賴的逃出西藏，要不是經過他的長期安排，決不會那末神速而安全的到達印度。又合衆社新德里十一日的消息透露：西藏臨時政府，已呼籲各方正式承認。尼赫魯眞有膽量，想搞搞對中共的挾持把戲嗎？可是他挾持達賴以自重的手法，似乎已經漸漸的水到渠成。尼赫魯的前半生，接受的是英國教育。後半生，習慣的是現實主義。憑他的國力氣度，他會有從井救人的政治公道可能是奇跡。而達賴的命運，是否會被人牽起鼻子來進行交易；我們暫時殊不願過分的揣測。

話雖如此說，事情的演變也許不至如此悲觀。故西藏的抗暴，能不能持久，會不會變質，惟一的關鍵；在大陸，是要看各方的響應。在海外是要看國民政府，如何的急起直追，而做到切實的支援以為斷。記得民國四年的倒袁之役，蔡松坡唐繼堯等，不過以三千衣衫襤褸之衆，與袁氏十萬精銳，周旋於瀘州敘納之間，相持半年以上。而袁氏終於無以為繼者，其故有四；一為人心向背，二為將士用命，三為海外支援，四為各省響應。今天大陸人民的痛恨共黨，千百倍於當年。而共產黨控制之嚴，亦十百倍於袁氏。鑒於滇黔起義的往事艱辛，我們期望於國民政府者，是支持餉項，補給彈藥，換發槍枝，供給衣物。捨此，一切的支援，都會落空，一切的希望，都會夭折。西南人的民族性，是勇往直前的獨特精神，此次的康藏革命得來不易，我相信他們能在持久戰中，再創造第二次的護國功勳。

達賴出亡以後

岳騫

西藏達賴喇嘛自從三月十七日由拉薩逃出，經過兩個禮拜的時間，終於從不丹進入印度。中共雖然出動空軍、傘兵追擊，結果勞而無功，徒留笑柄。

達賴出亡，對於中共在西藏的統治，將有決定的影響，若說中共失去達賴即失去西藏，似乎言之尚早，但中共失去達賴，却失掉了整個西藏人心，是一定的。最低限度在目前就有三點可以看出，達賴的出亡所加於中共的打擊。

藏人決心加强

第一、堅定了藏人抗共的決心，達賴未曾離開西藏之前，藏人雖然在各處零星反抗，但是像在拉薩城郊正式和中共軍作戰的事尚不會有過，並不是過去藏人沒有這個力量，而是投鼠忌器，恐怕驚了達賴的佛駕。試看這次正面衝突起於三月十日，拉薩之戰却到三月十九日始爆發，這其間唯一延阻藏人進攻的力量就是達賴，所以達賴到了三月十七日離開拉薩，三月十九日大戰就無可避免了。

現在達賴已經到了印度，藏人無論在何處發動攻擊，心中完全沒有顧忌，好似抗戰期間，政府遷都到重慶之後，前方軍民反而鎮靜起來，橫豎京城遷走了，演成了一個長期抗戰之局，不打到最後勝利，決不休兵。今天西藏的情形和我國抗戰初期頗有相同之處，達賴類似國都，中共的地位也頗似日軍，只要中共一天不退出西藏，藏人也非打到底不可，相反地，共軍本身對於戰事前途却反而失掉信念，因為打下去未知何日是個了局，中共雖然抓到一個班禪，也如同抗戰期間的汪精衛一樣，汪在抗戰陣營固然穩坐二把交椅，一落到敵人手裏就一點價值也沒有了。

他們有必勝信心

第二、增加了藏人必勝的信心，藏經上載明「藏不安，漢不平」，所以藏人每次和漢人衝突，均以此言自勵。在有清一代的史實，也證明藏經所載，不無道理。當清朝崛起關東時，五世達賴及四世班禪曾先後派使繞道蒙古去滿洲進貢，達賴使者於崇德七年「明崇禎十五年，一六四二）抵盛京，上表尊清太宗為曼殊舍利大皇帝，清太宗於崇德八年四月遣使封達賴、班禪為金剛大士，中間只隔一年，清兵就進入北京，奠立二百六十餘年王朝。清朝進關後，對於達賴相當優禮，順治九年十二月達賴朝京師，獻馬匹方物，順治皇帝召見賜坐，順治十年達賴辭歸，清廷派承澤親王護送，並封達賴為西天大善自在佛，賜金冊金印，領天下佛教。達賴回藏後，更受到四周國家的尊敬。延至康熙帝即位，清朝對於達賴的禮遇始終不衰，吳三桂反，曾得達賴支持，三桂死，吳世璠繼，清兵已入雲南，世璠割雲南省兩縣與達賴，致書請求援助，均被清兵截獲，但康熙帝對此均置不問。

終清朝之世雖然曾對西藏用兵，其對象均不在達賴，大體說來，北京朝廷與布達拉宮關係還算融洽。到了宣統二年，十三世達賴因恐懼川滇邊務大臣趙爾豐的改土歸流政策，又和駐藏大臣聯豫不合，逃去印度，英人留之居於大吉嶺，頗為優待，延至宣統三年八月十九日武昌起義，清朝二百六十多年王朝竟而傾覆。

總計五世達賴派使赴滿洲進貢之第三年清朝統一中國，十三世達賴逃亡印度之第二年清朝滅亡，藏人以為清朝興也由達賴，亡也由達賴，所以漢人萬萬不可惹達賴，否則必自貽伊戚。

這樣看法當然是迷信，但是對於藏人來說却根深蒂固，此次十四世達賴又逃亡印度，藏人必定認為是中共覆滅的預兆，更增加了他們必勝的信心，就憑這一股意志，中共永遠無法把他們平下去，就如抗戰期間人人都有抗戰必勝的信心，打來打去，終於把日本人打垮。

西藏問題國際化

第三、達賴出走，增加了西藏對外的聲勢，達賴未出亡之前，中共尚可把西藏之局說成內亂，國際方面即使想援助西藏，也找不到對象，現在達賴既然逃出虎口，對於外交運用上要方便的多，因為達賴在西藏，頗有「朕即國家」的形態，達賴所在之地，就是西藏政府所在，何況此次隨達賴出走的，又有噶廈公所中全體噶廈的三分之二，這就變成了西藏地方政府流亡在印度了，等於二次大戰期間，捷克、波蘭流亡政府在倫敦，直接指揮着國內的游擊戰爭，此種局面只要拖了一個相當時期，一定有些國家直接或間接承認雙方為交戰團體，當然也可以任意去援助一方面，西藏之局國際化之後，中共想靠武力來解決就更困難了。而目前最使中共頭痛的應該是康青藏反共勢力大合流，據張國華在「西藏自治區籌委會」上報告，西康有一部反共武裝，去年逃到西藏，受到西藏噶廈公所的支持，這批人是否就是此次反共主力康巴族人，還是當地漢人，張國華沒有說清楚，但估計可能包括了漢人在內。

西藏之局誠然不能打垮中共，但是兵連禍結，長期發展下去，足以促成中共早日崩潰却是事實，尤其在經濟方面，更使中共難以支持，通往內地的公路均被截斷，只靠空運維持，中共的空運力量，如何能支持長期戰爭。

目前中共即使想談和，也找不到對象，與班禪談，等於日本和汪精衛訂的「日支關係調整要綱」，條約雖然訂了，却發生不了一絲作用。

中共此次迫走達賴，是它在「抗美援朝」之後犯下的最大一次錯誤，那次幸虧艾德禮挽救了崩潰的命運，這次大概他們只有寄望於尼赫魯了。

大陸逃港學生的控訴：

我被迫自殺、我被迫參戰攻金門

忱海

人家說「死裏逃生」或者只不過是形容事情經過的危險，然而我却是眞正的死裡逃生。為了生存，我自殺過一次；為了生存，我違背了羅排長的命令，事後遭到了無數次的鬥爭。但我終於獲得生存了，我離開了大陸。當我踏上這四年前曾經住過幾天的香港時，我感到我是又活了。在我的感覺上，我是眞的死過一次。尤其當我夜晚睡不着的時候，手就會不自覺地撫摸我頸子上的那一圈疤痕，那是我申請來港不遂時怨憤而為的。在大陸的那四年光陰，我現在的的確確是當他死了一樣的了。

在前期的「聯合評論」上看到了秦露同學所作的控訴，一位女同學自殺了，因為我自己也曾自殺過，所以我又流了淚。同時我又想，我離開大陸時心裏對共產黨，還是存着絕大的恐懼的，幾個月來到處躲躲藏藏，除了一些過去相熟的同鄉外，簡直就怕見任何人。現在，見到了連女同學都敢勇敢地公開地來指摘和控訴中共的罪行。我作為中國人（雖然我在印尼出生，在印尼長大，但我現在更願意作為中國人了），一個男青年，怎能幫着中共隱瞞它們的罪惡呢？我不能不說了。那位死了的陳慧羣同學，雖然我沒見過，而且她在廣州，我在晉江，她死了，我還活着，但我們總是同樣被共產黨逼死過的呀！

我是印尼華僑

我是印尼泗水的華僑。華僑在一般人的想像中總是富有的，但我却不然。我出生在一個貧窮的家庭，父親是一家菜館裡的廚子，母親在我很小的時候就去世了。我只有一個妹妹，在我離開泗水的時候只有十五歲，現在也聯絡不上了。

我只念過幾年小學，以後就因為家庭貧窮，唸不起書而輟學了。輟學以後，在父親工作的廚房裡幫着洗碗碟，後來又在一家小商店裏做送貨員。我整天的工作就是踏着送貨三輪車到處走着送貨，有時甚至要趕到郊區去，一天要踏二百多里。可是在那個時候，我也沒有放棄自修。一方面我學習國語，一方面盡我自己可能的程度來學習數學。這時，我已決定要回大陸升學了。

我聽說，回大陸升學不一定要初中或高中畢業的學生才行，只要是肯回大陸，大陸就會設法給你補習，使你順利考進大學。

對我這個送貨人來說，進大學是一種什麼樣的誘惑啊！為了這個，我抽空上泗水的中國（中共）領事館去問了好幾次，他們的答覆雖然不是很肯定的，但我可以揣知他們的暗示是大陸極端歡迎僑生的。於是我決定離開泗水了。

我父親也沒有多大意見，那年我十八歲，可是長得已經夠高大了，要作遠行，他自然不會不放心。我們在分別時還約定，如果我在大陸大學畢業後找到了職業，一定要接他來大陸，那樣生活就會過得好一些了。

一九五五年六月，我道經香港，進入大陸，到了廣州。在廣州僑務委員會登記之後，我領到了路費，回到了我從未到過的故鄉——福建泉州。

叫我在大陸做工

我到了泉州之後，第一件事就是找教育局，但是接見我的同志在問明了我的學歷之後，突然叫我到勞動局去登記等勞動局分配工作，但是人可以暫時住在泉州的僑生招待所。

這對於我真是冷水澆頭，心情非常痛苦，我對他說我回國原不是為了做工而是為了升學的，但他說研究一下等第二天再說。我一頭悶氣回到招待所，連逛街也沒有心思了。第二天一清早又去要求，這回和我談話的是一個什麼科長，他劈頭就對我說了一大堆話，什麼「回祖國來做任何事都是光榮的」之類。我仍堅持我的志願，後來我乾脆說：「如果不能升學的話，我做工也回印尼去做，請讓我回香港好了。」

這時我的護照還未過期，要回印尼是立刻可以回去的。那個科長聽了我的話之後面色變了一變，又叫我暫回招待所，過幾天會有決定來通知我的，並告訴我住在招待所中要規矩些。原來我昨天晚上在宿舍裏向幾位同學發了幾句牢騷，却已經不知通過誰給他知道了。

這時，我又想起過去在海外時所聽到的另一些共產黨對待僑生的言語，尤其是在香港一些反共報紙的話，因為那時正是暑假，台灣也在爭取僑生，所以報紙上關於這方面的文章特別多，不禁害怕起來。回到招待所後，總是悶頭大睡，向招待所的同學們借來的一些課本也沒有心思看。這樣過了近一個星期，突然招待所長——一個姓張的北方人，滿臉麻子——通知我說教育局有電話找我，我趕了去，他們叫我到廈門去，我到了廈門，竟然很順利地進入了集美補習學校。

後來在學校被鬥

我的志願達到了！集美補校的任務是一年內補完初中的課程，為投考高中作準備。我發奮唸書，更由於我從小是貧苦出身，也捱得苦，義務勞動也起勁，所以竟成為「進步學生」了。

一年之後，我考入晉江第三中學。晉江三中在金井，是有名的僑鄉，四百多個同學中絕大多數是僑生及華僑子弟，但也有不少北方學生，他們都是黨員或團員。他們的班幹部都是由他們扭任的，甚至連宿舍裡的生活組長也非他們莫屬。我自以為在集美補校也當過班長，受過學校當局的表揚，所以一切課外活動仍然很積極，更由於言語相通，習慣相近，所以同學們有事反而都來找我而不去找黨團幹部。在無形中，我成了學生領袖。

同學們對學校有什麼意見，總是由我帶頭去交涉，尤其是關於伙食問題，學校事務處見了我就頭痛，有一次甚至於將我推出辦公室的門口，說我不能代表同學，但是站在門口的同學，却大聲喊着支持我，那些團員喊啞了喉嚨也沒人理睬。

我當時天真地想：這樣做，才是真正為人民服務啊！誰知團支部早就記了我一筆一筆的帳，準備伺機「整」我了。這樣過了一年，「鳴放」開始。同學們（尤其是僑生）對學校和社會的意見多極了，但都不敢說。平心而論，我倒並沒有特別提意見，但是我根據了黨中央的精神，鼓勵各班同學勇敢發言。我雖然還只是高一，但是高三的同學也會來參加我們開談式的集會。

這時，黨支部葉書記就找我談了好幾次話，他說：「你有意見就應該自己提，不應該煽動其他同學。」

我回答他說：「同學們有顧慮，應該鼓勵。」

當時正在鳴放的高潮，葉書記甚至連和我談話都是關起門來細聲談的，當然不敢阻攔我。

但一個多月後，突然轉變為「反右」了，我被列為全校第一號「右派份子」。鬥爭開始了！（未完）

× × ×

中共剝削奴役台山僑眷歸僑的事實

曾明

（一）中共對華僑的欺騙宣傳

廣東省的台山、新會、江門、中山四縣市是僑眷、歸僑最多的地方，也就是僑滙最多的地方。因此，中共對於這個僑鄉地區特別注意。所以，中共在廣州舉行「全國僑務工作會議和全國僑聯第一屆委員會第三次全體委員擴大會議」之後，由中共「華僑事務委員會」的副主任方方率領出席這兩個會議的人員前往台山、新會、江門、中山四縣市視察。其目的，是要加强對於這個僑鄉地區僑眷、歸僑的管制工作。

中共「全國僑務工作會議和全國僑聯第一屆委員會第三次全體委員擴大會議」的召開，是為了貫徹執行其八屆六中全會「關於人民公社若干問題的決議」，而要進一步的剝削奴役僑眷、歸僑。因此，在會議中決定了在人民公社化運動中有關僑務的政策，其宣傳標榜的是：「僑眷、歸僑加入人民公社後，他們所有生活資料（包括房屋、衣服、家具等）、僑滙和在銀行、信用社的存款，仍然並且永遠歸私人所有，無論現在和將來都保護他們的所有權。僑眷、歸僑多餘的住宅，公社需要時經過協商可以借用，所有權仍歸原主。歡迎華僑和僑眷、歸僑按照公社的建築規劃建屋，歡迎他們繼續在華僑新村建屋。國務院以前所公佈的保護僑滙政策的命令和華僑投資的優待辦法，繼續貫徹執行。」「對於部分沒有勞動習慣的新歸國華僑，安排他們勞動時，不僅根據自願，而且强調逐步引導，强調由輕到重，由簡到繁，使他們感到勞動是生活所必需，勞動是光榮的，逐步養成勞動習慣。對回國養老、觀光、探親的華僑，不安排他們參加勞動」。

從他們所宣傳的，似乎對於僑眷、歸僑是另眼相看，特別照顧。其實，大家知道的，中共一向就是：說是一回事，做又是另一回事；而且，話越是好聽，其剝削奴役的手段，就必然越是毒辣。這是中共虐待人民的一定公式。從一九五八年十二月「全國僑務工作會議」和「全國僑聯第一屆委員會第三次全體委員擴大會議」之後，這三個多月來，藉以整頓人民公社工作為名，進一步剝削奴役僑眷、歸僑的事實，完全揭穿了中共騙人宣傳的謊言。

（二）中共剝削奴役僑眷、歸僑的事實

中共剝削奴役僑眷、歸僑的事實。

即以台山縣紅旗人民公社來說，該社是由水步、大江兩鄉合起來組成的，總戶數共有二萬四千二百九十一戶，其中僑戶有六千九百六十一戶，佔總戶數的百分之二十九。在兩鄉原有六十個農業社當中，有的社僑戶佔總數的百分之四十以上，是華僑較多的僑鄉。

在紅旗人民公社成立之後到最近三個多月來的整社工作期中，中共的目標，一直集中在僑眷、歸僑的身上。其剝削奴役的手段：

第一，脅迫交出僑滙、獻給人民公社

中共在紅旗人民公社提出了僑眷、歸僑的獻禮獻寶運動，脅迫僑眷、歸僑將僑滙拿出來獻給公社。

如：紅旗人民公社中石橋社的僑屬委員會主任劉霞，策動僑眷、歸僑伍偉瓊、伍留穩等人帶頭，發動其他僑眷向人民公社獻禮，一天就得了一千三百餘元的人民幣。

並將該社僑眷所存的港幣二千八百元，强迫繳歸人民公社作為支援購買發動機的獻禮。

又如：該社的陳邊社的僑眷，一天之內繳送人民公社的僑滙存款，就有人民幣五千零七十八元之多。

又以迅速實現機械化的口號，叫僑眷、歸僑認捐購買拖拉機人民幣二千五百元的價款。

紅旗人民公社又以獻寶為名，壓迫僑眷、歸僑將家中所存工業原料器材獻給人民公社。

如：該社的步汰社僑眷蔡惠雲、雷翠娥和其他僑眷，把私有的縫衣車六架拿出來獻給人民公社，成立人民公社的縫衣小組。並規定她們代社員義務縫補衣服。

第二，奴役僑眷、歸僑

中共除了剝削搜刮僑眷、歸僑的僑滙存款不算外，並奴役他們的勞力，對於僑眷、歸僑無分男女老少一律强迫他們參加勞動，就是沒有勞動力六十六歲到八十歲的老人，中共也不放過他們在屋子裡養老，還要他們去晒穀，看鷄。如，南陽村僑戶十七戶，松江村七戶，都要他們個個出勤。而僑眷蔡寶杰的女兒，不能勞動，也硬脅迫她參加勞動。

方方在台山時，大聲叫囂要台山的歸僑、僑眷和歸國華僑學生，「在台山的黨和政府的領導之下，更好地完成水利工作、深翻土地工作，積肥工作、而且，更積極地參加台山的工業建設工作」。

以上所舉的都是見之於一九五九的中共的「僑務報」。這雖然是台山僑鄉的個別事實，其實也是普遍性的；所有廣東福建等地的僑眷、歸僑都是一樣地受到中共的虐待，並沒有另眼相看，特別照顧。中共所謂對於僑眷、歸僑的深為關懷，適當照顧的宣傳，完全是套取旅居國外華僑的僑滙和誘騙華僑返鄉作它們奴工的謊言。

寫到這裡，要請旅居國外華僑同胞注意的：在中共政權之下，根本不准有私有財產的存在，這是人所共知的。尤其，中共基本觀念上對於旅居國外華僑都認為是資本主義之下所培養的資產階級，存在着濃厚的資本主義的意識，是無法改造的敵對分子；而對於你們的子女，它們又認為是依靠僑滙不事生產的「二世祖」，是它們「社會」上的壞人。中共這種對你們的成見，已經在何凝一九五九年元旦向國外華僑廣播詞和方方在台山的講話，表現得清清楚楚。從這一點，更要請國外華僑同胞們認清了中共是你們的敵人，不是你們的朋友，請不要上了它們宣傳的當。

本報價目

港九	零售每份壹毫 每月四毫 全年四元
美國	平郵每月美金伍角 空郵每月美金二元
日本	平郵每月港幣三元 空郵每月港幣伍元
南洋	平郵每月港幣三元 空郵每月港幣伍元
歐洲	平郵每月港幣三元 空郵每月港幣陸元
南美	平郵每月港幣三元 空郵每月港幣十二元

記甲午中日戰爭始末（十二）

舜生

（C）日本對俄法德屈服

『馬關條約』於三月二十三（四月十七日）簽字，三月二十九（四月二十三日）俄法德三國便向日本的外務省送出了一個干涉日本佔領遼東半島的備忘錄。俄國的備忘錄說：『俄國皇帝陛下之政府，查閱日本國向中國所要求的媾和條件，認遼東半島為日本所有，這不特有危及中國首都之虞，同時對朝鮮的獨立也有名無實，為將來遼東和平的障礙。因之，俄國政府為向日本表示誠實友誼，茲勸告日本政府應放棄領有遼東半島。』法德兩國的措辭，也和俄國的差不多。這一次的行動，自然以俄國為主體，因為日本勢力向朝鮮及向我東北伸張，在俄國視之，都是切膚之痛，當然非力爭不可。法國想提高自身在遠東的地位，同時她又是俄國的同盟國，其樂於附和，也不難理解。至於德國的參加這一幕，則情況相當複雜：第一，威廉第二本來具有一種雄飛宇內的野心，可是截至這個時候為止，她在遠東的地位依然相當薄弱，一有機會，自然非插足不可；第二，在歐洲俄國是德國正面的敵人，鼓勵俄國在遠東闖禍，樹敵，以分散她對歐洲的力量，這當然於德國有利；第三，俄法過度交親，也顯然是對德國的一種威脅，她參加了這一件與他們在歐洲的利害關係不太直接的行動，可以把俄法的關係冲淡，這於德國當然也有好處；基於這種種原因，以一時一地的關係，德國乃居然對這件事與俄法採取了一致的行動。（參看王光祈譯『三國干涉還遼秘聞』。）當俄法德三國態度趨於一致的時候，本來也曾要把英國拉上的，可是英國的看法更現實，更巧妙，她覺得：日本已經是一個亞洲新興的強國，以英國在遠東的地位，能結識這樣一個朋友，於防俄及在未來其他形勢的變化中，可能於英國有益。因此，當三國去拉她的時候，其時英外交部長張伯倫（Joseph. Chamberlain），便僅僅只作一『不反對三國計劃』的消極表示，而完全中立於此一事件之外。依據以上分析，可見列強對此一事無論干涉或不干涉，都是以自己的利害為中心，即干涉者亦非有何厚愛於中國，而日本不能以獨力侵吞中國，這也應該是一個最早而最有力的教訓。

其時俄國在太平洋的艦隊，有船隻二十九艘，約七萬餘噸；在西北利亞總督統轄下的陸軍兵力，也有五萬人，並且有由國內增兵的準備。俄國不惜一戰的決心既如此明顯，因此當伊藤接到三國干涉消息的第二天（四月二十四日），他便於廣島的御前會議，提出了應付這一突變的三個方案：一、斷然拒絕三國勸告，即使新增敵國，亦在所不顧；二、約請列強會議，處理遼東半島問題；三、接受勸告。會議結果，決定用第二案，但仍由伊藤於當夜趕赴播州舞子與陸奧詳商（時陸奧在舞子養病）。四月二十五這一天，經過伊藤陸奧及財相松方正義內相野村靖熟商的結果，除摒棄第一案大家的意見趨於一致外，廣島御前會議所決定的第二案，陸奧認為由列強會議來解決，不僅費時失事，而且可能引起其他的枝節問題，也極為不妥，於是他們的意見乃側重採用接受勸告的第三案，但他們所作的決議，則為『對三國可讓，對中國一步不讓！』經過日皇最後裁可，即繼續逼迫中國批准『馬關條約』，並完成換約工作，關於遼東半島問題，則留待另案辦理。

日本抱定這個既定的方案，多方對中國施用壓力，中國不得已，乃於四月初八（五月二日）將和約批准，並於四月十四（五月八日）經由中國所派的伍廷芳，與日本所派的內閣書記長官伊東久美治，在煙台完成了換約的手續。而關於台灣的交割，也經由日方所派樺山資紀，和中國派出的李經方，於五月初十（六月二日）在基隆海面的橫濱丸上簽字。對俄法德三國日方雖然知道最後終非讓步不可，但依然向國際多方活動，希望稍有轉圜，以俄國態度的堅定，遷延到八月十九（十月七日）卒由日本外相西園寺公望，正式宣告接受三國勸告，將遼東半島退還中國，但須中國加付賠款銀三千萬兩，並須於此項賠款付清後的三個月內，始肯實行撤兵。

以上關於甲午中日戰爭的正面敘述，已大體結束，但尚有應予補述者兩事：其一為台灣被割讓以後，台灣人民的奮起反抗；其一為中日戰爭期間及戰後，朝鮮一般局勢所起的變化。

清末民初經營康藏的兩個人物：趙爾豐、尹昌衡

劉裕畧

之後，繼趙爾豐任四川都督的是尹昌衡，繼趙爾豐經營康藏的也是尹昌衡。

說起尹昌衡，倒眞有點傳奇性。尹是四川彭縣人。早孤、家貧，母為人洗衣過活。但向來相信他的兒子將來會做皇帝，故平時習稱尹昌衡為「皇兒」，尹亦怪人，平時亦習稱其母為「皇娘」，不消說這「皇娘」「皇兒」平時闊的笑話很多。但這使尹自幼即有了個人英雄主義傾向。尹未及弱冠，即進入了當時的武備學堂，隨後又東渡日本入士官學校。他與閻錫山、李烈鈞、唐繼堯、孫傳芳、程潛等乃士官六期同期同學。回國後，初期僅在四川部隊裡當一名參謀，但他平時講袍哥，（紅門之一種，在四川俗稱袍哥）結識江湖之士不少。會辛亥武昌起義，尹即糾合同志佔據成都，而被推為四川都督，殺趙爾豐也就是這時候的事。

趙經營康藏，剿撫兼施，原有相當威名，藏民頗畏服。尹將趙捕斬，藏民只以為尹比趙更厲害，故尹雖未出成都，威名卻已響遍康藏。

民國二年，袁世凱派尹昌衡以四川都督兼康藏經畧使。尹提一旅之師入藏。藏民格於尹斬趙之威名，多跪迎莫敢抗。時尹年僅二十八而已。尹嘗在成都自撰聯稱：「以一身兼名將通儒，上下古今，目無餘子。」其少年自負與意氣之盛可以想見。尹平時喜歡戲劇，率軍由康入藏時，自己會粉墨登塲，與士兵共樂。但藏民素崇拜偶像，平時只以為尹乃天人，及見其優孟衣冠，輕視之心驟生，叛變之念頓起，遂一反故態，相率為亂。尹當即以武力鎮壓，全力猛攻，戰火方濃之夕，正尹本人二十八歲生辰之期。尹當時曾作七律一首：「月到天心馬到山，驚霜無聞撲刀環。呼寒戰士猶枵腹，聆捷將軍未解顏。二八年華今夜老，三千迢遞幾時還！東巖壘靜西巖急，知是前鋒破虜關。」云云。

叛變弭平後，尹基於其本人之個人英雄主義。乃將附近重要地點改名，以紀其本人拓邊之事。尹本名碩權，又名太昭，時任四川都督，遂取自己名字「昌衡」之「昌」字與「都督」之「都」字配合，將當地地名改為「昌都」，又取自己字名「碩權」之「碩」字與「督」字配合，將另一地名改為「碩督」，又將另一地名改為自己名字「太昭」，這便是今日「昌都」、「碩督」、「太昭」等地名之由來了。

尹力克昌都之後，正擬乘勝向拉薩進軍。但因袁世凱久忌其野心與才能，派尹兼康藏經畧使之原意即在調虎離山，所以，尹在昌都戰勝之日，亦正袁收買尹之部隊在川叛尹之時，尹在康藏途中，進退維谷，袁乃以一紙命令將尹調京，名為將軍府將軍，實則為袁所軟禁。而尹經營康藏的事，遂亦從此中斷。

自後，尹未再入仕途，雖自號「止園」，但沉迷女色，嘗作詩贈其愛妾良玉樓有：「美人名士堪千古，何必英雄誤一生！」「卿不及百年便為嫗，我不及百年便為叟，行樂須及時，賞春莫待春風後」等句，大陸淪陷前，中共意欲利用尹，蓋抗戰前夕，康藏氏族械鬥，每相持不下時，輒有「到成都找尹都督評理」之語，可見康藏少數同胞對尹仍有偶像作用。彼等固不知尹早已倒台數十年了。一九五〇年十二月，共軍來犯，川西吃緊，尹避走西昌，並堅拒共黨利用，後終以高齡死於避難途中。而成都淪陷之初，中共成都軍管會曾派參謀兩名到尹宅將所有康藏有關圖籍搜去。

以我對於尹昌衡的印象來說，他那瘦長的個子，固然給人獨特的感覺，但予人印象最深的，却是他那「聲若洪鐘」的聲音。所謂聲若洪鐘的話，平時我們只見之於小說，對此，並不深信，但尹的聲音，清脆洪亮，異乎尋常，正是所謂聲若洪鐘的。

以趙與尹從事邊政工作而論，尹從個人英雄主義出發，趙則尚能從國家開拓邊疆之改土歸流着眼，雖二者皆無具體成績可言，然與今日中共廹害藏胞之暴政相較，則趙尹雖無為，但亦尚無大過也。（完）

己亥新春率浸院諸生遊大埔

君左

洙泗遺風尚可求，春風駘蕩笛聲幽。萬千百里隨緣合，十二三人結伴遊。桂苑棲尼興義學，車窗瀕海看歸舟。回頭大埔墟何在？小雨催花點暮愁。

晨興四絕

君左

漠漠春陰悄悄寒，昨宵豪雨洗峯巒，清晨清水灣頭去，巴士雙層好看山。

絲絲凍雨冷清清，釀出春寒二字輕，薄霧濃雲愁黯澹，一車人影九龍城。

海色迷濛景益奇，長留片石繫沉思，自來離亂多傷感，亦還江湖派裏詩。

點點胭脂翡翠林，嶺南花色艷如金，一株兀立春風裏，赤膽丹忱壯士心。

亮齋閒話

西藏漫談之一

徐亮之

藏族、唐書作「吐蕃」，「蕃」讀如「播」，故他書亦作「吐番」（「番」略讀如「番禺」之「番」）；實即藏人自稱「土伯特」（Tibetan）的對音（「特」乃「統類之詞」）；而土伯特復有「唐古特」「圖伯特」的異譯。

藏族的淵源如何，我國前人多不能詳。故十世紀中葉、劉昫撰「舊唐書」，對吐蕃即有「其種落莫知所出」的話。唯希臘史家希羅多德（Herodotus）「史記」曾記瞿薩旦（Issedones——譯名依玄奘「大唐西域記」）族，「大英百科全書」以為即土伯特族。喜其風習特富古代東方游牧民族的浪漫色彩，爰為迻譯如左：

「傳瞿薩旦人之風習如下：人有父喪，姻黨畢唁；牽羊炰已，塊劗其肉。塊劗逝者，亦復如是。糅和二肉，遂張盛筵。逝者之頭，別施洗剝；洗剝既淨，鑲飾以金。鑲飾已了，闔門交慶；每逢佳節，輒陳出之。以父殘骸，成子光寵，其情致乃如希臘人之善葆檢尼薛（Genesia）云。然自別方面言之：瞿薩旦人又乃公道之實踐者；其男女權利，一律平等，蓋世所公認者焉。」

希氏所謂「男女權利一律平等」，乃暗示「一妻多夫」制；所以附註引另一族的婚制說：「馬勒巴（Malabar）之呢爾斯（Nairs）人，制度特尊婦女。一女輒擁數夫；其財產並得由女自主給與所暱之男子。」土伯特正是一妻多夫制的種族，大英百科全書以為瞿薩旦即土伯特，不為無因。同時，希氏乃紀元前五世紀之史家，世稱「史學之祖」，生於周敬王三十六年，卒於周威烈王元年，是藏族的祖先最少在我國周代，已活躍於世界歷史舞台的了。

瞿薩旦又實為魏收「魏書」的嚈噠國；嚈噠也是Issed-ones 的對音。「魏書」成於六世紀，其記嚈噠的風習說：

「其俗兄弟共一妻。夫無兄弟者，其妻戴一角帽。若有兄弟者，依其多少之數，更加角焉。」

「魏書」此條正可做希氏所記瞿薩旦人的補充材料。「魏書」又認為嚈噠乃「大月氏之種類」，也最少可作為藏族祖先（即嚈噠或瞿薩旦）在周代已活躍於世界歷史舞台的旁證。按月支首見於逸周書伊尹獻令篇；同書王會篇及管子國蓄、揆度、輕重甲、乙等篇則曰禺氏；穆天子傳則曰禺知；管子地數篇則曰牛氏。而所謂牛氏、禺知、禺氏，都只不過是「月支」的對音罷了。但伊尹乃殷臣，周書伊尹獻令篇既有「月支」之名，嚈噠亦即藏族的祖先，既為月支之種類，則謂藏族遠在殷商之世已名聞世界，自無不可。

孟教授（三）

盛紫娟

葉正之覺得天在旋，地在轉，眼睛發黑，身子只是隨着腿的機械動作往前移動。旅館的服務員安排好了行李，不知在說些什麼，他一句也沒聽見，全身撲在床上，昏昏沈沈地躺了半天，三年前的一幕清晰的浮上心頭。也是在這樣的一個春天，這一天他正跟蓮雲坐在花叢下談心。忽然看見黨委書記等等笑迷迷地向校門口跑去。

蓮雲怪叫起來：「出了什麽事？正之。」

學生會主席興奮地在擴音器裡嚷着：

「同學們！報告大家一個好消息，留德的光學博士孟予教授被分配到咱們學校來了，大家高興不高興！？他是第一個回國的愛國學者，這種偉大的精神，是我們每個同學應當學習的。今早，他巳乘專車從北京來了！同學們，大家快去校門口歡迎啊！情緒盡量熱烈，使孟教授深切地感到祖國的溫暖與熱情。」

一輛嶄新的汽車從校門口開進來，一直到文化樓前才停住。汽車門開了，一位斯文的中年人走出來，溫和地看着圍繞他的學生，他熱情地與離得最近的幾個同學握手，又接過一位女同學獻給他的花。

學生會主席擠向前來，高聲說道：

「我們歡迎你來，也等待你來！」

他激動得說不出話，停了好一會兒，才大聲說：

「同學們！我一定努力工作，來報答你們的盛情！」

黨委書記滿臉笑容地對他說：「孟教授，請到客廳坐。孟教授，您的房子我已派人去收拾了。」又轉過身來嚷着：

「同學們，散開吧！孟教授需要休息。」

這一天的談話資料就都圍繞着這個學者。

過了一星期他就正式上課了。每逢他的課，學生就特別多，因為他不在光學知識上，貫徹「愛國主義」教育，他的講義不是從蘇聯抄來的，他沒有臭架子，就是對服侍他的工友也是和靄可親的。

正之與天民對孟教授特別崇拜，對物理學也極感興趣。他們倆從小就是同學，這時候因為共同的愛好就更親密了。他們常常私下去找孟教授，探討課程上的問題，孟教授極有風趣，和同學們攬在一起說說笑笑，從來沒有從俄國回來的那些教授們滿臉出喪的神氣。

「知識的領域，比海洋還要廣濶無邊，孩子們，用功讀書吧！」孟教授這句話猶在耳邊。

本刊已經香港政府登記

聯合評論 週刊

每逢星期五出版

United Voice Weekly

第三十六號

督印人：黃宇人　總編輯：左仲平
社址：九龍金馬倫道卅八號三樓
電話：六一四一三（61413）
承印：田風印刷廠（高士打道二二一號）
總代理：友聯書報發行公司
售價：每份零售港幣壹毫
本報紐約版總經售處美國紐約中美出版社
CHINESE-AMERICAN PRESS, INC
199 CANAL STREET.,
NEW YORK 13 N. Y. U.S.A.
紐約航空版零售每份美金壹角

看了周的『政治報告』以後

舜生

上星期六（四月十八），周恩來在中共所謂的第二屆全國人民代表大會的第一次會議，宣讀了他長達三萬餘字的『政治工作報告』。參加來聽這個報告的，除千人以上的所謂『人民代表』以外，還有千人以上的所謂『政協委員』，及若干的外賓被邀列席。

依據蘇聯老大哥的經驗，在老周宣讀這一報告的時候，配合得有各種不同的掌聲，如所謂『鼓掌』，『熱烈鼓掌』，『長時間的熱烈鼓掌』，『暴風雨般的掌聲』，『笑聲』，『全場起立，暴風雨般的掌聲』等等。

在十九的早晨，我在吃過早點以後，從容的抽了一支『英帝』紙煙，會一字不遺的把他這篇冗長的文字看了一遍。香港尾巴報紙，在大陸報刊一律採用橫排與簡字的今天，他們還居然敢反抗中共，在他們的報刊上，依然用直排與舊體字，這一點總算不無可取。

假定周的這篇報告，能緊縮到一萬字左右，又不全用『蘇式』的宣傳文字體裁，我想它一定能減少若干的反感；同時還可節省聽衆與將來『學習』這類文件的孩子們不少的時間與精力。可是十年以來，中共已養成了一種浪費與誇張的惡習，決不肯這樣做。

我常想，中共以周這樣一個人來領導政治，能造出幾次『雜耍』與『京劇』這類玩意的團體到國外去走動走動，這是不奇怪的；試想，他們在今天北平中南海懷仁堂所搬演的這次會議，不是一臺『雜耍』和一幕『喜劇』是什麼？

在中共的報告中，歡喜搬出許多數字，並且把今年的數字與去年比，把他們踞大陸後的數字與過去比，這是他們的得意之作。有不少的人歡喜推敲這類數字的眞實性，但我的觀點則不在此。我所要問的，乃是這十年以來大陸人民被他們屠殺和磨折而死的，其總數究爲若干？人民的財產被他們所榨取，並且全部浪費了的究竟是多少？現在大陸的人民生活是蒸蒸日上，還是每況愈下？他們所說什麼東西什麼東西幾年趕上英國，或超過英國是否也包括人民的生活在內？如果對這類問題不能有正確的答案，或所答的只是一個『否』字，我便只能斥中共這羣領導層的人物爲妄人，爲下流。即令他們在報告中所列舉的數字全部都是眞實的，也只能爲中國帶來更大的災禍，別無其他的好處。

周在這篇報告中，曾有多處提到人民公社的成就，但究竟是什麼？却完全沒有說出所以然。這可能只是對老毛的一種敷衍。

中共這次居然把『政協委員』的名額擴充，許多在反右派的鬥爭中，被毒罵得不值半文的，這次又被『起用』，這在一個意義上可解釋爲周本人對三十年來的統戰一種迴護，也可說是對劉少奇等的一種勝利；在另一意義上，則可使我們了解大陸的情況普遍不穩，依然有借重這一羣人來撐撐場面的必要。可是周在他的報告中，依然要斥這般人爲『資產階級右派分子』；說他們『冒充社會主義的「香花」，向黨和社會主義進攻，企圖奪取文化事業上的領導權』；仍然斥他們爲『反動』。周爲應付黨內，有說這一番話的必要，可能事前得了『右派分子』的諒解，請他們認爲這只是一種『打情罵俏』的玩意，不必介懷，或者是被劉少奇等所刦持，非勉強加入這一段不可，否則以周的性格來說，便講不通了。

這次達賴喇嘛被迫逃往印度，周在報告中依然強調，說是『反動集團』所『刦持』，但這個謊言已被達賴在所謂『人代會』開會的同一天（四月十八）在提斯浦爾所發表的嚴正聲明所粉碎！如果達賴這一聲明事前確實是經過印度當局同意的，我們也可解釋爲尼赫魯對中共的冷戰，已經正面開始，在這第一回合中，中共已經慘敗！

周在報告中沒有忘記最近阿聯對伊拉克的攻擊。可是阿刺伯共和國總統納撒的宣傳炮口，已開始正對着中共猛轟！他們說：『西藏和伊拉克都不過是共黨全面計劃的一部，以攫取東方各不同的地區，共黨用以刺殺伊拉克的血刃，正與共黨用以刺殺西藏的血刃相同。』他們更說：『西藏事件是匈牙利革命的東方版！』這總算是對周這次的報告，給以一記重重的耳光。

周在報告中也沒有忘記對日本首相岸信介的指謫。但岸在本星期一（二十一）却已把赫魯曉夫一封勸日本採取中立政策的信件公開，他認定在目前國際局勢下由美、蘇、日本及中共來締結一個保障遠東和平的協定爲『不合實際』。藤山更說赫魯曉夫這一建議『不值得加以考慮』。這可看出中共期待與日本妥協的這一願望，至少在自民黨執政時期是絕無可能的。

總而言之，周這個報告已引起四面八方的嚴重非難，這是周恩來十年以來所遭遇一次不能還手的打擊！

看中共與印度的關係

厚生

自西藏同胞武裝抗暴運動發生之後，大家所關心的主要有三事：在台灣的中華民國政府將採取何種有效的行動，以支援大陸的抗暴運動？西藏抗暴運動本身具備何種有利條件，足以達成最後的勝利？中共和印度之間今後的關係是否會趨向惡化，抑尼赫魯心中另有妙算，在不破壞印度和中共之間關係的原則之下，藉此厚增其政治資本，提高印度與尼氏本人在國際壇坫上的地位？

在本短文中，作者畧爲談談第三個問題，即中共與印度之間今後的關係。大體言之，這種關係將愈變愈壞，而很難有愈變愈好的可能。

（一）共產帝國主義

西藏抗暴消息傳出後，中共已一嚐被斥罵爲「帝國主義」的況味，三月三十日，在新德里的中共大使館門前，聚集了大羣的印度民衆，向中共駐印度的大使館示威，並吶喊「打倒共產帝國主義」的口號。在錫蘭，佛教徒們也會集體遊行至中共駐可倫坡的大使館提出抗議，可是中共的大使館緊閉門戶，不許示威者進入館內，提出抗議書。記得去年七月，當伊拉克發生政變時，美英二國鑒於俄國魔手已插入中東，毅然決然出兵黎巴嫩和約旦，大陸上的中共政權會組織大規模的示威運動，羣衆列隊至英國駐北平的公使館門口，除大呼「打倒帝國主義」等口號，將使館門牆滿貼標語與諷刺漫畫，和在街頭表演「美英侵畧軍」向阿刺伯士兵投降的活劇外，還派一批一批的代表進入英國公使館內，向其館員提出抗議書，臨走時，復以橫蠻無禮之口吻質詢館員明不明白抗議書的意思，而英國公使館館員雖在羣衆尖聲的呼喊中，仍不失其幽默感，連稱：「明白！明白！」這樣的示威運動連續幾天，早晚不絕，一批接着一批，據說還有遠從郊區趕來參加的人，當時，的確讓英國人吃了點苦頭。但曾幾何時，形勢大變，罵人者今被人罵，數月前，罵人家爲「帝國主義」者，今天，被另外一些人斥之爲「共產帝國主義」，而中共駐外國大使館館員竟無勇氣接納示威者的抗議書，採取關門和規避政策，共產黨官員雖受馬列主義的教育，其內心的虛弱，而毫無爲「解放」人類而自問無愧之坦蕩襟懷，亦可見一斑。

最近指罵蘇聯爲「新式帝國主義」者是阿聯的納薩，指罵中共爲「共產帝國主義」者爲印度和錫蘭的民衆。這現象反映亞非國家的政府和人民，對於共產主義國家已有深一層的認識，在這種情形之下，中共今後不但對印度的關係不容易搞好，恐怕與其他亞非國家的關係也難融洽。雖然，我們時常稱亞非國家都是落後的，教育、衞生、經濟和生活水準、政治制度都不及西方的進步。這話確是眞的，但我們也不能完全抹殺某些好的事實，譬如印度人民的教育、衞生和生活水準恐怕是世界上最糟國家之一，但是印度政治制度的民主面，却不可以一筆抹掉。民主制度究竟不像獨裁制度，一切可由巔峯上的少數或一個巨頭決定。儘管尼赫魯在印度政治界中的聲望甚隆，民衆也很擁戴他，但在某些問題上，民衆和其他黨派如有強烈的堅決的情緒表示時，尼赫魯也是不敢獨斷獨行的。所以，我們要預測中共和印度的今後關係，注視尼赫魯本人和北平方面的動向固然要緊，而印度民衆和在野政黨的態度也不宜忽視。

（二）周恩來會不會去新德里？

近來，關於西藏的將來問題，有一種流行的看法，以爲中共勢必還就現實，行將讓步，毅然從西藏的高原上撤退，還西藏以自治之權。因此，北平將派重要的官員如周恩來到新德里去，與尼赫魯談判，勸達賴喇嘛回去，而以西藏之完全自治作爲釣餌。這當然不失是一種看法，但在作者看來，問題不是這樣簡單的，因爲現實形勢對上述解決西藏之辦法有格格難入之處。

我們先看中共方面，能否這樣做？在中共，想早日解決西藏問題，這是無可懷疑的，但解決的方式如何，中共迄目前爲止，恐怕還沒有一定的決策，在現階段，動用武力「平亂」，也是不得不做的姿態，事實上，「叛亂」能否用武力平定，中共的高級決策人心裏當然明白。大概要到「平亂」到了某種程度時，中共才可能改換方式，試行與印度接洽，走「和平解決西藏問題」的路線。西藏抗暴發生後，中共一度對尼赫魯有不大客氣的指責，甚至連尼赫魯在人民院中對西藏局勢表示同情和關懷的談話，也被認爲是「不禮貌和不適當的」（見三月二十八日新華社「關於西藏叛亂事件的公報」），另外，復一再誣指印度北部的葛倫堡爲指導「叛亂」的中心。印度政府和尼赫魯對中共的指責也毫不躊躇地多次反駁，這態度使中共覺得必須自制，免與印度的關係弄僵，影響日後的談判。特別是達賴喇嘛逃抵印境後，中共對印度的指責可說完全停止，而改變口氣，強調「中印的友誼」了。四月十五日人民日報發表一篇「觀察家」的評論，指出，「中印關係不容挑撥」，在同一天，新華社從北平發佈一項新德里的消息，大意謂「印度某些政黨的政客蓄意破壞「中印關係」。四月十八日，周恩來向「第二屆全國人代大會第一次會議」作了工作報告，也希望與印度的「友好關係更加鞏固」。總之，中共將與印度談判西藏問題之形勢已成，不過中共談判的方式和所求於印度者爲何，將煞費中共決策者的心思。因爲中共不能完全不顧面子，爲「中國的內政」或「中國領土一部分」的西藏問題而過分遷就印度，周恩來如果眞到印度去，對內對外，都是大失面子的事情。我不想在此替中共借箸代籌，倒不如叫中共的領導者們傷傷腦經。

（三）尼赫魯冷靜

尼赫魯對西藏抗暴運動初發時，的確相當冷靜的，這有二個原因：中共的實力使受英國教育的尼赫魯有所忌憚；其次，尼赫魯確實想維持其與中共的關係；他反對共產主義和不滿中共的人民公社制度，他早已公開宣言，但印度與中共保持「友好關係」，對中共不一定有大好處，對尼赫魯本人在國際上的聲光却大有裨助。可是，形勢臨頭，尼赫魯不能不改變一下冷靜的態度，他今天所關懷的在表面上是三點：印度本身的安全，印度與中共之間的友好關係，以及深藏在印度人民心中的對西藏人民的同情感。促使尼赫魯稍改態度之動機是一種比較長遠的打算，這在眼前是不容易看得清楚的。

尼赫魯的面部表情至今還是冷靜的，他寧願讓激動的情緒通過輿論和各黨集會（除共黨外，幾乎全都參加，自然也包括國大黨）表現出來，這當然不是雙簧戲，事實的確是輿論相當激動，尼赫魯在這種激動的輿論之下，幫助他政治庇護達賴喇嘛，但是對這種輿論，至少在可見的將來也妨礙尼赫魯對中共的買賣，如果他不怕被全世界的輿論責爲可恥的「出賣」，他自然可以對中共大獻殷勤，將達賴喇嘛一行人勸回去。但我總懷疑尼赫魯是否已愚蠢到這步田地，大可長期運用的武器自動繳械，而反而負上一個出賣朋友的罪名。在中共方面，究竟能出多大代價，足以使尼赫魯動心，而不顧一切地去做呢？要中共完全放棄西藏及其現時培植的一批藏奸，事實上恐怕也不可能。在這種情形下，中共即使肯給尼赫魯以某種好處，一定也是有限得很的。

（四）中共無信無義

在現時，幾乎全世界人都知道，與共產黨人打交道是困難的，共產黨人所作的諸言皆無信，不能相信，有共產黨代表簽字的任何協議皆無實效。四月十八日達賴喇嘛在印度阿薩密省北部的德齊普指控中共無視一九五一年所締保證西藏自治的協定，說他之逃出拉薩，由於共黨的無信無義，破壞諾言。一九五一年的協定已被破壞，再訂新的協定以保證西藏自治，有何意義？誰會相信？[illegible]在利用西藏高原，建立火箭發射基地一說，假定這一說眞有幾分可靠性，希望中共完全放棄，自治西藏的念頭便可以休矣！西藏不能完全自治，達賴喇嘛不會回去，中共和印度之間的今後關係要想恢復舊觀，恐怕是難乎其難了。

沈著「現代政治人物述評初集」序

左舜生

一

最近十年，由大陸，由台灣，由海外，所發現，所印行，或就原件節錄印行的中國近代史或現代史資料，至少不會少於五百種，或三千萬字至五千萬字，就一般熱心研究歷史的人來說，這確實是一個可喜的現象。

可是，掌握着這樣一大堆雜亂無章而且是眞偽雜糅矛盾百出的史料，想要理出一個頭緒，作出審愼的去取剪裁；其與現代其他國家所發生的戰爭與交涉或交往，更能參照外人的紀載；對三百年前即已開始的中西文化交流，及十八世紀下半期與十九世紀上半期以來以迄今日，以科學猛晉所造成人類生活與思想的劇變所及於中國的衝擊；乃至中國近百餘年間一二十個主要人物的學力，性格，行為，所影響，所釀造成如當前中國的現狀；逐一加以探索檢校，寫成一部簡潔詳密通史性質的中國近代史或現代史，作為一般大學生的讀物，或作為一般大學教授講授這一門功課的藍本，使得中國這一代和下一代的知識分子，能略略知道中國近百餘年間的演變之蹟，不為惑世誣民的邪說所搖；不盲動，不盲從而卓然有以自立；同時使得大家感到國家前途有一條坦坦的大道可循；這豈不是一大快事？可是，我期待有這樣一部理想的書籍到達一般青年讀者的手裡已快到三十年，但不幸不僅這一理想未能實現，乃至抱有雄心想從這一方面有所盡力的人，似乎也不多見。僅就這一點來說，也不能不使人對當前中國的學術界有一種荒涼寂寞之感！

二

一九二九年去世的中國史學者新會梁先生，大致在戊戌以後，他便發願要寫一部適於一般國民閱讀的『中國通史』，不幸一誤於他自己的興趣多方，二誤於他欲罷不能的政治活動，三誤於無可奈何的天不假年，儘管他積累了三十年不斷的努力，在這一方面所提供的貢獻已算不少，但他心目中的一部『中國通史』，卒未完成。

本來，像這樣一件艱鉅的工作，要由個人一手之力來完成，事實上是不可能的。司馬光用了十九年的時間（1066—1084），在自覓助手，以書局自隨，而且隨時可調閱秘閣書籍的優厚條件之下，僅乃寫成一部『上起戰國，下終五代』歷時一千三百六十二年的『資治通鑑』，可是他大半生的精力，已為此一書消耗殆盡！現在隔『資治通鑑』的成書又將近九百年，時代愈近，事變愈繁，延到最近的一百餘年，乃更演成了一個空前的新局；儘管『資治通鑑』仍不失為中國史籍中一部了不起的大著，可是其內容，其體裁，早已不適於一般國民的閱讀，卻是一個不容否認的事實。假定我們在現在要上溯史前，下迄今日，為中國國民寫成一部新的，完整的，近乎世界歷史名著標準的『中國通史』，不是個人或少數人的力量所能辦到，自更不待言；即令斷代為書，先其所急，提前來寫成一部通史性質的中國近代史或現代史，以之期待於一二人，恐怕也還是希望甚微。歷數最近七八十年來中國當權的，最高的政治領導者，我們乃舉不出一個曾受良好現代高等教育的人物，甚至連一個好好讀過幾本中國舊書的人物而無之，這便是中國政治長期陷於紛亂最基本的原因，也就是中國一切學術缺少提倡與扶植最主要的原因之一，關於歷史的編撰當然也不能例外。假定我們以中國人的資格來研究本國史，也無法不乞助於友邦；甚至將來有一天要讀一部良好的中國史，也不能不在外國的圖書目錄裏邊去找，這難道還不是國家的恥辱？

三

我的朋友沈雲龍先生，乃是近十年來最勤於搜集與閱讀中國近代史資料的一人。這幾年他在台灣在海外所發表這一方面的記述文字，大致已近一百萬言。從他這些文字的篇目加以分類，大部分是以人物為中心的傳記體，另一部分是以一大事為中心的紀事本末體，無不去取甚嚴，剪裁甚當。前者如本書中的『談袁世凱』，『清末民初之岑春煊』；後者如最近已出單行本的『中國共產黨之來源』。以他的傳記體文字來說，我讀來確比讀『清史稿』裏邊那些傳記文字要感興趣得多；以他的紀事本末體文字來說，我覺得其完整與正確，也決不在近人薛福成，惲毓鼎，梁啓超，羅惇曧諸家所寫這類記述文字之下。這實在是我自己深切體驗之言，決不是因為沈先生是我的朋友，我便有為他標榜的義務。假定沈先生還沒有意思準備寫一部通史性質的中國近代史或現代史的話（我覺得這一工作總非找多數人分工合作不可），以他目前正繼續在做着的工作來說，也決不失為為完成一部良好的中國近代史或現代史提供了不小的貢獻。

四

普通一般人的看法，總以為寫一篇議論文字比較為難，寫一篇有材料作根據的記述文字，則比較容易，照我個人的經驗乃大謬不然。以我現在的精力，要我每天寫三幾千字的議論文到報紙上充篇幅，也還不至於使看報的人在一讀之後即了無印象；可是要我寫一篇記述文字，例如我兩年前寫的一篇『黃遵憲其人及其詩』，全文不過一萬二三千字，我便幾乎花了兩個星期的時間。因此，對我的朋友在短短的幾年便有了這樣的成績，實在不能不令我衷心佩服。

最後，我還有一點淺見要在這裏申述：我覺得，在平日討論政治問題的時候，要我們完全超越黨見也許很難，但在敘述一時代歷史的時候，尤其在敘述距離我們最近這一時代歷史的時候，我們便不能不小心翼翼，把我們的黨派成見剔除得乾乾淨淨。我們可能對一時代歷史的演進有或多或少不同的看法，但我們決不能把歷史上一件一件的事實加以歪曲，或對一個一個的人物加以厚誣或瞎捧。我們以此責人，我們更不能不以此自責。我想本書的作者對這一點早已與我抱有同感，只要看本書所選輯的這七篇文字的內容，便不難得到一個切實的證據。

中華民國四十八年四月十八日於香港。

編者按：沈雲龍先生即常在本刋第四版發表筆記文字的『耘農』，他這本『現代政治人物述評』計分七篇：（一）康有為與强學會，（二）梁啓超與汪康年，（三）章太炎與同盟會，（四）談袁世凱，（五）黃克强與陳英士，（六）清末民初之岑春煊，（七）黃膺白之特立獨行。由香港自由出版社印行，已在裝訂中，三五天內即可出書。

響應西藏抗暴的一羣青年

編輯先生鑒：

頃閱貴刋得悉港地雜誌界，特為西藏同胞抗暴運動事件，舉行正義集會討論，議決積極支援抗暴，和向反極權宗教聖者達賴喇嘛致敬電。回溯十載於茲，數億同胞，生活盡陷於水火之中，從事農田者，食不飽，習工者，衣不暖。老者生產，幼者鍊鋼；日要超時，夜要突擊。如此暴政，民衆敢怒而不敢言；今得聞此義舉，當為同胞所樂聞與擁護。余等一羣貧寒青年，當在極端振奮之餘，頓感心有餘而力不足，只能各節零用，集得區區欵項八元而已，聊表寸心。特煩勞貴刋，代轉有關當局，以盡棉力。

附上一文，本諸一片赤誠與激奮，內容不堪適用之詞，務請隨意修正，希能激起同胞苟安之心，為國効勞，以盡國民之一份責任。

詞不達意，敬希賜教，為盼，謹祝

撰安

一羣青年敬書四月十九日

下列捐欵者：

華蔭一元　華光一元　華强一元　華勳二元

華材一元　華海一元　華羣一元

華蔭華光諸君：

您們響應西藏抗暴這樣熱心，我們非常感動。所捐八元即彙交祖國周刊社代收。附文因限於篇幅未錄，並請原諒。

編者敬復四月廿日

毛澤東幹不幹中共「國家主席」的剖析

曾明

一

中共的「第二屆全國人民代表大會第一次會議」於四月十八日下午在北平中南海懷仁堂由毛澤東導演下開鑼唱戲了。

這次中共「人代大會」的主要議程，據中共宣佈是：聽取「政府工作報告」，「關於一九五九年國民經濟計劃草案的報告」，「關於一九五八年國家決算和一九五九年國家預算草案的報告」，「全國人民代表大會常務委員會工作報告」，並且通過各項決議。以及選舉中共的「國家」主席、副主席。「人民代表大會」常務委員會的委員長、副委員長、秘書長、委員。「最高人民法院」的院長，最高人民檢察院的檢察長。並決定「國務院」的總理、副總理、秘書長，各部部長，各委員會的主任人選。決定國防委員會副主席、委員的人選，通過民族委員會，法案委員會的主任委員和委員名單。

與此同時，中共於四月十七日在北平召開了「政治協商會議第三屆全國委員會第一次會議」，所有政協第三屆全國委員會的委員，都列席於第二屆人代大會第一次會議。

二

自從中共奪取大陸政權以後，毛澤東妄想將中國大陸的農業經濟社會强迫改變成為工業化的社會，使實際遷就理論，而達到其政治目的。雖然中共從一九五五年下半年起認眞地實行農業合作化；但以合作社的組織一來，反而引起來中共的基層組織，黨政社糾纏不清，亂成一團的現象。因而毛澤東心一橫，索性的廢除了國家機構的政治基層組織，直截了當的由黨直接管制人民；於是，在一九五八年春先作試點，到八月間公開宣佈推行黨政社合一的人民公社，以消滅混亂。但是，因為人民公社是超越社會客觀條件許可的行動，推行以後，表面上搭的架子雖然像個樣子，而造成實際上的混亂，因而激起了農民的反抗，就連赫魯曉夫都說人民公社是反動的行為。毛澤東面對現實，張皇失措，因此，在中共八屆六中全會提出了「他不作下屆中華人民共和國主席候選人」的決定，以此平息民憤，並冲淡蘇俄的嫉忌。毛澤東這樣做作，似乎有點像「下詔罪己」的知難而退；但其實不然，不過是以此緩和內外的激動情緒而已。

從這三個多月來，可以見到，中共一方面藉以整頓人民公社為名，加强管制人民公社的手段，鎮壓人民。另一方面連續舉行會議商討應付推行人民公社之後帶來的新的情況，以作為這次人代大會的準備工作。所以，本來應該在三月舉行的人代大會而推遲到目前舉行，就是為了規定的人民公社整社工作期到四月底為止的緣故。

三

根據中共近幾日的報導，在這次人代大會中，比較引人注意的，有兩個問題，一個是毛澤東會不會再當選為「國家主席」？一個是有關「政府機構」問題？在談這兩個問題之先，必須了解，中共是萬變不離其宗的馬列主義而奴役人民。因為馬克斯和恩克斯都會有過一樣的幻想，認為，國家終有一天會「消亡」的，人類終有一天，出現無階級因而無國家的社會。因之列寧說：「馬克斯主義者承認國家底必要性過渡到社會主義時，不過，不是一種通常的、議會制度的、資產階級的民主共和國那樣形式的國家，而是像一八七一年巴黎公社和一九〇五年以及一九一七年工人代表蘇維埃那樣的國家」。後來斯大林說過：「國家機關服從於壟斷組織」，雖然斯大林這句話，既社會制度不同，壟斷組織就各有所指。但在共產社會說來，所謂壟斷組織也者，就是指的黨組織。這就是說國家機關必定服從於黨組織。因此，可以了解，在共產黨組織壟斷下的國家機關，並沒有決策執行的權力，而只是一個承轉命令的機構。進一步說，在共產集團中的各國本身都是以黨代國，而國與國之間的聯繫，是在黨組織的控制之下，並不是建立在正常的外交的關係上，而現在她們之所以還保留有國家機構的形式存在，是因為整個世界之中也還沒有取消國家機構直接由黨代替國家機構執行政務的先例。因此，從蘇俄起所有共產國家還使用國家機構形式，其目的不過是欺騙世人，表示黨組織只有建議監督的作用，而沒有決策執行的權力。至於除了蘇俄其他的共產國家，更藉以表示是一個獨立國家的形式，而不是以蘇俄為首共產黨中的一部分。

其次，由於人民公社一來，黨政社合一之後，基層政治組織已不復存在。在縣級一層，除了一縣一社以外，各縣都已成立了縣聯社。不管是縣人民公社或者縣聯社，都是代替了縣級政治組織，從而取消了縣級國家機構的縣，鄉政府。而且，中共在人民公社組織之中，從基層社到縣聯社，都是實行政治掛帥，規定由黨委統一領導。就是工廠企業學校中，也是由黨委領導。以大陸實際情況來說，中共中央高高居上，發號施令，省委、地委從中督導，而基層黨委奉命執行。這樣，就完全控制在黨天下之中。因而對於大陸現存的國家機構的中央和省專區的三級，都成了有名無實有頭無尾的懸空架子。至於「人代大會」與「政協會議」不過是戲台上的跑龍套，不值得重視。

從上分析，可以了解毛澤東現在身居中共中央黨主席的地位，大權在握，幹不幹象徵性的「國家主席」，是件無所謂的事。所以，毛澤東不幹「國家主席」將是事實。至於，毛澤東最近三個多月來，他很少住在北平，大部分的時間逗留於武漢鄭州之間，固然由於河南遂平縣衛星人民公社運動中推出的第一炮；就整個大陸人民公社運動而言，以河南湖北兩個地區做得最有勁。根據左舜生先生所說，毛是一個不信邪而富有實踐性的人。在我看來，他之所以逗留這兩個地區，是想取得人民公社有效的事實，作為他與赫魯曉夫競賽的本錢。

至於有關「政府機構」問題，倒是使毛澤東一夥兒傷腦經的問題，變吧，牽動太大；不變吧，不能適應人民公社帶來新的情況。現在「人代會」與「政協會」才開鑼，倒要看他們這台戲怎樣的唱下去？再「人代會」與「政協會」同時召開另一個目的，是他們想動員「人民代表」和「政協委員」下鄉幫助他們整頓人民公社。（四月二十日）

大陸逃港學生的控訴：

我被迫自殺、我被迫參戰攻金門

忱　海

我的罪名連我自己都不敢相信，什麼「帶頭煽動同學向黨進攻」、「企圖搞小匈牙利」、「現行反革命分子」等等，寫上我名字的大字報貼得到處都是，都是沒頭沒腦地大罵一頓，並扣上些令人不寒而慄的帽子，一點事實的根據也沒有。

鬥爭會日日夜夜地進行，我承認了若干事實，因爲這是人人所看得到的，這些事是我做的，我也無需抵賴。只是我說明了我這樣做乃完全符合黨的精神的，而且是黨叫我這樣做的！但是組織上不管這些，向羣衆提出了一個問題，要羣衆進行徹查，那就是爲什麼在泉州市分配我到工廠去勞動我不願去而一定要進學校來，是不是有特定的任務必需我在學校中完成？在鬥爭中，羣衆的衝動性是極盲目的。一方面，鬥得別人越狠自己就越可逃脫難關，表示與被鬥者的「界限分明」，所以這個問題一被提出，竟變爲我回大陸的目的有問題了。

當時我一面在鬥爭會上回答種種聲勢洶洶的責問，另一方面向學校當局提出了申請書——申請出國。

這無異是在一堆火上又加了一杓火油，黨委會差一點要跳起來了，但我坦然地回答說：「你們以爲我在這裡有問題，就不如讓我回去好了。即使是驅逐出境，我也願意。」

留在「祖國」受「鍛鍊」

這張申請書當然被駁回了，黨書記說，要我好好地在「祖國」鍛鍊一下，改造一下才行。如果「罪行」不交代清楚，想要出國那是不可能的。

那時，我在學校成了同學們不敢交談的一個人。吃飯時，也是其他同學先吃，然後是一般右派分子（約有三十多人），最後才輪到我，一個人在偌大的飯堂吃飯。我彷彿是一個生了瘟疫的人，被嚴格地和羣衆分開了。

晚上，我聽到房門口「守衛」我的同學的脚步聲，他們奉了黨團組織的命令，將我像犯人一樣地監視起來。我想離開大陸的願望越來越强烈了，我眞不能想像我那時是怎樣會跑進來的。

我被迫自殺

六月末，鬥爭稍爲鬆動了一些，我再次申請出國，又被批回。這種生活我實在不能再忍受下去了，寫不完的檢討，像犯人一樣地上廁所都要有人監視。我將心一橫，心裏說：「好吧，你們想要折磨死我，我就死給你們看！」這時雖然我已沒有了寫信的自由，但我和一位要好的同學悄悄地說：「如果我自殺了，你不要覺得奇怪，只要寫信給我家裏知道就可以了。」

七月一日夜，禮堂裏有一個報告會紀念「黨的生日」，宿舍中沒有什麼人，我用事先準備好的刀片，猛劏自己的咽喉。只不過是開始時感到了一陣劇痛，以後我就像劏着共產黨的咽喉那樣地劏着自己，我的手指觸到了我的血，我只感到一陣心痛——爲什麼我要回大陸來啊！爲什麼我要死啊？我忽然大聲叫了起來，外面守衞的同學捏着電筒走了進來，我昏了過去，醒來時已經在晉江市立第三醫院了。

我的傷勢經過檢查，並不嚴重。這時，學校中有人來看我，吵着一定要見僑委會的工作人員，結果僑委會派來了一個同志。這個同志我永遠不會忘記他的，他幫了我不知多大的忙。他安慰了我，告訴我出國不是沒有希望的，但越是這樣做越是容易引起困難。他告訴我再回學校後應誠懇地寫份檢查書，相信黨爲了照顧海外的影響，不致於把我怎麼樣的，而且他肯定地說，若非有眞正的現行破壞行爲，僑生右派分子，基本上不逮捕。

他的話又鼓起了我新的希望，我所有的希望突然都趨向繼續活下去的那方面。

我甚至狠狠地罵自己，爲什麼會想到自己毀滅自己的那條路。我應該活着，無論什麼條件之下，都要活着，活着離開大陸。

回到學校後，可能是僑委會和學校聯絡過了，所以我竟被允許上課了。半個月以前看到我像見到毒蛇一樣避開的同學也漸漸敢和我講話了。當然，我們需要寫一份檢討書，寫了近兩萬字，事情就不了了之了。

這以後，緊接着的是開展了煉鋼煉鐵活動（編者按：此處略去一段）。我也沒有敢再提出國的申請，我們學校高三（乙）班有兩個同學被開除了學籍，編入勞動教養隊，調到廈門去了，我保留了學籍，總算是意外的幸運了哩！更不能不裝成「痛改前非」的樣子。但意想不到的事終於發生了，九月初旬，因爲金門炮戰開始，金井離前線極近，學校和附近農民、市民等聯合召開了好幾天的大會，展開了「支前工作」，我和高二班的八十多個同學，突然接到命令要我們上前線去實際鍛鍊！

參加攻金門之戰

要我們僑生去打仗，這眞是想也想不到的事呀！但組織上說，這是一個鍛鍊，也是一個「革命意志」的考驗，並且這是一個極光榮的事，因爲黨對僑生信任，所以才讓僑生參加有關軍事秘密的行動。我們同學聽了，眞是啼笑皆非。

八十多個同學中，有七個女同學（聽說後來犧牲了一個我未能獲知她的名字）。我們帶上最簡單的行李，先走回頭路，到廈門軍區招待所集合，還有些其他學校的同學，我們被禁止交談，所以不知他們是那一間學校的。第二天下午，我們就被編爲小組（三八一組），乘卡車赴前綫。其他同學在什麼地方我不知道，我們小組被分配在一個叫何石厝的村莊附近，聽當地老百姓的口音，離我們學校不會太遠。去到那裏，正是炮戰緊張的時候。我們的工作是什麼雜差都做：搬彈藥、燒火、送飯，甚至替戰士補衣服。直接管理我們的排長姓羅，每逢陣地上炮火橫飛的時候，他就叫我們送飯到炮位附近去，有一次我拒絕了，因爲太危險，我不能就這樣不明不白的死了的呀！羅少尉大發脾氣，給了我半天的禁閉。

總算好運，我沒有受傷，同組的朱同學，耳根爲彈片所傷，危險極了。九月下旬，我們就回到了軍區，又被送返學校。重踏進校門的那一刹那，我感到我的命又安全了些，我又一次從死裡逃生了。

最後，我終於離開了大陸，也許因爲我算是參過戰罷！

——完——

中共何以捧曹操？

岳　騫

最近幾個月來，大陸上掀起了大捧曹操運動，郭沫若，翦伯贊，吳晗一些共黨作家紛紛出動，不但証明曹操是個好人，是個偉大的政治家，天才的軍事家，還要重新畫舞台上的曹操臉譜，要改寫三國演義，這種一窩風運動之所自來，海外報刊已經有過報導，不過尚不夠全面，本文茲就所有報刊未曾注意之處，畧述一二：

（一）中共對曹操的最初評價

中共據有大陸之後，對於曹操的評價很低，那時所有報刊，只要提到曹操，全部有毀無譽。當時一窩風罵曹操的運動，雖然沒有目前捧曹操運動的聲勢龐大，但也相當的普遍而深入，著名的兩部中共歷史「巨著」，范文瀾的「中國通史簡編」呂振羽的「簡明中國通史，」都罵曹操。這裏因爲限於篇幅，不能一一列舉，茲就重要的錄出幾節，可看出中共當時對曹操的評價。

較早一篇批判曹操作品，是陳大運寫的「我們應該怎樣看待三國演義」，刊在一九五五年三月二十六日河北日報副刊。文中曾坦率的說：

「幾百年來，廣大人民一直把劉備當作好人，把曹操當作壞人，並不是偶然的，這就是因爲劉備這一人物身上具有一些人民性的東西，曹操的思想行動却是違反人民願望的。」

第二個起來攻擊曹操的，就是大名鼎鼎的周立波，此君在海外也許比較陌生，但在大陸却是紅透天的「作家」，曾經寫過一部「暴風驟雨」得過史大林文藝獎金三等獎，除去丁玲的「太陽照在桑乾河上」得過該獎金二等獎比他畧高一籌之外，此外就沒有任何共黨作家得過這項「榮譽」。

周立波和郭沫若等人不同，郭沫若雖然加入共黨，但只是利用他的招牌號召，周立波却是從縣級以下共幹當起，是中共一手捧起的，所以每一個運動他都要寫一本書作爲指導性的文藝作品，土改他寫了「暴風驟雨」，總路線他寫了「鐵水奔流」，農業合作社他寫了「山鄉巨變」，已成爲中共「又紅又專」的作家，但是他也抨擊曹操。

周立波在一九五五年「文藝學習」第九，第十兩期，發表「談三國演義」一文，曾經說過：

「曹操的確是一個殘暴的人物，在人民眼裡，曹操要比劉備壞，雖然劉備跟曹操一樣，都是消滅黃巾起家的，但劉備對人民的態度要好些，殺人要少些，人民對他的印象也就好一些。」

還有一位顧學頡先生，寫了一篇「試談三國演義的人民性」（一九五四年八月八日光明日報文學遺產十五期），通篇大罵曹操，還拉上周揚（中共文藝最高決策人）和史大林的言論爲証。這時的曹操確實被打入阿鼻地獄了。

（二）中共何時開始頌揚曹操

中共何時捧起曹操，很難查出第一篇翻案文字，不過毛澤東曾經填過一首浪淘沙詞：「往事越千年，魏武揮鞭，東臨碣石有遺篇，蕭瑟秋風今又是，換了人間。」詞中隱然以「魏武」自居，可能是曹操翻身的開始。以後中共派在海外的文化特務曹某，去北平朝聖，回來寫了一本「××小語」，公然稱毛澤東是曹操再世，周恩來是孔明復生，陳毅有孫權的霸氣。曹某曾覲見毛澤東，一定當面聽毛澤東讚美過曹操，否則他也不敢如此信口開河。

到了中共開拍「赤壁之戰」，曹操翻身已成定局，整個北平城內，文化人見了面就拿曹操聊天，郭沫若看透毛澤東意思，於是一馬當先替曹操洗刷，寫了一篇又一篇，呼天搶地，非替曹操恢復名譽不可。郭沫若何以如此見義勇爲，假若曹操眞受了寃屈，郭沫若又何以幾十年不置一詞，到了現在忽然緊張起來，明眼人都可以看出其中的動力。

（三）中共爲什麼頌揚曹操

大陸報紙紛紛大捧曹操之後，海外許多學人都在研究其中眞因，就已發表的文字來看，多數以爲毛澤東崇拜曹操，以曹操自居，所以共區一些幫閒文人就紛紛撰文捧場。這一點當然是理由之一，但是還有一個更大的原因，就是牽涉到中國當前的局勢。

一九五六年三月號「新建設」雜誌，一位署名顧肇倉作者，寫了一篇「關於三國演義的幾個問題」，其中有關正統問題的看法，曾經指出：「三國演義裡，對統治北中國的曹魏，尤其是曹操的殘暴奸詐，得國不正，採取了否定的態度，是和當時中國人民對統治北方以至整個中國的蒙元的殘酷壓廹，採取反抗的態度，二者在精神上是相通的，一致的。三國演義裏把正統給與劉備（他對人民比較好，也是重要原因），把恢復漢室，統一全國的希望寄託在劉備的身上，又和當時中國人民廹切希望從外族統治下，解放出來，光復舊物，重新建立統一安定的國家，二者在精神上又是相通的，一致的。」把這段文字中的「曹魏」改爲「中共政權」，「曹操」改爲「毛澤東」，意義依然是「相通的，一致的」。目前中國情形又漸形成三國局面，中共政權似曹魏，台北國民政府似西蜀，而康藏地區的義軍又頗似東吳（始而臣魏，繼而連蜀），大陸上人心對於當前的局面更充滿了人心思漢的情緒，中共在此時機，非爭「正統」不可，否則在宣傳上要處於劣勢。中共要爭正統就必須尊曹魏，也就必須美化曹操，這可能是毛澤東爲曹操翻案的最大理由，至於「英雄相惜」尚是次要原因。

西藏情歌

介　人

偶然看到陳澄之所搜集的「西藏民歌」，內中有一首情歌是這樣的：

嘿囉吁吁吁——
山邊牧地，
牛羊成羣。
好似翡翠砌藍寶，
又像蒼穹滿天星。
少年郎兒呀！
蠻似牛，
勇如虎。
阿拉阿拉拉——唵拉。

據他的註解說：「這是亞東一帶少女情歌，這跟克什米的音調韻味相若，牧地上有些山歌與此韻律相似。西藏有諺：「亞東出美女」。大吉嶺一帶女侍，十之七八來自亞東，且多略通英語。

因此，使筆者連帶想起西藏達賴六世的情歌來，這一位六根清淨的僧王，居然有情歌的創作，致令風流佳話，傳遍了佛門。達賴六世是一個天賦浪漫不羈的人物，少年英俊，文章瀟洒，雖然尊處「僧王」的地位，但活潑天眞，掩不住他的熱情奔放，所以後宮秘苑，特有幽歡，深研佛學之外，對於兒女私情，未嘗忘懷；最稱美艷的事，莫過於他戀着一個多情的女郎，大有曼殊和尚所謂「華嚴瀑布高千尺，不及卿卿愛我情」的景況，以致藏民非議，而教職因以見削。

達賴六世會創作了不少的情歌，輕鬆凄麗，情意纏綿。紅酣居士會譯成專集；題曰：「達賴六世情歌集」，體格爲七言絕句，茲擇錄數首於下：

其一
心頭幻事影重重，化出佳人絕代容；恰似東山山上月，輕輕走出最高峯。

其二
青女欲來天氣涼，蒹葭和露曉蒼蒼；黃蜂散盡花飛盡，怨殺無情一夜霜。

其三
手寫瑤箋被雨淋，模糊點畫費探尋；縱然滅却書中字，難滅情人一片心。

其四
邂逅誰家一女郎，玉肌蘭氣鬱芳香；可憐璀璨松精石，不遇知音委路旁。

劉希武另有五言的譯句四首：

其一
我念喇嘛容，百思不能記；我不念情人，分別入夢寐。

其二
情癡急相問，能否長相依？伊言除死別，決不願生離。

其三
我欲順伊心，佛法難兼顧；我欲斷情絲，對伊呼負負。

其四
最好不相見，免我長相思；最好不相知，免我長相念。

這種情歌，普韻婉轉，凄涼欲絕，流行各地，差不多成爲普遍的時代曲。還傳到西藏各處，一般的青年男女，都採爲交際歌舞的曲調。這個達賴情僧的情歌，遂成爲千古的佳話了。

記甲午中日戰爭始末（十三）

舜生

四、台灣人民反對割台，朝鮮更趨寞落

（A）十天的台灣民主國

台灣原屬福建省的一道，至光緒十一年中法戰役後始改建行省。第一任台灣巡撫為淮軍宿將劉銘傳。自十一年九月迄十七年三月，銘傳在台撫任凡五年又六個月。銘傳雖一武人，然頗能讀書，對台灣所處環境，他有認識；對台灣建設，他也確有表現。例如整頓國防，訓練軍隊，清理田賦，安撫生番，他都有一定的方針。當他初到任的時候，台灣每年的收入不過九十餘萬兩，經過他一番整飭，居然增加到三百餘萬兩。因此，凡關於當時的所謂『新政』，如築鐵路，通航運，創郵電，採煤礦，興學校等等，他都能夠次第舉辦。在日本人未到達台灣以前，劉銘傳有過這樣一段披荊斬棘慘澹經營的事實，這是今天談台灣建設的人所不可不知道的。

繼銘傳做第二任台灣巡撫的是邵友濂。在銘傳任內，台灣原有軍隊約四十餘營，友濂屢有裁撤，僅存二十餘營。光緒二十年六月（七月）中日釁起，海疆戒嚴，清廷命福建水師提督楊岐珍，廣東南澳鎮總兵劉永福渡台協防，楊統十營，劉統八營。及援朝諸軍潰敗，鳳凰九連諸城相繼不守，友濂不知兵，懼禍將及台，乃借病請辭，密求內調。九月中旬（十月）清廷將邵調湖南巡撫，而以布政使唐景崧升署台灣巡撫。景崧以永福守台南，自守台北。光緒二十一年正月（二月），我威海陷落後，日分海軍一枝，犯我澎湖，二月二十二（三月二十六日），我澎湖羣島全陷，台灣乃更形孤立。

三月二十三（四月十七日）馬關條約簽字，二十五（四月十九日），割台消息傳到台灣，台北紳民男女環向景崧哭泣，請其固守；第二天更鳴鑼罷市，以示抗議；時台灣舉人在北京會試，聯名上書都察院力爭，表示願捐銀贖台；福建京官也聯合上奏，清廷一切置之不聞不問。三四月之交，景崧與台灣人民，曾經過種種活動，並有請英，法，德，美各國保護的擬議，但也悉歸無效。延至五月初二（五月二十五日），乃卒有台灣民主國的出現。

這一天，台灣紳民以刻有『台灣民主國總統之印』的銀印一方，和藍地黃虎的國旗，送到巡撫衙門，擁景崧為總統，景崧慨然接受，當即改巡撫署為總統府，定年號曰『永清』，並由景崧向清廷發出『遵奉正朔，遙作屏藩』的電報。劉永福在台南也發出佈告，表示負責戰爭。可是一般官民的信心究竟不夠，獨立以後便紛紛內渡，連福建水師提督楊岐珍和台灣鎮總兵萬國本也把他們的兵帶走了。台灣所存餘的軍隊雖然不少，但老兵，新兵，民兵以及新起的義勇軍，糅作一團，戰鬥力談不上，軍械尤其短缺，加上唐景崧本人不過為形勢所迫，勉強撐支，而究竟有多少決心也成問題，而日本則以海陸重兵來爭奪台灣，總兵力近十萬，雙方強弱的懸殊如此，因此自五月初八初九（五月二十九，三十）於基隆附近登岸以後，我軍僅於三貂嶺，瑞芳，基隆等處小作抵抗，延至五月十四（六月六日）台北即告不守，景崧便衣雜亂軍中攜眷屬親兵登德國商輪渡往廈門，這個成立甫及十天的『台灣民主國』首都，乃等於曇花一現！

雜憶錄之三　記抗日時期之川康視察團

幼椿

當此國內康藏少數民族奮起反共抗暴，香港中英文報紙滿載康藏地理形勢，民族性格，宗教信仰，生活習慣，等等情形，使自由中國以及自由世界的人們，對於這一向生疏，而且認為神秘的地區及其人民，已有一個明白的概念，進而對於康藏抗暴的前途，或者能有一個比較了解的判斷，則對於此次康藏人民的努力，便自然有所貢獻。因為如不了解，而盲目為之宣傳，為之打氣助威，反而要誤大事的。

我既已在聯合評論與自由人兩刊上發表[illegible]府，宣傳抗日，並鼓吹人民出錢出力，監督地方官吏在徵兵徵糧上奉公守法。團員有褚輔成、莫德惠、余家菊、林虎、冷遹、等二十餘人。茲略去視察四川省內其他五十餘縣之經過不談，只談我與莫德惠、林虎諸先生視察西康的若干經歷。視察之後，參政會組織川康建設期成會，繼續監督地方官吏，厲行抗戰法令，我負成都之責，莫德惠先生獨負西康一省之責，駐康定較久，故莫柳老在西康的經歷，當較我尤多也。

這個團的團員大半是老先生，而且多不是川康籍，因為我是川人，而又比他們年青一點，故舉我為團長，使我對本團一行不能不愈加小心注意。對於視察中要歷經若干少數民族的地方，情形複雜，道途艱險，事前準備，途中食住，我們一行雖只十餘人，我這個團長也就很感到吃力了啊！

原來，四川省會成都之西南，邛崍山脈之中，西距成都不過二百里，便是番人所居，這一番民，考其淵源，就是與康藏人同為氐羌系統，在前清乾隆年間曾經大舉反旗，攻佔川西數縣，被乾隆派岳鍾琪用大力始討降之。（見聖武記金川之役）今日番人（成都人叫他為「播羅子」句在川西的松（潘）理（番）茂（縣）懋（功）汶（縣）五縣山中，成為半獨立狀態，分若干部落，其中還有女王；川軍駐守，多在五縣城厢，從來不敢深入；而商旅不熟路徑，不通番語，一且深入，即遭刼掠。只毛澤東等西竄時，在名（山）邛（徠）之間，被劉文輝劉湘叔姪的大軍夾擊，沒有辦法東來，才北行竄入邛徠山脈，擇小道而走，便與番人相遇，大感狼狽。據周恩來在抗戰時於陪都告我，「他們二萬五千里長征最困難一段路，要算是松懋之間；會在一夫擋關之地，為番人女王攔路不放過去，送禮不行，好話更不聽，非繳械不可！因為吃食缺乏，肚皮又餓，打也打不動，只好繳了大半的械，始得通過。」——這可以說是中共第一次吃過番人的大虧！

成都之南三百餘里，雷（波）馬（邊）屏（山）三縣中的大小涼山裏面，又是少數民族羅羅族聚居之地，此山直通西康省寧屬中的越嶲，昭覺兩縣。寧屬以建昌府（今稱西昌）為中心，共有鹽源，鹽邊，會理，冕寧，寧南等七縣，這是金沙江所圍繞的一個袋形地帶，大渡河於袋口橫貫封鎖之。從前蜀漢諸葛亮南征，即從大渡河渡江而南，渡江經過兩個橫斷山脈，（此山脈即與川南之大涼山相通，）名曰，大相嶺，小相嶺，所以紀念諸葛丞相之進兵艱難。大相嶺高達九千餘呎，嶺上只有少許灌木，輿夫上下，至為吃力，我於二十八年五月十五日翻過大相嶺，會口占一絕：「相公嶺路絕艱危，盡瘁鞠躬想見之，漢賊分明憂後顧，攻心為上令人思！」過大小相嶺，皆遇羅羅族人攔路高呼，其聲悽厲，與其說是歡迎，毋寧說是示威。羅羅族身材高大，頭人披長斗蓬，首包黑布，頂上突出一布裏尖角，類犀牛，林虎笑向我：「我這個老虎碰見這一大羣犀牛，也有點發威不得！」過了小相嶺，前往西昌，路徑只在山谷之中，一線直行，兩旁皆高山，山上盡是羅羅族，設如一衝而下，路便截斷；而且山谷之中，時遇深澗，洪流衝擊，聲勢甚大，然而必須涉過；輿夫三人，皆雙手撐舉滑竿（川康通行之輕便籃輿）至頂，水過小腹，慢慢探險涉過，有時水侵及滑竿兜底，水沫濺滿乘者的臉上，動也不敢動一下，設如翻兜，乘客即立隨山洪而逝，我會有兩長律形容旅況：

越大相嶺而南（民國二十八年五月十七日）

大山險巇小山荒，
苦我輿夫欲斷腸，
一線中通行惻惻，
千年寶藏語茫茫，
遙憐漢使開邛笮，
忍棄燕雲事鬼方；
夷衆歡呼休放胆，
籌邊不易費思量。

重過小相嶺（六月二十八日）

盡日山行節候遷，
晴經夏令雨秋天，
雲停峻嶺疑堆雪，
輿過深溪似渡船；
亂石嶙峋荒草路，
小花紅白嫩蕎田；
前坡風物看不厭，
無數牛羊自在眠。

（一）

口占

君左

看了紅棉似錦霞，又來貪看杜鵑花，祇憐墨客無人看，閒倚樓窗看暮鴉。

春遊屏山訪家驤與水心車中聯句

君左

新村自古號唐人（易），入得桃源好避秦。十里屏山開霽色（鄭），萬年華夏擁芳春。英雄未老應磨劍（易），麒驥初騰已絕塵。共喜使君紘正續（鄭），田家雞黍倍相親（易）。

蝶花戀（南灣筆會春宴）

君左

東風吹綠南灣樹，乳燕雙飛，碧海彎彎處；天遣微雲催小雨，商量共把春留住。綵筆而今知幾許？點染人間，萬紫千紅路；一角樓台花擁簇，斜陽亂疊山無數。

亮齋閒話

西藏漫談之二

徐亮之

「喇嘛」義猶「最勝無上」，其教之入西藏，始於唐玄宗之天寶六年（西元七四七），距今已一千二百一十二年。在這以前，這地帶也只不過如古代東方的若干部族一樣，乃一個崇信巫鬼的神秘地帶而已。

藏族之成為佛教部族，大唐文成公主之功為不可沒。文成公主乃虔誠的佛教徒；她於貞觀十五年（西元六四一）下嫁吐蕃贊普（王）棄宗弄讚時，除了攜帶五穀種籽，醫治四百二十四種疾病的藥材，和漢詩三百首，工藝六十法以外，還帶了印度進貢的大銅佛一尊；並建議把藏族用紅色塗面的落後風俗予以廢除。而有名的布達拉宮、大招寺，也是她下嫁後所建。她對佛教的啓蒙之功，是可能永鐫於藏族的心版的；因為一千三百年前她所創建的布達拉宮和大招寺，雖然代有增修，但至今仍巍然獨存；覩物思人，藏人可能全對這位偉大的大唐公主不會驀生。

然而藏族正式而普遍地皈依佛教，卻不能不歸功於印度的蓮華生上師。他於天寶六年受聘入藏。入藏後，即周行全境，大力佈教。其教以護持菩提心（義猶求正覺之心）為主；且以密咒神通（大概為一種古代的催眠術）感化當時的巫鬼派。其僧徒皆可娶妻生子；法王繼嗣，無假外求。其衣尚紅，故世謂之「紅教」。而紅教的支配西藏，自唐天寶六年至明萬曆中大寶大乘諸法王改從「黃教」止，前後凡八百餘年。

「黃教」創始於宗喀巴，以衣冠尚黃，故名。宗喀巴青海西寧人，生於明永樂十五年（西一四一七）。十四歲出家，學於後藏札什倫布薩迦寺，而得道於前藏的噶勒丹寺。他鑒於其時紅教腐敗，至於吞刀吐火，炫世駭俗，盡失佛門戒、定、慧的宗旨；乃發願改革，嚴立戒規，禁止僧徒婚娶，而創立所謂「呼畢勒罕」制。「呼畢勒罕」乃蒙古語，義猶「自在轉生」。即認為喇嘛和「呼圖克圖」（弟子）身死之後，都能不昧本性，弟子迎立，寄胎轉生；仍然能夠繼任他們的職位一如前生。此制實行至今已五百年左右。

宗喀巴有兩大弟子，一曰達賴，義猶「無上」，或「神聖之主宰者」、「神聖之護佑者」。一曰班禪，義猶「光顯」，或「神聖之大教師」。達賴一世名羅倫嘉穆錯，乃吐蕃的王子，世為番王。二十歲即到前藏，皈依宗喀巴。因地位特殊，宗喀巴圓寂後，他遂兼具番王與法王之雙重資格，與班禪之僅具「大教師」地位者，實不可同日而語。「西藏風俗志」（P一七——一八）於二者之職權，會為如左之分析：

「班禪喇嘛平日所事者；完全為另一世界。終其身，與上帝週旋，及委派降世之釋迦代表以保護人民為目的。而達賴喇嘛所行所作，猶如佛陀之副攝政現身在世者，管理人世一切事務，無論其為政治、為宗教，均屬統專。」

此書乃英總領事路易金格（Louis King）根據其藏籍夫人口述而作，可以代表藏人對達賴與班禪不可動搖的傳統觀感。由於有這傳統觀感做基礎，因而歷史便給我們作證：達賴的權力，在藏族的心目中，是絕對不能由班禪代表的。證據是：康熙二十一年（西元一六八二）達賴五世阿旺布藏嘉木錯圓寂，第巴（達賴三世所置代理兵刑賦稅的官名）桑結秘不發表。「偽言達賴入定，居高閣不見人。凡事傳達賴命行之。」（「清史稿」藩部八西藏）八年之後，康熙帝悟其奸，責以何不以「班禪主宗喀巴之教」？桑結告以「恐唐古特民人生變，故未發表；」並「求大皇帝勿宣泄」；結果這位「大皇帝」便果然一點也不敢宣泄出來。（同上）反之，班禪的一切，在藏族的心目中，卻是絕對可以由達賴代表的。證據是：自民國十二年十一月班禪九世因對拉薩政府的欠稅問題無法清償而逃出西藏後，西藏會有二十七年沒有了班禪其人其位，而西藏仍然是風平浪靜的西藏；和這次達賴出走，藏族的血脈僨張岌岌不可終日的情致，簡直無法比擬。

孟教授（四）

盛紫娟

床上像生了針，葉正之再也躺不住了，全身都在出汗。他決定冒着被中央物理研究所開除的危險，跑到神經病院去看他所敬愛的老師。

在一個監獄式的醫院門前，他下了車，填了表以後，被兩個身體粗壯的男護士領着，往裡走去！

走廊兩旁的房間裏的瘋人們像一羣精靈似的望着他，一個身體肥胖的被縛在鐵床上，還不停地嚷着「殺！殺！」

一個瘦弱的女人，坐在有鐵絲網擋着的窗台上嗑瓜子。

一個老太婆把馬桶扣到頭上，滿身污穢，臭氣熏人，她一面罵着許多難聽的話，一面脫衣服，幾個女護士都不能制服她。

在盡頭的一間，葉正之見到一個沒有穿鞋的人坐在地板上，身上的衣服只不過是幾張布片。那個人覺出有人來了，抬起了似乎是石膏做成的臉，眼睛直直地望着正之，他的眼白上佈滿了紅絲，鬍鬚跟披在肩上的長髮攪在一起……。

「你說，你回國的目的是什麼！」他緩緩地爬起來，一步步地向門外移動。

正之依稀看出孟教授的影子，他不忍再看下去了。（完）

本刊已經香港政府登記

每逢星期五出版

聯合評論 週刊

United Voice Weekly

第三十七號

督印人：黃宇人　總編輯：左舜生
社址：九龍金巴倫道八號三樓
電話：六一四一三（61413）
承印：田風印刷廠（高打士道二十二號）
總代理：友聯書報發行公司
價目：每份港幣壹毫
本報紐約版總經售處美國紐約美華出版社
CHINESE-AMERICAN PRESS, INC
199 CANAL STREET.,
NEW YORK 13 N. Y. U.S.A.
紐約航空版零售每份美金壹角

從中共人事異動看台灣

毛周合演，劉少奇『上放』

左舜生

十年來的中共政權，始終是由毛周劉三個這樣的角色在那裡撐着的。

經過了這次所謂『人代會』的手續，總算由毛把『政府主席』這一份讓給了劉，周則保留『總理』不動。以中共這個政權的性質來說，領導的實權在黨，執行與運用的實權在『國務院』，所謂政府主席不過是一個空名。即令政府主席同時又是『最高國務會議』和『國防委員會』的主席，但這兩個主席只有掌握着黨權的人來充當才有些作用，由一個光桿的『政府主席』來幹，則一切只能聽命於黨，半點活用的餘地也談不上。

毛儘管讓出了這個空頭的『政府主席』，但黨的『中央委員會』主席和『中央政治局』主席却依然在他手裏，換言之，最高的發號施令者仍舊是毛，劉得聽他，周也得聽他，天下還是毛澤東的天下。

劉這個人城府甚深，比較毛周更來得陰陽怪氣，過去若干年，實權讓毛拿盡，風頭讓周出盡，實在心有不甘；於是利用他在黨的地位，一面去挑剔周的政，一面也去牽掣毛的黨，這在毛周都痛感切膚。

這一次得到如此這般的一種安排，可能是周的動議，得了毛的贊許；也可能是毛的主動，得着周的支持；用一頂大帽子，把劉罩住，然後周對政可以暢所欲為；毛對黨也可以放手大幹；在毛周的落力合演之下，於是乎劉少奇高陞了，高陞到騰了空！如果說右派分子的被貶為『下放』，說劉這次的『騰空』為『上放』當然也未嘗不可。

在劉想來，他對黨外無任何密切的關係，國際對他的印象也不深，從政的方面和周去鬥，他實在太無把握；黨是毛造的，毛在黨的地位決不是他所能動搖，如果他留在黨內來弄權，頂多也不過是毛的助手，再爬也爬不上去；加上他原也是毛一手提拔而且加以掩護的，政治這個玩意，本來不外虛名與實際，他既得不到『實』，毛居然還肯以『名』相讓，他覺得總算夠朋友，因此他乃甘心樂意的姑竊虛名以自娛，好在毛已經六十六，他才五十七，時間多半是在他這一邊的。

這一幕戲的編劇和導演，實際的情況大致不外如此，其餘一切的揣測，都跡近多餘，至於宋慶齡、董必武、朱德等等的安頓，都是不必有而又不能不有的配角，更無一談的價值。

我們有兩點為台灣担心

大陸最近的情況已如上述，回頭看看台灣又怎樣呢？

一

蔣總統第二任任期，將於明年五月二十日屆滿，據憲法第二十九條規定：『國民大會於每屆總統任滿前九十日集會，由總統召集之。』是最遲國民大會應於明年二月二十日開會，隔現在已不足十個月了。

又據憲法第四十七條規定：『總統副總統之任期為六年，連選得連任一次。』是蔣總統於第二任期滿後，如果國民依然願意舉他連任第三屆，這條憲法其勢便非修改不可。

可是去年十二月二十三日，蔣總統在光復大陸設計委員會第五次全體委員會議，發表了長達五十五分鐘的演說，關於憲法應不應修改一層，他有幾句話說得最為斬釘截鐵，他說：

『……自去年以來，國民大會有好些代表會經提出修改憲法的問題，自然，這是各位代表的職權，個人不便有所干預，但我可以代表中國國民黨代表政府來說，我們不僅是沒有修改憲法的意思，並且反對修改憲法。……』

因為蔣總統代表他的黨和政府有了這一番反對修憲的話，於是一般國民了解蔣總統已無意連任第三屆的總統了；一般關心中國前途的外國人也了解，蔣總統已無意連任第三屆的總統了。

儘管蔣總統本人有了這樣一種決心，但有不少愛戴蔣總統的人，覺得仍然非請他勉為其難不可；尤其自西藏抗暴事件發生以來，似乎更為這般人增加了必須挽留蔣總統連任第三屆總統的信心，據說這樣一個趨勢，已經形成了一種輿情。上月二十四日美聯社從台北發出的電報說：

『自由中國輿情，均贊成蔣總統連任第三屆，大多數人均不贊成以別人繼任。……彼等跡近迷信地堅信蔣總統將能有一天實現其重返大陸之希望，非其他任何人所能比擬。……西藏抗暴事件已大大增加自由中國重返大陸之希望。現愈來愈多人相信重返大陸不是夢想，而是有實際可能性，敬佩蔣總統之人們，只願彼領導彼等返大陸。……』（節錄四月二十五日香港的工商日報）

類似這樣的一種說法，我們在香港也常常可以聽到，而且自從在不久以前有過某大法官的一篇大文以後，早已引起了海外的種種揣測。蔣總統確實只說過反對修憲，並沒有說過他絕對不願連任第三屆總統，因此他究竟願不願連任第三屆，我們確實不知道。如果他願意勉順『輿情』，對於第三屆的連任並不拒絕，但不經過修憲的手續，所謂第三屆的連任，究竟如何一個連法，我們也確實不明白。有人說，現在是非常時期，所有的國大代表，立法委員，監察委員，本來早應改選，以『非常』之故，便一直連任至今。由人民選出的民意代表，可因事實的困難不必改選，為什麼由民意代表選出的總統副總統，到期便非改選不可呢？這一說好像很有理由，但一經分析，又確實不能成立。所有的民意代表，大抵都是由地方選舉出來，現在這些地方，百分之九十九已經淪陷，其無法選舉，自屬一種事實，但非所論於總統副總統。第二屆的總統副總統，便是由現在國大代表在台灣選舉出來的，第二屆可以選，何以第三屆獨不能選呢？十年以來都是非常時期，為什麼第二屆不非常，第三屆便突然非常了呢？

以上還是就很粗淺的法律觀點說，如果就政治的觀點說，則可說的更多，但我在這裏依然保留，下面所舉的三點，都是一說大家便可明白的事實：一、在過去的三十多年，蔣先生會領導過兩件類似反攻復國的大事，一件是北伐，一件是抗日，當其進行這兩大工作的時候，蔣先生原不一定都在國府主席任上，他當了主席固然可以領導，不當主席也一樣領導，而且都領導得很好，如果說領導反攻復國便非由他連任總統不可，即証以蔣先生本人的歷史，也實際無此必要。二、這次毛澤東不幹大陸的『政府主席』，最初擬議中的替人，至少有朱德、劉少奇、周恩來、宋慶齡、林祖涵等五六個，目前台灣的情形則更為簡單，大致可以由國民黨提出的候選人，一正一副，至多不會也不能超出兩個，而且名義上是黨提，實際則由蔣先生指定，既由蔣先生指定，當然是蔣先生最所信任的同志，絕對不會不接受蔣先生和黨的領導的，毛澤東尚且有如此把握，能說蔣先生反無此把握嗎？三、毫無疑義，這十年來台灣所以還能維持如目前的一種地位，大致是由美國在支持，可是到了明年，美國的政局也要大生變化，民主黨至少有百分之七十的希望登台，民主黨與共和黨的對台政策，雖不一定完全相反，但誰敢說對人的態度不會有多少不同呢？目前美國若干有地位而又關心中國問題的人，對台灣有個一致的看法，總覺得『變比不變好』，這種話我們可以聽到，在台北則不容易聽到。如果我們仍舊堅持一個不變的原則，萬一在今後的六年，我們的國際地位更趨低落，到那時候怎麼辦？

本來對這個問題，我們不願說話，也不高興說話，不過為了中華民國，有兩點使我們非常担心：第一點是這部憲法的尊嚴，第二點是明年我們在聯合國的代表地位。因此，我們還是簡略而又簡畧的提出來說一說，供大家參考。

從宗教的觀點看達賴與尼赫魯

李璜

對於這次西藏的抗暴舉動，達賴的逃亡印度及其公開聲明，以至印度款以上賓之禮，尼赫魯親往會晤等一幕一幕的表現出來，我認為人們都應從宗教方面，去了解其意義，然後看法或者比較正確一些。如果從政治方面去着眼，則在一國國內政治與國際政治兩方面的通常情況上比較起來，都不大相像，換言之，這一幕一幕的表現得相當重要，有力量，其所以為世人一致注目，所以使中共發急，急得不得了，其眞實原因，皆在宗教而不只在政治。

一

老實說，如果單從政治着眼，則中共對於藏事，用不着那樣發急，即使西藏完全獨立了，又有何嚴重損害於中共的大陸政權！但因為這次西藏人是以宗教受難者的精神與局勢而表現反抗，逃亡，則在大陸上足以引起佛教徒，回教徒等等的共鳴，故新疆、甘肅，以至內蒙古，都因之要鬧出亂子，漸次不穩起來；而在國際上，凡是佛教國家，回教國家，尤其是中共向所煽動的所謂『亞非會議』國家，非佛即回，都一律的對中共壓迫宗教，不能諒解，必然要從衷心的去同情西藏，去責備以至詛咒中共為惡魔，為兇手，為神人所不可饒恕的野蠻政權！試看，月來報載之緬、泰、印尼、錫蘭、印、巴等國朝野譴責中共的話，都是偏於宗教的同情方面，而對中共表示無法諒解，尤其是埃及的納薩，他在四月二十一日，讀了達賴聲明之後，痛責中共，罵得好不厲害！——這種亞非各國朝野所持的態度，特別是各國政府首要的說話，如以政治眼光來看，都未免超出國際政治的常態；何況這些國家多半一向是在與中共攜手，而反抗所謂的殖民帝國主義呢？

至於尼赫魯，因其國新立，國內問題甚多，地廣民貧，且因宗教及地理關係，與巴基斯坦糾紛不已，故戰後在國際政治上，一向採取巧態度，事齊事楚，經常舉棋不定，不免首鼠兩端；以尼氏所受之教育，及其歷年執政所表現，無疑的他是傾向於民主方面的，但有鑒於領導民主世界的英美，總離不了重歐輕亞，英美且對共產國際時常妥協，故尼氏近年竟對東西兩大集團，表示中立姿態，對中共且盡力敷衍，因之不大能為自由中國人們所諒解，然尼氏力圖避禍的內心，人們也是可以想像得到的。

然而，「是禍躲不脫」，尼氏不料聲稱印度為偉大鄰邦的「好友」毛周等，知識太有限，直是大策伯，完全不認識宗教的力量，而竟將西藏逼反了！這一來，原與西藏教義同源的印度民衆，一齊高喊大叫起來，聞藏中喇嘛徒衆被殺被囚，則印人羣起為之祈禱；聞達賴逃出魔掌，則印度議會全體為之歡呼；而且印度的反對黨公開聲明，如總統總理不顧達賴的死活，當與印人立刻不承認之；喜馬拉亞山邊的印人且不辭道途艱險，羣集路旁，動以萬計，晝夜鵠立，迎候活佛！——這是何等狂熱而且驚心動魄的場面，尼赫魯又豈能無動於中！

二

時論有譏評尼赫魯之收容達賴，且予以特別優禮，乃只是狡點的政治手段，無非認為奇貨可居，或將用以交換利益。這一看法，不但未能深切了解到宗教性，而且直認為政治乃是無人性的場合，（中國的讀書人習有此見，故衷心厭惡政治，而不免認為從事政治，都是下流之輩，此中國政柄之所以往往落於不讀書的人手裏，）論調因之偏於罪惡的命定，動機的吹求，而忘了政治如能順從大多數民衆的要求，以決定其行動，如今日民主國家政治領袖的必須事事徵求民意，實有未可厚非之處。此次尼赫魯如不是為尊重大多數民意起見，毅然有所決定，則公開歡迎，宣言欵待，大可不必如此，尼氏豈竟不會想到狂暴的中共當局要不斷的廣播，指目他為印度的擴張主義者，而且或有嚴重的後果要來的嗎！

尼赫魯為其羣衆的宗教同情狂熱所逼，而必得歡迎達賴喇嘛，是可以在其談話中找出證據的，即當達賴初入印度，有人詢以達賴在印度的自由限度，尼氏立即答稱，達賴有從事宗教活動的自由。二十四日路透社電傳尼氏談話，也有：『印度關心西藏，主要是歷史性的，感情的，及宗教的，不是政治的。』人們應該了解，這個感情的與宗教的，比之政治的要力量深厚得多咧。試再讀達賴喇嘛十八日的公開聲明，也使人感到宗教的意味很重，政治的氣氛不足，開腔即說：『我對於西藏此次的悲劇，深表哀悼，我熱切希望困難即將過去，不再有任何流血事件。』結尾又重複的把這哀悼之辭說一遍，更令我只感到達賴並不憤怒，只在悲憫，悲憫中共的無知而野蠻，悲憫西藏僧民的極端艱苦，而他，「作為達賴喇嘛及作為西藏佛徒的精神領袖，他最關心的是西藏人民的幸福，及保証其神聖宗教的永久昌盛，西藏永久自由」。這樣的和平懷抱與中共對藏事喊打叫殺的兇暴態度相比，使我們立刻了解，宗教性的反抗比之政治性的鬥爭，乃有其不可動搖的堅度存在，所謂感人之深，其力量絕非威脅利誘所能奪取而戰勝之也。

三

於此，我願斷言，尼赫魯在這一宗教性的國度裡，受到達賴本人及印藏佛徒的宗教感應性，以及世界佛回各教的宗教同情感，他是絕對不會出賣達賴的。即以今日（廿五）外電所傳，尼赫魯與達賴談了四個鐘頭後，便在記者招待會上說，達賴的出亡，乃是不得已的：「他當時有着矛盾，一方面，他希望避免與中共衝突，另一方面，西藏人的情感在驅使他……直到三月十七日下午四點，他們還在希望有辦法解決困難，但是當布達拉宮附近遭受炮轟的時候，對他心理起了重大影響，他們就在六小時之內離開了。」這個事實及由此事實証明宗教家的悲憫心理，從尼赫魯口中替達賴描畫出來，這不只是尼氏對中共誣控他本人的一個反擊，而且更足以引起世界輿論對於達賴委曲求全，而終於不可能的同情。我們不可以在表面上看着尼赫魯好像在推宕，在敷衍，而便認為尼氏將會出賣達賴啊！卽使退一步，專從政治利害上去着眼，如果中共不把幾十萬大兵完全撤出西藏，而仍舊逼近印度的大門口，尼赫魯便把達賴送回去，眞的出賣了他，印度又何所得呢？

八、四、二五

尼赫魯何以如此怕中共

岳騫

西藏人民抗暴運動發生以來，到現在已經一個多月，從達賴喇嘛逃進印度算起，已整整一個月，在這一段時期，我們所看到的是中共派遣大軍對藏人的瘋狂屠殺，英勇藏民的浴血抗暴，全世界輿論的同聲指責（包括納薩和宇弩在內），印度廣大人民的反共示威，其中表現得最懦怯，又好似懷有一種不可告人的秘密的就是印度總理尼赫魯。

印度兩大願望

印度是鐵幕以外第二個承認中共的國家（第一個是緬甸），也是自由世界中替中共出力最大的國家，尼赫魯親共、媚共的動機不外兩點：一是希望藉中共的捧場，造成他的亞洲盟主地位，一是為了保持西藏的既得權益，也不得不替中共出力作為交換條件。

尼赫魯對於西藏的野心，有悠久的歷史根源，遠在中共據有大陸之前，尼赫魯已將西藏視為印度的藩邦，當時中國政府提議和印度訂立商約，印度卻要以英國人和北洋政府所訂立的西姆拉條約作根據，依照西姆拉條約，中國在西藏一點主權都沒有，策封達賴都在禁止之列，完全把西藏當成獨立國看待。

民國三十八年中共軍渡過長江之後，整個局勢頓時江河日下，尼赫魯當時判斷中國局勢要長期混亂，他正好向西藏下手，他沒有料到中共勝利得這樣快，更沒料到中共對西藏會馬上就用兵，所以當共軍一旦向西藏展開進攻時，尼赫魯就顯得手足無措了。

當中共開始向西藏進兵之前，印度政府曾經企圖阻止中共出兵，但是這種企圖失敗了，當共軍攻下昌都之後，西藏代表團不能在印度羈留，只好首途赴平，簽訂了和平解放西藏協議十七條了。

共軍入藏之後，最受打擊的還是印度，首先印度駐藏辦事處奉中共命令改為駐拉薩總領事館。印度原在西藏的特殊地位被取消。駐在江孜的印兵一營，雖然當時還准許暫時留住，延至一九五四年，也不得不「自動」撤退，所有江孜到亞東的郵電設備及江孜兵營都無條件的讓給中共。從榮赫鵬征藏以來英國人在西藏所獲得的利益，到尼赫魯手中全部失去，但是尼赫魯從未敢發過絲毫怨言，萬隆會議中一定要把中共拉去，當籌備會議中巴基斯坦代表提到中華民國參加的問題，尼赫魯一口咬定「世界上沒有這個國家」。萬隆會議之後，周恩又應邀訪印，和尼赫魯簽訂一項國際統戰的靈符——國際關係五原則。

前面說過，尼赫魯所以親共、媚共，基於兩項原因，一是希望藉中共增長自己的國際地位，一是為了想保持西藏的既得利益。到了一九五四年以後，這兩項企圖可以說完全落空，但是尼赫魯仍不敢對中共行動有絲毫指責，甚至一九五六年俄軍屠殺匈牙利人民事件，在尼赫魯看來都是必要的。尼赫魯的態度何以如此左傾，實在有他不得已的苦衷——，目前我們能看出的也有兩點：

印度還有兩點苦衷

第一，經濟方面，當共軍入藏之前，西藏對外貿易幾全部為印度所壟斷，尤其是茶葉進口和羊毛出口兩宗貿易，數字相當巨大。因藏人日常生活，以茶為主要用品，每日三餐所食之乳茶，即用茶葉混合乳酪熬成，每年消耗茶葉之多，時價與糧食相等。最初藏人所食之茶，均由四川運來，藏人呼為鑪茶，係由打箭鑪（康定）起運，每年鑪茶在藏銷售數字，達數百萬兩，鑪茶稅收每年可收十餘萬兩，利息甚厚。因為鑪茶在川，每斤僅值銀一錢三分，運抵拉薩後每斤可賣二兩五錢，其中百分之九十五係支付運費，商人利潤亦相當可觀。英國打開西藏貿易之後，印茶大量運入西藏，由於印度運輸便利，交通有大吉嶺鐵路，入藏後亞東、江孜一帶地勢平坦，道路四通八達，運費也並不昂貴，加之印茶出口又無稅，所以成本較鑪茶低廉數倍，後藏一帶鑪茶市場，遂為印茶奪去。印茶在藏銷售後，賺

[illegible]

台山白沙人民公社實況

扶風

一、公社的內部組織

台山「白沙人民公社」的基本生產單位是生產連隊，每五個生產連為營，五個生產營為團，每個公社按地區的劃分，人口的多寡，每社有五個至八個生產團，每營係由男女生產隊員分別編隊，一個生產連隊由三百五十人，至五百餘人組成。下轄五個排，每排設排長排附政治幹事生產幹事各一，連設連長副連長政治指導員各一，政治及生產幹事各一，文化教員二，政工隊員四，這些共幹均佩帶湯姆生槍，另指揮武裝民兵一班，負責該連隊的控制的「防奸」鎮壓等事宜。

此外「連生產室」設農具保管組，負責控制全連農具，連「政治室」控制全連「積極分子」的黨團政治戰士。此外全連有一個「露天食堂」，十五個炊事員（即伙伕）成一伙伕班，大鐵鍋三個，菜刀一把，雖然「人民大鍋飯」食足（實係食粥）三餐，吃飯不要錢，但是隊員每日工作分輕中重級勞動，十二時勞動可能最多獲得二十「工分」；合人民幣五角左右，所謂吃飯不要錢，還不是羊毛出在羊身上。

台山白沙附近百戶以下自然村。，十九均已拆拼，從上年十月起，所有被拆拼村落，原住戶的鐵閘，鐵窗，五金家庭器皿，甚至牆上的鐵釘，亦一律交給「公家」鍊鋼。至此「四邑」人民遂手無寸鐵，連廣大的僑眷包括在內，都變成中共牛馬般的奴隸。

自西藏爆發革命後，粵共首先下令全省各地人民公社，實行一項「防特防暴」的緊急措施，除加派正規軍崗哨，封鎖每個公社所在地的交通要道，在地形險要處佈機槍構成「火網」，防止生產隊「揭竿而起」外，各生產隊（連）武裝民兵一班，過去每槍十五發步槍彈，現只准配帶兩發。白沙人民公社並於四月上旬宣佈：任何生產隊員私自埋藏武器，均限於一周內交出，否則一經抽查有據，犯者就地槍斃！任何鐵器五金的東西，小至如鐵釘，亦不得埋藏地下；否則一經察覺，即交「公社」審判，有埋藏鐵器待機製造武器之嫌，他如五寸長過外的小刀，菜刀，牛肉刀，劍，戟，槍，大刀，……西瓜刀，鐵鍊，可供「特務暴動」用者，亦限一周內繳出，否則查出處以極刑。

本年二月「白沙人民公社」會逼令馬族生產隊員，挖平馬氏祖墳，向「地下找肥」，即取人骨作肥料，向「地下找寶」，即向墳裡取殉葬品。其後當在墳地下，挖出七九步槍三十餘支，六〇炮三門，輕重機槍八挺，子彈及黃色炸藥無算，是項武器均用木箱「火膠」封固，新的武器係以油紙「花士苓」包裹，原係國軍當年撤出台山時埋下的，該案發生後，共黨即不分皂白，立即將「白沙營」包圍，拘去馬姓男女生產隊員八十餘人，經嚴刑逼供不諱，被指為台方「空降特務」攜來武器，由彼等化零為整深夜埋藏的。旋經「人民公審大會」判決他（她）們死刑。此後，粵共即開始在廣大僑鄉，嚴格執行「繳鐵器，追黑槍」運動，因之，又有許多僑眷被槍殺，許多僑眷被囚禁，並有一部分被送往遙遠的西北東北地區去勞改。

二、星期六晚制

中共為了鼓勵男女生產隊員努力生產和「忘我的勞動」，「無私的維護祖國生產大躍進」乃以「色情」麻痺人民抗暴怒潮，而美其為「星期六晚制度」。

據說所謂「星期六晚制度」，曾施行於延安，當時每逢星期六晚，中共黨政軍學都放假，雙雙對對出現於延水河濱；寶塔山下，清涼山邊（均延安郊區風景綫）。男逐女，女追男，不管相識不相識，只要雙方同意便各得其所，之後誰不向誰負責，彼此見面如陌路人亦無不可，反正生下私生子是「邊區政府」的。

台山「白沙人民公社」，和大陸各地的「人民公社」一樣，星期六下午休息，晚餐加菜，有時每人有猪肉二兩，青菜半斤，經六天一日三餐稀粥生活，這頓飯可能讓你飽。之後連營單位舉行「文娛晚會」，截至半夜，男女生產隊員們；在首長宣佈「自由活動」後散去，這時有夫之婦，有婦之夫，或未婚少女，甚或彼此不認識的，可互相要求，互相追逐嬉戲！只要彼此同意，田野，草地，宿舍，牆邊，坡上，村中，都是苟合之所。廣大的僑眷們，自然亦不能例外。

按照社例，星期六日上午，生產隊員發給「周薪」，最多亦每人不過工資二三元「工分票」而已。大凡生產不積極，勞動成積差的人，一律留隊不准外出，至於一般男女生產隊員呢？每人却一律發給「十支庄」土紙烟一包，避孕器具一件，生果花生小糖一包，社方當扣回成本三角「工分票」，據說這樣才能使男女生產隊員們，在桃紅色的星期六晚過得更愉快咧！

有人說中共「照顧僑眷」，連僑眷們這些問題都注意到了，眞是可謂無微不至，但現留大陸的許多僑眷却因此痛苦不已。

中共第一個五年計劃成就考察

何雨文

一、起迄日期有疑問

四月十三日中共公布了第一個五年計劃執行結果的公報。中共第一個五年計劃原規定自一九五三年到一九五七年間的五年，雖然中共一再宣稱提前超額完成了計劃，但公布結果在一年半之後，所以其確實完成日期，是很難說的。

本來中共第一個五年計劃，開始日期也非一九五三年，提早一[illegible]

二、成功的只有「社會主義改造」

[illegible]

三、工業生產部分失敗

[illegible]

四、農業生產情形更糟

產品名稱	指標數字	完成數字
原油	二〇一·二萬噸	一四六萬噸
機車	二〇〇台	一六七台
食用植物油	一五五·二萬噸	一一〇萬噸
火柴	一二七〇萬件	（中共未公布數字）
捲煙	四七〇萬箱	四〇六萬箱
糖	（中共未公布數字）	八六·四萬噸

[illegible]

馬來亞的華巫合作問題

俊民

（吉隆坡通訊）馬來亞新總理拉查克，於十六日舉行宣誓就職典禮。新馬來亞誕生後才十七個月，這第二任總理的接替執掌政權，極為各方所注目。

新政府政策的輪廓

三十七歲的年青總理拉查克，在其就職後的記者招待會中，譴責中共對西藏用兵，認為殊堪婉惜與遺憾，主張聯合國應該討論藏局。關於美國國務卿杜爾斯辭職一事，渠以為此乃自由世界之損失，因杜氏對世界的和平，有最大的貢獻。對於馬來亞鄰國且是同文同種的印尼，拉查克總理同情印尼對新幾內亞之立場。但他希望印尼的兩派——印尼政府與革命軍，能夠友好解決。

拉查克氏於答覆記者的詢問時，謂馬來亞不會承認中共政權，目前馬來亞尚在對共黨作戰。拉氏更作强調，馬來亞政府對於國家的安全，決不放鬆警戒，同時，亦將警戒對自由的任何攻擊。

新總理在就職典禮後對於外交內政的幾項表示，已經為新政府的立場畫出一個明顯的輪廓。即馬來亞反對共黨以暴力顛覆爭取自治的人民。也將為國家的安全繼續對馬共加以肅清，同時視共黨對自由之攻擊等於對馬來亞的攻擊。而在印尼政府與革命軍的對立問題上，拉查克總理主張和解，顯然是强調印尼政府應該容忍。

當兩個月前拉曼總理辭職並由拉查克氏接替時，人們認為新總理反共態度「將更强烈」的看法，已經獲得証實。

馬來亞的國際聲望

年青的馬來亞聯合邦，在她誕生後的一年多中，已有很顯著的成就。馬共投降的日衆，僅餘陳平的一股，竄匿森林中；這項事實，充分表現出獨立後民族主義的力量。最近政府通過了「反傾銷法」，對於共產主義的經濟侵略，加以遏阻。前總理拉曼在菲律濱所倡導的東南亞國家經濟及文化聯盟，獲得了東南亞地區廣泛的響應。這個聯盟的理想，是「非軍事的」，獨立於東南亞公約之外，但它歡迎東南亞公約國家，以及「中立主義」國家的參加，而只是排拒共黨北越的加入。顯然它是一個「非共」的機構，而以東南亞新獨立的國家，為其本位；它可能比較東南亞公約，吸收更多的東南亞國家。因此，拉曼氏的此一提倡，一時提高了初次進入國際社會的馬來亞的聲望。

新馬來亞的這些表現，說明了她所採取政策的正確。即無論是在國內反共，在國際上非共，都適合於馬來亞本身的需要，也適合東南亞的潮流。

因為她們並非為反共而反共，而是為獨立而反共，或採取非共的立場。共黨的經濟傾銷、政治滲透，以至武裝騷擾，或者對東南亞國家施行離間，以達到個別擊破的目的。種種手法，無非是破壞東南亞國家的獨立。

拉曼總理辭職內幕

可是在拉曼總理正在使馬來亞的國際聲望提高的時候，他本人卻突於兩個月前宣佈辭職。這個報導的發表，致令「星馬震動」。拉曼氏公開的聲明，他是為了「全力做黨的工作」，所以辭職。依照向例，政黨領袖辭去政府總理職位，退而「整黨」，必然是黨中有了問題。那麼，究竟是什麼問題呢？

拉曼氏所領導的政黨，有「巫統」和「華巫印聯盟」，前者是拉曼氏本身的政黨，後者乃巫人政黨與華、印政黨的聯合，亦即現政府的執政黨派。政府組成的形式雖是華、巫、印聯合，但因為有「巫人特權」的存在，公民權限制問題，以及華語未被列為官方語言等，使到佔馬來亞人口百份之四十以上比率的華人，認為遭受歧視，形成執政黨內部的暗潮。

早在制憲之時，全馬華人註冊團體，便已提出「四大要求」，第一、二兩點為關於公民權者，獨立前在聯邦出生毋須經審查考試，及獨立後來居五年以上即可申請。第三點為列華文為各級議會及官方語言。第四點為廢除一切不平等法律，對聯邦公民無種族、膚色、宗教之分，平等待遇。

但這些要求並未達到目的，因此暗潮激盪，拉曼的辭職，乃是為了「華、巫兩族和協」的問題。換句話說，他須親自疏解斡旋，否則如果分裂衝突，就不堪設想。

公民權及其他

馬來亞是一個由華、巫、印、歐四個民族構成的國家，平情而論，這個國家應該是天然地使用多種語言。因為多種語言的存在，乃是「先天的」，如瑞士的構成，由於法、德、意諸民族，故法德意語，同列為瑞士的官方語言。同時，巫語和巫文，在水準上比不上英文和華文，以文化遺產來說，華文英文都極豐富；以應用來說（如科學技術），當以英文首屈一指；巫文方面，兩者都有缺憾。為要建設馬來亞，實非採用多種語言不可。當然，巫文同樣應被尊重，並且加以扶植。

華人在馬來亞出生或已久居該地者，應該當然獲得及經申請獲得公民權，參加當地的各項建設。必須經過巫語考試及宣誓效忠等規定，都非必要。語言問題，既如上述，關於效忠問題，我們可以看世界各國的猶太人及以色列的關係，便可明瞭。除非一個擁有很多猶太人的國家而與以色列宣戰，否則不會發生效忠的問題。美籍日人戰時一樣在美軍中對日作戰，可為旁證。以效忠宣誓為取得公民權的條件，顯為蛇足，且可能被利用作歧視的有害用途。

尤其中國大陸現正在以蘇聯為首的共黨控制之下，而華僑基於其有產者的立場，及對自由企業支持的意識形態，他們百分之九十九是反共的。他們對共黨「奴役制度的認識，及反共的決心，都超過了巫印等族人以上。在馬來亞的立場上，謀取與華人密切團結抵抗中共，正是確保獨立的大道。反之如果採取歧視，適足以促成反感，不幸或致僨事。

就整個東南亞今日之急務看，其大前提應為遏阻中共的擴張。華僑問題關係整個東南亞，希望東南亞國家本身，以至與東南亞有密切關係的西方國家，設法採取及協助華僑與當地居合作的政策，初不只在馬來亞一地而已。

（四月十七日寄）

西藏事件的隱憂（讀者投書）

高通

西藏抗暴行動，已震驚了整個世界；可是，根據各地的電訊報導，還看不出一點具體的辦法。如果我們不健忘的話，一九五六年匈牙利事件的失敗，就是很好的例子。雖然由於西藏地理形勢的關係，可以作長時間的抵抗，但要想推翻中共在西藏的統治，似乎不是西藏本身的力量所能辦到的。那麼，西藏的命運，也不是幾句同情或譴責的談話可以扭轉的了。

一個可恥的回憶，是匈牙利爆發革命時，蘇聯出動二十萬大軍掃蕩布達佩斯，殘殺革命分子，在我們自由世界所起的反應，則只不過大家罵罵出出氣，算是盡了維護人道的責任。

我們基於匈牙利的血淋淋教訓，有理由懷疑西藏人民英勇抗暴的行動，將會變成自生自滅的窘境；因此，我們要自由世界認清這抗暴運動，拿定主張，澈底矯正因循顧忌的心理，如果還是畏首畏尾，得過且過，前途是不容樂觀的。

西藏事件，本來不只是與印度有關的事件，不管尼赫魯的眞實態度和最後態度如何，為了眞實有效的支援西藏同胞自由世界必須拿出勇氣來，亞洲各國尤應對中共摧殘宗教壓迫人民的眞面目從此有新認識，至於台灣還在那裡按兵不動，也許是受中美聯合公報的限制，但正也表示自己低能，反攻大陸喊了十年，原來就是這樣。倒要請蔣總統拿話來說！

擴大軍備生產的中共經濟建設

曾明

（一）

從一九五九年四月十三日到二十一日的九天之間，中共連續發表了五個報告，（一）由中共「國家統計局」發表了二個：「關於發展國民經濟的第一個五年計劃執行結果的公報」，「關於一九五八年國民經濟發展情況的公報」。（二）在中共第二屆第一次「人代大會」上發表了三個：周恩來的「政府工作報告」，李先念的「關於一九五八年國家決算和一九五九年國家預算草案的報告」，李富春的「關於一九五九年國民經濟計劃草案的報告」。這五個報告除了周恩來的「政府工作報告」中一部分涉及到對外政策外，都是宣傳中共「國民經濟建設」的過去成就，强調未來的發展，尤其着重以數字炫惑人心。

從這五個報告中，可以見到中共所進行的「國民經濟建設」只能說是擴大以蘇俄為首的共產政權的軍備生產基礎，而脫離人民生活需要的，根本的違反了國民經濟建設的提高人民生活水平的目的。

（二）

因為中共「國民經濟建設」是以擴充軍備生產的重工業為中心。因此，在工業建設中，工業製造「生產資料」的重工業有了偏向高速度的發展。就投資額分配比例說，中共在第一個五年計劃基本建設投資總額為五百五十億元（人民幣），折合黃金五萬萬七千萬兩以上。在五年內實際完成的投資總額中，工業部門佔百分之五十六，交通運輸部門佔百分之十八‧七，農林水利部門佔百分之八‧二，其他佔百分之十四‧九。在工業投資額中，重工業的投資佔百分之八十七，輕工業的投資佔百分之十三。

一九五八年為中共第二個五年計劃開始的第一年。而第二個五年計劃的基本目的，是繼續進行以重工業為中心的工業建設，除了繼續完成第一個五年計劃內施工未完成的項目外，並進一步擴大機器製造、冶金、電力、燃料、石油、化學、建築材料等等的工業。在投資額上，中共又決定第二個五年計劃比第一個五年計劃增長一倍。因而中共在一九五八年基本建設投資總額增加為二百一十四億元（人民幣），在投資總額中，工業部門佔百分之六十五，交通運輸部門佔百分之十三，農林利部門佔百分之十，其他部門佔百分之十二。在工業投資額中，重工業與輕工業的投資比例為七與一之比。

在一九五九年中共對基本建設投資總額計劃為二百七十億元（人民幣）。在投資總額中，工業部門佔百分之六十五，交通運輸部門佔百分之二十，農林水利部門佔百分之七，其他佔百分之八。在工業投資中，重工業佔百分之七十，輕工業佔百分之三十。

從中共對基本建設投資的比例來看，中共在基本上並不關心人民的生活。因為中共着重在擴大軍備生產，所以有關軍備生產的重工業和交通運輸的部門的投資佔到總投資額的百分之七十以上，而這兩個部門並不是直接有關人民生活需要的。大家知道，提高人民生活水平，首先要發展農業和輕工業，人民需要的糧食、蔬菜、肉類、蛋品等等都是農業生產出來的；人民所需要的布疋、靴鞋、紙張等等都是輕工業生產出來的。而輕工業所需要的原料，絕大部分又要農業生產來供應，只有農業和輕工業發展起來，人民才能得到生活的必需品。

（三）

就工業產值增長情況來說，一九四九年生產資料的產值，在工業產值中只佔到百分之二十八‧八，而消費資料所佔的比重，則為百分之七十一‧二。到了一九五二年生產資料的產值，在工業產值中就上升到百分之三十九‧七，而消費資料所佔的比重則降到百分之六十‧三。及至進入第一個五年計劃期間之內，生產資料的產值在工業產值中的比重，越來越大。如：一九五三年上升到百分之四一‧二；一九五四年到百分之四十二‧三；一九五五年到百分之四十六；一九五六年到百分之四十七‧二；一九五七年到百分之五十二‧八。而在第二個五年計劃開始第一年的一九五八年又上升到百分之五十七。第一個五年計劃期間，生產資料的產值，平均每年增長百分之二十六，消費資料的產值，平均每年增長為百分之十三‧五。至一九五八年和一九五七年相比，生產資料的產值增長了百分之一百以上，而消費資料增長只有百分之三十四。在一九五九年中共計劃生產資料的產值比一九五八年增長百分之四十六，消費資料的產值增長為百分之三十四。這種情況，是表明了生產資料的工業增長速度高於消費資料工業的生產。

再就農業產值增長情況說，一九五七年農業和農家副業總產值，比一九五二年增長了百分之二十五，而平均每年增長百分之四‧五。而一九五八年的農業總產值比一九五七年增長了百分之六十四。至一九五九年中共計劃比一九五八年增長百分之三十四。因此，農業生產又落後於消費資料生產的增長。

（四）

姑以中共所報增長是實。這樣生產資料的工業增長速度高於消費資料的工業，消費資料的工業又高於農業生產，這是違反經濟自然趨勢片面擴張畸形發展的增長，其增長速度越高，人民生活的痛苦就如形影相隨的而越加深。因為人民生活的程度，必須服從於消費資料的生產，因之人民生活改善的程度，不可能高於消費資料生產發展的速度。而直接滿足人民日常消費需要的物資，大部分來自農業生產，在主要消費商品供應中，農產品和它的加工品就要佔到百分之八十以上。

至於，中共這幾年的工業產值的增長，主要的是重工業偏向高速度發展的結果；同時，中共重工業的投資來源，是着落農業生產上面。換句話說，就是降低人民生活消費水平，陷人民於半飢餓半死亡的生活作為發展工業的基礎。因而農業生產值的增長，只能說是重工業投資力的增長，並無助於人民的生活，這是一個事實。所以，中共在五個冗長報告中，有一個共同性，就是不敢具體說明各階層人民的收入如何？生活水平怎麼樣？

不過，在加强以蘇俄為首的共產政權軍備力量這一方面，我們應當予以密切的注意其發展情況。

記甲午中日戰爭始末（十四）

舜生

（B）劉永福苦撐四個月

守台南的劉永福究竟是一個身經百戰的老軍人，當日以『黑旗軍』抵抗法人的威名也還足資維繫，可是軍隊內容複雜，餉械兩俱缺乏的情況，也和台北差不多，雖曾派人向沿海各省總督巡撫有所呼籲，但只有同情。毫無實惠。可是自閏五月初一（六月二十三日）永福在台南率領台南官紳義民登台插血，立盟書以示死守以後，迄九月初二（十月十九日）永福乘英輪出走，他究竟支持了四個月之久。在這四個月間日方從陸海兩面夾擊台南；最初他們以陸軍從台北出發，沿新竹、苗栗、彰化、嘉義這一線向台南壓迫，可是遭遇節節抵抗，互有勝負，我軍死傷固多，日軍也死傷慘重；甚至指揮近衛師團的能久親王，據說便在彰化八卦山一役受傷身死；加以日軍不習台灣氣候，生病者多至二萬七千人，因病致死者近五千人，這可看出永福和台灣人民所加於日軍的打擊是何等的重大。可是自七月（八月）開始，日艦即在台南海面有所活動，延至八月二十三（十月十一日），日方乃發動戰艦、運輸艦三十餘隻，滿載兵員器械，大舉南攻，直指平安海口，陸軍既在布袋、枋寮附近兩處登陸，軍艦更迫攻平安、高雄，永福才感到抵抗已經無望。先是日方在這次大舉進攻以前，曾由台灣總督樺山資紀以書託英國駐台領事向永福招降，爲永福所拒，至是永福願和，日方乃故與難堪，卒使永福無法接受。從八月二十五（十月十三日）迄九月初二（十月十九日）這一週，台南周圍的形勢已萬分險惡：自二十五日大營被日軍攻陷後，所有旗后炮台、鳳山，均告不守，台南戒嚴，城內餉匱糧絕，飢軍譁潰，永福不得已移駐平安炮台，當日軍攻城外炮台時，永福仍親自發炮還擊，斃日軍數十人，及日軍大集，土匪也紛起奪城，永福始登英輪內渡。從此台灣這塊領土，竟淪陷達五十年之久！然經過五十年卒告光復，則當日台灣軍民最後抗日一幕的精神不可忘也。

計算這一次的中日戰爭，如果從光緒二十年七月初一（一八九四年八月一日）中日雙方宣戰算起，到次年三月二十三（一八九五年四月十七日）馬關條約簽字爲止，則戰爭的延續時間爲八個月又二十二天。如果算到劉永福離開台灣以放棄最後的抵抗爲止，則爲一年又兩個月以上。

雜憶錄之三
記抗日時期之川康視察團

幼椿

　　這種高山居住着游牧民族，每劫掠漢人財物，秉擄壯丁，爲之服役，成爲奴隸，號曰「娃子」，放牛種蕎，皆是娃子，而黑羅羅，（史書上稱爲烏蠻，又稱囊族，）據說，這一族就是孟獲的後人。我們視察團一行，經過西昌，南往會理，即於德昌附近，與羅羅族一首領，名爲「蔡三老虎」之隊伍偶然遭遇。劉文輝以一排人護送，正行近德昌，忽聞槍聲，路人退回，說「蔡三老虎」在前面打搶行商。林虎即令這一排人，分向兩側山邊，搜索前進，大吹其洋號筒；蔡三老虎盡是騎士，遠望之，直馳上山，瞬即遁去。然而行商十餘人不但背負腰纏爲空，即衣褲均已脫光，拿走，只餘赤條條一身而已！

　　西康寧屬羅羅族聚居之地，雖然山險水惡，然經蜀漢諸葛武侯以來，歷代經營與移民，尙有路可通，尙能與烏蠻相抗，而寧屬之西，上自西康之九龍縣，下迄雲南之永寧縣，中有一少數民族，名曰木里土司，儼然獨立王國，外人無法進入，抗戰前，四川省府派員測量被拒；抗戰中，交通部又派幹員前往測路也被拒；我們視察團曾派員交涉，仍遭婉拒。不過西康鹽源縣人常與木里土司中人往來，知道這一少數民族是信奉佛教，有廟宇，有喇嘛，我未考証過他們是否與康巴同族，然而以交通言，木里地當鴉礱江迂迴流域，鴉礱江又與裏塘河相通，自易受康巴人影響。木里究竟有多大地方，土司既拒絕測勘，地理也成一謎。據考察「麼些」象形文字的李霖燦君自序，說「我由永寧上溯麼些族遷徙源流，便走入木里土司的地界，在這裏，我非常感激項大喇嘛扎巴松典，他幫助我到無量河邊的俄了地方去考察了一次……。」照李君自敍其旅程，說到無量河，則此河已在理化（即裡塘）以西，是則木里這塊土相當的大，而有三條河（鴉礱江，裏塘河，無量河）與康巴族相爲通道了。

　　既不得入木里土司，極西康省之南路，抵會理，直至金沙江畔，於二十八年六月中，循原路回西昌小住，即返抵雅安縣照料往西康省西路視察的一支人馬。莫德惠先生的精神最爲勇邁，單獨領導西路視察，自雅安西行，經天全，瀘定，而至康定。旅途彼時雖已有公路，然此種强廹民伕所築之路，並不能眞正的行車，而仍須坐滑竿，由轎夫抬着，一步步的在公路上走。川邊的轎夫相當多，易雇，因爲鄉裏鴉片煙未斷種，吸煙容易，煙癮一足，走得也快；但這班不怕死的煙哥癮客，說到要出關（川人呼自打箭爐向西爲出關，）還是害怕，因爲黑白兩飯，黑的（鴉片）還容易找，而白的（米飯）則大成問題。康藏人的美食，酥油，糌粑，與青稞，在漢人不習者幾乎難於入口，因氣味既腥臭，而又難於消化，火烤的牛羊肉又無法拿來頓頓當飯吃，多吃兩次，反而滯胃生厭，大便不通。

　　雅安天全沿途山上，不是蕃人，便是羅羅，這些游牧民族，從事農業，尙是原始作風，所謂「刀耕火種」；今年在這個山坡放一把火，將草木燒成灰，變成肥料，即用刀鑿土，栽上青稞與諸類，收割後，即不復種；明年又燒另一山坡。他們一連這樣的燒山，草難生根，山石崩裂，一遇下雨，即行大塊小塊的石頭從山坡滾了下來，打在行人頭上，公路也隨時爲巨石塊所阻塞，莫柳老視察西康西路，即被石頭打傷轎夫，而黃炎培在汶茂之間，途中也幾乎爲墜石壓死。

　　這還是未上大山的艱險，一上大山，艱險處是風與雪！莫柳老曾試行出關，往康定西北前進，這是折多山，高處在五千公尺左右。西康省府爲雇轎夫，挑夫，即相當費力。因西康行路者皆知道這十二字：「正二三，雪封山；四五六，水遍流；七八九，纔好走；十冬臘，凍得爬！」因此大家都對於出關，視爲畏途。幸彼時已過六月，正是熱天，在「纔好走」的時候，伕子十人，每人日需大洋一元以上，於是成行。但一上山，冰雪仍未全消，而大風一起，中雜雪粒，撲面生寒。雪地一片白，注視幾分鐘，眼便發花，過久，眼便看不見，稱爲「雪盲」。轎夫既無墨晶眼鏡可戴，不懂得雪光的利害的，便易雪盲。莫德惠先生之無法深入西康，即因有一轎夫變成雪盲，伕子都不願再往前進了。

　　視察團中人既因前行條件不備，無法深入，而西康省政府對於老先生們的安全，又深以爲慮，設法阻撓，因當時紅教喇嘛與劉文輝的軍隊發生糾紛，在抗戰前夕還大打過一次仗。西康境內之瞻化縣，爲喇嘛舊教紅教之根據地，其徒皆康族中游牧分子，時出剽劫，紅教不似黃教，信仰多涉妖異，其大喇嘛有野心，據鴉礱江而扼斷漢人西行之路，如清時巴塘土司之據大金川作亂，因與省府以種種麻煩，而當時康省政府要抽鴉片煙稅，也與「康娃子」權利衝突的。原來，大金河上游這一帶，從玉樹，鄧柯，德格，以至巴安，情形自來複雜，淘沙金與種鴉片的漢人亡命之徒，寄居其間，人數甚多，長槍短槍，用金子與鴉片從軍隊中換來不少，這些漢人與康族打成一片，已有百年歷史。成都冒險商人每年必備辦鹹貨，（鹹貨如鹽鴨臂最易銷售獲利，）開關運大金河換沙金而歸，故彼處之複雜情形，成都商人多知之。趙爾豐與尹昌衡西征康藏，均爲康巴族襲擊所困，軍隊無法進入中藏，其困苦情形，我曾聞之於成都父老，深知在西[illegible]了合拉烏蘇河（[illegible]江上游），便步[illegible]難。此次康巴族[illegible]抗暴，即在這條[illegible]地帶開始襲擊共[illegible]而逐次擴大，引[illegible]全藏反共之局。[illegible]

　　國民參政會[illegible]視察團在西康西[illegible]一行，全仗莫德[illegible]

四，一一

敬題約菴詩卷

王韶生

新詩入手破愁顏。少日聲華孰可攀。鈎勒曾規張黑女。高吟今說屈翁山。法曹訟簡閒花落。海角杯深鳥倦還。莫怨飄蓬雙鬢白。尙餘詞筆賦江關。

奉贈孝若宗老

前人

大隱隱於朝。眞隱隱於海。太公與伯夷。始也例無外。雷雨以經綸。風霜顯節概。餘事乃爲詩。脫手簫韶會。海隅同避兵。禪山憶傾蓋。葵藿有本根。物性固莫改。把盞傲東軒。春雲看靄靄。

亮齋閒話
西藏漫談之三

徐亮之

班禪在西藏史上，從來沒有過曾經單獨管理藏務的前例。這原因，固決於前述傳統的制度；而同時傳統的實力懸殊，也爲其重要的決定因素。「清史稿」藩部八西藏，曾列舉他們傳統的實力如左：

（一）達賴所轄：寺廟三千五百五十餘所；喇嘛三十萬二千五百有奇；黑人十二萬一千四百三十八戶。

（二）班禪所轄：寺廟三百二十七所；喇嘛三千七百有奇；黑人六千七百五十二戶。

這樣看來，班禪在西藏的實力，平均還不及達賴的四十分之一，無論在制度上或實力上，都是不可能代行達賴的職權的。勉强代行，只是徒然加深藏人的反感而無補於藏局解決的實際的。

但西藏歷史上，班禪雖無單獨管理藏務的前例，卻有一次曾與另一番王共同管理藏務的前例；這便是康熙四十九年（西一七一〇）至五十六年（西一七一七）西藏拉藏汗和班禪五世合作的一幕。但這一幕乃出現在西藏一個史無前例的時代。這時代的特徵是：居然同一時期有三個達賴六世的轉生，卻沒一個立即爲清廷所正式冊立，藏人所正式承認；班禪五世在這空隙中，只不過爲實力派拉藏汗所利用，作爲達賴六世正式冊立前的過渡人物而已。

三達賴六世同時轉生的故事是這樣：

康熙二十一年（西一六八二）達賴五世在布達拉寺圓寂，野心的第巴桑結秘不發喪，託辭達賴入定，屏居高閣，不見任何人，一切政教要務，都由他傳達達賴的命令辦理。另方面卻不得拉藏汗的同意，逕以己意立羅布藏仁青策養嘉穆錯爲達賴六世。這便是第一個達賴六世的轉生。

康熙四十四年（西一七〇五）拉藏汗誅殺桑結；同時上奏清廷廢去桑結所立的達賴六世。奉旨照辦，並要他尋找眞正轉世的達賴；他便在博克達山尋找到名叫阿旺伊什嘉穆錯的立爲達賴六世。這便是第二個達賴六世的轉生。

康熙四十七年（西一七〇八），到底發現政治圈外的達賴在裡塘（今屬西康）轉生了。他名叫羅布藏噶爾桑嘉穆錯。據說他「生有異表，右臂紋如法輪。七歲、與衆喇嘛談經，均莫能難。」青海蒙古諸台吉（台吉，蒙古封爵名，位次公）聽了，特於康熙五十三年（西一七一四）派兵取道德格（今西康北部）歡迎他去青海坐床。拉藏汗得了這情報，知道妨碍他所擁立的政治達賴太大，竟居然派兵去截殺他。直到康熙五十六年，拉藏汗爲準噶爾所襲殺，這位裡塘轉生的達賴六世[illegible]

[illegible]大概又可以給我們作証，是不可能的。

曾后希出國畫展贈序

王世昭

　　當代畫壇人才輩出，能獨樹一幟，與古人相頡頏，而爲後進開法門者，不多見。何以故？藝而晉於古已難，而能放諸四海而皆準，質諸萬代而不惑，蓋尤難也。

　　曾氏之作，上追漢魏刻石之樸拙，中取唐人妙繪之清華，下宗宋元，自人物、山水、花卉、飛禽、走獸、臺閣、旂旐，無不擷取其精英，而揚其糟粕。其所成就，揆諸當代，堪與比肩者，不多覯，不多覯。

　　十載而還，其所貢獻於藝術界者，如四時令序圖，如八德圖，如屈原圖，如韋陀造象，如戊戌荃灣禊集人物圖等，無不膾炙士林之口，以爲與道子，閻立本，禪月大師復生，諒不爲過耳。

　　然，此豈曾氏之志也哉？彼嘗語予，轉徙以還，忙於饘粥，致荒大業，社會之困人也如此。倘得稍有餘力，將措其生命於人生最高境界之探求；若夫漢魏之歷史文物，唐人之寫經造象，宋人之寫實與浪漫作風，元明人之清雅恣肆物類造形，則俱已往矣，其所從事者，將異於是。

　　曾氏常云：人類有善惡二元，善者歸於善，惡者歸於惡，吾人將正其歸趨，使善者成爲至善，惡者不至於爲惡，藝術之潛力，蓋在於是矣，豈屑屑於模仿與寫實爲哉！

　　今曾氏將以其充沛之精神力，而爲東行，西去，南飛，北走之謀，冀窮亞、美、歐、非之勝，迴環於希臘、羅馬、印度、埃及、波斯之故墟，而攬巴黎、柏林、倫敦、開羅、巴比倫、耶路撒冷、紐約之盛概，收山川風物於筆底囊中，東南亞洲實爲其出發之起點而已。世亦有了解曾氏者，勉之以德，資之以力，使成爲中國劃時代之藝術創造者，則其貢獻於吾民族者，又豈有涯涘也乎哉！

　　己亥春，氏居台，倚裝將之馬尼拉，來函乞贈片言，因書之以求正耳。

四月二十日書於竹居之望天亭

本刊已經香港政府登記

聯合評論

週刊

每逢星期五出版

United Vcice Weekly

第三十八號

督印人：黃宇人　總編輯：左仲平

社址：九龍金馬倫道卅八號三樓

電話：六一四一三（61413）

承印：田風印刷廠（高士打道二二一號）

總代理：友聯書報發行公司

售價：每份零售港幣壹毫

本報紐約版總經售處美國紐約中美出版社

CHINESE-AMERICAN PRESS, INC
199 CANAL STREET.,
NEW YORK 13 N. Y. U.S.A.

紐約航空版零售每份美金壹角

蔣眞要連任第三屆總統嗎？

——從美聯社一段電訊說起

胡越

（一）

四月二日美聯社的台北電訊，透露了一段極重要的消息，反映了目前台北的政治動向。這段電訊是值得每個關心中國政局人士參考的。謹摘要抄錄如左。

（台北美聯社二日電）此時國府區域裡的民意，大多數主張蔣總統於一九六〇年五月第二任總統屆滿之後繼續連任。

衆人對副總統陳誠，無論怎樣欽崇有加，大多數人均認爲蔣氏一生不應被任何人替代。

大衆對蔣氏均具有一種神秘的不可思議的信仰心。深信他能夠實現他反攻復國的理想。

同時，人們深信，國內外並無其他角色能比得他。」

電訊中說這是一位不願發表姓名的官員發表的談話。這等於說這是官方意見，不過不便公開宣明而已。

自從去年蔣氏發表反對修憲的談話之後，他是否連任總統的問題，一直被人們議論着。深知遠見的人士早就看出蔣氏絕不肯放棄總統職位，反對修憲的談話不過是「欲擒故縱」的手法。有如每年祝壽一樣，蔣氏照例宣佈避壽，可是避者自避，祝者自祝。說穿了這不過是中國政治上慣見的把戲而已。民國以來這類把戲，我們實在看够了。以往我們一直警惕自己，惟恐責人過苛，惟恐話說得太赤裸，使人下不了台；謹守着話到嘴邊留半句的態度；期望當局萬一有幡然改圖之可能。可是經過十年來的經驗，發現我們錯了。以小人之心度君子之腹固然要不得，下一轉語則更是危險。試看看這十年來，當局對於反攻復國一事無成，可是壓迫自由民主却變本加厲，對於反共友軍的面孔，愈來愈兇，難道這就是我們隱忍持重，相忍爲國應得的報償嗎？

中國乃中國人之中國，反共復國乃每一個中國人的責任，爲甚麼非由一黨，一姓，一人包辦不可？如果他們對於反共復國，的確有信心有辦法，也還有話可說；可是過去十年，既無所謂軍事反攻，又不行政治改革，蹉跎復蹉跎，拿國脈民命當兒戲，到今天我們還能裝聾作啞，連一句眞話都不敢說嗎？正因爲我們忌諱說眞話，才招致他們顢頇自得，暴戾恣睢。今天我們不能再沈默了。

我們絕不相信。今天中國非有某人便不可救，如果這個人一旦與世長辭，我們豈不只好坐待滅亡？我們絕不相信今天大陸以外大多數中國人會主張蔣氏連任總統，如果說這是民意，那就是侮辱民意，假造民意。我們絕不相信「蔣氏一生不應被任何人替代」，「大衆對蔣氏均具有一種神秘的不可思議的信仰心。」這是臭不可聞的個人崇拜思想。除非是下賤奴才，才有這等無自尊無廉恥的說話。

（二）

在該電訊中還有這樣一段話。「外面有些人以爲換人替蔣，則事情較佳。這是不明白這裡情形的說法。事實上，我們正需要蔣總統的堅忍卓絕的領導才能。回顧金門之役時，許多高級軍官均強烈主張轟炸對岸的敵人炮兵陣地。當時美國對這事是反對的，因爲一轟之後，可能把危機擴大，而引致和中共作戰。當時蔣說『不』，三軍便貼然服從了。」這番話把中國人的臉丟盡了。這無異告訴美國人說，任何其他人代蔣氏做總統，三軍就不會服從指揮。也就是說今天所謂「國軍」實際是蔣個人的軍隊。這等醜事還有臉告訴美國人，除了佩服這位匿名官員的勇氣，眞是無話可說了。

這位官員還說：「要想修改憲法，必須通過立法院。經國民大會追認。若果他贊成修改的話，則事情容易之至。因爲立法院和國大都是在國民黨操縱之下的。」這段話透露了修改憲法，實現連任的步驟。

總括上述的消息，我們有下列幾點感想。

（三）

一，從電訊全文的意思謹嚴，文句緊練看來，不是臨時發表談話的紀錄，顯然是事先經過周密的準備，草擬好了的聲明。並且可能是經過蔣親自看過的。否則如此重大的消息，是沒有人敢擅自對外發表的。（美聯社早在上月二十四日，已經有這樣一個類似的電文發出，這是第二度的複述，過去無此先例，我們覺得更可注意。）

二，這篇聲明的用意，可能在試探美國的態度及海外輿論的反應，以做爲是否連任總統最後決定的參考。

三，如果決定連任總統，不久即可見到假造民意的鬧劇。台灣的官報黨報自不必說，此外將發動御用的名流賢達，親台的海外僑團，黨團操縱的社會團體等等來發表通電宣言擁護蔣氏連任總統。

四，如果連任總統的企圖遭受普遍的強烈反對，陳誠繼任總統乃無疑義。但蔣以總裁權力必將加強黨對軍政的控制，同時給小蔣更大的實權，很可能被任命爲行政院長或副院長，或提名爲副總統候選人。

在此我們奉勸蔣氏不必再連任總統。過去三十多年爲國事已經「鞠躬盡瘁」了，何必「死而後已」呢。

（四）

當我寫此文時，我清楚的知道，本港左派報紙正無孔不入的對反共陣營進行挑撥離間，造謠中傷。在此我附帶警告這羣無恥的「工具」們：

我們對於國民黨任何的批評根據一個大前提，那就是爲了加速打倒中共政權。對於殺人如麻，罪大惡極的共產極權主義，我們是勢不兩立的。

愛國僑胞支援藏胞反共

紐約聯合日報中美週報捐欵

三百五十美金元託本報轉交

（本報訊）本報昨接紐約聯合日報社長兼中美週報社長吳敬敷先生來信，同時滙來美金三百五十元支援抗暴藏胞。據稱：紐約聯合日報暨中美週報及其員工，以藏胞抗暴運動意義異常重大，除呼籲僑胞奮起支援外，並本拋磚引玉之旨，先自解囊，以申微忱。共捐美金三百五十元，約折合港幣二千一百元。託本報轉交國際紅十字會，設法救濟西藏難胞。其捐款人姓名及數額詳下：中美出版社、聯合日報、中美週報、吳敬敷各捐美金五十元。黃啟科三十元，賴容光、黃玉振、黃春林、程育眞各捐二十元，董鼎山、謝藹明各捐十元，黃民、會偉林、陳志英、梅昭寧各捐五元，總共美金三百五十元。本報收到上項捐欵後，當即轉交香港祖國週刊社彙轉國際紅十字會矣。

正視西藏抗暴運動的發展

論達賴喇嘛今後應循之道

衡之

上月達賴喇嘛英明地領導了西藏百餘萬僧民，向中共展開全面鬥爭，毫無疑義的，這是中共踏踞大陸以來，最嚴重的一件事情，我們正爲此而歡呼，中共正因此而戰慄。今後西藏事件的發展，和整個中國的反共運動，有着不可分離的關係，我不能不藉此向達賴喇嘛提出一些意見。

一、中共處理西藏事件的失敗

在西藏事件還沒有爆發以前，中共原想用優勢的武力來鎮壓，三月十七日突然炮擊布達拉宮，就是用暴力鎮懾的最高潮，當時中共以爲經此一擊，達賴非死即傷，一般僧民也只好屈服，不料達賴竟神秘的離開拉薩，使他們的詭計完全落空，由此而釀成藏民的全面抗暴鬥爭，這是中共處理西藏事件初步的失敗。於是張國華更惱羞成怒，出動所有的力量來追蹤搜索，一心想活捉這位喇嘛，同時還放出「達賴被刼持」的謊言，以亂視聽。到了達賴安全抵達印度邊境，當地政府並沒有宣佈這個消息，北京就搶先發表，其慌張失措的情態，昭然若揭。這是中共處理西藏事件再一次的失敗。本月十八日達賴行抵德茲巴，發表他脫險後的第一次聲明，把中共武裝部隊在西藏摧毀寺院，殘殺喇嘛，大批僧人和官員被抓去築路的種種罪行，公諸世人。同時還鄭重提出他離開拉薩和西藏到印度來，是完全出於本人的自由意志，而不是被刼持的。這一聲明把中共所編造的謊言，都揭穿了。過去或許還有少數人，以爲中共所說的話，多少總有些根據，現在也應該澈底覺悟。這也是中共處理西藏事件的一更大失敗。

二、目前中共處理此事的重點

中共爲挽救過去一連串的失敗，目前正動員所有宣傳機構和一羣傀儡，向印度政府和達賴喇嘛展開更兇猛的攻擊。以新華社政治記者的名義放第一炮，接着班禪在人代會上大放厥詞，他如李濟深沈鈞儒之流，也隨聲附和，以壯聲勢。北平人民日報當然少不了寫幾篇文字來湊湊熱鬧。其中的代表作還是新華社政治記者「評所謂達賴喇嘛聲明」和班禪在人代會上的演講辭。把他們歸納起來，不出以下的幾點：（一）倡議西藏獨立，完全以印度的擴張主義者爲背景，同溥儀投靠日本一樣；（二）達賴的聲明顯然是外國人强加於他的；（三）西藏叛亂不要很久就可救平。二三兩點，關係倘少，尤其是第二點，達賴喇嘛已經再度聲明，實在沒有繼續爭論的必要。第三點要看今後事實的發展，目前言之倘早。我現在要說明的就是第一點，目前中共所集中攻擊的也是這一點，達賴聲明的原文有這樣一段：「西藏人民久已渴望獨立，在全部歷史上，此事會無數次爲人所公認。有時中國政府對西藏實施宗主權，有時西藏則作爲一個獨立國執行其任務。」中共就抓住這幾話，惡意辱罵。「評所謂達賴喇嘛聲明」中有這樣一段：「現在西藏的這個叛亂班子，完全是英國人培養起來的，印度的擴張主義分子繼承了英國的這一份不光榮的遺產，所以這個班子中的人們的心思，是裏通外國，向着印度，背着祖國。你看，他們雙方是何等親熱啊！簡直卿卿我我，難捨難分。……西藏在近幾百年的歷史中，從來不是獨立國，世界也沒有那個國家承認西藏是個獨立國，同西藏發生外交關係。現在忽然說要獨立了，所謂獨立也者，實際上就是要使西藏變爲外國的殖民地或者保護國」。班禪對於這一點，罵得更兇，他說：「事實證明，他們所要的不是什麼西藏的自由權利，而是西藏的所謂獨立，事實也不是什麼西藏的獨立，而是企圖借獨立的招牌來賣國求榮，這種所謂獨立的招牌，同過去滿好溥儀投靠日本侵略者所掛的滿洲國的獨立招牌，完全是一回事。」

我們當然不十分清楚爲什麼達賴喇嘛抵印後所發表的聲明，突然提到西藏獨立問題，是否因爲他和他的左右這幾年來在拉薩受盡了中共人員的欺辱，以爲今天反正流亡到印度，索性乾脆倡議獨立，免得將來再受共黨的壓迫和干涉。果眞是如此的話，那未免太天眞了。以往在拉薩不要說獨立不可能，就是根據協議所規定的自治都行不通。今天帶着少數隨員，逃到印度，忽然唱出西藏獨立的高調來，那與實際情形眞是相差太遠了。同時這樣做法，徒然是受人以柄，戴上一「賣國求榮」，「裏通外國」的種種罪名，我不禁爲達賴喇嘛深深的歎惜！好在他行裝甫卸，今後應有的努力和應循的路綫，都還沒有十分確定，我站在反共的立場，願意向他提供一些意見。

三、向達賴喇嘛提出三點意見

（一）西藏是中國的一部份，要解除西藏的赤禍，就得有摧毀整個中共政權的決心和打算。假定他認識清楚了這一點，就會和台灣或海外反共的中國人士像兄弟般的團結起來，他們在中國西南邊省有相當的力量，其他的中國人也各有他們的力量，把各方面的力量像鋼鐵一樣的結合起來，就會產生強大無比的實力。千萬不要妄想以爲西藏問題可以依賴外力單獨解決。倘使他自己沒有決心，沒有辦法，一切都完事大吉。他本人愈有辦法，友邦對他的支援也愈多，對他個人也愈尊重，這是他今後工作的基本要點。

（二）積極領導藏民展開反共鬥爭。達賴喇嘛過去在拉薩因爲環境的關係，不能說自己所要說的話，做自己所要做的事，今天到了自由世界，應該正大光明的舉世反共旗幟，本着護教衛民的神聖使命，領導西藏百餘萬僧民，向無神論者的共黨展開生死搏鬥。要把西藏搞得天翻地覆，使當地中共人員無喘息的機會。最近新華社正大吹大擂的宣傳，西藏叛亂快可平息，山南戰役獲得重大勝利，我們當然不會輕信中共的宣傳，可是達賴喇嘛應該集中全力去策劃，指揮，補給前方拼命的義士，這是急不容緩的事件。

（三）加强組織，羅致人材。今後達賴喇嘛要與强大的敵人週旋到底，他的工作要比在拉薩時繁重萬倍。所以加强政教、軍事和外交種種方面的活動，也是當然的事情。我想關於政教方面，他總有現成人員可用。軍事和外交方面，恐怕現成的人材，一定不多，亟須延攬，有藏人可用，就用藏人；無藏人可用，就用外省人。總以事情做通第一。千萬不好存門戶之見，而自毀目前有利的環境。尤其是外交方面，要運用得靈活，印度是居停主人，牠和西藏的關係，無論從宗教，經濟，交通和文化各方面來講，都特別深長，自然應該和協相處。對其他的西方國家也要密切聯絡，同時並進。千萬不好「一面倒」於印度，而受其擺佈。

總而言之，達賴喇嘛承佛祖的庇祐，安全到達印度。我們當然要爲他慶賀。他今後的前途是光明，事業是艱苦的。應該本着普渡衆生的精神，破斧沉舟的決心，來參加反共救國的偉大工作。等中共政權摧毀以後，他可以浩浩蕩蕩的凱旋回藏，到那時，他不單是西藏僧民的領袖，也成爲中國的反共英雄了。

日本通訊：

從日本皇太子結婚談到天皇制的趨勢

介紹日本輿論界兩極端的看法

東海書生

日本皇太子結婚典禮閉幕了。皇太子結婚式後偕美智子妃殿下乘馬車遊行，前後護衛的馬隊三十六騎，沿途觀衆計五十三萬人，祝福的火花齊放，高樓大廈均飄揚着太陽旗，慶祝的氣氛達到最高潮。

日本的報章雜誌，形容此盛況爲「日本戰後最盛大的把戲」，又有人稱之爲「皇太子妃旋風」。東京新聞十一日的「放射線」稱：此次婚禮，作爲一種把戲(Show)看，也是很成功的。這可以說是展開於一億觀衆之前的Road Show。使此儀式把戲化的功臣是電視(Television)。近來有唱大衆天皇制之說者，其實「電視天皇制」說更爲恰當。在此次婚禮中，電視的作用是如此的重要。由於電視的作用，天皇制很顯然的强化了。作爲電視明星的皇太子及美智子女士的素質，及其演技力，亦不可忽視。皇太子和美智子女士的年青時代的明朗，使大衆有深刻的認識。故大衆天皇制，換言之則爲「大衆宣傳天皇制」。

（按大衆宣傳四字乃英文Mass Communication的意譯，是否妥當不得而知，日本則簡稱爲Mass Comi）

大衆宣傳天皇制這一名詞近乎開玩笑，暫且不去管他；由皇太子之結婚，天皇制的問題，又成爲評論家討論的對象，則是一件值得注意的事情。

關於天皇制之存廢，在日本剛投降以後，民間團體「憲法研究會」會討論過此問題。除去天皇的一切政治權力，大家均無異議，但天皇究竟是一種甚麼存在，應否允其繼續在位，則議論紛紛。當時有人說天皇是象徵，而公法學者則表示反對，但結論均承認天皇是象徵。有人主張，那樣的天皇可以廢止。他說廢止天皇制，並不是共產黨的專賣特許，任何人均可以主張。當時在座者有社會黨的高級人員，却主張護持國體，有人責其以革新的立場，而主張保存天皇制，未免太陳舊，有何論據？社會黨人答稱，一般民衆，多主張保存，所以他也主張保存。甲論乙駁的結果，大家認爲日本人在感情上尊敬天皇者甚多，並無政治權力的天皇，使之繼續存在，亦無不可。

大學助教松下圭一的看法

日本投降已經十三年，天皇制不惟依然存在，由於此次皇太子結婚旋風，使得平日對皇室並無特別親近感和尊敬之念的少壯政治學者發出了「皇室已成爲國民的」呼聲。法政大學助教授松下圭一在四月號的中央公論發表了「大衆天皇制論」，說由於此次皇太子妃之決定，客觀的引出之結論是新憲法下之天皇制——大衆天皇制之成熟。正在更生的天皇制，旣非絕對君主制，也不是十九世紀在歐洲展開的日本大正年間所指向的限定君主制，而是在大衆歡呼中吸收新精神的大衆天皇制。

戰前的日本天皇，一般人把他當作「現御神」，或「現人身神」，他所統治的國家是神國。但投降後之一九四六年一月一日，天皇發表了「人間天皇宣言」，天皇已自雲端降至地上，自神明變爲普通的人。絕對天皇制之下，天皇是可畏怖的神，深藏在九重之雲深處；而投降後之天皇，則穿着普通的洋服，其照片亦照在一家團圞之中。皇太子滑雪時倒在地上，打網球敗在女孩子們的手裏。甚至和平民的女子講戀愛。皇室的雰圍氣之變化，較諸憲法上天皇地位之變化尤爲重要。今日的皇室，成爲大衆敬愛的明星的聖家族。以前導演天皇神格化的宮內廳官僚，現在爲使皇太子明星化，向前邁進了一步。

戰後由於絕對天皇制之崩潰，天皇之神格性及皇室之尊嚴消失了，但皇室變爲大衆敬愛之對象了。皇室在大衆之景仰與歡呼之中，雖不「統治」而「君臨」。十一月廿七日及四月十日，爆發的大衆的興奮，乃在新憲法下之日本大衆社會狀況的必然的正常反應。天皇之正統性的基礎，自「皇祖皇宗」變化到「大衆的同意」。明治憲法並非對人民而發，乃對皇祖皇宗之「告文」，表明「萬世一系之天皇統治之」。但新憲法雖規定天皇爲世襲，但其正統性則根據國民總意。「天皇乃日本國民之象徵，其地位基於主權所在之日本國民之總意。」（新憲法第一條）所謂總意，在大衆民主化狀況之下，實質的是對明星的大衆之讚美。從絕對天皇制到大衆天皇制之移行，在政治心理上，甚至可視爲天皇制更趨安定。因此，皇太子妃旋風，決非舊天皇制之復活，毋寧是天皇制機能之變化，乃至構造之變化。

從前，以天皇之名施行强壓政治之日，天皇很容易轉化爲憎惡的對象；但天皇「脫政治化」，轉化爲象徵天皇時，對天皇的非難，毋寧可以避免。政治對立，並非以天皇爲中心之對立，乃在天皇之下政黨間之對立。戰前倒閣運動時，天皇的權威，常被援用。日本法西斯運動，卽自清君側之暗殺開始。於此時際，天皇是超越的，全能的神權君主。反而在政治上被利用。但天皇轉化爲政治的無能之美的價值時，天皇反而可以立於政治的對立圈外。明星化的象徵天皇，已不復「神聖」，但較明治憲法，更不可侵犯。

天皇喪失了政治的軍事的性格，具有文化的科學者，皇室家庭的團圞，成爲天皇的映像。過去，天皇除了古代裝束以外，幾乎全是穿軍裝。天皇研究科學，軍人們頗感嫌惡。但現在的天皇則是科學者，家庭人。皇太子也研究魚類，他的孩子們亦將享受家庭生活罷。

日本在昭和年代，尤其在戰後，實現了明治、大正年代所看不到的皇室之「幸福的家庭」。白馬上軍服的天皇，固爲大衆所畏敬，然對家庭的天皇，則敬愛、景仰。皇太子妃於答覆宮內廳記者會之書面質問時，曾說組織「家庭」，是她的課題；這「家庭」才是大衆天皇制的象徵價值。在大衆天皇制之下，皇室之「家庭」，在政治上是必要的。這家庭並非以前之家族國家思想，自不待言。明星的摩登家庭，成爲脫政治化的皇室之政治的存在理由。皇太子之家庭，乃由「戀愛」而成立的「平民」的家庭。

皇室就這樣適合新憲法下的大衆社會狀況，毋寧如此安定下去。

現在作爲象徵的天皇「君臨」而不「統治」。但在憲法上大衆雖君臨亦並未統治。這是大衆天皇制的矛盾。皇太子成爲新憲法的象徵，但此新憲法也是警職法改正案鬥爭的前提。這也是大衆天皇制的矛盾。

皇太子妃旋風之直接被害者爲舊天皇制意識。過去誠實的接受絕對天皇制之「忠勇無雙」的日本大衆，是最大的被害者；大衆天皇制之最大被害者，仍是日本的大衆自身，亦說不定。

以上是松下圭一氏大衆天皇制的要旨。

左翼學者的反駁

對松下氏所論，左翼歷史學者井上清於五月號中央公論，提出反論。

上的論文，題爲「皇室與國民」，載於中央公論五月號。他的結論是：皇太子結婚旋風，只是一陣旋風，沒有甚麼了不起。天皇制成爲大衆關心的目標，也只是一時的表面現象，並無深入人心的條件。只作爲明星被大衆所愛好，並不能實現支配階級的企圖。

井上認爲日本歷史明示把國民與皇室結合在一起的運動，莫論其爲絕對主義的「可感激的天子」。抑爲民主主義的「我們的皇室」，或完全民主化的成爲「人」的「國民中之天皇」，均在各個階段中挽救天皇制或支配階級的危機。國民相信皇室是自己的救濟者時，實際上是國民救濟皇室，自己束縛自己最力的時候。由於皇太子結婚旋風，而認爲「皇室成爲國民的了」。實際上是國民成爲皇室的了。

關於社會上流行的皇太子和「平民」「戀愛」結婚的印象他也提出異議。他說皇太子的結婚，並非由「戀愛」促成，選定皇太子妃的要角東宮侍講小泉信三，宮內廳長宇佐美均明白說過。至於正田美智子，雖非皇族及貴族，但決非「麵粉店黃毛丫頭」的平民，乃是較漸趨沒落的斜陽舊貴族遠富實力的獨占資本家的令嬡。

此次結婚，毫無民主之處，只是皇室捨去了封建的門第，選擇資產階級的實利而已。這是皇室的舊式的，反動的新存在形態，與民主主義毫不相干。

（下轉第三版）

不要讓僑生投進火坑

曾明

（一）

從現在算起到暑假沒有幾週了，不管小學、初中、高中應屆畢業的同學們，在腦子裏都盤旋着一件大事——升學問題。尤其旅居海外高中應屆畢業的僑生，對於升學問題更是焦急異常。

在中共未曾奪取大陸以前，上海設有專門培養教育僑生的暨南大學，同時，其他的大學也可容納了不少的僑生。但是，自從大陸變色以後，僑生升學的進修機會，頓時感到嚴重。因爲，僑胞所旅居的國家，尤其東南亞一帶，適合於僑生進修的大學並不多；而旅居海外的僑胞們，愛國愛鄉葉落歸根的心理，又是相當熱烈。因而僑胞們都希望他們下一代的子女，能夠接受到祖國的文化，作爲保持是一個中國人的基本條件。可是，政府退守台灣以來，對於僑胞們這一個切身的願望很少關心注意，寧可爲若干毫不相干的所謂宣傳文化機構花去不少的錢，而不肯爲廣大僑胞的願望成立一所專門培養教育僑生的學校。這是一個毋庸諱言的事實。

雖然，台大、師大等校每年在海外舉行招生，但以不成理由的理由，以及地區配額原因，使得大多數的僑生被拒於大門之外，無形之間逼得一部分的僑生投到中共那邊。再加上中共的宣傳誘惑，因而每年暑假都有不少的僑生跑進大陸。這樣，不僅斷送了他們的前途，並且損失了國家的新生力量，這不能不說是政府的責任。

（二）

不過，僑胞們必須注意到，中共爭取僑生的目的，並不是在培養教育僑生，而是以僑生榨取僑滙，供其奴役勞力。因爲，中共的基本觀念，認爲「僑生以及港澳學生是生長在資本主義國家或殖民地，受的資本主義或殖民地的教育，他們的生活及其思想情況有其一定的特點，他們對資本主義的腐朽本質與社會主義的優越性認識不足，對祖國的教育方針和政策也沒有足夠認識，他們的文化程度，由於國內外教育懸殊，也和國內同學有一定的距離」。尤其中共認爲僑生存在着極深的資產階級的等級觀念，說：「僑生投考高等學校的動機，是爲了名利，爲了找生活出路，或者希望出人頭地」。同時，認爲僑生以爲有家人在海外，有僑滙，滿不在乎。又因生活習慣上有所不同，因而存在着不同程度的不滿現實情緒，總之，中共認定僑生本質是一個反動分子。因此，中共藉以加强教育勞動鍛煉，對僑生實行放手勞動鍛煉，就是勞動改造，就是想從勞動中使僑生脫胎換骨的改變思想，服從它們的奴役。

（三）

即以由「中共廣東省委員會」、「廣東省人民委員會」、「廣東省政協委員會」等在廣州所辦的一所專門吸收僑生的綜合性大學來說，這所大學的名稱，仍舊沿用了過去「暨南大學」的校名。但這所「暨南大學」與過去在上海的暨南大學有本質的不同。前者以培養教育僑生爲目的，而後者是以大學爲名，誘惑僑生入甕的手段。該校名義上設有歷史、礦冶、中文、航海、水產等五個系，實質上是奴役僑生的機構。

在一九五八年上學期該校成立開始後，該校黨委即提出了「爲鋼鐵而戰」，「在煉鋼中煉人」的口號，規定全校僑生參加搶修爲運輸鋼鐵專用的鐵路線，並參加煉焦團；在學校又建立鋼廠，並搞土法煉鋼。在修築鐵路和煉鋼的時候，許多僑生向學校提出了很多的意見，有的認爲體力勞動損害健康和妨礙學習，有的認爲體力勞動不是學生應分的事，有的認爲體力勞動與學業沒有關係，等等。該校黨委和行政當局，不僅沒有接收僑生意見，減少體力勞動時間，使授課情況正常化，反而變本加厲，又提出了結合各專業特點的口號，規定歷史系下鄉參加農業勞動，中文系、礦冶系下廠參加工業勞動，航海系下船參加船上勞動，水產系下漁區工作。中共這樣壓迫僑生勞動，還以「爲培養又紅又專勞動者打下基礎」的話來哄騙僑生，眞是搞得僑生哭笑不得。試問僑生在一個學期之中，經過築路、煉鋼、下放三樣一搞，能有時間從事書本上的學習嗎？這是不要設想的，可以肯定，中共完全剝奪了僑生學習書本的時間。尤以歷史系去搞農業勞動，中文系去搞工業勞動，更是弄得驢頭不對馬嘴。不僅廣州這個「暨南大學」是如此，就是中共在北平、廣州、福建集美三個地方，辦的三個華僑學生中等補習學校，也是一樣的情形。所以，這幾年來僑生陸續的離開大陸越來越多，就是這個原因。

（四）

據說，中共今年已早在海外發動了「爭取僑生歸國升學」的運動。關於這個問題，要請海外本屆畢業的同學們，愼重考慮，不可輕信中共統戰分子的動人辭令，上它們的當而自毁前途。

要知道，理論和實踐並不是一回事，實踐並不等於理論。而且，各種各樣的知識，是需要認眞讀書和學習才能獲得的，因此，生產勞動的實踐和文化科學知識的學習不能看成一回事，這就是說，生產勞動的實踐不能代替文化科學知識的學習。所以，中共的勞動鍛煉口號完全是奴役僑生的藉口。這是要請僑生特別認識清楚的一點。

同時，希望台灣當局提高警惕，旣然是「非憑藉武力恢復大陸」，那末就應當在政治上多下工夫，對於作爲新生一代力量的僑生，不能熟視無睹，讓他們投進火坑，應該敞開大門，爭取他們踴躍進來，竭盡一切力量，使僑生有升學進修的機會。這不僅保存了國家元氣，並建立起國家新生力量。庶幾乎，才能對得起揹在身上這一塊中華民國的招牌。

星洲市長辭職幕後（星洲通訊）

俊民

星加坡第一位民選市長，人民行動黨的議員王永元，突於本月十九日宣佈辭職，隨同王永元辭職的，有該黨的市議員一十三八。一時形成了「行動黨退出市議會」的局面，反映出星洲大選前巨大的波瀾。

本坡政界對於人民行動黨突然退出市議會的反應，可於各黨派及議員人士所發表的聲明及評論中，看出事件的梗概。一般說來，人民行動黨市長的辭職，在對市議會而言，乃屬於「擺烏龍」的一類。但其反映在對星立法議會的爭奪一事上，卻是並不單純。

「棄職潛逃」的抨擊

由首席部長林有福氏所領導的人民聯盟，於行動黨市長辭職後，由民聯秘書王俊豪所發表的聲明，直指行動黨此舉為「棄職潛逃」，因為他們逃之夭夭，已說明了他們置選民之委託於不顧。自由社會黨秘書陳翼樞說：行動黨自獲選後會在市議會為人民幹過了些什麼事？可以說是無一足述；現在他們的集體辭職，正表示他們在市議會搞得一團糟，就乾脆辭職，把責任推掉。

實際上王永元氏在十六個月的市長任內，並沒有什麼建樹。市議會大禮堂擠滿了小販和三輪車夫，會議過後，煙頭和痰涎滿地，成了所謂「平民化」的特色。此外就是取銷市長權杖，及撤銷大部份英籍職員等迎合小市民的措施。至於所標榜的市民福利，如建屋計劃，事實上未見進展。民聯議員朱朱三美就指出這一點，他說，行動黨市議員在市議會執政，光是去年的收支便不敷數百萬元，他們發行公債希望彌補赤字，可惜三千萬元的公債不過銷出六百萬，這正反映出人民對他們沒有信心，他們就是為了害怕面對人民，所以辭職。

無論如何，行動黨突然退出市議會，對市民方面，確有違反其往日「致力建設為市民謀福利」的諾言之處。就是對於此事不肯批評的議員王西揚，亦認為第一任民選議會，「落得如此下場，太可惜了」！

「行動黨太投機了」

很明顯的，行動黨市議員退出市議會，乃是為了參加星洲立法議會的競選。這項選舉，下星期就開始提名，而選舉也將於下月展開。

工人黨主席，首任星洲首席部長馬紹爾，於獲悉行動黨市議員辭職時，在電話中高聲對記者說：「行動黨都是投機主義者！」馬紹爾再補充說：他們退出市議會以參加將來的大選，也証明行動黨的人才缺乏。

人民行動黨方面也並沒有諱飾他們將集中於立法議會的鬥爭，王永元於辭職後就說，他們此舉，乃「遵循行動黨擬將市議會併入中央政府的決策」。接近行動黨的人士透露，如果行動黨能夠獲得在下屆執政，王永元將出任地政部長。

事實上行動黨對於即將到來的立法議會選舉，已經是「滿肚密圈」。自李光耀氏揭發人民聯盟的周瑞祺氏接受五十餘萬元「政治禮物」後，即大加宣傳，對民聯加以打擊。雖然周氏經已引咎辭去教育部長之職。但人民行動黨仍大言炎炎，說他們倘獲執政，就要將現任全部部長「放進監獄裡。」所謂「未登天子位，先置殺人刀」，可以看出行動黨的作風。

林有福氏特針對行動黨上項恫嚇發表談話說：「本人絕不理會這些恫嚇，倘本人被構陷下獄，將為本人之光榮。如果我亦用骯髒的方法跟他們鬥的話，則早已把行動黨鬥垮了。可是，那不是民主的方法」。

星洲「將被毀壞」的警告

林有福氏並警告說：人民行動黨此項恫嚇，徒使本地及外來資金逃避至馬來亞聯邦。倘若萬一人民行動黨獲得執政，則星加坡將遭受毀壞。蓋人民行動黨將使商人退避三舍；而星加坡之繁榮，實依賴商人之貿易。

外間所担心的「星洲有左傾之懼」，即指人民行動黨急劇企圖奪取政權而言。人民聯盟人民行動黨之爭，也即是自由貿易與統制經濟之爭，民主方式與激烈方式之爭。前者的繼續執政，當仍致力於維持星洲的繁榮。如果不幸由後者登台，將必然造成蕭條和不安。行動黨預言將興黨獄，及目前本地資金的外流躲避，就是它的前奏。

星加坡自由貿易集團仍被認為是強有力的，人民聯盟等非左翼政黨的力量，仍然未可輕估。但像以前在市議會較量力量一樣，在直接投票時，商人們都不去投票，行動黨的三輪車夫及小販終於獲勝。在議員間接投票的攤牌中，非左翼的「大聯合」陣線不能維持完整，也敗於行動黨之手。人民聯盟強調「民主的方式」，但必須有普遍的發動，民主的領導，支持右翼的選民，千萬不要放棄民主的權利，方才能夠保持星洲固有的生活方式，安全與繁榮。

（四月廿三寄）

從日本皇太子結婚談到天皇制的趨勢

東海書生

（上接第二版）

「天皇喪失了政治的軍事的性格，具有文化的家庭的性格」的印象，乃「大衆宣傳工具」為大衆製造的幻想。製造這幻想，乃是把現在憲法上之「象徵」的天皇，改為「元首」的天皇，把現在潛在的天皇之政治的軍事的性格再度顯在化的改正憲法的重要的，巧妙的準備工作。自民黨與其主人獨占資本家以及美國帝國主義，以憲法改惡為當前的最基本的目標，乃天下所周知。與此相關聯，皇太子婚約之發表及結婚日程之決定，適在去年秋國民反對警職法之際及今春地方選舉，參議院選舉之前，均是於保守、反動勢力最有利的時期。他們促成皇太子結婚旋風，在選舉時最大限度利用此旋風。以慶祝此結婚，強化民衆之保守的氣氛，利用祝賀式作為買收的舞台。並利用此結婚，發布「恩赦」，將違反選舉法的犯人解放，更無忌憚的違反。由此看來，現代之君主制，表面上縱然如何民主，如何無害，但實際上不能不作一切反動的及反民主主義之道具，則是很明白的。以上是井上氏論旨之摘要。

折衷派及本通信作者的結論

井上氏之立場是左翼，其言論自有其偏見，吾人並不完全同意。但單只就皇太子結婚旋風一點，即斷定皇室之安泰，這結論則又未免太單純而飛躍，比較穩健的報紙，也有此看法。東京新聞四月十二日夕刊評稱，看見此結婚旋風，認為天皇制安泰有欣然色喜者，這是很淺薄的見解。他認為旋風的發生乃是原始力之連鎖反應，只要有資料，甚麼形態的旋風，均可發生。戰後日共的野坂參三自中共返日，日本國民把他當作凱旋將軍歡迎。於是造成了野坂旋風。歌女美空雲雀在大阪也曾引起過旋風，到別人所到的地方去，買別人所買的東西，讀別人所讀的書，信別人所信的思想——這是日本人的特性。這是原始的心理，是未開化人的心理。這原始力配合「大衆宣傳工具」，便產生旋風現象。

這篇通信，介紹日本人對天皇制的看法，已費去了不少篇幅，今略述筆者對天皇制的看法如後，以便結束此文。

對天皇有親愛感，對皇室表示崇敬的國民，在日本還是占多數是毫無疑問的。但這種親愛與崇敬感，是戰前數十年的軍國主義，忠臣愛國教育的結果，也是事實。現在的青年子女，在日教組的「和平教育」之下，對皇室不惟無親愛與崇敬感，且有反感，也不容忽視。

皇太子結婚之日，自皇宮出來到街頭遊行時，在皇宮祝田橋附近有一少年向皇太子夫婦投石未中，竟奔向皇太子夫婦所乘馬車，預備把皇太子妃拉下車來，被警官逮捕未果。據警察調查，此少年並無思想的背後關係，乃完全的個人行動，但亦並非神經異常。據其自供，自小學五年級起，即對天皇制開始懷疑。大正天皇皇后御崩時，校長命全校學生向東方禮拜，他認為對東京的死人，由長野行禮，有何作用，高校三年時學校全燒，學生七百五十八，再建費不過四千五百萬元，而皇太子營造東宮，竟耗費二億三千萬，都出自國民稅金；皇太子結婚的費用，也出自國民的稅金，所以激起其憤怒了。

四月十三日關東廣播電台，邀請三位戰後派青年男女座談，三人明白的表示反對天皇制。

青年層對天皇制之無關心乃至反感，可見一斑。天皇制與保守勢力有不解緣。國民對天皇乃至皇室的親近感，對保守政權之強化與維持，確有幫助。這也正是革新勢力之所以排斥天皇制的理由。

天皇制的安泰與否，與日本政治的前途，保守派得勢，抑革新派得勢，有不可分的關係。保守派一日不崩潰，天皇制一日健在，是可以保證的。

四月二十七日寄自東京

×　×　×　×　×
×　×　×　×

「民族研究」改刊的風波

·高瞻遠·

（一）

最近中共內部曾經發生了一個小型的「文字獄」，雖然事情很小，但因為牽涉到少數民族問題，頗引起中共的驚惶，用了很大力氣才鎮壓下去。

事情經過是這樣的，中共在一九五四年創辦了一份雜誌，叫做「民族問題譯叢」，顧名思義可以知道其內容是以翻譯為主，大部份是譯的蘇聯各少數民族的幸福生活及非洲民族的反帝鬥爭。

後來因為翻譯蘇聯少數民族的文字，自然要說到烏孜別克族，哈薩克族，鄂倫春族，達斡爾族等本來是居於中國領土的中華民族，被俄國人強行劃去，其中一部份變成了俄國人，一部份仍然是中國人。蘇聯的「民族工作者」所寫的有關少數民族的報導，當然不會專寫俄國境內的。「民族問題譯叢」的作者們翻譯過來之後，才發現其中一部是談的中國境內少數民族，也許是他們受到了民族自尊心的驅使，感到本國少數民族問題要靠外國來報導，究竟不安，於是在一九五八年九月正式改為「民族研究」，以三分之二的篇幅發表中共民族政策，仍留三分之一篇幅作為翻譯之用。

「民族研究」第一期出版時，該刊編輯部登了一篇「改刊說明」，這是一篇很有趣的文字，雖然它特別強調馬列主義和中國共產黨的民族政策，但是卻說：我們認為學術刊物也要打破常規，同樣要辦得生動活潑，豐富多采。它刊登的文章體裁可以多種多樣……只要是有內容有價值的東西，長短不拘，如用一封讀者來信或解答問題的形式，有幾百字就可以；如係少數民族地區的社會調查，或一篇有價值的科學論文，有兩三萬字也不為長。」

這種徵稿原則確實相當活潑，已接近自由世界一般刊物的標準。更重要的是下面還有一段話：「總之，我們不受常規的限制，常規要服從於學術研究的利益，而不是要學術研究接受常規的束縛。」

這段意思若加以說明，就是學術第一，政治第二，和中共一貫的口號「學術服從政治」，「政治掛帥」都是相反的。我第一次看到這篇「改刊說明」，就感到驚異，顯明地它是有意和中共的政策挑戰。同時我也料到這件事一定要有下文。

（二）

中間經過四個月，到了一九五九年二月份「民族研究」，發表了批判「改刊說明」的文字，出馬主持這次批判工作的是呂振羽，此君是中共黨員，歷史學者，曾經寫過「簡明中國通史」，地位在范文瀾之下，但比較最近入黨的吳晗、翦伯贊之流重要得多。

呂振羽是奉中央民族學院黨委和民族研究所黨支部所派，去主持「檢查和批判民族研究雜誌所犯錯誤座談會」，時間是一九五八年十月十日至十二月十日，整整鬥爭了兩個月，出席的有中國科學院民族研究所的全體工作人員，還有中央民族學院，少數民族語言研究所，民族出版社，此外中國科學院哲學社會科學部份黨組，中央民族事務委員會黨組的代表。總共開了檢查批判會五次，羣衆性的座談會十三次，貼出大字報四百四十七張，中央民族事務委員會的黨組，又召開了五次黨組會，雖然比不了鬥爭胡風、丁玲那樣熱烈，總也算是一個「大場面」了。

據呂振羽代表中共黨組所宣佈「改刊說明」所犯的錯誤是「稿件沒有送請中國科學院哲學社會科學部份黨組和中央民族事務委員會黨組審查。「其次是在「改刊說明」中「沒有提到黨的領導」，也「沒有把毛澤東思想及其關於民族問題的理論提到適當地位。」

特別重要的就是前面提到的，「只言要之有物，只要內容充實，我們一概歡迎」的選稿標準，和「常規要服從學術研究的利益」的辦刊物原則。

而且在改刊說明發表不久，中共黨組已把「民族研究」編輯部負責人牙含章（可能是維吾爾或哈薩克人）欽定為右派份子，編輯部也大事改組，自然在中共方面來說又獲得了一次拔白旗插紅旗的勝利。

（三）

不過，中共的勝利也並非一面倒的，在座談會上居然有人提出「民族研究」到底是「公報」或「學報」的問題，假若是「公報」，只登載民族事務委員會及其他政府機構的命令，通告，決議，都沒有絲毫更改的餘地，那就不必再刊登學術性的東西，假若是「學報」，自然以刊登學術性文章為主，黨組就不能遇事干涉。

提出這個問題的幹部，當然不是「民族研究」編輯部的同仁，而是參加座談會的人員，可能也是少數民族幹部，對於這一個問題，中共黨組人員自然感到憤怒，但是答覆也不容易。呂振羽回答的話，相當可笑，他說：我們的學報和公報，確實與資產階級和資本主義國家的學報和公報有本質的不同，有些同志對無產階級和資產階級的公報的混同看法是錯誤的，我們無產階級領導的社會主義國家的公報所刊登的決定，決議，指示，法令等等，都是體現或依據黨的方針政策而又為其實現的具體步驟和措施。資本主義國家的公報所刊登的東西，不過是資產階級政府為資產階級權利所作的措施以至倒行逆施的處置等等。

這一段話，呂振羽雖然很賣氣力來解釋，可惜強詞而不能奪理，他不說人們反易明白，經他一解釋只有更胡塗了，對於參加座談會的人來說，所收的宣傳效果恐怕是相反的。

記甲午中日戰爭始末（十五）

舜生

（C）中日戰後的朝鮮

這次戰爭的爆發，原來爲的是中日兩國對朝鮮的爭奪，究竟在這戰爭的延續期間以及戰後，朝鮮的情形變到了怎樣呢？當中國軍隊放棄平壤退守鴨綠江以後，朝鮮實際上已在日本的控制之下，其時日本駐朝鮮的公使爲大鳥圭介。在日本軍隊未與牙山和平壤的中國軍隊作戰以前，大鳥原已廹脅朝鮮和日本訂了一個軍事同盟（光緒二十年七月二十六日即一八九四年八月二十六日），並且利用大院君李昰應作傀儡，叫他出來主持朝鮮政治。大院君對日本本來毫無信念，反而對中國相當畏懼，因此當中國軍隊在朝鮮未戰敗以前，他還是和中國方面有相當聯絡，及被日方發覺，乃被廹去職。

日本要進一步把朝鮮變成日本的保護國，乃將大鳥召回，改派一個更有資格的伯爵井上馨爲駐朝鮮公使。井上到朝鮮後，即提出所謂改革政策二十條，迫朝鮮國王照辦。朝鮮王於光緒二十年十二月十二日（一八九五年一月七日）頒佈了所謂洪範十四章，其內容即一切以井上所提的二十條爲根據，大要如下：一，制定王室典範；一，政務由國王詢各大臣裁決；一，王室事務與國政劃分；一，明定議政府與各衙門職務權限；一，節減王室費用；一，確定預算制；一，改定地方官制；一，派遣留學生；一，教育將官，用徵兵法，確定軍制基礎；一，制定民法刑法；一，用人不拘門第。

改革的方案儘管是這樣規定，但朝鮮政局實已徹底腐化，不能有如何振作，一切大權乃操於若干日本顧問之手，而且替朝鮮練了幾營的新兵。此外又由日本借與朝鮮三百萬元；並以借欵方式爲朝鮮建築仁川至京城，京城至釜山間的鐵道，由日本管理；又由日本架設朝鮮全國的電綫；更加開鎮南浦，木浦爲對日商港。總而言之，凡屬財政，軍事，交通，經濟的大權，大抵都已歸於日本的掌握。這些都是馬關條約訂立以前的事。

馬關條約訂立以後，繼之以俄法德三國干涉還遼，朝鮮的情勢乃更趨複雜。俄國自從派遣韋貝做了駐朝鮮公使以後，經過這位公使兩夫婦在朝鮮的多方活動，一面勾結宮廷，一面運用所謂親俄派，俄國在朝鮮的勢力，原已有相當的進展。加上戰後由俄國所發動的三國干涉，日本又不能不恭順屈服，因之俄國在朝鮮的威望，乃特別提高。朝鮮在戰時所受日方大鳥，井上兩公使的種種高壓，早已十分不滿，尤其以遭受打擊最大的閔妃一派人物，更感切膚之痛，他們看見日俄已處於一種對立的地位，因而傾向親俄以排日，便成了一個很自然的趨勢。可是這種趨勢畢竟不是日本所能容忍的。

光緒二十一年八月（一八九五年九月），日本忽然把駐朝鮮公使井上馨撤回，以三浦梧樓代之。正在這個時候，閔妃藉故慫恿韓皇（馬關條約訂立後，朝鮮王已改稱皇帝）把日本代朝鮮所練的幾營新兵解散，統領革職，於是這位統領乃跑去投訴於因遭受閔妃壓廹而失職的大院君，同時三浦也派遣一個充當朝鮮宮內顧問，且爲大院君所信任的日本人崗本柳之助去勸誘大院君乘時崛起。大院君之於閔妃，原屬誓不兩立，現在他看見新軍樂於推戴，日本也願加以贊助，乃認爲千載一時，機不可失。八月二十日（十月八日）晨四時，大院君率領一部新軍向王宮進發，三浦也挾使館衞兵一隊尾隨聲援，守宮軍士僅稍加抵抗，即告逃散，新軍入宮後逢人便殺，且直犯寢宮，閔妃即於此時被害。

雜憶錄之四　憶二十四年朱毛竄川時二三事

幼椿

因我在上兩期本刊發表雜憶錄之三，中有共黨毛周等竄川，在吐蕃族聚居地被繳械事，（見本刊三十期第四版）讀者來信要求我詳述朱毛竄川經過。我既助川省軍民將徐向前部逐出四川後，（事詳見本刊第十，十一兩期）朱毛等隨即竄抵川南境外，彼時我尚在川東北料理善後，不及趕赴川西南，故未在劉匪軍隊的前方。然我對川軍截堵朱毛部，所見所聞雖不及前此與徐向前部作戰之詳，但因與後方軍民共衞桑梓，接觸不斷，也能畧知剿匪軍情，玆特就記憶所及，錄出二三事。

此二三事俱足以表示出中國西南邊區之山險水惡，行軍不易，然而朱毛及其所部，雖爲地形所困，終能渡過險境，完全由於中央軍與地方軍從來都未眞正合作，去收得夾擊之效，朱毛所部乃能兎脫而入甘肅，與潛伏甘境之徐向前殘部會合；彼時甘省漢回糾紛未已，無暇顧及朱毛，朱毛殘部竟達到陝北盤據起來，眞所謂「一日縱敵，數世之患」也！

（一）赤水之役

赤水爲川黔兩省交界之極西地，赤水縣治在貴州境，然逼近四川，北距四川沿江富庶縣份合江縣治只八九十里。朱毛意在搶糧食，走平地，一經達到長江上游，則竄撓便易。彼時川省軍民見徐向前在川東北殺人如麻，痛心疾首，同仇敵愾，絕對不容朱毛再入川境；劉湘遣精銳部隊，郭勛與廖海濤兩師會同民團，扼守叙永，古藺及赤水河川黔交界處。此處即一山險水惡之區；叙永，古藺兩縣城固在四圍山色之中，而自黔境入川，經古叙地，皆必須仰攻得手，始能進入：山形陡轉，一步一升，且轉角處多是銳角，所謂「山從人面起，雲向馬頭生」者！朱毛不從貴州之桐梓直北趨松坎，進入川黔通道之綦江，而急馳仁懷，經茅台，赴赤水，已失地利；其意固恐中共軍自遵義北來，躡其後路，其實中央軍達到遵義，便已觀望不前。等到朱毛與劉湘的郭廖兩師，一戰再戰，大敗而退走畢節，中央軍並不以全力向西跟追，而大部乃北開入駐並無匪踪之川南的瀘縣。

據廖海濤師長後來詳細告我，朱毛所部仰攻時，多用手提機關槍，川軍則以廹擊炮及手榴彈對付，居高臨下，川軍在地理上實佔優勢。共軍長於爬山，如此陡坡斜徑，也不顧險峻，而想繞竄，捷足先登，但多半失脚而跌死岩谷中。我軍涉險截堵，軍士也多跌傷，終不使共軍登上古叙的山嶺。憶某日之晨，兩方正追逐於一個險坡之間，我軍廹擊炮聲隆隆之際，忽於嶺側竄出十餘條大豹子來，其勢洶洶，兩方皆爲之披靡，朱毛始知難而退，不入川境，而向西南走，直趨雲南，自昭通之南，以赴巧家。（一）

亮齋閒話

論有力的語言

徐亮之

新華社北京二十九日電，譯發了印度總理尼赫魯四月二十七日在人民院再談西藏局勢演辭的全文。這篇演辭，無論就內容、修辭，尤其是就局度氣象看，都該不失爲一九五九年政治坫壇上雅度從容而「棉裏裹針」的有力的語言。能有這樣的局度與語言，也才眞不愧爲會經出過釋迦牟尼的國度裏的政治領袖，聖雄甘地的繼承者。

在這篇演辭中，他對所謂「中國的負責人士」，有着如左的反指責的「語言」：

「向中國的領袖，報紙和人民發出任何的類似呼籲的事，不能由我來做。我所能說的只是：對於中國的負責人士對印度所作的評論和指責的語言，我感到非常難過！他們不顧事實眞相和禮節，使用了冷戰的語言。這種情況發生在一個有着數千年文化傳統，以行爲有度和彬彬有禮著稱的偉大國家，就尤其令人難過！對印度所作的指責如此荒謬，我覺得很難對待這些指責！」

對於尼氏這樣的反指責，我不知道他所謂的「中國的負責人士」讀了內心作何觀感；但我相信：凡屬稍有中國文化教養的中國人士，聽了這樣的反指責的「語言」，誰也要「難過」得哭笑不得顏汗無地的。

不過，我却同樣相信：今日的尼氏既然能對他所謂「中國的負責人士」根據中國的「文化傳統」而予以反指責了，這便至少說明他已經理會得了一個基本的事實：即「有着數千年文化傳統」的中國人士，絕對不會同於他所說的一小撮的「中國的負責人士」。

再說這篇演辭，在修辭技術上，的確通篇都保持了如尼氏所謂的「使用溫和確切的語言」；其價值在此；而亦因此足使「有着數千年文化傳統」的中國人士爲之感慨不置。中國最少自孔子的時代便已極其重視語言技術的修養了；孔門四科，言語即居其一；而且孔子自己就是一個卓越的修辭家。他曾說：「修辭立其誠」；又說：「情欲信，辭欲巧」；足見我們中國「數千年文化傳統」下的語言，乃一種辭巧而情信的語言；亦恰正是如尼氏所說的「溫和」而「確切」的「語言」。然而不幸！由於十年來中國大陸被刼持於一小撮，尼氏所謂「中國的負責人士」的中國便從此不但看不見中國的「文化傳統」，甚至連中國的正常語言也聽不見了。中國大陸今日所能看見的只是血腥的俄式文化，所能聽見的只是狂暴的俄式語言罷了。尼氏演辭中說這批所謂「中國的負責人仕」這次對印度所使用的乃是「冷戰的語言」，實不如說他們所使用的乃「俄式冷戰的語言」更爲「確切」。

但話得說回來，所謂「溫和確切的語言」，畢竟是人類社會中一種有力的語言。五月一日新華社電，說「人民日報編輯部」建議大陸所有工廠、礦山、企業、公社、學校、機關、部隊、民主黨派、人民團體以及所有其他單位，都認眞地仔細地研究和討論尼氏這篇演辭；便是這種「語言」所以有力的有力證據；因爲十年來的中國大陸，照例只有「毛主席」、「周總理」等人的言論，才始有發動全國性的「研究和討論」的資格；而今天尼氏竟也破天荒地獲得這種資格了，無論其「研究和討論」的結果如何，總該算是有了代價的。

有力的語言，便是有力的語言；那種俄式的瘋狂與粗暴的語言，畢竟只是狂人與暴徒的語言，並不是有力的語言。

減字木蘭花（新春街景）

君左

春王正月，一雨六街添夜色；亂放煙花，金鳳銀龍照臉霞。兒時如此，不覺垂垂將老矣！尙有雄圖，夢奪燕山復故都。

離亭燕（戊戌大寒小病遣懷）

君左

又值天寒歲暮，難挽朱顏同駐，午枕一牀書數卷，掩盡離愁別緒，小病兩三朝，便爾悽清如許。

邊塞流沙飛絮，斜日亂鴉荒戍，馳馬射鵰青海畔，截斷黃羊歸路；往事忽成空，惆悵山雲煙樹。

文藝路綫問題

王世昭

最近香港，討論文藝路綫問題甚囂塵上，其原因蓋鑑於五四文化運動爲中國共產黨所篡竊，助成大陸暴政的張牙舞爪。而在文學上，因聯帶的關係，亦爲中國共產黨所利用，使中國人的傳統思想基本上發生了動搖。爲了補偏救弊，所以有心人亦攘袂而起，高呼文藝總路綫應否統一問題。在動機上自然無可厚非，但在方法上却頗值得研究。

何以故？歷史上所有文藝潮流的醞釀，可分理想與現實兩大部門。作家們爲了不滿現實，所以暴露現實，而去改造現實。又從現實的教訓中，創造理想，完成理想。理想仍不離現實，二者相生，其實相成，可以並行而不背，這便是爲人生而藝術的理論根源。

但也有人，超越常軌，沉酣於自己所憧憬的世界，無視於現實。他的人生觀、社會觀、宇宙觀，另外構成了自己的一套。你們講現在，他偏要論未來，甚至連未來都不管，日夕陶醉於自己所想象的東西。你認爲不對，他說這是對的，在自由的世界裏，絕對可以存在。這正與爲人生而藝術的目標相反，也是藝術上根本尙未解決的問題，謂之爲藝術而藝術。

文藝如果要說有路綫，我想不外這兩種，什麼反共、反帝、反封建、反極權、反男性中心等，不外是爲人生而藝術的一個支流，理論上很難永久存在。因爲這些反字號的東西，只有時間性，而且限於社會性，沒有永久性的緣故。

眞正懂得藝術的人，樂而不淫，哀而不傷，使讀者在無形中收潛移默化之功。今天談反共文藝的人，多數只從正面高談反共，實際上沒有做到不反而反的工夫。

我想，在這個局勢之下，只有大家冷靜一下，否則人人都會變成了瘋子。

聽說：台灣現有瘋人二萬五千至三萬人，這是可怕的數目，香港雖然沒有統計，恐怕也不少。

今天，要暴露共產政權眞正的弱點，光從新聞紙上去計算還是不夠的，文學藝術不同於政治藝術，但惟一的目的都不外要怎樣去打動人心，使人人感覺到打破現狀是需要的！

共產主義最終的目的是要統治全世界，他的理論上指導元祖是馬克斯，而在文藝上，蘇聯與中共均分別推崇合乎馬列主義的作家，反對不合馬列的作家，我們今天要打擊這一怪現象，光從表面上喊是不夠的，必須也有一套顚樸不破的東西，一面批評別人，一面建立自己，而後，這個惡劣的局勢才可以扭轉過來的啦！

本刊已經香港政府登記

聯合評論 週刊

每逢星期五出版

United Voice Weekly

第三十九號

督印人：黃宇人　總編輯：左仲平
社址：九龍金馬倫道卅八號三樓
電話：六一四一三（61413）
承印：田風印刷廠（高士打道二二一號）
總代理：友聯書報發行公司
售價：每份零售港幣壹毫
本報紐約版總經售處美國紐約中美出版社
CHINESE-AMERICAN PRESS, INC
199 CANAL STREET.,
NEW YORK 13 N. Y. U.S.A
紐約航空版零售每份美金壹角

本報擴張篇幅啓事：

本報創刊以來，迄今將近一載。荷承讀者垂愛，至爲感謝。自本報發行後，旅美僑胞來函訂閱者特多，爲適應旅美僑胞閱讀方便起見，曾於去年十二月發行本報紐約航空版，銷路因而大增，茲又接旅美僑胞紛紛來函，均希望本報能改用老五號字排印，以符合旅美僑胞之閱讀習慣。按現時在美出版各華文刊物均係以老四號或老五號字體排印，旅美僑胞所述習於閱讀較大字體之情形顯然屬實，同時本報認爲將本報字體改大，對於本港及其他各地讀者亦並無不方便之處，僅每版字數相對減少而已。本報向以宣揚自由民主，盡力爲讀者服務爲主旨，基於上述情形，爰經決定香港本報自第四十一期起（即自五月二十九日起）本報紐約航空版自第二十六期起（自六月五日起）一律改用老五號字排印，並同時擴充篇幅，仍定每星期五出版，每週出版一次，每次出版兩張，而售價不加，如此則一方面符合旅美僑胞對本報之希望，另一方面更能擴充內容，調整篇幅，而收多爲讀者服務之效。謹此奉告，尙希讀者鑒察！

聯合評論社敬啓

反對修憲

不贊成蔣連任第三任總統

本社同人

西藏人民的抗暴運動仍在艱苦中繼續奮鬥，日內瓦的四外長會議又已登場，在素來『以不變應萬變』的台灣，最近因爲第三任總統的選舉問題，居然緊接在大陸毛去劉來之後，也起了小小的波動。

一、一位官員的談話與國大聯誼會的主張

上月二十四日及本月二日，美聯社從台北分作兩次發出一個內容完全一致的電報，據說自由中國的『民意』『大多數』主張蔣總統於明年五月第二任總統任期屆滿之後，繼續連任。這個電報還說：『大多數人均認爲蔣氏一生不應被任何人代替。』『大衆對蔣氏均具有一種神秘的不可思議的信仰心，深信他能夠實現他反攻復國的理想。』『同時，人們深信，國內外並無其他角色能比得他。』

美聯社記者聲明：他這個電報是根據一位『不願發表姓名的官員』的談話。』

本月十日，由一群國大代表所組織的『聯誼會』，也發表了所謂共同意見：一，一致期望蔣總統繼續連選連任，完成反共抗俄大業。二，修改憲法或臨時條欵，應由國民大會直接爲之。該會並且說：『本會同人，自當順應民意，代表全民，達成憲法及臨時條欵所賦予之使命，一致期望蔣總統繼續連選連任，以維護國家命脈，拯救大陸同胞。查國民大會第一次會議通過動員戡亂臨時條欵，由國民大會修改憲法已成定案，現爲適應國情，並依照上述定案，由國民大會直接修憲，實爲至當不易之途徑。至修憲範圍，當配合國家情勢力求簡要，免致多所更張。』

又據新近由台北到達香港之某君傳述：最近與國民大會有關之某機構，已收到由海外僑胞簽名聯署之申請書多份，也主張由國民大會將憲法加以修改，以便蔣總統得連選連任，該項申請書措辭的內容，大抵一致，究竟爲何等人物所策動，則無從懸揣。

二、對以上兩種人主張的駁論

試就上舉消息一加分析：

所謂『官員，』當然係指政府中人而言。

一位『官員』而能接見外國記者發表談話，見其爲『官員』中之表表者，自不待論。

在獨裁專政下的台北官僚，平日從來不敢說話；就說也十分小心，斷不敢踰越範圍；這次居然大放厥辭，不僅談到國家的重大問題，且涉及軍事上的最高秘密，假如不是奉有上級有力者的命令，這位發言者也斷不會有如此膽量。

其次，再談國大代表。依據憲法第二十八條規定，國大代表任期僅有六年，後以大陸淪陷，政府播遷，事實上無法改選，故聽其遷延到十一年以上。以十一年前選出之代表，其不能代表十一年以後之民意，事屬顯然。假定這一部分的留台代表，能安分守已，一如平日之一言不發，國民以『相忍爲國』之義，自亦不妨聽其自然，聊供點綴；可是他們現在居然要仰承意旨，來動搖這部國家的基本大法，一則日『順應民意』，再則日『代表全民』，該代表等一念及半世紀以來全國國民爲憲法奮鬥的往績，以及袁世凱等玩法毀法的經過，寧不內咎神明，外慚清議？

關於修改憲法的程序，憲法第一百七十四條，原有明文規定，不出兩途：

『一，由國民大會代表總額五分之一之提議（按：即六百人以上），三分之二之出席（按：即兩千人以上），及出席代表四分之三之決議（按：即至少一千五百人以上），得修改之。』

『二，由立法院立法委員四分之一之提議，四分之三之出席，及出席委員四分之三之決議，擬定憲法修正案，提請國民大會複決。此項憲法修正案，應於國民大會前半年公告之。（按：立法院修正案不經國大複決，或不按期履行公告手續，均屬無效。）』。

國民大會召集之權，按憲法第二十九條規定，屬於總統。蔣總統去年十二月二十三日在光復大陸設計委員會第五次全體委員會會議曾有嚴正聲明：他說他代表中國國民黨代表政府（他以國民黨總裁及總統身分，當然可以代表）來說：『不僅沒有修改憲法的意思，並且反對修改憲法。……『如果現在召集一次以修改憲法爲目的的國民大會，居然要由他來下命令，這豈不是要把他所作『反對修改憲法』的嚴正聲明，根本予以取消？我們知道向外國新聞記者發表談話的某官員屬於政府，我們也知道大多數的國大代表爲國民黨黨員，現在政府的最高首長——總統，黨的最高領袖——總裁，明明說過反對修憲，但他們卻偏偏說非修不可；（按：某官員把修憲寄望於立法院，國大聯誼會卻堅持應由他們直接來修，這是政府中人與國大代表的惟一不同之點。）他們口口聲聲說如何信仰蔣總統，但對蔣總統對人民代表發言，應該保持的威信，卻不惜加以大力的摧毀，何以會有這種兩極端的矛盾心理出現，這是値得我們加以密切注意的。

以上說明我們對政府官員及國大聯誼會所主張一種不同的

三、蔣何以非做第三任總統不可？

以下還要就蔣總統是否適宜於連任第三任總統的問題，把我們的意見歸納爲下列的四點：

一，蔣總統實際掌握中華民國的政權，已歷三十年以上，在三十年以上悠長的歲月中，他不僅不會爲國家奠定一個安全鞏固的基礎，反而把國家弄成如目前這一殘破不完的景象；說再假以六年的時間（到那時候他已屆八十的高齡），他便可以一反過去之所爲，而爲國家求得一新生命，我們必須坦白說明，我們確實不能再對他寄以這種信心。

二，最近這個十一年，本來已進入行憲時期，照理說，蔣總統既已接受國民的付托，立於國家元首的地位，應如何發揮這部憲法的精神，使一切政象納於憲政的常軌？但這十年以來台灣的政治，所與過去在大陸沒有憲法以前的不同之點，究竟在那裏？不要說一黨專政的推行，比較過去大陸時期已變本加厲；也不要說憲法所規定人民的基本自由已被剝奪無餘；甚至期待政府實踐諾言，召集一個類似二十二年前盧山談話會那樣的反共救國會議，給予一般國民以一個對國是貢獻意見的機會，他也斷然不許！其獨裁專制不求進步的態度一至如此，說我們還要變更憲法，非請他做十八年乃至終身的總統不可，我們不能不坦白的說：有人主張這樣做的儘管好自爲之，我們反對這樣做的，一定斷然反對。

三，據某官員說：『蔣氏一生不應被任何人替代。』同時還說：『人們深信，國內外並無其他角色能比得他。』請問：假定這位官員所說是對的，以中國之大，人民之多，何以只能剩下如蔣統這樣一個孤家寡人，其餘一切的人則盡屬奴才，無足齒數？大家試平心靜氣的想一想：這是不是與蔣總統三十餘年所造成的政治風氣，有一種不可分的關係？曾國藩說：『辦大事者，以能找替手爲第一義。』蔣總統負責領導中國的政治已歷三十年以上，平日應有維護人才之心，也應有培植人才之責；可是由蔣總統的性格所能採取的途徑，則不僅不能維護，唯有摧殘；不僅不能培植，唯有不斷加以奴化；今天到了他的垂暮之年，仍不能找出一個可以代他而起的替手，豈不是事理之當然？更從另一觀點來說，也假定某官員所說是對的，則蔣總統至少應該是一位舉國無敵的超人，但何以共黨踏踞大陸已歷十年之久，而蔣總統卻只能困處台灣一隅，而不能損及他們的一根毫髮呢？凡此，可見某官員這種不通的說法，都只能作爲蔣總統不適於續任總統的鐵證，而決定不能作爲非他續任不可的論據。

四，中國能否反攻復國，決於世界是否能有更大的變化，但世界的變與不變，卻與蔣是否續任總統無關，質言之，世界要變，蔣不任總統還是會變；不變，蔣就續任總統也還是不變。至於不憑藉武力反攻大陸，這是蔣總統親自對美國的一種諾言，蔣總統在任一天，要變更頗不容易，換一個人，卻或許有逐漸改變的可能，這說明爲了認眞要反攻復國，蔣總統也不能再幹了。

反對修改憲法，不贊成蔣總統連任第三任總統，這是我們的主張。

展望東西外長會議

黃宇人

（一）

所謂東西外長會議已於昨日在日內瓦開幕。此次會議的主題，蘇俄方面，原主張限於討論高峯會議的日期及地點等技術性的問題。現在雖然表示願意討論柏林危機及對德和約問題；但仍宣稱德國統一問題應由東西德直接談判解決。在另一方面，西方國家——尤其是美國，則堅持外長會議應將柏林危機，德國統一，歐洲安全及軍備管制等問題一併討論；並主張必須外長會議有成就後，美國才能同意與蘇俄舉行高峯會議。其後經過麥美倫首相親到華盛頓解說一切，白宮方面雖表示高峯會議的舉行不一定以外長會議的成就爲先決條件；但很顯然的，假如外長會議不歡而散，艾森豪總統對於高峯會議將不會同意的。

（二）

我們一向認爲蘇俄沒有尋求和平的誠意；赫魯曉夫所以一而再，再而三的要求舉行高峯會議和此次願意派葛羅米柯出席外長會議，其主要企圖，乃在於利用此等會議以擴大西方國家之間的矛盾。據共產黨的看法，西方國家之間不但有矛盾，而且有不可克服的矛盾。莫斯科雖然沒有辦法使美英法德諸國立刻陷於分裂而予以各個擊破；也要千方百計的使他們對於蘇俄的態度不能一致，然後赫魯曉夫才能有隙可乘。因此，我們可以斷言，葛羅米柯此次到日內瓦不會懷有好意的。

西方國家對於蘇俄的用心似乎也很清楚，所以在東西外長會議之前，西方外長特先在巴黎舉行會議，共商對策。據說，巴黎會議對於柏林危機，德國統一及歐洲安全等問題，已擬成了一套整個的方案，其內容如何雖不得而知；但可見美英法德諸國已深切體念到團結和堅定之必要了。

（三）

基於以上的分析，此次東西外長會議不可能有任何大的成就；但因爲赫魯曉夫還要想開高峯會議，自不願因小失大。如果西方國家確能夠團結一致，堅定不移，使蘇俄無隙可乘；他們將會在若干次要的問題上稍作讓步，以免影響高峯會議的舉行。同時，此次東西外長會議之實現，英國出力最大，期望較切，勞特外相於昨日担任第一次會議主席時，即呼籲外長們扭轉東西關係的形勢。可知，假如蘇俄果有讓步的表示，英國在不影響美英團結的前提之下，很可能要力勸美國也作同樣的讓步。赫德國務卿離開華盛頓時，他也說如果對方讓步，他也準備讓步。因此，此次東西外長會議雖不可能有任何大的成就；但在某些次要問題上達成某種協議的可能，仍是有的。不過縱有所協議，也仍將無補於世局而已。

（四）

會憶上一次高峯會議在日內瓦舉行時，艾登首相被譽爲日內瓦會議之父，會後不久，馬倫可夫，布加林和赫魯曉夫更到英國訪問。但世界的緊張局勢並未因此而緩和下來，英俄的關係也未有任何的改善，蘇彝士運河事件時，赫魯曉夫更恐嚇要以越洲飛彈對付英國。這些史實，都是勞特外相所身歷的。如今他重遊日內瓦，觸景生情，當必另有一番感想，吧？

論毛反動洗腦

厚生

（一）

毛澤東因爲在大陸上實行人民公社，被赫魯曉夫斥爲反動和落伍，因此，毛澤東在本文中將以毛反動的別號出現，即使在今後任何時期，我們稱呼毛澤東爲毛反動，也是有理由的，因爲毛澤東共產政權所帶給我們國家的，全是反動的東西，我們國家由於共產黨的統治，明顯地已倒退和落後了好幾十年，甚至好幾百年。

在去年十二月十日，毛反動向中共中央八屆六中全會提議，不再連任「國家主席」，現在，中共第二屆「全國人代大會」第一次會議已開過，且已於四月廿七日選出劉少奇爲「國家主席」，從此以後，毛反動將可騰出較多時間，從事於馬列主義的理論工作。換句話說，毛反動過去從事馬列主義的研究太少，今後，必欲撥出較多時間，進行自我洗腦。

我們計算時間，毛反動研讀馬列主義的中文翻譯本已達三、四十年之久，而迄未完全搞通，仍須繼續苦鑽，這使我們對於馬列主義之能否搞通，不得不生莫大的懷疑。雖然如此，我們仍以爲馬列主義不難搞通，毛反動之所以未能搞通，錯在未從正反二面加以研究，以及理論與實際的脫節，故雖苦心焦慮，多方狡辯，而結果依然連他自己也感覺不通，須從頭再學。

依我的見解，毛反動確有搞通馬列主義的決心，則以下各書，應該一讀，考茨基的「無產階級專政」，伯恩斯坦的「進化社會主義」，納基的「論共產主義」（又名「新途徑的辯護」），吉拉斯的「新階級」等。除此而外，赫魯曉夫對蘇共第二十屆代表大會的反史演說，以及南斯拉夫共產主義者聯盟中央對第七屆代表大會所提出的新綱領，均爲重要的參考材料。恩格斯、陳獨秀等的最後見解，都是經驗之談，尤不可不讀。

（二）

史大林之思想據說已自成主義，已自成系統，到晚年尚犯嚴重錯誤，尚逞私慾意氣，足見主義與行爲或理論與實踐不能視爲同物，二者無必然的因果關係。毛反動的思想未聞已可稱爲主義，未聞已成一系統，今欲百尺竿頭更進一步，此種精神固堪嘉許，但研究之後能否成立一種主義或系統，與能否成立主義或系統後，能否保証不在實踐上再犯錯誤，皆爲未可知之數。

理論雖重要，實踐尤其重要；毛反動需要研究理論，尤其需要研究實踐。九年餘來，毛反動在實踐上之錯誤已屆指難數，茲述若干則，以爲證明。

毛反動對南斯拉夫、狄托、修正主義的反對最稱激烈，卻不知南斯拉夫與蘇聯原爲同種，同爲斯拉夫民族。毛反動係有色人種，爲大漢民族的一分子，而他竟不顧一切，貿貿然大罵南斯拉夫和狄托，這是毛反動誤信共產集團中無種族歧視的大錯誤。我們曉得，蘇聯的赫魯曉夫至今未對狄托死心，仍秋波頻送，多方攏絡（五月二日，赫函狄托，促發展友誼），而置毛反動所領導的中共政權於不屑一顧（一九五八年財政年度無積極援助），近且有壓迫毛反動下台以討狄托歡心之迹象，此證明毛反動反南之舉，爲愚不可及。

又毛反動大反「美帝」，誤信「美帝」爲「紙老虎」，證之事實，他又上蘇聯的大當了。美國眞的是帝國主義嗎？眞的是紙老虎嗎？毛反動未嘗到過美國，不知美國物質之豐富，生活水平之增高，民心之淳厚，與乎祈禱和平之熱忱，而竟自欺人，妄言「美帝」如何如何，憑此胡言亂語之宣傳，欲收大陸人民仇美反美的效果，恐毛反動本人也無此信心，因爲「抗美援朝」之役，他所受教訓最多，去年金馬炮戰，「紙老虎」也未被戳穿，故反美一舉，亦欠明智。

何以同爲共產黨人，赫魯曉夫可以明白說出有意訪美，米高揚且能不邀而自動前往，遨遊美國各地，細察美國人民風俗生活，而毛反動卻不能出此，這是使我不能不替他抱不平的地方。

米高揚在美國時，會與「無產階級」敵人，華爾街上的金融資本家和「戰爭販子」等高談濶論，喜形於色，且自稱談話情緒融洽，「這是爲什麼？」（註）這與共黨歷來所作之宣傳是否符合？

（三）

尤使我大惑不解的，爲赫魯曉夫會在美國民主黨衆議員亨富利氏面前譴責毛反動所竭力主張之人民公社，「這是爲什麼？」亨富利何人，按諸共黨的理論，他是美國資本家的代言人，赫魯曉夫當亨富利之面而罵毛反動，可見在赫魯曉夫心目當中，毛反動並「資本家代言人」而不如，赫、亨二人之交情猶在赫、毛「兄弟般情誼」之上。我對此事，不由得發生以下疑問：赫魯曉夫爲「美帝」派至共產集團心臟——克里姆林宮的奸細嗎？還是毛反動昏庸，眞信共產國家之間有所謂「兄弟般情誼」呢？如問題確在後者，則毛反動之於馬列主義，已至迷信甚深之程度，再欲研究，也無益處，因研究學問，須抱科學態度，何況馬克思曾自命其理論爲「科學的社會主義」呢？

在我看來，毛反動雖已將大陸人民與豐饒資源出賣給俄國，而俄國大鼻子於一轉手之間，重又抵押給「美帝」了。毛反動儘管自信甚强，然安知俄國典押毛反動及其一夥人等之文書已密藏於美國國務院的機密檔案中呢？上次蘇聯貿易專家米高揚暢遊美國，先後至美國國務院、白宮分訪杜爾斯、艾森豪，所談或與此有關。米高揚在美時，亦會有對人民公社十分冷淡的談話，使我對上面揣想，益增信念。

毛反動反對南斯拉夫與修正主義，謂南國已爲美元所收買，此說明他只知一，不知二。毛反動當知一九四八年南國退出共產國際情報局之前，南國爲東歐的爲首國家，狄托之深知史大林和蘇共內幕，遠非毛反動之表面了解所能及，狄托親見克里姆林宮出賣「兄弟國家」之暗盤，他何以不能自己直接與世界大主顧之美國打交道呢？狄托顯然已將此種黑暗內幕告知阿聯之納薩，所以，納薩已決心反對共產帝國主義，而毛反動不懂其中行情，一味反美到底，這對美國可謂毫無損失，對毛反動本人和中共政權卻造走頭無路的局面，只得投靠蘇聯得，只唯蘇聯之命是聽。

（四）

一度盛傳，毛反動曾與蘇聯「反黨集團」一分子之莫洛托夫有所勾結，招致赫魯曉夫的嫉恨，而有將莫洛托夫從外蒙調走、改任駐荷蘭大使之說。大概因爲荷蘭政府沒有同意，更調之舉，未成事實。就情理論之，倘毛反動（下轉第三版）

幾個名詞與年號的問題

余一平

常常在報刊上看見幾個名詞，總覺得如果能把它研究一下，似乎有很多好處，因此特地提出來談一試。

「國民政府」，許多人把它簡稱爲「國府」。這個名詞，依理實在是不好再永遠使用下去了。

民國十三年中國國民黨第一次全國代表大會後，立即成立「國民政府」。民國十六年北伐成功，大家覺得這個「國民政府」的名詞，尚欠一個合法的根據，於是召開了一個國民會議於南京，經於十七年公佈了一個「中華民國國民政府組織法」，「國民政府」這個名詞，就從此合法化了。

民國二十五年五月，政府頒佈了「中國訓政時期約法」，仍維持國民政府名義，約法第二十七條說：「國民政府設主席一人，委員若干人」，是「國民政府」於約法實施後仍然存在。

等到民國三十五年十二月二十五日，國民代表大會通過了「中華民國憲法」，經由國民政府於三十六年元旦公佈，並定於同年十二月二十五日施行，這部憲法裏，關於政府的最高代表與機構，就只有總統與行政院、憲法上再也沒有「國民政府」這個名詞了。

依照後法優於前法的慣例，「國民政府」這個名詞，雖然沒有正式宣佈取消，但是有了行憲後的總統與行政院以後，「國民政府」在事實上已不存在，行憲後使用的名詞，似應該用政府或總統府或行政院。如果用一個類似「白宮」與「唐寧街十號」的代名詞，也未始不可，只是「國民政府」這個名詞，大可不必再行使用，現在還有不少報刊仍然沿用「國民政府」或「國府」字樣，我認爲可以研究一下。

「自由中國」這個名詞，我不知道它的來歷，但可斷定的是在政府遷移台灣以後才開始使用的。有人說：「自由中國」這個名詞，是爲了有別於中共的「中華人民共和國」，因爲「中華人民共和國」不自由，中華民國是自由的，所以就把它叫做「自由中國」。有人說：「自由中國」這個名詞，是隨同外國的流亡政府叫出來的，例如自由捷克、自由波蘭等……以其到處可以自由流通，故名之曰自由。

我認爲不管這個名詞的來歷如何，「自由中國」四個字，總沒有原有的中華民國好，我們爲什麼有這個固有的用過幾十年的中華民國的好名詞而不用，又來一套新花樣呢？難道說，沒有中共的「中華人民共和國」以前，我們是不自由的嗎？難道說：我們用了這個「自由中國」的名詞以後，世界上的人們就認爲我們以前不自由現在自由了嗎？何況自由波蘭自由捷克等，都是流亡的政府，我們的政府，現在仍穩立於自已國土的台灣。更何況世界上愛好自由的國家，例如美國英國，他們並沒有冠上自由二字，我們又何苦來這一套呢？這是我認爲應該研究的第二點。

「國軍」這個名詞，似乎也有考慮之必要。民國十四年夏季，中國國民黨的號稱「黨軍」準備北伐，於是把原來的「黨軍」名義取消，改爲國民革命軍，許多人便簡稱爲「國軍」，後來奠都南京，北伐成功，便把許多國民革命軍的第幾軍第幾師改爲陸軍第幾軍第幾師，不再叫做國民革命軍了，可是「國軍」這個名詞，仍然沿用下去。這時的「國軍」名詞的含義，是含混不清的，有的人以爲仍然是國民革命軍，有的人以爲是國家軍隊的簡稱。

後來政府的軍隊常常與共產黨的軍隊打仗，一般人都認爲是「國軍」共軍之戰，「國軍」共軍，到處連用，這時的「國軍」含義，又有點變化了，不少人認爲這是國民黨的軍隊與共產黨的軍隊的代名詞，當然也有人以爲是國家的軍隊與共產黨的軍隊的分別，不過認爲前者的人多，認爲後者的人較少而已。

去年金馬砲戰，不少報刊，又多用「國軍」共軍名詞，究竟這個「國軍」，是代表中國國民黨的軍隊呢？還是代表國家的軍隊呢？依憲法的解釋，當然應該是屬於後者，可是有些海外生長的青年，他們是無法了悉此中奧妙的。

我認爲「國軍」這個名詞，現在未始不可以再行沿用下去，但是如果嚴格地說，就應該改稱爲政府軍或陸軍海軍與空軍才對。現在國家的武裝部隊，如果號稱「國軍」的「國」字，眞的容易被人疑爲國民黨的「國」字的話，這個問題，就有澄清的必要，這個名詞，就有研究的價值。這是我認爲值得研究的名詞之三。

香港書報，都稱中國共產黨爲「中共」，台灣書報，多稱中國共產黨爲「共匪」，這兩個不同名詞的用法，似乎也可以各行其是。台灣對於用「中共」名詞的書報，並不禁止輸入，這是對的。可是台灣用「共匪」的書報，在海外各地區並不能普遍受歡迎，這也是事實。我對此無特殊意見，只認爲有關方面得了解這一事實的存在，應否對於在世界上普遍推銷的書刊予以考慮，這是我認爲可以提出的第四點。

此外還有關於中華民國的年號，在台灣方面，當然毫無問題，在香港方面，也自然照常用中華民國的年號，惟香港及海外其他地區有部份的學校和報刊，是用公元的，他們不用中華民國年號而用一九五幾年。這些用公元一九五幾年的學校，他們所發給學生們的畢業和肄業證件，據聞如果入台，在台灣是不能作爲有效的；不用中華民國年號的報刊，也不能進入台灣發售；還有一些專在海外各地發行的報刊，如果不用中華民國年號的，即不入台，據聞也會有人認爲不妥。

我對於在香港的報刊與學校之不能使用中華民國年號的內容，是相當了解的，因爲香港政府是用公曆的，在用公曆政府地區的學校用公元年號，這是很自然的事，如果硬要學校發給兩個不同年號的證件，凡屬到台灣去使用的證件用中華民國，凡屬不到台灣去使用的證件則用公元，這就未免太重形式而忽略事實，且有點過於麻煩當事人了。

至於用公元的報刊，就我所知，此點並不爲報刊出版人所自發自願，而是海外有些地區不宜於過分固執，出版人爲了企圖在實際上對書刊的銷行有幫助，便用公元了，我認爲這到可不必加以重視與責備，反正用公元並不等於不尊重中華民國，何況出版地區的香港及其他地區是用公元的地區，如果過分重視這一點，香港及其他地區的政府也固執起來，也要我們非用公元不可，那就更難說了。

總之，我從來沒有想在「正名定分」的問題上下功夫，以上所述，只不過認爲這些問題，如果眞的能把它研究一下，實在有很多很處。

從「班禪談話」說起

岳騫

（一）

西藏問題，目前已經由軍事進入了宣傳的階段，軍事方面中共在藏南已取得表面的勝利，宣傳方面也正採取轉守為攻的階段，第一個目標就是尼赫魯。不過，中共還是留有餘地，不願正面和尼赫魯破裂，只是唆使一些附共人物出面，甚至報紙上發表的攻擊文字，也以大公報和光明日報為先鋒，人民日報反而退居幕後。

印度方面，尼赫魯也採取了還擊，最戲劇化的行動就是邀請班禪去印度和達賴會晤，尼赫魯這一着總算相當高明，班禪眞去了印度，慕蘇里又添一位貴賓，達賴喇嘛也多了一位患難旅伴，中共在西藏更如一個失足墮海的人，想抓一片浮萍也抓不到了，尼赫魯固然聰明，周恩來也不傻，所以尼赫魯的「邀請」剛剛發出，班禪就在四月二十九日的「政協全國委員會第三屆第一次會議」上發言予以拒絕了。

這件事情的發展本來都是很自然的，不過我特別感到興趣的是班禪這篇「發言」，更聯想西藏問題我們在宣傳上應採取的步驟。

記得彷彿金聖嘆批三國演義時曾經說過，「小人之說君子也，必以君子之情動君子，而不以小人之情動君子」（大意如此，原文不記得了），這話確是名言，但是共產集團從俄國起，過去一貫的宣傳都是「以小人之情動君子」，例如蘇聯先後出席聯合國那些代表葛羅米柯、馬立克、柴魯賓、佐林等人，在聯合國發言時，口邊總是不離馬克思，如何說，列寧如何講，史大林是怎樣的意思，結果引起非共國家代表的訕笑，因為馬列史的理論，在鐵幕內是聖經寶典，離開鐵幕就變成狗屁，葛羅米柯之流以此作為理論根據，自然非失敗不可了。

至於中共，尙無資格參加國際性的正式會議，未曾在國際壇坫上表現過這種醜態，但是在國內的報紙刊物上，隨時可以看到此種「妙論」，例如最近中共發動文學界厚今薄古，拔白旗插紅旗的口號之後，國內的名學者陳寅恪，馬寅初諸先生固然被他們鬥得不得開交，即使遠處國外的胡適、錢穆兩先生的著述，也被拿出來批判（實際是漫罵），因為這些打手們本身學識謭陋，根本無法從學理上和成名學者較量，只有搬出「祖師爺」嚇人，指出某人作品違背馬克思主義，某人作品不合列寧學說，這種幼稚言論不但遠處海外的胡、錢兩先生會付之一笑，即使陷身鐵幕的陳、馬諸先生又何嘗不是口頭服，心裡笑，因為他們這些學者沒有任何人曾經服膺過馬列主義，用馬列主義來衡量名學者的著述，眞是以小人之情動君子，勢必要惹君子嘲笑了。

因為我一貫地是根據這種經驗來看共黨的宣傳，所以對於這次的「班禪發言」，就不能不感到驚異了。「班禪發言」雖然是中共欽定的，但一定經過「非黨」學者的潤色，全篇沒有一絲八股氣味，而是站在民族大義上和尼赫魯評理，不僅是以君子之情動君子，簡直類似以君子之情動小人，尼赫魯招架起來就更感困難了。

（二）

造成印度尷尬的原因，全由於它的自私和怯懦，當西藏事變之初，印度民衆自不乏仗義之士，但是高階層人物，尤其是尼赫魯及左右的一羣人，却抱着混水摸魚的心理，始而聲稱西藏不是中國的領土，繼而又導演出一個西藏獨立政府，頂荒唐透頂的是這個獨立政府」的宣言，要和中國和印度保持友好關係，這裏所謂「中國」，還是指的中共，這那裏是正在中共大砲機槍屠殺下西藏人民的聲音，熟悉印度人的口腔的，一望就知此聲之所自出，這種卑鄙行動，中共也許感到欣然，但是生存在自由世界的中國人聽來覺得印度未免欺人太甚了。

及至達賴喇嘛正式逃亡到慕蘇里之後，尼赫魯又限制達賴和新聞記者接觸，傳說甚至達賴的親信及西藏噶廈公所的四位噶倫都強迫和達賴分開，尼赫魯簡直造成了一個小的鐵幕，把達賴和世界隔離，中共於是抓到這個題目大作文章，說印度把達賴送進了集中營，以挑起藏人對印度的憎恨，斷絕了尋求外援的意圖。

（三）

假若印度眞能對中共強硬起來，承襲英國過去對西藏的政策，以策動西藏獨立為最後目標，雖然這種作法，必然要受到全體中國人（包括尙有民族思想的中共黨員在內）的反對，但是為印度着想，究竟還是無辦法中的辦法，可是尼赫魯又沒有這種膽量，畏首畏尾，居然代表達賴發言，承認致譚冠三的信是眞的，其實這三封信不用達賴聲明，我們也會斷定是眞的，問題在達賴寫這三封信的動機在緩和中共壓力以佈置逃亡，尼赫魯只揀對中共有利的說出來，把達賴寫信的眞正目的却掩飾了。尼赫魯也許覺得又向中共賣個交情，那知更增加了中共攻擊印度的藉口，「班禪發言」就乾脆說：既然達賴的信是眞的，就証他確是被劫持，我就不必到印度去了。尼赫魯豈不是搬石頭打了自己的腳？

由班禪發言可以看出，中共的宣傳技術已在進步，我們若仍拘泥於古法，必然要吃虧的。

即以這次西藏事件而論，中共盡量挑起民族仇恨，宣傳西藏義軍要殺盡漢人，我們就沒有對這方面注意，我們可以正告西藏同胞，十年以來，中共在大陸殺的漢人最少也等於藏人的一千倍，漢人與中共的仇恨大於藏人，假若藏人胡里胡塗把中共當成漢人，不僅中了中共的毒計，也就太侮辱漢族同胞了。

× × × × × ×

西藏莊園制度與人民公社

曾明

（一）

這次西藏抗暴運動的發生，其主要原因是由於中共強迫西藏人民接受「社會主義」的改造，而激起西藏人民的英勇反抗。中共目前正以西藏「莊園制度」為宣傳資料，作為對西藏人民進行殘酷鎮壓的掩護。

誠然，西藏原有的社會制度，尤以所謂「莊園制度」，在二十世紀的今日，是比較落後了。不過就「莊園」制度之下農民的精神生活和經濟生活與現在大陸人民公社之下的農民一比，前者所得享受是超過於後者的。這是不爭的事實。

所謂「莊園制度」的產生，因為西藏的土地集中於西藏地方政府、貴族世家、寺院之手。大體上地方政府直接管理的土地佔十分之四，貴族世家、寺院各佔土地十分之三。

西藏地方政府除直接管理的一部土地以外，對於貴族世家、寺院所佔有的土地，有抽取和分配之權。西藏地方政府直接管理的土地，按比例分配到政府所屬的各個機關，各機關就以土地的租額來作為經費。至於地方政府的官吏，也都以「莊園」計薪，較高的職位，可以分配幾個或幾十個「莊園」，官職較小的也都分配到一定的租額。地方政府的各項開支，如軍餉等，都是依靠「莊園」的租額收入。

西藏地方政府的區域行政單位是宗（相當於縣），一個宗就是若干「莊園」組成的。宗本（相當於縣長）的職務，就是管理這些莊園和處理訴訟事務。西藏地方政府的「莊園」，包給包租人，地方政府只向他們收租，他們負責繳足租額和支應一定數量的差役。

至於，西藏貴族世家不論大小都擁有一定數量的「莊園」。每個貴族世家都設有管理「莊園」的機構，負管理總責的人叫做「強佐」（意即管家），「強佐」以下設有「涅巴」，「涅巴」住在「莊園」，代表主人管理「莊園」。

寺院都擁有一定數量的「莊園」，活佛與高級喇嘛也有私人的「莊園」，他們與貴族世家一樣，設有專門管理「莊園」的機構。

農民向「莊園」領種土地，繳納定額地租。據中共宣稱，地租平均佔土地收入的百分之七十（包括生產費用）；而農民所得有百分之三十。這種比率，當然不如台灣的三七五減租辦法的農民所得；但是與現在人民公社之下農民的所得一比，是強得多了。

（二）

即以中共認為最典型的河南遂平縣衛星人民公社的分配情況來說，該社為確定社員消費水平，核算收入算了兩筆賬：第一筆賬的結果是：全年總收入（包括農業、工業、副業、林業、牧畜、商業等）一千四百五十六萬七百九十二元（人民幣，下同）。扣除部分（稅金、生產費、管理費）二百六十六萬三千七百九十二元，佔總收入數的百分之十八．四。積累部分（公積金、儲備糧、機動金）八百四十一萬一千三百四十元，佔總收入的百分之五十七．八。分配部分（口糧、工資、獎勵）三百四十六萬一千三百六十元，佔總收入的百分之二十三．八。第二筆賬把全年總收入估低按照九百二十六萬四千九百九十四元計算，扣除八部分為一百七十二萬五千一百三十八元，佔總收入的百分之十八．六。積累部分為五百零四萬七千五百三十三元，佔總收入的百分之五十四．五。分配部分為二百四十九萬二千三百二十三元，佔總收入的百分之二十六．九。（見一九五八年第十二期「經濟研究」）

不管第一筆賬與第二筆賬，分配部分都不到西藏莊園農民收入的百分之三十。根據中共報導，關於分配部分並不能直接分配到農民手上，而控制在人民公社黨委掌握之中，所以農民不能自由支配。因而，分配只是賬冊上的科目而已。因此，農民的實在所得，還是值得懷疑的問題。西藏莊園農民，根據中共所說，可以得到百分之三十，而且，掌握在自己手中，自由支配。西藏莊園管理人「涅巴」，又無法將農民所得留中不發，任意動用。由此可見，西藏「莊園」農民在經濟上不僅比人民公社社員有較多的收入，而且更有自由支配之權。

（三）

中共所說，「西藏社會是一個領主莊園制的農奴社會」。「所有的農民都沒自己的土地，大部分的牧民都沒有自己的牲畜，只能為農奴主勞動。」「農奴不但沒有任何政治權利，而且沒有普通的行動自由，短期外出也必須領主准假」。

看來，西藏「莊園」與人民公社在性質上，極其相像。但不同之處，西藏「莊園」農民除了在經濟生活比人民公社社員好得多，並且在超經濟的精神生活上也都優越於人民公社社員。例如：

（1）西藏「莊園」農民的家庭，並未遭受所謂「領主」的破壞，能享受到天倫之樂。人民公社如何，大家知道，毋須再說。

（2）西藏「莊園」農民，有拒絕當兵，喜作喇嘛的選擇自由。人民公社社員，只有服從中共奴役，別無他途。

（3）西藏「莊園」農民，果如中共所說，「講話也要有一定的講法，不許講錯」。這就比人民公社社員起碼多一個不講話的緘默自由。

僅舉這三點，西藏莊園農民與人民公社社員，就有天壤之別。總之，中共要在西藏實行「社會主義」制度，不過是將藏胞頭上的三座小山推下來，換上它這一座大山，加劇藏胞的痛苦。但是藏胞是一個堅忍不拔的民族，加上至誠的宗教信仰，決不會為中共武力所能征服的，這是可以相信的。

論毛反動洗腦（上接第二版）

厚生

與赫魯曉夫不睦，也不應與莫洛托夫打成一片。莫洛托夫為老布爾什維克之一員，為史大林的幫兇，其人之思想與作風誠如米高揚在美所言，已告僵化和保守，此種老朽人物，已成廢品，於今日世界的大趨勢大潮流，一無理解，自難在共產集團與自由世界之間的冷戰中担當重要角色。毛反動與莫洛托夫廝混，在莫為利用毛，自壯聲勢，以免被赫魯曉夫徹底整肅；在毛是向赫魯曉夫示威，怪赫未肯以全力相助。其實，毛反動早知赫魯曉夫有七年計劃，其目標在於十五年後趕過美國。為俄國本身計，赫魯曉夫必然採取二項步驟：停止援外（用於冷戰者除外），並搜刮附庸國。非如此，俄國本身的計劃終難完成。若毛反動不滿赫魯曉夫此一做法，必欲撐持「反黨集團」翻身，則毛於如願以償後，縱可獲少量援助，亦必為「反黨集團」的史大林遺風所懾服，結果得同樣的不愉快。前聞蘇聯特務頭子塞洛夫之去職，與毛反動之反對有關，因塞洛夫派遣大量以顧問、專家為名義的特務到大陸，控制毛所領導的黨、政、軍、警、財經各部門，惹起毛的妒惡。如所傳確實，則赫魯曉夫搜刮附庸國之政策已昭然若揭，而塞洛夫即為此項政策的執行人。萬一「反黨集團」有東山再起之日，搜刮附庸國的既定政策決不會改，而「反黨集團」之執行人為尤其可惡的貝利亞第二，屆時，將使毛反動更難忍受。在精神上，一九五七年毛之「百花齊放、百家爭鳴」政策，接近南斯拉夫的現代修正主義，亦類似赫魯曉夫治下今日蘇聯的解除中央化。米高揚在美時，會謂蘇聯國內的政治自由正在生長之中，今已無人以政治理由被捕。這話或為米高揚向美國民衆所灌迷魂湯，但我近讀小史蔣文生隨父訪俄之遊記，漸信俄國民間對美國及其人民頗具好感，頗為嚮往，而崇拜西方文物與自由不羈的潛勢力確已泛濫於蘇聯全境。去年十二月十一日，蘇俄著名歌舞團導演莫依賽也夫在莫斯科對六百名演員、舞蹈家、音樂師、作家發表三小時半的演說，對美國的現代戲劇、音樂、藝術、都頌多讚揚，他推崇美國人所能欣賞的種種文化表現的質量，但對誇張的廣告和美國電影也有不滿表示。俄國境內這種親西方表現，或為赫魯曉夫、米高揚等所默許（米高揚責莫洛托夫保守一語之意義不可小視）。毛反動如肯坦白，當亦承認有此傾向。可惜他前年的做法太不高明，一心想走前面，自任領導，因操之過急，黨內幹部思想因未有準備而引起恐慌，反為蘇聯的逐漸解凍所超越，而毛反動於失敗之餘，老羞成怒，除大反南斯拉夫的修正主義外，復走極端，推行人民公社，必欲標新立異，自高身價，無奈曲高和寡，自陷絕境，致為內外形勢所迫，不得已而「自動」宣佈下台了。

就毛反動的性格觀之，「百花齊放、百家爭鳴」的道路既行了一半，而自行退縮，與之相反的人民公社也危險萬狀，亟待整頓，而中間路綫又為他向來反對的對象，則今後可走的道路應如何，必煞費他的躊躇和苦心也。

註：中共決心阻止鳴放，人民日報第一篇責備「右派分子」的社論題目。

記甲午中日戰爭始末（十六）

舜生

（C）中日戰後的朝鮮（續）

大院君這次的舉動，後面有日本人支持，這是無可掩飾的事實。三浦梧樓以一個代表國家奉命修好的使臣，公然教唆甚至親自參與駐在國的亂黨，把對方主權者的配耦加以戕害，這畢竟是一種太野蠻的舉動。因此，不僅朝鮮的輿論大譁，即英俄美三國也深深覺得日本過於猖獗，他們恐怕亂事還要擴大，乃一面自仁川調動若干水兵到漢城保護使館，並有加調兵船以防萬一的擬議。日本政府看見衆怒難犯，不得已乃採取一種緊急措施：在事變發生後的第三天，即派遣小村壽太郎等多人赴朝鮮調查眞象，延至十月初八（十一月二十四日），乃下令將三浦免職，革去爵位，並將三浦及岡本柳之助以次共五十八人召回，一併幽禁廣島監獄。

日本這一舉措，並不表示她對朝鮮的控制放鬆，剛剛相反：在閔妃遇害以後，朝鮮政權乃完全落於親日派即所謂新黨之手，韓皇李熙，形同傀儡，且失去一切自由，如改用陽曆以及剪髮易服等等措施，無一不是由新黨主持，因而引起全國普遍的騷動。延至光緒二十一年年底（一八九六年二月），且發生一新黨將圖謀篡弒的風說，韓皇爲生命安全打算，不得已乃於十二月二十八（一八九六年二月十一日），秘密携同太子，逃往俄國使館暫避。韓皇在俄國庇護之下，一面下詔罪己，一面將原有各大臣革職，總理大臣金宏集，農工商部大臣鄭秉夏且於被捕後被殺。於是俄國的勢力大爲伸張；財政軍事由俄顧問監督，軍隊由俄軍官訓練，俄語學校也同時設立；反之，日本顧問則多數解聘，駐軍減少，商民漁民也大都撤退。日本爲了挽回頹勢，曾先後和俄國有過三次的協定：

第一次的協定，於光緒二十二年四月初二（一八九六年五月十四日）由日本駐朝公使小村壽太郎和俄國的駐朝公使韋貝簽訂於漢城，凡四條，規定請韓皇還宮，及日俄兩國在朝鮮駐軍數目等等。（李熙留住俄使館達一年之久，延至一八九七年二月始行回宮。）

第二次的協定，於同年四月二十八（一八九六年六月九日），由日本派赴俄國賀俄皇尼古拉二世加冕的專使山縣有朋與俄外長羅拔諾夫（Lobanow-Rostowski）簽訂於俄舊京莫斯科，也是四條，其內容大致規定日俄兩國對朝鮮財政應予以救濟，許朝鮮自行組織軍隊及警察，並許由日本管理其在朝鮮所佔有之電線，俄國也保留架設由朝鮮京城到國境電線的權利。

第三次的協定，於光緒二十四年閏三月初五（一八九八年四月二十五日）由日本外務大臣西德二郎與駐日俄使羅善（Rosen）簽訂於日本東京，凡三條，規定兩國互不干涉朝鮮內政，朝鮮有事請助於日俄，應由兩國先行協商，俄國承認日本在朝鮮經濟上的勢力。

我們研究馬關條約訂立後三年間，日俄兩國所簽的這三次協定，便可看出日俄在朝鮮實處於對等的地位，即令日本較佔優勢，但日本想要獨佔朝鮮，仍非出於對俄一戰不可。

在中日戰爭完全結束以後，中國和朝鮮的國交依然恢復，且於光緒二十四年六月（一八九八年八月），由中國派遣徐壽朋爲駐朝鮮公使。但朝鮮已經是日俄兩國的天下，中國的勢力已經掃土無餘了。（全文完）

越王勾踐的心理作戰

——心理作戰叢談之三——

劉裕略

在中國歷史上，越王勾踐是一個很突出的人物。試看中國歷史人物，其本人與敵人鬥爭失敗後，而又能由其本人轉敗爲勝，完成反攻復國目的者除勾踐外還有何人？

而在心裡作戰的戰史中，對心理作戰有顯明成就者，越王勾踐也是其中傑出的一個。

越王勾踐在檇李地方運用心理作戰的戰術擊敗吳王夫差是極爲值得稱述的事。

當吳越兩軍由遭遇戰而在檇李地方形成對陣時，越王勾踐在陣上看見吳軍陣容很嚴整，先想用敢死隊去衝亂吳軍的嚴整陣形，殊不知第一批敢死隊衝過去的結果，不但吳軍陣形未被衝亂，自己派出去的敢死隊反而全被吳軍活捉了。再派出第二批敢死隊，結果亦如前。在這情況下，越王勾踐便使用出一套心理作戰方式來，他的這方式是把一羣越國依法應當處死的罪犯弄上陣來，使他們排列成三行，各人持一把劍，並各用劍指着各自的頸項，一齊走到吳軍陣前，一齊大聲向吳軍說：兩軍對陣，我們奸犯了旗鼓，我們有罪，我們不敢避死，我們願意一齊自殺。說完，這羣人就眞的自殺了。這立刻引起陣上全體吳軍的奇怪。大家都以好奇的眼光注視着這樁事。越王目擊吳軍爲此分心爲此動心的情形，知道自己心理作戰的戰術已經奏效。因爲陣上吳軍的陣形雖在外形上仍然嚴整，但吳軍的精神狀態已因這一樁奇怪的事分散了擾亂了。先前用敢死隊未能衝亂的吳軍，此時已被這一心理作戰所困擾。越王知道吳軍的精神狀態一亂，吳軍所保有的那一嚴整形式已經只有外殼，沒有實質內容，沒有精神基礎了。沒有精神基礎的陣形是經不起攻擊的。因爲神動則心動，心動則陣動，陣動便易潰敗，越王便乘此機會立即揮動大軍進擊吳軍，吳軍果然大敗。

由這一件事可以看出越王勾踐確實是一個具有卓越才能的人，他是一個有頭腦的統帥，他懂得用形式的攻勢不行之後，立刻再籌劃另一套方法；他懂得用這一套方法不行之後，就立刻改換精神的心理的攻勢。一套又一套，既不固執，也不逃避，既不疏忽，也不驕慢，用他的智慧來與敵人鬥爭，直到戰勝爲止。而這是公元以前的事，距今兩千年前勾踐就有這種善於心理作戰的頭腦，無怪乎勾踐後來儘管遭遇失敗，但也終能反攻復國。左傳對此曾大書特書曰：「吳伐越，越子勾踐禦之，陳於檇李，勾踐患吳之整也，使死士再禽焉，不動。」「使罪人三行屬劍於頸，而辭曰：二君有治，臣奸旗鼓，不敏於君之行前，不敢逃刑，敢歸死，遂自頸也。師屬之目，越子因而伐之，大敗之。」那是很有道理的。

漢人與藏人

黎明

漢：我們反共是因爲他們把我們貶爲奴隸而他們做奴隸主。現在據說他們大軍入藏，目的正是要打倒你們的奴隸主，但你們却對他們堅決反抗；請問理由何在？

藏：理由很簡單；我們的奴隸主還懂得害怕佛菩薩，而並不害怕蘇聯；你們的奴隸主只懂得害怕蘇聯，却並不害怕佛菩薩。

筆會春遊雅集

黃天石

留青恰好半陰晴，又見廻潮向晚生。自是中原靈氣集，江山信美筆縱橫。

盌茗談龍氣轉清，靑燈射虎鬥心兵，何須賭墅高天下，博奕猶賢一寄情。

花時裙屐共清遊，蕭鼓南灣鎮暮愁，絕妙風光添兩絕，文人珠玉女兒喉（定菴句）

小揮古淚泣新亭，獨醒何當衆共醒，文字收功終有日，爲披肝膽告山靈。

雜憶錄之四

憶二十四年朱毛竄川時二三事

幼椿

（二）寧屬經過

寧屬爲舊日川西南寧遠府屬七縣，爲金沙江所圍繞的袋形地，（地形說明見本刋三十期雜憶錄三）是地不但山險水惡，而且氣候濕熱，其南會理，甯南，鹽源一帶，仙人掌類灌木高大成林，只有夏秋天氣，其北大渡河橫封地帶，則又爲原始森林，叢莽難測。自南而北沿山谷，傍安甯河，越嶲河而行，一線中通，兩旁高山上都是牧獵民族玀玀族所聚居處。自會理至大渡河邊不過五百餘里，然滑竿夫訂爲十日程，因其間須翻過小相嶺一個高山，兩上兩下，甚爲吃力；且早晚均須防玀玀下山襲刦行旅，故大隊必於午前九時始動身，午後五六時即須宿店也。

我於二十八年五月經行甯屬各縣，其時距朱毛走後不及四年，沿途聞諸父老云：「朱毛自雲南巧家渡金沙江，循太平天國石達開西竄故道，陸續行來，已疲憊不堪，不敢騷擾民衆，不敢多事停留。其時川軍又全數北調雅安，故朱毛軍行，亦無所阻，惟慮玀玀下山，襲其尾隊，因之，沿途以重金雇通師，（即漢人熟習夷語而又與玀玀頭人認識者，玀玀與漢人交換食鹽，布疋，針線之類，皆賴通師，）與玀玀辦交涉，致送青布，針線之類，代「買路錢」。通師前行，隊伍後發，至爲謹慎。其實，玀玀頭人探知朱毛隊伍近萬人，人執武器，也不敢妄動，樂得收受禮物而已。」甯屬民衆不識朱毛，但見滑竿數十乘，拱衛而行，知爲渠魁中人。西昌（寧遠府今稱西昌縣）一中醫生云：「共軍行至西昌時，多患赤痢病，當地人以鴉蛋子治痢有效，惟鴉蛋子有毒，不善服之，輙中毒死，共軍因之死者多人，也未嘗追究當地人的責任問題。」惟行至越雋，與白玀玀打了一仗，朱毛有相當損失，且此役朱毛等幾遭不測！

白玀玀原係漢人，被黑玀玀擄去服役，稱爲娃子，若干年始得半自由身，黑玀玀爲之婚配漢女，另成部落。（黑玀玀習稱其骨頭都是黑色的，自命貴族，只事騎射，而農牧皆白玀玀爲之服役，黑白不相婚配，故白玀玀久之自成部落，史稱「東爨白蠻，西爨烏蠻」相沿已久。）劉文輝駐防川邊，統治寗屬，即設法提高白夷地位，以制黑夷。白玀玀雖不及黑玀玀剽悍，但也體力甚强，登山如履平地，其大姓爲穆某，我過越雋，特往訪之，詢其襲擊朱毛經過。

穆某年只三十餘歲，曾受二十四軍隨營軍校短期訓鍊，略知新式作戰，其家丁隊伍約一營，槍多土製，因聞朱毛部短槍甚多，欲繳其械，乃先期設伏於小相嶺西山谷中，是日小雨，道路泥滑，行走甚慢，埋伏的穆某見滑竿抬過，即令所部一齊向滑竿夫開槍，彈不處發，（夷人多有此技能，）立將四乘滑竿射倒，乘客落地未起，雙方即開始混亂。共部因被突襲，變起倉卒，不知伏敵多少，奔逃甚速，穆隊既獲得機關槍四桿，短槍十五支，也未跟追，向兩旁山坡隱去，後來問訊受傷之滑竿夫，云，落地之乘客，雖不知姓名，但一路行來，共部對之，皆執禮甚恭，意或朱毛云。（二）

不是恐嚇

冷默

倫敦九日美聯社電：蘇聯總理赫魯曉夫告訴西德編輯說，一旦發生戰爭，蘇聯將會遭到『損失，且是重大的損失；但是西方國家勢將絕跡於地球。』又說：『請你們不要聽錯我的意思，我們決不願恐嚇任何人。』

亮齋閒話

台灣毀憲之勢已成

徐亮之

客：您近來看過台北美聯社的電訊，聽過台灣的廣播，讀過台灣的報紙沒有？好像修憲已成定論，蔣先生連任第三屆總統乃至終身總統已成定局了哩！

主：這有什麼奇怪？橫直台灣是蔣家的天下，蔣家愛怎樣辦便怎樣辦。

客：您老糊塗了；去年十二月二十三日蔣先生不是曾親自明白地宣佈過反對修改憲法的嗎？這豈非即等於明白宣佈不再競選總統了嗎？您不能竟糊塗得這樣血口噴人！

主：您比我糊塗得更厲害。您不但不懂陰謀，甚至連陽謀也不懂。

客：我而且簡直連您說這句話的用意何在也不懂。

主：告訴您：毛澤東用「言者無罪」誘人「大鳴大放」，結果把所謂「右派份子」一網打盡；這事您該記得？這便叫做「陽謀」；而且「人民日報」也並不諱言這是「陽謀」……。

客：但這和蔣先生反對修改憲法，不再競選總統，毫不相干。

主：怎說毫不相干？這乃台灣作風專做大陸尾巴的又一證明；換句話說，這乃「毛主席」啓發了蔣總統，或蔣總統從「毛主席」身上獵得靈感後的傑作。

客：您是說蔣先生假惺惺這一表示，目的只在試探行情，誘得台灣一班擁憲人士「大鳴大放」，然後「一網打盡」；再嗾使些忠貞同志出來，叫喊幾句什麼「蔣氏一生不應被任何人代替」一類的奴才腔，便涎着臉繼續戀棧下去；是不是？

主：台灣電訊，廣播，報紙全可證明着台灣毀憲之勢已成，不由得我說不是。

客：但毛澤東這次說了不幹主席，便眞不幹主席，畢竟話還算話；難道蔣先生這次便話不算話。

主：蔣先生向來政治敏感有餘，政治靈感不足。

客：此話怎講？

主：毛澤東最少懂得戲是後台扮演的；只消掌握後台，便不消顧慮前台。這份靈感，最少蔣先生從人工地登上了第二屆總統的寶座起，便早消失了。

客：您是說毛澤東拿穩了黨主席，便樂得放鬆着政主席；蔣先生雖然身爲黨總裁，却依然要冒天下大不諱的毀憲責任霸住總統不放鬆？

主：這其實也是勢逼處此，無可奈何！因爲國民黨自從一再「登！記」，「評議」，「改造」以來，圈子已經越縮越小，小到幾乎等於一個家族了！所謂總裁，也只不過一個家長！大小已經算不了什麼了！再教他不做霸王總統怎麼辦？

客：萬一你我今天的閒聊不幸而言中，我想毀憲也必負責有人，不一定就會落在蔣先生肩上的。

主：春秋誅心，責備賢者。這類把戲自袁世凱以來中國人已經看得膩了。蔣先生心裡又何嘗不明白！不過我却仍然衷心期待一九六○年五月以後，能夠聽見人喊「蔣總裁萬歲！」而並不是「蔣總統萬歲！」

四八，五，一○

聯合評論 週刊

本刊已經香港政府登記

每逢星期五出版

United Voice Weekly

第四十號

督印人：黃宇人　總編輯：左仲平

社址：九龍金馬倫道卅八號三樓

電話：六一四一三（61413）

承印：田風印刷廠（高士打道一二一號）

總代理：友聯書報發行公司

售價：每份港幣壹毫

本報紐約版總經售處美國紐約中美出版社

CHINESE-AMERICAN PRESS, INC

199 CANAL STREET.,

NEW YORK 13 N. Y. U.S.A.

紐約航空版零售每份美金壹角

「勸進」的歷史還要重演嗎？

李璜

工餘晚涼，取案頭鄉賢趙熙的詩集閱讀，讀到「多感故交思悱惻，偶談前史淚酸辛」一聯，令人頓生慨嘆！不問香宋老人（趙的別號）這一聯，當其吟咏時，所感是如何，而與我近日同兩位老友談到台北近事之所感慨，却有此一聯的共同心境。

（一）

近日台北甚囂塵上的修憲問題，及第三任總統非蔣公莫屬的少數主張，陸續由某官員的說話，國大聯誼會的意見發表出來，以及又有在海外僑胞的簽名申請之說，其中所謂的「大衆信仰」，「順應民意」，等等，無非又在照抄我國歷史上的「勸進」辦法，立刻令我們想到從民元到民五，四十多年前的民國傷心往事的一幕前史。當辛亥革命初步成功，中華民國奠都南京，臨時大總統孫中山先生本已宣佈就職，昭告中外，並得國際默認；乃因民黨重要分子相信約法力量可以約束大總統，而中山先生也以天下爲公之旨，且免革命戰爭繼續打下去，重苦吾民，毅然將大總統地位讓與袁世凱，這是何等的偉大，足予民國後世留一良好的榜樣！不料袁世凱是一個毀法亂紀的兇頑之徒，不但民黨諸先進大上其當，宋敎仁先生且慘遭其毒手，而最痛心的是民國主權，立憲政治，乃終於無法奠立基礎，至有丙辰「勸進」一幕，重抄歷史；後此洶洶攘攘，爭權奪位，花樣百出，逼得在野黨人革命復革命，乃於抗日戰爭，全民痛深創鉅之後，始將今日大家奉爲延長中華民國壽命，「反攻復國重要武器」的現行憲法，由民國三十六年製憲國大愼重完成，頒佈出來。

（二）

這部憲法的重要性，尤其在國脉所繫的今日，不能輕率的去動搖它，識者咸知；即蔣先生本人已先我們而於去年十二月二十三日表示他反對修憲，理由嚴正，態度明朗，所謂能見其大，並不爲一人的權位打算，與論爲之翕然。不意蔣先生談話之後，台北少數人總在那裏醞釀着第三次連任的空氣，結果在今天，爲表示擁戴之忱，又要做出歷史老套的勸進辦法，這足使自由中國騷然不寧，團結更要發生問題，且將予中共正陷西藏泥脚，正受國內外一致打擊中以喘息機會。奈何中國士大夫之不長進，不爭氣，而永遠停留在攀龍附鳳，拉住轎子，苦苦要抬的階段之中！

而且這班轎夫，抬法並不高明，去向美國記者宣稱，「大衆對蔣先生均具有一種神秘而不可思議的信仰心！」美國人對月球，火星都不再認爲神秘，而要用火箭射人進去，地球上的人事又有何神秘不可思議之可言！日本天皇一向被日本人相信爲神，但昭和自願取消天皇的神秘性，處處表示他與普通人一樣，而且任令他的太子與血族並非貴冑的普通民女結婚，因此，世界都相信日本在民主進步中，而天皇一家人即已一再表示出，這民主進步，業已打破歷史傳統，大大的向前邁進不只一步。

（三）

我國少數士大夫，在孫中山先生開始建立民國已歷多年，還不能打破中國政治的歷史傳統想法與作法，其落伍程度實在驚人！楊度在民國四年敢於發起籌安會，網羅知名人物去勸進，筆者當時即已驚異，楊度也曾到日本去留過學，所讀的是甚麼書，後來才知道是自詡爲「平生帝王學」。楊度本人已是中華民國的公民，而所學爲「帝王學」，這明明是落了伍，應該把他再送進小學去學習公民一課的。然而那不過是民國四年，落伍現象還可原諒。今日已是民國四十八年，距楊度勸進之年已近三紀，而士大夫還老抱着「一人有慶，兆民賴之」的思想，去發表主張，這個民國之爲民國的前途，簡直仍舊可憂之至！無怪毛澤東毛脚毛手的竟自敢於將中華民國的招牌也取消掉，原來毛澤東肚皮裏所裝的也還是「漢祖唐宗，尙欠風騷」的那一套！

一套復一套的歷史重演，無非是「家天下」的故轍陋習，成爲歷史的惰性，其中只有君臣之分，父子之親，始終立不起人與人間對等平等的觀念。元首之於民國，也不過是國民的公僕，並非帝國時代的皇帝，即使這一公僕，服務得特別的好，也不能說「一生不應被任何人代替」的，何況在這自由中國民衆十分悶苦之中，而國際友人又在主張「變下較好」（change is better），少數國代與少數官員又何苦就毀了這部維繫國命的憲法，而也要蔣先生一直幹下去不可呢！

（四）

話又說回來，今天在台灣方面，坐轎子的人已經明白表示過，「不願再坐」，而抬轎子的，乃有人爭着要仍舊的抬；如果坐轎的終於不再坐這乘轎子，則強着要抬的又有何法去強迫坐轎的人咧。昔曹孟德對於孫權勸進上書，曾批評道：「是兒欲踞吾着爐火之上邪！」毀法與否，乃亦在蔣先生一轉念之間而已。

四八，五，一七

國民黨中全會閉幕

請看看他們做了些麼？

附帶報告『自由中國』事件

李子

國民黨的八屆二中全會，一共開了五天，說了許多空話，還通過了所謂『光復大陸政治行動綱領』一十八條，內容種種，等於一張永不兌現，無從兌現，也不必兌現的支票，至於年來台灣和海外千萬以上的人民對他們的所有希望，乃一無答復。世界上居然有這樣一個完全不管現實的執政黨，豈非一大怪事？

其實凡略略知道台灣目前政治內幕的人，便一點也不奇怪。

三天前，有一位在台灣敎書也留心政治的朋友，來和我談了三點鐘，所涉及的方面相當多，潛伏的危機眞也不少，我在這裏僅僅抽出關於『自由中國』半月刊的一件事向讀者報告，您們便可了解國民黨所做的與所行的是什麼一回事。

一、陳懷琪奉命控告雷震一案，至今未了，但已經過了三次的調查庭，向『自由中國』投書的是這個陳懷琪，去函該社更正的是這個陳懷琪，奉政治部命告狀的也還是這個陳懷琪，這個事實，檢查官早已明明白白，不知還調查甚麼？

二、本月三日，台北南昌街一家代售『自由中國』的文具店（名一心文具印刷所，爲台灣人張阿水所開），突然來了兩名特務（一名衞忠仁，江蘇人，一名李斌，河北人，）把『自由中國』的廣告撕下來，拋在地上，用脚踩。店主問他們『爲什麼？』特務駡店主是『奴才』。店主問：『什麼是奴才？出賣一本雜誌，不過賺一塊錢，怎麼叫奴才？』於是雙方吵起來，闡觀者有一二百人，大有向特務開打的模樣。店主並問特務：『你們是不是要再造一個「二·二八」事變？』於是特務『開蹓』，圍觀者『追趕』，剛好警察來了，把兩個特務老爺送到派出所樓上暫避，一面勸羣衆息怒，這件事才算和平了結。

三、目前台北所有印刷所，都經特務關照過，一律謝絕『自由中國』的印刷。

據說雷震最近還收到恐嚇信，署名者爲『鋤奸勇士』！

舉一可以概其餘，大家可想像台北目前是何等景象！

論對台灣政府的幾種態度

孫寶剛

（一）

這十年來，我們對於台灣政府似乎很少關心，所以在我們的一般朋友所辦的雜誌「新社會」上，也很少發表關於台灣的文章。有些人也許很奇怪我們保持這個態度。其實說明了也就一無可奇。因爲在我們信仰民主社會主義的人看來，國家的起源是基於人民有互助以抵抗外來和內在的侵害的要求而結合成的，政府就是執行這個任務的一個機構，所以一個國家，乃至一個政府，假如不能執行這個任務，乃至與此反其道而行之，在我們的心目中，這個國家，乃至這個政府，就無足輕重了。說到這一點，我們很坦白的說，對於台灣的國民政府是非常失望的。尤其這十年來，台灣政府對本國的人民不准自由入境，任數百萬人民，他們因了反共，或因了不容於中共而流浪於海外，這些簡直把中華民國這塊招牌據爲少數人所有，把少數以外的中華民國的國民，排擠在外，那麼，稍有理智的人，又怎能自作多情而盲目地去擁護這樣一個政府呢？

而況我們這一羣信仰民主社會主義的朋友們，正在介紹和研究一個適合於中國的理論——民主社會主義。因爲在我們看來，提出支支節節的見解，或零零碎碎的理論或事實以反共，以求建國，是不夠的，非有整套的理論和方法，確是優於共產主義，確是適合中國國情，使在中國人中間，眞正形成了一個龐大的思潮，然後團結起來，形成一個政治力量，才能拿這個力量來反共來建國。

我們因爲忙於建立上述的一個思想體系，所以對於台灣政府的許多問題就似乎很少關心了。

（二）

不過話又說回來，我們居留在中國人佔有百分之九十以上的香港，我們的朋友又絕大多數是對民主政治有興趣的，台灣離香港只有兩小時的飛機航程，由台來港的人，不特很多，並且內中有很大部份是間接或直接朋友，所以台灣問題，仍舊是常時談話重要問題之一。

在談話中，每個人常常有意無意地表露了他對台灣的態度。如將他們歸納起來，大體可分成四種態度。第一種是絕對的，盲目的擁護台灣政府，再嚴格地說一句，是盲目的擁護蔣大總統。第二種人認爲台灣政府太不民主，所以他們採取了不合作的態度。第三種人認爲今天第一敵人是中共，在反共的立場上，對台灣政府縱有不滿，也不應去反對它，或甚至批評它。第四種人認爲正因今天的第一敵人是中共，所以應當把台灣政府民主改造，這才使反共的人，乃至使大陸上正受共黨奴役的人，有一個希望，有一個共同的根基，反共才能收事半功倍之效。所以他們倡導民主改造台灣。

第一種人在此不論，因爲他們是盲目的，封建的，甚至可說是奴性的，根本不懂民主政治爲何物。中國糟成這個樣子，就因有了這些人。

第二種人較有頭腦，能別是非，可是他們太消極了。他們可以去做隱士，最低限度，他們如居於今日的台灣，倒也可以效法甘地在印度所倡導的不合作運動，假如居在海外，依我想：除非你甘心做奴才，爲台灣做些特務工作，不然以今日台灣政府的情形說，你想合作，也沒有什麼可以合作的。並且甘地在印度所以能倡導不合作運動成功，那是因爲當時的印度，已經是英國的殖民地，但是法治的精神，雖然建立，今天在台灣，一般當局根本還沒有法治的觀念，一千個甘地也早已死於非命，能給你再接再厲的倡導不合作運動麼？

依我所接觸的朋友中間，第三種人是相當多的。他們說大敵當前，台灣總是反共的，我們今天如反對台灣，不是使仇者快麼？我在這裏要先舉一個例子，以引伸我的見解。在中日戰爭的後半期，直至中共佔據大陸爲止。那時在大陸上的國民政府，已成衆矢之日，稍有思想的人，都認爲國民政府如不澈底改革，便只有打倒它，中共見到了這個形勢，便一面宣傳新民主主義，使不贊成共產主義的人們鬆懈了對共產黨的警惕心，一面提出反饑餓，反迫害，以統戰當時不滿國民政府的民主人士們。當時的民主人士，除了一小部份認爲不滿意國民政府是一件事，但決不可因此就處處原諒共產黨，爲共產黨辯護，甚至和共產黨合作。因爲共產黨終究是共產黨，在其「爲達目的不擇手段」的原則下，他們一時性的僞裝，一時性的改變口號和態度，如眞信以爲眞，那是非常危險的。可是大部份的民主人士，他們自信力不夠，屈於當時共黨的力量之下，多少帶了一點投機取巧的心理，都靠攏了共黨，至少是和共黨默契了。共黨獲得政權如此之速，不能不說這些民主人士出力居多。但是結果怎樣呢？共黨獲得政權後，態度一變，臣服者表面利用下，一稍有不願的，便加清算，今天靠攏的民主人士們都覺得上了當，可是民主人士已成共黨甕中之鼈，後悔莫及了。假如那時的民主人士，一面要求國民政府民主改革，一面不去靠攏共黨，我相信共黨不可能即刻佔領整個大陸，民主改造國民政府是有可能的。那麼今日的全國人民不會像今日這樣悲慘了。至少這一批民主人士不至像今日這樣的後悔莫及。

（三）

由於上述的一段往事，應用到今日的反共形勢：今日的中共，不是往日的國民政府麼？往時中共已有了一個地盤，擁有軍事政治經濟文化的力量，一般民主人士以爲和它合流，才能表現力量，不正如今日的台灣，也有一個島嶼，擁有軍事政治經濟文化的力量，但是中共終究是中共，是不民主的，不自由的，在目的未達以前，甘言蜜語以統戰民主人士，一旦握了政權，眞面目露，民主人士便後悔莫及。今日的台灣是獨裁政權，特務世界，法治的精神缺乏，我們今天如爲了反共，而原諒它的不民主不自由的作風，甚至爲它辯護，姑不論反共不能成功，即使成功了，我們那時是它的甕中之鼈，恐怕也後悔莫及。

所以我們的結論，民主的人士們假如要運用台灣這一塊地盤，作爲反共的基地，作爲建國的出發點，那麼首須民主改革台灣，使台灣眞眞成爲眞正的「自由中國」，那麼，有地盤當然比沒有地盤爲易於反共，有政府當然比沒有政府爲易於團結力量，而易於建立一個新中國。

「扎喜得勒」的眞正含義

鵬　飛

拉薩聖戰在中共的血腥鎮壓下，被「平息」了。

將醜惡的事實加以美化，將血腥的罪行加以遮蓋，是中共宣傳機關的「任務」。

於是，中共喉舌的「新華社」，特地發出了幾篇拉薩通訊，說明「解放軍與西藏人民之間的親密合作」和「漢藏兩大民族友誼的團結與鞏固」，其中最精采的，要算下面幾段了：

「解放軍和人民對這個古老的城市，進行了一次空前未有的大洗刷，將街道洗刷得乾乾淨淨。」

「叛亂平息之後，人們從屋子裡走出來，見到了解放軍都說『扎喜得勒！扎喜得勒！』——新華社記者按：扎喜得勒是藏語吉祥如意的意思。」

「拉薩市各族青年三千多人，在布達拉宮前的雪策林卡，舉行盛大的園遊會，紀念五四運動四十週年……中共西藏工委副書記譚冠三，也在百忙中趕來參加園遊會，譚冠三副書記代表中共西藏工委，向青年們祝賀節日『扎喜得勒』……」

新華社電訊中經常引用的「扎喜得勒」，是不是眞正的吉祥如意呢？筆者曾經到過西藏，與藏胞們親切地交談過，對於新華社電訊中的「扎喜得勒」的內涵，作進一步的詮釋。

拉薩的街道，大部份是花崗石鋪成的石板路，一部份是沙礫和泥土所築成的沙土路，因爲拉薩市迄今沒有自來水（電燈是有的，發電機是英國貨，一向由印度人掌理技術，直到一九五五年四月，才與郵政、電報等三大公用事業，移交給中共），市民需要的河水，都是用肩挑、頭頂、手提等方式到拉薩河中去汲取。因此，拉薩市上的街頭，除了每年五至九月的雨季中，進行天然的洗刷之外，從來沒有用人力來挑水洗街的。（拉薩市的雨量，在全中國是最奇特的，五至九月這一階段，雨量佔全年雨量的百分之九十八，其他各月，僅有百分之二的雨量，這是高原氣候的特殊性。）

新華社報導：「解放軍對這個古老的城市進行了一次空前未有的大洗刷」，這是不容懷疑的事實！因爲拉薩聖戰中，被中共屠殺的人實在太多了，西藏同胞的鮮血，流滿在拉薩市的每一個角落，革命在血腥鎮壓下失敗之後，劊子手們除了掩埋革命者的屍體之外，還把地上的鮮血一併洗刷乾淨，是爲了裝飾昇平，爲了抹去藏胞對這場大屠殺的記憶。

我們雖然沒有親睹拉薩聖戰中反共藏胞的英勇犧牲，但從中共出動到萬多人來洗刷街頭的血跡這一點，可以想見中華民族成員之一的藏族兒女，有多少人喪生在中共的槍彈和刺刀之下！新華社的電訊，不打自供地說出了中共對藏胞的萬惡滔天的罪行！

再說「扎喜得勒」，這句話並不是現代語彙，而是封建社會中的成語，它的意思，並不是新華社解釋爲「吉祥如意」這樣單純，筆者不是語意學家，無法引證中國內地各省方言中相同的語彙，只能以廣東成語來引證，因爲廣東話中的「大吉利是」，與藏語中「的扎喜得勒」，意思完全相同。

「大吉利是」這句話，在使用時是有幾種不同的形式與含義的，例如：

1.「今日一早行街，執到十元銀紙，眞係大吉利是。」

2.「今日一早行街，見到一個死人，眞係大吉利是。」

3.「今日一早行街，騎樓上跌落一個花盆，打死我前面一個人，我好彩一點都未傷着，眞係大吉利是。」

4.「今日一早行街，衰唔衰見到一個仇人，眞係大吉利是。」

同樣是一句「大吉利是」，第一例是遇到了可喜的事，說這句話表達自己內心的愉快；第二例是遇見不愉快的事，希望說這句話來祓除不祥；第三例是別人遭遇不幸，自己欣幸沒有災禍，說這句話來慶祝幸運並安慰自己；第四例是對於自己痛恨的人，一時又沒有辦法對付他，只好說一句大吉利是，來發洩個人的憤怒。

藏語中的「扎喜得勒」，含義也和廣東話的「大吉利是」一樣廣泛。因爲我親眼見到的一個事實便足以證明。

拉薩郊區一個農民家的母牛生病了，農民請來了喇嘛來誦經，那農民向喇嘛講述了母牛的病狀之後，便連連說了幾句「扎喜得勒」。

當喇嘛正準備誦經祈禱的時候，那農民的十歲的女兒捧出一碗供神佛的糌粑，不慎把碗打破了，做父親的忙跑去拾起地下的瓷片，連連地說：「扎喜得勒」。

喇嘛誦經完畢，帶着供果、糌粑等準備告辭時，和那農民彼此說了幾句「扎喜得勒」。

同樣是一句「扎喜得勒」，第一句是祈禱母牛的病快好，是交織着希望自慰的情感；第二句是即使碗破了，但望沒有其他的災禍，用它來祓除不祥；第三句才是衷心地祝賀對方幸運。

筆者不厭其煩的舉出廣東話「大吉利是」的四例和藏話「扎喜得勒」的三例，就是要讓讀者們知道，「扎喜得勒」在字義上雖然是吉利的意思，但在運用時，人們却有各種不同的心情。

拉薩居民在聖戰結束之後，房屋給砲彈轟毀了，父母、兄弟、姊妹、妻兒、親戚或鄰居，給中共的軍隊槍殺了，他們在遍地血腥中九死一生，僥倖苟全了性命，試想，他們會對中共的「解放軍」用極愉快的心情說一句「扎喜得勒」嗎？不！一千個不！一萬個不！

可以理解得到，拉薩人民在大屠殺過去，劊子手「封刀」的時候，見到「解放軍」所說的這句「扎喜得勒」，正與廣東人見到死人，見到驚險的事，見到仇人叫一句「大吉利是」一樣，是對統治者一種巧妙的惡毒的咒詛。

拉薩人民知道，中共軍入藏已經七年了，罵人的藏語「解放軍」是聽得懂的，在刺刀下他們不敢明顯地罵這些劊子手，却運用雙關語來表達自己內心的憤怒，我說拉薩人民，眞是絕頂聰明！

可笑新華社不懂「扎喜得勒」這句話的多元性，把咒詛當恭維，「把壞事當成好事」，以欺騙不懂藏語的漢人，却不知不覺漏出了一條狐狸的尾巴！

雲南少數民族發生反共抗暴行動

曾　明

（一）

據本年五月四日的中共「北京大公報」透露，雲南少數民族的德宏傣族景頗族自治州地區，差不多與西藏抗暴運動發生的同時，也發生了抗暴事件。事件的形式雖然不同，但是，表明少數民族反共抗暴的意義則一。

在中國大陸西南邊陲的雲南省，是一個民族龐雜的地區，少數民族人口有六百萬左右，族系繁複，分佈各地，以沿國境線地區較多。中共進佔雲南以後，利用這種情況，進行分化各族人民，以達到它們暴力統治和殘酷剝削的目的。於是，在瀾滄江流域建立了西雙版納傣族自治州；在怒江流域建立了德宏傣族景頗族自治州，怒江傈僳族自治州；在紅河流域建立了紅河哈尼族自治州。在自治州的下面又建立鄉政權。

德宏傣族景頗族自治州的地域範圍，包括雲南省西南沿邊（與緬甸接壤）的潞西（芒遮板）、騰衝（騰越）、保山（永昌）、昌寧（石甸）、龍陵、瑞麗（猛卯）、隴川、蓮山、盈江、梁河等縣以及畹町鎮。

德宏自治州中，傣族人口有四十七萬餘人，景頗族人口有十萬餘人。傣族人民通用傣文，信仰小乘佛教；景頗族人民信仰多神，其中也有部分信仰基督教的。因爲他們生活於濕熱環境的瘴癘之鄉，養成了富有抵抗力的強健身體，因而天性勇猛，不避艱苦。

傣族和景頗族的社會制度，原始都是酋長制度，酋長制度崩潰以後，就改行土司政治。自唐宋以來迄至中共進佔之後，其中雖有改土歸流的辦法，但是，事實上傣族和景頗族的人民都是生活在土司政治之下，因爲土司政治之下的土地，完全歸於土司一家所有，而人民只有使用之權，不能佔有和買賣。這就是不准人民私有土地。不過，土司官署在每年令各村寨的頭目，以村寨爲單位，由頭目召集全體村民按土地的肥瘠與人口的多寡強弱，將土地進行每年一次的合理分配。每個村寨的人民，都可領到相當面積的土地，自耕自食，不相驚擾。至人民領到土地，對於土司官署繳納官租、地租、租稅、雜派等等約佔全部收入的百分之六十。此外，還有所謂公有地，就是各村寨的牧地、森林地、或輪耕地爲村寨人民所共有，不在分配之列。另外還有官田，由所在村寨的人民，通力合作共耕，沒有報酬，所有的收穫完全繳給土司官署。

雖然，少數民族生活在落後的農業社會，但，因爲人少田多土肥，他們在土司政治之下，每年總有餘糧。並且，如果土司壓迫過重，人民不勝負担時，保留有外遷之自由。即是有由這一土司所轄區域遷到另一土司所轄區域的自由。

（二）

中共進佔德宏自治區之後，推翻了原有土司政治制度，建立起自治州，在自治州的下面建立了鄉政權。在一九五七年又開始推行農業合作化，到一九五八年的春天，就脅廹有百分之八十的人民參加農業合作社。及至一九五八年推行人民公社，中共強令就原有農業合作社的基礎上改變爲人民公社；並在該自治州內慫江壩（註：壩即山谷平原之意）組織了一個包括「國營農場」、「國營棉場」及各族人民三萬五千多人口的人民公社。這一個人民公社是在德宏傣族景頗族自治州力量集中的地方，而且是中共最大典型的人民公社。按照中共統治的宣傳情況來說，就不應該發生有少數幾個人敢於持刀殺人搶劫的事。及至中共幹部發覺了以後，只能「擊斃了頑抗的匪首」，餘「匪」而竟能逃之夭夭，「不知去向，」這不能不說是對中共人民公社的「組織軍事化」、「

（下轉第三版）

亞洲冷戰前哨在香港

王世昭

種瓜得瓜，種豆得豆，古有明訓！

只問耕耘，莫問收穫，也是名言！

文化戰、商戰，在香港只算開始！

當前不必諱言，香港的文商兩界人士，是民主與極權二者之間爭奪的對象。

現在讓我先說對方，對方的手段實在相當高明，他們對政治上，文學上，藝術上，經濟上，商業上，只要是名人，便無孔不入，無處不鑽。

大概政治宣傳的攻勢，最初是動搖你的情緒，其次說明「祖國的偉大」，復次請你免費觀光，進一步講條件，安家費若干，旅費若干，以後按月補助費若干？如留居大陸，衣食住行除照數配給外，尚有優厚的薪酬。一班餓得發慌的文人、政客、畫家、影劇從業員、大商人、小商人，無不笑逐顏開，以爲有官可做，有錢可拿，有職業可以寄身，意志不堅定的人，那有不上當的道理？

其中上當的人約分三種，一種觀了光之後留在大陸，一種觀了光之後仍回香港，還有一種藉着觀光之便，出入於香港與大陸之間。其目的，都爲着生活、發財，自己陶醉自己。

所謂上當的文人與商人，在我們的立場上說，當然他是上當，不過，也有些眞的不上當，也有些則在上當與不上當之間。依上當的來說，當你受了催眠之後，他請你爲「祖國」服務，講明待遇五百人民幣。但依大陸生活水準，五百人民幣絕對一家五口用不完的，餘下來的存在人民銀行。六個月之後，數目當然可觀，於是便有共幹前來奉訪，極其客氣，謂政府調查先生存款，六個月已達二千餘元，可見先生不需要五百元便可生活。自某月某日起，先生待遇改爲三百元，不夠再添，好嗎？被訪問的人，當然以爲這是善意，於是毫不猶疑同意，雖然如此，每月仍然有盈餘，滿以爲積蓄下來，三年之後至少可以做個小財主。不料再過三月，又有一個人來訪問，除了盡量恭維之外，仍請暑爲減少，於是由三百又減爲兩百。如是如是，二百再減爲一百。一百自然不夠用，只好賣力。賣力還有多，則從一百又減爲八十，自是而六十，而五十，而四十，而三十，終至一文不名，全靠勞力爲生。此時想提銀行的存款，銀行主任卻對你說：「這是勞動人民的血汗錢，希望先生自動奉獻給政府」，如救濟，如拯災，名目繁多，不及備載。總之，剝削你油盡燈枯，最後終身爲勞動人民服務爲止。

吃這樣虧的人，以畫家、電影演員、戲劇從業員爲多。政客則善觀風勢，適可而止。至於商人，則比較聰明，觀光之後，回到香港仍有生意可做。而且從中抽了不少利潤，坐在天堂享福，每月也奉獻百分之二，作爲統戰經費。如依中共出口貿易十三億六千餘萬計算，百分之二每年亦有三千二百餘萬元，每月可得分配約三百萬元之譜。近兩年來，土產公司日見增加，其他文化機構與統戰經費等，其數目則極爲可觀。

反觀我們自由文化人與商人等，人數多到若干倍，台灣在這裏究竟花了多少錢？某方在這裏又花了多少錢？相形之下，不免相形見絀。依我看，民主自由方面不言反共則已，如眞欲反共，一個月花一百幾十萬又算得什麼？我覺到救濟政策不能全靠各教會，也不能全交給香港政府負担，文化人與商人也還要靠各方的大力支持。否則人心一渙散，局勢必然更加凌亂。爲香港計，英國政府必須注意；爲鞏固民主自由堡壘計，中華民國政府也不是全無責任；爲自由集團計，千萬不要看輕香港文化人的力量，因噎廢食，加以低估！這是中國人在海外生死存亡的關鍵。流亡人士應得同情與援助，這是自然的趨勢。美國獨立如不得法國人之助，成功的希望似亦甚微，第二次世界大戰之後的英法德日諸國，如不得美國之助，則復興的艱鉅大業，必不克於十年以內完成。我們不是沒有氣力，只是氣力頗有無從下手之感。今後反共文化工作，我希望有世界眼光的人，千萬不要爲了小受挫折，便予一筆抹殺。做生意賺錢容易，而文化事業則非三五十年不見功效。助者千萬不要見異思遷，而被助者亦大可不必因之自餒，大家尤宜再接再厲，使香港的文化基礎得以建立起來，使香港成爲名符其實的自由文化堡壘，則將大有助於未來的亞洲前途是可以斷言的。否則第五縱隊之活動無孔不入，既挾其經濟力與精神力，以打擊無背景無組織之自由文化人，則勝負之數豈待蓍龜！我希望負有亞洲責任的自由集團之國家，在這個重要關頭上，萬萬不能大意！

論中共提高勞動生產率

何雨文

一、中共爲什麼要提高勞動生產率？

周恩來在中共二屆全代會的政治報告中，對於經濟建設發展的關鍵，作了一個總結：「無論工業，農業，運輸業或者商業戰線上，羣衆運動的中心環節應當是提高勞動生產率，增加生產，厲行節約，反對浪費。」什麼是勞動生產率的高低呢？勞動生產率的高低，是由所生產的產品數量和所消耗的勞動時間的對比來計算的。生產同樣數量的產品，但却節省更多數量的勞動時間，或者是消耗同樣數量的勞動時間，但却生產更多數量的產品，這都叫做勞動生產率的提高。

因此，提高勞動生產率，是中共經濟發展上必然要努力達到的目標。其所以急急於提高勞動生產力之原因，可分析爲三點：

1.中共雖然一再提高勞動生產率，例如工業最發達的上海今年較之去年要提高到百分之四十五，但是據中共上海市長柯慶施的報告，還是遠遠落後於工業發達的國家，其他地區，更不用說。如果中共提高不了勞動生產率，即使產量增加到超過英國，生產方法還是落後，還是不經濟的生產。

2.目前大陸勞動力普通缺乏，雖然實行了人民公社，建立了公共食堂，托兒所，成千成萬的婦女參加了勞動，但是農村勞動力仍感不足。所以周恩來在政治報告中說：「爲了滿足農村勞動力的需要，城市的工廠企業在一個時間內應當停止從農村招工，並且讓農村中招來的多餘的臨時工回到農村去。」在工人不能增加情形擴大生產，就只有提高勞動生產率了。

3.中共新建企業大部分未建設，即已投入生產，建成的也只有部分投入生產，周恩來也承認；一九五八年的增產，主要是依靠原有的企業增產。這種增產方法，中共稱之爲發掘潛力。一九五八年工業勞動生產率同一九五七年比較，按職工計算，提高了百分之三十八，按生產工人計算提高了百分之二十六。何以有如許潛力可發掘呢？自然是原來的設備利用系數太低了。

二、中共勞動生產率低落之原因？

設備好壞，機械化操作，半機械化操作或手工操作，對勞動生產率的影響是有決定性的。

中共的勞動生產率之所以不能提高，原因即在於此。試以上海工業爲例，即可分別說明此種情形：

1.上海市工廠企業的九十萬工人中，從事機械化操作的僅佔百分之二十七，半機械操作佔百分之三十六，手工操作的還佔百分之三十七。若干重要的企業情形更差，例如冶金系統機械化操作佔百分之十五，半機械化操作佔百分之二十五，手工操作佔百分之六十；機械系統機械化操作佔百分之三十五，半機械化操作佔百分之五，手工操作佔百分之六十。

2.設備太舊，也是不能提高勞動生產率的另一個主要原因。中共冶金工業部長王鶴壽報告；本溪鋼鐵公司第一煉鐵廠，兩座中型高爐，都是有四十年歷史的陳舊設備，人們稱之爲『老掉了牙的高爐』。這兩個高爐的利用系數也只有一點三九噸，不如鞍山和太原，也不及其他單位。

三、中共提高勞動生產率何以失敗？

增加設備，改換新的設備，不是一時可以辦到的。中共只能要求在不增加主要設備的條件下，逐步提高到百分之十，百分之二十以至百分之三十。

提高機械化的程度，中共稱之爲技術革命，包括技術革新在內。中共稱去年上海市有技術革新的建議一共有四十七萬條，已經實行的有二十多萬條，其中認爲比較重要的只有一萬五千條。這些技術革新只是枝節的改進，自然不會發生多大作用。

如果中共不能在基本上改進設備，增加新設備，操作完全機械化，則勞動生產率永遠不會提高到與工業發達的國家看齊。

×　×　×

愛國僑胞支援藏胞反共

紐約中美週報繼續匯來

美金七十元託本報轉交

（本報訊）本報前接紐約聯合日報社長兼中美週報社長吳敬敷先生來信，同時滙來美金三百五十元捐欵，作爲支援藏胞之用。本報當即將該欵轉交香港祖國週刊社，彙轉國際紅十字會，各情已誌第三十八期本報。茲又接中美週報社來信，並同時滙來旅美僑胞支援反共藏胞捐欵美金七十元。計范山美捐美金五十元，溫安捐美金二十元。以上合共美金七十元，本報現已將上項捐欵美金七十元交由印度銀行，直接滙交印度紅十字會救濟西藏難胞矣。

（上接第二版）

雲南少數民族發生反共抗暴行動

行動戰鬥化」的諷刺。

事件的情況是這樣的：在本年三月三日凌晨四點鐘，中共「國營農場」銀行營業所的竹門，『被「六個持刀行刼的匪徒」打開，獨自睡在銀行營業所的女會計員徐學惠，被一陣陣「格呀」、「格呀」撥動竹門警醒。她機警地翻身下床，高喊：「什麼人」！突然一股刺眼的手電光朝着她射來，使她一時看不清眼前的一切。只聽到從黑暗裡有人壓低了嗓音喊了一句：「不准動」！六個持刀行刼的土匪一擁而上把她團團圍住，威脅她，要她把營業所的錢交出來』。「臨睡之前她還細心地清點過，這是准備發給農場工人們的工資，一共有五萬多元」的人民幣。「她放開嗓子高喊捉土匪！捉土匪！響亮聲音的衝破竹屋，傳向四方。土匪們原以爲很容易吓唬住這個十多歲的姑娘，誰知道她這樣堅強，他們慌忙地七手八手拤住她的咽喉，按住不讓喊叫。徐學惠拚命掙扎，一個匪徒舉刀狠命砍她的嘴，砍斷了她的門牙，砍破了她的嘴角，一直到耳根」。「她拚命抱住錢箱，一直同匪徒們展開鬥爭，土匪又舉刀向她胸部、背脊和兩腿亂砍」。最後「對准她的手肘，連砍了兩刀，齊腕砍斷了她的雙掌」，搶走了錢箱。

後來，中共「民族貿易公司」的幹部，共產黨員王天林聞聲趕到了，「他持搶截住了匪徒，擊斃了頑抗的匪首，奪回了錢箱」。餘下的幾個「土匪」逃跑了。

中共「北京大公報」報導這一個事件，是利用徐學惠這種情況，宣傳迷惑青年，實行愚民政策的一種手段。不過，我們看來，這決不是一件普通行刼的事情，而是人民反共抗暴的行動。以六個人持刀在中共力量集中區域，行刼殺人，冒的危險太大；同時，以人民公社按計劃實行供銷，刼得來的人民幣，既不易脫手；即使逃出，人民幣也沒有多大作用。而且，銀行營業所所存的款項，是准備發放農場工人的工資，不是內部的人就不會了解到這種實際情況；並且，來人壓低了嗓音，這就完全證明了是農場內部的人幹的，毫無疑問。由此可見，是因爲人民在中共「國營農場」中的生活還不如前，同時又得不到外遷的自由，陷於絕境，因而激起人民這種不畏死的搗亂形式洩憤的反抗行爲。雖然事件與西藏反共抗暴不能相提並論，只是一個共產黨員糾纏了這麼久的時間，並沒有人民來解圍。見微知著，可以了解到少數民族反共的激烈情緒。

郭沫若近況不佳

岳　騫

郭沫若自從中共公開宣佈其入黨之後，似乎逐漸走向下坡，最近有兩件事可以看出「郭老」倒霉的跡象。

（一）郭沫若誤解毛詩

第一件事是註解毛澤東「瘟君」詩所引起的問題，我曾經說過幾次，「毛詩」實際上等於劉伯溫的燒餅歌，怎麼解都可以，怎麼解也不通。但是郭沫若爲了立功，竟而拚命鑽牛角尖解「毛詩」，以前解「蝶戀花」就差一點出毛病，到了老毛的「送瘟神」大作發表之後，郭沫若又告奮勇註解，果然出了問題。

「毛瘟詩」第一首：「綠水青山在自多，華陀無奈小蟲何，千村薜荔人遺矢，萬戶蕭疏鬼唱歌，坐地日行八萬里，巡天遙看一千河，牛郎欲問瘟神事，一樣悲歡逐逝波。」

我第一次拜讀了「毛瘟詩」之後，確實胡塗幾天，毛澤東爲什麼作這種詩，不通處姑且不論，即如「千村薜荔人遺矢，萬戶蕭疏鬼唱歌」兩句，完全是大陸今天的情形，老毛豈不是夫子自道，至於「一樣悲歡逐逝波」，也非吉兆，果然瘟詩發表不到一年，他的「元首」位子坐不下去了，眞眞是「一樣悲歡逐逝波」了。

閒話打住，且說郭註，郭沫若把「坐地日行八萬里」說是指舊時代的人們，坐在地上不動一天就遊了八萬里，因爲地球周圓是八萬華里，地球自轉一周，坐在地上不動的人，也等於行了八萬里。至於巡天遙看一千河，則是地球在公轉中，人們可以看到無數的星雲，舊時代整夜不睡覺貪圖歡樂的人，被地球帶着公轉，在夜裏可看到無數星河。

這種解釋任何人一看都知道不安，不曉得郭沫若怎麼別有會心，想出這麼一套鬼話，送給「詩刊」發表，詩刊主編臧克家是非黨人士，接到「郭老」大作，自然如奉綸音，趕快在一月份詩刊發表了，不料老毛一看，「天顏大怒」，馬上把郭沫若找去申斥一番，總算還留面子，由他自行解釋，未發動其他幫閒文人予以清算。

三月四日人民日報登出郭沫若的檢討，題目是「坐地，巡天及其他」。自怨自艾地說：「送瘟神第一首第五六兩句的解釋，在邏輯上有問題，實在是失諸穿鑿。」接着又說：「至於坐地巡天的主體究竟是誰，細看全詩，實際是作者自己。」

這個玩笑實在開的太大，把毛澤東解釋成「整夜不睡覺（老毛確是習慣夜生活），貪圖歡樂的人」。「坐在地上不動一天就遊歷了八萬里（毛瘟詩序有『夜不能寐，浮想連翩』之句，與此頗吻合）。不怪毛澤東勃然大怒，要郭沫若自行檢討了。

（二）爲曹操翻案討不了好

俗語說福無雙至，禍不單行，在共區福未必雙至，禍却是從不單行，一個人只要有了倒霉的跡象，一定有人起而攻擊。幾年來，郭沫若紅到頂點，在共區文人中他的地位始終排在第一，他是毛澤東的清客，周恩來的老部下（北伐時），又得過史大林和平獎金，在小嘍囉的看來，郭沫若是屬於領導階級的，當然永遠正確，那知霹靂一聲，「郭老」竟然犯了錯誤，而且犯了如此巨大的錯誤，平時對他不滿的人，乘機投井下石，對他爲曹操翻案一事，提出攻擊。

郭沫若何以要替曹操翻案，尚未查出眞正動機，但以他的爲人來說，也許是看到毛澤東崇拜曹操（毛有浪淘沙詞歌頌曹操），有意希旨固寵，來了這麼一手，事先未必得到「黨」的授意。最初大家看他突然要替曹操翻案，以爲是毛澤東的意思，就有一些二級，三級的清客，幫閒之流起而捧場，把曹操說成中國歷史上空前未有的政治家，軍事家，甚至又考證出來曹操爲人很「慈祥」，所訂的刑法很輕。照當時的情形來看，曹操翻案已成定局，進一步要把戲台上的曹操改成紅臉了，不料郭沫若註解「毛瘟詩」出了毛病，連帶曹操又交了厄運。

（三）對郭沫若的批判

四月二十四日北京大學歷史系舉行了一次如何評價曹操問題的學術討論會，參加的有教授、講師，也有學生，由該系中國古代史教研室主任鄧廣銘教授主持，値得注意的是該系系主任翦伯贊也出席了，按理「翦老」是系主任，又是新入黨的黨員，應該由他主持才是，結果他却只獲准「列席」，簡單講幾句話也未發表。衆所周知翦伯贊是第一個起而支持郭沫若爲曹操翻案的，這次討論曹操問題不由他主持而由會受過抨擊的鄧廣銘教授主持，可知這個會議基本目的就是反對爲曹操翻案，所以發言者絕大部份都否定曹操，而且指名道姓的說「郭老」對曹操評價的錯誤，觀點上幾乎是一面倒，批評的方式却有三種：

一種是說郭沫若批評曹操雖然打敗了黃巾，却沒有違背黃巾起義的目的是錯誤的，並且引證了許多書籍，證明曹操殘暴好殺，奸詐暴虐。這一派以該系副主任周一良教授爲首，可稱爲中國歷史家派。

一種是指責郭沫若說「黃巾起義的目的是要糧，要土地，要活下去。」歪曲了農民起義的目的。並且舉出列寧，史大林，毛澤東的言論爲證，說明農民起義目的並非如此簡單。這一派以青年教師周良霄爲首，可稱爲教條主義派。

一種是拿外國歷史來比仿，舉出歐洲一八四八年革命爲例，說明曹操對農民讓步只是一種陰謀，有馬克思，恩格斯的話爲證。這一派以張芝聯副教授爲主，可稱爲西洋歷史家派。

此外還有幾個學生更露骨地說：「曹操參加了對黃巾起義軍的鎭壓，這是他的罪惡，任何人也洗刷不了。」

看情形這只是個開始，「郭老」的麻煩還在後面哩！

×　×　×　×　×　×　×　×　×　×　×　×　×　×　×　×

雜憶錄之四

憶二十四年朱毛竄川時二三事

幼椿

（三）邛雅之役。劉文輝不敢在甯屬山中以重兵與朱毛相拼鬥，退而集中青衣江一線，與其姪劉湘部共同扼守，聽任朱毛平安通過山險水惡之區，大爲失算。朱毛既全部渡過大渡河，直趨洪雅，於是劉文輝坐鎭之雅安立刻震動。幸朱毛部因疲乏之不堪，乃翻過大相嶺後，不北趨滎經，進攻雅安，而東走洪雅，其欲達到川西壩子奪取豐富的糧食，至此大爲明顯。因之成都人心皇皇，紳士們群起督修成都城牆，設立碉堡，以備萬一。坐鎭省垣的劉湘本人，也親往邛崍督師，於是有邛雅之間，兩劉夾擊朱毛之一戰。

邛雅要道之衝有一險隘，名：百丈關，二劉叔姪誘朱毛所部過此，求一決戰。本來，朱毛長征，只圖達到西北，靠近蘇俄，沿途不打硬戰，每遇重兵，輒行避去。前此打算闖入川南，已遭失敗，逼得繞道寧屬，但皆非產米之區，故今次想在川西歇脚，一半目的在奪取米糧，且彼時徐向前殘部敗退出川後，尙潛伏甘肅𡩋羌之西，與碧口接近，相機接應朱毛。朱毛如能闖入川西平原，則北走綿陽，一條直路，便與徐部會合，最爲捷徑；不走此捷徑，則只有西走康青，又入窮山之中，前途艱險，莫能想像。因是，成都軍民特別緊張，一面電求中央派遣空軍，一面要求二劉非拼不可！

徐向前殘部與朱毛呼應也甚靈活，朱毛自洪雅北行，進窺川西，徐部即從碧口開入川北，立使川軍陷於兩面作戰，首尾被攻的不利形勢。幸彼時四川並未眞正統一，大川北各縣爲鄧錫侯軍的駐防區域，綿陽爲鄧軍重鎭，公私利害所關，鄧錫侯本人也親往綿陽督師，再與徐部接觸。（前此通南巴之役，徐部擊潰，鄧軍頗爲努力也。）於是二劉與朱毛激戰於邛雅之間，而鄧部也與徐向前大戰於江（油）彰（明）一帶。

百丈關之役，二劉均親上前線，且有中央空軍助戰，（雖只兩三架機，然甚顯威力，）激戰一日夜，始逼朱毛西走蘆山，寶興，遁入邛崍山中蓄人聚居之地。是役，朱毛萬人，損失一半，川軍也有相等傷亡。鄧軍在川北，與徐向前部作戰，也甚爲激烈，幾番肉搏，將徐向前打敗，仍舊退回甘肅，而鄧部饒勇善戰之龔旅長且打斷一隻脚，爲成都市民所稱頌。惜川軍畏難，而平時對於裹糧爬山的士兵訓練，又無準備，於是朱毛一經遁入窮山，截擊竟未成功，跟追也趕不上，竟使朱毛行險僥倖，遁逃出川，令人扼腕之至！

邛崍山脈界於川康兩省之間，中有五個縣，松（潘）理（番）茂（縣）汶（川）四縣皆沿岷江上游設治，扼江易守，故川軍料定朱毛必不敢竄出重山，東向灌縣，再圖川西。北向則應由懋功趨梭磨，再趨毛兒腦，不敢闖松潘，則只有遁入三峨落草地。此一草地在川甘青三省交界處，人跡不到，莫測深廣，且多係爛泥地，草中生魚，狀類鱔魚，土味甚重不堪入口，人入其中，頗難生存，故鄧錫侯極力主張扼守岷江上游，不放朱毛過江，敵必困死山中。且是區爲鄧軍駐防，鄧軍素無能力深入重山，而又不願劉湘大部開入。

但中央有令截堵窮追，劉湘因派一營兵輕裝急行，自汶川，理番向西深入，以便截擊朱毛於雜谷河右岸山中。本來，此種重山小道，大軍實難運動，如以小隊分別沿岷江上游各支流西進，只要輕裝急進，則必可伏截朱毛，使其更受創傷，以至無法前進。惜朱毛部素習爬山，且人人裹炒米以行軍，不須宿營造飯，而川軍則不習此，因是川軍雖走捷徑，而走得較慢，走到目的地時，朱毛早已過去，——跟追更趕不上，劉湘因此槍斃營長龔某，藉向中央塞責，而鄧部扼守松茂，晝夜嚴防，卒將朱毛逼入草地，捉食土味鱔魚充飢，狼狽達於極點。最後，還賴徐向前部自陰平寨入草地，將朱毛接去甘肅，始行脫險，然所餘部衆不過三千餘人而已。

四八，五，一

×　×　×　×　×

汲古書屋談薈

李鴻章之晚年

耘農

遜清咸豐末季，太平天國之亂正熾，江蘇境內，大江以南，無不糜爛。時湘鄉曾國藩（滌生）督兩江，節制蘇皖贛浙四省軍務，密疏奏荐福建延建邵遺缺道合肥李鴻章（少荃）於朝，稱其「勁氣內歛，才大心細」，可勝蘇撫之任。尋命李率所部湘軍及新募淮軍共五千五百餘人，於同治元年（一八六二）壬戌三月，自安慶乘輪馳赴上海，兼統西人華爾、白齊文、戈登訓練之長勝軍，用上海一隅之財力，肅清附近縣邑，進而規復蘇常，未幾，告捷，遂超授蘇撫，時年甫四十耳！

鴻章生於道光三年（一八二三）癸未正月，父文安（愚荃），母李氏。文安本姓許，幼育於李，遂冒李姓，故娶李不以同姓爲諱，此見諸李慈銘越縵堂日記：而梁啓超飲冰室文集李鴻章傳謂李父名進文母沈氏者誤也。文安與國藩爲道光十八年（一八三八）戊戌會試同年，鴻章未第時，嘗以年家子從國藩習制舉文，及道光二十七年（一八四七）丁未，鴻章得翰林，供職京師，仍常往問業，蓋曾之及門弟子也！咸豐二年（一八五二）壬子九月，太平軍自桂犯湘，圍長沙，國藩丁母憂回籍，奉詔辦理團練，是爲創立湘軍之始。次年正月，鴻章亦從侍郎呂賢基（鶴田）回皖治鄉勇，旋入皖撫福濟（元修）幕，屢立戰功，以道員存記。八年（一八五八）戊午，聞國藩督師江西，間道往謁，留襄營務。翌年十月，授福建延建邵遺缺道，未赴任。十一年（一八六一）辛酉，國藩進駐祁門，鴻章與爭李元度（次青）兵敗失毀事，論議不合，辭謝他去。是年八月，湘軍收復安慶，國藩移建軍府，鴻章馳函往賀，曾復延之入幕，禮貌有加於前，軍國要務，皆與籌商，迨經密保，遂駸駸大用矣！

同治三年（一八六四）甲子六月，曾國荃（沅浦）苦戰克復金陵，自咸豐三年（一八五三）癸丑二月，洪秀全始據，至是凡十二年而平。論者謂此役之戰績，湘軍其所以能克敵致果者，非國荃一人之功，實由鴻章先以淮軍底定蘇常斷其枝葉，使其餉源兵力成孤立之勢，而根幹不得不坐凋也！矧鴻章本奉命會剿，而不欲分人功於垂成；及事定，而不懷嫉妒於荐主，其德量亦有過人者焉！明年乙丑四月，清廷命國藩率師討捻，鴻章繼署江督。又明年丙寅十一月，國藩師老無功，自陳病狀，仍回任江督，改由鴻章任欽差大臣，專辦剿捻事宜。七年（一八六八）戊辰七月，捻平，國藩調督直隸，鴻章亦陞授湖廣總督。九年（一八七〇）庚午八月，天津教案起，輿情頗不滿於曾之措置，於是清廷命國藩再督兩江，而以鴻章繼任直督。十一年（一八七二）壬申二月，國藩卒於任所，諡文正。鴻章挽以聯云：『師事近三十年，薪盡火傳，築室忝爲門生長；威名震九萬里，內安外攘，曠世難逢天下才，』蓋紀實也！

鴻章自任直督，以迄於光緒二十一年（一八九五）二月赴日議和，計在任二十五載，年已七十三，業垂垂老矣！其任直督期間，舉凡清廷有關外交、洋務、通商、訂約、練軍、建設諸要政，悉身當其衝，實爲晚清之柱石重臣。不幸中日甲午一戰，鴻章一手提撕之淮軍，與乎苦心經營之北洋海軍，咸歸覆滅，以是爲世人所叢垢。洎乙未馬關和約既成，鴻章自日返國，清廷命其留京入閣辦事，投閑置散，殆亦畏於清議云爾！然閱時未久，鴻章即受命爲致賀俄國加冕頭等專使大臣，並往德法英美諸國聘問。翌年丙申正月，赴俄，訂中俄密約，旋周歷各國考察政治七閱月，回京，命在總理各國事務衙門行走，主持對外交涉，而各國協同謀我，紛紛要索，皆以中俄密約爲之厲階，所謂聚九州鐵成此大錯，雖意在以夷制夷，而轉爲夷所制，蓋鴻章晚年之最大失策也！迨至光緒二十四年（一八九八）戊戌七月，清帝載湉方銳意變法，深恨鴻章之以聯俄誤國，乃詔其毋庸在總理各國事務衙門行走，命往山東查勘黃河工程。及戊戌政變失敗，那拉氏垂簾訓政，復於次年己亥十一月，任鴻章爲兩廣總督。明年庚子六月，調補直隸總督，兼北洋通商大臣。時值拳匪肇亂，八國聯軍攻奪大沽砲台，陷天津，七月入京師，清帝奉那拉氏出奔西安，命鴻章偕慶親王奕劻爲全權大臣，與各國議和，便宜行事。閏八月，鴻章至京，各國公使持十二欵要挾，乃處以鎭靜，力與辯論，卒定和約。光緒二十七年（一九〇一）辛丑七月，和議成，而鴻章即於九月以勞瘁病逝於北京賢良寺，年七十九，諡文忠。（一）

台灣好熱鬧啊！

黎明

爲了能給蔣先生連任第三屆總統，台灣「忠貞之士」正在積極醞釀修改憲法或再訂「臨時條欵」了。

據說國大代表（我希望這種好漢只佔小部份）表示：這工作該給他們去做才對。——但是，天！他們竟好意思忘記，根據憲法第二十八條，早在五年前他們便已喪失了「代表」「國民」的合法資格！

又據說立法委員（我同樣希望只是小部份）表示：這工作該包給他們去做才好。——但是，天！他們同樣忘記了，根據憲法第六十五條，他們的合法任期更早已超過了八年以上。

台灣怪事年年有，可是沒有今年多；好熱鬧啊！

寄懷亮之香江

荷栟

共讀章門友，南來道自存。筆耕逾作吏，酒熟便空尊。浮海十餘載，成書百萬言。元亮腰懶折，高臥九華村。

次韻荷栟見寄

亮之

海天嚴障幙，人遠意空存。往事餘三歎，何時共一尊？春晴花解笑，晝靜鳥能言。醉裏乾坤大，無妨酒味村。

亮齋閒話

論「雪夜閉門讀禁書」

徐亮之

客　「雪夜閉門讀禁書」，不亦快哉！您以爲怎樣？

主　但你我住在香港的人，或任何民主國度的人，却無此眼福；因而也就連帶喪失了這份痛快了！

客　您認爲要住在什麼地方的人才有這份眼福和痛快？

主　台灣和大陸。

客　什麼緣故？

主　台灣厲行書報檢查，大陸厲行思想統制，全都不過距兩千一百七十二年前的秦始皇焚書坑儒只差一間；必這樣方才會有着所謂禁書；亦必這樣而仍能偸讀到禁書方才是眼福，也方才痛快隨之。

客　這您分明同時是說台灣和大陸都是不民主的了？

主　任何和秦始皇看齊的政權，都絕對民主不起來。

客　好，這且撇開不談；我現在問您：大概好像自蔣先生定鼎南京以來，便一直對書報檢查喜孳孳行之不倦；歸根結底，究竟這好處是什麼？

主　好處有一：即眼不見爲淨。

客　其效果又安在？

主　效果有三：即（一）給人們以「雪夜閉門讀禁書」的痛快；（二）給國民黨的民主傳統，尤其是給現行憲法的煌煌條文「人民有言論、講學、著作及出版之自由」開大玩笑；（三）給幹部關財源，免得再幹什麼「調整公務員待遇」的傻事情。

客　什麼？「給幹部關財源」？您認爲書報檢查竟也可能變成生意經？我眞爲您消失了「雪夜閉門讀禁書」的這份痛快與刺激而可惜！您給香港的商業社會滾得庸俗到做夢都只知道要「銀紙」了！

主　不是我要「銀紙」，是負責檢查書報的台灣警備司令部的人員要「銀紙」。

客　吓！這到底是什麼一回事？

主　原來您並不知道最近台灣的「中國文學史事件」；未免太辜負您住在香港了！

客　我不懂您這意思。

主　這正是香港給您自由太多，多到連禁書也懶得讀的緣故。

客　我越聽越糊塗。

主　告訴您：這事件詳細經過登在本港「祖國周刋」第二十六卷第六期；而「祖國周刋」雖然曾向台灣登記過，但在台灣却始終以「禁書」的資格而流行。您倒反認作「本地胡椒不辣」，索性懶得去摸牠，是不是？

客　不，不，我知道「祖國周刋」也和「聯合評論」一樣，都是台灣當局的眼中釘；只這期還沒看過罷啦！到底這事件內容怎麼樣？

主　內容是：台灣一家書店翻印了政府沒丟大陸前，在大陸出版的一本「中國文學史」，內中有一章講到「無產階級文學」的沒有刪除，警備司令部認爲「有利於共匪之宣傳」，一方面傳訊店主沈氏夫婦；另一方面「辦案人員」向沈氏夫婦張口彼等如沈能交出數萬元，於是，則可將此事消弭」。沈氏夫婦拿不出這筆錢，便被「不經由司法程序」「逕行逮捕下獄」。後經留美而得諾貝爾獎金的物理學家楊振寧、李政道邀同另兩位物理學家吳大猷、吳健雄聯電中央研究院長胡適出面交涉，駐美大使葉公超也電外交部長黃少谷說情，沈氏夫婦方才於三月二十七日「繳保釋放」。

客　笑話！書既出版在政府沒丟大陸以前，而政府的主腦又是一向反共的「老舵主」，果眞這書「有利於共匪之宣傳」，也應該由「老舵主」及其智囊負責，怎輪得到一個小書店的老闆負責？

主　您倒好像滿肚皮都是道理似的；這道理您且到台灣說去吧！但我絕對保證：在您動身之日，立刻打電報給美國的楊振寧、李政道、葉公超。

四八，五，一五

本刊已經香港政府登記
每逢星期五出版

聯合評論 週刊

United Voice Weekly
第四十一號
督印人：黃宇人　總編輯：左仲平
社址：九龍金馬倫道卅八號三樓
電話：六一四一三（61413）
承印：田風印刷廠（高士打道二二一號）
總代理：友聯書報發行公司
售價：每份零售港幣壹毫
本報美洲版總經售處美國紐約中美出版社
CHINESE-AMERICAN PRESS, INC
199 CANAL STREET.,
NEW YORK 13 N. Y. U.S.A.
美洲航空版零售每份美金壹角

再談蔣連任問題

左舜生

（一）

三天前（五月二十六日），香港的工商日報，登載了一篇台北通訊，標題為：『使蔣總統連任已成定局』。就最近一個月以來我所看到聽到關於這件事的消息，大概以這封通訊最為可靠，而且這件事在最近的將來會如何發展，也以這封通訊說得最為明白。

我們這份小報，本來就是辦給海外一部分關心中國前途的僑胞看的。僑胞散居海外各地，對於祖國的消息，往往所得只是一鱗半爪，很難了解一件事的全貌和眞相，因此，我們編這份報的時候總是特別小心，務求使得看我們這份報的僑胞們，對於一件事的是非曲直，不致陷於判斷上的錯誤，乃至不會把這種錯誤反映到國際，以致更增加外國人對我們的誤解。

（二）

中國的總統，依據現行憲法是六年一任，而且硬性規定，任何人擔任總統，最多只以兩任為限，換言之，即無論如何不能超過一十二年。過了十二年還要做下去，聽還你變出何等花樣，不是毀法，便是違法。

蔣先生被選為第一任總統，是民國三十七年五月二十日就職，四十三年五月，他做滿了第一任；第二次他又當選，到明年（四十九年）的五月二十日，他的第二任又將屆滿，隔現在已經不足一年了。於是便有一部分人主張修憲，意思是要把憲法規定總統副總統任期的這一條（第四十七條）加以修改，以便蔣依然可以連任，乃至可以一直連下去。這種以法就人的勾當，當然便是一種毀法的行為。

但去年十二月二十三日，蔣本人對國大代表組成的光復大陸設計委員會表示，他代表政府，代表國民黨反對修憲，於是羣情鼓舞，以為他確能守法，與袁世凱曹錕那般軍閥畢竟不同，沒想到我們還是上了一個大當！

最近國民黨開了一次八屆二中全會，從本月十五日起，到十九日止，一共五天。在十八這一天的『總理紀念週』，蔣說話了。他說：『憲法是國家的根本大法，不宜輕言修改；此時此地，更不應輕言修改憲法。』這幾句話是表示他不變更去年十二月二十三所說的立場，當然很對。可是下面用『但』字一轉，却糟了！他說：『但目前有三項顧慮，即：（一）不使敵人感到稱心。（二）不使大陸億萬同胞感到失望。（三）不使海內外軍民感到惶惑。』他更申述他的意思說：只要這三個顧慮不發生，而反共復國重任的完成，有了妥善的安排，他絕不為個人的出處考慮。（這一段根據工商日報二十六日台北通訊）

照蔣去年十二月二十三所說，只有一個意思，就是反對修憲；照本月十八『總理紀念週』所說，却有兩個意思，卽：不修憲，總統還是要做。至於如何在不修憲的原則之下，而又能使得他老先生安然連任第三任總統，這當然便是今後國民黨必須演出的一幕喜劇。

（三）

據工商日報二十六日的台北通訊，國民黨某權威人士曾對該報記者表示：『增加『動員戡亂時期臨時條款』將是當前達成總統連任的唯一途徑』。照一種正當的解釋，『臨時條款』的效用，完全與憲法的本文一樣，其增加的程序，也與修改憲法不異，說修憲特別嚴重，增加臨時條款便特別輕鬆，這僅僅只是一種把戲，一種騙局，一種最無聊的障眼法，一言卽蔽之，毀憲而已！

原來我們這部憲法，一共是一百七十五條，第三十九條，原規定得有總統可以『依法宣布戒嚴』；第四十三條，也規定得有總統可以『發佈緊急命令』。可是蔣先生不願受立法院行政院的牽掣，因此他堅持於憲法本文以外，必須加上一個『動員戡亂時期臨時條款』，因為不如此，便不合於他獨裁的天性。卽以最近這十年台灣的事實來說，『動員』本來也動不到那裏去，『戡亂』也從來沒有正式的戡一戡，可是『戒嚴』可以『戒』到無窮期，『緊急』可以『緊』到一輩子，於是凡憲法所賦予國民的基本自由，乃一切一切被剝奪得乾乾淨淨！說到毀憲，在三十四年四月增加這個『動員戡亂臨時條款』的時候，已經算是毀憲的開始，現在因為蔣本人非做第三任總統不可，又來一次『臨時條款』的增加，這也不過是再毀一次而已。

（四）

再研究蔣先生所顧慮的三點：第一點所謂『不使敵人感到稱心』，據我看，共產黨所最稱心的，乃是蔣先生繼續做總統，因為必如此，台灣才可繼續獨裁下去，人心才可繼續瓦解下去，美國才有機會繼續干涉下去，共產黨也才有間隙繼續統戰下去，尤其要緊的，乃是必須保存了蔣先生這一套，共產黨對大陸人民也才有以自解：『看，蔣某人不還是從前那一套嗎？你們因為不滿意他從前那一套，才來和我們合作，如果你們現在又動搖，充其量也不過回到從前的老樣子，這究竟於你們有什麼好處？你們以為他們最近所通過的一份『光復大陸政治行動綱領』將來當眞的會實行嗎？如果他肯實行，過去他們在大陸二十年，為什麼不實行？最近十年他們在台灣，為什麼依然不實行？前不實行，後不實行，一定要等到他們重回大陸才實行，這還不是一個老騙局？』如果敵人眞把這樣一番話向大陸人民去宣傳，我眞不知道要把大陸人民弄得如何嘀笑皆非啊！假定第三任總統另外換上一個人，情形便可能兩樣，你以為敵人反會感到『稱心』嗎？

第二點所謂『不使大陸億萬同胞感到失望』，我看這一點顧慮也大可不必。大陸人民在過去十年所受的痛苦，可以說已經登峰造極，他們確實是天天希望得着拯救的。可是過去的十年，蔣先生固儼然是在台灣做着第二任總統的，但對他們究竟有不有過絲毫的拯救呢？過去十年如此，未來的十年可知，換言之，蔣先生做總統，他們的痛苦不因之而減；蔣先生不做總統，他們的痛苦不一定因之而加；說他們對這件事漠不關心則有之，失望不失望，何從說起？

第三點所謂『不使海內外軍民感到惶惑』，據我想是要分別來看的。蔣先生不做總統，台灣人民是不是會感到惶惑，這要問台灣人，我不得而知；至於經過澈底黨化與提倡個人崇拜的軍隊會相當惶惑可能是眞的。蔣先生一旦不做總統，軍心便會惶惑，這便是軍隊必須黨化的最大理由，也就是蔣先生政權唯一的資本！至於海外人民，眼看台灣種種措施，早已惶惑了十年，等不到現在；假如蔣先生放棄總統不幹，這也許是他們解除惶惑唯一的希望哩！

（五）

關於這個問題，我們的話已經說得很多，我們既不贊成修憲，當然更不贊成增加『臨時條款』實際就是不贊成蔣先生再幹下去，而對國民留下一點去思。可是我們充分明白，我們的話是不會有效的，惟其知道無效，我們乃不能不在這裏澈底的說一說。

× × × × × ×

讀柏森斯講演後的感想

劉裕畧

美國主理遠東事務的助理國務卿柏森斯於五月十九日在紐約遠東美國工業協會發表了一篇誠摯而有內容的講演，我覺得很值得一讀。

他這一篇講演，包括有下列各要點：

一、他肯定「亞洲共產黨如今已事實證明他們的目標和他們的蘇聯師傅所具有的並無區別」。

二、他認為亞洲各國正為中共所「覬覦」。

三、他看清楚了亞洲各國「個個害怕美國會退讓。它們倒是看到美國實踐了它的承諾而大為欣慰」。

四、他體會到「亞洲民族主義的增長力量，也就是成為它們決不會自動接受共黨解決辦法的一種更可靠的保證」。

五、他確認為美國的「對華政策不僅是遠東政策中一個主要部份，並且亦屬全球性政策的一個主要部份。」

六、他認為美國的「政策不應忘記東歐人民，也應該同樣的不要忘記亞洲共黨統治下的人民。」

七、他又認為兩個中國的政策行不通。

八、而且「在亞洲採取一種維持現狀的政策，就會將共黨在中國大陸上的統治繼續」。

九、他最後還作結論說：美國的「對華政策——那是對亞洲政策的一個主要部份——並不是一種維持現狀或靜止的政策。」

把上述九點拿來與美國有關亞洲的其它政策性演說比較，顯然，這是很有內容而且很有意義的一篇。我之所以特別提出來加以讚揚，也就在此。但這不是說我對他的演說沒有意見。我的意見是：

美國既然確認中共與它的蘇聯師傅的目標相同，既然確認中共是亞洲的禍根，那末，美國在亞洲製訂一套包圍中共的方案，有如在歐洲包圍蘇聯的方案，應該是基於此一認識而來的合乎邏輯的必然結論。然而包圍中共的具體方案在那裏呢？以言東南亞公約，其實質力量，就決不如北大西洋公約，這是誰都知道的。本來，進一步看：此類集體防禦方式根本就並不超出圍堵政策的範疇。而圍堵政策的作用原就有限。因為圍堵之不能解決中共，正如用圍堵方法不能治療癌症相同。何況地面可以圍堵，空中就不能圍堵？軍事可以圍堵，政治、經濟、思想等就不能圍堵，所以，我始終認為無論對蘇聯或對中共，若要眞正解決問題，美國必須從圍堵政策躍進一步，躍進到解放政策去，並且堅決實施解放政策。當然，從民族主義及民主主義加強亞洲各國對共黨的抵抗力，乃至在亞洲設法充實圍堵性質的集體防禦工作，無論是多邊的或雙邊的，在未能實施解放政策以前，自亦有其意義。因為圍堵政策乃解放政策之基礎，先把圍堵工作做好，對解放政策的實施自然也就減少了許多困難。若圍堵且不可能，則解放何從談起？不過，必須認清的是：圍堵決不是目的，只是方法，圍堵也決不是終點，只是過程。而且，今天對於這過程是應該從速通過的。

另一方面，我願指出的是今日的亞洲乃至今日世界都需美國的決心和魄力。認識問題誠為解決問題不可或缺的第一步，但却不是解決問題的最後一步。要解決問題，除了對問題必須有明確認識以外，還需決心和魄力，以美國亞洲政策所意識的中共問題來講，在認識問題這一方面，可以說是已經握住若干要點了，至於美國政府的決心和魄力如何？則全世界的眼睛就還正等待着它的表現哩！

現階段中共政權的危機

金達凱

中共的第二屆人代會第一次會議，已於上月底結束，其政權主席的交替工作雖告完成，但其它許多問題則迄未解決。因之可以看出，這次會議是他們最黯淡的一次會議，也說明擺在毛澤東和劉少奇面前的將是一個更艱難的局面。

一、公社化的低潮

首先是「人民公社」的問題。從去年四月河南遂平建立「衛星公社」開始，一年來的時間中，全大陸一億二千萬戶農民已被組成二萬六千個實行工農商學兵合一和政教合一的公社。從一方面看，他們已達到了瓦解社會組織和裏脅人民羣衆的目的；從另一面看，則政治、經濟等方面又發生了不少問題。因此在武漢會議時，他們即曾作出緩辦城市公社和檢查整頓農村公社的決定，批評「宣佈人民公社立即實行全民所有制，是一種輕率的表現」，承認「過早否定按勞取酬的原則，企圖在條件不成熟時勉强進入共產主義，無疑是一個不可能成功的空想」。而這次人代會，對公社問題竟無任何討論或決議，在周恩來、李富春、李先念等的政治經濟報告中，都未具體提及公社，而鄧子恢的農業報告，反供認出人民公社的許多缺點。他說：「絕大多數公社剛一成立，就忙於對各種生產工作，對於鞏固組織、健全制度，以及由於建立公社而產生的有關生產、分配、生活福利、經營管理等方面的問題，一時也來不及解決，從而產生了一些缺點」。可見大陸「人民公社」之由高潮轉入低潮，人代會之不付討論，實有其內在的原因。

「人民公社」所產生的缺點，在經濟方面來說，造成大陸城鄉經濟的混亂，影響了中共整個財政制度和農業稅收及農村工商稅收。同時在一度取銷「按勞取酬」和廣泛破壞民間家庭關係的情形下，又降低了農民勞動情緒，導致若干生產的下降。中共一九五九年的預算中，在經濟建設支出項下，增加對人民公社投資十億元，作為對公社的財政補助，也無異說明人民公社已成為他們的一種負擔。

其次，在政治意義上說，人民公社對中共的階級鬥爭也產生不利的影響。過去數年，中共之能順利通過「土改」和建立「農業合作社」，並能在農村取得絕對的統治，其基本因素，是在於劃分階級，使農民內部發生分化，而中共從中操縱，運用貧僱農，團結中農，以打擊地主富農，而現在「人民公社」成立，貧僱農、中農以至富裕中農都是社員，農民間已失去鬥爭對象，農村中的階級對立已不存在。反之，廣大農民却與中共形成統治者與被統治者的矛盾對立。這一情勢的變化，無疑地是對中共的極大威脅。

在上述政治經濟的雙重影響下，中共既不能繼續盲目冒進，實現農村與城市的全面公社化，而擴大自身的政治危機；又不能遽爾改變方針，解散公社組織，而宣告整個政治路綫的破產。此一進退維谷的窘境，是毛澤東所感棘手，也當是劉少奇面臨的困難問題之一。

二、經濟上的難關

中共當前的第二個難關，是經濟問題。連年以來，由於物資的缺乏和對重工業的擴大投資，使大陸經濟早已捉襟見肘。而自上年金門砲戰，和今年的西藏問題發生，其經濟負担更為加重，（中共一九五九年預算，軍費支出比五八年增加百分之十六，達到「人民幣」五十八億元，實數當還不止此。）因之一方面造成物價的上漲，據「統計研究」的統計：大陸八大城市零售物價指數已上升百分之七點七，農產品價格指數上升百分之二二點一，工業品方面，食鹽價格提高百分之一一，呢絨提高百分之六點八，高擋乙級紙煙提高百分之六點五。

另一方面，則減少對外貿易的輸出。一九五八年下半年，中共取消了若干輸出合同，如取消輸往英國的棉花和廢棉紗的合同，取消輸往芬蘭的砂糖合同。今年以來，輸出東南亞各地的土產品也大為減少。五月十八日出版的「美國新聞與世界報導」，也指出「北平去年所發動的打入世界市場的大規模運動，已成為一個最大的失敗。此時應當忙碌的中共港口，現都一片空寂，進出口商等待數月之久，仍無買賣交易」。這是中共物資枯竭的又一例證。

因此，中共解決經濟困難的唯一辦法，是寄望於今年的「大躍進」，其一九五九的經濟計劃，把四項主要產品——鋼煤糧棉的產額提高百分之六十，以企圖繼續展開對民間的搜括和對工農勞力的壓榨。但是李富春的經濟報告和李先念的財政報告中，則又直率供認他們今年的生產任務難於達成。李先念說他們許多中小型企業是在去年大躍進中倉促建設起來的，「技術基礎差，原料和材料困難，管理經驗不足，勞動力組織也有很多不合理的地方」。因之在工業生產上還有許多困難。李富春也說：「一九五八年的增產，不是一件輕而易舉的事情，糧食和棉花的生產，目前還缺乏必要的農業機械和化學肥料，抵抗自然災害的力量不强，勞動力尤嚴重不足……」而且今年又有嚴重自然災害的迹象，據鄧子恢的報告：一九五八年雖是豐收年，但大陸遭受水旱風蟲等自然災害的面積還達四億七千萬畝，經過抗旱防澇等種種搶救，仍有一億畝成災，以致減產和失收。今年怎樣呢？東北地區去年冬季下雪很少，開春以來雨量很少，大部份耕地必須抗旱播種。而今年四月上旬，安徽、浙江和上海等省市，又遭受暴風雨和冰雹的災害，有一部份冬麥、油菜和早稻秧受了損失。此外河南、山東等省又發生了蟲災。從主客觀條件來看，今年中共的工農業生產計劃必無法完成。其經濟困難既無法解除，則所發生的後果，自不難想見。

三、國際統戰的挫折

目前中共的第三個難題，是西藏問題不僅動搖了中共對藏族地區的統治，不僅引起西北各省和整個大陸人民的反抗，而且對中共的國際統戰也有不利的影響。

過去數年，中共在國際關係上，除緊靠蘇聯外，其另一方式，就是勾結印度，對亞非各中立國進行統戰活動，並利用印度，以企圖敲開聯合國的大門。但現在由於西藏問題發生，特別是達賴喇嘛的出奔印度，使印度與中共的關係，走入前所未有的低潮，因而使中共的國際統戰，將遭遇空前的挫折。

（轉下第三版右角）

高峯會議應即不開

啟德

東西外長會議在日內瓦從十一日起已經開幕了。截至今日為止，觀察其發展的經過，其前途是未可樂觀的。

蘇聯提出東德為會議的平等會員，但美英法予以拒絕，只承認東德西德該兩國代表團以顧問地位列席。

蘇聯提出波蘭捷克立即以平等資格參加會議，但美英法予以拒絕，認為應在較遲階段才加以決定。

美英法提出一項「整套」建議，其中包括下列四點：（一）使德國恢復統一；（二）柏林的過渡地位；（三）歐洲安全計劃；（四）與全德政府締和約。但蘇聯代表葛羅米柯甚至不加真正考慮，就指為一派「胡亂拼湊」。

蘇聯隨着提出它的具體建議：「締訂對德和約，使西柏林成為非軍事化的自由市，西林柏的政治地位，則由美英法蘇與聯合國會同管制，加以保証。」但這個具體建議，美英法堅決表示拒絕。

由此可見，日內瓦東西外長會議，不管如何有人企圖挽救，是不會產生什麼積極協議的。所以，美國務卿赫德會於十四日，含有警告意義地說：「如擬使東西方開成高峯會議，東西方這次在日內瓦召開的外長會議，必須完成下述三項目標：（一）盡可能在更多方面達成確切的協議。（二）減縮彼此間的異見。（三）應即擬就建設性的建議，供假使於今年稍後時召開的最高階層會議考慮。」言下之意，如果蘇聯態度仍然如此，高峯會議就會召開不成。而前日對蘇聯的警告，更屬明顯。

在這裏我們應該注意：關於高峯會議，在東西兩方的心目中，看法原是不相同的。在蘇聯看來，高峯會議是必然會接着召開的題中應有之義；英國有類似的看法；但美國則以這次日內瓦會議的進展如何，才決定召開；法國有類似的看法。

這亦就是說，關於高峯會議的召開，不但東西兩方之間之看法不同，就是在西方三國之間，亦是存在着歧見的。因為如此，在日內瓦會議中的手法，亦就顯出各異了。蘇聯認為日內瓦會議是高峯會議的「籌備」，所以不企圖謀求達成一些協議，甚至以此為要挾敲詐手段，而達成高峯會議的必然召開。美國則認為日內瓦會議為高峯會議的「條件」，所以頗為認真地考驗蘇聯的是否有協議的誠意。至英國則介於兩者之間，但衷心希望高峯會議的必然會接着召開。當美國務卿赫德提出上述高峯會議召開的三個目標亦即條件之際，英外相勞合就接着說：「東西方外長會議如果達成赫氏舉出的三項目標，將屬再好沒有，如能達成一兩項目標，亦屬佳事。」英國的神態，可說是表露無遺了。

我們可以預料，日內瓦如果再如此這般地開下去，或是日內瓦會議如果沒有獲致一些協議，關於高峯會議的召開問題，就勢必成為東西兩方的中心問題。我們擔憂的，不在此，而是在於西方的陣營可能因之而發生破裂。

再清楚些說，由於英國首相麥美倫自杜爾斯病後的企圖爭取領導權，由於他的天真地認為蘇聯赫魯曉夫並不是說着玩兒，而確是會接着有行動表現的，以及由於英國朝野的駭怕原子武器的降落英倫三島，可能別出心裁，不願再裝扮今日表面上的與美國團結的姿態。

高峯會議，本來是個要不得的東西。第一、過去亦曾舉行過高峯會議，但並沒有解決什麼根本問題；第二、它是兜過了聯合國，等於摧殘聯合國近年來辛勤建立起來的聲威；第三、它不啻是証明了世界事情，操縱於一些大國之手，而所謂國際民主的幼苗，從此很難生長起來；第四，它又不啻是證明了美英法追隨於蘇聯之後，只有領袖或首腦才算數，其它政府官員都不能算數；這亦就是說，西方所寶貴的民主政治的制度和精神等等，在冷戰中，給蘇聯掃蕩殆盡。這才是我們所最憂慮的地方。

美國艾克總統起初不願接受高峯會議的態度，是對的：由於英國首相麥美倫的慫恿，退而有條件地接受高峯會議的可以召開，我們頗能同情和諒解美國的處境；但若這次日內瓦會議沒有獲致任何協議，而結果還是參加了高峯會議，則這不但是上了蘇聯的圈套，並且實是考驗了美國領導自由世界的資格和能力，確是有些問題的。

× × × × ×

爲什麼要輕棄國籍？

——台北當局應該痛切反省——

何光

二次大戰以後，中華民國在國際間，躍居五大強國之一。在聯合國處於領導地位，在處理世界事務上，擁有決定權力。但在已往十三年間，中華民族遭遇着空前危難；國家自尊受到了重大傷害。相與俱來的，中華民族五千年來的傳統文化，又一次被摧殘；中國人民的愛國心理，同時也受迫害。不然，爲什麼竟有數以千計的中國人，甘願委棄本國國籍，不辭困難麻煩，申請落籍別國。這到底是什麼道理？看來，絕不如一般人所說：「逃避救國責任。」也不是單純的爲了「遷就現實」。稍加檢討，可以確信問題並不簡單。

一位入籍英國朋友，曾因被要求解釋放棄中國國籍原因時，很沈痛地說：「我承認，這是我生平不願做，而竟然做了的一件可恥的事。但是，你們也該了解，我愛我的國家，也愛我們的同胞；我酷愛自由，不能忍受奴役。於是，我捨棄了家——五千年來根深可愛的家鄉，來到海外；當然，我滿懷希望——滿以爲可憑我的知識、能力，去貢獻於危難中的國家。香港去台灣並不太遠，坐飛機只消二小時半；誰能相信，我想盡方法，去台灣比到英倫還難。」

他說：「我要生活，我不能爲了歸國的無期盼望，無緣無故戕害我的生命——不死於奴役而爲饑餓犧牲，被迫着作了新的選擇，直到我被批准入英國籍之前，我並不放棄每一個投奔祖國、效忠國家的機會。現在，這種機會顯然已經喪失。但是，我在前兩年，我想到越南、印尼華僑寧死不甘失去本國國籍時，我的內心只感到慚愧，我一再反問我自己，爲什麼要這樣做？理智告訴我：現實的生活負擔，不作這樣的選擇，不能改善一家人的生活——英國人的待遇，比華員要高得多。」

「我以爲，我只要不出賣我們國家、民族利益。本人生以服務爲目的，盡我的知識、能力，爲社會爲人羣服務，求心之所安。試問還有什麼需要作進一步解釋？」

當然，任何一位尊重自由人士，絕不會反對別人作自由的選擇。何況政府曾就華僑國籍問題，早經一再宣示「任由僑胞自行抉擇」。然而，台灣當局頻年對於流亡撫輯不加重視，令人不能無憾，本年度已有兩批知識人士徙置美國，其中固不乏有專門學識者。他們如果有機會回返自己祖國懷抱，也無意遠涉重洋，這種恥辱和損失，似乎絕未爲台北重視和珍惜。我們並不忽視台灣人口，現在已發展到嚴重階段，但任何一個現實政權，總不擬基於人口繁殖率增加理由，拒絕有助於國家建設的人才入境。

雖然，年來美籍中國科學家輩出，台灣對科學敎育，已開始重視。事實上距離學生的基本要求，依然仍甚遙遠，例如某一醫學專門學校，對本身學術，反不重視，起居動作却當一件事情做，不必要的拘束箍緊了科學頭腦，要想在本科進步，不曾擬人說夢。早先，「自由人」報對這個問題，一度提出來檢討，作者曾把它描繪爲「甕中敎育」，照理應該及時改善，誰知校方非但不此之圖，而敎育部猶恐該校學生轉學他校，竟將歷年來的轉學辦法取消。以致獲准轉學的學生，不能不中途輟學，回僑居地重行參加考試；但是，若干回僑居地重行考試及格者，名單送進敎育部之後也遭取消。這是一種戕害學生心理、損害國家利益的暴舉。

殊不知學生頭腦單純。經過這次挫折，一顆熱愛祖國心情，迅卽冷卻。於是，有的去加拿大，有的去了澳洲，有的準備考倫大。他們的家長呢？顯然比他們更悲憤，爲了自己子弟學業前途，升學便利，忍痛捨棄了本國國籍，四處找人設法申請入別國國籍。無怪乎過去十三年間，僅香港一地華人，申請入英籍的，竟達一千四百三十四名之多，其中八百一十四人已正式被批准，並發給証書。其他美、法、加等國更無論矣。試問：李元烱（火箭學專家）、李政道、楊振甯（上屆諾貝爾物理學獎獲得者）這些被稱做「美籍華人」是不是中國人之光？抑係中華民國政府之恥呢？

感念之餘，我們以爲基於「科學無國界」觀念，追求學術顯非「紅顏」可比，爲一怒而棄國籍，自不能與吳三桂比擬，相提並論的。不過，台北當局若不懲前毖後，力圖更張，到底不是國族之福。

×　×　×

現階段中共政權的危機

（接上第二版）

從一九五四年，中共與印度簽訂關於印度與西藏地區的通商與交通協定，提出「和平五原則」的口號以來，中共卽以此口號作爲攏絡阿富汗、阿比亞尼亞、伊拉克、中非聯邦、黎巴嫩、沙地阿拉伯、也門、尼泊爾、錫蘭、印尼、高棉、寮國、緬甸等國的工具，挑撥其民族運動，以驅逐西方勢力。此後赫魯曉夫到北平與中共聯合發表關於兩國外交政策的聯合宣言，亦宣佈以「五原則」作爲他們和亞洲及太平洋地區的各個國家的關係的基礎。這些不能不說是中共在國際統戰上的一項成就。

然而自西藏抗暴事件發生後，中共的眞面目已暴露無遺，印度各大報紙用漫畫描繪毛澤東是「可惡的雪人」，「不能進聯合國的野蠻人」，而尼赫魯也一改過去態度，指責中共違反共「和平五原則」，說中共口中的「和平」，「已差不多像霹靂或者像小規模戰爭一樣」。並說：「我們這些年來一直爲之努力的，寄寓於潘查希拉和萬隆的東西，已受到極大的損害，這不僅對西藏來說，是一個悲劇，而且對我們中間許多人來說，是一個更大的悲劇」。尼赫魯態度的轉變，不僅中共今後難以利用印度，而其它亞非各國亦必然憬然覺悟，以避免上當的。

綜上各項所述，可知中共目前的處境是相當困難的。毛澤東的辭職雖然包含有各種原因，但其無法解決政治上和經濟上的困難，當爲重要原因之一。而劉少奇的才具與條件，自更難破此一艱難局面。（完）

納基「論共產主義」引言

維新譯

我願用引言的方式聲明，我寫這個論文在蘇共第二十屆代表大會之前，主要是在一九五五年夏天，實際上完成於一九五五年九月。我希望匈牙利工人黨（按：卽共產黨）中央委員會能於該年秋天討論我的案件。

既有此希望，我準備將我的論文提到中央委員會，以爲我的原則的辯護、同時，作爲自一九五五年三月以來對我所作各種公開指控的細節答覆。如所熟知，我的案件沒有到討論的階段，我也沒有任何機會說明我的觀點或反駁對我所作的無根據的指責和讒謗。在那個特定的時候，我的論文沒有放在黨的論壇之前。我的觀點未嘗在思想鬥爭的構架中或用合法的黨的程序獲得澄清，就被開除出黨了。

從那時起，有重大意義的事件在我們的眼前出現，其中，蘇共第二十屆大會算是最顯著的了。這使我相信，用書面聲述我的觀點，以駁斥對我所作的指控和無根據讒謗，不會是徒然的，正如在被黨開除和蘇共第二十屆大會以後，我增添一或二章，俾使論文更合時宜一樣，不致白費心思。

準備這個論文並不落空，因爲蘇共第二十屆代表大會後，我將論文重讀一篇，它加強了我在基本原則問題上我的立場正確的較早信念。最近的事件已逐漸地引我採取決定，如情況許可，將這論文置於黨員面前，並讓黨員們思考我對外界指控的答覆。到今日爲止，我保持了緘默，因爲我被禁止出聲。但是，我現在覺得，對黨聲述是我的義務。有幾個情況已引我這樣做。第一，在過去的屢次會議中，黨員們的正直要求，我的案件應提到黨中公開地處理，這樣，可給我一個解釋我的觀點的機會。

另外使我發言的情況是所謂領導方面一反共產黨人的傾向，道德和原則，作了空前未有的謊言、誹謗和傷害，他們自蘇共第二十屆大會以來，藉這樣的誹謗和厚顏的謊言、轉變「思想鬥爭」從思想的到個人的範圍。我欲在我的論文中証明，我不願沿此路綫追隨他們，因爲這路綫與列寧黨組織和共產黨人道德正相反對。我願在思想鬥爭的範圍以內用理論進行戰鬥。

最後，一項事實使我將這個論文公開，卽黨和匈牙利的報紙與雜誌不給我以公開的觀點的機會。這樣，我被剝奪了將論文內容告知黨員和一般民衆的一切手段。

一九五三年六月以來，黨領導中鬱積未散的政治、個人和思想的分歧引起黨員和一般民衆的注意。我不願個人的問題，雖然，個人問題會在對我所進行的政治迫害中有重要的作用。由原則分歧所引起的問題的澄清是最爲重要的。爲馬列主義及其對匈牙利形勢的適當應用而進行的戰鬥分析到了最後，是保持權力在人民的手中的戰鬥。這是這些思想和政治分歧的基本問題。這些問題明顯地不能夠用片面指控所造成的決議被解決和澄清。必要的先決條件是：所有可能發生的思想和政治分歧必須藉基於原則的辯論用正當理論和最大的公開來解決。這是絕對地必需的，因爲這是唯一適當的馬克思主義的科學的方法，和澄清思想問題的黨的方法。所以有此需要的緣故，是因爲這些都是有關黨生命和建立社會主義的基本問題。最後，辯論是必需的，因爲指控像針對部長會議前的主席（按：卽納基自己）而發，黨員和全國人民要明白地知道實際所發生的事情是非常正當的。……

如果我們要保證黨內原則的統一，我們必須結束思想和政治的混亂。爲此，只有一條可行的道路：用對原則的辯論和用意見的自由交換，來澄清意見的不同。

爲了這個緣故，寫成了這個長篇的論文。我已試圖證明中央委員會三月決議的論點是不正當的和無根據的指控。該決議說：「右派的意見在我們黨和國內已變得這樣危險，因爲納基在他的演說和論文中支持這些反馬克思主義的見解，而事實上，他原爲宣佈右派意見的一人。」

我正試圖用事實和理論證明中央委員會四月決議所稱是沒有根據的。（按：該決議會謂：「納基同志的這些反馬克思主義、反列寧主義、反黨的見解形成一種複合的系統，一種散佈於政治、經濟和文化生活各個領域中的態度。納基同志的活動已對我們黨、我們的人民民主和我們的整個社會主義結構造成嚴重的損害。」）

所有這些是沒有任何證據、事實或證明的。我不循此路綫。我的觀點、我的權利、我的觀念的正確、我的馬列主義信念，我將用理論和實際的事實加以證明。在一個或另一問題上，我的觀點不正確是可能的。黨的辯論能夠澄清這一切。讓他們用馬列主義的教義和方法證明我是錯誤吧！在我的論文中，我已說明我的信念，此種信念我將保持，直到他們用馬列主義辯論和方法的科學方法能夠証明我的錯誤的時候爲止。

爲了我的信念和見解，我準備忍受愚蠢的讒謗、政治的迫害、社會的排斥和深深的貶抑，一如我在過去所受的。我也對我眞實所犯的錯誤負責。我不願爲一事接受責任：放棄我的基於原則的信念。

蔣總統將再連任嗎？（台北通訊一）

靜觀居士

月來軍政當局雖然一再發出中共可能又於今夏在台灣海峽蠢動的警告；但目前最爲台北朝野所關切的，却是蔣總統是否再連任的問題。

自從去年十二月二十三日蔣總統在光復大陸設計委員會宣佈反對修改憲法以後，此一問題即逐漸由幕後的醞釀進而爲公開的活動。過去數月還祇是若干國大代表在那裡喧嚷；最近則所謂政府官員也要出馬向外國記者發表談話，認爲蔣總統一生不能由他人代替。可見，形勢已經相當的緊張了。

是誰擁護蔣總統再連任？

大抵主張或希望政府作一番改革的人們，都希望蔣總統不再連任。雖然他們也深知在現局之下，即使總統易人了，政府也不一定能改革，更不一定能改革得好；可是，改革總比不改革好。如果蔣總統再幹下去，那就壓根兒沒有改革的希望了。因此，他們總希望能變一變。然而在另一方面，官方和與官方有關係的人們，則主張蔣總統應連任下去，最低限度，也要等到光復大陸後才可以考慮退休的問題。

蔣經國的態度

蔣經國是擁護蔣總統幹下去最力的人。自政府退守台灣以來，經國的勢力即蒸蒸日上，他雖然直到今天在政、軍兩方面都還沒有取得合法的領導的地位；然而事實上却已無所不管。不但從事黨務的人必須走他的路綫，就是軍中的人事異動，他也可以至少操縱一半；尤其是他主管特務，誰都得敬讓三分。可遺憾的，是經國的勢力雖然日益强大，而人們對於他的信仰却成了反比例。因此，假如蔣總統眞的不再連任了，無論誰來當總統，都不會再給予他以如此衆多的法外權力，他怎能同意？更何况經國本是一個有大志的人，他自信再假以數年，一定能够控制台灣的整個局面而繼承乃父的大業。所以，更不願總統的寶座輕易的被他人先佔去。聞最近他曾對其親信說，當一條大船將要從一座不很高大的橋下駛過的時候，許多人都躭心船身太大可能過不去；但是船到橋邊也就自然過去了。這說明他認爲蔣總統再連任的問題到時自會解決的。至於如何解決呢？看來在最近的期間還是不會明朗化的。

CC分子及其他

爲了陳立夫被放逐，這些年來，CC分子對於蔣總統，蔣經國和陳誠都沒有好感；可是他們仍幻想祇要蔣總統繼續下去，終有一天他會召回立夫的。一旦立夫上台，他們又可以重新掌權了。因此，他們無時不在察言觀色，相機行事，以求蔣總統對於立夫回心轉意；可嘆迄無結果。如今既有修改憲法之議，他們認爲此機不可再失了。除了竭力擁護蔣總統再連任以示其孤忠外；並力陳無論修憲或增加臨時條欵，都必須在國民大會和立法院中有妥善的部署；如要安撫並確實控制在該兩機構中的CC分子，使其確守中央決策，則非召回立夫不可。聞說，當局已匯美金三萬五千元與立夫，囑其迅即結束農場，回台候命；並可能出任國民黨中央黨部秘書長。眞象如何，尚難証實；但CC分子亟欲促成陳立夫及早回國，則是此間盡人皆知的事。

除CC分子而外，國民黨內有歷史有聲望而可稱爲年高德劭的要員，也多希望蔣總統連任下去。他們平素對蔣也頗有煩言；但因深知此時此地他們已不可能發生任何作用，更不可能被蔣指定爲總統繼承人；於是，祇得以一種阿Q的精神，擁護蔣做下去。因爲萬一蔣眞不幹而由陳誠來繼任總統，對於他們來說，未免太難堪了。

陳誠與蔣經國

有些人說，擁護蔣總統再做下去，即等於幫助蔣經國而打擊陳誠；反之，反對修改憲法，便是幫助陳誠而打擊蔣經國。在咱們這一個國度裏的，無論對政治制度的討論或對學術理論的研究，都會滲入人的因素，好像眞理永遠是跟着人走的。五十年來，是非不明，正邪不分，政風日壞，國事日亂，這也許是主要原因之一吧？今日反對修改憲法，原屬法的問題，應與總統姓蔣姓陳沒有關係，何來擁蔣擁陳之爭？且就事實而論，據深知內情者的觀察，陳誠如有機會升任總統，自必十分樂意。但他所以有今日的地位，雖然也由於半生的努力和時會使然；而蔣總統對他的提携，却是一個最重要的關鍵。因此，如果蔣總統決心連任下去，陳誠還是會衷心擁護的。那些以爲擁護蔣總統再連任就等於打擊陳誠的設想，未免鑽牛角尖了。記得所謂第一屆國大第二次會議在台北開會時，也會有人以爲陳誠與蔣經國之間有矛盾，前後者絕不會同意前者升任副總統的；然而事實是陳誠不但做了副總統，還做了國民黨的副總裁以迄於今。由此可知，陳誠與蔣經國縱有矛盾，仍非不可以調和的。（未完）

請台灣用事實來援藏（讀者投書）

方祥

自從西藏同胞對中共正式揭開反共戰鬥以後，我就在隨時留意西藏反共武裝的實力，及台灣究竟有無援助？

據五月廿一日拉薩新華社電說：藏軍稱總司令作「馬基」，總司令的司令部稱作「馬基康」，下分六個「代本」，（每個代本大小不一，約相當於一個團。）在大陸淪陷前，六個代本的總人數原只一千四百多人，但一九五六年下半年，一代本增加了二百多人，二三代本各增加三百人，四代本增加一百人。一九五八年五代本增加二百五十人，以上各代本連原有人數共達三千人。而武器方面，則最近四年，一代本增加廹擊砲八門，輕機槍四十四挺，衝鋒槍二百支，步槍三百支；二代本增加廹擊砲六門，山砲八門，其它砲八門，輕機槍四十八挺，衝鋒槍五十支，步槍二百支；三代本增加各種砲十四門，重機槍四挺，輕機槍二十挺，衝鋒槍三十二支，四代本增加重機槍一挺，輕機槍六挺，衝鋒槍十五支，步槍一百支；五代本增加步槍二十五支；六代本增加廹擊砲二門，輕機槍六挺，衝鋒槍一支。我們若以上述裝備與現代進步國家之武器相比，誠不足道，但在地形複雜之西藏高原作戰，則仍有不可低估之實力。目前藏胞之逃入印度者雖已逾一萬三千人，但尚未有藏軍逃印的事。而中共方面亦未有擊斃或俘虜此項藏軍各級指揮官之消息，可見藏軍之「馬基」凱墨。索安旺堆（會留英學軍事）及其部隊，現刻仍在西藏地區作戰。換言之，這說明現在若予西藏反共武裝以援助，其前途正是仍舊大有可爲的。因此，我呼籲台灣應在此時機用實際行動來支援西藏。機會萬萬不可再失了。

保障人權的諷刺

介人

筆者曾在本報三十二期，以「五光十色的法院新聞」爲題，對於台灣的司法新聞有所報導。有關司法方面的改革，現爲各方所重視的，則爲保障人權與寃獄賠償問題，各報對此亦不斷有所評論。

憲法上的規定

關於保障人權的規定，憲法第八條規定任何被逮捕人犯應於二十四小時內移送法院，又第九條規定，除現役軍人外不受軍事審判。但由於軍法與一般司法之劃分始終未能清楚，延長羈押辦法之始終未嘗修正，憲法上這二條重要條文，就始終未能實踐。

目前的實在情形是治安機關覓取被捕疑犯的罪証，在移送法院之前，往往不免使用刑求的方法，廹使疑犯認罪，而依照民國卅九年台灣高等法院檢察處與治安機關訂立的一項治安機關申請延長辦法，羈押疑犯超過二十四小時可因需要申請延長羈押一星期，又可申請延長羈押一星期，這樣治安機關拘禁一個疑犯普通就有半個月的限期，人民因犯罪嫌疑被捕動輒數日或十來天不送法院，而由治安人員疲勞式的偵訊或出之刑求，大則寃狂錄供，如「自白書」之類，小則身體的自由方面亦已飽受損害。

監察院的檢討

這些年來，保障人權在自由中國，可說是等於具文，各方面嘖有煩言。因此，監察院在前月於結束四十七年總檢討會後，曾提出「對一般政治之檢討意見」三十四點，其中對於人權之保障，特別强調稱：

政府對於人權之保障迭有改進，本院亦曾就軍法機關審判權，偵查權及逮捕拘禁權之限制，人身自由之保障違法行政處分，救濟等，分別提出糾正案，已由行政院注意改善，良堪欣慰。爲增進人民對政府之向心力，此事必須特予重視，續加改善。例如爲尊重言論及新聞自由，對於出版法之懲罰處分，必須特別審愼。國家總動員法對人民權益影響甚大，不宜輕率引用。違警法規定警察機關得拘留人民至七日之久，以及警察與調查人員難免以刑訊逼供。凡此皆易造成寃獄，誠應設法預防，嚴加訴追，並依憲法第二十四條建立寃獄賠償制度。」

監察院的檢討可說是針對時弊婉轉陳詞，提起當局的注意和改革。

谷鳳翔的聲明

自監院「對一般政治之檢討意見」發表後，司法行政部谷鳳翔即對記者表示：司法行政部已建議行政院定期邀集有關機關，就嚴格執行軍司法案件劃分辦法，及軍警機關對偵查中被告之延長羈押問題有所商討，以加强保障人權，避免非法剝奪人民合法權益與自由。

同時，臨時行政改革委員會對保障人權及寃獄賠償也曾提專案，當道亦已批交政院儘速研究實施，政院副院長王雲五於前次記者會中亦公開宣示此一方案列爲「優先」實施之類，可見對於人權之尊重與保障，已屬人同此心。雖施行日期尚未可必，而「陽奉陰違」情事能否切實徹底根除，亦不無可慮。

現階段的刺諷

可是就在各方面呼籲保障人權，響徹雲霄之際，這種「漠視」人權，蹂躪人權的惡事例，仍然是時有所聞。

例如台中市民王百川往銀行滙欵失窃，向警方報了案，却在刑警的刑逼下把他變成窃嫌，後來幸而眞賊落網，寃獄始得平反。又如市民吳明俊，由初審法院依據警方附送的「自白書」，按搶奪罪判刑七年，等到二審始獲取判無罪，蒙寃大白。從這些痛苦的例證中，在今天的自由中國，談到保障人權，莫不深引爲遺憾。但是儘管各方對於保障人權不惜大聲疾呼，司法行政部據說亦有具體辦法提出，祇是另據三月十二日台北某報披露：警務機關對於修正延長羈押辦法，頗有異議，一時恐將仍其舊貫，無修正之可能。足見保障人權在現階段，仍是徒託空言，何時實現，恐怕還是遙遙無期哩。

台北通訊二

我媽媽和弟弟被害死的經過

—大陸逃港學生的控訴—

楚雲

「土改運動」的劫火燒到我可愛的家鄉——潮安縣新厝鄉的時候。恰好我爸不在家，到金邊去了。家裏有媽媽細弟和我。那年我才十歲，細弟只六歲。家裏三代是地主，曾祖父時就有一百多畝田，到祖父時就只留給我爸爸和叔父兩人共卅多畝。後來我叔到金邊經商，他份內的田地託我爸管理。不幸叔父在四八年病危於異邦，我爸賣掉十多畝田趕往金邊去。但這樣的家在「土改」時仍被評爲「地主華僑」。我媽是個老實怕事的人，聞知即把剩餘的廿多畝全數獻給「政府」。誰知共匪窮貪不厭，仍唆迫我家佃戶和女用人在所謂挖窮根吐苦水的大會上門爭我們，在他們擺佈下，媽和我，連僅有六歲的細弟也難免，我們低着頭，流着淚跪在會枱上。由女用人阿福嫂領頭鬥我們。她的丈夫阿福父子兩代都是我家裡的長工，父子倆都喪命於傷寒病。阿幅嫂從小就在我家打工，她的身世很凄涼，父母早死留下孤伶一人，被我祖母收養在家。我媽一向待她很好，她和阿福的結合也是我媽資助成功的，她有個男孩比我弟大幾月，可惜出生不到一月就夭折了，所以她也是我弟的奶媽。阿福是在四九年死的。像她這樣可憐的身世已够痛苦了，而共匪却强她來鬥我們，敎她怎樣顛黑倒白，把阿福一家的死，說是我家對他們剝削的結果，是我家害死他們，她不停哭泣。我們整整跪一天，任人家謾罵辱侮，那些人聲勢洶洶，像一口要把我們吞下肚一樣，我們被嚇得抖哭着，尤其是細弟差點被嚇昏，他第二天就發高熱病倒了。共幹仍叫農民清算我家，所謂還清血債。

過了幾天，他到我家翻箱倒篋，把所有的東西一一登記，無一遺漏，又把我們母子三人趕到院子裏住，門戶被封，媽抱着害病的細弟，家裏的東西一點也不准我們帶，連食物也不行。就讓我們在院子裡挨餓，有時餓得受不了，我就偷偷地去拿些人家倒給猪狗食的飯菜來食。但一碰到那些監視地主的小鬼隊就給他們毆打。細弟的病在沒有醫藥治療，也沒有東西吃的情況下，不到幾天就病死了。我們被害到這種地步，沒有人敢對我們表同情，也不敢周濟我們。但共匪還不把我們放過，迫我媽把存貯的貴重的東西交出來，實在我媽一點東西也沒有保留。故被共匪捕去吊打一天，一隻手腕被吊得出臼，臉部被打得青腫。我在旁哭泣着，由於疲倦飢餓哭泣過度，我到半夜支持不了將漸漸要入睡時，隱約可聽見我媽對我說：「你要記住我和細弟怎樣死的！」那時因我在疲倦飢餓的摧殘下，精神有些昏迷，故不能立刻清醒過來，反而沉沉入睡。到了第二天醒來已不見我媽，我大喊媽把隣居驚醒，大家默默的圍着我們，不久「土改隊」隊長陳明和「農會」主席林馬厲聲追問我媽去那裡？他們一面派人找我媽；一面吩咐鄉外各路口的民兵注意，別讓我媽逃走，同時也不准我亂走，不久，在我家的井裏找到我媽，我抱着媽的屍體痛哭得暈過去，待我醒來已在阿福嫂的懷裏，她的眼淚直流落在我臉上，沙啞的聲音說：「我太對不起你們！」林馬把我强抱到「農會」的辦公室，派人嚴守着我。當晚住在汕頭的姨母趕到鄉裏來草草料理我媽的後事。把我帶到汕頭她家裏住下。阿福嫂就在我離鄉那天懸樑自縊。

我在汕頭進過第一中心小學，後來考進正始中學，在學校裏的同學都叫我「小地主婆」，不但不和我談話，甚至有些工農子弟的同學時常辱罵我，我是沒有還口的權利，只可回家哭，我眞是受不了那種階級的仇視，數次想退學不讀書。好得五六年我父親把我救出來，免得被他們磨折死。

我現在雖然已經自由了，但我怎能忘記我媽和細弟的慘死呢！

×　×　×

大陸僑生的「下放」和「外放」

扶風

一、大陸僑生怎樣「下放」

粵共爲了「照顧」畢業僑生，近來正在穗方各大中學校裏，展開對畢業僑生的「思想動員」。這項「思想動員」包括「爭取畢業僑生下社去」，爭取「專技畢業僑生到東北西北下廠去」，「爭取畢業僑生到邊疆屯墾去」！更有不少成積較劣；思想不純者，則一律不准升學，遣送返籍參加生產去。

無論他（她）們下社，下廠，墾邊，回鄉勞動生產，中共都一律美其名爲「下放」。其實與其說爭取僑生畢業者下放，毋寧說是用說服的方式强逼「下放」，而這一强迫式的說服便又被宣傳爲「自願」了，本來，誰敢說個不字，否則一頂反動帽子扣上，誰吃得消呢！

另外一部分畢業僑生被迫參加「黨團組織」，一參加組織，便要服從「組織決定」，縱然「下社」爲小共幹，下廠爲小職員，墾邊爲小頭目，但「不得脫離生產」。所以歸根結底，他們仍舊不是工奴便是農奴，過着大陸一股工農奴的牛馬生活，無法擺脫共方的奴役和宰割。

二、大陸學生怎樣「外放」

所謂「外放」是指某些畢業僑生「外放」回原籍或回原住地區工作之謂。無疑的，這些被「外放」的畢業僑生，是黨團組織裏面的人，肄業期間是積極分子，思想和行動合乎共黨所需要，而全心全意爲共黨效忠，經組織長期觀察認可而挑選者。

這一些「外放」者，經共方黨團於將屆畢業前，由校方黨團最高負責人，經個別談話，塡寫「八歲到現齡調查表」，從入學到畢業的「思想總結」，「勞動總結」，「學科總結」，畢業論文，海外原地住區的社會關係報告，回海外工作的志願書，保証書等等。經共方批准，「黨團會報評議」，然後按照「外放」僑生的出身，歷畧，專技，階級成分，海外社會關係，決定外放者應負何種工作，俟畢業後調赴有關部門作「專業訓練」。「外放工作」包括「特殊工作」，「統戰工作」，「宣傳工作」，「黨團工作」（包括工運學運商運等等），訓練結業後即以種種姿態外放到海外遣回原住處工作。

這些「外放」者，不但要把工作帶回去，同時要把組織帶回去。到達海外原住處時，卽向共方「地下機構」報到，今後一切卽服從該機構指揮，卽成中共在該地區之地下工作人員，否則恐怖的共方「地下系統」，對於『外放』後的叛徒，什麽都幹得出。所以，共黨這種「誘良爲特」，「逼良爲特」的作風。實在是值得回大陸升學的青年的人們參考的。

大陸部分作家惶恐發抖

曹操陰魂不散

陳正言

曹操雖然是一千八百年前的人物，但大陸最近却有許多作家爲他發抖。原因是一九五三年十一月二十三日，一部分所謂文藝理論家，文學史家和歷史學家曾經在北平舉行過一次座談會，包括：王瑤、王利器、文懷沙、汪靜之、吳曉鈴、浦江清、孫楷第、黃肅秋、舒蕪、游國恩、馮雪峯、路工、翦伯贊、魏建功、聶紺弩、顧學頡等十餘人，其中不乏知名之士，而是由馮雪峯、聶紺弩召集，且由馮雪峯主持的。名爲「三國演義」座談會，主要目的則在「對於這部古典文學名著應該怎樣認識和估價，怎樣幫助讀者和了解」，因此他們當時的心裏也沒有別的什麼顧慮，祗是根據唯物史觀的敎條，在不違反馬列主義的原則下對三國演義裏的人物故事作一番就事論事的討論而已，他們後來把這一次座談會的總結發表在一九五四年一月廿九日的光明日報上。

他們當時的結論是：「三國演義是鮮明的，一貫地擁劉反曹，帝蜀寇魏，對於孫吳，則其聯蜀反魏，或對蜀保持善意的中立時，則肯定之，於其聯魏反蜀，或對蜀採取冷眼旁觀的態度時，則否定之。這正是非淸楚，愛憎分明。就這個比較來看，可以說，三國演義在一個最根本之點上，較之三國志更反映了歷史的眞實性。」同時他們又說「反對曹操那樣陰險奸詐的統治者，擁護劉備那樣仁厚寬和的統治者，這種態度裏面所包含的人民性的因素，也是不容否認的。」此外他們又替劉關張鎭壓黃巾的事作了一辯護，說「其實劉關張參加鎭壓黃巾的戰爭那一段，在三國演義中並不占有怎樣重要的地位。而參加過這一次座談會的顧學頡則更在一九五四年八月十一日大公報發表了一篇「三國演義所塑造的曹操」，把曹操駡得狗血淋頭，一則說曹操用出賣叔父，欺騙父親的代價，換取了自己游蕩無度的便利，二則說曹操多疑而狠毒，以致殺了呂伯奢全家，三則說：……終則歸結到「欺騙和殘暴是剝削階級性的主要內容，也是剝削階級壓搾人民的重要手段。這二者貫串在曹操一生的行動中：在三國演義所描寫的曹操身上，我們可以看見典型的反動統治階級頭子的醜惡形象！」他們這樣的抨擊曹操，倒恰巧很像是在抨擊毛澤東及其集團，但五年前，這些抨擊都並不成問題，因爲那時候曹操與毛澤東並無關係。他們之中，誰也料想不到曹操與毛澤東會發生任何關係的。等到毛澤東追懷曹操「往事越千年，魏武揮鞭，東臨碣石有遺篇……。」的詞發表，再加上標準小人郭沫若爲了討好毛澤東，要替曹操翻案以後，這原來抨擊曹操維護劉備的一羣人便發生問題了。因爲他們幾年前抨擊曹操之言，現在很可能被指爲具有反毛思想的罪狀了。他們爲此惶惑發抖，他們也想翻案，但怎樣翻呢？他們正在爲此大傷腦筋，由此可見，什麽馬列主義，什麽唯物史觀都是假的，被迫幹討好與取媚毛澤東才是今日大陸一般作家的苦況哩！

大陸之窗

玉笛

隨着本報的改版，本版將開闢一欄「大陸之窗」，作爲對大陸的一種綜合的摘要報導。

和蘇俄一樣，大陸現在正垂下一層鐵幕，共產黨總以爲這一層鐵幕就可遮阻一切，無論自己在裏面怎樣胡作亂爲，外面都不知道。其實，這也不過是一層表示內面見不得人的蠢幕而已。如果內面見得人，中共何不把這一層鐵幕揭開!?讓大家看看，如果大陸是天堂，中共何不把天堂在大家面前展覽展覽!?

最近有一位朋友奉老板之命到廣州做一筆生意，共幹把他招待在招待所。他回港後說，招待所倒確實很舒服，只是走到街上一看，整個廣州都表現得窮苦不堪，人民面黃飢瘦，憂形於色。原來這招待所只不過是中共用老百姓的血汗來裝點的場面而已，自己住在裏面，再到廣州城裏訪問幾個親戚之後回到招待所，自己就忍不住流下眼淚來了。

他說，但是中共總以爲別人不知道，其實別人的眼睛都是雪亮的。這一位朋友說的話很對，整個大陸也確實就是這樣一回事。這算是開場白，今後當按週以千字左右的篇幅來評述它。

大陸逃港馬來亞僑生的控訴（上）

——我在大陸的經過——

鄭強

我在一九五六年八月畢業於廣東省人民教育廳主辦的「廣東省初中師資訓練班」第一屆，校址附設在廣州西村廣雅中學校內，一九五八年一月乘寒假探親機會逃來香港，現在是九龍一間大專書院一年級學生。

我是馬來亞出生的僑生，今年二十三歲，父親是馬來亞吉隆坡一間建築公司的工長，在一九四九年我考進吉隆坡尊孔中學初中一年級讀書，那時我才是十三歲的孩子，算術是全班同學中最好的一個，不但是全班中最好，而且在全校四班初中一年級算術比賽中得到第一名，學校裏的教導主任陳世麟老師對我特別關懷，他時常面露笑容，對同學很是謙虛，很喜歡和同學談天，講時事，問家世，介紹看進步書報，例如他暗中送給我一本毛澤東著作——論新民主主義，和一本二萬五千里長征故事，他講給我聽中國人民解放軍抗敵的故事，所講的都是一些共產黨如何為人民利益而犧牲的故事，我年紀小，頭腦簡單，聽老師講後很是羨慕共產主義，熱愛人民領袖毛主席，在校裏很多同學和老師說我進步了，思想前進。

一九五〇年陳世麟老師因為鼓動學生參加馬來亞共產黨和阻止青年學生參加馬來亞警察，阻止參加當英軍，散發油印反英傳單，破壞英國政府在馬來亞的人力動員法令而被捕出境，另一罪名是充任馬來亞民主同盟吉隆坡支部委員。陳世麟老師於一九五一年回到廣州，任廣州市維新路廣東省立華僑中學教導主任，一九五五起調任「廣東省初中師資訓練班」教導主任，校長盧動。

我是在一九五二年八月從吉隆坡被進步老師騙回廣州升學，一九五二年九月我在廣州市參加統一考試，考取廣州市維新路廣東省立華僑中學高中一年級甲班唸書，在華僑中學三年，親身見到很多東南亞青年僑生被海外共產黨特務騙回大陸，受盡刻薄冷遇，無理調查，華僑中學校長古子堅是一個共產黨特務小頭目，一九四九年以前，古子堅曾在越南西貢華僑中學任校長，反對法國統治而出境，回到廣州後兼任廣州市人民政府參事室副主任，現調任廣州市石牌廣東教育行政學院院長。我們的古校長特別多疑，經常檢查僑生的信件和查詢僑滙的來源，我受到檢查的事實，是一九五三年六月十五日下午二時，我到校務處領取僑滙通知單，這是一筆港幣二百元的滙欵，是我的表哥從馬來亞檳城寄給我，由香港南洋商業銀行轉回廣州市中國銀行給我作生活費，他居然暗中命令學校學生會主席余照棋（女）特務跟蹤，看我的用途，暗中散播我領取「美蔣特務經費」，後來我從一位友好中共新民主主義青年團員得悉此事（現改為共產主義青年團），非常氣憤。後來將此事告知教導主任陳世麟老師，在陳老師的保証我是一個好人之下，才不致受到迫害。但我親眼見到一位印尼僑生謝銀榮（女），是我在廣州市華僑中學同班的同學，因為她的父親是印尼一位著名商人兼僑領，同時她的父親是台灣中華民國僑務委員會的委員，因她收到她的父親寄來的滙欵，被懷疑為「收取特務經費」，而遭受到古子堅和共產青年團特務温佳（青年團支部書記）的脅迫姦汚，以至肚子一天天漲大而吊頸自殺於鹽運西街華僑中學女生宿舍。很多同學被迫不敢說話，晚上睡覺時流着眼淚，偷偷地哭起來，因為生活實在太不自由，說話不小心就加上美蔣特務的罪名而判勞動改造，至於高中畢業生只有少數人升學，大部份同學被强迫到不願意去的地方——西北農塲開荒，去做不喜歡做的奴役工作。（未完）

星洲大選前的爭鬥（星加坡通訊）

俊華

本月三十日是星加坡大選之日，目前已可以說是選舉前夕，星洲有史以來的競選，沒有過像這一次這麼緊張。

執政黨「人民聯盟」，與在野黨「人民行動黨」，雙方鬥爭已至白熱化。人民行動黨對於政權這金冠，似乎志在必得。而人民聯盟則採取多種的方法，實行作「衛星戰」。

左翼的人民行動黨，自在市議會中奪得市長一席以後，認為右翼各政黨陣線並非穩固，乃由市議會作總撤退——市長及市議員全部辭職——集中力量於星洲最高政權的奪取，且似乎認為「如探囊取物」。該黨領袖李光耀等，已趾高氣揚，發出許多驚人的諾言，可以反映。

諾言之一：倘人民行動黨執政，必將現任政府各部長，全部下諸獄中。

諾言之二：英人全部將成賓客，倘歐人欺侮華人，二十四小時內卽驅逐出境。

諾言之三：取締外資，實行計劃經濟。

諾言之四：五年內與馬來亞合併。

現政府首席部長，人民聯盟的林有福，已對行動黨的誇張性抨擊予以答覆，並就該黨倘獲執政對星加坡的損害，呼籲選民警惕。林有福說：為從政而被加橫逆，以至坐監的話，乃是他的光榮。不過假如他也使用行動黨的手法去對付行動黨的話，則該黨「早已崩潰了」。林有福强調，星洲的繁榮有賴於貿易，而資金最為重要，但傳說行動黨可能執政以來，二十餘家外商及百萬富翁的企業，已將總公司還設馬來亞，形成資金逃避。另一方面，星洲工業必須建設，但必須工業界本身安定，沒有許多工潮，方克達目的。（行動黨的攪工潮，則是盡人皆知的事）。

行動黨在市長選舉時，曾出動學生包圍選民往投行動黨的票。甚且出動到黑社會分子，壓迫選民投該黨的票。擬投票支持人民聯盟的選民，則被黑社會分子威脅不敢出門。因此，現政府已下令禁止學生參與政治，並警告黑社會分子，倘仍敢干預選舉，即予拘捕治罪。

馬來亞總理拉查克，對於「星馬合併」問題也發表談話說：除非星洲居民能忠於馬來亞，其表現也能令我們滿意，「否則合併問題不在攷慮之列」。對於李光耀所說「假如拉曼（馬來亞前總理）先生以巫統及馬華公會在星洲大選勝利為條件，則行動黨可以讓出十三個選區給馬華及巫統」，拉查克總理似乎有些反唇相稽地說：「你們還沒有當選呢，就來提條件，未免言之過早吧？」拉查克總理的談話，等於不能信任行動黨有資格與馬來亞合作，也即暗示，倘左翼一日執政，則星馬合併的可能性日見渺茫。而星洲究竟有賴於馬來亞，馬來亞若不滿意於星洲的政權，將為星洲市民之大不利。因此一般認為，拉查克總理的表示，對人民行動黨是嚴重的打擊。

選舉前預測選舉的貼士，正與預測賽馬同樣沒有把握。不過這一向以為行動黨可能獲勝者，近幾天因拉查克總理談話的影響，及發覺中共「中國人民支持星馬運動委員會」支持行動黨勝利的函件，反而使市民警惕。行動黨的「盤口」有跌落的趨勢。據說那些以前自掃門前雪的小商人小市民，這次可能出來投票，因為他們需要星洲「安定」，而行動黨則有似風暴。因此，有些人說，人民行動黨也許可能最後就敗在這班人的手中。（五月十八日寄）

僑鄉近訊

江水

「節約飯」的構成（順德）

中共經常大吹大擂生產躍進，農產品（尤其是米粮）豐收，並偽造收穫數字，用以欺騙海內外同胞，但事不離實，留居大陸的同胞，實無一不挨飢抵餓，尤以窮鄉僻壤的鄉民為甚。據新近來抵澳門的順德鄉民稱：該縣部份小村落，全部村民都已陷入飢餓厄境，被配給的米粮，數額特少，村民除以番薯、芋頭攙入糙米中煮飯外，有時更被迫攙入蕉頭和樹根，其攙雜數量，竟高達十倍，即每一兩糙米，攙入蕉頭或樹根多至十兩；這樣，則每一兩糙米便可煮成十一兩「節約飯」。但村民失掉營養，復被壓搾勞力，其健康與生命的慘遭摧殘，自不待言。

提倡火葬有內幕（中山）

中山縣共幹，邇來大力提倡火葬，謂人死之後，以火葬為最適宜，亦以火葬為最合衛生。姑勿論火葬是否適宜及合衛生，但共幹的所以提倡火葬，實另有內幕：原來該縣因木材來源斷絕，棺木也大鬧恐慌，共幹乃憑着一張油嘴四出宣傳，提倡火葬。惟我國同胞，數千年來，均奉行十葬者，認為人民以「入土為安」，即屬極度貧苦人家，亦寧願以四塊木板釘成木箱土葬其親，也不忍將他們的親屬遺骸火化，故中山共幹的提倡火葬，已立刻引起鄉民的反感。該縣白焦鄉民黃瑞年喪父，因購不到棺材，乃將他的亡父肉身土葬，亦不肯使其父死後再受「火刑」。共幹對黃瑞年的「頑固思想」，曾加以嚴重警告。

中山騷動影響江門（新會）

新會縣府最近突實施所謂「安全措施」，尤以江門市執行得更為嚴厲，凡進入該市的，不論為該縣各鄉鄉民，抑走回鄉探親的港澳僑胞，均遭共幹疲勞盤查，所詢問的事，瑣碎而重複，有時且問及一二十年前的舊時情況，使人無從置答，而共幹更因此反覆問個不休，被盤問的受此威脅，每不敢在該市多作逗留。曾有澳門僑胞陳士常，原籍新會，世居江門，易手後始逃出，但仍有弟妹留居該市，日前陳回該市探望他的弟妹，被共幹一連詢問了六小時，連他的死去多年的父母的生前瑣事，也絮絮追問，陳在該市僅逗留一宵，即倉皇返澳。據謂：該縣的所以實施「安全措施」，係因受中山縣不斷發生騷動影響所致。

澳門附近大陸暴動迭起（中山）

近一兩月來，中山各鄉，經常發生騷動。該縣密邇澳門，故該縣各鄉之騷動情形，至易為澳門居民所獲悉。如前山，三廠，沙尾，灣仔……等地的鄉民和漁民，就常常奮起反抗公社及漁會，或聯合怠工，或搗毀粮倉，或暗襲共幹，惜渠等行動，無組織，無計劃，更無適當武器，騷動一起，瞬即被共軍遏止，於是無數鄉民或漁民，便慘遭迫害，或被當場槍殺，或被拘捕勞改。但騷動仍此伏彼起，不能遏止。

中共建築中澳邊境水庫（中山）

中山縣府為建築民坑及竹仙洞的蓄水庫供應澳門食水（其實係意圖控制），乃徵用大量民工，驅迫渠等參加「勞動大進軍」，此種勞奴方式之措施，係慘無人道地搾取鄉民的勞力，等於秦始皇的驅迫人民建築萬里長城，隋煬帝的驅迫人民開築運河。五月十六日，曾有蕭氏兄弟二人，因年老力弱，仍被迫長時間工作，勞苦過度，以致在工作場地上先後暴斃！

台山配米再減、有錢亦無法購取

台山各鄉自成立人民公社後，全部鄉民即被驅入飢餓陷阱中。公社之集體吃飯制度，把鄉民的米粮配給數量，限制得很低，每人每餐僅配給米粮一兩一錢二分（市秤），欲求一飽，實絕不可能。同時，各公社又限制副食品的買賣，故即使是有外滙寄返接濟的人，也沒有辦法可以買得副食品充飢，連墟鎮上的茶樓售賣餅食，點心，亦受到嚴格的限制，有時且被迫令停止營業。鄉民餘挨飢抵餓外，還要被迫作勞奴，每天工作達十二小時以上。因此，不少鄉民紛紛跑往台城或廣州尋求生路，但這一項逃生的要求，也不為中共所允許。四九圩鄉民伍時德，因未經批准而離鄉赴廣州，致被緝拿，並斷絕他的留鄉親屬的米粮配給，藉此迫脅其親屬從速將伍時德尋回。

太遲的淚

虞父

如果你有眼淚的話，流吧！

—捷斯特登—

四月尾的英倫天氣，仍如一個新寡的嫠婦，時而哭泣，時而也疲乏地休止。偶然抬頭仰望，只看到一片無盡的憂訴，似也欲邀取人世的同情。把自己關閉在小角樓裏，窗葉卻隔離不了憂怨的侵襲；於是，我默然地燃上煙斗。

當人們為疲勞而尋取靜寂與默處時，而靜寂與默處卻又為心靈創造了無休止的疲勞。若干如不是已忘懷便是太遙遠的記憶，也逐個兒地被召喚了回來。身在地球的西邊，思潮卻湧向於不知是多少年前的東方了。人們常常易於把自己的心靈導向追憶的檢討！而追憶的檢討又永不能苞放快樂的滿足；如果可能有滿足的話，也只是辛酸的滿足。究竟我們是為了追取快樂與幸運而存在，抑或是為了辛酸？不然，便是為了太多的辛酸生涯而必須去追憶？留待人們自身的經歷去解答吧！我已無言地淌下了淚，不為滿足，只為奉獻。

已到中年了，但有生以來，我一直未曾考慮過淚的含義。對於我，「淚」是一直無意義的。它也許是有意義的，當它顫抖於少女的睫毛上時，如細草上的水珠，美麗、清新、也多情；但我始終未曾看過自己的眼淚，也未曾意圖去賦予若干可能賦予的意義。小溪裏的泉水永是被人遺忘地自流着，如果沒有詩人與哲人去頌讚與剖析。

自我稍能理解成年人的談話時起，母親便常常告訴我，嬰兒的我是最好哭泣的，聲音又大又哭得久。是的，觀察的經驗也告訴我，當嬰兒脫離母體的一剎那，它向這個紛繁複雜的世界所作的表示，不是歡笑，更不是世故的「哈囉」，而只是放縱的哭泣。淚，似乎是人生先天的權利，它較一切「先驗」的「先驗」。這是可以想像到的，當我是嬰兒的時候，我以哭泣獲得母親的憐愛，也藉哭泣爭取過多的奶水？舒適的睡眠是哭泣的後果，溫暖的襁褓也是哭泣的戰利品。哭泣，是權利，也是欺騙！到了童年的時候，我已能充分掌握哭泣的技巧了。我已充分地知道，什麼時候不能哭，什麼時候必須哭，盡情地哭，滿地滾着哭。哭泣有時會遭來父親一頓痛打，每當父親不耐煩地怒吼時，我立即停止下來並悄悄地溜出大門；可是哭泣對母親總是一種永不能抗拒的要挾。如果沒有人發覺或注意我的哭號時，我也會暫停，以爭取片時的休息；我也會立刻恢復，只要有人對我投以注視的眼光。從嬰兒墜地時的第一聲哭泣起，我已能充分掌握並運用這個工具，它是這樣地有效，藉它的協助，我常能滿足我無限擴展的私慾。只有一樁事我知道得很清楚我決不能哭：即是當我為鄰家的孩子打敗了的時候，因為哭泣無法使我奪回失去的勝利與榮譽。

如果視人生的發展為連續地欺詐與自私的侵畧的話，那麼，哭泣也應視之為天賦的武器了。它的功用隨年齡之增長而不斷地發揮着。從少年到青年，人們總要去探試「愛」的滋味，似一隻苦果，但終可能嚐到回甜的水汁。於是，我深夜哭泣着並祈求上蒼在冥冥中為我安排一次公平的遭遇。幾度為我召回了即將離去的芳心的是淚水，幾度為我獲得少婦們一夜溫存的也是淚水。淚換取並創造了她的淚，那無比晶瑩的瞳子，把一切宇宙的情意攝集於一滴欲墜的淚珠中。是真也好，是假也好；為愛而流淚也好，為我而流淚也好；淚的技藝已被我發揮到超眞實的境界。

同樣地，淚也曾在現實社會中發生過作用的。不是嗎？那告地狀的孩子，那哭喪着臉追着行人要錢的丐童，那服了不足量的安眠藥，佯作自殺的明星的淚，那政客們為了權慾的失去卻高呼着「祖國的苦難」的痛泣，無一不曾獲得好心的人的同情。為了贏取權勢者的歡心而指天誓地的效忠之淚，為了爭取生命的倖存，藉自我戕折的哭泣以乞求暴政者的慈悲之淚，甚且讓淚的後果以標示至親人們的永生禁錮與勞作，不都是有效的現實工具麼!?淚是奇幻的，神秘的，有效的，也是卑鄙的！

縱使如此，九年來我也未曾發揮過淚的功用了。生活於一個迥然不同的社會裏，淚不易為他人所瞭解，自也不易發揮其工具作用，即使對一個少女！淚的召喚力也褪了色。那麼，讓緘默來掩飾淚的乾枯吧！

可是今天，我畢竟不自覺地流淚了！沒有慾望，也不求滿足，懺悔地流着並失去了一切其可能作為工具的功能。它只記錄着眞實人性之自發，善意、寬容、自責、與奉愛，而這種記錄也將立即消失於無形；可是淚仍是流着不為其眞實記錄之即將消失而停止。當淚的工具作用退除之時，淚的人性記錄也就浮現了。它不為什麼而流，也為一切已失去之人性而流；它不為了召喚什麼，可也正在召喚一切眞實之眞實。人性必須是自發的，也正如淚必須是獨流的。

幾曾有人考慮過淚的眞實含義呢!?幾曾有人眞誠地去追求並發掘淚的眞義呢!?太遲了，當我開始體會到淚的意義的時候，那唯一不能也不會抗拒淚的要挾的母親已離開人世七年了。她終身只接受到孩子的淚的欺騙，卻未曾接受到孩子的淚的純獻。

四月三十日於英倫

短篇小說　萍水知交

盛紫娟

臨開船的時候，一陣忙亂剛過去，輪船發出一聲沈重的嘆息，慢慢離開了碼頭，船頭破開了平靜的水面，激起了雪白的浪花，水向兩邊迅速的分去，宛如一支箭鏃，在海面上滑過。

黃琴斜倚在船欄杆上，她的白襯衫，黑短裙被海風吹得噗噗響，短髮也亂了。

她找到自己的座位，右隣是個作小買賣模樣的中年男人，正翹着一隻脚吸煙；左鄰是個二十歲左右的少女，兩根又長又粗的辮子搭在肩上，從不擦脂粉的面孔，與呆板的神情上，一眼就看出她也是從大陸出來的。她正在專心看一本書。黃琴注意地看了她幾眼，不聲不響地從書包裏掏出「人性枷鎖」，翻到上次中止的地方：……。

黃琴鄰座的少女引動着她不能安心讀書。她不時地發現左鄰的少女也正疑惑地、偷偷地看她，便趕忙低下頭來，一個字一個字地接着看下去。她覺出，那個女孩子想要跟她說話；自己也正有這個想頭，但是兩個人眼光一接觸，又都疑怯的互相避開。

最後，她想一心讀書，已經看了四五頁，但是好奇的念頭攪擾着她，並不知道書中說些什麼。她決定與那個少女搭話，正想找個話題，誰知她側過身去，用背朝着自己，黃琴覺得，還是不開口的好，便又低頭看書。

當鄰座的少女坐直了，扭過頭來看着她，嘴唇動了幾動，彷彿要對她說什麼，等到她的眼光，觸着了她的，那位少女卻又低下頭去繫鞋帶了。

暮色漸漸濃了，黃琴伸了個懶腰，站起來，走到甲板上，張開兩臂迎風站着，她凝視着微微波動的海面，好像看見有無數的海怪在黝黑的海面上竄動。抬頭看看天，只見杏黃色的月，慢騰騰地爬上了寶座。天空是那樣地晴朗，沒有一絲雲彩。月旁的寒星眨着狡猾的三角眼。她的腦海裏是一片空白，她不在想，也不打算想，很久，她嘆了一口氣。

她回到自己座位上，發覺鄰座的少女在打盹，手中的書攤在地上。黃琴彎腰把書拾起來，順便看了看封面，原來是「契柯夫短篇小說集」，她很興奮地看了看書的主人。有心把書輕輕地放在她身旁的椅子上，但更想找機會跟她談談，無論談些什麼都好，因為她對她有一種說不出來的誘力。一種想說話的慾望，使她的心亂跳起來。她手裏拿着書，呆呆地站着。突然發覺那位少女睜着驚異的眼睛，一會兒望望她，一會兒望望書。

黃琴忙陪了個笑臉說：「這是你的書，掉到地上了。」

「噢，謝謝。」她接過書，沒說什麼，不自然地在椅子上挪挪身子，口音很生硬，那種北方人竭力學廣東話的聲氣有點可笑。

黃琴裝模作樣地翻到折了角的地方，看了兩行，又抬起頭來看看她，問：「你很喜歡看小說」？

她點點頭，然後笑着反問道：「你呢？」

「我？當然……；不過我是討厭看香港的……。」

「你也這樣嗎？」她驚喜地坐直了身子。接下去說，「我也是的。那些所謂名家的作品，實在莫明其妙。不是平淡無味，就是疙疙瘩瘩。還有千篇一律的模仿：……。」

黃琴聽到這裏，不禁失聲大笑，她搶着嚷道：「你說的，眞妙極了！」

「你是新從大陸出來的吧？」她放底了聲音，睜圓了眼睛，她再也忍不住了。

黃琴惶恐地望望這個新朋友，沉吟了一會兒說：「不是，你呢？」

「我？」她用食指點了下自己的胸口，猶疑了一下，然後搖搖頭，兩個人滑稽的相視而笑了。

天色越加暗了，所有的乘客幾乎都在打瞌睡。黃琴指着「契柯夫短篇小說集」問：

「你最喜歡哪一篇？」

「命名日」她衝口而出。

「我們的看法又是一樣！上星期我才看完這本書。」黃琴高興地拍了下手。

她們忘其所以地，爭着發表自己的意見。不時打斷對方的話，嚷着：「聽我說呀，聽我說呀！」

由於共同的愛好，把疑慮、恐懼的情緒忘一個乾二淨。在船艙中，她們的縱聲大笑，驚動了四座。

「我最不喜歡看報紙，都是一個模子的，你說呢？」黃琴無意地轉變了話題。

「我？從跑出來後，就沒看過報。」

「那，你是從大陸來的了？」黃琴瞪大了眼睛。

她自知失言，一時又改不過口，只好不作聲。恰好這時茶房走來添水，兩個人尷尬地沉默着。

「不要怕，老實告訴你，我也才出來不久。」黃琴拍着她的肩膀說。

「你？你是不是也被下放過？」

「我，我上山！」

疑慮解消了，兩個人痛快淋漓的，互相傾訴着。像決了堤的河水，洶湧的無範圍的泛濫着。只見她倆一會兒失聲大笑，一會兒又皺眉嘆息；一會兒高談濶論；一會兒又低聲細語。

不知不覺天黑了。但是兩個人的談興仍像一團火似的。嗚——嗚！輪船抵岸了。乘客們摸着惺忪的睡眼，坐起來理東西，小孩子們哭的哭，叫的叫。茶房跑來跑去收茶資。

「你看我眞荒唐，還沒問你貴姓。」黃琴一邊笑着說，一邊從書袋中檢出小本子來。

「眞的，一切都談忘了。我叫李季文。」她一邊說，一邊接過小本子，把自己的名字地址寫在上面。隨後黃琴從小本上撕下一張紙，把自己的寫給李季文。

「你以後打算怎樣？」黃琴提起書袋。站起來，惘惘然地問。

「我還沒打定主意。預備先進了學校再說。」

她們隨着人流下了船，走出了碼頭，在巴士站揮手而別。

當黃琴望着李季文上了巴士後，不禁喃喃自語着：「今天談得眞痛快，呵！這是半年來第一次！」接着她又想到：「現在我有一個知心朋友了！」

蔣胡約法之爭

司馬健

民國十九年五月五日，國民政府主席兼陸海空軍總司令蔣中正介石誓師討「中華民國軍」閻錫山馮玉祥等。陳兵各百萬，相持魯豫中不相下。國民黨改組派渠魁汪兆銘精衞則與西山會議派合，號召速開國民會議，製定基本大法，劃分黨政權責，反對介石獨裁，八月七日舉行「擴大會議」於北平，以右壯閻馮軍。實大聲宏，海宇鼎沸，介石殊進退維谷；乃厚結奉軍主帥張學良漢卿，部兵入關，而許以陸海空軍副總司令酬之。九月十八日，漢卿因通電入關；二十二日，閻馮果被廹下野；擴大會議亦輾轉移石家莊太原避其鋒；旋且於忽遽完成「約法草案」發布「基本主張」後，黯然解散。而介石既不戰而勝，躊躇滿志之餘，因悟精衞等號召國民會議，制頒訓政約法果足結人心而實益便於己也，則亦於十月三日汲汲自開封軍次致電南京中央黨部力主踐行之。乃不謂中央委員兼立法院長胡漢民展堂接電，以黨員個人擅議大政有乖黨治精神，禁中央通訊社不得發表；堅執中山遺教訓政無約法，國民會議不爲約法開；進且譏厚祿餌學良，猶鄭莊公之御共叔段；指斥無復餘地。介石因大忿，亦逕分致其電滬報發表陰抗展堂。而展堂者方嚴正直，介石左右夙昔所畏憚，顧以其元勳國老，思去之不可得。又政學系素爲展堂所輕而與介石水乳，亦欲伺間抵隙去之而後快。今既皆得間，乃皆嚮風百端媒孽之；甚者乃謂展堂反對約法，實陰阻介石將階約法任總統。介石至是乃忿恚不可遏。而亦以其元勳國老不可率爾也，則於民國二十年二月二十四日延之會官邸，而預布所親吳敬恆稚暉、戴季陶傳賢、張羣岳軍等於座，思以理論折服之。故展堂甫至，岳軍即娓娓敷說立憲救國旨。展堂亦因悟會特爲彼設，不期勃然曰：「吾初非反對頒約制憲之人；抑吾更自信乃眞能爲約法憲法奮鬥者。茲實告君等：始吾反滿淸，倡民權之日，實乃不知君等尚在何處？而亦不知何處乃獲接晤君等！是度吾區區維護民權之心，持較君等實遠過之無不及。凡此，於吾督粵時言論自由之開放，執政時行政措施之開明，昭然可見。抑吾茲主立法院，果欲譁衆取寵制訂所謂約法憲法者，寧非咄嗟可辦？然試問如是卽果爲業已實行民權主義矣乎？吾不此之圖，良以深知黨政當軸，固不應空言無實如是云爾。今國家法制草創方始，其已頒行者，方且格於軍權高於一切，效用發揮蔑由。如是而復制頒根本大法而不之行，或行之而政與法違，法與軍戾，則不特黨之信用掃地，法之價值亦喪失無餘而已耳！故吾所以不主立頒約法憲法，實不特爲黨爲法計，且亦可謂爲目無法紀之軍閥計之矣！夫約法者，寒不可衣，飢不可食；有而不行，行而枉之，均於人有害無益可決。則彼人民者，曷嘗衷心要求此一空洞之約法以保障其利益者乎？毋亦其所眞正要求者，乃吾人切實進行建設，減少苛捐雜稅，摧毀軍閥暴力，充分發展農、工、商、交通事業，俾衣、食、住、行、四大需要，漸次均得滿足而已。至彼官僚政客，心中何嘗知法？目中何嘗知法？彼特獵得法律書中一鱗半爪，似通非通，舞文弄墨，信口雌黃已耳！彼見法之不便於己，抑或己思取便於法，遂乃造作巧言，吹毛求疵，以逞一己之私已耳！夫是之謂爲官僚政客立法，而非爲國家人民立法；立法本身，夫豈若是？凡吾此言，初非羌無故實；諸君第一觀吾立法院之六年計劃，必可灼然明其非誣。抑使諸君誠能多讀中國書，多談中國事，多察世界法治演進之史實者，則吾亦必敢決諸君之必可不易吾今茲言矣。」

展堂言已，稚暉，傳賢皆稱善；而介石知胡意之終不可曲回也，輙亦陽爲附和之曰：「甚善！吾人唯有依胡先生之言行之耳！」獨岳軍默然，終席不復置一辭而散。而未幾展堂遂有湯山之厄矣。（一）

汲古書屋談薈

李鴻章之晚年

耘農

綜鴻章之生平，世論每以平定洪楊，捻匪爲鴻章功，以數次對外和議失敗爲鴻章罪，此皆膚淺之見耳，非足以評隲鴻章者也！梁啓超少於鴻章五十歲（梁生於同治十二年癸酉），以李之未能助戊戌維新，心有所不慊，故李歿後二月，曾爲之作六萬言詳傳，而以「不學無術」四字譏之，且謂：『李鴻章不識國民之原理，不通世界之大勢，不知政治之本原，……李鴻章晚年之著著失敗，皆由於是。』然對李處境之艱，未能有所作爲，則又頗有恕詞，爲其言曰：『吾敬李鴻章之才，吾惜李鴻章之識；吾悲李鴻章之遇。李之歷聘歐洲也，至德，見前宰相比斯麥，叩之曰：爲大臣者，欲爲國家有所盡力，而滿廷意見，與己不合，羣掣其肘，於此而欲行厥志，其道何由？比斯麥應之曰：首在得君，得君既專，何事不可爲！鴻章曰：嘗有人於此，其君無論何人之言皆聽之，居樞要侍近習者，常假威福，挾持大局，若處此者當如之何？比斯麥良久曰：苟爲大臣，以至誠憂國，度未有不能格君心者，惟與婦人女子共事，則無如何矣！李默然云。嗚呼！吾觀於此，而知李鴻章胸中塊壘，牢騷鬱抑，有非旁觀人所能喻者，吾之所以責李者在此！吾之所以恕李者亦在此！』又曰：『凡人生於一社會之中，每爲其社會數千年之思想習俗義理所困，而不能自拔。李鴻章不生於歐洲，而生於中國；不生於今日，而生於數十年以前；先彼而生並彼而生者，曾無一能造時勢之英雄以導之翼之，然則其時其地所孕育之人物，止於如是，固不能爲李鴻章一人咎也，而況乎其所遭遇，又並其所志而不能盡行哉！吾故曰：敬李之才，惜李之識，而悲李之遇也！』其持論甚平允，可謂眞知鴻章者矣！蓋鴻章所處晚淸政局，正那拉氏以女主專權之時代，其左右近侍之親貴宦豎，如榮祿、載漪、奕劻、李蓮英之流，又常假威福，怙權貪黷，往往挾持大局，以致不可收拾，誠如比斯麥所云「與婦人女子共事」，決無如之何也已。今之善責鴻章者，苟易地以處，恐亦無能出鴻章之右，則鴻章晚年之著著失敗，又豈得爲其一人之咎乎？

梁啓超於李傳中嘗述其軼事數則，有謂：『李鴻章之治事也：案無留牘，門無留賓，蓋其規模一倣曾文正云。其起居飲食，皆立一定時刻，甚有西人之風，其重紀律，嚴自治，中國人罕有能及之者。』『不論冬夏，五點鐘卽起，有家藏一宋拓蘭亭，每晨必臨摹一百字，其臨本從不示人，此盖養心自律之一法。曾文正每日在軍中，必圍棋一局，亦是此意。』『每日早飯後，必晝寢一點鐘，從不失時。其在總理衙門時，每晝寢將起，欠伸一聲，卽伸一足穿靴，伸一手穿袍，服役人一刻不許遲誤云。』『養生一用西醫法，每膳供雙鷄之精汁，朝朝經侍醫診驗，常上電氣。』此皆啓超得諸傳聞之詞，然亦頗近於事實。嘗閱吳永（漁川）口述劉治襄筆記之「庚子西狩叢談」一書（此書出版於民國三十二年，較梁著李鴻章傳爲晚出），亦有類似紀述，惟吳爲曾紀澤（劼剛）之壻，浙江吳興人，於光緒乙未曾隨從鴻章辦理日本換約事宜，親炙日久，故所言尤爲眞切。如云：『予以後進，獲從公帡宇之下，晨夕左右，幾逾一載，承公以通家子弟相待，所以督勵而訓誨之者，無所不至。每飯必招余共案，隨意談論，伺其宴息而後退，故於公之言論風概，習之頗稔。公每日起居飲食，均有常度，早間六七鐘起，稍進餐點，卽檢閱公事，或隨意看通鑑數頁，臨王聖敎一紙。午間，飯量頗佳。飯後，更進濃粥一盌，鷄汁一盃，少停，更服鉄水一盅，卽脫去長袍，短衣負手，出廊下散步，非嚴寒冰雪，不御長衣。予卽於屋內伺之，看其沿廊下從彼端至此端，往復約數十次，一家人伺門外，大聲報曰：夠矣！卽牽簾而入，瞑坐皮椅上。更進鐵酒一盅，一侍者爲之撲揑兩骰，良久，始徐徐啓目，曰：請君自便，予將就息矣！然且勿去。時幕中尚有于式枚等數人，予乃就往坐談，約一二鐘，侍者報中堂已起，予等乃復入室，稍談數語，晚餐已具，晚間進食已少，飯罷後，予卽乘間退出，公亦不復相留，稍稍看書作信，隨卽就寢，凡歷數十百日，皆一無更變。』其敍鴻章晚年生活起居情形，歷歷如繪，可與梁氏所述，可資印證，足徵傳言之不虛也。（二）

亮齋閑話

論「光復大陸政治行動綱領」

徐亮之

客：中國國民黨八屆二中全會通過的「光復大陸政治行動綱領」，諒您必曾讀過的了？

主：讀過了；好文章！好文章！

客：好在什麼地方？

主：好在全是文章；稗販「遠景主義」說了等於沒說的好文章。

客：豈有此理！您竟把神聖的「光復大陸政治行動綱領」當做全是說了等於沒說的空文章看，眞豈有此理！

主：不但全是說等於沒說的空文章，而且是台灣當局甘做中共尾巴的又一証明。

客：您這話更豈有此理。綱領十八條，分明條條都是針對中共而發，如何反說是中共的尾巴來？

主：您的婆媽前天纔從廣州鄉下回來是不是？

客：是。

主：她告訴您：廣州鄉下每人每天只配三両米，每人每天最少必須工作十二小時，是不是？

客：是。

主：米尙如此，其他可知，是不是？因而廣東人民苦不堪言，冒死逃亡港澳的，前仆後繼；是不是？廣東尙有港澳可逃，內地直是荆天棘地；是不是？

客：大陸早已成了人間地獄，何必談？而且這又和所謂台灣當局甘做中共尾巴有何關係？

主：我談這些只不過是說明中共的「遠景」主義。中共爲了搾取人民的血汗，控制人民的肚皮，一貫大力宜傳：我們現在雖然好像不得了，但是保證將來一定了不得；如果沒有現在的勒緊褲帶，「各盡所能」；怎有將來的脹破肚皮，「各取所需」？這便是中共的遠景主義。

客：怎見得台灣的「光復大陸政治行動綱領」也是遠景主義？

主：別忘記！這綱領纔一出籠便凍結了！它的所謂「政治行動」，乃「光復大陸」之後才付諸實行的，是就綱領本身看，已經告訴您那只是「遠景」；此其一。以台灣當局一貫家天下的作風，享現成的心理，誰還敢相信他們何年何月能夠「光復大陸」？「光復大陸」之後，更誰還敢相信他們能夠有採取像綱領所說的「政治行動」雅量？是就當局作風看，也已告訴您那只是「遠景」；此其二。綱領列舉的自由，多到比憲法上列舉的還多；而事實上，却台灣學生連閱讀「自由中國」的自由也無；書店連承銷「自由中國」的自由也無；印刷商更連承印「自由中國」的自由也無；鑒往知來，只此一點，足概其餘；是就當前事實看，更已告訴您那只是「遠景」；此其三。——這便叫做「台灣的遠景主義」。

客：難道便是所謂台灣當局做了中共的尾巴？

主：中共以控制人民肚皮，實行遠景主義；台灣當局以控制人民頭腦，實行遠景主義。而事實上，他們所描寫的遠景，却又都是「遠在虛無縹緲間」，只不過人民遭殃能了！四八、五、二二。

本刊已經香港政府登記
每逢星期五出版
聯合評論
週刊
United Voice Weekly
第四十二號
督印人：黃宇人　總編輯：左仲平
社址九龍金馬倫道卅八號三樓　電話61413
承印：田風印刷廠（高士打道二二一號）
總代理：友聯發行公司　售價每份港幣壹毫
本報美洲版總經售處美國紐約中美出版社
CHINESE-AMERICAN PRESS, INC
199 CANAL STREET.,
NEW YORK 13 N. Y. U.S.A.
美洲航空版零售每份美金壹角

本報改出兩張，仍售壹毫

杜爾斯的人格與作風

孫寶剛

據報載，有三千以上的政要，內中包括三國首長，及十五國外長，參加了美國已故國務卿杜爾斯的殯禮。這在美國歷史，國務卿有如此的榮哀的，還是空前罷。這是因為杜爾斯在美國歷史上，是最偉大，最有權力而最為人們所爭辯的一位國務卿。

一

在他六年的國務卿任期中，充份的表現出他是一個具有非常人格和魄力的人物，他以絕對負責的態度，日以繼夜的工作，所以連蘇聯的米高揚，和赫魯曉夫等人也不能不對他表示敬意。米高揚有一段話說：「當我在今年正月和杜爾斯見面時，我對他發生了一個極好的印象。那時他已病得很利害，熱度很高，他仍接見我。于此可見他是一個獻身于國事的人。」「杜爾斯是一個很偉大的政事家。」赫魯曉夫雖然批評杜爾斯專在為他自己的階級而奮鬥，但他也得承認「杜爾斯是一個卓越的政客。」「是一個強人，」為了面對事實，可以立即作大角度的轉變，而不稍畏懼，這是何等的有魄力。

依照報載，杜爾斯在一九五八年已經接受過癌症手術治療，到今年四月復發，入院而死，前後一年罷了。癌症當然是不易根治的一種病症，但是治療得早，未嘗不能根治，即使不能根治，假如好好的保養，延長三五年是很平常的。杜爾斯在最後一次到歐洲去，實際上已經病入膏肓。有一天的報紙上，曾經批露過這樣一個消息，當他和阿丹諾會談時，因為癌症所反映出來的痛苦，使杜爾斯形神不安，阿丹諾才知道杜氏病態之嚴重，而凄然淚下。所以我相信，假如杜爾斯如一般的政治家，至少像艾總統這樣的善自攝生，杜氏決不至現在就死去。在這裏使我想起了諸葛亮在出師表內所說的：『鞠躬盡瘁，死而後已，』杜爾斯真可當之。一個人能做到這一步，其人格真是到了頂點了。

二

但是杜爾斯在生前是一個最為人們所爭辯的一位國務卿，這是什麼緣故呢？我上面是在說明杜爾斯的人格，人們爭辯的是杜爾斯六年來作為國務卿的工作方式，以及其所收效果。

誰都知道，美國的國務院的組織是相當龐大的，內中專家很多，但是杜爾斯六年來的作風，好像國務院就是他，他就是國務院，現在接任國務卿的赫德，當時是他的副國務卿，但是杜爾斯決定的事有時連赫德也沒有事先知道。這就是說，杜氏六年以來，專靠他個人的努力和個人的智慧，他沒有運用組織，沒有運用集體的智慧。中國有句古話，所謂智者千慮，必有一失。反之，三個皮匠，可以當個諸葛亮。可知集體智慧的重要了。杜氏在這一點上，不能不說是他的缺點，因此不免受人誹議。

杜氏的作風，注重遇事臨時運用，他的恫嚇手法，和戰爭邊緣的手法，是舉世皆知的。說得明瞭一些，他喜作大言、喜作強硬的論調，到了緊張到有爆發戰爭的可能時，有時他便自己讓步了，這種手法，在我看來，是根本不宜採取的。

第一：美國是一個民主國家，而對手方的蘇聯和中共是獨裁國家，民主國家是分權的，美國總統的權力固然很大，總不能和獨裁者相比，所以運用時，多受牽掣，不能很靈活。反之獨裁者集其一切權力於一身，連戰爭或和平，也可由一人於倏忽間決定。所以它的運用是非常靈活的。以例言之，希特拉今天和蘇聯簽了互不侵犯條約，明天即大軍指向蘇聯，直衝莫斯科，這種大角度的轉變，在民主國家決不可能。而獨裁國家則行之若素。所以我認為美國對蘇聯的外交，應注重于原則和政策，不宜太重運用。杜爾斯是犯了這個錯誤的。

第二：現在世界分成三大陣容，美國領導了自由國家這一陣容，蘇聯領導其共產集團，另外還有第三勢力，這幾年來第三勢力的國家年年在增多，大多是小的弱的國家。其實這些國家未嘗不能受美國領導的。就是因為美國太重運用，不注意原則和政策，易言之，運用偏于權謀和以實力做後盾即權力外交。小的弱的國家常恐懼被美國所運用，運用到某種程度，有時為了達成美國的更大利益而把它犧牲了。美國這六年來國際聲譽，不及以前，就是這個緣故。

第三：運用的態度，必是恫嚇性的，和捉迷藏式的。這在原子武器由美國所專利的那個時期，還有相當效果。因為萬一緊張到不能下台，美國的原子武器真出現了，蘇聯便不得了，因為那時蘇聯還沒有原子武器。現在蘇聯已跟上有了原子武器，且有占優勢的傾向。蘇聯要用奇襲，因其獨裁之故，更容易實施。美國至少要看看軍人、參眾兩院、專家們和輿論，總統決不能一意孤行的。這就是說，最後王牌在蘇聯，今天的赫魯曉夫才把握有恫嚇和捉迷藏的有利地位。

三

可惜杜氏沒有注意到這些原則。這也許是他的個性，以及總統付予他特殊權力的關係。不然的話，即如一般人所說，他富于辯才，善于操縱人，我想也不容易在這六年中幹得通的。

× × ×

共產黨人與國際會議

李璜

從前在巴黎有位法國漢學家曾笑對我說道：『你們中國古人造字真有意思，言裏為讓，手裏為攘；讓之中似乎含有攘的意義，是不是你們中國政治上的「禮讓為國」，其中就有「安內攘外」的作用了呢？當時，我對此言，笑而未答。

及今看到共產黨人在國際外交上，每每口裏說，為世界和平起見，蘇俄是願意讓步，而來開國際會議的；不但要開外長會議，而且要開高峯會議，尤其是赫魯曉夫嘻嘻哈哈的向着英首相麥美倫表示，他很懂得在國際會議上禮讓為國的。其實會議一開，蘇俄一點也不讓，而只是在攘；攘得對手方，必須有超人的忍耐力，然後始能支持蘇俄外交代表的磨折，磨折到最後，不是對手方卸甲丟盔，完全投降，那只有受罵不過，不歡而散。

筆者本人，就曾於一九四五年，在舊金山聯合國大會上，與蘇俄代表開過三個月的國際會議。從早至晚，蘇俄代表以攘為讓的辦法，吵鬧而且罵人，弄得會議隨時停開，結果，要美總統杜魯門去與俄主席史太林辦交涉，交涉好了，會中照辦，這樣，將幾十國的代表的面子都丟盡，只得對蘇俄代表讓步，這就是與共產黨人開國際會議的苦痛經驗。

不過，筆者在這次經驗中，雖苦痛也有所得，就是將共產黨人何以一開會就要吵，就要罵的道理，弄明白了！一次，筆者與一位蘇俄代表，兩位顧問午餐，我問他們：『何故你們對英美等國代表，無論說甚麼話，都要駁斥，都要反唇相稽，弄得局面很僵？』這位蘇俄代表答道：『資本家說的話，沒有一句可以相信的。』因為這午餐是我請客，不便反駁他：為甚麼你們又來與資本家開會呢？我於是笑道：『我們中國是窮國，我也不是資本家，我說的話，是否可以相信？』蘇俄代表只有大笑一番了事。

「資本家說的話，沒有一句可以相信」，這句話，在我們看來，乃是成見；然而在共產黨人所謂的意識型態（idiorogy）上，資本階級與普羅階級根本不同，無法彼此了解，早已成為共產黨人的定見。從這個定見出發，共產黨人除了革掉資本家的命，乃是無話可說，無人情可講，無妥協的餘地的。因此，共產黨人認為，他們與資本家，不是你死，就是我亡，還有甚麼國際會議可以在席上協商，會中讓步可言呢？其所以共產黨人有時也贊成開會，無非在會議中，可以用變相的革命手段，去實施破壞、分化、使你上他的當，質言之，攘而已矣！

這一慘景，凡與共產黨人開過會議，訂過協定的人都會了解得到的。杜魯門就深知與蘇俄代表以至巨頭開會，沒有意義，所以他說：『與蘇俄簽訂的協定，其價值還不如寫協定那張薄紙的價錢！』杜勒斯也很瞭解，要與蘇俄開會時，要民主國家首先團結起來，如上戰場一樣，使敵人無懈可擊，這個無懈可擊，就是要民主方面不要有一個代表，想得着甚麼便宜，何種成果，一開會，就只管對戰下去！（詳見杜氏著「和平或戰爭」書中）總之，自由世界裏凡與共產黨交過手的人，皆有這樣一個邏輯，就是共產黨根本以世界革命為目的，其所謂和平共存，乃是他暫時的手段，甚至他就要以和平共存這一手段來麻醉、分化、滲透、撓亂自由世界，更容易達到世界革命的目的！因是，自由世界的明白人，沒有樂意去與蘇俄開這種無聊而且有危險性的國際會議的。

然而英國的政治家則不然，英國的政治家，這回又「主催」出日內瓦的四外長會議來！英國的政治家也是明白人，我們能說英國政治家胡塗嗎？但為何英國政治家特別贊成與蘇俄開國際會議呢？原來英國政治家也有他們傳統的定見，他們認為世事絕不會有一個「總解決」的辦法的，一切都只能求個暫時的解決，這個暫時解決，或者還得隨時變幻，但要前進，就只得摸索着這不定的暫時而前進。——英國政治家有點像駕帆船的船夫，他時時注意着風向，而去順風轉舵，船夫認為這個「不定」乃是正常的。

因此，英國政治家從來不相信我們前面所說邏輯的看法與想法。阿斯丁、張伯倫（Austin Chamberlain），就很坦白的說過：『我深深不相信，應用到政治上來的邏輯理論，所有的英國一部歷史能夠証明我這個想法。……這是因為本能和經驗告訴我們，人類的天性不是邏輯的，把政治的建造拿來當作邏輯的工具，這是不大高明的，反之應該是小心的不要將結論推演到極端的後果，使我們易於在和平進步裏，真正改造裏，獲得了道路。』（見一九二五年三月二十四日議會演說）

「小心的，不要將結論推演到極端的後果」，這又是英國政治家的一套看法，所以他能夠贊成蘇俄的和平共存，他願意，而且鼓動美、法、西德去與蘇俄開國際會議。不管自由世界別人的看法，認為這是白費也好，危險也好，總之，英國政治家認我們這看法，乃是將結論推演到極端的後果，乃是將邏輯應用在政治上，為他所深深的不相信的。然而，在不將結論推演到極端的後果；又如何始易於在和平進步裏獲得道路，換言之，要如何始易於與蘇俄和平共存，而終免掉危險呢？我想，英國政治家對此一問，必然坦白答道：『用商業方法，與蘇俄暢通貿易，然後就和平共存起來了。』我何以在此硬是要這樣想？因為日內瓦會議一開，倫敦的貿易代表團就慎重其事的開到莫斯科去了咧！當其米高揚去美國，向美國商人宣傳和平貿易，或者美國商人並未十分動心，但英國商人，就早已大動其心，因為這纔最適合英國人的胃口，而這胃口乃是十九世紀以來一百多年間所養成，不知今日過屠門還終能大嚼否耳。

中共對僑眷歸僑並無「適當照顧」

——實際上成為剝削對象——

・曾明・

一

中共的目的，是把僑眷當作勒索僑匯的人質，同時將僑眷、歸僑作為勞動的工具。

因為如此，周恩來在中共第二屆人代大會首次會議中對於華僑，只說到「我國政府一向勸告海外華僑尊重僑居國的法令和習慣，不參加政治活動，努力幫助當地的人民發展經濟；對於華僑根據自願的原則選擇僑居國的國籍，我國政府也採取贊助的態度」。而對於僑眷、歸僑的生活，隻字未提。由此可見中共有不可告人之處，難於向華僑同胞說明他們虐待剝削僑眷、歸僑的悲慘事實。所以，周恩來以抽象的語言，而想轉移僑胞注意的方向。

不過，從何香凝在中共人代大會中的發言，可以了解到僑眷、歸僑在大陸所身受的痛苦。

她說：「政府『一視同仁，適當照顧』的政策，調動了僑眷、歸僑的積極因素，發揮了地們建設社會主義祖國的力量。」這就是要僑眷、歸僑將所有的人力、物力、財力完全拿出來，參加所謂社會主義的建設，到目前為止，中共強廹僑眷、歸僑投資的企業已有八十八個，投資興辦的農場已有二十五個。不僅如此，（轉下第三版）

論中共此時對台灣動手

中共無此必要　台灣故示緊張

王世昭

最近，為了中共對金馬恢復砲擊，於是大家目標由西方柏林又移到東方台海。甚至台灣某一將軍，從來不作驚人之言，竟亦大聲疾呼，飛彈將到台灣人頭頂。如此大驚小怪，似乎未免神經過敏。何以故？毛澤東在大陸雖然揩了紗帽，將集中精神來研究世界問題，抑或檢討「人民公社」失敗的癥結所在，而加以補救。這些，由國內到國外一連串夠傷腦筋的當前事實，已使他頭昏眼花，那裏還有時間來發動台海砲擊？此其一。而且，金馬砲轟以去年為最兇，一日有達萬餘發者，最近，只二三十發而已，比較之下，算得什麼？此其二。而且（又是一個而且），金馬戰場與朝鮮戰場完全不同，朝鮮屬陸地，故中共可用人海戰術，而金馬則屬海島，海島之外為茫茫大海，人海與大海，相形之下，自然未免見細，真要發動，自是無此勇氣，此其三。而且（第三個而且），第七艦隊機動地使用於太平洋各地，其假想敵為蘇聯，中共只算是蘇聯附庸，又那有資格與第七艦隊分庭抗禮？此其四。此外，德國工業上、軍事上、政治上之重要性，自非台灣所可望其項背，故德國為東西所必爭。而台灣，在中共眼中只是一根釘子，然在西方國家看來，卻也不過一粒肉刺而已。國際共產主義國家，即欲搗亂或牽制，毛澤東已上過一次當，劉少奇自未必再上當，作此不必要的犧牲。而且赫魯曉夫如果真有決策指示毛劉發動台海戰事，則赫魯曉夫將不配為清算史太林，掌握國際共產黨，指揮極權集團與自由集團作對抗的領袖人物，此其五。

故依今日形勢，言台灣反攻，自未免過早，言中共攻台，則亦無此可能。蓋二者命運相同，一邊鑽不進，一邊吞不下，只好擺在那裏，謂之僵局可也。

既是僵局，何以又有砲轟金馬擴大台海戰事且進而有飛彈攻台之消息？此無他，配合國民黨八屆二中全會擁護蔣總統，提請延長任期而已。蓋不如此，不足以見蔣總統連任之重要性，不如此，不足以見金馬問題之嚴重性，不如此，不足以愚海內外之老百姓，而不如此，更不足以見勸進者用心之苦，還有一個不如此，即無以見台灣奴才之多是也。

於此，讓我再來揭發一個消息，即「光復大陸政治行動綱領」，此綱領一共十八條，自然無關大體，最主要的有兩點聲明，其一曰：

「在公社組織之下，大陸上全體同胞沒有一點私生活，也沒有一點賸餘潛力，一切的一切都被共匪搜刮，供其為俄帝進行侵略戰爭之用，這侵略戰爭，已從台灣海峽開始了！」

畫龍點睛，就在「已從台灣海峽開始了」九個字。其目的何在？則見下文，其二曰：

「中華民國政府在蔣總統領導之下，建設民主法治的台灣，為反攻復國的基地。大陸光復之後，當重建中華民國為民有、民治、民享的自由統一的現代國家。我們深信，蔣總統的中心領導，就是反攻復國必勝必成的堅強保証。……」

這篇綱領，妙就妙在有兩個蔣總統的領導字樣，於是配合着八中全會宣言，謂：「蔣總統連任下去，為完成光復大陸的最高國策所必需。蔣總統對國內外與大陸同胞負有完成此項目的的責任，且義不容辭。」自吹自擂，自挽自留，其目中何有於憲法？何有於國人？何有於友黨？何有於立法機構？何有於國際輿論？真可謂司馬昭之心路人皆知了！

故近周以來，因中共砲轟數十發，便云金馬危急，便云台海緊張，又便云台灣將挨中共飛彈，而又便云金馬砲轟為敵人聲西（柏林）擊東（金馬）之計。愈擴愈大，幾至不可收拾，讓毛澤東和劉少奇聽了，去拊掌大笑！其實，若論今日，國家可做的事太多，而袞袞諸公開了一個大會，竟是忙於為蔣總統連任敲邊鼓，再蹈歷史覆轍，豈不可哀也哉！

四邑人民公社的實況

扶風

一、政治戰士與勞先隊員

在廣東四邑轄區各個人民公社裏；基本的生產單位是連，基本的「生產細胞」是生產班，連政治指導員負責連隊一切政治教育和黨團文件的下達，同時他也是當然的連隊黨團支部書記，因此，他負責生產隊員的思想行動控制，並掌握隊員們的生殺大權。連之下有排，排設政治幹事，排之下有班，班設政治戰士，所謂政治戰士，係由積極的團黨員担任，主持全班的「政治保衛工作」，如「防特防鑽」，「鋤奸」，檢舉「反動」，提防隊員「造謠」等，每天向班排長反映每個人思想行動一次，是「政指室」特務工作的細胞。

連的生產指導員，直接管轄排生產幹事及班之生產三人小組（選擇富有生產經驗者充任），組長由公社「勞動先鋒隊」隊員担任，勞先隊員全部係外省人，自然是「勞動模範」，勞動的積極分子。他們對於怠工伴病，損壞農具，毒殺耕牛，損壞禾稻，有權鞭打囚禁，或罰犯者餓飯一餐的權限。至於每晚勞動完畢，則班排勞先隊員負責作基層的「評勞動」，訂每個生產隊員的「工分」。

故此。政治戰士和勞先隊員，都成爲共黨的幫兇。他（她）們橫行隊裏，爲所欲爲，隊員們不敢對他（她）們誹議，否則「工分」訂得少，思想行動被指爲「反動」，誰也吃不消的。

二、社幹黑市收買「工分票」

生產連隊每晚分排集會「評勞動」「訂工分」，然後由連長與連政治指導員連生產指導員，在每個生產隊員日記本式的「勞動手冊」內，按日蓋「工分」圖記，每半月爲一頁，查五月上旬台山縣每一個工分，僅値人民幣一分半，如果生產隊員每日勞動十五小時，輕勞動稱爲「下游」；可獲十五「工分」，卽二角二分五，中勞動稱爲「中游」，可獲二十「工分」，卽三角，重勞動稱「上游」，可獲三十五工分，卽五角左右，平時每周勞動六日，例假却在星期六。此外勞動積極者「記紅點」，勞動差者「記黑點」，每「五紅點」增加一工分，每「五黑點」減一工分，無意損壞農具、怠工、詐病：：：由「評勞動」時扣去「工分」若干。

是項「工分」每周發薪一次，是「工分票」不是現欵，持有者可赴「合作社」購買日用品或零食，但是市面不得流通。

然而連隊首長們，爲了方便隊員假日上街買東西；他們標榜什麼「照顧」，其實就是剝削，凡隊員取「工分票」向上級兌現欵，一律七折付現，卽一元「工分票」，僅兌現欵七角。

如果持有者，要十足付現時，那麼五月份「工分票」，必需在七月底」才由上級通告「兌換」。還有，每個生產隊員不能持有一百個「工分票」，如湊足此數時；持有人必需將三分之一交社「儲蓄」。

三、公社隊員的婚喪大事

祇要男女雙方同意，男方非有婦之夫，女方非有夫之婦，便可申請連生產隊轉呈生產營，由政委批准，卽給假三天渡「蜜月」。生產營照例設有「蜜月房」十數間，以備新婚夫婦用的。婚禮儀式由連隊首長主持。民兵吹起號音，新婚夫婦在「馬恩毛」像行三鞠躬禮，與証婚人（連政指）握手，在結婚證書上簽章，向馬恩毛等像舉左手宣誓，「：：：爲革命爲勞動生產，在共產黨領導下，相親相愛同偕白首，：：」卽宣佈禮成。那時送賀禮的生產隊員可能每人送「賀儀」一角，分回一些花生糖果吃吃。

他們離婚也容易，祇要雙方同意，一般申請是沒有不准的。

生產隊員死了！那麼中共某一個「會說話的生產工具」便利用完了，一個什麼「追悼儀式」之後，遺尸便送到公社特製的「儲尸窟」收藏，腐尸生蛆餵雞，尸水澆菜，尸骨磨粉作肥田料，僑眷也是同樣的命運。不過，共黨爲了「照顧」僑眷；他（她）們死了，社幹會說服其家屬捐出遺體作「廢物利用」，這指沒有「外滙」而言的。否則共黨可墊欵製棺材殮葬，然後飾死者家人向「海外親人」索回一筆治喪費用的。

大陸人心並不擁蔣（讀者投書）

張眞

八九年以來，我們常常看見台灣方面發出一種肉麻的宣傳，硬說大陸人心思蔣擁蔣，因此他們從而作出結論說，如要收復大陸，就非蔣作總統不可。近來，這類肉麻的宣傳越來越多，其故無他，因爲台灣內部現正醞釀蔣連任第三屆總統，而依照憲法，任何人都是不能連任三屆總統的。這在憲法已有明文規定，但蔣左右的少數人，爲了便於蔣連任三屆，於是便變本加厲的硬說大陸人心思蔣擁蔣，來證明蔣確係「眞命天子」，而且，還好像是「只此一家，別無分店」似的。最近在台灣舉行八屆二中全會，陳誠作政治報告時，也甚至如此這般說法，誠屬可笑。

我現在願意先舉出兩點來證明大陸人心並不思蔣擁蔣。第一，是大陸大鳴大放的時候，雖然，毛澤東後來自己也承認所謂大鳴大放是一種「陽謀」，目的就在套取各人的眞意，但我們不能否認，大陸大鳴大放所表達的一切，確能代表大陸的人心。然而其中有幾人是思蔣擁蔣的呢？誠然，我們不可抹殺事實，說其中絕對沒有一個人思蔣擁蔣。但大鳴大放的言論紀錄現在尚可復按，其中雖也曾經有思蔣擁蔣的人，但在整個數字中，那是太少了，可以說是少得來不成比例的。事實告訴我們：大鳴大放時最爲大家所追求的是自由是民主，而不是任何專制獨裁；是中華民國的復興，而決不是蔣獨裁的復辟。這是足以證明大陸人心並不思蔣並不擁蔣的第一點。

其次是這一次的西藏反共抗暴戰事。誰也知道這一次西藏反共抗暴戰事是大陸淪陷十年來的最重大的事件之一，而且是極有意義的事件之一。假如蔣先生對大陸的號召力眞是很高的話，假如大陸人民（所謂大陸，當然也包括西藏在內，決不是僅指其它局部或部分地區，這應該是誰都同意的。）眞是思蔣擁蔣的話，那末，在西藏地區發生這種大規模的而且正式的反共戰事時，擁護蔣先生的口號一定會層出不窮，一定會高唱入雲的，然而誰都可以從新聞報導中看得出明顯的事實，這明顯的事實是除了台灣官方的自吹以外，擁蔣的口號却從沒有在西藏發現過。甚至達賴和西藏各首要逃到印度後，也一直沒有任何擁蔣的文告或聲明。然而這還可以用印度某些人在搗鬼來强作解釋，但是，我們要問達賴和西藏各首要在未入印度之前，誰又在搗鬼呢？

所以，總而言之，統而言之，這證明蔣氏對大陸確無號召力，絕大多數的大陸人心也決不思蔣擁蔣。台方某些官方人士所稱非蔣總統不足領導，非蔣總統不足反攻復國的話，皆係自欺欺人之談，這一點，我是要特別指出的。

× × × × × × ×

大陸之窗

玉笛

西藏反共戰事持續

自從本年三月西藏同胞反共戰事正式揭開，達賴喇嘛被迫出走以後，中共亦正式宣佈用武力解決西藏的反共戰事。首先，中共是竭全力鞏固拉薩，因爲達賴出走的前後幾天，拉薩的部分地區是被反共藏胞佔據了的，甚至中共西藏軍區司令部也曾一度被藏胞包圍。隨後，中共集結了一部分兵力對雅魯藏布江以南廣大地區進行了一次掃蕩性的攻勢。中共對此地區的掃蕩攻勢，稱爲「山南之戰」。其主要目的則因山南地區連接印度、尼泊爾、錫金，中共對此一地區的戰鬥目的即在截斷藏印交通，並企圖追截一部分逃亡人士。據中共宣稱，他們在此袋形地帶進行的戰鬥已獲得勝利，他們並列出了一批地名，宣佈收復。他們並就此宣佈說西藏反共戰事業已基本平定。但我們仔細研究，却很容易發現西藏反共戰事並未基本平定。這理由很簡單：第一是中共至今只對山南地區進行了較大規模的戰鬥，並未在其它地區同樣進行。而西藏反共戰火是遍及全藏的，所以，中共縱然平定了山南地區，也並沒有平定其它地區。何況有組織的康巴遊擊隊一直在各處遊動；第二是中共對山南地區亦未眞正平定，這從藏胞仍能通過山南地區大批逃入印度可以反證。中共最多只是控制了山南地區若干城鎭的點，而沒有能夠控制山南地區的廣大面；第三是中共一直沒有能夠擊潰或殲滅西藏反共主力，因爲中共對西藏地方政府所屬藏軍六個代本共三千人，一直沒有俘獲或擊斃其中首長的消息，同時，中共自己也一直沒有發表已經撲滅或擊潰康巴數萬遊擊隊的消息，由此可見西藏反共武力仍然存在，戰事仍在持續中。

炮轟馬祖在試探

最近中共除了對金門有偵察性的飛行外，又對馬祖開始了八吋或八吋以上口徑的炮轟，而過去是只有較小口徑大炮在轟擊的。同時，據台灣方面宣佈，馬祖對岸大陸港口亦有共軍船艇集結的模樣。因此，台灣海峽的情勢又趨向了緊張，而台灣方面則更宣示中共有隨時進犯金馬的可能。當然，共軍是有隨時進犯金馬的可能的，假如美國不準備協防的話。不過，假如美國決心協防金馬呢？中共的考慮當然又不同了。對於金馬，美國一直沒有明白表示一定協防與否？因之，中共也就時存覬覦之心，時懷試探之念，這一次，共軍用較大口徑的炮轟擊金馬，一方面固然是表露中共攻擊力量之加强，另一方面則仍舊是過去若干試探的又一連續。

人民公社繼續推行

儘管各方有過許多推測和傳說，說蘇聯曾指責中共搞人民公社，又說毛澤東就是因爲力主搞人民公社而下台。於是乎，有小部分人曾經幻想中共將停止人民公社。事實表現得最清楚，中共現在是仍在大力推行人民公社的。不但仍在農村大力推行，而且進一步又準備在城市推行了。

事實上，人民公社是中共政權的必然產物，而無論如何，現在與今後都是必須繼續推行的。因爲中共佔有大陸之時，已經無法從前政府取得巨額外滙，因爲國民政府自己也早把黃金美鈔差不多搞光了。後來中共政權雖然在北平粉墨登場，但財政的枯竭和艱困可以想見，然而中共的開支龐大，雖經蘇聯貸欵，但杯水車薪，無濟於事，三反五反等等搜括，也都無法抵補龐大開支，而中共又無工業基礎以工業生產來換取外滙，於是惟一可想的辦法是農民，因爲農民的收入雖然微薄得可憐，但畢竟總是有收入。中共爲了澈底搜括農民的血汗收入，並爲了澈底加强提高勞動效率，所以就推行了人類歷史上空前龐大的集體農奴制度。誠然，這一舉動對中共是很有威脅的，因爲人民普遍憤怒，但爲了己身的龐大開支，中共是只好挺而走險的。所以中共內部尤其去年的武漢會議隱隱表現過他們內部對此一問題的分歧和爭鬥，但終久還是繼續推行，毛澤東任主席固然推行，劉少奇任主席也一樣推行，可見中共勢非得已，只好飲鴆止喝了。（六月一日）

大陸逃港馬來亞僑生的控訴（下）

——我在大陸的經過——

鄭強

一九五五年九月我在華僑中學高中畢業，因為我在一九五四年已參加了中國新民主主義青年團，任團支部組織委員，團小組長等職，畢業後服從組織分配，美其名為「服從祖國需要到祖國最需要的地方去」，一九五五年九月，由組織上保送考入「廣東省初中師資訓練班」為數學班學員，廣東省初中師資訓班是廣東省人民教育廳主辦的，廳長是梁威林（現任某地新×社社長，是特務頭子），在開學典禮中，梁威林和盧動（現任廣東省教育廳中等教育科科長兼廣雅中學校長，初中師資訓練班校長），梁威林向我們報告，廣東省初中師資訓練班開辦語文班，數學班、理化班，一共男女學員二百八十八人，分六班，這些學員來自全省各縣市的機關幹部和學生，例如潮汕區潮安韓山師範學校，梅縣師範學校，廣州市師範學校，惠州師範學校，長沙師範學校和各縣保送來的高中畢業生，也有小學教師被黨團組織保送來學習的，有轉業的軍人，文化教員，程度參差不齊，語言有各地方方言，如潮州語、客家語、廣府語、台山語，轉業軍人的外省語等，由於語言不通，同學之間互相歧視，不打招呼。共產黨是最重視組織和管制同學，在師訓班成立黨團支部，名為中國共產黨廣州市「廣東省師資訓練班」黨支部，另一名為中國共產主義青年團廣州市「廣東省師資訓練班」團支部，我由於過去在馬來亞學會了國語、潮語、客家語、廣府話等方言，加上得到陳世麟教導主任的提拔，我被選為訓練班團支部組織委員，掌握了全體二百八十八人的履歷，成為共產黨信任的職業學員，每天收集團小組長、積極團員、和秘密的政治保衛小組組員的會報，每日會報二次，有特別重要事情例外，一次是中午十二時半午睡前十分鐘，另一次是晚飯後六時三十分散步時間，把收集來的情報向教導主任陳世麟會報當天同學們發生的思想情況，特別是注重共產黨每一次政策在學員中的反應，積極調查所謂暗藏的「美蔣特務份子」的活動，組織上的秘密指示，着重注意海外和港澳回大陸升學畢業保送來的僑生，因為這些海外歸來的僑生很可能有一小部份是美蔣情報人員，發現可疑，可以隨時檢查信件，進行審問和追查歷史，這樣大胆懷疑同學，這樣做得到組織上暗中支持，做錯了，組織上偽裝不知，也就算了。我積極工作的結果，得到了積極團員的光榮稱號，這種稱號是不知寫了好多黑名單，使很多無辜的同學的名字存在保衛科長以至省教育廳梁威林的檔案內，使他們永遠受黨的懷疑，不信任，有的因此消極了，有一位女學員張木花甚至於因為受不了打擊而自殺了。我當時，良心上自知對不起自殺的同學，但是為了自己得到良好的出路，為了多領特別津貼，我是顧不了許多壞結果的。

一九五六年九月我和二百八十七位師訓班同學畢業了，畢業時教育廳梁威林秘密指示要二百八十七位同學做省教育廳派在各縣市初級中學的通訊員，秘密會報各中學舊留用教員的政治思想工作，我被分配在潮汕區豐順縣陷隍鎮球山中學初中數學教師，專教初中二年級至初中三年級四班的代數、幾何，每月的薪金人民幣四十五元，而校長林章明是一位小學程度，但曾參加古大存八鄉山游擊隊出身不懂教書的低級軍官，他每月領到八十元人民幣薪金，陷隍鎮共黨支部書記則同領特別津貼一百元，我這樣想，為什麼很多人失業、失學，有的人每月工作只得到很低的工錢，如我的一個學生到附近合作社去做會計，每月只得人民幣十六元，只能養活自己，而肯替共產黨當特務的，就有高的待遇，因此心理很為之不平。回想起在未回大陸之前，我曾嚮往共產主義，以為共產主義是美好的，我經過在大陸生活，讀書和工作一共體驗了六年，却使我深深地認識到共產黨的殘酷。而拿那些馬列主義，毛澤東思想强迫人民學習，不外是磨折人的另一辦法，很多青年人討厭學習，而我亦厭倦透了，亟望能夠脫離共產黨的控制。於是當我接到家裹的來信，偽稱來港領僑滙而到港後便永不回去那黑暗的大陸。

寮國清共前後（永珍通訊）

萬清

「山谷中的王府」寮國故都鑾巴剌邦，在湄公河岸寧靜的山城外圍，最近曾發生了一場騷動。那可能是小事，那可能是大事——一個國家解決一小部份抗命的部隊，問題不會太大；但就背景來說，也許因此會引起東南亞戰爭，最少，是戰爭的導火綫之一。

自一九五四年越盟共軍大舉侵入鑾巴剌邦外圍的「瓦瓶中原」退去之後，寮國境內就沒有過大規模的軍事行動。越戰停後，盤據在寮北桑怒、豐沙里兩省的寮共部隊，雖然在「談談打打」中曾與寮王軍戰爭，但並不劇烈。因為那時亞洲共黨的總路向是虛偽的「和平」，以中共的「五原則」通過亞非會議進行滲透。對於寮國，他們認為能在日內瓦（一九五四越南休戰協議）劃定桑怒，豐沙里兩省做寮共的軍事整理區，及規定寮國「不得參加軍事集團」為已足。有根據地及軍隊便可以討價還價。結果，情勢是照共方的計劃發展：寮國奉行「中立主義」，前總理符馬親王應邀訪問過北平和河內。

同時，也是相應的，寮國的「聯合政府」成立了。（一般來說，那是共黨奪取政權的初步形式。）寮共領袖蘇發努馮親王，和富米瑪維希，都在政府充任部長。蘇發努馮原是勞働黨主席，寮共軍總司令；富米則是黨的總書記，總司令部的政委。而寮國勞働黨，則是北越勞働黨（即共黨）所產生的。寮共軍也是越共所培植起來的。

寮共為了掩藏，另組「愛國黨」，領袖及黨員仍共黨之舊，換湯不換藥。表面上，說是桑怒兩省大政奉還中央，共軍編入王軍部隊。實際兩省仍特殊化，抗命，襲殺中央公務人員。軍隊則只改換王軍番號。最近王軍解決瓦瓶平原的兩營原寮共部隊，便因是他們拒絕接受新派的營長。

去秋高棉承認中共之際，當局獲悉寮共陰謀叛變，乃採取防衛，果在桑怒破獲寮共藏械機關槍等千餘桿。於是由前符馬內閣外長洗迺恭組成一個「沒有共黨的內閣」。監督執行日內瓦協議的駐寮國際小組（印度、加拿大、波蘭三人委員），已先於七月停止活動而離去——當時是加拿大動議，印度贊成而通過。今年二月，王國政府宣佈廢除日內瓦協議。隨着宣佈接受美援，並對北越共軍之屢屢侵入邊境，聲稱將呼籲東南亞公約之援助。

瓦瓶平原的槍聲，不過是王軍執行令對付抗命部隊，但整個來說，却是政府反顛覆的重要行動，等於是「寮國清共」。因寮國乃印支半島戰畧地帶，所以中共越共都大肆叫囂，後者說「寮軍侵邊」，前者則謂寮國支持緬邊中國反共游擊隊，騷擾雲南，且說此舉「會引起印支戰爭」，火藥氣味頗為濃厚。

柏林談判方在拉鋸，共黨是否會在印支點火，東西呼應，殊未可知。但寮國人民，一則為國家獨立奮鬥，再則有泰國等後援，決策既定，情勢安堵。永珍市上，牛車轔轔，大衆往來，仍是一片太平景象。

（五月廿五日寄）

僑鄉近訊

江水

缺糧竟配給「蔴麩」——烹飪且用「衛生油」

中山灣仔村的糧食，邇來缺乏得更為嚴重。該村近因建築隄壩，曾徵集勞工數百名，但共幹祇知驅迫被等日夜工作，而對於糧食的供應，却十分欠缺，即屬番薯、芋頭等副食品，亦供應不足，有時竟以作肥田料用之「蔴麩」，分配予各築隄工人，充作食用。村民不堪迫害，逃亡者又日衆。計由五月十四至十八之五日內，逃往澳門者共達四十八人，內壯年男子二十九名，婦人十二名，男女小童七名。這一批逃亡村民，俱已面黃骨瘦，身體孱弱，幸及時逃出在中共魔掌統治下的家鄉，否則他們的生命，必不堪設想！

佛山市民現多患眼疾及腳腫病，這是由於食油和食鹽極度缺乏所致。由本年第一季度起，每人每月配給「衛生油」一市兩半，——所謂「衛生油」，就是黑色的食油。鹽則每人每月配給一市兩。至於肉類、菜蔬、柴炭、及各種副食品，也極缺乏；甚至火柴之微，每月每戶也祇配給得兩小盒。猪肉則每隔三天配購一次，每人限購五分錢，但購肉站僅作象徵式的供應，售完即止，排隊輪購者多，購不到的人，又要等待三日才再去輪購。

解決肉荒望山野民兵編作獵獸隊

番禺縣府於五月初已將民兵編作「獵獸隊」，着令彼等四出打獵，其目的顯係欲得獸肉以解決肉荒。但此種民兵，均無獵獸經驗，技術尤低，每因射擊錯誤，殃及鄉民。自五月四日獵獸隊出動以來，僅羅崗洞一地，鄉民的被獵獸隊誤傷者，已達十七人。獵獸隊射傷鄉民後，每不顧而去，因此激動公憤，刻該地鄉民已密謀報復，一俟找到機會，即進行向獵獸隊暗襲。

中共的國營特產原來是鴉片毒品

廣州的「國營特產貿易公司」最近派出高級職員兩名前往澳門，加强該公司在澳秘密設立之機構之製毒及販毒工作。該兩名高級職員其一為顏松，係製毒技工，又其一為譚卓全，係策劃擴大販運毒品業務者。該公司運澳之毒品有鴉片煙土及白粉胚兩種；估計去年所運出的鴉片煙土，達三十萬兩，白粉胚達五萬兩。烟土及白粉胚運出澳門後，即由該祕密機構分別製成煙膏及白粉（海洛英），然後轉運港、台、星、泰、緬、冲繩等地傾銷。

穗共將設珠江公安隊防範水上數千游擊隊

據最近來自廣州的消息：穗共將加設「珠江公安隊」，負責鎮壓珠江區之海面治安。據謂：珠江區反共游擊隊，邇來日益活躍，彼等經常截擊中共的貨運，及協助居民逃走。中共原有之巡邏艇，實力薄弱，不特無法遏止，且每為反共游擊隊所乘，故特計劃加設「珠江公安隊」，增强該區之海面實力。據謂：在珠江區海面活動的反共游擊隊，近已增至五千名以上；潛入沿海共區活動的，亦幾達三千名。

河口共軍連長叛變

駐防三水河口的一名共軍連長，最近糾合士兵三十餘名，實行起義，向四會山區逃去。該連長名杜和，係於韓戰時被迫參軍者，其後由士兵升至連長，駐防於三水河口，去年被下放返原籍工作，詎杜返回原籍時，發覺已妻離子散，精神大受刺激，立悟中共暴政之殘酷。迨下放期滿，返回防地，遂秘密糾集不滿中共暴政之士兵三十多名，於擊斃共幹及焚燬糧倉之後，即携械逃入四會山區，與該山區的原有反共游擊隊滙合，該反共游擊隊首領名王照，手下擁有游擊隊員達二百七十名。

失業者

阿木

前年，我離開了墾荒隊，流落到了上海。我失業了。幾個親戚，因爲政治上的恐怖和經濟上的原因，都給我嚐了閉門羹。一個一生在吃飯前都要作長時間禱告的舅母，當舅父留我吃一頓飯的時候，甚至嚎啕大哭起來。當然，這種飯是我吃不下的，我提了旅行袋，離開了那兒。

摸摸口袋，只剩下幾塊錢了。上哪兒去呢？進公園休息也得化三分錢的門票，於是我來到了火車站。

在熙攘的火車站裡，我倒好像感到有得依靠了些。不像一個人在街頭躑躅時那麼地空虛了。白天，我在車站附近的飯攤上吃兩頓飯——四分錢一碗飯，三分錢的鹹菜湯。晚上，在候車室的長板凳上蜷屈着腿，在火車的汽笛聲中似睡非睡地躺那麼幾小時，還得時時在車站管理人員走近時彎起酸痛的腰，免得被他干涉。

一個人到了一個自己的努力不能使自己有希望的時候，人的精神就會癱瘓。我當時就是那樣：出奇地懶，一點氣力都沒有，甚至連檢拾一個煙頭都要老半天才直起身來。毀了，我自己喃喃地叨唸，但並不因此而着急，反而感到早一點毀早一點可以得到安寧似的。

袋裏的錢一天天地少下去，吃飯時只能喝兩分錢的湯了。在這裏，不經過層層安排，有天大的本領，也難憑自己的勞力換一餐飯的。四川路橋上推三輪車的難民被人民警察揮着棍兒在趕，我可不想去挨棍子。唯一的辦法是走去年的老路，去年是勞動局派我到東北去墾荒的，我跑了回來，但只好再投進去。

在這種環境中，已經無所謂意志了，在飯攤上仰天喝完最後一口湯以後，我甚至不想站起來。我在盤算，旅行袋裏還有一件毛線衣，錢用完了還可以拿它去換幾天的生活，但，已經是秋天了呢。

得上勞動局去登記了。

每天到勞動局去一次，從北火車站走到江西中路，雖然三等電車只要六分錢，但這已是我一餐飯的代價了，我寧願步行一小時。一小時換六分錢，不也是很合算的麼？記不清是第幾次了，我被叫到另一間房子去等着。幾張幾天來混熟了的臉孔向我說：「有希望了，那裏是塡表的。」也有幾張天天見的面孔却這樣說：「我們不是塡過表了嗎？一個月塡一次，還不是照樣天天來？」不管怎樣，我總算有表塡了，摸摸口袋，感到以後一頓至少可以吃兩碗飯不用老是望着碗底發怔，不覺提起了一些勁頭。

塡完表，交上櫃台。幹部一看，問：「住址呢？所在地區的派出所呢？爲什麼不寫上？」

「我——」我有點爲他的聲勢所鎮懾，口吃了：「我沒有住址。」

「你沒有戶口？」他突然睜大了眼。

「有。」我遞上戶口遷移證。

「爲什麼不報上？現在住哪兒？」

從裏面的辦公桌上又站起來幾個幹部，考古似地看着我的遷移證，發出一連串的問題：「爲什麼從黑龍江跑回來？」「墾荒還不好？工作挑肥揀瘦的怎麼行？」結論是：「沒有戶口不行！」我塡的表被揉成一團，丟進了字紙簍。

我退了出來，幾個熟人又圍上來，問：「怎樣？」

「沒有戶口不行？」我回答。

「怎麼？你沒有戶口？」他們一致地驚訝起來。這時我才眞正地注意這幾張實際上已是很熟的臉。有中年人，也有老年人，臉上的皺紋的線條全是一樣地愁苦。我講了我的情形。有惋惜的，有表示心有餘而力不足的，只有一個頭髮已花白了大半的老頭，平時不很開口的，突然說：「你是黃岩人吧？」

聽他的口音，我知道是同鄉。但同鄉又怎麼樣？這世界，我那信耶穌的舅母不是同鄉嗎？於是我只是點點頭。

「把戶口報在我家裏好了。」他說得很平靜。這是一件大事哪！把認爲是「逃兵」的人留在家裏，不是自找麻煩麼？我忘了回答，只是瞪着他。當然他不是在開玩笑，他的眼睛使我相信他。

「你們年紀輕，登記了總有些辦法的。」他繼續說。

我跟他到了家，算是他的姪孫，報了戶口，又跑了兩次勞動局，總算收了我塡的表。每天我就和他一起到勞動局，他到勞動局已成了消磨時間的習慣，在那裏，每天有數不清的人像他一樣地在勞動局門口徘徊，打聽有什麼事派下來了，什麼時候又要塡新的表了。看來，我也非迫着自己養成這個習慣不可了。

他的家是一個小閣樓，好在他只有一個老伴。晚上，我把自己擠在一個角落裏，他們擠在另一個角落。我把毛線衣賣了，他又賣了一件大褂，拿到賣衣服錢的時候，我請他們每人吃了一角錢一碗的油豆腐粉絲。

我比他幸運得多了，一個多月以後，我就被派到嘉興去築路，而他，已經等了兩年多了，不知道還要等多久？我只好希望，他不要逼得把他最喜愛的那幾部線裝書也賣掉了才好。

×　×　×

小居雜曲

萇茸

一、猪

在那狹窄的茅舍裏，我豢養了一羣猪。

在這一長串東西流竄的日子裏，生活的重枷，壓得我喘不過氣來。既然我駐脚於汪洋大海的邊緣，就只好服侍這羣猪。也許牠們會帶來一筆可觀的財富，也許可以憑藉牠們來維護今後的亡命生活。

在小天地裏，我是猪的主人。猪的生活，吃了就睡，睡了又吃，吃了再睡……

每每，我疑立於猪欄前，牠們總會搧動着耳朵搖擺着尾巴，偶然吐出嗤嗤的氣息，招搖掠過我底身邊，至於某些蠢猪，祇會閉上厚厚的眼皮，酣然入睡。

熟識農事的鄰居，告訴我飼養上了年紀的老猪，是愚昧無知的奇事。然而，我知道猪的生存，最易受到病菌的侵襲，老的一代總比少的一代抵抗力强，賡續生命的本能大。

於是對鄰居的訕笑，我漠然回答：「我喜歡牠們，雖然牠們老了。」

二、鷄

現在，雞是我農莊裏的「天之驕子」。在市集上的顧客，有錢人家喜歡搜購肥雞，裝在潔淨的竹籠裏，裝在轎車內招搖過市，而引以爲榮。無錢的窮人只好投以羡慕的眼光，因爲一隻雞的價值，要花去他們若干時日的勞力。於是，雞的身價越發足以驕矜了。

我也飼養幾百隻雞。

雞的特性，喜歡殘害同類，在一個大鐵絲網的圍柵裏，有了一個大公雞，牠就要欺侮共籠的雞羣，拍着翅膀，放高嗓子嘯叫，似乎，牠是萬獸之王，一派旁若無人的神氣，我生平最憎恨牠底强橫。

有時，當鄰居的更大的雄雞尋覓食物竄入我底農場時，牠也會奮勇地飛起脚趾搏鬥，但，失敗了！那鮮紅的雞冠傾側了，艷麗的翼毛脫落了。但當牠退回雞柵裏時，却又恢復了昔日的豪氣，一聲啼叫，斜着身體散開翅膀，故意在敗於牠的公雞前，傲然邁步，或在馴服的母雞前，踱着無聊的圈圈。

每當出賣或宰殺畜牲時，我總爲誅棄這類欺善怕惡的傢伙而高興。

——一九五九年五月之夜山居

愛情之神

——西藏神話之一——

劫餘

在西藏從古以來，民間盛傳着一段神話，他們認爲克里西那是男女性生活最純潔的神明。克里西那少年時代，家住玉拉河畔。他在牧場上跟牧羊女們一塊兒遊戲，每弄笛，少女們就心往神迷，每一個少女都私戀着他的才貌。

到了春天月夜，姑娘們一聽到克里西那的笛聲，多情的閨女私奔出香閨，溫柔的少婦從熟睡着的丈夫懷裡抽出身來，到野地裏，到林子裏去尋覓他求歡。

「哦，我吹笛，是讓你們欣賞河山之美，看！山頭白雲成堆，水上風吹漣漪。姑娘們，你們爲何無意登仙。快回到潔淨的香閨去！快投到丈夫的懷抱裏去！」

她們的心碎了，齊聲啐他一口道：「呸！克里西那！你不該撩逗我們。把我們從美夢攪醒，奪去了我們的心，現在你冷冷地不愛我們，可是我們已經爲了愛你，拋棄了一切。」

克里西那吹着笛子跟所有的美女伴舞，使她們每一個人覺得他頂愛她，但她們一個個舞得精疲力竭，又熟睡着了。

其中祇有蕾德沒有睡着，她一直伴着克里西那，終於隨着他投奔到林子裡去歡樂了一下。驕陽把他們從香夢裏喚醒。

「你是誰？」克里西那抱着她這心愛的女人問：

「蕾德。」她說：「我是阿羊那果索的寵妾！」

克里西那驚跳了起來，「哎呀，你是嫉神的寵妾呀！」

他很後悔，當即折斷了他的笛子，直奔着走了。蕾德情急之至，她追上了他，哀求他帶着她一塊兒遠走。

「祇有一句話囑咐你，荒淫的蕾德，我恨你！你毀了我的純潔！記住，如果因此有了孕，但須你把那生下來的孩子放在一塊木板上，扔在藏布江裏，任他飄流下海。」

蕾德還在苦苦地哀求他，誰料阿羊那果索從林子裏拋來一個神圈，把她拖了回去。

克里西那沮喪之至，他沿着江岸狂奔，實在不願意活了，他往急流裏一跳。

不知是什麼時候，他睜開眼來，發現自己沒有死。却在一只奇香異氣錦繡輝煌的山洞躺着。

他是躺在一張很舒適而芬芳的牀上，一個極其嬌美的女人睡在他的懷裏。

「你是誰？」克里西那問：

「盧蜜妮！」

「原來你就是人人都想要你，而你自守純潔，永遠不肯嫁人的第一美人？」

她點點頭，「但我願意嫁給你！」

克里西那此刻痛心之至，就很坦白地把他跟蕾德的曖昧道了出來。「謝謝你的好意。但我慚愧得很，我再也不是一個純潔的男人。」

「誰說？你永遠是純潔的，我的意思是說，你的心永遠是純潔的。」

克里西那和盧蜜妮結成了夫婦，久無子嗣，克里西那遠遊在外。一天，盧蜜妮在藏布江濯足，上游漂下來一塊木板，木板上躺着一個男嬰，她就抱回家當做自己的兒子養。

丈夫自遠方歸來，也以爲那孩子是盧蜜妮親生的，他就替他們這個兒子起個名字叫做菩蕾端那。讀者們試想一想，菩蕾端那到底是不是克里西那的骨肉？

亮齋閒話 來個「開門見山」

徐亮之

客：你說話老愛挽圈子，老是敎人氣悶。咱們今天來個「開門見山」，什麽問題敞開來談，怎麽樣？

主：願聞明敎。

客：你對修憲的意見，發表的已經很多了；我現在願聽聽你「開門見山」的意見。

主：修憲即是違憲；違憲即是毀憲；毀憲即是中華民國的罪人。誰如不相信，儘管試試看。這便是我對這問題「開門見山」的意見；此外沒有任何意見；也不可能有任何意見。

客：據說國大代表，立法委員所以不能修憲，癥結是在法定人數不够；假使用某種手法，弄到相當符合法定人數，是否可以修憲？

主：「開門見山」說：不可以的。國大代表和立法委員有修憲的資格，憲法上雖然已有明文規定；但他們既然長期沒有依憲法的規定改選，便是早已喪失這種資格了。這問題已不是人數的問題，而是資格的問題了。沒有資格修憲而勉强包攬修憲，是即違憲，亦即毀憲，即是中華民國的罪人。誰如不相信，儘管試試看。

客：台灣某官員說蔣先生「一生不應被任何人代替」，你且又「開門見山」說說你對這話的觀感看。

主：某官員這話，本身就是「開門見山」的話；因爲自八屆二中全會以來，蔣經國黨、軍、政訓、特、一把抓的部署業已基本完成；只要這種部署主觀上或客觀上不予變更，確乎沒有「任何人」能够「代替」蔣先生的。誰如不相信，不妨試試看！

客：那末、你是說蔣先生下決心要連任第三屆總統下去的了？但其如違憲即毀憲，毀憲即中華民國的罪人何！?

主：由上述部署看，蔣先生確已下決心要連任總統下去，但可能並不是憲法上的總統。這只消看他在八屆二中全會紀念週上，一方面「再度聲明反對修憲」；另一方面却又表示：「向不爲自己的出處考慮；但目前應顧慮的有三、即：（一）不要使敵人感到稱心；（二）不要使大陸億萬同胞感到失望（三）不要使海內外軍民感到惶惑」云云，便可証明。

客：不照憲法任總統，請問將置憲法於何地？這豈不就是等於毀憲？

主：當然；最少也是送憲法進冰箱。不過，這却也說來話長。去年八月「亞洲畫報」出版「國是論壇特輯」時，我已在該刊說過「現行憲法早已如告朔之餼羊」的話了。因爲這乃無可奈何的事；因爲當年我們的憲法起草者、並不能預料到我們的國家竟會遭遇着這樣千古未有之奇變；同時，世界各國立憲史上，也從來沒有憲法起草者曾在憲法上明文規定：於國土淪陷之後，應更如何實行其憲法。所以，「開門見山」說：不是反攻成功，重選國民代表，召開國民大會，誰都休想修改我們的憲法的片語隻字；修憲便是毀憲，毀憲便是罪人，罪人我們便得鳴鼓而攻之，一點也不含糊。那末，毀憲既罪名難當，反攻復遙遙無期，總統又非做不可；你叫蔣先生不另關途徑，希望掩耳盜鈴，陽避毀憲之名，陰就連任之實，怎麽辦？

客：喂！咱們今天橫直閑着也是閑着，你認爲將來蔣先生可能採取那一途徑？

主：蔣先生智囊很多，這種掩耳盜鈴的主意，他們有的是，還用得着我們擔心？不過我們担心的倒是：今天台灣內部、海外同胞、對當局的要求，還只不過「民主改革」；明天、難保就不是「民主革命」的了！

客：「革命」？我早「革」得怕了，別再提那不祥的字眼吧！我倒想你姑且又「開門見山」說，萬一蔣先生肯以「民主」換「連任」，該做些什麽事才可以取信於天下？

主：做一件事便足够了；即割慈忍愛，讓蔣經國去民主國度裏觀光或深造一個時候。那時，包管有人會舉起雙手贊成他「連任」；包管台灣的民主改革、順利完成；同時、包管蔣先生在歷史上會成爲中國的民主之神。

四八、五、二九。

汲古書屋談薈 李鴻章之晚年

耘農

西狩叢談又云：『其時公自北洋罷任，以總理各國事務大臣，久居散地，終歲僦居賢良寺，翁常熟（同龢）當國，尤百計齮齕之。公益不喜接客，來者十九報謝，因而門戶亦甚冷落，公意殆不能無鬱鬱。然有憤慨而無怨誹，每盱衡時事，撫膺太息，其忠忱悱惻之意，溢於言表。嘗自謂少年科第，壯年戎馬，中年封疆，晚年洋務，一路扶搖，遭遇不爲不幸，自問亦無何等隕越。乃無端發生中日交涉，至一生事業，掃地無餘，如歐陽公所言，半生名節，被後生輩描摹都盡，環境所廹，無可如何！又曰：功計於預定而上不行，過出於難言而人不諒，此中苦況，將向何人宣說。又曰：我辦了一輩子的事，練兵也、海軍也，都是紙糊的老虎。何嘗能實在放手辦理，不過勉强塗飾，虛有其表，不揭破，猶可敷衍一時。如一間破屋，由裱糊匠東補西貼，居然成一淨室。雖明知爲紙片糊裱，然究竟決不定裏面是何等材料，即有小小風雨，打成幾個窟窿，隨時補葺，亦可支吾對付，乃必欲爽手扯破，又未預備何種修葺材料，何種改造方式，自然眞相破露，不可收拾，但裱糊匠又何術能負其責。』此爲鴻章自道其甘苦之言，語語出自胸臆，一一抒其積久之牢騷抑鬱，自非旁觀人所能喻解也！（三）

「蔣經國！請你站到亮處來！」

冷默

蔣經國，據說曾有人說過他是「蔣青天」，也有人說過他是「懵太子」；但終不如最近中國留德學生辦的「時事文摘」一針見血，開門見山；它說：「蔣經國！請你站到亮處來！」

湯山事件（一）

司馬健

民國二十年二月二十四日，蔣邸約法爭執，展堂既不屈；介石欲全威信，乃不得不採斷然處置。二十八日晚，因陽誘展堂讌，强其辭立法院長而於湯山幽禁之。——是即世所謂「湯山事件」也。

是日，展堂自朝至暮既主持立法院例會亘九小時，批閱公牘又半小時，至蔣邸已八時三刻；乃甫入門，武裝衛士四人、便裝衛士四人，即爲門軍十餘分擁去。展堂雖稍異，不虞有他，遂悠然自持帽拄杖入。入爲甬道；盡甬道爲兩屋左右峙。則戴季陶、朱培德、吳敬恒、王寵惠、何應欽、劉蘆隱、葉楚傖、陳果夫、立夫兄弟等已皆集右屋。而楚傖見展堂來，忽大呼曰：「好矣！胡先生來矣！」高凌百因即趨出接杖帽；則獨引而左，亦且行且大呼曰：「來矣！請胡先生彼屋坐！」展堂以爲介石或有事候彼，復悠然入；入則獨首都警察廳長吳思豫在；始疑之。既坐，吳、高木然侍；旋侯問已，奉長牋一。視之，乃介石致彼者也。首言生平所服膺，總理外，唯彼；而比事事相齟齬，可傷痛！繼標舉勾結許崇智汝爲，運動軍隊，包庇陳羣、溫建剛，反對約法，破壞行政等罪目；目下介石皆親註。牋尾復註曰：「先生每自比史達林，中正則殊不敢自承爲托洛茨基；所知者唯努力革命，不顧一切，斷不放棄自身責任耳。」展堂覽已，不期啞然失色。會高凌百收牋去，乃吭聲謂曰：「找介石來！吾有話說。」高吳皆忸怩；已而囁嚅曰：「總司令方開會；不如先生且飯；有話飯後且商量。」因傳飯。展堂正色曰：「吾不欲飯！」二人無奈何，乃一伴漫步，一則佯打電話自飾掩。凡半小時頃，忽邵元冲赧然入曰：「胡先生有甚末意思？」展堂立詰曰：「甚末意思？汝找介石來！吾當問彼甚末意思。」元冲亦無奈何，悄然去；移時復來，亦囁嚅曰：「蔣先生沒甚末意思。」展堂因憤然曰：「沒甚末意思，則此果胡爲者？」元冲知不可隱，乃復引入別室悄語曰：「蔣先生欲胡先生辭立法院長耳。」益憤曰：「何止辭立法院長？吾甚末皆可辭；且組庵未死時，吾固已嘗聲辭矣。然今茲必介石來；今僅如是而即了却耶!?」

時已十時許，元冲去。

又二小時頃，介石始來；來即默然面展堂坐；武裝衛士則森然佈戶外；其長王世和者則武裝按鎗入介展堂介石座後坐；高凌百吳思豫則或旋坐旋去；展堂畧不之顧；而笑謂介石曰：「汝比病乎？」曰：「無之。」曰：「吾以爲汝神經病作耳！汝書吾已讀；果何所據？應明告我。」

介石無語。

展堂又曰：「汝謂吾勾結汝爲，証安在？」曰：「人告我如是。」曰：「汝爲於黨乃同志，於私乃數十年患難交；何謂勾結？且自十七年至今，吾足跡未嘗出都門一步，汝爲亦未嘗來都門；面尚未見，勾結何有？倘汝能証明吾嘗與汝爲通信電，或嘗共之生何事故，如是方得謂之有勾結事實耳。凡人做人說話，豈宜不負責任如此！」曰：「撤消汝爲通緝令，非胡先生亦贊成乎？」展堂知此乃遁辭，因失笑曰：「汝竟如是幼稚耶!?夫一通緝令，於汝爲何損？!?撤消，於汝爲何恩？又況汝等所謂通緝與否，直狐搰狐埋，以謂尚足重視耶!?且揆之事實，主撤消汝爲通緝令者果誰乎？溥泉（張繼）倡之：靜江、雪竹（何成濬）和之；汝任會議主席而通過之；與吾何涉？抑吾視此等案件直是兒戲，贊否等耳！安足重輕？且汝何不問諸溥泉、靜江、雪竹、撤消汝爲通緝，是否即勾結汝爲？」

介石又無語。

展堂又曰：「次言所謂吾運動軍隊；是汝心目中已有汝之軍隊、吾之軍隊矣。茲問汝之軍隊其人爲誰？可急招來，問吾嘗對之作何話言否？吾素不共人祕密語言，亦生平事無不可對人言。設謂敬之（何應欽）、益之（朱培德）、經扶（劉峙）、雪竹等乃汝軍隊中人耶？則吾平昔對彼等所作話言，不特可公天下，抑且足作軍人格言觀。設謂眞如（陳銘樞）、伯南（陳濟棠）等乃吾軍隊中人耶？——雖吾根本無軍隊，亦從不思應有吾之軍隊；——則吾平昔對彼等復嘗作何話言，汝可遣人至立法院檢查吾之文電，及訊諸助吾辦理文件之人。否則、汝作此言，亦必有証據而後可。」

介石仍無語。

展堂又曰：「且陳溫何人？吾又何爲而必包庇之？吾與溫建剛初無平生之素；民國十六年汝始委之爲公安局長，尋復扣留之。後此吾且未之見，何從而包庇之？獨一日立夫語吾：『建剛殊苦，人實無他，謂宜少加拂助。』汝乃謂吾包庇溫建剛，何不一問立夫去？且陳溫何人？無權無勇，藉曰包庇，亦成罪案乎？」介石思有頃，支吾曰：「胡先生不知，溫建剛乃欲殺吾者。吾囊在滬幾被刺，即溫建剛所爲。」展堂異曰：「立夫知乎？」曰：「立夫何得知!?」曰：是乃汝糊塗；何不告立夫？乃俾立夫盲目拂助之!?」

介石又無語。

中共對僑眷歸僑並無「適當照顧」

實際上成為剝削對象

・曾　明・

（接上第二版）還在僑鄉各地命令僑眷、歸僑捐資與辦了一千多所小學以及其他福利為名的各種事業。當然，這些事業是有利於社會的。不過，投資舉辦的責任，應當屬於統治的政權，不應由僑眷、歸僑來負責；而僑眷、歸僑的所有僑滙是用來維持生活所需的。大家知道，僑眷、歸僑都是老弱婦孺，主要的可以作為勞動力的，都在海外；現在強迫僑眷、歸僑要做到「勞動是生活所必需。」換句話說，就是不勞動不能生存。試想一下，老弱婦孺要靠勞動才能生存，那是一件多麼困難的事，也是一件極不人道的事。因為這樣一來，僑滙才能成為多餘的存款，而中共也才有動用「多餘的存款」的理由，強迫僑眷、歸僑將僑滙存在銀行或信用部，必要時就調動存款這個積極因素，投資到「社會主義建設」上面去。其具體例子，如：

二

廣東普寧縣現有十三萬二千五百六十四戶，五十六萬五千一百六十四人，其中僑眷、歸僑十八萬〇七百六十一人。該縣在人民公社化以前，全縣信用部存款共三千八百六十二萬五千一百八十一元（人民幣，下同），其中社員存款（包括勞動工分、山林、果園、耕牛等折價入社存款在內）六百二十九萬〇四百十一元；現金存款餘額六百四十萬〇四千二百二十六元，現金存款中僑戶存款二百九十四萬五千九百四十三元，佔現金總額百分之四十五。

中共將這筆存款，以支援工農業大躍進為號召，動用辦了八百五十間小型工廠和二百七十五個工場，並建築電影院一所，戲院二所，「寒媽水」發電站一所。至於利用僑滙興建房屋有「四點金」二十三座，「下雙虎」三十五座，樓房五十座，平房三百七十六間。

在該縣實行人民公社化以後，由僑眷、歸僑捐資興辦的有敬老院四所，公共食堂一百〇二個。據該縣流沙紅色公社調查統計，僑眷被迫借出房屋九百九十間，作為人民公社使用。又如大長隴村由僑眷、歸僑出資辦的敬老院，全部睡眠牀、家俬、衣服、蚊帳和面巾、牙刷等日用品都規定由僑眷、歸僑負責。僑眷、歸僑除了出錢以外還有出力，中共以改變不勞動的習慣為理由，將該縣原泥溝社僑眷、歸僑勞動力最弱的地區，除脅迫他們參加修建水庫、積肥、下田等工作，並且強迫他們開墾了一百多畝的荒地。

三

總之，海外僑胞滙回僑滙，逃不了中共銀行的這一關，經過了這一關，本來作為維持僑眷、歸僑生活所需的僑滙，就變成為中共「社會主義建設」的投資。這就與海外僑胞辛苦勤勞血汗掙扎得來的僑滙，寄回維持改善僑眷的生活的願望完全相反。其結果，不僅不能維持改善僑眷的生活，相反地還帶給了僑眷的痲煩。同時，在中共極權統治之下，並無例外，所謂對僑眷、歸僑的「適當照顧」的話，完全騙人的謊語。

啼笑皆非的歷史課程

岳　騫

一

古人作詩詞喜用代字，以自矜淵博。「樂府指迷」曾經有這麼一段：「說桃不可直說破桃，須用紅雨、劉郎等字，說柳不可直說破柳，須用章台、灞岸等字」。「樂府指迷」後來收進四庫全書，這段妙論，也被「四庫全書提要」挖苦了一頓。

此外沈括「夢溪筆談」也有一段類似記載：「吳人多謂梅子為曹公，以其嘗望梅止渴也，又謂鵝為右軍。有一士人遺人醋梅與燖鵝，作書云：醋浸曹公一甏，湯燖右軍兩隻，聊備一饌。」這件事大概不會有的，可能是沈存中有意說笑話，挖苦一些學究。

這一類歷史上的笑話，到了「新社會」都變成事實了。本年度第十期「紅旗雜誌」，發表了新入「黨」的歷史學者「翦老」伯贊「同志」一篇，目前歷史教學中的幾個問題」，針對共區教育界教學怪現象提出批判。

二

從翦伯贊的大文中，可以看出共區歷史教學方面幾個意料不到的怪事。

第一、講授時代先後的問題。自從陳伯達提出厚今薄古口號之後，大陸史學界風起雲湧，頓時形成一個運動，由本年三月開始，幾乎沒有人敢講古代史，學校裏形成一種觀念，凡是新的都是好的，舊的都是壞的，歷史書上沒有好人，除去少數的如黃巢、張獻忠、李自成一些農民革命英雄之外。但是中國究竟不是澳洲、紐西蘭，全部歷史只有幾十年，中國實在有幾千年的歷史，若是署而不講，也不妥當，最後有些學校，異想天開，把歷史倒過來教。先教近代史，再教中古史，最後再教上古史，這種教法對於一個歷史已有根底的人，還無所謂，不幸都是學生，在中學時就未讀好歷史，對於前唐後漢都分不清楚，這樣一教只有使稍微明白的變為胡塗，原來不明白的更為胡塗了。

第二、不敢提古人的名字。因為中共斷定了歷史上的統治者沒有好人，所以教授古代史的教師們都儘量避免提及古人的名字，例如商鞅變法改為秦國變法，講到漢高祖的地方，都用漢初，不敢提到劉邦的名字，講鴉片戰爭不提林則徐，甚至講到儒家學說，不提孔子。不但講授中國史如此，即使講外國史也是一樣，把亞力山大大帝東征，改為馬其頓東征，把革拉哥兄弟的改革，改為農民保持土地而鬥爭。所以不提古人的原因，理由只有一個，即是認定歷史上各種事件之所以發生，完全是歷史的必然性或社會經濟發展的規律性所引出的結果，和人物本身沒有關係。

第三、歷史事件分不清楚。中共雖然反對古人，但是對於歷史上一些事實，還是樂於宣傳的，如同秦始皇築長城，漢武帝治黃河，隋煬帝修運河，中共也認為是有價值的活動。可是在講授時，不能提到秦始皇、漢武帝、隋煬帝等人的名字，甚至連秦、漢、隋、幾個朝代也不准提起，因為不敢觸起朝代，連帶說是西歷若干年也不敢說出，只是閉着眼講那個時候有幾百萬勞動人民去築長城，治黃河，修運河，究竟那個時候距離現在有多少年，築長城在前，還是修運河在前，教師不敢講，學生也不敢問，像這種歷史課程講下去，結果如何，不用測驗也就知道了。

三

翦伯贊究竟是個搞歷史的，雖然為了立功入黨，在三月間曾提議講授歷史打破王朝體系，儘量在歷史上翻案，過去提的現在不提，過去少提的現在盡量多提（見三月二十八日光明日報「關於打破王朝體系」一文）。但是對於這樣作法也覺得過分，本期在『紅旗』上發表的文章，到是希圖矯正這種不良現象的。

不過翦伯贊也知道自己黨齡太淺，人微言輕，文章中儘量拉出共黨祖師、馬克思、恩格斯、列寧、史大林、毛澤東的話作為根據，以防「右派分子」的帽子飛到自己頭上來。

我們對於目前在大陸教授歷史的學者，眞寄以無限的同情，試想講儒家學說不准提到孔子，究竟怎樣講法，但是為了活下去，還是要勉強應付。

荒唐的「中國民間文學史」

高瞻遠

一

中共去年的大躍進，不僅把工農業鬧得一塌胡塗，學術方面所受的影響也相當大，因為大躍進之後，陳伯達又提出反對「厚古薄今」的口號，一窩風的鼓動下，一些學者們有份量的著述都無法出版，另一方面幾家大學裏的學生集體創作了許多書籍，重要的有北京大學和復旦大學學生各創作一部「中國文學史」，北京大學學生編了一部「漢語成語小詞典」，北京師範大學學生編了一部「中國民間文學史」。除去漢語成語小詞典之外，其他兩部文學史都在三十萬字以上。

這三部書有幾個相同的特色：（一）編得快：多的不過三個月，快的只有二十天就成了。（二）內容新：凡是過去所稱讚的作品，他們一定不取，即使舉出來也完全採取否定態度。（三）見解特殊：對每一個作家的評價，固然和普通文學史不同，即使對作者本身作品的分析，因為一定要從其中找勞動觀點，所以也和一貫的標準不同。

不過，兩部中國文學史雖然標新立異，但是也還承認中國文學一貫相傳的系統源流。只有這部「中國民間文學史」卻全盤否定了幾千年來的中國文學傳統，而自訂一個新系統。所以其荒謬程度也較前兩部書為甚。

二

該書所以盡廢除歷代文學傳統而自訂一個新的系統，其理論根據是：『第一，勞動人民是文化史的創造者，也是文學史的創始者，文學的源泉是人民的生活。第二，歷史是人民的，文化是人民的，民間文學是全部文學的正宗。第三，古今中外的文學史中，凡是傑出的作家作品，都和民間文學有着密切的關係。』只看這個論斷，就可知道這羣學生哥根本就不知道什麼叫做文學，文學不問是狹義的還是廣義的，都只能從文學本身來鑑定，而不能根據作者的家庭成分，所以唐詩作者上至帝王將相，下至娼優隸卒，在文學方面則是一律平等的。這一羣學生哥就不同了，硬把作者分出階級，並且指出一部中國文學史就是一部階級鬥爭史，其荒唐程度眞使人怕。

該書對於民間文學方面的看法也相當可笑，因為他們居心要把中國文學算成一部階級鬥爭史，所以把歷代文學家和民間文學對立起來，認定民間文學一經文人之手，馬上就變質，而文人又都是出身於統治階段，代表着統治階級的利益，對民間文學只有壞處沒有好處。對於孔子刪詩經及後人整頓漢魏樂府，一口咬定是統治階級使文人就範的『惡毒陰謀』。同樣關於民間文學中保守的、落後的、色情的、迷信的東西，又說是統治階級御用文人故意寫一些壞的東西，冒充民間文學，破壞民間文學的純潔性。當然還有一些資產階級作者的作品，經這羣學生哥看中了的，如蔡琰的「悲憤詩」，元代無名氏所寫的『陳州糶米』雜劇及其他類似作品，他們又說是統治階級把民間文學據為己有，換句話說，他們根本不承認悲憤詩是資產階級出身的蔡文姬作的，假若你問他們這首詩是誰作的，他們絕對不知道，你要再問他們有什麼證據，能證明不是蔡文姬作的，他們一定會答覆是根據階級成分斷定的，資產階級出身的蔡文姬，如果能作出優秀的無產階級作品。這種好似出自瘋人院的理論，但在中共看來卻是黨性最強，又紅又專的標準幹部。

三

本來以前鄭振鐸寫過一本「中國俗文學史」，也就是專門談民間文學，鄭振鐸對這些零碎東西搜集之多，用力之勤，在中國公認為要坐第一把交椅，但是這羣學生哥卻把鄭著批評得一文不值，全書無一是處，大概因為「同行是冤家」，非此不足顯示自己著作的權威性。

這還是就全面來說，至於書中排比方法，亂到不能再亂，全書共計八百頁，僅僅『水滸傳』佔了六十頁，等於寫了一篇『水滸外傳』把每一個人物個性都加以詳細分析。又因為是集體創作，每個作者都來一段，所以每一章分析民謠時，都要帶上一段民謠是現實的反應，充滿了戰鬥性等一類八股。

目前中共正在鼓勵這種創作方向，相信不久將來，將有更多「佳作」出版。

蔣總統將再連任嗎？（台北通訊）

靜觀居士

筆者在上文已將國民黨各派系對於蔣總統再連任的態度，作了一個簡單的報導，茲再畧說國民大會和立監兩院的情形。

國大代表與立監委員的隱衷

國民大會和立監兩院與蔣總統的關係，並不怎樣的融洽，蔣總統對於立監委員更感厭惡。可是，如果他要修改憲法，或增訂臨時條款，或採取其他方式以求無限期的連任下去，不但多數國大代表和立法委員很樂意効勞；就是監察委員也會衷心贊同的。這並非由於他們也和某官員一樣，認爲蔣總統的一生不應由他人代替；而乃因爲祇要總統能繼續連任下去，國大代表與立監委員也就很自然的跟着連任下去了。他們既與總統有共同的利益，當然應該共同奮鬥的。誠然，他們之中頗多明達之士，深知於情、於理、於法、都不容許如此妄爲；然而，今日大家困處一隅，人浮於事，放棄了此一據點又往何處去棲身呢？須知在現局之下，一日身爲國大代表——尤其是立法委員，雖然不能行使憲法所賦予的職權；但在生活方面，却享有種種特殊待遇，爲了一般老百姓所夢想不到的。他們既得之，怎能不患失之呢？

國大代表另有打算

雖然國大代表和立法委員都早已失去時效，依法自無權修改憲法：可是，他們仍煞有介事似的嚷着要修憲，甚至公然互爭修憲之權。最近有些人尤其是候補立法委員主張應由立法院修改憲法，而國大代表聯誼會即於五月十一日正式在各報發表聲明，認爲「國民大會第一次會議通過動員戡亂時期臨時條款，由國民大會修改憲法已成定案。現爲適應國情，並依照上述定案，由國民大會直接修憲，實爲至當不易之途徑」。並說，他們此一聲明是「根據各代表單位及海內外同胞的共同意旨」而發的，可是代表諸公是如何的「鄭重」其事啊！假如有人要問他們爲什麼要包辦修憲呢？這可說是有由來矣。

遠在距今十一年以前，國民大會在南京舉行第一次會議時，許多國大代表就認為自己的權限太小了；乃手執中山先生的五權憲法爲盾牌，要修改現行憲法，使國民大會成爲名實相符的國家最高「政權」機關，而縮減立法院爲「治權」機關的法制局。後來因爲格於形勢，未達目的；但也要在議事規則中，列入「聽取政府各部會首長之施政報告」一項；而且，代表諸公除了盡情質詢而外，還要提出許多議案，對國事無所不談。雖說政府既不對國大負責，施政報告之意義已失，國大的決議對政府又無拘束力，質詢與提案之效用全無；可是，爲了要顯示國民大會乃國家之最高的權力機關，代表諸公，也就不厭其煩而甘於自擾了。由此，可知國大代表早有擴大國民大會職權的願望而苦於沒有修憲的機會。如今既有此良機，他們自然要利用修改總統任期之便，將憲法上有關國民大會和立法院職權的各條款一併修改，以償其十餘年來的宿願。數月以來，國大代表對於修憲一事如此積極，人們或以爲是由於當局的授意；實則他們也自有其原因的。不過，最近他們似乎也覺得社會上對於他們的心事已十分淸楚，爲了解嘲計，不得不於上述的那篇聲明中有所辯白，他們說：「至修憲範圍，當配合國家情勢力求簡要，免致多所更張。」這不是等於說「此地無銀三百兩」嗎？至於有幾位候補立法委員竭力主張由立法院修憲，無論其所持的理由爲何；明眼人都知道除非政府有意要立法院修憲，這些候補委員將永遠補不上的。

增加臨時條款大致已定

修憲乎？增訂臨時條款乎？抑不修憲也不改選乎？據說，國民黨的要員們爲了蔣總統再連任的問題，原想走修憲法的途徑；但經過了幾個月的深思熟慮，現在似乎覺得此路不通了。讀者也許會以爲若非由於他們覺得以早失時效的國大代表和立法委員來修改憲法以使蔣總統連任下去，未免有損領袖的聲光；必然是他們鑒於現有國大代表和立法委員都不足修憲法所需的人數，因此才想另作打算。實則這都不是眞正的原因。就國大代表和立法委員的任期來說，雖然憲法的規定是硬性的；但大法官不是已經禀承意旨作了彈性的解釋嗎？即是新的未選出以前，由舊的繼續下去。五年以前，當局已援用此一解釋，由第一屆國大代表來選舉第二屆總統；如今又何不可以第一屆國大代表和立法委員來修改憲法使總統無限期的連任下去呢？至於領袖的聲光是否將因此而受到損害，那更不成其爲問題的，因爲在他們看來，權位即是聲光啊！

再就修憲的法定人數來說，記得五年以前所謂第一屆國民大會第二次會議在台北開會時，當局曾經指派了好幾位昔年從未參加競選的人爲國大代表，說是由候補升上來的。反正，大陸淪陷後誰是侯補，已無案可查，而大陸同胞又無法到台灣來說話；他們既掌握了有權發給當選證書的內政部，自然可以爲所欲爲了。更何況他們還可以授意大法官把憲法第一七四條所稱之代表總額，解釋爲已選出之代表總額或已報到有案之代表總額，那就更用不着多所補充了。所以人數的問題，在他們來說，不是無法解決的。

然則當局爲什麼對於修憲之事還是如此遲疑不決呢？據說，他們認爲修憲雖然可以解決蔣總統再連任的問題；但三屆期滿豈非又要連選嗎？爲了選舉總統，不是又要招來許多物議和煩擾嗎？因此，有人主張不必修改憲法，也不必改選總統；祇須召集國民大會以過半數之出席及出席者過半數之通過來增訂一條臨時條款，規定在大陸未光復以前，總統，副總統國大代表和立監委員之任期均順延下去。他們以爲[illegible]但免除修憲的[illegible]困難，並可[illegible]逸，皆大歡[illegible]然就法的觀[illegible]，總統的任[illegible]任次數憲法[illegible]性的規定，[illegible]以合法的手[illegible]憲法而竟延[illegible]期，豈非違[illegible]是，國大代[illegible]監委員的任[illegible]違憲而延長[illegible]統的任期又[illegible]可違憲而延[illegible]總之，照現[illegible]象看去，由[illegible]修改憲法之[illegible]已過去，由[illegible]接修憲之議[illegible]獲得當局的[illegible]而不修憲不[illegible]醞釀，則似[illegible]有力。但何[illegible]，仍將有待[illegible]統的最後決[illegible]（完）

從台灣入境限制談到港台走私問題

楊正義

中華民國現行憲法乃今日中華民國之根本大法，憲法規定人民有居住及遷徙之自由，政府應該遵守憲法，維護憲法所給予人民的各種自由，這都是誰都知道的。因爲不如此，便是政府違憲。現任總統蔣先生也曾經一再說憲法是反共復國的武器，但我們要請教蔣先生：政府遷台以來却一直並不依據憲法給予人民以居住及遷徙的自由，這又如何說法呢？

我們曉得：大陸陷共，不甘作共黨奴隸的人民千辛萬苦的逃出來，論責任，他們對大陸陷共的事並不負責。因爲軍事政治經濟財政一切大權，過去都一直掌握在政府手裏，一般人民未嘗過問，也無從過問，所以，政府是應該完全負責的。然而，政府把大陸斷送後，反共愛國的人民從中共魔掌逃出來，却不能自由進出自己國家所剩的唯一的另外一塊領士，這眞是千古未有之奇聞。依法，人民既有居住與遷徙之自由，他們就該可以自由入台灣。依情，大陸既淪入鐵幕，人民已無家可歸，政府就應該歡迎他們入台，收容他們，撫養他們。依理，政府既高喊反攻復國口號，而台灣省人口有限，如何爭取人心？如何加强人力？應爲今日退處台灣一隅之政府之當務之急，增加人口即所以加强反攻大陸之力量。然而政府不此之圖，却對愛國人民拒而不納，甚且在此時期，實施了一種違憲的不合情理的入境限制，難怪人民對現政府痛心失望。

對此，政府說是爲了防範共諜，言之似乎有理，但我們仔細一想，却又立刻可以發現，政府此種說法之非，何以故呢？試問政府現時尙肩負着反攻大陸之使命，且台灣一島業已由政府直接治理十年，倘若已經治理十年之一島，尙畏懼共諜之零星滲入，則豈非証明政府太無能？政府果眞如此無能，則異日何能擔負反攻大陸的責任？今日大陸，共黨黨員已達一千一百萬以上，外圍工作人員更倍之，政府一旦登上大陸，大陸各處都有共諜，政府安得一一而畏之懼之。所以，政府如果有能的話，對於共諜，不但不應怕，更應惟恐其不來，共諜若來，正可以藉此破獲共諜之工作網。

對於台灣入境管制，我們更覺得荒謬和滑稽的，是政府既設龐大機構管理入境，對於出入境人貨宜乎就應該有切實了解和切實掌握，然而港台走私案却層出不窮，而且這些走私案並不是小規模的，甚至所走的私也非普通生活奢侈品，而是來自大陸的嗎啡與鴉片煙，且其數量動輒以百萬港幣計，其走私路線又不限於港台之間，而是以台灣爲香港運往日本的轉運站，那末，請問這入境審查究竟在幹什麼？如果連這種大規模的違禁品走私人都不明瞭，那又如何能把共諜審查得明白？所以，說到這裏，事情已經很明白，政府是應該重新反省自己的一切設施[illegible]

反對傳子制的復活（讀者投書）

曹念慈

聯合評論列列先生惠鑒：

我是貴刊的一位長期訂戶和讀者。你們艱苦奮鬥，不屈不撓的精神，使我衷心佩服。你們堅決反對台灣修改憲法，反對增訂可恥的憲法臨時條款，這是百分之百對的。然而你們却似乎忽畧了台灣一個更可恥的事實，卽傳子制的復活。

這一制度的可恥的復活傾向，由蔣經國所担任的各種職務，可以充分說明。蔣經國除了擁有不同名色的黑暗勢力而成爲衆所周知的特務頭子以外，曾通過了有計劃而巧妙的配搭，篡竊了如左的要職：

一、最高國防會議副秘書長：配搭的是世故圓融的張羣做秘書長；說明這個會議的眞正祕書長是蔣經國。

二、國民黨中央常務委員：配搭的是恰佔中常會多數的所謂「太子派」；說明中常會的眞正支配者，是蔣經國。

三、行政院政務委員：這一職務好像本身並不能發生什麼作用，但是配搭着他在黨務、軍事、特務方面的絕對優勢，說是完全沒有作用，却也未免小之乎視蔣經國。

大家知道，蔣經國除憑了是蔣介石先生的兒子這一關係以外，是不可能想像他眞有本領能這樣無法無天黨、政、軍、特一把抓的。而現在既公然不顧一切容許他一把抓了！這該說明什麼呢？這說明乃「家天下」的現形，乃傳子制的復活，乃對中國民主人士要求「民主改造台灣」表示毫無商量餘地的事實答覆與挑戰；質言之：這作風的惡劣，乃直不知天下有羞恥事而已！

現在已是原子世紀氫彈時代了，這種落伍而可恥的傳子制的復活，我認爲凡屬神經與脈搏正常的中國人，都應該羣起而攻之。不知貴刊以爲如何？

祇頌

著祺

曹念慈敬啓五、二三、

聯合評論

週刊

本刊已經香港政府登記

每逢星期五出版

United Voice Weekly

第四十三號

督印人：黃宇人　總編輯：左仲平

社址九龍金馬倫道卅八號三樓　電話61413

承印：田風印刷廠（高士打道二二一號）

總代理：友聯發行公司　售價每份港幣壹毫

本報美洲版總經售處美國紐約中美出版社

CHINESE-AMERICAN PRESS, INC

199 CANAL STREET.,

NEW YORK 13 N. Y. U.S.A.

美洲航空版零售每份美金壹角

本報改出兩張，仍售壹毫

所謂「建設性的意見」

胡　越

這些年來我們常聽到這樣的批評和勸告：「不要只唱反調，應該多提建設性的意見。」說這種話的人，有的是代表台北當局的分子，有的則是心地忠厚不明政治行情的人士。但不論如何這總是一種意見，我們不妨平心靜氣的談談。

一

首先我們應該弄明白所謂「反調」的意思。一般的了解，某甲對某乙有私人的恩怨，某甲為了報私仇，洩私憤；因此專找某乙的毛病，儘量攻擊破壞，利用一切機會來拆台搗亂，務期打倒某乙以稱快。在這種情形之下，某乙做的錯也是錯，做的對也是錯。這種「反調」是無知潑婦、幼稚兒童幹的事。如果懷着這種鬼胎來發表政見那眞是卑鄙無聊，應爲國人所共棄。

另一種「反調」是以事實做根據的。有如政府修改出版法，鉗制言論自由，再如不依司法程序拘禁公論報主筆倪師壇、地方自治研究會秘書孫秋源等等；這些違反憲法侵害自由人權的措施，我們以國家主人翁的立場來批評政府、反對政府，這是天經地義的事情，爲甚麼不可唱反調？反之如果對政府這些暴政暴行不聞不問，一任「公僕」胡作非爲，那不但是放棄國民的責任，同時是在鼓勵和縱容暴政。有些人或說，反對政府的不良措施是應該的，但是在反共抗俄的非常時期，最好暫息內爭一致對外。但是我們要問，我們爲甚麼要反共抗俄？我們不是爲了反對中共橫行專制、摧殘自由那套極權主義制度作風嗎？如果我們姑容國民黨這樣做，爲甚麼不能姑容共產黨這樣做呢？我們何厚於國民黨而薄於共產黨呢？老實說，做爲一個自由民主運動者，我們魂夢縈繞、涕泣以求的是在建立民主制度，使我五億七千萬同胞能過自由自尊的生活。我們認清了共產黨是死硬惡毒的極權主義集團，對於它是勢不兩立，不共戴天。可是對於國民黨，因爲它還承認一部基於民治民有民享的憲法，還在維持着一個民主憲政的架子；雖然實質上行的是一人獨裁一黨專政，但是在自由世界的大氣圈裏、在民主憲政的浪潮之下，它還未能從心所欲暴戾恣睢，還給社會與個人留有相當的自由空隙；正因爲如此我們還承認它是反共的友軍；承認他們所控制的政府來代表中華民國。我們對這個政府發表反對意見，所以我們仍希望它長進。在此必須分明，愛國不等於愛政府，愛黨，愛領袖。反之，我們反對一人獨裁、一黨專政、政府無能，並不等於不愛國家。政府是我們的公僕，我們有權更換它，（但是現在我們的權利被剝奪了）；政黨是人民自由的組合，所有政黨應該服從民意競爭進退（但是現在國民黨霸佔政權凍結其他政黨活動）；一黨的領袖，也是國民一分子，他是與人平等的。他不應有任何特權！因此我們反對某個人，某一黨，和政府的過錯，這是每一個中國公民神聖的責任和權利，這有甚麼不可以呢？

二

其次我們來談談所謂「建設性的意見」。我們認爲自由民主是反共的大前提，是一切建設的基礎。不在這個基礎上談建設，等於說在沙灘上建巨厦，在朽木上彫花紋。這些年來，我們向政府當局不知提了多少實行民主保障自由的意見。幾乎是千方百計，舌敝唇焦。可是實行民主的主張有忤獨裁的私心，保障自由的主張有碍專制的權力；任你擇善固執，忠言善道，在他們眼裏你是可惡的異端！把你看成比共產黨更可恨的敵人。所以這十年來，他們擱置反攻大陸，集中全力來壓制自由民主，每一年都製造幾次反自由民主的事件，這就是我們貢獻建設意見的反應！現在我們徹底覺悟，在一氏一姓的自私權力的基礎之上，一切「建設」是談不上的。他的所需要「建設性」意見，是卑屈的忠貞八股，是有利於他們統治的技術方法。至於任何有利於國民自由政治民主的意見，他們就一律斥爲反動。就拿反共救國會議來說。這是國民黨自己提出的主張。他們的本意原在仿效共產黨的統戰方法，組成一個捧場陣線，來陪襯獨裁專制的。可是望治心切的海內外同胞，認爲這也不失爲團結反共陣容的途徑。於是就紛紛提出建設性的意見。統計這幾年來關於「反共救國會議」的文字是可以集印百萬字一本書。可是結果如何呢？他們不但不理不睬，並且根本噤口不談「反共救國會議」了。不但不談了，對於談的人還倒打一耙說，你們又要玩弄政治協商會議的手法，來瓦解政府威信，破壞反共革命中心等等不着邊際的鬼話，眞令人啼笑皆非。

三

目前台北正醞釀修憲與總統連任。請問對這個問題我們如何提建設性的意見呢？我們清楚的知道，修憲沒有合法途徑，修憲只有毀憲；蔣不宜再連任總統，尤其不宜冒毀憲之名而連任總統。依此，我們忠告台北當局保全憲法放棄連任總統，請問這是故唱反調呢？還是建設性的意見呢？

×　×　×

李光耀非共而不反共的錯誤

啟德

新加坡的人民行動黨，以壓倒的優勢，競選成功，現在已成為新加坡首屆自治政府的執政黨了。

新加坡在英國統治之下，已有一百五十年之久，現在脫離了殖民地的地位，而獲得自治，這無疑的是一個可喜的現象，因為至少是證明了殖民地主義確是一去不復返了。

一種可能的懷疑

然而，大家無可諱言的，對於新加坡自治之後的前途，都表示一些擔憂。這是什麼緣故呢？坦白地說，是因為對新加坡首屆自治政府的執政黨——人民行動黨，不敢完全予以信任。為什麼不敢完全予以信任呢？因為鑒於過去的人民行動黨所作所為，實不能不懷疑它的背後有個牽綫人，那個牽線人就是中共。

熟悉新加坡政局內幕的人，都會知道：新加坡相信社會主義的人是很多的，例如人民行動黨、勞工陣線、人民聯盟、勞工黨和自由社會黨等等。這裏面不但包括了高級智識分子，並且還包括了富翁，其情形有如印度的一般都相信社會主義一樣。不過，他們的信仰社會主義，說得不客氣些，只是皮毛而已，能夠說出其所以然的，實在不很多。而新加坡的居民，大多數是中國人，在這種情形之下，就可能把社會主義當作等於中共的那一套。一般人的懷疑人民行動黨的幕後人是中共，就由此而來。但人民行動黨中，像李光耀這樣，所信仰的社會主義，並不是中共的那一套，而是民主社會主義，換句話說，他是與認為社會主義就等於中共的那一套的人，是有相當距離的。前者，可稱為人民行動黨的左派，李光耀的可稱為人民行動黨的右派。

這次李光耀的競選策畧，是強調反殖民地主義的民族主義。因為這樣，他居然運用成功而取得政權了。但他對於民主社會主義的內容，尤其是對於與共產主義的分野，在競選中，並沒有予以明朗交代，即在競選勝利後，雖畧予明朗化，但仍含糊其詞。這就不但使一般人，甚至使熟悉新加坡政局內幕的人，亦不得不感到憂慮了。

他在競選勝利後，對記者會說過以下一段重要的話：共產主義對新加坡，是一個長期的挑戰。人民行動黨所信仰的是民主的社會主義。

這句話，說得不够透徹，亦說得不足以打破一般人的疑惑。而他在別一個場合，又曾說過，他非共而不反共。這句話，則問題就更多了！因為非共而不反共，更不能洗清幕後人是中共的嫌疑！

中共的表示

六月四日，中共的「人民日報」發表一文，評論新加坡自治，其中有值得我們注意的一段話：『殖民地主義者從來不甘放棄自己的殖民利益。儘管英國殖民當局被迫把一部分極為有限的權力移交給新加坡政府，但是對新加坡政府却加以種種限制。……正如新加坡海港局等十八個工會在給各政黨和議員們一份備忘錄裏所指出：「自治後的新加坡只不過披上了一件華麗的自治外衣」，「這個自治是不澈底的」。……特別值得重視的，英帝國主義仍然在繼續阻撓新加坡和馬來亞聯合邦的合併和走向真正的獨立。』

假定說，李光耀仍是主張非共而不反共，那末，他如果將來再強調新加坡的真正的獨立和與馬來亞的聯合邦的合併，豈不是更証明了其幕後人是中共了嗎？

對李光耀的忠告

所以，李光耀今日所持的態度，不但是不智的，並且是危險的。亦就是說，是錯誤的。新加坡的真正的獨立和與馬來亞聯合邦的合併，本來是一件好事；而新加坡的實施民主社會主義，亦本來是一件好事；但因為李光耀的不反共，遂使人懷疑他是受了中共的指使，而成為共產黨陰謀「世界革命」的工具之一，這豈不是好事變成了壞事？所以，我們奉勸李光耀：你如果真誠的相信民主社會主義，你就應毅然的宣佈反共，因為民主社會主義認為社會主義不能離開民主，社會主義是民主主義的實現，是與共產主義的極權主義站在對立的地位的。而且，民主社會主義惟有宣告反共，才有發展的可能，不然，就往往被人誤解為是共產主義者的一丘之貉，同時，所作的奮鬥亦不會是替共產主義者舖平了道路。而從新加坡的處境着想，你亦惟有反共，才能安定內部，進而謀得與馬來亞聯合邦的合併與真正的獨立。

× × × × × ×

中共又替紂王翻案

曾明

一

自古以來，文人無行，莫過於現在中共下面這一班自命文人的幫開了。始則郭沫若要把曹操的陰魂罩上毛澤東軀殼；現在又來了一個朱人瑞更想把紂王的幽靈附到毛澤東身上。這些挖空心思、想入非非的翻案舉動，無非是說明，中國歷史上殘民以還的壞蛋，並不是從毛澤東開始；同時把曹操、紂王「千古定案」的罪惡，重新抖開來說一說，讓人民知道毛澤東的作惡，是師承有自。其實，在魔鬼世界裏，到處鬼聲啾啾，滿地鬼氣衝天，把壞事說成好事，鬼話連篇，不算稀奇。

看起來，老郭要比小朱聽明一些，曹操終不失為一個開國之主，而紂王肯定是一個亡國之君。在這一點上，對於毛澤東說來，寧可罩上曹操陰魂，却不願做紂王的幽靈。但是，曹操即使依照中共這班無行文人的吹噓，充其量不過是「政治家」、「軍事家」而已，他並沒有改變人民生活方式的本領。可是，紂王和曹操就不同啦。雖然古史渺茫，對於殷商以前的事蹟，都帶有傳說的性質，不過因為自從河南安陽（即彰德）出土的甲骨文，証明史記殷本紀所載殷王世系大體不錯。那末，可以相信，在殷商時代，尤其是在紂王的時代，人民的生活方式有很大的改變，可以作為毛澤東矜式的。

二

第一，中國古代人民的居住，大概以氣候和地勢分為巢居和穴居的兩種方式。禮記上說過：「冬則居營窟，夏則居橧窠。」孟子也說過：「上者為巢，下者為營窟。」照上所說，可以想到，大致在氣候溫熱地帶的人民，是以巢為居，在寒冷之區的人民，則居營窟的穴中。因為殷商繼承夏代授田制度，有了發展，人民以便於耕作，進而在田裏地面上用土堆積起來，堆得像土窖一般，而於其頂開一窟窿，叫做窶，以通空氣。到了紂王時代，更進步以棟梁為骨幹，以墻為肌肉，建築大興，由家宅發展到宗廟、官室的興建。所以，中國之有建築藝術，可以說是由這一個時期開始。因此，一方面大部分人民在居住生活上有了一大改變，脫離野蠻氣味的巢居、穴居的狀態。而中國人民由這時起都是過的一家一戶的居住生活方式，一直到中共實行人民公社時，三千年來沒有變動過。現在中共在人民公社中，毀滅以一家一戶生活方式的家庭制度，設立公共食堂和創建社會主義莊院與共產主義新村，實行集體管制。這是毛澤東將中國人民生活方式從殷商以來的第二次大變化。

不過，這個變化是將自由生活的人民變為不自由的奴隸，其痛苦遠甚於穴居野處。

另一方面，殷商的宗廟、宮室建築，都是役民勞力完成的，人民不堪其擾，怨聲載道，終致演出武王伐紂，殷商覆亡。中共捧出紂王之後，對於奴役人民勞力，就可以說是師老祖宗成法，並非是始作俑者的禍首。

第二，前面說過，古史渺茫，遠古的事蹟，都是傳說，以文字來說，雖然傳說是黃帝時蒼頡所造，但迄至今日，還無法具體證明。但是，自從光緒二十五年在安陽挖掘到甲骨文字，所謂甲骨文字，是殷商時代卜事的辭語，刻於甲骨之上的文字。經考古家研究，證明甲骨文字實早於篆書、鐘鼎、籀文以前的文字；在文字字體源流上這是已知文字中的一種最早字體。甲骨文字多屬象形，筆劃簡單，如：上字為「二」，下字為「二」，等等。中共捧出紂王之後，他們就可以振振有詞說道：甲骨文字既象形於前，難道我們中共不能實行簡體字，如：飛寫成「飞」，陽寫成「阳」，陰寫成「阴」，等等字會意於後嗎？

第三，殷商時代，神權思想極盛，其力量足以支配政治，注重卜筮，幾乎每事必卜。而中共對於馬列主義有如殷商之對卜筮一樣，任何時問，任何問題，一遇困難，只要焚香祝告一下，翻出馬列天書，就沒有不可以解決的事了！大到宇宙規律，中則國家事務，小至精蟲活動，無一例外地要順從馬列教條。中共捧出紂王之後，就可以說拜馬列主義，乃是學習先賢迷信精神。

三

有此三點，足够毛澤東作為進行愚民、役民、殘民的護身符。嚴格說來，朱人瑞比郭沫若為虎作倀的本領還高出一手。所以，不怕痲煩的寫了「替殷紂王翻案」又臭又長二萬多字的文章。不僅把尚書所說紂王的酗酒迷亂、不用貴戚舊臣、登用小人、聽信婦言、信有命在天、不留心祭祀的六大罪狀一筆鈎銷，並且說紂王有（一）開拓東南區域傳播了文化，（二）對傳統文化發揚光大，（三）對落後的東南區域傳播了文化，（四）用人惟才，（五）重視俘虜的五大功績，和有（一）智勇兼備，（二）明於知人，（三）講求氣節，（四）軍民對他的信服的四大優點。總而言之，統而言之，荒淫暴虐無道的紂王，是一個好人。小朱之所以捧紂王實際就是捧毛澤東，不過，由於小朱一捧，我們到可以確認毛澤東是中國有史以來，天字第一號殘民以還的最大壞蛋。

「找野糧」與吃「七彩飯」！

伏波

本年度台山轄境各「人民公社」：人們所吃的「人民大鍋飯」，元月份每口每日配糙米五兩，二月份減為三兩，三月份就再減為二兩了。

查公社基本的生產單位為生產連隊，亦即是基本的伙食單位。全連人數編成，係由三百五十人至五百人。但每人配米不够吃，於是共幹就叫大家找野菜、番薯、觀音土……以期每人每餐可吃到三小碗，淨重十二兩左右，只有粥水才任吃到飽。

這些「人民大鍋飯」，百分九十係用「野糧」為主食，糙米碎僅是百分之幾而已！到底共黨所謂「野糧」是什麼東西？原來公社共幹所指野粮是：凡未經人工種植和培養的動植物，可供人們主食用，而野生在戶外，並包括可吃的「白泥」（即觀音土）……都統稱為「野糧」。

所以「野糧」包括荒山出產的野菜、野果、土茯苓、野芃薯、蚯蚓、老鼠、飛鳥、……水田裏的田螺、小魚、禾蟲、蚱蜢、蜚蠊（形如小蟹）等。主要的還是「觀音土」。

像「台山白沙人民公社」為例：轄下每個生產連隊，每晚必需到轄區野外找「三百斤觀音土」，野菜百斤，蕉頭野芃薯若干。然後每日三餐，和上全連每人所配少量糙米，作為「吃飯不要錢」的主副食。所以這樣的「人民大鍋飯」，生產隊員稱為「人民七彩飯」。

因為牠的顏色有紅橙黃綠青藍紫七色，味道有鹹酸苦辣甜的五味。據共黨指出：這些「七彩飯」，裏面什麼維他命都有，牠底營養價值，高得很哩！

可是不少人們吃了「觀音土」，都有消化不良病症，而目浮腫者大不乏人，因此染病而死的人很多。

大陸逃港學生的控訴

大陸共校共特怎樣監視學生？

伏生

一　「學委會」與「勞委會」

中共標榜的「新民主主義教育」，其實便是共黨的「黨化教育」。中共黨團公開進入學校，在各大中學校裏成立黨團支部，初中小學設立「少年先鋒隊隊部」。各級學校黨團負責人，一如共軍中的「政委」，他包攬學校的一切，職權在校長之上。他的主要任務是：爭取教職員和學生參加黨團，掌握和監視教職員和學生的思想行動，改造學生的思想。强逼學生上「政治大課」，傳達黨團命令，檢舉反動，肅清「特務」等。無疑的，中共在各級學校裏的「黨團員監察網」，縱橫的特務組織，恩威並施的「統戰工作」，在在使學生們不敢亂說亂動，不但沒有說話自由，甚至沒有沉默的自由！於是共特恐佈氣氛佈滿各校，大多數學生都在誠惶誠恐中過日子。

拿廣州中山大學為例：校本部設中共黨團部，院設支部，系設分部，分部下統率黨團小組若干。黨團小組係細胞組織，設正副組長各一人、黨團員各若干人。黨團員分別擔任宣傳、統戰、政治保衛（特務）、組織、教育、勞動六個幹事。對內則監視和鞏固組織，對外則負責爭取黨團員，對非共學生進行「統戰」、「宣傳」、「防特防鑽」等等。

此外各級黨團支部，領導各級「學習委員會」、和「勞動委員會」、「學委會」下設文娛、大字報、體育、圖書、宣傳、總務、學習等七股，股設股長，及幹事三人至五人，正副主任委員由黨團負責人擔任，委員則由同學選出。

學習股領導全班同學，成立若干學習小組，主持課外之「上大課」，小組討論，生活檢討會，座談會，自我批評，互相批評，思想回憶，「向同學交出歷史」（坦白）等。

「學委會」更主持共黨某項政策之「思想動員大會」，如「煉鋼思想動員大會」、「下放公社思想動員」、「檢舉反動思想動員」，必要時更舉行鬥爭某同學大會等等。是共黨支配下的傀儡組織，配合共黨掌握和監視同學的思想行動，和「改造思想」的公開機構。

各級「勞動委員會」，係由委員五至七人組成，正副主任委員由黨團負責人擔任，下設宣傳、勞動、生產、教育、總務等五股，主持同學的「義務勞動」，勞動範圍包括修橋整路、掃街通坑渠、種菜、煉鋼等等。每學期終了，即逼令同學寫「思想總結」和「勞動總結」，然後經「學委會」「勞委會」「民主評定」，黨團負責人核閱，作為該學期成績的一部分。

二　共校「職業學生」的反間計

在大陸共校大中學校裏：同學裏的祕密黨團小組，每天向分部會報一次，學習小組每天向學委會報一次，勞動小組向勞委會每天會報一次。會報項目包括每個同學的學習情況、思想情況、勞動情況、言論、行動、可疑之點，突發的「反動事件」，包括「破壞話」，及打罵「積極分子」，是否有人消極等。

至於居住宿舍的男女同學，他（她）每天課餘外出，如「組織」認為可疑，即派人追踪，或設法明查暗訪！如外出何處，與何人交談，談的是什麼？接談人的職業，居處，已往歷史。又可疑同學的社會關係，經濟來源，來往函件檢查，然後由校方黨團負責人對照該同學的「家庭狀況表」「八歲到現齡調查表」；「向同學交出的歷史」「卷宗」檔案，再找出它的破綻，密令「積極分子」們嚴密監視，必要時找可疑同學談談，一個「轉校學習」，便送到上級秘密審訊，說不定是囚禁，或「勞改」，甚至是「不知所踪」的秘密處死。

更有共特的職業學生，潛伏在學校讀書，向海外回來的僑生，及一般學生，大放反共言論，看聽者的反映如何：如果某同學以恨共語言答覆他，經「上級」再偵察說者有無「組織」或「行動」？輕則上級找他教育一番，重則有牢獄之災甚至死亡的危險了。

大陸的煤荒

何雨文

一　煤荒之原因

雖然大陸煤產量年有增加，依照中共的宣傳數字，一九五八年產煤二億七千○二十萬噸，一九五九年計劃生產三億八千萬噸，又多了一億一千萬噸。計劃的實現存在着許多不易克服的困難，即使實現也不能解救大陸愈來愈嚴重之煤荒，因為大陸的煤荒程度是超過煤產量的增加速度的。

大陸煤荒之主要原因有兩個：第一，是工業用煤的增加，一九五三年工業用煤佔煤消耗量總數的百分之三七點六，到一九五七年就增加到百分之四六點九。在最近的將來，中共工業動力主要還只能依靠煤，石油的產量有限，增加得更慢，電力方面，水電因工程浩大，機器裝備供應不上，也難迅有成就，較易發展是火電，而火電仍需要煤。因此煤荒難解除。

另一個原因，是民用煤的增加。南方各省民間向來多用柴煮飯，現因建立公社之後，許多柴燒成灰做肥料，也沒有多餘的勞動力可以砍柴，並且大量燒炭輸往蘇聯，於是民間多改用煤了。煤成為配給品之一，如果不配給煤，大多數地區因舉不起火來而斷炊。工業用煤之外，加上民用煤的緊迫，煤荒乃更為嚴重。

二　煤產量增加的困難

煤的生產，並不樂觀，存在着不易解決的困難：

1.普通建立一煤礦，至少要五年，中共計劃縮短到三年。所以煤荒不能立即解除，將是十年以後的事情。

2.擴大老煤區採煤面的數量，必需要增加採煤設備和輔助設備，增加坑木，增加採煤工人等等，這是中共目前也難辦到。

3.土法開採的小窰煤，在生產上還有一定的限制，在煤層深、地下水大的地方，就無法進行土法生產。

三　北煤南運問題

因為大陸北方產煤，而目前南方工業要用煤，再加上民間改用煤作燃料，於是發生北煤南運的問題。

這個運輸任務是非常繁重的。據中共鐵道部副部長呂正操的報告：「今年在鐵路總運量中，煤炭的運量就占總運量的百分之四十以上，除煤炭外，其他十種重要物資運量比重都不大，只有磚、瓦等建築材料占百分之十左右，其餘如石油、礦石、鋼鐵及其他製品、糧食、棉花等都在百分之十以下。」

並且也是不經濟的，呂正操又說：「從東北運煤到江南，運輸距離達二千多公里，運八列車煤，機車就要消耗約一列車煤」。

×　×　×

大陸之窗

玉笛

中共出口貿易銳減

雖然，幾年以來，中共的宣傳機構一直鼓吹大陸在增產在大躍進，但鐵的事實擺在人們面前，却是大陸出口貿易的銳減，尤其在中共推行人民公社以後，中共對外貿易數額的銳減，更容易為各方所察覺。

本年六月一日，日本外務省發表了一項分析報告書，指出中共出口貿易已經銳減的事實。談到香港方面，該報告書說：「在去年十二月間，中共對香港之輸出數達二千八百萬美元，惟在今年正月至三月期間，已銳減百分之五十。由去年七月至十二月，從香港之輸入，每月約達九百九十萬美元，但今年每月跌至三百萬美元。中共對星洲及馬來亞之輸出，由在去年十月至十二月間平均每月七百萬美元，在今年正月減至五百三十萬美元及在二月減至四百萬美元，今年春間，中共與日本之貿易，陷于停頓。」同時，該報告書又說：「人民公社制度係中國大陸出口貿易減少的主要原因之一。」

我們曉得：在東南亞地區，日本與中共是正在進行貿易競爭的，因此日本對大陸的生產狀況與貿易狀況一直在特別認真的研究和調查。在這以前，日本外務省曾經分析過中共貨物在出口方面（特別在東南亞）與日本產品競爭獲得成功的各項原因，這一次所分析的與前相反却是中共出口貿易的趨向失敗。日本與中共在東南亞的貿易方面既係處在鬥爭狀況中，那末我們把日本外務省所作分析視作一種貿易部門的敵情分析自無不可。對於這種分析，日本外務省當然是有根據的。至於大陸出口貿易銳減的原因，日本外務省認為這主要是由於人民公社，這一看法，亦極正確。對於這一點，香港居民最易覺察到，因為香港居民的生活必需品，諸如雞肉蔬菜等絕大部分都一直是由大陸運來。而香港市場後來却突然缺貨，大陸人民又並沒有自己吃用，香港市場何以會突然缺貨呢？考其原因，就由於大陸農民的家庭既因組織人民公社而被拆散，農民對中共不滿，就不願再培養這些東西了。於是，中共用以換取外匯的這些物資便也突然在香港銳減。這銳減的情勢，自去年以來，迄今尚未恢復，這是香港每一個家庭主婦都知道的。所以，我們可以認定日本外務省最近所作的分析，乃完全正確的分析，今日的中共是確實陷在人民公社這一泥淖中的，無論在政治或經濟方面都如此。

今年又有旱災水災

中共佔據大陸十年以來，年年都在宣傳他們抗旱抗洪工作，但年年都表現他們沒有把這一工作真正做好。據本年五月卅日北平人民日報載：河北與遼寧都已發生大旱災，中共對這一大旱災的成因完全推諉在天候方面，天久不雨誠然是一個原因，但由於中共推行人民公社制度，農民缺乏自動抗旱救災的情緒，當然也是原因。正因為這也是原因，所以中共便在該日人民日報透露，目前中共已發動各級黨委强迫「全省（指河北）投入抗旱春播和抗旱澆麥的勞動力，共達九百萬人左右」云。

至於遼寧，據新華社廿八日瀋陽電：「乾旱現象逐漸擴延全省。有些地區甚至影響大田播種，……許多地方男女老少一齊出動投入抗旱鬥爭」。這是河北與遼寧已發生的大規模的旱災情形，其它省分尙有類似情形，同時，除了旱災以外，尙有水災的情形，對於無論旱災或水災，中共的最拿手辦法，就是强迫人民去抗，但是大陸人民都知道一切勞動果實，都歸不到自己，一切勞動果實，都終被中共奪去，所以中共儘管在各處號召「幹勁冲天」，人民情緒却非常低落，這非常低落的情形，可從五月卅日人民日報一篇題為「防汛準備工作必須落實到底」的短評中看得出來，它說：「根據各地彙報的情況，防汛準備工作，除少數地區外，大部分地區還沒有把防汛準備工作貫澈到公社，生產隊和羣衆中去。」何以不能貫澈到羣衆中去呢？何以中共始終搞不好抗旱防洪的工作呢？這就因為人民與中共存着敵對的矛盾，而强迫之下，決做不出好結果的緣故。

我們之所以反對極權制度下的强迫勞動，我們之所以贊成民主制度的自願勞動，理由之一，也就在此。

李光耀組閣及其他

俊華

星洲通訊

人民行動黨在星加坡自治政府首屆大選的壓倒性勝利，多少有些意外。意外的不在勝利本身，而在「壓倒性」這一勝利的程度——其先，人們預測人民行動黨可能在五十一席的議會中，獲得三十一、二席；偏於主觀親右翼的，還疑懷人民行動黨「是否可能獲得二十六席的多數」？結果該黨的席位，竟是四十三席，百份之八十以上清一色的國會！

馬來亞政府拉查克總理上月下旬不滿意人民行動黨的一篇有力談話，也曾被認為對左翼作有力的打擊。當時拉氏說：「星加坡必須對於馬來亞效忠有所表現，並經馬來亞認為滿意，否則，不孜慮星馬合併」。這句話是針對李光耀的聲明：「不希望有獨立的星加坡，而希望有星、馬合併的馬來亞。」並謂：人民行動黨今年執政，「星馬明年便可合併」。

可是拉查克總理的談話，却明朗地不信任人民行動黨的政治態度。並明白告訴星加坡人民，倘若行動黨執政，星馬合併將甚渺茫。

在許多預測性的報導之中，倒是路透社較為穩健，它一向都認為人民行動黨可能執政，並不希望任何迎合本身感情的奇蹟出現。是不是英國人知道星洲的反殖民情緒強烈？

英國人究竟是有他一手的。倫敦殖民部，早就已看到六月初的這一局勢，殖民大臣早就說決定「在星加坡冒險」。他並且說，在航空母艦發達的今日，星加坡海軍基地的評價，「並不太高」。事實上，為了代替星加坡，英國早已在開發婆羅洲了。

因為英國的早有準備，所以當人民行動黨獲選後宣佈，「不釋放政治犯則不就職」時，也有一些幸災樂禍者以為此舉可能是「憲政危機」。事實上人民行動黨既如此堅持，它又是在五十一席中佔有四十三席的絕對多數政黨，沒有第二個大黨可以拜命組閣。那麼，英國總督如果不受「不怎麼便拉倒」的威脅時，唯有出于取銷憲法之一途了。那豈不是「憲政危機」嗎？

但熟知英國人作風者可知道決不會出現這一幕鬧劇，固然取銷憲政可以發揮一下「餘威」，究終不免有「狐掘狐埋」之感。難道要選到英國人滿意，方才行憲嗎？英國對於塞浦路斯島人的作遊擊戰，刺殺無辜英籍婦孺，尚且有談判妥協的雅量。其對於人民行動黨的能夠「海涵」，倒該沒有疑問吧。

消息靈通的新聞記者們，早已抱着他們的攝影機，在監獄門外附近的餐室中佇候，俾等待人民行動黨領袖林清祥等八人出獄，爭取這一個特殊的鏡頭。

事情變幻得快，葛德總督已正式答允釋放政治犯，人民行動黨並已在籌備一個歡迎出獄領袖的民衆大會。李光耀內閣的就職期，則已定於星期五，星洲自治，行動黨執政，一切都很順利。

當林有福氏飛吉隆坡訪問馬來亞前總理拉曼氏，商討馬來亞是否與林氏的人民聯盟一致對抗李光耀政權時。人民行動黨已發表李光耀亦將訪隆。人民行動黨對於馬來亞，似乎非爭取不可，並且是已經決定進行爭取了。那麼，李光耀政權的動向，從這一點可以看得出來，可能它不會太親共呢！（六月二日寄）

× × ×

留德學生辦刊物、主張民主

雖然二次大戰後的西德，一切都待重建，但西德畢竟是一個在科學和工業都有深厚基礎的國家，所以，它的復興也就很快。而中國留學生來此讀的也特別多。所幸大部份學生都得到西德政府或此地天主教會的幫助。所以他們都能好好讀書。尤其難能可貴的是他們在讀書之外，更對祖國的安危與治亂非常關懷。他們都對國家有責任感。

半年前，他們共同創辦了一份時事文摘。由孫家鴻、黃學孔、蕭光復、喻鍾烈四人主編。現在已經出過五期。由第一期到第三期，他們有秩序的報導了發生在中國的三件大事。第一期是人民公社。第二是金門砲戰。第三是煉鋼運動。第四期則報導了蔣總統不連任總統及毛澤東不再擔任中共政權主席的問題。其中文字絕大部份是摘錄香港及台灣各報刊的，其中包括：聯合評論、祖國週刊、時代批評、民主評論、自由中國、民主中國等。

時事文摘是十六開本，二十頁，精裝。除了上述摘文以外，還闢有同學服務專欄及新青年專欄等。他們對中國問題的看法是：「九年前多少青年不顧生死為建立新中國而奮鬥，九年前在無數青年的白骨與血汗建立了另一個比帝王專制更利害的新階級」。「我們應該首先承認孫中山先生，他是我們留學生的老前輩，是中華民國的創建人，是我們的國父」。「因此，我們也必須承認中華民國，與那一面青天白日滿地紅的國旗。中華民國與國旗是前輩留學生抛頭顱洒熱血而創建的。可是一開始即為袁世凱竊盜，為軍閥們割據，為蔣介石國民黨霸佔」「我們不論是決不是打倒誰推翻誰，是要大家在中華民國國號下的奮鬥組織聯合政府臨時政府，」「我們要一切為人民，但是要眞正的把一切歸還人民，讓人民眞正的自主，假如連人民穿什麼？吃什麼？睡幾小時覺？幾時播種？幾時深耕土地？都得要政府管，要政府發命指示，這是多餘的，這是藐視人民的人格人性，是輕視人民的能力，是利用人民奴役人民，是假的為人民。」至於該刊的經費來源，據該刊主編喻鍾烈說：「純為我們在工廠做工來的錢，每月一切開支在內約花費八百港元，反正這裏學生做工工資特別高，因此也還能勉強應付，我們辦這雜誌的主要目的是在喚起留學生讓他們不要苦悶及無出路而倒下去消沉下去，再就是想慢慢掀起一個運動作為將來民主建國的穩健基礎。」

由於西德無中文鉛字排印，這份雜誌的二萬多字就得先用手寫，再攝影，然後付印。為了賺進辦雜誌的這八百多港幣，他們常常是在早晨四點鐘起床就要去提前做工的，為了民主，為了反共，這就知道他們是在如何的艱苦奮鬥了。

西德通訊　·遠音·

僑鄉近訊

江水

海晏中共民兵，携械逃抵澳門

五月廿六日凌晨，又有台山鄉民七名划舟逃抵澳門，其中包括兩名携有短槍的民兵，他們是由海宴逃出的。海宴面臨大海，而防軍人少，實力薄弱，過去已有不少鄉民由那裏逃往港澳。據稱：渠等係於二十三日深夜划艇出海，艇家在那兩名民兵的武器威脅下，不能不聽受指揮；渠等划了兩日兩夜，才划抵目的地。當小艇駛到馬騮洲時，那兩名民兵便把他們的手槍抛下海中，然後將小艇駛往澳門之氹仔鎮登岸。渠等又稱：海宴全鄉鄉民，都已陷在飢餓的困境中，如不逃走，祗有活生生餓死！

大陸中藥來源奇缺，土製西藥質量日降

大陸中藥，亦告奇缺，中共衞生部藥政司曾為此發出指示，着令各地幹部大力領導人民擴大藥材產地，廣泛開發、引種、採集深山藥源，加强提高中藥生產。但中共此項指示，並未收效，尤其是「中藥生產必須依靠人民公社」的措施，其結果適得其反，中藥的生產不特未見提高，且日趨下降。至於中藥製劑（即國產西藥），則由於廠方設備簡陋，提煉技術幼稚，每一項製成品，類多降低甚至失却其性能，不堪應用，以之醫病，等同謀殺病人！

豆渣成名貴食品，蚯蚓入食譜之中（廣東）

廣東各地的主要副食品，長期鬧荒，尤以近一兩月來更甚。猪肉、牛肉、鷄鴨、塘魚、瓜菜、蛋類等，不論城市或鄉村，亦極度荒缺。各鄉鄉民，現已普遍採取各種野生潛飛動植物充飢；蕃薯、芋頭、豆渣等，現已被認為是「名貴食品」，公私合營的飲食店，多已採用蟛蜞、蝸牛、蚯蚓等作為肉類的食料。如「野鷄飽」、「野鷄饍」等，就是以蟛蜞肉作餡；「三絲麵」、「八珍飯」等，則用蝸牛肉作配料；由此可知粵省糧食荒象，刻已空前嚴重。

為搶食農民暴動，殺飢民共軍開槍（雲浮）

五月二十日，雲浮公社食堂內曾發生「搶食鬥爭」大暴動。該社地方狹小，故每餐開膳時，鄉民都要排隊輪候就食，近因米粮奇缺，不敷供應，先到的鄉民，尚可獲得少量的飯餸配給，但後至的鄉民，輪候半天，雖輪到了自己，亦得不到冷飯殘羹，因此激動了公憤，奔進食堂，將公社裏的共幹痛毆，民兵聆訊趕到彈壓，但鄉民仍奮不顧身，面對民兵的槍尖，將民兵包圍。其後民兵開槍，轟傷鄉民四名，事始平息。

反對配薯搭觀音粉，河口人民怠工騷動（三水）

三水「河口公社」刻已由配食薯粥改而為配食觀音粉。此種觀音粉，原屬泥質，食入腸胃，積久能使排洩器官閉塞，因而死亡。腸胃較弱的人，尤易喪生。目前該縣鄉民死於食觀音粉者，以婦孺為最多。河口鎮鄉民曾因此一度發生怠工，表示反抗。惟共幹不特不管人民死活，且反指係有「國特」潛伏暴動暴動，要求上級加派武裝部隊到鎮，實行以武力鎮壓，並拘捕鄉民多人，解出縣府公審。

應號召回國服務，遭迫害狼狽而逃

香港汽車司機曾仲剛，去歲杪挈一妻兩子女參加「回國服務」行列，返抵廣州之初，中共頗予優待，月薪係照曾在港所受薪額發給，曾在港月薪三百元，中共則折計人民幣一百二十八元支付，詎第二個月，共幹即示意曾「表現積極」，要求曾自動提出調整工薪，曾無奈乃提出工薪八折之申請。詎再過一月，共幹又示意曾自動調整工薪，曾尚未答允，而共方已評定曾之工薪為每月人民幣四十二元，僅得回原日在港之月薪三份一，曾此時才覺悟自己的回國服務係受中共「優待港澳技工」的虛偽宣傳所欺騙，遂於今年五月十八日撇下妻子而隻身逃往澳門，俟機返回香港。曾對人稱：中共的統治大陸，除暴力外，就是欺騙。

公社虐待老病貧農，各地鄉民羣起反抗

中山「香州公社」貧農鄭錫垦，年已六十，仍被迫勞役，鄉中共幹，且指彼頭腦頑固，經常唆使所謂「積極分子」向之展開鬥爭，鄭之精神肉體交受威脅，以致神經失常，詎因此益遭虐待，公社亦減少彼之配粮額。五月十八日，鄭遂被迫害至死！又：該社另一貧農鄭新，抱病多日，仍被迫往築路擔泥，鄭以抱病之軀，不堪勞苦，卒於五月十九日在築路現場暴斃！

據來自粵北粵東消息：連陽、樂昌、潮安、饒平、惠陽等地鄉民，曾於四月下旬至五月上旬間，先後發生過七次反抗公社暴動。各地鄉民，均係赤手空拳向各該公社的共幹襲擊，並搗毀公社。惜此種抗暴行動，終被中共之武力壓止。刻中共已增調民兵駐守各鄉，加强鎮壓。但壓迫力越重，反抗力越大。一般預料：各地鄉民的抗暴行動，必繼續擴大爆發。

漫漫夜

林吟

一陣驟雨才停，寥靜的夜街顯得更清冷了。一眼望去，一排雪亮的路，照耀着凄零濕潤的街道。偶有一輛汽車孤單的疾馳而過，留下來的是更難堪的沉寂。行人路上只見昂首濶步的警察、和靠着騎樓柱子打盹的乞丐，還有那些才從夜生活裏回來的女人。

一個十七八歲的少女，以急促的步子奔走着。如果她不是穿着高跟鞋，她可能會跑起來。但是現在她只能以零碎的快步吃力的向前急走。不，她在逃，逃開侮辱、逃開羞憤、逃開這殘酷的人生！

她恨不得一步邁回家，好躺到床上痛快的哭一頓。可是她愈心急，路就顯得愈長。一陣急衝的快走已使她兩腿發酸發木，可是距家還有很遠一段路。憤怒和慘痛的情緒使她渾身發顫，無力再走下去。她幾次想叫住一輛的士，好趕快回到家去。可是一想到手袋中僅有的兩塊錢，便又打消了這念頭。等她發了狠決定叫的士時，在街邊等了半天又遇不上，於是她只有鼓着酸痛的心，酸痛的身體，繼續走下去。

好容易捱到了那條又黑又髒的橫街，她正加快脚步向前走；突然從小胡同裏鑽出一個三分像人七分像鬼的乞丐，帶看一身難聞的腥臭跟上來。一邊喊「大姑，可憐哪——」一邊把一隻黑手伸在她胸前。她吓得幾乎要喊出來，一顆心突突亂跳，趕忙慌慌張張向前跑。可是那個乞丐氣勢洶洶强追不捨，他的髒手幾次觸到她的胸和臂，她又怕又氣又噁心。但是她這個時候實在沒氣力和乞丐鬥法，急忙打開手袋，摸到一個毫子向地上一扔，掉頭就走。

一口氣她跑到自家樓門口。匆促的穿進去。然後她運足氣力爬上六樓。現在她一隻手按門鈴，一邊大聲叫喚：「媽——快開門！」另一隻手摸着淌滿冷汗的額角，身體靠着牆，呼呼的喘着氣，渾身緊張得劇痛難挨。可是停了一會兒還聽不見屋裏有人應。她猛烈的拖長的把門鈴按得震天價響，厲聲叫喚：「媽——媽——開門！」

「聽見了，來了。」一個老婦人從裏面答應着。隨着是急促的木履聲，門開了。「怎麼，出甚麼事了？幹麼這麼急！」老婦人半疑半怨的問着。李蓮一聲不響，一陣風似的走了進去。進到屋裏一頭摔在床上，兩手抓着枕頭不容分說嗚嗚大哭起來。

老婦人關好了房門，回到屋來一看她這個樣子，吃驚的問道：「怎麼，出了甚麼事？」

李蓮只顧放聲大哭，兩隻手用力撕着枕頭，胸腔哆嗦着。

「到底是怎麼回事兒？你說呀！快二十歲的人了，還這麼不知好歹。同屋的人都睡了，你這麼大聲哭喊，怎麼行！」老婦人一邊說，一邊走過去替李蓮脫下了鞋。把她的兩條腿推到床裏邊去。然後用手摸着李蓮的頭又問一句：「可到底是怎麼回事兒呀！」

李蓮翹起頭，淌着滿臉的淚。一邊哭一邊說：「一個死鬼動手動脚對我不規矩，……李大班還罵我得罪客人，說我假清高……當着那麼多人警告我，下次再這樣，就別再到舞廳返工了，還逼還那八百塊錢——」說完了，李蓮又伏在枕上，哭聲更大了些。

老婦人一聽，臉上頓時消失了血色，兩眼發直，嘴唇哆嗦着；呆了半響，流出了兩行眼淚。悄然坐到對面床上去，掏出一塊手帕蒙住臉，哽咽起來。

李蓮的哭聲，像一場驟雨，現在停止了。她翻過身，仰面躺着，望着牆上父親的遺照，呆呆的出神。

「最初我就說舞廳的事幹不得。去那裏的那有好人。你非吵着要去不可，現在你叫我做媽的可怎麼好？」老婦人說着，用手帕沁着鼻涕。

「得了，您別說了。誰想到這麼壞！」李蓮傷心的側過身去。

「沒去舞廳之前，你在工廠做工，我在家裏糊火柴盒，咱們住在木屋裏不也還能活。竟怨那個沈小姐，像勾魂似的，一天來說好幾趟……」老婦人不由自主的嘮叨起來。

「媽！我求您別再說好不好。沈小姐也是爲咱們好，事到如今何必埋怨別人？若不是爲了二妹、三妹上學校，若不是給大陸的哥哥寄錢，我幹嗎要當舞女！」舞女兩個字特別尖銳。李蓮說着，又抽搐着哭了。

「咳！這都是命。上輩子不知缺了甚麼德，這輩子咱們娘兒幾個受這份兒苦……」

「無論說甚麼，咱們可不能受這種欺侮，大蓮兒，明天起你就別去了。寧可受點窮，也落得個清白。」老婦人愈說愈傷心。眼淚在皺紋縱橫的臉上流成兩道小河。

「媽！您怎麼這樣糊塗，難道我是願意做舞女？二妹三妹可以不上學，大哥的肺病怎能不管？況且，現在不幹，怎麼歸還李大班那八百塊錢？」

「這都是殺千刀共產黨造的孽，逼死你爸爸，又逼病了你哥哥，叫咱們在這兒給祖宗丟現人眼…………」

母女二人哭哭吵吵也沒得出結論。最後還是女兒起來勸住了媽媽。

燈熄了。屋子靜下來。鄰室傳來如雷的鼾聲。李蓮雖然疲乏極了，可是大腦仍像水晶球一般透明清醒。現在她已不做無望的傷感了，她在想明天去舞廳怎樣向李大班打圓場，怎樣應對那些下流的舞客。最後她黯然的意識到，她的青春將被無情的埋葬，橫在她人生前面的是無限期的苦刑。同時她想起小說中那句話：「長夜漫漫何時旦」呵！……。

徵稿啓事

本版歡迎下列各種作品：小小說、新詩、散文、文藝性的短論或論文藝的短論和木刻漫畫等等。來稿最好不要太長（二千字左右）！但如作者已認爲縮到不能再縮的，長些也無妨，我們可以分期刊出。來稿如果要退回的，請附回信郵票及寫有退稿地址的信封。如不願更改原稿的，請說明。又，來稿字跡，最好清楚些，至少要看得懂，文章內容當然最好也是這樣。

——編者——

渡海船

·荃忘·

佛經說納須彌於芥子，這裏不需要來討論它的可能性。但借着這句話，却可以從香港九龍間的渡海船中來看整個香港社會的衆生相。

香港和九龍間的渡海船，等級是分得十分明顯的。上層是兩毫子，下層是一毫子。一毫之差，人分兩等。界限是很森嚴的。

渡船的路線很多，天星碼頭和統一碼頭的風光是截然不同的，尤其是上面的那一層。

從天星碼頭啓碇到九龍，只要五六分鐘就夠了，但是多化一毫子而能側身於上層，何樂而不爲？於是很多人就寧願多走那三十多級水泥階，去作樓上的搭客。

坐在上層起碼的一個好處，可以欣賞那些奇形怪裝的新裝，等於免費參觀服裝展覽。但我總覺得下面要比上面自在得多，至少不用裝模作樣地把自己表現得舉止高貴來防止人家嗤之以鼻和笑之以「大鄉里」了。抬眼向四面一望，衣服是黯了些，因爲舊的緣故；但面色却好看了些，因爲較接近於人的本性的緣故。

統一碼頭的渡船，雖是樓上，但似乎也沒有天星碼頭的「華貴」。當然，也嘈雜得多了。

那面，兩個中年婦女正在大叫大嚷，因爲她們不見已有十年了。那一角，一個青年在遮遮掩掩地看黃色小報，顯然還有些怕人看見了。船頭，一羣女學生在吱吱喳喳：「Maria Sir 好衰……」「Rio Brauo 睇左未？」船尾，一個油頭粉面的男人提了一隻原子粒收音機，開到最響的程度在聽粵曲，不管身旁的人在皺眉，而四顧作自豪狀。看武俠小說的，聚精會神地脫下鞋子擱起脚。情侶緊緊地靠在一起，講不完的話。打瞌睡的胸脯一起一伏，頭忽上忽下。老來俏的打開手袋，用粉和雪花膏塡滿臉上的皺紋，還要細心地將小鏡子拿在手裏東照西照，直到她自己滿意而人家肉麻的時候爲止。幾個工人在大談東家的好壞，一口金牙咬着紙煙，唾沫橫飛而手足亂揮。兩個西裝不甚挺括的中年人在互相嘆苦經：現在世界難撈了。一個頭髮向上和向前各突出一寸的阿飛旁若無人地抖着脚唱貓王歌，另一個恨不得不穿衣服的女阿飛在旁邊噓里噓里地吹口哨和拍子。小孩子在走道中跑來跑去，一個穿牛仔褲的拿着火藥紙的鎗，叭叭叭地亂放。這裏是上海口音，那邊是潮州話；隔壁是四川腔，遠一些又是廣東調……整個社會，一些兒也不保留地搬上了船艙。你在這裏可以看見在其他地方所看得到的一切。

×　×　×　×

酒巴

黃華

這裏的時間和外面的沒有兩樣，
這裏的天地和外面的並不相同；
一杯酒是一個願望的實現，
幾杯酒却失去了自己。

於是，遂有：希特烈的白眼，
　拿破崙的狂笑，
　卡羅素的高歌，
　差別靈的舞蹈。

羅歐巴倒轉了，
肩膀背上了三個地球；
十個春天出顯在眼前，
畢加索的鴿子飛翔於太空。

酒精昇華，面對現實，
乃發現地球仍循軌道前進；
驚覺自己的生命有一段空白，
一聲嘆息遂沉澱於世間。

古董

黃崖

泥土解開了擁抱，
你睜開了矇矓的睡眼；
數百年的長夢破碎於瞬間，
一個命運決定於剎那。

告別骷髏與荊棘，
你置身於廳堂而驚魂未定；
灯光照得你睜不開眼，
放大鏡包圍得你透不過氣。

你遂高踞於錦座上，玻璃櫥內，
天天聆聽讚嘆與誇獎；
你忽然感到羞慚和不安，
當想起那無人提及你的創造者。

×　×　×　×

亮齋閒話

曹操該升格論

徐亮之

客：這些時看了大陸的報刊沒有？曹操已經升格了哩！連他在戲台上的臉譜，據說也將改為不再代表奸賊一型的哩！您對這事怎樣看法？

主：曹操早就該升格了。

客：什麼話？——您老是討厭台灣當局做中共的尾巴；現在看來，做尾巴的倒是您了。

主：我的曹操升格觀和別人不同。

客：曹操以漢臣而弒漢皇后，酖漢皇子；光這一點，已是罪浮莽卓，奸兇無比；看您如何把他升格來？

主：弒漢皇后、酖漢皇子、與存漢室、尊漢統、孰重？曹操自白說：「設使國家無有孤，不知當幾人稱帝，幾人稱王？」他本人到底並沒有「移漢鼎」啊！所以，即光就這一點說，也便足夠做他升格的基礎而有餘。

客：他本人雖沒曾「移漢鼎」，但漢獻帝到底只做的是傀儡皇帝。

主：關於這一點，就其啓迪後人說，同樣功不可沒，非給升格不可。遠的不說，說近的：當年「林子超連任國府主席」，您總該明白，他「連任」的到底是怎樣性質的「主席」？

客：還有升格的理由沒有？

主：有的；他尊重法治。有一次，他行軍經過麥田，下令軍士犯麥者死；卻不料倒是自己的坐馬「騰入麥中」；便不顧主簿「春秋之義，法不加於尊」的解釋，自己馬上割髮代首，當衆謝罪。至於平時，親故犯法當誅，同樣毫不寬貸；雖然「垂涙嗟痛」，到底「終無所活」；比較今日挂羊頭賣狗肉的「法治」標榜者，到底不可同日而語。

客：還有沒有？

主：有的；他絕不諱言貪戀個人權位，把持私家軍隊，和培植自己的兒子。他說：「然欲孤便爾委捐所典兵衆，以還執事，歸就武平侯國，實不可也。何者？誠恐已離兵，為人所禍也。既為子孫，計又已敗；則國家傾危。是以不得慕虛名而處實禍，此所以不得為也。前朝恩封三子為侯，固辭不受；今更欲受之；非欲復以為榮，欲以為外援，為萬安計。」您想：對這樣羞人答答的事兒，他居然能夠坦白得這樣澈底：我眞不禁要喊他一聲「孟德佳人」的了！我絕對相信：他如生在今日，要獨裁一定是會有胆量，要民主也一定是會有度量的。

客：還有沒有？

主：有的；他殺人就痛快殺人，絕不計較什麼「階級成份」的扯淡。他為報父仇而進攻陶謙，曾一口氣坑殺男女幾十萬口，弄得泗水為之不流。進攻睢陵夏丘時，更連雞犬都已殺光。什麼「清算」「鬥爭」的勞什子儀式，一點也不來事。

客：還有沒有？

主：有的；他似乎乃「一杯水主義」的先知先覺者。他常對他的妻妾說：「顧我萬年之後，汝曹皆當出嫁；欲令傳道我心（按指無心篡漢），使他人皆知之。」此何等事？而亦氣量恢宏如此，可謂千古一人！如此而不升格，將如他的後進何!?所以，我認為他在戲台上的臉譜不但應該改勾；簡直就非讓他穿上列寧裝，再配上青天白日的勳章不可。

×　×　×　×　×

湯山事件（二）

司馬健

展堂又曰：「近兩年來，吾直不知陳羣在何處。擴大會議時，果夫立夫嘗語吾：比軍情緊急，而人鶴（羣字）仍毒詈政府蔣先生無已。聞渠生平唯服膺胡先生，何不一開導之？吾因立致書，告以今日乃整個黨之問題；不得恩怨集矢個人，及黨人毋失所守，庶幾無愧衾影。書果夫立夫所親見，而廬隱付鄧祖禹齎去者。旋得復，又與果夫立夫共展觀，則謂年來實於滬潛修，外傳皆模糊影響；承敎督當益自勉云云。果夫立夫乃皆喜，謂吾應位置人鶴甚末事；吾謂無甚末事位置人鶴；無已，唯黨史編纂；人鶴於此亦相當，讀讀書，做做文，亦是大事。凡此皆果夫立夫親聞見。黨史編纂委員會隸中央黨部，豈吾一人所得包庇？且以國家名器買不罵，本非計，況人鶴亦初非可買者耶!?」

介石初不語如前，旋忽曰：「胡先生，汝反對吾之約法！」

展堂聞之忽大怒，嚴詰曰：「汝之約法？汝乃有汝之約法為吾反對乎？夫約法與國民會議本兩事，吾於立法院紀念週講『遵依總理遺教召開國民會議』乃錯誤乎？不依遺教召開，仍可謂之為總理主張之國民會議乎？又吾在中央日報發表之談話，誰敢謂吾不合總理遺教乎？至於約法，反對者固非吾一人；稚暉、季陶、亮儔與汝亦何嘗贊同乎？國民會議不討論約法，乃中央黨部決議；藉使乃吾首倡，汝亦固嘗附和；既成黨之決議，即與吾個人主張殊科。且汝前四日不亦贊成不要約法乎？何今日乃又反之？究今是而昨非乎？抑昨是而今非乎？」

介石畧遲疑，曰：「胡先生言議向嚴峻，吾既辭短，自唯贊同之耳。」

展堂怫然曰：「是汝誠怪人矣！如此大事，贊同於前，乃獨責吾反對於後，誠何居心？且藉令汝操縱一國民會議，制定一約法；試問此所謂約法者價值又安在乎？」

介石復無語。

展堂又曰：「所謂破壞行政，乃何所指？」

介石強為說曰：「乃與行政院為難。」有頃，復喊咨曰：「聞交通部郵政儲金法迄未擬定。」

展堂乃反詰曰：「汝今乃政府主席兼行政院長，夫亦知郵政儲金法為何物乎？何緣而必經過立法院乎？豈汝舉此案，即足証立法院與行政院為難矣乎？吾明告汝，吾生平絕不草率從事。吾曩為交涉收回領事裁判權，可無分晝夜，督同人訂定新民法、海商法等數千百條。同人可因煩猥緊張而暈蹶疾病；然立法精神初不因之而減退，更不因求速而苟簡，事實具在。郵政儲金法案雖未完成，郵政儲金不已先法案實行乎？汝不見南京市上已有郵政儲金滙業局乎？吾不責交通部舉措乖方，汝乃轉謂立法院與行政院為難乎？且近世郵政儲金，國家財政周轉挹注資之，國民經濟榮枯流滯系之，初非細事；吾安得而不審重將事？抑汝知交通部究所司何事乎？其所轄招商局舞弊案件層見疊出，而視若無睹；政治會議吾雖嘗予指斥，以究非行政監察主者，過問無從。然吾既主立法，不能以法律補弊救偏，吾失職亦甚矣。夫立法者豈必討人歡心？亦忠於黨，忠於國，忠於由其法律所產生之政治設施而已矣！」

介石至是益木然。旋曰：「特胡先生督責黨政人員亦太過，致皆惴惴不安；因之，若輩對胡先生，印象恐亦不佳！」

展堂厲聲曰：「吾督責若輩，正吾看重若輩。試問若輩任情胡為，擅離職守，國家體統何在？此尚不應受吾教導乎？」

介石亦色然曰：「胡先生責備若輩，不如皆責備吾輩。」

×　×　×

汲古書屋談薈

李鴻章之晚年

耘農

曾國藩嘗品評其兩弟子，謂「俞蔭甫（樾）拚命著書，李少荃拚命做官。」得意語，亦雋語也。故當時亦不免有人以「熱中」譏嘲鴻章者，而鴻章對此則別有解釋。據西狩叢談云：「公又言今人多諱言熱中二字，予獨不然。即予目前，便是非常熱中。仕則慕君，士人以身許國，上致下澤，事業經濟，皆非得君不可，予今不得於君，安能不熱中耶？未幾以賀俄皇加冕出使，並順道遊歷各國，以公之身分名位，此等使差，並不算一回事，然公意頗似非常愉快。嘗向予等作得意語曰：我辦外洋交涉數十年，不敢謂外人如何仰望，但各國朝野，也總算知道中國有我這樣一人，他們或喜歡與我見面談談，也是普通所有之事，究竟耳聞不如目見，我亦藉此周歷一番，看看各國現象，可作一重底譜。……啓節時，予等有十數人送之出東便門在于家衛午尖，離城二十餘里，是日適有大風，揚沙撼木，車行甚為困頓。抵衛時，有大宛兩縣在此辦差，就一民房外，加紮天棚，即於棚中設席，令尊促坐，棚搖搖震撼作聲，如欲拔地飛去。飛塵眯目，席間盤盂盃盎，悉被掩蓋，幾無物可以下箸，而公高談健食，意興豪舉，謂吾自少年以至現在，凡有出門行動，非狂風即暴雨，海行則無一次不遇驚濤駭浪，不知何故？衆或諛言中堂豐功盛德，所以雨師風伯，皆來祖道。公笑謂此則不敢，但吾當亦不至獲罪於天，何以節節與我為難耶？頻行，復環顧曰：承諸君遠道相送，厚意殊可感！予此次乃輿櫬而行，萬里長途，七旬老物，歸時安必能與諸君重見，惟望努力前程，各自珍重。衆乃謂中堂精神矍鑠，將來尚須主持國是，重作一番偉業，公亦笑而頷之。語雖沉痛，而神氣並不沮喪，所以卒能平安返國，重膺柄用，式洽當時頌禱也！』蓋鴻章恥於甲午戰敗，馬關忍辱，亟思有以湔雪之，故不憚以垂暮之年，跋涉重洋，勉效馳驅，雖赴俄締結中俄密約而歸，未能料及日後之大患，然當其啓程時之强自慰解，亦殊可見「鞠躬盡瘁，死而後已」之決心，與今人所謂「人生自七十開始」聊以苟且偸安者，其義迴殊，又焉能以「熱中」誚之耶？（三）

戊戌荃灣禊集詩

奉王世昭鄉兄

·曾克耑·

畫家運腕寫人物，
詩老嘔心詠海山；
千載右軍猶旦暮，
蘭亭而後有荃灣。

鞠鬚玉井語猶新，
繭紙昭陵跡已陳；
書法鐵髯傳別派，
自扶蕭散寫天眞。

中共與印度的關係在惡化中

金一鴻

一

近十年來，中共與印度的關係，可說相當「友善」。舉凡印度為中共敲聯合國之門，亞非會議中的互相標榜叫囂，一九五四年尼赫魯訪問北平時的重申「五原則」宣言，一九五六年，周恩來的兩度投奔新德里等待尼赫魯在華盛頓所作的經紀買賣，諸如此類，處處都反映出他們勾搭在一起。不過，其中唯一例外的是一九五〇年的一件事，即當該年度十月間中共宣布進軍西藏之時，印度政府却于十二日之內（十月二十一日，二十八日，十一月一日），發出三次照會表示抗議：一則曰：「中共軍隊之侵入西藏不得不被認為是可悲歎的。對印度政府來說，是最為驚異和遺憾的。」二則曰：「將使對中共不友好的那些國家在這一國際事務緊急和微妙關頭，有藉口來進行反共宣傳。」「將會引起嚴重後果，並將使那些反對中共參加聯合國和安全理事會的國家獲得有力支持。」三則曰：「共軍的侵入西藏，將不符合中共或和平的利益」，「已經大大地增加了世界的緊張形勢和導向大戰的趨勢，影響到中（共）印友誼關係」。

歷史是不一定會重演的，但類似情況的出現是可悲的，目前中共與印度的關係又投進了這一死角。

二

自從本年三月間西藏抗暴事件發生之後，接着達賴喇嘛逃抵印度，以迄今日為止，時間不過三個月，但尼赫魯在印度人民院與聯邦院前後却發表了九次講話，這是說明了印度對于西藏問題的重視。

依據四月五日，即達賴逃抵印度的第三日，尼赫魯公開表示：印度之所以關切西藏問題，是基于三種立場：（一）印度本身的安全；（二）與中共維持友好關係的願望；（三）印方對藏人具有無可爭辯的同情。同時，當尼赫魯在人民院正式宣布政治庇護達賴之後，曾博得國會議員全體起立高聲歡呼，由此可見，尼赫魯的西藏政策，是得到議會全力支持的。

可是尼赫魯這種願望並不很切實際，雖然周恩來在「人代會」的「政府工作報告」上說：「我們偉大的友好鄰邦印度尼赫魯總理連續發表了不干涉中國內政和繼續鞏固中印友好關係的聲明，我們對此表示歡迎」。但「權術政治」的中共，一向是玩弄兩面手法的。它一方面由人民日報連續發表了所謂「異哉達賴聲明」，「印度擴張主義分子」，「噶倫堡是西藏事件的反抗中心等等口號以攻擊印度；另一方面，又唆使班禪在「人代會」中作粗魯的發言，以及沈鈞儒、李濟深、黃炎培等附庸黨派，在「政協」上的尖銳叫喊，指責印度干涉中共內政。

尼赫魯在中共這樣夾擊之下，于是還嘴了。四月二十七日，尼赫魯在人民院上說：（一）關于達賴聲明問題。「鑒于所提出的某些不負責任的指責，我願意說清楚達賴喇嘛對于這項聲明以及其後在穆索里發表的較簡短的聲明完全負責。我們的官員同這兩個聲明的草擬或者準備沒有關係。」（二）關于印度擴張主義分子問題。「還提出了另一個甚至更奇怪的關于『印度擴張主義分子』的說法。」「據說『印度擴張主義分子』是繼英帝國主義和擴張的傳統的繼承者是無稽的」他說：「我們非常關切的是維護印度和西藏之間的香客往來和貿易方面的傳統聯系。……印度在西藏沒有政治的或者不可告人的野心。」（三）認為西藏抗暴是「民族情緒問題。」如果說這完全要由西藏若干『上層反動分子』負責，看來這種說法是一種複雜的情況異乎尋常地簡化了。甚至根據得自中共方面的消息，西藏抗暴的規模也是相當大的，這種情緒不僅影響着上層階級的人，而且影響着他人。……試圖用頗為陳舊的字眼，措辭和口號來解釋情況，是很少有什麼幫助的。」（四）認為中共在對印度進行冷戰。「向中共領袖，報紙和人民發出任何類似的呼籲的事，不能由我來做。我所能說的祇是，對于中共的負責人士對印度所作的評論和指責的語調，我感到非常難過。他們不顧事實真相和禮節，使用了冷戰的語言。……尤其令人難過的，對印度所作的指責如此荒謬：……有一種指責說我們劫持達賴喇嘛。中共當局肯定應當知道我們在這個國家中是如何行事的，我們的法律和憲法是什麼樣的。」五月四日尼赫魯在聯邦院談西藏局勢又說：（一）認為潘查希拉和萬隆這些字眼已開始失去它們的光澤和被人濫用；（二）認為如果印度不給西藏難民避難是完全錯誤的事；（三）認為班禪四月二十三日在中共「政協」的發言，是缺乏氣度和尊嚴不值得正視；（四）認為達賴的出走並非劫持，完全是由于形勢所迫。五月八日，尼赫魯又于人民院講了一次話。他說：（一）中共本身是一方面的軍事集團體系的一部分，中共本身同冷戰是密切相關的；（二）如果中共有些人認為，通過威脅和強硬的言論，他們就能嚇倒印度，那是錯誤的；（三）西藏的實施改革，要由西藏人自己來辦，一旦用壞方法來想辦法，好事就變成壞事；（四）他對中共所稱的西藏自治表示懷疑。

從尼赫魯的一次一次的反擊中，已經明顯地說明了印度與中共的關係在轉變中。

三

可是中共與印度的鬥嘴並不到此為止。五月六日，中共又以人民日報編輯部名義發表了一篇「西藏的革命和尼赫魯的哲學」為題的文章，系統地攻擊尼赫魯。「西藏的革命和尼赫魯的哲學」上說：（一）它之所以指責印度，是由于印度的一些政界人士和報刊，咒罵中共是「新的和兇惡的帝國主義」，「擴張帝國主義」、「殖民行動」、「強盜行動」之後才反擊的；（二）尼赫魯四月二十七日的講話，是攻擊中共的反干涉論的力量集中；（三）印度干涉中共內政是承繼英國帝國主義的遺產；（四）印度政府隆重的歡迎達賴喇嘛和尼赫魯的親赴穆索里的訪問是一種不友好的舉動；（五）尼赫魯抹殺西藏階級對立事實，尼赫魯對西藏的感情是在衛護野蠻的農奴主；（六）同尼赫魯的爭辯是被迫的，想用任何壓力來干涉中共內政是毫無希望的。辭鋒銳厲，咄咄逼人。

我們瞭解，人民日報的主張，是代表中共黨中央的一種決策，一九五六年中共與蘇聯爭論史大林問題時，所謂一論再論「無產階級專政歷史經驗」兩文就是以人民日報編輯部名義發表的。所以，中共與印度關係的惡化，已經深深地現出他們中央級人士的心坎。

此外，又據五月卅一日新華社報導，加爾各答正在舉行「全印西藏會議」，會上強烈要求反對中共侵略西藏和支持西藏獨立。要求把西藏問題提交聯合國，要求印度政府考慮和平共處五項原則的新問題。同時，中共又利用印度共產黨和某些工會組織進行示威大遊行，提出所謂「制止對中共的誹謗」。「不許干涉中共內政」！「打倒中印友好的敵人」！作為對抗。由于這些事實不斷的發生，給中共與印度的關係上，更增加了無限陰黯的氣氛，中印之間的交惡，已經命定地在逆轉着。

共產黨員與「衣錦榮歸」

岳騫

最近山西人民出版社，出版了一個劇本「衣錦榮歸」，著者寒聲，是一個新進作家，這個劇本是他第一部創作，也許會是最後一部了。

「衣錦榮歸」是一個七幕諷刺喜歌劇，顧名思義，可以知道是諷刺共產黨員陞官發財，衣錦榮歸的思想，但是作者筆下太不留餘地，把「新社會」的形態和共產黨員的「高貴品質」，全部描繪出來，所以就變成了「毒草」。

劇情是這樣的，一位共幹回鄉替母親祝壽，為了表示「衣錦榮歸」誇耀鄉里，居然異想天開，冒充「部長」，走到半路上又遇到一個老同學，「部長」看見老同學身邊有錢，就拉他一道回去，以介紹對象為餌，誘老同學出任他的「秘書長」。兩人拍檔回到了部長的故鄉。這個地方是一個很偏僻的村子，村民平常見到的只是村長，農會主席，再大些也不過是鄉長、區長，現在看見來了這麼大的兩個大人物，整個村子簡直轟動了，以為好人護三村，好狗護三鄰，這一來大家都沾光了。所有的親戚朋友都登門拜訪，百般羨慕，公認為是這個村子上前所未有的大事。

劇情發展到此，又轉入一個高潮，老鄰居「百事通」看見「部長」和「祕書長」位尊多金，竟然妄想高攀，想把一對孿生女兒嫁給他倆。百事通露出這種意思之後，兩人更是正中下懷，在「部長」這方面正因為私拿了公款無法歸墊，想藉娶老婆收份厚禮去塡補虧空，至於「秘書長」此來就是為了找對象，當然更當仁不讓了。

這個劇本的妙處就在於這是一對孿生姊妹，兩人像貌完全相同，，百事通當時準備「獻女」時，自然是請「部長」先挑，「部長」看中了妹妹，約定秘書長追姐姐，平分春色，不料姐姐不太起勁（劇本說因為她是共青團員），結果兩人都追了妹妹。部長和秘書長還不知道擺了烏龍，妹妹雖然知道，也許有意要多嚐嚐戀愛的味道，所以將錯就錯，左右逢源，最後把戲當然有鬧穿的時候，及至兩人發覺所愛的女孩子竟是一人，於是爭吵開始了，部長擺出長官的架子，壓迫秘書長讓步，秘書長已經花了許多錢，不甘心人財兩空，堅持不讓，吵到結局，就把眞相揭露出來，原來兩人都是騙子。

就藝術觀點來說，這個劇本是不夠水準的，其中情節的安排既不合理，惹笑的手法也極其庸俗，比起曹禺、老舍之流，自然不值一談，不過若從政治方向來看，這個劇本影響卻相當大，十年來共區的文藝作品中，除去何遲所寫的「馬大哈買猴兒」相聲之外，要算這部劇本對共幹挖苦的最厲害，對共區腐敗情形暴露的也最徹底。

從這個劇本裏，我們可以看出三點：

第一、共黨幹部的素質相當低，這種「衣錦榮歸」，富貴還鄉的念頭，最少也是二十年前的作風，不料到了現在，尤其是口口聲聲為人民服務的共產黨員共思想竟而如此庸俗、無聊。不過要往深一層看，也不能單獨責備這位「部長」，從毛澤東起，高級共幹的思想也是如此，中共政權成立後，把湘潭改縣為市，大小建設，甚至到毛澤東的家鄉韶山冲特地修了一條公路，這種建設，除了滿足毛澤東衣錦榮歸的念頭之外，沒有任何意義。

第二、劇本特別刻劃出中共幹部的官僚羣象，例如這兩個騙子身分已被人懷疑，報告給生產主任時，生產主任却以為「對首長不可能瞎猜疑嘛，這是個組織觀念，弄錯了很不好辦，你們小心出了大亂。」共媚上欺下的作風，恍如果戈理筆下「欽差大臣」的復活。

第三、揭露了中共幹部不安於鄉的觀念，大家都以為在鄉下沒出息，希望進城，百事通的小女兒春妹所以要嫁部長，就是為了到城市去享樂。其他如老吉大爺的兒女福鎖（在劇中是正面人物），也一心要進城去找對象。這種情形也是對中共幹部下放的一個諷刺。

這個劇本受到批評，著者寒聲先生也許已被判為右派分子，送到北大荒「愉快的墾荒」去了。

× × ×

蔣總統願意再連任嗎？（台北通訊）

靜觀居士

筆者在前一篇通訊中，曾報導國民黨各派系及國大代表與立監委員對蔣總統再連任的態度，究竟蔣總統本人是否願意再連任呢？這是關心國事的人們都想知道的。

一般人的看法

去年十二月二十三日蔣總統在光復大陸設計委員會以明朗而堅定的詞句宣佈反對修改憲法，胡適之曾高舉雙手表示贊成。外國記者即紛紛發出蔣總統無意再連任的報導。依據憲法而論，蔣總統既反對修憲，當無意再連任；否則豈非有意違憲？所以，外國記者的報導不是沒有理由的。只是咱們的國情，却往往法與事並不相干。因此，一般人還是以為蔣總統在經過若干人的勸進之後仍將連任下去的。再就過去的事例來說，十一年前國民大會在京舉行首次會議時，蔣總統也曾向國民黨中央全會宣佈不願意作總統，但結果還是作了，而且連任至今。現在他雖然宣佈反對修改憲法但却沒有表示不願意再連任總統，當然更要幹下去了。其次，也是最重要的，大家都覺得蔣總統對於權位的興趣是特別濃厚的。他當年的親信吳國楨說他「愛權甚於愛國，愛子甚於愛民」，可謂一針見血的論斷。三十餘年以來，他為了鞏固其權位，往往不擇手段，甚至犧牲國家民族的利益亦在所不惜。如今他已吸食權位之毒以成癖，又有一個對權位甚感興趣的愛子隨侍在側，更不能一日無權了。所以，無論他怎樣說，人們總以為他是立意要幹下去的；問題只在採取何種方式和何時才正式宣佈而已。

最近，國民黨八屆二中全會開會，有些人原以為他們對於蔣總統再連任的問題必將有所決定；然而事實是，除了許多委員照例勸進一番藉以表示共忠貞而外，全會並未作任何決議。但出人意料的，則是蔣總統在全會的紀念週上於重申反對修憲的主張之後，還說他一向不為個人的出處考慮，但認為目前應顧慮的有三，即（一）不要使敵人感到稱心；（二）不要使大陸同胞感到失望；（三）不要使海內外軍民感到惶惑。這似乎是他自己在向自己勸進了。

決定的因素

有人說，蔣總統既然立意要連任下去，假若效法李承晚總統公開宣佈其決心，並尋求合法合理的方式以行之，還不失為一種光明磊落的態度。如今反而以閃閃灼灼的言詞和偷偷摸摸的行動以惑國人，豈非自毀其信譽？據筆者的觀察，蔣總統願意連任下去，自無疑問；但若說他已經作了最後的決定，則似乎未必。在未來的數月中，有四個因素可以決定他的去留：

一、美國的態度。今日的台灣是不可能離開美國而生存的。雖然蔣總統的性格十分崛強，不易接受他人的干涉；但假如華盛頓方面的消息不好，他還是不能不有所顧慮的。據說，去秋杜爾斯到台北時，曾直率的告訴他，如不聲明放棄以武力反攻大陸，則不但美援難保；美國政府也將無法再勸說其友邦繼續支持中華民國在聯合國的地位了。因此，蔣總統雖明知此舉將有損於他的威望和國家的前途，也只好屈從了。可見美國對於台北的影響力是很大的。在未來的數月中，蔣總統最關切的，必然是太平洋彼岸的動態，例如民主黨是否將於明冬奪取白宮的寶座？共對華的政策如何？會不會承認中共？會不會因為厭惡他而寧願放棄台灣這一基地，一如昔年因為厭惡他而寧願退出中國大陸？凡此，都是決定蔣總統去留的重要因素。宋美齡久遊不歸，而非樂不思蜀，而是有政治原因的。

二、海外民主人士的態度。海外民主人士年來似乎正想有所作為，雖然成就尚少；但當局對於他們還是很不放心的。並非認為他們可能於最短的期間形成一種足以阻止蔣總統有連任的力量，而是誠恐他們的主張與活動可能影響美國對台灣的觀感。聯合評論最近在美國暢銷，尤為政府所不願意。

三、台灣同胞的態度。雖然政府的武力用以反攻大陸則不足，而用來對付台灣人民則卓乎有餘；可是，畢竟時代不同了，假如台灣同胞堅決反對蔣總統再連任而掀起了護憲運動，總不大方便以武力去鎮壓的。因此，蔣總統不能不考慮他們的態度。不過，此一考慮，似乎可以緩和了。因為最近那位素以反對黨姿態出現而又不怕一切恐嚇的硬漢——李參議員萬居忽然贊成蔣總統再連任，雖說他的轉變未必就是台灣民意的反應；然而以一位勇敢堅强的民意代表竟作出如此違憲的主張，當局自會感到快意的。

四、國民黨內部的態度。就過去的事例來說，蔣總統三次下野雖由於受了外在的壓力；但內部的疑貳仍是重要的關鍵。如民國十五年三月他在廣東擔任黃埔軍校校長兼廣州衛戍司令時也曾感於環境的惡劣，難於幹下去而決心引退，並已携帶行李走向長堤碼頭，準備乘船去上海。後來何應欽來電表示「公去同去，公留同留」，於是臨時改變主意，即以何應欽所部之第一軍舉事，因而有中山艦事件之發生，他更因而於一夜之間從一個二三等角色一躍而為國民黨的領袖，奠定其此後三十餘年的基礎。這說明，假如沒有內部的問題，蔣總統是不易因外在的壓力而動搖的。自政府退守台灣後，黨政軍各方面都已個人化，人們或以蔣總統父子已達到了清一色的目的；實則還是很有問題的。就蔣總統的作風來說，他似乎不可能得到朋友和信徒而只能招來敵人和奴隸。例如他高談三民主義，反對三民主義的人，他自然要引以為敵；但信奉三民主義的人他也覺得礙眼，因其所作所為多是反三民主義的。又例如他以反攻復國為號召，不贊成反攻復國的人，自然要被視作為匪張目；但切望反攻復國的人也要遭受他的仇視，因為他根本無意反攻大陸的。總之，他只要政權，從無中心的政治信仰，因此，跟着他走的人都無由得知何去何從。於是，有抱負和有節操者望望然遠去；而留下來的，幾乎盡是阿諛逢迎的妾婦之流。這些人志在陸官發財，從無國家觀念，其可靠的程度還是很有限的。在無事之時，用他們來作福作威則可。有事之時，他們即爭先通敵，以求新主子的歡寵。這是大陸變色時的悲劇，蔣總統當然比誰都知道得清楚的。如今他要再連任總統，自然會招來許多反對，他怎能不對國民黨內部的情勢作深長的考慮呢？

蔣總統最近的表示

現在再來報導一個最近的消息以為本文的結論。二中全會閉會後，蔣總統曾宴請新當選的中央常務委員有所指示，他說，去年十二月他在光復大陸設計委員會講話以前，原想宣佈二事：其一，反對修改憲法；其二，不願意再任總統。後來幾經考慮，只說了反對修憲的那一半。他是否再任總統，尚在考慮中，一俟有了最後的決定，當向大家宣佈，希望他們各自在崗位上努力云云。這一段話，雖然不無藉此測驗那些新貴的用意；可是，他對於是否再連任總統此刻尚未作最後的決定，大約也是事實。

國民大會的打油詩

介人

自從有了修改憲法的醞釀以後，久居冷宮的國大代表忽然成了新聞上的熱門人物，代表諸公的一言一動都會引起人們的注意。猶憶昔年國民大會在南京舉行首次會議時，因為人多品雜，鬧了不少的笑話，曾有好多描寫會場花絮的打油詩傳誦於外，頗饒興趣。茲特錄數首於次的博讀者一粲。

其一

「清早簽到，飯點兩飽，
會議紛紛，睡覺便了。」

其二

「每會必到，從不開口，
不管是非，但按電鈕。」

其三

「九時開會十時到，抽煙看報把天聊，
茶點吃過無事做，斜倚席上睏大覺。」

此外，尚有一首為江西國大代表胡覺發言誌盛的打油詩也頗有興趣，詩曰：

「胡覺變胡攪，全場哈哈笑；
笑自由他笑，攪還我自攪。」

駁香港時報違憲擁蔣連任社論（讀者投書）

薛明

自蔣氏違憲連任三屆總統之企圖愈益明顯以後，蔣左右及其屬下便有若干人不得不找藉口找機會來表示自己對蔣個人「忠貞」。最近西德愛特諾爾有意續任總理的事發生，我即料到將有忠貞人士或忠貞報刊將以此為藉口來替蔣辯護。六月七日早晨，我打開香港時報一看，果然出現了一篇以「看別人、想自己」為主題，「從愛特諾爾留任總理說起」為附題的社論，社論的措辭在偷偷摸摸的表達一種違憲擁蔣連任的主張。該社論不便正面提出蔣連任是否抵觸憲法的話，而在轉灣抹角的替蔣違憲三任的開路。殊不知，所持理由是仍然完全站不住腳的。第一我們知道愛特諾爾續任總理與否？乃與西德憲法完全無關的事，這與蔣三任卽違憲的情形完全不同。假如愛氏續任總理將與憲法抵觸，愛氏即決不會幹，而蔣氏則企圖用種種手法為之，相去亦已遠矣，所以我以為香港時報應該看看別人違憲不？再想想我們自己違憲不？第二、依照西德憲法規定，西德乃內閣制而非總統制的國家，這與中華民國現行憲法總統不應該獨攬大權，行政大權乃在行政院而不在總統的情形正復相同，為遵照憲法的規定替國家辦事，於是愛氏作了總理，且愛氏一直沒有違憲毀法，自己去當總統，再把大權攬在自己手上的情形。蔣先生則不然，硬要自己作總統，而不惜把莊嚴神聖的國家最高行政機構——行政院變成副官處，所以說到愛氏，我倒要請香港時報先看看別人尊憲行憲是如何，再看看蔣先生的違憲毀憲的情形又如何？

再說，愛氏一切為國家，蔣則一切為兒子；愛氏一手復興西德，蔣則一手斷送大陸；若說蔣以外即無適宜於當總統的人，「子誠齊人也，知管仲晏嬰而已矣」，這未免表示香港時報平時只看見蔣氏一人未見全國尚有同胞數億；若說今日應提出比蔣氏更好的繼任人，這也是香港時報目中無憲法的表示，試問下屆總統繼任人應由少數人提名呢？還是應依法由國民代表大會提名選舉？海外民主人士既不能代表國民大會，何得越權而私？再說我們今天反對蔣違憲三任，乃基於愛國護憲的精神，乃對事，非對人，乃着重制度，非出於恩怨，香港時報以為海外民主人士反對蔣氏三任乃係由於個人恩怨，豈非大錯，事實上，為了憲法，我們反對任何人違憲三任，固不止對蔣氏一人為然，香港時報之所以有此個人恩怨之看法，或係香港時報平日浸染在國民黨現政權之人事恩怨中而不自覺的緣故，總之，我以為應尊憲愛國，不應毀憲事人，天下為公，乃中山先生之明訓，香港時報勉乎哉！

本刊已經香港政府登記

每逢星期五出版

聯合評論
週刊

United Voice Weekly

第四十四號

督印人：黃宇人　總編輯：左仲平

社址：九龍金馬倫道卅八號三樓　電話61413

承印：田風印刷廠（高士打道二二一號）

總代理：友聯發行公司　售價每份港幣壹毫

本報美洲版總經售處美國紐約中美出版社

CHINESE-AMERICAN PRESS, INC

199 CANAL STREET.,

NEW YORK 13 N. Y. U.S.A.

美洲航空版零售每份美金壹角

搶救中華民國時間已經不多了！

左舜生

把過去十年的光陰輕輕斷送，這是一件太可惜的事。

台灣雖不是一個如何了不起的地方，但決不是一個不可有爲的地方。

日本人對台灣五十年的開發，原不能說是怎樣急進，其成績也不是怎樣優良，可是究竟已具有相當的規模，則係事實。

假定政府在遷台之始，即能一眼看定，所謂反攻復國，決不是十年二十年所能辦到，第一步即應深思熟慮釐定一個可大可久的『治台方案』，而以下舉的若干點作爲必須堅守的原則：

改革的原則十六點

一、根絕大陸時代一黨壟斷的惡習，循名覈實，集中一切可能集中的人才，任何方面的黨化，一律停止。

二、首先援用『動員戡亂時期臨時條欵』，認定大陸淪陷，政府播遷，國家與人民，實已遭遇緊急危難，凡政府留台期間的重要措施，可審愼的以緊急處分的方式出之。

三、只要一個留台的『臨時政府』，（一名非常時期政府）不須另有一個『台灣省政府』。

四、『臨時政府』所包含的機構，完全視需要爲增減，以無冗員無廢事爲主，絕對廢止大陸時期中央政府的形態。

五、由現有留台國大代表互選六十人，立委互選四十人，監委互選三十人，現有台灣省參議員互選二十人，全世界凡集中有僑胞萬人以上而又有僑胞正式團體的地區，亦得規定推舉一人至若干人，其總數以不超過五十人爲限，即以此選出之二百人組織一臨時最高民意機關，『臨時政府』即對此臨時最高民意機關負責。

六、除國大代表仍得行使憲法第二十七條所規定之職權以外，所有過期立委監委的職權，一律停止；由國大代表所組織之『光復大陸設計委員會』，亦應予解散。

七、加强並擴大台灣各縣的自治，其各自治機構的人員，以台灣二外省一的比率爲原則。

八、建設以農、工、商並重，對外資、僑資、及一切民營企業，予以切實保障，並澈底排除其進出口障碍。

九、重定教育方針，應以發展科學，培養生活技能，爲中等以上教育的主旨。

十、充實現有教育機構，廣設研究機構、社會福利機構及娛樂機構與體育機構以爲發展高等學術及改進人民生活與體力的張本。

十一、實行嚴格的司法獨立。

十二、人民在此非常時期，依其體力與智力，以人執一業爲原則，其有個人或集團依其興趣、技能與資力創建小規模生產事業者，政府應予以特別獎勵，並由地方自治機構予以扶助。

十三、由臨時最高民意機關，制定懲貪與警惰兩種條例，嚴格執行，以期根絕貪污與遊惰分子。

十四、提高警官與警察的教育，確定職權，改善待遇，俾其切實負起社會安全的責任，廢止一切特務機構。

十五、凡憲法所賦予人民的一切基本自由，『臨時政府』及地方機構，絕對不得於法外加以干涉。

十六、陸海空三軍的官兵人數應以不超過三十萬爲原則，並應首先辦到輕武器的自給自足。

上舉的十六點，只是就我平日考慮所及者舉例言之，當然不會怎樣周到，也不敢必其絕無滯碍難行之處，其如何付諸實行的條理，自更非集思廣益逐一提出實施的辦法不可。可是假定政府當遷台伊始，大體上即能定出類似這樣一個緊縮而堅實的『治台方案』，而不是如目前這樣一面因仍舊貫的空大鼓，我相信台灣一千萬的人民，經過了這十年的鍛鍊，必早已朝氣蓬勃；海外千萬以上的僑胞，目睹祖國的欣欣向榮，其向心力也勢必加強；至於大陸十年來陷於水深火熱無數的反共同胞，其聞風興起，同抱後后來蘇之感，自更不用說！所可惜者，雖以億萬黃金也買不着的這十年歲月，乃蹉跎復蹉跎，聽其白白虛度，遷延至於今日，使得這一篇『反攻復國』的大文，依然是不着一字的一本白卷，而『中華民國』這一神聖的名詞，更爲無數的國際妄人，隨時在加以誣衊與踐踏，思之寧不令人痛憤！

「私」字誤了中國六十年

今天中華民國的孤危形勢，已經不是空言可以挽救：也不是專靠一二友邦可以穩度難關；世界可能再拖三年五年不會發生突變，也可能驟不及防而引起軒然大波；不變應萬變無異於坐待死亡，惟有先世變而早變，始有奮起掙扎的餘地。時間不會太久，乃至就在明年的一年，我們應付的艱難，便可能百倍於今日。我相信，像這樣一個顯然的趨勢，並不是不爲多數人所察覺，可是因爲狃於三十年來的積習，得過且過的苟安心理，已經牢不可破；而凡事仰賴領袖絕不肯自己動一動腦筋的這種倚賴心理，更是深中人心；於是一聽到有人倡言改革，總以爲別有懷抱，不掩耳卻走，便反唇相稽。『私』之一字，已經誤了中國六十年，原不自最近這十年始，可是因爲遭了一次國變，整個大陸淪陷，僅得保留十年前從日本手中收回的這個『寶島』，於是『私』之一念，乃更變本加厲，做出了目前這一種空前的表現。在過去的三四個月，台北的修憲連任論，突然甚囂塵上，幾乎是衆口一辭，以爲中華民國的總統，非蔣先生永遠做下去不可，乃至海外一二平日贊成台灣有所改革的報紙，也論調一變：以爲不贊成修憲（包括增加臨時條欵），即反對蔣先生連任，反對蔣先生連任即不顧國家；甚至還有人以爲反對蔣連任者，也舉不出其他任何一人可以代蔣而起，徒然發出一種不顧現實的空論，以逞快一時！實際這種論據的薄弱，乃不堪一駁。

總統並不需要特殊人物

現行憲法關於總統一章的規定（第四章），全文爲一十五條，（三十八——五十二）其關於總統資格的規定，僅有四十五條一條，即：『中華民國國民年滿四十歲者，得被選爲總統副總統。』此外並無其他任何限制。又同一章的三十七條規定：『總統依法公布法律，發布命令，須經行政院院長之副署，或行政院院長及有關部會首長之副署。』嚴格言之，只要行政院長拒絕副署，即總統對任何法律無法公布，任何命令也無法發布，僅僅只看這一條，便可知道我們這部憲法的精神，確爲內閣制而非總統制，已了無疑義。老實說，如果我們能遵守憲法以舉責任內閣之實，則做一個中華民國總統，只要神經正常，五官端正，而又畧嫻國際禮儀，能接見國賓；同時能宅心公正，對於授予榮典以及施行大赦、特赦、減刑、復權等等事項能夠不私心自用，即可勝任愉快；既不需要一個千手千眼的觀世音，更不需要一個三頭六臂的哪吒太子，過去的國府主席林子超先生，便是一個最好的例子。現在主張連任的人，把一切希望寄托於蔣先生，實際便是希望蔣先生做一個大權總統，而把行政院降爲一個附屬於總統府的執行機構而非決策機構，僅此一點，已經是違憲之尤。我們之所以主張來一次澈底改革，其主要之點，即在把過去這種習非成是的錯誤矯正過來，而期待有一個既强且善而又心乎民主的行政院出現，以應付最近將來的一次劇變，可是要由蔣總統繼續幹下去，這一改革即根本無法實現。而中華民國這一點垂絕的根根，也將終於不保。時間已經不多，爲了搶救中華民國，趕快樹立一個改革的規模，已經迫不及待了。

為了中華民國

李璜

在這國家勢處孤危，我們必得在强寇中共手裏爭取民衆的時候，恐怕沒有人不會了解，在此時的中華民國四字中間的這個「民」字的重要性罷！

一

自從民十三中共發明了「黨國」二字以來，在中國政治上，一黨的重要性不但高過了國，而且高過了民；在民三十九中共席捲大陸以後，則不但黨權高於一切，而國民已被拋於無何有之鄉！中共雖然事事在文字上高抬「人民」二字，而按之實際，則「人民」的第一字母好像如上帝樣大寫的（People），已不存在於人間，但不是升諸天堂，而是墮諸地獄了。

有人說，中國歷史上自來只有皇帝下面的臣民，在父母官下面的子民，在貴族下面的庶民百姓，這個「國家以國民為主體」的理論與事實沒有傳統的基礎，就無怪很容易的便以黨國潛移民國之祚，而仍以新的貴族階級，高踞人民頭上，變本加厲，行其無視民權，而唯仗帝力的舊政治作風了。然而在四十八年前創立民國的孫中山先生給予我們的模範又恰恰與此說相反！據傳說，在辛亥革命的前夕，章太炎先生寄給孫中山先生一封信，中間曾研究到革命後的政治問題，章氏向孫先生表示，革命成功之後，或稱皇帝，或稱「伯里璽天德」，聽便可也！然而孫先生不願稱皇帝，雖曾稱伯里璽天德，而終敝屣之，因為孫先生的理想中不只有民族主義，而且有民權主義，不但要驅逐韃虜，而還要創建民國。孫先生的此一理想且深深灌注於同盟會諸先烈的腦中，黃花崗七十二烈士安心流血，其可歌可泣之處，乃因為他們不是盲動，不是意氣，而是認為「非憲法政治，不足以救中國」，（饒國樑傳）「為大有補於全國同胞」，（林覺民遺書）……乃不惜頭顱一擲，難道這還不夠昭示後來，成為中華民族在政治舉措上的新的傳統嗎？

二

如果我們承認中華民國開國元勛以及革命先烈昭示出來的新的政治傳統，則我們無法放棄民權，服從黨權，尤其無法承認一黨以至一派之意，便是民意。我們三十多年以前，即已開始反對假借民意的一黨專政，認為這是赤俄帝國的政治傳統，與我們中華民國的政治傳統，無法相容，因此，自民十三以至民二十五，十餘年間，我們不惜與有武力的黨相抗爭。在表面上看來，好像這個民主與極權的鬥爭，主張民主的一面是失敗了，其實在裏層方面看去，今日的中國人究竟要求民權民主的人多嗎，抑或願意獨裁極權的人多呢？在前年所謂大鳴大放期中，大陸上的知識分子及廣大羣衆的表示是說些甚麼，人們可以去復按一下；在不斷的從竹幕冒萬死而逃出來的學生與工農，以至共黨幹部，他們所嚮往的又是甚麼，人們也可以去詢問一下：是不是他們不僅僅為了麵包，而還要求自由，民主，並且恨死了中共假借人民的招牌，而只圖一黨少數人的權利呢？

近月以來，大陸的學生、工農、漁人成羣結隊的逃來港澳，動以百計，這是好現象。然而中華民國的政府對於這不斷冒險逃來，以追求新生命的民衆，拿甚麼事實來與之呼應？在物質上的呼應，難胞很能原諒政府的財力有限，並不抱怨；但在精神上的呼應，則政府黨是否在想法與做法上，都能表現出民重於黨，「民為貴，君為輕」呢？此刻在台北甚囂塵上的問題，並不是如何團結這些難胞以及，如何吸引廣大民衆以為反攻復國的要着，而乃斷斷焉以一個人的權位為重，且因是還要去動搖國家的根本大法，則必然引起大家的不耐煩——此一不耐的心情，又豈只是有成見的少數人才具有嗎？

三

至於談到國家的根本大法，則因為這是國是所在，政府行為的是或非應以此為衡量，如是而已。憲法並不是永遠不可去修改的，然而何以我們不贊成此刻去修憲，尤其不贊成為一個人的權位問題去修憲？因為（一）正值國際輿論對我中華民國非常混亂之時，我們對國際說話，只有「依據全民代表所製定的憲法而成立的政府」，這句話相當有力量，我們不可以去再減損這個力量；（二）為了中華民國的前途着想，則只有法為重，人為輕，至少是尚法治而輔以人治。如果將輕重完全倒置，則方便之門一開，後事不堪設想，爭端將愈來愈大，反共陣容必因之大亂不止，（三）在去年十二月廿三日，蔣先生早宣稱「憲法為反攻復國的重要武器」，他並代表政府黨表示不主張修憲，而今天又忽然由政府黨少數人站出來主張修憲，並聲言修憲完全是為了蔣先生的連任。堂堂總統，說的話沒人理會；皇皇憲法，少數人可以任意主張；我們覺得這樣的顛三倒四，有點近於兒戲，於中華民國的前途是大為不利的，因此我們不能不站出來說話。

四

總之，這部憲法，如被重視之，稱為「反攻復國的重要武器」也好；如不被重視之，稱之為野蠻人的「圖騰」也好；但今日還得賴之以立國。否則，「國民黨政府」這五個字的稱呼，我們也無法否認了啊！十年以來，筆者要旅行，要求一張中華民國外交部的護照，是要不到手的，只得用香港政府所發給的宣誓書（Affid-awit）去簽證，在宣誓書上寫明我是「中國種」（Chin-ese race）而已。——無國籍之人，而乃要來為中華民國的前途着想，寫到此處，又忽感冒昧之至！

四八・六・十一

中共的夏征工作無法完成

曾明

一

在小麥抽穗，油菜結莢，夏季作物還未曾登場的五月上旬，中共就已發出今年「夏季農業稅征收和糧食、油料征購工作的指示」。中共規定這次征收征購工作，要快收，快打，快征購，快運送。並規定，夏季糧食、油料的征購工作，與城鄉粮食、食油統銷工作密切聯合起來，實行計劃分配，計劃消費。在農村中，公共食堂嚴格執行按人定量的計劃用粮；在城市中，抓緊銷量、核實人口，堅持配售制度。同時又規定，在征購工作中，認眞進行政治動員，宣傳政策，計算和評定任務以外，還必須做好檢驗展質，組織運送，過秤入倉等等辦法。

在這以前，中共粮食部於四月一日到十四日在「北京」召開了「全國粮食廳局長會議」，號召「全體粮食職工大力地展開糧油業務紅旗運動，在鞏固去年躍進成果的基礎上，繼續大躍進」。隨後，各省便召開會議，把中共今年夏季糧食、油糧征購任務分配到各地，並要求各地抽調幹都充實基層各級糧食機構，充分作好夏糧征購的準備工作。如河北省各專區、縣的農業、糧食等部門，從五月初開始，就抽調了一千多名幹部組成許多工作組，到各產麥區進行小麥征購的準備工作。各縣糧食局都組織一批幹部到公社，生產隊作典型試辦。他們在小麥收割時採取社與社，隊與隊聯合評議的方法，核實產量。

二

因為中共在其六中全會提出一九五九年的糧食產量指標是從一九五八年預計量七千五百億斤左右增加到一萬〇五百億斤。這個指標的產生，是中共預計今年大陸上糧食播種面積在十六億畝左右；並預計平均每畝產量六百六十斤而來的。因此，可以了解，這個指標是由少數人坐在辦公枱上，以主觀願望作為根據空想出來的。這就是以空想代替實際，不管客觀條件而隨心所欲盲目亂定。所以，能不能達成指標落實，迄至今日，就連中共本身也不知道。

中共提出了今年糧食增產指標以後，企圖指標落實，趁着人民公社整社行動之時，中共對人民公社展開廣泛的簽訂合同制，使人民公社的計劃服從「國家計劃」進行。與此同時，人民公社通過合同簽訂對管理區（大隊）、管理區對生產隊實行定產（產量與產值）、定本、定工的三定集體責任制。以至生產隊對各個勞動組、實行定土地、定措施、定時間、定人員、定生產資料的五定責任田制。中共以為通過合同的規定，使人民公社成為增產指標的大包，生產隊成為小包的包產制度一來，就可以達成指標的落實。

因為包產數字不僅可以完成指標的落實，而且是中共分派征收征購數的重要根據。換句話說，包產數字如果不能完成，勢必影響到指標的落空，連帶的征收征購的數字也就成了問題。大家知道，中共的物資基礎，完全建立農業生產上面。因此大陸農業生產的收穫如何，就直接表示出中共經濟力量的程度。在現階段的大陸農業生產，還是依靠農民的雙手和老天爺的幫忙。並不能依照中共的主觀願望要多就多，要少就少。從勞力和氣候這兩點來看，中共的夏征工作很難完成。

三

第一，根據中共自己說，大陸農村現有勞動力約計有二億二千萬個，除了抽調用於「基本建設」等方面以外，能用於糧食生產的只有八千萬個勞動力。這八千萬勞動力又都是老弱婦孺拼湊而成的。所以，由去年年底春耕開始到現在夏收，所有田間管理工作，都表現出缺乏勞動力嚴重情勢，影響到作物生長情況。尤其當前夏收之時，各地的勞力和工具都感到不足，因之中共採取互助換工，支援協作的方法來搶收。可見嚴重缺乏勞動力的恐慌情形。

第二，據報導：大陸有的地方，從去年下半年起到今年上半年之間七八個月沒有下過雨雪，北方的雪也下得不足，許多的地方，冬季的氣溫也不穩定。因此，許多地方發生蟲災，許多地方發生作物枯萎難長，以致小麥的返青、抽穗、揚花灌漿都顯得力量不足，產量歉收將是必然的事。加之，從五月以來，大陸各地陰雨連綿不斷，俗語說，「夏熟最怕霉雨打」，因為夏熟作物容易生芽，作物生芽之後，必定腐敗無用。中共面對老天爺不幫忙的情勢，發動了搶收搶種的運動，如湖南武岡縣採取換工互助的形式，組織了三萬多人，在六天中冒雨搶收了十五萬畝夏熟作物。因為搶收的作物都遭到霉雨，中共深恐作物腐敗麋爛，又召集老農開會訂出保管的有效辦法，如湘陰縣所訂的挂、攤、炸、烘、榨、分等辦法。所謂挂，是在屋檐等通風地方，把油菜稈一束一束的晾起來。攤，是利用室內空場攤乾。炒，是將脫粒的濕油菜子、麥子用大鍋炒乾。烘，是推行室內加溫烘乾法。榨，是將已炒乾的油菜子榨油。分，是將一部分夏熟作物分配到戶，由農民自行處理。這種辦法，對於油菜子還沒有多大影響，但麥子一經加熱之後，內部的澱粉質必然醣化，只有做麥芽糖的一途，不能當做粮食利用。其實，中共之所以如此，也是無可奈何的啊。

從缺乏農民的雙手到老天爺不幫忙，使大陸夏收作物歉收不能達到中共所希望的指標，因此中共不能完成夏征工作將是肯定的。從這一些時大陸上大雨成災來看，不僅夏熟無望，就連早造也成了問題。諺云：「多行不義，必遭天譴」，中共的頭子們，應該及早覺悟，回頭是岸，不算太遲。

蘇聯援助中共項目的清賬

何雨文

一、援助項目的增減

蘇聯對中共經濟建設的援助早開始於一九五〇年，但一九五三年九月李富春自莫斯科回來的報告中，才透露蘇聯自一九五〇年至一九五九年間將援助中共擴建和新建一百四十一個企業單位。到一九五五年十月蘇聯中共聯合公報又公布，蘇聯除擴大上述協定之設備供應範圍外，還增加十五項新建企業，一共是一百五十六項，成爲一九五五年七月中共一屆人代會通過的第一個五年計劃的骨幹。第一個五年計劃即根據所援助範圍擬訂的。

一九五六年蘇聯又增加了五十五個企業單位，合計援助項目達二百一十一項，因此第一個五年計劃又爲之更動。

一九五八年八月與一九五九年二月，蘇聯又另外增加援助中共新建設和擴建一百二十五個企業單位，這是第二個五年計劃的骨幹，自然第一個五年計劃中沒有建成投入生產的項目也要在第二個五年計劃中繼續修建。到第二個五年計劃期滿時，如果尚未建成，仍待第三個五年計劃期中再繼續修建。

蘇聯援助中共項目經過多次增加，同時隨時減少，以求照應當前情勢所需要，也參照蘇聯的供應能力和便利。這樣一來，影響中共的計劃時時在變動，不能按照計劃進行建設，所謂「比例發展國民經濟」的原則，成爲盲目冒進的急功求利的手段，於是乃有今日「百廢具舉，一事無成」的經濟混亂局面。

減少的項目，中共未公布，目前已可知者是第一個五年計劃中的二百十一項已改爲一百六十六項。

二、蘇聯援助得不積極和有條件

在第一個五年計劃中的一百六十六項，到一九五七年底（即第一個五年計劃期滿），只有一三五項業經施工建設，換言之，已有三十一項尚未開始修建，因此，可以說第一個五年計劃中，蘇聯援助的項目實際上只有一百三十五項。

在此一百三十五項中，又只有六十八項已經全部建成和部分建成投入生產，這個數字很含混，可能是全部建成投入生產的項目一定很少，所以中共才不好意思報告確實的數字。

照上述數字來看，蘇聯援助中共很不積極，進行得很緩慢，原因自然不一：援助項目常在變動，中共與蘇聯之間一定有不少的歧見，更不可忽略的，蘇聯每次給予援助都不是爽快的，都交換有條件或爲適應某項情勢而成立協定。一九五三年中共先後派遣三次代表團商談援助，李富春留莫斯科有半年之後，才携回協定。一九五四年十月的公報，是赫魯曉夫給毛澤東的見面禮，也是安撫中共的一項行動。一九五八年二月周恩來自莫斯科携來的四十七項，可能又是毛澤東下台的代價。

大陸人物故事

楊勇與聶榮臻

劉錦

在四十三期聯合評論上，讀到一篇「共產黨員與衣錦榮歸」的文章，使我想起了楊勇的一段故事。「衣錦榮歸」寫的是一個低級共幹的事，並且只是一部小說，楊勇的故事則不是小說，而是眞事

楊勇衣錦榮歸

楊勇是湖南人，老粗出身，識字不多，對於馬克思主義當然不會有任何認識，不過，老子拚命打天下的幹勁却是有的。由於他有這種頭腦簡單而又肯拚命的精神，再加上他在共軍裏的不斷拚命戰鬥的事實，所以，他在共軍裏一級一級的升遷，到一九四九年中共佔據大陸時，已經當起中共第二野戰軍所屬第五兵團的兵團司令員了。第二野戰軍司令員是劉伯承，共軍攻打大西南四川貴州雲南西康西藏時是以劉伯承作主力的。當時劉伯承指揮第二野戰軍的三個兵團分向四川雲南貴州三省進軍。進入四川東南部地區的是陳錫聯兵團，該兵團到達重慶後，劉伯承就作了中共西南軍政委員會主席，陳錫聯當時也作了重慶市長（陳後來調任中共全國炮兵司令員）；進入雲南的則是所屬陳賡兵團，陳賡當時作了雲南省主席；進入貴州的則是所屬楊勇兵團，楊勇當時作了貴州省主席（楊勇後來調任中共援韓志願軍司令員）；這裏所說的則是楊勇作貴州省主席時候的事。原來他作貴州省主席的時候，那時大陸各地淪陷不久，各地人民還沒有完全破產，鄉村社會的情況還和從前差不多，他便找了一個機會回到了他的湖南家鄉。湖南各地方的村，不少地方仍是然一直保留着聚族而居的氏族社會形態的。不消說，他的家鄉姓楊的特別多。他一回去，他本人和姓楊的都很高興，便在楊家祠堂大大的排了一場筵席，共同慶祝楊勇光宗耀祖，衣錦榮歸。楊勇也在楊家祠堂表現了漢高祖回豐沛的派頭，不料這件事不久卽被中共中央知道了。中共中央認爲楊勇的這種舉動是不對的，但當時共幹們這種事例太多，中共中央對楊勇也只好算了。

聶榮臻說錯一句話

聶榮臻是四川人，四川淪陷後不久，中共卽在四川進行了減租退押和査剝削帳的事。聶的舅父是四川鄉下一個小自耕農，有田三十畝，由自己耕種，每年約可收穫白米十五石。但中共地方幹部認爲他是地主，迫害得很厲害，他舅父不得已就寫信給他這位在北平的外甥聶榮臻求救。在他舅父想來，聶身爲共軍方面大員，對於這種自已被冤枉迫害的事一定可以幫忙，聶看過他舅父寫給他的信後，心頭似乎很憤怒，就隨口對聶的妻子說：「總共只有三十畝田，就搞得這樣凶，這未免太過於了！」隔了兩個星期，聶參加中共的一次高級會議，毛澤東却忽然指着聶說道：「噢！聶同志怎麼革命革了二十多年，還沒有把地主階級的意識革掉？」聶聽毛澤東這樣說，很詫異，聶當時不知道毛究竟指的什麼，因此也沒有替自己辯護。後來聶才從其他方面知道毛所指就是自己對妻子說過的那句話。但這句話却不是聶的妻子說出去的，而是聶的警衛員記下來因而洩露出去。原來聶對妻子說這句話的時候，警衛員也在旁。而中共的警衛員制度規定任何警衛員必得隸屬於黨，不得屬於任何主官私人。共黨員且規定所有警衛並必須把他的主官每日所言所行用日記詳細記下來，黨的某一組織則不時抽調警衛員的日記來査閱，毛澤東本人則是時常抽調共軍幾個方面大員的警衛員的日記來査閱的。表面上，毛的這種做法，只是一種普通工作，實則這正是毛本人從日常生活中調査研究共軍各方面大員的一種重要手段，所以，由共黨控制和訓練出來警衛員制度，實是中共對內施行特務控制的一個主要環節，聶對此並非不明瞭，只是稍一疏忽，使出了毛病。章士釗年前到香港時，曾向人表示毛澤東用在共軍各大員及共軍各高級幹部人事方面所花的時間，要佔毛澤東整個工作時間的四分之一，證之以聶的這一件事，其言可信。許多共幹對中共並不是忠實可靠的，但如無外在的武力去衝擊，他們不容易叛變，這警衛員制度也是原因之一。

大陸之窗

中共工業生產的實況

中共佔據大陸已經十年了。大陸工業生產情形究竟如何？一直是一個謎。有些到大陸考察過的外國人或中國人是非常起勁的替中共鼓吹，有些去過的人却又認爲中共工業生產並無實質成就。譬如最近才去大陸考察過的巴西里約熱內盧日報記者魏茲尼澤就說：「一般人太强調中共的工業力量，其實那是不實在的。且今後三十年內亦不會有此情形。」「中共並非一個强國，除非進行像韓戰一樣的有限戰爭，中共能很容易派出幾百萬人，並很容易犧牲幾百萬人，但在一次世界大戰中，中共的力量現在並不存在」。「它們忙忙碌碌，但實際却很少生產。我見到一架巨型起重機在前後移動，却不在搬運什麼，只是製造巨大的喧鬧聲罷了。我知道它沒有擔任工作。」「他們盡其所能去保全面子，中共會不惜巨大耗費使某工廠開工兩小時，讓參觀者看到」。對於這些話，香港的中共報紙，說它完全是造謠。但北平出版的六月七日人民日報的一篇社論却恰巧予以証實。六月七日人民日報以「大力提高機械工業產品質量」爲社論說：

「有些機械產品質量不好，原因在那裏呢？根據許多企業的分析，主要有以下幾個方面：一、產品設計不合理。有的工廠在設計新產品的時候，往往沒有明確的技術和質量標準，有的工廠沒有經過認眞的試驗和鑒定便修改了老產品的設計，而且往往從製造方便上考慮得多些，從保證產品使用性能方面考慮得較少。二、工藝規程混亂，有的工廠工藝規程不全，有的隨便修改工藝規程或不認眞執行工藝規程，有的工廠沒有經過認眞的分析和試驗，就採用一些新工藝新技術和代用材料。三、產品加工沒有用合格的設備和工具。生產中的組織秩序比較混亂，有的工廠對半成品缺乏嚴格的管理，合格品和不合格品放在一起，魚目混珠。有的工廠新工人比較多，對他們的操作又缺乏應有的指導。對材料毛坯零件部件甚至成品缺乏一系列的健全的檢査制度，往往只有工人的自檢和小組檢査，而沒有專職部門的檢驗。當然，除去以上這些，還有一些客觀方面的原因，如有些工廠的生產任務跟現在的設備技術條件不相適應，有的廠任務變更太多，來不及做好生產準備工作，有些原料材料不合標準……等等，但是最主要的還是這些工廠沒有及時抓住產品質量問題，認眞地加以解決。」

人民日報已經承認了上述幾點，但問題還不止此。人民日報末段那幾句含混不明的話，實在就包括有許多不可坦白出來的問題。人民日報說：「有的廠任務變更太多」。試問有的廠的任務何以要變更太多呢？不變更太多不可以嗎？原來，中共所有工廠的裝備都來自蘇聯，蘇聯對中共的援助却非無償的義助，而是一方面要視中共經濟支付能力而定，另一方面又要視中共與蘇聯的政治關係而定。因之，蘇聯的援助冷熱不常，有時忽然增加，有時忽然減少，這樣一來，中共有些廠的任務自然也就無可避免的要隨時被迫變更甚至一再變更了。這是人民日報所謂「客觀原因」的眞正內幕之一。

「客觀原因」內幕之二，是缺乏原料。這一點，中共報紙早已一再洩露。這裏不必再舉。

「客觀原因」內幕之三，則是大陸工人缺乏自願的勞動熱情。對此，中共一直在採種種手法來挽救，譬如中共今年又展開了所謂「社會主義勞動競賽」，並且以「上北京」去開「先進生產者代表會」的口號來鼓勵，但工人的反應却出乎意外的冷淡。據北平出版「中國工人」半月刊第七期透露：「在當前社會主義勞動競賽中，工人應該信心百倍，勇氣無比，但却有不少工人信心不足，缺乏勇氣。在評比中不是比先進比高低，而是比吃比穿比玩。更有的人甚至弄虛作假，混朦欺騙。有的說：現在技術革命油水不大了，大魚早已撈光，剩下的不值得撈，要提高生產效率，就是叫我們拚命幹」。大陸工人對中共的本來面目已逐漸認識清楚，以致勞動情緒如此低落，難怪人民日報面對中共工業生產品質量低劣的情形，也要慨嘆「最主要的還是這些工廠沒有及時抓住產品質量問題，認眞地加以解決」了。我們很客觀的檢討，由於共產主義制度自身所帶來的矛盾，無論如何，中共工業生產前途，是確有許多難於克服的困難的。

・玉笛・

加爾各答航訊

非共政黨與共黨鬥爭　印度卡邦將發生流血

慕禪

因為西藏事件的影響，印度共黨與其他非共黨派的鬥爭，正日趨劇烈。現執政黨——尼赫魯總理的國民大會黨，自然是首當其衝。各國共產黨，依照共產國際所指導的原則，首先是與執政黨鬥爭，把它作為第一個敵人，尤其是在印度的場合，尼赫魯總理對於西藏事件，雖然極力採取和緩的手法，但仍極為中共所不滿。印共的給尼赫魯找麻煩，也就是助了中共一臂之力。

西藏事件，因為佛教與印度教的淵源問題，因為西藏與印度接壤並且關係密切問題，以及有關自由民主與人道等問題，尤其是達賴喇嘛已抵印度，發表攻擊中共的談話，而受人民的膜拜，影響更為重大，因此，全印度的非共政黨，都是狂熱地支持達賴，抨擊中共。只有印共獨持異議，認為印度不應該對中共「干涉內政」，甚且不應該給達賴以政治庇護。印共的公然站在中共那一方面，更加引起各非共政黨的抨擊，認為印共竟採取「非印度」的立場。

這樣一來，就在原來的共黨與非共政黨的鬥爭上，火上加油。尤其是在印共統治卡勒拉邦中更達到白熱化的攤牌程度。

印共於一九五七年四月在卡勒拉邦的選舉中獲勝，執掌人口一千三百五十萬人的卡邦政權。卡邦在印度全國是教育最發達的，其普及率達到百份之六十五，（印度全國的教育普及率為百份之十八。）其所以能有如此的成就，完全是該邦五百餘個天主教會興學之力。基督教徒在該邦約有近五百萬，百份之九十屬於天主教。

有淺薄的教育程度而無高深的政治認識，適足以接受共黨愚民政策的宣傳，印度人知道他們國大而弱，完全是因為「貧與愚」之故，共黨就說他們能夠消滅貧與愚，利用了人心，贏得了選舉。

在卡勒拉奪獲政權後的印度共黨，其首要任務是控制該邦的政權，其次，則是把共產化推廣到印度全國。在控制卡勒拉邦的課題上，最重要的是控制學生。於是共黨的邦政府，發佈了一個新教育法案，加強駕駁學校，使之歸於政府的管制。（該案規定政府有權接管私校，核定及撤免教師。）這當然與原來學校主持人的天主教會衝突，許多教會，曾以斷絕補助經費給學校，以抵抗共黨邦政府對學校作變相接收。去年七月，全邦各校學生，曾因要求乘船優待——在約四角半美金的船費中減收一角半，未獲共黨邦政府批准，乃發動罷課。共黨當局出動警察催淚彈鎮壓，在學校內鳴槍拘去三十多名學生領袖。結果因為羣情憤激，被拘學生旋即釋出，但青年學生已於此獲覩共黨統治的眞面目。

就在同一時候，該邦科隆城又發生共黨警察與棗廠工人衝突事件，共警死一人，工人死傷八人。工人因反對共黨的監督員而罷工，警察彈壓開槍，造成血案。各非共黨派乃對卡勒拉共黨政府及其各地黨員嚴詞指責，此又引起狄拉撤城的血案：共黨二人糾察隊襲擊國大黨黨員，國大黨黨員死四人，共黨也死一人。一時人民不安，相戒不敢外出。

當時非共各政黨，國大黨、社會黨、革命社會黨等，都認為共產政權殺害工人及在野黨黨員，警察又無能力維持治安。紛紛籲請尼赫魯呈請總統採取「由中央接收邦政」的措施。但尼赫魯僅譴責「卡勒拉的政治謀殺、令人震駭」！並指出親共的革命社會黨，也已反共。可是他並沒有採取接管邦政的措施。

最近因為西藏事件而引起的非共政黨與共黨的短兵相接，已在全國各地發生過多次的衝突。共黨方面的做法，也就變本加厲。卡勒拉邦的共黨首席部長南博里巴德，竟聲稱該邦有意建立一枝特別警察隊伍，「以應付可能發生之緊張局勢」。倘若如此，卽為印共建立武力的第一步。印度中央政府，因此甚為震駭。蓋目下卡勒拉邦政府雖可指揮警察，但其警察仍屬中央系統。若卡邦可設特警，必全以共黨黨員充任，成為「赤衛隊」。但中央政府是否採取步驟加以制止？迄今尙無所聞。

不過，各非共政黨似乎不能容忍共黨繼續在卡勒拉執政下去——倘照任期，它還有四年多的執政期間。卡邦的國大黨、社會黨、回教聯盟，已發表聯合聲明，籲請全邦人民，要求共黨邦政府辭職。

各非共黨派已定本月十二日為「解放日」，國大黨在該邦的工人委員會準備於是日發動大規模的罷工，各學校則絕大多數可能不能復課，原定開課的日子是本月十五日，但因抗議上述新教育法案的實施，學生們將會有大罷課。

距離十二日只有三天，屆時是否會重演去年的鬧劇——能課、罷工、彈壓、鬥毆、殺人？恐怕很難避免！卡邦共黨邦政府要設特警「以應付可能的事變」，和南博里巴德前天預料「各地會有暴力行動」，已可看出共黨邦政府仍然準備使用武力，而不惜流血。

印度非共政黨與共黨的鬥爭，已經進入動武的階段。在西藏問題的背景之下，中共在印度特務，必對印共大力支持，這將使事態激劇並且長期化。在這個危急的時候，尼赫魯總理是否肯採非常的手段，消減共黨在印度的基地？抑或仍然好整以暇，玩弄他的「中立主義」呢？

（六月九日寄）

李光耀訪馬及其他

星洲通訊　俊華

人民行動黨的星加坡政府已經登台幾天了，各方對這一新政府的步驟及方向，正加以極大的注意。穩健人士的看法，是有期望，仍擔心。

第一炮

新政府下車的第一炮，是吊銷八報一團的執照，八報計為自由西報、週末報、同報的年刊、南洋週報、箭報、工商報、新生活報、繁華報；一團則是梅花歌舞團。

有人說這些報是「黃色」，有人則認為僅屬輕鬆，這是見仁見智的問題，不過說此舉是「非政治性」，倒沒說錯。因為剛在大選前，李光耀總理就曾與英文海峽時報罵戰，並預言要取締它，而這一幕，可以說有些政治性的，則還沒有揭幕。

大刀濶斧

內政部長王邦文說，將要大刀濶斧，整肅社會文化。吊銷八報一團的措施，當是此項工作之一部份。緊接着，文化部長拉惹勒南，又禁電台播送「查、查、查」及阿飛舞曲，同時，他將原來電台播送新聞的次序，先國際、後本地的辦法改轉過來，最先播馬來亞新聞，然後亞洲，最後才是世界其他地方的。他說：「以西方觀點看亞洲問題無用」。

以反殖民色彩濃厚見稱的人民行動黨，這也是題中應有之義罷。

失業者群

關於資金逃避之說，數字仍乏正確統計，（外傳達數千萬美元），但英商公司把總行調到吉隆坡者，確有十餘家之多，包括滙豐銀行在內。雖然人民行動黨曾有「接收」外資之說，這固未必實行。但同情勞工是必然的，當局已令各雇主必須報空缺，俾安置失業，可見一斑。

失業者登記已達二萬人，勞工與律政部說要盡力安置，但具體辦法，未見詳述。

三巨頭

李光耀、王永元、王邦文三巨頭，定十三飛吉隆坡，訪馬來亞總理拉查克。日來李光耀氏大談星馬合併，但此去行色匆匆，可能祗談星洲內部安全委會問題而已。

（六月十日）

僑鄉近訊

冲蔞飢民搶糧倉（台山）

台山「斗山公社」的冲蔞鄉糧倉，去月下旬，曾被餓的鄉民湧入，將倉內糧倉搶空，公安派出所派出民兵馳至制止，開動機槍向鄉民掃射，轟斃劉姓鄉民七名，轟傷雷姓鄉民廿二名，縣府方面，對此事刻仍在澈查中，鄉民被指為暴動分子而拘捕者頗多。直至本月廿二日，續有泥涌村兩名伍姓村民被拘捕。現該區各村村民，都被籠罩在極度恐怖的氣氛下，寢食不安，人人自危！

爭食擠塌茶樓，共黨槍斃鄉民（開平）

五月廿九日，開平縣府槍斃了兩名被指為「主要暴動分子」的趙姓鄉民。事緣「五一」勞動節那天，各鄉鎮不少單位都放假，鄉民以久居農村，向難求得一飽，遂乘機湧到新昌鎮之宋棧茶樓及開昌餐廳（該鎮僅此兩食肆有飯售賣）排隊購食飯菜，宋棧茶樓原屬破舊建築物，一時人多擠擁，該茶樓之危牆遂被擠塌，當堂壓死了兩人，壓傷了十四人。事後，共幹指此係暴動分子作祟所致，並將兩名趙姓鄉民拘捕，指目為為首滋事之「主要暴動分子」，將之解往縣府，於上述日期，執行槍斃！中共任意殺人，又在開平多添了這一頁血賬！

番薯粥稱「大肉飯」，飢民抗議被拘捕（平洲）

南海「平洲公社」由五月下旬起再將配米額減低。該社日前的配米額為每人每日三市兩，由五月下旬起減為二市兩。僅二市兩食米，當然不夠一飽，鄉民惟有將之煮成「大肉飯」聊以充飢而已。——所謂「大肉飯」，就是將番薯放在米上同煮。曾有林姓鄉民七人，聯同向公社提出抗議，謂食不飽，力不足，無法可以加强工作，要求改善，但不獲答覆，該七名鄉民遂實行怠工，後被共幹指為破壞生產，將之拘去，至今下落不明。

教學奉命上課，讀書視如副業（廣州）

大陸各級學校，早已變成悲慘的奴工營，校中師生，因長時期受到勞苦與飢餓的交煎，影響其教與學的情緒，造成教與學兩者之間均交相敷衍塞責的惡劣風氣，以致教育水準，日益低落。據一個最近由廣州逃出香港的高中學生稱：廣州各校教師，絕大多數是不肯負上教育的實際責任的，他們祇認為到學校授課是被迫完成的一項任務，解答問題，囫圇吞棗，批改作業，草率了事；而學生方面，也是視讀書為副業，搞其他活動才是他們的主要工作。因各校師生在奴工營化的學校中，無不心煩氣悶，精神體力，均受摧殘，故都把教學與求學，置諸腦後。教育水準之低，自是意中事。

驅逐神經病者出境，中共實行以鄰為壑（澳門）

中共繼驅逐盲人之後，刻又驅逐大量神經病患者出境。據估計：去年單是由廣州驅逐出境而流浪在澳門的盲人，已幾達百名。此等盲人除少部分能及時轉往香港謀生外，其後因受到港府禁止殘廢者入口的限制，大部份仍滯留於澳門，過着極度悲慘的生活。最近，中共又進一步連神經病者亦予驅逐；在五月份內，被逐往澳門的神經病患者，共有二十七名。中共此種殘酷措施，純係因鬧粮荒，謀減輕粮食之消耗。據悉：大陸在中共暴政統治下，人民日受恐怖、勞苦、貧乏、飢饉、疾病、家破人亡等廹害，患神經失常的，已越來越多，僅以廣州來說，已超過萬人；其中情況嚴重的，約佔百分之三、四。

「沒收」食品入己肚，共幹飢腸太「偏差」（花縣）

香港華僑李茂成，日前回花縣原籍探親，携有罐頭肉食、米粉、麵條、光酥餅、白糖、生油等饋贈親友，詎一返抵家鄉，即被共幹檢去。據謂：此係共幹的一種「偏差」行為；此種「偏差」於去年底已屢有發現，迨至最近，更越弄越兇，凡港澳僑胞回鄉探親而帶有雜粮或副食品的，均被全部「沒收」，拿去自己享受。蓋在中共的「饑餓政策」下，共幹亦不能不勒緊褲帶，枵腹從公，一見美食，遂實行掠奪療治他們自己的飢腸。李茂成歸來後，曾笑對人謂：「這就是共產黨的所謂共產！只怪他們自己的肚子偏差」！

・江水・

關於文藝路向的討論

·林　吟·

四月間「自由陣綫」周刊曾出了一集「文藝路向討論特輯」，一共發表了四十二位作家的意見。這些作家中有的是成名數十年的老作家如黃天石、李輝英諸先生，有的不過是十八九歲的青年作者，可稱得上是「羣賢畢至，少長咸集」了。

這次討論的題目是當前海外文藝要不要一個文藝路綫，如果要一個文藝路綫應是甚麼路綫。這的確是每個作家都很關心的問題。因爲無論今天的大陸和台灣，作家們都在黨的文藝路綫之下呻吟；大陸的工農兵文藝路綫與台灣的革命戰鬥的文藝路綫正隔海對陣；那麼在海外這一片自由地域上的我們，對此問題如何自處呢？我們廹切需要一個解答。

我從頭到尾把四十二位作家的意見讀了一遍，根據每篇的內容性質做了一項統計：贊成要文藝路綫者只有六人；反對有文藝路綫者二十二人；對此問題無明確意見者十四人。從這項統計看，反對任何文藝路綫的意見佔了壓倒的多數。

儘管反對文藝路綫的意見佔壓倒的多數，但是問題並未算解決。因爲主張要文藝路綫的意見，並沒有得到解答，最少沒有得到圓滿的解答。無疑的反對文藝路綫的意見，有很堅實的理由。因爲任何路綫都是對文藝的束縛和戕害，都會破壞文藝的獨立價值。在今天自由世界各國的文壇上，文藝的淨化與自由，文藝創作不應屈膝於任何其他目的，不能做爲其他任何目的之手段，這些已經是不辯自明的通識。但是單是這一見地，仍不能解決文藝與其他價值之間所發生的若干問題。例如文藝與倫理的問題。單從文藝眼光來看，水滸傳、紅樓夢都是輝耀千古的傑作，但是就倫理的眼光來看，那是誨淫誨盜的邪書。縱然從文藝觀點出發，可以做種種辯護。例如，文藝的目標在追求美，她只問美與醜，不問善與惡。善惡是宗教家、倫理學家的問題，文藝無責任也無權利過問。但是有如紅樓夢、水滸傳那些書，未成年的人讀了的確有害（缺乏文藝素養的成年人亦然），因爲他們沒有足夠的文藝修養來欣賞它們的藝術價值，而只能領會和狂迷其中誨淫誨盜的故事，這樣未得文藝上的益處，而先得倫理上的害處，最低是害多利少。因此如何達到美與善的和諧，是文藝思想一個最大最高的難題。值得我們深長的思量。

在今天的中國，面對中共的極權暴政、五億七千萬同胞的慘禍苦難，凡是中國人不能無動於衷。敏感善感的作家們更不能無動於衷。因此在文藝作品中表現暴政黑暗、描寫大衆痛苦，贊揚孤懷救國的志士等這是自然的流露。這無需甚麼文藝路綫來規定。有些國家責任感激烈的作家，據此來主張反共文藝路綫、或抗暴文藝路綫，其情是可感的，無可厚非的；但是就文藝眼光來看是不妥當的。因爲我們不能千篇一律寫反共抗暴的文章，文藝的天地這麼廣濶，除了反映政治現實以外，還有多層多面的社會人生。如果我們也鑽進一狹窄的路綫裏去，則我們的文藝將與大陸的赤色文藝一樣的枯燥無味了。文藝不能脫離現實，但不能沾滯於某些特定事實。文藝是情感的表現，愛國家念同胞是一種偉大崇高的情感，表達這種情感是值得欣賞的；但是我們不要把它定成路綫，不要說：除此以外的感情都是卑賤的，就加以敵視。

英國近代散文

思　果

談起英國的文學藝術來，「近代」兩個字幾乎就是「晦澀」的同義字。近代的畫看上去不像畫，近代的彫刻不像彫刻。近代的詩就叫人看不懂，這裡所說的「人」，不光是像我這樣的人，而且包括了英國近代的學者和詩人本身。有人問，近代詩這樣的難，還要他做什麼？還有人斥之爲魔道，不過風氣如此，這種風氣造成的是歷史，我們贊成不贊成是沒有用的。近代的小說也都有些古怪，要叫讀者先查了心理分析再說。至於散文，雖然晦澀的程度不像詩那樣深，但如果我們不肯耐性去看，至少會覺得它很難讀吧。

和詩一樣，近代散文的難不在用典或用字的艱深那些方面；主要叫人覺得難的在於思想和學識。這句話的意思是，近代人的思想更趨於科學化、更細密，而治學的一方面，又比前人淵博、進步了。我們打開倍根、史威夫特、阿狄生、約翰生博士、藍姆、赫斯立的散文來，雖然不免要去翻有關古典文字的字典，但他們的意思總比較明白，不難看懂。像麥考萊那樣反覆說明、流利生動的文字再也沒有人能寫，也再也沒有人願意去寫了。近代的大家生怕多說一句廢話，簡畧了還要簡畧，結果對讀者智力的要求無形提高了很多。從前的人喜歡談友誼、談愛情、談戰爭……現在的人談對世界的觀念，談莎士比亞的意象，談郝布金（Gerard Nanley Hopkins）的詩律。這種散文不是深於文學的研究或是博通原子、核子科學和別種現代學術的人簡直無法下手。英國的散文作家早已離開了康莊大道，走向一條險峻、崎嶇的狹路上去了。

我們一時還不應該說一句：到底古人的散文好、還是現代的散文好，那樣的話。世界上有許多東西是無法比較的。唐詩和宋詩的優劣比較的人已經很多了。這一方面我沒有深刻的研究，不敢多說；我只能說我喜歡唐詩，也喜歡宋詩。唐人說了許多美麗的話，在我們心中引起共鳴的美感；但宋詩中的佳作另有一種聰明動人之處，恐怕使李、杜讀了，也要叫絕的。同樣讓司馬遷讀韓愈的精妙的作品，也會讚嘆。因此若說往日英國散文大家所寫的人情世故使我們嘆爲觀止，今日英國散文大家的精深獨到也同樣使我們歡喜欽佩。這只不過是時代變了，人要尋求新的題材、新的作法、新的滿足。

在題材上，一般改爲獨特了：從前的人講大家領會的事，現在的人講某一件特有的事，某一個特有的人。——這當然不是說現代的作家全變成了史家。英文散文的演變和唐詩變爲宋詩的情況很相似，也許一切文學都是這樣變的。在作法上，從奔放變爲收歛，從絢爛變爲經濟。這也許是一種良好的教育呢。

因此英文散文已經沒有題目可寫了，結果文藝批評幾乎成了近代散文裏獨秀的一枝。在目前除了寫文藝批評，還寫什麼呢？這樣說，我們心目中的所謂「小品文」，在英國差不多今天已經沒有人寫了。從這一點我們也可以看出近代英國人思想上的趨勢。

附註：（上面的話當然是指高級的散文講的，普通的散文除了文法比從前簡化了一些以外，各方面都和過去差不了多少。舉一個例說：我們不是天天讀報上的社論和採訪來的新聞麼？這都是散文。）

三八大蓋（上）

衣　其

劉吉興的那桿三八大蓋是全區有名的。當年，鬧土改的時候，地主劉二爺帶着一批狗腿子上了山；當了土匪，還時不時地下山來騷擾，搶這家燒那家的，搞得雞大不寧。劉吉興那時當着鄉裏的民兵隊的副隊長，有一次，一鎗就揍倒了兩個半——兩個死了，一個傷了。打那回起，劉二爺就再沒敢帶着人下山來，老鄉們都說：劉二爺叫劉吉興的神鎗吓跑了。

劉吉興的事蹟傳到了區委會，區委派了公安幹事應同志下鄉來作調查，老鄉都一勁兒地翹起大拇指誇劉吉興，應同志回到區委就提了個建議，將劉吉興選爲「模範民兵」。到了區裏開模範民兵大會的那一天，劉吉興眞正地成了英雄。胸前的那朵大紅花映着他那又粗又黑的臉，在一溜十幾個模範民兵中，數他的個兒最高。劉吉興站在台上，只感到台下幾千雙眼睛都向着他在望，他臉上一陣熱又一陣熱，腦子裏轟轟轟地直響。當區委書記向大家宣佈要他講模範事蹟時，他楞楞地跑到台前，驚了半天，只喊出了一句話：「共產黨萬歲！」

接着，區長和他握手，區委書記和他握手，縣裏的人武部長和他握手……最後，他甚至記不清楚是從誰的手中接過那支三八大蓋和十發子彈來的了。那是區委獎給他的，鎗柄上還刻有「保衛家鄉」四個字，全區就是他一個人得到了這個榮譽。

從此，這桿三八大蓋就成了劉吉興的命。他把它掛在屋子裏最當眼的地方，又特地從集上買了幾尺紅絲線，叫他老婆編成穗子，繫在鎗把上。每有一個人來他家坐時，他就不理會人家，已經聽過幾十遍了，總還要將那天大會上的情形描述一番。至於平時他最疼愛的小女兒小留子，也因爲屢次想摸摸那油光烏亮的鎗管子而被他吒罵了好幾次，嚇得十一歲的小留子躲在她媽媽的懷裏問了好幾次：「媽，爹到底是喜歡我還是喜歡他那三八大蓋？」

當然，多講這些話可能沒有什麼意思了，因爲這已經是五年以前的事了。現在，一切都已經不同了，劉吉興已經入了黨，又當了鄉的公安主任，小留了也長大了——去年一年做了一百多個工分呢！只有一樣沒有變的，就是那桿三八大蓋的管子仍是藍烏烏的冒光，十發子彈也是賊亮賊亮的，只要有空，劉吉興還是一顆一顆的數着，雖然數來數去都是十顆，但他還是怕少了一顆。

那一年春天，田裏的稻子正長得綠騰騰的時候，區委派來了一個轉業軍人當鄉長。轉業軍人叫楊林生，是個排長。楊林生一到鄉裏就聯系羣衆，第一天就到了劉吉興的家，看到了那桿三八大蓋和掛在旁邊的十發子彈，一聲不響地就摘了下來，劉吉興只道他要看看，誰知楊林生拍地拉開鎗栓，塞了一發子彈進鎗膛，鎗口向天，就鈎動了扳機。「砰」地一聲，子彈呼嘯而出，劉吉興的臉都白了，楊林生却笑着說：「怎麼？老劉，嚇壞了？」

劉吉興不理會他，一手把鎗奪了過來，叫道：「子彈！我的子彈！」

「哈哈！」楊林生毫不在乎地笑了笑：「一發子彈有什麼大不了的？」

這時，很多人聽到鎗聲，都趕了過來，弄清楚了只不過是楊鄉長在試鎗，又都走了。只剩下小留子，還在不斷地問劉吉興：「爹，你怎麼啦？打着了嗎？」

劉吉興還沒有回答，楊林生就趕着問小留子：「啊！你就是小留同志吧，早就聽說你是婦女積極分子了，以後在婦女和青年工作上，還要多多地依靠你呢！」

小留子一撅嘴，沒回答，摔了摔辮子，走了。

從此，劉吉興就只好翻來覆去地數剩下的九顆子彈了。他越數就越不舒服，從此和楊林生鬧上了不團結。

楊林生是東北人，到這地方來當鄉長，當地的風俗習慣什麼都不懂，老鬧亂子，不是和人家大姑娘打趣打得人家臉通紅，就是把小媳婦氣得眼淚在眼眶裏亂轉。劉吉興在黨支部裏向他結結實實地提了幾次意見，但區委書記下鄉來的時候，却反而批評劉吉興鬧地方主義，劉吉興彆了一肚子的氣，想乾脆不幹這公安主任了，却又不敢提出來。

楊林生來了不到三個月，有些稻子長得半腰高了，有些早熟的，穗子已經透着黃色，長得好的，都垂下了頭。任誰看到了都想，禾好了，糧食該可以多發一點了。要不幹什麼合作化呀，今年是合作化以後的第一次夏收哪。今年天又好，不見風不見雨，夏收算是保了險了。（未完）

亮齋閒話
再論父子政治

徐亮之

客：本報前兩期有位讀者投書，說傳子制大有在台灣政壇復活的可能。記得咱們曾有一次談過父子政治，今天且再拈着這老題目來聊聊怎樣？

主：所謂父子政治，在某個時期，不一定就是壞政治。政治乃管理衆人的事，只要「管理」的眞是爲「衆人」，而不是爲私人，誰還耐煩過問「管理者」是誰去？

客：那末，您是說可能舉出父子政治的好例證的了？不妨舉出來研究研究！

主：陳寶箴陳三立父子的治湘就是好例證。他們的管理原則是：「務分官權與民，而尤以開通民智爲急」，去大規模地舉辦新政。所有輪船、礦務、製造、保衛、報紙、學堂，全都應時舉辦；所有當時的進步份子如梁啓超、譚嗣同、黃遵憲、熊希齡、徐仁鑄等都收入轂中；終於風聲所播，中外刮目；終於成爲中國啓蒙運動的啓蒙運動，而輝煌於中國現代史。誰說父子政治不對來?!

客：但是他們父子也終於給清廷「革職永不敘用」了！

主：這只能說是清廷的失敗；並不能說這型父子政治的失敗者；或者說：他們「父子政治」成功了，他們「父子」却光榮地失敗了。

客：那末，您是說失敗得並不光榮的父子政治，仍然有例證可舉的了？不妨又舉出來研究研究！

主：袁世凱、袁克定父子帝制自爲的一幕，就是好例證。據說當年小袁的想做太子，比老袁想做皇帝的心情還更急。楊度們所搞的「籌安會」，以及一連串的「勸進」把戲，根本就是小袁所策動。所以，到了民國四年十二月中旬帝制運動成熟，老袁還懂客氣，特下命令，「舊侶及耆碩故人均勿稱臣」；段祺瑞、王士珍進宮賀年，大禮參拜，也還懂假惺惺，半禮回拜，彷彿中情歉然。小袁却不同；他滿以爲開國功高，太子座穩；段王大禮拜年，他却儼然儲君氣派，望着署一揮手，便算回敬。惱得段王心裏火星直冒，一佛出世，二佛涅槃。

客：不過，您也不好光責小袁；竟把老袁的責任撇個乾淨。老實說：民五帝制失敗，老袁明知自己聲名已臭，還兀自嚙住總統職位不放；還橫着心，厚着臉，兀自在他制定的所謂「金匱石室」中，把小袁列做總統候選人；這直是不知人間有羞恥事，「老革荒悖」這樣強烈的自私感而已，假使當年不是他自己想過皇帝癮，小袁敢那樣胡鬧？又胡鬧得起來!?

主：這正是事實的另一面；這樣合起來，才會搆成您剛纔所說的「失敗得並不光榮的父子政治」的典型。

客：我倒要問您：我們現在早已跨進民主時代了，在民主時代，到底要有那種的父子政治，才算是成功而光榮的父子政治？

主：在民主時代，根本只能有民主政治，不能有父子政治，更不會有成功而光榮的父子政治。

客：這樣看來，我們中國民主之父的中山先生，實可算是民主時代懂得善處父子關係的政治巨人了！

主：您這眞是道地的「大鄉里」了！其實，這竅妙何只民主領袖懂？極權主義者又何尙不懂？我就敢斷定：您對小斯達林、小赫魯曉夫的現狀，絕對不會比對小羅斯福、小杜魯門（歌喉並不太好的杜魯門小姐）小艾森豪的知道得更多。甚至我們住得距大陸這麼近，毛澤東的兒子除毛岸英已送往韓國做了炮灰以外，其他的小毛，到底叫什麼名字？做什麼工作？在什麼地方？也莫明其土地堂。更別說什麼「傳子制」的復活不復活，咁得人驚的了！

四八、六、一二。

汲古書屋談薈
李鴻章之晚年

耘農

梁啓超述鴻章軼事，尚謂其『接人常帶傲慢輕侮之色，俯視一切，揶揄弄之。』又謂：『李鴻章生平最遺恨者一事，曰：未嘗掌文衡，戊戌會試在京師謂必得之，卒不獲，雖朝殿閱卷大臣，亦未嘗一次派及，李頗怏怏云。』此於吳縣張一麐（仲仁）古紅梅閣筆記中，可得一證。按張氏於光緒十一年（一八八五）乙酉八月，以副貢應順天鄉試中式第十名，年十九。其父是彝（秉之）時爲直隸即用知縣，需次保定已六年，仍未得缺。據筆記云：『次年丙戌，入京會試。……三場與（張）季直同一號舍，……榜出，俱落孫山。余乃返保定，侍吾父。……是秋，吾父令余回南完姻，親至天津送歸。……吾父云：李傳相命汝謁見，明日當去。緣上年秋，文忠以陵差在京，北闈榜出，即向許星叔（庚身）師索闈墨，見第十名卷，詢知爲余，故吾父入謁時問及之。明日，乘車至督署，同見者有道府等五人，余以年幼最後，五人者皆行半跪禮，余以父命叩首，見文忠昂然直立，頗以爲奇，繼知督撫本不還禮，大清會典有之。起立後，文忠招五人者坐東首，推余西首，與彼並坐。一奴子持水煙筒，長可二尺餘。文忠頎長，坐時出人頭地，先與五人者言公事，其一人聞公斥之，齒相擊。末及余，聞在蘇考書院，山長何人？余對以潘順之先生；則曰：正誼尙是蔣心薌乎？彼於各地山長留心如此。繼謂余須多讀書，送客出。吾父明日往辭，文忠戲謂曰：汝子跨竈，汝須好培養之。父曰：某庚辰至省已七年，舉債度日，無力使入校讀書。文忠問故？父曰：海防捐、河工捐兩次壓班，即用實成不用。文忠憮然曰：吾爲汝酌之！余南歸，贅於顧氏家。次年春北上，吾父以酌補正定縣，已之任。』蓋鴻章一生，勛名震世、而從未得一試差，誠如啓超所云。然鴻章甚留心於制科考試中物色後起人才，即於各地書院山長姓氏，亦多能强記。觀乎上述，鴻章駁屬僚不假以詞色，待新進少年則優禮有加，甚且因器重其子，而推愛及於其父，亦昔日官場之佳話也！

吳永西狩叢談，曾言其親見鴻章接見屬僚而予以痛斥一事，謂『公平日神態和煦，語氣亦甚肫摯可親，而有時乃極嚴重，眞有望之儼然，即溫言厲之致。

其督直隸時，予曾與一卸任知縣同見，公問其在縣有何政績，其人曰：卑職才迂，以勤補拙，不敢遽言政績，惟裁革陋規一事，差覺爲地方除一弊政耳！公問何項陋規？何時裁革？何以我未見過該縣詳報？曰：某項陋規，每年可得一千數百串，向來均無報銷，卑職以爲例外收入，法所不應，故決計爲之裁革，業於日前通詳大憲，日內當可上達尊覽。公即佛然變色曰：爾在任已兩年有餘，何以早不裁革，乃於臨卸任始行詳報。這明明是賣陋規，何謂裁陋規，貪壑已塡，乃侵攘後任之所得，以博倍價而市美名，既玷官方，亦乖道誼，居心可謂巧詐。此種伎倆，豈能向我處嘗試，我即日派委査辦，如査得情實，立予揭參，不爾貸也。其人赧然不能答，聞後來委査結果，果係於臨去時向納規者通說，要納數倍之入，而以永遠裁革，具文詳報者，此令旋登白簡，聞者莫不稱快。』而霍邱裴景福（伯謙）所著河海崑崙錄中，亦有述及，緣裴於光緒十八年（一八九二）壬辰，由戶部主事改官知縣，分發廣東，過天津時，以鄉里後進，往謁鴻章，曾親受其戲侮，其言曰：「李文忠氣高天下，有洗足見酈生之風。壬辰冬，余改官過天津，謁文忠，甫就座，公倨身而揚聲曰：汝欲括廣東地皮耶？己亥冬，公出鎭粵，余調南海。次年三月蒞事謁公，公曰：汝再任首邑，政將奚先？余正容對曰：先括南海地皮。公曰：十年尙不忘此語耶？余曰：公之命，公之戒也！敢忘。公輾然曰：地皮須括得淨，吾鄉呼匪人爲地皮，南海多匪，公首重捕匪，故作是語。一日，公檄撤隆慶汎陳把總，余極言陳緝捕得力狀，公不悅曰：總督將不能撤一把總乎？余曰：果得賞罰之平，誅之可也，豈但能撤之？勃然逕出。公至簾外，以杖相招曰：好商量，何必動氣。余入謝過，陳卒不撤。嗟呼！當代賢宰輔如文忠大度有幾人哉？余之戇且隘，其獲戾宜矣！』裴氏此記，成於遣戍新疆途中。蓋裴於光緒二十九年（一九○三）癸卯，因事忤粵督岑春煊（雲階），致被參劾，獲譴，故末後數語，頗多感喟。從而可知鴻章雖好以傲慢輕侮其屬僚，然偶遇鯁直之士爲一二冷語所中，未嘗不歉然自咎，接受評諫，以視近時若干革命官僚之驕橫獨斷，不恤人言而矜然有得色自以爲不可一世者，其德量爲何如耶？（四）

湯山事件（三）

司馬健

展堂因冷笑曰：「若輩吾且不能責備，何況於汝?!且於汝吾亦未嘗無責備。惜汝不之聽，寖且另生枝節耳！」旋復喟然曰：「總之，此事且置不談。吾生平更事已多，政治手腕，初非不知。特不欲自喪革命立場，而以手腕對同志耳。因之，除忠實同志外，吾亦不暇求其諒解。第吾終不料前有汪精衞，後有汝蔣先生，竟乃特皆誤解吾！再就事實言：民國十六年吾共汝晉京，國民政府、政治會議，乃至軍事委員會，何一主席非吾？然吾可使人不呼爲『主席』而仍稱「胡先生」。他人能之乎？又民國十三年，總理離粵北上，黨政軍權，一以委吾。及總理逝世，吾可立交出黨權而一無顧吝。此雖不敢謂後無來者，庶可謂前無古人，諒亦非汝等所能及此。乃精衞等不知吾，竟假廖案助共產黨以與大獄，幾欲置吾於死。……」

介石急曰：「胡先生毋誤會！仲凱案起，吾實已救胡先生。使爾時胡先生不留黃埔，早出意外矣！精衞、汝爲、鮑羅廷其時皆主就勢「除胡」者。獨吾反對，遂邀胡先生去黃埔；胡先生諒能瞭此。」

曰：「好矣！汝已救吾；精衞汝爲亦皆謂已救吾；是汝三人皆已救吾矣；感激之至。計眞欲陷吾者，唯鮑羅廷此物耳。然而，汝又誤矣！當年精衞、汝爲欲除吾，實坐糊塗而不知吾；汝能救吾，足徵較其明智；乃今汝復種種疑吾，其糊塗不亦與之等夷乎?!

「且吾果欲作總統，或運動軍隊，自爲其政，不於汝與閻馮前方相持之時，而於今日，亦何其愚？爾時前方形勢愈緊急，後方地位愈艱危；負責官員，非稱病，即告假；非去滬，即出京。會議無人出席，唯吾坐鎮枯守，尙有何事，不可爲者？而謂必於汝凱旋之後，乃始驀然思存，從事推翻政府乎？彼世之稍有常識者，而謂吾之愚乃不幸若是乎？

「民國十五年，季陶造吾決入學行止。吾應之曰，『入學，唯當助二人，鮑羅廷、蔣中正是已。顧助鮑不啻助共產黨消滅國民黨。助蔣或可助國民黨打倒共產黨。形勢如是，可爲痛心！何去何從，唯汝所擇。』曰，『誠如胡先生言，唯有助介石矣。』曰，『然，然助介石亦宜有限度。』曰，『限度如何？』曰，『助之爲凱末耳則可。爲袁世凱則不特不可，吾人必且從而反對之。所謂限度，如是而已。』季陶遂入學。……」

介石聞「反對」二字，不待展堂語畢，又急曰，「胡先生反對吾，唯吾唯知革命。……顧胡先生何爲又反對張漢卿？」

曰，「反對漢卿甚末？」

曰，「胡先生不贊成予漢卿海陸空軍副總司令。一」

曰，「誠然，但此乃行政院之事，吾無從干預。且吾雖不贊成，汝輩不亦已如彼行之乎？抑吾所以不贊成，特不過爲國家惜名器已耳。特不過以爲政府主者不宜恆自居鄭莊公，而視人爲公叔段已耳。故汝以此施之馮煥章，施之閻百川，又進而以之施於張漢卿，吾誠甚不以爲然。嘗與季陶、稚暉等公開言之。故吾初非不贊成漢卿，實爲愛惜漢卿計，尤爲愛惜國家名器計。吾意主政治軍固不應用此等卑鄙手段也。反之，使吾果欲運動軍隊，別具用心。則遠交近攻，策固應爾。方交結漢卿之不遑，更何不贊成之有？然天下人必皆有以知吾之必不如是也。」

小啓

謝永康先生：

大作拜悉，景佩無任，感愧兩至。尙請見示通訊處爲荷。

徐亮之敬啓

反共不可以效共

馬煥然

這許多年來，我同在台灣的親友，固然有些人很少通信，還有些人不時的通信。但是在最近幾個月以來，連平日通信的親友也是隻字全無了。可是在前兩天却接到一封由台灣寄來的信件，使我很奇怪，因為信封上面，既不寫我的真姓名，信內的上款，祇寫了叔叔兩字，下款又不寫出是誰。我把信看了之後，從其筆跡上，當然知道這封信是誰寫的，同時也明瞭他不敢多寫信以及這樣畏縮的真意所在。他告訴我一段話，大意是這樣說：近來此間（指台灣）檢查信件，更加嚴厲，凡檢查人員認為信上稍有不順眼的話，就把它攝成照片，以備將來找你打麻煩的資料。這個消息的來源，是由一位朋友在前幾個月發生一件不幸的事件得來的。其人同香港方面，有生意上的往來，所以和香港的許多朋友時時通信，當然在信中也偶然說起一些台灣的情形。幾個月前，他忽然給警備司令部傳了去，給他看一疊照片，原來都是歷來他的朋友等給他的信，和他回給朋友的覆信。這許多信的內容，主體上都是談生意的，不過也帶有一些政治的報導或議論。內中提到一個朋友，據警備司令部說是在香港搞第三勢力，所以警備司令部說他勾結第三勢力，並為香港的朋友做情報，思想上有反動的嫌疑。這一疊照片，就是証據。幸而這位朋友在台還有地位，經過有力者的保證，總算沒有鬧出大亂子。但是這件事一經傳出，知道的人都抱定多寫信不如少寫信，少寫信不如不寫信為好。

照理檢查信件，本為戰時防諜的措施，台灣當局，並不本着這個目標去做，祇要看到信件中有些批評政府的事情，以前往往加以沒收，這當然已引起人民的不滿意；但是中國老百姓是最有忍耐性的，所以對政府沒收一事，也就忍耐了下去。現在的方法，居然攝成照片，在表面上，使收發信的人都不知道這封信已發生了問題，而實際上，却已被編號存案，收發信的人無異的列入了黑名單，隨時有被傳訊或被逮捕的不幸事件的來臨。這種變本加厲的辦法，既沒有公開的告誡，又沒有明文的規定，叫人民在無法可守和無律可遵的情形下，很容易於不知不覺中，陷身于這個無標準無尺度的新法網。這種手段，不是像中共在大陸上所施行清算的一套手法嗎？中共為消滅異己，竟以「大胆懷疑」，作為鬥爭的資料，現在台灣政府為防止人民批評政府，對人民來往信件中，認為稍有可疑的，就把它攝成照片，來做犯罪的證據，其迫害人民的方式，雖不相同，而以清算為迫害的手段，並無兩樣。

其實在一個民主的國家，人民批評政府，是件很平常的事，台灣既自稱自由中國，那麼，為什麼要怕人民批評呢？這種效法共黨清算的方法，其後果，定必造成政府與人民間更大的距離。這不僅于反共鬥爭上，沒有補益，即對國家前途，亦含有莫大的隱憂！

真正防止人民批評政府的有效辦法，是在整個政治的改善。在今日反共鬥爭中，必須縝密的觀察國際與國內的實際情形，提出一套優越于共產主義的思想體系，本着這個體系，制定一個各方意見一致的反共建國方案，運用合理的手段，使之逐步的實現。其先決的條件，就是要政府真正的為人民設想，誠意的尊重人民的意見，和顧及人民的權利。一切行政的措施，均應以人民所需要的為前提。這樣的做去，不但人民自然不會再有不滿意的批評，即對反共鬥爭上，亦有致勝的把握。我很奇怪，到了今日，政府當局，還不在這上面去打算，反而要用共產黨的方法來反共，真不知其理由何在？姑不論這種方法是否合理，即以鬥爭的原則來說，以敵人的方法，來作對敵的武器，始終是跟在敵人後面，不能爭先立於主動的地位，這就是失敗的根本因素。何況共產黨那一套不合情不合理的清算辦法，早為人民所深惡痛絕，是製造人民離心的主動力，擯棄之猶恐不及，有什麼理由還能去效法呢？

默察政府所學共黨一套以黨治國的獨裁專政，以國家為鎮壓人民的工具，控制文化思想，限制一切自由，排除異己，以及特務統治等等的方法，在三十年來的過程中，人民已經領教得太夠了，其結果，就弄成了喪失大陸，偏處台灣，這個慘痛的教訓，猶在目前，政府應該加以警惕，一改前非。效法共黨，不但沒有用處，而且是非常愚蠢的。

隘巷短兵

・白刃・

不打自招

香港政府遞解了幾名共幹出境，六月五日南方日報社論，警告香港政府「不要太放肆」，其實南方日報拿錯了「用神」，它應該教訓在港工作的共幹不要太放肆才是。

就拿此次種×公會五位負責幹部來說，在港活動情形，實在超出了當地法律範圍之外，五月卅日大×報對此報導的很清楚。據說該會在一九五八年中，就發出帛金二萬多元，生育補助金三千三百三十元，醫藥補助金三千九百六十一元四角，慰問救濟四百二十五元五角五分。其餘如「服務部」供應「國貨」，「文娛班」到該地放映電影，並且替鄉民「排難解紛」。看了這段新聞，人們就可了然他們的工作情形和經費來源，當然香港政府不歡迎這樣的「居民」了。

為壞人而存在的政府

政府遷到台灣之後，幾年來最受海外人士詬病的措施，無過於出入境管制了。

為了防止共諜滲透，不准海外人士入境，還有理由可說，（其實也說不過去），不准台灣人出境，這個道理就實在沒辦法解釋了，也許政府還能說一番大道理來，我們也不願在此多囉嗦。既然台灣正在非常時期，出入境需要管制，那就應該徹底執行才是。過去我們只知道白崇禧、雷震等人申請出國不准，還以為執行當局真的言出法隨，毫不寬假，那知最近發生了路妮娜事件之後，才曉得原來有辦法的人還能出國，白、雷兩先生出不來，當是由於他們沒有辦法的關係。

路妮娜是交際花，專門在達官貴人與交際花草之間任撮合工作，所以很吃得開，另一位辟××，在台灣自稱僑領，到了巴黎又變成中國的將軍（上將級），去布魯塞爾參加國際博覽會，居然是中華民國代表，但是在台北警察局他却是個通緝有案的騙子，這樣一對男女寶貝，可以由台北而巴黎而布魯塞爾，又要去美國，一切管制條例，都與他們無涉。政府本來是為廣大人民而存在的，只有我們這個政府，却是為壞人而存在。

「先進國家」的落後議員

美國最近有一位衆議員薄德先生，在衆議院對着八名聽衆大放厥辭，主張美國取消承認中華民國，把沿海島嶼讓給中共，把台灣劃入美國防務以內，以保障美國西太平洋的安全。薄德的話說來振振有辭，可是他却忽略（根本不知道）了台灣是中華民國的領土，美軍駐在台灣是根據中美一條約的，如果中華民國不存在了，美軍一定要撤回加利福尼亞去。中國的領土沒理由劃入美國防區，中國的存在也不是為了防衛美國的。

我敢斷定這位薄德先生不知道台灣的正確位置，金馬是一個地方還是兩個地方，但是為了唱反調、出風頭、爭取選票，就敢這樣信口胡扯，此公假若生在中國，決當不上縣參議員，但在美國居然作了若干萬選民的代表，美國雖然自命是先進國家，但以薄德先生而論，却較落後地區的議員還要落後的多。

共區新戲「今古同台」

岳騫

有這麼一個傳說，民國初年某軍閥（一說是張敬堯，一說是張宗昌）有一次替老太爺慶壽，某軍閥起自田間，椎魯不文，老太爺生平未履城市，知識譾陋，一旦父以子貴，對於官場人情應酬，一竅不通，所以笑話百出。

此次慶壽當然要唱戲，老太爺聽不懂平劇，一生只聽過大戲（河南梆子），負責慶典的人特地從洛陽找來最負盛名的戲班，開唱之前，當然要請老太爺點戲，但是老太爺雖然在鄉下聽過不少大戲，却不知道戲名，只記得戲台上能打仗的有一個張飛，還有一個敬德（尉遲恭）於是就張口點了一齣「張飛大戰敬德」。

班主當時未敢開口，下來找到管事的人，愁眉苦臉的問道：「這齣戲怎麼唱」？

管事的眼一瞪：「老太爺點的戲，不唱還得了，怎麼唱你自己安排好了。」班主沒辦法，只好選了兩個「大面」，臨時排了一下。鑼鼓一響，張飛先出台站在中央，馬上敬德掀簾殺出來，張飛唱道：「你在唐來我在漢，咱倆打仗為那般。」

敬德接唱：「吃人的飯，服人管，人說怎辦咱怎辦！」接着乒乒乓乓大打一場，結果自然無結果而散，老太爺看的眉開眼笑，於是功德圓滿。

這個故事在中原地區流傳很廣，但是人們也只當它是個笑話，可是到了去年大躍進之後，笑話遍地皆是，實實在在出現了這類戲劇了。

說到這類「張飛大戰敬德」的戲，始作俑者是田漢。原來去年中共鼓吹大躍進時。百業一齊躍進，戲劇當然也不例外。恰巧這時中共中央決定各級共幹必須參加勞動，毛澤東以下高級共酋，為了示範，曾去十三陵水庫作了半天工，朱德挑了一筐土，毛澤東和彭真面對面掘土，周恩來擠到女人中間去傳土，究竟作了幾分鐘也不知道，報紙上只看到這樣一個鏡頭，實際上毛澤東那次去十三陵還有一個更重要的任務，就是督促挖掘明朝皇陵，果然他們去過不久，十三陵中的「定陵」（萬歷皇帝墓）就被掘開了，接着又掘長陵（永樂帝墓），還未勝利完成。

要在民主國家來說，一個元首去掘兩下土，又算什麼？但在共區却認為是開天闢地大事，各種各樣歌頌文字，若集在一起，可印一部百萬字巨著。許多「頌聖」文字中，最突出的要算是田漢，此君因為接近郭沫若，深得郭沫若的拍馬真傳，他覺得照例寫歌頌文字，沒有新奇之處，恐怕毛澤東未必有興趣去看。於是就編了一個劇本，叫做「十三陵暢想曲」，是敘述當代人暢想數十年後的幸福社會，這個劇本最大特色，就是把現在人和將來的人混在一起了，實在是個創舉，田漢就把這種方式定名為「今古同台」，說是「革命浪漫主義和革命現實主義」相結合的產品。田漢本來就是一個紅人，身為中共「文化部戲劇改進局局長」，經他這樣一改進，馬上風起雲湧，過去「張飛大戰敬德」的笑話，只出在河南梆子，現在不問平劇、漢劇、越劇、話劇、秦腔都走上這條路，大陸舞台上到處在演今人同古人開會，牛頭馬面和巡海夜叉打架，真真是烏煙瘴氣。

田漢這種「改進」法，最初沒人敢反對，最近實在鬧的不像了，本年第八期「戲劇報」已提出批評，據「戲劇報」稱：「最近，人神同台的戲風靡一時，各個劇種都有這類的戲。作者意圖是要表現革命浪漫主義，但實際效果却往往陷於誇大和無稽。如有的人神同台戲是這樣，作者為了要表現人民公社的優越、幸福，就安排了七仙女下凡，要求在人民公社當保育員的情節。」實際上這還不算最荒謬的，該報又指出：「有齣戲表現鋼鐵元帥升帳，鬥倒八仙，勝利收兵。……甚至於有些人為了刻意追求新奇，編出一些千奇百怪的情節、如諸葛亮讀毛澤東選集，豬八戒打電話問煉鋼情況等。」

這類戲大概不會存在很久，最後毛澤東自己就會下令禁止，因為毛澤東作詩雖然不通，聽戲到是一個內行哩！

中共在台峽沿海的軍事部署

劫餘

自去年在金門蠢動遭受挫敗以後，中共在對岸沿海的軍事都作了新的部署，茲探悉如下：

陸軍方面

中共「東南戰區指揮部」於去年七月在江西鷹潭成立，由林彪為「總指揮」，粟裕為「副總指揮」，李天佑為「參謀長」，張際春為「政委」，仍以原二野三野兵力為基幹，並對原駐浙閩粵等省的部隊，均有所易動，其新的部署如下：

（一）原駐於閩北寧德地區之共軍原三野第八兵團司令王必成轄下的二十四軍侯震遠部，自一九五八年十一月起，全軍向浙江移防。軍部及直屬部隊，移駐浙江衢縣，第七十師師長傅孝田，師部及直屬部隊，由福建羅源移駐浙江遂昌，第七十一師師長原修武，師部及直屬部隊，由福建連江移駐浙江麗水，第七十二師師長祈大堯，師部及直屬部隊，由福建霞浦，三都澳沿海地區，移駐浙江金華。

（二）原二野楊勇所屬，曾參過韓戰王占山率領的一個師於一九五八年十一月，由浙贛鐵路轉運至福建南平駐防。

（三）中共駐防浙南，閩南地區的部隊，有原二野所屬的第八兵團王必成部兩個軍兵力，葉飛所屬第十兵團三個軍兵力。閩南至廣東沿海以及海南島方面，有原四野所屬第十三兵團兩個軍兵力。湖南至粵省中區有第二十三兵團兩個軍兵力，自一九五八年十一月以後，原二野原四野所屬部隊（曾參加韓戰者），亦由東北、華中地區，逐漸調往粵閩增防，其餘原粵、閩沿海部隊，無多更動。

海軍方面

中共「海軍副司令」王宏坤偕同俄藉顧問波維斯基力索夫，前重慶號艦長現任中共「青島海軍基地司令員」鄧兆祥、「南海艦隊政委」方正平，「海南島海軍基地司令」趙啓明，海軍高級人員李開健等十七人，於一九五八年十二月十四日，由黃浦海軍基地，分乘砲艦兩艇，駛抵汕頭南澳島作環島視察，曾在俄顧問指示下將該島開闢為一進攻台灣之海軍地基，與粵、閩交界之東山島聯成一道海軍防線。

（一）詔安灣原駐有魚雷快艇一隊，該隊配有俄式魚雷快艇十五艘，魚雷艇二十五艘（中共自造），一九五八年九月二日，料羅灣海戰失敗時曾被台灣艦隊擊燬之魚雷艇，已於去年底補充竣事，該隊現仍留住詔安灣、東山島、南澳島一帶港灣。

（二）原駐留榆林港之俄式超級W·C·巨型潛艇六艘，二百五十噸級至五百噸級砲艇八艘，武裝機帆五十艘，亦巡調往南澳島增防。

（三）中共「韓江艦隊司令員」趙永勛所轄汕頭巡防處，配備艦艇計有：驅逐艦一艘，一千噸級砲艦二艘，五百噸級輔助艦三艘，巡邏艦三艘，三百噸級砲艇二十二艘，魚雷快艇四艘，魚雷艇八艘，裝甲機帆五四艘。

（四）近來金馬方面快速船艇調動較前頻繁，作戰艦艇數量大有增加。本年四月間曾在浙海舉行海上機動演習，第二綫部隊與蛙人部隊也曾進行訓練，目前在閩海沿海海港口所集結的各型艦艇船隻，約在四千艘左右。

空軍方面

自從去年秋天中共空軍在台峽受挫以後，乃積極整訓，等候蘇俄補充新機，已經有八個多月未敢在台峽海空出現。經過八個多月的整調，最近已告一段落；而且已自蘇俄方面獲得更多更新的戰鬥轟炸噴射機。

金門對面中共空軍已大有增加，有幾十架共機移駐在福建沿海的機場。自從上月以來，共機活動，比以前更加頻繁，每天有三、五架至一、二十架飛機，分批在福建沿海飛行。上月廿四日一批八架共機竄擾金門上空時，高度在一萬尺以上，顯然是作沉寂已久的偵察活動。

基於以上的報導，除了中共在浙閩粵贛的陸軍已有新的部署外，中共的海空部隊，也蠢蠢欲動之勢。現有理由相信，他們將再在台峽製造緊張局勢。目前的海空活動可能是台海之戰第二回合的前奏，中共也許可能再作冒險的嘗試，妄圖取得一些戰果，以挽回去秋在台峽海空的損失。希望台北當局不要忽視才好。

×　×　×　×　×　×

徵稿啟事

本報第七版歡迎下列各種作品：小說、新詩、散文、文藝性的短論或論文藝的短論和木刻漫畫等等。來稿最好不要太長（二千字左右）！但如作者已認為縮到不能再縮的，長些也無妨，我們可以分期刊出。來稿如果要退回的，請附回信郵票及寫有退稿地址的信封。如不願更改原稿的，請說明。又，來稿字跡最好清楚些，至少要看得懂，文章內容當然最好也是這樣。

——編者——

台灣二、三事（台北通訊）

台風

林崇鏞將任銀行要職

前中央銀行業務局長林崇鏞於大陸淪陷時不及退出，並被迫代表「起義」人員將該行未及移台的資產移交共方；繼更接受偽職，學習改造，甚為努力。因有一時期，曾被政府通緝有案。直到韓戰發生後，才覺得大勢不好，乃乘間來港，又向台灣方面有所活動，當時官方報刊曾迭予指讁。但曾幾何時，林崇鏞竟以台灣的護照去美國作難民聞矣。月前更由蔣經國滙去美金一千元作旅費又自美來台。據說，政府現正準備恢復國家銀行，經國召林崇鏞來台參加籌備，一俟中央銀行恢復，即將仍派為業務局長或更重要的職務。讀者諸君不免要問：林崇鏞身為國家銀行重要職員，竟公然背叛政府，投向「共匪」，政府不但不繩之以法，反而予以重用，豈非有意獎勵投共？政府遷台後所謂「忠貞」之意義，其在斯乎？其在斯乎？

蔣經國的威風

在大陸時有一段期間，蔣經國曾以簡樸著稱。但到台灣後，其所表現者則適得其反，尤以近數月來為甚。

目前經國的最高官職，文不過行政院政務委員。武不過國防委員會副秘書長。然而他却威風凜凜，警衛森嚴，不可一世，例如接見訪客時，客廳中也要站了不少的武裝衛士。這情形不但為各院長各部長所沒有，就是他的老人家蔣總統也未如此呵！你說，威風不威風呢？

蔣總統再談反共救國會議

反共救國會議原為國民黨中央全會所決定的；但政府一延再延，迄無召集的確期。不久以前蔣總統還說，民主人士主張召集反共救國會，其目的在於實現政治協商，並與共匪建立聯合政府云云。以堂堂的國家元首，竟公然插贓移禍，含血噴人，識者惜之。最近他又向國民黨中央常務委員說，反共救國會議是可以開的；不過政府決不能在威脅之下來召開此一會議。人們對於蔣總統之意如何，仍莫明其所以。十年來政府緊閉國門，實施特務統治，人民的各項自由及生命財產時受威脅，究竟還有誰敢來威脅政府呢？

×　×　×

論奧會除名與總統三任

讀者投書　·何正國·

從許多角度看起來，中華民國參加下屆世界奧林匹克運動大會與蔣總統意圖違憲連任第三屆總統的事，是完全沒有關連的。但我覺得其間却有一項共同的精神基礎。正惟其現在退居台灣一隅的中華民國現政府有着這樣一項精神基礎，所以才有中華民國被奧會除名與蔣意圖違憲三任總統的事發生。也正因為有這一些不幸的事或先或後或同時發生，所以我才投函貴報，特別予以指出。

我們曉得：自從中共佔據大陸後，中共卽圖謀取得國際間的合法外交地位的，祇因中華民國存在之故，中共進入一切國際場合的陰謀才一直未能得逞。然中共的陰謀並沒有因此停止，共黨集團尤其蘇聯與乎少數中立國家驅逐我中華民國，拖入中共之打算亦並沒有放鬆，這在中華民國現政府而言是何等重要的事？是何等關係人心關係國際聲勢之事？對此，毫無疑問，政府是應該謹慎小心，如履薄冰，密切注視，隨時努力的。然而政府諸公却心不在此，他們却在搞如何使蔣違憲三屆連任的事，蔣自己也只注重如何利用憲法來連任三屆，對於如此一類的國家大事，反而置諸腦後，隨便派一個人去作作就算了。殊不知，國際除名之例一開，今後的困難和憂慮就更大。所以我以為他們這種疏忽和自私的行為實在是愚昧、可恥。

對於奧會除名的問題，我無意強調政府諸公不搞總統連任的把戲，奧會除名的事便不會發生，但看他們對這類國事如此疏忽，再看他們對總統三屆連任的事却如彼熱心，如彼深謀遠劃，不禁使我感到這兩個問題，雖無直接的因果關連，但由他們對這兩件事一則疏忽一則熱心的態度，却明白地顯現出這兩者之間有着一種共同的精神基礎，這共同的精神基礎便是重私輕公。由這個重私輕公的精神便演化出了對個人權利熱中，對國事對公事則反而輕忽則反而低能的現象。

當然，我並不是說現政府中沒有一些奉公守法，公而忘私，國而忘家的賢能之士，但師心自用的作法既由蔣公領導於上，少數「助桀為虐」的「忠貞」人士推波助瀾於下，再加上蔣經國的控制與乎一向就有的種種人事派系之爭，那末，少數賢能之士縱欲有為，又何能展其長呢？

所以，說到這裏，我以為若要達到反攻復國的目的，我們便必須在人事上打破現狀，變更政府人事，用新人，行新政，並切實排除獨裁專制的情形，另行樹立民主法治的精神基礎，否則，中興之事，固然不可能，僅欲保持舊有的國際地位也就很難哩！觀乎奧會之除名，就是一個很好的例子。在今日這種驚濤駭浪的反共鬥爭形勢下，國事眞是逆水行舟，一般不進則退，蔣先生與執政諸公難道還不肯把個人私利放棄，把國家利益放在一切個人利益之上嗎？有良心的人都應該自己想想吧！

聯合評論 週刊
本刊已經香港政府登記
每逢星期五出版
United Voice Weekly
第四十五號
督印人　總編輯：黃宇人：左仲平
社址九龍金馬倫道卌八號三樓　電話61413
承印：風田印刷廠（高士打道二二一號）
總代理：友聯發行公司　售價每份港幣壹毫
本報美洲版總經售處美國紐約中美出版社
CHINESE-AMERICAN PRESS, INC
199 CANAL STREET.,
NEW YORK 13 N. Y. U.S.A.
美洲航空版零售每份美金壹角

對於我們若干論點的澄清

若藥勿瞑眩，厥疾勿瘳（書說命）請大家再嘗嘗我這劑藥的苦味

左舜生

我在本刊上期（本月十九）發表了一篇關於搶救中華民國的文字，頗引起了香港若干報紙的誤解。共產黨對我的意見如何看法，或如何曲解而加以利用，我是照例不理的；因為我對共產黨的行為或言論，已積有三十年以上的經驗，不要說您開口說話他們一定加以利用，甚至您就一言不發，聽憑他們去胡鬧，他們在必要時也還是有方法可以利用的。他們有的是錢，多的是報，最擅長的是造謠技術，最拿手的是歪曲鼓吹，如果你高興去理，您便活該倒霉。

我寫這篇文字的主要動機

但不幸因我在上期的這篇短文說得相當直率，也或許在措辭上偶欠週到，乃至連我平日素來重視的一份『工商日報』，也針對我這篇東西，很鄭重的發表了一篇『希望於海外知識分子者』的社論，我便無法不以善意迎之。『工商日報』是一份銷數以萬計的大報，聽說在台灣也有好幾千份的銷路；我們這份小報，乃是一個微末不足道的週刊，台灣是無法進去的，我們就運用種種可能運用的方法，至今這份報能送到台灣少數愛讀者的手裏的，也還不足五十份。看見『工商日報』社論的人多，見到我這篇文字的人少，萬一因此而引起了台灣若干同情我們者的更多誤會，我覺得這是不妥的。

其次，『工商日報』一貫的立場，是擁護政府的；而且我還聽說，『工商日報』的社論，也偶然為蔣總統所稱道；不過在我眼中，『工商日報』畢竟是一份民營的報紙，他們在十分不能忍耐的時候，也還要大聲疾呼代表一般在海外寄人籬下的人民說說話；例如召開『反共救國會議』這件事，他們在過去幾年，即曾不斷的鼓吹，認為非開不可，雖說事與願違，至今毫無影響，但在他們的立場上總算還是盡了他們的言責。

基於上舉的兩點理由，為解除同情我們者的誤解，不能不把我們的論點畧予澄清；同時，根據投桃報李之誼，我也不能不表示我對『工商日報』一點更深切的期待；這便是我再寫這篇短文的主要動機。

姑以三點澄清我們過去的一些說法

一、在上期的那篇文字裏，我用了五個重要的字眼，即我希望政府能做到『緊縮而堅實』，請問：這五個字眼的含義，除掉共產黨以外，還有什麼人應該把它解釋為這就是要『搞垮中華民國的政府』呢？如果主張『緊縮而堅實』便是要搞垮政府，難道說在今天台灣的情況之下，要我們贊成『鋪張而鬆懈』才算是對政府十足的忠貞嗎？

二、台灣在前清光緒十一年以前，不過是屬於福建省的一道，即在十一年改省以後，也還是中國一切省份中最小的一省；今天一個為整個中華民國而設的政府，不得已而搬到了這樣一個地方，除中央政府以外，還有一個省，省以下有各縣市，縣市以下又有各鄉鎮，鄉鎮以外更有若干搞不清楚弄不明白黨與政的機關，甚至在各機關與學校中，另有所謂『安全室』，……這些人可做的事雖不太多，但都是要吃飯的，吃不飽就要起鬨！於是改善軍公教人員待遇的問題，乃成了一個無法解開的死結；台灣人民的不平之聲，也就由他們的代表在議會中悲涼慷慨的叫了出來；乃至有人無可奈何提出一個不必有效的『節制生育』主張，似乎也就成了台灣的天經地義，這還不是『勢有必至，理有固然』嗎？不錯，台灣誠然是一個『寶島』，但究竟只有一千萬的人民，這一千萬的人民，既要養政、養軍、養黨，還要養着一大羣成日成夜嚴密監視着他們的特務，真所謂『鼇戴三山』，教他們如何負戴得起？人民負担不起，便惟有乞靈於外援，外援爭取得愈多，獨立自主的犧牲便愈來愈大，這已經成了一個顯然的趨勢，不容否認；更何況這種有限度的外援，又可恃而並不一定可恃呢？凡此，都是一些平實的舉例，既沒有誇張，更沒有渲染，說出的不過是十之四五，保留的還有十之五六，可是情況的險惡已經如此。我很懂得，人情都難免懷舊與苟安，質言之，即難保不有一些惰性，現在我們看出了這些顯著與潛伏的危機，乃針對這個已成之局，急切的提出了若干緊縮與改革的建議，自難免不有人聽了要駭汗却走；可是，果如『工商日報』所說，居然把我們這樣一種人歸入所謂『海外知識分子』一類，我們便也只好『居之不疑』或『當仁不讓』的來暫予充數。可是，作為今天中國的一個知識分子，加上十年以來的一種流亡心情，更加上面對着這樣一個國破家亡的現實，我們除掉結合幾個可能結合的朋友，拼湊幾個小錢，辦一份小報或雜誌，把我們的意見發表出來，以求得同情者的共鳴；乃至癡心妄想，只要我們的意見能有一二可採，因同情者漸多，馴至形成一種輿論，居然能促起政府的幡然改圖，又還有什麼其他的路子可走呢？如果說針對現實發表一點意見，便算是別有懷抱，便是以『表面主張』來作為『政治門爭』，甚至還有人目之為『不擇手段』，諸君試平心靜氣的想一想：像我們這樣一種人，雖够不上說是憂患餘生，但至少總也是飽經世變，如台灣那樣一個小小天地，那樣一種艱難的環境，各位還當真認為值得一門，值得一爭，真會有人不揣冒味，要到那裏一顯身手嗎？我想雖至愚者也未必肯為啊！至於懷疑到我們的謀國之忠，我們既無法出肺肝以相示，便惟有一聽諸君見仁見智的加以指諷，我們除掉有則改之無則加勉以外，也別無其他方法以奉答諸君這種求全之毀了。

說到了這種地方，我內心究竟還不免有一種感慨：中國人的最高處世哲學，有所謂『明哲保身』，還有所謂『危行言遜』，因此中國的所謂知識分子，每每到了國家危難之際，往往總是三緘其口，諸君試以慧眼一觀，像這樣的人物，豈不滿街都是？這還是就普通的知識分子而言，至如那些青年仰為導師，社會奉為鉅子的學者名流，公道待他們去主持，是非待他們去明辨，他們所採的態度，究竟又能高出一般普通知識分子多少呢？誠然，像這樣的人物越多，可供共產黨利用的機會確可越少，可是國家當真便會因此復興，共產黨便當真會如四川朋友所說的『自化膿血而亡』嗎？恐怕也還是不見得吧！因此，如果單單說為了避免共產黨的歪曲利用，便要把我們所知道一切心所謂危的事實避免不談，把我們所認為一切可供參考的主張放棄不說，即令這也不失為一種忠告，可是在我們的觀點上，却還只能以保留的態度，姑予存疑。

三、在我上期那篇文字裏，還有最足以引起大家誤會的兩點：第一是我用了一個『臨時政府』的名辭，其次我主張把軍隊裁減一半。其實這個道理也很簡單：我們當然應以重回大陸為歸宿，決不能以苟安於台灣為歸宿，既不容許苟安於台灣，則目前留在台灣的這個政府，無論如何便只是臨時的，十年固然是臨時，就二十年三十年也還是臨時。在我的理想上，目前行政院的各部會，可以保存的，最多只有國防，外交，經濟，財政四部，其餘必須由行政院署予處理的事務，即用行政院的名義以綜合辦事的方式出之已恢恢有餘。如此，則人員可以減少十之六七，公文可以減少十之八九，必如是，我們的行政精神，才會有一種新生的朝氣出現！共產黨自蹯踞大陸以來，有一句最為醜惡的口號是『為人民服務』！他們今天在整個大陸所用大大小小的行政人員，較之過去國民黨在大陸執政的時代，何止百倍！這些人都是一種管人民吃人民的東西，共產黨的崩潰，必然要從這一點開始，我們站在與他們敵對的地位，如何能够不力矯其弊？（一）凡一切可以由人民自行處理的，都要人民自己去處理，要認識他們最懂得自己為自己服務，決不勞政府代他們去服務；（二）全國所有的知識分子，要讓他們向社會無窮的方面去分佈，決不能導一切人才都出於政治的一途，質言之，即要讓他們以正常的生活方式去謀生活，決不能讓他們以做官與辦黨為解決生活的惟一途徑。我認為這兩點是我們今後立國必須採取的方針，必如此，我們才真有逐漸走上民主的一天，更必如此，政治也才有逐漸進入清明而發揮其最高效能的一日！這是我積四十年讀書與經驗所得到的一個結論，而且我自己的有生之年，便要本着這個結論去實行，決不是一種臨時衝動的亂說。

至於說到裁兵，我先有兩句簡單的話要說：如果明天就能開始反攻，則六十萬我猶嫌其少；如果目前的可能還只是側重於政治而不能側重於軍事，則三十萬我已微覺其多。目前南韓與南越環境的險惡，至少不下於我們，我主張的這個數字已不少於南韓而多於南越。裁兵所節下的經費，十分之六還是要用於軍隊，十分之四則可移用於生產事業。現在因為限於篇幅，只能在這裏提一提，有機會將來再說。

對『工商日報』的一點貢獻

最後，我還有幾句話要向『工商日報』的諸位先生說一說：昨天晚上我寫了本文的上半篇，已誠心誠意表示了我平日對『工商日報』的重視；今天一早起來看報，首先又讀了『工商』這篇『論人心思變』的大文（二十四的社論），我覺得這篇文字比二十一那篇『希望於海外知識分子者』的社論，要平實而入情入理得多，確實令我歡喜無量。不過我覺得今天海外的人心，不只是『思變』，而且認為非變不可，變則存，不變則亡，變則可以復國，不變則一定亡國！『工商』還可進入台灣，這是一個難得的機會，當然不必過分刺激他們，毋寧還是幫助他們。『自由人』截至目前為止，還勉強可以入台，（但八六二期（六月十日）因為有我一篇『有話總得要說』，在機場便已被扣）因此我在『自由人』上寫文字，語氣要比在本刊上發表的和緩得多，因為我根本沒有一定要去刺激他們的意思。『工商』各位先生對海外知識分子的心理，了解得相當透闢，假定這般人所說的一切一切，偶有一二應該反映到台灣去的，似乎在可能範圍以內，也不妨使台灣諸公知道知道，這顯然仍不失為是幫助政府之一道。

國大代表與立監委應即改選

黃宇人

近來，本刊發表了幾篇文章，反對修憲，並不贊成蔣總統再連任，許多人都表示同意；但他們以為這僅是屬於消極方面的，不能解決當前憲法上所發生的困難問題。他們問：假如不修改憲法，蔣總統也不再連任，那麼第三屆總統如何產生呢？由第一屆國民大會再來舉行一次總統選舉嗎？則第一屆國大代表早已超過了憲法所規定的任期。改選國大嗎？則在現局之下，如何辦理選舉？又立監委員亦均超過了憲法所規定的任期，任其無限期的留任下去嗎？顯與憲法有違；改選嗎？有何可行的選舉辦法？凡此，都是當前局勢所發生的有關憲法的重大問題，他們希望我們能表示一些意見。我個人認為以上的問題確是十分重要，必須尋得適當的解決，然後憲政的常軌才可以維持。茲謹畧陳管見，以就正於時賢。

不改選，既違憲法，又悖情理

我以為蔣總統既然反對修改憲法，則必須以憲法為解決一切問題的依據，這應該是天經地義無可爭論的公理。憲法對於國大代表與立監委員任期的規定，都是剛性的，並無伸縮的餘地。因此，不按期改選，即是公然違憲。再說，國大代表與立監委員任期滿了既可公然違憲，仍繼續留任下去，為什麼總統，副總統的任期滿了又不可以公然違憲而繼續留任下去呢？假設總統，副總統，國大代表及立監委員都公然不遵照憲法的規定如期改選，試問：憲法還有何用？如此的政府怎能稱為憲法的政府？因此，除非政府當局有意公然違憲或毀憲，否則，國大代表與立監委員都必須遵照憲法的規定如期改選，一如總統副總統之必須如期改選一樣，此理至為簡單明瞭，勿待多說。

再就情理言之，十年以來，國大代表與立監委員或投共，或死亡，或被拒入境，情形已極零落。而尚在台灣行使職權者，雖然其中頗多明達而努力的分子；可是，亦有不少的人或以年老力衰，或以門志喪失，不但尸位素餐，甚或甘作當權者的啦啦隊。換言之，他們之中的好多人早已失其所以為國大代表或立法委員之價值了。而在另一方面，台灣——尤其是海外卻已產生了許多新人物，足以勝任國大代表與立監委員而無愧；就是國民黨當權派的小圈子內也當有此情形。因此之故，假如仍任殘缺不堪且又早失時效的代表委員們長此霸佔下去，而使新起的人才永無為國家服務的機會，在情理上也說不過去的。

離鄉選舉法，是改選的最好辦法

那麼，在現局之下如何改選呢？我以為改選的辦法，既不能與憲法有所抵觸，又要能適應下列的特殊形勢：

一、不可能在大陸辦理各項改選，但在台灣和華僑社會與海外流亡人士中仍可舉行。

二、政府困處台灣，無力長久支持過去在大陸時那樣龐大的中央機構，改選時國民大會與立監兩院均應力求緊縮。

三、目前兵役工役及課稅捐獻等項，台灣同胞均為主要的負擔者，緊縮後的國民大會與立監兩院，台灣同胞之席次應酌予增加。

以上三項，是當前的特殊需要，改選國大代表與立監委員之辦法，應以在憲法範圍以內尋求適應此項需要為最基本的條件。記得若干時間以前，台北「自由中國」半月刊上曾有一篇文章，主張製定離鄉選舉法。目前手邊沒有該刊，其內容如何，不能全記；但我對於離鄉選舉的原則是很贊成的，因其不僅合於我在上面所說的基本條件，而且簡易可行。茲再分列論之。

國大代表與立法委員如何改選？

憲法第二十六條規定國民大會以左列代表組織之：（一）縣市代表；（二）蒙古各盟旗代表；（三）西藏代表；（四）邊疆民族代表；（五）華僑代表；（六）職業團體代表；（七）婦女團體代表。又憲法第六十四條規定立法委員之選舉，其內容與此大致相同，祇是各省市所選出之立法委員係以省市為單位而非如國大代表之以縣市為單位也。統觀憲法全文，祇詳列國大代表與立法委員之類別，並未限制應在某一特定地區舉行投票。因此，採此離鄉選舉的辦法與憲法並無抵觸之處。茲再本此原則，試擬改選國大代表與立法委員之要點如下：

一、憲法第二十六條第一款所列之縣市國大代表與第六十四條第一款所列之立法委員於改選時，台灣省選民仍各在其所屬縣市投票選舉之。但在其他[illegible]被中共侵佔而無法舉行投票之省或縣市，其逃亡在外之選民得在其暫住之地區投票選舉，如分散在數處者並得以通訊方法投票。又如某一縣市或省市逃亡在外之選民人數太少時得聯合數縣市或數省市共同選舉之。除台灣外，立法委員暫以每省不得超過五人為限。

二、蒙古、西藏、及邊疆民族之國大代表與立法委員，均得由各該逃亡在外之選民選舉之。

三、僑居國外國民之國大代表與立法委員，其名額憲法規定以法律定之，應酌予增加，藉以容納十年來在海外新起之人才。

四、職業團體及婦女團體之國大代表與立法委員，其名額憲法規定以法律定之，應酌予增加並規定台灣同胞應有之最低名額，藉以增加他們在國民大會與立法院中之席位。

監察委員如何改選

憲法第九十一條規定監察委員由各省市議員及蒙古西藏議會與華僑團體選舉之，而人數又均有限額，故不能以離鄉選舉法改選之。但仍可以改選，因台灣省議會及華僑團體均可舉行選舉，西藏之議會，仍繼續存在，祇要連絡得上，亦可選出監察委員。至於大陸上各省市議會早已不存在；即有若干議員流亡在外，亦失去時效，自無權選舉，祇得暫付缺如。好在憲法並未限制監察委員必須達到某一定額始能行使職權，因此，改選後之監察院縱然暫時僅有少數地區能選出委員，仍可照常行使監察權而無礙也。

以上乃個人的意見，不敢謂為成熟；但與其因選舉困難而遂停止憲法所規定的各項改選，甘冒違憲之大不韙，似不如在憲法許可之範圍內，改善選舉的方法以適應當前的形勢，較合憲政之常軌也。

論美國對華政策的改變

可能改得更壞，也可能改得較好

啟德

據華盛頓十三日美聯社電：「美國會不會改變其對中共的政策呢？雖則艾森豪總統提出有力的保證，聲明在他的政府執政期間，對中共的政策將無任何改變，惟此問題已開始在國會醞釀成為一項爭論問題……。」自這項消息傳出後，香港輿論界紛起議論，尤其是代表台灣方面的報紙，著文表示憂慮，甚至隱隱含有指責美國將出賣台灣的意思。

台灣方面對這個消息的反應如何，我們自可由香港的代表台灣方面的報紙的態度上，而推測出來。

在台灣當局正在大力製造修憲和蔣先生連任總統的民意運動之際，國際奧林匹克委員會排除中華民國的行動，無疑的已給予了一盆冷水澆頭，而現在又傳出美國將改變其對中共的政策，更不啻是給予了一個紅燈的信號！

再清楚一些說，台灣的修憲和擁護蔣先生連任總統，雖屬已定的政策，但不能不有所顧慮。所顧慮的是什麼呢？就是海外民主人士們的意見和美國當局的意見。前者尚可用過去一樣的蠻幹作風，而置之不理，而後者則因迄今仍是俯仰由人，而不能不予以重視。但現今美國連接所表示的事實，並不是捧場，而是煞風景！這豈不是暗示：台灣要修憲，要蔣先生連任總統，美國對這件事的態度，雖不是正面的，而卻是側面的有所表示了。

作者作上面的分析，對台灣並無含有一些幸災樂禍的心理，而是對中國前途抱着一種更憂慮和沉痛的心情。蔣先生的硬幹蠻幹下去，有可能促成美國改變對華政策到壞的方向去！

由於杜尼斯的逝世及主理遠東事務的助理國務卿羅伯遜的退休，無可避免地洞開了美國對華政策的改變之門。上週，加州新任民主黨參議員般格爾，曾要求美國改變對華政策，他的理由是防止蘇聯及中共的「完全結合」。前紐約州長並可能為民主黨下屆總統的候選人——哈里曼要求以新聞記者的身份前赴中國大陸。國際奧林匹克委員會排除中華民國於前，再加上上述美聯社的報導於後，這一切的一切，都顯示美國政壇上正在醞釀對華政策的改變。

美國對華政策，本來是美國政壇上踢來踢去的一個皮球。美國明年選舉總統，所以有可能由改變對華政策的醞釀，而成為下屆總統競選運動中的一場巨型的政治戰爭。哈里曼急於去大陸，就是在做確定民主黨競選的對華政策的準備工作。共和黨無疑的亦會做這類的準備工作。於是乎，為了爭得選票的多數，把對華政策又當作皮球而大事踢來踢去一番。

這是美國政治上的事，我們自無法阻止他們，甚至不能阻止他們把這皮球踢破為止；而在踢來踢去之中，可能只根據了他們的黨派利益，或根據了他們對中共的一知半解，和對台灣的偏見，而把中國人民的根本利益和要求犧牲了。

根本說來，美國對華政策，亦卽艾森豪總統所曾作出諾言「不變」的對華政策，實需要改變一下。因為這個對華政策，我們坦白地說，就是根據了他們對中共的一知半解和對台灣的偏見而訂定的，換言之，亦卽是並不能符合中國人民的根本利益和要求。而最低限度，我們可以這樣說，目前美國對華政策，極大部分是只顧到美國本身的利益，充其量可以加上一句「開明的自私」的評語而已。衛諸美國立國的精神與美國領導自由世界的責任，這是不够的。

如此說來，我們拋開美國的政黨政治，我們認為美國改變對華政策，是一件應該的事。問題是在於變到怎樣地步？

變到更進一步的把台灣只當作一個基地嗎？變到承認兩個中國嗎？變到對中共予以妥協嗎？變到大力支持蔣政權嗎？

這些不能否認都是變，但無可諱言的，是變到更犧牲了中國人民的根本利益和要求。假定是如此的變，那就是作者在上面所說的把皮球踢破的悲劇的出現。我們中國的前途，就更不堪設想了！

那末，應該怎樣變，才是正確的方向呢？首先，美國的兩黨應謀求對華政策的一致，至少不要把它當作政黨門爭的工具之一。第二，訂定對華政策時，不要只顧美國本身的利益，而要顧到中國人民的根本利益和要求。第三，訂定對華政策時，應充分發揮美國的立國精神，應充分拿出領導自由世界的氣派，換言之，不要像一般人所說，英美是商業的民族，只知道做買賣和打算盤。第四，訂定對華政策，應當它是打倒國際共產主義的總政署的一部分，換言之，不要存有什麼重歐輕亞的偏見。

假定是如此的變，那就是一種好的變，就是符合中國人民的根本利益和要求的變，亦就是我們所希望的變。

而這樣的變，實際上，就是我們這個小小刊物歷來所主張的兩大口號：反共復國和民主改革台灣。

中共是我們堅決反對的，鑒於幾年來的發展，中共內部是險象叢生，只要加上一些外面的壓力，其內部卽可崩潰，而我們希望美國所做的，就是對此助我們以一臂之力。

台灣無可否認的是反共復國的一個基地，但假定仍由蔣先生幹下去，就會漸漸失去反共的號召力。反共的號召力，無可懷疑的是民主自由，民主自由愈濃厚，反共愈有利，但蔣先生所作所為，適得其反，亦就對反共愈不利。而我們希望美國當局所做的，就是對民主改革台灣，予我們以道義上的響應。

保定機二廠的三筆糊塗賬

中共保定第二機廠黨委，最近在保定市委會召開增產節約動員大會。據五月廿九日人民日報報導這次會議的目的，是「查漏洞、查潛力、揭發問題，及浪費的增產節約運動。並且突出地抓住整頓職業管理，扎扎實實的進行整改。」出席會議的職工，一致認爲這個會議有些多餘，他們說：「經過去年的大躍進，生產效率提高了幾倍，再攪油水不大了」；「設備改的不少了，還改什麼？」「反正苦幹、巧幹就是，何必非攪運動不可呢！」

中共的領導幹部，認爲反映意見的職工思想有問題，除大罵一頓思想麻痺，政治警覺不够之外，並向駐廠幹部算了三筆糊塗賬。

「第一筆質量賬：第一季鑄工廢品率平均高達百分之十四．六二，價值九千一百七十一元。機工僅四月份一個月就出現加工廢品七百十四件，損失一千二百十二元。生產的一百多個勾備軸硬度不够，全部作廢，由於部件不合格，裝配出來的柴油機也毛病百出。四月上旬試的十五台柴油機，一台也不能出廠。黨委廠長都不知毛病出在什麼地方。

第二筆是浪費賬：第一季度全廠油料、絲棉共消耗二千八百零二元；工具管理混亂，遺失現象嚴重，沒有部件管理制度，工人隨便拿部件。活塞應作三百個，生產到七百四十一個，裝配的時候，反而少了一百二十四個。隔墊圈下了二百台的料，可是裝了一百台就沒有了。

「第三筆是潛力賬：如果各車間都能把一般水平提高到先進的水平的話，則機工一個月可增加七千四百多個工時；部份學員現在不能單獨操作，就五台車床閒着，四十四台車床中有二十台每天要停四小時，合計五千三百二十台時。」

出席的職工不服，反駁領導幹部說：「這不是我們的錯，主要原因之一是管理混亂。」電焊房工人秦良明說：「出了廢品沒有人管，誰出了廢品，誰就拿到電焊房去，我們日夜焊也焊不過來。」工人康金明說：「廠裏應該有估料估工制度，現在節約、浪費也不知道，誰好誰壞也看不出，出了事大家挨罵。」於是會議中訂定「四清」計劃：即：「一、當日廢品檢查清；二、好壞部件分清；三、把廢品原因向工人交代清；四、把質量數字統計清。」

上述「四清」制度，本是一個工廠成立時即應制定的則例。設廠時間已八年，職工超過兩千的中共保定第二機床製造廠現在才開始實行，可以想到他們以前盲幹亂幹的程度。

然而，問題終於又來了，因爲駐廠的共幹多數不識字，連廠長也不知什麼叫審核，凡見白紙寫着黑字，便批一個「准」字，這麼一來，廠裏行政更加弄得混亂不堪了。中共在工廠裏，不注重科學與技術，只以黨性强的幹部來領導，這做法實在是够荒唐的。

樵夫

大陸人物故事

賀龍其人其事

劉錦

賀龍，現在是中共人民政府政務院副總理，以前却是土匪。

賀龍是湖南桑植人，原在湘西一帶過綠林生活，時常出沒川湘邊境，只因慓悍，故而有名。湘西原本土匪如毛，兼併結果，賀成了一個擁有龐大實力的土匪頭子。後爲川軍第一軍軍長熊克武所收編，並以所部人數衆多，在熊部作了師長。於是，賀搖身一變，正式成爲官軍了。

熊克武倒台後，賀並沒有隨之瓦解。他隨後參加了北伐，他又成了革命軍，於民國十六年六月，且正式當起國民革命軍第二十軍軍長了。依理，賀這時總算找到了一條正道，無如賀頭腦簡單，好亂成性，所以民十六國共分裂時，他經不起共黨分子的煽惑，竟於十六年八月一日夥同共黨分子葉挺在南昌實行暴動。其實，賀本人當時並不是共產黨員，他當時參加這一暴動，也不是爲了什麼主義，只是一時衝動罷了。

中共所以有今日這一暫時局面，自係肇始於八一南昌暴動，所以共軍至今仍以「八一」二字作軍旗，賀當時既是地位最高的起事人，（葉挺當時是師長，朱德當時是南昌的警察廳長）。依理，在這一暴動以後，賀龍該是主持人領導人才是，但事實上地位最高實力最大的賀龍在共軍中始終不過演一名配角。自八一暴動直到今天，朱德久已是共軍的最高領導人，朱德的名義是人民解放軍的總司令，賀龍所幹過的最高職位則不過是第一野戰軍的副司令員而已。可見賀本人在共軍中始終還是被歧視的。雖然他後來也參加了共黨。

一九四九年，中共乘徐蚌會戰餘威，席捲江南和華南後，又再進攻西南，當時中共以第二野戰軍司令員劉伯承指揮所屬三個兵團爲主力由湘鄂等省分向四川雲南貴州進攻。另一方面，中共又派賀龍以第一野戰軍副司令員資格率領第一野戰軍所屬第十八兵團由山西而陝西，再循川陝公路呼應劉伯承之攻勢，夾擊川西。當一九四九年十二月廿五日午夜，國軍自四川省會成都撤退之際，川西人民都只以爲劉伯承將入成都了，結果却是賀龍入了成都。十二月卅一日賀率領十八兵團之一部以戰勝者姿態，在成都正式舉行「入城式」，那大概算是賀一生最神氣的日子。

一九五〇年春，中共在成都正式成立了西南軍區及川西臨時軍政委員會，表面上，毛澤東好像很看重他，西南軍區司令員一職沒有給劉伯承而給了他，川西臨時軍政委員會的主席也給了他。依理，中共既設有西南軍政委員會爲西南川康滇黔數省的最高軍政機關，局限於川西一隅的川西臨時軍政委員會就該隸屬西南軍政委員會，主席劉伯承才是，但毛澤東規定這兩個機構都直屬政務院，從一方面看，這固然好像是毛對賀不錯，但從另一面看，則又不過是毛用賀來牽制劉而已。

劉的情形固然如此，但以賀來講，其實際權力却又是被毛澤東在川西所配置的其他親信控制了的。單以川西而論，賀似乎是最高統治者，但除了大場面上表演「首長」姿態外，當時川西的眞正權力却落於曾在毛左右作過秘書李井泉手上（湖南人）。李井泉的表面地位，只是第十八兵團的政委，但共軍到達成都後，李却出任了掌握一切實際權力的軍管會主任，並兼任川西行署主任及川西區黨委第一書記。到中共在四川正式成立省政府時，李井泉便出任了中共第一任四川省主席，等到西南軍政委員會撤銷，劉伯承調中共中央時，賀龍也被調爲政務院的一個有名無實的副總理了。後來賀雖然兼了一個全國體育委員會主席，但那還不是空銜嗎？

啼笑皆非

鐵幕新聞

彭心愉

——照抄中共報紙——

懶漢擁護增產

「四川金堂縣太平公社第一隊，去年在制訂指標時，訂得很高，比上年要增長一倍半，平均要畝產粮食達到一千多斤。在討論這個指標時，發覺懶漢們都贊成。這些懶漢們贊成的原因是：『指標訂高了，誰也完不成，大家都賠產，也就都不賠了。』第三隊情況也相同，結果，計劃又落空了。」（見五月十三日北平人民日報）

花鳥不得低頭

「畫花卉，花只能向上，向下就是垂頭喪氣，情緒低落。因此誰畫了向下的花卉就是不健康的感情。向黨交心運動中，某國畫家畫了一幅表現向黨交心的作品——畫一個杓子從西瓜中挖出一塊紅瓤來，以表示向黨交了紅心。有一位長於竹蘭的畫家，畫了一束蘭草，有人覺得看不出什麼社會主義的時代氣息，於是畫家苦思一陣，便在蘭草上加了幾個煙囪。有些畫家畫一支帆船，題上『力爭上游』；畫幾條小魚，題上『力爭上游』。在花叢中畫上工廠的煙囪，在山水畫中點綴幾個土高爐，或在山頂上插了一面小紅旗。」（見中共出版一九五九年「美術周刊」第四期）

中共增兵攻藏問題

玉笛

六十噸重坦克不能入藏

兩個月前，香港報紙曾有蘇製六十噸重的坦克已入藏的消息。對此，稍具軍事知識者即知其不可能。姑不論中共是否擁有此項坦克，縱有，也決不能入藏。因爲康藏高原，大山重疊。六十噸重的坦克，如何開得進去？退一步說，縱然有此項坦克可以翻山越嶺，沿途橋樑又何能負荷此六十噸重？我們曉得：成渝公路的一般橋樑其負荷重量亦不能超過十噸，康藏康青兩公路的橋樑更那能負担？這只就橋樑的負重而言，坦克部隊後勤補給方面之困難繁複更其餘事了。

兩萬傘兵也不能入藏

最近，港報又有中共兩萬傘兵已入藏的消息，其實，這也是不確實的。二次大戰時中美空軍誠然曾經屢次飛越駝峯，但中共空軍的建軍史却極短，試一查閱共軍空運發展史，今年五月才是中共北平——拉薩通航三週年。何況飛越與降落根本不同，困難之點還不僅止西藏平均海拔甚高，以至中共空軍基地亦不得不建築在二千至四千公尺以上，最困難之處端在氣候，缺乏氧氣與突如其來的雪花風暴，構成航行上的大困難。平時在康藏高原陸上旅行的人，由於山上氧氣缺乏，且不得不五步一停十步一歇，飛機上的人則更常常弄至嘴唇破裂乃至體重下降。

據中共報紙所刊中共飛行員的報告說，「在飛往拉薩的途中，念青唐古拉山是一座天險，這座海拔七千五百公尺的大山，最有利於飛機通過的是它的山口，但這個在兩峯之間的山口，是不夠寬濶的，從飛機上遠望，它好像一扇半開着的門，山口時常被烏雲封閉，以至分不清山峯和山口，在這種情況下，準確的通過山口，便是一件艱苦困難的事」。中共飛行員如此叫苦，其困難可想而知。何況輸送兩萬傘兵，如果一次運完，至少要五百架現代巨型運輸機，如果分批運送，也必得五百架次，縱然中共有此飛機又肯如此冒險，但兩萬傘兵之後勤補給又如何呢？所以，班禪離平返藏前，中共雖然故意在北平郊外作了一次傘兵表演給班禪看，究其用意，也不過騙騙班禪，使他放心大瞻回去而已。中共冒險運送幾百個傘兵去示威去起心理作用，那是可能的，大批傘兵入藏則決不可能。

班禪離平前發表的談話說一定要徹底肅清西藏的叛變，再看班禪回到拉薩後（據共報透露，僅僅爲了班禪飛藏的座機，在部隊首長親自領導和參加下，整整苦戰了三晝夜，把本來就是良好的飛機，又徹底地進行了三番五次的檢查），高級共幹自承西藏叛亂尚未肅清一點來看，可知中共自己也知道西藏反共武裝目前是仍然繼續存在的。而由於西藏戰略地理和西藏社會結構之特殊，反共武裝在今後相當時間內必定仍可繼續存在，自無疑問。但僅僅存在，並不是目的，最重要的還是自由世界的眞正支援啊！

大陸之窗

曼谷通訊

「湄公河同盟」的說法

何之湄

泰國外交部長乃他納，昨天剛從他訪問印支三邦的旅途歸來。在廊漫機場上的乃他納氏，本來透黑的膚色，給日光晒得更黑，但也更顯出健康的色彩，象徵此行的得意，政府官員趨前向下機的乃他納氏握手，很多同時致意，慶賀他此行的成功。

剛不過是幾個月以前，在本屆新政府組成以前的革命團執政時候，以維持國內安全為目的而進行革命的革命團，正在國內展開對共黨潛伏分子的整肅。五萬北越難民中的一百一十一名共諜分子，經警官多年的跟踪查察之後，同日加以拘捕，集中到北線車站，押解南下。同情他們的一小部難民，曾經臥軌阻礙火車開行起解。一時造成東北部方面的緊張。

由東北迤至東南，因高棉斷絕對泰邦交的緊張，更是達於頂點。當時為了高棉首都金邊當局對泰國外交官員的不禮，曼谷曾有民衆的反棉示威。政府當局，出動軍警全力保護高棉使館、棉僑及其商店，都未受羣衆騷擾。但高棉竟突然宣佈斷絕泰棉邦交！表面事件，只是一些誤會，和泰棉雙方對於邊境拍威限山領土的爭執問題，但背景並不那麼簡單。高棉那時在新承認中共之後，洪傳中共軍隊入駐，棉境距泰邊不遠，沿着泰邊的棉軍，挖掘戰壕，把槍口指向泰國這邊。當然，以高棉的軍力，不足為患泰國。但如果背後有中共或北越指使，情況變化就很難說。所以泰國邊警，也奉命日夜不懈，巡守邊境。陸軍則在臨邊據點佈防，在第二線應變。

就在泰北的戰略地帶，東南亞公約組織舉行了龐大的陸空演習，展開一項保衛公約國在這半島上最重要的國家的假想戰。而在同時，由於美駐金邊大使的疏解，泰、棉邦交，卒告恢復，邊境封鎖，雙方也同時解除。

革命政府成立後，年高德劭的原外長萬親王，因駐聯合國任務重要，未克返國，外長一職由乃他納氏繼任。這時自革命團以來的北越與寮國「邊境衝突」，隱隱地威脅着泰國，因為泰寮同族，兩國有漫長的邊界。革命團當地强硬地聲明關懷寮局，「決不袖手」。接着新成立的政府，更明言將要求東南亞公約援助，假若寮國被侵的話。

乃他納外長這次印支三邦的旅行，更與寮國發表共同聲明，强調泰寮的一致。這不啻向侵略者企圖作一警告：泰國支持寮國，而東南亞公約則支持泰、寮！乃他納外長與越南的討論，主要是在貿易、交通、情報交換等，當然亦象徵兩國團結的加强，對共黨北越的對抗。

在金邊兩天的旅行中，高棉副總理兼外長桑山氏，親迎乃他納外長於機場，總理施漢納親王，設宴款待乃他納氏，介見棉國重要軍政長官。晤談中重申泰棉兩國兄弟之邦的友好，出現了泰棉復交以來最友誼的高潮。

最眼紅不過的是共黨，說泰國在進行組織「湄公河同盟」，說泰國在「破壞高棉的中立」云云。其實湄公河流域，有上千年的親密關係。由美國投資建設的湄公河上游水利，對於寮棉泰越的四邦，均有受益，無論在歷史、經濟、文化各方面，湄公河以至湄南河人民的來往，是沒理由受別人干涉的。印支三邦以至泰國的聯繫團結，峯頂的意義也不過是聯防自衛。侵略者眼紅於這些友邦鄰國的友好，不過是暴露他們侵略的野心而已。但無論如何，乃沙立政府的外交，已是獲得了主動和開展。（六月十四日寄）

西德通訊

西德留學生的動態

遠音

創辦中國海外學生銀行

基於自助、互助、自立、立人的宗旨，現在西德的中國留學生正在集資試辦「中國海外學生銀行」。最近，它的籌備處發出一個啓事，對於這一件事說得很清楚。它說：「一九五九年上年度由各股東同學經郵電表決通過之第四次入股金，務請於本年六月底前交清，以便辦理下年度短期小額借欵。又以後本行一切通告，皆刊登於「時事文摘」廣告版內，尚祈各位同學注意，並在此向「時文」主編同學致謝。一九五九年四月籌備處」這是一樁很有意義的事情，我們祝其成功。

勸蔣經國站到亮處來

「小蔣先生站到亮處來」，這是一位留英同學「司徒良能」在時事文摘第五期新青年專欄寫的一篇文章，因為這篇文章恰好道出了留歐大多數同學對蔣經國的看法，所以這篇文章頗為各同學所欣賞。該文說：『自從小蔣先生在上海打老虎變成了拍蒼蠅，再隨着老蔣先生一齊撤退到台灣後，眞可說是久違了。……這一兩年來，關于他的消息似乎愈來愈多，有許多地方還少不了令人連想到父傳子，家天下的笑話上去。……問題是小蔣先生的事業應該正大光明，自己出來創造的。如果僅靠着老蔣先生撐腰，再運用那羣自稱為「忠狗」的人物，像歷代王朝中那些皇室子弟似的來爭江山、奪政權，就未免有些那樣了。我們中國人的傳統總喜歡搬演老故事，我恐怕台灣那些不願做人寧願做狗的角色，還存在着扶幼主登基的想法。……不過，勝利是屬於認清了時代精神從奮鬥中鍛鍊出來的青年，和王子王孫無關，也沒有人相信誰是應運而生的眞命天子。……小蔣先生如果想在未來中國的政治上有所貢獻，就趕快認清這個民主自由的時代精神，站在亮處來，站在爭民主爭自由的這邊來，別老是用舊小說的手法描繪你像一個想憑藉「太監」、「廠衛」來爭江山奪政權的小丑。』

關於政治問題的爭論

現在，人類社會是正在憑藉科學的輝煌成就向前邁進，但很不幸的是我們的祖國——中華民國却正陷在深深的苦難中。中國大陸是正由一個新階級——中共在殘暴的統治着，台灣也還未能自拔於封建落伍的獨裁局面，然而，海外極少數的留學生却無視於祖國的這一些情況，他們仍然陶醉在幻想裏，竟說政治搞不得。但良心與正義，責任感與民族意識，却驅使另外一些留學生就大聲的呼出了應該搞政治的口號來。同時他們還提出了應該搞政治的理由來，這，無疑地，在祖國正遇着災難日子的今天，完全是春雷似的好消息，也完全是晨曦似的好現象。

對於這，在芝加哥讀書的劉海果同學最近寫信給時事文摘說得好，他說：「你們的第四期的確精彩，『新青年』一欄引起了我的共鳴。那篇陳眞同學寫的『談關於政治』，讀後總覺得他言未盡意，本想為他補正，可惜我自己文字太差，功課又忙，實心有餘而力不足。前幾日，讀到『時代批評』『我們青年要問政治』一文，適足以補陳眞文之不足，茲特剪下寄上，尚祈轉載，以饗各位同學。

又依我之管見，目前青年問題之死結，在人人視政治為洪水、為猛獸。如青年不問政治，只為自己，則大家坐以觀變，實苦了在中國舞台上扮牛演馬的老百姓，便宜了那些穿龍袍演大王的人物。故我以為此結不解，一切無從着手」云云。

劉海果同學雖然自謙文字太差，其實劉同學這一篇文字就寫得很好的，意義與見解都正確。難怪劉同學這一意見提出後，就立刻引起了許多同學的讚許與共鳴。事實上，中國是太可愛了，但中國目前所遭遇的災難却太不幸了。「天下興亡，匹夫有責」，青年們原是應該當仁不讓的。

僑鄉近訊

擴大會議討論救荒（汕頭）

廣東自形成全面飢饉的局面後，即屬魚米之鄉的鄉民，亦在飢餓綫上哀號掙扎，而瀕於死亡的邊緣；農民為表示消極抗議，普遍放棄耕作，丟荒生產，於是飢饉之象，愈益嚴重！粵共為圖挽救此頹局，乃於五月下旬在汕頭市召開「擴大會議」，會議中指出重大缺點：一、有關幹部對早造農業生產，估計錯誤；二、縮小春收糧食作物之種植面積，造成人為糧荒之嚴重性；三、各地公社過於管制農民，因而引起怠工罷耕之暗潮，早稻種植遂比去年銳減；四、濫事提倡農業技術改革而不切實際，使生產招致損失。——中共已不能不自我承認歉收；粵省各地人民今後的生活，將更為悲慘！

粵共發動反對佛教（珠江三角洲）

據最近廣州傳來消息：中共各級幹部現已接到組織指示，要隨時對廣大羣衆作擴大的反宗教宣傳；尤其對佛教，要作絕無保留的抨擊。中共加給佛教的罪名，是：「藉神騙人的剝削階級」，「情緒低落的消極主義者」。此種反宗教宣傳，刻已在南海、番禺、順德、中山、台山、新會、恩平、開平……等大縣份急劇展開；並强迫鄉民參加反宗教宣傳之行列。但各鄉鄉民正面臨飢餓厄境，求生救死之不暇，對此玩弄把戲式的工作，反應得極為冷淡。

迫儲外滙不准提用（四邑）

粵共刻又進行强迫性的搜刮人民資財，並提出了一個動聽的藉口，名為「支援基本建設」；而所謂「基本建設」也者，其實就是以軍需工業為中心的重工業建設。共幹向各縣、市、農村搜刮資財時，並呼出「不節約就是浪費」，「不儲蓄就是不愛國」等口號以為恫嚇，强迫人民「澈底節約」，而把「澈底節約」所得金錢，涓滴儲入政府的銀行裏。在此種殘酷的壓搾手法下，僑眷的外滙，更是他們的壓搾對象，硬性規定僑眷每月所接得的外滙，必須儲入當地的政府銀行，不准提取應用。因此，各僑眷雖然每月都接到外埠滙欵，但仍拿不到滙欵，有等如無。月來港澳已有不少僑胞獲得鄉中家人的消息，着彼等以後不必再滙欵回鄉，以免遭受共府的變相沒收。中共此種壓搾手法，尤以施於四邑僑眷身上的為最凌厲。

反飢餓大罷耕（荻海）

台山「荻海公社」余姓鄉民，五月抄曾舉行過一次反飢餓運動，五六十人，坐臥於阡陌上，實行罷耕，雖然共幹，民兵一再勸止亦無效，鄉民面對民兵的武器，毫無懼容，並高呼「誓死反飢餓」的口號，雙方僵持約一小時許，直至縣府高級共幹馳至調解，答允鄉民增加每日之配糧額，始獲平息。該公社日前之配糧額為每日每人配米四市兩，現已增至六市兩；但過了四五天，該鄉突有鄉民兩人失踪：其一名余耀强，又其一名余邦。此兩人均為發動罷耕最力者；一般推測：該兩人之失踪，定必凶多吉少！

收繳民兵槍械（中山）

由於各縣民兵邇來相繼發生逃亡事件，粵省軍區司令員現已下令各級公安機構收繳民兵部隊的槍械，並執行「整肅」工作，對各一隊民兵的組織成員，均再行澈底調查其身分分別予以「改造」；或管制，逮捕，判刑。該軍區司令員楊輝圖曾公開指出：整肅民兵的工作，係以「階級異己份子」，「思想不穩份子」，「作風不良份子」為主要對象。據悉：各縣民兵被整肅者，以中山為最多，南海次之，台山又次之。

．江水．

女人與小孩

趙聰

女人與小孩，我認為是人類中最可愛的人。因為女人大都心軟而善良，像男人所做的那種窮兇極惡的事，女人很少做得出。在戰場上開機關槍、放迫擊炮、投炸彈的全是男人。在戲院裏看哀豔悽絕的悲劇而流眼淚最多的則是女人。男人失戀，就想殺死他曾愛過的女人；女人失戀，只是背人掩泣自傷紅顏薄命。搭巴士，女人絕對不一個人霸佔兩個座位，霸佔兩個位子的是男人。跟女人交往，你可放心；跟男人交往，你得當心受騙。

什麼事全有例外，女人也有壞的；像春秋時驪姬讒害申生，戰國時鄭袖使楚懷王割掉魏美人的鼻子，但究居極少數，千百人中不一定有沒有一個。一般說，總是男子壞過女人的。

人善有人欺，馬善有人騎。這兩句俗語是真理。因為女人善良，就也容易被人欺侮，於是獲得了弱者的名號。誰不檢軟的捏？蛇誘夏娃而不誘亞當者以此，如果牠誘亞當，一定不會成功的。這並非亞當理智些，而是夏娃善良些。上帝未因夏娃被誘而捨棄牠，反而更憐憫牠的軟弱，使善有善報，終於使女人揚眉吐氣，叫馬利亞做了耶穌的母親。兩千年來馬利亞所受億萬人類的頂禮膜拜，更有任何一位男人能比得上？不用說她的男人約瑟已無人再提起他，就是那些曾經震撼一時的大王將相如亞歷山大、凱撒、拿破崙、俾斯麥等，而今安在哉！馬利亞的像却仍遍全球，馬利亞的名却仍在億萬人的口中讚頌着。上帝是公義的，究竟沒有虧負善良的女人！

我如果當着人的面說：「我愛女人！」或是：「我喜歡女人！」那聽的人一定要狂笑起來的。所以我不敢這樣說，誰也不敢這樣說的。雖不敢說，却是心裏有的，如果人人肯捫心自問：「我愛不愛女人？」如果他不自欺，那答復必是：「愛的。」既然是「愛的」，却不敢公開說，無他，怕羞而已，為怕羞，就不得不虛偽了。有些男人自己做錯了事，還把責任推到女人身上，咬牙切齒地說：「女人，天下禍水也！」這種男人有多壞，你想想！

男人與女人只差生理上一點點不同而已，可就因為這一點點不同，弄出許多是非來。人一提到男女，便下意識地想到性的問題上去。一男一女如果偶而在一起呀，或是女對男多瞟一眼呀，更或是男對女特別客氣一下呀，謠言就會滿天飛，你說有什麼辦法？孔子雖說過「唯女子與小人為難養」的話，可是等他見到像南子那樣的女人時，還恭敬地向她施禮，可見聖人也不是不愛女人的。誰知他那位「差半車麥稭」的大弟子却下意識地想到另一問題上去，向老師大發了一頓脾氣。然而孔子終無損於他的做聖人。

小孩之所以可愛，是因為他們天真。人之所以為人，人之所以異於禽獸，全在能保存着人的天然之真。這個天然之真，如說「赤子之心」，或是「童心」，皆指這個，是善良的。小孩不虛偽，一點也不，他哭，他笑，他玩，他說話，甚至他調皮搗蛋，都是純真。由小孩達到成年，他學會了虛偽，便失去了天真，該哭的時候不哭了，該笑的時候不笑了，說話也懂得話到舌邊留半句了，於是乎他完了。如果到成年時，仍不失去童真的，還有一點人味，否則已難乎其為人矣。

「我愛小孩！」誰也敢這樣大聲說，因為其中已無性的問題。就因為女人與小孩都是善良的，魔鬼才誘騙他們做了罪惡的犧牲。今兒個世界上，有三分之一的女人與小孩不是已經在魔鬼手裏了嗎？希望凡是心裏自問愛女人和嘴裏能說愛小孩的同道們，起來救救他們罷。

他鄉遇故知

望明

車經過費城時在車站停留廿分鐘，我下車去走一下，慢慢走到冷飲枱前，停下來，買了一杯橙汁啜着，眼睛向四外瞄着，看那些來來往往的人。又有一部車子到站停了，車上人們紛紛下車，其中有一人進站後即向食堂內的冷飲枱走來，由於來往的人都是黃髮碧眼的人，忽見一個黃臉黑髮的中國人自不免多看一眼。這位同胞要了一瓶汽水在喝，同時在注視着我，目光對處，忽然同時叫出來：

「啊！是你！——」

「你什麼時候到此地的？真想不到再會見到你！」

李良興奮地說着。

「你近況好嗎？現在到什麼地方去？」我望着他灼灼發光的眼睛，回憶起童年時在一起玩，吵的情形。

「我現在工作，這一次出差到波士頓去。你什麼時候來的？上學了嗎？」又看着我笑了，調皮地說：「想不到你忽然變得……」

我會意地笑了一下，然後，嚴肅地，低沉地說：「一切都在變，人自然也會變。我現在是流浪者，無家可歸。」我望了他一眼「你看來很得意，事業如何？」

「工作不壞，待遇也還過得去，一個人生活也還富裕。」

「家裏有信嗎？」

「沒有。」

「你預備將來怎樣？」

「將來！」他笑了一下，「買所房子，結婚。在這裏工作下去，將來有養老金可拿，很舒服的。我這次出差回來想換個新車，我的汽車還是前年的樣子，過時了，人家要看不起。」得意地笑了。

「噢！」我拉長了聲音，醒悟過來了。「這樣說來，你只是自己過得好就算了。國內若有轉變，看來，你也不會回去了。」

「別傻了，國內再也不會好轉，我在這裏有福不享，想那些做……你真是怪！」眼珠轉了一下，「吃些東西好嗎？我們有十年不見了，你現在更漂亮了。我問你的話都不答，儘胡想。」

「我的車要開了。」我勉強控制着要爆發的憤怒，「再見。」

「你的地址給我好嗎？我有機會去看你。我的地址給你。」

「不必了，有緣還會再見。」說完，看他在發楞，我轉身走出食堂，我上了車，坐下。眼睛偶而轉向車外，見李良站在車前，從窗子望着我，惶惑的神情和先前的自滿，驕傲正相反。車開始動了，我向他點頭微笑了一下，他發着楞，擺着手。

三八大蓋（下）

衣其

正當鄉裏人人都望着割了麥子可以多領些糧食，因而有些喜氣的時候，小留子的臉上却像蒙上了一層灰。小留子從來不是那樣的，往常，她的臉總是不笑也帶着笑，沒有一個人見了不喜歡。鄉裏搞文工隊，缺少女演員，婦女都害羞不肯參加，但是叫小留子一笑一拖，人就都出來參加了，若不是年齡不够，早就入了團了。但是這幾天，連劉吉興的老婆和她講話她也不很理了。劉吉興的老婆忍不住，晚上問劉吉興：「老劉，小留子現在是怎麼一會事，你知道不？」

劉吉興搖了搖頭，不在意地回答：「別是在鬧戀愛了吧！」

「沒聽說她和誰好嘛。」

「現在的丫頭，唉！」

劉吉興搖搖頭。

劉吉興的老婆忖了一會，忽然道：「你有沒有聽說，楊鄉長對小留子很有意思？」

「楊鄉長？」劉吉興猛地一震：「你聽誰說的？」

「還不是劉老婆婆她們，那天我們編在一起鋤地，她說：她那天看見楊鄉長順着田埂在追小留子，小留子一個勁兒地跑，好像還在哭，他在後面直追，叫她給遇上了，他還向她瞪了一眼呢！」

「什麼他他他的，連話也講不清楚。」劉吉興不耐煩地撲打着扇子，趕掉嗡嗡飛近來的蚊子。他向屋裏看了看，小留子不在，八成是去參加學習使用手搖收割機去了。他想了想小留子今年雖然還只有十六七歲，但看起來也够像個大人的了。鄉裏的小伙子有不少有事沒事就朝他家來轉上兩轉的，他也不放在心上，村裏的小伙子誰好誰壞，他都有數。但楊林生，他猛地拍了一下大腿：「不行！」

「什麼不行？」他老婆嚇一跳。

「你搭什麼岔？連個閨女都管不好！」劉吉興大聲說。

他老婆賭氣去睡覺了，劉吉興還在等小留子回來。夜越來越深了，夜貓子的眼睛在黑暗中一眨一眨的，有時又陰惻惻地叫幾下。劉吉興看到學用收割機的人三三兩兩地走過，鄉政府的燈也熄了，但是還不見小留子回來。他抬頭看了看三星，天不快已經半夜了，臉上濕浸浸的，好像已經下了露水。他又等了半天，一縷雲飄過月亮，天暗了一陣子，又從鄉政府出來一個人，等到快走近時，劉吉興迎了上去，但仍不是小留兒，却是團書記劉大祥。

看到劉大祥那種疲倦的樣子，劉吉興也打了一個呵欠。他問：「大祥，小留子怎麼還不回來？」

「吉興大叔，」劉大祥回答：「我沒見到小留子。」

「沒有？她不在開會？」

「沒有，」劉大祥搖搖頭，補充說「楊鄉長也不在。」

「嗯，」劉吉興揮了揮手，不願意再問下去：「早點兒回去睡吧，明兒個還得早起檢查稻子呢。」

「是的，」劉大祥剛準備走，忽然遠處響起幾聲尖叫聲，他一凜，喃喃地說：「哪來的夜貓子，叫得那麼邪門。」正說完，又是叫人心驚一聲地一下尖叫，這下兩人都聽清楚了，那是人！

劉吉興回屋摘下那桿三八大蓋就往田裏跑，劉大祥嚇呆了，怔怔地站着不動。劉吉興跑過幾條田埂，就聽到了低沉的叱罵聲，稻穗子沙沙的亂響，劉吉興又向前竄了幾步，大聲喝：「站起來！」

一剎那間的沉寂，田裏竄起來一個人，向相反的方向逃去。

「站住！」劉吉興卡地拉開槍枝，塞進了一顆子彈。

「是我，老劉。」那人站住了，是楊林生。

劉吉興楞住了，鄉長在這兒幹什麼？

劉大祥這時才又壯起了胆子，剛聽見劉吉興大聲喊「站住」，他想跑過去看個究竟時，槍聲響了。「砰！砰！砰！」接連三響，震得周圍嗡嗡地一陣發響。他又呆了一呆，等到他想跑到鄉政府向黨支書報告時，黨支書和大家已經都跑出來了。

田裏，稻叢中，小留子躺着，像是被掐死的，楊林生躺在不遠，三個洞正正地穿在腦瓜上。

以後，劉老婆婆她們一直嘔着嘴說，楊鄉長想欺侮小留子。小留子不依才被他掐死，正好叫劉吉興撞上的。不過也有的婦女說小留子和楊鄉長已經好了很多時候了，而且已經有了（說到這兒就指指肚子），至於怎麼死的就不知道了。更有的說是劉吉興和楊鄉長鬧不團結，所以才叫自己的女兒去引他的，說這話的人指天發誓，說是親耳聽應副區長說的。到底是怎麼一會事，似乎是再也弄不清的了。至於劉吉興到了哪兒，更是誰也沒見過。連劉吉興的老婆都在不久以後被區裏叫了去，也不見她回來。

現在，只剩下一件事可以說的了。就是那桿三八大蓋，又躺在人武部的倉庫裏了。的確不錯，是那枝，雖然式樣老些，但真正是漢陽造，槍把上還帶着「保衛家鄉」四個字呢。

亮齋閒話

論因福得禍

徐亮之

主：「禍兮福所倚，福兮禍所伏」。老子這話眞對極了。

客：先生今天似乎感慨良多。

主：我是說自抗戰勝利以來，咱們政府當局已經有三次因福得禍了！

客：您這話很新鮮；但不知是那三次？願聞其詳。

主：第一次是：勝利之後，不該收復台灣。

客：吓!?您這是什麼話？您到底是中國人不是？您敢也和國際無聊政客一般咬定台灣是中國領土這點還有問題？中國人打了勝仗爲什麼不應該收回中國失了的領土？眞不知您說這話是何居心？怪不得「新晚報」要罵「聯合評論」的人是「第三」，是以美國爲祖國的了！

主：您忙什麼？告訴您：假使十年前沒有台灣，連如今「中華人民共和國」有沒有，還在未可知之數；更別談什麼「新晚報」不「新晚報」的了！

客：別天上一句，地下一句；您還是老老實實說一說吧！

主：那末，就請您老老實實數一數，在抗戰期中，咱們的中央政府到底遷過多少地方吧！

客：由南京遷武漢，再遷重慶；最後因獨山危急，還準備遷西昌；可是，原子彈一丟，卻勝利了。

主：那末，中共威脅南京時，爲什麼不抄老文章，節節抵抗，也順着遷到武漢、重慶、西昌去？

客：那時李宗仁代總統不是也已由南京遷廣州，再遷重慶的嗎？爲什麼就不能節節抵抗來？

主：光「李宗仁」三個字，並不是可以嚇倒共產黨的符咒。告訴您：在李宗仁沒有退出南京以前，蔣先生已把空軍、和國庫價值三億三千五百萬美元的金鈔（依當時監察院財政委員會秘密會議報告估計）運去台灣封存的了。而且遠在蔣先生下野的半個月前（三十八年一月五日），美駐華軍事代表團長巴大維便已對蔣先生放棄大陸經營台灣的部署，表示不滿，而氣得要司徒雷登大使提抗議的了。你想：假使當年沒有收回台灣的這份奇福，則蔣先生既然可以同日本軍閥硬拼，何以便不可以和共產黨硬拼？何以定要對李宗仁使這拆台的殺手鐗，而終致使大陸同胞蒙這千古未有之奇禍來!?

客：第二次呢？

主：給前期的美援禍苦了。

客：前期美援主要乃給咱們裝備機械化部隊打「土八路」；這乃中國之福，何言是禍？

主：光裝備部隊，並沒有裝備這種部隊可以自由運動的交通；更沒有裝備這種部隊可以自由取給的汽油與糧食；等到「土八路」的土法濠溝一挖，丟了機械衝鋒，既令有所不許，心有所不甘；守着機械不放，便只有人也變做機械的了！徐蚌戰役，幾個代表政府精銳的美式兵團的瓦解之禍，便是由這而來。我想：假使當年這幾個聲光赫赫的兵團，不是美式的機械化，而是土法的游擊戰，則那時和中共周旋，究竟鹿死誰手？相信誰也不敢下判斷。

客：第三次呢？

主：給後期的美援禍苦了。本來，在白皮書發表過之後，尚能有後期的美援，不能不說乃中國人之福；然而，這期的美援倒是有了，反攻的希望卻是完了。因爲據說今後台灣當局只能憑三民主義反攻；而三民主義卻又和台灣的武裝同志一般，並不能携帶「鬥牛勇士」跨進中國大陸一步。

四八・六・一八

×　×　×

汲古書屋談薈

李鴻章之晚年

耘農

裴氏河海崑崙錄又云：『庚子六月，文忠奉詔入京，二十一日將午發廣州，將軍巡撫以下送至天字碼頭日近亭，既登舟，待潮未行，余與番禺令錢君璣如候水次，未初，公復延余入見，是日熱甚，公衣藍絺短衫，著魯風履，倚小籐榻，余至，杖而起，坐定，公曰：廣東斗大城中，緩急可恃者幾人？爾能任事，取信於民，爲地方弭患，督撫不若州縣也，能遏內亂，何至招外侮，勉之！……余曰：公已調直督。公曰：何以知之？余曰：外洋有電，諸領事額手稱慶，當不妄。公自負曰：舍我其誰也。因詢大局安危。公曰：百足之蟲，死而不僵，我朝厚德，人心未失，京師難作，雖根本搖動，幸袁慰廷撐拄山東，（張）香濤，（劉）峴莊向有定識，必能聯絡保全上海，不至一蹶不振。余曰：公看京師如何？公曰：論各國兵力，危急當在八九月之交，但聶功亭（士成）已陣亡，馬（玉崑）、宋（慶）諸軍零落，牽制必不得力。日本調兵最速，英國助之，恐七八月已不保矣！言至此，公含淚以杖觸地曰：內亂如何得止？默然良久。余復問曰：論各國公法，敵兵即入京，亦不能無禮於我。公曰：然！但恐無人主持，然先自搖動。余曰：公何不將此意陳奏。公曰：我到滬後當具摺，恐亦無濟。余起，將辭出，公問左右：潮至否？止余曰：不忙。乃自飲牛乳而以荷蘭水餉客。飲罷余復問：萬一都城不守，公入京如何辦法？公曰：必有三大問題：勸拳匪以示威，糾首禍以洩忿，先以此要我而後索兵費賠欵，勢所必至也。余問：兵費賠欵大約數目。公曰：我不能預料，惟有極力磋磨，展緩年分，尚不知作得到否？我能活幾年，當一日和尚撞一日鐘，鐘不鳴了，和尚亦死了。言次涕出如縻，余亦愴然，遂辭出。』同書另記云：『李文忠自粵入京，將行，同官謁送，問應變機宜；將出，僕請曰：國難即解，公將奚先？公蹙額曰：事定後中外局面又一變，我國惟有專心財政，償欵不清無以爲國，若求治太急，反以自困。中國地大物博，歲入尚不及泰西大國之半，將來理財須另籌善法，僕曰：多取多用，各國皆然，取天下之財仍還之天下，出入相敵，萬端就理，有何不可，但須利不外溢耳！公曰：聯軍不足亡中國，可憂者恐在難平之後。僕曰：公憂及此，天下之福也。竊有一言爲公陳之，中國之法弱於人，非弱於法也，人有得失，法無新舊，果得其人，因時損益，法雖舊亦新也；不得其人，雖博採古今，組織中外，適以滋弊。公笑曰：八股舊也，策論爲新；策論得也，八股爲失。我與爾皆八股匠，故說舊話。衆爲閧笑。有同官極言時局艱危，公亦愴然！僕曰：君子當國，不震己之强，不侮人之弱，亦不怯己之弱，畏人之强，惟求一己以應天下，守至常以待至變而已。公太息曰：國運所關，實有天命，後事殊難逆料也。遂辭出。公生平堅忍偪强，雖處甲午乙未之變，從容鎮定，未嘗以鬱悶之色示人，及庚子難作，每深談時事，便淚含於眶，氣之衰，痛之劇也。』上記李、裴問答之詞，爲研究鴻章晚年政治生涯極可信之資料，不僅拳亂之初京津間形勢變化，鴻章瞭如指掌，即辛丑和議各國之要求，亦盡如所料，且默察外廷無人，持對外交涉，故有舍我其誰之豪語。惟引爲慮者，尤在拳亂平定之後，中外局面將爲之一變，苦無善策應付，祗有委諸天命，似亦預知清祚之不永也！

綜觀鴻章晚年，實處於極無可如何之境，所謂英雄老去，末路堪悲也。其生平識見，未嘗一無是處，而梁啓超以「不學無術」嘗議其人，殆不免持有政治成見。以吾人今日論之，鴻章之最大不可恕，在其手訂中俄密約，採取「聯俄」政策，歸國後猶語黃遵憲（公度）曰：「二十年無事，總可得也！』是其墮入「帝俄」轂中而不自覺，致國家利權爲之斷送，以啓列强覬覦之端，而開日俄競以謀我之漸。然又孰知鴻章訂約後不及三十載，竟有不明歷史得失者，逞一己之私見，謀一黨之利，效法鴻章之所爲，而與號稱平等待我之「蘇俄」携手，馴致釀成吾人目前身受亙古未有之奇禍，則其遺害國家民族之罪，尤浮於鴻章矣！（完）

秘聞

湯山事件（四）

司馬健

旋又曰：「夫人之歷史，自我造之，亦自我毀之。其歷史果善也，自我不毀，無人得而毀之；及既毀之也，自我毀之也，亦無人得而復全之。是乃吾之格言。斯言也，可用之於吾，亦可用之於汝，甚且可用之於任何人。抑去歲組安物故，吾既嘗聲辭矣。茲再聲明：自今日起，吾甚末可以不問。」

介石至是乃且拍胸且曰：「胡先生能辭，至佳！然亦不能不問事。吾自問生平，總理外，最尊敬唯胡先生；後此當請教者正多。刻胡先生火氣盛，吾又短於辭，向來甚末事皆辯不過胡先生。——特蔣某斷不肯寃誣胡先生耳！」

展堂初唯笑頷之；旋忽正色曰：「汝有過，唯吾教訓汝；吾外，恐無人能教訓汝矣！汝不可以爲吾不應如是。設吾懼死，殊不至今日始懼死，早不出而革命矣。吾今茲已過五十；妻足溫飽，女已適人；實脫然無累；除黨國外，吾更有甚末，足吾縈懷抱者!?」

介石默然有頃，因起曰：「且休息」；遂鞠躬而退，時已兩時許；高吳乃再傳飯，展堂唯進湯少許耳。次日，即書面辭職，而別致書介石，其畧曰：吾生平昭然若揭日月而行，非耽戀權位者，汝必終有明白時。乃不自意去歲偶共組安、勷勤（古應芬）唱和，稔吾於詩竟有天才，實可作一詩人，獨不宜於政海。又十五年游俄歸國，譯著海上；以維生計，以遺長日，竟頗有成。計吾今後，亦必將期以數年，善度詩人生活耳。末復附請曰：「留居此間，室小人雜，諸多不便，能往湯山亦佳。」介石立許諾；是日上午九時，遂由邵元冲吳思豫等督軍警十餘人送之湯山幽禁焉。

至湯山，展堂語元冲准鄧眞德醫師來山；元冲以爲請，竟不許；哲生復請，乃許之。一日，衛生署長劉瑞恒奉命檢查展堂身體，以其血壓高一百九十度，主針治；眞德執不可。瑞恒恚曰：「不針，胡先生設有甚末危險，汝須負責！」眞德亦恚曰：「胡先生既命吾來，吾自負完全責任。」瑞恒始悻悻去。眞德因益與展堂女公子木蘭加意調護，不去左右云。而展堂既幽居多暇，感懷疇昔，追喟平生，覩國步之多艱，傷老成之凋謝，則亦自爲「憶組庵」長句以寄意曰：「太傅冲和未易師，濃園鋤艾尚無期！擬從吏部躭書癖，肯學君虞有妬癡？風景不殊君逝後，江山無恙我憂時。去年今日經風雨，正是回章索和詩！」

計展堂幽禁蔣邸凡四日夜，三月二日始移湯山；又六日，孫哲生、王亮疇始請於介石，許其歸南京雙龍巷私邸，禁與外人通。而三月九日國府紀念週，介石轉報劉瑞恒所診展堂病象，則竟無「血壓高一百九十度」語，僅謂體溫脈膊「皆如常人」；所傳展堂病重，皆「反動份子」及日本報紙搖撼人之謠言；且嘗申黨紀，謂黨員無個人自由；展堂行止自由與否，殊不足重視云。

四八・六・一三

兩句廢話和一個圈圈

冷默

台灣當局說：「一定要反攻大陸」。

大陸當局說：「一定要和平解放台灣」。

這兩個口號，如果列成算式，意義將更明顯。即用加法算，等於兩句廢話。用減法算，等於一個圈圈。

蔣總統連任與台灣的三個暗影

葉上春

去年十二月二十三日，台北「設計委員會」舉行年會，蔣總統出席訓話一番之後，忽然提出「不修憲」的主張，這一高見，曾經博得當時在座的胡適之先生大拍其手，說硬是要得！因為在不修憲的文章中，自然包括了蔣的不連任三屆總統。

事隔數日，有一個熱心國事的朋友頗為激昂地對我說：「蔣眞的能不做總統麼？假如是一種宣傳，那麼也太不懂宣傳技巧了！」因為無巧不成書，北京的『毛主席』，就在蔣總統的訓話早十天之前說過不再戀棧主席這番話，所以蔣總統的主張，已使人不能不有後時之感。

可是，我當時的看法却並不如此。從表面上看，好像毛澤東集黨政軍大權于一身，十年主席，他豈肯輕易離開寶座？一定是耍手段。因此，蔣總統也發表一番高論比美于後，即令收回，實際也無傷大雅。不過現在毛澤東眞已不當主席了，這對我當時的看法，當然有了問題。

惟照常理來說，蔣總統領導北伐，領導抗日，領導把大陸送給中共，現在說要領導「反共復國」，原是順理成章之事，所以毛眞做而蔣假做，如能經過一番勸進的把戲，還是沒有多大問題。

從法理的觀念來說，台灣一些「國大代」，「立法委」，本身的地位就不存在，世界憲政史上有終身民意代表嗎？所以一般人計較憲政法第幾條規定，修憲必須要有多少代表名額方能成議，這都是書生之見，「皮之不存，毛將焉附」？今天不談憲政問題則已，如果要談，必須從這個起碼問題談起。所以明眼人，根本不把修憲不修憲，蔣的連任不連任，看作一種嚴重的事情。

在我的看法、問題是在蔣連任之後，做得通做不通的問題。一九六〇年十一月美國的大選，是共和黨和民主黨爭取執政的大搏鬥。共和黨和民主黨內政政策上根本上無大區別，最為各方爭論的是外交政策，尤其是關於中國問題。現在有一種跡象已經展開了，即共和黨鑒於過去台灣政策的受到國內外與論的指責，落到今年一月地方選舉之慘敗教訓，已把台灣政策加以修訂了。依據本月四日美國駐台司令史讀德將軍表示：「美國對於防衛台灣計劃，經已完全加以改訂……該等作戰計劃，祇包括台灣與澎湖列島……金門與馬祖沿海島嶼之防衛，純係中華民國之問題」。史讀德並具體指出，這種計劃改變的原因，是「去秋在金門所獲得之寶貴教訓」。換言之，今後如果金馬有事，乃是台灣政府問題與美國無涉。這是對台灣投下第一個暗影。

其次，美國國會人士對台灣已經發生了一種「厭倦感覺」。美國衆議員薄德在衆議院說：「美國現時對華政策無可救藥的混亂和不合時宜」，「缺乏實際作健全政策基礎」。他並主張美國應速派遣一貿易代表團到中共區去，以瞭解貿易潛能和現有情況。又據六日菲駐美大使羅慕洛先生在美國馬利安市說：「聞人言，美國對於援助中華民國對付赤禍『感覺厭倦』」。這些情況，都是說明美國對華政策在轉變中。尤其值得注意的，像開玩笑一樣，在美國人布倫德治主席下的國際奧林匹克委員會竟決定排除中華民國會籍，雖然美國國會和國務院表示反對，但布倫德治却說：「國務院誤會」，可見與論的動向。這是台灣第二個暗影。

三、慣於玩弄技巧的中共，由於美國台灣政策的改變，由於美國與論對台灣的不利，它將於美國明年大選之前，也就是在蔣總統連任三屆總統之前，它將進行某種限度的軍事行動，以引誘國際恐共病者的指責、叫囂，包圍美國，使美國當局窮于應付，這是可能的。這是台灣的第三個暗影。

在這三種暗影之下，蔣即是順理成章的連任總統，前途也非常黯淡，所以在我看來，台灣的現狀，反需要一個不順理成章的，使美國甚至全世界耳目一新的人來做總統，以引起美國與全世界對台灣的新興趣，而對中共造成一個新形勢，反攻復國或許還有希望。

半部論語一套馬列

·曾明·

一

記得童年時候，在私塾裏讀完了中庸，剛開始讀論語，我們那位老夫子搖頭幌腦，鄭重其事的對我們說：論語是一部了不起的書，古人說，熟讀半部論語可以治理天下，你們要好好的用心去讀，好好的去領悟聖人語言，對於將來立身處世，治國平天下有莫大益處。當時對於我們那位老夫子所說，實在無法領會，眞是高山滾鼓，不懂！不懂！至於聖人語言，更是莫明其土地堂了。

在抗戰時期，避免日軍侵擾，逃難鄉下，在那種白天看太陽、晚上看星光無聊的時候，於是將帶出來同時避難的綫裝書，拿出來消磨那種無法自遣的辰光。不過這個時候的我，書已讀了有個階段，而且也已在社會上閱歷一番，雖然讀論語是消遣欣賞，然而與童年大不相同，却有別是一般滋味在心頭。尤其這十年來流亡生活與夫目見耳聞中共張牙舞爪的在大陸殘害人民的事實，使我深深地體會到我們那位老夫子叫我們好好讀書的用心良苦。對孔老夫子所說：如「為國以禮」，「為政以德」，「和為貴」，「舉直錯諸枉，則民服；舉枉錯諸直，則民不服。」的這些聖人語言，儘管將近有三千年歷史，與現在二十世紀六十年代的時代不同，目前來看，也還有大大的道理存在。聖人所謂「為國以禮」，這個「禮」字，就是行為有度，實質就是要有民主精神。至於「德」字，是以德化人，所謂以德化人，就是不神擾民，不虐民，讓人民安居樂業自由自在的生活；所以德字的意義，可作為在法治之下不妨害人民生活的自由。「和為貴」，就是不可仗勢欺人，應當和平對人。質言之，「和為貴」也者，是平等之謂也。而「舉直錯諸枉，則民服；舉枉錯諸直，則民不服。」更是明白地指出，如果國家的統治者是從為人民謀福利，符合人民願望去做，自然會引起人民的熱烈擁護之忱；否則，就會引起人民反對，必將其打倒垮台。如中國在近半個世紀以來，政治長期陷於紛亂，最基本的原因，誠如左舜生先生所說：是由於「政治領導者，沒有一個受過良好現代高等教育的人物，甚至連一個好好讀過幾本中國舊書的人物而無之」。這就是說，中國近幾十年來，被這些一知半解的半吊子，自作聰明的攪得一場糊塗，不僅害了我們老百姓，最後也害了他們自己。

二

毛澤東是一個地道的土生土長的土包子，論教育最高畢業於長沙師範，論讀書肚皮裏也不過裝了一些大學、中庸、論語、孟子、等等，頂多加上一部資治通鑑，並未接受到現代科學技術。及至，毛澤東席捲了大陸，確有「由秀才封王，主持半壁舊河山，為天下讀書人別開生面」的氣概。可惜他數典忘祖離經叛道，獨獨的相信了異地輸種的一套馬列邪門兒，不僅將我們中國傳家至寶的聖人語言，「禮」、「德」、「和」、「舉直錯諸枉」一籠腦兒丟到東洋大海，就連科學的一定法則也棄而不問，什麼自然條件歷史條件、客觀規律更不在他眼下，總而言之，一套馬列是放諸四海而皆準，是萬應的靈丹。因而在馬列主義催眠下，毛澤東就變成了萬事通，提出大胆設想，大胆創造，破除迷信，敢想敢說敢做的口號，於是他的徒子徒孫們一陣旋風似的吹到妄作胡為的道兒，不加區別地打破一切規章制度，形成了無規矩可循，無法可守的狀況，造成了生產秩序的混亂，而就帶來了生產低落和產品質劣無法便用的嚴重情勢。

表現於工業方面的，只談數量，不注意質量，如「有一些新設計的產品，還沒有經過試製和試驗，就進行成批生產，以至使用中發生很多毛病，有的甚至無法使用，徒然浪費人力、物力和財力。」〔見一九五九年第十一期「紅旗」〕一般產品也都發生質量低劣不能使用的現象。可知，中共所號稱的大躍進實質上是大浪費。

表現於農業方面的，以農業生產的情況來說，由於土、肥、水、種、氣候、地點等等自然條件的不同，以及農民耕作經驗、習慣的不同，對於農業生產措施，決不能千篇一律。而毛澤東以行政命令硬性的規定了八項農業生產的措施，這八項措施，就是鬧得烏煙瘴氣毛澤東所提的農業八字憲法。以其中一個「密」字來說，所謂密，就是密植。在毛澤東以為植得越密越能增加生產，其實，恰恰相反。以中共自己報導說，「福建南安縣衛星人民公社滿山紅大隊的大泰墩一片平原田，去年插得過密，叢行距三寸乘三寸，結果畝產才二百斤，比同等田地插六寸乘四寸的產量差了一大半。」〔見一九五九年第十期「紅旗」〕由此可知，過於密植不但不能增產，相反地造成減產。這是中共不得不承認的事實。

至於「水」呢，對於農業生產是有相生相剋的作用。但是講求水利從上古時代夏禹就開始注意到現代，治水的準則，大都因勢利導，採用疏、濬、導、東、蓄幾個法子。然而，中共為便於機械耕種和想利用水力發電，亂搞其水利化，破壞了原有的水道系統，加上施工簡陋，一經大水，未見其利，反而適見其害了。如最近來，大陸各地大雨，山洪暴發河水暴漲，相與俱來，宜洩無處，遍地成災。所以，廣東的增江、惠陽、北江的水位與災情均破歷史紀錄。

中共面對工農業生產將要落空情勢，近來焦急地喊叫，要「認眞地多讀些書」，「一切要經過試驗」，「必須優質高產」，「農業生產措施要同羣衆商量決定」。在我看來，毛澤東應該把洋爸爸的一套馬列丟掉，還是老實點再讀讀祖傳的論語為是；同時，取消暴力政策改變為中庸之道，或許可以緩和這種天怒人怨的局面。

共區詩歌形式問題的爭執

岳騫

最近大陸上有一場關於詩歌形式問題的論戰，到現在還沒有結果，按規模來說，這次鬥爭當然沒有胡風及丁玲、馮雪峯事件來得大，但是意義却比較那兩次事件要深刻。因為那次是周揚派排除異己，這次却是內部自行分化，比起中共歷次黨爭，胡、丁事件類似毛澤東和陳紹禹、張國燾等人的鬥爭，這次却似劉少奇和高崗的鬥爭，甚至有類於劉少奇與周恩來之間的衝突。

未入流的角色

說到共區文化界最高負責人，既不是科學院長，文聯主席的郭沫若「同志」，也不是文化部長，作協第一書記的沈雁冰〔茅盾〕先生，甚至如主管中共宣傳工作的陸定一，毛澤東的文胆陳伯達，雖然偶然也對文化界發表一些指示，但也並不負實際領導責任，共區文化的眞正大權，掌握在一個未入流角色周揚手裏。

說周揚是未入流角色，一點也沒有侮蔑之意，此君在文學方面的成就，二十多年來從未寫過一篇像樣的東西，只會作報告，提意見，發佈命令就是成績。至於在中共黨內，也是一個默默無聞的人，八屆大會始當選候補中委，目前擔任宣傳部副部長。可是權力大得驚人，郭沫若、茅盾，都要看他的臉色行事，胡風、丁玲、馮雪峯都因為開罪了他，遂打得萬刼不復。周揚從抗戰以前，就是中共派駐上海文化界的領導人，不可一世的魯迅，當時也要接受他的指示。周揚有錢有勢，自然有一批無聊文人奔走門下，變成了周揚的嘍囉，這批人除去前年被鬥垮的武漢大學副校長徐懋庸之外，其餘如邵荃麟、劉白羽、林默涵、袁水拍〔馬凡陀〕、何其芳，都是飛黃騰達，各擋一面，這次鬥爭之所以發生，就要從何其芳說起。

『何其臭也』

說到何其芳的筆下，比較周揚要高明得多，過去在上海時，曾經寫了許多新詩、散文，也都清新可誦。

（轉下第四版）

惡性補習與惡性言論（台北通訊）

介人

台灣普遍的惡性補習，早已為時人所詬病，報刊上迭有批評。在去年年終監察院舉行檢討會時提出意見中，即有「惡性補習應嚴加取締，限制補習時間與教材」一項。

去年年底林語堂曾回到了台灣，後來他到美國，發表對於台灣的觀感，認為在台灣所看到的嚴重現象，第一是單一滙率；第二是惡性補習，此可見惡性補習今天的嚴重性，有識之士，所見畧同。

關於惡性補習，究竟召來了一些什麼惡果，這裏且引述台灣教育廳第四科科長朱滙森所作的報告，這是官方的言論，當更屬信而有徵。據他說教育廳所獲資料，因惡性補習所造成之嚴重現象，有如下列各項：

（一）國民教育為義務教育，政府免除學費並供應教科用書，但自有惡性補習後，有錢的可以出甚高的補習費，家境貧寒無力繳補習費的學生，則遭受不平等的待遇，對兒童心理影響至鉅。

（二）目前所謂惡性補習，名為補習，實為斂財，因為補習可以斂財，近年國校補習的風氣，慢慢進入中學，現已有少數中學教師在校不認眞教學，而熱心去私人開設的補習班上課。

（三）一般家長希望子女考取較好的學校，贊成惡性補習，用心至堪同情；殊不知參加惡性補習，並不能幫助兒童學業。

（四）台中市議員白文中說：「目前許多學校的高年級生，自凌晨五時開始補習，直到深夜十一時，使兒童感受疲勞轟炸，這不是在「上課」，而是在「折磨」學生。

（五）鄉村國校教員紛紛活動到市區任教，因市區教師可收甚高的補習費。

（六）低年級和中年級的教員，多向校長教導主任活動担任五、六年級教師，因五、六年級任教師，每月可收較其薪俸高出若干倍的補習費。

（七）部份國民學校校長與教導主任，分取高年級級任教師所收的補習費，敗壞教育風氣甚鉅。

（八）中年級與低年級教師無補習費可收，致影響教學情緒，並增加學校內部人事糾紛。

（九）無力繳補習費的學生在班上受歧視冷落，甚至變為教師體罰的對象。

（十）近年來學童患近視的日多，主要原因，即由於學童晚間在燈光不足之場所，參加惡性補習。

（十一）多數公教人員，因出不起子女補習費而叫苦連天，有一位公教人員來信說他的兒子每月繳不起五十元補習費，只能繳三十元，於是教師向他兒子說：「你只繳三十元，你在補習時間不能發問。」

（十二）教育工作，是清高清苦的工作，教師一向受人敬重，目前由於少數教師藉惡性補習斂財，對全體教師的聲譽影響頗大。

他的結論說：教育廳對遵照政府規定補習與收費，並不禁止，所禁止的為違背規定的補習和收費。

我們看了這上面的報告，這種嚴重現象的演進，眞將貽患無窮，這下一代的青年所受到的身心影響，又安能不令人為之擔心。台灣向以教育發達著稱，而現階段竟然發生了這種怪現象，負有指導監督的教育當局，何以未能防患於未然，而任其蔓延下去，這眞是令人百思不得其解的。

因此，台北某報「挑燈夜話」，即以「惡性言論」為題，發出了下面的概嘆：

教育廳第四科科長朱滙森，對國校惡性補習一事，提出了十二大罪狀。結論有謂：「教育廳對遵照政府規定補習與收費，並不禁止。所禁止的為違背規定的補習和收費。」

對於惡性補習加予如此之多的罪狀，我們相當同感，但對於朱科長那個結論則我們不無困惑。因為所謂「遵照政府規定補習與收費」云云，迄今為止，我們還未看到過教育廳曾經頒過「國校補習與收費辦法」，足以讓各個國校，一體遵行。換句話說，現行國校補習，良性也好，惡性也好，都無法令根據，又安得有所謂禁止與不禁止之說。

再說，現有學校之外的補習班或補習學校，教育廳是訂有管理的辦法的了。但迄今為止，那些雨後春筍的補習學校，都是中等教育補習性質，以「包考取大學」為號召，並無所謂小學教育的合法補習學校。換句話說，朱科長是否有意鼓勵在現有補習學校之外，再興辦專為小學補習的補習班？政府並無規定而說政府已有規定，科長先生顯得信口開河。這種信口開河的結論之提出，令人困惑的唯一現象是：政府人員說話辦事，太不負責任，惡性補習應該取締，惡性言論也該取締。

在大家反對惡性補習聲中，朱科長的談話又被目為惡性言論，這眞是相映成趣，令人為之啼笑皆非。只是這種言論，也不能獨任其咎，朱科長在去年的光復大陸設計研究會文教組座談會上，教育廳長劉眞也是同樣的主張。他說：教育廳對教師為學生作正當的補習，不僅不禁止，而且加以鼓勵。教育廳所禁止的，為不按照規定時間足以影響兒童身心之健康，以按照規定收費足以增加家長過重的經濟負擔的惡性補習，對不作惡性補習而能將學生教好的教師仍是鼓勵的。

共區詩歌形式問題的爭執（接上第三版）

抗戰以後到了延安，得周揚之力加入中共，此後就成為共黨的文化走卒，抗戰時期，周揚坐鎮延安，左翼文人則麕集重慶，周揚有什麼指示，都是派何其芳和劉白羽去重慶傳達，他兩人就變成了胡風筆下的「欽差大臣」，兩人中間胡風似乎特別痛恨何其芳，胡風被鬥爭後發表的書信中所寫的蛆蟲、馬褂、欽差大臣、何爺都是指的何其芳。胡風不但與朋友通信罵他，當面也不留餘地的挖苦，有一次何其芳又從延安趕到重慶傳達命令，左翼文人開了一個歡迎會，聽候指示，胡風及其他集團的人也參加了，人到齊之後，何其芳施施然而來，神采飛揚，會場馬上響起了一片掌聲，胡風坐在前排，當何其芳剛剛上台要講話時，胡風突然把鼻子連嗅幾嗅，坐在傍邊的人問他嗅什麼？胡風大聲說道：「何其臭也」。全場都聽到這句話，任何人也忍不住笑，把一個「莊嚴」的全場登時笑亂了，何其芳站在台上，呆若木雞，儘管共產黨員的臉皮厚，當時也面紅過頸，幾乎被逼得哭出來。這個寃仇任何人也忘不了，何況睚眦必報的共產黨員，何其芳和胡風的寃仇無論如何再也解不開。「解放」後，何其芳大權在握，開始向胡風攻擊，一九五三年文藝報第三期何其芳寫了一篇「現實主義的路，還是反現實主義的路」，指責胡風違反「馬克思主義」，當時胡風未予理會，也就不了而了。到了一九五四年三四月，胡風寫了一本十多萬字的「關於幾個理論性問題的說明材料」，呈給中共中央，文中又指名攻擊何其芳說：「大概有十年以上，何其芳同志是以黨在文藝戰線上的一個領導人的身份從事理論批評工作和組織工作的，是以黨的理論批評作家甚至黨的發言人的身份和羣衆見面的。」胡風把破壞中共文藝政策的責任不找周揚算賬而推向何其芳的頭上，一方面是胡風的戰術高明，一方面也因為兩人私恨實在太深。

以後胡風鬥倒了，接着丁玲、馮雪峯也垮了，文藝界礙眼的人物都除去了，何其芳應該揚眉吐氣，大展經綸了，可是怪得很，近來他也走向下坡了。（未完）

請王叔銘少說兩句

白刃

最近正當台灣海峽緊張聲中，參謀總長王叔銘發表了一篇談話，王氏說共軍如若攻擊，我們就採取報復，共機炸金門，我們就炸厦門，共砲轟沿海島嶼，我們也立即還擊。這一段話正和行政院長陳誠在國民黨二中全會所作報告要大陸人民從內部反攻。其意義完全相同。

陳、王二公是現在中華民國政府的行政，軍事最高負責人，他們的話自然可以當作政府的國策來看，對於他們這種談話，別人觀感如何我不知道，我本人却要提出一個問題向政府當局尤其是陳、王二公進一忠告。

依照中共在大陸的嚴密控制情形看，人民大規模的抗暴運動實不易發生。在美國協防台灣政策一天未改變前，共軍進攻的可能性也很少。在這種前提下，大陸人民既不能反攻，共軍也不會向台海「進犯」，我們也就如此相安下去了，十年、二十年、甚至一百年都說不定，如此，不但大陸人民永淪地獄，我輩（包括陳、王二公）也註定生為異域之民，死作他鄉之鬼了。公等甘心，我輩小百姓尚不甘心哩！陸放翁詩：「安得鐵蹄三萬騎，為君王取舊關河」。今天假若有三萬人沿海登陸，整個大陸馬上就土崩瓦解，可是政府大員不但不採取反攻行動，還有意表露出不反攻之意，以冷却大陸人民的抗暴之念，大局只有越來越不可收拾了。日前美國一位衆議員薄德，在衆院援外法案爭辯中，曾經說：「中華民國部隊，永遠無法進擊大陸，因此，純係一支防衛部隊，故應予以削減。」不料就當薄德提出削減對華軍援被否決之次日，我們的王總長居然發表了與薄德桴鼓相濟的談話，相信下次美國衆院再有爭論對華援助時，薄德一定會提出王叔銘的談話為證。人必自侮，而後人侮之，自侮尚可，因自侮而招來對國家的侮辱，斷乎不可。希望王氏以後發表讜論中，多想想再說。

× × ×

台灣簡訊

聞明敬

△自由中國半月刊一直受到國民黨當權派的嫉視和壓迫，現在陳懷琪案雖懸而未決的狀況中，但在某些人對自由中國半月刊的迫害却未終止，一再受到壓力，看來某些人想用印刷廠不承印的釜底抽薪的辦法窒息該刊。如果印刷廠不承印，該刊也就自然無法出版了。承印問題，該刊負責人雷震正在設法解決中，但能否如願解決，則仍未定。

△台灣軍公人員的待遇一直很低，政府方面由於財政困難，一直收入短絀，若對軍公人員待遇加以調整，則勢必牽動全局，但一般軍公人員則認為政府的其他浪費太多，同時一般愛國反共的軍公人員，眼見自己苦站在崗位上繼續鬥爭，而腰纏百萬千萬美金的人却都逃到美國或南美享福去了，內心未免感慨。尤使一般軍公人員內心不滿的是「黑市」待遇。這所謂黑市待遇，早已是公開的秘密，所謂「黑市待遇」，便是一位省議員所指責的「有些單位的公務員以偷摸摸的辦法變相增加待遇」，以此種黑市待遇，連總統府與行政院亦未能免俗」，所以難怪一般軍公人員要人言嘖嘖了。

△六月十一日，總統府已經公佈了一項「冤獄賠償法」，並定於九月一日起實施。這可說是十年來政府所公佈的第一個好法律。但一般人並不感到怎樣興奮。因為法律儘管差強人意，將來能否發生預期的效力，還有待於事實的證明啊！

本刊已經香港政府登記
每逢星期五出版

聯合評論

週刊

United Voice Weekly

第四十六號

督印人：黃宇人　總編輯：左仲平
社址：九龍金馬倫道卅八號三樓　電話61413
承印：田風印刷廠（高士打道二一二號）
總代理：友聯發行公司　售價每份港幣壹毫
本報美洲版總經售處美國紐約中美出版社
CHINESE-AMERICAN PRESS, INC
199 CANAL STREET.,
NEW YORK 13 N. Y. U.S.A.
美洲航空版零售每份美金壹角

再作一番申述

草船借箭的成功

左舜生

我在本刊的四十四期（六月十九日）寫了一篇「搶救中華民國……」的文字，大致的動機不外三點：一、我充分懂得台灣的現狀已快到無法維持，必須有一番澈底的改革，才能和共產黨作持久的決鬥；二、我想讓國民黨的朋友們，也能了解憲法不可輕於動搖，把球踢過去，讓他們也得到一個維護憲法的機會；三、我感到時局外鬆內緊，時間異常迫促，決不容許我們拖，可是政府的麻痺，言論界的沈寂，這確實是一種亡國現象，因此我決心投下一大把辣椒，讓大家開開胃口，或許能得到一個轉機。此外，我還有一個附帶的目的：我們以幾個少得不再少的人，辦着這一份小得不能再小的報，有若干平日看慣大報而又老氣橫秋的先生們，總是愛理不理；到一家能多銷幾份的大報上去登登廣告吧，小小的一方，便是港幣五六十元，只登三家，每月四五次也非七八百元不可，我們那有這分力量；再加上，像我們這樣一份大逆不道的刋物，台灣當然是不許進去的，乃至備好刋費，把尚未出版的創刋號廣告送給一家黨報去登，他們已根據風聞，婉辭謝絕，自然，我們充分明瞭他們的苦衷，但事實畢竟是不愉快的事實。因為有這種種的因難，不得已，我們便只好「有請諸葛先生」，來一次「草船借箭」！像我六月十九那樣一篇文字，凡明白目前台灣實際情況（尤其是經濟情況）的人，即令對我的看法仍有若干出入，但對我所提「緊縮而堅實」的那個原則，內心畢竟非贊成不可。有一等人，看見有這種「荒唐」的文字出現，在他們的職務上，當然必得加以反駁，可是這種反駁工作却又異常輕鬆，因為我原已留下了不少漏洞，讓他們既可圓滿達成任務，我也可實現我的「借箭」目的。至於共產黨的報紙一定要加以利用，以便加强反美，並本着「民族大義」，充分發揮他們對蔣總統的高度同情，自然更是我前知其當然的了。

以最近十天計算，單說香港一處，一切大大小小的報紙和刋物，涉及我上月十九那篇文字而表示了贊成，反對或利用的，就我搜集到的而論，已經有一十四種，台灣方面上月二十九已經有「中央日報」「帶頭」，而且把我的全文同時刋出，希望可能更大，我眞不能不高呼「多謝曹丞相贈箭」了！以香港論，除「工商日報」我已在上期有過簡單的答覆以外，上月二十五「香港時報」一篇「護憲與變政的質疑」，等於我把球踢出去，他們又踢轉來，原可不必多辯，可是他們的兩句結論，却可圈可點。他們說：「我們決不反對政治改革，且渴望能有劃時代的改革。」我很懂得，作為一個黨報，要在「訓令」以外作出積極的建議，根本無此可能，可是能有這樣一種「心情」，畢竟已難能可貴了。「中央日報」我還不曾見到，已托人去找，假定各地國民黨的報紙，能如各地共報轉載「人民日報」一樣的轉載一番，那便方便多了。

如果說得多少還有一點道理，我或許要答覆幾句，這裏便不多說了。

愛特諾爾及其進退問題

李璜

西德總理愛特諾爾在其黨內聲言放棄總理，競選總統之後，忽又改變初衷，要留任總理，於是不但在其黨基督教民主同盟內引起了矛盾與不安，而且在自由世界的言論中也不免議論紛紛，是非莫定。愛特諾爾為舉世所稱的政治鬥士，其為國家在艱難奮鬥中的功績，幾可與邱吉爾相比擬，而困苦的經歷且更過之。他今年已屆八十三歲的高齡，而猶不肯為榮譽的退休，其故是只在貪戀權位嗎，抑或另有其它原因，令他不願能手？筆者欲試一探討其眞因，因取友人邢紀章兄所譯「愛登諾」傳記（香港自由出版社印行）讀之，又參以月來報上所發表之零碎消息，寫此短文，就教閱者。

一

讀愛氏傳記，自其童年以至一九五五年五月五日西德聯邦共和國正式成立之日止，其中經歷，已足窺見愛氏之為人：能忍耐而又不放過絲毫鬥爭的機會，性堅强而又不顢頇，且不惜勤勤懇懇以說服朋友以至敵人；能虛心去信任學者專家，而助之貫澈其計劃；性朗爽，能尊重輿論，而一向出處大抵光明。——愛氏所以能成為相當成功的政治家，就賴他有這種種性能，我們去一讀他的親戚，朋友及他自己所合著的這本傳記，便能大畧認識之。

然而，愛氏此次既經宣布為光榮的退休，而又忽然自食其言，明知這一進退問題，必會引起黨內的不安與輿論的議評，而亦毅然不顧。（但愛氏並未違憲，因西德憲法未規定總理任期的時限。）在表面上看來，愛氏似乎一反常態，致傷晚節，但就月來國際事態一加分析，筆者感到愛氏並非在為一身謀出處之光明與否，而實是深深覺察英美對蘇俄的態度，都於西德不利，非他繼續留任，繼續鬥爭，以渡此難關不可！

愛特諾爾習性朗爽，與英國人相處不來，且不相信英國政治家對歐洲傳統政策，這在愛氏傳記中都可以看得出來的。愛氏生長於萊茵河畔，萊茵河流域既與法國相接近，而又曾同接受羅馬文明的開化，同感受十八世紀的革命自由思想（東普魯士人則不同），故德法雖是世仇，而西德人與法國人相處起來，比較與英國人相處還適合些。法國議會雖阻止西德獨立幾及兩年之久，而愛氏與許曼，法朗士還是談得來，這也在其傳記中看得出來的。

二

這一次英首相訪問蘇俄後，發起四外長會議，以至四鉅頭會議，一開始便宣稱要在德國設中立地帶，這不啻英國自行違反了一九五七年七月二十日美英法與西德在柏林所發表對德統一的十二點聯合聲明，當然為愛氏所不願，但當時愛氏並未大聲疾呼的反對麥美倫，並且也相當的贊成試行會議，以和緩柏林的危機，那時候愛氏是相信他有兩個朋友，一是法國的戴高樂總統，一是美國杜勒斯國務卿，他知道這兩人的性格，是不會順風轉舵，以圖苟安，而隨便出賣朋友的，故在四外長開會之前，愛氏特別與戴高樂深相結納，而且與杜勒斯深談過來，杜氏也把愛氏抓得狠緊，這足令愛氏放心了。

不幸杜勒斯竟一病不起，愛氏參加杜氏的殯禮，去到美國，立感到美國肯南一派的中立德國計劃，尚在美國政界中流行，而且美國參議員曼斯斐爾所提的九點計劃，不但要求東西德直接談判，並主張盟國撤兵，東西共同保証德國統一與中立，這是多麼危險的計劃，愛氏不能不有所警覺：同他一樣對蘇堅强的鬥士杜勒斯不幸死了，英國既急於要求苟安，美國政策又如此其游移不定，愛氏立刻感到西德的危機眞迫於眉急了啊！我想愛氏必在杜勒斯喪禮中的俄傾間，便決定不再退休，非拚老命不可！有人說，愛氏的重行決定，或者是受了艾森豪談話的影響，我想是不會的，因為一位美國的總統不能去勸西德的總理繼續留任的；如果有影響，或者愛氏在談話中曾感到艾森豪對蘇政策的態度也不堅定。

而且愛氏覺得今後三强中，還只靠戴高樂一人，對蘇反共的態度比較堅强。但是戴高樂之為人，老氣橫秋，自命不凡，除了以他的資望，以他素來對英美也不屈服的老手，還能與戴氏皮氣相投合，如果換了別人去做西德總理，恐怕戴氏便不大理睬，也未可知。愛氏不去，戴愛兩强人眞正合作起來，便足與麥美倫的苟安，艾森豪的游移，平衡的稱一稱分兩了咧！

三

至於愛氏不願其一向他所契重的同事艾哈特做西德總理，這理由還是對英國的不放心，因為艾哈特自當教授起，便崇拜英國自由經濟的學說，與英國比較接近的原故。因此愛氏一經宣布放棄競選總統，而繼續幹西德總理，報載，英國政治界聞之，最為頭痛，大家皆能知道愛氏在此刻絕對不會放鬆與英政府鬥爭的機會的。這幾天，愛特諾爾正與麥美倫在鬥法：愛氏主張西方政府舉行一個首腦會議，而麥氏則認為無此必要；麥氏還堅持東西首腦會議，而愛氏則聲言「他認為與蘇俄舉行首腦會議，不僅徒勞無益，而且是危險的」。（上見合衆社倫敦二十六日電）今後愛麥兩氏的政策消長前途，雖尚未能定，然而解決德國的問題，不得西德的同意，是無法解決得了的，何況還有崛强的戴高樂，自來便好與英美政治家鬧蹩扭的，不但麥美倫頭痛，艾森豪也頭痛咧。

四八、六、二四

傍觀者清的看法

上月二十七，「工商日報」載了一篇台北通訊，內容是報告美國駐華安全分署署長郝樂遜對一部分立委所發表的演說，我覺得他的話與我那篇主張「緊縮而堅實」的文字，可以互相參證，姑摘要錄下幾點，備海外朋友們的參考。

據郝樂遜說：（一）台灣在五年內，國民生產總值增加了百之二十四，但私人消費却增加了二十五。（二）五年內政府的消費率增加了百分之一百。（三）糧食增加了百分之十五，但人口却增加了百分之十九。（四）五年內投資率的增加等於零。（五）教室的增加不能容納增加的學童，住宅不能容納增加的人口。（六）他說要維持目前台灣的生活水準，必須把每年生產總值的百分之十或十一節省下來從事投資；如果還想提高，便非節省生產總值的百分之十八不可，但目前的投資率只有百分之九，所以現有的生活水準也難以維持。（七）他把歐洲和亞洲十三個國家的經濟狀況加以比較，指出台灣消費率之高居於第二位，僅次於菲律賓；投資率之低，居於倒數第二位，僅較優於菲。同時，他在這篇演說裏，還提到石門水庫和肥料公司第六廠，他覺得不太經濟；他還指出台灣省政府遷到台中，開支以億計，也是可省而未省的浪費。此外，他還積極的主張台灣必須有更多的學校、住宅、醫院、道路、船隻、公共汽車、自來水等等，以滿足新增加人口的需要。他的結論指出台灣目前的經濟只有三條路可走：（一）減少私人與政府的消費；（二）善於運用資金，使同樣數額的資本，生產更多的物品；（三）多爭取美援；最後一點，他希望大家多聽聽美國國會議員的談話，意思似乎說是不大可靠。除這三點以外，他認為使民營工業有較目前為快的發展，也是提高生產的一個辦法。

郝樂遜所處的地位，使他不能不留意台灣的經濟，同時他也容易得到較可靠的資料，因此我覺得他的分析是可注意的。

胡適之先生勸我到台灣去看看，其意可感，但我也有三點顧慮：一、我不歡喜嗅到官味與特味；二、我過不來窮而又偏要講排場的生活；三、我怕聽到受訓人員和學生以及其他一切公教人員向我談到他們的痛苦；所以只好等等看。

年來每當本刊對於政府的某些措施有所批評時，中共在港的報刊即斷章取義，肆意曲解，憑空製造出種種謠言，不但說我們反蔣反台，更妄誣本刊為親美的刊物。他們不惜肉麻當有趣！裝着一副忠貞相，似乎處處為蔣總統抱不平，並對他表示十二萬分的關懷。至於中共曾將蔣總統逐出大陸，宣佈共為第一號「戰犯」，並聲言無論逃到天涯海角，必將他捉回大陸去「公審治罪」等一系列的往事，他們似乎已忘得一乾二淨，並以為天下人—尤其是蔣總統也不會再記起了，其厚顏與無恥有如此者！我們想問問中共及其嘍囉們，你們對於蔣總統既然如此愛戴，為什麼不撤去沿海的軍事設備好讓他率領在台灣的六十萬軍隊重返大陸與你們合作呢？為什麼你們還不時在金馬興風作浪使他不得安寧呢？

赤色嘍囉們，醒來吧！

黃宇人

至於他們妄誣本刊為親美的刊物，我們倒不以為怪。因為，如所週知，中共的誕生及其成長，都是俄國毛子一手經營的。民國十三年國民黨在廣州舉行第一次全國代表大會時，李大釗曾向大會發表書面聲明，自認中共是第三國際在中國的支部，這不是說明中共並不是中國人的組織而乃是俄國共黨在中國所設立的下屬機構嗎？今日北平偽朝的新貴，幾乎全是由俄國訓練和養大的；就是表面上似乎土生土長的毛澤東，也祇知一面倒向俄國，處處表現其仍為毛子的家奴。因之，在中共的字典內，根本沒有獨立自主這一類的字。我們既不親俄而且反對俄共，自然要被他們目為親美了。何怪之有？

但我們有些驚異的，則是近來他們有時居然也提到「民族大義」四個字。前面已說過，中共是俄製的。再就九年多來的事實而論，他們筆不離馬列史，嘴不離「老大哥」，處處效法俄國唯恐不及，甚或妄想青出於藍，以為如此更可在其俄國主子之前顯能邀寵。他們不但把一切屬於中國人的東西摧毀無遺，而且還要迫使大陸同胞的思想和情感也必須俄國化，恨不得將中國人的面孔都變成俄式。他們的腦中已經沒有中華民族的存在，焉知民族大義？然而，近來中共在港的報刊却不止一次提到「民族大義」四個字，我們很希望他們有朝一日眞能在民族大義的啓示之下，激發良知而翻然醒悟啊！往者不可諫，來者猶可追，可憐的祇知有俄國而不知有中國的赤色嘍囉們，醒來吧！

× × ×

外長會議休會

—表現了蘇聯橫蠻與西方歧見—

徐藝民

這兩個月來，日內瓦外長會議成為世界頭條新聞，中外政論家都以最敏感的眼光，觀察它的發展，全世界人民也以最熱誠的態度等待它的成就；然而六週來外長會議的進展頗令人失望。因為會議屢次受到蘇聯外長葛羅米柯節外生枝的蠻橫阻撓，畢竟陷入癱瘓境界了。

其實，日內瓦會議先天註定了失敗命運，只要打開近十年來國際外交會議的記錄，都會明白每次會議都給蘇聯做了宣傳工具。也就是說：歷史上任何一次和蘇聯召開的國際會議，西方總是被迷惘困擾住，而以這次更為明顯。

這次外長會議，幾乎陷入破裂邊緣，原因是葛羅米柯公然限期西方一年退出西柏林，並提出下列幾點倔强建議要西方國家承諾：

（一）西方國家把自己在西柏林的軍隊人數和軍備數量縮減到象徵數量。

（二）停止西柏林任何敵視東柏林共產國家的宣傳。

（三）取消設在西柏林對東德蘇聯及其他社會主義國家的間諜活動和顛覆組織。

（四）西方國家保證不在西柏林設置原子裝備和火箭裝置。

看葛羅米柯的新建議，在實質上無非是廢除西方國家的合理管制，意圖逐漸消除西方國家在西柏林的地位，進而併吞西柏林；同時又片面强調『全德委員會應當在起草和締結對德和約以及統一德國方面制定具體措施』。根據蘇聯在會議所提出的新建議，其實質在於逐漸消除西方國家在西柏林的合法狀態，我們認為這種無理的提議，在事實上、法理下完全不能達到彼此協議的基礎，於是，西方國家主張休會三週，當然要研究它的建議實質。

然而，蘇聯為了採取一切可能措施，迅速改變西柏林情況起見，就在外長會議提議休會的同日，又發表了蘇德（東）兩國公報，似乎進一步威脅西方，以期達成早日召開高層會議的願望。兩國公報一再聲明維持東德傀儡政權的合法性，而堅決反對西方國家對西柏林管制的合法權益，其言詞帶有濃厚的火藥氣味。西方國家外長在這種挑衅的分化政策之下，手忙脚亂，窮於應付，最後終於在西方外長內部不調和的氣氛下提出休會三週，以便調整步伐。

我們認為，如果西方國家在三週休會期間，意見如仍不能協調，日後日內瓦復會，西方國家可能將有悲劇演出。

老實說，此次日內瓦外長會議西方國家有三點失敗：

第一點是西方國家未能及時採取主動，一經蘇聯恫嚇，強調柏林危機，並叫出德國問題將頻於核子戰爭邊緣的口號之下，西方國家立即響應召開四外長會議。到四外長召開時，蘇聯又提出捷克、波蘭外長有參加四外長會議的必要，最後又限期西方國家一年內退出西柏林，達到改變西柏林的地位，以利吞併整個德國。在這種咄咄迫人的外交聲勢攻擊下，西方外長只是陷於被動招架的地步。第二點，政治立場失敗，外長會議期間，西方外長從未有一堅決的統一策畧對付蘇聯，比如對統一德國的具體措施，對西柏林的地位保証總是拖泥帶水。一方西德法比較主張堅守原則，英國又主張妥協，美國孤軍作戰，也只好走騎牆路線了。在西方外長同床異夢的處境裏，蘇聯見有隙可乘，自然輕易各個擊破，遂造成西方混亂局面。第三點，心理上失敗，當蘇聯每一議案提出時，西方國家總是畏首畏尾，予以全部否決，未有一鮮明駁斥昭告世人，原因仍然是迫於嚴重的內部意見分歧，不能謀得西方國家心理協調所致。

所以，西方國家如要在復會後免於失敗，我認為下列原則是應當予以考慮的：

（一）反對東西國家在自身利益的諒解下達成任何協議；

（二）統一德國和約未簽訂前，西柏林地位不能改變，嚴厲駁斥葛羅米柯的一年限期謬論；

（三）絕對拒絕兩個德國簽訂和約；

（四）在統一德國和約未簽訂前，不得允諾撤退防止共產侵畧的武裝設備；

（五）堅持反對不合法的兩個德國；

（六）眞正統一德國的具體辦法，應該建築在統一全德人民自願基礎上；

（七）外長會議沒有良好的協議基礎，不能召開高層會議。

外長會議從表面上看，乃是討論柏林問題，德國統一問題，而實質上關乎人權、自由、民主、正義。未來人類的命運都與這次會議有關，這是給西方國家的一個嚴重考驗。

為什麼大陸上一雨便成災？

——曾明——

一

我國注意治水，從邃古時代就開始了。傳說大禹的父親鯀治水九年不成，被舜所殺，大禹繼續父業，娶後三日而出，八年於外，三過其門而不入。雖然屬於史前的故事，但是，大禹的這種偉大精神，至今還深存人心；證之古籍，古人對於大禹非常崇敬，認為沒有大禹，人們都變成魚鼈了。所以，這個故事留傳如此普遍和永久，自有其道理，不是偶然的。

水對於人類的生存，關係非常密切。因為，人類生活程度的物資基礎，是建立在農業生產上面；而農業生產完全依靠於人們小心謹慎地侍候土地，盡力保持土壤肥力，以培植作物的生長，充實人類所需的生活資料。至保持土壤肥力，供給各種作物的養分，主要的決定在適宜的水分。水分的過多過少，不僅影響到作物難於生長，並且會造成失收，甚至給人類帶來了無窮災害。所以，中國人民自古以來，就非常重視治水的問題。

二

治水問題在農田水利上來說，是蓄與洩的問題。就是灌溉和排水的問題。大家知道，水少了需要灌溉，水多了需要排洩；看起來，灌溉與排水是兩件相反的事情，其實是兩件相輔的事情。

蓄水的目的是便於灌溉。而灌溉的表面作用，可以見到的是：補助天然雨水的不足，補救雨水分佈的不均，以及利用灌溉的水所含的肥分來培植土地。因為土壤有了適量的水灌溉以後，其好處有：（一）可以減少土壤溫度的變化，增加土壤的平均溫度，不讓土中的熱量散失太快，幫助作物的生長。（二）可以滋潤土壤，溶解土中的礦物質，幫助土壤的風化作用。（三）可以沖洗土壤所含不利於作物生長過多的鹽分、鹼質和酸質，而減輕它們的為害的程度，或者把它們沖洗乾淨。（四）可以抵禦霜害。（五）可以使土壤鬆軟易耕。

至於排水問題，因為田地土壤中所含的水分超過了作物的需要時，反而有害於作物的生長，因此排除過多水分是農業生產上的重要工作。而排水的作用，其顯著的有：（一）因為水分不斷地大量蒸發的結果，不但不能使土壤溫度增加，反而使土中熱量散失，減低了平均溫度，妨礙作物的生長。排去過多的水，可以免除這種不利的情形。（二）土壤的空隙處被過多的水分充塞，空氣不容易進去。水分排除以後，空氣就能自由流通，改變土壤的組織，幫助土中養分的分解，增多作物的養料，促進作物的發育。（三）排除土壤中含有多量的鹽分或鹼質或酸質的水，可使土壤的成分改良。（四）土壤中所含水分過多，就不能再承納水分，以致一雨之後，便易成災。

基於上述，可見蓄與洩有同等的重要。所以，從大禹起到現代的水利專家，都是認為蓄洩並重，不能偏倚。這就是說灌溉與排水必須兼顧。

三

大禹的父親鯀之所以被舜殛之羽山，因為鯀所用治水方法，是以所謂「湮」的堵塞方法。這種方法就是着重蓄水，使水滙集於某一地區，與現在中共所實行的水庫蓄水的性質大致相同。因此，鯀不僅治水九年不成，還造成一個洪水時代，使人民受到了極大的災害；雖然仁慈過人的虞舜，不得不將人民目為四凶之一的鯀殺掉，以平民憤。及至大禹繼承父業，不重視他父親的「湮」的堵塞方法，而採用因勢利導，「鑿龍門，疏九河」的疏導蓄洩的方法，獲得治水成功，建立起有夏一代的歷史。到了春秋時代，根據大禹疏導蓄洩的方法，演進為既便於田間灌溉又便於排水，「十夫有溝，百夫有洫」田間通水的溝洫之制。孔子說過：「卑宮室而盡力乎溝洫」由此可見，當時人民對於水蓄與洩的重視。在戰國時，更發展到引水灌溉，如：魏國襄王時（轉下第三版）

中共農田水利失敗之原因

何雨文

當前大陸洪水為患，中共稱之為「世紀性的水災」，可見受害之烈。實際情況，也許沒有這樣嚴重，中共只是企圖將人造的災難諉過於天降大禍，以掩飾其歷年農田水利之根本失敗，不僅未能防患於未然，反而闖下大禍。

一、數字表現得好看

「一九五八年完成土石方五百八十億公方，擴大灌溉面積田畝八千萬畝，初步控制水土流失面積三十二萬平方公里。淮河、黃河、海河、長江、珠江、遼河、松花江等大江大河的治理和開發準備工作又有了新的發展。我國水利建設事業這樣發展速度，都創造了世界水利建設史上的奇跡。」

上面一段話，是中共水利電力部長傅作義在本年四月二十三日中共二屆全代會上報告中邀得鼓掌的一段話，可是一個月之後，幾場大雨，把它的吹牛，完全拆穿。

中共無法宣傳了，只好創造一個新名詞——「世紀性的水災」，來遮醜。

二、質量上的問題

在節省材料，趕工和技術經驗都缺乏情況勉强完成之後，量是多了，但質就大有問題。中共水利電力部副部長李葆華就承認下列事實：

一、「在已完成的四億畝灌溉面積的工程中，大約有百分之五十到六十可以發揮效益。」換言之，即有一半工程是浪費人力物力而完全無效。

二、「在已完成的治澇和水土保持工作中，有一部分工程是完全合於規格，可以收到預期效果，有一部分不完全合於規格。」「不合規格的工程，遇到大水，就表現失敗了。」

三、技術上的問題

中國治水一直以排水作為治水之主腦，但是中共改排水為蓄水。因為中共沒有認眞地去研究，只由幹部盲目地領導羣衆去做，當然是造成今日水災之一主因。中共也自認沒有認眞研究我國原來的灌溉工程的經驗、卻規定了許多不必要的規章制度。為了中共上級無法迅速完成設計工作，預定一九五七年開工的許多引黃灌溉工程，中共預計三年完成不了，於是將設計權統統下放，由專區、縣、區負責人和羣衆商議自定渠線，在不到半年時間內，連設計帶施工都完成了。設計權下放是中共低能的表現，而半年完成設計和施工，則無疑是草率。基本問題也許仍未解決，表面上完成工程，自然留下後患。

四、管理上的問題

一九五六年水利工程大躍進之後，很多工程只注意了興修，忽視了管用，以致工程修好後，長期不能很好地發揮效益。大陸各地普遍地發生「有人用水，無人蓄水」，「有人需要灌溉，無人負責管理」和「上游受益，下游受旱」，「幹渠受益，支渠受旱」等怪現象。

× × ×
× × ×

鐵幕新聞

——照抄中共報紙——

聞以敬

開會亂扯一通

「在我的現實生活中常碰到這樣的事，有些明明打個電話就可以解決了的事，也非開會不可，結果人到齊了，主持開會的人三言兩語，又把大家打發走。還有這樣一種會議，事先沒有準備，臨時要大家發言，結果天南地北，亂扯一通，羣居終日，言不及義。開這種會眞不如逛公園有益」。（見四月十六日上海「解放日報」）

鐘錶多數不準

「上海中國百貨公司鐘錶修理組每天平均收到三十多隻三五牌座鐘來修理，其中新鐘佔百分之八十。在這些回修的三五牌鐘中，常見的毛病是走不了幾天發條就斷了；更多的是走時不準，走時不足，機心不潔，甚至在機件內夾有小螺絲、蟑螂屎，或者是機內缺件，有的齒輪沒有裝上就出廠了。還有的是外壳高低不平，打時不準，十二時敲二點，兩點敲十二點，也有的不是前後門拉不開，便是關不上，有的鐘打鐘裝歪了，不能打在銅質上。有一位顧客買了一只鐘連續壞了四次，先後到商店跑了六次，有的顧客剛把鐘買回去就壞了，一修十九天，他說：我用這隻鐘的時間還沒有修理的時間長。（見四月十九日上海「新聞日報」）

啼笑皆非

大陸人物故事

賀龍在成都二、三事

劉錦

不與劉文輝握手

賀龍是民國卅八年十二月卅一日舉行「入城式」的時候入城的。那一天，川康綏靖主任鄧錫侯、西康省主席劉文輝、宜昌綏靖主任潘文華、四川省參議會議長向傳義、國軍兵團司令裴昌會、陳克非、李振、董長安等齊集成都北門外五華里駟馬橋迎接。

駟馬橋是司馬相如琴挑卓文君之後，發誓離川「不高車駟馬不重過此橋」，而後來發達，卓王孫在此迎接司馬相如的地方。所以鄧劉潘等在此迎接賀，賀雖是老粗出身，但亦有司馬相如那種榮歸之感。這只要看他當時臉上浮現一種驕傲之氣就知道了。

賀當時坐一部大轎車（汽車），走到駟馬橋邊，看到一批所謂「起義將領」在迎接，便下了車。鄧錫侯站在最前面，見賀下車，便行了一個舉手注目軍禮，賀點了一下頭。劉文輝站在第二，也許他不願意像鄧那樣卑順地敬軍禮，便走上去準備與賀握手，賀卻沒有理他，賀當時不肯伸出手來，使得劉文輝很難堪，但劉是敗兵降將，也就無可奈何了！然而這件事卻很快傳遍成都了。

大談酒色財氣

賀入城後，住在商業街勵志社。成都的冬天並不太冷，但勵志社卻升起了熊熊大火，賀經常喜歡圍爐與人談天。如果有人要同他談正事，他就爽捷回答：「啊！我們只談天，你有公事，趕快去找王委員好了」。所謂王委員即指王維舟，王當時是政委。因為賀只談天，不辦事，所以當時很多人都知道賀無實權。雖然也有人說賀患心臟病。

有一次，有人與他談起劉文輝的姪兒劉元琮的事，他說：「他算得什麼？老子從前當軍閥的時候，酒色財氣樣樣都來，這些小軍閥怎麼能跟老子比」。言時很有勁，似乎對於當軍閥，還是很有餘味的。

把酒論降將

共軍初入城時，對於所謂「起義將領」本來並不客氣，但隨後四川發生了七十幾縣的武裝反共活動，殺了各級共幹達五千人之多。這些反共活動本是中共迫人民繳糧繳槍而由各地人民自發的，但中共卻疑心是所謂「起義將領」幹的，遂一反常態，轉而安撫所謂「起義將領」。有一天，賀龍在成都蜀一電影院舉行大宴會，六十萬「起義部隊」中團長以上軍官都被邀請，一番應酬之後，賀曾私下問一位與他熟識的人道：「你看這批人中誰最有錢」？這人答：「劉文輝最有錢」！賀又問：「聽說鄧錫侯部下有一個師長名叫謝德堪也很有錢」？「是的」。賀說「哼！哼！當一個師長也很有錢，將來給他一點顏色看」！賀說完又問「誰最窮」？「董長安最窮」。「誰比較好」？「董長安較好」。一問一答之後，賀說「不，不是董長安較好，而是裴昌會較好，從我們過去相對打戰來看，裴昌會的兵練得好，也比較能打」。

根據賀的這一段談話，大家總以為中共可能特別優遇裴，而懲治謝。但幾個月之後，裴之部隊被解散，裴本人不過在中共統戰手法安排下照例得了一個有名無實的人民代表，而謝卻反而被正式改編為人民解放軍的師長。所以，後來成都一般人說賀的話算不得準。對於人事，中共也是亂搞的。至於老百姓所希望的是非公理，中共統治下照樣一點也沒有。

人民日報文字不通

·玉笛·

大陸之窗

中共自以為着重黨性對他們自己很有利。但我們若用冷靜頭腦作客觀分析，則容易發覺中共所要求的黨性，對中共實亦害多利少，有時，本來不會發生的毛病，卻反會因所謂黨性而發生。

以人民日報作例來說！誰也知道北平出版的人民日報不但是對外宣傳的武器，同時，也是對內的重要教育工具，對於人民日報，中共中央是强迫各級黨政軍機構一律訂閱的。依理，這一份報中共就應該把它辦得很好了，至少，以中共今日在大陸擁有的人力財力來說，總斷斷乎不會文字不通，油墨臭劣的。然而出乎意外的是我們試把人民日報打開一看，一股油墨臭氣首先就衝入我們的鼻孔，再把持閱人民日報的手指一看，嘩！油墨竟然早已染黑了我們的手，這一份北平出版的報，竟比香港出版的任何一家報紙的油墨都劣得多，眞是大大出人意外！

文字不通，尤係難於想像的事，但文字不通的事卻一再映入我們眼簾，經過大陸讀者的指摘，人民日報的編者終於也不得不承認文字不通了。

六月十三日人民日報說：有人指摘五月廿三日人民日報第一版頭條標題：「湖南百萬農民奮戰連陰雨搶收又搶種，江蘇長江南北麥香醉倒人普遍開鐮收割三月黃，雲南高原上麥浪金光閃閃各族人民喜笑顏開新麥迎豐收」說「這幾行標題都很長，念起來很吃力，不易讀斷，有些地方也很費解。比如『奮戰連陰雨』是什麼意思？」就不懂。

又有一羣人共同指摘五月十八日人民日報學術專論王亞南寫的「充分發揮價值規律在我國社會主義經濟中的積極作用」一文說簡直「看不懂，讀不通。例如：『價值規律在具體的不同經濟條件下和在不同的場合可能發生的作用，確有大小，深淺和範圍廣狹的不同，但似乎並不是彼强此理地在事前就先驗地嚴格區分開來的』。這一句的下半句，我們捉摸了很久，還猜不透作者的意思。學術論文的意思而要過猜已經是妙事了，猜而猜不着，就更滑稽了。

又有人指摘五月十二日第一版頭條消息「小麥已成定局」一句文理不通說「小麥有什麼定局、不定局呢」？如此妙文，小麥倒沒有成定局，文字不通倒確實成為定局了」。

自五月十二至廿三兩個星期中，人民日報編者就已承認有五大不通之點，而本文所引則不過三點不通之處而已。依我們看，編者猶未自承之處尚多。何此如此呢？就因中共只相信黨性强的人，只派黨性强的人當編輯，而黨性强的人的文字未必一定通，於是，人民日報的文字便也無法避免不通了。

卡邦警察屠殺羣衆

——印度唯一共黨統治的省份——

慕禪

加爾各答航訊

本月九日我曾替聯合評論寫了一則通訊，預言印度卡勒拉邦「將發生流血」。（編者按：該通訊刊載於六月十九日，第四十四期。）果然「不出山人所料」，十多天來，卡勒拉邦共黨當局，大舉捕人，警察開槍鎮壓羣衆以致殺傷人命，卡邦首府狄里威德林，已成爲一座龐大的集中營。現在尼赫魯總理已到狄里威德林視察，且看他如何收拾這個滿城風雨的局勢？且看殺害人民的共黨政權，是否還能夠繼續維持下去？

這次卡勒拉邦各反對黨，以國大黨爲首，社會黨、回教聯盟、及數百個天主教會系統下的天主教徒，雖然發動了推翻共黨邦政府統治的運動，並且定了十二號爲解放日，爲這一運動的發軔。但他們所決定採取的方法，乃是師承甘地的「不合作主義」，以罷工罷課等等行動，作消極的抵抗，一直堅持下去，使共黨當局自感無趣，終而下台。本來「不合作主義」是非暴力的，不一定要引起流血。可是印度人雖然曾以不合作主義戰勝了英國，但如以共黨爲其對象的話，共黨是否肯以非暴力來對付非暴力呢？一般人認爲握有警察武力在手的共黨卡邦政府，必然不肯捱受抵制，而採取以暴力對付。這就是預測到卡邦將會發生流血的由來了。

果然在卡邦各反對黨發動罷工第二天的六月十三日，慘案便告發生了。在首府狄城的那谷林區，共黨邦政府的警察，竟向羣衆開槍，當場及因傷斃命者四人。事件的起因是罷工的羣衆照例有糾察隊的組織，但警察把一名罷工糾察拘捕，羣衆乃集結向警察示威，要求將被捕者釋放。但在此時，突有另一批人馬約數十人馳至現場，衝入商店，搶得木椅等傢具爲武器，衝入羣衆羣中，秩序大亂。突然之間，槍聲驟發，徒手羣衆卽遭屠殺，喊聲震天，作鳥獸散。

各反對黨爲了此事卽退集於他們的地方開會檢討，發覺到各黨派及罷工的羣衆，並沒有誰採取暴力毆人及毀壞商店的行動。當然，他們是中了共黨當局的陰謀，那班搗亂毆人的暴徒，原來是共黨份子。他們奉命於羣衆膺集的場合搗亂，使得共黨邦政府的警察，可藉口羣衆遏暴，從而開槍彈壓屠殺，以擊破反對黨的不合作運動。

各反對黨對於已發生之慘案，當卽決議電報尼赫魯總理，指責共黨邦政府應對警察屠殺人民事件負責，應由中央停止卡邦之共黨政權。一面他們正式向共黨當局抗議，並對人民公佈慘案眞相，指出各反對黨堅守非暴力的原則，暴力事件，乃出於共黨之預謀。

屠殺的行動，是共黨邦當局企圖以流血嚇退人民反抗的示威。可是出乎共黨的意料之外，流血的結果，反而增加了人民的憤怒。六月十五日原是既定的各校開課的日子，亦卽是各校學生決定不回校——罷課的日子。這些學生雖不回校復課，却擁集到各校門外去監視罷課。結果就在翌天十六日，數逾二萬人的示威巡行又組成了。爲了對殺人的警察的憤怒，他們與警戒的警察衝突，於是警察又再開槍，羣衆當場被射殺者六人，傷五十餘人。

首府以外全邦各地，如柏爾赫特、科隆、狄里切爾等處，亦均發生廣大的示威，在十五、十六這兩天，因爲反對共黨當局擾奪私校的「新敎育法案」，主要的羣衆多是學生，以及一部份家庭婦女。在過去的不合作運動中，習慣的，婦女成爲示威行動中的前鋒，她們可以比較地阻止擁有武器的統治者使用暴力。

經過十六日的事件。卡邦全邦的人民，已是民憤沸騰，加强了對共黨當局鬥爭的敵愾。但共黨當局絕不示弱，省長南博里巴德宣稱：他拒絕各在野黨對警察開槍殺人一事的抗議，他認爲警察向羣衆開鎗「是應該的」。他說：他「決不被迫辭職」。邦警察並四出捕人，拘捕反對黨及天主敎會的人。南博里巴德說；因「情勢必要」，不經偵訊捕人扣留，決要繼續執行。

流血慘案擴大之後，中央政府卽派陸軍二團開入卡邦，主要爲維持治安，因尼赫魯總理早已顲請鬥爭的雙方鎭靜，不要採取暴力。同時，國民大會黨的秘書長阿里氏，也唧尼赫魯之命到狄里威德林調查一切，相機處理，希望平息禍亂。可是雙方的情緒都非常激昂，罷工罷課並沒有恢復，示威衝突與警察開鎗，在十八、十九日仍然發生，死一人，又傷數十人。至於共黨當局的濫捕人民，越來越兇，到尼赫魯總理親抵卡邦之前，被捕者已逾三千人。監獄告滿，乃以在停工中的工廠多處爲臨時監獄，整個卡勒拉邦首府狄里威德林，已變成一個大集中營。

尼赫魯總理鑒於卡邦現狀的嚴重，乃於廿二日返回這個共黨統治的他的故鄉。在這個雨季的時節，豪雨已把街上的血跡洗淨，雙方亦暫時放下鬥毆屠殺，懸旗結綵，歡迎尼氏之蒞臨。但各反對黨派及天主敎會人士公開一致的表示，是卡邦共黨政權已受絕對多數人民所反對，加上它的屠殺的血腥統治，必須使其統治終止，否則鬥爭決不停止。

尼赫魯總理在卡邦的頭兩天，只是表示他的反暴力原則，並聽取各方的報告，絕對不肯作任何肯定或偏祖的表示，雖然他的國大黨在卡邦是首席反對黨，受迫害最烈的。

本來尼赫魯總理有權終止卡邦共黨政權統治，只要他報告總統，下令實行戒嚴，使可把卡邦的省政，收歸總統的直轄之下。但他是不是會那做呢？

猶憶去年七月科隆城罷工當時，共黨警察曾射殺工人一人傷八人，尼赫魯總理抨之爲「政治的謀殺」。但他仍說：只要民主傳統得以維持，「他們（卡邦共黨政府）仍可以繼續下去」。現在局勢的嚴重，是否尼赫魯總理認爲，民主的傳統及方式，已經遭受破壞了呢？（六月廿四日）

李光耀的動向

人民行動黨執政後，世界各地的輿論反映紛紜，寄以疑慮的眼光者，不在少數。不過就本坡來說，因爲人民行動黨在選舉中壓倒的勝利，一般倒是對這新興的政黨有所期望。毋寧是期望行動黨會有切合當前現實，有利於星加坡的施政。

在李光耀氏登台一週之後，卽匆匆與王永元（發展部部長）、王邦文（內政部部長）兩氏訪馬來亞，接着，星洲新憲中所規定的內部安全七人委員會，也告成立。李、王、王、三人卽爲該會委員，英方三人，馬來亞一人（外交部長）。這個有權下戒嚴令的委員會，馬來亞佔有舉足輕重的地位。英、星雙方對於馬來亞這一票的爭取，自無疑問。尤其星加坡，必須有馬來亞的合作，在政治經濟上方才能夠站得穩些，所以人們認爲，星加坡政治可能不至會太過左傾，當然更絕對不會有什麼所謂「赤化」。

果然李光耀氏所發表的言論，証實了這一看法，他說，最少在十五年之內，星洲不會有赤色政權的出現，除非馬來亞已經赤化。這一說法，表現李氏對「星馬不可分」的認識。從而，星洲也就不能不在政治路綫上，或多或少的追隨馬來亞。最少，它不可能與馬來亞分道揚鑣。

關於決定馬來語爲星洲國語一事，尤見行動黨對馬來亞的遷就。這個決定，在華人多達百份之八十四的星加坡，尤見遷就的痕跡。李光耀氏强調要一個「星馬合併的馬來亞」，不要一個獨立的星加坡」。也許這就是他的努力的表現。大致上說，人們對行動黨的憂慮，是逐漸降低了。（六月廿四日）

星洲通訊。俊華。

僑鄉近訊

兩廣各江水災嚴重，農田二百萬畝損失

廣東水災災情空前嚴重，水位激漲中。如北江大堤（石角圍）和中山、順德等大圍潰決，則整個廣東中部將被洪水淹沒。該省的防汛部隊刻正徵集大批人力與洪峰搏鬥；被徵集的有軍人、工人、農民、學生、共幹等，爲數共達百萬名以上。據公佈：六月廿三及廿四兩日的洪水流量，每秒鐘達五萬三千立方公尺。

廣西方面，水災亦嚴重。據悉：截至六月十七日的統計，受害農作物面積達一百五十多萬畝；其中減產一半及完全失收者，約四十多萬畝。

粵省東江、西江、北江及韓江的水位，截至六月廿八日止，仍在繼續急劇上漲中。河源、惠陽、東莞、增城、博羅等地，災象已成。惠州到石龍一帶，有不少堤圍已告崩潰；增江下游，亦有十餘處堤壩被洪水沖決。惠州、博羅、石龍一帶之農田，民房，曾一度有十之八九被洪水淹沒。廣九鐵路由廣州至深圳一段，路軌兩旁之農田，多被洪水沖毀；尤以新塘至石灘一帶受害爲最嚴重。北江之石角大圍，已有多處告急，並呈現險象。

深圳公社人民二百餘，冒夜雨逃亡至香港

由於中共「人民公社」制度的勞役手段越來越凌厲，飢餓政策越來越兇殘，大陸同胞無法再抵受此高度之廹害，因此，集體逃亡港澳的也越來越多：（一）六月十八晚正當大雨滂沱之際，深圳公社有二百多人集體逃亡，他們冒雨泗水渡過深圳河，進入香港邊境。據謂，當時防軍和民兵的瞭望崗位，都爲雨水淹沒，哨兵退入鄉村駐守，他們遂乘此機會逃出生天。在這二百多名逃亡者當中，有一名是該公社的副主任，他也說：在公社「自我犧牲，多做工作，少食米糧」的廹害下，如不逃走，祗有死亡！（二）由六月十日至十九日的十天內，集體逃往澳門的中山鄉民，共達五百七十八人，其中婦女佔一百四十三人，兒童佔一百五十一人，盲人佔十四人，他（她）們逃抵澳門後，都已前往國府駐澳外交專員公署登記而由難胞救濟會予以救助。

廣州近郊盡成澤國，工廠物資化爲烏有

廣州郊區多被洪水淹沒，塘魚全被冲走；農產品及牲畜，均受到慘重的損失。沙河鄉幾成澤國，鄉內農、工、商業，全部停頓。花生寮村的小工廠，損失尤大。黃埔附近之硬化油廠工場，因東圃涌口堤圍潰決而被浸沒，數百噸物資在潦水冲激下，化爲烏有！

歸僑如不「投資」，一律不准離境

大陸在僑滙日減的情況下，刻已乾脆採取勒索歸僑的苛毒手法，凡華僑一返回大陸後，如欲申請出境者，一律强廹投資建設，——投資數額，因人而施，換言之，卽擇肥而噬，——如不俯首聽命，則不批准離境。日前台山公益埠，已有一歸僑飽嘗此勒索滋味。這歸僑名伍時鴻，原經商於巴西，去年回鄉後，以鄉中環境殘酷可怖，意欲重返巴西，詎伍一再申請，均不獲批准，結果，卒被着令投資建設五萬元（人民幣），始批准離境。

番順蔗苗全部黃萎，縣委公社互推責任

番順縣消息：該縣五萬畝蔗苗，最近全部黃萎。據謂該五萬畝係「落後蔗地」，因遲種及基肥不足，種下了後，又適值鄉民全力集中搶救禾稻，以致對甘蔗放鬆管理，造成此種失收現象。又「縣委」與各鄉公社共幹因此互相責難，互相推卸責任。「縣委」指責公社共幹沒有安排好勞動力；公社共幹則埋怨「縣委」缺乏領導方針。共幹又坦白指出：人手少，工作多，顧此失彼，乃屬必然。」（按：中共把番禺、順德兩縣合併，改稱番順縣）。

褟奉常被廹自殺，熊眞沛牧羊維生

中共廹害宗敎，其始向天主敎開刀，現此血腥之刀鋒，已轉向基督敎。廣州著名佈道家褟奉常牧師，最近已被廹自殺。據悉：褟牧師年已六十，在共軍鐵蹄踏廣州後，對中共壓廹敎會，敎徒的種種苛毒行爲，曾盡力曲予遷就，故一度被部份不諒解之敎徒稱爲「前進牧師」。褟氏專心傳道，忍受一切精神上及肉體上之苦痛，詎料竟亦不能逃過中共的魔掌！又：廣州傳敎士熊眞沛牧師，近亦已被廹放棄傳道工作，並被廹遷居市郊芳村，以牧羊出售羊奶維持生活。循道會內敎士多名，曾被共幹作連續不斷之「訪問」，相信渠等刻亦已受到嚴重的精神威脅。

·江水·

聖賢·人·禽獸

林吟

人生是一永遠不能完成的夢。因此我推想，古今中外以及無窮的未來，沒有一個人是死而瞑目的；因爲人總不免做許多憾事，我不能想像，一個人終生無半點罪惡與過錯。這由於人性的缺陷使然。

在人性之中有醜惡與美善兩種傾向。它一方面有向上飛升的衝動，一方面又有向下沉淪的衝動。一般所謂好人不過是上升的衝動多於下流的衝動，所謂壞人不過是下流的衝動多於上升的衝動。至於上升無極，止於至善的神聖，下沉無底永溺罪惡的愚劣，則是少之又少的。

人類創造了文明，文明又束縛了人類。人生的一切苦痛許多是來自人的行爲不能與文明一致。歷史上那些傑出的神聖人物，留下許多崇高獨出的範行，這些範行被紀錄下來，形成道德、禮教、法律、風尚；一個人如果想要過幸福的生活，自己的行爲就必須符合道德、禮教、法律、風尚的要求，否則你就陷於「十目所視、十手所指」的孤立狀態，爲社會所共棄。但是，實際情形很少人的行爲是能完全符合道德、禮教、法律、風尚的規定，於是不得不隱惡揚善做僞君子。只有少數人的罪惡行爲被檢舉，遭受法律的制裁，大多數犯罪的人則被隱飾了。至於違反道德、禮教、風尚的行爲，就更不知有多少。因此每個人都時時在苦痛與恐懼中生活，社會的制裁壓抑着內心的衝動，人變成了可憐的東西。

在這裏我無意給人的罪惡衝動做辯護，無意攻擊人類既有的文明，我只想描述這一不須掩蓋的事實，希望虛僞的人類能面對這些事實，針對事實渙發解決問題的智慧，改進社會環境與心智狀態，使人從恐懼與痛苦中解放出來，使人獲得心靈的安寧與快樂。但是，這不過也是一個永遠不能完成的夢想罷了。

英儒羅素對這個問題有許多明智的意見。依照他的想法，社會環境多供給個人發洩精力的正當機會，多獎掖個人發展高尚的趣味。假如一個人耽嗜於足球、音樂、文學、釣魚等等趣味的話，那麼就可以減除他猛烈如火的邪惡衝動。人在快樂的時候，就容易向善遠惡，也更富於同情心，因此製造快樂實是培養善狀的一個好方法。

道德、禮教、風尚這些約制人類行爲的規矩，隨着時代變遷是要不斷做適應的修正。我認爲眞正的罪惡是强制、壓廹、和欺詐。此外人之若干偶爾失足的過錯與由判斷錯誤所發生的悲劇，都可做同情的了解與寬恕的。因此宋儒所說：「不爲聖賢，便爲禽獸」的戒律，未免太嚴酷太狹窄了，這樣使不成聖賢也不甘於禽獸的人走頭無路。

人性中美善與醜惡的兩種傾向，是人生煩惱與痛苦的泉源，但也是文學藝術的泉源。唯善惡的衝突，美醜的激盪才顯出人生的多彩多姿，光怪陸離。

女秘書

法 萊特列克·蘭 作
黃杉客 譯

哈格雷不會用評頭品足的方法選擇女秘書。他絕對不是以貌取人的胡塗上司。這是寶蘭和奈茜都知道的；她們都是聰明伶俐的女職員。而她們兩人之中，寶蘭或奈茜，將有一人升任這一職務，這也是全公司裏的人都知道的。他們知道已經很久了。看情形，可能下午便見分曉。哈格雷準備今天下午離城；而這一職位的人選，他必須在離城之前公佈。

她們坐在經理室的外面，抬起頭，就瞧得見他。他的態度很冷靜，全神貫注在一套圖樣上，可能是給西波公司設計的宣傳廣告。他的手指動一動，像要伸出去按那兩個機動的小按鈕了。如果他按左方的一個，那末寶蘭的心房就要卜得卜得地跳起來。

寶蘭的神經緊張着，視綫不離開桌上的訊號燈；字打錯了，又把紙抽出來重新打過，這樣打了又錯，錯了再打，不知多少次了。

她從打字機上向前伸着頭，對奈茜說：「老闆今天穿上全副的新裝，渾身都打扮過了，一定是向西波公司的新董事長獻殷勤，要陪他到什麼地方去旅行吧。」

她說話的目的只是想鬆弛神經的緊張。奈茜却遲疑着不立刻回答。難得碰到寶蘭這般親熱和她談話，尤其是自從一個月以前，知道了彼此都有升職的機會，擔任一個重要職務，做哈格雷的祕書。

「看他眞夠漂亮」，最後，她才說。

哈格雷年紀輕輕，離開辦公室，聽說也肯通融，講情面的。但在廣告公司裏，他能夠獨當一面，不是爲了這個緣故。他悶聲不響，儘埋着頭苦幹，一步一步往上升，到了手握大權的時候，同事們這才從夢中醒來似的，羨慕他少年得志。

兩位女職員看見他站起來了，從寫字枱邊踱到房門口。他站在那裏，身上穿一套雙排扣的藍色法蘭絨新裝，一手插在衣袋裏，紐孔綴朶小白花；臉上，如平時一樣，帶點似笑非笑的拘謹的笑容。

「你有沒有預定船票？」他問奈茜。

「定是定了」，她回答：「可是……」她勉强苦笑着，笑容和老闆的一模一樣。像啞子吃黃蓮，她有苦說不出。「可是雙人房的票子却買不到」，她對他說：「無論講交情或是出高價。」

很明顯的，經理失望了。這是誰都看得出來的。

「說不定，讓我來試試？」寶蘭立刻站起來自告奮勇。

這以後十分鐘，寶蘭打電話的聲音驚動了半個辦公廳，嘩啦嘩啦地吩咐售票商，要他取消別人預定的船票。

「你聽着」，她說：「應該取消誰預定的票子，我可一概不管…………」

對，這一職務是值得鑽營的。一方面爲了薪金。除此之外，還有地位的關係。身爲經理的秘書，當然知道許多別人不知道的答案。還有機會結識風雅體面的人物，和他們談談笑笑。在大場面的照片中露臉。還有一瓶瓶的香水、一紮紮的鮮花、一匣匣的糖果，經常有人放置在她的案頭。

還有哈格雷做她的頂頭上司。又年青，又聰明，又漂亮。這也是一個重要的因素。因爲，在廣告公司裏，你可以叫經理的名字，而他也叫他的祕書「奈茜」或「寶蘭」；每逢工作忙，開夜班，他又會帶她出去晚餐，餐費記在公司的帳上。

這是完全爲着公事，彼此都規規矩矩的。不過像這樣在一起辦公，似乎總覺得比較的隨便，比較的親熱。

寶蘭和奈茜都曾經開過夜班，吃過晚餐。哈格雷故意要表示公平。他會把寶蘭挽留下來開一次夜班，然後下一次再輪到奈茜。

但寶蘭是乖巧的。不久，她就看穿了。哈格雷多麼冷淡薄情，甚至在晚餐席上，也那麼大模大樣，不容易和他親近。恰像一幅宣傳友誼的廣告的標語上說：「這就是你呀。」她也察覺，延長時間辦公，更難博取他的歡心——性情粗暴，容易發怒，說話像發牢騷。

因此，當奈茜有了這樣的表示：「我滿不在乎開夜班。我知道寶蘭時常有約會。她交際廣，男朋友多。……」好，寶蘭馬上看風轉舵，樂得抽身讓賢。她早已一眼看到底了。她們兩人之中，誰也不能通過色情的關係贏得這一職位，而她的觀點是正確的。

在公事上投機取巧，寶蘭是天生的能手。她不需要學習。她是這樣的一位職員，有稿子交給她，她一定很忙似的。「眞抱歉，但實在辦不到，爲什麼不請奈茜打呢？」

他們只得照辦。這樣讓寶蘭的手頭空着，隨時巴巴結結地趕辦哈格雷的工作。辦理哈格雷的工作輕鬆得多了。

最後，哈格雷按一下面前的電鈕，寶蘭案頭的訊號燈閃亮了。她想取速記簿，但先打開小鏡子，照一照。然後她取了桌上的速記簿和封套。

低着頭在打字的奈茜，除了坐着不動，還有什麼辦法？奈茜生得藍眼睛，白皮膚，是一位金髮女郎：這是她的一幅寫照。只可惜她不懂得用手腕，投機取巧。

寶蘭一脚踏進經理室，哈格雷就向她要雙人房的船票。

「可有什麼奇蹟，寶蘭？」

她把封套遞給他。封套裏有兩張船票。「外面寫着你的雙人房號數」，她爽朗地說。

她身上穿一套雙排扣的藍色法蘭絨新裝，衣料、欵式都和哈格雷穿的差不多。哈格雷一定會覺得她的打扮非常秀麗，那是毫無疑問的。

「不要錯過了時間」，她再口頭提醒一句，「八點十五分。」

哈格雷笑一笑。「不是說無論講交情或是出高價都辦不到了嗎，呃？」

他又看一看房間的號數，然後鄭重其事地收藏在衣服內側的袋裏。

於是哈格雷宣佈，她升職了。他也向她宣佈薪金的數目。他沒有忘記同時宣佈她的薪金。

正合了寶蘭的心願。她十分感激。不過還有傳統的體育精神。她對奈茜不住；她覺得非常抱歉。看她像滿不在乎。

而哈格雷也滿不在乎。他說這是最公允的辦法。無論如何，奈茜不能擔任這一職務，因爲，今天晚上，他要帶她出去旅行，度蜜月了。就在今天晚上，八點十五分。

× × ×

吻你

長虹

我偷偷地吻你，
只有天知，地知，你知，我知。
像在水面走過，
沒有留下足印。

森林

黃崖

擁抱一個難解的夢，
你遠離人類的文明；
懷裏有毒蛇、猛獸，
頭上披着藤花和鳥語。

陽光探不出你的心事，
密雨沖不開你的尊嚴；
荊棘和野草掩埋多少足跡，
時代的巨輪從未在此經過。

你不懷念過去，也不期望未來，
你覺得有權生存便要生存；
蒼老的樹木倒下，沒有嘆息，
腐爛了軀體，讓新的一代滋長。

亮齋閒話

關於「親俄擁蔣派」及其他

徐亮之

客：天下事有時眞有味；我們只不過天籟自鳴，每週在亮齋閒磕牙一次；但台系報紙却說我們是「機械的」「護憲派」；共系報紙更說我們是「親美反蔣派」或「極端的親美派」了咧！您說有味沒有味？

主：還不如「親俄擁蔣派」更有味。

客：什麼？竟會有「親俄擁蔣派」？學句廣東佬話齋：「大佬！講笑搵第樣，咪攪我！」

主：您不相信是不是？

客：當然不相信。因爲蔣先生最少近十年以來乃以「反共抗俄」公開號召天下的，要他接受親俄派的擁護，實在未免匪夷所思。

主：這就是您不懂辯證法的證據；所以非吃虧不可。告訴您：所謂「親俄擁蔣派」的產生，正是辯證法的妙用咧！這妙用是（最少他們以爲是）：無異直接對「蘇俄老大哥」表示說：我們基本上早已宣誓過「一面倒」的了，所謂「擁蔣」，只不過是「反美」或拆散美蔣關係的巧妙運用，放心好了。亦即無異間接對蔣先生表示說：「美帝」不滿意你，台灣和海外若干人士也不滿意你，甚至香港「極親美派」的「聯合評論」還要「革」你「父子的命」（詳見六月十二日香港「文滙報」第一版「本報訊」），眼見茫茫人海，莽莽乾坤，只有我們擁護你，縱然我們親俄，對你有啥關係？如果你肯合作，把「美帝」趕出台灣，敷衍我們乾喊了七八年「和平解放台灣」的口號的面子，好向大陸人民交賬，則你簡直「高官任做，駿馬任騎」；更對你有啥不好？於是皆大歡喜，天下太平。所謂辯證法的妙用之妙，就能妙到這步田地。

客：但這和我吃不吃虧，又有什麼關係？

主：當然有關係。您想：「親俄派」尚且能够懂得「擁蔣」，偏你我硬要希望蔣先生做這做那，絮聒不休，鍥而不捨；豈非不識時務，罪不可逭？而且所謂「護憲派」尤其是「機械的護憲派」，拆穿了說，也就是被認爲乃反對蔣先生以修憲爲手段而連任第三屆總統的死硬派。一個人既成爲這樣的死硬派，若干「忠貞同志」如何不把他恨得牙癢癢!?又如何能不吃虧來!?」

客：但你這只說了吃虧原因的一半。

主：所謂「親美派」或「極端的親美派」，易言之、即「反俄派」或「極端的反俄派」的代名詞；質言之、亦即「反共派」或「極端的反共派」的同位語。現在共系報紙既把我們列做「親美派」甚至「極端的親美派」了；這即是說、只要共產政權存在一天，我們便只有吃虧一天；存在一輩子，我們便只有吃虧一輩子；而就種種跡象觀察，台灣當局便可能一輩子就不準備反攻的；因此你我該一輩子吃虧便也吃定了。

客：吃虧就吃虧；誰叫你我笨得咁交關，連辯証法也不懂？

主：天下的「虧」，終得有人「吃」；日子長似路，且回家睡覺可也。

四八、六、二六。

東溪雜談

由雷震想到洪亮吉的故事

・萍士・

雷震與洪亮吉

十年來，反共的刊物雜誌，出版不在少數，但言勁旅一枝，台灣出版的「自由中國」半月刊，可當之無愧焉。固然，嚴格的說，它未嘗沒有可以非議之處，不過其根本宗旨，總是鼓吹反共自由的，苦口婆心，有目共覩。但是這樣一本雜誌，數年來，始終成爲台灣一部分當權人士的眼中釘，竟傳該刊已遭遇『罷印』的壓迫，目前雖暫告解決，據說又可續印一年，但該刊的態度一切如常，今後的命運究竟如何，此時尚難預測。

雷震是「自由中國」的實際負責人；射人先射馬，他自然是一個中心目標，所以這幾年來，雷先生眞是流年不利，艱苦備嘗。自陳懷琪事件發生後，他已屢被偵訊，數上法庭，中間雖有名流斡旋，魯仲連奔走，傳聞並未「結案」，牢門正在半開半掩等着他，倘命運之神不肯高抬貴手，雷先生最後能否免於牢獄之災，仍未可知；若果如此，那共產黨，纔眞正會稱快也。

作爲一個主持輿論的人，或對國事有責任感的人，負責敢言，是其天職，獲罪遭殃，事屬平常，是故歷史上，儘管有不可勝計的文字之禍，而甚少一代無敢言之士，若以爲除掉一個人，或消滅某個刊物，天下就太平無事，那豈非一種愚騃的想法。反過來說，一個朝代或當權者，多數都是喜歡巧言令色，歌功頌德，（此所以歷史上對偶納善言的人，常常特別稱道其爲一種美德；）不過任何朝代或當權的人，祗要自以爲還有些微希望，對於逆耳之言，不論如何不滿，多少總常留有點餘地，那怕是虛僞勉強應付，亦是一種風度，而此種事情，古歷史上往往有一筆可傳。這種事例不少，而最近和對現實最切的，莫過於清中期洪北江與仁宗（嘉慶帝）間的故事，這是一個文人敢言獲罪及一個專制皇帝處理一件書生論政案的最近榜樣。

洪北江爲國敢言，獲罪充軍的事情，與今天台灣正在鬧得滿城風雨的「自由中國」問題，頗相彷彿，雷震的情形與遭遇，和洪北江亦有相同處，今聯想所及，特根據洪北江先生年譜，綴爲此文，以爲雖在專制時代，並且清廷是在沒落時代，國中還有這樣的皇帝和這樣的讀書人的說明。當然，雷震後果如何，能否有洪北江的下場，今天還不知道，但願一個民主政府至少能和一個專制皇帝，比較一下度量。

洪亮吉的時代與剿匪

洪北江名亮吉，字君直，北江其號，翛號更生居士，江蘇常州人。他生於乾隆十一年，歿於嘉慶十四年，年六十四歲（一七四六年｜一八〇九年）。他一生發達甚遲，自三十九歲起，連三次會試均不售，至四十五歲，始成進士授翰林院編修，四十七歲任貴州學政。他在貴州前後四年，至五十一歲任滿返抵北京，從此僅在京任教學之職，未再做官，其間三十四歲至五十五歲，因上書批評時政，激烈敢言，初論死罪，後發戍伊犂，百日賜環，還後即從事文章，遨遊山水終世，於六十四歲以疾卒於里門。然先生博通經史，輿地學尤精，論學言事，重致用經世之業，乃有清一大純儒，仕途非其所志亦非其所長；其爲人秉性至孝，篤行仁義，是故能見義勇爲，言人所不敢言，精誠所至，獲罪終能得赦，而其所言，後仁宗竟列之爲座右銘也。

洪先生之獲罪，起於批評清廷政治，指摘其剿匪措施，率直提出對時政的建議，其爲此蓋鑒於當時情勢危急，不忍不言，言不可不眞切也。他入翰林之年，即爲乾隆五十五年（一七九〇年），其時清代中衰方始，各地教亂民變匪亂四起，全國秩序騷然。他在貴州當學政的最後一年，湖南貴州的苗亂發生。乾隆六十年他滿五十歲，貴州巡撫布政使等，在城南甲秀樓爲他張燈設讌祝壽，酒半，銅仁苗民起事的警報至席，在座重要官員，不待席散即出省城應變，自此以至他離開貴州，苗亂始終未平，其時全國大部分地區，均爲猖獗的教亂匪亂困擾騷亂矣。

在那時候，清廷四處派兵剿匪平亂，忙得不亦樂乎，但是剿匪的實際情形，一場糊塗，以致剿不勝剿，愈剿愈多，馴至人民畏兵有甚於畏匪，官軍變爲一種可怕的兵禍。這種情形，洪北江看得甚清楚，所以他分析得最剴切詳明。嘉慶三年，他五十三歲，已返北京供教職，是年二月二十七日，大考翰林詹事於正大光明殿，作文以「征邪教疏」爲題，他據此題寫了一篇動人的文章，疏內力陳內外弊政，是他的文集中最有價值的一文。關於當時剿匪措施的糟糕情形，文內指陳很多，舉其數段云：

「今者楚蜀之民，聚徒劫衆，陸梁一隅，逃死晷刻。始則惑於白蓮、天主、八卦等敎，欲以祈福，繼因受地方官挾制萬端，又以黔省苗氛不靖，派及數省，賦外加賦，橫求無藝，忿不思患，欲起事以避禍，邪敎起事之由如此。……一則曰吏治宜肅也。今日州縣之惡，百倍於十年二十年以前，上敢隳天子之法，下敢竭百姓之資。以臣所聞，湖北之宜昌，四川之達州，雖稍有邪敎，然民皆保身家，戀妻子，不敢犯法也。州縣官吏既不能消弭化導於前，及事有萌孽，卽借邪敎之名，把持之，誅求之，不逼至於爲賊不止。臣請分別懲治之。或以爲事當從緩，然此輩實不可一日姑容。……蓋今日州縣，其罪有三……：無事則蝕糧冒餉，有事則避罪就功……是使下情不上達二也。有功則長隨幕友，皆得冒之，失事則掩取遷流顚踣於道之良民以塞責……三也。今行軍數年，花翎之錫至千百，而賊勢愈張，蹂躪之地方愈多，則功果安在乎！……故臣以爲今日之事，朝廷則賞必當，罰必行，……削上下欺蒙之弊，除彼此推諉之情，如是而邪敎不平，臣不信也。」

觀以上所云，當時剿匪情形惡劣，可見一斑。惟是次所陳，並未獲罪，高宗並曾召見記名，閣卷之人皆爲動容。（一）

小畫家許涵青

亮齋

三年前我和涵青第一次見面時的印象是：這樣一個文弱而又文靜的小姑娘，竟能畫出這樣的畫！因爲我向來是不相信天才萬能的；這回却不能不使我承認確有天才的畫家了。

第二次見面時，是到世昭兄的竹居喝酒。參加酒會的、除我以外，如曾后希、林千石、趙戒堂、林大庸諸兄，全是名詩畫家；而涵青既是世昭的小芳隣，又是后希的小弟子，於是我有機會參觀她的畫室了。於是我對她第一次的印象，獲得合理的修正了。原來她竟是一個小畫迷，更是一個后希迷；是先臨摹了幾年后希的畫，然後才拜后希爲師的。她在家裏，簡直就是以繪畫爲生活，同時也是以繪畫爲娛樂，甚至除了繪畫壓根兒也就不知道什麼是生活或娛樂。學密者說：「全人是咒，全咒是人」；這小姑娘簡直是「全畫是人，全人是畫」的了。於是我對她的印象，不能不作如是修正：這小姑娘已懂得繪畫三昧了；所以才能畫出這樣的畫。

有一次我和她開玩笑說：「曾老師給了您拐杖，您何時才丟掉他的拐杖？」她說：「我希望也能學到曾老師卽席揮毫的本領。果然、不久以前，筆會在蘭灣舉行園遊會，她眞的老筆縱橫地，卽席揮出一幅「李白行吟圖」了，害得許多在座的詩翁忙着都題詩不迭來。

昨天、世昭來信，說她準備七月初旬開畫展，希望我也能說幾句話。我想：我既不能畫，自然沒什麼多話好說，就將就把上面的話交卷吧。

比利時王室的悲喜劇

金一鴻

一

最近，比利時王室發生了一齣悲喜劇。——悲劇的收場是以遜王利奧波爾德三世黯然去國始；喜劇的結果却以國王波杜恩的暢遊美國笑返布魯塞爾終。

故事的開始，應該遠溯到一九四〇年的時候，那時，正是利奧波爾德三世當國。五月十日德國突破比利時國境，五月二十五日流亡在法國南部的比利時政府曾電請利奧波爾德撤退倫敦，但利奧波爾德的回答是：「我將陪同軍民就地分担國運」。可是、沒有幾天他就向希特拉投降了。

大戰結束，利奧波爾德由德國移居瑞士，靜候解放的比利時人民決定他的去留。一九五〇年比利時舉行公民總投票，雖然利奧波爾德被獲得留位，但公民投票的比例是百分之五七、六與百分之四二、四之比，顯然基礎很薄弱。

但是利奧波爾德並不因此進入幸運。不僅早些時（一九三五年）由於駕車失事，禍延「雪花公主」的皇后香消玉隕遭喪偶之痛；而且他在復位之後，不到一個年頭的時間又被迫遜位了，由太子波杜恩承繼大統。

利奧波爾德的被迫遜位的原因，由於他的投降德國當然是個因素之一。同時，由於在戰爭期間，他把西部弗來米區總督巴埃爾的女兒二十來歲的麗利安小姐，以陪伴三個公主和太子的家庭教師為名進宮的而結果却以「里根公主」的名義變成了他的皇后的一段羅曼斯不得人心。

二

遜位了八九年的利奧波爾德為什麼現在又要演出必須去國的一幕呢？緣由利奧波爾德雖然遜了王位，但他却一直住着里根王宮的正廳，而國王波杜恩反而仍舊住在太子的廂房，於是輿論嘖有煩言，此其一。由於利奧波爾德一直是往在宮中的，因此，他不僅在生活上同他的兒子波杜恩國王同桌吃飯，同玩高爾夫球，永無休止地向他的兒王申訴人民迫他下野的苦衷；而且，在實際的政治設施中，他派了一大批的顧問包圍着波杜恩王，左右比政府的決策。此其二。今年年初，比屬剛果發生了反殖民者運動，當時總督可乃利斯採取了並不十分妥善的手法，就是比利時內閣對於可乃利斯也很不滿，可是利奧波爾德却用宮廷的命令强要可乃利斯留任；同時，並將未經通知內閣的國王的演詞錄音擅自廣播出去，於是舉國譁然。此其三。上月比國首相埃斯根突然被召進宮，接受宣布利奧波爾德的二十五歲的幼子阿爾拔王子，要和意大利的公主加拉比莉亞結婚的廷命。但是王族的婚事，照例是要由政府取決和批准的，因此內閣認為利奧波爾德是一種越權，而且是侮辱他們，於是閣議不理王宮的決定，並提出强烈的抗議。正在這樣爭論之中，事有湊巧，敎宗若望廿三世忽然宣佈，願意在凡蒂崗替他們證婚，於是又引起了執政的社會黨人的不滿：說「這是比利時憲法被藐視」！因為根據憲法第十六條規定，民事婚禮一定要先經過宗敎婚禮的。可是凡蒂崗也堅持着說：如果是民事的婚禮，敎宗便不主持婚禮，雙方爭執，各不退讓。此其四。

由於這些不愉快的事實不斷的發生，於是年來比利時國內便產生了一股反對利奧波爾德遜王的浪潮。報章文字的攻擊，黨派集會的指責，內閣不滿的怒吼等等，一致要求利奧波爾德停止對王室事務及國家政務的干涉。甚至於平素支持利奧波爾德最力的天主教報紙，也發出不滿「宮廷之內有人蔑視破壞內閣」的呼聲。利奧波爾德遜王在這一連串的攻擊聲中，開始退却了。十天前，他召集首相進宮盛怒地說：「停止報紙對我的攻擊」！末了，他又失望地說：「我就遷出王宮。」他要求居住與里根王宮隔絕的貝佛特爾行宮，可是內閣却堅持要求他居住於法國南部的王家別墅。於是利奧波爾德不得不黯然去國了。

三

在這一場風波的過程中，年輕國王波杜恩却正在美國進行訪問。波杜恩是一個二十八歲沉默寡言，嚴謹肅穆的少年老成人，比利時人對他的印象並不怎樣生動。可是，不知是由於利奧波爾德遜王的去國使他去了太上皇，放鬆了情緒的關係，或者是由於美國的物質文明勾引起了他產生新的概念的緣故，也許兩者的因素都存在，當他在美國訪問的一段時間中，他一改往日愁眉苦臉沉默寡言的態度，他在美國與電影明星德琵雷諾雙雙的起舞，留連夜總會的艷跡，會見記者時有說有笑，給比利時人民帶來了一個新的面目。因此，當他由美國乘機飛抵布魯塞爾時，在機場迎候的人民有數萬人之多，一瞻豐采。果然，他從機梯上笑容滿面地向夾道歡呼的人民舉手致意，表示他很愉快。次日，並於里根宮中作了八年國王以來的第一次的招待記者的豪舉，樂意地解答了許多問題。可是，無可否認的，在他的一言一語的神態上已經明顯地反映出他已經擺脫了「利奧波爾德的糾纏」。

×× ×× ××

為什麼大陸上一雨便成災？

（接上第二版）

鄴郡令史起，引漳水灌溉；韓國的水工鄭國的引涇水灌溉；秦昭王時蜀郡守李冰，鑿離堆，引岷江灌溉諸郡。建成舉世聞名，至今仍然惠澤川西一十六縣人民的都江堰。及至民國以來所興建綏遠的民生渠，河北的仁壽渠，陝西的涇惠渠，甘肅的洮惠渠；以及設計而未實行的治黃、治江、治淮、治運等等計劃，大都是按照大禹的方法因勢利導，疏導蓄洩，最後送水攻沙而入大江大海。

四

中共席捲了大陸以後，對於治水工作和其他工作一樣，不管事實需要，自然趨勢，硬加上馬列主義，採用蘇俄辦法，從毛澤東提出「把淮河一定治好」起，到現在的「河網化」。他們的治水方法是：「以蓄為主，多蓄少排，不僅用水庫來蓄，而且把水蓄在廣大的地面上。這種蓄的方法，在某種意義上又包含着排，不過不是排到長江大海裏，而是從田裏排到廣大面積的河網中，所以是蓄中有排，排中有蓄，主要是蓄。」在中共認為他們的「這樣治水方法，是歷史上沒有過的」。其實，中共這樣以蓄為主的方法，無異於鯀的「湮」的堵塞方法。因為我國所有水道，都是病在水不能暢其流；尤其晚近以來，在戰亂頻仍，對於水道疏浚工作，甚少顧及；至江水湖沼氾濫，只有培堤築圍，以禦洪水。因此，所能收到的效果僅能保障一個地區或者一個地方的安全。相反的由於培堤築圍，造成水緩沙停，侵蝕堤圍，以致河床日高，下游尾閭壅塞不暢的現象，黃河如此，淮河、長江、珠江莫不如此。中共以蓄為主之後，不僅不能針對現實急其所急，疏浚河道，增加容量，加快流速，使水能暢其流。反而棄下游尾閭水道壅塞於不顧，先在上中游大做其攔蓄工程，拚命趕築水庫，在中共以為這樣一來，不但可以分散洪水湍激之勢，並且可以利用水位差距衝擊力量發電。其實，恰恰相反。因為水流一經攔蓄入於水庫之後，非但形成中飽腫脹之勢，並且使河道經常缺乏水流冲刷的送水攻沙作用，河床勢必淤淺日甚，而入海尾閭，只有海潮帶沙的倒灌，更加增了壅塞不通，造成了有水無處宣洩。如最近廣東東江的洪水氾濫破歷史紀載的重災，就是因為中共在東江支流新豐江上攔築尚未成功的新豐江水庫所造成；水不能即退，也就因為水流不暢入海尾閭淤塞之故。再如中共在田地上實行「河網化」，其眞正用意是破壞原來灌溉系統而變更地形，以徹底消滅農民對土地殘存痕跡的留戀回憶，從而實行大田制，而便於機械耕種。（註：中共規劃每塊田地採用長方形，一般長為一千至一千五百公尺，寬為二百至五百公尺。）而且，中共以蓄為主之後，積水存於田間水道，增加了田土的表層含水程度，以致使土壤有含水過多無法排洩之苦。加上，中共對於工程的施工馬馬虎虎，一經雨水，即潰不成樣。所以，大陸上一雨便成災，其故在此。大陸上這次水災不過是今年的災象開始，在我看來，伏汛、秋汛可能還有更大的災情，說不定會再出現一個洪水時代。接着水災之後的瘟疫，必然跟踵而來，將是人民無法避免的浩劫。因此，可以說水災將是中共不易竄逃的難關。

共區詩歌形式問題的爭執（下）

岳騫

何其芳第一次受到批評，是在「大躍進」時，有人批評何其芳太懶，「解放」後只寫了一本「紅樓夢研究論文集」，還未出版、意思中隱隱指責何其芳白吃「人民」的糧食。何其芳是領導階級，從來只能批評別人，如何能受別人的批評，當時會予以反擊，可能就在那時種下惡因。一九五八年十月「文學知識」月刊創刊，這個小型刊物是由何其芳主辦的，他就在上面寫一篇新詩話（連載）專門亂介紹掄揚「大躍進」以來的民歌。不過何其芳究竟對於新詩有點造詣，取材也就選擇一些格律整齊，意思還不太離譜的，經他修改之後，到還可以寓目。至於特別「躍進」如「我就是玉皇，我就是龍王」一類「佳作」却摒而未取，而且還表示反對這些亂來的東西，於是就得罪了一批新進「詩人」。

合當有事

說起來也是合當有事，一九五八年五月間中共東北文藝刊物「處女地」（現改為「文藝紅旗」）的作者到了北平，看見何其芳同他談到詩歌的形式問題，何其芳自然又發揮了他的新詩必須有格律的主張，「處女地」作者就請求何其芳寫篇論文，正在這時，一九五八年五月號人民文學一位署名「公木」的作者，寫了一篇「詩歌的下鄉上山問題」，指責何其芳「反對或懷疑歌謠體的新詩」，於是何其芳火了，他自恃靠山硬（有周揚支持）地位高（中共科學院文學研究所主任），二十年來就是領導階級，從來都是他罵別人，誰敢指名道姓罵他（胡風除外），於是在盛怒之下，寫了一篇「關於新詩的百花齊放問題」，把所有反對他的新詩格律化的人罵得狗血噴頭，這一來把新詩人全得罪了。而且他這種狂妄態度，可能引起了周揚不滿，示意一些爪牙給他點顏色看看，從一九五八年十月開始，何其芳變成「巴金替身，成為所有文藝刊物報紙攻擊的目標。先後發表過攻擊他的文字的刊物、報紙，計有人民日報，文滙報，新民晚報，「文藝報」，詩刊，萌芽，甚至原來登載他的「惹禍文章」的「處女地」，在十月號也發表一篇批評他的文字，指責何其芳輕視新民歌，否定新民歌。這樣亂嘈嘈地吵到年底，主將張光年登場，大軸戲才告開始。

何其芳手上雖然也有兩個刊物，文學評論和文學知識，但是前者大而無當，（轉下第四版）

簡介張光年

這裏要簡畧介紹一下張光年，此君是「解放」後崛起的新人，在周揚集團中，要算是資格最淺的一位，最初幾年只是以文藝批評家的身份在報紙上寫些文章，受他批評的人一定會受到直接間接的打擊，那時大家雖然看出張光年此人不簡單，不過他自己並沒有地盤，所以起的作用也不太大，到了一九五七年中共在文藝界展開大整肅，先後被鬥爭的就是「文藝報」副總編輯蕭乾，名導演吳祖光以及丁玲和馮雪峯。馮雪峯當時任「文藝報」主編，馮被鬥掉之後，張光年繼承了馮的職位，一躍升任「文藝報」主編，躋入最高統治圈子，成為周揚的高級爪牙。不過，張光年比較其他同僚要聰明些，頗懂得作人的道理，遇到問題經常向「郭老」及茅盾請教，對於黨外重要作家，也相當客氣，遇事也經常聯繫。本來中共的「文藝報」等於蘇聯的「文學報」是文學藝術方面的指導刊物，如同人民日報在報紙方面的地位。張光年踞有這變一個重要地位，再加上他頗為「虛心」，一些黨外作家自然都團在他的周圍，除去郭沫若、茅盾之外，還有「收穫」主編巴金，「詩刊」主編藏克家，「人民文學」主編張天翼，都和張光年接近。

從李萬居質詢看台灣情況

齊中人

台北通訊

本月十二日台灣省參議會省政總質詢中，省議員李萬居向周至柔主席提出十六點質詢，李萬居是台灣最敢講話的議員之一，隸青年黨籍，他過去是台灣新生報社長，現在是公論報社長。李萬居主持的公論報，也是目前台灣的少數純民營報紙之一。

從李萬居的質詢中，我們可以知道台灣還有很多應當力求改善的地方。去年十月二十三日「中美聯合公報」發表，政府曾公開聲明，願以實行三民主義為光復大陸之主要途徑。自「中美聯合公報」發表到現在，已經快八個月了，如今在李萬居質詢中所透露的種種事實，不禁使人對於政府從事政治改革的行動，有「恨緩」、「恨少」的感覺。

下面我把李萬居十六點質詢的重要部份，介紹於後：

「黨天下」的作風何能求團結

李萬居說：「團結、公平、容忍」才能使全民一致，打倒共黨。可是在台灣，「國民黨黨員無論政府機關或公營事業機構，所有職位全部佔據淨盡」，而「這些機構所有大小職員非執政黨黨員都不能立足」，甚至是「連當一名教員都不准」。

國民黨執政者把一切就業的機會給壟斷起來，這樣不平等的待遇，如何能致全國於團結？李萬居要求周至柔「可否把全省自省政府以至縣市鄉鎮所有科長股長級人員有幾名不是國民黨籍的，公佈出來」。

非我黨派，其心必異嗎？

李萬居說：「國民黨執政者常是抱持着『非我黨派，其心必異』的觀念，所以說它是一個排他性和懷疑性最强的政黨，並不為過。因此，自己的同志便認為可靠，他人便不可靠。這也許是受了過去聯俄容共的思想毒素所影響。結果對於旁人便事事懷疑，樣樣不相信」。

他舉例說，去年青年黨籍省議員郭雨新去日本時「特務隨時跟蹤，揑造報告」，因而當他的眷屬要想去日本時，主管出入境證的機關即批了個「免議」。

一個要想團結一切力量，從事反共復國大業，預備有大作為的政府，豈能有這樣猜忌、褊狹的心胸呢？是否其他黨派都對國家不忠呢？他舉出很多事實說，「過去國民黨當局認為最忠貞可靠的同志，如張治中、邵力子、翁文灝等許許多多人現在都在大陸上與共匪合作，「為虎作倀」。

立法委員應重新改選

立法委員的任期按照憲法第六十五條的規定為三年。可是自民國三十七年選出第一屆立法委員以後，由於共黨叛亂，大陸沉淪，政府遷台，以致拖延到現在仍無法改選，已經整整的十一年了。由於立委的不能改選，所以立法委員幾乎都成了終身職。

李萬居認為「他們已不能代表人民的利益」。最明顯的例證，即是「四十七年六月『出版法修正草案』竟然不惜違反衆意，甘冒天下的大不韙而予表決通過，其次省縣市自治通則條文計二百七十餘條，一擱就整整十年，還未見審查完竣，可見他們並沒有意思替選民謀利益」。

他並認為「今天自由中國的人民百分之八十是台灣人，全國所需要的人力、物力和財力、百分之百須靠台灣同胞負擔；在立法院裏面五百幾十名的民意代表，台灣籍立法委員僅有八名，似此豈能謂為事理之平？」

李萬居認為立法委員非但應該立即改選，而且台灣籍立委應該增加。至於名額應該如何分配？他說：「台灣一區縱然不必照人口比例佔百分之八十，但至少亦應佔百分之五十以上」。

從留學生看出達官貴人最不愛國

台灣的達官貴人們，在公共場所遇有機會必定「訓話」，他們張口就是訓示人要「愛國」，要以「國家民族」為念，閉口就是要人「與台灣共存亡」，可是他們自己如何呢？請看李萬居指出的情況：

「許多留美學生一去不返，有的甚至用盡種種方法去爭取美國籍，這種情形已引起大多數人的注意。說到這裏，使人不禁感慨系之，我們的留美學生，尤其是這批達官貴人的子弟，何以一去不返呢？年來有種趨向，以能赴美國留學者為光榮，有些顯要們當他們的子弟出國時，還要父母勸共兒女，兄姊勸其弟妹：你們到了美國之後，能久留則留之，最好能夠取得美國籍，不然的話也得取得個永久居留權。他們沒有愛國心，至於此極。」

從李萬居的話，我們不難知道，何以很多達官貴人的子弟在美國只「留」不「學」的現象了。無怪李萬居要求周主席「把留美學生的姓名、籍貫，所學何科、留學年限以及他們家長姓名公佈出來」。

法官低能，刑事案件錯判多

台灣司法界應急謀改善，早經各方不斷指出，這次李萬居在質詢時，更援引官方統計，促請政府注意。他說，「司法行政部谷鳳翔部長於四月二十五日在立法院司法委員會報告，根據統計數字，承認一年來司法機關判案的正確性，民事方面第一審為百分之七八點零九，第二審為百分之七九點一二；刑事方面第一審為百分之五十五，第二審為百分之五十六。就這些統計數字看來，刑事錯判案件比較民事為多，其正確性只有一半多一點。由此，一面可見司法風紀的敗壞，一面則可看出司法人員的低能。如此判案，自由中國司法的尊嚴何能使人敬重？」

立法院最近通過了「寃獄賠償法」，這一法案實施以後，固然可以使刑事案件錯判的被害者得到一些補償，不過刑事案件的判決，在第一審時只有百分之五十五的正確率，實在也未免太少了。如是的話，一年之中國庫的公帑，將要有多少被法官的低能錯判而賠償以去呢？

十年戒嚴，史無前例

最近幾個月來，台灣省警備總司令部迭次發佈消息，說明人民團體集會和羣衆性的臨時集會的區別、範圍、和限制等等，按照警備司令部發佈的消息，似乎三五賓朋的聚餐宴客都有呈報核准的必要。李萬居在質詢中沉痛的指出：「整個自由中國十年來都在戒嚴令之下，所有憲法賦與人民的一切自由權利都剝奪得乾乾淨淨」。他說，「十年不斷在戒嚴，時間之長，實是歷史上所少見。現在人民所不能了解的是：聚餐、宴客是不是也需要呈報治安機關予以核准？」

他並以他自身的經驗舉例說：「本月六日我們一些朋友宴會，大批特務人員在監視、窺探，如臨大敵，餐後有的被人藉口從背後撞擊，並拖到派出所去。郭雨新議員的住宅當夜被突擊檢查。本人則被跟踪。似此自由中國連宴客聚餐的自由都沒有了！」

除了以上報導的諸質詢外，李氏還曾問及軍隊的黨化，為政應以誠實，不欺民，萬一美援停止，政府有否事先籌劃？諸問題等。

談製造天意與製造民意

張眞

天意如何？本來無人知道。

但古之皇帝，既稱為天子，為了便於某人當天子，於是也就有製造天意的玩意出現了。

當然，並不是每一個皇帝都是經過這種製造的，因為那些宅心仁正，自顧無愧的人，如像堯、舜、禹等人是不屑於製造天意、也不必製造天意的。可是另外一些人則不然，他們根本沒有當皇帝的理由，但他們卻非當不可，怎麼辦呢？便偽造天意了。試看，除了堯舜禹湯等賢君以外，所有那些居心險惡，行為乖謬的皇帝，有幾個不是經過偽造而來？我們讀歷史，每讀到天上有異彩地上出祥瑞，不必下看，那準是有人在製造天意，準是有人在想當皇帝了。

帝王制度結束以後，製造天意的事隨風而逝。製造民意的醜事，卻又上演，此因總統由民選，所以今之製造民意與古之製造天意便殊途同歸，都為的是使某人非法的登上寶座。

猶憶民國初期，袁世凱想作天子，但在稱帝前夕，猶自公開表示決不變更國體，並說如果國人相迫，他便要辭謝去國，寧肯終老異鄉。可是另一方面他卻又慫恿親信爪牙搞「籌安會」以製造民意，結果，他雖當了八十三天的天子，卻送了老命一條。說到送命，袁世凱當然死有餘辜，我們唾罵之餘，自不會予以半分弔惜，但奇怪的是：明明民意不可偽造，卻偏有人要去偽造，明明醜劇不可上演，卻偏有人定要上演。

據台北方面最近宣傳說：各地華僑都擁護蔣總統三屆連任，但據我們這些身為華僑，身在僑區的僑民的了解，則絕對多數是反對蔣先生連任三屆總統的。這只要看看香港下列刊物：祖國周刊、自由陣線、再生、新社會等刊物的言論無一家不反對蔣總統連任？又再看八六五期自由人半周刊所登謝扶雅先生所撰美國通訊，他明明報導僑居在美國的中國知識分子就都反對蔣連任，便知道大家是如何的在反對蔣三屆連任了。但奇妙的是台北當局一手遮斷不許這些眞正代表民意的刊物入台，如像八六五期「自由人」半周刊就因為登了一篇謝扶雅先生的文章報導了留美國中國知識分子都反對蔣三屆連任，便在機場被扣，而另一方面則通過台灣省民意機構大力製造民意，硬說人民一致擁蔣三屆連任，但如此這般的製造，誰不知道這民意乃是偽造的呢？偽造眞是醜事啊！

共區詩歌形式問題的爭執（下）

岳騫

（接上第三版）

（十六開本，一百三十多頁，後者小而不精（十六開本，二十多頁，可算是共區最粗糙的文藝刋物），雙方一交手，張光年集團的炮彈從四面八方打來，何其芳只能在這兩個銷量很少的刋物上還擊，連招架都很困難。當雙方面鏖戰正烈時，三聲炮響，主將張光年從容出場，在人民日報（一九五九年一月二十七日）發表了一篇「在新事物面前」，對於所有攻擊何其芳的文字，作了一次總結。按說文藝報主編的大文、發表在人民日報上，而談的又是詩歌問題，本來已經等於最後的判決了，可是，何其芳還是不服，他自以為是周揚的親信，由上海而延安而重慶，勞苦功高，你張光年是什麼東西，所以在「文學批評」本年第一期，第二期仍然繼續奮鬥，不肯低頭認錯，看情形，這場官司除非周揚親自出馬處理，短期仍不會有結果。

新詩還成器

本來要談到新詩格律問題，根本就無所謂是非，因為新詩本身在中國文學上未曾成器，不過，要勉强評論這場筆戰的曲直，何其芳的道理還是比較可取，最低限度何其芳本人作的新詩，尙能明白他的意思，而現在新進的新詩人，大陸上的那一種「我是龍王，我是玉皇」一類的夢藝詩，和海外一些專讓人看不懂的「未來派」的詩，較何其芳還差了一皮。可是在這場鬥爭中，何其芳卻處在下風，即使這回鬥不倒，也埋伏下將來垮台的種子，因為丁玲就是經過許多次才鬥倒的。

這次批判何其芳眞是地無分南北，人無分新舊，北平、上海是兩個主要地區，其他大都市也都紛紛發動，作者中除去一些新進、茅盾及傅東華也出馬助戰，更妙的是中國大陸上第三名無恥之徒趙景深（第一郭沫若，第二臧克家，關於趙景深的無恥之事，非本文所能詳述，我只能在此向讀者負責，決不寃枉他就是了），也出來趁熱鬧，可是引證的何其芳原文及長恨歌內兩句引錯了，被何其芳指名罵了一頓，要算是這次論戰中的有趣插曲。

本刊已經香港政府登記

聯合評論 週刊

每逢星期五出版

United Voice Weekly

第四十七號

督印人：黃宇人　總編輯：左仲平
社址九龍金馬倫道卅八號三樓　電話61413
承印：田風印刷廠（高士打道二二一號）
總代理：友聯發行公司　售價每份港幣壹毫
本報美洲版總經售處美國紐約中美出版社
CHINESE-AMERICAN PRESS, INC
199 CANAL STREET.,
NEW YORK 13 N. Y. U.S.A.
美洲航空版零售每份美金壹角

生於其心、害於其政

李璜

一

記得民國三十九年春，張公權先生將自香港赴澳洲，幾位朋友為之祖餞於虎門輪上，中間一位現在台灣任要職的老先生，曾向公權先生說道：『我們今天流落到此，實受一部憲法之賜，令兄君勱起草的這部憲法，眞害死人了啊！』我當時親聞此語，深感詫異，如何黨國要人竟將大陸淪亡責任推在憲法身上去呢？

大陸淪亡的責任誰負？究應歸罪於何人，何事？我們在數年來，雖不免痛定思痛的，要去想到這一問題，然而在說話作文方面，總在極力避免算舊賬，傷感情，於事無補，反而影響團結，徒亂人意。但是默察近年自由中國執政黨中少數人的言論及行事，其心理總在舊賬上打圈子，偶一提到昔年的政協會議，國大選舉，副總統選舉，等等，不免要表示出深惡痛絕的態度，並且認為大陸淪亡，其責任都在這一些會議與選舉上，而何以有此會議與選舉，大半是渴望民主憲政的人們在那裏堅決主張，推波助瀾。因此今日不但對於還在主張「非民主不足以反共」的人們實在難於容忍，必須相機予以打擊，而且就對於民主，自由等字樣，也表示厭棄，曾自然的流露於執政黨中司筆政者的筆端。

我想，今日在台北，「張君勱起草的這部憲法害死了人」，這一感想不只是某政要一人心中有之，而是相當普遍於黨要政要心中，因為今日在野言論還是隨時拿憲法條文來批判政府的得失是非咧。

二

「生於其心，害於其政」，近年來，執政者安心要違反民主憲政之道，比較在大陸時更把對人民自由的尺度縮小，因此與在野者無法合作團結，朝野各行所是，愈走愈遠，無非是前面所說這些舊賬的陰影在那裏作怪，幾乎成為死結。我覺得有把這一死結解鬆解活之必要，否則於大家的主要目標，反共前途，大為不利。

不過，既要解結，我在這裏力避去算舊賬，絕不深究大陸的淪陷，是因為不將政權建立在大多數民衆的基礎上，而老是建立在一人一黨的軍事力量上，以致這軍事的主力一潰，大好河山及億萬人民便只得棄之而去。我在此篇短文上只將何以會有政協會議，憲法起草，國大選舉，畧說兩句，而何以這些會議與選舉未能够如當局者之所預期，其中原因，也不能將罪過完全推在美國人與民主人士身上，而自己便毫無責任。

我覺得執政者必須隨時瞭解一國大勢之所趨，而思有以順應之，運用之，俾於國於己兩皆有利。當八一三全面抗戰開始，政府特設國防參議會，將在野黨派及名流請去參加；後又成立國民參政會，擴大參加在野的人數，接着，政府退到重慶，又成立臨時省參議會與縣參議會，這足表示當日政府很瞭解大勢之所趨，立刻起而順應，而且運用得相當得法，因此這一些準民意機關，在七八年間，對於抗戰固有所貢獻，對於政府也加強了甚大的向心力。——我們總不能說，在抗戰時期中，這些參政會，參議會是曾為中共所利用，而有害於國家與政府罷！

不過，政府雖了解這些參政員與參議員很是出力支持政府，幫助抗戰，然而總對在野派以至在朝派的議員在會議中質詢政府，批評要員，有時至為尖銳，未能辦到隱惡揚善，如少數人之所期望。於是在抗戰末期以至抗戰後，政府中少數人便要打算將這一在抗戰中的民主大勢，往後拉回。但這一大勢所趨，只有向前，無法後退，當局也似乎明白，故才決定制憲行憲。但對立委，當時運用的辦法與在抗戰中的運用乃大異其趨，一味想用黨來控制、包辦，而國民黨一向的組織又不能適應這一包辦與控制，於是平問題就百出了！因為在少數包辦與控制之下，民意與黨意兩者均不能伸張，於是國大會議與選舉每次都在派別磨擦，地方磨擦，人人磨擦，怨聲載道，豈但幾乎將國民黨鬨搒，連青年黨與民社黨的黨員也因不能自由競選，大為不滿於黨的主持人。

要制憲行憲，要實行普選，以及要從選舉制度來建立政府基礎，就只有一聽民意表現，自由競爭，換句話說，實行民主作法，而不要去處處控制。因為這樣大的一個中國，要縣縣去控制選舉，這樣大的一個議會，要時時去控制會議，這是無法辦得成功的，其結果只有鬧笑話。——這是主意沒有打好，運用不得其法，而控制的力量又太不夠，結果自陷於矛盾之中。至於政協會議，在美國人心中只注重是「國共和談」(Nationalist Com-munist Negociation)，在事實上，馬歇爾也只是聽俞大維說過來，周恩來說過去而已。既然憲草在重慶已議妥，而政府又決心制憲行憲，那就在還都以後，可以立刻召開國大，又何必還都之後，明知中共無誠意，乃把無聊的談法還拖得那樣長，白耗時間，以致反共的民主人士都不大耐煩了咧。

三

總之，學步民主，在大陸時，執政者過於恐怖人多嘴雜，會影響其政權得失，故用盡方法來嚴加控制選舉與會議，殊不知愈控制愈雜亂，結果連執政黨自身的陣容也無法維持；所以今日在台灣，執政者便更要事事要求清一色，對於自由言論，也比在大陸時還要表現得更敏感，更緊張，更非嚴加控制不可！然而在海外，特別在香港，人們言論的自由乃為台灣所無法干涉，執政者久已不耐，尤其本週刊同人月來強調憲法不容在此時此地更易一字，大觸忌諱，但除了禁止聯合評論入台以外，尙無其他辦法可想。乃忽然發現左舜生一篇主張政府要堅實緊縮的文字，而話不免略說過了頭，於是執政者便認為抓住了機會，於是發動黨報，準黨報，半黨報，連日向左舜生起鬨，以為這一下，不但可將愛說話的左舜生壓下去，並且可以將海外的主張民主自由的言論都壓下去，從此在海外也可以做成清一色，無人再敢於放言高論，指摘在台灣的執政者了。其實，十年以來，在海外希望政府改革，早日反攻的呼聲已愈來愈少愈弱，這證明不是大家在失望灰心，便是對中華民國在台灣的政府已淡然忘之，這並不是一個好現象，不知執政者的感覺是如何。今竟連反共三十餘年，為中共所最忌恨的左舜生，因為他愛批評政府，也給他一頂紅帽子，說他要做中共的同路人，這不怕為明眼人所齒冷嗎！而今大陸民衆更在天災人禍，水深火熱之中，執政者如不能亟圖反攻，以解救苦難的民衆，無論黨報宣傳台灣是如何的好法，海外人心終是無法滿意的。因為大家所希望是在政府的反攻辦法以及反攻勝利的表現。但是在我們則認為政府非眞正實現民主政治，則號召不廣，聲勢不大；難於集結自發自動的大衆力量，而反攻的前途還是很難言的啊！

答中央日報

左舜生

首先答覆一點

一直到前天，我才從某處借到最近幾天的『中央日報』，把他們在六二九和七一兩篇社論看了一遍。據七月四日此間『眞報』一位署名『鐘鏘』的，曾對這兩篇社論有所批評，他說：『中央日報的兩篇社論中的第一篇，其實軟弱無力，說不出道理來；第二篇較好一點，但還未能抓住要點，也不夠有力。』我的看法和這位鐘君的並不一樣：我覺得，國民黨在過去對於一個反對者的言論，照例是以高視闊步的態度出之，一切置之不理；或則運用一種不太高明的手法加以對付；現在居然對於我這樣一個毫無力量之人，在一份小報，而且是一份根本不許入台的小報上所發表的一篇文字，不惜以『中央日報』寶貴的篇幅，連續發表兩篇社論來加以反駁或糾正，無論如何總算是一種進步。

不過，話仍得說回頭，對於國家的重大問題，彼此能平心靜氣的加以討論或辯駁，這是好的；但仍有必須遵守的若干規律：一、要就事論事，不要拉到本題以外去胡扯；二、要就文論文，不要斷章取義加以歪曲；三、彼此能明瞭對手方平日的言論與行事及其一貫的宗旨，這便更可減少隔膜，而省去若干無謂的揣測。

六二九中央日報的社論，拿我『私字誤了中國六十年』一句話，大做其截搭題，他們說：中山先生『首倡的國民革命六十年的這部歷史，和中華民國的這個法統，在左舜生的筆下，「用私字誤了中國六十年」一句話，輕輕的抹煞』。我不懂得作為一個國民黨主要機關報的大主筆先生，何以對於黨史國史研究的疏畧一至如此！我所說的『六十年』，當然是指的從戊戌維新以至今日，這段時間，包括了滿清的十三年，民國的四十七年。滿清這一段，對中國政治上要負重大責任的人，至少應包括李鴻章，慈禧，奕劻，榮祿，袁世凱，剛毅，載漪，載灃，以及載灃的親兄弟載濤、載洵，乃至當時的皇族如載澤，載振，毓朗，官僚如盛宣懷，政客如楊度等等在內；入民國以後，除袁以外，也還有黎，馮，徐，曹，段，張諸人，乃至後來一羣大大小小的軍閥，也鬧了十年以上。我所說這個誤國的『私』字，至少有一半要由這一羣人負責，你們為什麼不問青紅皂白，要把我下的這個『私』字輕輕的往中山先生的頭上一拉呢？

民國十九年以後，我前後曾有十年的時間，在五個學校教過中國現代史，中山所手創的這部革命史，便是我這門功課主要的一部分，我把當年那班革命先烈的精神，眞是發揮到淋漓盡致，聽過我講的學生，至少有兩千人，現在在台服務的，也不在少數，你們可以問問他們，我是不是『誣毀』過這段歷史？是不是『誣毀』過中山先生？猶不止此，中山的聯俄容共政策，在當時確曾引起過黨內黨外不少人的反對，甚至就是蔣先生，當他十二年赴俄考察以後，也曾對這個政策表示懷疑，關於這件事的文獻，一見於蔣先生十六年八月下野的通電，再見於蔣先生的近著『蘇俄在中國』第一編第二章第七節。惟獨我這個『中山迷』，乃至對這件事也還是為他辯護，不惟出之於口，而且筆之於書，在我所著的『近三十年見聞雜記』上面，有一大段文字，便是為此而發。可惜原文太長，不便徵引，現在只把這一段的幾句結論錄在下面：

『平心而論，以蘇俄當時那樣一副親善的面孔，加以她那種宣傳與組織的巧妙技術，以中山自民元以來逐漸形成的一種垂暮心情，又眼見一大羣熱情洋溢的英英年少正在躍躍欲試，他除掉在預事防閑徐圖補救的前提之下，來從事這一因勢利導的冒險工作以外，又還有什麼其他的辦法呢？』

這還是民國四十年的話。去年八月十五，我在本刊所寫的『發刊詞』，也還是希望國民黨黨員發揮國民黨的原始精神，我除在一段文字描寫中山先生的廓達大度和堅忍不拔的氣概以外，更加重語氣的說：『只要中山先生的精神能重復燃燒在每一個國民黨黨員的胸中，能重復燃燒在每一個青年的胸中，中國共產黨還值得一倒嗎？』請你們想一想，像上面的許多話，是不是一個『誣毀』中山和他的革命史的人所能說得出？這是答覆你們的第一點。

台灣政府應該改革

「搶救中華民國時間已經不多了」並沒有說錯，中央日報社論才說得過分了。

孫寶剛

當我收到六月十九日的聯合評論，而看到左舜生先生的「搶救中華民國時間已經不多了」一文之後。初時果然有些奇怪，舜生先生這幾個月來反對修改憲法與蔣總統連任最夠勁，現在為什麼捨憲法和連任問題不談而轉談「治台方案」呢？繼而一想，我倒認為很有道理。事實上台灣一千多的國大代表以及四百多個立法委員都是十年前所選出來的，任期已經超過了這麼久，以後還不知道到什麼時候能再選，所以國大代表和立法委員的本身，在法理上已發生了問題，而憲政的基礎，易言之，政權的來源是靠了這一批國大代表和立法委員；再加上憲法所規定的人民基本自由，司法獨立，以及軍隊國家化等等，這十年以來，已被摧毀無餘；所以在今日台灣的現狀下，是無法再嚴格談憲政的了。

憲政既無法再談，那麼以非常時期，用非常手段來行使政權，當然也不能說不對。問題的核心是在所用的非常時期的方案是否比掛羊頭賣狗肉的假憲政，更能面對現實，即是說，能不能對六億餘的同胞，最低限度對一千萬在台的同胞和海外還擁護中華民國的僑胞們更為有利；對國際關係上是否有有利的影響，和對反共工作是否更能發揮效能。

假如依照這個尺度來衡量左先生所提的治台方案，即是他所提的十六點，在我看來，固然不能說很夠，但大體說來，是很實在和可行的，其所提的第一條是原則性的，我想現政府也不必定要否認沒有一黨壟斷，好在一切目擊身受的人都心裏有數，儘可有則改之，無則加勉。第二條是說明這樣從現政府轉變為非常時期的政府，所提的乃是形式上的問題無關重要的。第三條說不須另有一個省政府。我想稍有常識的人總不應反對這個提議罷，台灣是前清時的一個道，即是一個行政專員區，下面祇統率了不滿十個縣，何必床上安床，屋上架屋，有了中央政府，又有省政府，而且祇有一個省政府。這不特浪費人力物力，反可減低了行政的效率？所以我認為台灣早應取消省政府。第四條裁減駢枝機構和冗員，也是原則性的，當然不能說錯的。第五條是組織二百人的最高民意機構的代表產生法，這一條的產生方法和人數的比例自可商討，但原則上當然要有一個最高民意機構，所以也沒有什麼可以非議之處。第六條把過期的立監委職權停止，我也想不出有可反對的地方，而況在第五條中，已有了他們的政權成分在內。第七條講自治，第八條講工商業，第九第十條講教育，第十一條講司法獨立，第十二條講政府應獎勵小規模生產事業，第十三條講根絕貪污遊惰，說以上各條近於老生常談則可，但我看不出有根本須加反對的理由。問題恐怕發生在最後的三條，因為第十四條有廢止一切特務機構，十五條有保障一切基本自由，而第十六條有減少兵力至三十萬以下等的說法。

照理一個國家為了防護國防機密，以及刺探敵人的機密起見，本可設立一個特務機構的，又在警察局中為了緝捕盜賊和刑事犯也可以設有特務機構。但決不用來擾民，也決不用來操縱政治軍事，甚至教育等等。台灣現有的特務機構太龐大，職權太濫用，每個人民都時在其恐怖的威脅之下，這是誰都知道的事實。在台灣省議會的辯論中，有議員質詢說：為什麼特務把士兵在半夜裏押在太陽燈之下，詢問士兵為什麼不加入國民黨。由這一個例子，可知台灣特務濫用職權和具有威脅性了。所以左先生主張廢止一切特務機構，固然有所偏急，但也不是沒有立場的。

至於說到人民的基本自由，我想也不用我說明，台灣的當局往往以防止共諜為名，任意把人民的自由加以侵害。最近李萬居先生在議會內質問說：為什麼蔣氏的子女以及其他許多政要的子女都去美國留學，而台灣人的許多子女就不准去日本留學，這不只侵害了人民的求學自由，也顯示出，台灣是有特殊階級和非特殊階級之分，違背了人民在法律面前一律平等的基本人權。更舉一件豈有此理的事，便是我們作為一個國民，政府無端的禁止我們回到自己的國土，對住在台灣的人民，也侵奪了他們出國的自由。其他侵犯人民自由的事，就可以此類推，更不多說了。

最後說到裁減軍隊至三十萬人以下為原則一点。我認為也沒有什麼不合。兵貴精而不貴多，去年蘇聯不是以裁減軍隊而誇耀世界麼？美國也不是裁減了軍隊麼？他們並沒有改取不抵抗主義。過去國民政府有幾百萬軍隊，為什麼不到二年就給共黨打跨了呢？所以軍隊的數目祇是表示軍力的一個因素，而造成軍力的因素是非常複雜的。我推左先生的意思，台灣的人口和現有軍隊數目的比例上，似乎太多了一些，何不在裝備訓練上講求，而使軍隊人數少一些，把這些減剩下來的人從事生產不更好麼？同時軍隊人數少了，軍人的待遇可以改良，不至如今天這樣的窮困，而整個台灣人的負擔反減輕了。

所以總括一句，這十六点，沒有什麼大不妥當之處，而台灣的中央日報，竟大興問罪之師，似乎左先生的這篇文章是大逆不道，居然加了許多帽子上去，說「要廢除中華民國全國國民依據憲法所選出的政府。」說左先生「誣毀了中國國民革命。」說依十六点那樣做了就不會反共，也不能反共，結果只有沒落和消滅。說左先生「竟要把國家的大法而毀之。」這豈不是笑話麼。國大代表立法委員，是十幾年前選的，上面已經說過，請問他們還能代表今天的民意麼？中國國民革命是國民黨過去一段光榮歷史，歷史家自有定論，有什麼誣毀不誣毀呢？依照十六点做的話，雖不能保證一定能把國家弄得怎樣好，至少可以比現在好一些，易言之，政治經濟文化軍事都可較現在上軌道，那麼為什麼就不能反共和不會反共呢？我要反問一句，今天台灣，除了口喊反共以外，反共的眞正成績倒底怎樣呢？至於講到憲法，憲法是保護人民的基本大法，假如政府不依憲法切實施行，徒有憲政之名而無其實，這又有什麼用處呢？所以我在本文開頭時就提出，要面對現實。不要掛羊頭賣狗肉。今天的政府要眞正知道「主權在民」那就好了。不要口口聲聲的蔣總統領導之下怎麼樣，蔣總統領導之下怎麼樣，好像中國祇有蔣總統一個人，這才是對中國全體人民的一大侮辱咧！

張君勱勸蔣總統不必連任

介公總統勛鑒：年前曾與董君時進聯名致 公一電，陳不可改憲為國家開一條生路，未蒙覆示，知 公在躊躇中也。大陸淪陷垂十年矣，今後國家要務在打開門戶，換新空氣，方有新人才新政策可言，反是者，倘 公一日在位，依 公成規而行，左右如故，而新人才不克登進矣。 公抱定己見，則觀點如故，新政策討論且不可能，更何實行可言，人不換、政不新，新氣象何自來乎？ 公之愛國，誰不知之，然每以權力形式集於一己，一切如 公意而行，則國事有可為，否則反是。不知權力形式可以一朝而改，然國事好壞不在此，而別有所在，舉其大者言之有二：一曰用人得當與否；二曰行政得當與否。知人之明，史稱漢高之用三傑，唐太之用房杜魏等，而 公專好用親戚與左右近習之人。行政之得當與否，但以 公選將練兵言之，數百萬大軍竟不堪一擊，九萬萬美元二年之內因用於外滙而罄盡，此皆往事昭昭在人耳目，謂今日不應於此二屆任滿之日毅然引退，讓新人，行新政，以期國家另開一條生路乎？今後國家能否反攻，在乎美國能否放棄但保台島而採恢復自由中國全部之政策。 公年來賴第七艦隊得以自安，至於進一步之要求，不獨寂然無聞，反簽字於放棄武力之明文，何如二屆任期之後，另讓新人，另訂新策，與美交涉之為得乎？勱於國事向來只問國家制度，只問事理是非，於 公初無黨權政爭執之恩怨可言，想在 洞鑒之中也。專此，祇頌

政安

張君勱手啓

六月三日金山

由中央日報看台灣國民黨當權派

啟德

自左舜生先生在本刊發表了「搶救中華民國的時間已經不多了」一文之後，引起了台灣國民黨當權派的惱怒。代表台灣國民黨當權派的中央日報，乃於上月廿九日發表社論，對左先生予以抨擊。

作者在這篇短文裏，並不想對中央日報所論各點，一一予以反駁。不過，只是想指出以下一點意思。

這一點意思是什麼呢？就是鑒於中央日報的論調和態度，實實在在是証明了，我們過去若干人對台灣國民黨當權派的看法，是並不錯的。那看法就是台灣國民黨當權派雖現在局處於台灣那樣一個小小的天地，然而始終沒有悔改之心。

中央日報的社論有一段說：「讀者試想一下，這六十年國民革命的歷史如不存在，事情又是怎樣，沒有辛亥革命則中國至今仍是滿清君主專制的國家，沒有討袁護法與北伐之役，則中國至今還是封建軍閥割據和混亂，沒有對日抗戰，則中國早已被共產主義與帝國主義瓜分，如果我們中國國民黨是專制主義的自私的黨，則在第二次大戰期間，不是參加了軸心集團，就是已成為蘇聯的附庸，事情不是很明白的嗎？」

該社論中所述的歷史，事實上是否全是如此，換言之，是否歪曲了歷史，這自有春秋筆法的歷史家予以鑑定，我們不擬在此多說。而不是歷史家的我們，在寫述這段歷史時，根本上亦沒有抹煞國民黨諸如締造民國和領導抗戰等等的功勳；可是，如果說，光榮都是屬於國民黨的，則可能引起一些爭論。

問題倒不在此，而是在於中央日報何以在上述一段文字之後，不再寫下去。因為如果再寫下去，就勢必要寫到政府如何退到台灣，中共如何在北平宣告成立赤色政權，以及台灣何以迄今還沒有反攻復國。

作者擬不很識相的替中央日報寫下去：「如果我們中國國民黨眞是實行了三民主義，所主持的政府表現得更為有能，則中共就不能興起，中國大陸人民就不會受到今日的苦難；如果即使局處台灣之後，若能逐漸的實行民主憲政，團結所有反共人士……，則反攻復國可能早已實現或在望了，事情不是很明白嗎？」

但中央日報沒有這樣的寫下去。光榮的，都是屬於我的，不光榮的，都不是屬於我的。這就是中央日報所代表的國民黨當局的態度。

一個人或是一個政黨，如果抱着「光榮都是屬於我的，不光榮都不是屬於我的」的態度，豈不是「私」到透頂？左先生說「私字誤了中國六十年」，似乎沒有說得過火。這樣「私」到透頂的一個人或是一個政黨，倘以這種態度為得意，甚至以這種態度來幹世間大事，而還不准許有正義感的人們對這點挺身出來說話，這世界會成為什麼樣的一個世界呢？上帝是會用洪水毀滅這樣的世界的人類的！

（轉下第三版）

誰是共黨同路人？

——答國大代表聯誼會——

岳騫

左舜生先生在本刊四十四期發表「搶救中華民國時間已不多了」一文，引起各種不同批評，其中最有趣的一篇要算是國大代表聯誼會一羣幹事的發言，據六月三十日中央社消息，國大代表聯誼會開會時，許多代表要對左先生提出譴責，有些更斷定左先生是共黨同路人，有意製造分裂。

左先生是不是共黨同路人，實在不必浪費篇幅去辯駁，像這種隔海拋紅帽子的手法，只有蠢才加上奴才才能作得出，稍微有點理智的人都會付之一笑。不過由於這一羣代表們的啓示，我頓時悟出一個大的祕密，原來國大代表聯誼會中一部分人可能是中共的同路人，所謂共黨同路人，並不是有意在台灣發動事變，迎接中共「解放」，而是代表們行事有害於國家而有利於中共也，我提出這個問題，決非信口栽誣，而確有事實的根據，其大要有三：

第一、依照憲法，我們的國大代表，除去制定憲法，選舉總統之外，本身並無其他權力，其身分雖然比較美國總統選舉人爲高，但決非美國參議員或日本衆議員可比。按理在總統選舉之後，國大代表只是一種頭銜而且非一種職務。但我們的國大代表不然，雖然無事可作，車馬費却照拿，自民國四十三年選舉總統以來，每人每月淨拿車馬費一千元（有說一千三百元，待考），依照一千五百人計算，每月坐耗乾薪一百五十萬元台幣；每年一千八百萬，以六年計算即達一億○八百萬台幣，假若把這筆欵項用於建設事業，可設立一座像樣的肥料廠，每年能供給台灣全省所用肥料的一部分。若將此欵用於宣傳事業，可辦類似香港時報之報紙八份，至少對現在香港的五份共報可佔着絕對的優勢。但是這筆欵子竟被代表們坐吃了，影響建設事業、削弱宣傳力量，不問從政治方面，經濟方面來看，都間接有助於中共，此爲共黨同路人之證據一也。

第二、反攻大陸爲政府既定國策，亦爲國內外六億中國人精神之所繫，但自去年政府宣佈不以武力反攻大陸於先，陳副總統又公開表示從大陸內部反攻大陸之政策於後，拂逆民意，莫此爲甚，但身爲民意代表之代表「國大代表聯誼會」，對此無片言隻字加以譴責，督促政府早日反攻大陸，依照「聯誼會」諸公此次攻擊左先生之邏輯，不反對即等於贊成，贊成亦可等於主動，可以推測政府所以屢次宣佈不以武力反攻大陸，由大陸內部反攻大陸，可能是依據國大代表聯誼會的意旨，才爲政府當局所宣佈者，因爲今天的形勢，絕大多數中國人都渴望反攻大陸，只有中共黨徒反對和一部分國大代表默許，中共懼怕反攻大陸之原因，不必多說，國大代表默許不反攻大陸，道理却非常明顯。一旦收復大陸之後，國大代表勢必改選，現有代表能重新當選者究有幾人，代表本身亦無把握。但一日不反攻大陸，則代表可永遠行使職權，坐領乾薪，再假以六年時間，又可吃掉一座肥料廠，能拖延三十年不反攻大陸，則所有國大代表皆成終身職矣，就反攻大陸這一點來說，中共與我們國大代表利害完全一致，所以國大聯誼會爲了要增加生活費大吵大嚷，爲了左先生一篇文章義憤填膺，隔海拋過來紅帽子一頂，獨獨對於有關國家根本大計的反攻大陸問題，避而不談，此爲共黨同路人之證據二也。

第三、中共自去年八月金門砲戰受挫之後，知武裝進攻台灣決無可能，乃拼命製造謠言，指海外人士對政府批評爲美蔣衝突，希望引起內爭，以便混水摸魚，此間共報更連篇累牘，日日製造此類新聞。因毫無事實根據，效用本等於零，而此次國大聯誼會竟指左先生挾外以自重，不知此「外」何所指，估計當不是蘇聯或日本，如所指是美國，豈不把在野人士對政府之批評變成了友邦干涉內政，坐實了美蔣衝突之謠，銅山西崩，洛鐘東應，不問國大代表此項指責眞意如何，替共報增加宣傳資料是決無疑問的，此爲共黨同路人之證據三也。

以上所舉僅係犖犖大者，但只此三點已可證明我們的一部分國大代表的知識與品德，所以左先生的十六項建議，大家儘可反對十五項半，只有半項不能反對，即停止國大代表職權是也。

中共製造水災的手段

曾明

在上一期寫的「爲什麼大陸上一雨便成災」一篇文字中，經指出中共對於治水工作以「蓄中有排，排中有蓄」的「以蓄爲主」辦法犯了基本的錯誤。本文再就中共蓄水的主要工程，築壩施工的情形說一說，讓讀者們了解到中共所作的孽，是罪不可赦的。

大家知道，築壩的作用是控制任水流。現代各國建築水壩，特別注意堅固，免致造成人爲的災害，都是採用鋼骨混凝土建成的。但是，中共由於物質基礎貧乏，除了如黃河的三門峽等有數的大壩採用鋼骨混凝土建築外，其餘都因築壩工程的材料和施工設備，非常缺乏，多是採用簡易材料和人工勞力挑土建築完成的。尤其近年以來，因爲建築土壩所用的簡易材料，如：竹、木、麻包、草包、繩索、鉛絲等也都沒有了，於是由蘇俄老大哥的建議，採用完全奴役人力的「水中倒土築壩」的方法。像廣東最近這塲水災的大亂子，使「受淹的早稻有四百七十多萬畝，受淹的花生、甘蔗、黃麻等經濟作物有一百零八萬畝左右，受淹受浸的晚稻秧苗十六萬畝，受淹魚塘十萬畝左右，倒塌房屋二十萬間以上。被衝垮衝壞的大小水利工程八千多處，受災人口達二百萬」（見陶鑄談抗洪救災等問題，載本年六月廿九日香港大公報）慘重災情。固然由於中共治水的基本方法錯誤，但直接釀成就是這種因陋就簡「水中倒土築壩」害死人的。

所謂「水中倒土築壩」，就是將泥土分批的直接倒入水中，使泥土受到浸水作用，自身崩解鬆動，再受到後來倒入的泥土逐層重量壓力，以及運土人工工具的重量而壓密的，並非由機械壓實，上下游的擋水斜坡也沒有護壩的設備。所謂壩，實際是一堆浮土而已。這種建築土壩方法，就同香港倒土填海工程施工的情形大致差不多。不過，香港的填海工程，只是與水爭地，作爲建築基地，並不負有截流攔洪的作用。這就是說，填海工程只顧慮到沉陷之虞，並不懼潰決崩塌的危險。而土壩工程，既顧慮沉陷，又怕潰決崩塌。

以土力學來說，泥土浸水之後，卽分解成爲細小顆粒，泥土的結構聯繫和膠結物質卽發生破壞，土粒被水包住，就變成了泥漿。但土粒在泥漿中具有很大的流動性質，並在自重作用下相互移動，乃至全部沉澱密實；但，並不能在短時間以內發生固結作用。

水中倒土築壩，在表面看來，似乎是一件輕而易舉的事，其實是一件困難的事。因爲，不同的土壤就有不同的局限性，而對於每次舖土厚度、灌水深度、浸水時間，升高速度等等，都有一定的進行規程，並需要有專門技術人員的指導，決非是會念幾句馬列兇語的共幹，就可以辦到的。

按照理論來說，泥土浸水分解，原來的結構聯繫和膠結物質都被破壞，而變成爲細小顆粒，以自重的作用，在水中相互移動，土粒因而有新的排列。並在上層倒土的重量作用下，土粒之間的水分，就被擠出，但兩側因受河流的壓力，水分只有向上擠出。土粒之間水分擠出之後，因而土粒又有進一步的緊實排列。在水中倒土後，在上層面上總有一層乾土，從下層土中擠出的多餘水分通過乾土的孔隙，發生了毛細管上升和蒸發。這樣，由於毛細管力量附加就壓實了土料。

這種由泥土自己分解，自己排水，自己固結的作用，是一個純理論的問題，但是，實際做來，每次加土要舖多少厚，要用多長的時間和多深的水才能使倒入水中的泥土得到充分的浸潤，而分解成細小顆粒；以及如何使土粒能受到初期和後期壓實作用，而獲得最大密度的堅實。這就是從理論到實際的困難，也就是在施工時不容易克服的技術問題。可以說基本上是做不好的事實。因爲水多了泥土是可以得到充分的浸潤，但對於毛細管上升蒸發作用，就需要比較長的時間，如果蒸發不透，浸水的土粒，成爲淤泥，上層多加乾土之後，就變爲糖心皮蛋一樣裏在裏面，而上層乾土由於下層水分不斷蒸發，而吸收到水分，也就變成了橡皮土的彈簧壩，不僅沒有抵禦洪水的抗力，並且人在上面會有沈陷下去的危險。倘使水少了時間再短了一些，必然的一部分泥土得到浸潤分解，另一部分則依然如故，勢必和做的夾生飯相同。因爲如此，在表面看來壩身是一個整體，但在壩體以內，有硬有軟，有生有熟，彼此不能凝固，這樣就處處有孔有隙；如同香港過年吃的煎堆，外表有一層好看的壳子，裏面是硬軟甜鹹，樣樣皆有，一口咬壞，嵌在裏面的亂七糟八，會掉落出來。因此，這種壩在平時看來像個樣子，並有使水流不暢淤水之弊，而一遇水漲壓力一大，泥土就會崩散，壅塞河道，加重了災情。

這種橡皮土的彈簧壩，中共從一九五八年九月到一九五九年五月之間，不管施工進行規程，憑一批幹部蠻幹，在十個省區內採用水中倒土築的壩就有六十六座之多，壩高超過二十五公尺的大壩又有十六座。如，其中之一的廣東東江流城的新豐江水庫的大壩，在今年就有三次之多的潰決崩塲，一次在二月下旬，一次在三月中句，最後一次在六月下旬。因爲三次潰決崩塌，而造成東江流域歷史紀錄所沒有的嚴重災情。

從上所述，可以了解，中共並不是在治水而有利於民生，而是在製造水災傷害人命。

由中央日報看台灣國民黨當權派

（接上第二版）

啟德

根據上述，可見台灣國民黨當局的不認錯和沒有悔改，似乎是一件無可疑問的事。因之，台灣國民黨當局正頂着中華民國的招牌，和死抱着「光榮都是屬於我的，不光榮都不是屬於我的」經過粉飾的所謂「法統」，正做着一個要包辦中國生死存亡的前途的大夢。

奈何時代已大不同，人民覺悟的程度已提高。人民已清清楚楚的認定：在這六十年全國民革命的歷史中，光榮不是屬於國民黨，而何況在其間尚有許多應屬於它的不光榮的事，譬如說使中共得以乘隙與起，不可否認的它就應負有責任。

台灣國民黨當局迄今仍沒有一絲一毫認錯悔改的覺悟，這不但是違背了「不貴於無過，而貴於能改過」的古訓，並且是實實在在的證明了，國民黨迄今仍以黨的利益高過於國家和人民的利益。人民對這些的容忍，是有限度的！過去因爲如此，所以把江山丟掉了，現在還是如此，所以還不能把江山收復。套用中央日報的一句話：「事情不是很明白嗎？」人民明白了，就會自己站起來的！

如果，人民中像左舜生先生這樣，因爲愛國愛人民，和因爲急於想把中共打垮，在良心上過意不去，所以出來說幾句對國民黨當局逆耳的話，它就不但沒有聽取接受的民主雅量，並且惱羞成怒的大有你敢批其逆鱗的法西斯的氣慨！

而更可惡的，倒是學會了敵人中共的一套無賴手法，那就是給人戴上一頂帽子。

中央日報給左先生戴的帽子是：「顯露了那少數『民主人士』心目中的民主政治的本質仍不離於黨派會議聯合政府與國共和談那一套陳舊口號」。

國大聯誼會給左先生戴的帽子是：「甘爲共黨同路人」。

那末，是非自在人心，人民的眼睛是雪亮的，像中共一樣，愈是運用這套無賴手法，愈是使人民噁心和不可原宥！

我願萬分誠懇的奉勸國民黨當局：我們這羣在海外的「民主人士」，心目中並不想對你們的政權分一杯羹，我們的不共戴天的敵人是中共，但我們因爲急於要想打垮中共，同時鑒於你們依然故我的這一套，不但不是反共的有效的途徑，並且是反而使近於崩潰邊緣的中共得以維持下去，所以我們不得不憑着良心說幾句希望你們上進的諍言。

假定你們以小人之心度君子之腹，甚至胡亂的給我們戴上帽子，當然我們不會像民主同盟諸公這樣，意氣的投靠了敵人，但我們頗担心，你們如果這樣下去，則不但你們將會失去僅有的一丁點兒的人心的擁護，並且將使我們共同的敵人——中共，拍手稱快！到人民推倒中共的那天，所謂「共黨同路人」或共黨的幫助者，究竟是誰呢，人民自然會有所斷定！雖台灣國民黨當局的大夢在那時會醒，但已晚了！

左文的風波

（台北航訊）　見微

旬日以來，台北官方報刊對於左舜生先生在聯合評論所發表的那篇以搶救中華民國為題的文章，正在興師動衆，大張撻伐；其猛烈的程度，比較兩年前他們圍攻自由中國半月刊的「祝壽專號」，還要有過之而無不及。不但中央日報一而再，再而三的在社論上對左先生多方指責，不遺餘力：就是在台的民青兩黨要員和胡適之先生也免不了要向官方記者發表談話。國大代表們更不隱諱他們的「公憤」，有人居然提出應由「國大聯誼會」作一嚴正的表示。凡此種種，好像今日政府的當務之急並非在於反攻竊據大陸的中共，以解救億萬同胞於倒懸之苦；而却在於圍攻赤手空拳的民主人士以快少數人之意了。否則他們為什麼對於前者則如此畏縮不前，而對於後者則又表現出這般的勇往邁進呢？

明修棧道暗度陳倉的宣傳戰略

政府中的勸進派以聯合評論堅決反對修改憲法及蔣總統再連任，早已恨之入骨；而今忽然發現左先生的那篇文章，其中有若干節目可資曲解和利用，於是在那位自封為名政論家的陶某的獻策之下，決定小題大做，展開對左文的圍攻。他們的目的，不僅在於打擊左先生個人，也不僅在於藉此打擊聯合評論的一羣人；而是妄想在此一圍攻戰的掩護之下，掃除蔣總統再連任的障碍。他們以為左先生改革台灣的意見既未曾依憲法，則經過一番圍剿之後，聯合評論若仍以憲法為依據而反對蔣總統再連任，當不會再受人們的重視了。其他與聯合評論抱同一見解的民主人士，也將有所顧忌了。總之，勸進派對於左文採取如此猛烈的攻擊態度，原非單純的為了文章的內容；不過是借題發揮，企圖使人們對於蔣總統再連任的問題不敢再發表反對的意見而已。

且看陶希聖最近的表示

陶希聖於本月三日在高雄新生報舉行的茶會上解答有關修改憲法與蔣總統再連任的問題，他說，國民黨二中全會今年五月開會時曾重申蔣總統不主張修改憲法的方針，但修改臨時條欵並不是修改憲法本身，明年國民大會第三次大會時自有權這樣辦。他並指出國民黨二中全會認為蔣總裁對於反攻復國的領導是無可諉卸的責任，但總裁的領導原不限於某一方式，在明年國大開會前，國民黨將不必作任何決定，蔣總統亦無在此以前或在此外向任何方面表示態度的義務。最後他還說各方人士尤其是海外僑胞期望迫切，紛紛表示意見，將有助於明年的國民大會，使其能反應全國民意，行使國家政權云云。從陶希聖的談話中，我們可以見到勸進派將採取所謂修改臨時條欵的方式以便蔣總統再連任，已經是定局了，而他所謂各方人士尤其是海外僑胞的意見將有助於明年的國大，則顯示勸進派將在今後的幾個月內在台灣及海外展開勸進運動，熱鬧好戲正在後頭呢？

中央社的電訊

連日中央社已開始發佈海外華僑擁護蔣總統再連任的消息茲錄二則如下：

一、東京的十一個華僑團體今天發出一項聯合請願書，請求蔣總統連任第三任總統。簽署聯合請願書的十一個僑團是：留日華僑協會，東京華僑協會，旅日華商聯合會，留日寧波同鄉會，留日福建同鄉會，留日山東同鄉會，東京華僑同鄉會，東京華僑聯誼會，東京廣東同學校，留日廣東同鄉會，留日中國青年聯合會，及留日溫州同鄉會。同時這十一個僑團並向立法院和國民大會秘書處發出擁護蔣總統競選連任的函件。

二、檀香山中國國民黨總支部廿八日召開會議，響應舊金山僑胞呼籲，擁護蔣總統第三屆連任，並即致電國民黨中央委員會第二組轉呈總統，及國民代表大會轉各省區代表。

從以上兩則電訊中，勸進派的意圖，已經是再明顯不過了。天作孽，猶可為，自作孽，不可活，希望提倡讀經的人對於這兩句古語能有所警悟吧？

毛澤東何不自比秦檜？

編輯先生：

我是貴報美洲航空版的長期讀者，至佩讜論！

毛澤東自己欲比曹操、李闖、黃巢、張獻忠，近來又替紂王翻案，欲比紂王；但歷史上還有一個比毛澤東最恰當不過的，料已忘記了，是誰呢？就是——秦檜！煩將此信發表，以免毛澤東和一班無行文人忘記了，如果真的毛澤東自比秦檜，又何人方有資格比岳飛呢？專此。並候

撰安！

美國讀者　伯超謹啓

六月廿三日

談台灣中央日報造謠

鍾横

台灣中央日報也造謠嗎？對於這個問題，我過去確實未曾想像過。再老老實實的就事實來講，十年前在國內，我倒還因不得已偶而定要看看中央日報，雖然中央日報給我的印象是一直不好，但逃亡到香港以後，對不起，我就只在一年前在渡海輪碼頭附近買過一分來看，我買那一份中央日報來看的目的，無非在看看中央日報有無進步，殊不知，不看猶可，因為許久不看，心中總希望中央日報有點進步，看了之後，反大失所望，毫無內容。於是，我以後再也不買中央日報來看了。所以，若問我台灣中央日報也造謠嗎？由於少看，我實在無從作答。

最近，因為讀香港時報（老實不客氣的說，香港時報就似乎還比中央日報好一點）才知道中央日報近來連續抨擊左舜生先生之文，並又刊有胡適之先生評左文之文。左文如何？不是我在這裏所要討論的，由於中央日報對左文有抨擊，倒又引動了我要看中央日報之心了。但是，天啊！到那裏去買中央日報呢？踏遍港九街頭，就買不到一份，討厭的、無聊的中共人民日報倒還在街頭攤販看到幾份，中央日報就一份也沒有看到。假如台灣中央日報真有妙文，我倒真替台灣國民黨當權派哀哉，何至悲慘到港九街頭無人代售呢？

由於一直沒有買到中央日報，心頭倒還很有一點歉然。及至讀了七月四日香港工商日報台灣通訊後，才曉得中央日報所刊胡適談話，並與原文不合，其中重要處且係造謠之文。其文如何？據七月四日香港工商日報載：「……胡博士於即將出國赴美的前夕，在台北近郊南港中央研究院中，接受本報記者及菲律賓新聞日報記者聯合訪問……」時，「胡氏另外提出一件事，他說：『此間一家報紙今天（六月卅日）刊登一段訪問我對左舜生先生搶救中華民國的時間已經不多了文的意見的談話，裏面有若干點與我所說的話頗有出入，我應該有所說明。胡氏說：我對左先生搶文中所提出的十六點主張，固有若干點值得批評，但我認為：他的動機是愛國的。這是我真實實說過的話，某報把這句話寫成他的動機可能不壞，語意已大有出入，而且我對這家報紙的能把左先生的原文刊出來讓國內的人都能看到，表示贊佩，同時對該報六月廿九日所刊社論：左舜生的：改革規模一文，對左先生所作的批評，尤其是最後一段，我認為有點過火，這些該報都沒有刊出，我不能不表示遺憾！』」

該報為誰？台灣中央日報是也。如此造謠弄巧，買不到也罷！因為我實在也無興趣再看了。

讀者投書

蔣總統對大陸號召力究竟如何？

陳澤文

前幾期，我在聯合評論上讀到一篇題為「大陸人心並不擁蔣」的文章，該文指出「大鳴大放」時大陸人民未有擁蔣言論，又西藏這一次的武裝反共活動亦未有擁蔣言論，證明大陸人心並不擁蔣，讀後覺得該文所說很有道理，但另一方面，台灣却常在說非蔣總統領導不足以反攻復國，可見台灣方面有少數人確實迷信只有蔣總統才對大陸有號召力的，因此，其邏輯的合理演繹，便也只有蔣總統才能領導反攻復國。對於我這樣一個華僑來說，於蔣氏素無人事恩怨，亦無黨派之爭，既不一定要擁護蔣氏，亦並不一定要反對蔣氏，但我有一個惟一的要求，那便是反攻復國。因為從個人來說，我的父母妻室兒女，現今都淪陷在大陸故鄉，過着非人生活，我雖然每月滙一點錢給他們，但他們的痛苦不是我滙這點錢就能解救的。再說，如果不把大陸中共政權打倒，則我永遠不能回大陸，家庭團聚無期，天倫之樂無望，至於說到整個國家，那當然更非把中共推翻不可了。而要推翻中共打倒中共，又非反攻不可。所以，老實說，假如蔣氏真能號召大陸，我是一定要擁護蔣氏的，假如蔣氏對大陸確無號召力，為了國家，為了我自己，那末，我當然就要反對蔣氏。因之，蔣氏對大陸號召力究竟如何？便是時常縈繞在我心頭的一個問題。

對這個問題，經過我六七年以來的再三靜思和觀察，我覺得台灣方面所說大陸人心思蔣，非蔣不能反攻復國的話，實在只是一句空話，他們除了提出這種口號式的空話以外，幾年以來，就一直提不出任何事實來佐證，老實說：假如他們能夠提得出事實的佐証來，我實在是高興的。但他們却從沒有提出過佐証來。

雖然，他們一直沒有提出過佐證，但我也未嘗不替台灣設想，有時我也就此問題與朋友討論，有人說：大陸是有人擁蔣的，譬如舊日與蔣有關的人，難道也不擁蔣嗎？我以為此話雖似有理，實則不能成立，因為舊日與蔣有關的人，現在有的已經到了台灣和海外；有的已經在大陸靠攏，有的則已被中共屠殺，所以舊日與蔣有關的人，已經不能在大陸成為反共擁蔣的力量。又有人說：青年們的習性向來是不滿現實，現在大陸可能有很多青年是擁蔣的。但我又細心的想，今日大陸二十一二歲的青年，在十年前，即民國三十八年蔣離開大陸時，只不過十一二歲，十一二歲的少年對蔣不可能有任何印象，猶之乎滿清末年十一二歲的少年對慈禧太后不能有印象，民國二三年時代十一二歲的少年不可能對袁世凱有印象是一樣，所以，如果說今日大陸二十一二歲的青年對蔣有何懷念，那也不可能。而今而後，若再不反攻，若再拖延歲月，則大陸今後逐漸成長之青年，將不知蔣氏為何人矣。所以，我反復思維的結果，覺得蔣氏對大陸確無號召力。在我個人來說，除蔣氏外，我也不認為其他任何人有號召力，不過，話說回來，我倒覺得今後中國，還是以如何建立自由民主制度最要緊，單去注意個人的號召力，那還是不必要的，也是不可能的。

略談中共的鐵路

——証明中共積極備戰——

何雨文

一、戰畧性的鐵路

十年來，中共興建了不少鉄路，這是超過它原來的計劃的，也可以說原來沒有計劃，隨時在增辦。所以有許多鐵路不見於計劃，但突然建成出現了。

一九五八年中共有五十五條新的鐵路綫先後施工，二十九條原有綫路進行複綫建設或改建，全年鐵路鋪軌里程共達三五六四公里。一九五九年中共只報稱要修建鉄路五千五百公里，沒有說明要修那些鉄路。

修建鉄路是無法保密，建成一條鉄路是人所目睹的。何以中共如此神秘呢？歷來對鉄路的修建只有完成後或施工中的報告，沒有事前宣佈修建計劃，這和中共對一般事物宣傳的慣例是不合的。

最主要的原因，就是因爲中共修建的鐵路多是戰畧性的，在施工前或施工中，能够保守一點秘密終是好的。又因爲零星地發表，使得一般人得不到大陸鐵路的詳細情況。

在修建的鐵路中，因爲是戰畧性的，所以建成之後，好久才出售客票。所以在大陸的普通人民也不大清楚有那些鐵路。

二、鐵道兵團的任務

凡是有戰畧性的鐵路，都是由中共鐵道兵團擔任修建的。中國過去本來有兵工築路的計劃，這不過是利用兵士的閒暇築路，以節省國帑。中共的鐵道兵團則不然，這是一個特種兵，性質與工程兵相同，可說是工程兵中的一種鐵路專業部隊。

所以要成立這種兵團，其原因可分析爲：1.戰畧性的鐵路一定有許多軍事設備，由軍隊修建，可解決軍事技術問題，更可保守高度秘密。2.這些戰畧性的鐵路，特地選擇在崇山峻嶺，深谿狹谷之中，修建時如果不是軍事部勒，只是民工，便無法完全克服困難。

鷹（潭）厦（門）路，黎（塘）湛（江）路，包（頭）蘭（州）路，南（平）福（州）路等主要戰畧性鐵路，都是中共鐵道兵團在短期間內加緊修成的。爲了積極備戰，今年中共鐵道兵團又在南方各省趕修鐵路二十餘條。其中最重要的一條是閩滇大幹綫，工程也是最艱巨的。

三、鐵路綫上的地下倉庫

這些戰畧性的鐵路最主要的工程是隧道特多。這些隧道就是地下倉庫。這是應付核子戰爭的必要軍事設備。以未來戰爭規模之大，所以一定要有散居各地，運輸又方便的地下倉庫來儲備物資。

這種地下倉庫可能儲備物資數量之巨，可就北、東、西、三地各舉一例：

1.從北平郊區豐台到河北省沙河的豐沙綫，全長只有一〇五公里，但有大小隧道六十五座。隧道長在一公里以上的就有九座，最長的一座達兩公里半。這六十五座隧道的總長佔全綫總長四分之一。

2.川黔綫的凉風埡隧道已於本年六月十六日提前打通。這條隧道全長四千多公尺，約合九華里，爲大陸目前施工中最長的一條隧道。它的提前打通，自然標誌着中共亟需地下倉庫。

3.沿東南海濱進行修建的杭（州）長（興）綫上的一條的關鍵工程——全長一千二百公尺的彭公隧道，已於六月前提前開工。

從以上各點來看：都可見中共正在大陸積極備戰。

大陸逃港學生的控訴

我所知道的大陸學運統戰

浪生

甲、學運「統戰」

中共中央統戰部，和粵穗省市黨委會統戰部，近年來爲了搞好海外「學運統戰」，經常挑選「學運」幹部往非共地區，以職教員或職業學生身分，到「工作對象」的學校裏活動，其目的不外是：第一利用「工作對象」學校，實行「地下教育」，第二爭取各該校肄業或畢業學生，回大陸升學！

共方「學運統戰」作法是以所派幹部混入學校充任職教員的人。先在校內各班級建立「工作據點」，結好人緣，搞好交際，暗中調査各班級學生的家庭狀況，思想情況，然後設法：

一、掌握學校各班級學生「自治會」，祕密成立「讀書小組」，相機介紹左翼書報，或贈閱，或賤價售出，務使參加「讀書小組」的人，人人均有機會看到左翼書報，同時「讀書小組」鑽研的書籍，不單只是左傾社會科學，並加插自然科學在內去掩飾。這樣，「小組」以外的學生，或因愛好研究功課內諸問題，因而被騙參加「小組」，久而久之，功課裏的問題固然研究，功課外的左傾書報也研讀了！於是研讀、提問、討論、座談起來了！

二、「讀書小組」的課外讀書，爲了避免邏者耳目，規定由「組員同學」，輪流於每日功課畢，在組員同學家裏舉行，時間一兩小時不等。項目有左派報紙的時事分析，功課難題討論，馬列主義某章節之討論，生活檢討，自我批評與相互批評，左派社會科學的提問……最後則爲音樂演奏，說笑話，簡單茶點會等等，務使「組員同學」高興而來，興盡而返。

三、周末舉行郊外旅行，或家庭派對代介紹女友，以固結人心，擴大影響。

乙、怎樣騙入「回大陸升學」

一、「讀書小組」負責人，經常掌握每個「組員同學」的思想行動，等到「搞學運」者認爲某人够條件爭取的話，即設法投其所好，讓他（她）們參加共黨「地下黨團組織」。最初即爲「預備黨團員，經過半年至一年的「黨團考核」，「黨團羣衆民主評議」，然後決定爲正式黨團員，那麼只要「組員同學」一經參加組織，嗣後什麼得服從「組織命令」了。

二、參加黨團組織的人，平時可能得到共方每月二三十元津貼，如果「組織命令」他（她）們回大陸升學，什麼時候要去，什麼時候得去！否則不服從組織命令，遭受「同志們」批評事小？開除黨團籍也不算什麼，最毒辣的是「統戰」幹部以種種方法使違反組織命令者，無法立足於家庭，無法立足於社會。

三、另一方面則是參加組織的人，「上級」除了叫他（她）們返大陸升學外，同時命令他們爭取非共學生五名，於返大陸時一同回去升學。有時更給予奬金。

大陸之窗

中共釋俘係心理作戰

·劉裕畧·

據中共新華社福建前線電：「六月三十日，中國人民解放軍福建前線部隊釋放了三名蔣軍俘虜。他們是原蔣軍空軍五大隊少尉飛行員張迺軍，二十大隊上尉駕駛員華武驎和上尉副駕駛員劉承理。」

「這三個原蔣軍空軍人員，是去年九、十月間駕機在我福建前線上空進行騷擾活動，被擊落俘獲的。他們被俘後，受到人民解放軍的寬大待遇，人民解放軍考慮他們還有親屬在台灣，根據他們的意願，將他們放回金門。」

上述的消息，中共北平電台已於六月卅日曾予廣播，香港左翼報紙連日對此盡量加以誇張渲染，但我們曉得：今日台灣與今日大陸是不可調和的敵人，對於敵人，中共的手法向來殘暴毒辣，這一次對三名台灣空軍何以忽然會大發慈悲，既「寬大待遇」之後，且又「考慮他們還有親屬在台灣，根據他們的意願，將他們放回」呢？

許多僑眷申請出國，中共且不許，中共自不會厚愛台灣這三位空軍，中共一向無好心眼，拆穿來，這不過是中共利用這三位空軍來對台灣進行心理戰而已。

對於心戰，反共陣營一向着重宣傳而少實效。其實，心戰這個東西，是不宜自己說破的。共黨倒懂得此中道理，所以，他們很少宣傳心戰，却處處着重心戰。十幾年來，他們在心戰方面檢的便宜不少。

共黨的心戰多式多樣。用釋俘的方式進行心戰，是其中之一。而此一方式不自今日始。

遠在徐蚌會戰的前幾年，中共便早已採用釋俘方式來進行心戰。共黨的戰鬥力與國軍相較，當時並不佔有優勢，但它已知道釋俘這一件事具有重要的心戰作用，而國軍却一直蒙在鼓裏。本來共軍也並不是把每一個國軍俘虜都釋放，而只是選擇其中一部分加以優待，或給予短期訓練然後釋放。這被釋的人包括國民黨忠貞分子及無所謂的人，也包括共黨新吸收的共黨分子在內，魚龍混雜，良莠難分，從而對國軍造成一種接收與否的困難，而共黨心戰的重心却又還不在此，國軍統帥部頭腦簡單，在以往的長時間中，總以爲它所帶來的表面困難以及夾雜一些共諜回來就是中共釋俘的陰謀所在。因而，國軍對中共釋俘政策的重心便也放在防諜方面，對於所有被釋軍官，便以不再錄用爲原則。殊不知這並沒有把握住問題的重心，也不能眞正瓦解中共釋俘的心戰攻勢，中共釋俘的最大目的在動搖國軍戰志，其所以公開宣佈釋俘，目的就在使國軍官兵明白一項事實，即國軍在與共軍作戰時，若不幸而被俘，則並不會被處死，不但不死，且有被優待被釋放的可能，從而在國軍官兵心的深處，造成一種不必死拚死鬥的潛意識，以減弱國軍的戰鬥意志和戰鬥精神，我們曉得，無論具有何種現代裝備的軍隊，若缺乏戰鬥意志和戰鬥精神，則該部隊是沒有用的。至於因釋俘而在國軍內部引起人事困難與心理矛盾，則還在其次。以上所述便是中共釋俘的一貫陰謀與一貫的心戰的重心所在。

這一次中共釋放張迺軍、華武驎、劉承理三名台灣空軍，且由共方大事宣傳，其目的也就在促成其心戰效果之收獲與擴大。中共認爲國軍方面知道這件事的人愈多，心戰效果就愈好，所以他們拚命宣傳這次釋俘。有人以爲中共這次釋俘只在造成台灣空軍的某種尷尬局面，因爲台灣曾宣佈張迺軍已成烈士，現在中共忽把這位「活烈士」放回來，豈不使台灣空軍難堪。難堪當然是眞的，但我們應該知道中共釋俘政策並不自今日始，亦非自張迺軍始，更非只釋放張迺軍一人，華、劉兩人台灣並未宣佈他們爲烈士，中共何以也釋放他們呢？可見中共這次釋放有其根本目的在，質言之，乃其過去若干年來一貫心戰的繼續。主要作用仍在減弱國軍的戰鬥意志與戰鬥精神，所以若談到對策，今日台灣自仍以封鎖這一消息，杜絕其影響爲是。

本來，中華民國這一支空軍是很優異的，值得讚佩！今後除應在技能與裝備力求加强之外，更應隨時注意不要損及它的戰鬥意志與戰鬥精神，但台灣高級當局却不大懂得心戰，這是最值得躭心的。

泰國迅速整肅共黨（曼谷航訊）

何之湄

乃沙立元帥的泰國政府，近來對於國內的共黨，加强了清剿與整肅，可謂雙管齊下。在向來情況「微妙」的泰國政治傳統下，這次的對共黨認眞打擊，算是一新全國的耳目。

隨着馬來亞總理拉查克氏的訪問曼谷，「泰南馬共」又重新成為朝野注意的問題。馬來亞總理此行，除要與乃沙立元帥檢討東南亞一般局勢之外，主要目的，就是泰馬兩國，協剿泰南及馬北邊境的馬共。

馬來亞獨立後，以剿共工作有顯著的成就。自一九四八年馬共陳平等走入森林打游擊以後，英軍及地方警保部隊，以逾十萬之衆，對付為數不過「五千人」之馬共，歷八、九年，沒有多大進展。但馬來亞獨立後，由於民族主義的號召，馬共出山投降者甚衆，尤以副首領楊林的投降，「震動了整個金馬崙高原」。各地秩序次第恢復，「白區」——即已不戒嚴的和平區域——日多，馬共人數，僅餘七八百名而已。

馬來亞政府的目的，在於把馬共基本肅清。因為倘非如此，一則有死灰復燃之虞；再則馬共一天不肅清，則緊急條例一日不能撤廢，也即人民仍須受非常時期法令的管制，此固非民主自由的馬來亞政府之所願。所以獨立政府特別加意於馬共的肅清，俾人民得以安居樂業。

拉查克總理是由原國防部長陞充的，對於邊境剿共軍事，更有深切的認識。他此次曼谷之行，便是懷有與泰方合作肅清馬共的懷抱，以期一勞永逸。

「泰馬協剿馬共」的呼聲，歷史亦已長遠了。自從英軍主持征剿時代，便已有多次的泰馬協商，以及多次的泰馬同時進軍。可是實際上的情況，在那些原始森林——拉曼總理在飛機上俯瞰過的，他有生以來所見最大的森林中，「會」剿不過是一個名辭而已，泰、馬兩軍，並不能當眞在匪巢附近「會」合。剿的情況，是英軍直升機一直偵察，如發現炊煙、茅寮、小徑，在泰境森林內者，即以經緯度通知泰方，而由泰軍警按圖索驥，但地點雖找到了，茅寮或炊具棄置，馬共多已逃之夭夭。

那麼，馬共在森林之中，生活總該不能全靠打獵，亦不能憑吃草根樹皮來打游擊呀。於是封鎖的方法，又成為餓死馬共的一項手段。在馬來亞那一邊，譚普勒爵士就曾經執行堅壁清野，封鎖鄉村，限制耕獵，以封鎖馬共，雖因此而叢民怨，倒也給馬共以重大的打擊。可是馬共却「移兵就糧」——就食於泰邊。

在乃沙立元帥革命前的時代，開赴「西勢」即泰南剿共的軍警，大抵是堵而不剿。因為馬共曾下山入泰邊城鎮，向商民打單勒索，殺死昔羅縣長，泰軍警不得不開到維持治安。但獲得國際共黨接濟的馬共，有的是鈔票，利之所在，私運米粮接濟馬共，便時有所聞。馬共不但有飯喫，而且有猪肉、雞蛋、雞、鴨！難怪那個時候，馬來亞傳說陳平匿居泰國境內的北大年府了。

可是乃沙立的革命時代究竟到來，新政府對付共黨的第一炮，拘捕泰北越南難民中的百多名共諜分子，禁止與中共貿易，封閉親共的中泰文報紙，拘捕若干有關人員。顯出新政府對共黨採取實際行動，不像以前，只在口頭高唱反共而已。

六月十九日，警當局又在泰南的宋卡、洛坤、陶公等府，拘捕共黨嫌疑分子廿餘名，包括敎員、公務員、中、泰商人——可能就是以物資資共者，解至曼谷審訊。按泰國編制，宋卡府為第九行政區（省）所在，等於省會，陶公等府在其轄下，宋卡之共黨，可能是泰南的重要指揮者。

可能是由於泰南共黨分子的線索，當局於本月一日以突擊的方式，在曼谷吞府挽坤是區，破獲了泰共的總部，拘獲泰共總書記乃素博猜，此人係日本東京大學出身，曾訪問蘇聯中共及東歐共黨國家，為前泰工會（親共）的秘書長。同時被捕者，有前泰工會會長乃針儂，最近煽動三輪車夫大巡行不逞的主謀人，此外拘獲者九人。在該機關內，搜獲手鎗、自動鎗、軍用電報電話機、軍用指南針，若干係蘇聯「紅星牌」出品。共黨總部竟設在京城郊外！頗令一般為之震駭。但此次當局的在曼谷及宋卡破獲共黨機關，為向來所末有，使人民更對當局有信心。（七月二日寄）

馬來亞剿匪現況

星加坡新任總理李光耀前來馬來亞與馬來亞總理拉查克氏會談之後，馬來亞總理拉查克氏又飛往泰國訪問去了。我們知道：本年二月拉氏曾以馬來亞國防部長身分第一次訪泰，當時，拉氏即曾要求泰方調動軍隊合剿馬共，因馬共已在馬來亞失敗，只餘少數逃匿馬泰邊境，利用空隙，以圖修養生息之後，再捲土重來。但泰國當時未完全接受拉氏之意見，而只調動警察防止馬共而已。這一次拉氏再度訪泰，正說明了馬來亞剿共的決心，並說明馬來亞是正尋求泰國對這一行動的澈底合作的。

就事實而論，要澈底消滅馬共，確非馬泰二國合作不可，這只要一看多年來馬來亞進剿馬共的概況就可明瞭了。

馬共最先是在馬來亞森林地區佔有廣大地盤的，當時人數也相當多，馬共曾經得到一部分華僑的接濟也是事實。馬共之所以能夠得到一部分華僑的接濟，那主要有兩個原因：一是由於脅迫，一是由於少數華僑對共黨本質認識不清，所以當時英國當局便採取了一項雖然吃力但確有實效的分區清剿辦法。這一種分區清剿辦法是類似堅壁清野的戰術，而其實在作用則更積極更具體，因為它不是純防禦的，而是既防且攻的。勦匪當局採取的辦法是一區一區的逐漸肅清，然後一區一區的逐次推進。已完全肅清者，名曰白區，反之，則名為黑區。在清勦過程中，凡黑區居民，不管是否親匪恨匪，必須一律遷離原住所，而由勦匪當局另行指定地址，建立新村，集中居住。此項新村人數多者逾萬人，少者亦有一二千人之數，初期，一般人是不慣被集中在這些新村的。因為勦匪當局對於新村管理極嚴，不但外出工作時間有嚴格限制，即在四周被圍着的新村內，亦有種種規定，而其總目的則在使馬來亞的任何一個居民絕對不能接濟匪，縱然是一盒洋火，一粒白米也不可能。使共匪不能得到粮食及其他物資接濟之後，再臨之以火力的猛攻，只要某處一經發現匪踪，便即以密集炮兵施行地毯式轟擊，務求將匪殲滅或使之不能立足為止。如此逐區清勦，功效大見，馬共傷亡重大，投降者亦多，終乃有今日已將馬來境內馬共基本肅清的輝煌戰果。

雖然，少數馬共今仍在馬泰邊境存在，但人數不多，力量不大，若與數年前相較，馬共可謂已經完全失敗。不過，我們曉得共匪是好亂成性，而且不甘失敗的。況且他們還有國際的幕後策劃與幕後支援。

所以，為了馬來亞的澈底安定，馬來亞政府對於如何澈底肅清馬共的事，仍不遺餘力的進行，在這裏，我們除了讚揚馬來亞獨立後所表現的反共功績之外，我們也願意特別讚揚英國，因為馬來亞雖然已經獨立，英國却為了馬來亞的繁榮與安定而仍繼續付出英國人的生命和金錢啊！

至於原先不慣居住新村的人們，經過數年來的相處，現在不但已經沒有不慣的感覺，而且大家已經依依不捨，覺得那些新村實是最快樂的地區了。他們之中的一部分已免於馬共的威脅，另一部分也逐漸認清了共黨的本質，所以，現在馬來亞的人們一致希望將馬共澈底肅清，照拉查克氏這次訪泰的情形看：今後馬泰兩國會勦馬共的工作是可望加強的。

吉隆坡通訊。郭文開。

僑鄉近訊

粵桂農田受災八百萬畝（華南）

由於六月間不斷豪雨，造成粵、桂、閩三省空前嚴重的水災。根據中共報導，上述三省被洪水淹浸的農田的面積，約達八百萬畝，災民一千四百萬以上；其中尤以粵省受害最為慘重，災民約九百萬。又：據粵共所統計，單以東江地區（河源、惠陽、增城、東莞、博羅）來說，受災農田約六百萬畝，佔全省農田面積百分之廿一强，冲淹魚塘約十萬畝，倒塌房屋約二十萬間，垮毀大小水利工程約二萬八千處，災民約二百萬，為粵省災情最重的地區。

「修配服務」大行其道（廣州）

「修配服務」之風，刻已由上海流行到廣州市。市內各大馬路以至橫街窄巷，「修配服務」所，如星羅棋佈，或獨立經營，或附屬設立，總共不下一萬個之多。所謂「修配服務」所，其實就是修理殘舊物品的攤檔；由於物資缺乏，一切原料，都已羅掘俱窮，故不得不要把各種殘舊物品修理翻新，以供應用。此種「修配服務」之流行，正反映出中共經濟凋敝，民生困窮，已到了「集偏枯貧乏破落之大成」的階段；同時也刻劃出中共自實施社會主義改造以後連小工業也趨於破產的一副狼狽相。

搜羅「野生植物」（廣東）

粵共號召各公社，立即組織「野生植物普查隊」，進行普查及採摘野生植物，藉以補充物資之不足。粵共此項措施，顯係由於糧食、油類、飼料、中藥、燃料、及工業原料的荒缺情況日趨嚴重所致。粵省各地人民，無糧可食之無物可用，已是無可掩飾的事實。僑鄉之四邑，粵西之雲浮、德慶，粵北之英德、曲江，粵東之海陸豐、興寧、潮揭，粵南之海康、徐聞、信宜，以至中區之順德、番禺、鶴山、三水、南海、中山等地各公社的社員，早已四出挖掘野生植物充飢，現粵共竟要組織「普查隊」，連飢民藉以裏腹的野生植物也加以搜刮了。

江蘇蝗災嚴重

據「南京日報」報導，謂江蘇省農村刻正發生嚴重蝗禍，初步統計，已有二百三十多萬畝農作物受害，其中以沛縣、寶應、泗洪、東海等地尤甚！該報又報導稱：由於人力缺乏，滅蝗工作每每顧此失彼，是以災情迄未能遏止！

公社食堂爭食鬥爭（五邑）

據一位最近來自台山五十墟的老婦稱：鄉中公社自實行集體膳食以後，吃飯的糾紛日益劇烈；食堂向以五十戶約二百人為編組，不分成年或小童，同時供應，因此凡年壯力强者，始易搶食，獲得半飽，年稚力弱者，便欲求半飽亦不可能，故每日兩次開飯時，都在你爭我奪，吵鬧阻咒中，把食堂弄得秩序大亂。社中共幹，曾欲加以鎮壓，無奈食粮荒缺，配給不足，爭食之風，終難止戢。刻鄉中飢民，已再不受武器恐嚇，隨時可能爆發暴動。該老婦又稱：據渠所知，新會各鄉公社之食堂，亦經常發生爭食暴動，且曾因此而釀成流血事件多次。

生產取消「大躍進」（廣東）

粵共近已自動取銷了「生產大躍進」的口號。事緣粵省早造減產，全省三千多萬人民的口糧，在今後數月內，仍將無法可以改善。省委會最近檢查早造農作物生產情形，所獲得的結論，就是今年早造嚴重減產，已成定數。據指出：早造種下的禾稻，約一千八百餘萬畝，比去年種植面積減少很多，原因乃是錯誤地以「少種高產」作原則，距料少種之後，高產難期。高產的所以失敗，主要是由於實施蘇俄式的「密植法」所招致。在此種失收之事實下，粵共遂不能自不動地將「生產大躍進」的口號取銷。

聖堂鄉餓死兩僑眷（恩平）

恩平聖堂鄉僑眷岑伍氏（五十歲）及鄭美蘭（卅歲）兩婦人，最近連雜糧也被停止供應，竟給活生生的餓死！該兩婦人緣早已被迫加入「聖堂公社」，備受勞役痛苦，今年入春以來，該公社因食米荒缺，經已停止開飯及配給米糧，她兩人在超體力的勞動下，每天僅獲得一些番薯之類的雜粮充飢，在半飢餓中而受全奴隸式的折磨，因而患上水腫病，以致不能工作，該公社以她兩人既沒有「工作能力」，便連雜粮也停止配給。於是此兩名僑眷，卒在疾病與飢餓的交煎下，慘遭犧牲！

·江水·

鐵窗

李素

我這輩子搬過不少家。不幸，自從搬到了香港，竟嘗盡了鐵窗風味。這地方號稱天堂，卻原來像座牢獄！

本來，這座房子還算不錯，（因現在的住所不堪一述，所以我回憶三年前住過的那層樓。）開門見山，推窗望海。我們這一層雖僅是二樓，已可以憑高俯瞰，還可以遠眺雲影波光，看風帆出沒，輪船往還。山麓小樓也竟能媲美半山區的大厦，依理，我是該滿足的了。

何況窗外還有鳥語、蟲鳴，也有野花搖曳，樹影婆娑，尤其是一排窗子都向西北，面向晚霞夕照，殘月疎星，我這幾間斗室也該算得天頗厚啦。可是，惟其如此，才更覺得鐵窗之太煞風景。無論什麼時候，一抬頭總看見一根根鐵條橫在眼前，使人很自然地聯想到監獄，引起不愉快的感覺。還有，縱使窗外有風光如畫，或明月當頭，更或者街上人聲嘈雜，警車嗚嗚，也沒法探頭出去領略一個痛快，看一個究竟。誰說不是莫大的憾事？

幸虧朝東北還有個一尺多寬，一丈多長的洋台，站在這上面既可以俯首探頭，也可以左顧右盼。縱然滿眼都是房屋，還有竹竿縱橫，究竟海天在望，視界寬闊，也就使人胸襟寬暢多了。海那邊有遠山，遠山背後又有故鄉，「雖不能至，心嚮往之」，無語凝眸，也就別有滋味。

到了晚上，遠遠近近的虹霓管光彩耀目，對岸的「近水樓台上下燈」交相輝映。夜闌燈炧後深黑的海面也像深黑的天空一樣，常有星光燦然，使人起靜穆而美妙的神秘之感。

不過，我總不能一直在洋台上過日子的呀。當困處小樓，「走投無路」的現在，心情已夠抑悶悒鬱，而一走進客廳裏，屋子裏，浴室裏，廚房裏，處處都看見鐵窗橫在眼前，怎能不發生侷促不安的感覺？有時眞恨不得把鐵條拆個精光，扔進海裏去。

可是當我心平氣靜時，我也承認鐵窗並非全無好處的。試看對面那些房子二樓的廚房後面都有個小洋台，家家戶戶不是都把這個晒衣服的小地方，用竹子搭成鳥籠般把自己罩在裏面嗎？這當然是為了每天所發生的偷竊和搶劫的事件太多，怎能不提防？

所以房屋召租的廣告裏，通常都把「鋼窗」列在打臘地板及粗幼電等等一起，以資號召的，可見鋼窗實在是香港房屋的特殊而必需的設備。

是的，鐵窗是香港房屋的特殊而必需的設備，是住客的安全的保障，也是居民道德淪喪的標幟，地方治安不良的表徵，更是「文明都市」的污點。對着鐵窗，我不單有「身在牢獄」之感，而且為香港感到耻辱，為我們的同胞悲哀。

記得一九四五年春我因事到倫敦，居住了一年多。那是戰時，物資很缺乏，人民也比較貧苦。據有些英國人自己說他們一般的道德水準，已經比戰前低落了。但在我看來，還是高不可及。偌大的京都，大規模的搶劫、謀財害命，奸淫拐騙等等當然都有，不過總沒有香港多。而普通的攔路截封和鼠竊狗偷之類則更少。

我住過諾汀希爾和肯新頓一帶有錢人聚居的地方，也住過泰晤士河南岸的工人住宅區吐汀。可是到處的窗子都是鑲的大塊玻璃，形式有豎的像我們這裏的普通窗子，也有橫的可以往上推和朝下拉的，卻沒看着窗上有橫的或豎的鐵條。院子前面低矮的園門，也只是設來給來客自己開閉的。

跟家家戶戶的主婦一樣，我上街買菜時，全沒有留心要關上窗戶，只鎖上大門就走。我回來的時候就看着報紙插在信箱裏露出了大半截，三瓶鮮奶放在門前石階上，兩磅麵包擱在窗檻上了。這些東西都是商店裏每日派人按時送到。假如我晚上才回來，那些東西照樣是在門口和窗上，從沒有失掉過的。

還有街頭巷角隨處都有沒人看管的報攤，任由路人自己付款取報。儘管地上堆滿許多錢，但我從未聽過這種報攤失款的新聞。見微知著，我從此認識了他們誠實不欺，安分守法的民族性。這良好的表現是由於教育的普及，宗教的陶冶，老大帝國的傳統的愛榮譽的自尊心，和歷代的法治精神所孕育而成的。加上他們的社會制度和福利事業，都已達到了使人民由出生以至於老、病、死亡都有了保障，失業也有救濟。人們只要能從安分守法便不致陷於絕境，那又何必挺而走險呢！

欣幸我恰在戰亂時期——大戰結束的前半年及後半年住在那兒，看見了英國政府把配給制度施行得異常徹底，公平而完善，絕少弊端。故雖在貧苦中，大多數的人卻仍能各安本分地沉着度日。這種俯仰無愧，獨立自尊的精神，真使我感動和佩服。

然而我們出身於禮義之邦的同胞，卻是個怎麼樣的情形？在這個亂世天堂裏，衣食足的人也佔很大的數目，誰敢保個個都眞能懂得禮義廉耻，而又能奉行不悖？故迫於飢寒的人當然更有挺而走險的理由啦。報章的港聞版，天天都充滿了貪婪、劫掠、殺傷、欺騙、愚騃的事件，表現着巧取豪奪的卑污，和奸邪淫亂與無耻。所以我一望見了鐵窗，就想到它所以設置的理由，和所以防範的是什麼人，因而心中湧起莫名的悲感。鐵窗雖然給我以安全感，但同時也剝奪了我暢望長天的自由。我所謂設防，原只是把自己關在裏面的意思。多一道防禦便少一分自由，這實在夠使人傷心。

何止如此！傷心的事還有哪。近三百萬人擠在這彈丸之地，粥少僧多，在適者生存的條件下，無論在那一業和那一部門的人，都往往有着劇烈的競爭。各憑本領，公開比賽，那已算是上流的。否則，請託鑽營，鈎心鬥角，互相猜忌，黨同伐異，欺詐詭騙，指責中傷，耍出無數花樣以相傾軋，使人覺得到處是陷阱和動輒得咎，因而時刻在戰戰競競。

為避免或應付這些無形的襲擊，有些人便只好慎自設防，在心靈裏支起無形的鐵窗——虛偽，把靈性封鎖起來，多一分防禦便少一分眞誠。於是人與人之間的相處、相知、相助、相愛之道，也日益困難，更何從攜手合作，共謀羣體的福利，共樹功業，共創美善的光輝？

亂世人生，竟要隨時隨地讓無形的鐵窗橫在心眼之前，這才是更值得痛哭流涕的。不是麼？

拜倫之死

合金

拜倫是死在參加希臘獨立戰爭期間的。當他逝世後的第二天（即是一八二四年四月廿日），希臘臨時政府首領A．馬烏羅柯達杜發出的佈告中說：「本為歡喜的節日（按：十八日的復活節，是希臘人慣於放槍和發射大砲慶祝的一個節日），一變而為哀悼之日。諾藹泉．拜倫爵士，在一場十日的疾病之後，於今日（按：此佈告是四月十九日擬就的）午後六時逝世……」

希臘人民為了紀念他們的朋友，就在當天保持着完全的肅靜，不放槍和不發射大炮。當其逝世的消息傳出後，整個希臘為之震動不安。在米蘇龍吉，人民在街上狂喊着：「他死了，那個偉大的人物去了！」

拜倫之所以得病而致死，其經過情形是這樣的：

當拜倫在米蘇龍吉時，他每天照例騎馬外出。希臘的四月常常下雨，就在這樣的一次騎馬當中，拜倫被一陣暴雨所淋濕，和他同去的甘巴伯爵請求他立即返回去，但卻遭到他的拒絕。他說：「我應當變成一個很好的兵士，真的，我不在乎這點小事。」不料就在翌日，他便得了很劇烈的痙攣症，痛苦萬分，他這樣說：「我不怕死，但我忍受不了這種痛苦。」此後，他一直纏綿病榻，直至四月十九日那天，終於不治而逝。臨死之際，他口中還狂呼着「前進呀，希臘的人民，勇敢地前進呀！」

拜倫的逝世，在世界各國掀起了極大的波動。G．勃蘭兌斯在「拜倫評傳」中寫道：「在俄羅斯與波蘭，西班牙與意大利，法國與德國的知識生活中，他以那麼多產的手到處播散的種子結果了——從龍的牙齒裏跳出了武裝的人。斯拉夫各民族，他們過去呻吟在暴君的統治下，他們的天性傾向於憂鬱，他們的歷史在他們之中已展開了叛逆的本能，都熱心地捉住了他的詩，」誠然，拜倫之死所給予世界的影響是至大且深的。現在且叙述幾個例子來証明吧。

在俄羅斯，我們可以很明顯地看出拜倫的影響來。譬如從普希金的「奧涅金」、萊家托夫的「當代英雄」、馬爾柴烏斯基的「瑪麗雅」、米琪威慈的「康拉德」與「瓦倫羅德」，以及斯羅瓦吉的「蘭勃羅」與「奔尼奧烏斯基」等作品中看出來。而在西班牙與意大利的亡命詩人身上亦可以嗅出他的氣息來——在西班牙所成立的「桃金孃」協會，即取用自拜倫的一首詩中；在意大利的作家中，其影響力最顯明的，則表現在吉歐凡尼．貝爾謝特、萊歐巴地、居斯蒂等人的作品中。此外，他的死所給予法國的印象是驚人的。在他死後的一兩個星期內，夏都布利昂改入了反對黨，而在其失勢後，他的第一件行動便是變成希臘委員會的一員；而雨果所著的「東方詩集」中的許多詩篇都是為解放戰爭的希臘英雄而寫的；杜拉徵諾則獻給拜倫一篇美麗的詩；拉馬丁且為拜倫的一巨著「柴爾德．哈羅德」補上最後一篇；梅里美也肯使自己受到拜倫的偶然的野蠻精神所影響；至於阿夫烈．杜．繆塞更企圖穿上從偉大詩人肩上所脫落下來的外套，所作詩歌帶有濃厚的拜倫色彩，且有「拜倫小姐」的綽號；就連拉姆奈也開始使用了一種拜倫所慣用的警句式的文章風格。而德國的語言學者們，則與沈靜的態度，欣忭於從希臘的叛亂之中看出了古代海拉斯的復活；像威爾里姆．米拉與阿夫萊德．麥斯納那樣的詩人都寫下美麗的詩歌來紀念拜倫；另外還有更深刻的受了拜倫的詩歌之影響的其他作家，如那些猶太人系的作家們，特別是柏爾涅和海涅兩人，後者最好的詩（尤其是「德意志，冬天的故事」）是被譽為拜倫的作品之續作的。因此，G．勃蘭兌斯最後評道：「法國的浪漫主義與德國的自由主義，都是拜倫的自然主義的嫡系。」

動人的故事或許會在記憶中褪色，但拜倫的詩篇及其輝煌的聲名將永遠活在人們的心裏。筆者亟望能在中華民國存亡之秋，看到更多拜倫的形象。

舞會

黃崖

擺脫不開長期的苦悶，
懼怕冬天永遠過不完；
今夜遂有男的和女的，
想以六個鐘頭搏取一個春天。

筆挺的西裝，華貴的晚服，
掩蓋不住內心的欲望；
開頭是談吐斯文、舉止大方，
音樂一響，動作便如新幾內亞土人。

華爾斯，一個淺笑；
探戈，一個擁抱；
勃魯斯，一個長吻；
紅綠燈眯着眼，驚奇人類的文明。

汽球昇起，音符沉落，
有人驚訝夢醒得太快；
門外西伯利亞寒流正在泛濫，
不少新的煩惱卻在萌芽。

由雷震想到洪亮吉的故事（二）

萍士

東溪雜談

從敢言到充軍

嘉慶四年（一七九九年），高宗崩逝，仁宗親政，是年洪先生年五十四歲，敢言棄官獲罪，充軍新疆。

是時四川、陝西、湖北、安徽各省，皆匪氛遍地，而朝廷唯一辦法就是籌餉調兵，諭旨頻頻，人民深苦，但剿匪情形惡劣如故。是年九月，他乞假南歸，行前憂時心切，百感交集，乃欲上書條陳意見，以謝恩遇。但是，一個翰林，沒有言事之責，若自動對皇帝上奏章，便是違例，他處此矛盾之中，極感焦勞。然他最後考慮的結果，還是決定說話，其所採的方式爲上書成親王及吏部尚書朱珪，左都御史劉權之，請求他們轉奏。書發後他告其子將棄官待罪，書發之日，並與知交告別；他明知此事將獲罪，但憂時心切，不得不舍己爲之。

成親王等得書後，次日即進呈，仁宗得書，以其爲違例，向各私宅呈送爲妄爲，即革職交軍機大臣會同刑部審訊擬奏，但諭旨洪亮吉係讀書人，不必動刑。是月二十六日訊問，洪北江一一如其所聞，指陳無隱，各審問大臣當擬以大不敬律斬決，旋仁宗有旨免死，改爲發往伊犂，交將軍保甯看管，次日即行，由是先生踏入西戍之途。

這個案子，當時哄動京師，識與不識之表同情者，所在皆是。洪先生去刑部前後三日夜，自刑部至兵部，並出彰儀門，慰問者不絕於途，其中多有不相識的人，正義感人之深，不約而同如此！他匆促就道，行李車馬俱無從籌辦，一時各方人士，紛紛資助，滿洲人侍郎成格與他素昧生平，居然將房屋出押，得銀三百兩以助之，。他出京時，送行之人，遠至蘆溝橋，沿途官宦名士交相餽贈，溫暖的人情，一路把他送到戍所。

罪言變爲皇帝座右銘

洪北江遣戍一萬六千里，凡行一百六十日，辛苦不言而喻，此所以賜環後晚號更生居士也。然他一片忠誠，不特感召了當時很多讀書明理之人，即高高在上的專制皇帝，其靈性亦受感動。仁宗發審之初，首諭不必動刑，繼又免死罪改遣戍，後將軍保甯妄測其意，當洪在途時，奏謂如該員仍蹈故轍，即一面正法，一面報告，意欲先斬後奏，但仁宗硃批云：「此等迂腐之人，不必與之計較」，凡此均證明仁宗對洪北江處處維護，至少是有留情的意思。

最動人的是仁宗於洪賜環後並置其文爲座右銘一幕，清廷當沒落之際，猶有君如此，方之今日，能不慄然。

嘉慶五年（一八〇〇年）四月，京師亢旱，皇帝爲求雨，命清理庶獄，分別減刑或省釋，遣戍新疆者亦有赦。然當時照例須滿戍三年，始有赦減資格，而洪先生時僅三月，根本不能列入名單，但仁宗終於破例諭令立即釋回。是年五月，先生東還，統計戍居伊犂僅及百日而已，開漢員賜環迅速的先例。

一個皇帝赦免一個文人，事亦平常，仁宗此舉之值得紀錄者，乃在那篇釋回的上諭。那是一篇表現至性的文章，非「饒你狗命」的哼一聲可比，應有介紹的必要，今錄其文云：

「從來聽言爲郅治之本，拒諫乃失德之大。朕從不敢自作聰明，飾非文過，採擇羣言，折衷而用，兼聽並觀，惟求一是而已。去年編修洪亮吉既有欲言之事，不自具摺陳奏，轉向成親王及朱珪劉權之私宅呈送，原屬違例妄爲，經成親王等先後呈進原書，朕詳加披閱，實無違礙之句，仍有愛君之誠，惟視朝稍晏，小人熒惑等句，未免過激，令王大臣等詢問，擬以重辟，施恩改發伊犂。然此後言事者日見其少，即有言者，亦論官吏之常事，而於君德民隱休戚相關之實，絕無言者，豈非因洪亮吉獲咎，鉗口不敢復言，以至朕不聞過，下情復壅，爲害甚鉅。洪亮吉所論，實足啓沃朕心，故銘諸座右，時常觀覽，若實有悖逆，亦不能壞法沽名，不過違例奔競，取巧營私之咎，況皆屬子虛，何須置辦，而勤政遠佞，更足警省朕躬。今特明正宣諭王大臣，並洪亮吉原書，使內外諸臣，知朕非拒諫飾非之主，實爲可與言之君。諸臣倖遇可與言之君，而不與言，大失致君之道，負朕求治之苦心矣。王大臣看此諭，先得迴奏，仍各殫心竭思，隨時密奏，軍機大臣即傳諭伊犂將軍保寧，將洪亮吉釋放回籍。」

洪北江先生年譜云：是日午刻，皇上硃筆親書諭旨，交軍機頒發，宣諭中外，並將其原書裝璜成卷，常置座右，以作良規。

悲哀與低調

以上的故事講完了，往下一想，不無感慨。

我最不歡喜搬出往古聖君賢相，來比今天的民主政府，使時代意識開倒車，所以常常覺得那些諍言諍友之類的進諫論調，在今天少講爲佳。但是事實擺在面前，今天有些事確比舊日專制時代遠不如，因此，今天取譬古來君臣大義，來作呼籲，實有不得已的苦衷所使然，這亦眞是我們這一代的悲哀。

我們看了洪北江的故事，回頭又想想今天自由中國言論自由的現象，我們眞覺得不無惘然。站在時代精神立場說，今天言事論政，乃是人人應有的一種天然權利，然事實上我們離此還遠，今天有權力的人，今天那肯寫出和嘉慶皇帝一樣的那種文章。這種現象，使我們不得不降低調子來唱，那即希望作爲民主政府的政治領袖，最低限度應向本國專制時代的歷史人物和有益故事稍加學習是也。（完）

己亥七月，天石、嘯岑、紀章，將飛西德，余亦將漫遊星馬。廷標、澤之、子鵬、幹忱，餞別于九龍雪園。賦詩志謝　君左

西歐南亞風雲地，放眼乾坤閱古今。
歌德故鄉君訪問，鄭和遺蹟我探尋。
好憑彩筆飛神采，應有新詩起陸沉。
今日歲寒稱四友，桃花潭水故人心。

浴佛日登獅子山大佛寺贈妙智法師兼呈同遊　泗英

日上花瓢午飯遲，春歸人未數歸期；
青山一髮獅峯影，綠到江南是幾時？

鷓鴣天　幼椿

奉和張紉詩女士咏南樓燕

歷遍山遙並水長，南樓憩影小留粧，還憐片羽千金重，詎羨黃花晚節香。欣結伴，好還鄉，青春雲路遠帆檣。琺梁漫語興亡感，行見家園酒滿觴。

亮齋閑話

論帽子主義

徐亮之

客：李清照的「武陵春」下闋說：「聞說雙溪春尚好，也擬泛輕舟。只恐雙溪舴艋舟，載不動許多愁！」我想換兩句，怎麼樣？

主：我們今天談詞嗎？很好很好！本來那勞什子的政治，咱們也談得怪膩了，換換口味也好。

客：誰耐煩同您談詞？我只是問您讀過上月二十九日和本月一日台灣「中央日報」的社論沒有？這乃針對本報左舜生先生「搶救中華民國的時間已經不多了」一文而發的咧。——台灣「中央日報」最少代表「改造」後的國民黨的中央，是不是？質言之、亦即代表台灣當局，是不是？

主：這乃起碼常識，何必問？

客：那末、您可知道「中央日報」這次曾代表台灣當局送給了左舜生先生多少頂大帽子？

主：您且試舉看；請問這第一頂？

客：這社論說：「他（左舜生）的『改革規模』中心主張，就是要廢除中華民國全國國民依據憲法所選出的政府，代之以臨時政府。」記住！事關左舜生居然要廢除中華民國政府，——雖然所謂他的「改革規模」的總題是「搶救中華民國」；您說這帽子大不大？

主：這第二頂？

客：社論又說：「不料國父手倡的國民革命六十年的這部歷史，和中華民國的這個法統，在左舜生的筆下，用『私字誤了中國六十年』的一句話，輕輕的抹煞。」光這幾句話，便是帽子兩大頂；一頂是「輕輕的抹煞」「國父手創的國民革命六十年的這部歷史」；另一頂是「輕輕的抹煞」「中華民國的這個法統」。您說這兩頂帽子又大不大？

主：但記得左文這句下面是、「原不自最近這十年始」；到底最近這十年台灣當局「私」成什麼樣子？却也被這社論的作者乖巧而「輕輕的抹煞」了！

客：社論又說：「從左舜生這篇文章裏，我們可以很明白的看出那少數而又少數所謂『民主人士』心目中的民主政治，……不過是黨派會議、聯合政府、國共和談的那一套陳舊的口號。」這段話竟包括了「那少數而又少數所謂民主人士」在內，可見一方面台灣當局準備的帽子還有的是；另方面、「左派」或「左傾」的帽子，左先生似乎却給戴定了；因爲所謂「黨派會議」、「國共和談」、「聯合政府」云云，據蔣先生去年七月十六日在國民黨評議會所判定，都是共產黨所策動的玩意；換言之、也便是「左派」或「左傾」人士的玩意。於是左公「左」矣！記得年前易君左曾出過「左舜生姓左不左，易君左名左不左」的聯語徵對，那時大家的確相信他是「姓左不左」的；現在「中央日報」接連兩篇社論一來，既對蔣先生的邏輯，作了「天顏有喜近臣知」的交代與坐實；如果左先生眞聽胡適之先生的話再去台灣，不出問題才怪咧！您說這帽子更大不大？

主：這算第四頂；第五頂呢？

客：我倒問您、左舜生今年高壽？難道這四頂大帽子還不夠他戴？還要第五頂？老實說：我倒「只恐左公老頭皮，戴不起許多帽」的哩！

主：哦，原來您想換易安詞的主意却只在此。告訴您：放心好了。他乃道地的「湖南騾子」，着實載得些東西的；何況一些不相干的帽子!?不過我們當局推行帽子主義最少也已經三十年了！直到今天還不覺得「陳舊」，還兀自愛不忍釋；學句廣東佬話齋：「眞係長氣」啊！

四八、七、三。

本刊已經香港政府登記

聯合評論 週刊

每逢星期五出版

United Voice Weekly

第四十八號

督印人：黃宇人　總編輯：左仲平
社址九龍金馬倫道卅八號三樓　電話61413
承印：田風印刷廠（高士打道二二一號）
總代理：友聯發行公司　售價每份港幣壹毫
本報美洲版總經售處美國紐約中美出版社
CHINESE-AMERICAN PRESS, INC
199 CANAL STREET.,
NEW YORK 13 N. Y. U.S.A.
美洲航空版零售每份美金壹角

民主改革之意義

黃宇人

不反攻，必自取滅亡；
不團結，不能反攻；
不改革，不能團結；
改革應依據憲法。

先從左文說起

最近左舜生先生在本刊發表一篇搶救中華民國的文章，列舉改革意見十六項，許多關心的朋友紛紛垂詢是否為本刊同人的共同主張，我答以本刊乃由各方面的朋友所組合而成的，可以說，在先天上我們原有各種不同的意見；我們一向認為在大家一致反共到底並主張政府應依據憲法實施民主改革及早反攻大陸這兩大原則之下，每個人都可自由發表意見，不必求同。但這並不是說，我們對於許多較具體的問題不可能有一致的意見。如果我們認為對如何促成政府實施民主改革有發表共同主張之必要時，我深信我們的意見很容易達成一致的。

以我個人來說，我對於左先生所提出的各項改革意見，其中有許多項是很贊成的。關於以緊急處分的方式處理重要施政，取銷台灣省政府成立臨時政府，停止立監兩院及大量裁減軍隊各項，我則有不同的意見；但對於他所說「緊縮而堅實」這一原則，我還是同意的。他的反共決心和愛國熱忱，尤為我們所深信不疑。

官方未免相煎太急

左先生的文章發表以後，引起若干同業的討論，我們深以為幸，但不意官方報刊却採取猛烈圍攻的態度。本來，眞理愈辯愈明，官方果認為左先生的意見不切實際或有錯誤，自可據理解說，這才是政府應有的負責態度，也才可以使問題的是非得失大白於國人。可遺憾的是政府的宣傳策士，竟不知講理，而祇圖斷章取意，肆意詆毀，中央日報甚至說左先生想廢除中華民國的法統，要國共和談；國大代表聯誼會還有人居然說他是共產黨的同路人，眞令人不能不有帽子愈送愈多的感慨。請諸公今後多想一想再說，好不好？

假如左先生眞有主張國共和談的意圖，政府為何至今還要請他做光復大陸設計委員會的副主任委員呢？如所週知，在最近以前，官方在港的某種文化宣傳工作，也曾請左先生幫忙；他都是很盡力的，為何一言不合，他就立刻變成官方心目中的禍首罪魁呢？他在那篇文章裏面所提的各項意見，官方儘可指責其為荒謬絕倫；但那一項是主張國共和談呢？堂堂的政府機關報，何竟作此毫無事實根據的評論；當局今日的敵人究竟是中共還是我們這羣被視為「少而又少」的流亡民主反共人士呢？

願相忍為國

儘管當局對於一切主張改革的言論都深惡痛絕，不惜百般誣衊；但我們還是堅決主張政府非實施民主改革不可。我們的目的，既然如某些人所說的是為了反蔣；更非如中央日報所說的，是要國共和談；而是希望能透過民主改革，使政府脫出目前那種殘餘政權的衰象而顯現復興的力量，使台灣不再被國際間誤認為是少數失敗人物的避難所而成為舉國仰望的反攻基地。總說一句，我們是希望政府變好。我們的唯一敵人而誓死反對的，就是竊據大陸，禍國殃民的中共，任何反共的人士或集團，我們都願開誠相與，共同奮鬥。

政府過去在大陸時的一切，我們不忍再說，退守台灣後，其所作所為仍以鞏固及擴大少數人的權位為中心，甚且視台灣為他們的私家禁地。而對於流亡在外主張實行民主並及早反攻的我們這些人，更視如眼中釘，詆毀，破壞，不遺餘力。但為了團結反共，我們仍本相忍為國的精神，至今尚奉政府為中華民國的合法政府，我們還不夠委屈求全嗎？我們今日唯一的願望，是早日返大陸，俾得重回家園；並無意要擠入台灣去永作他鄉之客。為求實現早日反攻，我們向政府發出要求改革的呼聲，即憑空被誣為要想國共和談，我們祇有苦笑了。

團結，改革與反攻

我們始終認定政府偏安一隅的現局絕不可能久遠，若不急圖反攻，必將招致滅亡，此不但是我們歷史的教訓，也是今日世界的大勢所趨。但反攻大陸，絕非一黨一派的力量所能倖致。假如少數人可以包辦反共，那麼三十年來中共為何會在此一包辦政策之下而成長，而竊據了大陸已十年於茲呢？政府又為何反而節節挫敗，如今不但迫得要聲明不以武力反攻大陸，而且還要推說從大陸反攻大陸，這不是政府自認反攻無力而甘於困死在台灣嗎？由此可知，如要實行反攻，則非團結一切反共的力量共同奮鬥，殊不能有濟於事。十年來的事實教訓，還不夠顯明麼？

可是，如要滙集一切反共的力量於政府的領導之下，以與中共作殊死戰，我們認為政府必須宣告並以事實表現其反攻的目的在於重建民有民治民享的中華民國，換言之，即是依據民主原則重建國家，使人民得享自由；而非為了恢復一人一派的舊政權。然後才能天下歸心，衆志成城。否則，以暴易暴，任憑當權者如何說的天花亂墜，人民祇可被欺騙一時一次而不能長久受愚的。

改革的依據——憲法

我們所謂民主改革的內容，既然非某些人所說的，不顧國情，要將英美的民主制度全套搬來中國應用；更非如中央日報所說的，要實現黨派會議，聯合政府與國共和談。（黨派會議，聯合政府與國共和談之間並無必然的關係，不可並為一談，將來有必要時，當專題討論）那一套陳舊的口號；而是要求政府應依據其所賴以產生的憲法，實施各種必要的改革。我無意在此一一列舉；但最急切的，莫過於立即撤銷一切與憲法抵觸的機構，廢止一切與憲法抵觸的措施，並稍體主權在民的規定，對於憲法上保障人民自由及限制政府權力諸條款多多留意，則一切問題自可迎及而解，人們對於政府自然要另眼相看了。若口談憲法而不遵守憲法所加於政府的限制，甚至為了一人一姓的需要而竟使用偷天換日的手段，使憲法上有關總統任期的條文陷於凍結，其將何以取信於人？

所謂『國共和談』

——答覆『中央日報』的第二點

左舜生

從民十三到今天這三十五年間的政治情況，說起來眞是一篇爛帳，不僅局外人不容易弄得清楚，便連親自參加過的人，也可能在記憶上有些模糊。

最近台灣的中央日報，因為要打銷我那篇搶救中華民國的文字，鼓起很大氣力，寫了兩篇社論，提到了所謂『國共和談』，好像這也是我們的陳舊口號之一，這便與事實不符。本來，經過了這樣長的一段時期，國民黨的若干老輩，已差不多零落殆盡，今天為國民黨操筆政搞宣傳的人物，大抵都是所謂後起之秀，他們對過去的事不能完全明白，也是無怪其然的。不過，關於上次我已答覆過所謂誣毀中山先生手創六十年革命歷史一節，和所謂『國共和談』這一点，却關係我個人的基本立場，他們既然弄不怎樣清晰，我也還有答覆他們幾句的必要。可惜朋友們給我留下的篇幅又只有一千四五百字，不能暢所欲言，如有錯誤，歡迎訂正。

原來所謂『國共和談』，就是國民黨與共產黨之間的一種直接談判，即令黨外人也偶爾有點關係，但異常輕微，實際上並不相干。

例如『容共聯俄』一幕，雖然到十三年才正式揭曉，但事前却有一段醞釀時期，其時國方由中山先生親自主持，共方則似乎以李大剑賣力最大，可是力促其成者，則仍為蘇俄。質言之，假定沒有蘇俄，即根本無所謂中國共產黨；蘇俄不表示予國民黨以助力，國民黨也絕無容共的必要。這件事當時反對者不少，國民黨內的西山會議派即因此形成，青年黨的曾琦，確與鄒魯謝持各位往還甚密，且曾面見中山進言，可是大勢已成，已一切無所補救。這是說明國共直接談判最早的一幕。

二十五年十二月十二的西安事變，蘇俄一經知道，『消息報』和『眞理報』即力斥其非；中共代表周恩來，已奉命在西安有所活動；究竟蔣先生當時對周恩來說的什麼，我們至今不明眞相。我在重慶至少有兩度問過周恩來，周總是『顧左右而言他』。不過以事後証之，自經過這一幕以後，容許中共共同抗日的局面已經確定，則屬無可懷疑。這也只是國共間一度直接的接觸。

二十六年的『廬山談話會』，中共代表周恩來秦邦憲，也被邀到了九江，可是他們並沒有參加大會；甚至他們是否有人來，我們這班外客，也並不知道。會後，我和李幼椿在上海滄洲飯店和周秦第一次會面，周才告訴我們：『在廬山的時候，您們在外面談，我們在裏面談！』乃至後來國共交換文件，表示共同抗日的決心，其實際經過如何，我們也全不知道。這些都可歸入國共第三度直接交涉的範圍以內。

三十四年八月二十八（？）日，毛澤東飛到重慶與蔣先生見面，與我七月四日在延安向毛的提議多少有些關係，可是把這件事具體化了的，却是美大使赫爾利。赫飛延安迎毛，張治中也奉命同往。毛總算上了一次黃鶴樓，赫爾利變了毛的趙子龍，張治中却正像東吳的魯子敬。毛到重慶以後，國方頭兩次的公開招待，我們確也被邀作陪，接着國共關起門來作了近一星期的秘密談判，我們乃一無所知！一直到談判瀕于破裂，邵力子張岳軍兩位，才分別通知了我們，我聽到中共要求保留四十八個師，還加上幾省的地盤，我便斷定國共妥協已完全絕望。當時岳軍問我的意見，我只答覆十六個字，即：『政治可讓，軍事不讓；中央可讓，（即容許中共參加中央的意思）地方不讓。』而且連後來的政治協商會議，我和李幼椿也斷然謝絕參加了。

三十五年十月在南京交通銀行最後調停的一幕，我和幼椿還是參加的；絕對沒有希望，我也明明白白的知道；其所以毅然參加，至少在我的想法，只是把中共這個代表團送走，把國大促成，憲法頒佈了再說。但在這一幕我有一個錯誤，即對蔣先生的軍事準備估價未免過高。

看上舉的幾次事例，大家當可了然所謂『國共和談』是什麼一回事。中央日報把這頂帽子送給我們，可謂文不對題，今後我們也還希望國民黨自己要把握得住，大可不必以我們為念。

台灣、西德、以色列

張眞言

台灣、西德、以色列，一個在歐洲，一個在中東，一個在遠東，如風馬牛之不相及，怎能連在一起？但是筆者認爲三者，雖彼此無關，却是他山之石，可以攻錯，何況其建國情形，有不少相同的地方，互相比較，不失爲很好的參考。

一

第一、他們都是近十年來從困苦艱難中建立起來的國家，直到今日，尚外有強敵，內多困難，始終在努力奮鬥中。第二、主持國政的，一向是年逾古稀的老人，他們都鞠躬盡瘁，要想負責到底，不肯退休。第三、就西德來說，本與東德，屬於一個德國，但是却分而爲二，東德今日一千七百萬的德人是在共黨統治之下，這情形與台灣之和大陸，最爲相似，並且都是世界冷戰的中心。我們儘管不承認『兩個中國』的邪說，但台灣目前爲中華民國所僑置，在形式上另成一個國家的體制，則屬事實。

由他們相同的地方，我們來看這十年來他們的成就，那麼說起來，不能不令人感慨萬分，台灣顯然不能與西德相提並論，甚至與處境最爲困難的以色列，比較起來，也遠不及。但是本來的情形，台灣有日治時代五十年的基礎，由勝利而歸於祖國，却是情況最爲良好的，而成就不同，可見並非天命，實由人事之不臧。現在試把三者來加比較：

二

西德地方九萬五千餘方哩，人口五千五百萬，戰敗以後，是英美法三國的佔領區，因爲戰爭工業破壞，生產停頓，在五千五百萬的人口中，有一千二三百萬是從波蘭、捷克及東德逃來的難民，如何收容救濟，爲一個極嚴重的問題。並且蘇聯藉口賠償損失，搬走了許多工廠機器，使其工業的恢復，十分困難。後來因爲蘇聯共黨的野心無窮，於是西方三強爲謀自救，乃合併爲一個地區，又因爲史大林之併捷克、圍柏林，到一九四九年五月，遂成立德意志聯邦共和國，以邦城爲首都。到現在正好是十年。

這個新國的總統是自由民主黨的海斯，任期五年，一九五四年七月得到連任，因爲憲法規定連任以二次爲限，所以最近改選，由基督教民主黨的劉伯克繼任。依據憲法，總統只是代表一國的元首，大權在於內閣。自一九四九年起，總理一職，由議會多數黨的基督教民主黨首領阿丹諾擔任。議會四年選舉一次，一九五三與五七年的兩次選舉，俱是基督教民主黨獲得多數，所以十年以來，即由阿丹諾擔任總理。他今年已八十有三，爲使後繼有人，所以今年總統選舉，黨內推他競選總統，而以副總理兼經濟部長的艾哈特繼任總理。這樣到了一九六一年的大選，艾哈特駕輕就熟，基督教民主黨便可保持勝利了。但在此時，發生了柏林問題，由英國麥美倫首相的妥協主義，是預備犧牲西德以與蘇聯相妥協，而向來主張堅決反共的美國國務卿杜勒斯，又忽然病死，阿丹諾認爲危機嚴重，非艾哈特所能應付，尤其是他與戴高樂正建立和好關係，一旦政府更動，難保外交不起變化，所以他寧放棄總統，繼續擔任總理。這只是一個黨內的問題，根本不關憲法，所以只要阿丹諾與艾哈特兩人能得和解，根本不成問題。有人把他的仍任總理，與蔣先生之連任三屆總統，混爲一談，可謂牛頭不對馬嘴，眞不知從何處說起。

十年以來，阿丹諾一手締造西德，從一個破碎的國家，今日經濟恢復，生產激增，甚至超越英國，國勢興盛，成爲西方四強（英美法德）之一，他的功績實不可沒，所以邱吉爾譽他爲二十世紀的俾士麥。他的所以能復興德國，固然得力於美援，但是也由他知道建國之道，首在經濟恢復生產，安定民生，最爲重要。只有這樣，乃可復興工業、解決失業問題，收容源源而來的難民，而不致長賴美援。在最初五年，他全力從事經濟復興。一九五四年起，西方同意其加入大西洋聯盟，再建軍備，但他初時，還表示不願。因爲由巨大的軍費支出，他的經濟建設計劃，就要受影響。他認爲西德此時不但無力統一，且欲圖防衛，也非其力所能辦到，必須有賴三強的駐軍。所以認爲建軍還是次要。直到一九五七年起，始正式着手，但是逐步漸進，今日已建成的還不過二十萬。由大西洋聯盟的建軍計劃，西德的軍備應當是十二師，五十萬人，後來爲了配備原子武器，且加以裁減，以三十萬爲限，要到一九六一年始能完成，台灣的地方與人口，都不足與西德相比，而不顧人民經濟負担，維持軍備至六十萬，可見完全是一種浪費了，這不是爲了反攻，不過用以鎮壓內部而已。

三

現在說以色列，地方八千方哩，只有台灣的三分之二，人口僅二百萬，尤不足與台灣相比。並且以色列南半爲沙漠，地屬不毛，只有沿海地方，可以種植。除西岸旁海外，三面在四千餘萬的阿拉伯人包圍之中，兩方邊境時有武力衝突。由以色列經濟的貧瘠，與軍事上的劣勢，這樣一個國家，其能保持存在，並與阿拉伯各國相對抗，我們不能不說是一種奇蹟。

當一九四八年五月，英軍撤退巴力斯坦，以色列宣布建國時，當時的猶太人口實際不過六十餘萬，阿拉伯國家如埃及、叙利亞、約且等三面進攻，其勢危急萬分，但卒因其組織的堅強與人民必死的決心，終於擊退聯軍，並擴大其領土。到一九四九年，由聯合國的調停乃成立停戰協定，但是戰爭狀態依然存在，邊境衝突，始終不絕。以色列爲謀抵抗，乃號召世界各國的猶太移民，到一九五六年運河戰爭時，仍不過人口一百六十萬，但是却能迅速擊敗埃及大軍，席捲西奈半島。次年聯合國通過停戰，乃不得不退回原地。停戰以後，敵對狀態依然存在，如埃及始終不允以色列船貨通過運河，兩方形勢仍甚緊張。

以色列建國十一年，所以能屹然不動，經濟上是由於美國猶太人的支援，及西德對戰時被害猶太人的賠償，政治上能號召世界各地猶太人的移入，來增加其人力。但是猶太移民多爲東歐及北非一帶貧窮之人，如西歐及美國較爲富裕的猶太人，來者甚少。所以人口增加，在經濟上是一種重大負担。但是以色列知道一方面發展工業，同時爲解決糧食與國防問題，即利用移民，於各地由政府資助，設立合作農場，寓兵於農，凡壯丁十八歲至二十六歲間者，俱須服二年半的兵役，二十七到二十九歲者，服役兩年。這樣簡直全國皆兵。現在以色列有合作社二千五百年，參加者達七十五萬人，惟農業生產有限，尙不足自給，故必須工業化，始能容納衆多人口，以與阿拉伯人相對抗。因爲猶太移民不少技術人才，所以現在如非洲新建的國家，還到以色列聘請專家顧問，最近甚至爲西德製造軍火。不過因爲軍事的負擔，經濟問題還是很嚴重的。

以色列是共和國，總統由議會選出，任期五年，第一任總統爲魏士曼博士，於一九五二年十一月去世，當時頗欲迎愛恩斯坦繼任，後以其不願，乃改選朋士維。總統僅爲代表國家之元首，大權在內閣，自建國以來，即由勞工黨領袖朋古良擔任總理，十一年間的成就，可說以他的功績最大，現在已是七十有四的老翁了。因爲勞工黨在議會，並非多數，故爲聯合內閣，常發生閣潮，他要實行其政策，頗爲不易。今年又將選舉，政權當仍屬他。這是因爲他於重視國防的同時，能仍不忘經濟的發展，政策正確之故。

四

由上所述，可知西德的復興與以色列的建國，都是由於兩位老政治家的主持大政。但他們所任的，都是總理而非總統。這因爲兩國都是內閣制而非總統制之故。中華民國的憲法本來也是內閣制，但是蔣則做了總統，還要操縱內閣，於是彷彿總統制。而依據憲法，總統以二任爲限，因此就成了問題。其實蔣若有意繼續負責，則爲顧全憲法，是可以從此捨總統而任行政院長的。所以筆者之意，此時爲他借箸代籌，最好是退出政界，以國民黨總裁的元老地位，作爲一個指導者，乘此外遊，爭取自由世界的援助。次之不得已爲了避免造成破壞憲法的惡例，也應放棄總統，改任行政院長。仍可實行其政策。至如連任三屆總統，一仍舊貫，操縱內閣，那麼在斷送了大陸之後，把中華民國的憲法，也一手加以破壞，就不免爲國家的罪人了。

且台灣地方一萬三千餘方哩，人口一千餘萬，比較西德固爲不及，但較以色列，仍爲遠過。戰後五年，繼承日本的統治，未能有所建樹，政府還台以後，又只知用力建軍，塗飾表面，依然不脫南京的舊作風，悠悠歲月，忽將十年。若不於政治經濟痛加革新，則縱有反攻大陸的機會，恐將不能，也不會由蔣氏去擔任接收了。

中共「南水北調」計劃分析

金一鴻

本年五月十七日，中共「中國新聞社」由北平發出這樣一則消息：「南水北調——中國人民向大自然的一場重大戰鬥，已經揭開序幕。」

中共的「南水北調」共分兩條路綫。第一條路綫是在青海玉樹附近建築高大的水壩，把西遊記上的通天河的水引出來，越過了巴顏喀喇山、積石山，流入黃河。第二條路綫是把金沙江的水引出來，在雲南省的石鼓上游建築引水壩，盤繞大山，開闢渠道，經過鴉碧江、大渡河、二郎山，沿四川盆地的邊緣向北流，再由岷江、涪江、白龍江，越過秦嶺，到達了甘肅省的定西縣，轉入黃河。從它的經過路程比較，第二條路綫比第一條路綫的工程，水量還要浩大、遼遠。

依據「中國新聞社」的說明，中共之所以要「南水北調」的用意是：「中國水源是豐富的，每年在地面上流動的水量有二千七百八十四方公里之多，分攤全國人民，每人每天可以得到十一噸水，然而，中國的水量分佈不平衡，僅長江流域和以南地區，就佔四分之三，華北各河流域和黃河流域，只佔百分之四點七，西北更少。因而使這些地區的幾十種寶貴礦產和其它資源，難於開發，二十五億畝土地成爲沙漠。」如果「南水北調」之後，可以把它「分道到廣闊需水的田野、草原、工業基地去，長江和黃河將滙合一處，西北二十五億畝沙漠，山地和草原將穿起新裝，塞外將處處是魚米之鄉。」

所謂「南水北調」的計劃，就計劃本身的用意而言，原是一件好事情。如果這個計劃成功之後：第一，就以工業角度來說，它可以開發三個盆地（青海柴達木盆地，新疆塔里木盆地，準噶爾盆地）的許多礦藏，尤其是石油、煤、鐵、鎢、鎂等礦藏。第二，就農業的角度來說，二十五億畝耕地的開發，是目前大陸現有耕地的一倍半，這種農業上的新園地，正是說明了中共合作化、公社化的走頭無路，非向這一方面發展不可。第三，就人地比例與就業角度來說，中國是一個極特殊的地形國家，如從黑龍江的黑河到雲南省的騰冲劃一直綫，綫的東南土地面積佔全國土地面積的百分之四十，而人口數却佔全國總人口數的百分之九十六；而綫的西北土地佔全國土地面積的百分之六十，人口數却僅佔全國總人口數的百分之四。如以省份而言，江蘇、上海等處人口密度每方公里在三百人以上，高過荷蘭，和比利時的水平；而新疆、青海兩省的人口密度，却平均每方公里僅有二人多一點三人都不到。在國府時期，大陸農民佔總人口的百分之七二・八，平均每人約可攤到耕地三市畝左右；中共統治大陸之後的農民人口數，在一九五三年調查時爲百分之八六・七四，平均每個農民只可攤到耕地二・六六市畝；加以年來大陸人口自然增加率在千分之二十五以上，生者既已不堪，後來者如何而了！所以，這種人口壓迫土地的形態絕對是嚴重極了。如果這一計劃完成之後，以移民開發的方式，疏散人口密度，擴充勞動就業。既可發展工業，又可擴充農業，三可爲後代安排就業。所以說，這個計劃的本身並不壞。而且，據我們的瞭解，這個計劃原非出自中共的心裁，乃是農業專家鄒秉文在二十年前向國民政府已經提出過了，三年前，鄒秉文放棄美國生活返回大陸一直就主持這一計劃的執行，共區的「水利與電力」半月刊就曾作過詳細的報導。

可是，以中共政權來搞這個計劃，由於它輕浮、狂妄、草率的進行，無疑地是要出毛病的。據中共說，第一條路綫已在一九五八年六月間動工了，預定兩年完成，而第二條路綫仍在計劃階段，因此，筆者擬將第一條路綫作一分析。（至於第二條路綫留待動工時再來批判。）（轉下第三版）

自力更生——節約、生產

曾明

一

自從左先生在本刊發表了「搶救中華民國時間已經不多了」一文之後，在近一個月內一班具有良知的愛國知識分子，都圍繞着這一個問題發表了許多言論，把十年來對於國是問題冷冷清清的局面，搞得轟轟烈烈。這是一個可喜的現象。

尤其在這一次當中，儘管是迷信於馬列主義教條的共產分子，一接觸到民族存亡的實際問題，不自覺地完全背叛了他們的祖師爺列寧所說：「把國際主義縮減到僅承認各民族的平等是典型的小資產民族主義，這種小資產階級民族主義同時保留着民族利己主義不可侵犯性來同整個國際工人運動的利益相對抗」的教條，而喊出了「民族大義」的口號。儘管是忠貞於黨國，面對現實也不得不說出「我們決不反對政治改革，且渴望有劃時代的改革，以副國人期望」的由衷之言。所有這些，都是表明了中國知識分子，在正義的感召之下，潛在的良知自然地衝破了虛偽感情的藩籬流露出來。這種表現是證明了中國知識分子的良知未泯，從而証實中華民族還會再有燦爛的光輝。與此同時，這也證實了利用權力強迫人民接受一種不是符合人民願望的做法是必遭失敗。

二

在我看來，左先生文章內容所提出十六點的治台方案，是針對當前形勢，基於他強烈的愛國心理所驅使而發出的意見。這一個「緊縮而堅實」的原則，據我推想：左先生還有一個沒有說出來的意思，就是希望台灣能「自力更生，盡其在我」。因此，可以了解左先生在這時間異常迫促，決不容許再拖的時候，不管一切，救亡要緊，所以，提出了這一個「緊縮而堅實」的原則，不過是想，即使國際上幫助我們的朋友一旦棄我如遺，也不僅不會立刻發生士崩瓦解的現象，並且還可圖存有爲。這就是想摔掉「等錢買米下鍋」、「越窮越受白眼」的窘境，而走入「人到無求品自高」高視濶步的坦坦大道。在這裏我再揭穿了說，一切有錢的人大率都有一種類似的皮氣：除非你沒有利用價値，只要你還有一點價值存在，你越是不求他，他會越向你獻般勤，這是誰都知道的人之常情。如果台灣眞的照左先生的原則實行，加上台灣是太平洋上不沉的航空母艦的價値，包險不要躭心波特的「對中華民國援助限制」的修正案，同時送上門的要比現在伸手要的還要多。而且由被動變爲主動，是多麼痛快的事。這種事例，大家明白，舉不勝舉，在台灣的當權人們何以胡塗至此，眞是可怪。

同時，左先生對於國家大事，非常鄭重，在四十六期本刊又發表的「再作一番申述」文章裏特別說明，「因此，我決心投下一大把辣椒，讓大家開開胃口，或許能得一個轉機。」並且說「我原已留下不少漏洞。」這些說明，不言而喻，左先生很坦率地說出他的這一個「緊縮而堅實」的原則，只是原則而已，並不能包羅一切。其實，在一篇只有三千多字的文章中，要把國家大事說得詳詳細細完完全全，是件不可能的事。而且，左先生說：「投下大把辣椒，讓大家開開胃口」。這不是很顯明的表示，以此原則，提起大家注意，共同研究。因爲道理愈辯愈明白，事情愈弄愈清楚。最後總可得到一個充實而完善對症下藥的救亡圖存的具體辦法，左先生的這種風度，在我看來，完全符合科學法則的實事求是的精神，既沒有過火，也沒有武斷。

三

爲什麼左先生這一篇文章會引起台灣的執政者的驚慌和緊張呢？爲什麼台灣當局不針對現實心平氣和的對於國家的重大問題加以討論，但由中央日報拉到題外胡扯而對左文大加抨擊呢？要答覆這些問題，原因很簡單。

第一、國民黨自從中山先生逝世以後，無論在黨內或對黨外，即隨着消失了民主精神。當權派從來沒有想過，通過講道理或以民主去影響不同意他們主張的人，而只是想以權力和惡劣手段對付不贊成他們的人。在他們以爲只有這樣，他們才能堅決捍衛某種原則；只有這樣，才能達到他們的某種目的。如司馬健先生在本刊發表的「湯山事件」中所追記胡漢民先生因反對約法，備受誣陷，最後終於將胡先生關到湯山，驅逐出南京的經過，就是一個最好的例証。現在對左先生，他們唯一辦法，便只有血口噴人，隔海亂丟帽子，藉以淆亂人民的視聽，以達到他們存心毀憲的目的。

第二、在六月十九日左先生這一篇文章發表之前兩日的六月十七日，美國民主黨衆議員波特，在美國衆議院全會中，提出所謂「對中華民國援助限制」的修正案（詳情見中央社駐華盛頓特派員任玲遜航訊，載七月十日香港的眞報）。在左先生文章發表之後，美國駐華安全分署署長郝樂遜在台北對一部分立委發表演說，說明台灣經濟的危機，美援不一定可靠，而希望台灣自力更生，努力節約生產（見六月二十七日香港工商日報）。這樣一湊合起來，在台灣看來問題可不小了。按理台灣當局如果眞的爲了救亡圖存，應當針對現實，集思廣益，大家商量商量自力更生之道才是。不僅不如此，反而惱羞成怒，遷怒於左先生。以爲眞如共黨報紙所挑撥，左先生確有點像是在與美國互相呼應，要把台灣弄垮，這豈不是白晝見鬼。

總之，事實勝於雄辯，病到了九分九，非醫不可。除非國際間發生某種突變，如果還是這樣冷戰下去，到了某種一定時間，台灣就要實行左先生這一個不中聽的原則，恐怕也將不可能了呢！於此，我希望台灣的大人先生們，頭腦冷靜下來，仔細想想，不能一誤再誤，把我們小百姓熬更守夜等天亮的機會全部送完，害我們永遠見不到天日。

中共「南水北調」計劃分析（接上第二版）

第一條路綫的計劃是：在海拔四千三百二十公尺的青海省玉樹修建大水庫，攔截圖虎爾河、通天河的水，通過海拔五千九百公尺的巴顏喀喇山，和海拔六千一百公尺的積石山，攔截巴憂憂蘇河、折耳河、西溝河的水，經過貴德轉入黃河。這個工程的全綫，長達一千四百多公里，預定水面寬四十公尺，可以通航二十噸到一百噸的船隻，它的工程要跨過八百多個河谷，劈開或者繞道二百多座山嶺，僅土石方一項，也達到了十八億之巨，這不能不說是一件大事！

可是，中共對於這樣一件大事的進行，却是非常操切妄動的，我們只要把它作一比較，就可以看出來它的計劃不得當。第一，就長度比較，它等於蘇彝士運河的八點四倍，等於巴拿馬運河的一八點五倍。它的土石方如果築成高寬一公尺的牆，它的長度相當於地球通往月亮的距離的四倍多，這是說明它的問題艱巨所在。第二，就費用比較，蘇彝士運河用了四億法郎，巴拿馬運河用了四億美元，而中共卻總共投資了四億人民幣。第三，就建築期限比較，蘇彝士運河與巴拿馬運河都是用了十個年頭的工程來完成的，而中共却預定兩個年頭多一點的時間三年都不到。第四，就技術比較，當時蘇、巴兩運河，是集英、美、法各國工程人員，採用各種機械從事開山、築堤、挖河等艱苦工作，但中共却完全依賴農民的兩隻手，兩條腿和血汗來搏鬥，僅就甘肅南部把北流入黃河的洮河引水上山的一段小工程而言，中共就動員了十五萬以上的民工日以繼夜的從事奴役！可看出，中共的暴政，它的開闢這條「山上運河」，比隋煬帝的以二十年的時間來完成歷史上聞名的運河的手法，還要來得殘酷、無道！

金一鴻

大陸報刊對「新編唐詩三百首」的批評

岳騫

共區出版「新編唐詩三百首」運抵本港後，筆者曾就新編與舊編異同之處，在本報作過簡略分析。這部「新編」在海外不受歡迎本是意料中事。奇怪的在大陸也受到攻擊，倒也算是一個異數，值得提出介紹一下。

大陸攻擊「新編」的文字比較有代表性的，要推陳友琴和臧克家兩篇，兩人是站在兩個角度來批評，和筆者在本刊所評，可算是三面夾擊，因爲這本書的毛病實在太多，以後也許還有第四、第五種立場的批判也不一定。

先說陳友琴，此君可以說是在大陸發出第一鎗的人，原作發表在一九五九年三月八日「光明日報」副刊「文學遺產」上——以後又經第六期「讀書半月刊」轉載。陳友琴攻擊重點有二：一是選擇不精，二是註解錯誤。關於前者，陳氏特別指出第一首所選的「屈突蓋」民謠，不夠水準，其次如王法曹歌和駱賓王的咏鵝，不但在全部唐詩中不夠標準，即使在駱賓王本人的著作來說也是下乘作品，編者就因爲其中含有諷刺意味，不經分辨就選進去了，理由是「政治第一」，但是所選的李商隱的「嫦娥」和「龍池」兩首，似乎又沒有一點政治意味。其實陳氏忽略了一點，這兩首詩雖沒有政治意味，但是却投合毛澤東的興趣，因爲毛澤東塡的蝶戀花詞就用了嫦娥、吳剛，一些仙人名字，所以李義山這兩首詩也就幸而入選了。

關於後者，陳氏所指註解錯誤之處甚多，其中有幾點確是普通常識，如第五十頁楊炯從軍行：「烽火照西京」，註解竟然說：「西京，唐朝以長安爲國都，稱當時河南的洛陽爲西京。」這眞是匪夷所思，這位編者仁兄竟然長安和洛陽的方位都鬧不清楚，其實楊炯所指的西京也就是長安，隋唐都習慣把洛陽稱爲東都的。再如第五十頁杜牧「赤壁」詩注，「赤壁在湖北省嘉魚縣東北，靠長江南岸，三國時，孫吳的大將周瑜在此地大敗曹操的軍隊」。曹操吃敗仗的赤壁究在何處，多年以來即成史學界一重公案，東坡居士以黃岡赤壁爲周瑜破曹處，已不能成立。後來多指嘉魚赤壁是當時戰場，二十年前此說仍是權威，辭海編纂時即認定嘉魚赤壁爲孫劉破曹處，但後來經史學家實地攷證，終於斷定三國時赤壁鏖兵之處在江夏。本書自名新編，但是註解仍然靠着辭海，眞正是一個諷刺。更要不得的是本書放在第一首的「屈突蓋」詩，竟然也註錯了，註解和原詩的意義完全相反，所以對於這位編者是否看得懂唐詩，也很值得懷疑。

其次再說臧克家的批評，此君之無耻，郭沫若外當不作第二人想，但是這次對於「新編唐詩三百首」竟然也拼命攻擊，不知是否受了「組織」的指示，其中有些話是說的相當過火。臧文着重在抨擊藝術不能全部還就政治，即使毛澤東說的「政治第一，藝術第二」也還要顧到藝術的本身。臧文有這麼一段：「古爲今用，不能簡單地理解成爲政治思想教育問題（雖然這是重要的一方面），那樣的話，我們可以抛開「唐詩三百首」而只去讀今天中國的大躍進詩歌或馬雅可夫斯基的詩好了。在思想內容，政治教育意義方面，現代的詩要比古代的現實得多，強烈得多。爲什麼唐詩不但爲今天的中國人民所喜愛，也爲蘇聯以及世界上許多國家的人民所喜愛呢？這，除了政治思想內容之外，還有藝術風格的問題。」如不以人廢言，這倒確實是一篇有價值的議論。

臧文又透露了，「新編」編輯時一些內幕，原來邊塞派詩人的作品所以減少，因爲怕牽扯到少數民族問題，不選杜甫的新婚別，怕影響共軍的情緒，不選王維的「憶山東兄弟」怕幹部思鄉不安心工作。依此類推，高適「燕歌行」所以落選，主要因爲「漢家烟塵在東北」一句出了毛病，恐怕影響了「中蘇牢不可破的友誼」，這本書顧及得如此周到，總也算難爲了編者，可惜出版後所得到效果等於零，人們還是要看「舊編」，新編的問世，宛如大海裏投進一顆石子，連個波紋都未起就消失了。

台灣二事（台北通訊）

筱微

左文被圍攻的內因

此間傳說，官方得悉左舜生先生在聯合評論上發表的那篇搶救中華民國的文章以後，某黨某要角表示，政府鑒於聯合評論堅持憲法，反對蔣總統再連任，正感困擾；現讀左文，得知左先生亦認為為了適應當前的特殊形勢，對於憲法的某些條欵實有變通的必要，我們覺得輕鬆一些了。可見最初當局原有意利用左文以為他們修憲的掩護。但經過了一個星期之後，勸進派認為此乃打擊左先生和聯合評論的良機，於是一聲令下，海內外官方和與官方有關的報刊，除了一二家較為持重的而外，都一致向左文猛烈抨擊，其中以中央日報為首，大寫左先生想廢除中華民國的法統，並說，海外那些少而又少的民主人士所想望中的民主改革，不外是黨派會議，聯合政府與國共和談那一套陳舊的東西云云。有些人不解為什麼官方要無緣無故的把民主改革與國共和談混為一談，為什麼在國共和談之外又要加上黨派會議與聯合政府。其實明眼人一看便知其中的玄虛的。勸進派的主意，就是要利用國共和談這一頂大帽子，使人們不敢談民主改革，不敢談黨派會議或國是會議，更不敢談聯合政府。沒有了這些，你想想，這一八一姓的天下不是就可以久遠了嗎？

大家關懷被俘生還的空軍人員

最近中共突然宣佈釋放去年在福建被俘的空軍人員張迺軍等三人，此間報刊雖未刊載此項消息，張等已否回到台灣及現狀如何，更無官方報導；但社會上傳說紛紜，咸表關懷。中共釋放戰俘，當然不懷好意；但政府如能善為處理，則於我方還是有利的。中國空軍原有光榮的傳統，自成立以來，每次戰役都是在敵我之勢懸殊的不利情況下作戰，而且屢建奇功。出征戰士本應抱不成功便成仁的決心，可是成仁也得有成仁的環境。如果一位歷經百戰奮不顧身勇往直前的戰士不幸而被俘，失去了成仁的機會，他一旦被敵人釋回，我們應該為他的生還而慶幸，萬不可懷恨他為何不早死。因此，大家都希望政府應該詳查張等過去的成績，假設他們原是一些偷生怕死之徒，自應科以軍法。但如果他們平素忠勇為國，則萬不可稍存歧視，並應立予任用，使其再有報效國家的機會。回憶當年蔣經國在莫斯科受訓十餘年，還高呼過打倒新軍閥蔣介石的口號，甚且娶了一位赤俄女郎為妻。如今他不但和蔣總統的父子關係倍加親切，而且還是台灣方面主持反共大計的首腦人物。我們的空軍健兒被俘僅僅數月，當不會就有了問題吧？再就常識而論，目前中共空軍正感素質低劣，假設張迺軍等甘心投共，中共將重用之不暇，那會縱其回台呢？希望當局審慎處理，萬勿再蹈過去在大陸時的覆轍才好。

× × ×

× × ×

台北通訊

城隍誕辰與保密防諜

介人

台灣的保密防諜工作，一向是極其嚴密，舉凡機關、部隊、工廠、學校、茶樓酒肆，無一不有防諜網的佈置，這原是大家所熟知的事實，不足為奇。但最近城隍誕辰，大舉遊行的時候，也居然有人利用這個盛大的場合，作保密防諜的化裝宣傳，又成為一時的花邊新聞了。

二十二年來的盛會

六月十八日，即農曆五月十三，為台北「霞海城隍」的誕辰，本年，比往年舉行更大的盛會，作偉大場面的出巡，這種盛典，已經有廿二年沒有舉行過了。

這一天，許多善男信女，天沒有亮，就紛紛擁到廟裏，虔誠拜祭，摩肩接踵，熱鬧非常。許多摩登少女，胸前挑着黃紙做的枷鎖，跪在神前悔罪。

城隍出巡的時候，所有台北各寺廟的菩薩及著名的「七爺八爺」，「八大將軍」，「順風耳」，「千里眼」等神，都被抬出來，參加遊行行列。至參加遊行的市民人數，來自各地，約有五十萬人，排成長龍約十公里。只是苦了全體警察，一律停止休假，加強警戒，實施交通管制，並呼籲參加祭禮及赴宴的市民，遵守公共秩序，小心火燭，勿酗酒滋事。

民意代表籌備大典

「慶祝城隍生日大典籌備處」的主任委員，是台北市議會議長張祥傳，議長為方便部份議員參加大祭典和大遊行，特別宣佈休會一天。是日議員黃奇正，頭戴白色運動帽，身穿白色圓領衫，下穿白色長褲，一身運動員裝束，指揮遊行行列前進，忙得不可開交。議長本人也身穿海馬鐵灰西服，當遊行隊伍通過迪化街祖師廟以前，始終莊步走在遊行行列的最前面，更是使人矚目。

化裝宣傳保密防諜

最突出而使人感到驚異的，就是張祥傳議長同時還親率市議員王奇正等，以化裝演講方式，在各主要地點進行保密防諜的宣傳。張議長的名言是：「城隍爺就是負責保佑境內平安的，我們今天慶祝他的誕辰，就要嚴格執行保防措施，以保自己的平安。」因此，有某報記者很幽默地加以叙述，認為這真是人神一體的妙論。

輿論的批評

張議長和若干議員的這種妙論，識者頗表示不滿。台北聯合報更對此事批評說：「一般善男信女，只知民間習俗，不諳政府法令，尚屬情有可原。但奇怪的是，部份民意代表，一向自居於為人民與政府之間的橋樑，竟出來領導人民違背法令，進而以陽間的民意代表身份替陰間的城隍老爺當差，儼然以『七爺』『八爺』為己任，寧非咄咄怪事。議長先生忙於為城隍老爺服務，致使市議會主持無人，宣告休會。城隍爺做壽，市議會放假，縱非陰盛陽衰，也是陰陽怪氣。

但聯合日報並未指出，藉城隍誕日而作保防宣傳，更是陰陽怪氣，也許開罪於議會事小而開罪於保密當局則不能不有所顧忌吧？

× × ×

向台灣空戰英雄致敬（讀者投書）

張正義

編輯先生：

我是貴報的長期讀者，對於貴報的言論，原則上都贊成。對於自由民主尤其嚮往擁護。不過，我有一點意見，我以為我們對於蔣在台灣的繼續獨裁，固必須予以繼續堅決反對，但為了反共復國，我們對台灣陸海空軍所進行的反共戰鬥，却應該不時予以鼓勵與慰勉，對於治軍有功作戰出力的軍人尤不可肆意抨擊。這不僅因為我們所反對者只是蔣之獨裁，更重要的理由，是今日台省駐軍雖仍被人視作私產，但軍隊國家化乃終必來臨的事實，所以，對於台省駐軍，我們今天也應視之為國家的軍隊，愛之如國家的軍隊，並時予鼓勵慰勉。對於那些作戰有功的人員，更應讚揚。猶憶去年砲轟金門時，貴報亦曾特別關懷，且予金馬守軍以多方鼓勵，可見鄙人之此項見解，亦正與貴報之一貫言論相合。惟其如此，所以我現在想借貴報一角，對台峽此次空戰勝利的英雄們予以讚揚。當然，我之此一讚揚，並不意味對蔣氏有何恭維，因為這與蔣氏無關。

據我看，中共於六月卅日釋放台空軍張迺軍三人，七月五日即發生一次空戰，其間頗不偶然。對於這一次空戰的起因，雖然作戰雙方都推在對方，但無論如何，我空軍健兒在這一仗中打了勝仗總是事實。據香港時報（台灣在香港所辦機關報）七月六日載台北五日上午十時電：「台海今晨發生空戰，我空軍奮其神威，迎頭痛擊，以寡敵衆，獲得大捷。擊落中共米格十七式噴射戰鬥機四架，另擊傷一架。我F——八六式軍刀戰鬥機四架巡邏台海，於今晨八時二十分在馬祖以南上空執行任務時，與敵米格十七式機十二架遭遇，敵先向我開火，我機奮勇迎擊，敵我機戰約十餘分鐘後，敵機四架被我擊落，一架受傷，其餘不支紛向大陸方面逃去，我機全部安全返防」。而在同日台北中央社電說：「空軍總部說：這次在馬祖以南發生的遭遇空戰，是匪機首先向我開火的，據悉，中國空軍在這次空戰創下擊落匪機四架擊傷一架的戰果，並沒有使用響尾蛇飛彈」。台灣方面的戰報，一再說這一戰由共機先開火，又特為聲明並未使用響尾蛇飛彈，都無非對中美聯防協定有所顧慮。其實，老百姓是歡迎勝利消息的。

對於這一戰，另據中共香港大公報七月七日載新華社北平六日電：「新華社記者特走訪中國人民解放軍空軍司令部，承空軍司令部發言人說明事實經過如下：『七月五日七時十三分，美製蔣機F——八六四架，竄入我福建省南日島東北塘嶼上空，七時十分經平潭島後直竄福州地區，七時二十一分在福州以東長樂、馬尾、琯頭、閩安鎮地區與起飛應戰之我機相遇，經戰鬥後，蔣機倉皇向海面逃竄，我機一架在追擊向閩江口低空逃竄的蔣機時，由於我機俯衝角和速度太大，動作過猛，而失事墮海』。」可見七月五日這一空戰，共軍失敗已是鐵一般的事實。因為共軍始終不敢說自己打了勝仗，同時，又不堂皇正式發表空戰戰報，而只用新華社去訪而由發言人發表一節闢謠談話出之，其所以要用這種闢謠性談話出之，正表明中共打了敗仗心虛而已。至於中共只承認一架共機失事墮海，那是因為台灣方面已經撈獲了一架共機之故。否則，中共連這一架也不會承認的。其餘數架，因未被台灣撈獲，所以就昧着良心不承認了。

而對於已由台灣撈獲的一架，中共竟硬還說不是被擊落，而說是由於自己俯衝角和速度太大，動作過猛，所以失事，這更是遮飾性的醜詞。試問俄製米格十七型機是何種機？誰都知道是俄製著名飛機。它既不是紙造的，豈有自行墮海之理？所以，中共愈替自己掩飾，就愈顯現其醜惡。也正惟其如此，所以我就要特別向台灣的四位空軍健兒：張崗陵上尉、張談明中尉、關永華中尉、何瑞基少尉致敬了。老實說，我在這裏致敬，乃完全出自內心，與那些出自虛偽而向某一獨裁者「致敬」是完全不同的。再則我現在還要特別斥責一下少數黨報半黨報的專欄作家，對於這一空戰的英雄們，他們竟很少在專欄內談到，大概他們寫勸進文太忙，把頭也忙昏了吧！

中共為何要開發柴達木盆地？

何雨文

中共不作宣傳，而在暗中積極建設的是柴達木地區。柴達木地區的開發，固然存在着許多困難，但除了它的經濟的價值外，它還有軍事上的價值。凡對於軍事有價值的事情，中共一直是最積極的，因此中共不惜排除萬難定要積極開發該地區。

一、面積與人口

柴達木盆地在青海省的西北部，是一個畧呈菱形的盆地，東西長八〇〇公里，南北寬三二〇多公里，面積在二十二萬平方公里以上。有兩個江蘇省大。中共將該盆地，作為一個行政單位，稱「柴達木地區」，地位相等於一個中共的專區（中共的一個專區，相當過去的府及行政督察區，但大多數專區的行政區域已調整過，與原來的行政督察區不同了。），但是因為地區大，因為統治的目的不同，內部的行政區域與統治機構，與「專區」相異，這是一個特殊地區。中共在該地區設行政委員會，駐大柴旦。

一九五四年以前，盆地西部十二萬平方公里的土地上只有哈薩族牧民二千多人，到了一九五八年底，增加到近十萬人，整個盆地一九五八年為十七萬人。中共企圖一九五九年要增加到四十萬人。這自然是中共强迫移民的計劃的一部分。

二、石油資源豐富

中共開發該地區第一個目的，是採取石油。工業建設的動力要依靠石油，石油更是戰爭中如生命同樣重要的物資。沒有石油不能打仗，石油不豐富，不能打現代的仗。

柴達木石油資源豐富，含油地區廣泛。幾年來，蘇聯的勘測人員已找到了儲油構造，分布在盆地的各個部分。

在盆地西南部構造排列密集，最先找到的油田和油砂山，油泉子，開突米里克等都在這裏，其中油砂山探區已知儲量最大。

在盆地西北部構造分散而寬大，冷湖一——七號構造都在這裏，其中冷湖五號構造中共已證明是目前盆地最大的油田。

在冷湖探區東南，馬海朶秀，路樂河，魚卡等構造也都證明儲油。再往東面，雖然地表覆蓋較厚，也發現了不少有希望的儲油構造。

一九五八年中共已試採了石油三萬噸左右，而且在油泉子已建設了一個土法煉油廠，煉出了汽油，柴油等製品。中共預計到一九六二年即可在柴達木地區建立起初具規模的石油工業了。

盆地最西端的茫崖，為中共青海石油管理局所在地。居民幾乎全部為石油局職工，大約有三千多座各種形式的帳蓬和活動房屋，排列成幾條大街。該處有石油局和機修廠，汽車修配廠及其他附屬工廠和材料場。中共青海公路管理局也設在該處。

三、鹽的世界

在柴達木，最豐富的俯拾皆是的礦產要算是食鹽了。它的儲量，可以千億噸計。從首府大柴旦乘車到石油城茫集，正好穿過盆地中心，幾百里路都行在鹽地上。一路常常可見像水晶樣的岩鹽的露頭，岩鹽質地硬，成分純，採來即可以利用。

柴達木本有一〇〇多個大小鹽湖，產鹽四十多種。僅初步調查勘探過的鹽湖察爾汗、茶卡、柯柯三地食鹽儲量即達二六〇億噸左右。察爾汗鹽湖面積一六〇〇六公里，鹽層平均厚十五米，儲量二五〇億噸。茶卡池鹽在清乾隆年間即已開採，中共現在鹽場安裝小鐵軌和礦車，年產量接近二〇萬噸，除盆地自用外，已有小量銷往甘肅、陝西、河南三省。

池鹽比海鹽生產簡便，成本低廉，不受季節天氣和灘地條件的限制。茶卡鹽場現用鐵勺撈取，每人每天可採鹽六點六噸，每噸總成本僅人民幣三元多。如改用機器開採，生產效率當提高，生產成本更減低。

在品質上，池鹽也不下於海鹽，如茶卡鹽含氯化鈉為96.6%，柯柯鹽為91%。

柴達木的鉀鹽也豐富，僅察爾汗一地光鹵石（鉀鎂鹽）的儲量即達二億噸以上。柴達木可成為中共最大鉀肥基地。一九五八年中共已先辦起一座土法生產的察爾汗鉀肥廠，現有職工五千人。中共計劃今年可產鉀肥二十萬噸。

× × ×

人民公社並沒有改變

白明

自中共推行公社以後，迄今一年有餘，雖然推行公社的結果，一方面是人民怨恨連天，另一方面中共自己也遭受了經濟上的重大損害，但中共却是迄今沒有改變這一政策的。事實上，中共自從為了推行公社而把大陸農村每個家庭拆散以後，現在縱欲停止人民公社，還原從前的社會形態實已不可能。所以，去年中共在武漢開會，毛澤東表示不再連任人民政府主席時，雖曾一度傳說中共將改變公社制度或停止公社制度，但事實證明不確。最近，由於廣東部分公社有將公共食堂解散者，亦有准許人民自餵雞鴨者，以至香港方面又有中共已改變人民公社的說法，其實上述二事縱然是大陸人民公社的普通現象，亦並不表示中共對人民公社制度已有任何根本改變，因為人民公社之所以為人民公社是它那一套根據軍事制度所行的集體農奴制度，以及因破壞原有社會組織所形成的那一新奴隸社會，這些根本制度未改，僅僅改變一些小枝小節，那並不說明中共人民公社已有任何眞改，所以，這是今天海外僑胞須要特別認清的。

鐵幕新聞

——照抄中共報紙——

彭心愉

增產等於白增

「有一些工廠，在開展大躍進的紅旗競賽中，只是注意了提高產量的一方面，而忽視了質量的一方面，甚至只顧產量，不顧質量。其結果是產量雖然有了提高，但退修和廢次品率也大大增加了。有些工廠從表面上來看，好像是產量提高了，但由於廢次品增加，實際產量反而比過去下降。且由於退修品的增加，更造成了不應有的浪費。所以從實際上來說，增產等於白費，並且浪費了目前供應緊張的原材料。」。（見中共出版四月廿八日上海解放日報）

小孩死活不管

「因為里弄姐妹被調到閔行去築路，我們工作的托兒所擴大為全托。碰巧這個時侯，麻痧流行，托兒所中的小朋友都出起麻痧來了，居民委員會主席講：『為了築路的媽媽安心工作，托兒所一定不能把病孩送回家去，也不要通知家裏』。我們就想：小孩不比機器，機器壞了，可以出錢賠償，小孩有了三長兩短，賠也賠不出。因此急得團團轉」。（見中共一九五九年出版「上海工商」第三期）

啼笑皆非

中共正在進行一連串的心理戰

·劉裕畧·

大陸之窗

中共繼續釋俘

上期，我曾在「中共釋俘係心理戰」一文指出中共最近釋放張迺軍等三位空軍係心理戰，又指出中共雖不宣傳心理戰，却處處進行心理戰，且其心戰方式是多式多樣的。如筆者上期分析：中共果然於釋放張迺軍等之後，又於七月六日繼續釋放了十二名國軍俘虜。這正說明中共最近已在繼續採用釋俘的方式來進行心戰。當此台峽平靜之日，中共近來忽然一再用此方式來瓦解國軍戰鬥精神，雖其陰謀未必得逞，但這是否預示中共而將有事於台？却是值得注意的。

中共對日本進行心戰

中共除了上述用釋俘方式對台進行心戰之外，這一週，它又同時用貿易的方式對日本工商人士進行了心戰。

據七月八日香港中共新晚報載：「由於日本岸信介政府採取敵視中國的政策，中日貿易自去年五月九日停止，此後，日本的一些靠進口中國原料為生的中小企業及工人，生產和生活陷入困難的狀況。中華全國總工會為了同情與關懷，照顧售給一部分日本中、小企業急需的物資。其中生漆二十噸經由武漢運抵香港，並定今（八日）裝輪轉運日本。這將給日本漆業工人帶去中國人民的友情。但在日本岸信介政府採取敵視中國的政策未改變以前，更絕不意味着中日貿易的重開」云云。中共對日本素無善意，何會關心日本的中、小企業，今忽然由所謂「中華全國總工會」出面向日本需要生漆的中小企業故示恩惠，明眼人當然都知道這是中共的一種心戰作用。中共企圖以此示好於日本一部分中小企業者，以拉攏他們，這是中共心戰目的之一，中共欲藉此引起日本工商界對大陸貿易的慾望，從而在日本工商界造成一種壓力，以壓迫日本政府在政治上對中共讓步，這是中共心戰目的之二；中共企圖以此暗示中共對日本工商人士本有好感，其所以不能與日本工商界進行大量貿易，只因日本政府現行政策之故，從而挑撥日本工商人士與日本現政府之感情，這是中共心戰目的之三。其實，中共統治下的中國大陸，早已民窮財盡，民間那還有購買日本貨之能力？有此能力者惟有中共政權，然中共政權之主要貿易對象是蘇聯是東歐衛星國，除非共黨集團間彼此缺貨，才輪得自由世界，而日本又不過自由世界中之一員，所以，日本要想與中共多做貿易，事實上便也根本不可能。然中共却還以此來愚弄日本工商業家，甚至還以此要挾日本政府改變國策，中共政權的兇惡嘴臉，眞是由此可見了。再看，西德與中共並無邦交，然中共與西德進行貿易之際，並不敢要求西德先改變政策才貿易，獨要求日本必先改變政策才貿易，這樣輕視日本，對日本也未免是一種侮辱。而另一方面，中共現今正在東南亞與日本作貿易競爭，日本對東南亞的貿易額遠較日本對中共的可能貿易額大，若日本政府改變對中共政策，則日本在東南亞貿易上所將招致的經濟損失，必較其對中共貿易所得的經濟利益為多，而日本在亞洲政治地位所招致的重大損失，尚不在內。所以，為日本計，為自由世界計，日本工商界人士對中共這一心戰的陰謀必須認識清楚，萬不可上當才是。

救濟新界災胞也是心戰

正當大陸洪水為患，災情嚴重的時候，中共却把假仁慈的猪嘴伸到香港來了。據中共宣佈：為了對港九新界地區遭受水災的萬餘災胞極為關心，特由廣州撥大米十六萬斤運往救濟。我們曉得港九地區，誠然因大雨而不幸發生了部分災情，但與今日大陸之災情嚴重程度相比，相差何異天壤？但中共除藉此對港九災胞故示關切外，且欲施此小惠以表示中共在大陸救災力有剩餘，從而遮飾其對粵穗災胞救濟不足的實況，但港粵近在咫尺，粵省災情嚴重，中共不肯用大量糧食救災的情形衆所週知，所以中共這種昧良心，只圖遮飾的罪行，雖出之以一種巧妙的心戰，這一心戰之不能收效，則是肯定的，因為港九同胞對中共的心術太清楚了。

蘇加諾廢憲的背景（耶加達航訊）

蘇蘭芳

以善變著稱的印尼總統蘇加諾，於本月五日宣佈，取銷憲法，解散國會，恢復一九四五年的憲法。在動盪的印尼政局上，又投下了一層陰影。

從「黃袍加身」說起

居住在印尼的華僑，這兩年來已受到差不多空前的排擠，對於生活的前途感到黯淡，不願去過問，甚至注意政治。所以雖然蘇加諾總統聲稱「回歸一九四五年的憲法」，但大家都沒有一九四五印尼獨立當年那樣的興奮。

一九四五年蘇加諾「黃袍加身」，突然做起總統來，就是在一個華僑的家裏，上演那戲劇性的一幕。當時蘇加諾還是與日軍「協作」的「中央參議院院長」，「民族總力結集」委員會委員長」——後者的職責，便是印尼共產黨罵蘇加諾為日本人「兵補」的征集者——可是當在日本投降那幾天，一羣獨立運動的印尼青年學生，是夜把蘇加諾「帶往」寧格洛，那是一小部印尼民軍起義的團部駐地，把他軟禁在一位華僑易松的家裏，易松只有竭誠招待，直到他們一行離去，易松方才知道此人即是即將為印尼總統的蘇加諾。

一九四五年的蘇加諾，提出了印尼建國五原理，其中包括「議會制原理」、「安樂原理」，即政治民主及經濟民主等主義。可是現在，印尼連年兵禍頻仍，經濟困頓，民生憔悴。華僑迭受侵害，絕無「安樂」之可言。

所以蘇加諾雖然宣稱「回到一九四五年的憲法」，但人們知道，絕對不是回到一九四五年那種代議制制度，亦不是回到一九四五年那種印華和衷共濟的精神。回來回去，不外是蘇加諾本人，從大總統回到大總統罷了。

蘇加諾做印尼的大總統，是一九四五獨立宣言當時，由臨時湊成的「國民中央委員會」選舉的，這個委員會，在當時的作用，不過是要向世界表示，印尼全體人民支持獨立罷了。雖然那時規定總統任期五年，但一九四九年因印尼改為聯邦共和國，一九五〇年又改為統一共和國，由兩次的議會承認蘇加諾大總統的地位，其後便沒有任期的限制了。蘇加諾做大總統，到現在已經十四年！

因為一九四五年的憲法，是日治時代草擬的。一九五〇年的「臨時憲法」——就是現行而被蘇加諾廢止的。卻沒有規定總統的任期，其中雖然有「總統依選舉法選舉之」的規定，可是總統選舉法卻始終沒有頒佈過。看上去，倘非發生政變的話，蘇加諾可能會做終身總統呢！

既然可以廢新法以就舊法，又何難另行起草一項適於領袖的新法？橫竪還不是白紙寫黑字？何況印尼的這幾部憲法，並沒有一部是經過制憲議會創制的。制憲議會自一九五五年選舉，好不容易選出了制憲議員，直到一九五六年十一月方才能成立制憲議會。而現在，蘇加諾又把制憲議會解散了！

為民主發喪

其實印尼政治走向獨裁的趨勢，原已不自今日始。

自上次選舉，國民黨與瑪斯友美黨在制憲議會中勢均力敵，相持不下，共黨乃從而挑撥，演成國民黨親共，瑪斯友美黨反共——國民黨的政府，一九四八年曾與共黨作戰；而那也是印共罵蘇加諾為「日本時期的奎斯林」、「勞務者、兵補」的販賣者的時候。可是現在蘇加諾因為與野黨鬥爭，卻轉而優容共黨，討厭反對他的野黨，發表「埋葬政黨」的演說，實行他的所謂「指導的民主」，模仿蘇聯中共的所謂「民主集中制」。一部份瑪斯友美黨人——如印尼銀行總裁沙弗魯丁等，所以下野起革命軍，可以說是蘇加諾「指導的民主」制度造成的。

朱安達的內閣，便已經不是由議會而成立的，而是由蘇加諾以「專家內閣」之名，指派組成的。其所以「任期最長」，就是議會已經失去倒閣權力的緣故。

朱安達時代的議會，已差不多形同虛設。至於臨時憲法，在反荷、進攻革命軍、及排華等三個運動中，已被破壞無遺。沒收荷蘭產業，當然談不上「保障外資」。在軍事行動時期，全國實施軍管制度，不但人民沒有自由，甚至前副總統哈達，其自由亦一度成為問題。因為「親台」的罪狀，拘捕華僑，沒收產業。這些都不知是根據什麼憲法的。而這三項「運動」，其主體及執行接收封閉拘捕，百份之九十以上是陸軍負責，朱安達政權不過配合行動而已。

陸軍的權威還不祗此，六月二日更下令停止政黨活動，又是發自參謀部的。其先說是「暫時的」，但到了蘇加諾下令解散國會之後，陸軍又重申前令，謂政黨活動仍未便恢復。政黨中央可開會議，但須先報參謀部核准，發表談話，內容須經核准。換句話說，政黨、議會、憲法，早已在「非常時期」名義下痲痺、僵化。蘇加諾「下令」，不過是為之發喪而已。

不過，實質上的獨裁者可能不是蘇加諾，蘇加諾不過推波助瀾，或因利乘便而已。大概印尼已步入變相的軍人執政，至於前途如何，只有容探續報了。（七月八日寄）

安知魚之樂？

大總統的滋味究竟怎樣？我們還沒有做過大總統的，正有「子非魚安知魚之樂」之苦，但大概大總統是很迷人的了！要不然，為什麼李承晚總統要一而再，再而三的做大總統？我們的蔣總統也是要從一而三，非修憲或不修憲以連任總統不可？而蘇加諾亦一樣如是呢！

中共顛覆泰國活動

泰共書記乃素博猜供認：

泰國警察當局日前在本京吞府郊外破獲泰國共黨總部，拘獲泰共書記乃素博猜，前訊經有報導。連日來警方對乃素博猜加緊訊問，內容雖屬暫守秘密，但據有關方面的透露，當局對於國際共黨及泰共在泰國的活動，經已掌握了相當重要的資料。

據悉，乃素博猜經已供認，他在訪問蘇聯及捷克時，其費用係由中共所供給，數目每月八百美元。交通等費，則多由各出發地的共黨贈予，或代為購買車輪機票。這項供詞，証明中共除了在中國境內設立乃比里的「自由泰國政府」外，還在泰國境內進行地下的顛覆活動。

乃素博猜的泰共總部，指揮整個泰國的共黨，並且與馬共、寮共、棉共、越共、緬共，有廣泛的聯絡。泰緬、緬寮、寮越都有漫長的共同邊界，如得當地人民帶引，偷渡並非難事，東南亞各國共黨，就以此為捷徑，以與中共交通。他們派人到中共區受訓，訓畢潛回搞地下活動，往來相當頻繁。

對泰國國內，乃素博猜利用以前是泰共領導的總工會殘餘分子，沿南線北線兩鐵路綫進行活動，接濟陳平的馬共，及為逃入泰境的馬共分子掩護，是他們的任務之一。因為泰國地理上是東南亞區域的中心，因而形成泰共工作的國際化。

乃素博猜的活動既然如此廣泛，機構規模相當龐大，那麼，他的經費何所從出呢？他們似乎並不為籌措經費所苦，而有按月的供應。關於這一點，據說乃素博猜尚然不肯供認是什麼人把特務活動的經費交付給他，但警方也已約畧獲得綫索，即此項經費也是由中共所撥給的。不過外表上可能以商業為掩護，作為貿易上的付款，而由乃素博猜的黨徒以商店的名義承受，然後轉入乃素博猜的支配。

經過這次大逮捕之後，泰國當局對於中共策動顛覆泰國的野心，已更加獲得證實。對泰共滲透的廣泛，亦幸能及時發覺，這倒是革命團以來反共政策的收穫呢。

曼谷簡訊．何之湄．

僑鄉近訊

大陸旱象已成

廣東的嚴重水災甫告一段落，而陝西方面卻發生嚴重的旱災。據中共的人民日報報導：陝西在六月份內全未下雨，旱象已成。該省農民，刻正忙於鑿掘水井，以圖補救。又：遼寧、吉林、黑龍江三省，亦因久旱不雨，百多萬畝農田，均已現龜裂痕。四川境內，旱象也相當嚴重，該省今年自入春以來，即甚少降雨，水稻、棉花、玉米等農作物，已有大量呈現枯萎迹象。此外，河北省中部包括保定、涿縣、易縣、定縣、安國縣等地區，亦久旱成災。

退伍軍官賣唱

退伍共軍將官，年老龍鍾，晚景悽涼，佩起一連串動章，撕着沙啞的嗓子，在街頭賣唱。這個事實，是中共的人民日報所報導的。該報報導畧稱：最近在北平市體育館門前賣唱的一批年老將軍，過去都有一段相當光榮的歷史；在該批將軍中，不少是曾與毛澤東一起在井崗山發動革命，而且參加二萬多里長征的，渠等現在都已鬢髯霜白，而胸前掛着一連串閃耀的勳章，在領隊唐延杰、李志民的指揮下，欣然引吭高歌，此情此景，至為動人。——筆者按：所謂動人，當以「飛鳥盡，良弓藏，狡兔死，走狗烹」的內心痛苦，尤為值得感慨！

油料作物荒缺

大陸食油，經常嚴重荒缺。今年油類作物的生產，也注定了失敗的命運。六月上旬，中共的農業部曾為此發出了一項「緊急通知」，呼籲各省市縣抓緊最後時機，爭取多種大豆、芝蔴、花生等油料作物；但從目前種種迹象觀察，油料生產的前途，仍極黯淡。該「緊急通知」中指出：福建、廣東、廣西等省，應爭取時間，多種一些秋花生；凡是可能種植的地方，如池邊、溝邊、及一切空隙地區，都應播種油料作物。由此可知中共對油荒這個嚴重問題，應付得十分狼狽。

學生拋書勞作

粵省各縣學生，刻均已被迫作勞奴；他（她）們的最主要功課不是學校課程而竟是防洪、除蟲、煉鋼、拾荒、積肥、放鴨、餵雞、養猪、種菜、清溝渠、搞衛生。上述的勞役工作，係由各校的「黨委」指揮，而由各校學生在命令之下苦幹者。中共榨取人民勞力，連學生也不能例外。各校學生被迫得分身不暇的時候，惟有把他（她）們的功課丟棄，而終日胼手胝足操作「黨委」所硬性指定之苦工。各校「黨委」還強調說：學生們的義務勞動只有加强前進，絕不能使它鬆弛落後。

郵寄包裹被截

大陸各地糧荒飢饉，物資亦奇缺，港澳僑胞的居鄉親屬，紛紛來函港澳籲請接濟，而中共為解決其本身的困難，因亦准許港澳僑胞郵寄包裹（衣服與食物）回鄉，但最近廣州傳來消息，謂港澳僑胞寄回鄉中接濟親屬的包裹，均被中共截留，將之移作賑濟水災災民。本月二日、四日、七日、八日，已有澳門僑胞多人，先後接到其鄉中親人來信，謂只收到信件而收不到包裹。該等「投遞不到」的包裹，想均已被中共截留充公去了！

廣州實行三戒

廣州自六月間發生水災後，中共黨委即號召市民實行三戒：一是戒肉食（市民早已兩三個月不知肉味），一是戒飲茶（指上茶樓品茗而言），一是戒吸煙（廣州的土製煙枝，多係用蓮葉、芋葉充作煙葉，刻各機關首長每人每天配給十枝庄的一包，各級公務員則八枝，技工六枝）。又：廣州的香棍，刻已被視作珍品，洗衣的粗劣肥皂，亦大感缺乏，普通人家，多改用「茶仔粉」，以洗滌衣物。其他日用品，則比六月前約貴三倍。

越界追截逃亡

七月上旬，中山澳門間海面，演出一個驚險鏡頭。事緣澳門離島路環鎮一雙農民夫婦，划艇運草柴赴澳門販賣，為中山共軍巡邏艇發覺，誤以為是中山鄉民逃亡，即駛前追截，竟越入澳門水域，澳門水警見，立加制止，雙方露械相向，情勢緊張，幾引起衝突；旋共軍似自知理虧，悻悻然將共巡邏艇駛去。中山鄉民因不堪中共迫害，每泅水或划艇逃往澳門，共軍經常派出船艇在灣仔（中山）與澳門間的海面巡邏，一被發覺，即駛前兜捕，甚而開槍掃射，其越界追截逃亡鄉民，實已不祇一次。

江水

領帶

黃崖

我是不大修邊幅的，對於在服飾上僅是佔一少部份的領帶更是不注重。我只有那麼三條領帶；一條是黑色的，另一條是藍地白花的，還有一條是深咖啡色的。

半年前，我認識了靜，之後，我們來往得頗親密。有一天，她忽然對我說：「黃，你為什麼對領帶一點也不講究？」

這個問題太突如其來了，令我錯愕了好一會兒。「怎麼？你沒有聽清楚我的話，我說你應該在領帶上動一些腦筋。」靜一本正經地說。

「為領帶動腦筋？」我依然感到莫名其妙。

「嗯。」她慎重地點點頭。「當你做一套西裝，除了講究它的質料和欵式外，你就得注意該為它配上什麼領帶。」

我厭煩地擺擺手，說：「靜，請你不要再說下去吧！我每天的工作已經夠我傷腦筋了，難道你願意為我那麼一點點小的領帶再增加自己的麻煩嗎？」

「黃，你別以為領帶是件小東西；老實告訴你：它可以影響你的前途呢！」他嘮着嘴，鄭重說。

這眞是大話！女孩子就喜歡強詞奪理。我本來想和她爭辯一番，把她駁倒，但，冷靜地一想，我何必為領帶這麼小的東西和靜吵架呢？假如我眞的因此和靜鬧翻，那麼，領帶果然就影響了我的未來了。

可是，事情並未就此結束。以後，靜一見到我，總要提起領帶的問題，每一次，都令我蹩了一肚子氣，而每一次，我都忍耐到底，任她對領帶的高見發揮個痛快。我有我的想法：由她說照辦，不照辦則是我的事。

後來，靜終於發現了我的計謀，在我四月份發薪的那一天，她不由分說地拉了我上百貨公司去，強逼我買了十條她認為滿意的領帶。

既然買了這麼多領帶，就不能不拿出來用了。靜特地給我上了一堂課，告訴我穿那一套西裝時應該配用那一條領帶，同時，還為我寫了一張表作為備忘錄。到了復活節，靜又買了兩條價值三十餘元的瑞士領帶送給我，於是，我的領帶這一項財產愈來愈可觀了。

我開始照着靜的指導講究配用領帶。過了不久，我發現情形果然有些不同；在街上經過，常常有人對我投以注視的目光；在公司裏，同事常常圍住我，欣賞我的新領帶，有的還居然讚起我的老西裝來：「喂，老黃，這套西裝很不錯，大概值四百塊錢吧？」

「那裏，我只花一百八十元呢！」我說。

「不，你不說老實話。」同事們都表懷疑。

有一天，更有趣的事發生了，我從箱子裏翻出一套兩年沒有穿過的舊西裝來，穿上後，我配上了靜送給我的瑞士領帶，到了公司，同事們又把我圍住，除了欣賞我的領帶外，還問我：「老黃，你這套新西裝是那一家做的？欵式眞好！」

當我告訴他們，這不過是三年前的舊西裝時，誰也不相信。

同事們為什麼變得糊塗了，我眞想不通。難道這是因為我講究配用領帶的影響？我想：不，決不是的！可是，不可否認的是：自從我講究配用領帶後，我確是變了。因為太多人注意着我，我不得不修邊幅了，我天天刮鬍子，把頭髮梳得亮光光，皮鞋也經常送到擦鞋攤去大擦特擦。我雖然已經打消以前對領帶的歧視，但仍不敢苟同靜的見解：領帶可以影響一個人的前途。

五月底，總經理忽然召見我。我不安地到經理室去，想不到總經理竟擺出一副親切的臉孔，說：「黃先生，你在公司裏已經累了多年，本來，你早就應該升級，——不過，憑良心說，你過去做事並不努力，所以，我們一直委屈了你。這兩個月來，我發覺你變了，你辦事很有精神，工作效率很高，昨天，在董事會上，我極力推薦你為業務部主任，大家都同意。黃先生，從六月一日開始，你將是業務部主任了。⋯⋯」

我又驚又喜。下班後，我跑去找靜，把這個好消息告訴她，她興奮地抓住我的手，叫着：「黃，你現在相信了吧！你所輕視的領帶改變了你的前途。」

我不得不贊同她的話，但是，我對她的高見還是有些懷疑，我問：「領帶是那麼小的東西，怎麼會發生這麼大的影響？」

「說起來，很簡單。」靜得意地笑着說：「領帶雖小，它是掛在最當眼的地方，它往往是被人第一眼看到的，所以，只要它是好看的、昂貴的，人們便會發生一種錯覺，把你的衣服也看成好看的、昂貴的；同時，你常常更換新領帶，也使人發生另一個錯覺，以為你常常穿新的衣服。在這先敬衣裳後敬人的社會，你能使人感覺到你穿着的是新的、好看的、昂貴的衣服時，你自然受到某些人的敬重，而使他們對你發生好感⋯⋯」

我搶着說：「這麼說，我是在幹騙人的勾當!?」

「在這個社會裏，誰管得那麼多？」靜怕我再囉嘛下去，便拉着我，說：「走，我們到『美心』去，我請你吃晚飯！」

廢稿重光

李素

看一個人常用的那張書桌上的情形，便可以推知那人的性格。我看見了自己桌上兩邊都堆滿了報章、雜誌、書籍、破紙、舊信等等，那副不雅觀的凌亂相的確不堪入目。而且桌子中央剩下不足一尺的空位，僅堪容腕，也顯得偪促得不像話。世上竟有這樣的女人！我臉紅了。

於是我發了個狠，舉行掃蕩戰，順便把比七十國還要亂的幾個抽屜拉出來，徹底整理一番，挽救一下自己的面子。

呵！就像從隔年的冬衣口袋裏，忽然摸出一張遺忘了的鈔票一樣驚詫，我在破紙堆中，在許多稿頭稿尾裏，發現了一篇陳年舊稿。哦，我想起來了，是許久以前我一時高興寫了七八篇短文，連同一篇小序，似乎是給一個什麼婦女刊物寫的，却不知怎樣便把全部稿子遺失了。其實連篇廢話，遺失了倒更好。但原來那篇小序竟留了這張底稿呢。我再看一遍時禁不住笑出聲來，覺得雖是狂妄的廢話，也還不失女人本眞，錄出來也許能博讀者一粲：

女流之見小序

長舌

我是個女人，所以我的見解自然是地道的女流之見，這是無從，也不必否認的。因見報章、雜誌及各種書刊裏所發表的，百分之九十九都是男子之見；不論是政治、軍事、經濟、社會、科學、教育、文學、藝術及其他一切問題，都是先生們在發表意見，並執行他們的主張，我心裏總覺得奇怪。佔人口半數以上的女人躲到那兒去了呢？能參與執行男士們的主張的固是鳳毛麟角，就是參加發言的也實在少得可憐。

筆者兒女漸長，家務漸輕，既不喜研究時裝，又不愛打扮，更不愛打牌，閒中不耐沉默，遂不自諒其淺薄鄙陋，甘冒長舌之嫌，圖一展喋喋之技。當然，聽不聽由你！

當這炮聲隱約，戰雲飄忽，會議連番的時期，舉世都感到動盪與不安，號稱「天堂」的香島也不能例外。人們的情緒是煩躁而雜亂的，除了特殊階級的富豪還有閒情逸致以安度歲月外，一般被生活重擔壓迫的人，誰不失魂似的心亂如麻？無論做甚麼，都像短命鬼那麼匆匆忙忙，我自然也是這樣的短命鬼之一，拿不出本領，也靜不下心來寫什麼大文章。只趁這雜感隨筆之類的文字，波譎雲湧，大行其道時，也想抒寫一些女流之見，聊以推波助瀾，湊湊熱鬧吧了。

我為什麼不用「絮語」，「隨筆」或「女人之見」做題目，而偏要用「女流之見」呢？沒有別的，只因自己既不是作家，不是名流，同時也沒有這種奢望；但求入流，故不辭以「女流」自居，正如買馬票的人明知頭獎難中，却希望入圍一樣。

至於古書裡的「婦人之仁」，「女流之見」，「婦人之言不可信也」之類的語句，原都含有輕蔑女子之意，這也無碍，時代不同，見解自然也不同了。總之，輕蔑由人輕蔑，文章我自為之。只要女人自己有不可輕蔑之處，則「女流」之稱，當無損于女性的尊嚴。

而且這塊招牌還有許多好處。因為招牌上原已說明筆者是淺薄無知的一介女流，縱然說錯了，或偶然高興起來東拉西扯，扯得太遠了，太無聊了，那也是長舌婦的本色，不足深怪。或因有所見而一時氣憤，更不妨竟作潑婦罵街，即使順口得罪了人，預料讀者不會和我一般見識，決不會和我對罵起來的。你能說這不是一面絕妙的招牌嗎？這是一塊避箭的盾，是一道最安全的防綫，只許我笑天下人，不許天下人罵我。言論自由，惟我獨享，天地間還有比這更暢快的事麼？是為序。

西樵落霞

——陳菲明——

有一年暑假，我隨同學們到廣東西樵山去露營。西樵山是風景勝地。那幽谷清泉，飛流瀑布，以及種種奇形怪狀的山洞，書本沒有記載的怪鳥和異草，會使人想起神話裏的背景。最使我不能忘却的，還是那一天黃昏獨坐在河邊巖石上，欣賞西樵落霞的情景和思潮的起伏。

同學們都游泳去了。我因為患傷風去不得。孤獨地一個人領畧大自然的情趣，這也許是我自小多憂慮所養成的偏好。其時，太陽已斜掛在對山的天角，西天的落霞用它的光和影，織成一幅崇山大嶽般莊嚴的圖畫，畫裏面彷彿深藏着無盡的哲理和秘奧，我暫時忘却在浮世中種種的雜念。大抵人生的智慧發於童心，當我心境尚未被「教化」成鐵石時，我想我還不至於淪為獨裁者的信徒，在血色的恐怖的土地上呼號未來的蜃樓海市。

金色的、紫色的彩霞寂靜無聲。遼闊的天空無盡而安定；江面上的波浪，浮映着落霞的金光。遠眺帆影，水天相接，有無盡的詩情畫意。在這脫離俗世的情景中，我本想自我製造一種情調，把日間煩雜的心緒澄清過來，然而此時忽然聽到背後喧嘩的聲音，是同學們泳罷回來了。

西天的雲彩漸漸暗淡了，消失了刺目的光輝。同學們的喧嘩聲使我想起日間學校生活的緊張和苦惱。大抵如同少年喜愛童話一樣，青年人多是幻想者和冒險者。記得我在一份「文學」雜誌看到一篇青年寫的詩歌，詩歌的主角騎着駱駝，在沙漠上走着。他看見前面出現「海市蜃樓」，奔走了一日，纔發覺眼前的不是虛空，而是工廠和礦場。於是他歡欣起來，他的眼睛孕滿興奮的淚，就如處身在雲彩裏一樣。這首詩描寫了青年對「海市蜃樓」的憧憬，他們厭惡的是平安，他們崇拜的是奇蹟。於是，他們希冀着創造奇蹟，希冀在血地上出現實在的「海市蜃樓」，於是，獨裁者微笑了。

理想的幻滅是悲劇，精神的痛苦和憂鬱更是悲劇中之悲劇。「海市蜃樓」的前面滿是幽魂的哀號，白骨壘壘，陰風慘慘。血地上的城市，工廠煙囪下面，是奴隸流血與流汗的地方，農民的面孔，漸漸消瘦了，臘黃了，感慨和流淚之後，還得面對現實。吶喊也是徒然的，而學校，根本就不是學校，而是獨裁者培養信徒的「教堂」。多少人，和詩絕了緣；多少人，希望逃避現實；到荒山野嶺中去，過流亡的原始的生活。我的思想越去越遠了，我的心境開始涕泗縱橫了。啊啊！我還是不要自尋苦惱了吧！

天空漸轉為藍黑色了，西方的霞輝變成狹小而褐黃的幾條綫，橫浮在天際。遠處的山丘，像金字塔一般的沉默地屹立着。當我平心靜氣的時候，想到前路的坎坷，耳邊聽到背後傳來幽谷清泉的淙淙水聲，不禁墮進莫名的空虛中……

× × × × ×

記張蔭桓（一）

舜生

『清史稿』為張蔭桓寫了一篇七百多字的傳，大體是不錯的（見清史稿列傳二百二十九）；可是想要從張的一生經歷，窺見清末政象的一斑，這篇傳便沒有多大用處。現在我根據其他多種資料，再作出如下面一個比較詳盡的敍述。

張蔭桓，字樵野，廣東南海人，生一八三七年（道光一七），卒一九〇〇年（光緒二六），年六十四。他不是由科甲出身，捐了一個知縣，在山東候補。山東巡撫閻敬銘（丹初）丁寶楨（稚璜），對他都很賞識，經過他們幾度的保舉，他便得到了一個道員。光緒二年，他署理登萊青道，黃遵憲在煙臺和他見面，彼此有詩唱和，便正在這一年。（時黃年二十九，小於張十歲）。咸陽李岳瑞（孟符）所撰『春冰室野乘』說：『蔭桓起家簿尉，粗識字，中歲始力學』，光緒二年他三十九，大概書已經讀得不錯了。

光緒七年，他任安徽徽寧池太廣道，頗有政績；次年，升按察使，被調到北京，賞三品京堂。十年，除太常寺少卿，又命他在總理各國事務衙門學習行走。『清史稿』說：『蔭桓精敏號知外務，驟躋巍官，務攬權，為同列所忌。』李岳瑞也說他：

『生平作事，不拘繩尺，且以流外官致身卿貳，諸貴人尤疾之，以故毀多於譽，然幹局實遠出諸公上。』這大致都是實在的。就在這一年，他以洩漏朝旨的罪名，被人參劾，退出總署，左遷直隸大順廣道，以閻敬銘力保（時閻任戶部尚書，入軍機，直總署），十一年乃被命充出使美國、西班牙、秘魯三國大臣。次年赴任，十五年始回國，居外約四年餘，不失為當時駐外使節中之佼佼者。十六年閏二月，再入總署行走。十八年，任戶部左侍郎，從這一年到二十四年被革職，在戶部凡六年，與翁同龢共事最久（翁十一年十一月代閻敬銘任戶部尚書，迄二十四年五月罷免，凡十二年以上。）翁對張也倚重傾倒備至，大抵張一生在政治上最有關係之人，前一期為閻，後一期則為翁，現在把翁的日記摘錄幾條在下面，可看出一個大概：

一、張樵野長談，此人才調，究勝於吾。（光，二一，十，六。）

二、觀樵野和樊雲門詩，眞絕才也。（光，二三，一二，一六。）

三、王鵬運劾余與張蔭桓朋謀納賄，薰蕕同器，涇渭雜流。元規汚人，能無嗟詫。（光，二四，四，九。）

吳永所述『庚子西狩叢談』，也有一段涉及翁張關係，並可見張之為人，吳說：

『……翁常熟當國時，倚之（指張）直如左右手，凡事必諮而後行，每日手函往復，動至三五次。翁名輩遠在張上，而函中乃署稱吾兄我兄，有時竟稱吾師，……其當時之親密可想。每至晚間，則以專足送一巨封來，凡是日經辦奏疏文牘，均在其內，必一一經其寓目審定，而後發布。張公好為押寶之戲，每晚間飯罷，則招集親知僚幕，圍坐合局，而自為囊主。……翁宅包封，往往以此時送達。有時寶匣已出，則以手作勢令勿開，即就案角啓封檢閱。封中文件雜沓，多或至數十通。一家人秉燭倚其左，一人自右進濡筆，隨閱隨改，塗抹勾勒，有原稿數千字而僅存百餘字者，亦有添改至數十百字者，如疾風掃葉，頃刻都盡。亟推付左右曰：『開寶開寶！』檢視各注，輸贏出入，仍一一親自核計，錙銖不爽，於適才處分如許大事，似毫不置之胸中。至次日常熟每有手函致謝，謂某事一言破的，某字點鐵成金，感佩之詞，淋漓滿紙；足見其倉卒塗竄，固大有精思偉識，足以決謀定計，絕非草草搪塞者。而當時衆目環視，但見其手揮目送，意到筆隨，毫不覺有慘淡經營之迹，此眞所謂舉重若輕才大心細者，宜常熟之服膺不置也。』

按光緒二十一年蔭桓與日使林董議商約，吳永即係在張幕贊助之一人，後且以此事為張所保荐，上面這個故事，當為吳所親見，即令畧有渲染，去事實當不遠也。

亮齋閑話

民意淺說

徐亮之

客：現在香港報紙上除了一片學生考試聲外，有些報紙便是總統連任的擁護聲了；我今天倒也要考考你這個老學生。

主：但求您莫考憲法問題，因為我已經決心情願做「機械的護憲派」了。

客：士各有志，汝安則為之。橫直我們也和「國代」「立委」一般沒有修憲的資格，更沒有包攬修憲的雄心，還談它則甚？——我今日要考您的倒是：什麼叫做「民意」？

主：人民眞正的意思，便叫做「民意」。

客：什麼叫做「人民眞正的意思」？

主：人民在沒有黨團滲透，沒有威脅利誘情況下所表達出來的意思，便叫做「人民眞正的意思」。

客：「人民眞正的意思」，要怎樣才能考驗得出來？

主：要經得起當時冷觀者的裏層分析，要擋得住後世歷史家的公正批判，才是最確與最後的考驗。

客：那末，依您說，「民意」竟是可以製造的了!?

主：豈但可以製造，而且製造的手法事實上已是層出不窮；您眞未免所見不廣了！

客：空說無憑，且舉例看。

主：王莽就是最會製造「民意」的好手。「通鑑」說：「吏民以莽不受新野田而上書者，前後四十八萬七千五百七十二人。」又說：「王惲等八人使行風俗還；言天下風俗齊同，詐為郡國造歌謠、頌功德，凡三萬言。」又說：「太僕王惲等八人，使行風俗，宣明德化，萬國齊同，皆封為列侯。時廣平相班穉，獨不上嘉瑞及歌謠；琅邪太守公孫閎言災害於公府；甄豐（莽黨）遣屬馳至兩郡，諷吏民，而劾閎空造不祥，穉絕嘉應，嫉害聖政，皆不道。」結果公孫閎被殺；班穉因有姊班倢伃做內綫，也納印貶官，才得沒事。您想想：這八位行遍郡國的使者，「宣明」的到底是種什麼「德化」？四十八萬多上書人的後面，到底有些什麼力量在擺佈他們？歷史家這豈不等於明明白白地告訴了您；這便是「製造民意」的例子。

客：但這畢竟是一千九百多年前的事。我們一眨眼都是二十世紀六十年代的人了，您總得舉一兩個二十世紀的例子，才能教人感覺親切。

主：袁世凱就是一個好例子。民國四年，袁世凱要準備先行「變更國體」，而後「帝制自為」，策動參政院於九月二十八日通過所謂「國民代表大會組織法」；十月八日即由袁政府公佈施行；二十五日各地即開始所謂「選舉」；二十八日即開始所謂「國體投票」；十一月二十日，即把各地選舉和投票的結果揭曉：結果是全國共選出了「國民代表一千九百九十三人，也共得了贊成君主立憲的一千九百九十三票。而接着上「推戴書」，「恭戴今大總統袁世凱為中華帝國大皇帝」的也便是這一批「代表民意」的「國民代表」。您說這「民意」到底是「製造」的還是「眞正的」來？

客：還有例子沒有？

主：有的是。民國十二年六月，直系收買流氓乞丐組織「公民團體」逼走黎元洪。同年十月，曹錕以每票五千元的代價競選總統。也可說是屬於這一類。

客：我想這類事情，大都當時就在人民面前「穿了包」，並不需要等待什麼冷觀者的分析，歷史家的批判的。學句共產黨話齋，眞乃「人民的眼睛雪亮」。

主：談到共產黨，不消說，更是二十世紀「製造民意」的大專家：然而不幸，「人民的眼睛」，現在對他們已經更「雪」更「亮」了！

國共和談本末（一）

司馬健

六月二十九日，台灣「中央日報」社論，嘗舉所謂黨派會議，聯合政府，國共和談三者，乃今日「少數而又少數民主人士心目中的民主政治」；因為述所聞見十年前國共和談之本末，以饗讀者。至今日果否有如「中央日報」社論作者「心目中」之「民主人士」與「民主政治」？請以詢之該報執事可也。

民國三十七年五月五日，行憲第一任總統蔣中正介石，副總統李宗仁德鄰，就職於南京。期前，德鄰嘗遣人問文官長吳鼎昌行禮服式；鼎昌傳介石語，皆御元首禮服。德鄰因急電港定製如式；則忽又告以皆御軍服。及期，德鄰軍服往；介石又獨忽不御軍服，唯御中國禮服，黃軍便褲，黑革履焉。中外賓客觀禮代表咸愕然；識者已知其不祥。果未幾，共軍亟陷濟南。十月十五，更陷錦州。繼之則有長春譁變，瀋陽瓦解，東北三十萬美式裝備健兒，損折以盡。又未幾，徐蚌會戰，黃伯韜、邱清泉、杜聿明、黃維諸機械化兵團數十萬人，復為共軍熸噬以去；而士氣喪。又自八月十日廢法幣，以金券强兌金銀，不復措意幣信；幣值江河日下，通國騷然，怨聲滿路：而民心失。彙之，輩金以助友邦在野黨選政而敗，執政黨以為行同干涉內政，啣之刺骨。致十月二十三日，美駐華大使司徒雷登鑑於其時中國內外情勢之岌岌，覺天眞可掬，急不擇辭，主美國務院以壓力助李而去蔣；而外交窮。軍事、財政、外交，既急亟逆轉，不可終日，皆出介石意表如是；而其親信張治中者，故嘗對之有恢復國共和談徐圖收拾大局之議；至是乃復與邵力子以和談爭取時間，下野促進和談之說進；介石無以難；於是副總統李德鄰，遂順理成章，置諸爐火之上矣。

初，介石嘗虞德鄰或不入觳，以吳忠信特與德鄰交厚，則起為總統府秘書長而謂之曰：「吾頃觀內外，均非吾下野不可。今相煩此席，為吾與德鄰橋梁。但說德鄰上台，後此去就一憑公。」忠信許諾。十二月中旬，遂與治中、張羣共往說德鄰；德鄰果以時機過晚辭。然忠信等固皆知德鄰長者，既勸喻百端，卒協議四條三款如下：一曰，蔣總統為便政策轉變下野；二曰，李副總統代行總統職權，倡導和平；三曰，和談由內閣主持之；四曰，和談之準備工作：一、組織舉國一致內閣；二、加强美英蘇外交；三、爭取政府反對派。乃忠信等復命，介石竟佛然作色曰：「去便去耳，何協議為？」因棄置不復道；事遂中寢。

時黃紹竑方客李邸，頗與謀議。紹竑者，往共李白奮飛廣西，繼從介石，敭歷中外，而自抗日戰爭結束，即視介石政權老大，力勸所謂「桂系」自拔自救者也。前白崇禧憾介石無故解其國防部長還華中勦匪總司令，憤而走滬，紹竑既已以此意諷之。比協議事起，以為機且至，勸德鄰益力。及見事垂成而中寢，始廢然去滬。去未幾，而武漢中心之政治風暴起矣。

聯合評論

週刊

本刊已經香港政府登記

每逢星期五出版

United Vcice Weekly

第四十九號

督印人：黃宇人　總編輯：左仲平

社址九龍金馬倫道卅八號三樓　電話61413

承印：田風印刷廠（高士打道二二一號）

總代理：友聯發行公司　售價每份港幣壹毫

本報美洲版總經售處美國紐約中美出版社

CHINESE-AMERICAN PRESS, INC
199 CANAL STREET.,
NEW YORK 13 N. Y. U.S.A

美洲航空版零售每份美金壹角

談第三勢力

李璜

昨接台北友人來信，稱：台北當權派中人近對聯合評論的議論，所以表現相當的緊張，因為他們感到聯合評論的聲勢，有第三勢力復活的趨向。我回信道：『第三勢力』四字不通，在今日用之，尤其不通，因第三之上，必須有第一第二；如果假定中共是第二，則三者之間已有是非善惡之分，何況反共與共，勢難兩立，如何能相提並論，故爾不通！』

一

原來，第三勢力這一名稱，乃是在抗戰末期，在重慶時代，政府中以及中共中的少數人，對於主張「軍隊國家化，政治民主化」的人們，給予他們這一稱呼。其實當時抗戰經過八年，人們從痛苦的教訓中普遍醒起來，不贊成一黨專政與一階級專政的呼聲甚高，而且其意識幾乎遍及於全民，質言之，這是一個國民黨當權派及中共以外的民主勢力，表面上雖沒有軍隊，然而其潛力甚大。要想繼續獨裁專政而自命有實力者心中皆畏懼之，於是不願稱之為民主勢力，而特給予一個『老三』的別稱，這是『工師得大木，匠人斲而小之』的用意，這等於是中共常把廣大反共的力量形容成『一小撮人』的詭計。

然而這一民主勢力，因為當時國民政府在抗戰中既已設立了國民參政會，省縣臨時參議會，而又宣布制憲行憲，因之其趨向總是偏向於政府方面的，兩事便可說明：制憲國大，雖經中共再三阻撓，而竟開成功；行憲國大，中共曾以解放軍名義用『代表赴會以附逆論罪處死』的信去威脅，而竟沒有人怕，也開成功。這兩件事便將多年一黨的政府奠定在憲法的基礎上去。因之，今日的政府，雖曾因軍事打了敗仗，失陷了大陸，而尚能在台灣立得住腳，就全靠這一憲法的基礎，這一意義，應為今日的國民黨當權派所不能忽視的！

二

但是，這一所謂第三勢力的民主人士，雖然大多數不怕中共的威脅，而站在政府這方面，然而終與蔣先生及當權派處不好，只有大家愈走愈遠，無法團結，這個癥結所在，在此也有一談之必要。大凡注重民主主義的人，其起碼條件是要珍視人格尊嚴與思想及言論自由的。但蔣先生只知他個人的尊嚴是不能侵犯的，而對於別人的尊嚴則不大顧及；黨權派總是用特務把異己者監視着。以我個人的經驗來說，如在抗戰期內，大家那樣熱心支持政府，幫助抗戰，我也為征兵，徵糧，募公債奔走不停，而特務還常有一本『李璜最近之言論及行動』的報告進呈總裁的。而蔣先生還曾叫人拿那本報告來質問過我，叫我以後說話要小心，這令我感到人格受了莫大的侮辱。又如一九四五年在舊金山開聯合國制憲大會時，我曾擔任中華民國十代表之一，但是李唯果總是在我左右，隨時警戒我對外發言要小心。偶然我向記者批評了宋子文兩句，就認為有意搗亂，結果我只得當一名啞巴代表了事。黨權派對於國事包辦慣了，雖是感到反共要大多數人合力，然而總得別人要在他們的方案中，排演下去跑龍套，絕不懂得小異大同，殊途同歸的這個道理。而且到了台灣以後，不檢討大陸人心離散之由，有以改弦更張，而乃器量更小，局面更狹，對於自由思想與言論，更為戒嚴，不但與我們所希望的輿論政治愈離愈遠，而且連自己在掌握中華民國的國運責任似乎都忘記了，對於異己之論，總是悖悖然見於辭色。大家已忍耐了十年，實在不能再忍耐下去了啊！

三

上面只談我個人的一二經驗與觀感，這些經驗與觀感都是與政府黨合作後，而感受到的。因為現在還有朋友談相忍為國的話，我覺得要相忍為國，則對於主張民主反共的人，要先尊重其人格，要先尊重其思想言論的自由，把這個起碼的條件辦到，然後纔談得上團結，具體言之，則主張民主反共的刊物，不要動輒扣留或根本不許入台；有反共多年歷史的人，要相信他所想的及所寫的，無論他說得好聽或說得不好聽，總是在為國家前途計；既然是政府，就應該虛懷以聽，而不應要認為批評政府，就是偏袒敵人，不去台灣，便不夠忠貞。

很怪！國共雖然是死仇，而自來對於主張民主自由的人們卻又是不約而同的都要予以壓力，予以無情的打擊，在國共合作時固然，在國共分裂後亦然。於是主張民主自由的人們，在三十多年以來，總是在遭受兩面的夾攻！在抗戰末期，所謂第三勢力的民主力量，曾經為一時所重視，彼時國共兩方都想利用之以張我軍，但兩方所用的手段，仍是用壓力來拆散民主力量的團結，想盡方法，拆成兩塊後；然後兩方皆大滿意，以為從此不再會有民主力量出現了！不料前年毛澤東要試一下，提倡大鳴大放，而主張民主自由的力量又復出現，弄得共幹們手忙脚亂，殺的殺，打的打，下放的下放，又纔高壓下來。在台灣，兩個主張民主自由的所謂「友黨」，其力量已經很小，然而因為他們還是有民主自由的呼聲，政府黨黨權派還是不放心，而屢予壓力，且設法拆台，令其黨內騷然不寧，至今未已。至於對海外，黨權派則雖已禁止異己言論刊物入台，然仍恐所謂第三勢力復活於香港，於是最近自台北下令黨報，准黨報，半黨報，又來一套圍勦政策。然而這種官式的起鬨言論，對於民主自由的主張，絲毫也不能動搖，因為今日在海外，深知或身經中共的抹煞人權，侮辱人格，反乎民主，絕滅自由種種窮兇極惡現象，大家要求民主自由的期望，比以往任何時期為熱烈，因之民主勢力的潛力已日在進展之中。台北黨權派不要認為主張民主自由者今日在海外還只是那幾個老兵，新進者之了解民主自由之義，其主張非民主不足以戰勝共黨，其決心為民主自由的理想而奮鬥，均強於老兵百倍，只有令老兵們慚愧！共黨勢力終必被民主勢力所消滅，絕無疑義，故第三勢力之說不能成立；自由中國如終無民主自由可言，行見民主第一勢力在海外便要起來，台北的黨權派戒之哉！

悲痛苦悶中的呼聲

雷厲

面對最近的國情，默察海內外的消息，我們感到前所未有的悲痛與苦悶！

大陸同胞在中共魔爪下呻吟已經十年，自去年八月實行「人民公社」以來，水益深火益熱；至今我們還不能做有效的解救行動，致令天怒人怨，危機四伏的中共，依然蟠踞中原，毒虐生靈！

以反共抗俄自命的國民黨當權派，空談十年反攻，迄無革新表現；不但未能團結反共力量，同仇敵愾共赴國難，反而刻意效共，嚴行專制，日夕以壓制自由言論，打擊反共友軍為能事；最近國際上「兩個中國」的陰影正趨濃厚，在此艱難困頓，危急存亡的關頭，未見當局有惕厲自省的表現，反而大張旗鼓，不顧在野黨派及海外輿論之反對，做修改憲法擁戴連任的運動；給鬱憤苦悶之人心更沉重的負担，徒令敵人窃笑稱快！

雖然中共之殘暴如此，大陸同胞之苦難如此，政府之昏昧如此；但不管局勢如何艱難黑暗，只要篤信民主的海內外同胞，尤其是為社會中堅的智識分子，能够自覺自主，明辨是非，精誠團結，則戮力奮鬥，我們仍可寄希望於最近之未來；可是盱衡海內外的風氣動向，我們但見一片冷淡與沉寂！這並非說海內外同胞已放棄反共，或已沒有愛國熱誠，而是他們的反共意志與愛國熱誠，因長期沒有出路，無所寄托，而消沉了。

做為一個眞誠愛國的中國人，處於上述形勢與氛圍之中，其悲痛與苦悶是充塞肺腑不能自己的。我們無須掩飾這種悲痛與苦悶，反之我們從眞摯的悲痛與苦悶之中，才能惕厲奮發，湧現智慧來承擔祖國與同胞的苦難；唯有認清現實，有勇氣面對現實，我們才能在現實中找出應走的道路。本這種了解和心情，我們謹掏誠向各方面做如下的呼籲。

首先我們向台北當局說幾句話：

檢討國民黨當權派自抗日戰爭前夕廬山會議以來的歷史，我們發現國民黨當權派從未有像今天這樣專橫自是的，也從未有像今天這樣孤立可危的。過去在所有重大措施上，它都多少參酌輿論，至少顧忌輿論；也多少總與在野黨派社會人士保持一種起碼的諒解與合作。諸如決定全面抗戰，建立參政會、制憲、行憲以至蔣總統的第二屆競選連任等等，無一不是如此的。過去國民黨當權派這種多少顧及輿論，多少能與在野人士和衷共濟的表現，在籠罩全國維繫民心上曾經發生很大的效果和作用，可是這些效果和作用却被根本的獨裁和獨裁所造的腐蝕毀掉了，隨着大陸淪陷中共得勢而付諸東流了，以致今天他們不能察覺這些效果和作用。

近年來國民黨當權派孤行的作風，最明顯的是去年修改出版法以及目前正在進行中的修憲連任運動。這兩件事除一些在國民黨當權派領導之下討生活的黨政幹部和準幹部們，以及海外少數對國民黨當權派關係特重以情害理的人士之外，都是國人皆曰不可的，而國民黨當權派則鐵着面孔做到底。關於後者，業經海內外民間輿論及民青兩在野黨的強烈反對，即連國民黨的開明分子也表示反對，可是到目前為止仍毫無懸崖勒馬的跡象。最近更自拉自唱加緊發動製造擁戴勸進的氣氛，並動員所有的宣傳機關對於反對修憲連任的民主人士展開辱罵攻勢，濫行檢扣反共的自由報刊；我們覺得台北當局這種種狂悖的舉動，徒令親痛仇快，遺笑天下，實屬不智之極。

在此我們謹望國民黨當權派能惕念同胞的苦難，顧全國家的體面，與為了促成反共陣容的團結，為了早日同心戮力反攻大陸，儘速改弦更張，放棄修憲與連任的企圖。並進而開誠布公與民更始，正所謂「苦海無邊，回頭是岸」，千錯百錯皆成過去，只要今後不錯仍可旋轉乾坤！

其次對於在野黨派及海內外的民主團體及民主人士謹陳數言。

從客觀形勢上看，今天的民主團體和民主人士處境最艱苦。他們因反共被毛共政權視為死敵，因為主張民主而又不見容於台北的當權派。他們被共產黨侮辱加以「親美反蔣」的帽子，又被台北的當權派指罵「與共匪同一鼻孔出氣。」他們所以招致左右雙方的誣陷和辱罵，原因至為簡單，那就是他們反對任何形式的一人獨裁和一黨專政，他們堅持在中國實現民主政治，保障同胞自由。

在上述的客觀形勢之下，今天的民主中國運動、或者說中國民主運動，正被壓縮成潛流滙湊的形態，但是從長遠發展來看，我們却充滿信心和勇氣。第一、中國民主運動，是與趨向自由的世界文化大流一致的；第二、大陸淪陷十年，經中共的殘暴統治，中國人民已澈底覺悟自由民主的價值，這一普遍的意識覺醒，是今後中國民主運動不可阻擋的大動力。有上述兩大因素，因此我們堅信目前中國民主運動雖然一時難望有具體成就，但是只要我們能够堅貞不二的貫徹下去，一俟機運成熟，它就會汹湧澎湃，主宰中國歷史的方向。

蔣總統今後的出處

潘公展

潘先生此文，發表於紐約『華美日報』，從六月二十三日起，連續登載六天；以原文過長，本刊限於篇幅，只能節錄其重要的一部分，小標題係編者代加。

甲乙兩案的建議

（前畧）甲案（上策）：（1）蔣總統鄭重宣告，絕不受少數曲學弄法人士的欺蒙，不做違法修憲（包括修改臨時條欵）後的第三任總統，而且重言申明他個人反對修憲法及臨時條欵，根除所有一切的浮言。（2）同時，蔣總統更聲明，願以中國國民黨總裁的身份，致力策動團結國內外凡屬反共的各黨派無黨派人士以及一切軍民，達成光復大陸拯救同胞的神聖使命。

乙案（中策）：（1）同甲案，（2）同時，蔣總統更聲明，他本人在對國家民族絕不放棄責任之原則下，如果中華民國將來合法的第三任總統和立法院都同意提名並通過，要任命他爲行政院院長，他一定當仁不讓，願意以中國國民黨（多數黨）的總裁身份，毅然負起這副重擔，團結全國軍民，達成光復大陸拯救同胞的神聖使命。

至於下策的丙案，就是定要擁蔣總統於爐火之上，勸誘他做違憲的第三任總統的一班人所計擬的，用不着我來贅述。

概括說明

兩案的理由

一、不問蔣總統是否當今中國「並無可以替代的人物」，亦不論這些論調通不通，但相信蔣總統自己未必作此想。因蔣總統是追隨國父孫中山先生，獻身國民革命，致力於民主自由的中華民國的創建與復興，數十年如一日。在民主制度下，每個人壓根兒不應有「不可缺少的人物」的偶像崇拜的落伍思想。以過去蔣總統曾幾度自動下野的作風來推斷，他更絕不是以「不可缺少的人物」自負的。何況蔣總統在四十三年五月二十日就任第二屆總統時的就職宣言中曾說：『我們爲了保障自由與民主的發展，第一要厲行法治，第二要建立制度』。試想，他老人家這樣斬釘截鐵的語句，表示要厲行法治，建立制度，來保障自由與民主，今天豈甘自己不顧到修改憲法的合法程序已絕無可能，而首先破壞憲法第四十七條「連選得連任一次」的嚴格規定，來做一個背棄「法治」，摧毀「制度」的第三任總統嗎？以華盛頓創建美國的豐功偉烈，美國憲法上當時並無總統只准連任一次的規定，他尚且二任而後，堅示退休，爲後世立了共和制度讓賢的典範。不知道我們中國爲什麼竟然有些人不顧讓蔣總統做華盛頓，而偏要沾污他，以致被人胡亂猜測，甚至諷刺他歡喜「勸進」呢？我想，蔣總統聽了這批人的話，必嗤之以鼻的。

二、也有人以爲國難空前，大陸未復，今日的中華民國切需蔣總統的繼續負責領導，尤其不可「中途換馬」，因此應該千方百計，不惜超越法律程序，擁戴他連任第三屆總統。其實「負責領導」，不一定要做違憲的第三屆總統方能領導。即使國民黨八屆二中全會的政治報告決議案，也只希望他繼續領導，並沒有說定要推選他作連任三屆總統的候選人，而況又說擁護他的「反對修改憲法」的主張，可見國民黨中央幹部更無要他做一個不經過合法修憲而走違憲途徑產生的總統的意思。領導之方多端，容待後論。至於中途換馬，固然能避則避，但碰到法律和事實不能不換馬時，又何能硬不換馬？羅斯福總統的三任四任，不問是否美國人民眞有「中途不換馬」的心理，但他畢竟不曾「違憲」啊！他不過打破華盛頓以來的成例，但美國憲法上並無禁止明文，總統只許兩任。假使美國憲法早有修正，只限兩任，如現在的條文一樣，我相信羅斯福也和艾森豪相同，必不願藉「中途不換馬」的口實，硬做第三任的。何況羅斯福不幸，未見大戰勝利而先作古，還迫不得已只好由「新馬」杜魯門下令投原子彈結束大戰。可見在「法律」和「事實」之前，「中途不換馬」理由是站不住脚的。我想，蔣總統決不肯做站不住脚的總統。

三、也有人引用李承晚，戴高樂，亞登諾等幾位現代國際政壇老人的執政，比附論列，證明國家當危疑震撼之秋，需要有老人掌握政治之舵。況中華民國目前正是國難嚴重的時候，政府播遷十年，大陸猶待光復，爲什麼我們應讓蔣總統息肩？就我個人的看法，卻有不同。如果蔣總統今天有依照憲法順理成章連選連任的可能，恰如民國四十三年的當選第二屆總統一般，我一定舉手贊成。不過我只贊成選舉蔣先生做合法的總統，我極端反對他被少數人牽着拉着去做違憲的總統。至於前面所引證的幾位國際老人，不問他們如何上台，如何連任，如何繼續執政，掌持大柄，總之有一點是相同的：他們都是合法的。不是經過合法手續修訂憲法，而後上台就任（戴高樂）或連任（李承晚）總統；就是依據現行憲法決定任完其目前的總理任期（亞登諾決心要任滿其總理的任期至一九六一年國會改選，新總理就任之時爲止）。他們幾位，從無一人，在法律軌道外行事的，尤其戴高樂將軍，他是法國戰後首任大總統，因不滿意於第四共和的憲法，飄然高蹈。去年六月重登政壇之前，再三堅持必須經總統提名，國會通過的合法步驟，方允出任總理，擔負艱鉅。而其膺選總統，更先之以宣佈國策，修改憲法，復經人民投票複決，接受，然後依照第五共和新憲法，當選總統的新職位。他的經過程序，再要鄭重也沒有了。所以，如果要把他們來比論，更可反證蔣總統既是一位以厲行法治，建立制度，維護自由民主爲職志的政治家，當不願意馬虎牽强來做一個「舍正路而不由」的第三屆總統。勸蔣總統不循合法修憲的軌道，（如某大法官所倡議的不必需要修憲的法定人數，即可增加臨時條欵，停止憲法四十七條關於總統任期限制的施行，這一類論調，即是出乎軌道，另掘陷阱，使蔣總統不愼墜入的設計）而做第三屆總統的人，表面上是擁護蔣總統，實質上是陷害蔣總統。以蔣先生一生的功烈，爲今後出處計，我們還是希望他在歷史上留一個厲行法治，建立制度的「良模」好呢？還是勸誘他開一個違憲毀法的惡例好呢？雖三尺童子也可以有正確的回答了。

四、蔣總統去年十二月廿三日只表示他反對修改憲法，但不曾提及不願第三次做總統候選人；又於最近對國民黨八屆二中全會表示三點顧慮，「（1）不要使敵人感到稱心，（2）不要使大陸同胞感到失望，（3）不要使海內外軍民感到惶惑」，以爲總統問題只要使這些顧慮可以消除就得，不必考慮他個人的出處。外面就有許多人紛紛議論，猜度蔣總統是在想連任三屆總統，不問計劃方法如何。但如不挾成見，對蔣總統的話作公平觀察，我以爲不當便作此類「誅心之論」。就去冬的話來看，蔣總統本人既反對修憲了，則憲法上有明文限制總統任期至多爲兩任，蔣總統自問又何必畫蛇添足來一個不願任三屆總統的聲明呢？他當時雖無此聲明，而海內外輿論都認爲此層意思已包含在內。曾記得胡適博士當時還說他舉雙手贊成的。然則何能因爲他不曾聲明不任三屆總統而就疑他有連任意思？再說，他最近所指出的三點顧慮，原不過是國民大會未來選舉總統所應注意的事，他又何嘗說選他連任才可絕無此種「顧慮」，選了他人就會使敵人稱心，使大陸同胞失望，使海內外軍民惶惑？因此，我認爲平心靜氣的論者，不必作此無根之武斷。而且爲顧全這三種顧慮，力求避免之道，最好的方法便是蔣總統以身作則，樹立「厲行法治，建立制度」之規模。惟有如此，才可使敵人知道中華民國憲法（蔣總統所認爲反攻大陸的主要武器）的尊嚴依然存在，他們必不稱心（他們以我們毀憲爲最稱心）；使大陸同胞愛護中華民國憲法的精神因蔣總統的守法示範而更形熱烈，自無失望之可言（我們如果自行毀憲，大陸同胞必深感失望）；使海內外軍民瞭然於憲法之神聖不可侵犯者如此，則其保護此神聖之憲法，而致力於反攻復國之大業，其志願與信心亦必倍加堅定，斷無惶惑之慮了（他們所惶惑的倒是我們爲了「本來無事」的總統任期，無端因少數人挖空心思，想踰越憲法程序，搞出什麼修憲與三任總統問題，而反置反攻復國的正當人事之緩圖）。所以，我的建議，蔣總統應當採取堅決態度，反對做違法修憲後的第三任總統，以達到他避免上述三點顧慮的目的。（下畧）

說明甲案

第二欵理由

即希望蔣總統在不任三屆總統以後，以中國國民黨總裁的身份，負責領導團結軍民，達成光復大陸的使命。如果國民黨今天確是一個多數黨的大黨，値此空前國難，這個黨就該有大氣魄，創新局，團結志士，羅致人才，不問黨系派別，只要反共，便當協力，方可除舊布新，蔚然有成。而蔣先生雖不居總統名位，他豈有不能以他的聲望歷史，號召同志，團結各黨，萬衆一心，救民水火之理？蔣先生是秉承國父遺志的一位革命導師，又爲當今國內第一大黨的領袖，豈必憑藉憲法上「總統」的職位，方能起領導作用？

我上文所說蔣先生對反攻復國，果眞要「負責領導」，淺言之，不必有待於「總統」的名義與職位；深言之更不應該再憑藉此「總統」的名義與職位。分別銓釋如左：

一、蔣先生的一生革命事業，對國家功在史冊者，異口同聲認爲有兩件大事：1.北伐，打倒北洋軍閥；2.抗戰，接受日本帝國主義者的投降。但如果翻閱近三十多年歷史，大家都能知道北伐時期，最初蔣先生的官職僅是國民革命軍總司令，既非行政院院長，更非國民政府主席。後來雖擔任過國府主席和行政院院長，但他的主要貢獻，還是以「總司令」的職權掃蕩軍閥，收統一全國之功。至於抗戰時期，蔣先生是以「軍事委員會委員長」的名義和職權，主持戰畧，指揮軍事。而國民政府主席一職，人人知道是元老林子超先生（森）。蔣先生雖曾兼任過行政院院長，甚至教育部長，甚至中央大學校長，後來林主席作古之後，因元老吳稚暉先生（敬恒）謙遜未遑，蔣先生乃又被推爲國府主席，但國內國外一般人還都習慣稱他爲「蔣委員長」。實際上，林主席何嘗眞正處理過一件政務？政治大權屬於行政院，軍事大權屬於軍委會。蔣先生即使不居國府主席之名，絕不妨碍其「負責領導」之實。再看中共叛國，舉兵南下之時，蔣總統已於卅八年一月以「因故不能視事」爲理由，交李副總統代行職務，但在首都危急，顚沛播遷之際，蔣先生轉輾台穗渝蓉之間，出生入死，撫戢軍民，其未復職視事以前，又何嘗憑藉「總統」名位而始領導？凡此，可證明蔣先生的負責領導「不必有待於總統的名位」。——如果今後以不合法的手續而居此「總統」名位，則不獨無益於領導，而且對於領導之進行必更將反有損害。

二、蔣先生的「負責領導反攻復國」，不必有待於「總統」的名位，前既言之，何以又說「不應該再藉此『總統』的名位』來「負責」領導呢？這一層不能不多加解釋。現今一般人在高嚷「負責領導」時，心目中總以爲應該蔣先生連任總統纔對，好像非如此便不算「負責」領導了。其實

（轉下第三版）

我參加廣州防洪的經過

——大陸學生逃港的控訴——

萬蘭

我是七月四日從廣州來香港的。今年要出來眞不容易。我接到通行證是六月十日，但因爲要防洪，所以一直拖下來。我眞躭心不能出來了。現在，我們全家都來到了香港，對共產黨，我已不怕了。所以我現在可將我們學習時的情形毫無掩飾地講出來。能講自己心裏的話，這使我十分激動。因此，如果有廢話或者條理太亂的時候，希望大家原諒。

到香港後，看了不少報紙，也從友人處讀到了全份的「聯合評論」。我雖然是經由申請批准出來的，但是我離開大陸急切的心情和絕不願再回大陸去的願望，却是和所有的流亡同學一樣的。在「聯合評論」上，看到了很多流亡同學的控訴，談到了各方面的情形，這些原都是我要講的話，但大家既然都已經說過，我就不再重覆了，只談談最近的，我們全校學生被調去防洪的事。

我是廣雅中學畢業的，考入華南師範學院教育系，離開時剛讀完一年級。六月九日，正當學期考試快來的期間。吃晚飯的時候，食堂的擴音器突然發出通知，晚飯後全體師生在大禮堂集合，聽黨委第一書記王燕士參加防汛的動員報告。大禮堂中擠滿了人，我到遲了，也聽不清書記說的什麼，只知道立刻就要出發，到三元里人民公社去，洪水快進襲廣州市區了。

頃刻間，整個學校都鬧得亂鬨鬨的，各系各班由黨團幹部帶領，步行去三元里。到達三元里時，天已黑了。工地上點滿了汽燈，農民都在慌着拆房子。原來因爲防洪沒有材料，所以就拆了房子作堤壩，因爲東江的大堤已經垮了，器材也來不及運。我們一到，立刻就被分配運磚和運木料。

現場上亂糟糟的情形我眞沒有法子形容得出來，房子被拆掉了，房裏的傢具都滿地亂拋，有些年老的農民看着心痛，稍爲照顧一下傢具的，監督的幹部就大聲叱罵，甚至故意把傢具踢爛。我只聽到一個老婆婆在哭叫：「大水還沒有來，就把我的家整爛了呀！」但我們也完全不能去安慰她了。我們女同學，分配的任務是揹杉木。那些杉木，全是房子的樑或椽，被拆掉下來的。小的一人揹一根，大的兩人抬一根。幸好去年我曾經在瀝滘人民公社參加過兩個月的勞動，所以還勉强能夠揹起那巨大的杉木。但因爲近江岸的房子早就被拆光了，現在拆的是離江岸有八、九里路遠的。天又嘩嘩地下着大雨，路又滑又濘，幾次來回之後，人已經累得不堪了。我揹着一條小椽子，走到半路上只不過放下來休息了一會兒，就有一個我不認識的男同學搖着電筒直照我的臉，看樣子是幹部，他大聲罵我：「你是華南師院的是不是？爲什麼不運？工地上急得要死，還發什麼小姐脾氣！」我只好將淚水和雨水一起吞到肚裏，再揹起它勉强向前。

就這樣一直幹到天亮，我們都認爲可以休息一會了。但是命令下來，却是要繼續幹。匆匆忙忙地啃了幾口乾糧，看看自己的手，已經因爲淋了一夜的雨而發白了。雖然是夏天，人也凍得發抖，混身上下都是泥，沒有一個同學還像人的，但是誰也不敢埋怨。

洪水漸漸上漲，到第二天下午就冲垮了臨時亂堆起來的「堤防」，一些低地已積滿了水，人簡直是在水裏淌來淌去，我的兩條腿浸得皮都發皺，一個姓鄺的同學因爲頭髮長，幹部說妨碍幹活，不由分說地用刀割斷了。男同學全都調上堤防去了，我們留在「後方」，繼續運輸。

兩夜一天不睡，人累得實在不像話。雨一點兒也不見小，只見堤防上的人不斷退下來，堤防完全蛋了。趕緊再築第二道堤防，又要利用拆房子來供給器材，於是，我們又到了蘿崗公社。拖着沈重的步子到了那裏之後，一般窪地，水都深可及膝了。我們仍然忙着運輸。

就這樣，我們「苦戰」了四日四夜後，才被批准休息一會。事後，我想到我們這一次防洪，何以出力大而收效小呢？這就因爲共產黨事前毫無計劃，更完全沒有準備防洪材料，所以洪水來了，共幹就只曉得叫我們拆老百姓的房子，不說拆房子的材料根本不適用於防洪，縱然防了洪，老百姓的居屋却已完了。許多地區是洪既未能防，房子又被拆，那眞是慘極了。

鐵幕新聞

——照抄中共報紙——

彭心愉

肥料無人理睬

「最近我因公外出，在寶成鐵路線上的雙石舖火車站等車的時候，看到這個車站的庫房裏、站台上、貨場上，到處堆滿細菌肥料，經了解，這二百一十八噸細菌肥料巳存放半年。究竟是怎麼一回事呢？原來這些肥料是湖北省竹溪縣商業局從齊齊哈爾訂購來的，去年九月陸續從齊齊哈爾分五批發送到雙石舖車站，這個站收到貨後，就連續打電話催竹溪縣商業局來運，可是這個局連睬不睬。」（見中共七月十一日「人民日報」）

廣州二、三事

中共把白米十六萬斤救濟港九水災災民，左派報紙歌功頌德，照吹法螺如儀，或以爲中共尚有餘糧外運救濟，那麼，最近華南所發生的「世紀性」水災下所遭殃的人民，應該更有辦法了。事實上，幾年來大陸的老百姓過着半饑餓狀態的生活，不管農事收成的豐歉如何，他們的命運都註定了，然而中共却還貓哭耗子式的在海外「施賑」，同時把「外援」列入預算的項目，其實，揭開西洋鏡，他們眞是喪心病狂，慘無人道啊！

筆者上月回鄉，返港時適逢連朝暴雨，廣九路冲毀，暫告不通，在廣州一位親戚家裏住上一星期，親眼見到廣州人民個個憂形於色，營養不良，面黃肌瘦。每家人大清早，老老少少起床後，除了洗臉之外，最主要的工作就是排隊買菜。但實際上，則是根本沒有什麼菜可買。

大水後，我曾經在馬路上看見一個中學生拉着上世紀中國農村所用的牛車（兩個大車輪，上面鋪一塊木板，兩枝突出的手把子，用繩子拴住牛頭來拉動的），後面又有五六個不過十一二歲的小學生雙手扶着車子望前推，車上裝載十幾塊石頭，他們正似老牛破車式的慢步前進，口裏喊着：「哎唷，哎唷」！

原來，經大雨洗禮之後，廣九，廣三的鐵路路基被冲毀，市政府動員全市中小學生參加搶救工作，所有學生們到處尋覓石頭運到路基旁邊備用。

另一方面，如新華電影院，太平戲院，東樂戲院，南方戲院，確也場場客滿，各茶樓酒家皆滿座，但那是些什麼人呢？却完全是共幹及其家屬，與夫由中共各級機關配給各工廠的戲票所發動來的觀衆，看樣子，其中許多人也未必眞有心情看戲的！

秋風

大陸之窗

中共幹部下放的目的與利弊

·劉裕畧·

「下放」是中共近兩年常常提到的一個新名詞，「下放」也是中共近兩年在人事方面實施的一項大舉措。下放開始宣佈之日，即曾引起海外人士的注意，下放實施後，仍不斷爲各方研究中共問題者所關心。但中共幹部下放的眞意如何，却一直在問題中。

對於這一個問題，我們誠然可以作種種看法，但我認爲要把握中共下放政策的眞正目的，應從中共對幹部下放所意識的好處着眼。無論如何，中共自身對幹部下放所意識的好處，總必定是中共大搞幹部下放的目的之主要部分。

中共對幹部下放究認爲有何好處？在這裏，我想引用「解放軍報」的一部分資料來說明。我們曉得：所謂「解放軍報」乃中共軍隊的機關報，這一份報，中共不但一向不准出口，就是在大陸，普通人民也是不准閱讀的。因爲其中涉及中共軍事秘密的地方很多，故中共嚴禁出口。在此引用它的一部份有關資料來參考，我以爲頗有價值。

據「解放軍報」一九五八年八月十二日社論說：

「從今年初開始，我軍各部隊分別下放一批幹部到基層去鍛鍊，半年多的實踐充分證明，好處有：

1、鍛鍊了幹部，正像許多下放幹部親自體會到的：鍛鍊以前是空空洞洞，鍛鍊以後是扎扎實實。鍛鍊以前是『白面書生』鍛鍊以後是紅面關公。

2、加强了基層，下放幹部到連隊去，不但自己去學習，同時也把文化、業務知識等帶到基層，使基層氣象一新，更加活躍起來。

3、訓練了幹部能上能下，關心實際的好風氣。過去一部分知識分子幹部不願到基層去，不願到邊防去，對實際鬥爭不關心，現在大多數同志以下放爲榮，積極要求下放到實際鬥爭中，到艱苦地方去鍛鍊自己。

4、進一步密切了領導機關和基層關係，幹部和戰士的關係。

幹部下放是體現我軍幹部路線的一個重要措施。我軍的幹部路線，就是堅持以工農爲骨幹，團結改造教育知識分子的階級路線。

我們一定要下決心，分期分批的抽出幹部下放，而且把優秀的有培養前途的幹部送到基層去培養。」

以上是「解放軍報」對軍事幹部下放好處的說明。然而我們曉得：中共整個幹部下放政策，並不只限於軍事部門，而同時適用於政治、財經、文教等等方面。從思想方法來說，部分誠然不能代表全體，而軍事部門只是全體中之一部分，但從下放政策事實上的基本統一性來看，則局部在全體中存在，所以軍事部門所意識的好處，正也就是中共整個下放政策所意識的好處。僅僅部門與個別事物有所不同而已。

但話又說回來，「解放軍報」所說的四點，固然透露了他們所意識的某些好處，我却不以爲是全部，因爲，至少還有兩點：1、中共可以藉此減輕一些財政負担；2、中共可以藉此淘汰一部分人員，對於一部能力低弱而又從前作戰有功的人員，中共不便明目張胆的淘汰他們，因爲他們雖低能，却無罪，於是就借所謂下放把一部分可用的幹部鍛鍊後回籠，另一部分則以所謂永久下放或長期下放的說法，把他們永久或長期排斥了。從而在人事上收到與整肅相同的澄清效果。而這兩點是「解放軍報」社論作者們不敢說或根本不明白的。

以上是就中共有利的部分來看，而更重要之點，則是下放這一件事對中共有利亦有弊。對中共有利之點，是中共所以要搞下放之目的所在，這所在，前面已經說過了。至於對中共有害之處，中共自己沒有說，這一方面是它故意不說，另一方面則是它自己也根本沒有看到。有時候，則是它雖然看到，但認爲不嚴重。實則下放政策所帶給它的害處並不少，而且也並非不嚴重。譬如：把一部分人的怨恨種子普遍而深入的埋伏在各地，這就是一樁很嚴重的事咧！

華巫分裂的重大政潮（吉隆坡通訊）

俊華

馬來亞六百多萬人民。月來一直在提心吊胆着華巫的分裂。那分裂在一個時候是已經開始了，而未達到完全爆發的程度。幸而終於祇作爲「危機」而渡過。人們在揑了一把汗之後，究竟鬆了一口氣。但雖然如此，迄今說來，仍有些「談虎色變」。而且，問題也並不是完全了結了的。

不可以共安樂？

於一九五七年八月獨立的馬來亞聯合邦，是建築在「種族聯合」的基礎上。華、巫、印、歐四族，主要以二百萬馬來西亞族——馬來人及印度尼西亞人——和二百八十餘萬華族即中國人而構成的。從數字看，種族聯合也可以說就是華巫聯合。

在華巫聯合的基礎上與英國談判而獨立，獨立後所組成的是各族聯合政府，執政黨「華巫印聯盟」，明顯地說出了組成的分子。這個聯盟，由三個政團所組成：即馬華公會，簡稱馬華。聯合馬來亞民族組織，簡稱巫統。馬來亞印度大會，簡稱印大。

也許是「可以共患難不可以共安樂」的緣故，隨着以巫族爲中心的獨立政權的建立，民族主義尤其是所謂極端民族主義，在華、巫兩族間各自醞釀着。華巫印聯盟領袖拉曼氏，當辭去總理職位，宣稱「退而整黨」時，便曾對種族問題提出警告。而拉曼本人，却是極力從事消弭的。可是，在獨立後第一次普選之前，嚴重的事態終於發生了。

石破天驚的一封信

這次普選定於下月十九日舉行，而提名期限則在本月十五日。因「提名名額不均」而發生的分裂運動，終於在提名前的幾天表面化了。

由馬華公會主席林蒼佑醫生於六月廿四日致給華巫印聯盟領袖拉曼的一封密函，突於七月十日被公開向報界發表，於是『石破天驚』，引起一連串的風暴。

林蒼佑主席的函件，對拉曼提兩點要求：（一）在這次普選中，馬華公會應有四十席的候選人，至少要三十五席。（二）在巫文未充分發展及巫文設施未能充分供應以前，各種攷試應用「教育媒介語」，即英語或華語。

這封信並說，倘不獲聯盟接受要求，則馬華公會「將單獨競選」。換句話說，馬華要脫離華巫印聯盟，那就形成嚴重的華巫分裂。

馬華的宣傳主任楊邦孝，對此並加强宣稱：馬華將於十二日舉行大會，「決定離合」。

巫統方面，拉查克總理說：一部份人懷疑巫統的眞誠，但巫統是眞誠的，若仍懷疑，「將不與之合作」。

拉曼則說：獨立後首次普選即生分裂，實極遺憾。但分裂不過是阻撓，「仍當在普選中奮鬥，印度會是支持我們的」。

這些話，都有不惜分裂，而在選場上兵戎相見之意。

避免流血的呼籲

這次風潮之所以如此嚴重，有兩個原因，具見於馬華主席林蒼佑函中，即提名席位問題，及教育問題。

馬來亞議會，總席數爲一零四席。但這次競選，巫統要求七十四席，馬華要求四十席（或至少三十五席），印大要求十席。如照上數，共爲一二四席，有二十席無法歸納。據聞聯盟配給馬華的席數，爲二十八席，馬華因此不滿。發表密函，可以說是受了這一刺激。

林蒼佑醫生陳述馬華所以要求卅五至四十席的理由說，此擧是爲了控制三份之一的席數，以免他們（指巫統及印大）利用超過三分之二的席位，進行修憲。這種要求尊重少數，保護少數民族利益的立場，當然未可厚非。

但巫統的態度相當强硬。就在七月十一日，拉曼正式覆函拒絕馬華中央通過支持的林蒼佑條件。一時整個吉隆坡轟傳華巫即將決裂，正是滿城風雨，人心皇皇。而就在這個時候，陳禎祿乃出而呼籲。

陳禎祿爵士是馬華的創辦人，他警告說，在一個多種族的社會而有極端民族主義傾向，勢必走至流血的種族鬥爭，他呼籲華人「信任拉曼，以拉曼爲橋梁」。於是導成拉曼與林蒼佑的會談，談後拉氏稱，談判之門仍開。林蒼佑則謂，是否退出聯盟，馬華中央大會將重新考慮。

十二日馬華中央大會，終以八十票對六十票，決定在聯盟參加競選。原則上由拉曼領導，細節則由主席（蒼佑）與聯盟商討。最後，拉曼要求馬華撤回前提條件，排除洩露密函之分裂分子。候選人席位重新分配：巫統，六十九席。馬華，三十二席。印大，三席。由拉曼提名。至教育問題，另由行政途徑妥謀解決。拉曼並稱，渠將提名林蒼佑參加競選。

「出賣僑社利益」

馬華的最後決定，是工商部長陳修信氏「反分裂派」的勝利。顧全大局當然是對的，分裂以至流血，華巫都不幸，亦是馬來亞的不幸。不過，華人的爭取不到三分之一的席位，以及教育法案合理解決的被懸擱，却未始不是遺留給未來的問題。

林蒼佑醫生已遄回檳城，說決不接受拉曼的提名。而馬華宣傳主任楊邦孝，總務主任朱運興，勞工主任陳世英，及檳城分會政治法律組主任林炳煌、朱衍棣等，已紛紛退出馬華。楊邦孝朱運興於退出時發表聲明說：馬華十二日（接受妥協）的決定，乃「出賣華人社會利益」。

據說這些人已計劃組織新黨，不分種族，而以星加坡人民行動黨爲範疇。前途發展如何，目下言之殊嫌過早。但馬來亞獨立後首次華巫衝突的風潮，以及馬華公會的分裂，當會給馬來亞未來的政治以長遠的影響，在馬來亞的政黨史上，是應特記一筆的。（七月十四晚寄）

印尼三軍內部衝突

耶加達通訊　·蘇蘭芳·

蘇加諾總統親自兼任總理的內閣，就職還不到一個星期，在耶加達的印尼中央，便已發生了嚴重的風波。

誰都知道，蘇加諾此次修改憲法和改組政府，是以陸軍的勢力爲基礎。納蘇賢陸軍參謀長和蘇普拉吉上校入閣，分任國防安全部長，及生產部長，陸軍控制政治的形象更表面化。可是，「挑戰」也立刻發生。

這「挑戰」來自空軍方面，海軍空軍大隊的二十名機師，反對海軍參謀長任令蘇約索上校出任該隊隊長，主要是因蘇約索目前仍在美國受訓。而印尼空軍，親共份子特多，在前些時的內戰中，空軍對於轟炸革命軍及接濟革命軍的輪船，特別出力。就因爲他們反對反共者。

海軍參謀長因這些機師抗命，把他們扣留。却立刻惹起空軍參謀長的憤怒。空軍部十三日在耶城幾家報紙上發表聲明，要求總統直接控制空軍，並給空軍以行政（包括人事）及財政的自主權。

空軍幾乎要對海軍火拼，蘇加諾迫得把海軍參謀長蘇比託中將免職，以緩和局勢，另一方面，陸軍參謀長却不滿意三軍內部糾紛的表面化，耶加達軍區司令部，以「戰時執權者」的權力，封閉三家刊出空軍部聲明的報紙。

海軍與空軍的矛盾已是表面化。陸軍的態度，本來是支持海軍的。而空軍這次的出面鬥爭，則顯見親共勢力的活躍。事情如何了結，還得且聽下回分解。

蘇加諾總統向來慣於「脚踏兩頭船」，且看他的把戲玩得怎樣？（七月十五日）

僑鄉近訊

共幹貪污被捕（中山）

珠海縣府（中共將中山縣一部份地區劃稱珠海縣）於去月杪下令逮捕該縣將軍鄉人民公社社長林北海，鄉長林幹，及民兵大隊長容伯等三人，罪名均爲貪汚舞弊，盜賣食糧。據最近由該縣逃澳之南屏村農民稱：該縣共幹早已日趨腐化、貪汚；偏差舞弊，搜刮民間物資，盜賣公社食粮。渠等平日多是互相勾結，串謀作弊，藉詞勒索，公開受賄；此次林等之被捕，想係由於分贓不匀，而遭另一共幹暗中告發所致。

大陸農民浮屍海外（澳門）

澳門之路環、氹仔、雞頸、黑沙灣等處海面，在本月上旬間，先後發現浮尸共達十九具；這十九具浮尸，均穿大陸農民裝束，有男、有女、有老、有幼，而身上均有槍傷痕迹。據一般推測：該十九具浮尸必爲中山鄉民因逃亡而遭共軍槍殺者。又：本月一日路環沙灘上，發現兩具女子尸首，其一已無頭顱，其一亦已失去右手及脚趾。據測：該兩具女尸可能係中山方面受水災溺斃之鄉民，漂流至路環，其所以無頭無手，想係遭海中大魚噬去。

中共又誘騙僑生

中共的高級學校刻正向海外展開招收新生的宣傳，企圖加强誘騙僑生返回大陸供其奴役和驅策，蓋今日大陸的高級學校在中共的「黨化」教育下，已完全成爲訓練赤化鷹犬的大本營；換言之，這正是中共耍出誘騙的手法，招收僑生，訓練其成爲赤色的政治工具而已。中共人民日報最近會作這樣的公開表示：社會主義教育，目的是要培養具有社會主義覺悟的文化勞動者，所以對學生的招收和訓練，都應以政治質量爲前提。——顯然，中共已把學校變成製造政治工具的機構了。

大陸名產「紅酸罐頭」

大陸罐頭猪肉變壞的現象，刻已越來越普遍，共幹對之，亦深表不滿，譏之爲「紅酸罐頭」。此種罐頭，一來由於肉質太差，二來由於製作簡陋，不合科學原則，故極易變壞。變壞的猪肉，肉質發紅，係由細菌作用而引起，此種腐蝕肉質的細菌一爲芽胞桿菌，一爲球菌，均對人體健康有極大的損害。中共的「食品工業」專刊，對此亦力加抨擊說；罐頭猪肉發紅變質，不僅主要肌肉部份變紅，嚴重的是連肥肉部份也變紅了。此種變壞的罐頭猪肉，一經吃下，便會立刻中毒！

養豬新肥料垃圾

大陸糧食恐荒，養猪飼料，亦大感缺乏，共幹爲補救此種困難，刻已「發明」以垃圾養猪。中共的報章，對此「發明」，力予讚揚。據謂：解決養猪飼料的唯一辦法，就是充份利用市場和家庭的日常垃圾；垃圾裏確是含有不少養猪的飼料，倘把飼料垃圾和一般垃圾分開收集、堆存，確足以解決養猪飼料缺乏的大部份困難。——中共爲養猪問題，曾傷透腦筋，前此已「發明」過半糞養猪的辦法，現又「發明」垃圾養猪，由此可知大陸萬物荒缺的程度，刻已在日益加深中！

海晏又追查黑槍（台山）

台山粮荒，相當嚴重，各公社多已全無食米配給，部份鄉村，連雜粮亦告吃光，飢民已食到觀音土和樹根。海晏沙欄鄉有些老弱鄉民，因抵受不住飢餓煎熬，致萌厭世情緒，據由六月份以來之統計，該鄉鄉民因飢餓而跳水或懸樑自殺者達二十餘人。又：海晏東頭村邇來追査「黑槍」突趨嚴厲。村民羅光柱（中醫），十年前曾置有自衛手槍一枝，後已輾轉賣去，近被嚴厲追査，無法交出，廹得投水自殺。深井塞門鄉鄉民容志，亦因被追査黑鎗，恐遭嚴刑追害，遂潛往荒山，服毒以了殘生！

新會掘墓發生衝突

新會縣府去月以「建設需要」爲詞，强將會城鎮北門外金豬岴嶺及潛頭石璣山之民間墳墓多穴掘去。被掘墳墓之鄉民，曾一度大起鼓噪，聯合反抗，但在縣兵之鎗尖恐嚇下，卒告屈服。事後突有鄉民四名，於午夜失踪；此種恐怖氣氛，深深籠罩在鄉民的心房。一般推測，該四名失踪的鄉民，定必兇多吉少！根據已往事實，無緣無故失踪者，鮮有能獲無恙歸來。

江水

從東北的冬天和大雪談起

裴郁明

最近，朋友帶着他的女朋友，邀我一道去看「天涯一婦人」。當銀幕上出現蘇珊希活和她的「兒子」丹尼士堪斯凍僵在深將沒膝的大雪中時，我發覺坐在鄰座的朋友和他的女朋友有些波動。喊喊嚓嚓，像是討論甚麼。約我看電影的朋友是我們東北同鄉；他送走了女朋友後，我們一道回九龍。在船上他告訴我：原來他和她已談到結婚問題；根據「嫁雞跟雞飛，嫁狗跟狗走」那兩句老話，無疑地，如果他們結了婚，這位連冰雪都分不清楚的香港小姐終有一天會跟我的朋友回到東北去的。因此她特別躭心，東北冬天的寒冷會使她受不住。

其實，對東北的寒冷，有些是傳說過於事實的。譬如，古人出榆關有「馬後桃花馬前雪」的詩句；還有「塞北冰消日，江南花落時」等等句子；東北的春天確實是姍姍來遲的，但是，那種只一「關」之隔而這邊「桃花」盛開那邊還是「雪」鋪大地是形容過甚的。

東北的冬天，從秋末的「霜降」開始颳寒朔的北風起就算有了消息了。「立冬」開始下雪，「小雪」封地，「大雪」封河；進入舊曆冬之月，山河大地已成銀白色世界。在城市，家家戶戶都生了煤火。在鄉村，已是秋收入庫準備過年；忙的活計已經沒有了。三五老莊稼人，圍坐在熱炕頭上，抽煙閒聊；倒也古今中外，以至誰家牛生犢子馬下駒兒地一聊就是大半天。碰巧，有人提議「打平和」——大家平均出錢，買幾斤「白乾兒」，作幾樣適口「莊稼菜」；一喝就喝個「帽子歪」。幾杯落肚，該是誰家姑娘應找婆家，誰家小伙該娶媳婦地縱論村中「大事」了；於是，說不定其中就有這麼一個人去給雙方說媒去。

東北冬天最冷的時候，是早晨太陽剛露頭所謂「小鬼滋牙」那一陣。冷到頂尖是臘月初旬所謂「臘七臘八凍掉下巴」那幾天。不過，東北人過冬，屋子裡是火爐子、熱炕頭，到處都是溫暖暖地，所以才叫「煨冬」嘛！外出，也都有防寒的裝備。有錢人不說，就是莊稼人，也都是一頂皮耳扇兒的紅或白的「氈帽頭兒」。棉褲、棉襖，外罩一件短僅過膝的皮袍或棉袍。脚上穿双牛皮「靰鞡」，裏邊絮着東北三寶之一的「靰鞡草」。凍吧，凍得特別厲害，他們會說「這才乾淨利落」；否則，會瞞怨天氣太不正常。

年根子，莊稼人是「閒季兒」，學生們也都放了假；所以，冰上有人滑冰，雪上有人滑雪；山上或郊野還有人打獵。在東北的打獵，除了松花江北長白山裏有專靠狩獵爲生的獵戶外；其餘的，可以說是件「打哈哈取樂」的雪天戶外活動。人們，揹着槍帶着狗；沒有槍可以帶條棍子，反正這種普遍性的打獵是以不能損害人的山雉和野兎爲對象。大雪天的野兎，自來已經有些矇頭轉向了；如果再經狗一追，人聲亂喊一唬，說不定牠竟跑到你的身邊或者從你袴襠下鑽過去，一棍子穩可打個正着。山雉呢？第一次發現牠會起而高飛；可是當牠已是「驚弓之鳥」時，第二次再碰上牠，喊聲一起，牠會「急中生智」地索性鑽進雪裏去。自己以爲藏得很好了，可是牠的美麗的尾巴却露在雪外。一把拉住那長長的尾翎，牠想跑想飛都不成了。東北譏諷辦事有頭無尾的人有句話說：「肯野雞的，顧頭不顧屁股」；就是形容這個的。筆者在二十歲前後，每年冬天都帶着弟弟妹妹，和當時家裏養的大黃、二黑兩隻狗去打這種獵。弟弟妹妹年紀小，穿得又一像個棉花包，在那一踩尺來深的雪地上前進已經夠受的了，邉論趕野兎捉山雉？可是，他們都會喊哪！雪天，有些農民們是可以找很多「外快」的。如果發現山洞口上有獾子的腳踪，於是舉火「燻獾子」；因爲牠最怕煙，有煙進洞牠們會馬上閉着眼睛往外逃，出來一個捉一個。再不，還可以找腳踪，用鐵夾子夾黃鼠狼子。黃鼠狼子皮是貴重出口皮草之一，有人一個冬天夾上幾十個，不但「年紙」和「年嚼穀」（過年用的香燭紙馬和吃喝）有了着落，還可縫件皮袍或皮褂穿穿呢！

由於東北的季節分別特別明鮮，所以，有些野獸也都有牠的特徵。譬如黃鼠狼子，如「立冬」前一天捕獲，還是「秋板」——秋天的皮板上是一油漬漬地，所以，一個錢也不值；如在「立冬」第二天捕獲，那就是皮毛乾淨而且值錢的「冬板」了。還有一種東北生產很多的抱皮；就是睡在冰上，只要鋪張抱皮就和睡熱炕無啥分別了。所以，進山的獵人或採蔘者，無不備張抱皮。

雪地冰天，那段空閒的季節，以及在雪中的戶外活動，在我們家鄉，確是十分有趣的事。尤其是雪，對我還有一個永遠無法磨滅的印象：民國三十六年的一個雪天，由於故鄉被共軍攻佔了，我想逃往尚在國軍手中的瀋陽去；途經「拉鋸」的三不管地帶時，被共軍一槍射穿了右大腿。由於骨頭打斷了，所以，躺在雪地上只有等着給雪掩蓋着死去了。可是，命不該絕，忽然有一個國軍軍官巡査防綫經過那裏；問清了我的身份後，他好心地逼着三個老百姓用「爬犂」把我拖到瀋陽南郊蘇家屯一家小醫院裏去。後來我打聽清楚了，他是五十二軍的一個副營長；姓楊，湖南人。時至今日，我仍在不時懷念那位有着瘦削面孔，鑲着一顆金牙的救命恩人。更使我難忘的，是我躺了三四十小時，遺留在那一望無際的雪地上的有枱子大小一塊殷紅的血漬！

十年了，看見雪景還是第一次；可是，那是在「天涯一婦人」電影銀幕上。

路·腳印·人生

文濱

塵霧滾滾地
積水浮映地
碌碌地
碌碌地

一切——
只有百年老樹
才——
知道它們的變遷

老樹的椏枝越來越低
人生越來越黯
路越來越長
腳印越來越深

叛徒

·岑暄·

這兒是一片密麻麻的樹林，日光被濃鬱的樹葉遮擋着的光線成了一個一個小圓點，樹林中經常瀰漫着薄霧似的水氣。

樹林內還有一條彎曲的小河流，水淺的時候，可以看見水裏有些魚蝦，每到汎期，水又深又急，人跳下去會沒頂。

這天正是河水漲得最高的時侯，在急流中間，一個人從水中爬上岸，渾身濕透，面色青白，嘴唇不歇地顫動着。「怎麼辦呢？」他又幾次地跳下水去，像是在尋找什麼珍貴的東西。河水急急奔流着，他始終找不到，只好站着怔怔地望着水。一個意念被廹產生——逃！

他蹣跚地走進叢林中。他不敢沿熟識的路徑走，因爲遇上夥伴，後果就不堪設想了……

樹林內的水氣，不時在浮動着。從樹葉間隙透下來的日光，漸漸黯淡而終於消歛。

他向南走着，考慮如何爬過鐵絲網，如何避過夥伴的巡邏……

他很快地走到了森林的最南端，匿伏在一株大樹後，望着國境綫的鐵絲網，他知道，鐵絲網下面的泥土是鬆軟的，只消拔出佩在腰間的刺刀，就可以很快地在鐵絲網下面挖出一個可以鑽出去的洞來。但他藉暗淡的星光，看見離他二十公尺的地方，有一堆樹葉無風而動，他曉得那兒匿伏着人。他再細心地觀察，還發覺長長的國境綫上，每隔十公尺遠都有人在匿伏着，彷彿在等待「獵物」的出現。

他的額角滲出汗珠，他明白，逃走的計劃失敗了。該怎麼辦呢？回去麼？……他只好回去了，他知道如果現在不回去，夥伴們就會組織搜索隊，後果就更壞了。

他轉身輕輕地走着。樹林內黑得可怕，一些不知名的蟲鳥唧唧吱吱地鳴叫看。

走了一程，眼前出現一點光。他知道，那點光是從老媽媽的茅屋窗口吐出來的。老媽媽是個盲婦，和她的十五歲大的兒子阿爾住在一起。阿爾的個子很高，但身材却很瘦。只要看見佩槍的人，就老是露出驚懼的目光。

他奇怪老媽媽的茅屋還亮着燈光，因爲平時，他下崗經過公路時總是看不見有燈光。莫非夥伴們現正在盤問老媽媽和阿爾？

他本想繞過屋子走過去，但他希望知道夥伴們對他失踪的態度和口氣怎樣，於是，他躡足走到茅屋的前面。茅屋內沒有一點聲音。他再從窗口望進屋內，看見老媽媽坐在獸皮椅上，默不作聲，彷彿在思量什麼；阿爾躺在竹床上，看樣子是睡着了。

猶豫了一刻，走到茅屋門前，敲了門。

「誰？……」是老媽媽顫抖的聲音。

「開門吧！老媽媽！我是趙北。」

木門「呀」一聲打開。趙北走了進去反手把門關上，走到窗前，把蔴布簾扯蓋了窗子。

阿爾跳起來，眼睛睜得大大的。

趙北一手拴着他的瘦臂膊，「阿爾，不要走！也不要出聲。」

阿爾退到茅屋的角落。枱子上的小油燈，搖曳着黯淡的火光。他望望趙北佩在腰間的刺刀，問道：「同志，你來幹麼？」

「老媽媽，阿爾，不要怕。」趙北頓了頓，舐舐乾了的嘴唇，問道：「有吃的東西呀？」

「同志，今晚我們還未吃飯哪！」老媽媽說：「阿爾今天不舒服，沒有到鎮上去……」

趙北望望阿爾。阿爾在發抖，低下頭來。

「阿爾，你發冷？」趙北問。

「是……同志！」他不停在顫抖着。

趙北感到有點失望，他望望剛才阿爾躺着的竹床，一陣詫異，沉思一刻，突然對阿爾喝道：「阿爾，你說謊！」

「同志……你做做好心，我的孩子病了！」

「病了？哼！」趙北道：「阿爾沒有病！他如果是發冷，爲什麼躺在床上不蓋被子？我想，他今天是到過鎮上的，還泅過那條河！」

趙北的眼睛，盯着阿爾。阿爾抬起頭，淚眼中含有反抗的色彩：「我沒……沒有！」

「哼！你騙我！」趙北吼道：「老實說，你有沒有在河中拾到槍？」

老媽媽盲了的眼睛在掀動着，乾癟的嘴唇翕動一會，嘶啞地說：「阿爾沒有拾到……」

「哦？」趙北立即問道：「你怎知阿爾沒有拾到槍，哼，阿爾！快把槍交出來！」

阿爾默不作聲。

「阿爾！槍藏在哪裏？」

「我我，不知道……」

「拍！」一記清脆的耳光聲。

「同志，你饒了我的孩子吧！同志，我求求你，饒了我的孩子！」老媽媽摸過來，乾枯的雙手碰到趙北的背脊，便跪下來，捧着趙北的腿。

趙北光火了，他舉脚就踢，老媽媽便仆倒地在地上。頭碰在床脚上，破了，血汩汩地流出來。

「媽媽！媽媽！」阿爾撲過去，蹲在老媽媽的身旁，流淚呼叫着。

老媽媽抽動一下，斷續喘了幾口氣之後，便停止了呼吸。（未完）

記張蔭桓

·舜生·

二十三年（1897）為英女王維多利亞即位六十週年紀念，蔭桓被命充賀使，兼與各國議加稅，因遍歷英美法德俄諸國而還。

二十四年六月，清廷設礦務鐵路總局，蔭桓仍與王文韶同被命主持其事；時翁同龢已於四月二十七奉命開缺回籍，蔭桓原亦被人參奏，且聞有旨抄籍，但以榮祿力諫而止，不過等到八月政變爆發，慈禧再出訓政，蔭桓也終於不免了。

八月初六（即慈禧再出訓政的第一天），步軍統領崇禮奉命搜南海館，捕康有為，有為已於初五日出京，乃將其弟廣仁捕去。初八初九兩日，蔭桓與譚嗣同，楊深秀，楊銳，林旭先後被捕，劉光第徐致靖聞捕，也自投刑部獄中，合廣仁共為八人。十三日，他們已聽到備車出決，蔭桓問獄卒：『能不能留下一兩人？』獄卒答：『留兩人。』問：『兩人為誰？』答：『楊深秀，康廣仁。』隨果聞套車六輛，蔭桓自知不免，惟有靜坐待死。不一會，獄中所提出者乃為楊深秀，楊銳，林旭，譚嗣同，劉光第，康廣仁。徐致靖永遠監禁，蔭桓則遣戍新疆。（劉徐自投獄，據康有為自編年譜；蔭桓與獄卒問答，據『驛舍探幽錄』蔭桓所自述。）

六君子被殺，未經審訊，也沒有宣布任何罪名，對蔭桓却還在八月十五正式下了一道上諭，該諭云：

『已革戶部左侍郎張蔭桓，居心巧詐，行踪詭祕，趨炎附勢，反覆無常，着發往新疆，交該巡撫嚴加管束。沿途經過地方，着各該督撫等遴派妥員押解，毋稍疎虞。欽此。』

究竟張蔭桓犯的是什麼罪？單從上諭上這十六個字是看不出什麼道理的。照一般的說法，總以為康有為是蔭桓的小同鄉，康和他往還甚密，行迹可疑；甚至有人以為康本年三月在保國會第一次集會的演說辭，列舉了當時外交緊急事項共二十點，多為當時的京朝士夫所不知，如果不是在總署經辦外交的張蔭桓向他洩漏，他怎麼能知道得這樣清楚？不錯，這一點確不失為蔭桓得罪的近因，可是要說這就是他得罪惟一的原因，却又是皮相之論。

原來慈禧是一個凶狠狡猾而最熱中權力的女子，自從咸豐十一年冬因與奕訢合作誅鋤載垣端華肅順以後，便造成了同治一代由她和慈安兩人垂簾聽政的一幕，其時王大臣中之較有權力者，莫如奕訢，文祥，沈桂芬諸人，地方的重要疆吏，則由曾左李諸人分佈，內外相維，表面上總算由平定髮捻而進入一個小康之局。到同治十二年正月，名義上號稱由同治帝親政，但實權仍握於慈禧。十三年十二月同治帝死，慈禧不願立奕訢的兒子載澂，也不肯立奕緯的孫子溥倫，而獨獨選上了奕譞的兒子載湉，其原因則因奕譞是她的親信，奕譞的福晉即載湉的生母是她的嫡親姊妹，而載湉又還是一個年甫四歲的小孩，這些都是最便於她攬權的條件。（二）

國共和談本末（二）

司馬健

武漢者、華中剿匪總司令白崇禧駐節地；而崇禧又世所謂「桂系」魁傑，於德鄰親厚尤遠過紹竑者也。崇禧既獲知介石且下野，乃立預規德鄰，宜爭依憲「繼任」，而非「代行」職權；否則左牽右掣，不如仍舊貫。德鄰深韙之，顧以協議中寢，蔑如何。而崇禧盱衡大勢，深以其時介石不去，斷不足言和；不言和，則喪敗之餘，更不足言戰。然介石去就，崇禧固自稔，實非其所宜言；而亦不容隱而不言；因輒慨然於十二月二十四日電張羣、治中，為轉陳「謀和備戰」便宜策，寖且激切其辭，略曰：「軍心代表民心，民心反映士氣。今將不用命，兵不能戰；不痛下決心，改弦易轍；行見五千年歷史，從此斬斷；數百萬方里版圖，從此變色。」意謂羣、治中、介石所親信，己言雖激切，必能助為解喻，猶病服瞑眩之藥，終且必能聽納其言也；乃不謂介石轉益據是以為崇禧實特譎辭迫脅之。蓋崇禧前嘗數請補充所部械器不得報；迫而擅扣國防部由渝過漢軍火赴事機，介石滋不悅。又湖南主席程潛怨介石前主大選不公，道路藉藉，謂崇禧與之深相結，意將伺隙反介石。加崇禧自鎮江漢，華中輿情，倏如野馬，無復羈勒；至乃湘、鄂、豫、桂省參議會長聯電主和罪蔣無所隱；疑皆崇禧陰使之。於是前協議雖中寢，而介石本計仍擬三十八年元旦下野者，因崇禧電事乃愈寢矣。德鄰聞而因與其左右竊嘆曰：「蹉跎愈久，收拾愈難；吾跳火坑，庸其濟乎！」而崇禧亦深虞前電不得介石諒原，則大局如治絲益棼，愈不可問。十二月三十日、乃復以「亥全電」痛切申釋之。會其時和平空氣已甚囂塵上，民意所存，國共均難顯拒；介石尤不能默爾不有所表白。三十一日下午八時，遂招宴德鄰暨行政院長孫科國民黨中常委等於黃埔路官邸而致辭曰：「近頃時局嚴重，朝野均求和平；吾於此不能不一抒所見。今經擬就一告全國同胞書，幸共商榷！」隨由張羣宣讀。大旨謂果共方有和平誠意，確切表示，政府必樂與開誠商討；至中正個人進退，一惟國民公意是從云云。讀已，CC諸委員立反對，以為如此，無異鬆懈鬥志，適足瓦解士氣民心，促成全局崩潰。餘委員反是，以為必如此，始謂俯順輿情，愈足振奮士氣民心，挽救大局頹勢。介石同意後者；是即三十八年元旦文告發布之由來，而介石願為和平下野之初步公開宣示也。

及元旦、國府團拜既畢，介石特挽德鄰入禮堂後休憩室，從容謂曰：「今時局嚴重空前，吾勢當引去；後此扶危定傾，端賴於兄。唯吾去前，必有所佈置，俾兄得心應手，無所於滯，庶有裨於實。深願健生（崇禧字）亦喻此旨，轉告豫鄂等省參議會少安毋躁，不必再作政治主張，以免動搖人心，影響大局。」德鄰以其情辭懇至，歙然敬信之。及次日、介石手令行政院：以陳誠為台灣省政府主席；海空軍主力、中央銀行金銀外滙並遷台灣。乃始恍然於其所謂「佈置」云云者，實即決志放棄大陸，而以台灣為其菟裘也！

抑此「佈置」不特為德鄰所驚嘆，且尤為美方所驚憤。一月五日、司徒雷登大使私人顧問傅涇波即為此特告德鄰曰：「頃美駐華軍事代表團長巴大維，於蔣總統企圖放棄大陸經營台灣之措施，深致不滿。意謂自東北徐州失利，共軍雖已增逾二百萬，國軍見存實力亦仍不下百數十萬人。且長江天塹，海空足防；江南華南，金甌無缺；亟作放棄措施，為時毋乃過早！抑台灣乃美軍自日本治下所解放，雖開羅決議，還歸中國；然對日和約，迄未簽訂；刻應主權誰屬，法律宜有問題；驟即據為己有，未免涉嫌僭越。因之擬請司徒大使口頭抗議；唯大使尚未採取行動。未審公意云何？」德鄰聞之，唯有浩嘆而已。

介石「佈置」既定，一月八日、因遣張羣飛漢晤崇禧，德鄰亦命紹竑偕。羣謂崇禧曰：「頃蔣先生已決定下野，俾李先生出主和談，藉緩共方壓力。蔣先生之意，以為今者舊軍已老，新軍待練；計惟有爭取數月時間，以待新軍訓練完成。為使此計遂行，故遂毅然引退，俾李先生出主大局，藉釋共方疑慮，不亟引軍渡江。第二十年來，均蔣先生當家；行前不稍佈置，李先生必且感於頭緒紛紜，不知從何着手。所以遲遲其行，原因端在於此。深望漢方同志，並能諒其深心。」崇禧因遜謝，謂己去冬兩電，同本斯旨，亦望岳軍（羣字）復命，善為解釋云。然旋思、紹竑自違離介石，即日與李濟深親厚；而濟深、固介石所深嫉，共方所亟欲汲引者；非紹竑，莫出濟深；濟深出，則和談宜諧；即備戰目的可順達。因復欣然專機星夜載紹竑飛港迎濟深。乃不謂共方先已遣人挾與俱北，紹竑唯快然獨歸滬上焉。

太平山吟望

林千石

背日山城欲化煙，重來老眼未能便。巖花得雨開仍弱，瘦竹披風折亦賢。蠢蠢羣魔窺正氣，滔滔舉世飲狂泉。芒鞋虛有湖山興，一水相望已十年。

亮齋閒話

關於「臨時條欵」及其他

徐亮之

客：近來由種種跡象看，台灣方面好像已經決定由國大代表蠻幹，用增加憲法臨時條欵的方式，做成蔣總統連任的根據了。您從前曾說過修憲即違憲，違憲即毀憲的話；請問增加臨時條欵是否也是修憲？

主：臨時條欵乃過去當局為便利個人獨裁勉強加在憲法後面的臭尾巴；但其本身既因憲法而產生，亦依憲法而存在與行使；則增加臨時條欵，自與修改憲法同。打個比方，您曾聽過「佛頭着糞」這句話嗎？憲法和臨時條欵的關係，亦復如此。佛頭上着糞便或增加糞便，您能說和佛頭竟無影響嗎？增加憲法臨時條欵，祇不過在過去着在佛頭的糞便之上更增加糞而已，祇見其越「臭而不可聞焉」而已！

客：您對國大代表增加臨時條欵這事，怎樣看法？

主：國大代表並不是終身職，也和總統並非終身職一樣。根據憲法第二十八條，他們是每六年便必改選一次的；他們既沒有依時依憲改選，則再根據憲法第二十五條的規定，早已不能「代表全國國民行使政權」了；早已祇剩下一個歷史的地位了。這種地位，唯一的用途，祇有將來他們修編家譜時，拿去耀祖榮宗；以言修改國憲，除鬧大笑話以外，毫無法理根據。

客：關於這、難道代表們心裏便一點也不明白？

主：心裏何嘗不明白？祇是他們之中「少數而又少數」的豪傑之士，對於「勸進功高」，心裏更明白罷啦！

客：那末、您說代表們祇剩有「歷史的地位」，難道說他們便一點「現實的地位」也沒有不成？

主：有的；不但有，而且他們所以能够至今仍獲得國民的同情與政府的供養，便正是因為他們擁有某種「現實的地位」的緣故。例如他們始終跟着中華民國政府而播遷，入台後更為收復大陸的設計而繼續工作；這種地位就是現實的，就是值得國民同情政府供養的。但一旦如果他們少數拖累多數，竟全蒙受「毀憲勸進而受供養」的惡名時，則國民的同情和他們的地位卻同非立刻破產而變成遺臭萬年不可。

客：不過、現在乃是非常時期；您總不能水牛三扁擔，黃牛也三扁擔，老把一部憲法看得那麼機械那麼死；看來人家說您是「機械的護憲派」，眞乃一點不差。

主：修改憲法是一回事，非常時期又是一回事；兩者不容混淆，混淆了只是兩敗俱傷，全無是處好處。質言之、要修改憲法，便得依憲法規定的程序去修去改；這種規定，在憲法上是硬性的；也可以說是死的、機械的，沒有第二途徑可循的；否則、便是違憲毀憲，毫無商量餘地。至於要渡過非常時期，則儘自有非常措施可採，不必乞靈於修憲；更有國民黨傳統的前例可援，尤不必甘冒不諱而毀憲。民國六年七月的廣州非常會議，不就是國父因應四十二年前一個非常時期所進行的非常措施的好例嗎？不從這兒着眼，祇從修憲下手，甚至甘冒違憲毀憲的罪惡而不辭，事之不智，莫過於此。

四八、七、一六。

蔣總統今後的出處

（接上第二版）這便是大錯特錯！明白一些說，持此論者便是不體味到中華民國現行憲法的精神所在。現行的中華民國憲法並不是不折不扣根據國父遺教的五權憲法，而是當制憲時遷就各黨各派無黨無派那些先生的意見，酌採西方民主國家內閣制的精神而制定的。它把國家行政的責任放在行政院，故行政院院長方是實際負行政責任的首長。至於總統，則按之憲法規定，不過名義上是國家的元首（卅五條），統率全國陸海空軍（三十六條），依法公佈法律，發佈命令，但須經行政院院長或行政院院長及有關部會首長之副署（第三十七條），除憲法有規定者外，對於院與院間之爭執，得召集有關各院院長會商解決（第四十四條）。總之，總統在名義上固是至高無上，代表國家的元首，但實際上他所有的權都只有依法才可行使，包括締約、宣戰、媾和（三十八條）、，宣佈戒嚴（三十九條），大赦、特赦、減刑、復權（四十一條）授予榮典（四十二條），發佈緊急命令（四十三條）等權，無一不須「依法」。而此等法律，若不是憲法，便是立法院所通過的法律。至其行使這些權力時所發佈的命令，無一不需要經過行政院院長的副署。換句話說，「依法」，如行政院院長拒絕副署，總統除非獲得立法院的支持更調行政院院長，否則便將絲毫動彈不得。而且行政院院長是依法須對立法院負責的，雖然由總統提名，卻須經立法院同意方得任命。可見現行的中華民國憲法是規定行政院院長對立法院負責，來領導國家的一切行政設施。就當前國家的行政來說，其重要當莫過於「反攻復國」，然則按照憲法精神，實際應負領導「反攻復國」的責任的人，不是總統而是行政院長。如果我們要課起責任來，當課行政院院長以責任，而不是課總統以責任的。曾記得胡適博士在蔣總統七十大壽時，曾獻過一篇「無智、無能、無爲」的三無論，爲蔣總統壽，我個人雖不完全贊成他的極端論調，但他所指出的總統不必事事躬親一點，一般人都有同感。這些年來，中華民國官場養成一種見怪不怪的政風，什麼事都以請示爲得計，不求有功，但求無過，一旦錯誤，都可推到「領袖」身上。於是在漠視憲法條文與其精神的糊塗的空氣中，大家似乎認爲總統「負責領導」已經是「天經地義」一般。我個人很願乘此機會，大聲疾呼：如果這種錯誤觀念不糾正，中華民國憲法將壓根兒沒有「眞正實行」的一天！因此，我要奉勸國內海外軍民同胞，假使我們眞正切望自由祖國走上民主法治軌道，來打倒中共的極權獨裁，又深盼蔣先生繼續負責領導反攻復國的話，第一件事便應該請蔣先生勿再連任這個憲法上有榮譽而無實權（不負實際責任）的「總統」。如再選他任總統（不問是否合法）而又要督責他負實際責任，無異强迫他做那超越憲法的事，豈是國家之福？

再說明乙案第二欵理由

潘公展

（上畧）簡單言之，就是在必要而合法時，他可以擔任行政院院長「繼續負責領導」。我所以作此建議的理由如左：

一、中華民國憲法參酌採取內閣制，前文業已說明，故與美國的總統制不同。美國制度是嚴格的三權分立的政制，總統一方面是國家的元首，一方面又是行政首長。他所任命的閣員雖都須經過參議院通過，但他們都對總統負責，並不是對參議院負責的。行政的責任全在總統．閣員不啻只是總統的幕僚助手。中華民國憲法上所規定的總統則不然。他只是國家元首（三十五條）；而國家最高行政機關則爲行政院（五十三）。行政院院長的任命，由總統提名，須經立法院同意（五十五條）。至於行政院副院長，各部會首長，及不管部會之政務委員均由院長提請總統任命，不必再經立法院同意（五十六條）。即此可見行政院的眞正重心，只在院長一人，全班人馬都由他來選擇配合。而行政院須對立法院負責，其如何負責之道，係分三欵規定於憲法第五十七條。所有向立法院提出之法律案，預算案，戒嚴案，大赦案，宣戰案，媾和案，條約案，：：均須經行政院會議議決，然後提出於立法院（第五十八條）。可見凡經立法院通過後又經總統公佈宣告的上述各案，實際上都發動於行政院的。而行政院的構成，則以院長領導各部會長官及政務委員，舉行會議。所以，如果全國軍民大家確乎仰望蔣先生今後在實際政治上仍負責領導反攻復國的話，只有請他擔任行政院院長，纔名實相符，於憲有據。

二、按照「內閣制」慣例，國會多數黨的黨魁一定出馬擔任負實際責任的行政首長。除非黨魁不願意，則可由多數黨另推人員充任。我們的憲法既採此制，便當實行此制。蔣先生爲中國國民黨總裁，而中國國民黨又是立法院現任各委員議席中的最大多數黨，則顧名思義，由未來依法不負實際責任的總統，提名蔣先生爲行政院院長，負責組閣，領導全國軍民，達成其反攻復國的使命，乃循名覈實，順理成章之事。蔣先生向以「負責任」自勉勉人，則實際上行政的大責任落在他肩上時，他總是當仁不讓，擔負起來的。這種負責領導的安排，才是合憲法，順民情，絲毫未有牽强，也決無爭議可以發生。假使蔣先生未來受命組閣，以國民黨黨員多數的立法院決無不通過之理。而他如果認爲有組織協力反共的各黨派聯合內閣的必要，他儘可延攬各黨各派無黨無派的第一流人才入閣，一新天下人的耳目，選擇之權完全在他，依法不必再經立法院的通過了。蔣先生身任行政院院長，樹立一個行憲後如何切實對立法院負責的行政院的模範，那才眞是爲中華民國政治建制史上打好了基礎。

三、只有照上述的安排，蔣先生改任未來的行政院院長，另行推選國際知名，年高望重，而又能安分祥和，絕無興風作浪野心，對行政橫加干涉的人士來任不負實責的總統（安知不能有林森先生第二其人？），則既與中國國民黨八屆二中全會政治報告決議案所稱（1）擁護總裁不修改憲法的主張，（2）仍望總裁繼續負責領導兩項宗旨完全相符，又可避免蔣先生所指出的三點顧慮。因爲（1）敵人知道蔣先生進一步負實際責任，必不感到稱心，（2）大陸同胞祈禱反攻有如大旱之望雲霓，聽到此訊，逆料反攻之日更近，必不感到失望，（3）海內外軍民因蔣先生預先聲明，雖不願做違法修憲後的第三任法律上無實權的總統，而如有必要，卻願退下來肩負實際重責的行政院院長，勢必更感興奮，又何惶惑之有？

最後而亦最重要的，蔣總統早一天如此明朗宣告，則海內外無謂爭論的喧囂也早一天平息。實質上任期都已「過時」的國大代表和立委，既不必爲修憲而互爭，也不致因修憲或修改臨時條欵而引起是否違憲毀憲的爭辯。同時，對共產黨和其他反對政府的人士，自更不致因蔣總統連任三屆的問題而增加他們集矢攻擊的材料，其於團結全民，反共復國，裨益之大，顯然可觀。至若發動國內社團機構倡議擁護蔣總統連任三屆，這一類作風，縱然熱烈萬分，實際上於事何補？中國歷史上，往事至多，殷鑑不遠。以蔣總統的高瞻遠矚，豈有不洞鑒其微，而甘蹈覆轍？我不禁於此，誠意祈禱上蒼，賜給我海內外全國朝野人士以光明智慧，尤其讓蔣總統以其無比的恢宏大度，在深思熟慮之後，作一明智的抉擇！

一窩風寫回憶錄

岳騫

最近兩年來，中共幹部寫回憶錄成爲一種風氣，推動這項運動的主要書刋，就是『紅旗飄飄』。

『紅旗飄飄』從表面上看，它是一本書，但實際上卻是一種不定期刋物，由中國青年出版社出版。至於內容，大體說是一本回憶錄的集子，但是它有時也出專輯，第四集就是『慶祝十月革命四十周年』的特輯。內容大部份都是翻譯蘇聯的作品，所以它的性質很難確定。

『紅旗飄飄』由中國青年出版社出版，創刋於一九五七年五月，到現在已出了十二集，除去第四集之外，全部都是共幹及其家人朋友的回憶錄。

自從『紅旗飄飄』開了端之後，寫回憶錄頓時成了風氣，各報紙爭先恐後找老幹部寫回憶錄，不識字的則由報社去人代寫，由老幹部口述。這其間曾鬧過不少的笑話。

有一次毛澤東去山東視察，正值「濟南軍區』開黨員代表大會，毛澤東也就和出席人員見次面，其中有一位軍分區副司令員陳昌奉上校，原是毛東澤『長征』時伺候他的『小鬼』，見了面毛澤東已經不認識他了，他趕過去自我報名，毛澤東才想起來，親切的和他握手，問長問短，連他討了老婆，生了孩子沒有都問到。老毛走後，陳昌奉頓時成了熱門人物，山東人民出版社就派人『協助』他寫了一篇『跟隨毛主席長征』的小冊子。又有人按照書中意思畫成畫冊，像這種故事應該是眞實的了，實際上卻大部都是增添的；其中一幅圖，畫着一間鄉下房子；粗笨的四方桌，長凳，中間放了一盞馬燈，毛澤東和小鬼陳昌奉對面坐，毛在看書，小鬼俯在桌上睡覺。畫的本來很傳神，可是毛澤東把書舉起來看，根本未湊向馬燈，除非他有夜光眼，書是一定看不見的。

這種事還不可笑，自一位『同志』更妙，他自稱在延安時給毛澤東作過飯，他寫了一篇『和主席在一個黨組』，叙述毛澤東的窰洞裏，中共設了一個小組，他也是黨員，當然去參加，不料毛澤東卻指定他任小組長，每次開會時，毛澤東先向他『會報』，這種寫法確實很動人，足見毛澤東是何等的『民主』，不料人民日報發表之後，毛澤東自己看了卻說沒有這回事，這位『同志』倒了大霉，受到嚴厲批評。

以後的回憶錄越寫越離譜，『湖南通志』敘述五四運動，覺而說是毛澤東領導的，實際上那時毛澤東還在長沙，中共幹部雖然臉皮厚，過去也只敢說五四運動的李大釗領導的，『湖南通志』這次翻案的理由是當時毛澤東在長沙辦『湘江評論』，對於全國民心起了巨大的影響作用，似這類鬼話連篇的回憶錄，對於想研究中共歷史的人，用處實在不太多，偶一不愼，還會上了他一個大當。

因爲『回憶錄』成了時髦風氣，『紅旗飄飄』的篇幅又不太多，不能滿足作者的需要，於是各省『人民出版社』自行整理出版，好在各省重要的幹部都是共產黨，也都有一段『光榮』的歷史，自家寫自家出，方便得很。

最近一個月來，出版的這一類著作，卽有『革命鬥爭回憶錄』——江西人民出版社出版。『在暴風雨的年代裏』——湖南人民出版社出版。『光榮的歷程』——福建人民出版社出版。『紅花崗畔』——工人出版社出版。『毛澤東的故事和傳說』——工人出版社出版。『革命老人徐特立』，工人出版社出版。

這一類的『回憶錄』就是中共黨史外編，照例是沒有人敢批評的。去年十二月讀書半月刊，卻有人對『革命鬥爭回憶錄』提出意見，除去大力恭維一頓之外，也提出兩項批評，第一，這本書本來決定是以江西省革命回憶錄爲準，但是卻選了幾篇與江西無關的事。第二，同一件事，經過兩個以上的人所敘述，竟而各不相同，雖然著者說是年深久遠記錯了，但是讀者明白，各人編的故事未經『組織』鑒定過。

不但大陸寫回憶錄，海外共報也天天刊載『十年前的今日』目的也在宣傳過去的光榮。根據心理學家的意見，人在青年時期不會回憶過去，事業得意時也不會留戀過去，只有到了衰老時，感到『白髮無情侵老境』，才會產生『青燈有味憶兒時』的思想，從這裏來看，中共的確衰老了。

手諭政治的大觀（台北航訊）

非攻

最近台北各報登載蔣總統對於中央各院部會及省市政府均有詳細指示的消息，指示的內容，從軍國大計到垃圾和公廁，無所不包，可說是三十年來手諭政治的大觀。官方所以要發佈此一消息的用意，不外是他們認為藉此可以使大家知道蔣總統於日理萬機之中，又當台灣海峽局勢醞釀動蕩之際，仍能注意到這麼多的問題，顯為天縱之聖，精力過人；同時，更可表示蔣總統求治心切，凡過去，現在乃至未來，如政府有何失職之處，都係文武百官未能奉行「上意」之咎，與我「領袖」無關也。

但，稍有現代政治常識的人，對於如此的措施和宣傳，都不免要嘆息的。今日我們自稱為民主和法治的國家！依據憲法的規定，中央與地方行政原各有一定的範圍，不容相擾，總統與各院部的權限亦有明確的劃分，原不容干犯。試問，總統依據什麼法的規定，可以隨意向各級政府下手諭呢？蔣總統的用意無疑是好的；然而時代不同了，我們號稱行憲已十二年於茲了，若仍改不了舊觀念，為政不遵循法定的程序而只知便宜行事，不但違法失職，而且無異昭告世人，我政府當局至今尚無法治的起碼觀念和憲政的最低常識，豈非對於蔣總統和國家的信譽都有毀損嗎？

再就實際的效力而言，此種手諭政治，除了也許可供自我陶醉而外，似乎並無任何作用。單以行政革一事為例。去年蔣總統曾要行政院王雲五副院長去美國考察胡佛委員會的成績，並不理中國總統與美國總統在憲法上的政治地位大相懸殊，逕設立一個直屬總統府的行政改革委員會，集合了許多要員，研討了好幾個月，然後提出八十八項建議。據王副院長於去年十二月間向新聞界表示，蔣總統已接納了八十七項，並已分別指示各院部辦理。然而事隔半年有餘，除了冤獄賠償法幸得立法院多數委員的支持總算修正通過了，其他急應改革之事，至今迄無下文。冤獄賠償法雖沒有胎死腹中，但也尚未聞有任何被冤處刑的人曾經依據該法而獲得賠償。由此，可見蔣總統雖然篤好以手諭指示政務，而且似乎非此不樂；但其效能還是很微的。我們真不解他老人家既有主政三十年的經驗，而又宣稱崇尚民主和法治，為何不依循合法的程序來處理政務呢？為何中國的憲政基礎要何年何月才能有奠立的希望呵！

——菲律賓航訊——

「香皂走私案」風波未已

·悉愬·

四月十六日午夜，一艘升火待發的中國軍艦——二○九號「中練」艦上，出現一批不速之客——這是我駐菲大使館接到菲外交部正式照會后一小時，馮公使親自登艦緝查，竟發覺艦上官兵居然「超額又超額購買了一大幫香皂」。因之，這椿丟盡中國人的臉面底「香皂走私案」醜事不脛而走。奇異的是十七日的五間華文大報，竟無片紙隻字提及，直到五月九日，香港一家新聞性的周刊，在菲律賓航空版」第五八六期內（「香港版」一字不提），却詳詳細細揭露了本案的始末，証實了道聽塗說的「香皂走私案」。此刻，菲律賓眾院好政府委員會、國防部、司法部、遺配委員會正式展開縝密的偵查，而僑社的爭吵也正方興未已，形成今日菲律賓朝野上下關心矚目的一件大事。

台北的國防部、僑務委員會、中央第三組……也一片慌張失措。

走私主角？

誰是香皂走私案的主角？廣大僑胞希望速能偵查出這個害羣之馬的敗類來。這轟動的醜聞，使僑社嘩然。莫不戟手痛罵。

六月十八日我駐菲大使館公佈了國防部對此案詳細文件：「本次不幸事件之發生，實由楊達開、周炳奎少校藐視軍中紀律，擅准官兵超購肥皂所致，惟其動機，並非企圖走私，性質上純係軍中問題，與僑胞無關係，所傳串通走私毒品等，實均謬誤失實。」

這是我國官方文告，但談到「與僑胞無關係」這句話，誰都知道裏面是有大文章的。六月十九日，一位曾在一九五○年任過國民黨駐菲總支部書記長，中美菲反共大同盟副主席的

施逸生與柯俊智

施逸生，在馬尼拉的燕京樓舉行華報記者招待會上說：「該批香皂主人，并非黨外人，而是黨總支部負責黨務工作十幾位合股經營的事業。」他認為香皂款項是「柯俊智用比索還的。」這種公開指責，如果沒有真憑實據，施逸生敢無視乎菲律賓政府的法律麼？這是嚴重的誹謗罪呀！

衆院好政府委員會主席羅西斯，曾查詢華僑知名人士：柯智俊、蔡梅郇、劉江水、吳平權等十一人，聽取他們的意見，因為他們衆口同聲：「密告該案者是出於私怨」。衆院好政府委員會所接到的九份誓詞的報告，是出自施逸生所為的。但雙方都是中國國民黨駐菲總支部中的重要人物。

反對蔣總統再連任

編輯先生：

我是貴報的長期讀者，現在美國求學，心有不平，欲向貴刊一吐為快。

在海內外的真正愛國僑胞，都是為了國家前途着想。誰都願意有一位頗具賢能的人物出來領導。我們不否認在抗戰時期，全國一致需要蔣先生的領導。但勝利後，已顯出他的無能，才有許多他手下的達官顯要紛紛投降中共。因此大家脫離了他，使他始有今日屈居台灣自為總統。台灣只有彈丸之地，他以特務來維持，封鎖了新聞。僅有少數華僑因與台灣發生了經濟關係，或想獲得一官半職，或不明真像，才會身在海外民主國內，反而不明瞭民主真義，一味亂捧台灣。

我們拜讀過海內外各民主人士的文章，批評修改憲法問題。也是合情合理的。蔣若仍要蠻幹下去，必為歷史上的罪人呵。

再論左舜生先生寫的文章，官方用戴帽子方法去壓抑人民的意見，顯然是違反民主法則的。美國是民主國家，政府一向反對中共政權；但本年美國的美以美教會及長老會的全國代表會議却通過，要求政府承認中共，他們可說是違反國策了，可是美政府並無拘捕諸位代表，或某人。也沒有封閉這兩個教會。這才是真正的民主表現。政治是大衆的事。大衆應有說話的自由，才是民主政治。僅以少數當權者來獨斷獨行，則是獨裁政治。如果一個標榜民主而實際所行的是獨裁。那麼人人都應該起來反對的。

打開天窗說亮話。一般在台的人，很多為了生活，為了升官，不得不做一位「忠貞」之士，自然情有可原。時在今日民主時代潮流下。是不許家天下而由一派一姓把持政權的，像美國民主黨與共和黨的上台是隨民意而定。故奉勸國民黨當權派應該早日醒來，今日你排擠人太甚，他日難免不遭受報應的，不如醒醒吧！

（讀者投書）吳錄百

軍服團與「僑報」

六月廿二日華僑青年回國軍中服務團刋出一篇廣告：「『為僑報』散播謠言致污辱本團全體男女同志名譽，引起菲國會調查輔委與僑商，損害團體僑譽，影響敬軍運動」文中指責「僑報」底兩項報導：「（一）『據僑報台北來訊報稱：在兩日的艦上檢查，以至到旅店中繼續檢查下，結果計搜獲其他私貨如下，一、克林奶粉七百箱，二、酵母二千箱，三、唇紅一大宗，四、香皂一大宗，五、女綢裙一大宗，六、其他化裴品一大宗，七、黃金一宗，八、海洛英八磅。（二）當軍艦將啓航的是日，一位僑界知名人士匆匆登上艦，找到了一位十七歲女團員，將手提一袋上放滿了糖果的東西，請他携回台北，結果就發現白麵。」完全屬於杜撰，子虛烏有，并引據國防部聲明：「兩艦返抵基隆時，復經國防部警備總部及本部聯檢小組切實周密檢查，并未發現有任何走私物品及毒品。」但，僑胞很奇怪，國防部何必要作這項聲明，寧非「此地無銀三百兩」乎？

這篇廣告的末尾，是指摘「僑報」的誣罔詆譏的行為：「第一、污辱本團全體男女團員的名譽，第二、引起菲國會調查輔導委員與無辜僑商，第三、損害國體僑譽，影響敬軍運動。」

到了六月廿四日，「僑報」也同樣登了「聲明啓事」：「俾是非不致被顛倒，黑白不致被混亂」，并駁辯說：「一、本報鄭重否認非政府調查「香皂案」為我們所引起，二、本報鄭重否認已託人，出面游說，及要求調解，無論向我施加何種破壞、威脅、恐嚇與壓力，我們的立場絕不動搖。三、本報鄭重否認曾指軍中服務團走私：而相信有人利用運載軍中服務團的軍艦走私。四、本報對『香皂案」所作的忠實報導，如確係對軍中服務團犯誹謗罪，我們顧接受僑界公斷及在法律上解答。這是一個民主法治的國家，不是強權，人治的國家。」它不但否定了國防部的聲明，而且更確鑿承認確有此事。我們底台北執政當局，何以回答僑民？「僑報」是一羣熱心祖國文化的知識份子黃明德、薛約翰、施性等、葉建勳等人合作的事業。他們愛國，他們不是共產黨呀！

更奇怪的事：台灣的報紙，無一字談及此事，而香港的刋物，亦無片紙隻字記載，這眞的是「隱惡揚善」「報喜不報憂」麼？

僑胞需要的政府是簡明有能的政府。為少數黨徒辯護，後果是難堪的。——一九五九年七月七日寄自菲島

蔣總統竟常受壓迫和威脅嗎？

編輯先生：

很有意思，蔣總統竟居然愛說人家常常「壓迫」「威脅」他！三十八年三月二日、那時國共和談正吃緊，他下野已十一天，在溪口會對張治中吳忠信說：「你們該懂，我個性是從來不受『壓廹』的。比如我原定元旦下野，但那時有人造成形勢，想『威脅』我，我却偏要留下來。後來他們不做聲了，我便也就悄悄地走開了。」最近在台灣，他又向國民黨中常委說：「反共救國會議是可以開的；不過政府決不能在『威脅』之下來召開這一會議。」

蔣總統主政已經三十多年了；到底誰吃了獅子心豹子胆敢去『威脅』或『壓廹』他呢？我想：他心目中所想像的，充其量無非下列幾位，即胡漢民、汪精衛、鄧演達、李濟深、李宗仁和白崇禧等。

但胡漢民、李濟深都給他關過了；鄧演達更給他殺掉了；汪精衛和李宗仁却一個迫得投日本，一個祇得跑美國了；而白崇禧今日正形同被軟禁台灣可能享受永遠的「無罪徒刑」了。

人真不可以「壓迫」人啊！更不可以「壓迫」蔣總統啊！

不過，依我看來，蔣總統有時似乎也甘於受壓迫，樂得被威脅的。君不見半年多來他一再堅決的反對修憲並表示向不為個人的出處考慮；然而以蔣經國為首的勸進派竟敢公然倡議修憲，還說他對反攻復國的領導有不可推卸的責任，甚且更在海外各地發起勸進運動。這不是分明要壓廹他老人家自食其言而再幹下去嗎？對於他老人家的信譽，不更是一種極大的威脅嗎？因此，我倒希望蔣總統能保持並發揮其不受壓廹的個性，把當年的氣魄拿出來，予這班公然和他作對的勸進派以無情的打擊，縱不以處置鄧演連之道來處置他們，至少也要讓他們嘗嘗當年胡漢民、李濟深等在湯山所嘗過的滋味，庶可重振「領袖」的聲威呵！

（讀者投書）·冷默·

本刊已經香港政府登記

聯合評論 週刊

每逢星期五出版

United Voice Weekly

第五十號

督印人：黃宇人　總編輯：左仲平
社址：九龍金馬倫道卅八號三樓　電話61413
承印：田風印刷廠（高士打道二一二號）
總代理：友聯發行公司　售價每份港幣壹毫
本報美洲版總經售處美國紐約中美出版社
CHINESE-AMERICAN PRESS, INC
199 CANAL STREET.,
NEW YORK 13 N. Y. U.S.A.
美洲航空版零售每份美金壹角

中共在想些什麼？

左舜生

一

這已經是二十六年前的事了，我在上海國富門蔣百里（方震）先生的住宅，和他作過一度懇談。這個時候我認識百里先生還不久，也從沒有和他作過長談，但我看過他寫的書，他所發表的文字，也認識他的若干朋友，因此，我了解：我沒有什麼值得他注意的地方，可是我對他的言動，卻隨時都在留意。

這一次，我是有一個問題正式去向他請教的，出我意料，他竟傾箱倒篋，就我所提的問題，由甲到乙，由乙到丙，娓娓談了九十分鐘以上，至今給我留下的印象甚深。他說：『一個人總容易為歷史所支配，尤其容易為自己成功的歷史所支配。』近年，我運用他這兩句話去觀察當前的若干人物，更擴大範圍去衡論歷史上的若干人物，我覺得他這個看法確實是有相當道理的。

二

最近，聽說中共一大部分領導階層的人物，包括了毛、周、劉三巨頭在內，都集中在南方某一避暑盛地，正在開會。本來，北平的西山夏天也頗風涼，較近的北戴河自然更好，他們何以好整以暇的一定要跑到南方來？他們所要談的是什麼？為研究他們十年以來一切失敗的經驗嗎？為檢討所謂『大躍進』以來的得失而謀所以改進嗎？為配合國際情況的演變，還想僥倖一逞以圖僵局的打開嗎？為了大陸經濟財政的這一死結無法解開，而想作出死中求活的掙扎嗎？為了『人民公社』和西藏抗暴這類個別問題想求出一個適當結束的方法嗎？是不是在他們這一羣主腦人物的中間，真的有了何等難於消解的矛盾；質言之，卽當毛在名義上放棄了政府主席之後，這幾個月他們是否覺得關於黨與政之間，或人事與權限之間，仍須求得一套切實的調整方案呢？在過去的十年，台灣所採的只是守勢而非攻勢，自從去年蔣杜聯合聲明發表以後，台灣要以武力反攻大陸，其不能得到美國的支持，已事屬顯然；可是中華民國這塊招牌掛在台灣，在中共的立場，卻依然感到嚴重的威脅，尤其影響他們的國際關係，過去他們使用了無數軟軟硬硬的方法，一但一切歸於無效，是不是他們想把頭腦冷靜一下，考慮出一個更新的方案，給予台灣以有效的打擊呢？像這類的問題，我在這裏不過是作出一種舉例的推測……以大陸今天情況的嚴重，真可以說是百孔千瘡，他們如果想切實加以檢討，其範圍可能比我所想像的更為擴大，其情況可能更為複雜。像過去『人代會』『政協會』那類的公式會議，當然只是裝點門面而不是討論問題的，現在他們既集合黨內若干高層分子在那裏詳加討論，照理說，總應該無事不可揭開來談，十年來的一切一切，都是由這一羣人一手經辦，他們所得的教訓，應該相當親切，檢討過去，展望未來，作出若干新的結論，似乎是應有可能的。至於這些結論的內容，他們自然不會公開，但我們不難從他們今後所表現的事實去加以估量。

以中共的自身來說，他們要把過去十年的種種加以檢討，因而尋出新的方案，這在他們確實是有其必要的；可是他們究竟能不能得出若干較好的方案，使得他們的政權更趨穩定，而人民的痛苦也可比較的減輕呢？據我看，依然希望甚微，而且幾乎是不可能的，其理由如下：

三

一、我們無法否定如毛、周、劉這幾位是中國共產黨的領導人物；他們儼然握着中國大陸的政權也是事實；但是不是會如他們所希望或所宣傳，當眞能把中國一搞好呢？這便是中一個大大的問題。中國這個國家有比較世界任何國家最多的人口，有它悠久的歷史，也有它獨立發展的文化，其所以成為一個落後的國家，這只是一百多年以來和世界若干先進國家對照以後，才無法否定這一事實。可是別人其所以如今天的這一種現象，也還是由一點一滴錙銖積累而來，並不是一種奇跡，不過越到了最近的一段，他們的進步越來越快就是了。不甘心落後，想趕上別人，這是對的；可是這需要細密的條理，謹嚴的步驟，緩急輕重的安排，只能藉建設以訓練人民，不能犧牲人民以求建設；只能使人民的幸福隨建設以俱加，不能首先毀棄人民的一切一切，以求實現一個可望不可即的幻景。中共領導層人物有一個共同的弱點，便是他們都沒有受過現代良好的教育，只憑一點道聽途說浮光掠影的常識，加上他們的衝動與幻想，和一股不信邪的蠻勁，便拿着鷄毛當令箭，以為可以呼風喚雨，撒豆成兵，使一個所謂現代的國家，隨着宣傳的烘托，以及他們的符咒和口號，便可在咄嗟之間，立即實現。他們既不懂得中國，也不認識外國，乃至對他們的老大哥之所以成為老大哥，也沒有充分的了解，一切只憑偏見與淺識，胡思與亂想，犧牲了無數的人民，濫費了無數的金錢，一直胡鬧了十年，到而今只落得百廢具舉，一事無成，人民的痛苦且比較軍閥時代還要增加百倍，這難道不是他們這羣領導分子所造出的當然結果嗎？希望他們經過一度思考之後，便可把一套瞎說蠻幹的作風改變過來，實際他們並思考的資料與心習而無之，如何能期待可以由他們產生這種奇跡？

四

二、中共之所以一舉而搶到整個大陸，一方面是由一種僥倖的時會使然；一方面也由於所遭遇的對手，實在墮落到太不成話；可是也正由於這一點，乃害死了他們。他們以為成則為王，敗則為寇，老子既可取天下如拾芥，難道不可建設國家如同變戲法？於是衝昏了他們的頭腦，增加了他們的誇大，只教別人去學習他們，他們乃決不肯向別人學習。今天留在大陸的高級知識分子也還不算太少，但中共把他們視同廢物，不把他們蹂躪到死不休。一切師心自用，以為他們都是不出世的天才，於是所謂『人民公社』之類，土爐煉鋼之類，乃一一由毛澤東創造出現！大凡一個獨裁者，或一個極權的集團，他們都是勇於自信，而決不信人；只能用不如己者，決不肯用勝己；尤其一個最大的弱點，乃是做錯了決不認錯，以為一經認錯，便大有損於他們的威信，因此他們一定要冒充內行到底，以完成他們自毀毀人的大業。殊不知一個高級知識分子之所以構成，無論他們是具備多方面的高等常識，或於常識以外另有專長，總得需要二十年以上的苦修苦煉，還得加上應付事實的若干經驗，然後才能成為一個建設國家的人才，其地位何等重要，豈能加以輕蔑？我們不能說中共這般領導分子毫無經驗可言，但他們所有的只是搞黨的經驗，打游擊的經驗，統戰的經驗，瞎吹胡鬧的經驗，欺負善良人民的經驗，惟獨缺少建國的經驗，他們會隨時表示，只要憑着老大哥的經驗，便不難把中國加速的建設起來，殊不知經驗之所以可貴，乃是由其自身在一種不同的環境以及一種不同的歷史文化中體驗而出，文章還可以抄襲，惟獨經驗不能襲取，以他人的經驗為經驗，即令能搭出一個架子，其最高的成績，也終於是貌似而神不同。何況中共所謂老大哥的經驗，他們也並不重視，例如『人民公社』之類，老大哥便有過這種失敗的經驗，他們卻居然不肯接受，一定非弄到焦頭爛額不止，這都是由於毛澤東狃於一度佔領大陸的成功，以為根據他的幻想與變幹，奇蹟便可陸續出現。據我看，中共領導層人物的這種心理狀態已經牢不可破，決不是經過一度短期的商討所能改變得過來的。何況從那一羣自鄶以下的人物，也還找不出一個足以擊潰毛澤東那種武斷的硬漢呢？

五

三、人類都懂得自私，也懂得如何維護他們那種既得的好處，中共對於如何繼續穩定他們的政權這一點，總還是要針對現實去尋找出若干比較可行的辦法的。現在大陸經濟財政的實況，確已陷入絕境；國際對他們已完全絕望；人民對他們的怨恨，已恨到非咬他們的肉不可；邊區民族已大抵離心；一切所謂建設，也大都陷於半停頓的狀態；過去種種無聊的宣傳，現在已全部拆穿；所有過去用過的統戰方法，都已成了黔驢之技，今後絕對不能生效；他們懂得台灣不會去打他們，但他們除非正式奉有蘇聯的命令，也絕對不敢對台灣採取大規模的行動；尤其使他們感到最不得了的，乃是由於天災與人禍的夾攻，大多數人民已有了決心之死，而無求生之志，一旦騷動大起，他們將會鎮壓不勝鎮壓，屠殺不勝屠殺，一切反共的知識分子，正在待機而動，不僅他們必然站在人民的一邊，乃至他們幾百萬的武裝同志，也會自動解放，完全和人民打成一片；到那時候，便是他們的末日來臨，他們這一羣頭目，都非跪在從人民中爆出來的新領袖人物前面，聽候最後的總清算不可！自然，歷史上的故事是不會完全重演的，但古今中外歷史上一切土崩瓦解的條件，中共却已完全具備，且有過之，說他們可以逃出這一逃無可逃的命運，我是不會相信的。然則他們在這次商討中，還要尋找一些比較可行的辦法又是什麼呢？據我看，第一是和緩，第二是和緩，第三還是和緩；第一是節約，第二是節約，第三還是節約。首先從最高幹部對立的和緩做起，毛澤東只好放棄個人的領導，而接受所謂集體的領導；其次和緩黨與人民間的對立，不得已必得對若干無惡不作的共幹，加以相當的制裁，人民公社也只好聽其自然演變，使其逐漸返於常態；第三和緩知識分子，卽令不肯信任他們，但不好繼續過度的壓迫他們；第四和緩國際，他們已經有了對英和緩的徵兆，如果美蘇間有稍見和緩的可能，中共當然也只有停止反美的一法；亞洲的日本和印度這兩個國家，他們自身原都有不願和中共破裂的傾向，只要中共能伸出手來，他們自然樂於接受，中共對他們還是大有花樣可耍的。至於節約，關於土爐煉鋼的無效與濫費，他們似乎已悄然結束；對於粗製浪造與偷工減料的水利，今後也只有認眞與緩進之一途；其他一切毫無經濟價值的鐵道工程以及其他種種與人民生活毫無直接關係的所謂建設，都只好可停則停，別無其他辦法。可是，我們必須懂得：中共為了死中求活，他們經過這一次的商討，是會要發動若干的緊急措施的，不過性質上還是敷衍，決不是所謂幡然改圖，換言之，他們對於蘇聯的束縛與倚賴，絕對無從改變；他們這幾個太不够料的頭腦，也絕對無從革新；他們已無法拉攏大陸若干高級知識分子以為己助，也絕對無從發動為人民謀求幸福的那種好心；他們絕對不肯坦白認錯，他們還是死要面子；他們還是要迷信武力萬能，他們決不願改變別人的對他們的恐怖而代以對他們的重視；一言以蔽之，他們無法從無知到有知，無法從幻想進入腳踏實地，也無法從驕橫變為虛心，他們的前途只有趨於黯淡，他們是一羣受着自己成功的歷史所支配的可憐蟲，他們的覆亡還是翹足可待。

借箸為蔣總統一籌（一）

——兼論國人所以阻他再度連任的主要原因——

李達生

一、蔣在歷史上的功過

在沒有進入本文的正式討論之前，我應該先指出：依據我一向評估人物或歷史人物之標準，北伐前後以及勦共期間的蔣介石氏，其身份有類一位未發展成熟的豪傑；在抗日戰爭期間，特別是在抗日戰爭的早期，蔣氏的身份應該算得上是一個民族英雄。但惜乎在建立其上述身份的過程中，他之主觀條件始終未發展成熟；而他之所以仍能一時發展成為「雛型的豪傑」，或「民族英雄」者，多半是歷史的種種偶然因素之巧合造成的。也正是由於這個原因，因此，他雖幸運地建立起來了他生命史上的光榮地位，然而他不能保持；我們又眼見他親自動手，把其「雛型的豪傑」和「民族英雄」之禮壇，一層層地拆掉，並且早已經拆到最後的一層了。在中國歷史上事功型的人物中，從沒有一個人像蔣似的，花大半生的時間建立起來了光榮的地位，而自己又把它毀掉。好在今天蔣氏尚活在人間，世人還無法對他作最後的論斷。我相信，假定在今天這緊要關口上，他能及時猛省，虛心地檢討其過去之成功及失敗，以及其所以成功和所以失敗之原由，然後痛下決心，以成仁取義的精神，及時改正其錯誤時，則其往日已經建立之光榮的歷史地位，尚可能相當地恢復過來。但不幸的是，幾十年來，蔣氏一直生活在他所喜悅的羣小包圍之中；而近幾十年來，他更生活在以佈置「父傳子繼」為中心任務之一羣「從龍」的宵小包圍之中。羣小們，特別是「從龍」的宵小們，在蔣氏周圍建立起來了一個怪異的幕，這個怪異的幕可以名之曰「魔幕」。這層「魔幕」的作用是使蔣氏的理性日趨於墮陷；使蔣氏的心靈日趨於萎縮。如我們在前文中所指出，蔣氏在北伐時期，充其量亦只是一「雛型的豪傑」。原因是他缺少了一個眞正豪傑所需要的恢廓氣象，缺少一個眞正豪傑所必具之開朗心靈。一個本質上像他這樣的人，假定從北伐起，他能日與高人相處的話，那麼，他或者會能從「雛型的豪傑」之百尺竿頭上更進一步。而不幸北伐到了南京之後，他竟然墮入一個「魔幕」之中而不能自拔。這是萬分可惜的事情！幸虧早期的「魔幕」還不甚強韌，它不能把蔣氏的理性完全壓制起來；因此，在抗日戰爭以前，和抗日戰爭的前期，他的理性還能稀微的透得出來，他還有起碼的明辨是非善惡之能；在某些場合中，他甚至於還有「相當的」明辨是非善惡之能。因此，在那十幾年之中，他雖咎由自取地生活在一個日趨於強韌的「魔幕」之中，他仍能堅持勦共的路綫，他仍能堅持抗戰到底的決策。但終由於他所喜悅的「魔幕」之日趨於強韌，而使他所透出來的稀微之理性被逐漸地壓縮下去。一塲苦撐等待的抗日戰爭，在盟邦的配合之下，雖然終於僥倖地勝利了，但蔣氏周圍「魔幕」也及時地發展為相當強韌。

從奠都南京到抗日戰爭結束的一段期間，設使蔣氏不生活在一個「魔幕」之中時，則在抗日戰爭結束時，他何嘗不可以把肩負了甚久的實際責任一笑放下，而飄然遠去？假定蔣氏當時果眞能如此做時，則在後來共產黨把國家搞得烏煙瘴氣之時，他起來登高一呼，豈不會產生振衰起弊之效？然而不幸的是，當時蔣氏並沒有那樣做；而他之所以未有那樣做的主要原因，則是由於他久已生活在羣小所製造的「魔幕」之中，使他的心靈墮陷為幾近麻木的結果。一個人在其功業發展到幾近最高峯之時，而能於談笑之間，把其掌握了甚久的權力，特別是把其肩負了甚久的責任輕描淡寫地放下，這自然需要很高尚的情懷。它需要幾近孔夫子在陳蔡被圍時所表現的情懷，他需要華盛頓堅持不幹第三任總統時的情懷，他需要孫中山先生送大總統與袁氏時的情懷；惜乎抗日戰爭結束時的蔣介石氏沒有這種情懷，因此，他當時不能飄然而去。我不相信蔣氏天生地不應該有這種情懷。人人可以為堯舜，蔣氏又豈能例外？只是他把發展這種情懷的機會丟掉了。

隨着年紀的增長，蔣氏在「魔幕」中的陷溺亦愈深；在抗戰期間，他任命蔣經國為三民主義青年團幹部學校教育長的舉動，乃是他陷溺日深的具體表現。他被困陷於「魔幕」中的時間愈久，他的理性被封閉得卽愈利害；降至近年，他的理性幾可以說被完全封閉了起來。蔣氏的理性既陷於一種幾乎被完全封閉的狀態，因此，十幾年來，特別是到台灣後的十多年來，他幾乎完全看不見外面的世界；看不清天下事和國家事。世人但怪何以十幾年來，蔣氏置其榮譽於不顧，經常把國事置於次要的考慮上（說蔣氏無愛國心是不公平的），每一時每一刻但以發展「父傳子繼」的政治為務；而不知一個理性幾乎完全被封閉的人，他已根本失掉了正確地辨別是非善惡的能力，而又如何會不聽一羣從龍的宵小之擺佈呢？因此，自從在抗戰期間，他任命蔣經國為所謂「幹校」的教育長之後，底下，三民主義青年團組織處長，青年軍政治部主任，國防部總政治部主任，預備幹部局局長，台灣省黨部主委，總統府資料室秘書長（主管全國情報安全機構），青年反共救國團主任，國防最高委員會副秘書長等等之任命，以及透過種種非法的途徑把國家的主要權力傳渡到蔣經國之手；凡此等等，乃是必然之局。

蔣先生曾經是一個偉大的愛國者（至少就形式上來看是如此），他曾經被全國普遍地譽為民族英雄；而今這位民族英雄竟陷溺至如此的境地，寧不令人萬分地感慨!?

在粗畧地敍述過蔣氏的今昔之後，我們可以書歸正傳了。現在請先談談「國人所以阻」蔣氏「再度連任的主要原因」。

人民公社的周年祭

曾明

一

自去年八月間中共公開宣佈推行人民公社以來，到現在已有整整的一年了。在一開始的時候，筆者就首先指出，這種人民公社的基礎，必須建築在極端發達的生產之上，極端發展的社會意識之上，還要具備了相應的技術基礎和農民有高度的文化水平，更要一個相當長的時間。並指出，中共的行動一向是不顧客觀環境條件，如何，完全是憑主觀願望的胡作胡為。像這樣實在做不到的事情，單單的憑一批幹部的蠻幹，表面上做成似乎像個樣子，而造成實際上的混亂，可以想到其結果一定失敗。不過經過這樣一變，對於大陸整個農村社會，破壞之大，遺害之深，是不堪設想的。從這一年來人民公社的實際情況來說，證實了我們所指出的是完全正確。中共為了挽救人民公社名義存在的命運，在其八屆六中全會規定，自一九五八年十一月至一九五九年四月的五個月時間，為整頓人民公社的期間。其後，中共中央農村工作部在一九五九年一月十三日，又召開「全國農村工作部長會議」，討論貫徹執行中共八屆六中全會的「關於人民公社若干問題的決議」。根據這個會議決定的由黨委統一領導，實行分級管理；並利用分層包乾，實行定額管理制度和生產責任制，五定到田，責任到隊到人，檢查驗收固定農民責任；以及實行經濟核算制，加強成本管理；以合同制挖潛力抓資源等等的包工包產辦法。所有這些辦法，都是中共極力設法使農業生產工廠化的手段，而以對待工業生產計劃一樣地對待農業生產計劃，以達到生產的滿意結果，而保證其「國家計劃」的實現。

二

但是，農業生產根本不同於工業生產，因為農業生產主要受着天時地域自然條件的限制，這種限制在今天人們還無法掌握而就成為農業生產不能預計的重要因素。因此，工廠的計劃生產的辦法在農場上就根本行不通，卽使勉強執行，那只有加深農民痛苦。儘管事實如此，但中共絕不顧及，而機械地以一個式樣的規格，不管不同的地區，不同的土壤、水源，不同的氣候條件，不同的作物品種和作物特性的到處亂套，以致處處減產歉收。其顯著事實，本來中共預定今年糧食生產從一九五八年的七千五百億斤增加到一萬零五百億斤。質言之，一九五九年要比一九五八年增產百分之四十。據本年七月十二日人民日報社論透露，今年小麥產量只比去年提高了百分之十。這個增產的百分之十，是否眞實，姑不具論。卽以百分之十來說，比中共預定的指標，就差了百分之三十。而中共分派征收征購數量，並不是以眞實產量為依據，而是以預定的指標作為標準；同時，更不因為減產歉收而減少征糧數量。這就是因為減少了征糧數量，勢必影響到中共的出口政策，出口政策不能實現，也就影響到中共的工業建設不能進行。所以，中共必須堅持征糧定額。由於中共堅持征糧定額政策的結果，不論是眞實的減產歉收，卽使如今年小麥增產的百分比與指標百分比的差額來說。中共彌補差額的辦法，是減少人民的消費供給作為調節。因為農業生產既不能聽中共主觀願望要多就多，要少就少。因此，造成了人民公社中農民應得的分配部分是極不穩定。這就是說人民公社物質基礎，沒有穩定的可能。也就是說人民公社的經濟情況不可能有穩定的一天。

三

中共在推行人民公社運動中，提出了「家務社會化」、「生活集體化」而毀滅家庭組織，把農民從家庭分離出來變為孤立體的勞動動物，並以「組織軍事化」、「行動戰鬥化」作為擴張勞動利用幅度，加強勞動強度，提高勞動生產率的手段。同時，以基層財政組織深入人民公社壟斷經濟關係而吞沒農民勞動成果，取消一切私有制度，從而消滅農民政治活動的因素。從理論上來看，是有實行的可能。但是，基本的條件，中共必須將大陸上五億農民的生活責任一肩挑起。否則，中共對於人民公社的一切設想，都是成為無本之木無源之水的空話。

由於農業生產不穩定的基本原因，加上中共征糧不按收成的百分率，而根據事先預定數額的征糧辦法，因之人民公社無法建立起一定的物質基礎。所以中共一方面，從一開始就說人民公社的性質是集體所有制而帶有全民所有制成分。這就是不敢挑起農民生活責任擔子，仍然叫農民自己負起自己的責任的託詞。在另一方面，以政治管制代替生活供給的手段，來壓廹農民就範。因此，人民公社的實際情況與中共的原來設想，恰恰的完全相反。其顯著事實，有：

第一，中共人民公社中，實行組織軍事化、行動戰鬥化以後，造成了「窩工」以及無人負責混亂現象，不僅浪費了勞力，並且使生產上受到一定的損失。因之中共在整社工作中提（轉下第三版）

辮子、帽子、本子

——大陸學生逃港的控訴——

金人

乍看起來，標題裏的三種東西似風馬牛不相及，但在紅色大學中，它們却是「具有內在聯系的有機體」，支配着大學生的一舉一動。大學裏的「赤卡」或中共的MVD——「人事處」，就利用它們作統治大學生的工具。

不過我這裏所說的「辮子」，並非指女同學腦瓜後面經常垂着的那兩條髮辮（按大陸大學女生的典型髮式就是辮子，通常用橡筋圈束着，除了「五一」「十一」，難得有人敢打蝴蝶花結，因為那是「資產階級虛榮思想的表現」），所謂「帽子」也不是指戴在頭上用以防暑禦寒的各種質料的東西。它們都是「抽象」的，可以深為體會，而摸不着實物。然而儘管如此，它們的影却較實物更為「具體」。至於「本子」，那倒是不折不扣的實物，問題就是它與普通筆記本子的用途大為不同。

其實這題目我老早想到了——在五年前。那時我正坐在外文樓一〇一號大課室內上「馬列主義基礎」政治課。我一開始就發現那位有着標準的「教育別人」面孔的黨員講師「言語無味、像個癟三」（借用毛澤東語：「反對黨八股」），於是我的思想「開了小差」。

當時，我看到坐在前面幾排位子上女同學的辮子（我上政治課一貫坐在最後一排），又觀察到窗外西校門內小池畔的柳樹已經萌出了新綠小芽，於是想起普希金在詩裏把柳樹譬喻為女孩的辮子……。面前的筆記本和同學頭上灰藍色的「解放帽」也使人連想到大學中流行的一股歪風邪氣——

雖然滿清皇朝早已在四十八年前被推翻了，而經常成為外國人嘲笑對象的「豬尾巴」亦已成為歷史陳跡，然而在大學裏還經常聽到有關「辮子」的可怕的故事——它之所以可怕是因為辮子有關「政治生命」，正如三百多年前人們往往因辮子而被砍頭一樣。

在紅色大學裏，每個「羣衆」都是被加倍「關心」的，誰要是說話不小心，讓「棍子們」（按這是同學們給黨員和團員的諢名，從「黨棍」和「團棍」轉來，有時南洋僑生用馬來語稱之為Pentungan，意卽「棍子」）聽到了，那就叫做「被人抓住小辮子」，用香港學語來說，就是「被人捉住了痛脚」，以後麻煩可多了。

黨團員「抓住小辮子」的目的，在於「立功」，換句話說就是借以「打擊別人、抬高自己」，這是大學裏十分流行的「進步」「積極」（？）風氣。例子很多，茲舉其一二：

我們班裏共有二十個人，「羣衆」和黨團員各佔半數，後者又分為普通和調幹兩種，調幹就是專門抓同學的小辮子的，除此之外他們一竅不通，什麼都不懂。然而他們「察言辨色」和「斷章取義」的工夫端的不錯。

一九五四年，我班有個僑生同學在討論「政治經濟學」時，說「馬爾薩斯認為人口是貧困的根源」，立刻變為「小辮子」，「棍子們」緊緊抓住它不放，並把那句話「翻譯」為：「中國人口太多，死一些也不要緊」，於是「反動」的帽子就光臨於那位僑生頭上。

「帽子滿天飛」，用這話來形容紅色大學的政治空氣是再恰當不過的了。「棍子們」整人的辦法首先是「抓小辮子」，然後大量贈送帽子。這些帽子按大學生「五種分類法」（「革命」「進步」「中間」「落後」「反動」）中最壞的兩類進行贈送。贈送方式也有兩個，一是經過大會正式當衆公佈的，二是黨團員以「私人身份」贈與的。不管那種形式，帽子一經贈送並戴了上去，就永無脫下的希望。

關於「帽子」的實例更是可怕：一個新加坡學生收到家裏寄來的一本「天方週刊」（按係毫無政治色彩的消遣雜誌），我班的「首席棍子」支書兼班長（南洋僑生賜給他譯名：Kepala Pentungan「棍子頭」）立刻大喊：「這是反動！」可憐那位僑生自後連新加坡的左派報紙「新報」也不敢多望一眼了。

帽子除了可以使人具有「思想問題」的標記之外，也可以入人以「政治問題」之罪。東語系有個僑生，課餘用打字機練習，把中文報紙（「人民日報」）翻譯為印尼文。一個「黨棍」看見了，就問：「你是不是給印尼大使館寫情報？」另一個「團棍」立卽接口道：「印尼大使館每月給你多少津貼？」平均每個「羣衆」都有一頂這類黨團員正式或非正式贈送的「政治帽子」，他們贈送帽子十分慷慨。

「辮子、帽子、本子」三部曲的最後一着——「本子」是最毒辣的。那些不學無術的「棍子們」飽食終日，無所是事，專門記錄同學們的一言一語、一舉一動，以便向「上級」彙報，藉之「立功」。

「有錯誤立卽當面提出批評」，這僅在「小組會」上進行，平常則依靠那個小本子。有一個二年級同學，並不「落後」，可就是不肯巴結團支部書記。結果支書叫狗腿子把他自入大學以來所發表的「反動言論」偷偷記在筆記本子上，共二百多項。直到「鬥爭大會」上，才逐一加以宣讀。那位同學自己也記不清到底自己有否說過那些話。這就是黨團員對「羣衆」的「無微不至的幫助」！「辮子、帽子、本子」，眞是紅色大學黑暗生活中的枷鎖。

略談中共的浪費

柳堤

儘管中共的報章雜誌天天在吹效率、節約、生產躍進與物品暢銷。事實上，人民不僅口糧不繼，而且柴菜油類魚肉等排隊都買不到。至於日用品的缺乏，慘得連買尿布也得在布票上劃槓。反之，人民為中共流血流汗的日夜勞動，却日甚一日，苦不堪言。

那末，中共這樣剝削，搜刮老百姓的物資那裏去呢？由於中共向蘇聯貸欵五十億盧布以共區物資作為抵償品，這當然是中共搜括得來的物資的一個大去向，而中共官僚機構的鋪張、貪污，却也是造成這種浪費的一個嚴重因素。此外，物資調配不當也是一個原因：這裏試舉一個中共浪費的例子，以證明它對於人民財物的糟塌到了何種程度。

據一九五九年七月七日中共人民日報自己報導，僅河北一省的各級商業機構，積壓損耗的商品卽達一億三百多萬元之多。在積壓損耗的物品中，包括有大型的農業機械、排灌機械、電話機、縫級機、自行車、收音機、電綫、電纜等三千五百多種。其中最「烏龍」鬧笑話的，則是大名、張北、巨鹿、易縣等各縣，根本沒有電力設備，但倉庫中却儲藏了大批的電綫、電燈泡、自動電話機等產品。河北曲周縣是一個山城小邑，人民消費水平極為低下，老布衫也穿不起，但中共的倉庫中却積存了大批的城市中的高級綢緞、收音機等貨品放着霉爛。秦皇島市需要的合頁，都無處可買，而易縣的倉庫中，反而積壓了滿倉，三年無人問津。保定百貨二級批發站，積壓了一大批日光燈上的鎮流器，但是缺少燈管，而唐山的百貨批發站，有燈管批發而無鎮流器。這些事實還是僅就河北一省的某一部份的商業機構而言，已可說明了它的「烏龍」之大了，如以全共區來算，它的糟塌人民的財物和血汗，何止百倍千倍於此呢！

大陸之窗

十年前，共軍以劣勢兵力擊敗國軍優勢兵力，因而得以席捲大陸，這是無可否認的事實。十年來，國軍地面部隊與共軍地面部隊未再作大規模的主力戰，而雙方士氣裝備訓練等又各有新發展，故現階段雙方地面部隊戰鬥力之變化如何？目前尚難確定。但雙方進行多次空戰之結果却證明中共空軍人員素質低劣，中共個別空軍人員的戰鬥力實遠遜政府空軍人員。（中共空軍在數量上佔優勢，是另一個問題，容當另文討論。）

台灣官方說最近一年來，七次空戰的總結果共擊落共機卅七架，擊傷五架，台灣本身則僅損失三架，這數字是否含有宣傳性，不敢肯定，但縱有誇大，可也無傷於政府空軍個別人員遠比共方空軍個別人員為優的這一事實。

中共空軍人員何以遠比台灣空軍人員低劣，依我分析：主要有下列幾個原因：

一、中共空軍建軍時間短，戰鬥經驗根本不夠。

二、中共空軍係經蘇聯顧問一手訓練，而蘇聯飛行人員的技術本不高明，這是二次大戰初期，政府空軍人員早已領教過的，所謂求師不高，成績當然就有限。

中共空軍素質低劣的原因

·劉裕畧·

三、是油料缺乏，飛行訓練時間不足。關於油料缺乏之問題是中共空軍建軍的一個大難題。蓋中國大陸不產飛機用的汽油，更不產噴射機油。所需油料都必須仰賴蘇聯或東歐共黨國供給。而蘇聯亞洲部分亦不產飛機用汽油，因之蘇聯援助中共的飛機汽油，就必須從蘇聯的歐洲部分設法運送到中國大陸。這途程異常長遠，而適宜於擔負此一運輸的交通工具又只有火車，火車的運輸量雖遠較汽車的運輸量大，然亦畢竟有限。況蘇聯與中共之間，經濟關係密切，必須輸運之物資及機器頗多，安能擯棄一切，而專門運送飛機用油呢？這是中共飛機汽油缺乏的一個基本原因。這一原因，極難克服。必須等到中共與蘇聯在新疆蒙古各地區多開設幾條鐵道之後，運輸狀況才可望改善。但也僅僅是改善而已，完全克服；則仍是不可能的。

在理論上，陸運之外，尚可空運與海運，但截至目前為止，蘇聯尚無此種空運能力；海運是中共所極欲進行且曾屢次進行。但從歐洲運噴射機油到中國大陸，必須經過台灣海峽，而政府海空軍在台峽監視及封鎖甚嚴，故中共此一企圖，業已屢次失敗。所以，中共今日雖擁有大量飛機，却缺乏相適應的油料，因此，飛行練習所需汽油，亦不得不予節約，在大的方面，這固然基本的削弱了中共整個空軍的戰鬥力，小的方面，也就無可奈何的影響到每個中共空軍人員的飛行訓練飛行技術和由飛行時間所積累來的飛行經驗了。

四、黨性要求與技術要求的衝突，也是中共空軍人員素質低劣的一個原因。這一衝突在自由國家根本不存在，但在共黨國則不但存在，而且嚴重的存在，甚至嚴重到沒有任何方法可以克服。

原來，共產黨是把黨性放在一切之上，同時，又認為無產階級的成分才是人們成分中最好的。所以他們對於任何人事考核，皆以成分如何為先。甚至在一張鎗斃人的告示上，他們也都必須將其人的「階級成分」首先說明，他們對人事成分之注重如此。他們對於空軍人員的成分問題也不例外。但我們曉得空軍飛行人員所最需要的應該是技術，但技術強的未必黨性強，黨性強的又未必技術好，中共要求「又紅又專」，紅第一，專第二，於是技術當然就隨之低劣了。至於因此引起中共空軍內知識分子出身的空軍人員精神上之不安與人事磨擦，尚不在內。中共對此現象不滿，認為這是知識分子的劣根性在作祟，因而，中共近年乃又特別着重以工農子弟作飛行員，殊不知，今日的飛機已經是高度科學的結晶，飛行技術乃智慧、科學知識與靈巧身手的綜合，工農子弟正未必個個適合，長此以往，可以預言：中共空軍的素質是必然還會愈趨愈劣。於此，共產制度之所以與人類社會進步之要求不合，我們又得一明證。

緬甸尼溫將軍政權面面觀（仰光通訊）

沙溫

緬甸總理尼溫將軍，最近曾特地出國，前赴以色列訪問。一般人不少以為奇怪，因為緬甸是東南亞國家，而以色列則是中東國家；在關係上只有同是「亞非」國家這一點，而尼溫將軍卻不遠千里，親自前往訪問。究竟為的是什麼緣故？

外交政策的方針

在亞非國家中，除了與緬甸接近的東南亞國家外，就以中東方面的亞非國家來說，亦還有如埃及等許多的阿剌伯國家。何以尼溫將軍又不到這些阿剌伯國家訪問，而特別到這些阿剌伯國家所反對的以色列？

以色列與緬甸差不多是在同一時期建立的國家。但以色列因為有歐美各地猶太人的支持，在建設上極為猛晉，超過了緬甸。在不久以前，緬甸開始與以色列討論經濟技術方面的援助，不少以色列的技術人員，已開始到達仰光，轉赴國內各地，協助緬甸的經濟建設工作。

可是這還祗不過是表面的跡象，而在內裏是另有緣故的。據說，緬甸是中立主義的國家，從前並且曾經拒絕過美援，但建設則係急須，而資金機器人材，均感缺乏。現在要立即恢復接受美援，尚有未便。故此通過與以色列的合作，逐漸解決這個問題。換句話說，即緬甸通過以色列而接受「間接的美援。」這樣，緬甸與以色列的關係，就更加密切。

這樣，尼溫將軍的遠道到以色列訪問，以及以色列總統將要前來緬甸報聘，內裏的原因，也就豁然開朗。在以色列來說，一則它受阿剌伯集團的仇視，再則蘇聯為首的共產集團，也因為要滲透阿剌伯地域之故而對以色列採取反對的態度，它是極端願意多結交一些友好的國家，何況利用美援來援助緬甸，是加強非共國家的一種工作，多少可給共產集團以「報復」的顏色。說將起來，人們認為尼溫將軍執掌政權後的緬甸，外交政策比較「偏右」，也許不是沒有根據的。

宇努「流年不利」

在內政上，尼溫將軍的態度又是怎樣的呢？

緬甸的政治，過去長時期在宇努前總理的領導之下，也即是自由同盟（全名為反法西斯人民自由同盟）的執政，那時緬甸是亞非集團的主要份子，政策是中間偏左，那也就是拒受美援，及向中共獲取經技援助的時候，至於擴大對共產集團貿易，自不必說。可是因為中共駐緬使館的干涉緬甸選舉，容納及包庇顛覆泰國的乃比里份子在緬境活動，妨礙緬甸與泰國的友誼，使得全國嘩然。加上當時政府官員的貪污。終於引致宇努的下台和自由同盟的分裂。

分裂後的自由同盟，產生了宇努前總理宇努的「同盟廉潔派」，和另一派由前總理宇巴素領導的「同盟鞏固派」，兩派的勢力旗鼓相當，毋寧是鞏固派多佔些優勢。因此，「廉潔派」曾一度與那些左翼陣綫的政黨發生聯繫，獲得他們的支持，那知這麼一來，人民對「廉潔派」又發生不滿，終於促成尼溫政權的出現。

尼溫將軍登台後，曾以軍人的劍及履及的態度，從事於各方面的整肅。「廉潔派」的兩員大將，該派秘書長德欽叫吞，中央執行委員德欽班綿，都在整肅之下繫獄。前者乃因綁票案的牽連，後者則以從前在部長任內的貪污案涉嫌。「廉潔派」曾謂這樣的興大獄，乃係「鞏固派」假手當局的「政治迫害」，但在法律之前，究竟無法為他們的同僚解脫。也許是宇努前總理「政治流年不利」罷。

親共份子被流放

其實觸了更大霉頭的，還是左翼方面。因為尼溫將軍登台當時，正是左翼挑撥自由同盟分裂，並在政壇上縱橫捭闔的時候。聯合廉潔派打擊鞏固派，拉攏克倫族，都是他們的傑作。那時滿城風雨，人心厭亂，尼溫將軍首頒「國防治安條例」，將不少左翼政客拘捕，流放到孟加拉灣上的一個孤島上去。自此以後，著名親共的「人民團結陣綫」，竟亦噤口結舌，連親蘇反美的濫調，亦不敢多唱。

「鞏固派」這一方面，雖然當它的領袖宇巴素執政時，仍然標榜中立主義路線，但它比較上是偏右的。當政局混亂之際，揭發政府貪污，抨擊左翼非法，強調整肅的必要，便是鞏固派首先發難。目下雖然並非鞏固派在執政，但尼溫將軍的重要幹部，現任國防軍副總司令，且掌握全國經濟大權的冒旺支准將，負責全緬甸安全的貌貌上校，都是以前鞏固派的份子，而為宇巴素及副領袖宇[illegible]迎所一手提拔的。

政界人士認為尼溫將軍的政策措施，是「鞏固派」替他作幕後的安排，可能有些道理。事實上，十多年來，緬甸最大的政黨就是自由同盟，在若干年之內，緬甸的政治離不開自盟的影響；任何人出而執政，是不能不在同盟兩派之中、擇取一派而獲得其支持。

未來大選的問題

在尼溫將軍鐵腕的整頓之下，政治、治安已見安定，經濟情況亦比以前良好，那是限制物價，及雷厲風行取締囤積的結果。貪污方面雖不能說完全根絕，但已減少了許多，最少沒有以前那些大貪污，及賄路公行的情況。自緬東軍區司令冒吞盛上校出任仰光行政專員後，他以軍人的嚴格手法，仿效過去英治時代的成規，把仰光市容變為整潔而有秩序，為旅客所見稱。一般認為，緬甸在各方面的情況，都已有進步了。

現在所餘下來的，是未來的政治形態問題。換句話說，即是未來大選是否舉行的問題。目下緬甸是軍人執政，許多重要經濟機構，都由軍人主理，冒旺支准將所主持的整頓全國經濟中央委員會，其所隸屬的農產貿易委員會，海關總署，國營航空公司，內河航運局，民生日用品配給委員會等，莫不由軍人執掌。這已經普及於國家經濟生活的全面。

那麼，緬甸是否將長此廢棄政黨，而由軍人管理全國人民的政經生活呢？

據尼溫將軍在訪以色列經過加爾各答機場時的談話，他表示緬甸仍將舉行大選的，不過那將是在「適當時期」，可能就在明年四月，如果各方面的秩序沒有什麼變化，以致影響選舉的可能的話。

宇努現在正在專心致志於「廉潔派」的幹部訓練班，志在培養一批新的幹部，希望在未來大選中爭一點氣。而「鞏固派」這一方面，也是在積極健全及發展全國各地的分支部組織，這也可以說是對大選的一種準備。

從在自由同盟兩派對於大選準備的積極，可以相信，緬甸不一定長此是軍人統治，而大選還必將舉行的。

討論參加東南亞僑商聯誼會

——泰中華總商會——

泰國中華總商會，為選派代表參加東南亞各地中華總商會聯誼會，及作出席的報告及建議，曾經進行討論。

這個聯誼會的籌組，是由菲律濱華商聯合總會發起的，目的為研討各地工商業之改良與發展，打開貿易的門徑。非方所邀請的地區商會，包括星、馬、泰、越，緬甸，印尼，香港，婆羅洲，砂勝越，汶萊，寮國，台灣，及菲島本身十三個地區。

據悉，與會僑商認為：華僑在東南亞上述地區，佔有重要經濟地位，如能聯絡改進，誠大佳事。但在草創的籌備會中，必須提供報告，俾互相瞭解各地經濟情況。及提供切實可行之建議。

曼谷電訊．何湄．

僑鄉近訊

騙取僑滙詭計（台山）

台山共幹刻又展開一項詭計，藉以騙取僑滙，着令各墟鎮之「華僑特種商店」，放寬僑眷生活物資供應，規定僑眷如收到滙款港幣一百元，可憑滙票領取「優待證」一張，准到「華僑特種商店」購買食米十斤，猪肉六兩，鹹魚一斤（餘照此類推）。台城及四九，五十，冲蔞等鄉，已照此辦法實行。海晏，聯和等鄉，則准購米八斤，油六兩。此外，有等鄉村則由局部放寬市塲管理，准許有外匯接濟之僑眷作有限度之自由購買。中共着眼於大力吸引僑滙，於此可見一斑。

公社停止供膳（恩平）

廣東各鄉刻已有大部份「公社」因食糧荒缺而停止供膳，改為酬薪制度，聽由各社員自行購買食粮充飢。台山和恩平兩縣之公社，則改為分配白米與雜粮，使社員領回家煮食；公社所辦之食堂，因此便無形取銷。但工作方面，仍採取集體化，換言之，每一鄉民，依然是中共的奴工。另有若干公社，社務混亂，偏差成性的共幹，則乘機混水摸魚，盜賣社中物資以飽私囊，致使本來已在短缺狀態之物資，因之更變成完全斷絕供應，所屬生產隊已實行消極反抗，因此生產工作亦陷於停頓。

各地墟期恢復（粵中）

南海、番禺、順德等縣公社的「全民皆兵」「勞武合一」的軍事編制，最近亦告取銷，營、連、排等組織，連形式亦已不復存在。各公社在成立初期，大力提倡生活集體化，設公共食堂，開大鑊飯，和侈談「吃飯不要錢」，社內設有供銷部，統購統銷一切生產資料和生活資料，囊括各圩鎮的大小商業，取銷各圩鎮的圩期，但最近各已被取銷的圩期，亦先後變相恢復，並容許鄉民作有限度的自由買賣。由此以觀，各公社實以瀕於失敗解體的邊緣。

共艇越界追捕逃亡（澳門）

據設於澳門的「救濟難胞總會」統計，由今年一月一日起至六月卅日止之六個月內，由中山逃抵澳門而接受該會救濟的大陸難胞，共一一七五名（未向該會申請救濟的尚未統計在內），其中以六月份的二七七名為最多。中山與澳門海陸相接，故逃亡難胞特多，共軍雖屢次嚴査緝及追截，但仍不能防止人民的冒死逃亡；苛政猛於虎，此亦可作為一例証。又：共軍巡邏為追截逃亡難民，每不惜越入澳門水域，向澳門當局作挑釁性的行動，七月九日晨，共軍巡邏艇又再來一次進入澳門水域追捕逃亡難民的破壞國際公法行為，且擬強向澳門水警輪索回經已逃出共方魔掌之兩名難民（該兩名難民一名林金泉，廿一歲，一名盧容根，廿歲，均為中山五區白沙鄉農民），並向澳門水警輪施行恫嚇，聲言將以手榴彈對待，又企圖將一艘澳門水警輪拖走，以為報復，但均未得逞。

大陸原料缺乏

大陸輕重工業原料，均極感缺乏。建築材料如鋼筋、士敏土、木材等，均大告荒缺，施工機械，亦落後而供應不足，以致嚴重妨礙各項工程的進行。化學工業原料，更缺乏得可憐，刻中共已大力提倡「發展稻殼綜合利用」，以圖補救化學工業原料荒缺於萬一。電池廠的錳粉，尤為缺乏得嚴重。據悉：上海金剛廠由今年第一季開始，便已無法獲「煙膠」，現得使用次質的「綢片膠」作原料以製造膠鞋；廣州橡樹膠製造廠，近數月來，亦無法獲得固定原料供應，目前所用的，係屬於硬質的次膠而已。

紗布洗後翻用（廣州）

大陸布料亦嚴重荒缺，中共已開始強迫人民「節衣」。其所提出的「節衣」方法，計有兩項：（一）挖掘廢舊物資的潛力，大搞修補，改造。（二）對陳舊衣料，盡量修補，不能修補的，則由大改小，由長改短。又據廣州來客稱：廣州的醫院，近因紗市斷絕供應，連病人用過的紗布也要把它洗滌後而翻用了。

幹部個人專斷

大陸農村的中共基層組織，刻已全面性的變成了官僚化體系。中共的報章，對此現亦已自我招供，據謂：這完全是由於基層領導幹部忽視集體作用而流於個人獨斷專行所招致。幹部祇憑個人的主觀包辦，簡單的發施號令，把一切工作，都弄到一團糟。

江水

十年吟

高糧

時光！等待着好轉的時光！
十年來仍然揹着眞理的包袱，
放踵在這海角天涯的孤島上。

☆　☆　☆

失掉了土生土長遼闊肥沃的自由大地。
離開了一草一木祖宗廬墓的和平鄉莊。
沒有泥土的芳香滋養！
缺少人情的熱愛溫床！
低迴海畔，傾聽濤聲述說歷史上的興衰、勝敗，
昂首遙望，接受大風帶來中原上的哀傷、死亡！
十個年頭——午夜夢迴，
時光給他們帶來翻天覆地的災難。
六億人民——破曉祈禱，
時光給他們帶來朝朝暮暮的失望！
心扉上的風塵，一年又一年埋沒了深厚的情感！
靈性上的偏蔽，一年又一年窒息了夢想的希望！
別說那些；悲憤可以化為力量，
別聽那些；反抗可以自我救亡，
這樣的一個鐵幕，親人！請你們去——
改造改造！觀光觀光！

☆　☆　☆

覺悟；早就搞通了。我們要的是眞理。
清醒；早就明白了，我們要的是信仰。
追求；早就認定了，我們要的是安居。
拓創；早就實行了，我們要的是樂業。
我們在大動亂的時代裏受够了苦難，
親人！我們不再喝那些英雄的迷魂湯。

☆　☆　☆

突破，轉變，何處是理想的樂園？
進步，戰鬥，何處是時代的方向？
件件包袱；我們捨不得它那件該扔在路旁的溝渠？
條條大道；我們認不清楚那條是走上黎明的康莊？
這樣的一個現實誰不服氣誰就難堪！
親人！請你們來——
體驗體驗！開創開創！

☆　☆　☆

時光！人生又有多少十年時光？
我們這一輩子一定要給第二代看到光亮。
歷史是公正的，一點一滴全要記上。
時光！等待着好轉的時光！
十年來仍然揹着眞理的包袱，
放踵在這海角天涯的孤島上。

耗子

·田趣·

北方人送給老鼠一個惡意的名字——「耗子」。

耗子的本領是「偸」與「鑽」，偸與鑽只能在黑暗中進行，所以牠始終不敢站到亮處來。

在動物之中，耗子實在不能列入英雄之流的。但是正因為如此，在許多動物之中，它是最幸福而最實惠的。猛獸之所以死亡，由於太露鋒芒，而豬的所以常常遭受着殺身之禍，是由於牠太佔便宜，享慣了福而不會設法避禍。

耗子們一遇到意外，會用非常敏捷地的手法逃到洞裏去，而一有機會，立刻出來，吃之不盡，搬之不竭，這一類的作風，在「材」「不材」之間，而其作惡之程度在「首惡」與「良善」之間，所以無往而不沾便宜，不特衣食無憂，並且還有意外的收穫。

李斯的人生觀，乃決定於耗子的身上，他看到倉庫中的耗子，吃得胖胖的，便覺得非從政不可。由於這一念；「有志者事竟成」，居然一躍而為萬人景仰的首相。可惜他只向耗子學了一半哲學，位極人臣以後，不免擺出像猛虎一樣的威風，所以結果是自取滅亡。馮煖為孟嘗君在薛造福，其目的為孟嘗君造窟。後來，孟嘗君終於有了歸宿的地方，這哲學也是從耗子那裏學來的。前者，學耗子可以得富貴；後者，學耗子可以避禍。既可得富貴而又可避禍，可見耗子哲學之可貴了。

韓非子外儲說右上中曾記載關於耗子的故事：

桓公問管仲曰：治國最奚患？對曰：最患社鼠矣。公曰：何患社鼠哉？對曰：君亦見夫為社者乎？樹木而塗之，鼠穿其間，掘穴託其中，燻之則恐焚木，灌之則恐塗地，此社鼠之所以不得也。

看來，它之所以幹出這沒出息的勾當和別人厭惡，在它看來，或許有它底理由的。如果它能說話，這一番宏論，也許有關於整個世界的動物的前途。但是，我們既然無法知道，也只能置而不論了。

我住的區域，正由從置區的清道夫進行捕鼠的工作，清道夫並且關照左右鄰居說：「夏令到了！老鼠是傳染疾病的媒介，望大家合作來捕鼠，以保衞生，而維大衆安全等語……」。

誠然，耗子的屍身，經常在我面前出現，使我日夜不寧，對於那些無恥的東西的健康，我本來可以置之不問；但是，它們的不健康與死亡，會影響於我們的安寧，因此，頗有些關懷於這些委瑣的善於偸竊者的平安了。

叛徒

岑暄

趙北呆立着，他料不到老媽媽被他蹴一脚，就完結了她的風燭殘年。突然，他看見阿爾跳起來，一拳向他的臉部打去。趙北拴着阿爾的右手，叫道：「阿爾，你把槍交出來，我便放你！」

阿爾「啐」了他一口，眼睛含滿了反抗怒火，左手倏的伸到趙北腰部，抽出明晃晃的刺刀，向趙北胸部刺去，趙北慌忙閃避，胳膊被碰一刀。趙北怒極了，他料不到這個十五歲大的孩子，竟有這樣大的勇氣！

阿爾撲向他，趙北再閃身避過，似乎害怕了這個孩子。阿爾這一撲，衝力太大，失足摜倒在地上。刺刀「瑲瑯」地甩在一旁。趙北抓起刺刀，握着，把阿爾揪起來，刀鋒向着他的頸，道：「阿爾，如果你交出槍來，我便不殺你！」

阿爾不斷抽噎着，眼淚如泉地湧出來，他望着眼前明晃晃的刀鋒，驚懼地說：「同志，如果交出來……會不會問罪？」

趙北微笑了，說道：「阿爾，你放心，交出來就像立功一樣，還有獎呢？」

阿爾又望望被一隻粗糙的手握着的刺刀，終於說：「我怕……我不要獎，埋了母親後，我便到鎮上去…………」

「槍呢？」趙北不耐煩地喝問。

「埋在外面樹下。」

趙北押着阿爾，離開茅屋，到了一株樹下。阿爾蹲下來，雙手顫抖地挖着，眼淚滴在泥土上……

趙北握着蘇式衝鋒槍，彷彿從絕望後看見生機一樣，忘却了臂膊的痛苦。他把刺刀插回刀鞘裏，突然聽到從遠處傳來「索索」的聲音。他知道，夥伴們開始搜索了。

「阿爾，我的好孩了！你聽不聽我的話？」趙北突然這樣問。

阿爾點點頭，道：「只要你不殺我，我……聽。」

「一會有同志來這裏，你千萬不要說實話，不然，殺頭的，知道嗎？」

阿爾點點頭，忽然問：「我該怎麼說？」

「你就說老媽媽自己摜在地上，頭碰在床脚上死了，明白嗎？」趙北又抽出刺刀，嚇唬地說：「如果你提到我，他們便會殺你的，他們都不是人，是豺狼！知道嗎？」

「知道。」阿爾說：「他們都是豺狼！」

「索索索」的聲音越來越大了。趙北用脚把地上的泥土踢回藏槍的土穴中，踏平，然後再吩咐阿爾一遍，轉過身來，消失在密林中。

× × ×

趙北回到指揮部，看見營長，行個軍禮，道：「報告！」

營長從椅子上站起來，打量趙北一眼，問道：「為什麼現在才回來？」

「我……我追踪一個可疑的人……」

「人呢？」營長急問。

「他逃了！」

「你和他糾纏過嗎？」營長凌厲的目光落在他臂部的傷口。

「這……」趙北口吃地說：「沒……沒有！」

這時，枱面上的電話響起來。營長拿起聽筒，聽了一會，緊張的面部表情漸漸鬆弛過來，最後道：「很好，吩咐同志們回來吧！」營長放下電話，便對身邊的警衞員說：「集合全營同志們，放哨的除外，開緊急大會！」

× × ×

會場在森林旁邊的空地上，由連長率領的搜索隊也回來了。會場內坐滿了黑壓壓的人羣，會場中央是木台，上面掛着一盞煤氣燈。

營長走上木台，道：「戰士們！同志們！我們的隊伍，出現一個叛徒！」

會場喧嘩起來，有的人交頭接耳地談論着。

趙北被綑縛着，由兩個拿槍的人押上木台。

「這個叛徒就是他！」營長指着趙北。

會場內喧嘩一會，慢慢靜寂下來，變得鴉雀無聲。

「營長……我不是叛徒……」趙北說。

「低下頭來，叛徒沒有資格說話！」營長喝着，轉過身來對戰士們說：「根據戰士們的反映，趙北調來這兒，便埋怨生活太苦，今天，他打算逃跑，指揮部及時派出搜索隊，加强國境綫的警戒，他才跑不了。他回來後，還假說追踪一個可疑的人物，他的肩膊，有刺刀的傷痕，但是他却說沒有和那個可疑的人物糾纏過，那麼，他的肩膊上的傷痕從何而來呢？而且，他拿回來的槍，有埋藏過的跡象，這顯然是他想開小差……

「同志們！相信大家都沒有忘記一個故事，在蘇聯衞國戰爭時期，有一個紅軍戰士，在戰爭中暗裏用鎗把右臂打傷，然後對首長虛報中了敵人的子彈，要求回後方休養，你們還記得首長怎樣處理他嗎？」

「鎗斃！」有人說。

× × ×

在樹林茅屋前面的泥土中，阿爾把母親的屍體埋葬了。他跪在土坵的前面，喃喃地道：「媽！我一定為你報仇！明天我就到鎮上去了，我還會回來的……」

這處，傳來一下清脆的鎗聲。樹林飛起一羣驚醒的雀鳥，向黑暗的天空飛去。（完）

記張蔭桓

舜生

光緒七年三月，慈禧把一個名分在她之上的慈安毒死（見惲毓鼎「崇陵傳信錄」）；十年三月，更把奕訢、寶鋆、李鴻藻、景廉、翁同龢逐出軍機，翁且得革職留任的嚴重處分。於是世鐸、額勒和布、張之萬、孫毓汶等乃聯袂並進，慈禧且命軍機處遇有緊要事件，須與醇親王奕譞商辦，朝局清一色的色彩更濃，而太監李蓮英的弄權，也更加露骨（如御史朱一新國子監祭酒王先謙之劾李，均十年以後事），惲毓鼎說：「辛巳（光緒九年）後士木游宴之風始盛，」便是指的這個時期。

十二年，光緒帝十六歲，已漸有成人之度，於是慈禧乃做作一番，裝出一個願意歸政的樣子，並命欽天監選擇明年的一個黃道吉日，以便舉行皇帝「親政」的大典。可是慈禧的內心，大家還是明白的，於是奕譞世鐸以及一般大小官僚，乃迎合意旨大大地給她一番歌頌，認爲皇帝年紀還輕，仍非由她繼續訓政不可。這一點正是她所需要的，因此，她便自己落帆，自己轉舵，於這一年的六月十五，頒下一道懿旨，表示她對光緒帝「亦必隨時調護，遇事提撕，此責不容卸，此念亦不容釋！」便在這樣一種的藉口之下，她又繼續訓政了將近三年。

到十五年，光緒帝已十九歲，慈禧本人也到了五十有五，頤和園因動用海軍經費已修建一新，她確實也想多有一點時間，可以盡情享樂。於是在這一年的二月，光緒帝的「親政」乃居然實現；可是依然是形式的，除最普通的例行事項可由光緒本人處理以外，一切重大事件，仍非向這位老太太請示不可。同時，光緒帝的「大婚」，也同在這一年正月舉行，皇后葉赫那拉氏，係慈禧的老弟副都統桂祥之女，貌既不揚，年齡且大於光緒帝三歲，這當然是由慈禧勉强撮合的。光緒帝對這位皇后的感情不大好，他所歡喜的乃在瑾妃和珍妃（侍郎長敘之女，初封嬪，繼晉爲妃。）而珍妃尤有寵。因此，母子，夫妻，婆媳之間更增加了許多葛藤，間接也就影響了當時的政治。

在一般的看法，總覺得光緒帝只是一個庸懦之主；進一步加以研究，他誠然不像後來保皇派筆下所描寫的那樣英明，但證以他在甲午、戊戌、庚子幾幕中的言動，我們最多也只能說他『儒』，而不能說他『庸』，而他這種懦的性格之所以養成，則大抵是由於被慈禧的積威之所劫，而思想的束縛與宮廷的環境自然也有相當的關係。

「惟名與器，不可假人」，慈禧既願意緊緊握着她既得的權力不肯放手，但名義上又不好不讓光緒帝「親政」。母子間既有了這種矛盾，其臣下也就無形中有了后黨與帝黨的鴻溝。自甲午中日戰爭以迄戊戌維新的前夕，從某一意義上說，便是這兩派人一段長時間的決鬥。慈禧所掌握的政權，到甲午戊戌之際，已有了三十年以上的積累，光緒帝的基礎則異常薄弱。甲午戰敗以後，凡主改革者，大抵多祖光緒，而翁同龢實爲之魁；主保守者，多祖慈禧，而榮祿剛毅之流的權最大。帝黨人少，后黨人多，康梁這班維新志士之所以一度抬頭，也就是由於帝黨想擴大他們的力量，才對這班人加以汲引。不過形勢比人强，而光緒帝的儒，又遠不如慈禧的狠，因此在維新一幕正式展開以前，凡與光緒帝接近的人，如翁同龢、志銳、汪鳴鑾、長麟、文廷式等等，已一一爲慈禧排斥浄盡；榮祿的權勢固已如日中天，卽騎牆派的袁世凱張之洞之類，也就死心場地，變成了慈禧的忠貞分子，這便是戊戌維新所以失敗的基本原因。（三）

閑話的閑話

徐亮之

客：您讀到了「眞報」最近一篇「評聯合評論」的文章嗎？

主：讀到了；這位作者主要似乎表示不全滿意胡越先生一篇文章的結論；他說：「結論還是一句話：「爲了實現民主團結，必須解除國民黨當權派的獨裁專制」」；同時，勸人要學當年張季鸞、吳鼎昌、胡政之的辦大公報」一般，首先「是反蔣先生和反國民革命的」；後來却「力主擁護蔣先生以圖復興國家與抵禦外侮」了。

客：假使當年蔣先生不「圖」作者所謂「復興國家」，「抵禦外侮」，而祇「圖」胡越所謂「獨裁專制」；則張季鸞們是否仍然會「力主擁護蔣先生？」

主：這位作者並沒說明，恕難奉告。

客：又假使現在蔣先生在台灣，不圖「民主改革」，不圖「反攻大陸」，而祇圖「違憲連任」；則起張季鸞們於地下，是否仍然會「力主擁護蔣先生」？

主：這似乎不能和這篇文章混爲一談。不過，這位作者在文章的結尾却這樣說過：「中華民國現在這一點政治重心，實在動不得，亂不得！親者所痛，仇者所快的事，更幹不得！」這話是否意味着：因爲「中華民國」祇剩下台灣「現在這一點政治重心」了，所以無論蔣先生不圖「民主改革」「反攻大陸」也好，或祇圖「違憲連任」「獨裁專制」也好，仍然祇有無條件「擁護」下去？不過我非作者，是否眞意味着這樣？也恕難奉告。至於假使有人說：「唯其中華民國祇剩下台灣這一點政治重心了，所以便越發不能坐視一人一姓以「獨裁專制」的方式腐爛下去」云云？這層意思便一併請你恕我從畧。

客：何以您今天這樣謙德可風？這位作者也提到我們的「閑話」，還兀自說你「尖酸刻薄」呢！他說：「此外爲聯合評論執筆者，似乎還有一位徐亮之君；或許徐君猶沾沾自喜其所撰「亮齋閑話」的諷刺輕鬆，實則尖酸刻薄，有點小丑風味。不能目之爲政論，尤不能爲當前國是有積極的貢獻。」你看這話怎樣？

主：我想：這大概是這位作者誤會了！其實，我們祇是說些「閑話」罷啦，並沒有做過什麼「政論」的。而且我們所說的「閑話」，也祇是哀矜而勿喜地以沉重的心情說出來的老實話，更談不上什麼「尖酸」不「尖酸」，「刻薄」不「刻薄」。民族國家喪敗至此，連幾句老實話也說不得，受不了，這個國家，這個民族是沒有希望的。至於因爲話說得老實，而無形中傷害了特權者的尊嚴，踩着了某些人的痛脚，便被認爲「尖酸刻薄」，甚至「如喪考妣」，那也祇好由他，顧不得許多了！再老實些說：我們已經堂堂正正流亡十年了；早已是極權主義者、獨裁主義者的肉中刺、眼中釘了；爲了爭民主、爭自由，祇要獨裁主義、極權主義一天不死亡，我們便命定祇有繼續流亡下去，纔績做釘做刺給某些人討厭下去；所謂「沾沾自喜」，豈能輪得到我們？卽就「亮齋閑話」是否「諷刺輕鬆」說，縱然「或許」「諷刺輕鬆」，又值得什麼「沾沾自喜」來？充其量也祇不過我們在百無聊賴之中，留下一痕「含淚的微笑」而已！何足挂齒？至於說是「有點小丑風味」云云，那也並不壞；因爲「小丑」畢竟還能自由自在，插科打譚，嬉笑怒罵，海闊天空；較之「花且」一型的人物，專以妾婦之道和賣弄風情爲職業的，畢竟不可同日而語。

亮齋閒話

客：這位作者又說：「我猜想徐亮之君似血氣方剛，才有如此輕率無聊之論，長篇累牘，絮絮不休。我固然爲徐亮之君惋惜，更爲聯合評論的文章貧乏而可悲！」聽見沒有？他還替你「惋惜」呢！

主：謝謝！不過我也替他惋惜！因爲他「評」了半天，對於我的所謂「長篇累牘，絮絮不休」「之論」，到底「輕率」到什麼程度？「無聊」在什麼地方？竟然隻字不提，祇是無的放矢，潑婦罵街！至於他「更爲聯合評論的文章貧乏而可悲」云云，那也大可不必；因爲「聯合評論」的「文章」雖然「貧乏」，却還並沒「貧乏」到無的放矢，潑婦罵街似的「輕率」與「無聊」。

四八、七、二三。

卜算子（寄舜生兄　一九五九年巴黎）　蕭石君

鸞雨春韮炊，高歌相對酌。濺淚分攜玫瑰叢，廿載愁無着。晴日背花鋤，種就花仍落。開落詢花未有心，枉說人飄泊。

次藜光兄韵（一九四二年作於巴黎）　仝前

駿奔歲月負芳菲，百尺高梧抱落暉。失火池魚殃可免，招魂古寺計全非。（時法國貝丹大將祈禱於天后寺）耽耽艇艦聲急，莽莽街衢燈影微。不是詩城能稍隱，年時顛沛欲安歸。

國共和談本末

·司馬健·

顧介石雖遣張羣以下野鑿鑿告崇禧，實則同日，復遣外交部長吳鐵城分請美、英、法、蘇大使調停國共；所謂「下野」，特仍虛辭以和緩武漢之政治風暴已耳。及四國先後皆辭謝；又聞德鄰意不自安，司徒大使至允助之出京；而一月十九日蚌埠復不守，寇且廹都門；始乃不得已，於二十一日召集文武親信決然爲下野之宣示；並卽於是夕命陳方本憲法四十九條後半「總統因故不能視事時，由副總統代行其職權」，草擬文告焉。

先是，張羣回京旬餘，而介石下野事轉寂；武漢方面頗引爲怪。崇禧客劉斐、李任仁等因說崇禧挾華中先發，示天下形勢；河南主席張軫尤力持促之；崇禧並不許。及一月十八日京使至，稔德鄰方且憤而離京，始於二十日晚，集李品仙、夏威、劉士毅、劉斐、李任仁等議進止。未決，而京張治中告介石決二十一日下野電話至；旋空軍聯絡組長亦來報「南京晚報」消息，則除總統下野，副總統代行職權，治中爲赴延安專使外，並言陳立夫大哭不止云。於是僉以時局千鈞一髮，非集中權力，不足以挽頹勢而赴事機；非改組內閣，不足以新耳目而振人心；非加緊聯防，不足以遏强寇而固封圉；遂乃決議三欵，一曰：應援憲法第四十九條上半規定，副總統繼任總統職位，而非代行職權；二曰：應組舉國一致之內閣，批准行政院長孫科辭職，由張治中繼任；三曰：應令長江下游中央軍與華中軍緊密連系，而以何應欽統領全國海陸空三軍。二十一日，亟遣邱昌渭、程思遠專機齎呈德鄰爲交涉張本。第邱程抵京前兩小時，德鄰業已以簽署「代行職權」之文告付吳忠信，悔莫及矣。

是日下午二時，介石集國民黨中常委話別，於官邸宣讀下野文告。CC委員主刪「決身先引退」等字樣，介石頷之。四時，遂飛杭。德鄰既送之機場而歸，忽傳涇波來，以美使館得悉下野文告，竄改不符初意，深表關切爲問。德鄰亦憬悟，因急召忠信、治中商補救。治中謂忠信曰：「兩文告上午均簽署，下午例均不得改修。計唯有禮老且從權，仍用簽署原稿，免致拖泥帶水。」忠信難之。以治中喋喋不已，忽勃然變色怒曰：「文白（治中字）！汝開吾玩笑。總裁交吾發表之文件，豈吾所得擅改？果以此難題課吾，吾此秘書長不能幹矣！」言已，拂然而去；德鄰、治中皆爲愕然。旋有謂事關憲法條文，宜請司法院長王寵惠解釋者；復急召寵惠。寵惠曰：「蔣先生下野文告，宜有『身先引退』字樣；唯總統之辭職，副總統繼任，均未得國民大會通過追認，故祇得謂之『代行職權』耳。」德鄰然其說，遂挽與俱訪張羣，囑以長途電話報介石杭州；介石亦然之；德鄰遂名爲「代總統」；亟令中央社以原簽署文告稿發表焉。而武漢之第一決議」陰消矣。

次之，改組內閣議，因前蔣李協議經列入而中寢；此次介石又行色匆匆，無緣討論；加介石行後二小時，孫科亟來辭職，德鄰措手不及，亦祇得姑爲慰留之。而武漢之第二決議復擱置矣。（三）

新疆在動盪中

岳騫

中共對於西藏的「亂事」尚未平下去，新疆的問題又將發生，目前有許多跡象可以看出，新疆地區的少數民族對於內地去的中共幹部始終處在對立地位，儘管中共拚命宣傳民族政策的輝煌成就，但是，少數民族的反抗行動已作爲正面答覆。西藏事件雖然鬧得驚天動地，但西藏沒有外援，僅靠自身力量來反抗，鎮壓下去還容易，新疆若是發生了問題，就不會如此簡單了。

本年六月份「民族研究」刋載了三篇有關新疆的文字，從這些文章中，可以了解新疆現在的情況。大概從中共進入新疆開始，就遭遇到當地少數民族的反抗，其中又可分爲兩派：一派是擁護國民政府的，如被中共殺害的前新疆省政府主席麥斯武德，前阿山區專員烏斯滿，前喀什區專員賈尼木汗及現在巴基斯坦的前新疆省政府秘書長伊敏，現在台北的堯樂博士。一派是親蘇的，包括有坐飛機跌死的阿合買提江、賴希木江、現任新疆維吾爾自治區主席的賽福鼎。

中共軍進入新疆之後，大權掌握在中共新疆區委第一書記王恩茂手裏，雖然也引用了一批當地人，但也和內地「民主人士」一樣，有職無權。其中大部分人還被吸收加入共黨，不過並未能消除了民族之間的隔膜，這批人大部都和蘇聯有直接關係，中共投鼠忌器，不敢動手，直到一九五七年底，毛澤東朝俄歸來後，取得蘇聯諒解，大舉整肅新疆「地方民族主義」份子，其中最重要的是中共新疆區委書記賽甫拉也夫，新疆自治區副主席伊敏諾夫和艾斯海提，此外還有伊犂自治州正副州長，烏魯木齊（迪化）市長，上中級人員只剩下一個賽福鼎。那次大舉鎮壓，暫時撲滅了當地民族反抗的火頭，但是火焰却未根絕。

根據「民族研究」透露，新疆人民目前對中共反抗手段還是在文化思想方面，他們在文化方面盡量排斥漢族文化，而選用蘇聯，所以「在一些語文課本中外國教材所佔比重，達到驚人的程度，有的佔三分之一，有的佔三分之二，有的甚至達到百分之七十。」甚至於翻譯俄文課本時，把我的祖國是蘇聯，我們的首都在莫斯科也原封不動的搬過來。最嚴重的是有一處高級中學，其中一個班有五十個學生，竟而有四十七人說蘇聯是他們的祖國，這一個問題，連一向沒有祖國觀念的中共也大吃一驚。我輩流亡海外中國人聽來更是感慨萬端，將來若擊不倒蘇聯，即使收復了大陸，邊疆問題也相當棘手的。

課本中有時不可避免的也採用一些漢文，但是翻譯得更令人啼笑皆非，例如把「首都」譯成「北京的皇宮」，把「中央人民政府」譯成「皇帝之家」，把「戰國」譯成「國家戰爭的時候」，把「護士」譯成「病人的奴隸」，甚至有的連月份、果木名稱、桌椅、板凳、黑板也借用外國語，鬧得笑話百出。

中共在新疆最惹當地人民反感的措施，要算是「新疆生產建設兵團」所作的活動。這個名義本來是由新疆投共國軍改編的，仍由原來司令官陶峙岳任司令，現在兵士仍是國軍，幹部均已換了中共黨員，八年來，這支部隊在新疆共開墾了六百四十多萬畝荒地，建立了一百零三個農場和牧場，曾經在二十五個縣主持過人民公社，培養了幾百名民族幹部，他們在新疆的工作，無疑是最深入的，但這種與民爭利的作風，也最受到人民的憎惡。

中共當局已經發覺到當地民族反抗焦點在文化方面，所以改採說理態度，發表專文，指明新疆古代就是中國的領土，有一位名叫張東月的人，寫了一篇「關於新疆歷史的幾個問題」，不憚煩瑣地考證出從唐堯虞舜以來，新疆就已和中國發生關係，接着從秦漢一直叙到清末，從地上的記載到地下的文物，列了幾十種，以證明新疆最古就是中國領土，其實這個問題本身不在於此，而是新疆人民的反抗背後有蘇聯支持，才是一個無法解決的難題，中共搬出歷史來，憑歷史考證以改變人民反抗，猶如和尚唸經一般，是否能獲得神佛庇佑，眞是渺茫的很。

中共尚未建立國防工業的基礎

——何雨文——

一、中共無法生產的工業產品

中共的工業水平的重要標誌，可以對於黑色治金，有色治金和化學工業等重工業部門的主要產品，加以考察，就可以暴露它的眞相。

鋼鐵工業是一切工業的基礎，中共雖然宣稱去年鋼產量達一一〇八萬噸，今年更計劃達一八〇〇萬噸，但在現代鋼鐵工業中，由普通碳素鋼過渡到含特殊金屬元素的優質合金鋼，才算有工業高水準。鋼鐵工業中的優質鋼才是現代機器工業，製造工業，航空工業，電機製造工業，化學工業等的基礎。沒有耐熱鋼，磁鋼及非磁鋼，就不能製造航空發動機，及汽車發動機；沒有耐酸與不銹鋼，就不能製造化學工業的一些重要設備。此外，還有應用更廣泛的合金結構鋼，滾珠軸承鋼以及電機製造工業用的變壓器鋼等，爲了取得鋼的特殊性能，滿足特種功用，就要在煉鋼時加入含有特種金屬元素（如矽、錳、鉻、鎳、鎢、鉬等）的鐵合金。這些特殊性能的鋼製造時必須採用電爐煉鋼，并加入鐵合金。蘇聯對於電爐鋼還很落後，目前電爐鋼比重佔鋼鐵產量的百分之四，產量僅及美國五十分之一。中共是壓根兒談不到。

有色冶金工業中，輕金屬系統中的鋁、鎂、鈦是建設現代工業和現代國防不可缺少的。如鋁不僅是航空工業的基礎，并且有逐漸代替銅的趨勢。中國大陸銅的資源最貧乏，所以鋁對於中共工業更來得重要。鎂合金也大量用於飛機製造，汽車製造及精密儀器生產，鎂也直接用於國防工業上如照明彈，信號彈等。所以鎂是最重要的一種戰略物資。鈦的比重小，强度高，鈦合金的耐熱，耐蝕性能又不亞於不銹鋼，因此稱爲「全才」的金屬。鈦合金是製造導彈，近代飛機以及近代機器工業不可缺少的材料。蘇聯七年計劃中，水電建設發展，煉鋁工業也將要求高速度發展。鎂和鈦，蘇聯在開始生產，產量極微。中共更是壓根兒談不到。

含有特殊金屬元素的優質合金鋼、鋁、鎂和鈦，中共完全不能生產，所以中共的國防工業的基礎可以說完全沒有。

二、原因在於沒有建立大耗電工業

電爐鋼屬於大耗電工業，鋁、鎂和鈦的冶煉也屬於主要的大耗電工業。

什麼是大耗電工業呢？

大耗電工業是生產過程中消耗大量電能，而熱能消耗量少的工業。大耗電工業是從舊的工業部門分化出來的現代化，電氣化的工業。這種工業大都採用電爐冶煉或電解過程來製造產品。這種工業大都屬於黑色冶金，有色冶金和化學工業等重工業部門。大耗電工業在各工業部門中的地位愈來愈重要，已成爲工業發展的主導趨勢。不僅可以說大耗電工業未建立，重工業還沒有基礎，並且更可以說大耗電工業的發展水平是一個國家工業電氣化水平的重要標誌，也是一個國家的國防工業水平的重要標誌。

一般大耗電工業有着下列二個特點：

1.單位產品的耗電量大。由於這些工業部門採用電爐冶煉或電解的結果，每噸產品的耗電量在三〇〇〇—六〇〇〇〇度之間。茲舉幾個主要大耗電工業的單位產品耗電量：

產品名稱	成分%	單位產品耗電量（度—噸）	單位（噸）
鋁	93.99	18000—20000	1
鎂		20000—30000	1
鈦	99.5	60000—70000	1
電爐鋼		800—1000	
鐵合金		3000—10000	
合成氨		12000—14000	

2.消耗單位電能所需投資和職工人數以其工業少。每消耗一〇〇萬度電能，煉鋁廠投資僅爲大型鋼鐵聯合企業的二分之一，輕工業的三十分之一。每消耗一〇〇萬度僅能煉鋁廠職工人數僅爲大型鋼鐵聯合企業的五分之一，輕工業的三百三十分之一。

三、大耗電工業一定要有大量廉價的電力供應

大耗電工業的規模與水力發電的發展具有最密切的關係。大耗電工業的發展，除了資源條件外，在很大程度決定於大量廉價的電力。大耗電工業產品總成本中，電費所佔比重較大，一般達到百分之二十到四十。

世界工業國家通例，大耗電工業發均擁有廉價的電力，也同時是水電站發達的國家，例如挪威和瑞士水電站比重就在百分之九十以上。

中共目前雖已改採「水電爲主，火電爲輔」的方針，但由於火電造價低，工期短，能夠迅速地應付中共缺電對工業的困難，所以目前火電仍佔中共電力四分之三以上，水電投資只佔電力工業投資的百分之二十左右。

中共的火電成本高於水電的五分之四到十分之九。在高昂電力價格下，不可能建立起大耗電工業。

更重要的，大陸普遍缺乏電力供應，特別重工業地區的東北，經常缺乏電力由二分之一到三分之一。這也是建立不起大耗電工業的原因。

人民公社的周年祭

曾明

（接上第二版）

出了五定到田的責任田制，實行由三、四個勞力不同的人合成的勞動組包工、包料的包產辦法。這就是變相的恢復了家庭組織爲農業經營單位，也就是將一定的時間以內一定的生產任務規定到具體的人身上的固定農民責任的辦法。在中共以爲這樣一來，就可以不管產量豐歉如何，脅迫農民交出其所預定的征糧數額，硬造成其工廠的計劃生產辦法，而保障其「國家計劃」的實現。至於農民交出征糧定額以後，有無餘糧，能不能維持生活，中共可以置身事外，而不顧。這樣農民就成爲了是中共這一個大地主之下自負盈虧責任的佃農。同時中共允許農民在宅旁、田埂的隙地，實行誰種誰收。嚴格地說，所有這些辦法，都是從實質上恢復農民的土地使用權，根本的復原私有制度。

第二，中共對於人民公社的最有力號召，是「吃飯不要錢」的公共食堂。當開始時，由於中共壓力，形成一哄而起；現在由於人民公社生產不穩定的原故，中共只顧爲了自己搜括，不顧農民生活，又變爲一哄而散。因此，中共中央農村工作部長鄧子恢不得不公開宣佈：「從今年夏收分配起，把每個農民應得的供給糧、款交到戶」的下台了事。於是，公共食堂從此壽終正寢。連帶的將所謂生活福利組織「托兒所」等也無形瓦解了。

第三，由於實行包工、包料的包產辦法，和取消了公共食堂，中共原來下放深入人民公社的基層財政組織，也就隨着消失了抓生產抓生活的作用。所以中共在今年夏收以前，以加强農村稅收工作爲名，恢復了原來的基層財政機構，並將下放到人民公社的財稅幹部，實行全部歸隊的大撤退，脫離人民公社。

以上所舉，不過是一部分重要的倒退情形。就從這些來看，倒退的程度，已退到初級農業合作社的範圍，所謂一是大、二是公的人民公社，已是名存實亡。但是，儘管如此，只要人民公社的名義存在，對於中共奴役農民爲兵爲奴的作用，還是依然沒有消失。

介紹蔣總統的一篇訓詞

嘉善

週前，在某處得讀一份油印的蔣總統訓詞，是由台北寄來的，長約一萬五千言，並附錄陳布雷自殺時給蔣總統的遺書兩通，訓詞的總題目為「本黨又是面臨時代一次考驗」，是去年監察院彈劾行政院長俞鴻鈞時蔣總統對國民黨中央宣傳會談及中央常務委員會的指示，尚未公開發表過。至今雖已一年有餘；但最近他又向國民黨中央評議委員會宣讀一遍，可見仍具時效，特為摘要介紹如下：

俞鴻鈞被彈劾使他痛心

在這篇訓詞中，蔣總統一開首便說：「這次監察院對行政院俞院長的彈劾案，不但是政府遷台以來，本黨同志風雨同舟患難與共的八年過程中最令人痛心的事，而且亦為我國憲政史上留下了一個汚點」，寥寥數語，已充分表現他對於此一彈劾案是如何的痛心了。接着他又指責國民黨中央領導無方，「遇事祇想拖下去，便算了，既不能面對現實，提高警覺；更不知嚴整紀律，明定賞罰」。以致「忠貞分子率多不肯輕易發言，積極有所作為；而不守紀律不重組織的黨員反而飛揚跋扈，藉民主自由的口號，而以反黨為號召」。甚至「身為中央委員或担任黨務要職的立監委員，在立監兩院的各種會議中亦不能挺身而出，為黨的政策辯護，而與反黨分子鬥爭」。他認為此一「惡風如再滋長，勢將演成不可收拾之局，而國民黨亦祇有陷於生無立足之地，死無葬身之地的厄運」了。但蔣總統的心情雖然如此的沉重而令人感動，可惜他祇知道彈劾案對於國民黨中央的威信和社會人心必發生不良的影響，因而責罵中央負責人員之無能和黨員（筆者按：當係指國民黨籍的監察委員——尤其是參加提彈劾案的那幾位）之敗德亂紀；而對於本案的核心問題——俞鴻鈞有無違法失職之處，則諱而不言，並一而再，再而三的說是「行政與監察二院的糾紛」。也許在他的觀念中，俞鴻鈞違法失職並不算什麼一回事，而監察委員之提彈劾案則是大逆不道罪不可赦了。這種祇談紀律，不辨是非的作風，可以說是國民黨三十年來的致命傷；而蔣總統似乎至今未悟，關心國民黨的人們都祇有要嘆息了。

陳布雷的遺書重光

在指示國民黨中央領導幹部對俞鴻鈞被彈劾案應澈底檢討積極予以解決，以恢復中央威信，並告誡他們切不可再麻木不仁和苟且偷安之後，蔣總統又提到陳布雷臨終前所給他的那兩封遺書，並說在此不久以前即已「印發各負責同志參閱」。他認為這兩封遺書在名義上雖然是給他個人的，實際上則是寫給國民黨全體同志的。在第一封遺書中，他指出最令人感觸亦最為重要的，就是「使公誤計以為尚有一可供驅使之部下」這一句；並解釋其意若曰：「一般黨政幹部已沒有什麼人肯為本黨或為你領袖效忠，圖報，來與你同生死，共患難了。」又說：「布雷就是感於國家大勢既無法挽救；而自驗身心，已無絲毫可以效命之能力，所以才一死以謝黨國。雖無補於當時的局勢，但其對黨國忠貞不二的志節，除了若干軍事幹部以外，如欲求之於當時的黨政幹部，則無第二人了」。並言下大有不勝感慨之意。

蔣總統接着又講到布雷的第二封遺書，認為比第一封更為重要，乃是針對國民黨中央一般負責幹部而言的。並特別提出其中所引「瓶之傾兮，惟罍之恥」這一句古語。他說，「這句話就是憤慨當時敵人對本黨及其領袖極盡汚蔑毀謗之能事，一般幹部大抵無動於衷；甚至隨聲附和，毫不引以為恥辱。……今天的情形雖然還不至如此，但許多人都視敵人對本黨打擊和對領袖侮辱以為與他黨員本身無關，這不是一種極其危險而可怕的現象嗎？」他又指出，布雷在第二封遺書中所引韓愈的兩句詩：「中朝大官老於事，詎肯感激徒婾婀」是譏刺當時一般黨政高級幹部的頹唐衰老，不講志節，祇求自保。平時對領袖祇圖蒙蔽欺負，既不肯出一忠言以規過失，臨危時又不肯對黨國負絲毫責任以圖補救，他並說：「今天的領導幹部雖不至如此；但是大家都不肯說實話，做實事，負責任，盡本分；唯恐得罪他人，招怨招謗，祇有消極對付，冷眼旁觀的現象，和布雷當年所指斥的相距究有多少？」他認為「此一風氣在國民黨幾乎已積漸成習，所以整個黨顯得毫無革命的朝氣；如不趕快覺悟，猛力革新，實在太危險了」。他希望國民黨的各負責同志把布雷所說的一切和今天的情形比較一番，而能接受此一沉痛的教訓，猛省奮發，才可以使其瞑目安眠於九泉。

從這一段訓詞看去，改造後的國民黨雖然對於一切有歷史而又守正不阿的剛健之士已經排擠殆盡，不惜把一個具有六十年以上的歷史並曾在中國現代政治史上創下輝煌紀錄的大黨變成了一個支離破碎的小圈子；但其所遴選出來的忠貞分子顯然仍未對於蔣總統發生他所希望的信仰，甚至欲求一如陳布雷者也不可再得，他老人家當然會覺得凄涼而不能不與懷舊之感了。但人們不免要奇怪：為什麼蔣總統至今尚不知自省其所以招致衆叛親離的原因而急圖補救呢？

還想再淸除異己

蔣總統把今日國民黨的一切不滿人意處，歸咎於對黨員的徵求和考核，未能遵照「求精不求多」的指示所致。他說，其中最使我婉惜的，是在三十九年改造時之初，本黨未能運用當時同志敵愾同仇的痛憤心理，來嚴密黨的組織，澄清黨的成分；反而在舉辦總登記的時候，對每一個報到的黨員，不分皂白，不問邪正，一律發給黨證，毫無忠奸順逆之辨，更無優劣是非之分，等我知道這情形的時候，已經糾正不及。其後於四十二年舉辦黨籍總檢查的時候，對於過去許多反黨反領袖的本黨民意代表，又不分功罪，不論忠奸，一律照發新證，如此無原則無目的的總登記和檢查，自然要產生比前更腐敗更惡劣的後果。」他主張「以後每三年或五年應該舉行一次黨員總登記或總檢查，以為去腐生新的法則。祇要黨員有了違反紀律的情事發生，切須立刻予以應得的處分和正當的解決。譬如一百個黨員，其中祇有十個人是忠實履行其誓約的，而其他九十人是掛名而不負責的，那我寧取此極少數的十個黨員來組織純粹而精強的黨；而絕不願這大多數的九十個人再留在黨內成為烏合之衆，來敗壞黨事」。在另一段說到立監兩院時，蔣總統更明白指示，「即使有大多數人（筆者按：指國民黨籍的立監委員）要脫離本黨的領導，那我們更應該有整頓的決心。否則薰猶同器，良莠不齊，一到危險關頭，革命不利的時候，就更不可收拾了」。

從上面所引的話，可知蔣總統刻意要清除那些對領袖不忠貞的黨員，而且要每隔數年就總清一次對於立監委員中「存心違反黨紀，有意破壞中央威信」的國民黨員更要「有整頓的決心，不貴乎有這麼多的黨員」。雖然一年以來，蔣總統對於此一指示似乎並未十分貫澈；但從他最近又重述一遍這一跡象看去，他遲早還是要付諸實行的。作為一個有悠久歷史而又以民有民治民享為號召的黨的領袖，不知團結同志以求主義之實現；反而背叛了主義，還要強求黨員對他作無理性的服從，究係蔣總統有負於國民黨員，抑國民黨員有負於蔣總統，恐不必等待將來的歷史家來論斷吧？

值得擁護的兩項指示

在全篇訓詞中，雖然蔣總統仍實行其一貫的作風，處處責人對他不忠貞，頻頻提到領袖的威望，甚且說，「今天對你們有這樣完全信任和負責的一個領袖，你們更應該積極負責，」未免令人讀了要發生今日是何時代的感想；但其中有兩項指示則值得予以擁護而應特別提出來介紹的。

第一、蔣總統指出台灣不是可以平安無恙的田園，並告誡國民黨員「決不容有等待和以保持現狀為滿足的幻想，更絕不可眩惑於表面無事的現象，因而存有滿足現狀或苟全性命的偏安心理，而忽畧了來日的危機和艱鉅的使命」。他要求他們「趕快覺悟，猛力革新」。

他能體察到偏安之非計和改革之必要，這不是難能可貴，值得擁護嗎？

第二、蔣總統在解釋陳布雷的第二封遺書時，雖然祇輕描淡寫的慨嘆黨的幹部平時對領袖祇圖蒙蔽欺負，不肯出一忠言以規過失；但在訓詞的另一段，則說：「你們對領袖之所以文飾欺蒙，不敢坦直報告的用意，乃是恐怕使我增加憂憤，有傷身體。但這種好意實在是多餘的；殊不知這樣不說實話，欺騙敗事，更使我傷心憂憤，加重負累，這不僅損傷我的身心，而且陷害了黨國。因此這些好意我不僅不敢接受，而且是不可恕諒的。」

他不但自認需要黨政幹部規勸他的過失，而且還指斥不坦白直言為欺騙敗事，這是近三十年來所罕見的事，希望隨時強調篤實誠信的蔣總統這次能言出必行就好了。

蔣先生大可拖任總統

邇來因蔣先生可否連任第三屆總統一問題，海內外同胞聚訟紛紛，有謂在今日環境下，蔣先生應連任第三屆總統的，但也有以不能違憲為理由，而堅決主張蔣先生於第二屆任滿之後應即卸職的，各持高見，爭論得十分熱鬧，於焉形成「勸進」和「護憲」兩大壁壘，前者固耍出五花八門的把戲，以期造成贊成連任的民意，並不惜力謀修憲或補充臨時條欵，以求達此目的，後者則高擎法寶（憲法），力竭聲嘶，提出反對。竊以為：這都是費時，失事，傷精神的事，其實此時此際，蔣先生既必欲高踞大位，他是大可以拖任總統。——我用這一個「拖」字，含意奧妙，是相當可圈可點的。

溯蔣先生在第一屆總統任滿之時，依照憲法，已不能選舉第二屆總統，更何有於蔣先生的連任？蓋當時的首任國大代表，任期亦已告滿，那還有資格選舉第二屆總統？但其後卒經「一番做手」，竟以第一屆國大代表選舉第二任總統，並選出蔣先生連任。該「一番做手」，是否也屬違憲？若是違憲，則違憲者當是該等國大代表：他們不特自己違憲，而且還把蔣先生拉下違憲的圈子中，以致造成今日尷尬的局面，今日豈容一錯再錯！

如所週知：當時的所以必須改選第二屆總統，其中還有一項內幕，最大的目的，就是為着要去掉他們的「眼中釘」副總統李宗仁。但為此而導致首屆國大代表違憲選舉第二任總統，蔣系謀士，不能辭其咎呵！

或謂當時第一屆總統任期告滿，如不改選第二屆總統，又將若之何？筆者認為，就在那時，蔣先生便已大可以拖任總統了。蓋當時既不能合法產生第二屆國大代表，自然也再沒有人有資格選舉第二屆總統，此缺既無新人接任，舊任總統不能交代，惟有繼續拖任。這一拖，不特一直可以拖到現在（第二任），而且還可以再由現在拖到將來；豈不乾脆！

拖任總統這一個「絕招」既失之交臂於早年，何妨緊抓機會於今日？祇要以首屆國大代表已失卻資格為詞，不再選舉第三屆總統，這樣就可以讓蔣先生再安安樂樂地坐在總統的寶座上了。

拖任總統雖屬違憲，但大可把它推到「環境使然」上去，所以我說：蔣先生大可拖任總統。

（讀者投書）　呂品器

聯合評論 週刊
United Voice Weekly
第五十一號
本刊已經香港政府登記
每逢星期五出版
督印人：黃宇人　總編輯：左仲平
社址九龍金馬倫道卅八號三樓　電話61413
承印：田風印刷廠（高士打道二二一號）
總代理：友聯發行公司售價每份港幣壹毫
本報美洲版總經售處美國紐約中美出版社
CHINESE-AMERICAN PRESS, INC
199 CANAL STREET.,
NEW YORK 13 N. Y. U.S.A.
美洲航空版零售每份美金壹角

我為什麼主張台灣裁軍

孫寶剛

一

一個賢明的政府在決定它的政策時，應當考慮到當前的情勢，自己的力量，以及將來的局勢發展，才能最有效的為人民服務。為政者，最忌欺騙人民，更不可自欺。自欺是一種愚蠢，欺騙人民，便不適于為人民的公僕。

當我主張台灣應裁減軍隊，有的人便大聲疾呼，認為荒謬。中央日報論左舜生的改革規模時也有下列的幾句話：『我們實在料想不到，左舜生的改革規模第十六條——當然是其中很重要的一條，也就是「臨時政府」預定的重大措施——竟是裁減軍隊。老實說，倘如在我們抗俄反共的基地上，廢除憲政政府，組織臨時政府，而這個臨時政府的重大措施，就是裁軍，那豈不是這個臨時聯合政府對于蘇聯侵畧者，將採取不抵抗主義？我們要問，到那時，中共來打我們的金馬台澎，臨時政府究將如何？』

在我個人看來，有的人大聲疾呼說我荒謬，那倒不是奇怪，因為他們對于軍事學理不很清楚，對於為政之道也不很明白。但是以中央日報，是台灣政府的主要機關報，也作這樣似是而非，非常膚淺的社論，那不免有些荒謬了。

二

我承認今天大敵當前，近的有中共，遠的有蘇聯，但台灣是不是蘇聯和中共的唯一敵人？是不是因為台灣擁有現在這樣的龐大軍力而使蘇聯和中共，不敢來攻台灣？一個較有軍事常識的人都知道，在現在的空軍和飛箭時代，假如台灣沒有美國在支持，台灣即使再增加一倍或數倍的現有的軍力，我相信蘇聯甚至中共，可以在幾個小時內就把台灣佔領下來。因為在軍事上來說，以台灣這樣一個孤島，位置在大陸的邊緣上不到一百浬，以今天空軍的飛行速度，中共如自大陸來轟炸台灣，台灣縱有龐大的空軍，不可能及時完成應戰準備，假如沒有完成應戰準備，甚至一部份的飛機還在地面上不及起飛，而飛機在地面上是沒有一點戰鬥力的，是不是中共可以在幾小時內可以把台灣的空軍毀滅了！假如空軍毀滅了的話，以現代軍事學來說，海陸軍的戰鬥力，便無法發揮，甚至不克自存。所以我希望台灣的人們，尤其是當局者，不要以為台灣今天得以苟安，是靠了自己的軍事力量。不要說，台灣的軍事力量，中共在今天可以對付，就以對付美國的第七艦隊說，也不是一件很難的事。中共和蘇聯怕的是美國整個的戰鬥力，他們明知道今天對付台灣採取軍事行動，美國是要動手的，第七艦隊不過是美國戰鬥隊伍的前哨，龐大的力量在後面呢！他們衡量了今天整個世界形勢，還不利於即刻發動戰爭，所以台灣就在這樣的形勢下安全起來了。

以上說的是台灣守勢的話，愚蠢的人們一定會說，我們要反攻大陸呢？關於這一點，我不知道去年蔣總統和杜爾斯簽的協定，是否已經取消了，假如沒有取消，美國就不准台灣反攻大陸，台灣能不顧美國政府的政策，一意孤行的去反攻大陸麼？在我看來不要說台灣不能一意孤行去反攻大陸，即使美國支持台灣去反攻大陸，我記憶在幾年前，日本的軍事專家在「大陸問題」雜誌上，寫過一篇關於台灣反攻大陸所需要的物質準備的文章，長達七十餘頁，計算得相當清楚，他們認為以美國現有的環境，不可能一邊顧及全球性的戰畧而一邊可以供應台灣反攻大陸的供應品的。

所以我的看法，台灣的軍力，在自由國家整個的軍力中，在配合自由世界整個的作戰下，不可厚非的，是有其相當大的價值。如以台灣的軍力，作為單獨對付中共甚至蘇聯來使用，而自誇自大，那是沒有軍事常識的人的想法。

三

談到這裏，有人便問依你說，台灣的軍力既然在配合整個自由世界的軍力上是有價值的，那麼「你為什麼主張裁軍呢？這不是居心不良麼？對於這個意見我可以很簡單的答復。所謂軍力者，在現代軍事上不專指有多少兵。軍隊的戰鬥力是依軍隊人數，裝備，訓練，和指揮適當與否的總和而估計的。假如人數減少三分之一，而裝備改良，使其火力可以加強三分之一以上，這便等於沒有減少人數。反之在改良裝備之後，如能加強訓練！或指揮適當的話，反可比原有的人數時的戰鬥力加強了許多。所以我希望許多人不要一聽到我主張裁軍便直跳起來。

四

至於我的所以主張裁軍，因為知道，台灣的經濟能力實在養不起這麼多的軍隊，七月卅一日華僑日報登有一篇泛亞社台北航訊，報導美國駐華安全分署署長郝樂遜就台灣經濟提出警告說，台灣對於農工生產都增加很多，公路，鐵道，電訊，居室，學校等，也有實際上的改進，但就整個經濟觀點言，這些進步都不夠，現在的問題是消費超過生產，政府及民間所消費物資數量，超出生產很多，結果投資於工廠，水壩，灌溉，水利，學校，公路等的資金的來源大為減少。……台灣的生產如果不能作顯著的增加，人民的生活水準即將降低。

誰都知道，軍隊的消費是最利害的，所以我主張裁去一部份軍隊，如此，不特可以減少一部份的消費，並且可以把消費的士兵變為生產者，這不是很有利於台灣的經濟生產麼？並且就我所知，台灣現有的軍人待遇也太差了，所以我主張減去一部份，而將未裁的待遇增高一些。我有幾次看到報紙上說，台灣的中下級軍官，簡直窮得無以為生，有一個中級軍官在公餘充當三輪車夫，有些軍眷竟淪為私娼，這種報導是否事實，姑不論，總之軍官的待遇不良是事實。所以我主張增加待遇，一面改良裝備，再一面加緊訓練。就以左舜生所提的三十萬人做準備能，假如能把這三十萬中的上等兵以下的，訓練成為上士中士下士那樣的程度，而一方面注意國民兵訓練，到了真正須要擴大軍隊時，立即可以擴大幾倍，比現在呆呆地養着這麼多軍隊不是好多了麼？

五

最後我要以西德為例，希望台灣政府作為參考。西德今天經濟復興得那樣快，因為西德在開始的十年間沒有軍隊，到了盟國要它建軍以分担防務時，它還不願意呢！現在雖已建軍，也要到一九六一年才完成，台灣為什麼不學學西德呢！

再進一步說，今天東德的人，源源不絕逃往西德，使東德顯然居於劣勢，誠然人民的自由不自由，是一個重要原因，但是西德經濟復興，是最最重要的，不然的話，東德的人民逃到西德來了，西德如在經濟上不能安置，使他們生存都有了問題，我相信東西德的形勢就不是現在的樣子了。

所以總括一句，我希望台灣要注意經濟建設，這是現在台灣形勢下的第一要務。而裁軍是有助於經濟建設的。裁了軍之後，一面要改善軍人待遇，一面取精兵主義，時機成熟的時侯可以立即擴大的，所以不需要驚恐，更不必說我荒謬。

反共團結的理論與實際

啟德

由於本刊左先生的一篇文章所引起的風波，現在似乎已平息了，並且大家開始又重提到如何反共大團結的舊題目，這是不可否認的，是一個很好的現象。

反共是大家的共同目的。台灣當局是在反共，海外民主人士是在反共，甚至大陸上有許多人士亦是在反共。既是大家在反共，把這些反共力量組織團結起來，把箭頭一齊指向敵人，那豈不是一件天大的美事？

團結才有力量，更何況我們所面對的敵人並不是一下子就可打倒，所以更需要我們團結加上團結。

但這種理論運用到實際上，問題就並不如此簡單，可見這種理論不是十分健全的。第一、團結不是單方面的事，而是雙方面或多方面的事。你我都想和他團結，但他不想團結，你我就無可奈何。有人或許會說，只要你我有誠意，他不會拒絕團結。可是，我們須知，世間確有一種人只願單幹，而不願團結合作的人。尤其是當他認為過去曾吃了與人團結合作的虧，而現在並無與人不團結合作就會傾家蕩產的絕頂危險。

有人或許會說，私事或會如此，但國事不能這樣說。因為國事是大家的事。然而，我的回答是，如果我們讀過禮運篇，我們就可知道「天下為公」的時代或許是一種儒家的理想，由夏禹傳子之後一直到今日，是「天下為私」的時代啊！

所以，為了實際結合理論，或理論結合實際，我們固然有大聲呼籲反共大團結的必要，同時我們也應該以身作則，伸出誠懇的願意與人團結合作之手，但我們如果以為大家都是願意團結合作的，或是大家都已有必須團結合作的認識，那末，我們本身就犯了不切實的大錯誤。理論而不切實際，這理論也就落了空，這理論也就是不周全的。

第二、團結既是雙方面或多方面的事，所以我們先要找出其團結因素的所在。大家反共，這是一個抽象而籠統的口號。實際上，大家雖反共，但各人有各人的立場和打算。立場和打算如果不同，就很難團結在一起。作者在上面曾略述各種反共力量，這些反共力量之間的距離，我們是不能否認的。舉一個例，法西斯主義者在反共，社會主義者亦在反共，要把法西斯主義者和社會主義者拉在一起，即使是為了對付共同的敵人，事實上是很困難的。

所以，為了實際結合理論，或理論結合實際，我們固然應該大聲呼籲各種反共力量團結起來，同時我們也應該以身作則，在共同敵人未打倒之前，我們不破壞團結，不打擊同一反共大陣營中的份子，但我們如果以為團結是無邊際的，任何份子都可團結在一起，那末，這不但是沒有顧到人家的立場和打算，並且是等於取消了你自己的立場和打算。這不但是實際上有問題，並且理論上也是有問題的。

當然，在反共團結的理論上和實際上，還有許多值得我們深一層探討的問題，作者在上面只提出所想到的兩點而已。總之，作者認為：反共固應該大團結，但大團結在實際上確有許多問題，所以作者不願唱高調，而只願唱低調。這低調是什麼呢？就是先盡其在我，先團結和我們的立場和打算相同的同志，我們雖贊同大團結，但我們不等待大團結，亦不依賴大團結，我們認為大團結是一個手段，不是一個目的，我們決不打擊反共的各種力量，但如有任何一種反共的力量來打擊我們，我們就須考慮情況而謀對策。千言萬語，就是沒有反共的大團結，我們還要反共。且不論即使把共反倒之後，為了中國的民主自由，我們尚有一段艱苦奮鬥的路程！

借箸為蔣總統一籌（二）

——兼論國人所以阻他再度連任的主要原因——

李達生

二、國人何以要阻蔣氏連任？

自從蔣氏是否應再度連任總統的問題出現之後，幾個月來，全國上下，除了兩種人之外，凡屬眞正關心國家問題者，無不極力反對蔣氏再度連任。那兩種不但不反對，並且竭力能使蔣氏再度連任之人是：

（一）共產黨人。在共產黨人看來，唯有蔣氏再度連任中華民國的總統，反共的中國，或反共的中國人才最沒有希望。因此，他們最願意見到蔣氏能連任下去。

（二）國民黨中蔣氏周圍的羣小，和積極製造「父傳子繼」的從龍之宵小們。幾個月來，積極佈置和鼓吹蔣氏之再度連任的，就是這批人。他們之所以積極地佈置蔣氏之再度連任，理由至為簡單；無非是使其「父傳子繼」的卑鄙陰謀能夠成功而已。

除了上述的兩種人之外，中國之大，包括國民黨中絕大部份的黨員在內，只有那些糊塗透頂的人，才會漫不經心地說一句：贊成蔣氏連任。但這種人畢竟是少之又少；幾乎少到可以不必計算。因此，今天國人之反對蔣氏再度連任總統者，假定可以作一個估計的比例時，其在全國人口中所佔的比數，應比當時國人反對袁氏稱帝所佔的比數還要高。

那麼，蔣介石氏既然是抗日戰爭期間的民族英雄，他之再度連任總統，充其量亦不過是修改憲法，並非像袁氏稱帝行為之那樣大逆不道，而國人究為何要極力反對他再度連任呢？

國人之所以反對蔣氏再度連任總統，很顯然地，決不是因了與他有什麼仇恨，因而只是為反蔣而反蔣；國人之所以普遍地反對他連任，其中必有個道理在。在國人之中，反對蔣氏再度連任者既是極其普遍，因而所以反對他連任的原因自然也不盡相同；不過，我們把最近數月來海內外的言論作一歸納時，當會發現，在各種反對的原因中，有幾點主要的卻是彼此一致的。這幾點彼此一致的所以反對蔣氏再度連任的主要原因是：

（一）護憲。修改憲法不一定是違憲，但今天在台北任何修改憲法之行為都是違憲的；因為在今天的這種局面下，對於現行的這部孫中山——張君勱憲法，已經不可能有合法的修改者。要能合法地修改憲法，必須有一個足以代表民意的依法產生而人數足夠的國民大會。這樣的一個國民大會早已不存在；除非在勝利地返回大陸之後，否則，這樣的一個國民大會亦根本無法產生。因此，今天人們除非不動這部憲法，否則一動便必然地違憲。

當然，自所謂「行憲」以來，違憲已經不算一回事了。我們可以說，從行憲的一起始，違憲的行為就一直存在；我們更可以說，「行憲」十幾年來，執政的國民黨當局沒有一天沒有違憲的行為。譬如，依據憲法，武裝部隊、警察、情報安全人員等，都應該是「國家化」的，而不能屬於任何黨派；但自從民國十三年起，國民黨的這種種機構人員之「黨化」，卻一直並未被解除。這種黨化的現象存在一天，即是違憲一天；而事實上黨化的行為從無一天被解除，因此，違憲的行為也就一直存在，當然十幾年來，現政權違憲的行為決不止此，這不過是最嚴重者而已。他如十幾年來，國民黨的黨費從無一天不是由國庫的開支。這那裏是行憲的行為？譬如青年反共救國團的成立；這個掛着「反共救國」的招牌之組織，事實上是培植私人勢力，但可怪的是用國庫的錢。這那裏能是行憲的行為？

一憲法之所以有意義，要在其能夠被「行」。而「違憲」即是不能行；如不能行時，則再好的憲法條文，又有什麼意義呢？

過去十幾年來，國民黨已經違憲多端，而致使一部大體上還算民主的「孫中山——張君勱憲法」，在國人的心目中已經變得無何分量。憲法明明規定一人只能做兩次總統，而今蔣氏若必須再連一任時，則無論是採取修憲的途徑（因為在今天的情況下，我們已經不可能有合法的修憲者），還是霸王硬上弓，其結果都是違憲。在過去十幾年之中，一部憲法已經被「違」得十分可憐，而今日以蔣氏的身分若再故違之，則這部所謂「大法」還值一塊新台幣嗎？

若干時間以來，無論是蔣介石先生自己，是國民黨，還是全國反共的各黨派，各社團，以及輿論界，幾乎都認為在反共的進程中，這部憲法是必需的。既是必需，則必要它的存在能具有最低限度的意義；要想其存在能有最低限度的意義，則必須使它的「行」能有最低限度的意義；要想使它的「行」能有最低限度的意義，就不能經常地違憲，特別是不能經常重覆地違憲；「違」既是不能「行」，而經常重覆地「違」，便是使一部憲法根本完蛋。今天假定蔣介石先生要是以任何的方式再度連任總統時，都構成了重覆的違憲之行為。如此，則被國人一般地認為可供反共復國大業之用的一部憲法，便要宣告完蛋了。

就我自己來說，我對反共復國有另一套主張；基於我的一套主張，因而我對「孫中山——張君勱的憲法」在反共復國進程中的意義也有與衆不同的看法。但假定人們認為這部憲法為反共復國所必需時，那麼，任何嚴重的違憲行為就必須加以制止；否則，這部憲法便要根本上完蛋，連一個錢也不值了。

（二）防止台灣的暴亂。今年蔣氏已屆七三高齡。國人當然希望他能夠長命百歲，但俗話說：「七十三、八十四，閻王不叫自己去。」以兩千多年前農業時代的「聖之時者也」的孔夫子，尚且只活了七十多歲；他如歷來創業的人物，無論是秦皇、漢高祖還是宋太祖和明太祖，鮮有活到八十歲者。而幾十年來，最為中國人所尊敬的中山先生剛剛活了六十歲，就不幸去世了。假定今天蔣氏果眞故違憲法而再度連任總統時，則照咱們中國人年齡的算法，當他就職第三任總統時，已經是七十四歲。再加上六年的總統，到他第三任屆滿時，則已經是八十歲。我相信，每一個反共的中國人都希望所有反共的中國人，能夠老當益壯。然而人壽有常，老當益壯亦有個限度；設使在八十歲之前，蔣氏萬一不幸去世時，在沒有納入憲政常軌的台灣所留下的局面，誰來善其後？

至此從龍之輩或者會說：『任何人在任何時期的公務任內，都可能有不幸死亡的可能；因此，假定蔣氏在第三屆總統任內有不幸而去世的可能時，則在前兩屆亦應有此可能；若在第三屆不幸去世而會導致台灣發生嚴重的問題時，則在前兩屆中亦有此可能。國人不反對蔣氏任總統於前兩屆，而為何要在今天反對他的再度連任呢？』

我現在要告訴從龍之輩：國人之所以前贊成後反對，乃是因了此一時也彼一時；此中的道理你們知道得最清楚，不過明知故問而已。老實說，假定今天蔣氏不再連任時，則在台灣的政要中，更確定一點說，在國民黨的政要中，至少還可以找到一個或一個以上的，在反共上國人可以信得過的人物。但再過幾年之後，等從龍之輩的工作已經成熟了，則蔣氏若不幸捨國人而去時，則所留下的局面就不堪設想了。為了使台灣免於暴亂，乃是國人所以阻蔣氏再度連任的第二個主要原因。

（三）阻止「父傳子繼」的極端開倒車的政治之出現於中國。孫中山先生生平最大的貢獻，是推翻幾千年來中國傳統的帝王政治，並提示了一幅平民政治的美景。近幾年來，從事民主運動者，儘管有人不贊成「三民主義」和「五權憲法」之類的東西，但對中山先生所提示之理想，都是任何民主運動者所一致讚揚的。幾十年來，從事民主運動者，儘管多反對民國十三年改組後之國民黨，但孫中山先生個人，卻無人不敬佩的。人們之所以如此者，原因甚為簡單：因為孫中山先生一生表現了大公無私之故也。中山先生生平，一聽到皇帝就頭疼；自俄國「十月革命」以來的，特別是近年來的被奴役者，最痛恨極權主義，而中山先生則生平最痛恨皇帝，更確切一點說，他生平最痛恨「父傳子繼」的政治，或者說他最痛恨一姓一氏的政治。當年他把「大總統」的位置讓給袁世凱，並不認為是一件嚴重的事情，但若袁氏繼續住在北平，卻使他惴惴不安。原因是北平的帝王氣味太重，若袁世凱在北平久任下去，難免不漸漸地走上背叛革命之途；更確切一點說，即是袁氏難免不試圖恢復中國傳統之父傳子繼的罪惡政治。當時中山先生的顧慮確非多餘，後來袁世凱果然要把他的權力傳給他的兒子。這是使中山先生最痛心的。

中山先生在實際政治上雖從未統一過全國，但他在晚年卻一直享受着全國最高的榮譽；而其所掌握之實際政治權力至常常統轄着一方。但擁有那樣名位和權力的孫中山先生，卻從來沒有給他的獨子孫科氏以重要權力。因為首先中山先生就根本不能相信孫科有何治事之才能；其次，即使後者有相當才能，但中山先生在其極端痛恨父傳子繼政治的心情下，亦決不肯「內舉」他的兒子。因此，我們看到中山先生一生但信任胡漢民、廖仲凱、陳英士、居覺生、以及後來的許崇智、蔣介石等異姓同志，並且把權力交給他們，而對他的獨子孫哲生則不過視為一馬前小卒而已。

今天台北所掛的國號，是孫中山先生所創的「中華民國」；當權的黨是中山先生所創的國民黨；所標榜的政治理想是中山先生所創發的理想；蔣介石先生當年並曾受過中山先生的付託，而幾十年來，他也一直以中山先生的信徒自居，表示誓為中山先生的理想而奮鬥；但在這種種外表之下，十幾年來，由重慶而南京，由南京而台北，在國民黨現政權內，竟暗流着一種中山先生所最深惡痛絕的「父傳子繼」的政治。從龍之輩亦或者會說，所謂「父傳子繼」的政治，乃是反蔣者憑空製造的一種罪狀，其實際上根本無其事。因此我現在得指出：

第一、反封建，反極權和爭自由的中國人，並不一定反對蔣介石氏本人。因為在抗日戰爭期間，他曾經是民族英雄；人們和蔣氏之間有不能完全割斷的情意。但今天反極權、反封建的中國雖不一定反對蔣氏本人，但卻反對他的很多做法。到現在為止，我還不能完全相信，台灣所暗流的「父傳子繼」的政治，是蔣介石氏有意製造的；但假定他根本看不到這種暗流，或是看到了之後而不加制止，則因此而發生的一切不幸，他都不能辭其咎。

第二、十幾年來，國民黨現政權中是否暗流着一種「父傳子繼」的政治，從龍之輩知道得最清楚。試問，假定沒有這種強烈的暗流時，那麼，那位從來沒有對國家有何積極貢獻的蔣經國氏，何以能掌握今天如許龐大的權力呢？從龍之輩能答覆這個問題嗎？

今天國人所以積極阻止蔣氏再度連任者，另一個主要原因，是為蔣介石先生本人着想，而同時亦是為了國家着想。須知國人之反對蔣氏再度連任總統，並非反對蔣氏參加積極的反共工作，亦並非是反對蔣氏領導積極的反共工作；而事實上却是剛剛相反。國人所以反對蔣氏再度連任，剛剛是為了蔣氏能夠較有效地領導反共的工作。而假定蔣氏能走上一條較有效的路子，而參加積極的反共工作和領導積極的反共工作時，則對國家來說，自然亦是好的。至於蔣氏何以在不幹總統的情況下，而能較有效地參加和領導反共工作的問題，容到後文中「為蔣氏一籌」時當有較詳細的說明。這裏不贅了。

上述國人之所以普遍反對蔣氏再度連任的幾點重要原因，亦可以被視作對蔣氏的忠告。假定他不能接受這種忠告而必須要再度連任總統時，那麼，他就是甘冒變憲法為一文不值之危險，甘冒使台灣趨於暴亂的危險，甘冒使家天下的罪惡政治在中國復活的危險，以及甘冒失却良好的反共機會的危險。

中共農業增產的內幕

何雨文

一、農業增產的秘訣在「包產」

據中共說：大陸主要農產品數量在去年是番上加番的；糧食總產量達到七五〇〇億斤，比上年增長一倍；棉花總產量達到六六三八萬擔，比上年也增長了一倍。其它主要農作物產量比上年增長的百分比是：大豆二四，花生五六，油菜籽二四，甜菜九三，甘蔗三〇，烤煙一一五。

農業生產獲得如此高產豐收，原因何在呢？中共的宣傳，列出理由很多，例如「共產黨和毛主席的正確領導」，「建立公社後農民生產積極」，「許多農業生產改革——八字憲法的收效」等等。說得天花亂墜，頭腦清醒者聽了無法相信。

但是，作者為了探明眞相，曾經問過好多位最近來自大陸農村的人，他們異口同聲地說：農業增產的秘訣在「包產」。

「包產」使得農業生產如此高產豐收，這個秘訣，中共從來沒有宣傳過，而中共所宣傳的各種增產原因倒不是眞實的。

「包產」為什麼使農產品豐收呢？來自大陸農村的人這樣地作了解釋：鄉村幹部不顧實際情況，不經人民同意，硬性規定了「包產」數字。公社就根據此包產數字編定並實施農業生產收益分配方案，中共也根據此「包產」數字分派征購任務。收穫結果，因為「包產數字遠離實際情況，所以不會達到，甚至相差很遠。鄉村幹部先把征購任務超額完成了，再留下公社的生產費用和公積金、公益金等，餘下來才是農民的口糧和分派給農民的產品代價。因此之故，征購任務可以超額完成，公社財富可以按照計劃增加，而農民口糧缺乏，缺乏到三餐不繼，吃草根樹皮。都是受包產之害。」

二、農民不知農產量

作者最有興趣的，是大陸農產品究竟有否增加，增加了多少成？但是這個問題，作者所得到的是很失望的答案。

來自大陸農村的人說：「去年年成好，確有豐收，這樣的好年成，過去也有，但很少。豐收多少呢？我們不知道。因為阡陌消毀了，無法再和過去同樣的耕地面積產量比較。收穫的產品，由鄉村幹部秤、儲、運和計算收益，一般農民只能從幹部報告中得知產量有多少。不過，從收割時間，儲藏地點，運輸工具等推測，只有去年是比較豐收，但也只有去年才是豐收。」

三、中共今年將減低包產數字

農民不知眞實農產量，「包產」數字可以由鄉村幹部自由決定，不管實際生產情況如何，征購任務一定可以超額完成，公社費用一定可以充分獲得。這就是中共農業增產的秘訣。這個秘訣，到今年不能再用，至少是不能漫無限制地用下去。因此，今年中共農產品要減少，或者宣傳數字是另一回事，不過，今年可以有一個很好的減產藉口。

中共中央最高權威的理論與行動指導刋物——「紅旗」本年五月十期的第一篇文字是「包產一定要落實」。這充分表示去年「包產」沒有落實，並且嚴重到非由「紅旗」刋載文字來大聲疾呼，號召全黨和幹部糾正這個毛病。

去年「包產」情況怎樣呢？該文作者林一冉（此人不見經傳，但他是代表中共中央說話的）指出：「包產指標不應當是少數人坐在房子裏空想出來的。在確定時，決不能以願望作為根據，以感想代替實際，不能以為指標定得愈高愈好，不能把畝產在實際上只能達到五百斤的，定為一千斤，一千五百斤，甚至更多，實際上做不到。」

「包產」所以要落實，該文透露的意思，綜合起來是這樣：包產指標數字過份遠離實際，基層幹部和農民明明知道不會實現，失去信心，不會積極生產。雖然有超額部分獎給農民，但農民知道包產還不能完成，那裏還會再有超額部分呢？

包產不落實的現象不稍稍糾正，則增產數字愈大，剝奪農民口粮之量亦愈多，而征購和公社積累也根本不能完成了。

該文作者（代表中共中央）建議「包產」指標減低百分之二十、這正說明中共所謂增產乃是完全不確實的。

中共即將再度進行「空軍整風」

王簡

「整風」是毛澤東在延安時提出的一個名詞；其後，中共內部毛病百出，乃不斷的進行整風。於是所謂整風乃由整頓「文風」等三風而擴及於整頓各種風了。中共「空軍整風」曾於一九五八年進行過，最近，由於中共空軍在台灣海峽空戰中失利，遂又有再度進行整風之醞釀。

關於一九五八年度中共空軍整風的情形，海外各方向少報導。中共人民日報等亦少提及。僅中共「解放軍報」曾對此有所評述。而「解放軍報」是中共嚴禁出口的，所以，知道中共空軍曾進行整風的人不多。這裏摘錄一段「解放軍報」有關空軍整風的文字，以便了解中共所謂空軍整風是怎麼一回事。一九五八年六月十三日「解放軍報」說：

「空軍各部隊、學校乘雙反勝利之際，進行以調整內部關係為主的專題整改。已經進行完畢之單位，團結大為增進，中共中央認為這是『空軍在政治戰線和思想戰線上又一大豐收』。」

「空軍某些單位黨委委員之間長期存在不團結之事實：

「1.空軍某團黨委書記（政委）和一位常委（團長）從一九五六年就鬧不團結，兩人都有驕傲自滿，權威思想，互不服氣，遇事互不協商互不支持，嚴重影響黨委領導和各項工作的完成。

「2.某通訊團黨委委員之間，幾乎都有些意見，在黨委會討論問題時，常常誰也不服誰，最後雖然勉強作出決定，在貫徹中有些委員也常常以各種藉口推諉，其中副書記（團長）和一位委員（幹部處長）的不團結更為嚴重，兩人互相不願見面。

「許多單位在分析造成不團結的思想根源時，都一致認為它是資產階段思想殘餘在黨內的反映，如有的黨委書記和行政首長，在黨的會議上不能以普通黨委委員身份出現，不讓別人充份發表與自己不同的意見，而用類似命令方法來決定問題，又如不少黨委委員之間的不團結，是由生活上的小事情所引起的。『事不關己，高高掛起』，對於不利於黨的事情抱自由主義的態度。這些都是使一些單位不團結問題長期存在之原因。

「通過這次調整關係，使廣大黨員深切認識到維護黨的統一和團結是黨員的義務，認識到黨的團結是黨的生命，是黨的力量所在。今後必須加强黨內的思想教育，加强黨性修養，堅持批評和自我批評的原則，及時揭露及批判不團結的現象」。

計自去年度空軍整風結束以來，距今不過一年，但現在又再度醞釀空軍整風了。看來，這風是長期整不完的。

× × × × × × ×

大陸之窗

朱可夫式思想在中共內部滋長

·劉裕略·

朱可夫是二次大戰時蘇軍最高指揮官，也是赫魯曉夫登台前蘇聯的國防部長。後來受到赫魯曉夫的打擊而下野。據蘇聯官方正式公佈：朱可夫的罪狀是他輕視黨，想把蘇軍脫離共黨的控制，所以，本文所謂朱可夫式思想，便指的是軍隊帶兵官輕視黨，不甘心受共黨控制的那一類型思想。

這一類型思想，即朱可夫式思想，無疑是蘇聯及所有共黨政權最仇忌的。因為，共產黨人雖然處處強調黨與無產階級，但實際上，所有共黨政權無不依靠軍隊起家，試看世界上那一個共黨政權國家是憑選舉，而不是憑軍隊來統治？蘇聯如此，中共亦如此，所以，朱可夫式思想，不但為蘇聯共黨所仇忌，亦最為中共政權所仇忌。

論到共黨政權的崩潰，無論如何，它只有三種方式：一種是從外部給予衝擊，使其崩潰；一種是它內部尤其是軍隊發生變化；另一種則是上述二者同時發生，即一方面外部衝擊，另一方面又同時軍隊發生內變，要軍隊發生內變，則軍隊不可不先有反黨傾向。而朱可夫式思想則正是這種反黨傾向的根苗。

綜觀中共軍隊內部情形，現在，這種朱可夫式思想是相當普遍的。

中共解放軍機關報「解放軍報」去年六月十九日曾記述中共國防委員會副主席中共元帥羅榮桓於六月十八日在中共政治學院講話，說羅榮桓「在講話中還談到如何運用毛主席的著作，來解決軍隊的內部矛盾問題，他指出，我們必須堅決貫徹毛主席的建軍思想，反對教條主義和其他錯誤思想」。該報同時又記述另一共幹段文奎繼羅榮桓後講話說：「在現階段建軍中，又有人企圖否定我軍的黨委制度，政治制度和民主制度」。而這，都證明中共軍隊確有內部矛盾，確有人在反對黨委制度。

我們曉得，朱可夫就正是反對這種黨委制度的。

筆者仔細閱讀「解放軍報」，曾經在很多地方發現這種朱可夫式思想在流行，且流行到了下層。這裏，我再舉「解放軍報」所記述的一件事來看這個問題，這件事表面上雖然只是「政治指導員乘坐坦克的問題」，但這問題卻反映了朱可夫式思想在下層流行的實況。據「解放軍報」說：

「在某些軍種和兵種中，也還存在着一些類似的問題，例如：政治首長的戰鬥指揮地位，下達命令不要政治委員署名，軍事教材中沒有政治首長活動，把政治工作降為保障工作，戰術演習中體現不出黨委集體領導，以及政治工作等等尚未獲得妥善的解決。

「裝甲兵部隊指導員上車的過程，就是破教條主義，立獨創精神，反對純軍事觀點，堅持政治掛帥的過程。是兩種建軍思想的鬥爭過程。……過去幾年，他們只是和技術副連長在一起，跟着部隊後面跑，做些技術和物資保障工作，而對於戰鬥中的政治工作，幾乎無法進行。

「許光遠司令員說：政治指導員一定要上車。去年裝甲兵第四屆政工會議向政委仲華指示全體裝甲兵部隊普遍試行政治指導員上車，去年十一月又指示各部隊，連隊政治指導員必須同連長一同登車。」

我們讀過解放軍報上述報導之後，看見中共裝甲兵司令員許光遠也如此命令裝甲部隊，總以為政治指導員乘車的問題至少一定可以解決了。殊不知，部隊中仍堅持反對。「解放軍報」舉出他們的反對理由是：「一按照部隊的現行編制，指導員沒有專車用；二現代戰爭中通信網是很嚴密的，根本沒有指導員發話時機；三指導員上車會搞弄通信網，影響連長指揮，會破壞戰鬥形式；四在演習中給指導員抽調車參加演習，是形式主義。」以上四點理由，雖偏重技術，但都顯然是託詞，他們對政治指導員印象不好，他們內心不願政治指導員上車的情緒已經昭然若揭。而在最近幾年中，經過裝甲兵政治部的一再指示與乎裝甲兵司令員許光遠本人的命令，問題仍然不能解決，可見朱可夫式思想在中共軍隊內並不簡單，羅榮桓與段文奎的話是確有所指了。

西德通訊

科倫大學成立中華學會
留德同學主張企業精神

關於中華學會

遠音

有些德國學者，對於中國文化的熱愛，其熱愛程度之高確實是可驚的。遠在兩年前，西德科倫大學一羣熱愛中國文化，關心中國問題的德國教授與學生，就組織了一個中華學會。這一個學會不但邀請了現在西德留學的中國留學生參加，並且還通過了一個議案，規定該會副會長一職由中國人擔任。此外，更難得的，是還給予了中國會員以這種權利，即中國會員如有三分之二以上的人數對他們所選出的會長不贊成時，可由中國同學罷免該會長。由於中華學會對中國同學表現了這樣的尊重，所以，兩年來，中德同學不分賓主在各教授領導下，合作無間，異常融洽。從而，也就對中國文化的介紹與對中國問題的研討，作了最大的努力。

我們站在德國來看中國，顯然，今天的中國問題已經是世界上最引人注意的一個問題。對於這一個問題，今天的西德能有中華學會這樣一個學術團體來作介紹與分析，無疑，正是非常令人興奮的。

舉行中國問題演講會或討論會，是中華學會經常工作之一。這種演講會與討論會對介紹中國文化非常有效，因爲每次舉行這種演講會或討論會的時候，中華學會都要在各大報刊登告白，俾衆週知，同時，每次演講會或討論會的舉行，又總是假座科倫大學的課室或假座聯合國文教組的地址舉行的，地方既寬大，所以，每次參加的人都相當的多，參加的人不僅止該會的會員與科倫大學的學生，同時更有各階層的德國人民。因此，我們檢討該會的成績，可以說，它的影響已經不少。

在事實上，該會並無經費，一切開支全靠會員所繳會費支付。而它有此成績，實屬難能可貴。

成立新青年通訊社

在西德，中國留學生最近又成立了一個通訊社，名「新青年通訊社」。他們的主旨是「爲使同學們能夠互通聲息，互相了解各地情況」。至於他們的通訊工作，主要的是徵求各地同學的通訊稿件。其暫定的辦法如下：

一、來稿以同學動態，學府風光，風土人情爲主題，最多兩千字，最少一千字爲限。

二、來稿一經登出，酬謝稿費每篇二十馬克（約合二英鎊或五元美金）。

三、因編排關係，來稿可能刪改，不願者須先爲聲明。

四、來稿可用筆名發表，但須寫清楚眞姓名、地址，以免滙兌稿費時發生麻煩。又據該社說明，所有稿費，皆係中華學會中國會員捐贈云。

培養企業精神

「培養我們的企業精神」，這是現在西德留學的蕭光復同學提出的主張。蕭同學在七月份出版的「時事文摘」撰文說：「這些年來，外國電影有時總喜歡拉上和東方有關的故事，因此，免不了要湊幾幅頗富東方色彩的畫面，於是，我們隨時可以看到那擁塞着的一大堆，一大堆的貧窮人民，襤褸的衣着，卑下的表情，簡陋的房屋等等。東方啊！好像除了貧窮落後便沒有什麼了。這的確令人心酸。其實我們東方也有過黃金的歲月，特別是我們中國漢唐之際，「上國衣冠」那一種典雅的生活範式，還是當時西方所望塵莫及的呢！然而這些過去的繁榮已經逝去了，東方早已式微。我們不能以破落戶的心情幽幽的訴說那些「天寶遺事」，而是要面對這辛酸的事實去改變我們廣大人民的生活面貌，這除了對政治的改革要求，我們還需要一種開拓發展，披荊斬棘的企業精神。……。

在今天政治上的改革固屬第一重要，可是，緊跟着的如何去經營去管理去開拓發展……而是要有一股新的企業精神作基礎。……」

據說蕭同學這一主張，是最近因爲「時事文摘」需要出版經費，而到某中國餐館工作有所感而發的。蕭同學這一主張，現在頗受到中國留德同學的重視和研討。一般同學認爲要建設祖國的各種事業，大家是的確需要現代企業精神的。

越寮邊境重燃戰火（永珍通訊）

寮國叛軍部隊的活動，最近已引起國際廣泛的注意。由於在寮北和北越邊界戰事的激烈化，華府、倫敦，已把他們的目光從歐洲移到遠東這個山國來。

我在五月廿五日的一篇通訊中已經說過：那可能是大事，那可能是小事；一個國家解決一小部份抗命部隊，問題不會太大。但就背景來說，也許是引起東南亞戰爭的導火線。（那就是大事了！）

最近從北部邊省桑怒傳來的戰鬥消息，似乎給這個王都以不少的刺激。戰鬥的情況，大體上說是膠着。而僵持，並沒有什麼勝負可言。但戰鬥形成膠着狀態，問題已相當嚴重，因爲它反映出內情的複雜——這也即是我在上一封通訊中所說的，共產國際的背景。

當原來的「寮抗」軍在瓦瓶平原（鑾巴剌邦附近）被圍的時候，第一營已遵命繳械投降，只有第二營一個營，乘黑夜突圍逃走。王軍當啣尾窮追，由王城外圍而至川纘（一稱線欵），再由川纘循山脈而至桑怒。當叛軍抵達桑怒以前，他們都力避與王軍接觸，可是到達桑怒不久，竟紮下營地，與王軍正面作戰。

以王軍一個師的兵，解決叛軍一個營，本來應該不成問題的。可是現在竟至對陣作戰，戰局膠着。那就說明了叛軍已獲得增援。

毫無疑問的，這些增援，是來自北越。桑怒原是越共寮共以前所盤據的兩省之一（另一省是豐沙里），寮共部隊與越共共軍，原來亦是一而二、二而一的。當年越共入寮，編組了這一枝寮共部隊，其中不少是說寮語的越人，而現在的越共軍中，說寮語的人不在少數，他們就駐在隔幾個村莊的越境，隨時可以掛上寮共的番號，進入寮境與寮王軍作戰。

更使永珍震動的，是寮共部隊已有炮隊從事作戰。這些大炮，當然是新近從北越運到的。寮共軍當時輕裝逃走，只能帶一些輕武器，絕對沒有大炮帶去的。

至於共方所傳，謂寮國政府當局於二十七日扣留前寮共領袖蘇發努馮親王等之說，查與事實不符。蘇發努馮仍居永珍郊外，且曾簽名於政府勸令叛軍投降的文告中。他的眞正態度如何，可能是一個疑問。但被扣留却不是事實。原來政府是希望通過蘇發努馮的影響，促叛軍放下武器，平息國內的糾紛。但現在這種努力顯已無效，叛軍已放棄這些仍然留在永珍的他們以前的領袖，同時由於叛軍有時竟主動向王軍陣地攻擊，更証明他們已接受國際共黨的指揮。

國際共黨此一軍事挑釁行動，究竟僅爲催迫英蘇（日內瓦越南休戰會議兩個主席）恢復設置國際休戰監督委員會，抑是另有擴大侵略東南亞、嚮應柏林危機的企圖？這正是永珍當局所密切注視發展的。（七月卅日寄）

萬清

僑鄉近訊

粵共承認民食不足（廣東）

中共的「廣東省委」最近召開會議，檢討當前農村工作及經濟生活所存在的矛盾和危機等問題，據廣州日報報導，該會議亦承認：由於物資缺乏，以致人民的經濟生活發生困難。會議中指出：當前的困難，主要的是副食品不足，有不少日用品在市場上缺乏供應。會議中並分析副食品日感不足的原因，謂係由於省內廣大地區受到嚴重的洪水災害，既影響生產，復增加調運的困難。該會議並決定採取「五抓」政策，以資應付。所謂「五抓」就是：抓肥料，抓季節，抓落後，抓防旱，抓勞動力安排。據謂洪水過後，常會發生旱災，而秋旱之後，跟着會有蟲害，故要預早抓防旱，抓勞動力安排。

發掘古墓劫掠死人（四川）

中共經濟瀕於崩潰，在羅掘俱窮下，刻正大舉掘發歷史性的陵墓，刼取墓中古董和寶物。據悉：長江流域附近一帶的陵墓被掘發達二百多穴，刼取古物珠寶一大批；其中僅在四川掘發的唐代古墓，就有五十多座，戰國到明代的古墓，也有十五座，另在鄖縣的漢代古墓，則有六十三座，在湖北均縣丹江口的東漢古墓，亦有兩座。中共將刼取自各古墓中的寶物，秘密運往蘇聯，交換戰爭物質；此種不擇手段的備戰陰謀，大陸上的尾巴黨派人士，亦深表不滿。

每天配米二市兩（梅縣）

澳門僑胞林懷仁（電器技工），近接其故鄉梅縣鄉親來信，縷述鄉中苦況，署云：「……現在各公社均已陷入極度緊張的階段，每天每人只吃米二市兩，附配小甘薯乾充饑，刻已計劃配發另一種「新青菜」，而這種所謂「新青菜」，其實就是在山頭叢生的野草。至於肥皂、火柴、生油火水、蠟燭等日用品，則在四個月前早已斷絕供應。鄉中叔伯兄弟，多因營養不足而患上脚腫或脚軟病，共幹更殘酷地指爲缺乏勞動力而加以歧視，配予的食品更少，這無異把他們再推近一步鬼門關！……」

早稻失收百分之七十（粵省）

今年粵省早稻，全面失收！失收原因，半屬天災，半屬人禍。天災方面最主要的是洪水和害蟲；人禍方面，就是中共所妄自推行的「北粳南植」，「小株密植」，「撒種直播」，及「提早春耕」，造成農業生產的嚴重損失！據悉：早稻栽種面積，共達二千八百萬畝，而失收、歉收的耕地，則幾達二千萬畝，佔播種面積百分之七十以上，失收程度，至爲驚人！根據最近中共南方日報及中國新聞社所報導，亦直接或間接承認這一災害的事實。

縮減行政經費（廣東）

粵省中共自今年來，農工商各業，生產日益衰落，嚴重影響財政收入，加以爲了執行「統戰」工作，經常舉辦只有支出而無收入的各種活動，地方支出亦隨之遞增，再加以各級幹部深染官僚氣習，競相浪費，因此行政費用，普遍出現「寅食卯糧」的現象。該省爲此遂訂下三大原則，指示屬下機關大搞所謂「節約行政經費運動」，藉以彌補財政赤字。該三大原則爲：一、可不買就不買；二、可修補就修補；三、可不支銷就不支銷。

公社全面失敗（粵中）

據最近曾經分別返過南海、番禺、台山、順德、中山等縣探親的澳門僑胞談稱：鄉中許多公社，目前已陷於混亂狀態，也有不少基層共幹，不滿中共的極權暴政而暗與反共鄉民站在一起。又據有關方面的可靠報導：廣東十二個受水災縣份的人民公社，目前已有百分之四十無形中解體；災民爲了自救，各尋生路；公社食糧荒缺，停止開飯；生產隊的活動，將完全停頓。非受水災的縣份，各公社社務亦非常混亂，糧食、資金、肥料、種籽等，都十分缺乏；社內共幹，貪污舞弊之風熾；各成員則對生產採取消極放任態度；——上述情形，可以說是人民公社全面失敗的前奏。

江水

女子的腳

趙聰

剛寫下這麼四個字，不速的野馬可不是「野馬傳」中的女主人翁，他是我的男朋友，但他却有像牟蕭俠小姐那樣的野勁兒，因此自讀了「野馬傳」之後，我便管他叫野馬——突然闖進來：「這是題目？」

「嗯。」

「多無聊！我看你還是愛惜點筆墨吧！」

「野馬，你哪裏知道？×先生要我給他編的那刊物上寫點東西，我當時滿應滿許，誰知思索了幾天，竟然想題目不出。野馬，你想，如今世事變幻莫測，一切出乎意料，就是孔明生當今世，今天說了，明天也得自打自己的嘴巴，何況在下？所以想來想去，眞感無啥可寫。不見咱們國家的修憲問題嗎？元首反對修憲，但却不聲明不連任，然而連任又非修憲不可，不修憲就不能連任。與論呢，有贊成元首反對修憲主張者，有擁護元首連任者；反對修憲自亦反對連任，擁護連任自亦贊成修憲；究竟哪一種與論對元首有利有害，對國家有利有害，我已越搞越糊塗，野馬，你說對此我能寫啥？不見——」

「算了，算了，這樣說下去，可還有個頭兒？不過儘管沒的可寫，也不能寫『女子的腳』呀，那多無聊！莫非又發你那『女子之美莫過於女子之腳，女子之腳美莫過於女子之腳蹠』的謬論嗎？」

「動不動就是謬論，眞無愧爲野馬！須知腳與頭同等重要，從前誇獎女人，每說『頭上腳下，乾淨俐落』，人們談女人，也都是『品頭論足』；男人看女人，先看頭，次之則及於腳，女人看女人反是，先看腳，次之始及於頭。若叫我說，頭腳當不能同日而語，腳比頭更重要。」

「何以証之？」

「夏娃是女人吧？當她被蛇引誘。吃了禁果之後，上帝下了判決書，對蛇說，『我又叫你和女人彼此爲仇，你的後裔和女人的後裔，也彼此爲仇，女人的後裔要傷你的頭，你要傷她的腳跟！』此見創世紀，可見女人的腳跟，是她最重要的所在，其證一。」

「我又不信上帝，此證不足服我」

「那麼，找個你知道的例証吧。你在×大是讀國文的，不會沒讀過戰國策吧，當年趙威后把她的掌上明珠嫁到燕國，母女分別時，趙威后兩手抓着她女兒的腳後跟哭，却沒有摸她的頭。其證二。」

「這種陳穀爛芝蔴，雖然讀過，而今也忘了。就算果有其事，你兩個例子，只證明女子的腳重要，重要却不是美呀！」

「重要雖不就是美，但重要的却就是美麗的。不必遠取證，就拿你野馬來說吧，你會說你的太太對你太重要了，在你的生命中不可須臾沒有她，然而她也是你這個情人眼中的美麗西施呢！至於女子的腳美，我另有証明。」

「別胡扯咱家！快說！」

「中國文學描寫女人的美，大都重視女人的腳，『步步生蓮花』、『六寸圓膚』這都太俗，舉幾句雅的，如曹植洛神賦：『陵波微步，羅襪生塵』，李後主菩薩蠻：『剗襪步香階，手提金縷鞋』，如此類者不勝枚舉。至於寫女人的頭的多在髮與面上用功夫，而髮與面皆非頭之本身也；何況寫頭皆靜而死之美，非如寫腳生而動之美也；如寫頭動，則昂首、搖頭、擺腦，正女子之醜，而『花深深，一鉤羅襪行花陰』，則是多麼動人的一幅畫圖。日本某文豪——恕我忘其名，寫過一篇『富美子的腳』，極有名，却沒讀過有寫某女子的頭的文章。從前有位姚君，專研究女人的腳，出過『靈犀集』數巨冊，是古今第一部材料豐富的專著，却沒聽說有人專研究女人的頭出過巨著的——」

「別囉唆了吧，哼，女人的腳，無聊，無聊，一百個無聊！」

「無聊？什麼有聊！寫文章，宇宙之大，蒼蠅之微，都是好材料，可以等量齊觀。那麼談女人的腳，和談修憲與連任，又有什麼不同？總之，寫文章而已，寫得縱好，頭頭是道，到了眞正修憲和連任的時候，誰還理你的文章？如此說來，又何若舍彼而取此，談談女人的腳呢？其實我寫下這題目時，已經想出了點什麼新奇玩意兒，好比當年某名女人的絲襪多少美元一對之類，不幸叫你這野馬闖進來，打散了我的煙士披里純，眞是野馬！」

誰知野馬眞拿出他的野馬性兒，強迫我請他吃飯，拽着我的袖子就走：「管他什麼修憲連任女子的腳，塡飽了肚皮再講！「建國之首，要在民生；野馬眞國父信徒也，我又烏敢違抗！於是乎放棄女子的腳，不談也罷。

勸阻

李樵耘

慢慢的舉起你的手，
輕輕的撫摩着我的傷口，
你的淚水汩汩流下，
滋潤着我的創痕。

×　×

軟語柔聲訴說着別離後的痛苦，
別再爲那虛無縹緲的眞理奔走，
你瞧瞧孩子們的面黃消瘦，
還要忍心東飄西竄？

×　×

我輕輕推開你的雙手，
內心有說不盡的哀愁，
溫柔鄉如是值得留戀，
那遍野哀鴻待誰去拯救？

家信

早上，正當我聚精會神地朗讀着英文的時候，忽然從門外傳來「收信」的叫聲，這一叫聲立刻打斷了我原來集中在書本上的注意力。信是哥哥從鄉裏寄來的：

「…………目前，我們是在飢餓中掙扎着，我們根本不敢想像後天或明天；每人每天只配得一兩半米，爲了充飢，只得跑到山上去搜野果，挖樹根；我們之中不是骨瘦如柴就是身體浮腫，由於媽媽年紀較老，身體顯得更加衰弱，手面呈現浮腫，我眞爲慈親的健康担憂，我很知道你在港目前的生活也不好，但爲了挽救媽媽，望你也想想辦法吧……」我把這信從頭讀完後。漸漸覺得眼前發黑，頭腦有點麻木。我再不願去理會放在桌上的書，也不願想別的事，只是拿着信，隨便躺在床上，眼睛老是盯在信紙上，似乎要看多幾次才能明白，但眼前只覺黑斑斑的一團，漸漸地，黑影幻成了熟識的村門，一條用大麻石砌成的小巷，一幢紅磚砌成的大屋；俯在書桌上的哥哥，坐在大門前正爲我們縫衣的母親，由於爸爸要到數里外的墟鎮去掌理生意，所以很少回家，家裏的一切全由媽媽料理，教養我們兄弟的責任也落在她的身上了。媽媽不但未曾與鄰居有過爭吵，就是聽到別人相吵她也害怕；她不輕易拿打來對付我們的，就算有時我們太過淘氣把她激怒，也不過受到一頓嚴厲的教訓。「媽媽，有飯吃了嗎？眞餓呀！」我差點這樣叫出來，可是定神一看，却見不到慈祥的母親，擺在眼前的也不是紅磚砌成的寬敞的房間，正是自己一個人，獨躺在一個小得可憐的「籠子」裏，這時才醒覺剛才自己的靈魂在遠遊，思想在回憶。

九年前，我第一次離開家裏到省城讀書的時候，臨別前還含着滿眶熱淚才離開媽媽的。第一個暑假，我正想回鄉見見隔別了一年的媽媽，但是駭人的消息就在這時傳來，爸爸從鄉裏一連寄來了幾封信，他在信裏說出家庭已被封鎖，已被「鬥爭」，家庭前途莫測，親人的生命危在旦夕。此後，也沒有接到爸爸的來信，回家去見媽媽一事也成了泡影，從此我過着孤單的生活，幸福的童年就此完結。至今，九年了，我永遠不能再見到爸爸了，母親也只有在沉思的時候凝聚出她的體貌。

媽媽，倘若我現在能見到您的話，我害怕不能把您辨認出來，您一定不再像九年前那樣了，因爲你曾被放進糞坑裏，被迫跪在玻璃片上……您的面頰上不只添上了密密的紋，而且還有深深的痕疤，身體那麼消瘦，眼光是何等慘淡；現在，手面又浮腫了，我眞害怕，恐怕永遠不能見到你了，媽媽，我要哭，我要放聲大哭！

（香港聯合書院）方直舟

關於「純詩」

謝世清

「要治中國現在文壇審美薄弱和創作粗糙的弊病，我覺得有提倡 Poesie Pure 的必要。」三十多年前，王獨清寄穆木天、鄭伯奇的信中，於談及詩藝時，就曾這樣說過。他在此處所提出的當時文壇的弊病——審美薄弱和創作粗糙，直到如今，依然是一個值得重視的問題。因此，我想在這篇短文中對所謂『純詩』（Poesie Pure）此一名稱略爲闡明一下。

何謂『純詩』？梁宗岱認爲是「屏棄一切客觀的寫景、敘事、說理以至感傷的情調，而純粹憑藉那構成它的形體的元素——音韻和色彩——產生一種符咒似的暗示力，以喚起我們感官與想像的感應，而超度我們的靈魂到一種神遊物表的光明極樂的境域。」由此，我們不難知道『純詩』的固有存在理由，實在於它本身的音韻和色彩的密切混和，這就是法國象徵主義所標榜的『音畫』（Klougm-alerei）的技巧，亦即波特萊爾（Charles Boudaire）之所謂『交感』（Correspondence），從而使到目所能見的世界與目不能見的世界、物質界與性靈界、有限的世界與無限的世界相互感應。故此，『純詩』實導源於十九世紀的法國詩壇，其濫觴者爲波特萊爾，經象徵派大師馬拉美（Stephane Mallarme）之奠基，至梵樂希（Paul Valery）而登峯造極。

如上所述，『純詩』之盛行實得力於法國象徵派在倡導所致。故其特質，乃在探求一個較諸現世更爲純粹的絕對獨立與絕對自由的不朽的宇宙；因爲，這『不朽的宇宙』，正是象徵派詩人們所企圖表達的一種微妙的心靈狀態，即是波特萊爾所謂的「歌唱心靈與官能的狂熱」的雙重感應——形體俱釋的陶醉與一念常明的徹悟。故梁宗岱認爲「一切的詩都是直接訴諸我們的整體——靈與肉，心靈與官能的。」因爲「它不獨要使我們得到美感的悅樂，並且要指引我們去參悟宇宙人生的奧義。而所謂參悟，又不獨間接解釋給我們的理智而已，並且要直接訴諸我們的感覺和想像，使我們全人格都受它感化與陶鎔。」（俱見梁氏著『詩與眞』一書中）這和王獨清所說的一樣：「詩、作者不要爲作而作，須爲感覺而作（Ecrire pour Sentir）；讀者也不要爲讀而讀，須爲感覺而讀（Lire pour Sentir）。」（見『譚詩』一文，載『獨清文藝論集』）假如作者能夠爲感覺而作，讀者能夠爲感覺而讀的話，彼此之間，才能沉酣於『不可認識』（Inconisissoble）的境界和『沒有意識』（Inconisient）的感覺——此非科學家所能解釋的的一種帶有神秘性質的幽玄矇矓的內在世界。

『純詩』的提倡者梵樂希曾經這樣說過：「詩應當從束縛、奮鬥與勝利中產生出來。」何以故？蓋「詩的靈魂並非情感，乃是智慧；詩所欲表現的不是色、香、味、聲、形，而是思想；此種思想並非普通文字所能形容，實由訴諸直覺所致。是故，純粹詩應來自純粹的直覺和純粹的思想。」基於此，詩人必須在情感與觀念中，不斷地磨鍊到辨清不出音韻和色彩的地步；易言之，能入之於詩者，皆非散文所能表達的成分。這樣一來，才能把詩提鍊成最精簡的語言。

從上面所述看來，『純詩』實在是詩的最高境界。——一方面，它能提高我們的審美觀念；他方面，它能凝鍊我們的創作結晶。無論如何，我認爲這是一件值得提倡的事。

記張蔭桓

·舜生·

說到翁同龢的一點改革思想，與其說他是得力於康有爲的幾本書，或和康幾度的接談，毋寧說他是得力於他的老同事張蔭桓較爲妥當。康的新知是得自當時若干僅有的譯本，以及若干在他以前而主張改革者的先驅（例如馮桂芬、鄭應觀、王韜、薛福成、湯震、邵作舟、馬建忠、黃遵憲、何啓、胡禮垣、陳虬、陳熾等等），再加上他自己從中國舊籍中得到的一些悟解。因爲他的文字特別有力，又敢作主張，因此他才成了維新派的領袖。實際他對外國的了解，並不如那般到過外國或正式受過外國教育的人來得眞切。張蔭桓曾居外國多年，且曾遊歷歐美各國，以他的聞見種種，常向翁同龢等談及，証實中國在許多方面，遠不如外國，翁自不能不信，於是翁也就隱然成了維新的領導人物了。戊戌維新的前夕，慈禧以及她所領導的一大羣頑固分子，以痛恨光緒之故，不能不去翁，翁去而張無可倖免，自屬一必然的趨勢。

本來，張蔭桓之爲人，充其量也不過是當時一個比較能幹的新官僚而已，其目的在做官，對慈禧和光緒，原無所謂左右袒，可是他自身的弱點不少：一、恃才傲物。他不是由科甲出身，因而爲科甲中人所看不起，而且隨時都想找題目排擠他，因此他來一個反動，對那些雖由科甲出身而並無知識的人，也就不放在眼中，這是他遭忌的一個最基本的原因。二、他的生活很豪華，而且歡喜鬧洋派。翁同龢在光緒十六年九月二十八的日記說：『張樵野請吃洋菜，甚可口。又送電氣匣治臂病，試之。』這正是他由美國回來以後的事。又翁記光緒二十三年十二月二十一的一條說：『樵野招至總署觀燈影戲，不過如走馬燈耳，內五星日月蝕爲奇。』這便是他赴英充賀使以後的事。光緒二十三年是1897，翁所看的這種『燈影戲』究竟是初期的電影，還僅僅只是一種幻燈片子，我便不敢斷言。張不僅鬧洋派，而且還愛鬧名士派，他晚年能寫很好的文字，能做詩，也能畫幾筆，他所收藏的名畫，單講王石谷的山水，便在百幅以上，他有一個書齋號『百石齋』，便是由此而來。這個時候的北京，像徐桐那樣守舊而又痛恨洋派的人，正爲慈禧所禮遇，蔭桓之不能見容於此輩，夫豈偶然。三、蔭桓似乎是相當的歡喜錢，不像上面所舉他那種生活，自亦非有錢莫辦。又他所供職的戶部和總理衙門，都是當時比較容易找錢的機關，因此他屢被王鵬運胡學宸等所彈劾。魏元曠所撰的『光宜僉載』有一條說：

『張蔭桓早貧無賴，後附諸名士致通顯，官戶部侍郎兼總理各國事務衙門大臣。存金華俄銀行，立摺外復存一照片，人照不符，雖有摺不得取；人符照，無摺亦不得取；所約，家人不知也。戊戌政變，其子壻徵慮及禍，先竊其摺歸粵，不及蔭桓遣戍，速壻徵不至，恨而就道。既行，壻徵潛以摺至，行出照與約示之，始知其父所爲之密，然無如何。蔭桓既戮，其金遂爲華俄銀行有矣。……』

這一段記載，我無法肯定說一定正確，但也不能舉出反證說一定不正確，總之，蔭桓是一個富有才氣而持身則不甚謹嚴的人，處在那樣一個多猜忌而又新舊水火的朝廷，其召致殺身之禍，雖說是時代使然，但也不能說他毫無自取之咎。

此外尚有一事，也值得補述：當光緒二十三年蔭桓使英歸國之際，曾於巴黎拍賣行購得貴重紅綠帽花兩枚，鑽石手鐲兩副，分獻慈禧與光緒帝。帽花綠者最貴，以獻慈禧；紅者次之，以獻帝。但此時清宮定例，凡送禮與太后及皇帝者，必須通過總管太監李蓮英，因此必另備一份送李，因始得圓滿達成貢獻之目的。此次張所獻者，於李獨付闕如，李銜之次骨，於太后前就紅綠寶石謂張強生分別。蓋通俗嫡庶衣飾，以紅綠爲區別，正室可着紅裙，而妾媵只能用綠，太后以出身西宮，對嫡庶之分極爲耿耿，一聞李言，不覺老羞成怒，立命將兩份禮物，一律發還。不久張即以借欵事被參，幾獲重譴，此與政變時之得罪雖屬兩事，但不得謂無關係也。（按此事『庚子西狩叢談』及『驛舍探幽錄』均有紀載，惟詳畧不同，可見當時宮廷黑暗一斑也。）

（四）

國共和談本末（四）

司馬健

復次，介石下野時，嘗飭原守湖口一線之嫡系精銳湯恩伯部撤歸滬郊，劉汝明之疲師入守皖南；以致長江自田家鎮以東，蕪湖以西，頓成眞空；蔣系桂系，秦越如此；長江聯防，不攻自破；而武漢之第三決議，更絕望矣。

又德鄰代行總統文告，本蔣幕代庖；其辭曰：「總統蔣公軫念國家之艱危，顧恤人民之痛苦，促成和平之早日實現，决然引退。宗仁依據中華民國憲法第四十九條之規定，代行總統職權。自揣庸愚，膺茲重任，曷勝惶恐！惟是宗仁追隨總統致力革命二十餘年，深知其處事持躬，悉以國家人民爲重，而對於個人之進退出處，嚴謹光明。心志既決，不可移易。宗仁仰承督責，不容辭謝。惟有黽勉從事，効忠國家；使中樞之政務不墜，而總統救國救民之志業有成。所望我全體軍民抒誠合作，文武官吏各安職守；精誠團結，一德同心；本和平建國之方針，爲民主自由而努力。國家民族，實利賴之。」德鄰覽之殊不平。幕客某因進說曰：「此等文告，特和尚傳衣鉢語耳！公肇躋大位，身任艱危；允宜博採輿情，樹之風聲；立以雄文碩畫，昭告天下；於以鼓舞人心，奮發士氣；示敵人以不可侮，而大義之有所歸；事乃庶幾克濟。乃今登台伊始，文告皇皇，亟猥承步趨蔣氏，人孰知非公本懷耶？必且爲共方齒冷，通國寒心耳！尙何和談之足云？不速補救，公事去矣！」德鄰以爲然。因之，一月二十三日遂有傾動朝野之倡和文告及七項主張之發表。七項主張者，一曰、取消戡亂法令；二曰、取消非戰地區戒嚴令；三曰、取消戡亂建國總隊；四曰、取消特種刑事條例及各地特種刑事法庭；五曰、取消特務組織；六曰、准許因犯戡亂法令封禁之報紙雜誌復刊；七曰、釋放張學良、楊虎城及一切政治犯。

此等措施，驟視之，固若一反介石成規，不留餘地；實則乃當時輿論之所向，而打破和平殭局，兼杜共方口實不得不有之步驟；此種步驟，德鄰幕客至名之曰「掃清和平障礙」，而皆莫逆於心。蓋自三十八年元旦介石發表有條件之探和文告以來，共方反應迄不佳。一月十五日，爲委卸拒和責任，至更以反建議之方式，發表所謂與「南京國民黨反動政府及其他任何國民黨地方政府與軍事集團」談判和平之八原則。八原則者：一曰、懲辦戰犯；二曰、廢除「僞憲法」；三曰、廢除「僞法統」；四曰、依據民主原則改編軍隊；五曰、沒收官僚資本；六曰、改革土地制度；七曰、廢除賣國條約；八曰、召開無反動分子參加之政治協商會議。質言之：其時共方既係勝利者，故其決策乃以局部和平粉碎整個和平，亦即以和平粉碎和平，而以和平爲陷阱，與政府「備戰謀和」之主謀殆如出一轍，初非有意於與國民黨當局談判和平也。至其時輿論渴求和平如火如荼之情致，則盧郁文與總統府秘書長吳忠信之辯論，可見一斑。盧郁文者，初爲經濟部參事，繼爲立法委員，與共方固無任何淵源者也。一月十七日，忽謂忠信曰：「立院同人僉主依共方八原則，立即進行和平談判。」忠信曰：「共方條件太苛，委實難於接受。」曰：「請問何條難於接受？如吾人依國民立場，實覺無一條不能接受。」曰：「如第一條懲辦戰犯，即不特無法接受，且無異先閉和平之門；其無和平誠意可想。」曰：「單方原則非雙方協定可比，自有修改餘地。且觀此條用意，無非暗示請蔣總統下野而已；實可謂正其誠意之表現。否則，毛澤東讀元旦文告後，正可與蔣總統開一玩笑曰：『和平可以，然必公先下野而後可。』如是則不特證實共方無和平誠意，即蔣總統亦眞無法下野矣；以下野出之共方一言，殊失總統威信故也。」曰：「四國斡旋和平覆文未到，具體談判及總統出處，此時提出，未免尙早。」曰：「愚意事勢昭然明白，殊無等待必要。設四國覆文之來，對於總統下野，或採模稜暗示，或作迂迴表示，豈非後時失機，轉貽總統盛德之累？故願吳秘書長仍將此意轉陳總統，善爲說辭。」曰：「然則吾以此爲立法院之意轉陳，可乎？」曰：「但求事實有補，任何方式均可；即謂此乃盧某之意，亦無不可。」輿情所向既如此，共方態度復如彼，是皆介石所不願聞，而德鄰所不能不聞，抑尤必進而思有以因勢而利導之者。於是德鄰不特已自居爐火之上，寖且與介石彼此疑心暗鬼，相尅相忌，愈演愈烈，終如水火之不相容矣。

去京有序

徐亮之

民國三十八年四月、國共和談破裂；二十三日余由京飛桂，時正風橫雨驟，陰雲瀰空；過洞庭，始見湘流如帶；抵桂林，已夕陽在山矣。感賦長句。

春已將殘海已桑，秣陵風雨送雲航；
重重別緒憑誰訴？渺渺孤懷祇自傷！
國病遂無三折臂，湘流恰是九迴腸。
危城四月渾如夢，贏得南歸看夕陽。

己亥感事

徐亮之

百萬雄師去不歸，遺黎猶復望旌旂！
十年空擲追何及！一旅中興願恐違。
北國風高難夢遠，南都日暮正花飛。
此身已分羈塵老，莫怨傷多酒力微。

蝙蝠之神

西藏神話之二

劫餘

這不是神話，而是美國記者哈里遜的報告，載在美國「REAL」雜誌，但其神奇之處，也可作爲神話一例看。

西藏自從一九五一年被中共侵入以後，因爲男性的活佛已受到赤色思想的控制，有正義感的喇嘛僧都投一個女活佛身邊去，照藏語的譯音，她叫「阿剛」，是一個四十多歲的婦人，滿臉慈祥，但眉目間仍有一種威嚴流露。

這活佛，隱匿在深山中，幾百個僧侶無形中都變成了游擊隊。這座山峯拔海一萬五千尺，處境比原有的「金瓦寺」還凶險，假如有大炮飛機向她進勦，她馬上帶着所有信徒退守伏魔洞，那個洞有七八條支線，其深無比，充滿了吸血蝙蝠，沒有人敢追進去。

這次美國記者哈里遜慕名深入，晤見過她一次，還請她帶進古老的岩洞去。據他說，那座伏魔洞是漆黑無光的，到處白骨爨爨，有一種極細微的聲音在耳邊響着，如果燃亮了火把，就有一團團的黑影向着火光撲去，那些看不見的東西，其實就是蝙蝠，數以萬計，比麻鷹還大。

牠們看見了人就張牙舞爪的撲擊，給牠抓着馬上要喪命，人還沒有死，在十五分鐘內就全身血液都給牠們吸乾。這種蝙蝠只聽一個人的號令，那就是活佛「阿剛」。傳說她懂得蝙蝠的說話，當她想隱匿自己時，低聲說一句，立刻有幾百隻大蝙蝠用翅膀包圍着她全身，像一塊黑色的岩石。

當她蹤使蝙蝠向敵人進攻之際，牠們會展翼飛出，先行撲滅火光，再向人類的咽喉集體進攻，因爲牠們飛行迅速，聲響很低，極難找到準確的目標射擊，有手槍大炮亦無濟於事。洞內有幾十處地方會突然深陷的，女活佛就用這些天然的陷阱，誘惑追兵自投羅網，直到現在，全西藏都知道她的名字，並且深致信仰。

哈里遜說他在洞內放過六槍，打不死一隻蝙蝠，走出洞穴一看，原來的子彈還是好好的留在槍管裏，何以當時放槍會失效呢？他懷疑「阿剛」還有禁制別人的法術，在「REAL」雜誌叙述她時，稱她做「蝙蝠之神」。

復國抑守台

——與羅敦偉先生商榷一個問題——

岳騫

台北出版的政治評論第二卷第十期，載有羅敦偉先生一篇文章，題目為「以三事與左舜生先生商榷」，內容仍然是批評左先生以前發表的「搶救中華民國時間已經不多了」一文，羅先生大作語氣平和，態度誠懇，不失學者身分，與其他同一體裁的文字比較起來，羅先生的風度是值得佩服的。

羅文中所提出商榷的三點即：台灣進步實況，內閣制是非及六十年史實。其中二、三兩點牽涉的範圍太廣，非短文所能詳盡，不擬在此贅述，只就第一點而論，我覺得羅文頗有值得商榷之處，願提出就正於羅先生。

關於此點，羅先生為了答覆左文抨擊政府在台十年光陰輕輕斷送了一句話，舉出了台灣近十年來工農業進步情形及詳細數字，以證明十年光陰並未虛度。羅先生列舉的數字十分真確，海外人士對於政府遷台之後，工農業的進步繁榮也無人否認，幾曾見海外報紙對這件事提出過指責。尤其是軍事方面的進步，去年金門被炮轟數萬發，陣地屹然不搖，最近閩海空戰我空軍以一敵四的形勢獲得零比五的戰果，這都是鐵的事實，贏得舉世讚揚，海外人士又幾時說過一句閑話。

可是，政府若以保有台灣為已足，以中華民國的疆域也只限於台灣及金門、馬祖，那麼政府的進步可以使人們滿意了。問題就在於我們的目標是要光復大陸，消滅賣國殘民的共產黨，重建富強康樂的中華民國，照這個原則來批評，政府十年來的光陰的確虛度了。

十年來政府最少失掉了三個反攻大陸的必勝機會，第一次是韓戰，第二次是鳴放，第三次是毛澤東搞人民公社失敗以致造成目前不可挽救的天災人禍。但是，政府對這三次時機均未抓住，只是靜靜的看着它溜去。

中共的統治已達日暮窮途之境，今後反攻的機會將愈來愈多，但是政府本身究竟作了什麼準備，實不能使人無疑，就以那個以國大代表為骨幹組成的光復大陸設計委員會來說，成立也有幾年歷史，設計出來什麼方案，從來未見明文公佈過，那些設計委員們對於大陸情形又了解多少，也有待事實證明，假定設計委員們都是高才碩學，洞燭敵情，所設計出來的光復大陸政策又都能針對時弊，而政府遷延不反攻也就失去時效了，因為共產黨的政制是時刻變的，設計委員們所設計的政策是針對農業合作化的，一改為人民公社就等於廢紙了。

羅先生身在台灣，又比較接近政府，請羅先生就所知道的真實的答覆一個問題，光復大陸設計委員會所設計出來的方案，有沒有一件可行的；一旦大軍渡海反攻，光復了一省兩省地區，台灣目前儲備的人才，能担任省主席的自然大有人在，當廳處長的也還不虞匱乏，縣以下的幹部究竟有多少，是否敷用一省兩省假若沒有足夠人才控制，整個大陸又將如何，軍事雖然可以獲得勝利，也會被政治拖跨，大陸陷落的往事，記憶猶新，只要大家不故意點綴昇平，肯脚踏實地來檢討一下，相信任何人都會感到憂心忡忡的。是不是反共陣營沒有人才呢？當然不是的，當大陸陷落之初，成千成萬的人冒死逃出共區，第一步奔來港澳，第二步打算投向台灣，但是政府却拒之於千里之外，後來雖然有一部分人以得入台，大部分依然在各地流浪，會經指揮過幾萬雄兵的將軍改行去繡花，去當苦力，學有專長的大學敎授到飯店去洗碗，這應該是中國歷史上空前的人才大浪費，責任自然要政府負起。目前海外的人才多散四方，台灣的人才也日益凋零，十年來政府究竟造就出多少有用之才，僅僅參養起一批官僚政客，給以某某委員的榮衛，月支乾薪多少元，算是培養人才嗎？假若這些是人才，大陸何至於斷送？

從整個反共復國的國策上來看，政府十多年來本有許多可為之機，竟而輕輕失掉，這不是左先生一個人的意見，而是絕大部分中國人的看法，相信羅先生也應有同感的。

筆者對於羅先生大文特別感到遺憾的是最後幾句：「香港這地方，為毛共統戰基地，真不宜久住，希望左先生回台北來，大家對國事從長計議。」我不敢以不肖之心待羅先生，斷定羅先生這一段的意義隱約是指左先生此次所發表文字是受了統戰分子的影響，但是却可以指出羅先生過於高估了毛共的統戰成就。不錯香港是毛共的統戰基地，毛共為了爭取反共人士也確實費了很大的力氣，但是十年來的成績，惟一可說的是統回去一個衛立煌，共次就是民國四十五年曾以三千元一頭的身價，收買了幾頭豬仔，自稱是香港文化界代表到北平觀過一次光，但是這批豬仔回來之後，馬上變成了瘟神，至親好友一概與之斷絕來往，這批「人」今天已經後悔不迭，後來的也沒有人敢再嘗試了。

毛共統戰還有一次精采傑作就是望門造左先生的謠說，左先生贊成和平，馬上被左先生起而反駁，指名道姓罵得一聲不響，由這些地方可以看出，海外從事自由民主運動的文化界人士，決不怕毛共的統戰攻勢，而且我們也認定要發揮筆桿反共的功用，最好還是在香港，只有身臨第一線開鎗，才能命中敵人的要害，不但左先生不必回去，我們還希望當代在台的幾支健筆如羅先生、鄭學稼先生、胡秋原先生、徐佛觀先生都到海外來參加對毛的宣傳戰，不知羅先生以為如何？

中共軍事體制的問題商討

金一鴻

一

半年前，周鯨文先生邀集了本港一部分比較對中共問題多注意一點的作家交換一下意見，當時在座的，除了周先生外，還有王厚生、樊仲云、何雨文、鄭竹園、金達凱、孫寶毅諸兄和筆者。座談之後，何雨文兄忽然提出了兩個問題和筆者商討。

第一個問題是中共的總參謀部，訓練總監部，總後方勤務部，財務部，總政治部，武裝力量監察部。倒底隸屬何處？因為自從中共撤銷了「解放軍總司令部」之後，這些部，在明文上並沒有隸屬於「國防部」或「國防委員會」等字樣。

第二個問題是根據中共「中國人民解放軍軍官服役條例」第二十六條規定：「總參謀長，訓練總監部長，總後方勤務部長，財務部長，總政治部主任，總幹部部部長，經全國人民代表大會常務委員會決定，由中華人民共和國主席任免。」那末，它倒底由那一個機構出面提名？因為「總參謀長及各部長」，要「從人代會常委會決定」和「主席任免」，這與中共「國務院」的各部部長的「決定，任免」相同。但「國務院」的各部部長，是規定由「國務院總理」提名的，現在「總參謀長及各部長」既然規定由「常委會決定」，「主席任免」，可是並無指出由何機構提名，原因何在？

一九五九年七月二十日，「自由陣綫」第四十一卷第二期上發表了何雨文兄的「中共的軍事體制」一文。在這一文中，雨文兄對於上述兩個問題仍然沒有作出肯定的結論。承雨文兄不棄，又要筆者對這兩個問題表示一點意見。筆者不是軍人，同時，對於中共軍事問題也沒有什麼研究，可說是實足的門外漢。但是，由於雨文兄的深入研究的態度和盛意難却，因此，筆者也祇好不揣冒昧，提供一些看法，作為商討。

二

研究中共問題，對於中共許多特質，必須時時加以把握。第一，記得毛澤東會經透露過這樣的話：共產黨人有三大武器：一為馬克斯思想，二為紅軍，三為統戰。所以，就軍事角度來說，中共黨中央對於紅軍的控制是絕對不會放鬆的。至於形式與實質的統一，那是技術問題。第二個特質，由於辯證唯物論的存在，共產黨人的生活，一年到頭都是天天在「既團結又鬥爭」，「既矛盾又統一」的過程中的。因此，它黨內的派系鬥爭，人事角逐，誰也不會讓誰佔先。如果誰讓誰佔先，那末！讓先的人一定是會被佔先的人吃掉的。當然，共產黨人的特質很多，但就上述兩個問題來說，這兩個特質是主要的。

三

首先，照常理而論，中共的「總參謀部」以及「訓練總監部」，「政治部」等部，應該是隸屬於「國防部」的，因為「國防委員會」是一個決策機構，它不是實際任務的指揮部。至於中共「解放軍軍官條例」上沒有明定由何機構提名，就認為它不隸屬於「國防部」，似乎不宜斤斤拘泥於條文文字上的推敲。要知中共一向是沒有法的觀念的，例如這次中共「人民政府主席副主席」的改選，依據共憲第四十四條，第三十九條，第四十三條規定，明明「副主席」僅限於一人，而且在毛澤東「主席」任期內，「副主席」也僅朱德一人而已。可是這次改選的結果，中共又於董必武之外加了一個宋慶齡，但中共並沒有修憲。中共對於憲法尙且如此，違憲也幹，又何在乎這個區區的「軍官服役條例」？我們說它遺漏，不完整也可以，但似無影響於隸屬問題。此其一。

次，我們對於共產黨人的事情的看法，也不能過於正常化和書生氣，因為共產黨的做法，每每都是超出情理之外的。因此，我們對於上述這兩個問題，可以作這樣的假定：中共的「總參謀部」等部，乃是直屬於中共黨中央的「軍事委員會」，對「國防部」存在一條虛綫。可是，由於在明文上不好公然規定紅軍隸屬於黨，於是留下這個空隙。同時，如果明文規定由「國務院」提名的話：一則，紅軍也不成為黨軍了；二則，萬一「國務院總理」由於黨內人事鬥爭的白熱化，他根據條文上的規定，硬要提出他的嫡系人物上台，那時一定很難處理。固然，在人代會常委會議上可以否決，但這將會產生更大的裂痕，乃至於不可收拾，這是中共不得不加以預防的。可是，就技術而言，上述各部的人事，提出於人代會常委會的，一定是「國務院」無疑。不過，「國務院」這種提名權，乃是硬性根據中共黨中央「軍事委員會」的決定奉命行事而已。此其二。

三，從實例來看，例如去年七月「總後方勤務部」要向中共全軍發動一個除四害的衛生運動，結果由「國防部」批轉字樣，須給全軍。由於這一事實，它不僅說明了「總參謀部」等部是隸屬於「國防部」，而且是「國防部」的內部組織，不是獨立機構，照筆者的看法，它的系統似乎可如下表：

- 國防部
  - 武裝力量監察部
  - 總政治部
  - 總後方勤務部
  - 總參謀部
    - 技術勤務兵司令部
    - 防空兵司令部
    - 通訊兵司令部
    - 傘兵司令部
    - 裝甲兵司令部
    - 空軍司令部
    - 公安軍司令部
    - 海軍司令部
    - 炮兵司令部
    - 工程兵司令部
    - 鐵道兵司令部
    - 志願兵司令部
  - 訓練總監部
  - 財務部
  - 總幹部部

我們為什麼要把中共的「國防部」屬下的體制（僅限於各部及各軍，兵種司令部範圍）劃成這樣系統？第一個解釋，目前中共軍種，兵種之所以沒有一個統一的指揮機構，如「解放軍總司令部」之類，原因是中共現在處平時狀態，既有軍區制度存在，所以不一定需要有一個綜合的機構；第二個解釋，由於過去野戰軍山頭主義的盛行，大軍區的「自立王國」的事實，因此，中共把各種軍兵種獨立起來，免蹈過去的覆轍。即除毛澤東之外，再無第二個人可以做山大王了。第三個解釋，鑑於「總後方勤務部」的「除四害」這件事，通知全軍必須由「國防部批轉」，可見它不是個獨立機構，是「國防部」內部的單位組織。此其三。

當然，筆者這種看法不一定是完整的，也許有錯誤的地方，希望時賢指正並提出更好的卓見！

試析擁蔣再連任的三大理由（讀者投書）

直夫

編輯先生：

自蔣總統再連任的問題從幕後的醞釀進而爲公開的運動以後，勸進派和若干抱「息事寧人」或「一動不如一靜」主義的先生們卽紛紛發表擁護的主張。他們的動機雖然不同；但其所持的理由，則差不多都是那幾個，約而言之，不外三者：

第一、蔣總統領導北伐及抗戰，勛業彪炳，中外同欽，非做總統不可。中國既無第二個人曾對國家有如此的豐功偉績，卽無人可繼他而爲總統，所謂蔣總統的一生不能爲他人所代替是也。

第二、蔣總統具有三十年以上的反共經驗，其反共的決心最爲堅強，對中共的認識亦最爲清楚，中共對他最怕，全國人民對他更有不可思議的信心，因此，祇有他才能領導反攻復國。最近香港某報上有一位先生且以老司機來比喩他，據說：坐汽車的人都不願意將自己的安全付與一個他自己尙無信心的司機；我們國家民族的安全，自非與全國人民最有信心的老司機——蔣總統不可。

第三、當此反攻復國之時期，不可臨陣易帥以動搖軍心民心而使敵人快意。

以上三個理由，乍看去好像對蔣總統恭維備至，但稍加分析，則發現其中頗有寓貶於褒和欲抑故揚之意，不知是他們的粗心大意，或是故弄玄虛呵！茲請分別論之，以就正於編輯先生。

第一個理由，似乎是崇德報功論者。他們故意把北伐和抗戰完全歸功於蔣總統一人而抹殺了其他許許多多無名英雄和知名人物所作的貢獻，且暫不置論。但蔣總統縱然曾爲國家立了首功而應以總統的寶座酧之，他不是遠在十一年前就如願以償了嗎？如今他負有失去大陸的責任，就算如勸進派所說的吧，他負有反攻復國不可推卸的責任，然而爲時十年尙無實行反攻的跡象，失職誤國，至於此極，爲何還應該繼續受獎而又仍須獎以總統的寶座呢？持此理由的先生們不是有意使蔣總統難堪嗎？

再說第三個理由，則頗具滑稽家之風趣。如所週知，蔣總統已於去年十月二十三日和美國前國務卿杜爾斯發表中美聯合公報，聲明不以武力反攻大陸。駐聯合國蔣代表更向聯大宣稱：「我承認我們是現實主義者，決不會以台灣之一千萬人與大陸上之五億人作戰」，這不是說明政府無意反攻大陸嗎？既不反攻，試問有何陣之可臨？然而他們却說不可臨陣易帥，分明是和蔣總統開玩笑了。

然而，最使我覺得有趣而又莫明其妙的還是第二個理由。以三十多年來的史實而論，在蔣總統領導反共的局面之下，中共已從偏隅的井岡山進而席捲了整個大陸，「朱毛匪幫」高踞北平中南海又已十載於茲；而我們的蔣總統反而在勝利聲中節節受挫，而今困處台灣一隅之地，還有賴於盟邦艦隊之協防，這還不够證明他雖有萬能但却不能領導反共嗎？此等鐵一般的事實，還可否認嗎？因此，除非我們不想反攻復國，或反攻不求成功，祇求成仁，則猶有可說；若要反攻勝利，怎可讓蔣總統一誤再誤呢？此非我們懷有任何成見，而是血的教訓呵！但是擁護他再連任的先生們不但說反攻復國非由他領導不可，還說中共最怕他。編輯先生，您想想他們是恭維蔣總統，還是有意對他作無情的譏刺呢？

至於老司機的比喩，也一半兒對一半兒不對。不錯，蔣總統具有三十年以上的駕駛經驗，當然是老司機了，然而他却翻了車，並把車上的五億人拋入了深淵。假使不但不取銷他的駕駛執照，也不控以「駕車危險」之罪；還要說祇對他有信心，更非由他繼續開車不可。這如非存心嘲弄蔣總統，豈不是活得厭煩了，尙嫌他翻了大陸那輛大車不够刺激，而又要他再把台灣這輛小車弄翻嗎？呵喲！

本來，蔣總統再連任的問題是一個憲法的問題，應就憲法的範圍來討論，才是正道。可嘆擁護他繼續幹下去的先生們——尤其是勸進派找不着法的依據，却舉出許多法外的理由來爭論，而這些理由又幾乎都是陽捧蔣總統而陰諷之，我眞不解其故也。假設我是蔣總統，聽了如此這般的恭維之後，一定覺得萬箭穿心，無地自容，那兒還有心情再求連任呵！

民社黨團結有望（台北通訊）

晴光

我國推行憲法的三大政黨之一的中國民主社會黨，自大陸淪陷遷來台灣後，由於內部不斷發生人事糾紛，十年以來都處於分崩離析之中，以致失去一個政黨應該具備的團結力量，更失去了監督執政黨的有力良機。若依照政黨政治而論，在野的民社黨和青年黨皆可成爲有力的反對黨，也用不着許多人都希望胡適等人另一組個反對黨來監督執政的國民黨了。

在未談民社黨團結有望之前，得先將民社黨其所以不能團結的經過作一概述。民社黨過去內部之不能團結一致，其間的道理雖然很多，但其主要原因不外二者：

一是該黨創始人張君勱先生於一九五〇年突然在香港登報，宣佈辭去主席職務，致使該黨突然失去中心領導而陷於羣龍無首，以致上層幹部發生領導權之爭。

一是執政黨的國民黨當局爲了遂其對國事一貫的把持操縱，而不願在野黨有產生團結一致的力量，因而從中挑撥離間，從而使該黨內部糾紛趨於擴大。

有了上述的兩項主要原因存在，致使一個雖然對整個國家大事尙不能獨當一面，但對執政黨尙能稍起制衡作用的民社黨，在此內外交迫之下接二連三的發生一些爲親者所痛，仇者所快的不幸紛爭。

由於該黨內部不和糾紛叠起，先則有「徐傅霖派」與「八常委派」之分裂。繼則有該黨立法委員數人在國民黨當局嗾使之下以藉口改造黨務爲名，成立所謂「改造委員會」。本來該黨留台中常委只有九人，徐傅霖只佔其中之一，若依照一般民主政黨方式而論，理應服從大多數才是道理，徐傅霖焉能以一傲衆？但當時「徐傅霖派」有國民黨當局和特務作暗中支持，國民黨當局支持徐傅霖的手法是：

一方面在表面上聲稱以不干涉友黨內政爲理由，藉口在民社黨內部糾紛未澄清前，民社黨在行政院的一名「政委」名額暫行擱置不派。每月幫助民社黨的反共宣傳經費八萬元（台幣）停止不發。

一方面則暗中以大量金錢幫助徐傅霖，借房屋與徐傅霖另設立「中央總部」以與「八常委」對峙，「徐派」秘書長梁××進出皆有身懷武器之國民黨特務人員隨行，某次梁××與「八常委」發生爭論時，特務們公然有在會議室外拔槍威脅之事發生。眞是駭人聽聞。

國民黨當局爲何要如此支持一個昏庸懵懂的徐傅霖呢？除了上面所說，國民黨當局不願在野黨有團結一致的力量，以免干涉其一黨專政的獨裁專政外，同時因爲蔣先生當時要連任第二屆總統，爲了憲法上的規定須得另有一人參加競選，而當時有資格競選總統的人士，明知蔣氏連任早成定局，誰去競選，卽等於陪選，故一般潔身自好人士都不願充當此一名不符其實的陪選角色，而蔣先生又非有一人陪選不可，因此看上去徐傅霖還勉強可以充當此一配角，而徐氏雖然已屆垂暮之年，但偏性喜沽名釣譽，有此陪選機會，當然不肯放鬆，故不惜捨身投靠而爲國民黨當局所利用，因此兩相情願一拍卽合，乃無足怪之事。以上爲民社黨十年紛爭的主因。

近據確息，分崩已久之民社黨，自徐傅霖死後，內部意見已逐漸化除，最近確有將分化已久之三派合而爲一之事實表現，并已決定於本年八月十五日，在台北新生南路該黨總部召開第二屆全國代表大會，所有海外各地出席代表亦已先後會集台北或正在來台途中，民社黨此一離而復合的成功，據熟悉內幕者透露，除了由於國事日非，該黨三派人士鑒於非團結不足以產生反對黨的作用外，同時還須歸功於該黨中堅份子蔣勻田，因蔣勻田曾於去年奉政府派遣赴美考察之便，說服了居留美國已久之張君勱先生，仍有出而擔任該黨復合後之領袖可能，因此該黨第二屆全國代表大會仍有一致推舉張君勱先生復任主席之最高呼聲。所可惜者是最近傳來消息，張氏近因蔣先生不聽其勸告，有違憲作三屆連任總統之跡象發生，因此張氏爲了避免再與蔣先生見面，已放棄其回返台北主持該黨大會之初衷，但又爲了使同志們不太過於失望，有提名×××等爲副主席以自代之擬議，張氏則仍長留海外不歸，眞果如此，則張氏只能作爲該黨之「精神領袖」，而構成該黨復合聲中之美中不足，當無疑義。

總之，我們站在民主反共立場，對於一個民主反共有相當歷史和經驗的政黨，都希望其能在此國家危急之際發揮整個團結力量，以便民主改革台灣之目的早日達到。反共復國之巨艱早日完成。使淪於共黨暴政下之人民早日脫離水深火熱的苦海。才是今天一個民主政黨的唯一使命和任務，更應該以國事爲重而捨棄私人嫌怨，如此我們才能對復合後的民社黨寄與厚望焉。

× × ×

血書勸進

吉兆歟，兇兆歟？

哀矜

編輯先生：

據中央社七月三十日韓國釜山電訊，釜山僑團於二十八日舉行盛大的集會歡送旅韓僑生回國勞軍團時，學生代表劉健民當衆從血管中吸出鮮血，書寫「擁護蔣總統連任」數字，其餘一百二十餘個學生亦簽名於呈文之上，表示一致擁護蔣總統之意云云。我讀了這一段電訊之後，不禁擲報三嘆曰：僑生何辜，遭此荼毒！

中國歷史上也曾有許多仁人志士到了絕境時咬破指頭寫血書，以示就義的決心，其悲壯的史實，至今仍令人感動。但旅韓僑生於回國勞軍之際，置身歡送會之中，理應祇有興奮與愉快的心情，縱懷滿腔熱忱希望蔣總統長保其位，何有以血書表示之必要？且書寫時並非咬破指頭而是從血管吸出鮮血，則吸血之工具顯須預爲準備。可知，此事必有人在幕後導演無疑。以組訓青年反共救國爲標榜的先生們不知輔導青年善保身體髮膚以爲他日救國救民之用，而竟誘迫他們寫血書勸進，無乃太殘酷了吧？雖說時至今日，由於外科技術之進步，從人身的血管吸出少許鮮血，易如探囊取物，既無危險或痛苦之可言，對於青年的身體亦無不良的影響，然而須知此舉所加於他們心靈的損害則不易補救呵！而且，連任總統應該是一件喜事；而寫血書則是危難的凶兆，勸進派竟以此一方式來擁護蔣總統，吾誠不知其是何居心也。（讀者投書）

本刊已經香港政府登記

每逢星期五出版

聯合評論 週刊

United Voice Weekly

第五十二號

督印人：黃宇人　總編輯：左仲平
社址九龍金馬倫道卅八號三樓　電話61413
承印：田風印刷廠（高士打道一二二號）
總代理：友聯發行公司　售價每份港幣壹毫
本報美洲版總經售處美國紐約中美出版社
CHINESE-AMERICAN PRESS, INC
199 CANAL STREET.,
NEW YORK 13 N. Y. U.S.A.
美洲航空版零售每份美金壹角

艾赫互訪的前途及其影響

李璜

在本年四五月間，四外長會議決定開會時，本報及自由世界言論界大都認為四外長會議是不會有結果的。果然爭論了三個月，白開了多次會議，蘇俄絲毫不讓步，只得無限期停開。然而問題一轉，轉到艾森豪與赫魯曉夫交換訪問上來，這問題更比四外長會議還令世人注意與關心了！

一

赫魯曉夫看見米高揚試訪美國，使用笑臉攻勢，成績似乎還不錯，早就想親自訪美，出賣風流一番，表示且不只一次，即使他單獨去不成，他曾表示四鉅頭會議他也讚成在美國去開。赫魯曉夫一向是東跑西跑的，既可以去訪英國、印度、開羅，又何不可以去訪華盛頓。至於艾森豪去訪蘇俄，第一，他是不常跑出國外的，而今特親赴莫斯科，問題就不尋常；第二，他是以自由民主世界的反共領導者自居的，而今突然要去到共產國際的中心，問題更不尋常了！但是這位總統先生曾說過，只要對世界和平有益處，他是不擇地點，可以到任何地方去談的。因此筆者茲願先談一談，這回艾赫互訪，是否眞正能對世界和平有點益處？所謂和平的問題也很明顯：熱戰是打不起來的，因為蘇俄及共產國際本身問題太多了，蘇俄自身的實力也還不夠，蘇俄是不敢發動大戰的，而民主國家則不能發動大戰，無法先出手去打人，這不特蘇俄懂得，美國也懂得。今春赫魯曉夫曾向自由世界恫喝，五月間要在柏林鬧亂子，明白人都不相信，結果蘇俄也自行取銷搗亂的限期了。因此，所謂和平問題，不是熱戰，乃是冷戰，具體言之，民主集團與共產集團，特別是美國與蘇俄，雙方停止戰爭的準備，戰爭的恫喝，以及解決可能引起戰爭的種種問題，這就是年來所提出的裁軍問題，原子彈停試問題，以及德國統一問題，柏林駐兵問題等等。這些問題，無一不是談了又談，議了又議，這回四外長會議所談的，還是這一些老問題，還是絲毫無成就，未必艾赫一互訪，就會出現奇蹟嗎？

二

熱心和平或者認為，只要美蘇兩強的領袖能夠笑言一室，問題雖不易解決，和平空氣總要濃厚一些，原子大戰的老哲學家，老政治家，以及神經過敏的羣衆們總比較要睡得安穩一些。筆者則認為，這也未必。因為赫魯曉夫這個神經不大正常的人，是否懂得艾森豪所謂的「最好禮儀」，大是問題！最好的証明，就是這次尼克遜與赫魯曉夫談了六個鐘頭，中間赫氏曾大怒大叫，愛好輕鬆生活的艾克就曾表示過，這樣談法，他就會吃不消咧。而且美國這一個青年民族，性情很容易衝動，前次蘇俄的第二號頭子庫茲洛夫在美訪問，就會與美國議員大吵其嘴，不歡而去。大家不要以為此刻美國議員與地方要人都爭着要歡迎赫魯曉夫，就認為「面目一新」，「和平在望」，筆者則認為這乃是青年人的好奇心理使然，大家無非都想看一看這個「熊頭」，如果這「熊頭」又忽然大叫一聲：「我要埋葬你們！」結果反將空氣弄得緊張起來，也未可知。總之，美蘇對立之勢已成，熱戰雖一時打不起來，冷戰中的種種問題，則必難解決的，除非美國出乎世人意料以外的讓步，但是讓步還須取得西歐各國的同意，尤其是德國問題，必須取得西德愛端諾的同意的咧。

三

艾赫互訪，即使不出岔子，能如艾克所希望，彼此嘻嘻哈哈幾塲了事，但筆者仍認為，問題固無法解決，而其結果所將發生的影響，對於美國領導自由民主世界的聲名與實際大為不利，這是美國少數的議員們都已感覺到了的。但是這個不利的情形並不在西歐，而是在東歐，在中東，以及在亞洲，美國的領導權力都將受其影響。在西歐，蘇俄許多年來，就想離間英美法的合作，使之解體互鬥，幸賴已故美國國務卿杜勒斯的勤於補苴，而美國政治家都很注意及此，蘇俄的離間之計終難獲逞。即以此次互訪來說，艾森豪要訪莫斯科之前，還得先訪英法，也是表示不上離間政策的當的。不過在東歐，在鐵幕的附庸國家，其久受蘇共蹂躪的人民，因美國曾宣稱要「解放鐵幕」，想脫離苦海，總在希望美國有所作為，今見美總統且親訪蘇俄來談和平，則對美將失掉了希望；雖然艾森豪剛宣佈了「被奴役國家週」，然而艾森豪又竟自到了莫斯科來談和，這對於被奴役的人們，總不免有些迷惘，或者會對美國失去了向心力的。至於在中東與亞洲，有兩種國家：一是標榜第三勢力，號稱中立集團的，如印度、埃及，與若干回敎國家，一是正與共黨作殊死鬥，而且在危疑震撼之中的，如中華民國，大韓民國，越南，寮國等。在前一類的國家，當其元首或內閣前往訪蘇時，美國政府總是表示不大高興，而美國輿論也曾加以警告，因此中立主義者為顧忌美國起見，才不再行擴大，而且始免於為蘇共所誘惑。這些所謂中立的國家，本來打算置美蘇於平等地位，而把是非善惡的見地拋開一邊的；但既是美國對蘇俄深惡痛絕，所以不敢過於親蘇。今如見美國對蘇，其自處也有如雁行兄弟，則今後中立主義者將無所顧忌，而勢將擴大了。後一類正與共黨作殊死鬥的亞洲國家，一向對於美國的同情與幫助，本是多所信賴的；但對於美國的重歐輕亞，早已不免懷疑，今再見艾森豪前往莫斯科去與國際共產黨的頭子們長談密斟，則對美國的信心不但要打折扣，而且不免有些震恐啊！

四

以上在東歐，在中東，在亞洲，在筆者看來，這次艾赫互訪，在影響上，美國終不免有所損失，終有領導上的聲名與實際的不利之處。美國之所失，即蘇俄之所得，美國之所不利，即蘇俄之所利，故赫魯曉夫屢願訪美，豈無所圖利呢！然而尚不敢希望艾森豪之來蘇，今竟忽然兩得之，赫魯曉夫此日眞所謂大喜過望，故不自覺中醜態畢露，表示赴美後，不說大話，不事恫喝，而只願參觀美國的農業云云，這那像一國元首的氣概，乃完全在假裝一個鄉下人，以愚惑美國人民而已。最後談到和平二字，則美國輿論也看得明白，即會與赫魯曉夫長談過的尼克遜也說得明白，「赫氏對美估計錯誤，華府會談成就難期」。是不是會如美國少數老好人之所見，赫魯曉夫一到美國參觀之後，他便會大受感動或大有覺悟，而翻然改圖呢？可惜赫魯曉夫不是如美國人所想像的也如他們一樣的老好人！赫魯曉夫是成見甚深的一個共產黨徒，是狡如狸凶如狼的侵略者，是在匈牙利人民革命中殺人如麻的劊子手，是隨時想「埋葬你們」的頭號魔鬼！魔鬼的字典上又那有和平二字！筆者對於艾森豪愛好和平的努力固然深表敬意，但去莫斯科登門拜訪這類惡魔，又為艾氏深感大不值得！

談聯俄容共

黃宇人

前些日子和李幼椿先生聊天，他表示對於中山先生的聯俄容共政策不以為然；並說，曾琦先生曾勸阻過中山先生，惜未被接納。李先生自始至今，堅持反共，至足欽佩。記得當年國民黨內對此問題亦曾有很多重要人物抱持反面的意見；惟中山先生不為所動，終以最大的決心，實行聯俄容共了。

就三十多年以來所發生的事實而論，聯俄容共政策，當然是失敗了，而且失敗得很慘。可是，假如要以今日大陸的變色完全歸咎於當年中山先生之聯俄容共，則顯然未免過甚其辭了。我以為我們祇可說，沒有中山先生聯俄容共，則中共發展的途徑，必將大有不同；但不能說，中共就不會發展了。而且就另一方面來說，假如國民黨不曾因為聯俄容共而與中共結下了不可解的仇恨，則中共不致在發展的初期即遭受國民黨那麼長期而猛烈的清剿，說不定他們早就為我們的國家和民族帶來了彌天的大禍哩！

就我個人設身處地來想，假如我是中山先生，我也會聯俄容共的。當年他亡命於上海租界時，國民黨在國內幾無立足之地。英國和他作對，日本對他不懷好意，他曾想聯美聯法而對方都不理他；但中國的局勢日益危殆，他又深覺非再作一番奮鬥不可。在如此的形勢之下，蘇俄自動的一再派遣要員和他接觸，表達願意援助之忱，這可說是雪中送炭了，中山先生怎能不接受呢？我想，任何人處此也會接受吧？

可是，中山先生並不因為急切需要外援而對於蘇俄的援助即無條件的接受；他更非不洞悉蘇俄的企圖。在孫越聯合宣言中，越飛除聲明共產制度不適用於中國外，還承認外蒙古是中國的領土。可見中山先生不但堅持其政治的立場；而且堅守國家的利益。我以為這是我們今天流亡在外的每一個民主反共人士都應該效法的。

再說到容共。中山先生對於蘇俄與中共的關係，當然十分了解的。他既然決定聯俄，自不能採取反共的政策；尚且他還想領導那一批青年。因此，在當時的形勢之下，似乎祇有兩途可循：其一，與中共組成聯合陣綫，共同奮鬥；其二，容納中共黨員於國民黨，仍由國民黨一黨領導中國的革命。假如採取前者，則無異抬高了中共的地位，給他們以公開宣傳共產的機會，中山先生自不願意，於是祇有容共之一途了。且依照當年的規定，中共黨員加入國民黨時必須宣誓為實現三民主義而奮鬥，實為國民黨在政治上造成了一種優越的形勢，對於國民黨可說是極為有利的。

至於共產黨員加入國民黨後可能在內部滲透及分化，許多國民黨員也會有此疑慮。但中山先生自信有統御他們的能耐；更深信他的三民主義比共產主義為高明，祇須詳為闡明，這些競向新奇的熱血青年必將衷心信服的。因此，他對於加入國民黨的共產黨員非但絲毫不疑忌，而且還予以信任和重用。這種天下為公的精神和兼容並蓄的雅量，在今天看來，我們更覺得需要了。

可遺憾的，是當年很多重要的國民黨員雖然反對聯俄容共，但國民黨似乎並未曾對此一政策之意義及其運用作全面的檢討而求得全黨一致的意見；中山先生似乎也是僅憑他個人的威望而平息了黨內的反對，但不曾進行深切的說服工作而使反對者心悅誠服。以致國民黨十三年改組後，黨的組織和工作重心已有了劃時代的改革，然而一般所謂「老同志」多不了解其意義，他們仍保持改組以前的觀念和舊作風，甚至在中央黨部或各地方黨部担任要職的老同志，亦多無所作為；反而讓中共乘機滲入並竊據了許許多多的黨務機構和民衆組織。不幸，中山先生又死得太早了，有些不肖的黨員為了奪取權位，竟不惜勾結中共以自重；時至今日，還有人號稱反共而卻刻意摹擬共產黨的一切方法唯恐不及，此豈中山先生所能逆料嗎？

借箸為蔣總統一籌（三）

——兼論國人所以阻他再度連任的主要原因——

李達生

二、蔣總統有三項可做的工作

假定今天蔣氏能堅決地擺脫宵小們的包圍，而斷然捨棄總統的職位時，那麼，首先在消極的一面來說，他將可以獲得上述國人所以阻他連任的幾點收穫，但這仍然不是最重要的；最重要的應是積極一方面的收穫。

人之活在世間，必須要有積極的人生意義；否則，這種人生是沒有價值的。蔣介石先生今年已屆七三高齡，我相信他對其自然的生命已不會再有甚麼憐惜；而他仍要堅強地活下去者，乃是為了一項工作；這一項工作是反共。在今天這個世界上，蔣氏有百不如人，但若論反共之堅決，則他實不遑多讓。蔣氏反共之堅決是國人多能信得過的。孔子說「朝聞道，夕死可矣」。現在我們可以把這句話改兩個字而用到蔣氏身上；那便是：「朝滅共夕死可也」。但滅共決不是一件簡單的工作，亦不一定是三年五年或一代二代所能完成的工作。今後蔣氏的餘生既是在反共，或主要地在反共，如此，那麼他便應該把其未來所可能有的時間和精力作一適當的安排。否則，在反共的工作上，他將不會有何貢獻。而如在反共工作上無何貢獻時，那麼，他的餘生又有何意義呢？

然則，蔣氏對其未來所可能有的時間和精力如何安排才是適當呢？這當然不是一個可以輕易回答的問題。但今天蔣氏要說：他必須再度連任總統，並終身擔任總統的職位，才能適當地推動其反共工作時，那就錯了。到現在為止，蔣氏已經擔任了將近十二年的總統，但反共的成效又在那裏呢？初到台灣時，蔣氏會唱出甚麼：「一年準備，兩年反攻，三年掃蕩，五年成功」的樂觀論調，但到現在已經快十年了，究竟所「準備」的在那裏呢？「反攻」了沒有呢？而又「完成」了些甚麼呢？可見空喊口號是沒有用處的，只有「決心」而無「辦法」是沒有用處的；蠻幹到底，而不能反省是不行的，一條路走到黑而不知改弦更張，是不行的；怨天尤人，是不行的，自欺欺人亦是不行的。所謂「種瓜得瓜，種豆得豆。」那是絲毫不爽的。現在是蔣氏所可能的最後之反省時間了。

假定今天蔣氏能斷然擺脫「總統」職位的干擾，而另外選擇一條推動反共的途徑時，那麼，除了我們在前文中所指出的屬於消極一面的四點收穫之外，他更可以積極展開三件極其重要極其有意義的工作。這三件工作是：

（一）對整個的反共工作，作澈底，詳盡而切實的規劃。一個人要能領導這一種的規劃工作，他首先須要有充分夠用的時間、精力和寧靜的心情。這是很顯而易見的。但蔣氏若仍要繼續擔任總統的工作時，他將定然不會有足夠的時間、精力、和寧靜的心情，來從事這種規劃的工作。在體制上總統是國家的元首，而任何國家的元首都必須經常把很多時間，花費在對具體工作無何意義的儀節上；而蔣氏既然擔任國家元首的職位，自然他亦不能例外。特別今天在台灣的情形，自己兵微將寡，連糧草都要仰仗人家。因此，若干年來，即使是美國三軍中一個極平常的中將少將到台灣去，身為國家元首的蔣氏也要接談一番，而往往一談就是幾個小時。當然，我們不能說這類「接談」不是工作，但這種工作可以讓別人去做；更確切一點說，可以把這種工作讓給另一個可做總統者來做。無論如何，蔣介石氏的時間是應該看作特別寶貴的。而「特別寶貴的」時間如何可以浪費在這種地方？但蔣氏要想把其餘生所剩不多的寶貴時間和寶貴精力不浪費在這類無何重要的地方，他就必須擺脫國家元首的職務；換句話說，就是不要再度連任總統。

（二）與全國各方面之反共的領導人物聚合，共同研討反共的策略，以及國家的各種根本大計。過去幾十年來，特別是最近十多年來，蔣氏在這方面表現的可以說是特別差。蔣氏從來喜歡高高在上，擺出一副不可攀的面孔；他從來不像一個人民的領袖或羣衆的領袖。我們從來沒有看到過他像甘地似的，或孫中山似的，和各方面的人物親切而誠懇地交談過，而將來他亦斷不可能發展出來這種良好的作用。但蔣氏除非不想使其反共工作有相當成效，否則，他必須儘可能地朝這條上走。他要想朝這條路上走，就必須痛痛快快地拋掉那頂元首的帽子，把自己平民化一些。否則，若仍像往日似的擺起那副「高貴的」面孔，則除了那羣宵小之外，凡是像個人的人，早已敬鬼神而遠之了，又遑論聚合懇談？

國人即使是最反蔣者，亦得承認他在反共工作上積有寶貴的經驗。但蔣氏要想使其寶貴的反共經驗有意義，則必須先把它整理出來，然後與全國各方面的反共之領導者們，共同檢討，共同批評，和共同研究。能如此，則蔣氏便可以在野的元老政治家之身份，領導一個比今日強大得多的反共陣線。但蔣氏要想達到這個目的，他必須斷然擺脫那個徒浪費其生命的總統職位。

（三）蔣氏所積有的反共經驗，不但對中國有用，對整個的亞洲，乃至整個的世界亦都有用。不過，假定蔣氏要想把其反共的經驗提供給反共的亞洲和反共的世界時，那麼他必須與亞洲各地及自由世界各地之反共的領袖們多多聚談，多多研討，多多推動共同的反共活動。但蔣氏要想使這一工作能順利地展開，他必須以中國反共領袖的身份，而不能以中華民國元首的身份。至於何以不能以國家元首的身份推展這種工作，理由至明，無待多說。

在我們的討論已近結束之時，最後從龍之輩或者會說：先生既已承認蔣氏有反共的寶貴經驗，並且承認蔣氏有相當的推動反共工作之才幹，那麼，假定蔣氏誠如先生所言，擺脫掉國家元首的職位，如此，他又如何來領導中國政府的反共工作呢？

我對這個問題的答覆是：在蔣氏擺脫掉總統的職位之後，他當然不能夠並且也不應該直接領導政府的工作，但他却仍可以間接領導政府的工作。因為，照憲法的規定，中國是個政黨政治的國家。在今日所有的民意機構中，國民黨人都佔絕對多數；而在今後所能看得到的時間中，這種情形仍不會有何重大的改變。那麼，在這種情形之下，則於蔣擺脫掉總統的職位之後，任何繼起者來組織政府，其結果必然仍是國民黨的政府。二十多年來，蔣氏便一直是國民黨的總裁，今後仍將是國民黨的總裁。蔣氏既是國民黨的總裁，他當然可以其總裁的身份來指導國民黨的從政者。如此，蔣氏便可以發揮其間接領導政府的作用。而今後蔣氏若眞正地想在全中國，全亞洲和全世界發揮其正面的反共作用，還只有此間接之一途。反之，若蔣氏不此之圖，而必須要連任總統下去，則其所可能導致的，並且幾乎必然導致的不幸後果，我們在前文中已概乎言之了。（完）六月二十五日

中共的糧食增產與合理密植

何雨文

一、周恩來不相信增產數字

中共宣稱一九五八年糧食產量為五七〇〇億斤，比去年增加一倍。在今年還計劃增產三千億斤，較去年再增加百分之四十。這個數字是接近神話，無法使人相信。

周恩來也不相信，他說：「糧食的增長受到自然條件的很大限制，年復一年地成倍地增長，或者都按一九五八年的增長絕對數增長，是不可能的。在農業機器和化學肥料還很少的條件之下，即使每年增產百分之十到百分之二十，就已經算是躍進了。」

如果一九五八年的增產確是到一倍以上，周恩來不會這樣說；而現在這樣說，就是表示他對糧食增產是抱有較合理的看法的。

二、增產主要依靠合理密植

中共的糧食增產不是仰仗耕地面積的擴大，而主要依賴單位面積產量的提高，即是全面地認眞地推行農業的「八字憲法」：土、肥、水、種、密、保、管、工；其中密植又是構成單位面積產量提高的中心關鍵。

過去中共宣傳過一畝田可產三萬斤谷，六萬斤谷，乃至十六萬斤谷，稍有計算頭腦，就不會相信一畝田的容量可以容納這許多谷子。

這個謎語，中共自己給它揭穿了。在二屆「全代會」中，周恩來、李富春都提出了「合理密植」的口號，密植之上加以合理二個字，這是前所未見的，可見中共在推行密植失敗之後，就覺得非合理不可了。

對於合理密植，中共中央農村工作部長也是中共國務院主管農業的第七辦公室主任鄧子恢，特以明確說明：「密植必須保持一定的株行距離，使農作物能夠通風、透光，根系有伸展的餘地，做到苗不欺苗，這是一方面；另一方面，農作物進行光合作用時，除了空氣和陽光之外，還需要有足夠的肥分和水分。」幷且「密植程度必須根據不同的地區，不同的土壤水源，不同的氣候條件，不同的耕作水平，不同的作物品種和作物特性等來分別規定，決不能機械地用一個規格到處亂套。凡是合乎這個原則的就叫做合理密植，就能達到增產，反之，就叫做不合理，就不能達到高產，反而要減產甚至失敗。」

三、中共推行密植之失敗

一九五八年，中共強迫推行密植，發現下列各錯誤：一、只注意植株多，穗數多，不注意提高單株的產量。二、試驗沒有成功，就強迫推行。三、不尊重老農意見，不和農民商量，強制執行。四、只管密植，不相應地增加肥料和水分，結果減產。這四個基本錯誤，是鄧子恢在「全代會」上公開坦認的，因此，他也不能不承認：「確實也有部分農田，由於種得過密而遭受損失。」

從大陸來的農民，作者曾問過他們有關密植的情形。有人說：「在溫州，過去陰曆三月插早稻秧，株間很稀，四月可插晚稻秧，五月底割早稻，八月割晚稻。早稻可收二百斤谷，晚稻可收四百斤谷。如今改密植，三月種早稻，株數很密，五月底收割，再犁田，六月種晚稻，株數也很密，九月割晚稻。這樣一改，多了犁田、肥料、車水一倍工作，早晚稻株數增一倍，但是收穫不及原先合計的六百斤。」

這個情形，就是說明光合作用。過去早稻早一個月，較晚稻高一尺半左右，所以陽光、空氣、水分都夠了。這是中國農民很巧妙的科學設計，也是數千年農業經濟的累積。

四、密植要有條件

密植也非絕對不可行，但要充分的條件，至少要包括化學肥料的增加，優良種子的選擇，氣候和土壤的研究，再加上獲得多次種植試驗的成功。具備了這些條件，才能推行。

中共沒有研究出一套「合理密植」應如何的辦法，只把「密植」作為一種符咒，希望由此而有神話的增產數字，結果是失敗了。關於中共的其他增產數字，我們也可作如是觀。

×　　×　　×

論中共鋼產的數量與質量

曾明

一

史大林在其所著「蘇聯社會主義經濟問題」一書中說過：「這些同志是大錯特錯了，顯然，他們把下列兩種東西混爲一談了：一種是科學法則，它是反映自然中或社會中不以人們的意志爲轉移的客觀過程；另一種是政府所頒佈的法令，它是依據人們意志創造出來，並且只有法律上的效力。但這兩種東西無論如何是不能混爲一談的。」中共這十年來對於社會生產，恰恰的犯了史大林的教條，只知有法令的效力而無視於科學法則的大錯特錯的錯誤。搞得採掘工業和加工工業之間、工業和農業之間、生產和運輸之間的情形非常混亂，破壞了一定的程序；尤其是脫離了現實物力財力的可能性，拚命地進行有關軍需的重工業，造成了生產資料與消費資料的生產比例失當，使人民日常生活需要的消費品的物資缺乏，供不應求地而加深了人民痛苦。

從一九四九年以來，大陸上工農業產值，據中共報稱，年有增長。尤以一九五八年更是中共宣傳「大躍進」的一年，據報，一九五八年的工業產值和一九五七年相比，生產資料的產值增長了百分之一百以上，消費資料的產值增長了百分之三十四。而一九五九年中共計劃生產資料的產值比一九五八年增長百分之四十六，消費資料的產值增長百分之三十四。至於農業總產值，一九五八年比一九五七年增長了百分之六十四；一九五九年中共計劃比一九五八年增長百分三十四。姑以中共所報這些數字是實，但也只能表示是數量，並不能包括質量。

二

大家知道，數量只是表示產品產量的多與少，而質量才能體現產品的優和劣，以至於有用與無用。因此，可以了解，僅僅數量不能表示某種產品產值，必須配有一定的質量，發揮出數量的使用效果。這樣，才能算是真正的產值，也才能算是真正的生產力。否則社會生產力不但沒有發展，並且是造成廢品，使社會受到一種浪費。

例如說，石油、煤礦、鐵礦等等都有的礦藏。然而，是不是凡是石油、煤礦、鐵礦都有用呢？在我看來，不見得完全都有用，只有那些在經濟上值得開採，值得加工的礦物，才能說是有用的礦物。不過，有用與無用之間的界綫並不很分明，這就要取決於科學技術，並不是取決於法令。

至於礦物的加工工程，目的是提高質量，將無用的礦藏變爲有用的物質，並擴大其利用幅度。以重工業重心的煉鋼來說，鋼是由鐵煉成的，但以其所含的鎳、硅、鋁、鈦、錳、鉬、鉻、釩、鎢等化學成分不同，而別其用途不同。因此我們對於中共煉鋼工業，不能單憑一個鋼字的數字，而就以爲中共的鋼產量有所增長。這是片面的，不够合理的看法。

三

因此，按照一般鋼的分類及其用途，先來簡畧說一說，有助於我們對中共煉鋼的認識。

一、碳素結構鋼：這類鋼含碳量最高到百分之七，。有一定的強度和硬度，可以做建築用的竹節鋼筋、角鐵，以及普通機件的零件。

二、優質碳素鋼：這類鋼含碳量最到百分之十五，含硫、磷較少，鋼內非金屬雜質也少，所以機械性質比碳素結構鋼好，強度也比較高，可以做機器中的活塞、汽缸等等，以及步槍等輕武器。

三、合金結構鋼：這類鋼具有極好的硬性，經過淬火以後，放在油中緩緩冷却，使件形變小，所以這類鋼是機械製造工業中的主要材料。例如鎳鋼一般含碳在0.1—0.45%左右，經過化學處理，表面更堅硬，內在柔軟，經得起摩擦與振動，適用於航空工業與製造汽車零件等等，以及大炮等重武器。

四、特種用途鋼：這類鋼種類甚多，有耐磨、不銹、耐熱、耐酸等特性，大部分都是高級合金鋼，每一種特殊用途的鋼都有它獨特的機械性能和用途。在近代航空、化學工業中，有許多機器、零件必須在高溫、高壓下進行運轉工作，有的還要在酸中工作，因而就必須用這種鋼來承當。

耐熱鋼在攝氏八百度高溫下，能保持自己的強度，所以用來製造發電機的排汽閥、汽輪機和零件等等。

耐磨鋼一般叫做高錳鋼，其化學成分，含碳在1—1.2%，含錳在1.2—1.4%左右，有很大的韌性，有耐磨的特性，可以製造坦克車的履帶及零件，挖土機的泥斗，拖拉機等等。

不銹鋼主要是有抗銹蝕和酸的腐蝕的特性。例如鉻的不銹鋼，可以抵抗稀鹽酸和硫酸的腐蝕，可以用來製造汽輪機的葉片，輪船軍艦，以及醫生外科工具、量具等等。

從上所舉，以質量的不同，鋼有如此多種。至煉鋼工程的方法雖有幾種，但必須有一定的條件與過程，既要有豐富的金屬資源，又要有一定的設備，更需要有高度的科學技術，決非是中共的一紙法令和土爐土法所能奏效的。

四

中共的全民煉鋼，是用土法冲天爐熔化土鐵廢鐵，由於原料來源不同，成分複雜，雖然中共在熔化過程中的配料方法、操作技術等，極力模仿洋法。但是熔化後所產生的是一種含有高硫名叫白口的生鐵，並不是鋼。須知煉鋼過程，必定要將白口鐵變爲灰口鐵，由灰口鐵才能煉成起碼的炭素鋼，再進而爲優質炭素鋼；由優質炭素鋼再進爲合金鋼、特種用途鋼等等。至於白口變爲灰口，由灰口再煉成鋼，有其一定條件與其複雜技術的過程，這就不是這篇短文所能敘述的。總之，中共的土法土爐，那不過是繼承了殷商遺傳下來熔鑄青銅器具的老法子，只有化零爲整的熔鐵作用，而質量頂多將白口變爲灰口。這種灰口鐵的質量，據中共報導，一般的化學成分爲含硅2%左右、錳0.1—04%、磷0.5—0.9%、硫0.4—0.7%，雖比白口鐵較高一籌，但仍然是一種含有高硫脆性易碎的生鐵。而從灰口鐵去磷脫硫加料提高質量煉鐵成鋼，技術上非常困難，成爲煉鋼的重要關口。並且以灰口鐵含有高硫，即使澆注普通鑄件，都會發生炸裂的熱裂和冷裂兩種現象。如中共成都機械製造廠今年鑄件時在砂型中就發生了熱裂拆口；此外做的牛頭刨床機身，一運做的七台都炸裂了，還有做三十五噸立式冲床機身、二一六○煤氣機、飛輪等都發生冷裂很多，大批產品因而報廢。（見一九五九年第四期「鑄工」）由此可見，中共全民煉鋼實際上是熔成廢鐵。同時中共也承認不諱：「今年已經生產的幾百萬噸生鐵，還有一部鐵的質量也不好，在機械工業部門中，由於一部分生鐵、鋼材的質量不好，由於加工粗糙，有些產品沒有達到標準。同人民生活有密切關係的某些輕工業產品的質量，也不盡使人滿意。」（見一九五五年第十一期「紅旗」）。

其實，並不奇怪，共產黨一向都是以重量不重質的宣傳爲號召。從上事實證明，加上中共的鞍鋼、武鋼、上鋼、太鋼、包鋼等鋼鐵聯合企業，各有其條件，限制了產品的數量與質量。即如鞍鋼年產不過三十五萬噸左右。可知中共所報一九五八年鋼產量一一○八噸，以及今年計劃一八○○萬噸，一定是廢料鐵鋼大雜燴。但，其中有多少成材之鋼？有多少廢料之鐵？是值得我們追求的數量與質量問題。從這個問題上可以衡量到中共的重工業建設程度如何？從而也可以測出到中共的軍備生產如何？

關漢卿、田漢、紅線女

岳騫

「解放」以後，田漢寫了幾部歷史劇，較前的有「白蛇傳」、「西廂記」，最近則有「關漢卿」。

這三部歷史劇的創作過程，各有不同的背景，「白蛇傳」寫在「解放」之初，當時中共對於文學藝術的控制，尚不十分嚴密，作者還可自由選擇題材，田漢就揀中了流行最廣的白蛇傳故事寫成一部戲劇。根據中共指示，白蛇傳中人物，法海是個惡霸和尚，許仙則是個壞蛋，白娘娘則是個被迫害的角色。也許因爲田漢的個性和許仙相似，都是意志薄弱，用情不專的人，所以田漢對於許仙特別留情，並未把他寫得十惡不赦，劇本寫成後，審查時並未發生問題，可是上演時周揚也去「觀摩」，卻表示不滿，要田把許仙寫成絕頂壞蛋，白蛇傳也以悲劇收場，但是這樣一改，等於要重寫一部戲，田漢一時改不過來，也就暫擱置起來了。

「西廂記」創作時，則是當宣傳新婚姻法階段，不過寫成時經過層層審查，再三修改，到了與觀衆見面已到一九五七年了。這部劇田老大確實發揮了他的大膽作風，結尾竟然是張生下第，鶯鶯不顧母命和張生私奔。這樣安排當時引起很大風波，因爲鶯鶯故事雖然是假的，但流傳既久，入人心又深，好似紅樓夢中的賈寶玉、林黛玉，在觀衆眼中是「確有此人，實有此事」的，西廂記的結局無論到「長亭餞別」以悲劇終，或者以續西廂張在中狀元以喜劇結局，都比安排張崔私奔要好的多。幸而田漢是個紅人，雖然鬧了一下，並未鬧起來，也就算了。

關於這次的「關漢卿」劇本編寫的背景，純粹是形勢所迫，原來中共每年要選出幾個知名的、世界性歷史人物來紀念一下。去年選出的幾位，中國就是「關漢卿」，據考証去年是關漢卿誕生七百周年，中共鑒定關漢卿是「現實主義」作家，大力表揚，曾發行紀念關漢卿郵票，出版一千多頁的關漢卿戲曲集，其他研究關漢卿的小冊子又出了許多。田老大也是研究戲劇的，兩人先後同行，又都名漢，所以對於這位前輩心儀已久，頗以當代關漢卿自命，遇到如此大典，當然特別賣力，就想寫一部「關漢卿」。可是這部戲，粵劇已經有了，田漢遲遲未敢動筆。本年夏天，廣東省粵劇團奉命到北平演出，七月二十九日在北平「政協」禮堂首次演出「關漢卿」，由馬師曾飾關漢聊，紅線女飾關的戀人朱廉秀。粵共當局因爲這齣戲是到「首都」演的，又曉得毛澤東聽戲是內行，自不敢怠慢，實行「人海戰術」，把粵劇頂尖的大佬倌都挑上了，類如第一場演大都城外茶店主人劉大娘的一個小角色，也由名演員譚玉眞出馬，跑龍套的都是獨擋一面的佬倌，這齣戲演出的成績應該不錯了，實際上並非如此，演出結果非常鬆懈，在內行看來是失敗了。

失敗的主因據田漢說是由於負責審查的共幹亂改劇情造成的。這齣戲原是粵劇中的舊戲，舊戲的結尾總是大團圓。馬紅去北平演出之前，雖然在廣州按照「組織」指示修改了一部分，但整個情節並無變動。可是到了北平之後，中共文化部的幹部，卻以爲大團圓不合乎現實主義，因爲在封建時代，人民受到壓迫，不可能全有幸福團圓的日子，一定要悲劇才合乎事實。「組織」的意思馬紅焉敢不遵，於是改成關漢卿與朱廉秀最後未能團圓，仍然各自東西。就戲劇來說，喜劇終，悲劇終本無問題，只是前後非貫串不可。「關漢卿」一劇最大的毛病是全篇都是安排的喜劇情節，到了最後突然變成悲劇結尾，鬧的觀衆（全是高級共幹）莫明其妙，當時就有人提出質問，田漢身爲「文化部戲劇改進局局長」，負有改戲之責，難辭其咎。於是在八月四日人民日報發表一篇文字，題目「送關漢卿訪朝」，藉題把這齣戲被改的過程申述一下，原來他並不知道。究竟是誰改的，他也未敢說出。不過最後表示要替平劇寫部關漢卿，準備以喜劇收場，和粵劇關漢卿共存下去。

現在紅線女已於八月六日去北韓演出「關漢卿」，以慰勞北韓共軍，這齣戲在中國演出雖然失敗了，但騙外國人還是有餘的。

艾赫互訪消息困擾台北

（台北通訊）　任宣平

自本月三日美國駐台北大使莊萊德以艾森豪總統即將與赫魯曉夫互相訪問的消息面告黃外長以後，政府在表面上雖力持鎮靜；實則深為憂慮。蔣總統曾一再召集政府要員舉行秘密會議，研討對策；但似乎仍苦無有效的辦法，六日中央日報首次發表社論評論此事，力陳「西柏林和西德是北大西洋的東壁，金馬台灣乃太平洋的西門，同為自由世界集體安全的關鍵所在」；並指出赫魔訪美時，「一切談判必集中於這東西兩大焦點，警告美國及其同盟國及早警覺，不要落其圈套」。言外之意，顯欲自比西德以冀獲得美國的重視；然而識者則認為當此國際間口談公理而實則重視强權之時，政府不知團結國人，急圖反攻，自强自救；而徒依賴外力以求苟安。大錯已成，臨事作倉皇之呼籲，何補於事？阿登諾總理領導戰敗後的半個德國，尚能在西方三强之間，隱握對德問題的否決權，其倔强的態度雖為姑息主義者所不滿；然而他們還得對他十分尊重呵！反觀十年以來，曾為聯合國四强之一的中華民國在國際上的形勢，能不感慨萬千！然而在蔣總統的鐵腕統治之下，感慨又有何用呢？中國傳統上所說的氣數，其斯之謂乎？

洪祖鈞昔為階下囚今作座上客

曾於一九五二年企圖刼持菲律賓航空公司飛機飛往中國大陸的洪祖鈞，最近經菲總統特赦並限期出境，馬尼剌盛傳洪犯曾厚賄菲國政府之要員，因而得釋。菲國會和政府委員會正準備進行調查，乃忽於七月二十八日以飛來台北聞。外交部並發表聲明，謂政府此舉係「順應僑情和體恤僑艱」，多麼美妙動聽的辭令呵！

記得當年洪祖鈞被我空軍截獲後，當局曾擬處以刼機助匪之罪。繼因菲政府以其犯罪地點係在該國飛機，堅持應交與彼方審判，然後才引渡去菲。如今竟不待菲國會之調查即將該犯搶救來台；且政府辦事向以緩慢著名於世，而對於此事卻辦得如此神速，其中顯然不會沒有原因的。聞立法院將提出嚴正之質訊，日來官方要員正分別疏解，且看有無下文吧。

竊思十年以來，政府實施入境管制，迫使數百萬逃避共禍之同胞流亡在外；而獨對於一個曾企圖刼持飛機飛往共區之要犯，如此另眼相看，不特奉為華僑招待所之上賓；甚且說，俟了解其能力、個性及興趣後，將予以適當之協助，足見當局關切該犯無微不至之一般了。人們不禁為香港調景嶺的難胞感慨萬千呵！

陳誠談中共面臨總崩潰

陳誠副總統兼行政院長於八月一日在亞洲人民反共聯盟中國總會第五屆會員代表大會上發表演說，列舉三項事實，證明中共必然失敗：其一，大陸人民和中共的對立一天比一天尖銳；其二，中共的統治能力一天比一天脆弱；其三，中共所面臨的困難一天比一天嚴重。他並認為中共已失盡人心，正面臨總崩潰的邊緣。陳兼院長的態度是肯定而樂觀的，人們對於他的看法都很同意；但大家不免要自嘆糊塗的，則是政府既已深知中共的總崩潰在即，為何不及時反攻以加速其崩潰而使大陸上水深火熱中的同胞早見天日呢？究係因為敵之所短不一定就是我之所長嗎？還是要等待從大陸反攻大陸呢！

勸進函電一百八十五件

因修憲運動而始被人們所注意的國大代表聯誼會據說，截至七月二十八日止共收到海內外團體表示擁護蔣總統再連任的函電一百八十五件，包括三百六十個單位。該會已準備分別作同一的答覆，其內容如下：

「大電敬悉，承屬敦促蔣總統繼續連任領導全國同胞完成反共抗俄大業一節，關係國家前途至深且鉅，本會同人懍於全國同胞付託之重，刻正慎重研究，屆時當尊重民意，循合法途徑，以謀解決」。

聞遠在本年三四月間，即有海外若干團體及留港難胞紛紛致電國民大會秘書處或該聯誼會表示擁護蔣總統再連任，並已由國大秘書處奉命將原電送交各報社發表，藉以顯示民意所歸。繼又覺得各電報雖發自不同的地方，並由不同的團體或個人簽名，而內容則如出一人之手，毋乃不妙，因又臨時撤回。實則無論如何用盡心思，人皆深知今日的勸進派與歷史上許多這類的把戲正是如出一轍，彼此都是有人在幕後牽綫的。

官方要員對聯合評論特感興趣

聯合評論雖然至今尚不能公開進入台灣，但其重要言論，則仍在此間政治圈內不脛而走。多數關心國事的人們僅聞其名而苦於無法訂閱。祇有一小部份特別熱心的民主人士仍能託在港朋友以種種方法寄入；不過為數也是很少的。因此，聯合評論在香港雖然人人都可自由買來閱讀；但在台灣則幾乎已成為可遇而不可求的珍品了。

官方要員看聯合評論，則是經某些駐港人員就近整買整寄，然後由此間某一機構以「密件」的方式送與他們「參攷」。既是密件，局外人自然不准看的。據說，聯合評論每星期五在港出版，通常在星期六這一天，這些有特權參攷此項密件的大人先生們就可以人手一份了，誰說他們的辦事效率太差呢？又據熟悉內情者透露，某秘書長和某部長對於聯合評論特感興趣，如有時在星期六退公時還未見到，竟然私下打電話給某些與他們素有深交的在野人士，詢問是否已收到聯合評論及可否借看一下。可見儘管小圈子的當權人物對於此一小小刊物是如何的深惡痛絕，而在袞袞諸公中也居然有這樣熱心的讀者呵！

赤色尾巴報替民主人士捧場

這是一宗頗使人嘖嘖稱異而卻又是司空慣見的事：最近的某赤色尾巴報竟然再來替民主人士捧場，不禁為之拍案叫絕。

本來，那些赤色尾巴報，向來是一方面運用自以為巧妙的手法，替他們的主子大力叫囂，另方面則閃閃縮縮不敢露出本相而旁敲側擊地替它們的主子搖旗吶喊；可是那種自以為巧妙的手法固然會弄巧反拙，而那些旁敲側擊的搖旗吶喊也常會擺下頂大的烏龍。難怪它們經常給它們的主子掌嘴巴和踢屁股而自怨自艾深悔吃力不討好了！

該某赤色尾巴報怎樣的替民主人士捧場呢？最近該報有一篇社論，一則謂民主人士的反共宣傳，是頗及事實，再則謂民主人士的反共宣傳技術，是比國民黨的勝一籌。唔！這麼的稱道民主人士，我說它替民主人士捧場，不是連中共份子、中共份子的尾巴、以至尾巴的尾巴，也會啞然默認麼！

讓筆者再來「例證」一下該某赤色尾巴報替民主人士捧場的含義吧。第一、它說民主人士的反共宣傳頗及事實，這就是承認民主人士指責中共殘民以逞的暴政和報導中共迫害人民的情況，都是千眞萬確的事實。正因根據事實，才使到赤色醜類頭焦額爛，欲辯無由。儘管中共在大陸鐵幕低垂，但民主人士總能戳穿鐵幕，把許多殘酷和血腥的措施，一一揭露出來，並加以嚴正的指責，所以第二、它又說民主人士的反共宣傳技術比國民黨的更勝一籌。我們於此就可以窺見中共對民主人士的努力反共，是相當忌恨的；統戰份子，也視他們為勁敵，不惜屢施「拆、嚇」，屢放冷箭，其色厲內荏之情，溢於言表。但該某赤色尾巴報竟然還來替民主人士捧場，它一定以為說句「民主人士反共宣傳技術比國民黨的更勝一籌」，就是對民主人士和國民黨施行挑撥的最妙手法，又怎料得到這一記手法更來得弄巧反拙哩！我恐他們難免又要嘗一次掌嘴巴踢屁股的滋味了！

（讀者投書）　呂品器

論台灣非法查扣書報

言論自由，雖然並不就是民主政治，但沒有言論自由，就決不是民主政治，卻是可以確定的。在反共戰鬥過程中，要求政府給予全面的言論自由，我也並不贊成，譬如：親共言論，或正式的共黨宣傳言論，我以為就不該給予自由。此外，黃色言論，我也以為不該給予自由。但除此以外呢？我卻以為是應該給予言論自由的。

我們以此來看台灣今日的言論問題，尤其以此來看台灣今日查扣書報與對付海外報刊問題，我們容易發覺政府當局是顯然不對的，甚至顯然非法，顯然違背憲法的。以香港出版的「自由人」半週刊兩次被扣的情形來說吧！政府非法查扣書刊的事實就表現得再清楚沒有了。

我們曉得：「自由人」是民國四十年三月七日創刊的一個刊物，至今，已有整整八年的歷史，當年發起此一刊物的人許多還是現今在政府中負高職的人物，其言論一向擁護政府，所以，政府才准許它入台。但今年六月十四日出版的「自由人」第八六二期卻於運台後在台北機場被扣，之後，今年六月二十日出版的「自由人」第八六五期跟着又被扣。假如「自由人」的反共立場不穩，它之忽然被扣，我們倒也並認為不奇怪，倒也並不認為非法，問題是「自由人」的言論一向毫未違背反共立場，被扣之兩期中亦毫無違背反共立場之處。共所以被扣，卻原來只是六月十日出版的那一期刊載了一篇左舜生先生寫的「有話總得要說」的文章，該文既非黃色，亦非赤色，而只是反對修憲，反對蔣總統連任而已；竟然被扣，此無它，只不過說明今日台灣執政諸公之所以摧殘言論自由，並不是為了反共，而只是為了一家之私一姓之私而已。

再查六月二十日「自由人」被扣，則是由於該期「自由人」刊有一篇謝扶雅先生寫的「論蔣總統再連任問題」的文章，該文率直的寫出了美國華僑尤其華僑中知識分子反對蔣氏連任總統，故爾被扣。這更證明台灣之一切措施，不是以民主反共為一切是非曲直之標準尺度，而是以一家一姓之利益為標準尺度，所謂為防止共黨宣傳而採取書報檢查，不過只是謀取一人一姓之利益之藉口而已。否則，不止「自由人」的問題，香港其他反共刊物之不能入台，無他，亦只因這些刊物的言論是為國家着想，而不是為一家一姓和任何獨夫作想而已。

老實講：現在退避到台灣的現政府的這種作風，是完全卑鄙、墮落、自私、醜惡而且完全違時代潮流違背國家民族利益的。如果不改，乃完全是亡國之象，對此我們必須予以嚴正譴責與反對。

（讀者投書）　薛明

稿約

一、本刊以宣揚民主自由為主旨，園地完全公開，凡符合上項宗旨之稿件，皆所歡迎。

二、對於來稿，本刊有修改權。如不願修改者請於來稿時說明。

三、本刊篇幅有限，稿件之文字以力求精簡為原則，除特約外，來稿以一千字至二千字為最適當。

四、來稿刊登與否，概不退還。

五、稿件一經刊出，即以每千字港幣八元奉酬，聊表敬意。

聯合評論社謹訂

學校煉鐵，集體中毒

——大陸逃港學生的控訴——

譚鴻

我是上海建築工程專科學校機械專業一〇二班的學生。今年暑假才由上海來香港。

去年九月開始，「全民大辦鋼鐵運動」就捲到了我們的學校，開始時，師生都到郊區去參加煉鐵，算是「向羣衆拜師」，到十月初，回到自己的學校，築土高爐以煉鐵。

建築工專是以前上海工專改編而成的，校址在市區，以前的中法中學附近，上海電影院對面。從陝西南路的市體育館向西拐一個彎就是了。校舍本來並不是專為做教室用的，倒好像是一間大住宅，也有一個畝半大的空場，小高爐就築在那裏，正好在學生宿舍的前面。學生宿舍是依着圍牆蓋的木板屋。

那時上海的天氣正是「秋老虎」，人熱得氣都喘不過來。土高爐在空地上一建起來（一共三座，能開工煉鐵的只有兩座），宿舍裏更像蒸籠了，開工後，宿舍同學們也熱得不能睡了，由於日夜開工的緣故，人都熬紅了眼，雖然大家想睡，可是誰也不敢提出來，一定要等輪到休息的時候才可以睡一下。這就是所謂大躍進的時代！

這些且暫不說它。土高爐開始生產的時候，原料是廢鐵，燃料是煤塊和煤屑，其作用只不過是將廢鐵熔化了，成為一大塊一大塊（也稱鋼錠）而已。這時，生產上的最大問題是鼓風問題不能得到解決，再加上用作燃料的煤質低劣，火苗老竄不高，陰陽怪氣的，煉一爐鐵得一天加上半夜。

校黨委一方面號召大家「獻合理化建議」，另一方面派人到上鋼去聯絡，向他們請教，結果搬回來了一套方法，是將高爐爐口周圍掏空，以利空氣流通的辦法。

空地上原來是鋪有一層薄薄的水泥的，因為築高爐，已經敲掉了很多，現在又決定掏空爐口周圍的泥，那一層水泥反倒有了用處，剛好做掏空了的地底的上蓋。爐四周掏空了之後，地底下就像坑道似的，黨委的口號則是「過去戰士們利用坑道與敵人作戰，我們現在利用坑道來增加鋼鐵生產」。

通風道挖成之後，第一天果然大大縮短了出鐵的時間，所以第二座的通風道也立刻開始挖掘工作。兩座小高爐的通道全部挖成之後，宿舍的煤氣中毒也就發生了。那是十月二十一日，晚上正輪到機一〇一班同學休息的時候，高爐仍照常在開工，誰也沒有發現煤氣竟會順着通風道，從宿舍的地面上冒出，瀰漫了整個宿舍。

宿舍雖然開着窗，但因為太熱，更因沒有風，煤氣冒出後，聚在室中不散，一〇一班的回學們又因為勞動過度，疲倦得不得了，睡得也很熟，因此就沒有發覺到煤氣的襲來。

四小時輪班休息時已到，哨子聲起，闖進宿舍的人，不久就劇烈地嗆咳，有的頭昏目眩，嘔吐起來，這才知道事情不妙，高爐的生產也顧不得了，大家都跑過來用濕毛巾裹住口鼻，七手八腳地將已昏過去的同學抬出來，等到上海市第六醫院的救傷車開到時，雖然已有一部分同學用人工呼吸法救醒過來，但還有很多同學昏迷不醒，被送入了醫院。

總計，這次中毒人數在四十人以上，最嚴重的是一個叫王啟華的同學，聽說因為中毒過量而需要長期休養，我們以後再也沒有見到過他了。

為了這件事，亂了幾個鐘頭，兩座小高爐火熄了，既造成了這次事變，以後也不敢使用，我們全體師生又被調到閔行的七一人民公社去勞動了。

我參加的「全民煉鐵」，就是這樣勞民傷財的一回事。

中共怎樣奴役僑眷婦女

白餘

田頭扎營

中共奴役大陸婦女的方式很多，一種是將青壯年男女夫婦分開，按軍隊編制，組成各種「野戰軍」，經常實行「田頭扎營」。而且有所謂「花木蘭戰鬥營」，她們和男子一樣，行動軍事化，吃飯在地，睡覺也在地，隨地扎營，自從戰鬥營成立後，十天十夜沒有一人離開崗位，戰鬥員皆三過家門不得回家。

在福建僑鄉惠安縣，所有歸僑的婦女，不僅要在本地「田頭扎營」，而且要派在外地遠征，在惠安縣的僑眷，就有七百四十多名婦女，被調入山區拾礦石，許多地區夫婦只有每週六晚才能相會，原有的夫婦生活，已澈底的被破壞了。

惠女水庫

在惠安縣還修建了一個水庫，全是僑眷婦女的血汗，據中共報導：「這個水庫和其他水庫沒有多大的分別，不過，它卻有一個相當新奇的名稱——「惠女水庫」。原來這個名字是大有來頭的；因為在修建這水庫過程中，有百分之八十以上是女性工作人員，她們被迫勞動之後，中共又玩一個把戲，說大家為了紀念婦女們的貢獻，所以把水庫的名字題為「惠女水庫」。

同時，又據中共的自我宣傳，誇大的報導，說：這「惠女水庫」可以使惠安、晉江、和泉州等縣一十四萬畝土地得到充足灌溉，同時水庫還要立一個水力發電廠，每年發電幾萬瓩，對當地人民有巨大的影響。

積肥運動

據本年三月三日福州「僑鄉報」載：「仙游縣圓莊公社五十多歲的老僑眷王仁華，帶領四十多個僑眷日夜奮鬥，為公社編斗笠做雨衣，四晝夜後，編了一百二十一個。泉州市郊的僑眷，本來應該安排根據她們體力情形的勞動，但這次也被組織起四十多人突擊參加積肥。僑眷婦女張月仙、傅秀英、李美德、吳阿信多人，過去未參加過勞動，這次到二月二十五日，就積肥九千担。僑眷吳錢娘等十多人，不能參加春耕任務，就分配幫食堂磨蕃薯」。

從上一則中共的自我報導中，除了透露中共奴役年老歸僑和僑眷婦女的慘狀外，還無意中透露了食堂中所吃的不是白飯，而是蕃薯。那末，中共其它的宣傳都不攻自破了。

大陸之窗

為了人民公社，大陸上早已搞到天怒人怨；為了人民公社，中共對外輸出已經萎縮；為了人民公社，全世界都在指責，甚至赫魯曉夫也在抨擊，可知中共搞人民公社對它自己的損害，顯然很大，但它為什麼要搞人民公社？又誰最先要搞呢？

從中共政權的基本情況講：毛澤東是一切政策的最高領導人。雖然中共中央不是一個沒有作用的東西，但中共中央也還是毛澤東所領導。所以，像搞人民公社這種重大政策，如果不是出自毛澤東的主動，至少也獲得毛澤東的贊成。因為中共雖然有時候很強調中共中央的領導，但毛澤東在一切領導作用的比重上，畢竟還是高於一切的。

毛澤東為什麼要搞人民公社？

·劉裕畧

在中共八屆六中全會毛澤東決定不再担任「國家主席」職務時，雖然有過人民公社並非由毛澤東所主張的說法，但仔細察閱中共有關人民公社的各種文字，仍可發覺人民公社實在是毛澤東要搞的、中共最先成立的人民公社是一九五八年四月成立的河南遂平人民公社與廣東樟市人民公社。但毛澤東在一九五六年「中國農村的社會主義高潮」一書的按語卽已說到：「現在辦的半社會主義的合作社，為了易於辦成，為了使幹部和羣衆迅速取得經驗，二三十戶的小社為多。但是小社人少地少資金少，不能進行大規模的經營，不能使用機器。這種小社仍然束縛生產力的發展，不能停留太久，應當逐步合併。有些地方可以一鄉為一社，少數地方可以幾鄉為一社。……不但平原地區可以辦大社，山區也可以辦大社」。可知人民公社的輪廓早已存在於毛澤東心中，毛澤東早已打算在平原和山區要辦以一鄉為一社或以幾鄉為一社的人民公社了。

一九五八年五月中共通過「建設社會主義總路綫」，稍後數月毛澤東視察山東河南河北三省後，也認為「還是辦人民公社好，它的好處，可以把工、農、商、兵合在一起，便於領導」。這更可見毛澤東不但事前要想搞人民公社，事後也主張搞人民公社。因此，最先在河南遂平與廣東樟市所辦的實驗性的人民公社才推廣於全大陸。

那末，毛澤東究竟為什麼要搞人民公社呢？

列寧說道：「小生產不能致富」，這句話，毛澤東是相信的。同時，依照馬列主義理論，中共政權之建設，分為有三個時期，一人民民主專政社會；二社會主義社會；三共產主義社會。而如何把中國農業從現狀走到社會主義與共產主義社會，毛澤東以為中共與蘇聯的具體情況不同，因為蘇聯土地面積較大，人口較少，而中國土地面積較蘇聯小，人口却較蘇聯為多，所以毛澤東便以為採用與蘇聯集體農場不同的人民公社是一個簡單而切實效的方式。我以為這是毛澤東在理論方面所以要搞人民公社的理由。這理由，今天看來，實在只是毛澤東在馬列主義的根本錯誤之外再加上他本人的幻覺與空想而已。

另外還有一項從實際上出發的理由。那就是中共政權財經方面的理由。原來中共佔據大陸時，並未曾接收到大量外滙或儲金，大陸工業生產又並不發達，不足以換取所需外滙，而中共政權財政開支極大，蘇聯的經援又杯水車薪，所以，中共政權必須從大陸農民身上打主意來增加收入，便是中共政權財經方面的一種特質。在農民方面，「減租退押」、「鬥爭地主鬥爭惡霸」、「土改」、「三反五反」、「農業合作社」等節目都已搞過了，然所得有限，而中共龐大財政開支又必須繼續。雖農民收入不多，但總是一年一度有收成，且農民佔中國人口總數百分之八十五，故不失為可以打主意的主要對象。於是，把消耗減至最少，收穫求其增至最多的集體勞役式的人民公社便在此時此地出現了。馬克思主義認為「實踐是眞理的標準」，毛澤東又認為「政治是經濟的集中表現」，可知毛澤東製訂人民公社政策的主要動機不在理論上，而尤在中共政權財經的現實需要上。

當然，除此而外，毛澤東搞人民公社是尚有其它幾項動機的。譬如：他認為通過人民公社的方式不但可以把生活集體化，而且可以把人民軍隊化，消極的可以因此防變，積極的可以用此拒敵。從而可以做到「生活條件與戰鬥條件」一致，這也是毛澤東的一個動機。但毛澤東的如意算盤與殘暴努力，終於被人性與中國傳統社會中的合理成分否定了，現在，誰也知道人民公社毛病百出，於是，毛澤東今天便面臨着全盤放棄嗎？還是局部修改？抑或還是蠻幹到底的局面了。

印度通訊

達賴之母甚活躍

胡文允

對於西藏武裝反共運動及達賴逃印事件，各方之新聞報導，皆以專寫達賴喇嘛本人者爲多，對於達賴喇嘛以外之人物，則向少報導，實則達賴之母，乃一對達賴具有重要影響之人物。

猶憶一九五〇年中共進軍西藏之際，達賴卽與其母共同避難印度，寄居須彌山上之伽林堡(Kalimpong)。其時，達賴年僅十餘，尚未弱冠，生活瑣事，皆由其母照料，接見賓客，亦常由其母作陪。現任教印度阿拉哈巴大學之我國民主反共學人周祥光教授，當年亦在伽林堡避暑，在該地就近謁見達賴時，達賴之母卽在座。通常，一般人稱達賴之母爲佛母，佛母給人的印象，是相當能幹的。

一九五〇年達賴全家在印時，平居亦皈依佛法，虔誠向道，木魚貝葉，晨昏不斷。當時，達賴及佛母本已反共，其後，因種種關係達賴乃束裝返藏。聞達賴當時之此一決定，卽係由其母所作主。

據熟悉內情者談，美國如有義俠之情，達賴是不會返藏的。

嗣後，周祥光教授聞達賴佛母將離印返藏，乃偕前波蘭駐華大使費理寧老博士（Dr. Janflyring）前往送行，周費兩人曾與佛母談半句鐘，並曾與佛母共同攝影留念。

周費兩人往謁佛母時，係由白成珍喇嘛任翻譯，白喇嘛係青海人，曾在南京蒙藏學校畢業，藏語華語均佳，費理寧博士曾任波蘭華沙大學外文系主任十餘年，乃一篤信自由民主之反共人士，其時業已年逾六十，但身體仍健，聞佛母談話後，精神極爲興奮，對反共前途尤具信心。所以，周費白三人步出佛母寓居時，費博士曾拍周教授之肩膀說：「老弟……你年輕，可以親見共產黨之毀滅，我則年老，恐今生不克見，死不能瞑目也」。周乃安慰之曰：「你身體強壯，步履如飛，當可享受大年，親見共黨滅亡，波蘭再興也」。

達賴佛母不但反共且對於中國文化極具熱愛之誠，所以佛母離印之前，曾向印度國立德里大學捐出一筆鉅欵，指定在該大學設立漢學講席，藉以增進中印藏之文化關係，與夫民族情誼，周祥光博士卽曾被聘任爲此一漢學講席之講師，主講中國現代史，爲時三年。這都可見佛母乃一有眼光之婦女，並不是一個很平常的人。

一九五六年十月，印度爲紀念釋迦牟尼佛二千五百年，特在新德里舉行大會，達賴與班禪亦參與。此外並由世界各國選派名學者前往參加，周祥光教授亦承印度總理尼赫魯之推薦而參加，故周教授乃與達賴得再度見面。但中共偽政權之總理周恩來亦於十月二十八日趕到新德里，企圖誘騙一向民主反共之周祥光教授返大陸協助中共召開所謂世界佛教會議，實則周氏對於中共那一套早已明瞭，故斷然拒之。

據周氏所知，當一九五六年佛會結束時，達賴朝拜佛教聖地，那爛陀巴利佛學院院長迦舍波以巴利文藏經獻贈達賴，達賴於受贈時說：「此日西藏雖在黑暗中，然余相信光明必有一日到來」，聽者動容：可知達賴反共之意早已堅決。事實上，達賴喇嘛本人及其兄弟皆無一不反共，此固由於中共殘害西藏同胞，達藏胞因而有此反感，而其全家之反共，謂其實受佛母之影響，亦不爲過云。

泰馬空前合作 策劃肅清馬共

泰國於上月杪派赴吉隆坡與馬來亞商討會剿馬共的代表團，經於日昨返抵曼谷，這個由陸軍、警察、邊防部隊等高級將領組成的三人代表團，由仁華沙中將率領，在吉隆坡與馬來亞國防部及陸空部隊負責官員，舉行了四天的秘密會議。對於兩國會剿泰馬邊境的馬共，已達成了空前緊密合作的決議。

這裏所說的「空前的」，確乎具有許多前所未有的特點。以前所謂會剿，所發現的缺點太多了。第一，雙方軍隊（或邊警）不能越過國境追捕共黨部隊，因此共黨暴徒往往就利用這一弱点，實行此剿彼竄。尤其是馬來亞方面的截剿較爲緊張，於是馬共幾乎以泰國邊境爲其庇護所——甚或說是以爲根據地，從泰方越境到馬來亞的村落襲擊，遇到了馬方軍警追擊，便又逃過國境的這一邊來。

這樣說來，是不是過去泰國方面竟會縱容馬共呢？曾有人說，在乃炮當權時代，關係是「微妙」的，當然「微妙」的，事屬內幕，是沒有什麼人能夠對「微妙」與否，加以澄清。祇可以總括地說，泰方過去的會剿，是使馬來亞不感滿意的。

不過，話得說回來，即是馬共之對於泰、馬，也是分開兩項手法的做法。他們在馬來亞方面，殺人劫掠，綁票勒索，焚燒村莊或者膠園。對於替馬來亞軍警作報告的綫人，處以私刑殺戮，甚至貼出「槍決」以昭炯戒的佈告。但在泰國這一方面，他們頂多只使用威嚇的手段，却沒有窮兇極惡地擄刼殺戮。這亦就使泰方官民，不覺其問題之嚴重。這樣一邊緊一邊鬆，自然難以圍殲肅清。這可以說是第二個弱点。

還有過去的會剿馬共，馬來亞方面的隊伍，有英軍，馬來亞軍，邊防警察，保安隊，鄉村自衛隊，以至空軍，一切武裝部隊，全體出動。但泰國方面只是出動邊防警察，並不派遣正規軍。這又是不能形成夾擊圍殲的一個重要原因。此其三。

此外就是聯絡方面的問題。以前泰馬雙方對於馬共武裝的行動，只是互相用電訊傳達，俾對方派隊前往圍剿。一旦共黨武裝越過國境，即只有通知對方之一法。這差不多只等於交換情報。對方是否及時派隊出擊，那又是另一回事了。此其四。

有了這些大弱点，也即是圍剿上的大漏洞，則數百名馬共，焉得不作漏網之魚？泰馬會剿多年以來，馬共仍未被消滅淨盡。「邊境」本身實與之以生存之道，何況尚有森林的掩蔽，蘇聯潛艇的接濟武器，地下共黨及親共份子的私運，供給他們以食糧、電台、藥品等軍需補給呢？

可是，共黨的顚覆活動更加厲害，也就更加引起了獨立自由國家的警惕。馬來亞在獨立後，爲了縮小黑區及撤銷緊急法令，俾人民安居樂業，剿共成績已大有進展。宣言以反共衛國爲革命的使命的乃沙立元帥，更以整肅共黨爲國家安全的當務之急。於是，隨着馬來亞總理拉查克六月間訪問曼谷之後，與乃沙立元帥確定了原則，便再由雙方國防部主持這一次吉隆坡的祕密會議，決定執行的辦法。最重要的原則決定，即是雙方軍隊於照會邊境軍警後，即可越境追擊馬共武裝，當然，這仍以邊境指定的地區爲限。其次，泰國這次已不只出動警察，而是軍警聯合的會剿。

爲着軍事部署及作戰，吉隆坡會議已決定設立兩個委員會，一個是高級參謀委員會，作戰畧上的佈置及策動；另一個是邊境作戰委員會，實地執行參謀委員會的計劃，及決策。這樣一來，以前無政府狀態的「會剿」將告結束，認眞的行動即可展開新頁。一個泰馬聯合的司令部及一個指揮部，將會在馬來亞後方及邊區分別成立，統籌及整個的策劃和執行進剿以至肅清馬共的事宜。很可以相信，這是馬共的末日到來，可能就在一年之內，它將遭受肅清，沒有可以流竄及盤據的餘地。（八月六日寄）

（曼谷通訊）何之湄

僑鄉近訊

魚米之鄉仍難獲一飽（東莞、順德、番禺、南海）

粵省自六月間發生水災後，直至目前，各鄉鄉民生活，益陷艱苦，即被稱爲「魚米之鄉」如東莞、順德、番禺、南海……等縣的鄉民，也每日都難獲得一飽。（一）據東莞鄉民王錫安八月二日來函畧稱：「……我們現每天要勞動十二至十四小時，但祇得一碗飯和兩碗粥充飢；連鹹魚乾也被視爲珍饈美味。自經水災後，各鄉糧食，更嚴重荒缺了！……」（二）順德鄉民葉全八月四日來函畧稱：「……本縣陷在全面飢饉悲境中，尤以經過一場大水災之後爲尤甚，每個人的心中，都浮現着隨時可能被餓死的陰影！……」（三）番禺鄉民李耀德八月五日來函則報導謂：「……鄉中糧食，極度荒缺，鄉民普遍患脚腫或面腫病，據醫生診斷，此皆因營養不足所致。本鄉患腳腫病者，目前已有百多人。公社食堂配粥，有勞動力者三碗粥，附帶勞動者兩碗半，輕微勞動者及六十歲以上老人，八歲以下小童兩碗；情形眞不堪設想！……」（四）南海鄉譚雲生則於八月五日來函訴說：「……我們現在一餐吃用番薯苗混合一些雜粮煮着漿糊，另一餐則吃一碗用鹽水淘下的稀飯；大家都面黃骨瘦，愁眉苦臉，過着地獄般的生活！……」

廣州多月未見新鮮菜蔬上市

穗共曾一再宣傳，蔬菜大量生產，但據最近由廣州逃抵港澳的同胞證實，這完全是穗共無恥的謊言。他們都說：廣州已有多月未見新鮮菜蔬上市；間或有一些是供應的，也是黃爛不堪的貨色，但也要排隊輪購。中共的人民日報亦曾經自摑嘴巴的報導過，謂各菜農去年都普遍沒有安排好種籽工作，再加上許多秋菜遭災，選留母株不足，菜籽生產沒有及時跟上。今年春夏兩季的自然災害，更使菜籽生產受到嚴重影響；許多菜地都大感種籽缺乏，有些祇能獲得播種需要的百分之四十。——在這樣的情形下，菜蔬的生產怎能供應得滿足？

以人力代替耕畜（中山、新會、增城）

粵省耕畜（牛隻）缺乏，邇來愈益嚴重，目前已有不少農村，以人力代替耕畜，進行犂田工作。此種以人代畜的情況，中山、新會、增城等縣最爲普遍。據粵共的分析，耕畜的所以如此缺乏，主要原因是由於牛隻繁殖率銳減。省級共幹也承認：牛隻繁殖率銳減，係受到農村公社化所影響。農村公社化以後，觸發起農民更大的不滿，怠工風氣，迅速蔓延，種植和畜牧的成績，均急劇倒退，不僅牛隻的繁殖率爲然，其他家禽家畜的繁殖率，亦在日益衰退中。

征購苛刻農民反抗（廣東）

中共在廣東各縣的「征購」任務，在不少公社中，迄仍無法完成。中共的征購，數量既要多，質量也選好，因此更激起農民的不滿，實行聯同拖延或拒繳。據中共的粵省「黨委」指出，各縣許多公社，都相繼發生下列的情形：（一）農民力爭多留口糧及種籽；（二）強調災害損失慘重，堅決要求減免征購；（三）指責征購糧食的數額規定得太高；（四）藉口缺乏交通工具而延繳。「黨委」又在上述情形，諉罪於「反革命分子」。據謂：這完全是由一部分「反革命份子」進行挑撥廣大農民的自私觀念所致。

中共青年團將展開恐佈的整肅運動

中共「青年團」的最高領導階層，日前召開過一次「非常會議」，通過了兩項殘酷的議決策：（一）絕無保留地大力整肅團的基層組織；（二）對團員和幹部進行更深刻的思想教育，如仍不能發生作用，則實行清洗出團。

從上述的兩項議決案中，於是一般人都意識到該「青年團」又將凌厲地展開含有恐怖血腥味的整肅運動，對其基層組織再來一次「大清洗」！據悉，該「青年團」的最高領導階層曾嚴厲地提出過如下的指責：有些團隊的基層組織在人民公社化以後，工作普遍渙散；在思想上，也有苟且偷安跡象；幹部浮誇不實，甚而發出怪論，作消極動搖。又據廣州傳出的消息：自公社制度在各農村推行以後，使中共青年團基層幹部發生極大的不滿，部分「團幹」甚至策動青年農民反抗「黨」的政策，使中共在農村推行的種種措施，都受到重大的阻撓，這確是事實。

江水

週末晚會

盛紫娟

天色已經暗了，月亮正偷偷爬上樹梢，窺望着大地。

當汽車一駛進青年宮，約翰就從車窗口與奮地向外張望，只見宮殿式建築物前的廣場上，站滿了圍成一圈圈的男女學生，穿看鮮豔衣服的女生尤其醒目，從遠處看就像神話中的仙人仙女，他們正在歡快地舞蹈着。從天台上播出的音樂是那樣清新悅耳，使他感到中國神秘的氣息和風格。樹間閃爍着彩色繽紛的電燈，像是閃光的寶石，廣場上空的電燈網，把黑夜變成了白晝。這情景使他嚥了口吐沫，不禁用手按了下又高又大的鼻子。兩隻天藍色的眼睛，閃露着興緻洋溢的光焰。

當汽車門一被拉開，他馬上被一些帶着紅領巾的孩子親熱的圍住了。大家拉手喧問，就像多年沒見面的兄弟姐妹似的。他和他的同伴們還沒來得及想出怎樣表示禮貌，就被拉扯着進了那富麗堂皇的青年宮，在那間寬大舒適的會客室裏，他走在亮得像鏡子一樣的地板上，坐在絲絨面的沙發上，喝着微苦而清香的中國名茶，眼睛看着四周古色古香的陳設，不由得暗想：中國究竟是個大國啊！

負責招待他們的宮主（註），先致了歡迎詞，之後，請他們先參觀這座在「解放」後才建立的青年宮。

約翰跟在日本代表後面，在宮主的引導下緩緩地走着，他們在每個遊藝室外面停留一下。在青年舞室中，他看到了一對翩翩起舞的男女大學生，學生們見到國際友人來了，沒有一個人停止跳舞，上前打招呼，都只淡淡的頷首微笑。

在特設的小電影院裏，他看見了衣着整齊的觀衆，他們一進來，立刻受到熱烈的歡迎，掌聲中還夾雜着歡呼聲，似乎是他在每個城市中都聽到的：「和平萬歲！」「友誼萬歲！」正在放映的「梁山伯與祝英台」並沒停止。

在小戲院裏，他看到了音樂學院、戲劇學院學生的表演。

在休息室中，他看見了有好多人正在看「人民畫報」、「中國電影」。間或有一兩個人搖頭幌腦地在打瞌睡。他發現他們都是特意打扮過的。

小吃部裏人最多，每個人都在吃瓜子，並且把皮吐在小紙袋中。約翰驚異地看了看依然光潔無疵的地面，心中暗暗佩服：「共產黨眞有辦法！」

在『解放』後短短的幾年，中國人也講起衞生來了。就在這時，不知怎麼一轉就到了宮門前，約翰站在台階上，眺望着廣場，心裏着實羨慕、喜愛那些載歌載舞的學生們。他現在算是完全相信，『解放』後人民生活水平提高」這句話了。

宮主走到麥克風前說了幾句什麼，跳團體舞的學生們都一致停下來，望着那些各種膚色的客人，但並沒有表情。

一位西裝革履，紳士氣派十足的青年男子用英語重複了一遍宮主的話：「我們歡迎世界青年聯歡節的各國代表，來參加本市學生的週末晚會，希望同學們好好招待貴賓，以盡地主之誼！」

一陣熱烈的掌聲響過之後，每一個圓圈內馬上跑出兩個學生，他們都有禮貌地邀請着，希望客人們能去參加他們的團體舞。

約翰這時正在想：「爲什麼那位宮主用中文說話時，學生們沒有反應，而那個年青人用英文說時，反而引起一片掌聲？難道說學生們只懂英文，不懂中文？」

「先生，歡迎你來參加我們的舞蹈！」一個嬌滴滴的聲音在向他說，他驚異地看了看站在他面前的那位少女，笑了笑說：「你英文說得很好。」

「願意跟我們一起玩嗎？」她半抬着頭，羞澀地望着他。

「當然願意。」約翰一面說着，一面在她後面走，打量着她那身白綢裙子，及那細腰上猩紅色的髮帶，和背上那雙一擺一擺地晃動着的又黑又粗的辮子。她那雙小小的腳上，穿着白網球鞋，因此走起來，一點聲音也沒有。他得想再找幾句話談談，便問：「小姐，你是那個學校的學生？」

「市立女一中。」她低低地說，並沒抬頭，眼睛只注意着自己的鞋尖。

「上幾年級了？」

「高中三。」

約翰看到她那羞澀的樣子，想起了遠在家鄉的女朋友——露茜。

「你畢業後預備上哪個大學？清華？北大？」

「不知道？」她的聲音更小了。

「什麼？自己的事怎麼能不知道？」約翰奇怪地問。

「……。」她卻不再回答，眼睛不安地東張西望。

「不回答客人的話，是不禮貌的。」他半開玩笑地說。

誰知她卻認眞地，深深地望了他一眼，彷彿是想看透他的靈魂，然後輕聲問：「你愛中國嗎？你喜歡中國人嗎？」

約翰雖然感到詫異，愛中國，喜歡中國人與上那個大學有什麼關係？但仍點了點頭。

「你要知道，任何黨派都不能代表中國，只有中國人民才能代表中國。」她急促地說完，往人叢中一鑽，就不見了。

約翰喊了聲：「小姐！」又向前後左右望，仍不見她的影子。這時恰好有一圈跳舞的學生，把他圍住，他便跟他們跳起來，心裡仍在捉摸那位少女的話是什麼意思。（上）

註：宮主——即青年宮的負責人，相當於俱樂部的主任，由團市委委員擔任。

忍耐到明天

江楚

笙弟：

別後數年，宛如隔世。

數年前的今天，你還是個熱情充溢，抱負莫大的青年，數年後的今天呢？你卻變成一個壯志銷磨，暮氣沉沉的人了。

笙弟！在我的記憶中，你是一個好青年，你有崇高的理想，你有燦爛的才華，和堅强的意志，在我們這樣大羣的兄弟姊妹中，你與我的感情最融洽。

但，你突然之間變了，變得十分奇怪，有整齊的衣服不穿，口裏整天哼着一些什麼「解放區的天是明朗的」，這一類的歌，忙着開會和訴苦。笙弟！我恨自己當時沒有足夠的經驗和知識，遏止你過激的情緒，更不能助你用理智的冷水，撥息那過激的衝動。

你像一頭負傷發怒的野獸，在鄉中燃起第一個鬥爭的火把，並且把它燒向自己的家庭，燒到自己的父親的頭上，結果父親被殺了，家庭沒落了，當時我們逃出的兄弟姊妹個個都咬牙切齒地把你恨之入骨。但隨着年事的增長，我了解到罪不能歸咎於你，我是原諒你的。報上登着你的相片，人們談論着你的名字，黨員說你是立場堅決的「無產階級戰士」。

但是，那一天終於來了，那是一個深秋的夜上，陣陣蕭索的秋風，掠過庭院旁的小茅屋，在茅屋裏，一燈如豆，發出暈黃的慘光，母親躺在牀上，氣如遊絲，燈光照着她底蓬鬆的鬢髮，瘦削蒼白的面孔，深陷無神的眼眶，周圍是一片寧靜，你看着待斃的母親，細懷起往事，第一次感到莫名的抑悶！

「笙哥兒！你去睡吧！」母親艱辛地迸出微弱的話。

「不！我還不累，媽！你覺得舒服了嗎？」骨肉之情終於使你關心着自己的慈母。然而回答你的是一連串的咳嗽聲和喘氣聲，你趕快趨步到床前，握着母親的手，透過那淡黃的燈光，你看到母親的額上正淌着豆大的汗粒，而眼內也孕滿了晶瑩的淚珠。

「唉！笙哥兒！我都是不行了！想……想不到你父親辛勞、勤奮和靄、慈祥的一生……竟得到如此的下場……」

砰！砰！的打門聲，打斷了媽的說話。

門開了，進來的是三個目露兇光的民兵，琅璫的鐵索迅速套上媽乾瘦的頸子上。

「起來！你這可惡的老虔婆，在鬥爭中，你還想裝傻賴死嗎？」一個粗魯的聲音喝道。

你茫然地看着母親從床上被拖起來，母親失神的眸子瞪瞪地看着你，好像在說：「笙哥兒！現在你在想的是什麼？」

突然，一顆未泯的良知在你底寂暗的心靈上，迸發出火花。你毅然地抗議說：「一個病入膏肓的人，你們竟然施如此殘酷的手段嗎？」

「哈！笑話，想不到一個立場堅定的模範青年，竟然說出如此喪失立場的話，你知道嗎？她是我們的階級敵人，我們理應以血還血，以債還債的」！又是那個粗魯的聲音。

叮噹，叮噹，的鐵索聲，母親被拖走了，也拖走了你的心，翌日，方氏大宗祠裏躺着一具僵硬的中年婦人的屍體，全身都是一片片的瘀黑。母親！母親！我們最可愛的母親啊！

從此，你整天默默無言，似乎想用無言的緘默來補贖以前的罪愆。

你被送到海南島去參加農業生產，在非人的奴役下，你用鋤頭掘開了荒蕪的處女地，也掘去你寶貴的青春和血肉，從此你那有華采的眸子再也射不出耀人的光芒，你半癡半呆地整天說着一句話：「一生就這樣完了！？」

笙弟！你的境遇也太堪憐了，一切的理想、素志都被無情的事實粉碎，這又怎能怪你呢？但笙弟啊！人生於世上不單是爲了個人，而是爲了更多的人，更好地生活着，笙弟！你還年輕，你只不過二十多歲，你不應把人生看得如此灰暗，因爲像你這樣遭遇的人正多着呢！

忍耐點吧！直到明天！

（香港聯合書院）

無題（代箋）

萇苢

宵來風雨，我一夜無眠，扭亮一支淡藍的燈光，我重看到你對我黯然淌淚。別後悠悠的五年，人事滄桑。在離亂的歲月里，人生的悲歡離合，本極平常。但今日的重逢，我第一次看到你閃動的淚光，往事依稀，誰不感到薄薄的淒涼和傷感？

我不忍看到你喝了一盃咖啡，又一盃咖啡。我明白你把濃郁的咖啡，當作香甜的醇酒——你想借「酒」澆愁的你想到「寒夜客來茶當酒」的快事。當你正迷戀於難堪，一霎，我聯想起范仲淹的一首詞：「酒入愁腸，化作相思淚。」我心潮如湧，但說不出一句話來！憑什麼我能慰藉你？

我們相識在戰亂中，相別在投荒流竄時候，命運帶給我們不同的噩運，馱着這一肩沉重的災難與仇恨，東西流徙。無俚時日，我偶然翻閱你處來的舊簡：「別後天南地北，水遠山長，處處同，我要問天！誰比誰來得沉着與堅定？當有一天回到大陸上的日子……我們相見匆匆，相別也匆匆，留給我的是什麼？祇是一點惆悵而己！可恨得很！」而今，長長的十年，山河破碎如舊，故國的田園廬宇，殘破荒涼，我想起晉朝衣冠南渡的故事，也許明天回去！也許永遠不會回去！而我們的額角，已爬上生活的皺紋，滿頭的黑髮，已添上一星星的霜鬢。你變了，我原諒你，也原諒自己。世事的遞嬗更替，我能讓你等候到今天麼？何況，在天之涯，海之角，我們無意又重逢，這大概是命運的作弄吧？有什麼可怨？又有什麼可恨呢？

何必爲我流淌這些難堪的淚水？

十年了！我們無家，別後一覺五年，你在風雨飄搖中，建樹了一個家門，我應該興奮，也應該祝福的！

一九五九年七月卅一夜

戊戌政變，救康有爲的是英國，救梁啓超的是日本，救張蔭桓的則爲英日兩國。這件事蔭桓在當日也未必明白，一直到今天，種種可靠的史料陸續出現，然後我們才明白兩國救張的經過。有人說，當時的維新派比較接近英日，頑固派比較的接近帝俄，這雖然談不到如何的親善，但大致的趨勢却是如此。

當時英國駐北京的公使爲竇納樂（Sir C. Mac Donald），日本的公使本來是矢野文雄，但矢野回國去了，由林權助代理，其時日本的元老伊藤博文，正來華遊歷，也就住在北京的日本的公使館。

張蔭桓的被捕，在陰曆八月初十（即一八九八年九月二十五日），因爲張在總理衙門非常活躍，在北京外交界的眼中，他好像就是中國的外交部長，因此他一經被捕，外交界便立刻知道，英公使竇納樂尤其注意。在上一年，蔭桓還到英國去作過女皇維多利亞即位六十週年的賀使，像這樣一位有地位的外交人物，忽然因莫須有的罪名便要拉去殺頭，

記張蔭桓

舜生

這實在是野蠻之至，而且莫明其妙。因此，竇公使一聽到這個消息，便立即寫一封信給李鴻章，希望李予以援救，假定眞的被殺或秘密的處死，這將予西方各國以極惡劣的印象。其時李已不在總理衙門，但他的地位還是重要，依然能作有力的發言。竇公使知道李與張的關係是很不好的，甚至他還懷疑張的這次被捕，乃是出於李的陷害。因此，他感到單獨靠英國一方的力量還嫌不夠，乃更遣書記官送信給日代公使林權助，要求他幫助，並希望請伊藤設法。其時日使館正在舉行晚餐，大宴中國賓客，李鴻章雖亦在座，但不便和他談這件事，林於是遣退英書記官，並答應決如來信照辦。宴後客散，林即與伊藤作一度商量，由林親往見李，並用伊藤名義，請李救張，李初推辭，林乃出以恫嚇，謂可能引起列強干涉，李不得已，乃接受林的建議，寫信給榮祿，要他於太后前爲張緩頰，蔭桓之得以倖免於戊戌之難，這一幕大概是最主要的原因。

我在上面已提到蔭桓能作詩，在他被遣戍新疆的時候，沿途一帶，作詩甚多，他有一本『荷戈集』，我沒有看見，茲錄他一首七律如下：

九月晦，渭南道中得廉卿祭酒書，述敝居及壇兒蹤跡，奉答一詩。

無限艱危一紙書，二千里外話京居，覆巢幾見能完卵，解網何曾竟漏魚。百石齋隨黃石散，兩家春作綠楊虛，灞橋不爲尋詩去，每憶高情淚引裾。

在上面也曾提到所謂『驛舍探幽錄』，這本小冊子原係北京圖書館抄本，現由上海神州國光社印行於『中國近代史資料叢刊』的『戊戌變法』。作者王慶保曹景郕，係當時奉命在直隸境內押解張蔭桓的解官，自八月十九迄九月初四，在此半個月時間，他們兩個，隨時與張有所攀談，乃將張所談者逐日筆記下來，例如引用康有爲的經過，六君子被殺的情形，乃至德亨利親王及伊藤博文的召見，甚至張也談到：『皇太后私蓄有二三千萬金，半在南苑，半在大內，皆用紅頭繩束之。』這也可證明張平日說話極不謹愼之一斑。

庚子年七月初五，殺吏部侍郎許景澄，太常寺卿袁昶，張蔭桓在新疆戍所被殺，也就正在這一時候。（完）

國共和談本末（五）

司馬健

德鄰代行總統後，與介石水火之事不一而足。七項主張頒佈之次日，德鄰即電令參謀總長顧祝同釋放張楊；一月二十八日復手書敦促之。而二月一日、祝同始以「經轉電台灣陳主席重慶綏署張主任知照」呈復。及派程思遠飛台晤陳誠主席交涉，則逕以不知其詳對。又啓封報館亦七項主張之一，而京滬警備總司令湯恩伯亦悍然於上海槍斃記者許聞天，故以事實反抗之。德鄰均蔑如何。大底所謂七項主張除南京城內戒嚴令確已取消外，自餘皆具文耳；代總統之令直不出都門而已。蓋介石雖下野，而實則以國民黨總裁身份退居奉化故里溪口指揮軍政仍如故；其初以電訊交通未備，則以兩飛機航南京、上海、杭州間接指揮；二月初、新成電台七座，更以電訊電話直接指揮；事無鉅細，咸決於溪口；令無大小，咸出於溪口；殆自始已然，佈置早熟；是介石前給德鄰所謂「佈置」云云，又不特海空主力黃金外匯遷台已。故京滬爲之語曰：「介石『下』而不『野』，『引』而不『退』」；良然。

介石佈置基調既如是；故長江江防，首都安危所繫，而海軍總司令桂永清之江防報告，可以不報之南京總統府而逕報之溪口；大吏生殺，代總統宜得預聞，而京滬警備總司令部之逮捕附共浙江主席陳儀，亦可以不報之南京總統府而逕報之溪口。反之、德鄰主撥庫存金銀發軍餉，則主者以未得溪口諭允，可以置諸不理；德鄰欲於舊曆元旦出巡勞軍，主者亦以未得溪口諭允，可以不籌勞金，以致事不果行。易言之：去臘崇禧所謂倘僅代行總統職權，必且左牽右掣者，至是舉不幸而言中。而尤難堪者，厥爲二月初十一編員司令之發表，每司令得轄部隊三四軍；及二月五日行政院宣佈遷穗辦公；事前德鄰均一無所聞是。於是乎和談尚未開始，而「一國三公」之勢已成，德鄰取信共方，誘開和議之號召力，一落千丈矣。

二月十二日、劉斐卿崇禧命飛京謁德鄰曰：「今者和戰未定，事勢演變，尚難逆料；必當相忍爲國，庶幾克濟艱難。今南京溪口，儼同敵國；府院對峙，冰炭不容；長此以往，不惟影響對外觀感，亦且削弱公之地位，使將來或和或戰，均益難措手。爲今之計，莫如延攬蔣氏所親而我人所善者，共襄中樞，以使溪口不疑；擢進共方所善而我人所信者，折衝尊俎，以使共方不疑；然後無論和戰，始得因應咸宜。而何敬之（應欽）、張文白（治中），實其選也。事急矣；幸公圖之！」德鄰深以爲然；十四日即派專機飛滬迎應欽，並電西北行營促治中來京。而京滬既先已流傳「介石下而不野」之口碑，且審知德鄰之隱忍爲國委曲求全也，則輿論歙然歸之，斥孫科內閣爲逃亡內閣；留滬立法委員至聯名電責之；監察院更徇輿論立監兩院應在京復會之要求，首定在京復會；使德鄰之政治頹勢，爲之煥然改觀。德鄰挾此聲勢，二十二日、立飛穗懇勸孫科，復得粵中耆宿張發奎、陳濟棠等大義之支助，穗港輿論之贊許，孫科無復委卸餘地，始乃嗒然回京。月餘以來，府院背馳，遂乃渙然冰釋於一旦。及二月尾、立法院復會南京，監察院嚴譴孫科；監察院復因某案劾其曲庇，以局部改組內閣冀和緩兩院無效，於三月七日辭職；德鄰徇崇禧前請，以何應欽組閣；則彬彬然且府院一體矣。

德鄰和融府院既成，次即謀所以取諒於溪口。會其時新任總統府秘書長翁文灝及邵力子、張治中等恃與介石雅故，均自承願赴溪口勸之出國，以便澄清局勢，根絕葛藤。德鄰終以介石陰固，衆口一辭或趨轉橫決爲慮；獨於三月二日許治中與忠信行。乃不謂事爲外國記者所聞，大發專電渲染；用治中等甫至，介石即罵曰：「吾茲已下野爲平民，宜有居住自由，不受非法干涉。吾茲明告汝等，吾下野可；亡命則斷斷不可！且汝等宜知，吾乃素不受壓迫者。吾此次本懷，爲於元旦下野；嗣知有人製造形勢，在威脅吾，則吾亦唯端坐以迎此威脅耳。及後若輩音響寂然，吾於是亦始悄然下野矣。以言出國，亦同此旨；吾非不能出國，特斷斷不能因壓迫而出國！」治中等知不可爲，因歙然以他語亂之。居三日，治中揣介石意稍平，乃復委婉進說曰：「今情勢險惡，政府權責謂宜保持完整，始足集中力量，以與強敵周旋。南京同志於公斷無惡意；能遣治中來，即披誠討教，斷無惡意之證明。謂宜剴切曉諭，毋使失望。倘或差池，轉誤大局，固非公之夙心；然破巢無完卵，恐其時公亦難於辭其咎矣！」介石曰：「吾已決定，五年之內，不管政治；抑今生今世亦不願再管政治矣！吾今後唯以餘生埋頭整理黨務，以祈恢復黨之革命精神，重建黨之革命力量已耳。」旋又曰：「吾自審善爲參謀長，而不眞善爲主管官。吾曩嘗爲總理之參謀長，今後方且爲李代總統之參謀長矣！李代總統之成功，即吾之成功；亦即本黨與三民主義之成功。文白歸，可即以吾此語告之！」治中歸，以之語德鄰，德鄰以之語其屬，乃僉謂介石情辭懇至，不虞有他；而今後南京溪口和融之情，必且一如府院云。

×××

南遊星馬四律簡呈知友

·易君左·

欲上星球與月球，星球難去去星洲。
早欽黃裔多英傑，未讓紅潮泛衆流。
建國奮如雲裏鵠，浮家輕似海中鷗。
南圖應是莊生語，我但逍遙作小遊。

往事如煙隔一天，東坡笠屐總前緣。
將軍老去猶能飯，名士由來不值錢。
欲接金樽浮北海，好憑彩筆寫南田。
蕉風椰雨多情甚，魂夢依依細細牽。

天南何似江南好，聞說濃情似火燃。
大漢衣冠存正統，九洲文物着先鞭。
人來星馬誇奇遇，客比雲鴻歎遠遷。
萬里奉貽無別物，精金美玉父詩篇。

白象黃衣憶去年，幾人拜佛更求仙？
二分明月雲爲幔，十丈蓮花藕作船。
陵谷屢遷何足異，江山分領不容偏。
蒼茫一片天和海，後樂先憂敢息肩。

本刊已經香港政府登記
每逢星期五出版

聯合評論
週刊
United Voice Weekly
第五十三號

督印人：黃宇人　總編輯：左仲平
社址九龍金馬倫道卅八號三樓　電話61413
承印嘉羅印刷公司　馬師道五號　電話76007
總代理：友聯發行公司　售價每份港幣一毫
本報美洲版總經售處　美國紐約中美出版社
CHINESE-AMERICAN PRESS, INC
199 CANAL STREET.,
NEW YORK 31 N. Y. U.S.A.
美洲航空版零售每份美金一角

和平不要忘了正義

李璜

戰爭世人之所惡，和平舉世之所喜，故政治家出而致力於國家的和平，沒有人說是不應該的，不值得努力的。然而致力於和平，如果忘掉了正義，或於正義有所損，則致力的結果，往往所得的並不是和平，而反是戰爭。歷史往例甚多，遠的不去舉它，只舉我們曾親身經歷的幾個例子

一

第一次世界大戰結束，協約國贏得了戰爭，然而並未贏得和平，就因爲凡爾賽的和平條約，成爲一個宰割弱小的和平，而忘了正義的所在。凡爾賽和平條約裡最不公道的，是對於中國方面。中國參加了戰爭，雖未出兵，而貢獻過華工幾十萬人，不能不說是出過力，而且有所犧牲，但結果爲敷衍當時強橫的日本政府，而反將中國膠州灣的權利劃歸日本。因此使日本軍閥志得意滿，強橫愈甚，而終釀成日本之大舉侵華，成爲第二次世界大戰的導火綫。凡爾賽條約對意大利也不公道，結果使意國人民全體失望，而法西斯主義與墨梭里尼的侵略行爲始有所資而很快發動。結果墨梭里尼的行爲在遠東成了日本軍閥的導師，在歐洲成了希特拉的榜樣，等到希墨二魔合作起來，成爲軸心，亦與日本軍閥互相呼應，第二次世界大戰便難免了！

然而假使英首相張伯倫去到慕尼黑，手中不是一把和平雨傘，而是一根正義的棒，不犧牲捷克，而號召西歐以警告希魔一番，則後來希魔絕對不敢冒昧進兵萊因，更去侵犯波蘭的。這也猶如九一八事變，日本侵佔中國的東北後，英美也但求和平，而主持國際正義的態度都不夠強硬，終致日閥纔會有全面侵略中國之舉，結果釀成珍珠港事變，而英美在遠東也大受其害了！

二

第一次世界大戰後，自由民主世界只圖和平苟安，而忘了正義，結果二十年後便又發生了更慘酷的戰爭，這眼前教訓本應爲大家好好記着的。但第二次世界大戰還未停止，在雅爾達的英美蘇秘密會議中，英美爲敷衍蘇俄，又將中國的領土主權都犧牲了一部份，而且二次大戰德日相繼投降後，英美在波茲丹會議席上，在聯合國製憲會議上，都過於縱容了蘇俄，對德留着和約的問題不立刻解決，使史太林有從容布置的機會；對聯合國所製的憲章竟贊成蘇俄所提出的「否決權」，簡直太不公道，足使聯合國患上一生的小兒痳痺症！

不幸在第二次大戰後，英美又遇着一個比希魔更利害的魔王——史太林，凶暴又兼陰險！兼之國際共產黨人沒有人性，不通情理，處處搗亂，時時侵略，以致戰後十餘年來，橫被蘇俄侵略，亡國者以十數計：愛多利亞、拉特威亞、立陶宛、波蘭、捷克、匈牙利、羅馬尼亞、保加利亞、阿爾巴利亞、南斯拉夫。（南國雖因狄托苦鬥，而算是在史魔死後半獨立起來，但前途尚未能定也。）其他被蘇俄陰謀巧取而暗中控制的，如中國大陸、北韓、北越、以及墮其術中的印尼、阿富汗、伊拉克、以至古巴等，蘇俄這魔掌竟伸得如此之寬，其野心並未停止，其間諜佈滿全世界，而且其主要攻擊目標是美國！

這樣的惡魔，能與之長此和平共存嗎？筆者料知，不但美國明白人未作此想，即英國政治界也未作此想。不過在眼前，美國政府想得着一個暫時的和平而已。

三

但暫時的和平，必須赫魯曉夫懂得他的侵略的行爲，應該暫時止步！然而這一點，赫魯曉夫及其所指揮的國際共產黨人就辦不到！請看，寮國正在被共黨軍隊侵略中，而台灣海峽也是戰雲密佈，印度、尼泊爾也有被侵略的威脅徵兆，此外共黨在各國暗中破壞的事花樣甚多，舉不勝舉，這些，這些說是與蘇俄沒有關係，說是赫魯曉夫不是指揮者，其誰相信！因此，要與蘇俄講暫時的和平也未必能够。如果只是大國間暫時的表面和平，而將被侵略的弱小置之不顧，則是和平而忘了正義，戰爭終於難免的。

民主運動的我見

黃宇人

中國的民主運動，至今已有六七十年的歷史。在最初的三四十年間，此一運動乃以國民黨爲主力。中山先生所倡導的國民革命，其目的原在建立民有民治民享之民主國家；不幸，近三十年來——尤其是自胡漢民被扣留以後，國民黨的當權者竟逐漸步入全體主義的死胡同。雖然無數的國民黨員仍在各種形式之下，不斷的爲求民主改革而奮鬥，可是，收效甚微。時至今日，一個首先倡導民主的黨，反而變成了民主的罪人，寧非悲劇？

有人以爲當局今日的所作所爲，乃導源於中山先生之聯俄容共；但吾人若詳考史實，即知此說實似是而非。我認爲當年中山先生的主旨，除了外交上之運用而外，僅欲師法俄國革命的經驗，建立一個組織堅強的黨和一支忠於革命的軍隊；却並無在中國實行一黨專政和在國民黨內實行個人獨裁之意向。建國大綱雖有訓政之規定，但其目的，端在於建設憲政之基礎，國民政府必須於憲政期間還政於民。因此，人們儘可對訓政之理論及其實施作否定的批評；但如以訓政爲實行一黨專政，則顯然非中山先生之本意。又十三年十一月中山先生北上時，發表對時局宣言，主張召集國民會議解決國是，其組成分子爲各人民團體（包括各省學生聯合會），各大學，各政黨及反對曹吳各軍。這是中山先生的最後主張，那兒有一黨專政的些微跡象？

至於國民黨在十三年改組時，胡漢民雖曾提到民主集中制一詞；但總章內並未列入，胡先生當時所說的含義，亦與俄共所行者大有出入。依總章的規定，中山先生不但沒有採行任何集權制；相反的，他還把黨的領導權，交由中央執監委員會共同負責。所以，當時許多同志都覺得中山先生改組本黨，實寓有托孤之意。而在人事的安排上，不但反共最力的胡漢民張繼等十餘人仍分任改組後的中央執監委員，即曾聯合八大學校長通電請他下野的蔡元培也沒有被見外。更可爲中山先生無意在黨內實行個人獨裁的明証。猶憶國民黨在改組後的初期，民主氣氛極爲濃厚，知識青年踴躍加入，此情此景，今日的青年當難體會；然而在我們曾經親歷其事的中年人，則仍是依稀如在昨天一樣的。

中山先生逝世後，今蔣總統在崛起的初期，也是頗具民主思想的；因而曾得多數同志——尤其是黃埔學生的愛戴，奠定其以後發展的基礎。不幸，自北伐之師進抵武漢以後，一部分國民黨員即高舉實行民主政治和反對軍事獨裁的旗幟，掀起反蔣運動。此伏彼起，有時甚至不惜與中共及舊軍人作暫時的聯合，以期達到倒蔣的目的。但多數的國民黨員爲了顧全大局，仍予蔣以支持，希望能透過法治的途徑，建立民主的制度，胡漢民之出任立法院長及其所努力者，即爲最顯著之一例。

然而在今蔣總統的這一方面，由於黨內同志的離貳，深感有聚各方面的力量以爲己用之必要，於是大批的舊官僚，舊政客甚至軍閥餘孽即乘機滲入。九一八事變以後，爲了精誠團結共赴國難，反蔣的國民黨員也轉而擁蔣抗日。適值德義興起，有兩部分國民黨員更心嚮往之，蔣總統的領袖地位，因而愈加鞏固。但這兩部分國民黨員的心靈深處，畢竟忘不了中山先生的遺教。因此，他們雖高喊擁護領袖復興民族的口號，却仍常對蔣總統的某些措施表示異議。

唯自外滲入的那一部分人物，則善用中國歷史上宮庭政治的方法對蔣總統極盡先意承志之能事，逐漸包圍蔣總統形成了一種處理政務的特殊習慣，不受任何會議的拘束，也不受任何法律的限制。凡事均可隨意決定於官邸之內，祇有他們這些善跑官邸的人物才有相機參加意見的機會。不但國民黨的民主基礎從此蕩然無存，而國家的制度典章更成了具文，時人多知法西斯思想曾侵入國民黨作祟，但尚少了解宮庭政治乃爲害民主誤蔣誤國的主要因素也。

對日全面抗戰開始，國民參政會誕生，各黨各派均獲得國民黨的正式承認，各省市縣參議會亦紛紛成立，中國的民主運動又復進入高潮。在制憲國民大會中，民青兩黨隱執否決之權，現行憲法之得以通過，兩黨之功甚偉。但行憲開始，他們的注意力似乎太集中於參加政府而忽略了維護民主與法治。因此，行憲後三黨合組之政府，其政績並不如理想；而在政風方面，反而予國人以天下烏鴉一般黑的印象。於是，兩黨在政治上之制衡作用全失，而其內部更如國民黨一樣的分崩離析了。

我所以不憚其煩而追述這些史實，並非有意揭露任何政黨或任何派系的缺點；而是要指出中國民主運動至今所以一無所成的某些關鍵，以爲今後努力的借鏡。就我個人的體念，蔣總統原非不能接受衆議之人。假如某些國民黨員不曾一度爲法西斯主義所惑，更重要的，假如某系人物不曾滲入，則國民黨的民主基礎不致蕩然無存。又假如民青兩黨在行憲後，能善用其在制憲時所取得的形勢，集中力量於維護民主與法治，而不太重視參加政府，則今日的情形，也當大有不同。

基於以上的理由，我認爲今日的民主運動，已不可能以某一黨派或某些黨派爲主力，也不應以推倒某一黨派，而由某一黨派或某些黨派取而代之爲目的。時人談民主，易以國民黨爲對象，此因國民黨係執政黨之故。然而根據過去的經驗，縱然國民黨當局有此雅量，立却放棄政權，而由各黨派來組成聯合政府，恐怕不但於民主運動無補，或將更有害於政風吧？當然，我並不是說，因爲聯合政府不一定就是民主的實現，而應由國民黨的當權者長此專政下去，而是說今日各黨派都沒有民主基礎。各黨各派都有民主之士，也都有反民主分子和貪污腐敗之徒；而國民黨內屬於後一類的黨員固多，但屬於前一類的亦大有其人，年來他們在立監兩院中種種努力，即其明証。因此，我以爲今日的民主運動，應該是一個超黨派的運動，不但要把各黨各派中的民主之士團結起來，更必須把各黨各派以外——尤其是青年羣中之民主分子一併聯合起來，才能形成一個偉大的民主力量。在今日的局勢之下，我想像中的民主政府，是一個由各黨各派和無黨無派的民主人士所組成的舉國一致的反共政府。換言之，是以人才爲標準，而不是由各黨派分配名額。此一政府之主要任務，在於廢止一切違反憲法的措施，實行法治，確保自由，並積極規劃反攻。若不此之圖而仍在舊的黨派中鑽牛角尖，則恐將愈鑽愈深，無法自拔也。

蔣經國出國是時候了

徐亮之

兩點聲明

「蔣經國出國是時候了」；我在今天提出這樣一個問題，不但是爲自由中國着想，是爲蔣總統着想，而且也是爲蔣經國本人的政治前途着想。但同時我不得不先行聲明；第一：我和蔣經國絕無平生之素；因此，我今天提出這樣的問題，毫無個人恩怨存於其間。第二：我在共產大陸的家早毀了；我的老母給磨折死了；我的老弟給殺死了；我的學電機工程而毫無政治頭腦的獨子，還沒畢業便給拉去勞動改造了；而我自己則也已流亡海外十年於茲了。茫茫天地，一身而兼亡國破家之痛的莫過於我；亦即衷誠希望自由中國能夠強盛，政府當局能夠反攻大陸而完成中興使命的莫過於我；因此，我今天提出這樣的問題，對政府當局乃絕對善意。

一個分析

我既如是坦率聲明於先，接着我便要把蔣經國對於自由中國的關係，來一個坦率的分析了。即首先，我認爲蔣經國無論主觀上對自己的打算如何，對前途的憧憬如何，而客觀上他確已不幸只給人以他乃台灣特務頭子的印象。蔣經國乃蔣總統的兒子；這無論在現在民主時代、或過去君主時代，作爲一個國家元首的兒子，而僅給人以「一個特務頭子」的印象，是可惜的！同時，這種印象一經形成，是要爲蔣總統的盛德之累的。

然而尤其不幸，蔣經國之所以獲致如此惡劣印象，並非空穴來風，而實是有着使人構成這種印象的充分証據。他自由一位小小的江西行政督察專員（但却已是連省主席都對之無可奈何的專員），一躍而爲抗戰期間三民主義青年團幹部學校的教育長以來，直到現在，一連串的職務是：三民主義青年團組織處長，青年軍政治部主任，國防部總政治部主任，預備幹部局局長，總統府資料室主任，（全國最高的情報機構），青年反共救國團主任，國防最高委員會副秘書長，行政院政務委員，以及所謂「太子派」佔多數的國民黨中央常務委員會的常務委員。這樣大的權力，加在一個和國民黨並無了不得的淵源（除了他乃蔣總統兒子一點以外）的蔣經國肩上，是神秘而可驚的。何況人言籍籍，說他還是一個由蘇聯教育出來而從未正式聲明脫黨的國際共產黨員？

蔣經國的權力之大既如此，因而，台灣是蔣經國的天下這一論斷，是無人可以否認的。而亦因此，在台灣，一提起蔣經國，誰也不免要爲之頭痛；在海外，一提蔣經國，更便簡直「天下之惡皆歸焉」。關於這層，台灣的反應如何，且放過一邊，只說海外，不只就我們見聞較切的港九反應說：因爲大家既都預先對蔣經國的權力範圍懷有着神秘與匪夷所思的成見，於是在港九發生的匪夷所思的事件，自然而然要聯想到他；而不識大體的所謂「太子派」之在港九高級學府攪風攪雨，也自然而然非寫在他賬上不可。至於他直接權力所及的台灣，則尤其小到什麼桃色事件的糾紛，觀光女士的行止，也幾於無不對他疑神疑鬼，繪影繪聲，使人聽也聽得發膩來；其他大的事故更不必說。我不相信蔣經國是超人，職位如此繁多，而精力仍能如此無窮無盡地過剩與浪費。同時，我也不相信他的行爲的動機，竟可一筆抹煞，視同全不善良。然而我究竟不能不相信：縱使他的行爲動機主觀上是善良，也給冷酷的客觀毫無保留地葬送了。何況行爲動機的善良，並不等於行爲結果之便不成爲悲劇，乃歷史上屢見不一見的事實？我所以提出請他出國，甚至暫時出國的基本理由，即在於此。此外，則尚有如左的四種理由：

四種理由

首先，現在各方都集中注視於蔣經國的動作的，爲蔣總統明年五月任滿，是否修憲連任的問題。這問題，不久以前，蔣總統本曾公開宣示過反對修改憲法，本可作爲他不違憲競選第三屆總統而解釋。然而一証之台灣的實際作風，却恰適得其反。即他們明明知道修憲必依步驟；明明知道依憲法步驟，台灣早沒了合法的修憲者；亦即明明知道修憲即違憲，違憲即毀憲，毀憲即中華民國的罪人；却偏一方面在台灣高唱形形色色的修憲夢囈；另方面在海外發動行同兒戲的勸進運動；甚至居然以黨的機關報紙出面，發出「整個非共世界之華僑，現已敦促蔣於明年五月滿任時留任」的讕言（見六月二十二日台灣中央日報），去自欺欺人。這種魯莽滅裂的動作，說不是蔣經國及其智囊所策動的，是無人會相信的。這種動作任其發展下去，是非使蔣總統掉入違憲毀憲的陷阱，而步袁世凱的後塵成爲中華民國的罪人不可的；是非把以行憲和法治爲號召的自由中國變成無法無天的政治孤島，而騰笑萬邦遺臭萬年不止的。因此我不能不坦率說：「慶父不除，魯難未已」；「經國不去，台灣難安」。此蔣經國應出國的理由一。

其次，由於蔣經國權力龐大與神秘的既如前述；因而「傳子制」的復活，便也隨之成爲各方疑慮的焦點。但這種現象的造成，我却不認爲乃出於蔣總統的本懷，而認爲祇是他對某些既成事實姑息的結果。因爲蔣總統既自承爲孫總理的信徒，孫總理對兒子態度，復爲天下所共見，是不應該反其道而行之若此的；是不應該竟有這樣反常而落後的思想的。而且袁世凱父子的悲劇收場，殷鑑不遠；以蔣總統之明，更不應該再蹈這樣可恥的覆轍的。但既不幸而有所姑息於前，一班從龍之士，便也不難得寸進尺，繼續胡來於後；這樣胡來再胡來，姑息復姑息；萬一胡來到「罪貫滿盈」，姑息到「惡直醜正」，則中國人心不會死盡，國民黨的傳統精神也不會喪盡，如果不幸風吹草動，蔣經國的接位繼統固必將成爲夢幻泡影，而蔣總統也必且爲本黨的罪人，民主的罪人，昭揭於黨史國史而百喙莫辯的了！事實無益於自己，而適足陷親於不義，是仁人孝子所不忍爲的。知其不可而爲之不已，是祇有兩敗俱傷的。要表示本無所爲，莫如坦然去國；則羣疑自息，衆謗自止；老父無求全之譭，而自心如日月之明。何樂而不爲此？何憚而不出此？此蔣經國應出國的理由二。

復次，蔣經國所受的教育是蘇聯式的，所用的方法是共產黨的，所負的責任是特務性的，其特務的觸鬚又是黨、政、軍、教、僑、無孔不入的；而這樣的蔣經國便成爲台灣的實際控制者；台灣也便這樣成爲特務的世界，成爲大陸的袖珍版，成爲魯莽滅裂的蔣經國的天下。這樣而談民主改革台灣，是不可能的。台灣不能民主改革，而僅爲大陸的袖珍版，反攻大陸是沒有希望的；甚至也是沒有意義的；因爲大陸的人民，絕對不會歡迎一個「換湯不換藥」的政權在大陸的重建。然而，蔣經國如果不能及時離開台灣，則任何合理而可能的改革計劃，祇有沉諸海底而已！此蔣經國應出國的理由三。

最後，自由中國乃自由世界的一環，客觀上乃休戚與共血肉相連的。而蔣經國主要的歷史，却只是纔走出蘇聯的黑暗大陸，便走進特務的黑暗王國；却只是由黑暗走向黑暗；一直沒機會正面晒一晒自由世界的陽光，吸一吸自由世界的空氣；這就一個任重道遠而且將來必須與自由世界並肩作戰的政治家來說，無論如何是十分可惜的！我承認蔣經國有其政治家的強韌性；但如今已是二十世紀六十年代了，不睜開眼睛看世界，而祇埋着頭腦爭遺產，這樣的政治家無論如何是洩氣的；是經不起時代的攷驗的。何況這所謂遺產，並不一定就如過去君主時代般，可以名正言順貽之子孫，傳之萬世而無窮？而且老實說，以蔣經國的血氣方剛，精力充沛，政治上本不愁沒有錦片前程；則乘今日台灣危疑震撼，千夫所指集矢一身的當兒，大大方方，飄然遠引；去到自由世界，民主國度，學習觀摩三年五載回來，時間本不算遲；何必定要死獃在台灣，貽人口實，做人箭垛，禍延老父，毒流國家，毫無是處，絕不值得呢？此蔣經國應出國的理由四。

一句斷語

總之，蔣經國出國已是時候了；爲國家，爲老父，爲自己的政治前途，這都不失爲明智之舉。但却仍有待於他的勇敢而明智的抉擇。不過這抉擇最好還是不要遲到明年五月以後；因爲一到那時，縱使想出國，也是毫無意義的了；而到了那時，我便也敢於下一句斷語：蔣經國此生休矣！

共黨的裙帶風

岳騫

十年來我發現中共是有一點可取之處，就是沒有夫榮妻貴的現象，也沒有裙帶關係。

從中共最高級人員來說，毛澤東的藍蘋固然是艷名早播，但是自從嫁了毛澤東之後，並未因爲毛澤東的關係担任什麼要職，也未曾掛名爲中央委員，甚至在公共場合露面時候也少，只是默默無聞的寂處深宮，讓玉顏老去。

其次說到朱德的康克清，雖然在婦聯，在總工會都担任一個委員名義，在中共黨內也有一份職務，但是，不可否認康克清爲中共政權也奮鬥了二十多年，如若她不是朱德的老婆，也許今天地位會更高些。

中共要人的老婆地位高的只有兩人，即李富春的老婆蔡暢（全國婦聯主席·中共中委），周恩來的鄧穎超（婦聯副主席·中共中委），但這兩個人也還是由於自己奮鬥而來，得力於丈夫者究竟不大。

其餘的如劉少奇、彭眞等人的老婆究竟是何許人氏，外界都不知道，更談不到担任甚麼重要工作了。

最早發現中共首腦中有裙帶觀念的是饒漱石，此君當「解放」後登上華東王的寶座，於是他的老大爺饒思誠便當上江西省人民政府副主席，太太陸璀也當了華東區婦聯主席。陸璀在新四軍流竄時期還作過婦女工作，勉强猶可說，饒思誠畢生在江西教中學史地課程，本可以列爲「反動分子」，竟而一躍當了副主席，完全是父以子貴。饒漱石一旦被整肅，他們爺媳兩人的工作都垮了。

中共這種優點，近來已漸受到破壞，始作俑者就是陳毅。提到陳毅這個人，大家馬上就會聯想到女人，的確他的一生和女人是分不開的，自從在井崗山時期起，陳毅的風流韻事就到處流傳，陳毅的爲人有時也的確不怕人言，獨行其是，當盤踞沂蒙山區，受到國軍圍剿時，中共從延安運來一批僞製法幣，交給新四軍運到政府區買藥品、電器等必需品，結果買來之後，饒漱石打開木箱一看，竟有一箱是陳毅私人用品，包括三砲台紙烟、三星拔蘭地，各種吃食，甚至鴨絨被，一套俱全。饒漱石抓住這一點向中共中央告了一狀，陳毅曾受到批評，以後未能當上華東軍政委員會主席，與此不無關係。

陳毅一生雖然韻事流傳，但是說來也妙，却從未有一個固定老婆，「解放」後他和袁雪芬的交往，是華東區最熱門的新聞，頗有人推測袁雪芬將成爲陳毅的正式愛人，結果也一拍兩散。

到了一九五六年印尼總統蘇加諾到北平遊歷時，陳毅負責招待，蘇加諾是帶着夫人來的，陳毅去招待自然也得帶着夫人，人民日報上破例登出陳副總理夫人（以前稱愛人）張茜的照片，人們才知道陳毅終究成了家，有了固定的老婆。但是對於張茜的名字都相當陌生，只是在照片上看到張茜年齡約摸二十多歲，很漂亮，衣着也相當講究。

（未完轉第三版）

中共幹部為什麼鬆勁泄氣

曾明

一

中共八屆六中全會決定，在所謂「一九五八年大躍進的基礎上，繼續反對保守，破除迷信，鼓足幹勁，爭取一九五九年的更大躍進。」於是提出了一九五九年一些主要生產指標：「鋼產量從一九五八年的預計產量一千一百萬噸增加到一千八百萬噸，煤炭產量從一九五八年預計產量二億七千萬噸增加到三億八千萬噸，粮食產量從一九五八年預計產量七千五百億斤增加到一萬零五百億斤，棉花產量從一九五八年預計產量六千七百萬担增加到一億担。」中共這些指標的提出，並不是根據實際的生產力，而是由中共少數的高級共幹坐在房子裏憑空幻想出來的。

中共之所以敢於這樣毫無根據的胡思亂想，定出這些可望不可即的指標，因為中共在一九五六年以「社會主義改造」名義，已經把人民的財產掠奪變為他們政權的財產；在一九五八年藉着推行人民公社，將農民的殘餘私有財產又全部充公。在中共以為這樣一來，大陸上只僅存個階級：一個是奴隸主的中共自己，一個是被奴隸的人民奴隸。因為如此，中共滿以為在這種新的奴隸社會生產關係之下，就可以隨心所欲，要產什麼就產什麼，要多少就有多少。但是，生產力的發展是以一定的條件為前提的，不是以人們的幻想為轉移的。換句話說，經濟發展規律，不是人的主觀願望所能控制所能限量的。

二

儘管現代的核子物理學家，認為可以使一種元素變為另一種元素是完全可能的。這是從理論上設想利用原子技術的途徑，例如把煤礦變為石油礦，甚而至於變為金剛石礦。但是，在目前的階段，以物質條件的發展還趕不上理論的進步，因而只能適用於開發自然資源，以及改變物質的結構，而不能改變元素的本性。這就是說明，人不能超越物質條件所容許的限度，任意推動生產力的發展，任意改變生產力的性質。例如，早在十七世紀，牛頓就算出了每秒鐘八公里多的第一宇宙速度，這不過是給後來的科學技術專家指出了奮鬥目標：如果能夠達到這一速度，就可發射地球衛星。經過了幾世紀來各門各類的科學技術專家的努力，於二十世紀六十年代的今天，才能發射人造衛星。又如，原始公社使用石器的人，不可能一步達到青銅器時期的生產力水平。資本主義早期，在工業革命中起作用的科學技術專家，不可能達到現代的自動化、電氣化與原子能化的生產水平。由此可知，生產力的發展，不可能有一下子的突變。這就是証明生產關係改變的社會條件，並不能推動生產力的發展，而主要的是要按照當時科學技術水平的物質條件，從而才能促進生產力的發展。

三

就農業生產來說，以毛澤東所提出提高單位面積產量的水、肥、土、種、密、保、工、管的八字憲法，這八個字個個字都涉及到科學技術。從作物本身的種說吧，所謂種，是指的作物播種用的種子，以及甘薯和馬鈴薯等用塊根來播種的薯種，甘蔗用莖根栽種的蔗種，苧蔴用分根法來栽種的蔴種等等。

不同的品種，它們的遺傳性、本性多少有些差異，如果把它們都種在一個環境之下，產量也會往往表現高低不同。一個優良的品種，還必須有適應的氣候，土壤和耕作制度等農業環境，才能發揮它們的生產力，使產量提高。否則產量不會提高。而選育品種是一個技術問題，主要方法有兩種，一種比較簡單的，是利用作物受環境影響而發生的變化，從大田中選出一些特別好的植株來，分別種植和觀察生長情況；另一種方法是選出個別具有某些優良性狀如豐產，抗病等的父本和母本，用人工使它們雜交，用精耕細作的方法，培育它們的後代，並不斷用單株或混合選種的方法選出同時具有父母本優良性狀的，或更強於父母本的後代，成為一種新品種。以上兩種方法，前一種方法，一般老農老圃都可以做，而後一種方法，就必須要請育種專家來主理不可，決非是中共幹部蠻幹可以成功的。

四

生產力的發展，是取決於生產資料（如土地、森林、礦藏、河流、交通、生產工具等等）、動力（包括人力、機械力）的因素。這些因素，直接間接都與科學技術有關。總起來說，生產力問題是一個科學技術問題。但是，中共由於科學技術的落後，物質條件的貧乏，因而強調人的主觀能動性，而忽視了客觀條件的可能性，以致從今年以來，已經過去的七個多月來看，非但沒有出現比一九五八年更大躍進的情況，而且在「經濟戰線」上，在廣大羣衆和幹部鼓足幹勁的同時，出現了一種傾向，這就是一部分幹部中滋長了一種畏難鬆勁情緒，他們誇大了工作中存在某些困難」。「他們對於克服困難信心不足」，「認為計劃，指標越低越好，替自己的右傾保守思想辯護，這是目前經濟戰線上值得嚴重注意的右傾危險」。（見一九五九年八月九日「人民日報」社論）

中共幹部中滋長了這種畏難鬆勁的泄氣情緒，其基本原因，是由於中共無視於客觀條件的存在，把指標定得過高過大，同時中共幹部又缺乏科學技術水平。這有如盲人騎瞎馬，亂撞亂碰，一定處處碰壁，撞得頭破血流，必然鬆勁泄氣，這是自然現象，也是中共生產的最大困難。

談政治反攻與憲法

杜方

擺在中國人民心頭的一件大事——反攻大陸，八九年來，從韓戰開始，泛起了高潮，到韓戰結束，趨向低潮，又從金、馬海戰泛起了高潮，金、馬海戰沉寂後，又趨向低潮，這期間，眞不知瘋狂了多少人物。

中國人民的熱望反攻是迫切的，惟其迫切，也近乎是盲目的，於是從熱望走到失望，也是必然的道路。

反攻大陸的任務，的確是異常艱鉅，沒有充份的準備，不到有利的時間，是不容易實現的。但充份的準備和有利的時間，也要能夠善於運用，否則準備也永不能完成，時間也稍縱即逝，錯過了準備和有利的時間，那是莫大的損失，由此而招來的人民的失望，尤其是不可想像的。

目前形勢，在兩大集團勢力形成僵局的狀態中，軍事行動，在我方常受到極大的壓力和束縛，不要說反攻了，且始終處在挨打的地位，這是在軍事行動上，不善於運用的結果。

而且已由於盟國的壓力，不能不明白的表示不從事軍事反攻。

也因此，要大聲疾呼政治反攻了。

當然，形勢決定一切，在沒有充份把握的軍事行動上，空談軍事反攻，是不切實際的欺人之談。那末政治反攻，自然是不可少的，而且軍事攻勢，也終是以政治攻勢打頭陣的。

所以今天談政治反攻，並非不實際，正確的說，應該不是今日才開始，但確實能發揮凌厲的攻勢，今日也還不遲。

問題值得商討的，我們政治反攻的武器是甚麼，沒有武器是打不倒敵人的。光是口號，連嚇也嚇不倒敵人的。

根據蔣總統和陳副總統的說法，自由中國恃以為政治反攻的武器，是憲法。

能用中華民國的憲法，作為政治反攻的武器，重點是抓住了，也確實掌握到了最好的武器，決沒有人覺得不妥。

但當眞要發揮憲法的威力時，我相信中共一個花招，就可以解散我們的政治攻勢。我沒有理由，故意要替敵人長威風，「為匪張目」，我也不是說憲法本身有甚麼缺點，我只是平心靜氣的想到，我們要將憲法去攻入敵人的陣地時，在自己的陣地上，先得練習一番。

不然的話，原來用以打擊敵人的，却授敵人以柄，吃虧的還是自己。

大家都明白一點，中華民國憲法的基本精神，是自由民主，是推行民主政治，建立民主國家。惟其如此，才能使天下人歸心，集中力量在憲法的旗幟之下，為爭取自由民主的憲法精神，去反抗極權專制的共產制度，去推翻殘酷暴虐的共產政權。

行憲以後的中華民國，應該是一個法治國家，「一身繫天下安危」的獨斷獨行的寡頭統治的時代，已經過去了。憲法既成為國家的大法，國家機關，只有切實奉行憲法的精神，才能發揚光大。

可惜的是，行憲以來的措施，自由也好，民主也好，終被七折八扣，基本的如人身自由，出版自由，都得不到應有的保障，民主政治，也得不到應有的發展，憲法精神，一再被蔑視，如今且欲便利於將連任總統即提出修憲毀憲之議。

既如此漠視憲法，今後要用有名無實的憲法，去作為政治反攻的武器，這個紙彈能不能在敵人陣地開花爆炸，是大有疑問了。

當然，這不是說我們要捨棄這上好的武器不用；我們眞能克敵制勝的武器，還是憲法。

但憲法貴在實踐，既往我們可以不論，今後在自己的陣地上，在政治陣綫上，如果不能發動一番振刷的功夫，切切實實樹立起民主政治的制度和風氣，即使要談政治反攻，也只是不開花的紙彈。

談政治反攻而沒有政治優勢，等於軍事攻勢沒有優勢的兵力和武器，所以建軍建政，是一樣的道理。

並不是軍事攻勢要憑藉兵力、武器、補給，諸般物質條件上的因素，政治攻勢就不必具備這些因素而輕而易舉，事實上，政治攻勢所要具備的條件，是比軍事攻勢的條件更重要，更基本的。

（未完轉入第四版）

共黨的裙帶風

（接上第四版）

不久陳毅當了外交部長，每次出席宴會都帶着張茜，到了一九五八年十一月間，中共突然派出一個婦女代表團去柬埔寨訪問，團員有二十多人，團長竟是張茜。這一點在中共習慣上倒是創舉。我們雖然不曉得張茜出身，但從她的年齡、衣着、外貌看來，決非共黨老幹部，可能是「解放」後剛畢業的學生，現在一步登天，居然率領代表團出國訪問，此種情形在過去不稀奇，在中共統治下却未曾見過，這雖然由於陳毅胆大，但也可看出中共在習慣上漸向舊風氣投降。張茜到柬埔寨訪問一個月之後，柬埔寨竟然承認中共，雖然由於施哈諾的盲動、無知，但張茜也許不無微勞。接着又到北越去訪問，受到胡志明的熱烈招待，今後張茜顯身手的機會可能更多。因為有地位的女共幹，大概都是既老且醜，又未見過世面，根本就拿不出去，新人又不能得到黨中央的信任，比較起來張茜可算是最合適了。不過從此中共滋長了裙帶之風，將來也許皇親國戚一齊出現，陳毅將成為中共的罪人了。

台北通訊：

勝利女神的誇大宣傳

趙無忌

八月十五日午後三時，中美兩方在台灣陸軍飛彈基地舉行了一項典禮，美軍援華顧問團長杜安少將依據共同防衛計劃，將美國駐台「勝利女神」力士型飛彈的全部裝備和使用控制權移交了國軍。這當然是一件興奮的事。但台灣官方報紙卻未免太作誇大宣傳，中央日報與新生報都硬說從此「國軍跨入飛彈時代」。其實，國軍弁未跨入飛彈時代，而只是台灣防空武器進入飛彈時代而已。對於勝利女神飛彈的性能，杜安少將說得很好，他說：「這種飛彈移交給中國國軍後，加上中國原有的優秀空軍，將使中國的防空力量大大增强，即使敵人儘量的閃避，也必將被飛彈擊毀。」這說明了勝利女神飛彈只是防空武器。官方報紙因此誇稱國軍已進入飛彈時代，未免有些誇大。嚴格的說，國軍在未擁有攻擊性的中程飛彈且可自由使用以前，是不能說國軍已進入飛彈時代的。國軍的裝備及戰鬥力如何？向為一切民主反共的僑胞所注意，為了糾正官方報紙的誇大性，所以筆者特別在這裡把勝利女神的真實性能說一說。

台灣中南部大水災

最近，台灣中南部的雨下得特別大。據統計：彰化縣一夜之間，自八月七日下午九時到八日上午六時止的九小時內，雨量就達八一一公厘，超過該縣每年的平均總雨量有多，雲林縣在九小時內的雨量則更達一千〇一公厘，而在通常情況，如果全日超過二百公厘雨量，就容易導致水災的。這一次雨量驟多，自難免造成了六十一年來的大水災。

災情發生以後，國軍部隊出動救災，很有成效，而且也給一般人民好感，但政府在經濟方面的救災力量卻顯得薄弱。到現在，政府的救災撥欵有限，而要全部救災，估計非二十億台幣莫辦。雖然這次中南部水災的損失詳情，目前尚無確切數字，但人有死傷，房屋有倒塌，受災地區廣，項目多，農林、漁牧、水利、交通、糧食、肥料等均有損失乃是事實。就現狀看，政府是希望美國能有大量救濟的。但這希望的結果究竟如何，尚不得知，台北現正在政府命令下從事節約，各著名大酒樓有人巡視，據說已經沒有發現大規模的酒食浪費；各酒樓的生意已減少了三分之二，但這對於救災是否具有實際補益，仍是一個問題。至於社會各界人士的捐助，其中固然不乏動人故事，但據台灣八月十五新生報短評以「誰捐欵不力」為題說「救助中南部水災，各界已熱烈發動，但看近日情形，似乎中產以下人家更富於同情心，幾十幾百的捐欵人，大多屬於此類。至於般商大戶和公司行號，踴躍捐輸者固然不少，但意存觀望或點綴應景，似亦大有人在」。這短評看到了事實的一面，但另一面，政府為什麼不發動現在美國作寓公的巨頭們，叫他們拿點錢來救災呢？

綜合這一次中南部的災情，全省十三個縣市受災災民，總數畢竟不過二十四萬八千一百〇四人，且這是十年來的第一次，假如政府救災得力，這災情是很容易解決的。當然，今日台灣的災民，也是極希望海外各地僑胞多予捐助的。

民社黨代表大會又有糾紛

政府退出大陸以來，於今十年了。中國民主社會黨（簡稱民社黨），經過許多困難，才於現在舉行一次全國代表大會，真算不容易了。該大會已於八月十五日上午九時，在台北和平東路二段二二五巷該黨中央總部新厦舉行開幕典禮。計到有石志泉、戢翼翹、蔣匀田、金侯城、萬鴻圖、郭虞裳、孫亞夫、楊毓滋等代表共一百六十餘人。由該黨主席團主席戢翼翹主持，通過臨時動議三項：計一、向保衛金馬陣亡軍民致哀三分鐘，並電保衛金馬將士致敬。二、向淪陷大陸為國為黨犧牲之該黨同仁致哀三分鐘。三、電慰台灣中南部水災同胞，並用大會名義捐新台幣一萬元云。

該黨之所以選定八月十五日開會，顯示該黨大會之主要宗旨端在團結。但台北中央日報卻於八月十六日刊有「中國民主社會黨中央改造委員會暨所屬台灣省黨部公告」，說：「本黨少數分子於八月十五日片面召開所謂全國代表大會，殊屬不合，茲經本會暨所屬台灣省黨部聯席會議議決『應即登報聲明該代表大會所有任何決議及行動均不能代表本黨』等語紀錄在卷，特此聲明」。查所謂中央改造委員會，實係少數被唆使之特別分子所組成，企圖擾亂民社黨之團結，從而達到分而治之之目的。此盡人皆知之事，故其不能阻撓民社黨之全國代表大會，乃當然的事。不過，這卻使極權分子敵視民主之一貫用心，又暴露一次罷了。所以，筆者從關係方面得悉，民社黨決不理會此類特別分子之阻擾，仍將繼續舉行大會，並聞將推選剋留美國之張君勱先生為該黨主席，今後該黨並將遵循張君勱先生多年來所一貫主張之民主反共大道前進云。

更正

上期第一版黃宇人先生「談聯俄容共」一文，「他曾想聯美聯法而對方都不理他」一句，其中「法」字係「德」字之誤，特為更正。

談政治反攻與憲法（接上第三版）

我們是一個正統的國家，雖然目前政府局處一隅，但我們反的攻任務，是光復失土，政府雖然是失敗的政府，但在失敗之後，再來担任光復失土的責任，因之我們今日要發動的政治攻勢，不同於起義的人民組織，我們不但要有符合人民意志的政治目標，還必須要有實質上的表現。而且必須先有實質上的表現，才能洗刷失敗的恥辱和失敗的影象。也才能建立政治攻勢上的優勢。

中國人民的政治覺悟，已經提高，愚民的政治，已經行不通了，愚民的政治攻勢，也是打不出去的。

固然，我們進行政治攻勢，可以利用敵人的弱點作戰，但充其量只能收到破壞的效果，而且破壞的效果，還要倚賴我們實際的建設性的政治目標。

我相信每一個中國人（除了共產黨徒）都在熱望反攻，軍事反攻也好，政治反攻也好，只望能早一日攻破共產黨政權，對於我們所要發動的攻勢，都寄托着熱切的厚望，就希望不要打沒有把握的仗，尤其不要在紙上談兵，說說算了。

我們既要打有把握的仗，我們必須先要培養實力，目前所談的政治攻勢，也先要培養好作戰條件所需要的實力，所謂「得道者多助」，「得道」是推行政治的要訣，而所謂「道」，也已載之於憲法。

所以談到政治攻勢，談到憲法，還是要從根據憲法切實做起。

勸退書

康越

編輯先生：邇來在各地反對「三次連任」聲中，「勸進」之函電，紛至沓來。至於「臨時條欵」之如何補充？法律漏洞之如何彌縫？左右「忠貞」之士，早已籌之有素，成竹在胸。預計大選之日，定能以壓倒多數，達成「連任」之最後目標。猗歟盛哉！夫復何言！

惟不佞尚有不能已于言者，願借貴報一陳之。今政府尚能屹然倖存於台灣，為在台及海外二千餘萬同胞所奉為正統而寄以反攻復國之期望者，賴一部憲法耳。現行中華民國憲法，乃全國公民選出之代表所制定，其法律效力，為無可爭議者；政府係根據此項憲法所產生，其正統地位，亦屬無可爭議。國際上所以尚有多數國家繼續承認政府為中華民國之代表者以此，共黨所以對之痛心疾首，必欲去之而後快者亦以此。顧憲法之為物，若尊之、崇之，更從而信守之；則誠屬神聖不可侵犯，而具有無上之威權；若背之、棄之，更從而玩弄之；則其價值，曾不若一張廢紙。憲法四十七條，明白規定：總統副總統僅得連任一次，今乃必欲毀之棄之，悍然作三次連任之企圖，寧非自毀法統，自棄立場。蔣總統縱不自惜，奈何竟不為國家命脈稍留一綫生機耶！

或謂現任國大代表及立監委員，雖已任期早過，與憲法規定，早已不符；但此乃限於事實，而非存心違法，總統連任問題亦然，故猶冀為世人所曲諒，實則守法違法，崇憲毀憲，均決蔣總統一念之間；一切飾詞，無非欲蓋彌彰耳。

總統左右忠貞之士，與各方「勸進」之徒，輒謂處此國家危急存亡之秋，非「連任」不足統率羣倫；非「連任」不足以領導反攻復國。大有「斯人不出，如蒼生何」之概。但証諸已往事實，蔣總統掌握政權，既三十年，統率之成效何若？領導之功績安在？百萬大軍之毀滅，毀於統率無方；整個大陸之陷落，陷於領導無能。遂令大陸六億人民，淪於水深火熱之深淵；海外千萬僑胞，困於顛沛流離之苦境。痛定思痛，誤盡蒼生之咎，蔣總統又何能辭！為他計，早應辭謝一切尊號，退思補過，以平民之身，隨時襄助國事。或則身先士卒，率領反攻之軍，不立功，則成仁，庶可稍贖前愆，以求諒於國人。若猶眷戀權勢，霸據高位，以為「方今天下，捨我其誰」。誠不知其所可矣。蔣總統平日恒以「知廉恥」、「負責任」訓誡部屬；究將何以自解？

昔華盛頓以美國國父之尊，而憲法條文，並無不得連任三次之規定，尚猶遜辭三屆總統，以樹民主憲政之風範，蔣總統對國家之貢獻，視華盛頓為何如？孫中山先生以「天下為公」訓黨員，勉國人；而號稱為其繼承者之舉措，則以「私天下」、「家天下」為歸結。不知中山先生於九泉之下將作何感想？

美國獨立宣言起草人傑佛遜先生曾言：「總統無限止連任，必將導致終身戀位，甚至企圖世襲。」勸進派今日之用心，不已早被先哲「一言道破」乎？

袁世凱一代梟雄，其羽翼之衆，實力之厚，遠勝於今日之蔣總統，然以梁任公一紙雄文之抨擊，蔡松坡一聲正義之號召；卒致洪憲王朝，土崩瓦解，袁氏且以羞憤無地而不得竟其天年。前車不遠，可為殷鑒。勿謂今之台灣及海外，絕無任公松坡其人也。

不佞於蔣總統，絕無私人恩怨，其所以不欲言不忍言而又不得不言者（不佞在此文以前絕未發表任何反對連任之文字，蓋不欲言亦不忍言也），實為保全國家一綫命脈計耳。倘能懸崖勒馬，時猶未晚。若執迷不悟，一意孤行，則法統不存，政權安立，願蔣總統及勸進派三思之。

（讀者投書）

大陸逃港學生的控訴：

我怎樣從新加坡回大陸讀書（上）

張德明

我自幼長在貧苦家庭，一家六口全靠父親一人打洋工來養活，故無法供給我進正規學校受教育。十二歲時，父親即送我到新加坡崇××汽車公司當學徒，晚間便到夜校去讀書。一九五二年我已是一個熟練修理汽車工人，那年我已是十九歲了。既有一技專長，每月收入也不錯，除以一部分幫助家計外，餘的錢都花在書報上。由於自己年青無知，思想單純，不知不覺的便從左傾書報中受了共產黨的毒。他們的騙術很高明，自然而然地使我內心迸發出愛國的熱情，有似澎湃洶湧的波濤，並從此誤認中共政權便是我的祖國。又聽他們說大陸唸書不要錢，對我這個自小失學的青年眞是非常的引誘。我父母親亦認爲自己既無能送兒子升學，既然大陸讀書又不用錢、何必不給他去呢？因此我父母親對我返回大陸的事不但不阻止，反而鼓勵我去。

一九五二年底，我從新加坡到達了廣州市，向僑省僑委會申請入學。誰知該會文教科共幹梁同志，竟以我從未就讀正規學校，缺乏數理化知識爲理由，不准我進入石牌華僑補習學校補習，而要我先去台山華僑補習班學習，等待明年秋再投考中學。我在台山華僑學習班住了幾個月，由受過騙的僑生告訴我們，方知我已進入他們的圈套，領導上一次又一次要我去海南島華僑集體農莊拖拉機站當修理員，其實誰都曉得海南島華僑農場是沒有拖拉機站設備的。由於我堅決不肯去當農奴，他們才又在五四春强迫我到福建廈門參加建築海堤工程。此堤先由中共「專家」勘測繪圖，定在集美僑校左側興建，長約一公里。工程正在緊張施工時，蘇俄「專家」匆忙趕到，立即成爲興建這條海堤工程的司令部，以水流過急爲借口，强令中共「專家」放棄這工程。由於時勢迫人，後來中共「專家」也不得不向蘇聯「專家」屈服，放棄自己的美麗計劃，而去執行蘇俄「專家」的計劃。這條比前長多七百公尺比前平均深十四公尺的海堤，就在蘇「專家」的指導下，重新在集美僑校右側開工興建。新工程比前更艱巨，時間也比前更緊迫，需要的奴工無形中也增多了幾倍。先後到這裡來的有初中高中畢業生和少數大學生，大多數是來自各地農村的青年農民。工作分拓石、爆石、搬運、潛水等幾大類。我被分配在搬運組工作。名義上規定每日工作時間爲十二小時，而實際上每日非要幹十六小時不可。如在深夜二三點鐘潮漲，我們也得提着汽燈，冒着寒風去和巨浪搏鬥，趕運幾百斤重的大方石塊去用。白天如遇狂風暴雨也同樣得在雷電交加情況下工作，翻船是常有的事，每天喝鹹海水的苦頭還不算，每遇台灣飛機飛來掃射襲擊時是同樣不准離開工作崗位的。但誰不怕死？爲了此事，共特强迫我們大集會，在大會上公開宣佈說：「誰敢違抗勞動紀律，隨意離開工作崗位，第一次罰一個月工資，第二次加罰六倍，第三次就送勞改了。」又說：「周圍有强大的『解放軍』炮兵部隊保衞着，你們有什麼好驚慌的。敵機（指國民黨）如敢向你們投炸彈，炸死由我負責。」但是我眼見一位姓鄭的和一位姓彭的工友就在這嚴重情況下，被炸死了，他們在臨死的一剎那，還在大聲喊叫「救救我呀！救救我呀！」滿身鮮血，此慘狀實不能用言語來形容，但共幹張主任給他們負了什麼責任呢？强驅奴工在高崎島山上，挖了一個洞，也不用棺材，就給他們埋下。原來張主任給他們負的責任是無棺木的軟葬而已。

工作如此繁重，但我每月所得的工資却不過是僞人民幣二十四元，除了交食住費外，剩下的錢還不夠買一套工人服，要是得病那就更不能想像了。我們經常吃什麼呢？早膳是稀番薯粥，午餐南瓜粥，晚餐二號粗米飯，菜是黃豆芽和蘿蔔頭，每月我們可吃到配給的四兩菜油和三兩猪肉外，你如果想多吃一些有營養的東西，有錢也買不到。但我們這種吃法已比一般老百姓吃得好多了。住的地方又是怎樣呢？共產黨對外宣傳不是開口閉口都說工人大翻身了嗎？工人當家作主了嗎？工人住洋房了嗎？是不是眞有其事呢？除了各地都有幾幢專供參觀的工人住宅外，其餘的人差不多都無適當的住地。我們當時是住在敗壁殘垣的集美鎮背後的小山上，臨時搭起的矮小茅屋，活該睡在那高低不平的集體床，更讓那臭虫、蚊子來吸血。我們的生活環境雖是如此惡劣，但誰都一樣只敢怒而不敢言，要是誰敢口出怨言，如被四下埋伏的共特聽見了，那反革命的大帽子立即會落到你的頭上。（未完）

「取經」—大陸正在流行的一樁怪事

何雨文

大陸上有很多怪現象，往往可以在中共報紙中的小消息和短評論中發現，這許多怪現象，看來很可笑，如果深一層地研究，可以發現許多重要問題。

例如七月三十日人民日報第八版有這樣一段：

「有一個單位在一、兩個月內就接待七、八起取經的，每一起一般是八、九人，最多的是十七人，有的來自上海，有的來自大西北，有的來自長春、錦州、石家莊……如果算一下他們所花的旅費和時間，那眞是一個可觀的數字。以十七人的一組爲例，光以車費花兩千五百元，加上補貼和其他車費，三千元大關恐不難突出。時間呢？一來一往，至少也一個月。」

這是指到北平去「取經」的，自然由縣到省、專區，由專區到省，由鄉到縣，自然更多。整個大陸中共幹部的出差旅費和出差所耗費的時間，將是一個無法計算的數字。

所謂「取經」者，是指某地方對於某項生產或事業有特殊的成績，技術上或處理上有重大的改進，值得各地派人來學習。中共自發展所謂「技術革命運動」以來，走着「群衆路線」，新發明層出不窮。依照中共所說：「農民們在一畝土地上收幾萬斤糧食，工人們一天幾次打破定額，用小機器製造大機器，許多粗具文化的人創造出科學家難以創造的新技術，青年學生們自己編寫教科書，黨委書記和工人們一起睡在高爐旁邊，幾百萬工人和農民學習馬克斯列寧主義理論，以及吃飯不要錢等，諸如此類的事情，都是古今中外所沒有看見過的。」（紅旗一九五八年十二期）既然有這許多古今中外所沒有看見過的事情，自然該交流經驗，離開工作崗位去「取經」了。問題是在於這些古今中外所沒有看見過的事情，看見過之後，就會知道是什麼一回事，也就不虛此一行了。

然而中共的大小幹部雖然明知道「經」是眞實沒有，但仍舊踴躍地去「取經」。一來這個「取經」，是一種享受，不要說危險，就連一點辛苦也沒有的。二來每個幹部在工作崗位上，工作都是緊張的，生活也都是困苦的，能夠找到一個機會去休息一些時候，過一些比較好的日子，找機會出差，說是「取經」題目也喊得响，上級沒有不批准之理。

這種情形，在鄉村特別普遍，一個高級鄉村幹部由於學習、開會，請示工作等機會，一個月可以在城裡有十天以上的時間，到了城裡，可以暫時免除工作，可以吃到鄉村裡吃不到或者不敢公開吃的東西。「取經」是中共的術語，乃「出差」的代名詞。所謂「取經」，即吸收經驗學習經驗之意，「取經」而有如此許多好處，難怪中共幹部都爭着去「取經」了。

大陸之窗

中共鐵道建築的分析

·劉裕略·

從原則上講：鐵道建設雖然是現代國家的要務，但它的建築，却應從人口、經濟、國防三方面的需求來着眼，其構成則尤應在自由勞動的原則下實施。只有如此，它的意義與價值才更重大。在中共佔據大陸前，中國早已有一些鐵道，但其中竟有一部分不是出於中國自己的打算，而乃出自外國帝國主義的要求。所以，過去若干年，由於中國政府貪污無能，由於中國政府對整個鐵道建設缺乏適當的全盤規劃，以至抗戰發生，政府遷都重慶，西南後方及重慶附近却並沒有敷設適當的鐵道網。物資調配固然不靈，戰略上的內綫作戰優勢也不具備。這眞是國家的大不幸。

中共佔據大陸以後，鐵道建築的里程大大增多了。中共也一直以此在宣傳上自詡。但試一檢討中共鐵道建築的着眼與狀況，又立可發現它的鐵道建築與中國人口及國民經濟狀況並不盡合，而與中國國防的眞正需求也並不相符。原來今日大陸之一切鐵道建築，雖然已與舊的國際勢力完全絕緣，但前門進虎，後門進狼，今日大陸之鐵道建築竟又成爲蘇聯帝國主義對中國的控制機構，整個鐵道網都已變成附庸於蘇聯戰爭體系的交通系統了。這與一國應有之獨立國防及其基於獨立國防而應有的交通系統完全相違。

中共信仰馬列主義，一面倒向蘇聯，既無獨立的國家政治路綫，自亦無獨立外交與獨立國防可言。既無獨立的國防，當然也就無所謂基於獨立的國防着眼而來的交通設施了。有之，只是蘇聯戰爭體系的附庸國防與附庸交通系統而已。這從中共佔據大陸十年來鐵道建築的事實可資証明。

中共佔據大陸之初，即以下列事實明白顯示它的鐵道建築的重心所在。它最初即致力於下列各鐵道的補修和新設。

一、湘桂黔鐵路柳鎮段——這是中共儘先搶修的戰略性鐵道之一。它從柳州到鎮南關。以中國本身的需要看，這本不應該是中共儘先要做的。因爲中國其它部分對鐵道的需求遠比這條鐵道爲殷。這條鐵道的客運與普通貨運的意義都很小，但只因這條鐵道可以把從中國最北方的滿州里與最南方的鎮南關完全由鐵道連貫起來，形成蘇聯橫過中國大陸到東南亞的一條戰畧通道，所以，中共竟把這一條鐵道之建築擺在中國本身其它急需之前，而於一九五〇年十月十日起全綫動工，次年夏季即替蘇聯完成了這一條鐵道。

二、是湘桂黔鐵路都筑段。這是西南大動脈之一，中共佔據大陸不久，即把它修好。

三、成渝鐵路全長五百零四公里，早在一九五二年七月一日趕速完成通車。

四、天成鐵路——這是由成都到天水的鐵路，它銜接了成渝鐵路與隴海鐵路，大西北與大西南也因它而連繫。中共於一九五二年六月一日起把建築成渝鐵路的原班人馬轉移到天成鐵路，現刻早已完成通車。

五、天蘭鐵路——這是天水到蘭州的鐵路，於一九五一年開始鋪軌，現亦早已通車。

以上是僅就中共佔據大陸之最初三年所致力的鐵道建築概況而言，但即可以看出它的重心完全擺在大西南與大西北。最近七年，它在大西北與大西南續有修建，茲因限於篇幅不能盡列。而它對於東南沿海及華北華中則除針對台灣的鷹廈鐵路外，則反而一直極少敷設。目前則更致力於大陸鐵道與蘇聯鐵道之銜接。所以，我們檢查中共鐵道建築的情況，很容易發現：它是極圖用鐵道把中國大陸與蘇聯連貫起來！其次，它是一直把鐵道建築的重心，擺在大西北與大西南的。中共何以如此？察其意圖，無非是因爲它預想將來戰爭一旦爆發，它就打算在萬不得已時退守西南與西北，趁早創設內綫作戰的有利條件，並儘可能在鐵道上與蘇聯銜接起來，從而與蘇聯打成一片，以便獲得援助而已。所以，從這方面看，中共無意脫離蘇聯，已係鐵的事實。而另一方面，由於中共交通網在蘇聯戰爭體系的附庸關係愈來愈深，則中共將來縱欲自拔，亦是不可能的事了。所以，我們再看看中共大規模强迫奴役以從事戰爭性質的交通建築的情形，不難看出：擺在我們面前的，實在是一幕戰爭性附庸性的悲劇！國家建設與國民經濟的價值與意義則是比較小的。

寮國拒抗共黨顛覆的經過

·莊綺芳·

永珍通訊

寮國是和我國毗鄰的沒有海岸綫國家之一，自一九五四年日內瓦協定簽訂以後，她的局勢就一直引起我國同胞和世界人士注意；迨至今年三月，寮國政府宣佈不承認日內瓦協定的限制，形成了她的一項決定性的國策，於是她的局勢的發展，就更牽涉到東西方兩大集團上去，也可以說，她已漸漸成為亞洲地區一個堅强反共的基地，給共產黨一次有力的打擊。現在，且讓筆者來簡畧地報導一下寮國堅決拒抗共黨顛覆陰謀的經過。

最初，寮國的豐沙里和桑諾兩省，是被共黨武裝劃據着的；共黨還借着「放下武裝」的調子來誘騙當局組織「聯合政府」，承認他們的「愛國黨」為合法政黨；繼而北越共軍，侵擾寮國東南部，大批武裝隊伍，結集於十七度的停火綫附近，並增兵屯駐於若干接近寮國的據點，其企圖當然是製造邊境緊張，而借軍事力量來暗助寮共奪取政權。後來在停火協定下，寮共頭子蘇發努馮出任聯合政府的規劃大臣，另一寮共頭子富美汪維赤則任宗教和美術大臣，曾被放逐泰國十年的蘇發努馮的長兄差叻，亦返國出任樞密大臣，共產黨的陰謀，至此益為顯露。而此時寮國首相符馬，曾一度墮入所謂「中立主義」圈套中，在蘇發努馮兄弟掣肘下，對內政和外交都進行得相當尷尬。符馬於聯合政府組成後，曾率財政、內政兩大臣去過中共的赤色首都（北平），作走中立路綫的試探，終於發覺與中共接近，等同送羊入虎口，於是轉而訪問美國，並在美發表聲明，說要防止內部顛覆的危機。回國後，符馬果然致力於反共，其後並支持薩南尼空出組聯合政府，薩南尼空提出了七項施政綱要：一是反抗共產主義的威脅，二是維護國家獨立與統一，三是保持君主立憲，四是肅清貪污，五是促進農牧及手工業，六是振興教育，七是遵從聯合國憲章。陰霾籠罩下的寮國局勢，至是露出一綫曙光。薩南尼空上台前，越共陳兵寮邊的行動，無疑地是恐嚇薩南尼空的向右轉，但此種恐嚇不特沒有發生效力，相反地，却促使了寮國宣佈放棄日內瓦協定，把反共的理念推行得更為迅速；這確是共產黨所意料不及的。薩南尼空宣佈不承認日內瓦協定之後，並立刻向財政及經濟部發出緊急命令，禁止中國大陸貨品輸入，共產黨對此，更為切齒痛恨，因而乃有北越共軍第二次在寮國製造危險局勢的行動，並妄指美國在寮境建立軍事基地，以圖將其所製造的危險局勢再予加深，但司馬昭之心，路人皆見，共產黨的陰謀，又焉能隻手瞞天？最近，寮國的前國防部長山那乃科尼已首途前往聯合國請求派員到寮視察了；是非皂白，不難立予分曉。

馬來亞大選的前夕

（吉隆坡通訊）

馬來亞獨立後之首次大選，已定於本月十九日舉行，獨立後兩長年來馬來亞的政治變化，將可於此次大選的結果覘之。競選的高潮，空前劇烈；因為初獨立的時候，差不多只有華巫印聯盟一個政黨，以一政黨握馬來亞政治的牛耳，而且可以說是由它爭取到了獨立的。所以華巫印聯盟當時的執政乃是順理成章，絕沒有什麼「競選」的必要。可是兩年過去了，新政黨多有組成，若干於獨立後，開始對政治感覺興趣的獨立人士，亦各以其擁有之社會地位及羣衆，出而參選，在多方面參選的複雜情勢中，每一區的議員，鹿死誰手，還是未可預料。

參選的陣容

在選舉已屆短兵相接的時刻，宣傳戰，早已白熱化地展開，各政黨領袖，更已親臨競選前線督師，務期必勝。

今年參加選舉的政黨，華巫印聯盟之外，有泛馬回教黨，社會陣線，人民進步黨，馬來亞國民黨，馬來黨，以及獨立人士等，七個單位。其中獨立人士，只是各自獨立競選，而非結成一個陣線。

上述這些政黨，僅是依照它們的名稱，便可以看出它們的性質；譬如：華巫印聯盟是主張多種民族團結合作的。社會陣線則是左翼的政黨。進步黨不分華巫，雖標榜進步但仍是穩健的。以「馬」字為黨名的有馬來黨，馬來亞國民黨，泛馬回教黨，都有偏於巫人的色彩，尤其泛馬回教黨，可謂是巫人方面「極端民族主義」的結合。

照這分析，華巫印聯盟在競選中，應該一方面是中間黨派與左右兩方面之爭。另一方面，則是民族團結派與民族分裂派之爭。可是，奇怪的却是在這次競選中，極左與極右兩派——即泛馬回教黨與社會陣線，居然採取合作。它們決定分配候選人名額，而集中兩黨的票數於同一候選人

極左與極右，從政治上的立場說，是絕無合作可能的。但從形勢上，竟構成它們的合作。其一是因為這些新興的黨，要與聲勢浩大的現執政黨華巫印聯盟對抗，迫得出於合作，以爭取議席。其次，是各國的左翼黨派，向來都慣於採取統一戰線或聯合陣線的手法，去打擊執政黨。要執政黨倒了下來，或發生分化，他們才能逐漸接近政權，分得一杯羹。

上次政潮影響

本來以華巫印聯盟對獨立有巨大的功勞，執政兩年以來，地方秩序安定，馬共勢窮境蹙，不能說政績不佳。照理不至受這些小政黨所動搖的，何況它們所標準的，一則是已經落伍的極端民族主義，此可說是與多個種族結成的馬來亞，國情不合。左傾的「社陣」，在馬共尚未完全肅清的時候，人民對於「左翼」，亦是採取相當的警戒。就算不會恢復馬來亞式共黨的焚燒殺掠，而僅發生星加坡式的左翼罷工暴動，亦為馬來亞人民所齒冷的。

可是那些小黨派們亦並不是絕對無機可乘。使他們認為躍躍欲試，可分杯羹的，便是上月中旬華巫印聯盟的一度分裂——筆者於七月中旬有一篇「華巫分裂的重大政潮」，刊於第四十九期「聯合評論」——當時筆者即曾在結論中預測說：「馬來亞獨立後首次華巫衝突的風潮，以及馬華公會的分裂，當會給馬來亞未來的政治以長遠的影響，在馬來亞的政黨史上，是應特記一筆的」。以現在看來，這預測已有相當的中肯，即華巫印聯盟自經那一役之後，無疑地本身已受削弱，脫黨分子的參加或協助其他黨派活動，對聯盟亦構成了一個負數。是負債而非資產。

選舉前途預測

華巫印聯盟黨方執政當局，曾經因為拒絕給予馬華公會以三分之一以上候選人席位，（馬來亞議會全體議席一零四席，馬華公會當時要求三十五席。聯盟初僅配給二十八席，鬧風潮後增至三十二席，仍不足三分之一。）以至鬧出鉅大的風波，但現在鑑於民族分裂派的氣燄之盛——這可以說是乘着上次華巫分裂的餘波——聯盟當局已有所警覺。拉曼及拉查克本身的政黨巫統，它的主席哈森特別發表警告說：「很可憾的，若干政治領袖正企圖分裂華巫間關係，以遂其野心，但他們竟忘記一旦華巫不洽之時，馬來亞將無半寸的乾淨土！」

這是聯盟失諸東隅而望收之桑榆的做法，彌縫前次的分裂，收回部分失去的人心。雖然如此，但據估計，聯盟可能僅獲六十至七十過半數的席位，而不能超過三分之二。本來聯盟在選舉中應該得壓倒優勢的，現在却可能跌破至三分之二席位以下的席位，雖然仍必能執政，但聲望已不如前，這不能不說是巫統方面前次堅拒馬華公會三分之一席數要求的後果了。（八月十三日）

俊華

僑鄉近訊

物資荒缺却陸續增設文娛場所（廣州）

廣州在糧食、物資嚴重荒缺聲中，市面却陸續出現不少「文娛場所」；現市面已增設曲藝場廿二個，講古壇二十個，音樂茶座六個，這眞是一齣富有幽默性的插曲。此等「文娛場所」，大部分是設在茶樓、酒家、飯店，餐廳內的；何以「文娛場所」之增設竟如雨後春筍？原來上述各食肆均因無食品供應顧客，而共幹又不能不利用此等食肆以點綴市容，故雖無食品供應，亦不能使之結束關門，惟有增設曲藝、講古、音樂等以吸引顧客，——此類顧客，係屬聽衆而非饕餐。目前增設曲藝場的，有陶陶居茶室，銀龍酒家，大元茶樓，洞天酒家……等；增設講古壇的，有九如茶樓，多如茶樓，榮設茶室……等；增設音樂茶座的，有大同酒家，廣州酒家，大公餐廳，經濟辦館……等。顧客登臨其間，祇能享受清茶一杯而已，欲謀裹腹，恕不招待。

各公社共幹滋長官僚主義

最近大陸各報均紛紛抨擊各地公社之領導共幹都滋長了濃厚的官僚主義和本位主義，對組織上的整個計劃，發生「對抗性的矛盾」。據中共的人民日報報導：各地人民公社和公社的供銷部，邇來均爭相囤積物資，已成普遍現象，全國各公社囤積物資的手法，眞是五花八門，存積的數量，亦至為驚人，其中最多的，囤積農產品竟達一百二十多種，都是市面上缺銷的貨色。該報認為：此種現象，實為不容忽視的嚴重矛盾。該報主張：應全面清查各地公社的倉庫，並徹底消滅存有官僚主義和本位主義的幹部。

中共搜購廢物訂下四項辦法

大陸不僅物資闕荒，連各工廠主要原料來源的廢物，在中共的不斷搜購下，也告枯竭，因此，中共商業部的所謂「二見面、三結合、四到戶、五注意」辦法，刻已普遍展開。頃據廣州來客稱：上述辦法，粵省共幹推行得尤為積極，但尚未能獲得預期的效果。——按：「二見面」是收購品種與羣衆見面，收購牌價與羣衆見面；「三結合」是日用品與換廢物結合，經常收購與突擊收購結合，各單位之間互相密切結合；「四到戶」是到戶宣傳，到戶看貨，到戶收購，到戶付欵；「五注意」是注意估價，注意考察，注意危險品，注意革命文物，注意還能翻新的東西。

又：中共用於宣傳的必需品的紙張，也極缺乏，目前大部分「專區」以下的地方性報紙，均已縮小篇幅，節省用紙。上海、廣州、武漢、天津、北平，重慶、藩陽……等十七個大城市，亦均已奉到高層命令，由八月份起，實行全力展開收回廢紙。

汕頭糧食黑市價格飛漲

汕頭市在糧食荒缺聲中，稍有經濟能力者，均出高價搶購黑市米糧及雜糧，因此造成主糧及副食品黑市價格飛漲。汕共配購白米，規定每市担人民幣十五元，但黑市價格漲至卅五元；番薯的配購價為每市担三元，但黑市價格則漲至十六元。由港澳僑胞寄回或帶回的麵皮，也為一般人搜購的對象，每斤售價高達二元。至於所謂「生活集體化」，「吃飯不要錢」的公共食堂的大鑊飯，也早已因食糧供應斷絕而宣告停止，改為每日口糧四兩或五兩，由人民自行炊食；食堂制度，無形取銷。老人院與托兒所亦已停辦。

粵省嚴厲推行「肅殘運動」

中共恐怖鎮壓政策的「肅殘運動」，刻已在粵省各市、鎮、農村展開，其採取的辦法如下：一、嚴密地實施戶口突擊檢查；二、深刻地發動各機關團體展開鬥爭；三、廣泛地逮捕可疑人物及歷史有問題者。關於第三項所指的可疑人物和歷史有問題者，係包括（甲）戶口不清及身份不明者，（乙）曾隱瞞過去身份者，（丙）已登記而被人檢舉言行有問題者。據悉：此種「肅殘運動」，已由中共的最高特務機構和統戰機構共同訂下一項主要工作原則，那就是「要做到堅決、徹底、乾淨」。此項工作，分做六個方面進行：（一）總體方面，全面鎮壓；（二）城市方面，搜查暗藏分子；（三）農村方面，洗清反共非共勢力；（四）邊區方面，武力消滅；（五）附庸黨派方面，清查右派；（六）黨內方面，檢舉不穩分子，反黨集團。

學生被迫接受暑期特殊訓練

據上海、南京、天津、北平、濟南、廈門、廣州等大城市的消息稱：目前最少有五百萬名大、中、小學生，被中共安排了「暑期活動」，一部分以「夏令營」方式，强迫他（她）們接受特殊訓練，一部分則組織「下鄉救災協種」，强迫他（她）們參加救災，種植等奴役性的勞動工作；該兩項「暑假活動」，均係由各市「黨委」直接指揮。

週末晚會

盛紫娟

舞蹈的動作很簡單，也很優美，就像過去西歐宮中的四人舞，所以約翰一看便會了。

在音樂聲中，在水泥鋪成的廣場上，約翰暫時忘記自己是黃髮白皮膚的西洋人了。他在那些黑髮黃皮膚的中國人中間，並不感到有隔閡，只是，事實並不像他所猜想的，每個人都會英文。他只好不說話了，便友善地望着那些快樂的、年青的臉。不久，約翰忽然眼睛一亮，他望見那位白衣少女，正偷偷地從他背後蹓走。他忙一個箭步竄上去，一把握住她的胳臂笑着責問：

「小姐，你就是這麼盡地主之誼的嗎？」

她卻驚慌地一面掙扎，一面低聲道：「別人會看見的，請你鬆開手。」

他發現她臉上閃過一絲神秘莫測的微笑，便緊着問：「你怎麼學會英語的？」

「你們美國人怎麼這樣好問？我不想告訴。」

「問話、答話可以增進了解呀，你說是不是？」還沒等她答話，他又接着問了，「你的父母都在這裡嗎？」

「你不要再問好嗎？」

約翰用手抓抓頭，喃喃地問：「你是拒絕跟我談話啦？」

她惶恐地望望他，用嘴含着大姆指，猶豫了一下，隨後又一溜烟地跑掉了。

「這個女孩子怎麼這樣奇怪？對這些極普通的問題，為什麼不肯回答？」

約翰走出人叢，立在一株樹下，當他轉身想向右邊走時，猛然看見有一條白光，在樹陰下一閃，他便急急地跑到那裡，果然見到她正斜倚樹幹上，望着月亮。

「小姐，我又來打攪了。」他抱歉地笑笑。

「歡迎。」她微微的苦笑着，用眼睛斜看着身旁不遠的一位「同志」。

「妳能告訴我，妳的名字嗎？」他以為她又會拒絕，沒想到她笑了笑答：「瑪利亞趙。」

「妳是天主教徒？」

她默然地低下頭道：「過去是。現在我是青年團員。」

「妳似乎不信任我，妳為什麼躲躲閃閃地？」他很失望地問。

「這是歡樂的夜晚，應該盡情地玩，談話多枯燥。」她一面打趣的說，一面把他引到僻靜處，然後才認真講道：「我怎麼能信任你，第一你是美國人，第二我們不是熟朋友。」

約翰不再說話，從上衣上袋掏出烟捲，含在嘴裏，又從褲袋裏摸出打火機。剛要去點烟，就被瑪利亞用手擋住，「現在，不要抽烟吧！我們離開了隊伍，被人看到了是不好的。」

「為什麼？」他開始疑團重重了。

「會受處分的呀！」

他歪着嘴笑了，「這不是週末晚會嗎？每個同學不是可以自由自在地願意幹什麼就幹什麼嗎？」

「你們美國人怎這麼天真！」她氣憤地衝口而出，馬上又緊閉了嘴巴，不再出聲。

約翰一面提防着她再跑掉，一面繼續追問。瑪利亞卻不肯說。

「言論自由麼，你怕什麼？」

「我只能再說一遍，美國人太天真！」

「不要這樣望着我好不好？你把我當成魔鬼嗎？」

她只搖了下頭，然後憂鬱地說：「你也是天主教徒嗎？」

「是的。」

「你要向天主發誓，不出賣我。」

「出賣？妳怎麼會想到這些？而且我都不知出賣妳些什麼？」

「今天我所說的那些話，已超出了規定。」

「什麼規定？」

「政府只許我們說『和平萬歲』『友誼萬歲』，不許私人間談話的。」

「我被你弄糊塗了。越來越不懂。」

「這有什麼不懂的？你以為我們到青年宮來玩是為了參加晚會？先生，你錯了，你難道找不出破綻來嗎？我們是安排在廣場上跳舞的，因此一直要跳到你們回招待所。而那些在休息室休息的人，永遠要在那裏休息。懂了嗎？在你們來以前，我們整整受了三小時訓了！」

約翰發現她眼中閃着淚光，驚訝的看着她，剛想再找些話說，誰知瑪利亞憤然地把辮子一甩，咬牙切齒地說：「可是共產黨不能代表中國。我們沒有獨立的人格，如果你處在我的地位，也不得不入青年團的，懂了嗎？」

她一面說，一面已經跑遠了。約翰呆呆地望着她的背影，再轉身看看廣場上又重新跳起舞來的美麗圓圈，他感到一陣厭惡，他知道整個的週末晚會不過是一場傀儡戲罷了，因此便興味索然了。他現在才覺得露茜對中國的見解，不是沒理由的，原來人與人之間，確有一層看不見的帳幕。（完）

父親

香港聯合書院・青青・

一九五三年深秋的一個下午，天上滿佈着死灰色的陰雲，整個的天空顯得那麼地朦朧黯暗，沒有一絲太陽的光輝，厲風吹得樹上的枝葉顫抖不已，地上幾片枯黃的落葉，隨風飛舞。

在上海的黃埔江畔，一個疲憊不堪的青年徘徊在江畔。這個青年顯出十分驚懼的神色。

天文台的大鐘敲了五下，鐘聲彷彿驚醒了這個青年，他又想起已被認為「五反」運動中的不法資本家的父親，正被那些「打虎隊」拷打逼供中。再過三天，就是他那年近花甲的父親命運決定的時刻了。

這位青年想到這裏，不禁潸然淚下。在這種悲感交集，窮途末路中，這青年又有什麼辦法幇助他的老父呢？雖然他深知父親是絕對善良的，是無罪的。他不過是一個無能為力的中學生吧了。

由於幾年來在專橫野蠻的統治下生活，他的心靈早已受到了嚴重的創傷。以前，他常常聽他的父親講年青時的生活，奮鬥、堅苦、勤勞、節儉……以及怎樣由一個目不識丁的農夫，赤手空拳到這十里洋場的上海謀生。又怎樣從機器廠的學徒做起，繼而再從技工一步步地，積累了血汗錢，從而千辛萬苦地經歷了大半生的勞碌，建立了自己的家業——一間中小型的織造廠。啊！父親是勤勞的，是有奮鬥精神的，是忠厚淳樸的中國辛勤起家的勞苦人民的典型。

「啊！父親！」那青年喃喃自語：「我可憐的父親，……您老人家掙扎了大半生，才創立了您那小小的事業，現在不但您的辛勤所得被沒收了，而且還要生命！」

青年的腦海中又映出他親眼看見「打虎隊」給他父親的虐待，他哭了，天地間變得模糊不清……

「父親，我們都是善良的百姓！」他的聲音又低沉又有力：「我們太寃枉了。父親，你沒有看見蒼白瘦弱的母親，自您被捕以後，終日以淚洗臉，現在，母親的眼睛永遠也看不見東西了。」

那個青年，就是我。

如今事隔六年，多少個痛苦不眠的長夜，我夢見父親的親切的笑容，慈祥的撫愛。只有在我的夢裏，我才能看到父親，父親已被殺了。

父親！你可曾知道，我自由了，新生了？我已能呼吸最新鮮最純潔的氣息，因為我已經逃出了那個有您血跡的地方——中國大陸。雖然已經六年，但深埋在心中的仇恨卻還是沸騰着的。直到今天才得到宣洩的機會。黑暗是不會長久的，光明終將衝破黑暗而普照世界。我深信，我父親的血告訴我的。

民間寓言四則

阿木集

・猴子的經驗・

猴子在街上買了杯子、碗、茶壺和盤子。

他用右手拿起兩只杯子，左手提起兩把茶壺，兩手拿得滿滿的，地上卻還剩有盤子和碗；不行，再來。

右手拿起兩只碗，左手提起兩隻盤子，可是地上還有杯子和茶壺；不行，又再來。

儘管他搔耳抓腮，反復地左提右拿，總不能全部拿起。他有點焦急了。

忽然，一個過路人來了，手裡提着竹籃，籃裡裝着很多東西。

「呵！籃子可以盛很多東西。」猴子找到了好辦法，於是他很高興地也買了一只竹籃子。果然，全部杯子、碗、盤子和茶壺都妥善地拿回去了。

從此，「竹籃子能拿很多東西」——就成了猴子最寶貴的經驗。

一天，猴子家裡起了火。他忙着搬運東西，吩咐小猴子拿竹籃子去打水滅火。小猴子去了半天，還不見回來。這時，火勢越來越大。他生氣了，急忙跑到河邊一看，小猴子正伏在河邊打水！他大聲罵道：「該死的東西，半天不見回來，我以為你沒了命呢！」匆匆地把籃子搶了過去。

小猴子像挨了鞭子一樣，委屈地說：「媽媽！我明明打滿了一籃子水，可是一提起來，就沒有了：打了半天，都是這個樣子。」

「胡說！」老猴子發惱怒了，「竹籃子不但能裝東西，還能裝很多。我親自裝過杯子、碗……。你這沒用的東西，讓我打給你看！」接着，老猴子就用竹籃子打起水來了。

可是，他並不比小猴子高明，水一點也沒有打上來。

・木頭與蛀蟲・

蛀蟲決心要把木頭蛀成碎屑。木頭哈哈大笑說：「這簡直是夢想！憑你小得可憐的身軀，累死你，也不會把我蛀成碎屑的。」

蛀蟲說：「時間久了，是會把你蛀成碎屑的。」

木頭仍然不相信，滿不在乎。

蛀蟲日夜不停地咬，木頭的身軀漸漸縮小。果然，後來木頭變成了碎屑。

・狼和象・

狼從山羊家中逃了出來，路上遇到了象。

「真是不識抬舉的東西！」狼憤憤地對象說，「小山羊結婚，我高高興興地去坐席，老山羊不但不歡迎，反而把我罵得抬不起頭來，還說要捉我呢！」

「他為什麼這樣恨你呢？」象莫名其妙地問。

「因為我兩月前吃掉了他的小山羊。」

「唔！」

「老花鷄也不是個好傢伙！」狼氣急敗壞地說：「前天老花鷄生了兒子，我高高興興地去賀喜，還沒進門，老花鷄對我破口大罵，不讓進去。」

「那又為什麼呢？」象問。

「因我一月前吃過他的兒子。不過，我只吃了一只。」

象搖搖耳朵，走了。狼仍在那邊罵。

・狼和羊・

狼趁羊群熟睡的時候，偷偷地走進羊群，毫不費力地吃掉了一只小羊。

第二天，狼又照昨天的樣子，到羊群裡去偷吃，不料他剛走進羊群，就被群羊捉住了。

狼在被處死之前問羊道：「你們怎麼知道我今天來吃你們？昨天怎麼沒預料到我來吃你們呢？」

羊說：「因為你昨天來了。」

國共和談本末（六）

司馬健

實則介石此言，絕非由衷，唯在紿玩德鄰；特前以爲之佈置晤紿之，此則以不復問政明紿之耳。果三月八日即有陶希聖在穗招待記者，於介石權力之無上，德鄰作風之失當爲明目張胆之宣釋與抨擊；其辭曰：

「現行政體爲總統有權，政院有責。而總統與政院之溝通繫於黨。總統之手令並非立時有效。必須經過中政會，即必須手令經法令而變爲政令方可有效。

行憲之後，國民黨爲多數黨，故由國民黨組閣。府院之關係，手續上一切依黨的決定而溝通。例如英國工黨在國會爲多數黨，由阿特里以多數黨之資格組閣；然黨之社會活動仍由工黨領袖拉斯基領導之。今蔣先生既不在政府而在黨內領導，在憲法上無人可以干涉。

李代總統一月二十二日會聲明願以毛澤東所提八條件爲和談基礎，並須佈釋放張學良等七項措施；顧事先未經黨之溝通，未依照憲法知會行政院，致乃引起外間若干誤會。」

希聖此言，雖本由鑒於介石過去慣以手令壞法令政令之弊所啓發，然以之轉罪德鄰代位以來府院違離和談開始時之若干急就措施，確足聳動觀聽，而打擊其威信。故其時留穗立法委員國大代表果因之而有擁憲運動之醞釀，預圖一俟南京國共和談草案頒佈，立聯台灣、福建、四川等省擁蔣實力派共反對之。風聲所播，即京滬擁李人士，亦往往怨德鄰竟襲介石「手令政治」，視爲惡例不可再開焉。

三月十二日，治中乃請於德鄰，爲澄清各方疑慮，藉報溪口謁蔣經過，舉行中常委談話會於總統府，而爲說曰：「今者端在促進蔣李團結始有前途，否則敗亡隨之；北洋軍閥，足爲殷鑑。而團結之要，厥爲黨政密切聯系。茲蔣李兩公既分主黨政，誠黨之政策皆透過政府執行，政府措施皆服從黨之領導，則團結無不固，糾紛無不解，事功無不成矣。」

顧治中溪口之行，既本勸介石出國；逢彼之怒，則其所謂「報告」者，憚於啓齒；特領歎紿虛言以歸而已。

德鄰既悟又實受紿，爲欲解除溪口束縛，四月初因有商請司徒大使轉懇美國政府墊借白銀及軍援尾額改運廣州之舉；乃不謂司徒竟僅以台灣見存金外滙三億餘元、軍火二億餘噸，政府自可利用無法援手對。繼商之行政院長何應欽試撥用台灣存金軍火及以槍殺許聞天罪名撤免京滬警備總司令湯恩伯；應欽復以恐激怒介石轉趨橫決辭。於是忍無可忍，四月十日乃手貽書介石：聲明混亂現局如不終止，決引退以謝國人，付居正閻錫山持赴溪口；則所獲仍僅介石虛語一如治中。唯旋張群復傳介石論：四月十七日可與德鄰會杭州耳。

德鄰在黨內既左牽右掣且爲公開之秘密如此，如是而欲以對等地位與勝利者之共方進行和平談判，艱苦自尤可想見。德鄰之探和聲明及措施並宣佈於一月二十二日。孫閣以邵力子、張治中、黃紹竑、鍾天心、彭昭賢爲政府和談代表，亦於二十三日政務會議通過發表。然共方二十五日之廣播則曰：

「南京政府已無代表人民之資格；其和平空氣乃在欺騙人民，以獲求喘息，以備捲土重來；不可爲其所惑。吾人茲姑允與其代表談判，端以其尚存殘餘軍事力量故。然談判必先接受吾人前提之八條件；地點可在北平；時間則必北平完全解放以後。至CC分子之彭昭賢，吾人不能接受其充任代表。吾人所列戰犯，亦不僅前所公佈之四十三名。」次日、又廣播曰：

「南京政府一方僞倡和談，一方則於浙、贛、湘、閩，佈防大軍二十萬；其爲與美帝勾結以和談爭取時間，顯然可見。果南京如有和談誠意，宜亟將介石等二十一名戰犯加以扣留。」同日又加列所謂「戰犯」三十六名，而以「陝北廣播」特爲解釋曰：

「內胡適、于斌、葉青、爲鼓動戰爭者；左舜生、陳啓天、蔣勻田，爲反動派……」云。

德鄰以共方態度既如此，進且圖以宣傳破壞對等和談之實現；則亦以宣傳戰與之周旋，而於二十七日致電毛澤東曰：

日人所記日本援助孫中山革命經過

高洞譯輯

——摘譯自日本文學家村松梢風著「原敬血鬥史」——

一

像桂太郎那樣，成爲舉國非難攻擊的目標，是很少有的。他爲日英同盟成了伯爵，爲日俄戰爭成了侯爵，還可原諒，爲日韓合併成了公爵時，引起全社會的反感來了。日韓合併是已定的國策，在誰手上也辦得到的，不能說是桂的功績，而且時期也有過早之嫌，將它在第二次桂內閣來實施，爲自己晉爵的手段，對這種非難是無辯解的餘地的。

明治天皇崩逝的時候，桂正旅行海外，聞訊後即刻回來，到達第二日，即任侍從長兼內大臣，當時社會也爲之驚異，自此他將宮中方面，完全成爲自己掌中之物。不到半年，使陸軍提出增師案而把西園寺內閣壓碎後，桂由內府跳出第三次組織內閣，將宮中府中混同淆亂，濫用政權，招受很激烈的非難，自是理所當然。

結局因此，桂以政治失敗，致促其天年。然則桂這種行動，是僅爲權勢虛榮嗎？決不是的。

他有了新理想和目的。那是中國問題。向來日本的中國政策對象是清朝，在實質上卻是北方軍閥。但是，桂由某種動機，通曉中國實情的結果，覺得清朝景況，已臨日落西山，同時，對中國革命黨及其首領孫文，似有很深的理解。當第二次桂內閣的末期，在桂的了解下，從裏面給孫文革命很大的援助，此事在下文要詳細地敍述。無論如何，孫文第一次革命，如果不從日本獲得軍費的援助，革命也起不來，就起來也不會成功的。

孫文的革命，很順利地成功，而清朝滅亡了，桂對於自己援助的孫文革命，越發要培養其長成，他懷着新鮮進步的理想，要和革命後的新中國携手，以謀東亞各項問題的解決，圖亞洲的發展，期望這世界大政策，在自己手上來實現，並確信除了他自己以外，再沒第二人想做這件事，纔不顧世人的非難，毅然由內府跳出來當此大任的。

每位政治家，都有其或大或小的理想，但在桂的場合，在國內早已功成名就，自無更高顯榮希望，理想的對象，必然是求之國外，不出於對鄰國的侵畧主義，而採取援助中國革命的新政策，這可說是日本歷代首相中最進步的。然而，這麼重大的事實，世人知道的反覺不多。

二

秋山定輔和桂太郎約定在東京三田小山的桂公館會見。秋山以這回會見，意義重大，顧慮萬一中途發生事故，於是頭一天移住在三田附近的旅館，從旅館到桂公館只費幾分鐘徒步便到，約定時間是下午六點，秋山到來一秒鐘也不差。談了一個通宵，直到第二朝七點鐘，告辭時，桂說：「好，現在休息一下，今晚還要繼續談。」秋山也覺得話還沒說完，道：「今晚休息，明晚再談，怎麼樣？」「好！明晚由六點鐘起。」隔一晚，彼此又談個通宵。「因爲還有將來的問題，再要談一晚！」繼續討論了三晚。

最初那晚談的，是眼前的中國問題，彼此完全對勁。不用說，當時清朝還儼然存在。以孫文爲中心的革命思想，在澎湃高漲，可是，還沒顯現爲現實。不論日本政府抑或各國，都有其從來的傳統政策。要幫助尚未成形的孫文一派去倒清朝，使其完成革命，然後共同來解決東亞及亞洲各民族問題。談這些很遠很遠未來的事情。

就某意味說，這是書生之論，紙上談兵類。事實上，日本的政治家，對孫文革命論這東西，誰也不愛聽。然而，這位日本的國老，當時的總理大臣，獨一無二的實力者的桂太郎，對這事竟似顏面增光，燃起青年的理想，誓要具體的援助孫文。

三晚深談的結果，十年宿敵的桂太郎，變成了秋山唯一的理解者。從桂這方面說，頗有聰明又繼續反抗自己的一介遊士的秋山，對於自己晚年的理想和大志，竟成爲唯一的獻策者。

三田桂公館和麴町秋山家裏，裝起電話號碼簿上所沒載的專用電話來了。桂的出國旅行，一切都照秋山的預定表做去，但因明治天皇崩逝，以致未能完全實現。（一）

寄售書目（一）

一、百衲本二十四史　商務影印，八百二十本，（全），實價港幣一千五百元。

二、二十五史補編　中華書局印行，六鉅冊，全新，實價港幣弍百五十元。

三、越縵堂日記　原稿影印，原五十一冊，加補編十三冊，共六十四冊，實價港幣叁百五十元。

四、翁文恭公日記　商務影印，四十冊，（全）實價港幣弍百四十元。

五、湘綺樓日記　商務排印三十二冊，（全）實價港幣八十元。

六、緣督廬日記鈔　上海蟫隱廬印行，葉昌熾著，十六冊，（全）實價港幣五十元。

七、王靜安先生遺書　王國維著，四十八冊（全），商務出版，實價港幣弍百九十元。

八、張季子九錄　張謇著，二十八冊（全），中華出版，實價港幣壹百元。

九、嚴譯名著八種　嚴復譯，精裝八冊，商務出版，實價港幣壹百五十元。

要者請向聯合評論張愓生先生函洽，即以樣本送閱。

荔園茗敘

紉詩

東走蠻城漠漠塵，出郊雲態一時新。

池亭索落生幽趣，傭保殷勤接冷賓。

飲水淡如吾輩念，羨魚閑却宰官身。

青山重勸須歸去，千古斜陽不貸人。

次韻紉詩荔園茗敘

亮之

年時親試海揚塵，曼衍魚龍萬態新。

喜有名園供倦眼，愧無好句答嘉賓。

偷閑稍羨臨淵釣，得意渾忘久客身。

勝日盍簪良不惡，眞堪長作嶺南人。

…政府登記

…論
週刊

United Voice Weekly
第五十四號

五 出版

督印人：黃宇人 總編輯：左仲平
社址九龍金馬倫道卅八號三樓 電話61413
承印嘉羅印刷有限公司 香港灣仔馬師道5號
總代理：友聯發行公司 售價每份港幣一毫
本報美洲版總經售處 美國紐約中美出版社
CHINESE-AMERICANP RE..S, INC
199 CANAL STREET.,
NEW YORK31 N. Y. U.S A.
美洲航空版零售每份美金一角

忠告國民黨當局

表大會同仁之辭

張君勱

海外，治政治法律學，識西方民主憲政中之內閣，議會與
…台近代化之基礎。袁氏與北洋派當權之日，不足語此，

反攻之友邦，在政
治上文化上相互合
作。第四、對於東
南亞新獨立國中有
華僑所在者，應勸
之加入新國籍，助
成其國內安定與興
盛。第五、自己政
績有所表示後，可
向民主國家質詢反
共界限何在，要求
台灣參與東南亞軍
同盟。第六，與印
度協力於西藏之地
方自主。第七、向
西德搜集反共材料

政府政策由內閣主
持，此皆無待於研
究，而應澈底遵守
者也。其所以改變
列強觀聽而振起國
內人心者，第一、拔
擢新人才，容納反
對黨。為政府計，
與其留反對黨於局
外而釀成對峙與爭
執，何如協議一個
共同綱領，而促成
彼此合作。第二、提
高學術研究風氣，
所以刷新國粹，淬

術上之建樹引起大
陸之眞正自由的解
放。第三、政府以身
作則。立身政府者，
不可恃其有權而無
所不爲。如在美所
傳蔣李鬥法與毛邦
初案件之醜聲，騰
諸外國報紙，宜乎
國人之受人輕視，
在上者應以守法奉
公爲先，不可但注
意事後之補救。行
政官與司法官之潔
廉，尤視乎居高位
者立身如何。第四

國之國大與立委，
已屆十年以上，此
時無回大陸舉行選
舉之望，爲人所共
見。此後憲法機關
之權限一切照舊，
而人數應減少，應
以在台各省人民爲
投票人，分省選出
代表，以爲新陳代
謝之計。凡此爲愚
慮之一得，不敢必
其果有當否也。我
之更不能已於言者
，即政府徒恃其美

何所有。然不知民
主人士決心反共，
數十年如一日，其
所代表之立場，非
政府所能摧毀者也
。倘視之若眼中釘
，必去之而後快，
如胡適之返國任事
，乃散佈國運小冊
以辱之，左舜生大
呼台灣改造，國民
黨報加之以「園勱
」，乃至如我來美
呼籲之身，黨報中
有「張君勱可殺」

。政府如但爲保持
政權於一己計，自
無與人合作之必要
，倘存心建國，期
望台灣可以立國於
大地，則此種關門
閉戶之策，終將自
取滅亡。此我所引
爲危懼而不敢不爲
國民黨中愛國人士
明言之者也。我所
欲陳者，在台開會
之民社黨大會中，
或者無法公開宣讀
，即令在私室中交

革新反攻與坐以待斃

（上接第一版）

胡越

（一）國際局勢正由冷戰轉向冷和，指望三次世界大戰翻身的想法已不切實際。在冷和的局面下，美蘇雙方將從事長期的科學競賽政治作戰與思想作戰，中立國家的發言權將日益增高，助長中共闖入聯合國的空氣日趨濃厚，一年來中共正積極向中南美洲國家進行滲透，因為中南美洲國家一直是阻擋中共進聯合國的主力，由於古巴發生革命，魯莽激裂的卡斯特羅極可能步埃及、伊拉克的後塵承認中共，非洲若十新成立的國家態度也都傾向中立，換言之，傾向承認中共，因此中共闖進聯合國只是時間問題，不論我們如何痛恨這件事情，但是它確是在一步步逼近。我們認為在中共進入聯合國之前，台北當局必須進行旋乾轉坤的改革，實現反共大團結，展開政治反攻與軍事反攻。

（二）由於國民黨當權派十年來高壓專制的結果，台省同胞對政府怨懟日深。據我的了解，二二八事件雖然使台省同胞與外省人之間留下了一條深鉅的創痕，但是如果台北當局能够實行民主，確保自由，使台胞得享祖國的溫暖，則二二八事件的創痕本可醫治復元，可痛台北當局一錯再錯，乃鑄成九州大錯。例如二二八事件主角之一的彭孟緝，不管他當時的功過如何，但是這樣一個足以引起慘痛回憶的人物，為什麼非重用他不可？用他繼續做省保安司令已經够刺激的了，還再用他做參謀總長，這不諦是在台省同胞心中插了一把刀，時刻刺激他們回想二二八的慘痛，其次去年台省同胞及若干外省人士合組台省地方自治研究會，橫遭保安機關的追害，栽誣該會秘書孫秋源為甲級流氓，幽禁至今不審不判不放，還有台籍省議員李萬居，一直就在特務的跟踪恫嚇之下朝不保夕，在台北當局這種種錯誤措施之下，台省同胞內心的感覺如何不問而可知，說到這裡我們眞有無限的憂愁和悲痛。據知目前國軍士兵之中台胞已佔十分之六，再有五年恐怕要佔十分之九了，到那時候中下級軍官中將佔大部分了，雖然不一定有什麼不可測的事件發生，但如果要想指揮這些軍隊去反攻大陸，就恐怕有點難了。這一事實的發展，是如此的確定和必然，台北當局如果不能早日實行民主，融合民族情感，打通省界隔膜，到時候不但誤國害國，並且誤己害己了。

（三）台北當局十年來雖然並未反攻大陸，但是却一直養了六十萬大軍，實行戒嚴法，命令人民過戰時生活。寶島雖然富庶，一千萬人口，六十萬軍隊，其負担是够沉重的。由於軍費開支浩大，影响生產的發展，而人口膨脹的威脅日益嚴重，如果再沒有革新反攻的表現，拖得民窮財盡，社會凋敝，人心士氣不再可用，到那時候不但談不到反攻大陸，如果能够偏安自保恐怕亦難以為繼了。

革新反攻呢？還是坐以待斃呢？台北當局必須做一抉擇了。

大陸上遍地是災

曾明

一

毛澤東雖然揹着洋裝的馬列主義奴役人民，但一腦子却充滿着土貨的神鬼思想。在窰洞裡稱孤道寡的時候，就如發高熱時囈語的說：「欲與天公共比高」；及至袍笏登場南面而王，又啾啾鬼號的叫道：「千村薜荔人遺矢，萬戶蕭疏鬼唱歌」的大送瘟神。因而把整個大陸社會攪得一切反常，使每一件事都失去了常規，使每一個人都失去了常態，變成爲似人非人似鬼非鬼的世界。

世俗傳說，「疑神有神，疑鬼有鬼。」根據大陸的嚴重災害情形來看。老天爺偏偏要和毛澤東比一手，究竟誰高誰低；瘟神也叫毛澤東無奈小蟲何。這是毛澤東惹了天、惱了瘟神才攪得遍地是禍。

儘管今天已是原子時代，人可以勝天，「災害又何足道哉」。但是，物質技術條件不够，只好聽天擺佈，望望然徒喚奈何！

面對現實，老天爺像有意硬和毛澤東過不去，逼他下台，今年的天氣，是從來未曾有過的反常現象。

二

據中共氣象局負責人說：「今年六月以前，乾旱地區集中在黃河以北的河北和東北地區，這些地區一月到六月的總降雨量在九十到一五〇毫米左右，比常年同期少二成到四成左右。從七月開始，由於主要雨帶突然北移到華北、東北一帶，雨量比較集中，北京七月三十日，呼和浩特七月二十六日的雨量都超出了當地歷史記載日雨量，部分地區發生了澇情。」

「這次大範圍的乾旱和部分地區多雨，是和太平洋高氣壓的强度、位置以及高空主要氣流的運行有很大關係。從氣流運行情況看，正常年份到了六月中旬，江南一帶就進入梅雨期，這時太平洋上的暖氣流抵達長江兩岸上空，江南便是冷暖空氣交綏的地方。今年與往年不同，太平洋暖氣流六月上旬伸入華南上空以後，遲遲不向北移，廣東、廣西、福建、江西等地區發生暴雨，而長江以南一帶的梅雨季節却下雨很少。」

「七月以後，這個暖氣流又迅速向北推進，一下跳躍過江淮流域直伸入華北上空，致使江淮大部地區七月以來降雨零星稀少，釀成旱象。與此相反，華北地區和東北地區，由於處在西伯利亞冷氣流和太平洋暖氣流的交綏綫上，每當有低氣壓過境，就有大雨或暴雨出現。七月以來，華北地區低氣壓過境頻繁，因而平均三五天就有一次降雨。」

中共氣象局「根據對現有氣象資料的分析研究，認爲目前這種雨量的反常分佈情況，八月中，下旬還要繼續維持。」并預測「八、九兩月還可能一、二次颱風。」（見「新華社」八月十一日電）

三

因爲這種氣流運行反常形勢，加之中共的水利化，攪亂了原來水道系統，使大陸各地區發生了不同的旱、水、蟲的三四十年來未有的嚴重災情，首先是六月間廣東、廣西、福建、江西等省洪水爲災；接着是東北、華北地區淫雨成災，就連西藏拉薩地區也以暴雨發生了「相當於有資料記載的最高水位」，漫決河堤，淹沒了農田土地。

在南嶺和武夷山以北，關中盆地、四川盆地和黃河以南地區，包括陝西、河南、山東、安徽、湖北、江西、四川、湖南、貴州、浙江、福建、廣西等省，從七月上旬起相繼發生旱災，災情嚴重是超過了歷史上一九二五年嚴重旱災的範圍和程度。與此同時，江蘇、安徽、河北、新疆等省區，又發生了蟲災，所有農田、牧場、丘陵地帶，都有不同程度的螟、蟲、縱捲葉蟲、稻苞蟲、蝗蟲，尤其蝗蟲密度最高的每方丈有一萬到二萬只。

從上所述，大陸上各地區，處處地方都有災情，如東北地區是先旱後淹；而黃河流域、長江流域要雨地方而竟缺水，發生了嚴重旱災；他如新疆、西藏這次也都發生了蝗災與水災，由此可見，大陸沒有一片乾淨土，遍地是災。

四

大陸上這次旱、水、蟲一齊來，遍地的嚴重災情，從表面上看來，這是天災。但是，我們稍爲深一層研究一下，這些災害的造因，還是由於中共間接所釀成。處在今日時代，是一個「人定勝天」的時代，天時的不利，是可以以人事挽回的。例如水利工程建設的有計劃，水災、旱災自然可以減免。而病害蟲既可防止於事先，更可治療於事後。然而，中共這九年來的所謂國民經濟建設是着重於軍備生產，注意於水利動力的發展，忽視了人民生活需要的建設，加之，要毀滅原來地形，使農民根本與土地脫離關係，實行河網化，破壞了原來的水道系統，以致喪失了調節作用。像今年所發生的水旱、蟲災一齊來，正是証明了中共這九年來不關心人民生活的結果。同時，在災害發生以後，中共以物質技術缺乏，無法採取有效措施，還是以勞動競賽，實行人海戰術以人拼命，而企圖減輕災害威脅情勢。

這次災害的發生，恰當於夏收秋收的時間，截至目前爲止，還未能減輕災害發展情勢。大家知道，大陸是一個農業經濟的社會，如果農業生產有了問題，勢必影響整個社會的經濟基礎，從而就動搖了中共生命的基礎。

看吧，毛澤東如何逃過這一個難關。

周至柔的辦公桌

岳騫

在台北出版的「政治評論」第二卷第十一期社論「論戰時生活並寄望於周至柔主席」，透露了一宗駭人聽聞的消息。原來周主席到任後，建了一座辦公室，花了台幣三十餘萬元，辦公桌用了七萬餘元，一張座椅也花了三萬餘元。即以台幣黑市八對一計算，這張辦公桌也用了港幣九千元，椅子居然也要四千元港幣，台北的物價我們不很清楚，不過似乎看到報紙廣告，一處房子也不過兩萬元左右，假若以公教人員薪水來計，恐怕一個普通公務員幹了一生，也未必買得起周主席一張座椅。

「政治評論」說得好：「辦公室底桌椅花那樣多的錢，還有其他設備亦必與之相稱，又要花很多的錢。辦公室若此，它室若何，室內設備又若何？居於其中的人，其生活享受又若何？這就不難想像得之了。」

我們注意的問題尚不止此究竟花的這許多錢是從何處來的？若是周主席自己「捐廉」，他那來這麼多錢？若是公款，則台灣省政府有沒有預算？預算中是不是有一項爲主席修辦公室，買桌椅的專欵？

當這件事情被揭露之前，七月二十六日台灣「勞工社」訊：台灣省政府爲加强推行戰時生活，改善社會風氣及倡導節約運動，頃決定經常搜集資料，於年終分別表揚厲行及推行戰時生活之人員。……在倡導節約方面，省府決定分別執行機關團體宴會節約及公務員慶弔節約，送禮節約及公教人員厲行儉樸生活辦法，並應由各機關訂定公約，互相遵守，蔚成風氣。」（見同期政治評論社論）

把兩則消息配合起來看，任何人都有啼笑皆非之感，省主席若此，行政院長又當如何？香港可算是世界上最奢侈的區域，要說九千元港幣買張寫字檯，恐怕尚未有貴人用過。

當這個消息發表之後，正當台灣全省水災、地震相繼而來，政府下令節約、禁屠、用盡一切力量去救災，不知道周主席這種舉動算不算浪費？如若不算浪費，台灣省府確有這筆預算，希望能正式公佈出來，以釋羣疑；若是沒有這筆預算，硬拉公家有用之欵供自己享樂，忝爲國民一分子，我們要提出糾彈。

首先我們要向副總統兼行政院長陳辭修先生講幾句話，辭修先生服務國家歷四十年，雖然功過毀譽尚無定評，但是辭修先生之爲人清廉耿介，苦幹負責，即共產黨亦不否認。以周主席與辭修先生相知之深，相處之厚，目前行政院轄下又僅有台灣一省，不論爲公爲私，陳院長都應該出面調查，如周主席並無浪擲公欵，行政院應代爲昭雪，若確有違法情事，即應從嚴辦理，以顯示政府懲治貪污之決心而平息海內外人心之憤懣。

其次又要說到民意機構，監察院更要負起責任，切實查一查這件事的眞象，十年來監察院雖然做了不少糾彈工作，但都限於蒼蠅，眞正打老虎的事尚未有過，監察院應趁此時機作出一件振奮人心的事。

最後我們還寄希望於周主席本身，對於這個問題應該表示出負責的政治家丰度，如無此事，不但要去函「政治評論」要求更正，尤應請求民意機構派員調查，好在台中中興村並非荒山絕嶺，交通方便，朝發夕至，只要周主席提出邀請，一定有許多人樂於參加調查代爲証明。如若過去確有此種浪費情事，一旦經輿論界揭發，即應呈報行政院，自請處分，即使周主席因此去職，我們對於周主席的心跡仍然可以諒解。

一個政治家的基本條件就是坐言起行，如若嘴裏說的一套，作出來又一套，三令五申要部下節約，自己則驕奢淫佚無所不爲；口口聲聲勸青年從軍光復大陸，自己則把兒子送去美國留學改入美國籍。以此種手段去處理政事，最後必誤國誤己，不要以爲老百姓可欺，輿論可以壓制，應知防民之口，甚於防川，最後被洪水沖走的還是自己。

從「哈爾濱鮮菜支援北平」說起

何靜觀

八月十五日新華社電訊：哈爾濱目前正以大量時令鮮菜支援北京、旅大等城市。計劃第一批南運的蔬菜有二千萬斤，其中有一千五百萬斤支援北京。十三日已開始搶運，預定月底運完。鐵道部門正抽調冷藏車積極調運。

這一段消息又是一樁怪事，也可說奇談之一。中共佔據北平前，北平近郊的蔬菜產量素來豐富，並且品質特優，哈爾濱距北平二千餘里，北平現在日用蔬菜竟要從二千多里的遼遠的地方運來，我想不出這個道理。難道北平附近百里內都沒有鮮菜可以供應北平嗎？

就數量來說，半個月要運一千五百萬斤，運輸任務也是很緊迫。中共今年運輸的緊張更甚於去年，以計劃運量（五億二千萬噸）和貨車，機車數量（貨車二萬七千輛，機車五百五十台）不能配合，已用各種辦法來增加運輸能力，而如今要用來從二千多里外運鮮菜到北平，如果不是北平鮮菜供應告竭，不是北平近數百里內各地區都沒有鮮菜可以供應北平，中共之愚笨，還不至於計出於此。

北平缺乏鮮菜到什麼程度呢？中共的北京晚報八月間報導：北平鄰近各縣發生大水，將豐台，南苑，蘆溝橋等地蔬菜、豆類完全淹沒。北京晚報並且報導：北平東區三個市場曾於八月十一日先後發生市民搶奪蔬菜事件。當時在三個菜市場中，參加搶菜市民約有萬餘人，毆傷共幹三十八人，毆傷婦女一九六人，搶走各種副食一萬五千餘斤。

北平的鮮菜缺乏由於大雨淹沒了菜田，難道說距北平千里以內地區鮮菜也被大雨淹沒了嗎？如果這樣，則雨災範圍之大之烈，實在太可怕了。如果不是這樣，則鮮菜缺乏，自然另有原因。大陸各地鮮菜都是缺乏，其原因很多，主要是由於建立公社後，因爲種菜需要更多的成本，更多的勞力，更多的田間工作，而中共收購價格又規定得太低，於是公社的鮮菜產量只求自給，而不願以商品外運了。

哈爾濱本來不以出產蔬菜出名，目前情況也不過稍爲好些，外運數量不該如此多，這是因爲本諸先中央後地方，先巨魁幹部而後人民的原則。嗚呼：此所以爲「人民政權」乎？

台北歸客談連任

宇人

日前遇見一位久別而新近始由台灣來港轉回海外某地的朋友，談到他在台灣數月所見所聞的一切，而總名之曰「死局」。關於蔣總統再連任的問題。據說，已成定局，祇是等待有利的時機才宣佈罷了。官方也有人認為蔣總統既決定再連任，與其讓勸進派呼風喚雨，把事情愈弄愈僵；曷若即以誠摯的態度與海內外各方面人士坦白商談，尋求一個適當的解決之道，免致明年五月以後的總統成為大家反對的目標而動搖政府的基礎。縱使商談毫無結果，也可表明政府的誠意，縮短大家的距離。可是，勸進派則認為反對者雖堅持憲法，言之成理；但却沒有實力為後盾，不足為患，應我行我素，置之不理。大有笑罵由他笑罵，總統我自為之的氣概。照目前的情形看去，認為應該商談的人們都有所顧忌，不敢仗義質言；而主張蠻幹的勸進派則正日益得勢，橫行無阻，識者唯嘆息而已。據這位朋友的觀察，勸進派顯欲利用再連任的問題，在蔣總統與海內外民主人士之間造成深溝高壘，以便從中混水摸魚。然乎，否乎？姑誌之以待証於來日。

台北通訊：王叔銘垮台內幕

・胡文魯・

由黃埔軍校第一期畢業，再在中央航空學校第一期（航空班第一期）畢業，又曾在蘇聯留學的前任參謀總長王叔銘，無論在政府退出大陸前抑或在政府退到台灣後，一直是中國空軍方面最紅的人物，尤以近年在台，以空軍副總司令，而空軍總司令，再由空軍總司令，而參謀總長，加以美國軍人對王叔銘的印象良好，大家都以為王叔銘目前總決不會垮台的。大家對王氏過去在空軍方面的建樹也確有好評，對他在今後反共復國工作的估價也很高，但晴天霹靂，王叔銘不久前却以參謀總長之職位，突然被調任為戰畧顧問委員會副主任委員，竟以垮台聞了。

戰畧顧問委員會是屬於總統府的一個機構，如果在政治制度上了軌道的國家，總統府的戰畧顧問委員會本也應該有其一定地位和一定職掌。不過，由於蔣總統的一貫作風，總統府戰畧顧問委員會早已成為一種安置閒散的冷機構。所以多年以來，戰畧顧問委員會的幾個主要人物便也就是受着蔣總統歧視的幾個人物，如像何應欽、白崇禧等是也。此外，雖然其中也有幾個幷非被蔣總統歧視的人物，但那不能說明戰畧顧問委員會的性質，事實上，依照台灣現行人事作風，王叔銘之被調任為戰畧顧問委員會副主任委員，與形同被軟扣在台的白崇禧同列，當然被人認為是一種變象的垮台了。

王叔銘這一次調職，從表面上看，他是和陸海空勤四軍高級長官同時依照軍官新人事制度，每二年任期屆滿，而予更動的。這種兩年一調的新人事制度，乃政府退到台灣後，接受美軍顧問團的建議而採用的。其目的即在謀求軍官人事上的革新，新的人才能够不斷起來，從而達到國軍軍官人事的新陳代謝，以保持國軍的朝氣，幷以加强國軍的戰志。從原則上講，這當然是一個好制度，不過，蔣總統雖然在形式上接受了這個制度，實質上却沒有接受這一個制度的精神，所以，蔣總統採用這個制度後，換湯不換藥，有些則二年任期屆滿之後，又延長二年，有些則彼此互調，換來換去總是那幾個舊人物在輪流當莊，有時則甚至反而成了人事排斥的藉口。王叔銘這一次調職，是否也是一種人事排斥，目前尚不敢斷定，但不是由於兩年任期屆滿而調職，則是可以確定的。

從極秘密的方面傳出消息：王叔銘這一次調職，係與桃色間諜案有關。

據說，王叔銘在大陸時，即有一個小女孩拜他作乾爸。這小女孩十年前隨她的母親入台，當時這小女孩只九歲，現在則已十九歲了。這十九歲的少女長得很漂亮，又在交際場合很活躍，加上王叔銘的關係，所以，她近年在台北的風頭很勁。

如果僅有這種情形，當然不會對王叔銘的調職發生任何關係，因為台北風氣糜爛，大家早已習聞。與達官貴人有關係的婦女亂出風頭，亦早已不是怪事。問題是王叔銘却與他的這一位乾女兒結了不解緣，而這一位乾女兒的母親，則據說早有共諜嫌疑，早為情報人員所注意。只是沒有獲得証據，加上王叔銘的關係，所以沒有採取行動吧了。

據說，王叔銘最初的時候，還只是白天偶而偷偷摸摸的到乾女兒那裡去，後來簡直經常在乾女兒那裡住，情報人員認為問題嚴重，加緊偵察的結果，終於查到了乾女兒母親的共諜罪証。於是乎王叔銘被調職了。這就是王叔銘垮台的內幕。

以這一件事情來說，王叔銘乾女兒的母親，究竟是否共諜，共諜証據是否確具，事關機密，我們不得而知。共諜善於潛伏，善於滲透，那也確是事實，對於共諜應該嚴予防範，那也絕對應該。問題是這一件桃色共諜案究竟是否眞的。如果是眞的，王叔銘自已當然太大意了，太不檢點了。不過，從另一方面說，政府高級重要人物中，荒淫無度者大不乏人，高級人員之間亦常有爭風吃醋，因爭風吃醋而亂戴帽子的事，亦嘗有發現。猶憶數年前的任顯羣案件，也是因為名女人的爭風吃醋問題，而被加上間諜問題，這一次的王叔銘調職事件是否又是任顯羣案件的翻版呢？這就不得而知了。

政治改革必須做到的兩點

政權開放——言論自由

紐約・龍吟

儘管中國的民主政體已經行了四十八年，但實質仍不脫獨裁政治的窠臼，這是辛亥革命後，迄今仍未能進步到一個眞正民主國家的最大原因。袁世凱一旦做了總統，就發動帝制運動，想過過家天下的皇帝癮，段祺瑞一旦做了執政，就把中山先生所主張的國民議會拋諸腦後，祇想和盤踞各省的軍閥舉行善後會議以固其權位。曹琨想做總統，不惜實行賄選，把國會議員變成猪仔，他們都是左舜生先生所感慨系之的「私字害了中國六十年」的始作俑者。

其後北伐成功，雖把羣雄割據的四分五裂局面統一起來，但因舊軍閥仍然存在，統一僅能做到表面化，軍閥搖身一變成了省府主席，表面是服從中央，內裡却是坐地分肥，中央政府僅是一個形式上的發佈命令機關而已。所以孫中山先生雖然嘔心瀝血創造了三民主義，為中國實現民主政治的藍本，可是民主政治在中國，四十八年來總在虛無飄渺之間，時至今日，中華民國竟成了魑魅魍魎特務橫行的黑暗世界！

老百姓在這許多年確未享受過民主自由的樂趣，他們所過的都是兵燹賊亂和飢饉凍餒的生活，現在渴望能早日實現民主，已是不可否認的事實。無如執政當局，依然執迷不悟，始終不放棄家天下的妄想，依然掛着假民主的招牌以欺騙老百姓和友邦；但騙來騙去結果是自己欺騙了自己。

中共久據大陸，反攻復國無期，流亡在海外的同胞，對於期望政府改革，更具非常高度的熱忱，因為他們一方面遭共產黨的迫害，正處於無家可歸的慘悽境地，一方面鑑於台北當局仍不離在大陸時代的獨裁腐化政治窠臼，而不思切實改革，更實施入境管制，使他們有國難投，處於徬徨的窘境。他們深切地了解到，政治不改革，就不能團結海內外的反共人士，更不能實現反攻復國的目的，左舜生先生那篇「搶救中華民國的時候已經不多了」的文章，雖其內容不無可討論之處，但其主旨可說是語重心長的。

筆者以為談政治改革必須做到兩點：（一）政權開放，（二）言論自由。這是起碼的條件，缺一不可。因為惟有實現這兩大政治改革，始能打破中國歷史上製造禍亂的惡風氣，改變這六十年來因私害公的壞習慣，政權開放，自然是非一人、一派或一黨來包辦政府，更非父傳子，子傳孫的帝王事業，所以筆者主張政府要馬上實施改革，以期團結反共的力量，而早日達成反攻復國的願望，至於台北現無言論自由，已是不可掩飾的事實，如過去之壓抑「自由中國半月刋」，最近之不准聯合評論入口，都是彰彰在人耳目者，須知此種「壓禁」政策，根本是飲鴆止渴的蠢笨方法，因為壓迫力愈大，反抗力愈强，何況台北當局壓制言論自由的勢力，僅限於權力所及的一島範圍之內，對於海外的民主批評，不僅鞭長莫及，而且奈何不得。如此一來，這種壓制言論自由的惡風氣，正是欲蓋彌彰，適足証明政治的不開明而已。現代眞正的民主國家，無一不是實現政權開放與言論自由，因此，人人有參加政治的機會，人人可以自由批評政治，國家賴以富强，人民賴以康樂，社會賴以安寧，美國與法國等民主立憲國家，固無論矣，就算是英國與希臘君主立憲國家，均能收政治修明，收國富兵强之效。反觀那些虛有其表的僞民主國家，那種黑暗腐化，貪污舞弊所造成的紛亂，誤國害民，眞是莫能估計。

筆者是一個在美的華僑，自大陸淪陷後，有老家不能歸，所以熱望台北當局把現存之政府機構和不良政治風氣，猛施改革，期能創造一個完全符合現代民主政治理想的政府，有利於反攻復國工作的順利展開，希望當局不要言者諄諄，而聽者藐藐，則於願足矣。

（讀者投書）

救災聲中的勸進運動

哀矜

編輯先生：

前月二十八日台北國大代表聯誼會發表消息說，他們已收到海內外擁護蔣總統再連任的函電一百八十五件，包括三百六十個單位。日前中央社又自台北發出電訊，據稱截至八月二十二日止，海內外向國民大會籲請蔣總統再連任的單位，已達一千零八十個；總統府、立法院和僑務委員會所收到的此類函電尚未計算在內。他們發佈此一消息的用意，無非表示蔣總統之再連任，原是衆望所歸的事。然而，畢竟時代不同了，無論勸進派之如何工於心計和巧於掩飾，人們無不知道這些勸進的函電都是有人在幕後策動的。

目前台灣正在救災聲中，軍事當局更一再發出中共正積極準備攫取金馬的警告；勸進派却忙於統計勸進函電和發佈勸進消息，不正是十分表明他們不但對於如此空前嚴重的災情視而不覩，就是台峽局勢的安危也漠不關心嗎？怎不令人對於他們勸進的動機要發生疑問？蔣總統的一生已被那些貌似忠貞而心懷奸邪的宵小之徒一誤再誤；而今他以風燭之年，困處一隅之地，為國為己，都不容許再受勸進派的愚弄而失去了晚節呵！蔣總統是基督徒，但願上帝早日賜予智慧，使能早日戰勝羣魔，那就有福了。

（讀者投書）

大陸逃港學生的控訴：

我怎樣從新加坡回大陸讀書（下）

張德明

在那狂風巨浪中我挨過一個年頭的奴工生活，海堤也終於浮出了海面，但意外事誰也不能料想得到，平地突起暴風浪，有一夜海堤的中段突而下沉了三十餘公尺，整條海堤也隨之傾斜下去。這晴天霹靂的巨响，不知又斷送了多少位奴工的生命！在事發的那一刻時間，恐怖的黑暗也隨之籠罩着我們，不幸之大禍也立刻降臨到我的頭上。駐厦門前綫的僞邊軍立即開至海堤戒嚴，共特們也用閃電戰術立即搜查我們的茅房，它們雖然得不到任何証據，但是它們還是順手牽羊，逮捕了二十四人，隨後是强迫工人大集會，宣佈我們的罪狀，我被一口咬定爲海外派回來的「美蔣特務」，任務是「破壞偉大的社會主義建設」。可是僞公安局調查不出我們有什麼証據，（而不過有時鬧情緒吧了。）但組織上已公佈我是「特務」罪名，難以掩飾其主觀之見解，祗在騎虎難下之勢給我一個嫌疑犯的罪名，形式地由厦門地方僞法院宣判我三年徒刑。其中有六位被指爲反革命組織的領導人，專偷竊國家前綫經濟軍事情報，宣判立即執行槍決。其餘的有的被宣判六年有期徒刑。有的被宣判十五年有期徒刑。

這次海堤發生意外，硬說是反革命的破壞，但共特又毫無辦法找到証據，如說反革命用定時炸彈或用猛烈炸藥預先去埋藏，但海堤的下沉處又找不出任何可疑的爆炸痕跡。再說反革命利用潛水員在海堤建設過程中，把堤的中心砌成空洞，但也不可能砌了個三十幾公尺的大洞，而天羅地網的魔區竟瞎了眼睛無法發現呀！

彰彰明甚，何以節外生枝，大家目睹此次海堤崩塌的嚴重事情，是蘇俄「專家」一手包辦，主觀地對這海堤中心地質的勘探作錯誤判斷的結果。是蘇俄「專家」應得的「偉大功勞」，是中共「專家」「對蘇俄「專家」」無恥屈服所應得「偉大收穫」，而共特何以還要奴顏婢膝的把我們奴工無辜的生命作爲對蘇俄「專家」的祭祀呢？答覆很簡單，（一）乘機剷除我們這些對現實不滿的奴工，以達到它們對奴工更嚴密的控制和更殘酷地剝削。（二）對內外宣傳上以達到替蘇俄「專家」所造成的嚴重錯誤作掩飾。達到蘇俄的「眞誠援助中共社會主義建設」來作爲對外宣傳與繼續欺騙大陸同胞及海外華僑的目的。

我服刑的地方是風嶼勞改場，該勞改場亦即是厦門市第一監獄，距離市區約三公里左右，在我到獄的第一個月，「共特」即對我執行「挖根服刑制」。如何挖根呢？記得那是六月廿五日的晚上，我從開拓荒地回來，共特即解去我手上沉重的手銬，由共特押我到另一間預先備好各種式樣的拷刑用的東西，當我一眼看到這些東西，時內心不由一怔打了幾個寒禁想到又要向我動刑了，其中一個共特怒目烱烱地對我說：你什麼時候回來的？在什麼時候參加美蔣特務機構組織的？而人民政府的政策你是曉得的「坦白從寬，抗拒重嚴」，說完這句聳聳他的肩冷笑，隨後交給我紙筆，要我從海外到被捕的一段時間做過反共的程序具體地寫出來，並且要我寫出反共集團組織的成員若干，我實際是沒參加什麼組織，所以祗好搖了一下頭，共特滿臉怒容向案一拍說：你到底寫不寫，而你底檔案上明明寫着「美蔣特務」你却死賴不認，要反抗到底嗎？這時我沒有回答他，一連九天疲勞的審問，直至第四天，我由飢渴和疲倦過度而暈倒過去（註：犯人在執行這種「挖根制」時，不准飲食任何東西亦不准打瞌睡，如你的眼睛一合上來共特們即用五寸長左右的鑽向你身上亂刺），當我醒過來時，滿身已沾了鮮血，周身亦疼痛至於麻木。

三年徒刑已告滿期，我終被釋放了出來，接着我父母親便寫信給我，叫我申請出國，一方面我父母亦去電報僞公安局人民出國科代我說項申請，終於還延遲數月方發給我一張來往港澳通行証，一九五九的二月三日我到達了這自由區的香島。現我雖因返新加坡行期在即，但由於正義感的驅使，故使我在這百忙中把這些事實寫下來，讓全世界人士有所知道共匪的假面目。

目前大陸旱災三億二千餘萬畝

劉裕畧

大陸之窗

儘管中共年年在宣傳水利建設的成績如何輝煌，大陸農民如何在共產黨領導下戰勝了災害，但無情的事實却一再証明大陸災害頻仍。甚至十年來幾乎年年如此。這是什麼緣故呢？毛澤東以爲掌握了幾億人民的勞動力，并加以集體的强迫勞動，一切問題便都可以解決，災害也可掃除。殊不知，不是基於人民自由的自願勞動，對於勞動成果就有着一定的影响，何况，防旱治水的工作，并不僅是勞動力的多寡問題，而是與科學、技術、機械、人心等密切相關的問題。中共一向所誇張的防旱治水等工作之所以攪不好，原因在此，中共政權今後仍將不易攪好這些工作的原因亦在此。

最近，本報曾經一再指出大陸今年又有旱災，但中共在宣傳上仍企圖多方掩飾，直到八月二十二日，中共知道紙包不住火，無法繼續抵賴，才終於由中共北平廣播電台廣播承認大陸現有的大旱災。據中共八月二十二日廣播說：

「大陸十七個省發生旱災，旱田面積總計三億二千餘萬畝。惟截至本月二十日止若干地區曾經下雨，故已有一億五千餘萬畝業已解除或減輕旱象，另一億七千餘萬畝之災情仍然嚴重，受災之十七個省爲雲南、廣東、福建、浙江、江蘇、江西、安徽、貴州、湖南、湖北、四川、陝西、山東、山西、河南、黑龍江等。……而以安徽省近日無雨，旱象又有發展，江蘇省一直無雨，乾旱最爲嚴重」云。

於此，可見大陸災情眞是嚴重極了，因爲這只不過是旱災，此外，現在大陸其他各處又尚有水災蟲災哩！於此，可見大陸同胞眞是處在水深火熱中，亟待解放啊！

中共的鐵路運輸問題

何雨文

貨車和機車缺乏

去年中共鐵路鋪軌里程三五六四公里，到去年年底，大陸鐵路通車里程共爲三一一九三公里。但中共去年新造機車只有三百五十台，雖然中共說較前年增了一倍以上，但去年年底機車總數尚不夠七百台。貨車更少，假如中共所說去年新造貨車一萬一千輛，因而較前年增加了百分之五十一是事實，則去年年底貨車總數也不過三萬輛左右。

機車和貨車均已被列爲戰畧物資，在禁運之列。前年中共曾一度想向英國進行購買機車，但未成爲事實。中共能否製造機車，至今還是一個問題，即使能製造，去年全年也只能製造三百五十台。則其必然在原料、器材及技術上均有無法解決的困難存在。大陸淪陷前我國原來的京滬綫上的戚墅堰火車修理廠已能製造客車貨車。戰後在株州建立的火車修造廠已有機車試製成功。中共的火車修理及建造區是主要依靠這二個廠的原來基礎，十年來中共在此方面還很少進展。

中共第一個五年計劃，原來計劃到一九五七年增加機車五五〇台，修復機車一三六台，較一九五二年增長百分之一六點六。五年之內，只想增加得如此地少，結果却仍舊沒有完成，並且和指標數字相差得很遠。五年計劃中新增和修復的機車總數是六八六台。去年年底尚不足七百台，除去去年的三百五十台，則前年（五年計劃最後一年）底機車不足三百五十台。可以說五年計劃延長了一年才完成指標數字。貨車的修造情形更差。去年年底貨車總數爲三萬輛，但是五年計劃企圖增加貨車三萬三千七百二十輛，修復貨車八百零五輛，合計三萬四千五百二十輛。因此可以說：五年計劃延長了一年，還是沒有完成指標數字。

製造貨車機車的困難

今年中共計劃鐵路貨運量爲五億二千萬噸，較去年的三億八千萬噸要增長百分之三十六。能否完成上述貨運計劃，其關鍵自然首先在增加機車和貨車。中共計劃今年新增機車五百五十台，貨車二萬七千到二萬八千五百輛。這自然又是一個「大躍進」的數字，能造成多少，實在難說。不說技術，就以鋼鐵來說，造一輛貨車需要鋼鐵二十八噸，造一輛機車需要鋼鐵二百噸，修一公里鐵路（包括各種固定設備）需要鋼鐵二百噸。造三萬輛貨車和五百五十台機車及五千五百公里鐵路三者合計需要二百零八萬噸鋼鐵。中共目前各方面都需要鋼鐵，鐵路方面能否調配到如此多的鋼鐵，一定大有困難。何况還有其他各種條件的限制呢！

在第一個五年計劃內，中共企圖新建四個機車修理廠和一個車輛修理廠，改建一個機車修理廠，恢復一個車輛修理廠。原定計劃本來很小，但綜合觀察有關情形，中共連上述的計劃也並沒有完成。

目前的運輸方法

鐵路通車里程增加得太快，機車和貨車的增加遠遠地追不上，適應不了緊張運輸的要求，於是中共只有對運輸方法想辦法了。它的辦法是所謂「土駝峯」、「高站台低貨位」，均在積極推廣。「土駝峯」中共已修建一百處，據說可提高車站調車效率百分之三十到六十。「高站台低貨位」已修建一千五百多座，據說可提高裝卸效率一倍到八倍，其中滑坡高站台提高效率達到二十倍以上。此外，中共又在裝卸、養路、施工等方面盡力推廣半機械化和機械化。但效果總是有限的，因爲這都只是一些補助性質的辦法。

因爲鐵路貨運中以煤爲主。據中共鐵道部副部長呂正操說：「去年鐵道運輸情况十分緊張，特別是第四季度，煤炭運量激增，大量北煤南運，鐵路幹綫通過能力和機車貨車均感不足。」去年煤炭的運量就占總運量百分之四十以上。所以中共改進鐵路運輸方法，必得加强煤礦和鐵路的協作。中共正在號召「快速直達的紅旗列車」，車輛停留時間可以縮短一半。據呂正操的估計：大陸主要礦廠的車輛停留時間，還可以從現有的水平再縮短三分之一。

但車輛使用時間增加，固可增加貨運量，但是損壞率亦隨之而高，修復工作加重，也必影响到新車的製造。於是中共又推行所謂「梢脚運輸」。據呂正操估計：今年打算利用梢脚運輸一千萬噸貨物，相當於每天多裝八百車。

然而這些都還是消極辦法、補助辦法，只可以救急，根本說來，貨車與機車數量缺乏的問題不解決，中共鐵道運輸的緊張情况就仍然不能解除的。然而貨車與機車的數量問題，又决不是中共短期內所能解决的。

馬來亞大選揭曉以後

俊華

馬來亞獨立後首屆大選，經於今晨揭曉，在全部國會議席一百零四席中，除有一席因選舉糾紛另俟候選外，其餘一百零三席均已獲得結果。根據公佈，各黨獲得的數字如左：

華巫印聯盟，七十三席。泛馬回教黨，一十三席。人民社會主義陣線，八席。人民進步黨，四席。馬來亞黨，一席。馬來亞國民黨，一席。獨立人士（即無黨無派），三席。

從在民族原籍來計算席數的話，則爲如左的數字：

馬來亞人，六十五席。華人，三十席。印度人，八席。

泛馬黨的突起

筆者在上次的通訊，曾經預測華巫印聯盟可能獲得的票數，可以有七十席；當時一般的看法，認爲聯盟能得的席數不會超過總席數一零四席的三分之二（即七十席）。這項估計剛好是估中了。因爲這次選舉中，聯盟方面有三席是「不勞而獲」的，眞正從競選中爭來的，剛好是七十席。如果沒有上次華巫醞釀分裂的風潮，相信聯盟這次不祇獲得這麼多席數的。

泛馬回教黨在這次選舉中異軍突起，値得相當的注意。它所獲得的議席雖祇十三席，但已是國會中的第二大黨。再說，十三席以一個小黨來說，亦是爲數不少的；當民主政治運行的時候，若干小黨的聯合席數，如果能夠超過總席數三分之一的話，就足以給執政黨以困擾牽掣了。例如碰到修憲有關的問題，就非超過三分之二不能達到目的。

泛馬回教黨這次競選宣言（在電台廣播，經華巫文報轉載）敘述馬來亞先後受到葡人、荷人、英人、日人的統治，馬來人爲爭獨立而鬥爭。但是現在的各政黨，其所發表的東西（指政綱宗旨等），「多趨向間接的統治和保持自由資本主義，這個主張是受本邦人民反對的，不管本邦如何致力爭取民主，但本邦人民的福利決不會改善」。「泛馬黨」認爲，「馬來人是本邦主要民族，必須爭取政治經濟社會的地位。同時它強調伊斯蘭教，可蘭經中「和平、自由、平等，反對強迫」。泛馬黨以民族及宗教的感情訴之馬來人，其目前成就及未來發展，已成爲一股値得注意的力量。

社會陣線綱領

社會陣線的競選宣言，長達數千言，分爲語文、教育、經濟、土地、膠工、礦工、漁業、家庭、就業、防務、分治、外交等多項。它主張用馬來亞語，「一個國家，一個語文。」而對「官方庇護的英語」，加以抨擊。其教育政策，根據語文政策，發展巫語文及巫文教育。經濟上，主張「我們發展之資金，必須積集自馬來亞。」反對利用外資。防務上，它認爲「外軍乃是外國的，不適於馬來亞情形；馬來亞之形勢，會誘使外力利用本邦爲一基地與跳板。」外交政策，則強調反帝國主義，對「在資產階級壓制下」，「解放」是必要的」，并以「亞非萬隆精神爲基石」。

「社陣」關於工人婦女家庭等細項，這裡從畧。只從在經濟外交防務等重要項目，已可具見這是一個反西方「反帝」的政黨，一方面是反對西方在馬的經濟利益——目下只有西方國家有力投資，拒絕外資也就等於反對西方利益。另一方面，則反對西方軍事政治勢力。後者見之於該黨的反英文，前者則爲反基地。必須注意，反基地這一點，與目下共產國際的反基地運動，剛好配合。

拉曼東山再起

一派極右的（泛馬黨），和一派極左的（社會陣線），已在國會中獲得了第二大黨，第三大黨的席位，雖然目前他們的席數聯合起來，距三分之一席數（三十五席）還有不短的距離。不過，他們已經存在了，而存在亦就是力量。他們可以窺伺，可以等候。

華巫印聯盟獲得意外壓倒的勝利，加強了黨魁拉曼的信心。拉曼氏明後天即將自原籍的吉打州，到吉隆坡來組閣。

拉曼的東山再起，可能使國內政局更較定些。第一，由於他有獨立元動的名望。第二，由於他對華巫關係運用的圓活。至於政局前途，可以看到的，約有下列數點：

（一）清剿馬共及反共的國策將會繼續，一方面與英軍合作，一方面與泰國會剿，務使馬共消滅而後止。因拉曼在執政時，已將「解除緊急法令」爲目標，公告人民，此點必求能兌現。

（二）馬來亞的經濟建設，及東南亞經濟聯盟的理想，將予加強促成。前者是立國的基本，開國時已宣佈的。後者則爲拉曼與菲總統加西亞在馬尼刺曾經揭櫫者。此爲拉曼理想中包括印尼的東南亞非軍事同盟。由拉曼之復出，可能與加西亞聯名召集，一個以東南亞聯盟爲理想的籌備會。

（三）與東南亞公約聯盟的關係，拉曼一向表示不欲加入。但馬來亞已與英國訂有聯防協定，這亦就是說，倘馬來亞被侵時，英軍必將赴援。而如果英國參與馬來亞之戰，爲了英國是東南亞公約國家，東南亞公約機構可以予英國這會員國以援助，因而亦站在馬來亞的一邊作戰。由於這一微妙的關係，馬來亞雖不會參加東南亞軍事聯盟的公約，實際上却等于間接接受該公約的保護。而英軍的駐馬，也就是「社陣」叫囂的「外軍、基地」等問題。不過以聯盟在政治上控制力的加強，與及剿共和防務的必要，聯盟必定會堅定執行英馬聯防這一國策。

（八月二十日寄）

（吉隆坡通訊）

馬華公會易長

漢源

馬華公會會長林蒼佑氏，辭職被挽留後於昨天飛星轉倫敦聖湯姆醫院就醫，檳城機場上，歡送者達數百人，極一時之盛。

自從上月馬華內部醞釀華巫分裂，林蒼佑會長當時首當其衝，成爲磨擦的磨心、叢怨的對象。一方面是來自華巫印聯盟巫統方面的壓力，一方面是馬華公會內部強硬派的分裂主張。都使林醫生難以應付，結果在萬難之中，林氏終於極力斡旋聯盟的團結，領導否決馬華退出聯盟，並接收馬華部分高級職員的退黨。心力交瘁之後，返回檳城休息。

八月十九的大選緊接而來，林氏於七月卅日赴隆後，突於翌日宣佈，辭去馬華會長之職，因他神經系統患病，須赴英就醫半載，已定八月四日首途。

馬華中央工作委員會，包括李孝式、朱運興、陳修信、翁毓麟、黃奕忠等要員，召開緊急會議決議挽留林氏不果，終於決定由謝敦祿醫生署理馬華會長，並盼林醫生早日康復歸來。

各方對於林醫生的辭職，極表婉惜。因爲健康問題，固爲林氏辭職之因，但謂之爲上次「華巫風潮的餘波」，實不爲過。有人就認爲林氏的辭職，已「早在預料之中」。再者，假如沒有那次糾紛，也許不致影响林氏健康如此之甚。

不過，自競選進入熱烈階段，馬華各州及地方分會，來電擁護林蒼佑會長，有如雪片紛飛，足見馬華方面人心，反對華巫分裂，而認爲林醫生的處理正確。就是左翼的「社陣」人物，也認爲上次風潮時，「倘非林蒼佑力維局面，則馬華與巫統之爭端，必『發展至不可收拾地步』。」可見各方對林氏的認識和擁護。

現在一般都認爲巫人方面的拉曼，華人方面的林蒼佑，爲不可多得的人物。謝敦祿氏，就盛讚兩人「偉大」，他們的善意、和平、諒解，將意味馬來亞各族的永久團結。尤以林氏的犧牲小我，難能可貴。看來，林氏的辭職，已更增加他未來的政治社會地位。

（檳榔嶼通訊）

僑鄉近訊

潮州人民公社已陷解體狀態

據八月十五日潮州消息：潮汕地區的人民公社，刻已陷於解體狀態中者，計有（一）汕頭市郊之蘇北公社、隆都公社、壩頭公社、外砂公社，（二）澄海縣之塗城公社、樟林公社，復溪公社，（三）普寧縣之占隴公社、鯉湖公社，（四）潮安縣之蘇寨公社、水美公社，（五）潮陽縣之峽山公社、沙隴公社。上述各公社因社員放棄出勤，退出食堂，自行經營家庭副業，因此使公社日趨混亂；據謂，其主要原因，係由人民不滿公社之粮食供應制度、工分制度和工作制度。上列各地區，均爲主要僑鄉，邑人旅外謀生者甚多，人口中之僑眷分子，比例較大，經濟情況亦較優（因有僑匯），故各僑眷之退出公社，共幹雖欲壓制，亦不敢操之過激，祇好從「教育說服」方面進行挽救。目前各縣市的「黨委」，「書記」，均已深入主持這一項工作。

廣州共幹兼做「蛇頭」

廣州邇來已有不少共幹，半公開式的兼做「蛇頭」。——所謂「蛇頭」，就是專門包辦運送旅客經由澳門而偷渡往港的主持人；因爲一般人都稱偷渡爲「屈蛇」，所以那些主持人就被呼作「蛇頭」。——過去，做「蛇頭」的，都是一些和共官有勾結的商人，現在因利之所在，却由共幹自己出頭正面去担當；原來，這一項特殊的行業，是有百分之二十回佣的，假定每運送一個旅客收費一百五十元，他就可以獲得回佣三十元，有這麼優厚的利益，難怪共幹的偏差念頭大爲蠢動了。

白蕉鄉民因營養不足多患黃腫病（中山）

中山縣白蕉公社青年黃任明（廿二歲），陳賈觀（廿五歲），陳賈基（廿歲），葉有興（廿歲），陸樹華（廿四歲），最近划舟逃抵澳門。渠等均係該縣九區大鶴村人，隸屬白蕉公社，被派做石工，每日工作十六小時，而兩餐却不足裹腹，故不得不冒險逃亡。據稱：鄉人因粮食缺乏，營養不足，部分被餓至瘦骨嶙峋，部分則患上黃腫病，他們都經常受到疾病或死亡的威脅：渠等又稱：公社中的共幹，刻亦對現實表示不滿，各懷異志，伺機逃走。

生產單位反抗徵購瞞報產量（南海、番禺、順德）

廣東各農村由於天災人禍，飢荒處處，中共的「廣東省委」雖已宣佈改變粮食分配辦法，揚言將農民口粮分配到戶，准許自行保管使用，及強調「增產不增購」，災區粮食徵購可酌情減免，藉以安定民心，但各農村人民（包括基層共幹及一般社員），鑒於過去幾個月所受飢餓的威脅，對中共最近的所謂供應和分配制度，均表示不信任，乘各公社內部弛鬆之際，各生產單位（如生產隊等）多於收割時瞞報產量，私自分去部分粮食；各公社轄下生產單位如此，社員之間，亦個別盜割瞞割。此種風氣，以南海、番禺、順德等三縣最爲普遍。聞各該縣「黨委」，刻已對此採取行動，展開調查處理，如查出共幹或鄉民「瞞產私分」或「盜割瞞割」有據，即將之扣押「鬥爭」，或「公審」判刑。

豫鄂皖贛湘均受旱災威脅

廣東水災剛過，豫（河南）鄂（湖北）皖（安徽）贛（江西）湘（湖南）等省旱象又成。據中共報章報導：（一）河南全省一億一千多萬畝農作物中，約有八千萬畝受旱；（二）湖北受旱面積已達二千五百多萬畝；（三）安徽、江西、湖南、旱象亦極嚴重，大部分耕地，都已受到旱災的威脅；旱象情況，且有繼續發展之勢。中共對此，曾不斷發出「戰勝災害」的呼籲，並號召「把一切能動員的人力全部動員起來，展開熱火朝天的生產運動」，力謀挽救危機。

遲到

衣其

當陽光照耀着他的眼睛使他驚醒的時候，他嚇得不敢彎起腰來，而脚底心，彷彿有一股熱氣，直衝腦門，使他渾身發軟。那隻外壳已生了銹的鬧鐘的指針停在午夜一時三十分上。而傳來的工廠汽笛聲却告訴他，已經是八點鐘了。

八點半就要上課的呀！而學校規定的是上課前十分鐘到達。他想起前幾天遲到的事。不過遲了幾分鐘，校長就兇神惡煞似地等在校門口，一張臉青得像廟裏的瘟神一樣。看見了他，只是嘴皮動了動，聲音却像是從喉嚨裏滾出來似的：「古先生，早！」

他連正眼都不敢看，低着頭就溜進課室去了。

而今天，今天又要遲到了呀！

妻不在，大概已出去攬衣服洗了。唉！他不禁有點埋怨她，爲什麼她起身的時候不叫醒他呢？陽光這時正照在他的臉上，又將他的臉反映在一面碎成不規則的多邊形的鏡子上。他的臉是瘦削的，又黃又瘦。鬍髭又長出來了。校長說過：「爲人師表，外表一定要整潔！」好像就是針對他說的。

兩個小的孩子擠成一堆靠牆睡着，小臉袋也是又黃又瘦，兩個大孩子，大概是跟着他們媽一起出去了。左鄰右舍都是工人，也早就上工去了。平時烏烟瘴氣的地方，忽然顯得異乎尋常的冷和靜。他猛然地抖了一下，取過襯衫，用索索抖着的手指去理平襯衫上的皺痕，又撕掉了領子上的幾條破縷。急急忙忙地將腿伸進那條由灰變紅了的褲子，用手掠掠頭髮，衝出門去。

他從士多的鐘裏看到，已經是八點十分了。他只怪自己睡得太死，但是昨天晚上如果不是爲了躲避討房錢的，在外面踱到十一點多才回去睡的話，今天也許就不會遲起的呢。他在街上急急忙忙地走着，幾個西裝筆挺的人用憎厭的眼光看着他和避開他。他想，昨天回去時水已經沒有了，身上大概有了臭味了吧。

巴士站上圍着一大圈人，每一輛巴士的到來，對這些人來說，就等於是一場衝鋒戰。而對他尤其緊張，他已絕不能再遲了啊！然而，然而，他是斯文人呢，怎能擠得過人家。一輛又一輛巴士駛過去，他一次又一次地被拒於門外。的士繞來繞去地在兜生意。但他和那些人們，還是翹着頸等着，希望下一輛能夠空些。

好不容易上了車，他從一個搭客的腕表上看到，已經是八點半了。校長的瘟神般的臉又在他眼前幌過，他感到一陣昏眩，緊緊地抓住車上的皮環，才沒有在巴士的急轉彎時摔到。今天是六號了，下半月的薪水該快發了吧，或許今天就能發了呢。發了薪，今天收租人再來時就可以應付過去了。

他從車上跳下，摸上他熟悉的、黑暗的樓梯，學校到了。校長並沒有站在門口，他心頭落下一塊大石，剛準備溜進教室的時候，那會計——校長的什麼親戚在牆角上向他召手叫他過去，對他說：「古先生，你下半月的薪水在校長室，校長請你立刻向他去取。」說完，裝個鬼臉就走了。

他走進了校長室。校長室是一間小房子，有一個小窗口可以看到課室。整個學校就是一個課室，一、二、三、四年級的學生都在一起，只不過一年級的學生臉朝東，二年級的學生臉朝西吧了。他從窗口中看到應該由他上課的一二年級學生在抄寫什麼，王老師，正給三年級的學生出了算術題，又給四年級在講英文。

他才看了一眼，校長就已經將那小窗關上了。

「陳校長！」他恭恭敬敬地叫了一聲。

「嗯！」校長只是哼了一下，就算是答應。他看到桌子上一個白信封，那就是薪水了吧？他想。

「陳先生說校長叫我——」他語音有些發抖。

「等你很久了！」校長舉起手腕，看了看那金光閃閃的手錶。

「今天，今天……」他突然口吃了。

「古先生！」校長的聲音像劈雷：「如果你另有高就的話，王先生說他一個人也可以教下去的！」

「不，不，校長……」

「好了，爲人師表，總得有樣子，是不是？」校長緊盯着他：「這是你下半月的薪水。」

他接過那個信封，走入了課室。學生看到他來了，都抬頭望着他。他木然地坐下，喃喃地說：「一個月八十元薪水，一家六口……」

「古老師，請你大聲一些！」這一堂正是算術，學生當他在出算題了。

他震了一下，抬起頭來。看到王老師也正看着他，他們交換了一個苦笑。校長室的那個窗戶又打開了，他拿起粉筆，在黑板上劃起來……。

戀歌

小慶

請別埋怨我從不對你凝視，
也求你別有太多的猜疑；
我從不敢正視你的眼睛，
只爲了害怕我會愛得太癡。

是誰給你那秀氣的鼻子？
別人的也挺直但總不如你。
你的顯示着優越倔强和智慧，
使我直覺你終會飛出這局促的小池。

是誰給你那緊閉的嘴唇？
像永遠要堅鎖那心中的秘事。
但緣何你却對我作如許的傾訴，
使我驚懼，也使我欣喜？

爲什麼我們要無端地相逢啊！
當一年過去我們遂必需分離。

（一九五七年舊作）

轉載自「大學生活」第五卷第七期

海堤

夕陽

如寫在水中的畫圖，
赤足的孩子在苔上奔走。
最後的星辰照着早潮在你身上漲起，
看淺浪衝擊成水花濺作漣漪，
如畫盤的水彩抵不住晨光的引誘。
有來自故國的水流不停止地悲歌
泣訴荒僻乾裂的隴畝，
再聽來回冲擊的浪鳴；
「眼前流水正似血色的海樣深仇！」
直至晚潮從你身上悄悄退去，
就沒有一絲遺落的痕跡，
儘管漣漪濺起圈圈的水珠球！
如寫在水中的畫圖，
赤足的孩子在苔上奔走！

詩人小傳

「謀反之徒」彭斯

丕平

距今二百年前，在蘇格蘭一個農民的家庭裡，一個嬰兒誕生了。這個嬰孩就是羅伯特·彭斯（一七五九——一七九六），後來是蘇格蘭最偉大的詩人。他是一個土生土長的農民，從小就趕着馬犂田，窮苦的生活損害了彭斯的健康，使他得了心臟病，又常發一種奇怪的、據說是風濕性的高燒，結果不到三十八歲就死去了。

在他短短的一生裡，有着痛恨一切的偏激性格，他贊成一切的革命行爲。這或許是由於他一生的環境影响所成的。不僅僅是反對地主們，而且攻擊蘇格蘭的教會。總之，反對一切好像是他降生的主要理由。

一七八九年，法國大革命爆發。彭斯住在偏僻的蘇格蘭鄉間，但是巴斯底大獄被攻下的消息一傳來，他立刻變成了法國革命的熱烈擁護者。革命發展得越來越激烈，法王路易十六被人民判處死刑，英國發動了向初生的法蘭西共和國的進攻，在這個關頭，彭斯在一次宴會上，當有人提議爲當時英國首相庇特——反法聯軍的組織者——乾杯時，彭斯立刻站了起來，高聲說：「讓我們爲一個比庇特高明得多的人——喬治·華盛頓的健康乾杯！」因此彭斯在當時甚至被人稱爲「謀反之徒」。

那時彭斯已經因爲務農屢次失敗而不得不做了稅局的職員，但他却利用職權上的方便，做了一件極爲危險的事情。有一次稅局拍賣從一只走私船上沒收得來的東西，彭斯借機會從自己向來不寬裕的口袋裡拿出一大筆錢買了四門大砲，托人送給法國的革命議會。結果他受到了傳訊，不但永遠失去了升級的機會，幾乎連原來的職位也沒有保住。

在他死前一年寫的「不管那一套」一詩裏，充分証明了他那種性格，以下是這首詩一段：

有人爲了正直而受窮，
就垂頭喪氣，這樣那樣的？
這種怯懦的奴才我們不理，
我們敢于做窮人，不管這一切！
不管這一切，這一切，
我們的活兒低賤，這樣那樣的；
職位不過是區區小事，
只有人才是眞金，不管這一切。

這是一首在蘇格蘭家喻戶曉的詩，也是世界文學裡的不朽之作，彭斯借用了一個民歌的形式和韻律，那「不管這一切這一切」的迴旋，加强了那種天不怕地不怕的形象。

一七八六年，彭斯感到在家鄉裡實在沒有前途，決心去西印度羣島謀生。爲了籌一筆旅費，他帶着試試看的心情，將自己平時寫的詩搜集在一起，出版了第一個詩集。詩集獲得了讚賞，于是彭斯有了愛丁堡之行，受到了上層人士的欵待。但他對上層社會却異常憎恨。

「天下的許多壞事之中，最叫我不舒服的莫過於這樣的對照：一個富于天才——而且確有貢獻——的人到處受人冷遇，而一個無用的庸人却因爲有金錢來裝扮自己，到處受人歡迎。試想一個有能力的人，他有眞實的自尊心，他認識到人是生來平等，但又敬仰一切眞正值得敬仰的東西；他在一位貴人的宴會席上遇見了某地主，某爵爺……當他看見那位論才幹連一個蹩脚小裁縫也不如、論情感連三分錢也不值的人物受到注意和關照，而貧窮的天才則什麼也得不着，他的心是如何的憤激啊！」這是彭斯寫在一個筆記本上的話。

彭斯的絕大部分作品却是用本鄉本土的方言寫的。一七零七年蘇格蘭完全合併以後，受高等教育的上層人士都改用英文來寫作。彭斯之前，也曾有人嘗試過重新用方言來寫詩，但是影响不大；彭斯打破了這個僵局。因此彭斯是蘇格蘭最受人歡迎的民間詩人。

國共和談本末（七）

司馬健

「潤之先生勛鑒：自政協破裂，繼以八年對外抗戰之後，內戰達三年有餘。國家元氣大傷，人民痛苦萬狀；弭戰謀和，已成爲今日全國一致之呼聲。故自弟主政之日起，即決心以最高之誠意，盡最大之努力，務祈促成和平之實現。弟於二十二日所發出之聲明，以所致任潮、衡山（沈鈞儒）、伯鈞、東蓀諸先生之電，計均早邀亮詧。國家今日殘破如此之甚，人民痛苦如此之深，田園城市之摧毀，無辜人民之死傷，不可勝計。而妻離子散，啼飢號寒者，復隨處皆是。此悉由於戰爭所招至。以往國共兩黨在孫中山先生領導下曾共同致力中國革命，不幸終因政見紛歧，鬩墻鬩起，致使國家人民遭此慘禍。撫今思昔，能不痛心!?吾人果認爲革命之目的在於增進國家與人民之利益,革命之動機基於大多數人民之意旨，則無論國共兩黨所持之主張，與意見如何不同，在今日之情勢下，決無繼續訴諸武力互相斫殺，以加重人民與國家痛苦之理由；亦除遵循全國民意弭戰謀和從事政治解決之外，別無其他途徑可循。否則吾人之罪誠將百身莫贖。先生以往曾一再宣示，願意尋求和平解決。現政府方面已從言論與行動上表明和平之誠意，所有以往全國各方人士所要求者，如釋放政治犯，開放言論，保障人民自由等，均在逐步實施，事實俱在，何得謂虛？務望先生號召貴黨同志，共同迅速促成和談，即日派遣代表，商定地點，開始談判。戰事能早一日停止，即保存萬千之國民生命，減少萬千之孤兒寡婦。果能共體時艱，開誠相見，一切當可解決。貴方所提八項條件，政府方面已承認可以此作爲基礎，進行和談；各項問題，自均可在談判中商討決定。在雙方商討尚未開始以前，即要求對方必須先行執行某項條件，則如何能謂之和談？以往恩怨是非，倘加過分重視，則仇仇相報，寧有已時，恐無噍類！先生與弟將同爲千古之罪人矣！抑尤有進者，貴方廣播屢謂政府倡導和平，爲政府與某國人勾結之陰謀；此種觀點顯係基於某種成見而來。弟自抗戰迄今，對外夙主親仁善鄰，無所軒輕。凡有助於我國之和平建設，均應與之密切合作。今後亦唯有循此原則，以確保東亞和平與我國家之獨立自主；先生明達，當引爲然。總之，今日之事，非一黨一人之榮辱，而爲國家命脈人民生死之所繫；弟個人亦決無絲毫成見與得失之心；如能迅消兵革，召致祥和，俾得早卸仔肩，遂我初服，固所時刻馨香禱祝者。掬誠佈悃，希卓裁見覆爲幸。弟李宗仁子感京秘印。」

電殊斐尾有致，懇摯如出肺腑；蓋「備戰言和」德鄰介石大旨雖復從同，取徑實乃迥異；介石志在言和以備戰，德鄰則圖備戰以言和；故電言「弭戰謀和」，雖屬宣傳之辭，實亦肺腑之語。抑就「備戰」言，德鄰介石亦復鑿枘；介石唯主守城，以爲城市可守，則菁華不竭；共軍雖制線面，終必難有作爲；故爲益師防守上海，雖田鎮以東蕪湖以西長江頓成眞空所不惜。德鄰端思守江，以爲集中海陸空軍以守江，則長江天塹，共方無海空軍，固難飛渡，即江可守；江可守，即和可成；和可成，則進固可與共方對等合組政府，消弭戰禍於無形；退亦不失劃江而治，以政績爭取民心，生聚教訓，徐圖恢復。而無如介石執意不回何也！

感電既發之次日，共方廣播果一易深閉固拒之口吻，表示和談可以考慮。南京愁雲，頓爲開朗。會李明揚來京，明揚者故隸德鄰且與新四軍陳毅有舊者也。一月三十日，德鄰因亟遣明揚賚書說毅，轉勸共方當局宜以政治定國是，毋迷武力戕國本。並即身赴滬上，力挽顏惠慶、章士釗、江庸諸非國民黨者宿，北行先探共方和平意向，皆慨諾；因復委邵力子及幕客甘介侯留滬部署而歸。而介侯旋自以與德鄰共事久，足爲代言，乃實往往言所非宜言；德鄰原擬遣顏章俱，以二月七日共方廣播怒其所言，斥爲「和平販子」，俱來必逐其出境而止。又顏章等未發，共方欲得南京意向，亦以劉仲容德鄰舊屬，遣之入京謁德鄰曰：「共方切盼公能脫去美方關係，而以桂軍消滅蔣部殘餘；如是則保與公通力，共建和平。」德鄰怫然曰：「如是則直各個擊破耳，尚何和平之足云？且美方對華夙無侵畧意圖，共方要求如此，良所不解。」仲容設辭反復終不許；唯以筆錄五欵付之。五欵者：一曰、國事盼以政治方式解決；二曰、雙方立派代表和談；三曰、和談期間停止軍事行動；四曰、以政治民主，經濟平等，生活自由，軍隊國家化，爲今後建國最高原則；五曰、以獨立自主，平等互惠，爲今後外交基本立場。二月十四日，仲容遂携此五欵與顏章俱北，而晤毛澤東於石家莊焉。是爲國共和談之預備階段。

蘇文忠書唐方干詩卷跋

徐亮之

右蘇文忠公軾書唐方干詩卷，己亥初秋，余見於伯奮齋；共凡六十三首，皆端楷細字，而首尾氣足神完；以較文忠傳世諸書，當爲巨擘，可寶也。「珊瑚網」及「佩文齋書畫譜」並著錄。本王越石物，後歸之項子京。子京而後，藏家鈐印纍纍。有趙孟頫、李善長、董其昌跋；而善長跋作八分書，老筆嶄嶄，肖其爲人，尤難得。方干者，字雄飛，晚唐桐廬人。詩在王孟韋柳間；而性質野，喜凌侮。嘗謂禮數有三，每見人設三拜，時呼爲方三拜。貌寢脣缺，不與科名，隱居會稽鏡湖以終。昭宗時，宰臣張文蔚奏，追賜及第。門人私謚玄英先生。是則干隱君子也；文忠所以特書其詩而用力如此，亦「細和淵明」之意云爾。徐亮之識。

日人所記日本援助孫中山革命經過

——摘譯自日本文學家村松梢風著「原敬血鬥史」——

高洞譯輯

以明治四十四年（一九一一）爲界綫，日本的對華政策，急激地成功了大轉換。

援助中國革命黨的國策，是總理大臣桂太郎的主張，在獲得山縣有朋、井上馨兩元老的諒解之下而進展的。

孫文漸漸將革命戰爭發動起來，第一必要的是錢，却不是像以前那樣的小錢，而是推翻清朝，建立革命政府的鉅大軍費。

某日，孫文爲這事和秋山促膝而談。

「這回是一筆大錢，和向來不同，無中生有是辦不到，有甚麼抵押品沒有？因爲不是政府的錢，是民間的錢。」

「說抵押品，眼前可以拿出的却沒有。」

「現在不立刻拿也可以，取了天下後，那多得很。」

孫想了一會，說：

「對了，若說在中國人看見便懂的不是上海招商局嗎？那的確實在有四五十條輪船。」

「那是很體面的抵押品。」

「但招商局是上海盛宣懷的事業，全部是盛的財產。」

「怎麼是？不是個人的財產，不知道值多少錢的，恐怕連股東也弄不清楚的龐然大物吧？」

孫想了很久，說：

「想到了好東西。埋沒在地下的鑛山，行不行？」

「好啊！是哪處的鑛山？」

「大冶的鐵鑛山。據說，那裡埋藏有無盡藏的鐵。如果拿做抵押品，因爲是地下的東西，誰也不會出來訴苦的。」孫逸仙說。

大冶之鐵，在中國自古聞名，傳說可製最好的刀，因鐵工業不發達，沒有甚麼大規模的開採。據孫的話：雖只說大冶，可是那一帶地方全部有無盡藏的鐵鑛，外國的地質學者也在証明的。

「就定規這個。」

這個到底現在不是孫文的物，可是也不是誰人之物。

秋山把這大抵押品扛往三井。三井開了個大評定會，認爲大冶的鐵鑛，雖是大富源，但那是孫逸仙取得天下後的事。然而，三井終於由孫文出名以大冶鐵礦山抵押，貸給了三百萬圓。不消說，因爲有桂總理的招呼，和山縣、井上的諒解而成功的。現金由三井物產上海支店長藤瀨政次郎經手支出。

於是乎宣統三年（一九一一）十月第一次革命爆發，清朝覆滅，第二年中華民國興起，孫文被選爲大總統。

大冶鐵礦，變成了三井三百萬元借欵的抵押品，即所謂漢冶萍。後來中華民國從橫濱正金銀行借得八百萬元，而清還了三井的三百萬元借欵。後來的漢冶萍，發達到要論幾百億來計算。數十年來，八幡製鐵所需用的鐵礦全部從這裏來，成爲日本製鐵事業的基礎，爲舉世所周知。

三

孫文把大總統讓給袁世凱，大正元年秋天要訪問日本。這回不像從前做亡命客，是中華民國前大總統，包租了郵船春日丸，率帶大批同志隨員正式來訪問的，報紙上滿載着孫逸仙來日的新聞。日本社會，無論相識或不相識，對這位偉大的革命家，都感興趣，尤其是日本在野的一向同情中國革命那些人，盼望孫文來日非常般切，準備了盛大的歡迎。

那是西園寺第二次內閣時代，桂是內大臣。在民間，孫逸仙的名聲非常之大，但日本政府却十分冷淡，對革命很討嫌，不管是鄰國或那一國的革命，都屬忌諱，萬一革命火星飛到日本，那還了得！光是革命文字，身子也會打抖，何況號稱革命家，更是畏如蛇蠍。孫文是中國革命唯一的指導者，推倒清朝的首領，認爲是與日本國體完全不能相容的人物。（二）

聯合評論
週刊
本刊已經香港政府登記
每逢星期五出版
United Voice Weekly
第五十五號
督印人：黃宇人　總編輯：左仲平
社址九龍金馬倫道卅八號三樓　電話61413
承印嘉羅印刷有限公司香港灣仔馬師道5號
總代理：友聯發行公司　售價每份港幣一毫
本報美洲版總經售處美國紐約中美出版社
CHINESE-AMERICANP RESS, INC
199 CANAL STREET.,
NEW YORK31 N. Y. U.S.A.
美洲航空版零售每份美金一角

民主中國運動是無敵的

蕭輝楷

文化理想與民主中國運動

今日海外的民主中國運動者，其處境無疑是異常艱苦的，大家赤手空拳地站立在一些並不屬於中國的海外土地上，既無財勢，更無「兵勇」，僅能憑着自己的良心與知見，向海外中國人發出一些似乎並無現實影响的呼聲——海外的民主中國運動者，一方面要努力抨擊業已褢脅了神州五億人口的中共的暴政，另一方面還要努力匡正仍然擁有台灣全部軍力財力的政府不當措施，這些努力招來的結果之一，是下述常見的譏嘲：「你們的力量在那裡？」「你們有幾師兵？幾塊錢？幾寸土地？」非常抱歉，根本沒有——但是，民主中國運動者却仍然有些東西，就憑了這些東西，民主中國運動者堅信貌似强大的中共，在可以望見的將來終將土崩瓦解，而任何違反民主原則的中國政府，也終將會聰明地自求改革，或愚昧地聽候時代的淘汰。任何一個真正的民主中國運動者，在這點上都絕對地無所懷疑。

民主中國運動者堅信：軍事力量僅是政治力量之「用」，其基礎在政治力量本身；政治力量又僅是社會文化力量之「用」，其基礎又必須是社會文化力量本身。今日海外的民主中國運動者，沒有軍隊，沒有財富，沒有任何從事具體政治努力的具體憑藉，然而却握有終將為舉世所普遍接受的關於社會文化的理想；今日民主運動者的努力，也正是環繞這些理想而作的努力——民主中國運動者，自信業已抓住了真正的政治運動的根本。

政治是文化力量的投影

政治力量不是憑空建立起來的，也不會無緣無故地自動坍塌。任何政治力量的興起，除開外力撐腰而外，都必須是這一政治力量所欲達成的政治目標，業已成為整個社會人心所要嚮往的目標；任何政治力量的敗亡，除開外力侵迫而外，都必然是這一政治力量的政治作為，業已成為整個社會人心憤懣詛咒的對象；而任何政治力量在已興未亡之間的維持，則必然是整個社會人心對其所作所為，容受的程度仍然大於厭棄的程度的時候。

如所周知：政治是社會整體之有效的組織與運用。政治力量之所以能為一種力量，正在其對於社會整體，能作各種普遍有效的組織與運用；這種組織與運用，一方面既需由上而下地深入社會的底層，另一方面又需文教財經以至其他各種社會生活方面之適切和諧的配合；這種組織與運用，表面上靠的是政府命令及其屬下的各部各級官僚機構的執行，骨子裏靠的是官僚機構所接觸各方面各階層有知識有影响力的人民大致的接受與合作。政府的各種措施，如果不能取得民間各層級各方面有力分子的接受與合作，則在縱的方面即不能深入社會底層，使政府逐漸浮游無根，流於僵硬，在橫的方面即可能產生社會機體在某些強烈拒絕合作的方面的失調，使其他尚能聽命的方面亦終將逐漸遭受影响，歸於癱瘓（這裡，中共「鳴放」的收兵與「人民公社」的慘敗，正可視作其政權僵硬的開端，而大陸撤退前夕社會的混亂，則正是政權癱瘓的親切的實例。）因此，我們大可把流行的「幹部決定一切」這句話稍加修改：民間各層級各方面的有力者決定一切，或者說，民間的知識分子決定一切。

民間的有力者，民間的知識分子，這即是說：社會低層的活力之源，靠什麼來決定他們對於政權政令的態度？靠他們的知識、見解和感情。這些知識、見解和感情靠什麼產生？其靜者靠各種已成的社會意識、文化意識之自然的維持；其動者靠文化、教育、宣傳等努力之人為的鞏固或積漸的變革。對於大小政令的否定意識發展到某一程度，亦即當朝政治力量的機能業已軟化到某一程度，政權上層即將必然動搖，政治的新局面也即將必然出現。

因此，政治力量其實僅是瀰漫社會的某些無形文化力量的具體的投影；失却文化力量的支持，任何頑強的政治力量，都無非是沙灘浮面的城堡而已。

今日唯一可能為中國社會所普遍接受的文化理想，是民主、是自由、是科學精神、是中國傳統文化中的優良質素——這正是今日海外民主運動者所以要大聲疾呼地抨擊中共、批評政府所據的主要文化理念之所在。

武力不能離開政治

當然，對於一個政權的命運，民間的普遍反抗的意識有時未必即起其應如响的作用，赤裸裸的暴力統治仍常是一種不可忽視的政權形態。不過我更願強調一點：任何土匪式、軍閥式或暴君式的暴力統治之能維持，首先必須統治集團內部能有其充沛的活力與堅強的團結，其次必須統治區域的人民相對地愚昧懦弱，而且被隔絕到實在不能接受外面世界感染的地步。對付宋末明末的人民，具備部落團結與蠻人獷悍的蒙古騎兵和八旗兵可以輕易地佔據神州；對付與國外世界素即隔膜的俄國人民，俄共可以把鐵幕嚴封密閉而怨聲內歛。但今日中國的人民絕非宋明末季的人民，今日海外的千萬以上的華僑與毗鄰大陸、近接台灣的香港的民主運動者，更不會使中國本土絕對聽不見自由的音响，同時，今日反民主諸政權內部的百孔千瘡，也早已有目共睹。在這種情形下，任何「強大的武力」全都是看來漂亮而絕不可恃的。

武力之為「力」並不神秘。作為一種有效的戰鬥力量，武力必須依靠旺盛的士氣與中上級軍官的忠誠；作為一種有效的社會控制力量，武力必須仰賴所控制地區的人民的合作，以使其深入社會的每一角落與層面，把軍事控制轉化為政治控制。因此沒有政治力量作基礎，武力是臃腫不靈的。失却了政治的支持，失却了社會各級各方面有力者支持，武力可能在某些危機觸發下引起嘩變，更可能在人民全面反抗爆發下不戰而潰，完全喪失其武力的作用，秦隋之亡，大陸之失，與較近的匈牙利事件，全是好例。

沒有武力但有理想有熱情的民主中國運動者，其實才是真正懂得武力意義的強者。

文化，歷史，人心

民主中國運動是今日歷史的必然方向，任何已成的政治力量與軍事力量，對這一方向都必然不能阻遏，因為它們不能把人心真正扭轉。民主中國運動者具有足能旋乾轉坤的文化理想，憑此即足從事其旋乾轉坤的政治努力，而這些努力亦終必獲致燦爛的、震驚世人的成功，一般世俗的疑慮是不必要的，是絕對經不起分析的。

政治的原則及其是非問題

李璜

筆者既對於艾森豪與赫魯曉夫交換訪問一事，兩週來寫了四篇文字，送與聯合評論、祖國週刊、自由人三日刊發表，日昨與友人談論及此，友人認為，英美政府現在進一步與蘇俄交換往還，促進和平，不只是為其政府黨下屆國內選舉中的政權維持，而英美政治家或者確信，不斷的使赫魯曉夫輩接近西方的人物及文化，可以使之感化而變遷。我答友人，此點我已有文字剖白，認為這是不可能的事。茲姑不談政治作法的成敗得失，即使英美政治家是用的基督教精神，注重在感化，然與我們儒家的精神，明辨是非，分別義利之旨，總是不合的，故如我這個中國人，看到這樣的是非善惡，界限不分，總是不順眼，有點氣悶不舒。

「惡紫之奪朱，惡鄭聲之亂雅樂。」這些年來，國際共產黨的可惡之處，就是標榜他的一種非資產階級的民主，以紙排本於自由原則的民主政治。明明是以陰謀詭計而滅亡人之國，而美其名曰，人民自求解放，或稱，打倒資本主義的世界農工革命。三十餘年來，是非不明，義利不分，竟使世人不察，而大上國際共產黨人之當者，已遍於東西，使新的赤色帝國主義，發展得如是其寬廣，其勢咄咄逼人，以致英美等民主國家應付維艱，節節後退。這一國際事態至為顯著；民主國家對蘇俄及其指揮的國際共產黨，時時侵略，處處滲透，乃是弄得手忙脚亂，居於劣勢的地位的。而且今天在聲言進一步促進和平中，國際共產黨人並未絲毫停止其侵略的計劃與行動的。

然而英美，特別是美國，所仗恃與蘇俄對壘者，不是原子飛彈（因為美國已自認不足），而是「以自由對奴役，以民主對極權」的原則。英美人以此原則束身，以此原則立國，以此原則號召於世界，而始能屹立不動的與蘇俄及國際共產黨周旋至今，足使此一世界有是非可分，有善惡可辨；黑暗中畢竟尚有光明之路，然後匈牙利方有人民的大革命，以及中歐附庸國內的人民普遍的不能安於奴役現況！

自由與奴役，民主與極權，二者之不能相容，猶之水火，乃赫魯曉夫再四宣稱兩世界可以和平共存，這種為掩飾其滲透與侵略而發的欺世之語，豈英美政治家竟會相信此一緩兵之計的讕言嗎！英美現政府因其國內與國間的政治軍事上，尚有其缺點，尚須留取準備的時間，而不惜此時與蘇俄好言敷衍，則尚可為自由世界所諒解，如果真是相信自由與奴役，民主與極權，竟可以和平相處，兩下相安，則除非英美政治界輕棄其做人與立國的原則外，我未見其此種所謂「和平」會有好的成效！成效難期，而竟令赫魯曉夫大搖大擺的走進美國，走入白宮，高談其「下一代美國人都會變共產黨」這類的話，我已認為這種敷衍辦法未免太過，何況一向號稱自由世界的領導者的美國總統，還要去蘇俄回拜，在克姆林宮中大談和平，則世人即使相信艾森豪總統絕不會輕棄其做人立國的原則，然而在我這個習於儒家思想的中國人看來，艾赫這一互訪，已足使是非混淆不清，惡人要利用之以動搖自由世界的羣衆，而更易於滲透與侵略了！

談論及此，我對於我的國家的事，也同此感，對於自由中國的當局，所以屢進逆耳之言，也是為的「自由對奴役，民主對極權」這一原則，不能使其是非相混淆，而令非共反共的中國羣衆有所懷疑。近來更強調中華民國的憲法不可輕易改動，也無非認為這是自由與民主原則的是非之所繫；寧可以個人去遷就憲法，萬不可以憲法去遷就個人，否則「反攻復國的重要武器」必然成為鈍刃！今日的自由中國，以地盤而論，遠不及中共之大，以兵力而論，終不如中共之多，然而仍可以立國於寶島之上，為人心之所嚮往，且可以希望終能反攻復國，而使多數同胞得救，要賴此「自由對奴役，民主對極權」這個原則的是非所在！今日寶島燈塔光芒所射的大小，端視於這部中華民國憲法所實現的多少，讀者幸勿認為這是書生救國的空談！

四八、八、二三

蔣介石先生與唐德宗

思遙

蔣介石先生執政三十餘年，可說得是與國家生命最有密切關係的一人。他的功罪是非，國史自有定評。他的爲人和作風，我們倘若不作一筆抹殺的話，是有其長處，也有其短處的。抗戰前，黃膺白（郛）有次曾對蔣說：「先哲云：『士不可以不弘毅而任重道遠』。吾公於毅的一字已夠工夫，以後希望應在弘字上致力。」黃氏的話，確是能中蔣先生之弊的。近來我讀「陸宣公全集」，覺得蔣先生和唐德宗有很多相似之處，但在悔禍的誠心上，蔣先生似乎應該多向唐德宗看齊。（過去的帝王和今日的總統，權原不同，本來不可以相提並論。但彼此既同爲國家的元首，實際上又兼行政首長，自有若干相通之處；而且歷史是後世的一面鏡子，鑑古以論今，未始不是一件有益的事。）

唐德宗是一個相當精幹的皇帝，但求治的心很切，但他不懂得爲君之道，「猜忌刻薄」，以彊明自任。恥見屈於正論，而忘受欺於奸諛。」（新唐書）。陸宣公（贄）在奏議中也屢指出他的短處和毛病。「神斷先於太速，睿察傷於太精。斷速則寡恕於人，而疑似之間不容辯也。察精則多猜於物，而臆度之際未必然也。寡恕則重臣懼禍，反側之釁易生；多猜則羣下防嫌，苟且之風漸扇。是以叛亂繼起，怨讟並興」「神武果斷有輕天下之心」。「人各隱情，以言爲諱，至於變亂將起，億兆同憂，獨陛下恬然不知，方謂太平可致」。「智出庶物，有輕待人臣之心；思周萬機，有獨馭區宇之意；謀吞衆畧，有過慎之防」。「違道以私心，棄人而任己。謂欲可逞；謂衆可誣；謂專斷無傷；謂詢謀無益；謂諛說爲忠順；謂獻替爲妄愚；謂多疑爲御下之術；謂深察爲照物之明」。陸宣公又指出唐德宗在軍事上的猜疑：「今陛下命帥，先求易制者。多其部，使力分；輕其任，使力弱。由是分閫責成之義廢，死綏任咎之志衰。一則聽命，二亦聽命，爽於軍情亦聽命，乖於事宜亦聽命。將帥既幸於總制在朝，不憂於罪累；而陛下亦以爲大權由己，不究事情」。

像這樣的一個最高統治者，用人之道，自必流於「升降任情，首末異趣。使人不量其器，與人不由其誠。以一言稱愜爲能而不核虛實，以一事違忤爲咎而不考忠邪。其稱愜則付任逾恆，不思其所不及；其違忤則責望過當，不恕其所不能。」在這樣的情況下，自然「貴近之臣，惟揣樂聞，不憂失實。咸言聖謀深遠，策畧如神；小寇孤危，滅亡無日。陛下皆謂其信然，窮兵竭財，坐待平一。人心轉潰，寇難愈滋」。「議曹以頌美爲奉職，法吏以識旨爲當官」了。至于「一城之將，一旅之兵，各降中使（有如今日的政工特務人員）監臨，皆承別旨（有如今日的手諭手令）委任」，則是理所當然的事了。

我們無意於借古非今，但看看陸宣公之言，覺得古今之情何其相似也如是之甚，想起來實在可怕得很。但唐德宗有一點不可及之處，就是他能賞識陸宣公，宣公的直言指責，他能容受（宣公之被貶，幾致喪生，是後來亂平後的事）。蔣先生當國三十多年來，他的親信部下和屬員，有那一個能像陸宣公這樣暢言直諫呢？前引黃膺白的話，已可算得是鳳毛麟角，難能可貴了。黃膺白當時也只是以朋友的身分進言的。親如陳布雷，尊如吳稚暉，都不敢和不能有所獻替，更無怪其他的大小官員，都以「頌美爲奉職」了。

專制時代，凡有政治意見，只能向皇帝進陳。現在民主時代，任何人都可以爲國事而發表意見，幷可以向社會大衆申訴，當政者不能不顧慮或採納輿論。專制時代向皇帝進諫，有逆鱗顛沛之患，但陸宣公能言，唐德宗能納。現在民主政治下的蔣總統，部屬既無人敢言，又箝制其他的人言。制訂出版法也，扣留書報也，左文的圍剿也，不一而足，非要造成一片歌功頌德之聲不止。「新唐書」批評唐德宗「恥見屈於正論，而忘受欺於奸諛」。我們是愛護蔣先生的，不願意他日國史中，也給蔣先生下此兩句評語。

唐德宗因爲朱泚叛亂，蒙難奉天。那時他頗有悔禍之誠，由陸宣公代筆所草的制詔，每篇都有罪己悔過的言辭。據史書載，「行在詔書始下，雖武人悍卒，無不揮涕激發」。德宗後來能夠平定叛亂，收復都城，這是很重要的原因。我今畧錄幾句德宗的罪己之言，以見一斑。

「律予小子……長於深宮之中，暗於經國之務。積習易溺，居安忘危。不知稼穡之艱難，不察征戍之勞苦。澤靡下究，情不上通」。「茲予小子……懵於理亂之本，溺於因習之安。授任不明，賞罰不當」。「朕以眇身，屬承大統，縱欲敗度，浸生厲階。……列聖大業，幾墜於地。違虧敬孝，罪由朕躬。撫臨萬邦，甚用自愧」。

大陸淪陷，政府遷臺，撫今追昔，正宜悔罪改過。但遷台後的最初幾年以蔣先生名義所發的文告，非但不深自引咎，還將大陸淪陷的責任，歸之于民主人士和全國民衆的不能和蔣先生合作。近幾年來的文告，雖已減少責人之辭，但仍乏自咎悔禍之誠。

唐德宗雖不是一個值得敬慕和效法的人，但我覺得他至少還有一二處，值得蔣先生深思和取以爲鑑戒。蔣先生喜讀「曾文正公全集」，我希望他能更進而讀一讀「陸宣公全集」（尤其是奏議的一部分）。今日海內外正直的輿論和政論文章，就是當代的陸宣公。

從中共八屆八中全會公報說起

曾明

一

最近，中共八屆八中全會的公報，以及劉少奇在中共「最高國務會議」和周恩來在中共「人代會」的報告，坦白承認一九五八年的工農業產量，由於「統計機構缺乏估算經驗，在多數情況下是估算多了，」全是虛構假報。同時承認一九五九年的生產指標，訂得過高，無法完成，從而削低指標，以和緩人民反抗情緒。

並且承認「大煉鋼」、「人民公社」等問題，都遭遇到實際困難，是有名無實，難以完成的工作。

中共這些的必然失敗現象，都是我們早在本刊所指出的，不過，現在由中共本身來証實我們指出的是確屬不錯。

其實，共產黨人虛構假報生產數字，表示其發展情況而炫惑人心，是他們的看家本領。這也是我們早經指出的，並不奇怪。不過，史大林虛構假報生產數量，赫魯曉夫於其死後在一九五六年二月舉行的蘇共第二十次代表大會中，才敢揭穿。現在毛澤東離開「中華人民共和國」主席位置，不到半年，而且高居中共中央主席「寶位」，尚且未死；劉少奇周恩來竟然利用地位便利而揭發毛澤東經辦虛構假報的混賬手段，這就不得不令人深以爲怪了。

二

目前大陸上這樣的天怒人怨，搖搖欲倒難乎爲繼的惡劣情況，禍之首，罪之魁，毛澤東當然難辭其咎。因爲毛澤東自從出乎他意料之外，輕易的奪取了大陸政權，而產生了滿不在乎的心理，其飛揚跋扈的瘋狂思想，正犯了史大林教訓他的教條：「可是，勝利，特別是較爲『輕易』得到的勝利，『出乎意料以外』的勝利，也有其陰暗的方面。這樣的勝利有時使人發生自誇自大的心理，以爲『我們什麼都能做！』『我們什麼都不在乎！』這些勝利往往使人心醉，因爲勝利而頭暈眼花，喪失權衡輕重的知覺，喪失瞭解實際情況的能力，一味誇大自己的力量，輕視敵人（按：指客觀條件）的力量，冒險來企圖『一舉』而解決社會主義建設底一切問題。於是人們也就絲毫不設法鞏固既得的勝利，不注意於有計劃地運用這些勝利來謀更進一步的發展。爲什麼我們要來鞏固既得的勝利呢，橫直我們都能夠『一舉』而跑到社會主義的完全勝利，因爲『我們什麼都能做！』『我們什麼都不在乎！』。」（見史大林著「列寧主義問題」第四〇七頁）

史大林並對於這種「危險情緒」，提出了斷然處置辦法，他說：「黨底任務就是要堅決反對這種有害於事的危險情緒，要把這種情緒從黨裏驅除出去。」在我看來，劉少奇等很可能以此教條，先逼毛澤東辭去「政府主席」，再來一個事實，証明毛澤東虛構假報，胡作亂爲，打擊毛澤東聲望，使中共幹部對於毛澤東的偶象觀念逐漸消失，而欲代之以集體領導。其次以毛澤東卸任「政府主席」以來，噤若寒蟬，很少有在公開場合發言的報導，或許也是基於這個原因。

三

而周恩來的報告，對於「議論較多的三個問題加以駁斥」，所謂三個問題，即煉鋼問題、人民公社問題、商品供應問題。從周恩來的所謂「駁斥」來看，我們可以看到二個問題：第一、中共內部的反對分子占有很大一部分的影響勢力；第二、向人民低頭認輸的大讓步。

即以煉鋼來說，本來在一九五八年弄得烏煙瘴氣的「全民煉鋼」，但因爲「今年土鋼的生產由於農村勞動力不足，建議由各地按照情況自行決定，不列入國家計劃」。（見中共八屆八中全會公報）這就是中共放棄「全民煉鋼」的表示。

再說，中共在推行人民公社之初，所說人民公社是集體所有制而帶有全民所有制的成分，這就是要將人民的一切都歸於人民公社這一個政權機構所有，雖然因人民反抗，在整社工作期中，實行包工包產，定人定田，從事實上恢復人民私有制度，以平息民憤。現在中共在公報中又宣佈：「在整社中，貫徹執行了分級管理、分級核算、按勞分配、多勞多得的原則，確定了在目前階段公社的生產資料實行三級所有制，生產隊一級的所有權是基本的，公社一級的所有權是部分的（除了現有的社辦的公共經濟以外，還可逐年從各生產隊提取適當的積累），而生產小隊也應該有小部分的所有權。」這是中共祇要保存人民公社名義，除了事實上承認私有制，不惜再予以法令上承認，作爲向人民表示讓步的手段。

至於，商品供應問題，就是人民日常生活必需品的供應問題，這個問題是因爲中共在目前階段可以作爲商品出口的，只有農產品，而農產品是人民日常的必需生活資料。自中共統治大陸以後，日常生活的必需品的缺乏，供不應求的緊張情勢，日甚一日；尤以今年入夏以來，水旱蟲災一齊來，使農業生產有了一定損失，除了中共放棄出口政策，否則商品供應問題，一定會比一九五八年更加緊張，所以周恩來指東劃西的亂說一陣，並沒提出解除緊張的有效辦法，這就是說明今年大陸上的人民生活，還要比去年更苦。

從這次中共公報証明，中共在一九五八年的一切措施是整個失敗了，躍進變成爲躍退，不僅如此，還給人民帶來無窮禍害。並且，這個失敗不僅是中共的失敗，而且是整個共產集團的失敗。因爲中共的生產計劃，實質上是蘇俄爲中心的統一生產計劃的一部分。所以，中共這次躍退，也就是整個共產世界的躍退。因此他們所想要與自由世界和平競賽的美夢，恐怕要永遠沒有實現的一天。

「搶救」與「連任」

・龍 吟・

自從左舜生氏在本刊發表那篇「搶救……」文字後，已引起海外民主人士與一般愛國華僑的熱烈响應，紛紛爲文擁護左先生之主張改革十六要點；並異口同聲地一致不同情蔣介石先生連任行憲後的第三任中華民國總統。海外輿論有這般良好的表現，筆者除了表示萬分欣慰外，並不揣譾陋，對於「搶救中華民國」與「蔣先生連任」兩大問題，畧抒一得，以附驥尾。

搶救惟有改革

由於中共整軍經武的積極與外交政策的實施，在這雙管齊下的壓力日增下，進攻台灣基地與消滅中華民國的企圖，已經昭然若揭。除了那一班利祿薰心與醉生夢死的當權人物外，所有不甘附共和稍有一點良心的愛國人士，無不惴惴於瀕臨危亡邊緣的中華民國，終因苟且偷安不自振作而敲响滅亡的喪鐘。因之一般希望政府除陳佈新，去腐生肌，實施改革方案，以謀自救並打擊中共的統戰陰謀，然後促成大陸革命的發生；予中共政權以致命的打擊，冀能恢復中華民國的完整，從新建設一個絕對民主政治的新中國。左先生那篇文字，就是基於這個純正的目標，而發出嚴重的呼籲；也是代表了所有目前流浪天涯、憂心國難的民主人士，甚至國民黨的開明人士的願望。所以左先生那篇文字，得到多數人的同情與擁護，那是很自然的一回事。

就反共的大前提而論，左先生那篇文字，語重心長，確實是政府當權派的諍言，也是中華民國唯一辦法。因爲搶救中華民國，除了實施左先生那十六點改革方案之外，還有甚麼比較更好的辦法？左先生之文，無一不是針對政府的弊害而發，只要當權人物，能够反躬自省，並本着有則改之，無則加勉的賢良風度，與虛懷若谷的雅量，自然悟出是非與眞僞，忠貞與奸妄的分野，蹶然而起，從善如流，將必大收反攻復國之效，免使流亡於海外以千萬計的忠於中華民國的人民失望。假如當局仍然執迷不悟，以是爲非，以曲爲直，像中央日報那篇所謂駁斥左先生的文字，硬把「莫須有」的罪名，壓在他人的頭上，企圖一手掩盡天下人的耳目，以遂其一黨專政的一貫政策，既不自救，又是悞國，是眞吾欲無言矣。

搶救中華民國，是大衆的責任，當然非一黨一派或一部份夜郎自大的當權人物所能獨力肩負。所以必須團結海外忠貞反共的人士與融合千餘萬僑胞的力量，始能達到這個目的，確非政府的本身，大刀闊斧地改革一番不可。因爲不改革，就無法達到團結的目的，就台灣的現狀而論，仍未抹去特務政治的色彩，使人民箝口結舌，試問言論不自由，如何實現眞正民主政治的目的？既無實現民主政治的可能，一般流亡海外的忠誠反共民主人士，惟有望門却步而已。試問政府這樣不長進、不自奮勉，如何能使海外千餘萬僑胞的心有所歸趨？

假如政府自驕自滿、不思振作和不急起作澈底改革之圖，這樣下去，不但使海內外忠貞反共人士失望，而且日子一久，人心自然逐漸離散，到了勢窮力蹙的時候，恐怕不待中共之進攻，而招致土崩瓦解之慘禍矣！

因爲搶救中華民國的時機，確已到了迫不及待的情勢，再不容許我們有幾多考慮的時刻。所以我們敢以中華民國一分子的責任，慷慨陳詞，迫切呼籲，冀以眞誠感動執政當局，俾能立施改革之道，而圖挽救中華民國之危亡於俄頃間。此一番掬自肺腑的至情至理之言，質諸神明，當亦無愧。

兩個絕對背馳的意見

與搶救中華民國有關的蔣先生連任第三屆總統問題，也是一項值得吾人注意與討論的事件。這一事件，自從左先生那篇搶救文字一出，已經顯明地分成兩個絕對背馳的意見，概括起來說，一個是擁護蔣連任的意見，另一個是反對蔣連任的意見。爲了便於叙述起見，前者簡稱擁護派，後者簡稱爲反對派。擁護派可以中央宣傳部及國大聯誼會爲代表，反對派代表了一般忠貞反共的海外民主人士。擁護派此刻正作勸進之論，堅持反攻復國非蔣先生領導不可的主張。反對派斥爲謬論，認爲反攻復國一定要蔣連任，乃是一種迂腐的見解。並以抗戰勝利爲証，彼時的中華民國元首是林森，而非蔣先生，蔣先生是主持軍事委員會，職銜是該委員會的委員長，竟能領導全民抗戰而獲致最後勝利的成果。這種引據事實作証明的辯論，擁護派自無再難的道理。不過，擁護派是掌握一張製造民意以作勸進的王牌，請看他們最近發動海外僑團通電簽名擁護蔣先生連任的傑作，就不言而喻。

如要搶救就不可連任

看來，蔣先生對於應否連任的問題，還在躊躇莫決中。他在未決定連任之前，先要聽聽一般人的意見，包括上述擁護派與反對派兩個絕對背馳的意見。假如沒有反對派的良言規勸，他會不顧憲法精神與不惜修改憲法中的臨時條欵，以適合他的連任，但是現在不能不再加以考慮了。因此，到了最後關頭，即是選舉期近，不容許他再躊躇的時候，也許蔣先生會看風轉舵而放棄連任的念頭。

平心而論，反對派拿抗戰勝利來証明反攻復國不一定要蔣先生連任才得，實在是非常合情合理之論。再就民國十六年北伐成功的事實作証，那時國民政府的主席也不是蔣先生，蔣先生是以北伐軍總司令的地位領導北伐而至成功，統一全國。江西剿共時期，蔣先生亦未嘗以國民政府的主席地位去領導，而把共黨趕到西北去。這不又是反攻復國實在無須蔣先生以總統地位去領導的一個最好例証嗎？

從北伐的成功，以至討閻討馮諸役，江西剿共的成功，與對日抗戰的勝利，蔣先生從未掛起國民政府主席的旗幟，只是一個總司令或委員長的職銜，無不所向披靡，建立殊勳，反之，一旦就任抗戰勝利後行憲第一屆總統，就招致自有國民政府以來歷史上第一次軍事慘敗，斷送了整個大陸，退守台灣一隅以自保。而這十年來，蔣先生一再連任總統，就一直吹不響反攻復國的喇叭。所以就蔣先生個人而論，是不適宜於做一個國家的元首，只合做軍事領袖，反攻復國，側重軍事，而軍事行動，確又非蔣先生領導不可。茲爲搶救中華民國危亡計，蔣先生應捨己之短而取己之長，放棄連任第三屆中華民國總統的念頭，實是明智之舉。

搶救中華民國，即是打擊中共政權，這是不磨之論。但是打擊中共政權的最好辦法，主要是如何團結海內外忠貞反共民主人士及如何使海外千餘萬僑胞的景然風從。現在，由於搶救中華民國已到了迫不及待的時候，不但政府要馬上實施改革計劃，而且要維護憲法精神，蔣先生切不可因貪戀總統的地位，致冒天下之大不韙。應該俯順輿情，轉就其他重職，並繼續負起領導反攻復國的任務。如果蔣先生的思想，眞能突然作這樣百八十度的轉變，又如果蔣先生的胸襟眞能有這樣豁然開朗的一天，相信海內外大團結的口號一叫響，人力物力馬上集中起來，反攻復國，爲期一定不遠。

八月一日・紐約・

千篇一律的共區小說

岳騫

共區的小說內容，絕大部份都是相同的，因爲根據毛澤東的「指示」，文學藝術要服從政治，所以小說的創作並非是爲文藝的本身，而是爲了配合一個政治運動，集合無數的小說，詩歌只爲了插寫一個故事，內容那有不重復之理，時日既久，自然就變成了一種公式，後來的只有照原有輪廓，換個人名、地名就成了。也就因爲這種原因，十年來共區未曾出版一本好的小說，老作家不敢動筆，新起的作家只是在公式裡面翻筋斗了。

所以要介紹共區小說，只要先排幾個運動就成了。那幾本書是爲「抗美援朝」寫的，那幾本書是爲土改寫的，那幾本是爲三反、五反寫的，那幾本是爲農業合作化寫的，到了最近兩年，煉鋼時期有一批作品，人民公社開始後又出來一批歌頌人民公社的小說。若是先把幾個運動秩序排好，然後把所有小說放在一起，好似資料歸檔一樣，分門別類各按所配合的政治運動放在一起，相信最後一本也不會剩下，每本書都是「名花有主」，因爲任何人都不可能本着自己的意思寫一本書。

內容是千篇一律，寫作技術也出於一個形式，最近一期「文學知識」介紹了一種「就是他」的寫作形式。這種形式是先從本年三月號「火花」文藝月刊上說起，該期「火花」刊出了一篇小說，寫一個人事幹部乘公共汽車去橋梁工地上找一位未見過面的老領工員談話，因爲這位老領工員已可享受退休養老待遇，可是他一直沒有申請，在汽車上與幹部同坐的是位老工人，小說就通過他們的交談，着重寫出這位老工人的過去經歷，目前生活，而現在，正是工地領導上給他假期在家與兒孫團聚，他却因爲大躍進，假期未滿就偷偷乘車回來了。兩人在車上談的很投機，結果到了工地上，找到負責幹部一打聽，原來他要找的老工人，「就是他」。這種小說當然沒有一點眞實感的，首先是大陸工人幾時有退休養老的制度，自人民公社實行之後，夫妻、母子都被拆散，從那裡又能談到和兒孫團聚，更重要的是大陸上那裡來的這樣好心人事幹部，工人不休假，居然不辭跋踄去找他談話，勸他休假。這個故事已經荒謬到出乎想像，最後又安排了如此巧合「就是他」，只有更增加了讀者的厭惡，減低了作品的價值。

不過，這種「就是他」的寫作形式，幾乎隨處皆是，在一些黨委書記下工地，將軍當兵的作品裡就更多了，或者是，羣衆聽說有位黨委書記要來工地，坐車去接，車在半途發生故障，出來個陌生的工人鑽在車下修理，等修好車去時，却久不見有什麼黨委書記來，後來發現那個陌生的工人「就是他」。

再如：連隊炊事班裡新調來個炊事員，大家根據上級介紹都叫他老李，後來聽說有位將軍要來當兵，炊事班提出要把伙食攪得更好一些來接待他，結果發現老李「就是他」。

本來小說的引人入勝，就在於情節曲折，使讀者不知道結果如何，中國舊小說的內容，千篇一律是才子佳人大團圓的結局，但是還能引起讀者的興趣，就在每一章結尾時總是說欲知後事如何，且聽下回分解，即使讀者明白知道最後結局是大團圓，但是對於中間的情節，仍然無法肯定，爲了滿足好奇心，也還是要讀完。現在共區的新小說就不同了，結尾一樣，中間的穿挿又一樣，讓你思想如何前進，打開書一看「不等下回分解，早知後事如何。」誰也讀不下去了。

從這個問題上可以看出共區文藝作品的前途，爲什麼成名作家十年沒有作品問世，潔身自愛者如茅盾、巴金不必說了，即使那個平生不知羞恥二字作何解釋的郭沫若，除去謅一些歪詩之外，又那寫過一篇够水準的作品，最近發表的一篇「蔡文姬」劇本，仍然是爲完成一種任務寫的，結果寫成之後，受到各方面的攻擊，其實不能怪郭沫若，把施耐菴、曹雪芹、關漢卿、王實甫請出來，也不能在既定的形式下寫出好的小說、劇本來的。

勸進聲中的宣傳動態

見微

（台北航訊）自政府遷台後，蔣總統對於宣傳工作極爲注意，除由國民黨中央宣傳組（第四組）主其事外；並特設宣傳政策委員會，以黨部和政府方面與宣傳有關的首要爲委員，負決定宣傳大計之責。過去是黃少谷任主任委員，最近則改由當年曾隨汪精衞去上海籌組僞府，隨後又棄暗投明因而舉國聞名的陶希聖繼任。蔣總統還每兩星期在總統府或官邸召集宣傳會談一次，親自主持，可見他對於宣傳工作是如何的重視了。

陶某在政府遷台之初，曾任國民黨中央第四組長，繼因某事被蔣總統在中央常會席上當衆斥爲無耻，迫得去職；但畢竟身手不凡，一轉瞬間他已是所謂太子派的重要人物，不但又復成爲當局的宣傳策士，而且還與鄭彥棻、張其昀、曹聖芬等秘密組成五人委員會，專替蔣經國計劃一切，數月來海內外的勸進活動，就是他們的成績。聞不久以前，某次宣傳會談時曹某力陳近來海外反對再連任和批評政府的言論，日漸得勢，官方在各地的宣傳機構多不能善秉中央決策予以駁斥，實爲不盡責任；並主張今後各海外宣傳機構應有戰鬥性，縱因此引起營業上的損失亦所不計，蔣總統亦以爲然。據說已通令海外各有關機構一致遵照辦理云。

從公車處看台北市政

台北通訊：

弓治長

台北市政府有三個直屬單位，流行的口頭禪是金飯碗、銀飯碗、銅飯碗，也就是說工務局、公車處、自來水廠，待遇倒是不分，福利津貼形成肥缺，所以入市政府服務的人，都想鑽進肥缺的單位去。筆者擬報導銀飯碗的公共汽車管理處的內情，這是一個產業性的公營事業機構，任何一級的政府，莫不以這種機構舞弊與否來標示整個政府的得失。

七月二十日市議會的議員質詢，也以公車處爲最多，如議員黃文章指出：第三區主任李傳偉，利用職權，涉有僞造文書，盜刻印章之嫌，冒領房租，私自化用。

議員楊玉焜指出：報載市府向日本購買公共汽車車盤五十台，業已運抵基隆，每輛美金二、九七五元，公路局同時由中信局結滙，向日本五十鈴會社購買同廠同牌同式車盤，每台比市府購價便宜美金二〇〇元，則市府經辦五十台車盤者，無異中飽美金一〇、〇〇〇元。

議員宋霖康指出：目前公共汽車票價擬將七角一張漲至一元，以保成本，際此市府又將公車處專戶優存購買車輛專欵，動用三百萬元，購買市民租宅房屋，供市府作宿舍之用，與議會決議違背。

議員俞士熊指出：甲、關於涉嫌貪汚浪費部分：一、公車處以改裝車輛，延長時日，損失三萬餘元；二、將報廢車輛改裝海綿座椅，化費一百多萬；三、機務課長陳培增勾結城中保養場長陳劍亭，購買不適用打風機一座，形同廢物，浪費五萬餘元；四、陳培增向日本購進不適用之曲軸三根曲軸承數十套，凍結於材料庫，亦係浪費公欵。乙、關於涉嫌貪汚部分：一、該處職員章崇本，去年侵呑公欵一萬三千餘元，呂志超處長不依法追究，反而私囑其離職，每月仍支薪津以資彌補，形同包庇部屬貪汚。二、前中崙保養場長曾繁茂經辦車輛新噴油漆，貪汚十餘萬元，呂處長不加聞問，即有包庇之意。三、去年間陳培增故意與商人訂定保用十年之電瓶一百只，未及期已八十餘只形同廢品，呂處長事前事後，未予追保和追究責任，隱有從中舞弊之嫌；四、總務課長勾結商人，購進膺品水泥數十包，形同廢物，呂處長並未依法追究；五、本年中崙保養場以四萬元左右購進機件熱洗器，未久即成廢品；六、本年七月呂處長心腹劉熾昌以二千五百元一名包辦技工考試錄取之需爵，呂處長知情不問。丙、關於瀆職欺詐勞工部分：一、呂處長借用一引擎與零售商，該處無引擎可用；二、劉熾昌强迫詐取屬下會欵二萬餘元；三、劉熾昌包庇屬下技工林德旺偷竊機件，以便敲詐林一千元，呂處長明知而不問；四、去年元月間，材料庫被竊大水箱三十餘個，共計九萬元左右，僅形式上追究庫長趙禹鼎不了了之。呂處長視公物如塵土，豈是公車處長應有的態度麼？

（四八年八月十八日夜於台北市）

關於反共團結問題（讀者投書）

担心佬

好似乎前些時期左先生發表了一篇討論國事的文章，引起海外不少風波，一直到現在還斷斷續續在爭論着，其實，筆者認爲批評與被批評者，雙方均能虛心而不具成見與意氣，彼此皆能容量的話，畢竟會產生良好的結果，而反共團結問題也隨之得到解決的。事實發展並不然，這却令人長嘆，太難樂觀。

擴而言之，當初孟子論戰爭說過幾句老實的話，他說：「天時不如地利，地利不如人和」。以下他便用種種事實，証實他這幾句話的實在性，然後所得的結論是：「得道者多助，失道者寡助；多助之主，天下順之，以天下之所順，攻親戚之所畔；故君子有不戰，戰必勝矣」。孟子本來是反對戰爭的，他說：「爭地以戰，殺人盈野；爭城以戰，殺人盈城；此所謂率土地而食人肉，罪不容于死，故善戰者服上刑」。但戰爭有時是萬難避免的，到了不可避免的時候，他就非放棄厭戰而主張戰爭不可，但戰爭務期必勝，必勝之道，不在天時，不在地利，而在人和。在當前天時，地利，可以說屬于戰爭的外在條件，人和才是屬于戰爭的內在必具條件；戰爭的外在條件，物質是也，比如武器、地形等；戰爭的內在必具條件，精神是也。古人說：「不戰而屈人之兵上也」；又說：「攻心爲上」；老子也說：「善爲士者不武，善戰者不怒，善勝敵者不與」；武王以少數人力而戰勝紂王多數人力，是由於人和，是由于團結，故曰「師克在和」；凡此種種皆是說明戰爭的內在精神條件，勝過戰爭的外在的物質條件。這些道理，淺顯易明，但老子說：「弱之勝强，柔之勝剛，天下莫不知，莫能行」。那末，民主與極權，自由與奴役，這兩種敵對陣線，絕對沒有共存的可能。誰都知道唯物共產主義，它是泯滅了人性，抹殺了精神，毀棄了道德，破壞了信義的，當不用說了。但我們現在環顧世界，與僅有的中華民國情形，民主國家是否眞能團結？海外民主自由反共是否團結？不妨舉出幾件具體的事實吧！

在世界方面：韓日爲遺僑問題，刻雖尚未斷絕邦交，但已斷絕了貿易來往；而法國也因爲對阿爾及利亞，不肯放棄殖民政策，致雙方兵連禍結而無已時。還有其他各地區不愉快的事件，時有所聞，我們不必一一列舉，就此也可看出民主世界的團結，尚有問題。至于我中華民國執政的台灣政府，十年于斯，坐享美援，替人看門，樂不思蜀，即使年來好些有心於國家大事的人，呼籲召開反共救國會議，終于一拖再拖，杳無下文，反而大鬧修憲，擁護總統連任，更不惜以勸進方式，掩蓋不滿自由民主人士耳目，如左先生發表了「搶救中華民國的時間已經不多了」一文，竟受吹毛求疵的無稽詆譭，好教人灰心嘔氣。凡此都是給敵人共產集團製造機會，而無形替反共團結問題打退堂鼓，我們站在無黨無派的純自由人立場來揣測，則無疑是只顧自私而缺乏了正義感與愛；因此不能團結，因此減少反共力量。

假如當第一次大戰之後，西方幾個强國，團結一致，集中力量，對準共產主義，就不會有後來的蘇聯；假如當第二次大戰時，不是民主國家以賊爲友而予蘇聯以援助，蘇聯也絕不會實力膨脹，形成今日世界的大害，假如過去國民黨在大陸執政時，能不存一黨專政獨裁手段，聯合各黨各派，如抗日全面的對付中共，相信毛澤東幾條爛槍，也成不了大事。然而歸根結底，他們之所以鑄成大錯，仍是由于自私，缺乏眞愛。若想挽回當前危險局勢，與乎早日反攻大陸，最好只有一條路；去私心，實踐愛，以國爲重，黨與個人得失次之。孟子說：「三代之得天下也以仁，其失天下也以不仁。……天子不仁，不保四海；諸侯不仁，不保社稷；卿大夫不仁，不保宗廟；士庶人不仁，不保四體。今惡死亡而樂不仁，是由惡醉而强酒」。仁即愛，愛方能去自私，然則今日之民主世界，與乎自由中國人民，如不以仁互待互親，團結起來，其結果不管你是天子、諸侯、卿大夫、士庶人也好，恐怕都會被共產黨赤化而不能自存了吧！

和某報談談「拜外狂」

呂品器

日前本港某報根據台灣中央日報「拜外狂思想」的專論，發表了一篇「潛伏國民黨內的拜外狂敗類」的大文，對國民黨內的拜外狂者力加抨擊。誠然，拜外狂者確是民族的敗類；但某報必須清楚，所謂「外」也者，在台灣中央日報該專論中所指的來說，當然是單指美國，可是若就這個「外」字的整個字義來解釋，則不僅是美國，舉凡我中國以外的國家，包括蘇俄在內，也都是外。換言之：拜美國狂固然是民族敗類；拜蘇俄狂又何嘗不是民族敗類？

相信某報也不會否認，在中共統治下的大陸，遍地都是蘇俄顧問；一切機器、貨品、技術，都說蘇俄第一；種種學術和科學，都說是蘇俄創造或發明，或說是蘇俄的優越；思想，行動，政策，都要向蘇俄學習；全體中共黨員，都稱蘇俄爲「老大哥」（在史太林逝世前，郭沫若且無恥地狂呼史太林爺爺）；中共的首魁由毛澤東以至劉少奇，都不諱言向蘇俄一面倒；其媚蘇的醜態，表現在整個中共的核心組織裡。然則，這是否也是「拜外狂」？

某報說：「國民黨今日拜外狂所以成爲流行病，不在洋學者而在洋政策，不在洋讜論而在美金」。關於這一點，筆者無意替國民黨的拜外狂者辯護；但某報知不知道，中共的拜外（蘇）狂也早已成爲流行病，其所以成爲流行病也是不在洋（蘇）學者而在洋（蘇）政策，也是不在洋（蘇）讜論而在蘇俄軍火。蘇俄已明顯地把大陸視作衞星國之一。是則拜蘇狂的中共，豈非也是中華民族敗類！

某報又說：「如果爲了一種理論而拜外，不過思想錯誤，尚可藥救，拿正確的思想開導他就是了」。但可惜的是，中共的拜外狂却不單是「爲了一種理論」，而是自甘菲薄，一面倒投向蘇俄，奴顏婢膝，作蘇俄奴隸，這又怎能藥救得來？

台灣中央日報是國民黨的黨報，尚能振筆疾書大罵拜外（美）狂；請問某報，中共的人民日報敢對蘇俄哼半個「不」字麼？猶記毛澤東玩弄「鳴放」把戲的時候，龍雲曾質詢「蘇聯供給我們的債欵，十年以內淸還，時間過短，還要付息」，和「蘇聯解放我國東北時拆走了工廠中的一些機器，有無代價？償還不償還？」兩問題，隨後即受到激烈的鬥爭，恐怖的壓制，認爲龍雲居然胆敢開罪蘇俄，罪大惡極。由此可知：中共的拜外（蘇）狂，其狂的程度，實比之國民黨的拜外（美）狂還厲害過十倍。國民黨祇是部份黨員患上拜外狂病吧了，而中共則整個黨都是拜外狂者。質之某報，其亦以爲然否？

人民公社對中共稅收之影響

何雨文

一、公社減少稅收之情況

大陸人民公社化之後，在財政經濟上出現了許多新問題，中共不能不改變現行制度來適應新的情況。問題之一：實行公社的結果，中共稅收相反地減少，因此嚴重地影響中共財政收入。減少多少呢？中共還沒有整個數字，只是透露了若干地區的情況。例如：北平市郊四季青人民公社全年減少稅收百分之三十以上。有的地區要超過這個數字的。（見中共出版：「教學與研究」——人民公社專號）並且各地區的差別也很大。貴陽市的東風人民公社所減少的稅收佔全年稅收百分之二一。貴州省貴定縣的勝利人民公社減少的稅收竟達到全年稅收的百分之六六點八八。（見中共出版「財政」一九五八年二三期）

二、公社減少稅收之原因

各種稅收減少之原因不一，歸納起來，主要原因是：

一、由於公社是工、農、商、學、兵互相結合，鄉社合一，使許多工商企業由原來與農業社及社員的外部關係變為公社內部關係，許多產品原來是對外銷售的，現在變為直接為公社工農業生產或社員之消費。這不僅減少商品交換範圍，減少商品流轉環節，同時也會減少貨幣表現的總收入，因而直接影響稅收的大量的減少。

二、公社內部許多直接為公社內部供應特別是為農業生產供應的小企業，為了簡化核算，不可能都採取獨立核算盈虧的經營辦法。在這種情況之下，以流轉額為課征對象的稅收，就無法計算，更不要說以利潤為課徵對象的所得稅了。

三、公社化運動的重要結果之一是消滅了個體所有制，生產與生活集體化，這反映在商品流轉上就是零星買賣的比重縮小，集體的大宗的商品流轉比重增加，這種變化使得原來以個體消費者為銷售對象的小商小販沒有活動餘地，於是就減少徵自這些小商小販的稅收了。

四、農業社自產自用的煤和原木及其他產品，中共一般是免稅的，如果對外出售就要征稅。現在幾個農業社合併成一個公社，例如上述的勝利人民公社與東風人民公社烘烤煙、燒石灰、磚瓦、砂鍋和煉鐵所用的煤以及修建用的原木，都變為自產自用。水碾過去除為粮食部門加工外，現轉為社員加工，各該社的公共食堂加工，加工費的稅收就徵不到了。其他許多稅收如牲畜交易稅，屠宰稅也會因類似情況而大大減少。

三、中共的對策

中共對於建立公社減少稅收的情況與原因，掌握之後，已在籌劃對策，具體的辦法，還在試驗期中，統一的辦法尚未產生。但中共中央財政開支龐大，非從農民身上想辦法不可。現在從各地情況看來，實行財政收支包乾的方法則是主要的肯定的方式。中共全國財貿會議也明確製訂了「兩放、三統、一包」的方針。一包就是指包財政任務，却將中共在農村中各項財政收入統一計算，扣除原來鄉人民政府開支的行政和各種事業費用，由公社按收支差額包乾上繳。包乾的原則是已經如此確定，但包乾的內容和具體辦法尚在各地試驗階段。現在中共企求解答的是下列一些問題：包乾任務如何確定？是按現行財政收入制度計算呢？還是不按現行財政收入制度計算？是採取公社收入比例包乾呢？還是按絕對金額包乾？

試行的辦法雖多，歸納起來，不外下列兩類：

一、按公社收入的一定比例包乾——總的做法是重新劃分公社財政收支範圍，以往日農業社的負担水平及原來由中共預算管理的收支下放給公社後的差額為基礎，確定出公社上繳數佔公社收入（總收入或淨收入）或積累中的比例，然後按這個比例分期上繳。這個上繳比例可以一年一定，也可以數年不變。這個上繳收入比例包括了公社的各種稅收，企業事業收入及其他收入，實際上就是「公社收入提成」。

二、明確公社收支範圍後，年初就確定公社上繳任務，分期上繳。確定上交任務時主要根據：中共需要，公社需要，公社原來負担水平，下放給公社的原由中共預算管理的企業，事業收支差額以及公社的年度財務計劃。這個方法的基本精神與上述按收入比例上繳辦法是一樣的，所不同的只是一個按比例，一個按絕對數。

這兩種辦法都是屬於攤派性質的，也自然是落伍財政。在中共財政徵收的技術是比較簡便和可靠的，但對於公社對於人民是很不合理的徵稅辦法。特別是第二種在年初就確定了公社上繳的絕對數，更不合理，如果公社收入減少，就會使得負担更重。

是大躍進呢？還是大躍退？

王均

香港中共報紙終於在北平公開發佈消息之後，刋登了這一次中共在廬山舉行的八中全會的結果。據中共在香港辦的新晚報於八月廿七日用紅字作四行標題說：

「中共八中全會決議
大陸繼續大躍進
提前三年完成第二『五年計劃』
提前五年趕上英國工業水平」

這眞算是奇文共賞的新聞標題了。因為這消息的內容，完全是大躍退，但該報却標明這是大躍進，這眞不知道該報對此是無法標題呢？還是有意對中共主子的大躍進作諷刺。

據該報說中共八中全會的決議之一，是檢討大陸去年生產數字，其中分為兩項，一項是以前報告的數字，一項是核實數字，茲將該報所刋兩項數字表照列於後：以饗讀者。

大陸去年生產數字

	前報	核實（即眞正生產數字）
鋼	一千一百零八萬噸	八百萬噸
糧食	七千五百億斤	五千億斤
棉花	六千六百萬擔	四千二百萬擔

大陸今年生產指標

	原定	調整（即縮減）
鋼	一千八百萬噸	一千二百萬噸
煤	三億八千萬噸	三億三千五百萬噸
糧食	一萬零五百億斤	五千五百億斤
棉花	一億擔	四千六百萬擔

讀者試看中共自己所報上列數字，縱然所報屬實，非大躍退而何？去年已經完全沒有達成指標，今年更迫得提早縮減，這說明中共經濟生產完全失敗，且迫得不能不公開承認這種失敗，但該報却還硬說提前三年完成第二個五年計劃，却還硬說這是大躍進，眞是妙哉妙哉了！

中共何以繼續攬人民公社

劉裕畧

大陸之窟

誰最先要攬人民公社？筆者在本刊五十二期大陸之窟曾經指出那是毛澤東。關於這一點，筆者幷曾引用毛澤東於一九五六年的時候在「中國農村的社會主義高潮」一書的按語所說：「現在辦的半社會主義的合作社，為了易於辦成，為了使幹部和羣衆迅速取得經驗，二三十戶的小社為多。但是小社人少資金少，不能進行大規模的經營，不能使用機器。這種小社仍然束縛生產力的發展，不能停留太久，應當逐步合併。有些地方可以一鄉為一社，少數地方可以幾鄉為一社。……不但平原地區可以辦大社，山區也可以辦大社」來証明。因為中共正式試辦人民公社是一九五八年四月成立的河南遂平公社及廣東樟市人民公社，而毛澤東為「中國農村的社會主義高潮」作按語，則是一九五六年，可見遠在中共試辦人民公社的兩年前，毛澤東心裏早已具有人民公社的影子，所以筆者認為人民公社確實是毛澤東最先要攬的。

不過，筆者最近接到讀者來函，認為人民公社不一定是毛澤東要攬的。對此，筆者特別在這裡再引用一段文字來補証。

據一九五八年十月一日出版的「紅旗」半月刊說：「毛澤東同志在山東視察工作的時候，提出了『還是辦人民公社好』的指示。這個指示對於全國的人民公社運動，起了很大的推動作用。自然，這個指示對山東的人民公社運動，更是起了直接的、巨大的推動作用。……但是，那時候我們有許多問題弄不明確，這樣大的社應該是什麼性質，應該叫什麼名稱？它和鄉政權的關係怎樣處理，和供銷社、銀行、工廠的關係又該怎樣處理？對於這些問題，說法想法不一。有的同志認為，大社應當轉為全民所有制，叫國營農場。有的說，只是規模擴大，基本性質不必改變，可以叫集體農莊。有的主張叫共產主義合作社。還有個別同志，覺得社辦得這樣大，有辦不好的危險，總之，是沒有章程。八月九日，毛澤東同志到山東來了。他在聽取了省委的彙報之後，明確的指出：『還是辦人民公社好，它的好處是可以把工、農、商、學、兵合在一起，便於領導』。」「紅旗」是中共中央最高指導性刋物，所記必無虛假。

筆者所以特別要在此一再說明人民公社與毛澤東的關係，主要的，是因為我們必先明瞭人民公社係毛澤東要攬的這一點，然後才容易掌握中共現在何以仍然要攬人民公社的道理。

最近，中共八屆八中全會已於八月二日至十六日在廬山舉行。會議中除承認去年大陸工農業實際生產數字與前報數字不符（即實際生產數字遠不及以往所虛報的數字）外，並對人民公社問題作了決議。決定繼續實行人民公社。決議說：「人民公社的優越性，包括組織規模大，活動範圍廣，可以統一籌劃全社的生產和分配，可以比農業生產合作社更有效地充分動員和合理安排農村的勞動力，可以興辦農業生產社所難以興辦的建設，便於加快農牧副漁和工農商學兵的綜合發展，便於……等等，所有這些優越性，將越來越顯著的發揮出來。」本來人民公社是攬得一塌糊塗，不但人民怨恨衝天，而且由於它而生產銳減，也從而使得中共本身受到經濟上的大損害。另一方面，中共八中全會也不諱言許多人包括共幹在內都反對人民公社，那末，會議為什麼還會決定繼續攬人民公社呢？這主要的就是因為人民公社乃出自毛澤東的主動的緣故，因此，今日大陸內部反人民公社的鬥爭，便在這一個問題上本質地成了反毛澤東路綫的鬥爭，然而毛澤東今日仍然是權勢顯赫、聲威巨大的人物，一時還不容易倒下來，所以，這一次會議便仍在毛澤東的親自主持下決定繼續攬人民公社。經過這一次鬥爭，毛澤東的命運是與人民公社的命運更加緊密了。如果人民公社路綫一旦被眞正摒棄，那末，毛澤東也勢必失勢，這是可以斷言的。

泰國拒絕承認香港旅行證明書

鄭慕樵

泰國當局最近宣佈拒絕持有香港身份証明書旅客來泰，並對現在泰境之持有上述旅行証明書之臨時居留旅客，限令離境，引起了一場不小的煩擾。尤其是僑商方面，對於此項新法令的頒行，深感窒碍和不通。

晴天霹靂

宣佈香港証明書失效的新移民法令，對於持有香港身份証明書在泰旅行的華僑，正似「晴天霹靂」。因為新法令的主要內容，是香港身份証明書在泰國不能作為旅行証件。現持有此項証明書之在泰旅客，限於八月底離境，倘逾期者，將作非法入境論，拘捕遞解。此後華人不能憑香港身份証明書入泰，須持有中華民國護照，始准進入。但中華民國護照仍以台灣中國外交部發出者為正宗，可以申請較久之居留。駐在其他國家及地區之中華民國使館所發之護照，雖准憑以入境，然祇限居留一十五天，不准「續期」。這麼一來，他們便只有收拾行李之一途了。

千人離境

受此法令影響而必須於月底離境者，可能逾一千人。據飛機及輪船公司方面的估計，月間經常來往旅客，八、九百人為香港僑胞而持用香港移民局發給之身份証明書者，加上曼谷方面超過二百人的香港女歌星及舞小姐，就會有千人過外的數字了。

提起這些「香港小姐」，原是到曼谷「淘金」的。可是年來商情冷淡，粥少僧多，難圓淘金之夢。而況入境，「續期至七十五天，」便必須離境。普通是到寮京永珍去，住上十天八天再返。在香港請准旅泰一年，倒有兩個月在路上奔跑，替航空公司做生意。旅費衣飾脂粉之外，所存也就無幾了。這次出境之令一下，正是「舞孃哥仔走相送，塵埃不見廊曼橋」！至於生意人的放下賬欵不能收結，貨物未能脫售，損失慘重，埋怨新例，自不在話下。

着眼防共

泰國當局頒佈這新法令，用意倒是不錯的。令文中就會指出，是因為發覺從香港來的旅客，其中有些是來自大陸。當泰國正在致力防共之際，當局為防微杜漸，乃有此一「斷然」的決定。

可是這一決定的影響，着實太廣泛了。由於港泰貿易頻繁，香港居民之來泰國，正與泰國人民之往香港，有同樣的重要性。但香港沒有中華民國使館的設立。香港居民，入台灣也不易。向外交部領護照，事屬難行。在澳門中國外交特派員處申領之護照，入泰只能留十五天，不足以措辦若干事項。這樣做法，豈非打擊港泰貿易？甚至妨碍泰國吸收外資及技術人才建設工業的政策？

再就東南亞區域說，華僑在東南亞經濟上有重要地位，但如越南、寮國、菲島等地華僑，持當地中華民國使館所發護照來泰的，也只有十五天的居留。這樣一來，東南亞區域本身的貿易及經濟交流，也受到不良的影響。

內幕一說

至於從「防止共諜滲入」的命題來說。共諜的滲入泰境，以由緬、寮、棉等邊境偷渡入境者為多，他們潛伏活動，倒不需要什麼居留証或旅行証照（久居泰國的貧苦華僑，因無錢繳「隨身証」費而無任何証照者，為數甚夥）。那麼公開入境及臨時旅行的旅客，都在移民人員及警方注意之下，相信難作特務活動。就說那些從大陸從香港正式入泰的華僑，倒也多是旅泰華僑的父母子弟，逃離共區的呢。

據說有些香港居民，為旅行便利，可向澳門申領葡籍護照。此則不在此次法令限制之列，但誰又能担保共諜分子不能領到葡國護照呢？

一般認為，為防共而拒絕承認香港身份証明書，似乎有學諺所謂「斬脚趾，避沙虫」之嫌。抑且對於香港當局所發的正式証明書，拒予承認，對香港似有失友誼。對中華民國方面來說，此舉表面雖似乎提高了她的權威，但僅對台灣外交部所發護照「十足行使」，而對外交部的「支店」如越、寮、非以至美、法等地中國使館所發護照，則予打了一個折扣，認為「次貨」，實在反而不甚相敬。

據說，此次泰國當局的決定，還是因某大員訪問台灣，台方安全官員對他提出「共諜經港入泰」的警告，該大員回泰報告研討後，方才醞釀產生此新法令。說將起來，台方安全官員不但打擊了香港正當商人，更是「作繭自縛」呢！

（泰國通訊）

文摘月報繼續改進 并籌辦流動圖書館

現在留學西德的中國同學，不但愛國決不後人，而且對於文化交流，言論與新聞的介紹，確也不遺餘力。現在西德留學的同學，除了喻忠烈等同學辦了「時事文摘」月刊以外，夏瑞春同學等又另外辦有「文摘月報」，這兩份刊物都是以介紹各方言論為主，而又都是這些同學們以自己作工換來的錢來印行的，所以，每讀到他們的文章，都覺得特別感人。

而這兩個刊物，又都不斷繼續改善，可以說，這是最難能可貴的。「時事文摘」的情形，我已迭有報導，現在看看「文摘月報」的情形吧！

「文摘月報」的內容現在是愈來愈充實了，印刷和編排也愈來愈精美了。以內容來說，最近這一期的目錄就有該社「給讀者的報告」及轉載香港自由人「跟着五四的方向走」、民主評論「改變歷史教學」、祖國週刊「人民公社的進程及危機」、聯合評論「他鄉遇故知」、自由太平洋「香港浮雕」、時代評論「痛論中國政治風氣」等，此外尚有虞文譯的「當代德國油畫」、胡不歸「白種人怎樣對待他的負担」、葉泉「回到人來」、美國讀者文摘「華僑在美國」、庸民「中國留德天主教同學宋斯達鎮聚會記」、亦漁「于斌總主教奔走國內外積極推進輔大復校計劃」、秦應「后山之戀」以及「讀者來信」等，西德華僑難於看到中國文字，更難於看到各方面的言論，我們在西德從文摘月報讀到上述許多文字，眞有琳瑯滿目，美不勝收之感。我們曉得：中國人誰不愛戀自己的祖國呢？祖國雖然在災難中，但遠離祖國的人們却時刻在意念它。舉辦「文摘月報」和「時事文摘」的同學把各方面的言論綜合起來，這對於現在居留西德的僑胞，確實是一種使受者最感興趣的一件禮物，眞有點像沙漠中的水草一樣給人好感咧！

文摘月報在「給讀者的報告」中說：「看到本期的封面，讀者諸君感到詫異，希望這新的印象是新鮮的，是美好的。本報自創刊以來，逐期改進，在這日新月異的大時代，不進則退，但是話又說回來，我們的變不是思想的變，不是精神的變，而是方法的變，式樣的變。正確的思想，前進的精神不應改變，可是方法與式樣，則該隨需要而變，否則就不免落伍了。」這話完全是對的，現在留學在西德的同學們，確實不斷在向更好更充實的方面變化中。

而夏瑞春同學準備在西德籌辦流動圖書館，則是向更好更充實方向而變的一個具體例証。最近，夏瑞春同學利用暑假去香港，要為流動圖書館的具體實現作近一步的努力。據悉，這一努力，已獲得相當結果。夏同學已經在香港與聯合評論、祖國週刊、自由陣綫等商談，各方面都準備予以協助。聞友聯出版社將以所出圖書四百餘種，自由出版社將以所出圖書多種捐贈此一流動圖書館，且其它方面尚有圖書捐贈，所以，此一流動圖書館不久亦將在西德出現云。

（西德通訊）　遠音

僑鄉近訊

滇緬邊境反共游擊隊活躍

·江水·

雲南商人張栢基，使用「茶資」人民幣五千元，獲得批准離境，取道廣州，於八月廿日抵達澳門。據張氏稱：由於滇緬邊境經常有反共游擊隊活動，刻中共已將滇緬交界之西盟山區封鎖；不少商人，恐受株連，紛紛採用行賄方式，領得通行証，逃出鐵幕。張氏又稱。去月中、下旬間，反共游擊隊曾先後多次由營盤地區出擊，沿猛龍、翁蔓科、老營盤、蠻東高等地，向瀾滄縣一帶突襲，摧毀中共倉庫多所，并鹵獲共軍軍械無數，共軍對之，每感窮於應付。

粵東各公社農民抗拒徵粮

粵東各公社，對中共的徵購夏粮，亦多採取拖延辦法。據悉：洞口、稔村、東成、水台、集成、天堂、共成、裡洞、簕竹、洞口、都騎、腰古、南盛、六都、高村、東壩、宋桂、托洞、富林等公社，最多的僅完成徵購任務百分之六十，最少的則僅完成百分之三十。因此，「黨委」最近又提出「抓政策、抓思想、抓入庫」的辦法，指示各公社共幹，從速改善徵購情況；但大多數農民為了避免挨餓，堅決爭取粮食自用，仍一致表示繼續拒抗。其中以裡洞公社拒抗得最為激烈，該公社之牆壁上，曾被農民貼上「反徵購」，「反飢餓」的標語，共幹亦無奈之何。

中山漁民協會無形瓦解

中山縣的灣仔、香洲、唐家灣等地的「漁民協會」，刻亦已繼人民公社之後，無形瓦解。漁民以前每一成年人每月獲配糙米四十市斤，但自經七月間的水災後，減為每人廿八市斤，繼而再減為廿四市斤；十六歲以下的，則由十二市斤減為八市斤。最近漁會舉行例會時，灣仔漁會主席竟不出席，派由次級共幹主持，呼籲各漁民「體念大局，節約粮食」，當場引起漁民鼓噪。又：粵共近改採懷柔政策，以圖緩和漁民的不滿，准許大漁戶將漁獲物百分之四十，中漁戶百分之三十，小漁戶百分之二十，繳交漁會，其餘則任由運向海外（港澳）銷售，但漁民多不受騙，紛紛脫離漁會，不願再受迫害。

穗共整頓生產帶來不良後果

穗共為挽救工業危機而展開的「整頓生產秩序」及「整頓勞動組織」等兩項運動，自在各工廠施行後，開除了大批工人，並大舉裁併工廠企業，此項措施，刻已引起混亂，及帶來不良後果：一方面是工業幹部顢頇無能，對「整頓生產」竟不知從何下手，因而引致更大的麻煩；另方面是工廠工友不滿被解僱或被「下放」，因而發牢騷、鬧情緒，甚至集體進行搗亂，在各工廠企業間引起波動。中共廣州市委書記曾志，對「整頓生產秩序」及「整頓勞動組織」的失敗情形，最近亦自行作出如下的招供：（一）職工情緒波動，發牢騷、講怪話、鬧怠工；（二）不願返回農村，反抗調配；（三）聚衆搗亂、要求補貼費、遣散費。因此，工業計劃，目前已受到嚴重的危害。

共幹虐待僑生（梅縣）

印尼僑生李仁芳、李禮芳兩姊妹，去年被誘回原籍梅縣，詎返抵故鄉後，景物全非；并洞悉中共的所謂「優待僑生」，不過是騙人的調子，於是又擬申請重回印尼，但既入圈套，焉能復出？共幹對之，監視特嚴，尋且指她兩姊妹「思想有問題」，竟將她兩姊妹調離原籍改造。最近，李仁芳暗中托人來港轉告其旅港之戚屬，托其戚屬代為函告她們經商於印尼耶加達的父母，謂在原籍飽受共幹虐待，迨被調離原籍後，身受的痛苦更深，寄語耶加達各僑胞，切勿再受中共潛伏在印尼的爪牙所愚而貿然回返故鄉。

活劇（上）

盛紫娟

自修課的鈴才打過不久，初一的級主任聶士仁就鐵青着臉走進教室，幾個正在東奔西跑的頑皮學生忙驚慌失措地回到座位上，拿起一本書嘩啦嘩啦的唸起來。正在座位上溫功課的同學們，看着聶老師的面色，不禁彼此面面相覷，低聲討論。另一些人只是呆呆地望着老師，看他說什麼。

坐在第一排的蘇麗，輕輕用臂肘撞了同位的楊佩鈴一下，又作了個鬼臉，悄悄說：「今天聶老師又要罵人了。」

「同學們！」想不到這位團員老師的聲音有些哽咽，蘇麗吃驚地張開了嘴，心裏嘀咕：「不要又是因為上次測驗不及格的人太多了吧？」

「……有一件太不幸的事發生了……，我心裏難過得要命，眞痛苦啊，我的頭也有些暈，你們不要吵，聽……聽。」他無力地垂着頭，手却指着掛在教室牆上的擴音器，有幾個同學耳語着：「老師的手在抖……。」

蘇麗仔細一看，見那隻手果然在抖，只是抖得不太自然。

「篤……篤篤！嗚—嗚！—！」播音室在播音了。全教室的同學都靜下來，緊張地預備經受什麼重大的刺激……。

「喂喂！全校同學請注意，全校同學請注意收聽中央人民廣播電台的節目！」接着又是一陣刺耳的嗡—聲音拖得又長又凄慘，蘇麗咬着牙抖了抖頭，對楊佩鈴擠着臉笑道：「我最怕這個聲音，妳看，起了一身鷄皮疙瘩。」

「有什麼希奇？」楊佩鈴咬了咬下嘴唇，伸出自己的細胳臂說：「妳瞧，我的汗毛直在跳舞呢！」

突然，那個高大的聶老師已站在她們面前用力敲了下桌子吼道：「什麼時候還在頑皮？放學後留校作檢討！」

兩個小姑娘嚇得直瞪眼，蘇麗哭喪着臉站起來道：「聶老師，下次不了，請原諒！」

「妳們兩個最調皮，應該向後面的姐姐們學習！」他指了指那些已經十六七歲了的少女說。蘇麗和楊佩鈴委委屈屈地點點頭，斜眼看了一下最會在老師面前見裝傻的石鳳，見她正皺着眉低着頭坐着，像有什麼了不起的心事似的，滿臉愁苦的情態，却逗得蘇麗想笑。但她一抬頭看見老師拉長了的臉，只是縮了縮頭，柔順地說：「我一定向她們學的，老師！」

這時那陣嗡嗡聲已經停止了，突然悲慘凄愁的「國際歌」響起來了，聶老師的神色更加嚴重，示意全體肅立。楊佩鈴不高興地蹶起嘴，懶洋洋地把那圓圓的小肚皮緊頂着書桌。蘇麗那一滴溜溜的黑眼珠，好奇地留心望着那些團員們。

聶老師這時已踱到窗口去了，仰頭望着那鉛灰色的天空，凝神想着什麼。蘇麗一見有隙可乘就又用手碰碰楊佩鈴，她們互相看着吃吃笑起來，坐在她們後面的張玉琴，惡狠狠地椎了蘇麗的背脊一下。

「妳幹什麼？別沒事找事。」她憤憤地把臂部一扭，壓低了聲音叫着：

「蘇麗，別忘記妳是隊員！」那個已經十七歲了的「老」隊員，嚴厲地警告她。

「妳先記住妳自己吧！『超齡隊員』！」蘇麗嘟着紅噴噴的小嘴，不饒人的還嘴。

一陣羞慚的紅暈使張玉琴低下頭來，難過地撇了撇嘴，她恨死了這個十二歲的小女孩，因為她常常要去刺痛自己那仍未封口的傷疤，她感到喉嚨口有一件東西在堵着，驚得她喘不出氣來。這時候國際歌已奏到：

「英特內雄納爾一定要實現：……」。

在她腦子裡忽然閃過一張畫面，是很多共產黨員互相跨着胳臂唱着國際歌向警察街過去的鏡頭，那是她在某個電影中看見過的，本來印象已模糊，現在一聽到這一句時，她忽然感到一股熱流通過她的全身，她原是一個動不動就要哭的弱女孩，現在幾方面一刺激她再忍不住了，嗚嗚哭起來，她感覺到幾十道眼光射在她身上，一急爽性伏在桌上大哭，她清清楚楚地聽見蘇麗那個小鬼在嘻嘻地笑她。國際歌之後是蘇聯國歌。在樂聲中張玉琴發覺聶老師已向她走來，不一會兒一雙厚重的手就搭在她肩上了。她吃驚地站了起來淚眼模糊地看見老師也在哭呢！她更放心了。心想：「盡量哭吧！沒有錯的。」

「張玉琴，蘇聯國歌還沒奏完，妳還不能坐着哭，還是站着哭的好。」

蘇麗和楊佩鈴不解地轉過身來看，一看到那副奇異的場面，她們又互望了一眼，原來大多數同學尤其是申請入團的人，這些平常反對別人溫情主義，反對女孩子掉眼淚的人都在那裏抹眼淚呢！

音樂聲中滲入唏哩唏哩的哭泣聲，及呼哧呼哧的梢鼻涕聲，使人感到滑稽。

「喂喂！」，「篤篤篤！」播音器忽然不响了，「可能中央人民廣播電台的那個播音員哭昏了頭吧……！」蘇麗想到這兒，差點噗哧一下笑了出來。

「喂！同學們！」這是校長（黨員）的聲音「請大家安靜，請大家鎮定，先壓抑一下自己的悲痛，聽完這個廣播！」語後是一陣令人發抖的抽搐着的哭聲。（未完）

中國幽默一則

徐光

昔有人與人下象棋而屢敗者，已棄甲曳兵不敢再臨場矣。會有「棋王」慫恿其再往應戰，並允從旁參贊戎機。其人以例禁旁人相助為慮。棋王復謂固不必講話亦不必用手明助，而只用符號暗助即可。其人雄心復起，即偕棋王再往挑戰。走子無多，局勢垂敗；其人乃以眼色求援於棋王。棋王在旁，若熟視無睹，只屢發聲云：「千、千、千。」其人莫名其妙，局又輸了。歸而大怨棋王之袖手旁觀失信不救。棋王反謂屢發暗號，何云不救。及質問暗號為何，則答：「君不聞吾屢言千、千、千乎？」再問「千、千、千」何解？棋王則曰（以下應作一口氣讀）：「千云者；千，淺、踐、竊、——竊比於我老彭——彭祖壽高八百歲，——歲者年也，——年少登科第，三元及第回，禹門三級浪，平地一聲雷，——雷聲普化天尊，——尊同樽，——樽、準、雋、卒——我教你上卒啊。不明白嗎？」其人頓覺頭痛，失聲喊曰：「天啊！我寧願輸了！」

果樹園

顧爾夢作　異邦人譯

斯夢，拿着柳條編成的籃子，
到果樹園裏去。
進了果樹園的時候，
讓我們告訴蘋果樹：
現在是蘋果結果的時候，
斯夢，到果樹園裡去，
到果樹園裡去。

熟透了的蘋果，
招來滿樹的黃蜂：
它們在蘋果樹的四周，
不停地叫哼。
蘋果正累累垂掛於蘋果樹上，
斯夢，到果樹園裡去，
到果樹園裡去。

讓我們摘下那紅色的蘋果，
或是那細小的青色的蘋果，
還有做蘋果酒用的，
微微熟爛了的蘋果。
現在是蘋果結果的時候，
斯夢，到果樹園裡去，
到果樹園裡去。

妳的雙手和衣服，
都滲着蘋果的芬芳；
妳濃密的秀髮也充滿了，
秋天甘美的香氣。
蘋果正累累垂掛於蘋果樹上，
斯夢，到果樹園裡去，
到果樹園裡去。

斯夢，妳是我的果樹園，
妳是我的蘋果樹；
斯夢，從妳的心裡和我的果樹園裡，
趕去那蜜蜂。
現在是蘋果結果的時候，
斯夢，到果樹園裡去，
到果樹園裡去。

譯者附註：顧爾夢（Remy de Gourmons）是廿世紀初的法國詩人、小說家和文藝批評家。曾經主編法國水星半月刊。一八九八年出版其戀詩集「斯夢」，全集收詩僅十一首，都是寫給斯夢的。此處所譯一首是從英譯本中重譯過來的。

記『詩人俱樂部』

謝世清

在英國新文藝運動史上，「詩人俱樂部」(The Rhymers' Club)佔有一個很重要的位置。論者認為「詩人俱樂部詩集」（The Book of the Rhymers' Club）是世紀末英國詩壇的代表作，因其最足以表現出該時期的詩風。由這部詩集發展為「黃皮書」（The Yellow Book）而至「沙渥」（The Savoy）——這兩個雜誌更加發揚了「詩人俱樂部」的精神，使到世紀末的英國詩壇塗上了該俱樂部的色彩。由此可知，「詩人俱樂部」不單重要地影響了英國新文藝運動的推進，而且在英國文學史上是值得大書特書的。故我認為有將之介紹於國人的必要。

「詩人俱樂部」的形成，是由於當時詩人所羨慕的巴黎情調之投影，乃仿模巴黎拉丁區象徵派詩人的晚會而組成的，這和他們之愛讀象徵派詩人（如波特萊爾、魏爾倫、馬拉美、藍波、納福格等）的作品，是有着相當關係的。這個俱樂部在一八九〇年左右，即已醞釀成功，乃由愛爾蘭大詩人葉芝（W. B. Yeats）發起，正式創立。他和李西（Ernest Rhys）兩人，曾分別網羅了許多詩人，如史蒙士（Arthur Symons）道蓀（Ernest Dowson）蒲那亞（Victor Plarr）等，都是會員。此外，沒有出過席的會員，則有華特遜（William Wadson）；而非屬會員的湯姆遜（Francis Tompson），曾出過一次席。還有，在當時聲名極盛的王爾德（Oscar Wilde），也有時到會。他們的集會，多假酒肆舉行，或在會員的家中開會。

至於「詩人俱樂部」的特色，則為互相研討人生和藝術的真諦，彼此朗誦新作。其時，正從巴黎返英的史蒙士，常在集會上介紹法國象徵派詩人們的作品；長於朗誦的葉芝和蔣生兩人，時常吟詩；但胆子小的道蓀，却連自己的作品，也沒有勇氣來朗誦。出席這種集會最勤的，自然是熱心的葉芝，他幾乎連一次席也不會缺過，而據其回憶錄，我們知道在開始集會時，道蓀亦是常到的一人，其次便是史蒙士了。可惜其會員多數慘死，像大衛遜（John Davidson）之投海、彼得斯（W. T. Peters）之餓斃於巴黎、蔣生之夭折等，大大地削弱了「詩人俱樂部」的力量。

談到「詩人俱樂部」的分裂以至解體，約在「沙渥」停辦前後。其原因為各人均已發現了自己的新途徑，遂無集合的必要，蓋「詩人俱樂部」的組織，乃在乎尋出一條新途徑，故其鵠的一旦達到，即不復存在了。除此之外，還有其他因素，像葉芝偕其同志回鄉從事愛爾蘭文藝復興運動，和道蓀之受失戀的刺激而至於病死，以及葛雷（Thomas Gray）之叛依宗教，更促使了「詩人俱樂部」的解體。不過，我們應該認清一點，那便是「詩人俱樂部」雖然解了體，但從其中培養出來的許多詩人，均曾稱譽於當時詩壇，為英國詩壇開拓了一條新途徑，且在英國文學史上佔着非常的地位。故此，「詩人俱樂部」的壽命雖然不很長，但却開放出燦爛奪目的唯美派之花，而其重要性也在於此。

國共和談本末（八）

司馬健

顏章等既晤澤東懇陳和平乃通國願望之意；澤東亦以其時渡江部署未就，宜且博順從輿論之名，從容爭取時間；因相與讌談甚懽。澤東固聞見雜博，觸緒風生；而徐冰方受命任總招待，知士釗有阿芙蓉癖，亦於賓館屈右指作「六」字而揚聲曰：「吾備有此，諸公跋涉良苦，客中無可為歡，亦願嘗試之不？」皆笑謝，士釗亦謝。後士釗回京，則逢人皆謂「毛澤東天下奇才，老夫老眼不花」云。實則德鄰幕客某夙知士釗於澤東微時有恩，其得任代表，乃所推轂，士釗固不自知耳。而二月二十二日共方廣播遂正式宣佈願與南京進行和談矣。

時德鄰方巡穗促孫科回京，既聞廣播，立就國民黨學方中委孫科、吳鐵城、李文範、鄒魯等徵詢意見。回京後，復數與于右任、居正、閻錫山、何應欽、黃宇人、王啓江、范予遂、童冠賢等會議，僉以為使和談能獲合理成功，國共雙方，精神方面必須互相尊重，權責方面必須對等分担；因乃確立和談三原則如下：一曰、必須平等協商，而拒絕任何強力脅簽之屈辱條件；二曰、力爭劃江分治，而拒絕參加以中共為中心之聯合政府；三曰、共方所提八條件，同意於分治基礎上從事商談，而非全部接受。其後和平代表北上，即以此三原則敦諭之。

三月二十六日，共方廣播經派周恩來、林伯渠、林彪、葉劍英、李維漢五人為代表，周恩來為首席代表，定四月一日與南京代表舉行和平談判於北平。德鄰亦立派張治中、黃紹竑、邵力子、章士釗、李蒸五人為代表，張治中為首席代表，盧郁文為秘書長。而德鄰幕客某以共方林彪、葉劍英等現役軍人亦與代表席，我不能無軍事人材參加；而劉斐前任軍令部次長甚有聲，茲德鄰雖內定其為總統府參軍長，非時所急，輒勸斐宜為代表。斐言之，德鄰以為然，復加斐為代表；共方亦加派聶榮臻以應。而德鄰為實踐三月十二日中常會「黨政聯系」建議，且示於介石無他，代表北行前，復遣治中赴溪口謁介石。

三十一日，德鄰以代表行在即，特與中常委于右任、居正、閻錫山、白崇禧、張羣、張治中、何應欽、黃宇人、范予遂、王啓江、程思遠等集議總統府子超樓。治中首報告赴溪口經過曰：「代總統以代表將北行，今吾特赴溪口謁總裁，請示和談方針。總裁茲經一再對吾表示：渠已下野，和戰義應由代總統何院長負責主持，渠參加意見滋不便。」隨復吭聲曰：「唯吾深信今日本黨高級幹部諒無不以爭取黨國利益為首圖，個人利害，非所顧惜。乃上海少數頑固分子，竟特對吾血口噴人，橫加誣蔑；此種作風，實非佳兆……。」張羣見其憤懣形於顏色，虞且影響會場情緒，因亟笑謂曰：「今年乃忍耐年，今年乃忍耐年；我人皆宜忍辱負重！」遂會議如常。當通過崇禧、錫山提為免重蹈前政治協商會議覆轍，和談期間，宜先締停戰協定案；及德鄰提為和談期間得備政府諮詢，宜成立「中央和談指導委員會」案；並即席推薦德鄰及于右任、居正、何應欽、張羣、吳鐵城、吳忠信、孫科、朱家驊、徐永昌、童冠賢等為委員，而由應欽携赴二月初即已遷穗之中常會批准之。蓋至是德鄰已自知介石一意孤行，莫之能挽；黨內飛短流長，伺隙者衆；和談吉凶未卜，破裂時虞；不得不委曲以求萬全，虛己以求多助也。

四月一日，代表飛平；既降南苑，迎者寥寥；共方顯要，無一人至；治中等深以為怪。以抗戰期間治中嘗代表介石飛延安談判，歡迎熱烈，持較今日，判若霄壤故也。旋乃知共方實咎治中行前赴溪口謁蔣故。幾經解喻，方始釋然。德鄰於代表之行也，復貽書澤東，其畧曰：「今者和談伊始，政府既接納以貴方八條件為談判基礎；宗仁凜於戰禍之慘烈，蒼生之塗炭；深虞過去錯誤之歷史，轉成今後歷史之錯誤；茲輒本己飢己溺之微誠，敢作更進一步之表示：凡過去種種足以妨碍和平如所謂『戰犯』云云者，果或罪有應得，宗仁願身受之；縱就湯鑊之誅，宗仁甘自當之。至於立國大計，決遵本黨總理遺囑精神，與貴黨暨各民主人士相與攜手策進之。總期化干戈為玉帛，導乖戾為祥和；耿耿此心，有如白水」。而澤東之獲讀德鄰此書也，亦欣然謂代表曰：「和平必須實現。八條件儘可商量。望南京多來幾位談，彼此必將更多瞭解。」德鄰之書如彼，澤東反應如此；於是朝野樂觀，如釋重負，以為國運昭蘇，不旋踵可致。于右任以七旬高齡，至且願以追加代表之身分，飛平克觀此歷史奇蹟之演出。乃不謂右任之行裝未戒，而北平之噩耗已來矣。

木蘭花慢

題林碧城詞卷

曾希穎

絕春殘夢綺，拚餘日，對遺綃。歎校易詞林，塡詞堅社，事比天遙。無聊；漫賡剩譜，怕哀弦塵滯不堪調。埋骨青山何處？斷魂楚些難招！

行瓢，客路久飄蕭；流水送前朝。問氣盡鳶肩，才踰鵬臆，此恨誰銷？條條；未乾燭淚，更咽風隣笛清宵。梁月三更欲落，心香一瓣長燒。

故宮名畫照片展覽觀後

徐亮之

由中國文化協會和開發股份有限公司在香港聯合主辦的「故宮名畫照片展覽」會，其展覽期間，原定自八月二十四日至二十九日止；後來却應觀衆的要求，延長到九月一日止了。

這是好現象；這現象，表示海外同胞對祖國文物的熱愛，也就是對祖國的熱愛。同時也表示：十目所視，十手所指，好事情就是好事情，只要祖國當局做的是好事情，則海外同胞對於他們的熱愛，也必一如他們熱愛祖國本身一般。

談到這次展覽，我們不能不對故宮博物院的負責者致其敬佩之誠。這批展覽品，祇不過是故宮名畫的一小部分的照片，比起故宮的全部古物來，更祇不過是小而又小的一部分；然而歷刼滄桑，這批古物，這批由殷周到明清一系列先民多彩多姿的汗血結晶品，國家的無價寶藏，現在仍能安然保全於中華民國政府所在地的台灣，故宮博物院諸先生的這一功勞，是不在保全中華民國的本身之下的。

這一系列的中國古物的存在，無疑乃中國民族有其創造天才與文化業績有其優秀的傳統的事實說明；而其創造與傳統的輝煌性，由於這種事實的說明，也足見並不亞於並世任何的優秀的民族。然而我們的文化與精神却至今仍然不為世人所瞭解，這實在是很可惜的。因此，關於這類性質的展覽會，我們希望能夠在海外多多舉行。名畫既可以攝成照片展覽，其他名書、名金石彝器自也可以攝成照片展覽。這乃輕而易舉且花錢不多的事；縱然花多點錢，也是值得的事，該做的事。

日人所記日本援助孫中山革命經過

——摘譯自日本文學家村松梢風著「原敬血門史」——

高洞譯輯

西園寺內閣閣議決定：孫文若來，不用說，不做公式的歡迎，由總理起，內務、外務、陸軍、海軍大臣，誰也不會見。

桂因為是內大臣，不出席閣議，但閣議決定立刻知道。桂躭心了。政府的空氣既然如此，孫文如特意來訪，倒變成失禮，當局的人一個也不會見，來也沒有甚麼效果。在桂自身，孫來，政府的人誰也不見，如果自己一個人會見，也覺不妥當。事實弄成這樣，眞是麻煩！

在這種之情形下，孫文若來，不獨完全無意味，倒反有害。桂躭心了。

在桂還有一個理由。那是日本對中國的新國策，要由自己手上來確立，從來有這樣的大抱負。決定以由革命成立的新中國做對象的國家大方針，這件工作，確信總該在自己。然而他是內大臣，偏巧沒有担任政局的地位，孫此時來，將使孫大失所望；還有更大的問題，日華的將來也有破壞之憂，桂的躭心為此。

他趕緊把秋山請來，將上面的情形說明，商量怎麼辦好？

孫文訪日，業已決定在數天前，似沒有改變。

然而桂是國家的元勳，有誰也想不到那樣純眞的性情，看着他憂慮國家的前途，關於友邦的問題，心都碎了，秋山乃決心無論如何，不能不把這個難題來處理。

秋山趕到上海，會見孫文，把日本的情形詳細地說，將桂的衷情傳達，請求中止訪日。

「這纔麻煩！一切已經準備好，就要動身了，因為已正式發表，現在不能中止。這是我們的決議，破壞決議，秩序就會亂，無論如何，中止是辦不到。」

孫變起臉來說。中國方面新政府各人，隨員名單也已發表，甚麼都準備完妥了，行李也搬上了春日丸，孫這樣說，也不是無理。

但秋山用種種的話，要求其中止。卒至孫文發怒了。

「好呀！如果誰也不會見，那就不會也好，這樣的偉人們，沒有勉強會見的必要。旅館的老太太和一班舊友，照顧我太多了，這次想要致謝一聲；還要看看富士山，事情是不少。」

「是嗎？我懂了。老兄說的也是道理。可是，我不是將你作詩人名士來交往的。也不是為想看富士山，想致謝旅館老太太這樣的你，和你交往的。這四億五億民族的運命，東洋的運命，在某種意義上，老兄倒是唯一的指導者、救濟者，是推行這種大事業的人，而我則自負為其朋友，也許今天以前沒有過甚麼用，但是，我是為這個打算而來的。這種事業，現在心志的一端是實現了，清朝倒了。你是中華民國的退職大總統，到了世界人士都景仰的地步。把站在那上面的老兄，日本當作上賓接待的日子好容易來了，可是今天，這邊客廳沒有佈置好，來到了連一杯茶也沒能敬奉，為這個緣故，纔請求你給稍為等待的。」

秋山的聲音，越說調子越高。

「所謂不能等待，是甚麼事。而且不是我個人的意思，當今在日本名符其實第一人物桂公爵，很關心這件事，對我商量後，我纔不遠千里趕着來的。但是你說怎麼也要依期。既是這麼着，變成血也沒有了，志也沒有了。因此以為中國革命成就了嗎？外面的人是說革命完成了，不消說，老兄是沒有這樣想。清朝倒了便算是革命成功，那是大錯，實在的革命是從此以後。這樣的事，老兄比我更加知道。然而，唉呀！決議、旅館老太太、富士山等等，我不是為跟老兄聽那樣的話而來的。第一你自身做了的決議是甚麼？」

不知不覺言語變得很激昂，簡直大放狂言。若在平常人，過去的交情是交情，現在這麼的地位，是會生氣的，到底是孫文，一些也不拘泥，把前言取消了。（三）

本刊已經香港政府登記

聯合評論

每逢星期五出版

週刊

United Voice Weekly

第五十六號

督印人：黃宇人　總編輯：左仲平
社址九龍金馬倫道卅八號三樓　電話61413
承印嘉羅印刷有限公司香港灣仔馬師道5號
總代理：友聯發行公司　售價每份港幣一毫
本報美洲版總經售處　美國紐約中美出版社
CHINESE-AMERICANP RESS,INC
199 CANAL STREET.,
NEW YORK31 N. Y. U.S.A.
美洲航空版零售每份美金一角

神志健全的社會

孫寶剛

美國有一個心理學家名佛露姆的寫了一本書叫「神志健全的社會」。他指出一個人須能滿足五個根本的條件，才能有快樂可言。進之，一個社會，須其構成分子大體上能滿足這五個條件，才能稱爲神志健全的社會。這五個條件如左：

一、需要能接受和給予愛。

二、需要能經由其創造的工作，以表達其自己。

三、需要一種感覺，覺得其自己是屬於一個或幾個人的社會的。

四、需要知道並瞭解自己。

五、需要知道並瞭解自己的環境。

一

這五個條件，驟視之，似乎很平淡，就以我們住在這個英國殖民地上而論，個個人能去愛一個人，並且接受一個人的愛。假如有人因愛你而送一些東西給你，或替你服務一番，也毫不爲奇。反之你對任何人也可這樣做。甚至是一個刼匪、殺人犯，已經關在牢獄之中，或甚至不日就要執行死刑。假如你對他有一種愛心，你也可以去探訪他，甚至送一些東西或錢給他，決不會有人來干涉你，或因此而給你招來了許多災難。但是在今天的大陸上就不然了。假如今天有一個人經大陸的當局認爲是一個反動分子，或是一個正在被鬥爭的人，我相信就沒有人敢去探望他，或表示一點同情心，不要說是愛心了。有一個自北平回來的大學生告訴我，張東蓀還是住在燕京大學的舊時他住的住宅內，下午四時他常常出來散步，可是沒有一個敢和他交談，當然不敢到他住宅去了。他也是從不和人談話的。其實在那時張東蓀並沒有在明文上被判犯了什麼罪，祇是給共產黨的學生鬥爭過，並且經過毛澤東來綏頰，已經做了天下的一個獨夫，在精神上說比死去還可怕。

二

說到第二條，要經由其創造的工作來表達其自己，不特在大陸上不可能，連在台灣也受了相當的限制。其實在一個神志健全的社會，一個人以其創造的工作去表達自己，祇要這個工作不會妨碍社會的安全，無論其工作有無價值，或是否正確，這完全是他個人的事。社會當然沒有干涉他的理由。所以在一個民主自由的國家內，儘管現在的許多民主自由的國家在反共，但是不干涉人去研究共產主義，或甚至在宣傳共產主義，因爲在一個神志健全的國家，一般人既是神志健全的，當然能辨別那個宣傳的人對不對了。英國是一個反共而擁有殖民地的國家，但是我在海德公園內就看見有人在宣傳共產主義，也有人在反對殖民地主義，各人在宣傳各人的理由，決沒有人去干涉。我們當然不能說英國已經是一個眞正神志健全的社會，但于此一點，已經可以証明，對于神志健全來說，已經相當接近了。

三

第三條說到有一種感覺，覺得自己是屬于一個或幾個人的社會，在共產黨的社會，我們相信有許多人會感覺到自己是不屬于這個社會的，也沒有什麼社會可以隸屬。關於這一點，我相信就在香港也會有許多人感覺得到，我是不屬於這個社會的。因爲香港有許多難民，他們沒有職業，不能生活下去，他自己知道是一個難民，人家看他也是一個難民，難民根本不能算一個社會，所以他就沒有社會可以隸屬了。

四

說到知道自己和瞭解自己，似乎很簡單，但是一個人沒有受過相當的教育，也是相當困難去知道並瞭解自己的。譬如說，自己是一個窮人，但有的窮人天天在和窮人作對，他藐視窮人，不知自己正是窮人的一個。替資本家看門的人應該是一個窮人了，看見一個窮人要去探訪他的主人，或求其主人幫助他一點點，站在窮人的立場上，那個守門的應當是多麼去同情這個探訪其主人的窮人。可是一般的窮人都會經驗到，當他去探訪時，看門的人是常最勢利的。這就是表明了這個窮人是沒有知道和瞭解自己。

五

沒有知道和瞭解自己的人，當然更不會知道並瞭解自己的環境。這唯有在普及教育，和使每個人獲得教育，才能使人獲得這個瞭解。至于在有的國家沒有法律，沒有正義，甚至智識都受了管制，那更使人無法知道自己和自己的環境了。在今天的共產國家中，今天活得很舒適的人們，明天可以立即爲階下囚，坐了很久的牢，自己還不知道犯了什麼罪。再擴大一些來說，在一個獨裁國家之內，獨裁者可以因個人的好惡而決定一切政策。當大陸上公私合營之前，某一個人或許還有相當的財產，以爲可以安定的生活下去，可是執政者一紙命令或施行某一政策或運動，不特你的財產立即化爲烏有，甚至生命也朝不保夕。這怎能說你是知道並瞭解自己呢？

六

說到這裡，我們都會同意，佛露姆所提出的五個條件，雖然是使人快樂，使社會神志健全所不可缺的條件。驟然的看起來似乎很平淡，一加分析，不是很容易達到的。尤其在共產及獨裁的國家決不能達到。那麼，我們這批人，如要爲人類謀幸福，要使人有些快樂的話，要不要反共，和爲民主自由而奮鬥呢！這五個條件是最低的條件。我們不妨作爲我們的目標，大家來奮鬥罷！

由中共政權的混亂說到我們的反共之道

孫寶毅

自看到了中共八屆八中全會的公報，決議和周恩來的政治報告之後，我對中共政權的現況，得到了以下幾點結論：

（一）中共過去所說的關於經濟建設發展的生產數字，都是不可信的，都是誇大的宣傳。過去所說的，既是如此，現在和將來所說的，亦復是如此。我們在香港時常會聽到以下一種說法：中共在政治上或許要不得，但在經濟建設上似乎不能不佩服。這種願做中共走卒的說法，今後應該是收檔了罷！

（二）中共在經濟建設方面，高舉了三大旗幟：「總路綫」、「大躍進」和「人民公社」。而現在由中共自己供認：這個「社會主義建設」的「總路綫」，在路上受到了嚴重的挫折，而有今後不知如何上路之感。所謂「大躍進」也者，照周恩來在政治報告中所解說，有「特大躍進」、「大躍進」和「躍進」的區別；這就是說，過去既談不上「特大躍進」，亦不夠「大躍進」的標準，而今後祇能談「躍進」了；這個「大」字的取消，實際不外是說明了「大躍進」的失敗，以及今日還厚着臉說是「躍進」的「進」字也成了疑問。所謂「人民公社」，則中共自認是犯了許多諸如過分集中和平均主義等的錯誤，辦得「糟得很」，在最近以前雖經過了「整」，但實際上已變了質，甚至變了形。

（三）由上述經濟反應到思想上和政治上，則是造成了中共在黨政方面的混亂動盪。中共在決議中率直承認：「黨內反對派對於在黨的領導下幾億人民轟轟烈烈地進行的大躍進和人民公社運動，污衊爲『小資產階級狂熱性運動』」，並認爲：「這種悲觀主義的思想，是資產階級反社會主義思潮在黨內的反映，是當前的主要危險。」中共統治了大陸十年，不知殺戮了多少黨外的異己分子，而現在居然在黨內出現一股反對派的龐大力量，其嚴重性是可想而知的。在中共公報中，把這股龐大的反對力量，歸之於右傾和資產階級，我們可是決不要上它的當。因爲「小資產階級狂熱性運動」的反對口號，無疑的是出自左派分子。所以，我們可以斷定，不論左派或右派、不論左傾或右傾、不論冒進或保守、不論無產階級或資產階級，都是有人在反對這般作威作福、禍國殃民、以毛澤東爲首，領導走上天怒人怨的特權統治階級。

（四）中共在思想上和政治上，既是一團糟，在民主國家的常軌來說，總應有人負責而向國人至少向黨告罪，然而在共產國家中是沒有這回事的。「大躍進」和「人民公社」是毛澤東的兩項得意傑作，「大躍進」和「人民公社」攪糟了，理應由毛澤東負責。毛澤東不但應辭去政府主席，還應辭去黨的主席。然而由公報看來，毛澤東是個近乎神的人物，雖變相的接受了左右反對派的意見，但却把左右反對派都壓制了下去。在廬山會議中，關了門，爭論一番，外人亦根本不知道誰是左派，誰是右派，大家分手後，在黨的利益高於一切的大前提下，根據決議，各自回到負責的地區，去建立黨的狂人的天堂，和人民的奴役的地獄。不管國家的興衰，不管人民的死活，既奪取了政權，就得不擇手段地維持政權。怎樣維持政權呢？他們的祖宗馬、列、史告訴了一些，那就是個人的獨裁，黨的專制，壓制工具（諸如軍隊、警察、特務、司法機構）的絕對掌握。這亦就是極權主義的澈底實行。

上面所說的，我所觀察而得的幾點結論，如果是近乎事實的話，我們就可更進一步提一提我們反共方面應有的認識和做法：

中共政權已呈現混亂動盪的嚴重局勢，正是我們反共方面有所作爲的成熟時機。如何打倒這樣一個敵人呢？沒有外力加壓上去，等待他們內鬨，是會使我們失望的。而加壓上去的外力，其中最主要的，應是一套優越過他們的思想。這也就是攻心爲上的原則的應用。至於應有一個團結一致、分子健全而具有號召力和代表性的堅强領導中心組織，當不在話下。總之，客觀條件是逐漸成熟了，但我們反共方面的主觀努力還太不够，我們就應趕快向這方面下一把功夫，這樣才對得起自己和對得起國家！

論中共軍事體制問題

——與金一鴻、何雨文先生討論——

何可

一

本年八月七日香港「聯合評論」週刊載有金一鴻先生的「中共軍事體制問題商討」一文。照金氏說法，他的撰寫此文，主要是對何雨文先生提出討論，因何君曾在七月廿日「自由陣綫」中撰有「中共的軍事體制」一文之故。拜讀之餘，亦願聊申愚見以資續貂。

海外反共人士研究中共問題最大困難是在共黨特務統制和嚴格「保密」情況下，一切原始材料得之匪易，因此每每對某一問題欲作深入研究時未免有「材難」之歎，例如金、何兩君所提出之問題，僅是中共軍事體制中屬於「中央」方面的部分「編制」（若干機構之隸屬）和「人事」（該隸屬機構中主管之提名）問題，這在一般自由地區的民主國家是算不了什麼「國防秘密」的。例如美國五角大廈的編制、台灣國防部的編制，乃至美國第七艦隊編制（這已經是戰畧運用單位了）均為公開的，祇要你留心即可知道其系統概畧，但在中共則不然，他們是把這些列入「極機密」檔案中的。所以累得一些研究問題的人不得不百般揣摹了。

二

關於「中共軍事體制」問題，金文中提出第一項「疑案」是『「中共總參謀部」、「訓練總監部」、「總後方勤務部」、「財務部」、「總政治部」、「武裝力量監察部」。到底屬於何處？』照金文意見是：「照常理而論，是中共的總參謀部」以及「訓練總監部」、「總政治部」等應該隸屬於「國防部」的，因為「國防委員會」是一個決策機構，它不是一個實際任務的指揮部。」於是金君照自己意見畫成了一張系統表。

從金文和他所列的一張系統表來看，顯然有着甚多可以商權之處，其中最主要是金氏對於「軍事機構組織」基本兩大原則未甚明瞭。因為照一般正規軍事體制下的軍事機構組織原則是應該劃分「軍令」和「軍政」兩大部份的，所謂軍令的範圍是指一般作戰計劃的命令下達，戰鬥序列的區分等；軍政則是負責訓練、補給、人事、制度、典章研究等，今金氏把它混淆起來，這是不合軍事學理和不合事實的第一點。其次，照中共現有軍事體制，很明白的劃分為二：一、軍令部份有「國防委員會」組織；二、軍政部份有「國防部」組織。而系統表中所列舉「武裝力量監察部」、「訓練總監部」、「總幹部管理部」三部按原則似可列入「國防部」外，其餘四部是不可能列入負責軍政部門之「國防部」的。「國防委員會」之性質決不似目前台灣政府之「戰畧顧問委員會」僅屬諮詢性質。所以金文中所說「國防委員會」是「決策」機構，意思大致是對的（在軍語上不叫「決策」而曰「軍令」）。但是，金氏既承認該會有「決策」權，却忽畧了「決策」的實質，而且如果眞照金先生那張系統表上所示，那末，這個「決策」權却在「國防部」亦即「國務院」總理手中而不在「國防委員會主席」手中。但照中共「憲法」四十九條中「國務院」職權第十四項看來：「國防部」明明乃在「國務院」轄下，以「領導全國武裝力量的建設」為任務之機構，換句話說僅是一個「軍政」單位而已。它是並不包括軍事指揮及戰畧指導權的。

再看毛澤東會於一九五四年十一月初向「人代會常委會」提出了「人民解放軍」重要首長的任命提名，其中包括：「總參謀長」粟裕；「總政治部主任」兼「總幹部管理部長」羅榮桓，「總後勤部長」黃克誠，「總財務部長」楊立三（已故），「訓練總監部長」劉伯承，「武裝力量監察部長」葉劍英等七大部門的主管官員。並於十一月九日毛以「國防委員會主席」名義正式明令公布。由於這一個事實證明，金文中所指「七大部」屬於「國防部」一說似屬判斷有誤。因為，如果金氏所說該七大部隸屬於「國防部」則其主管人選不必有勞毛澤東以兼「國防委員會主席」身分來向「人代會常委會」提名了。否則豈非毛澤東把「國防部長」彭德懷和「國務院總理」周恩來的工作也搶來做了。相信儘管毛獨裁「超乎情理」也不致如此「多事」吧。

再看，金文尾段中所舉的「實例」指稱：『去年七月「總後方勤務部」要向中共全軍發動一個除四害的衛生運動，結果由「國防部批轉」字樣，頒給全軍。』這一點對事實也頗有出入的。因為照一般公文程序（中共對此點也未全廢），「批轉」雖含有「上級」意義，但在兩個不相隸屬而在系統有尊卑之分的機構也同樣可用「批轉」字樣，尤其這個「轉」字更足以說明「總後方勤務部」顯然不屬「國防部」編制。如「總後方勤務部」隸屬於「國防部」，根本便不用「轉」了。此點未知金君以為然否？

三

根據筆者所得資料，中共「國防委員會」和「國防部」的實際編制概況和金氏所舉亦有出入，茲列如左：

（一）國防委員會：

- 主席
  - 副主席（十四人）
    - 參謀總長
    - 副參謀總長
    - 辦公廳主任
      - 參謀部長
      - 作戰部長
      - 情報部
      - 氣象局
      - 測繪總局
      - 通訊部
    - 總幹部管理部
    - 總後方勤務部
    - 總財務部
    - 總政治部
    - 國防小組委員會
    - 各兵種司令部

（二）國防部：

- 國務院
  - 國防部
    - 辦公廳
    - 軍政部
    - 軍需部
    - 軍械部
    - 軍法部
    - 志願軍司令部
    - 民用航空局
    - 軍事教育部
    - 政治部

照上列（一）（二）兩表所示各機構，即可証實前述「軍令」、「軍政」分立之說。同時照第（一）表組織系統，「總參謀部」其實僅為「國防委員會」中一支「幕僚機構」，而「國防委員會」既由「政府主席」兼任主席，總參謀長亦即「主席」之幕僚長，此點和台灣政府現行「軍事幕僚長」制頗相似，不同的是台灣政府軍事指揮權在「參謀總長」而中共的實際指揮權却在「第一副主席」（照制度上而論）。這一點也許是最容易使人誤解的，因為中共「國防委員會」第一副主席」始終由「國防部長」彭德懷兼任，因此去年「金馬戰役」中若干命令也以彭德懷名義發布，以致使人把「國防委員會」和「國防部」的職權和體制也混淆起來。

所以，關於金文中所提出之第一項「疑問」，筆者列舉理由並不苟同金氏『七大部隸屬「國防部」』之說，而另提出『應隸屬「國防委員會」』之意見，自信比較接近事實。

四

至於金文中第二項「疑問」：「關於這幾個部的主管首長究由何人提名」照金氏意見：『根據中共「中國人民解放軍官服役條例」第廿六條規定：「總參謀長」、「總政治部主任」、「總財務部長」、「訓練總監部長」、「武裝力量監察部長」、「總幹部（管理）部長」經由「人代會常委會」決定，「中華人民共和國主席」任免。』但未說明由何人提名。此點照金氏的看法是『由「國務院」提名無疑』。然而事實上這一項問題和「第一項」問題根本有其「連貫性」的，因為在理論上既確定「該七部係屬於「國防委員會」之下』故也可以確定該七部主管首長乃由「國防委員會主席」提名，「人代會常委會」決定，再由「政府主席」任免。如果照金文所說：「該七部隸屬『國防部』而「國防部」又在『國務院』之下，照『官制常例』不過一個（司長級）「事務官」」又何勞『主席』任免？也許連『國務院』提名也是多餘呢？何況在事實上一九五四年十一月成立這七部時的各首長已由當時「主席」毛澤東提名的。這一點也許金氏會同意筆者的意見吧。

五

總之，研究中共問題，不比研究上古史，完全要憑「理論」去「推斷」，儘可能多找一些現實的資料來支持發表的意見，比之憑空臆測來得可信。自然這也是說來容易做來難，在今天海外的情形來說，從事研究工作的條件也委實太差了。

最後，筆者謹向何、金兩先生致意，聲明撰擬此文，完全出乎一片研究誠意，並無否定任何人意見之動機，更希望各方文友多賜卓見。

付出超體力勞動的福建人民

慕華

一

在中共所謂「國防地區」福建省前線，人民被奴役的節目，比較其他各省花樣特別多，這便是說中共在閩省奴役人民、搾壓人民，勞動的担子更加沉重。最近幾年來，閩省的人民，一直地過着牛馬不如的生活。更因中共的叫囂「解放金、馬、台、澎」，境內鐵路的建築，以比較預定日期先期一年或數月即告通車的鷹厦鐵路（長凡六百九十七點七二公里）、龍漳鐵路（長凡五十六公里）、南福鐵路（長凡二百七十五公里）。公路的增修、開闢，計達一百四十二線，長凡二千六百餘里，沿海工事的星棋密佈，壕塹蜿蜒百里，閩江、龍溪江、東隴江的開鑿、疏濬工程等等成就，都是閩省人民的血淚和生命換來的。

遠者不談，就今年六月閩省大水災過後，閩南一隅人民，在中共刺刀下强迫超乎體力所能及的勞動，來搶修鷹厦、龍漳兩鐵路及龍溪專區十屬被山洪衝決崩潰的公路，補修沿海工事情形，就可舉一而知十了。

二

鷹厦鐵路在六月中旬遭受洪水衝決，閩共即動員省內三百萬人民搶修，僅龍溪專區轄屬華安、長泰、龍溪三縣境內二百二十五公里路基，即被洪水所衝潰或淹沒須修築者，計達一百公里，會動員各縣人民六十萬人，劃分區段工作，日以繼夜，務須在限期之前修好，達成恢復通車。人民被迫勞役，有逾十四小時至十六小時，始准休息者，現場糧食的不足，修路工具器材的缺乏，工作自然不易，竟要求人民以肉體克復困難，在「人定能勝天」的口號之下，意外遭遇失事死亡，僅閩南境內各地，在半個月內，已達一百四十餘人，婦女佔十分之三，大多數是挖掘涵洞被山泥崩塌時所埋葬，搶救堤防墜水所溺斃，中共不恤人命，搶修鷹厦鐵路原因：就是這線鐵路在軍事交通上，實在太重要了！炮轟金門一年來消耗六十餘萬發的炮彈，二十五萬在前線的共軍補充、給養，僅靠這條路的運輸。

龍溪專區十屬的公路，在四十七年杪，築成後通車者八線主要幹道長凡三百二十七公里，在山洪暴發時所釀成的災害，據中共厦門日報報導已超過十分之四。例如平和、靖省道公路，須搬遷山泥，填築路基者，佔全程五十五公里三分之二，至於橋樑遭受洪水衝場，公路修好後仍不能直接通車，只好分段行駛。

（下接第三版）

誰掌握中共最高權力

——一連串的會議

吳常德

中共自八月二日至十六日一連串召開了下列各個中央決策會議：

一、毛澤東以中共中央主席地位召開中共八屆八中全會，自八月二日至十六日在江西廬山舉行。於八月二十六日公佈會議公報及「開展增產節約運動的決議」。

二、劉少奇以中共政府主席地位於八月二十四日在北平召集中共擴大的第十七次最高國務會議。周恩來在會上報告「上半年國民經濟計劃完成的情況」，會議經過討論，一致同意周恩來的報告，這個報告即向中共全代會常委會提出。

三、周恩來以中共國務院總理地位於八月二十五日召開第九十一次國務院全體會議。會議一致同意中共八屆八中全會的決議，通過了一九五九年國民經濟計劃主要指標的調整方案（草案），這個草案提請全代會常委會審議批准。

四、朱德以中共全代會常委會委員長地位於八月二十六日舉行中共全代會常委會擴大的第五次會議，中共政治協商會議全國委員會常務委員列席了會議。周恩來在會上代表國務院作了報告。會上討論並通過了調整一九五九年國民經濟計劃主要指標和開展增產節約運動的報告。

中共中央政府的一個決策要經過上列一連串的會議，才能完成其實質的形式的程序。

爲什麼要召開一連串會議？爲什麼不能在一個會議中作出中央政府的決策？而這許多種會議各個性質及職權又如何？究竟中共政府最高權力在什麼地方？那些人實際掌握這個最高權力？

中全會和省委書記會議

很明顯地，在實質上八中全會是最高權力機關，這個會議一連開了十五天，自然有充分時間討論，所成立的決議一定包括各種意見或者說各種不同意見已經爭辯得有結論。參加這個會議的人才是有權力的，至少是有表示意見的權利。其他三種會議討論同一個議題，都只用一天或者幾個鐘頭的時間就功德圓滿。並且其他二種會議都是一致同意八中全會的決議，在其他三種會議中參加的少至數十人多至數百人，竟沒有一個人表示不同的意見，這三種會議似乎不必召開。

中共重要中央委員及省區委第一書記早在七月下旬除陳毅留守北平外，就全部失踪。這些日子可能已先召開了一個秘密會議，以參加人身分，似乎是另一次省委書記會議，這和六中全會一樣，主要的爭辯早在第四次省委書記會中已有原則性的決定。

按照中共黨章：「中央政治局和它的常務委員會在中央委員會全體會議閉會期間，行使中央委員會的職權」。所以平時中共最高權力機關是中央政治局和它的常務委員會，但是實際上近年以來遇到重大事項，政治局不能取決時，毛澤東例必先召集省委書記會議，然後再召集中央全體會議以符合中共黨章的規定。因爲省委書記會議不僅是中共黨章所沒有，並且鄧小平在修改黨章報告中，特別提出反對。毛澤東因爲省區委第一書記是掌握實際地方實權的，所以挾地方勢力以挾制黨中央，於是造成政治局和中全會都失去實際權力。目前的省區委第一書記如同民國初年的督軍，督軍團會議才是眞有力量的機構。

贅瘤的最高國務會議

一連串會議中最沒有存在的必要的是中共最高國務會議。在中共憲章中規定得很含混。

一、由中共政府主席於必要時召集。

二、參加者除中共政府主席、副主席、國務院總理外，隨時邀請其他人員。

三、遇有重大事務的意見由主席提交全代會，全代會常委會，國務院或其他有關部門討論並作出決定。

由此看來，參加人的資格和人數漫無限制，可以隨意邀請，它的權力只是一種建議性質，它本身不能作出決定。這種無權力的會議，遇到握有實力的主席，就有玩弄手法，遂行他私人企圖的機會。毛澤東任內，也有過利用最高國務會議演過精采戲文，如毛澤東的關於正確處理人民內部矛盾的問題講話就是第十一次最高國務會議的產物。這一次都是周恩來的落力演出，劉少奇的召開最高國務會議完全沒有作用，只不過使劉少奇也不太冷落而已。

全代會的任務是「照案通過」

向全代會常委會提出周恩來報告的是中共政府主席，向全代會常委會提出調整方案（草案）的是中共國務院總理，一件事情要分開來做，這表示劉少奇和周恩來平分春色。

按照中共憲法規定：全代會及其常委會是國家最高權力機關，並且也是行使立法的唯一機關。因此中共的決策不經過全代會或全代會常委會討論和通過，是不具備法的形式條件。然而五年來全代會及其常委會，向未自行創制法案，也未否決過任何法案，它只依照中共黨的決定通過中共政府主席或國務院總理提出，予以「照案通過」。它的任務就是「照案通過」。它沒有討論，只是由中共指定有代表性的人物站出來表示衷心擁護。它也是一個傳達、宣傳、號召中共政令的場所。因此政協全國委員會常務委員也要列席，而聆中共的指示。

現階段的人民公社

曾明

一

由去年十二月中共八屆六中全會議決整頓人民公社以後，各方對於人民公社問題趨於冷淡，就是中共本身的宣傳也顯得沉寂，其主要因爲人民公社已是根本失敗。但自上月中共八中全會以來，中共對於人民公社的宣傳，又轉趨熱鬧了。這些宣傳，不但沒有「雄辯地證明」人民公社的成功，恰恰地正如筆者在上月初本刊發表了一篇「人民公社周年祭」文章所指出的「人民公社已經是名存實亡，退到初級農業合作社的範圍。不過，只要人民公社的名義有一天存在，中共對於奴役人民爲兵爲奴的作用，依然沒有消失」的一樣。

中共八屆八中全會公報說明：「在整社中，貫徹執行了分級管理、分級核算、按勞分配、多勞多得的原則，確定了在目前階段公社的生產資料實行三級所有制，生產隊一級的所有權是基本的，公社一級的所有權是部分的（除了現有社辦的公共經濟以外，還可以逐年從各生產隊提取適當的積累），而生產小隊也應該有小部分的所有權。」這就是不惜以法令追認事實的手段，從而徹底恢復私有制。

二

因爲中共在整頓人民公社工作期中，實行包工包產、定田定人的辦法，如此就必然非承認所有制的存在不可，否則，無從實行包工包產。至於中共公報所說，「生產隊的所有權是基本的」。不過以中共在人民公社中實行包工包產辦法來說，生產小隊的所有權才是基本的，而中共所說「生產隊的所有權是基本的，公社一級的所有權是部分的」，完全是掩飾騙人的詞令。而其承認的眞正基本的所有權，就在這輕描淡寫的「而生產小隊也應該有小部分的所有權」的一句話。

所謂生產小隊，按照中共在整社工作規定：「以三四個不同勞力的合組而成。」這樣的生產小隊就是中共所謂勞動小組。其實，這種小隊就是變相恢復家庭爲農業經營單位的一種方式。因而在包工包產的承認所有制情況之下，農民對於土地報酬、應納公糧、稅欵、人民公社公共經濟提取的存在，不能沒有全盤的考慮。這種考慮的產生，完全又回到初級農業合作社存在的私有制度之下的土地報酬、租金、投資利息情況一樣。這樣一來，中共從而助長了所謂「資本主義自發勢力」的滋長，不僅與中共實行人民公社的初衷完全相反；並且恢復農村中的個體經濟。於此，可以肯定說一句人民公社是名存實亡。同時也就帶來了如列寧所說：「這種個體經濟的小私有者，在經濟地位來說，是一個窮人；但在觀念形態來說，是一個小資產階級，毫無疑問，是傾向資本主義的。」因爲如此，農民對於中共的距離，勢必更是愈去愈遠，終至演成對立。

三

公共食堂的垮台，其基本原因是因爲破壞了中國人民數千年來傳統方式，毀滅了家庭的溫暖，與人民習慣格格不入。而其實行情形，又因爲公共食堂範圍太大，農民吃飯來回要跑不少的路，甚至要過橋涉水，爬山越嶺，不方便已極，公共食堂吃飯須排隊，躭誤時間，吃的既是粗糲，而又吃不飽。並且因爲無計劃，管理不嚴，幹部從中揩油。反而浪費了財力、糧食和人力，引起了農民的不滿，逼得中共不得不承認於今年夏收起，把每個農民應得的供給糧，欵交到戶，讓農民自理，解散了公共食堂。儘管如此，中共猶强辯地說，「公共食堂只是社員集體生活的一種形式，它本身並不是所有制，退出食堂並不等於不要人民公社，不要社會主義」。不過，在我們看來，中共後語不符前言，在人民公社推行之初，最有勁的口號之一的「生活集體化」，因此就不撕而自毀了。至於中共在八中全會仍然强調公共食堂這一個名詞，充其量是在中共徵用民工，農民遠離家鄉，服役一種臨時集體勞動自帶乾糧的「流動食堂」而已。

因此，現在中共所强調的「人民公社威力無比」，只不過是表明，中共强廹奴役人民的一種反映，而不是說明人民公社成功的現象。中共之所以如此，只有一個譬喻，「搽起粉來上吊」，死要臉而已。

付出超體力勞動的福建人民

慕華

（上接第二版）

綜計這一次龍溪區公路局動員人民搶修境內公路，六十歲以下至十四歲以上，男婦老幼，約有二百萬人被徵工作，人民一面又要修繕各河流的防水堤、田堤，搶割早稻、儲肥及準備秋耕，一天廿四小時分班工作，「挑燈夜戰」，勞役沒有間斷。沿海的詔安、雲霄、海澄、漳浦及東三島的防禦工事，在六月十四日至十八日五天內在四十二吋暴雨下，摧毀後損失慘重，共軍的人力不够，亦要勞百姓動手，灘頭陣地人山人海，費時一旬，始告竣工。人民在「軍民合作保衛祖國」口號之下，幷沒有拿到半點酬勞。

三

又如詔安灣內環海四十華里地區，自紅洲、宮口、臘洲、懸鐘城至下河半個弧形的壕塹、瞭望台、機槍堡壘的崩塌和圯陷須重建者，估百分之六十，中共的刺刀可以肆意驅迫人民傾巢去修築，可是工事所需的水泥、木材缺乏，後方因爲交通被洪水切斷，不能立刻輸運供應，只好强行拆卸民居住屋的樑棟來充替，雖然許下賠償及墊還，可是迄今已逾二月，中共當局尚沒有把諾言兌現。宮口村的八百戶民居，一共被拆毀了三百多棟，現在人民因無家可歸，在八月初旬入城向詔安縣人民政府請願仍無結果。

中共演出了歷史上所未見的大暴政，人民的財產早已丟了，生命亦毫無自由和保障。目前上述那幾項勞役的工作總算一段了結，可是人民仍不能舒一口氣，因爲中共的搾壓人民勞力，是永無止境的。人民現在看來是俯首帖耳甘願替中共當牛馬，沒有反抗嗎？不，廣泛地區的人民心中，正燃燒着憤怒的火焰，伺機格殺幹部，反抗暴政，不過這非本文所能一一詳述。

何苦自比為狗

宋子簡

（台北航訊）日前在台北街頭偶遇新由香港來台訪問的趙君，談到他會見自稱為名政論家陶某的情形，頗多值得介紹之處，茲先錄一段有關聯合評論的報導如下，以作讀者諸君茶餘酒後的談助：

陶某向趙君說，我們好比小狗一樣，過去被主人用繩子牽着，不能亂咬亂吠。最近主人將繩子鬆了，我們便把聯合評論狠狠的咬了一口，看他們今後還敢不敢再罵政府。

據趙君說，陶某言下頗有自得之意云。

曾記得不久以前，台北自由中國半月刋因為刋載一篇軍訓人員自比為狗的通訊而吃官司，至今未了，如今那位名政論家不但以小狗自居，而且還以蒙主人放鬆了繩子可以隨意咬人自豪；可見寶島上的某些人之自比為狗，已成了一時的習尚，究因時值非常他們的思想也有些反常嗎？還是有其他的原因呢？但無論如何，以人而自甘作狗，已屬可悲之事；而蔣總統的左右竟有自甘作狗者滲雜其中，我們眞為他老人家躭心呵！

台北通訊：民社黨團結成泡影

在蔣先生許可下召集大會

·晴光·

分崩已久之民社黨，為了實現該黨之一致團結，為了促成辭職已近十年之久的張君勱先生重歸領導，乃有召集「二全大會」之動機。但為了避免國民黨當權派之猜疑和阻碍，該黨中常委蔣勻田氏，乃於事前透過總統府秘書長張群氏之私人關係，事先向蔣先生求取諒解。

本來一個民主國家中的合法政黨，召開大會與否，自有其特權，無須乎向政府當局請示，政府當局對合法政黨的活動，也無權從中加以干涉的理由。蔣勻田氏之為此，本有自降其黨格之嫌，但格於現在台灣的特殊環境下，一言一動均在特務環伺之中，故對蔣勻田氏之事前請示情非得已，各人亦不便加以深責。

經過張群氏從中排解折衷後，蔣先生承認予以支持。不過由於蔣氏之一貫作風，蔣勻田雖將蔣先生特許召集大會之意，向該黨中常會報告，該黨另一主席石志泉氏還不敢相信眞有其事，還要親自往訪張群問明虛實，復經張群氏向石氏證明，該黨籌備工作乃得順利進行。

大會聲中突然變卦

該黨「二全大會」之期，原訂於本年八月十五日在台北舉行，但會期將臨時，蔣總統違憲三任的空氣愈來愈濃厚。再經陶希聖向合衆社記者發表談話，海外僑胞為之嘩然。留居美國素主堅持護憲之張君勱先生，認為蔣氏如果連任下去，確有斷送國家一線生機之虞，乃公開致函蔣氏勸其任滿隱退，并於該公開函中，對蔣氏三十年來用人、行政，治軍不當之處諸多指責，蔣先生閱讀後大為不滿。

經過此一事變，民社黨三派合流之議，又突然發生變化。所謂「徐傅霖派」及向構父等之「中央改造委員會」，忽然向該黨中央總部提出與前協議不符之條件三項：

（一）不得再推選張君勱為復合後之主席。

（二）不得推選蔣勻田為復合後之副主席，連蔣勻田原任中常委之職亦要取消。

（三）三派應一致承認推舉戢翼翹為復合後主席，前所擬議之五名副主席中，徐向兩派應佔五分之三。

此一苛刻條件提出後，該黨中央總部拒不接受。徐向兩派立即在台北各報分別刊登啓事，宣佈蔣勻田等召集之大會為非法，同時在台北另組「中央總部」以造成對峙局面。

民社黨此一分裂局面再重演後，台北各方面都認為此一變卦，完全是張君勱先生一封公開信招引出來的。筆者未有眞憑實據，不敢隨便對蔣先生加以厚誣。不過陶希聖突然力勸戢翼翹出而領導「徐傅霖派」之活動，恰又與徐向兩派所提出之推選戢翼翹為該黨復合後之主席一事，何以如是之巧合呢？

陶希聖迫戢翼翹任主席

據民社黨某有地位人士向筆者透露，正當徐向兩派向該黨中央總部提出苛刻條件之際，國民黨中常委陶希聖突然連日造訪戢翼翹之門，力勸戢翼翹氏以「徐傅霖派」為基幹，出而代替張君勱出任該黨復合後之主席，只要戢氏首肯，國民黨方面願予以有力支持。陶希聖此一建議，當經戢氏嚴辭拒絕。

查戢翼翹氏，現已七十高齡，為民社黨中碩果僅存之元老，在該黨中素有「好好先生」之稱，且與該黨「八常委」共患難多年，當然不會因陶希聖別具懷抱之敦勸，而幹其賣友求榮之事。但陶希聖始終不肯放鬆，單是八月十四日的一天之中，陶氏即曾三蹓戢氏私邸，力邀戢氏出山。戢氏見陶無可理喻，為了避免糾纏，廹得向陶表示說：「本人以年老多病之身，對國事黨事均無能為力，願從此放棄黨國職務，退居山野以終餘年」。戢氏隨即於當日遄返台中鄉村別墅，杜門不出。

民社黨內糾紛至此本已不可收拾，復經陶希聖之從中插足，甚至逼走了戢翼翹，今後該黨糾紛之愈趨擴大，當可不言而喻。而國民黨當權派平時所宣稱之「不干涉友黨內政」之言，亦從此掃地無餘矣。

開會之日動員憲兵

民社黨二全大會，雖然處於內外煎廹之下，該黨少壯幹部並未因此而氣餒，力主與內外勢力週旋到底，決不因戢翼翹之被廹出走而終止大會進行，更由於「徐傅霖派」之中堅份子郭虞裳之深明大義，毅然率領「徐派」出席代表四十餘人來歸，與中央總部通力合作，該黨大會乃得於八月十五日如期舉行。不過在推選張君勱重任該黨主席之日，會場曾一度出現緊張氣氛，而要勞憲兵保護。

原來徐向兩派中之一部分不合作份子，準備於大會選舉之日，滲入會場搗亂，猶幸該黨總部早已接得情報，乃於事前通知台北憲兵隊，屆時派憲兵到場維持秩序，因此，選舉之日，會場內外滿佈武裝憲兵。當石志泉提議推舉張君勱先生重任該黨主席時，全體代表一致起立歡呼，掌聲歷五分鐘之久不絕。

徐向兩派雖然有滲入份子三十餘人，惟懾於憲兵臨場之威，除穩坐不動，不起立，不鼓掌外，亦未敢當場搗亂，隨即相率離場，悄然撤退。

分裂局面終難打開

民社黨二全大會，雖然在驚濤駭浪中平安結束，但根據當前處境，仍很難望其有所作為。張君勱先生雖然被重選為主席，但政府不民主，張氏決不會回到台灣。雖然推選了石志泉、蔣勻田、王世憲、孫亞夫、郭虞裳五人為副主席，仍是羣龍無首。何況最近之種種迹象，顯示該黨之一部份不合作份子，仍將再來一次「全國代表大會」，務要造成對立分裂局面，以求達到國民黨當局擱置該黨在行政院「政委」一名之派遣，與乎反共宣傳補助金停發之藉口而後已。

此等錯縱複雜的無聊紛爭，雖說是由於若干民社黨員不明大義，以致授人以隙，應自負其咎外，同時國民黨當權派對友黨之不誠不信，於此也得一有力証明。

獻給流亡中的軍人和志士

讀者投書　澳門　麥兆豐

流亡十年了，我們的軍人都有髀肉復生之感，我們的志士都有救國無門之嘆，盱衡世局，沉痛萬分。如今中共的暴虐，我們已看清楚了，台灣的作法，我們自始所寄予的一綫希望亦渺茫了，有家不能歸，有國不能投，俟河之淸，人壽幾何？我們眞將老死在海外嗎？

尤可慨的，是我們的希望似乎長期操在別人手裡，我們雖有滿腔熱血，無從宣洩，我們雖有大好身手，無從使用，難道我們就此束手待斃嗎？不，我們決不！

自本年三月西藏抗暴事件爆發以來，我常常打開地圖，研究我們西南邊區一帶的情況；同時注意事態的發展，直到現在，洶湧的潮頭，似乎已告退落；但暗流猶在激蕩中，正醞釀着另一次的滔天浪濤。一向以印度為首標榜中立的國家，由於西藏的烽火已窺見中共的猙獰面目，認淸共黨不是好相與的傢伙，終必改變其對中共的政策，我以為在西南那一條綿長而遼濶的國界上，由於歷史地緣和血緣的關係，正是我們軍人志士可以策馬馳騁之場。我們與其空言反共，不如在這些地區去努力，一旦羽翼養成，隨時都可以不用飛渡，即從後門打回去。語云：「一蟻潰堤」，非一蟻之力可以潰堤；而是因一蟻之力，使洪流自潰其堤耳。

我們的軍人和志士們，在這流亡的歲月裡，不是常常慨嘆着英雄無用武之地嗎？現在請大家把目光移向西南鄰邦的邊界地區吧！請大家把注意力集中來探討這些地區的歷史地理和風土人情吧，我以為反攻復國的基地，實實在在可以在這些地區中建立起來，而目前的時機和環境更不應輕易失去。祇要我們能聯合海外所能聯合的力量，投身到這些地區去，相機行事，徐徐圖之，我深信我們的努力，絕不會徒勞的。

在大家因循復因循，已習慣了苟安生活的今日，也許有人認為當前形格勢禁，此議一定行不通的。不錯，非常的舉動，決不是走馬上任接印視事那麼容易；而必須經過一番艱苦奮鬥，才會有成。好在不特歷史有前例，即目前亦有不少的人尚在那些蠻荒烟瘴之地奔走努力呢。

近代史上不是有一位鼎鼎大名的劉永福嗎？這位傑出的民族英雄；便是參加洪楊革命失敗之後，率領殘部百餘人由廣西逃入安南，經過一番奮鬥，即把他的黑旗軍的旗幟樹立起來，他的作法與同時逃亡的其他隊伍不同，他到安南一開始即替鄰邦出力綏靖地方，極力保護當地人民安居樂業，因此，深得當時的越王倚重，封官拜爵，後來更藉其兵力兩次擊敗侵越法軍。筆者曾將其一生史實，編成「黑旗軍」一書，由亞洲出版社列為少年叢書。我寫這本書的原意，便是希望在今日局勢之下，能多產生幾位像劉永福這樣的人物，跑去鄰邦建立力量，以為他日復國的張本。

復次，大家如不健忘，總會記得當大陸變色之初逃往中緬未定界的一部份國軍嗎？雖然因為台灣方面師心自用而又畏首畏尾，卒至鬧到聯合國，使這一支已在邊界有了基礎的軍隊不得不空運去台；可是仍有極少數不願離開的官兵依然隱蔽在那兒，至今不但未被消滅而且又逐漸壯大起來，這不是充份証明在此一地區儘有我們放手揷足的機會嗎？

假如我們的主意打定，其他鄰近的邊界地區也有的是機會。自然，事情的實現，決不是談談那麼容易；好在有志者事竟成，如果大家能將目光移向邊區地界，具體的計劃，是可以因時因地因人而擬定的。

總之，國事演變至此，憤恨號哭，悲傷太息和勸諫規諷，均已無濟於事；唯一辦法，祇有求其在我，另闢途徑。注意吧，我們的同心者！起來吧！不甘永遠流亡的人們！

大陸逃港學生的控訴

僑生在北平示威的經過（上）

臧岱

一九五四年初在北平發生僑生反飢餓申請遊行示威的事故，可說是大陸僑生的首次反共鬥爭。結果被捕幾十人下獄，可說是中共迫害鎮壓僑生的先聲；也是僑生被迫害的洗禮。事故發生的經過及原因是這樣的。

被強迫分派到東北

一九五二、五三兩年被中共誘到大陸升學的僑生大部份被分配到東北各城市入學。為什麼中共要把這些生長熱帶地區的青年調到嚴寒的東北去呢？因那時南方經過「土改」、「三反」、「五反」各運動後不久，處處還留着中共掠刼民財殘殺民命的罪跡，中共為了遮掩其暴政及怕僑生逗留在南方原因，故當僑生一進大陸即被送到東北去。但這却恰恰是弄巧成拙，很多被強迫到東北升學的僑生，因受不了嚴寒的氣候；食不慣小米、小麥和高粱等雜糧，並在缺乏營養、防寒的衣服被褥不足的情況下。生長於熱帶；向來以大米為主要糧食的僑生，普遍患着腸胃病、關節炎和肺病等的人日益衆多，又得不到醫療。大家為了照顧個人健康起見，紛紛地要求轉學南下，但學校皆置之不理。故很多僑生逃到北平來要求偽中央僑委會解決他們南下繼續讀書的問題，偽僑委會不但不同情他們，從善安排，反而一口咬定他們故意流動，破壞國家計劃，無組織無紀律擅自離校等罪名，責他們返回原校復課，否則不予解決就學。這樣，很多僑生都不願返回東北去送命，而留在北平堅求南下。當時他們住在華僑招待所及僑聯所租的旅店。不久僑委會指示僑聯和招待所今後不要再收留新逃到的僑生。故後來很多僑生流離失所在北平，甚至有的僑生抱着空肚子瑟瑟縮縮地睡在天安門前「毛主席」巨像下渡夜，好得被巡警發覺帶返派出所查問後送交僑委會，這樣方准他們住招待所，不然他們可能葬身於「偉大的毛主席」的巨像下。到五三年底由各地滙集在北平的僑生約二百多名，加上幾十名待分配工作的共約三百名左右。他們被稱為北平孤兒似攏搔堆一樣無人過問，任冰雪去凍結、讓西北風來充實他們食不飽的肚子。當時大家的情緒對中共很不滿，在北平各校的僑生對他們很同情。

集體申請反飢餓遊行示威

後來有二十多位僑生，也因患病，從長春哈爾濱和瀋陽各地，先後到達北平，偽僑委會及有關機關照例拒之門外。他們當盡賣光，身無分文，外滙一時未到，挨飢受凍，偽僑委會仍不動心，在無可奈何之下，乃如他們所說：為了麵包！為了生存！在北平全市僑生的支持和同情下，他們廿多位集體到偽公安局申請辦理遊行示威的手續，理由反對飢餓要求生存的主遊行隊伍經過的主要馬路，是東交民巷（各國駐北平大使館集中此巷）、東長安街（天安門前及各住外賓的大酒家、飯店集中此街），他們照偽憲法條項，一切均依照偽法律辦理手續，當然是完全合法的。偽公安局束手無策，乃通知偽中央僑委會，偽僑委會聞知老羞成怒，決定來一次鎮壓迫害，但衆怒難犯，不宜即刻進行，只有暫時忍耐。等到晚上即把他們接進招待所。這次他們對僑委會的鬥爭是勝利了，暫時得到宿身之所和幾口雜糧，免致埋身冰雪之下。

北平迫害僑生、引起各地不滿

在事發生後不久，這三百名左右僑生就置身於心驚胆戰之境。天天有人失踪，天未亮就有四車停在他們門口，共特握着槍；拿着手電筒對着那些尚在夢鄉的人亂照，一等到像片上的找到了，就神不知鬼不覺的拉上車去了，往往有同睡在一起的人也不知他的同伴被捕去了。這樣弄得雞狗不寧，人人提心吊胆，朝不保夕，不知那天橫禍要降落自己的頭上，先後約兩個月，被捕的人約幾十名，無形中恫嚇了其他的人，使他們生活在偉大的祖國裡今後再也不敢亂說亂動了。各地僑生知道此事後，對中共表示憤恨，對被捕的同學表示同情，很關心這些北平孤兒的處境，紛紛要求有關部門從速替他們解決入學或就業問題。這批僑生擱到五五年才基本上得到安排。可是他們每個人都被視為不穩分子，於是，那有「污點」的檔案便如影隨身一般跟隨着他們到每一角落。任何機關、學校單位都要他們先寫檢討書，交代清楚這段歷史後，方准收容。但他們最後有的仍然被鬥，有的仍然被捕。

中共無法完成今年鋼的生產指標

大陸之窗

中共八月廿七日公佈中共八屆八中全會於八月二日至十六日已在廬山舉行。並同時公佈：調整今年鋼、糧、煤等生產指標。所謂調整，不過用的是一個較為好聽的名辭，實際則是承認今年原定生產指標無法達成，乃將今年原定生產指標加以縮減之謂。

原定中共會大吹大擂今年鋼的生產指標是一千八百萬噸，且說將超額完成。但是半年來鐵的事實擺在中共面前，中共雖欲顧面子，也終在無法顧面子的情況下，公開承認無法完成今年生產指標，而將今年鋼的生產指標，由一千八百萬噸縮減為一千二百萬噸了。

據中共同時期公佈：鋼今年上半年六個月總生產量是五百三十萬噸。以此六個月五百三十萬噸鋼的生產量來與中共今年全年鋼生產指標來對照，六個月的時間是一年的一半，但五百三十萬噸則根本沒有一半；一半應該是九百萬噸。再說，這五百三十萬噸鋼，實在也不及今年全年生產指標的三分之一。因為三分之一應該是六百萬噸。那末，在這樣一種失敗情況下，中共有什麼辦法再顧面子而不調整不縮減呢。

中共八中全會縮減後鋼的生產指標是一千二百萬噸。據九月一日中共人民日報說，大陸將「為超額完成一千二百萬噸好鋼的生產任務而奮鬥」。但可以斷言的是中共對此縮減後的指標，不但不能超額完成，甚至也根本不能足額完成。因為中共今年要達成一千二百萬噸指標，必須平均每月生產一百萬噸。而過去六個月總生產量不過五百三十萬噸，每月平均不過生產八十八萬三千噸。今年七月份也只生產了九十五萬噸，可見以往七個月皆未達成應有的平均數。今年內既無新而大的鋼廠投入生產，那末，今後五個月怎能每月平均生產一百二十五萬噸呢！所以，可以斷言中共今年連縮減後鋼的生產指標也是決不能達成的。

·劉裕畧·

大陸人民為什麼沒有米吃

何雨文

紙面上的粮食數字

一九五八年大陸粮食總產量是七五○○億斤，這是本年四月十四日中共國家統計局發表的「關於一九五八年國民經濟發展情況的公報」中的數字，這應該是絕對確實的數字。

這個數字，海外沒有人相信，連到周恩來也不相信，自然大陸上不相信這個數字的人不知有多少，但這是中共國家統計局正式公布的數字，時間是本年四月十四日，自然更該是經過確實核算無誤才會公布的。

周恩來在二屆人代會一次會議的政治報告，李富春的「關於一九五九年國民經濟計劃」報告，李先念的「一九五八年的決算和一九五九年預算報告」，都是以這個數字作計劃和財政收支的根據的。雖然我們不相信這個數字，但如何能說這個數字不確實呢？

通過了中共八中全會，中共國家統計局又於八月二十六日發表「關於修訂一九五八年農業統計數字的公報」，其中去年粮食總產量更改為五○○○億斤，減少了二千五百億斤。這個跌落的幅度實在太大了。

更改生產數字的原因，據中共國家統計局的公報稱：「農業統計機關由於對這個空前大豐收的產量估算缺乏經驗，在多數情況下是估得高了；同時由於對秋季大豐收的勞動力安排不很好，割、打、收、藏的工作進行得有些粗糙，這就拋落了一些，與估算數字有了距離。」

根據上述說法，可以見得：一、原來所謂七五○○億斤乃是一個估計數字。用估計數字來作經濟計劃和財政收支的擬訂和執行的根據，這是何等荒唐的事。並且估計數字相差到二五○○億斤，這如果不是中共的技術也太差了，中共黨中央所決定的數字，那末，中共國家統計局為什麼沒有責任呢？

二、割、打、收、藏工作不好，當然是由於人民對此不熱心，而這一不熱心，當然又是由於人民公社的罪過。即此可見人民公社已是糟得很的東西了。

糧食不夠吃的原因

去年粮食總產量為五○○○億斤，這個中共更改後的數字究竟是否可靠呢？經過中共扯過這次大謊之後，任何數字都難使人相信了。

我們姑以去年粮產量為五○○○億斤來看大陸糧食是否夠吃？大陸缺乏糧食的情況和原因又何在？

五○○○億斤是原糧。分析其內容，可分米麥（細糧）和雜糧（粗糧）兩大類。雜糧包括薯類、玉米、高粱、谷子，其他小雜糧等。一九五八年粗細糧食的百分比，中共自己說是米麥佔糧食總產量為百分之五十點六，雜糧則佔糧食總產量百分之四十九點四。如果按五○○○億斤計算，則米麥產量為二五三○億斤，雜糧為二四七○億斤。

由於中共去年鼓勵多種雜糧，所以百分比增高。一九五七年雜糧只佔糧食總產量百分之四十點三，而米麥則為百分之五十九點七。若按所佔糧食總產量所佔的比率，一九五八年稻麥已較一九五七年降低百分之九點一。一九五七年糧食總產量為三七○○億斤，則稻麥應為二二○八．九億斤，一九五八年不過增加了三二一．一億斤。一九五七年雜糧佔糧食總產量的百分之四十點三，即一四一○億斤。一九五八年增加了九七八．九億斤。因此，所謂糧食大豐收，實在只是主要依靠雜糧的增產。

一九五八年米麥二五三○億斤先要除去種子。過去一畝水稻田種子是四斤，一畝麥田種子是五斤。去年中共推行密植，多撒種子，一畝田二、三十斤乃至百斤都有。詳細數字無法推算，但此方面的浪費一定到驚人的數字。有參加過密植的人說，因為撒了太多種子，插秧插不下去，只有拋棄。一九五八年水稻播種面積四億八千萬畝，如果每畝田下十斤種子，就要四八億斤。最保守的估計，由於推行密植，去年米麥產量中至少要除去六○億斤，此外還有工業用糧，出口一四○億斤等，除去二○○億斤，只有二二三○億斤，春成米平均以六折計，（大陸各地不同，四川對折，蘇皖七折）只有一三九八億斤。大陸人口如以六億計，則每人平均全年只有二三六斤，每月只有十八斤。由於中共幹部、部隊、城市居民是吃得飽飽的，所以農村人民就分配得更少。並且這個每月十八斤的數字，還不可靠，因為去年五○○○億斤數字仍是誇大的，周恩來報告的出口數字也有疑問。

由於糧食生產得少，農民更是分配得少，難怪農村中大家都吃不到米麥了。農民賴以充飢的主要依靠雜糧，雜糧還要抽出部分飼養牲畜，所以雜糧也不夠吃，只有以野菜煮成稀糊充飢了。這種稀糊和猪食無異，我們初初聽來，還不敢相信，但替中共算一下糧食賬，就覺得非如此不可了。

尼赫魯外患內憂交迫

慕禪

印度今年可能是「流年不利」，入於「多事之秋」。自西藏達賴喇嘛入印，印度與中共交訢。接着又發生卡勒拉邦共黨省政府屠殺人民事件，騷動月餘，以迄於該共黨省府之坍台。週來，中共軍侵入印度邊界，發生射擊，全國譁然，要求抵抗。而在前天，加爾各答突又發生共黨暴動。

加市共黨大動暴

印度共黨在加爾各答原有相當勢力，以省份來說，印共在加爾各答的活躍，僅次於卡勒拉。上次卡省反共分子示威中，加爾各答共黨亦曾舉行示威，表示抗議。不過因爲加市係印度重要對外交通城市，當局極力維持秩序，方免意外。可是這一次印共顯然出動全力，突然之間掀起了嚴重的風潮。

自中共在西藏屠殺，迫使達賴喇嘛入印，印度人民反共怒潮澎湃。印共早就準備「以力量對力量。」卡勒拉省共黨當局的屠殺人民，便是最初的下馬威，可是卡省民衆繼續不懈，由於「不合作」之徹底，終迫共黨省府下台。印共懷恨在心，尤其忌嫉於國大黨之領導卡省不合作運動，而亟圖報復。加爾各答暴動，乃是對卡省事件的反擊，是印共對於國大黨的「以牙還牙。」

中共軍入侵印度北邊，經尼赫魯總理在國會報告後，全國憤激，紛紛要求中央政府出兵保境安民。尼赫魯其先僅謂中共軍「侵入邊境，佔一哨站，繼向北平提出抗議」。頗爲輕描淡寫。可是邊境警耗繼續傳來，以及印度與外國記者分赴邊境採訪所得，中共軍侵入印境，不止一處，顯非偶發性的地方事件。

中共的地圖，早把印度阿薩密及拉達克（屬克什米爾，現由印軍駐防）劃入中共領土之內，印度早已向北平抗議。現在中共向這些地區進兵，顯屬有擴張的企圖，同時對印度作威脅恫嚇。而加爾各答的共黨暴動，用不着說，是乘新德里之危，與中共軍的入侵相呼應。

梅農與三軍之爭

在呼籲出兵抵抗中共軍聲中，新德里中央政府，內部忽鬧歧見。陸軍參謀長提瑪雅中將提出辭職，海軍參謀長加答里中將，空軍參謀長穆芝居元帥，亦表倦勤。接着乃有國防部長梅農要求辭職。在外敵强兵壓境的時候，武裝部隊各領導人都紛紛告辭。如果中共軍眞個長驅南下，叫誰去率兵抵抗？恐怕非要亡國不可了。

梅農便是那位印度著名國際政治掮客，歷次在聯合國提出要求准許中共加入的梅農。此次中央武裝領導機構內部的紛爭，原因於三軍當局，不滿於「政治（即國防部方面）干涉軍令及人事」。而梅農先生乃是尼赫魯總理以下數一數二的人物，他既能夠左右印度的國策，那能不想對軍隊加以控制。梅農這國防部長，早已與海陸空三軍之間，積不相能。

這次中共軍隊侵境，印度朝野一致呼籲抵抗。在民情憤激的氣氛下，議員且要求出動飛機「炸中共軍」！守土有責的印度「三軍」，自然磨拳擦掌，準備殺敵。但梅農就是獨提異議的人，他竟主張採不抵抗主義，要由「政治途徑」解決，即向來「提出抗議」那一套。三軍長官，則認爲「寇已深矣」，空言何補。於是乃爆發了這項紛紛辭職的大矛盾。表面上是人事權力之紏紛，實則爲政策歧異的爭鬥。與加爾各答共黨暴動之宣稱「反飢餓」，同屬表面藉口。實際內容，均因中共入侵而引起的印度內部危機。

達賴會赴聯合國嗎？

聯合國下月即將開會，中共入聯合國問題，每年例必提出一次。依照向例是由印度提議的。中共這樣對印度不友好，不和平共存，難道不怕印度不在聯合國替中共捧場嗎？

實際上中共是決不能進入聯合國的，這是由於英法系的歐洲國家，及美國系的美洲國家，在聯大握有壓倒優勢的緣故。印度的「建議」，不過純粹形式的捧場而已，對中共沒有什麼實益。中共所恐懼者，乃是印度代達賴向聯合國提出西藏問題。或任由達賴親自前往聯合國提出西藏問題。那麼一來，中共就會像蘇聯在匈牙利事件中一樣，被全世界聲罪致討。從而不丹、尼泊爾、阿富汗等，將被建立爲防共前哨。就不利於中共「南進」的侵畧政策了。

尼赫魯早就知道達賴是「奇貨可居」，可在「鐵幕」與「自由」兩方之間，作其長袖善舞的貿易行爲。卻料不到中共竟以惡顏相向，以壓力相加！而尼赫魯實在卻無力率領三軍親征入侵的中共，所以他阻止達賴喇嘛前赴菲律濱接受馬格賽賽獎金。也可能再阻止達賴喇嘛前赴聯合國呢。看新德里的「政治行情」，梅農還在得勢呢！中立主義雖已破產，但尼赫魯似乎「措手不及」，沒有辦法改變政策哩！（加爾各答航訊）

高棉王宮炸彈案的政治陰謀

本月一日下午六時，高棉京城——金邊——突從王宮裡傳出震撼居民心靈，以致轟動世界的陡然巨響，原來王宮裡正發生了一宗開國以來所未見的駭人政治謀殺案，是一枚破壞力頗爲强烈而隱藏在一包「僞裝禮物」中的炸彈爆炸了！這枚爆彈的殺害目標，當然就是高棉國王蘇拉瑪力；幸而蘇拉瑪力竟能死裡逃生，而且沒有受到絲毫傷害。

據說：那枚炸彈是從香港寄來的，它被裝成一包禮物包裹，然後由一個不知姓名的陌生男子，送到典禮司華克里萬王子的府第去，說是棉王的一名「香港友人」寄來送給國王和王后的禮物。華克里萬王子便於上述時間，把那包「僞裝禮物」送抵王宮，呈給國王和王后；國王和王后着他把包裹打開，最先，是一個鑲象牙的漆器大箱子，迨將大箱子弄開，裡面還有一個小箱子，是用鎖鎖住而且貼有膠紙封條的。就在這時，國王與后眞是遨天之幸，他倆忽因某項事情，離開現場；僅數秒鐘，而那枚炸彈爆炸了！典禮司長華克里萬王子首當其衝，當堂被炸死；現場的牆壁、樑柱、傢俬等，也給炸毀了不少。

爆炸聲傳出了王宮之後，立刻引起整個京城發生騷動，人心皇皇，市面上剎那間陷於混亂狀態；尤其是軍隊和武裝警察的緊急出動，更增加了一層恐怖的氣氛。

顯然：這是一宗含有政治暗影的謀殺案；可能它還是國際性的行動。棉王夫婦雖然無恙，但這個謀殺案的主持人，及他所企圖的陰謀，是很值得重視的。——不僅王室中人重視，整個高棉的人民也重視；不僅整個高棉人民重視，也許世界人士對之也相當關懷。

據王室中人推測，這爆炸案的目的，有下列兩個可能性：第一、是反對高棉的移民法所採取的報復；第二、是政治性恐怖分子的有計劃活動。如果屬前者，則不過引起高棉短期內的片面不安；但如果屬後者，則必將衝激成高棉長時期的政治混亂，其後果更非目前所能想象。

至於案中的所謂「香港友人」，和那包「僞裝禮物」來自香港這兩問題，則在京城居民的心目中，迄仍是一個「奇怪之謎」。

——編者按：在高棉王宮裡爆炸的那枚「包裹炸彈」，香港郵政局長已正式否認係自香港郵政局寄出。渠指出：香港與高棉間並無包裹寄遞。那末，該枚「包裹炸彈」的來源，實頗成疑問。即退一萬步說，該枚「包裹炸彈」的寄發者眞的是「香港友人」及眞的是從香港寄出，但決非由郵政寄遞，卻可斷言。而除「郵政寄遞」之外，是否還有別的方法，可以將「僞裝禮物」寄到高棉？這一點，也是被人認爲相當微妙的。（呂器）

僑鄉近訊

「華僑投資公司」高息誘騙僑滙（福建）

江水

中共最近在福建施行一項新辦法，藉以搾取該省華僑財物。中共的「僑委會」主委王漢杰在厦門稱：「中央對於僑滙，原則上雖屬私人所有，並由持有人自行支配，但是送發滙欵的機構，將採取「保密」辦法，鼓勵僑眷和歸僑把錢財存入銀行，養成儲蓄美德」。王氏又稱：「中央在閩設有「華僑投資公司」，凡向該公司投資的，給予利息八厘，並定十二年後歸還本金」。王氏又誘騙華僑作無償的投資，謂凡投資設醫院、辦學校的，投資人可隨意訂定其名稱，或以其姓名冠於該醫院、學校之上。並謂華僑在家鄉建造房屋，中央將撥給基地及供應建築材料。但年來中共機構及共幹在該省僑鄉强霸大批華僑房產，迄仍無意退還。

粵共再削減人民口粮

粵共的「粮食廳」刻又進行削減三千九百多萬廣東人的口粮！據廣州「南方日報」透露：「粮食廳」副廳長歐陽清已決定呼籲人民再進一步節省粮食。據謂節減粮食配給量，是執行「瞻前顧後以豐補歉，計劃用粮細水長流」的方針；計劃用粮是長期性的任務，就是在將來粮食生產豐富的時候，也要實行計劃用粮。他曾找出一連串藉口來作他們的飢餓暴政辯護，他說：今年早稻，本已豐收在望，卻突然來了一場大水，估計受淹早稻面積達四萬多畝，淹死花生、甘蔗、黃蔴和其他農作物約一百多萬畝。——在該項「計劃用粮」的飢餓政策中，無異顯明地宣示出：在中共殘暴政權統治下，人民將永沒有吃飽的機會！

奴役鄉民建築水庫十一男女逃亡（中山）

中山共幹奴役鄉民建築竹仙洞水庫，於是又引起鄉民的冒死逃亡。去月下旬，中山五區南山村又有青年男女十一名，分作兩批，先後泅水逃往澳門。據說：他（她）們都是姓古的，係在竹仙洞替中共建築水庫的勞工，可是工作時間過長，粮食配給卻不足，故不能不逃走。他（她）們泅水時，都携備單車內胎或木條木盆來協助浮游的，但因在危險中掙扎，心情過分緊張，是以都泅得筋疲力倦；迨泅抵澳門之後，大家均宛如隔世，額手深慶重生！該十一名逃亡男女，在澳門都有親屬的，已由他（她）們的親屬領回安置。

佛山各校發現反共標語（南海）

佛山各校，最近突連疊發現反共標語。校中教師初發覺時即命校役將之撕去；詎過了一兩日，又復張貼如故。各校校長惶慄之餘，祇得據情向「黨委」報告。「黨委」爲此，曾親赴各校訓話，諭令各教職員及學生坦白，並以「實施勞改」爲恐嚇。聞各校被捕之教職員及學生，已有十四人。據謂：該等「反共標語」，多爲「反飢餓」、「反勞役」、「反恐怖措施」、「反特務威迫」、「共幹滾出校門」……之類。

農村共幹滋生右傾思想（潮安、潮陽、揭錫、普寧、汕頭）

粵東各農村共幹，刻已普遍滋生「右傾思想」及「鬆懈情緒」。據廣州「南方日報」報導：潮安、潮陽、揭錫、普寧、汕頭市郊等地的領導機構，最近經已發現有不少共幹滋生了右傾思想，彼等對技術改革放任自流，對爭取晚造增產勁頭不够，抓了多種卻忽視了高產，對高產運動缺乏勇氣；也有些地區在揷完秧後產生了懈鬆情緒，很多禾苗揷下一個多月還沒有進行中耕追肥，更有不少禾田由於缺乏基肥，揷的是白水秧，因而出現了死苗。尤其嚴重的，就是對「八字憲法」的貫徹執行，也採敷衍態度。該報並對此種右傾思想和鬆懈情緒加抨擊，謂此種右傾思想和鬆懈情緒如不予以澈底消滅，實足以挫敗了羣衆的積極，招致嚴重的不良後果！

活劇（下）

盛紫娟

「……莫斯科時間……我們的偉大導師，人民的領袖，帝國主義的勁敵，斯大林同志逝世了……這是全世界無產階級最大的損失，這是社會主義陣營……。」幾乎每一句都引起一陣嗚嗚的哭聲。蘇麗側着頭聽了聽，整個學校裡哭聲震天，間還有喊叫的聲音。楊佩鈴不知怎麼也哭起來，一面還拉拉蘇麗的短裙。看這個形勢不哭是不行的了，她知道如果該哭不哭的話，檢討起來可眞不好受呢！她只得從書包裡掏出那塊摺得平平整整的小手絹來，按在眼睛上，一面提高嗓子，嗯……嗯……嗯！「哭」了幾聲，偷偷看看楊佩鈴，正好像快要閉住氣似的，把肩膊抖得那麼厲害，她檢在手裏的小手帕，已經完全濕了。再看看聶老師，並不勸阻大家，相反的誰哭得不夠厲害，他那雙鷹眼，便盯着誰。

「聶老師，石鳳暈過去了！」後面有幾個同學，同時驚叫起來。這期間有絕望悲痛到極點的那種小寡婦似的哭喊聲出現了，而且越來越響。但果斷的聶老師顧不到這些了，三脚兩步的往後面跑，把正站起來邊哭邊看熱鬧的女孩子撞得東倒西歪的。

「石鳳，石鳳！醒醒！」一個男人的焦急的粗嗓門在初一女甲的教室中傳出去，引動了不少別班的好奇的孩子們，探頭探腦往裡看。

「——啊！我在什麼地方……？」石鳳皺着眉，在聶老師的懷裏扭動着。

「石鳳，妳怎麼啦？妳在教室裏呀！」聶老師柔和的聲音，蘇麗感到聽不慣，就像是動物園中的老虎，忽然學起貓叫那樣。

「……我……我看見斯大林向我走過來了！偉大的斯大林呀！我要跟您去呀！您！您別拋下我呀！斯大林死了，他死了呀！」

教室中除了喧嚷聲外，還有幾聲攝人心魂的呼叫。幾個哭累了的團員又再接再厲放大了哭聲。但只有那石鳳半高不低，恰到好處的聲音，最吸引人。她又說話了：

「我要入團，我要把自己獻身於革命事業，我要走斯大林叫我走的路，偉大的斯大林死了，我也不要活呀。」

蘇麗忽然靈機一動，伏在楊佩鈴的耳朵上說：「咱們去看看那個教俄文的女老師，不知她是不是也在哭。」

「妳又出壞主意，如果妳再不眞流淚可說來不及了。」楊佩鈴從手指縫中露出一隻眼睛看着她說。

「妳不去就算了，我自己一個人去。」幸虧大家已「傷心過度」沒有人注意她們。兩個小女孩像一陣風似的跑到教員預備室張望，看見那死了本國領袖的蘇聯女教員，悠然自得的在改學生作業，蘇麗臉色陰沉了，她對她的好朋友說：

「楊佩鈴，咱們爲什麼要哭呢？這種哭法不是給中國人丟臉嗎？」

楊佩鈴沒有回答她，只用手揉了揉下巴說：「我……我哭得下巴都酸了、嗓子也喊啞了呢！」

這時走廊上已有不少不懂事的孩子們在跑來跑去，各處去看熱鬧，蘇麗把身子貼在牆上，把額頭緊挨在冰涼的洋灰牆上，她已被這烏烟瘴氣的環境弄暈了頭，忽然她看見聶老師抱着石鳳入了校醫室，忙拉着楊佩鈴的手說：「這下可有熱鬧好看了。」

「小孩，躲開，躲開！」這時有幾個女工抬着「哭暈」過去的人往校醫室走。蘇麗她們就尖聲叫着閃開了道。

不一會兒校醫室裡就擠滿了人。孩子們正擠在門口東張西望地看呢！忽然從走廊裡傳來，又急切、又拼命、又真摯的哭叫聲：

「嗚嗚——斯大林死了，我也不活嘍！哇哇！我活着也沒有意思嘍！天哪！你怎麼拋下我們自己走啦？我也要去喲！嗚嗚！」

「這是誰？這是誰？」幾個天眞的聲音像發現新大陸那樣驚喜地互相問着。

「初一女甲的張玉琴。」不知誰出去看過了，跑回來說。

「我也要死呀！妳們別拉着我！我也跟他老人家去呀！」蘇麗差些被那個橫衝直撞的張玉琴撞倒。只見她後面還拖着三四個被她扯得歪歪斜斜的本班同學。哭劇愈演愈熱烈，尤其是那些積極「進步」同學們，一個比一個弄出新花樣，有的悲痛欲絕，爲了表示決心，把嘴唇都咬出血了。

蘇麗的肚子早就餓慌了，學校不准回家，她還得在學校裡跟着大家哭鬧。

當天，所有的教員、學生、工友都戴上黑箍、女孩子頭上都戴了白頭繩。蘇麗覺得這些事多麼新鮮有趣，所以興冲冲走回家去。沒想到母親一見，差點眞氣暈了，上來就一記耳光。

「妳個死丫頭，我還沒死就要妳來穿孝！」她一把拉下蘇麗頭上的白頭繩和臂上的黑布。平時極溫和的母親突然這麼粗暴。

「哇！」她這次眞哭起來了。

過了兩天，楊佩鈴來找她，一進門就問：「這兩天妳爲什麼不去上學？」

「媽媽不許我去出醜，她說斯大林死不死跟我沒關係，不用我去作孝子賢孫，她說有『毛主席』一個人就夠了……！」

「這種話叫聶老師聽見還了得？噢，告訴妳一件新聞！石鳳和張玉琴都被批准入團了。」

「什麼!?」

然後兩個人就前俯後仰的大笑起來。

（完）

風箏

·文樂·

我從院子裡找到了一根竹子；用小刀慢慢把它削開來，起先是粗大的；漸漸成爲一根根幼滑的小枝，然後，我小心把它收藏起來，安放在別的孩子不能覺察到的地方。

抽屜裡的習字紙，正好作爲風箏的衣冠；那紙兒的質地輕軟，這是最重要的。我試用小剪刀裁好了蝴蝶樣子的一塊，連忙到村前的小商店去買一瓶漿糊回來，爲了給風箏穿上美麗的衣裳，我打算在做好以後，加上自己喜愛的顏色。

等媽媽進了廚房燒飯時，偷偷在她的針綫箱拿了一根綫，先把它的骨幹架好，繫上棉綫，把裁好了的紙片黏上去，呀！忙了好半天，總算成了個樣子，調配好了顏色，我輕鬆地哼起歌兒來，一筆一筆的塗在它的身上，紅的、藍的、綠的，襯托起來，倒很可愛，我對它寄以極大的希望，最少我可以向別的小朋友們炫耀一下，看呀！這美麗的小風箏是我做的，你們要花掉媽媽給你的糖菓錢才能買到，我却可以隨意地做一個，這不是值得驕傲嗎？

風箏做好了，必須有長長的綫才能把它放起來，我懇請媽媽給我一個小綫球，結果賭氣不吃飯才如願以償。

屋後的小丘是孩子們常到的地方，我拿了風箏，特意讓孩子們看到，然後滿懷興奮地把它放起來，乘着風，它竟然漸漸高飛了！放吧！放吧！手裏的小綫球一忽兒全放完了，仰着頭看它在高空飛翔、飄展，我快樂得跳躍起來，爲它引以自豪，別的孩子們也拍掌稱讚呢！

呀！不好了！天邊出現了黑色厚厚的雲層，天快要下雨了，我趕快把綫兒緊拉回來，用力呀！用力呀！我出盡了力，可是不知那兒來的一陣大風，我失去控制它的力量，它背叛了我，竟然不理我的牽引，暴風捲起地上的塵土，一個不小心，塵埃飛進眼球去了，這下子我已自顧不暇了，擠擠眼睛，不行，我急的用力猛擦眼睛，等到可惡的小沙粒和着淚水流出來時，才醒覺我那可愛的小風箏不知那兒去了。啊！一番心血做成的小風箏，你竟離我而去！我在呼叫，瘋狂地到處尋找，焦急得哭起來，管不了那狂風暴雨，拼命追趕，希望發現它的蹤跡。但當我清醒，知道它已不知在什麼地方的時候，啊！你憐的小風箏，我失望地低喚着！，低喚，發自內心哀痛的低喚着。

我開始埋怨自己，不經意的讓你溜走，而我又無能爲力把你找回來，我恨那該死的暴風雨，。從此我不再到屋後的小丘去，我怕想起你，我把自己關在家裡，，我在默默的想，此刻你該在那兒呢？你那脆弱的身體，經得起風吹雨打麼？我推測你可能掛在人家的竹桿上、簷前、屋頂，假如是這樣的話，也許一天有人發覺了你，把你釋放了，重新回到我的懷抱；但是，你那裡懂得路途呢！沒有了綫兒你是無從回來的呀！

但是它也許此刻你在淤泥中掙扎，絆着你啊！我可以想像那些無情的雨水是怎樣侵蝕你薄弱的身體，假如當眞，你的命就快完結了。即使太陽出來；把你殘缺的身體晒乾，但是已經失去從前的完整、從前的美麗了。有一天，行人走過你的身邊，巨大的鞋子，踐踏在你的身上，可憐的小風箏喲！儘管你在呼喊、反抗，但是有什麼用呢？你的聲音是那麼微小，人們不會憐惜你，因爲你已失去往日的光彩，人們也不會欣賞你，因爲你醜陋得軀體支離，懷念你的；祇有遙遠的我，不爲什麼，只爲了你是出自我的手裡，假如有一天你翩然無恙歸來，我會加倍珍惜你，不讓你被暴風雨的摧殘、毀滅！但是這只是夢想吧了，我必須原諒你不別我而去，也寬恕了自己。

婆媳之間

香港聯合書院　·楚江·

不知怎的，這幾天來，同屋的亞婆與葉二嫂的面色突然像鍋底一樣，沒有一絲兒笑容，這情形是在昨天開始的。昨天早上，當我起身，跨出房門口時，看見亞婆坐在門口，於是我連忙打招呼：「亞婆早晨！」回答我的並不是往日那柔和的：「早晨，×先生！」而是縅默。我祇好訕訕地走進厠所。到厠所門口，見了葉二嫂正在冲刷厠所，我又隨口說：「二嫂早晨！」回答我的却是冲刷着地板的雜聲，我又愕然了，想着：「哼，眞倒霧，怎麼今朝有這麼不如意的事，出街要特別小心啊！」傳統的「兆頭」在警告着。

晚飯時，我與母親談着早上不如意的事，這時母親感慨地說：「還不是爲了錢，唉！這年頭，悲劇一日比一日多起來，其實歸根結底還不是爲了錢，錢，眞是萬能的，誰想到這個和諧的家庭，竟爲了一些小小的困難而決裂呢？」於是我才恍然大悟，啊！原來如此。

×　×　×

亞婆與二嫂都是很和善老實的人，二嫂已是兩個孩子的母親了，葉二哥本來在一間洋服店做工，本來的薪水維持生活還勉强可以，但由於近來市面蕭條，葉二哥又減了薪，而且，又從前撫養過二哥的舅父也從鄉下到了，在「寧去一斗，莫添一口」的情況下，他們家中的經濟越來越拮据了，於是亞婆從製衣廠處取些活回來幹，藉以增加一些收入，而二嫂也取些外工回來車，由於各有各的工作，當然對家庭的照顧是少，於是播下了吵罵的種籽。

在一個頗有秋意的下午，亞婆煲熱了一壺水，正準備冲凉時，二嫂去拿來替自己的孩子冲凉，亞婆隨口說了一句：「哼！懶到如此程度，將來豈不怕折殺手足！」年少氣盛的二嫂頂了一句：「想不到你如此黑心！」「我黑心！我黑心！如果我黑心，就不會連你的孩子也照顧一起！」「誰要你這樣懶好心！」就這樣妳一句，我一句爭吵起來。最後，二嫂還狠狠地說：「好吧，我離開這個家，跑入工廠，還怕維持不到兩餐一宿嗎。」

一雙兒女看到媽媽與婆婆的吵鬧，以爲發生了什麼，哇的一聲哭起來了，才算把這場吵架平息下去。

×　×　×

今天，放工回到家裏，亞婆仍像往常一樣，坐在門口，但臉色已不同了，見我進來，很愉快地說：「×先生，放工呀！」「是的！」我正奇怪這個遺失了的笑，怎樣找回呢？詢問母親之下，才知中午二哥邀媽一起，作了「和事老」，向他們解釋，幸福是多方面的，物質上的缺乏，工作上的勞動都是渺小得很，祇有大家能和諧地相處，這才是眞正的幸福！「家庭和順萬事休」！願所有的人，永遠記住這句話。

國共和談本末（九）

司馬健

四月十三日，治中電報德鄰曰：「昨晚九時會於中南海勤政殿，共方提出『國內和平協定』八條二十四欵，堅主必渡江，而聯合政府組成之二十九單位中，國民黨與李濟深民革僅合佔一席。代表團當表示不能接受，堅請修改。如何容續報。」十五日復以長途電話報曰：「昨晚共方所提修正案，重點全保留，謂無修改餘地；並限四月二十日以前答復。」德鄰因喟然語崇禧：「共方堅持渡江，已足破裂和談；今更如此，夫復何言！」

十六日，代表團派黃紹竑、屈武携所謂「國內和平協定」修正案飛京報告，下榻德鄰傅厚岡官邸。來即傳共方語曰：「所有和談內情，不得外洩一字，否則視爲和談破裂。」與德鄰語崇禧共方堅持渡江即視爲和談破裂者，乃竟相映成趣。及一觀所謂修正案內容，則首冠弁言，歷詆國民黨與國民政府乃反動罪魁，內戰戎首，應負所施一切錯誤政策全部之責任。弁言如此，條文可知。而條文之尤苛刻者，又莫過於廢除中華民國憲法及法統，全部國軍改編爲所謂「人民解放軍」，任何政府轄區共方均可自由進軍，不得抵抗。及所謂「聯合政府」又不特無南京國民黨代表參加，即所謂「新政治協商會議代表」，亦必南京政府履行協定義務完成後，始能獲取由共方代表團之建議、新政協籌委會之批准，而「派遣愛國份子若干人爲代表」之資格。共方態度突變而咄咄迫人如此，於是德鄰崇禧立予判斷：此乃其渡江部署業已完成之表証，而所謂協定乃事實上脅降之最後通牒；於是立遣居正携全件飛溪口謁介石，聲明政府立場；同時召開和談指委會，尋求對策以緩之。

然此次共方所以同意代表團遣紹竑回京，固不第賚呈協定修正案已也。蓋共方不欲見和談之成功，與介石同；而對所謂「桂系」之態度，則與介石異。介石於桂系，舊怨新仇，耿耿於中，不能自已，故摧抑之惟恐不及。共方則深知自東北徐蚌諸役以來，軍事實力，蔣系殘而桂系全，聯桂系以倒蔣，實事半而功倍，故牢籠之惟恐不力。復以謂克任牢籠之任者，桂籍莫如黃紹竑，外籍莫如劉仲容。是故此次紹竑之來，覆命和談協定猶其名，傳遞共方密旨乃其實。而自四月十六日至十九日，紹竑於官邸所與德鄰崇禧之慷慨論難，大抵皆承共方密旨以爲言而已。

綜紹竑之言曰：

「吾人謀所以自全之道，今其時矣。茲共方已同意：果德公能簽字和平協定，則不特聯合政府副主席將以相煩，即健生兄亦得率部回廣西，保証三年內廣西不實施軍事管制、土地改革。是協定條欵雖苛，實苛在蔣系不在我。抑吾人基於歷史之教訓，欲冀蔣介石一變其獨裁作風，實無異緣木求魚。獨裁作風不變，而欲冀其復興革命，再造中國，更無殊望梅止渴。如是而吾人仍與其保持嘔心瀝血委曲求全之合作不已，直同歸於盡，先取滅亡已耳！且今日共方無海空軍，蔣氏尚可苟活台灣於一時；而大陸茫茫，共方挾其戰勝之餘威，所向披靡，兄等將安所歸乎⁉吾意八桂子弟之血肉，終且必爲蔣氏借刀殺人臠割以盡而已矣！」

顧紹竑言雖如是，德鄰崇禧終不爲所動。而共方稔紹竑之無功也，果遣劉仲容與濟深代表朱蘊珊李民欣偕，再飛京矣。然仲容所言，雖較紹竑尤切至，德鄰崇禧終不爲所動如前。仲容者，前以崇禧故得居南京大悲巷美式活動屋，而夙與德鄰幕客某善者也。至是知所言不售，則私置酒於其居延某而告之曰：「德公執意如是，事敗矣！當奈何？」曰：「中共執意必渡江，則事敗不得咎德公。」曰：「吾已言之，渡江乃爲桂系擊蔣軍，保証不入南京城。且周恩來君亦已寄語德公，毋太老實；中共初不必黃金百條，千里長江，所在可渡。德公自不悟耳！」曰：「自勤政殿中共態度突變，德公固知其渡江部署已成；特厄於蔣氏，手無斧柯；並非太老實如恩來君所云也。」曰：「君再爲德公言之如何？」曰：「德公不聽君言，能聽吾言乎？」仲容默然有頃，復曰：「前邵章歸，毛嘗手書致德公；公謂復書當付吾持去，君能且一爲公草此復書乎？」曰：「及吾未醉，固能之。」因援筆作復書曰：

「潤之先生勳鑑：前章邵兩先生來，賚惠大示及件，並面詳拳拳之意；於今日大局癥結，國家前途，考量周至，歎佩同深！吾人束髮革命，而白首無成；個中艱苦，諒爲彼此所痛感痛惜。革命過程中，革命力量浪費已多，不應再有浪費。時至今日，吾人如尚不能針對客觀，以最高之理智，最大之精誠，切實蕩瑕滌穢，納諸軌物；則吾人將何以對國家人民？更何以對歷史⁉總之，今日之事，原則初無問題，情況應互明瞭，步驟尤宜力求合理配合，庶幾任何困難獲期克服於無形而無所於悔。輒因仲容兄來，面達鄙悃，尚冀惠予亮察是幸。專此布復，並頌勳祺。弟李宗仁手啓。」

仲容受書已，喟然曰：「以君視之，事莫或尚能希冀萬一否⁉」曰：「今日幸獲承杯酒之歡，然此恐即吾人之別筵耳！吾不能爲劉三更設祖，行矣，願劉三自愛重也！」乃辭而去。

四月十九日，和談指委會接受德鄰建議，知照共方延長簽字限期。蓋德鄰其時尚以爲僅中共單方完成渡江部署，一俟長江水漲，我方守禦當可加强，足與周旋；而不知四月十三日勤政殿共方態度突變，實乃先得饒漱石密報，江陰要塞司令戴戎光運動成熟，長江隨時可渡；而周恩來黃金渡江之言，亦非羌無故實也。

二十日午刻，德鄰承和談指委會旨，命紹竑以長途電話正式告請共方延長簽字限期，不許；且謂入夜即頒命總攻。紹竑以和談既破裂，黯然即日亟辭德鄰去。入夜，果江上炮聲隆隆，不絕於耳，共方總攻命下矣。二十二日，德鄰飛杭晤介石；其幕僚及其夫人郭德潔女士飛桂林；共軍則已渡江摧破皖南劉汝明軍。二十三日南京撤守，德鄰亦飛桂。是爲國共和談破裂之經過，乃果前後不出十月，大陸變色，蔣系高踞台灣，桂軍熸於借刀之計，一一如紹竑所料。而今日崇禧轗禁台灣，德鄰窮寄美國，若干論客，乃謂均罪有應得；且德鄰更應負大陸淪陷之責任云。（完）

四八、八、三一
初稿

米南宮明道觀壁記殘卷跋

徐亮之

右宋米芾「明道觀記」殘卷，蓋南海孔氏舊藏而粵中米蹟之僅存者。書用宋澄心堂紙，高尺八寸，纔四行三十一字，而氣勢超動，無尋常驕猛詭厲態，南宮生平力作也；孫退谷謂爲「穎秀異常，唐人不敢望其項背」，良然。其「安」字以下，乃淸張照補書，雖稍肥，而咄咄逼眞，允稱雙絕。其前：右下角有同治甲子九月孔廣陶一跋；其後：有乾隆甲寅五月陳淮跋；同治乙丑（原跋僅書「四年」）花朝廣陶再跋；丙寅七月周浚霖跋再跋。其合殘文張補勒石，光緒庚辰十二月始竣事，則加孔廣鏞跋而去周跋，即收入孔氏「嶽雪樓鑑眞法帖」者也。然此記實南宮書時即勒石，退谷「庚子消夏記」謂其與米氏「章聖天臨殿及天臨殿銘」「三石皆奉勅書」，可証。退谷服官明淸之際，而歿于康熙丙辰，蓋據米拓完璧爲言；而二百年後孔氏復據張補殘文勒石，一若深恥神物不全於天壤焉者，有心哉！芾字元章，號海嶽外史，又號鹿門居士，襄陽人，以母侍宣仁后藩邸舊恩，補浛光尉，歷知雍丘縣、漣水軍、太常博士、知無爲軍，召爲書畫學博士、擢禮部員外郎。以禮部郎中舊謂南宮舍人，故世稱米南宮；以其襄陽人，又稱米襄陽；以其倜儻不羈，又稱米顚。出知淮陽軍卒，年四十九。其書得王獻之筆意；與蘇軾、黃庭堅、蔡襄，世號蘇、黃、米、蔡。復善畫，自名一家；與子友仁號大小米。照字得天，江蘇華亭人，康熙己丑（四十八年）進士，改庶吉士，授檢討，南書房行走。雍乾朝兩官刑部尚書，卒賜太子太保，吏部尚書，諡文敏。書法精工，與劉墉並重海內云。己亥七月二十五日亮齋徐亮之識。

日人所記日本援助孫中山革命經過

——摘譯自日本文學家村松梢風著「原敬血門史」——

高洞譯輯

孫文顏色和平，注視着秋山。

「老沒見了，好容易纔見着，不是要使你不舒服，說的是實在的困難，但是聽了你話後覺得有理，前頭的話作爲取消。可是，怎麼辦呢？這邊一切都進行了，日本的朋友全已一一通知，現在忽然間中止的緣故是？」

「那也沒甚麼，說是病好了，除說因病延期，沒有別的方法。」

「說的對，因病。」

孫文笑起來了。立刻用孫文名義電告宮崎滔天；因病，延期訪日，並煩致意有關方面。

中國方面，退船啦，搬回行李啦，睹忙了一頓。

爲這樣的來由，桂跳出內府，重握政權，受了政權慾的厲害批評。縱使是政權慾，爲由自己的力量纔能實現國策，目的是高尙的。

加之，在那時期，孫文革命資金的大部分，由日本三井借出，幾乎沒人知道這件事。在桂，這是不出面的問題。可是，以桂爲中心，山縣、井上兩元老一致援助中國革命，此事在現在想起來，也覺得是很奇怪的現象。

桂組織政府，同時着手組職新政黨立憲同志會。國民黨分裂爲二，大石正已、島田三郎、武富時敏、箕浦勝人、河野廣中幾位所謂五領袖先脫黨，跟着有四十餘名脫離國民黨，參加桂的新黨，合起向來的御用議員，共得八十多人，同志會成立起來了。

桂一組閣，立即邀請孫文訪問日本。孫照前次一月末一樣的準備，包租了春日丸，帶領大批隨員登船來日，政府以國賓招待，朝野都給孫氏以盛大的歡迎。

桂和孫文，總共會見了三次，彼此意見完全一致，中日提携的實際方案，在這裏全部決定了。桂已經不是昔日的桂，孫文的訪日，也大告成功。

孫文離日返國的時候，在春日丸船上招待國內外的新聞記者，發表一場大演說，他披瀝誠意和自信，力說中日提携的必要。「這，實在是東洋及世界和平的關鍵。」並下了這樣的結論。

日本對中國的國策，桂死後，突然被翻覆過來，到寺內內閣、大隈內閣，更變成反革命的、侵略主義一邊倒，與其說是中國的不幸，毋寧是命中註定的日本的不幸！

（四）

聯合評論 週刊
本刊已經香港政府登記
每逢星期五出版
United Voice Weekly
第五十七號
督印人：黃宇人　總編輯：左仲平
社址九龍金馬倫道卅八號三樓　電話61413
承印：嘉羅印刷有限公司　香港仔灣馬師道5號
總代理：友聯發行公司　售價每份港幣一毫
本報美洲版總經售處　美國紐約中美出版社
CHINESE-AMERICAN PRESS, INC
199 CANAL STREET.,
NEW YORK31 N. Y. U.S.A.
美洲航空版零售每份美金一角

要反攻復國必先改造台灣

劉裕畧

改造台灣，是近年來海外民主人士的一句口號、一項主張。對於這一項主張，我一直基本贊成。

我何以贊成？贊成的理由安在？這在下文再討論。這裏，我想先把我對改造台灣這四個字所意識的含義作一界說，然後再來討論整個問題。

什麼叫改造台灣？

所謂改造台灣，這台灣二字，指的顯然不是地理上的台灣，而是指的現在退避到台灣業已十年的中華民國現政府。質言之，指的即是由蔣總統所領導的中國現政權。

至於改造兩個字，據我瞭解：它既不等於無條件擁護，亦絕不等於敵對的打倒或推翻。改造云云，乃是要把現政權加以改革加以整理加以翻造之謂。其目的，則在使其眞能担負現階段的巨大任務。

說到這樣一種改造，台灣當局歷來極不高興。其實台灣究竟應不應改造？乃是一個理智的判斷，不是情感用事問題；這是關係國家民族的一個大問題，各方面對此當然都有加以愼思明辨的必要。而應不應該改造的關鍵，則還在各人對當前問題的看法。

論看法，今日各方的意見是確有不同的。實則今日中國問題，看似複雜，亦極簡單，若把問題予以澄清，則今日中國基本問題實只兩個：一個是大陸已被中共佔領十年，因而擺在我們面前的一個迫切的基本問題，是如何反攻復國；另一方面，中華民國雖然已經過了四十八年，但政治制度却一直沒有走民主軌道，因而擺在我們面前的另一個基本問題，是如何實行民主。

實行民主與反攻復國這兩大問題，是否同等重要？是否能夠同時完成？這雖有見仁見智之分。但一般的說，大家對應該努力反攻復國的意見比較一致。對實行民主的意見則比較分歧。

從分歧的事實來看，政府當局對於實行民主可以說是素不重視的。分析其動機，可分兩種：一種是出於自私，出於保衛私人權利。他們認爲一旦實行民主，私人權利便結束了。所以，他們不但不重視民主，而且在言論上反對民主，在行動上阻撓民主；另一種是對民主意義及價值懷疑。他們覺得過去在大陸試行民主，即曾引起紛擾，今日中國最大問題在反共，在反攻復國，而要反共，要反攻復國，就非戰鬥不可，要戰鬥，就非把權力集中，幷加强領導不可。在英美民主國家，一到戰時，尚且增强政府領導人之權責，今日中國既大敵當前，隨時有被敵人吞噬之危險，正惟恐權力之不集中，豈可再行民主來分散權力！因此，他們認爲在目前實行民主，不但於事無益，甚且有害。這看法，雖然也只少許理由，但比完全出於自私者，動機已較正大。不過，話又說回來，他們的動機雖無可厚非，但他們對民主的意義與價值，却缺乏眞正瞭解，尤其對此時此地實行民主的作用與必要更缺乏瞭解。所以，他們對今日所面臨的兩大問題——反攻復國問題與實行民主問題，在問題的衡量上和思維上便不免有所偏執。

誠然，今日中國是民主之外，尚有一個反攻復國問題；反攻復國之外，尚有一個實行民主問題。解決了其中任何一個，都幷不等於解決問題之整個。必也同時謀求這兩個基本問題的解決，才是復國建國之道，但對反攻復國與民主建國兩大問題若有所偏，便往往作出下列結論，即認爲反攻復國更迫切更重要，應該先解決，民主問題較次要，可以後解決。蔣總統就是堅持這一看法的，所以他認爲等到光復大陸之後，再行民主不遲。假如現政權毋須實行民主，即可反攻大陸，我亦未嘗不贊成把民主問題暫行擱置起來，以待反攻復國之儘早完成。但問題却是今日台灣如不實行民主，反攻復國的事是否尚有希望？抑或還是如不實行民主，反攻復國的事便毫無希望。

應否改造台灣？

問題說到這裏，如何反共才最有效？爲何反共的問題便牽連了進來。但現政權所堅持的極權反共在理論上既不通，過去的事實又一再証明極權反共只有失敗，沒有勝利。所以中國共產黨才由延安一隅而擴張及於全大陸，蔣總統所領導的政府也才由大陸敗退到台灣。如此而謂極權反共最有效，凡稍有頭腦者，其誰信之！

再說，現政府退到台灣，亦已十年，但中共參加韓戰，台灣未能反攻，中共攪三反五反，台灣未能反攻，中共大鳴大放，台灣未能反攻，中共推行人民公社，大陸人民怨恨沖天，台灣未能反攻，西藏爆發武裝反共起義，台灣亦未能反攻，十年來，如此蹉跎歲月，不但一直未反攻，甚且反攻準備亦未好好做，近年且又與美國訂立聯防協定，更於蔣杜聯合公報揚言放棄武力反攻大陸。然則現政權所堅持的極權反共，乃是等待老百姓把中共打倒之後，來台接駕乎？抑或專等第三次世界大戰以待友邦之送還乎？

中美聯防協定與蔣杜聯合公報，實已喪失中國可以獨立運用武力以謀主動反攻之權，而反攻大陸却非使用武力不可。台灣現政府既把反攻復國的事完全寄托在虛無縹渺的三次大戰，而三次大戰又是或然，而非必然，此皆証明台灣現政權幷未以必勝之信，策必勝之道，而只在企圖僥倖，只在幻想中期求或然，全無反共復國的必然之策，以致今日中華民國之前途竟看不出一綫光明遠景，這是現政權過去誤國今日繼續誤國之事實，愛國之士之所以徬徨苦悶者以此，有志之士之所以困慮焦思者以此，民主人士之所以主張民主反共之原因亦以此。而這都是台灣當局堅持極權反共之結果。

考蔣先生之性格原本倔强。其自尊心豈不知道將中國命運寄托他人之可恥，其對大陸之關注亦必知揚言放棄武力反攻爲下策。然終低首降心爲之，此無它，內外形勢迫使之故。而內在力量之不充實，要爲形格勢禁之主因。但內在力量何以不充實？還不又是因爲極權反共之故嗎？極權反共而非民主反共，則反共非共力量就不能通過民主方式來團結來統一來集中。不團結不統一不集中則勢孤，勢孤當然就只好向環境低頭，幷寄希望於外人了。

再說，假如今日中國的目的僅在台灣偏安，或僅在造成兩個中國，則改造台灣之事尚可視爲不太迫切；假如國人對國家的命運，存心僥倖，又假如國人對其自身之命運只求或然，而不求必然，則改造台灣之事亦未嘗不可稍緩，但台灣內外危機日深，相對的方面，中共雖敗象已明，但台灣方面却無可勝之道，所以，我綜合各項情況一再衡量與一再思維的結果，確認如要反攻復國，必先改造台灣。務使台灣能夠眞能負起反攻復國的使命才是做法。

如何改造台灣？

那末，如何改造呢？我以爲還是應該循民主之路改造。因爲，只有民主，才可以團結，只有團結才可以有力量，只有力量，才能免除僥倖，實事求是，只有力量，才可以把幻想變爲事實，只有力量也才可以把或然變成必然，這已經是常識。以我看來，在民主改造台灣時的最緊要之一點，倒還是除了實行民主以外，更要照顧到今日中國正在進行反共鬥爭的這一事實，因此，實行民主改造時就要想到今日中國並非今日英美那樣國內安定，必須戒除放任與散漫，在設計整個問題時，尤須對反攻復國與民主建國兩大基本問題並顧兼籌。而要達到這一目的，則今日中國所應推行的該是一套有計劃有步驟的民主政治。也只有如此，整個情況才不致因改造而引起混亂。

只因混亂可能由改造而引起，所以態度持重的愛國人士就對改造台灣的工作認爲是一樁冒險。他們誠恐台灣內部因此引起騷亂，外而招致中共的攻奪。但我覺得今日台灣之所以尚能保持，端賴美國第七艦隊之掩護。第七艦隊既仍繼續掩護，則中共來攻之顧慮可不存在，而我之所以强調改造時之計劃性，其着眼既在保証全盤問題之兼顧並籌，再則即在避免台灣內部因此引起混亂。

從另一方面看，由於台灣海峽有第七艦隊掩護，所以現今正是改造台灣的良好機會。

但，改造台灣之步驟究竟如何呢？我的想法，第一步應該是：召開一個全面性的會議。切實檢討內外大勢，並對民主建國與反攻復國兩大基本問題作出有計劃有步驟的具體方案。至於這一個會議的名稱如何？那倒並不緊要，緊要的是這一會議應以海內外有見解有熱誠有抱負敢作敢爲的反共愛國人士來組成，這樣才能保証它可能作出創造性的效果。所以它既非純黨派會議，亦非純個人會議，既無所謂小型，亦無所謂大型，既非官僚政客的集會所，亦非御用分子的表演場，而是一種全面性綜合性的會議。

要能開成這樣一個會議，政府當局首先要能認清問題，確具雅量與誠意，並應先自對憲法表示尊重（譬如總統不違憲三屆連任），是它的前提。然後這一個會議才開得成，也才有價值。但台灣有此認識嗎？有此誠意嗎？

本來，改造台灣，方式有兩個：一是它自己確具誠意，它期求自我改造和合作改造；另一則是强迫它改造。若台灣無誠意改造，甚至仇視改造，則惟一可行之路當然就只强廹它改造，但所謂强廹改造的力量又何在呢？問題討論到這裡，一切又歸到自身來了。恐怕還得先從民主反共勢力自身之改造做起。如果民主反共勢力不先改造自己，則所謂改造台灣也就容易落空，這就正如台灣如不改造自己，則反攻復國之事必將落空是一樣。

歸根結底的說：無論如何，民主反共人士還得大大努力才行。

提倡民主，必先對法治有正確的認識

張忠紱

中國從開關以後，尤其在英法聯軍以後，朝野都感覺有維新變法的必要。早期的變法，只限於學洋槍洋炮，及直接可用以富國強兵的一套。甲午戰後，瓜分的危險迫在眉睫，士大夫方開始想到政體與國體改革的問題。他們所提倡的君主立憲或民主共和，其用意都是在以法治代替人治。

中國的傳統，原有民本思想與民主精神，但在人存政舉，人亡政息的思想支配下，中國却一直沒有近代法治的觀念與習慣。換句話說，中國有民享與民有的理論，但却沒有民治的制度與方法。中國法家的思想，祇是幫助統治者的一套理論與辦法，與近代民主國家所謂的法治，相去甚遠。近代民主國家所謂的法治，受民約論的影響甚大。在近代民主國家內，統治者除享有民約所付與的權力外，本身沒有任何權力。民主共和政體下的統治者固然是如此，君主立憲政體下的統治者又何嘗不是如此？

中國不幸，在她開始變法的期中，她的皇室却正是一個異族。以法治代替人治，因之而限制了皇室的權威，皇室縱非異族，已未必能心甘情願。今皇室竟為異族，無怪乎西太后有保中國，不保大清的疑忌。由人治改為法治，在當日若能得着皇室的合作，可以事半功倍，因為政治組織不致失去重心。戊戌維新的失敗，使清庭自己走上了絕路。此後短期中，中國要變法圖強，只有革命，推翻滿清皇室。由戊戌至辛亥，君主立憲與民主共和思潮的消長，實滿清皇室本身有以促成。

辛亥革命成功以後，中華民國設議會、訂約法，已初步走上法治的道路。當中國維新的初期，所謂變法者，實為『變事』（用康有為語，指所變者非根本大法）。變事三十餘年（由同治維新至甲午戰爭），而仍不免於甲午的挫衄，以致引起瓜分的危機，於是始有人倡言變法或革命。君主立憲或民主共和，其目的都是在改變政體或國體，以法治代替人治。但中國一般人民，甚至於知識階級，在當時，對維新與圖強，或已有相當的認識，而對法治的觀念，能有正確認識者，無疑的，為數極少。

民國成立以後，清帝退位，皇室已不復為政治組織的重心。民主國家政治組織的膠着力在法治，然而中國於民國元年後雖已掛起民主的招牌，但一般國人並未養成重視法治的觀念與習慣。袁世凱、張勳，以及一般軍人政客，固然沒有絲毫法治的頭腦，民衆更不知法治為何物。乃至一般知識階級，他們有時雖高談法治，但他們實未真正感覺到法治的重要，他們更很少能透切了解法治的性質與含義。他們的為一人一姓奔走（例如曹錕、張作霖等的部屬），以及他們對於事物的判斷（例如馮玉祥槍斃李彥青事，時，有幾人重視馮玉祥的違法，乃至於犯法？馮氏此舉的違法與犯法，初與李彥青應否槍斃無關。）都由反面証實，他們決沒有近代法治的觀念與認識。

比較開明的政治與思想領導者，他們雖然知道法治的重要性，然而他們對於法治的觀念與含義，有時仍不免近於模糊，筆者非敢妄議近代賢哲，不過要寫信史，則必須求真。筆者認為，不提倡民主則已，要提倡民主，則必須先提倡法治。要實行民主，更必須先實行法治。要提倡法治與實行法治，則必須先普及法治的觀念與認識。要普及法治的觀念與認識，則民主的導師們（政治與思想界的領袖）必須本身先親切而正確的認識了解法治的觀念與含義。自有民國以來，究竟有多少人曾努力具體的提倡過法治（這不僅是偶發的護法或護憲的問題）？究竟有多少政治或社會的領袖，曾用過他們畢生的精力，或大部分的時間，教導人民以如何了解法治，實行法治？只是提倡民主，而不闡明法治的真諦，不求正確的認識法治，實無異於任重致遠，而不作舟車的準備！

法治是民主與自由的保障，然而提倡民主與自由的人，往往忽略了這一要點。孫中山先生是大家認為手創民國的人，但是他對於自由的見解，有時仍不免發生模糊的觀念。他說：『中國人不是沒有自由，而是自由太多了。』他這句話究竟是否指的近代民主國家法律保障下的自由？還是指的中國一般所謂的『自由自便』的自由？若是指的『自由自便』的自由，那我們可以同意，中國人的自由是太多了；但這種自由，却與近代民主國家法律保障下的自由，完全是兩件事。孫先生的用意，若是指的近代民主國家法律保障下的自由，那就不無疑問。

數千年專制政體下的中國，實在談不到有任何近代民主國家法律保障下的自由。近代民主國家法律保障下的自由，其中最重要的是生命自由與財產自由。帝王時代，皇帝與封疆大吏固然有生殺予奪的權柄，就連小小的一個縣官，乃至於縣吏，也往往任意逮捕、搜查，而弄到老百姓家破人亡，無可得直。全部『水滸』中逼上梁山的故事，豈盡小說家向壁虛造？

過去中國人所謂的自由，祇是一種自由自便的自由，既非政治自由，也無法律保障。那是文人嚮往接近自然的一種心情與行動，與政治或法律不相關聯。例如陶淵明所說的不『以心為行役』。又如管夫人所說的：『浮利浮名不自由』。就連『日出而作，日入而息……帝力於我何有哉？』句中所包含的自由，也只能說明上古時代的放任政策，充其量，也只能表示人民原有天賦的自由，與近代民主國家法律保障下的自由，仍然絲毫無關！

中華民國的政治領導者，對於法律保障下的自由觀念，既不求甚解。同時，他又感覺，中國人過於散漫，缺乏組織；但他也沒有進一步注意到，從歷史的眼光看，中國人所缺乏的組織，是以法律為基礎，依據民主方式的自動組織，而不是缺乏任何方式的組織。能夠造長城同運河的民族，不善組織，是一件不可想像的事！

孫先生的這種不求甚解的辦法，終於促成了他『要學俄國的方法、組織、及訓練，方有成功的希望。』（民十二年十二月一日廣州演詞，見胡漢民編『總理全集』第二集，三二一至三二三頁。）孫先生畢生的目的，是要建造一民主的，法治的中華民國，但他却無暇深思；採用極權國家（蘇聯）的方法、組織、及訓練，如何能建立一民主的，法治的中華民國！學蘇聯極權國家的方法與組織，縱然革命易於成功，但他所要建立的國家，已決不可能是他想像中的中華民國！

近代民主國家，其方法、組織、及訓練，均不能脫離民主方式。民主方式的精義為法治，法律必須高於一切。以極權國家的方法、組織、及訓練建造民主國家，那焉能避免『後必有災』呢？這固然是由於孫先生希望革命成功之心太切，但他對於許多重要觀念不求甚解，也未始非促成他不惜效法極權國家而接受其援助的重要原因之一。

（下接第三版）

郭沫若泰極否來

岳騫

近一年來，郭沫若的運氣實在不佳，十年來他可說是一帆風順到了極點，直到最近才開始走向下坡，追根究底，所有麻煩都是他自己惹出來的。

郭沫若的麻煩是從替曹操翻案開始，到了考証「胡笳十八拍」時達到高峯。

郭沫若何以要替曹操翻案？是為了寫蔡文姬劇本；郭沫若為什麼要寫蔡文姬劇本？則是為了向毛澤東邀寵，以表達自己感恩圖報之意。這個問題，海外研究中共文化活動的第一位專家趙聰先生，曾寫過一篇長文，在最近出版的祖國周刊上一連刊登了四期，共約三萬多字，對於這一重公案，已經說得詳詳細細，不但是研究郭沫若的一篇重要文獻，就文字而言，也是本港刊物上少見的一篇佳構。

本文大體仍不能脫出趙先生大作的範圍；不過，從趙先生不介意的小地方提出來介紹一下。

郭沫若翻案曹操，工作雖然艱鉅，但是狡辯還比較容易。因為曹操的事情雖然大家都知道，可是在歷史上確實沒有定論，最低限度唐朝人就相當尊重曹操，一代英主唐太宗對曹操就佩服得五體投地，詩聖杜甫觀曹將軍畫馬歌，就說「將軍魏武之子孫，於今為庶為淸門，英雄割據雖已矣，文采風流今尙存。」即使就三國志本身來研究曹操，也混亂得很，因為三國志裴松之註，所引的書有幾十種，「吳志」、「江表傳」、「蜀志」對於曹操的說法和魚豢的「魏略」就不相同，若是從這些地方找縫子來狡辯，硬說曹操不太壞，大體還可以言之成理；但是郭沫若並不這麼辦，他却從最重要關節下了斧頭，硬指曹操雖消滅了黃巾，却繼承了黃巾的事業，這種理由不但奉黃巾為祖先的中共黨徒反感，即使我們稍微懂得一點歷史的人看起來，也覺得「豈有此理」。郭沫若後來的鬥爭，始終未得到中共黨內文化大亨支持，恐怕與這一點很有關係。

不過，替曹操翻案究竟比後來強指胡笳十八拍出於蔡文姬還要容易些，前面就說過，曹操的事可以抵賴，你有你的說法，我有我的道理。胡笳十八拍則不成了，別人可以根據詩中的文字考証決非漢代作品，不怕你嘴硬，這都有事實根據的，等於幾百年後有人發現了一篇現代人寫的文字，曾經提到原子彈炸廣島的事，明白人一看就知道這篇文字寫成不會在一九四五年八月以前，郭沫若硬想一手遮盡天下人耳目，談何容易。

郭沫若考証「胡笳十八拍」的作者是蔡文姬，引起大陸學術界極大波瀾，許多知名學者羣起反駁，發現了許多前人未談過的證據，以證實決非出自蔡文姬之手。

郭沫若走投無路之際，仍然用盡方法狡辯，最後竟然異想天開竄改古書，以証明他的觀點。唐代劉商作的「胡笳曲序」，中間有一句：「後董生以琴寫胡笳十八拍」。這句話是考証胡笳十八拍作者的最有力証據，一般人都斷定董生是唐代有名琴師董庭蘭，胡笳十八拍就出於他之手，與蔡文姬無涉，這是鐵案如山，郭沫若也知道，他竟然異想天開，把「後董生」一句後字下面添一嫁字，變成「後嫁董生以琴寫胡笳十八拍」。加了一個嫁字，確實是蔡文姬了。

郭沫若這種刀筆手法雖然很高妙，但是讀過這節文字的人太多，一手安能掩盡天下人耳目？八月二日光明日報文學遺產上，一位署名「一鴻」的作者，就指出這個字加不得，根據唐代詩人元稹長慶集裏「小箜篌引」裡兩句詩，証明董生一定是董庭蘭。勸告郭沫若不要亂改古書。

從大陸文學界鬥爭郭沫若來看，頗有百花齊放的景象；但是若往深一層看，還是共黨的有組織行動。

十三期紅旗雜誌上發表陳伯達在一個座談會上的講話，已經隱約把郭沫若罵了一頓，並且搬出毛澤東的話教訓他，要「有實事求是之心，無譁衆取寵之意。」確實罵得恰到好處。

中共何以要打擊郭沫若？並不是郭替曹操翻案不符合毛澤東的意思，而是郭事前未邀「組織」批准，擅自發表文章，自作主張」，在中共看來，這種目無組織的現象，叫做「自流」，可能受到很重的處分，若僅僅鬥爭一次算了，還算郭沫若幸運了。

中共的公路交通狀況

何雨文

一、關於公路建設問題

從數字上看，中共對於公路建設是迅速的。一九五八年新建公路十五萬公里，年底共達四十四萬公里。大陸未修通公路的縣城，除西藏外，已由一九五七年的一二九縣降爲五十四縣。

公路雖然新建得多，但是有很多建成的公路是不合運輸條件的，非得改建不能暢通汽車。一九五八年改建公路四萬公里左右，改善公路增加晴雨通車里程二萬公里左右，消除急灣陡坡窄路一萬多公里，加鋪磨耗層保護層二千五百公里。改建工程巨大，可是新建公路的不合運輸條件太多。並且以鋪上磨耗層保護層的公路加入去年的二千五百公里，全大陸只有六千多公里，自然過重的貨車及頻繁的運輸，是難以負荷的。只有小部分主要幹綫上消除了坑槽波浪橋頭跳車等現象，行車時速可以達到四〇——五〇公里。

去年新建的公路大多是在平原、丘陵和近山區，工程較簡易，但在公路分布和標準均未合理，並留有很多路面、橋涵工程急待補建，尚不能保証晴雨暢通。去年對原有公路的改建提高也作得不够，不少路綫標準過低，影響拖掛列車的順利通行。

大陸山區佔總面積百分之八十，資源豐富，開發山區必先築路。但是山區公路較少，工程較大，中共在平原、丘陵地面區修建不成合標準的公路，今後在山區築路，困難自然更多了。

二、關於公路養護和改善問題

由於建成的公路質量太差，中共現已積極進行公路的改善和養護。目前大陸四十多萬里公路上存在着大量的急灣、陡坡、窄路和渡口成爲公路運輸上的「瓶口」。至少有百分之五十左右里程不能晴雨通車。這些均嚴重影響車輛的正常行駛。

中共計劃先對運輸繁忙的路綫，要盡先消除半徑在十五—二十公尺以下的急灣和百分之八以上的陡坡，把狹窄的路基和單車道路加寬到雙車道，對小橋涵洞也要設法加寬，使涵洞與路基邊緣平齊，小橋至少與雙車道的路面同寬，以便汽車列車的通過，以利軍運與安全。

中共對幹綫和通往工礦基地，如鋼鐵運輸綫要求晴雨暢通。採集砂石碎磚材料比較方便的地區要求晴雨通車里程達到總里程的百分之九十左右，土路多的北方各省雖然材料困難，也要千方百計把晴雨通車里程由百分之二十左右達到百分之三十至四十左右。

人民公社均已建立養路組織，固定人員，實行方片包乾養護。做法不一：例如廣西把公路幹綫逐步下放人民公社養護，道渡班工人也隨路下放公社；又如江蘇就把養路工作納入公社勞動計劃內統一安排等。在大陸一般情況下，每公里要固定經常養護一——二人，以四十多萬公里計，就需要幾十萬人，甚至要上百萬人，這對於公社勞動力緊張的情況下，也是很重的負荷。

三、關於汽車供應問題

大陸公路里程雖然增加迅速，但車輛的供應且遠遠落在需要後面。因此公路貨運總運量去年雖達到十二億噸，貨運周轉總量達到一四六億噸公里，其中屬於用汽車運輸的，只有二億八千萬噸，八七億噸公里，而用民間運輸工具運輸的達九億二千萬噸，五九億噸公里。我們可以想像到大陸公路上，少見汽車，還是肩挑，小車絡繹於途。運輸力量的薄弱可以想見。

中共交通部公路總局局長連栢生宣稱：去年新增貨運汽車一萬二千輛左右，此項數字當然包括蘇聯輸入中共的數量及中共長春汽車製造廠的全年產量。以蘇聯供應量來說，去年十一月六日人民日報透露：蘇聯除照一九五八年貨物交換協定運交中共九千三百多輛各種汽車、機車外，爲了協助中共解決交通困難，十一月又決定再增加供應載重卡車八千輛、拖車二千輛。連栢生的車輛數字報告於本年一月中共全國交通工作會議，沒有少報的理由。如此看來，中共長春汽車製造廠產量微乎其微，而蘇聯的供應也只是雷聲大雨點小，對於中共緊張運輸任務無所俾益。

截至去年年底，中共擁有貨運汽車四萬九千輛，這也是連栢生在同一會議中報告的數字，因爲貨車過少，中共乃積極增加掛車，去年新增掛車三萬五千輛，較前年年底增加了七點四倍，換句話說，前年底已不足五千輛。中共計劃今年大陸掛車與主車比例達到一車二掛，機關企業汽車也要儘量拖帶掛車。

中共目前雖自稱已試製成功各種型式的汽車達五八種之多，但沒法大量生產之前，是不足重視的。中共保修廠場，今後的主要任務，仍然是汽車和掛車的保養修理，汽車配件和掛車的製造，舊件修復和輪胎翻修，在上述任務完成仍有餘力的廠，也可根據需要製造汽車。

目前許多地區掛車失保失修現象特別嚴重，損壞頗多，利用率低，根據中共各省完全統計：掛車的完好率大都在百分之四十至六十之間，並且有的地區只有百分之三十左右。不少地方有大量掛車在場內待修或拋棄在路綫上。

提倡民主，必先對法治有正確的認識

張忠紱

（上接第二版）

中華民國的政治領導者，對建立民主國家的重要因素既不求甚解，中華民國思想界的領袖們對於建立一民主自由的中華民國，是否能有一套有系統的理論與看法？五十年來，中華民國不僅沒有產生一自成系統的民主政治思想家，一般思想界與言論界，甚至對構成民主國家的重要因素，其觀念亦多模糊不清。國民黨的理論家，大多不肯大刀擴斧的修正或補充孫先生的理論與著述，而只求設法自圓其說（例如對民生主義即共產主義一語）。其實，孫先生是政治行動的領袖，他的思想與言論，正需要國民黨的信徒與以補充修正，使能前後一貫，俾多士能心悅誠服。君子愛人以德，耶教聖經的解釋，在宗教革命以後，尚在不斷的求進步，不斷的變動，何況政治家的言論！

至於國民黨外的言論界與思想界，他們對於構成民主國家的重要因素，是否已有澈底清楚的認識？事實告訴我們，並非如此。五十年來，我們固然沒有看到一位自成系統的民主政治思想家，甚至一般的思想領導者，他們談到民主、自由等名詞時，尚常常發生模糊的觀念。

民主與科學是代表五四運動時代的重要精神，我們在此地，對科學可以暫置不談，專談民主。在當日，思想界的領袖們大聲疾呼，告訴青年以自由與獨立思想的可貴，但他們却疏於同時告訴青年，在民主國家，自由獨立的思想，若一旦表現於行動，則必仍須受法律的範束。否則，人人都從事於自由與獨立的行動，則有組織的民主社會與民主國家何由產生？『丘九』的封號，正是說明這班青年不守秩序，不遵法律的程度，不亞於『丘八』！當日青年思想與行動的混亂，造成了社會上一般的混亂。陳獨秀、李大釗等的目的，本在造成混亂，以便利共產式的革命。獨惜誠心服膺於民主的思想領袖們，他們沒有能扼要闡明法治，提倡法治的眞義，足徵領導社會與青年的人們，凡所言論，實不宜過於疏忽。

在英美等民主國家中，法治的規模早具，人民已習於法治的傳統，一切新的理論與學說，若一旦見諸行動，都不能超越法律的範圍。在五四時代的中國，法治的精神並未樹立，法治的習慣更未養成。當日青年受了各種新學說的激動，儼然自以爲其言論與行動不應受任何制度與法律的束縛。加以學校當局，社會名流，競相博取青年的好感，不問其行動是否違法，一概有求必應，與以保釋。終至青年自處於法律以外，這如何能養成青年的法治觀念與習慣！

直到現時，中華民國的言論與思想界的領袖們，尚常常以容忍及虛心等美德與自由及民主等名詞併爲一談。他們以爲，『容忍是一切自由的根本』。他們以爲，『容忍是接受別人的意見，虛心是承認自己的錯誤』。『這是民主風度，也是民主德性』。上述的這種看法，在今天，仍佔極大的勢力。我想，中國知識階級中的人，十個中至少有九個是這種看法。嚴格的說，這種看法並不正確。

遍觀近代民主國家的歷史，她們獲得自由的過程，與其說是由於容忍，毋寧說是由於鬥爭（不容忍）！近代民主國家中的自由，是人民應得的權利。容忍下的自由不可能成爲一種權利。只有法律保障下的自由才是權利。由容忍下的自由，進到法律下的自由，這是世界自由史上的一大進步。立憲政體之可貴者在此。法治之所以優於人治者亦在此。在民主法治的國家中，有關法律的問題（民主與自由都是有關法律的問題），不需要容忍，也不需要虛心。凡是你個人所不贊成的，都應當公開提出反對，甚至於堅持你的意見。你所要注意與遵守的，只是合法的程序與多數的表決。事前光明磊落，事後磊落光明。採取運動家的風度（Sportsmanship），縱然失敗，也不失爲一光榮的失敗者。

在這種場合下，容忍或虛心反可能成爲民主與法治的障礙。容忍與虛心都是道德性的。近代民主國家的法治觀念是純法律性的。談民主與自由，而不能將法律與道德觀念完全分開，這還是由於中國沒有法治的傳統，因之而中國的知識階級對許多法律性名詞的了解，常不能完全脫離道德下的觀念。筆者決無意反對容忍與謙虛等美德。這些美德在社會，在羣衆生活中有其必要，甚至在政治生活中亦有其必要。惟獨在法律場合下，千萬不能將這些美德與法律觀點混淆。民主國家的人民，對法律下的名詞，必須有正確的，純法律性的了解。

中華民國的招牌已經掛了將近五十年，而民國始終是有名無實。筆者的看法，倘未錯誤，則筆者以爲最大的癥結，在於我們沒有能建立眞正的法治。我們之所以沒有能建立眞正的法治，其原因雖多，而政治與思想界的領導者，他們往往不能將道德觀念與法律觀念完全分開，他們往往將許多純法律性的名詞，與一般非法律性的名詞，有意或無意的，與以混淆，這不能不說是中國未能建立眞正法治重要的原因之一。提倡民主的，政治與思想領袖們，他們本身若不能對法治觀念有親切而澈底的認識，我們如何能希望素無法治傳統的中國民衆，對法治能有正確的認識？大家都沒有正確的法治觀念，中華民國如何能建立成一近代自由民主的國家！

救災聲中的二三事（台北通訊）

譽・鍾・

目前政府的急務是救災。為了重建災區，政府還援用臨時條欵頒佈緊急命令，徵收水災復興建設捐，並厲行節約，用意固善；但人們基於過去的經驗，仍免不了要以懷疑的眼光注視若干事件的發展。茲分述於次：

節約

節約本是一個好聽的名詞，不容非議。但人們猶憶政府退守台灣以後，曾有官方要員倡導克難運動。就字面上看去，克難似乎比節約更有積極性。可是，實行的結果怎樣呢？除了每年勞民傷財，選出一批克難英雄來台北熱鬧一番而外，可以說什麼都沒有。而且倡導克難的顯要卻一直過着驕奢淫泆的生活，許多政府要員都是製造黃色事件的能手，其寡廉鮮恥的醜行，罄竹難書。甚且為了一個唱舊戲的名女伶，有力者不惜以匪諜的大帽子加諸於對方，這樣的事，已不止發生一次。至於捧女明星、召酒家女，更是他們的家常便飯了。總之，若干年來，某些顯要的荒淫無度，已成了克難聲中的正常現象。因此，人們甚希望此番的節約千萬不要再蹈克難的覆轍才好呀！本來，以今日台灣的實際情形而論，一般人民的生活雖然安定，但欠豐裕；而軍公教人員則早已到了節無可節，約無可約的苦境。可節可約和應該節約的，除了黨政機構而外，唯有某些特殊人物，換言之，即與商人有密切關係的官吏和與官吏有密切關係的商人。他們平素喝的是上好的洋酒，穿的是上好洋料的衣服，用的是上好的舶來品；甚是打牌消遣也以美金計算。而這些特殊人物又多是政令的執行者或對執行政令有極大的影響力者，若能先從他們節約起，則節約之道思過半矣。反之，假如仍聽由他們消遙於政令之外，而專向一般老百姓施威，則節約不但於救災無補；反而將變成一種擾民的苛政。愼之，愼之！至於一年一度的祝壽運動，勞民傷財，人所共見；今年是否可因節約而免除，也還有待於事實的証明。

重建

重建災區，原是救災的根本之圖，行政院特設重建小組專司其事，可見政府對重建工作之重視。但過去政府在大陸時的種種暫且不說，單就退守台灣以後的幾件大工程而論，如台北國民住宅，如省府遷移台中的各項建設，貪污案件，層見迭出，甚至牽涉到主管要員，至今未了。此次救災和重建災區的經費達台幣三十餘億元之多，正是不肖人員營私舞弊的大好機會，政府也許有鑒於此，所以特在緊急命令中，規定「有關辦理財務稅務及重建業務之人員，應督促加强效率，由行政院隨時嚴查。其有營私舞弊，或怠忽職務，或行為不檢者，應從嚴究辦，得不受公務員懲戒法及有關法令之限制」。可是，法是死的，過去許多違法舞弊的要員都以不了了之。例如俞鴻鈞違法失職，經監察院彈核，公務員懲戒委員會議處，他不是至今仍高踞中央銀行總裁的寶座而逍遙自在嗎？因此，人們咸認為今後數月是否會產生許多或大或小的發救災財者，將是政府的一次嚴重考驗。

儲蓄

為救災而暫時加稅，可說是天經地義的事；但以此次災情如此嚴重而台灣的稅收原極有限，政府乃決定發行救災儲蓄券四億台元，此亦無可非議之措施。不過，前文已說過，今日台灣一般人民的生活原非怎樣的豐裕，而軍公教人員則極為清苦，他們自無餘力來購買儲蓄券。因此，人們希望儲蓄券發行時不要普遍推銷，而應向那些非商似商、非官似官的富豪們勸銷；如能發動過去曾因做大官而發大財，現在仍優游於黃金國度享受豪華生活的豪門寓公之流，解囊輸將，則區區四億台幣的儲蓄券更不足道了。但假如仍不敢驚動顯要與豪門而祇向一般老百姓和軍公教人員打主意，則將夠慘了。

民社黨的悲劇

健人

（台北航訊）在民主改革台灣聲中，民社黨在台北召集全國代表大會，傳說張君勱先生也願重任該黨主席，許多人都希望他們能團結一致，奮發有為，稍盡一點反對黨的職責，然而不幸得很，這一個為團結而召開的會議竟以再分裂為終局。原因呢？有人說是執政黨從中分化；有人說是某某人想挾張君勱先生以自重，眞義如何，局外人自不得而知。但物必自腐而後蟲生之，假如民社黨沒有內在的問題，國民黨縱欲染指又何從下手？據悉，在醞釀再分裂之初，曾有人從中斡旋，其最主要之條件如下：

一、該黨副主席如為五人徐向兩方應佔三人；

二、中央常務委員徐向兩方應佔五分之二；

三、台灣省黨部應維持現狀；

四、參加政府人選應平等分配。

從上述的條件，可知他們所爭者並非政見之不同而是權位的分配。此次該黨代表大會不但對於反攻復國大計未有堅定的主張，即對於蔣總統再連任的問題也未作任何討論和決定。看情形，如果蔣總統決定再幹下去，無論他採取怎樣的方式，徐派向派或蔣派都將爭先擁護的。時至今日，國民黨固已早失人望；而民社黨也似乎希望不大了。

流亡學生的心聲

親愛的編輯：

今天，我們由大陸逃港的學生，深感前途實在太迷惘了，最近曾經有十多個高中畢業和大學修業的同學聚合在一起，大家都感歎我們的熱望落空了。

並不因我是其中之一才這樣說，這一羣青年遠比這裡的學生來得可貴，我知道，我相信他們將是反共復國的中堅分子，然而我們的遭遇太不堪想像了。

我們是在被誤解和被輕視中過着日子，甚至人們對我們的想像，彷彿就是一副衣衫襤褸、面黃肌瘦的「可憐相」，可是事實並不然，我們雖不能也不必穿得漂亮；但我們是生氣勃勃的，我們的書是埋葬在心裡，偶而幾個「同病相憐」的人在一起，也會有幾聲咿唔。我們要說的『話』委實太多了。

報刊雜誌給我們發言的機會雖然太多了；但我們沒有文學的修養，我們不能把內心的聲音用文字技巧的表示出來，所以，這裡很少見我們的說話。

中國的復興，中共的垮台，不用懷疑；但是要依靠青年。到底被圍困在大陸的青年的思想希望……是什麼呢？這有賴於剛離大陸不久的青年如我們來表達。

我曾經有過一個幼稚的想法：大陸看來是無法自外打進去的，若是大陸上的青年們能自己發動起來，使士兵的槍口轉向對共產黨，那不是比較容易成功嗎？然而在大陸的青年們也是和我們一樣的迷惘中共的集權統治，他們恨之入骨，也想反抗，事實也反抗了；「鳴放」時大學生的反共高潮，民主人士說是和五四前夕一樣，不是一個証明嗎？然而我們在大陸時對台灣也是完全無知的，不了解的，大陸的青年正苦於無人領導；可是，海外的反共人士似乎更沒有注意他們呢！

以前我偶而也曾在青年園地和學生園地露幾次面，但我就不敢對那些有地位、有聲譽的雜誌刊物上轉過念頭。

今天這一篇是作為嘗試的，先生若然會耐心地讀完我的胡謅，就是我的萬幸；至於文章能發表與否，倒是其次了。祝

編安

學生許鎮豪

（讀者投書）

救災不忘勸進

台北通訊：

微子

目前台灣雖在救災聲中；但關於總統再連任的部署，迄未因而稍有鬆懈。勸進派仍在海外各地積極的發動有關團體或個人紛紛以各色各樣的名義來電籲請蔣總統再連任，據說，年來以年高體弱，蔣總統本已不大批閱普通的文件，藉省精力；但關於勸進的函件他老人家還是很喜歡親自過目的。月來盛傳張厲生之被外放，就是因為國民黨秘書處收到海外各地的勸進函電未能及時發表和轉呈，被鄭彥棻告了一狀，蔣總統勃然大怒，才將他調派為駐日大使的。

勸進派的首腦部，據悉即為以蔣經國為中心，由陶希聖、張其昀、鄭彥棻、曹聖芬、胡軌、上官業佑等所組成的七人委員會，他們的戰略是：

一．盡量在海外製造勸進的氣氛；

二、包圍蔣總統，使任何勸退的人物和言論都不能接近；

三、製造種種謠言，打擊有希望繼任總統的人，使其知難而退；並以一切可能方法從中挑撥離間，破壞其與蔣總統的良好關係；

四、儘量擴大蔣總統與海內外民主反共人士之間的距離，使一切改革的意見都不可能實現。

在蔣經國的主持之下，七人委員會工作十分積極，成績似乎很不錯。據說，去年中美聯合公報發表後，蔣總統曾感到前途茫茫，一度有倦勤之意，他在光復大陸設計委員會宣佈反對修改憲法時，確隱示不再連任總統。胡適之所以高舉雙手表示贊成，並不是沒有原因的。但數月以來，經不起勸進派的包圍，他老人家顯然有意再幹下去了。在勸進派的造謠和離間之下，陳誠似乎已成了衆矢之的；蔣總統對他的信心也似乎大不如前，而胡適之和張羣等人更不便再多嘴了。照現勢而論，蔣經國今後大約可望為所欲為了，孔老夫子說，後生可畏，信然。

至於再連任的方式，最初，他們原打算採取由立法院擬定憲法修正案再由國民大會複決的途徑，以期偷渡國大代表不足修憲人數這一難關，史大法官的那篇大作，即是為此而發。繼後因為國大代表力爭直接修憲之權，又覺得不便太不顧他們的情緒而招致後患；同時，立法院中許多明達之士又不願効此犬馬之勞。因此種種，他們誠恐弄巧反拙，才將此議作罷，並決定採取陶希聖的意見，由國民大會修改臨時條欵以避修憲之名，而達到修憲之實。但據最近的消息，據說七人委員會之中有人指出臨時條欵的首句即明示係依據修改憲法的程序而製定本條欵，是則修改臨時條欵若不遵循修改憲法的手續，亦將被指責為違憲和毀憲。因此，他們認為既然這樣也違憲，那樣也違憲，不如直截了當的暫時將憲法放在一邊不理，祇由國民大會作一決議，規定在大陸未光復前，總統、副總統，國大代表和立監委員的任期均順延下去，直到光復大陸後再依法改選。既可皆大歡喜，又可一勞永逸。他們的理由是，既不修憲，他人自無從指責政府違憲和毀憲；至於不改選而延任下去，此乃環境使然；祇要國民大會一決議，海內外嘍囉一擁護，就可表明是順天應人了。這是七人委員會最近的擬議，時間還有半年，將來有無其他的發展，還是很難預測的，但有一點似乎已經定了，就是蔣總統若再連任，勢將為兒子而犧牲其過去的一切。如此偉大的父愛，眞够感人呵！希望為子者也能激發天良為父而犧牲一些吧！

大陸逃港學生的控訴

僑生在北平示威的經過（下）

臧　岱

被騙去厦門僑校

一波未平一波又起，僑生可算是多災多難的青年。那些零星不幸事不勝枚舉。五四年秋天廈門集美僑校發生以鄧×華為首等廿七個僑生逃亡的事件，事情雖不比前事嚴重，但也震動大陸一時，據廣東「僑委會」要人披露說：當時香港有些報刊也曾報導過這一事實。

這北平的示威事件說明僑生死也不願去東北，故中共計劃厦門集美鎮成立一間規模相當大的華僑補習學校。五三年底，從泰國先後到汕頭的僑生約有六百多名，他們都要求在廣東自己的家鄉升學，以便與家鄉的親人往還，也可說所有海外僑胞也是有這樣希望的。誰知中共預先計劃分配他們去集美鎮，好讓集美僑校早日成立，故汕頭僑務局費盡心機，以汕頭無法容納為詞，諾言許他們先去集美僑校補習，候明年秋天再返回汕頭等地就學。這樣才騙去三百多名，海外的僑胞聞知自己的子弟去厦門大驚失色，無不三番四次急信追他們返廣東，避免一旦國共開火，受戰火威脅。所以大家都渴望返回廣東。可是到五四年秋天，僑校即照上級的指示，要他們進讀泉州國光中學（係新加坡僑商陳×祥出資辦的），和與僑校相鄰的集美中學（是陳嘉庚辦的），兩間學校任擇一間，算是有選擇學校的志願自由了。很多僑生為了尊重父母的意思，堅決要求返廣東，並向學校申明汕頭僑務局早有諾言，僑校教導主任莊主任（後來升為該校副校長，是老黨員）即在大會上指責這些同學是存心跟政府作對，有意破壞國家統一分配計劃，並且聲明如有不服從分配的同學，可自動離開學校他去。於是，舊騙與新騙激起僑生的憤怒，明白自身受騙了。

鄧×華為首廿七人逃亡

散會後大家氣憤的議論着，汕頭僑務局騙人；莊主任又欺人太甚，大家一致認為是莫大恥辱。為了表示反抗，集體逃亡的有鄧×華為首廿七人，那些一時無錢離開的只好把心願寄托在他們身上，在送別時大喊祝他們勝利！在短短幾天中逃了五六十人，計佔僑校六分之一。校方大吃一驚，急馳電各地僑務機關把他們截住，為首的一行廿七人到達樟州市，要買車票往汕頭，遭車站拒絕賣票，說是樟州僑聯有指示，他們向僑聯交涉方知僑校請他們截住，別讓他們往汕頭，並勸他們返僑校去，但他們不願返回，務必買到車票往廣東，又責僑聯及車站不賣票是犯法的。在他們據理力爭之下，僑聯及車站自知理虧只好放行。汕頭僑務局預先接到消息來接他們，但要他們返回僑校去，否則汕頭不介紹他們入學，並給他們加上一個擅自離校的罪名，激起他們憤怒，提起舊事諷刺奚落一番，決定集體去北平請願，申訴他們的苦楚。不幾天，他們就到達廣州市，省僑委會的黃主任（泰國報界人物，大陸變色時一度充任僞汕頭市長）破格親自出馬截留他們開座談會，威脅、恫嚇、帶騙才把他們截住。同時他們也明白事情發展下去是嚴重的，去到北平也無益於事，反可能遭中共毒手。幾月前北平事件是前車可鑒。後來他們在省僑委會派專車專員護送返回原校，其餘的逃亡者也先後陸續被趕回來。校方召集他們訓話，連罵帶侮辱一頓，強迫他們每人寫一份檢討書後才准分配去他校，連那些送別時大喊祝他們勝利的同學，也受大會批評，說他們思想有問題。陳校長（歸僑，是僞福建省僑委會主席）在大會說：「他們勝利了，那麼失敗的是黨、政府和學校。」

這次逃亡事件被從寬發落的原因是：（一）北平拘捕僑生事件已激起海內外僑胞憤怒；（二）中共開始通過僑生向海外宣傳，利誘僑胞投資；（三）逃亡者有北平事件為鑒，知險而退。但我和一部分同學則伺機在日後逃出大陸了。

温州製革廠工人生活情況

李如音

浙江温州出產的皮件包括皮箱、皮鞋、皮帶等向來行銷海內外，頗有聲譽。中共現已把過去分散生產的作坊集合起來，成立了地方國營温州製革廠。為了銷蘇聯故工人待遇稍好。

這個廠現在主要的產品是皮鞋，主要是供應蘇聯的，尺寸、式樣都和過去不同，依照定單製作。此外製作一些軍用皮件，原來出產最多的皮箱現在已停止生產了。

一般製作還都是手工的，只有製革部分已機械化。廠房也不在一處，原來在南門外一帶的皮鞋作坊，稍為好一些的房屋都劃入工廠了。製革部分的廠房是新建的。佔了三十多畝田。工廠內還附設一個農場，主要是養猪，因為用猪皮製革，也是該廠主要生產部分，養猪在一萬五千頭左右。該廠所用的牛皮是由甌江上游運來的。

全廠包括農場工人共有七百多人，其中皮鞋部縫鞋底的全部是女工，約有七八十人。童工也有，大都是工人子女來學習的。可以拿一半工資，等於是對老工人的一種額外津貼，如果不是黨團員或積極分子仍難得有這份好處的。

工資基本上還是計件的，但也不是有一件計算一件，採取一個平均數字作為標準，以後就按照這個標準發給工資。例如縫鞋底，男鞋底每雙人民幣一角三分，女鞋底一角。普通一個女工一天可以縫男鞋底十雙就是一元三角。女鞋底可以工作快一些，十二、三雙也可以得同樣工資。廠裡就會評定工資每月三十一、二元（就是每日一元一、二角）除非產量特別減低或增加，這個工資標準極少變動。工資是一年評定一次的。在這個廠內，任何工作，一般工資不超過人民幣三十元左右。

遇到開夜工，稱為「放衛星」，「放衛星」的時間是晚上七點至深夜二點。放一次衛星，作為一天的工資。

工人有宿舍，單身固納費，住眷屬的也必須付給房租和水電費。工廠內有公共食堂，沒有工人不加入食堂的，因為自己可以不必去排隊購食物，眷屬也可以加入食堂。食堂是按照每個人應有的配給量供應的，不太缺少。特別因為工廠辦有農場，副食品較少缺乏，蔬菜可以自給，猪肉除自給外還供應到市場。

優待工人的事情不多，只購置日用品不必排隊，在工廠內供銷合作社登記，就可配給得到。看電影雖有優待，本來要二角五分一張的票價，在工場內購票仍要一角五分。

中共對寮國之陰謀

王　笛

大陸之窗

寮國是中國南部，位於東南亞的一個小國，人口不多，土地不廣，從一般眼光來看，它并不是今日世界，亦不是今日亞洲之政畧戰畧衝要地區。然而，寮共武裝部隊與寮國政府部隊發生衝突時，却立即引起了舉世的關注。

考今日世界的形勢，實由孤立發展為整個相連，尤其二次大戰後，共黨陣營不斷擴張，已使今日世界變成兩個對立的世界，彼此在各處密切相觸，能夠再自由發展的空隙已經不多，以亞洲來說，中國已分裂為台灣與大陸，韓國分裂為南韓北韓，越南亦已分裂為南越與北越，此等地方，已不容共黨陣營再有任何擴充與發展，若再發展，即可能引起大戰。所以，稍為尚有一點可供發展的空隙，就只寮國等偏僻地方。這些地方的本身雖無直接的重大戰畧價值，但却有間接的戰畧價值，寮國雖小，如共黨陣營掌握它，即可在東南亞地區諸多小國之間，由戰畧形勢上的量的漸變，而引起戰畧形勢（形勢即是一種量）的質的突變，從而改變整個東南亞的戰畧面貌，這是蘇聯之所以支使中共要攪寮國問題的一個原因；另一個原因，自由世界在東南亞地區本有一個東南亞公約，這一個公約的精神與實力究竟如何？中共極想加以測驗。中共本是今日亞洲問題的核心，東南亞公約也一直以中共為假想敵，中俄共策動寮國的戰亂，正所以測驗一下東南亞公約諸國的態度及團結的程度，此外，則亦藉此測驗一下美國對亞洲小國的態度，假如美國對亞洲小國輕忽，共黨陣營自樂於使寮國赤化，同時亦樂於看見世界各小國對美國失掉信心，假如對寮國負有義務的東南亞公約對寮國問題不警覺不熱心，以為這是別人的問題，不是自己的問題，又如果東南亞公約各國，只圖自己苟安，對於鄰人的事，不肯拔刀相助，則共黨陣營自當乘勢攫取寮國了。

事實上，自寮國戰亂發生以來，雙方各執一辭，都把戰亂的責任推在對方頭上，同時也都在呼籲和平解決。以致戰亂的責任與真象，被共黨的宣傳與手法掩蓋。但一個最有力的証明却是中俄共對聯合國準備過問這一個問題時所表示的態度，如果越共及中俄共真願寮國問題得到解決，越共及中俄共是應該歡迎和支持聯合國調查和處理寮國問題的。然而，蘇聯既反對聯合國過問於先，中共又反對聯合國過問於後，周恩來於本月九日且在北平發表談話，說「我們完全支持越南民主共和國（指北越）九月九日就聯合國安全理事會決定成立所謂老撾局勢調查委員會發表的聲明，……聯合國根本無權過問。」中共這裡所謂支持「越南民主共和國」，這正是中共對寮國陰謀的一種暴露，因為所謂「越南民主共和國」原本就是中共運用此一問題的工具，亞洲問題的真正禍根既是中共，則屬於亞洲問題一部分的寮國問題的禍根當然也是中共。

如果中俄共及越共真想寮國問題得到和平解決，它們豈有反對聯合國來過問之理？然而它們一再斷然反對聯合國過問寮國的事，而又硬說寮國問題是美國製造出來的，試問周恩來，如果寮國問題真如你所說，乃是美國製造出來的，那末，你們為什麼不讓聯合國來揭露美國的醜行呢！未必你們還想替美國遮醜嗎？當然不是，其所以如此，不過以指責美國來遮飾自己的陰謀而已。

中共對東南亞的陰謀原不自今日始。十年前中共佔據大陸之初，即首先動工趕築湘桂黔鐵路柳鎮段，并於一九五一年夏完工，它從柳州到鎮南關，本不是中國本身所必需，但却是由中國大陸伸入北越，以便經由北越進而經營東南亞的一條重要戰畧通道，這一條柳鎮段鐵道之完成，遂把中國最北方的滿州里與最南方的鎮南關予以連貫，中俄共侵畧東南亞的陸上交通以此，北越之所以有實力成為中俄共之侵畧工具亦以此。而這適足以証明中共對寮國等地是早具陰謀的了。

泰國準備出兵援寮

何之湄

由於寮國的動亂，緊張的氣氛，已經傳染到這個寮國鄰國泰國的首都，日來曼谷的中英泰文各報，都以首頁頭條標題，報導寮國戰事發展的消息。一方面美國對寮的緊急軍需援助，均係飛航抵達曼谷，分由陸空兩路轉運寮都永珍，接濟前線。另一方面，寮國外長班雅前來曼谷，向泰國及「絲阿多」——SEATO即東南亞公約組織呼籲援助，更使泰國朝野感到，當前寮國的局勢，可能要逼迫泰國採取嚴重的抉擇：泰國是否要派兵援寮參戰呢？

泰國在東南亞國家中，與寮國的關係最稱密切，泰國內的寮族，人口逾百萬；寮國方面亦有不少的泰族人。他們的文化相同，語文相近。再加上地理上國境的連接，宗教信仰的一致，其互相關切的程度，超過與其他任何國家。

因爲這個緣故，泰國向來對寮國多所扶助，而寮國也對泰國寄予很深的信賴。自從反法及抗日時代，寮國的革命團體，流亡政府，都是以泰國爲他們的庇護所及基地。寮國國內如發生什麼事端，寮國的官民都是奔向泰國來，他們絕不會跑仰光、西貢或金邊。只有目下的寮共，才是跑河內及北平。這也可以說是一反寮國的傳統，是大多數的寮國人認爲他們是媚外的。

自從越共軍力膨脹，寮國便陷入多事之秋。一九五四年越盟大軍侵入琅巴剌邦外圍，撤退後再侵入豐桑兩省的南烏江一帶，繞攻奠邊府。越南戰爭停止後的一九五五年，寮共與政府內戰時，越共軍又乘機侵入。當時東南亞公約組織已經成立，宣佈寮國爲公約國保護地區，因此曾經攷慮出兵援寮，並決定由泰國軍隊先行就近出動。可是那時的寮國，正在萬隆亞非會議中參加了中立主義集團之後，對於泰國援助的盛意，加以婉却，它否認越共對寮侵畧，認越共軍越境是邊境偶發事件，而對於寮政府軍與共軍的戰爭，則謂係內政問題。

於是寮國政府就繼續與寮共「談談打打」，終於與寮共成立了聯合政府，那是共方的勝利，他們中立及滲透寮國的目的，是達到了。原來共方當時所採的手法，相當巧妙。即當一九五四年越盟共軍侵入琅巴剌邦省時候，緬甸因寮國與緬隔鄰，又同是佛教國，不願見其遭受戰禍。故由那時的緬甸總理吳努，邀同尼赫魯向中共及越盟交涉，促使越共軍退出。接着印緬便在萬隆會議中誘導寮國參加中立主義，謂可以保境安民。寮政府與寮共的和談，有一次特地到仰光去舉行，緬甸不啻就是他們的調停人。

寮共走河內—北平路線，而寮政府則走仰光—新德里路線，產生了有寮共參加的聯合政府，曾一度使泰國震動，泰國認爲，「聯合政府」不過是共黨搶奪政權的前奏。自那時起，泰國便加緊東北面的邊防，建造泰北的戰畧公路，及邀請東南亞公約盟國舉行泰北陸空大演習，防備一朝共黨來自北邊。

可是在寮國國內，因爲寮共圖謀政權過急，引起了寮政府的警惕。寮共陰謀暴動有兩件事，一是當現總理洗涵恭（即薩那尼空）任外長的時候，共黨曾乘夜向他家中投擲炸彈，幸洗氏未被炸中。另一是政府在桑怒破獲共方的藏械機關，顯出共黨陰謀不軌。到了洗涵恭組閣，就把共黨分子一腳踢出政府之外。

這麼一來，越盟共軍便多次侵擾寮國邊界，並且製造藉口，說「寮軍越過越境挑釁」。其實越盟與寮國，强弱懸殊，寮國那有對越盟挑釁之理？越共不過是替寮共聲援，予寮政府以困擾罷了。

到了這個階段，寮政府又再走回曼谷路線了。外長、國防部長，先後來訪曼谷，取得密切聯繫。革命團時代的乃沙立元帥，就已經公開表示：倘若僅是寮共騷擾，相信寮王軍可以應付；如有越盟中共外力，則決不能漠視，泰國正密切注視寮局的發展。革命團外交顧問乃威戍氏，更聲稱寮國乃東南亞公約保護地區，如若被侵，泰國決請東南亞公約出兵援寮，公約國如決定馳援，泰國首先出兵，義無反顧。

寮國國防當局對於軍事局勢的估計，亦是認爲倘若單是寮共，決不致成爲問題。「但倘有外力入侵，則王軍只能作阻延之戰，以待鄰國尤其是泰國的馳援」。寮國對於受侵畧時的防衛，只有東南亞公約是賴了。

這次寮國政府已認定越共侵寮，所以一方面派洗涵恭總理的胞弟赴聯合國請援，一方面派班雅外長到曼谷來，要求泰國協助向東南亞公約請兵。泰國總理乃沙立元帥，副總理（前外長、駐聯合國代表）萬親王，東南亞公約秘書長（前總理）乃樸等高級決策者，已頻頻會商，準備應付此一來自北境的警耗。

外交方面當然認爲此事有待聯合國的處理。但因認爲蘇聯之有否決權在安理會，聯合國恐終不能出兵援寮。如果屆時共軍猖獗，琅巴剌邦甚或永珍危急的話，則爲了脣亡齒寒的緣故，泰國應該及時採取行動，並力促東南亞公約國全力援寮。

有了這樣「底牌」的決定之後，泰國雖似仍在觀望局勢，實則已經屬兵秣馬。也許共軍南下至琅巴剌邦，便是泰軍開入寮境，支援永珍的時候。（曼谷通訊）

石橋湛山訪問中共

觀海

中共對日本的「決絕」政策，最近似乎已趨向轉變中。由於自民黨領袖之一的石橋湛山，已經首途訪問中共，中共對日本改變政策的可能性，被認爲更加濃厚了。

自一九五七年夏，長崎一位日本青年關東撕下五星旗以來，中共對日本即長處於「强硬」狀態，而岸信介政府藤山外長的對北平「靜觀」外交，亦只好一直靜觀下去。所謂「關西財閥」的京阪商人，對於打開與中共貿易雖然迭施壓力，其奈中共對日的條件：「停止製造兩個中國，停止敵對言動，勿妨害兩國正常關係」，其間涉及不承認中華民國，廢除美日聯防條約等重大問題，可以說是令日方根本無談判之餘地。

所以儘管左翼社會黨認爲他們與中共接近，該黨書記長淺沼稻次郎一再訪問中共，與張奚若發表日本應承認中共的共同聲明。該黨的政策委會主席佐多忠隆亦專程北平，試探打開日中（共）貿易的途徑。也都沒有得到中共具體的辦法。

可是石橋湛山的前赴北平，却獲得中共較大的歡迎。這自然因爲石橋並非在野的社會黨，而是執政黨自民黨中一系的領袖，且早在岸信介之前，就已曾出任首相的緣故。社會黨對自民黨的牽制力，就不及石橋湛山對岸信介的牽制力。

自民黨內大部分反對石橋訪問北平，可是由於他已是元老，可以一意孤行，所以終於成行了。石橋本人，也許因爲當年在首相座上，因爲病倒，而至讓位於岸信介，現在不甘寂寞，方才走出一條別出心裁的政治路線來。

可是像這樣派系爭權的形勢，中共一定會加以利用的。所以一般預料，中共會對石橋放寬條件，比給社會黨還要寬。如貿易不附政治條欵，如日本若取銷美日條約，中共即取銷中（共）蘇同盟等。俾石橋可以回國提倡，並藉此另樹一幟，與岸信介對抗，促使自民黨分裂，削弱保守政權。

因爲美日聯防條約修訂即將簽署，中共乃力謀破壞。石橋可能是老糊塗，貿然西行。且看自民黨人，究以國策爲重？抑將從此陷入權位的鷸蚌之爭？（東京通訊）

僑鄉近訊

粵共奴役回大陸生產之印尼華僑技工

印尼華僑礦工及機器技工一百四十二名，於八月間被潛伏在當地的共幹誘騙，攜眷回國，參加生產；詎返抵大陸後，却得不到中共的照顧。中共雖在深圳設有「招待所」，但亦僅招待一週，便着令各歸僑自行設法謀生。但該批華僑離國已久，此次返回大陸，環境全非，益感人地生疏，無法可以自謀生計。他們處此困境中，迫不得已，祇得於九月初接受共幹的支配，被分發到五華、河源、紫金、揭陽、普寧、信宜、陸豐、梅縣等地參加各公社奴隸式的勞動工作。

潮汕各校出現反共組織

潮州金山中學，最近出現一個秘密反共組織，名爲「打蛇隊」，曾經多次向共幹進行襲擊；惜因事機不密，於八月杪被中共破獲，爲首七人除兩人幸獲逃脫外，餘五人已被處死！汕頭之第一中學高中部亦有反共組織被破獲，其中主要分子許苑成和洪宏範兩人，已被汕共判處死刑！第三中學也有「八一五黨」的反共組織出現；據謂：汕頭市中有不少中共安全運動的積極分子，也參加該組織，秘密進行反共活動。最近潮汕來客亦稱：反共思想刻已在潮汕各校的教職員和學生間日漸熾烈起來，並經與羣衆的反共暗流滙合，積極展開活動。

大陸鄉民視「飯乾」為珍品（鶴山、三水、花縣、恩平、翁源、梅縣。）

邇來港、澳不少僑胞收集「冷飯」，將它晒成飯乾，然後付回故鄉，贈給他們的親屬。據說：在鶴山、三水、花縣、恩平、翁源、梅縣……等地的鄉民，均視此種飯乾爲珍品；大陸糧食荒缺的嚴重程度，於此可見一斑。又據新近來港的鶴山鄉民稱：鄉中兄弟，並不需要其港、澳親屬滙欵接濟，因所滙回的欵項，第一收欵人不能自由支配或使用，第二雖有欵項亦不能購得糧食充飢，故祇希望其親屬寄贈食品，俾能獲得實惠。

中山鄉民又紛紛逃亡

最近中山鄉民又紛紛逃往澳門，計由本月一日至三日的三天時間內，便有鄉民廿一人，分作六批，先後冒險衝出鐵幕，幸均能掙脫其多年來在大陸的奴隸生活，而獲得還我自由。第一批：（一）吳兆洪，廿八歲；（二）其妻李桂，廿七歲；（三）其子吳觀福，五歲；（四）女吳笑，三歲；（五）堂弟吳北帶，卅歲；（六）堂妹吳潤嫻，十九歲。他們是在一日凌晨二時許划掉小艇逃抵澳門在內港六號碼頭登陸的。第二批：（一）黃贊華，五十七歲；（二）其妻陳四妹，五十六歲；（三）其子黃佛根，廿七歲。他們是一日凌晨三時許同乘小艇划至澳門的離島氹仔鎮登陸的。第三批：（一）何明賢，廿三歲；（二）何怡結，四十歲；（三）陳安明，二十歲；（四）何壽金，二十歲。他們這四個同鄉是一日晨七時划艇至澳門南灣魚仔埗頭登陸的。第四批：（一）余兆葵，二十歲。他是獨個兒於二日晨六時在大雷雨中泅水逃抵澳門青洲登陸的。第五批：（一）蕭棠，五十二歲；（二）其母何氏，七十三歲；（三）其妻余氏，四十九；（四）其子蕭大宗，廿四歲。一家四口，是於二日晨八時划舟逃抵澳門黑沙灣登陸的。第六批：（一）容光，四十六歲；（二）容耀，四十三歲；（三）容輝，四十歲。這三兄弟是三日凌晨四時各抱一段大木頭由中山沙尾泅水抵達澳門林茂塘登陸的。上述廿一名男女，均已分別獲得我國難胞會的救濟和他們的鄉親的照顧。（江水）

聖戰（上）

梅茲

獵人既然已安排下陷阱
狐狸再狡猾又豈能逃過去
——黑河民諺——

傍晚，夕陽映着山頂的積雪，激起萬丈金光，像是一個極大極大的金孔雀，正向世人張開牠那美麗的屛。滿天滿地，都是金色，金光在空間亂迸，在雲層中閃耀。慢慢地，金色淡了，繼之以紅色，然而，灰色來了，大路旁那幢孤零零的石屋，更顯得陰沉，暮色開始統治大地，石屋中透出了昏黃的燈光。

遠處傳來得得的馬蹄聲，兩匹白馬疾馳而來。馬鬃迎風向上飛起，馬上的人伏在鞍上，看不清面目。那幢石屋中的人聽到了這陣急驟的馬聲，都緊張地走了出來，有幾個一出屋，立刻轉到屋後，將手中的衝鋒槍對準馬馳來的方向，有幾個緊張地俯伏在地上，那石屋的窗口中，烏隆隆的機槍管子也開始轉動。

埋伏在石屋周圍的人很快地就看到了馬上的騎士，那是兩個極普通的青年人，一男一女，男的穿着深綠色的綢袍，腰間扎一條鮮紅的腰帶，袒着左臂，肌肉結實地虬盤在臂上，女的穿一襲寶藍色的袍子，登着鹿皮靴子。兩人的神色都很緊張，從馬背上像飛一樣地跳下來之後，連馬都來不及拴，就向石屋裡衝，一面高喊：「金朱馬米！」（註，藏語「解放軍」。）

那隱在牆角裏的兩個人是應連長和陳書記，兩人相互對望了一眼，從牆角邊走了出來，仍然端着槍，滿含敵意地問：「找誰？幹什麼的？」

那兩個青年人猛地轉回頭來，男的嘴唇動了一動，像要說話，但還沒有講出來，就給那女的推到了一旁。

「金朱馬米。」那女的開口了，「我們是好人，我們有情形報告，我叫扎瑪，是才從蘭州回來的。」

「那一個呢？」應連長用衝鋒槍烏油油的槍管向那青年指了一指。

「他叫古宗……」

「讓他自己說！」陳書記陰惻惻地打斷了扎瑪的話。

「我叫古宗。」那男的說話了，聲音很生硬，「和扎瑪是同學，在蘭州農業大學的同學。」

「你們來幹什麼？」應連長再一次問。

「我們來報告，誰是負責同志？我們有要緊的情形報告，請相信我們！」扎瑪說得很急促，但態度很誠懇。

扎瑪拿出了兩張紙，交給了陳書記：「這是我們在蘭州學習的証明，同志，我們那邊來了康巴了。」

扎瑪的這句話講得很輕，但所引起的反應却猶如這石屋之中爆發了一顆手榴彈。那座石屋的構造是很特異的，大廳通頂，但却有二樓，那二樓的地上，睡着密密的軍士，一聽到這句話，都轟地站了起來。應連長和陳書記的臉都白了，半天，他們才開聲發問：「來了多少？」

「不多，才七八十，我們都叫他們給害苦了，聽說拉薩已經出了佈告，要消滅他們，我們才特地跑來報告的。」

陳書記漸漸回復了鎮靜，又冷冷地問道：「康巴肯放你們出來？」

「他們不知道。」扎瑪看到古宗要講話，生怕他答錯了，急急地搶在他前面：「康巴一到村裏，就搶酒喝，都喝醉了，我們避過了崗哨，抄小路來的。」

「好，你們先出去一會再說。」陳書記的臉色顯得更嚴重。

古宗和扎瑪走出了石屋，外面已經完全漆黑了，月亮冷冷地照在山頂上，映起了一層平和的銀輝。向扎瑪頑皮地眨了眨眼，像月亮旁邊的星星一樣。

沒有多久，石屋後面的馬廐就响起了一陣又一陣的馬嘶聲，兩百多個騎兵，已經全副武裝地準備出發了。

黑夜，在山巔遮住月亮時顯得很陰暗。一切的物件，在月亮下的影子都顯得特別的詭異與龐大。那面，只不過是一棵小樹吧了，但是影子却像一頭張牙舞爪的野獸。應連長騎在馬背上，手中的駁殼槍緊緊地守着古宗和扎瑪，指揮着隊伍的前進。

馬蹄雖然運動的很快，但是由于騎士緊緊地勒住韁繩，所以幾乎沒有什麼聲音，就是有，也不過像是叢林中的樹枝因微風的吹動而相互碰擊，這種聲音，是沒有理由惹起任何人的警惕與懷疑的。

（未完）

當妳年老的時候

W. R. Yeats作　榭鮮青譯

當妳年老的時候，姿態龍鍾，
坐在爐火旁，捧起這冊書卷，
妳慢慢地咀嚼着，緬懷既往，
妳不禁深深地陷入了回憶中；
妳曾經有過多少歡樂的時辰，
眞情或假意珍惜妳美麗的光陰；
知否有個人愛妳神聖底靈魂，
以及妳日漸衰老的憂戚之容顏。
在熊熊的爐火旁，妳俯下身來，
喃喃自語，惋惜那逝去的愛情，
然後，妳跑上凌霄的崇山峻嶺，
他的臉廓正隱藏於棋佈的星海。

二題

海綿

·哭者·

飲奶流液的
是如此地
那遠色，如妳
據知，那一幀
揚帆似地
用淚引導呢
以苦痛航行
那遠色，如妳
蒼白，是如此地
飲奶流液的

·羣星·

寶石開鷄尾酒宴
以海作酒壺
月亮作杯
飲者乃如是幽怨
遙遠的，漸近了
是什麼歌曲？
唔，風低唱了
飲者正倒醉
在長空，銀色閃爍
是否淚滴落下
抑一顆寶石被損毀？
抑一度金痕
乃上帝的煙蒂所劃下？
以月亮作杯
以海作酒壺
寶石正開鷄尾酒宴

略談莎芙

合金

一件可喜和快樂的事
是詩神給我的一份情意
甚至當我躺在墳墓裏
我不能，也永遠不會——
被忘記

這是古希臘女詩人莎芙（Sappho）所寫的一首詩，她在此詩中，預言了她自己將不會被後人所忘記。誠然，那是值得她引以自豪的。莎芙在希臘文學史上的位置是極其重要的。「後世的人將不會把我忘記」，她這句詩爲自己下了最恰當的註脚。

這位以詩鳴世的古希臘女詩人的身世，因缺少可靠的資料可稽，不大爲我們所熟悉。不過，從其遺詩的片斷中，我們得悉她約在紀元前七百年左右誕生於希臘爾斯波斯（Lesbos）。這個城市是希臘文化的中心地。我們的女詩人莎芙，就是在這樣一個充滿着文藝氣氛的環境中成長起來的。所以，無論在音樂、舞蹈或文學上，她都有很深的修養。這是造成她後來成爲一位著名的詩人的遠因。

相傳莎芙在年青時守了寡，爲了這個緣故，她曾作當地美男子華昂（Phaon）的情婦，後因被其遺棄而跳崖自戕。此一傳說或不可徵，但却被羅馬大詩人奧維德（Ovid）渲染了一番（載「變形記」中），故甚流行。不過當時另一詩人阿加烏斯（Alcaeus）曾和莎芙發生戀愛，則屬確實。關於此事，我們可以從其兩人的唱和詩中，得到見証。

對於莎芙的生平，既乏史實可言，我們還是少費筆墨去敘述。現在，且談她的詩。

莎芙詩中的主題，不外是對於愛情、友誼及自然的歌頌。——一、莎芙對於婚事是表示贊同的，她以滿懷欣悅的聲調，祝福新婚的男女，曾經寫下了好些婚姻頌歌；二、莎芙對於友誼的態度，抱着「沒有仇恨在我心中飄落」，所以是誠摯淳樸的。有關此類的作品，只存得較完整的兩首片斷而已；三、莎芙不止歌頌愛情與友誼，而尤其熱愛自然，就如熱愛她自己的女兒一樣，她對自然有着深厚的情感。

這位被人譽爲「第十詩神」（The Tenth Muse）或「神聖之花」(Flower of The Grace)的古希臘女詩人的作品，大部份已經散失掉，其流傳下來的，計有九卷，不過，只有一首「給阿富羅底的祝福」（A Prayer to APHRODITE）是完整的，其餘皆爲片斷，這是我們所以爲憾的。誠如西蒙特斯（J. A. Symonds）所惋惜的：「世界上所損失的東西，再沒有比莎芙所散失的詩歌更其重大的了。」

在我國，因爲乏人介紹，我們或許會對莎芙的名字感到陌生。照筆者所知，朱湘曾譯過其「給阿富羅底的祝福」（朱氏譯爲「曲——給美神」，亦通，因阿富羅底即美神。）及「一個少女」（朱氏所譯的即是莎芙作品中的第一三三及一三四，這兩首極爲英國詩人羅思蒂所激賞。）還有，就是鄭振鐸在其所編著的「文學大綱」（第一卷）裡頭，畧畧介紹過。此外，就看不到關於莎芙的其他翻譯或介紹的文字了。

冬青

顧爾夢作　異邦人譯

斯夢，太陽在冬青的葉子上笑着，
四月又回來和我們嬉戲了。
他的肩上放着各式各樣的花籃，
他將鮮花給與山楂，給與栗樹，給與
楊柳。
他將鮮花一朵朵地撒下野草中間，
撒下小河，池塘和溝渠的岸邊。
在那枝條低垂的地方，
他給綠水留下木水仙，給樹林留下石
榴花。
他把地丁和木莓撒在樹蔭底下，
然後，用他有力的脚步踐踏它們。
他將雛菊給與田野，
給與懸鈴的櫻花。
沿着林蔭裡清涼的小徑，
他撒下白頭蘭和鈴蘭。
他把燕子花撒在人家的屋頂上，
也撒在我的園子裡，斯夢，就是那個
愉快的園子了。
他將散播鴿子花和三色地丁，
還有風倍子，和丁香的芳馨。

最近在大陸去世的三位老人（上）

冒廣生　張元濟　冷遹

舜生

從八月十日起，至十八日止，僅僅只有九天的工夫，在大陸上，便有三位有名的老人先後死去。

論年齡的大小，張元濟最長，九十三；冒廣生次之，八十七；冷遹又次之，七十八。

論死期的先後，冒最早，八月十日；張次之，十四；冷最後，十八。

冒先生字鶴亭，一字鶴汀，別署疚齋，籍江蘇如皋；張先生號菊生，浙江海鹽；冷先生字禦秋，江蘇丹徒。

這三位老人，我和冷最熟，張僅見過一次，冒則素未謀面。

現在按照他們年齡的大小，就我所知道他們的若干事實，作一概括的叙述如下：

一

張元濟是戊戌得罪的一人，關於他與維新運動的關係，他自己有一篇『戊戌政變的回憶』，載於一九四九年十月六日大陸出版的『新建設』一卷三期，後來轉載於神州國光社印行的『中國近代史資料叢刊』『戊戌變法』（第四冊P.323-329）。從他這篇『回憶』我們知道：

一、戊戌這一年（光緒二十四年），他三十二歲，但他已經是一名進士，在總理各國事務衙門供職。

二、他並沒有參與維新運動的內幕，但自甲午敗於日本以後，他便主張改革甚力，與當時北京一班新人物有所往還。

三、在這個時候，他在北京辦了一所『通藝學堂』，教授英文和數學，有學生四五十人，我在本刊前幾期所記的張蔭桓，便是贊助他所辦學堂最力的一個。

四、他與康有為同為當時翰林院侍讀學士徐致靖所保薦，而且於戊戌年四月二十八日與康同為光緒帝所召見，而他又是翁同龢的門生，這大概便是他得罪的主要原因。

五、在戊戌的六七月間，北京反對新政府的空氣已經異常濃厚，他曾勸康適可而止，回到南方辦學堂，但康不聽。

六、戊戌政變在八月初六，可是張毫無所聞，正在這一天，他還帶着通藝的學生，去和當時滯留在北京的伊藤博文見了一面，伊知道政變已經發生，對他們慰勉有加，並希望他們善自保重。

七、政變後六君子被殺（八月十三），其時張仍在總理衙門照常值班，外間抓人的謠言甚熾，他惟有靜待逮捕。時清廷不願株連太廣，延至八月二十三，他乃與王錫蕃李岳瑞同被革職，永不叙用，通藝亦因以停辦。

八、張被革職以後，李鴻章派于式枚去慰問他，知道他準備到上海謀生，李又寫信給盛宣懷，要盛代他找一位置；因此張一到上海，盛即介紹他進南洋公學辦理譯書事，嚴又陵（復）所譯斯密亞丹『原富』，即於他在職時出版。其時南洋公學監督的為美國人福開森，張和他意見不合，因此他在南洋公學只有幾個月，便退了出來，隨後乃進了商務印書館。

九、商務印書館為中國近代經營出版事業的重鎮，張一直到死，還任着該館董事長的名義，在事最久，功亦最大。

上面幾點，是我對他這篇『回憶』的一個摘要，當然都是很可靠的。可是他口述這篇『回憶』的時候，已經八十以上，記憶仍不免小有模糊，例如：他和康有為確係戊戌四月二十八同日召見，但他說翁同龢的罷免也在這一天，則不免小誤，實際翁被斥退在二十七，而直督王文韶調京，改任榮祿為直隸總督，也正是二十七，蓋其時后黨帝黨已勢如水火，而后黨的佈置每每能先帝黨一着，故康尚未被罷斥，翁即於先一日被罷斥也。又，康有為於政變前一日（八月初五）出京，張說係由李提摩太護送，據康自述，他僅携李唐於是日天未明時啓程（見康自編年譜），並無由李提摩太護送之說，不過李提摩太確曾打電報與上海英領事館，請其對康加以援救而已。

遠在四十年前，可能是民國三四年也不一定，我在一本『東方雜誌』上看見張先生的一篇『環遊談薈』，並附得有他的一張照片，蓋他在這個時候，曾作過一度世界旅行，從照片看，他似乎是才過四十的樣子，其時我只知道他已在商務印書館，連他和戊戌維新的這段因緣也不明白，所以沒有怎樣注意。民國十八年二月十七，上海各界開梁任公追悼會於靜安寺，我以私淑任公之故，也按時前往與祭，是日主祭者為孫慕韓（寶琦），讀祭文者即張元濟，是時張年已在六十以上，雖音吐尚宏亮，而貌頗清癯，不料他居然能活到九十三歲。

大致在四年前，我在香港大道中商務印書館舊址的樓上，曾看見張先生所工楷手錄毛澤東的一首『沁園春』詞；前年，商務創建六十周年紀念，該館把上海圖書館所藏一部『宋本杜工部集』景印了出來，作為『續古逸叢書』第四十七種，張先生在這部書的跋文中，把中共政權又着實歌頌了一番，有所謂『新邦肇建』『盛世昌明』等等說法；以張先生的生平而論，這都是跡近多餘的。

沙田晚步二章

林千石

漫言萬象護茅臺，萬象籠牢亦自頹。葉盡長林風不息，丹成九轉骨先灰。相望鷹隼沙塵暗，高蹈溪山晏鶡猜。去住情懷如破衲，照襟忍見晚潮回。

苔石分明晚照深，聞鐘始覺鳥投林。暮雲欲掩青天色，舊國空存白帝心。楚漢江城猶歷歷，東西鼙鼓尚沉沉。乾坤萬一戕孤注，儘有桃源孰可尋。

寄售書目（二）

一〇、曾文正公全集　光緒二年傳忠書局木刻本，一百二十八冊，大字連史紙印，（全）布套十二函，實價港幣弍百六十元。

十一、又一部　上海中華圖書館排印本，七十二冊，包括年譜十二卷，加木箱一隻，實價港幣壹百元。

十二、左文襄公全集　光緒十四年木刻本，一百二十八冊，大字連史紙印，（全）實價港幣弍百弍十元。

十三、李文忠公全集　光緒三十一年金陵木刻本，大字毛邊紙印，一百冊，（全）實價港幣一百八十元。

十四、胡文公忠遺集　同治三年武昌木刻本，毛邊紙印，三十冊，（全）實價港幣八十元。

十五、張文襄公全集　民國十七年北平文華齋木刻本，一百二十冊，連史紙硃印，布套十二函（全新），實價港幣四百元。

要者請向聯合評論社陳傑三先生函洽，即以樣本送閱。

關於國共和談本末的補充

斯牛

亮之先生：司馬健先生的國共和談本末第八篇，有關三月三十一日的子超樓集議一事，依在港某友人的筆記紀錄，似有出入。又于右任先生等的追加代表一則，如不嫌其多餘的話，也可提供些可靠的材料。

子超樓集議的出席者，沒有閻錫山、張羣、范予遂、白崇禧。確有童冠賢、李蒸、邱昌渭、尹××、黃少谷、邵力子等人。這次集會，意在商討和談代表出發前的最後決策。會議是臨時性質，所以出席的人選，都是由李代總統指定邀約；有五院院長、行政院秘書長、重要的和談代表和立法委員。當時張治中，確有過面紅耳赤，吭聲答辯的場面，可不是為了「上海少數頑固分子」的誣蠛，而是為了一個出席人士的抗議。事情是當張治中、邵力子、李蒸三人，分別的報告了他們的和談意見後，座中某人士曾盛氣的起立說：「軍事如此緊急，和戰如此重要，我們的和談代表到了臨行的最後，還沒有一個具體的方案。而三位代表，却又各有各的見解，都如邵力子先生那末的短氣，這樣沒有準備的和談，豈不大成問題？」某人士在張治中的眼下，是不算「老幾」的，所以他就光火了。這次會議，從是夜十時談到翌晨九時，和談方案的最高希望，是「劃江而治」。就某人士和邵力子的筆談，皆為黃少谷索取而去，看來大致會議的紀錄，或以黃氏為最詳。司馬先生提到的張治中、張羣兩人所談的「忍耐年」，可能是另一次會議的故實。張羣先生是二十九日晨飛去溪口的，他在溪口住了三天，才回到南京，隨即趕往重慶去了。張的溪口之行，完全是担負蔣李之間的橋樑作用，發動的人則出自李德鄰先生。當三月二十七日午后，李先生在他的總統官邸，約了四五位朋友便餐時，某先生對於李代總統憂心於湯恩伯部隊的坐觀成敗，曾慨慷的說：「蔣先生的氣度偏狹，固是一生致敗之由，但國家剩餘的經濟命脈，軍隊實力，仍舊操在他的手裡。您今天又是國家的元首，漫說前人覆轍，不可再蹈；就是合衷共濟，面對現實，豁達大度，外禦其侮，無論從任何角度着想，您向蔣先生求教，並不算可恥的低頭。如果您與蔣先生之間，沒有一個雙方都適當而分量較重的朋友，聯繫其間，則同歸於盡，天下事眞不堪問了？」李先生的最大長處，是從善如流，他聽了不但首肯，也似乎有些感傷。當時七嘴八舌，在人選上，有提到吳鐵城，有提到陳立夫，大家都認為有許多情勢不許可，故是夜並無結論。到了二十九日下午，某先生接到邱昌渭的電話，說是張岳軍願任其難，已於當天飛往溪口。

于右任先生的願任第二次和談代表，大約是在四月初旬，曾經閧動一時的北來三秘密客以後的事。北來秘密客之一的湘人劉仲容，據說代表了李濟深的意見，也可能代表了共產黨的策略，一再聳動其詞，非要于先生親自出馬，和談決無希望。在于先生答應接受這個艱巨之際，惟一的條件，是要求總統府和行政院，都得有代表性人士參與其事。於是李先生派出的代表是立委邱昌渭，何先生派出的代表是立委尹××，因而牽動了監察院的異議，再由該院加推了監委劉運儔，合組了四人代表團。大致是顏面攸關罷，這些追加代表，頗不為張治中等所喜。所以當于先生等向中央銀行領取銀元數箱，以壯行色，却三次的被黃紹竑的長途電話設詞阻止。記得于先生召集代表們在他的府中商談時，有一次却悠悠而沉重的說：「文伯不曉事，只看重個人，不看重黨，不看重國家。我倒不怕到了北平被毛朱之徒借故扣留，怕的是自己人故尼其行，那末，錯過機會便有心無力了。」果然，十四日晨，于先生等整裝襆被，正最後告別於李代總統官邸，黃紹竑的長途電話又來了。他說：「決於今日立刻飛京報告和談情形，再為商定于先生等行止。」黃是四月十六日，才携着招降文件回京的，如果事情沒有這些曲折，歷史的寫法，也許又有些不同了。我希望這個補充，能夠得到司馬先生的采納。

本刊已經香港政府登記

聯合評論 週刊

每逢星期五出版

United Voice Weekly

第五十八號

督印人：黃宇人　總編輯：左仲平
社址九龍金馬倫道卅八號三樓　電話61413
承印嘉羅印刷有限公司香港灣仔馬師道5號
總代理：友聯發行公司　售價每份港幣一毫
本報美洲版總經售處美國紐約中美出版社
CHINESE-AMERICAN PRESS,INC
199 CANAL STREET.,
NEW YORK31 N. Y. U.S.A.
美洲航空版零售每份美金一角

六十年來中國自由思想的鬥爭歷程

對「自由人」停刊有感

李璜

大陸淪陷後在香港出版的小型刊物，要算「自由人」三日刊的時間較長，銷路較廣；而以自由對奴役，以民主對獨裁的思想鬥爭，該刊也相當做到了一些。筆者不過是該刊偶然投稿人之一，其因何故而停刊，自不能得其內情。不過在前些日子聽說，該刊在台灣被扣留了兩期，銷路因之發生問題，這也許不失為原因之一。筆者與「自由人」刊並無直接關係，但是想到自由人三字，不禁發生了無限的感想，回首往蹟，極目當世，不能無言！

一

中國人從事自由主義的思想及其運動的歷史，自戊戊以來，到今天已滿六十年，其歷程可分為四個階段：第一段是康梁的變法維新，第二段是孫中山的排滿革命，第三段是五四運動科學與民主的正式表揚，第四段是今天中國人以自由對奴役，以民主對獨裁的思想鬥爭。這四個思想鬥爭的歷程段落，雖然前後不銜接，表面似乎異樣，然而中間的精神是一貫的：它們一致的在懷疑傳統信仰，否認偶像權威，反抗專制，崇尚自由，而要在自由思想及其運動中，創造並推進國家社會的進步。

傳統而能足以錮蔽人民心靈，埋沒自由思想，莫過於「國教」的提倡及其信仰。十六七世紀的西歐專制君主，如英國的女王伊利沙白一世，法國的路易十四，為鞏固其專制王朝的特權起見，都是提倡國教，假「君權神授」之說，以維護其「朕即國家」之旨。如果沒有英國的清教徒逃往美洲，去反抗英國的國教，如果沒有洛克，伏爾德，盧梭，孟德斯鳩諸哲人不避艱險，本其理性，眞知與熱忱，去反對國教信仰，攻擊特權階級，而闡揚自由主義，發揮出人權與民權的道理，則十九世紀的西方國家中，政教不會徹底分離，王權不會隨着神權以崩潰，而西方的科學思想的發揚，與民主生活的進步，也不會突飛猛晉，蓬蓬勃勃，而令我們中國人總趕不上。中國人趕不上西方的科學與民主的創造成績，並不是中國民族的智慧不如西方民族，也不是中國民族不知自由與繁榮的生活之可貴，而是中國人好不容易打倒了一個舊的國教，而又來了一個新的國教，總使自由創造的思想，受其錮蔽，而不得發展。

二

中國人的舊的國教是甚麼？它是本着家族主義，源於天命所歸，為民父母，而又作之君，作之師的皇權國教。中國人從前家家所禮拜的「天地君親師」牌位，合成「五位一體」，這就是中國歷代專制皇帝所恃以統治萬民的皇權國教，其所恃的原則為「奉天承運」，其使人嚮往的黃金時代是堯舜的盛世。天運無常，這個皇權國教是禁不住「彼可取而代之」的改朝換姓的變化的，而改朝換姓，在奉此舊國教的昔日中國老百姓並不以為怪異。不過自古即有堯舜之君，也曾經過盛世，此一理念中的嚮往精神，總是有利於皇位的。皇權國教的大為動搖，原因雖不只一端，但是在戊戊之前，經一位四川學者廖平懷疑傳統，敢於自由的想到堯舜時代不會有那樣的文明盛蹟，而竟自演為孔子「藉古改制」之說，於是康有為受其影響，而認為大同之治是在前面，黃金時代應該期之方來，加以梁啓超當時畧識西方自由運動與政治變革，於是變法維新，要求立憲的思想一來，這個皇權國教便逐次的崩頹下來。廖平可說是戊戊時代，中國的第一階段從事懷疑傳統權威，不惜背着離經叛道的惡名的自由人，（廖先生在其晚年曾向我問道：『程嬰要救趙氏孤兒，是不是一定要用他的親生之子去替死呢？』我當時年纔十三四歲，沒知所對；後來想到，他老先生大胆的疑古精神，眞是無所不到的咧！）敢於聲言三代之治已實現於「西夷」的英國國土，不怕當時士大夫唾罵的郭嵩燾，也是這第一階段的自由人。而孫中山先生的思想鬥爭，則更創進一步，由他一手將民權之說鼓吹出來，由他一身主張建立了中華民國，他更是偉大的自由人！——因有中山先生，中國人的思想鬥爭進入了第二階段。可惜二次革命以後，中山先生及其同志竭全力去對付反動的軍閥政治，沒有餘力餘時去從事思想運動，而五四時代所正式提出的科學與民主的世界思想主流，雖在中國如火如茶的發揚，在知識階層起了甚大的作用，而反在國民黨裏，這個思想主流乃生不起根。中國人的自由思想及其運動，在五四之後進入了第三階段，孫中山先生也已感覺到了，所以他令胡漢民在上海去辦建設雜誌。不幸中山又逝世太快，「五四」精神尚未能為國民革命奠立堅實基礎，而蘇俄式的共產國教又移植到了中國來，竟成為中國的新國教！

三

新國教又是甚麼呢？一個主義，一個黨，一個領袖。而且這個新國教是，一手執可蘭經，一手執寶劍同一作法的，不容異己，非信不可！獨斷式的主義奉為聖經，不許任何人批評；少數人的黨，握着所謂「革命的政權」，有他獨個兒的革命使命，不許老百姓過問；至於領袖，則不管他亂出主意，亂下命令，弄得來全國破產，大衆為奴，草木難生，天怒人怨，而他總是沒有錯的！於是這個以自由對奴役，以民主對獨裁的思想鬥爭，這個最沉重的第四階段的鬥爭，便落在現有的以及方來的自由人身上！今日新國教的問題是十分嚴重的，今日自由人的責任還十分重大的，只靠海外這些中國人，就連在台灣的中國人都算在內，一致且一齊去努力，都還覺得不大夠，因此筆者更不願在台灣還保留有絲毫的新國教的模樣！非自由民主思想的發揮，不足以打倒共產極權的作法，這是很顯明的道理，而為自由世界所每日提倡着的，試一留意每日的國際專電，這個明顯的道理無一天不在宣揚於報章，我們何能熟視若無視，而竟置自由與民主的主張於等閒，或者疑之為別有用意！

近年以來，台灣的當政者對於海外的自由人，初則尚加容忍，但總嫌自由民主一大套主張之多事；繼則貌合神離，我行我素，所謂團結竟被視為徒亂人意；近且因為反對修改憲法之議，而台灣當權派似乎竟視海外自由人為仇敵，而「自由人」三日刊之不得不停刊，或者即受此仇視影響，也未可知。老實說，修憲問題的爭持，與其說是法理之辯，無寧說是思想之爭。中國人經過了自戊戊以來六十年的思想鬥爭，其中不知絞盡了許多先知先覺的腦汁，犧牲了許多仁人志士的鮮血，而始有全民選出代表來製定出這一部本於三民主義的原則的憲法，這是六十年來許多自由人思想鬥爭的結果，這尤其是偉大的自由人孫中山先生思想的結晶！今日自由人的思想裏實難容許為一人的再度連任總統，而便去動搖這部憲法！或根本不理會這部憲法！如果說因修憲之爭，而便影響到領袖的尊嚴，冒犯了領袖的尊嚴，則是大逆不道，那嗎，為追隨着六十年來許多先知先覺的自由人之後，至少筆者個人是不辭此一罪過的！

四八．九．一三

「自由人」被迫停刊了！

胡越

大陸變色以來，在海外興辦的政治刊物中，「自由人」算是成功的刊物。它雖然只有半張報紙大的篇幅，每期不過刊載兩萬字的小東西，但是它具有獨特的袖珍風格，它有豐富的專欄與警闢簡要的言論。對於紛繁複雜的國內外大事，往往藉三言兩語做到畫龍點睛之妙，因此非常能吸引讀者，單只在台灣就有三四千份銷路。現在這份可愛小刊物，竟被迫停刊了。凡是讀過它的人，大概都不免同聲一歎！

一、溝通港台輿情的橋樑

對於台灣讀者來說，「自由人」是一扇窗子。從這個窗口他們能望見海外的政治風光，能呼吸到新鮮的氣流，能聽到其他報刊未能傳播的聲音。尤其是幾份具有影响力、具有獨立觀點的，被台灣當局查禁的刊物，許多主要言論常藉這個窗口流進台灣去。對於海外讀者來說，它是一隻傳信鴿子，把一般黨報官報所掩蓋的消息報導出來。香港與台灣兩地的輿情，在這個小刊物上得到交流與溝通。大概正因為「自由人」具有這種作用，乃為國民黨當權派所厭惡。這與它被迫停刊是有重大關係的。

二、自由民主運動的一面旗幟

當極權主義肆虐的今天，我們在顛沛流離之間，所以不灰心喪氣，能夠挺力抗鬥者，因為我們肯定自由的價值、民主的眞理。如果反共而不能肯定自由民主，甚至仇視自由民主，則反共的目的就曖昧不明，那就是居心叵測。但是實際上，能服膺這種認識，獨立敢言的報刊却實在不多。而「自由人」是這少數獨立敢言的刊物之一，它一貫的言論態度是主張民主，堅決反共。它不愧是中國自由民主運動的一面旗幟。大概這也是它被迫停刊的一個原因。

三、國民黨的忠誠諍友

「自由人」的創辦人當中，差不多有半數是國民黨人，他們可以說是國民黨裡的開明分子。因此「自由人」雖然主張自由民主，本自由民主來督促和批評政府和國民黨，但是總是抱着「話到舌邊留半句」的態度，較其他自由刊物的態度委曲婉轉，可謂做到了「忠告善道」。實是國民黨一忠誠的諍友。可是一向作威作福，只喜阿諛固拒忠言的國民黨當局，則視之為異端叛徒。「自由人」之停刊，在他們的感覺是拔去了眼中釘，背上刺，其實他們損失了一個忠良的諍友！

「自由人」是突然停刊的，在該刊最後一期上面，能寥寥數語說本刊自某年某月某日起停止出版，並未透露任何原因，現在我們憑天良說是被迫停刊的呢？

據我所知有下列幾點跡証。

一、一個月以前，該刊因轉載「聯合評論」，「祖國」及其他自由報刊反對修憲連任的言論，致被台灣查扣兩期，這是凶兆之一。

二、據知該刊的台灣作者，多有受到特務機構的警告，阻止給該刊撰稿。若干作者且有因此被革職與受到其他處分者，這是凶兆之二。

三、該刊的大部份收入依靠在台灣的發行。但最近該刊發行一再受到阻壓。軍公教人員因閱讀該刊不斷受到警告，台北以外各地銷行亦受到干擾，因此銷路減少，使該刊在經濟上日陷絕境。

四、據知該刊半數董事在台灣，其中有幾人位居高官。這些人要老戴穩烏紗帽，就不能不聽從國民黨當權派的意旨。而當權派視為眼中釘的「自由人」，他們怎能不效勞將它拔除呢？

「自由人」被迫停刊了，自由民主的行列中失掉了一位戰士，這表明自由民主運動的道路的艱辛險惡，我們需更進一步提高警惕，精誠奮鬥！

剖視中共黨爭

李眞

自中共八屆八中全會的決議和公報公佈以後，大陸的混沌局面，又畧畧現出一點清析的輪廓，兩個文件中都說明：一場以經濟政策爲焦點的黨內鬥爭，已經告一段落。毛澤東又獲得了一次勝利。隨着毛澤東權力的鞏固，其一手創造的「總路綫」和「人民公社」、「大躍進」兩個運動，仍將繼續堅持下去。同時，一批反對分子，即所謂「右傾機會主義者」，則將受到清算。不過清算的方式，可能不致演成流血慘劇，因八月三十日「人民日報」一篇「右傾頑症和治療藥方」的文章中已經說明，要把他們送「到轟轟烈烈的羣衆運動中去」，也就是勞動改造。

不過，極權統治階層的一切鬥爭，勝負之數均決定於權力，根本無所謂是非問題。權力就是眞理；因此，毛澤東的勝利，亦不過說明其未曾失勢而已，決非在經濟政策上有何高明之處，人民公社與大躍進這兩個運動之得以繼續存在，亦僅是一種權力的象徵，決不是運動的本身眞有什麼存在的價值。

根據這一鬥爭的情況分析：右傾機會主義者所攻擊的主要目標是以羣衆運動的方式建設社會主義，攪大躍進運動和人民公社運動。如果我們把右傾機會主義的言論，與中共所採取的一切修正措施，則可以看出，右傾機會主義者的指責與中共所犯的實際錯誤，實無多少距離。

關於羣衆大煉鋼鐵問題。右傾機會主義者認爲：羣衆大煉鋼鐵是「强迫勞動」、「使人失去自由」；是「得不償失」甚至「有失無得」。他們的論據是「化錢太多了」、「質量太差了」；「『小土羣』攪錯了」；「既有今日的『小洋羣』，何必當初『小土羣』」；「大煉鋼鐵擠掉了一切」。認爲：「工業只能由少數人來辦，而不能大攪羣衆運動。」

關於人民公社。右傾機會主義者認爲：「人民公社攪早了，攪快了，攪糟了。」「人民公社缺乏客觀物質基礎，並不是客觀必然產物，而只是小數主觀願望的產物，是少數人轟起來的」。「成立人民公社，就要攪共產主義，否則就不能成立。」又認爲：「人民公社同高級農業生產合作社差不多，完全不需要多此一擧。」對於農業生產，他們認爲：「只能低速度發展，每年只能增長百分之幾。」

中共對於羣衆煉鋼鐵和人民公社所採取的措施如何呢？據八中全會的決議中說：「今年土鋼的生產，由於農村勞力不足，建議由各地按照情況自己決定，不列入國家計劃。」這就是說，今年不再以羣衆運動的方式來攪土法煉鋼了。這一決議，還不是很具體的承認了這一運動的錯誤和失敗嗎？至於人民公社問題。在中共去年舉行的六中全會，「關於人民公社若干問題的決議」中，已經把集體所有制過渡到全民所有制的時間，由三、四年，延長到十五、六年；把在城市組織人民公社的時間，予以無限期的延長，這是承認在若干情況上估計錯誤的表示。今年二、三月在鄭州召開的中央政治局會議，對公社的管理、核算、分配等原則又重行作了決定。八中全會中又決定：「在目前階段，公社的生產資料實行三級所有制，生產隊一級的所有權是基本的，公社一級所有權是部分的，而生產小隊也應該有一小部分的所有權。」並肯定生產是「基本核算單位」。這就是說：目前農村的生產，分配的單位是生產隊、土地、大型農具、耕畜等生產資料的所有權也屬於生產隊。人民公社成了一副空架子。而生產隊的規模與過去的高級農業社實相類似。在農業生產方面，今年生產計劃經過調整以後，也只要求增產百分之十。

從這些情況中看，右傾機會主義者，既非無的放矢，而毛澤東亦不是不知道其領導政策犯了錯誤。其所以不能容忍，而必得入人於罪者，決不是什麼是非問題，而是獨裁者的權威不可侵犯。

反右傾機會主義的做法，雖能夠鎮壓一般反對分子不敢說話，但對如何挽救毛的錯誤的經濟政策，幷無絲毫補益。大躍進和人民公社這兩個運動，今天雖由于權力的支持，在形式上保存下來，但認爲毛澤東還自信能憑借這兩個法寶，在經濟上開展一條出路，那就未必了。

毛澤東對於大陸經濟發展的前途，本來有他自己一套理論，一套看法，他曾樂觀的認爲：「六億人口的顯著特點是一窮二白，這看起來是壞事，其實是好事，窮則思變、要幹、要革命。一張白紙沒有負担，好寫最美麗的文字，好畫最新最美的圖畫。」同時，他認爲：「六億人口是一個決定因素。人多議論多、熱氣高、幹勁大。」只要能夠運用這些特點，充分發動人力，就能攪好生產，攪好社會主義的建設，與資本主義國家賽跑，這是「大躍進運動」的來由。也正由於「一窮二白」的理論根據，毛澤東才敢無視一切客觀條件的限制，而任意構思了一幅人間天堂的圖畫——人民公社。但這兩種創作，不但沒有解決經濟問題，沒有實現人間天堂的幻想，反而造成了經濟上的極大混亂。大躍進，羣衆煉鋼鐵運動，發動了六千多萬人力，踏遍荒山僻壞，晝夜苦戰，貽誤了農活，使大批粮食棉花爛在地裏，但結果只得到三百零八萬噸質量低劣的土鋼。除了勉强做些少農具外，對迅速實現工業化的夢想，絲毫沒有帮助。其他工業生產部門，亦由於攪運動，急切趕任務，拚命追求數字，破壞了一切規章制度，因而質量下降，廢品率直線上昇，招致了嚴重的損失。人民公社的出現，不但沒有成爲農民的天堂，反而壓低了農民的生活，加重了農民的工作負担，以致激起了農民的普遍怨憤，消極怠工，甚至破壞。前一階段，中共還可以虛構的高產數字，向內外炫耀，爲人民公社的優越性作振振有詞的辯護；但自八中全會在不得已的情況下，以「核實」爲名，大肆削減了這些數字以後，這些誇張的「成就」，反而成了笑柄。毛澤東雖然狂妄、剛愎，但經過這些慘痛的教訓以後，說他對這兩個運動還有什麼信心，就很難使人相信了。

因此，我的結論是：毛澤東在這一次黨爭中，雖然獲了勝利，鞏固了個人的權位，但這一勝利並不愉快，如何解決當前經濟的死結，並未因政治鬥爭的勝利而獲得任何答案。大躍進和人民公社在形式上的維持，我想不外兩個原因：一是保全個人聲望。因爲這兩個運動，經過過分的誇張和渲染以後，引起了很大的注意，特別是國際間的反應和蘇聯的責難，如果立刻收場，公開承認失敗，影響太大；其次是，今後的經濟問題，究將如何解決，在毛澤東心中，還沒有什麼新猷。因此，也可能把這兩個法寶，權且保留下來，等等再看。

劉大杰痛擊郭沫若

岳騫

自從郭沫若無中生有鬧出了一場曹操、蔡文姬公案之後，近來確實已達焦頭爛額之境，筆者曾在本刋上期畧擧梗概，不過事情並未結束，目前郭沫若的形勢頗似曹孟德橫槊賦詩時，雖然唱出「月明星稀，烏鵲南飛，繞樹三匝，無枝可依」的凄楚之音，但是却找不出收兵的藉口，只好硬挺下去，挺到「檣櫓灰飛烟滅」爲止。

在上月「光明日報」接連發表了幾篇考証「胡笳十八拍」的文章，而且一篇比一篇精采，可以說自從有「胡笳十八拍」以來，從沒有這一個時期考証得再精詳，研究得再深入。本來眞理愈辯愈明，假若單從學術觀點來說，郭沫若始開風氣，未嘗無功，郭沫若自己若是有些微學者風度，應該覺得雖敗猶榮，欣然宣佈過去的看法錯誤，如此對於郭沫若並無損失，只有更增加他的聲望。

但是，郭沫若計不出此，一味「死雞撑飯蓋」，硬說「胡笳十八拍」出自蔡文姬之手，找不到証據，竟然竄改古書。研究學問到了如此無賴地步，簡直與呼史大林爺爺有異曲同工之妙。

因爲郭沫若不肯認錯，仍然死賴白賴，引起了劉大杰先生的憤怒，在九月三日「光明日報」上發表了一篇「再談胡笳十八拍」，看情形這將是最後的一擊，郭沫若若是稍知廉恥，可能不會再嚕嗦了。

劉大杰先生是中國文學史的權威，他寫的「中國文學發展史」，到現在還是一個最好的本子。中共據有大陸之後，對於成名學者迫害最烈的是研究文學與史學的，作文學史的作者受到中共清算、鬥爭的，計有陸侃如、王瑤及劉先生，三人中被鬥最慘的是陸侃如先生，而鬥爭期間最久，到現在仍未能解決的則是劉先生。

郭沫若論「胡笳十八拍」之初，先向劉先生放一冷箭。郭沫若所以先找到他，基於兩種心理：一是做賊心虛，他自知理由不足，又未得到「黨」的支持，發表後勢必有人提出反對，其中最可慮的就是大杰先生，在研究中國文學史這一方面，郭絕非他的對手，所以先發制人，趁大杰先生又在病中，把他的口封住，餘子不足懼矣；另一是小人得志，這時他剛被宣佈入黨，想找幾個成名學者打擊一下，以造成他的權威地位。

那知道他的文字發表之後，大杰先生以久病之身，投袂而起，寫了一篇「關於蔡琰的胡笳十八拍」，從作品本身考証出決非蔡文姬所作。大杰先生本是一位忠厚學者，現在又和統治階級的人論戰，文字更不敢有絲毫火氣，完全以「領教」的態度和郭沫若討論。

可是這篇文字實在擊中了郭沫若的要害，在現有的材料中實在沒有强辯餘地，於是狗急跳牆，竟然亂改古書，如「後董生妻」改爲「後嫁董生妻」，其他地方還很多，經別人指出，他還硬咬着說是古書抄錯了或者刻錯了。

郭沫若這種無賴作風，大概引起學術界公憤，大杰先生於是又發表了這篇文章，予以痛擊。大杰先生先後發表的兩篇文章，取材完全不同，前篇是就「胡笳十八拍」的文字考証非蔡文姬所作，後篇則是就其他方面考証「胡笳十八拍」決不可能出在唐朝中葉以前。

「後篇」分成三大要點：

第一、曲以拍名，成於唐代。漢魏樂府，多言幾解，如陌上桑三解，燕歌行七解。六朝清商曲辭，多言幾曲，從沒有說幾拍的，到了唐朝始出現拍名。

第二，說明有些書籍誤會「胡笳十八拍」出於蔡琰的原因，對於郭的論點，全部廓清。

第三、「胡笳十八拍」一定作於唐人劉商之後。這一點論據最厲害。大杰先生提出了中唐幾個著名學者如著「樂府古題要解」的吳兢，著通典的杜佑，都未提過「胡笳十八拍」，這兩書是專說音樂與典故的，假若那時已有「胡笳十八拍」，他們怎麼畧而不說？

論爭到此，應該結束了，看郭沫若還想掙扎否？

為信仰而戰！

王保羅

自從本年初達賴喇嘛經歷千辛萬苦，憑藉着佛教子民忠誠的衛護，逃出了西藏以後，全世界都明顯地了解到共產黨對宗教的迫害是何等的殘酷，雖然中共在佔領西藏初期，表面上是施行了「抑其政而崇其教」的政策，彷彿只求得到政治大權便心足，但自從這次西藏事變發生，便明顯地告訴了全世界人士，共產黨與宗教是勢不兩立的；尤其是達賴逃抵印度後，中共在西藏實行血腥統治，而善良的西藏人民拼死反抗，拿古舊的弓箭尖石子跟二十世紀的飛機坦克展開血戰，更使一般所謂中立，不願捲入當前世界兩大旋渦的國家警惕，而世界上一切宗教，也都明白，假如共黨的勢力不被壓抑，那麼，佛教徒倒身聖像跟前，肢體殘缺的可悲命運，立刻便降臨到自己的身上了。

果然，最近在極權國家裡，天主教首先遭遇到打擊；首先是蒙古自治區中的李宗師及王希賢等二十餘傳教士，被誣為特務，分別宣判二十年和十年有期徒刑，跟着，捷克境內的天主教神父也以同樣的罪名被處決，這都是令人感到極端氣憤的事；不但只如此，共黨還利用宣傳的力量，在勞工階級和教會中播下仇恨的種籽，實行挑撥離間工作，說教會乃工人們最大的敵人。因此羅馬教宗約望二十三世（現今全球天主教信徒的精神領袖）不得不在三萬多工人面前直斥其非：

「吾人彼此並不生疏，並且從未站在敵對立場，就好像一般有錯誤的人所宣傳的，而他們却在各階級中播下仇恨的種籽。」

這裡所謂「一般有錯誤的人」，其實乃是指着共產黨說話，教宗若望二十三世洞悉共產黨在各階級中挑撥離間的慣技，因此尖銳地指出他們的陰謀，這不啻是天主教向共產黨宣戰的第一聲，是值得自由民主人士所鼓掌喝采的。最近，教宗若望二十三世更在梵諦岡電台宣佈批准一道命令，規定公教信徒不准在選舉中投票支持共產黨員；於是，天主教的反共旗幟更鮮明地升起了。這是極權統治者所大為憤怒的。

首先，南斯拉夫的共產黨開始指責教宗若望二十三世此一命令，是干涉各國內政，是有違於聯合國憲章的。這在表面上看來，似乎的是義正辭嚴，但想深一層，我們便可以明白教宗此一決定是十分正確的；我們知道，天主教是一個入世的團體，公教信徒的思想是積極的，他們不但只是捨己為人，而且以天下之事為己事，所以對於世界形勢，是相當注目的；政治不只是可以影響宗教，而且可以窒息宗教的生命；我們都可以明白，在極權國家裡面，人民是沒有自由信仰的權利，宗教也無立足之餘地；為了天主教的存在和發揚光大，公教信徒自然該以馬克斯信徒為敵，不但只應消極地對共產黨採取杯葛態度，而且應積極地站在反共陣線的前哨！

前幾期的公教報的社論說得好：「教會本身是一個神定的組織，繼續耶穌傳道救世的使命，使整個人類現世獲得聖化生活的恩寵；來世享受永久的福樂。職務至重且繁，非有神力為之支持，實有不克勝任之概，所以對現在政治不特不得兼理，而且亦無暇顧及；但公教人士則不同，斷不能說他們因領洗而喪失公民的資格，政治既屬公家的事，教友在公民立場上，並本於為人類服務的天職，實有參加政治本身之需要……。」不錯，教會是一個超然的組織，但信徒們始終是一個人，一個人和他生活環境是息息相關的，政治是決定生活形態的一種重要因素；為了使信仰和生活一致，信徒們反對和他們信仰不同旨趣的政黨是毫無疑問的，耶穌雖然主張善待好人，寬待惡人，但並沒有主張縱容惡人，當年十字軍三次東征，為聖地而流血，便是最明顯的道理。共產黨黨魁馬克斯思想受德人黑格爾(Hegel)影響甚大，他醉心於「辯証法」，且以費爾巴哈(Feuerbach)的「唯物論」為自己理論張本；在其著作「共產黨宣言」及「資本論」中，曾提出幾點：（一）唯物史觀（以生產工具及生產方式來解析歷史）。（二）階級鬥爭（從來一切社會歷史，都是階級鬥爭史）。（三）無產階級專政（無產階級以革命方式取得政權後，實行獨裁政治，消滅其他一切階級。）這幾點理論，和所有宗教都是迥然不同的，而且和宗教的本質各走極端；宗教以上帝來解拆人類自然的進化，以友愛、互助來使人類社會共存共榮，所以宗教的存在，是共產黨的心腹大患，共產黨的存在，更決定了宗教的滅亡。

墨寫的謊，洗不脫血污的歷史，自從西藏事件發生以後，全世界人士可以目睹共產黨對教徒的迫害是何等的慘絕人寰，共產黨能以飛機大炮殘殺喇嘛，能以坦克輾平佛像寺院，難道不會把十字架和聖經，也放在火焰中化作灰燼麼？非律賓國防部長加瓦斯說過：「教會和政府在對抗共產主義的掙扎中，具有同樣的利害關係；」這一次，由歐洲的天主教核心向共產黨發出的良心底哀的美敦書中，所有宗教都應有同感；

我們願重複地正告一切有信仰的人們：所有的宗教的敵人只有相同的一個，為了人類未來美好的世界，我們是絕對不可能姑息這個敵人的。」

十字軍的旗幟已鮮明地升起了，天主教徒的分布遍及全球，我們儘可以不管耶穌是否存在，但我們可以肯定一點：信仰是神聖的，我們也相信，在未來反共鬥爭中，天主教將會踏出勇敢的第一步，而同時，我們也祈願世界上所有的宗教，在人性尊嚴的拱衛下，堅強地站起來為信仰而戰！

今日北平

何雨文

中共建立中央政權十年了，統治北平已十一年，北平變成了什麼樣子，這是個有趣的問題。

各國的外交人員，好奇的訪問者，新聞記者，海外僑胞到過北平的，因為大都是受中共招待的，所見所聞受了限制，對於北平情況的通盤了解，存在着不可克服的困難。

中共北平市副市長萬里最近在中共北平市三屆人代會二次會議上作了詳細報告。九月十一日「人民日報」刊出了全文。我們從這個報告中可以了解北平目前許多情形。

一、距離現代化工業城市目標還很遠

萬里說：「解放前北平是一個落後的消費城市，當時幾乎沒有現代化的工業。」

現在呢？還是說不上有什麼現代化的工業。萬里說：「今年基本建設項目，通過本市財政預算的基本建設投資總額為一億六千萬元，主要部分仍然集中使用工業方面，八個限額以上的項目中有六個是屬於手工業方面的。」

全市產業職工有八十七萬人，在全市人口總額四百四十四萬人中，只佔到百分之十九點四。

萬里報告了今年一至八月主要工業品的產量：

一、鋼——二十萬零六千噸。

二、鋼材——十一萬八千噸。

三、棉紗——十萬零九千件。

四、機床——二千七百多台。

不論上述數字是否誇大，經過十一年的努力，只有如此成績，中共是應該慚愧的。並且這樣少的產量還是依靠工人「強度勞動」的收獲。萬里招認：「華北無線電器材廠二分廠在五天內八百五十九個工人有七百四十一人突破定額，民用燈具廠四百二十五人中有三百六十三人突破定額。」

因此，萬里很洩氣地說：「距離一個現代化的工業城還很遠。」

二、奢侈品銷售量增加得多

由於人口的增加，商品銷售量也自然增加。今年上半年商品批發銷售總值為人民幣十一億六千萬元，比去年同期增長百分之七十三。人口增加之原因有三：一是人口繁殖的自然增加。二是自各地調來幹部增加。三是去年將通州等九縣一市劃入北平市區內，人口從二百三十六萬增至四百四十四萬人。

從各種商品銷售量增加的百分比看，可以發現下列二個現象：

一、民生必需品銷售量一般是減少，不是增加。例如糧食增加百分之二十七，食油增加百分之五十四，蔬菜增加百分之二十二，水產增加百分之六十一。因為全市人口增加了將近一倍，但糧食和蔬菜只增加四分之一左右，所以每人平均配給量要較去年減少。中共幹部及原來市內居民不會減少配給量，減少的是劃入北平市區內的九縣一市人民，或者說這些人民原來的配給量就比北平市民少，劃入北平市區後仍沒有取消這種不平等的待遇。食油無增減。水產畧增。

二、奢侈品增加得很多。今年上半年酒增加一倍，糕點增加二點五倍，呢絨增加二點三倍，汗衫背心增加二倍，棉毛衫褲增加一點四倍。這些商品本來說不上是奢侈品，但在大陸則非特殊階級沒有購買此類商品的購買力。此類商品銷售量增加，可以証明中共幹部生活更為優裕。同時一般人民所需要的商品，如食糖增加百分之十六，以人口增加比例看，則是減少不是增加。再如棉布增加百分之八十二，不及呢絨增加二點三倍，這不能說一般人民捨棉布改穿呢絨，應該可以了解中共幹部穿呢絨的多了。

就商品供應情況來說，是緊張的，缺乏的。例如蔬菜，萬里說：「從今年四、五月起，就已經逐漸改善，最近一個時期因為主要菜區受到嚴重澇災，蔬菜損失很大，以至蔬菜供應暫時有些困難。」萬里所說「暫時有些困難」，造成了八月十一日北平市民萬餘人搶奪蔬菜事件，還有哈爾濱自八月十三日開始搶運一千五百萬斤蔬菜支援北平。如果中共愛說這是造謠，那我要指出：這是中共出版的「北京晚報」和「人民日報」所造的謠。

三、大興土木

儘管十一年來，工業沒有什麼發展，一般人民日常生活品缺乏，但是中共仍舊大興土木，把北平市弄得更美觀、更壯麗，以誇耀中共的建設成績。

萬里說：「今年主要建築工程是興建全國人民代表大會的建築和中國革命博物館，中國歷史博物館，中國人民革命博物館，民族文化宮，工人體育場等大型建築物。」這些大型建築物都與人民切身利害很少直接關係。

這些建築物也是極奢侈的。萬里說：「全國人民代表大會堂的建築規模最大，面積達十七萬多平方米，比故宮的全部建築面積還要大，結構十分複雜，有六十多米跨度的鋼梁，最大的鋼梁重一百四十一噸，鋼筋混凝土達十二萬七千立方米，大理石、花崗石、水磨石等十七多萬平方米。具有複雜的通風、廣播、電視、譯意風、煤氣、熱力等設備。」

萬里說：「那些攻擊，誣衊或者懷疑我國大躍進的人們，請他們來看看這許多大規模的建築吧！」

我們說：「數千年前，秦始皇就已造成阿房宮，埃及法羅就已造成金字塔。」人民則苦不堪言了。

官營公債與民營公債

（台北通訊）　陳宗民

公債，通常以由政府發行的爲多。如果政府信用好，公債即可暢銷，否則，政府發行的公債就免不了發生遲滯現象。

在台灣發行公債，這對於發行者的信用來說，當然是一個最好的考驗。不久以前，台灣民營工業公司，曾發行公債，結果該項公債暢銷的情況，遠出一般人士意料之外，不數天而行銷一空。財政當局有見及此，竟亦見獵心喜，自以爲發行公債，必然亦可像民營公債一般暢銷，遂決定由台糖公司發行四億短期公債。爲了加强公債的吸引力，并不惜把公債的利率提到空前的高度。但發行的結果，却完全出乎意外。不但不能於數日內銷完，想盡了各種方法，耗費了幾個月時間，也還有二千餘萬未能銷售出。雖然所剩不多，但與民營工業公司公債的暢銷情形相比，就顯然有着天壤之別了。對此，此間各方人士，不免提出一項問題，就是財政當局主持的公債何以反而不如民營工業公司發行的公債？是政府信用不夠嗎？還是經營不善？

無論如何，這二者必居其一。因爲利率更高，推銷更力的公債反而不能暢銷，無疑，那一定是這一公債的發行者本身有問題了。但是財政當局或其他高級當局乃至最高當局却不對此作反省，殊不知，這却已說明政府的威信不行，各方面對他的觀感不好。從這一小的事實來看海外民主人士所高喊的改造台灣，還不正是証明他們的理由正當嗎？

介紹一位好心戰士

台北通訊：向國心

台灣高雄縣有一位青年，名叫温春榮。今年七月初，他從高雄離開了他那窮困的家，到台北來謀生。但他的脚有病，使他難於找到工作，只好拐着脚，做擦鞋童。

後來脚病更厲害了。由於右脚的腐爛，不得不將右脚的一半切去。台大醫院社會服務部雖然替他做了手術，但仍缺乏金錢。一個現在服務於陸軍六五六六部隊名叫劉行的戰士知道了這一消息，便把他九月份的薪餉和加給，一共台幣一百二十一元全部寄給台大醫學院正在治療中的温春榮。並寫了一封信給温春榮，安慰他，鼓勵他。温春榮得信後，很感動。事實上，筆者，聽到這一事情後，也極感動。這種戰士，實在是理想國軍的典型。是今日台灣軍人的光榮，也是反攻復國的一種希望。所以，筆者特別在這裡介紹出來，讓海外的僑胞知道。但筆者這時候，却由好心戰士劉行的這一件事，想到今日寓居美國的巨富與孔宋豪門，他們爲什麼不對多難的祖國慷慨輸將，他們爲什麼不對台中的災胞畧施救濟呢？

舉辦軍人子女獎學金

不消說，誰都知道今日台灣國軍官兵的待遇是仍然很差的。他們艱苦的負着保衛國家和光復大陸的責任，但待遇却一直很差，這是愛國之士素所深切關懷的。如何從根本來改善或用補助辦法來改善今日在台國軍的待遇，原爲各方一致的希望。軍人之友社自民國四十六年起開始舉辦軍人子女獎學金，規定凡現役軍人親生子女，持有陸海空軍軍人眷屬補給許可證，在政府認可之中等以上學校肄業及未享有公費待遇及未取得其它獎助金者，均爲獎助對象。計：甲：獎學金：一、大專學生二十名，每名每學期五百元。二、中等學校學生一百五十名，每名每學期四百元。乙：助學金：一、大專學生一百五十名，每名每學期三百元（內無依軍眷子女及假退役軍人子女共十五名）。二、中等學校學生二千六百八十名，每名每學期二百元（內無依軍眷子女及假退役軍人子女一百名）。其申請資格：學業平均成績在七十五分以上，操行乙等以上，及體育、軍（童）訓成績均在七十分以上。

在軍人待遇未獲根本改善以前，軍人之友社之此一作法當然值得稱譽。

不過，軍人子女教育乃是一件大事，同時，軍友總社舉辦此項獎學金名額，雖年有增加，四十六年度第一學期爲八百人，第二學期爲二千六百八十名，四十七年度第一學期爲二千名，第二學期爲三千名。但我們仍覺得這數字太少。大家都希望最好能對所有軍人子女普遍舉辦獎學金制度。同時，不妨將獎學金數字再爲提高，如物價有波動時，此一數字更應隨時予以適當調整。在未能做到這種普遍以前，能夠享受到此一獎學金之軍人子女，勢必只有所有軍人子女中之一部份。而成績在七十五分以上，操行在乙等以上，體育、軍（童）訓成績均在七十分以上者又未必人人都能包括在這有限的名額以內，那末，對此有限名額，我們尤望軍友總社能做到公允。否則，這又勢必成爲在黨團分子操縱下產生另外一些不公允的人事排斥現象了。

國家已因人事派系鬥爭鬧得這樣糟，希望不要再在下一代的青年時期就給他們抹上一層陰影才好！

從黃建中的去世說起

湖北籍立法委員黃建中又去世了。他是九月十八日上午九時四十五分在台大醫院病死的。黃氏幷不是事功方面有什麽赫赫成就的人物，但從立法委員的一般素質來看，黃氏却還是學有專長的。

我們曉得立法院立法委員中，素質與品格是頗有參差的。只要看一看黃氏的經歷：曾任國史編纂，朝陽大學，國立女子大學，北京大學講師及教授，暨南大學教務長，中央大學教育學院院長，四川大學師範學院院長、交通大學，台灣師範大學教授，教育部高級教育司司長兼代教育部次長等職，幷著有：比較倫理學、教育哲學、中國哲學通論等書，就知道他尚不失爲立法院夠水準的立法委員。但畢竟年紀大了，現已七十一歲。人生自古皆有死，英雄與美人尚且如此，黃氏何人，安能逃此？問題是立法委員業已當選十年以上，當時五六十歲的人，現在皆已接近七十歲。人生七十古來稀！再加上許多較有政見與風格的立法委員不願來台，於是，立法院就更見凋零了。趨勢所在，今後將愈見凋零。所以，從黃建中之死，許多關心國事的人，不禁浮起立法委員的人事，應該促起新陳代謝的作用來。筆者最近與此間許多有識人士閒談，都認爲政府當局只是爲了便於總統違法三屆連任，便對立法委員任期予以非法的延長，而不加以改組，種置國家民意機構之生命活力於不顧，實在是很不對的。

我爲印度的前途憂懼

疑今

自中國大陸變色後，甫經獲得獨立的印度即採取親共的政策。新德里標榜中立主義而實則一面倒向北平，處處爲赤色政權作發言人。最顯著的例子，莫過於每一次聯合國大會開會，印度都出而爲中共爭取席位，其態度的急切，顯得猶超過蘇俄和其附庸國家之上。雖然多年以來，印度每一次對此一問題的提案都被多數國家所否決了；可是，他們似乎抱定不達目的決不休止的主意，每年都要將舊案重提一次。尼赫魯總理及其左右曾爲爭取印度的獨立與自由而奮鬥了半生，一朝權在手，竟對奴役中國人民的中共政權採取助桀爲虐的政策，寧非怪事！過去人們或以爲他並非甘心媚共，而乃鑒於印度獨立未久，尚無充分的力量以抵抗外來的侵畧；因而不得不以親共的姿態，以期緩和中共對印度的覬覦之念，其行雖愚，其心實不無可原之處。但就最近所發生的事實而論，此說實大謬不然。儘管歷年以來印度政府在尼赫魯總理的領導之下，對中共是如此的諸般討好，而北平僞政權在認爲其利用新德里的預期目的已達到可以暫時告一段落之時，即開始向印度顯現其猙獰的原形。不久以前所發生的西藏事件，表面上是中共以暴力鎮壓反共的西藏同胞，實則是對印度開始作武力的威脅，世人都以爲印度政治家們的親共迷夢當可醒了。然而自達賴喇嘛逃抵印境以後，尼赫魯總理一方面予以收容並聲言對西藏的局勢十分關切，同時又表示不干涉他國內政。隱示祇要中共對西藏問題作某些讓步，印度將不因此一活佛之逃印而助其作爭取西藏獨立的活動。換言之，他似乎擬將達賴作爲與中共進行交易的王牌。但中共不僅不予理會，反而在經過一番軍事部署之後，大罵印度繼承英國帝國主義的侵畧政策，並乘勢進兵中印未定界，頓使印度人民大感驚異。當此强敵壓境之時，尼赫魯總理似乎不應該對中共再存任何幻想了吧？然而消息傳來，印度出席此次聯合國大會代表梅農明知沒有可能而仍準備重提中共的席位問題，大有鞠躬盡瘁，死而後已之慨，這就令人費解了。編輯先生，你們想想：此一近年以來在國際上最爲活躍的外交家，雖然身爲印度的使節，是不是很像中共的走卒呢？

中國人民對於印度的獨立，莫不寄予極大的希望。如今尼赫魯總理和梅農代表的所作所爲，不但對於今日中國人民之失去自由和中國之淪爲蘇俄附庸無動於衷，甚至對印度本身的安全也似乎全不介意；而其所朝夕不忘斤斤是爭的則爲中共在聯合國的席位問題，能不令人爲印度的前途憂懼！

（讀者投書）

美蘇巨頭互訪與中國

紐約・龍吟

日內瓦四國外長，解決不了柏林問題，是意中事。而在曲終人散後，捧出了一個美蘇巨頭互訪的節目，却不能不說是一種意外了。

據說：此一互相訪問的誕生，完全是爲了彌縫日內瓦會議失敗的裂痕，亦是美國務卿赫特初出手玩弄外交的把戲。因爲在日內瓦會議中，東西雙方態度强硬，正是半斤八兩，各不讓步，柏林問題可能觸發大戰的危機，赫特亦不願他自己就國務卿職後，在初出茅廬的外交場合丟臉，因此，才玩弄這一次外交把戲，並爲東西關係已瀕臨惡化邊緣，作一亡羊補牢之計。不過，無論怎樣的說法，和怎樣的看法，過去和現在，甚至將來，任何一個國際性的會議，甚至巨頭會議，終究是一個拖局，用會議形式來把冷戰局面維持下去，用外交詞令來把緊張局面緩和下去，以便各自作萬一戰爭的準備而已。所以今日之美蘇巨頭互訪，預料亦不見得有任何例外的收穫也。

在艾森豪與赫魯曉夫會談中，關於造成世界緊張局勢一部份的中國問題，必被列爲重要談話之一，看北平毛澤東一羣人的叫囂和台北當局的着急情形，不難思過半矣。

傳毛澤東已向赫魯曉夫提出二項要求：（一）消滅兩個中國的現狀；（二）中共入聯合國。而赫魯曉夫也決定在訪美完畢回國途中順道訪問北平。雖然如此，但毛澤東畢竟是放心不下的。因爲俄毛的互相勾結，目的在造成世界的緊張局面，以遂其混水摸魚的企圖，如果因此兩巨頭的會晤，而把緊張局面鬆弛了，那還了得？中共的不安就是爲此。

最近，毛澤東在幕後支持北越向寮國發動侵畧戰爭，直接是爲赫魯曉夫訪美之行搖旗吶喊，助長他的聲勢，間接是企圖在聯合國大會期間造成一個或對自己有利的形勢。同時，也是毛澤東對赫魯曉夫的警告，勿墮入華盛頓的彀中。事實上，俄毛雖爲盟友，但互相猜忌是難免的。因此，俄國不願見一個强大的中共，控制整個亞洲，而毛澤東亦不願見俄國在外交場合中幹出不利於中共的勾當。這也是中共對美蘇巨頭互訪顯露不安原因之一。

在目前的情況下，美國已經表示決不出賣台灣，縱然赫魯曉夫想趁此良機替中共力捧一下，相信亦難有所作爲。其所帶回去的，將是中國問題仍被凍結，台海現狀依然不變，中共入聯合國的幻夢又被粉碎一次。（讀者投書）

大陸逃港學生的控訴：
孫大雨倒霉的一天

趙宇光

孫大雨是我的先生，我時常想起他，我忍不住要為他被迫害的事提出控訴。他是上海復旦大學英文系系主任和沙士比亞的研究者，一九五七年暑假前正當中共展開「大鳴大放」時，他在上海復旦大學「鳴放」會議上開了第一炮！指出他在「肅反」期間曾檢舉出潘漢年等「反革命分子」為有功，以及他在鳴放時發覺復旦大學校長和上海市高等教育局的曹未風（任處長）等人為反革命分子。這一長篇的發言，由上海各報發表後，轟動上海一時的「鳴放」運動。自此以後各界人民紛紛敢於向報章發表不滿中共統治的意見，謂孫大雨「有種」，能光明正大的向中共提出意見。可是不久以後，中共看到自孫大雨「鳴放」發言後，引起上海各界對中共提出反抗意見，同時與此相應的北京儲安平發表「黨天下」一文，以及「中國人民大學」的葛佩琦（化學講師）發表「人民將來要殺共產黨人」的言論，轟動了整個大陸。中共看到「苗頭」不對，影響自己的威風和今後的統治。於是馬上舉起工人的招牌，所謂「工人抬頭了」，「工人說話了」，把各廠的匪徒工人的發言，刊登報上，向孫大雨、儲安平、葛佩琦等人攻擊，利用政治手段，把一些所謂右派的人强行壓制，不許他們亂說亂動，攪什麼「大民主」，要他們低頭認罪，悔改交代，從此以後孫大雨被迫低頭，不得言論自由，便藉病悶在家裡休養，不去復旦大學教課。且在此時復旦大學副校長楊西光，及上海高教局曹未風等七八個人聯名向「上海市人民法院」控告孫大雨，說他是「含血噴人」，「誣衊好人」為反革命，侵犯人權等情。這些都在上海各匪報發表過。直到去年我來港時，才見到「上海人民法院」對孫大雨的判決，判其六年的有期徒刑，眞是慘極！

孫大雨的最為不快的日子，是五七年暑假的一天。那天我曾到他的住處——茂民公寓八百零五室找一位同學。孫大雨的家即在他們家的下面七〇五室。那天當我到了茂民公寓門口，看到有新聞日報社和「解放日報」社的吉普車和卡車，停在門口。當時我想這種情況一定在這裏出現什麼新聞！果然在當日新民晚報和次日的新聞日報、解放日報均於首頁用大號字刊出。謂工人登門責問孫大雨。當工人到達孫大雨家的門口，一個人按了門鈴，孫大雨的太太開了門，成百個工人一擁而入，要見孫大雨。本來每次有人打電話給孫大雨，孫太太拿起電話總是回答說孫先生今天發高熱，病得厲害，睡在床上不能接電話。有時有人來找，亦是這樣回答，閉門不見。今天事出偶然，孫大雨先生只好出來接見，當他走出來，立在門口，一大批的工人蜂擁上前。新聞日報社的工人代表，首先責問孫大雨說：「你說我們新聞日報社裏有反革命分子，是那一個，今天要你給我們指出來！」孫大雨便回答說：「你們社內的反革命分子自己知道他們幹的是什麼勾當，不需要我指出來！」接着解放日報社的工人代表又上前責問他說：「你說史良（偽司法部長）是反革命分子，你把事實交出來！不然我們工人不諒你！」孫大雨回答得很巧妙，他說：「因為史良給我加上一頂右派分子的帽子，所以我說他也是反革命分子」。結果這班工人又問孫大雨先生：曹未風等人何以是反革命分子？要孫大雨說出事實。孫大雨回答得更巧妙，他們的反動活動，從他們的工作行動中可見。這時孫大雨已發現在他的樓子上有架鋼絲錄音機，把他所講的話統統都錄下來了。於是他再不敢講話，野蠻的工人們吵了一個多小時回去，當工人們轉身離去，孫大雨在後面望着他們罵了一聲：「無恥！」結果給工人們聽見，馬上一羣工人回過來，吆問孫大雨：「啥人無恥！你講出來！你自己才無恥咧！拿了人民的錢，不給人民教書！長期請假不到校，國家給你住這樣好的房子，你對得起共產黨和人民政府嗎！」孫大雨被無理的工人弄得目瞪口呆，不說一語，工人才又回去。

中共就是這樣的卑鄙無恥，來迫害一個高級知識分子。其實捧孫大雨的是共產黨，今天打下孫大雨的也是共產黨。據同濟大學的一位教授告訴我們，孫大雨所以得住進茂民公寓以及他在復旦大學作為二級教授，他所得到的地位，乃是因為英國首相愛德里上次到北京訪問時，和周恩來在談話中提到孫大雨其人（因他研究英國文學——沙士比亞）。當時愛德里氏要拜訪一下孫大雨，可是周恩來當時還不知道孫大雨這個人在什麼地方工作，於是馬上叫人查出來告訴愛德里先生。當時孫大雨還住在上海一個普通的房子裡，由於地方小，自己的一部分書籍都放在朋友家裡。通過愛德里拜訪，中共才給他住到茂民公寓七〇五室的整套房間。當他搬進去住時，曾有記者去訪問他。我記得他對記者說的一句話：「到今天和我分別多年的書籍，才得到跟我團圓。」不料孫大雨僅住進短短的時間，即出了今天的倒楣事！對一位有很好學識修養的教授——孫大雨來說是多麼痛心的一件事啊！

今天孫大雨的命運，尚握在中共之手，中共要對他怎麼處置就怎麼處置。但通過孫大雨的例子，証明反共的正義正在大陸人心中活着，像我這樣一個學生就是因為看見孫大雨先生的事件而更反共的。我相信他們愈迫害大陸人民，中共的死亡期就更近了。

共軍盲目仿效蘇軍的笑話

王簡

中國是中國，蘇聯是蘇聯，中共一定要把中國去學蘇聯，這本來就是一樁荒唐可笑的事。但中共不管一切，硬把每一件事都從蘇聯搬過來，宜乎不合國情的事迭出。

關於軍隊的補給與訓練，中國過去雖然學德式日式，但也曾多少就中國特殊情形加以改變，惟獨中共，雖然有時候也偶然强調一下中國國情，但實際上則仍照學蘇聯不誤，而且相習成風，終至低級幹部雖常在實際情況中有所發見，但也不敢隨便提出來。最滑稽的，是共軍「後勤學院」的教學工作，竟完全不顧中國各地的氣候，只按照蘇聯的嚴寒天氣談問題，更荒唐的，則是中國人的主食明明是吃飯吃麵的，但中共後勤學院却大談如何做麵包。奴化的程度眞是達到可驚的程度了。

對此，我們把它報導出來，中共一定認為我們在造謠。現在試舉中共自己所辦「解放軍」報為証。一九五八年六月十六日解放軍報說：「後勤學院過去在教學內容上不少是脫離我國經濟情況、供應水平、自然條件和生活習慣的，學用不一致。譬如油料技術器材課，是按照嚴寒條件下的器材講授的。而我國由於寒帶地區少，實際用處不大，被服勤務課講洗衣局、沐浴隊，而我軍實際沒有這種編制和習慣；被服學中講防寒毡鞋，不講我軍廣泛穿用的膠鞋，食品學中只强調麵包製作，而忽視了我國的經濟條件和生活情況，財政學中也盲目的講『少子女稅』，根本不適合我國國情」。可見這並不是我們造謠吧！

然而「解放軍報」還只敢登這一點點，但我們却知道這一類的事是很多的。解放軍報却不敢多登了。總之，這都是非常荒唐的，非常盲目的。

反「毛澤東軍事思想」的思想在共軍內部存在

劉裕畧

大陸之窗

以毛澤東的著作而論，除了一些詩詞之外，尚有新民主主義論矛盾論及軍事著作等。過去長期實際指導共軍的即是所謂毛澤東軍事思想。

對此，今年四月十六日出版的中共紅旗半月刊曾有一篇「中國人民解放軍的民主傳統」一文說得很清楚。它說：「一九三二年以後的一個時期，黨內被第三次左傾機會主義者所統治，他們反對毛澤東同志的軍事路線。在軍隊建設上，他們取銷紅軍黨委制，不適當的强調了紅軍正規化。不重視在紅軍中實行民主制度。把紅軍的制度縮小為打仗一項。……削弱了軍隊內部的團結與外部的團結。第三次左傾機會主義政治路綫和軍事路綫的錯誤，使當時黨和紅軍遭遇到極嚴重的損失。遵義會議批判了和糾正了左傾機會主義的錯誤，確立毛澤東同志黨內的領導地位，從而使毛澤東同志的建軍原則在紅軍中恢復和發展起來，毛澤東同志提出的……經過長期革命戰爭和建軍實踐的考驗，証明是完全正確的。」這說明了毛澤東自建立共軍以來，很早即有一套軍事思想。其間雖曾一度被擯棄，但從遵義會議以後，又再支配了共軍，以迄於今。

我常常客觀而冷靜的看：毛澤東的詩詞，實在是幷不高明。偶讀一兩首還覺有些氣概，但把十九首詩詞全部通篇一讀，立刻覺得單調乏味。其間除了一味誇張以外，其它甚麼都沒有。新民主主義論與矛盾論也沒有甚麼創見。倒是毛澤東的戰畧思想，是較有所成的。正因為較有所成，所以共軍才由劣勢裝備與少數兵員經過長期鬥爭而終至席捲大陸。但在中共席捲大陸後淘汰舊軍建立新軍聲過程中，共軍內部却又隨處發現反毛澤東軍事思想的思想存在。

據一九五八年八月八日中共「解放軍報」說：「在學習一九五四年全國軍事系統的高級幹部會議文件事，鬥爭的矛頭又指向教條主義，全校組織忽視我軍優良傳統，輕視政治工作等不良傾向。幷且開始在政治教育中貫徹毛主席的哲學思想，恢復和發揚我軍羣衆路綫的教學方法。這一次鬥爭給教條主義又一個大的打擊。但還沒有使訓練完全擺脫教條主義的束縛，仍然有人不重視毛主席的軍事著作。……在學習毛主席軍事著作時，有些人對毛主席軍事著作能否指導現代訓練和今後戰爭仍有懷疑，有人說：我們現在學的是陣地戰，毛主席軍事著作中講的多是運動戰和游擊戰，今後還能用得上嗎？還有人說：現在學的是現代技術條件下作戰，進攻戰術一馬平推，毛主席講的是迂迴包圍，穿插分割的作戰經驗，今後用不上了，等等。」

由此可見，大陸共軍內部今日是確實有許多人輕視或反對毛澤東軍事思想的。平心而論，這種輕視和這種反對都很正確。何以說呢？毛澤東軍事思想雖有所成，但這是指過去打游擊的場合而言。毛澤東自民國十六年八月一日南昌武裝暴動後到井崗山，他雖不是軍人出身，却一直生活一直工作在軍伍中，加以那時候國共兩軍的裝備簡單，軍事技術與戰術亦不復雜，他既不斷用心認識問題考慮問題，再加上蘇聯紅軍先有黨委制度之成規可學，那末他對當時的戰爭攪出一套想法和作法，自亦尋常而合理，以其所見的規律與原則指導當時的共軍，因而使共軍存在發展乃至勝利，也幷非完全意外。但現在的情形則有不同。現在共軍走的正規化現代化的路，準備要打的也不再是游擊戰而是較現代化的戰。現代武器與現代戰術已經是科學與技術的結晶，既不像從前那樣單純，也不再是從前那樣陳舊。而毛澤東自己對現代軍事既沒有學過，現在又沒有在此種戰爭情況中生活和工作，他提不出適當的新理論來，自是必然的了。那末，毛澤東的軍事思想，無疑的，確實是過時了的。既然是過時了的，又怎能叫人心悅誠服呢？

所以，今日中共雖然在共軍中普遍加强貫注毛澤東軍事思想，但反毛澤東軍事思想的思想正也普遍存在。這實在是今日共軍的一大問題。

古巴華僑經濟面臨厄運

（古巴通訊）　聞人

　古巴「七、二六、」革命黨推翻獨裁者巴梯斯達的政權後，在革命領袖卡斯特羅的指導下，古巴共產主義的胚胎已經形成了。而在新政府的經濟政策之下，最苦的要算是華僑。

　儘管卡斯特羅一再否認他自己是共產主義的信徒，但他的一切政治措施，有許多是蘇聯社會主義的翻版。例如：（一）實行保障勞工利益，採取八小時工作及每週工作五天半的制度，勞工休息金及養老金。（二）沒收私人企業，歸爲國營。（三）實施土地改革，沒收私人土地，分配耕農……等等。有的已經改革完成，有的正在改革中，澈底的完成，也祇是時間問題。

　對於勞工例的執行，卡斯特羅更是如火如荼，用最嚴厲的手段推動，以保障勞工的利益。譬如革命前，雜貨店工人每週工作六天半，（僅星期日的下半天休業）每天工作的時數，至少十二小時以上。近月底和月初開始的一週，工作較忙。往往超過了十六小時，並不算奇。現在，在新勞工例的實施下，工人的工作時數有合法的規定，不在話下，而且待遇也較前爲優。因此，一般勞工對於卡斯特羅眞是感激零涕，視如再生父母，但就苦了一般小資本商人，他們面臨經濟崩潰的危機。

　革命後的古巴土改，雖然中途遭遇困難，但卡斯特羅不理會地主的反對，將一意孤行實施到底。因爲古巴的大地主，都是擁有廣大的農場、牧場、蔗園、果地和菸地，這些地主又都是富埒王侯，家肥屋潤，他們在革命後，大多數老早跑到國外作寓公，所以卡斯特羅的土改命令頒佈後，雖限期地主交出土地，結果因地主早已聞風而逃，只得於限期屆滿時，由政府派員接管，然後根據土改法分給耕農。

　至於企業國營化計劃之推進，已逐步接收了許多本國及外國人（包括美國人的在內）的大企業，如亞灣拿首都的最大企業，唯一街市，亦早由政府派員接收，在該街市經營各項生意的本土商人及華商，他們雖是擁有一個小小的時果攤位，但在業權轉讓時，往往獲三幾千元的厚利，有的小資本華商在該街市經營生意幾十年，平日所獲已經不菲，加上出賣攤位所獲的利潤，儼然面團團作富家翁，大可富足榮旋，回到香港優遊渡日了。

　現在，古巴的局面一切都大變特變了，小資本華商這種黃金美夢也幻滅了，他們再沒有那種轉讓攤位的權利，如果因年老或回唐停業，攤位就歸爲公有，由政府標貼出租。小資本華商遭受這種打擊，確實非同小可，但局勢使然，又有什麼辦法呢！

　其他散在各街道經營生果店的華商，因爲利潤特厚，成本又少，往往獲利甚豐，很容易發達，可是現在情形不同了。由於政府限制物價，賣出的價錢往往低過成本，因此，屬於這一類的華商無不叫苦連天，與雜貨商人遭同一的厄運。假如古巴政府將來進一步做傚中共的人民合作社制度。在各街道偏設合作社，影響所及，一般華商的生果店及雜貨店，就非自動關門大吉不可，而華僑經濟的破產也就隨之而來了。

　古巴華僑經濟命脈的危機，不止上面所述各點。古巴政府嚴格管制外滙的實施，限制華僑滙款，在革命初期，每人每月限滙二百五十元，到五月間，忽又改爲限制每人每六個月祇得滙出一百元。此種外滙條例的修改，原因是防止資金外逃，有傷國家經濟命脈，尤要者，防止被打倒的前政府巴梯斯達及其擁護者利用外滙購買軍火運回國內再起革命。在此種管制外滙條例的嚴格實施下，一般華僑之有親友居港等候滙欵接濟者，已不可能。因此生活大受威脅，情況一定非常悽慘。同時，一向從事黑市外滙的華商，乘機圖利，比方革命前每滙一百元港幣，僅需美金十八元左右，現在高抬至二十六元滙港幣一百元，無形中把港幣提高了，華僑便又吃一次大虧。有的華僑不甘受損失，向與古巴連近的不受該外滙管制條件束縛的地方，設法駁滙，接濟居港的親屬，但能順利收效者甚尠。總之，旅居古巴的華僑，目前的處境已經非常痛苦，如果卡斯特羅政權有存在的一天，繼續執行「社會主義化」的共產政治，那是無可置疑之事，所以華僑的未來命運，勢必從逆境中急轉直下，將與東南亞之印尼華僑所身受者，恐沒有什麼差別之處。是以筆者爲各僑商借箸代籌，應從速設法把現存資金外移，不要再經營較大規模的生意，以便到了在古巴確實不能立足時，忍痛犧牲一點，易地營謀，最爲上策。

日本社會黨面臨分裂

觀海

　日本社會黨已面臨分裂的邊緣，由於「驅逐西尾末廣事件」的引起，本月中旬的社會黨全國代表大會，已達到內鬨的高潮。雖然由於黨內各方的斡旋，西尾一派的黨員目前還沒有公開脫黨，但西尾派退黨潮仍在醞釀之中，可能會終於走上分裂的道路。

　本月十二日開始的社會黨全國代表大會，已在一種不平凡的氣氛中舉行。因爲這代表大會已受左派所控制，而事先就已知道左派醞釀要在這次大會中，「驅逐西尾末廣」。果然，十三日那天，這提案被提出並且通過「交黨紀委員會處理」。這麼一來，就激起了嚴重的風潮。十四日，西尾一派的代表，全體拒絕出席大會。

　西尾末廣是社會黨最右派領袖。西尾本人，以一打鐵學徒出身，自四十年前大正時代，即參加當時初萌芽之工會，歷在勞工運動中與警察衝突，被毆重傷，屢嘗鐵窗風味。終成爲工會領袖，復獲選爲國會議員。戰後，片山哲與西尾等組社會黨，一度組閣，片山任首相，西尾爲國務大臣兼內閣秘書長，執行實際政務。蘆田均組閣時，西尾代表社會黨任副總理。兩人均因「昭和電工貪污案」被控，但清查西尾私產，僅有現金二萬日元（約三千元港幣），此外別無長物。因此反而增加各工會對西尾之信仰。

　但社會黨左派領袖，現該黨黨魁鈴木茂三郎等，則與西尾積不相能，因兩派政見極爲歧異。尤以左派方面，實力操於日本最大左派工會「總評」之手。對於主張勞資協調的右翼西尾派，更視若眼中釘，大有非予拔去不已之慨。

　這次由左翼發動的驅逐西尾運動，指稱西尾「叛黨」，因西尾主張日本應有防衛力（贊同美日聯防條約），同時，西尾曾訪問台灣，且發言支持中華民國，認爲「違反黨的政策」。社會黨在防衛問題上，主張廢除美日聯防，而與蘇聯中共訂互不侵犯條約；在中國問題上則標榜要與中共訂交。

　對於這種由左翼佔優勢所發動的主張，西尾則不以爲然。他認爲日本既係自由國家，則與自由國家交好乃當然之事。至於美日同盟，西尾說：即使修約不能成功，這同盟也「還是要存在的。」自從西尾登上政壇以後，由其主張及處事，人們即稱西尾爲一「現實的政治家」，因他絕不唱高調，不好高鶩遠。他反斥左翼「與蘇聯中共互不侵犯」爲「幻想」！

　實際上西尾與左派的歧見，其間涉及極基本的問題，即社會黨的「黨性」，究爲「階級政黨」？抑係「國民政黨」？西尾認爲社會黨向來是國民政黨，雖走社會主義及勞工路線，但不放棄國家立場，若以國家安全寄諸一紙與共產國的條約，對國家無乃太爲危險。但標榜無產階級的「總評」及以「總評」爲中心的左派，遇事徒拾蘇聯中共的牙慧，且極力要把社會黨造成「階級政黨」。他們的要驅逐西尾，就是希望造成左翼壓倒或清一色的勢力。

　西尾派原已準備退黨，但由右翼另一派淺沼稻次郎（現任該黨幹事長）的斡旋，暫時不作退出，以觀望黨紀委員會將對西尾採何行動。可是左翼對於西尾的存在，似乎終於不能忍受，而西尾則堅持主張，決不讓步。社會黨要保持免於分裂，前途似乎並不樂觀。

（東京通訊）

僑鄉近訊

穗共又屠殺香港歸僑

　據來自廣州而業經証實的消息：由香港返大陸探親的僑胞黎子俠、馬輝、吳栢蓮、徐庭漢、莫如桂、杜祥麟等六人，均已被處死刑。另有鍾文才、李球、鄧標、范釆凝、張自強、呂瑞瓊、倪愚、葉賢芳、陸殷、嚴楚云、周文秀等十一人，先後被捕，刻在羈押審訊中；一般推測，他們也難逃死刑的厄運。據悉：穗共此次屠殺和逮捕上述各僑胞，都是加上「國特」的罪名，誣指他們係奉派入大陸執行爆炸、縱火、破壞等特務工作者。——中共暴行史中，從此又多增了血腥的一頁。

共軍軍官強姦僑眷殺人滅口（福建）

　僑澳之閩籍商人柯仲田，本月十二日接得其家鄉（晉江石獅）來信，畧謂：「汝之姪女柯惠緣，於六月廿九日深夜，突遭共軍一軍官強姦，事後向母哭訴，但因當時仍在該軍官的魔掌控制下，無法可爲伸雪，忍至七月中旬，始向「婦女會」提出控告；詎是晚惠緣即以暴斃聞，死後七竅流血，遍體呈瘀黑色！據鄉中父老忖測，惠緣之死，顯係被該軍官所毒害，此乃該軍官殺人滅口之殘酷陰謀！……」柯惠緣的丈夫名蟻展平，現經商於菲律賓；她的翁姑均已逝世，僅與老母留居原籍，不料竟遭共軍淫辱，以至毒死，言之殊堪憤慨！

廣東各級共幹均已成爲「小獨裁者」

　廣東中共「黨委」頃又大力抨擊各級幹部，謂他們已染上官僚作風、積習而養成了無數的「小獨裁者」。據指出：各級幹部裡的官僚作風，最近演進得相當厲害；他們都是脫離羣衆而一意孤行，每當一些任務在開會討論當中，聽到贊成自己的意見時，就眉飛色舞，聽到反對自己的意見時，就大肆咆哮，有時還千方百計去整肅那些不贊成他的意見的羣衆。這種態度和行動，儼然成爲一個「小獨裁者」。——該「黨委」這一番坦白的話，眞的是把「小獨裁者」的嘴臉，描畫得淋漓盡致。

粵共推行「包超產」加深迫害農民

　邇來粵共再展開「增產節約」運動，在各縣各鄉「動員苦戰」，推行得如火如荼，而「三包」的耕作制度，便又告死灰復燃。所謂「三包」，就是包工、包產、包成本。在農村「公社化」初期，曾經一度雷厲風行，其後實行了「大兵團政策」，此種「三包」辦法才被擱置。迨今春中共發覺農民怠工現象嚴重，於是又舊調重彈，實行「生產責任」，對各農村的農民，指定耕地面積，撥出耕牛、種籽、肥料，交給由農民組成的生產隊，作硬性規定的搾取措施，「三包」辦法遂重告復活。在此包耕土地面積、包收穫產量、包耕作成本的迫害下，聞共方還將進一步的施行「包超產」——不祗包產，而且更要包超額生產，行見各農村農民，將更無噍類！

華僑故鄉百業凋零日用品益形缺乏（台山）

　台山縣城自實施「零售企業及基層批發企業商品資金定額管理」辦法後，市上日用品的供應，益形缺乏。原因是：各供銷部門對於經營計劃，立刻緊縮，寧願商品減少，也不願貨物稍爲積存，以免遭受層級的指責；影響所及，直接使到人民所需要的日用品，無一不是求過於供。刻縣城人民公社供銷部已規定了商品儲備和週轉天數，如布匹、日用品等，最高十二天，最低八天；時斷時續的商品如火柴等，最高十五天，最低九天；季節性商品如衣服、鞋帽、部份生產資料等，最高十三天，最低八天；其餘則採取「銷出再進」辦法。因此，此華僑富庶之故鄉，現亦百業凋零，僑眷生活陷於「百無」窘境！

——江水——

想起歐羅巴

趙聰

十年前，我在大陸上給共產黨「解放」了兩次：頭一次在北平，第二次在上海。也許這兩次「解放」對我的腦神經刺激得太厲害了吧，所以至我南來香港後，一切過去塵影，悉如烟雲飄散，不管怎樣吃力回想，也一丁點兒都記不起來了。好比說：我最愛的那個人的面型顏色，從前多麼清楚地雕琢在我的心版上，如今呢？她那臉蛋兒是方是圓是紅是白，早已模糊得毫無印像。說也特別，近來在中共出版的一冊「新民歌」上，看到這麼一句：「翻身的人兒喜在心，」突然使我想起了「歐羅巴」。

歐羅巴，並非地球上的歐洲，這裡是一個人的綽號。皆因此人生得奇醜無比，雖然誰也不知鬼是什麼面貌，可是人們都說他七分像鬼，便給他上了這樣一個封號。不過我至今還不能透徹明白，他的醜臉——或者說鬼臉，和歐羅巴有什麼密切關係。我像是曾試着猜過的：一個可能是：他滿臉大麻子好似羅底的密圈兒，麻子之間又點綴着七大八小的瘡疤，人一見他那副尊容就噁心要作嘔，因此即用歐羅巴諧嘔羅疤；另一可能是：歐洲劃分的國家最多，打開地圖，五顏六色俱全，境內山陵起伏，鐵路河流縱橫交錯，海岸綫曲折得奇形怪狀，則他的尊容亦彷彿似之，何處是阿爾比斯山，何處是多腦河；何處是波羅的海，也約略可指。無論哪種可能吧，歐羅巴的名字叫起來了，久而久之，他的眞性名反而湮沒不彰。人以歐羅巴叫他，他也以歐羅巴叫他的臉。他討厭他的臉，因爲有兩件他最喜歡的事都無法實現，就壞在這張臉上。他唱青衣唱得很好，投過王瑤卿的師，清歌一曲，玉潤珠圓，當時不次於朱琴心，常想票一下，只是臉上的凸凹無法用脂粉蕩平，這是一件。他比一般人更喜歡女人，常想講講戀愛什麼的，但是任何女人（除了娼妓）一見他就避之惟恐不速，這又是一件。於是他往往對鏡歎息道：「何時醫學界有新發明，治治我的歐羅巴！」

他是一個獨生子，家裡很有錢，少時候不幸生了滿臉的瘡，因爲嬌，治療得不適當，便落了滿臉疤痕；及長，又不幸生了天花。此蓋歐羅巴之由來也。某年，隻身負笈北平，在一野雞大學中混文憑。雖然醜，却愛風流，捧戲子，逛八大胡同，紈袴子弟派頭十足。那時最富裕最濶綽的學生，每年也不過花千把銀元；但他加倍都不夠。他父親雖不疼錢，只怕他把身體弄壞了，因此也給了他一個限制。不夠花，寫信要，要不了來。於是他想出了一個奇策，對父親說現在醫學發明了特效藥，可以把臉皮翻過來，叫做整容術，須住協和醫院；父親本一土財主，一聽大喜，馬上給他滙了大批錢來。這樣，他便放開心懷大樂特樂，眞是揮金如土。我是和他在票社裏認識的，那時他正花着「爲歐羅巴翻身」的錢，興高采烈，無法登台露他的青衣，便到班子裡和窰姐兒們彩排，拉我們票社的人去觀光。唱完了飲酒，大家同爲歐羅巴翻身而乾杯，盡歡而散。

暑假他回家，我們都替他揑一把汗，担心如何向他父親交代。誰知開學時他又回來了，仍然一貫作風，大肆揮霍。我問他：「歐羅巴未翻，你對令尊怎麼說？」他立時嘴裏「得兒嚨」起來，揚起右手用拇指和食指一拈一撚，「乓」的一聲，然後得意地說：「自有妙計安天下！」原來他當面欺騙他老頭子說，翻是翻過來了，只是裡面更糟，還沒有外面光滑，便接着又翻過去了，臨時來不及寫信要錢，翻過去的手術費、醫藥費同翻過來一樣多，只得向朋友們借了一大批債。當時笑得我差點破了肚皮！天下眞有這麼壞的兒子，也眞有這麼胡塗的老子，這才叫做無奇不有。

「翻身的人兒喜在心」，這句紅色歌辭移以詠當年的歐羅巴，再貼切也沒有。要說中共現在詠的翻過身來的大陸人民，除非是故作反語，不然的話，翻比不翻更糟，應是「惱在心」，又喜於何有？要麼，就得像歐羅巴那樣，叫翻過身來的人民再翻過身去。

聖戰（下）

梅茲

槍聲響了，　野猪倒下了，　野猪，　不是我要射死你，
因爲你闖進了我的青稞田，　使我不能生活。
——藏南民歌——

在亂石崗中，一個青年人正揮着帽向對面打手勢。幾十丈遠的對面，傳來了同樣的答覆，隨即，兩個人影又重覆隱沒在亂石後面，剛才的出現像是幽靈一樣。

這裡是一個峽谷，兩邊各有幾十丈高的山壁，中間有一條路。山壁上的人已在亂石後面隱藏得很久了，有幾個人甚至不耐煩起來，但是路的前面，却仍沒有出現任何有人來的跡像和聲響。

在這羣人中，最鎮靜的是羅珠南卡。羅珠南卡年紀還不很大，兩道眉雖然濃，却透着稚氣。他原是甘孜的一個農民，但三年前失去了土地的他被迫得拿起了槍桿，和搶走了他的土地的强盜在深山峽谷中，在森林裡和草原上作生命相搏的周旋。

在每一個靜寂的時候，羅珠南卡總要想起他那可愛的妻子和那兩個活潑的小女孩，但現在她們都不在了。自從羅珠南卡進了西藏以後，他的家眷和他的一切就都被充了公。每當想起他小女兒的笑靨時，他在感到一陣心痛之餘，就會不知怎地產生出一股莫名的力量，使他端起武器時連兩條手臂也化作了鋼鐵鑄成的武器。他的勇驍善戰，使他成爲和他同命運的人的首領。

現在，又一次搏鬥正在等着羅珠南卡，他全神貫注地凝視着前方，準備在最適當的時候放出第一槍。陷阱已經佈好了呀！網也早已張開了，野獸啊野獸，你怎麼還不投入來？

那俯伏在山石旁的幾十條黑影，如果不是睜大了眼仔細地看，誰都會以爲也是些亂石。但是俯伏着的人，他們都能聽到相互間心跳的聲音和冒火的眼睛。在等待中的時刻是特別長的，從黃昏等到現在，好像過了整整的一年一樣。蹲在羅珠南卡傍邊的一個中年婦人輕輕地推了推他，細聲說：「是不是古宗和扎瑪被他們……」

羅珠南卡做了一個手勢，令她不要出聲，一面將嘴湊到她的耳邊，用低到虫叫似的聲音說：「阿姐拉（藏語，對比自己年長之婦女的愛稱），捉大狐狸要用耐心的呀，古宗雖然有些傻頭傻腦的，扎瑪却是有名的精靈鬼呢！」

靜默仍然持續着，雲彩遮住月亮，又給微風吹開去，羅珠南卡的頭突然向上昂高了幾分，豎起耳朵，極目向前，然後向身後擺擺手，又向對面懸崖上做了一個手勢。一刹那間，誰都明白來了！

果然，在路的前方，隱隱約約地多了一羣正在移動的黑影。黑影漸漸近了，在彎月下光線雖然弱，也可以看出那是一隊騎兵。事實上很多人早就從騎馬的姿勢上判斷出，那在最前面的兩個是自己人。

隊伍漸漸地走近峽谷了，羅珠南卡的手指已經緊緊地黏在輕機槍的扳機上，只要那隊人馬全部進入峽谷，他的手指只要一動，大功就告成了。隊伍進入峽谷並不要化多少時間，但是羅珠南卡的手指並沒有動。因爲他已經看清楚，在扎瑪的背後，有一枝槍管像蛇一樣地盯住她。

在這短短的幾分鐘中，羅珠南卡的腦子像正在滾開水一樣，上下翻騰。這個平時衝殺絕不皺一皺眉頭的勇士，這時却躊躇了。古宗和扎瑪是最好的青年人，是藏族最潔淨的珍珠，如果他一動手指的話，雖然那一隊敵人個個都要躺在峽谷之中，嘗到他們平時所作的惡行的報應，但古宗和扎瑪却也無法倖免的呢。

隊伍仍然在前進，已經全部在峽谷中了。伏在懸崖上的人聽不到他們隊長所發出的第一槍，神色越來越焦急了，他們都偷眼望住羅珠南卡，只見他像一尊佛像一樣地呆在那裏，眼睛直挺挺地注視着下面。

下面，古宗和扎瑪也已經覺察到事態的嚴重性了，他們相互對望了一眼，也想不出任何辦法來。隊伍悄悄的向前走，古宗已經走出峽谷了。這時，扎瑪突然抬頭向天，用手一指，尖叫一聲：「啊——」，叫聲劃破了黑夜的靜寂，顯得特別刺耳。應連長和陳書記不自禁地隨着她所指點的方向瞧去，就在這一瞬間，兩匹白馬，突然離開了隊伍，向左右兩方竄去。也就在這時，陳書記手中的駁壳槍對準了向左去的那匹馬，砰砰砰連接三槍，白馬上的騎士幌了幌，却並沒有倒下，很快地就隱入亂石崗中，消失了。

陳書記還想舉槍向上空放，命令退兵，但已經來不及了。整個的懸崖，在即刻之間好像全部崩塌了一般，馬嘶、人叫、槍嘯，合織成驚心動魄的大聲響，聲響並沒有繼續多久，一切又恢復了寂靜。

羅珠南卡站了起來，在他來說，這樣的仗已打了不少次了。但這回却是他第一次嘗到自己反抗勝利的果實，他們看到平時兇橫霸道的强盜，現在却一個又一個地倒在脚下的時候，歡呼聲再也忍不住了。

在大家的歡呼聲中，羅珠南卡發現了古宗和扎瑪，古宗緊緊地抱住一塊石頭，血已把綢袍染成了一大片，臉上因爲興奮和緊張而出現了病態的紅暈。扎瑪蹲在他的身邊，正在柔聲地安慰他。

羅珠南卡走了過去，輕輕地叫了古宗一下，說：「這次的大功是你的！」

古宗掙扎地笑了一下，回答說：「强盜怎樣對待我的父母，我就怎樣對待他們，佛爺是有眼睛的。」

羅珠南卡看着扎瑪，三人都發出了驕傲的微笑……。

詩三首

黃崖

流浪漢

穿一身破爛的衣服，
披一肩人間的苦難。
拖着草鞋的粗壯雙脚，
傲然跨進野店的門檻。
拋兩個銅板，換一杯燒酒；
一滴酒是一分熱、一分力量。
舉頭望出披着紫藤的窗外，
黃沙飛揚的路向前無限地延長。

已去的

已失的時光最爲美麗，
已去的往事最堪回憶，
已破的長夢最可珍貴，
已成的奮鬥最有價值。
既碎的友誼最難完整，
走過的道路最有光彩，
凋謝的花朵最多嘆息，
死去的生命最爲毒臭。

祈求

絕望於人間的奔波，
俯首來到神祇前，
心跳得比木魚聲還急；
喃喃不停地唸經，訴不盡一切地煩惱。
聲聲的許願，緊緊地叩頭，
爲求一聲聲聞不到的應允。
希望隨香火升起，
香火却消失於渺茫的空中。

最近在大陸去世的三位老人（下）

冒廣生　張元濟　冷遹

舜生

二

截至現在爲止，關於冒鶴老的生平，我所知道的只有下舉的幾點：

一、他是清光緒甲午年（光緒二十年，即一八九四年）的舉人，關於這方面，他算不大得意，因爲他始終不曾考得一個進士。

二、他是咸同間一位頗有名的文學兼收藏家周季貺（星詒）的外孫，當周氏去世時，便把他所藏的書籍，全部給予這位能讀書的外孫了。同時，他又是一位名翰林瑞安黃叔頌（紹第）的女婿（黃即他中舉這一年的副主考）。這兩件事對鶴老後來的修養和社會地位都不無關係。

三、鶴老生長於廣州，能操流利的廣州話，因此，他以一個「外江佬」的地位，能與廣東不少頗有名氣的文人做了朋友。

四、他是清末農刑部的一個郎中，入民國後在浙江和江蘇任過兩次的關監督（一次甌海關，一次鎮江關），但他似乎並沒有多的錢。

五、論年齡，鶴老長於胡展堂六歲；論親戚，則鶴老於展堂爲晚輩；從展堂的「不匱室詩鈔」，我們可看出他們兩人間的交誼不薄。

六、近見某君記鶴老遺事，謂鶴老於汪精衛在南京倡和平反共時，與汪偶有週旋，因而於鶴老頗致譏評。實際和平反共在當時不失爲一種政治主張，其是非尚有待於論定；況汪在革命史上自有其地位，亦決非因此一事所得而一筆抹煞；更何能以此而牽及鶴老？自三十八年共黨蟠踞大陸，一時名士學人不及走出者，殆十之七八，此乃政府棄人民，並非人民棄政府，吾人更宜分別觀之，不可一概論也。

近五十年間，鶴老幾乎完全是以一詩人的姿態出現，他早年所刻印的「小三吾館集」數十卷，我不曾見過，茲從陳石遺（衍）所輯「近代詩鈔」中，錄出他的一首五古，詩甚整潔，不失爲他的代表作，不僅可從附注中知道有關他的若干故事，並可見其懷抱的一斑，原詩如下：

庚申正月九日，里居不戒於火，藏書焚盡，詩以志痛，並告海內。

書鈔閣藏書（外祖周季貺先生得孫淵如嚴鐵橋諸老所校明臨宋本北堂書鈔，以名其閣），得自帶經堂（福州陳氏堂名），乾嘉諸老輩，雜遝施丹黃，晚歲苦鰥獨，故事仍中郎（甲午歲，余舅氏雲將逝世，外祖仍中郎仲宣故事，藏書悉歸余）。薄宦二十年，出入恒携將，儆居近廠肆（京邸在後孫公園），寓目皆囊緗，俸錢到手散，喜得琅嬛藏（丁巳歲始贖集賢街老屋藏書，其中榷關潤州，不復自隨）。何圖絳雲樓，一夜遭天殃，嬴秦毒再見，文武道實傷。有客爲我言，此書殊不祥，周先既買禍，萬里幾投荒（光緒初丁雨生中丞覬外祖藏書甚切，外祖有不能爲郁泰峯一語，致觸丁忌，上書嚴劾，罷官遣戍），君亦坐嗜此，蹭蹬名利場，爲君誦柳文，賀君今吉昌。收涕謝我客，客未知我詳，自從更憂患，萬有歸空王，明知一邱貉，聚散理不常，與其聚殲旃，孰若散四方？所嗟三百年，文獻湮莫彰，平時慕遺山，嘗慨野史亡，私冀宦早成，歸去羅典章，結亭傍家衖，著作青藜光，今來付一炬，此願云何償（焚書除精本孤本外，尤以順康至光宣十朝名人專集多至二千餘種，皆關掌故爲可惜），甯惟負周先，所負斯文喪，銘心總絕品，合眼卻易忘，作歌告君子，何以解我腸！

去年春天，友人某君約赴新界「容龍別墅」午餐，君左及鶴老哲嗣季美兄均在坐，君左出鶴老近作「賀新郎」詞示余，余讀之不勝感慨，君左已有和章，余亦賡歌一闋，茲併鶴老原作錄在下面，以記此一段文字因緣。我學填詞，這還是第五次的習作，內容自不值方家一笑。

賀新郎（鶴亭）

殘夢隨流水，算匆匆一周花甲，不過彈指。猶記泥金朝報到，曾博衰親顏喜，也曾博鄉鄰稱美。暮四朝三棋局換，笑一錢不值今如此，舊時燕，巢空矣！霓裳曲破倩誰理？數京華紛紛冠蓋，眼前餘幾？頭白蕭疏成二老，相望東南千里，寫一幅丹青遙寄。佛法本來無我相，問故吾紙上非耶是？是天寶，前頭事。

前調（君左）

敬步冒鶴老前闋韻

水繪園中水，廿年間徘徊依慕，陳跡難指。三世交親同骨肉，百代風流同喜，數天下無如此美。烽火淮南鴉背冷，被罡風一陣吹來此。家國恨，泫然矣。　而今枉自將愁理，悵前輩凋零殆盡，所存無幾。魯殿靈光唯鶴叔，目極神州千里，憑一瓣馨香遙寄。嘉話春秋圖卷展，看滿腔幽憤猶如是。眼中淚，心中事。

前調（舜生）

讀冒鶴老賀新郎詞，悲涼悽麗，殆難爲懷，敬步原韻，勉和一闋。

吳淞半泓水，卅年間匆匆一夢，歸期難指。蠻觸蝸爭爭一瞬，得失何關憂喜，且一覽江山信美。漫言豎子竟成名，數今來古往多如此。拔劍起，鷄鳴矣！　家園破碎從頭理，爲問他沐猴冠帶，屍居能幾？少年徒侶沉淪久，淚眼看雲萬里，只賸有相思堪寄。待從容攬轡登車，幸壯懷激烈今猶是。共携手，事所事。

君左最近自星馬回港，聞鶴老溘逝，特作長聯一首輓之，茲一併錄在下面。

萬方悲萋謝，空悵望黃浦灘頭，太平山下，千古靈光照耀，素車迎白馬，歷百世德澤長留，自有好兒孫數脈担承，已可解老人生前寂寞。

三代仰淵源，總難忘臨江寺畔，玄武湖邊，幾回杖履追隨，蒼狗幻紅羊，遂一旦音容永隔，倘與先父叔九天相晤，幸莫提姪輩海外飄零。

三

冷禦秋我儘管很熟，但就他公生活的方面來說，可記的事似乎不多。

他是一個軍人，以他的質素論，如果在一個上了軌道的國家，他應該是一個很好的軍人。可是他自從參與過民二的二次革命以後，他便似乎沒有繼續在軍界服務。在抗日以前這一段很長的時間他究竟幹了些什麼，我也全不明白。記得有一次我到鎮江旅行，和一般朋友談到他，也只知道他的鄉評很好，其時他好像是担任着一個女子職業學校的校長。

我和他混得很熟，完全是抗日以後的事，其時他已經和黃炎培的關係很深，儼然是『職教派』的領導分子之一。他給我的印象是樸實；不輕於說話，偶然和他談談，却又言之有物；正義感責任感都很強，隱然有一種不可犯的崖岸。黃炎培與人相處，好像是面面俱到，但大家對他不能無戒心；冷則一片純眞，大家都樂於和他接近。

國民參政會八年，他始終是和我們共事的一個，他雖然沒有如何赫赫的表現，可是遇到一個他確實了解的問題，大家對他的意見，却都樂於傾聽。

他也是『民主政團同盟』的重要分子之一，儘管不是如何的積極，但遇着什麼小風小浪，他却决不像黃炎培那樣的趕快開溜。

他也是同我們一陣到延安去參觀的六個參政員之一（除他和我以外，其餘的四人爲褚輔成、黃炎培、傅斯年、章伯鈞。時間是三十四年的七月），留在延安的五天，他和黃炎培與陳毅談得最多，其時的陳毅還是『江北王』，他們所談的，大致也以江蘇的地方問題爲限。假定這個十年，共產黨依然保持當日延安的作風不變，或者能保留得十之四五，我想他是可和共產黨合作的。不幸事實大謬不然，所以他只能以苟全性命的姿態，負着一個江蘇省副主席的名義，默默地死去！以毛澤東的誇大，周恩來的圓滑而輕浮，劉少奇的貌似深沈而中無所有，像冷這一類型的人物，除『默默地死去』以外，也當然不能有其他任何的表現。

我和冷的接觸，不少於十年，我從來不曾看見他穿過一件像樣子的新衣，從來沒有聽過他一句類似兒戲的談話，當然更沒有烟酒這類不良的嗜好，有一次我在清晨七點左右到重慶觀音崖的職教社去看他，他正以一碗稀飯，一碟鹹菜在那裏過早，可是與他談到某一問題，他却有他一定的態度，决不隨便就唯唯否否……，就一切淪陷在大陸的朋友來說，我總覺得冷禦秋是最值得懷念的一個，但不幸他現在已經死了。

趙四曲

徐亮之

前閱報載，趙四死矣！趙四之事，夫人能言之。感而賦此，以告國人共哀之。

趙家有女如花妍，綠髮將軍最少年。將軍奉令不守邊，竭來花底會神仙。天生麗質自輕盈，滿堂美人獨目成。當時但說小喬嫁，誰憐妾身未分明！邊關坐失議紛紛，不咎軍令咎將軍；國人一口皆欲殺，將軍五內始如焚。忽報赤眉過關隴，再令將軍賈餘勇。將軍自矢勇有餘，兄弟鬩牆古所悲；下策竟出鬻拳諫，諫之不得東身歸。束身歸罪罪何有？謂以幽囚代懸首。幽囚今已廿三年，覆盆何以望青天!?廿三年來幾變遷，山盟海誓故依然；曾共熄烽詛落日，更來新竹洗溫泉。溫泉初不澆塊壘，花羞並蒂枝連理。無人會得此中哀，囹非囹兮圄非圄；夫非夫兮妻非妻，生非生兮死非死！盤雲無復紅玉春，將軍白髮爛如銀；血枯淚盡腸寸寸，一瞑委如清路塵！

四八、九、十　亮齋燈下

聯合評論
週刊
United Voice Weekly
本刊已經香港政府登記
每逢星期五出版
第五十九號
督印人：黃宇人　總編輯：左仲平
社址九龍金馬倫道卅八號三樓　電話61413
承印嘉羅印刷有限公司香港灣仔馬師道C5
總代理：友聯發行公司　售價每份港幣一毫
本報美洲版總經售處美國紐約中美出版社
CHINESE-AMERICAN PRESS, INC
199 CANAL STREET.,
NEW YORK31 N. Y. U.S.A.
美洲航空版零售每份美金一角

和平、戰爭、與世界革命

我們先哲的垂訓

左舜生

在過去的若干年，世界上可能還有一小部分人天天在那裡期待戰爭；很顯然，還有一部分人，口頭上儘管也高呼着和平，但他們內心的打算，他們實際的行動，却依然是在製造戰爭。

中國歷史上的哲人，大抵是傾向和平而厭惡戰爭的，所以老子說：『兵者不祥之器，非君子之器，不得已而用之，恬淡為上。勝而不美，而美之者，是樂殺人，夫樂殺人，則不可以得志於天下矣……。』我們的孔老夫子，他對戰爭便連談也不高興談：『衞靈公問陳於孔子，孔子對曰：「俎豆之事，則嘗聞之矣，軍旅之事，未之學也。」明日遂行。』孟子排斥戰爭更力，他說：『……爭地以戰，殺人盈野，爭城以戰，殺人盈城，此所謂率土地而食人肉，罪不容於死！故善戰者服上刑……。』至於墨翟宋牼這類酷好和平的人，他們更不願以徒托空言自限，還要以身作則，儘他們個人的可能，以行動去阻遏戰爭。我總覺得，我們這般哲人的垂訓，確實是我們民族遺產中最可寶貴的一部分，今後我們應該以大力去加以發揮。

國內革命的痛苦

凡平日不假思索而輕言革命的人，大抵多屬不逞之徒，動機每不可問，其真正有一種悲天憫人的懷抱，認為非假革命手段不足以出民於水火的人，大致在一萬個人中，也不容易發現一個兩個。

凡革命大抵與戰爭為緣，真正不流血的革命，在歷史上可以說絕無僅有。革命又每每有其循環性。凡發動革命者，類多性情豪放，頭腦簡單，往往只有一個空空洞洞的理想，或一個粗枝大葉的方案，再加上一個簡單明瞭的目標，至於因革命而引起的一切事變，決非他們在事前所能燭照數計而預先有一套對策去加以消弭或制止。因而一個國家一經進入革命的動亂，多數總是能發而不能收，其過程非歷數十年或百年不能得其止境；在這一過程中橫被犧牲而陷於哀哀無告的苦境的，便是這一國家裏面大多數的人民！他們應付這種惡劣環境可能採的態度大抵不出兩途：其一是俯首聽憑這一類革命偉人的擺佈，其一則另圖結合而實行反革命。實際反革命也就是革命之一種，在主張革命者看來，並不是什麼惡名，不過說明革命有其必然的循環性而已。

在革命過程中另一特殊的現象，便是對於人才的反淘汰作用。大凡一個革命集團的形成，一定具備若干的人才，人才集中得越多，成功的可能性便越大。這種所謂革命人才的特色，往往是純潔而勇敢，有豐富的感情，為了實現他們的理想，不惜犧牲一切。凡革命都不是一舉可以成功的，必須經過無數次的頓挫或失敗，其時間可能延長到十數年或數十年也不一定；在這一頓挫與失敗的期間，其首先被犧牲的，一定是這一羣純潔、勇敢，而又重感情的革命鬥士。革命的頓挫與失敗固然可以磨練人才，但人才不能不因這種頓挫與失敗而大量消耗亦屬事實。只有那種巧於趨避，或富有機智的分子，乃在革命過程中可以倖存，可是這種人在本質上成為一個人才的可能性便很小。這還是就革命的前期說。一旦進入第二期，即革命已接近成功，或已經得到初步的成功，於是大批帶有投機性的分子必紛紛加入，他們在姿態上可能表現得更革命，而實際則不革命，質言之，他們是想來分享革命的果實，而並無冒險犯難來參加實際革命的存想。等到這類的分子越來越多，原有的這一革命集團便必然開始腐蝕，甚至分化與派系的建立，也就在這個時候有了萌芽。

所謂革命的成功，實際便是部分政權或整個政權的取得。革命既是少不了武力，則軍人一躍而成為領袖，也就事屬尋常。可是軍人往往重實力而輕理想，政權既是由武力取得，他們便自自然然的視武力為萬能，於是這一集團內原有的文人，其勢便非倒媚不可！再加上一羣投機分子，更是最現實不過的，他們眼見大權已集中於軍人之手，於是一切趨炎附勢的嘴臉，乃至吹拍迎合的伎倆，也就自自然然以這一握有實權的軍人為施展對象。自然，軍人中也偶有眼光遠大頭腦敏活甚至公忠體國的特殊人物，不過就一般說來，究竟比較的簡單，他們環顧左右，既無一而非奉命惟謹之人，其原有的那些老同志，早已死者死，殺者殺，拘囚者拘囚，放逐者放逐，事態已演變至此，您還想他們顧到原有的革命理想，不走上獨裁的道路，豈不等於痴人說夢？

近代的革命，無論是以殖民地起而反抗其宗邦，或以人民起而推倒其王室，其傾向總是要求民主，因此，凡革命成功後便立即走上民主道路的，其國家可以漸趨安定，而日進於康樂富強，否則便惟有內亂迭起，循環報復，所謂革命者既無已時，而革命也就為世人所詬病了。

以上還是就一個國家以內的革命說。

反對殘酷的世界革命

現代的所謂共產黨，其革命乃不是單一的，而是二重的，換言之，他們首先既要從事國家內部的革命，第二步還有所謂世界革命，牽涉的範圍既如此之廣，而遠景更是如此的變幻莫測，其殘酷將十倍百倍於一個國家內部的革命，自不難想象。因此，就一個國家來說，我們必須要求民主，反對獨裁；就整個世界來說，我們必須要求和平，要求真正的和平，永久的和平，反極權，反奴役，反飢餓，尤其要反對虛幻與誇大的世界革命！現在共產集團，一面炫耀他們的武力，一面高呼和平，這種所謂和平當然是虛偽的，一時的，手段的；一面向四面八方力求擴展，一面又高呼共存，這種所謂共存，當然是欺騙的，偽裝的；我們決不應該為這一羣騙子的花言巧語所動。

論赫魯曉夫的和平攻勢

馬煥然

赫魯曉夫訪美是一件大事，赫魯曉夫訪美展開和平攻勢更是世人注視的一件大事。

有人說，決定艾、赫互相訪問是修正以前國務卿杜勒斯的外交路線，現在美國對外政策的顯明轉變，主要是執政黨採取和平姿態，預備應付明年大選，以便拉票；又有人說，決定艾、赫互訪是柏林問題陷于僵局，大有導向戰爭邊緣，一觸即發的可能；還有人說，決定艾、赫互訪是蘇聯的科學有了驚人的進步，為了緩和世界局勢的緊張，是必要的，加之國際間的壓力，尤其是英國妥協主義的高漲。

上面這幾種看法，當然有些道理，而不能作為充分論據。我以為促成艾、赫互訪的真正動機，是起于美國民主黨領袖史蒂文生和前美國紐約州長哈里曼訪蘇歸來之後。由于史蒂文生和哈里曼訪蘇歸來發表了訪蘇觀感，這報導不僅影響了美國人民以往對蘇聯的認識和視覺，而且也直接影響了白宮的外交政策。因為史蒂文生和哈里曼訪蘇觀感報導中有如下的結論，是值得注意的：

（一）蘇聯人民已無仇視美國人民的心理，蘇聯人民是渴望和平與美國友誼的，目前和平不是蘇聯政治上的口號。而蘇聯人民學習英文，第一個字便是友誼，這是蘇聯人民酷愛和平的象徵。

（二）他們和各階層人民的接觸訪問，並無人想改現行制度的傾向，對已故杜勒斯所堅認為蘇聯人民已開始向現政權叛亂的幻想，無迹象可尋，而感到遺憾。

（三）最合理的對蘇聯的希望不是它的瓦解，而是應該促進它為一個較少侵畧性，不危及和平與人民的自由制度；

（四）他們深信不疑的看到蘇聯的農業，礦業，煤業生產力擴大，較兩次大戰前提高數倍，以前不毛的草原，現在變為綠洲，是值得注意蘇聯生產力量的；

（五）消失了秘密警察審判，人民言論較前自由，生活也有顯著的改善和提高。

因之，史蒂文生和哈里曼這些錯覺觀感，一經在美國發表之後，不但立刻改變了美國輿論，而且還給美國官方採納了，作為修改美國外交政策的資料，是無可置疑的。跟着在美國副總統尼克松訪蘇之中，就宣佈了美蘇兩國領袖的互相訪問消息，這裡不無蛛絲馬跡可尋。

於是，赫魯曉夫以一國元首身份，在本身堂而皇之登上了美國國土，大賣和平膏藥，公然聲嘶力竭的在聯合國大會叫囂裁軍計劃，以期獲得人類永久和平，還贏得美國一部份無識者的贊許；這是很遺憾的。

在短短的幾天中，赫魯曉夫曾利用陸空交通工具，在美國各地，作了六千里的漫遊，到處演說，其行跡已把美國橫斷了。他所到之處受到美國人的相當歡迎，也受到美國人的刻薄責難。不過，赫魯曉夫每次的演說中，我們並未發覺他的態度有什麼改變；對於國際問題，也未看出有什麼修正其以往的謬誤立場；對於結束冷戰，更沒有具體辦法提出，那些演說祇是一連串重彈和平濫調而已。

不過，赫魯曉夫訪美作了六千里的遊歷，作了無數次演說，無論如何是加深了我們的認識；這認識很明顯地瞭解到赫魯曉夫的訪美的真正陰謀，不是在溶解冷戰冰塊，也不是在打算從訪問本身上取得利益，更不想從艾、赫會談裏取得協議，其主要目的是想藉訪問機會取得國際上和西方國家有利的政治作用，達到強化和平攻勢，來造成自由世界和平安全幻想。

因為赫魯曉夫自登上赤色統治政權寶座以後，他的一貫政治權術是以宣傳和平，要求和平作為鬥爭手段的，這次在美國更為明顯。尤其赫魯曉夫在美國接觸各種階層，要求美國人民和蘇聯人民文化交流，貿易交流，尤為賣力，其目的不外獲得美國人民的歡心。所以我們指出赫魯曉夫在美國所販賣和平是徹頭徹尾的偽裝，在政治上至少含有誘降作用；在思想上含有麻痺作用；在軍事上有爭取時間，以圖準備作用；在經濟上有以競賽方式以圖變換對方作用。

我們希望美國提高警惕，如果赫魯曉夫的和平是出于誠心的話，那末，必先做到下列幾點的表現，來贏得世人的信任：

（一）宣告放棄共產主義赤色世界革命的主張；

（二）放棄控制衞星國家，解散奴隸勞動集中營；

（三）蘇聯自身先毀滅核子武器，擁護西方裁軍計劃；

（四）完成真正統一的德國，由德國全民選舉；

（五）宣告國際共產情報局解散；

這是考驗赫魯曉夫最低的和平尺度，也是迎接赫魯曉夫和平攻勢的具體有效方法。否則赫魯曉夫口頭上的和平，只是欺騙世界人民，埋葬資本主義國家的遮眼法而已。

郭沫若考察的晚周帛畫（上）

尹述賢

晚周帛畫，一共有兩幅，都是近年長沙楚墓出土的殉葬文物。除了陳槃氏的「先秦兩漢帛書考」中附考的一幅，文字發表在台灣歷史語言研究所集刊第二十四本上，已因原畫售給美國大學，不擬討論外，郭沫若考察的一幅，鑒別極爲離奇，可是郭氏是紅朝顯要，所以他的理論，顯爲大陸藝壇人士所宗尚。郭文載於一九五三年十一月號的共產黨「人民文學」，題目是「關於晚周帛畫的考察」。據郭加林的『屈原和楚辭』一書引據說：

「一九四九年長沙戰國楚墓出土了一張帛書；畫面上一個女子，腰極細，裝束美麗，她合掌敬禮，注視着面前的一夔一鳳的鬥爭……畫幅明顯的表示出鳳鳥的優勢……」。

又李浴的『中國美術史綱』引據說：

「畫的內容意義，據郭沫若先生解釋是：鳳代表善靈，夔代表惡靈，夔鳳之爭，而鳳得到勝利，是一位好心腸的女子，在幻想祝禱着，經過鬥爭的生命的勝利，和平的勝利。……這是善靈戰勝了惡靈，生命爭勝了災難；這是生命勝利的歌頌！和平勝利的歌頌」！

李氏對於郭氏的說法，並不同意，但又始終無法擺脫郭文演繹的梏桎；所以他又說：「這樣的思想意識，自然不一定是這片帛畫作者的原意。但從這畫的藝術性來說，却是綫條婀娜有力，它呈現了戰國時代楚國婦女的眞實現象，也反映了楚王好細腰的時風。左傳宣公三年，王孫滿說：昔夏之方有德也，遠方圖物，貢金九牧，鑄鼎象物，百物而爲之備，使民知神姦。郭先生以爲神姦二字，當分別解釋；即是善靈與惡靈，彝器中的夔紋饕餮紋，當屬於姦之類，別有鳳紋象紋等，當屬於神之類」。這都是郭文內容的引據摘要。

郭氏的考察，不辨時代源流，不藉史料，在考據學上是一種難見的例外。較適當的比方，或有如宋米芾所說：「今人不考古衣冠，皆使人發笑」。郭氏依鳳夔的古代傳說爲中心，輔以個人的現代意識，武斷那個女子，是好心腸的在祈禱和平的勝利，生命的勝利。其初苦於沒有可靠的佐證，乃不得不借左傳的神姦二字，作爲善靈與惡靈的注脚，無奈「神姦」在那段書裏，原爲「遠方圖物」的訓釋，因而心有不安，其後更不得不攀附上彝器的鳳紋夔紋了。如是望文生義，歪曲典籍的考察，豈不令人感到他的過分妄誕！實際上這幅圖畫的特徵，莫過於畫中女子的裝束，及其手上所持的器皿；第一是總髮垂髻，第二是博帶長裙，第三是卷雲錦衣，第四是手捧方籃，第五是籃盛稻莖。因爲不從髮型和衣式去鑑別。不足以判明畫圖的朝代。不從衣質和籃物去分析，也不能認識女子的身份。至於夔鳳的表面知識，顯然不够發現牠的整幅畫意的。更何況夔鳳的古代紀事，其說不一。而帛質的耐久性，能不能在古墓中，支持上兩千三四百年之久，還是這幅圖畫的基本問題呢？

鳳和夔的身世

「鳳凰見，則聖人出」，這是自古相傳的老話。可是周人看鳳凰，並非如此簡單。他們有用鳳來喻人間祥瑞，有用鳳來喻聖人歸隱，有用鳳來喻地位崇高，有用鳳來喻夫妻和順。亦即是說鳳凰的品德；高的時候比於聖人，普通的時候比於夫妻。儘管這些都是屬於善良的表徵，却毫無鬥爭的積習惡行，下面的幾段記載，就是很好的例子：

「少皥氏之立也，鳳凰適至，故紀於鳳」。左傳。

「吾聞南方有鳥，其名爲鳳。……鳳鳥之文，戴聖嬰仁，右智左賢……」。莊子。

「鳳兮鳳兮，何德之衰？往者不可諫，來者猶可追」。論語。

「有羽之蟲三百十六，鳳凰爲之長」。大戴禮。

「懿氏卜妻敬仲；其妻卜之曰：吉！是謂鳳凰于飛，其鳴鏘鏘」。左傳。

鳳是善靈，出入不算很大，倒是夔的品格，在周氏典籍裏，還難於發現牠惡跡的成分。有之，那只不過「一足」之辨而已。據呂氏春秋說：

「夔；舜時樂正也，相傳有夔一足之語，魯哀公以問孔子，孔子對曰：一足者，謂若夔者一而足矣，非夔只一足也」。

撇開夔的人的部份不論，則一足之說，並不一定就是惡物。而周代彝器，有夔紋，有饕餮紋，這是不錯的。饕餮之爲惡獸，照呂覽的說法，是「食人未咽」，也是不錯的。可是夔非饕餮，又何能混爲一談。而鐘鼎彝器花紋，據容庚先生的統計，有七十七種之多，却並無善惡之說。且宋人博古圖的周時鐘鼎彝器考，有夔鳳紋，亦有夔龍紋。夔以龍鳳名，雖姓氏不同，其非惡類可想。倒是龍與鳳並列，這種畫面在現代人的意識上，反爲二瑞之徵，又何致於有鬥爭的惡劣局面？案繪畫上的二瑞圖，最早見於漢人手筆；其遺留於世者，如山陽太守孫君的「麒麟鳳凰圖」，如武都太守李翕的「黃龍白鹿圖」，故洪适的「隸續」說：

「麒麟鳳凰碑，各以二字題其上，漢人所圖二瑞，獨此最爲奇偉」。又說：「漢代鳳凰集，郡國多有之，惟麒麟不多見耳」。

是知漢代人的圖畫二瑞，極爲盛行。只不過除了麟鳳圖，龍鹿圖外，沒有見到龍鳳圖的遺留罷了。雖然，夔有魅怪之稱，也是從漢人典籍開始，張衡賦云：

「殘夔魅與罔象」。

薛悰注曰：「夔；木石之怪，如龍有角，鱗甲光，於日月，見則大旱」。漢人的夔，有角而無足，或與周人傳說有別，都不關重要。而「見則大旱」，却和周代的旱魃爲禍於人相似，詩謂「旱魃爲虐」。究竟旱魃是怎樣的一種怪物呢？

「南方有人，長二三尺，袒身，目在頂上，走行如風，其名曰：魃，所見之國大旱，赤地千里」。神異經。

怪物和怪人，都可以迫使老天不下雨，這雖是兩個不相同的故事，實際是一個相同的結局，牠們都和雨有關係。

降雨之神有二；一是龍，一是雨師。如韓非子說：「昔者黃帝合鬼神於泰山之上，駕象車而六，蛟龍畢方並轄，風伯進掃，雨師洒雨」。如易經疏說：「龍吟則景雲出」。如「異怪錄」說：「此龍吟也，不久雨至矣」。龍能興雲佈雨，豈不成了殘夔和旱魃的對頭？又雨後之虹，亦不外於神秘，「丹鉛錄」說：「虹有形質，俗謂旱龍。」虹也是龍，倒與畫上之夔頗爲相似，而周代民間，却極敬畏；故詩云：「蝃蝀在東，莫之敢止」。然則，虹可能是龍，龍可能是夔，夔可能是旱魃，也可能是夔龍。傳說愈傳愈奇，我們能够接受這樣的證據嗎？漢書郊祀歌云：

「神之揄　臨壇宇　九疑賓　夔龍舞」

在這幅帛畫上的夔，據此可以斷言牠是被祈禱的神祇之一。

談急功近利

思遙

一九五七年七月十五日「人民日報」的反右派文章中，曾透露了陳眞如（銘樞）的指斥毛澤東之事。陳氏指出毛澤東有四大特點：「好大喜功，喜怒無常，偏聽偏信，鄙夷舊學」。斥毛「輕信幹部的虛假彙報與教條主義的分析方法；未經鄭重的研究，即作過激的決定。」這是緣於毛的急功近利性格使然。陳的指斥，我認爲是很切中毛的弊病的，有毛自己的話，可以作証。

毛澤東有次公開地說：「人們以十六個字批評我們共產黨，說我們『好大喜功，急功近利，鄙視過去，迷信將來。』是的，我們共產黨的確如是。我們好社會主義之大，喜社會主義之功；急社會主義之功，近社會主義之利……」（手頭適無原文可檢，上引只是大意。但我絕對保証所引，並無違背或歪曲的本意，也並非是斷章取義。）

「好大喜功」，「急功近利」的成語，毛自己也明白這不是什麼好的字眼，所以要急於辯白和解釋一下。他以爲加上「社會主義」一類的符號上去，就可變壞字眼而爲好詞句了。其實一句成語，是有其傳統的意義和習慣的用法的，自初鑄詞起而千百年流傳下來，大家對於那句成語所了解的意義，就是在流傳中爲大家所知和接受的那個意義，而非一兩個人所故意歪曲的意義。有意歪曲而就己，到不如另鑄新詞以表達己意爲佳。毛澤東說什麼「急社會主義之功，近社會主義之利」的話，意在辯護。但像這樣的辯護，稱之爲詭辯，還是抬高了它，其實不過是理屈詞窮耳。

漢代以後的儒家，多恥言功利，其實國計民生是應當講功利的，不過着一「急」字「近」字，就不對了，功利未得，反成罪弊。所以古今中外大政治家，講求功利，而決不急功近利。西哲某氏嘗撰文辨別「政治家」和「政客」二詞。他說：政治家眼光遠大，心胸廣濶，不單爲當代，而且爲後代子孫着想（這和宋儒張橫渠所說：「爲天地立心，爲生民立命，爲往聖繼絕學，爲萬世開太平」的話相仿）。政客則爲自己或本黨的下一次選票着想。至於官僚，那更等而下之了。

在西方民主國家，政治家不易得時，政客尚是可取的。他要爲了顧及下一次的選票，就不能不站在選民的立場上發表自己的計劃和見解，當政後也不能不或多或少地履踐昔日所發的諾言。政客爲了爭取選票，有時不免投合時尚，迎合附和選民一時所動的感情，難免「急」「近」之譏。可是他們畢竟以民意爲歸，受民意的監督。感情可以一時衝動，長久必會冷靜下來而訴諸理智的。所以有時雖不免有急近之事，但是受有限制約束的；而且所急的功和所近的利，爲國家人民之功之利，決不會因急近而倒行逆施。所謂「人民民主專政」的國家（其實是共產黨專政，共產黨中的一人專政），不以民意爲依歸，不受民意的監督，其所謂功與利，已不堪問。十年來共黨統治下的中國大陸人民，對於共黨所說和所做的功與利，是否爲有益於中國和中國人民的功與利，大家都由切身體驗中而明白了過來。「社會主義」的題目和張天師的符咒一樣，已被拆穿不值一錢了。任你在「急」與「功」和「近」與「利」的字中，再多加上幾個「社會主義」的字樣，都已沒有用了。

民主國家的政客，爲了爭取選票，有時不免投合時尚，迎合附和選民一時所動的感情，難逃「急」「近」之譏。但投合的是民意，後來還得受民意的監督。至於共產黨統治的國家，誠如陳銘樞所說：「輕信幹部的虛假彙報與教條主義的分析方法，未經鄭重的研究，即作過激的決定。」「大躍進」也，「人民公社」也，都是這樣情況下的產物。急功近利發生流弊，在民主國家和共黨國家中，孰重孰輕？孰易補救改正？孰死撐面子不肯承認？不用說而知了。

知急功近利爲不好的字眼，但仍胡說亂辯，而一意孤行，此共產黨之所以爲共產黨，毛澤東之所以爲毛澤東也。

林彪的政治背境與政治生命

何雨文

一、毛澤東的三次打擊

林彪出任中共國防部長，意味着毛澤東受到了第三次打擊。

毛澤東的第一次打擊，是去年十二月的中共六中全會，毛澤東被迫辭去中共政府下一屆主席候選人。中共政府主席規定由中共全代會推選，該時距全代會（今年四月召開）開會有四五月之久，毛澤東沒有在該時辭主席候選人之理由，除非政治上有着非毛下台不可的原因。

毛澤東的第二次打擊，是今年八月的中共的八中全會清算毛澤東路綫。會議結果，雖然沒有完全否定毛澤東路綫，但大大地修改了毛澤東路綫，把毛澤東領導下捏造的生產數字推翻，這對於毛澤東的威信予以重大打擊，可以使得中共黨內外對毛澤東失去信仰。

毛澤東的第三次打擊就是這次林彪出任中共國防部長。毛澤東雖不是中共政府主席，但仍是中共黨的主席，是理論、政策的最高指導者，所以要進一步清算他的路綫，使他在理論上失去領導地位。毛澤東的潛在力量主要在軍隊，所以再進一步就是削弱他的軍事力量。彭德懷是毛澤東的死黨，中共的國防部長實際上是最高軍事統帥，彭德懷的去職，就是削弱毛澤東軍事力量的一種方法。

林彪當前的政治地位是很高的。中共中央有五個副主席，其排名次序為：劉少奇、周恩來、朱德、陳雲、林彪。五個副主席，劉周陳三人均非軍人，朱德老朽，所以林彪地位甚為重要。林彪的排名最後，是因他是去年中共八大二次會議增選的。

二、林彪是蘇聯直接培養出來的

在抗戰後期，林彪的軍事活動區域是山西、河北接壤地區，他建立了晉、冀、察邊區，一味發展實力。此時德蘇戰爭方酣，日本以德日同盟關係，很有可能與德國夾擊蘇聯。因此蘇聯便有利用林彪的晉、冀、察邊區作為擾亂日本後方基地，並且積極展開東北區域工作的安排。林彪之被蘇聯利用即在此時，他有機會到蘇聯接受現代軍事訓練及佈置日後在東北的佔領工作。

在抗戰期間，中共在東北軍事力量只有周保中的一支游擊隊，僅在長白山麓做些游而不擊的零星活動而已。迨一九四五年八月，日本投降，中共乘國軍未及調赴東北之前，先進行了下列軍事行動：一、呂正操部由晉、綏、察邊區向熱河進軍。二、張學詩由冀、察邊區向遼寧進軍。三、萬毅部由魯、冀邊區向遼寧進軍。四、李運昌部原來在遼熱邊區更遠向吉林進軍。這四支軍隊，當時都是烏合之衆，既未訓練，武器和裝備也不完全，兼以在行軍中受到國軍阻擊，到達關外時，都不能成軍。林彪於是在蘇聯遠東統帥馬林諾夫斯基的直接指揮下，將這四支軍隊和當地偽軍及原來的少數土共組織起來，成立所謂「民主聯軍」，這就是「人民解放軍第四野戰軍」的前身。

在中共四個野戰軍中，以四野實力最雄厚，這是中共佔領大陸的主要本錢。四野之所以特別强大，主要原因：一、「民主聯軍」的武器，幾全部由蘇聯撥付。蘇聯繳獲自日本關東軍的武器和裝備，大部份給了民主聯軍。此外蘇聯又將在租借法案中，自美國方面直接得來的美式武器和裝備，準備在東北戰場用的，也都給了「民主聯軍」。二、在東北近百萬的偽軍，由於當時中樞在處置上犯了錯誤，迫而投共，再加上蘇聯撥給的武器和裝備，並在佳木斯舉辦陸空軍軍事學校，訓練使用這些新式武器。

林彪是個幸運兒，然而他的幸運，乃完全是蘇聯主子給他的。

三、毛澤東壓制林彪

當中共初佔大陸時，四野實力最大，佔據東北和中南（包括河南、湖北、湖南、廣東、廣西等省區）兩大軍區。林彪權傾朝野。

韓戰爆發，中共參戰的志願軍是以林彪任司令員的，不久改調彭德懷接替。林彪的下台，一般傳說為了受傷不克再任指揮之責。此說迄目前尚未證實。

不過，林彪當時功高震主，如果志願軍再成為林彪的勢力，毛澤東是担心的，所以把林彪壓了下來。這一冷落，便是五年，直到一九五六年，林彪增選為中共中央副主席之一，才又冒出頭來。

不可忽畧的一點，便是林彪的增選為中共中央副主席，時間適在馬林諾夫斯基接任蘇聯國防部長不久。

四、林彪後來居上

毛澤東經過三次打擊，垮台是必然的趨勢。劉少奇的中共政府主席只是目前過渡時期的產物。其本身力量不足以久安於位。目前還是羣雄逐鹿，勝負未分之際。中共派系鬥爭頗為複雜，決非如一般所說；國際派與民族派，毛劉周鼎足而三等等。實際有實力者都可成派，例如林彪就具備自成一派的條件。

以軍事力量，蘇聯關係，黨內資望，派系人事，個人才具等條件衡量，林彪大有後來居上，將來榮登大寶，大有可能。

×　×

班禪確有問題

岳騫

早一個月前，印度方面傳出消息，說班禪因領導反共，已被監禁，這個消息西方國家曾相當注意，但因事無佐証，傳了短時期就沉寂了。

班禪內心反共是決無問題的，只是，他何時才會正式同中共翻臉，他有沒有達賴的機智能以逃出虎口，這些頗引起人們關懷。

最近一個月來，中共報紙上很少提到班禪，即使發表一些有關消息，也十分不自然，好似專門為了掩飾上項新聞而發的。

若把最近中共所發表有關西藏及班禪消息，綜合在一起來研究，班禪可能眞出了問題。現在舉出幾條重要消息以供參考。

本年十月一日是中共的「建國」十周年紀念日，中共當茲黨內外險象環生，岌岌可危時，有意利用此日以點綴昇平，穩定人心，所以近一月來，大陸各地成立慶祝機構，北平更是大力粉飾太平，毛澤東甚至「建議」人代常委會舉行「特赦」，各少數民族地區也都推派代表赴平參加大會，西藏是少數民族聚居地區最大，問題最複雜的一區，按理班禪應該「執挺為降王長」，率先來會，況且他又是人代會副委員長之一，人代常委會要討論大赦，他也應該出席參加。但是，西藏派出的一個代表團，全由不知名人士組成，班禪竟而未入選，此可疑者一也。

最近因為印軍侵藏事，中共與印度展開宣傳；除去北平中共頭目相繼發表言論之外，人代常委會又召集擴大會議，勒令一批尾巴人發言助威，西藏各地區也都紛紛展開反印運動，西藏自治區籌委會在拉薩開會，找出當日目擊印軍侵佔康藏邊區的人民，出席作証，會議開得十分成功，按理這個大會應由班禪親自主持才對，可是共報所發表的消息，却由阿沛、阿旺晋美主持，同時共報又登出一項消息，說班禪因公到拉薩，特地寫了一篇書面談話，託人在會場宣讀。這更是一個很大的疑點，班禪到拉薩去，一定是處理西藏自治區籌委會的事務，因為此外班禪沒有什麼公事要去拉薩辦的。班禪既然去了拉薩，為什麼不出席籌委會擴大會議，既然不出席，又何必發表書面談話，這種情形除去說是班禪失了自由，似乎沒有什麼別的解釋。此可疑者二也。

就當班禪發表書面談話的同時，英國工人日報記者魏寧頓在日喀則和班禪見了面，魏寧頓告訴班禪西方通訊社傳說他被監禁，班禪付之一笑。

這個魏寧頓是英共機關報工人日報記者，和另一位記者貝却敵經常駐在共區，韓戰時隨共軍在前線採訪，報導美軍使用細菌戰的就是此君。以後因為替被俘英軍進行洗腦，被控叛國，法院票傳回國受審，結果也就不了了之。自從西藏義民抗暴運動發生之後，魏寧頓是西方國家唯一進入西藏的記者，一方面固然因為中共拿他當自己人看待，另一方面也是藉他闢謠。比較中共自己出面否認班禪被扣總要好些，不過，魏寧頓一出面，更加深了謠言的眞實性，也可以說魏寧頓去日喀則就是為了這件任務去的。更奇怪的是魏寧頓訪問班禪的消息，只有海外共報登載，中共的人民日報却隻字未提，此可疑之點三也。

大概班禪反共是在這次由北平到拉薩之後，眼見中共所進行的「民主改革」確非藏人所能接受，於是出頭領導一個新的反共運動，中共當然不會讓他再度逃亡，於是先發制人把他監禁起來。但是班禪被扣消息，一旦傳出勢必引起藏民再次武裝反抗，中共只好利用班禪的書面談話以安撫藏人，同時又利用魏寧頓的訪問以反駁西方通訊社的報導。只是事實俱在，欲蓋彌彰了。

最近印度報紙又傳出五萬藏人舉義，襲擊拉薩機場的消息，假若這項消息眞實，恐怕也受了班禪被扣的影響，中共逼不得已，只好又把班禪請出來，到北平參加「十・一」，已於九月二十日起程，由中共西藏工委會副書記周仁山監送，不過，是否能平息藏人暫時的疑懼，還是有問題。

站在中國人的立場上，對於西藏問題，我是不寄希望於達賴的，因為達賴及其左右一貫反華，思想已根深蒂固，無法改變，將來能領導西藏內向，維持中國的統一，眞正的希望在班禪身上，如若中共把班禪毀了，將來中共滅亡後，我們回去對西藏問題就更無法措手了。所以我十分惦念班禪，願我佛多庇佑他。

改造台灣應先做到兩事

一、蔣經國出國以去民主的障碍
二、改選國大代表與立監委員以維憲政的常軌

謝扶雅

編輯先生，上月我曾在美京華府側面地探取了美國當局對蔣總統連任及修憲問題的非正式意見，為文由「自由人」半週刊（八月廿二日）報導於國人之前。穩健的自由人編者鑒於上次該刊在台被扣兩次，曾小心地把拙作刪去了若干處，減輕了語氣又若干處。我對於這種所謂「相忍為國」的苦衷表示非常欣賞。現在 貴刊原非希冀在台銷路，又不必怕台灣當局隔海來封閉你們，所以我仍本着美國方面的大體意向，寫投此文於 貴刊披露！俾供我海外民主運動人士的參考。

美國朝野自然都一致企望台灣走上眞正民主的大道，但民主改造台灣應有先決者兩事。第一、我已在八月廿二自由人刊「華府見聞述要」文中提及要蔣經國來美研究及考察一個相當長的時期。後見 貴刊發表着（八月廿八）徐亮之先生「蔣經國出國是時候了」一文，寫得非常透徹而精當，足見人我內外輿情一致。記得在六年前有一位在美講學十餘年而已退休的我國社會明達，曾於訪台灣後經港返美，筆者問其在台何所觀察，他就嘆說：中國畢竟還是封建頭腦，帝王世襲思想牢不可破云云。足見蔣經國壟斷台灣的勢力在六年前已昭然若揭了。我那個朋友在美國民間講話是很有力而且直率的。這次我來到美國，就聽到他們許多關於「太子」的話。他們對他確乎很為注意，並且表示疑慮。所以為自由中國計，為蔣經國個人計，他實在應該即日辭去一切現職，靜靜地到此讀上五六年書，順便考察此間的社會和政治。他如果有遠見及卓志，則八年十年後反共義師直搗幽燕之日，他對反攻大陸的獻身及參預建設，前程將無可量。

中國歷代王朝的傾覆，大半種禍於外戚宦官。當年外戚的「孔宋」，今却急轉為「太子」，而宦官則一批一批地繩繩不絕。今日台灣禍亂的中心，與其統括地歸之於國民黨當權派，毋寧直白地說由「太子派」一手包辦造成為最恰當。修正出版法略、檢查及扣留書報略、「胡適與國運」事件略、陳懷琪事件略、孫秋源案略、以及最近高雄市長罷免案略……，拆穿了說亮話，還不完全由太子派在導演。美國人時時向我提詢台灣地方與中央、本地與外省人的磨擦這件事而引為深憂。我也怕長此下去，遲早有一天會「禍起蕭牆」。當年白居易有名的詩句：「六軍不發無奈何，宛轉娥眉馬前死。」；「君王掩面救不得，回看血淚相和流。」可是專制時代的皇帝，給人民吶喊一下「肅清君側」！還只好把他最眷戀的貴妃處以縊首之刑，並削奪楊國忠一批人的權寵。然而今日中華民國的總統，可全不顧響徹雲霄的輿論和民意，連送他兒子出國深造一下也不肯。試想我們幾千年來的政治究竟有一點點子進步沒有？

徐亮之先生文中引左傳語：「慶父不除，魯難未已。」可謂老成謀國及熟嫻史事的藎言。相忍為國的我們，原無鼓動「六軍」將他來「除」之之意，而無非是諄諄忠告，並以前途珍重為勉。論語裡說得好：「人孰無過，過而能改，善莫大焉。」中國讀書人一向所自期而期人者不過如此。

其次，作為一個法治國家的美國，當然期望中國同上法治之途。今日恐再無如古德諾（Goodknow）般的美國人來勸袁世凱做皇帝了。一切法制自必須立基於事實。憲法不是不可修改的，只要是事實一旦改變。美國自創立憲法以來，修憲已不下二十多次。但修憲仍必依照憲法規定而進行，而其權利決非今日留台的國民大會或立法院之所許。就法定亦就事實而言，十多年前所產生的最高民意機關，今日自應亟謀改選。最近張君勱先生提出國民大會今後「人數應減少，應以在台各省人民為投票人，分省選出代表，以為新陳代謝之計。」（見九月四日本報美洲版）我願補充將其中華僑代表名額大加擴充的意見；因為今後台灣政府所賴於海外華僑（包括一切流亡在外的知識分子）者在經濟上及文化學術上均極重大。李正道，楊振寧之輩雖已入美國籍，但仍得任中華民國中央研究院院士。這一點應當加以通融。不過海外各地（包括香港）的知識分子及華僑怎樣分配名額以及怎樣選出代表的技術問題，當然要予以詳密訂定。於是修憲一事，惟有經這樣選出的國民大會才有權來處置。然而將來修正的憲法中，總統任期一項必然應仍其舊。這個「六年一期，連任限於兩次。」的規定，是現代民主政治作風中一最妥當的措施。不過其他各點，如內閣制或總統制之較明晰的確定；行政機構之必須改縮及精簡，而其中僑務委員會却應比較擴大一些等等，都是應加修改的主題。政治是現實的。十年前南京首都的背景，今日當然大不相同了。而台灣這樣局處之局，起碼恐再有十年，所以非有切合實際的新憲法不可。眞的，中華民國今在台灣的政府必須急速革新，以一新民主自由世界人士的耳目。張君勱先生常以西德的榜樣勉勵台灣，眞可謂太「取法乎上」了。今世最能徹底做到反共的國家，要以西德為第一。蘇聯所眞正畏恐的，也只有西德，對美國猶其次耳。台灣對西德，誠望塵莫及了。我以為台灣當局今日應「暗作」新建的馬來國看，而「明比」勾踐的十年生聚，十年教訓，則沼吳之志，庶可竟成，中華民國之中興亦庶可實現了。

九．十三．寓美紐澤西州

（讀者投書）

陳院長的保證將面臨考驗

直夫

（台北航訊）立法院於九月初復會，許多委員對於緊急處分令都表示隱憂，行政院陳院長除依例報告施政而外，還對救災與重建工作作了三次補充報告，鄭重作如下的表示：

一、緊急處分令雖然加重了行政院的權力，但同時也加重了行政院的責任。行政院重視責任甚於重視權力，決不會濫用權力，重增罪愆。

二、政府因緊急處分令而籌措的財源，除抵補因災害而減少的收入和因災害而增加的支出，當完全用於救濟、搶修及重建工作，決不移作他用。

三、對於財力、人力和物力必當嚴切督促有關部會及地方政府，作最經濟最有效的使用。如有浪費情事，一經發現，必當及時糾正，從嚴懲處。

四、對於財物處理必力求加強稽核工作，決不容任何人因利乘便。倘有營私舞弊情事，決依法從嚴懲處。

五、政府將從本身起實行節約，除中央國防經費，地方教育經費及生產建設經費三項而外，一切開支已盡量撙節。

六、決不因緊急處分令的頒發而廢棄行憲後的良好制度，更不會鬆弛應作的一切努力。各項緊急措施，亦當在實施節約過程中隨時檢討改進。

以上六點，可說是陳院長在救災與重建中對國人所作的新保証，是政府能重視輿情的表現，值得讚揚。然而他所說的，在原則上雖然沒有問題，而在實施時似乎仍有漏洞。例如既保証不以緊急處分令所籌措的財源移作救災與重建以外之用，又說要抵補因災害而減少的收入。截至現在為止，官方所公佈的水災損失數字中並未列有稅收損失在內，將來以緊急處分令籌措之財源抵補稅收與移作他用，其間很難有明確的界限。又例如節約一項，大家都公認為應從政府機關做起，陳院長雖列舉政府節約的三項準則；但如所週知，青年反共救國團，既與中央國防無關，又與地方教育及生產建設風馬牛不相及，而其開支竟如此龐大，今年若仍任其糜費國帑，則陳院長之言，豈非等於自欺欺人，願拭目以待之。

蔣經國的狂妄

（台北通訊）　念分

政府某一部門於不久以前曾召集若干海外工作人員來台受訓，月中才各返原地。據悉，此項訓練是由蔣經國主持，行政院陳院長也到訓練班講過話，表示他數十年都是跟隨總統為國家服務，祇知鞠躬盡瘁，死而後已，從未考慮到個人的問題，態度極為誠懇。但蔣經國則趾高氣揚，不可一世，儼然以「台灣王」自居。他說：「香港聯合評論時常批評我們的不是，他們如有辦法，可以要某人來做行政院長。」其狂妄有如此者。

國軍政治大考會試

在節約救災聲中，所謂國軍四十八年度政治大考會試於九月二十日在台北復興崗政工幹部學校舉行，由參謀長彭孟緝任考試委員會主任委員，副參謀長馬紀壯及總政治部主任蔣堅忍任副主任委員，參加會試的軍官士官及士兵共二百三十六人，都是曾經過各軍種的初試，複試及總複試的嚴格選拔，而後獲致參加會試的機會。據中央日報的報導，計參加軍官論文組者二十四人，軍官測驗組者四十八人，士官測驗組者一百十六人，士兵測驗組者四十八人，考試科目，軍官論文組為論文寫作；軍官測驗組為軍官革命理論，蘇俄在中國，乙種教材及軍事學校基本教材；士官測驗組為戰士革命理論，乙種教材及人生眞諦；士兵測驗組為戰士三字經，士兵政治課本，精神教育，生活教育及中華史地等。又據該報所載考試委員負責人說：考試及格者即獲得國軍政士的榮銜，今年的名額為四十五名，以參加會試的人數計算，平均約為五人中取一人。在考試的前一天，陸軍總司令羅列還在陸軍服務社宴請參加政治大考會試的陸軍官兵並頒發獎金，可見他們對於此事的重視。這套把戲，原是蔣經國的傑作之一，軍事當局不能不奉命唯謹，每年都要舉行如儀一次，今年雖然有節約救災的明令，亦不容停止。且暫不談在軍隊中如此糊作亂為，有玷軍譽和有辱軍格，單就他們所規定的考試科目和授給及格者的榮銜而論，已經够表現蔣經國雖然是今日台灣的强人，而其知識似乎太不相稱了。所謂軍官革命理論，戰士革命理論及國軍政士等名詞，都是令人費解的。據說，他因大學授學士碩士博士等學位，乃發明在軍中授政士的學位，果如此，他眞够勇敢呵！

西藏抗暴領袖訪台

西藏抗暴軍副總司令嘉瑪桑佩於日前來台，同來的還有他的妻子和三個女兒，另外還有一位在抗暴軍當連長的弟弟和拉薩哲蚌寺活佛阿旺旦曾携來兩項文件，一為上蔣總統書，一為長達二百餘頁的拉薩抗暴報告，這是一個很好的消息，是政府對於西藏同胞的反共運動可以有所為力的開始。但就中央日報的消息看去，他們以西藏抗暴軍萬衆一心擁護總統反共到底為大標題而僅在小標題上用小字註明嘉瑪桑佩一行抵台，使人看去，容易連想到官方所强調的，祇是西藏抗暴同胞之擁護蔣總統；而對於抗暴領袖之來訪並未予以應得的尊崇，如此自我崇拜的小丈夫氣概，能不令人憂慮。識者都切望當局應向嘉瑪桑佩表示政府對於西藏同胞的反共運動將無條件的盡力支持，並藉此良機和他們建立良好的關係；千萬不要斤斤計較他們對蔣總統是否擁護。因為假如蔣總統能幫助他們打敗中共，他們自會擁護的；若於此時未與實惠而先提要求，則未免太短視了。

大陸逃澳學生的控訴：

不堪回首的中秋節

羊　心

我永遠不會忘記民國三十八年農曆八月十五日，就從那一天起，我的溫暖家庭開始走上黑暗途徑，故鄉良善的人們，也一同遭逢了毀滅的命運。

我的家，住在衡陽河街，開設一間規模很大的鴻昌鹽號，另外還有兩間雜糧店，在父母兄長們勤掙苦扎下，先後在鄉間購有六十畝田地，家庭生活過得還算豐裕。

三十八年八月十四日，鄉間的佃客和親友們都來到我家裡，因為第二天就是中秋節，又恰逢我爸爸的生日，父兄們預備了很多酒肉糖餅準備過節。同時我亦邀請了許多位男女同學，約定明晚來我家裡賞月，同時開一個音樂晚會，并排列了很多游藝節目。殊知好景不常，世事偏偏不如理想，到了下午六時左右，忽見街上軍民人等，忽忽忙忙的奔走，繼而軍政機關的通訊人員，遍街撤收電話綫，以致影響市民人心惶恐不安！機關、部隊、軍眷、軍車等，紛紛向湘桂鐵路車站方向撤去，由晚直到天光，只聽得街上人喊馬嘶的聲音。

八月十五日的清晨，整個衡陽城變成了死市，不但機關部隊全體撤走了，連治安的警察亦沒有見一個。忽聽城郊外的隆隆大砲聲、機槍聲，一向飛機場、江東岸一帶轟炸、掃射！這些槍砲聲，毫無疑問是共軍們發放的。到了早飯後，街上發現了大批便衣隊，口操北方的語言，此時各家舖門都是關上的，只有躲在樓上窗縫裏窺視。便衣隊搜索過去後，武裝先鋒隊進城了，忽聞一排一排的機步槍聲，向西南門外湘桂鐵路車站方向衝去。

便衣隊、先鋒隊過去後，街上平日做流氓地痞的出來了，紛紛開舖門，即刻組成歡迎隊，滿街牆壁貼滿了紅紅綠綠的紙條，寫着什麼：「解放軍是人民自己的軍隊」，「人民大翻身」，「擁護毛澤東」等醜惡的標語。

兩個星期過去了，「人民政府」下令支前運動，勸令人民獻捐、獻糧、購買公債，禁用黃金、白銀，限期到偽「人民銀行」兌換，過期不去兌換者，以違法擾亂金融論罪，但此時的商家和人們，對共幣還沒有信任，暗地仍是現銀交易，我家的商號也不例外。有一次突來一隊解放軍，將所存的現銀，一共抬去四籮筐，還把父親和兩個兄長抓去坐了兩星期的監牢，除將現銀沒收外，另受罰金伍千元，公債叁千份，白米弍萬斤，從此我的家開始破產了，同時也有許多大小商店受到我家同樣的遭遇。繼續又是清算、鬥爭、退租、退押，共幹們嗾使店員們羣起向我父兄清算、鬥爭，迫得將三家商店交店員們組織店員合作社，鄉間佃客們十餘年的租押無法退出，父兄們又被抓去坐監，受共幹們嚴刑拷打，坐水牢、燒香火，硬說我家裡還私藏有黃金、白銀，不肯獻給人民，「甘心與人民為敵」。

後來我母親和兩個嫂嫂商量，把所有的首飾全部拿出交給「人民政府」，但我爸因年老體弱，受刑不過而慘死！最可恨的是共匪們監牢裏死了人，照例是屍首不肯給人民看見，僅將兩個兄長放回來。我母親聽聞爸爸的噩耗後，哭得痛不欲生，奄奄一病去世！兄嫂們從此淪為街頭苦力，一日兩餐都成問題，我亦從此失學，在家幫助兄嫂們料理雜事和小孩。

眼見得共產黨的苛政使人民簡直無法忍受，我便和親密的朋友們商量逃亡之計，那時鐵幕邊緣的深圳和拱北還沒封鎖，我隨着逃亡的人羣孑然離開了故鄉來在澳門，我的兩個兄長，在我離家二月後，於一次公審大會中，被共幹們抓去，硬說他兩人是「國特」被槍殺了！兩個嫂嫂被迫改嫁，我的家，就是這樣被澈底毀滅了。

過去一年一度的中秋節來到，我們是在歡欣鼓舞中度過的，自從民國三十八年的中秋節之後，每一個中秋節我都在眼淚洗臉中度過！這鮮血淋漓的往事，在我腦海中記憶猶新，它使我沒有一天忘記共產黨的罪惡和牠對我家的迫害。

一年容易又中秋，在中秋節，遠離故鄉的遊子，更是「每逢佳節倍思親」，我深深地憶念着故國裡僥倖還活着的親友和人們，他們還生活在地獄中，我迫切地希望明年的中秋節，將不再是在異鄉的痛苦中虛度，而是在故鄉的月亮下自由慶祝和欣賞。

民國四十八年中秋節晚。

人民公社與野菜

彭　愉

中共八屆八中全會於八月二日至八月十六日在廬山舉行後，沉寂了一段時期的人民公社宣傳又抬頭了。在八月下旬和九月，中共人民日報一再用特大篇幅和特別誇張的字眼在宣傳人民公社的好處。但看來看去，它們除了使用許多宣傳字眼外，却缺乏實際根據與實際內容。就以中共高級當局檢討人民公社的好處來說，他們也實在舉不出什麼特別理由，而僅以大陸今年水、旱、蟲災面積廣大，情形嚴重，人民公社在此嚴重災害中，發揮了最大的抗災作用為最大理由，好像人民公社并無積極目的，只專為抗災而設似的。殊不知，人民公社對抗災并無作用，對造災却有作用。何以說呢？因為自中共推行人民公社後，人民的家庭被拆散，人民對中共怨恨冲天，人民對防澇，抗旱，殺蟲等工作早已沒有自動自願的眞心，所以災情便越來越大了。但中共却還硬說人民公社對今年大陸五億一千萬畝災區有重大貢獻，眞是可笑了。

儘管中共高級當局是如此宣傳，一般幹部是否心裏有數，知道人民公社不是一件好事呢？却是知道的。九月七日「人民日報」第八版一篇文字曾透露：有些領導人是反對人民公社的。尤其「認為公共食堂是個不祥之物」。可見許多共幹也認為中共攪人民公社的來勢和兆頭是很不好的。認為公共食堂是不祥之物，還不正也認為人民公社是不祥之物嗎？

對於人民公社與公共食堂，九月七日的人民日報又曾刋登中共河南省委最近發出的一項指示除要求人民繼續「鼓足幹勁」，與天爭糧之外，并對於如何安排「好生活」一點，作了特別指示。該項指示說：「安排好生活，中心是辦好公共食堂，要大力進行炊具改革，大量採集野菜。保証社員吃飽吃好吃香。」如果此一指示中，沒有「大量採集野菜」幾個字，只有「要大力進行炊具改革」和「保証社員吃飽吃好吃香」，那倒還很炫惑人。中共所謂好安排，原來只是「大量採集野菜」，那末，所謂「大力進行炊具改革」，實在是多餘的事了。再說，用「大量採集野菜」的方式來「保証社員吃飽吃好吃香」，中共的想法與做法，眞是荒謬滑稽，而人民的生活，眞也太慘了。

我們的呼聲

・青青・

漫長的暑期已去了！新的學年像往常一樣地開始了。對於我們流亡同學來說，暑期中，衆所期望的「家」落空了，雖然我們會不遺餘力地努力過。暑期之初，同學們曾個別交換了意見，得出了這樣一個結論：「利用空閒的暑期作有利於自由世界的活動，進一步揭穿中共的醜惡面目，通過此項活動以達到團結同學，聯絡同學的目的，從而建立自己的「家」——同學聚首聯系的中心。」

早在去年八月，一二六位來自大陸各地的青年發出了他們的呼聲，同年十月一日更多的逃亡者發出了莊嚴的宣言。熱血沸騰的青年們，在那時開始就盼望有一個「家」，也從那時開始，我們逐步獲得了社會團體的同情與支持，先後計有中國文化協會，大陸災胞救濟總會，智識人士咨詢會，孟氏及孫氏基金會，大專公社及信義宗等單位。因而一百多同學進了專上學院及調景嶺信義中學，但是一年來，我們越來越感到分散了，格於環境，我們的困難也多了，於是我們分別找有關單位相商，但由於彼此聯系不夠，推東拉西，問題一直沒有解決，直到現在我們還不清楚究竟何處主負「大陸逃港學生」的專責！同學們至今尚無聚首暢談的會所，我們接觸的範圍小，自然力量和聯絡都覺不夠，於是流亡學潮無形中「冷」了下去。

我們都是近一二年逃出大陸的青年，來自大陸的每一個省份，每一個城鎮，親身遭受中共的種種奴役與殘酷統治，現在，逃出了極權魔穴，自然，心裡有許多話要說，我們的話是中共的致命傷，我們將傳達大陸青年的企求和希望。正如許鎮豪同學所述：「到底被圍困在大陸的青年的思想希望……是什麼呢？這有賴於剛離大陸不久的青年來表達。」為此，暑期中十八、九位同學集合在一起，經過多次醞釀決定出一刋物，定名為「前路」，並成立了編輯委員會。彼此分工，找教授，出版社，在炎熱的陽光下幹勁十足，遺憾的是沒有得到應有的幫助，沒有出版經費，迫於中途忍痛放手。但同學們需要一個刋物是迫切的，現實的。如果能在雜誌末附幾頁「流亡園地」或在報紙上附半張週刋那是最好不過的，我們深切地盼望自由民主刋物能給我們一個園地！雖然個別同學諸如：衣其、盛紫娟、許鎮豪、宇光、雄華、方江以及本人等等曾先後在眞報、時報、聯合評論、時代批評、祖國週刋、大學生活等報刋上寫過東西，但畢竟是少數的，機會也太少。事實上，我們有很多很多的話語要說呢！我們的心聲委實太多了！

其次，我也想講幾句關於生活和學習上的困難：在我們中間，有些同學獲得了工讀，但每月八十元的津貼是無法應付生活的，沒有工讀的同學更苦，我們沒有適宜的學習環境，處於半飽狀態，營養更談不上，衣衫襤褸並不重要，但上課無書是最傷腦筋的，為了節省一毫錢而拔腿走，生病無醫藥倒是急待改善的，這是流亡同學普遍的情況。在如此艱苦的情況下，我們完成了一年的學業，而且大多數同學的成績很好，正如衣其同學所言：「過去在大陸，同學們並不曾學過英文，但某書院英文攷試成績不及格的却是香港本地學生。」這並不是什麼奇蹟，是因為同學們高度的責任感……。

最後，要呼喊的，今天獲繼續攻讀的流亡同學祇是「大鳴放」以後至去年逃出大陸同學中的一部份，尚有許多同學，以及今年逃出大陸的青年，他們被關在校門之外，他們也急切需要救助，我希望專上學校及中學能提供更多的免費學位給流亡學生。流亡同學是經得起攷驗的，有理想有抱負的，有骨氣的，我深信，我們將負起一部份反共復國的重担。現在困難是實在的，但並不是求乞，「嗟來之食」我們將棄之不顧，我們在求學時代，需要幫助，是迫不及待的。

要一下子解決流亡學生的問題自然不容易，但我想關心我們的人很多，只要各單位通力合作，全力以赴去做，並成立一個專職機構來劃一領導，那末流亡學生的生活與學習，是可能逐步改善的。

具體化的泰國出兵援寮

何之湄

記者在本月中旬發出「泰國準備出兵援寮」的通訊，在文末的一段曾有了這樣結論性的報導說：

「外交方面當然認為此事（越共侵寮一事）有待聯合國的處理。但因認為蘇聯之有否決權在安理會，聯合國恐終不能出兵援寮。如果屆時共軍猖獗，琅巴剌邦甚或永珍危急的話，則為了唇亡齒寒的緣故，泰國應該及時採取行動，並力促東南亞公約機構全力援寮。

「有了這樣『底牌』的決定之後，泰國雖似仍在觀望局勢，實則已經厲兵秣馬。也許共軍南下至琅巴剌邦，便是泰軍開入寮境，支援永珍的時候。」

這項在當時還是「內幕性」的報導，旬來已經獲得了証實。首先是泰國對於寮國戰局，仍採「嚴重性」的看法——並不因為聯合國已經派遣調查小組赴寮，而認為寮局可以獲得妥協或了結。其次，泰軍援寮，已經不祇是幕後的醞釀；萬一的準備；而是已經到了公開表示出兵，並作種種戰時部署的階段了。

奉派前赴寮國視察戰局的泰國軍事代表團一行，經於二十日返抵曼谷。該團團長泰國軍事情報廳長庵蕾少將，於抵達後征塵甫卸，即赴政府官邸晉謁國務院長兼三軍統帥乃沙立元帥，報告此行赴寮調查的經過。

據公佈發表的庵蕾少將報告，只說及泰國軍事代表團此次訪問寮國，備受寮國朝野的歡迎，不但軍方，連到文官方面及各地民衆，亦對泰代表團表現無限的熱情：該團則隨時向寮國當局及人民，傳達泰國政府及人民對寮國同情之意云云。

這樣的公佈，當然只是「官樣文章」，並不能算是調查經過的實況報告，更不能令人瞭解泰寮關係的內幕。當前所最為注目的，即泰國對於寮國當局所指，「越共侵畧寮國」，已有怎樣的認識或實據？其次，泰國軍事代表團此行，是否負有任務，代表泰國當局向寮國政府道達泰方援寮的意向？

據記者自側面所訪得的消息，則泰國軍事代表團此行，任務殊為重大。他們不止是到寮京永珍與寮當局人員應酬一番，取得寮方報告回向泰政府報告。而係直接親赴有共亂的各地直接訪問，獲得第一手的情報資料，俾能作翔實的報告。第一是因為此一報告可能牽及泰國出兵，不能不翔實審愼。第二則代表團此行仍有本身任務，即調查泰共在寮國及中越寮邊境的活動。中共在雲南境內所設立的泰族人員軍事訓練班，其包括越籍泰人、寮籍泰人、泰人、泰籍華僑等，此等共諜分子，乘此次寮國動亂，向寮泰滲透活動，是必然的。蓋當局已預料到，一旦泰軍援寮作戰，泰國即為後方重要基地；國際共諜分子滲入泰境進行破壞，是極有可能的。所以派出軍事情報廳長充任代表團長，就是為了他已掌握有極多共諜滲透及地下武裝活動的資料，可以根據追尋，按圖索驥。

因為寮國官員及人民對泰代表團人員的親切，及他們對地理、語言的諳熟，調查得實際扼要。據聞已經獲得非常實貴的資料，並下了判斷，認定此次寮國亂事，乃是中共及越共在幕後指揮策動。既然有了國際背境，戰事就有持續，甚至擴大的可能性。

這就是泰國當局為什麼對寮國局勢仍作「嚴重性」處理的原因。

關於泰國援寮的問題，泰代表團向寮當局的表示，據說不會超過曼谷當局月中向寮國國防部長所表示的程度。這也即是說，泰國在鄰誼上及泰寮兩族親密感情上，極願意「於必要時」出兵援寮，但時機及方式則尚未定，亦即尚未算是很具體。「時機」方面，寮共戰禍須至何種程度，泰國方決定拔刀相助？「方式」方面，是否泰國須東南亞公約共同決定，方才赴援？還是即使東南亞公約並未決定應援，而泰國認為寮局嚴重，逕行單獨出兵？

對於前者的一個問題，即泰國援寮的「時機」問題，乃沙立元帥的談話，似可以作間接的答覆。沙立元帥說：若寮北豐沙里、桑怒兩省失守，泰國即需出動軍隊，「保衛湄公河」了。湄公河是泰寮的共同邊界，縱使泰軍不積極越境助寮軍作戰，其牽入戰爭的可能性亦已經很大了。

在出兵援寮的「方式」問題上，沙立元帥也說：「如公約國決定援寮，各國軍隊六小時內即可達寮境。」這一句話可說明兩點：（一）泰國準備或希望與東南亞公約國，共同出兵援寮；（二）泰國軍隊已決定作公約國的先鋒部隊，屆時前驅入寮。因為目下泰國尚未駐有東南亞公約之「各國部隊」。以運輸論，自曼谷空運永珍，不過二一小時（不需要六小時），倘用火車轉汽車渡湄公河入寮境，則需時一晝夜。以「六小時」來說，當然是駐在泰北的泰國部隊了！（曼谷通訊）

馬來亞小學教育制度的爭論

黃驊

馬來亞的小學教育制度有一個特色。這一特色就是它所實施的小學生自動升級制。

自一九五七年新教育法令實施之後，馬來亞聯合邦所有小學，即依照立法的規定，實施自動升級制度，幷同時取消了升級考試。蓋一九五六年教育委員會報告書，曾規定：「除非有特別原因，獲得地方教育當局書面批准者以外，任何小學生，均不能在其所讀年級中學習超出一年，但如年齡在十三歲以下，而不能升入中學者，則可在第六年級多讀一年。」

一九五七年新教育法令之所以取消升級考試，而採用自動升級制度，原因如下：一、避免學生因留級而超齡；二、易於統計幷便於安排學額；三、保証學校能有適當學額給予適齡兒童；四、使每一小學生在每一個學程中所受國家教育的待遇，特別在年數方面，完全平等；五、免因學生留級而浪費國家的公帑。以上各項着眼，就一個新成立的國家來說，是很值得稱譽的。因為以上幾項着眼，雖然亦有許多缺點，但它却顯示了一個新國家對其屬下人民的平等精神。而這種平等精神，實為像馬來亞這樣一個由殖民地而獨立的多民族國家所最需要。否則，它就容易在小學教育制度顯示其它毛病了。

不過，取消升級考試實行自動升級辦法的缺點，也是有的。譬如：一、一般兒童均具有一種競勝心理，升級考試可鼓勵其勤於學業，此種考試取消之後，優劣之成績不分，似乎容易促成部分學生的懶惰，失却其榮辱心理；二、每班學生的程度，未經甄別，容易發生參差。因而教學上亦發生困難；三、兒童年年順利升學，容易養成對學業前途漠不關心的觀念，到中學考試時，才發覺程度不夠，顯然為時已晚，同時，也白白的浪費了過去的幾年；四、如平時沒有考試成績作參考，則家長亦無從知道該生的進度，因而缺乏一種可能給予的適當督促。等等，都是現在一般不贊成小學生自動升學制度的理由。因此有些人認為小學生自動升學制度實在是弊多而利少。

不過，另外又有一些人認為這一制度的許多毛病，可以用其它方法補救。譬如為了鼓勵小學生努力，和便於了解學生讀書進度，不妨平時多測驗即可。同時，也有人認為各人聰明才智不同，遲熟早熟尤各有區別，若對小學生的學業成績用考試方法作過早判斷，幷不是真有意義的事，所以擁護這一制度也頗不乏人。

最近，吉隆坡地方教育當局已就此事舉行徵詢，雪蘭莪華校董事聯合會且已召開會議作檢討，但究竟是否修改現行法令，就要看各方面的總反應了。小學教育制度，雖素不為人重視，但這實在是人類社會的一種根本大計，所以筆者特就馬來亞的這一教育動態報導如上，以供關心此一問題者之參考。（吉隆坡通訊）

僑鄉近訊

中共驅迫農村婦女參加「增產突擊隊」

（中山、南海、番禺、東莞）

中共迫害農民的魔掌，刻已伸向婦女方面去！據悉：共幹以「爭取秋季農業增產」為藉口，盡驅農村婦女參加白日積肥捉虫，夜間拔草抗旱的工作。被壓搾勞力的婦女，計中山約有八萬至十萬人；南海約有八、九萬人；番禺約有八、九萬人；東莞約有八萬人。該批農村婦女，均被編為「增產突擊隊」，日夜不停的驅使他們離開家庭而奔馳於田野間，胼手胝足，幹其所謂「生產鬥爭」的「光榮任務」。據上述四縣傳來的消息：中共這種不惜殘民以逞，加强壓搾勞力的措施，刻已引起各農村更大的騷動。

大力搜刮民脂　厲行强迫儲蓄（四邑）

綜合僑居港澳的四邑同鄉最近接獲其故鄉的消息，均謂中共刻已厲行强迫儲蓄，加緊搜刮鄉民辛勞所得的資財，及僑眷所得的外滙。據悉：每一勞動鄉民辛勤所得的代價，均被强迫儲蓄了百分之六十至七十；而另一方面，則市場被嚴密控制，所有糧食、副食、布料、日用品等的供應量，均盡量減少，因而造成人為的荒缺現象。目前一個有八個勞動力的家庭，他們一家八口每天勞作的收入，仍不足以維持他們「半飽」的生活，原因就是有百分之六、七十工資被强迫儲蓄去了的原故。至於僑眷的外滙，更難得有百分之五十落到僑眷的手上。

穗市大批工奴被抽調下鄉作農奴

廣東各農村生產日形萎縮，中共於是又運用出軟硬兼施的手腕，將穗市各工廠企業工人抽調到農村去，參加「農業鬥爭」；據目前估計，被驅迫下鄉的工人，已達十一萬七千多人。但該一批被抽調下鄉的工人，均非出於自願，而是在「黨委」高壓下才垂頭喪氣地跑到農村去者，因此他們一抵達農村後，立刻迸發出憤恨的心情，實行怠工反抗，甚或與當地農民聯同一起，暗中對「公社」的農業生產加以破壞。據由中山、東莞、鶴山、三水、及南海等縣傳來消息，上述情形，刻已在各該縣農村中普遍發生。

檢查行李的共幹貪污受賄（羅湖）

這是最近一個返過廣州的「水客」親口對筆者所述的故事。從這故事中，顯露出共幹的貪污風氣，刻仍方興未艾。據該「水客」稱：我是九月廿四日由香港取道羅湖返廣州的，當時所帶的物品，計有廉價手錶五個、新舊雨衣六件、大小膠鞋十對、十碼長的卡機布四幅、笠衫二打、運動背心六打、牙膏、香皂一大包、鹹魚廿斤、花生油廿斤、糖精十磅、梳打粉十磅、餅乾八磅、粉絲、麵條各一大包、「好路」、「鷹王」香烟各十包；在檢查行李時，共幹一看到我帶着那麼多的東西，其初他是扳起了猙獰的面孔，狠狠地盯視了我好一會，幸而我早已了解到他們的奧秘，立刻把一小包早已準備好的禮物，暗地裡遞進他的手中，果然「破財擋災」，立刻獲得順利放行。筆者問該「水客」，那是什麼禮物？他把五隻手指一伸，說：港幣五十元。他幷不諱言是操「水客」業，所以他也承認回廣州去，目的是帶貨圖利。他說：雖然花掉五十元，但依然有利可圖；而且很合化算。他還說：邇來操該行業的又越來越多；當然，他們也是懂得共幹的「奧秘」的。

尖石公社社員發動反共（開恩）

據粵共公佈，最近在開恩縣（中共把開平、恩平兩縣合併，改稱開恩縣）破獲了一個「反動集團」。該公佈指出：這「反動集團」係以尖石人民公社為中心，鼓勵鄉民從事破壞活動，除破壞公社的生產工具和農作物外，幷結羣結隊襲擊社中幹部，曾有幹部四人，被毆至重傷；又曾搶掠公社的存糧，及破壞由尖石至夾水的公路。又據該縣傳出消息：在共方公佈破獲「反動集團」之前，已有鄉民林耀榮、李權、梁興……等十五人被捕，刻均被加上「反動集團主要份子」罪名，扣押於縣府監獄中。——江水——

跳

衣其

渡海船離開了碼頭，船頭打的海水撲撲作響，不時嘩嘩地濺起幾個浪，雖然海是漆黑的，但還可以看出那浩渺的白花。

有幾滴海水濺到了他的腿上，他覺得有點涼涼的，穿短袴有點不合時宜了，但他還是穿着。要有長袴才可以穿長袴的呀！是的，已過了中秋了，夜已很深，三等的搭客並不多，座位也空得很。他滿可以坐在椅子上閉上眼睛享受那五分鐘的安寧。但他不，他一上船就憑住欄干，望着漆黑的海，和海上大輪船的燈光，以及小漁船上鬼魂似的一閃一閃的漁火。

他在渡海船上已有快半個小時了。船靠了岸，他失魂落魄似地上岸，被人流擁出碼頭。然後，又摸了摸口袋，掏出一毫子，又上了渡船。幾次過去，每一次減少一個毫子的口袋已輕飄飄的——這是他能夠在渡船上的最後一次了。

船剛開出，五分鐘就到對岸。對岸是什麼呢？他呆呆的想，這是最後一次的上船了，如果到了對岸，再不作出決定的話，明天……明天，他是不敢想明天的。他不要明天了。這就是他今天晚上犧牲了一餐晚餐，而將僅有的幾毫子化在渡海船上的原因。

自從兩個月前拿到了公司的雙倍薪水，失業以後，到今天晚上，已是山窮水盡了。他甚至不得不離開那又髒又熱的木屋，在街頭露宿而被警察趕來趕去。

他時時撫弄着那張大學畢業文憑，那是國內的大學的，在這兒沒有用的，但他還是極喜歡它，這張文憑已成了他唯一的財產，現在正在他的口袋內，被揑成一捲，手心的汗，已使得那硬挺的紙張變得潮潤，他緊緊地握着。

船離開碼頭已有一段距離了，海水更黝黑，在海水中，是什麼的滋味呢？以後，又是怎樣的一個世界呢？靈魂會存在嗎？會從此跳出苦難和麻煩嗎？……他的神態變得出乎意外的沉靜，他一次又一次地上船又下船，並不是想要逃避這一霎那，而是要在這一刹那來臨之前好好地想一想。他的心在暗暗地叫喚：「讓我靜一下吧，靜一下，我只要安靜。各種各樣的聲音我聽得太多了，我身體的任何部分，都已不再能容納任何的聲音了。我厭惡任何的聲音，任何的！這樣，我才能仔細地想一想。

讓我休息一下吧，休息一下，我只要休息。各種各樣的活動使我太疲倦了，太疲倦了。疲倦得使我只想休息。我不要暫時的休息，而要永恒的休息。在那種休息的休息的時候，我就可以好好地想一想究竟我的一生是怎樣的，爲什麼我的一生竟會連一個沉思的機會都沒有，而只是要命的疲倦。中學、大學、逃亡、在社會上混……，這一切，我都厭了，我要開始一個新的生活，新的——與我過去三十年來所經歷的完全不同的。我要跳過這三十年的束縛，向另一個世界去。但……但是爲什麼我忽然會對現在的又留戀起來了呢？是留戀？不是的，只是要趁現在好好地想一想……想……，啊！不是的，現在我不能想，我能想的是在得到永恒的休息以後，這兒……」他驀地抬起頭來，對岸的燈火已經很明顯了，各種顏色的大圈圈、三角形在海水中彎彎曲曲地爭奪地盤。

「我要想一想，我下去以後會發生些什麼事情呢？啊！怎麼又在這時候想東想西了，一個舒適的隨我的思想縱橫馳騁的地方不就在我的脚下嗎！哈哈！」他的嘴角甚至也出現了一絲微笑，這是多年來所僅見的，他感到眞的快解脫了，快擺脫這個使得他焦頭爛額的世界了，這下微笑倒是發自心底的。

果然，他的目的達到了，除了那一聲急促的哨子聲之後，寂靜立刻包圍了他。當然，他沒有聽到渡海船的汽笛在狂鳴，也不會聽到這樣的詛咒：「眞係抵死，我重要趕住時間去夜總會同湯美見面咯！」

這是一個腥紅的口所發出的，當渡海船在海中團團打轉而並不靠岸的時候。

童心

易一

人長大了，就會沒有了童心，這是不足爲奇的。因爲「童心」兩字已明白地表現出是「兒童的心理」。成人當然有成人的心理，於是和童心無涉。兒童見到一個又醜又老而又搽脂胭抹口紅的女人會毫不保留地笑起來：「哈哈！」而成人呢，就不同：「啊啊！幾個月不見，妳又顯得年輕了，更漂亮了！」接着，「咳咳」兩聲乾笑，皆大歡喜。

這樣來看，童心，在成年人來說還是有的，只不過把它掩藏了起來，不願意再讓它在人面前露面而已。眞實的感情，眞實地感覺，並眞實地反映這些感情和感覺，那一個人做不到呢？但却沒有人願意這樣做的。

誰若是這樣做了，「神經病」，「傻子」等「銜頭」就會連翩飛來。於是「傻瓜」在被壓得透不過氣來的時候，也「聰明」起來了。於是，不知從什麼時候開始，成人之間就完全沒有眞實感情的反映了。做事說話，都要「三思而行」，做戰戰兢兢，唯恐露出自己的眞感情一絲一毫。就這樣，社會的安寧才算被維持了下來。

但奇怪的是，成人在想起兒童時期，總將這個時期的生活認爲是美麗的。但是爲什麼人長大了以後就不復再有這種美麗的生活了呢。或者說，長大了要憂慮這顧慮那，但這種情形又是什麼造成的呢？這是我最弄不懂的問題。既然大家都這樣，也就只好這樣。

獨脚詩人漢烈

謝世清

我相信凡是讀過「金銀島」這部書的人，都會記得那位獨脚大盜錫爾福的。這個獨脚大盜便是詩人漢烈（William Earest Healey）的化身。

漢烈，一生潦倒，生活極爲窮困，聽說有一天，竟至斷炊，幸而他弟弟在街上閒蕩時，居然於無意中拾到了一個先令，才僅得免於餓死。

不幸得很，漢烈在十二歲時，即因患上結核病而割去一足。雖然如此，他的病仍不見癒，醫生爲了拔除病根起見，勸他把剩餘的一足也割掉。但他不願意連這剩餘的一足也割掉，轉而就診於另一個醫生叫做李士塔的在其病院裏留醫了一年又八個月的光景，卒之病癒，剩餘的一足因而得以保全下來。著名的詩集『在醫院裏』便是在這個時期內完成的。

『在醫院裏』這部詩集，從他進院在候診室等候醫生起，以及施行手術前後的病況，看護婦的姿勢，醫生的言行，藥品的臭味，病夜的不眠，進而至於出院時的一切印象和感想等都記載在內，其內容皆爲他一己置身於生死線上的痛切的體驗，有人稱之爲一部空前的「人性的實錄」。所以史蒙士說這是「從他自身的感覺產生出來的詩，半生理的詩，病理的詩，而在最佳處却又是眞正的詩。」確然是這樣的，而因此完成了漢烈作品中最惹人注目的一部。

除『在醫院裏』外，漢烈還曾出版過一部『迴音』，收集自一八七二年至一八八九年間所作的四十七首抒情詩。其特色在形式的新穎（這詩集裡頭有十四行體，有普通韻體，有自由詩體等），雖則漢烈的特長本不是在形式方面，但此詩集却以此見稱；最奇特的一點是：這部詩集裡沒有一首情詩是以傷感動人的，這是極其難能可貴的。梁實秋在論及漢烈的『迴音』時說：「他有豐富的感情，悉出之以謹鍊不誇的態度。他時常提到死亡，他不覺得死亡可怖也不因而詛咒人生。」誠爲的論。

「漢烈的詩最顯著的精神便是他對生命的愛。」梁實秋以爲他像哈代一樣悲觀嘲世，而又像白朗寧一樣注重靈魂，因爲「他把死看作一件當然的事，人所不能免的事，一生的歸宿。因此他便愈覺這人生之可愛。他主張及時行樂，勸人不要辜負青春。」所以，「讀他的詩如觀雕刻的希腊運動者一般，筋骨突露，勇氣百倍。」這是由於他詩中充滿着剛强的語氣及雄壯的情思之故。

王爾德批評漢烈時說：「他的詩的妙處不在某一首詩裡，妙處在他的强大而近人情的人格。他這種是在他的完美的與疵謬的作品背後一樣地表現着，並且蒙着許多不同的面具，有些美麗、有些奇陋、有些不成形……，他的靈魂是强健，清楚的。無論誰都能合乎理性，但是，頭腦清楚則非人人所能；頭腦清楚的詩人更是和藍百合花一般稀罕。」這評語是很中肯的。正是由於漢烈具有强健清醒的人格，故特別值得我們讚賞他。

好比是顆炸彈一樣，漢烈這種大刀濶斧的作風，震驚了當時唯美派的詩人們。要知其時唯美派文學正方興未艾，王爾德所提出的『爲藝術而藝術』的口號高唱入雲，而漢烈却獨標異幟，與唯美派運動相對抗，給後來的詩人殺出了一條新途徑。所以，我們可以說他是英國新詩派的先驅者，其追隨者甚衆，就中以吉卜齡最能發揮他的精神和繼承他的作風。

無題三則

小慶

之一

偶然的相遇
眼睛對着眼睛
說話呵，一個字也好
可是，依然是，
眼睛對着眼睛。

之二

我在畫着，你的側影——
鼻子、嘴唇、眉毛、眼睛、
然後是，頭髮、耳朵……
呵，終有一天
我會把它們好好的都吻一頓！

之三

你愛他嗎？
不愛！（可憐的，你的嘴唇在發抖。）
你不愛他嗎？
不愛！（嗅，全部的血都要起來反抗。）
那麼——
嗅，姊姊你快看，一顆流星落下去了！
（是的，可憐的妹妹，但你臉色蒼白，你的心跳連我都震動得要昏倒了。）

日人所記日本援助孫中山革命經過

——摘譯自日本文學家村松梢風著「原敬血門史」——

高洞譯輯

四

原敬最初是井上馨的下屬，半路上傾倒於陸奧宗光，但和井上仍舊親密。後在巴黎遇西園寺公望，情意相投，到了西園寺統率政友會，握政權，竟缺他不得，西園寺彷彿是神龕的裝飾品，實際的神主是原。

山本內閣辭職後，薩派和政友會的陰謀，使清浦內閣流產，井上馨大怒，於是反推薦大隈繼任。

井上因半身不遂，隱居興津，八十高齡的元老，還是有這麼樣的政治勢力。

原訪西園寺於洛外田中村的別墅，決定就任政友會總裁，在回東京途中，順便在興津下車訪井上，和井上晚餐，談了幾個鐘頭。原把西園寺因病不能復任總裁，要自己代替的事先說。

「那很好！」井上歡喜地說。「閣下是政友會創立人之一，我是三十年來蒙你照顧的人，對於政友會或我個人，無論甚麼事，有應告訴我的，請別客氣。」接着把山本內閣辭職的始末說了。井上對政友會和薩派的惡感還沒消解的樣子。

「中國問題打算怎麼辦？」井上問。桂為援助孫文革命，以大冶鑛山担保使三井貸三百萬元的事，不消說，井上大有關係。到山本內閣，桂死後，大正二年十月，解除孫文個人的借款形式，改變經由正金銀行貸一千五百萬元，還給三井三百萬元，對手是中華民國政府，北方派巨頭袁世凱正式被選為大總統。所謂以鄰國的政府做對象，變成這樣，和桂的素志剛相反。在了解桂的政策的井上，有說不出的不滿。先時，山本內閣和各國承認中華民國，但承認的是大總統袁世凱，副總統黎元洪的民國，為此，革命實行者孫文及中國國民黨，反被北方政府所壓迫，清朝雖亡，革命變成倒退。孫文和黃興向日本亡命，後來第二次革命，第三次革命，中國繼續內戰，到蔣介石北伐成功，政府在南京確立，這十多年間，中國政情極不安定。這期間，日本不斷援助北方政府，對南方派却沒有表示絲毫好意。

孫文當初的革命方針，僅限於中國本部，滿洲則有讓諸日本的念頭，這是屢次說過的事實。日本採取相反政策的結果，到了後來演成滿洲事變，最後，弄到中日戰爭，這不能說是單獨軍部的罪，實為歷代為政者討嫌革命引起的悲劇。

雖然如此，可是，明治末年，軍閥中心的桂太郎，實質的援助孫文革命，山縣和井上對此事也與以了解，這眞是完全奇蹟的事。單這一事，也可說是桂剩下來的大功績，日本的歷史家，怎的還沒將這事實來表揚呢！

五

大正三年八月二十三日，日本對德宣戰，開始攻擊膠州灣，十一月七日佔領青島。

佔領青島不過是一舉手一投足之勞，但以後的外交方針倒是大問題。大隈內閣的對華政策，是在支離滅裂之上，顯露侵畧主義的鋒芒，由此引起中國的舉國排日風潮，在日本國內也受到很激烈的非難。

原敬雖然沒有援助孫文一派去攬革命的好意，却以為左祖北京政府也不好，持不干涉主義，尤其反對軍人的侵畧主義。

膠州戰爭的某日，板垣退助來訪原敬，談到中國問題。

「若是由你向大隈提議：使中國南北講和，你看怎樣？」板垣說。

「大隈將亡命日本的革命家底細，密告袁世凱，求袁的歡心，在這樣情形之下，你說那事，恐怕不能行吧？且考慮看。」原答。

大隈內閣失政，受諸般的攻擊，特別是加藤外相對華政策失敗，中國排日運動更加猖獗，元老們很是躭心，例如井上，抱病由興津上京忠告大隈，然大隈不聽。

大正三年十二月，政府向第三十五屆議會提出增設師團案被否決，即日解散議會。第二年三月總選舉，大隈動員所有官權、金權、言論，大敗政友會而獲勝。然大隈內閣的政策，尤其外交破綻百出，日華交涉問題，陷入窮途，竟提出二十一條的最後通牒，若中國政府不予承認，即立刻開戰，逼得袁世凱的北京政府，不得不答應，二十一條內容，侵害中國主權太酷，中國輿論，俄然沸騰，因此掀起整個中國排日運動的。二十一條件成為中國排日的目標，直到後來多年尚未完全停息。那麼，二十一條的要求，對於當時的日本，得到了甚麼實利呢？實際上甚麼也沒得到，徒然標榜了日本的侵畧主義，刺激中國國民而已。在日本國內，有心人也對國家的將來深抱隱憂，一般民衆，却以為「對外强硬」，有贊美的傾向。

六

大正四年九月一日，井上馨病死。

大隈內閣，在輿論非難中勉强維持政局。最受指責的是對華外交。鄰邦中國，袁世凱將帝制復活，自己做起皇帝來，弄得全國騷然，南方各省，紛紛獨立，起來反對，這是對華外交最困難的時期。桂太郎死後的日本，除了所謂「支那浪人」之外，再沒有中國革命的同情者，歷代政府，祇是和反革命的北方政府做對手來辦外交。

孫文那時亡命日本，他那個有名的口號是「革命尚未成功。」清朝倒後，和袁世凱作戰；袁死後繼續和北方軍閥作戰。

那是大隈內閣之後的寺內內閣時代，日本政府用「西原借款」名義，貸鉅額款項給段祺瑞政府。這是違反中國大勢的糊塗舉動。西原借款，到後來成為對華外交的不治之症剩下來。

孫文常常對日本的同志這樣說：

「眞是困難，日本政府的不對勁，怎麼辦好呢？我們像向日本的錢作戰似的。」當時的孫文，主要的援助，除求諸日本外，也沒有別的辦法。（五）

挽鶴亭翁

亮齋

水繪園空草不芳，名賢異代共摧傷！
剩傳詩卷留天地，孰惜餘年試海桑!?
歇浦魂歸秋瑟瑟，香江旅奠意堂堂。
炎黃遺緒終誰復，今日兩間尚雪霜。

亮齋閒話

徐亮之

棒頭嘆

客：許多朋友說，亮齋久沒閑話了，是不是因為台灣某忠貞同志輕輕一棒頭便把您在香港某書院的飯票打掉了，頭腦發了昏，所以連閑話也說不出？

主：沒有的話；就請您轉請所有的朋友放心！「徐亮之」三個字，翻做廣東話便是「慢慢睇淸楚佢」；顧名思義是不能發昏的，也不會發昏的。

客：但您飯票過了河却總是事實。

主：我並無把「教授」當「總統」做的意思；並不希望永遠「連任」下去的。

客：但某忠貞同志對您這一棒，總「報賬」報定了。我想：從前君主時代婦女們往往可以奉勅建「貞節牌坊」的；這位忠貞同志既對您有了此一壯舉，從此或許可以奉勅給建「忠貞牌坊」也不稀奇呢！

主：我根本不相信，也不忍相信我竟會捱了台灣這樣的一棒，雖然許多朋友都和您一樣，對我這樣言之鑿鑿。

客：難道您自己捱了棒還兀自不知？

主：縱然我捱了棒，我也仍然只是替台灣惋惜！今天的台灣（不指單純地理上的台灣），乃是我們的「父母之邦」，棒頭來自父母之邦，是應該忍受的；只是這衰弱的棒頭竟好像光輪向我們的頭上，却未免太叫海外遊子傷心罷了！

客：您不傷心自己飯票過河，倒傷心這棒頭衰弱？我看台灣方面可能認為這一棒倒英雄得緊呢！

主：不，我是想起了漢代韓伯俞的故事而「傷心」。有一次，伯俞捱了母親的杖責，忽然凄凄凉凉地痛哭起來。他母親說：「往常我打你，你總是歡歡喜喜的；何以今天打你，却哭得恁凄凉？」伯俞說：「往常被打，尚覺痛楚；知母康健，是以歡喜；今日被打，全無痛楚；知母衰弱，是以凄涼」！您想：我們父母之邦的台灣的棒頭，竟「衰弱」得只能打掉一個海外遊子教幾點鐘書的飯票，試問還希望他們有什麼力量去反攻大陸？有什麼氣量去實行民主？此所以非傷心不可也！如果認為這樣便很英雄，則我更非為台灣痛哭不可！

客：老實說：台灣居然干涉到香港學校的用人行政，此風一開，遲早是要鬧笑話的。我還是希望台灣和海外的忠貞同志，儘早稍稍收斂一點才好！

主：快別這麼說；我早聲明過並非把「教授」當「總統」做；我既無心「連任」，難道您還要「勸進」不成？讓台灣的英雄們繼續這樣英雄下去，教海外的同胞也有機會「慢慢睇淸楚佢」不好嗎？

四九、九、二二。

原稿空白

港政府登記

評論週刊

United Voice Weekly

第六〇號

……期 五出版

督印人：黃宇人 總編輯：左仲平
社址九龍金馬倫道卅八號三樓 電話61413
承印嘉羅印刷有限公司香港灣仔馬師道5號
總代理：友聯發行公司 售價每份港幣一毫
本報美洲版總經售處美國紐約中美出版社
CHINESE-AMERICAN PRESS, INC
199 CANAL STREET.,
NEW YORK31 N. Y. U.S.A.
美洲航空版零售每份美金一角

論反攻

黃宇人

在海外流亡的我們，每逢雙十國慶，都是以一種沉痛的心
時間一年一年的過去，中共政權的敗象也一年比一年顯著；
比一年渺茫，怎不令人痛心！

一

年準備，兩年完成，三年掃蕩，五年成功；而竟坐失韓戰
金、馬告急，更與美國務卿發表聯合公報，聲明不以武力
強為解釋，謂一旦大陸發生匈牙利式的革命，國軍即將馳
其悲壯慘烈的情形，較之數年前的匈牙利革命，實有過之
了良好的關係；然又能在戰場上浴血躍而為四強之一，
而戰後凡是不能自苦鬥，再接再厲，為中華民族的歷史
己奮力打回本國的百折不回。因能感展開了萬道光芒的

；繼更師心自用，但求一己的私慾，罔顧國家民族的利益。於是上行下效，庶政失修，軍隊腐敗，內而民怨沸騰，外而盟邦疑慮。一手扶助中國企於四強之一的羅斯福總統鑒於我們不能在對日戰爭中肩負應盡責任，乃轉而有求於史他林。這至少是雅爾達秘密協定的造因之一。假如政府當年勤修內政，嚴整軍旅，對戰爭多作幾分貢獻，少給盟邦一點負累，則美國又何致會犧牲我們以就蘇俄？中國的局勢當不致演變至此了。般鑒不遠，如果今日我們又祇圖依恃外援，不積極力求自救之道，縱

而我們不能以自力作最大的奮鬥。我認為政府即倖能不步當年南波等國流亡政府的後塵，亦恐難脫另一次雅爾達會議的刼運吧！所以，我常說，如不急圖反攻，必將自取滅亡，實非故作危言，而乃是理所固然而事所必至的。

國人對反攻的歧見

政府當局之無意以自力急圖反攻，已屬顯而易見的事實，不待贅言。但海內外民主人士中亦有認為我們反攻復國之大業乃決之於國際形勢，今後若干年間美蘇關係不致演化為大戰，因

世局在最短期間難有劇變，我亦同感；美國不願意我們急切反攻大陸，拖彼下水，亦係事實。然而如果我們確認反攻大陸是唯一的生路，即祇能參酌國際的局勢來修訂反攻的戰略與戰術，萬不可因友邦的國策而放棄了我們的反攻大計或將其作長期的拖延。而且假如我們太過於重視了國際的形勢而忽略了自己應有的努力，不但未來世局的變化無法臆測；而在此多數國家憎惡中共政權之時尚不急圖反攻而必待之十年乃至三十年以後；鑒於西方國家對俄關係的往例，誰能逆料他們在今後若干年

能，以自力急圖反攻，才是自救自強之道。

年來中共在大陸推行所謂人民公社，天怒人怨，正是反攻的最好時機。但談到反攻，許多人都以為若非世界大戰爆發，盟國協同我們登陸作戰；必是美國在大力支援我們，不但供給我們最現代化的海陸空軍裝備，還要供給我們以大量經援，然後台北一聲令下我三軍齊發，以雷霆萬鈞之勢，在敵前登陸，一舉而下沿海諸城。如此的壯舉，不但在目前沒有可能；就是在將來也不會發生的。我之所謂反攻大陸，正與此相反。我所以要在國慶紀念來寫這篇

可比，但今日政府所擁有的一切，更非當年革命諸先烈所能想望。中山先生以一介書生，全無憑藉，從一八九五年九月九日第一次廣州起義至一九一一年十月十日武昌起義，歷時十有六年，前後起義十一次而却有十次是失敗的。直接參加起義的人數，在最初的若千次中，多則數百人，少則數十人而已。然而因能再接再厲，愈挫愈堅，卒使革命的聲勢日益浩大，而獲得最後的勝利。今日政府擁兵六十萬，我主張應即挑選二十萬人，以不成功便成仁的決心進入大陸，而再以二十萬繼之。有人說，美國不供給運

的方式，分期分區進入大陸，自無需外援。攻入大陸之後，一切就地自給，不但不需外援，即政府亦僅負聯絡及補充訓練之責，不必負担軍費。因為今日的大陸，人民已一無所有，軍隊每至一地，即將倉庫和銀行打開，舉凡鎗械糧食被服及金屬等物，除供自用外，可分散與人民。因此，軍隊所經之處，不但於人民無擾，人民反而可以獲得飽暖，自樂於與軍隊協同作戰了。復次，在攻入大陸之初不必堅守某一處城鎮，而應機動作戰，游實擊虛，分股流竄。我深信不但可以生存而且將日益壯大，經過相當時間

「工農學生」在大陸

所謂為工農兵服務

羅賓

中共的教育政策（這裡意思是指其高等教育的政策）的基本原則是「爲工農兵服務」，作爲其整個文化政策的一環，而實行着的。

這個「爲工農兵服務」的服務，最响亮地被提出，是毛澤東在延安文藝座談會上的講話。以後，這句話一直被當作中共在文化教育方面的金科玉律。如果教育事業眞是以爲工農兵服務爲其方針，當然無可厚非。因爲教育是特權階級所專有的一事早已成爲過去，隨着民主社會的建立，教育已經很自然地普及爲一般平民都能享受得到的權利。但中共的這句「爲工農兵服務」，却正好與其原意相反，而且是將教育成爲特權階級所享有的權利，而使一般平民只好望着學校的大門興嘆。

誰都知道，今天大陸的特權階級乃是黨員、團員（幹部或軍官），因此，培養這些人成爲知識分子——所謂紅色知識分子——就是大陸高等學校的任務，「教育爲工農兵服務」的這句口號，也就是在這種情形下被實行着的。

中共在未成立全國政權之前，對知識分子可謂極盡拉攏誘騙之能事，然而在它的政權成立之後，由於其先天的極權性和反動性，它的一切措施必然遭到知識分子的反對（尤其是在中共對過去的諸言一一食言方面）。而在中共本身來說，也知道知識份子絕不可能成爲它的同路人，因此「知識分子思想改造」的方案雖經擬定而且付諸實現，但多年來，不但毫無成績可言，而且遭到更廣泛更强烈的反對。這從「鳴放」時知識分子的反共言論中就可以很明顯地看出來。知識分子的態度給於中共的教訓是：舊知識分子不可信；階級出身不良的青年知識分子也同樣不可信。唯一可信的，是它自己的知識分子，這就須要積極地培養，於是，大學的門，就爲他們打開了。

受教育也成了中共的特權

除了在各地廣設「工農速成中學」以外，中共並決定在它的幹部隊伍中和軍官隊伍中挑選稍有文化（「文化」兩字，在大陸是一個人的文化教育程度的代名詞）的人進入大學。最大規模的一次，是在一九五六年暑假。

那一年，整個大陸高等學校統一招生計劃訂爲二十五萬人，而全部高中畢業生却只不過十六萬人，很顯然的，高中畢業生不一定全部能考取大學，因此，據估計，在一九五六年經過考試入到高等學校的幹部、軍官（其中百分之九十以上是黨員或團員），總在十萬人以上。保送的還不計算在內。

這一批人，在進入大學以後的學習情形，當然是糟糕透頂，因此有不少就念了兩次一年級，致使一九五七年度統一招生時，學額縮爲十五萬名，影響了極多的應屆高中畢業生的升學。當然，一九五七年度的幹部、軍官進入大學的數字還是可觀的。

這一批又一批以各種方式進入大學的人，就被稱爲「工農學生」。根據可能獲得的資料，各大學中「工農學生」的數字眞使人吃驚。例如中山大學，上一學年度，就有二百八十名之多；在天津大學，有七百多名；哈爾濱工業大學各系平均數，是百分之四十六；個別系甚至在百分之七十以上；廈門大學佔百分之五十點四。我們可以大胆地下一估計，在上一學年中，整個大陸的「工農學生」的所佔比例約在三分之一與二分之一之間。這一新學年，則已接近二分之一了。因爲中共自「反右派」以後，號稱「黨已徹底取得了高等學校的領導權」，對於培養「工農學生」一事更爲積極。有一家大學叫「武漢測繪學院」，所登的招生通告中稱，只要「政治條件合格」，就可以由原工作單位保送，免試入學。

學生程度低到可驚

大量的「工農學生」滲入高等學府，中共就不得不遷就他們的程度，降低教育水準。這些「大學生程度之低，是想像不到的。且隨手拈幾則發表在中共報章上的例子來看（這類例子很多，因這裡沒有必要作太多的排列，因此只是幾則而已）：

（一）哈爾濱工業大學電機系的解析幾何講得快了些，學生意見很大，說：「好像聽大鼓書似的。」……有些學生，常常不是那一點不懂，而是整個一片一片的不懂，因而問題也無從提起。……特別剛入大學的工農學生，連課程表也看不懂。（註一）

（下接第三版）

郭沫若考察的晚周帛畫（中）

尹述賢

巫女祈年圖

周代的錦緞，相當尊貴，這從禮記上的「錦文珠玉成器，不粥於市」，可以理解得到。大致周代女子可以穿着錦衣的，只有天子的妃嬪，諸侯的夫人，以及担當國家職務的男女官吏等三類人。至於平民百姓，那就無法找到紀錄了。

「盛姬之喪，天子使嬖人贈用文錦」。穆天子傳。

「碩人頎頎，衣錦褧衣，齊侯之子，魏侯之妻」。詩經。

「齊桓公曰：昔吾先君襄公，陳妾數百，食必良肉，衣必文錦」。國語。

「晉平公使叔向聘吳，吳人飾舟以送之，左百人，右百人，有繡衣而豹裘者，有錦衣而狐裘者」。說苑。

帛畫上的女子，身披卷雲錦衣，足見她的身份不低。但由於她手捧器皿，有執役狀，所以她決不像諸侯的夫人，而可能是任職的官吏。周時的女子任公職者有三種；一是女祝，二是女史，三是女巫，依照周禮的職別定制是：

「女祝：掌王后之內祭祀，凡內禱祝之事」。

「女史：掌王后之禮職，凡內人女功之事齎」。

「女巫：掌歲時祓除釁俗，旱暵則舞雩」。

女巫在三種公職中，平時是有關清潔廚役的管理，天旱便參加到祈禱歌舞。以地位論；大致女祝較高，女史較次，女巫較低。不過女子能夠服公職，總算周代政治制度的良好規模。周人最講禮節；關於祭祀，見客，對於女人都有一定的體制。左傳說：「女贄不過榛栗棗脩」。周禮說：「婦人之贄，椇榛脯脩棗栗」。以果品乾肉享客，這是女子見客的禮節。儀禮說：「廟用脩」。周禮說：「婦執笲棗栗段脩」。笲是竹器，脩是酒祭，這和見客不同的地方，是用笲裝果品，用酒薦神。畫中女子手捧的竹筐，並無榛栗棗脩之屬，自然不是一種贄見，也不合於負責女功的女史。

儀禮說：「簠，祭器，以竹爲之，其形方，燕享以盛黍稷者也」。然則，畫中女子手捧的筐，應是方簠，簠內的七株草莖，自然即是嘉禾。嘉禾因雨水充足而滋長，和年歲豐歉有關，而畫中女子，又爲祈禱的徵候，則其非女祝，而爲女巫，情形極爲顯明。故無論畫上的變；是神，是龍，是虹，是魅，牠們和雨的關係都非常密切；配合起鳳凰的祥瑞，巫女的祈禱，這幅畫的整個畫意，原來是一張巫女祈年圖。詩云：「祈年孔夙」。祈豐年也。

周代的髮型衣式和帛素

巫女在祈年舞雩的時候，地位似乎又重要起來？也許是她的祈年靈不靈，直接關係到人民的飽餓，間接關係到個人的死活；所以左傳說：「夏，大旱；公欲焚巫尪」。旱，成爲巫女的責任，可見她們都是賭自己的生命，換取不可知的豐年，這且不說。對於畫中巫女的時代，是不是屬於晚周的楚國，這是必須求得解答的問題之一。不過現在剩下來的，却只有髮型和衣式。

「南宮縚之妻，孔子兄之女，喪其姑，而誨之髽曰：爾無從從爾；爾無扈扈爾；蓋榛以爲笄，長尺，而總八寸」。孔子家語。

從從，是言其高。扈扈，是言其廣。孔子要他的任女兒在婆婆喪事中不要把髮髻梳得太高，扎得太寬，可能是表示哀戚，如果不是喪禮的話，周代女子的髮髻，當然是寬其髮，高其髻的。這雖是春秋時代的故事，但萬一有變化，也不會變到垂髻。郭文說這幅畫是晚周楚墓出土的，那末，楚人的成言，想來不會不可靠；楚辭，是大家公認的古代好詩歌，它形容當時的楚國婦女是說：

「長髮曼鬋」。

曼鬋，不等於短鬢。長髮，也不是垂髻，這比之畫上巫女的垂髻，括鬢，差別相當的大。其實鬢髮的記言確實，還是漢人講得最。漢蔡邕「女史篇」說：

「立髻，則思其心之正。攝鬢，則思其心之整」。

（未完）

「工農學生」在大陸

羅賓

（上接第二版）

（二）安徽師範學院工農學生孫先榮，十三年前參加「革命」時是文盲，經過幾年工農速成中學的學習，去年秋天考上安師化學系，遇到的難題，就是課聽不懂，用孫先榮自己的話來說，眞是「遮天蓋地，摸不着頭腦。」（註二）

（三）「全國政治協商會議委員」、「全國人民代表大會代表」、「全國勞動模範」，被中共捧上天的郝建秀，在「北京人民大學附設工農大學附設工農速成中學」上課時就感到「聽不懂課」，但她却能進入華東紡織學院，在該院，仍然是「聽得像在五里霧中」。

雖然這些「工農學生」的程度是如此的低劣，但是中共却不斷地在宣揚他們的優點，諸如：「他們絕大多數是黨團員，最能領會黨的一切政策。」「政治覺悟高，有一定的革命經驗。」「聽黨的話」，「革命幹勁大」等等。從這些所謂「優點來看」，更可看出這些「工農學生」根本不是知識分子，而只不過是中共「得手應心的工具」而已。因此，「工農學生」在大學裡所做的事，也是黨支書、黨小組長、班幹部之類的玩意兒，正經用在讀書上的時間，是少之又少的。

教師瞧不起工農學生

中共雖然爲摒棄排擠「舊知識分子」作了如此重大的努力，但是它在建立「紅色知識分子」的隊伍時，還是沒有法子離開「舊知識分子」的力量。在這裡，就碰到了一個大問題，就是大學教授對這班「工農學生」極爲卑視。中共正不斷爲此事對教師們展開批判，說什麼「不少教師沒有從思想感情上眞正做到對待工農學生的學習，對他們的學習成績毫不關心。」有些教授則「瞧不起工農同學，只是用時間和他們泡。」於是中共提出：「對待工農學生的態度是檢查教師是否有飽滿的政治熱情的標準」，並大力提高「工農學生」的地位，例如在中山大學，「工農學生」就要負「幫助教師樹立爲工農服務的觀點」，企圖通過種種的政治壓力來使得教師們將這批不學無術的人教育成材，有些大學甚至還專門設立了「工農學生教研室」哩！

教育對學生來說，是一個順序漸進的接受過程。企圖以政治幹勁等來代替教育，或將受教育作爲「黨的任務」來交給學生，將一批毫無基礎的人塞入高等學府，用「塡鴨」的方式來「培養」，其必將無所成就，是可以斷言的。

註一：六月十二日「光明日報」

註二：六月十七日「中國青年報」

朱溫也翻身了

·岳騫·

最近兩年來，中共一些幹部似乎得了一個傳染病，專門替歷史上的壞人翻案。本來當中共據有大陸之初，重要的盜賊先翻了身，如赤眉、黃巾、黃巢、張獻忠、李自成，甚至如宋景詩、張宗禹之流也都成了英雄，這種情形雖然荒謬還可以理解，因爲大家都是同路人，惺惺相惜的緣故。可是，從去年起，中共所提出翻案的人物，也是經他們鑑定爲人民敵人的一些帝王將相，如曹操、秦始皇、殷紂王，最近竟然連朱溫也要恢復名譽，眞正是想入非非了。

這種事情的始作俑者是郭沫若，第一個被提出來翻案的人物則是曹操，以後風氣愈傳愈廣，被提出的人也越來越多，繼秦始皇、殷紂王之後，最近居然有人把朱溫提了出來。

平情而論，曹操的爲人確實蓋棺不能定論，比較中庸的看法是有才無德；至於秦始皇確實是功大罪少，雖然秦始皇相當暴虐，也殺了不少人，浪費了無數錢財，但是他的統一中國和頒行文字，爲兩千多年的中華大帝國奠下基礎，在歷史上應有崇高的地位；其次說到殷紂王，此君的歷史，我們知道的太少，不敢輕易斷定善惡功過，但是子貢先生就曾經說過紂之不善，不如是之甚也，是以君子惡居下流，天下之惡皆歸焉。

至於朱溫這個人，實在無一善足錄，就以正統史家來說，除去薛居正的舊五代史對他恭維了幾句之外，簡直沒有一個人說過他的好話，總結他的一生是爲臣不忠，爲君不仁，爲子不孝，爲父不慈，交友不義，五倫中連一倫也沒有，不但後世人看不起他，就是當時那一些向他稱臣的藩鎮又何嘗看得起他，甚至他一手提拔起來的昭義節度使丁會，因憤朱溫弒昭宗，全軍縞素爲昭宗發喪，這一切一切証明朱溫這個人，德固不必談，才也有限得很，若與曹操相比，眞差了十萬八千里了。

這麼樣一個朱溫，讀過五代史的人，都對他留有一種醜惡的印象，不料一千年後，居然有一位名叫傅衣凌的人，在厦門大學學報（社會科學版）一九五九年第一期發表了一篇關於朱溫的評價，竟想替朱溫翻案，此君胆量較郭沫若還勝一籌，郭沫若尚不敢爲之事，傅衣凌却優爲之，眞算難得了。

傅衣凌舉出朱溫的長處有三點：第一、認爲他統一了北方；第二、恢復生產的事業中發生了一定的積極作用；第三在政治上有相當的建樹。

其實這三點理由可說一無是處，先說第一點：朱溫何嘗統一了北方，他當時的勢力只是沿着黃河一條狹長地帶，淮河兩岸已不屬他的範圍，山西太原的李氏父子固然始終與其爲敵，即使河北諸鎮也只是虛與委蛇，處梁晉之間，惟有看風使舵以自保，梁盛則歸梁，晉強則降晉，其立場有似今日的尼赫魯之流，要說朱溫統一了他們，當然是過份誇大了朱溫的力量。

第二點：唐朝末年經黃巢、秦宗權兩巨寇之亂以後，中原千里無人烟，當時藩鎮中眞正能勤政愛民，休養生息的首推洛陽尹張全義，這個人立身大節雖有問題，但是在愛民一點上，却無愧於歷代循吏，洛陽一帶在他管理下，農民確實恢復了生機，可是，這也與朱溫無干，朱梁滅亡後，張全義又降了後唐，所以他如馮道一樣，只能算五代的人，不能算是梁代的人。

第三點：說朱溫在政治上有建樹更是違心之論，五代八姓十三君，論英明首推周世宗、唐莊宗，論仁厚要算唐明宗，朱溫在政治上的建樹可能較周太祖郭威還差，若是嚴格區分，當在五六名之後。

這些本來都不成問題，因爲共產黨既然能把黃巢列爲英雄，朱溫罪惡無論如何大，也不會大過黃巢，共產黨要指定朱溫爲英雄，在大陸上也無人敢反對，可是，朱溫生前犯了最大的「錯誤」是叛變黃巢，等於曹操剿滅黃巾，成爲翻身的致命傷，雖然傅衣凌也學了郭沫若的辦法，也說：「朱溫雖然背叛和鎮壓黃巢起義軍，做了一椿很不光采的大壞事，可是他並沒有違背黃巢起義的目的，並且黃巢所沒有做的工作，朱溫到是一一替他做了。」這眞是太無中生有了，這位傅「同志」若天假以年，相信將來研究歷史的成就要在「郭老」之上的。

救災與臨時條款（台北通訊）

・燕人・

救災，是國家大事。為了救濟台南水災，政府當局卻一定要引用戡亂時期臨時條款；從表面上看去，政府不但關心民瘼，亦奉公守法。而骨子裡，不過一廂情願的攪些「明修棧道，暗度陳倉」的手法，企圖把神聖的救災任務，摻雜上不夠光明的政治權術。

這次台灣水災最慘的地方，是台中、彰化、嘉義一帶，而台中嘉義，原為台灣內陸縣份，位居阿里山西麓。在地形上；西來海嘯，不能動其毫毛，東來颶風，也背立於威脅綫以外。在豐裕上，牠是糖業中心，向以民殷物阜，富甲全省著名。故歷史相傳，牠們都不屬於天然災害區域。可是上月的水災損失，不僅沃野千里的蔗圃良田，夷為一望無涯的莽莽黃沙，就是人畜房舍的遭遇，也全村全墟的隨着滔滔洪水，冲洗淹沒，一掃而光。在見者酸鼻聞者驚心中，據美國經濟援華負責人士，視察歸來的初步估計，即假以十年，均難恢復舊觀。由於牠的管轄地位，直接隸屬台灣省府，因此救災重責，便完全落到省府主席周至柔身上。周乃官邸紅人，和行政院長陳誠，雖職分高下，卻比肩相得。惟其如此，他的處理災情，頗相當便利；他一面調集軍警，搶救現場災民，一面撥出鉅款，辦理饑餓救濟。撇開法律程序的手續越權部份不說，像周至柔這類魯莽作風，畢竟比那些清言娓娓、假公濟私之徒，差強人意得多。所以近二月中，台籍人士，對於周氏個人，甚有親切好感，而一向仇視外省人士的地方觀念，也漸有冰釋趨勢。可惜這只是救災初期的一綫曙光。

月餘以來，救災工作，似正步入一個複雜局面；蔣總統頒布的緊急救災命令，惟一援引的法典，是戡亂時期臨時條款。陳兼院長咨送立法院的一紙文書，卻又額定救災時間，為期一年。隨着他面對立委的答覆，更有意無意跡近聳聽的保証說：「行政院決不利用緊急命令，以濫用職權」，言外之意，金鐵皆鳴。而救災重心，反雞毛狗碎的擺在節約運動老調上，乃至希望海內外同胞，深切體念，和他合作，以圖復興。凡此都是救災第二階段的政治化，說起來不無目迷五色之感。提到政治，台北輿情，似乎有些麻木；救災就是救災！臨時條款就是臨時條款！他們都不想及憲法條文的尊嚴，工商企業的萎縮，消費生產的脫節，開源節流的沽名釣譽。儘管這些顧慮，都應歸入表面文章，無關宏旨。但是凍結憲法，「扶正」臨時條款，企圖偷渡即將到來而又無法肆應的總統選舉年，能說不是國家要政嗎？現在，且把有關救災的憲法條文和臨時條款比較一番，憲法第四十三條說：「國家遇有天然災害、癘疫，或國家財政經濟上有重大變故，須為緊急處分時，總統於立法院休會期間，得經行政院會議之決議，依緊急命令法發布緊急命令，為必要之處置，但須於發布命令後一個月內提交立法院追認，如立法院不同意時，該緊急命令立即失效。」

動員戡亂時期條款說：「總統在動員戡亂時期，為避免國家或人民遭遇緊急危難，或應付財政經濟上重大變故，得經行政院會議之決議，為緊急處分，不受憲法第三十九條或第四十三條所規定程序之限制。」

憲法，為國家大法，所謂母法是也。臨時條款，身分不明，比之子法，亦欠完滿。故台南水災的救濟依據，是「天然災害」，不是「緊急危難」，解釋上極其正大明朗。可是八月三十一日，蔣總統頒布的救災命令，卻就不以憲法為根據，而依據於臨時條款。國家行政負責首長陳誠，也依違逢迎於其間，發出他對立院的堂堂咨文。如此漠視憲法，是不是違憲？都不必推敲。中朝大官，職守所在，亦何忍心讓此垂暮老人，肩負若斯的錯誤？立法委員，不乏明達的法律專家，竟亦不能嚴正抗爭，退回咨文，以維護憲法的尊嚴，國事之壞，尚堪問乎？十年反共，賴以鞏固海內外人士思想行為於不墜者，今竟舉而棄之，希有以加強臨時條款的利用價值？豈總統的連任問題，值得這樣痰迷心竅，乾坤一擲嗎？

總統的連任，是憲法修改問題。而修改憲法之權，一是國民大會，二是立法院。今天的國大代表和立法委員，包括台灣海外合計，都不足憲法規定三分之二的出席定額。而臨時條款的「緊急危難」，既可以作為救災的依據，未始不可利用這一成例，把出席人數，安排在「緊急危難」的局面下，「屈打成招」，這是救災時間，限期一年的苦衷所在，也是「濫用職權」的恐嚇保証所隱藏下的眞實伏線。孟子說：「趙孟之所貴，趙孟能賤之」，台灣的十年反共生活，都是寄人籬下，乞討過日，有什麼理由可以保定它的長治久安呢？到了情勢不許可時，羅斯福代我們放棄過滿蒙，杜魯門對我們攪過無聲的絕交，以杜爾斯和洛琪那末的凌厲無前，也只能做到「今年不討論中國代表權問題」。就是艾森豪先生，滿肚子都是「道義」罷？他又何至用道義來換取別人的「胡作非為」？眞到明年春夏之交，我們的臨時條款運用自如了，赫艾的魔術導演也有了決定。英國工黨，美國民主黨，同時執政，則聯合國的中國代表權同時爆出異樣的火花，我想，國民政府的總統寶座，豈只味道相當難受而已！

印度一再丟臉

中共幻夢破滅

龍吟

聯合國第十四屆常年大會，自九月十五日揭幕後。有兩件最值得人注意的大事，一是蘇聯總理赫魯曉夫十八日的演講，一是二十二日聯大以四十四對二十九票通過總務委員會提交現屆聯大不討論中國問題案。因而中共入聯合國的幻夢吹破，使印度再來一次丟臉。

赫魯曉夫在聯大叫囂一番，除了那些拍馬屁的附庸國鼓掌外，一般的反應異常冷淡，有之亦惟有好奇的美國人看着他那一副陌生的形相和怪異的動作，不時發出幾聲冷笑而已。

赫在聯大演講的謬論，筆者已有另文評述，茲不再贅。現在單說在聯合國專替中共吹捧的印度丟臉經過。

聯合國的總務委員會，係以現屆聯大主席，十三個副主席及七個重要委員會的主席合組而成，是在聯大開幕後依法選出，名表如下：

大會主席白朗特（秘魯）

副主席為緬甸、巴西、中華民國、法國、摩洛哥、菲律賓、羅馬尼亞、土耳其、瑞典、南非聯邦、蘇聯、英聯邦及美國等國家的代表。

七個重要委員會的主席就是：

特別政治委員會主席京查禮（利比利亞）、第一委會（政治安全）主席馬士智（奧大利亞）、第二委會（經濟財政）主席譚馬育（波利維亞）、第三委會（社會、慈善、文化）主席舒莎麗（比利時、女性）、第四委會（託管）主席皮拉耳（印尼）、第五委會（行政預算）主席諾士克（捷克）、第六委會（法律）克拉廸（瓜地馬拉）。

看上列的主席名表，那構成總務委員會的十四國代表，其中有七個是屬於共產國家及其同情者，十二個是民主自由世界的國家，主席沒投票權和一個中立國棄權除外。

向總務委員會提出接納中共入聯合國建議案的印度，是在總務委會沒有代表權的，討論時，印度代表梅農經主席許可列席發表意見。接着講話的有美國、中華民國、蘇聯、印尼、羅馬尼亞、捷克、英聯邦、瓜地馬拉、菲律賓、土耳其及波利維亞等國代表。

最後，由瓜地馬拉代表建議將美國提案分兩部份表決，即是（一）本屆聯大不討論「中國代表權」案，贊成者十二票，反對者七票（緬甸、捷克、印尼、摩洛哥、羅馬尼亞、瑞典及蘇聯），奧大利亞棄權。（二）本屆聯大不考慮任何有關於中國人民政府（中共）代表席位問題案，贊成者十一票，反對者七票（與上同），棄權者奧大利亞與瓜地馬拉。

看上面的投票紀錄，兩次表決，奧大利亞始終保守中立，瓜地馬拉先贊成，後棄權，雖然有這種特殊情形，但印度的建議在總務委會不得通過，替中共吹捧不成，第一次丟臉。

印度失敗了，梅農似乎心有不甘，乃唆使尼泊爾代表向聯大提出二項修正案，主張聯大推翻總務委會通過的美國提案，及接納印度的要求討論中國代表權問題案。

總務委會是在九月廿一日將中國代表問題提交聯大討論。提出修正案的尼泊爾代表及印度與共產國家的代表發言，都是陳腔舊調，無非是說中共擁有六億人民及統轄大陸廣大地區，在聯合國應有代表席位那一套，但反對尼泊爾修正這一方的民主國家代表，卻把中共介入韓戰，反抗聯合國軍，及在西藏大屠殺與最近煽動寮國之戰等事實，指中共為擾亂世界和平的侵略者，聯合國不應容納為理由，大肆駁斥。

中國代表權問題之辯論，是在九月廿二日下午四時結束，同時宣佈投票表決，程序如下：

先表決尼泊爾的修正案第一項，即是推翻總務委會所通過之美國提案本屆聯大不討論中國代表權案，贊成者三十票，反對者四十一票，十一國棄權。

再表決尼泊爾的修正案第二項，即是接納印度要求將中國代表權問題列入聯大議程案，贊成者二十九票，反對者四十二票，十一國棄權。

其次表決總務委會提交的第一項議案，即是本屆聯大不討論中國代表權問題案，贊成者四十一票，反對者三十票，十一國棄權。

接着表決第二項，即是本屆聯大不討論任何有關於中國人民政府（中共）代表席位問題案，贊成者四十三票，反對者二十九票，十國棄權。

然後將總務委會的建議作一總表決，贊成者四十四票，反對者二十九票，九國棄權，遂使印度再次丟臉，而中共的幻夢爆破了。

回憶上屆（第十三屆）聯大會以四十票對二十八票拒絕中共入聯合國案，贊成票數與這一屆相同，但其中之古巴國，上屆贊成，這一屆卻守中立，而寮國在上屆守中立，這一屆卻投贊成票，因此，民主自由國家所獲的票數依然不變。其中原因，是由於古巴在今年一月一日所謂打倒獨裁革命勝利，新政府左傾，正與共產國家打交道，而寮國則因正受共黨侵略，有破滅之虞，痛恨共黨，乃改變前此作風，而投反對中共入聯合國一票。

至於這一屆的反對票，共黨方面卻比上屆二十八票多一票，那一票就是在上屆聯大通過之新會員國「漢拿」所投。那是中非洲的一個小國。

照上面的投票表決情形，民主自由國家的一方擁有的票數雖然不變，但共黨極權國家的一方，卻較上屆多了一票，這是一個不容忽視的事件。

・紐約通訊・

（九月二十三日）

大陸逃學港生的控訴：

我參加共軍的經過

蔡談燎

我年老的伯母是居於大陸揭陽縣白塔村。我父母親是在寮國首都經營土產出入口的富商，是當地慈善機關有名望的僑領。家裡四兄弟，我是最小一個，從小是個天眞活潑，喜愛運動，身體强壯結實的人，父親是最疼愛我。我伯母有一個獨生子，但已在八年抗戰中和國軍千萬個愛國勇士一樣，慷慨激昂，爲國捐軀，棄下年老的母親。大陸變色後，她屢次申請出國，但總是被共幹用諂諛之言所拒絕。爲了安慰她年老孤寂的心，故在五三年夏天我初中畢業時，父親忍着內心的疼痛，含淚送我回汕頭升學。當年九月考上汕頭華僑中學高中一年級甲班學習，由於我有體育知識的基礎，喜愛體育運動，又有寬裕的經濟來營養身體。這樣不久我即被選爲學校籃球隊、乒乓隊、游泳隊等代表，隨後被選爲學校體育委員。地位的躍昇有似青雲直上。此時，校長對我表示特別的關心了，常請我到他私人家裡飲茶聊天，這有似情人賜予的甜情密意，使我百思莫解，受寵若驚，而萬萬料不到這個口蜜腹劍的人，却是醉翁之意不在酒，笑裡藏刀的毒計是如此下流而陰險毒辣。把我幼稚無知的思想盡量地貫注進政治嗎啡的毒汁，使我純潔的思想有似受到葡萄美酒的麻醉，昏昏沉沉，誤把異端邪說的「共產主義」荒謬絕論的學說，當作自己終身奮鬥的政治目標。却不知一失足成千古恨，噬臍也莫及矣！在校長「無微不至的關懷下」，由他修改妥當的說謊信件，如雪片似的一封又一封發寄到家裏，向我父親鼓吹「祖國社會主義建設一日千里」，游說滙欵回祖國參加投資「社會主義工業大建設」，「功在國家，利在自己」。而我的父親由於疼愛我，當然也就相信和依順我了，終於滙了一筆巨欵至廣東華僑投資公司汕頭分公司投資。校長得意忘形地多次在大會上公開表揚我，說我是「進步的愛國僑生」，要全體僑生學習我的榜樣，多給家長寫信，爭取更多的外滙，「早日建成社會主義」，而我當時的確是高興極了，心想我自己總算替「祖國人民做了一件有益的事」，却不知是在被人利用，出賣自己的良心。

裝成文質彬彬，假情假義的投機份子，學校裡青年團陳總書記，同樣對我表示特別的好感與關懷，屢次找我談心，說我應積極爭取參加青年團，（當時稱爲：新民主主義青年團）過集體生活，才能在進步中進步，一而再再而三地緊促我打報告。但是，在平常生活中，團員那種會報，密告，跟踪，威脅，瓦解，打擊，自私報復等不知恥的行動和那種自高自大獨斷獨行的工作作風，給我留下的印象太壞。故我對這特務組織不但不感興趣與好感，相反的是痛心疾首，恨之入骨。後來我實在被糾纏得沒有辦法和那時勢的迫人，確實使我無充分時間好來再三考慮是否要參加這特務組織，實迫處此，惟有應付，當報告書一送上去，這陳總書記，果然樂得有似如魚上鈎。校長即以黨書記的身份給我批上：「『三好』學生，思想進步，工作積極負責，黨批准他爲光榮的新民主主義青年團團員。」以後在二年與三年級學習時，我被選爲這共特組織的「學校團分支書記」兼「全校僑生代表」。

一九五五年七月學校接汕頭僞市委的指示：「爲了補足今年國家所需要的五十萬新兵源和未來實行義務兵制奠定基礎，特在各校發動青年積極參軍。」接着學校召開全體團員和全體學生代表大會，强調我們是國家的棟樑，應積極響應僞國防部的號召。說一個青年人參軍後不但是自己得到「光榮稱號，」人世前途光明燦爛，而且家人也成爲「光榮軍屬」，以後一切將得到「國家無微不至的照顧」。我就在參軍無限光榮的美名迷惑下，在團員凡事必須帶頭作用的壓力下，還來不及徵求我父親的同意，即和其他許多青年一樣被批准「光榮參軍」。就這樣中途停學，放棄了考大學的機會。年老的伯母依依不捨地含淚和我惜別。我却忘了又做出不仁不愛不忠不義的事，是個不孝之子。

當年八月，我被編進普寧軍區，第二零九團，第八一一六連，第七七九零五隊受訓。失去了黃金時代的學生生活，開始過殘酷的軍人生活。我所過的軍人生活實際上同奴隸所過的生活沒有兩樣。每晨早五時起身，受蘇俄勞衛制的體育鍛鍊。白天不但得在烘烘烈日下受蘇俄衛國制的軍事操練。而且還得在揮汗如雨的情況下拚命地挖拓戰壕。然而晚上七時至十時半，還得上「偉大的斯大林軍事戰畧思想」與「偉大的毛澤東軍事戰畧思想」的理論課。這課程并非是給我們上有關技術性的理論課，而是向我們貫注順我者生，逆我者亡的奴性思想。并極力使我們相信這萬能的辯証的唯物論與「萬能的馬列主義」，其哲學思想是絕對正確的。故定要把這思想在我們的內心化爲在「天威不違咫尺」之絕對個人崇拜的心理。上課要向這兩個「偉人」的偶像鞠躬，下課要向這偶像高喊「萬歲」。

羅團長雖用希特勒式「絕對尊上」的心理戰術緊抓我們的思想。但也無法補救士氣的低落，無法抑制戰士憤恨的反抗。因我們目睹「蘇俄軍事顧問團」，其人員橫行無忌，目空一切。如他們的吉普車可在這僞司令部任意一出一進，橫衝直撞，不受崗哨衛兵的檢查，軍營的軍紀及制度與他們好像是毫無相干似的。在五六年春節，我目睹一位六十高齡的老農婦，蔡美珍「光榮軍屬」，就在他們的吉普車胎輪底下，，還來不及喊哎喲，救命！即與世永別了。死時其腦袋開花，鮮血四濺，染紅遍地，死狀極慘。而蘇聯軍事顧問團的司機蘇拉威大尉，却不但比享外交特權者還特別，逍遙法外，不受僞憲法與僞軍紀的制裁，相反，中共僞軍官羅團長上校還得向他們奴顏婢膝。這怎不使我們的內心感到失去了國體，失去了民族之氣概，既已失去了戰鬥目標而士氣怎不低落？此時，在我這小隊的蔡綽卓衛士，向來是個安份守己，唯命是從的。但由於這一老母親的慘死，而上級對此事件的處理又太不合理，太不公平，因而也得到了事實的教育，從夢中覺醒了，憤憤不平地寫信（他本身不怎識字，此控訴書是由我代寫的）上訴至華南軍區僞司令部。那知這黨天下的極權政治組織，不管是僞政府或僞軍事司令部，各機關都是互相包庇，官官相衛的。蔡衛士不但沒有得到同情，相反，却被戴上誣蠛蘇聯軍官，破壞中蘇友誼的叛國罪名。由普寧僞軍事法庭宣判立即執行徒刑。隨後於五七年四月十七日又被鎗决）。

一九五七年五月，華南軍區司令部派了三位高級政委到我們部隊來，主持大鳴大放大小會議，開始時大部份戰士都保持沉默，我也不願發言，後來高級政委在大會上向我們保証說：各人提出相異的意見，只作爲軍政機關的參考和改進工作錯誤，絕不向異己分子採取報復。接着我看已有不少軍官和戰士們都貼出了大字報，提出了各種各樣的批評和建議。隨着這激流，我終於貼出了一張大字報，提出了一個問題和一項建議。其問題是：華僑及僑眷子弟具有軍官學問者，爲什麼不能昇爲軍官？所得到的答復是：「華僑及僑眷子弟，其出身家庭太複雜，難以信任，故暫不作考慮」。建議是：「建議重審蔡綽卓衛士叛國案」。但始終未得到答復。當時我天眞的想法：自以爲用自己豁達大度的心胸，把問題和建議寫在大字報上，該是心安理得的了。却萬萬想不到只這麼一張大字報，竟幾呼給我種下了殺身的禍根。更想不到那些瞻前顧後識時務的僞軍官與戰士們，那種逆來順受，含垢忍辱的爲人精神，倒能怡然自得，且受表揚與立功。

一九五八年五月大鳴大放的高潮已過，席捲而來的是反右派大整風。異己份子全被戴上了右派份子的大帽子。嚴重者被判十至廿年有期徒刑，較輕者被着令降級或退役。我當然也不會例外，不過，我還算是不幸中最幸運的一個，那是因爲上級知道我父親是個有名望的僑領和我在華僑投資公司汕頭分公司尚有數萬投資的關係，故給我以最輕處分，退役回農村參加體力勞動。但是我伯母因我被反爲右派而受驚過度，臥病不起了。在我還來不及見她一面，她已與世永別了。此時，死者已矣，生者何堪？我父母親知悉後，更是憂心如焚，愁腸百轉。終于費盡心思爲我設法，最後才與中共設在澳門的蛇頭秘密機關接上關係，我父親把八千元港幣付予蛇頭後。在五九年八月初我終于由一共幹送我至澳門交貨。現我父親雖再三囑咐我切勿再惹其他麻煩，但由於正義感的驅使，使我在返寮的百忙中，抽空把我的遭遇照實寫下來，通過聯合評論寶貴的篇幅，而讓全世界熱愛自由的人士和東南亞華僑及青年學生不再上中共謊言的大當。

一九五九九月五日完稿。

揭穿蕭勁光的謊言

劉裕畧

大陸之窗

據法新社莫斯科一日電：中共海軍司令員蕭勁光於十月一日在蘇聯國防部喉舌「蘇聯艦隊報」發表論文，說「中華人民共和國之迅速經濟發展，使其能再武裝艦隊。且在過去數年間國家工業的增高已協助海軍之增長及壯大」。

照蕭勁光的說法，中共的海軍現在似乎已經很強大了。其實這完全是謊言，而且是背乎常識的謊言。

我們曉得；在陸海空三種軍種中，最難建立的就是海軍。因爲海軍不但是一種技術軍種，同時，艦隻的建造，與海軍人員的訓練，都必須經過很長的時間。而建造艦隻，又必須重工業尤其造船工業有良好基礎，否則，是絕不可能迅速建立海軍的。另一方面，建立海軍，尤須龐大財政開支；訓練海軍人員，尤須按步就班，一步一步一級一級的訓練，比陸空軍都必須多費時間，所以，就以蘇聯來說，它也不能在海軍方面求全面發展，而只能特別着重於攻擊力及破壞力的潛艇這一部份，對於其它艦隻，則只好從畧。中共竊據大陸，不過十年，中共數十年來，一直依靠陸軍中之步兵打游擊起家，以往根本沒有海軍，最近十年，雖然也在這方面努力，但限於條件，建軍之進程極緩。一九五八年七月二日中共解放軍報刊有一篇題爲「海軍軍事學院改進教學」的文章，其間透露「海軍軍事學院過去講課都是照搬外國器材，不敢涉及我軍的客觀實際，沒有教員自己的觀點，……」等等；又據解放軍報透露：中共海軍軍官的訓練正在進行第一個五年計劃，而今年不過才是第三年；又據一九五八年八月六日中共解放軍報說：「海軍潛艇學校採取羣衆路線的方法，着手編寫切合我軍情況的教材和講義，現在已經編寫的小型教材有二十一種，已在編寫的有十一種，計劃在三年內將四十多種大小教材全部編寫完畢，預計二百七十萬字」。這都可見中共海軍的教學情況，根本還在摸索中，也可以說是還沒有上軌道，距離蕭勁光所說中共海軍已增長及强大的話實在太遠了。

當然，不可否認，對於海軍，中共也正在極端努力中，不過，海軍之建立既比陸空軍艱難，而蘇聯能夠大量幫助中共的，又只能在陸空軍方面，所以，蘇聯雖亦援助中共海軍之建立，但蘇聯之海軍實力原亦有限，所以，中共目前是沒有可能建立起一支强大海軍的。

班達拉奈克被刺後的錫蘭

·慕禪·

錫蘭總理班達拉奈克被刺斃命，消息迅速傳到，使這個錫蘭兄弟之邦的印度，大為震動。在佛教的發祥地、素以和平為主旨的印度，對於乘訪謁的機會進行刺殺那種虛僞殘酷的方式，既感駭怖；對於由這次殘殺事件所引起的錫蘭今後局勢，尤表憂慮及關切。

錫蘭雖然僅是一個小小的島國，但她的問題相當複雜。最大的問題是種族及宗教的糾紛。其次人民的貧困和經濟的匱乏。最後，政治上多黨林立，左、右翼勢力互相激盪。原來已經不是安定的局勢，可能因班達拉奈克的被刺而引起新的危機。

兩大種族的血鬥

錫蘭的人口不過九百萬，其中的主要種族，有辛海爾 Sinhalese 人（中共新華社譯為「僧伽羅」人，不知何所根據？）和泰米爾 Tamil 人。辛海爾人約有六百三、四十萬，說辛海爾話，多數是由印度的孟加拉、阿薩密、奧里薩等省移來的，屬於阿里安系的種族。泰米爾人却是南印度出身的達羅維陀族，說泰米爾話。辛海爾話屬印歐語系；而泰米爾話則屬達羅維陀語系。辛海爾人是虔誠的佛教徒；而泰米爾人却熱心地信奉印度教。

這兩個種族自二千年前他們移民進入印度時代，便已有過多次的戰爭，加上宗教的不同，舊的創痕未能平復。在錫蘭的環境中，更構成了嚴重的對立。辛海爾人以多數民族的姿態出現，握有政治上的優勢，以辛海爾語為國家公用語言，而不承認泰米爾語在國家有地位。泰米爾人對此極為不平，立誓鬥爭到底。由對立而磨擦，由磨擦而暴動，去年六月的暴動，死傷竟達數百人。

辛海爾人一向居於孟加拉灣附近的膏腴之地，造成了樂天和怠惰。而在印度的荒瘠之區生長起來的泰米爾人，却練成了刻苦而勤奮，終於逐漸奪去了辛海爾人的經濟權利。如果這種趨勢繼續下去，會不會被泰米爾人乘機搶奪國家的權柄呢？辛海爾人因此頗感不安，而想向泰米爾人方面奪回經濟的控制權。泰米爾人當然要起來護衛既得的利益，並從政治上對辛海爾人爭鬥。再加上宗教的歧異，就形成了一個難解的死結。由於鬥爭、暴動及殺戮，就破壞了原來佛教與印度教和平的氣氛。班達拉奈克前總理的被刺，雖說沒有政治背景，但那種殘殺方式，不能說沒有受到那些衝突流血事件的影響。

政治經濟的紛擾

錫蘭的貧困，從國民所得便可以看出來。國民所得每人每年約一百二十八美元，國民的百分之九十九點四沒有負担租稅的能力（一九五六年的免稅點為每人每月三百盧比——等於六十三美元）。所得稅僅由百分之零點六的人們担負，其數額為財政收入的百分之十三。貧富的懸殊，即此可見，而貧窮者實佔絕大多數。

錫蘭經濟方面，絕無工業，僅賴輸出茶葉、橡膠、錫砂，但食米的泰半有賴於輸入，人口則年增百分之二點八，況且茶園（百分之四十七）膠園（百分之三三點八）尚操在獨立前的外國資本之手。

只有少數泰米爾人獲得分潤經營，他們並從事款項的貸放業等。還加上中共、日本等對錫蘭的貿易，都是入超。財經的拮据是不待問了。

反殖民經濟、反資本家的應時口號，造成了左翼的勢力。班達拉奈克的人民聯合戰綫，新總理達哈拉雅克的聯合戰綫黨，「托派」的革新平等黨，新平等黨等，以至共產黨，左派的政黨應有盡有。革新平等黨是現政府的友黨，有議席五席。新平等黨十四席，共黨二席。但這些左派黨並不是一致的，因此班達拉奈克的聯合政府仍然脆弱，它既需應付經濟鬥爭，在經濟上尤難改善。所以早就傳說「右翼政權不久出現」。右翼以統一國民黨為首的議席，祇超過三分之一而還距半數有一個距離，但他們也許會通過政變。軍官和警官多數出身於中產以上的家庭，他們對左翼政權不抱好感。

班達拉奈克之死，使左翼失去中心的領導。照印度方面的看法，錫蘭出現軍人或警察執政，可能性相當的高。尼赫魯對於班達拉奈克之被刺斃命，認為「戕殺方式及兇手竟穿僧袍」，十分令人震駭。當然，在採不抵抗精神的不合作手段的印度方面看來，以詐欺行謁見，用手槍進行謀殺，更以僧袍作掩護，確乎太「阿彌陀佛」了，除慨歎衆生罪孽深重外，實在沒有什麼話可說。

可是尼赫魯還表示說，民主制度的在東方國家中實施，看來還有很多困難。這個說法，固可以說是抨擊暗殺行為之屬於陰謀而不民主。但這句話的「弦外之音」，何會不可以解釋為尼赫魯已經預料錫蘭會有軍人政府的出現？

尼赫魯所使用「東方國家」的字眼，顯然不祇適用於錫蘭。如巴基斯坦、緬甸、泰國，都是不久前才變為軍人政權的國家。印尼方面，陸軍的勢力也逐漸膨脹至跨於政黨之上。就是印度本身，亦有三軍參謀長與政府國防部長梅農的對立，因梅農奉派出席聯合國而暫時和緩；可是尚有待於下文解決。尼赫魯的話，可能是有感而發呢！

如果錫蘭出現軍人政府，當然不是通過國會，而必須來一次「政變」。那麼，當前的錫蘭，正是「萬木無聲待雨來」呢！（加爾各答通訊）

微妙的寮國局勢

·萬清·

中共及越盟共黨策動巴特寮的叛亂，曾經一度使王都琅巴剌邦及首都永珍，同告緊張，但隨着聯合國「四國調查小組」的到達，這項緊張似已過去。不但中部南部各省，已無共軍踪跡，就是兩度告警的桑怒及丰沙里省的戰事，也同時沉寂了下來。

可是這項戰事的轉趨沉寂，却含有一種奇怪的氣氛。因為那並不是王軍追奔逐北的勝利，而是共軍突然的退却——或者是伏匿。他們既是來自北越的邊境，很容易便可以退竄回去原來的老巢，無論其為越共抑是寮共。再者，他們是接受中共「遊擊戰」訓練的，既能無中生有，化零為整，便可以從有變無，化整為零。因為軍警防衛力的不夠，老百姓為了自身的安全，對於帶槍潛伏的寮共，是不敢加以揭發的。那末，也許未來的任何一天中，他們又重新越過邊境而來，或再動員嘯聚，再次點燃戰火，這就是沉寂而不平凡的內涵。

所以有些人認為所謂「寮共」的伏匿，完全是為避免給聯合國調查小組「捉住痛脚」。既是這樣，是不是聯合國調查小組一旦離境，「寮共」就要重新發作呢？這是很有可能的。

調查小組在永珍已視察了鹵獲的越共武器，其中有中共製及捷克製的。至於七名越共俘虜，其中有四名是先時向王軍投誠的。小組的領導人日本前駐泰大使澁澤，對調查所得不發表意見，大概直至離去，他們是不肯發表的了。照聯合國的前例，他們要離開寮國，到別國（可能是泰國）境內方才草擬報告書，送聯合國而由聯合國總部酌量發表。

對於聯合國小組是否留駐代表在寮監視的潤題，澁澤則以外交辭令說：「屆時如有必要，聯合國將有命令。」因此，對於聯合國是否完全接受寮國的申訴，負責寮國安全？及是否派員常駐，調查及鎮壓共黨？寮方迄今仍感沒有把握。

東南亞公約原擬派團來寮視察，以為一旦必要時採取行動的根據。但據聞曼谷會議中，英國反對急進，因此取銷派調查團前來。永珍政府只有加緊練兵，準備應付再起的事變。數十名法國軍官前赴桑怒，便是這計劃的一部份。——永珍通訊——

僑鄉近訊

逃亡的把戲

·志逸·

這個在恐怖中而包含無限滑稽的把戲，上演於中山灣仔地方。九月廿八日凌晨，決心泅水逃亡的鄉民容悅成，由他的鄉親容福帶引，靜悄悄地跑到銀坑去，把二百元「茶資」親自遞給共幹王發强。

容悅成：「王同志，讓我即晚就動身好嗎？」

共幹點點頭：「好的！晚上十一時我到你家裏來，指導你如何逃走；這是公平交易，保証安全的，請你不必憂慮，我們做事是斬釘截鐵的哪！」

於是六雙眼睛你望着我我望着你，大家都嘻嘻哈哈地笑了幾聲，分別散去了。

到了晚上十一時許，那共幹很守信約輕鬆地摸到容悅成的家裡，把一頂小竹笠交給容悅成，然後將他的嘴吧湊到容悅成的耳朵旁，低聲說：「小竹笠你一定要戴在頭上，這是個最重要的標誌，憑這標誌，你可以安全地泅過巡邏艇的崗位。當你泅過那崗位後，崗位上會發出一陣槍聲，但你不要害怕，他們的子彈決不會向你的身上射來。」說着他拉緊容悅成的手向外跑，跑到沙尾海灘上，伸手指指對岸：「對面就是澳門的青洲，和這裏距離最近，你泅過一段短短的水程，便可以達登彼岸，祝你幸運！」

容悅成一言不發，戴上小竹笠，撲下海中，泅呀泅，朝向澳門奮力泅去，迨泅過了駐守海界上的共軍巡邏艇後不久，果然後面發出一陣「迫迫卜卜」的槍聲。容悅成頭也不回，使勁向前泅；三十分鐘後，泅抵澳門青洲，安全登陸。他立刻仰高頭顱，大力吸下一口自由空氣。

晉江惠安人民反共情緒激昂（福建）

·江水·

素有富庶僑鄉之稱之閩省晉江、惠安等地，反共宣傳文字，經常在公衆場所出現。共方懷疑是華僑學生所為，曾大肆搜索，惟仍未能破獲實際的反共地下機構。發現反共宣傳標語最多的地方，係晉江至惠安交界洛陽橋一帶的鄉鎮；該等標語，有些是用木炭寫在牆頭上的，也有些是寫在紙上貼出的。共幹曾在晉江「華僑中學」捕去學生施永祥、顏日初、黃大倫等三十多人，迄今下落不明。惠安方面，則在縣城西北廿五里的洪瀨鎮，經常發現有「神秘人物」派發反共傳單，係油印宣傳品，內容號召人民奮起抗暴，打倒共黨，驅逐俄寇，其署名為「人民反共行動隊」、「人民反暴除奸團」。洪瀨鎮係「華僑新中」所在地，學生五百八十餘人，全部係華僑子弟，共幹對他們亦加上「莫須有」罪名而捕去吳一中（原籍晉江，新加坡僑生）、謝竹修、余進根（均原籍縣城，印尼僑生）、鄭大正、鄭大義（均原籍南安，印尼僑生）等五人。

粵共又捕殺港澳歸僑

「十、一」偽慶前夕，粵共又大舉捕殺港澳歸僑。據共方宣佈，於九月十日至十八日，先後在廣州、東莞、增城、紫金等地，逮捕了由港澳潛回的「國特」何堅、黃良、饒凌風、招承恩、姚新、陳祖然、葉乃昌、梁創、廖錦昌等九人，其中何堅、姚新、陳祖然三名，已於廿二日在穗被槍決！共方加給他們的罪名是：（一）何堅，曾散發反共傳單，圖謀破壞活動；（二）姚新，潛藏槍械、手榴彈，陰謀煽動羣衆暴動；（三）陳祖然，協助姚新運械、藏械。

「五超運動」，加深迫害農民（番順）

番順縣（即番禺、順德合併）共幹，刻已加緊推行「五超運動」，把農民迫害得更苦。所謂「五超運動」：一、展開超先進競賽運動，消滅五百斤以下的落後組落後田；二、晚造稻田，畝畝超產一百斤；三、十天內每人超積萬斤肥；四、每戶超額完成五分田秋薯，保証戶戶有千斤薯，組組有萬斤薯；五、苦戰一個月，展開集體多種經營，做到每社超額收入。共幹幷動輒以「右傾」帽子加到農民的頭上，藉以恣意驅策農民參加「苦戰」。

老吳

鍾聲

老吳是個莊稼漢，因爲家裡窮苦，所以沒有受過教育，他生得結實，二十歲那年他就盲目投入了革命隊伍。當革命黨在武昌起義，他才知道自己就是打倒皇帝的一員。

「對！皇帝不是一個好東西，老被洋人欺侮」。

滿清皇帝趕走了。有權勢的軍人又你一塊我一塊的佔據着，那裡像個國家呢？於是他又跟革命軍去打軍閥。

軍閥打倒了，又聽說出了什麼「共產黨」，說「共產」且「殺人」，皇帝退位了，軍閥打倒了。百姓就該過太平日子啊！爲什麼又要「共產」，「殺人」？「混蛋！攪風攪雨的，非打垮不可」。

不久他又參加去打「八路」，從江西打起，追到四川，陝北。七七事變，日本又來侵佔中國，於是他又倒轉槍頭去打日本。他穿着草鞋爬了八年山，可是心裡總覺得有樣事情沒有做完。

在勝利接收的時候，他聽說「八路」又從窰洞鑽出來。他想：「對！就是這個事兒，這回可要好好的收拾它」。但是他忘記了，從革命到現在已有三十多年，再過幾年他就接近花甲。

有一天，老長官對他說：「你年紀大了，應該休息了。」他本想發作，可是想起老長官平常對他親切，只好把滿肚子的牢騷按住。不久他奉命到重慶去看守老長官的房子，但仍然懷着一種難以訴說的莫名感傷。

在一個月明星稀的晚上，他無聊的站在門口，死寂的街上，已沒有行人，聽說房子要「人民接管」，他想這大概就是「共產黨」吧！

忽然街頭跑來一個慌慌張張的青年人，直衝到他的身邊：「老伯伯，救救我」！讓我在你這裡躲躲，那人也不等他同意，把他拖進門裏，反手把門門好，呼呼氣喘，一邊用手裡拿着的藍衣擦汗。

「你幹什麼的」？他懷疑地問。

「老伯伯」！我是政府的工作人員，剛才炸了一個重要的「八路」，現在他們在追趕我。

「噢！別怕，來……」說着他拉了他往後邊就走，這一套他還記得；像是戰場上掩護弟兄一樣。

門外嘩啦嘩啦的叫喊敲打，像土匪搶莊子一樣，許久，裡面沒人理會，終於大門給撞開了，一羣狠狠的傢伙衝了進來，手裏拿着長槍短槍，其中一個在盒子槍上繫着一根紅色絲帶，穿着軍裝，樣子好像剛從山上鑽下來的。

「喂！有人沒有」？一個粗野的呼吒，那揸手槍的人，吱吱喳喳指手劃腳地吩咐着，其餘的人都散開了，留着個黑臉壯漢，和一個滿臉橫肉的矮子跟着。

老吳從後面走了出來，一臉癡呆的表情，向他們橫掃一眼。

「老頭兒！你媽的是死人吶……」黑臉漢搶前一步，用刺刀頂住老吳的肚皮，要想衝刺的樣子。「什麼？……」他故作不解的樣子。

「國特跑到你家來啦！快說，躲到那裏去了。」生滿了橫肉的矮子接着說。

「國特？」他含糊地說：「是不是剛才跑進來的？」

「是的！」揸手槍的人說：「老太爺！他躲在那兒，說出來與你無關」。說着他向黑臉漢使個眼色，大漢馬上收回了刺刀。

「他好像帶着手槍，所以我不敢擱阻他」。說着他用手指着樓房，揸手槍的人又叫了二個人來，把樓房圍住，但是誰也不敢上前。這樣他們咬了陣耳根子，黑臉漢向老吳笑嘻嘻的說：「老太爺！我們地方不熟，請你帶我們上去」。「他有槍……」，老吳正想解釋，不料「拍」！馬上挨了一記耳光。

「他媽的！不識抬舉，看你也不是好東西」，黑臉漢抓緊了老吳，二枝槍管從他的肩膊伸了出去，人却躲在後面，一進樓房，一個個先後掩護起來，四下察看，沒有人影，這才把精神鬆弛下來，又仔細搜查了一會。

「嗨！你看」！矮子拍了拍槍托，指着樓梯口的藍衣。「老頭兒！這衣服是誰的」，說過又用刺刀頂住了他的肚皮。

「不知道！大概是那人的吧」！這樣立刻又緊張起來，一堆傢伙又咬了陣耳根子。老吳笑嘻嘻地，沒有緊張及恐懼。結果還是老辨法，推着他上去，可是這次他裝腳軟，跌在地上。「混蛋！別裝死，矮子朝他屁股踢了一腳。「架着走！老東西是他們一黨」。揸手槍的人咆哮叫喊着，後面轉出了二人，將老吳抱住推着上樓去。剛到梯口，黑臉漢就向上叫喊：「同志！放下武器吧！人民會寬恕你的……」許久都沒有響聲，最後他們就壯了胆子，先把老吳推上去後，然後一個個一齊竄上。「砰」！響了一槍，爬上去的人四處亂鑽，中間的一個腦袋穿了個洞，連滾帶跌的溜了下去。半天沒有響聲，大家才又出來東找西找，什麼也沒有找到，原來是緊張過度，矮子的鎗失火，打死了自己的同志。

翻箱倒櫃，鬧了三個鐘頭，連鬼影子也沒得。「老頭兒！別找死！人到底藏在那裡」？快說！黑臉漢提起腳，狠狠的向老吳身上踢去。

「我看恐怕跑到……」他心裏打着主意。

樓梯上鼕鼕的跑上一個土頭土腦的像伙。

「報告」，班長。「什麼事」？揸手鎗的人揣了來人一眼，跟着好像蚊叫的一樣咕嚕了一陣。

帶手鎗的人聽完了報告，好像鎮定了許多地說：「人到底在那裏」？「他……恐怕躲到……後面去了」。他猶豫地答了一句。

「我造你祖宗！」老吳肚子上結實的挨了一腳，痛得蹲在地下，接着臉上又挨了二腳，他麻木了。揸手鎗的人氣得兩腳直跳！「你放他爬後牆走了，還有新的腳印，你媽的，把這件衣服故意擺在樓梯口來哄我們……」。

矮子打死了自己的同志，心裡還怒於他，一邊罵一邊朝他心口撞去。老吳「咳喲」一聲，一陣巨痛，噴出了一口鮮血，眼睛向上翻着，但他心裡在想：「一堆的飯桶」，彷彿有說不出的快感。

「他媽的！死了沒有」黑臉漢在他背上搗了二下，他移動手掌摸摸下巴，發覺少了二個門牙，他想：「少了就少了，我這退伍的人，還不是如牙齒脫離了牙床一樣，有啥用呢」？想着他又徐徐張目，朝他們看看，但他心思並不在這羣惡魔之間，他想：「二點半……三點，應該走得很遠，月夜急行軍一小時十四里，他很壯，一定跑得更快」。

「這狗東西眞可惡，你看他那樣子，還裝死」，大家七言八語的侮辱他。

老吳又想：「今天完了，死倒無所謂，可是死在這些狗養的手裡，實在有點不值」。他又在恨：爲什麼老長官不讓他上前綫？否則！老子二十年的夥伴「中正式」，給他打個蜜蜂窩窩。

「裝什麼死」！「造你祖宗」！矮子舉起鎗托，在老吳頭上一擊，「拍」一聲，他失去了知覺，渾身抽蓄的弓在地上，頭上的血，汩汩流出。

「裝亦不行，來人，架回去關起來再說」。揸手鎗的人咆哮着，其他的架着老吳往樓下走去。

「嘩啦」！黑臉漢又用鎗托打碎了桌上的一隻古花瓶，嘴裡罵着：「他媽的，現在的人都是國特」。

「對！不是國特就是……」橫肉的矮子在附和着，一眼看到另張檯上面有一個精緻的小鬧鐘，不聲不響的順手拿起，往懷裡揣，看了黑臉漢一眼，大家往外就走，下面的話就沒有再說了。

明月一樣的照着大地，人們只知道殺韃子的故事，又那裡知道在魔爪下，還有頂天立地的好漢。

人參和它的神話

裴郁明

東北長白山地區是我國人參主要產地。就整個世界來說，朝鮮和北美雖也有出產，但不如我國東北出產的好。

人參秧每年抽芽。它的根鬚伸延之處，不生雜草，大有「唯我獨尊」之勢；所以，有人稱它爲「神草」。人參幼苗只有三個小葉，長大變成五個葉；這就是參齡中有所謂「三品葉」和「五品葉」之分了。

人參分爲山參和園參兩種。前者，就是草藥店在金字招牌上宣傳的「老山人參」；後者，是把它移植在園子裡變成爲園藝作物。但這種用人工培植出來的園參，由於藥用力量微薄，所以，也不大值錢。不管怎樣，人參是名藥，有調氣養血、強陰壯陽和明目益智之功；並且，它是中國的特產；所以，幾年來中共在吉林省靠近長白山的地區，如撫松、長白、輝南等縣大力培植園參；然後製藥出口，爲它套取外滙。最近，在香港共報上刊出一個「聲明」；聲稱有人僞冒「天津藥材公司」出品的人參製品。其實，中共出口的甚麼「人參精」、「人參片」，以至甚麼參糖之類；所用的原料都是那種園參。東北人都知道，園參的營養價值比胡蘿蔔多少能好一點。中共所宣傳的「吉林上等人參」云云；那純粹是東北人所說的那句：「吃個名氣嘛！」

眞的山參年產不多。過去，除了帝王重臣和巨富之外，連產參地區的東北人在內，還未聽說普通人能用山參進補呢！今天的山參生產也許是「大躍進」了？可是，需要進補的人，由懷仁堂到克姆林宮，以至蘇聯各附庸國的黨要正多着呢！所以，我敢保證：中共出口的人參製品，都是只有「名氣」而不中用的玩意兒。聽說，還有人把它當作「名貴禮品」送人呢，這眞跟罵人八輩祖宗一樣！

「關東城三宗寶」的人參，是指的老山人參。俗稱人參叫「棒錘」，採參叫「挖棒錘」。這種稱呼，除了寓意於相形之外，據說這也是「山規」。如果在山裡發現參秧不稱「棒錘」而直稱人參，它便會「土遁」的。

「七兩爲參，八兩爲寶」。採得重在八兩以上的人參就是得「寶」了。「挖寶」是何等嚴肅的事？因此，入山採參有很多跡近迷信的「山規」，也有很多神話式的傳說。譬如，找參時不能說話，彼此間只能用「索羅棍」敲打樹幹連繫。如發現參秧，必須先用紅頭繩繫上，然後才能「散盤」掘土。據說：不然，就會在人們掘土時把它驚動而「走」了。在東北，關於「棒錘鳥」的傳說最普遍。相傳：從前有乾兄妹二人相戀。乾哥姓王。到了採參季節，乾哥哥與乾妹妹約期而隨人入山「挖棒錘」。因爲，乾哥哥在山裡挖到了「寶」；所以，引起一同入山人們的覬覦，而把他推下萬丈深崖！日夜相思的乾妹妹，日復一日年復一年的永未見乾哥哥回來，於是抑鬱而死。她的靈魂化爲「棒錘鳥」，一聲聲的悲啼，嗚呼「王乾哥！」「王乾哥！」據說，參苗上秋後的紅色漿果，就是「棒錘鳥」啼出的血染成的。有「棒錘」的地方才有「棒錘鳥」。採參的人，雖然可以聞聲索驥；但是，「棒錘鳥」爲了報復王乾哥被害之仇，所以，牠專吃參籽，讓採參的人找不着參秧。

也在從前；有一個貧窮的孝子的媽媽久病不癒；經醫診斷，非用老山人參不能治癒。那個孝子，爲了媽媽的病，甘冒虎豹豺狼的危險，隻身入山去找人參。可是時屆隆冬，他還未找到一棵人參。一夜，他凍僵在一棵白楊樹下。可是，却被一隻巨虎用自己的長毛把他暖活過來了。孝子甦醒後，發覺與虎同眠，簡直嚇死了；可是，虎却站起從口裡吐出一件東西後走開了。虎吐的東西正是人參，於是，孝子回家治好了媽媽的病。大東北山區稱虎爲「山神爺」，大概就和這個傳說有關係。

秋風又起了，採參隊又該結隊入山了吧？聽說，中共專爲採參還組織了「合作社」和「專業生產隊」。可是，爲誰辛苦爲誰忙呢？相信，他們只要能以雜糧薯類果腹就該知足了；至於，用參進補和治病，連作夢都不敢夢一下啊！

日人所記日本援助孫中山革命經過

——摘譯自日本文學家村松梢風著「原敬血門史」——

高洞譯輯

在這樣的時期，有位雖是民間人，却是唯一援助孫文的人，是久原房之助。孫文任陳其美做統帥，起兵討伐袁世凱，照例軍費的籌措極感困難。因別無可做籌款商量的朋友，只得又去找秋山定輔看。「老兄，怎樣不成呢？」每日死賴着。雖被催促，但革命軍費，不是閒人所能負担的，除向財閥商借外，沒別的法子。三井在漢冶萍已經清結，再去說料想不行。岩崎、住友、安田，財閥雖有幾個，偏巧哪一個也沒有人緣，即使有人緣亦不會願意拿出。

那時，晃在秋山腦裡的，是久原房之助。

和久原莫說一面，連半面之交也沒有，可是，雖說同是實業家，久原的做法和別的實業家不同，很豪放，算盤以外，看起來好像懷抱着甚麼理想，而近年很快地發達得大起來了。

若是久原，或者願出也未可料。

有一位和秋山同鄉在備中倉敷出生叫做加藤達平的人。加藤初出門到東京當時，曾在秋山家裏當過書童，後在赤門工學部卒業，現入久原鑛業公司當技師。秋山想起加藤，立刻打個電報到神戶給他，他也不知是為何事，趕快便去。

秋山對加藤，由世界大勢，論東亞的將來，日本援助中國的革命，使建設新中國，再與這新中國提攜，非這樣做，則無論東亞的和平，日本的發展，均不可能。然而日本政府所行的，完全和這理想背道而馳，將來必然招來可怕的結果。這個當兒沒有法子，只能以民間的力量援助孫文，使他完成革命，為日本的將來，這是最必要的。把這番話力說。最後道：

「想由你將這件事轉達久原君，求他貸給孫文至少一百萬或二百萬，越多越好。事情急迫，無奈我和久原君，面也沒會過，因此，請你來特意奉託。」

加藤也是有能耐的人。說：

「好！那我就趕緊去。」馬上向白金的久原公館去。

剛好那天久原的母親去世，忙亂不堪。加藤先進靈前燒香行禮後，對主人久原「有些話想和你說。」往別室去，把秋山的話照說，久原即刻答：

「啊！若是那樣的話，我要會秋山君一面。」

第二天，久原到麴町秋山寓所來訪，秋山和他暢談後，久原表示：「既是這樣，知道了。該會一會孫文。」

次日，孫文和久原在秋山家裏見面，兩人談了半日，結果，久原答應目下先籌七十萬元，並說：

「一兩天內把錢調動。明天我請兩位吃午飯，務祈到白金敝舍賞光。」

第二天，孫和秋山依時到久原處，吃完了飯，久原離席去，一會兒，久原自己抱一把，書童也抱一把，共有三十柄刀劍拿出來，久原道：「我要送兩位每人一柄，你們喜歡哪一柄？請就其中來選罷！」秋山因自己在刀劍上沒甚興趣，祇謝謝久原的好意，沒有領受。孫文對日本刀也不內行，不會鑑定。久原說：

「既然如此，待我揀一柄好的送給孫先生罷！」

下一天，由久原將黃金製成很名貴的刀一柄和現金八十萬元，送到孫處。孫給久原的借款契約是七十萬元，甚麼緣故有八十萬？

孫文將這八十萬元趕急匯給上海陳其美。久原隨後又交給鉅款好幾次，但最初的借款是七十萬元（實際是八十萬元）。久原借款，後來國民政府改為國債。

陳其美已經發動了軍事行動，軍費待支，急如燃眉。但那一筆款到後不上一星期，陳其美即被袁世凱的刺客用手槍擊中頭部，當場殞命。

浙江省出身的革命家，章炳麟和陳其美最出衆。章以言論文章鼓吹革命，陳為革命的實行家。

陳其美，一看一點也不像個豪傑光景，丰采也不揚，但孫文提到陳其美時，常常極口稱贊他，說：「陳其美倒不是個站在生死關頭失常度的人物。」

陳其美也和孫文一同亡命日本，為要舉兵討袁纔返國的，此次遇難，孫的喪氣，自不尋常。

陳其美的部屬，有蔣介石和黃郛。蔣是完全地靠着陳其美的衣鉢的。其後成為蔣介石左右手的陳果夫、陳立夫都是陳其美的姪兒。（完）

夢山樓詩稿

邵鏡人

簡臺灣舊友

世尚紛論鬢未秋，燒鐙顧影自悠悠！飄零祇乏回天計，却望徐州又海州。

長淮風月已堪哀！無復當年舊將臺。徐泗空留龍虎地，終憐依傍誤英才。

贈劉律師

聞道荊州事已非，江流腥氣壓重扉。劉郎飲我茅臺酒，側帽輕吟帶醉歸。

示門人

倦眼平生為汝青，扁舟南下苦辛經。錢塘水碧天台秀，應有亭亭詠絮人。

亮齋閒話

徐亮之

雙十節前

客：「一年容易又秋風」，明天又是民國四十八年的雙十節了。眞熱鬧！咱們今天且來預賀一番怎樣？

主：咱們全該愧對此日；除了第一個雙十節以外，它全該受弔不受賀。

客：您老是潑冷水！您沒瞧見嗎？每逢這個節日一到，大家老是喜氣洋洋，懸燈的懸燈，結綵的結綵，演說的演說，唱歌的唱歌，舞蹈的舞蹈，喝酒的喝酒，還有不少成羣結隊被邀請到台灣去觀光的呢！花的錢倒眞不少呢！如果這個節日眞只該受弔不受賀，花錢的人豈肯竟花這些錢？

主：這些錢遠不如留在或捐向台灣救災倒反實受。

客：那末，您認為這個節日只該受弔定了？

主：去年我曾說過年年雙十節乃「中國民主浩刧里程碑」的話，今年在此碑前，可弔之事，更甚去年！

客：願聞一二。

主：您看過台灣有一份在封面上自己用紅字標印着「宣揚民主自由的權威刊物」的「政治評論」半月刊嗎？這個「權威刊物」直到現在，還在那兒瞎嚷着無論修改憲法也好，修改臨時條款也好，逾越法定任期已久的國大代表都可以優為之，而都是「總統連任」的「合法途徑」呢！我想：這個「權威刊物」必定得了「權威消息」，或者「權威指示」，才會有此妙論的；大概台灣毀憲已是毀定了，總統已是連任定了。民主浩刧當至毀憲而極；此今年可弔之事更甚去年者一。

客：還有呢？

主：您看過上期本刊台北通訊所載蔣經國在一個訓練班裏的講話嗎？他說：「香港聯合評論時常批評我們的不是；他們如有辦法，可以要某人來做行政院長。」……

客：慢來，慢來；我且問您：「行政院長由總統提名，經立法院同意任命之」，明載於憲法第五十五條。蔣經國既非總統，怎麼隨便「可以要某人做行政院長」？這目中還有憲法嗎？怪不得蔣經國在台灣的一切作為全可特許不受憲法拘束！

主：此今年可弔之事更甚去年者二。

客：這樣說來，我想您對最近台北報載：「國民大會代表全國聯誼會，最近數月所收到國內外各界同胞籲請蔣總統連任第三屆總統的電文，截至八月二十二日止，就有一千零八十個單位」云云；一定會說：此今年可弔之事更甚去年者三的了。

主：不，這不光可弔，簡直就是不祥。因為四十四年前袁世凱帝制自為時，為要造成「勸進」空氣，曾由他的爪牙特製了一千九百九十三個所謂「全國國民代表」。這「截至八月二十二日止」的「勸進」「單位」的數目，再假以時日，實難保不和前者有看齊的可能；實不祥莫大焉！

四八、十、九。

哀江南

斯牛

天欲暮，獨步宋王臺，涼月舒波風雨後，孤帆遠渡浪花開，疑是舊秦淮。

佳節近，一任鄉音乖，霜葉棲霞人婉婉，江山如畫伯圖灰，寥落意多違。

菩薩蠻

石城皓月千山白，將軍百戰身敗裂，外阻內長訌，秦兵盡向東。

橫眉爭攬轡，萬落千村淚，遼客莫思歸，歸家事事非。

本刊已經香港政府登記

聯合評論

週刊

每逢星期五出版

United Voice Weekly

第六十一號

督印人：黃宇人　總編輯：左仲平

社址九龍金馬倫道卅八號三樓　電話61413

承印嘉羅印刷有限公司香港灣仔馬師道5號

總代理：友聯發行公司　售價每份港幣一毫

本報美洲版總經售處美國紐約中美出版社

CHINESE-AMERICAN PRESS,INC

199 CANAL STREET.,

NEW YORK31 N. Y. U.S.A.

美洲航空版零售每份美金一角

張君勱啓事

自青年時代有志政黨政治，乃有民主社會黨之發起，二十餘年中，經歷抗戰制憲等事，不料大陸淪胥，政治基地失陷，勱流亡海外為反共民主呼籲，本年八月民社黨在台舉行二次代表大會復舉勱為主席，時以黨內多故勉強同意以待五副主席之選出。勱僅居主席之名，黨事統由五副主席代理。此後政府倘有毀法之舉，義不應同流合汚，良以進不能如伊尹之救民水火，惟有效柳下惠之遺佚不怨阨窮不憫而已。

信任人民乃最安全的政策

有感於英國大選的結果

李璜

十九世紀意大利建國的大政治家加富爾，在未當首相時，游歷英國，醉心於英國憲政，曾宣布其建國政策的原則，說：『信任人民乃是安全的政策』。因之，加富爾不去附和其前驅者馬志尼的澈底革命主張，而努力從事為國家建立政治制度，一以英國為模範，一聽人民的選擇，而終於奠定了意大利獨立與統一的建國之業。史家稱加富爾的最大成功，在其外交方面，其實，如果加富爾不信任其人民，則其政治制度不會穩定；沒有人民的同心支持，則其外交上的全歐同情又何從而去博得呢！

英國政治家之信任人民，於其在十九世紀以至二十世紀歷次擴大自治範圍與放寬選舉限制，更足以見之。在第一次世界大戰前後，大英帝國的龐大組織即已遭遇了危機，而英倫的政治及社會也發生了困難，現代史家稱之為「英國的恐慌時代」，然而在一九一八年，英國國會還進一步製定法案，實行男女平等，只限年歲的眞正普選制度。西敏寺大憲章之日益趨向民主與自治，英國政治家絕對不因國外危機，國內困難，而稍微減退其對人民的信任。

英國的政治家有此傳統的精神與見地，故第二次大戰剛完結，一九四五年的英國大選結果，邱吉爾所領導的保守黨失敗下台，而邱吉爾並不對其國人減損其信任之心。因之，當其時舉世都在對大戰中為國辛勞的邱翁，竟不為其國人所信任，嘆為不值得，而邱翁並不灰心。英王認為邱翁彼時已年近七十，或者經此打擊而要告老退休，表示賜他一個爵位，但邱翁那時立即拒絕受爵，宣稱，他還要領導保守黨，繼續做「王的反對黨」的領袖。邱翁很了解人民暫時的不要保守黨當權有其其由—戰爭中大家太受磨折的理由，而人民所要求的和平與繁榮的生活：終必還是需要保守黨來辦到。故一九五〇年的大選，英國人民重行對保守黨表示信任，而邱翁又復執政了！一九五〇年以來，保守黨繼續執政，一九五五與這回兩次大選，保守黨的人民信任票都在增加，眞如加富爾所稱「信任人民乃最安全的政策」，事實証明一點不錯！

不信任人民便不安全

現在我們試反過來証明一下，凡不信任人民的政策便不安全。這証明最好拿民主與極權，拿自由國家與警察國家來比較一下，尤其在戰爭對立期中，更可以比較明白。納粹主義的希特拉，特別極權，然而勝得敗不得，第二次大戰，希特拉在非洲，在意境偶露敗徵，德國國內便發生內變，以致有莫尼黑的酒館謀炸希魔的事件發生，使希魔感到自身也不安全。因之防範愈嚴，問題愈多，左右人人疑懼，隨時有禍起蕭牆之慮，於是乎希魔豈特不信任人民，甚至只有信任他自己一人而已。然而民主的英法，固能勝，也能敗，當其倫敦被V2飛彈轟炸，當其珍珠港的美海軍被襲而損失大半，英美人民只有愈結愈堅，擁護其政府向前作戰的精神愈烈，行為愈壯，而卒能轉敗為勝，這也猶如中華民國全面抗日一樣，當其我軍退守西南一隅之地，外有奸偽政權的鼓惑，內有敵機每日前來轟炸，而我政府竟能屹立不動，抗戰到底，終得勝利，此其故也因彼時國民政府與最高統帥尚能任信人民，不加懷疑，而感到後方相當安全也。

今日更較希魔還要極權，更較納粹還要不信任人民的俄共與中共，則更只能勝，不能敗，近年俄共頭子到處出賣和平膏藥，聲稱其不願打，其實不敢打；不敢打的証據何在，當一九四一年七月納粹大軍攻到波蘭及立陶宛時，俄軍與友軍所組織的混合隊伍即大批投降敵人，動以數萬計，假使荒謬絕倫的希魔不殺降，不虐待俘虜，則莫斯科不待圍攻而早已內潰。中共在韓國戰場上，又曾給予出一個明証：今日在台灣的一萬多名愛國義士，不是也臨陣就背叛了那自來只信任共黨而不信任人民的中共了嗎？事實証據，明顯如此，今後的國際共黨縱有飛彈，而無人心；縱能遠射，而怕接觸；單靠飛彈，就能完全解決問題了嗎？可惜英美一部分人，只見飛彈而不見人心啊！

如何去信任人民？

如何去信任人民？在原則上說來，中國古代的儒家政治主張就已說得明白：『民之所好好之，民之所惡惡之。』不過這是攏統的說法。在現代則民好民惡，須有表達的辦法，這辦法叫作「言論自由」，如果言論不自由，或者自由言論便動輒得咎，那嗎、民好民惡，又何能充分的表達出來呢？其次，政治要公開，如財政政策及其預算決算，人事政策及其進退黜陟，司法要獨立，審判要公開；以及特殊設施，臨時辦法，都必得先訴之於人民，讓人民知道、了解，然後纔能表示其或好或惡。否則人民便要懷疑起來，懷疑便是彼此不信任的開始了！故立憲政治與議會政治這一套制度無他，在政府，乃是使政府有方法去表示信任人民；在人民，乃是有途徑表示去信任政府。一國之內，這一套制度大家如能確切遵守去進行，則對內便必能和平進步，永久安全；一旦對外或外交，或作戰，也必能全國同心一德，政府與人民彼此信任到底，無往不利。西方民主先進國家厲行憲政，成績顯著，尤其兩次世界大戰的勝利成績，我們親眼見之，証據更為明瞭，何以我們東方竟無有加富爾其人的見解呢？言之慨然！

中華民國四十八年十月四日

赫毛唱做的是一齣戲

孫寶毅

赫魯曉夫訪美後，自由世界產生了一些幻想和錯覺，認為蘇聯確有和平的誠意，冷戰大有冰溶的可能。赫魯曉夫出售的和平膏藥，顧客居然如此之多，赫魯曉夫自會在暗中好笑。

赫魯曉夫訪美後，接着訪問中共，與毛澤東密談了四天，這又使自由世界產生了一些猜測，認為赫魯曉夫是在勸告，或是在壓迫，或是在馴伏中共不需動武。他們迄今沒有發佈公報，遂認為蘇聯與中共之間，有了歧見，甚至分裂的現象。於是，自由世界的一些所謂政治家們，更是沾沾自喜了。艾克邀請赫魯曉夫，硬是要得！

這一些幻想，錯覺和猜測，實有予以糾正和澄清的必要，因為，假如把一些幻想，錯覺和猜測，信以為眞，其後果是不堪設想的，換句話說，是大大的上了共產黨人的大當，和踏入了它所佈置的惡毒陷阱。

蘇聯與中共之間，不可否認的，是存在着一些歧見。這一些歧見，亦可能是相當嚴重性的。但我們如果把這一些歧見，當作兩個獨立國家之間的歧見，好像美英兩國之間的歧見一樣，那至少是証明了我們還沒有清楚認識共產黨人的那一套。

中共統治的「中華人民共和國」，根本上不是一個獨立的國家；「一邊倒」向蘇聯，已足以証明它是一個十足的附庸國。它今天如果沒有蘇聯在各方面的大力支持，它就會立即倒垮下來。不但是軀體，就是靈魂，都是從屬於蘇聯的。毛澤東這一小撮所謂領導人物，雖假裝着還沒有泯滅民族國家的意識；但在內心中，在骨髓裡，是徹頭徹尾的蘇聯的奴才。

這就是說，蘇聯與中共之間，即使有些歧見，亦並不是我們自由世界各國之間的歧見，而是主子和奴才之間的歧見；等到主子決定了必須一致，奴才亦只有看齊；為了策略的運用，亦可能故意表示有些歧見，以便得售它們的詭計。赫魯曉夫當權後，可能不像史太林那樣，把中共的地位提高，當作兄弟看待，但在實際上，其主從的關係，仍沒有什麼改變。

所以，在主義的共同信仰上，在主從的關係上，在基本的共同利益上看，我們如果認為蘇聯與中共會由歧見而致分裂，實是一種糊塗的想法。那末，赫魯曉夫和毛澤東，這次究竟密談些什麼呢？

據我看來，赫魯曉夫當把對美國的觀感和估計，告訴了毛澤東；又把他訪美所達成的目的和任務肯定一下；再進而密商以後的做法，由中共担任什麼角色，由蘇聯担任什麼角色，由其他共產陣營中的國家担任什麼角色，每個角色應該怎樣唱法，或唱高音，或唱低音；總之，扮紅臉，扮白臉，扮黑臉，扮老生，扮小生，扮青衣，扮小丑等等，都規定在一齣戲中。這一齣戲的名字叫做：「世界革命的最後勝利」，另一名字叫做：「埋葬資本主義國家記」。

有人看到這裡會發問道：「誠如上面所說，但總不能由蘇聯唱和平之調，而由中共唱戰爭之腔罷！」這一問很好，因為自由世界中一些政治家們和新聞記者們，正在這樣問。可是，我們如果清楚認識共產黨人的那一套，似乎不會發生這個問題。因為共產黨人是講辯証的，是講矛盾統一的。這亦就是說，在它們看來：和平就是戰爭，戰爭亦就是和平；一切國際爭端應當和平解決，意即一切國際爭端應當戰爭解決；不需武力就可戰勝資本主義國家，意即必需戰爭才可戰勝資本主義國家。不然，由列甯的共產主義制度與資本主義制度的不能並存到赫魯曉夫的可以和平共處和戰爭可以避免，請問如何講法？又如中共所常說的「又團結，又鬥爭」，請問又如何講法？但在它們看來，這是講得通的，這是合於辯証的。

我眞担心自由世界，尤其是美英執政當局，會上這個共產黨人的大當，和踏入它所佈置的惡毒陷阱，所以特寫這篇短文，提高大家的警惕！

民主的理論與實踐（上）

孫寶剛

（一）

民主主義是西方的產物，所以要說明民主運動的理論和實踐時，須把西方的民主運動，作一簡單的介紹，遠在一二一五年，英國有大憲章Magna Charta的訂立，以限制皇帝的權力，有的人認為這已是英國民主運動的開始，但嚴格說來，這不能說是一個民主運動，因為大憲章的主要部份還是在保護貴族的利益。而說那時的議會是貴族，僧侶，和平民合組而成，平民的力量倒底有限得很。

一直到了十八世紀的末葉，英國的不成文憲法才確定了下列幾項原則：（一）皇帝無增稅的權力。（二）皇帝沒有制定法律的權力，也不能阻止不合于他的意旨的法律。（三）皇帝對司法也失去了控制。（四）皇帝不能擁有一支軍隊，也無宣戰權。（五）皇帝不能任命未得議會大多數同意的內閣閣員。

但是這也祇能說，皇帝的絕對權力是被否定了，不能說民主主義已經起來。最顯著的，那時的選舉受了財產的限制，並且選舉是公開的，而不是秘密選舉的，所以許多選民不敢真正選他想選的人，往往被有力者所操縱。所以嚴格地說，那時的政治還是一種寡頭政治。

一直到了十八世紀末至十九世紀初，受了美國獨立革命的影響，才有一批急進份子，主張把議會澈底的革新，這才形成了以後英國民主運動的基礎。最出名的有福克斯（Charles James Fox）和畢德（William Pitt）等，他們主張（一）實行所有成年男子的普選。（二）每一地區依人數為比例，選出代表。（三）議員應支取薪金，使貧窮者也可被選。（四）取消議員的財產限止。（五）實施秘密選舉。（六）每年選舉議員一次。

到了今天，這許多主張，除了第六條以外，當然都已實行，並且婦女也有了選舉權。這是英國民主運動的大概情形。

說到這裡，我想把美國獨立革命和法國大改革也提一下。因為這兩個革命，和今日的民主政治也大有關係的。美國的獨立革命在思想上是受了英國歷次革命的影響，但是美國獨立革命也影響了英國以後的民主運動，傑斐遜所草的獨立宣言是一個代表作品。其內容有（一）所有的人——不祇是英國人——創世主都賦予了某幾種不可犯的權力——如生存、自由、和追求快樂等等。（二）所有政府的權力是經由被治者的同意而得來的。（三）所以人民在必要時，有以武力推翻暴虐政府而設立一個民主政府的權力。易言之即承認了人民有革命的權力。

這幾條原則，比之那時的英國，可謂青出于藍。它不特廢去了皇帝，連皇帝制度也廢去了。它不特設立了議會，而且是一個代表一般人民的議會。所以我上文說，影響了十八世紀末期的急進份子，而開拓了十九世紀的英國民主運動的疆界。並且替全世界作了一個示範。

上述的英國的逐次革進和美國獨立革命，對于法國人的思想是很有影響的，在十八世紀而論，思想在法國是最發展的，所以結果就爆發了法國大革命。法國大革命的口號是自由平等博愛。自由在政治上的含義就是說：政府是沒有天賦神權的，應以人民的意旨為意旨，而根據憲法來統治。每個人民均有其基本自由，任何政府都不能侵犯的，而所謂基本自由就是意旨的自由，言論的自由，信仰的自由，出版的自由，和擁有財產的自由。

平等就是要去除特權，廢止農奴制度，封建制度。所有人在法律前一律平等，人在求生存和追求快樂時，有平等的機會。

博愛是同胞精神的表現，共同去追求更完美而更快樂和更公道的世界，也是法國民族主義的一個指針。所以博愛也是指愛國心而言的。

這幾個信條一直延至今日，還為人類信仰的中心，而這些都是由法國大革命所得來的。

在這裏我們可以發覺一個很奇特的情形，就是在拿破崙當政以後，這幾個信條，拿破崙不特沒有破壞，反隨其軍事力量而普及了整個歐洲，而促進了以後的歐洲民主運動。

（二）

以上的許多運動，當然受了那時政治思想的影響的。在那個時代，許多智識份子發生了一個問題：就是怎樣形式的政府是最合理的。經過許多人的研討之後，便產生了一種思想，認為人是天生自由而平等的，後來藉契約而組織了政府，但其目的，還是在保護天然的自由和平等。所以一個政府如不能達成這目的時，當然可以改組的。十七世紀末年產生了洛克，主張人是生而有生存權，自由和財產權的。政府如不能保護人民的這些權力，人民便可起而革命，所以真正的統治權在人民。同時他認為人民既是許多個人所形成，而個人間是平等的，所以一切政府設施，應取決于大多數的個人。而政府既是在保護個人的自由，所以政府不應干涉每個公民的信仰。洛克的思想使英國發生了一連串的革命，在美國則促成了獨立宣言，對于歐洲大陸當然也影響了許多思想家。

比洛克稍後有孟德斯鳩的三權鼎立說。其後又有盧騷的歸返自然的說法，而其社會契約論更使他成了現代民主主義的鼻祖。法國大革命所標榜的自由、平等、博愛，完全由盧騷的思想所演變出來的。

說到這裏，已把民主的理論方面，有個概念了。總括一句話。人是有天賦的基本人權的。政府是大家要保護其天賦的人權而藉契約以組成的，所以統治權在人民，不在執政者，執政者不好便可以去除他，必要時用武力也是合理的。

至于說人民怎樣來保持其統治權呢？是靠了議會，議會是由所有的人民用秘密選舉法選出來的。

（三）

我這樣說，一定有人很奇怪，民主的理論真是那樣簡單麼？我的回答是肯定的，真是這樣簡單。那麼，世界上許多國家，連中國在內，為什麼幹了幾十年的民主運動，民主政治還不能實現呢？我可以回答說，理論雖簡單，實踐起來便不這樣簡單了。下文想把民主的實踐再作一個簡單的陳述。

譬如說：人是有生存權，並且是生而平等和自由的，但是現在並不平等和自由，最明顯的在美國的黑人就受着一部份白人的歧視，他們不能進某些學校，甚至不能進某些餐館，這不是不平等麼？還有些人在貧民窟內生了下來，母親因為窮，營養不足，沒有乳水給小孩吃，父親因為窮，不能買牛乳來給他飲，這個小孩子的生存權怎樣能保持下去呢？幸而沒有死去，但沒有機會受教育，不若有錢的子弟在學校內讀了十年書，得了許多智識。那個窮小子天天在街上乞食，將來長大了，你想和那個有錢子弟講平等，豈不是笑話？他須得在天沒亮時起身，洗臉吃飯後，忽忽忙忙地去工廠做工，到了天黑後才能回來，洗衣裳飯後，已經是上床睡覺的時候了，但是到了明天醒來後，又是忽忽去工廠，這樣的過了一生，自由在那裡呢？

所以祇憑幾條自由平等的理想，一般人民還是沒有自由平等的。須得把全國人民的實在情形，作一個整個的調查統計，然後作成整套的實施綱領政策。有了這些綱領和政策，當然還須靠專家們擬出實現的方法，一步步去做，然後人民乃可得到了生存權，自由，或平等；或快樂等等。所以祇有民主的理想而不研究實現民主的綱領和政策是不行的。

郭沫若考察的晚周帛畫（下）

尹述賢

立髻和攝鬢，這已經和畫上巫女極其相近，問題得找出她是那一類髮型。漢書所紀的髮型有四：一為高髻，二為飛仙髻，三為不聊生髻，四為百合分髾髻。除了高髻的「城中好高髻，四方高一尺」的長安歌謠，畧已道出它的形狀而外，關於飛仙髻和不聊生髻，由於年代久遠，已不可考。百合分髾髻，據「妝台記」說，是漢明帝要宮人梳裝的；髾是髮尾，即是髮後垂而結成燕尾。正好，畫中巫女既攝鬢，垂髾的尾上，又兩卷其髮而上仰，這無論身份與髮型，都十分吻合。不過髮型的吻合，並不能確定她是漢代巫女，幸而最湊巧的是她的衣式，一如髮型而為燕尾長裾。楚國的服裝，自來就相當時髦。「國策」說：「呂不韋使楚服見」。「史記」說：「叔孫通儒服，漢王憎之，乃變其服，短衣楚服」。「淮南子」說：「楚莊王裾衣博帶」。用現代的知識分析；楚服是短的對襟褂子，加上寬帶，這自然不包括質料在內。楚王穿短褂，他的女巫是否短褂，這就很難說定，可是一定說巫女着長褂，那也一樣不合理的。楚「離騷」上有「芰荷為衣，芙蓉為裳」，至少楚人服裝，衣和裳都有分別。畫中女巫，長裾蔽體，衣裳不分，這一點就和楚國風尚不侔。裾，古謂深衣，漢人名曰「衣圭，又名「長袿」。它的式樣是：「衣裳相連，被體深邃，正幅之一端，狹若燕尾，垂之兩旁」。漢傅毅賦說：「華袿飛髾而雜纖羅」。那末，畫上巫女，明明是梳飛髾髻，穿華袿褂，她的時代源流考，與其派在晚周，毋寧說漢代較為恰當，牠應該是漢代巫女祈年圖。然而帛的埋藏，不讓於任何時間史料，是豈可置而不論？

墓是楚墓，畫便是楚畫，這種天真想法，決不能躋於鑒別之林。帛，今稱綢子，晉唐以後名曰絹。元王思善論絹，謂古絹易脆，宋米芾却定其壽考為「紙千年而神去，絹八百年而神去」，無如這都是針對收藏而言；埋在地下的，它的耐久性，壽數可能更短了。一九五八年，共產黨的掘墓紀錄，以明代萬歷皇帝墓，破壞最為澈底，就他們的電影宣傳看，墓內除金冠磁器，完好如初外。其餘屍骨衣物，莫不腐蝕灰燼。萬歷距今，不過四百年左右，十三陵地質，又高亢乾燥，尚難保存皇室衣骨於殘片。長沙在三湘七澤間，低窪潮濕，而楚墓至今，又遠在二千三百年以上，牠能夠保護一張帛畫完整無缺，筆跡宛然嗎？除了贋品，那只有神話了。然則一張假畫，出自好事之徒，郭沫若的考察，和我的辨正似乎都跡近多餘，希望今後藝壇，不為現代這類偽畫所誤便好了。

不要欣賞赫魯曉夫的笑臉

美國人的天真幻想

龍吟

世界共黨第一號頭目赫魯曉夫，終於九月十五日帶着笑臉、掛着「和平共存」的幌子，扈從甚盛，進入繁華的美國，在華盛頓和白宮主人艾森豪握着「親善」的手，在美蘇冷戰正處於難解難分的僵持局面下，確實是一個不尋常的世界安危所繫的巨頭之會。在天眞的美國人眼裡，會把赫魯曉夫看成和平使者，從而發生許多美好的幻想，然而一般眞正有眼光的美國政論家，却認為那是最大冒險的賭注，為艾森豪總統担憂，甚至艾的右派顧問，曾經企圖阻止艾的邀請赫魯曉夫來訪，可是太遲了。

就「艾赫互訪」為世界安危所繫」這一理論而言，九．十兩月，將是第二次世界大戰以來最危險的月份，艾森豪既決心下最大的賭注，赫魯曉夫亦何嘗不是孤注一擲？大家都作了政治外交的最大冒險，是為了什麼呢？

「只要赫魯曉夫看看美國的偉大建設，龐大軍力，進步科學與物質精神，就不會犯上因估計錯誤而冒觸發戰機的危險。同時美蘇外交關係因而改善，對於世界和平將有莫大貢獻。」不少天眞的美國人，確實存有這樣的幻想。他們作了這樣幻想，是因為夻把握現實，管中窺豹，未見全牛，非常膚淺，幼稚與無聊的想法，對於打破天眞的美國人這一幻想，最好引用赫魯曉夫抵美京後所說的話：

赫要埋葬美國

赫魯曉夫這種大胆作風，敢對美國說這毫無禮貌的話，可見他趾高氣揚，不可一世，那會把强大的美國看在眼裡！

如所週知，赫這次訪美，是挾着科學趕上美國和射月試驗成功的自驕自滿態度而來，赫既然有恃無恐，說話也就不客氣了。不管是否大言不慚，不管是否大拋浪頭，不管是否大話連篇，不管是否大砲亂車，總之，這句沒禮貌的說話，已經把那些胆小如鼷的美國嚇一大跳。究竟赫有什麼天大的本領？他沒有三頭六臂，還不是像普通人一樣的一個人嗎？敢說要埋葬美國？這是什麼道理？相信不少人給這些疑問困惑着。

原來如此如此

要打破這個困惑，最好是搜集克里姆林宮領袖們的一般教條來印証。

在史大林時代，克里姆林宮就定下一個赤化全世界的計劃，那計劃是遵照列寧在世時的訓話而寫的。列寧說：「共產主義與社會主義不能並存於世界。所以要實行赤化計劃，到了赤化計劃擴展到中國大陸、東南亞與阿拉伯，整個亞洲都劃入共產世界的範圍內，與蘇維埃人民共和國聯成一氣，人口占去全世界三份之二，以多數征服少數的政策完成，赤化全世界的計劃也實現了。」再就克里姆林宮的現今主人赫魯曉夫來說，他自從正式加入蘇聯共黨以來，就堅信共產主義必勝，資本主義必敗。鑑於戰後若干年來，共產黨在亞洲勢力的擴展情況，以之印証列寧的教條式說話，我們有很充分的理由相信赫魯曉夫說要埋葬美國，並不是放射無的之矢，並不是故作驚人之論，嚇嚇胆小的美國人而已。

赫說了要埋葬美國這句話後，果眞有些胆小的美國人要向赫問清楚這是否眞實的說話，赫立刻加以否認，說這是翻譯錯誤，不過，無論赫怎樣的强辯，無論是否翻譯的錯誤，已經把美國人嚇了一大跳，却是千眞萬確的事實，而赫後來的否認，可能有兩種作用：第一是因事後發覺失言；第二是因事後發覺失儀。失言，就犯上暴露共產主義與資本主義勢不兩立政策的錯誤，而把他帶來的「和平共存」的幌子戳穿了，同時揭破了他虛僞的笑臉。失儀，就觸犯作客應注意的禮節，在白宮主人面前亂發狂言，致使滿座失色，全美驚恐，那怎對得起這一番隆禮與感情的招待呢！

還要埋葬台灣

赫魯曉夫此次訪美，不止說要埋葬美國，還說要埋葬台灣，那是赫於十八日下午三時在聯大演講，講到中國問題時，大放厥詞，强發謬論，把中共高捧到天頂，把台灣譬喻作「死屍」，他說：「人死了，最後是要埋葬，棺材墳墓為他而設，把死屍搬出屋外就是了，沒理由再親近他，沒理由再說到他！」又說：「中國並非台灣，台灣祇是一個小島，屬於中國行省之一，亦為中國之一小部份，中國係一大國，首都為「北京」，中共遲早會收復這個不可分割的小部份地方——台灣。」赫更在聯大各代表面前，極盡其替中共吹捧的能事，聳動視聽，他說：「聯合國如接納中共參加，不僅提高聯合國之聲譽，而且對國際關係之改善，必有良好之貢獻。」

中華民國出席聯大第十四屆常會代表團，當時雖沒有在座聽赫的演講，但事後由團長蔣廷黻作嚴厲之駁斥，指出赫的演講，係一種製造冷戰和分化民主國家團結的陰謀，其終極目標在於赤化全世界，喚起全美國和全世界人民的注意，勿為赫的笑臉所迷惑及「和平共存」的幌子所欺騙！

相信會埋葬全世界

赫的「埋葬」論調，在美國高唱一番，已引起美國人民的質問和台灣的駁斥，更引起全世界愛好和平人士的側目而視，究竟將來會不會有這麼悲慘的結局呢！基於上面引述克里姆林宮的共黨教條，我們相信這不是空穴來風吧！

試觀戰後十三年來，蘇聯在歐亞兩洲埋葬了幾許國家？在東歐埋葬了波蘭、捷克、東德、保加利亞、羅馬尼亞、匈牙利、立陶宛……。在亞洲埋葬了中國大陸、北韓、北越，現正企圖埋葬台灣、寮國、不丹與錫金，假如達到目的，將來必更進一步埋葬東南亞與全亞洲，而其最終目的則是埋葬所有民主國家，包括美國在內，以實現列寧赤化全世界的理想，和共產主義征服資本主義的美夢。所以我們不要欣賞赫魯曉夫的笑臉，而忘記了將來被埋葬！

九月十九日于紐約

修憲問題的餘波

述而

潘公展感慨陳詞

自從蔣總統有連任總統和修憲問題發生後，海內外若干憂時之士，提出了期期以為不可的主張，未敢苟同，在言論自由的原則之下，本屬未可厚非。祇是這些言論發表之後，立即遭受到一部份勸進人士的憤怒，予以反擊，甚至於亂扣帽子，節外生枝，曲解譭罵，妄事詆毀，令人不勝其嘆息。

這一個修憲問題的演變，在台灣既然已有腹案，海內外的輿論，亦雅不欲砌詞論列，因為明知儘管再事呼籲，自由中國當局，已經無採納的雅量，空言無補，徒費唇舌。但這一問題的餘波，仍然是掀起了高潮。最近潘公展，在紐約華美日報，即連續用答客問的體裁，一共有六個問題，連日在該報有所論列，原文甚長，謹摘錄前一段，亦即第一個問題，以饗讀者。

有無資格談國是

第一個問題是：潘公展有沒有資格對如此重大的事參加討論或提出建議。

在八月二十日的華美日報上，潘公展感慨的說：

自從罪言發表後，台北自立晚報駐美記者特把全文寄往該報發表，並承該報編輯先生加上按語，指為值得重視的，為蔣總統策劃的兩大方案（甲案：蔣總統以國民黨總裁身份，負責領導光復大陸。及乙案：蔣總統不妨聲明以議會多數領袖身份願依法担任行政院長，繼續負責領導光復大陸。）此外，香港的「自由人」三日刊摘要的轉載了第一篇，「聯合評論」週刊又摘要的轉載了第二篇。我雖然不知道上述三報對我所討論所建議的取什麼態度，但至少他們總是承認還有資格作此討論和建議。

潘公展也要說話

惟有香港的「天文台」雙日刊，於八月二日「評論專欄」裏發表署名任畢明的一位先生的評論，以「潘公展也要說話嗎」為題，說了很多有趣的話，總之是不准我說話罷了。連說話都不准，我理應遵命箝口結舌，然而轉念一思，那位任先生即令是法官，也當容許堂下犯人有辯辭的權利。

任先生說：「潘公展的文章如何，那就不必去看！」「潘公展今後的出處如何，我以為倒是潘公展所要自己急於決定之事，至於蔣總統今後的出處，自有「國人」去討論！」怪了，既要批評我的建議，却又說不必看我的文章，這不成了無的放矢？照任先生的邏輯論斷，大概我已不能算是「國人」了吧，否則他既說，蔣總統的出處既有國人去討論，却何以不許我討論？可惜我還不知道什麼時候呈請過中華民國政府開除我的國籍。至於我的出處，謝謝任先生的好意關切。

或許任先生懷疑我大放厥詞，未必全無其他作用！其實，我因大陸淪陷，深深愧悔過去對國家毫無貢獻，早已負疚，自責之不暇，決不自居於反共有功，何嘗再有什麼「作用」？不過義不帝秦，對共黨的暴毒宗邦，只想憑我的禿筆，在海外盡一個落伍記者口誅筆伐之責，絕無「出處」之可言，請任先生和其他有志包辦反共的放心，我只知說我良心上所要說的話，但願有生之年，得見大陸重光而已。但在「國人」資格沒有被勒令取消以前，我仍然要說話的。因為我相信每個人民對任何國事都有說話的權利。任先生儘可討厭我，責備我，却無法剝奪我說話的權利。

百無一用是書生

任先生以為我在過去預聞「黨論」，一旦大陸變色，遠走美國，「以身陷於重非（原文如此）的人，而仰首伸眉，論列是非」，「清夜自思，能毋汗流浹背？」因此，他把我看成「垃圾堆中」的一顆「垃圾」，必須「滌除」而後快，這自然要下一句「對國事還有什麼發言資格」的判詞了。誠然，我也曾掛名為國民黨中央常委之一，對於大陸的淪共，我常常自責愧對國家，愧對人民，從不諱言，負疚甚深。縱有時不免汗流浹背，自認是百無一用的書生則有之，但不甘自認是「垃圾」。

中共把我的賤名列為「戰犯」，是早在十年前的事，由於我的立場堅決反共，得此結果，理所當然。却不料今天因為我寫了一篇對蔣總統的善意建議，竟蒙任先生寵賜「身陷『重非』的人」的新罪名，連頭也不許仰，眉也只好低，作為「垃圾」來清除。

最後，潘公展很沉痛的說：「但我還是很高興，任先生對我的論斷和想像中的懲處方法，恰如十年前的中共殊途而同歸，足証其道不孤。根據總統府秘書長張岳軍先生接到我的書信和論文後的覆信，謬承他許我愛護黨國，愛護領袖，「無間今昔」，可見當局虛懷若谷，確有廣開言路的雅量，倒是站在報人地位如任先生者，却不許一個同樣在海外的垂老報人，盡其「落伍記者」之天職，為着商討國是而說話，說老實話，說良心話！

——這眞叫人從何說起。

三屆總統問題的新醞釀

（台北通訊）

冷眼

日前走訪一位深識政情的朋友，談到三屆總統的問題甚詳。據說：太子派認為陳誠是他們唯一的阻碍；尤其是行政院改組時竟將張其昀的教育部長和鄭彥棻的僑務委員長去掉，經國引為深仇大恨，必欲去之而後快。蔣總統去年宣佈反對修改憲法時，更原有提陳為繼任人的表示，太子派自不能相容。所以半年多以來，除由鄭彥棻以國民黨僑務組的關係在海外發動各色各樣的勸進運動而外；並由特務機關捕風捉影，製造種種虛假的情報，以中傷陳誠，蔣總統居然漸為所惑，又有繼續幹下去之意。但近日鑒於海內外反對連任之聲浪日增，事實與憲法又絕無兩全之道；更重要的，是華盛頓方面的消息不如理想；為不願以衰老之身再來引起一次不可收拾的政治暴風雨。蔣總統又復萌退志。太子派見此情形，始而震驚，繼而覺得如此更好。因為他們感於縱然蔣總統願意再連任，則在現局之下，副總統勢必仍屬於陳。以蔣總統之風燭殘年，若有三長兩短，不是依然要給陳誠以升任總統的機會嗎？因此，他們決定改變原意，力主請國民黨元老，現任監察院長于右任為三屆總統候選人，而由蔣總統改任副總統兼行政院長。這並非太子派對于院長特具好感，更非他們不願意違背憲法；而是打算一不做，二不休，乘機將陳誠排出於國民黨的領導階層以外。因為如此計得逞，不但陳誠無繼任總統之機會，即其現任行政院長一職也將拱手交出。而經國再經三五年的發展，自必羽毛豐滿，可以遠走高飛了。據說：蔣總統對於以于院長為三屆總統之議業已首肯；至於是否願改任副總統兼行政院長，則尚無表示云。這位朋友的話，雖是目前極內層的消息；但讀者千萬不要誤以為事情就將如此發展下去了。因為蔣總統的言行，一向是高深莫測的；如今距離總統改選之期，尚有五個月，將來是否還有變化，仍難逆料哩！

蔣總統為愛子物色幹部

今日台灣有種種名義的訓練班，已是盡人皆知之事。蔣總統每逢訓練班學員畢業時，例必召見成績優良的學員作個別或分組談話，然後分配工作。最近數年以來，他老人家在舉行前項談話之時，總要吩咐一句話：「你（或你們）去看蔣主任（按即指經國）。」這分明是要他們今後應受經國的領導了。其刻意傳子，已昭然若揭。當年吳國楨寫信責他愛權甚於愛國，愛子甚於愛民，可謂一針見血之言。不幸經國但知愛權而不知愛父，處心積慮，要陷親於不義，未免太負親心了吧？

是誰想要國共和談

年來海內外的民主人士凡主張政府應有所改革者，都被當局指為「共匪的同路人」，或「主張國共和談」。但香港有一個刊物曾在該刊上主張政府應與中共談和，不止一次；而其負責人之一竟於數月以前應蔣經國之邀來台謁見，並發給港幣三千元，囑其仍返港工作，近聞其另一負責人也將入台。經國為何對於反共的民主人士如此仇恨，而獨對於公開主張國共和談者多方聯絡，其用心自可想見了。

「自由人」停刊有感

司馬雲卿

這半月來，學校忙着開學上課，我這窮學生當然免不了也跟着忙了一番。沒留心有十來天未收到「自由人」三日刊了。直至看到九月二十五日出版的「聯合評論」，才知道「自由人」已經停刊了，真是大吃一驚。

我之成為「自由人」的訂閱者，是半年前的事。我以一個年方弱冠，新脫離大陸共黨樊籠的青年，在香港耳聞目睹，在這為五花八門的主義鼓吹宣傳的報紙雜誌所充塞的社會中，覺得「自由人」是一個從容中道，有鮮明自由民主的政治意識，而且對青年學養的培植，能起相當良好作用的刊物。所以，當時我毅然在自己那連吃飯也不夠的生活費中，抽出了一點錢，訂了這份報紙。

誠如胡越先生言，「自由人」溝通了港台輿情。「對於台灣讀者來說，『自由人』是一扇窗子。」；「對海外讀者來說，它是一隻傳信鴿子。」把黨報官報所掩蓋的消息帶出來，「自由人」確是有其很大的作用的。半年來，我就從「自由人」中瞭解了許多台灣的現況。今年七月，一位在台唸大學的朋友來港渡假，他和我談起了這一份小刊物，指出它起了相當的政治作用。且說他們校內亦訂有「自由人」，同學們常看它，而該報也的確別具一格，很好云云。

就我個人說，我很同意胡越先生的「自由人」是「國民黨的忠誠諫友」的說法。不可否認的，今日中華民國政府，亦即是國民黨主持下的政府，在其施政工作上、在完成其與全體國民所共同承担的反攻復國重任的工作上，實存有不少難以令人滿意的地方。自然，政府工作要做到完全正確是不容易的。所以，政府需要監督，需要批評，而更重要的是要政府能夠接受這些督促與批評，從而在工作上不斷改進。就今日香港一般所謂「內銷」報紙雜誌說，能做到拿出良心，正直敢言的，「自由人」是一個很好的範例。「自由人」對政府當局的批評與督促，其態度之委曲婉轉，真箇是做到了「忠告善道」。這是它的讀者所共睹的。至若這一份小定期刊物竟因此開罪當道，致遭種種壓迫，卒不得不宣佈停刊，真是太不像話了。另一方面，連一個僅有半張報紙大的篇幅，每三日僅二萬餘字，稍為很客氣地說兩句直話的刊物，都不能容納，當局的胸襟氣魄，也可想而知矣！既如此不能容諫善道，察納雅言，領導國人反攻復國，就更不敢想像了。

是的，「自由人」是一個小型報，但也是一較成功的政治刊物。一位馬來同學曾告我，南洋一帶亦有許多青年學生愛讀這份報紙。可是，它現在竟「被迫停刊」了，這對於千萬像我這樣的讀者，該是多麼不幸啊！我想，我們的政府，是會更感痛心的，倘若當局能明白它從此失去了一位可貴的評友的話。

自由民主運動道路之艱辛，通過此一事件充份地表現了。然而，中國需要民主，需要自由，唯有實行真正的民主自由，方克戰勝殘暴的共產主義極權。所以，我們必須繼續努力，再接再厲，以前仆後繼的精神來實現我們的志願。同時，我願在這裡，盡竭愚誠，不嫌辭費地奉勸那些自許為反攻復國的領導者們，應當正視這公認的事實，早日悔悟，匯集全民的共同意志，作成偉大力量，來向敵人作戰，才是正途。夫往者已矣，而來者可追。今後之前途，端視執政者之能否覺悟了。若或依然一意孤行，則這小小半壁江山，亦非可以長保喲。

九月廿七日

為蔣總統着想

馬新谷

民國四十八年來，當政的人，此蹶彼起，而柄國最久，機會最好，權力最大，事功最鉅，失敗最慘，最可惜，最不值得的，則為蔣總統一人！

一個人的成功甚難，造成歷史上之大功更難，而在大功告成之後，能善保勛名，則尤難。蔣總統在抗日勝利之後，已建立歷史上罕見的輝煌偉業，彼時如能毅然擺脫廢除一黨專政，導致中國入於真正民主的途徑，則我國戰後的歷史必當重寫，而其個人，則直是今日中國之華盛頓了。

可惜他計不出此，殫心竭慮，要求為中華民國的大總統，綱維不振，刼收失去人心，而又昧於知人，剛愎自用，整軍經武，反以資敵，終至土崩瓦解，退藏台灣，神州陸沉，轉眼十年，令人痛心疾首。

蔣總統由大陸而去台灣，其個人在歷史上之地位已由挽民族於危亡的偉大領導者，降而為千古罪人。其痛定思痛，內心焦灼，追悔憤懣之情，應當有大過于我們吧。

他在退守台灣之初，想着只有臥薪嘗膽，積極整備反攻，光復大陸，挽回國家刼運，即所以挽回個人的歷史；同時恢宏襟抱，開放門戶，毅然取消一黨專政，實行民主政治；綏輯流亡，容納異己，使海外僑胞，觀感一新，人思內附，大陸同胞，必將引領嚮風，有后來其蘇之想。

但忽忽十年，其所作所為，殊非如此：

第一，此十年中，反攻的最大機會為韓戰，而不能乘時利用，此後高呼反攻，空言復國，非只一次，而按兵不動，對敵人無一矢一石之遺。最後連所宣告的政治反攻，也束之高閣。第二，此十年中，已使台灣成為一個自絕於國人的孤島，空懸了自由中國的招牌，反使中國人民，不能出入，言論不能自由，政治的獨裁，反而變本加厲。

以上二點，僅舉其犖犖大者。蔣總統在此十年中，棲遲彈丸寶島，擁六十萬的大兵，具府院百官的體制，既不能反攻以復國，又不能鼓舞羣倫，實行民主，但藉第七艦隊的保護，以苟全而已。

可是我為蔣總統着想，應自珍重其歷史，昔日曾領導全國，以頂天立地，繼往開來之民族領袖自任，抗戰期間，全國軍民，亦曾以唯一最高領袖擁戴；今以垂暮之年，偏促於一隅，坐以待斃，我真不知其對中華民族，對其自身的歷史，對中山先生在天之靈，何以交代？

以現在的形勢來說，更不如前，想再利用世界大戰，以恢復舊日的山河，已是幻想，此後中國問題的解決，除非自己振作有為，痛自革新，改造現在的政府，為一個真正民主自由政府，制定一個各方意見一致的反共建國方案，逐步施行，使國際視聽，煥然一新，海內外人心，羣思歸附，從而徐圖匡復之外，並無其他捷徑，可以倖致的。

近來聽說，關于連任三屆總統問題，已成定局，問題只是在採取什麼手法來達成這個目的而已，果真如此，我為蔣總統可惜，他過去的歷史，是功過相兼，他活在一天，吾人對其功過，是不能作斷論的，因為最後的一頁歷史，還待他本人來寫，現在距離二屆總統最後的任期不遠，將來流芳或遺臭，就在其一念之間。我為珍重蔣總統個人的歷史計，願他立即痛下決心，當機立斷，順從各方面輿論讜言，鄭重宣示，不再連任，以在野之身，促進政府進入民主自由的途徑。最後我再進一言，權力是暫時的，令德是永久的，這兩句話，願蔣總統三思之！

蔣總統果能大澈大悟，照此做去，則政府經顛沛播遷之餘，而能真正成為民主的政府，使五六十年來，中國志士仁人所日夕夢想的美景，竟一旦實現于寶島，未始非不幸中之萬幸，國人方在暴力呻吟之下，必將聞風而興起，這不僅蔣總統善全其晚節，還能挽回其光榮歷史地位呵。

（讀者投書）

閩南三次風災的實況

（大陸通訊）　紉餘

大陸人民，自中共統治後，一直是過了十年暗無天日的生活，今年更禍不單行，人禍之後，又復天災，水，旱，虫，風各種自然災害的襲擊，使苦難同胞無以喘息。尤其是八月廿三日起至九月六日半個月中，閩南連續遭受了三次特大颱風的禍害，而中共政權除了只曉得向人民橫征暴歛，不恤人命外，對於如何救災的事，則全無善策。

第一次颱風

第一次颱風係在八月廿三日三時二十五分，於海澄縣鎮海灣沿海登陸，橫掃漳浦，廈門，漳州等地。颱風登陸中心區和附近地區風力是十一級及風力最高的十二級，波及附近的地區的風力，亦在六級到九級，挾以傾盆大雨，在廈門二小時內曾降雨二百公厘之多。加以颱風登陸又值沿海大潮汛，風雨潮交加，淒厲的景象，眞是慘不忍覩。

據中共統計，海澄，廈門，漳浦的海潮猛漲，超出隄岸一公厘多，受淹稻田共有二十一萬多畝，那些遭受鹹水淹沒的土地，在一二年內將不適宜種植農作物。

各縣市的工廠，被迫停工，搶救物資。廈門市三十七個主要工廠，在第一次停工後一週，正打算恢復生產，誰知接着又因第二次颱風的襲擊，遭受到了更大的損失，無法復工。

第二次颱風

第一次颱風過後，中共商業部門，僅調撥一萬七千個麻袋和三百立方木材，以供部份受災較重的人民重建家屋。糧食，衣服，日用品等均不能及時放賑，致令人民飢寒交迫。

八月三十日第二次大颱風在一時登陸閩南沿海，這一回比上一次更大。整個福建沿海，完全蜷伏在風勢之下。

由惠安至福鼎沿海十縣以上的風力，都達到十二級以上，襲擊地區直徑三百五十公里，距離海岸線較遠的松溪，永春，歧和等縣，亦受烈風暴雨的災害。在卅日至卅一兩天，颱風過後，沿海地區的九龍江，東隴溪水位上漲，加以山洪驟至，幾與六月大雨釀成的水災有等量齊觀之勢。

第三次颱風

第三次颱風係在九月四日五日六日三天中，在福州廈門一帶的風力，都在十二級以上，廈門的南面風力則爲十級到十一級，福建內陸各地風力則爲七級至八級。全省各地都有豪雨，南平、龍岩、龍溪、閩溪、晉江、福安一帶雨量均在二百公厘以上，福州廈門兩地區亦均有豪雨。沿海許多地區，潮水位超過警戒水位三到五分米，福安「專區」方面的潮水平隄或泛濫。

此次颱風在閩省沿海一帶所造成之災害，遠較台灣爲大，沿海一帶閩共糧倉倉庫，工廠企業，木材等均有極大損失，尤其是軍事設施軍事物資之損失尤大。在沿海一帶之共軍工事，多屬土石方，在豪雨與强風下多數宣告坍塌，尤以共軍高射砲部隊，砲位工事，多數被毀。沿海中共近數月來正在加强構築工事活動，並號召共軍提高警覺，以防國軍乘勢登陸突襲。

被災的統計

從八月二十三日起到九月六日止的半個月中，連續遭受了三次颱風，是一八八四年以後的七十五年來，從未曾有的巨災。

總計這三次颱風所受損失，共死亡七百六十八，受傷一千三百五十八人，下落不明的九百三十八人，倒塌房屋和工棚等二萬七千六百六十間，損壞十九萬七千六百六十間，船隻損失，損壞四千八百二十九隻，受淹農作物一百五十五萬多畝，倒伏的三十三萬多畝，被括倒，折斷的各種果樹三百八十多萬株，被冲毀的水利工程二千八百多處。這一個統計的數字，是根據中共的「中國新聞社」的披露，然實際情形還不止此。然就以上的統計數字來看，也就令人驚心動魄了。

中共正忙於驅使人民做搶修工作，截至目前，整個龍溪「專區」十縣的工業，農業生產完全陷於停頓。至於善後救濟工作，中共的主要目的，仍然要刼後餘生的災民，供出勞力，以期彌補颱風中的損失，而中共自己則不肯掏腰包來救濟。而民財已盡，所以只靠人民自己勞動，是無法解決災情的。然最無恥的事，則是中共竟仍借此宣揚大陸人民一致痛恨的人民公社，硬說：「人民公社降風魔，千座水庫鎖蛟龍」，眞是無良心無廉恥極了。

大陸右傾情緒普遍高漲

文風

自從公社成立以後，整個大陸上的人民曾起了各種不同的消極抵抗，使到中共的經濟，生產……等幾無法收拾，於是乎就喊出了許多荒謬的口號，來整頓公社，藉以提高工農的生產情緒。但是，這些口號，往往是上面講得多，下面做得少，使到整個大陸工農的生產情緒，未見提高，反而陷於混亂不堪的低潮。

中共爲了要挽救這種頻於失敗邊緣的頹勢，現正召開會議，糾正工農「右傾情緒」的錯悞，使生產能夠繼續躍進，所以在八、九月間就大力地掀起了一項「生產高潮」的運動，並且多方面利用青年來起帶頭作用，想提高生產水準。但是作爲青年組織核心的「共青團」中，卻出現了濃厚的「右傾情緒。」所謂「右傾情緒」，就是青年們對抗共黨的消極手法，且看八月十二日的「光明日報」就錄出了數則「右傾」的口號。

「慢慢來吧！過去躍進夠辛苦了，何必再來緊張」。

「把指標降落得更低一些，不用費力一下就跳過去，豈不更好嗎」？

從這些論調看來，被中共視爲深仇大敵的「右傾思想」，幷沒有完全克服，而且在青年核心組織的羣衆中愈來愈烈。現在不管中共的口號如何新鮮響亮，而人民對抗的手法也越來越精。照這樣演進下去，只要共黨存在一日，這種「右傾」的病根，是無法撲滅的。

據共青團福建省委，於八月六日至八日的會議中就很明顯地指出了基層組織渙散的情形，他說：「爲了組織廣大青年繼續躍進，當前最主要的危險，是部份團的幹部中新近發現的右傾情緒，例如對目前的大好形勢認識不足，對正確認識經驗教訓分析不夠，或者產生畏難情緒，不敢大胆領導青年繼續前進」。

其實這種右傾情緒，不是現在才產生的，早在中共建立「合作社」以後，農工就有了消極的情緒，而且演變到搶糧倉殺共幹的英勇行動，這種工農的英勇表現，使共幹也鬆弛腐化下來，對上級的命令，開頭就轟轟烈烈，末了就冷冷清清。

青年團幹如此，其他幹部的「右傾情緒」自然更加普遍，壯年如此，老年的自必更甚。如果這種「情緒」不可克服而繼續的發展下去，不但躍進要失敗，而且會使新華宮裡的巨頭們，從龍鳳椅上攆了下來，連要重進窰洞的機會也沒有了。

從郵寄包裹看廣東災情

劉裕畧

大陸之窗

近年以來，我們每一走到郵政局，立刻發現一個奇怪的現象，那就是從香港寄到大陸各地尤以廣東各地的小包裹特別多。多到包裹櫃台上每每如山堆積。細細察看，這些包裹都是小型的。通常都利用餅乾筒或奶粉筒做成，裡面裝的則不過只是一些鹹魚、乾麵包之屬。再仔細留覽那些寄包裹的人，則其中不少都是衣着華貴的婦女，而她們寄遞這一包裹時的表情，則是小心翼翼，非常嚴肅慎重的。可憐！這就只因爲這些包裹是寄給她們正在大陸挨飢受餓中的親屬的緣故。

所以，無論中共的報紙和人員怎樣大吹大陸是天堂，怎樣大吹大陸是豐收，是生活水準在年年提高，但鐵的事實擺在面前，這香港最低廉最普通的食物，卻恰巧是大陸人民求之不得的物品，這就可見大陸人民的生活究竟是怎樣可憐怎樣苦難了。難怪一年一度的所謂中共十、一國慶，無論中共怎樣設法，掛五星旗的總越來越少。今年甚至少得來難於找到了。

有些人，平時還總以爲中共最善於宣傳，殊不知，與事實完全相反的宣傳，縱能收效於一時，也終必被折穿於事後，而所謂中共最善於宣傳，實際也正是這樣一種最後自己終於丟醜的宣傳而已。試問：面對上述郵局內爭着寄遞小型包裹的這一事實，誰還會去相信中共所謂大陸人民生活水準年年在提高的宣傳？

最妙的則是中共的報紙仍閉着眼，不顧一切事實繼續作這類宣傳，這就眞是把肉麻當有趣，把自欺當欺人了。這裡且抄錄十月八日出版中共人民日報的一節報導，以見中共這一切宣傳的醜態。

本月八日中共人民日報說：「本報訊：遭受百年以來特大洪水災害的廣東省東江災區，在恢復生產，重建家園工作上，已經取得決定勝利。僅惠陽、博羅、東莞、增城四個重災縣在立秋後就完成了晚稻插秧三百二十多萬畝的種植計劃，比去年擴大了十多萬畝，同時還利用田邊角地擴種雜糧六十多萬畝。這些晚稻現在長得很好，估計每畝可產五六百斤，如無意外災害「一造奪回一年糧』的願望可以實現，多種經營也飛躍發展，四個重災縣的猪、鷄、鴨、鵞比災前增加了一倍多。

被洪水冲毀的沿江堤圍和水利工程，早已恢復原狀，不少大圍復堤後的堅固程度都超過了原堤段，重建家園的工作也獲得了很大進展，到最近爲止，四個重災縣已建成新居二萬六千多間，大批災民已遷進新居，預計在春節以前，可以把全部房屋建成」。

而人民日報這一節報導的標題則是「東江重災區已無災痕」，附題則是「晚稻面積超過去年、猪鷄鵞比災前加番」，妙就妙在災區已無災痕幾個字，據中共以前報導，東江災區共毀房屋數十萬間，現在縱使已修二萬六千間的數字屬實，也不過只修復了損失總數的十分之一，何得謂之曰已無災痕？而況且這一節報導的最後一句，明明在說「春節前可以把全部房屋建好」，而現在距離春節尚有四個月，那末，現在已無災痕之說，豈非不攻自破！目前夏季已過，天氣轉趨寒冷，大陸人民，早已困苦不堪，災民現在更是無房可住，而北平則尚在大建宮殿，中共當局眞是半點良心也沒有。黃仲則詩：「全家都在風聲裡，九月衣裳未剪裁」，古今引爲絕句，轉眼，再過兩月災民全家都在冬風裏，那就更慘了。

中共面對這些事實，不加憐惜，也不設法救濟，反而對外則粉飾事實，虛報數字，硬說晚稻面積超過去年，猪鴨鵞比災前更多一倍，好像天災可以促進生產似的，對內則繼續使用强迫勞動的手段，叫災民用勞動來自救，實則民財早盡，民力早枯，往年的收穫又早已統被中共壓榨以去，天下嗷嗷待哺，大陸人民眞是極待解救了。

行憲後的新馬來亞

·俊華·

馬來亞首屆議會就職以後，國家的政治表現出穩定進步的傾向。由於華巫印聯盟在議會中獲得了超過三分之二的席數，也由於華巫雙方的强調諒解和合作，更兼各反對黨亦一致表示公忠共謀國是，使新國會及國家的前途，充滿光明。

馬華公會的改組

競選議員當時，爲爭席位而引起的華巫分裂，（筆者曾有「馬華公會分裂」一文報導）已似乎噩夢一般過去了。拉曼總理東山再起之後，首先强調的是各種族合作，抨擊極端分子——無論是巫方或華方的極端民族主義分子。而翁毓麟氏（勞工與福利部長），也大力呼籲團結，「排除種族主義」。在馬華公會的選舉慶功宴上，與聯盟團結的一派，對於馬華的分裂份子，指爲「出賣華人利益者」，反唇相稽；這是因爲當時「分裂派」指責那些主張與巫統合作者爲「出賣華人利益」之故。「團結派」認爲，聯盟既在選舉中獲勝，而聯盟中的馬華候選人，入選亦在百份之六十以上。反之，「分裂份子」只有二人入選。足見人民的判斷，是寧願委曲求全，以維持華巫團結的。

至於「分裂派」的組黨問題，一時似告沉寂，當八月中旬分裂呈現，馬華總部及各州許多要員辭職，楊邦孝（原任馬華公會宣傳主任）曾有將組新黨的發表，當時並謂擬組織一個不分種族，模仿星洲人民行動黨的政黨，且可能定名爲「馬來亞行動黨」。但在選舉中，楊邦孝本人雖仍入選，其他大部分裂派的候選人却名落孫山，可能是因爲力量不充的緣故，組黨之說乃趨沉寂。他們認爲這次選舉中，「有一部分人民仍未登記爲選民，無權投票」。暗示選舉雖然合法，但尚非完全代表民意。因此，「目前最好不要談組黨問題，最好是注意選民登記工作」，也許他們要從事爭取選民開始，以建立組黨的基礎呢。

由於「分裂派」的退出，馬華總會及區支會等職員辭職甚多，若干甚至會務停頓，故馬華已進行改組，將依照全馬來亞所劃分之一百零四個選舉區，分別成立分支會，（而不是以前照地區爲分別）配合選舉，馬華某要員說：一面要加强華人合作，一方面要促各民族合作，「使馬華公會面目一新」。

土地計劃及其他

行憲後的新政府，頗有刷新政治經濟的意圖。各州政府行政制度的劃一問題，正由聯盟之七位州務大臣及兩位首席部長，會商討論，務使聯盟的政綱能在各州有效施行。其他兩位回教黨的州務大臣，屆時也許邀請他們參加會議，只要他們對於聯盟的政綱大部份表示支持。

剛巧在差不多同一時候，馬華商聯會在吉隆坡召開第十三次代表大會，由雪州中華總商會所提出，請政府在每州實施土地發展領導計劃，研究如何撥出土地予有意墾殖者，或無業困難者獲得就業及復員之機會，同時亦有利於農業之發展一案，已獲通過，並得政府之接納。政府代言人對於此案表示歡迎，並發表談話，謂此事當局向已注意及之，但因土地管理乃各州政府之事務，故推進不無困難，現已與各州政府商討，及設立一個全國性之「土地發展局」，統一各州土地管理，並策劃一項全國性之土地政策。關於土地發展，資助墾殖者辦法，均將列入。因政府認爲馬來亞經濟大部倚賴於膠錫，年來膠錫價格不振，影響商業及民生。而民食方面，本邦穀產僅供本地需要百分之六十，百分之四十須仰給外米，甚不合算。本邦待墾土地面積，比現耕地還多，能有計劃發展，前途實未可限量。

關於聯邦政府與各州行政，及各州間相互的行政問題，與本邦的政經發展，關係至大。聯邦政府已就此點着眼，逐漸採取全國性的改進措施。如工業方面之熟練技工缺乏問題，聯邦亦已設立「中央學徒訓練局」，一面養成熟練技工，一面改善學徒制度，實事求是，不憚煩瑣，這是新馬來亞進步的一面。

至於外交方面，馬來亞聯邦最近亦有良好的表現。最重要者，爲與愛爾蘭在聯合國提出討論西藏問題，讜責中共蔑視人權。此項重大問題的議案，竟由馬來亞這一新興及加入聯合國不久的國家提出，實在可謂震驚世界，使世人對馬來亞加深認識。馬來亞是一個回教國家，與西藏方面的信奉佛教不同，而能仗義執言，尤爲可貴。

在寮國問題上，馬來亞亦抨擊共黨的幕後干預，因馬來亞本身的所謂「馬共」問題，實際乃是中共及蘇俄國際共黨的一個分支機構，其所從事的顛覆活動。聯邦外長達都拉曼在聯合國說，馬來亞雖已戰勝共黨恐怖分子，但「我們仍是顛覆的目標」，「印藏邊境事件，寮國事件，都是同一性質」。看來，馬來亞的反共態度，也已日見明朗。

·吉隆坡通訊·

錫蘭新總理達哈納雅克的手腕

程光

此次錫蘭突然掀起了一場大風暴，總理班達納奈克在接見僧侶中，竟遇刺殞命了；而刺殺班達納奈克的兩名兇手，就是披着了袈裟的人。這在表面上看來，雖然好像是與班達納奈克本人的宗教信仰改變，由信仰佛教而轉爲信仰基督有關，但骨子裡，這一宗暗殺案，無可諱言是仍然含有相當微妙的政治成份。

班達納奈克死後，政權立刻被達哈納雅克掌握，由達哈納雅克任代總理，他的政策和政治頭腦政治手腕怎樣，當然也至爲一般人矚目。這裏，我們不妨來了解一下他以前的出身和立場：

這位新任代總理現在已是五十六歲，原是一個老教育家，從事教育工作已達三十多年；早期，他是熱中共產主義的，這正和遇刺斃命的班達納奈克總理如出一轍。

猶憶故總理班氏掌政之初，首先標榜了「瑞士式」的中立政策，他不特堅持不許英國在錫蘭設立基地，同時還頻頻向蘇俄和中共表示友好；迨蘇俄在匈牙利實施了殘酷的大屠殺政策以後，才驚破了班氏親共的迷夢？從此改變了他的政策，轉而傾向西方集團。——所以說：他的被刺殺，是帶有微妙的政治因素。

新任代總理達哈納雅克呢，他一涉足政壇，也是親共的，其後才漸漸由熱中共產主義而轉變成反對共產主義。這一項轉變，當然影响到他今日執掌政權後的施政方針十分重大。

達氏就職之日，曾一再强調：秉承前任遺志，決不改變政策，仍將按照錫蘭傳統，由總理兼長外交，也還兼任教育部長。

達氏是反英的；但他却愛好英國文學，尤其愛好英國詩。在日常談話中，總喜歡引用一兩句英國著名詩人的詩句來形容或解釋他的談話的原意。他還是一個演說家，詞鋒是觸及複複雜雜的多方面，而又相當銳利的。

在政治聯盟中，達氏是個右翼派系的領袖。他就職之前，即謀以法律的權力，禁止罷工。故他一經上任，此間一般人均意識到他必將以嚴厲的手段對付共黨及工人。

錫蘭經此一番風暴之後，其前途如何？當然是繫於新任代總理達哈納雅克手上。在目前「緊急狀態」尚未解除的情況下，顯然，政治危機是依然存在的；死亡暴動，恐亦在所不免；更可能醞釀出軍人政變。這些，即使是達氏本人，也不會斷然否認。

這個印度洋中的佛教小邦，目前當然仍繫着「大英帝國」的生命綫，及足以影响東南亞的安危；前途何去何從，那就要看看這位老教育家出身的達哈納雅克代總理的「教育」手腕了。

僑鄉近訊

王伯錦三父子離奇失踪

·志逸·

十月三日晨，廣東石灘公社舉行「抗災鬥爭」檢討會。一名瘦削面孔的共幹先來複述過去水災的災情，他吶吶的說：「我們的公社在六月間遭遇了空前大水災，稻田被浸壞了五萬多畝，村莊被淹浸了百多個，房屋被冲毀了一萬二千多間。這麼嚴重的大災害，若在舊社會，就一定束手無策，坐以待斃；可是在今日新社會裡，就大大不同了」！他頓了半晌，然後現出着神氣十足的姿態，用力把雙手一拍，特別撕大了嘴巴，繼續說：「我們的公社，目前已在廢墟中重建了起來哪」！

公社裡一羣衣衫襤褸，面有菜色的農民，當堂爲之一愕。

那共幹雙手一揚，在空中揮了幾個大圈子，再說下去：「不是嗎？我們的堤圍，早已完成加高加厚的工程，幷增建了增博，西福兩大堤，將矮小破舊的小堤都包圍起來；我們可以說，在農工商學兵五位一體的協力下，已有效地戰勝了洪水……」。

——突然，一個名叫王伯錦的六十多歲老農民，走前兩步，截斷了那共幹的講話，指住了那共幹嚷着：「吓！那簡直是最愚笨的辦法呀！我們石灘的地勢，三面環坵，中心和南邊却低窪，東江、增江、西福河都在這裡滙合，稍懂水利常識的，都決不會忽視排潦；但你們不特不謀排潦，反而把另建加高加厚的大堤，把自己包圍，使整個石灘變成了井底，還虧你還敢誇耀戰勝洪水，眞不要臉！」

公社裏，立刻湧起了緊張的氣氛。而那共幹也在盛怒之下惡狠狠看了王伯錦一眼；歇了好一會，才繼續再演他的「檢討」的把戲。

第二天（十月四日），王伯錦和他的兩個兒子阿安，阿祥，突告離奇失踪。恐怖的陰影，迅即壓上每一個石灘鄉民的心頭。

中共吸吮工人膏血實施強制儲蓄

·江水·

中共伸出殘酷的魔掌，在被稱爲「當家」的工人的身上，大力刮削他們用血汗換來的工薪。上海、天津、濟南，廣州等大城市的工廠，刻正嚴厲實施「强制儲蓄」。「全國總工會」主席劉寧一還說：「這是當家主人替國家積累資金所應盡的義務」。工人被搾取的數額，竟達每月收入的百份之二十至百份之三十。頃據廣州消息：企業工廠中一個月入廿五元的低薪工人，也給「强制儲蓄」了五元。工人們都憤恨地說：我們都翻身了；但却是翻下墳墓裡！

共軍官兵紛紛逃亡（中山）

中共於九月廿一日上午在中山灣仔面對澳門的曠地舉行「公審大會」表演了一幕殺人慘劇給澳門居民看之後，本月二日又拘捕了三名被指爲與該案有關的青年軍人：一名黃祥深，廿二歲；一名鍾乃新，廿五歲；一名孫滔，二十歲。——上述在「公審大會」中被殺害的，係一個尉級軍官，名張關迺，廿八歲；胡亂的「公審」了一番，即判就地槍決。據該「公審大會」宣佈：張關迺係於九月中旬間，偕同兩名官員，自灣仔逃亡往澳門，該兩名官員已逃脫，惟張被截回，故以逃兵論罪，判處死刑。黃祥深、鍾乃新、孫滔等三人，正是張關迺的部下，共方指他們三人曾與張關迺同謀。

中共物資奇缺下令幹部澈底收購

廣東「省府」刻已奉命轉飭各縣共幹，趕速召開「物資交流會」，澈底執行收購物資計劃，落實生產，安排生產資料和生活資料的供應工作；幷着令組織部門，和公社生產隊之間調劑交換。據悉：該項物資交流的形式，係分作四種類型，一是以公社爲單位，一是以供銷手工業生產，爲單位，一是以配合交流爲單位，一是以突擊生產隊爲單位。中共這項措施，正反映出大陸上生產衰退，原料來源不繼，物資供應奇缺；所謂「改善人民生活」，無非是白晝說夢話。又：各縣共幹現正强迫鄉民遵行他們所訂定的兩個守則，第一是爲對供應緊張的日用品，可以不買的就不要買，第二爲對副食品要切實節約。爲鄉民生活情況，日益朝向下坡走。

接船

周文亮

每年我總有幾次送船接船的機會。以往的不算，就從今年起，四五月間，接過一位朋友從星加坡來；六月左右，送過一位老師到美國去；七月，到台灣念書的朋友，十個當中，八九個都來信說在這月內回港，準確的日期却要待船位來決定。這一來，如果我要去接船的話，差不多每個星期都有機會！還好他們所渴望接船的並不在乎我，除了父母兄弟姊妹之外，尚大有人在！那我又何必化幾個鐘頭來做一個配角呢！

記得去年七月某天，我爲了盡點朋友的義務，去接三位朋友從台灣同乘一班船回來，更特地提早了一個鐘頭到碼頭，及至船到了，在岸上接船的人羣不知道是久候還是歡樂，喧噪得比最大的潮水還厲害，乘客一個個出來了，好辛苦才候至他們出閘，正想上前和他們握手問候，可是我的脚步還沒有移動，他們各人的兄弟啦，姊妹啦，女友啦……一起像蜂似的擁上前去，最後當見到我時，談不上幾句，的士來了，我只聽見幾聲改天見，這情形壓根兒使我說不出話來，現在好像還隱隱聽到這句話：「改天見！」

但其他的朋友不去接還可以，有一位朋友不去接是不行！論相交，整整有十多年；論感情，他是我幾個老友之一；最難得的就是大家都抱有同一的理想，兩年前，彼此的環境都在最惡劣的情形中，我們的父親同一年生意失敗，但我們仍能鼓起最後一口勇氣，掙扎入大學。要是我不去接他的話，那麼他就將一個人上岸了，因爲他的家人（除了他的妹妹之外）爲了糊口，很難在這時間內抽空，所以兩年來送他和接他的責任，幾乎全由我負責。

「八月六日我儘可能到港，時間你要查詢太古，到時一切情形又將麻煩你…………」

又是十時半！想多睡些也不能，可是我沒有提早到碼頭，直至十時才出門，因爲以我兩年來接船的經驗，船從沒有一次早到過，反正有時却往往遲到兩三個鐘頭。我才踏進碼頭，那些大清早即來候船的人已起了騷動，我下意識地知道一定是船來了，果然不遠處一艘輪船正吐着黑烟，慢慢泊近碼頭，一陣由騷動而激起的喧噪隨即響起，這些聽慣了的聲音實在討厭，我再不好奇去觀看這時的衆生相，只顧爭取近閘口的有利陣地，乘客依次出閘，他也出閘了，只見他手裡拿着一小皮匣和一大袋行李，我本想立即上前去，可是不知道怎的定了一會才舉步，好像還記着去年尷尬的情形，我們彼此緊握着手不放，如獲得什麼寶貴的東西似的，他較前胖了，但神色似乎不大好，可能因爲困在船上幾天的關係，眞是風塵僕僕，車來了，我們一起上車，這回沒有人向我說改天見了，可是他却站着向我說：

「我身上只有台幣和美金，沒有……」

「又來這一套，快點上車。」

豪士曼及其詩

·合金·

正當人們對世紀末唯美派的作品不感興趣而又厭倦於漢烈及吉卜齡的豪邁之聲調時，豪士曼應時而起，出版了他的『修洛泊市少年』，這冊詩集一出版，立刻使人耳目爲之一新，因爲它在內容和形式兩方面都能打成一片，產生一種和諧的情調，以此非常暢銷，怪不得當時某文學雜誌評論這詩集的作風，「至少不後於時代，而且作者饒有近代精神。因爲它的簡潔、纏綿、和眞正抒情的本領，在近年的詩集中可算是出類拔萃的。」

誠然豪士曼藉修洛泊市一個少年的眼中，看出了人生的種種色相，逐一描寫出來。至其主題，爲『生』與『死』。像哈代一樣，「他在『生』的時候便想到『死』，想到『死』便格外的感覺到『生』。」這或許是「詩人沒有一個不喜歡談死的，因爲他還沒有死，死對他是一種想像的經驗。詩人沒有不重想像的，所以詩人也沒有不常以死爲題材的。」但是豪士曼對『死』採取的態度「與其說是讚美，毋寧說是冷淡。他一想到死，便悟到生命的無常，便唏噓太息，便欲及時行樂以圖自解。」（引梁實秋語）

除此書外，豪士曼在一九二二年還出版了一部『最後詩集』。這部詩集的學者味雖然很重，但其情調仍和『修洛泊市少年』相彷彿，保持着一貫和諧的音調，特別是表現在他的情詩中。

談到豪士曼的情詩，梁實秋以爲他「能够把一股熱烈深摯的感情約束起來，注納入一個有範圍的模型裡。」所以非常緊湊，且甚耐人尋味。而這，正是豪士曼詩中的長處。他的詩，「首首都是有形式的，不是斷了綫的風箏一般飄蕩無定」，一如梁實秋所說的，「首首都有多少布局，內中有起有訖，不缺不冗。」這也許是來自豪士曼對古典文學的湛深修養，因爲他是一位拉丁文教授。

菲爾泊斯好像曾經這樣說過：「在所有算術的量度中，唯有長度是與詩無關的。」這話極有道理。就詩論詩，我們該着重『質』，而不應着重『量』，所謂「貴精不貴多」，正是這個意思。有些人一生寫了許多詩，但可取者不過是其中的三數首罷了；反之，只寫下「滿城風雨近重陽」——僅僅是這一句，已够使那位作者不朽了，明乎此，我們便不難知道豪士曼爲何能以極少數的作品——『修洛泊市少年』加上『最後詩集』不過只得一百零四首詩——而成名。

寂寞二題

鷺鶴

寂寞的郵筒

我走在一條——
　沒有車輛行駛的，
　沒有行人經過的，
　　街道。
我走到街頭乃見
　「郵筒P．O」
於是我把
　遊子的心聲，
封入一個
　白色的信封，
默默投進
　寞寂的郵筒。

寂寞的街道

在異地的街頭——
　徘徊，
　瞻顧，
鼻樑上的眼鏡，
彷彿變成了顯微鏡，
我正耿視着，
　每一個人，
　每一件物。
然而這裡，
　却沒有一個臉孔爲我所見
過的，
　也沒有一件東西爲我所熟
悉的，
啊！寂寞的街頭，
　攝上了我心靈的底片，
投下了一聲深長的嘆息，
黯然地走過寞寂的街頭。

風

R.L.Stevenson作　定番譯

我見你把風箏拋高，
並將鳥兒扇起空中；
我聽到你經過我的身旁，
就像貴婦的羅裙舞過靑草地上——
　風啊，天天地吹着，
　風啊，高聲地唱着！

我見你做着許多不同的事情，
但你却時常隱藏你自己的形聲，
我覺到你推動之力，呼嚕之聲，
可是我全然無法見到你——
　風啊，天天地吹着，
　風啊，高聲地唱着！

啊你，多强勁而冰凍，
啊吹者，你是年勁抑或蒼老？
你可是田間和林中的野獸？
還是一個比我更要强壯的小童？
　風啊，天天地吹着，
　風啊，高聲地唱着！

桂林、陽朔、撫河

岳介

一提到廣西人人都說：「桂林山水甲天下」，「陽朔風景甲桂林」。關於撫河呢？我想許多人也許不太熟悉吧！這就難怪它長年咆哮，永遠嗚咽了！說句公道語：沒有撫河，不但桂林山水失色，連陽朔的芳名，恐怕也要湮沒無聞了！

撫河兩岸，非但崗巒神秀，還有那數不盡的特產山珍，像大墟的白菓好煨粥，灌陽的馬蹄最消暑，黃窰的豆豉，重陵峽的崖魚，樣樣都是落口生津，使人懷念，這些特有的山珍，價廉物美，每個遊客都可大飽口福，現在恐怕只有老大哥的份兒了。

抗戰時，我在撫河流連過一段漫長的日子。有一次從桂林買舟順流而下，正當春江水滿，扁舟如葉，布帆引風，老婦把舵，小姑搖船，慢斟桂林三花，憑窗獨酌。看瀑布飛濺桃花，聽江風驚泣垂柳，輕舟似箭，無數翠峯向後飛馳，凝神處幾疑怪獸起舞，正當你神態如夢，飄飄然，混混然的時候，猛聞樂聲悠揚，巉峋巨石突剪江流，夾岸石壁千仞，飛濤湧雪。這時老舵手聞聲變色，深沉的目光，暗示前途多故，小姑飛舞雙槳，勇敢靜定的衝向洪流。水花迎面撲來，小艇急如飛箭，這剎間，誰都躭心龍王爺會送請帖。詢問老婦方知此處便是鼓鑼峽，並告訴「前面就是陽朔了，那裡有甲於桂林的畫山」。

相傳畫意爲九八十馬，誰人有福氣才能看到眞景。荒誕的傳說雖不可信，但景色確是鮮艷欲滴，勝過丹青老手。筆架山三峯入雲，挺拔絕俗，斷崖處有一丈許題着字，筆力蒼古雄勁，數里之外，筆劃清晰可辨，但不知是何年代何人手筆，所寓何意。陽朔的美，並非全在山水的秀麗，她的美淳樸古雅，原始天然，你若有一天到了陽朔，請你登上仙女峯，看艷陽萬變的光彩，天風追趕的落霞，再俯瞰靜靜的陽朔，永遠躺在溫柔如夢的山鄉水國裡，眞教你滌盡塵俗，萌生出世之念。

過了陽朔，忽又山廻水轉，大江飄過綠野，香風起處，你又看見了滿山滿谷，紅的，綠的，黃的……各種彩色的山花，映醉了銀波，忙亂了蜂蝶，這造化神奇的美景，告訴你吧，又是世外的桃源馬峽了。闖過春色依依的馬峽，遙見萬叠崇山，阻住了澎湃的水道，險惡萬端，這就是重陵峽了。這道峽是河伯要命，舟子拚命，搭客呼救命的險惡灘頭，當地有三句俗語：「有命過重陵，無命老婆嫁別人」！從這二句粗淺的話裡，你自然可以意味得到那種情景，是如何的驚險。四百華里的急流，過此才否極泰來，風平浪盡，一整天的緊張，立獲鬆弛，咿呀的櫓聲，爲你唱起催眠曲，這時你可以寬懷投進夢神的懷抱，午夜時分，輕舟就靠近星火爭輝的梧州了。

陽秋九月，撫河的風光，正是山肥水瘦的季節，你想溯江而上，最好是搭坐大船。船家年青姑娘們輪廻伏在船舷上，用靈活輕快的姿態，邊撐邊歌，聲韻美妙，那節調會叫响你的心弦，使你神遊物外，幻想如仙。

上灘了，船身要減輕負担，乘客須捨舟登岸，這就是你尋芳探幽的好機會，這撫河有揀不完的精緻紅葉，看不盡的金色黃花，懸崖猿猴作態，深林有鳥舌弄簧，看擇隊如龍，歸舟若鶩，日子一天天的過去，旅程一段一段的縮短，半月的時光，重又回到風光明媚的桂林。

撫河帶給了桂林「甲天下」的美景，也創造了「甲桂林」的陽朔，等着吧！待腥風暴雨過後，這偉大的國土，就要向你招手了。

東溪雜筆

袁氏父子自演勸進醜劇鉤玄（一）

萍士

袁世凱帝制醜劇，已是四十餘年前的舊事，其一切經過，今皆有明日黃花之感。與這一幕醜劇有關的人物、故事，國人知道的很多。然其中亦有許多挿曲迄今仍是畧而不詳，或未爲世人道及而頗有趣味或歷史價値者，今擇數則錄之，亦可作爲秘聞看也。

朱爾典勸袁善立家法

當袁稱帝陰謀顯露之際，英、美、法、日、俄五國公使皆加以勸告認爲不可，英使朱爾典，進言尤懇切，蓋朱在華垂四十年，與袁私交甚篤；故所言可更直率也。民國四年冬，朱袁會一度秘密長談，談話並有紀錄。紀錄中，袁公然表示爲子孫謀，朱勸善立家法，令其多得學問閱歷，則作王子亦興，作平民亦興，言出至誠，不愧良友，惜袁不聽。茲錄談話紀錄原文如左：

朱使：君主立憲實行之日，當不遠矣！

袁：近來各省將軍巡按使暨文武各官皆言非君主立憲，不能鞏固國基，至於今日，全國贊成，予惟有順從民意。

朱使：若國中無內亂，則隨時可以實行，此是中國內政，他人不能干涉。

袁：內亂不能決其無，但不至擴大。余可担保治安之責。惟對外問題，殊爲焦慮，不知東鄰有何舉動…。

朱使：日本勸告，或係照例文章，至於乘時取利，似亦難言。

袁：大隈伯對我駐日公使言，關於君主立憲事，請袁大總統放心去做，日本甚願幇忙一切，由此觀之，似不會再行漁人政策。君主民主，本視民意爲從違，若行共和政體，大總統任滿可以休息養老，若君主政體，則責任太重，恐非我力所能勝。

朱使：推辭之故，非責任太重，或不肯放鬆現在權利。查現在各國，不論君主民主，無有如大總統之權之重且大者。英皇之權無論矣，而德皇、日皇、美國大總統之權，皆不及也。

袁：貴公使此論頗合情理，余處現時地位，百分責任，自担八十分，而各部共担二十分，按理而論，余應担二十分，而各部應担八十分，乃爲公允。

朱使：若他人担如此重任，眠食俱廢矣。

袁：余思自爲皇帝，不過若干年，惟與我子孫甚有關係。中國歷史，王子王孫，年深日久，無有不弱之理，是亦可慮。

朱使：兒孫自有兒孫福，何必慮及百年以後之事！若能善立家法，令其多得學問閱歷，則王子亦興，平民子弟亦興，若棄家法學問，則又何從而興乎？

袁：當日提倡共和者，不知共和爲何物，今日主張君主者，亦不知君主爲何物，多數人民不過有漢唐明清之專制君主印於其腦中，或百中有一知日本之君主，或百中有一知德國之聯邦，至於特色的立憲君主，固未嘗夢到也。

……

由上觀之，袁世凱沉醉於皇帝夢，已着迷萬分，而朱爾典忠言無補，不待說矣。

張勳的「四不忍」

民國四年十二月十二日，袁世凱下令，承認爲皇帝。二十三日，雲南將軍唐繼堯、巡按使任可澄電請擁護共和，限二十四小時答覆。二十五日，唐繼堯、任可澄、蔡鍔、戴戡等宣告雲南獨立。明年一月一日，雲南組護國軍，唐繼堯、蔡鍔、李烈鈞督師討袁，西南各省義旗遍舉矣。

自雲南起義後，袁世凱先後派曹錕、張敬堯、馬繼曾、龍覲光等進兵川滇川湘粵各省，欲以武力敉平之。然馮國璋、段祺瑞等皆不値袁所爲，密令諸將頓兵不前，並日向袁索餉索械。袁於無可奈何之餘，乃欲調張勳之兵南下，派阮忠樞南至徐州說服張勳。不料阮到徐州後，張勳答以「四不忍」，拒不受命，所謂四不忍者，其言有云：

「縱容長子，謀復帝制，密電豈能戡亂，國本因而動搖。不忍一。

贛甯亂後，元氣虧損，無開誠布公之治，開奸佞嘗試之門，貪圖尊榮，以國家作孤注。不忍二。

雲南不靖，兄弟鬩墻，寡人之妻，孤人之子，生靈墮於塗炭，地方夷爲灰燼，國家養兵，反而自禍。不忍三。

依宣統名號，然自在，妄自稱尊，慚負隆裕。生不齒於世人，殁受誅於青史。不忍四。

自此四不忍論出後，阮忠樞無詞以對，空手返北京覆命，袁遂有武力不足恃之感。張大帥後來爲復辟主將，然在此時則爲反袁中堅，蓋他非反帝制而只反袁作皇帝耳。

錄舊作二首

舜生

薄暮遊玄武湖（二十五年）

秋氣日以深，秋容日以老，塵鞅徒勞勞，清遊苦未早。新都美風物，矜誇此湖好，湖水何瀠洄，錯落羅諸島。我來日將夕，涼颸入懷抱，荷蓋悲凋殘，垂楊就枯槁。生事感蕭索，念之添懊惱，安得素心人，共醉風前倒？

喜雨（二十八年，時居重慶人和鄉冷水場）

農夫終歲勤，所憂秋歉薄，入夏苦驕陽，耀人肌欲爍。嘉禾穗始抽，溝洫盡枯涸，父老走相告，太息兼錯愕。兩年寇披猖，閭里早蕭索，那堪歲更凶，民命嗟何托，餉糈固無出，宵小或肆虐！倏爾陰四垂，奔雷響寥廓，一雨連三日，婦稚皆歡躍。田疇綠油油，園花紅灼灼，豐穰猶有待，把酒且低酌。

寄售書目（二）

一〇、曾文正公全集　光緒二年傳忠書局木刻本，一百二十八冊，大字連史紙印，（全）布套十二函，實價港幣弍百六十元。

十一、又一部　上海中華圖書館排印本，七十二冊，（全）包括年譜十二卷，加木箱一隻，實價港幣壹百元。

十二、左文襄公全集　光緒十四年木刻本，一百二十八冊，大字連史紙印，（全）實價港幣弍百弍十元。

十三、李文忠公全集　光緒三十一年金陵木刻本，大字毛邊紙印，一百冊，（全）實價港幣一百八十元。

十四、胡文忠公遺集　同治三年武昌木刻本，毛邊紙印，三十冊，（全）實價港幣八十元。

十五、張文襄公全集　民國十七年北平文華齋木刻本，一百二十冊，連史紙印，布套十二函（全新），實價港幣四百元。

十六、說郛　商務據明鈔本排印，四十冊（全）。實價二百八十元。

十七、漢魏叢書　商務影印，布套四函，四十冊，（全新）實價壹百六十元。

十八、美術叢書　神州國光社出版，精裝二十冊，共十輯，（全）。黃賓虹鄧實等編，實價壹百四十元。

要者請向聯合評論社陳傑三先生函洽。

亮齋閒話

優諫與領袖（一）

徐亮之

做領袖、說容易，可眞容易，說難，也就實難；這完全要看他能否眞聽話，尤其是能否聽眞話以爲斷。

我們中國的歷史家眞不含糊；不提起領袖則已，一提起領袖，幾於無不以他能否虛懷納諫爲其個人休咎及國運隆替的契機。而千古形形色色的諫諍方式中，其最多彩多姿而富文學意味，修辭技巧、且單刀直入敢和領袖權威悍然挑戰者，尤莫如優諫。

「優」乃封建時代供奉內廷的一種擅長歌舞奏樂和詼諧嘲弄的人物，也就是爲後世士大夫所恥言的，所謂「弄臣」。實則、此種人物之存在的淵源却甚古，雖可能是「弄臣」，而却並非「賊臣」，和後世所謂「文學侍從之臣」其地位並無軒輊，其發言權或且尤有過之；這只消一看「國語」所載師工箴誦的事件，便可想見。「國語周語上」載邵公諫厲王使衞巫監謗的說話：

「是障之也。防民之口，甚於防川。川壅而潰，傷人必多；民亦如之。是故爲川者，決之使導；爲民者，宣之使言。故天子聽政，使公卿至於列士獻詩，瞽獻曲，史獻書，師箴，瞍賦，矇誦，百工諫，庶人傳語，近臣盡規，親戚補察，瞽史教誨，耆艾修之，而後王斟酌焉；是以事行而不悖。」

「楚語上」載左史倚相諫申公，也有衞武公「居寢有褻御（猶言「近御」之臣）之箴，臨事有瞽史之導，宴居有師工之誦（韋注：師、樂師也；工、瞽矇也；誦、謂箴諫時世也。」），史不失書，矇不失誦、以訓御之」的話。可見師工箴誦的制度，遠在周代實乃天子與諸侯聽政時所同具。而後來職司歌舞奏樂的優人，所以敢於肆無忌憚的向國家領袖或執政者詼諧嘲弄，而蔚成優諫的絕妙好詞，實不難於此獲得消息。

優諫之最早見於著錄而亦最有名者，要算優孟。「史記滑稽列傳」曾記其事說：

「優孟者、故楚之樂人也。長八尺，多辯；常以談笑諷諫。楚莊王之時，有所愛馬，衣以文繡，置之華屋之下；席以露床，啗以棗脯。馬病肥死；使羣臣喪之。欲以棺槨大夫禮葬之。左右爭之，以爲不可。王下令曰：『有敢以馬諫者，罪至死。』優孟聞之，入殿門，仰天大哭。王驚而問其故；優孟曰：『馬者王之所愛也；以楚國堂堂之大，何求不得？而以大夫禮葬之，薄！請以人君禮葬之。』王曰：『何如？』對曰：『臣請以雕玉爲棺，文梓爲槨，楩楓豫章爲題湊；發甲卒爲穿壙，老弱負土；齊趙陪位於前，韓魏翼衞其後。廟食太牢，奉以萬戶之邑。諸侯聞之，皆知大王賤人而貴馬也。』王曰：『寡人之過，一至此乎！爲之奈何？』優孟曰：『請爲大王六畜葬之。以壟竈爲槨，銅歷（鬲）爲棺；齎以薑棗，薦以木蘭；祭以粳稻，衣以火光；葬之於人腹腸。』於是王乃使以馬屬太官，無令天下久聞也。」

史公這段文章，筆筆是寫優孟，其實筆筆是寫楚莊王哩。因爲問題不在優孟懂得賤人貴馬的不成；而在楚莊王一聽優孟之諫，便立即懂得不該賤人貴馬，而以事實坦然糾正之。這比較今日做領袖者的祗蓄狗才，而若干幹部亦以做狗爲榮，甚至如某幹部所說，主人一鬆繩索，便居然能對聯合評論的左舜生狠狠地咬了兩口，而自鳴得意，神采飛揚；其賢不肖直不可以道里計。

四八、雙十節。

本刊已經香港政府登記

聯合評論 週刊

每逢星期五出版

United Voice Weekly

第六十二號

督印人：黃宇人　總編輯：左仲平
社址九龍金馬倫道卅八號三樓　電話61413
承印嘉羅印刷有限公司香港灣仔馬師道5號
總代理：友聯發行公司　售價每份港幣一毫
本報美洲版總經售處美國紐約中美出版社
CHINESE-AMERICAN PRESS, INC
199 CANAL STREET.,
NEW YORK31 N. Y. U.S.A.
美洲航空版零售每份美金一角

時局諍言

對蔣總統連任問題一個最後的陳述

左舜生

一

中華民國第二任的總統任期，於明年五月二十日屆滿，憲法第二十九條規定：「國民大會於每屆總統任滿前九十日集會，由總統召集之。」現在的國民大會，依然是選出第二任總統的國民大會，第二任可以選得，第三任當然也可以選得。

為了選出第三屆的新總統，依據上舉憲法條文的規定，國民大會於明年二月二十日以前便應該集會，現任總統對於召集令的頒布，至遲當不出明年一月，隔現在不過兩個月左右的時間了。

時間如此迫促，假定在一個稍有民主憲政氣息的國家，無論是現在的執政黨也罷，或在野黨也罷，為了競選下一屆的總統，其競爭的熱烈，當早已達到了最高潮，可是返觀咱們的中華民國怎樣呢？執政黨緘默不言，在野黨無聲無臭，一般人民也大抵拑口結舌，所看到的，只是若干定期製造如期交貨的擁戴書！（其內容如何，恕我從來不曾看過。）

我們知道，選舉與擁戴乃截然不同的兩件事：一千九百五十年前王莽要做皇帝，前後上書表示擁戴者，凡四十八萬七千五百七十二人；四十三年前袁世凱要做皇帝，由於北京的勸進機構發縱指示，如期收到擁戴的票數計一千九百九十三張，無一例外的都於票面寫有同樣的四十五字：

「謹以國民公意，恭戴今大總統袁世凱為中華帝國皇帝，並以國家最上完全主權奉之於皇帝，承天建極，傳之萬萬世！」

經過了近七十年的革命，死了人民至少在五千萬以上，今天的中華民國畢竟有了不小的進步，無論如何到底沒有人敢說：「我非做皇帝不可！」可是話雖如此，把戲還得照常的耍，擁戴一定還是要擁戴，你問他們這是什麼理由，他們可能回答你：「人民的程度實在不配實行民主，你就叫他們在三個五個總統候選人的名頭上加上一個圈，他們連這個圈也圈不來，儘管十二年前六年前也前後圈過兩次，可是現在又已神知昏迷，連打這樣一個圈也不會了！』可憐可憐，一個國家的進步真是太不容易了啊！

美國的一位聯邦法官說：『台灣不是一個國家，』這誠然令人非常憤慨，可是我們仍得反省反省：單單有六十萬的大軍，一大羣看管人民的特務，設立無數的所謂安全室，有若干經過受訓洗腦的所謂忠貞分子，……決不足以構成一個現代國家，一個現代國家的特色是要政府有能，人民有權，「中華民國之主權屬於國民全體，」所謂人民有權，便是要看他們能不能發動主權，換言之，便是要看他們能不能自由行使選舉權以決定執政者的進退，如果人民這種法定的選舉權也全被剝奪，而只有被吩咐擁戴某一人的分兒，這一構成現代國家的條件便喪失了一大半！

二

以現在世界一般的情勢來說，大戰是不會起來的，美國不要戰爭蘇聯不要戰爭都是真的，乃至中共不要戰爭也是真的；在艾克答訪蘇聯以前，高峯會議或許終於要開，開會即令開不出圓滿的結果，但決不會相反的開出一次戰爭。世界大戰既一時不能起來，則台灣今天的六十萬大軍，至少有三十萬，英雄無用武之地，我過去之主張精兵簡政，加強生產，這決不是為了美國的利益，實際是為了台灣自身的利益，至於別人對我如何看法，我是不管的。美國方面說：對台灣反攻大陸他們有否定權，這是說得太過分，太露骨，也太使人難堪，可是台灣不得美國的大力支持畢竟不能反攻，却是鐵一樣的事實，不容否認。台灣過去十年的準備，不僅沒有具備攻的條件，實際也沒有具備拖的條件，我之主張精兵簡政，加強生產，乃至逐漸把政治納入民主的軌道，也還不是為的如何能攻，而只是為的如何才能拖得動。以當前整個局勢來說，要看誰能拖得最久，誰才有最後勝利的希望，不能拖而輕言攻，這只是能說不能行的。

三

我之所以不贊成蔣總統連任，決不是我否定蔣總統個人的威望確實高出今天台灣的任何個人之上，乃是希望蔣總統退居國民黨總裁的地位，趕快找出一個替人，加以提挈與扶持，使其人的威望也逐漸可以養成，凡此都是為了如何拖的一種打算。如果對內靠蔣總統一人的威望以資鎮撫，對外也靠蔣總統一人的威望以資維繫，一旦到了蔣總統終於不能不倦勤的一天，那個時候急切求一替人而不可得，台灣在內外形勢交逼之下，便難免不發生空前的危險，乃至無法可以度過這一難關，這是我個人四五年來所抱的一種隱憂，到了今天，我不能不坦率的說出。

中山先生在清末倡導革命，其改造中國的手段雖與康梁不同，但以憲政為歸宿則一；蔣總統是中山先生的繼承者，而在蔣總統手上頒布憲法實行憲政，為時已十有二年，中山先生這一憲政理想，只能自蔣總統成之，決不能自蔣總統毀之，如蔣總統終於非再度連任不可，則無論用任何方法，都是對憲政的一莫大打擊。這一點比之我前面所論列的雖屬次要，但就蔣總統個人的歷史來說，却關係不小，我依然沒有放棄希望蔣總統本人就連任問題，再作一度最後的考慮，作一度超越個人利害而以國家利害為利害的考慮。

蘇俄的西化傾向

胡越

從歷史上看，當兩種文化遭遇一起，無論怎樣互相仇對，終不可避免的互相滲透，互相影響。今天的自由世界與共產世界表現着兩個不同的文化，這兩個文化互相對立之尖銳與競爭規模之浩大，可以說是史無前例。雖然共產世界從一開始就極力企圖阻斷文化的滲透和交流，它所建立的鐵幕是如此的冷酷和森嚴，但是終擋不住文化暖風的吹進，西伯利亞的冰雪遲早要在暖風裡融解的。就此以觀，蘇俄儘管口口聲聲辱罵資本主義的衰敗，高唱「東風壓倒西風」的濫調，但是我們却發現了他們正在不自覺的摹行西化。這一西方傾向是從清算史大林主義開始的。它表現為左列的各項事實：

一、關於經濟的變革

一、解散國營拖拉機站，將拖拉機售給集體農莊。這就馬列主義的教條來說，是從公有制向集體所有制（從私有到公有的過渡形態）的撤退。其目的在提高農民利得心的刺激，以增加生產。蘇俄動輒罵南共為修正主義者，其實他們才是天字第一號的修正主義者。

二、減除中央政府的經濟集權，把經濟權力下放到地方政府去。這樣做可免去中央集權所造成的疏忽和浪費，使各項經濟企業得以因地制宜；同時可以鼓勵地方與地方之間的競爭，以促進生產。這一變革與列寧主義的統一集權領導，與今天中共所行「全國一盤棋」，「政治掛帥」的辦法都是大相逕庭的。

三、取消強制收購農產品法令。蘇俄一九五八年一月一日開始取消了集體農莊農產品的義務交售制，及拖拉機站、技術修理站實物報酬制；同時取消了集體農莊各種合作社社員、工人和職員在從事副業生產方面的農產品義務交售制。取消義務交售制的法令，使農業生產者可以私有較多的農產品，或留自用，或運到黑市自由市場去販賣，增加個人的收入。其目的也在提高生產，其手段是刺激私有利得心。這是最顯著的一項效法資本主義的措施。

四、今年十月起實行分期付款的購物制度。以前他們是痛罵這種制度的，認為是資本家剝削勞動者的手法。可是他們今天卻如法泡製了。

五、最近頒布實行每周四十小時勞動制。他們認為這是了不起的一項成就，可是美國早在一九三八年就已實現了。蘇俄自誇為無產階級的祖國，可是直到現在，在世界上工業發達的國家中，蘇俄工人乃是工作時間最長，待遇最壞的，這對他們是太難堪了。赫魯曉夫敢於面對此一事實，急起直追，有他不可侮的競進心。但是他所以如此改革，並非說蘇俄的社會生產已提高到可以減少勞動時間了，相反的為了鼓勵工人的勞動意志，為了支撐社會主義的面子才減少勞動時間的。

二、關於政治的變革

一、自從清算了特務魔王貝利亞，蘇俄的特務權力似乎大為削弱了。另一方面，黨的控制力則提高了。以往是特務實際上在暗中控制一切，黨形式上在表面控制一切。現在特務機構已成為黨的一個工具，黨成了獨一無二的權力。特務權力的削弱，使黨員及人民都減輕了統治壓力。尤其是黨的幹部獲得了前所未有的自由。例如一九五七年赫魯曉夫出國訪問，回到莫斯科之後即遭遇馬林柯夫、莫洛托夫、卡岡諾維齊等聯合倒赫運動，這一運動在中委會主席團（原是政治局）已佔多數，老赫已臨下台厄運，迫他不得不訴之於中委會議，終於在中委會議中受朱哥夫的支持擊敗馬莫一派，才保住了他的領導權。假使當時馬、莫、卡等人沒有活動自由，那麼就不可能組成倒赫運動。在史大林時代，每一黨的要員住宅，都由秘密警察派警衛員保護監視的，每人從早到晚一舉一動皆在警衛員的監視之中，絕無機會醞釀任何史大林所未同意之集體行動的。因此我斷定史大林死後，對黨的要員及一般黨的幹部，這種特務控制可能已取消了。

二、提高了司法權的獨立性。據赫魯曉夫誇口說，今天蘇俄已經沒有了政治性的逮捕和審判。一切罪犯皆由法院統一審訊。事實未必如赫氏所說這樣，但是據曾到蘇俄的記者報導，今天蘇俄的政治逮捕的確減少多了。

三、採用較溫和的態度對待政敵。今天赫魯曉夫無疑的是蘇俄的獨裁者。他的獨裁權力與史大林一樣是在清算了所有政敵後得來的。但是史大林對待他的政敵，不但開除他們的黨籍，解除他們的職務並且要剝奪他們的肉體生命，要拷問成帝國主義間諜罪處死的。而赫魯曉夫對待馬林柯夫、莫洛托夫等則僅於譴責叛黨，流配到邊遠的地方去，仍保留他們的生命。這不能說不是一項大的改進。

四、據說蘇俄已解散了一部分集中營。他們似已發覺奴役勞動並不是一項有利的經濟效力。

以上這種種政治上的變革，不能說完全是受西方國家的影響，但西方國家的批評與競賽實是促進這些變革的一個重大原因。此外人民的壓力、史大林統治罪惡的餘痛也可能是重大因素。這些變革，雖然距離西方國家的自由標準、民主制度仍極遙遠，但我們總不能不承認，史大林逝世以來蘇俄的確在巨大變革中，在這一巨大變革中摻雜着若干西化成分。則是毫無疑義的了。

談聯俄容共及民主運動（上）

並就正於黃宇人先生

張忠紱

本年八月二十一日與八月二十八日聯合評論美洲航空版連載黃宇人先生二文，『談聯俄容共』與『民主運動的我見』。黃先生的看法頗接近一般的看法。筆者久有意對聯俄容共一段歷史，提出個人的看法，以就正於當日或多或少曾經親歷其事的先生們，並為日後信史作一正確的判斷。此文的目的，其意即在於此。

對聯俄容共政策批評或辯護的人們，通常多注意於聯俄容共是否一明智的政策，或在當日是否有其必要。筆者認為，問題的癥結並不在此。就外交的縱橫捭闔性而論，尋求與國，本不必須限於政體或國體相同的國家。惟一國與另一國聯盟或合作，必須能保存其獨立的性格，不失主宰，不完全受對方所支配。孫先生聯俄容共的失策，不在聯俄，也不在容共，而在他聯俄容共的方式。

沒有人懷疑孫先生的愛國，也沒人懷疑孫先生對共產主義不適於中國的認識。但孫先生不明瞭國際共產的陰謀，輕視了莫斯科與中共內外狼狽為奸的力量。至於黃先生說：『中山先生自信有統御他們的能耐；更深信他的三民主義比共產主義為高明，祇須詳為闡明，這些競向新奇的熱血青年必將衷心信服的。』凡國民黨員或為中山先生辯護的人，幾於都是用的此項理由。在一九二四年左右，蘇維埃政府成立未久，局外人不明瞭國際共產的陰謀，本無足怪。但從事於實際政治者，僅憑一己的信心，不在制度與法規上設法預防，焉得而不中敵人的奸計？

孫先生在聯俄容共的期中，不僅沒有在制度與法規方面預防，他反改組國民黨，採取蘇共的方法，組織，及訓練，而且以國民黨的黨綱交由俄人鮑羅庭起草，並屢次訓告國民黨的黨員，服從鮑羅庭的訓練。民國十二年十二月一日，孫先生在廣州發表演說，他說：『所以我請鮑君做吾黨的訓練員，使之訓練吾黨同志。鮑君辦黨極有經驗，望各同志犧牲自己成見，誠意去學他的方法。……鮑君對我說，如能假以六個月時間，可以將廣州市變成吾黨最鞏固之地盤。』（「要靠黨員成功不當靠軍隊成功」講詞，見胡漢民，總理全集，第二集，三二一頁以下。）

在同一演詞中，孫先生說：『從前何以不從事於有組織，有系統，有紀律的奮鬥？因為未有模範，未有先例之故。現在有一位好朋友鮑君，是從俄國來的：……蓋俄國革命之成功，全由於黨員之奮鬥。……故吾等欲革命成功，要學俄國的方法，組織，及訓練，方有成功的希望。』

以上述演詞的內容而論，已足以看出孫先生在民十二三年間，希望革命成功之心太切。他並未注意到，俄國革命的成功，固然由於俄國共產黨的方法，組織，及訓練，但那種方法，組織，及訓練，縱然可以使中國革命也易於成功，然而中國革命是否將因此變質？他是否仍能建立一他理想中的三民主義民主共和國家。在孫越聯合宣言中，越飛固已同意，共產制度不適用於中國。李大釗也曾代表中共作類似的表示。無疑的，這些宣言都是孫先生所提出的條件。但這只能證明，孫先生無意放棄他本人的主義或理想，却並不能證明孫先生已感覺到，極權國家的方法，組織，及訓練，不能訓練出為民主國家服務的黨員，更不能有助於建立三民主義的民主自由國家。

黃先生文中說：『當年他（孫先生）亡命於上海租界時，國民黨在國內幾無立足之地。英國和他作對，日本對他不懷好意。他曾想聯美聯德，而對方都不理他；但中國的局勢日益危殆：……蘇俄自動的一再派遣要員和他接觸，表達願意援助之忱：任何人處此也會接受吧？』因此，黃先生說：『假如我是中山先生，我也會聯俄容共的。』此種論點雖不無理由，而且也係當日的實情，然而這已近似為目的而不擇手段的主張。

政治家為目的而不擇手段，有時或有必要，但不是漫無限制的。稍有良知的人之所以反對共產黨的，後者無限制的不擇手段也正是重要原因之一。中山先生既不主張共產，研究歷史的人們，自不應以共產黨的標準來衡量他。實則，為目的而不擇手段的理論，本是欺人之談。中共掌握了政權十年，我們何嘗看到一點他們所宣稱的『共產樂園』？這是他們用以欺世的「目的」！至於他們殘暴醜惡的手段，到是隨處皆見，無日無之！

即以蘇聯而論，赫魯曉夫最近為美國外交事務季刊撰文，大吹其蘇共如何成功，如何在四十年中趕上了已有一百五十年歷史的美國。然而他所能舉出的成功例證，實不外原子飛箭等科學武器；與蘇聯人民的自由及幸福，毫不相干；與共產黨所用以欺世的「共產樂園」亦不相關聯！在蘇共掌握政權後四十有二年，蘇俄人民何嘗能一日脫離特務與集中營的統制！他們所宣稱的「目的」，仍只是海市蜃樓，而他們所採取的殘暴醜惡手段，即數十年忠於蘇共的「老同忠」，當其失勢時，亦不免於身受！

共產黨所宣稱的目的，與其所採用的手段，其間的關聯，頗似中國的許多念書人，他們自己宣稱，他們的目的在救國救民。為救國救民，他們必須獲得權位。為取得權位，他們自不惜採取各種卑污獵官的手段。然而，我們若果對此種人予以解剖分析，我們必將發現，他們的眞實目的不外熱衷作官。因此，他們將永遠感覺到，他們沒有足夠的權位，以實行他們所宣稱的目的。他們只能繼續不斷的玩弄他們誤國害民的手段！退一步說，縱然他們中間偶而有一二人，眞是想用不擇手段的方法，以達到救國的目的，然而等到他們積久成習，習慣了那些醜惡黑厚的手段以後，他們將不自覺的變成與黑心厚臉的官僚一般無二，仍然不能實行他們原有的目的！

此其故何在？還是我們上面所說的，為目的不擇手段的理論或主張，除故為欺世以外，實無一是處。就個人而論，生活與習慣可以改變個人的思想。就團體（政黨或國家）而論，方法，組織，及訓練都可以左右或影響團體的目的。孫中山先生與國民黨的目的，是要建立三民主義，民主自由的共和國家，用極權國家（代表蘇聯的鮑羅庭）的方法，組織，及訓練，如何能建立一民主自由的中華民國？加以外有蘇聯的壓力，內有中共的陰謀；兩者的處心積慮，都不在眞誠的援助孫先生與國民黨，而只在利用孫先生的威望與國民黨的歷史！

以孫先生富有革命的歷史與政治的背景，除一時急於使革命成功（？）外，似不應見不及此。何況在民十三年六月中，既有國民黨中央監察委員謝持，張繼先生等的正式彈劾（六月十八日），一週以後，鮑羅庭迫不得已，對謝張兩先生又已坦白承認：『今日兩者（兩黨）本互相利用：……惟兩者利用之結果，國民黨更多利益。』（見張溥泉先生全集，一五九頁以下），而孫先生竟不改初衷！我們對於這一段歷史，不能不歸結於政見上的疏誤，不能像黃先生所說，以『天下為公的精神和兼容並蓄的雅量』為先賢曲宥！

民主的理論與實踐（下）

孫寶剛

（四）

但是把全國作一個具體的研究，還要作成綱領政策，還要有專家去擬具辦法，一步步去實施，不是一個人所能做到的，在這裡所以我要說明一點，民主政治是以個人為基礎的，但是實現起來，非和人團結起來是行不通的。而況上面已經說過；民主政治須有一個議會，議會是決定一切的所在，假如現在的執政者不允許有一個議會，或是即使有了議會，而不是決定一切的所在，這議會也無甚用處。所以民主運動者須有一個力量來使執政者讓步，如英國似的。或簡直用武力，如美國和法國似的革命。在這個情形之下，政黨的作用便產生了。

政黨就是集合意見大體相同的人在一起，一邊集體地去調查統計和研究，人民需要些什麼，怎樣才把每個公民的生存權保持了，人民的自由平等和快樂也得到了，所以關心現代政治的人都知道，政府要實施福利政策，使一個小孩自出生起，孕婦便受國家的保護，小孩也有特別的津貼費，大了要進學校，使大家都具有作為一個人所應有的智識；出了學校，政府要有政策使大家就業，沒有獲得職業的人要予以津貼，使他仍能生存下去；老了不能工作了，便有養老金；一般人的工作時間不能太長，使他有餘裕的時間，這才有了自由。其他如司法獨立，制定民主的法律，使旁人不能侵犯他的自由。凡是這種政策，一定要有一個政黨來集體研究，才能有一個結果。等到有了結果以後，政黨另一邊的工作還要建立一個力量，即是要獲得廣大人民的擁護，才能使不民主的執政者讓步，而允許有一個議會，或已經有了議會的，便可使議會成為眞正政權之所在。然後一旦選舉，那個政黨在議會內獲了大多數的擁護，那個政黨便執政，於是其平時研究的政策一一付之實施。

所以政黨是民主政治的橋樑，人民須通過政黨，才能行使其統治權，假如沒有政黨，那麼一個個的人民，怎樣去表達他的意見呢？即使表達了，又怎能知道他的意見可以獲得大多人的支持呢？並且也不能形成一個力量，使其政策可以實行，所以民主政治必然是政黨政治。沒有政黨，便不能實施民主政治。政黨並且要有兩個以上，中國有句話說，人心之不同，各如其面，我們出席任何一個集會，討論任何問題，必有贊成和不贊成之分，可見對於一個國家的事，也必有兩種以上的意見，所以一個國家應當有兩個以上的政黨。當一個政黨執政時，另一個政黨便是反對黨，代表人民監督執政黨的一切設施。中國人常常以反對政府為大逆不道，現在的中共和台灣，誰反對政府，誰便立受不利，這都是不民主的表現，因為在民主政治之下，在野黨的責任便是反對政府，因為有了反對者，執政黨便辯護自己政策之優良，在兩相辯護之下，眞理愈辯愈明，這也是對人民的一種政治教育，同時有了在野黨在反對，當然執政黨也不敢放肆亂幹了。

（五）

民主的理論和實踐，至此大體已略略提及，詳細研究，當然可以著成專書，非本文所能做到的。

末了我還須一提文官制度，因為中國以往的惡習，一個人去做了部長，全部人員都換了，所以中國的文官制度永遠不能建立起來。同時一般的人把幹政治和做官弄錯了，以為做官就是幹政治，這眞是一個大笑話。簡單地說，幹政治是幹政黨活動，還可以說得通，和做官是風馬牛不相及的。做官在政治學上說，是作為文官的一員。每一個文官，是以顧問或專家的身份，在執行政府的決策。他本身不受政黨政治的影響，本身是不參加政黨的鬥爭的，那一個黨執政，他就遵照那黨的政策來實施。所以總括句話。一個民主政治，不特須有兩個以上的政黨，還須有一個健全的文官制度。

中共詩壇大混戰內幕

趙聰

從去年四月開始，到現在總未完全休止但却已近尾聲的中共詩壇大混戰，外表上看來是關於新詩發展問題的論爭，骨子裡則是周揚旗下兩大派系的內鬨。

這兩大派系一方是科學院文學研究所主任何其芳，另一方是「文藝報」主編張光年。這兩個派系即因這次詩歌論戰才顯明出來的，在這以前還不為局外人所知。因為有這兩派的出現，我們可以推知，在周揚旗下另外還有其他派系存在。像在中宣部的林默涵，如今是周揚的第一助手；在文化部任副部長的高衍、錢俊瑞、劉芝明；掌握全國作協的書記處書記劉白羽及黨組書記邵荃麟；還有人民文學出版社的王任叔等，都不可能分隸於何張兩派以內。

「文藝報」創刊於一九四九，是全國作協專掌理論批評的機關刊物，其主編一職過去曾發生過幾次爭奪，丁玲以後是馮雪峯，一九五四因「紅樓夢」案才由張光年代替了馮。張光年是詩人兼理論批評家，自任「文藝報」主編以來，一直是中共文藝理論批評工作者的領袖（見一九五四年第一期「文藝報」袁水拍所作「萬象更新圖詠」）。一九五七年復版時，「文藝報」編輯部內出現的「右派」特多，刊載的反黨文字也不少，但他的地位未曾動搖，即可以看出他在周揚旗下的份量。

何其芳是抗戰前即已嶄露頭角的詩人兼散文家，抗戰期間他到了延安。鬥爭王實味時，不但丁玲、蕭軍闖了文禍，他也寫過一首「反動」的詩。由於迅速勇敢悔過，向上爬的技術特別高明，不但入了黨，並且做了欽差到重慶向左翼文人傳達中共意旨。「解放」後即在中宣部任職，「文學研究所」併入科學院後轉任主任。前年該所創刊「文學研究」（今改「文學評論」），因為和「文藝報」性質相同，在分工上雙方起了爭執。這一爭執在今年四月遵照周揚的指示才獲得解決，「文藝報」偏重文藝領導，「文學評論」偏重學術研究（見今年「文學評論」第三期「本刊召開編委會議」）。

兩大派系的內鬨就起於這兩個期刊的爭權，在周揚親身出馬調停（以該刊編委名義同時隨周出席的尚有林默涵、邵荃麟、王任叔等）之後，內鬨便告一段落；而反映在表面上的詩歌論爭，如影隨形，自也接近尾聲了。

這次大混戰所爭論的問題很複雜，據本年「詩刊」第二期所載「關於新詩發展問題的論爭」一文中歸併的五項是：當前詩歌主流問題、新詩發展的基礎問題、新詩歌體有無局限性問題、怎樣估價五.四以來新詩的問題、新詩歌發展的道路問題。這些問題何嘗不堂皇？實在說，自新文學運動四十年來，以新詩的成就最壞，到現在新詩的體制，尚未像以往各種詩體那樣，達到一個瓜熟蒂落的形成階段。那麼，這五項問題如果解決，必有助於新詩的發展。然而中共這次的論爭，却並不為解決這些問題，而只是藉此互相攻擊罷了。仔細尋繹雙方的文章，爭論的焦點，可以說只有一個問題，那就是對於新民歌的評價問題。其餘全是節外生枝，作為陪襯的。可笑有些大陸上的黨外作家，竟也莫名其妙地置喙其間，捲入漩渦，像朱光潛、趙景深、傅東華、歐外鷗等，自討無趣，被人罵了聲「閒扯談」便不敢再張咀了。

爭論的文章幾遍大陸各報刊，雙方參戰的人張派比何派多，這裡只將雙方「主力」錄下，餘屬次要均畧去：

何其芳兩文見一九五八年七月號「處女地」、一九五九年一月號「文學評論」。

又「關於寫詩和讀詩」一書中各篇。

張光年兩文見一九五九年一月二九日人民日報、「紅旗」本年一月號。

附何者卞之琳三文見一九五八年七月號「處女地」、十一月號「詩刊」、一九五九年一月十三日人民日報。

附張者沙鷗兩文見一九五八年十二月卅一日人民日報、本年第二期「詩刊」。田向一文見本年一月十三日人民日報。

在敘述這幾篇文章的要點之先，請暫容許我簡單提一下新詩發展中的一點史實。在「解放」之前，就已存在着民歌體和新格律詩。前者是劉半農開其端，後者是徐志摩、聞一多等創其始。民歌體並不興旺，新格律却影響很大，當時不但形成了所謂「新月派」，即後來在新詩上有成就的卞之琳、馮至也都是這一派的繼承者，而何其芳、臧克家均曾受了很深的影響。抗戰期間，袁水拍用民歌體寫了「山歌」，李季寫了「王貴和李香香」，在中共詩壇上很風靡，於是民歌體抬起頭來。新格律詩因為新月派「反動」，誰也不敢再提起，馮至、卞之琳、臧克家也早改變了作風。一九五四年也許何其芳認為自己的地位既高不必顧忌什麼了，便發表了一篇「關於現代格律詩」（收在「關於寫詩和讀詩」一書內），提倡要創建新格律詩。他是想以領導權威的姿態，叫大家響應，自己好藉此登上詩壇領袖的寶座。可惜曲高和寡，孤掌難鳴，絲毫未有影響。去年詩歌大躍進，周揚號召新民歌運動，不出幾個月，新民歌便響遍了大陸，單只安徽一省就采集了三億一千萬首，郭沫若高唱着「全是李杜和屈原，莎士比亞不稀罕」。這麼一來，就把這種新民歌捧上了天，中共的詩人們也全寫起新民歌來，有名的陝西王老九再度露了臉，「天上沒有玉皇，地上沒有龍王」便成了壓倒風騷的名詩。這時何其芳却想立異以鳴高，又彈其他一九五四年創建新格律詩的老調來，主張在新民歌之外，詩人們應該也寫格律詩，不然就不符合百花齊放了。卞之琳也跟着附和他的意見，並說學習民歌應吸取它的精神，不能學它的形式。雖然這樣，他倆可都未敢說新民歌不好。

却不料張光年就藉此吹毛求疵起來，說何卞二位是輕視新民歌。建立新格律詩他並不反對，只是現在的新民歌就是新格律詩了，何必另外創建？因此，他指出新民歌是空前的成就，是當前詩歌的主流，即以新民歌為基礎向前謀發展。他的口氣很嚴厲，一句一句地說「我們與何其芳同志之間」「我們與何其芳同志根本的分歧」，和一九五四年周揚斥胡風是一樣的語氣，儼然「敵我鬥爭」的架子。之後全國各地刊物都響應他，寫「山歌」的袁水拍也在人民日報召開了座談，箭頭全集中在何其芳的身上。這其間卞之琳輭化了，一篇接一篇文章逐漸撤銷了自己說過的意見，張光年便放鬆了他。何其芳不然，他在自己主編的「文學評論」上寫了一篇長文反擊張光年和他的附和者，說張光年等沒有看懂他的文章，武斷、無理取鬧，語氣比張光年的更帶火藥氣。經過這一反擊後，雙方「主力」不再出動了，原來是周揚出面解決了兩個刊物的分工問題。現在只有「文學評論」上還繼續討論新格律詩的問題，雖然意見並不同於何其芳的，可是詞句之間已沒有火氣了。

「英雄」的塑像

岳騫

共產黨最喜歡創造英雄的故事，翻開共產黨的宣傳品來看，無時無地不產生英雄，此種情形肇始於蘇聯，普遍流傳於各附庸國，大成於中共。

中共据有大陸十年來，創造出來的英雄故事，實在罄筆難書，大而至於「抗美援朝」有「英雄」，小而則揀糞有英雄，拍蒼蠅，打蔴雀也有英雄。共產黨這種手法，實在說出來還是脫胎於宗教，胡風罵毛澤東是圖騰，可能就是根據這一點說的。

例如在侵韓戰爭中，創造出來兩名黃繼光與董存瑞的英雄故事，前者用身體去擋住美國的機槍，後者身懷炸藥炸壞美國的工事，又如在內亂時創造出一個女英雄劉胡蘭被捕不屈的事蹟，去年金門砲戰時又出現了一位安建業英雄，身上被國軍砲彈打了幾個洞，還忍住不死，終於完成了任務才死去，大躍進時期，已有一位女工向秀麗，為了搶救火燒物資甘心把自己燒死，像這類故事，有的還有個人名，有的連人名也沒有，全是憑空捏造，只要編的動人，經「組織」認可，馬上就賦給新的生命，使故事中的人物變成活人。

共產黨這樣作的目的，當然是希望活着的真人都去做效書報上的「烈士」，儘管共產黨也知道絕大多數的人士不會相信，但是沒有關係，一百人中間只要有一個人相信，整個大陸將出現多少「英雄」。

不過，對於英雄的創造，中共中央只是確定一個原則，完全由下級各自努力，當然並不是每一個故事都能成功，其中大多數的「英雄」因為創造者編的太過火，實在拿不出去，只好悄然收起來，變成了「失敗英雄」。

近來似乎編造的技術越來越差，舊的英雄已經消逝，新的一時製造不出來，中共報刊對此曾提出抨擊。本年第九期「文學知識」有一篇漫談「新英雄人物的創造」，曾經就此事提出研究，據該文作者趙尋的看法，最近所以製造「英雄」失敗，種因在於把握不住重點，所寫的英雄都不像真人，所以引不起讀者的共鳴，這個英雄就無法變成有血有肉的人。

例如有一位「戰鬥英雄」，在作戰時當敵人手榴彈擲過來時，他不但不躲避，不胆怯，甚至不加理睬，站在那裏等候，當敵人手榴彈剛剛落地，馬上舉腳踢回去，比較足球名將接球還準，結果擲手榴彈的敵人反而炸死了，這位英雄當然偉大極了，可惜太像「封神榜」及「西遊記」的故事，找不到一個人相信，效果就等於零了。

又如大躍進時，照例也出產了許多英雄，這些英雄的最大本事是不吃飯，不睡覺，也不知道疲倦，只是拚命工作。這本來是很像個英雄了，只是與事實脫節，趙尋也說：「神經衰弱的人常常睡不着覺，吃不下飯，却並不能成為英雄人物」。道理很簡單，那樣的人只是一架機器，而機器却是鋼鐵作成的，不是用血肉作的。

還有一個英雄去參加建設，地點在荒山野嶺中，蚊子多到驚人，大家在白天工作時，都被蚊子咬得無法忍受，這位「英雄」去時却未帶蚊帳，意料中晚間睡覺一定被蚊子咬的無法入睡，在別人來想，「英雄」有強壯的體魄，堅定的意志，蚊子咬當然不會畏縮，這樣就足以表現「英雄」的形象了，但是這位作者又進一步，竟然說「英雄」被蚊子咬得非常高興，世間居然有這種人，只能說他的生理構造和常人不同了。

還有一個劇本寫一個英雄人物的家裡的人被敵人殺了，他這時正跟羣衆一起開晚會，聽了消息以後，毫不難過，還是照樣的跳舞。據作者的解釋，這樣是樂觀主義，只有具備這種精神，全家被人殺完，絲毫不縐眉頭的才是真正的英雄。至於這種英雄在人民心目中是個什麼東西，製造英雄的人未必知道。

其實「英雄」二字談何容易，不用說任意塑造的，就連毛澤東算上，距離英雄還遠得很哩！試看民國三十四年他在重慶所表演的那種張皇失措情形，也只是個狗熊而已。

「等大陸人民自己起來反共」？

（讀者投書）

·世清·

關於反攻大陸的問題，政府經幾年準備，幾年反攻變而為從大陸反攻大陸，就是說要等大陸人民自己起來反共時他們才開始反攻。試想一想，今大陸上的同胞過的是牛馬生活，食不飽，穿不暖，自然是對共黨痛恨異常，這是不待言而可知的。那末，他們為什麼不敢造反呢？原因是：形勢上不容許。如所週知，共黨所實行的特務統制政策，一層控制一層，於是形成了「你怕我反，我怕你反」的局勢，由於爾虞我詐，便不得不步步為營，互相加以監視。因此，人與人之間早已失去了互相信任的信心。在此情形之下，他們怎麼敢談造反呢？萬一被人發覺而報告上去，不拉去打靶才怪哩！

尤有甚者，舉凡民間一切鐵器，均應充公，共黨不但是不容許人民藏有槍械，就連一丁點兒的鐵釘也予以沒收。嘗聞大陸逃港人士稱，有些人因為沒有木屐穿，迫得鋸床板來做木屐，但却苦於沒有洋釘。由此觀之，大陸之政權，其苛刻實百倍於秦始皇啊！

在這樣的情形下，大陸人民怎麼反呢？政府擁有六十萬大軍和外援，又有安全的基地尚不圖反攻，而反希望身處共黨鐵蹄之下的大陸同胞起來反共，未免太不像一個有前途的政府了吧？而且誠如美國某官員所說，假如有朝一日大陸同胞在忍無可忍待無可待的絕望之下，羣起反共，還用得着政府去反攻嗎？

總之，我以為今日政府賴以存在之唯一理由，即為反攻，如不反攻，當局諸公應即集體自殺以謝國人，用不着再在台灣裝腔作勢以誤國誤民了。

勸進函電將印成專集

（台北通訊）　公亮

月來，台北雖盛傳蔣總統已同意由監察院于院長右任出任三屆總統；但勸進派（其實應該稱為太子派）對於勸進運動的推進還是很積極的，究竟是蔣總統的幹勁未衰呢，還是他們預為他作光榮退休的部署呢？那祇有待未來的事實來証明了。且說，自太子派於去冬開始發動勸進以後，海內外的知名人士和負責團體雖極少表示擁戴的意見；然而以什麼宗親會，同鄉聯誼會和張三李四王五之隊的名義來文籲請再連任的却不在少數。在張厲生尚任國民黨中央黨部秘書長時，以該項函電既與蔣總統反對修改憲法的昭示抵觸，又多無負責的人士署名，故一律未予發表。其初意原非彼與太子派作對，而乃鑒於這些勸進函電一經發表之後，不免要給人們以製造民意的惡劣印象，勢將成為蔣總統的盛德之累。不料被太子派大將鄭彥棻在蔣總統之前告了一狀，說他有意使下情不能上達；而蔣總統居然不諒張的一片孤忠，於盛怒之下，將其外放使日。自此之後，凡屬勸進的函電不但隨到隨發表，而且還不時將數字統計公佈出來，以示連任乃順天應人之事。聞太子派近已決定再由國民大會秘書處將勸進函電印成專集，以期藏之名山，傳之後世，永垂不朽云。

節約救災聲中的三慶

近年以來，從每年十月起，台灣連接有所謂三慶，即慶雙十節，慶華僑節，慶總統誕是也。今年雖然在節約救災聲中，雙十節的慶祝比往年還要盛大得多。據說，全球的僑領已有三百餘人代表海外一千餘萬華僑來台參加國慶。但在事實上，這些所謂來自全球的僑領不但其中大多數在所在地區少有人知；而其來台，也是經海外工作人員多方聯絡，藉以報功，再由陶希聖、鄭彥棻、陳建中三人聯名邀請才勉強成行的。他們的動機雖各有不同；但無一個能代表任何華僑，也無一個自甘勸進；則係鐵一般的事實。不料，一入國門，即平地一聲雷，突然變為僑領，而且被譽為千餘萬華僑的代表，受人接送，享人酒食，主人說，你是來籲請總統留任的，誰好意思否認？誰又有勇氣否認？祇好諸事由招待機關擺佈以求兩便罷了。於今雙十節雖已過去，華僑節和總統誕即將相繼而來，好戲還在後面呵！

胡適之再談連任

胡適之自從在中央研究院就職典禮中對蔣總統失敬以後，他在蔣總統尤其是太子派的心目中已成了不受歡迎的人物，去冬蔣總統在光復大陸設計委員會宣佈反對修改憲法時，他又不能善體上意，公然在大庭廣衆中高舉雙手表示贊成。今春又和陳誠有台南之遊，太子派更視為眼中之釘。最近他由美國回台，不但不說華僑和美國人都一致擁護蔣總統永秉國鈞，反而表示彼邦人士並不贊成他再連任，誠不愧政府之諍友也。

蔣總統所需要的是什麼人才？

最近蔣總統在某訓練班向學員訓話，他說：「本班是訓練人才而設的；但我們並不需要如楊振寧、李政道那樣的人才，他們祇知道外國的東西好，不知道本國的東西才真是好的」云云。至於什麼是本國的好東西，蔣總統雖未明說，但從他在訓話中一再要學員們信仰領袖服從命令，看去其意向已够顯明了。

人類已進入所謂太空時代，而我們的國家元首還沉迷於「信仰領袖服從命令」的好夢中，寧非悲劇？

所謂台灣的地位問題

宣平

自政府退守台灣以後，國際間某些人士即常以台灣的法律地位尚未確定為辭而有所謂托管台灣或中立化台灣種種醞釀。他們的目的祇有一個，即犧牲中華民國以安撫中共是也。但過去持此說者，尚僅限於一些不負責任的政客，而最近則以堂堂的美國聯邦法院也公然有台灣並非一個國家（意即不屬於中華民國）的謬論，能不令人驚異？假如台灣不是中華民國的領土，試問美國政府與中華民國政府所簽訂的中美聯防公約為什麼要明文規定其協防的範圍為台灣及澎湖列島？美國又有什麼理由在台灣建立基地？聯邦法院此一謬論果能成立，那麼，十年以來，美國政府對於中華民國的種種協助豈不都成了非法的行為嗎？可遺憾的，是美國政府對此迄無一明確的聲明；而某些官員反而也有台灣的法律地位尚未確定之表示，這不是一種自我矛盾的無政府現象嗎？還是在矛盾的後面隱藏着其他的因素啊？今日尚在寶島上之夢想依恃外援以求苟安的人們應該有所警惕了吧！

外交部的聲明

以奧林匹亞會除名事件為例

外交部為了台灣的地位問題，特於日前發表了一篇堂堂正正的聲明，根據開羅宣言，波斯坦宣言及中日和約等文獻，說明台灣為中華民國的行省之一，早為舉世所公認。辭嚴義正，自是一篇可圈可點的好文章。然而當此國際間口談公理而實重強權的時代，文章雖好，若無實力為後盾則殊無濟於事。為今之計，祇有團結國人，急圖反攻，才是自救之道。否則，以台灣一隅之地，事事要仰給於人，何能久撐中華民國的大旗？更何能免於他人的輕侮？此理至明，當局自應較任何人知道得最清楚，體會得最深切的。不幸，事實乃大謬不然。

且以一事為例，不久以前，奧林匹亞運動會以台灣不能代表中國為理由將我隊員資格取銷，海內外同表憤慨。然而台北方面不堅持恢復會籍而反改用中華民國的名義重新申請入會，獲准之後並表示慶幸，豈非當局也自認台灣不能代表中國嗎？豈非為中共的所謂中華人民共和國預留餘地嗎？年來國際間有所謂兩個中國之說，凡屬中國人都認為是一種侮辱。而台北此舉不是自甘於居兩個中國之一嗎？當局之無意反攻大陸而祇以偏安一隅為滿足，於此又可得一明証了。

反共其名，反民主其實

處今日的局勢之下，秉國鈞者，自宜急圖自救！而自救之道，不外改革、團結與反攻三者。然而，事實上他們祇圖在台灣關起大門來空喊反共，却從未打算去動中共的一根毫毛；他們安坐在深宮之中，滿懷仇美的情緒，而却希望仰賴美援，他們既為艾赫互訪的消息而困擾，又為赫魔訪平而憂心，復為台灣的地位問題而惴惴不安；但一提到團結與改革，他們就更動肝火了，似乎寧願陷中華民國於萬劫不復的深淵，也不願見台灣民主化。揭開來說，他們反共是假的，仇美是半真半假的；而仇民主則是真真實實的。十年以來，他們所以不敢反攻大陸而却大力進攻民主運動者，明乎此，即可以思過半矣。（台北通訊）

談忠貞

（讀者投書）　田趣

有位同住在一起的朋友，他投考了台灣在此間招收的師資訓練班，據我所知，這位朋友在抗日戰爭時期曾參加過青年軍，戡亂時期也出入戰場打過共產黨，大陸變色後隻身避難來港，在大陸的家遭中共清算化為烏有，父母經不起鬥爭也相繼死了，這位朋友精神受了如此刺激，又加上幾年以來流亡港九，艱苦備嘗，這次他抱着滿懷的熱望投考了師資訓練班，希望能進入親切的國土上。照例凡是想入台的人，政府都要指派在港的工作人員來審問一遍，了解一番，然後才發給入境許可証。這位還未入國門的朋友的情緒就是這樣的給冲淡了。

那天來調查的人，首先道明來意，繼而像法官審問犯人似的問過一番，真是威風十足，氣燄萬丈，筆者只好走出屋外，坐在窗下納涼，適在我的床頭放着一份聯合評論，給來人看見了，便問友人道：「是你看的？」友人答以否！誰料此兄竟說這份刊物是反政府的。忠貞人士都不看它。我聞說之下，本想與此兄理論一番，但因惟恐影響友人的入台希望，只好忍辱緘默，至於聯合評論的言論是否係反政府，事實強於雄辯，我也不想代該刊辯護；祇就忠貞二字來談談。

忠貞原為專制時代，帝王們自以為國家的主人而向其臣屬所作的要求。如今已是民主時代，人民才是國家的主人，官吏不過公僕而已。假如還要談到忠貞，那就應該是政府對國家和人民盡忠貞而斷無人民向國家元首盡忠貞之理。何況十年以來，蔣總統的所作所為，正如其當年的親信吳國楨所說，愛權甚於愛國，愛子甚於愛民，是即他已對國家和人民不忠貞了，那能反而要求人民對他忠貞呢？而且看一份對政府有所批評的反共刊物就是不忠貞，就不准入國門，那麼今後的中國人除了總統訓詞和主任（蔣經國）言論等而外，還有自由閱讀的可能嗎？

大陸逃澳學生的控訴：

回鄉見聞錄

何孟良

十年前正當赤禍南侵的時，我隨舅父黃永成來到了澳門，在舅父的縫衣店居住，舅父舅母都很愛我，送我到一間教會學校讀書，由小學而到中學。十年來我無時無刻不懷念着故鄉，和在故鄉的父母哥嫂，他們是爲捨不得離開祖宗的墳墓而沒有逃亡，在他們的思想中，以爲向來沒有過問政治的貧窮家庭，是不會受到共黨的迫害的，何況我家是租佃人家十二畝田的佃農呢。

在今年暑假期間，幾個平日思想左傾的同學向我說：「現在的祖國生產建設有輝煌的成就，人民生活環境過得比天堂還好」。他們組織了回國觀光團，要我參加他們的團體回國觀光。他們的話鈎起了我的鄉愁，我極想看看離別了十年的故鄉，探視家中的親人，同時也想看看共黨所宣傳的天堂，究竟是什麼樣子。特地去徵求舅父的意見，我的哥哥歷次來信，都是報導家鄉進步情形，舅父對回鄉觀光也發生了興趣，同意和我們一道回鄉看看。我們決定在八月二日由澳門岐關車站出發，八月二日那天，同學們都到車站等齊，我們一行十二人，每人付出拾元零捌毫港幣購買車票，因我們是團體行動，當天下午就很順利的到達廣州。

到廣州我們一齊到華僑招待所住宿，我和舅父第二天搭火車回湖南，三等車票人民幣二元四毫，下午五時二十分就到達了別後十年的故鄉——郴縣，我和舅父都高興得很，用半跑步式的步伐，直奔離車站不遠的何家坪老家。

我們走到門前一看，簡直不相信自己的眼睛，這是十年前我離開的家嗎？爲什麼門窗一概沒有了？又空洞洞的沒有一個人呢？左鄰右舍都很陌生，他們都不知道我父母的下落，後來在左鄰一家問出我大哥的名字，才知道他在鐵工廠裡還未放工，要很晚才回來。我和舅父等到深夜十二點大哥回來了，家裡一無油燈，二無臘燭，眞是凄涼得可怕！我們就在門前相見，還未談上五分鐘的話，公安派出所兩個戶籍員來了，說是招待歸僑，問了我們許多話，好在我們都應付得法，他們滿意地走了，趁四下無人的時候，我悄悄問孟平大哥，爸爸媽媽和大嫂他們到那裏去了？大哥沒有開口就眼淚長流！嘶啞的聲音說：「三弟，自你同舅父走後，家中的苦況眞是一言難盡啊」！我反問他：「大哥，你不是來信說家裡一切都很好嗎？」他回答說：「三弟，這些信何曾是我寫的啊！心中要想說的話一句也不敢寫！完全是共幹們假我的口氣寫的，如果說錯了一句話，馬上就有殺身之禍」！此時我才徹底明白。

孟平哥哥說到這裡，馬上走出去週圍看了一遍，回頭對我們哭訴出十年來的辛酸血淚，「三弟，自你同舅父走後，爸爸和一般窮人們向地主們鬥爭，把地主們打倒了，殺的殺！逃的逃，投的投河！吊的吊頸！不久就分田地，我們分得三畝六分水田。我和爸爸不分日夜的勤耕苦作，到了秋收後，『人民政府』派人來了，除大人每人留下稻谷壹百斤小孩五十斤外，其餘一律收歸公有！另有雜糧，菜蔬，鷄牲，鵞鴨：……等都要收歸公家登記編號統管，那時爸爸計算所留下的糧食，尚不够半年食用！所以私自藏了雜糧五斗，後被『區政府』王幹事查搜出來，把爸爸抓去當衆處罰，打得死去活來！媽媽亦被抓去坐了三個星期的監！說是改造。從此之後，爸爸媽媽們因營養不够，時時都在飢餓中過日子！身體軟弱多病。自去年九月『人民公社』開始，爸爸媽媽都被選入『幸福醫院』，說是享受幸福，殊知進去不到三個月，幹部通知我，他兩個老人死了！骨頭燒灰肥田！他兩位老人竟做了生產大躍進的肥料了。你大嫂和二姐們，韓戰爆發時就被選去參加婦女服務隊，韓戰停止後也沒見回來。小弟弟也被選入兒童隊，也不知到了什麼地方？我是被選入生產隊，自從進入組織後，就沒見過家裏任何人一面，迄到今年四月才回家裡。當我進門一看，令我不禁珠淚長傾！家裡炊具，農具，門窗：等，空無一物，連墻上一粒釘都被拔去了！說是去年金門砲戰後全國大煉鋼鐵，政府將民間的廢鐵一律收去了。現在就是我一人夜間守在這間破屋裏，白天要做十六小時的苦工作，所得二毫四分錢的代價，而且經常要開會學習，你看還有世界嗎」？

當我聽了大哥的說話，才知道我整個家庭被摧殘了，令我肝腸寸斷！不禁哇的一聲哭了出來！大哥趕快一手抿住我口說：「三弟，千萬哭不得！假如『公安派出所』有人聽了，那眞是不得了！我看你們還是早點回去吧！我就是不等天亮五點鐘就要去開工，遲到就要處罰，我沒有時間陪你們玩」。

次日東方剛剛發白，兩個共幹又來說是招待我們，（實際是來監視我們）即刻帶我們到山上走了一趟，指手劃脚的大吹其生產建設何等輝煌進步。我留心察看我的祖宗墳墓和其他人們的墳墓却完全沒有了！一律變成了田。回頭又帶我們到城裡走了一趟，市面一遍凄涼滿目！舖家十有七八是關上門的，人民所需油鹽物品，完全由公家統治限買限賣，人民身上的衣服也很襤褸，臉上都有菜色！只有部分共幹較好。當晚我們在新湘客棧開了一間房，共幹來對舅父說：「你是在海外多年的老華僑，對祖國應當要多多貢獻，請你投資港幣叁萬元，參加祖國生產事業」。還要我回國升學，我舅父說：「我在海外一向是靠做手工生活的，沒有積餘得多的錢，無法參加生產事業」。次日恰好有火車開廣州，我們正準備上火車，殊知共幹只准我一人上車，把我舅父留下，說是「人民委員會」要他商量投資生產的事。我一個人回到澳門，非常不安！不久接得舅父來信說：「縣人民委員會」要他投資港幣叁萬元，至少壹萬元參加生產事業。舅母接到這封信，急得面無人色，當時昏倒過去！小小一間縫衣店，何來有叁萬壹萬元呢？我和舅母都不知要如何才好？舅母唯有天天在眼淚洗面中過日子。據[illegible]後回來的同學們說：「我們在廣州參觀的同學中，有三個被指爲『國特」，當天就失了踪！另有四個還在廣州坐監」。我們回國觀光共計有十二人，現在僅僅回來四人，我舅父現在還未回來。回國觀光的事，令我不寒而慄！使我永遠不敢去回想它。

——完——

毛澤東所謂「軍事民主」的眞象

劉裕畧

大陸之窗

所謂「軍事民主」，是毛澤東軍事思想的一部分。對於毛澤東軍事思想，共軍內部近年一再强調它，因爲共軍內部最近數年，由於改走現代化正規化建軍之路，於是共軍內部一部分人認爲毛澤東軍事思想已是過時的東西，毫無價值，另一部分共軍高級幹部目前之所以特別强調毛澤東軍事思想者爲此，今年十月一日中共在北平舉行盛大典禮時，中共新任國防部長林彪之所以强調毛澤東軍事思想，從而叫出「高舉黨的總路線和毛澤東軍事思想的紅旗」者亦爲此。

所謂毛澤東軍事思想究竟包括一些什麼呢？其戰畧戰術思想內容，以後再談，這裏且先談談毛澤東思想中有關軍事行政的一部分，特別是毛澤東所謂「軍事民主」的這一部分。

今年四月十六日出版的中共紅旗半月刊曾有一篇題名「中國人民解放軍的民主傳統」的文章，其中談到毛澤東的軍事思想，尤其一再談到所謂軍事民主。它說：「一九三二年以後的一個時期，黨內被第三次左傾機會主義者所統治。他們反對毛澤東同志的軍事路綫。在軍隊建設上，他們取消了紅軍的黨委制，不適當地强調紅軍的正規化，不重視在紅軍中實行民主制度，把紅軍的任務縮小爲打仗一項，忽視軍民一致和官兵一致的原則，滋長了軍隊打罵士兵的現象，削弱了軍隊的內部團結和外部團結。第三次左傾機會主義政治路綫和軍事路綫的錯誤使當時黨和紅軍遭到極嚴重的損失。遵義會議批判和糾正了左傾機會主義的錯誤，確立了毛澤東同志在黨內的領導地位，從而使毛澤東同志的建軍原則在紅軍中恢復和發展起來。毛澤東同志在建軍初期提出的在軍隊內實行民主的原則，經過長期革命和建軍實踐的考驗，証明是完全正確的。我們黨根據各個戰爭時期的不同情況，創造性地運用這個原則來建設他們的軍隊，在我軍內部逐漸形成了一套完整的在集中指導下的民主制度」。

毛澤東本人對所謂軍事民主則有這樣一段話：「紅軍的物質生活如此菲薄，戰鬥如此頻繁，仍能維持不敝，除黨的作用外，就是靠實行軍隊內的民主主義。官長不打士兵，官兵待遇平等，士兵有開會說話的自由，廢除煩瑣的禮節，經濟公開。士兵管理伙食，仍能從每日五分的油鹽柴菜錢中節餘一點錢作零用，名曰「伙食尾子」，每人每月約得六七十文，這些辦法，士兵很滿意，尤其是新來的俘虜兵，他們感覺國民黨軍隊和我們軍隊是兩個世界。他們雖然感覺紅軍的物質生活不如白軍，但是精神得到了解放。同樣一個兵，昨天在敵軍不勇敢，今天在紅軍很勇敢，就是民主主義的影響，紅軍像一個火爐，俘虜兵過來馬上就熔化了，中國不但人民需要民主主義，軍隊也需要民主主義，軍隊內部的民主主義制度，將是破壞封建雇傭軍隊的一個重要的武器。」（見毛澤東：「井岡山的鬥爭」）

其實拆穿了，毛澤東所謂軍事民主，實質上，就根本是一種權術，一種騙術而已。其目的，完全在籠絡士兵，愚弄士兵。這一點，毛澤東自己已經說得很清楚了，當時紅軍生活很窮，不得不用這種方法。當然，不可否認，毛澤東和共產黨，都是善於騙人的，共軍之所以能以劣勢對優勢國軍作戰，並所以能逐漸壯大起來，原因固不止一端，而這一權術却也收效不少。正如毛澤東十年前在國內大唱新民主主義以騙人，曾經收效不小，正是一樣。

據我所知，毛澤東所以要攪軍事民主尚另有一作用，而所有中共的宣傳刊物沒有談到，毛澤東本人也沒有談到。當然，中共和毛澤東本人是決不會自己拆穿自己的西洋鏡的。另一作用是什麼呢？就是所謂軍事民主在戰鬥中的誘迫作用是也。

原來，共軍根據所謂軍事民主這一原則，便在戰鬥開始前開會，譬如左前方碉堡內有敵人重機關槍，要去撲滅敵人碉堡內這一挺重機槍，顯然是最危險的事，於是共軍的排連長在掩體內召集士兵開會，根據民主自願原則，看誰願意去。而共幹對於這一類的會，照例是操縱有素的，結果，所謂自願，所謂自告奮勇便在如此這般的誘迫下完成，而毛澤東的愚兵政策和强迫犧牲便也在這種所謂軍事民主騙術下完成了。毛澤東所謂「同樣一個兵，昨天在敵軍不勇敢，今天在紅軍很勇敢」這也就是一個原因了。

現在共軍已進行現代化正規化，官兵待遇已經不平等，官兵階級區分更比國軍多，依理，毛澤東所謂軍事民主的主要內容已經不存在，但毛澤東及共軍首腦近年忽又特別强調軍事民主，用心無它，端在誘迫士兵送死而已。

高棉動盪的幕後背景

·白馬·

繼高棉王宮炸彈案之後，日昨金邊又發生刺殺案。前者是偽裝禮物謀刺國王未遂，後者却犧牲了一位報社的社長。兩案相距的時間，還不及一個半月。金邊人心因此頗為震駭，更有「高棉局勢趨向動盪」的預感。

九月一日的王宮炸彈案，蘇拉瑪里德國王及后當時幸而離開拆視「禮物」的現場，得免於那「禮物」箱中炸彈爆炸之難，僅炸斃了典禮局局長華克里萬親王。那炸彈查出係土製者，約五公斤，相當笨重，而不是現代的小巧計時炸彈等。可是對於炸彈的來源，出於那一方面的暴行？迄今仍未獲得真確的線索。只有金邊軍警的警戒，迄未鬆懈。

可是就在軍警警戒聲中，本月九日晚上，金邊「人民報」社長諾波芬，突在報社附近被刺，抬入醫院輸血施救，復甦，但終於十一日下午斃命。所中槍彈係左輪彈，但兇手及兇槍俱未弋獲。這一血案，增加了金邊嚴重的氣氛。

這兩項目前尚是「無頭公案」的謀殺案，一般都認為是屬於政治陰謀。不過儘管是政治陰謀吧，究竟是來自左翼抑或右翼？却言人人殊，莫衷一是。這也許就是高棉局勢緊張而微妙的地方。

高棉王后哥沙瑪克曾於上月五日的國會中，宣讀一項國王的告書，當時國王適有微恙，故由王后宣讀。告書中述及高棉忠誠的人民已撲滅一項「邪惡的陰謀」，這陰謀一度「威脅及王位」。此外就沒有更詳細的披露，誰威脅及國王的地位呢？這問題也沒有恰當的答案。

目前高棉的反政府派計分兩個方面，即左翼與右翼。右翼份子以去年被撤職的高棉駐英大使桑沙里為首，高棉總理施漢諾王子曾指責他們企圖「發動政變」，「破壞高棉中立政策」的。可是這一派的政策只是反對高棉是中立主義及左傾的路線，絕沒有要推翻王朝的主張，與國王文告中「威脅及王位」的指稱不符。

左翼的高棉共黨，他們的「越棉寮統一陣線」，在早期的主張倒是要「解除王朝的專制壓迫」的。可是自從萬隆會議以後，棉共已轉入地下活動，且更着重於滲透方式。以前一度於一九五一，二年使用的暗殺暴動手段，久已不見使用。代之而興的是共產國際的國際統戰活動，蘇聯在小小的金邊，設立龐大的使舘。邀施漢諾王子訪蘇，訪中共，然後是蘇聯的經援及中共的技術援助。從周恩來訪問金邊到陳毅太太張茜所率婦女團到高棉活動，以迄高棉承認中共，由中立而左傾。共黨的滲透已獲得成就，是不是有重又使用恐怖手段的必要？

這些疑問的提出，都使人對於暗殺問題難以索解，如在五里霧中。可是從在十餘年來秉高棉國鈞的施漢諾王子身上，是否可以找到多少的線索呢？

如所週知，施漢諾王子是被認為「衝動」和「搖擺不定」的。這兩項說法都不是良好的評語，在實際上，施漢諾王子年青，有為國家做事的傻勁，而介於東西兩大集團之間，他的動向也是困難的。高棉的人民對他，倒有充份的諒解和擁護。

可是施漢諾王子的立場。却未免是「順得哥情失嫂意」。當他讚譽美國「無條件援助高棉」時，蘇聯及中共便加緊離間，弄到美援一度停止，及泰國南越封鎖高棉邊境。到了高棉與有歷史友誼的自由國家疏遠時，共黨却又陰謀孤立他的政權，使施漢諾王子大呼「共產黨要制斷我的喉頭」。數月前高棉承認中共，又引起泰棉邊境緊張，邦交斷絕。經美國調處後，施漢諾王子已承認泰棉邦交恢復後「已有改善」。他並為了「改善與南越的關係」，親赴西貢訪吳廷琰總統懇談，結果「滿意」。是不是高棉與泰越修好，又招到另一方面的嫉忌呢？

所有表面的事象，都不足以解釋問題的真相。但環繞着高棉的兩大集團幕後鬥爭，却異常激烈。最重要的，是高棉贊成取消日內瓦協定設在高棉的國際監督委員會，因為寮國早已實行，故日內瓦主席之一的英國，已行文高棉政府，建議將此國際委會取銷，施漢諾王子把英國的咨文，轉給日內瓦另一主席蘇聯徵求意見，蘇聯正在激烈反對中，蘇聯甚且表示，「寮國的悲劇就是前例」。這也即是說，如果高棉仿照寮國的方法取銷國際委員會，共產集團就決不放過，要像在寮國那樣策動一次亂事。

那麼，這些炸彈案，暗殺案，是否會是對於施漢諾王子的警告呢？

無論是左派或右派，都能夠把現代化的炸彈運進高棉的。那爆炸王宮的「土製」的炸彈，是否像寮國的「寮共」那樣，特意要表示它是高棉產品，是高棉「內部問題」呢？至於「人民報」是一家左派報紙，專門挑撥桑沙里的「陰謀政策」及「曼谷路線」。但社長諾波芬却不是最左的，他可能是被滲透所包圍。那麼，是否一方面為除去諾波芬在人民報的障礙，一方面以恐怖向施漢諾王子警告呢？

無論如何，隨着寮國的緊張，高棉似亦不免於波動。事齊乎？事楚乎？施漢諾王子似乎被迫在選擇路線上攤牌，中立及搖擺似乎沒有可能了。高棉的人民大多數仍信賴施漢諾王子，不過他們不大贊成依違兩可，而希望施漢諾王子為高棉的安全，採取堅決的方針而不再變更。

·金邊通訊·

星洲電車罷工潮的消弭

俊華

兩週來的星加坡，像密雲不雨般醞釀着政治的低氣壓，上月二十九日彰宜監獄的黑人物發生暴動，三十日電車工聯會又決定定期罷工。星洲人民行動黨政府，遭逢到登台以來最重大的攷驗。

星洲的黑社會早已以猖獗著名，小則勒收保護費，為爭地盤而「開片」殺傷，大則殺人綁票，刼掠拒捕，與警察槍戰。他們並不理會人民行動黨在立法議會的五十一席中獲得四十二席的大多數，於行動黨登台後，仍然「我行我素」，繼續他們的黑色活動，綁票巨案仍有發生。當然警方也只有加強拘捕和鎮壓，看着地上統治與地下統治誰佔優勢？不過這究竟並非政治問題而是社會問題，威脅性還不至太嚴重。

電車罷工事件可就不同了，對於罷工，在星洲是「談虎色變」的，以前多次的大暴動，城市癱瘓，都是由於罷工事件所引起。工會及工人中既難保沒有共黨份子，罷工便不是純粹的「勞資糾紛」。萬一處理不當，影響地方安全，也打擊政府威信。

三十日電車工聯大會所決定的罷工案，是十四天後生效的。依照計算，該在本月十四日爆發。所以這一旬來，政府與勞方資方雙方，以及人民行動黨內部之間，都加緊設法調處和斡旋，希望拔去這個定時炸彈的信管。因為人民行動的左翼領袖，如於行動黨登台執政時獲釋的林清祥，方水雙等，都曾參加決定電車罷工的大會，並發表鼓勵罷工的演說。如果他們也同情黨內執政者維持秩序苦心的話，也許罷工就可以消弭。

可是這些疏解的活動，似乎不見得有效。眼看工會的決議似非付諸實行不可，而日子亦已迫近了。於是，人民行動黨政府終於放棄苦口婆心的說服，而毅然決定於十四日向議會提出，「延長公共安全法令五年」法案——該法令原係於本月二十日期滿的——並且提前予以宣佈。

依照法令，「任何人」危及公共安全，即可加以限制（拘捕）。對於鎮壓罷工中的違法，最為有效。果然這一消息宣佈之後，勞工部長貝恩對電車糾紛爭議的調處，迅速生效。離大罷工僅有兩天的十二日，勞資雙方同意，交付仲裁，勞方撤銷罷工的決定。這是星洲政府的牛刀小試，初次奏捷，不過這並不就是問題的了結。

·星洲通訊·

僑鄉近訊

革履被列作奢侈品

·志逸·

重陽節前兩天，陳家二嬸由香港跑回大陸她夫家的故鄉增城白石鄉去；行李中除了好一些食品外，還帶了一雙簇新的小皮鞋，準備拿來贈給她的年僅十二歲的姪兒陳大牛。

陳大牛的一家也受惠了不少餅餌，個個都喜得笑逐顏開。一頓被認為豐富而珍貴的零食，立刻治療了他們數年來難得一飽的飢腸。大家都搓搓肚皮，向二嬸衷心道謝。

二嬸這時才把那雙小皮鞋拿出，遞到陳大牛的手上。她臉上掛了滿佈皺紋的笑容，說道：「乖姪，這是我的特別心事，送給你的。依我的估量，大小是適合的了，你試穿穿看吧」！

果然，不長不短，相當適合；喜得陳大牛手舞足蹈。

可是過了一會兒，陳大牛却望着那雙小皮鞋發怔。

「啊，乖姪！不愜意嗎」？二嬸詫訝起來。

「噢」，陳大牛長嘆了一聲：「鞋子雖好，但我却不敢穿哪！我們的學校裡，已把革履列為奢侈品；穿皮鞋的，很可能被批評是資產階級囉」！

二嬸愕然：「那末，你的同學都穿膠鞋或布鞋的嗎」？

陳大牛沒精打彩地應道：「誰都難得有皮鞋穿哩！他們一部份是赤足，一部份是穿木屐，一部份是穿陳舊破爛的布鞋。這叫做厲行節約！而且大家連肚子都要捱餓，不節約也不行呀」！

二嬸「吁」的呼出了一口悶氣，再沒有說什麼。

中共又草菅人命恣意屠殺（中山）

·江水·

中共於九月中旬在灣仔公開表演一齣殺人慘劇以「逃兵」罪名就地槍決了尉級軍官張關廼，及逮捕了他的部下黃祥深、鍾乃新、孫滔等之後，恣意屠殺的暴行，繼續有增無已。據灣仔漁民傳來的消息稱：最近中共又在灣仔判處陳錫海死刑，罪名是受「國特」利用，密謀爆炸造船廠。漁民說：共方初時祇宣佈破獲一個國民黨特務機關，拘捕了五人，並搜出了若干有關文件，但沒有宣佈破獲日期及被捕者姓名；過了兩天，便將一名青年男子解往海旁曠地上，執行槍斃。其所宣佈的，亦僅「犯人陳錫海，受國民黨特務利用，密謀爆炸灣仔造船廠，即判就地槍決」等寥寥數字。灣仔居民目睹中共此種殘暴措施，無不為之切齒。

農民情緒低落共幹普遍有離心（汕頭、韶關、湛江）

據悉：汕頭、韶關、湛江三個專區各農村的農民，均已普遍情緒低落，下級共幹，也均已普遍有離心，雖經強迫命令包種包產大力推廣種植秋薯，擴大種薯面積，並組織「專業隊」上山開荒，但下級幹部對長期的受飢捱苦，都已公開地表示不滿，奉行固不起勁，領導亦告鬆懈，各地農民，更怨聲載道，相率怠工，表面上雖然仍是日出而作，深夜始息，可是種植效率，却朝下坡走。此種潛伏在人民心底的抗暴暗流，注定了中共生產「大躍退」的命運。

雙十前夕共軍神經過敏胡亂捉放人民（台山）

雙十節前夕，駐防台山公益的共軍，突大舉出動，通宵達旦施行突擊檢查；當地民兵，也分作若干小組，川流不息，整夜巡邏。計由傍晚六時起，至翌晨七時止，擾擾達十三小時，拘捕了被認為「可疑」的居民達四十多人，惟經一度審問，十一日午，便又將他們全部放回。事後據共方傳出消息：謂當時係因接到一項錯誤情報所引起；該錯誤情報乃指有「國特」潛入，密謀於雙十節日暴動。共軍此種驚惶慌張的心理，神經過敏的措施，弄得舉埠騷動，人心皇皇，真是可笑亦復可憐。

盼（上）

盛紫娟

「噹——噹——……！」壁鐘沙啞，艱難地響了六下，每一聲都拖得那樣長，像是一個老人的嘆息。

窗外的雪剛剛停了，天色昏沉沉的，空中的光綫已經有些模糊了。一個瘦弱的小女孩，靠近爐子坐在小板凳上，正抱着一個棉布縫的娃娃，嘴裡哼着不成調的歌，哄娃娃睡覺。一縷細軟的頭髮貼在她又溫又紅的臉蛋上。她低着那顯得過大的頭，一條清亮透明的鼻涕排在唇上，那條鼻涕每逢墜到唇邊，她就呼嚕一聲把它吸進去，然後在不知不覺中又慢慢流出來。

火爐的另一邊，坐着個骨瘦如柴的老太太，戴着老花鏡，正在縫製一件孩子的棉衣，不住的哈氣暖手，兩脚不時在地上跺着。

半死不活的爐火只有一絲藍色的火苗若斷若續地跳着，爐架上坐着個全無聲息的水壺。

冷風在咆哮，門窗戰抖的呻吟着。寒風隨着夜色鑽進屋裡來。小英的手指凍得像葫蘿蔔似的，僵得直直的併不攏來。

「奶！奶！手疼」她細聲叫着，伸着兩隻小手跪到祖母身邊。

「怎麼了，英？」祖母愛憐地摸摸她的頭，看看她的手說：

「不要緊的，凍的。來，伸在這裡烤一會兒。」祖母把黑棉襖掀開，讓她把兩隻冰棍似的小手伸進來。

「奶——媽媽怎麼還不回來？」小英又在問這句話。這是祖母最難答覆的問題。

「好孩子，妳媽媽就要回來了。等會兒，奶奶給妳做飯吃。」

祖母摘下老花鏡，把沒縫完的衣服放到牀上，掏出手絹給小英把鼻涕擦去。

「媽媽說給我帶糖回來呢！」小英咧開嘴，嘻嘻的笑了。

「乖孩子，妳先坐在板凳上，讓奶奶把爐子挑開，就暖和了。」祖母把孩子抱開，然後用通條把煤坭扎穿了幾個洞，一股黑煤湧上來，跟着火苗便輕快地跳了跳。

「整天往外跑！開會，開會！能開出大元寶來嗎？把孩子擱在家裡也不管。我也老嘍，做一會兒事，就累得腰酸腿疼的，老骨頭也像要斷了。有誰來可憐我喲？現在，誰都巴望着我早點死，好省點糧食……。唉！小英懂嗎？」老太太說着把小英摟住親了親。

孩子先是探詢地望望祖母，然後輕輕地點點頭。

「我小時候可沒受過這樣的罪。那時錢多值錢哪，一個大子兒，可以買多少東西？現在？哼！」她看看火爐，便站起來空咚空咚地用通條打開上面的煤，紅亮的火苗，透過煤烟一下子就竄起多高，祖母在牆上的影子又斜又大，烟薰得祖母咳嗽了幾聲，她又喃喃地說：

「這叫什麼煤？摻了這麼多的石頭！說是無烟的，可是要薰死人。」

小英沒有注意祖母嚕叨什麼，正拖着一把椅子走到窗前去。

「英，妳要做什麼？」

「我看看。」她一面說着，一面爬了上去。

「不要站在窗上，聽見了嗎？冷風吹着又要肚子疼了。」祖母要把她抱下來，她却固執地爬緊了椅背喊：「我要看，我要看！」

「小祖宗！眞扭！妳爸爸小時候那像妳這樣兒！」說着鬆了手，又指着孩子的鼻尖叮囑了一句：「小心點，可別摔下來！」她便到廚房去淘米做飯。

現在房裡完全黑了，只有呼呼的爐火閃着光。玻璃窗結滿了冰花，向外望，什麼也看不見。小英熟練的用食指劃開冰花，然後蹶起了小嘴呵氣，直到玻璃中間的冰滴下清亮的水來，她才又伸出手去抹，直到抹出一塊透明的圓塊，她忙把自己的眼睛湊上去，看見外面又在下雪了，大片的雪花飄舞着，像是滿天飛着白蝴蝶似的。對門的街燈在雪中顯得格外亮，門前那一段路面，映着迷濛的反光。難得有一兩個縮着頭的匆匆走過的行人，把雪踏得喳喳響，小英留神看着會不會是母親，但是一個又一個的過去，始終看不見母親的影子。但是她並不絕望，像個小石像似的呆立不動。

壁上的老鐘沙拉，沙拉地敲了七下，母親還沒有回來。她記起以往這時母親早就回家了，把她摟在懷裏給她說故事。

「奶奶！奶奶！媽媽怎麼還不回來？」小英突然轉過身來問剛進來的祖母，現出要哭的樣子。

正在爐邊看着飯鍋的祖母，一聽這話就一皺眉，因爲小英的媽媽每天半夜才能回來，第二天一早就得起身走了，以致孩子已好幾天沒見着媽媽了。祖母愁楚着，呆了半晌，才柔聲說道：「媽媽有事情，要很晚才回來呢！」

妳騙我，我要媽媽，我要找媽媽去！……」小英哇哇哭起來，兩隻小脚在椅墊上跺着。

「不聽奶奶的話，奶奶可要生氣了；乖孩子，要不要奶奶講故事給妳聽？」祖母忙走去，把孩子抱過來。

「我要媽媽，媽——！」

「乖小英，別哭了。看奶奶給妳做的大花襖，妳瞧多美呀！」祖母抱着孫女坐在牀上，一邊哄，一邊給她擦眼淚。

爐子上的鍋開了，蒸汽擁着滾水頂着鍋蓋，乳白色的泡沫洒在爐子上嗞拉嗞拉響。祖母慌忙把小英從牀上一扔，過去用抹布掀開鍋蓋，加了一杓涼水下去。被扔在牀上的小英，拉開嗓子，殺豬也似的嚎啕大哭着。

「哎，小英，妳眞不聽話！不許哭了，來，奶奶講故事給妳聽！從前啊！……」

「我要媽，我要媽！……。」她像數來寶似的哼嘰着。一面擋着祖母伸過來的手，直到她哭倒嗓子發乾，一滴眼淚也流不出來了，才疲倦地伏在祖母懷裡。祖母輕輕拍着她的背說：

「她是幹部呀，這眞是『爲人不當差，當差不自在。』唉，今天眞夠冷的，妳爸爸也不知怎樣了，衣服也許不够暖吧？這時候派到興安嶺去砍樹，不是要他的命嗎？」她仰着頭，伸着手指算了下又說：「已經兩個月沒來信了呢，不知是病了，還是忙的……，可別挨了整吧？」她一眼看到小英張着茫然的大眼，注視着自己的動作，就笑了笑道：

「我在炒菜，妳可得老老實實地坐着玩，不要亂跑呀！」她站起來，把衣服上的綫頭揀乾淨，便扭呀扭的走去，開了通向廚房的門，一股冷氣鑽進來，祖母不禁退了一步打了個寒顫。

流亡者之歌

玉笛

流亡
流亡
我們不是爲了個人的貧窮
我們也不是爲了個人的浪漫

流亡
流亡
不願做奴隸的人都離開了家鄉
有人性的人都願意爲他的理想

流亡
流亡
我們是爲了祖國的自由
我們是爲了祖國的再創

流亡
流亡
我們的信心堅强
我們的行爲雄壯
我們的前途光明
我們的歌聲瞭亮

以德報怨

西林

小平從學校回來，一進門就喊爸爸說：「我眞恨方之龍，這小子眞要不得，學校裡誰都沒有他那麼壞……」

「哦，」爸爸說：「究竟怎麼回事啊？」

他罵我，說我做什麼事都傻頭傻腦的，說我是個大笨蛋——還騙人說我做壞事，叫別人不跟我好——看我不揍他才怪！」

「你揍他——他比你塊頭還大呢！」爸爸笑謎謎地說。

「我不管，非得打斷他的狗腿不可！」

「那倒很有趣的，」爸爸繼續無所謂地說：「告訴我什麼時候，好讓我來檢他的骨頭。」

骨頭？才不留他半根骨頭呢！」

「那你是要把他吞下去嗎？」小平笑了。

「你知道，我可以告訴你怎麼樣對付那孩子。你要不要在他頭頂擱一塊火紅的炭？」

「擱一塊炭！」小平吃驚地問：「怎麼擱法？」

於是爸爸走進書房，取出一本書，找到一頁。

「你聽：」他說：「這裏是這樣說：『你的仇敵若餓了，就給他喫；若渴了，就給他喝。因爲你這樣行，就是把炭火堆在他的頭上。』」

「這樣不好嘛，」小平說：「我寧願和他打一架。」

「我覺得這樣比什麼都好，你會叫他很難過，比你打傷了他更痛苦，你相信嗎？」

小平那晚想了好久，第二天就實行了他爸爸的計劃。

原來第二天一早，在上學的路上他遇見了方之龍。他先對方之龍笑笑，他們就一路去學校。

「運氣眞壞，」方之龍說：「早晨起得遲了，還沒吃早飯。」

「沒吃早飯！」小平和順地說：「那你一定餓了，先吃我的便當怎麼樣？我早飯吃得多，中飯可以少吃一點。」

方之龍覺得很奇怪，彷彿鼻樑上挨了一拳。他看看小平，再看看小平手中的便當盒子。

「你眞好，眞謝謝你，」他從小平的便當裡取出半個蛋，一塊肉，開始津津有味地吃起來。在路上也就沒再講話。

「今天好熱噢？」方之龍說：「口乾死了，眞想喝點東西。」

「喝點東西？」小平說：「到冰店喝杯檸檬水怎麼樣？」

「又沒有錢！」方之龍說。

「我有兩塊錢，怎麼樣？我們過去喝兩杯？」

於是他們走進冰店，每人要來一杯檸檬水，然後匆匆地去學校。

那天晚上爸爸在大門口等小平回來。

「你回來了，」爸爸說：「揍得怎麼樣？希望你打贏了！」

「嗯，我贏了，」小平說：「我把他全身都燒痛啦！」

「你這是什麼意思？」爸爸問。

「我照你的意思去做了呢！我把我的便當給他吃，又請他吃檸檬水，還有——他啊，已經改變了呢！他對我完全不同了，我們就跟老朋友一樣了。」

「好極了，小平，」爸爸說：「你做得眞好，我希望你以後都能夠像這樣贏人家。」

東溪雜筆

袁氏父子自演勸進醜劇鉤玄（二）

萍士

「慰庭總統老弟」

袁世凱稱帝後，全國反對電文，多如雪片紛飛，康有為有勸袁撤銷帝制函，最為當時所傳誦，其函以「慰庭總統老弟大鑒」開始，膾炙人口，故世皆以此稱康函。此函長凡五千餘言，對袁威脅極大，文長不能全抄，祇節錄數段如下：

慰庭總統老弟大鑒：兩年來承公篤念故人，禮隆三聘，頻電諮詢，累勞存問；令僕喪畢，必至京師。猥以居廬，莫酬厚意。今當大變，不忍三緘。棟折榱崩，僑將壓焉，心所謂危，不敢不告，惟明公垂察焉。

自籌安會發，舉國騷然。吾竊謂今之紛紛者，皆似鎖國閉關之所為，皆未聞立國之根本，又未籌對外之情勢者也。夫以今中國之岌岌也，苟能救國而富強之，則為共和總統可也，用帝制亦可也。……若公能富強自立，則雖反共和而稱帝，若拿破崙然，國人方望之不暇；若不能自立，則國且危殆，總統亦不能保，復何紛紛焉。

自公為總統以來，政權專制，過於帝者。以共和之國，而可以無國會，無議院，雖德帝不能比等，威權之盛，可謂極矣。然外蒙，西藏，萬里割棄，青島戰爭，山東蹂躪……中國之危至矣，人心之怨甚矣！方當歐戰至酣，列強日夜所摩厲者武事也，忽聞公改行帝制，日夕所籌備者典禮也，行事太反，內外震駭，遂召五國干涉，一再警告。……然以堂堂萬里之中國元首，欲稱帝則稱帝耳，不稱帝則不稱帝耳，雖古篡莽操，然力能自立，安有聽命於人如臣僕者哉！……

公以軍隊為可恃乎？昔者滇黔豈非贊成帝制者哉？而今何若？今聞四川之陳宧與滇軍交通，而貴州朝為助餉，夕即宣布獨立，恐各省軍隊，皆類此耳。……

夫以淸室三百年之深根固蒂，然人心既變，不能待三月而亡。公為政僅四年耳，恩澤未能一二下逮也。適當時艱，賦稅日重，聚斂搜括，刮盡民脂，有司不善，奉行苛暴，無所不至。……士怒甚矣！……民怒甚矣！即無籌安會事，尚恐大變之來。而公之左右讒媚者，欲攀附以取富貴，蔽惑聽聰，日告公者，必謂天下皆已治已安，人心莫不愛戴，密告長吏，令其妄報，僞行選舉，冒稱民意，令公不知民怒之極深，遂至今日之大變。

漢朱浮曰：「凡舉事無為親厚者所痛，而為見讎者所快」。昔孫權為曹操勸進，操曰：「是兒欲踞吾於爐火之上耳」。今諸吏之擁戴公者，十居八九，聞皆迫不得已，畏懼暗殺，非出誠心。舉朝面從心違，退有後言，或者亦踞公於爐火之上，假此令公傾覆耳。……

且公之心腹親舊，宰相若徐世昌，唐紹儀，大將若段祺瑞，親舊若張謇，費樹蔚，皆紛紛遠行，其他黎元洪，熊希齡……等，紛紛掛冠，其餘羣僚，尚不足計也。……今所餘在公左右一二謀議者，皆負犯畏死，懷抱異心。其餘皆庸佞之徒，只供奔走而已。以此之人心，以此之人材，當承平總統之時，猶不能支，而謂可當內訌外拒中外有大變之世乎？

昔公之練兵小站也，僕雅推轂焉。今公用以威定天下，恃小站心膂諸將，徧布中外也。然忠貞若王大珍，自辛亥玉步之後，即已拂衣高蹈，……：沈毅若段祺瑞，以公之設模範團而奪其兵柄也，乃自疑而辭去，……蔡鍔兼資文武，舉滇來歸，……因以恐懼，遠走舉兵。故公之心腹舊將，皆有自危之心，即有倒戈之志。蓋以趙秉鈞之忠而鴆死，以尹昌衡之壯而久囚，以黎元洪之公而久幽。……

今天下洶洶，民生流血，百業停廢，皆為公一人耳。南望川楚，慘痛何極！……常人仕宦至出將入相，亦終有歸老之時。假令公四年前汗病，不幸溘逝，已極人生之榮矣。況公起布衣，而更將相，身為中國數千年未有之總統，今又稱制改之，袞冕御璽，而臨軒百僚，奏臣陪位，已數閱月，亦足以自娛矣，又過求之，恐有大患矣。公自審其才，上比曾、左、李，諸公應遠遜之，而地位乃為羿浞，王莽。勢變之險如此，尚不急流勇退，擇地而蹈，徘徊依戀，不早引去，是自求禍也。……

今僕為中國計，為公計，有三策焉：聞公昔有誓言，已買田宅於倫敦，若黃袍強加，則在汶上。此誠高蹈之節，遠識之至也。……次則大布命令，保守前盟，維持共和，嚴責勸進文武僚吏之相誤，選舉僞冒民意之相欺，引咎罪己，……若仍逆天下之民心，拒列強之責言，妄誓背信，強行冒險，……為公末路。此為下策。以公之明何擇焉。……

瑤臺聚八仙　近感

君左

星馬歸來，秋漸老，離思正掛書齋。小遊清絕，天亦與我安排；天不安排唯綠鬢，數年又晤中催，剩沉哀；古今俯仰，多少遺才？　西風輕輕一笑，讓菊黃且瘦，自量身裁；暫息東籬，霜箏為人開。記今宵薄醉後，有更鼓鼕鼕打六街。凝愁處，在落花庭院，明月樓臺。

亮齋閒話

優諫與領袖（二）

徐亮之

優孟第二次諷諫楚莊王是關於楚故相孫叔敖之子的事。「滑稽列傳」的記載是這樣：

「楚相孫叔敖知其賢人也，善待之。病且死，屬其子曰：『我死，汝必貧困。若往見優孟，言我孫叔敖之子也。』居數年，其子窮困負薪，逢優孟，與言曰：『我孫叔敖之子也。父且死時，屬我貧困往見優孟。』優孟曰：『若無遠有所之！』即為孫叔敖衣冠，抵掌談語。歲餘，像孫叔敖，楚王左右不能辨也。莊王置酒，優孟前為壽；莊王大驚，以為孫叔敖復生也；欲以為相。優孟曰：『請歸與婦計之，三日而為相。』莊王許之。三日後，優孟復來。王曰：『婦言謂何？』孟曰『婦言慎無為楚相；不足為也。如孫叔敖之為楚相，盡忠為廉以治楚，楚王得以霸。今死，其子無立錐之地，貧困負薪，以自飲食。必如孫叔敖，不如自殺！』因歌曰：『山居耕田，苦難以得食。起而為吏，身貪鄙者餘財，不顧恥辱，身死家室富。又恐受賕枉法為姦觸大罪，身死而家滅；貪吏安可為也!?念為廉吏，奉法守職，竟死不敢為非；廉吏安可為也!?楚相孫叔敖，持廉至死；方今妻子窮困，負薪而食；不足為也！』於是莊王謝優孟，乃召孫叔敖子，封之寢丘四百戶以奉其祀，後十世不絕。」

楚莊王能有一再接受優孟這種侮弄式的諫諍的雅量，此其所以非成為五霸之一與當時的政治盟主不可也。

不但楚莊王有這種雅量，就是給後人罵得「一佛出世，二佛涅槃」的所謂「暴君」的秦始皇，也依然有這種雅量。「滑稽列傳」曾載他和優旃的兩個故事說：

「優旃者，秦倡侏儒也。善為笑言，然合於大道。秦始皇時，置酒而天雨，陛楯者皆沾寒。優旃見而哀之，謂之曰：『汝欲休乎？』陛楯者皆曰：『幸甚！』優旃曰：『我即呼汝，汝疾應曰「諾」！』居有頃，殿上上壽呼萬歲；優旃臨檻大呼曰：『陛楯郎！』郎曰：『諾！』優旃曰：『汝雖長，何益？幸雨立！我雖短也，幸休居！』於是始皇使陛楯者得半相代。

始皇嘗議欲大苑囿，東至函谷關，西至雍陳倉。優旃曰：『善！多縱禽獸於其中。寇從東方來，令麋鹿觸之，足矣！』始皇以故輟止。」

大概政治領袖們老喜歡別人當着他喊「萬歲」的這個調調兒，其心理正和秦始皇同；而秦始皇、這位權威無上千載猶凛凛如生的所謂「暴君」，卻想不到居然能有這份虛懷納諫的雅量，則真未免愧煞我們的「摩登秦始皇」了！

抑又不但雄才大畧的秦始皇有這種雅量，即蠢如鹿豕的秦二世，竟居然同樣有這種雅量。「滑稽列傳」也曾載他和優旃的一個故事說：

「二世又欲漆其城；優旃曰：『善！主上雖無言，臣固將請之。漆城雖於百姓愁費，然佳哉！漆城蕩蕩，寇來不能上！即欲就之，易為漆耳；顧難為蔭室。』（按意謂漆經不起太陽晒，非先建造能遮太陽的大「蔭室」，則漆城只是白費功夫而已。）於是二世笑之，以其故止。」

寄售書目（二）

一〇、曾文正公全集　光緒二年傳忠書局木刻本，一百二十八册，大字連史紙印，（全）布套十二函，實價港幣弍百六十元。

十一、又一部　上海中華圖書館排印本，七十二册，（全）包括年譜十二卷，加木箱一隻，實價港幣壹百元。

十二、左文襄公全集　光緒十四年木刻本，一百二十八册，大字連史紙印，（全）實價港幣弍百弍十元。

十三、李文忠公全集　光緒三十一年金陵木刻本，大字毛邊紙印，一百册，（全）實價港幣一百八十元。

十四、胡文忠公遺集　同治三年武昌木刻本，毛邊紙印，三十册，（全）實價港幣八十元。

十五、張文襄公全集　民國十七年北平文華齋木刻本，一百二十册，連史紙硃印，布套十二函（全新），實價港幣四百元。

十六、說郛　商務據明鈔本排印，四十册（全）。實價二百八十元。

十七、漢魏叢書　商務影印，布套四函，四十册，（全新）實價壹百六十元。

十八、美術叢書　神州國光社出版，精裝二十册，共十輯，（全）。黃賓虹鄧實等編，實價壹百四十元。

要者請向聯合評論社陳傑三先生函洽。

聯合評論 週刊

本刊已經香港政府登記

每逢星期五出版

United Voice Weekly

第六十三號

督印人：黃宇人　總編輯：左仲平

社址九龍金馬倫道卅八號三樓　電話61413

承印嘉羅印刷有限公司香港灣仔馬師道5號

總代理：友聯發行公司　售價每份港幣一毫

本報美洲版總經售處美國紐約中美出版社

CHINESE-AMERICAN PRESS, INC

199 CANAL STREET.,

NEW YORK31 N. Y. U.S.A.

美洲航空版零售每份美金一角

由世界大局談我們前途

孫寶毅

（一）

赫魯曉夫訪問美國，與艾克會談之後；接着英國大選，保守黨的麥美倫獲得壓倒性勝利；最近，赫魯曉夫又被邀訪問法國，擬與戴高樂會談。麥美倫與赫魯曉夫會談於先；赫魯曉夫與艾克會談於後；現在赫魯曉夫又將與戴高樂會談；大家既與赫魯曉夫會談後，儼然都成了國際間的不折不扣的頭等風雲人物，於是乎美蘇英法四巨頭之間好像沒有什麼彼此了，於是乎高峯會議也呼之欲出了。

這就是說：麥美倫與赫魯曉夫會談，打開了高峯會議的可能性；赫魯曉夫與艾克會談，奠定爲高峯會議的基礎；不久，戴高樂與赫魯曉夫會談，則是去除了高峯會議的某些障礙；所以，不管在今年底和明年春，高峯會議的召開，似乎是肯定的了。

赫魯曉夫的地位，今日眞如日中天，可算是四巨頭中的最突出者。而赫魯曉夫除了蓄意獲得這地位外，何以如此這般的大賣其和平膏藥呢？關於這點，我以爲或許可以作如下的理解：蘇聯在目前核子戰爭和軍事均勢之下，不但是不敢戰，並且是不能戰。於是乎，落得裝出和平的誠意。同時，共產黨人瘋狂地深信最後勝利必歸他們；那末，在和平共處與和平比賽的口號的掩飾之下，爭取時間，壯大國力，進則隨時可以一舉而毀滅資本主義國家，退則無損於最後必能勝過資本主義國家的信念。既是進退自如，何必一定要堅持共產主義國家與資本主義國家之間大戰的不可避免？所以，在始終沒有放棄「世界革命」的最後大原則之下，於是赫魯曉夫比較靈活地不固執一種方式地唱出以下的迷人的調子：即使共產主義國家强過於資本主義國家，亦不必以武力來加壓在資本主義國家身上。但這種迷人的調子，只是一種令人悅耳的花腔而已，因爲沒有改變仍然是「要埋葬資本主義國家」的根本定策。

（二）

然而，艾克又爲什麼如此這般的購買赫魯曉夫的和平膏藥呢？關於此，我們就有些費解之處了。不管有人如何批評艾克只是個軍人政治家而已，但我們決不能說他低能得好像一個傻瓜。這就是說，他一定具有相當的智慧和聰明。那末，他的用意何在呢？據我個人的觀察，是由於：他體會到核子戰爭的可怕，與對蘇戰爭的可能兩敗俱傷而沒有絕對的把握；他同時亦體會到盟國意見的不一致，尤其是英國的不願戰爭；而提出和平口號，則是皆大歡喜；他認識到美國人民由於生活富裕，如不危害其本身國家基本利益，或許不願對蘇作戰；他認爲與蘇和平共處與和平競賽，亦未見得對美不利，一方面美國亦自信其制度優越過於蘇聯；另方面拖下去，不但蘇聯內部不穩，就是共產國家陣營內部亦必發生問題；再者，這樣可以分化蘇聯與中共之間的團結，造成其分裂的現象；或是可以使中共就範，在遠東方面暫告無事。而關於突出的西柏林和德國統一問題，他以爲只要現狀維持下去，只要西方權利堅持下去，再把西德武裝起來，鑒於西德的日益繁榮，東德人民的擁入西德，似乎可以不必冒戰爭之險而解決這個核心的問題。除此以外，艾克可能亦有些自私的打算。他既由停止韓戰，獲得美國人民支持，而登上總統的寶座，現在他的任期很快就要完了，他何以不保持和平，而去博得美國歷史上的光榮地位呢？同時，他爲共和黨打算，如欲取得下屆大選的勝利，那末，呼出結束冷戰與和平的口號，是最能打動人心的。更何況共和黨會自我陶醉地說：在共和黨執政的時候，從未發生過大戰，第一次世界大戰是由民主黨的威爾遜，第二次世界大戰是由民主黨的羅斯福，韓戰又是由於民主黨的杜魯門。言下之意，如果美國人民要避免戰爭的話，最好還是選擇共和黨。艾克爲了報答共和黨，豈能在他手裡爆發戰爭呢？因之，他遂不得不購買赫魯曉夫的和平膏藥；爲了加深美國人民和世人對他的印象起見，他甚至對赫魯曉夫說，他是軍人，所以深深體會戰爭的可怕！

當然，誠如上面所說，他決不是愚笨到透頂的人，他亦深知蘇聯的不可信任，與赫魯曉夫的狡猾無賴，所以他們在提醒盟國和美國人民切不要鬆懈警惕。他目前所採取的方針，是在考驗赫魯曉夫的和平誠意，以決定他訪問蘇聯，與出席高峯會議的行止。高峯會議順利召開，並得某種相當圓滿結果，固然很好；不然，他亦可以取得盡了維持和平的最後努力的美譽。

我對艾克動態的費解之中，所能理解的，粗糙地有如上述。再簡括來說，赫魯曉夫和艾克，各有各的打算，赫魯曉夫認爲利多於弊，所以大賣其和平膏藥，艾克亦認爲利多於弊，所以購買赫魯曉夫的和平膏藥。兩者有許多的利是同樣的，有許多的弊亦是同樣的。兩者有誠意的地方，亦有策略運用的地方。兩者是在鬥智。其結果如何呢？

（三）

我所担心的是：由於組織力和機密性的不及蘇聯；由於西方國家的背後沒有近於瘋狂的信仰；由於西方國家的往往對政策執行的沒有步驟和計劃性，西方國家可能是吃虧的。這是以西方國家的一般來說，至於領導的美國，由於易於感情衝動，與只講效果而不談好壞的實驗主義的精神，其吃虧的可能性或許是更大。

而在上述國際大局的趨勢之下，我們中華民國的人民就遭遇到了災殃。在艾克購買赫魯曉夫和平膏藥之下，在考驗赫魯曉夫的和平誠意之下，在促成蘇聯與中共分裂的策略之下，遂產生了最近種種大不利於我們中華民國反共復國的事態。

不久以前曾傳出假使中共放棄武力和放出被扣美國人，美國就有承認中共的可能。爲了向赫魯曉夫加以壓力，促使中共採取與赫魯曉夫同一步調，最近艾克說出「台灣獨立」之說，這雖表示了不把台灣讓給中共，但無疑的含有造成「兩個中國」的嫌疑，同時亦含有向蘇聯與中共暗示解決這個問題的可能途徑。這個樣子，豈不是把我們中華民國的反共復國，從此一筆勾銷了！

我們中華民國前途的展望是如此的不容樂觀，現在台灣主持國民政府的國民黨當局，是應該負起其責任的。國際局勢的發展所以不能符合我們的意願，大部分是由於我們自身努力的不夠。我們沒有完全把握自己的命運，我們沒有徹底實施民主憲法，我們沒有努力團結一致，我們沒有把一切矛頭集中投向敵人！

蔣先生在雙十節的文告中，曾舉出反攻復國勝利成功的三大力量。並說：這三大力量的凝結，便可促使反攻復國的成功。話雖是說得很對，但沒有强調如何凝結這三大力量，亦並沒有表示已決心努力向這方向做去。這至少我個人是感到美中不足之處。

如何凝結這三大力量呢？其答案是徹底實施民主憲政。至於如何表示決心努力向這方向做去呢？其答案是明白表示遵守國家大法，並誠懇邀請愛國民主人士共商國是。但事實上是否是如此呢？

爲了國家前途，任誰都是應該大徹大悟的呀！不然，是難逃國家罪人的歷史的審判的。

亞洲各國對中共應有之認識

劉裕略

自從十年前中共以武力佔據中國大陸，在北平建立共黨政權以後，整個亞洲便被形成一個新的形勢。這新形勢是從日本無條件投降以來所僅有的。二次大戰以前，形勢上，日本是亞洲的一個强國，但現在，則中共是隨時威脅着整個亞洲的一個中心了。

上述形勢，本是極明顯的事實。對此，鄰近日本與中共的各國，無論是新獨立的，或早已獨立的各國，都應該特別敏感特別認識得清楚才是。但情況却恰巧與此相反，在亞洲各國中，除一部分反共態度堅强者外，許多國家竟對此缺乏瞭解。他們夢想中共是一個民族主義濃於共產主義的政權，它們夢想中共是一個可以和平共處的鄰國，於是，它們之中的許多國家，竟想根據自己新近獨立不久的處境，採行非共的中立政策來與中共締交，從而形成一個民族主義意識和反殖民主義意識濃過其它一切的亞非集團。可以說，這便是這些國家在萬隆會議的幻想。

但老虎畢竟是老虎，而不是羔羊，中共雖然是蒙着羊皮去出席萬隆會議的，但時間和無情的事實終於証明這蒙着羊皮的中共畢竟還是老虎。周恩來與尼赫魯、納薩等人所曾經强調的萬隆精神及他們曾經一度合拍高唱的亞洲各國和平相處五原則，不旋踵就圖窮見匕了；埃及的納薩固然早已與中共相處不歡，在亞非集團最負聲譽和在兩個世界最能縱橫捭闔的尼赫魯現在也無法用任何政治理論或文學辭令來制止中共在印度邊境的武裝攻擊了。這說明什麼？這不過說明亞非中立國家過去對中共一直未能認清，同時，亦說明今日世界的形勢與共產主義的本質已不允許任何國家可以在共黨國家面前長期玩弄中立政策了。

共產黨是最講究策略的。在時機沒有成熟以前，他們可以僞裝土地改革者，他們可以僞裝民族主義者，他們可以僞裝和平主義者，他們也可以僞裝自由主義者。等到時機成熟後，他們就現出百分之百的共產黨的原形，他們連自己的祖宗也不認，他們那還會與你講睦鄰友好？

在非洲，埃及是一個很重要的國家，在亞洲，印度也是一個重要的國家，而埃及與印度又都是構成萬隆會議與亞非集團的最主要國家，但這兩個國家一旦與中共的願望相違，中共對埃及和印度就不稍予顧慮，悍然予以侮辱與難堪，聲勢不及埃及與印度的亞洲其它國家若尚存對中共討好之心，若尚想與中共講交情，那就更是自作多情了。

西藏事件更是促起亞洲各國，尤其東南亞各國的清醒劑。中共屠殺西藏人民，摧殘和迫害西藏僧侶，是中共違反人權壓迫宗教自由的鐵証，而東南亞許多國家，如緬甸、錫蘭、高棉、泰國、越南都是與西藏同樣佛教流行的國家，又如印尼、馬來亞都是各有嚴肅宗教信仰的國家，這所有國家縱然不能爲宗教自由與宗教信仰而一致敵愾同仇，至少也應該重新認識中共。

當然，在上述東南亞國家中，有些國家，如像越南、泰國、寮國等的政策明確，是早已使人非常欽佩的。但印尼，與緬甸則仍需對中共再作切實認識，甚至，印度和印度的尼赫魯先生也是應該面對整個問題重新認識重新考慮的。

對於馬來亞，無疑，它勇敢地圍剿馬共，它正義地爲西藏問題與愛爾蘭攜手在聯合國進行鬥爭，都是最值得讚美和欽佩的。至於星洲，既然極願與馬來亞合併，那末，爲什麼星洲不在這些大問題上與馬來亞看齊呢？對於中共的本質和眞貌，星洲的一部分人也是需要重新認識的。

談聯俄容共及民主運動（中）

並就正於黃宇人先生

張忠紱

政治家固然應有魄力，然而政治家決定重要政策時，却不能不想到對國家民族所可能發生的後果。黃先生說：『假如要以今日大陸的變色完全歸咎於當年中山先生之聯俄容共，則顯然未免過甚其辭了。』這句話我們可以相對的同意。但黃先生說：『假若國民黨不會因為聯俄容共而與中共結下了不可解的仇恨，則中共不致在發展的初期即遭受國民黨那麼長期猛烈的清剿，說不定他們早就為我們的國家和民族帶來了彌天的大禍哩！』這句話，恕筆者完全不能同意。

孫先生的聯俄容共，當然不是為的『與中共結下了不可解的仇恨』，以便於日後『長期而猛烈的清剿』。縱然說這是意外的收穫，然而從民國十三年到民國二十六年，前後十三年中，國家元氣與人民生命財產的犧牲，實無法估計。誠然，『沒有中山先生的聯俄容共，則中共發展的途徑，必將大有不同；但不能說，中共就不會發展了。』（黃先生文中語）

談到這一層，讓我們提到一點數字。中共自民十組黨，至民十三正式與國民黨合作，前後三年（中共組黨前活動的短時期尚未計算在內），所有黨員不過六百人。民十三與國民黨合作後，到民十六年北伐期中，據中共當日自己宣稱，他們的黨員已陡增到百萬左右（因為他們將他們勢力所及的農會與工會會員都計算在內）。百萬數字雖係誇大（據孟伯謙著，回向人道一書中說；『一九二七年四月二十五日，中共在武漢，召開第五次全國代表大會時，其代表黨員，竟達五萬八千人之多。』）但中共黨員在這三數年期中增長很快，却是事實。

數字的增長，比較的尚不重要。尤為重要的是，一般青年自從國共合作以後，已不再視共產主義為洪水猛獸，而將共產主義與三民主義等量齊觀。在青年的心目中，國民黨既可與國際共產黨合作，而且處處效法蘇俄，中國革命的導師孫先生又極力的為蘇俄鼓吹說；『今日吾國人士，對俄之恐怖心，固猶如昔，至於今日俄國之新經濟政策，早已變更其共產主義，而採用國家資本主義，並弛私有之禁，其事已逾一年，而國人不察，至今尚指其為共產主義，為過激派。』（見民十一年六月孫先生為陳烱明所迫，乘英艦赴香港轉去上海，在船中的談話。），因此，青年自動的撤除了心理上的防禦。他們甚至感覺到，國民黨既學共產黨，我們又何必不直接乾脆的加入共產黨呢？

孫先生若未聯俄容共，中共自然將另覓途徑發展。在孫先生聯俄容共以前，他們已曾多方活動，中共想利用少年中國學會，蘇聯想勾結北方軍人。這都有歷史的事實可資証明，但在當日，在政治與革命的舞台上，全中國有誰能趕得上孫先生的資格與威望？國際共產若不能利用孫先生的資格和威望，他們與中國任何人或團體合作，都無法完全祛除一般中國人與青年對於蘇俄的疑慮和恐怖，而中共在國內的地位，也不致於陡飛猛漲！

倘使孫先生再能明辨共產主義的非是，指出共產主義絕不同於三民主義；不稱讚蘇聯的目的為『抑強扶弱』（見民生主義第一講，參閱民生主義第四講，民權主義第三講，與民十三年在日本講的『大亞洲主義』。）；不譽揚馬克思的學說『是集幾千年來人類思想的大成』（見民生主義第一講）；不稱譽列寧『是一個革命之聖人，是一個革命中最好的模範』（見民十三年的演說，『政黨之精神在黨員全體不在領袖一人』及同年演說，『革命成功個人不能有自由團體要有自由』。）；最後，不將共產主義與三民主義有意或無意的混淆（見民生主義第一講，與民十二年的演說『要靠黨員成功不專靠軍隊成功』，同年的演說『打破舊思想要用三民主義』，民十三年的『組織國民政府案之說明』，同年的演說『救國救民之責任在革命軍』，又同年的演說『關於民生主義之說明』，以及民十二年對鄧澤如林直勉等呈文的批示），則青年不致於盲從，而中共在中國的發展，縱能另擇途徑，也決不至於發展如是的迅速！

孫先生若能察明國際共產的危險與陰謀，再訓告國民黨員切勿中共產黨的奸計，必須認清國際共產是中國國家民族的大敵，則忠貞的國民黨黨員仍可於中共『發展的初期，予以『長期而猛烈的清剿』，殊無必須等待『聯俄容共，『而與中共結下了不可解的仇恨』以後。況且中共若沒有能利用孫先生與國民黨的資望，他們在民十三至民十六年間決不至於發展如此迅速，只須看他們從民十到民十三發展的速度，應當可以大體斷定。國共分裂以後的南昌，長沙，廣州等地的暴動，必然可以避免。就連瑞金的圍剿，或者都無此必須（毛澤東、賀龍、葉挺等人的基本軍隊，都是國共分裂以後，他們帶走的）。

黃先生說：『中山先生：：：既然決定聯俄，自不能採取反共的政策；：：且中共黨員加入國民黨時必須宣誓為實現三民主義而奮鬥，：：對於國民黨可說是極為有利的』。『黃先生又說：『他對於加入國民黨的共產黨員非但絲毫不疑忌，而且還與以信任和重用。這種天下為公的精神和兼容並蓄的雅量，在今天看來，我們更覺得需要了。』

誠然，孫俄聯合是由於兩方自願，因此一拍即合；而容共則係蘇聯的條件。孫先生決定聯俄，自不能採取反共的政策，也不容採取反共的政策。在當日，不僅孫先生容共非出於自動，即中共加入國民黨，與國民黨合作，也不是中共領導者陳獨秀所願意的。（陳氏被開除中共黨籍以後，曾向人表示，他與中共當日之加入國民黨，完全係由於蘇聯的壓力。陳氏且曾於抗戰初期，在大公報發表論文，因蘇聯抗議，國民黨黨部秘書長吳鐵城竟禁止大公報續刊，以致全文未能刊登完畢。）至於中共黨員加入國民黨的宣誓，原非誠意。孫先生對此並未絲毫置疑，且正如黃先生所說，他對加入國民黨的共產黨員，反『予以信任和重用。』

孫先生豁達大度，我們後世原不能以此點責難孫先生。但等到民十三年六月十八日，國民黨的老同志謝持，張繼先生等正式以中央監察委員資格提出彈劾案說：『其（共產黨員與社青團員）言論行動皆不忠於本黨，違反黨義、破壞黨德，確於本黨之生存發展，有重大妨害』。而俄人鮑羅庭於彈劾案提出後一星期，竟公開對謝持張繼兩先生說：『今日兩者（兩黨）本互相利用。：：：惟兩相利用之結果，國民黨更多利益。』（見張溥泉先生全集，一五九頁以下）

在國民黨老同志已深切懷疑（否則不致正式提出彈劾案），而鮑羅庭竟明目張胆承認『兩相利用』後，孫先生仍只以他個人的地位與威望，用壓力作暫時的彌縫，既未將彈劾案中的要點澈底澄清，更未用民主的方式，聽黨員公開辯論。（黃先生說：『中山先生似乎也是僅憑他個人的威望而平息了黨的反對，但不曾進行深切的說服工作而使反對者心悅誠服。』黃先生對於此點的意見，似與筆者無甚出入。）這不能不說是孫先生的失策。孫先生若認為共產黨員加入國民黨眞是『為實現三民主義而奮鬥（宣誓中語），則在謝持張繼等提出彈劾後，尤其在鮑羅庭已公開承認相互利用後，應當徹底淸查。孫先生若內心默認鮑羅庭的話，國共兩黨原是互相利用，則孫先生應當在國民黨中樹立民主的制度與習慣，不應完全採用俄共的方法，組織，及訓練，而毫不設防；且容許黨內有黨的事實存在。

李濟深死後的民革

高瞻遠

本月九日李濟深因肝病死於北平，享年七十五歲。

當李濟深患病時，周恩來和彭眞曾去醫院探視過。可是中共報紙並未發表李濟深患病的消息，這可能因為九月二十五日光明、人民等報紙尚發表李濟深署名歌頌中共建國十周年的文字，若同時又透露他病重的消息，必然令人懷疑到在報紙上發表的文字是僞造的，同時中共也未料到李濟深會死得這樣快，能多活兩個月比較發佈病重消息自然容易，不料天不假日，竟然在中華民國四十八年國慶日前夕，竟撒手塵寰，中共當局也許會埋怨李氏死得太不合「黨」的意思了。

十月十日毛澤東曾獨自到李氏靈前致祭，勉強擠出一絲哀容，一付貓哭老鼠的形象。劉少奇、朱德、周恩來、董必武、宋慶齡等是在一起祭的，除去宋慶齡之外，都沒有絲毫戚容，劉少奇還含着矜持的微笑。不過比起過去死的民主人士來說，李濟深還算被特別優待的。

中國人對於李濟深投共這一段事，大多數都不予諒解，可是若平心靜氣來說，在所有的投共人士中，李濟深還算是比較難得的一個。當投共之初，他自己確有一番抱負（事後証明是幻想），那時李濟深在軍事上寄望於「華南民主聯軍」，在政治上他也想把所有附庸黨派組織在一起，實行兩黨政治，同時他又幻想中共會在主席與政務院總理之間留一席給他，那知事後所有理想都落了空。首先林彪四野部隊到了華南，以迅雷不及掩耳手段把「華南民主聯軍」全部解決了，所有俘獲官兵較國軍被俘官兵所受待遇更差。李濟深武力割據的幻夢消失了。他到了石家莊之後，剛透露一點籌組反對黨的意思，又被章伯鈞出賣了，章伯鈞不但把秘密完全告訴周恩來，還在中共歡迎民主人士的大會上，指桑罵槐，痛斥兩黨政治是資產階級意識，是落伍的，有毒的思想。李濟深政治方面的希望又破滅了。這時他既不能逃出來，只有聽從中共擺佈，從一九四九年到一九五四年共作了五年中央人民政府副主席，此項位置共有六人，李氏排名第四。一九五四年十月起，中共政權改組，副主席只保留一個名額，自然臨不到他。（下接第三版）

反右傾與赫毛關係

田豈

中共的反右傾運動，其影響不僅只是對內的，而且還反映其對外關係，其中尤以對蘇聯的關係更為重要；它體現了毛澤東要强使對蘇關係維持在一個不調和的狀態下。這是世界人士所注意的問題，本文予以扼要的概述。

一、關于人民公社——赫魯曉夫發表過多次反對中共的人民公社的話，這是早已為世界人士注意的事。八月三十日人民日報發表一篇由毛澤東、馬、恩、列、史言論彙集起來的文章：「馬克思主義者應當如何對待革命的羣衆運動」，這篇文章的第二部分所引馬、恩、列、史的言論，是以他們對于巴黎公社的態度為中心，這裡可以其中列寧的一段話來說明之：「在巴黎公社前幾個月，即一八九〇年秋，馬克思曾經警告巴黎工人說，推翻政府的嘗試是一種絕望的愚蠢舉動。但是，一八七一年三月，當工人被迫進行決戰，起義已成為事實的時候，儘管有種種惡兆，馬克思還是以歡欣鼓舞的心情來迎接無產階級革命。馬克思沒有用學究式的言論來非難『不合時宜的』運動。」——人民日報引述這種話，當有對于國內的右傾機會主義分子所說的人民公社「搞早了，搞糟了」等言論具有警告作用；但對蘇聯來說，同樣亦有指責赫氏的不斷對人民公社「潑冷水」的態度，是一種非馬克思主義者對待羣衆運動應有的態度的意味。

二、關于大躍進運動——九月十六日出版的「紅旗」雜誌第十八期社論：「駁『國民經濟比例關係失調』的謬論」，這主要當也是駁斥國內的右傾言論：「國民經濟比例關係失調了，造成了他們所謂緊張狀態；國民經濟高速度發展，就會造成經濟生活中的全面緊張，就會產生比例關係的嚴重失調」；「一九五八年積累和消費的比例關係失調，降低了人民生活」；『以鋼為綱』擠掉了其他部門」……。但是，這一種右傾言論是來自國外。

一九五八年七月，蘇聯科學院經濟研究所出版的「經濟問題」雜誌上有一篇「中華人民共和國在第一個五年計劃各年工業化發展諸問題」的文章，認為：「中國國民經濟發展各種利益，正迫切要求最快解決工業與農業之間發展速度的正確相互關係問題。假使不能保障兩者之間的合理發展，那麼毫無疑問，在不久的將來中國的一般經濟情況將呈現不穩定的結果。」

赫魯曉夫在今年二月的黨二十一次代表大會上說：「在製定七年計劃的時候曾經考慮到，要使這項計劃不需要過分緊張就能夠完成。為什麼這樣作？因為一項緊張的計劃不能排除個別部門完不成計劃的情況，某些經濟部門可能得不到必要數量的原料、材料和設備，而這就可能使企業停工待料，從而帶來了生產能力開工不足，工人停工以及由此而產生的一切後果。這就是經濟學家稱之為比例失調的現象。」這段話雖然未曾指明不同意中共的緊張大躍進，事實上從這種思想去理解，赫氏決不會贊同中共的大躍進。

按中共第一個五年計劃（一九五三—五七）期間工業每年增長百分之一九．二，農業每年增長百分之四．五（見一九五九年四月十五日人民日報）；一九五八年經過大躍進運動，未修改前的公報說明工業增長百分之六十六，農業增長百分之六十四（見一九五九年四月二十日人民日報）；一經這次核實，工業增長百分比未變更，而農業削減為比上年增長百分之二五，工農業增長的速度還是懸殊；今年計劃工業增長百分之二五．六，農業增長百分之一十。固然我們在經濟發展比例方面不能以完全相等視為工農業間發展比例平衡的條件，但我們可以蘇聯的情況以討論之。與上述赫氏言論在同一篇報告中的七年計劃（一九五九——六五）規定：蘇聯在七年中工業增長百分之八〇，農業增長百分之七〇，照赫氏的口吻來說，這該是不很緊張的工農業發展比例。以蘇聯的比例來與中共比較，可見中共的比例失調，已經是長久以來所存在的事實，蘇聯經濟研究所的批評並非無的放矢。

而且，亦由上可見，中共內部在這方面的右傾言論是導源于蘇聯，中共在這方面的反右傾言論不特批判國內的右傾分子，而且還在反駁蘇聯的比例失調的理論。

三、關于對外政策——在這方面世界輿論已經注意到了這一點，但還有可述者。按中共與蘇聯的對外政策在基本上的不同，是對于「爭取和平」方面的觀點互異。去年七月底八月初赫魯曉夫趕到北平與毛所談的主題就在乎此。事後八月四日、八日人民日報發表兩篇社論針對蘇聯的這方面加以批判，大意是：要批判「麻痺人民鬥爭意志的和平主義」，「一切爭端應當和平解決」，但這並不是「只有遷就侵略者，才能求得和平」，也不是「無論怎樣也不能刺激敵人」，更不是「只要對帝國主義者、殖民主義者的進攻放棄武力抵抗，不向他們進行針鋒相對的鬥爭，就可以取得和平」。認為「和平只能爭取，和平不能乞求」。去年八月，中共之在蘇聯猛談和平時節所以砲轟金馬，就以這一種思想為依據而與蘇聯搗蛋。事後，蘇聯讓步了一些，再加台峽並無進展而告停頓。

今年八月七日中共軍在中印邊境挑釁，其時間恰巧在八月六日人民日報發表「克服右傾情緒、厲行增產節約」社論的次一日，再加上最近又把兩個與蘇聯有關的外交部副部長免職，固然其中之一王稼祥的免職或另有原因，但從張聞天的被免看來，中共軍之中印邊境挑釁，是為着克服外交上的右傾情緒。換句話說，就是在當時的八中全會上有人批評過去的外交政策過于激烈，毛澤東認為這是右傾情緒，一方面對此加以批判，並免除這種右傾機會主義者行政方面的職位，另方面以實際行動來表示他要堅持其激烈外交政策，於是在中印邊境製造緊張局勢。

而中共在中印邊境採取行動的時間，又正是赫氏行將訪美以前的一個月，其對蘇聯的意義，則又有警告他們目前中共依舊要堅持去年八月四日、八日人民日報提出的關于和平的論點，警告他們不要讓步，要赫魯曉夫放棄「和平主義」。因此，九月二十九日人民日報在評論赫氏訪美之後代赫氏說：「赫魯曉夫毫不含糊地表明，蘇聯人民渴望和平，但是並不是到美國來乞求和平。」這種話的精神無疑是與它在中印邊境的行動，以及去年八月四日、八日人民日報社論的精神一致的。要是在此時節不反右傾，不需要表現其堅持其激烈的外交政策的話，也可能不在中印邊境挑釁。

綜如上述，中共的反右傾，不僅是對內的，而且是對外的，其中尤以對蘇聯的關係更為重要。從整個政策上來說，這次反右傾是堅持其與蘇聯經驗不相符的左傾內外政策；若單純從外交政策方面來說，則是中共要堅持冷戰，强迫蘇聯放棄以讓步來換取和平。若以去年八月間的中共蘇聯間的齟齬以與眼前的情況來比較，則在程度上已經緩和了一些。

李濟深死後的民革

高瞻遠

（上接第二版）

於是又改任人代常委會副委員長，共十三人，李濟深名列第三。本年四月中共政權又一次改組，副委員長增到十六人，李濟深的名次却未變動。一直到他死去為止，仍然是背着這個頭銜。

李濟深所以誤上賊船，主要由於意氣之爭，因反蔣而投共，把私人恩怨放在國家大事之上，終於造成一個不幸的收場，誤國誤己，貽笑天下後世，實在可惜。

不過，比起所有靠攏的人，李濟深還算最難得一個，十年來我們試檢一下他的言論，雖然和其他的人一樣歌頌共產黨及毛澤東，但是還保留着起碼的身分，他承認中共領導，也頌揚毛澤東的偉大，只是提到中共時，一定說中國共產黨，從未學一些尾巴人張口「黨」，閉口「黨」，李濟深從未稱過「黨」，有時還敢自稱他的民革為本黨，隱含着與共產黨分庭抗禮的意識，雖然這種反抗意識微弱到了極點，但總還表現出李濟深對中共心固然不服，口也未服，若比起「蒼髯老賊，皓首匹夫」沈鈞儒，身為「民盟主席」，口口聲聲說感謝黨，感謝毛主席。李濟深這一點倔强態度，畢竟還是可取的。

李濟深死後，誰繼任「民革主席」，現在共有七個副主席按名次排列是何香凝、程潛、蔡廷鍇、張治中，熊克武、鄧寶珊、陳紹寬。比較有希望的應是何香凝、程潛、張治中三人，其中何香凝是個女人，中共未必會把最大的附庸黨派任由一個女人當主席，剩下的只有程潛和張治中了，當然論到關係密切，張治中勝過程潛，但張治中實在太不像個人了，毛澤東也許不會把他捧出來，那麼未來的民革主席可能就落在「豐沛父老」程頌雲身的上了。

按照民革現在的黨員年齡來看，不問誰當主席，再過幾年時間就全部消滅了。

郭沫若考察的晚周帛畫更正小啟（來函照登）

述賢

亮之先生：拙稿應尊命而作，改到二版發表，固無不可。惟聞貴刊各版，各有專司，而此種文稿，又近專門性質；一經誤排，或為自己筆誤，於心不免歉歉！例如「梏制」，弟所引用者，出自孟子疏。如為「梏桎」，則脚鐐手鐐者，與原文意義，便大有出入了。為求對讀者負責起見，所有錯誤之處，擬請惠予更正，不勝感幸！

「梏制」，誤為「梏桎」。「周代典籍」，誤為「周氏典籍」。「其名為鳳」，誤為「其名為凰」。見十月二日「上篇」

「周代的錦緞」上，遺「周代女子，穿着錦衣，雖非特徵，可是……」數字。「惟其如此」，誤為「這且不說」。見十月九日「中篇」

「楚國的服裝」上，遺「但」字。「楚王穿短褂」上，遺「而」字，「而帛的埋藏」下，遺「其關係的重要」六字。「雖」，誤為「幸而」。「郭沫若考察」以下；我的原文是「郭沫若考察得如歌唱一般，我又辨正得這末多餘？唯一希望的是今後藝壇，無為現代偽言偽書所誤」。見十月十六日「下篇」

張道藩談連任

志清

（台北航訊）自從蔣總統再連任的問題從幕後的醞釀進而爲公開的活動以後，由太子派策動的勸進運動，即在海內外次第展開；但政府人員一向祇表示蔣總統的一生不能爲他人替代，或說，連任乃萬民的囑望；而最近立法院長張道藩則公然向一個奉命來台的觀光團說：蔣總統連任已成定局；祇是採取何種方式而已云云。張氏這一番談話，自是勸進派的內層消息。但人們覺得蔣總統既一再强調憲法乃反攻復國的重要武器，應該予以尊重和擁護。如今依憲法之規定，總統是要經過國民代表大會投票選舉後再能成爲定局。且暫不提合法的國大代表尚未依法產生，就算以早失時效的代表再來粉墨登場表演一次吧，也得等待明年三月以後，才有所謂定局之可言。而張院長竟宣稱蔣總統連任已成定局，豈非將政府當局所玩的假民主把戲一語道破了嗎？其坦率之處至可愛也。

台北通訊：國慶之內另有文章

張國忠

雖然台灣的災情，一直在嚴重狀態中，尚未解除，政府也儘管在高叫節約，高叫救災，但本年雙十國慶反而格外的舖張浪費。此間留心時事的人不免暗中評論這一件事。據太子派方面的人說：災情了災情，國慶了國慶。國慶是永久性的國家大事，災情則不過是局部地區的暫時問題，況且，大敵當前，擴大舉行國慶，正有一種提高士氣，振奮人心的作用。所以他們認爲擴大舉行雙十國慶，不但應該，而且必要。再說，舉行國慶的花費畢竟有限。初聽這一番話，筆者也覺得很有道理。不過，據熟習政治內情的另外一些人說：問題並不這樣簡單，假如眞正是爲了國慶，而擴大舉行，乃至多花一點錢，倒也無話可說。而是主持國慶的小部分人別有用心。他們的用心就在借國慶之名向海外大事邀請各方人士來台（但可憐的事實是由陶希聖、鄭彥棻、陳健中三人署名出函向香港邀請五十人來台，結果卻只來了九名），等他們到了台灣之後，則盡量加排節目，延長招待時間，以便與慶祝總統誕辰的時間啣接。把來台慶祝雙十國慶的一批人在慶祝總統誕辰時派用場，還僅僅是主持國慶的小部分人的順帶節目，還不是主要目的，他們最主要的目的，則在醞釀總統三屆非法連任的這一件事情上。

來台的每一慶祝團體、其中就必有一個黨團特別分子，以「僑領」或「文化人」或「工商人士」的身份夾雜其間，代表團的團長雖係別的較有名望的人，但這一黨團特別分子則是該代表團的眞正核心人物。來台後所有對各方的交涉，實際上固然是此人，政府當局如何支配（表面上是安排）該一團體的節目也正是透過此人，而在緊要關頭代表該團或促成該團發言向總統致敬乃至自己發言或聳恿別人發言擁護總統三屆連任的也正是此人。此人既往往出面擁護總統三屆連任，同一團體的其他人士不便否認，大家噤若寒蟬之後，主持國慶的小部分人便達到製造輿論的目的了。說穿來，所有從台灣發出的所謂「僑領」擁護總統連任的醜劇，確實就都是如此這般來的。

軍人之友變了軍人之賊

軍人之友社，顧名思義，應該絕對不是軍隊裏的一種正式組織，也應該絕對不是政府中的一種正式組織，而只應該是由政府協助的人民團體而已。但軍人之友社組織龐大，經費充足，權力大，氣燄高。說它是人民團體吧，又似乎不像。反正台灣的怪事很多，平時，大家對蔣經國攬的許多團體，本來就莫測高深，所以許多人對於軍人之友社的性質，經費來源等項，便也莫明其妙。及至今年五月三十日立法院審議四十八年度中央政府總預算案時，曾經附帶議決十一項應辦事項，送請行政院辦理。這十一項應辦事項中之最後一項，則是屬於所謂軍人之友社的。原議決案說：「中華民國軍人之友社，組織龐大，開支浩繁，應由主管部嚴加監督，酌予緊縮，樽節開支。嗣後該社募集之勞軍款項，應以現金慰勞官兵爲原則，俾切實際」等語。至此，人們才曉得軍人之友社的經費竟然出自政府，而軍人之友社竟又好像是中華民國的一個屬於政府的機關。而這一個機關，除了它對軍屬子弟舉辦的獎助學金一事尚被人稱道外，其餘各事，都人言嘖嘖，認爲它是一個莫明其妙的機關。

查軍人之友社成立於民國四十年十月三十一日，每年照例由台灣省政府預算中撥一筆經費，僅以民國四十八年度來說，在所謂「省撥勞軍事業費」項下，便有四百七十六萬元之多。而用其它方法向外募捐的錢則尚不在此數內。數年來，台灣內外，早就有人指責軍人之友社有種種黑幕，勞軍其名，借勞軍之名養活一批嘍囉是實。試以該社「文化勞軍費」一項來看，表面上很好，這一項「文化勞軍費」竟達一百四十二萬八千元之多，其中科目且包括「建立醫院文庫費」、「充實戰地文庫費」、「書籍勞軍費」、「青年戰士報補助費」、「軍友月刊補助費」等。但究其實際，僅僅「青年戰士報」便佔去一百零三萬二千元，「軍友月刊補助費」便佔去九萬六千元，剩下的只不過三十萬了，而眞正的「書籍勞軍費」全年則又只區區八萬元。而青年戰士報與軍友月刊又是在國防部另支龐大經費的。所以，從該社這一項開支就可看出他們胡攬的情形，就可看出他們借軍濟私的勾當。否則眞正用到官兵身上的文化勞軍費便不應該只區區八萬元。須知，這區區八萬元尚不及該文化勞軍總額十六分之一。而其餘的十六分之十五，卻都由該社巧立名目，另行支付了。

立法院議決案說該社今後之勞軍款項，應以現金慰勞官兵，則更可反映該社平時借勞軍向外募捐，然後隨便買些東西給官兵，作爲報銷便了。

以上，當然還不是整個軍人之友社的黑幕，其它黑幕此處不及盡述，但已可見一斑了。

本來，今日身處台灣的三軍健兒，都是最值得敬愛的愛國勇士，勞軍慰軍，乃屬天經地義的事。但正因爲是天經地義的，所以更不應允許某些敗類假借我三軍健兒的名義從中胡攬。但爲什麼軍人之友社竟能如此胡攬呢？就只因爲蔣經國是他們的後台而已。所以，儘管人言嘖嘖，卻也莫奈它何。而它也就由軍人之友之名，一變而爲軍人之賊之實了。

國慶大巡行有感

扶雅

編者先生：最近接得台北友人雙十前夕寫來的信，說及將於國慶日作二十萬人「効忠領袖大遊行」，因台北市人數不足，已至附近各地發動學生參加云云。熱烈慶祝雙十，紀念辛亥革命，當然是應該的。然而借此來作「効忠領袖」大巡行，居心何在？寫信的朋友並補充嘆道：「天地不仁，以萬物爲芻狗」。下句不問可知。我想起民國三十七年五月在南京，我們的大總統就職之日，本應是普海同歡，不料平日拉我上辦公室的黃包車夫，邊走邊對我嘆說：「這是一個不祥之兆」！眞奇怪，這種渾樸的無知的苦力偏能先知般嗅辨國運興衰的氣息；則我們現在何消贊佩徐亮之先生在上期貴刊認爲台灣已得勸進表一千多份，預卜必將和袁世凱同其命運。不過，假若一定還要追隨項城，等到做皇帝八十三日而後退位，而後……，便太不值得了。

最後，我偶爾擬了一隻上聯，願假貴刊公開徵求下聯合對。有志應徵，請其寄交貴社評定發表可也。上聯曰：

「徐亮之亮節隱衷，說出亮齋閒話，都是打開天窗說亮話。」

十月十八日自美紐澤西州

「自由人」停刊後的反應

佚名

自從「自由人」停刊的消息傳到台灣以後，一般愛好讀該刊的人士，都覺得有一種窒息之感，尤其是文化界的人士，更禁不住心頭的憤懣而形之於筆墨，披露於報刊，茲謹擇尤摘錄，以饗讀者。

死得漂亮

在自由人停刊的消息傳到台北後，自立晚報附刊署名石匠的編者，以「自由人死得漂亮」爲題，而發出了如下的感嘆：

香港出版的自由人三日刊，已於昨日宣佈停刊了。並未說明停刊原因。全部內容，亦仍照舊，如若不是在第一版刊出「停刊」啓事，讀者在內容中尋不出停刊跡象。

過去及現在一般停刊的報刊，總有一篇說明停刊原因的文章。或者是大發牢騷或者是暴露困難。結論總是不得已而暫停，他日當捲土重來……一類不服輸不服氣的論調，以透露其停刊的原因。

自由人停刊了，不說明原因，留着一個謎，給別人猜測，有人說是經濟困難，有人說是意見不合，我們也不必强加研究，總之停刊有停刊的原因罷了。

我們對於自由人這種不露聲色，不着痕跡的停刊，譬如人死之不怨天尤人，完全「壽終正寢」。因而譽之曰「死得漂亮」。

站在同業方面說來，少了一家報紙，在輿論上少了一份力量，很是值得惋惜的。然而報紙生命與人的生命同屬無常。惟報命可以藉人力而延長，人命則非任何力量可以延長。那麼，一旦人力有了，自由人會「死而復活」，我們又用不着惋惜了。

所可惋惜者是那種要死不活的報紙，苟延殘喘，莫知所至，反而給人的訕笑資料，倒不如自由人那樣的死得漂亮。

作家書簡

還有遠在菲律賓講學的文學家王平陵，他聽到自由人停刊了，寫了一封信給石匠，其中有云：

「自由人」停了，眞可惜！台北人士接連受到颱風襲擊，異常憂急，近年人心陷落，無公理，無是非，魚目混珠，亂混亂騙！所以上帝震怒，屢次警告，但不知人們能知所悔改否？

前幾年，風災沒有今年之甚，原因是良心未泯，公理是非猶在人心，因此，台灣的颱風，都悄悄避過了。可是，現在則不然了；接二連三來警告人們，實可寒心！吾兄主持筆政，我祈求你力主拯救頹風，振弊起衰，正人心，明是非，則功德無量矣！

王平陵函中雖僅說自由人停刊可惜，寥寥數字，但其內心之沉痛，情溢乎詞。

在台復刊

較爲突出的反應，則爲「自由人」有在台復刊之說。因爲發行人中現居台北者，計有王雲五，成舍我，程波滄，雷震，阮毅成，端木愷等多人。遠在數年前，居台之發起人中，即有將該刊遷台之擬議，因留港發起人不表同意，遂被擱置。茲因該刊已停，故在台發起人中乃重提遷台出版之議。據傳：王雲五對於在台復刊，特爲熱心云。（台北通訊）

一團糟的「經濟計劃」

康和

本月十四日閱香港某尾巴報發表一則重要消息，標題爲「煤產大躍進中一面紅旗」。內容是根據中國新聞社十月十三日合肥電：「淮南煤礦今年頭九個月共生產原煤一〇〇二萬七千八百三十噸。這個數字說明着淮南煤礦已提前三年零三個月超額完成了第二個五年計劃最後一年（一九六二）生產原煤九百一十五萬噸的指標」。這倒並不是生產上的一項奇蹟，却是「計劃經濟」的計劃本質上的一項奇蹟，確是值得大書特書的。

作者本人是一向主張中國應該要實行「計劃經濟」的。因爲一個生產落後國家，要想趕上工業先進國家，一定要有計劃地有組織地進行各項生產建設，才有希望能夠迎頭趕上。要是一味跟着工業先進國家的背後走，那是永遠追不上的。所以「計劃經濟」不但是中國，而是所有生產落後國家，要想趕上先進國家的一個有效的途徑。

可是，所謂「計劃經濟」，並不是隨隨便便編訂一個「三年計劃」或「五年計劃」或「七年計劃」，就算是實行了「計劃經濟」了。計劃的本身，一定要很愼重，很縝密地編訂。所有各生產單位的生產工具的供應：原料的取給，人力的分配，生產力的估計，以及生產成品的分配，運輸機構的負担能力等等，都應該很嚴密的規劃安排；以期絲絲入扣，不致脫節。以達到整個計劃的平衡與協調。雖然實施的結果，和預訂的計劃，不會絕對沒有參差；但是，相差的程度，應該是愈少愈好。使整個計劃，能協調進展，以達成預期的效果。同時，倘發現實施的情形，有局部的參差，就應該將整個計劃，予以適當的調整，以保持平衡。因爲社會經濟生活，是息息相關的，假使有一部份脫節，就會使得整個計劃，陷于癱瘓和崩裂。

中共自稱在一九五二年，各部門的生產，已達到戰前最高水平，所以從一九五三年起就開始實行第一個五年計劃，（自一九五三年至一九五七年止）自一九五八年起，又實施第二個五年計劃（自一九五八年至一九六二年止）。但是，實行的情況，究竟是怎樣呢？據十月一日香港大公報特刊所載王思華著的「十年來我國國民經濟的巨大發展」專文所報導：「由于一九五八年的大躍進我們已經提前四年完成了第二個五年計劃原定在一九六二年完成的原煤、原木、原鹽、糧食的指標。」又說：「一九五九年的國民經濟計劃，仍然是一個繼續躍進計劃：……調整後的一九五九年國民經濟計劃的完成，將使我們在鋼、煤、原木、冶金設備、發電設備、金屬切削機床、棉紗、機製紙、原鹽、糧食、棉花等方面完成或者接近完成第二個五年計劃原定在一九六二年完成的指標。」要是這些話果眞是事實，那末，一九五八年所訂頒的五年計劃，既然可以在一九五八年（即第一年）和一九五九年（即第二年）就完成，儘可稱作「一年計劃」和「二年計劃」就是了；何必還要叫作「五年計劃」呢？要不是該文作者的虛構數字，以自欺欺人；（或者講得藝術化一些，可以倣照中共八中全會公報的措辭說：統計機關由于對這個空前大豐收的產量估算缺乏經驗。）那就是証明計劃不正確。根本就配不上稱作一個計劃。

更值得驚異的是，中共實行計劃經濟，已有了六年半以上的歷史。可是對于農業所需要的生產資料的生產分配和供應，還沒有列入整個經濟計劃之內。根據紅旗什誌第十六期王光偉著「加强工業對農業的支援」一文內所說：「今後有必要進一步把農業需要的生產資料，按照計劃分級管理的原則，分別列入國家計劃和地方計劃。不但列入生產計劃，而且還應該列入分配計劃和供應計劃。因爲我國生產資料是按照計劃進行生產和分配的，不列入計劃，就無法保証農業的需要。在物資分配計劃中，應當儘量攷慮到農業的需要。在分配鋼材，生鐵，煤炭，石油，木材，水泥，橡膠，機床，交通工具等等生產資料的時候，應該把農業的需要放在一個必要的位置」。這些話就是說明中共所稱五年計劃，根本就不成一個經濟計劃，更談不上「計劃經濟」。

中共强調「兩條腿走路」，同時還正在推行農業生產的所謂「八字憲法」（即：土（土壤），肥（肥料），水（水利），種（種子），密（密植），保（植物保護），管（田間管理），工（工具改革）），可是根據紅旗什誌的報導，對于農業的生產資料的生產，分配和供應，却是沒有列入整個經濟計劃之內。實在太荒謬絕倫了！這就是証明了中共只重誇張宣傳，而不注重事實，也就是說明了中共的無知無識與無能；所謂計劃經濟，不過是亂糟糟地叫啊，跳啊，胡謅一陣吧了！

中共號召人民充分利用野生植物

大陸人民生活艱苦，這是誰都知道的了。但艱苦到什麼程度，則海外僑胞幷不盡知。對於大陸人民的生活，中共一直企圖掩盡天下耳目，加以遮飾，幷硬說大陸是天堂，大陸人民現在是豐衣足食的。中共這種宣傳，當然不值識者一笑，而大陸人民生活艱苦的情形，我們却又從中共國務院十月十一日發出的指示，得到一次無可辯駁的印証。據一九五九年十月十二日北平出版的中共機關報——人民日報以特大字體，在第一版第一條新聞刊出的中共國務院指示說：「……目前野生植物原料中還有很大一部份沒有採集和利用。因此，我們必須動員廣大農民廣泛採集和充分利用野生植物，把它作爲農副產品和土特產品的重要補充來源。我國野生植物原料極爲豐富，已經發現的可資利用的共有一千多種，……可以給人民公社和農民增加大量收入。各省，自治區，直轄市人民委員會，應當根據國務院一九五八年四月「關於利用和收集我國野生植物原料的指示」進一步貫澈執行：調查研究，全面規劃，充分利用，積極發展的方針，在目前野生植物的成熟季節，更必須把這些原料的採集，加工，調運，作爲整個秋季農產品收獲的重要組成部份，作爲一種副秋收和小秋收，給予足夠的重視。幷加强領導，切實安排，大力做好。爲此，國務院現作如下指示：

一、發動廣大羣衆，利用生產間隙，擠出時間，展開羣衆性的短期突擊運動。把可以利用的野生植物原料通統採集起來。……根據當地情況，調配和組織必要的全勞動力和半勞動力，幷且把一切可以參加此一工作的男女老少都動員和組織起來，有計劃地，有組織地上山，入林，進草原，用較短的時間突擊完成採集任務。

二、野生植物原料的採集和加工，應當實行集體經營與個人經營同時幷舉的方針。……需要勞動力較多的野生植物，應當在人民公社統一領導下，以生產隊或生產大隊爲單位進行經營，……生產量小，零星分散的野生植物，應當鼓勵社員個人及其家屬利用工餘時間自己進行採集經營。個人經營收入的分配，可以實行誰採誰得，也可以實行公私分成，由各地根據實際情況，自行決定。……。

三、應當教育農民，在採集野生植物的時候，必須保護野生植物的生機，使它能繼續繁植，不致枯本竭源。……。

四、……各地在發動農民進行採集的時候，應當先向農民說清楚，那些是可以利用的，那些是現在還無法利用的，幷且廣泛地交流採集和加工的經驗，以便提高勞動效率，防止浪費。」

從上述中共國務院最近對中國全大陸的這一指示，很明顯地的看出，全大陸的農民是正無以爲生，不但沒有副食用的蔬菜，而且根本也缺乏主食用的米麵，於是，主理中共最高政務的國務院才對全大陸這一普遍現象，發出了這一普遍適用的指示，如果只是局部地區缺食缺糧，便不必有勞中共國務院來作這一普遍指示了。由此可見，今日大陸人民艱苦到無以維生，確實是全大陸的普遍情形。而中共的全國豐衣足食的宣傳，便也由此不攻自破了。（彭瑜）

中共對海外僑胞的吸引力銳減

玉笛

大陸之窗

散處在世界各地的僑胞對中華祖國向來是熱愛的。所以，辛亥革命及抗戰等大事，各地僑胞都無不在精神上衷情關注，物質上踴躍輸將。當然，各地僑胞這種心情是容易體會的。只因海外僑胞對祖國的熱愛，加以中共的虛僞宣傳，所以，自從中國大陸在十年前變色以後，一班不明中共政權本質的僑胞，確曾湧現一股熱潮，以至當時東南亞各地一船一船的僑胞回大陸，甚至東南亞各地的青年學生，也因誤認中共政權，於是常常一船一船的青年學生回大陸升學。這些僑胞之所以誤認中共政權，當然都是由於這些僑胞純潔得太可愛的緣故。本來，對祖國有着純潔熱愛的又何嘗僅止一些海外僑胞呢？大陸上的部分同胞不也曾經是被中共的宣傳所麻醉過嗎？共產黨原本就是最善於欺騙人的，他們蒙着僞善的嘴臉，說的盡是甜言蜜語和冠冕堂皇的話，與它隔得愈遠的人總是愈容易上當的。大陸部分人民與曾經在與它隔得很遠的時候，曾經上當，部分海外僑胞與它隔得很遠，不容易看到它的眞面目，當然也容易上當。不過，騙人者終久不能永不被揭穿，儘管中共鐵幕低垂，但，它的醜聞惡事，由於事實具在，畢竟鐵幕也擋不住它的遠播。從近年由香港回大陸的僑胞人數與以前由香港回大陸的人數來比較，顯然可以看出中共臭名遠揚，它對海外僑胞的吸引力已經大大銳減，可以說是完全沒有最初幾年那種吸引力了。香港警務處的統計數字是一個最有力和最好的証明。而這一個統計數字，是用鐵的事實說明由香港回大陸的人數比對上年度是減少將近一半的。而由東南亞經香港回大陸者，則更減少百分之七十。

據香港警務處最近發表的年報說：一九五七——五八年度離港入大陸之華人爲五十五萬四千五百二十八人。而去年度（指一九五八——一九五九）則只二十九萬九千八百八十人。減少二十五萬四千六百四十八人。而從東南亞及海外各地經港返大陸者，前年度爲一萬四千七百零五人，去年度則只五千七百一十九人。減少八千九百八十六人。以上是香港警務處的統計，此一數字當然絕對可靠。

可見中共的宣傳效力已經越來越小，大陸人民生活艱苦，共產黨殘民以逞的事實，已經把它自己僞善面目揭開，從而也就使得海外僑胞逐漸有了新認識，於是，回大陸的人數便也銳減。

猶憶中共佔據大陸十年以來，曾不斷的以各種口號欺騙海外僑胞回大陸，例如什麼「祖國大躍進」啊！「建設偉大的祖國」啊！這些都曾經有過一定的作用，以致香港的汽車司機就曾經有少數被誘騙回去。但回去後，一切失望，身陷鐵幕，要想再離開大陸，已經不可能。於是大家便也裹足不前。中共近年推行人民公社，大陸人民的每一家庭皆被拆散，這尤其是大失人心的地方。目前中共雖然仍在盡力運用各種騙術以欺蒙海外僑胞，但可以斷言的，是今後一定更少人上當了。

日本社會黨分裂始末

觀海

日本社會黨終於分裂了，這是早就預料到的事。筆者在上月中就寫過一篇「日本社會黨面臨分裂」的通訊，刊於九月二十五日第五十八期「聯合評論」。當時筆者就認爲以「總評」爲中心的社會黨左翼，視右翼的西尾末廣派爲眼中釘，必然要拔去之而後快。在西尾方面則堅持社會黨應爲「國民政黨」——即非「階級政黨」」的立場，且早已準備退黨；故分裂恐難避免。果然拖了一個多月之後，預料中分裂終告爆發：西尾末廣一派的右翼，公開退黨，並宣佈將另組新黨。

擺脫附庸地位

對於日本政局將有重大影響之西尾派脫離社會黨事件，爆發於本月十八日中午。事先於十六日復會之社會黨全國代表大會，西尾派便已拒絕參加。緣因上月舉行之大會，已因左翼提出「西尾末廣叛黨案」而決裂，經幹旋後將大會延會，要求驅逐西尾案則交黨紀委員會處理。但黨紀委員會也在左翼的控制之下，竟然確認西尾「反黨」，雖不敢予以開除，但仍擬加懲戒。西尾自不能忍受，惟因右翼另一派系之河上丈太郎（黨顧問）及淺沼稻次郎（黨幹事長）仍在作最後幹旋，故延至十六日旋幹無效，西尾派方宣佈脫黨。

社會黨總裁鈴木茂三郎（左派），雖託河上及淺沼等勸說西尾不要脫黨，河上——淺沼派並答應與西尾派聯盟，共爲黨內之反對派，除淺沼一人已獲選連任幹事長外，其餘無論河上或西尾派人士，概不參加爲執委會委員。可是西尾的認識比河上更爲堅定，他反對「總評」操縱社會黨並欲將之造成一個「階級政黨」，而主張社會黨應與「總評」保持距離，與共黨斷絕關係，把社會黨造成「國民政黨」。方能一新國民之耳目，挽回選舉的頹勢。（社會黨六月間在參議院及地方選舉中失敗，便是因國民不滿意社會黨受「總評」所控制。）然而「總評」所發出「階級政黨」的强調，既爲鈴木等左翼五派（除鈴木外，有和田、野溝、松本、黑田等四派）所接受，西尾派若仍勉强留在黨內，等于附庸。故終拒河上之折衷建議。

脫黨另組新黨

十八日晨，西尾派先在東京集會，討論脫黨及另組新黨等問題，並預擬之脫黨聲明，會商修正發表。聲明畧謂同人等年來已竭其所能，以期建立一個全體國民所愛戴之「眞正社會黨」，其經過已爲國民所共鑒。奈以黨中左翼既受「總評」之壓力，抱持親共之政策方針，致在參院與地方選舉中，均告敗績。此本應爲痛定思痛，力矯錯誤之時，詎左翼竟於全國代表大會之中，企圖驅逐西尾，對西尾主張革新黨務言論，施加譴責，勢難再事與之委蛇。故同人等認爲與此親共黨派脫離關係之時機，「今日已至」云云。

西尾派的脫黨宣言，以選舉失敗見棄國民，對黨內左翼及「總評」譴責，以反對社會黨受「總評」操縱及反親共訴之國民，確是切中社會黨當前政局安危所繫的弊病，說來尤娓娓動聽，頗獲社會之同情。

至西尾派組織新黨之計劃，其名稱已擬定爲「民主社會黨」，此蓋鑒於原社會黨已走上「控制」的方式，殊不民主之故。新黨之立場仍爲社會主義，將爲全體勞働份子及全國國民謀福利，與「極左及極右抗爭，「決不對親共團體屈服」——這係針對「總評」而發者，西尾自一九一三年以來，即從事工運，自有他在勞工界的社會背境，果然若干工團如擁有九萬會員的全國海員工會，已對西尾組黨表示支持。

財經界及工業界，對西尾的脫黨組黨，亦認爲是好的現象。他們雖然是自民黨（保守政黨）的後台，但他們知道在民主政治中「反對黨」的重要，而現下的社會黨，則「太不成話」了，故希望西尾能逐漸成立一個「健康的反對黨」。原來西尾雖然不斷領導工運，從事勞資爭議，但他的原則無寧是採取勞資協調，尤其是同情於中小企業方面，所以產業界對西尾的穩健，多抱有好感。

不過據說西尾不擬出任新黨的「黨魁」，那麼未來「民社黨」總裁的誰屬？目前還是一個謎。一般預料西尾將致力於爭取河上丈太郎的脫黨，即可勝任。河上原是左派社會黨與右派社會黨合併前，右派社會黨的領袖。在理論上，河上派也是「國民政黨」的主張者。

西尾脫黨後的社會黨，更被左翼加強爲「階級政黨」，而也更形左傾，是必然的。「總評」向主社會黨與日共携手，就是該黨今後的政策，如力阻美日修約，承認中共，走中立主義路線等，與日共現階段政策，是大同小異的。同時，該黨鑒於西尾派脫黨造成該黨之削弱，又提出「消滅黨內派系」的口號，左翼各派還許會對極左派的主張屈服。仍屬右翼的河上派，是否也能安於社會黨內呢？這是頗成問題的。所以有人已在預料，社會黨將會「再分裂」，那便是河上派的脫黨。

對於執政自民黨來說，這當然是他們的一個良機，可以乘機通過美日修訂安保條約，幫助建立「新社會黨」，間接加強保守政權。不過社會黨因被西尾帶走三十多名議員，自知在議會已難挽回頹勢，故已決定要「在議會政治之外加強民運鬥爭」，這也即是說將要以罷工示威甚或暴動的方式出現。無論如何，左翼的集團逐漸縮，鬥爭方式則逐漸劇烈，是未來的趨勢。而最重大的問題、將是「新社會黨」對羣衆掌握的力量如何？日本的動盪抑或安定，這一點將是決定的因素。

（東京通訊）

印尼共黨與軍部對立

蘇蘭芳

在蘇加諾總統實施「指導的民主」下的印尼，納蘇賢將軍又加强執行「戰時軍管」的政策，政黨的活動已被縮小到最小的限度。去年還在政黨當權時期，蘇加諾總統所提出「埋葬政黨」的口號，現在可說是百份之九十已經兌現了。

政黨雖然還沒有全部被「埋葬」，它們仍在國會裡，並有它們的機構和招牌，甚且他們還是被准許「活動」的。可是自八月份解除政黨限制活動的禁令以來，開會限在黨部以內，要先申報軍部並請派員監督，發表文告及對報紙談話，須經軍部核准，這就是所謂「活動」的方式。

至於國會，這個權威的「巴力門」，莊嚴亦已僅存形式。自從恢復一九四五憲法以後，國家大權在於總統，而總統又另有他的諮詢機構——總統自己簡派的民族委員會。聊備一格的國會，並非議員商決國政的場所，不外是官員宣佈政令的講台罷了。

可是慣於利用民主的共產黨，還以印尼共黨及「民族進步陣線」一部份的議員，聯名呈請蘇加諾總統，要求暫緩實施第六號法令，且指爲「於憲無據」。按第六號法令係取消地方選舉，將地方行政長官任免權收歸中央政府，分別由總統，內閣，或軍部任免者。這項法令，表面雖是阻止各政黨在地方上的競逐，但實際上等于對付印尼共黨。因自蘇島革命以來，第二大黨瑪斯友美黨，因受打擊而零落。第三大黨神學會早發生分裂。第一大黨國民黨是當朝派，總統的「夾袋裡人物」，他們不在乎選舉與否。不選舉，就等于斷絕第四大黨印尼共黨爭奪權利的途徑。印尼共黨曾在東爪哇甚至椰加達搶奪國民黨的席位，現在等于被國民黨報了一箭之仇。

共黨的公開對抗並不被容許，抨擊第六號法令「違憲」的共方「人民日報」，已爲此事遭軍部查封。軍方並且通令全國軍區，也即「戰時地方掌權者」，着令倘有企圖破壞第六號法令之集團，即採嚴格對付。印尼共黨，已與軍部正面對立了！

·椰加達通訊·

「石油城」的烏龍

志逸

十月十七日晚上，茂名縣農民余祺、呂怡、呂成華等，從公社裡開完會返家，歸途中，談起了他們的「石油城」。

呂怡：「我們的家鄉眞幸運，剛才那位公社同志口口聲聲稱我們的茂名縣作茂名市，我們從此也不是鄉民而是市民了！哈哈……」！

余祺望望呂怡，也笑了笑：「你還未知道嗎？我們的縣不特已被升格爲市，而且還被譽作石油城哩」！

呂成華一愕：「石油城」？

「對了」！余祺點了點頭：「幾個月前，蘇聯老大哥顧問勘測出這裡有大量石油出產，我們的人民政府驚喜欲狂，立刻計劃進行開採，並馬上從東北、華北、華東、及中南區調來大批工友，日夜動工，迅將由這裡至廉江的鐵路趕修，至三水的鐵路，也發動搶舖路軌；你不看見這幾個月間這裡來了許多『老兄』工友和老大哥專家麼」？

「因此，我們的縣就被升格爲市，同時被譽爲石油城；是嗎」？呂怡瞟了余祺一眼。

呂成華却一把抓住余祺的肩膊：「但我們至今從沒有嗅到石油的氣味；敢信他們又是擺下了大烏龍」！

「哈哈哈」！呂怡又大笑了幾聲：「管他們怎樣興師動衆，大擺烏龍；橫豎我們已被稱作市民，我們的家鄉被譽作石油城，那就總算是邀天之幸了！哈哈哈」！

僑鄉近訊

共酋要「蠻幹增產」幹部却工作鬆懈（廣東）

廣東糧食生產計劃自六月間受過一次毀滅性的大水災後，原定水稻三百五十億斤的生產預算指標，而早稻實收額僅得九十億斤，還有二百六十億斤沉重而事實無法可以完成的任務，要靠晚稻來「望天打卦」；因此，該省「第一書記」陶鑄，乃焦急地召開了一個縣級以上幹部和軍隊團級以上幹部二千餘人的緊急性會議，要堅決執行「蠻幹增產」。陶鑄在該會議席上，會睜眉突眼，憤然指出：「幹部住在田頭的，已逾十萬人，另加上羣衆約三十萬人經常在田頭安營紮寨，但仍未能扭轉生產停滯的局面，這顯然是幹部工作鬆懈，領導無方所招致」！——由此可知中共的中、下級幹部的精神和心情，已在繼續懈怠中；同時也反映出粵省糧荒，確已注成定局。

粵省部份農民腰帶要收得更緊（高要、三水、博羅、從化）

粵共又要人再進一步收緊腰帶，由十月起，一般人民，每人每月少配了兩斤糧食，共幹、學生、工人等，則每人每月少配一斤，不足之數，以蘿蔔、番薯、乾菜等物去塡補。而在部份農村中，其減配糧額則更甚。如高要、三水、博羅、從化等縣的農民，每人每月已少配了三斤糧食。但「人民報」仍天天呼籲農民要節食；該報稱：「糧食問題十分嚴重，豐收地區固要節約糧食，一般地區和受災地區更要嚴厲實行」！該報幷會巧妙地透露出中共當局的一項相當狼狽的心聲：「毛主席爲人民辦事實在週到，如不提醒我們節糧，再過些日子，我看我們吃的就非歇下來不可」！照目前糧荒情形看來，大陸人民，確已面臨「吃的非歇下來不可」的威脅！

·江水·

裸女與色狼

趙聰

恍惚記得頭會子報載日本消息，說議會人士討論對蘇聯提高警覺，比喻日本是一裸女，當注意亦色帝國主義這一色狼的行動，嚴密防備牠的非禮。驟看的確令人叫絕，但若仔細一想，又覺不大對頭。何以言之，聽我慢慢道來。

溯自天父上帝創造了人類中第一個女人夏娃時，就是自頭至尾全裸的，像我們初出娘胎時一般無二。如果不着那條多咀的爬行動物來誘惑，偷吃了伊甸園中善惡樹上的果子，恐怕她一生也不知道赤身露體是恥羞，永不會穿上用樹葉兒編織的三角袴。不但她不全裸了，連她的先生亞當也把身上感到羞恥的部分，用樹條兒遮煞。此後代代傳下來，除非在深山大澤裡的野蠻人，或者窮得連袴子都沒得穿的人，大都不再裸體。愈文明就愈穿得衣服多，褂袴有內有外，各要同時穿上兩件才得，女人就更麻煩，還得有乳罩胸圍什麼的。這樣說來，到現在這個火箭飛彈時代的年頭兒，哪裏還有什麼裸女？就因為沒有裸女了，才物稀為貴，要不怎麼看脫衣舞得付出很大的票錢，人物寫生得出高價論鐘頭僱模特兒呢？

裸女在現社會上既不存在，再拿她來作比喻，已非近取諸譬之道，更何況裸女和色狼之間似無密切的關係呢。夏娃是裸女時，除了她先生亞當，更無第二個男人，自不會有色狼；引誘她的是蛇，並不是什麼色狼，更因為牠只是慫恿她偷吃果子，沒有她非禮，就拿如今職業性的脫衣舞女和模特兒來說，我還沒有在報紙上看到有色狼向她們非禮的消息；看官！你們可曾看見過嗎？

當頭幾年九龍寨城時興脫衣舞的時候，一些人如瘋似狂，趨之若鶩。我想那些人也不過只圖讓他們的眼睛吃一點冰淇淋而已，決不會真打算做一個色狼，意圖到那兒跑到台上向脫光了的女子施祿山之爪的。實際上就有這種意圖，由於自己的勇氣不夠，或是人家的阻止，也萬無成功之理。當時有位朋友看了報，就說：「喝！看熱鬧，等咱有了錢，也去看一次脫衣舞。」我恐怕他這個「咱」裡包括着有我，就提醒他道：「何必學那些寃大頭！要看脫衣舞，才容易，一個斗令都用不着花！」吾友趕問何以如此乎，我說：「晚上回家，叫嫂夫人脫得淨光，遠觀近取，看個飽！女人總是女人，心理不同，生理全同，何必跑九龍城？」吾友恍然大悟，其餘在場之人也都哄然哈哈哈起來。我叙此一插曲，也說明裸女並不引人非禮，最多不過使人眼裏吃點冰淇淋罷了。

我未到過日本，不知日本如何。只就香港說，色狼眞如車載斗量，幾乎有舉目皆是之概。但色狼侵犯或非禮的女人，卻不是裸女。因為就報紙所載消息，這種色狼案件，大都是輕者隔着衣裳襲女人之胸，重者扯下她的袴子，足証這些被色狼非禮的女子全穿着衣裳。如果當正有一位裸女，一絲不掛地在大街上行走，一定要把色狼嚇跑的；你想，誰不怕瘋婆？如果靠近她，叫她扯住你不放，或者咬你一口，豈非活該？不僅全裸的女人如此，半裸者亦然。我見電影上，非洲土人，美洲紅人，還有婆羅洲的土人，那裡的女人上半身全裸，乳峯露着，全無乳罩遮掩，可也沒見聽說那些地方色狼盛行。裸女既與色狼無關係，女人全裸了，說不定倒可以消滅色狼呢？因此我說日本這個比喻，越想越不大對頭兒。那麼，色狼之來侵既不在於女人之裸不裸，又在於啥仔？我以為在於女人的服裝和態度兩方面。服裝，要麼全裸，一點衣服不穿，要麼全不裸，不說戴面紗吧，襪子總得穿，別展覽美足，領子要有，別露肩膀和前胸，袖要長一點，旗袍開又要短一點；把粉臂玉腿掩藏一下。全裸的意思，是讓他看個飽，人人如此，司空見慣，也就不看了，可惜人類是夏娃的後代，先天就具有羞恥之心，這個辦不到。那就只有走全不裸之一途吧。你想，腳趾上塗上蔻丹，大腿全裸，乳峯之上全裸，就像此時此地的婦女時裝，能不引人從裸着的那一部分進而想到未裸着的那一部分嗎？未裸着的那一部分，就像鐵幕那樣的神秘，要不自由世界中人都爭着進入一睇嗎？神秘，誘人作非非之想，再加上一衝動，於是乎好人亦變成色狼矣！如果全不裸呢，那就使人什麼也看不見，不見可欲，使心不亂，那就不會再有非非想，不會衝動，於是乎色狼亦成好人矣。再說態度，林黛玉冷若冰霜，在大觀園那種只有門前石獅乾淨的地方，卻能守身如玉，無形中使色狼自己止步；王熙鳳賣弄風騷，雖然權勢令人生畏，卻招來色狼賈瑞；此即態度之關係也。如今的女子固不必像林妹妹那樣冷得不可侵犯，但絕對不可以賣弄風騷，只要取其合乎中的端正，不主動地引人逗人誘人就可以了。舉個例子，向人偷施飛眼，故意搔首弄姿，行路模彷珍曼絲非，笑着同男人沒話搭拉話……皆是。日本非裸女，其所以招蘇聯中共覬覦者，全在其未能全不裸與端正態度也。未能全不裸是指一半兒在外交上反共，另一半是在商業上極秘密地做點生意；未能端正態度是反共不夠堅定，前任首相石橋到竹幕訪問，即施飛眼之類也。誠然應該提高警覺，只是在此而不在彼耳。其實今以自由世界之大，又何只日本一國為然。此色狼之所以橫行歟！此赤色帝國主義者征服世界之野心所以未戰歟！

愛、情、慾

風眠

愛、情、慾是三件不同的東西，如混淆不分，便難斷善惡。

愛：是無所為而為的溫情善意，喜悅愛好。可以單行的如愛花，愛文學等，也可以互行的，如朋友互相愛慕是。

情：是不由自己，自然而然的情感。情發生於接觸互感之間，對花草有愛不能有情，因為花草是無感的。人與動物之間，是可以有情的。如人與狗是。情是互相吸引的，主人不見狗想狗，狗不見主人念主人，朋友互相懷念皆是。由於互相吸引，離開時就感到空虛、寂寞、無聊；反之在一起時則感愉快、興奮。同性之間有情是友情，異性之間有情，可能是友情也可能是愛情，這條線是非常微細的，不容易警覺和謹守的，因為感情像水一樣永是流動浸潤不息的，而人的理智堤防是難以時刻發生作用的，此所以人是人，不是上帝；如果沒有精靈古怪難以控制之情，人間也就沒有文學藝術了。因為情常出軌鬧事的緣故，人才有樂與苦，喜與悲，才有感發而形諸文藝。誰說自己能絕情，不是自惑就是自欺。

慾：是為我的自私佔有。不懂古董而擺設古董，只是誇富佔有而非愛好。巧言令色取悅於人並非有情而是利用對方滿足私慾；利用佔有他人之精神或身體來滿足自己的私慾這是罪惡之眞根。但人為血肉之軀，慾不能斷，飲食男女無可如何，但須節制，適可而止，使不泛濫成災。

愛是崇高的價值，情是自然的眞實，慾是為我的佔有。慾須節制而不能斷，情須篤實而不能絕，愛則是我們修養的準則，人生之鵠的。

盼（下）

盛紫娟

小英等祖母出去以後，便將布娃娃放在腿上，小手伸到衣袋裡掏出一塊疊得四四方方的小手絹，靈巧地抖開蓋在牠身上，一面拍着哼道：「弟弟疲倦了，眼睛小，眼睛小要睡覺，今天睡得好，明天起得早……。」她一遍又一遍的唱，聲音越來越低，眼皮也越來越重，終於粘在一起了，細小的脖子彷彿支持不了頭的重量，彎曲得那麼厲害。布娃娃掉到地上她也不知道，直到脖子發酸，胸口像被什麼壓住似的，她長長地喘了口氣後，猛地睜開了惺忪的睡眼四處張望着。

空洞洞的房間，在昏暗的燈光下更覺得滲淡，除了一張方桌外，只有兩張木板牀，兩隻破衣箱放在一個角落裡，另一個角落放着那隻正旺起來的火爐，火苗亂竄着，發出喻喻的聲音，爐火上的水壺吱吱叫着，她回頭看看，牆上有個孤另另的斜長的影子，她覺得害怕。從走廊上傳來鍋鏟相碰的聲音，及祖母沉重的動作聲。她揉了揉眼睛想哭，忘了把掉出來的鼻涕吸進去，就咧着小嘴叫：

「奶奶！奶——奶！」

「怎麼了，乖乖？」奶奶手裡拿着炒菜鏟，探進頭來看。

「奶奶，怕！」她伸着小手叫。

「自己把鼻涕擦了，奶奶的手髒。好孩子別鬧，妳稍微再等一會兒，菜就得了。」

小英楞楞地睜大了眼睛，心裡很不舒服，她覺得委屈。祖母看出來了，只好說：「來吧！跟在我後面，看奶奶炒菜。」孩子用衣袖抹了下掛在嘴唇上的鼻涕，一手抱起布娃娃，跑過去拉着祖母的衣角，蹣跚地跟到廚房去了。

吃過晚飯，祖母又坐在燈下縫着小英的小花棉襖，孩子卻更無精打采的坐在燈影下玩，不時打着呵欠。

「英，睏了嗎？先睡吧！」

「不，我要等媽媽陪我睡。」她猛地睜大了眼睛，好像打呵欠的不是她。

「媽媽要到半夜才回來呢。還是聽奶奶的話，先上牀睡。等媽媽回來了，我就叫醒妳。」

「我不。昨天妳沒叫我。」

「阿英，好孩子……。」她卻把臉背過去，來個不理睬。

祖母見抑她不過，嘰咕了幾句又低下頭來做活。

小英又輕聲唱：「弟弟疲倦了，眼睛小，眼睛小，要睡……。」

祖母露出狡猾的微笑，見她睡着了，便輕輕走過來把她抱起，放在牀上，一面替她脫衣服鞋襪，一面瞇覷着眼看鐘，「眞是的，已經快十一點了，還不回來。」她拉過那張已經打了補釘的棉被給阿英蓋上，顫巍巍地走到爐邊燎火。整個宇宙彷彿都已熟睡，只有壁鐘仍在不緊不慢地走着，一次又一次地嚐嚐響着。祖母看看熟睡的孩子，嘆口氣，想着那個在冰天雪地中工作的兒子，她憂鬱地沈着臉，腮上的鬆肉微微抖着。

吱呀一聲，房門被人推開，一陣冷風撲進來，老祖母有些慌亂地瞇着眼向外看。

剛進來的那個女人，無力地，東搖西幌地向牀邊走，就像是一株秋風中的衰草。老太太一見是兒媳婦回來了，才完全由沉思中清醒，一面迎上去幫她撲打她頭髮上、棉衣上的雪花，一面問：「還沒整完？吃飯了嗎？」

女人並不回答，兩眼癡癡的發呆，正在想着什麼。祖母抬頭看了看她鐵青的臉色不禁凄慘的說：「眞是造孽，每個人都弄得半死不活。」她走到廚房熱飯去了。

女人掙扎着把棉大衣脫下來，然後說：「媽，我覺得不舒服，不吃飯了。」她直挺挺地躺在小英身旁，緊閉了雙眼。

阿英突地坐起來，先是驚詫地向身旁看看，然後拉住媽媽的大棉制服，撒嬌地喊着：「媽——媽！」

她又嗅到那非常熟悉的氣味了，她感到多麼親切啊！

「媽！」她伏下身子叫。

「嗯？乖孩子。」母親勉強睜開了那佈滿血絲的雙眼，抖擻着慈愛精神扮出一個笑臉來。

「媽，妳給我買糖回來了嗎？」

「媽忘記了，明天給妳帶回來。乖孩子，好好的睡覺，讓媽歇一會兒。」母親重又閉上了眼睛。

阿英怕母親會睡着了，忙問：

「媽，妳為什麼天天這麼晚回來？」

母親苦笑了一下，用幾乎聽不出來的聲音說：「媽有事。」

她把小身體伏在母親胸上，臉貼着母親的臉，愛撫地摸着母親的脖子，然後輕輕問：「媽，妳有什麼事啊？」

母親從閉着的眼皮下流出兩滴淚珠，耳語似的說：

「開——會。」

東溪雜筆

袁氏父子自演勸進醜劇鉤玄（三）

萍士

袁世凱的絕命書

袁世凱方袍笏登場，其周圍即四面楚歌，內有江蘇將軍馮國璋、山東將軍靳雲鵬、江西將軍李純、浙江將軍朱瑞、長江巡閱使張勳等五將軍電請取銷帝制，外有外交團之警告，日本尤有乘機躍躍欲試之勢，而四川之戰中，張敬堯又以受傷聞。

袁目覩大局若此，自知力蹙勢窮，不能再抗下去，乃不得不有撤銷帝制的意思。至民國五年三月中旬，袁決定不再作皇帝，並布置實行步驟：邀徐世昌、段祺瑞負中央政事之責，由馮國璋担任長江軍事之責，電四川將軍陳宧堅守嚴防並謀與蔡鍔言和，由梁士詒電請梁啓超疎通滇桂，並復函康有爲請其勸說梁任公，是時滇軍在四川進展極速，袁乃於二十二日正式下令撤銷帝位，次日，廢止洪憲年號，仍以本年爲中華民國五年。洪憲年號方於元月元日開始，至此不足百日運命也。

袁脫除黃袍，卻又回頭作總統，爲所欲爲，來去聽便，國家名器大位直被視爲私人玩具矣。帝制撤銷後，袁又召集臨時國會，任徐世昌爲國務卿，段祺瑞爲參謀總長，他自己居然又是總統，恬不以爲恥。

然大勢瓦解，好夢難圓，西南方面，對袁氏此舉，堅決反對，蔡鍔、唐紹儀、伍廷芳、湯化龍等，紛紛通電要求袁退位下野，勿再戀棧。唐氏等電文中有云：「帝制雖已取銷，然總統資格早於接受帝位時完全喪失。此次未經人民公舉，又由皇帝嬗蛻而爲總統，未免不法，」其言袁無詞以辨。四月初，滇黔桂三省於接到北京議和條件後，開出六條答覆，內容備極森嚴。其第一條云：袁世凱於一定期內退位，可貸其一死，但須驅逐至國外。第三條爲抄沒袁及籌安勸進分子家產，以賠償帝制籌備費及對西南作戰費。第四條爲袁世凱之子孫三世應剝奪公權。

由反對帝制問題轉爲反對袁世凱非法自任總統和袁途窮病死，歷時二月餘，袁死於六月六日。袁自各地反抗後，憂懼成疾，而致其命者，則爲四川獨立。四川將軍陳宧，袁一向視爲「忠貞」分子，倚畀甚般，然陳早已與蔡鍔有來往，並主張袁退位，至五月二十二日，卒通電獨立。其電有云：「宧於江日徑電項城，懇其退位，爲第一次之忠告。……乃覆電傳來，則以妥籌善後之言，爲因循延宕之地。宧竊不自量，復于文日爲第二次之忠告，謂退位爲一事，善後爲一事，二者不可併爲一談，請即日宣告退位，示天下以大信。嗣得覆電，則謂已交由馮華甫在南京會議時提出。是項城所謂退位者，決非出於誠意，或爲左右羣小所挾持。宧爲川民請命，是項城虛與委蛇，項城先自絕於川，宧不能不代表川人，與項城告絕。：」

陳宧此電，乃袁的送終湯；袁接閱後，知已陷絕境，始決志退位，並復電陳宧。電文爲袁的親筆，是其政治的絕命書也，文中頗多哀鳴之語。文云：

「昨視松坡致黎、徐、段電，請勸我退位。公誼私情，感佩交集。但尚未悉我心。我厭問世，幾不願一朝居，再商諸重要諸公，担任善後。僉以茲事體大，且難輕放，內憂外患，相逼而來，即有亡國之禍。我年近六十，有難萬狀，尚有貪念，愚不至此，我志已決，退位不成問題，所當研究，惟在善後。政府諸公，討論多已，仍無結果。如不顧善後，撤手即去，危亡立見，實不忍至此；且亦無以自拔。目下缺點在速籌善後之策。但有二三分抵担、不致立見危亡分裂，退位一節，即可解決。務望切商政府，速定辦法，力担責任，期早定局。希即熟籌，共同妥商如何？務祈嚴守秘密，電未盡言。」

袁太子禍延乃父

關於袁世凱，各方批評的文章，多如汗牛充棟，議論紛紜。梁士詒年譜中、有一段評論，最爲允當。梁與袁有深長之歷史關係，識袁最透澈，此段評論間接當是梁之言，公允可採。其評論文云：

「按袁氏以一代梟雄，富于治事能力。外交內政，均時顯非凡手腕。徒以昧於時代關係，致召洪憲之役，前功盡棄，論者惜之。至其用人行政，好弄權術。以使貪使詐，爲不二法門。故可以用小人，而不能用君子。結果養成媕阿詭隨之習，至今未已。而不能把握社會心理，于中下級階層毫不注意，亦其致敗之巨因也。至于外交方面，則以惑于某某兩國之言，以爲泰山之靠。顧遠而忽近，致日本處心積慮，必倒之而後已。：」

以上評袁氏的失敗，從大處落墨，切中肯綮。然尚有未曾說到者，即袁子克定，倚乃父之勢，在政治上爲非作歹，劣跡昭著，（洪憲醜劇一幕，是他們父子串謀演出，）此亦袁失敗以至斃命之主因也。

關於袁克定與洪憲醜劇之關係，亦即袁太子累死袁皇帝的故事，各書有很多紀載。綜括起來，至少有具體事實三點可以舉出：第一、袁於陰謀實行帝制之初，廢國務院制，設所謂政事堂于總統府，任命新內閣，閣員中有一交通總長梁敦彥者，乃特擢新貴，此人即袁克定所力荐的。梁敦彥與袁克定在德國相交，早有默契，改用帝制，故一返國即能飛黃騰達也。第二、楊度等組織籌安會，向袁世凱勸進，乃袁克定所發縱指示者。梁啓超說：「……去年（指民四）正月，袁克定忽招余宴，至則楊度先在焉。談次，歷詆共和之缺點，隱露變更國體，求我贊同意。……」（見梁文：異哉所謂國體問題者）袁克定與楊度等同謀活動的情形，於此可見一斑。自民四一月到四月，袁克定公開在北京城裡設宴招客，張羅帝制，日無虛席，行無忌憚，京中滿城風雨，盡入皆知。第三，當西南反抗熾烈，袁日暮途窮，決定撤銷帝制之時，克定仍反對梗阻。據梁士詒年譜載：「（三月）二十日，（袁）召集國務卿，各部總長，參政院參政，肅政院肅政使，平政院院長，討論撤銷帝制問題。討論結果，決定是夕下令。其中忽生一波折，即袁長子克定之阻止是也。克定之意，以爲不爲帝制，必仍爲總統，今日西南各省，既不慊於稱帝，乃以獨立要挾取銷帝制，安知取銷帝制後，若輩仍不慊爲總統，又以獨立要挾取銷總統乎？得步進步，無已時也。項城動容，飭鑄印局將令文送回更改。至二十一夕，乃再決定下令。」

以上所載，他書少見，袁克定跋扈胡爲，禍延其父的劣跡，於此昭然若揭矣。

亮齋閒話

優諫與領袖（三）

徐亮之

不但暴君能接納優諫，甚至有時昏君也懂得接納優諫。後唐莊宗李存勗晚期的政治生活，不能不說乃一典型的昏君；他因爲自己「既好俳優，又知音，能度曲」，竟自己取個「李天下」的優名。他曾違忠貞大臣郭崇韜之諫而發表兩個優人做刺史。更聽優人景進的讒言把郭崇韜的女婿自己的弟弟存乂殺掉，而以景進做御史大夫上柱國，「軍機國政，皆與參決」。可是究竟有一次他曾經聽進了另一優人敬新磨的眞話；「新五代史伶官傳」曾記這事的經過說：

「莊宗好畋獵，獵于中牟，踐民田。中牟縣令當馬切諫，爲民請。莊宗怒，叱縣令去，將殺之。伶人敬新磨知其不可，乃率諸伶走追縣令，擒至馬前，責之曰：『汝爲縣令，獨不知吾天子好獵耶!?奈何縱民稼穡以供賦稅!?何不飢汝縣民而空此地，以備吾天子之馳騁!?汝罪當死！』因前請亟行刑；諸伶共倡和之。莊宗大笑；縣令乃得免去。」

光就這點說，莊宗這位糊塗天子的虛懷雅量，眞乃可和楚莊王先後媲美哩！

那末，優伶無權無勇，何以竟能對政治領袖而權威無上的天子如此肆無忌憚呢？我想：這秘密「國語」又已經泄露給我們了。「國語晉語二」載優施曾和驪姬說過「我優也，言無郵（過）」的話；大概優伶說話的可以不負責任，乃中國古代的不成文法，所以縱對領袖有所諷刺侮弄，照例得在「言者無罪而聽者足戒」的大前提下含容過去；或者非加以含容不可；甚至越能含容轉而越能表示領袖的虛懷雅量；因爲這一優良的宮廷風氣便直影響一兩千年而不衰。

，優伶們對最高領袖的天子既敢如此肆無忌憚：則對天子以下的大臣自更不放在眼底。在北宋就有他們公開在天子面前諷刺大臣的三個故事。

第一個故事見「萍洲可談」；諷刺的對象是宰相王安石。那時安石因創行新政而不獲輿情，迫得大量汲引新人以固勢力，朝野側目。一天，優伶們在神宗趙頊面前曾表演一齣這樣的雜劇：甲騎驢直上殿廷，乙連忙趨前急阻；甲說：「怎麼？我還以爲有脚的都上得去哩！」——從此這位「拗相公」的大胆作風方才稍稍收歛。

第二個故事見「齊東野語」；諷刺對象主要的是太監童貫。童貫乃徽宗趙佶和宰相蔡京共專朝政紅得發紫的大員。在他征遼失敗逃回時，一天，優伶們在趙佶面前曾表演一齣這樣的雜劇：甲、乙、丙裝扮不同髻型的鴉鬟上場；甲頭上只梳一條髻，自言乃蔡太師家的鴉鬟；乙丙問她爲何梳這髻型？甲說：「這叫朝天髻；因爲我家太師天天都和皇帝見面。」乙頭髻偏梳在一邊，自言乃鄭太宰家的鴉鬟；甲丙問她爲何梳這髻型？乙說：「這叫懶梳髻；因爲我家太宰已回鄉守制，不問朝政（按隱諷蔡鄭失和）。」丙頭上亂梳着許多髻，自言乃童大王家的鴉鬟；甲乙問她爲何梳這髻型？丙說：「這叫三十六髻；因爲我家大王正在和敵人打仗（按「髻」叶「計」音，暗諷童貫兵敗逃走）；所謂「三十六計，走爲上計」也。」

第三個故事見「獨醒雜志」；諷刺的對象是宰相蔡京。這時蔡京正建議發行「當十錢」；一天，優伶們在趙佶面前表演一齣這樣的雜劇：甲扮做賣豆漿的上場；乙扮做顧客，吃了一碗豆漿後，拿出一枚「當十錢」要甲找回九個錢。乙說：「我纔開市，沒零錢；您多吃幾碗再找吧。」乙連吃了五六碗後，捧着肚皮說：「再也吃不消了！一個『當十錢』都沒得找，要是我們相爺改成『當百錢』，那時看您怎麼辦!?」——趙佶聽了，據說從此就不再準備發行大錢。

王安石乃神宗言聽計從的權相，蔡京和童貫更是徽宗朝炙手可熱的權姦，却都對於優伶的諷刺侮弄祇有俯首聽命而莫可誰何；這虛懷雅量賢於今日的所謂民主領袖與什麼當政大員迴乎遠矣！

對於優伶諷刺充份表現其沉不住氣的是南宋的秦檜。秦檜既以迎合高宗趙構偏安主義，反戰主和，拒迎「二聖」，矯殺岳飛，獲寵晉位太師，大受銀絹邸宅賞賜。「桯史」載他喬遷新邸時，優伶們曾獻演了如下的一齣雜劇：甲先上場，大頌秦檜功德；接着乙驅把太師椅上場；甲客氣了一番，正想坐下，不料却掉了帽子，露出小頭巾靠後腦處拴了一個大鐶；乙以驚異的神情問道：「你這叫做什麼鐶？」甲說：「這叫二聖鐶。」乙聽了立刻打着甲的頭罵道：「你只知道坐太師椅，領銀絹兒，這個二聖鐶（按「鐶」叶「還」字）就掉在腦後算了！」但第二天他們却被拘捕，竟都死在牢獄裡！

秦檜畢竟只配在西湖岳墳前充鑄鐵像的材料；他悍然承繼了周厲王尤其是武則天以來的特務傳統；他悍然破壞了春秋以來「優言無郵」的優良傳統。

四八、一〇、二二。

本刊已經香港政府登記

每逢星期五出版

聯合評論 週刊

United Voice Weekly

第六十四號

督印人：黃宇人　總編輯：左仲平

社址九龍金馬倫道卅八號三樓　電話61413

承印嘉羅印刷有限公司　香港灣仔馬師道5號

總代理：友聯發行公司　售價每份港幣一毫

本報美洲版總經售處　美國紐約中美出版社

CHINESE-AMERICAN PRESS, INC

199 CANAL STREET.,

NEW YORK31 N. Y. U.S.A.

美洲航空版零售每份美金一角

在極度苦悶中的一個呼籲

臨渴掘井，已嫌太遲；亡羊補牢，猶未爲晚！

左舜生

（一）

整個局勢已陷於極端的苦悶中。

在內外這樣一種情況之下，如果大家沈不住氣，同時對當前這一僵局的形成，又沒有一種分析的認識，則可能使這種苦悶的氣氛加重：在個人，或許要流於悲觀，喪志；對大局的應付，或許更要顛倒錯亂，馴致使大家無從措手。

在過去若干年，我個人對大局的發展，原有相當一貫的看法：

第一，我認定世界在最近的將來，不會發生全面的突變，那些存着世界三次大戰不久便要實現的幻想者，他們的假定必然落空。而且我曾進一步的說明：以過去十年來的種種措施，即令大戰發生，不僅對我無益，可能還要帶來一大災害。

第二，我認定中共儘管有種種作態，但他們決不會糊塗到以武力去奪取台灣，遠在韓戰以前，我在『自由人』上便寫過一篇短論，我說：『毛澤東的第一狠處，便是不以武力去打台灣。』等到第七艦隊進入海峽，而在台灣島上又已有了飛箭砲的設置，所謂中共將以武力侵台的這一說法，便已成了過去。中共中的少數妄人，可能仍有這種妄想，但得不到蘇聯的許可與實際支持，乃至無法使蘇聯因台灣問題的解決而甘爲發起大戰戎首，中共畢竟鼓不起以武力侵台勇氣，尤以得到韓戰後的實物教訓爲然。中共的砲擊金馬，其目的之一在加強冷戰緊張的氣氛，試探美國的態度，配合統戰的推行；另一目的，則在表示他們在沿海配備的力量充實，足以警醒台灣反攻的幻夢。

第三，我承認台灣在最早的三幾年，未嘗沒有反攻的一種願望，但經過這七八年的演變，似乎已漸漸知道茲事體大，並不如一廂情願的那樣輕鬆；等到去年蔣杜聯合聲明發表，然後大家才知道反攻的重點，已由軍事而移於政治。可是現在隔聲明的時間又已一年，究竟在這一年中，台灣對於政治反攻的準備，有何具體的事實可指，至少我們這些流亡海外的人們，卻依然無從列舉。我們所聽到的，只是一片擁戴連任之聲，而將總統之爲『中華民族的救星』，則仍歷三十五年如一日。

（二）

所不幸者，中國問題確已成了整個世界問題重要的一環，至少因中共蹯踞大陸十年，亞洲若干國家，已直接間接感受莫大的威脅，因之，欲就世界問題作一全面的解決，決不能把中國問題劃在範圍以外，一聽台灣關起門來一切因仍舊貫的惟所欲爲，自屬事理之所當然。

艾森豪總統曾說明他和赫魯曉夫在大衛營談到中國問題，但因彼此間的主張相去太遠，無法續談下去。所謂無法續談下去，決不是表示他們沒有理解到這一問題的嚴重性可知。大衛營可以不談，在未來艾克答訪蘇聯的時候，是否依然可以不談呢？即令艾赫在莫斯科依然不談，但在明年必開的高峯會議中，是否仍會把中國問題置諸不議不論之列呢？老實說，除聯合國以外，另有所謂高峯會議的出現，則整個世界問題的命運，依然決於少數的大國可知；既決於少數的大國，則問題的解決，不能不以大國的利害爲利害可知。艾森豪這位和平老人的任期，明年即已屆滿，（他非走路不可，根本無所謂連任）繼起者屬於何黨何人，則尙在不可知之數，可是中華民國今天惟一所恃的友邦僅一美國，而美國對中國問題究竟作何打算，也就不幸同樣陷於不可知之數了。

（三）

本來，像美國這樣一個言論自由的國家，由一個研究機構——像康隆協會這樣的一種機構，向他們的參院外委會提出一份美國外交問題的報告，這是半點也不稀奇的。可注意的，乃是這一報告的提出，乃是出於該外委會的委托；而該委會的負責者，又明明知道該報告中關於中國的部分，乃特別富有刺激性；並且說明將充分加以研究；但何以在未經研究以前，即不能稍緩須臾的摘尤宣布，而給予中華民國以一次莫大的侮辱？這是不是意在表示美國確有一部份人主張容許中共加入聯合國，而對「兩個中國」的製造則不惜加以正面的承認，期待在艾赫再度晤談及高峯會議舉行以前，標出這樣一種可能的高價，求得全面和平的購取，以期達到美國最終極的目的？中國反攻復國的前途，果不幸而演變到這樣一種境地，這是不是對十年以來中國人民所希望的一切一切，又來一個一筆勾銷？

（四）

『人必自侮，而後人侮之；國必自伐，而後人伐之。』海外若干人士十年以來的言論，始終認定國際援助可恃而不可盡恃，政府而果有反攻復國的誠意，則對於如何團結全國，產生一堂堂正正以表示舉國一致的堅強機構，以求得一自力更生的切實辦法，其事決不容許少數人師心自用、而加以一筆抹煞！事態演變到「如目前的這一景象，我仍不惜作出如此的最後呼籲，事誠有類如「臨渴掘井」，可是及今圖之，即在高峯會議舉行以前，使我能有一全國堅決意志表示的機會，則仍不失爲「亡羊補牢。」我這一願望是否仍有幾希實現的可能，則當於今後三五個月中台灣少數執政者的意態與行動卜之。機不可失，稍縱即逝，我終希望蔣總統及其左右一二最可信賴的親信，畢竟有最後悔禍之一瞬也！

國運士風與君子之爭

蕭輝楷

知識分子對一個國族社會的特殊重要性是無可否認的。一個國族社會，不外一大羣人之有規律有秩序的結集，在結集中共度一種有規律有秩序的生活；「規律」與「秩序」推至極端固然會成爲極權，但在無論如何自由，甚至無論如何鬆散的國族社會中，形成人羣結集的某些基本規律與基本秩序仍然必須存在，亦即說，某些共通的知識見解與感情嚮往，以及由此而生的某些共通生活習慣，與解決各類問題的共通方法約定，必須有其最低限度的普遍接受性。這些「規律」「秩序」，這些知識見解感情嚮往，這些共通生活習慣與解決問題的共通方法約定，全是人類精神活動之中的存在，因此，其產生、維持與改進，幾乎完全繫於這一人羣中最具創造力與說服力者的心智活動，是即這一人羣中的知識分子在文化、教育、以及羣體組織羣體運作諸方面的思考與實踐。上述了解可使我們確信：一個國族社會中的知識分子，對其所屬國族社會的使命，應該不僅是各種具體知識的傳承開展者，同時更應是在這一國族社會中教化羣倫，領導衆庶的羣體靈魂工作者；一般知識分子應該如此，從事文化、教育、政治、社會這些方面的工作的知識分子尤其應該如此。

以上還是僅就一個安定合理的國族社會說。對於一個紛亂黑暗、亟待改造拯救的國族社會，知識分子的這種羣體靈魂工作就更加來得艱鉅而緊要。一個紛亂黑暗的社會，即是業已有了許多（足夠支持此一社會之存在的）錯謬不當的知識見解，感情嚮往，以及與之相應的習慣與制度的社會；對於這一社會的拯救與改造，主要便是對於這些錯謬不當的羣體精神內容的排除，與比較正確合理的新的精神內容的建立，亦即知識分子對於羣體靈魂之除舊佈新、去腐生肌的工作，這種工作是雙重的，帶有鬥爭性的，兼具破壞作用與建設功能的，因此也是特別沉重特別緊要的。

今日處身海外的中國知識分子，面對的中共的極權體制與政府的不民主作風，正是上述紛亂黑暗，亟待拯救與改造的不可喜的國族社會，其使命正是對於造成這種紛亂黑暗局面的原有社會人心的除舊佈新，去腐生肌的工作，這種工作之艱鉅緊要也正如前節所說。在這種情況下，所有有志救國救民的知識分子，特別是知識分子中間的文化工作者，其必須分外地淬厲奮發，團結一致也自是不勞多說的。

然而，在海外和台灣、在大陸淪喪以後的十年艱苦歲月中，一般知識分子的表現，無庸諱言地顯有瑕瑜雜陳之象。我們有不少淬厲奮發的人，但也有不少消沉退避的人；我們看到了許多值得讚美的團結合作的努力，但也同時看到了許多無謂爭執的現象。消沉退避之爲不應該，世所共知，論者已多；在此，我願特就各種經常存在於知識分子間的爭執攻訐現象，簡略陳述一下個人的意見。

我認爲一般的爭執表現不外四端：一、對於思想文化問題的爭執；二、對於現實政治見解的爭執；三、對於權位利害的爭執；四、對於恩怨意氣的爭執。

對於思想文化問題的爭執，我覺得似乎是這十年來深堪遺憾的事。思想文化問題是深透靈魂的各種大問題，也是人類數千年聚訟紛紜的各種老問題，對於這些問題，不同見解的存在是必然的，共通見解之無法立刻求得也是毫不出奇的。面對這類問題所生的紛紜，我認爲最可取法的原則似乎是「正視異議」與「求取最大公約數」這兩點。我們同屬一個國族社會，同有一些共通的基本要求與現實立場，則對於這類數年無法當下解決的大問題老問題，求取起碼的共通點以維繫大家的合作，其理至明；不過，這種「最大公約數」之能求得，其前提恐怕必須是大家都能先有「正視異議」的雅量。所謂「正視異議」，即是用同情的態度來考察對方的理由，至在自知無法真正折服對方時，尊重對方的理由；任何祇顧自己理由而不理對方理由的態度，無論其表現爲激烈的謾罵或是消極的不理，全是阻礙「最大公約數」之能出現的有害態度。

對於現實政治見解的爭執，我的意見非常簡單：民主自由的理想與制度，即是能夠顯得政見爭執之最佳解決的理想與制度，順自由理想與民主制度而行，一切政見之爭全可合理地出現解決之道；至於民主自由的理想與制度本身之爭，乃至間接地必然牽涉到對民主自由本身的肯定與否定之爭，則是毫無疑義地可以立判是非的，這種爭執乃是根本無任何「合理解決」之可能的，如所周知，不待多說。

最後，對於權位利害之爭，對於恩怨意氣之爭，甚爲不當，其應避免，以及在無法避免時之必須訴諸公意與論的制裁以求解決，尤屬一般的常識。我僅僅願在這裡提出兩點：第一、解決主要繫於第三者乃至當事人本身的公正，而「公正」則必須來自文化道德意識；第二、解決的具體方式在能形成強有力的輿論，而強有力的「輿論」則祇能是民主自由制度下的產物。

因此，歸結說來，文化思想問題，亦即科學精神與道德意識問題，加上民主自由理想與制度的問題，乃是解決一切爭執的基本原則。對於希望組織各界以產生「力量」的人，我特別願意強調指出此點。

談聯俄容共及民主運動（下）

並就正於黃宇人先生

張忠紱

黃先生責難國民黨的老同志……『多無所作爲；反而讓中共乘機滲入，並竊據了許許多多的黨務機構和民衆組織。不幸，中山先生又死得太早了，有些不肖的黨員爲了奪取權位，竟不惜勾結中共以自重；』筆者拜讀黃先生的全文，對這一段最不能同意。作史論的人，必須爲當日的人物設身處地。所以筆者說，孫先生當日的失策，不在聯俄容共的本身，而在聯俄容共的條件與辦法。爲國民黨的老同志設身處地，他們有什麼辦法？他們已經指出中共的『言論行動皆不忠於本黨，違反黨義，破壞黨德，確於本黨之生存發展，有重大妨害。』他們的主張沒有被孫先生採納，而正如黃先生所說：『國民黨十三年改組後，黨的組織和工作重心已有了劃時代的改革』，凡反對與共產黨合作的國民黨老同志，他們既不願幫助中共而執行鮑羅庭所決定的方策，以妨害國民黨的生存發展，他們又不能反抗黨的領導者（正因爲黨的組織已有劃時代的改革，黨的權力業已集中），他們若不肯叛黨，他們勢必只有出於消極的一途。許多黨務機構和民衆組織，只有聽任共產黨員與其同路人把持；否則，反對與共產黨合作的國民黨老同志，他們縱不變成同路人，也必將成爲共產黨的工具。

至於所謂不肖的黨員勾結中共以自重一點，實則，與其說這班國民黨黨員不肖，勿寧說這是當日不可避免的歸趨。共產黨滲透的用心，除利用與把持外，即在挑撥離間。他們有蘇聯實力的後盾，他們有孫先生的『信任和重用』（黃先生文中語），而當日國民黨所奉行的鮑羅庭的方法，組織，及訓練，又只有他們方能誠心誠意的推行。我們後世論史的人，如何能責備國民黨『老同志多不了解其意義，他們仍保持改組以前的觀點和舊作風，甚至在中央黨部或各地黨部担任要職的老同志，亦多無所作爲？』國民黨老同志如果改變觀點與作風，他們充其量也不過爲國民黨多增加幾個廖仲凱，爲共產黨多增加幾個同路人。

在國共合作期中，國民黨發展了一分，共產黨發展了十分。這不能歸咎於國民黨老同志無所作爲，也不是共產黨黨員個個人都有三頭六臂。這只是因爲國共合作期中，國民黨的組織，方法，及訓練完全效法蘇聯，又由俄之鮑羅庭操縱。用蘇聯極權的方法，組織及訓練，想建立三民主義的民主共和國，縱令蘇聯與中共沒有絲毫陰謀，誠心誠意的爲三民主義奮鬥（在常識上，這是不可能的），似乎也不是邏輯所能容許！方法，組織及訓練，係團體的精神所在，用（蘇聯）賊民的精神，作救國救民的事業，其害自不止於緣木求魚。

聯俄容共的一段歷史，必須以純論史的觀點評議。筆者不屬於任何黨派。中山先生的愛國，以至爲三民主義而奮鬥，無人對之懷疑。黃先生與筆者看法不同的地方，似乎由於黃先生側重在孫中山先生的宗旨與目的，而筆者則兼論及孫先生聯俄容共政策的後果與得失。所以黃先生說：『中山先生的主旨，除了外交上之運用而外，僅欲師法俄國革命的經驗，建立一個組織堅强的黨和一支忠於革命的軍隊，却並無在中國實行一黨專政和在國民黨內實行個人獨裁之意向。』

中國古語所謂的『欲速則不達』和『緣木求魚』，其用意都是在告訴後人，目的與方法原是截然不同的兩件事，而且方法足以影响目的，甚至於妨害目的。孫先生聯俄容共的目的，後世論史的人可以諒解。孫先生聯俄容共的辦法，我們爲忠於歷史，爲使後來者知所借鑑，我們却不宜與以曲解。孫先生聯俄，容共所採取的辦法，即使孫先生沒有早日仙逝，亦必導致中共的成長，而不能達到他所要建立的三民主義自由民主國家。南轅而北轍，不論行程有多快，明眼人已早可以知道終點何在。

孫先生的目的儘管是要建立一民主國家，孫先生聯俄容共的作法，却早已不自覺的，至少種下了三大惡果：（一）使中國人士，尤其青年，撤除了對共產主義的疑慮與恐怖，而將共產主義與三民主義等量齊觀，（孫先生本人即曾屢次演講，勸中國人不要誤會，不要恐懼共產）。（二）引起國民黨內部的分化，使左右兩派無法合作。孫先生在世之日，尚可以個人的威望暫時鎮壓，然而遲早必將爆炸，即使孫先生在世，恐亦無能爲力。清黨以後，此項惡果並未能消除，以致不滿意於國民政府的國民黨員，許多都變成了共產黨的同路人，宋慶齡，李濟琛等，其尤著者。（三）國民黨於民十三年改組後，既一切學蘇聯的方法，組織及訓練，聽命於鮑羅庭，清黨以後，中共黨員雖被排除，鮑羅庭亦被逐返俄，但因聯俄而引起的三民主義中的一部份理論，以及國民黨中效法蘇聯的許多作法，並未被徹底清除或加以正確而有利於國民黨的解釋。正因爲這許多觀念與方法的混淆不清，故此抗戰末期與抗戰後期，中共能以新三民主義號召，儼然以三民主義正統信徒自居。

凡此，均與孫先生的宗旨或目的無關；這只是學蘇聯的方法，組織及訓練的必然的後果！

奉政治思想家或政黨領導者爲神明，而不許對之作任何批評與非議的，實始於列寧，史塔林的蘇聯的共產黨。孫先生的目的既在建立民主的三民主義共和國，則孫先生自無意自居於神明。是故舉凡孫先生的理論與作法，孫先生若在世，亦應歡迎評議。後世論史的人，自更無處處必須爲孫先生辯護的必要。偉人不是聖人，聖人不是神明。在今日，新舊約，可蘭經，佛經，道德經，幾無一不已隨時代爲後世所修正解釋。中國的孔子，他原不是宗教家，他的言行，已早爲後人所重新估價；而且他本人的立教，也從來沒有抱持窄狹的胸襟，自以爲一切都只有他自己是對的。孫先生是欽佩孔子的人，又生在民主時代，他的活動範圍，原在革命與政治改革方面，後人若果要繼續他的遺志，殊無處處爲他辯護的必要。

故意曲解孫先生言行，而又將孫先生比諸蘇俄的列寧，視爲神聖，不容有所評議的，實始於蘇聯與中共和國民黨合作以後。國際陰謀者的用意，本顯而易見。眞誠愛護孫先生，愛護中華民國的國民黨信徒，最好能早日擺脫這種不自覺的觀念，使孫先生的言行得着公平的估價，使國民黨的理論歸於純正，而後庶幾可以達到孫先生的主要目的——建立三民主義的民主共和國。

中共與日本

高瞻遠

最近兩個月來，日本與中共之間的交往忽然多起來，首先是日本前首相石橋湛山訪問共區，接着來的是日本共產黨代表團，和日本各界慶祝中共「國慶」的代表團，以及自民黨長老松村謙三的私人訪問，這一連串的訪問，因各個目的不同，身份各異，所表現出的手法也不一樣。

石橋湛山的訪問已成過去，留給自由世界及日本人的印象，就是石橋又上中共一次當，結果雖然和周恩來發表了一項聲明，效果却等於零。

日共代表團由日共主席野坂參三率領，也是以慶祝中共國慶爲名，於十月一日以前到北平，可能因爲當時的貴賓太多，一直到了十月一日之後，毛澤東才和野坂見了面，十月二十日野坂以日共代表團長的名義和中共代表團長劉少奇簽署了一項聯合聲明，聲明的內容可不去說它，還是共產黨經常喊來喊去的幾句舊話。値得注意的是野坂這個代表團的組成，缺乏有力份子。野坂抗戰時在延安住過六年，當時他化名岡野進，所以野坂親中共是毫無問題的，可是勝利後野坂回到日本，却並不得意，直到前年日共書記長德田球一死在北平（死因離奇）之後，輪次被推爲第一書記，旋改爲主席，但大權操在總書記宮本顯治（親蘇派）之手，本年三月間，宮本顯治也來北平訪問，和鄧小平發表過一個聯合聲明。此次野坂來北平，按照野坂身份，應和毛澤東發表聲明才是，不過毛澤東眼中看不起野坂，只派劉少奇出頭簽署，毛則溜到濟南巡視去了。

其次說到日本社會黨顧問，前首相片山哲所領導的代表團，這個代表團號稱有七十幾家民間團體所組成，實際完全是社會黨所發動，七十多個團體也原是社會黨的外圍組織。社會黨組織團體去訪問共區不奇，去慶祝中共國慶則不免有點冒昧。因爲此次中共國慶，鐵幕以外的國家，所參加的代表團，普通分爲兩種性質，一種是政府派遣的，如伊拉克，也門，尼泊爾，印尼等國，完全是官式的，代表團員也不是共產黨員。一種則是各國共產黨派來的，完全以「兄弟黨」的資格來的，至於非共國家的非共政黨派遣代表團慶祝中共國慶的，只有日本社會黨一個團體，可見日本社會黨拍中共的馬屁是如何的不擇手段，罔顧廉耻。

這個代表團於九月二十七日到北平，却遲到十月二十一日才和中共簽署了一項共同聲明，中共方面出頭簽名的有七個「民間團體」，即「中國人民保衛世界和平委員會」主席郭沫若，「中華全國總工會」主席劉寧一，「中國亞非團結委員會」主席廖承志，中共「婦女聯合會」主席蔡暢，「中國人民外交學會」主席張奚若，「中國人民對外文化協會」會長楚圖南，「中華全國青年聯合會」主席劉西元。這七個「民間團體」負責人有五個是中共黨員，其中有三名中央委員，一名中共青年團第二書記。日本方面除去片山哲之外，還有幾名副團長也簽了名。這個共同聲明最大特色有兩點：一是社會黨表示日本人民要擺脫美國控制，廢除安保條約，實現日本獨立。一是承認中共與日本之間政治關係和經濟關係不能分開，換句話說，如要貿易，乃可建交。前一點全是中共的聲音，中共到現在不承認日本已經獨立，可憐的社會黨居然也承認自己的國家未獨立。後一點則和日本的國策完全相反，社會黨也毫無保留的承認了。看社會黨的作法，好似他們能否執政，不決定於日本人民的選票，而是看中共的顏色，一個政黨自賤到了如此地步可爲一嘆。

比較起來差强人意的是松村謙三，松村到了北平，未會舉行任何儀式，完全以私人資格而來，周恩來於十月二十一日舉行酒會招待，周恩來致詞强調「中日人民並肩保衛和平」，松村答詞却只說是來看看中共的巨大建設，中國的古代文物，因爲他是個漢學家，所以希望遊覽一下中國名山大川，又因爲他作個農業教育工作，所以也希望了解共區的農業和文化教育工作。無一語觸及政治問題，周恩來遇到這個老滑頭，恐怕要白賠一筆招待費了。

美國應回到孤立主義舊路嗎

·蔡景文·

圍堵政策的製訂人肯南，在最近歷次演說中表示美國應回到孤立主義舊路，國會中支持此說者亦頗不乏人。這無異是要美國屈服的可怕思想，是個值得注意的問題。

在美國國務院裡，被公認最懂得共產主義的，只有二個半人：一位是已故的杜勒斯，一位是肯南，那半個是前美駐菲律賓大使，現任助理國務卿的包寧。

肯南不僅是美國一流的俄國通人物，且是戰後對蘇外交政策的幕後擬訂者。著名的圍堵政策，即出自他之手。

艾森豪繼杜魯門入主白宮後，雖然喊出漂亮的解放鐵幕後政策，但本質上並沒有脫離圍堵政策的巢臼；杜勒斯高叫的嚇阻政策，戰爭邊緣政策，亦不過是加强對圍堵政策的註釋而已。

但是肯南自去年以來，特別是自蘇俄人造衞星射入太空後，他的論點完全改變了。他在歷次重要演講中主張與蘇聯妥協，同時以爲美國應回到孤立主義的舊路。他的意見很快在國會得到反應，撥欵委員會裡，就響起了要大大削減援外撥欵的主張。

究竟是什麼因素，使肯南的思想轉變的呢？要了解他這種自我「修正」，尚須先探究他的思想根源。

肯南擬訂圍堵政策的思想基礎，首先是根據他的政治哲學；他以爲極權政治的本質發展是直線恒動的，要能不斷擴張發展才能維持其內部的穩定。一旦發展被阻遏，其發展的衝力會以相背的方向，朝向其自身衝擊，構成危害其本身的一種爆炸力。其次是根據他的地緣政治學的思想，他以爲蘇聯在世界地理上的位置是對自由世界非常危險的，因爲，從地緣政治學的觀點看，蘇俄已經站在過去希特拉所夢想不到的地位上，因爲蘇俄已以滲透顛覆的手段攫得那些衞星國家，而這些國家是被地緣政治家所承認的世界島上的心藏地帶。肯南以爲對抗蘇聯在地理上的優勢，只有緊緊地保有邊緣地帶來對抗，也就是必須站穩在目前鐵幕以外的地區，不能再有絲毫退讓。他的公式是：在戰畧地位上遏阻蘇聯後，使蘇聯無法擴張，加速其內部政治經濟的緊張而使其崩潰。這種看法，確有其一定的價值；但不幸的是，今日蘇聯的科學成就，已超越了昔日地緣政治學上的觀點。而且蘇聯的政治經濟情況在長遠的圍堵政策實施以來，也並未達到預期的危險程度，反之美國必須以龐大的預算維持其海外基地，若干盟邦又未能同心合力，而來自西洋的潛艇與飛彈的威脅却日甚一日，這一切，遂使肯南的思想變了。

廿世紀初，美國一位海軍名將馬漢，在他的著作海權論中說，地球上的陸地，只佔海洋七分之一，而陸地是給海洋所包圍的，於是他提出了「誰控制海洋，誰可包圍陸地，誰包圍陸地，誰便是世界的主人」的名言。他的論點，極爲當時的海權國家所欣賞，而海權思想也就影響了歐美各國紛紛爭取海權的優勢，這是後來英德兩國由海上競爭，進而促成第一次歐戰的原因之一。不久馬漢的思想遭遇了另一位地緣政治家的攻擊，這便是陸權論的麥金德。

麥金德對世界地理的看法與當時流行的概念不同，麥氏以爲，歐亞兩洲在地球上看來是一個島，他稱它是世界島，西歐是世界島的尖端。他主要論點是：自東歐以迄東西伯利亞是世界島的心臟地帶，以外的地方是邊緣地區，這些地方如西歐、菲洲、阿拉伯、中南半島、日本、台灣、北美洲等是。於是他的結論是：誰能控制了東歐，誰就控制了心臟地；控制了心臟地，就控制了世界島；誰有能力控制世界島，他就統治世界。這個理論，在第二次世界大戰時爲希特拉完全加以接受，是希魔咆哮着要發展生存空間和開向東綫的一個原因。但麥金德的理論又給後人修正，這派的論調以爲陸權論之基點在於控制心臟地，他們懷疑控制了心臟地就能統治世界之一說。他們說，心臟地缺乏海口，缺乏資源，交通不便，天氣不良，是宜守不宜攻的戰畧地。因此認爲邊緣地的價值遠在心臟地之上，因爲它是海權與陸權的結合物。肯南的圍堵政策，可以說是代表這一派思想的抬頭。

肯南的思想，在經過和馬歇爾的戰後援歐的經濟思想結合後，形成爲杜魯門政府的馬歇爾計劃，杜魯門主義，以及第四點計劃，援外法案等。因此圍堵政策在事實意義上不是一個計劃的整體而是上述各個計劃的總稱而已。

有了圍堵政策，戰後美國外交的重點，在於海外基地的獲得與盟國的爭取，美國援外法案亦跟着這個思想走的。了解了這個問題，對於爲甚麼科學最發達的美國在火箭的發展也會落在蘇聯之後的疑問，便不難獲得答案了。按肯南的公式，在這世界島上，美國海外基地與盟邦保有的邊緣地，和蘇聯保有的心臟地的距離，沒有超過一千五百哩的。最近的只有幾百哩。換句話說，從西德、希腊、土爾其、日本、阿拉斯加，至蘇聯的心臟地的半徑，在一千五百哩以內。五角大厦即根據這個半徑的尺度，和經濟的觀點來發展他們的飛彈計劃，把若干科學家提出的長程飛彈計劃東之高閣，他們以爲發展短程的飛彈，應用在美國的海外基地上，已足以使蘇聯受致命打擊有餘，於是，持相反觀點的蘇聯在長程飛彈發展上就遙遙領先了！

去年十月蘇聯人造衞星射入太空時，美國三軍間會因此互相攻擊，國會亦進行調查，而肯南公式且被蘇聯用最諷刺的言論加以嘲弄，圍堵政策，看來已被長程飛彈所突破！優勢已幷不盡屬於美國方面。於是，肯南的思想變了，他必須作自我的修正。

肯南的改變，主因是由於科學成就凌駕於他建在古舊的地緣政治的觀點上；其次，我們不能不估計一下人爲的影响，這個問題，簡單地說這是蘇聯對於肯南公式的一個深謀遠慮的答覆。赫魯曉夫上台後的步驟是：一、爲和緩國內政治壓力，稍稍放寬了國內人民的自由尺度與改進了一些生活水準；二、發展長程飛彈與北極艦隊；三、分散了高度集中的工業區；四、他用和平攻勢來瓦解美國與其盟國間的關係。這些措施，由於部份已獲得了成功，面對新的客觀形勢，肯南是到了非修正他思想不可的地步。

假如現在要問，肯南的思想錯誤嗎？是否要對美國飛彈落後負責呢？

回答是這樣；肯南思想確是有其高度的客觀價值的，也正因爲此，遂迫使蘇聯對於弱點提高了警覺，在內政外交上作了應有的改變。

但是我們也要指出現在的肯南卻是錯了，他那套主張美國與蘇俄妥協，回到孤立主義的老路上的論調，無論如何是不合時宜的。說得嚴重一點，這是要美國屈服的可怕思想。國際政治家指出，第一次大戰以後，美國孤立主義的抬頭，是造成第二次世界大戰的因素，那末，歷史怎能允許美國再蹈孤立主義的覆轍呢！

僑務政策與華僑研究

孟戈

一、

人類歷史在大轉變中，登陸月球的宇宙火箭，均衡了東西兩壁壘核子武器競爭的階程，未來毀滅性戰爭的恐怖，影響了文明人類的思想。因而「和平共存」的濫調，就越發適用於現實了。艾赫會談的結果，緊張的國際局勢必將漸次和緩下去。但，冷戰的持續，局部地域性的紛擾，不論就時間與空間來說，對共產國際的侵畧發展，仍是有利的。

面對今日的形勢，摧毀中共在大陸上的極權統治，已經不是等待國際戰爭的爆發，或等待「從大陸反攻大陸」的局面出現，所能奏效。多年來的幻想與空頭口號，徒然令人增加無限的悵惘！

作爲一個華僑——特別是寄居東南亞的中國人，中國大陸一天不能克復，所處的環境就一天不會改善。所謂「三十年後無華僑」這確乎不是聳聽的危言。稍爲關心東南亞與華僑問題的人，就會想到印尼「國籍法」和新馬地區的「泛馬民族主義」的影響，和所帶來若干事實——寄居在這些國家裡的華僑，有的由於大陸上新奴隸社會裏的新奴隸生活方式，引起了他們强烈反感，業已放棄傳統「落葉歸根」思想，爲了適應新現實，很多就地歸化了。這樣爲的是要疏遠祖國的禍福安危。有的由於若干新興國家，從殖民主義解脫下來所產生的狹隘種族觀念，廣受排擠與迫害，生活範圍被一再壓縮，失去了華僑傳統底生存競爭的優越條件，爲了從事生活鬥爭，漸漸地漠視了政治鬥爭。我們的政府，一貫宣揚有一千四百萬華僑站在反共戰綫上，如果正視新馬三百多萬和印尼二百多萬華僑合起來的這五百多萬僑衆的轉變，已經和「反共鬥爭」漸漸脫節時，似乎也不應該太過樂觀吧！

二、

要說我們的「僑務政策」，不過是有其名無其實。大概是墨守成規與固步自封的多。從來就不能做到「防患未然」，遇到某些新的困難和新的事實，就「頭痛醫頭、脚痛醫脚」，不過如此而已！

這十年來，我們的僑務，所表現的成績，除了看到若干觀光祝壽僑團、「僑領」的回國數字，看到歸國僑生逐年增加的消息外，似乎並沒有更值得「贊揚」的功蹟。如果，我們再追究這些僑團、「僑領」所引起的副作用又如何時，又不禁令人搖頭嘆息了。僑生畢業的出路也逐漸成爲一個嚴重問題。這些都是不免令人感到茫然的！

我們眞懷疑我們的「僑務」有「政策」嗎？

衆人皆知，今年六月新加坡自治邦，人民行動黨取得政權，顯而易見是獲得廣大華僑擁護的政黨。但我們的政府與論，幾乎一致指責她是「親共」政府、左傾政黨。但却沒想到政府一向宣傳新加坡華僑是「反共」的，既然「反共」，何至投「親共」的人民行動黨的票呢？其實，人民行動黨祇標榜，非共、民主社會主義政黨，（按：筆者曾在「自由人」、「自由陣綫」連續寫過兩篇專論，澄清某些對人民行動黨」的偏激誤解）如果，我們僑務眞的有政策，很早就應該作這種結論，如何引導華僑去從事爭取公民權和投下他們的神聖一票。新加坡政府是人民的政府，某個政黨的執政是人民共同票選的。祇要我們善於運用各種方法，未嘗不可以輔導華裔或影響華裔和我們的國策配合。問題是執政當局，要有遠見，要有新的觀點。嚴格說來，起碼要懂得僑務和僑情。可是這又豈是一些專事阿諛逢迎者流所能的呢？粉飾承平，何所補於國家大事？

三、

這是歷史大變動的時期，把「華僑問題」單純當作一項事務來辦理是錯誤的，目前「以不變應萬變」的政策，結果是將「三十年後無華僑」矣，如果，我們認爲這是一件重大的課題，必須廣蒐歷史資料，縝密研究各地區的國情民心，從而得出一條合情合理的結論，使能適應變動，俾僑裔繼續取得生存條件，同時令其心懷祖國，方是當前急務。印尼和新馬華僑的遽變，是一個很現實和很良好的經驗教訓。但看來國府依然沒有新的策劃。影響所及，泰國、菲律賓的華僑，又豈能長住久安？心所謂危，不敢不說？

把許多國幣用在招待什麼文化觀光團、什麼影星觀光團、什麼華僑觀光團上，都是華而不實之擧，何不成立一個「華僑問題研究所」做些實際工作呢？願國府有關當局考慮考慮。

河山並壽

（台北通訊）　馬周

自從本年以來，因爲蔣總統的任期將於明年五月屆滿，各方面包括台灣省各級民意機構，各職業公會，各民衆團體如農工商婦女會之類，各華僑團體籲請連任第三屆總統的電文，每隔一段時日，此間報章就披露一批，差不多已經繼續了半年之久，到了慶典最多的十月，這些電文如雪片飛來，從雙十節左右起，差不多每天報紙上都有籲請連任總統的消息，到了蔣總統七十晉三華誕的十月卅一日前夕，此項勸進工作似乎已經進入高潮，這些勸進最起勁的人似乎要把中華民國行憲後的第三任總統，獻給蔣總統作爲生日的禮物，此時此地，也是錦上添花的點綴。

以蔣總統的功德巍巍，以一身繫國家的安危，膺任中華民國第一任和第二任總統，雖然國家民族在風雨飄搖之中掙扎奮鬥，乃至退出大陸，株守台灣，這都是共匪和蘇聯的侵畧所致，並不能影響蔣氏的信譽和功績。問題只是由蔣氏敬謹接受的中華民國憲法上規定總統只能做兩任，這實在難爲了熱心勸進的人了！如果依照合法途徑使蔣總統繼續留任領導民衆反攻復國，只有修憲或另設臨時條款，姑無論其技術上的困難，時至今日，在時效上已經失去機會了，如果眞的要蔣氏連任，只有援照中央民意代表國大代表、監察委員、立法委員無限期留任的辦法，經過大法官會議的解釋，蔣總統留任繼續行使職權到光復大陸止再行改選，手續既簡便，做起來又乾脆，而且由憲法所產生的國家元首與民意代表，同一命運，豈非順理成章之事。立法院副院長兼以台灣省議會議長黃朝琴於總統誕辰的前夕發表談話首次作此露骨的主張，他說：「我們敢大聲呼號要蔣總統繼續領導我們，在目前局面下，爲着使總統能繼續負責，而須延長任期時，則憲法第七十九條賦予大法官以解釋憲法之權，自可依照立監委員及國大代表因情勢所需而延長其任期的前例，來延長蔣總統的任期，使他能繼續領導我們，這是一條合情合理合法的途徑。」

究竟黃氏的這番主張是他個人的意見，還是由於勸進派的授意呢？讀者也許可以思過半矣。

總統誕辰列入十月慶典之內，還是到台灣以後的事，與十月十日的雙十節，十月二十五日的台灣光復節具有同樣的份量，十年來每屆佳節，各機關學校部隊大小官員社會人士，同在張燈結綵的環境裏忙着吃壽麵、祝壽、參加宴會、晚會，搞得不亦樂乎！還有分散在世界各地的華僑領袖們也在推派代表組織觀光團體來參加十月初的各種慶典，一直到十月底祝過壽以後再走。冠蓋之盛，較之大陸時代並無遜色。據說在專制帝王時代每逢皇上壽辰，稱爲「萬壽節」，必須普天同慶，今天總統的誕辰，普天同慶的情況雖同，但一則出於專制的流毒，而此則出於民衆的至誠，意義似乎兩樣，絕不可相提並論。而況每年總統在誕辰將到的時候，必力誡大家不要鋪張祝壽，屆期且多避壽離開台北，偏偏那些文武大僚又多不惜汽油和精神的消耗追踪祝嘏，不能追踪祝嘏的，只好簽名祝壽，遠在各地的把簽名簿寄到總統府表示愛戴之誠、事後蔣總統爲了答謝各方祝壽盛情，必有謝函分致各方，以示謙冲之意，如此祝壽，業已行之有年，本年因爲台灣中南部遭逢到大水災，似乎不應該鋪張祝壽了，先由總統府秘書長張羣函達各方，力誡祝壽，不要舉行任何祝壽儀式，這倒不失爲深體時艱的措施，但以後又覺得水災問題雖然嚴重，可是總統的誕辰也不應悄悄的過去，於是由張羣秘書長函達各方可以懸旗慶祝，此種惠而不費之舉，只是表示各方面的擁戴之忱而已！但事實上總統誕辰之日，祝壽如故，晚會如故，只是沒有吃壽桃壽麵，沒有簽名祝壽，也符合了「節約」之旨。

本年祝壽在儀式上雖較往年打了一個折扣，但在作用上實較往年重要，本年的誕辰是蔣氏連任第二任總統的最後一個生辰，明年誕辰是否仍在總統任內，尚未可知，基於一班熱心勸進的人的希望，連任第三任總統甚至無限期留任下去，似乎沒有問題的，只是由第二任進入第三任或繼續留任，總得有一段過程，於是在普天同慶的誕辰之日，各方面能夠充分表現其愛戴擁護的赤誠，豈不意義重大？今天大陸若干億的老百姓被關在鐵幕裡，已經無法表示其意願，今天所能表示意願的只有華僑和台灣的老百姓了！因此在十月卅日的台北有了精采的演出：

十月廿日爲華僑節，華僑救國聯合總會第一屆理事會舉行第三次全體會議，會中決議勸請蔣總統繼續連任第三屆總統並推派代表向總統及國民大會呈遞請願書，這個呈送請願書的儀式於十月卅一日上午十時舉行，先去總統府呈勸進書，隨後招待新聞記者，據說這次前來台北開會的僑救聯總理事係來自世界二十個地方，而參加送呈請願書的代表十六人，其名單和僑居地據報載如下：

「柯叔寶（菲）、李栽之（韓）、薛本貴（日）、蔡天（寮）、李雪英（澳門）、陳冲篪（沙勞越）、黃鴻秋（泰）、陳鐵魂（馬達加斯加）、王英琪（墨西哥）、林伯鑄（琉球）、周華植（越）、宋廷濱（星馬）、何康（港）、徐琚清（印尼）、劉廷猷（大溪地）、黃士生（占美加）。」在這張名單中，沒有旅美僑領參加，以今天中美之一致，以及美國僑民之多，沒有代表參加此一盛會，不無美中不足之感。

旅美華僑無意勸進

·一七·

（台北通訊）當勸進的高潮正在台灣進行得「熱火朝天」時，十月十四日由美返台的胡適之却在記者的詢問中，潑下了一桶冷水！他說：旅美的華僑領袖們「不參加第三任總統的勸進運動」。至於留美學人及知識分子的態度。則他說：因爲「我的朋友們都是對學問有興趣，對政治沒有興趣的。」弦外之音亦在說明沒有一個學人和知識分子對來年選舉總統問題感到興趣。

胡適在機場的談話，顯然與台灣的氣氛太不調和了，所以第二天不僅電台無片言廣播，所有的官報，黨報亦皆無隻字刊載。在民營報中，亦只僅有「公論報」，敢於把這兩段話平舖直叙地刊出，聯合報等皆噤若寒蟬。雖然，官方在控制新聞報導上，這次又做到了百分之九十九，其實胡適之的談話，當他一離開機場後，即迅速地在台北市面上流傳開來了！

有人說，這次胡適歸來，當局未佈置「盛大歡迎」，何不同時禁止新聞記者的訪問呢？如果能做到使記者也不去訪問他，那麼即使胡適要發表意見，也是無能爲力的。再者，當局既決心要控制新聞報導，何不聽明地先指示各報者們問詢問的範圍，使胡適無機會，就「勸進」問題表示任何意見或反映美國華僑的意見，豈不比事後檢查控制新聞報導猶要高明一籌了。

緊跟着胡適的談話，台灣近來又爲了美國的對華政策與態度，「不安」起來。其實這樣不安的情緒也是多餘的。生活在台灣的人，誰都知道台灣的安全性很高，一條台灣海峽，加上第七艦隊，絕非中共任何蠢動所能影響。至於說到反攻大陸，到幷非是沒有希望，而是需要更長的時間，去作耐心的等待。因此，有人說，當局對美國態度的不快表示，也無非是一種外交姿態而已。

台北通訊：兩個中國的陰影

獨清

在美國聯邦法院指稱台灣不是一個獨立國家之後，艾森豪總統又於十月二十二日的記者招待會中說「現有四十二個或更多的國家承認台灣獨立」，從表面上看去，美總統的說法似乎與聯邦法院的論據互相抵觸，而實則顯然都是意味着將台灣與中國大陸分而爲二。換言之，即所謂兩個中國是也。日前美國康隆協會向參議院提出之所謂中國問題研究報告，竟主張承認中共政權，並將金馬等沿海島嶼交還大陸。說者或以爲該會乃民間組織不能代表官方意見；但這兩天來自華盛頓的消息，都說艾森豪總統曾於最近與赫魯曉夫通訊，指責後者在歐洲支持兩個德國，在亞洲則祇支持一個中國爲自相矛盾，可見，所謂兩個中國已經是美國政府的既定政策了。

不是新聞的新聞

此一消息，官方報紙迄未刊載，民間從入境的香港報紙上得知其事，無不憤慨萬分。實則國際間所謂兩個中國的醞釀已經不是新聞了。遠在中美聯防公約訂立時，美國即有兩個中國的腹案，而我政府亦已默認，試問美國一方面與退守台灣的中華民國協防，另一方面又不讓中華民國政府反攻以消滅中共的所謂「中華人民共和國」，這不是兩個中國而何？加以去年杜爾斯故國務卿訪台，與我政府簽訂中美聯合公報，我們聲明不以武力反攻大陸，換言之，即讓中共僞政權繼續存在下去，豈非我們對於所謂兩個中國，又作更進一步的承諾了嗎？十年以來，當局不知團結國人自立自救，而唯外援是恃，原欲偏安於兩個中國的局面苟延殘喘；而今被艾森豪總統一語道破，自然會感到面子難堪的，且看他們又將向老百姓如何解說吧！

反攻復國與反共復國

要粉碎國際間所謂兩個中國的陰謀，唯有急圖反攻大陸，即早摧毀中共僞政權。但關於反攻的問題，政府不但至今未有行動表現，即口頭上的反攻亦竟愈說愈不知所云。最近蔣總統答覆美國記者的詢問，指出世界安危繫於亞洲及圍阻政策不足應付共黨的經濟滲透和政治顚覆。他說，「自由世界如支援我國反共復國，亞洲所受的共產侵畧威脅即澈底消除」云云。蔣總統不但避用反攻復國一詞而以反共復國代之，或非無因。且我們再就華僑總會在台北舉行理事會全體會議，敦請蔣總統連任的議案看去，其中也說「敦請總統俯順僑情繼續連任，領導反共復國大業」。這就不能不令人疑慮了，是否當局有意諱言反攻復國藉以配合友邦的國策呢？那就祇好請讀者諸君自己判斷了。

再連任與繼續領導

關於蔣總統再連任的方式，傳說不一，有人說，仍將採取陶希聖所謂修改臨時條欵的途徑；有人說，將由國民大會作一議決，規定大陸光復前，總統副總統及國大代表與立監委員的任期均順延下去而省去改選的手續，日前黃朝琴議長則主張由大法官援照延長國大代表與立監委員任期的前例，對總統任期再作同樣的解釋，如此，更可省事了。究竟何去何從，似乎尚有待於蔣總統的最後決定。但自月前起，中央社所發表的勸進消息及官方報紙所載的勸進新聞，無論其內容如何措詞，都冠以敦請或籲請總統繼續領導的標題不復有謂連任等字樣。從這一跡象看去，明年三月，蔣總統或將是延長任期而非連選連任了。

從深耕密植看中共的農業生產

康和

近幾天來，中共的宣傳機構正在大吹大擂地宣佈大陸各項生產的大躍進的情況。薄一波于十月二十一日在北平廣播說：「當前我們國家的政治經濟形勢很好，眞是欣欣向榮，蒸蒸日上。」他又說：「農業生產雖然遭到了幾年來沒有遇到過的災荒，但是糧食，棉花等總產量，在去年大躍進的基礎上，仍在極大的增長。」北平的人民日報，也發表社論說：「全國許多地區雖然遭受了特大的自然災害，糧食和棉花的產量，仍然可以比一九五八年再提高百分之十左右。」

作者可以嚴肅地指出：「薄一波的報導，是一個無聊的謊言！」作者還可以肯定地說：本年大陸糧食的總產量，決達不到五千億斤。棉花的總產量，決達不到四千二百萬担。

我想，只要對農業經濟原理，稍具常識；對中國農村狀況，稍有認識的人，就很容易得到這個結論。試問大陸全部耕地面積，究有若干？各種作物的播種面積，究有若干？每種作物的平均收穫量，究有若干？希望薄一波把這幾項數字，嚴密地檢討一下，就不難得到一個近似的認識。不然，「憑空講大話」，是騙不了人的。

中共以「深耕」，「密植」，作爲增加農產的法寶。不錯，深耕和密植，確是增加生產的有效辦法。「深耕」可以使作物的根部深入地下，吸取更多的肥料和水分；又可以消除稞草和害虫。當然是有利于生產。「密植」是增加播種量，自然也就可希望增加收穫。可是，不論「深耕」或「密植」，都有牠的限度的，決產生不出什麼奇蹟，更談不上大躍進。

現在就把中共機構，自己調查的結果，來檢視一下。中共農業科學院的農業經濟研究所，和中共農業科學院陝西分院的農業經濟研究室，曾經聯合組織了一個調查組，在陝西省興平縣楊陵人民公社的杜家坡生產大隊，作了一個小麥作物實行「深耕」，「密植」和「施肥」等問題的調查。他們調查所得的結論是怎樣呢？現在就把牠摘錄幾點，也可以窺見一斑：

一、關于深耕問題：「根據上述調查，深耕一尺比深耕五寸，每畝多用人工四·一七個，多施十二斤氮肥，只多產七十五斤；而從深耕三寸提高到五寸，每畝只多用人工〇·〇八個，產量可以增加八十四斤。在人力不足的情況下，如果爲了擴大一畝深耕一尺的地，而把好多畝深耕五寸的地降到三寸，增產遠遠彌補不上減產的數字。」又說「從以上情形可以看到，適當地加深深耕層和擴大深耕面積，是增產的一項重要措施，但是必須根據當地的工具，勞力，畜力和肥料等條件進行，並且應當按照可能，努力創造有利條件」。

二、關于密植問題：「在當地條件下，每畝播種量三十斤至二十斤較爲合適。因爲在這個播種量的幅度內，產量比較高，經濟效果比較好，而且人力物力財力的條件是具備的。播種四十斤，產量雖然高些，但是施肥過大，耕層過深，用工過多，生產費用過高，不但經濟上不合算，就是從當地人力，物力，財力條件來看，也是不能採用的。至播種八十斤，顯然就更不能採用了。」

三、關于施肥問題：「增施肥料能夠增產。但並不是施肥愈多愈好。作物需要的養分，是有一定限度的，過多的肥料，不但作物吸收不了，會造成浪費；並且往往引起「徒長」或「燒死」的現象，不能達到增產的目的。即使由于多施了肥，比一般田增了產，但也需要從經濟下考慮是否合算。而且由于當前勞力缺乏，肥料不足，要想在大面積的土地上過多地增施肥料，也是不可能的。」

根據上述調查報告，可知無論是「深耕」「密植」或「施肥」，都有牠的限度，並且還要各項客觀條件相配合，才能收相當的效果。農業增產，要憑科學的頭腦，縝密的規劃，一點一滴地前進，決不是叫叫口號，就會「大躍進」的。即使在「偉大的毛主席」的號召之下，也是無能爲力的。況且，農業生產，還受着「報酬遞減律」的限制，也不可能逐年累積地「大躍進」的。我倒希望薄一波等對上述調查報告，能夠細心地多「學習」一番呢！

人民日報描畫的共幹嘴臉

彭瑜

共產黨是最主張鬥爭的，他們對外要鬥爭，對內也要鬥爭。所以史大林曾經很得意的說共產黨所從事的鬥爭，正是促成共產黨對外發展對內充實的因素。不過，出乎共黨首腦人物意外的一種爭，卻在今日大陸共幹中流行。這是使得共黨首腦部門很頭痛的。一九五九年十月廿四日北平出版的中共人民日報爲此特別發表一篇「談爭」的短文，它實在是把今日大陸共幹的嘴臉完全勾畫出來了。爲了大家明白今日大陸共幹的這一嘴臉，不妨看看人民日報是怎樣描劃的。

「一個爭字，大有研究。同一個爭，人們對它卻有兩種不同的態度，兩種不同的立場。

有一種人很愛爭，他們爭的名譽、地位、享受，而且這種慾望有增無已。眞是矮子爬樓梯，步步登高，自己很高了，卻還不滿足，終於不免從高處摔將下來，即使不粉身碎骨，也會弄得頭破血流，骨折筋傷。

最近聽了一個負責同志的報告，他把這種人叫做『伸手派』。這個比譬眞是形象生動極了。這種人不『俯首甘爲孺子牛』作人民馴服的工具，而是以人民的功臣與老爺自居，駕臨黨和人民之上，向黨和人民伸手要這，要那，爭這，爭那。他們雖身在革命陣營，思想卻未得到澈底改造，屁股還坐在資產階級那邊：：。

然而『伸手派』所爭的畢竟是見不得陽光的東西，只能暗地弄鬼，當欲望沒有得到滿足的時候，他們撕下僞裝原形畢露了。因爲他們站在資產階級立場，不關心革命利益，不關心羣衆，是十足的促退派。因而他們對羣衆的冲天幹勁和轟轟烈烈的革命活動極爲不滿，視爲眼中之釘，污蔑說這也錯了，那也糟了，似乎他們倒是一貫正確的了。」

以上是人民日報這一篇「談爭」的文章，替今日大陸共幹描畫的臉譜。從而對這一類的共幹加以攻擊，由人民日報發表這種抨擊文章，可知這一類的共幹爲數已經不少。不是個別例子，而是普遍事實。

其實，「伸手派」或「促退派」也沒有什麼大錯，只是不肯完全作共黨的工具，稍微有點個人主義和自由主義的傾向便了。反過來說，毛澤東不就是這種典型嗎？毛澤東甚至所有共黨首要不都是「以人民的功臣與老爺自居」，駕臨一切之上嗎？他們向人民要這，要那，爭這，爭那，那末，一班共幹爲什麼不可以稍稍爲自己着想一下呢？毛澤東和其它共黨首要可以騙人，難道其它大小共幹不可騙人？上行下效，既有毛澤東和其它首要爭這，爭那，要這，要那，其它共幹自必「學」而「爭」之於後，儘管人民日報指責一班共幹的屁股是坐在資產階級那邊，請問這比之毛澤東的屁股坐在懷仁堂的皇帝位子上又如何呢？

總之，歸根結底，這一類稍微有點個人主義的傾向倒不必深責，一切病根，一切毒素實在還是從共產主義和共產黨以及隨它而來的各種制度而來，嚴格的說：人民日報「談爭」這篇文章所描畫的嘴臉，雖然畫的是「伸手派」的嘴臉，其實倒恰巧是毛澤東及其它共黨首要的嘴臉。

中共爲什麼禁止報紙出口

大陸之窗

對於報紙，共產黨的觀念與看法，和自由世界的觀念與看法完全不同。自由世界基於尊重人權及言論自由原則，辦報與報紙的言論及新聞，完全是自由的。所以，自由世界的報紙，多以新聞見長，大家競相刊載新聞，以爭取讀者，同時，自由世界的報紙，大多都是民營性質，其類型各有不同，內容的着重也各有不同。但共黨統治的社會，情形就頗有不同了。首先，他們認爲報紙是一種最能影響人心的工具，而他們對於任何影響人心的工具，都是必須控制的，因此，他們對於報紙的控制，異常嚴密，同時，他們對於報紙的內容，也另有一套作法。據他們說：報紙是教育人民的一種工具，所以，報紙不能由私人經辦，而只能由政府及共黨或共黨控制下的其它黨團經辦。這是他們與言論自由原則下的文化企業性質完全不同的地方，也可以說是他們根本不理睬而有意違反言論自由的地方。中共憲法亦有言論自由之明文規定，但那是具文，報紙既統屬官營與黨營，試想，那裡還有言論自由這一回事呢？

共黨報紙既全屬官營或黨營，一切言論，自然都是官方的御用言論，反映民間意向的人民輿論成分，當然一絲一毫也沒有了。所謂報紙是教育工具的話，也不過是一種說法。事實上，中共和所有共黨把報紙作爲宣傳工具則是眞的，而這種宣傳又並不是一種教育性質的宣傳，而只是一種基於共黨的政治目的而從事的麻痺宣傳。所以，說來可笑，所有共報，竟無國際政治新聞，亦無社會新聞，爲的就怕人民明瞭世界動態，這與自由世界的報刊，競相報導各種新聞，眞是百分之百的相反了。他們的目的在使大陸人民與這一個世界隔離，共黨不但對自由世界樹立鐵幕，以阻礙自由世界對共黨統治下的人民接觸，亦在言論與新聞方面設置鐵幕，不讓大陸人民與自由世界接觸，甚至根本不讓大陸人民明瞭自由世界的事。所以，要說共黨統治下的報紙是一種教育工具，也不算錯，不過，那不是別的什麼教育，而是一種愚民教育而已。

正因爲大陸報刊對大陸人民所進行的是一種宣傳性質的愚民教育，所以中共一直儘可能不讓這些報紙對外暴露。更重要的是中共報紙無論如何掩藏，總仍不免把今日大陸的眞相或多或少的作側面洩露，譬如大陸工人工作情緒低落，這消息共報是不會登載的，但中共爲了「教育」工人不要工作情緒低落，則有時不得不在報上舉出典型的例子來施「教」，於是，大陸工人工作情緒低落的眞相，便仍然洩露了。爲了避免這一類的洩露，中共一向不准大陸報紙出口，因爲大陸各地的地方報紙，洩露地方情況最多，但中共最近又採取步驟，連其它五種原准出口的北平出版的報紙「中國青年報」、「工人日報」、「大公報」、「光明日報」及上海出版「文滙報」也不准出口了。因之，今日中共准許出口的就只人民日報一種了。但這說明了什麼呢？不過說明了大陸內部一團糟，更見不得陽光，更見不得天日罷了。否則，堂堂正正的報紙，爲什麼怕人看呢!?

·劉裕畧·

中共在印尼縱火焚身

蘇蘭芳

中共在印尼闖下了大禍——放火却燒到了自己的屁股。現在中共雖然暴跳如雷，說要與印尼大開交涉，可惜的是為時已晚，恐怕不會有什麼成效。中共的大國沙文主義，所謂「護僑」的滲透政策，快要消逝到無何有之鄉，而「萬隆精神」的中立主義，也面臨清算的時候。事情的經過雖然包含着無限的悲慘與辛酸，但中共「縱火自焚」的狠狽醜態，倒是一幕令人發笑的喜劇。

為虎作倀

中共與印尼在「萬隆密月」的時候，由周恩來與印尼簽下了「解決華僑雙重國籍協定」，在周恩來是認為得意之作的。因為「協定」迫使華僑必須在印尼與中共兩個國籍中，擇一而從。它便具有迫使部份華僑加入印尼籍同時放棄中國國籍的作用，這是對印尼的「民族化」方針討好。另一方面，倘不入印尼籍者，便須到中共使館登記，作為中共籍的僑民，受其管轄。使館可有權撤銷護照，迫令返回中國大陸，這便不怕這些人不揷五星旗，不「投資祖國建設事業」了。

更被中共認為有利者，便是站在上述二者以外，即仍想保有中國人資格不願入印尼籍而又不肯掛名中共「國籍」的人，這批人也即是非共或反共的華僑。在上述的「協定」解決辦法之下，便會被印尼當局作「無國籍」人而處理，加以迫害。這在中共方面，認為「一石二鳥」，正是求之不得的。

果然在中共的同意及協助之下，印尼開始對非共及反共的華僑，加以迫害。銀行、商店被接收，僑團被解散，報館、學校被查封，僑領被逮捕，如椰加達中華商報社長馬樹禮（立法委員）等七人，便被拘禁數月，最近方驅逐出境到台灣去。

在摧毀非共反共華僑的財產及機構時，中共大使館就負起帶引及指証之責，如某商店老板某年曾任某右翼僑團理事，應予沒收其產業。某人於何年何月曾訪問或赴台灣考察商業，即有「非法活動」之嫌，等等。中共已克盡為虎作倀之能事。

請君入甕

可是中共並沒有想到「報應不爽」的天道好還，更沒有預料到居然會有「請君入甕」的一會事。那知霹靂一聲，椰加達軍事掌權人下令封閉「外報」，便連親共的華文報章，亦與非共報紙同被封閉。在先中共使館尚以為執行錯誤，那知道「外報」當然包括中共報紙在內。幾經疏通，雖准它們恢復出版，但已被限制種種條件：規定一部印尼文的篇幅，必須三分之一以上位置刊載印尼發展的消息，須自備印尼文譯稿以便新聞檢查。

接踵而來的，是「大鈔貶值及凍結存款」的措施，「禁止外人在鄉區經營小型商業」的宣佈。大鈔貶值是把五百盾和一千盾的鈔票，「貶值百分之九十」。凍結存款則是把二萬五千盾以上的銀行存款凍結，一百分之九十購買「建設公債」。這麼一來，商場尤其是商業上佔勢力的華商，其損失真是不可勝計。而這樣的一項變相「財產沒收」，親共的商人並沒有例外。

禁止「外人」在鄉區經營小商業，「外人」之中，荷人絕少，英美人可謂絕無。而絕大多數又是華僑，估計有四、五萬戶，受影响者約一百萬人。「無國籍」者早被清算，入印尼籍者可免此禍。受害最烈者，就是那些投機親共者，或不參加政治，而妄以為中共「強大」可以保障，「登記為中共僑民」的小商人。

最近印尼又有「監督外僑居住地方及旅行」條例，由各地方戰時掌權者執行，如西爪哇，限令縣以下的外僑於十一月底遷出（至大城市）。蘇拉威西，限集中居於各首府及二級行政區首府。東加里曼丹，限首府以外地區外僑一律遷出。其中有一些命令，還是最近中共陳毅與印尼外長蘇班德里奧在北平發表聯合公報後所執行的。對於中共不給通融不給面子，顯予中共重大的打擊。

中共印尼的聯合公報中，中共承認華僑需「配合印尼民族利益」，似乎不能與印尼有爭議的餘地。至華僑國籍問題，將俟陳毅訪印尼「再談細節」，但除促令華僑入印尼籍之外，似不能對住居旅行經營等，有何「保障」的交涉，因為「干涉人民」正是共產國家的特色。難怪蘇班德里奧在東京說：一談到台灣問題及華僑問題，中共就「極容易動氣」。大概這都是中共頭痛而不能解決的問題，而一談就等于「踩了中共的痛脚」吧？

·椰加達通訊·

血濺勞改營

士益

人間地獄的東莞金桔嶺勞改營，囚禁着一千六百多名奴工，多年來，在飢餓掙扎中被兩名殘暴的共幹驅迫去墾荒，每天勞作達十七小時。患病的不特得不到醫療，且更給加重鞭打，因此而致死者，年中總有三四十人。這種絕無人性的迫害，終於激起了他們的抗暴潮。

十月廿二日深夜，月黑風高。近廁所那邊的僻靜角落裡，閃縮着廿多條黑影。他們，都是再忍受不了迫害的奴工。

突然，一聲怒吼：「衝呀！……殺呀！……」——這是為首的一人發施的號令。「衝呀！……殺呀！……」他們一齊响應，迅即拿起刀、斧、鋤、鏟，奔向那兩名兇悍的共幹的臥室去，目的是要殺死那兩個共幹來雪恨。

然而室門還未給衝破，室裡的槍聲已起了。槍彈不斷向他們射來；但他們仍前仆後繼，卒衝入了那臥室。刀斧對短槍，展開了激烈的肉搏。

一名共幹，終於死在他們的刀斧交襲下；但却給另一名共幹負傷衝出重圍，跑到營兵裏報警求援。

大隊營兵馳至，開動手提機槍掃射，卒將他們壓止。這一次暴動，他們有十四人被轟斃，十二人受傷。被他們斬死的共幹，名鄭繼聯；負創的共幹，名杜炳。於是，那勞改營裡，又再染上了一重血腥的氣味。

僑鄉近訊

廣西、江西旱災嚴重

桂省農作物，刻又受到秋旱的威脅，晚稻生產，將受重大打擊。據悉：秋旱災情發展迅速，僅南寧一區，至十月二十日止的統計，晚稻受旱面積，共達五十多萬畝，其中已呈龜裂的有七萬多畝；晚玉米、春蕎麥、紅薯等旱地農作物，也普遍受到乾旱的摧毀。又：江西方面，旱災也相當嚴重，受旱晚稻，面積達一千五百畝以上；災象最慘重的，是九江、宜春兩專區。此外，晚稻的害蟲發生期特別早，密度也特別大。受災地區各公社，刻正大力鞭策農民夜以繼日作抗旱除蟲的奴役。

石灣陶瓷廠工人罷工抗暴（南海）

石灣陶瓷廠工人，因工作時間太長，生活又不足溫飽，遂激動公憤，於十月中旬間，發生抗暴罷工。該陶瓷廠係頗具規模者，廠中工人數百名。每天工作時間，被共幹硬性規定為十六小時，而食糧配給却不足，經常難獲一飽，因此在一次交涉毫無結果的情況激動下，遂引起衝突，共幹多人，當場被毆傷，廠內已製成的泥模，幾全部被毀，其後全部工人，並實行罷工，僵持了多日，共幹無奈之何，後卒由「黨委」親臨調停，軟硬兼施，始暫獲致解決。

·江水·

華僑在牙買加

杜言

「牙買加」是西印度羣島中英屬島嶼最大之一，位於古巴島東南，初隸西班牙，公元一六五五年，改隸於英。島內多山岳，低地肥沃，適於耕作，極目均為甘香馥郁的農作物，島上盛產香蕉、甘蔗、咖啡、椰子、棉花、可可等，大部份輸供美國。

牙買加沒有冬天的，夏日氣候溫和，百花爭妍鬥艷，蘭花到處吐香，北境棕呂樹遍生，還有環島盛產的胡桃樹上，飛滿了金黃色的小蜂鳥。遊客垂釣之地，遍地皆是，風光宜人，早已成為渡假勝地。如英國的首要們邱吉爾、艾登等，都曾在國際大事紛紜中，到牙買加小憩、垂釣。毋怪乎該島又有「安的列斯女王」的雅稱了。

牙買加人口約有一百五十餘萬，居民多內格羅人或混合種，此外又有印人及華僑不少。我華僑來島約在一百多年以前，當初係受雇於糖廠而担任敷設鐵道之工作，嗣後即改以耕種營生，再由耕種而轉向商業方面發展，目前華僑人數約在一萬二千四百餘人，大部份是廣東籍，分佈在全島十餘地區，其中最多的是首邑「京士敦」，有四千餘人；次為「聖安得」；亦二千餘人；最小的「夏諾華」亦有二百餘人；他們從事於商業的佔了百分之六十，全島商店在二千家以上，而且十之八九是經營麵包廠，還有頗具規模的汽水廠和冰淇淋谷一家，餘外則為少數之雜貨店、餐館、洗衣店等。

從事工業及其他各業為百分之四十。近年來當地政府對我華僑的管制雖嚴，但由於土人與僑胞間相處之和睦，所以華商事業早已有了相當基礎。

今日牙買加華僑有此成就，應從他們的團結奮鬥說起。據說在一八八六年，當地蔗園主人極端歧視華工，刁難苛刻，視同黑奴，華工憤憤不平之念與日俱增，當時六十餘華工中，多為洪門人士，且精技擊。於是頭目陳雍茂、黃佳暖等遂起而領導全體工友，誓以血肉搏鬥，爭取合理待遇，結果雙方搏鬥，對方傷者六十餘人，事後我僑胞復據理力爭，官方以我寡敵衆，不事深究；由此一役各園廠主人，不敢再苛待華工。

再數年後，各地華工合約先後期滿，各人為尋出路，洪門華工漸次集中於首府京士敦，至一八九一年遂正式組織會黨，並購置麻芝士練三十九號房為會所，立堂號為「致公堂」，所有居此華僑無不參加。到一九一七年復向當地政府取得合法社團地位，會務益著，創設了新民學校一所，逐漸擴充為今日規模完備之華僑公立學校，一九四五年並創立僑童義務夜校一所。

又該堂對於會員之福利亦極重視，自一九一六年起即開始發給老粮，其他疾病之津貼、喪費之補助，數十年來亦未間斷。此外引導華僑熱愛祖國運動甚烈，各種捐欵從來不落人後。在抗戰時，曾成立了「抗日救國會」，對於獻金認銷債劵，封存仇貨等皆熱烈推行，八年捐獻總數約計廿一萬五千英鎊以上。再關於當地中華會館之匡助，亦數十年如一日，尤為旅牙買加一般華僑所稱道。

按致公堂，於民國三十五年海內外洪門集會決議，一律應改為「洪門民治黨」，故牙買加致公堂亦已改名為「牙買加洪門民治黨總支部」。

「寶寶」與他的祖父

宣建人

我十一歲還在私塾裡讀「孟子」，能背誦得滾瓜爛熟，但是，我不懂得怎樣講解；反正，先生也懶得教我，好像保留一招「絕招。」於是，閒着就和同學們胡說，或是偷跑出去頑半天，尤其是先生不在書房裡，我們就爬上桌子唱「鐵公雞」。有一個被我們叫做「寶寶」的同學，他叫唐德富。此刻，就拿他尋開心。他很老實，顯得愚蠢；先生教他幾句生書，很難讀得熟。不是他不用心讀書，也不是他貪頑皮，而是他腦筋反映遲鈍，於是，他常常挨先生用「戒方」打手心，或是被先生罰跪在門檻上苦讀。

「寶寶」的相貌蠻端正的：圓圓的臉，紅紅的，一對大眼睛，眉毛比較濃，鼻樑很直，有一個半圓形的金線穿在鼻孔上，像牛鼻子上的玩意兒，就差扣一根繩子牽他走路。意思是象徵他身體強壯，長命富貴。我們常學他那一口「內下河」（指淮安那一帶地方）的腔調：

「寶寶，穿鼻鈎子啊！」

他哭笑不得，雖然很生氣。他曾為這個被我們取笑的鼻鈎子，跟他的祖父哭鬧很久，要扯掉它。他祖父極力安慰他，說是要戴到他娶親的那天才能取下來。

他的家境並不好，上人希望他讀書識字，將來好有出息，不要像他們做小本生意，被人家瞧不起。然而，唐德富壓根兒好像生來肚皮裡沒有裝「墨水。」（指聰明）他跟祖父在一道過日子。他祖父是幹那一行當的，我曉得：他夏天賣糯米糖藕，春天秋天賣糖芋頭。那老頭子胖得很，走路一跛一跛的，有一條腿瘸了。那凸出的大肚子，一搖二擺，像一隻能走路說話的活葫蘆。他的圓腦袋，頭髮落得剩下稀稀的幾根了，還梳成一條像豬尾巴的細辮子，精神倒很飽滿的，說話的聲音很大，看樣子有五十多歲了。他一笑，嘴巴裡落了兩個大門牙，顯得很空洞的，很難看。他每天風雨無阻，冷熱照常的出來做生意，除了害大病。他有一套論調：「小病休息，會拖成大病的。」還有，他在我的記憶裡，從不會有過穿新衣裳的印象。

他與老伴兒單獨住在一處，兩個兒子住在兩個地方。大兒子做木匠，生意很好，有三個兒子，「寶寶」是老大。二兒子也娶了親，生一個小女兒，才兩歲，他是做裁縫的，生意勉强糊得過去。由於妯娌們不和睦，所以各是各。一大家人分了三處，這樣，相安無事。

老頭子偶在大兒子家吃頓午飯，順便在二兒子家吃餐晚飯，他也不靠兒子養活。老奶奶不僅料理老頭子的生活，空餘的時間，輪流到兩個兒子家走走，幫助媳婦料理家務事，晚上回家陪伴丈夫。老兩個子顯得很冷落的，過習慣了也不覺得什麼，「寶寶」跟他們搭伴。

唐胖子每天午後固定跟我兄弟倆各送一碗點心。十天半月向我母親拿一次整錢。他的記性可好，從不會多要一個錢，或是忘記少算一次，雖然是一兩個銅板的欠賬。

「唐胖子這人很規矩！」他每次向我母親拿錢以後總得到這句褒獎。

「太太，多要幾個銅板發不了財的。以後還要做生意嗎。」老頭子笑迷迷的說。

「你喜歡那個兒子？唐胖子。」

老頭子先向我母親一笑：

「太太，那個兒子孝順、學好，歡喜那個。」他很公平的下結論。

母親轉向我說：「冬齡子，聽到吧！做上人的都喜歡孝順的兒子！」

「唐胖子喜歡他的孫子。」我說。

「哼，你怎麼不上不下的叫人家唐胖子，以後不許的！」母親扳起面孔告誡我。

我倒吃個驚，逃到書房裡去。

唐胖子哈哈笑：

「太太，不要緊的！人無渾名不發，我唐胖子出了名！」

「不可以的。別人要說我家沒有家教！從小養成他這個壞習慣不好的！」

唐胖子笑着挑着担子，馱着黃昏走了，心裏在計算着到那個兒子家去吃頓晚飯。

他依然努力掙錢，如年紀輕的時候一樣，一個小錢也捨不得亂花的。當然，他現在不發財也不窮啊。鄰居張老三常勸他不要再挑担子做生意了，該享享清福。他對這話很吃驚的，好像聽到死亡的信號一般的：

「這樣，我的窮骨頭會發痠的！」

「你要這多錢幹什麼，唐胖子。兒孫自有兒孫福，不替兒孫作馬牛。」

「人就是這樣想不開的，」他嘆息了，「老三，我替他們掙點錢，也好讓他們想念我。」

「你這樣大的年紀了，應該他們養你老了！你還要掙錢留給他們。」

老頭子苦笑了。

「我命裏註定不能享福的！」

老奶奶乾癟的嘴活動了：

「老頭子啊，窮命！老三，他休息兩天反而叫骨頭痛，挑挑担子就醫好了！奇怪。」

「是呀，」唐胖子被老奶奶這話說中心坎了，「老奶奶曉得我的老毛命！」

唐胖子的老骨頭是要撐到最後一天的——他生命的完結。

我巴望了好多天唐胖子的糖芋頭。他不來做生意，書房前的空地上顯然少了個點綴，冷靜多了。問問「寶寶」。他說：「我祖父病了。」幾天以後，寶寶也不來上學了，我們很奇怪，少了一個說笑話的對象。怎麼，他也病了？又過了幾天，「寶寶」穿了白鞋子來讀書了，滿臉愁苦的顏色。問到他祖父怎樣了？他哭了，哭得好傷心，大家的眼光都落在他身上。

啊，唐胖子走到人生旅途的終站了。

我禱告上帝：他沒有罪惡，他在人間已把罪惡受够了！

文壇泥爪

趙聰

開場白

本刊編輯先生約我寫一專欄，內容是自五四以後新文壇的掌故什麼的，專欄的標題讓我擬定。我是一個不會思想的人，也從來討厭那種「謹言」謹得過度而閉起嘴來裝啞叭的人，和縱然說話也要吞吞吐吐，扭扭捏捏，慢條斯理，故繞圈兒，像「現代主義」的新詩那樣，令人不知其所云云何。因此，一承編輯先生向我約稿，我便毫不思索地「慨然」答應了。

誰知到了交稿期迫眞要動筆來寫的時候，方纔覺出困難，困難並且很大。首先是我生也晚，未得躬逢五四新文學運動之盛；其次是我才也拙，沒有寫出堪以藉之登上新文壇的作品；第三是我人也微，與當代文豪名家並無晤對交遊之雅；那麼，像我這樣的一個人，如何能寫得出文壇掌故來？

不過既然答應了人家，又怎麼蒼黃翻覆，食言而肥？一向就吃了不思而言的虧，只是怪自己不好，也只是硬着頭皮上場吧。好在我去年曾為了寫「中國文學史綱」的最後一章「現代文學」，涉獵過有關四十年文壇的書報刊物，其中有不少是歷史家所謂極難得的第一手的材料，如今記憶猶新，正可把它加以選擇，改用我自己的話寫出來「塞責」。但是預先需要先向讀者聲明一下，因為每期一題，篇幅又短，不可能作有系統的敘述，只是隨想隨寫的一些零星斷片而已。

當然，像這樣的一些斷片，不好稱為什麼掌故。如今在海外，能寫新文壇掌故的實不乏人。據我所知，新文學運動初期的老將中，如胡適、林語堂、陳源、左舜生、易君左、蘇雪林、王平陵、凌叔華諸位先生；後來直至抗戰末期，在文壇上有名氣的，如謝冰瑩、杜衡、李金髮、祝秀俠、錢歌川、孫陵、徐訏、李輝英諸位先生，都優為之。因此，我不敢稱掌故，而命名「泥爪」。東坡詩：「人生到處知何似，應似飛鴻踏雪泥，泥上偶然留指爪，鴻飛那復計東西？」泥爪，亦不失實也。

河邊暮色

岳介

斜陽躲在雲邊，把樹梢抹上幾筆淡黃的光影；帶來了傍晚的氣息，我掩起了房門，安步往河邊走去。

我自小愛河，面對着那浩蕩的烟波，常常體會到自己的渺小與微末，細聽涓涓的流水，會激發無限的幽思和幻想。現在，雖然長長的歲月已從手中滑落，但我依然愛河，更愛在暮色的河邊流連，讓它滌去腦子裡愁煩和憂傷……。

河堤上一大片的芒花已經盛開了；白得像山頭的積雪，在這深秋的南國，遍地還是綠油油的，山嶺樹影，把河水顯得更清澈了；清得泛出淡綠。平滑的水面，像綠羅，又像青紗。晚風輕輕的拂過，那柔軟細緻的水波，像古代美人的眼睛，靜靜的，慵慵的，含着如醉如夢的幽光。

忽然，花叢中傳來低低的笑聲，我從曲折的花徑向前走去，青青的草地上，有一些細緻的足跡，再循足印往前走，在花的深處，有幾個少女提着小竹簍，伸着細長的手指，不停的從繁密的綠葉中摘那潔白的花穗。那柔纖的手指，雖然不是按在琴鍵上，却也有蕭瑟的韻律。偶然她們抬起了頭，淺笑幾聲，那彩色的裙，給輕風飄着，在花葉下飛來飛去，像春天的蝴蝶。

回到河邊，灰白的雲層已經散開了，夕陽像一個火球，懸在山頂；它耀眼光芒，映照在水上，像一座金色的水塔。那玲瓏的塔影裏，水波像無數金鱗瓣，不停的搖幌閃爍。在塔影的四週，金光無情地散開，像金沙似的，沉沒在綠波裡了。

在這美麗的景色前，我感到驚奇的震顫，甜蜜的陶醉，更感到物我淨忘的滿足。把惘然的眼往四週眺望，那弧形的大橋上，人走着，車輛奔馳着，那麼匆促，又那麼活躍；誰也沒有向河投下一瞥。為什麼那樣匆忙呢？是為了希望？還是追尋夢境。

「夕陽無限好，只是近黃昏」。那多彩的落日，在人最留戀的頃刻，加速的沉沒了。夜幕垂下，一個日子就這樣無情的過了。

這如畫如夢的河邊暮色，又勾起了思鄉的思潮。我故鄉蜿蜒的河流，在那搖搖欲墮的木橋上，我無數次痴望着父親的背影，母親的微笑。清晨，河邊靜悄悄地，只有幾隻白鷺在飛翔。我和姐弟們經過時，總愛揀幾片碎石，扔到河裡，漣漪輕旋，把魚羣嚇得驚懼地游開了，我們也帶着滿身的水點快樂地離去。

這時，我不覺拾起一塊石子，像幼年一樣，伸臂往河心扔去，但手腕生疏了；沒有激起一絲漣漪，倒擊碎了我的懷鄉夢。

水面一片蒼茫，分不清是波光是霧影，遠山，平原，樹漸遠漸暗，都消失在茫茫的暮色裡了。兩岸人家的燈火，散發着熒熒的光輝，似夜空的繁星，向歸來的人眨着溫柔的眼睛。

亮齋閒話

鄉原的臉譜與靈魂

徐亮之

從前彷彿會聽過一個這樣的鄉紳和聰明人的故事：

鄉紳說：「我明天想騎驢子進城去。」

聰明人說：「那很好！『騎驢過小橋，獨嘆梅花瘦』，乃詩翁的雅興。妙！妙！」

鄉紳又說：「不，我看還是騎馬去吧！」

聰明人說：「那比騎驢子又好！『駿馬驕行踏落花』，乃俠士的豪情。越發地妙了！」

鄉紳又說：「不，我看還是坐船去吧！」

聰明人說：「那比騎馬更好！『萬頃烟波一釣徒』，乃隱者的風流。越發妙極了！」

鄉紳微微生氣說：「你看，我還是走得去，怎麼樣？」

聰明人連忙陪笑說：「那比騎馬坐船高明多了！俗話說『乘船坐馬三分險』；古人說：『安步可以當車』；明公此舉，深得古意；真乃高明之極，不勝佩服之至！」

鄉紳氣得幾乎笑了出來說：「我準備爬得去；你再看怎麼樣？」

聰明人陪笑得更小心翼翼說：「那高明，比『走得去』直不可以道里計！堯戒說：『人莫躓于山，而躓于垤』；足見聖人對『走』根本早具戒心；『爬』則決無此弊；然非明公巨眼，詎能及此!?夫子其聖矣乎？小人甘拜下風！」

鄉紳忽然忍不住哈哈大笑說：「老子不去了！看你還有什麼說來？」

聰明人更肅然起敬說：「不去了？明公這一英斷，真乃正確萬分得未曾有！畢竟『在山泉水清，出山泉水濁』；『五柳先生本在山』。明公此舉正合古人所謂『一動不如一靜』；其妙不可醬油，小人拜服拜服，五體投地！」

我所以要介紹這樣一個故事，是因為前幾天有人在報上也摹彷他所謂「閑話體」大談其什麼「鄉原」問題，而把海外反共反獨裁的民主人士都歸入什麼「鄉原」之列。於此，我願告訴這位作者，「鄉原」一詞，自孔子抽象地提出以後（見論語陽貨），孟子的大弟子萬章就沒有懂透；孟子雖然抓住了孔子「鄉原德之賊也」一語，解釋了一大篇，畢竟也還只是在抽象裡面翻跟斗。（詳見孟子盡心下）倒是後來何晏的「論語集解」解釋得不中不遠。集解對「鄉原」一詞有如左的兩種解釋：

（一）「所至之鄉，輒原其人情而為意以待之，是賊亂德也。」

（二）「鄉、向也，古字同。謂人不能剛毅，而見人輒原其趣向，容媚而合之；言此所以賊德。」

這兩種解釋，我認為無論採用那一種，都恰是上述的聰明人才會有資格當之而無愧。大家如果有興趣要看看所謂「鄉原」的真實的臉譜與靈魂，我敬鄭重地介紹這樣的一位聰明人。

可是，大家却千萬別認為像這樣的聰明人祇過去才有，而且祇會應付鄉紳而已；殊不知現在正大有人在，而且本領大得緊哩！例如人家放句口風，說是總統應該永遠連任下去；他便立即懂得「為意以待之」說，為應事實需要，絕對應該這樣，沒法不照這樣。又如人家來個暗示，說是如要總統連任，必須修改憲法；他更馬上能夠「容媚而合之」說，憲法早就成了廢紙，縱然修改一下，有啥了不起處？你瞧這本領之大，比起上述的聰明人，豈非小巫見大巫？大概這種人，多半以媚權貴而喪心，仰餕餘而弄筆為其特徵；而「不能剛毅」則為其本質。所謂「不能剛毅」，譯做現代語彙也便是「沒有骨頭」；而「沒有骨頭」，正是構成「鄉原」和這位作者所謂「新鄉原」的真實的臉譜與靈魂的基本因素，豈有他哉？豈有他哉!?

四八、十、二八。

夢山樓詩稿

重陽遊紅梅谷兩律

秋深草未凋，遊興尚能豪！尋谷存孤抱，臨流聽怒濤。事秦寧蹈海，去楚肯吹簫？小坐紅梅石，清暉落鬢梢。

舊日上元嶺，登高萬里心。碧荷敷淥沼，孤鳥落清音！自恨攀峯晚，誰憐入海深？霜風摧老柏，幾度淚沾襟！（末二句，感悼舊遊某翁，於九月間逝世。）

又十月九日，本刋第八版，夢山樓詩稿，簡臺灣舊友，第一首起句：『世尚紛綸鬢未秋』，手民誤「紛綸」為「紛論」。特為更正！

·邵鏡人·

簡亮齋

千石

逐客生涯世豈諳？行藏俯仰自無慚！積沙成塔心為役，因刧歸禪念亦貪。萬事錯教前覆轍，一春慵似再眠蠶。天留隙地供吟嘯，何必北窗睡始酣？

次韻千石見寄

亮齋

世味年來漸少諳，白頭端合對花慚。摶沙志業良多事，惜誦煩寃信覺貪。歸本無家同杜宇，絲還自縛笑春蠶。何當羮酒置之去，任取南枝蟻夢酣。

夢返故園見壁題『水雲無恙我來歸』句醒後是成

林千碩

豈關魚爛感流離，野馬塵埃未息機，掛眼山川祇存夢，撐腸文字不療飢。無聊試手詩為戲，一念回頭孰可依？誰分吟哦老溟海，水雲無恙我來歸。

殊音閣藏印刻成後賦

·林千碩·

奏刀割石如木朽，伏案頃刻成百鈕，沉肘鈍刀拙屋漏，方寸朱白但知守。世美浮華嗤渾厚，斯愼已往吾何偶？如何鑄月雕雲手，誤墮塵網覓蝌蚪？黃龍已沒長鯨走，空嗟野馬昏塵垢，欲上崑崙俯宇宙，惟聞蒼昊風雷吼。

孫中山先生與夏威夷

林言

由於美籍華裔參議員鄺友良的來到遠東訪問，使筆者回憶起華僑在夏威夷的一段光榮歷史，今天鄺友良正是繼承了這種傳統光榮，而將予以發揚光大。關於鄺友良的畧歷，最近各報刋均有簡述，擬不復贅，茲篇所報導者，則為孫中山先生與夏威夷之關係。

當公元一七七九年時，夏威夷島上還只是野蠻部落。所以航海家柯克來島時便被這裡的土人所殺害。一直到一八七五年時才有外來人種居留，總有人數不過六萬，但是我華僑早於一八五二年便遠涉重洋，來島開發。據悉當時夏威夷農業協會派員到中國，招募蔗園農工，第一次應募者計有一百八十人，第二年再招募一次，根據統計，一八五三年旅此華僑計有三六四人，以後逐年增加，到近年來的四萬人。

又他們因為看到夏威夷島上出生檀香木，所以華僑習慣俗稱它「檀香山」或「檀島」，而很少叫它夏威夷，但實際上開始叫做檀香山的僅是火奴魯魯城一地而已。

翻開中華民國的創國史，檀香山華僑是「革命之母」，「開國元勳」，因其地華僑多為廣東中山，新會，台山，恩平，開平五縣人。如所週知，孫中山先生乃為廣東中山人，所以這裡的華僑不但和他是同鄉戚友，而孫先生亦可以說是這裡的華僑。

按國父長兄德彰，原名眉，字壽屏，多才藝，善經營，楊太夫人之弟文納（國父之舅父）由檀香山返粵，達成公（國父之父）命德彰從其舅父赴檀謀生，時檀島尚係獨立國，為土人君主制。德彰以舅氏之助，租得茂宜島荒地千數百畝，廣事畜牧墾殖，又在茄荷雷埠（即加賀拉夷島）設一商肆，銷售農場出品，漸致富庶。

光緒三年（一八七七）德彰於回粵娶婦之便，招徠鄉人數百出國，大興墾務，翌年，國父隨楊太夫人至檀島，時國父僅十三歲，德彰對於胞弟友愛備至，是年太夫人歸國，國父獨留島依兄，先入教會所辦之意奧蘭尼中學（Iolani College），凡三年，英文成績冠於全校，夏威夷王（當時尚未屬於美國）親加獎賞，華僑引為殊榮。再入美國教會所辦之阿湖高等學校，這是島上的最高學府。由於上述，可見國父與夏威夷關係之深。

光緒二十年甲午（一八九四）即中日戰爭的一年，國父至檀香山糾合愛國華僑於是年十一月二十四日創立「興中會」，此為以革命主黨立黨之始，和締造中華民國的開頭。當時檀島華僑四萬人，而國父胞兄德彰居茂宜島，有牛數千頭，田數百頃，疏財仗義，人以茂宜王稱之。興中會發起之初，除其兄首表贊成外，與會人士有何寬，鄧蔭南，李昌，李祿，鄭金，鄭照，劉壽，劉祥，劉卓，黃亮，黃華恢，程蔚南，鍾木賢，曹彩，許直臣，宋居仁等，舉國父為會長，名為總辦，即着手募集義捐得欵數萬元，預備回國舉義，德彰之外，鄧蔭南助欵最多。其後革命經費亦多由檀香山華僑所供給，故夏威夷亦可稱為「中國革命之搖籃」。又興中會成立時，夏威夷羣島已成為美國的保護國，一八九八年遂正式併於美國。

以上是我旅夏威夷華僑的一段光榮歷史。自時厥後，在夏威夷的華僑，均卓然有以自立，如一九五四年警察總監劉定民，和下院發言人方海南，以及最近東來的鄺友良，均是蜚聲國際的人物。

至於華裔在夏威夷的政壇人物，就所知而言，如財政廳長李金泰，衛生廳長李烈察，警察局長劉秀章，參議院議長李貴賢，夏威夷建州委員會副主席鍾木良，茂宜市長譚福善等，都是著有聲望的人士，所以前任夏威夷總督現在當選為州長的奎恩，對於華人在夏威夷的貢獻，及在夏夷威政府中許多担任重要職位的華裔，曾大加推讚。

基於上述，可見鄺友良之當選議員並不偶然，他雖是土生的華裔，但他對宗邦的中華民國並未忘懷，而且他也很好客，近年來從台港經過檀香山到美州去的各界人士，他都很熱烈親切的招待。

他自始至終是反共的，他曾對美國記者發表，說他是反對承認共產中國的。他說：「好些亞洲的自由國家在政治與經濟方面，都仰仗美國的領導與支持，則美國之承認中共無疑地將降低美國在這些國家的威望。」

本刊已經香港政府登記

聯合評論

每星期五出版

週刊 United Voice Weekly

第六十五號

督印人：黃宇人　總編輯：左仲平

社址：九龍金巴倫道八號三樓　電話：61413

承印者：嘉羅印刷有限公司　香港灣仔馬師道5號

總代理：友聯發行公司　售價每份港幣一毫

本報美洲版總經售處：美國紐約中美出版社

CHINESE-AMERICAN PRESS, INC
199 CANAL STREET.,
NEW YORK31 N. Y. U.S.A.

美洲航空版零售每份美金一角

駁斥所謂「兩個中國」的謬論

並忠告政府當局

本社同人

近年以來，國際間若明若暗的在醞釀所謂「兩個中國」的說法與主張。直至最近，此一謬論，忽然盛傳起來，如路透社所報導『康隆協會』的建議，如外交界所謠傳艾赫通函的擬議，大有對於中國的領土，不去問問中國國民的意見，不去尊重中華立國的歷史，便居然可以由二三強國逕行磋商，加以割裂，妄造國名，亂提方案，這眞是對我全國國民一種莫大的侮辱。

現在已是二十世紀的五十年代，——我們相信人們在經驗教訓中所得來的見解，應該是比從前進步了許多。然而近來在國際政治上，似乎使我們又感覺到了十九世紀初年的落伍的強權政治！十九世紀式的強權政治歷釀戰爭，無非強國之間，只求利益均霑，隨意宰割弱小，以求達到彼此暫時滿意，和平苟安。因是西方民主國家雖愛好和平，而總得不到和平，以至二三十年之間，竟造成兩次世界大戰，無他，十九世紀之初，維也納會議中梅特涅的補償原則，一八七八年柏林會議的巧取豪奪，這種種強權政治實足以釀成始言和平而終到戰爭的結果。現代史家都很明白的指出，有了柏林條約，纔引起巴爾幹半島的無窮糾紛，纔不能避免第一次世界大戰的爆發；第一次大戰未久，又有了慕尼黑會議，張伯倫為滿足希特拉，而割裂了捷克，聲言為求和平，而反使希魔野心增長，第二次大戰乃爆發得更快！

往事歷歷，猶在目前。今之西方執政及其老成人，皆身經兩次大戰，身受慘痛教訓，當能洞明其因果關係，而深識犧牲弱小，以求苟安的和平，終必使侵畧者野心擴大，戰爭來得更快。自第二次大戰之後，我們方慶幸西方強國在國際政治之間，也尊重並採用了民主原則，以壓抑十九世紀以來一味的強權作風，故聯合國大會之開，小國均有同等的發言權，投票權，而使少數服從多數。更明顯的進步，是對於東西德，南北韓，西方強國都一致堅持着全民投票以求統一的辦法。何以對於中國，乃忽有不去問問中國全民的意見，便居然主張把他分成兩個，而且這種謬論會出現於英美等民主先進國家之內呢？至於『康隆協會』建議，還貿然把中華民國改名換姓，提出所謂「台灣共和國」的謬稱，尤為荒唐無比，凡我中華民國國民，無不認為無法忍受！

雖然，「人必自侮，而後人侮之；國必自伐，然後人伐之。」中華民族的不肖子孫，中共黨徒，既輕易的，顢頇的將革命先烈流血創造的中華民國一筆勾銷，認為無足愛惜，已使外人發生兩個中國的印象；而這幾年來，中華民國的政府當局，又在台灣，只知因人成事，閉門造車，而不願團結海內外反共民衆，以自張聲勢，以自尋出路，以自增力量，以自打天下，因之，苟安之勢漸成，自餒之心日顯，便更為外人所瞧不起了！「兩個中國」的謬論固令我們痛心，不能不加以駁斥，然在痛心之餘，更不能不忠告中華民國政府當局，迅即反省，幡然改圖，以求自救救國之道！

中華民國的立國，自有其不可動搖的理由，因它係經過全民普選的代表，訂立了憲法並根據這部憲法而成立了這一國家，並非一黨一姓之私物，也非任何黨派或個人倚靠外援用武力霸佔一大部份領土，便可使此一國家不復存在。我們出席聯合國代表嘗一再宣布，中華民國係依據全國民意，遵守這部憲法以確立了國家的基礎；此一宣示十年來始終為世界多數國家所承認而且投票贊成之，我們又何能自餒，而有畏於少數強國中少數不相干的人物，要對之低首下心，以為可一聽客之所為呢！除非政府當局首先認定自己賴以立國的憲法無足輕重，首先要自行去動搖這一立國的基石，那我們就無理由可說，無根本可恃了！因此我們願忠告政府當局，在此國家『危急存亡之秋』，對此中華民國賴以生存的憲法，萬不可去輕易的動搖它，損害它，使它黯然無色，否則我們便眞是自侮與自伐了啊！

尤有進者，一個國家的屹然存在，不只單憑眞理所在，便可站得住腳，便能使世人有所警惕，而另眼相看的。除理之外，還要有勢，一曰聲勢，二曰威勢。談到聲勢，則政府當局必須先將今日散居全世界的一千數百萬僑胞緊密團結起來與台灣的一千多萬同胞打成一片，使其聲氣相通，動作一致，然後呼應纔能靈活，聲勢纔能壯大；非如此，便無法改變短視者流的眼光，使他們只看見台澎幾個島嶼的有限地區與有限民衆，認為無足輕重，便輕輕悄悄的將它一筆抹煞！如果政府當局，在今日這種境遇之下，還要故步自封，自以為是，聞愛國者之諍言，便拂然不悅，以島內的少數人自限，甚至以政府少數的當權者自限，以為便可以偷生苟活，則聲勢只將愈來愈小，問題只有愈來愈多，由孤立而貶質，由貶質而變質，即令台澎等諸島不致為侵畧者的共產集團所佔去，在實際上，也將不是中華民國的天下了！至於談到威勢，則惟有團結愛國家愛民主的反共民衆，以實行向大陸中共政權去討伐而已，拼命而已！「漢賊不兩立，王業不偏安」，古有明訓，如何能長此的拖得下去，且其勢也將拖不下去。因敵方隨時都在橫衝直撞，以顯其威勢，以震懾短視者流，而逼其賣我以求妥協。在此情勢之下，我方亦惟有不顧一切，向前奮鬥，顯出威勢，方足以挽回與日俱深的頹敗現象，方足以使短視者流儆於我方之不可侮、而始能免於受人宰割！

國危至此，我們希望政府當局再不可以為苟安可以長保，再不可以只顧到少數者的自私而不想團結大衆，須知在現局之下，唯有團結國人，實行改革，才是反攻復國，自強自救的正道！

誰是「兩個中國」的發起者？

左舜生

一、

所謂「兩個中國」之說，這至少已經不是一個新鮮的話題，不過最近更鬧得甚囂塵上，大有「呼之欲出」的這一回事就是了。過去的十年，在台北，有一個三十年來一直代表中華民國的政府；在北平，也有一個由中國共產黨所建立，而自稱可以代表所謂『中華人民共和國』的政權。前者擁有多數反共非共國家的承認，至今仍保有它在聯合國的原有地位；後者自然為共產集團所支持，也和少數非共國家建立了一種看似愉快而實際並不愉快的關係，而每年在聯合國的大會，照例有一二國家提議，總想把中共政權往聯合國裏去塞，不過截至現在為止，還不曾塞得進去。凡此，都是一種不能否認也無庸否認的事實，確與今天的東西德，南北韓和南北越的情況有些類似。

二、

中華民國的建立已有了四十八年，如果自中山先生採取革命行動的時期算起，則至少已歷六十五年以上。自光緒三十一年（一九〇五）同盟會在東京正式成立，一時加盟者多至三百餘人，除甘肅一省而外，幾乎各省都有人參加，這確實是革命人才第一次的大團結。據中山所自述，在同盟會成立前後，由他所領導的革命活動，其失敗凡歷十次之多，而一次比一次壯烈。這一類革命的前輩，我曾有機會見着；或與之保持長期接觸者，殆不少於三四十人，到今天則已零落殆盡！他們在辛亥以前，固然是失敗，就在辛亥以後、又何嘗不是失敗呢？入民國後的這四十八年，由現在國民黨總裁蔣先生主演或導演者，已佔去全部時間的三分之二以上，其表現得最為精采者，其一幕為北伐，一幕為抗日。以第一幕北伐來說，兵出長江以後，不幸國民黨內已有分裂的現象發生，但究竟懍於軍閥的勢力還在，大家還算勉強彌縫過去。當日領導北伐軍的八軍長，其中三位（譚延闓、朱培德、李福林），總算僥倖，得以平安終其天年；另一個三位（李濟深（已故）、程潛、唐生智），則已向中共靠攏；此外如李宗仁，居然受命於危難之際。做了幾個月的代總統，現在鬱居美國，聽說在寫他的『回憶錄』；其唯一碩果僅存至今還能留居台北者，則為何應欽，儘管戰畧委員會實際無事可做，可是閑散之餘，還能出國去重整道德，比起那些絕對無法走動一步者，總也算是幸運之至了！以第二幕抗日來說，這可說是在蔣先生領導之下造成全國團結的一大奇蹟，抗戰乃得因此而大告成功。當日若干與聞大計或參贊密勿的人們，我所認識的更多，可是至今依然健在者，亦已寥寥可數，而且歲月催人，大率已失其重要性，萬一反攻復國終無實現的一日，我恐怕此輩除待終牖下以外，也就再沒有一顯身手的機會了啊！最近十年，我仍有機會對一般青年講講中國的現代史，提到四十年前的那一班前輩，以及我同時代的若干人物，回想他們那種愛國家愛民族的犧牲精神，[illegible]

三、

現在台灣在反對『兩個中國』，[illegible]

冷戰結束對美國經濟的影響

張建華

艾赫會談後，美國一般人多在關心「如果冷戰結束，對於美國經濟將發生若何影響？」

根據美國官方的資料，對於大局前途，似可作如下的猜測：先談冷戰休戰問題，美蘇間的緊張狀態，現在業已發生了某些鬆弛的跡象，相應地減低歐洲爆發戰爭的危機。不過，即使冷戰休戰成功，無論其內容若何，仍將是雙方在戒備狀態中的休戰。因此，美國的武備，只能作象徵式的裁減，軍費不會激劇底減少。

其次關於裁軍問題。目前，事實上尚未聞雙方有何協議。過去，由於美國在兩次大戰後，都立即裁軍，影响不小。今後美國只有在獲得確實保障的協議之下，才會實行裁軍。而所有非共國家的國防責任，仍多須由美國負担，這也就是說，美國的防禦經費，仍是極端龐大的。但我們也可以預忖，暫時不會再事擴大。但是如果再繼續削減，對於商場將會發生「不穩」的景象。

依據目前的實況以及現已知道的各種數字，最大可能的「激劇裁減」大致是由四百一十億美元的軍事預算中，減少一百五十億美元；即將現在的預算改為二百六十億美元，即減少三分之一，在世界沒有戰爭的眞正威脅情況下，依美國一般軍事專家的看法，這筆二百六十億美元的經費，足以維持一支適合世界需要的警察隊伍。

其實這個節減的數字在美國並不算是一件可怕的事。因為美國全年各項支出的總額，多達五千億元，裁一百五十億元，不過等於總支出的百分之三。再譬如說，美國在一九五八年及一九五九年的第二季，為了物價的上漲，即多費了約四百億美元。此裁減之一百五十億元，亦不過等於其三分之一強而已。儘管如此，可是予人們心理上的影響很大。

縮減軍費，在第二次大戰後的美國，已非創舉。首次是一九四六年，將一九四四年的八百八十六億美元減到一百八十八億元；接着在一九四七年再減為一百一十四億美元。這就是說減少百分之八十七。其次，韓戰以後，在一九五三年與一九五五年之間，國防經費減少了一百零二億美元，即自一九五三年的四百九十三億美元，降到一九五五年的三百九十一億美元。

美國這兩次的軍費縮減，都適逢貿易達到上漲的高峯，所有因軍費縮減可能引起的經濟不景，均因而得以緩和，其因軍費減縮而失業的人員，也迅即為商場所吸收僱用。因此，軍費縮減在經濟上所引起的波浪，由和緩而迅告平靜了。

可是，現在的情況可不完全相同，從各種跡象來看，美國目前似乎已由旺盛的最高峯正在開始徐徐轉向下坡。如果現在，或者是一九六〇年、一九六一年實行縮減，則社會經濟必蒙相當不利的影響。最少會對某些工業或某些區域是如此的。譬如說失業人數，顯然會因此而增加的。

此外，有一件事也值得注意的，即在軍費減縮的同時，稅收也會伴同減少，換言之、軍費支出減少一百五十億美元，稅收也可望比例底減少一百五十億美元。這樣；間接就無異增加了國民的收入。他們如果不拿來消費，就是儲蓄的。

稅收減少的分配情況，大致將會是這樣的：

營業所得稅：

營業所得稅將自目前的百分之五十二的稅率減為百分之四十七。這樣，公司商居約可節省稅欵二十二億元；其中、最少有十億元將分配給個人。

國產稅：將可減少九億元。

個人所得稅：

約可減少一百二十億元（大致會將最高的所得稅徵收標準的百分之九十一，減為百分之五十，並將最低的徵收標準，自百分之二十減為百分之十五。）

以上所列的數字，是假定未來高峯會議能獲得妥協冷戰休止，以減少軍費三分之一為標準來計算的，事實上自然未必一定如是。譬如說，在第二次大戰後，迅即裁軍，竟又發生韓戰；此種教訓，美國人記憶猶新，似乎不會重蹈覆轍的。

但是目前冷戰休止的空氣，在美國確極濃厚；環顧世界局勢，成功的可能性，也相當的大。不過為了已往的教訓，軍費的縮減，大致將採取逐步進行的辦法。將來軍事當局當會配合武器及戰署的實際需要，來擬定其縮減的實施細節。現在有些專家則在原則上作下列的估計：

一、飛機製造費大致將大事削減，本年七月一日，開始的年度計劃中，飛機一項的費用，列為六十二億美元，如果休戰實現，那可能縮減三分之一。

二、飛彈的發展經費大致不會有什麼改動。

三、軍事研究及其發展的經費，目前是三十三億美元，恐將激劇減少。

四、軍事工程建設費也將會相當縮減。

五、軍隊人數大致將大為削減，軍餉及津貼約可減少四十億美元。

如果冷戰休止，工業上亦將蒙受若干影响。譬如加利福尼亞、德克塞斯及紐約等州所蒙影响尤大。但目前缺乏工程師和科學人才的困難，到那時候却可告解決。

隨着軍費的削減、稅收減少，使一般消費品的需要量增加，因為個人收入增多，除了儲蓄以外，當多用於消費品的購置。所以非軍用品的工業可望因而呈活潑的現象。不過所有製造武器的工廠，短時期內，恐有許多人因失業而必須轉業；在駐有軍隊的地方，許多與軍方有商業關係者，也將因軍費的減縮而蒙受若干影响。

又美國目前已因軍費的消耗，而存在着若干澎脹的跡象，黃金外流，頭寸短絀。如果軍費眞能削減，則澎脹問題當不致發生了。

總之，如果高峯會議成功，冷戰結束，對美國經濟雖會有某些影响的，但就整個情況言，不會發生經濟不景氣的。

請蔣先生割毒瘤

任重

有關蔣經國的謠言與傳說眞是太多了，由於這些傳說內容不僅是屬於他個人方面的，而是與中國目前的國是相結合着，所以聽起來特別令人感到厭惡！

另一方面，中共却利用人們對蔣經國的厭惡情緒，製造統戰新聞，發表邀請他去北平的消息，而倫敦和巴黎的報刊，也居然跟着捕風捉影，在十月間把這類統戰新聞誇大成為特有的消息，作聳人聽風的報導。至於蔣經國自己呢？也儼然以「擎天柱」的姿態，在實際政治上施展其觸鬚至台灣的每一角落，甚至還涉及到海外！

俗語說「無風不起浪」。蔣經國的作為究竟對國民黨有什麼好處？對自由中國現實政治又有什麼好處？是令人費解的。若謂蔣經國退出實際政治，脫離國民黨，放棄他對黨團特務組織的控制，將會影响到自由中國的安危，嚴重到足以使反共抗俄的國策動搖，那也是把他太過神化了。因此，照我的看法，與其說蔣經國目前的重要已到達與中國命運不可分的程度，不如說是由於蔣介石先生個人精神上的空虛與孤獨，需要有這麼一個兒子，作為他權力中心的象徵。

就中外歷史來看，非民主的國家，統治者的權力都是通過家族關係、封建關係和特務系統來伸張的。因此，今天自由中國的問題，不在於有無一個蔣經國，而在於是否可以實行民主政治。若是把蔣經國看作是蔣介石先生身上的毒瘤，非去之不可的話，祇有二個方法：一個方法是和平的，由蔣先生自己割掉這個瘤，或是蔣經國自行脫離與實際政治的一切關係。另一方法是非和平的，當然這不是目前自由中國適宜行使的方法。

蔣氏父子如果眞能以國運前途為重的話，目前已到必須考慮蔣經國的去留問題了。否則，在今天自由中國有一個「天命與衆望所歸」的蔣先生；明天又有一個「非我莫屬」的蔣經國，那末，不僅民主政治難以實現，中國的命運就更難改觀了！

共印之爭與尼赫魯

岳騫

最近共軍與印度警察在拉達克東部發生衝突，曾經打了一次小仗，結果印軍重傷三人，被俘七人，陣亡九人，此外還失踪一名。這件事情的經過原委，雙方所持的理由雖然不同，但對於事實的報告到也相去不遠。大概是印度有兩名邊境警察，在空喀山口以東巡邏，遇到中共新藏公路護路隊，兩名印警措手不及被捉了去，距離出事地點不遠有七十多名印度軍警聯合組成的邊防巡邏隊，因為兩名同伴未回來，向前搜索，又與共軍遭遇，雙方互相開槍射擊，共軍已經有防備，在山頭上建工事，印軍冒冒失失闖上來，槍聲一响，想挖一個散兵坑也來不及了，只有就地臥倒，共軍居高臨下，在山頭上用機槍掃射，印軍只傷亡被俘了二十八人，說來還眞算幸運哩！

這場衝突發生之後，中共先向印度提抗議，指責印軍越境，印度也向中共抗議，說中共侵佔印度邊境。這件事比較一般的邊境衝突困難之點，即在於主權未定，除非能勘清界限，否則衝突還在後面。

目前中共對這件事還表示鎮靜，並未發動人民去遊行，請願或者跑到印度大使館門首去鼓噪。但是印度民氣却激昂到了極點，據美聯社消息，印度許多政府官員已私下表示必要時不惜和中共一戰，又有許多在野黨派人員，要求尼赫魯辭職以謝國人。

中共最近在印邊接二連三發動的小型戰事，確實把尼赫魯害苦了。不但在國外他的亞洲盟主地位一落千丈，即在國內，他的首相位子也坐不穩了。

尼赫魯這個人，七八年前我就把他比成春秋時代的宋襄公，現在更是越看越覺得神似，毛澤東無疑地扮了楚成王的角色。尼赫魯想稱霸亞洲，必須取得中共的諒解與支持，所以當中共政權成立之初，印度首先承認，十年來替中共奔走，不遺餘力，中共第一次參加自由世界的外交場合，要算一九五四年在印尼舉行的亞非會議，那就是尼赫魯一手導演的，對於中共進入聯合國的問題，印度更比蘇聯還賣力，直到印軍在阿薩密區被中共軍擊斃之時，印度的國防部長梅農還在聯合國提議案，要准許中共加入，雖然事情未成，但印度對於中共的忠誠，却是無人懷疑的。

尼赫魯滿以為對中共結之以恩，周恩來自然就會牽先擁護他作為亞洲甚至整個世界中立集團的領袖，那知中共正學來楚成王的一套辦法，到了必要時拉下臉來，甚麼朋友、義氣都不講了。

今天印度對付中共確實很難，在軍事方面，印度只有六個步兵師，一個裝甲師，連特種部隊加在一起，共約三十萬人，其中要抽調三分之一兵力去對付巴基斯坦以及鎮壓喀什米爾人民的反抗，還要留一部份去監視凱累拉邦共黨武裝份子，總共算起來印度能用到第一線的兵力不會超過十萬人，要防守一千多里的防線，是絕對不可能的事，所以印度陸軍參謀長齊瑪耶在印度全國首長會議上報告，就坦率承認防守力量不足，進攻更談不到了。

印度在軍事方面固然困難，政治方面更無所措手，因為尼赫魯平時是以中立國家領袖自居，專門販賣假和平的膏藥，現在雖然被中共打到頭上，仍然不能還手，否則就是破壞了和平，所以印軍在前線被中共軍打得血跡斑斑，尼赫魯的助手梅農還在聯大演說，稱譽中共是愛好和平的國家，應該准它入聯合國。尼赫魯這種作法，比較宋襄公「不擒二毛」的規定還要迂腐，也更為怯懦，印度領導人在心理上先自崩潰，如何能以抵抗中共的攻擊。

印度今天並非完全沒有辦法，但是必須尼赫魯走開，讓給愛國務實的人出來執政，和自由世界聯在一起，與巴基斯坦捐棄嫌怨，把印度的安危付託整個自由世界，不唱無謂的高調，不作駝鳥，勇敢的面對現實，只要印度站得起來，中共自然就退縮了。不見巴基斯坦和泰國，論兵力都還小於印度，中共何嘗敢動過他們的毫髮。

拉達克火併——誰先開槍？

于然

讓我們看得遠一點吧！中共與印度在拉達克火併，絕非是單純的疆界糾紛。

照中共的說法，出事地點是「中國西藏地方西北端空喀山口以南的我國領土」，十月二十日有三名「印度武裝人員」因越境被捕，二十一日有七十多名「印度武裝人員」，「仗恃優勢兵力」，「進行武裝挑釁」而被打死九名，活捉七名。但是，印度方面的消息，所提到的地點則為「拉達克南昌城摩谷蘭卡拉邊境山徑西四十五英里的熱泉」，據說先有兩名印度警察及一名隨行伕力外出巡邏時失蹤，後來又有一隊印度警察在找尋失蹤者途中遭受猛烈炮火襲擊而重傷三名，陣亡十七名——包括指揮這隊印度警察的卡拉辛副督察。到底雙方的話誰比較會接近事實一點呢？

十月二十日被中共軍所捉的兩名印度警察，是後來被襲擊的印度警察隊中人員；至於中共軍後來向印度警察隊開火的地點，也就是首先捉住了兩名印度警察和隨行伕力的地點。由這兩點，可以推想：（一）中共軍因為先已捉住兩名印度警察，為要偵知附近那一枝印度警察隊的實力和判斷其動向，再進一步行事並非沒有可能。（二）印度警察被捉和被打死，都是在離開了自己的營地以後。（三）中共軍兩天都呆在同一地點，對走到那兒的印度警察下手。

中共說，十月二十日被捉的三名「印度武裝人員」，是因為拒絕中共軍叫他們退出國境的勸告而被繳械扣押；印度則說他們在早晨外出執行巡邏任務而沒有回營。對於二十一日的事件，中共說印度警察七十多人「仗恃優勢的兵力，分兩路包圍和逼近人數較少的中國巡邏部隊」，在當地時間十三時九分開槍射擊，又在十三時十九分第二次開槍，而中共軍則兩次「作出手勢」要求他們停止射擊；由於印度警察對中共軍的手勢「仍不理會」，「反而繼續進逼，搶走中國巡邏部隊放在附近的馬匹，甚至在十三時二十七分猛烈開火，發起攻擊」，所以中共軍才開火。另一方面，依印度的說法，印度警察一隊出外找尋失蹤者，突然被中共軍由可以控制所經路線的山頂，居高臨下地，在來福槍射程所不及的位置，用手榴彈、迫擊炮等猛烈轟擊。

我們如要知到底是中共軍向印度警察襲擊，抑是印度警察向中共軍挑釁，有幾點值得注意：（一）二十日離營出外那兩名印度警察，非但配有武裝，而且是執行巡邏任務的。那麼，如果和他倆遭遇的中共軍沒有「先下手為强」，該是他倆把中共軍繳械的呀！（二）中共並沒有指他倆攻擊中共軍，只說他倆拒絕聽從中共軍叫他倆退出國境的勸告。試想一想，他倆居然呆候擒拿，難道是傻瓜嗎？（三）二十一日和中共軍開火的印度警察隊，既有「優勢兵力」可「仗恃」，如果能採取主動，為什麼不把握時機立即把所發現的中共軍解決掉？按印度所編地圖，出事地點被視為深入印度邊境四十多英里，而印度警察隊據說就是負責戍守的；照中共的說法，印度警察隊越入中國邊境「進行武裝挑釁」，那麼，他們豈非自取滅亡！（四）中共指印度警察隊「仗恃優勢兵力」而「進逼」；遂搶先開火。這可能性極大。（五）中共指印度警察隊在尙未「進攻」前的好一段時光中，曾間歇開槍射擊兩次，又曾「搶走放在附近的馬匹」，却沒有說出有那個人受傷或被當作目標，而那些馬匹又是誰的呢？顯然，印度警察隊是在找尋失蹤者，山野間的槍聲却往往是連絡的訊號。（六）如果印度警察隊像中共所說那樣，一開始就充份顯現其蠻橫和敵意；那麼，中共軍還需要一再地打手勢要印警停止射擊嗎？生活在香港的人只要看看澳門關閘外，香港深圳河畔中共那種劍拔弩張之勢，就可想見是那一方面首先開槍的了。

從艾森豪不訪問台灣說起

于明

最近台灣人士心情的沉重，是可想而知的。因為美國務院儘管一再申言對自由中國的政策不變，但是另一方面却居然有一家私人的研究機構康隆公司，受參議院的委託，提出了一份有關台灣問題的研究報告。其要點在於：一、許可中共政權加入聯合國；二、承認在台灣的中華民國政府為分立的「台灣共和國」；三、中華民國僅能保有聯合國的席位，但須退出安全理事會；四、主張擴大安全理事會，以中共代替國府，幷許可日本和印度為會員。這份康隆報告書，在台灣的報紙上是未曾發表的，因此，台灣的輿論不能公開的加以抨擊，若是抨擊則必然要引述許多原文，將更引起當局的不滿，使人感到更多的不快了。

可是，由於此種不愉快情緒之被壓抑的結果，當白宮宣佈艾森豪總統訪問亞洲不越出印度的消息傳抵台灣後，輿論的反映就表示了失望！雖然這一意向幷非由官方報紙發表，不過也足以說明一切了。

其實，台灣人士是沒有理由對艾森豪的行止不滿的。如果大家不太健忘的話，我們應該記得美國曾經不止一次地邀請過蔣介石總統訪問美國的，但是先後却為蔣總統「婉言」拒絕了。如果當初蔣總統接受邀請訪美的話，那末相信艾森豪總統此行東來是會到台灣停留數小時的。

過去蔣總統拒絕接受邀請訪美的理由，祇是說「目前環境不適宜於他離職。」但是十年了，一方面國府不斷報導台灣在進步中，穩定中，既然情況在好轉，蔣總統又何以不能作短暫的訪美之行呢？

有謂蔣總統當初之所以不擬訪美是，為了恐懼他離職之後，將影响他的領導地位，而傳說不一的說法中，更有一種說法是，蔣總統認為這可能是「調虎離山」之計!? 因此，他拒絕赴美。

就今天的情況來說，無論如何，台灣海峽的地位及其重要性，遠在中印邊界糾紛之上，蔣總統的聲光也應該凌駕于尼赫魯的。但是現在的事實，很明顯地表明了美國對華政策在開始轉變了。一方面把台灣看作一個不沉母艦的基地的觀念在增强，另一方面却又作許多不利於國府的言行。康隆報告固是一端，而艾森豪總統與赫魯曉夫彼此的往來函件中也曾有不太利於國府的商討。

赫魯曉夫的函件中曾說「若美軍撤離台灣，則中共準備與國民政府和平解決雙方爭執」，這句話當然是不可信的；可是艾森豪總統的指責，也頗堪令人尋味的。他曾直斥赫魯曉夫的政策不統一，在歐洲既支持兩個德國，在亞洲何以却支持一個中國。這樣的話，很容易使人誤解美國對華政策的最後決定就是不反對承認兩個中國，如果赫魯曉夫能做到令中共放棄對鄰邦的武力威脅，同時也支持兩個中國的觀念的話。

艾森豪總統給赫魯曉夫函件中的這種論點，當然不能武斷當作是美國已經在對華政策上作了肯定的決定。但無論如何可以說，這已反映出了華府已經有了無可無不可的心意，祇要蘇聯眞能控住中共，世界緊張局勢是可以因此解凍。

白宮當局在對「中國問題」上既已有了上述的傾向，艾森豪總統當然更不必在東來的行程表上，預定在台灣作停留了。何況過去蔣總統還曾經拒絕過赴美訪問呢！

由此，不能不使人覺得蔣總統過去拒絕訪美，是一錯着，不論當初是因為面子問題或恐懼個人領導地位的動搖，於今思昔，怎能令人不覺得是一件憾事呢！

當然，沒有任何理由因此懷疑台灣的安全問題。不過艾森豪總統訪問尼赫魯而不訪問蔣總統，無論如何說，將是一件令蔣氏不愜意的事。

中共重工業生產的危機

樵夫

中共第一機械工業部為挽救機械工業生產率不够和品質低劣的危機，於十月六日在北平舉行電話會議。會議由中共國務院副總理薄一波主持，薄在會議上指出中共機械工業當前遭遇的產量低，質量壞，消耗大，成本高的原因「是指標過高了些，多少影响了些生產情緒，這是由於五、六月間吹來一小股右傾冷風，少數幹部中存在着的右傾思想滋長起來，幹勁不足；生產顯著下降。」

這是中共官方首次承認機械工業生產方面萎縮的例証。

薄一波在演詞中指出：已完成的產品精度既差，也不合規格。「有些計劃內，合同內的產品完成不够好，特別是其中的大型、重型產品完成得不够好，產品配套、材料供應和大型加工能力等方面也還有些困難。」他所指的大型，重型產品加工能力等方面有困難，是指生產機械的母機缺乏。於是又說：「我們已經要求原材料部門，大力組織增產，力爭及早供應，特別是目前鋼材中比較短缺的品種，規格。」中共重工業母機來源，仰賴於蘇聯供應，七八年來蘇聯沒有充分適應中共重工業需求，薄一波當然心裡明白。因此他呼籲：要求幹部參加勞動，推動工人來幹。但是薄一波也明知幹部在領導工作中，有些顧首不顧尾，提高產量，就不管生產品質，等等毛病，例如中共第一機械工業部門所轄工廠，大部屬於生產母機部份，數量不够，固不合於中共所謂「十年趕上英國」急進的要求，精度差，其母機所生產的成品，毫無疑異的不够標準。中共第一機械工業部成立了幾年，到現在才發現各廠生產的母機不合規格，未免太晚。如果糾正，必須從祖父延及兒孫，甚至五代以下，這一連串報廢，又豈止是人工和材料上的損失呢！

中共重工業所遭遇的難題，可說他們上下都非常清楚，只是無法解決。基本問題：第一母機缺乏：用「螞蟻啃骨頭」方法解決，是違反工業原理，結果徒勞無功，空費人力物力；第二原料供應不足：用「土高爐」生產的鋼鐵製造重型機械，其品質和精度當然不够；第三幹部脫離羣衆：中共駐廠黨委，不接受老工人意見，不合理的簡化工序，改變工藝過程。因此大多數產品必須返廠重修，甚至報廢；第四職工情緒壞：職工工作時間長，待遇差，普遍鬧不滿情緒。

上述種種都是中共在重工業生產上無法克復的難題，即使中共幹部有「千面手」怎奈巧婦難為無米之炊何！

我所見到的台灣

王厚生

今年八、九月間，我在台灣旅行一個多月，回到香港，黃宇人先生要我為「聯合評論」寫點旅台觀感，我樂於從命，所以執筆撰這篇短文。由於篇幅的限制，我只能就幾個重要的方面說一說。

台灣氣候溫和，物產豐富，不必再說。在大城市如台北，人們的生活雖清苦，卻很安定，住在那裏的人們，沒有像香港人那種由生存競爭而生的緊張。台灣的出產以農業為主，工業已逐漸興起，商業次之。從事於農工商各界的人們的收入較好，軍公教人員的待遇較差，而服務於軍公教三界者，多數是從大陸遷去的，因此，台灣本省人的生活要比外省人優裕。拿軍公教人員的薪金來看台灣的物價，不算便宜，所以，調整軍公教人員的待遇已刻不容緩。

台灣的人口問題已引起注意，這問題首由蔣夢麟博士提出，據政府中某高級官員對我說，台灣的人口繁殖率等於每年增添一個基隆市。與人口繁殖相關聯的是糧食問題，換言之，是農業生產繼續追上消費的問題，這又牽連到土地的生產力和肥料種籽等等問題。

台灣本省人和外省人之間，基本上沒有仇視，隔膜也許有一些，但不顯著，終究，收復台灣至今，尚不到二十年，而日本人在那裡却侵佔了五十餘年。台灣本省人對政府不滿，大概也是事實，不過，這種不滿的情緒不足以大驚小怪，我們可以說，只要政府停止向老百姓徵收稅捐，人民立刻會對政府表示好感的，政府如一天要向老百姓拿錢，人民對政府總不會太樂意。以台灣政府的負担之重，我們可以想像得到台灣老百姓對政府是種什麼情緒。台灣的國民教育辦得很好，校舍寬大，故台灣人的基本教育受得不錯，國語講得正確流行，比我這個南腔北調的人好上十倍。台灣少女喜愛外省籍青年，她們說，台灣青年未出遠門，土氣十足。我有幾個青年朋友，都結交了台灣女孩子。

台灣的政治無可否認的未合民主政治的標準，這一點，我在台北時，會對國民黨的朋友們坦白直說。政府現由國民黨一黨主持，但因政府是根據中華民國憲法產生的，這個政府目前正在從事反共黨反極權的鬥爭，同時，中華民國現為自由世界的一員，自躋於民主國家之林，所以，國民黨政府在外表上不能完全專政，反對的輿論不能完全消滅，更不能沒有民青兩黨的存在。據另一政府高級官員對我說：三黨合作必須維持。但據我觀察和體念所得，民青二黨的處境相當困難，經費困難是基本的，活動困難是附帶的。在地方選舉中，民青二黨的候選人不易當選。民青兩黨黨員凡服務於政府機關者，一經查出，不是革職，便是不准他升任主管。有好幾位朋友曾向我傾訴苦情，我非常同情。

關於蔣總統是否連任問題，沒有確定的消息，主要原因是蔣總統本人不表示意見。雖無確定消息，傳說仍多，有人言，蔣總統已決定連任，又有人說，蔣總統不致自食諾言而繼續連任，還有人說，蔣總統可能在籲請連任的大堆函電中榮譽退休，更有人說，蔣總統將請黨中元老出山。據我觀察，如蔣總統不連任，國民黨內部的意見可能分歧，如蔣總統連任，國民黨內部的意見必定一致。這裡所謂的意見分歧和一致，是專指蔣總統今後的出處而言的。有人說，倘蔣總統不連任，陳辭修先生的處境更糟，這話很可玩味。說這話的，可能熟悉國民黨的內情。我曾在陽明山晤見陳辭修先生，從他的談話中，使我相信，如蔣總統連任，他是一定擁護的。所以我說，蔣總統連任，國民黨內部的意見是一致的，否則，意見可能分歧。

再談軍隊問題。關於這方面，我不了解訓練、裝備和作戰力的情形，我只參觀了左營軍區。到南部，因時間不多，未到鳳山。原想到金門參觀，因海峽颱風而沒有去成。海外輿論批評政府養兵太多，應該精簡。國民黨朋友們對此問題有所解釋。他們說，要反攻復國，不能不養兵，萬一時局突變，兵員太少不足以應急需。又說在平時，官兵不是祇消費而不生產的，例如築路修橋，都是士兵的工作，台灣「八七」水災，災區重建工作，很多由軍隊担任。我經過災區，親眼目睹，也是事實。此外又說，軍隊解散後，不能移民他處，他們勢須在台灣另謀生計，同樣為台灣的或政府的一項負担，而養兵比較經濟，易於管束，所以，為經濟和社會秩序計，解散軍隊並不是好辦法。還有一點是我自己所猜想的，可能養兵與外援有關，對國庫有幫助。是否正確，尚待查攷。

台灣籍士兵能作戰嗎？能。據說去年金門炮戰時期，台灣籍士兵的戰鬥精神極佳，他們入伍後，與外省籍士兵打成一片，如同弟兄，毫無地域觀念。據說，台灣青年走進軍隊後，也不大願意退伍，因為軍隊生活另有一番樂趣，生活有規律，還有種種文娛活動，一旦退伍，環境大變，反而枯寂起來，就業、戀愛、零用錢等等問題使他們苦悶，所以，退伍下來的士兵，常願再度入伍。我想，上面的情形很合情理，可能是真的。

在台北時，許多朋友對於海外的民主人士有二個意見，第一，希望民主人士都到台灣去，面對政府，爭取民主。第二，海外民主人士對台灣實際情形未免有些隔膜，以致所作的文章，有時不中肯綮。第一個意見，因為入境管制，如要海外民主人士向政府請求入境許可，恐怕事實上辦不到。第二個意見，海外民主人士應該加勉。

再說台灣的建設，的確粗具規模，譬如，造船業、煉油廠、水泥廠、製鋁廠、石門水庫、橫斷公路等等，近年來，紡織業大有進步，出口的布匹也不少，其他出口的製造業如糖業，鳳梨加工業等，自不必說。不過，台灣的工業界有一個很大的弱點，就是許多廠商向政府貸款維持，政府為了支持工業，從寬貸放，因此，有些不良商人，想盡方法，不就正途發達，光討政府的便宜，但靠政府支持而終於站起來的也有，如唐鎔鐵工廠。台灣有許多國營事業，歸經濟部管理，據經濟部某官員對我說，浪費現象仍不容忽視。

台灣有幾家工廠的設備是相當現代化的，好比台肥六廠和高雄的石油公司。台肥六廠的建造經過，以及和美國營造公司之間所發生的糾葛，署有所聞，詳情則不十分清楚。我們要指出的是現代化工業與人民就業之間的矛盾。據台肥六廠的導觀人員說，到那裡工作的技術人員必須要有大學化工系畢業程度，實習二年，始得為正式技術人員。由於石油公司的設備新穎，技術高超，我想情形也差不多。這樣，台肥六廠和石油公司所能收納的工人人數自然有限，而在台灣，可以投入工業的勞力還不見得缺乏。我覺得，這是現代工業和我們人口衆多國家之間的一個矛盾。到松山菸廠參觀，問題便一望而知了，這裡有最新式的外國機器，製烟和包裝是自動的，而且快速，在另一部門，是最陳舊的工作方式，一切用手製造，雖然落伍了，但為解決大批女工的生活，不能完全採用新式機器，以免搶去她們的飯碗。我不是說現代化不應該，只在指明一個事實。

我們無論到那裡參觀，都有現成的參攷資料發給，還有統計數字和圖表。這些資料的正確性如何，暫置不論，但總算是一點進步。過去在大陸，一切是憑口說，用耳聽，說過聽過完事，手上無所憑據，現在則有了，這確是合乎科學辦事的趨向。

台灣的建設，我於參觀之後，發生幾個感想：第一、確有成就；第二、不要自滿；第三、不要離不了美援；第四、爭取僑資成效不大；第五、無自給自足的長期打算。

十月卅一日

本刊小啓

近接石鑑、泉溪、厚如、偶耕諸先生先後惠書及賜稿，對本刊表示支持，無任感謝。惟同仁等對於某些為了向台北方面領取津貼而不惜對本刊作種種惡意批評的作者及報刊，祇覺得他們可憐，不擬予以駁斥。因此，各位先生的大作，恕難刊載，尚祈鑒諒為幸。

聯合評論社編輯部敬啓

台南通訊：「骨灰出國」

在嘉義市，發生這麼一件事：有某寓公，生有一個兒子，大學畢業，數月前曾經參加留美考試，因為名落孫山，未遂出國大願，竟憤而自殺，經某醫院救治未及，一命嗚呼，當即火葬。某寓公一慟幾絕，憫其子「壯志未酬身先死」乃將其骨灰託友人帶往美國安葬，以便長埋異域，眞個是生既恨為中國人，死亦當作美國鬼。

我不知這應該稱是悲劇抑或是醜劇，以上事實見載於十月廿七日新生報，當不致有誤。事實上在台灣出國的狂熱確是流行，下級軍公人員多爭取出國受訓的機會，因在國內薪俸二三百台幣，出國受訓則可拿相同數目的美金，其比例不可以道里計。歸國後妻榮子貴，自不待言。因此某軍事學校招考學生時，居然以「有出國之機會」為廣招徠的宣傳條件之一，而此一條件確是誘人之至。

這使我想起某以飛媚眼成名之女明星生產，一定要千方百計的去美國生，以期取得美國國籍，與嘉義某公相較，一生一死，實有異曲同工之妙。

「冤獄賠償法施行後的趣聞」

高雄．麟兮

自從冤獄賠償法實施以來，已經二個月了。台灣全省至今未聞要求賠償的冤獄案子，足見我們的司法本已清明也。但因此一法案的實施，却引起一個有趣的問題。北部某市的刑警當局，曾提出因冤獄賠償法的實施，而要增加薪給，所持的理由，是刑警人員今後辦案必將更為辛勤，為求做到毋枉毋縱，避免冤獄，目前的待遇，實不能負此重要的責任云。

為什麼刑警人員從前的薪給夠用，而此法案一實施就不夠用呢？豈非說明從前他們有額外的收入可得；而冤償法斷了此一財路，因而必須要求增加待遇嗎？

治安人員的薪給太低，這是盡人皆知的事實，也是整個國家俸給制度的一個問題，薄俸養廉是件難事，我們同情。但若因執行冤獄賠償法而要求加薪，未免有些自我諷刺吧？

更正

本刊第六十四期第四版台北通訊「河山並壽」一文內「立法院副院長兼以台灣省議會議長」句之「立法院副院長兼以」八字係多餘，特此更正。

剖析中共「右傾份子」問題

康和

當一個蘋菓成熟的日子，也就是牠開始腐爛的時候了。

中共在這十年來，黨員人數，從一九四九年的四百五十萬人，到現在已增加到一千三百九十六萬人。黨的基層組織，由一九四九年的二十五萬個，到現在已增加到一百零六萬個。凡是一個政黨，到了取得政權以後，黨的分子，必然會擴增；黨的組織，必然會擴大；但是，黨的分化，也就必然會跟着萌芽起來了。中共雖然運用毒辣的手腕，不斷地進行整黨整風運動。也不能跳出歷史的規律。近來，不是又在雷厲風行地舉行反右傾分子的運動嗎？這種所謂「右傾分子」和「右傾思想」，不僅是在中下級幹部間像黴菌一般地蔓延開來，並且在高級幹部中，也大有人在。中共中央書記劉瀾濤在「中國共產黨是中國人民建設社會主義的最高統帥」一篇專論裡說：「共產黨員，特別是黨的高級幹部，如果具有個人主義思想而不加以克服，就必然在黨內爭權奪利，直走到向反黨反人民的罪惡道路。」又說：「現在，一些右傾機會主義分子、反對黨的總路線，反對大躍進，反對人民公社。他們向黨進攻的實質，正是代表資產階級的利益。……黨內絕對不能容許任何機會主義派別存在，絕對不能容許任何分裂黨篡奪黨的言論和行動。」又說：「右傾機會主義分子把矛頭指向黨的領導，正是企圖使黨的核心解體。」從上述言論裡，我們可以認識目前中共內在的危機，是如何地嚴重了。

我們從近來中共的各種權威刊物內，確是時常發現着所謂右傾分子對中共領導階層的嚴厲的指責。說：「大躍進是大躍退」，「人民公社辦得太早了，太糟了」，「人民公社是小資產階級狂熱性運動」，「力爭上游，不如中游保險」，「先進者吃虧」，「又要多快，又要好省，就是又要馬兒好，又要馬兒不吃草」。「人民公社超過了社會發展的水平，和人民羣眾覺悟的水平」，「現在的人民公社，還是實行社會主義的集體所有制，那就和高級農業生產合作社沒有什麼區別，就沒有必要組織人民公社」，「人民公社的性質，只能是共產主義的，必須完全實行按需分配的原則，否則就不能稱為人民公社」。

值得注意地方是以上各項指責，並非出于一般老百姓，因為一般老百姓在中共的獨裁暴政之下，早就敢怒而不敢言了。這些指責，乃是出于共黨自己隊伍裏的幹部分子，並且是根據共產主義的理論而指出的。

我們憑客觀的立場來批判，中共領導階層推行人民公社，實在是一種幼稚冒進的舉動。用共產黨的術語來說，就是犯了左傾幼稚病。人民公社（不是中共現在所行的那種人民公社），確是一般社會主義者所懸想的一種理想社會制度，過去所謂烏託邦社會主義思想家，也都抱有此種類似的理想。不過，這種理想社會的實現，在主觀方面，其構成份子，必需具有崇高的道德，和仁愛的秉性。決不是以「仇恨」為出發點，以「鬥爭」為手段的殘暴不仁的馬克斯主義者所能想望實現的。赫魯曉夫批評此種公社為落伍的制度，是很忠實的說法。至於在客觀方面，要實現此種理想社會，必需社會生產力發展至相當的水平，社會的物資，相當豐足。目前大陸人民，食不飽、穿不暖、睡不足，中共憑暴力統治，當他們像牛馬一般的鞭策，過着「地獄」一般的生活。李富春也曾公開承認：「某些副食品和很少數幾種日用品暫時出現了供應不足的現象」。試問在這種貧乏殘酷的環境之下，還能建立得起「各盡所能」「各取所需」的共同生活的理想社會嗎？儘管中共雖聲明現階段的人民公社只是社會主義的性質，還沒有達到共產主義的性質，但這也只是一種詭辯吧了。

中共領導階層在客觀條件和主觀條件都沒有具備之下，便發動組織了人民公社，確是太幼稚太冒失。所謂「右派分子」所指責的話如：「人民公社是小資產階級狂熱性運動」，「人民公社的性質，只能是共產主義的，必須完全實行按需分配的原則，否則就不能稱為人民公社。」倒不無相當理由呢！所以，我們若引用共產黨的術語來批判：中共領導階層所指斥的所謂「右傾機會主義者」，並不見得右傾，而毛澤東之流，卻是犯了左傾幼稚病。可是在共產黨的獨裁暴政制度之下，誰有權力，誰就是真理。

而在握有權力的一方，必將對異己分子大張撻伐。所以中共的八屆八中全會，就嚴厲地指出：「右傾機會主義，是我國目前主要危險。同右傾機會主義進行鬥爭，克服右傾機會主義，掃除牠的影響，是我們黨當前的一個主要任務。」可是，儘管中共中央，對所謂右傾思想和右傾機會主義者，大施撻伐，大力整肅；所謂右傾思想，和右傾機會主義者的潛力，還是在不斷蔓延膨脹。中共這蘋菓已經在開始腐爛了。腐爛的黴菌，由中心漸漸地達於全體。從窰洞裡鑽出來的「說謊大師」皇朝，快就要鑽入墓穴裡去了。

大陸人民隨時失蹤

陳祖芳

大陸人民在共黨統治下過着恐怖生活，這是誰也知道的。雖然，大陸人民的安全毫無保証，但共黨報紙卻一向變黑為白，硬說大陸是天堂，硬說大陸人民是在安居樂業情況下過生活。海外反共報紙對此雖然時有揭破，但中共報紙卻對海外反共人士的指責，一向硬說是謠言。不過，紙畢竟包不住火，謠言了謠言，事實了事實，最近，中共報紙自身卻又對此提供一項鐵的証據。這証據証明大陸人民是在共黨殘暴統治下隨時失蹤的。

本年十月卅一日北平出版的人民日報第七版，出現了一大遍尋人廣告。所尋的人，即失蹤的人達三十餘人之多。而這些人又並不是在突然而來的天災中，或其它天然意外失蹤，而是在平居中突然失蹤，以中共今日在大陸對人口控制之嚴，對戶籍異動監視之緊，既無天災，是沒有理由突然有許多人失蹤的，且其中絕大多數是男人，又所有失蹤的人各省的人都有，這都可見這些失蹤的人，絕對不是由於意外災患，而是由於人禍，而是由於中共所施的秘密迫害。

綜觀所有尋人啓事，各地的人皆有。甚至其中尚有中共「榮軍教養院」的榮軍人員在內。其中一則尋人啓事原文如下：「楊啓彥，男，廿六歲，陝西省白水縣人，有知其下落者，請函告陝西省渭南縣陝西省榮軍教養院」。我們曉得：所謂榮軍，乃是退役共軍，退役共軍也失踪，豈非怪事，驟看之下，退役共軍失踪的話，幾乎是不近情理的，然而深一層看，則退役共軍失踪的事，絕不希奇，而且是大有來龍去脈的。

原來，許多共軍中之老官兵，自被中共在建立現代化正規軍隊口號下把他們用退役的名義淘汰後，他們內心早已不滿，加以退役後衣食無着，中共政務院雖然訂有退役榮軍優待法令，但所謂優待，實則異常菲薄，甚至根本不能維生，一個退役榮軍仍須繼續辛苦勞動，才能從勞動報酬來維持最低生活。他們為自己的遭遇早已怨恨，再目睹中共在各地大力推行人民公社，每一戶人家都被拆得妻離子散，他們的內心更憤憤不平，所以，自從中共實行退役辦法以來，即在大陸各處不斷出現退役榮軍鬧事的事件，中共當局雖曾為此向各地退役榮軍呼籲，並設法予以勞動改造，但這並不能收效，而中共又不能允許他們繼續鬧事下去，以免事件擴大，因而中共便對許多退役榮軍採取了秘密捕殺的手段，這便是今日大陸退役榮軍也有失踪事情之所以然了。退役榮軍的遭遇尚且如此，其它不滿中共政權的老百姓，其慘遇當然更可想而知。今天我們在海外流亡，雖然艱苦，但一看到人民日報上面的許多尋人啓事，却又不免為大陸同胞的所過恐怖生活不寒而慄了。

中共出口貿易繼續減退

大陸之窗

中共出口貿易數額的增減，是中共生產量增減的反映。因為中共是急需從出口貿易來爭取外滙的。所以，中共對出口貿易是一向採取竭澤而漁的辦法。就以往數年來說，中共的出口貿易一直在不斷增加中，但自去年秋推行人民公社後，中共對東南亞的貿易即趨銳減。據日本外務省於本年六月一日發表的一項分析報告書，曾正確指出「在去年十二月中共對香港的輸出數達二千八百萬美元，惟在今年正月至三月期間，已銳減百分之五十，由去年七月至十二月，從香港之輸入，每月約達九百九十萬美元，但今年每月跌至三百萬美元。中共對星洲及馬來亞之輸出，由在去年十月至十二月間平均每月七百萬美元，在今年正月減至五百三十萬美元，在二月減至四百萬美元。今年春間，中共與日本之貿易陷於停頓」。同時，該報告書并指出人民公社是中國大陸出口貿易減少的主要原因之一。

另據本月五日東京法新社電，最近，日本外務省又發表報告，指出中共對東南亞的貿易本年上半年較去年下半年減退了近一半，這減退乃由於中共設人民公社後生產與商業制度混亂所致。該報告書係根據日本駐東南亞各處使節搜集的情報，表示本年上半年中共對東南亞的貿易總值為一億九千五百萬美元，較去年同時期減退百分之十七，較去年下半年減退百分之四十三。中共本年上半年對東南亞的輸出共達一億五千三百萬美元，較去年上半年減退百分之五點八，較去年下半年減百分之三十八，其對香港和馬來亞的輸出減退尤甚，達百分之三十和七十，惟本年上半年中共對印度和緬甸的輸出則較去年下半年為多。中共本年上半年從東南亞的輸入共四千一百萬美元，較去年上半年減百分之十三，較去年下半年減百分之五十七，從星加坡、馬來亞和泰國的輸入減退，尤為顯著。

該報告書并預言：中共由於受到水災、旱災和蟲患，本年下半年對東南亞的貿易將不能增加云。

日本現今是與中共在東南亞作經濟競爭之國家，日本對中共出口貿易調查之數字，無疑，是很可參考的。中共本年生產數量之所以銳減，基本而且最主要的原因，當然是中共推行人民公社的結果。對於人民公社，大陸人民是普遍怨恨普遍仇視的。只因中共殘暴統治和嚴密控制的緣故，所以大陸人民不能起而武力反抗，但消極反抗却是中共無法制止的。人民普遍消極反抗的結果，生產數字便低降了，生產數量低降之後，中共雖殘暴的更進一步的加強剝奪，但所得有限，出口貿易遂無法不銳減。對此，中共是力謀挽救的。同時也是力謀補救的。但中共今年八月一日至十六日的廬山會議既不能根本放棄人民公社，則所謀增加出口貿易之可能自少。再加上今年大陸水災旱災蝗蟲災的地區據中共自己統計共達五億一千萬畝，約佔大陸全部耕地三分之一，那末，中共在短期內當然是不能增加它的出口貿易的。

劉裕略

「聯合國走廊」下的寮國局勢

萬清

密雲不雨的寮國局勢，在表面平靜的現況，內裡卻有頗為微妙的醞釀。未來的變化仍然難以逆覩，不過在目前這個階段，似乎政治鬥爭已壓倒了軍事的較量。而那也即是說，寮國已經與整個的國際局勢發生了聯繫。將來的為和為戰，將視國際大勢尤其是美蘇妥協之如何而定。

「寮共」銷聲匿跡

聯合國視查團在寮北回來後離寮之前，並不肯發表在桑怒豐沙里兩省視察所得的結果或任何觀感。日本籍的團長澁澤，說視察團四國委員須經開會，方才能確定呈報聯合國的報告，而這項報告書內容的討論，以及起草，都有待於離開寮國後方才進行。那麼，在寮國期中，對此當然「無可奉告」。人們終於不能從視察團諸公的口中，打聽出報告書要點的內容。

當聯合國視察團未離永珍的時候，寮北的軍事行動還在繼續。當時人們的恐懼是：所謂「寮共」，也許只有在視察團留此期間內潛伏；一旦視察團離去，他們——所謂「寮共」，便會越境重來。因此在那個時候，寮北的居民仍爭着逃至南部，永珍有人滿之患，當局為防止意外，特頒佈宵禁之令，自午夜至晨六時，施行戒嚴。

為了根據上面的看法，當時寮國朝野，頗希望聯合國視察團能有代表留駐寮境，藉以監視寮共，使之不敢窃發。不過視察團本身，無權作此決定。視察團走後，祇留下助理人員，負聯絡及搜集情報之職。只能將所得資料送交視察團四國代表參考，而沒有直接向聯合國總部發出報告的權力。

蘇發努馮「審訊」

可是意外的，「寮共」自視察團走後，不但沒有發動攻勢，甚且比前更為銷聲匿跡，出現了「小康」的局面，像暴風雨之後，突然清朗。於是人們開始意識到這一現象的微妙。本來「寮共」既是由北越越境而來，是可以隨時鬧得滿城風雨，像以前侵擾五省，甚至距永珍六十哩處「打遊擊」。那麼，現在的沉寂，「是不為也非不能也」。這就不是什麼軍事力量的問題，而是政治問題了。

留心共產集團動態的人們，開始注意到的河內方面的動態。胡志明訪問蘇聯，經北平返越後，寮局並沒有新的波動，而河內抨擊寮國的廣播，亦不如前之繁密。河內電台的抨擊，只集中於寮國政府對「巴特寮」首領蘇發努馮的審訊一事，當然，他們反對審訊蘇發努馮及其助手，所謂「寮國愛國陣線」即寮共的主要幹部們。

本來寮國是和平的佛國，人與人之間極富情感。何況蘇發努馮又是親王，前總理符馬親王的弟弟？這次雖因寮共部隊叛變，不能不將蘇發努馮監視，最初也還是採取軟禁方式的。但到叛亂擴大，事情鬧大了，當局已無法姑息，乃有對蘇發努馮提出「叛亂罪」控訴的決定。

哈馬紹遠東之行

這項控訴原定於十月廿六日舉行，在寮國這是破天荒的事件。可是因為慶祝新王登位，接着又有老王駕崩，紅白二事，冲淡了政治的惡劣氣氛。自一九零四年即位的老王西薩旺，五十五年來保持他的皇座，雖在法國統治下仍能劃土而治，人民都誇說老王的「洪福」。不過老王晚年多病，只成為一個象徵，對國事發生不了什麼作用，人們倒希望由皇儲即位的華沙里王，能夠發揮人民對皇室的信仰，並藉佛力，使國家長治久安。但奇怪的是關於蘇發努馮的審訊，當局竟宣佈一再展延，事情似有內幕。據說國內仍有第三者分子，替蘇發努馮緩頰。在國際上，雖有北平及河內對此事的抨擊，原並不在當局考慮之列。除非是出自自由陣營方面的意見，那方才會為當局所接受。

「寮國强人」總理冼廼恭尚在聯合國，與聯合國總部及美國方面，有很緊密的接觸。那麼，寮局的和緩包括蘇發努馮審訊的拖延。與聯國的政治氣氛，當是息息相關。

聯合國視察團視察寮局的報告書，在此際仍遲遲不予發表，更加强了「聯合國走廊」活動的跡象。以視察團所得的資料，是足可以對越共中共提出控訴的。現在卻不發表這一報告，並非資料及起草等問題。而一定是在內容及措辭上，決定採取「觀望」的態度。因為倘若判定了越共侵寮，聯合國或東南亞公約便得準備軍事行動，局勢難免嚴重。倘若過於輕描淡寫，則對於寮國的一場控訴，發生否決作用。恐怕會動搖寮國政府的根基、影響到她的獨立前途。

據說英國、蘇聯兩個日內瓦會議主席，正頻頻與聯合國會商寮局。英國正極力尋求一條可令雙方下台途徑。一俟哈馬紹秘書長東來泰、寮，親自處理一切。

・永珍通訊・

印度華僑的徬徨

羅年

我國旅居海外各地的同胞，因獲不到祖國政府的妥善照顧和保護，甚至受到祖國政潮（政權）的影響，因而常常遭遇着當地政府的迫害，弄致左右皆非，動輒得咎，在種種複雜環境的夾縫中，其困惱、痛若、和損失，真是莫可言喻！

印度四萬多華僑，目前也遭受厄運而感到萬分徬徨！

如所週知：印度一向是親共的。尼赫魯曾賣弄了相當精彩的聰明和努力，企圖協助中共不論從正門或後門，混進聯合國，他的親共的言論、態度、政策和行動，都會表現得相當出色。猶記四年前周恩來訪印時，印度舉國在尼赫魯的導演下，作出熱烈歡迎；當時一部份被認為反共的華僑，竟然加以警告、監視、或囚禁。而那時一般華僑對此，當然也了解着自己的處境，為要避免突如其來的災禍，不能不在「適者生存」的環境下，依照着當地政府的態度來應付。華僑給人家摔着鼻子走，確嘗透了「實逼處此」的苦在心頭，傷透腦筋的滋味！四年多來，一直困擾在這種不尷不尬的特殊情況，才得稍獲喘息。詎霹靂一聲，中（共）印邊境衝突爆發，雙方的交惡，尋且轉趨白熱化。這在印度自己，固然深悔噬臍莫及；而旅印華僑的苦難，因此也接踵而至：

最嚴重的，是印度政府，將要審查旅印四萬多華僑的一般職業和生活情況。據當地警方透露，當局此舉，係要審查華僑的是否屬於「良民」。這一行動，純係為着粉碎中共的第五縱隊。

從印度政府這項舉措來觀察，顯明地，它是從親共方面轉了一個巨大的角度，跑到反共方面去。我們不是要批評印度政府的轉變，但我們必須明白指出：印度政府不應在驚惶失措，憤恨交拼中，拿華僑來做洩憤工具！

據當地報章傳出一項消息：中共五人代表團已抵達印度；此五人代表團的實際任務，正是為着要加强協助當地的共黨。加爾各答日報曾報導稱：中共五人代表團的領袖，經以巨額支票交給當地共黨，作為當地共黨進一步活動的經費。然而奇怪的是：印度政府對此，卻似無動於中，惟知斤斤着重於審查華僑的一般職業和生活情況，這顯然是存心對一般屬於「良民」的華僑予以留難，甚至加以迫害！

因此，當地四萬多華僑，刻無日不在徬徨中！

聞美國總統艾森豪威爾下月將有訪印之行，目的係為鼓勵印度力拒中共。旅印華僑對此，當然十分歡迎。而印度政府將來受此鼓勵之後，其政策又將蹈進一個怎樣的階段？這也是四萬多旅印華僑所深切關注的。

手銬和墨水筆的妙用

士益

廣西桂平勞改營的奴工黃錫漢，於去月十四日冒死由營裡逃出，輾轉經湛江、廣州、石岐、灣仔，而於本月二日泅水抵達澳門。當他逃至廣州時，竟由一隻手銬和一枝墨水筆救回了生命，使他詫訝到手銬和墨水筆在大陸裡原來有那麼寶貴的效用。據說，當時他是躲在中央公園裡的，迨至深夜十二時許，共軍巡邏隊巡至，一個伍長模樣的軍人趨前向他盤詰：

「喂！你是誰？為甚麼深夜躲在公園裡」？

「我姓黃，由湛江來的；因訪友不遇，祇得到這裏來度宿一宵」。他祇囁囁嚅嚅地這樣回答。

伍長向他上下打量一番：

「那末，通行証呢」？

這一來，黃錫漢呆住了，他瞟着那伍長不斷地發抖。伍長發現了他的手上戴着一隻手銬，目灼灼的望了好一回，喝問：「噢！多麼漂亮的手銬！是不是偷來的」？

黃錫漢連忙否認；同時，他也很聰明地猜透了那伍長的心埋，立刻把手銬除下，遞給那伍長，低聲說：「如果你喜歡的話，送給你吧」！那伍長沒有作聲。於是他再進一步，連袋裡的墨水筆也掏了出來：「還有墨水筆一枝，一併送給你好了」！說着，又把墨水筆遞到那伍長的手上。

那伍長微笑點了點頭，揮手，率領巡邏兵去了。假若不是那隻手銬和那枝墨水筆，黃錫漢準要給抓回去，揭發出是個「逃犯」，那時，他的生命恐怕也就此完了。

僑鄉近訊

邊境共幹公開收購飯乾圖利（中山、寶安、惠州、海豐）

港澳「水客」對大陸的走私生意，向以手銬、西藥、工業化學原料等有暴利可圖的貨色為鵠的；但上述品物，刻已為共方嚴厲取締，邊境關卡，搜查極嚴，一般「水客」，多不敢再冒生命危險。惟有一種特殊走私貨品，卻受邊境共幹歡迎，不特關員對之「善意關照」，而共幹亦公開爭相搜購；這種特殊貨品，就是飯焦或飯乾。中山、寶安、惠州及海豐等沿海邊境地區，邇來經常有共幹收購此種私貨，通常價格，為每斤值「人民幣」一角五分。聞共幹收購此等飯乾或飯焦後，係轉售予鄉民，藉此圖利，其賣價則為每斤二角五分。共區米粮荒缺，配額一再削減，上述各地區鄉民，乃不得不購買飯焦或飯乾充飢，因而造成共幹的牟利機會；刻已成為一種公開的買賣。

僑眷收到食物郵包後惹來無限麻煩（江西）

江西永新縣的僑眷，邇來有不少因收到港澳家屬寄回來的食物郵包而惹致無限麻煩和威脅。據悉：該等僑眷收到食物郵包後，雖完納了五倍於原價的稅欵，仍不能安然消受那些食物。共幹每迫使曾經收受過港澳食物郵包者，在開會時提出「自我批評」，甚至發動羣衆指斥彼等為「資產階級餘孽」，「農村寄生蟲」，「社會主義絆脚石」，使彼等精神受到重大威脅。港澳僑胞寄食物郵包回鄉給他們的親屬，原是一番盛意，詎反令他們的親屬引致一番焦慮，殊非意料所及。

—江水—

冷酷的人

楊溪橋

第一次見到凌傲世，是在九龍一個公開的學術演講會上。當日主講的，是位對禪宗有相當研究的高僧。講畢，他隨便說：

「各位如有問題，歡迎提出來討論。」

會堂中靜寂了半晌，突然有一個高昂的聲音從後排發出：

「有些問題要請教法師……」

「喔！」高僧先是一楞，把正要跨下講壇的腳縮回，隨後微笑地說：「歡迎彼此研究。」

於是他們兩個，遙遙相對地討論起一些深微的佛教哲學來。這在一些門外漢的耳中，是十分陌生的；我少不得回過頭去，祇見到一張瘦削、蒼白的臉，一條條交互在他額頭的皺紋，刻劃出他那飽經風霜的人生歷程；那帶着濃重四川方音的精警的妙語，正像堤水決防也似地從他的口中冲出，那厚厚的眼鏡片後，露出一對睿智的眸子——靜定時，它好似板滯、乏神；然而當它閃鑠出智慧之光時，又髣髴有着無限的神采；看上去他年歲大約在卅左右。這是我對他的初次印象。

下一次的學術講座中，我又在同地見到了凌傲世；而且剛好是貼鄰而坐，於是，我有更進一步的對他的觀察。觀察以後的結果，我心中作這樣的推測：他一定從外地投荒而來，環境很惡劣，這打那襲破舊的衣衫和一口外省口音上可以知道；他有些憤世嫉俗，這打那舉止、言談中能够窺見。

他似乎對什麼學問都感興趣，那天開講的是人類考古學，祇見他握着一個短短的鉛筆頭，在拍紙簿上迅捷地書寫着。忽然，筆頭斷了，他顯出焦灼的神態，擱筆抬頭；當他的目光停在我襯衫口袋的原子筆上時，我趁此做個人情，把筆借給了他。

他微一點頭，接過筆去，又繼續書寫。我搭訕着說：

「啊，上次聽到你對於禪宗的高論，十分欽佩。」

「……」他沒有搭腔，兀自埋首記錄。

「有機會想討教一下呢。」我又道。

他突然抬起頭來，衝着我惡狠狠地瞥了一眼。似乎在怪我的打擾，我討了個沒趣，覺得他有些不近人情，便賭氣不再理他。散場時他把筆還我，而我始終沒有作聲。

之後，有好一個時期，我沒有去聽講，也許是下意識地不願見到那張不近人情的臉。

可見島上的學術圈子是狹小的，有一次，我到香港半山上的一個圖書館去，竟然又瞧見了那張我不想見到的臉。

他大概被「擋駕」了，老遠地我瞧見他在館前躑躅着。

一見我進門，他宛如碰上了親人，迎上前來，微笑地道：「來看書嗎？」

我還沒有忘記上次的遭遇，心裏真想冲口而出：「到圖書館來不看書幹嗎？」

「你有閱覽証嗎？」他又和婉地問：「能不能借我一用——因爲我趕着要些資料。」

我想：他倒是一廂情願的，借給了你，那麼我自己怎麼辦呢？

他瞧見我面有難色，便帶着懇求的口吻說：「我祇消借一個鐘頭。你知道，這對我很重要，除了這裡沒其他地方可以找到我所要的資料；也除了你以外，相信沒有人能幫我這個忙……」

沒有料到書對於他是這樣的重要；現在，再也沒有那傲世不羣的神色，在他的臉上出現，而聲調是變得這樣的柔順。我不禁心軟了，反正遲一兩天看書，對於我沒多大影响，就慷慨地借了給他。

「借書卡上有你的住址，明天替你送回去吧。」他說，隨即似乎想起了什麼，把挾在腋下的一部線裝書遞給我，說：「這個你拿着吧。」

我不好意思拿他的書作抵押，可是一看書名，是自己心愛的，也就接納了。

他三腳兩步地跳上樓去，我望着他，心中不免有些好笑。忽然，我記起了一件事，連忙向着正在上樓的他喊：「喂！還沒有請教你的台甫呢！」

他頓了一頓，回過頭來，向下面的我說了一聲「書裡有我的名字」，便又往樓上跑了。

我一打開書，果然扉頁上有「凌傲世藏書」的一顆印蓋着，想來這就是他的姓名了；他的名，倒有些像他的爲人態度。後來，我又在包書紙上發現了他的地址。

第二天，凌傲世竟然爽約了，第三天、第四天都不見踪影。我不由得狐疑起來，心想：這傢伙太沒道理，不該人影不見的！他是騙子嗎？那倒不見得；因爲事後我曾經到圖書館去吊銷了那張書卡，事實上他沒有到那兒去過第二次。而且，他還有一部書留在我這裡。

究竟爲什麼原因不來呢？我猜不出；這時，我突然想起書包紙上的那個地址，何不按址一查呢？

記得那是個大雨滂沱的暮春的下午，天色黑壓壓地髣髴已接近了薄暮。凌傲世的居所，是在山坡上的一間木屋中。到了山下，祇見一片泥濘，分不出前面的道路，正在徬徨的當兒，幸好一間山腳邊香烟檔上的老婆婆，回說她的孫兒能够爲我帶路；就靠那個孩子的指引，我到了山上。

「謝謝你，小朋友，」我說：「今天多虧你了。」

「不用謝，凌先生是我的老師呢！」孩子笑着說：「我原來亦要上山送些吃的給他的，他已經病了幾天了。」

「他病了！」我失措地說。這時我們已經來到一間木屋門前，我隨手一推虛掩的門，一腳踏了進去，口中說：

「凌先生，我來看你了。」

門開處，一股潮濕的氣息即刻撲入我的鼻管，而屋內一片黑暗，祇聽到低微的吟呻聲。那孩子搶在我的前面，他似乎對屋內十分熟悉，一下子點亮了油燈。於是在黃昏的燈光中，我首先見到偃臥在一角的凌傲世；光暈映在他那顴骨高凸的臉上，看來較以前更爲蒼白、消瘦了。

「凌老師，」孩子走近床前說：「有朋友來看你了。」

「是哪一位？」瘦削的臉側過來，目光接觸到我——臉上微現笑意，說：「原來是你！怎麼給你找到的？」

文壇泥爪

左舜生的新詩

趙聰

四十年的新文壇，時間總不算太長，但也紛紜萬端，有一部念四史不知從何說起之概。

今年我寫了一冊簡略的中國文學史綱，在最後一章的現代文學裏，曾提到了現在海外的自由作家。因爲未能偏讀名家的作品，又加限於篇幅，所以一概未予論述。該書出版後，我聽到有人對提到這些自由作家的名字，表示不滿，以爲這些人都不够入文學史的資格，文學史中有了這些人的名字，這書就狗屁不值了。

我有充足理由來回答這種批評家，但卻不合本欄的體制，因此在這兒還不能說。不過在拙著中我曾提到的新文學老作家左舜生先生，批評家就對他搖過頭，以爲他近十年來只是寫點政論文章，哼幾首舊詩詞而已，怎麼能稱爲「新文學老作家」呢？現在我就舉出一點事實，好使批評家不再淺陋寡聞下去。

左先生是新文學運動初期的詩人，只因他寫得不多，後來又洗手不寫，如今已很少人知道。在新文學運動第一個十年中，新詩的收穫及成就是壓倒其他各文學部門之上的。那時，新詩運動蓬勃興起，多少會寫舊詩的人，胡適先生不說，像沈尹默、劉半農、周氏兄弟、康白情、俞平伯等人，也全放下了五七言律絕而改寫新詩，左先生也是站在這潮頭上的一個。他的新詩大部分刊在民八九兩年出版的「少年中國」上，著名的有「願意」、「黃昏」、「南京」等篇，有時也署名「左學訓」。新詩是分行寫的，佔篇幅多，這裏不能引；但就他的新詩以後曾選入三種新詩選集這一事實來看，已可知道在當時的評價之高了。

這三種選集一是民九出版，許德鄰編，有劉半農序文的「分類白話詩選」；二是民九出版，中國新詩社編的「新詩集」；三是民二五出版，朱自清編選的「中國新文學大系：詩集」。特別是第三種，這是新文學運動第一個十年的總結，朱先生自訂的選例是取那些「影響較廣，情境較新」的詩，嚴格而精審，可見能够入選是極不易的。選入這個集子的詩人共三十三家，現在海外的只有左先生和李金髮兩人。

大牌檔

林嘯

近代的都市好像是大工廠，個人譬如機器上的螺絲釘，從早到晚不由自主的，跟着機輪緊張的轉動，自個兒這顆心沒一時的安靜和清醒，怪不得到了假日，人們就像着了狂似的跑向郊外去，在那裡吸點新鮮空氣，親近一下花草樹木，在大自然的懷抱裏伸伸僵硬的肢體，舒展一下胸腔裡積累的濁氣，這是絕對需要的，好處不止一端。但是到郊外去，既要花費時間也要化費金錢，大多數的人並不能經常享這種福氣。這就是說，大多數的人們，大部分的日子必須蜷伏在城區忍受着電光石火般的折磨，想要透一口氣，享點淸靜，醒醒腦煥發一下精神，就得另找出路。因此我特別喜歡都市的深夜。當夜深人靜時，一切喧鬧都沉寂了。當你孤獨的走在夜街上，你會清晰的聽到自己的腳步聲，雪亮的街燈閃着水銀似的清輝，這時候你會感到一種恬適與清醒。我覺得這是一種美妙的享受。

一般人們所愛好的夜生活，在我是完全反胃的。無論悶在鴿籠似的房裡是打麻將、到酒館歌樓裏尋歡，或在影紅幻綠的舞場中尋歡，我都不感興趣。因爲在那些地方沒有眞的情趣，不能使疲憊的身心得到舒息。而我特別喜歡一個人在寂靜中走路，在踽踽的獨行漫步中間，使我忘却白日的喧鬧。並且可以盡情的構思和想像。

當你走了一大段路，吃在肚子裡的晚餐已經消化掉了，這時候你會想吃點東西。消夜——這兩個字多美妙！吃消夜是都市生活最值得欣賞的部分。

要吃消夜，還是到街頭的大牌檔去吃。因爲到飯館去，不但價錢奇昂，因爲凡是賣消夜的館子，都兼營夜總會，到這種地方去不但多化寃錢，並且得服裝整齊，否則白衣侍者的冷眼就够你受的了。即使次一等的飯館，價錢也要貴一倍，並且悶在油鹽氣的熱屋子裡，足以窒了你的胃口。那比得上坐在風涼曠靜的大牌檔上，吃一碗雲吞只要三毫錢，而且滋味同樣鮮美並且份量十足。物美價廉，又加涼敞多趣！

吃大牌檔，使我每想起北平街頭的小食攤來。我住在西城最久，西單商場的葷滷豆腐腦，西四牌樓丁字街的羊雜麵，最使我回味無窮。談起消夜來，北平要數第一。街頭的食攤種類之多，數不過來，如果你懶得出門，胡同裡挑担子賣消夜的人也多的是，桂花元宵，餛飩，炸丸子等，一聲吆喝，却可送上門吃。不過這些物美價廉，增人福壽的小食品，這些具有傳統情味的生活韻味，自從中共佔據大陸，却被消滅了。據說，現在北平人每日必吃的早點——燒餅、果子、都要排隊才能到嘴。今天我們在香港，能够隨時隨地，自由自在吃大牌檔，豈不是天大的福分。

讀『梁任公先生年譜長編初稿』

舜生

任公先生生於清同治十二年癸酉正月二十六日（一八七三），死在民國十八年一月十九日（一九二九），照陽曆算，他總算活了五十七歲。假定他現在還生存的話，也不過八十六七，照理也並不是不可能的。

我遲生於任公二十年（一八九三），而且在十五六歲的時候才開始接觸任公的文章和著作，可是從此以後，凡他所發表過的短篇或整部的書，我大致都搜集來看過。

林宰平先生（志鈞）所編的『飲冰室合集』，計專集二十四冊，文集十六冊，對於每一專書，或每一篇文字，多數都已註明其發表時期，我們今天要考察任公一生對學問研究的過程，及其思想的演變，自然應以他這部四十冊的『合集』為主。

徐佛蘇先生主張把任公一生的報國事業與著述生涯分作四大綱領，即：『（一）為戊戌變法及逋日刊報之時期（亦可稱為維新變法之時期）；（二）為運動立憲請願及辛亥革命之時期（亦可稱為立憲革命雙方並進之時期）；（三）為興師起義討伐洪憲及復辟之時期（亦可稱為興兵起義恢復共和之時期）；（四）為入校講學指導青年讀書運動愛國運動之時期（亦可稱為講學育才領導青年救國之時期）。』本來，任公一生的言論與行事是與國人以共見的，我覺得把任公的歷史分析如上舉的四個段落，也沒有什麼不妥當；可是，這究竟只足以說明任公公生活的一方面，關於他個人和家庭的私生活方面，我們到底還是不大明白。

丁在君先生（文江）和他的助理人趙豐田先生所編這部『梁任公先生年譜長編初稿』，其最主要的材料是從任公一萬餘封遺札和家書中選擇或節錄一部分而取得的；因此，我們對任公師友間的關係，他們這羣人在清末民初從事當時那樣一種政治活動所遭遇的艱難，以及他對他的家人那種周詳的打算，那樣高度的溫情和慈愛，確實得到了進一步的了解。但我依然很懷疑：我知道在君先生自來都是很忙，他所徵得任公這一萬餘封的遺札和家書，是否都曾一一過目？我知道任公對於治學似乎是很虛心，尤其見人在某方面有一些長處，他總是欣慕不置，例如他晚年關於詩和古文辭，便曾向榮縣趙堯生有所請益；在歐遊中丁在君教他讀英文，他便稱在君為『本師』；任公戊戌東渡以後，黃公度曾寫給他不少的信，任公在政治思想和主張上，似乎受黃的影响不少，任公在當時或有更多的信給黃；何以任公這類關於商量舊學和新知的遺札，被選擇在這部『年譜長編』中的竟幾乎是絕無僅有？是搜集得根本不完備？還是雖有而故意略去？我覺得這都很值得注意。

嚴格說起來，儘管我們從這部『長編初稿』中所得的益處不少，應該對於已去世的丁先生和他的助手趙先生表示感謝，可是我們畢竟只能承認這部書僅僅是一種資料性質的東西，而不是一部如何謹嚴的著作。假如有人願為任公寫一本像樣子的傳記，或簡要的為任公寫一本正式的年譜，這部『初稿』便只能作為重要的參考資料之一，此外應下工夫的方面，可能需要十倍於此；僅是憑着這個『長編』為任公寫一冊幾萬字提要式的『年譜簡編』，實際是不會有多大貢獻的。

贈遯翁

千石

江西有奇士，搜藥深谷裡，閑游半天下，偶過長安市。餘事戲翰墨，涉獵疏諸子，白首奮為儒，書不隨秦燬。時勢少陵同，詞境稼軒似，入世換炎涼，文字忝悲喜，喜作桃源人，避秦今可恃，忍見海西流，清商吟變徵，眞麟擴不回，兩龍爭無已，北哀神州赤，東恨蓬萊紫，弱水不可渡，阿房幾時毀？有夢滿歸舟，落月照栗里，我亦桃源客，愧學雕蟲技，聽君放浪歌，鏜鏜黃魂起，如何得王師，止戈平寇壘，散髮青原麓，同飲淸江水？

北窗偶成

千石

北窗日日卜陰晴，賦得歸田却自驚。八海喧騰悲日落，九州涙血碍河淸。楚人已為猴冠誤，世事眞憐馬角生。賣劍買牛虛有願，乾坤又見赤龍爭。

夢山樓詩稿

邵鏡人

輓冒鶴亭前輩

少日文章氣自豪，晚年心事託風騷。游仙七夕涼如水，水繪流長有壯濤。

婁東苦語潜翁筆，孤憤悠悠天地間。垂老未酬康濟願，尚留高詠滿江山。

次亮之見寄步千石韵

·君左·

折節卑躬素未諳，頂天立地有何慚，枝頭宿恨憑誰省？（東坡詞意）簾外餘歡一向貪。（後主詞意）夜本難長餘涙燭，春如可愛祇眠蠶。羨君饒有淵明趣，生命當同酒共酣。

化家為國與化國為家

徐亮之

通鑑記李淵贊同兒子世民反隋的建議說：「今日破家亡軀，亦由汝；化家為國，亦由汝矣！」而結果果然化家為國了；除了中間武則天篡位十五年外，連續二百七十六年都是姓李的天下。

老實說：「化家為國」在某一角度看並不是壞事。不但不是壞事，甚至還可以說是好事。因為這意味幾乎可以說是等於「化私為公」。即拿李世民作例；因為他一心要「化家為國」，便不得不勉強朝着「為國」的規模與氣象幹；所以他必須眞正虛懷納諫，能夠禮賢下士，懂得招降納叛，兼會用敵用仇；甚至在某種情勢之下，殺兄弟，殺兒子，也滿不在乎。質言之、即必須狠着心腸受罪而已！反之、如果他並不想一心「化家為國」，而只是仍舊做着他的太原公子，則一點無此必要；因而後來什麼玄武門之變，東宮魏府的水火等一連串的家庭悲劇，便也永遠不會發生。

「化國為家」反是。因為這現象從現在的任何角度看都不是好事。不但不是好事，而且簡直就是絕對的壞事。因為這現象而發現在現代的民主世紀，簡直就是明目張胆而無饒恕的「化公為私」。例如為要「化國為家」，便不得不死勁向着「為家」的小圈子與小門戶鑽；所以必須悍然文過飾非，儼然作君作師，公然用親用戚，斷然排除異己；甚至圈子越縮越小，門戶越關越緊，決然非兒子非奴才不用。質言之、即必須狠着心腸做民主罪人而已！反之、如果並不想一心「化國為家」，而只是仍舊做着合法的國家元首，崇高的多數黨領袖，則一點無此必要；因而今日甚囂塵上的什麼傳子制的復活，勸進派的醜劇，以及一連串的惡劣的國際空氣的襲擊，便也永遠不會發生。

於此，也許有人會說：「在所有當前國際的惡劣空氣中，硬指台灣不是一個獨立國家，而且居然出之於美國的聯邦法院中，或者出之一個帶有研究性質的團體，你總不能不認為這乃欺人泰甚，惡劣之尤！」我說：「這空氣固然惡劣，但這位美國法官的說話技術尤其惡劣。你想，假如美國聯邦法院竟直捷了當說：我們只能看見台灣有個獨立的家族，並沒看見還有一個投駐在那兒的民主政府。則你更將哭笑不得！」

四八、一一、七。

亮齋閒話

本刊已經香港政府登記

聯合評論

每逢星期五出版

週刊

United Voice Weekly

第六十六號

督印人：黃宇人　總編輯：左仲平
社址九龍金馬倫道卅八號三樓　電話61413
承印嘉羅印刷有限公司香港灣仔馬師道5號
總代理：友聯發行公司　售價每份港幣一毫
本報美洲版總經售處美國紐約中美出版社
CHINESE-AMERICAN PRESS, INC
199 CANAL STREET.,
NEW YORK31 N. Y. U.S.A.
美洲航空版零售每份美金一角

再論反攻

黃宇人

一年多以來，我在本刊曾多次論到反攻的問題，我一向認定反攻是中華民國的唯一生路，不反攻必自取滅亡。近來國際間的種種跡象，更給我的論據以新的証明，茲再申言之。

從「兩個中國」說起

日前華盛頓方面傳出消息，謂艾森豪總統曾與蘇俄頭目赫魯曉夫通訊，責其在西方贊成兩個德國，在東方則反對兩個中國爲自相矛盾，海內外中國人同表憤慨；實則西方某些國家，遠在韓戰未停火時，即已預定以「兩個中國」爲緩和遠東局勢的底案，凡是稍爲留心的人們都已了然，政府當局更是早就心裡明白了。美國爲甚麼要「兩個中國」呢？當中共政權成立之初，英國予以承認，美國亦存有若干幻想，司徒雷登大使，於南京陷落後，不但不隨我政府南遷，反而仍留居南京，即其明証。迄韓戰爆發，自宮對中共的幻想才完全破滅。中共既一面倒向俄國而與美國爲敵，美國爲了確保西太平洋的安全，自不願見台澎繼大陸之後，而變色；但又深恐我政府於逃亡之餘，驚魂未定，難以抗拒中共之侵入，於是乃採取所謂中立化台灣的政策，此第七艦隊之所以進入台灣海峽，而美軍之顧問團之所以既由南京撤退回美，又復由美重新來台也。但美國的目的，僅在於確保此一基地之安全，並無援助中華民國反攻的意向。換言之，美國之所以要中立化台灣，乃爲了美國的利益，而非爲了中華民國的利益。彼時美國雖尙無「兩個中國」的腹案；但事實上已爲「兩個中國」開闢了途徑。因爲除非台灣與大陸是兩個國家；否則二者原爲一體，有何中立之可言？稍後，英國工黨政府力促美國承認中共政權，並主張給予聯合國的席位；但同時亦深知美國不能放棄台灣的基地，乃倡「兩個中國」之說，藉求英美對華政策，殊途而同歸。艾森豪總統初入白宮之時，曾宣稱美國沒有爲其敵人（按指中共）保護後方安全的義務，並欲解除台灣的中立化；卒因鑑於台北當局不能有所作爲，乃亦認爲除了「兩個中國」外，殊無可行之道。於是，「兩個中國」即成了美英等國對中國問題的共同方案。中美聯防公約訂立時，美政府要我們承諾，非先經美方同意，不得以所獲美援移作防衛台澎以外的地面之用，換言之，則不得用以反攻大陸，此即美國實施此一方案的第一步。去年杜爾斯故國務卿訪台，勸說我政府聲明不以武力反攻大陸，美國有意實現「兩個中國」的嘗試更加明顯。雖然若干年來，美國在有關中國問題的聲明中，都說決不犧牲盟國的權益，而台北方面也常引以自慶；然而他們心目中的這一盟國，似乎僅是台灣這一基地的別名。艾森豪總統在不久以前的一次記者招待會中說，現有四十多個國家承認台灣的獨立，豈是偶然的失言？

反攻是粉碎「兩個中國」的唯一武器

當此國際間口談公理而實重強權之時，外國政府，爲了他們國家的利益而主張「兩個中國」，原非怪事。我們要粉碎這種分裂我國的國際陰謀，唯有急圖反攻，及早摧毀中共政權，才是自救之道。不幸當局計不出此，反而欲藉「兩個中國」之局以偏安一方。否則十年的時間已不算短，又何致一再坐失反攻的良機，甚且還一步一步的自甘喪失反攻的自主權呢？月來「兩個中國」的謬論，公然出現於我們唯一盟邦的國家元首兼政府首長的書信中，政府不但至今迄未提出嚴重的抗議，反而大有把一向掛在咀上的反攻二字放下不談之勢。本月八日，本刊曾登載一篇台北通訊，報導在蔣總統與美國記者的談話中，和台北華僑救國總會促請蔣總統再連任的電文中，均祇說及反共復國，而沒有反攻二字，認爲可能是當局爲了配合盟邦「兩個中國」的國策，因而不再空言反攻，以免影響美援而妨碍連任，我們自不願相信。但日昨詳閱陳副總統在台北中山先生誕辰紀念會的長篇講說，從頭到尾也找不出反攻二字，這就不能不使人疑慮了。過去十年，政府以反攻的口號來掩飾不反攻的事實，使人失望，也給人希望，是不是今後連這張久未兌現的反攻支票也將收回呢？

政府不可再誤了

政府之所以不急圖以自力反攻，原以爲第三次世界大戰旦夕即可爆發，到時自有盟邦和我們協同作戰，勝利可坐而致。雖然十年的時間已經白白的過去了，但他們仍不肯放棄此一美麗的幻想。在三次大戰之神尙未光臨以前，祗要有外援可恃，寶島能平安無恙，當局即可關起門來，稱孤道寡，以娛暮年；自不願再冒險犯難去動中共的毫毛了。有人說，美援救了台灣，但却誤了中國，良非戲言。就今日敵我的形勢而論，如再不急圖反攻；縱欲依恃外力苟安於「兩個中國」之局以待變，其結果必將招致滅亡。我們與德國韓國和越南的情形不同，他們的反共政府都在本土內行使職權，擁有一半或一半以上的土地人口和資源，自可作苦掙待變的持久之計；我們則僅有孤懸海外的台灣一隅之地，一切都不能與大陸相比，在在均需外援，何能維持現局於久遠？若一旦中共承認不在台峽使用武力，不僅美援將有問題，即中華民國的法統亦有中斷之虞。多年以來，所謂台灣共和國的謬說，在國際間時隱時現，還不夠我們警惕嗎？

總之，今日我們自救之道，唯有反攻；但反攻應憑自己的力量，而改革與團結即是形成此一力量的唯一途徑。甚願近來國際間的陰影，能促起當局的醒悟。

如何根本埋葬「兩個中國」的謬論

孫寶毅

美聯邦法庭判決一案件時說，台灣並非是一個主權國家；美總統艾克在招待記者時稱，台灣已經是一個獨立單位；康隆協會發表報告，建議美國政府改變現有的對華政策，其中主要的是准許中共進入聯合國，和建立「台灣共和國」；外交界謠傳艾赫通函中曾責問赫氏何以一方面贊成兩個德國而另方面主張一個中國：……；這一切的一切，都在証明了，美國政壇上若明若暗的醞釀着所謂「兩個中國」的說法和主張。

這種說法和主張，凡屬中華民族的子孫，自無不認爲無法忍受，而嚴正的予以駁斥。而美國國內一些尙有正義感和具有理想的人士，自亦不會隨波逐浪。所以，我相信：美國政府當局或許會在最近表示一些態度，即讓這種說法和主張冲淡了些。

但這種「兩個中國」的謬論，過了一些時候，配合了國際局勢的轉變，仍然是會呼之欲出的。因之，我願在下面畧談，如何從根本上埋葬這種謬論。

「人必自侮，而後人侮之；國必自伐，然後人伐之。」這句話是一點沒有錯的。自「兩個中國」的謬論出現後，我們更應張開眼睛，沉痛的認識了這個道理。

假使我們中華民國，自抗日戰爭後，名符實其的成爲五强之一，我相信根本上就沒有這種謬論發生的機會。不幸而代表中華民國的政府，被中共趕到了台灣，但如果這個政府，奮發有爲，象徵着中國的團結，眞正代表中國人民並能領導起來，我相信根本上亦沒有這種謬論發生的可能。

在這裡，我們就可知，其根本關鍵所在是：現在台灣的中華民國政府，還有「自侮」的地方，而使我們國家蒙受了「自伐」的不幸命運！

還有「自侮」的地方是些什麼呢？據最近由台灣回到香港的朋友們的報導：台灣一切都有可觀的進步，不過政治上仍不可否認的，依然是一黨甚至是一人政治。其中的一位朋友甚至說：以一黨一人政治來說，沒有中共這樣的有徹底效率。這一位朋友是不久以前從中共魔掌中逃亡出來的。

當然，我們是堅決反對極權政治的，不然，我們失了反共的主要立場；亦就是說：在反共的的大前提下，我們只有徹底實施民主，而應把這些非驢非馬的一黨一人政治的極權主義的黑點抹去，這樣才能使我們與中共分出一個大是大非，這樣才能使我們反共更有力量，這樣才能使我們眞正代表中國人民的願望，這樣才能使我們進一步的團結與領導起來，這樣才能給自由世界各國肅然起敬，這樣才能不給自由世界中的一些不知所云的傢伙們「侮」「伐」我們！

千言萬語，只有徹底實施民主，才是我們惟一的出路！愈是徹底，愈是有前途；反之，愈是不徹底，愈是沒有前途。像今日台灣這樣，名義上是民主，實際上是一黨一人的政治，所以，亦就是名義上似乎是有前途，實際上是沒有前途。假使，更進而求澈底效率的一黨一人政治，那不但失去了反共的根本立場，並且愈是沒有前途。民主才有前途，極權決無前途，這不但是我們民主主義者應有的堅定信念，並且人類歷史亦是如此的証明了。

上述一黨一人，不可否認有其過去的光榮的記錄，我們對它對他，仍然是尊敬的。不過，我們須知：時代已大不相同了！此一時也，彼一時也。在現代民主的大潮流下，所應抹去的只是一黨一人政治，而並非是該黨該人。爲了中華民國的命脈，爲了中華民國立國於自由世界中的前途，爲了最後打倒極權共產黨，爲了使我們尊敬的這個黨和其領袖更是光榮，我感到心所謂危，所以在上面說了些率直的話。

致中華民國愛國人士公函

張君勱

啓者，自來美七八年來，屢告政府美國視台灣爲美國防聯鎖中之一島，向不以爲中華民國之所在爲反共之基地。倘我政府見及此，早應發動民意向美交涉，爭取獨立國地位，以爲復國準備。奈政府心目中只知一己一黨與美援之可恃，視人民如無物。自赫氏艾氏會譚以來，艾氏口中說出「台灣共和國」之名，是中華民國國號可以由人擅改，即其國之或有或無，可以由人安排，繼而美國務院加以解釋曰中華民國其首都在台灣云云，數日後，報紙透露艾氏曾詰赫氏何以德國可分爲東西，何以不許中華民國分而爲二之消息，是則「台灣共和國」已在美國國策運用之中，非口舌所能辨解者矣。勱身居美西，讀此類新聞，認爲此乃民國第二次淪陷，民國國統將由此而斬。昔陳恒弒齊君，孔子居魯入告哀公發兵請討，孔子於春秋之世，視鄰國弒君爲己之痛癢相關之大事，則我之見民國將亡者，何能不視爲四千年歷史之大悲劇而不以告國中之仁人義士乎!?特此奉陳，即乞

垂察！并頌

公安

張君勱拜啓　十一月五日金山

菲律賓禁止華人入境的前因後果

·孟戈·

一、

十一月九日，菲律賓政府，斷然採取了一項强烈的行動，通令駐外各使領館，禁止簽發中國人民的入境簽字。菲律賓是個堅强反共的鄰邦，現在居然做出這類親痛仇快的偏激措施，瞻前顧後，我們不能不為華僑前途與國家命運感到杞憂。

據菲律賓外交部長賽拉諾稱：「是項行動是由於中華民國大使館未能依照十一月八日之期限，使約二十名之不受歡迎華人，獲致遣送。如台灣政府確有誠意，謀致此等人離開菲律賓，則應接納彼等前赴台灣，且在彼等等候前往其他國家簽証之際，予以安置。」但國府外交部發言人針對此指責解釋稱：「中國政府對此已盡最大努力與菲政府合作，接受來台十二名，即此明証，至於擬前往其他地區之被遣華僑，其所以未能及時獲得簽証而離境，係由一種非中國政府能控制情形下造成。」大抵上說這確是事實。但是由於菲方單純以狹隘的種族意識排斥華僑，故未能就實際方面去考慮解決問題之道了。

所謂「不受歡迎的華僑」，被迫遣送的六十八名中國人中，業有四人赴香港，十八人獲准延期遣送，二人表明願在獄中服滿刑期。除十二名已前往台灣外，現仍有卅一人在菲境。而這卅一人都是不願去台灣，而又是國府無力為之解決遣送地方問題者。但在菲方認為國府應先行收留他們，否則就祇有出以斷然措施了！

二、

衆所周知，菲律賓這塊新興國家，一如東南亞其它剛獨立的國家一樣，從殖民主義統治下擺脫出來而强調「民族主義」。獨立後的十六年來，它一向就假藉「華僑是菲人吸血鬼」等等極端恐怖的口號，作為政黨政爭的宣傳口實，為了討好選民，通過了許許多多的菲化案，從經濟方面大力排華。甚而有一些組織的政治掮客（如「菲化運動促進會」）竟以「排華反美」作為競選政綱；再如「菲國家主義青年運動會」，也在青年羣衆中灌輸强烈的排外觀念。因此，在政治方面形成了竭力排斥華僑的緊張空氣！

菲律賓的排華運動，是有其一貫性與傳統性的。菲律賓在十一月十日地方選舉前夜，由執政黨政府發出「不准中國人民入境」的禁令，決不是偶然的行動，而是許多因素累積後，必然發展的結果。遠的不說，即在今年六月十三日夜間一位居住馬尼拉加洛干區描巴賀馬敏尼街華僑僱用的菲籍女傭自焚案，即曾引起菲國上下轟動一時的「羅里杳事件」風潮，這樣芝蔴綠豆小事，竟小題大做導致不堪設想的局面，無非是各政黨為了欲藉此以製造競選緊張氣氛與宣傳口實。我們覺得這次禁令之頒發，也可能完全是執政黨為了爭取地方選舉選票，所乘勢加以利用的一種漂亮與「聰明」的政治手段。不過，如此不擇手段，確也是值得令人齒冷的。

三、

中菲兩國間，關於談判遣僑案與遊客案，由來已久。但自段茂瀾與賽拉諾協商後，結果對六十八名「遣僑」已獲致「自動離境」的默契，然規定必須在十一月八日前全部離境。至於二千四百名「遊客」處理問題，則延至十一月十日菲律賓地方選舉揭曉後，由菲律賓政府與國會取得同一立場再行解決，以免中菲外長雖先已取得協議而結果再為參院外交委員會否決，造成不快歷史的重演。

「遣僑案」談判成功被遣的六十八名華僑，除尚准留菲的或先行離去的一部，祇十二人到台灣，仍有卅一人（另一人已死亡），他們既不能進入香港，又不願遣去台灣。這就是形成僵局，而演成今日嚴重傷害國家信譽，影響華僑在菲前途並被禁止入境事件的主要原因。

為什麼華僑不願遣至台灣？這個問題確是國府當檢討的。

據馬尼拉新聞日報十月廿三日「遣台華僑不應再受拘禁」一篇文章稱：「報載現被拘禁在水牢的待配華僑洪深年致函商總，請台北當局准許被遣至台灣的華僑恢復自由，避免拘禁：洪深年在其函中說：「待配華僑並非個個罪大惡極，有的甚至是受他人誣告。即使他們犯了大罪，但他們已受了菲政府的審判與處罰，在服刑期滿或獲得特赦之後，自由祖國應予同情，勿再拘禁。」……根據這篇文章所述，過去被遣至台華僑是否都被雙重判罪與處罰，我們尚未見台北官方有所澄清，目前自亦無從評斷。但至少被遣華僑有此恐懼確是事實，若非過去有此事例，他們的恐懼自是多餘的，那末國府應該迅即加以澄清。不過假如洪深年所憂慮的確有事實，那末自由中國當局自應對雙重刑罰的措施，重作考慮。另則在被遣難僑中，不少是被誣受冤的——尤其是共諜嫌疑犯。至於國府對這問題的答覆據駐菲大使館新聞參事的談話稱：「中國政府在原則上規定在海外受過當地政府法庭判罪服刑期滿或獲特赦華僑，返自由祖國後，將不會受處罰或拘禁，然政府為地方治安起見，當局可能予一時期的觀察，有關行動自由或將有所限制。」（見十月廿三日新聞日報）這樣的話十足是「外交詞令」的「官話」，不僅未能有助於解決問題，更將被菲方認為欠解決問題的誠意的了。難怪菲律賓移民局官員會說：「台北當局似不歡迎他們赴台，同時反對他們申請赴港轉入大陸。」（見十月十四日新聞日報）

四、

關於此事泛亞社十日的電訊評論謂：「對於一個不顧外交體統之地方當局，任何國家之外交當局，對之亦無辦法可施，華人入境問題，尤其如此。十餘年來華人入境即難如登天，所謂簽証手續主要之點，乃『有錢即通』，無錢休提。……長久禁止他人入境，亦即等於長久自絕財路，故老練之僑界，並不引以為憂。最可慮者，即彼邦推行其『最理想』之措施，隨時放入境，又隨時驅逐出境，既可財路源源不斷，又可『配合國策』。」上述這種看法，雖不能說是謊誕，但若祇是强調這一點，會使人誤認菲律賓政府的官吏，將會看錢的面子放寬入境。然而筆者願意提醒一點，十月二十二日台北合衆國際社的電訊謂：「據台北消息來源稱，旅菲華僑因從事過份的賄路而在致本身於死地，華商是菲政府腐敗貪污的最大因素之一。」菲律賓華商總會為此會促國府設法制止是項譭謗性消息。我們認為這類消息必將刺激菲方引致嚴重的反應與後果，同時予菲律賓人民一個極好的排華口實。

遣僑問題能否解決尚難預卜，即使解決後，遊客問題必將旋踵而來。但願國府當局慎重處理。因為這是護僑運動的開端。

請國府首要們面對現實

·王群·

繼「康隆報告」在美國參議院外交委員會提出報告後，民主黨衆議員波爾特在東京又公開表示「美國應承認中共政權」，并且還表示「在美國對於台灣的將來問題上，他同意流行的意見，認為台灣人民應該在自由選舉中，選舉他們自己的政府，而決定他們的命運，或者變成中國的一部分，或者獨立。」

不論這「康隆報告」或是波爾特的言論，都是令中國人感到憤慨的。但這一類的見解，不可忽視卻已成為今日美國時下「流行的意見」了。但是也有人持正確意見的，如美國華裔參議員鄺友良氏對這些現象曾解釋說，「這祇是美國民主制度的表現，我們讓人發言，有時也請人調查，但他人發言或調查的結果，不一定就是我們的主張，而且「兩個中國」的論調，絕不實際。」美國國務院最近也出了一本六十三頁的小冊子，題名「中華民國」，該書之主要部分在支持中華民國和聲明不放棄美國反對承認或與中共貿易。於此也可見美國現時的一般「流行意見」，尚未到足以眞正左右美國對華的基本政策。

不過，前一類近乎謊誕的言論，畢竟是足以刺傷中國人與美國的感情的。究竟這些言論，是在怎樣的情形下產生的呢？究竟應不應該反省檢討呢？確乎是值得研究的。比如說，台灣的國府首要們，迄今仍在憧憬幻想靠第三次大戰機會反攻大陸，而這種幻想是久已為有識之士所認不可能的了。本月中，華盛頓「中俄共集團事務研究學會」的主任唐盛鎬博士（他是我國前駐蘇大使館的參贊）在監察院的邀請演講中，也特別强調說國府不應幻想經由另一次大戰回返大陸。他希望國府能够「正確估計蘇聯與中共」。唐氏的見解究竟能否影响國府的首要們，看來還是有問題的，因為過去有很多事實足以証明蔣先生以下的軍政首要都在耽迷於幻想藉三次大戰以回大陸。

另一方面總統是否應該連任的問題，在美國人崇法務實的觀念中，也是一個很重要的問題。華府當局對於目前台灣熱烈進行中的「勸進」運動，當然不能置一辭，可是像波爾特這樣的人，他就可以直率地說「他希望蔣總統在明年的選舉中不至於連任，而由陳誠繼任。」這話純粹是他個人的意見？還是反映出了今日美國議會的多數人的意見呢？因為他也說了，「事實上，憲法不容許蔣總統三度連任。」由於他特別提到憲法的規定，可見他的話不能視作是純粹個人的意見，因為這是一個法理上的問題，是任何關心中國問題的人都會這樣想的。

因此，儘管我們對「康隆報告」和波爾特等人的言論感到憤厭，且有干涉中國內政之嫌，可是台灣方面的各種措施，也確是令人嘆惜的。誠所謂是「自侮而後人侮之」。今後一切若仍不依照憲法行事，仍將國家命運寄託在幻想中的三次大戰，那末不堪忍受的事還會層出不窮的！寄語國府的首要們，現在應該是面對現實，切實考慮問題的時候了。

台北輿論譴責菲律賓

·然之·

由遣僑問題，引發禁止華人入境，遂使中華民國與菲律賓的外交關係，陷入空前的低潮。

在軍事上，中菲兩國由於共同反共的需要，關係極為融洽，但現在事實證明，這樣的關係，在沒有軍事行動時期，并不能有助於邦交的增進。因此，不論是僑務政策或外交政策的擬訂，今後應考慮不宜將軍盟關係放在第一位，作為主要的談判基礎。尤其是菲律賓，她同樣是一個美國軍事力量支持保護下的國家，當然會想到台灣雖是菲律賓的屏韓，但是眞正能够保護她的，還是美國，台灣只是在地理上彼此有呼應的作用。

台灣方面輿論對於菲律賓此次斷然禁止華人入境，反感是很大的，民營的「聯合報」認為：菲方此類行動，類似對華絕交。這要是說友邦的關係，就是如此這般，會不會叫菲律賓以外的友邦寒心，英文「中國新聞」認是菲方情感衝動，是一種恫嚇。官方的「新生報」稱：中華民國不受任何一國之恫嚇。黨營的「中華日報」謂：「菲政府對遣僑問題始終採取哀的美敦之恫嚇方式，咄咄逼人，有失正常外交談判風度；今則禁止中國人入境，此種魯莽措施，徒激起人民之反感。」

這此事件，是中菲邦交的考驗，希望當局能够吸取此次的經驗，改正過去若干錯誤的觀念，不要以為同是反共的國家利害就會是一致的，在某種情況下，應該深刻地研究對方的內政問題。僅靠軍事關係是不足恃的。

馬歇爾的功過是非

·述而·

美國抗戰名將馬歇爾於十月十六日逝世於和路特烈陸軍醫院。享壽七十有八。無論從他生前對全球軍畧上之貢獻，以及復興歐洲之「馬歇爾計劃」來說，是值得世人崇敬歌頌的。不過，中國人對他即使不加譴責，至少是對他猶有餘憾的。

一代偉人

總計他一生，允文允武，成就均極非凡。武功方面，官階高到五星元帥，統率過「美國有史以來最龐大的三軍」——約九百萬人，在他督促下，終於獲得了勝利。文事方面，曾担任過美國政府首席閣員的國務卿，並曾榮獲一九五二年的諾貝爾和平獎。美國國防部長屬於「文職」，向由文官担任，職業軍官而得兼攝國防部長職務的，馬歇爾是第一人。

當其逝世之夕，前美總統杜魯門即稱馬歇爾為「一個偉大的將軍，一個偉大的國務卿，一個偉大的國防部長。」他頌揚馬氏為「這個時代的偉人之一」。這種身後的揄揚，與我們的看法正復相同，其他類似的頌揚，幾乎有口皆碑。

再度出山

第二次大戰的結束，可說是人類有史以來最慘烈，最龐大的一次戰禍的終了。大戰之後，人心普遍渴望和平。當時，在目視身歷此次浩劫這一代人眼中，似乎誰也不會再想及戰爭。老年的職業軍人，紛紛準備退休，忙於安排退隱後的安閒生活，年青的在伍軍人，紛紛忙於退役，以求適應於平時生活。

當時的馬歇爾，功成名就，顯然是準備就此退隱田園，他那時已將近六十五高齡了，對他的國家來說，他服務軍界，差不多已有四十五年，他久已渴望退休，安享餘年。

可是，偏偏事與願違，在大戰結束後他祇過了七天的退休生活，即被杜魯門總統邀請出山，以特使名義派來中國。在一九四五年十二月到一九四七年一月的前後十四個月，他在中國服務，並且八上廬山，以圖調停國共之爭，這段事蹟深深印在每一個中國人的心頭。

一段成就

馬歇爾於功成名就之後，再度應邀出山，對他個人言，是否明智，似乎很難確定。假如當時杜魯門沒有堅決邀他出山，或是他自己堅拒出山，則他的一生輝煌事業在十四年前已告結束：「馬歇爾計劃」，這一名詞也根本不會產生。

歐洲於一九四七年中衰落，經濟破產，很多人民陷於饑餓，共黨煽動之革命成為嚴重之威脅。他於一九五七年六月五日在哈佛大學發表有關「馬歇爾計劃」的演講時說：

「美國盡可能協助世界回復正常的經常健康，是合於邏輯的。沒有它即無政治安定及和平之保証。我深信：此種援助不能是零碎的一如各種呼喊一樣。政府在未來所能進行之援助必需復元而不是減輕，我們的政策不直接反抗任何國家或主義，而是反抗饑餓，貧困，絕望與混亂。」

當時報紙認為此項演說，乃數十億美元之諾言，其意義等於美國開始對被戰爭蹂躪之歐洲，作長期而全面之經援計劃。所以當他逝世之第二日，倫敦輿論認為：英國欠喬治。馬歇爾一個紀念碑，這代表着成千成萬英國人的感覺。英國欠馬歇爾一個紀念碑，法國，西德，意大利，比利時，荷蘭，希臘，土耳其……與西歐所有人民都同意這一說法。然而馬歇爾並不需要石砌成的紀念碑，因為整個歐洲就是他的紀念碑。

那裡一度是彌漫失望與貧窮，現在却充滿微笑，人們過着舒適的生活，銀行裡有豐厚存款，西歐的一切都改觀了。

終告內疚

可是，從另一方面看去，他如果當時堅拒出山，則也許「訪華特使」不會是他，這該使他免除了他晚年的積鬱！假如當年馬歇爾不到中國來，中國今天的命運也許有所不同，決不會有人把許多歷史罪過推到他的頭上。

馬歇爾辛勤終生，真正的退休生活不過八年，在這八年中，他過着極其隱晦的生活，從不發表任何言論，除了偶或因病，就醫而在報紙上會看到他的消息外，其餘就難看到他的名字。這或許是他感到當他的事業方面，有光輝的一面；也有內疚與不安的一面。

馬歇爾對他自己一生的輝煌事蹟，從來沒有過一句自己吹噓的話，這與現代一般顯要們喜歡撰寫回憶錄的風氣不同。尤其難能可貴的，在他自己遭受到譴責時，即如在對他使華任務這一段功過論評上，他也沒有作過一句自辯。

甚至當年麥加錫參議員在國會中，公開發言表示懷疑馬歇爾對國家的忠貞，以及魏德邁將軍在回憶錄中把馬歇爾批評得體無完膚時，他也從未答辯過一句。

如果說這是馬歇爾有過人的修養，自是難以使人完全相信。唯一可以解釋的，是馬歇爾內心自疚使他不願發言。近年來，馬歇爾一直是美國百萬人委員會的一個大力支持份子，馬歇爾對百萬人委員會的支持，自與他當年在訪華特使及在國務卿任內，放縱中國共產黨使之坐大的作風有異，沉默寡言的馬歇爾對此並無自我解釋，我們只能據此視作馬歇爾晚年政治觀點的一個轉變跡象而已。

公正輿論

現在，馬歇爾到了蓋棺論定的時候，就他處理中國事件來說，他自是可負疚良深，但亦不可作求全責備，美國某雜誌即有以「馬歇爾之生平」為題，對他作如下的評論：

「馬歇爾計劃」，是值得歌頌之偉業。不過，中國人對他即使不是譴責，至少也覺得不滿。因為：中國七七抗戰勝利後所發生至今還令人惋惜的國共和談事件，當時杜魯門馬歇爾，據說皆主和甚力，不惜數次飛到廬山，與蔣介石談商和平大計，如所週知，中共用和談詭計，爭取時間佈置大規模進攻國軍計劃，蔣介石在代表美國的馬歇爾壓力下，不能不勉強談商，可以說兩人均上了毛澤東的當。「因之，中共得以席捲大陸，馬歇爾不能辭其咎責，而蔣介石在抗戰後似乎有了嚴重的錯誤，第一件是取消了以何應欽為首之陸軍總司令部，而不在勝利之日，立刻授命對共黨作總進攻，而進行無聊之受降儀式，其次是還都太速，實則應該仍坐鎮陪都，使剿共軍事告一段落始進行無聊之還都。

「我們試閉目一想：還都秩序混亂可怕，也就知道中共坐大的理由了。……」

以上的論斷尚不失為持平之論，我們對於馬歇爾又何忍求全責備。國必伐，然後人伐之，與其事後怨天尤人，何如自強自立，以立於不敗之地，馬歇爾亦不過適逢其會，捲入了這一段歷史功過是非場中罷了。

× × × × × × × ×

替中共「文獻」寫公式

秋風

中共文學知識第八期第一篇「就是他」一文，說近來讀各地文學刊物，發現了在有些業餘作者的作品，往往使讀者「不等下回分解，早知後事如何」？

其實，寫這篇文章的朋友，見識似乎僅僅偏限於「文學」的一面，若果把眼光放大到「政府文獻」的角落去，不知道又作如何感想！

就「慶祝偉大的國慶十周年」為例吧！大陸所有報章什誌，大大小小的刊物，發表應時應節紀念性的文章，搜集起來，起碼可發行一部資治通鑑同等量的巨著，你將被「巨著」嚇倒嗎？可用不着慌，因為它的內容也不外「不等下回分解，早知後事如何」了。

筆者參照中共「文獻」裏面行文中起，承，轉，合的筆法，編擬一套「公式」，讀者不妨按圖索驥，可省不少精力。

他們文章開端，十之八九，都有一定的「典型」，多數如此落筆：

「在黨中央和毛澤東同志（有時亦稱毛主席）的領導下……各部門都獲得空前的成就」，或者「我完全擁護黨的八屆八中全會的公報和決議……」。

如果係「農村經濟」的文章，接者應該是：

「在解放前，我國農村在封建土地關係的束縛下，農村生產不但不能發展，反而日趨衰落……一九四九年全國糧食生產只有……億斤，解放後情形發生了根本的變化，由於黨和政府領導廣大農民徹底實行了農業社會主義改造，去年又實現了公社化，就使我國生產獲得了飛躍的發展，從一九五二年起，全國糧食產量即上升到……斤，比解放前增加……斤，在第一個五年計劃期間，糧食產量平均每年遞增百分之×點××，一九五七年糧食產量達到……億斤，一九五八年，更獲得了空前的大躍進，總產量增加到……億斤（核實後的數量），糧食生產速度之快，是史無前例的……」

接着又寫：

「那些別有用心的右傾機會主義份子，誣衊我國糧食緊張，那都是同美帝一鼻孔出氣，睜着眼睛說瞎話而已」。

跟着筆鋒一轉：

「通過十年革命和建設，我們得到以下幾條深刻的體念：第一：必須堅定不渝地貫徹執行社會主義建設總路綫。過去十年我國社會主義革命和社會主義建設獲得的輝煌成就，就是總路綫取得的偉大勝利：……。第二：我們的建設事業所以取得輝煌的成就，是因為我們有以毛澤東主席為首的黨中央的英明領導……。第三，必須把反右傾，鼓幹勁，厲行增產節約運動深入開展下去……」。

最後結論：

「我們堅信，在社會主義建設總路綫的光輝照耀下，在毛主席和黨中央的英明領導下，在……的正確領導下，在深入開展反右傾，鼓勁幹，厲行增產節約運動以後，一定能夠在去年大躍進的基礎上繼續躍進」。

還有，一些尾巴：

「……萬歲」

「……萬歲」

至於不同性質部門的文章裡面，大都按照上面軀壳術語和預擬的數字（不一定核實）就成，舉例如下：

糧食部門……採統籌兼顧辦法……在貫徹糧食統購統銷中……

教育部門……自從黨提出教育為無產階級政治服務，教育與生產勞動相結合的方針……根據繼續大躍進的需要，掀起一個向文化革命進軍的新高潮……

企業部門……採取以虛帶實，虛實結合的方法……肯定了成本管理工作的成績……充份發動羣衆，大搞技術革命和技術革新，推引——……

中共應用術語中，還有一味藥材中的「甘草」那就是：「反右傾，鼓幹勁，掀起……新高潮……必須以黨的總路綫武裝自己，立大志，樹雄心……。」這些詞氣在任何部門的文告裡面都用得着，照填格式似的絕不會撞板。

不過，這裡得特別聲明，中共「文獻」也有時出乎常軌的，如去年砲轟金門，毛澤東執筆的（據傳說老毛手筆，確否待考）招降文告，裡面有的「不懂，不懂」字眼，以及「切切此令」的結語，那是例外之例外，不在本公式範圍之內。

即將來臨的台灣省縣市選舉

若愚

（台北航訊）台灣實行地方自治，迄今十年，地方選舉，每況愈下，已不若光復初期之尚能公平選舉，自由投票；而緊張熱烈的情況，亦復不見矣。

這次修正地方自治法規，不但未接受總統府行政改革委員會「改進台灣省各種地方選舉」方案的建議，並且否定該會在「調整台灣省地方基層組織案」中的「省轄市之區長，仍由民選」的主張。甚至在省議會審查地方自治法規草案時，多數通過草案第十六條第五欵：在「檢查縣市公庫之下，增加「必要時得調閱會計賬簿及有關憑証」之語，因而，國民黨籍的省議員，和省議會黨團幹事會幹事等十人，均受到省黨部免除黨團幹事職務的處分及停止黨權而不得參加第四屆（按：四十九年四月初普選）省議會省議員候選人的提名。更沒有考慮行政改革會「選舉監察機構人員任何政黨不得超過半數」的建議，漠視在野黨人士的「共同派員監察投票開票」的要求，而「畫蛇添足」的設置每一縣市「觀察員」二十一人。這種象徵性的觀察員，有人議爲在必要時，當局可以重彈「安全措施」的老調？諸如此類情事，連國民黨籍的立委楊寶琳也認爲是反民主的措施，而在立院內政委員會提出質詢，抨擊內政部長。

台灣省地方第四屆縣市長暨省議員的改選，距選舉日期半年前，即本年九月間國民黨又在舉辦黨內提名登記了，今年國民黨省黨部主委上官業佑一再宣示明年第四屆地方選舉將如何改善，他又在省垣國慶慶祝會上，公開向全省民衆保証：「台灣省的地方自治選舉，國民黨必以全省民衆的意旨爲依歸，以黨的榮譽爲首要，以建立良好的民主政治楷模」。這段術語雖然好聽；但西洋鏡又被事實揭穿了。

在選舉尚未開始，誰是候選人還沒有確定的時候，國民黨就制定了所謂「黨的輔導方策」，這是一個月以前的事。於是，黨爲輔導參加省議員、縣市長及鄉鎮縣轄市長候選人的競選，最近已在各地普遍成立一個輔導委員會，其主要任務，是負責策劃黨的候選人之各項競選事宜，也許爲了黨的榮譽，組織十分龐大，地方政府及所屬各機關的首長，如各級學校校長，警察局局長、分局局長、派出所主管、農會理事長或總幹事、金融機關的負責人、公民營事業的主管、甚至地方上士紳，凡有國民黨籍者均被聘爲委員，從事輔導競選活動——拉票。國民黨設立類此機構，不自今始，但是問題的所在，是公務員輔導選舉是違法的。依妨害選舉罷免取締法第十三條規定的是公教人員及軍警自治人員「不得協助選舉罷免活動」，也許輔導選舉不是「協助」選舉吧？這樣的輔導是以民衆意旨爲依歸嗎？是建立良好的民主政治楷模嗎？

此外，在第四屆選舉前夕，竟有民社黨員邱維珍等十三人簽名蓋章，在新生報南部版刊登脫離民社黨的啓事，據邱某等七人（按：餘六人他往），向民社黨中央黨部報告，否認自願登報脫黨情事，且異口同聲指責這是國民黨的「妙事」。眞象如何，局外人自不得而知也。

正值美國有「不考慮台灣是個國家」之說的外電頻頻傳來之際，當局尚不覺悟，且發動歸國僑團擁護連任，策動國大和立院響應，次則敵友不分，歧視民主反共人士，禁止反共的「祖國週刋」內銷；另外，加强「以黨領軍，以軍統政」的措施，誠使人百思而不解了。

若是一個政黨，不以主義政策號召國人擁護和支持，而以政權的力量，以國家的「名器」誘惑政客，則這個政黨，不僅失信於國人，且將自取失敗，殷鑒不遠，願執政者三思之。

十一月三日

政治性的商展小姐競選

·述今·

在這慶典重重點綴昇平的十月，已經把台北市鬧得天昏地黑，繁忙擾攘，每一個人的神經細胞均是極其緊張。在今年加上了「商業小姐」競選，更鬧得烏烟瘴氣，而且還涉入了政治性的旋渦，眞令人目迷五色，感慨系之！

這次國貨商品展覽會是從十月三日正式開幕，預定到十一月五日閉幕，但照現在的情形看，可能會延展到十一月十一日。因爲「商姐」的「加冕禮」，也定於是日舉行，而且那一天又是工業節，所以商展也就隨着延長了幾天。

至於商展增加了「商展小姐」這一幕，最初當局爲要節約救災，有不准舉行之意，後來不知如何又蒙批准。在商展當局强調其意義在於獎勵店員服務精神，推廣國產商品銷路，但拆穿來說，這不過商展的一記噱頭，一項餘興；商展會藉此吸收觀衆，增加門票收入，以補經費之不足。各廠商藉此延攬佳麗，作爲活廣告，以廣招徠，此乃純粹性之商業行動，可說毫不涉及政治。

乃突有商展特設之「金門館」，介紹前方的成果，增進後方民衆對於前方瞭解，僅金門高粱，就運來了若干箱。而且還有「金門小姐」，來自前方，特着戎裝，頭頂鋼盔，大有花木蘭再世之概。

「金門小姐」自然也是競選者之一，乃幕後大有撑持者在，他們提出的口號，是以「榮譽屬於前方」，「一切爲了前綫」，大有必須奪取「寶座」，獲得「花冠」之氣勢，一般的前方英雄，虎視耽耽，迭起糾紛，也大有不惜「衝冠一怒爲紅顏」之勢，本屬商業性的競選，乃竟涉及政治性的鬥爭，於是若干「商姐競選人」只好退避三舍，集體退讓，弄得主持人七十多歲的束雲章大感困惑。

幸虧有人提出了一項調停辦法，把陳列館與零售攤位部分開，各自選出一個「商姐」，而「金門小姐」即在陳列館，眞正競爭激烈的則在零售部，在這樣安排下，才可以井水不犯河水，既可成全來自前綫的「金門小姐」，又可使台灣各廠商眞正公平的競爭一番。

在十月卅一日這一天，十位入選的「商姐」與「准商姐」，總算順利的呱呱墮地了，金門小姐林惠珠，果然當選爲陳列館「商姐」，軍事第一，信然！

在此次「商展小姐」競選中，台北某報曾發表了如下的社論：民國四十八年倏忽將盡，瞻望民國四十九年，二、三月間爲總統改選之期，四月間爲各縣市議員及縣市長改選之期，如謂明年爲「大選年」實不爲過，在此「大選年」將屆之前夕，關於總統連任問題及如何謀求合法途徑問題，關於縣市議員及縣市長人選問題……凡此種種，皆深切關係國家之安危，地方之禍福，乃當前重大政治問題，更是諱莫如深，避而不談，視國事如等閒，而反對選舉「商姐」一事，斤斤計較，幾以此爲「只許成功，不許失敗」之了不得大事，輕重易位，本末倒置，一至於此，無以名之，姑且稱其爲政治上的神經衰弱症。

某報直指出台灣政治上的神經衰弱症，此實爲一針見血不刊之論，其他類似這種事件，實在是數見不鮮，將來的選舉糾紛，行見迭出不窮哩。

（台北通訊）

台灣通訊

趙品玉被免職內幕

秦誓齋

台北市警察局第三分局長趙品玉，突然於九月廿一日上午九時由台灣省警務處長郭永，下令刑警大隊予以扣押，至廿三日晚八時釋放。警務處於廿二日下午發表正式公報，謂趙品玉「辦事顢頇，工作不力」，應予免職。

此事發生後，至今雖已月餘；但此間仍街談巷議，自由中國半月刊，且於最近一期增加一篇社論對趙案有所論列，足見不平常了。

趙品玉之被扣押、免職，導源於拆除一所違章建築物。台北市有個豪華的旅館，位於圓山故名圓山飯店，名爲民營，實際後台老板却是蔣夫人宋美齡女士，據說，是爲招待外賓而設的。因此該飯店成爲一個特殊的地區，持有免納租稅的特權。飛龍汽車行爲取得圓山飯店汽車出租生意，與該店取得協議，由該車行在圓山飯店附近興建一所車庫，但並未依法辦理申請建築執照即大興土木，建築鋼骨水泥車庫。台北市其他車行，因恐飛龍汽車行獨佔圓山飯店出租汽車生意，紛紛向市政府工務局告密。同時市政府奉命整頓圓山附近的違章建築，工務局長林永倉亦會於九月十二日會同警備總部及警察第三分局等有關機關，前往該地實地勘查，發現一興建中的違章車庫，以及另外數幢違章建築物，依法應予拆除。

據說處理圓山及其附近一帶違章建築物，原是由最高當局指示，因爲該處不少違建房屋紊亂不堪，有碍觀瞻，當局認爲有整頓的必要，便命國防部設法取締，國防部即層轉台北市政府依法辦理，市政府因爲取締該地區違建有困難，曾將實際情形申覆國防部，該部又命令警備總司令部協助台北市政府執行。

在着手取締之前，警備總部與市政府工務局等有關機關，愼重其事，舉行兩次會商，始決定取締原則，再決定取締技術，將舊有違建視實際需要情形處理，凡新建的違章建築，決定一律嚴格取締。林永倉始有十二日會同警備總部前往實地勘查之舉，其時在圓山飯店坡前及右下側發現正在施工興建一處車庫及幾間新建的違建房屋，認爲非拆除不可，當時巡即通知該管圓山派出所，依照規定，派出所先查明有無建築執照，如無執照，應通知違建人立即停止施工，如不停工，應於六小時內會同拆除大隊執行拆除。九月十三日軍警及工務局各有關方面，以該飯店似乎因其特勢未予拆除，只作象徵性的拆除，仍命該飯店自行派工拆除。拆除大隊奉命後，至十四日仍未見該飯店有拆除跡象，主持取締違建之專案小組，斷然下令予以全部拆除，第三分局長趙品玉派警前往協助拆除，祇是職務上份內之事而已。但竟因此被圓山飯店向其後台告了一狀，蔣總統不查原委，勃然大怒，便打電話要郭永去，對他說：「趙品玉爲什麼要說圓山飯店是違章建築？圓山飯店是台北招待外賓最高尚的處所，鋼骨水泥的建築還是違章建築嗎？我命令你！把趙品玉關起來，如果你不關趙品玉，我就關你！」郭永想向總統說明事實眞象，但終不敢，祇得說「是！是！是！」回到警務處即手令刑警扣押趙品玉。

此事發生後輿論嘩然，台北市市長黃啓瑞曾陪同中山區區長梁明學和市議員多人去找郭永，請其妥爲處理，並想在市政府所屬單位給趙品玉安插適當工作。可見公道自在人心的。

在此一事件中，最凸出的一點，當是法律之前人人平等的意義受到了無情的考驗。鋼骨水泥的圓山飯店的拆除，就以特殊權力，使違章取締單行法行不通了；不知執行違章建築拆除人員，在貧苦無告的人民，當僅能遮蔽風雨的草棚木板屋被拆除時，哀哀求饒時，是什麼感覺？政府一再向人民宣告，法律之前人人平等，要人民守法；究竟誰破壞法律的平等，誰不守法？政府自稱是法治的政府，但此事則充分暴露了政府並不是守法的政府，如何能令人民心悅誠服呢？

四八、十、廿三、於台灣。

大陸逃港學生的控訴：林明嫂

圖勳

這是我在大陸親眼見到的一個故事。

一九五二年的寒冬，彷彿分外來臨得早，小鎮上的街頭本已了無生氣，現在更被一片肅殺淒涼氣氛所籠罩着。

鎮東的這一個角落，往常每天的傍晚，總常聽到斷斷續續的討飯哀聲，但常常老只是這一句：「大姑，可憐施捨一些冷飯菜汁呵！」附近的人們每當聽到她的聲音，都暗下裡替她嘆息和同情。

老乞婦的雙目已失明，靠着一支小竹在石板路上每一戶每一家的摸索求乞，她的頭髮披散着，墨藍的大衿衫左長右短，殘破不完，在這個昏暗的傍晚，彷彿是一具無主幽靈。她一戶挨一戶的乞，很自然的走到了蓮花街口她便不再前走，數數是廿五戶，在這個「新社會」來說，乞飯也要接受領導，指定能乞戶口數目，因此她連乞的自由也沒有。但在這廿五戶之中，除了一些本身的確沒有階級問題的，才會大着胆子，背地裏偷拿一些冷飯給她之外，又有誰不怕這一個「同情地主」的罪名呢？「同情地主」罪名所得來的懲罰是不堪想象的，何況自身還在模糊不清，惶惶不可終日的階段？「新社會」的觀念裡就教育人們「同情」是罪，「地主」就更是如梅毒菌般使人望而生畏，避之惟恐不及。

故此，這一個可憐的老乞婦，又怎能在這個被歧視的社會中能得溫飽。

但是她爲了苟且偷生，在每天的傍晚仍然是風雨無間地，帶着哀憐的聲音，沿街乞討。這淒涼聲音，變了在這死寂的鎮東角落裏泛起了人類本性的悲鳴。

她雖不是鎮東的人，但人們也很清楚她的身世，她本是鎮南梅花里姑婆屋中的人。提起姑婆屋，在本鎮來說是老少皆知的。它的祖先是有財有勢的本鎮士紳，但是家業却給晚輩敗光了，孤寡的女人就只有回到古老祖屋中過日子。這間老屋就完全沒有一個男性，因此人們替她起了一個不雅的稱號——姑婆屋。「林明嫂」，她在這一羣女人中最爲不幸，「林明叔」是林老大爺最尾一個兒子，「林明叔」在年少時便給時疫奪去了生命，「林明嫂」的媽便給錢字斷送了兒女一生幸福，隨了公雞嫁入林家來了。她在林家並不好過，與使喚的女用人差不了多少。但她却也安之若素，除了整家務，服侍一些老大娘之外，日中便織麻或縫縫冬夏衣服，賺點零用錢。在這間老大陰沉的古屋中，他們倒也相安無事，以爲下半生也靠十畝瘦田一間古屋，清茶淡飯過一世。

但又怎知到滄海桑田，世事多幻變。自從鎮府樓上的旌旗一轉，那條陌生旗掛上，便一切也變了。小鎮上彷彿地塌天坍，以前的一等良民，稍有田租過活，皆一律被指爲十惡不赦的地主土霸了。但以前在鎮裡游手好閒，胡作非爲的「二流子」却反而眞的翻了身，中共的每一個違反人性的運動在這裡推行，這一班狗腿子都當了人民的喉舌和共產黨的應聲虫。不幸被劃爲「地主階級」的戶口，就在這一班新貴中被鬥爭得傾家蕩產，甚且家亡人散了。

姑婆屋不過有地十數畝，算不了什麼大地主，但是在新貴的眼中，在共產黨的邏輯裏，這一班老弱的封建家庭的婦女，在完全沒有勞動價值反而只增加消耗，他們是絕不容許存在的，於是一頂地主大帽子便蓋下來，永遠超脫不了。從此姑婆屋被強占了，田地被沒收了，除一身之外其它再無長物，屋中的人也各走東西。但同一命運都淪爲乞丐。可憐的「林明嫂」也流浪到鎮東來了。她被指廿五戶求乞不得超過。在這漫長的悲慘命運中，她開始走向毀滅之途。

一個暮冬的早上，人們已經傳說着她的不幸，大王廟畔的小河中，人們已發現她的遺骸。她等不及春天的重來，她已經用無言的死來抗議別人加於她身上的不幸。她是封建餘毒和新階級下雙重的壓迫的犧牲者。

以上是我所親眼看到一九五二年冬天的故事，至今事隔七年，但這一個故事仍深印在我的腦中，這幾天，寒流襲港，天氣稍爲轉冷，林明嫂的淒怨哀憐之聲，與她那討乞的可憐相，不知不覺的又浮現到我的腦中，我現在雖在自由天地的香港，但我忍不住要爲林明嫂控訴了。

星洲學生返大陸者銳減

自中共佔據大陸以來，最初數年，海外華僑學生返大陸者不少，其中由星加坡返大陸者爲數尤多。雖然，這是由於一般華僑學生熱愛祖國的表現，但却也由於這些僑生未能認淸中共眞實面貌之故。他們誤認中共政權就是祖國，因而他們之返大陸就無異走上了賊船。但近年來，中共殘暴面目已爲海外廣大僑胞認清，故一九五八年，僑生從大陸設法逃到香港者即達四千餘人之多。他們在大陸親眼見到的一切，與他們最初返大陸時之想像完全相反，他們逃到香港後，已獲准返星加坡者，約四百人，現尙等候返回星加坡者，亦約四百人。這些逃出僑生對星洲其它僑生當然提供了最確切可靠的情報，於是，星洲僑生之返大陸者乃越來越少了。茲據星加坡移民局週年報告：返回共產中國就學的學生人數已大爲減少。去年僅得二百十二名。而一九五六年是一千零七十二名，一九五七年是八百九十三名。這一方面固然是星加坡設立了南洋大學，但最主要原因則還是因爲中共政權使人失望之故。（彭瑜）

中共剝削農民的眞相

康和

共產黨的口號是：「勞動的成果，完全歸勞動者自己所有。」但是事實是怎樣呢？現在，我們根據中共自己的報導（十月十八日人民日報陳正人著「論人民公社的所有制和分配制度」），在中共統治下的農民，所能得到的勞動報酬，究竟有多少？

按照中共現行人民公社的分配制度，農民勞動所得的成果——即產品，是依照下列方式分配的：

一、扣除生產費用——即補償生產過程中所消耗的生產資料；

二、繳納公糧及其他稅欵——是繳給國家的賦稅；

三、公積金——說是備作擴大生產和增加生產建設之用的；

四、公益金——說是充作辦理學校、醫院、托兒所、敬老院和其他各種福利事業之用的；

以上四項開支，就佔了公社總收入的百分之四十左右。至其餘的百分之六十左右，算是留給農民分配的。這百分之六十左右的產品，又是怎樣分配呢？根據中共中央規定本年夏季收穫的分配標準是：

甲、供給制部份：就是按照農村人口分配的口糧，其總額不得超過全部總產量的百分之二十四。

乙、工資制部份：就是根據農民所提供勞動日的多少，勞動強度，技術高低所評定的工分而分給農民的工資。其總額不得少于全部總產量的百分三十六。

根據上述分配的結果，在中共統治下的農民，終年被共黨鞭撻，像牛馬一般的工作，而所得到的勞動酬報、除了一份吃不飽的粗劣口糧外，僅僅獲得勞動成果的三分之一强的工資。共黨所謂「勞動成果，完全歸勞動者自己所有」的眞相，竟屬如此。這不是共黨欺騙人民和剝削人民的鐵一般的証據嗎？

上面所得結論，（即農民在勞動成果的分配中，除一些口糧外，僅得三分之一强的工資。）尙係依照中共所公佈的標準而計算出來的。實際上，農民所得到的工資，還遠在其勞動成果的三分之一以下。我們知道，中共對于農產品，是厲行統購政策的。不但征購的價格，一般都是訂得很低，這又加上一重對農民的殘酷的剝削。同時，征購的價欵，大部份須强迫儲存于人民銀行。隨時還須遭受派捐派公債的剝削。所以，農民實得的工資，經過重重剝削之後，實在所餘無幾了。

大陸之窗

中共對拉丁美洲有陰謀

中共是亞洲的禍根，許多人都已知道，但中共對中美南美也有陰謀，則常爲一班人所忽畧。

從表面上看，中美南美與亞洲遠隔重洋，似與缺乏海軍力量的中共毫無關係。殊不知今日世界早已由於交通工具的發明與改良，致使各國間各民族間各地區間的各種關係，由相隔而發展爲相鄰，由簡單而趨於彼此間各種關係的繁複。而二次大戰後，今日世界實已在實際劃分爲兩大主要力量，一個是以蘇聯爲首的共黨集團力量，一個是以美英爲首的民主集團力量，這兩大力量的對峙，雖然今天還沒發展到第三次大戰的熱戰形式，却早已隨第二次大戰之結束，開始了而且不斷發展了這兩大集團間的冷戰形式。冷戰是包括了熱戰以外的一切足以達到克敵制勝的各種方式的。所以政治、經濟、文化、思想等皆被運用在冷戰範圍以內，而共產集團對此尤有擅長，它們企圖以此代替熱戰，並以此來達成熱戰所欲達到的目的，所以，共黨集團對於冷戰之進行，尤不餘遺力。它們的終極目的，則與熱戰一樣，最後赤化全世界。

因爲它們的目的在赤化全世界，所以它們對於每一角落都並不放鬆。而爲了便於冷戰，爲了便於進行陰謀，在整個共黨集團來說，它們是由蘇聯或中共乃至其它共黨政權，分別串演，分頭活動的。對於中美南美現則正由中共幫助甚至代替蘇聯用冷戰方式進行侵入。

今年二月至三月，中共曾邀請中南美洲十二個國家的共黨首要訪問中共大陸，其中包括智利共黨書記科爾巴蘭委內瑞拉共黨書記馬凱斯哥倫比亞共黨總書記維拉埃秘魯共黨書記阿哥斯塔尼瓜多爾共黨中委穆紐斯玻利維亞共黨中央政治局委員拉米雷斯阿根廷共黨書記培斯羅特尼克古巴社會黨書記維拉斯克斯等，此外尙有巴西、巴拉圭的共黨要角及哥斯達黎加和巴拉馬的親共分子等，這些人到大陸時，毛澤東都曾一概親自接見，此外中共對中美南美又不斷派遣各種性質的代表團前往訪問，並又不惜巨資在中南美作宣傳，檢討上述各種活動，決不能僅僅解釋爲中共意欲拉攏中南美各國。因爲中共所拉攏的並不是中南美各該國的政府或執政黨，而一概是中南美各國企圖奪取各該國政府的顚覆分子，由此可見，中共的這一活動並不是普通外交活動，而確有別的陰謀。質言之，中共之此一活動，主旨端在加强國際共黨的統戰工作，以求共黨力量深入滲透，從量的漸變以求中美南美的質的突變。

那末，這些活動爲什麼不由蘇聯出面而由中共担任呢？這道理其實很簡單，因爲中南美各國政府對蘇聯防範甚嚴，蘇聯有許多不方便的地方，中共担任則比較方便。同時中南美各地華僑很多，中共分子正好混在其中活動。看中共最近四五個月特別加緊宣傳攻勢，北平廣播電台加用西班牙語英語葡萄牙語之增加對中南美之廣播，並又正在哈瓦那等那地辦各種各型的報紙，可知中共對中南美之此一活動，目前是更趨積極了。所以，美國和中南美各國以及現時僑居中南美之僑胞皆應密切提防才是！　劉裕畧

菲律濱禁止華人入境的幕後

·呂　需·

菲律賓當局突然禁止華人入境的命令，在此間引起了極大的刺激，尤其是華僑方面，更遭受到直接的損害。無論是因商業、探親、旅行等等理由的華人來菲，一概加以拒絕。無論已經申請，甚至申請而獲批准入境尚未到達者，也一律停止其入境。這樣不講理由，不談手續，更是反映這「命令」的狂暴。華僑方面固然怨聲載道，就是菲方的公正人士，也認為這是不合現實，不近人情的措施。

事情的突然發生，有兩個內幕的因素：一是菲方與中華民國談判遣僑的糾紛所引起，另一則是菲國地方選舉及一部份參議員改選所觸發。問題如果演變到嚴重化的話，可能會影响到中菲的邦交，也許絕交也許會召回大使。就算能夠拖延以至解決，亦難免在中菲關係上留下不良的影响。對於在菲華僑，更會是一個警號和陰影。

中華民國與菲律賓之間的遣送華僑問題，向來就沒有可循的原則，因此每一次的糾紛，都是菲方要求將出境華人遣送至台灣，而中華民國則拒絕接受遣送。這些菲方要求遣送的人物，或則是被驅逐出境（因犯案）的，或則是違例入境的，包括入境逾期的。依照國際慣例，一個國家政府，對於自己國民在外國被遣送回國，無論基於任何理由，沒有拒絕接受的道理，可是中華民國在台灣的環境特殊，對於在海外的中國人，既有拒予入台的辦法，那辦法對於這些從香港或東南亞各地到菲律賓來的中國人，也就認為他們既非持有中華民國護照，(有些是持有外交部以外如澳門、曼谷等地中華民國使領館護照的）拒絕接受遣送。

這樣的糾紛原已不自今日始，而是經常成為中菲齟齬的一部分了。去年的一次，菲方甚至聲言：倘若中華民國拒絕接受遣送，菲方就要把這些出境的人，「遣送到中共大陸去」。實際上，海外華僑尤以與菲律賓有商務往來的人，反共的自佔大部分，遣回大陸不啻判處他們以清算死亡的刑罰，對中華民國構成一種打擊。如果菲方真個為了遣送華僑回大陸而與中共展開接觸與談判，就不難逐漸造成像日本那樣的「兩面外交」，對中華民國也是不利的。

幸而菲方並沒有出到這一「絕招」，使中華民國太「落面子」；然而問題的沒有妥善方法解決，不「落面子」也做不到，這便是這次的禁止華人入境事件了。這一命令，當然包括來自台灣持有外交部護照的華人，這就使到台灣不能不着急。

這次衝突起因於三十一名華人的遣送問題。這批人原為六十八人，四人已往香港，十二人已往台灣，有十九人是菲司法部建議重新考慮辦法，有兩人要求重審得到接受，另兩人則寧願在獄服刑不願離境。剩下來的就是三十一人。

據菲外交部說，中國段茂瀾大使已答允這些人遣送赴台，而台方竟不接受。台方所持的理由，則是這批人願赴香港，且原來自大陸，因不能得香港的入境証，以致不能遞解，此殊非台方之責。依國際法，如被遞解者不能取得目的地之入境証，則遣送「至原來之港口」云云。

但菲方不採取遣回大陸的措施，卻以禁止入境的方法，對台灣施用壓力。其中原因，乃與菲國地方選舉有關。年來菲律賓排外風氣頗烈，以極端派參議員李嘉圖為首的「菲國第一」主義，相當流行。加西亞總統的執政黨，在地方選舉及參議員補選之前，也想拿這「菲國第一」出來標榜，這就借題發揮，以這次遣送華人事件來表示它能夠對外國強硬。

可是人們對於菲當局的做法，實在也並沒有什麼好感。就算拋開禁止華人入境問題的法理人情來說，菲方本身實負很大的責任，因為「違法入境」者之多（包括居留逾期者），以及涉嫌走私漏稅的犯罪者之衆，與移民及稅關員司的貪污，實有莫大關係。對於非法入境，以及入境居留滿期後，使用賄賂種種黑幕，已是「公開的秘密」。老經驗的華僑，對「禁止入境」一事，認為殊不足重視，因為此乃政界「財源」之一，「難道會自絕財源？」他們認為不久必重新開放，走回貪污放入，明令逐出的舊路。

菲律賓的報紙說：「菲國第一」之說，「恐怕李嘉圖亦不相信吧」，人們對於政府，實不敢有非分之想，但望能清掃污臭街道，切實查緝走私，則於願已足。英文馬尼剌紀事報則公開說：新政府而能不比舊政府更為貪污，「已屬難得」。人們對於菲律賓政治，竟「作如是觀」。

加西亞總統宣佈禁華人入境「是臨時的」，而中華民國極端忍讓，願與菲方續商遣送問題。顯出人們看法的正確。而參議員補選中執政黨的失勢，也証實輿論並不是偏見。

·馬尼剌通訊·

哈馬紹對寮國局勢將有甚麼影响

龐　維

聯合國秘書長哈馬紹已於十一月十二日抵達寮京永珍了；他受到寮國當局以「一國元首」般的隆重禮節來歡迎。顯然，哈氏此行，對寮國自然有着無可諱言的特殊任務。

哈氏飛抵永珍機場時，寮國總理，政府高級領袖等，均親臨機場迎接；這一個鏡頭，也足以顯示出寮國對哈氏的蒞臨，亦確有其殷切的期待和需要。由此我們可以預料得到：哈氏到寮後的一舉一措，對寮國的政策，當有一種相當微妙的影响潛力。

那末，哈氏對寮國目前的混亂局勢，究竟將有怎樣的影响？

據中共發表的消息，係指責哈氏的赴寮國，目的是要進一步的策劃干涉寮國的行動。

當然，這是中共誣哈氏的一種污衊之詞；但無論如何，哈氏此行係將不利於共產黨的滲透和混水摸魚陰謀，卻可斷言。

換言之，哈氏在寮親自探討清楚寮國內亂局勢前因後果之後，勢必對寮國作出一項暗示，使寮國當局決定了應付當前局勢的明朗政策；這即是說，它將使到共黨企圖在寮展開的顛覆和侵略陰謀為之粉碎。

而且，哈氏赴寮之後，並將留駐一名代表在永珍，以注視寮國所指控共產北越進侵的發展情形，這當然更對共產黨不利。

蘇聯是猛烈反對哈氏赴寮的；其所以猛烈反對的原因，自然是含有相當尷尬的內情。

我們可以說：哈氏此行，必將加强寮國反抗侵略的信心！

·永珍通訊·

「主動儲蓄」的背影

·士益·

廣州「節約競賽」運動展開了；這是中共剝削勞工血汗的又一種新花樣把戲。那天晚上七時，共幹召集了一家成藥廠的工友，舉行「主動儲蓄動員大會。」

會中，照例由那共幹嘩啦嘩啦的講話一番。他說：「工友同志們！節約建設，是我們的光榮任務！為要表現我們對這任務的熱心，唯一的辦法，就是主動！那末，讓我來替你們訂立一個妥善的儲蓄計劃好了」！他歇了半晌，一雙閃亮的眼睛，不斷地向工友們的臉上掃射。

工友們個個都苦着口面，一聲不响。

一會兒，那共幹繼續說：「計劃就是這樣，把你們每個月工資的一半：撥了出來，參加儲蓄，配合這個競賽」！

這時，工友羣中，立刻起了一陣騷動。有些還高叫着：「噢！我們的肚皮不能減縮一半呀！」

可是那共幹不再理會這些了；他拉高嗓子叫着：「就這樣決定好了！這是你們對國家建設的一項光榮任務，顯示出你們是熱愛國家，擁護社會主義」！他又把「光榮任務」四字放到工友們的身上，壓得他們透不過氣來。

短短的十分鐘「動員大會」後，第二天，報章上便發表了成藥廠工友在主動和踴躍情況下參加節約儲蓄的消息。可憐他們的褲帶，從此又要再進一步的緊勒。他們的血汗，更將被一點一滴地壓榨到乾涸！

僑鄉近訊

海南共幹思想動搖

據廣州「南方日報」透露，海南行署主任蕭煥輝已承認海南島共幹思想，普遍動搖。蕭煥輝指出：地方主義及右傾機會主義思想，已滲入部分共幹腦海；日前在整風運動中，地方主義反黨集團已顯著地做出陰謀活動，和黨內外右派分子互相呼應，使社會主義的農、工業生產，受到嚴重的損失！蕭又謂：目前海南共幹中，有不少是右傾機會主義分子，他們對大躍進和公社均有重大的抵觸思想和破壞企圖；刻海南正展開對右傾共幹的全面鬥爭，但恐非一兩次的鬥爭所能收效。

農民的「七彩衣服」越穿越重（陽江）

陽江不特粮食荒缺，布料的供應，刻亦陷於斷絕。農民所穿的「七彩衣服」，重量與日俱增。重量增加的原因，並非件數增加，而是衣服破爛後補了一層又一層，越補越厚，於是越來越重。普通一件單衫或褲子，竟會被補綴得達四五斤重。所補的布料，也難獲得同樣的顏色，祇得補上紅一塊，綠一塊的六七種不同色澤的布塊。此種「七彩衣服」，亦被一般貧苦農民視同「珍品」，可知陽江布料的缺乏，確已達到相當嚴重的程度。

廣東推行「採集野生原料」失敗

中共為解救輕工業原料缺乏，故加强推行「採集野生原料」運動；惟粵省各農村，對這項運動，一來由於共幹的領導鬆弛，二來各縣農民亦含恨不予支持，因此，成效顯著低落。粵共日前曾頒下「採集野生原料」的四項工作原則：、須注意採集含有油脂澱粉酒精等輕工業原料的野生植物；二、凡由商業部門收購的原料，羣衆必須加强合作；三、凡輕工業部門已經直接收購和可以直接收購的原料，不論大宗的或零星的，都要加緊採集，不得放鬆；四、各公社單位，必須配合這項工作努力推行。但截至目前止，各農村對該項工作仍在緩進或拖延中。

·江水·

冷酷的人（下）

楊溪橋

「你的書上不是寫着地址嗎？」我說：「有了它還不容易找？」

「眞對不起，突然身子有些不舒服，不能踐約。」他想支撐起身子來，可是剛一動，喉間一陣乾嗆，臉脹得通紅，青筋一條條地在額頭暴起，冷汗一顆顆地從額頭往下流。

「別起來，」我連忙阻止了他，說：「你患了病，誰能怪你？」

「唉！」他輕輕地吁了口氣，又臥下身子。

忽然，我內心對他有無限的同情，過去對他的不滿，已一掃而光了。我帶着憐憫的口吻問：

「是什麼病？」

「唉，窮人得了富貴病！」他嘆口氣道：「說是肺上有些斑點，要靜息，吃得好才行。」

「找個醫生打打針就好得快了。」我說。

「哈哈！」他驀地一陣冷笑，說：「醫生？你瞧，我這裡的樣子，連口都難以餬過，還說什麼醫生！沒病時做小工度日，一躺下，吃喝無着，要不是小東他們祖孫兩個的照應，不知……」

說到這裡，他的喉頭有些梗咽，那孩子見情湊了上去，說：「老師，給你送粥來了。」

我也趁勢說：「別談了，先吃些東西再說。」說着，走上去扶他起來，倚在床頭。

「這就是小東了。」他指着那孩子道：「初時我看他伶俐，敎他認些字，想不到他却和我生了感情，病中要是沒有他，說不定死了也不會有人知道。」

「快吃吧，老師。」小東說：「粥快冷了。」

「你隨便看看書吧。」他開始呷粥了。

給他一說，我這才注意到四壁安放着的書籍，這可以說是這間屋子中唯一的點綴了。

我隨便翻閱着，竟發現了不少珍本，而且上面有不少紅筆的圈點和眉批；現在，我對凌傲世的學養，再沒沒有什麼疑問了。

我讚嘆地道：「你哪裡弄到了這些善本！」

「我生平沒什麼嗜好，就是愛搜集好書；這一些，都是到香港後陸續在舊書攤上淘來的，便宜貨——可都普通得很。」他放下了飯碗，帶着些神秘的樣子說：「我床下有一部才名貴呢！」

「是什麼書？」我興奮地問。

「是宋朝一位無名作家寫的『華夷語言通釋』——你知道如果有了它，對考証邊疆民族的歷史，就有極大的幫助。現在我正在做這番工作，那天到圖書館也是爲的找資料。」

「我知道，我知道！」我高興地道：「這部書一度傳說落入日本人之手，想不到却在你這兒！」

「喔！日本人祇拿去其中的一節，大部份由家父保存着。」說到得意處，他那睿智的眼中，又露出了動人的光芒。「我流亡到這兒來，什麼都沒拿，就帶了這個寶貝。咱們總算有緣，你可以欣賞一下。」

他指着床底下的一個紙包，我彎腰把它捧出來，祇見包上積滿了烟塵；打開紙包，那二十大本的巨著赫然在目，信手一翻閱，覺得他的話果眞不假。我說：

「幾年前一位美國學者曾經出重價，向我認識的一個書賈，徵求過這部書。」說到這兒，我忽然靈機一動，說：「要是你肯把它出讓的話，那麼治病什麼的，都解……」

「住口！」他不候我說完，氣冲冲地一把奪過了我手中的書說：「我以爲你是一位値得一談的朋友，想不到你竟然要我出賣它！你知道，讀書人珍視心愛的書，不下於愛護自己的生命嗎？」

我自知失言，可是他那盛氣凌人的態度，也實在太過了；我覺得自己的一番善意，受到了人家的誤會，心裡不免有些不快，就訕訕地道：

「我跟你說着玩的，何必認眞呢！」

凌傲世默然不出聲，這一天，我們在不歡愉的情形下分別。

過了幾日，我想想自己那天的說話，不免失諸孟浪；對於一位嗜書如命的人，那樣的話是不該向他講的。同時我又想到了他的病況，覺得有一訪的必要，也許多少我可以幫他一些忙。

然而，不知道怎麼，那天所受的難堪，還不能完全掃除出腦海，說眞的我有些怕見他；怕他那過於嚴肅冷峻的態度。恰巧那時碰上了一些私人事務，我爲自己找到了不去探訪的藉口，暫時把這件事忘懷了。

日子在日常生活中悄悄地溜過，轉眼已是仲夏時分了。有一夜，外面下着傾盆大雨，我正想上床安寢，突然聽得一陣急促的門鈴聲，隨後公寓裏的門房來拍我的房門，說：「外面有人找你。」

出外一看，沒料到來者竟是凌傲世，他淋得滿身盡濕，水珠不住地從他的頭上下淌，我忙說：「進來換件衣服再說吧。」

「慢着，他把手中的一個油紙包，放在桌上，說：「請先談幾句話吧。」

我揣測不出他的來意，說：「有什麼事這樣緊張？」

「你認識小東嗎？」他急促地道：「上星期他得了急症，今兒醫生說要動手術才能挽救。但是，你知道他們的境況……」

「公家醫院不行嗎？」

「就是沒有空額啊！」他說：「否則我還來找你？唉，你不是說認識一個書賈嗎？」

「書賈？」我現在有些明白了，說：「你的意思是要賣……」

「是的，我想賣書；旁的值不了多少，祇有它——」說着，他把油紙包打開，我一眼見到，不禁叫了起來！

「『華夷語言……』」

「是的，正是它！」凌傲世顯得十分冷靜。

「這怎麼可以？」我說。

「救人要緊，顧不得許多了。」他把書交給了我，依舊冷靜地道：「不瞞你說，這件事我已經考慮了整整一夜，然後才下決心的。」

我無論如何想不到凌傲世竟然是那樣的一個人：他外表冷酷、傲岸，然而內裡却有一顆溫暖的心，到重要關頭時，他那優美的品格才得到考驗。一時，我手中捧着書，楞楞地不知說些什麼好。

（完）

「人間的條件」

林嘯

日本人是以模仿能力馳名的。模仿能力强有好處也有壞處。好處是進步快，日本的工業水準佔亞洲第一，去年的造船噸數竟佔世界第一，這都是明治維新以來銳意模仿西方工業的成就。但是模仿成爲習性，就湮失了創造力，久之產生自卑感，永遠跟着人家屁股後頭跑，這就可悲哀了。觀之今天日本的科學、思想、政治、經濟甚至體育無一不模仿西方；尤其在思想學術上，幾乎沒有獨創的思想家。但是日本的文學藝術，到有她獨立的傳統與創造。戰前日本文學翻譯到中國來的很不少，五四前後的日本文藝思想與文藝作品，對中國文藝有很大影響。廚川白村所著「出了象牙之塔」對當時中國文壇影響尤鉅。戰後日本文學有極蓬勃的發展，大概由於抗日戰爭的影響，對日本人的厭惡心理還沒有消失，所有幾乎看不見戰後日本文學的翻譯和介紹。對日本文學就日益隔膜起來，這是一可憾的畸形現象。直到最近我讀到了台灣公益書局出版的五味川純平所著的「人間的條件」中文譯本，才對日本的戰後文學，有了第一次接觸。讀了這本書，使我感到，目前中國的文藝創作，是太貧弱太落後了。

「人間的條件」這部小說，雖然長達一百八十萬字，但是讀來毫無滯碍，並且處處引人入勝，而且所表達至爲深刻；此書一出，在日本即暢銷三百萬冊，實並非偶然。

這部小說描寫的內容，是二次大戰末期居住在中國東北一個日本青年的遭遇。主角梶，是一個感傷的人道主義者；他痛恨日軍的侵畧戰爭，並且看出日本註定失敗；他同情中國人的悲慘遭遇；因此他在管理礦工的職務上，儘量想爲中國礦工爭點人權，謀點福利，要把中國人也當人來看待，想以此來保持自己作人的資格；就因此與瘋狂的軍國主義發生衝突，以致被憲兵隊逮捕，被非刑拷問，被徵集從軍，後來又落進蘇俄的俘虜，最後逃亡途中死在中國的土地之上，這其中蘊含無限悲愴與辛酸，慘酷與暴虐，將二次大戰期間日本反戰知識份子的靈魂與形相深刻的、生動的烘托出來；作者把這一切發展用一個凄艷慘絕愛情故事貫串一起，所以充滿了生活感與人情味。

作者五味川純平，生長在中國東北，這部小說是他的處女作，就此一鳴驚人身躋日本大作家之林了。

文壇泥爪

張厚載事件眞相

趙聰

本月十日香港大公報刋一短文，題爲「被蔡元培開除的一個學生」，內云：有一張繆子，在北大讀書時叫張厚載，愛好京戲，經常在報紙上發表論戲的文章，「主張把京戲的地位提到與元曲或其他文藝一樣，不應加以歧視，蔡（元培）不同意他這種主張，後來彼此開了筆戰（張與蔡之論戰文字載於當時的「新青年」雜誌），蔡竟以校長的地位開除了他北大的學籍。」

這個記載與四十年前的事實，大有出入。「新青年」雜誌並未散佚，現在仍可查出眞相。張繆子是和傅斯年同時的北大學生，常在報上寫「戲評」，倒也小有名氣。不過那個時候的「戲評」，多半都是以捧角兒爲主，某伶身段美、唱腔妙之類，談不到什麼戲劇理論；而這捧角兒的動機，說來也相當卑鄙，不是受有伶人之報酬，即是想以此接交伶人。當胡適、陳獨秀等先生在「新青年」上著文提倡新文學的時候，曾有戲劇改良的主張，張厚載就於民國七年寫了一篇題爲「新文學及中國舊戲」的通信，寄給「新青年」的記者，文內攻擊新詩及話劇，特別指出胡、陳、錢玄同、劉半農等人的文章。在「新青年」四卷六期上刋出了這篇通信，並附有胡、陳、錢、劉四人的答覆。後來張厚載在「晨鐘報」上發表了一篇「戲園的改良談」，說明應改良的不是舊戲本身，而是演唱舊戲的戲園子，對胡先生的改良主張仍加以反駁。胡先生見到這篇文章，就寫信給他，請他把「中國舊戲的好處，跟廢唱用白（案即廢除古典歌劇改創話劇之意——筆者）不可能的理由，詳細再說一說」，他於是寫了「我的中國舊戲觀」，結論是中國的舊戲，是「中國文學美術的結晶，可以完全保存」。此文與胡先生的「文學進化觀念與戲劇改良」，傅斯年的「戲劇改良各面觀」「再論戲劇改良」，歐陽予倩的「予之戲劇改良觀」，和張的另一篇通信「臉譜、打把子」，同刋於「新青年」五卷四期。這期反駁張維護舊劇的主張者是傅斯年和錢玄同。

從這段事實看來，和張論戰的是胡、陳、錢、劉、傅五人，並非蔡元培先生，而當時在北大校內反對新文學的教授和學生很多，並曾出版定期刋物，與「新青年」唱對台戲，這些教授未因此被辭退，這些學生也未因此被開除。可見張厚載的開除學籍，是另有原因的了。

左報的信口雌黃，大率類是，惟此文旨在對蔡先生侮辱，是以不得不辨。

記李根源先生二三事

孫寶剛

年輕的一代，恐怕對李根源這個名字已經很陌生了。但是從民初起到大陸淪入共產黨為止，凡是厠身政治界的人，不論認識他與否，都知道他是個不平凡的人物。孫中山先生某一次的演講中曾說過：「假如北方的徐樹錚和南方的李根源能和我合作的話，革命早已成功了。」由此可以見到李根源的不平凡了。他是政學系的領袖。政學系在國民黨執政的三十餘年中左右着國民黨的政治，他以領袖的身份，當然也左右着政學系，但這並不足以代表他的不平凡，因為在政學系中，他是突出的。以現在仍居台灣政府秘書長職而曾任國民政府行政院長的張羣而論，似乎是繼李根源為政治系領袖的人，但是張羣的材幹和氣魄不及李根源遠甚。

我在蘇州讀書時住在李的家內，所以能和他朝夕相處，我初時已經知道一般政治圈中的人都說他是個大陰謀家，其實他那高大的身軀，響亮的聲音，面上有幾點麻子，面色總是紅紅的，兩眼閃閃有光，看上去完全是一個粗綫條的人物。尤其他和人談話時態度是明朗而激昂的，這不是和一般的陰謀家完全相反麼？

後來，我知道他的事情漸多，有一個時期他還叫我做他的代表，為他奔走一些政治，在他家住時，他又常叫我替他寫信，有時也和我商量一些事情應有的決策，我發覺人們說他是陰謀家，並不是沒有理由，但實際上他決不是陰謀家，他有遠見，他能未雨綢繆，他絕沒有幻想，他的嘴很緊，他不好直接表明他的意見，他是崇尚理學，嚴守禮節的一個人。這許多性質，便使他處理一切事情時和人不同，而一般人便說他是陰謀家了。

我記不清楚在那一年他去陝西任省長。那時北京政府中，黎元洪和段祺瑞正在鬥爭，他是擁黎的，但陝西督軍陳樹藩是段祺瑞的重要人物。誰都知道民初的督軍，霸據一方，北京中央政府的政令不特不能貫徹到那裏去，即使督軍有時以私人利害殺害一二個軍政大員，北京中央政府也奈何他不得。所以李的去任陝西省長是非常困難，而且有危險性的。

事情的發展果然如此，督軍團起義倒黎的時候，陳樹藩當然也參加了，他要李在他的通電上副署倒黎。這通電對李眞是進退兩難的事。簽署麼？和他的基本立場相反，不簽署麼？立即面臨危險。可是李一手拿過了陳的通電，一手即在陳的署名之後寫下幾個字說「〇年〇月〇日陝西督軍陳樹藩叛變，陝西省長李根源殉之」陳看了這一行字立即大怒，把他扣留起來。論理這不是很危險麼？其實不然，突然間來了個救星！

原來陳樹藩有一個特點，對他父親很孝，而他的父親是最喜歡下棋和吟詩的。李初到陝西不久，即發覺了這一點，所以每天下午必陪陳的父親下棋吟詩，兩者交情漸深，陳父認為李是天下第一好人，所以一聽到其子扣留了李，陳父便要和其子拚命，陳樹藩是很孝其父親的，所以不得不保證把李安全護送到北京。

讀者看了這段故事，是不是陰謀呢？我認為這是他的遠見，能未雨綢繆，看到對方的弱點而利用其弱點罷了。也許有人會說，李本性或者也喜歡棋和詩，所以與陳父巧合而交誼自篤。其實不然，我有一次和他去窮窿山避暑，出發的前夕，他問我帶了什麼書。我告以帶了什麼什麼書，他却稱許，但當我提到十八家詩鈔時，他叫我不要帶去；我說避暑時讀詩和吟詩不很有趣麼？他說你將來還要做一番事業，做事業的人也去吟詩，等于文人吸雅片。可見他並不是喜歡吟詩的。

又有一次我和他在花園中談天，他是一天到晚不停地吸着貴州土製的雪茄的，他喜歡把雪茄裝在旱烟管中吸，可是那枝旱烟管要比他的手臂長一些，所以他必須把火柴點着了火，插在火柴盒上，把盒子置在地上，才能點烟。那天風很大，等到把火柴插進盒內而置之地上，還沒有燃着烟，火柴已熄了。我不耐煩說：「老伯，我來替你點罷！」可是他堅決的拒絕，我的性格是有些慢傲的，所以也任他自己去點。有一會兒，吳縣縣的縣長來了，吳縣縣長見了同樣的情形，也便說，「印公，我替你點罷！」李便稱謝地請他點火了。事後，待縣長已去，我便問他，為什麼我替你點火而拒絕，吳縣縣長替你點火，你又接受了。他回答說：「我與你是道義之交，我要培養你的氣節，不能以僕婢的事叫你做。吳縣縣長來看我，既非景仰我的人格，也非佩服我的學問，祇因我在中國有着政治的潛力，所以他來看我，這是勢利之交。既是勢利之交，小小一個縣長，請他點一下火，有什麼關係呢！」他對處事的嚴謹有如此。孔子曰，從心所欲，不踰規矩。由這一點看，庶幾近之。

末了，我要說到他去靠攏共產黨的一段故事了，也是不能不令人佩服的。他的本質，當然不贊成共產黨的，可是當李宗仁和張羣最後到昆明和他晤面時，告以當時的形勢，他已知大局已去，他隨手請李宗仁以代總統的身份下了一條釋放政治犯的手令。他一面把手令交給那時雲南省主席盧漢，一面派人去撫慰關在獄中的政治犯，內中當然有許多是共黨的重要幹部。盧漢和他是不對的，所以不數日當盧漢附共時，便把他的財產封了。對他本身也將有不利舉動。那知這時從獄中釋放的中共幹部，都說盧漢是投機份子，李才是眞眞革命的。所以盧祇能把李的財產啓封，更不能對他怎樣。及至陳賡到了昆明，傳語朱德（是李的學生）很尊重李，望李能去北京，共商國事，李立即拚擋此行，但在北京出席了共黨所召集的新政協以後，立即一言不發地回到他在抗日戰爭前長住的蘇州，後來又覺蘇州熟人太多，有是是非非，所以又立即去四川，因為他沒有在四川做過事，也沒有在四川常住過，反之，四川熊克武等和他有舊，熊等雖已靠攏，究不是共黨，所以他在四川常住了幾年，雖經過共產黨這許多運動，他沒有受到一點委屈。直到去年在川病重，才去北京醫病。從這一點上，使我記起了諸葛武侯所謂「苟全性命于亂世，不求聞達于諸侯」，這兩句話，他看清大局不存幻想，翻雲覆雨，在反掌之間，這是他的智慧和魄力，也是他的能應變的能力。我不認為是陰謀。李先生今年已逾八十有幾，我定知其必能善終的。

題冒鶴汀世丈鹿石畫軸（註）

謝扶雅

楚南望族溯淵源。想與靈均具夙根。一代詞宗今健在。千秋佳話有圖存。老成命脈關新運。大德期頤自古言。哲嗣締交香海畔。義方倍仰燕山尊。

（註）是軸於前歲（丁酉）在冒丈哲嗣季美港寓拜閱，因題。圖出大陸某名畫家手，細描丈與其妹倩（同榜、黔人、偶忘其名）並坐園林，取入闈六十周年鹿鳴重宴之義。不意聞於今歲八月十日逝世滬濱，享年八十有七。

謁陳憲宗先生墓二首

台山陳慶雲

人生如夢命如烟，
墓草萋萋十二年，
一念差池終古恨，
不堪惆悵憶從前。

與君少小如兄弟，
共樂分愁第一人。
我到墳前應洒淚，
西風黃葉總傷神。

亮齋閒話

論水滸精神

徐亮之

前幾天香港「大公報」有一篇「在宋江的家鄉作客」的遊記，讀了眞不禁感慨萬千。原來這遊記已顯示着：「水滸」精神居然竟又將在山東重振的了！

這遊記報導：宋江的故鄉鄆城縣，已建立一個「宋江人民公社」，社址就設在鄆城縣的大街上。同時，鄆城縣的人民，為了紀念當年梁山泊上的許多英雄好漢，還用了他們的名字作為生產大隊的命名，如「燕青大隊」、「魯智深大隊」、「武松大隊」等。其次，在武松打虎處據說現屬壽張縣的景陽岡，又建立了一座「武松廟」；廟前更立了一塊「武松打虎之地」的石碑。並且人民公社裡也成立了「武松大隊」；每逢節日，隊員還穿戴着「武松式」的衣服和帽子去紀念他。又次，當年孫二娘出賣人肉饅頭的十字坡，據說乃屬如今范縣所轄，也矗起了一塊石碑，上寫着「孫二娘設店之處」等字樣。而尤其值得大書特書的是：「為了紀念梁山泊這一農民運動，山東省人民政府還特別新建了一個梁山縣；縣府就設在梁山寨脚下的一個平原上。據說山東省人民政府還準備重建梁山寨，而且正在計畫中。」

至於梁山寨的現在情況，這遊記曾轉述「一個在鄆城農校教書的女教師」的報導說：「梁山寨上現在還留下不少當年的遺蹟。當年的主寨放在主峯上，那兒有一塊大平地，忠義堂就設在這裡，忠義堂的建築早已倒塌，但還留下矮矮的牆脚，忠義堂的所在地，現在還留下一張石椅，相傳就是當時宋江所坐的。離忠義堂約四丈多遠，有一個石井，相傳就是八角琉璃井，廣場上還留下一個石孔，相傳是當年矗立「替天行道」的杏黃旗的旗杆孔。主峯與第一小峯之間有一個狹口，風勢很大，相傳就是當年黑旋風李逵把守的「無風三尺浪，有風吹掉頭」的黑風口。此外山寨的寨圍，現在也還留下一部份，高的有丈餘，矮的也有數尺。」

一部「水滸傳」，竟居然能够這樣活靈活現在山東省人民政府及其縣級幹部的眼中全成了信史，這恐怕施耐庵死而有知，首先就要非大吃一驚不可的吧？我以為。不但如此，就是武松打虎，李逵把風，孫二娘設店，是否眞在上指各處？乃至武松、李逵、孫二娘當年是否眞有其人？有其人，又是否全如「水滸傳」所寫眞有其事？恐怕也得先聽聽考古家歷史家的意見，不能胡亂就由省縣級幹部這樣胡搞一陣的吧？至於把梁山泊運動列做所謂「農民運動」，無非暗示乃是「官逼民反」；而一揆其實，全部「水滸傳」所寫，除了絕大部份皆「官逼官反」、「官逼吏反」或「官吏逼地主惡霸反」以外，眞正的「農民」却是幾乎連影子也看不見，更別說什麼「農民運動」的了。易言之，「水滸傳」上所寫，除了史進、柴進、晁蓋等的「莊客」，勉強可以看做是「農民」外，實再也看不見曾如何正面寫過什麼「農民運動」來；而「莊客」式的「農民」，依照今日的中共語彙，倒道道地地只不過是所謂地主的「狗腿子」罷了；「農民」云乎哉？

總之，中共執政已經十年了，執政十年而仍只是弄得民不聊生，逃亡相繼；這在中國任何一代的開國歷史上是少見的。執政十年而仍瞧不出恢弘正大的開國精神與氣象，仍只一味向小說神話裏面鑽牛角尖，甚至十年後的今日，顢頇的幹部們竟反似有心似無意地連造反作亂的水滸精神也公然大力提倡起來，則又不光是可驚可嘆，簡直就是不祥而已！

四八、一一、一二。

聯合評論 週刊

本刊已經香港政府登記

每逢星期五出版

United Voice Weekly

第六十七號

督印人：黃宇人　總編輯：左仲平

社址九龍金馬倫道八號三樓　電話61413

承印者嘉羅印刷有限公司香港灣仔馬師道5號

總代理：友聯發行公司　每份售價港幣一毫

本報美洲總版經售處美國紐約中美出版社

CHINESE-AMERICAN PRESS, INC
199 CANAL STREET.,
NEW YORK31 N. Y. U.S.A.

美洲航空版零售每份美金一角

看美蘇的「和平共存」
——從美國人的習尚——

李璜

赫魯曉夫的「和平共存」調子唱了兩年之後，美國人忽然傾聽起來，民主黨與共和黨的要人先後訪蘇，都表示有好感，接着美副總統尼克遜去莫斯科，還去了西比利亞、波蘭，於是宣布艾赫互訪，而赫魯曉夫很快的便訪美國，到處出賣他的和平膏藥。艾赫會談之後，目前美國政府準備四巨頭會議的和平共存方案，似乎還很積極，日前艾赫通函中，曾露出「兩個中國」的方案，其他問題或者也在秘密交換意見中。如果說，艾森豪總統這一做法，只是為的國內共和黨明年競選的優勢，則看法未免簡單一點，因為贊成和平共存的人，不只是共和黨，也有民主黨要人；（反對者亦兩黨均有人）而且歡迎赫魯曉夫的美國人中還有許多資本家、廠主、農場主人之類。因此，問題必須客觀的去深究一下，筆者茲願試從美國的民族性格及其習尚方面一探討之。

一、

原來美國人的習尚自來是「拓荒者」的格調，凡事信任自己，大抵樂觀，勇往邁進，甚少遲疑，不慣停留；所謂「動力主義」一字，即足以形容美國人動之不已，總在向前迫切的追求成功，最大的成功。對於一個美國人，如果老是停留在現狀下，不隨時向前奮鬥，不善利用機會，以達到金錢或事業的成功目的，那簡直如犯了罪惡一樣，對於國家社會，那是有罪的。因此，像美國年來所遭過的國際冷戰場合，而且在冷戰中，還以美國人為主角，這種勾心鬥角，暗中活動，既無赫赫之功可言，又要處處顧慮周到；兩軍老是對峙着，眞所謂「戰又不戰，降又不降，急煞人也！」——絕非動力主義的性格所能習慣，故今日戰既不能，則美國人必然要眞心的來試驗一下和平共存。

而且這種試驗，雖然美國的朋友，特別是上過共黨大當的朋友，不斷在向美國人說「危險」，「要當心」，但是美國人絕對不怕，他還要認眞的去試驗咧。因為美國習尚的是「實驗主義」，實驗主義者認為眞理不是憑理想，而是憑實驗去顯出其價值的，所以美國人遇事都要去試驗，絕不怕危險，試驗失敗了，固可以立刻掉頭，然而絕不認為朋友說有危險，便停止不去試驗。

並且，你說蘇俄危險嗎？美國人既然決定去試驗，他便希望成功，他便不認為危險而先懷惡意。人與人既然要和平相處，必定要有「善意」；這個「善意」，在美國社會生活上却是充滿的存在着的。無論名之為基督教精神也好，美國的立國精神也好，與美國人相處，即使你吃了虧，你也不要懷疑他的善意的動機，所以艾森豪要走一半路去將就蘇俄，這是他的善意。並且我認為美國人只要一聽進去了和平共存的調子，他的善意便油然而生，雖然有些老成謀國的人也還未能放得下心。

二、

不錯，美國接受赫魯曉夫的和平共存的說法，美國執政者，比之普通人，要特別熱心一些，積極一些。如果不是戴高樂要將法國地位與美國看齊，從中阻擱，我恐怕四鉅頭會議早已如麥美倫所期望，目前就經召開，不會等到明年。因為美國執政者纔能感得到，美國人在這些年的冷戰中，肩的擔子實在太重了啊！想想看，百年之間，習於門羅主義，孤立主義的美國人，今天自由世界上要他拿多少錢財出來散給，要他拿多少兵力出來防衞！而且出錢出力還到處碰壁，當今天的美國國務卿要終年往外跑，把命都跑掉了；甚至當總統也得拼老命的跑，結果，怨望重重，問題之多，沒有休止，扶得東來西又倒，美國執政者，雖然仍舊對於自由世界大小友邦保存善意，未嘗衰減，然而這種冷戰場合既不適於美國人的性格與習尚，而又要他老是這樣出力受氣，終無了期，所以執政者不能不想到改絃易輒，來眞心的試驗一下和平共存；如果能如美執政所預期，裁兵，德國及中韓等國問題有個解決，至少可將雙肩重担減輕一點！

三、

然而，美國的樂觀看法，實驗精神與化敵為友的善意是不是能發生出預期的效果呢？換言之，美蘇和平共存是否可能眞正實現呢？筆者認為大有問題，或竟自不可能實現。何以故？其故仍在前面所述說的美國人的性格與習尚方面。動力主義的美國人，既然決定了幹一件事，他便要樂觀的追求成功，習尚不免於急進，因此恨不得將和平共存的方案拿出來，一一解決，將冷戰立刻解凍，所以會還未開，而肯南就已主張取消圍堵政策。這在理智主義的英國人看來，如此樂觀，必易一遭挫折而便回頭，於是麥美倫趕快宣稱，第一次的鉅頭會議，不會有奇蹟的結果出現，要一連串的開下去，甚至開個幾十次。照麥美倫這樣長年會議若干次的開法，是不是美國人有如同英國人的忍勁兒？那是問題。筆者在一九四五年製憲的聯合國會議裡便親身看見蘇俄代表整整吵上三天三夜，一字不讓得而把美國代表急，暴燥之至，無法忍受，提議停會，而會議便停了一星期。我們老年民族對於青年民族那種的樂觀與善意往往深為美佩，但同時又表示懷疑，尤其是國際間的問題，不只是善意便可能解決的。如果善意得不到善意的報答，便要灰心，則蘇俄是否仍將迎以善意，便大是問題了。

不過實驗主義者既承認了「和平共存」不失為一個課題，美國人總是要去試驗，証明，是否在事實上可以眞的辦得到。因此鉅頭會議必然要開的，而且不只開一次，因為赫魯曉夫目前既隨時任口中表示善意，而且蘇俄為振興其國內的秩序與生活，調整衞星國的關係以加强團結，都還需要一個長時間，所以今後相當時期內，鉅頭會議應該是引起世人密切注意，特別應注意的是，大的成果未見出現時而弱小國家便在會議中被犧牲了啊！因是筆者不能不提起自由中國當局的注意：如像裁兵會議竟令中共大搖大擺的去參加，如像「兩個中國」以至「台灣共和國」竟公開提出來討論，如像取銷對大陸的禁運，中共加入聯合國等等，無一不是有犧牲中華民國的危險性的！如果中華民國當局不及早注意，設法消弭，則問題一經公開提出，甚至實施起來，則彼時政府不但要手忙脚亂，狠狽不堪，而且內而引起國民的鼓噪，外而遭受强權的淩逼，那時即使是芝蔴胡豆的小國，也將會在我們頭上來拉屎了啊！

四八、一一、二三

印尼排華運動

孫寶剛

一個被壓迫的民族，不堪外人的壓迫而提倡民族主義，為民族獨立而奮鬥，這種精神是偉大的，任何有正義感的人都會同情，反之，假如一個已經獨立的民族，還在强調民族主要，並以民族主義作藉口，作種種排外運動，這和帝國主義有什麼分別呢？這是反正義的，所以當我幾次訪問亞洲許多新興國家以後，我很過慮，我覺得許多新興國家應該以冷靜的頭腦來考慮怎樣建國，不應該再太强調民族主義了。

資本主義和帝國主義帶來了亞非國家以災難，但在好的方面說確也促進了亞非國家的進步。今天民族主義起來，把這個災難趕出去，是合理的，但絕不可以過份，而像共產黨那樣，去玩清算這一類的把戲。

帝國主義已有幾百年歷史，老實說一句，帝國主義的最黑暗時期是在初期，其後隨着時代的變化，帝國主義也漸漸開明起來，所以我們可以下一個斷語，在帝國主義初期，帝國主義者是最受惠的，而亞非是最受害的。到了今天，帝國主已經式微，即使在帝國主義統治下，代表帝國主義國家的人民，雖然居留在其殖民地上經營一切，並不受惠多少，而所謂被壓迫的人民的受害也不像帝國主義初期那麼大。今天提倡民族主義的人們，一定要把幾百年來其祖先的犧牲和仇恨都算在帝國主義國家的現在僑民身上，那是不公道的。準此，被壓迫的人民一定把幾百年來他們的祖先所犧牲的，完全拿回來而据為自己所有，希望自己立即暴富，立即自己成為一個壓迫人的人，這不是很說不過去麼？

至于以華僑來說，華僑在海外營生，始終沒有憑藉過中國政府的力量，和帝國主義是不相干的。華僑之所以在海外握有雄厚的經濟力量，不客氣的說，第一，因為中國的文化比東南亞的土著為高，華僑中雖然很少受過高等教育的，但因為中國的文化較高，華僑在去國時雖沒有受高等教育，但在去國以前的生活中已經沾受了中國文化，所以他們應付人和應付物或事時，比當地人要高明些。第二，華僑的刻苦耐勞和節儉，也是當地人所不及的。所以他們在工作了幾十年後，都積聚了一些財產，世代相傳而握有了僑居地的經濟勢力。現在那些獨立的國家，在法律上既還承認私有財產，和承繼財產權，那麼，華僑有什麼不對？現在一定要奪取他們的財產，甚至使他們生活都沒有辦法，這祇有製造社會的不安，結果兩敗俱傷。有智慧的政治家不取的。

印尼政府在幾個月前把一千和五百貶為一百和五十，並把銀行內存有二萬五千以上的存款，一律凍結，這已經是很不合理的，這明明在打擊華僑，因為印尼的經濟力量在華僑，所以一千和五百的紙幣，大多數在華僑手中，也祇有華僑才在銀行內有二萬五千以上的存欵。現在更要把所有在鄉間經營小本商業的華僑一律停業，而要他們都遷徙到城市內去。這不是要制華僑的死命麼？反過來說，這也未必對印尼有利。鄉村商店現金在華僑手中，印尼有這麼多的本土人可以把華僑的商店全部都接收過來而經營得很好麼？不然一定使鄉村商業停滯，印尼本地人也不是受災害麼？

在這樣一個社會之中，社會怎能安定，不安定的社會是所有的人都要蒙災害的。我為印尼政府着想，與其廹害華僑，硬要把華僑的財產搶去，即使眞的做到了，二百餘萬不能生存的華僑，不是就成了印尼的一個大患嗎？我認為印尼政府還是積極提倡教育，提高人民的生活能力，一面把印尼的政治軍事推上軌道，一面有計劃的發展經濟[illegible]和華僑共存[illegible]公道的政策，增加了社會間的仇恨，使紛亂的印尼更紛亂呢？

反之，[illegible]

最後我還要說到中國政府，一向對于華僑太不負責了。中國政府幾十年來，祇是向華僑捐欵，希望華僑回國投資，易言之，專想騙華僑的錢，可是政府替華僑做了什麼事。今天印尼是和中共建立邦交的，中共常常以强大誇耀于華僑之前，一味要華僑愛國，但是中共的政府，在此華僑生死的關頭却不替華僑[illegible]叫華僑來愛國，華僑[illegible]誇為强大呢？我希望中共應取有效的辦法來保護華僑。不要有負于歷年來印尼華僑的愛國心，和向祖國所投的資本。

以台灣政府來說，今天印尼沒有承認台灣政府，果然以外交的方式去干涉是有困難的，但在外交方式以外，台灣不願出些力麼？最低限度應該向聯合國提出控訴。不然的話，今天在說爭取華僑，華僑怎會被台灣爭取呢？

為處理華僑問題正告東南亞國家

·許子由·

散居在東南亞各地的一千多萬華僑，年來正受到各當地國家的排擠，而於最近更趨劇烈。無論反共國家或親共國家，都有排華事件的發生。首當其衝的華僑，固然有身受之痛。對於當地國家，也並非是明智的舉措。從在東南亞區域及自由世界的前途來說，更可能造成嚴重的損害。這就是我之所不能已於言者。

印尼菲律賓排華最烈

排華最厲害的國家，首推印尼。最先封閉反共非共僑校，解散僑團，沒收他們的產業及私人企業，驅逐一批國民黨人。其次，將五百盾以上大鈔，貶值百份之九十。二萬五千盾以上的銀行存欵，凍結百份之九十購買政府公債。最近，禁止華僑在鄉區經營零售業，却拒他們遷至城市（如棉蘭）經營。同時，西爪哇「戰時掌權者」頒令，禁華僑在縣鄉級地區居住，以致轉徙無門，憲兵迫遷，造成「芝巴德血案」。因中共大使陰令華僑抗命，執政黨的報紙已諷令中共使領離境，印尼與中共開始交惡。

其次菲律賓，旬前突然禁止華人入境，原因以台灣未肯接受菲方對三十一名華僑的遣配，便遽然採取激烈的措施。在平時，菲國待遣的華僑最多。並早已實行小商業菲化案，與印尼的禁營零售業，只有程度之不同，而無性質的差異。

泰越印馬排華情況

泰國兩月前限令持有香港身份証明書（CI）之華人離境，並拒絕持有此証者申請入境，除持台灣外交部護照者獲准申請入境外，其在台灣以外使領特派員所發之護照，亦受歧視。除原有「保留泰人職業條例」外，仍進行立法，管制華僑職業。

越南，年前為迫華僑入籍，限華僑不得經營多種重要商業，禁止其入境。台灣曾因此撤退數千華僑，終仍不了了之。現華僑及華裔出入境，尚在凍結狀態。入籍之華裔，在參政及行政便利上，仍受歧視。

印度，當親共時周恩來訪印，當局即將反共華僑拘禁，或令避至別省。現在因與中共發生邊境糾紛，又對華僑施行檢查，防止中共第五縱隊。最近更有限制職業的擬議。

馬來亞，執政黨華巫印聯盟中的「巫統」，因拒馬華公會在大選中佔三份一候選人之要求，（華人人口約佔百份之四十二）致馬華內部分裂。拒以華文華語為法定語言之一。更堅持拒絕與華人多數之星加坡合併，謂星洲乃屬「左翼」。

各國政策諸多謬誤

印尼的打擊反共非共團體及個人，並沒收其財產；完全是中共所慫恿。而在接管荷蘭產業時，中共及印尼共黨搖旗吶喊充馬前卒，人們早就料到：「第二步接管華僑產業」。至於限制居住令，那是因為印尼共產黨與執政黨國民黨對立，共黨開始攪地下武裝，中共大使策動親共華僑參加活動，治安當局乃作「斬脚趾，避沙虫」式之迫僑。中共的奸謀，固然卑鄙；但印尼的做法，也損害人權。

菲律賓被遣配人物之多，與當地走私猖獗及秩序不良有關。「逾期華籍遊客」且達二千七百人，為東南亞諸國之冠，此又反映出所傳批准入境「貪污」問題，不無根據。換句話說，糾紛的原因，菲方本身亦有責任。但現在却以台灣為出氣的尾閭，更殃及其他地區的華人，難無魯莽之嫌。

泰國對香港身份証明書的歧視謂因發覺其中若干持有人原係來自大陸，「為防共計」，故拒申請。其實這些人多是旅泰華僑眷。因正式共諜，儘有方法持各國護照入泰，或根本無任何証照而偷渡進入。這樣的防共方法，不過徒滋紛擾。

越南要求華僑入籍，原則當無間言，但不出於誘導而使用逼迫，手法就欠高明。既然歡迎入籍，入籍後便應一視同仁。仍有歧異，既失歡迎入籍本意，且乏民主風度。

印度對華僑的態度，出乎爾反乎爾，本身搖擺不定，令人無所適從。何況居印華僑極少，刻意防閑，殊有損印度泱泱大國的格調。

馬來亞華人衆多，接近爭政權的可能，致招戒忌，自屬必然。但惟其勢相伯仲，就更非力謀和衷共濟不可，陰存界限且生排拒，恐怕越走越遠、終至僨事，招來大禍。馬來亞當局對此，實不能掉以輕心。

綜合上面各國的情況，排華原因，第一為防共，其次為經濟問題與民族主義問題。光就「防共」的課題說，不但東南亞國家要反共，華僑（百分之九十八九）亦是要反共防共的。對於承認中共的國家來說，如要防共，最好在國外與中共絕交，國內宣佈共黨非法，不此之圖，只防華僑中的「共」，難免心勞日拙。以非共反共國家來說，以排華作防共措施，只滋反感，為淵驅魚。何如扶植非共反共的華僑社團學校，使他們自動及協助當局清共，更是事半功倍？

應慎防中共待機而動

就經濟及民族主義問題說，華僑有開發東南亞的功績，舉世公認。對東南亞各國的獨立運動，多有支持，諒也各國所熟知。先僑們航海梯山，實「和平移民」而來，絕不能與「殖民主義者」相比。何況自中共竊據大陸後，華僑實已無家可歸，原以居留地為第二故鄉者，今且成為第一故鄉，還有多少「民族不同」的問題呢？東南亞國家儘可嚴格限制滙欵返大陸，儘可禁止資金外流，也儘可以國家龐大的力量，或賴可倫坡計劃、世界開發銀行等援助，有新興建立國有公有賺錢的工業，也可指令僑團組織投資於某項指定工業，協助國家及民生建設。奈何只能看到窮鄉僻壤市鎮鄉村那些柴米油鹽的什貨店？

十多年來東南亞國家紛紛獨立。本世紀的下半世紀，在亞洲將是「東南亞時代」，此蓋因日本失敗，中國大陸陷共之故。「東南亞時代」的特彩，是對內各種族文化融和，對外各民族國家團結。現實的情勢，非如此不可。但東南亞國家大多剛剛擺脫舊殖民主義，而新殖民主義者的中共，已起而對東南亞發生威脅，東南亞國家要保持獨立完整，（不至如越南之被分割，寮國之被侵，印緬之受壓迫。）必須抵禦共產主義。但在此課題下，必須聯結於自由世界，必須團結東南亞國家，必須善待及善用華僑。

抑有進者，今日亞洲的危機，端在中共的履行蘇俄「世界革命」路綫，向其週圍發揮侵畧。年來中共高唱「和平」，尚且令東南亞如此擾攘不安，一旦潰決而出，對東南亞可能是「另一成吉思汗時代」。所以東南亞國家縱使驅盡華僑，如果不能擊潰中共，使中國的執政者恢復七百年來的和平主義睦鄰政策，恐怕中共仍是要把共產主義運送到東南亞的。

毛澤東譏笑成吉思汗「只識彎弓射大鵰」，以侵畧的風流人物自許，他將會犧牲中國人民的命運，但亦難免牽累到東南亞人民的命運。可是今天海外的中國人，以及同情海外中國自由人民的各國華裔，正站在反中共的最前線，為打倒毛澤東而戰鬥，等于間接地屏障東南亞國家。東南亞國家却只對付這一班人，豈非自壞長城麼？

我衷心希望東南亞國家再三思維，大處着眼！

（一九五九，十一，廿日）

武則天翻案的問題

岳騫

繼曹操，秦始皇帝，殷紂王，朱温之後，武則天又被提出來翻案，成為正面人物。最近上海越劇院排演一齣「則天皇帝」把武則天的歷史重寫了一遍。

本來一個人的功過，往往隨時代而轉移，此一是非，彼一是非，除去十惡不赦之流如黃巢，朱温等人之外，其他的人也確乎都有他的長處，只是在歷史家看來，瑕不掩瑜，就被否定了。

中共要為武則天翻案，可說是由來已久的事，遠在抗戰期間，中共提倡「一杯水」主義，鼓勵男女雜交，當時男幹部到無所謂，女幹部却很難接受，中共要打通女幹部的思想，在馬克思，列寧教條中找不出根據，只有從中國古書上想辦法，第一個被提出來表揚的就是武則天，中共對於武則天的「雜交」作風，相當欣賞，譽為婦女模範，至於武則天的才具，那時用不着談，也就不談了。

中共政權成立之後，自以為已經是一個「國家」了，努力放棄過去的游擊習氣，崇拜武則天的口號也被放棄了，所以武則天在中共宣傳機構中成名較曹操，秦始皇帝早，而翻身却在他們之後，說起來還有這麼一段曲折。

因為中共不敢再推崇武則天對性的解放功績，所以這次改編的「則天皇帝」反而一無是處。劇本中所强調的武則天長處有兩點：

（一）民主，本來武則天到了晚年，關於立太子的事，確實傷過腦筋，最初武則天打算立武三思為太子，詢問狄仁傑，狄仁傑勸他立中宗為太子，因為侄兒作了皇帝不會替姑母立廟，而兒子作了皇帝非奉祀母親不可。這件事見於新唐書狄仁傑傳，資治通鑑也曾提到，不過把太子候選人多添一個武承嗣。武則天被狄仁傑一席話打動了，終於把中宗召回來，立為太子。事實本來只有這麼多，可是中共負責編劇的幹部，為了推崇武則天，强給他戴上一頂民主的帽子，說武則天打算在武、李二姓之外物色一位繼承人，這種「公天下」的作風，也是武則天的偉大處。

（二）公正，這個話劇中間竟然穿挿有武則天審案的場面，藉此歌頌武則天的公正清明，其實編劇的人，根本就未曾讀過史書，起碼的常識都沒有，不知道「天子」如何能親自審案，大概他只讀過包公案、彭公案一類的書，誤把武則天當了包公了。要是按照史書來說，武則天這個人是相當不公正的，她任用一批酷吏如周興，來俊臣，任意拷打，屠殺好人，她又寵愛薛懷義，張昌宗，張易之等人，「穢亂朝綱」，不僅她本身私生活一榻胡塗，甚至唐朝宮闈以後始終不能清肅，追源禍始，武則天也逃不了責任。

以上這兩點，可說拍馬拍錯了地方，武則天這個人，既不公正，也不仁慈，她曾為了陷害王皇后，扼殺自己親生的襁褓之女，唐朝宗室被她屠殺淨盡，就道德標準來看她，實在一無足取。但是，若就才具來看，却不能不佩服她的聰明，能幹，她前後執政達五十年，直接稱帝也有二十一年，在這個期間，雖然也有好多次武裝反抗，都被她輕易消滅。賢相如狄仁傑，名將如劉仁軌，對她都死心塌地效忠，就憑這一點，蓋棺論定，歷史上的皇帝勝過她的到是不多，可惜共幹不讀書，真正應該提出來頌揚的，反而忽畧了。

這個劇還有幾個小毛病，如最初上場的有徐茂功（勣），這是一位小說傳說中的「軍師型」的人物，當然是個老人，後來到了徐勣的孫子徐敬業起兵討武時，依然還是個老頭子，不問徐敬業的年齡到底是多大，但在一個舞台上，祖孫先後登場都是老頭子，這齣戲未免排得太長了，觀衆不見得都讀過唐史，對這種情景只有感到好笑。

另外還有一個請皇帝吃飯的場面，本來請皇帝吃飯也並非絕對沒有，史書上所紀載皇帝「幸」某家，實際就是作客，但這場面却佈置了幾個莫明其妙的陪客，居然和平常請客的形式一樣，就更好笑了。

印尼排華與國籍法問題

·孟戈·

一、

印尼極端强烈的排華運動，正與日俱甚。自今年五月十四日，印尼前商業部長拉芝末作出在六個月後的一九六〇年一月起全印尼縣以下地區八萬多家華僑小商，將受到「撤銷縣以下外僑小商及零售商營業准字的決定」宣言後，印尼國民黨的左翼「火炬報」稱：「在印尼已經獨立的國家裡，還有很多零售商被外僑控制，這是一種畸形現象。」……商業部長的決定，已給民族小商以更好的地位，開闢了更廣濶的道路」。努力山拉報說：「一個僑居外國的民族，從社會心理學上說來：其堅韌性必比原住民强些，例如一個在馬來亞、暹羅居住的印尼僑民，將會比那裏的原住民更加刻苦耐勞，這是因僑民遠離家鄉，必須自力更生，各地經商的華僑，便處於這種地位……因此單憑自由競爭而沒有一種保護政策，是很難競爭得過華僑。」這些排華論調，顯然是通過與論來支持蘇加諾「指導經濟」排擠外僑的決策。

至於中共的態度，則企圖利用所謂萬隆精神與印尼拖延，并陰謀活動。因之，當東爪哇華僑小商代表到椰加達向中共總領事李菊生，要求出面交涉時，難怪乎他擺動笨重的腦袋說：「（一）在一個獨立國家有權限制外僑在其國內經商，一九六一年縣府所在地的外僑商店，也要結束，此係內政問題，吾人不能循外交途徑交涉。（二）關於居住問題，已請印尼當局注意安排，勿損人道。（三）吾人亦已有籌劃將來派輪船接載僑胞回國。」（見九、廿八、香港時報）

遠自八月一日南和東南蘇拉威西戰時掌權者和八月廿八日西爪哇戰時掌權者業經頒布禁令，强迫縣以下外僑必須於十二月一日前完全遷出；并里汝地方當局也下令外僑於十二月一日前，遷往指定五個地區。九月一日東加里曼丹省地方戰時掌權者，如法泡製，命令所有外僑遷出渣末省府以外地區，甚而强令取銷僑團、僑校、企業之外，又牌示，僑校校產移交印尼文教局……諸如此類的强蠻行動，據說是根據五月四日的陸軍參謀部公布的「危險狀態法令」下「監督外僑居住地方及旅行」法例而强制執行的。其時儘管中共與印尼外長發表了聯合公報，然而絲毫沒有改變嚴重的排華現狀。

二、

面對印尼華僑的危難，台灣執政當局，祇輕描淡寫地表示關懷而已，迄今并無任何更積極具體的對策。毫無疑問，在台灣若干人士心目中，認為這班華僑均是志願選擇中共國籍的，是百分之百的親共份子，於是乎，這八萬多家的海外孤兒，就變成了俎上肉，任人宰割了！雖然有人在監察院提出，為何不向聯合國提出控訴，這一問也并未得到應有的下文。能不令人覺得台灣當局在隔岸觀火嗎⁉

三、

一九五五年四月二十二日，中共與印尼簽訂的「國籍法」，全文共十四條，其中兩項重要的規定：（一）凡同時具有印尼國籍和「中華人民共和國」國籍的人，應於條約生效的兩年期限內，在兩種國籍中選擇一種國籍。如果沒有在兩年期限內選擇他們的國籍，則他們的國籍應照下列的規定解決：即父親是中國人的後裔，他們應被視為選擇了印尼國籍。（二）此後在印尼境內出生的兒童，無論他們的父母雙方或僅父方具有「中華人民共和國」國籍，出生後即具有「中華人民共和國」國籍。在「中華人民共和國」境內出生的兒童，無論他們的父母雙方或僅父方具有印尼國籍，出生後即具有印尼國籍。這椿政治買賣，使印尼華僑在不能保留國籍，而被迫承認某一種國籍下，遂陷入了今日不堪設想的境地。

儘管世界人權宣言第十五條云：「（一）凡人均有權獲得國籍，（二）凡人之國籍，均不能任意加以褫奪，其更換國籍的權利，亦不得任意加以否認。」然而，由於中國大陸已建立了一個共產政權，而這個不受華僑歡迎的政權，却為印尼當局所承認者。當印尼二百萬華裔，正對國籍選擇何去何從時，毋庸諱言，台灣執政當局，并未有明確的政策，予以指示輔助的。今後在廣大華僑寄居的東南亞若干新興國家中，這種「如法泡製」的事件，必會接踵而來，國府確不能不作以一種新的觀點和新的僑務決策了。

四、

其實，華僑之國籍問題之發生，由來已久。遠在光緒十二年，滿廷派遣大員，周游荷屬東印度時，荷人就曾以荷屬華裔應屬荷人，予以斷然拒絕，遜清末葉，荷人新訂「荷屬東印度籍民條例」：「凡荷屬出生者，即隸荷國籍」。宣統元年（一九〇九年二月廿七日）商部大臣曾奏請速予釐訂國籍法。於是乎清朝旋即公布「國籍法」予以抗衡，當時採取「血統主義」，華僑在國外出生，均保有中國籍。但在東南亞各地均屬西方國家之殖民地，華僑之國籍問題純係根據統治國家的法律或各當地的法律為定。如英屬採混合主義，故華裔出生英屬，既可入英籍，亦可保留中國籍，美國，非律賓亦如是，法屬與泰國亦大同小異，因之，一班華僑均可持有雙重國籍資格。一直延到現在亦然。但華僑都很少歸化異國。一方面是華僑傳統的愛國熱忱和鄉土觀念，局限他們的民族思想，另一方面各當地政府亦隨便自由容許華僑的存在發展。尤其是華僑可免除服兵役的公民義務，更使華僑不輕易轉變國籍。

但，近十年來，時移世變，中國大陸丟了。若干國家——特別是東南亞新興的國家，由於政治上短視，多承認了大陸上的統治政權。正因乎此，我們的政府，都無法在這些國家設立使領館，予以僑民外交上的保護。在這種情形下，我們與其讓他們加入中共國籍，（或既不加入中共，又不歸入異國）毋寧鼓勵他們歸化各當地國籍。使能繼續居留營生。

我們再就滿清時代駐荷代辦唐在復的奏章來看：「就荷屬立論，我若守寧不設領，永不棄僑之旨，爭執到底，則領約永無成議，而仍不能阻荷律之在此屬地推行。壤地相隔，干涉為難，僑民之在彼律範圍內者，將不失自失，此不便一也。其不在彼法律範圍內者，自無新律之壓迫，惟領約不成，將失領事保護，希望……此不便二也。僑民所最不平者，在荷人特設之例，如登坡居留之字據；行動遷徙之限域，以及警察裁判之種種苛虐。現荷政府雖有減除禁限之議，恐祇為已歸籍華人地步。……至於僑民之未入荷籍者，能否均霑利益，殊未敢言。又此後華民在彼，既有本籍客籍之分，和合歧視必深；若無領事為目，難保無枉法偏枯之事。是又不可不思患預防者也。總之設領事不可緩，而國籍必思讓步之方，與其全體盡被吸收，不如預與劃清界限。……而於讓步中，仍定限制華僑等一日離荷屬，即一日復歸於我國籍範圍內；倘能辦到此層，或亦兩害就輕之道。（清宣統外交史卷八）

這是當年交涉「國籍法」與設置領館的一篇史料，這個見解到現在看來，不但還適宜，而且觀點和態度都很公允正確。今天我們在某些國家里，已經無法辦外交護僑，我們最好是主張華僑暫時歸化變籍，祇要一日克復大陸，「一日離荷（某）屬，即一日復歸於我國籍」。何況，當我們看到某些歸化華裔，在外國可以取得一定的政治地位和學術地位，像李光耀、鄺友良、楊振寧、李政道等，從整個人類觀點出發，又何嘗不是中國人的光榮？

總而言之，印尼排華帶給我們最現實的經驗教訓，如果我們政府能在若干年前，看清必將發生的危機，再明示華僑應走的路向，何致於今日二百萬印尼華僑，在死亡邊緣掙扎！國府實難辭其咎哩！

共產國際內部的歧見

·田心·

共產國際內部的歧見現階段似已發展到達前所未有的程度。這裡可以舉兩個例說明之：

一、我們對於北平的「慶祝十周年」大會上各共產國家的代表發言作如下的統計：（一）不提人民公社者有：蘇共代表蘇斯洛夫、匈牙利共和國主席團主席伊斯特萬、外蒙總理澤登巴爾、保加利亞國民議會主席團主席加涅夫、羅馬尼亞部長會議副主席波德納拉希、阿爾巴尼亞部長會議主席謝胡；（二）贊揚人民公社者有：越盟主席胡志明、波蘭國務委員會主席薩瓦茨基、捷克總統諾沃提尼、東德人民議院主席團第一副主席馬游恩、北朝鮮首相金日成。——固然吾人並不能就此而認為贊揚人民公社的國家就贊成人民公社，但我們看從蘇共第一書記赫魯曉夫極力反對人民公社，蘇斯洛夫的講話也反映了這一點的角度來看，越、波、捷、東德、北韓等國居然還敢公然贊揚云，顯得共產國際內部對此問題有歧見。

二、自中共在中印邊境挑釁以來，印共一直在反對中共的這種行動，以共產國際的統一性來理解這是不可思議的。八月三十日印共發表聲明：「對於吾人國家領土完整必須予以維護之問題，實不能有任何兩項意見」。這也就是說中共侵犯印度的「領土完整」。九月三十日，印共全國委員會總書記高士率代表團到達北平；十月六日，毛澤東、劉少奇約晤了高士所率的代表團，隨後於十月十日，印共代表團員在印共書記古普塔率領下到全國各地訪問；而高士却獨自飛去莫斯科，向克姆林宮求助，無結果於十月十八日返印。十月二十四日，印共中央書記處發表一項特別聲明，認為中共的行動將妨碍中共印度間的友好關係；並指出，這將使印度人民深感不幸與憤慨。十一月七日，印共中央執行局作出一項決議，雖未公布其內容，後據印共領袖的談話來觀察，無疑是與十月二十四日的特別聲明大同小異。至於地方黨的決議以及若干共產黨員的示威行動等對中共的攻擊尤為激烈。

由上述發展可見，印共的行動顯然受蘇聯的支持；赫魯曉夫且曾在其外交演說中公開對中共於中印邊境的行動表示遺憾。這種情況當又說明共產國際內部意見之不協調。

一些根據「御定觀察路線」的宣傳機構，一貫的說中共與蘇聯之矛盾為扮演的；但就前述對於人民公社的內部問題來說，實無對外扮演矛盾的必要，何以亦要各持己見。

為什麼一定要抱住這條「御定觀察路線」說中共不敢違抗蘇聯的古老觀點不放呢？用事實來証明共產國際的控制鬆懈了，力量分散了，矛盾擴大了，難道對於自由世界，對於反共復國的前途無利的嗎？台灣的輿論目前正在作這種爭論，國府的首要當然少不免根據「御定觀點」來出場鎮壓了，說來可哂。

國大代表力爭抬轎之權

（台北通訊）

獨清

關於蔣總統再連任的方式問題，最近又醞釀將由國民大會作一決議案，或由大法官作一解釋，確定在大陸未光復以前，總統的任期順延下去，換言之，既不修憲，也不改選，祇是將任期延長下去，以圖避開憲法上限制連任一次的難關。雖然顯與憲法第五十條抵觸。因爲該條規定「總統於任滿之日解職，如屆期次任總統尚未選出，或選出後，總統副總統均未就職時，由行政院長代行總統職權」，自不容總統於任期滿了之後仍留任不去。可是，正如英國的巴立門有權把男變女一樣，我們的大法官也有權將三尺童子都知道是違憲的事解釋爲並不違憲，六年以前，他們曾在最高領袖的啓示之下，解釋第一屆國大代表有選舉第二屆總統之權，如今有此必要的話，他們也會再作一次解釋，說延長總統任期，正符合憲法的精神。不過，此一消息，可急煞熱心勸進的國大代表們了。於是他們忙着召開聯誼會緊急會議，還發表了一篇嚴正的聲明，認爲總統任期滿了，必須遵照憲法規定，實行改選；並表示他們一致擁護蔣總統再連任。讀者也許會問：既然國大代表擁護蔣總統繼續領導（官方術語），採取不改選而延長任期的方式，不是可以省了他們違憲選舉的惡名嗎？爲何還要呶呶不休呢？如果眞要遵照憲法行事，則憲法明文規定，國大代表六年選舉一次，而第一屆國大代表之產生於今已將十二年尚未改選，豈非違憲？更有何資格來爭選舉總統之權呢？但須知今日的台灣，抬轎的人太多，抬轎的機會太少，若干年來國大代表們正鬧着不景氣，好容易才面臨此一每六年才有一次的旺季，那肯交臂失之？就目前跡象而論，延長總統任期的行情看漲，代表們又豈可不爭？反正，政府既無意遵照憲法，改選國大代表，他們的代表資格有如鐵打的一樣，無論如何爭吵，祇會得益，決不會吃虧的。

留港立委或可獲准入台

十年以來，曾有好幾位立法委員被拒入台而仍滯留香港，在最初的幾年，立法院每一會期開始時，他們還要被迫來函請假，否則即以不出席論而取銷其資格，直到兩年以前，在台的若干立法委員才敢爲他們說話，結果，也祇能做到不必要他們再辦請假的手續而已。以一個依據憲法而成立的政府竟可不許依據同一憲法而產生的立法委員步入國門行使職權，可謂憲政史上的奇聞。前年雖會一度傳出消息，說當局準備由立法院修改憲法以便蔣總統再連任，爲湊足立法院修憲的必需人數，正考慮解除留港立委的入台禁令。後來，大概因爲又決定不要立法院修憲了，所以此一禁令至今未予解除。但現在突然要出現奇跡了。聞留港立委中，有一位曾於最近三四年間辦一月刊，鼓吹國共和談，自不久以前與蔣經國成立了諒解之後，又在香港某報撰文擁護蔣總統繼續領導。經國原已允許此君入台，繼又誠恐其入台之後，立法院將有人提出質訊：爲何當局不解除留港反共委員的入台禁令而獨特許此一鼓吹國共和談有據之立委來台？屆時或將引起一場難於應付的風浪，因此，乃改變辦法，將全體留港立委的名單簽報蔣總統，請其准予入台。至於蔣總統如何批示，則尚不得而知也。讀者於此，當可了然一事，即今日的台灣雖標榜反共，官方宣傳人員並隨時將「主張國共和談」這一帽子加諸於海內外對政府有所批評的民主反共人士；然而祇要走蔣經國的路線，就是眞正鼓吹國共和談的人也似乎無妨的，或許更受歡迎呢？

竟有此事

·宇人·

本月二十二日本港星島日報載，路透社台北本月二十一日的電訊一則，大意如下：

台灣省政府下令辦理台灣島上一切來自大陸的中國人之登記工作，不久即將開始，凡於一九五四年後到台灣的中國人，將需要填表申報他們的祖父以下的親屬及他們的年齡和職業。但其在台出生的子女可豁免此項調查。並說，立法院和報紙對此已表示不斷的異議與反感云。

我看了這一段新聞之後，眞不敢相信。是否台灣也準備繼印尼和菲律賓之後而採取排華的政策呢？

中央日報澄清誤解與謠詠

月來美國方面，累有不利於中華民國的言論傳出，而尤以所謂康隆報告爲最甚。台北民間議論紛紜，官方則置若罔聞。直到本月十六日中央日報才在社論中，以「誤解與謠詠的澄清」爲題，表示了官方的意見。該社論說：「自從艾赫會談舉行之後，某些敏感的人，不免誤認美國對俄帝共匪的政策將有若何的變更。正在這個時候，接着在美國會又公開發表了所謂康隆報告，於是更增加了一些猜疑的成份。其實，艾森豪總統及美國務院固已於艾赫會談之後，重申其堅定立場，艾森豪總統且曾力說，決不從原則上撤退一寸。而所謂康隆報告，那祇是美國國會外交委員會委托一個私人研究機構所作的有關外交政策的一個研究報告，既非國會中一個委員會的報告，更非國會的意見，祇能視爲一種僅供參攷的資料，對於美國政府之決策，並無任何決定性的影響。那些故意加以渲染或造作聳聽危言之人不是對中美關係認識不清，便是有計劃的造謠，企圖損害我們的民心士氣。」云云。接着並將美國務院於日前所發表的那本名爲中華民國的小冊子的內容詳述一遍，又引証美副國務卿狄倫訪問遠東之後於本月十三日在紐約國際社會協會年會午餐席上所發表的有關中華民國的一篇講說，認爲「對上述的那些誤解與謠言顯已發生了重大的澄清作用」。

就這篇社論看去，在官方的心目中，那些對美國發表康隆報告等一連串的事實表示憂慮的人們，不是對中美關係認識不清，便是造謠，而且是有計劃的造謠，企圖損害我們的民心士氣，這是何等重大的罪名，自應嚴懲不貸。可是，同一篇社論的結尾又說：『爲着我們反共抗俄的國策之實施與完成，以及爲着與自由世界民主反共國家共同奮鬥，我們中華民國，無論在任何環境之下，永遠是堅定不移的，因之對於所謂「康隆報告」之類的見解，我們並不願加以重視；在過去一段時間中，我們之所以始終未予置評，亦即本此觀點。不過，這究竟是表現出某些人的錯誤的看法與荒謬的想法，也可說是自由世界民主反共陣營中一股逆流的代表作。所以我們除對前文所述美國當局的明確表示深致欣慰外，並切盼自由世界人士對於今日中華民國之實況，及其在世界民主反共陣營之重要地位，能有更深切之瞭解。我們中國有一句諺語說：「眞金不怕火」，我們進步的事實、強大的力量和堅定的立場。是決不害怕任何惡意中傷的，但是爲着使世界民主反共的陣營不致爲少數錯誤的看法與荒謬的想法所損害，則我們又不能不希望自由世界有識之士，對這一股逆流繼續加以有力的駁斥與遏止！』這不是分明承認美國確有一股不利於中華民國的逆流存在，非繼續予以有力的駁斥與遏止不可嗎？爲何民間對此稍表憂疑，還要被誣爲有計劃的造謠；而政府初則不敢面對現實向盟邦提出嚴正的質訊，事後則美其名曰不願加以重視，所以未予置評；等到美國務院的小冊子發表以後，又沾沾自喜，而解作盟邦終不我棄，此之謂有力的駁斥與遏止嗎？

「祖國週刊」禁止內銷的反應

·佚名·

關於「自由人」停刊後，台灣文化界對於「自由人」的惋惜和憤懣，筆者已於十月三十日本刊有所報導。現在「祖國週刊」禁止內銷，台北的與論界亦有反應，茲畧記於次。

十一月二日台北「自立晚報」的新聞眼，即以「祖國週刊禁止內銷」爲題，而發出了如下的感慨。內稱：

以反共抗俄及民主自由爲主旨，而與自由中國一般言論採取不同步調之香港出版報刊中，「自由人」及「祖國週刊」顯爲獲准內銷而持論態度較爲坦白之二種，此兩種報刊，在自由中國知識階層頗獲重視，因而其影響力亦不可輕忽。近年來「自由人」及「祖國週刊」之頻因內容過於激烈而被檢扣，其因素諒即在此。九月初，「自由人」突刊登「重要啓事」，宣佈自九月十三日起停止出版。因語焉不詳，曾引起甚多猜疑。十月中旬，忽接祖國週刊寄自香港之通函一件，謂已「接獲僑委會通知，已正式註銷該刊之內銷登記証」云。該報隨即摘錄祖國週刊第二十八卷第三期社論，並作結論稱：

由於該刊崇奉民主憲政之立場與本報符合，故願記述該刊禁止內銷經過。

自立晚報的措詞命意，在字裏行間，已經顯露出台灣一般人士對祖國週刊被禁止內銷的不滿情緒，當政者雖標榜民主而其所行者則適得其反，於此又多一証明了。

我也談民主

讀者投書·善兒

民主這兩個字，是我們聽得爛熟了的名詞。現在世界各國都在高談民主；眞正行使民主制度以人民爲主的國家固然在說着民主；而絕對極權的，視人民生命如草芥的共產政權，也同樣煞有介事地高唱民主。以侵畧爲能事的民族講民主，那些被侵畧的民族也講民主。總之，民主的潮流在今日已流到了世界的每一個角落裏；而我們中國也沒有例外。

「民主」最重要的意義，不外指人民乃國家的主人，政府的一切措施，均應以人民的公意爲準則。可是在許多中國人的腦筋裡民主的意義是否這樣，似乎還有疑問，有人說：任何事情一到了中國就要變了質；例如聯合國救濟難民的金錢物質，原是爲救濟逃出鐵幕的中國難民，但物資一到了中國，有許多就不明不白地不知分到那裡去了，眞正落在難民手裡的，只是少之又少。又如各民主國家的政黨祇憑政策取勝；但在中國，卻必需擁有大軍才能稱雄作霸。所以我們至今僅具民主的形式，實際上只不過是一套假民主而已。

普通人的心理，多不願承認自己的劣點，更不願給別人指責或批評。我以爲在現階段混亂的局面裡，當政者和在野者均有反省的必要。決不應再諱疾忌醫；陷國家民族於萬劫不復的境地。

目前中國社會混亂的原因，當然不是局部的、單純的，而是普通的、複雜的。多少年來，作爲中國的老百姓，已經捱盡了人間所有的苦難；困身於鐵幕裡的人們，所受種種精神與物質的壓迫，已快到了無法忍受的地步；他們的子弟被徵入伍，財產被吞沒，自由被剝奪，勞動力被搾取，家庭被破壞，他們恐懼，他們逃亡，父母妻子離散！而處身於鐵幕以外的人們，卻也很難能夠嗅到有一絲眞正民主的味兒，言下眞是不勝可嘆。

常聞人們說，各國有各國人的民族性：法國人先說後做，日本人隨說隨做，德國人做了才說，中國人卻只說不做。這種論調，我雖歷來不贊同。不過，就民主這一點來說，卻很値得使我們反省。中國講民主已講了幾十年，但講到目今仍毫無成績可言、反而弄到國事日非，這是値得人們檢討的。我認爲中國最大的病症就是自私自利的觀念太深，許多人只看到自己的私利，不顧整個國家人們的利益，什麼爲國家謀幸福，爲社會服務的觀念和精神，完全都置諸腦後！這種惡習如果不徹底革除，國家的前途是難望光明的，而眞正的民主也是難望實現的。

大陸逃港學生的控訴：

鍾健生同學的幻想

鍾韻聲

一九五六年的夏天，我以我父親的特殊身份，通過中共中央僑委會「要人」黃×聲的私人關係，始由上海控江中學轉學至穗市省華僑中學高中部續讀。當我一踏入學校大門，就巧遇與我離別幾年的一位刎頸之交的老同學——鍾健生。他父親在印尼椰加答開士多店，入息尚算過得去。他本人是在一九五四年五月乘智利華輪返回大陸。隨後經過重重手續，始批准進入廣州石碑華僑中等補習學校補習。當年八月考進穗市省華僑中學學習。他從小就有很大的抱負，立志為國為民而獻身。他並不像其他「團員」同學自高自大，他艱苦好學，他在初中畢業考試時，十門功課中有六科主科各得五分（蘇俄五分記分制），其他四科各得四分，各科均無三分者。算是全校獨一無二的優等生。但意外的事是五六年的「統一考試」，他竟落第了，而成績比他劣等的「團員」同學，竟全部被錄取。這眞似晴天霹靂，使他張皇失措，垂頭喪氣，心灰意冷。其實同他一樣不幸遭遇的人，並非他一人。在廣州全市至少有數千人。在全校至少有二百七十幾人是他的同伴。

在假期裡，學校把所有落第同學安排了十二小時的政治學習，由方付校長作政治報告，後通過小組討論，要他們喊：「到祖國最需要的地方去」的口號與寫「堅決到農村去生根、開花、結果」的保証書。然而校長每天雖力竭聲嘶花了三小時大喊：「做一個社會主義新農民是幸福的……」。但大部份同學都不願意去，那時恰巧有一位張同學，因心情過度煩悶，而在無意中就把那寫在牆壁上作政治宣傳的標語「毛澤東萬歲」！把萬歲兩字塗去，用粉筆添上滾蛋兩字，變成毛澤東滾蛋！我這位鍾同學，手也癢了起來，用英文寫上「愛情至上」四個字。

但這樣一來，中共市公安部隊即開至學校週圍宣佈戒嚴。恐怖與緊張的場面立即在同學們面前展開。蘇式自動衝鋒鎗和雪白的長方軍刀，指向同學們的胸膛，恐怖的情景使人見了毛骨悚然。那些較弱小的女同學更是被嚇得魂飛魄散，哭泣起來。隨後全校同學被押到飯堂集中，方校長大喊：「我們學校匿藏有反革命份子，同學們要加倍提高警惕」。同學們眼見這恐怖情景和這無稽讕言，無不怒目橫眉，憤恨至極。然而同學們手無寸鐵，面對着這一群殺人不見血的公安部隊。只有忍氣吞聲，誰都不敢發言。其實此次學校小題大做，用刀鎗來恫嚇，全是為了要給全體同學一個下馬威，好讓他們規規矩矩地下農村去勞動。

後來全校落第的高、初中畢業生（包括來自各地的僑生在內），百分之九十皆被迫下農村參加體力勞動。留下者寥寥無幾。鍾同學自恃是自費生，申請留校，校方為便於對他行動監視，故先要他寫了數萬字的檢討書，方批准他與其餘十幾位同學留校就讀。而校方却趁此向海外僑生宣傳「下鄉勞動完全以自願與自動為原則，並非强迫」。另一方面，則中共是靜待時機下毒手。鍾同學規規矩矩地照常讀了半個學期。誰知無風又起浪，他在印尼的家起了風雲。他父親受了一場經濟的打擊，病重入醫院，一時無法滙欵來。在此緊急關頭，他惟有東奔西跑去向朋友向同學借錢。最後把一條惟一自用的毛毯變賣掉了，但也不夠維持一個學期的膳費。最後，殺身之禍終於降臨到他身上，當他正在徬徨與徘徊的苦惱中，就接到膳委會停膳，通知條。禍從天降，使他幾乎要昏了過去。傷心，難過，悲哀，後悔，使他百感交集。在這離家遙遠的異地，雖是他的祖國，但他却是他的故鄉，是孤獨的一個人。四處舉目無親，誰能同情與伸出溫暖雙手來相助呢？不！一切都要靠自己來自救。如何自救呢？退學嗎？不！在學期中學校是不准退學的。再說前面是茫茫大海，後面是高聳環山，四處道路佈滿荊棘，有何去處。在他始終不能得到答案的時候，餓死不如一門的念頭，使他的心在忐忑地激動着，使他鼓起了活下去的勇氣。此時他倔强的個性簡直已像一隻翱翔在驚濤駭浪之上的海鷗。他并不希望任何人對他發慈悲，他不需要向任何人乞求。但他需要往校長室去理論一翻，然而當他走進校長室時那冷水一般的回答「有甚麼事，明天來，現在是學習時間。」幾呼把他氣死，但他為了要把問題澄清，還是忍着一肚子氣，有禮貌地回答說：「我已兩天沒吃過飯了，難道還要等到明天嗎？」却沒有想到這一句話可使方付校長惱羞成怒，大發獸性。「你給我滾，叫你明天來就明天來」。說完右手重重向桌上一拍，竟自咆哮如雷：「是我來和你講理由解決問題的，並非來和你打架……」當他還不及把話說完，就被一位工友强推出門外。當天入暮學校門前停着一架吉普車，公安同志對他說「同志：請整理好你的行李，即跟我上車去吃晚飯吧」！隨後在一週內又有張志新，林少波等九位同學神秘失踪。據後來得到的消息，鍾同學被宣判十五年有期徒刑，罪名是「美將特務」。其他各位各被宣判五年至八年有期徒刑，罪名竟是「學校破壞份子」。

四八、十一、四。

什麼是「政治掛帥」

康和

中共是喜歡搬弄新名詞的。我們近來看中共的刋物裡，正在强調着「政治掛帥」的口號。所謂「政治掛帥」，就是要加强共產黨的領導，加强思想控制，他們說：「思想是靈魂，政治是統帥」。所以在一切機構，不論是政府、軍隊、人民團體的組織；不論是財政經濟、文化教育、科學、衛生等部門；或者是公安、法院、檢察等部門；都要由共產黨的組織（包括中央及地方各級黨委）來控制。所以，所謂「政治掛帥」，就是「共黨掛帥」，實質上，就是：「共產黨騎在人民頭上，控制人民，鞭撻人民，奴役人民」，換句話講。就是「奴隸主掛帥」。

毛澤東在上面一聲叫喊：「鼓足幹勁！力爭上游！」嘍囉們（各級黨委，也就是各級「統帥」）就高舉皮鞭，向着各種組織的各階層人民的背上猛撻。人民像牛馬一般，走不動也得拖起沉重的脚步不停地走；做不動也得舉起疲乏的雙手不歇地做。牛馬般的人民，不但是要不停地苦幹，並且還要幹得又「多」又「快」，又「好」又「省」。眞叫做「又要馬兒好，又要馬兒不吃草」，所以吃的應該是粗粮和山芋粉羹的稀粥；穿的應該是「新三年，舊三年，縫縫補補又三年」衣裳。但一天工作的時間，却漫無限止，「未明即起」，「夜以繼日」，一日要做十六七個小時。這就是「政治掛帥」所發揮的威力和效果。

這樣的奴役制度，必然地會激起强烈的反抗。近來中共的幾種權威刋物裡，不斷地透露出各級幹部和人民反抗「政治掛帥」的呼聲。有的說：「政治掛帥，不能代替客觀經濟規律。」有的說：「政治掛帥，不能代替業務工作。」有的說：「政治掛帥是同物質利益鼓勵的原則相矛盾的。」（以上節錄的話，見紅旗半月刋第卅四期）有的乾脆地反對「政治掛帥」說：「外行不能領導內行」。又說：「思想工作和政治工作，既不能出粮食，又不能出鋼鐵，不能解決任何實際問題」。又說：「黨對于非黨組織，只能實行政治思想領導，不能實行組織領導。否則就是干涉了這些組織的獨立性。」（以上節錄的話見劉瀾濤著：中國共產黨是中國人民建設社會主義的最高統帥。）自然，凡是發出這些反抗的呼聲的人，就會一個個被戴上「右傾份子」或「反革命」的帽子，「鬥爭」和「清算」的皮鞭，就會撻向他的身上來。可是，反抗的浪潮，正在一天天地擴大。總有一天，這些「統帥」們，會從人民的頭上掉下來。

共產黨口口聲聲地說：「為人民服務。」「人民自己做了國家的主人。」可是，事實上却是厲行「騎在人民頭上」的「政治掛帥」制度。根據他們詭辯的唯物辯正論，這個「矛盾」，不知究將怎樣「統一」呢？

大陸之窗

中共對僑的基本態度如何

劉裕略

當十年前中共佔領大陸的開初一段時期，海外華僑對大陸中共這一新政權許多都是寄予極端熱望的。尤其部分華僑身受種種艱苦與壓迫，聽說祖國忽然有了一個强大政府，其嚮往之情，自屬人情之常。但中共這一政權畢竟不是從中華民族的眞正血統產生的，而只是蘇俄强姦出來的，所以，中共政權在大陸的表現，便終歸露出了原形，不但為大陸人民所深恨，且亦逐漸為海外廣大僑胞所深惡。這裡，特來談談中共對海外僑胞的基本態度。

基本說來，中共對海外華僑只有兩個基本態度，這兩個基本態度也可以說是兩個基本目的：一個是經濟的，一個是政治的。

經濟的目的在搾取海外僑資與僑滙。本來今天大陸上一般人民皆已無以為生，依理中共是可以讓許多海外有親屬的僑眷出國，藉以解決一部分人的生活問題，但中共却不肯這樣做。主要原因，就在把這些僑眷扣押在大陸作為變象的人質，以便使這些僑眷的海外親屬源源滙欵回大陸，因為共幹總是用種種方法來剝削這些滙欵，從而增加中共的財政收入，這是中共對僑胞經濟陰謀之一。

其次，則是中共故意優待回大陸觀光華僑，並蒙蔽他們的視線，雖然大陸人民在今天這種極端艱苦下，每天只配給白米二兩，但中共對回大陸觀光華僑之招待，則極盡奢華之能事，並在僑胞面前大力宣揚大陸建設，以激發僑胞之愛國心，從而達到僑胞投資之目的，此外中共並假手少數華僑，在海外從事貿易，一方面使這少數華僑帮它爭取外滙，一方面則把這少數華僑變成它的走狗，到處為它宣揚，進而誘騙其它僑胞，這都是中共從經濟搾騙華僑的手法。

至於政治方面，中共故意在亞非集團與東南亞各國示好，實則中共的陰謀是極大的。中共除了對各該國抱有偽善的外交陰謀而外，它想通過東南亞各國抓緊東南亞華僑更是它的大陰謀之一。對此，東南亞許多國家都未能警覺，因而上當，到今天，時機成熟中共武裝部隊便進入了印度，從而揭開了中共的偽善面孔，這應該是對東南亞許多國家的一種實際教訓。最近，中共駐印尼大使煽動印尼華僑這應該是對東南亞許多國家又一重大教訓了。

照目前情勢看，中共是想煽動印尼華僑反對印尼政府，並企圖誘騙印尼華僑將資金滙往大陸的。當然，印尼政府對華僑的政策是應該檢討和修正的，但我們却不主張印尼華僑將資金滙往大陸，因為印尼華僑若將資金滙往大陸，則一生血汗將從此化為烏有，其本人生命亦將被鬥爭清算了事，試看，大陸歸僑不是全部被指為地主而被清算鬥爭了嗎？前車之鑑，僑胞們應該猛省。我們認為海外僑胞如在當地確實發生困難而必須遷移僑居地點時，應將身體及資金移往自由世界的自由地區，萬不可因一時情感激動而投入中共政府之虎口。因為中共對僑胞的基本態度是既要你的錢，又要你的命，切須注意！

邊界衝突事件中的印度

·慕禪·

印度與中共間的緊張，雖有稍見和緩的趨勢，但邊境問題的糾紛，却沒有解決的展望。目前只可以說，像旬前那樣恐懼發生戰爭的危機，已因中共的要求談判而告消逝。但中共所提的談判基礎，印方却認爲礙難接納，因此由於中共進侵所造成的僵局狀態，仍將繼續存在。

印度人民尤其是大學生們反中共的激烈憤慨，電訊多有報導，這裡不再贅叙。也許是因爲全國民氣的激昂，以致印度當局迄今無從走上退讓妥協之路——！本來，尼赫魯總理和梅農，於邊界事件勃發後，仍然聲稱要堅持中立主義的立場。現在中共既已願意談判，該正是他們有以乘風轉舵的時候。可是內外的情勢，包括國內的民情，國外對印度有利的背景，却使得尼赫魯對中共的態度趨於強硬。

麥馬洪線與達拉克區

問題最主要的中心，當然仍在條件方面。中共於印度國會召開前夕，釋回被拘印警及交還遺骸，同時由周恩來致電祝賀尼赫魯的壽辰，雖然顯出北平低首下心的姿態，（此間認爲，中共此舉，可能是受到莫斯科的壓力）可是北平所提「各撤二十公里」的條件，實使尼赫魯有無從接受之苦。雖然中共亦提及在東面維持麥馬洪線的舊界。提出中共所否定的麥馬洪線，而願意局部加以承認，這似乎是中共遷就印方的讓步。可是據說在新德里當局的研究中，東面麥馬洪線根本就是荒無人烟的區域，是中共承認與否倒不關重要。而在目前嚴重糾紛的達拉克區，却是重要的戰畧地帶。如果答允各撤二十公里而舉行談判，就不啻承認中共入侵的既成事實，放棄千餘方里的地區。

達拉克區是克什米爾的東北部區域，中共的新（疆）（西）藏公路就通至此處，傳中共已在達拉克修築機場，由機場關公路與新藏路連接。這樣，它的戰畧重要性不祇於在對印度。對把中共認爲「敵性國家」的巴基斯坦，尤構成重大的威脅。

巴基斯坦對印修好

這就可以說明，爲什麼巴基斯坦在印度與中共的糾紛中，左袒印度的緣故。巴基斯坦與印度爭克什米爾，達十二年之久，且曾兵戎相見。可是自中共侵印之後，巴基斯坦首先就宣稱：倘若共軍犯境，定予迎頭痛擊。同時巴基斯坦與印度的東部若干未劃定的邊界，却已在友好談判中解決了，雙方還協議在邊界兩面，各劃定一百五十碼的非武裝地帶，此外，更有防止邊境衝突及如何處理邊境衝突的協議。

這項成就，是巴基斯坦同情印度的處境，主動對印度接近的結果。而印度也因爲過去的親中共反招來侮慢，就樂意與巴基斯坦修好。

因爲印巴多年邊界問題的解決，巴基斯坦總統阿育汗還很樂觀地說，印巴間的克什米爾問題，「苟有尋求解決之意願與決心，將能獲致種種方式與辦法」。巴總統這句話，被認爲解決克什米爾問題的一線曙光。

克什米爾與印共活動

據內幕的報導：印巴兩國確有設法解決克什米爾的意圖。因爲自從西藏事件以來，中共的野心已使西南亞這些國家警惕。印度亦曾迭派要員到克邦攷察，據說他們回來的報告，都向尼赫魯作嚴重警告，謂若「內爭」——與巴基斯坦之爭——再不停止，則該邦將有赤化之虞。如果克邦赤化，則卡勒拉邦的受共產政權統治，更爲嚴重。卡邦地處印度南端，在地理上，社會上，印共都與中共連接，但克邦與蘇俄也僅隔一條狹長的阿富汗走廊。如果印共移殖該邦，很快便可造成「兩個印度」。

印度人對於中共在「江西蘇區」被圍困及被迫流竄的歷史，是瞭解的。中共立足於西北，發跡於東北，由蘇俄扶植的近事，印度人亦是清楚的。他們之所以對克邦的領土及政治，特別提高警惕，原就因爲有着問題的內幕。而這重要的內幕，亦是尼赫魯所以要求先撤兵後談判的緣故。

好戲還會在後頭

在這次與中共的糾紛中，印度的外交關係，可謂空前的良好。亞非國家如印尼的聲言中共須遵守互不侵犯五原則，阿聯抨擊中共製造事件，都是站在印度這一方面。共產國家如蘇聯，早就公開要求中共與印度和平解決，赫魯曉夫可能已切切實實指令北平轉變和緩，方才有周恩來向尼赫魯祝壽那種足恭的媚態。

許多自由國家的向中共聲討，自不待言。但莫如巴基斯坦這鄰邦以對印度修好的事實，來答覆中共對印度用武。據說巴基斯坦還表示可與印度締結同盟，併肩作戰。當然，以巴基斯坦本身是中央公約及東南亞公約的會員國，如與結盟的話就等于「參加軍事集團」，印度一時當不易下此決定。但尼赫魯的聲言中共如再侵印，「便是世界大戰」！這一句話，似乎亦透露了印度已看到最後可走的路。

艾森豪的決定來訪印度，增長了新德里無限的聲勢。艾氏此行既在首腦會議及西方四强會議之前，尤顯出印度地位的重要。隱居在蘇密里的達賴喇嘛聞艾克將來印度，已向新德里當局表示願晤艾克，印外交部已答應代爲轉達，接洽約晤，一反以前所傳印度「凍結達賴」的態度。如果這就可以觀測印度的態度的話，則印度的由「中立親共」轉向「中立而親西方」，似乎已有些端倪。無論如何，這一事件已出動到東西巨頭出場，好戲還在後頭呢！

·加爾各答通訊·

印尼與中共交惡內幕

蘇蘭芳

因爲印尼國民黨與印尼共黨的對立，以及中共對印尼的滲透，造成了印尼與中共間的緊張，已經達到了高潮。

執政黨國民黨的報紙，已經警告中共的外交人員，倘若他們不服從印尼的命令，則儘可離去。報紙要求把中共大使領事等，列爲「不受歡迎」的人物。

印尼與中國的「萬隆蜜月」，已告消逝，換來的是惡顏相向。主要原因，是中共滲透陰謀的暴露。

中共曾經以犧牲非共反共華僑的財產以取悅印尼，最先的排華「對付國民黨人及其企業」，便是中共從中挑撥及指引的。那裡知道印尼方面吃上了癮，現在連親共華僑也一律加以對付。

筆者曾在一篇通訊中說中共「縱火自焚」，便是指此。

印尼的排華，原則上當然是錯誤。因爲說華僑是殖民主義者，與事實絕不相合。印尼經濟的開發，印尼革命的過程，華僑都有功績及効力。不過在排華之中，仍有經濟性及政治性之分，却是不可不知的。

關於禁止華僑（原令是「外僑」，但受影響者百份之九十九爲華僑）在鄉區經營小商業，那是經濟性的，由印尼內閣所頒佈，藉口當印尼大額鈔票貶值時，華僑「提高物價」，謂有操縱市場之嫌。貨幣貶值則物價必然高漲，乃經濟學的原理，這藉口不外是爲爭奪零售業歸印尼人經營，或由政府的合作社接辦。

但「限制住居及旅行令」，却是政治的原因。因爲中共與印尼共黨相勾結，利用印尼籍華人，支持印尼共黨的選舉，已使執政黨國民黨爲之側目。最近軍部禁止地方選舉，印尼共黨別無「鬥爭」的方法，開始攪共地下武裝，而中共的使館，實際上却直接參與其事。這就引起軍方的制裁，爲避免中共印尼共黨在山區攪遊擊隊，就索性遷動全鄉區的華僑，這項命令，由西爪哇戰時掌權者柯沙西上校頒佈，執行僅限於西爪哇第三軍區的範圍。可是中共使館密令華僑反抗這項命令，造成「芝巴德事件」（憲兵督遷與華僑衝突），從而使印尼與中共關係頓呈緊張。

·椰加達通訊·

「勞模」曾廣參

·盧二·

「勞模」曾廣參眞了不起，他雖然不是鋼皮鐵骨，也不是機械人，但他從來不願露出困態；他總是神氣十足的佩戴着一個「勞模」獎章，東奔西跑，在各單位的工友群中，爭取帶頭作用。他不管自己的面容已開始憔悴，也不管自己的體魄已有了不健康的迹象。

最近，廣州的「勞動競賽」又開始了。各工廠都在「黨委」和共幹的導演下，訂出比產量、比效率、比出動、比愛廠、比思想、比產值、比節約等競賽項目；大家還被硬性的指定，作出所謂「兵對兵」、「將對將」、「你追我趕」、「大力挑戰」、「搏命鬥爭」等競賽方式，把工友們一點一滴的勞力，也壓搾了出來。而「勞模」曾廣參也就忙得更起勁了；他在「黨委」和共幹的大力鼓勵和督促下，一方面把睡眠時間更縮短，同時也把工作時間再加長，好在這次競賽中再起一次帶頭作用，使得他的「勞模」獎章再增光輝。

可是，當十一月十四日深夜十二時許曾廣參由工廠返抵家裡的時候，他確是支持不住了！他喘息了好一會之後，頹然倒在牀上；漸漸，臉色轉白；漸漸，呼吸發生困難；終於，他哇的一聲，吐下了一口鮮血。鮮血染濕了他的「勞模」獎章。

歇了半晌，曾廣參在半昏迷狀態中蘇醒過來；他「唔——」的呻吟了一聲。「勞模」的榮譽在他的腦海中悠然消失；死神的陰影迅即籠罩着他的心頭。

僑鄉近訊

粵共大舉拘捕農民

·江水·

粵共反右傾的血腥魔掌，刻已伸至深入各農村，將各縣農民大肆拘捕。由十月中旬至十一月上旬之三十天內，已被拘捕的，計有：（一）高要縣「新僑公社」的梁煊、蒙士敦、伍勵生、伍明等四人，罪名均爲「煽動群衆反對總路綫」；（二）南海縣「大瀝公社」的鄺秋、李石英等兩人，罪名均爲「破壞大躍進」；（三）鶴山縣「龍口公社」的馮德、王三省、曾有成等三人，罪名均爲「企圖瓦解人民公社」；（四）開平縣「均安公社」的關兆光，罪名爲「消極抗拒勞動」；（五）兩陽縣「大溝公社」的陳祥，罪名爲「妨碍公社生產」；（六）德封縣「長崗公社」的林崑，罪名爲「造謠惑衆」，破壞社會主義建設事業」；（七）番順縣「龍山公社」的張富初、梅良山，「倫教公社」的梁洪，「大良公社」的陳五、陳新，「大安公社」的何北華，「沙瀝公社」的陳才等七人，罪名均爲「破壞生產」及「毆打幹部」；（八）新會縣「環城公社」的何光、何士棠等兩人，罪名均爲「反對公社制度」；此外，尚有中山「白蕉公社」、雷南「龍塘公社」、梅縣「新埔公社」、化州「楊梅公社」、電白「沙鄉公社」、澄邁「臨高公社」及「加來公社」等地的農民二十餘人，被指爲「反社會主義份子」而遽遭逮捕。

勞動服役行列中出現「特殊部隊」（中山）

十一月十日至十七日之一週間，中山燈籠沙方面，又先後有男女鄉民十七人，划艇逃抵澳門的離島氹仔登陸。該十七名男女是：蕭寧、蕭發安、張佘氏等十七人。據蕭發安稱：中山共幹以勞役迫害鄉民，逼來更變本加厲，除拳打脚踢外，並經常以皮鞭、鐵尺加諸被驅迫操作勞役的鄉民的身上。他又說：在勞役行列中，新近多了一個「特殊部隊」；這「特殊部隊」係由廣州調來，大約共有三十餘人，分作四小組，每組由一共幹在旁驅策服役。據他獲悉，這個所謂「特殊部隊」：全部是廣州醫院中的輕微神經病患者，共方以他們留醫病院裡，不事生產，係屬一種大浪費，因此竟妙想天開，新創出一個「勞動治療法」來，分別將他們調去各地作勞動生產或勞動建設，這是對輕微神經病患者最有效的治療法。

餘生

·阿木·

「哈哈哈！」主人在一陣縱笑過去之後，舉起那只裝着美酒的高脚酒杯，接着說：「來來！讓我們再來痛痛快快地乾一杯！」

於是，酒宴上起了一陣騷動，因站起來與主人乾杯而被移動了的椅子，在地板上「吱吱」地亂叫。酒杯與酒杯之間的丁丁當當聲，夾雜着笑聲和喉間嚥酒的嚥嘟聲，形成這裡的特殊的空氣。

又一道菜上來了，紅紅的，油膩膩的，使人垂涎欲滴的豌豆炒蝦仁。坐不住的主人又站了起來，連連說：「來！來！趁熱！趁熱！」羹匙一舉，滿滿的一湯匙蝦仁就到了主人的口邊。這時，主人忽然並不立刻將之塞入口中，卻騰出另一隻手來拍拍鄰座那位先生的肩膀，那湯匙蝦仁也隨着主人肥胖的手指的顫動而往下洒着肉汁。

「啊！」主人將那人的肩膀越拍越重，那人似乎有些受不了，想縮起身子來。可是那人大概又知道主人立刻就要介紹他了，所以只好忍痛將身子挺得更直。那一隻伸了出去，準備再來一湯匙蝦仁的手，也尷尬地停住在半途。以致妨碍了另一位先生的手的伸出，而狠狠地向他白着眼。「我幾乎忘了向大家介紹魏先生，魏青鳴先生！他是最值得介紹的！」

「是！是是是！」一位最敏感的客人已立刻停住了筷子，一面對那盤誘人的蝦仁望了一眼，一面一連講了五個「是」字。

又有幾個敏感的客人已抬起頭來，作好用心聽的姿勢。一面嘴裏「唔唔」作响，不知道是答應主人的話，還是在趁機咀嚼已塞在口中的蝦仁。

「魏青鳴先生，」主人看到客人的注意力已從菜盤子轉到他的身上，便放大了喉嚨：「他有一個驚人的萬死一生的經歷！」

「喔！」座上發出一陣讚嘆聲。

「大家記得四年前，有十二個醫生因為上戰場去救護傷兵，結果在途中船隻失事，因而失踪了的嗎？」

「是是是！」最敏感的先生在任何地方總是最敏感的。其他客人又是一陣「唔唔唔」，有的將頸子伸得更長，以示用心聽。雖然借趁主人的視線不在自己這邊時偷覷那一盤蝦仁，但暗暗為盤上的熱氣已越來越少而着急。

「當時出發的是十三個人！」主人繼續着：「魏先生是僅存的生還者！他在海上飄流了兩天兩夜！」

「啊！」這回最敏感者也不及搶先，客人們一致大聲嘆息。不知道是為了那十二個死者，還是為了那生還者，抑或為了那盤已冷了而變味的炒蝦仁。

但這次最敏感者不落後了，他最先舉起酒杯，高聲說道：「來來來！我敬你一杯，魏先生！」

「好好好！」魏先生正被主人的手壓得有一點吃不消，連忙趁機站起，「乾杯，乾杯！」

主人看着那匙並未送入口中的蝦仁，猶豫了一下，倒入口中，一面含糊不清地說：「應該乾，應該乾！」

另一位客人立刻從自己的口袋中摸出了名片，遞給才乾了杯，正在咂嘴唇的魏先生：「魏先生，能換一張名片給我嗎？」

「可以，可以，」魏先生答應，從口袋中拿出準備好了的名片，索性座上每人一張。派完之後，站在席旁，像魔術師要變紙牌戲法似地：「各位先生，你們知道名片有什麼用處嗎？」

「是是是是！」最敏感的又是最敏感。

「這位先生知道？」魏先生有點掃興。

「不不，我的意思是我不知道。」最敏感的連忙改口。

「噢！名片可以吃！在海上飄流時，我就吃過名片！」

又是一陣讚嘆聲。魏先生坐了下來，一面掐上一湯匙蝦仁，一面搖頭道：「唉，船隻失事時，我聽到一陣陣地慘呼。我的同行，他們都是為職務而死的！」最後一句話語音頗為模糊，因為魏先生看到盤內的蝦仁所剩無幾，所以動作必須快一點的緣故。

「是的！」座中立刻換了一片歔欷：「他們都是最忠於職守的人！」

「唉！」魏先生又來了一湯匙：「在追悼大會上，很多殉難者的家屬，要我講當時的情形——唔——我實在難過得講不出來——唔——犧牲者都是我生前的好友——唔——唉，他們可以算是英雄——唔。」這段話很長，以致魏先生頓了幾頓才嚥下蝦仁。一看盤中已是空空，便只好拿筷子在冷盤中撥來撥去，好不容易才找到一塊還有些肉的白切雞。正當他的筷子夾住那塊白切雞的時候，有一位客人（大抵是屬於不識趣那類的人）忽然問道：「魏先生，那些為職務而犧牲了的醫生，你還能記得他的名字嗎？」

「這個，這個——」魏先生對那塊白切鷄的興趣頓時消失：「這個，問主人吧，主人知道。」

主人幾乎跳了起來：「魏先生！你是餘生者呀！」

幸好，一盤滾熱的糖醋鯉魚在這時被搬上來了，主人立刻解圍：「來來！趁熱趁熱！」

魏先生，也早已看定，準備夾魚背上的那塊肥肉了。（完）

簡介「北國的春天」

盧森

我年少的時候，非常喜歡音樂，很早就養成了自彈自唱的習慣，雖然，琴始終彈奏得不好，歌喉也並不動人。

記得那時候，正當「九一八」事變，東北淪喪之後，流亡三部曲正到處流行，我極愛這三部曲，尤愛其中之一的「松花江上」。

每當我獨自彈唱「那裡有森林煤礦，……那裡有滿山遍野大豆高粱……」時，對我國東北，引起無限的熱愛，無窮的嚮往；及至唱到「那年，那月，才能够回到我那可愛的故鄉，……才能歡聚在一堂！」一股熱淚，已不禁從眼眶中躍出，洒落在琴鍵之上了。

由於我特別愛唱這支曲子，對東北種下了無比深厚的感情；因此立下了一個心願，一等抗戰勝利，山河重光，我便要乘車北上，出山海關，飲馬松花江，一覽大地的海——青紗帳的風光。

誰知事與願違，戰後動亂未已，繼而中共竊國，河山破碎，如今竟也「脫離了我的家鄉，流浪，流浪！」流浪到了香江！正因旅遊北國的夢不能實現，所以讀到秋貞理先生所著「北國的春天」散文集，乃引起我無窮的懷念與惆悵！

本書著者是東北籍的作家，從書中知道他出生於東北，就學於西北，然後輾轉南來，足跡所經，縱橫數千里，因此全書滿溢着風土的氣味與旅人的哀思。

在這本散文集中，我們可看到有故鄉生活細膩的描繪，有流亡行脚的回憶，有日本、馬來亞等地的遊記，有自己的寫照，有衆醉獨醒人生見解深刻的發掘。

例如：作者對故鄉風物描繪如畫的——

「當農夫們鏟完了三遍田，田裡的莊稼長到了半尺高，菜地裡已堆滿了瓜茄；樹木搖蔭生涼，綠草掩蓋了每一寸土壤；柳絮，楊花和蒲公英的絨團漫天飛舞；石榴花開得像一團火似的；……端午節在望，春光已經老了。……過了端午節，莊稼就像十三四歲正貪長的孩子，兩天不見，就長高了不少。」（見原著第九頁）

對人生發掘深刻的，如「獨醒的況味」中：

「人在獨醒的時候，心靈才是完全屬於自己的，才能够脫去現實自由飛翔。許多美妙的想像和創意一齊湧上心頭。你恍若發現了一大堆璀璨的珠寶；圓大的珍珠，晶瑩的寶石，碧綠的翡翠，五光十彩互相耀射，使人目眩心迷，不知揀那一個好。詩人在這裏找到詩篇，宗教家在這裡找到信仰，科學家在這裏找到真理，哲學家在這裏找到智慧，政治家在這裡找到正義。」（第一四〇頁）

我或許對於研讀古籍的工夫用得不深，因此，我向來對於那引經據典，從古人的墓堆中掘出來的小品不甚合口味；而因年青的時代喜歡寫詩，就愛讀富有詩意的散文，及後年事日增，又加真正流露性靈，發抒人生真諦的作品畢竟無多，是以，在這幾年來，漸漸嗜抒情而富有人生體驗、輕鬆而含有哲理的散文了。這也就是我為什麼特別喜愛「北國的春天」這本散文集了。

文壇泥爪

再談左舜生

新文學運動的開創，固然得力於北京的「新青年」，「新潮」兩大雜誌的鼓吹闡揚；但是它的繼續推廣和發展，使新文學取代了舊文學的地位，則上海的「商務」「中華」兩大出版機構，出力最多，尤為功不可沒。蔡元培，胡適兩先生曾先後主持和參與「商務」的編務，而最早最大的純文學團體「文學研究會」，能夠出版它的叢書和機關刊物「小說月報」，也全在「商務」。那時在「中華」方面担任編輯工作，而極力主張出版新文學書籍的，就是左舜生先生。他在「中華」很久，不只使「中華」在出版方面迎頭趕上時代潮流，得與「商務」相頡頏，就是對新文學運動的推廣發展來說，這力量也是巨大的。

我們用不着鈔當時的書目，早期田漢的劇作和翻譯，李劼人翻譯的法國名著，全是「中華」出版。更有一事值得寫出來，劉延陵、俞平伯、葉紹鈞、朱自清等人，以「中國新詩社」的名義，在「中華」出版「詩」月刊，它和徐志摩主編的「晨報詩鐫」，是早期的兩大新詩期刊。朱氏在「選詩雜記」，曾提到它，說：「承左舜生先生的幫助，中華書局給我們印行。」這個刊物後來改為文學研究會的刊物，那是民十一的事。當時出版新文學刊物是注定賠錢的，特別是專登新詩的刊物。郭沫若辦「創造社」，先就向「中華」接洽過出版「創造季刊」，沒有辦到。文學研究會的人出詩刊，都不能依賴「商務」，這就可以見出左先生對他們的幫助是怎樣的不易了。

左先生在散文方面是有成就的，單就他南來寫的三個集子來看，其行文之深入淺出，乾淨俐落，舒暢流麗，就使人熱愛，讀之不忍釋手。他的「假定魯迅還活着」，已成為大家時時引用的名篇；但我獨愛他那篇「談雷雨」，其中對「雷雨」一劇的內容，他只用四百多字，就把那樣複雜的多角戀愛情節叙述無遺，實不能不佩服他的功力。另外他藉論「雷雨」發出了他對新文學作品的意見：「文學是離不開傳統的。無論你所表現的怎樣一種意識形態，假如你在風格上，故事的結構上，文字運用的技巧上，過分與傳統相遠，這在一個文學遺產相當豐富的國度裡，是不容易生得起根來的。」這意見非常寶貴，正指出了新文學作品所以至今仍不能普及的癥結所在，就是丟棄了中國的傳統，值得從事新文學寫作的朋友記取。

我與左先生並不熟識，他在各方面早已成名，用不着我來捧他，其實我也不配。我只是指出他與新文學的關係，因為這是事實，且不大為人所習知。

介紹趙著『中國文學史綱』

舜生

友聯社的朋友，送了我一部由他們新近出版趙聰先生寫的「中國文學史綱」。正文只有一百六十多面，合四種附錄，也不過二百零幾面，我花了五個鐘頭，一字不遺的翻了一遍，覺得這部書至少有下面的幾種好處：

一、敘述扼要。全書分作七個段落，對周代，兩漢，魏晉南北朝，唐五代，兩宋，元明清，以迄現代一切最重要的作品和作家，都作了適當的敘述，眞夠得上說『要言不煩』。

二、文字暢達。適於一般高中和大學生的參考，如果由大學採用作爲課本，由一位頭腦清楚的教師加以發揮，必能使聽講的學生對中國文學的全貌，得着一個清晰的概念，不至永遠陷他們於糊糊塗塗在暗中摸索。

三、態度公平。對於文學的欣賞是最容易發生偏見的，本書的作者，只是順着中國文學發展的趨勢，就有代表性的作家與作品，作了一番公平的敘述，絕沒有滲雜自己的成見。

四、節省浪費。現在有不少的文學史，往往把歷代作家的鴻篇鉅製漫無限制的大量抄入，這對於出版家與購讀者都是一種不必要的浪費。本書作者提到一切有代表性的作品，都只舉篇名，不錄原作，沒有把文學史與文學讀本混爲一談，我覺得非常經濟，而且不會使讀者看到一本厚厚的書害怕。

作爲一個人，對於文學的欣賞，總是或多或少有這種需要而且是有這種可能的。即令你受過的教育不多，只要你把兒童時代從母親口中聽來的幾首歌詞能隨口唸出，或者能够哼上幾句西皮二黃，便算你已經踏上了欣賞文學的初步。

我平常看見一個孩子捧着一本他能看得懂的小說，一坐下來便可看上兩三點鐘，甚至連他的母親叫他去吃一種他所愛吃的東西他也懶得動，我便感到這個孩子已經有了一種讀破萬卷的氣象，以後只看我們如何給他以領導。

我對現代學校的教育自來懷疑，尤其對於文學作品的講授更是如此。集合四五十個程度參差不齊的學生於一堂，以同一的教材用强迫方式往他們的腦子裡面去灌，這眞有一點近於『賊夫人之子』。良工只能示人以規矩，不能示人以巧，一個優良的教師，頂多只能教學生做一點基本的工夫，至於『巧』的部分，便全靠學生自己去努力。

講授文學只能用浸潤的工夫，不能用打鐵的工夫，我看見一位教師在講堂上跳來跳去，口沫橫飛，聲震室外，心裏只是好笑；我覺得：這是『土法鍊鋼』。孔子的學生說他們的老師『循循善誘』，怎樣才算得是『循循』？『誘』又是怎樣一種『誘』法？很值得我們體會。

照理說，自從有了按字數或頁數計值的稿費制出現，似乎便不會有眞正的文學。從前的人所留下一些不朽的名作，大率都是在一種無法遏止的創造衝動之下不得已而寫出來的，當他們開始構思和動筆的時候，不僅沒有計較到利，也不會計較到名，甚至這些作品究竟作於何時，出自何人的手筆，還有待一般從事考據的呆子們去絞腦經，便足以充分說明這一事實。進一步想，前人許多的傑作，其所以能超越時間與地域而普遍的感動人心，大致與他們這種寫作的態度也不無關係。

近年考據之風盛行，有不少學校的教師，當他們爲學生講一篇文或一首詩，一定把原作擺在一邊，首先要就作者生平及其時代背景囉囉嗦嗦說上一大套，而且教學生筆記下來，甚至到考試的時候還要把他們這種題外的說明作成試題，教學生死記！我不是說這種說明完全可以沒有，但我總覺得有點本末倒置，而且躭誤了學生們多讀多聽的時間。教學生讀一篇古人的傑作，主要是應該教學生把這一篇原文懂透，考據實在是次要而又次要。『水滸傳』的作者究竟是不是姓施？杜甫究竟是牛肉脹死的還是醉後落水，這到底與我們欣賞『水滸』與杜詩，有什麼了不起的關係？

在香港住了十年，眼見一切一切都在突飛猛晉，惟獨闢於文藝的欣賞，以及文學部門書籍和刊物的出版與銷行，則遠遠的落在後邊，同時也很難舉出一個像樣子的文藝團體，多數小市民的消閒讀物，大抵仍不出黃色與武俠，這確實使人不能無寂寞之感！一般從事文藝工作的朋友們，究竟準備作何打算？這是我急切希望得到解答的。

因爲要介紹趙先生的這本大作，不禁東拉西扯寫上了後面的一大段，主要原因自然是因爲亮之先生的閒話寫得太短，我無法不瞎三話四的來作爲補白；但實際最近幾年我對這方面的積感確也越來越多，既有機會，便不能不利用來發洩。此外，趙先生這本書校對很好，錯字不多，但『李劼人』這個名字凡三見，『劼』字都排成了『刼』字，好像李劼人眞已變成了共產黨的樣子，希望再版時改正。又，關於最後敘述現代文學一章，我覺得六十年來的翻譯文學，對於中國現代文學的影響實在太大，似乎有另闢一節，加以較詳敘述的必要。

己亥初冬筆會同人集淺水灣海景樓

亮之

磴道盤拏挹海光，雨餘樓館已飛涼。清遊不阻青山遠，（是日名畫家鮑少游日籍女弟子亦全體參加）避地寧知白髮長。座上弦歌仍繚繞，尊前意興自淋浪。行藏一事可書未？慣是他鄉作故鄉！

再答亮齋

千石

孤吟滋味更誰諳？三徑無歸把菊慚。客老江湖寧有念，物除風月豈能貪!?辭枝偏打安枝鵲，落葉翻驚待葉蠶。南渡不須愁失計，臨安歌舞日方酣。

星洲別狷客經年近知其欲東歸賦此留之

前人

匡廬結宅願成慳，且喜支窮骨尚頑。招我笑談澄俗慮，從公肺腑識名山。夢歸栗里風霜緊，吟到檳城水石閑。心遠去留皆世外，有明月處不須還。

消息

前人

消息無憑夢亦稀，當時心事逐芳菲。微雲渡水看成雨，香蕙籠烟惜減衣。玳瑁樑前簾不捲，鞦韆架外燕安歸。蓬山深處春燈暖，知否劉郎日駐騑。

論侮蔣與擁蔣

徐亮之

最近發生了兩件事，都和蔣總統有關，也都使我們做中華民國國民的爲之哭笑不得。

一件是美國部份朝野人士肆無忌憚地侮蔣；根據報載，他們曾說蔣總統是「沒用的老兵」，是「敗軍之將」，乃至是「橡膠七首」「無牙老虎」等。

另一件是台灣一個叫嚴自强的江西人借擁護蔣總統連任爲名而行騙。根據報載，嚴自强曾於本月六日組織了一個「擁護蔣總統連任百萬國民簽名運動委員會」，自命爲發起人，高雄著名人士二十人則列爲贊助人，於本月十一日呈由省政府主席周至柔轉呈行政院長陳誠備案。被騙贊助的有高雄市議長黃載德、台南縣議長陳華宗、嘉義縣議長劉萬得、台南縣長胡寶龍和上三縣市的議員、農會理事長、總工會理事長以及部份鄉鎮區長等。騙局的最後被識破，是因爲每人須繳贊助金五十元，以致引起贊助人的懷疑所致；嚴自强現已被關進警局云。

天！這樣的尷尬事情，教我們擁護中華民國的海外孤哀子該怎樣說才好呢!?我過去會經說過：如果美國人士「美金萬能」的觀念不變，則將來可能全世界都用美金，同時也便全世界都反美的。尤其東方民族並不全是商業起家的民族，全有其東方式的傳統道德，能被商業觀點乃至奴役觀點的美金收買的人格畢竟是少而又少的。因此，今天我對美國部份人士肆無忌憚地侮蔣亦即侮辱同盟國的元首一事，不能不說乃「美國式」的淺薄與幼稚的刻骨的表現。

不過，話得說回來，「人必自侮，而後人侮之」；蔣先生依靠創建中華民國的國民黨而起家；現在是中華民國四十八年，他却執政了三十多年；三十多年來，他一步一步已把國民黨民主的傳統精神破壞摧殘得不絕如縷；一步一步馱着中華民國的招牌鑽向個人獨裁的牛角尖；直到最後把這塊招牌已馱向彈丸孤島的台灣了，還兀自唯日孳孳，不顧與論指責，不肯內疚神明，明目張胆獸在那兒「欣賞」（恕我只能用這兩個字，不忍下更重的字眼）什麼「修改憲法」、「擁護連任」乃至什麼「勸進」「傳子」等醜劇笑劇的連續上場；又怎能怪得部份沉不住氣的美國人士的輕之侮之!?

至於嚴自强的騙案，則根據「上有好者，下必有甚焉者」的原則，我不但毫不覺得奇怪；而且未免要爲他的被關進警局而代鳴不平；因爲他之所以組織什麼「擁護蔣總統連任百萬國民簽名運動委員會」，祇不過是迎合當局的心理，達成騙錢的目的而已；這比較另外一批專以騙蔣總統爲目的讓他陷入毀憲與不義的陷阱中而不能自拔的勸進者，祇不過是小巫之見大巫而已！那末，小巫既已關進警局，則大巫縱不被國民公審，也應該受到蔣總統明智而公開的斥責才對的吧?!

四八、一一、二〇

亮齋閒話

寄售書目（一）

一、百衲本二十四史　商務影印，八百二十本，（全）。實價港幣一千五百元。

二、二十五史補編　中華書局印行，六鉅冊（全新）。實價港幣弍百五十元。

三、越縵堂日記　原稿影印，原五十一冊，加補編十三冊，（全）。共六十四冊，實價港幣叁百五十元。

四、翁文恭公日記　商務影印，四十冊，（全）。實價港幣弍百四十元。

五、湘綺樓日記　商務排印，三十二冊，（全）。實價港幣八十元。

六、緣督廬日記鈔　上海蟫隱廬印行，葉昌熾著，十六冊，（全），實價港幣五十元。

七、王靜安先生遺書　王國維著，四十八冊（全），商務出版，實價港幣弍百九十元。

八、張季子九錄　張謇著，二十八冊（全），中華出版，實價港幣壹百元。

九、嚴譯名著八種　嚴復譯，精裝八冊，商務出版，實價港幣壹百五十元。

要者請向九龍鑽石山大觀路惠和園三號『卓如編譯社』洽購。圖書館及研究機構購買，一律八折優待。本刊六十五期所登出售的三十九種詞集，刻已全部賣出，特此附告。

聯合評論 週刊

本刊已經香港政府登記

每逢星期五出版

United Voice Weekly

第六十八號

督印人：黃宇人　總編輯：左仲平

社址：九龍金馬倫道八號三樓　電話61413

承印：嘉羅印刷有限公司　香港灣仔行馬師道5號

總代理：友聯書報發行公司　每份售價港幣一毫

本報美洲總經售：美國紐約中美出版社

CHINESE-AMERICAN PRESS, INC

199 CANAL STREET.,

NEW YORK31 N. Y. U.S.A.

美洲航空版零售每份美金一角

胡適之的苦心孤詣

胡越

最近胡適之先生在「自由中國」半月刊十周年紀念會上，發表了「容忍與自由」的一篇演講。演講的主旨，雖然在向朝野兩面呼籲容忍，但是就全篇分量和詞氣來看，似乎更偏於對在野人士的求全責備。講詞中答覆殷海光先生的兩段話最值得注意。「殷先生在該文中曾說，他認為『容忍』用於無權無勢的人容易，要有權有勢的人容忍很難，所以他好像說，胡適之先生應該向有機有勢的人說說容忍的意思，不要僅對我們拿筆桿的窮書生來說容忍，因為我們是忍慣了的。殷先生這番話，我也仔細想過，我今天想提出一個問題來，究竟誰是有權有勢的人，還是有兵力有政權的，才可以算有權有勢，還是我們這般窮書生拿筆桿來說話的，也有一點權，有一點勢呢？」胡先生的結論是：「我們這種拿筆桿搞思想的人，不要太看輕自己，我們要承認，我們也是有權有勢的人，因為我們有權有勢，所以在受到種種我們認為不合理的壓迫，甚至於像「圍剿」的話，人家為什麼要圍剿，還不是對我們力量的一種承認嗎？」最後他規勸拿筆桿的人，「我們不可濫用我們的權力，我們的權力要善用之，……說話要有力量，說話要說得巧，說得順耳，讓人家聽得進去，不但要順耳，並且還要讓人家心悅誠服。」（引自十一月廿一日台北聯合日報）

胡適之先生這幾段話溫和冷靜，謙抑穩健，不但表現了爐火純青的涵養，同時也表率了自由主義者應有的風範。民主本是平靜講理的一種藝術。各持不同信仰、思想、見解、主張、利害、情感的衆人，要打算以民主方式營共同的生活，除了互相尊重、互相容忍、互相妥協之外，實無其他途徑。單就民主的原則來說，胡先生這些話是無可非議的。但是容忍是必須以互相容忍為基礎的，如果面對暴戾姿睢、橫肆侵凌而講容忍的話，則所謂「容忍」只是被迫的屈從忍受罷了。被迫的屈服忍受與平等的互相容忍是斷然不同的兩件事。以這個標準來衡量今天自由中國朝野間的問題，我們發現胡先生對在野人士所呼求的容忍，實質上是屈從忍受。對於這一點，我們有下列幾點見解：

今天海內外主張民主憲政的人士，他們力竭聲嘶，夢寐以求的原正是以互相容忍為基礎的自由社會與民主體制。他們絕不想消除異己，也無權無力來消除異己。換句話說，他們是肯定互相容忍這個原則的。假使國民黨當局也肯定這個原則的話，則互相容忍就不該成為問題了。現在的困難在於國民黨當局根本否定容忍異己這個原則，並且把主張宣揚這些原則的人，看成心懷叵測的「共匪同路人」。

二、今天國民黨當局，不但在言論上反對自由民主，並且不斷以行動來壓迫主張自由民主的個人和團體。遠的不必說，最近「自由人」三日刊被迫停辦，「祖國」周刊在長期被非法檢扣之後註銷內銷執照，就是最好的証據。在這種情形之下，我們要求自己容忍，實際上是要求自己屈從忍受。

三、互相容忍是一個原則問題，（這是個人與個人、個人與團體，團體與團體之間應該共守的原則。）而「說話順耳」、「說話使人家聽得進去」，「使人心悅誠服」等等這是說話的技術問題。我們得承認，說話技術的巧妙圓活，可以增加互相容忍的氣氛，大有助於互相容忍；反之說話技術的拙劣粗暴，容易激動敵對的情緒，有碍互相容忍。就効果說誠然是如此。但是我們必須料到一種實際情形，如果當權者根本就仇視民主，只要你仍堅持民主，不管你說話多麼技巧，他依然會不容忍你的。這就是說，雙方的見解若是根本背道而馳的話，說話的技巧就很難發生作用了。

四、在一般的個人之間，或團體與團體之間，彼此的競爭達到敵意激烈的時候，如果一方面能够克己自制，先示友善和容忍，每每能打動對方，緩和敵意，而恢復互相容忍的氣氛。因為雙方的地位是平等，因此先示友善的個人或團體，會感到自己有雅量，自己是強者。而今天自由中國所發出的容忍問題，與此實大異其趨。因為依照憲法，執政的國民黨是國民的公僕，他們應該遵守憲法、保障自由，實行民主。另一方面，國民是主人，有權力來批評和監督國民黨。批評的意見無論客氣與否，只要不超越憲法的範圍，就得聽受。今天當權的國民黨不能容忍輿論的批評，已經是違反民主憲政的精神了，在這種情形之下，還要叫輿論低心下氣講求說話技巧，就情就理講都不大順當。

以上這些話是偏重道理講的，但是道理未必盡能適應實際。而這些平凡的道理胡適之先生何嘗不心裏雪亮？依我們的觀察，胡先生說那些話，可能自有他一番苦心孤詣。在「自由人」被迫停刊，「祖國」被禁入台之後，敏感的人士早已担憂「自由中國」半月刊的前途了。今天自由中國還有一點自由的光亮，一點復興的生機，多少就靠着還有「自由中國」這類表達自由意見的刊物。假使這類刊物也一律不許存在，那眞是不堪設想！因此我們從胡先生的講詞中，嗅到一種動心忍性，憂深思危的氣息，就並不感到偶然了。

對當前局勢一個簡明的看法

左舜生

（一）

最近一位從美國出發準備在環遊以後依然回到華盛頓去繼續工作的唐盛鎬先生，前幾天由台北到達香港，曾和我有過兩度的接觸。他是一個研究當前國際問題的人，有英文著作，而且在國內就學過俄文，至今能說俄語，能參考俄文書報；再加上，他的態度很謙虛，對一個問題，他都願意聽取各種不同的意見；我相信他所具備的條件，確與他的工作非常相稱，我們不妨期待他將來能做出更多更好的成績。

新近他在台北，曾對一定人數作過公開的談話，根據香港報紙對他談話內容的報導，我大體同感。尤其他說世界大戰不一定會起來；專心等待大陸人民自動起義更不可靠；這兩點，也正是我近年所常常提到的。不過，自從韓戰以後，我更有一個『大胆的假設』：我總覺得中共不會在國際現狀之下，愚昧到以武力去奪取台澎；但，除掉我畧畧知道中共幾個首腦人物的性格，近年大陸所遭遇經濟上實際的困難，韓戰所給予他們嚴重的打擊，以及中共自身並沒有一種發動大戰的自由，此外，我便不能進一步多下『小心求証』的工夫就是了。

（二）

我想像中的所謂世界大戰，至少將會表現下舉的幾種事實：（一）美蘇兩方，必各以領導者的姿態同時出馬；（二）戰爭一開始，雙方必搶先盡量使用其最凶且最有效的武器，而絕不保留；（三）歐洲的德國，亞洲的日本，將仍為這一人類悲劇中的重要角色；（四）現在標榜中立的國家，到了那個時候，將一律改變，或首被犧牲；（五）無論民主與共產兩方參戰的國家，無一能保証其內部不發生絕大的紛擾；（六）從前的戰爭有所謂勝敗，未來的所謂大戰，則將無所謂勝敗；如勉強指出死人更多者為敗，較少者為勝，則勝的一方在戰後收拾殘局時所遭遇的困難，也將較戰時有過之而無不及；（七）不幸所謂大戰果然發生，中國在海外一千數百萬的僑胞，將陷於極端悲慘的命運，甚至有半數以上將無法生存。

上舉的七點，任擇一點加以充分說明，都非累數萬言不能詳盡；可是在一個稍稍明白當前整個局勢的人，却又十分了解，即不着一字，也自可心領神會。一個坐在斗室中過着書生生活的人，一經想像到這一類的事實，尚不免驚心動魄，說今天各民主國家的當局者反而會不識不知，這未免跡近厚誣，因此，我不能不同意『世界大戰不一定會起來』的這一結論。

關於上舉的（四、七）兩點，幾年來我曾在『自由人』及本刊作過若干次的解釋，看最近一年共產民主兩方在歐洲爭取德國，在亞洲爭取日本已趨於白熱，已大致可証明我的看法不錯。日本這個國家有其不易赤化的若干特質，即令前幾天曾有數萬暴徒去攻打國會，一看社會黨的終於分化，若干右傾團體的逐漸抬頭，依然可使得我這一看法更趨堅定。中共自告奮勇，在亞洲担任了分化日本的這一重要工作，今後將非弄得頭破血流不止。

關於第（七）點，當前印尼僑胞的處境，僅僅只是這一悲劇的序幕，如果我們的僑胞不特別提高警覺，態度不更趨明朗，團結不從速加強，則不僅在熱戰發生時將遭受夾擊，即在繼續冷戰時期，其處境也將日趨艱窘。

（三）

所謂『大陸人民自動起義更不可靠』，這並不是說大陸不會有若干的小動亂，隨時發生，事實上這十年以來，早已有無數的小動亂不斷發生；不過一種足與中共政權分庭抗禮的大規模起義，則畢竟不容易形成。所以如此，其原因也不難列舉：（一）中國自來有一種所謂草莽英雄，每當國家在政治上或經濟上出了大毛病的時候，他們即不難一呼而嘯聚數萬人或數十萬人而給予當時政權以嚴重的威脅，甚至擾亂數年或十數年而無法收拾，例如明季的流寇，清季的太平天國與捻亂，乃至入民國以後的白狼，事實上便是這類草莽英雄所演出的活劇。中共這十年以來，却已把這類的英雄人物消滅殆盡，大陸人民已成了羣龍無首。（二）過去一種反對當時政權的集團，往往能首先潛伏或割據一隅，以逐漸培養他們的實力；即令流動不居，也使得官軍無法窮追而加以徹底的消滅。這都是由於當時的交通條件使然。目前大陸的交通狀況，不僅比較四十年前大不相同，即比較十年以前也有了不小的差別，像西藏那樣偏僻的地區，他們尚不難以最短期間調動數十萬的大軍從事鎮壓，其他交通便利的區域，更如何生得起根來？（三）集合幾萬人或幾十萬人去反抗一個政權，首先要解決的便是糧食問題，一定要這一造反集團有糧可刼，有飯可吃，其人數才能越裹越大。目前中共的糧食政策，乃是以人民沒有餘糧為原則，大家只知道沒有飯吃容易使人民造反，却忘了絕對沒有飯吃也不容易造得起反來，這眞所謂知二五而不知一十。

前不久，我看見蔣總統對一位外國記者的談話，說他將容投三千人到大陸去策反，我希望這一消息不是眞的，因為我心目中的蔣總統，畢竟還是一個能考慮大問題的人，我希望他不會為一般胡說亂道的小孩子所騙。

美對華政策呈動搖！國府究將何以應變？

去歲金門炮戰後，中美聯合公報已限制國府不能單獨軍事反攻，海內外同胞痛感退此一步即無死所！年來國府復在外交僑務上因循失策，諸多令人失望，形勢已非枯守待變者所能扭轉，國府面對美國政策呈現動搖之際，若不能奮發有為，又將何以應變？

·金黃·

繼康隆報告後，美國參議院外交委員會主席——傅爾布萊德又在十一月二十四日發表一篇外交委員會委託「外交關係協會」研究有關中共問題的報告書。外交關係協會的報告指出：「對於承認中共問題，不管在過去是否曾經有採取過行動，今後美國必須與中共政府建立聯繫，因為中共現在總算掌管、控制着一塊我們不能忽視的土地。」

美國對華政策明年六月將作最後結論

儘管傅爾布萊德在發表這篇報告時，一再强調說：「研究這個問題的目的，在尋求新的資料，以便外交委員會能在明年六月時作最後的結論報告。」同時他又重覆聲明：發表研究的報告書，並不是反映任何一個外交委員會委員的觀點和意見，外交委員會的委員們可以自由選擇，對委託研究機構所提出的報告書，考慮加以接納或反對這些意見。

不過，毫無疑問的，現在美國外交關係協會提出的報告書將會比康隆報告更能引起美國人民的重視，和將會引起更大的爭論，因為美國外交關係協會主持研究及負責草擬報告書的人，都是美國過去政壇上一些負責制訂美國對華外交政策決策階層人物如：國務院前任擬策部主任波維，今年曾往訪問莫斯科的哈里曼，前任空軍部長芬烈特，和艾契遜任國務卿時掌理對華事務的「無任所大使」吉塞普等人。

美國將放棄不承認主義？

這些人是主張美國實行「現實外交政策」和所謂「彈性政策」的倡導者，他們認為與中共建立正常的外交關係，可以擴大中共和蘇聯間的矛盾，并達到拆散的目的。他們也極力主張防衛台灣，因為台灣是美國西太平洋防綫的一個重要環節。但僅限於防衛。若任由自由中國反攻，可能觸發全球性的核子戰爭。

把中國分成兩個中國，這就是「現實外交」。

此外兩個月來，中美間不愉快的陰影相繼出現，先是美國聯邦地方法院的一個法官所作的「台灣法律地位未定」的荒謬判決，繼之是艾森豪總統的「現在已有四十一個國家承認台灣獨立」的失言。此事雖經美國務院解釋澄清，但國務院所發的小冊子，不足以扭轉主張「兩個中國」的康隆報告和外交關係協會報告書所予人的印象。

很顯然這兩篇報告書，使人感到美國已喪失它民主立國的精神，和在國際間維護公道、正義的外交傳統。儘管美國標榜的是「圍堵政策」、「嚇阻政策」、「解放政策」，現在却要走十八、十九世紀「强權政治」的舊路。並且有放棄「斯汀遜主義」——對任何以武力為手段所造成的國際現狀，美國絕不加以承認——「不承認主義」的可能性存在！

退此一步即無死所！國府究將何以自處？

「兩個中國」和「台灣國際化」的險惡暗流湧現，正在美國朝野之間激盪，自由中國又將何以自處？美國對中共，「靜觀政策」自杜勒斯去世後似已被冷藏。

今日自由中國面對的危局，豈又是枯守待變，以不變應萬變所能扭轉？我在聯合國代表權的問題已一年比一年嚴重，今年聯合國大會已有二十九個國家贊成討論中國代表權問題，誰能預料明年又會怎樣？後年又將如何？

去年，「八、二三」金門炮戰，杜勒斯訪華，中美發表聯合聲明：不以軍事為光復大陸的手段，海內外同胞痛感到退此一步，已無死所！一年後，國府在外交上仍在因循待變，怎不令海內外愛國同胞同情悲痛？

今天，在國際上我們已面臨最艱險的危局，外交方面如此，僑務方面亦復如此。和我國訂有友好條約的菲律賓，竟不顧中菲友好關係，悍然採取激烈手段排華；印尼更欲鯨吞幾百年來華僑在印尼的基業，而東南亞其它各國的華僑也均同感處境日危！

此次菲律賓不顧中菲友好條約，與國府交惡，雖然在法理上與道義上均難站得穩，但六年來，中菲各項懸案，經自由中國三次更調大使（陳質平先生、陳之邁先生、和現任駐菲大使段茂瀾先生。）而仍不能以談判方式求得解決，終亦可見國府負責辦理外交和僑務者，亦難輕辭其咎。

外交和僑務方面大失敗

十年來，國府退守台灣一隅，縱或經濟建設，土地改革如何成功，但這一些成就絕不能抵消在外交和僑務方面的失敗。今後在外交上，如果再不能振作，兩個中國的局面一形成，光復大陸即告無望，中華民國命運可能就由此斷送；處理僑務問題如再有差錯，東南亞華僑勢將無立足之地，那末，華僑的離心力亦將增强，國際形勢如此，我們雖對台灣當局不忍再加責難，但現實情況實已危殆萬分，看來是難以再拖了！

蔣經國迫菲籍僑青「效忠」

中菲關係底暗礁

·杜言·

關於菲律賓禁止華人入境問題，本刊已迭有詳細報導，台北輿論界雖一致認為此次事件與菲律賓大選有關，實則構成此遺憾事件另一主要因素是與蔣經國的「救國團」底活動分不開的。

今年暑假期內，菲律賓返國參加軍中服務的僑生有的雖已經取得了菲律賓國籍，但因在軍中服務便參加了「救國團」組織。而參加這種組織是必須舉行「宣誓效忠」的，於是問題也跟着發生了！

菲律賓司法部長馬曼洛，九月三日就此事發表談話說：菲律賓政府正從事調查四十八名菲籍華僑學生是否有「宣誓效忠他國」的行為。他說，假使經菲律賓駐華使館證實那些菲籍僑生並無「宣誓效忠他國」的行為的話，他將不建議政府取銷他們的菲國國籍。

他所指的「他國」，一望而知是中華民國。

一國國民以自願的方式是可以「幫助」友國的，但並不能「效忠」他國。僑生們既入了菲籍，菲國司法部長的談話，自然是合理合法的了。

這一問題在台灣有限度的「新聞自由」下因未被刊諸報端知者甚少，但合衆國際社駐台記者却曾為此訪問過「救國團」的副主任胡軌，胡氏的答覆是：任何地區華僑青年返國參加軍中服務，都是一種訪問性質，青年們熱情地給三軍做點事，官兵們必就同他們交換一點軍事常識，大家在一起生活一段時間，根本沒有什麼「宣誓效忠」的儀式或事實。合衆國際社據此發出報導，但菲律賓司法部長，且仍明白表示，他將依菲駐華大使館的調查報告為憑，以判斷菲籍華僑之是否有「效忠他國」的行為。

在台灣其實「宣誓效忠」已是司空見慣之事，尤其是在蔣經國所主持的機構之下。因此華僑青年返國，如果是參加了「救國團」，就必須「宣誓效忠」，乃人所共知之事！

所以胡軌儘管否認，但菲律賓司法部長是否完全相信，祇就其談話中已可窺知矣。

總之，菲律賓這次禁止華人入境，在措施方面，固然是操之過激，但自由中國當局應付失當，也引起了若干誤會。尤其是蔣經國平素的措施，如「學校軍訓」，「暑期集訓」，乃至於要回國訪問的僑青於參加軍中服務時，竟有所謂「飲鷄血酒」，「宣誓效忠」等這類落伍行徑，早為青年們所詬病，更為有識之士所齒冷！

因此在遺僑問題越趨複雜之時，這些由蔣經國一手造成之落伍風氣，也不能不予以一併揭發。

台灣一周

現行出版法應予廢止

監察院內政委員會研究現行出版法所得的結論：「一、出版法應着重於輔導，不應重於制裁，現在出版法含有刑法制裁的性質，雖無違憲情事，但於憲法不合。二、出版法規定可以行政命令撤銷出版物的登記及定期停止發行：：是侵奪了刑法的職權，也可以說行政權超越了司法權，實違反憲法分權的精神。」

基於三民主義的立憲精神在五權憲法政治制度下，「現行出版法」，既「於憲法不合」，又係「違反憲法分權的精神」，實為憲政上一項難堪的諷刺。雖行政院的解釋：「非萬不得已不予懲處。」但如所周知，香港出版的「自由人」和「祖國周刊」，在屢遭檢扣之後，前者業經停刊并撤消其內銷証，後者亦已被註銷內銷証了。

憲法既容許「言論自由」，又焉能准許「出版法」存在？

容忍與自由

「自由中國」創刊十周年餐會上，胡適博士重申「容忍與自由」：他說：「一、我們不是弱者，在有權勢的人當中，也包括了我們這般窮書生。二、因為我們也是强者，我們也是有權有勢的人，我們不可以濫用權力，我們的權力要善用之，要用的好。」

「白面書生」之所以有權有勢者，似局限於「固窮」的窮書生而已。蓋內足自立，外無所求；上交不諂，下交不驕。本良知至忱，秉筆直誅。

宋代名儒程頤云：「忍所不能忍，容所不能容，惟識量過人者能之。」作為一個總綰國脈民命的當道，就必須虛懷若谷，廣納忠言。易曰：「見善則遷，有過則改。」如是乎，吏治可以廉明，國家可以復興。

國府應即裁軍減政

報載：美政府已正式通知中華民國政府，今後經濟援助，將以貸款方式，扶助私人企業發展為主體，至於贈予之欵項，將急劇減少。」

面對今日的局勢，我必須强調舉國一致，開源節流，自力更生，從而適應現實的遽變。一、裁減龐大的軍額，使投入工農業生產事業中。二、壓縮疊床架屋的政治機構，精簡人事。三、招徠外資與僑資入台，繁榮社會經濟。三點均屬犖犖大者之當前亟務。

熟讀曾國藩家書的蔣先生，豈能不知能儉約者不求人的至理名言。

·孟戈·

從總統就職誓詞說起

·秋風·

據台灣來的消息，十一月七日香港出版的「新聞天地」第一頁短欄中，明明介紹該刊曾節刊「聯合評論」中左舜生先生的「對蔣總統連任問題一個最後的陳述」一文之二三兩段，但到台灣之後，讀者翻遍全本雜誌，也看不到片言隻字，原來該文的地位已為某商店的廣告代替，顯然是紙型寄到台灣翻印航空版的時候改排的，可惜手法不乾不淨，沒有做到斬草除根，在短評裡留下一條尾巴，空勞許多對左先生文章發生興趣的朋友白忙一陣。

我國政府退處台灣瞬逾十年，在這不長不短的時間裡，有許多政治上認為應該努力的事情都疎忽過去，惟有對同胞出入台灣和新聞言論的管制做得有聲有色，本地報章一片歌功頌德聲，「英明的蔣總統」與紅色報章裡面的「毛主席」同樣偉大，凡是當局所不願意聽的逆耳之言，就無法逃得過治安機關的耳目，所以「自由人」停刊了，「祖國週刊」內銷証取銷了；至於「自由陣綫」及「聯合評論」根本與左派刊物一視同仁，不讓進口，更不在話下，至於僥倖進口後或在台發行的雜認，若被發現有批評性的言論，不是被迫塗改，亦往往留個「天窗」，去年「亞洲畫報」有一期有關「救國會議」專輯被扣留幾個月之後，結果也要塗掉幾段，這次「新聞天地」的遭遇，其手法雖不同，本質沒有兩樣，在台灣有關當局看來似乎「見怪不怪」，但在呼吸着自由空氣的海外人士則是不堪入耳的新聞！

國人若不健忘的話，應記得中華民國憲法明明規定，「人民有言論，講學，著作及出版之自由」（第十一條），准此，則凡是中華民國國籍的人民，無論台灣，海外甚至大陸，都享受有這項最低的權利，如果政府衡量今日處境，認為該項自由還有保留的地方，則不妨明令取締，（我個人認為台灣除反攻大陸的時期有待準備外，其他政令的施行都有絕對的權力），省得我們對現政府增加「自由」的幻想。否則，不幸後之讀史者又發現「議論未定，兵已渡河」，那末這些寫文章的朋友又是罪該萬死了。

我個人提議取銷憲法裡面的條文，國人或認為大逆不道，但如果不這樣做的話，則我們蔣總統的責任可就大了，他在就職時，憲法上早已給他如下警惕的誓詞：

「余謹以至誠，向全國人民宣誓，余必遵守憲法，盡忠職務，增進人民福利，保衛國家，無負國民付託，如違誓言，願受國家嚴厲之制裁，謹誓」。

這個誓詞，蔣總統曾經舉起右手念過兩次，以他老人家七十多歲的高齡，當不至面對這段歷史有所托詞，今言猶在耳，而國人的起碼應得的「言論自由」，受了上面的限制，豈不是堂堂總統對國家不忠，不然，就是「憲法」對國民的欺騙，二者必居其一，又將何以交代？所以，趁着幾個月來台灣「國大」及「立委」們正在討論連任總統問題，對憲法條文提出許多寶貴意見的當兒，作如上的提議，或者還算得合乎「時宜」吧！

毛澤東的「土外交」

·田心·

毛澤東在大躍進運動中，創造了所謂「土洋併舉」的躍進方法。在外交方面亦然。

外交政策上的「土」，是學清朝初年那種自高自大的閉關自守，「洋」是從馬列主義經典中找出來的直前不顧、與「完成世界革命」。兩者結合起來，其施行方法是：打擊以前稱兄道弟的與國，置自身於枯井之中，坐井觀天而又自得其樂。

在這種「土洋併舉」的外交政策指導之下，首當其衝者是日本，藉去年四月間長崎日人撕旗事件，斷然與日本斷絕一切交往。

其次是與南斯拉夫。去年五月，藉口共產國際正在紛紛指責南共為修正主義時節，擺出了比蘇聯還兇惡的姿態；六月裡，召回其駐南「大使」伍修權，九月，索性免伍的職務，使外交關係降為半建交狀態。

第三個目標是蘇聯。中共指責它對南共畏首畏尾，在對西方政策上過分軟弱，說它是沉溺於和平幻想的「和平主義」者，散佈了足以瓦解人民戰鬥準備的和平思想。雖然赫魯曉夫親到北平兩次，依然不能扭轉毛澤東的牛性。正當蘇聯與其他各國在大談巨頭會議的時節，中共的報章雜誌連隻字評論捧場都沒有，若果巨頭會議眞的要舉行的話，毛澤東不知將祭起什麼法實來打散這一會議，現在還是一個謎。

第四個打擊目標是印度。製造中印邊境的武裝糾紛，强迫尼赫魯低頭。

第五個打擊目標是阿聯。八月二十七日，「人民日報」發表評論攻擊阿聯逮捕黎共書記赫盧。九月二十八日，中共再慫恿逃亡在國外的叙共總書記巴格達什在有阿聯外交代表參加的「十一慶祝大會」上公開抨擊阿聯總統納賽爾，導致阿聯召回其代辦。據說事後中共已對阿聯作滿意的解釋，但其代辦仍未回任。

第六個施行强硬政策的目標是印尼。本來印尼排華政策是沒有道理的，在今年九月間亦已有緩和的跡象。但十月裡印尼外長訪問北平時，中共給予他一種難以忍受的侮辱，回國以後，排華行動才又轉趨激烈，再加上中共駐印尼「大使」黃鎮態度驕橫，更加火上加油。

至此，毛澤東的「土外交」似乎已經遇到了堅壁。阿聯有斷然與其絕交的決心，迫使其作一種半道歉性的解釋；印尼亦然，迫使它不敢作正面的表示。看來，這種「土外交」再繼續維持也很困難哩！

北平的「民族文化宮」

·高瞻遠·

本年來中共在大陸上的建設又有一件值得共幹誇耀的就是北平城內所建的「民族文化宮」。

「民族文化宮」座落在北平西長安街的西面，離開天安門三公里，座北向南，東邊靠水產部辦公大樓，西邊是民族飯店，建築面積是三萬零七百七十平方米，東西寬一百八十五點七八米，南部縱深為一百零五米，中部為高層建築，地面下兩層，地面上十三層，從室外平地到頂尖共高六十七米，到目前為止是北平城內最高的建築。

這座「民族文化宮」建築是夠偉大的了，可是建築的過程也等於秦始皇修了一段長城。最初參加工地的只有一千五百多工人，後來因為時間趕不及，要在十月一日以前完成，最後把民族事務委員會的幹部及中央民族學院的學生全部開去，共計一萬多人，在零下十八度的氣候下，大雪紛飛，有一次遇到八級颶風，但是工人仍不肯（？）停工，甚至於有一個回族青年竟然帶病工作了四十八小時，這實駭人聽聞。

至於所用的材料更是驚人，有十一個省市供給工人及物資，六十多個工廠專門為它加工製造器材，內蒙，廣西，寧夏三個自治區送來木料和鋼材，還有銅料，為了搜集銅料，這三區的銅鎖匙都被化光了。

民族文化宮的頂上用的孔雀藍琉璃瓦，北平的工人不會燒，於是又從江蘇宜興縣徵調了兩名老工人到北平門頭溝窰廠教導廠內工人製造，最初也未能燒成，工人經過反覆研究，發現原來北平的土質不好，不能燒成，負責幹部居然命令蘇州共幹供給泥土，把蘇州土打成包成列車裝上北平，這樣又經過許多次失敗，總算把琉璃瓦製成了，但是製造牆上用的白色無光釉面磚，又發生困難，過去共區工業所需用的磚，都是帶釉發亮的，而且只有十五公分乘十五公分的方塊磚，現在因為「民族文化宮」的牆太高，設計圖則的人改用十二公分乘二十五公分的大塊磚，這一來就麻煩了，不但技術要改良，連機械設備都要重新改裝，雖然如此困難，好在中共有錢，居然全部換過，牆磚也就製成了，僅僅為了牆磚，中共又添設一個新廠，這當然也可以歸入偉大建設之一了。

房子蓋好了，裡面自然還要裝修。民族文化宮的中心部份是中央大廳，大廳北面一塊漢白玉橫梁，上面雕刻着毛澤東寫的「中華人民共和國各民族團結起來」十四個金字。大廳裡的牆壁，欄杆，柱子都用湖北大理石鑲貼，柱頭和牆配以鎦金花飾，地面是用北京綠大理石舖起來的。湖綠色的八角宮頂裝飾着精工雕製的白色石膏花紋。正中間用四十串水晶玻璃鏈子懸掛着一個高五米，直徑三點五米的宮燈，燈下面還配着二十個小的五角玻璃星圍繞着一個大的玻璃五角星，閃閃發光。

以上是裝飾，再說雕刻，大廳四壁有四個漢白玉大浮雕，上面各刻了十四個到二十一個人物，每個人物都和真人大小差不多，圖案則是豐收，大躍進的場面。這些雕刻是中央美術學院雕塑系師生到少數民族地區實地考察之後，按照當地服飾加上政治條件畫成的，又集合全國雕塑工人雕了兩個多月才雕成。

最「精采」的是大廳入口處一個大屏風上，畫了一幅各民族大團結的長幅重彩絹畫，畫上共有五十三個人，除去毛澤東之外，其他五十二個人代表五十二個民族，毛澤東穿一套中山裝站中央，看上去只有三十幾歲，右邊站了一名漢族男工人，左邊好似一個蒙古族女孩子，背後立的也都是女孩子，全幅畫面共有女人二十九名男人二十四，一隻小羊，十二隻鴿。構成了一個畜牲共人的畫面。

中共窮天下之力蓋了這樣一座文化宮，主要目的只在表演毛澤東是中國各族人民的偉大領袖，以滿足從「主席」寶座上揹下來的空虛心靈，比起萬里長城和運河，毛澤東就較秦始皇、隋煬帝差的遠了。

駐印中共幹部求美庇護

正當大陸上鼓足幹勁反右傾的時候，在印度的孟買發生了中共「總領事館」職員張建佑（他也是一個貿易官員）投奔美總領事館，請求予以政治庇護。結果雖然是「戲劇性」地收場，且甚而引起美總領事館職員庵斯特郎被中共人員綁架扣留在中共總領事館內，達六小時之久，而張建佑則終於又再度落入中共手中，下落不明。但此事件實足以反映中共幹部對毛澤東政權之厭倦。

今年初，在緬甸的仰光中共駐緬大使館內，也有一個名劉平一的幹部，因桃色糾紛事件，投奔美國大使館，請求予以庇護。

儘管這一類事件是百不見一的，但却說明了中共派駐在外的幹部，政治信仰并非絕對可靠。中共的反美運動，至少已行之有十年了，這些派駐在外的年青幹部平均年齡都不會超過卅歲，他們至少受過五年以上的，嚴格的洗腦，然而當他發生困難或對共產黨厭倦時，就採取迅速的方式，投向美國領使館請求庇護。

其實在中國大陸上，近三個月來，中共黨內的「反右傾」運動，也已進入密雲不雨階段，而張建佑反黨投美事件，正顯現了幹部精神崩潰。葉落而知秋，中共黨內的鬥爭與整肅，可望不久將揭曉了！（裕）

國民黨紀念建黨六十五週年

台灣通訊　哀矜

十一月二十四日為國民黨建黨六十五週年紀念日，該黨中央黨部以時值節約救災期間，停止舉行一切慶祝儀式，僅通令各級黨部於是日召開座談會，檢討工作之得失，以資紀念。回憶中山先生當年倡導革命，原以建立民有民治民享之國家為最終目的；但時至今日，此一具有悠久歷史的黨竟成了支離破碎之局；而其十年以來在台灣所作所為更多與中山先生的遺教背道而馳，果能在此日痛自檢討，力求改革，當然是一件好事。不幸，在事實上，連所謂座談會的影子都沒有，遑論其他？舉一個最顯著的例証，台灣省黨部在奉到中央黨部的通令以後，原定於是日召集具有黨齡四十年以上的黨員在省黨部開茶會，由大家報告有關黨的故事。這可說已經失去檢討工作的意義了；然而省黨部主任委員上官業佑却於是日去台北，可見中央黨部的通令不過是一種自騙自的官樣文章而已。國民黨之所以敗壞一至於於此，豈偶然哉？

台北市議會忙於勸進

台北市議會第六次大會於十一月二十三日舉行開幕儀式，張傳祥議長在開會詞中，發了一篇妙論，他說：「為了國家利益與需要，無論修憲與否，均應授權大法官基於憲法的適應性與時代性的精神價值及其先例，提出適當的合法解釋，由即將召開的國民大會完成延長總統任期的法定手續，才能符合海內外同胞的願望」。並建議以此作為本會本次大會開幕之獻（二十四日台北中央日報）。台北為今日中央政府的所在地，所謂首善之區，其議長竟作此不知所云的議論，我們的民主特徵，其在斯乎？

可是，儘管張議長的話是如此的莫明其妙；然而大家都知道勸進乃今日的急務，市議會等不及正式開始議事，即趕緊在開幕典禮中一致通過鄒德費和楊姚淑蘭兩位男女議員的一項「重要臨時動議」，案由是：「為維護國家的利益與安全，並確保反共抗俄的領導的絕對勝利，建議大會全體同仁代表台北市八十萬市民的願望，一致擁護總統連任」。市民選舉市議員是要他們去審議市政，並沒有授權他們去勸進；且台北市民中公開反對連任者已不乏其人，自由中國半月刊社就是一個最顯著的例子。市議員諸公所謂代表八十萬市民的願望云云，豈非自我諷刺？

立委覃勤被判徒刑

政府遷台後，立監委員中能憂國憂民克盡厥職者固多；而利用其特殊身份作奸犯科者亦時有所聞。年來若干立委兼營律師業務，發生種種流弊，已為社會所非議。最近更有立委覃勤因創辦醫學院，利用大中學生得免兵役之法律縫隙，收受賄賂，大量錄取備取學生，並發給入學証，破壞兵役，被台中地方法院於十一月二十三日宣判處有期徒刑二年，褫奪公權三年。此案發生已久，經人舉發後，曾在立法院引起一場風波，覃勤並因此辭去該國醫學院院長之職，藉以緩和空氣。如今始由法院審判終結處刑如上，聞者稱快。

基隆市議長涉嫌走私被扣

在立委覃勤被判徒刑不數日之後，基隆市議會議長蔡火炮又以涉嫌走私被扣押。據台灣省警備司令部所發表的消息，蔡於十一月四日下午五時三十分藉故為基隆某單位主管調任補行餞別為理由，邀請該市各治安單位主管前往北投綠園飲宴至深夜，企圖以調虎離山之計，分散治安機關之注意，便利其走私之不法勾當云云。

在未被扣留以前，蔡已聞得風聲，並曾於十一月二十日下午在市議會招待新聞記者，否認最近基隆所發生的大走私案有關；但據聞警備部人員於二十八日上午七時前往傳訊並搜查其住宅時，曾查出與大走私案人物有關之支票存根及賬簿多本。且蔡為國民黨員，其當選基隆市議員及議長均係國民黨提名，如非案情重大，當局當不致將其扣留也。

讀聖賢書所幹何事

楊善

十一月七日香港大公報「香江漫談」欄內，有「讀聖賢書，所幹何事」，作者署名方群，原文如下：

『「十年樹木，百年樹人」；教育事業是神聖而清高的工作。可是，此間却出現一些昧着良心、遭人驅使之輩，在學院內大搞陰謀活動。他們在課堂上嚷叫「反攻大陸」，公然印發表格調查學生及家長一切，……種種活動，揭穿一看，無非是藉教育之美名，搞政治性之勾當。

莘莘學子為求學業有成，學生家長為盡培育子弟之責，對教師的期望甚殷；正因如此，也就對一些搞風搞雨，進行反動宣傳，不務「教」業的傢伙鄙視和痛恨。

讀聖賢書，所幹何事？披着教師的外衣，搞反動宣傳之輩，儘管外表道貌岸然，實愧「為人師表」！』

這一篇短文所指的是那一間學校和有無如作者所說的情事，都不是我想知道的；我最感興趣，是作者的觀點。依作者的說法，教育事業應為神聖而清高的工作。因此，他認為藉教育之美名，搞政治之勾當，即是昧着良心和不務教業的傢伙，儘管外表道貌岸然，實愧為人師表，理應受社會的鄙視和痛恨。但「如所週知，今日的中國大陸，共產黨不僅是藉教育的美名來搞政治的勾當；而且是以教育為工具來實現其政治的陰謀。他們在各級學校推行奴化教育，教師祇能講授共產黨所指定的教材，學生不准閱讀共產黨以外的書報，甚且強迫開小組會、辦大字報、清算鬥爭、坦白改造、今天洗腦、明天勞動、搞風搞雨、雞犬不寧。十年以來，大陸的學校已不再是傳授知識的園地而變成了宰割知識的屠場，該文作者對此等昭然若揭之事實不敢妄置一詞，而獨對於本港的一間學院認為有人從事政治活動就斥其為不務教業，何其自相矛盾乃爾？

可是、就作者以讀聖賢書所幹何事為題及其全文的措詞命意仔細看去，可以說，都是針對中共在學校的種種暴行而發的，我猜想作者實為一反共之士，也許身受中共以教育為工具搞政治的勾當之苦或深感其非，不敢明言；祇得借本港的一間學院來發洩心中的積忿，所謂指桑罵槐是也。否則，共產黨向視教育為政治的工具，而在學校內攪風攪雨更是他們的慣技，以一個附共報紙的專欄作者，寧有不知之理？又何致對此等事如此深惡痛絕呵！寄語方君請善自珍重！

（讀者投書）

民社黨一氣化三清

馬周

民社黨為了團結於本年八月間召開第二次全國代表大會，但大會還未正式開始，忽又再告分裂，原徐傅霖派及向搆父派，均登報指責這次代表大會為「有違全面團結」的協議，一時啓事接二連三的刊登在此間各報上，着實熱鬧了一番，而八常委所召開的全代會却把向搆父的民社黨籍開除了，但對於徐派幹部劉政厚等仍採取容忍態度，不久，政府舉行雙十慶典，正統的八常委的民社黨聲明，如果政府邀請向搆父以民社黨的身份參加慶典，他們就拒絕應邀參加。何以八常委對於向搆父如此深惡痛絕，而政府始終不否認向搆父在民社黨方面的地位呢？明眼人自可想見而知了。事件尤有出人意料之外的，劉政厚等徐派幹部既以繼承徐氏「與政府合作」的遺志為號召，而對於與政府實際合作的向搆父却不能合作，可是向搆父不甘示弱，自己也召集了一次全國代表大會，並把八常委之一的蔣匀田的黨籍開除以資報復，因此，本年近二個月內，民社黨開了三個「第二次全國代表大會」，真的和封神榜上的洪鈞老祖一樣，一氣化三清了！

最堪注意的是向搆父何以民社黨內孤立起來？既不容於蔣匀田等八常委的正統派，又不為徐派幹部劉政厚等所擁戴，這兩派反蔣匀田的立場似乎一致，「與政府合作到底」的目標亦復相因，究竟其不同之處何在，殊令人費解，或者是劉政厚等不希望向搆父取徐傅霖的地位而代之，恐怕這就是此兩派不能合作的唯一理由吧？民社黨遷台以來的經費是相當困難的，何以時至今日，這裡開大會，那裡聚餐，連篇的巨幅廣告刊登啓事，用錢如流水一樣，這些錢是那裡來的，實在值得玩味。此間十一月十二日的公論報以政黨道德之墮落為題，曾有如下的敘述：

中國民主社會黨於本年八月十五日召開全國黨員代表大會，經選舉張君勱為主席，石志泉、蔣匀田、王世憲、孫亞夫、郭虞裳為副主席，及楊毓滋等一百七十餘人為中央執監委員，并開除「改造委員會派」之向搆父的黨籍。然不到三個月的時間，向搆父一派即於本月九、十兩日在本市中山堂堡壘廳同樣召開全代會，決議開除蔣匀田黨籍，以示報復。而該黨原屬已故徐傅霖之一派，亦於本月十、十一兩日在本市靜心樂園中正堂舉行全代會，聲稱是繼承正當法統所召開，并強調該黨原來之「八常委派」及「改造委員會派」為非法。同時，向派全代會并已選出主席、副主席，及中執監要；徐派全代會亦復產生主席團及中執監委。似此，該黨甫經團結兩年，又起紛爭，且已恢復從前的分裂狀態。我們一方面為民社黨的前途惋惜，一方面也為目前的政黨道德之墮落，深致慨歎！

究竟民社黨此次內鬨，鬧得烏烟瘴氣，其真正原因何在？公論報說得似乎還含蓄一點，十一月十六日此關聯合報的台北外記民社黨鬧家務一文中說：

「民社黨的各派系中，以劉派頗願與政府合作，八常委派若即若離。最近因為明年又要選舉，在野黨的行情，似乎看漲，也正因為如此，內部的糾紛，也就多了！

據瞭解民社黨內情人士告訴記者說八常委派最近已意見分歧，甲對記者的說話，乙要否認，乙送出的新聞稿，甲說不知道。」「大選在即，行情看漲」，這是民社黨內部分裂的真正原因，這絕不是該黨創始人張君勱先生始料所及吧！究竟這個糾紛何時才能了結，且聽下回分解！

（台北通訊）

中共在陝西的軍事設施

刼餘

中共近年來修言和平，但一切的建設計劃，盲目的煉鋼煉鐵，大量的採煤掘油，無一不側重軍需方面的生產和準備。至於「人民公社」的急進，更是全民皆兵，軍事編配的典型，此爲有目共覩的事實。

例如在陝西，以西安爲軸心的隴海鐵路，修通蘭州後，向西修建的甘新鐵路，預計在明年與蘇聯鐵路在阿克斗卡沾可以銜接，完成中俄共三條國際運輸線。隴海東部支線，寶成鐵路，早已修通，並在寶雞至雙十舖段，完成電氣化。把鳳縣政府由原址西遷雙十舖，以適應陝西兵工廠運輸以及行政需要。

軍火工業

中共選擇陝甘川交界，寶雞、天水、南鄭三角地區的重山峻嶺地帶，秘密的新建起軍火工業區。韓戰中，由東北與京滬遷移來了一部份兵工廠外，從一九五五年以來，中共不斷的在該區修建製造各種武器的兵工廠。

至於在東北以及沿海省份，表示將舊的兵工業遷移後，再不建設新的，兵工廠直屬總軍械部，用來準備第三次世界大戰的爆發，這是共黨集團的戰畧安全措施。中共修建西北區的口號是：「將西北建設成蘇聯烏拉爾工業程度，與蘇聯工業緊密連結起來。」我們由此可以看出：中共建設西北與秦嶺兵工業的野心企圖。

軍事禁地

中共在秦嶺所建的兵工廠區，一律劃爲軍事禁地，不要說一般人民莫明其妙，連地方上黨政機關幹部，僅能知道是兵工廠區，但無法知道其內幕。該區工廠禁止與其他地方直接來往，工人根本不准出警戒範圍，用的電力，也自成系統，與其他工業用電，毫不發生關係。

隴海路在關中，由咸陽經邠縣、平涼、固原，西達武威的威武路，與由西安，經藍田、商縣、襄陽、樊城、南達武漢鐵路綫，均已測量完畢，預備在第三個五年計劃中修通。陝西境內的渭水、漢水，水量不大，不利於運輸上的發展。尤其是渭水系，在關中小而平穩，不能產生大的水電力。中共在新建的各種工業緊急用電力的情況下，修建了關中與漢中兩處大型火力發電廠。中共工業基礎脆弱，在缺乏建設火力發電的優質鋼鐵材料下，可說是傾其所有修建陝西兩處的發電廠。

煤的供應

關於煤的供應，渭北煤礦區鐵路，由銅川伸延宜君，各礦都通鐵路。渭南走白水的輕便鐵路，改成單軌道。渭北煤礦，改用機器採掘，並建立焦煤提煉廠。簡單來說，中共已把陝西建設成爲新的工業區，其工業化程度，已超過山西省。

陝西工廠，除秦嶺兵工廠，事關軍事，嚴密封鎖消息外，一般工業，比較著名的計有：關中、漢中，發電廠兩座，延安人造石油廠、關中鋼鐵、發電機、變壓器、鼓風機、滾珠、寶雞油精廠等，爲第二個五年計劃中的大型工廠。

採用代號

關於西北區軍需工廠，中共嚴格保密，採用代號，據筆者所知，從六○一起，到六○五止，完全是新建的現代化的軍需品製造廠，專事供給駐防西北區與西藏的解放軍的軍需。六○一被服廠，設西安市三窰頭。六○三裝具與皮鞋，馬鞍廠，設小雁塔西南。因爲西北氣候嚴寒，皮革不容易晒乾，所以倣效東北三○六廠用乾燥室設備。三○六廠是接管日本佔領東北時的軍裝設備廠，規模宏大，曾專供關東軍與侵華派遣軍的軍需品。六○四廠設三橋，製造騎兵及軍官長腰馬靴，每分鐘可出產十雙。這些代號保密的工廠，隸屬總後防勤務部。

大陸農業生產萎縮原因

樵夫

「爭先進」這名詞，是中共用作搾取人民勞力的「法寶」。當去年生產大躍進時，豈意這「法寶」竟然失靈，使中共上下着慌起來。

據十月七日浙江日報說：「先進吃虧論」和「甘居中游」的右傾思想，大大影响了全省的生產，由於這種思想指導，部份幹部、羣衆思想上不是力爭上游，而是甘居中游或下游。在工作中放鬆領導，對大躍進中一些行之有效的領導生產運動的羣衆路綫工作方法。也不積極推行。

中共公開承認幹部放鬆對羣衆的領導與反對「爭先進」似乎還是首次。該報指出這運動正在廣大農村蔓延，事例之一是浙江黃岩，「該縣土質好，條件好，農業出產却比不上別的縣，全縣在糧食生產、征購和各項任務中，既不先進，也不落後，有點自滿自足。公社與公社之間學先進、趕先進的空氣也不濃厚。有的對先進標兵不服氣，因此有了先進標兵，也不能在全縣普遍開花。」

浙江日報還舉出共幹反對「爭先進」的原因說：「先進了，工作任務重，太緊張；先進了，要多賣餘糧；先進了，參觀取經人多，要躭誤生產；先進了，樣樣要帶頭。」這僅是共幹反對「爭先進」的表面原因，實際是共幹和羣衆的覺悟，他們甚至憤慨的說：「爭先進是我們的事，果實却是別人吃了」。

十月廿日人民日報對此嚴加批評，認爲這是「資產階級思想的農民的叫囂，是他們反對糧食統購統銷，不願接受先進技術的思想反映。是他們反對總路綫大躍進的具體反映，由於部份幹部都存在這種極有害的思想，力爭上游的鬥爭便低落了。」「怕先進吃虧，上不相信黨的領導，下不相信羣衆覺悟，先進經驗不學習，有經驗又反對別人取經，這種先進吃虧論者，醒來吧！」

人民日報是中共黨報，向來以報喜不報憂爲原則，今竟提出「先進吃虧論者，醒來吧！」呼聲，足徵不願爭先進的這一風氣蔓延之廣，不限於浙江一地。大陸農民顯然沒有中共所謂把「紅、勤、巧」社會主義競賽推向高潮去爭先進的興趣。

大陸農民這種反應，固因不滿於糧食統購統銷和中共的總路綫，以致把人民驅向「一日等於二十年」生產大躍進的勞役高潮；主要者則還是由於反對中共的剝削，正如共幹沉痛的說，「爭先進是我們的事，果實却是別人吃！」農民在中共鞭策下「爭先進，趕先進！」日以繼夜的忘我勞動，所得報酬僅是幾兩糙米和一些蕃芋。自己血汗換來的果實，却給別人享受、揮霍。只要不是傻瓜，誰願幹勞而不穫的蠢事。

事實証明中共上下現在對正在蔓延於廣大農村的這消極反抗，異常恐懼，所以中共中央才對一百五十多名縣委第一書記和生產大隊總支部書記，展開示儆式的鬥爭。企圖用他們去撲滅正在燃燒的怒火。人民日報提出更嚴厲的警告，說這種「吃虧論」的後果，非常可怕。該報說：「浙江省黃岩縣澄江人民公社的下曹生產隊，由於去年增產，多賣了四萬斤谷，就認爲吃虧了，就不聽黨話，不接受先進技術措施，結果今年早稻單位產量比去年減少了百分之廿六。國家徵購方面固然減少，社員亦短少粮食分配。」

持平而論，中共這種多徵、歉收照徵、不收也徵的統購政策，實在叫農民無法忍受。人生存最起碼的需要是什麼？吃飽、穿暖。然而，今日全大陸人民每日勞役十四甚至十七八小時，吃不飽、穿不暖，叫他們如何再有「爭、趕、超」的興趣。難怪他們都以傴僂思想，過一日算一日，以待天明。

依上所述；今年大陸農業生產萎縮原因，實由於農民覺悟，大家對中共暴政採取無言反抗的結果，對這種自覺自發由下而上的消極反抗運動現正在方興未艾，決不是中共隨便加上幾頂右傾機會主義帽子，鬥倒幾個幹部，就可以挽救的。

大陸又有旱災

劉裕畧

大陸之窗

作爲一個經常觀察大陸動態的人，對於大陸許多事情，實在感覺奇怪。譬如以災情來說吧！對於任何國家，如果該國家經常都有各種災情，那一定是一樁重大新聞，但今日大陸對此却已不是新聞了。據中共自己在今年秋季統計，大陸今年水災旱災蝗蟲災共達耕地五億一千餘萬畝。今日大陸之耕地共約十六億畝，則今年的水旱蟲三災的面積即達大陸全部耕地三分之一之多。這眞是駭人聽聞的新聞。

另一方面，假如中共佔據大陸後，只有今年才如此，那也還可以說是天災之偶然。但中共佔據大陸十年來，中共年年在鼓吹水利建設，却年年都在鬧非常嚴重的旱災和水災。不是缺水，就是水太多，然則中共究竟搞的什麼水利呢？

如果照中共所說完全是由於天災，是完全由於無可抵抗的天災，那末，試以四川作例子來問：四川原爲天府之國，由於李冰父子在二千年前修好至今世界著名的都江堰，所以四川主要產米區——成都平原，溝渠縱橫，兩千年來既不鬧水災亦不鬧旱災，但現在却也鬧起旱災來了：據法新社北平十一月廿五日消息：今冬大陸竟又發生大旱災，災區極廣，中共農業部亦已於十一月六日正式公開承認現在已有十二個省份鬧旱災。中共且又承認四川省亦有三百八十萬公頃農田成災。三百八十萬公頃農田這一數字，已超過四川全部農田總數的一半，究竟是什麼一回事呢？

水、旱災之外，大陸尚有蟲災，即蝗蟲之災，這蟲災並非來自國外，而是起自大陸，依中共推行人民公社實施集體耕作的方式來說，依理是絕對不該鬧蟲災的，但竟亦鬧蟲災，這恰可証明中共政權是最容易引起災害的一種政權，毛澤東說人民公社對於抗災最有力，但我們却認爲中共政權本身最不能抗災。何以故？因爲共產制度强迫人民勞役，剝奪人民勞動果實，拆散人民家庭，使人民對生產缺乏自動工作的興趣，故對抗災的事亦缺乏自動的熱誠，正因爲人民對生產和抗災的事缺乏自動熱誠，而只在奴役與强迫命令下勉强工作，所以，本來可以不致成災的都成災了，這便是十年來中共佔據大陸後各種災情普遍頻見的原因啊。

陳毅蘇班德里奧舌戰記

蘇蘭芳

印尼執政黨國民黨與印尼共產黨的鬥爭，已因中共的介入而更趨表面化。同時，中共亦因為幫助印尼共黨與印尼國民黨鬥爭，鬧到中共與印尼的外交關係，瀕臨破裂的邊緣。

自從西爪哇軍區頒佈限制中共外交人員行動的命令之後，中共與印尼的關係，已經不絕如縷。原因是西爪哇軍區乃第三軍區，軍區司令柯西沙上校，司令部設於萬隆，它的轄區正包括耶加達在內。而耶加達則是中共使館的所在地。因此這一禁令的影响，對中共使館特別嚴重。

柯西沙上校的頒布這項命令，是以印尼「戰時地方掌權者」——在中央為陸軍參謀長，在地方為各軍區司令——的身份發佈的，所根據的是維持治安的權限；因為這一禁令的發出，乃因中共外交人員鼓動華僑抗拒軍區的遷徙令，有造成軍民衝突妨碍治安，及外交人員干涉內政之嫌。但是以軍方的措施而影响及外交，究竟軍方有沒有這個權力呢？

中共使館最初就企圖不承認軍方的這一命令，以為地方軍區的命令不可能影响駐在中央的外國使節，在中共駐印尼大使黃鎮，就要求謁見蘇加諾總統交涉，但是在會談達九十分鐘之後，黃鎮終於垂頭喪氣地離開了獨立宮。

據說蘇加諾總統對黃鎮重申印尼獨立精神，「反對任何殖民主義」，不論荷蘭或其他。雖然華僑並非殖民者，但印尼方面不承認中共外交人員的干預軍方治安措施為合乎外交儀節。於是蘇加諾總統面告黃鎮，謂中共外交人員不能離開首都範圍，最好是非有特別重要事務，不要離開中共使館外出。

事實上，第三軍區駐地因為密邇首都的緣故，與中央首腦部的聯絡，極為密切。所謂驅逐中共外交人員令，在發佈前，業已獲得總統及外交部的諒解。國民黨報紙事先就已經呼籲，要求宣佈中共使領外交人員為「不受歡迎人物」，即他們已預知當局將對中共人員施行管制。貿貿然的黃鎮，尚以為中央與地方可能會有不同的看法，徒見中共外交的顢頇。

深悉內幕的人士說，印尼與中共關係的惡化，並不止於印尼內政有關的華僑問題，其間還有外交的因素，而其發生地點，則在北平。據說當印尼外長蘇班德里奧訪問北平時，周恩來陳毅均未出席參加印尼使館為蘇氏踐行的酒會。此舉不但有悖外交儀節，抑且顯示蘇班德里奧與陳毅之會談，有一段並不愉快的經過。

內幕權威人士說，蘇班德里奧會為印度與中共邊境糾紛而為印度發言，謂中共此舉，誠恐影响亞非國家觀感，似宜根據「萬隆精神」，予以和平解決。蘇氏並追敘一九五五年萬隆會議當時，亞非國家正恐中共攻台引起戰爭蔓延南洋犖島，但周恩來出席萬隆會議，公開聲言「政治解決台灣」，大受東南亞國家之歡迎，乃有後此亞非運動之發展云云。照蘇班德里奧之意——其所以重提舊事，無非為表示東南亞國家渴望和平，諷示中共不要動用武力，摧毀「萬隆精神」。詎知陳毅聞言大怒，謂台灣為中共內政，雖以美帝之強，中國人民尚且不容其干涉，其他國家，當更不容有干涉之餘地云云。這麼一來，就使得蘇班德里奧的話，接不上去。

在華僑問題的談判上，雖然印尼與中共達成了「華僑配合印尼經濟發展需要」，及「根據解決雙重國籍協定處理」的公報。但據說談判當時，陳毅曾對蘇班德里奧警告，謂印尼取締華僑，只能以「蔣幫反動份子」為限，否則即非印尼之福云云。這又引起了蘇氏的反感，不滿於中共官員那種「大國沙文主義」的態度。所以蘇班德里奧一到東京，在與日本人的談話中，便說出「談及台灣及華僑問題，中共便容易發怒」的話。蘇氏回到耶加達後，聲明印尼國策決照原定推行，無非是正式對陳毅的一個答覆。至於他在北平談判的經過，他當然源源本本地報告蘇加諾總統及朱安達內閣。上述內幕，便是閣議方面所透露出來的。

本來陳毅還準備訪問印尼，「解決華僑雙重國籍問題的，這已見之於「蘇、陳公報」。可是朱安達首席部長前天突然宣佈無限期延緩批准印尼中共解決華僑雙重國籍協定。這不曾是對於陳毅的來訪印尼，加以峻拒。而這也象徵印尼中共關係，還會惡化下去。近來關於華僑問題已由印尼共黨出面抨擊，可能是中共避免與印尼正面衝突的緣故。

·耶加達通訊·

尼赫魯仍在玩火中

勞一根

玩火者必自焚；即使他的手法相當乖巧，相當高明，也難逃此「公例」。

玩弄政治之火，尤其是玩弄國際政治之火，更容易陷入這「公例」的深淵。——印度總理尼赫魯就是一個頂好的榜樣。

尼赫魯以小丑也似的嘴臉，和奸滑詭譎的手段，一向都唱着親共的怪腔，玩弄着「國際火球」的中共，自以為高度聰明，表演得有聲有色；然而結果如何？

如所週知：中共是進軍印度邊境了！

顯然，這是共黨對印度的一個嚴重威脅。

無可諱言，中共的火燄已燒到尼赫魯的身上去。這一趟，尼赫魯是墮入行將「自焚」的尷尬而又危險的困境中。

自中共進軍印度邊境以來，整個印度局勢，迅即轉入緊張狀態。國內人民，羣情洶湧。國會議員，對尼氏以往（甚至目前）親共的政策，羣起指讁；連尼氏的女兒甘地夫人，也對她的父親，表露出意見相左。

甘地夫人是國大黨的首領，她對中共的看法，是獨具卓見的。

甘地夫人曾指出：中共的所以在印度邊境發動許多亂事，是想表現他們的力量。

她這一番話，顯然是暗示着中共是企圖憑籍其軍事行動，發展共產主義的勢力，使之直截了當地伸到印度的任何階層，並配合印共來操縱整個印度的政局。她是窺透了中共歷年來對印度的野心。

甘地夫人也清楚地指出：在西藏抗暴之前，中共久已向印度施展壓力；他們已築了一條公路，橫過拉達克。她肯定地說過：這一定有很複雜的內情。她認為拉達克和西藏，是有相當密切的關係；言語雖不同，但宗教是聯繫。中共這樣做法，又是「表現力量」的一種行動。

甘地夫人承認：共產主義對印度是一種危險。共黨在印度已有許多窟穴，基拉那省即其一例。她還說：我不知道印共是否印度人。

在這一句「我不知道印共是否印度人」的話中，我們可以測度得到甘地夫人的腦海裡，一定浮泛着許多非印度人的印共影子。

這些非印度人的印共畢竟是誰？甘地夫人雖然沒有說明，但此中有人，呼之欲出；那就是中共滲入印度裡的特務。

從上述甘地夫人的卓見中，我們也可以獲得一個概念：那就是印度在尼赫魯的玩火手法下，作出錯誤的親共政策所獲得的必然惡果。

可是火燄雖燒到印度的邊境，而尼赫魯却仍未及時澈底覺悟。

最近人民社會黨主席米克達不是就指讁過他嗎？米氏說：尼赫魯仍擬利用他的威望，使國家接受自邊界地區撤退，而非集結人民抵抗中共，乃屬可恥！尼赫魯必需運用其精力，對付中共；假如尼氏有正確的領導，則大家自然都支持他。但尼氏却仍維持「和平談商」的政策；尼氏曾提供保証，謂印度將保護印藏間小小喜馬拉雅山王國不丹。但假如印度甚至連自己的領土也不能保護，如何能保護不丹？

米克達這一番憤激的話，正說明了時至今日，尼赫魯這小丑，依然以為自己相當聰明，而不知道自己却是一個聰明笨伯！

我們可以說：尼赫魯仍在玩火中；快將自焚！

「代用米」

·張又本·

福建南安縣「埔頭公社」的共幹，那一天，神氣十足地對社員們宣揚他們所「發明」的「代用米」。他的滿佈橫紋的臉龐，掛上了很不自然的笑容，說：「同志們，我們真有福了！最近，組織上已替我們發明了代用米啦」！

「代用米」？社員們都為之一愣；大家瞪着詫訝的眼睛，你眨眨我，我眨眨你。

共幹看到社員們的反應，似乎不大對勁，於是大聲的再叫了一句「同志們」，然後挺一挺腰，昂一昂頭，繼續說：「這種代用米含有豐富的維他命，是相當夠營養的」！

他以為這番話，一定可以引起社員們的注意。可是社員羣中，卻祇發出了陣陣的「吁」聲，他難堪極了。但他仍不能不要再說下去：「你們不要小覷它，用它煑成的飯，又香又甜，又好吃，而且還有一種妙處，那就是吃後可以使大便通暢，減少許多疾病，對健康十分有益」！說着，他就將帶備來的一小包「代用米」，很鄭重的遞給社員們傳觀。

原來所謂「代用米」也者，就是用番薯切成的碎粒，它的大小，剛和大米一樣；這般的「發明」，確是妙想天開。

於是社員羣中，立刻傳出嘩然的譏笑聲。

笑聲過後，轉瞬間，他們又迅即感覺到好像有一塊大石壓上他們的心頭。在他們的竊竊私議中，大家都意料到：「代用米」的出現，正是顯示出糧荒的嚴重程度，又再踏進一步。他們的厄運必將加深，他們的生活必將過得更為悲慘！

僑鄉近訊

安口礦工流血大暴動（樂昌）

樂昌縣安口煤礦區工人，於十月杪及十一月初間，曾發生過兩次反共大暴動。頃據最近由粵北來港的鄉人稱：安口煤礦區的工人，全部是中共從省內各勞改營調來的「犯人」；他們備受礦區共幹的凌辱，每天兩頓稀粥，無法獲得一飽。去月中共為了解決嚴重的糧荒，把該礦區工人的口糧，再減去三份一，原來每人每天七兩米粮的，減為五兩，因此引起各工人極大的反感。十月杪，曾一度糾衆圍毆礦區裏的特務警察，並搗毀「黨委」的辦公室，其後在大隊共軍的馳援彈壓下，卒亦不了了之。迨至十一月四日，礦工為反抗共幹的鞭撻，於是又發生了流血大暴動。當時全部礦工，羣情洶湧，分別把區內的「黨委」和共幹包圍，用鐵鏟鋑鋤予以痛擊，當堂將 名「黨委」和四名共幹毆至倒臥血泊。另一部份礦工，則湧往截斷電流、破壞礦井。區內揚溢一陣陣「打倒共產黨」的呼叫聲，從早上九時至下午四時，整個礦區，都陷於極度混亂狀態；生產也全部停頓。後由駐守安口附近的共軍開到，實行武力彈壓，礦工在共軍的實彈射擊下，被亂槍轟死的，約三十餘人，輕重傷的，則達五十餘人。鑛區內遍地血漬，迅即籠罩着濃厚的恐怖氣氛。事後有工人勞阿二、勞光、陳和興、李豪、李旦、李大傻、張晃宗、張勉、朱分、朱聯、馬輝年、馬仰勝、馬河、江德生、江强、江老久、江尚成、區二海、區三海、周喬申等二十名被指為「反革命份子」，拘捕審訊，至今下落不明。該鑛區自經此兩次暴動後，損失相當重大；共方雖即派出技術人員前往搶救，但因被破壞的程度過重，卒費十餘日之力，始能於十一月廿日局部恢復生產。

戴上眼鏡之後

慕容羽軍

自從配了眼鏡，心情便顯得蒼老了。雖然，我這一百廿五度近視眼曾經勉強的一拖將近十年，爲的是避免鼻樑和耳朵負担一副三四盎斯的「枷」，而讓視覺長期的朦朧着。

一架上眼鏡，便發覺了許多問題，譬如詩人們喜歡「霧裡看花」，在我的瞑想裡一直相信這是美的，可惜我一直未曾有過霧裡看花的經驗。自從習慣着戴起近視眼鏡，當疲乏着把眼鏡除下來的時候，眼前看見的都像霧裏的光景一般。前天在尖沙咀碼頭看見一位小姐手中持着一束紙製的菊花，我靈機一觸，馬上把眼鏡除下，仔細一瞧，但見眼前搖恍着那白中帶黃的菊影，於是，我相信這就是霧裏看花的情景了，這一瞬的經驗告訴我，那假花彷彿就是眞花，我登時心裡琢磨：要是我一直沒有眼鏡，我的感覺便會有着兩種的不同，第一，我相信那位小姐手中拿的是眞花，減却了幾分傖俗，增加了幾分清雅；第二，我不會發現別人的假東西而相信世界上的眞和美。可是，遺憾得很，我竟架上了這麼一副把東西看得太清楚的眼鏡，把一切模糊的美都消失在兩片經過光學專家妙手泡製的玻璃之上。

話又得說回來，我的心情蒼老之處眞的隨眼鏡以俱來，記得前兒在馬路上看見一家商店有一面大鏡子，我不禁迎面往鏡裡一瞧，看到我的影子竟有許多白髮，雖然，往些日子我常常對鏡，只因爲眼睛不大靈敏，倒不覺得我有過這麼多的白髮，一種中年的悲哀悠然泛上心頭際，於是，想到我童心消失了、童稚的感情再不會在這種情況之下廻盪……更糟的則是我看到了一位曾經是紅極一時的女明星，發覺她滿臉都是雀斑，對於電影刋物上所歌頌的什麼「青春艷星」，什麼「玉女」之類的字眼而突然失望起來，使我想到不止我個人悲哀，就連那位電影明星也有點悲哀呢！

由於這些感覺相繼產生，我不禁替許多漂亮的女明星躭心起來，我想，世人儘好別戴眼鏡，最少，在有女明星出現的場合別戴鏡眼，因爲在迷茫中那些都是絕世美人，若看得太清楚了，把化裝也掩不掉的缺憾一一暴露出來，以歌頌美人爲職業的娛樂報刋的信用也繼那些女明星的倩影而動搖起來，那禍可闖得不小呢！

我一向都相信我的眼睛——這是指在未配眼鏡以前的那一大段時間而言。我所看到的東西，我相信任何人看到的一定和我的一般，因此，我曾經和我最相好的朋友發過脾氣。最嚴重的一次就是在一家百貨公司看到一幅絨料子那一回了，我的朋友問我：

「你看這個翠綠的絨料子好不好看？」

「這是粉綠呀！」我搔着頭皮說。

「哼！你眞是，」對方說：「這分明是翠綠，怎麼說是粉綠？你對顏色的分辨眞是甚有問題呢！」

「絕對不會，」我鄭重地辯正說：「我曾經跟名師學過畫，雖然學畫不成，但是分辨顏色的能力，無論如何要比一般人的水準高，最少，在學畫之前我接受過色彩學的訓練。」

「但是，你錯了，」對方說：「這分明是翠綠，可能你犯了色盲病。」

我仍然不服，唯一的辦法是找這家公司的夥伴來主持公道，可是，喪氣得很，公司的夥伴却指証是翠綠色，我無可分辯，只得自嘆倒霉，但是內心仍相信對方和指証的夥伴對色彩的辨別能力不够水準，對的還是我自己。那時我給那位朋友說了一大堆洩氣話，他說：這完全是色盲，呵！不能開汽車，不能當空軍，不能這，又不能那，於是我便發起脾氣來了……

現在想起來，錯處好像眞的在我了，因爲我的眼睛雖不是患了色盲病，近視則是沒有問題的了，所以看顏色看得不正確也是事實了。

也許人類眞的有這麼一種通病，凡是自己眼睛看到的東西都以爲自己看到的最正確，別人看到的是錯誤，尤其是像我那時的心情一樣，自以爲受過色彩學的訓練，是應該有資格作爲分辨色彩的權威者了，豈知這觀念和事實正正相反，那簡直非始料所及。

一位朋友在我配了眼鏡之後對我說：你常愛寫詩，做詩人原是應該不戴眼鏡的，因爲詩意都是迷濛的。

其實，對於這位朋友，我深深感到遺憾，因爲詩人並非色盲，更不是對事物一知半解，怎麼會是迷濛的呢？感受是一種情緒，認識又是一種情緒，我雖然不敢妄稱詩人，最低限度，我對美學的見解是如此答覆了詩人是對事物都模糊的說法。

提起戴眼鏡，少不得記起了我近十年來的變遷。記得初到香港的時候，我第一次需要買一把鬚刨，那時的心情也像今天那麼沉重，由於需要鬚刨，使我不得不承認已經失去童心了。如今，青燈夜夜，埋首案頭，要是說到「成就」，別的什麼都拿不出來，却可以拿出一副積聚了許多歲月和飽嘗折磨的近視眼來，這「成就」是多麼的可悲呵！

忽然有了一個新的發現，我覺得人生是有幾種階段的，鬚刨階段表示與少年時代告別了；眼鏡階段表示完全是中年的味況，接踵而來的可能是假牙階段或手杖階段，那時眞是不堪設想了。

可不知前些時候當選了「眼鏡小姐」的那位女士心情如何？

文壇泥爪

魯迅的矛盾

我是喜歡魯迅這個人並愛讀他的一切作品的。現在指出他言行上的一些矛盾，只是証實，並非因爲我反共，便也跟着一般淺薄的反共專家，連中共推尊的魯迅都反，絕無那意思。

魯迅的一生著作，雖然還跟不上外國多產的作家那麼多，但在中國新文學運動四十年內的作家中，總是著作最豐富的一個，至今尚無第二人能够超過他。他的小說和雜文，有人統計共六百多萬字，譯作的字數更多，此外的通訊、日記和整理出來的古籍，也都各印了幾巨冊。這些著譯的原稿，全是用毛筆寫的，有些稿子起了草之後，還要自己再謄清，等於寫兩遍。在稿紙上寫字，用毛筆比較用鋼筆不知要困難多少倍，魯迅的毛筆字其實並不美觀，但他總是愛用毛筆寫，從不用已經「進化」了的工具。可怪的，他卻非常反對別人用毛筆，而提倡用鋼筆。在「准風月談」中有篇題爲「禁用和自造」的雜文，他說：

「據報上說，因爲鉛筆和墨水筆進口之多，有些地方已在禁用，改用毛筆了。倘若安墨硯磨墨，展紙舔筆，則即以學生的鈔講義而論，速度恐怕總要比用墨水筆減少三分之一，他只好不鈔，或者要教員講得慢，也就是大衆的時間被白費了三分之一了。所謂『便當』，並不是偷懶，是說在同一時間內，可以由此做成較多的事情，這就是節省時間，也就是使一個人的有限的生命，更加有效，而也即等於延長了人的生命。古人說：『非人磨墨墨磨人』，就在悲憤人生之消磨於紙筆中，而墨水筆之製成，是正可以彌這缺憾的。」雖然這篇文章的主題，是在說明抵抗舶來品的入口，禁止不是辦法，應該仿造，但他在這段裏反對用毛筆的意思，卻是情見乎辭。那麼他自己又爲什麼用毛筆呢？據他的好友許壽裳的推斷，說是「大概不外乎（一）可以不擇紙張的厚薄好壞；（二）寫字『小大由之』，別有風趣。」但我認爲這個理由站不住，這正是魯迅個人的偏嗜，他喜歡用筆毛寫稿，個人的偏嗜揆之於事理未必對，所以他不勸別人也有他這樣的偏嗜。

他是一個職業文人，一生的生活費大部分是靠稿費和版稅的收入，他明知這行業要窮苦一生，但他至死不改行，可是臨終遺言卻又咐囑他兒子長大後不要做文學家！類似這樣的矛盾，他在寫給許廣平的信中曾坦白承認過，見「兩地書」一九二五年五月信，他認爲他所以矛盾的原因，「或者是人道主義與個人主義這兩種思想的消長起伏罷。」

塵封的記憶

楓

告訴你：
我的記憶已塵封，
青春的幻想，
不再捕捉天上的彩虹；
青春的心靈，
失落了繁華的彩夢；
消逝啊！隨輕風——
那熱情的綺紅！

如今再沒有，
再沒有誰的影子停留。
心的秋天深了，
看野草爬滿記憶的墳頭，
我不知道送葬了甚麼？
一首輓詩，還是
一曲戀歌？

是誰向我走近，
聽那奇妙的足音。
請別再用你深情的手指，
敲開我心靈的門扉，
那裡收藏有超額的痛苦，
情感的重量，
你我都不能担負。

太陽落下，
金色的黃昏被染黑，
大海邊我仍在冥想，
我欲追憶往事，
而你已遠去；
沙灘上有我孤獨的影子，
我向遠方寄語，
矛盾的心靈，
怕記憶長久塵封，
又怕你的手將它抹亮。

音樂會

牧

華堂，
鬢影，
衣香——，
有奇妙的手，
敲開了天堂的門。
今夜，
我們與樂聖們同在。

於是，音樂升起了。
這裏是海，
這裏是巖岸，
這裏響着濤歌，
這裏飛躍着浪；
這裏是山，
這裏是森林，
這裏猛獸吟嘯，
這裏白兎閒遊。
這時候是早晨，
這時候是黃昏，
這時候太陽出來，
這時候漁船出海與歸航；
這時候是清夜，
這時候月光升上，
這時候出現幽靈，
旋舞直至天亮。

音樂停止，
掌聲掀起巨浪，
自己仍是自己，
華堂仍是華堂，
祇是餘音仍在腦海飛翔。

亮齋閒話

主持言論者不要太自卑

徐亮之

報載本月二十日胡適之先生在台北「自由中國半月刊」十週年紀念會上曾以「容忍與自由」為題發表演說，其中曾有如左的幾句話：

「我們這種拿筆桿搞思想的人，不要太看輕自己，我們要承認，我們也是有權有勢的人，因為我們有權有勢，所以現在受到種種我們認為不合理的壓迫，甚至於像「圍剿」的話。人家為什麼要圍剿，還不是對我們力量的一種承認嗎？所以我們這般主持言論的人，不要太自卑，我們不是弱者，我們也是有權有勢的人，我們的勢力不過不是那種幼稚的勢力，也不是暴力，我們的力量是憑人類的良知。我們不是弱者，我們也是强者。」

我所以要特別引用胡先生這幾句話，目的並不在報導事實上他在台灣已受到了他或他們「認為不合理的壓迫」，甚至像前些時「圍剿」左舜生先生似的「圍剿」；（妙在演辭中「圍剿」二字竟用括弧；我想胡先生此時大概不會再勸左先生遊台的了！）因為這乃台灣當局在台灣寶島上最善於使用的一種「權」「勢」，不報導人家也雪亮；我所要特別報導的，倒是胡先生在台灣當局那樣「不合理的壓迫」的「權」「勢」之下，却仍然能夠說出「我們這班主持言論的人不要太自卑，也「有權有勢」、「也是强者」，而並「不是弱者」的這樣的話。同時，如果我的記憶不錯，則我更將敢於負責說：胡先生是很少這樣說話的；最少二十年來沒聽過他曾這樣「容忍」而沉痛地說過話。

那末，主持言論者何以不要自卑呢？何以是「有權有勢」和「也是强者」呢？我以為言論界對於現代極權與獨裁政治「權」「勢」所由構成的內幕，漸漸已比較能夠看得真切，是其主要的契機。

原來現代任何極權與獨裁政治的所以煞有介事盛極一時，戳穿了說：都只不過是一種邪惡組織（包括特務、警察、黨化軍隊等），加上强迫教育（包括什麼訓練、學習、乃至勞動改造等），外加急功近利沒有骨頭的知識分子為其搖旗吶喊所構成而已。易言之：這種政治，以愚弄人民為其主要特徵，而以奴役人民為其主要手段；這種政治的最大貢獻，充其量只不過把人類社會變成螞蟻蜜蜂式的社會而已；然而人類之中，無論自卑感達到了如何尖兒頂兒，決不甘心只向螞蟻蜜蜂看齊，却是肯定的。

寫到此地，我得敬謹地介紹最近「祖國」（第二十八卷第九期）殷海光先生「逃避自由」的一篇大文；這文乃他讀了弗洛曼氏（Erich Fromm）「逃避自由」（Escape From Freedom）的書後；文中他曾引弗洛曼的話說：

「積極的自由還涵蘊着一條原則，即是：沒有一個較此單一的自我更高的權力；個人就是他底生命之中心，也是他底生命之目標；人底個性之成長和實現就是一個目標。我們不能認為這個目標應該從屬於一個較個人更為尊嚴的目標」。

他更引伸這話說：

「這一席話實在是把人之所以為人的精義發揮得透澈極了！吾人須知，把任何個體以外的目標看得比個體更尊嚴，更重要：把這種虛擬的目標高高掛在個人頭上，要每個個人無條件地為它之實現而努力，甚至犧牲；無論這種目標叫做『國邦』也好，『道德義務』也好，「歷史使命」也好，『民族光榮』也好；古往今來，一概是奴辱、暴政、摧命之源。如果人類聰明一點的話，如果人類能從痛創的往事接受一點經驗教訓的話，那末就應該把這些東西一齊送進古物陳列所去，讓後世之人知所警惕。」

我認為弗洛曼和殷先生上面的話，今日的言論界除了極少數急功近利而沒有骨頭的人物以外，早已是「人同此心，心同此理」的了。理由是：中國的奴隸社會已經結束兩三千年了，而且今日的世界已經進入氫彈時代了；今日的主持言論者而尚主張向蜂王蟻王式的人物低頭，向螞蟻蜜蜂式的社會躍進，那不但是可鄙，簡直就是可恥。

四八、一一、二五、

九流

亮之

九流得十家，道術裂已久。孰補弊救偏？畧如翻覆手。墨以弘其仁，法以堅其守；老莊當其無，孔孟持其有。諸子各爭鳴，大鐘不辭扣。殊途而同歸，萬古陳戶牖。治國如治鮮，五味相雜糅；奈何執一味，以之饜衆口？生民久塗炭，鈞天如中酒。羣言日紛紛，老子欲剖斗。

懷前古巴公使梅景周先生

陳道行

古巴調職到檀來，維護僑胞志未灰；
枵腹從公無倦態，丹誠奉國有餘哀。
相如直欲歸完璧，少伯寧思殖貨財；
一尺道高魔一丈，不知埋沒幾人才。

古文與白話文（一）

舜生

趙聰先生在本刊上期（六七）第七版上，提到我三十六七年前的一段往事，使我感到相當的惶悚，同時也引起我如下述的一番思索：

四十年前，由胡適之陳獨秀諸位所倡導的『文學革命』，從一開始便遭遇一股反對的逆流，一直到今天為止，這一逆流也還是若隱若現的存在。凡一種驚世駭俗的改革運動，一定要引起某種程度或某一部分人的反對，這是必然的；甚至清末有人提倡不包小脚，不蓄辮子，廢止八股文，……也一樣反對者蠭起，何況為舊日知識分子所視為身心性命的文學，忽然有人要加以動搖，使它變成一種為他們所看不順眼的東西，他們安得不以性命相搏起而誓死力爭呢？

反對是半點也不稀奇，但從各方面就這種反對心理一加分析，却是非常有趣：

一、主張寫古文而反對白話文的人，他們總以為用古文從事寫作只是他們少數人的獨得之秘，這班提倡白話文的，大抵都是不懂古文，更不會用古文寫作，才不得已而避難就易；殊不知這一想法剛剛與事實相反。四十年來，誠然已有不少古文寫得很好的人早已醒悟過來，可是仍有不少哼慣了那一套調調兒的人，却依然非此不樂，這種人與其說他們抱有一種如何牢不可破的成見，毋寧說他們只是由於懶惰，懶惰而成了一種性格便無藥可醫，像這種人只好『如春鳥秋蟲，聽其自鳴自止，』（借用嚴又陵罵陳胡及錢玄同諸君的話）不必去多加理會。

雜詠

亮之

賣藥長安市，伯休欲逃名。被裘釣江瀨，高蹈嚴子陵。楊氏執為我，毛重天下輕。釋氏空色相，朽骨逐公卿。是非安有極？羣兒浪自驚！

秦王收四海，終築懷淸台。牧民守倉廩，夷吾信霸才。言利孔所罕，桓文孟所咍；七十乃食肉，王政亦可哀！孝公得商鞅，夜臥戶常開。安石一世雄，變法疾風雷。人謀惜不臧，來者儻可追!?

石勒禮張賓，談笑吞幽幷。江左得夷吾，永嘉終不競。擾擾王謝間，南渡幾望姓？新亭對楚囚，但有涕淚迸！用人唯賢才，學優試以政。世無胡將軍，吾言如懸鏡。

操瑟入齊國，衣冠呈裸川。異俗殊好惡，求全良所難。吾聞道不怒，與世作方圓。嗟哉靈均叟，慷慨自沉淵！

聯合評論 週刊

本刊已經香港政府登記

每逢星期五出版

United Voice Weekly

第六十九號

督印人：黃宇人　總編輯：左仲平

社址九龍金馬倫道卅八號三樓　電話61413

承印嘉羅印刷有限公司　香港灣仔馬師道5號

總代理：友聯發行公司　售價每份港幣一毫

本報美洲版總經售處　美國紐約中美出版社

CHINESE-AMERICAN PRESS, INC

199 CANAL STREET.,

NEW YORK31 N. Y. U.S.A.

美洲航空版零售每份美金一角

論「團結」
所謂「團結」問題

蕭輝楷

近年以來（說得更確切些，是中華民國總統能否連任三屆或能否不用再選的這一問題發生以來），我看到了不少直接間接强調「團結反共」的文章。這些文章的作者，有的是值得敬佩的衷心反共之士，有的則其人格殊不可說，總之，流品至不相同，各各的文章動機也甚不一致。不過無論如何，這些文章的立論脈絡則是大體相類的：大敵當前，反共陣營不容發生內爭，一切對「自己人」的批評適足破壞「團結」，因此絕對不應出現，至少絕對不應在現在出現。

上述這種論調，或者說發佈上述這種論調的這類文章，其所謂「內爭」大都僅指各種批評，特別是海外和民間對於政府各種不當措施的批評；至於引起這些批評的事件本身，特別政府各種摧殘民主的不當措施本身，則幾乎全不提及，或雖提及而用意僅在為政府曲加辯護。因此，這種對於「團結」的呼籲和對於「破壞團結」者的指責，大部分乃為針對海外的民主中國運動者而發，其用心之顯欠公允實已不勞辭費。

不過，「大聲而反覆的說話，可以把黑的變成白的」，這種「團結」論調既已不斷在大聲地反覆出現，而且一定還會大聲地繼續反覆下去，我認為適當的批駁和不斷的批駁，仍是有其必要的。

「團結」之道

我反對任何對於「團結」這一美好字眼的濫用，尤其反對如共黨所謂「團結羣衆」一般地，把「團結」一語變成「裹脅」「降服」和「賣身投靠」諸義的代詞。我認為「團結」一義有其無可曲解的蘊涵，它不能祇是一片輕飄飄的障眼紗，它必須包括各種具體的基礎、原則和可能付諸實踐的制度及方法——凡倡言「團結」而故意避免涉及這些東西的人，如非胡塗，即是詐騙。

「水火不相容」的水火不可能發生「團結」問題，「魚相忘於江湖」的魚也不可能發生「團結」問題。任何「團結」問題的發生，全必須相關諸分子間至少有一共通的目標，同時又有足能防礙此一目標之實現的大小衝突；所謂「團結」，即讓這些分子都能自覺此一共通目標的存在，從而化除衝突，齊為目標的實現而努力。因此，「團結」必有共通目標，這一目標的分量必須大過諸分子間各種衝突爭執的分量，然後，這一目標纔能成為「團結」的基礎，這種基礎一方面使某些衝突可能消弭於無形，另一方面則為一些不易自然融解的衝突供應一種彼此都能接受的裁斷尺度，至少供應一種使大家可望達成協議的有力條件。這纔是實實在在的團結。

沒有共通的目標，不能達成團結；僅有貌似共通而實不共通的目標，不能達成團結；有了眞正共通的目標，但所爭執者之分量如比此一共通目標的分量還大，仍不能達成團結；有了眞正共通的重大目標，然而如不願把它作爲裁斷爭執是非的尺度，如拒絕在它的下面嘗試協議調和之道，還是不能達成團結！——上述任一情形下面的「團結」，無非此方對彼方的歸順投降，或彼方對此方的吸收兼併，「團結」云云，無非玩弄詞語魔術而已。

民主運動與「團結反共」

在此我願根據上述了解來看今天的「團結」問題。

今日民主中國運動者的基本目標，在建立民主中國；爲了建立民主中國，因此提倡自由民主，反對任何反民主的暴政；爲了反對任何反民主的暴政，因此反對共產主義；爲了反對共產主義，因此反對現在中國的共產政權；爲了反對現在中國的共產政權，因此反對「朱毛匪幫」——民主中國運動者的目標層次是異常明顯的。

民主中國運動者和政府當然可以團結也應該團結。政府的根本是「中華民國憲法」，而這部憲法，至少這部憲法的主要精神，正是民主中國運動者的基本目標所在，因此朝野之間，一直便有其基本共通目標作爲團結的基礎。政府如不違反民主憲政，朝野應該早已團結，政府如果一定要違反民主憲政如過去以至今日之所爲，則民主中國運動者與政府之間便根本無從談到任何「團結」——民主中國運動者之反「朱毛匪幫」，是手段而非目的，最多僅能算是最低層次的目的，要叫民主中國運動者爲反「朱毛匪幫」而放棄其對於民主憲政的主張，甚至附和政府破壞民主憲政的作爲，這是本末倒置，歸順投靠，無任何「團結」可說。

關於無原則的「團結」

最後，對於那些眞爲反共而强調團結，主張「一切等到中共垮後再爭」的先生們，我願指陳幾件家喻戶曉的史實。

國共「團結」北伐時期，國民黨視軍閥爲「大敵」，對中共當爭不爭，其結果造成了遠比軍閥割據爲慘的中共「大革命」；國共「團結」抗日前夕，國民黨視日本爲「大敵」，又對中共當爭不爭，其結果造成了遠比日本侵略爲慘的中共「開國」；抗戰末期的民主運動，若干民主主義者視執政的國民黨爲「大敵」，也爲中共「團結」了去，當爭不爭，其結果更是現在眼前，不必說了——這些教訓是不宜隨便忘卻的，爲「大敵當前」而放棄民主言責的「團結反共」詭論是再思即知其謬的。

中共侮辱知識分子的又一把戲
他們根本不了解『士可殺，不可辱』的意義

左舜生

中共最近忽然又耍出一套新鮮的玩意：他們把十年以來被他們認為所謂「戰犯」而加以長期幽禁的人們，居然釋放了一批；同時還有一百多名他們認為的右派分子，也居然把這班人久已戴上的右派「帽子」，宣告「摘去」！這眞是一件荒唐、幼稚，而又太可笑的行為。

關於釋放所謂『戰犯』一點，姑且不談，在這裏我只想就所謂『摘去右派帽子』這一項，寫出我個人的一些感想。

（一）

中共蟠踞大陸，已逾十年，說到他們的所行所為，自然是千頭萬緒，無惡不作；可是有一句話可以把他們的一切行為包括殆盡，便是他們『根本沒有把人民當人』。至於人民中的少數優秀分子，即所謂高級知識分子，更是他們的眼中之釘，隨時都在加以敵視，一有機會便對他們迫害，侮辱，無所不用其極。他們其所以要這樣做，原因也很簡單：中共今天的天下本來是因緣時會，勾結外力，利用對方的弱點僥倖得來的，原非他們始料所及，因此，一旦登上寶座以後，他們的第一個希望便是如何把他們搶到手的東西，能夠永久保持下來。他們經過一番考慮，覺得軍隊、警察，特務，司法機構，……這些鎮壓人民，屠殺人民的工具，無一不掌握在他們的手裡，他們所惟一缺乏的，便是知識；他們對付地主，殺；對付有錢人，殺；對付地痞流氓以及一切黑社會分子，乃至平日在地方上做做慈善事業以及假托宗教組織足以號召羣衆的人們，也還是殺；惟獨對於知識分子，這一類對於他們最有潛在威脅性的人們，他們卻不好如何辦。

（二）

第一、知識分子向來受着一般人們的尊敬，無緣無故把他們屠殺，確實足以激起多數人的反感；第二、有一類的知識分子，他們確又不能不用，如果把另一類爲他們所最討厭的知識分子無故加以撲滅，又確足以使得那一類他們願意加以保留的知識分子寒心；第三、凡是那些有土地，有金錢，或平日在地方上本來作些小惡的人，他們覺得是殺之有名，而且確足以使一部分人稱快，惟獨對於知識分子不然。大凡一個所謂高級知識分子的形成，至少也得花上二三十年的修養；而他們這一份財產，又只是藏在他們的腦子裡，可以說是與人無忤，與世無爭，一定要把他們殺掉，罪名也很難成立。有一次，毛澤東曾不留意的說過：『我們要殺一個人，用不上一分鐘，但一個頭腦的養成卻非花上二三十年的時間不可』。他這個話，正是爲對付一般知識分子而說的，意思是表示他對知識分子不主張亂殺。可是有一類的知識分子，又確實不能與他們共存，而且時時有顛覆他們的危險；他們的風采爲多數人所仰望；他們的言論足以動搖人心；你說蘇聯如何如何了不起，他們卻說蘇聯人在本質上只是一種去野蠻不遠的民族；你說得馬恩列斯是如何如何的神聖不可侵犯，他們卻可以把馬恩列斯批評得狗屁不值半文；你們的權威只可施之於現在，他們的權威還可以影響於未來；可是這種人既不宜多殺，究竟要如何辦才好呢？於是中共的首腦們想來想去，乃只有兩個方法：其一是加以利誘，使他們自毀；其一是給他們以一種難堪的侮辱，使他們在羣衆中起不了作用。關於前者，他們用之於郭沫若這一類的文丐，確已收效；關於後者，則用以對付今天這般不肯屈服的所謂右傾分子。

（三）

前幾年毛澤東曾叫出所謂『百花齊放，百家爭鳴』，其目的即在讓一般知識分子的眞實態度，充分的表示出來，可是等到你眞的鳴放出來以後，他們便立即給以無情的打擊，替你戴上一頂難看的帽子，使得一般人不敢和你接近，無形中即把你和羣衆隔離起來，使你受到一種精神的壓迫，難堪的苦悶。本來所謂『帽子』，原是一種看不見摸不到的東西，也談不到有什麼眞憑實據的罪狀，久而久之，也可能使得一般人漸漸的淡忘；但他們這次卻又居然大吹大擂，公然列出一百幾十個人名，說從現在起，已算把他們的右派帽子『摘去』！在這一百幾十個人名中，原有一部分是大家所熟知的，但另一部分卻並不爲大家所認識，經過他們這一次的宣布，表面上說是『摘去』他們的『帽子』，實際上乃是更加一次坐實他們的罪狀！使得大家更了然究竟是一些什麼人物，乃是爲中共所指目的右派分子，而永遠不應忘記。除此以外，還要反覆說明他們是如何如何的『寬大』，而這般所謂右派分子呢？又是如何如何的『感激』，如何如何的『改邪歸正』，你說這不是加重對這般人的侮辱還是什麼呢？

我不敢說中共所用這類淺薄無聊的做法絕對不會生效，少數把握不定的分子絕對不會上他們的當，可是中國眞正富有傳統精神的知識分子，卻有兩句爲他們所牢牢謹記的格言叫做：『士可殺，不可辱！』你把盡量侮辱他們作爲一種『寬大』，一朝日時候到來，他們對這般無惡不作的中共頭子，是決不會給他們以寬大的！

中共不反對印尼排華！

高家

印尼全面開始排斥華僑其行動之殘酷，已不是一個文明國家所應有的事。印尼當局不但禁止華僑商販做生意，而且隨時可以勒令華僑離開自己的住所，而將房屋作變相的沒收。千萬華僑，可說是已到了絕境。

印尼是和中共有着「外交關係」的，在海外僑胞受到人家如此迫害的時候，中共外交當局做了些什麼事呢？

直到現在爲止，北平方面和大陸報刊，對印尼僑胞受到如此之迫害，還一直在保持沉默。中共駐印尼的外交官員，雖然有被印尼人驅逐之危機，但也未提任何抗議。前幾天，黃鎮（中共駐印尼大使）拜會了印尼政府第一部長朱安達，誰都以爲黃鎮必將在與朱安達的會晤中談及印尼排華的問題。雖然消息傳來，黃鎮只不過是作了「禮儀上的拜訪」而已！

在這期間，中共方面唯一對印尼排華措施表示意見的，只有香港的一些尾巴報紙。

不管是否承認中共政權是一個國家，中共既和印尼有了外交關係，如今印尼華僑遭到迫害，中共要出面來交涉，是責無旁貸的。然而可以說中共到目前爲止，還沒有任何保護印尼華僑的打算。

事情可以回溯得久一點。印尼排華，其由來本不自今日始。在蘇加諾上台之後，就一直斷斷續續地在開展着的。到了中共奪得大陸以後，蘇加諾和中共搭上了關係。於是在所謂「友好諒解」的氣氛之中，蘇加諾排華目標就畧有轉變，變成了專門對付反共的華僑了。幾年來，反共僑胞遭遇之慘，實難以形諸筆墨，而印尼當局對反共僑胞的侮辱，也到了極點了。甚至在反共僑胞的大門口塗上柏油，以資區別，稱之爲「黑色華僑」。

在印尼當局作如此措施時，中共不但未出面干涉，而且還暗底支持。這已是人所共知的事實了。但到現在，印尼藉了「實現社會主義經濟」之藉口，終於將排華運動全面擴展，不但是普通華僑連親共的華僑也遭了殃。

本來，在海外的中國人受到欺躪，中共既和印尼有關係，當然應該提出抗議。反共華僑受迫害時它不響，也不去講他了，當所有僑胞都受到迫害時，爲何中共還不出聲？這難道也是「國際地位提高」之後的應有表現嗎？

中共明知對印尼排華事件不發一言，會招致海外廣大僑胞（甚至是親共華僑）的反感，所以它一方面沉默，一方面却通過了香港的共報來指責印尼當局。

香港的共報，明眼人固然知道它們是中共的喉舌，但其身份，却並無代表中共官方的資格。用這些報紙來指斥印尼當局，自然收不到遏止印尼排華的效果。中共沒有理由不知道這個事實。果然，這些報紙的抨擊並未能起到若何作用。有的只是印尼駐香港領事發表了一篇書面聲明，畧於反駁，然而也就不理不睬了。

雖然印尼方面未加理睬，但香港共報却仍然鼓噪不已。明知沒有用而仍要不斷指責，這就形成了一齣滑稽劇：可笑又可悲的滑稽劇。

中共在這齣滑稽戲中，一方面扮演了置印尼僑胞於不顧的角色，一方面又扮演了關心印尼僑報的角色。然而，中共的眞正面目，還是前者。十一月二十九日，香港「文滙報」登出一篇文章，對北平方面至今未對排華問題提出交涉一事作委婉的解釋，該報稱：「蘇加諾總統是開明的，而印尼當局也有較多開明之士，只要印尼政府遵循蘇加諾政治宣言和中印（尼）外長聯合公報辦事，迅即改變排華措施，迅即制止軍方的排華行動，問題是容易解決的。……」在此期間，國內的報紙與論表現得十分冷靜……說明中國方面並無擴張野心，而且處處都表現了泱泱大國的風度……」

如此的解釋，其可笑何如？當僑胞處在水深火熱之中的時候，而中共居然還在大談其「泱泱大國風度」，其用心豈不昭然若揭。

更有意思的是，在中共的筆下，直到現在，蘇加諾還是「開明的」。這和香港共報之抨擊印尼排華而只指斥印尼「戰時掌權者」是完全同一作用的。

所謂「戰時掌權者」，是印尼文的直譯。這名詞在其他國家不多見，而在印尼却極普通。究其實，印尼「戰時掌權者」就是指軍事首長而言。中共認爲印尼此次全面排華運動是由軍方發動和主持的，所以除了指斥「戰時掌權者」之外，不涉及其他。

其實，印尼的國家制度，規定國家元首兼三軍統帥。目前，印尼軍事上的最高領袖，就是蘇加諾。雖然三軍各有參謀長司其事，然而統帥豈有不能過問軍方行動之理由？

若說中共不知道這樣的事實，是很可笑的，中共是知道了而不敢提出罷了。中共目前的態度是：寧願犧牲了千百萬華僑的幸福，而不願使它和印尼之間的關係有所決裂。在目前的形勢下，因爲華僑問題而開罪蘇加諾，是不合算的。尤其當它和印度的關係，正搞得不可開交的時候，它當然更不願意失去它在東南亞的另一王牌了。

實際上的情形正是這樣。印尼的排華運動因爲中共的不出聲而變本加厲，甚至頒佈了命令禁止華僑進入耶加達；而中共，却爲了政治上的利益，置華僑千萬生靈受難而不顧！

金馬的命運？

善同

美國國務院最近印發了一本題名「中華民國」的小冊子。這本書無論何如說，是對澄清目前美國對華政策有幫助的。無形中起了糾正「康隆報告書」所引起的錯誤作用與不良反應。

不過，該書中除了表示支持中華民國外，也談到三年來美國與中共在日內瓦，華沙的大使級會談中的一些問題。無形中流露出了美國會多次與中共談到有關解決金馬離島的處置方式。其中並透露會擬將金馬提交聯合國託管。易言之，即擬將台澎與金馬分別處置，以求達到使台灣海峽「平靜下來」的目的。

但是這項談判始終未獲協議，原因是中共「堅持必須容許其奪取台灣、澎湖列島及全部離島，美國必須由台灣撤退其軍隊」。由此可見，三年來的會談，是並無結果的。沒有結果，對自由中國無疑是有利的。可是這種情況究竟還能拖多久？萬一將來終於達成協議了，國府是否仍能堅持拒絕撤出金馬呢？

這樣重大的問題，迄尙未見國府當局作任何反應，實在令人感到困惑！我們也聽說過，金門固若金湯，是一座不毀的堡壘。軍事上的成就自是無可懷疑的，可是外交上又將何以善處呢？美國國務院的小冊子若加以仔細審閱，似乎問題並不若吾人表面所見的那樣可樂觀吧。

台灣一周

政府應積極護僑

印尼政府的强烈「排華運動」，刻正變本加厲，在近乎極端野蠻的方式下積極進行着。據泛亞社報導：西爪哇的萬隆、首府椰加達與蘇門答臘的棉蘭——印尼底三大城市均禁止華僑自鄉村遷入居留。據有關人士透露：「其目的是要一步一步來，讓華人變苦力。」

顯而易見，這是印尼政府以「步步爲營」的手法，在迫害華僑。如果國府再事「容忍」，毫無疑義，他們必然得寸進尺繼續排華，進而沒收僑資、限制生活範圍，使中國人變成「苦力」！成爲被剝削和被迫害的被統治者。

作爲一個聯合國的會員國，國府應該迅速提出控訴，冀通過國際的正義力量，制止印尼的暴行。

除非國府放棄爭取海外一千四百萬華僑的向心——特別是東南亞華僑的衷誠擁戴，否則值此中共保持沉默之際應先走積極「護僑」的一着棋。

軍法不應侵害司法

最近台灣破獲了一千萬元的走私案，基隆市議會議長蔡火炮，涉嫌受捕；台灣警備總部斷然拒絕了基隆市副議長暨若干議員的聯名洽商保釋。監察院院會決定：「此案依戒嚴法移付軍法審判，是不是與前訂軍法司法案件劃分辦法不合，交司法委員會研究。」

按情度理，基隆的大走私案，是應該嚴辦的，但也確是屬于普通走私案件而已。既未非常嚴重危害國家，亦無關涉軍事方面的特殊因素。如行政當局擅用軍法審訊，在標榜自由民主的法治國度裡，不祇傷害司法的尊嚴，而且戕賊人民的基本權益。

所謂「軍法」，顧名思義，祇是治理軍事人員的特殊法紀。將一般民刑案件，動輒移交軍法審判，這是軍法侵犯司法、軍權侵害人權的軍閥時期作風。

如果不否認憲法的尊嚴！必須維護人民的權益。那末，希望政府能再慎重考慮處理本案的方式。

多做少錯　知過「卽」改

台灣省政府主席周至柔，新近對一羣來自台北的編輯人談話：「我們不怕錯，假如我們怕錯，勢將一事無成。希望各界於發現我們作錯時立刻指出來，好使我們馬上糾正過來。」

如周氏的話是由衷之言，我們應爲政府「得人」而額手慶幸。

若干年來，台灣官場上下流行的禁忌是：「多做多錯，少做少錯，不做不錯。」於是乎，「人民的公僕」，都成了「不圖有功，但求無過」者流，做一日和尚撞一日鐘，敷衍塞責而已！

但願周氏眞能實踐自己的諾言。

・孟戈・

小談中菲僑遣糾紛

・弓長・

自十一月八日菲政府强行禁止華人入境後，震撼朝野，對一個强橫的新興國家，講反共的共同利益，講國際的外交法例，講中菲友好條約，無異乎對狂人說教。

台灣國府當局當然知道這不單純是卅一名遣僑問題，而是關繫到二千四百名遊客的懸案了。菲律賓是一個二千萬人口的國家，有三分之二至四分之三的商業經濟，是操持在三十多萬華僑手上。現在印尼正在大肆排華，問題已異常嚴重，如此舉成功，其它各國必將競相效尤，菲律賓也不能例外。因此國府必須考慮作最後的打算與安排。除非我們不惜使用「實力護僑」，不然「理從平處讓三分」，無論如何不能使中菲關係因此惡化，使自己的處境益形孤立困難！

析中共與蘇聯之間的矛盾性與統一性

·納蘭·

就最近中共報紙上所刊載的幾篇中蘇要人的演講來分析，發見了判斷它們之間有無矛盾存在的幾條線索。

當然我們相信它們之間多少會有一些的，可是也絕不能盡信幾位對中共認識不够的西方專家們的結論。但是根據這些線索我們確知中共與蘇聯間是曾有過策畧運用上的矛盾的，而犯了錯誤的正是中共。目前則兩者間已經修好了，這主要關鍵是蘇聯在事后作了些讓步，並對既成事實默認了。這一新的情況發展不僅看來牽強，却也令人驚異，使人產生了錯覺，認為是中共開始牽着蘇聯的鼻子在走了。

中共自實施「總路線」發展「大躍進」和「人民公社」以來，不僅整個大陸民間羅掘殆盡，即黨內也產生了反對派，於是矛盾百出不堪收拾，內外反對意見層出不窮。即蘇聯的赫魯曉夫、米高揚等，也均對此有過怨言和抨擊，但毛澤東反變本加厲，蠻幹到底。並且在八中全會後對內部的反對者進行大規模的「反右傾機會主義運動」。

初期蘇聯對中共的「人民公社」等措施，完全採取觀望的態度，僅作一些消極的批評，現在則轉變成積極的支持者。毛澤東的頑強與執拗已使其主子俯就而順從了。

由此可知中共與蘇聯間的微妙情勢，決不是憑藉西方專家們一廂情願的看法可為判斷的。

中共的政策，究竟在何時開始逐漸取得蘇聯的同意的呢？

今年九月中旬劉少奇在共產國際的機關刊物「和平和社會主義問題」雜誌上，刊登了一篇題名：「馬克斯列寧主義在中國的勝利」的文章，該文事後並曾在十月一日「人民日報」發表，內容就是在向蘇聯作答辯和申訴。

該文中值得我們注意的是，它說：「我們的偉大事業正在勝利地前進，我們的黨不僅是同中國人民共命運，同呼吸，而且我們從來認為，我們的事業是全世界社會主義事業的一個部分」。這話有兩重意義：其一顯然是表示向蘇聯要嬌，在共產集團中仍以蘇聯為首，而中共不過是「一個部分」；惟其如此，如果這「一個部分」發生了問題，也必然要影响到「全世界社會主義事業」，所以蘇聯不能坐觀成敗，因為這與整個共產集團存亡有關。

文中又提到：「領導中國革命取得勝利的中國共產黨是用馬克斯列寧主義武裝起來的，……中國的革命和建設，帶有自己國家的特點。但是某些重要的特點也可能在別的一些國家中重新出現。就這方面來說，中國的經驗「在某種程度上是有國際意義的」。」就其文章的含義分析，顯然是說，雖然公社制度在蘇聯是曾被揚棄過的，但「人民公社」在中國大陸重新出現，却「是有國際意義的」，是難以避免或越過的。

不過劉少奇的文章所謂：「中國的革命和建設，帶有自己國家的特點」，所以也不能接受赫魯曉夫等人的譏評。雖然赫魯曉夫對此並無公開答覆，但在「共產黨人」雜誌裡却刊出了隔河對唱的文章。

文章原名：「論社會主義成長為共產主義的規律性」。作者是茨．斯捷潘年。（該文曾轉載於十一月十六日「人民日報」）他的結論是：「一切國家都必須遵守的共產主義建設的共同規律性，決不排斥各個社會主義國家走向共產主義的集體形式和方法的多樣性。這國和那國的社會主義建設和共產主義建設的那些由歷史的民族的和其他的具體條件產生的特點，將一直保存到世界共產主義完全勝利為止，到那個時候各國和民族由于在以往形態中發展不平衡而產生的後果將會完全消滅。」這裏明確顯現出，蘇聯至少已經不再積極反對中共的政策了。

此外它更補充的說：「要知道，社會主義是不完全的共產主義，因此社會主義不能立即取消各國共產主義建設中客觀存在的經濟、政治的特點，更不用說民族特點了。」於此更可見，蘇共的黨理論專家們是同意劉少奇的觀點的。

不過這篇文章並不等於代表蘇聯對中共完全放鬆掌握。相反地該文末一段也曾提出了對中共的警告：它說：「不管這些特點的性質如何，它們不可能涉及主要的、基本的東西。儘管有這些特點，但是社會主義成長為共產主義的過程到處都要馬克斯列寧主義理論所揭發的並在蘇聯共產主義建設實踐中第一次被自覺地利用着的共同規律性。」這句話的唯一要義是：必須遵守蘇聯的規律性。既然如此，中共又怎樣翻出蘇聯的掌心呢？又怎能變為狄托第二呢？西方專家們一直在期待毛澤東的轉變，會一如他們的推測那樣，西方的政客們也期待讓毛澤東參加國際組織後，能使他就範。實則中共對蘇聯，仍有強烈的依附性，並且在行動上必須遵受共產集團的規律性。所以筆者認為毛澤東政權在基本上是不可能有什麼轉變的。

匈牙利人的血未白流

·田心·

匈牙利革命距今已有三年多了，在這三年中人們均以悲劇觀之。但從歷史發展來看，匈牙利革命者的血是并不白流的。

匈牙利社會主義工人黨（即共產黨）第一書記卡達爾在這次黨的第七次全國代表會上的講話，有如下的特點：

一、「目前仍然能感到反革命暴亂和修正主義的煽惑在思想領域中的影響」。

二、「必須克服資本主義制度遺留下來的思想——民族主義、修正主義和反猶太主義的殘餘，必須使馬克思列寧主義思想在思想意識和科學文化方面佔統治地位」。

三、「現代修正主義復活了尚未克服的舊的資產階級思想，它勾結并依靠國際帝國主義和國內反動派。特別危險的是現代修正主義總是披着馬克思列寧主義的外衣出現在羣衆面前。」

這也就是說，至今匈牙利的內部還充滿着修正主義、民族主義的思想，特別在科學文化方面還佔着統治地位。因為這樣，所以卡達爾公開的表示：「蘇聯軍隊將繼續駐留在匈牙利」，以助其鎮壓。

但他并不願或者也不能直接再採取流血鎮壓的手段，他說：「我們的目標是要通過階級鬥爭來實現的。以社會主義和我國人民的利害出發，并不要求階級鬥爭尖銳化。相反，如果階級鬥爭，激烈程度有所減弱，其形式不太尖銳，倒是件好事。黨和人民決不促使階級鬥爭尖銳化。但是，這首先不取決于我們，而是取決于我們的階級敵人和國際帝國主義。」——這就是說，只要這些修正主義分子、民族主義分子不作過份激烈的活動，匈政權似乎也不會採取激烈鎮壓行動。看來，在匈牙利這一種思想鬥爭將長期的對峙下去。

共產主義的推行，依賴于思想的統一；而今，匈牙利革命居然創造出了一個足以與共產主義思想對峙的局面，這不能不說是奇蹟；這是共產國際思想鐵幕的缺口，三年來他們已使盡一切可能的手段來堵塞，看來已經失敗，其未來的趨勢，顯然不是這個思想缺口的縮小，而是繼續不斷的擴大；這種擴大是在量與質兩方面同時并進的，它首先擴展的對象將是東歐，繼之則為蘇聯與遠東共產國家；在事實上，蘇聯在各方面的放鬆，某些制度的改變，已經具有修正主義性質，繼續堅持下去，勢必最後導致整個共產國際的變質。比如這次波蘭政府的改組，在表決時據報導有反對票與棄權票，這是在過往共產國際歷史上少見的。顯然在某種程度內已有反對的自由，足見民主制度已在鐵幕後面擴張。

因此，我們可以肯定地說，匈牙利革命志士的血并未白流。

×　×　×

中共反「右傾」底內部困難

·資料室特稿·

中共為了配合「反右傾機會主義」的進行，各地報刊紛紛列出「圍剿」文章，在這些文章中，雖然還未明朗地指出對象是誰，但由攻勢和措詞的凌厲情況來看，似乎表示一場黨內的激烈鬥爭，必然不可避免。

據湖北「七一」第十期襲同文在「貓頭鷹的怪叫」一文裡說：「為要把反右傾的鬥爭進行徹底，首先，每個黨員特別是各級領導幹部對這場鬥爭的嚴重意義必須要有足够的認識，要堅決反掉對『反右傾』的右傾情緒，思想要明確，界限要分明，立場要堅定。一些有右傾思想的人，當一提到要開展反右傾運動時，他們不是強調業務工作忙，沒有時間搞運動，就是認為他們的單位『無右可反，有也不多』，『反右傾沒有什麼搞頭』。當運動逐步深入的時候，卻又認為：『右傾已經反過了，差不多了』。事實上，問題當然不是他們那裡不存在右傾，而恰恰是由於他們本身存在右傾思想，因此在政治上就失去了敏銳的嗅覺」。

「政治學習」第二十期發表于遂安寫的「挖掘右傾機會主義的思想根源」文章說：「我們這裡的右傾機會主義份子從他們最初參加革命的時候起，一直是以同路人的姿態活動，他們並沒有真正接受無產階級的革命理論，他們始終站在資產階級和小資產階級的立場上，沒有得到真正徹底的改造」。

比較具有代表性的文章，還是陳伯達於「紅旗」第廿二期「無產階級世界觀和資產階級世界觀的鬥爭」一文，他一開頭就說：「為什麼這時候在我們黨內却有少數人打起了反對黨的總路線，反對大躍進，反對人民公社的旗子，站在同黨和人民相對立的地位呢？」

據陳伯達的解釋：「黨內有些堅持資產階級世界觀，頑強地保存資產階級意識的人，在階級鬥爭表現尖銳的某種時機，就往往要從無產階級政黨內部來進行反對黨的路線的活動。這次右傾機會主義份子的活動，不是別的，正是反映了資產階級對社會主義的反抗」。

又說：「右傾機會主義者提出的同黨的建設社會主義總路線相對抗的綱領，說來說去，不外兩條：第一條，反對黨的領導；第二條，反對羣衆運動。反對黨的領導，反對黨的政治掛帥，就是否認無產階級的領導，否認革命專政，否認無產階級專政。對於羣衆運動，他們中間有些人在民主革命時期就曾經驚惶失措，經常給羣衆運動潑冷水；現在，他們對於社會主義的羣衆運動，特別是對於我們的總路線、大躍進和人民公社運動，更加表現驚惶失措，以致不惜進行種種的攻擊和污蔑。」

因此，陳伯達在說明了「右傾機會主義者」底性質後，最後強調：「必須把這次反對右傾機會主義鬥爭進行得徹底。」

從這些文章反映的情況來看，中共黨內「右傾機會主義份子」不但為數衆多，而且，在反「右傾機會主義」運動中，持同情態度的人更加廣泛。這是中共當權者的最大的隱憂，也是鬥爭運動無法開展的基本原因。

大陸來台同胞再受調查（台北通訊）

台灣現正舉行所謂來台國民調查，換言之，即由大陸來台的同胞又要再受一次調查，一說是以一九五四年及其以後來台者爲限。調查表有兩種，一是塡報本人的性別，年齡，籍貫，詳細學歷，詳細經驗，政治關係，宗教信仰，何時自大陸何地來台，因何事來台，來台時之思想保証人及生活保証人爲誰及目前的生活狀況與交遊等項。另一份是塡報自祖父以下親屬的歷史，政治關係，宗教信仰及目前生活狀況等項。

政府舉辦此一調查之目的爲何，所言人殊。爲了防諜嗎？十年來台灣實施入境管制，海外的中國人非經許可不能入台；而當局核准某一人入台時，除了申請人必須在台灣有政府認爲合格的人担保其思想及生活外，還要經駐外特務人員的詳查，認爲確屬忠貞後才發給入境許可証。這就是說，自大陸來台的國民早就經政府調查清楚認爲沒有問題了，爲何如今又要重查？而且重查乃限於一九五四年以後來台的同胞，此一年又因何有如此重大的關係？是否因爲如要重查到以前入台的國民，則自蔣總統以下的政府官員都將在被重查之列，因而才規定此一時限？人們想來想去，都不解重查的意義。有人說，年來東南亞某些國家都規定在某一時期以後入境的中國人必須受某些特別限制，政府諸公既不再言反攻大陸而欲久據台灣一隅之地以爲少數人的避難所，自然會採取此等六親不認的辦法，而歧視在他以後入台的同胞。謝天謝地，但願不是如此吧？

日前監察院開會，許多委員對於重查大陸來台同胞一事均表不滿，有一位監委說：「調查表規定要塡報親屬的目前生活狀況，請向主辦此事的內政部長和省主席，是否清楚他們在大陸的親屬仍然健在，及其生活狀況怎樣，如果他們自己的也不知道而要來調查我們的親屬，我們又怎會知道呢？」監委們不敢正面指重查乃對大陸來台同胞的普遍歧視，是一種蔑視個人人格尊嚴和蹂躪人權的非法行爲；而僅說調查表難塡，已經是避重就輕了。在討論過程中雖也有委員提出應請內政部長到會報告；但結果仍決議交委員會研究，這一拖也許就要拖到重查之後才來放幾響馬後礮以鳴金收兵吧！

天問

台北通訊

陶百川談聯合評論

·愚公·

國民黨藉的監委陶百川自美返國後在國大代表憲法研究會座談會席上說：「我們很重視總統的任期問題，但旅美華僑就不很注意；可是最近突然注意起來，有很多人在談論這個問題，而所談的論調却都是受了香港聯合評論的影响。因爲聯合評論出了紐約航空版後銷路很好」云云。

黃朝琴的談話餘聞

中央社於十月卅日發表黃朝琴籲請蔣總統連任的新聞，並說黃氏主張「由大法官依照立監委員及國大代表因情勢所需而延長其任期的前例以解釋憲法的方式，來延長蔣總統的任期，使他能繼續領導。」據悉：新聞的來源是國民黨宣傳人代爲捉刀的，而非黃氏本人的意見。不過，事先黨方通知他而已。勸進派原企圖以此試探各方反應，不料這則消息見報後，第一個提出異議者，是國大聯誼會的代表，他們立刻舉行會議，發佈新聞，並痛責黃氏毀憲違憲，認爲這是荒謬之論。其次是第一屆國民大會代表候補人聯誼會常務幹事吳仲行等九人，於十一月十一日赴國民黨中央黨部向秘書長唐乃健提出抗議，抨擊黃朝琴的話，不但無憲政常識，且係毀憲者。並就此請唐秘書長解決候補國大代表的遞補的問題。是日下午，吳仲行等在台北記者之家舉行招待會，除支持總統連任外，並希望新聞界同情候補代表俾能達到遞補的目的。但當某記者提出遞補的法律根據時，而主人則幾乎啞口無語爲答，因此，報界不但未表同情且予以抨擊。

國民黨評議會奉命研究總統連任問題

本月十三日，國民黨召開評議會，由蔣總裁親自主持，評議委員一致擁護蔣氏連任，最後，主席裁定交研究小組研究。因「保密」工作不够，於是消息不脛而傳遍全島。民間私議咸認爲：蔣總統不修憲的主張，乃係幌子而已，搞勸進者原係奉命行事，於焉眞情大白矣。

台灣在野人士與民間領袖，因政治空氣的惡劣，環境的特殊，同時爲了明哲保身，故對連任問題，咸避而不談。民青兩黨亦各自忙於生活迄未表示意見。

來台國民調查的反感。

佚名

台灣辦理來自大陸的國民調查一事，除了極少數的官方負責人而外，大家都不以爲然；茲篇所報導的，則爲自立晚報的社論，其中頗多沉痛的警語。

內心爲之憤憤

該報說：如此繁瑣調查表，當局既未明示其用意，因之頗引起接到此項調查者之迷惑，認爲同屬中國國民，不應該有彼此之分，爲什麼辦理一項例行的戶口校正，都要給大陸來台國民以特殊的麻煩？是認爲每個來台的人均身份不明嗎？還是認爲忠貞有問題嗎？因此對於此一看來十分平淡的事情，頗有人內心爲之憤憤。

對於特別調查大陸來台國民身份，我們也摸不透主管官署的用意所在，因爲就戶政的本身要求來說，絕大多數的來台國民，落籍均已超過十年，舉凡一個國民在戶籍記載上所應塡的項目，均應已包羅無遺，假使居住了十年而仍有戶籍記載不詳明者，實屬不可思議，戶政機關所司何事，豈能如此顢頇？即使尙有待補充者，亦儘可於校正時個別進行調查，又何必勞師動衆？

名不正言不順

該報又說：我們以爲今日居住台灣國民，除山胞以外，皆來自大陸，此項調查，名爲大陸來台國民調查，則實包括全體省民，但調查對象，却僅及三十四年以後來台國民，不知戶政機構根據何種需要，有將三十四年以前來台者，與三十四年以後來台者之間作一區別的必要？是要將三十四年作爲一道鴻溝嗎？還是要將三十四年作爲一條政治界線嗎？我們不願作更深一層的分析，我們相信政府決不願將今日台灣居民，劃作兩個部份。我們必須强調，我們皆來自大陸，都是中華民國的國民，台灣是中國的一部份，台灣是今日政府反攻復國的基地，大陸是我們的老家，三十四年以前來台的，與三十四年以後來台的，都是炎皇子孫，我們是中國國民，決無彼此之分，只有野心家陰謀份子才希望在這中間劃出一道鴻溝來。所以，我們要沉痛的說，大陸來台國民調查，這是一個名不正言不順的調查！

民廳有所解釋

該報最後斥責主辦的機關於此時來這麼一個劃線調查，實屬無知與愚昧之極！民政廳爲此特作了一番解釋，據說：

這是根據行政院命令，對大陸來台國民調查實施要點辦理，目的在瞭解目前大陸來台國民之狀況，以作爲反攻大陸時使用的參考，而每年一度的戶口校正，趁機辦理調查大陸來台國民身份調查，是節省人力、物力。調查客籍，則除各人出生地，塡寫在各地工作情況，也是作爲政府參考之用，不願塡寫也不勉强。關於親屬部門因過去不詳，因而增添兄弟姊妹各項，也不過是加强瞭解的意思，關於卅四年出生的已經是十四歲的人，可以領取身份証，也應在調查之列，各種調查均係呈報中央，對外保密，並不供給任何機關云云。

民政廳這種解釋，力圖避重就輕，而且還輕描淡寫的說：「不願塡寫也不勉强」，這簡直把政令當作兒戲，既然有人不願塡寫也不勉强，則又何必多此一舉？總之這一次國民調查，人民深感到憤憤，且看當局是否仍將一意孤行吧？（台北通訊）

聞重查大陸入台同胞有感（讀者投書）

據報載，台灣方面正在辦理所謂重查大陸來台國民的工作，規定一九五四年以後由大陸入台的同胞，除本人要再受一次嚴密的調查而外，還須塡報其祖父以下親屬的詳細歷史，目前生活及政治關係等等。凡是中國人看了此一消息，無不同感悲忿！

自大陸陷共後，數百萬不甘被奴役的同胞逃出鐵幕，他們保持了民族的氣節，他們高舉着中國人民並未被中共征服的義旗。可以說，他們是國家民族的光與魂；然而，政府當局却緊閉台灣的大門，不讓他們進入。十年以來，他們流落在外，住街邊，住屋頂，住荒野，舉目無親，衣食兩缺；就是極少數幸而能在海外各地暫獲枝棲生活有着的，亦時時遭受歧視和排斥，無處申訴。千不料萬不料蒙准入台的同胞也不能免於被歧視的苦難呵！

如所週知，在當局悍然違反憲法保障人民居住及遷徙自由的規定而實施入境管制的局面之下，凡是由大陸入台的同胞，均於事前經過層層的担保和種種的調查，被認爲忠貞後才能獲得入境的許可；而在入境以後也繼續受到有關部門的密切注意，無異成了被監視的罪犯。以在一九五四年入台的同胞而論，在台居住已達六年之久，如今仍需受調查，可見在當局的心目中，他們的此生此世將永遠被視爲可疑的人物了。這對於他們是一種何等重大的打擊和侮辱！

曾記得當年蔣經國在俄國居住十年，雖不知其是否加入共黨；但他曾跟着俄共公開作反對國民黨的活動則係盡人皆知之事，而且還討了一個赤俄的女子爲妻，至今仍在台北。可是他回國以後既未聲明與共產黨脫離關係，又未經過官方的調查，更無人會爲他作担保，竟能於數年之間從一個行政督察專員的地方小官一躍而爲中央大員，年來更成了台灣方面的第一强人，無所不管，其聲勢煊赫，在某些方面來說，尤有過於蔣總統，爲什麼蔣經國久留蘇反而成了他升官的資本，而我們的同胞入台較遲就要畢生遭受歧視呢？更何況入台較遲也不是他們所願意而是因入境管制之故，換言之，假如認爲入台較遲即是一種罪行，也應由政府負責而與入台同胞無關也。

更荒謬絕倫的，是他們竟要調查入台同胞的三代親屬。憶當年神州變色是如此的突然，許多人都祇能隻身逃出。今日流亡海外的中國人，或是父母仍在大陸，或是妻子仍在大陸，或是兄弟姊妹仍在大陸，生死不明，會見無期，孟子所謂父母不相見，兄弟妻子離散，正好爲我們今日的寫照。此情此景，在台的官方要員中亦多有之。然而他們並不自我調查而却要以此來侮辱入台時無法和他們一樣享有捷足先登之特權的同胞，讀者諸君，請試想想此一政府是爲人民服務的政府，抑是與民爲敵的政府呢？

政府嘗自我宣傳說大陸人民都是擁護蔣總統的，如今我們對於大陸入台的同胞已如此歧視，其對於尙留在「匪區」的同胞自必更加仇恨，將來蔣總統如果眞有朝一日得天之助而重返大陸，也許會屠盡天下蒼生呵！因此，我想一定要覺得活得煩厭的人才會擁護他的。

·品石·

中共所謂「兩條腿走路的煉鋼運動」

康和

中共原定的鋼鐵建設計劃，乃集中在三個基地。即（一）鞍山鋼鐵公司（即所謂「鞍鋼」），（二）包頭鋼鐵公司（即所謂「包鋼」），（三）武漢鋼鐵公司（即所謂「武鋼」）。這三個鋼鐵基地，都是由蘇聯人負責設計；所有高級技術工作，都由蘇聯人主持；成套的機器，也是由蘇聯運來。其中鞍山鋼鐵公司，乃就日本人原有的基礎，予以修整與擴充。包頭鋼鐵公司和武漢鋼鐵公司，乃屬新建。

根據鞍山鋼鐵公司的建設計劃，要從一九五三年至一九六〇年的八年內，擴建成一座現代化的鋼鐵企業。八年內要完成四十八個新建和改建的主要工程。其中包括三個鐵礦，八個選礦廠和燒結廠，六個自動化的煉鐵高爐，三個新式煉鋼廠，十六個軋鋼廠，十座煉焦爐，兩個耐火材料車間。這些修建工程，據中共宣傳報導，現在大部份已經完成。但至一九六〇年是否全部竣工，還是一個疑問。

至于包頭鋼鐵公司和武漢鋼鐵公司，按照其預定計劃，都係由數十個工廠和礦山組成的一個聯合企業。包括有採礦、選礦、燒結、煉鐵、煉鋼、軋鋼、焦化、耐火材料以及各種附屬修造廠。這兩個公司，都將擁有世界上第一流的大高爐和大平爐。不過要建設完成，須經過相當長的時間。現在正在進行的，還是屬于第一期的工程。武漢鋼鐵公司的第一期工程，預定于一九六一年完成；包頭鋼鐵公司的第一期工程，預定于一九六二年完成。

上面已經說過，這三個鋼鐵基地的工程，都是由蘇聯人負責主辦的。大概中共的頭目們，鑒于這些「老大哥」們對中國社會主義建設的積極性，還是不夠，沒有能夠「鼓足幹勁，力爭上游」。因此，中共頭目們認爲這「一條腿」走得太慢了，所以就提出了「兩條腿走路」的口號。就是大高爐煉鋼之外，再加上小高爐煉鋼運動；洋法煉鋼之外，再加上土法煉鋼運動。大高爐和小高爐同時並舉，洋法和土法同時並重。這就是中共所謂「兩條腿走路」的煉鋼運動。

自從去年下半年中共頭目們發動了「全民煉鋼」運動以後，大陸上掀起了「大煉鋼」的高潮，整個大陸除了西藏以外所有各省各縣各鄉村，處處都是煉鋼基地。普通的農民和工人，都一變而成煉鋼技師，整個大陸，幾乎變成了一個「煉鋼國」。這確是史無前例的壯舉。

小高爐的建設，確是比大高爐省得多。譬如建設一個一五一三立方米的大高爐，需要澆灌混凝土三萬立方米，機械設備三千六百噸，安裝金屬結構四千八百噸，耐火磚二萬一千噸，建成一個大高爐以及附屬設備，至少需要一年以上的時間，才能投入生產。至于建設一個小高爐，那就快得多了。一個十三立方米的小高爐，只需機械設備五十噸，金屬結構材料三十噸，施工時間，只須一個到二個月。所以，就建設時間來講，小高爐確是比大高爐快得多。

根據中共的報導，自從去年冬季至今年八月份止，整個大陸小高爐所生產的生鐵，相當于一九四九年至一九五四年總生產量，這就是說，一年的生鐵產量，超過了六年生產的總和。在「量」的增加上不能不算得一項偉大的成就。可是「質」的方面究竟怎樣呢？據中共自己的報導，小高爐所產的生鐵，「質量不夠好」，「含硫量較高」，「礦石品位在百分之三十至四十」，「成本比較高」，「勞働生產率比較低」，「利用系數比較低」。根據最近的統計，本年七月份各地小高爐生產的生鐵，平均利用系數將接近〇·七噸，平均合格率爲百分七十五。

目前中共正在大力整頓小高爐煉鋼的辦法。實行「五定」（即定點、定任務、定人、定領導、定爐型）和「二化」（即工廠化、基地化）的原則。同時還提出了「十二字」的改進辦法。這「十二字」的改進辦法，就是（一）洗（煉焦用煤要洗）（二）選（礦石要選）（三）燒（礦石要焙燒，礦粉要燒結，石灰石要燒成生石灰）（四）勻（原料要混勻）（五）小（縮小原料粒度）（六）鹼（造鹼粉渣，提高爐渣鹼度）（七）高（提高風溫）（八）大（加大風量）（九）化（生鐵和原料要化驗）（十）管（建立和加強企業管理）（十一）優（生鐵和原料要實行優質，優價）（十二）定（縮短戰線，合理定點）。我們從上述的「十二字」裡面，就可以看出過去煉鋼運動的缺點重重，無奇不有。所有產品的品質，也就不問可知了。

現在中共對于「全民煉鋼運動」，主張要「縮短戰線，合理定點」，又主張要「工廠化，基地化」。這就是証明「全民煉鋼」已經失敗，還是要回復到選定基地，採取工廠生產的方式。怪不得中共自己隊伍裡的人（即所謂右傾份子）也說：全民煉鋼是「得不償失」，「增加了鋼鐵建設的包袱」了。

從經濟的觀點來講，中共「全民煉鋼運動」，是整個地失敗了。可是，從另一角度來看，也有牠成功的地方，那就是把民間的鐵器都搜集去了。不單是各種廢鐵和破舊的農具，就是鐵柵、鐵窗，以及羹飯的爐鍋，也都搜刮殆盡。秦始皇的「焚書、坑儒」，中共早就實行了。這次「全民煉鋼運動」，就把秦始皇的另一暴政，就是「收天下之兵，集之咸陽，銷鋒鑄鐻，以爲金人十二，以弱天下之民」，也如法泡製了。

杜聿明溥儀等被釋是中共又一心理作戰

劉裕畧

大陸之窗

據中共新華社北平四日電：中共今天特赦首批戰爭罪犯，包括前國軍東北保安司令長官杜聿明、前第二綏靖區司令兼山東省政府主席王耀武、前國民黨四川省黨部主任委員會擴情、前川湘鄂綏靖主任宋希濂，及前僞滿洲國皇帝溥儀等共三十三名。

中共今天之所以突然用最高人民法院的名義釋放這一批戰犯，無非意在表示中共一切都講法。實則中共根本不講法，而這一釋放「罪犯」的用意，又無非故意表示中共之寬大，雖如此著名之戰爭罪犯或封建頭子，亦在赦免之列，你們台灣及海外人士大可放心了。所以揭穿來，中共這一行動，實在只是對台灣現役軍人和海外反共愛國人士的又一欺騙行爲和又一心理攻勢而已。

而我們可以斷言的，則是中共這一類的心理攻勢，在十年前，還可望相當收效，但時至今日，中共的殘暴統治和獰猙嘴臉早已人盡皆知。若說中共眞的寬大，中共就不會在大陸殺戮幾千萬同胞了。中共今天這樣拿少數人來作進行欺騙的勾當，今天是決騙不了人的。

事實上，我們知道：中共宣佈某些人之被囚或被釋，那都原是根本沒有區別的。不說整個大陸就像一個大監獄，再說這些表面宣佈被釋的人又何嘗有絲毫眞自由。他們在監獄外與在監獄中所受到的嚴密監視和精神迫害根本是並無二致的。

猶憶前次毛澤東派章士釗（行嚴）到香港來作說客時，章行嚴亦曾對張發奎將軍說毛澤東的如何寬大，毛澤東對杜聿明王耀武宋希濂等如何給予自由一類的話。我覺得張發奎將軍當時對章行嚴說得很好，他說：「假如毛澤東對他們眞正寬大，眞將給予他們以自由，那末，毛澤東准這批人到香港來好了，爲什麼不讓他們自由的到香港來呢」！章聽張這樣一說，顧左右而言他，無辭以對。大抵中共的所謂寬大所謂自由，揭穿來，就是這麼一回事了。最近兩天，中共在香港所辦統戰報紙向台灣挑戰，問台灣敢不敢接這三十三人入台？其實；我們要問中共敢不敢准這三十三人來港？可以斷言，中共是決不敢的。

大陸上的「妖風」與「歪風」

樵夫

中共將人民反抗「公社」和「生產大躍進」的行動，指爲思想「右傾」，吹的政治「妖風」或「歪風」。這種風顯然吹得很猛，使中共政權有飄飄欲墮之勢。

據十一月十三日人民日報載：「來自敵對階級的「妖風」和來自人民內部的「歪風」。有時候這種風也交流會合，呈現錯綜複雜的狀態。」

事實非常明顯，中共上下對這來自羣衆間的風浪，很頭痛，有點束手無策的樣子，它雖然祭起「反右傾」和「爭先進」的法寶，企圖轉移這兩種風，可是烏雲滿天，山雨欲來，很有點頂不住的趨勢。

人民日報承認這種「歪風」不是起自一地，而是刮遍整個大陸。該報說：「在這次右傾機會主義分子所煽起的反總路線，反對大躍進，反對人民公社的風浪中，自動自覺地起來和右傾機會主義和右傾思想鬥爭的人，到處都有，越來越多。」這也正可反証反中共反總路線反大躍進的人也正是到處都有，越來越多。

從中共政權的統治本質講，它先天的注定必須對人民不斷進行壓榨，不斷進行剝奪才能維持生存，那末，人民不斷普遍起來反抗中共所施的壓迫當然也是必然的了。既然是必然的，試問中共又如何能夠長久頂住這不斷吹向它使它不得不頭痛的風呢！

馬來亞的種族主義及其他

教師政治活動問題

·俊華·

新政府登台後的馬來亞，大選時的驚險浪潮已成過去，一般的情況比較平靜。可是原來存在着的問題，當然還是存在着，餘音嫋嫋，彈奏出這個新興國家的政治氣氛。

也許是鑑於星洲過去的若干動亂都由學校發動及參加的原故，教育部長佐夏里特別強調禁止教師積極參加政治活動的意見。這雖是政府決定的政策，但一經提出，便有正反雙方不同意見的爭論，相當熱鬧。

檳城人士所經常舉行的辯論會，便曾以「教師與政治」爲題，對應否參加政治活動展開辯論，參加者有喬治市副市長陳樸根，名流鄭自本夫婦，那拉勒南，大英雄學校教師那斯，他水虎等，由李天柱律師主持會議。會中反對教師參加政治活動的一派，認爲教師參加政治，則可以利用其地位影响學生，產生幼稚過激的羣衆運動，教師本身，則精神分散，不能集中於教學，故宜於教學與政治之間，二者選擇其一。

贊成教師應該參加政治的一派，堅持參政乃成年公民的權利，教師的此種基本權利，不應由任何理由而被剝奪。這裏所辯論的是教師應否參加政治問題，而不是教師應否策動學生參加政治問題，故充其量只能禁止學生參加政治，並禁止教師策動學生，而不能因噎廢食。而且，有良心的政治家，是會在教師職業與政治活動間，劃分清楚的。換句話說，他們不會以學生爲他們的政治工具。結果，是主張教師應該參加政治者，佔了多數。

可是在馬來亞大學畢業教師職工會代表大會，在對同一問題作冗長而審慎的辯論之後，終於決定支持教育部長的意見，應該禁止教師積極參加政治活動。他們並且認爲，教師如要參政競選，應該先行辭去教師的職位；如果參加競選而中選，將不是教師的代表，而只是政黨的代表。至於教師在政治上爲本身業界發言及保障利益的問題，全國教師理事會業已要求政府在上議院委任一位教師的代表，只要促其實現，便可滿足。

「搞種族主義」之說

教師參政問題，多少牽涉及另一問題，而引起另一項爭論。聯合邦華校教師公會總會主席林連玉氏，與總理署的新聞廣播副部長塞渣亞化氏，各在報章發表對立的談話。

塞渣亞化氏曾在一個巫人村長的公民訓練班開幕禮中演說，謂「共產黨爲製造不安的局面，乃煽動華人反對教育制度。」林連玉氏對此則強調表示：馬共並不可能煽動華人反對教育制度。林連玉說：共產黨既在武裝鬥爭中已告失敗，也就不能煽動或恐嚇任何人，何況今夏全國華文教育大會通過的華人對教育總要求中，曾經決議「國語（即巫語）列爲各民族學校之必修科，（但以不犧牲母語母文爲教學及考試之主要媒介爲原則）。」顯然的，華人是擁護本邦教育制度的，祇不過也要求保有華語華文應有的地位。

塞渣亞化氏却有從他那一角度的看法，他在記者招待會中（用國語（巫語）發言，繙譯爲英語）說：他知道用巫語發言，會使到非巫文報的同人發生困難，但因過去殖民地時代，大家重視英文，現已有共同的國語，故大家須面對現實，力予推行。接着塞氏抨擊「非巫文英文」的某報章，曾在社論中提及內閣組織問題，「而發表種族主義的見解」，他認爲種族乇義有如玩火，可闖大禍！故此他要求各報今後勿作此種評論，並警告謂如搞種族主義而阻碍建設統一團結的國家，政府當難緘默。

塞氏發言後，當即有記者詢問：若報章搞種族主義，將受如何處分？答：「須視個別情形而定」。問：「政府是否欲限制報章的言論自由？」答：「目前未有任何報章被吊銷『禮申』——（即牌照）。」於是記者又問：「聯盟此次國會大選，提名候選人是否基於種族人數爲標準？」塞渣亞化氏答說：「是根據各種族選民的人數爲標準；我們不能否認，本邦現仍有很濃厚種族主義的存在」。塞氏表現有些苦笑的樣子。

極端派要「修憲」的

這確是現實無可奈何「存在」着的課題。如聯合邦巫人商會總會即建議政府設立一個巫人組成之特別委員會，研究巫人在工商界之地位及改善巫人經濟之辦法，因憲法雖保護巫人特權十五年，但「巫人經濟地位迄無改善，馬來亞工商業，仍由一族人士操縱」。他們埋怨政府，「善聽非巫人之意見，輕視巫人商會」，他們將要條陳辦法，取得財經措施上優越的便利。

極端派的汎馬回教黨則更激烈，該黨將於十二月下旬開代表大會，其中委會已議決要向國會提案：（一）禁止一切反對回教教條的措施。（二）修改本邦憲法，俾使切實承認本邦乃屬於馬來亞人的國家。（三）維護馬來亞文化，以免被其他文化的阻碍。（餘二項畧。）這個小黨的要求，當不可能獲得通過。不過總是代表一部份巫人對目前政經狀況的不滿，也是一種「存在」。

這些現實的存在，只苦了有遠見的，強調華巫團結的人士。曾任馬六甲州長、現任司法部長的梁宇皋氏，就於其退出州長職位後首次發表的政治性談話中，呼籲華人「團結於馬華公會之下，惟有馬華能維護華人利益」。按馬華公會上次選舉中因候選人席數問題，一部份種族主義者不滿華巫印聯盟，以致退出馬華。現在的馬華，是仍堅持與聯盟合作到底的。梁宇皋氏同時駁斥人民進步黨議員主張取消緊急法令的建議。梁氏認爲，消滅馬共後，可將人力財力移於建設，現距消滅之期不遠，而緊急法令乃有效武器，若予取消，則延遲消滅共黨，功敗垂成。梁氏呼籲人民警惕，「幸勿受其迷惑」。

陳平在等待「時間」

聯盟的領袖，總理東姑拉曼，更是在隨處的致詞演說中，極力呼籲各族互相忍讓，和諧共處。他要馬來人援助華人及印度人，培養互助精神。他指出這次政府擬建國家回教堂，華人多數不是回教徒，但他們立即熱烈响應，在短短期間內已捐出二百萬元，比巫人捐的還多，足見華人對巫人及回教也有幫助，大家正該本着這種精神發展，國家前途便可無慮了。拉曼對於汎馬回教黨，並加以強烈之抨擊說：「該黨之目的，是在破壞馬來亞人（記者按：包括華人）之團結，造成馬來亞人間之互相仇恨。他們不惜製造各種謠言，使人民間互相不信任」。

對於馬共及有關緊急狀態的問題，拉曼總理只說：聯合邦的緊急狀態，已有「非凡之改進」，這是表示目前不考慮取消，直至「在不久的將來，本邦的共產黨將告絕跡」。拉曼總理重申：政府將不再與馬共和談，「陳平及其僚屬，必須投降！」

據會任聯合邦武裝部隊參謀長、緊急作戰部主任，最近卸任返英的布祿中將說：目前聯合邦已有許多白區（馬共肅清後的非戒嚴區域）；使人民脫離種種限制之煩厭，甚感滿意，馬共匪徒已被挫敗，緊急狀態結束之期，「已在望了」。

不過布祿氏的留言却說：本邦的森林部隊應繼續存在，以防有變。倘予取消，共產恐怖份子將「乘虛而入」。布祿中將說：陳平仍擬在馬來亞境內維持其實力，尤其在吡叻上部與吉打東北部之森林地帶。馬共領袖現倘希望本邦變爲共產主義國家，「陳平本人以爲，時間操在他的手中」。

馬來亞獨立後，剿共進展非常神速，比獨立前九年的成就還大，這未始不是人民做了自己主人翁，及新國家朝氣蓬勃的緣故。但存在着的內部問題，仍有待「時間」的考驗呢！

·吉隆坡通訊·

僑鄉近訊

公安兵屠殺農民（潮安）

去月十一日，潮安縣彩塘鴻安鄉，發生一宗公安兵開動手提機槍屠殺農民的血腥事件，附近各鄉農民對此，無不爲之切齒！事緣當日鴻安鄉有農民四十餘人，聯同湧到公社門前請願，要求該公社維持原有每人每日八兩口糧的配額，收回減爲每日配給六兩的成命，社中共幹不特不予農民們以任何答覆，且靜悄悄派人跑到彩塘的公安部告急，調來一隊公安兵，把請願的農民作爲暴徒對付，一到達現場，即開動手提機槍向赤手空拳的農民掃射，當堂轟斃了農民十七人；另廿餘人受傷，被全部拘去。公社門前，血漬斑斑；殘酷的印象，永遠烙在農民的心頭。

福建鄉民轟烈抗暴（南安、安溪、清流）

十一月中旬間，福建的安溪、南安、清流三縣，均曾發生過英勇抗暴轟烈行動：（一）安溪縣「官橋公社」社員，由十一月十一日起，即普遍怠工；且有卅餘人，潛逃外鄉。至十四日下午，共幹乃報請公安兵，四出搜索，卒將十二人捕回，判處「勞改」。在搜索時，曾與部份逃亡者發生衝突；聞有七人已被轟斃。（二）十一月十三日，南安縣「埔頭公社」一名六十六歲老婦黃周氏，在食堂內因小故與共幹衝突，被共幹痛毆後斃命，其子黃立德投訴縣府，但未能替亡母伸寃，乃於十八日深夜，挾刀伏途，將共幹黃發田斬至奄奄垂危，然後逃去。翌日公安兵雖往附近各鄉大舉搜索，但未發現黃立德踪跡。（三）清流縣城，十一月十九晚，有鄉民六七十名，爲反對削減口糧及反對搜索存糧，憤而分頭湧往各糧倉，縱火焚燒。一夜之間，城內六個糧倉，連同毗連的許多房屋，都化成灰燼，第二天，共軍一營從長汀馳至，經逐戶搜查之後，將被認爲「反動份子」的羣衆一百三十多人拘去；其中青年張如寧、張祖繩等廿三人，均被槍殺！

偉大的發明——人造煤

屠剛德

那一天，廣西桂平縣的一家公私合營的小型機器廠，從公社裡配來了一大批主要的燃料——煤。

該廠管理人瞪大了眼睛端詳了那些煤好一會，然後躡手躡脚跑到押運共幹的身旁，把他的嘴巴湊到那共幹的耳躲上，低聲問道：「聽說煤的來途，早已斷絕，爲甚麼現在却忽然又有這勞什子配來」？

共幹很鄭重的答：「這是我們的偉大科學家所發明的人造煤哪！有了這種新發明，今後我們的燃料再不愁發生困難了」！

「人造煤」？管理人瞟了共幹一眼：「怎樣造成的」？

「據說，是由百份之五十泥土，百份之三十馬糞、雜草、和木糠再拌以百份之二十煤屑混和而成的。在我們的社會主義新社會裡，在我們的節約原料加強生產的大原則下，你看這發明成就得多麼偉大」！

那共幹說得涎沫橫飛。

「啊——」！管理人漫應了一聲，隨即抓了一把人造煤，丟進火爐裡去；目的在看看那些人造煤的功效。

過了大約十多分鐘，火爐裡冒出濃厚的黑烟，帶來了一陣陣中人欲嘔的惡臭氣味，而爐裡却看不到有較爲強烈的火燄；顯然，它的火力連柴薪也比不上。

廠裡的工人見此情形，大家都搖搖頭。

管理人皺緊了他的眉心，沒精打彩地望望那共幹。

那共幹一聲不响，掩着鼻子拔足溜走了。

心曲琴音

亦紓

他起勁地吹奏着口琴，琴聲嗚嗚嗚地組成一個流行曲。行人如潮般在他身旁湧過，以致將它的那枝紅白相間的竹枝碰跌了好幾次，使他不得不停止吹琴，俯身在地下摸索，將竹枝拾起來；再倚在附近的牆上。

他不斷地吹奏着口琴，口琴的嗚嗚嗚聲在這熙攘的街頭並未能引起多大的反响，來往的人羣都不當他是一個存在。注意到他的只是幾個小孩，而那些孩子的口袋中又是沒有毫子的——就算有吧，也不會給他的。

他終於有點疲倦了，舌頭與木格相碰得太久，已經痛得發麻，看來，現在這種時候是不適宜在鬧市出現的，他想。應該在晚上，到姻緣道去。

「阿祥！」他試探着，細聲地叫道。

「盲叔，我在這裡好久了。」在他的耳際，傳來了那熟悉的童音。

「阿祥，今晚盲叔還沒發市呢！」他說。

「不要緊的。」阿祥安慰着他。

他和阿祥認識還不到一個月，當然他無法知道阿祥是什麼樣的。不過，他和阿祥是好友了，雖然，在一個月以前，阿祥還是他最痛恨的頑童之一。

他扶着阿祥的肩，穿過馬路，他要依靠阿祥的幫助，到一個比較靜僻的地方去。在那裡，他可能引起過路人的注意，會得到幾毫子的施捨。

一面走，一面他想起阿祥和他認識的經過。那天，他正在天星碼頭的隧道裏吹奏口琴，突然，身邊傳來一陣「閣閣」的聲音，聽起來像是皮靴敲打在士敏土上一樣。這種聲音，他聽過不少遍了。有幾次，他的哀求能使他不致遭殃；有幾次，他會隨着那「閣閣」聲，被關進一輛汽車……結果是坐了監牢。

他一聽到那種聲音，立刻警覺地收起口琴，裝成是普通的盲者，但已來不及了。他感到有一隻手一把抓住他的胸口，隨即來一陣吆喝：「喂，跟我上差館。」

他正要開始照例地哀求時，周圍忽然傳出一陣鬨笑聲，他聽到一個大人的聲音：「細佬仔！不要欺負盲人！」

他知道，他又碰到頑童了。昨天，為了表示有人施捨，而預先舖在地上的五個毫子，就被頑童搶去了三個。他伸出手，一把抓住了那個抓住他的人，用顫抖的聲音問道：「昨天拿去我三個毫子是不是你？」

「不，不是我，」那個聲音突然變軟了，「我是第一次，他們硬逼着我來的。」

「噢！」他鬆開了手，有點失望，又有點茫然。「不能欺負盲人呀！」

他想起自己小時候，怎樣地和一羣小孩一起追逐村中的那個盲老太婆的事，心中忽然產生一陣絞痛。憑着他盲人的直覺，他知道身邊的小孩還沒有離開，他不自禁伸出手去摸摸那個孩子，他發現雖然深秋了，但孩子的衣衫還是那麼單薄。

「盲叔，」小孩又說話了：「我不是故意的呀！」

他心中又起了一陣悵惘，過了半响，才問道：「你叫什麼名字？」

「阿祥」。

「讀書？」

「不，擦鞋。」

「那麼剛才裝成閣閣聲的是你的擦鞋箱了？」

「盲叔，我不是故意的呀！」小孩又重覆了那一句話。

「去吧！」他突然煩燥起來。

「盲叔，」小孩却不走：「要我為你帶路麼？」

「嘿！」他苦笑笑：「還想作弄我？」

「不，」小孩的聲音很焦急：「不！」

就這樣，他們認識了，阿祥擦鞋的收入，有時還較他吹奏口琴博人施捨的來得好，但有時，他却又會超過阿祥的擦鞋收入。

阿祥在沒有生意可做的時候，總是充當他的响導，而當夜晚，他們一齊縮在樓梯口過夜的時候，他就為阿祥講述種種奇怪的故事。

「這裡是什麼地方了？」他在走了一陣之後問：

「花園道」。阿祥回答。

「就在這裏吧！」他又摸出了口琴和那只鐵皮的香烟盒，裡面有五個毫子的那個。將烟盒打開，放在地上之後，倚住電燈桿，他又吹奏起來。

「盲叔，」阿祥說：「我等一陣再返來找你。」

他點點頭，並未停止吹奏。從脚步聲中，他分辨得出有一對情侶正向他走來。可是，脚步由遠到近，並沒有為他帶來一個毫子跌在香烟盒中的那「噹」的一聲。

風越來越涼了，他掩緊了那件破外套的衣襟，舌頭還不住地打抖，曲調越來越不成其為曲調了。周圍的行人已越來越少。已經是夠了吧！他想。

「阿祥，」他又試探着低聲喊。

沒有人回答。

嗚嗚嗚嗚，他仍不斷地吹奏口琴，雖然風更使他發抖。

（完）

從低潮到高潮的醞釀

風雲叟

筱篠：

讀到你的來信，知道你的寫作正陷于低潮；但不要緊，這絕不能證明你沒有寫作的才能，也絕不可認為自己再沒有進步的可能，只要你不妄自煩燥，澄心凝志的培養靈感，寫作的高潮就會再來的。

天氣有晴有陰，人心有明有昏，創作的靈感有時高揚有時消沉，這就像海浪的一起一伏，本是自然之序。不要說像你這樣初學寫作的青年，就是有數十年寫作經驗的老作家，也都不能脫除這周期性的煩惱。

處在寫作低潮時，最忌諱的是自薄自艾，煩亂暴燥；這樣徒增加疲勞，治絲益紛，無異是無限期的延長低潮的時間。

當我每在心緒煩亂，苦悶難捱的時候，我常是把一切放下，索性倘佯逍遙一番再說。或是看場電影（我的經驗最好是選擇悲劇），或者去找知己的朋友談心，或者一個去到素日不去的地方去遊逛，再不然喝點酒，放開嗓子大唱大叫一氣。悲劇可以洗滌人的塊壘，當你受劇情的感動而熱淚盈眶時，千萬不要為了世俗的尊嚴所誤而抑制眼淚流下，不妨盡情的哭一下，讓堵塞胸腔的濁物排洩出去；眼淚就像炎夏的驟雨，雨過天晴，灼熱頓消，萬物欣欣，風不揚塵，那時候你會感覺自己新生了一次，靈感泉水似的湧現出來，寫作的衝動馬上就亢奮了。

與知己朋友談心，也是啓發靈感、培養活力的好方法，但必須是知己朋友，知己才能談心。把心門打開，剖肝露胆抛開世俗的是非、善惡、美醜，把心裏所感受的東西無避忌的互相傾吐，這樣也可以排洩心中積累的昏濁，而恢復心腦的清明。

到素日不到的地方去遊逛不一定適合每一個人的心情。在富于生活經驗、常識與趣廣博的人，較比適合。走進空寂的深山，或獨對茫茫的大海，都可使人領畧大自然的奧秘，而獲得神秘的啓示和解脫；到人聲燈影的夜市去，從那些下層社會的形像當中也可以獲得許多奇思妙想，使你在精神上走進一新的領域。

一般人所謂飲酒澆愁當然是不足法的，往往以酒澆愁，愁更愁，以致爛醉酩酊那可不是好玩的。但是「好酒飲到微醉後理智未泯而洋放感情，舉杯高歌，把人生的苦恨散放出去，未嘗不是一大樂事。但是對於像你這樣年青青的人還是不試也罷。

人的心靈是一個怪東西，除開睡眠以外它永不休息。當它清明剛健，就可以宰制世界，自由飛翔，眞有所過者化所存者神之妙。可是當它遭受了損傷，或由於過度疲勞而窒悶了，便灼熱得像一個火團，昏濁得像汚泥死水，使人煩燥悲苦，不能自止。從事文藝寫作的人應該以修養來保持心靈的清明與活力的亢奮，靈感是不會缺乏的，偶爾陷入低潮，醞釀得法很快就會恢復高潮。

許多文學家、藝術家，以任情縱慾來自造悲劇，再以身受的慘痛來點燃創作的衝力，大文豪巴爾札克之流就有這種傾向。

他們雖然完成了偉大的藝術，却犧牲了全部人生，代價未免太大了。

文壇泥爪

「左聯」的兩個太上皇

一九三〇年中共在上海秘密組成的「左翼作家聯盟」，其內中組織至今還是一個謎。在當時因為中共藉此拉攏並控制文人，遂行其陰謀活動，原是不得不秘密的。然而到了「解放」之後，中共每以組織「左聯」自誇，照說已無保秘之必要。十年來，中共對過去各文學團體及刋物都不厭求詳地組稿加以追述，而獨對於「左聯」卻仍諱莫如深。這究竟是什麼原因呢？說穿了非常簡單，那就是中共以周揚主持的「黨組」來指揮作為傀儡的魯迅和茅盾，這一卑鄙無恥的手段，永遠不能公開。「假定魯迅還活着」，他可能全盤予以揭露；茅盾懂得明哲保身之道，便無此勇氣了。

一九三四年鄭振鐸在北平，魯迅和他出資印「北平箋譜」，因此來往信件頗多。當時創造社的詩人穆木天，正同另外三人脫離「左聯」，向政府自首，曾呈有一揭露「左聯」內幕的報告。魯迅慨歎於他們之反正，寫給鄭振鐸的信中曾說這個報告「毀左翼惟恐不至」，又說：「穆公們之獻文，是登在秘密刋物裡的，不知怎的為日本人所得，譯載在『支那研究資料』上了，遂使我們局外人亦得欣賞。他說：某翼中有兩個太上皇，亦即傀儡，乃我與仲方。」（魯迅書簡一九三五年一月八夜寄西諦）穆木天揭露的內幕，我們現在只能知道這一點。

但只這一點，就使我們明白魯迅只是當時「左聯」中不問「政事」的太上皇，做「皇帝」的另外有人，而這太上皇還是兩個。「仲方」即是茅盾的化名，這從「魯迅日記」中可以看得出來。從此，我們也可以知道，當年中共兩萬五千里長竄到延安時，為什麼魯迅和茅盾聯名拍給毛澤東一通「賀電」，原來是代表「左聯」的，可能就由「黨組」擬好了稿子，叫這兩位太上皇簽個名而已，可是中共一直就把慶賀之功歸之於魯茅二人。

魯迅在一九三四年就已經激烈反共了，這由他在給朋友的信中可以找到充分証明。既然這些有關信件在中共重印「魯迅全集」時，已經全部予以删除，但舊的「魯迅書簡」仍然保留着。他對「左聯」的反感，一天一天加深，周揚解散「左聯」另組「文藝家協會」時，他發誓不加入了。他曾說過，等他病好還要揭出「左聯」的黑暗，可惜他竟一病不起！

雜憶錄之六

記民十六四川軍人反共之舉（上）

幼椿

一

民國十五年秋，北伐軍打出長江，我接受四川大學教授聘書，返回成都。彼時國民革命軍勢力尚未達到四川，而共產黨徒已在成渝萬三個軍政教育集中地活躍起來。四川軍閥已接受國民革命軍軍長委任狀，而尚未掛出新招牌，懸出新國旗，共黨即鼓動學生，特別中學生甚多，隨時遊行示威，高唱「打倒列强」之歌。本來舊軍閥對於學生，一向敬而遠之，不顧開罪。自民十六以來，成都學生爲反對日貨，曾成羣結隊，去搜查商店，焚燒仇貨，甚至侵犯人身自由，把賣日貨的商人綁來遊街示衆，軍閥們也未加干涉。民十五之際，成都爲鄧錫侯、田頌堯、劉文輝三軍軍部合駐之地，情形已相當複雜，秩序已不大安靜，因此三軍設聯合辦事處，以向育仁爲處長，負省會治安責任。向育仁爲國民黨右派，素恨共產黨，對於共黨鼓動學生示威遊行，漸加防範，命令各中學校校長約束學生，不使隨便開會集合，突出校門。但放任青年黨或國民黨右派去遊行示威，以與共黨相對抗。我主持青年黨去對付共產黨，而黃季陸先生則主持國民黨右派活動，他也在川大教書，隨時與我聯絡，而因青年黨彼時在成都已有相當人數，遊行起來，深惹共方之嫉視，但尚未演過打架之事。

我家在成都少城，與省立中學比鄰，該校教員中有共黨兩人，鼓動學生鬧事最烈。半夜令學生多人在我居宅前後，以放音筒高呼「捉拿李璜」，此起彼和，令我全家不能安枕，開門驅逐即遁走，閉門就枕又高呼，經半月之久，我並不乞援軍警，因此輩學生皆十餘歲之青年，年少無知，受人唆使，唆使者有意使我叫軍警與學生起衝突，我寧受擾，不上其當。但我尚未離開成都，而省立一中之禍作矣！

二

我在川大教書僅五月餘，十六年三月某日，鄧錫侯忽來訪，見面即言：『請李先生讓一手！』我說：『讓什麼？』他說：『糟糕之至！我們剛就了國民革命軍軍長之職，武漢中央即來電，叫我們捉拿李先生，送往武漢。』我說：『捉送好了！』鄧說：『不好意思，故我同頌堯、自乾商量，請李先生藏起來，不教書，不出街，我們便回電說不在成都。』我笑道：『鄧先生，你這樣服從共產黨的命令，你不怕他們共你的產麼？』鄧說：『這是國民黨武漢主席的命令。』我說：『這些人已是共產黨的走狗，你曉得嗎？』鄧走後不久，劉自乾又派其秘書來勸我藏匿於鄉間，較爲安全，我大怒。次日黃季陸先生來言：「他上課有四個手槍兵隨侍，你不要怕，我去請向育仁派四個手槍兵來保衛你。』我笑道：「大學教授上課，要手槍兵保衛，未之前聞，老兄是國民黨，或者可以，我不可以照辦。」隨着川大校長張瀾又派秘書來請我暫停上課，讓他疏解，以免局面弄僵。

是時，我正打算召集青年黨同志，共謀應付之策，而隔鄰省立一中學生打死校長，投之井中！驚人事件發生！校長爲國民黨右派，謹守軍方命令，約束學生，不許學生在校中開會，因被學生打死；軍方震怒，下令嚴辦，於是向育仁擒得出手學生主要者五名，審訊之後，立刻槍斃於大街之中，陳屍示衆，是皆十七八歲之青年，受共產蠱惑，而竟忘乎其形者！我過通衢，不忍卒觀，知此一鬥爭，已無理可講，將呈混亂，我不顧青年黨同志左右袒於其間，因共黨是不惜犧牲青年，有意造成流血慘案，以激怒羣衆，便擴大其活動也。適中國青年黨中央黨部來信，需我立赴上海，代理主席，我遂由小北路自成都東下，一人一被，雇短程滑竿，沿途停留，以便組織各縣同志，並授以今後活動之機宜。

但乘船東下，不經過重慶，則必須經過萬縣，而重慶係共產黨省黨部所在地，鄧小屏正指揮漆南薰、楊闇公諸川共首要大事活動，而萬縣則朱德、劉伯誠正在楊森軍中，從事於民衆組訓。我因逗留於渠河流域與梁大之間，觀變乘機，以謀出川之路，未幾而重慶有名之「三三一」慘案又作矣！

古文與白話文（二）

舜生

二、我知道有不少的國文教員，他們總覺得古文難懂，所以要教；白話文高中和大學的學生一看便可明白，根本就用不着多去講解。這個意思雖多少有點理由，實際他們還是沒有懂得寫白話文的艱苦。「水滸傳」「紅樓夢」之所以成爲不朽的名著，其作者在執筆以前，不知道他們從各方面下過多少研究的工夫；單就文字的技巧論，也眞够得上說是千錘百鍊。「紅樓夢」的作者，自述他把初稿寫成以後，還披閱過十年，增刪過五次，決不是騙人的話。梁任公的「歐遊心影錄」是用白話寫的，他會說：用他自己用慣了的那一種文字，每天寫三五千字也不太吃力；改用白話，便寫一兩千字也很難。（不記得他在那一篇文章中提到，但大意是如此。）中國文學史上有兩個有名的故事：其一是我的貴本家左太冲（思）寫「三都賦」，花了十年的工夫，據說當他起稿的期間，「門庭藩溷，皆着紙筆，偶得一句，即便疏入。」其一是司馬光寫「資治通鑑」，花了十九年的時間，單是草稿，便堆滿了兩間屋子，而且他自述他的精力，也是爲此一書消耗殆盡。從前的人用古文從事寫作，捨得下這樣的工夫，無形中加强了古文的神秘，乃使得一般至今還迷戀着古文的人更有所藉口。可是假定他們會留意到曹雪芹單是「披閱」「增刪」「紅樓夢」也耗費了十年；以梁任公文思的敏捷，一旦改用白話，便不能不減低他寫作的速度；便可看出寫古文與寫白話文的難易眞是很難說了。

於是又有人說：你既覺得古文與白話文同樣難寫，那我們便寫寫古文好了，爲什麼又一定非寫白話不可呢？殊不知道古文難寫而又難讀，白話文儘管也難寫得好，但看起來却比較容易得多。所謂比較容易不單是就中國人說是如此，就外國人讀中國書報的來說也是如此，乃至就把白話文與外國文互譯也比較有把握得多。僅僅從這一觀點，已可看出白話文確實是普及教育與推廣文化的一大利器，到今天還有人要對提倡白話文懷疑，我總覺得大可不必了。我們教學生學國文的目的，便[illegible]使得他們能寫[illegible]好的白話文，[illegible]可以記事，可[illegible]情，可以寫景[illegible]以述學，可以[illegible]說，而白話文[illegible]得好，又確有[illegible]上舉的那些艱[illegible]那未，說學生[illegible]話寫作便用不[illegible]生好好指導，[illegible]不着選出若干[illegible]文範作教學生[illegible]去體會，這個[illegible]豈不是不攻自破了[illegible]一吧。

亮齋閒話

自古有俠客無俠國

徐亮之

年來香港社會有一個很有味的現象，就是武俠小說的盛行；幾於有日報便照例得有武俠小說，好像沒登武俠小說便不成其爲日報一般。尤其有味的是：有某些自命「進步」的日報，明知香港市民已再沒興趣讀他們那種冗長而乏味的「進步」的電訊與報導了，却偏對這種從任何角度觀察也看不出「進步」影子的武俠小說提倡得更不遺餘力。

這現象究竟意味着什麼呢？我想：大概說這意味着「進步」的悲哀，該不算「尖酸刻薄」的吧！

老實說，現在已是原子世紀氫氣時代了，任何「武俠」之「武」、是不能「武」到什麼地方去的。人家早說過現在的艦隊只能派充儀仗隊了，而我們的「進步」報紙，却還在那兒高談什麼「崑崙派」的「上乘輕功」；人家的火箭已經射進月球了，而我們的「進步」報紙，却還在那兒渲染什麼「峨眉派」的神妙劍術；這倒底是「進一步，退兩步」的革命邏輯，還是因爲所謂「武俠」早給資本主義餓癟、極權主義餓死、而竊作不平之歎息，聊發思古之幽情呢！這眞無以名之，只有名之曰「進步的悲哀」。

不過話雖這樣說，所謂「俠客」倒確是「古已有之」。而且不但在我們的小說戲劇裡面有着他們的鮮明的形象，就是正史裡面也往往不少他們的眞實蹟事哩；祇是太史公司馬遷當年已以不見他們的風采爲恨，以致憤然而有「游俠列傳」之纂述，更難乎見於當今之世罷了！

可是，從古以來，「俠客」儘有，「俠國」却是畢竟沒有那回事，也不可能有那麼回事。因爲社會裡面儘可以有專諸荆軻式的不惜身命、朱家郭解式的不吝財帛去幹着急人之急，抒人之難的義俠行爲，去爲義俠而義俠；而國家之間却不可能有此義俠，更不可能爲義俠而義俠。舉例說：齊桓公當年的「遷邢于夷儀」，「封衛于楚丘」，使得「邢遷如歸，衛國忘亡」，表面看來，未嘗不義俠；而一揆其實，却祇不過是爲要爭霸而已；祇不過是以義俠的烟幕爲爭霸的手段而已。如果當年邢國遷于夷儀之後，眞永遠把齊援當靠山；衛國封于楚丘之後，眞一直以小朝廷爲滿足；便非老大上當不可。好在那時的邢衛執政者全都懂得這竅妙，全都懂得假借齊國的這種「義俠」作爲自己復國的跳板；所以後來邢人畢竟還能自力數與伐衛之師；而由齊國一度經援軍援自己站起來了的衛國，更居然能夠一舉而把那國滅掉。「左傳」（魯閔二年）曾記述衛文公在楚丘接受齊國軍經援助後的作風與政績說：

「衛文公大布之衣，大帛之冠，務材訓農，通商惠工；敬教勸學，授方任能。元年革車三十乘，季年乃三百乘。」

歷史永遠是一面鏡子，衛文公的成功，的確不是偶然的。如果「一心以爲有鴻鵠將至」，以爲世界上眞有什麼「俠國」，以爲依靠某國爲達成某種目的的「義俠」勾當，而眞個就「如歸」和「忘亡」起來，畢竟只能老大上當而已！

四八，一二，五。

本刊已經香港政府登記

聯合評論 週刊

每逢星期五出版

United Voice Weekly

第七〇號

督印人：黃宇人　總編輯：左仲平
社址九龍金馬倫道卅八號三樓　電話61413
承印嘉羅印刷有限公司香港灣仔馬師道5號
總代理：友聯發行公司　售價每份港幣一毫
本報美洲版總經售處美國紐約中美出版社
CHINESE-AMERICAN PRESS, INC
199 CANAL STREET.,
NEW YORK31 N. Y. U.S.A.
美洲航空版零售每份美金一角

再爲印尼僑胞呼援

本社同人

印尼的蘇加諾政府，一年以來，虐待我僑胞，報紙不絕於書。本報在本年一月即曾爲印尼僑胞的苦難，向各方面有所呼籲，並責備印尼政府中少數人之自私無聊，罔顧利害，自掘墳墓。但此少數人並不感到人權人道爲何物，印尼前途危險爲何事，近且自行擾亂金融，使其社會破產，而且竟施武力，強迫我僑胞大多數小店小商，「掃地出門」，立刻離開其祖宗多年來安居謀生的鄉村，是直驅我僑胞走向死路，或只有進入集中營的囚禁生活。據報載，印尼政府要消滅華僑經濟，已將二萬五千家華僑零售商的店門關閉，反抗者即處以有期徒刑。西爪哇軍令規定，十二月四日爲華人遷出鄉區的最後期限；萬隆區共有華僑一百二十七名因違抗上述命令被捕云云。（見合衆社，泛亞社本月七日電）又據北婆羅洲，沙勝越來信稱，印尼僑胞紛紛乘木船逃來各埠，既不得合法入英國殖民地，又在小舟中缺乏粮食，日晒雨淋，飄流海中，狀至悽慘，我英屬殖民地僑胞觸目心傷，只好偷偷的予以接濟，然來者日多，有如倒懸，急待設法援救。此種情形，言之酸鼻！

一

中共與印尼本已早建國交，此事本應由中共向印尼嚴重抗議，據理力爭。以常理而言，中共平日運用欺哄騙詐的手段以爭取南洋僑胞的同情，增加其對大陸的向心力，此乃名正言順，最好的機會；不料中共對印度那樣的勇敢而強硬，對印尼則這樣懦弱而無能！意者中共或高興與印尼盲動的政府，如此幹去，將其國的經濟愈弄來破產，將我國僑胞愈弄得走頭無路，然後把他們逼入山區，效馬來亞當年森林游擊的辦法，使印尼全國終將趨於赤化。

而且印尼國內叛黨叛軍到處皆是，數年以來，並未寧靜過一天。革命軍勢盛於蘇門答臘中部，回教軍霸據了伊里伯斯全島，印尼政府並無法使全國實現統一與和平，而今又逼得我近三百萬人的華僑走頭無路，這在正要赤化東南亞的中共看來，簡直是天假其緣，予以赤化印尼的最好機會。因此中共乃聽任我僑胞去受印尼政府的蹂躪，而力求妥協，寧肯暫時失掉華僑對大陸的同情與向心力，其目的乃在遂行其赤化的陰謀！

二

至於中華民國，對於印尼雖已無國交，然而對於僑胞並不是沒有責任的，而且在台灣政府當局對於救援印尼僑民也不是完全沒有辦法：第一、中華民國現在聯合國還是有席位的，事關中國人民近三百萬人的生命財產慘遭蹂躪，我國代表團實應本於聯合國憲章的正義原則與人權主張，不斷的在聯合國大會，安理會，人權委員會提案控訴，澈底的將印尼政府的荒謬無人道的罪行宣布出來，引起多數國家的同情與責難，至少能與印尼政府以一種正義的壓迫力量。第二、我國駐美大使館的外交人員隨時在向美國民間團體講演，與其總是宣傳共黨無和平誠意那種老調，使美國人已聽厭了，何如宣佈一下印尼政府這種顢頇胡鬧，害人並不利己，必致印尼赤化亂亡，種種自掘墳墓的作風？因爲印尼政府還在希求美援，如果美國輿論反對印尼政府的作風，則美援將成問題，印尼政府或將有所顧忌，而緩和其一意的孤行。許多年以來，我們感到政府的僑務與外交，只在敷衍場面，遇事拖延，看不出對國家，對僑民的熱忱與勇氣，來對付當前的問題。如果中華民國政府還感到這海外一千三四百萬華僑與反攻復國有莫大的關係，則今日對印尼僑胞慘受迫害事件，在消極方面萬不可推在中共身上，說印尼政府之目前迫害華僑，乃是反對中共，好像與我台灣並不相干；至於在積極方面，則必須在國際場合中廣爲宣傳印尼政府的無聊暴行。如印尼政府並不歛戢，則我政府應有援僑伐暴的決心，非有此種決心，不能立國世界，畏首畏尾，身其餘幾，事到萬難，須放胆了啊！

三

日來僑居香港的文教界人士，對於印尼僑胞之受迫害，本鄉鄰有難之義，有兔死狐悲之痛，不能坐視無覩，紛起簽名，致書聯合國人權委員會，請其設法制止印尼政府之殘暴行爲，且行將發動全世界的僑胞，一致爲印尼僑胞的聲援。如果今日的自由世界尚有正義與人道的存在，則美、英、法等民主國家的人民及其政府，當不致忽視此一人權的呼聲；如果號稱保護自由的美國人民及其政府，也不顧及人權爲何物，自由爲何事，而仍舊軍援經援印尼，讓印尼政府去效法共產黨的手段，掠奪其國民的財產，蹂躪我僑民的自由權利以至生命，則美國納稅人的辛苦錢財，乃是用來助紂爲虐，爲虎添翼，我們深爲美國納稅人民嘆不值得！

四八、一二、一二

給中共的頭子們來一個判決

左舜生

中共最近演了一幕特赦『戰犯』的把戲以後，連日乃更有所謂杜聿明，王耀武，宋希濂的『訪問記』出現。

看這類的文字，本來是一件最無聊的事，可是爲了拆穿中共的西洋鏡，同時爲了檢查他們的宣傳技術是不是多少也有一點進步，我還是耐心的把這三篇東西拿來看了一遍。這三篇同一性質的『訪問記』內容是大同小異，無非把這羣『戰犯』逐一提了出來，驗明正身，教他們每人指着自己的鼻子，給自己臭罵一頓，換言之，即把他們的身體折磨了十年以後，再給他們的人格一次最大的侮辱，給他們的精神一次最後的蹂躪，這便是中共最得意的所謂『特赦！』

這三篇東西，以我看，以宋希濂這一篇最爲突出。據說，宋對這位訪問的記者，說了這樣的話：

『我是一個死有餘辜的罪人。我作爲國民黨反人民戰爭的執行者，曾經燒殺過許多村莊，殘害過無辜的人民，特別是曾經圍剿過工農紅軍，殺害過革命志士，鎮壓過新疆吐魯番的革命暴動，如果按照鎮壓反革命條例來量刑定罪，即使判我三個死刑，也不足抵償我所犯罪行的萬一……

『假如說被我破壞了的城市可以重建的話，被我殺害了的人卻是無法補救的。許多孤兒寡婦，多少失去丈夫的年青妻子，多少失去愛子的慈母，她們心靈上受到的創傷將何以彌補？……』

像這類的話，我們說宋希濂是指着自己的鼻子在罵他自己固然未嘗不可；但我們說他也是指着毛澤東的鼻子在罵十年來的中國共產黨又何嘗不可呢!?

自從十年前中共領着從蘇聯所配給的大宗武器霸佔中國大陸以後，大陸無辜人民被中共所屠殺的，其總數在兩千萬以上！而這十年以來被中共過度搾取他們的勞力，或充軍到遠方去勞動改造，因遭受這種磨折而死的，其人數尚無從統計。請問：像這樣一個龐大的數字，比之宋等所殺的幾十幾百或幾千個共產黨，算得什麼呢？請問：這幾千萬個被中共所屠殺所折磨而死的人，又誰無父母？誰無妻子？他們在心靈上受到的創傷，毛澤東又有什麼方法可予以彌補呢？不錯，過去有少數的共產黨確實是爲國民黨所殺，甚至在我們這些傍觀者看來，其中有一部分也似乎並沒有一定要殺的必要；甚至也還有極少數是確實殺錯了的；不過，共產黨究竟至少還有一項『勾結外敵背叛祖國』的罪名，請問：中共所殺的這幾千萬人的罪名到底是什麼呢？

即以『地主』一類來說，這自然是中共所指爲罪在不赦而必須加以屠殺的；可是中國一部分人擁有較多的土地，這只是中國幾千年來遺留下來的一種制度，我們可以承認這種制度不好，必須加以改革，但承受這種制度而生息其下的地主，究竟犯了什麼罪呢？說制度要不得，推翻制度好了，充其量叫這般地主交出土地掃地出門好了，爲什麼非一律加以槍斃不可呢？看中共這十年以來的行爲，他們名義上是廢除土地私有制，而實際則只是化小私爲大私，換言之，即殺掉了無數的小地主，成就了他們一個惟一無二的大地主！他們大殺地主的心理，表面上好像是使土地私有制不能復活，實際上卻只是爲了鞏固他們這個償來的政權！從前生息在地主下面的佃農，誠然在若干區域其生活是相當的貧苦，但就我在四川、湖南、江浙一帶所看見的農村，所謂佃農也者，卻是相當富裕的。我不知道究竟有多少地主，曾對他們的佃農作了過分的壓迫；我看見佃農與地主的關係，完全只是一種賓東的關係，而決不是奴隸與主人的關係；佃農對工作多做少做，有他們充分的自由，他們十分明白，多做自己便可以多得，少做自己就只好少得；他們不僅吃得飽，穿得暖，而且隔不上三天，他們還可吃一頓肉，過年過節他們還可穿上一身新衣；他們養得有一隻兩隻乃至三隻五隻的猪，他們高興什麼時候殺，就什麼時候殺，自己吃多少，賣掉多少，一切有他們的自由，誰也不能干涉；他們養得有一羣一羣的鷄，每逢到『趕集』的時候，他們可發動他們的老婆和孩子，提着一籃一籃的鷄蛋或三隻五隻的肥鷄，到市鎮上去換回他們一切一切的日用必需品；……凡此種種，都是我在無數的農村所親眼看見的；我曾在湖南、四川，先後過了五年以上的農村生活，我常感到中國的農民最富有人情味，與都市生活比較起來，他們的生活要合理得多。

自從中共做了惟一的大地主以後，中國這種傳統的優良生活，已經掃土無餘：中共的農奴，每天自朝至暮要作上十三四小時的工，男的要做，女的要做，孩子們要做，甚至就生了病也還得做，可是每人每天要得到三兩五兩米來吃；個半飽卻不可得。猪要登記，鷄要登記，樹上的菓子，塘裡的魚，田埂上種的雜糧和蔬菜，……也無一不要登記，你想吃嗎？敢！一切一切都要交給主人，主人拿去幹嗎？出口！供給他們一種窮奢極欲的生活，去換取就用以鎮壓他們一堆一堆的武器，去建設許多與他們一輩不生關係的鐵橋，去製造若干他們一輩子無從坐上的汽車，去建築無數他們永遠走不進去的高樓大廈……

假定宋希濂所說判他三個死刑也不足以蔽其辜是對的，則毛澤東等十年以來所犯的罪過，就判一百個死刑也是應該的！

艾森豪訪印的檢討

樹　棠

（一）

艾森豪與尼赫魯的會談，迄筆者寫文時，雖還在交換意見的階段，但就已知的報導研析，兩氏的觀點並不一致，似乎不可能一致。（儘管這判斷未免下得早了點。）

艾森豪於印度多事之秋，抵印訪問，予彷徨憤激中的印度人民以最大的精神鼓舞和慰藉，顯然是一次適時而成功的旅行。同時也促進了美印兩國人民的友誼。不過距離兩國達成結盟的關係尚甚遙遠。

艾森豪曾提醒印度人：軍備弱小必會招來侵畧，而强大的美國，正準備來協助她的友邦。很明顯的，這是他表露了一旦印度遭受中共武力的威脅時，美國則願爲其後盾。

就常理論，在這樣的時際，印度對於美國肯自動拔刀相助，應該衷心歡迎之不暇，但尼赫魯，雖然也承認中共是侵畧者，也接受美國的好意，卻仍無意放棄他那種所謂「中立」的立場。尼赫魯在美國電視廣播中，且直率地表示，如果美國過問印度與中共邊境糾紛，未必有什麼好處；甚且，他不要求美國保証支援，縱使中共直接侵畧的話。因爲，保証「就是軍事承諾」。再者，印度如加入軍事同盟，將會「更不安全」。又據電訊報導，艾、尼會談中，尼赫魯也不主張「孤立」中共，寧願與之往來，俾得試探亞洲和平之可能性。

（二）

尼赫魯的態度仍然是站定在「現實主義」的一點上。他既歡迎艾森豪到訪，也將於不久將來接待伏羅希洛夫。於此也可見兩大集團對印度積極爭取的一斑。

艾森豪對印度是懷有期望的，其中包括促使印度與巴基斯坦修好，甚至促成印巴在某種程度的「守望相助」——使印度間接與西方結盟。至於經濟援助，自不待說。如果美印關係眞能夠達到上述的程度，美國便無異是在冷戰中打了一大勝仗。在「和平」的努力上也因此佔了優勢。因爲把印度爭取過來，便可以使中共更孤立，也可望轉變大多數亞非國家對中共的態度，在未來的國際會議中，可以達到增强與國陣容的目的。

中共和蘇聯當然也知道這一點。所以當艾森豪宣佈訪印後，周恩來即電尼赫魯祝壽，並表示願與印度談判。但印度的反應不佳，於是希望由蘇聯出來斡旋，此項工作即將由伏羅希洛夫來進行。蘇聯當然也準備予以經濟援助，以示討好。

（三）

中共原希望以邊界糾紛困擾尼赫魯，可是因爲艾森豪的到訪，尼赫魯的地位更加强了，反使中共變爲一名丑角，而必須仍由蘇聯來斡旋。

在這樣的情勢下，欲使尼赫魯能站到西方陣營一邊參加軍事集團，是不可能的。中共在侵畧的方式上，也避免騷擾中央公約及東南亞條約會員國巴基斯坦。美國既未正式參加中央公約，（只參加其軍事委員會）。而東南亞條約會員國之一若被侵時，其他會員國之是否應援，須依照各國憲法行事，換句話說，即使出兵也要待國會的通過。印度或許因此考慮到如參加軍事同盟，更將刺激中共，使兩者間關係更爲拉緊，何況防衛部署又並非一朝一夕所能建成，一旦有事，而盟國援軍未到，而强鄰經已壓境，問題就更不堪想象了！因此尼赫魯寧願利用艾森豪訪印的政治聲勢，對中共作小的忍讓，而在基本上則利用此次造成的國際政治優勢，間接使美國與中共對抗；再從中拉攏蘇聯，以掣肘中共。

就是以莫斯科與華盛頓互相唱和的「和平」來說，印度是「六巨頭」之一，兼且含有「第三勢力」的意味。談和平也仍然離不開印度，何況在亞非集團的亞洲區域中，印度及尼赫魯仍然擁有相當的影响力？則他又怎肯輕率參加西方軍盟呢？

這可能是尼赫魯仍然堅持「中立」的原因了。

艾森豪的訪印既不能獲得尼赫魯首肯採取一致的步驟，豈非有虛此行呢？答案也是否定的。因爲儘管尼赫魯公開作出「極力中立」的表示，但中共侵擾事件，對他總是一項難忘的教訓，身爲大國的印度，豈能忍受中共「大國沙文主義」壓迫！即使尼赫魯能委屈求全，印度人民也決不會輕易忘懷的。尼赫魯的要求人民參加軍訓，强調建立實力——說「有些事情是非實力不能應付的」——這正表示在「忍容」的背後，也有其「臥薪嘗膽」的一面。

尼赫魯也曾警告中共說：如再進侵，「即是世界大戰」。究竟，是誰跟中共從事世界大戰呢？尼赫魯知道，自由世界決不容忍印度被鯨吞的。那麼，美國對印度的口頭「保証」，正是支援的默契，對印度來說已經很夠了！

尤其是印度人民對自由信念的增長，經此教訓後，他們是會自行選擇了，目前印度的國策雖未必即將轉變，但終是可期待的。所以就這一點來說，艾森豪還是成功了。（十二月十二日）

台灣一周

政治反攻從何做起

從十一月四日起至本月五日止，監察院舉行四十八年度總檢討會議，歷時卅二日，開大會三十六次，計通過政治檢討意見三十五項。就會議時間之長與糾正時政缺失之確切論，貢獻不可謂小。

其中政治檢討意見第二條：「盱衡當前局勢，政治反攻，益見重要，政治反攻之道，必須針對敵人的弱點，反其道而行之，而敵人之弱點，乃在專制暴政，廹害鬥爭，滅絕人性，民不堪命，於是吾國必須更求團結、民主、自由、法治，以加强號召，甚望當局採取主動，以求貫澈。」值此面對偏安渾噩的朝政，這話確爲逆耳忠言。

作爲二十世紀六十年代裡的中國人，正處於生與死，自由與極權、野蠻與文明鬥爭的政治環境裡，在反共產主義的大纛下，政府必須實現團結，維護憲法的絕對尊嚴，從而實踐民主、自由、法治。在軍事反攻之先，做好政治反攻的工作。但是這許多年以來，即以與此有關的，而又是執政當局發起的「救國會議」迄今消息沉沉，則又遑論其它!?

對菲律賓不宜再讓步

菲律賓排華事件，據報載政府業經向菲方讓步，收容卅一名遺僑；但菲外交部長賽拉諾稱：「台北中華民國政府，現正極力反對菲方所提，對被認爲「有安全危險之華僑」作爲被解出境者予以接受。此種情形，似爲該兩亞洲盟國間，爲謀致終止歷時閱月遺僑糾紛協議之最後障礙」。

對一個新興的民族主義國家，講反共盟邦的共同利益，講國際間的道義主義，講泱泱大國的容忍度量，不只是自欺欺人，而且可悲亦復可笑。

際此印尼極端排華之時，國府必須考慮到東南亞其它國家競相效尤的後果。過份的忍讓，有被認爲是懦弱的表示。若情勢一旦急轉直下，敢問當局是否有萬全之策，今日既無護僑與撤僑之可能，除了外交上作强硬交涉之外，難道還有第二條路可行？

「寧爲玉碎，毋爲瓦全。」菲律賓與台灣毗鄰，彼既不重視邦交友誼，又何必夢寐求全。我認爲該是對菲律賓採用强硬外交政策的時候了，看來，拖，祇有使問題更趨僵化！

·孟戈·

十年來的美國經援

美國的援華法案，是一九四八年通過的。經濟合作總署於是年四月三日展開撥欵工作，其中國分署在同年七月成立於南京，成爲美官方援華的開始。但此項工作進展未及一年，中國情勢大變，國府事實上也難控制當時之局面，及一九四九年四月，美援華工作即告終止。是年杪，美國再發表對華白皮書，國府偏處台灣，益見經濟困難重重，若非一九五〇年六月韓戰爆發，美國援華工作是實難再望恢復的。

過去十年來，美國援華計分經援，軍援與技術合作，經援項下每年約爲九千萬元。旨在協助開發台灣經濟，間接有助於軍事防務之增强。今日台灣之小康局面，即賴此以形成。

最近，美國政府已通知國府，今後經援方式，將以貸欵扶助私人企業爲主，削減贈予欵項。這一方式在美方言是事所必然，但對國府言到無疑是一極大之影响，毫無疑問，過去國府接受經援之後，可以「自由調度」，移作別用，今後此種方便將受到極大限制。不過筆者認爲若無適當的監督，仍難免弊端叢生，至少應該愼防公營，黨營之企業以改頭換面之姿態出而吸收經援，貸欵。否則勢難達到預期之目的。

（道遠）

中共發明增粮妙法

·秋風·

今年如果有舉辦「十大新聞」測驗的話，第一條大新聞將不是赫魯曉夫向資本主義的英國一家保險公司投保一百萬英鎊的人壽保險，而是中共所發明的「粮食增量法」，將成爲歷史上第一次解決粮食恐慌底大發現（？）。人類沒有粮食的恐慌，所謂人口過膩引起戰爭的問題，自然也不存在，拿它作爲第一條新聞，誰曰不宜？

這一個月來，中共報紙所報導的「粮食增量法」，歸納起來，到有十幾種之多，因其有列爲第一條新聞的希望，故樂爲現將各「法」介紹如下，以供讀者一笑：

碾粉加工法（俗稱「米豆腐」）：把大米加鮮石灰（每斤米加一兩到一兩五錢），浸泡到水呈綠色時，磨成米漿，在鍋裏煮開然後冷却凝結，就成爲米豆腐。每斤米可磨米豆腐七斤到九斤。用它和米飯混合吃，很節省。

三開一蒸法：用開水淘米，再用開水把米泡脹，然後用開水蒸飯，每斤米得出飯量可達四斤左右。

谷粉加工法：用谷子磨粉，篩去粗壳做成谷麵饃饃，每百斤谷可磨粉九十五斤，完全可抵九十五斤大米吃。

大米，包谷混合法：用大米，包谷各一半，分別磨成漿（大米用水浸泡後磨成米漿，包谷先煮到六成熟，再磨細），然後混合攪勻，用蒸籠蒸熟食用，每斤大米和包谷可出飯三斤半左右。

用大米，苞谷，苕葉製成甜糕，先將大米，苞谷各一半混起推成漿（大米用冷水泡脹後推，苞谷煮成六成熟後推），再把苕葉切細，先用開水燎一下，再用冷水漂，去掉澀味，然後撈起用手捏去水份後，便把苕葉放入漿內混拌，最後加上些調味品，即做成糕蒸起吃。一斤粮食可拌五斤苕葉，每一斤粮食能做成七斤糧，可供五人食用。

用谷麵（即谷子推成細粉），紅苕和苕葉做饅頭，做法是，先將紅苕蒸熟攪，再加上谷麵和切細了的苕葉（苕葉仿照前述辦法用開水燎後再用冷水漂），經拌勻後即做起饅頭蒸起吃。

糧菜各一半，蒸成菜乾飯。

麵粉，豆渣混合，做成麵包和饃饃。

蒸米飯的時候，提前兩個小時用開水把米泡上，然後再蒸，一斤米可多出半斤多。

把米放在籠屜裡蒸十五分到二十分鐘，然後把米洗淨再加水蒸，一斤米可以多出半斤飯。

蒸窩頭的時候，提前三十分鐘用開水將玉米麵和好，蒸出的時候再適當加點水。

如果烙餅，事先將麵和好，麵要硬點，待二十分鐘左右，加水和麵再烙，一斤麵大約多烙出半斤餅。

泡米蒸飯，爛飯。凡是籼米，高粱米，苞米揸子，都採取泡米作法。泡米蒸飯，一斤米比不泡米多出六兩。

蒸米麵食用增量法，一斤苞米用二斤水，將十分之七的水燒開，放進十分之七的苞米麵拌均勻，然後再將其餘的十分之三涼水和苞米麵放在一起。

利用沉淀做飯法，將淘米水沉淀粉，摻入苞米麵內做饃饃。

副食代替主食：利用白菜，菜幫子，做苞米麵包子和餃子。

用白菜，蘿卜煮熟，然後切碎搗成團，用苞米麵包或豆包成的菜團。

煮疙瘩湯：先將菜熬好，然後從菜鍋內取出少量菜湯，倒入苞米麵或白麵內拌成塊，做成疙瘩湯。

玉米先煮一煮，然後磨細，再用磨成的湯子麵蒸餅子或窩窩頭的辦法，一斤苞米麵可提高出飯率百分之五十到八十。

據中共本月五日「人民日報」社論評述所有用「增產」方法做出的食品，其特點爲：「花樣多，好吃，味香，耐饑」。實際上如何，只有大陸的同胞心裡有數，好在中共對蘇聯是「一面倒」，對國內人民是「一面講」，吃得飽不飽以及好不好，那是另一問題，把紅苕，青菜，谷壳和米在一起，你不能不承認說食粮增加了。

中國昏庸皇帝之一的晉惠帝，在饑饉之年還惦念着子民，問左右說：「何不食肉糜」，毛澤東連這現成的風涼話都不會說，枉自命爲風流人物，呸！

毛澤東能倔强到底嗎？

·田心·

自去年八月以來，中共在自由世界確實是空前孤立的。

中共在共產國際的處境，若根據資料來論斷，亦有某種程度上的孤立。這種孤立的形成，有兩個階段：一九五六年匈牙利革命以後，中共在國內展開大鳴大放，在國外則宣傳其反對大國主義。這樣，它是在右的立場上來攻擊蘇聯；當時，東歐的共產國家多數站在中共這一邊；假如當時它能堅持這種右的政策到底，它在共產國際中的地位可能會高過蘇聯。無奈這種右的政策與共產制度有本質上的對立之處，于一九五七年六月，因爲大鳴大放使得整個大陸動盪，於是轉爲反右派，終結這種右的政策。

一九五八年五月，藉口反對南共修正主義，批評蘇聯在這個問題上的軟弱，七月底八月初，赫魯曉夫到中共訪問，雖然發表了公報，但歧見反而加深了；開始時節，還只限於外交政策，批評蘇聯某些領導人是「和平主義」者，說他們的作爲是麻痺人民的鬥爭意志。接着中共在台灣海峽製造緊張局勢，同時進行人民公社運動，大躍進運動亦瘋狂的加速，使得它內外政策全面的達于左的頂點。與匈牙利革命後的情況恰巧相反，開始從左的立場上來反對蘇聯。此時，東歐國家對中共政策心懷恐懼，在中共與蘇聯的爭執中，它們又站到了蘇聯一邊，從而使得中共在共產國際中陷于孤立。

經過約一年多的雙方互相指責，至今這種歧見並未緩和，反而有明朗化的趨勢。上月赫魯曉夫在最高蘇維埃的外交演說中，公然指出：要與西方國家求取「互相諒解」，「相互迎合」，「互相讓步」，「互相容忍」赫的這種諾言是否兌現是可以懷疑的，但與中共的政策來比較，其精神根本相背。在此以前，只有中共號叫反西方，蘇聯從未像這次一般的坦白述說過其與中共相抵觸的意見，益發顯得彼此歧見的明朗化。

最近赫魯曉夫在布達佩斯講話，要求各共產國家「不落後也不搶先」，「互相對對表」。去年人民公社運動開始時節，中共曾經大喊迅將進入共產主義，現在雖不再聽見這種高調，但却還擺着一種很快進入共產主義的態勢。從蘇共與中共奪得政權的時間來比較，赫魯曉夫所說的「搶先」無疑指的是中共。由此亦可見，這方面的分歧亦有明朗化的趨勢。

去年中共大躍進時節，北韓亦掀起了一個「千里馬」運動，最近，金日成在中央全會上，提出明年爲「緩衝期」，將經濟發展速度由每年增加百分之五十降爲百分之十二，可見由共產國際方面來的壓力在東方已發生了作用。但中共却一味在反右傾，看毛澤東究竟能倔强到何時？

共區小說的題材

高瞻遠

記得紅樓夢第五十四回有這麼一段故事，賈母替薛寶釵慶壽，找了兩個女說書的，說了一段「鳳求鸞」，女說書剛說出人名，賈母就猜中了其中故事。說書的認爲賈母聽過，「賈母笑道：這些書都是一個套子，左不過是些佳人才子，最沒趣兒。」

這一段話當然是挖苦中國過去流行的鼓兒詞，千篇一律都是「後花園私訂終身」，「才子中狀元」，「宰相府招親」……類情節，剛看到開始就知道結尾。因爲故事平凡，內容又大半雷同，所以「說唱鼓兒詞」在中國文學上始終未能佔有一個位置，不過，若是把尺度放寬些來看，鼓兒詞也還有可取之處，其中人物個性有時也描寫得頗爲成功。比起共區的新文藝小說，還要高一個碼子。

共區小說在情節上固然千篇一律，例如歌頌下放時，每一篇小說都是描寫要歡迎上級下放來的首長，但是接又接不到，最後發現一個工人原來就是這位大人物，這件事情已經不合情理，再加上大家都寫，流成八股，更加沒人看了。

自從反右傾以來，中共所加於其黨員頸上的繩索，越拉越緊，一些作家懷着戒愼恐懼心情，寫出來的東西只能歌頌光明，不准揭露黑暗，而「光明」只有那一套，因爲不准寫社會黑暗的事，於是就缺乏反面人物，只由一個主角（共產黨員）在自拉自唱，這樣的人物，這樣的情節，相信即使曹雪芹復生，也不可能寫成一篇像樣的小說。

最近一期「文學知識」介紹了兩篇小說情節，一篇小說描寫「一個剛入伍的青年，上級分配他當通訊員，他不會騎車，爲此感到苦悶，可是當他想到這是黨交給他的任務，青年團員必須無條件地服從組織分配，終于鼓足幹勁，在一天之內，學會了騎車的技術，愉快地走上工作崗位。」

試問這是一篇什麼小說，論情節比「老人與海」還要單純，但是就把海明威請來，也一定失敗，道理很簡單，你必須要按共黨的模型來塑造人物，而人物必定是個英雄，也一定是共產黨員，一篇如此，還不打緊，篇篇如此，無論換誰寫，都沒辦法寫成小說，因爲它一沒有人物，二沒有情節，不必說有血有肉了，連個軀殼都沒有，當然非失敗不可了。

另一篇小說又不相同，它描寫一個「服裝整潔，舉止洒脫，嘴角經常掛着政治術語的知識份子，實際上却是一個慣偷，他調了不少工作，從學校偷到機關，從機關偷到宿舍，最後終於被逮住了。據他自述，一不是爲了經濟困難，靠偷竊維持生活，二不是爲了故意搗亂，對新社會有宿怨舊恨。……」那末他爲什麼呢？這是任何人都急欲知道的問題，小說作家所謂製造高潮，這正是到了高潮，假若能製造得好，未始不可成爲一篇像樣的小說，但是看到結局却使人十分失望，作者「寫他好偷成性，却只是爲了揭發知識份子的虛僞面目，出出所謂讀書人的洋相。」這就眞眞是和讀者開玩笑了。

另外還有一種現象，有人創造一種情節，其他的人馬上急起直追，例如爲了歌頌農村「大躍進」，寫了一篇「據結識的伙伴」，敘述其中有兩個女主角，都是勞動模範，也是紅旗競賽的對手，本來像這種小說已經八股化到了極點，可是刊出之後，馬上又有人寫了一篇「天門取經紀」，也是兩個女主角，也都是勞動模範，除去姓名和「新結識的伙伴」不同之外，其餘情節均無不同之外，兩本書的主角隨便調個位置，決無絲毫牽强之處。

共區十年來的文藝園地實在貧乏到了極點，尤其是短篇小說，簡直沒有一篇寫得能看的，主要原因就是因爲篇篇都離不了政治，不僅要談政治而且還要拘於一個格式，當「解放」初期，有些「舊社會」過來的作家，也會寫過還像小說的政治小說，如蕭也牧的「我們夫婦之間」，但是竟被共幹指爲有毒，以後再也沒有人敢憑自己的意志去寫小說，即使是歌頌共產黨也犯法。大家只好按照固定格式去寫，就造成了今天的現象。

國民黨重申不修憲主張

獨　清

國民黨中央常務委員會於十二月七日決議，重申今年五月該黨中央全會不贊成修改憲法的主張。八日中央日報於刊佈此一決議案的同條新聞中並有如下的一段話：

「由於第一屆第三次國民大會即將於明年二月召開，各種準備工作已在積極進行中，對於憲法應否修改問題，至為各方所關切。據傳國大代表聯誼會現正致力於準備工作，並徵詢全體國大代表對此項問題之意見。現在中常會既有不贊修改憲法的決議，則此項決議，當必為本黨籍之國大代表所接受而予以一致支持。

蔣總統曾於去年十二月二十三日在光復大陸設計研究委員會席上明確表示不贊成修改憲法；今年五月舉行的本黨第八屆二中全會，並對不贊成修憲作成政治決議文，因此可知不贊成修改憲法，已是本黨現階段一貫的主張。」

半年多以來，由於蔣總統未有明朗的表示，除了勸進派不斷的製造民意，推展勸進運動而外；官方及黨方要員對於總統連任的問題都不敢有所主張。一度傳說可能為其繼承人的陳誠，更得處處小心翼翼，藉以止謗。因此台北的政治氣氛久成了密雲不雨之勢。週前蔣總統在日月潭小住，作數日的深思，此間盛傳，他或將對連任問題作最後的決定。國民黨中央常會重申不修憲的主張，據說即是蔣總統深思的結果。蔣總統如此一而再再而三的表示反對不贊成修改憲法，當是無意再求連任的明証；可是，事實上，國民黨中央常會這一個明智的決議，在勸進派的宣染之下，仍未解開他是否將再連任之謎。就法理言之，既不修憲，即不可違憲，依憲法第四十七條及第五條之規定，總統祇能連任一次；而且任期屆滿時縱然下屆總統尚未選出亦須如期解職而由行政院長暫時代行總統職權。因此，蔣總統既不贊成修憲，即不可能連任三屆總統或將二屆總統的任期延長下去。否則，即是公然違憲。

中央社的消息

中央通訊社於發佈國民黨中央常會決議重申不修憲主張的消息時，在後面加上一段說，明年三月國民大會開會時將決議延長總統的任期，俟大陸光復後再改選云云，這顯然是主張蔣總統公然違憲了。雖說，中央社的消息，不一定就是蔣總統的本意；可是，如非勸進派在幕後導演，該社焉敢如此妄為？

舊調　陶希聖重彈

在中央社發佈上述的消息之後，陶希聖又於本月十三日在台北青年服務社發表演說稱，國民黨重申不修憲的方針，在國民大會中將有重大的影響；但時值非常，為了權宜之計，修改臨時條款，請蔣總統繼續領導國家，不應視為修改憲法。並說，憲法第一百七十四條第一款所規定之修憲必須人數，其所謂代表總額可有兩種解釋：一為國民大會代表選舉罷免法所規定之代表總額，一為現有代表之總額云云。就陶希聖的演說看去，勸進派大致要採取修改臨時條款以延長蔣總統的任期這一方式了。

且看蔣總統如何自拔

國民黨中央常會重申不修憲的主張，原是一極為明智之舉，也可說是蔣總統無意再求連任的又一表示；但在勸進派的作弄之下，蔣總統是否終將自食其言而走上違憲或毀憲之一途，那就尚有待於事實之証明了。

國大代表仍要修憲

儘管勸進派目前偏重於由國民大會以決議來延長蔣總統的任期；但留台的國大代表仍堅持要修憲。這並非他們一定要爭取再投蔣總統一票的光榮或特權，而是企圖藉修改總統連任次數之便，將憲法裏面有關國大代表職權及任期等項一併修改。不但要將任期改為「下屆國大代表未選出以前，由上屆國大代表繼續行使職權」，使他們更可名正言順的永保天祿；而且還想將職權擴大，把國民大會變成英國的巴立門，以賞其十二年來的宿願。但讀者千萬不要誤認明年三月的國民大會即將如此發展下去。因為，以上所報導的，不過是代表諸公的如意算盤而已。祇要當局能多給他們一些好處，例如提高待遇，如立法委員一樣，他們仍會聽話的。

×　×

台北市長頒行禮貌守則

最近台北市長黃啓瑞印發所謂「我們的禮貌守則」，共十條，囑所屬職員一體遵照，內容所載之禮，不外應對進退之類，例如有打電話之禮云：「通話結束，應該說『再見』或『謝謝』。」又如：「同事在府相遇，均應誠懇愉快的問候：『早』，『你好』，『你忙』等等。

禮貌守則印發後，某報記者很慨憤的說：讀了這些「禮則」，實令我們驚異！作為市府的職員，至少是國民小學的畢業生，這些守則，似乎小學生早已知道了，何況中學為主大學出身的「職員」呢。倘若這種打電話與遇見同事的禮貌都不懂，這種人恐怕當初「入府」之時，已成問題，或者說他們「入府」以後，飯碗有着，也就不講禮貌，市長才用「禮貌守則」，以作警惕。

禮失而求諸野，今日「府」亦訂了「守則」，出現於「朝」，倒是禮多人不怪的意思。黃市長如此注重禮貌，我們市民更當「讀禮」了。

·介人·

舉辦大陸來台國民重查的經緯

關于大陸來台國民調查事：台北民營報刊首先反對；咸認為這種措施的後果，是不堪設想的。而立法院更於十一月二十日一致通過如下之臨時動議「查戶口調查戶籍登記，國民身份証等事項之辦理，戶籍，戶口普查法，及戶籍法施行細則等有關法規，均有詳細規定；而憲法對於人民之權利與義務，亦有專章。是政府與人民在法令之前，各有所守。茲悉：台灣省本年度戶口總校正於本月十一日開始後，忽有大陸來台國民調查之一項措施，事前未經公佈，引起國民疑惑，揣測紛紜，莫衷一是。嗣據台省民政廳主辦人員答復記者謂：係奉行政院令舉辦，且曾奉頒大陸來台國民調查實施要點。本院職司立法，未可充耳不聞，擬請行政院依中央法規制定標準法之規定，將上述要點函送本院審議」云云。接着監察院亦於六零三次院會中，通過該院內政委員會召集人陳翰珍及台籍委員陳江山等十三人提出的臨時動議；原文為：「查政府最近舉辦大陸來台國民調查一事，究竟法律上有何根據？事實上有何需要？動機何在？羣情疑惑，與論指責，擬請主管機關到院報告，以明究竟。」

此外，立監委與省議員亦紛紛提出指責。立法院內政委員會召集人牛踐初說：「調查大陸來台國民的措施不當，無形之間，將本省人與大陸人加以分開」了。該院司法委員會召集人梁肅戎說：「這種調查，與現在的戶口調查，戶籍登記，戶籍法，戶口普查法等有關法令相違，亦不合中央法規制訂標準法。」立委王鴻韶說：「將本省人與外省人加以區分，將來可能引起不良的後果，希望政府應該重新慎重考慮。」立委張九如說：「這種調查是違法違憲的。」

監察委員曹德宣說：「這種措施，台灣人認為政府重視大陸人而不重視台灣人，大陸來台的人則認為政府不信任大陸來台的國民，因而發生兩種不必要的誤會。」監委葉時修說：「主管調查機關的首長，內政部長田錦烱和台灣省主席周至柔，以及執行調查工作的警察，你們知不知道你們的父母在大陸的情形？親友們在做些什麼？這種事不但勞民傷財，而是找人民的麻煩。」

台省新竹籍的省議員葉炳煌在省議會質詢民政時說：調查大陸來台國民是作為反攻大陸的參考，那麼！反攻大陸時，台灣人就沒有份嗎？這種措施，引起謠諑，影响民心很大！其弊甚亟」。

但是，儘管民間的非議，立監委與省議員的指責，與論界的抨擊，而政府却充耳不聞。聞遠在兩年以前，當局即下令舉辦，行政院過去會有兩次擬舉辦類似的調查，「國民聯保」與「公教人員安全調查」，皆因立法院的反對而作罷。聞這次，係總統官邸會報所決定的。政府鑒於各方面的反應不良，十一月二十五日國民黨中常會開會，由蔣總裁主持，陳副總裁會提出報告，會中決定繼續辦理，當天下午即命內政部長田烱錦發表談話，說是「作為光復大陸之準備」云云。但是，人民是不會相信的，因為政府天天在喊反攻大陸，結果，祇是空言而已。所以政府的解釋越多，而老百姓則越加疑慮了。

監委曹德宣談地方選舉

監察委員曹德宣乃國民黨在監察院的黨部委員，於上月卅日在監察院會中提出檢討的意見大聲疾呼，要求即將來到的選舉，應認真辦理；國民黨地方黨部在提名候選人時，更要特別審慎，支持好人競選，勿使選舉發生弊端。他說：最近因牽涉在一千萬元大走私案中而被捕的基隆市議會議長蔡火炮，原來是地方上有名的黑社會人物，是所謂「八大金剛」「四大天王」的首領，地方黨部不會不知，但他是受到黨部的支持而當選為議員，議長的，且已連任數次。地方黨部既然知道，為什麼要提他的名呢？一定是送紅包的結果。這個走私案的破獲，蔡火炮的被捕，對國民黨提名的人，還不是一個教訓嗎？今後對於提名，必須要改正過來。曹委員提到過去有一種現象，就是選舉投票的時候，選民圈了票，要給監選的人看了之後才投下去，這不是總裁與黨的中央的意思，完全是下面黨務人員受了紅包的誘惑，而不擇手段的結果，以致影响台灣與海外的人心，損害政黨的信譽。

中央日報的也發正論

中央日報十一月三十日有一篇短評說：「令人詫異的，是基隆市治安機關的官員們竟於走私之夜，都被蔡火炮請去北投邀宴，萬一當夜不是為了走私，而是為了更危險的企圖，則基隆治安將何以堪。」足見該報的編者中亦有明達之士啊。

因而有人說：當局所信任的「忠貞之士」，多是私梟與流氓而已。

台北通訊·儉省

「廠長負責制」的透視

康和

中共的企業管理制度，是採行所謂「在黨委領導下的廠長負責制。」廠長在「黨委」的領導下，在行政工作上負完全責任。廠長之下，設副廠長若干人。一般是有主管生產部份的副廠長一人，主管技術部份的副廠長一人，和主管供應部份的副廠長一人。其下爲各車間及各部門的主任。由廠長負統一指揮之責。不過，這是理論上的規定；事實上，一切權力，都集中在「黨委」，廠長是有責而無權。「黨委」是由廠內的行政部門，工會，以及共青團等方面的黨員負責幹部組成的。理論上，「黨委」的職權，是討論企業的方針，政策，生產計劃，工作部署，幹部配備，以及黨委認爲必須討論的重大事項。事實上，事無巨細，不管是行政方面或技術方面的問題，「黨委」都要干預。廠長的決定，隨時會被「黨委」所改變或糾正。以致實心做事，勇於負責的廠長，就會隨時遇到掣肘與責難。有些世故較深的廠長，就索性對廠務一味敷衍，不作主張。不過，要是發生了什麼問題，却仍要歸罪于廠長。儘管事情並不是由廠長決定，而是「黨委」所決定的。

工廠是一個生產機構，廠長所管的事，大多是有關技術性或業務性的。要希望提高生產效率，一定要把權力集中，才能收指揮統一的效果。中共對于具有業務上專門知識和技術的廠長，不予信任，偏教「土包子」的共幹來指揮業務。以致笑話百出，弊端重重。甚至作威作福，顯出十足的官僚作風，把業務機構，形成了衙門。中共對外宣傳，各生產機構，在共黨管理之下，工作效率是怎樣地增進，生產能力又是怎樣地提高。實際上，因爲企業機構管理制度的不合理，而至工作癱瘓，生產低落的現象，到處可見，這種無形的損失，殊難于以數字來估計呢。

這種不合理的企業管理制度，在中共黨內，已引起了不少爭議和批判。有的說：「黨委管的寬，書記統一抓，廠長沒事幹」，這就是說明：「黨委」對于廠內各事，無所不管；黨的書記，把權力一把抓，使得廠長無事可做了。有的說：「黨委領導頭多了，缺乏統一指揮，把企業搞亂了，只有個人統一指揮才能把企業辦好。」有的說：「集體領導是大家負責，大家都不負責。」有的說：「很多問題都要討論討論，影响問題的及時解決」。有的還針對了「在黨委領導下的廠長負責制」的缺點，提出了改革的意見，主張（一）「開常委會由書記主持，決定問題以書記爲核心，貫徹執行，要以廠長爲核心」；（二）黨委和廠長要劃分界限，劃分責任；（三）工廠以生產爲主，廠長主管生產，黨委應當配合，保証，監督」；（四）副廠長對廠長負責，廠長再向黨委負責」；（五）廠長應有否決權。我們從以上各點「批評」和「意見」的內容來觀察：就可以很明顯地看出，中共企業內容是如何地腐敗，職掌是如何地混亂，管理工作是如何地麻木。在這種腐敗與混亂的企業管理制度之下，工作效率，會能够積極提高嗎？生產能力，會能够儘量發展嗎？

不過，中共是「嗜權如命」的，他們只知掌握權力，至于業務上的影响如何，在所不計。所以儘管內部已有對現行「黨委領導下的廠長負責制」，提出了强烈的批評和改革的要求，他還是置之不理，堅持到底。不但是置之不理，還把提出批評和意見的人，扣上了「右傾機會主義」的帽子，說是犯了「嚴重的思想錯誤」，要加以「教育」和「整肅」呢。

中共繼續誘騙僑胞回大陸

張警言

我們曉得：中共對僑胞一貫的志在金錢，希圖誘騙海外華僑携資回大陸。至於華僑在海外的遭遇，它只有假仁假義的關懷，並沒有眞實的照顧和關注的。自從印尼加緊排華後，中共雖在表面上由陳毅提出了交涉，實則暗中仍舊煽動現在印尼的親共華僑反抗印尼政府。中共的這一作法，道理很簡單，就是根據它所信奉的馬列主義原則，先對印尼政府與印尼華僑的關係加以破壞，並擴大其矛盾的一面，使印尼華僑在反印尼政府鬥爭中更加傾向中共。然後中共從而利用之。利用的目的有二：一是增加印尼的左傾力量；二是造成印尼華僑無法在印尼立足的情勢，然後誘騙這些不能在印尼立足的華僑用種種方法携資回大陸。從而達成中共詐取僑資的目的，

這可以從下列事實：一、中共駐印尼使館表示中共准許印尼華僑回大陸；二、大陸僑務人員亦在鼓吹「印尼華僑如願回國，祖國人民熱烈歡迎的」可以証明。在這裏我們要提醒印尼僑胞，可以由印尼前往別的地區，却萬萬不可回大陸。須知大陸歸僑稍有資財者，皆早已被中共指爲地主而被鬥爭清算，可爲殷鑒。若携帶資財回大陸，前途命運也是必然相同的。

中共「一條龍」與「大協作」

彭瑜

自中共政權在中國大陸出現後，不僅別的事情出現了一些奇奇怪怪的情形，就在政治性的名稱方面，也頗有一些怪名詞出現。往者不說，目前正在大陸上推行的所謂「一條龍」，也正是一個既奇怪而又極具剝削與强迫的新名詞。

據北平出版的中共人民日報十二月二日社論說中共現今正在「組織更多的一條龍運輸線」。它說：「由鐵道部交通部主持，有冶金、煤炭、粮食、石油、林業等五個工業部門參加的『一條龍運輸大協作會議』閉幕了。可見這所謂一條龍大協作正是中共目前爲補救交通運輸量不足而採取的一個極大規模的勞役。

據人民日報說：「一條龍運輸線的方法，發源於秦皇島，現已在全國推行。它是生產、運、銷的聯繫，綜合利用各種運輸工具，挖掘運輸潛力，多、快、好、省的發展運輸事業的先進方法。鐵道部交通部主持的運輸大協作會議推行了這個先進的經驗。他們按照比較穩定的，數量比較大的貨物流向，在水陸之間，水產與供銷之間，以鐵路幹線爲主，編織了一個包括三百多條「大龍」「中龍」的「龍網」，把一條龍運輸線變爲完成國家運輸計劃的先進線。與此同時，許許多多地方運輸的小龍也組織起來。北起松遼平原，南至兩廣海南，從陸地到河川，從內地到海洋，正有越來越多的運輸巨龍長驅奔馳。這是運輸線上大協作的一個新的重要的發展。」

我們知道：不久以前，中共曾發動大陸人民無論男女老幼家家戶戶每一個人都參加土法煉鋼運動，廹使大陸人每一個人都到山野去挖掘煉鋼原料，因而造成漫山遍野都是人羣的奇怪現象。隨後，又發動大陸人民，無論男女老幼都到山野去採取野生植物，以作人民食料，這一次竟又搞所謂一條龍大協作，迫使大陸同胞每一個人都得參加這種集體奴役。這眞是古今中外千古的奇聞。

可以想像，在中共中央發動之下，除中共鐵道部交通部主持的大幹線附近將造成許多集體奴役的「大龍」「中龍」而外，各地共幹在各地勢必普遍超額造成以各種水陸爲經緯線的無限數目的「小龍」迫使大陸同胞不但在衣不暖食不飽的情況得不到任何休息，且進而將把每一個人更編入這所謂一條龍的集體奴役中去。中共這一行動，固然顯示中共交通工具缺乏，所以才在人力上打主意，另一方面則更顯示中共政權之殘暴實超過秦始皇等而上之。而其視六億人民爲勞動奴隸的情形，則尤屬古今中外所未有。由此可見大陸同胞眞是急待解救啊！

× × ×

艾克要調解克邦糾紛

．景平．

美總統艾森豪「以印度爲頂點」的亞洲之行，目前就快到達頂點。雖然艾氏尚未抵印，但他已經到了「舊印度」的境界，而艾氏此次之不遠千里而來，「其將有利於印度」，則是印度人民所公認的。單看他在巴基斯坦的表示，就可以思過半了。

艾克在喀剌蚩

艾森豪於七日抵達巴京喀剌蚩，這個在遷都中的京城，仍在近二百萬人熱烈歡迎他，其中軍警學生等只佔一小部份，更多的還是人民，這反映出美巴友誼的深摯。當此印度與中共邊境糾紛發生危機的時候，巴基斯坦卻安堵如恆，巴國人民，未始不會爲了身兼中央公約及東南亞公約兩盟國的地位而欣慰。

艾克抵巴的當晚，當然成爲巴總統阿育汗的上賓，總統府饗宴艾氏以巴基斯坦風味之晚宴，這個餐會並有百餘貴賓參加，盡歡而散。

宴會之前，舉行一個簡單而莊重的贈勳典禮，艾森豪接受巴國最高榮譽的民政勳章，阿育汗總統於頒贈禮中，並宣讀獎狀，謂艾氏爲個人自由的保衛者，對促進自由國家經濟及社會，有恆有功。旋兩總統互贈禮物，艾克代表美國人民贈送照相機菲林等聖誕禮物，巴總統則以巴著名地氈贈予艾氏。

美巴聯合公報

第二天（八日）上午，美巴兩位總統舉行正式的會談，廣泛的交換意見，達八十分鐘之久。會後艾克對記者及羣衆說，與阿育汗總統的會談，乃以兩國共同利益及共同安全爲基礎。他並透露：美國將會給予巴基斯坦以新的軍援和經援。艾氏的宣佈，又獲得了羣衆的喝采。

美巴兩總統會談的聯合公報說，兩氏曾就「這個地區」的國家間之關係，以及尋求解決其糾紛的迫切願望，進行討論。其次，美巴兩總統亦均強調：中央公約及東南亞公約兩組織，對於維持兩條約所包括的地區之重要性。

據艾總統的新聞發言人哈格提解釋：所謂「這個地區」，「指的是克什米爾地區」。克什米爾的糾紛，自印巴立國時即已開始，迄今達十二個年頭，經聯合國的調處，迄無解決的徵象。而這次竟公開見諸於美巴兩總統的聯合公報上，可見艾克此次印巴之行，確抱有使兩國根本和協的宏願。

聯合公報第二項所提關於中央公約及東南亞公約的問題，據中央公約發言人在喀剌蚩的宣佈，謂下月一日將在安戈拉重新部署公約地區的防禦措施，由公約的軍事小組委員會主持。本月初在喀剌蚩舉行的海軍演習及聖誕前將再舉行的軍事演習，都預備提出安戈拉會議報告。權威方面還透露說，巴基斯坦遷都至拉瓦品底之後，喀剌蚩將成爲中央公約的海軍基地。目前中央公約並在修建一連串的交通工程，從巴基斯坦至土耳其，再通至伊朗。這些事實，顯出這一區域的防衛工作，正在加緊。

解決克邦糾紛

克什米爾問題，原來就涉及中共與印度邊界問題。目前邊界糾紛最爲劇烈的拉達克區，正在克什米爾境內。巴基斯坦基於它對克什米爾領土主權的主張，早已於本月四日發表聲明，謂關於中共對克什米爾的領土要求，「印度無權加以調整」。換句話說，即或印度要對中共讓步，割讓克什米爾拉達克區的任何部份，巴基斯坦亦申明必予反對。巴基斯坦同時並以同樣意旨的函件，提出聯合國安全理事會，俾他日得以防衛巴國對克邦領土的主權。巴基斯坦在公開聲明中並向印度建議，「印巴兩國共同防衛克什米爾」。這也就是說，巴基斯坦爲克邦問題，必要時願與印度並肩對中共作戰。

巴基斯坦提出願與印度聯防，這已經是第二次了，印度方面對此迄未作肯定或否定的表示。不過一般認爲，第一由於印巴克邦爭執的本質，第二由於印度對中共政策尚未轉至強硬階段，印度當不至接受巴基斯坦「聯防克邦」的建議，除非克邦糾紛已獲解決。

尼赫魯總理於七日國大黨的外交委員會中，就曾答覆該會委員的詢問，謂他「準備與艾森豪討論克邦問題」，如果艾克同意的話。當時該國大黨外交委員舉出巴總統阿育汗的談話：「將與艾森豪談克什米爾問題」，詢諸尼氏，尼赫魯即答覆如上，可見尼氏亦歡迎對克邦問題加以討論，並不認爲「克邦係印度領土之一部份」——印度向來的主張——而拒絕任何談判或斡旋。

尼赫魯同時表示：他將與艾森豪討論印度與中共邊界問題，中共問題，印度五年計劃（第三個）問題等。這次表示，一般認爲他們將對中共前途加以估計，及其侵犯南亞的可能性，從而確定一項印度對中共邊界糾紛應採的政策。至於第三個五年計劃的討論，無疑地爲要求美國予印度以更多經濟援助。

印度準備歡迎艾克的盛大熱烈，將會是空前的，從這一個角度看來，印度正在期望美國給予大力的支持，甚至在必要時的軍事支援。

．大吉嶺通訊．

印度點滴

慕禪

在印度登記華僑聲中，居留加爾各答的中國人，無論親共抑或反共者，都像籠罩着不安的陰影。這並非因登記華僑而起，因登記並非「排華」，印度向來也無排華之事，也許以後亦不會發生排華事件，根本上，華僑人數不過數萬，絕不影响印度的政治經濟或社會。那麼他們所不安的是什麼呢？由於印度本國的親共派與反共派的衝突，已經短兵相接，使用短刀木棒，死傷數起。中國人如果適逢其會，就必首先遭殃。這雖是「城門失火，殃及池魚」，究竟仍是拜中共這「強大祖國」之賜。

由於登記的緣故，以及登記後的華僑可能受中共使領館加強管轄的緣故，許多反共的華僑，已紛紛申請歸化印籍，因印度與中華民國沒有外交關係，反共非共華僑又不願作中共子民，故寧願入印度籍。若干經營小商業的華僑，如能入籍，即可掛起印度旗幟，也可藉此置身於中共印度邊境衝突的糾紛影响之外，免致不幸被印度反共人民，作爲示威洩憤的對象。印度羣衆高舉「殺周恩來」，「殺毛澤東」的旗幟，如果找不到毛周的時候，隨便拉上一個中國人做替身，而更拉錯了反共者，那才寃枉呢！

美總統艾森豪訪印聲中，新德里當局正以史所未有的盛大節目，歡迎艾氏。事實上艾氏此行，也是美總統訪印之第一人。在盛大的歡迎會中，各國駐新德里的使節，均被邀請參加，「並祈作東」，可是只有中共的外交官員，不但沒有受到邀請，反而被通知廻避一切艾森豪可能出現的場合。中共的使領人員，在地方的被勸令勿到新德里，在新德里的則被勸請最好不要外出。艾森豪在印將有五天的逗留，印度全國興高采烈，這些中共人員悶在一角，無人理會。

中共藉世界農業博覽會在印舉行，特派出冀朝鼎所率領的一個代表團赴印。冀朝鼎乃周恩來系的大員，原冀替周恩來向印度拉攏，可惜在印度全國對中共憤怒之下，該代表團竟飽受冷落。中共大使在爲該代表團舉行歡迎酒會時，曾柬請印度官員及名流多人參加，但結果印方人物十之八九謝絕出席，僅有爲數寥寥的親共者，及印外交部工商部（主辦博覽會）之兩名官員而已，且該兩員職級不高，不過爲了禮貌，不得不加以敷衍。

中共想緩和印度的反感，似乎沒有多大的希望。適於此時宣佈伏洛希羅夫下月訪印，可能是斡旋折衝之職，仍有賴「老大哥」出馬吧？

．加爾各答通訊．

聰明的共幹

程敏楊

台山縣商品供銷機構裡那幾個共幹，真是聰明絕頂。

聰明之一：他們是很懂得講享受。

聰明之二：他們是很懂得「近水樓台先得月」的道理，還很有辦法的藉此假公濟私，惠及他們的親友。

聰明之三：他們是很懂得在同一機構內，發展「官官相衛」的精神，實行「君子協定」，互相照顧。

商品由上層機構發配下來了。當然，他們是不會把那些商品立刻陳列出來供應羣衆購買那麼愚笨。首先，他們把質量較好的和急切需要的逐一揀出來，留給他們自己享受；其次，超量的哩，就關照到他們的親友，將商品的種類、數量、和銷售日期，暗地裡向他們的親友透露，使他們的親友或着令小孩子預先跑來排隊搶購，捷足先得，都承惠到「近官得力，近厨得食」的殊恩。至於他們同一機構內的同志，則更聯繫得緊密，照顧得週全。譬如：我是經管日用品的，你是經管海產的，他是經管肉類的，在互相照顧的「君子協定」原則下，祇要他們的腦筋一動，精彩的把戲，當然立刻可以要得相當巧妙；於是你給我留日用品，我給你留海產，或肉類，在他們的小圈子裡，爲照顧自己的同志而「各盡所能」，爲滿足自己的享受而「各取所需」，剩餘的才供銷給羣衆。如果發配下來的商品數量少，則索性由他們自己幾個「圍內人」把它分光。羣衆的需要與否，管他娘！

僑鄉近訊

農民拒戴「節約模範」帽子（潮安）

．江水．

潮安共幹，最近製造出「節約模範」的帽子，戴到人民的頭上，然後把他們的糧食配額，由十一月份起，再度減低，把每人每月稻穀二十斤減爲十五斤，因普遍引起羣衆的不滿。十一月十二和十五日，楓溪和浮洋兩地農民，曾先後包圍公社，反對削減配糧，與公社共幹發生劇烈衝突；但結果終被共幹召來防軍，以武力驅散。事後，楓溪農民黃新，許常，陳宗兆，陳和文，李泰安，李斌，吳仲生，陶越；浮洋農民翁牛，翁二，翁合成，許固垣，許裕如，何溪，何恕等十五人，均被拘去，直至十一月杪，仍下落不明。一般相信：彼等必難逃遣往外地勞改的運命。

中山十三個人民公社名存實亡

中山縣的沙溪，黃圃，斗門，大港，張家邊，小欖，民衆，南頭，香洲，萬頃沙，大崗，環城，三鄉等人民公社，目前都僅剩得一個空架子，除了門前的一塊陳舊招牌之外，實質上已陷於名存實亡的狀態。社內的食堂，早已停止供應「大鑊飯」，改爲自炊自食。但「中山縣人民委員會」還一再玩弄着愚民的把戲，宣佈「這是一時的供應緊張，不久即可改善」。然而人民的眼睛是雪亮的，他們對「縣府」虛僞的宣傳，都爲之竊笑。據該縣鄉民指示：目前不但是青黃不接之季，而且口糧的一再緊縮，也是擺在眼前的事實，所謂「不久即可改善」，完全是自欺欺人的調子。一般鄉民均認爲，自今年水災以來，中共不但沒有糧食輸入救災，反而不斷大量搜刮輸出，卒造成空前的人爲糧荒。所有公倉，現幾已顆粒無存，僅有番薯、青菜配給。自十一月中旬開始，各「大口，每日可配番薯一斤半，小口則配一斤，油、鹽、糖、柴炭、均無配給。鄉民們又稱：自月前「廣東省委第一書記」陶鑄下放過中山後，「縣府」方面，獲得他的指示，即已公開規導縣內僑眷向海外親屬索取匯款，並修訂了「港澳與內地寄物監管辦法」及「進口郵遞物品監管辦法」，由此可知，窮困與饑餓，已籠罩着整個中山縣。

低能（上）

·李素·

「研究人性是最有趣的事，」這話是「驕傲與偏見」中的女主角伊麗沙白說的；同時也就是名女作家奧思亭的話。天賦她以高度的創作天才，與異常敏銳的觀察力，所以她對於刻劃人性，尤其是描寫女子心理，的確到家。再加上她那冷靜的幽默感，智慧的筆觸，巧妙的安排，故事的結構嚴密而完整，這就難怪她能成為英國文學史上第一流的作家之一啦！

我缺乏寫作天才，却也喜歡研究人性，只恨生來笨拙，至今沒有摸到該從那兒着手。

啊，姑且試試，就研究我自己的性格吧。這該是與人無忤的，豈非最簡單、便捷、眞切而實在的嗎？尤其在性格久已定型的現在，是更易分析而找出來龍去脈的。讓我站在客觀的地位來觀察自己，天下有趣的事該莫過於此！

俗語說：「江山易改，本性難移，」確有至理。「見微知著」，好歹都離不了譜兒。

據說我在嬰兒時代確是個小乖乖，絕少哭鬧，笨猪似的吃了就睡。父親進城裡教書，母親體弱多病，老祖母又忙着養鷄種菜，誰都沒閒工夫。於是我這小乖乖就一直生活在床上，久久高臥的結果，腦壳也為之變形，後腦既平又扁，形同峭壁，醜極啦！

不會以哭鬧來引人注意，爭取同情、關切、照料與愛撫，只會逆來順受地躺着、等着，乖是乖了，其實是十分低能。天生我這無爭無求，遇事都自願吃虧的性格，不特障碍了我一生的進取與成就，並且日漸發展而形成了許多弱點和缺點。

我原是個羞怯和聽話的孩子，到了寄人籬下之時，很自然地變得更謹慎、沉默和服從，絕少索取或要求什麼，只常常懼怕討人嫌厭。又因一向沒有遊伴，我只好獨自玩玩洋娃娃或跳跳繩，有時整天都不說一句話；這是我孤僻的開端。因缺乏父慈與母愛，我自覺是個無足輕重的人物，這又是我自卑的根源。既沒有人督促或訓練我做什麼工作，就難怪我對家務和事務都不發生興趣，和沒有責任感。

在學生時代我依舊愛靜，退縮，少說話，也沒有領袖慾和領導的才能。凡事只有推讓，推不掉就認命，從來不會出鋒頭，更沒有爭權奪利的意念。由於先天的稟賦及環境的培育，使我的凡庸簡直庸到了低能的境域。

低能原屬無可奈何，我並不引以為恥；不過由於我的低能却影响了人家及家人的情緒與幸福，我却不能不抱歉而深感慚愧。

我八九歲時就會繡花，縫洋娃娃的衣裙，以後呢，會做的手工更多，如編毛衣、用鈎針或梭子織花邊、手袋、桌布等等，以至於做棉襖，縫外套，只要我看過我就會做，當然做得不怎樣好。讀中學時為了省錢，我有時只好自己縫製衣服。十年前旅居異國的一段時期裡，也得自製旗袍。至於兒女們的衣服也有一大半是我縫的，他們都說比裁縫做的還要合意和舒服呢。最近六七年來，大女兒比我縫得更好更合意，我就樂得把責任往她身上推去。老二也會縫，但尚未精。老四則完全外行，只會在內衣褲上縫上三個×，作為記號。老大會代勞了，而且此地縫工廉宜，我的旗袍可以給裁縫去做，我便從此遠離縫衣機了。何樂如之！

在女紅方面我似乎可算對得起兒女們，可是在烹飪方面我却十分洩氣，讀初中時我學過，升上高中我又學一次，但始終做不成一樣可口的菜。每逢上家政堂我就閃縮、躲避，只搶着做燒火、洗菜、切菜及洗碗等瑣事，裝出一副忙樣兒，混到及格分數就算了。

女人一生在中國實屬幸運，即在抗戰時期當了個窮公務員，也還勉強雇得起工人來代為操作。這幸運是一九四五年初我到了倫敦才體會到的。宋江是被逼上梁山的，而我却是被逼進了廚房。

歐西人民的生活程度高，工資也高，普通人家都雇不起僕人。於是我生平第一次正式充當主婦，照料三歲的幼女，買菜、煮飯、洗熨衣服、抹窗門、擦地板——包做一切，廣東話叫做「一腳踢」。

我最初煮的飯又生又爛又枯，煎個鷄蛋也戰戰兢兢，站得老遠，紮定馬步，雙手伸得長長的把蛋倒下鍋裡，油一爆就嚇得我跳起來，連忙往後退。做一頓最簡單的飯菜要花上兩小時。天天練習的結果，總算會把飯煮得恰到好處，遇有朋友來訪，我也居然弄得出幾樣粗菜來請客了。

貴人多忘事

風　眠

李先生是一個忘性很大的人，這天他竟忘記了帶錢夾出門。早晨搭巴士到寫字樓去的時候，當巴士的售票員叫他「買揮」時，他習慣的點點頭，表示持有月票，售票員看他西裝筆挺就走過去了。可是晚上從寫字樓回來，在巴士上當售票員叫他「買揮」時，因為他想着今天晚上與女朋友的約會，正想得出神入化，就沒聽見售票員的招呼，當他聽見售票員大聲叫喚：「買揮」時，他又毫不在乎的點點頭，但是被激怒了的售票員，執意要查看他的月票，他翻起眼睛瞪了那個售票員一下，氣冲冲伸手去摸錢夾。不摸則已，一摸不禁暗暗叫苦，原來早晨換了一套衣服忘記把錢夾拿出來了。這一急非同小可，售票員兩隻眼睛虎視眈眈的看着他，他急得一身汗；他站起來用兩隻手摸每一隻口袋，本希望摸到兩個毫子買一張票就算了，可是摸了半天只摸到一個毫子，而他實際上已坐過了分段。非兩毫不能解決問題，於是他只好說：「月票忘記帶出來，錢夾也忘記了。」售票員咧嘴冷笑，追問月票的號數，「該死，我從來就沒看過月票的號數，每月都是工友老張代買的……」他只好搖頭表示忘了；售票員再問他，月票是甚麼顏色的，他又是一楞，原來在錢夾中好幾個月的廢月票都沒揀出扔掉，混在一起，他也記不清甚麼顏色了，於是又搖頭說忘記了。售票員兩隻鼠眼突然露出兇光，「不行，你故意搗蛋，跟我到總站去。」一把將拉起來坐到靠巴士閘口的位子上去，將他拘看起來。李先生氣得渾身發抖，心中想：「你們瞎了眼睛，也不看看我是買不起車票的人嗎？」隨後他又痛恨自己對小事太馬虎，竟連月票的顏色也記不得。但是為了維持自尊心，他裝做若無其事，從口袋中掏英文報紙來翻着，心中想着「你看我會讀英文，我是上流人哪！」

巴士經過李先生該下車的站，李先生注視了一下那條街口的一間咖啡店，想着咖啡店中等他的女友，不禁怒火中燒，心中咒罵着：「你們簡直是侵犯人權！事後我一定寫封信給報紙，揭露一下巴士公司虐待乘客！」

好容易來到巴士總站，售票員把李先生交給了總站的值班站長，報告他「冒說有月票」。站長照例問了月票號碼、顏色等那幾句話，當然又是一問三不知。他只能回答他自己的名字。於是站長找到一位稽查，把李先生帶到巴士總公司去查月票存底。李先生無可如何的再被看押上了巴士，心中想起咖啡店中的女友，氣得一佛出世、二佛升天。

到了總公司，一查月票存根，李先生立被釋放了。那位稽查帶笑道歉，並且還送上兩張剪過了的車票，請李先生拿着搭車。李先生狠狠的看了對方一眼、轉過身就走，心中罵道：「誰稀罕你的車票，看，老爺坐的士！」

李先生飛身出了巴士總公司，叫了輛的士，風馳絕塵而去。途中不斷看錶，預計照約會的鐘點至少要晚到四十分鐘，担心又會被女友責罵，心中一團憂疑。

到了咖啡店門前，李先生吩咐的士等一等，慌慌張張跑進了咖啡店。出他的意料之外，他的女友並沒有怒目相向與師問罪，並且還滿面堆笑。迎上前來。柔聲細氣的問道：「怎麼你才來嗎？」

「不，不是……」他還沒說完，女友就搶過去說：「眞對不起，我下班時遇見了一個熟朋友，死拉着我談一件事，大概你又等得不耐煩，跑出去看看了。」「不，完全不對，我發生了事情……」

兩人坐下來，要過了東西，正想開懷暢談的士司機推門進來，不高興的走到跟前，說道：「先生，你還沒付車錢！」「噢，對不起我忘了。」面轉向女友：「你有一塊錢沒有？」她從皮包中掏出了一塊錢，把的士司機打發走了。「我忘記帶錢包了，今天得你請客……」「你眞是貴人多忘事，……」兩人不禁相視而笑。

文壇泥爪

魯迅的筆名

魯迅本名周樹人，字豫才，魯迅只是他開始寫小說時取的筆名，這是人所共知的。這筆名雖然後來叫開了，壓倒了本名，可是知交好友仍然稱他「豫才兄」或是「周先生」，他除了寫文章署名「魯迅」外，對人也永不以筆名自稱，不像茅盾、巴金、老舍、丁玲那樣，直接拿筆名代替了本名。一九二九年他從上海回北平探母，到孔德學校訪馬隅卿，適遇錢玄同進來，看到他的名片，曾高聲問他：「你的名字還是三個字嗎？」他答道：「我的名字從來不用兩個字，或四個字的。」「魯迅」兩個字是指「魯迅」，四個字是指錢常自署為「疑古玄同」——錢自號「疑古」，摹倣古人把號放在名字上面，便成了四個字的名字。翻「魯迅書簡」，只有對關係很淺的人才署「魯迅」，也很少很少，至於對熟人單署「迅」字的倒不少。

魯迅第一個筆名並非「魯迅」，如同他第一篇小說並非「狂人日記」一樣——雖然此事不為人所習知。辛亥革命那年，他用文言寫了篇「懷舊」的小說，刊在民三的「小說月報」上，筆名是「周逴」。那時該刊是惲鐵樵主編，還是革新前的舊形式。魯迅後來回憶，他記錯以為刊在「小說林」上，連署什麼名也記不得了。魯迅死後，周作人在林語堂辦的「宇宙風」上發表「關於魯迅」，才提到魯迅這第一篇小說，連題目帶署名，都是他代魯迅填上投寄「小說月報」的。但周作人譯「紅星佚史」時，他也用「周逴」之名，因此這第一個筆名也可以說是弟兄兩人的共名了。

用「魯迅」始於民七在「新青年」四卷五期上發表「狂人日記」，同期還刊有他的新詩三首，署名則為「唐俟」。後來許壽裳問他這兩個筆名的取義，他說理由有三：一是母親姓魯，其次周魯是同姓之國，其三取愚魯而迅速之意。」魯迅作文作事都很快，永遠表現着青春的朝氣，從來不慢騰騰地，他過去有個別號叫「迅行」。至於「唐俟」，是因為陳師曾給他刻圖章，他有一別號叫「俟堂」——據說是取「君子居易以俟命」之義，「待教育部開除他」，到寫文章時因「堂」「唐」同音，便顛倒過來用，唐魯周三者皆同姓之國。不過他用「唐俟」只在新詩和隨感錄上，用「魯迅」却在小說上，小說成名，「魯迅」便相應地不脛而走。後來杭州有人冒充過「魯迅」，鬧了不少笑話。他寫「阿Q正傳」時用「巴人」筆名，這筆名後來給無恥的王任叔頂替了去，他就不再用了。此外他的筆名還很多，在上海「申報白由談」上，幾乎每篇雜文換一個新名，那是為了朦蔽當時「檢查」者的眼目。

古文與白話文（三）

舜生

三、今天還有不少的人（不限於教國文的先生們）都抱着同樣的見解，他們覺得：如果不在今天的中學大學教學生多讀幾篇古文，將來他們對於中國的古書便會看不懂。對這樣一種說法，我想舉例提出下面的兩點來討論：

（一）除中學畢業後便要去就業的一部分學生不必討論外，大學文、史、哲等系的學生，自然非具備看看中國古書的能力不可。可是以現在中學和大學的國文選本來說，即令他們把課本所選的古文通通讀了，而且也多少懂得，他們是不是便會讀中國的古書，也是大大的問題。照香港教育司署的規定，一個高中學生，在三學年中應該讀的古文如下：高中一年級，由梁啓超『論小學與羣治之關係』篇起，到汪中『漢上琴臺之銘』止，計二十五篇。二年級由劉義慶『世說新語』四則起，到嚴復譯『天演論』（節錄）止，計二十七篇。三年級由班固『漢書』『藝文志諸子畧』起，到大戴『禮記』『武王踐阼』止，計十四篇。合計三個學年的課文共爲六十六篇。進一步，我把這六十六篇的目錄檢查了一下，真使我驚詫不置。照我的想法，如果一個高中學生在三學年中，硬把這些東西向他們的腦子裡填進去（而且會考制還要逼着他們去死記），不僅會要杜塞他們接觸中國古書的機會，甚至就要他們寫出一篇通順的文言文，或白話文也很少可能。舉例說：汪中這個人，原不是以做古文著名的，一年級選上他這篇『漢上琴台之銘』，我真有點莫明其妙。以文字的本身來說，汪這篇文章衡以嚴格的古文標準有不有地位已經是問題，就像這樣一個題材，如果拿到一個真會做古文的人手裡，不僅文章不一定是這樣寫，甚至連題目也不會這樣標，與其要一個高中學生讀這樣一篇似是而非的古文，似乎遠不如教學生看一篇『今古奇觀』的『俞伯牙摔琴謝知音』還要比較有益得多。二年級，他們從『舊唐書』裏選出一篇『僧玄奘傳』，一個寫唐書的人，對於玄奘這樣一個了不起的人物，只肯花不足四百字的短文去寫他的傳，已經應打手心，何況文字也並不高明呢？此外如選『詩經』，選『世說新語』，乃至選程頤的『明道先生行狀』，朱熹的『白鹿洞書院學規』等等，我不懂他們用的是怎樣一種標準，一種怎樣的用意。到了三年級，學生還要讀荀子的『勸學』，莊子的『秋水』……更使我懷疑到學生們能不能勝這種重負！別的學生我不敢說，至於我家裡的兩個高中三年級學生，他們在學校的成績原不算壞，國文也常打八十幾分，可是我問他們對『秋水篇』懂不懂？對『明道先生行狀』感不感興趣？他們却瞠目不知所對。

（二）像現在高中的國文課本，內容是這樣蕪雜，這樣冗碎，涉及的範圍又這樣廣泛，而深淺的配搭與進度更這樣漫無標準，豈只學生不容易得益，就是教國文的先生們，也實在大感困難。我不知道現在中學教國文的先生們，曾經好好讀過經書和先秦諸子的究竟有多少？他們除講解這類的東西以外，甚至還要他們講吳梅的『中國戲曲概說』，張惠言的『詞選序』，……教他們怎麼辦？即令在講堂上能勉强對付過去，假定碰了一個跳皮的學生對先生作進一步的追問，教他們如何得了？我說這種話，完全是從我的良心出發，決不是對一部份教國文的先生有意厚誣，我確實知道有若干的先生對這樣的一種課本，十分吃力。例如我在上面所提到的『僧玄奘傳』，有一位先生便對文中的兩個『仍』字也講不通。原文是這樣的：

「……玄奘既辯博出羣，所在必爲講釋論難，蕃人遠近咸遵伏之。在西域十七年，經百餘國，悉解其國之語，『仍』採其山川謠俗，土地所有，撰『西域記』十二卷。貞觀十九年，歸至京師，太宗見之大悅，與之談論。於是將梵本六百五十七部於弘福寺翻譯。『仍』敕左僕射房玄齡，太子左庶子許敬宗廣召碩學沙門五十餘人，相助整比。」……

一個在高中教國文的先生，像上文這兩個『仍』字，總應該懂得是沒有錯的。可是這位先生却教學生把兩個『仍』字的人傍去掉，都改成『乃』字，豈不是大大的笑話！像這樣一篇淺近的短文也講不明白，你還要他們講詞與戲曲的源流，講莊子的『秋水』是什麼一回事，豈不是存心與他們爲難嗎？

像這樣的一種課本，學生既不容易學，先生也不容易教，可是香港一般富有保守性的家庭，却還在高興他們的孩子們有機會讀古文，將來還可能讀古書，我想來實在是十分的難過。

記民十六四川軍人反共之舉（下）

雜憶錄之六　幼椿

三

國民革命的北伐聲勢達到四川，四川軍人一律望風響應，接受委狀，面目一新，而內容則仍舊。社會安定，人民如常，共黨大爲着急，因秩序如此安靜，共黨便無法顯露頭角，且深入下層。於是共黨設法製造亂子，總想惹起騷動，成都學生之受蠱惑，而打死校長，即其一例。至在重慶，共產派人沿街講演，講時必大罵軍閥，高喊假革命必須打倒，蠢材們必須鞭打，然後纔能使之服從革命民衆的命令。其時，王陵基（芳舟）任重慶城防司令，每日必乘坐拱桿大轎遊街，以示鎮壓之意。但共黨講演隊每見王陵基轎子過時，即高喊：『這就是軍閥，此人頑固，即應加以鞭打者。拉下來打啊！』王因之含恨甚深，而劉湘及其部下均甚憤慨，但隱忍之。適傳來南昌有清黨反共的消息，劉湘即令王陵基主持清共之舉，而三三一慘案因以發生。

事後論三三一慘案之功罪，其功則在將四川共黨首要能夠一網打盡，後來繼起者聲望不夠，能力又差，故四川共黨組織始終未能健全，後雖有徐向前以至朱毛部隊之竄川，而四川各縣竟無有共黨暴動，爲之響應。其罪即在王陵基的辦法實在太顢頇，太「土式」。以重慶當時軍警之力，要分別秘密捉拿漆南薰，楊闇公輩，並不是無辦法，而乃趁其在重慶較場壩開羣衆大會下手，已經是打草驚蛇，去易而就難，何況王陵基竟師梁山泊好漢刼殺場的故技，將軍警裝成賣花生，糖果，担担麵等小販，混入大會場，等大會正開時，號令一下，齊向主席台開槍，固然將共黨首要當場打死，（其實楊闇公仍逃脫，次日始被捕處死，）而赴會羣衆受誤傷，遭流彈，被踐踏，或跳城牆，死者四十餘人，傷者百餘人，而大半皆係青年學生，竟成慘案，實不應有！——因是反引起社會上同情共黨的無辜，而致恨軍警的橫暴也！

四

我當時主張與共產黨在野鬥爭，不假借軍警之力，並以之告誡青年黨四川同志，在四川我們雖與軍人們聲氣相通，但我認爲這般軍人只知向上面投機，向下面蠻幹，而不足與言反共作法。青年黨同志能夠在四川自行嚴密其組織，堅强其奮鬥，其原因便在一空依傍，自立生存。

我不但不贊成青年黨如此作法，即對國民黨反共以來，過賴軍警之力，而不重視自己同志之有組織的社會鬥爭，也曾表示異議。我記得民十八曾與陳布雷先生一函，（布雷在國民黨厲行「黨外無黨」時也時常與我通信）大意說，今日對共，如不靠自家同志在社會上的組織與鬥爭，而惟官方軍警是賴，動輒捉人坐監，適足以爲共黨製造「英雄」。要知道一個青年，認其無作用，則不必捉，認其有作用，則捉來關幾時，又放出去，則對共黨言，乃爲之添勇氣，對社會言，乃爲之增戾氣也。

一個好消息

亮齋閒話　徐亮之

一個好消息：台灣當局重申不贊成修憲了。

本月八日台北泛亞社電說：

「台北兩家黨報今日宣佈：國民黨中央常務委員會昨日會通過一次重要決議，對今年五月國民黨第八屆二中全會不贊成修改憲法的主張，予以重申。據稱：「由於第一屆第二次國民大會即將於明年二月召開，各種準備工作已在積極進行中，對於憲法應否修改問題，至爲各方所關切，據傳國大代表聯誼會現正致力於準備工作，並徵詢全體國大代表對此項問題之意見，現在中常會既有不贊成修改憲法的決議，則此項決議當必爲國民黨籍之國大代表所接受而予以一致支持。蔣總統曾於去年十二月二十三日在光復大陸設計研究委員會席上明確表示，不贊成修改憲法，今年五月舉行的本黨第八屆二中會，並對不贊成修憲作成政治決議文，因此可知不贊成修改憲法，已是國民黨現階段一貫的主張。」」

同日台北法新社電訊也說：

「「中華日報」八日報道，國民黨「中常會」在七日的「常委」會議中，重申較早時期所作的決定，反對任何對「憲法」的修改。法新社按：此種表示顯然是針對某些人要求「修憲」以便蔣介石連任總統。」

根據上述兩個電訊，「不贊成修憲」既由蔣總統在去年十二月「明確表示」於先，本年五月國民黨第八屆二中會「作成政治決議文」於後；現在復再由國民黨中常會以「決議」的方式，加以重申」；這在被什麼「修憲」，「勸進」鬧得烏烟瘴氣的台灣現階段時，無論如何要算是一個好消息的。同時，既然能夠這樣，就台灣當局說也無論如何要算是明智的；值得贊頌。

自然，台灣當局的所以這樣表示，正如法新社的按語所說，「顯然是針對某些人要求『修憲』以便蔣介石連任總統」「再度」而發；質言之：即無異蔣先生已經「明確表示」決不採取違憲的途徑而連任總統，亦即無異「明確表示」：大半年來，所有「修憲」「勸進」之類的烏烟瘴氣的瞎鬧，到頭只是枉自費心機。

因此，我不能不對台灣主張「修憲」或修改「臨時條欵」的國大代表先生們說幾句話；即我敢負責說：我們流亡海外的愛國者，全懂得應該尊重你們，因爲你們的地位乃中華民國的憲法所產生；可同時也所希望你們能夠尊重自己。而尊重憲法，正是尊重你們自己的不二法門。一旦憲法如有風吹草動，你們的地位是可哀的！因而，我希望你們能平心靜氣把上述兩個電訊，和本月十日台北泛亞社的另一個電訊，對比而觀，沉痛反省；這電訊說：

「各省國大代表，正依省別舉行會議，研究明年二月間國民大會召開事宜。此項以省爲單位之會議，有已舉行完畢者，有正舉行者，惟所有會議，均將於十五日之前結束，俾二十五日起，可以召集國大年會兩天，各省籍代表，在各省會議中，亦曾就總統連任問題提出討論，據謂大多數代表仍主張修改憲法中的臨時條欵，使蔣總統之任期，不受憲法第四十七條所規定總統之任期爲六年，連選得連任一次之約束。」

親愛的代表先生們！你們真還要，如這電訊所說繼續鬧着嗎？大半年來你們之中有一部份人鬧的笑話已經不少了！還忍心再鬧下去嗎!?

四八、一二、一一、

本刊已經香港政府登記
每逢星期五出版

聯合評論
週刊

United Voice Weekly
第七十一號

督印人：黃宇人　總編輯：左仲平
社址九龍金馬倫道卅八號三樓　電話61413
承印嘉羅印刷有限公司香港灣仔馬師道5號
總代理：友聯發行公司　售價每份港幣一毫
本報美洲版總經售處美國紐約中美出版社
CHINESE-AMERICAN PRESS, INC
199 CANAL STREET.,
NEW YORK31 N. Y. U.S.A.
美洲航空版零售每份美金一角

答覆工商日報「爭取獨立國地位」社論

張君勱

中華民國處於今日絕續之交，猶一家一脈單傳之孤兒沈吟病榻，治之以猛劑，或且促其早死，反之，專以溫言慰藉，病者或自認爲無病，可以縱慾自戕。此吾人對國事立言之際，常斤斤自勉者也。勱之來美，在印遊返港後受民主戰鬥同盟之託，以宣言交國務院與馬歇爾將軍。同盟解散後，勱以作文自活，或在大學中從事研究工作，既無「王親國戚」千百萬之積資，又不若政府代表之高車駟馬。更以念念不忘國家民族之故，去年夏日曾作環大地一周之遊。其在英倫之日，以病足之故，蹣跚街道中一二小時，求一正確數字之街車乃返寓所。其在德國，住一天六馬克之學生宿舍，以兩塊麵包當一頓晚飯。印度以東至於東京，賴有友人或姊妹子姪之爲居停者，乃得免於「絕糧」。各地有港台記者目擊其事，可以爲我作証。今達官貴人在美者以數百計，曾有一人節衣縮食，跋涉道途爲國家呼籲者乎？工商日報稱我輩爲「道遙自得」，盍亦作一次實地調查，然後加以論斷乎！

中華民國今日之地位，是否如工商日報所言「獨立國地位根本便不成問題」「美國和其他四十個以上的自由國家它們和中國建有邦交，或且互派使節，更是充分的承認中華民國具有獨立國地位」？試問此邦交使節，我非瞎子聾子，何至并此而不睹不聞。然憑此使節此邦交，便以爲獨立國之地位已鞏固，可以無須乎爭取，則我敢請教於工商日報社論之作者，何以改國名何以國家二分說獨起於台灣而不起於他國乎？自問讀書數十年，尚不至如社論作者所云并此起碼常識而無之。正惟以吾國今日外交問題，不在此使節與邦交，而在軍隊反攻大陸事前是否須得美國同意。其在美國方面漸次發生者，更有所謂改國號所謂兩個中國。此我所以有爭取獨立國地位以爲復國準備之言。奈社論作者胸中僅有此起碼常識，抑亦輿論界之不幸，何能免於盲人瞎馬夜半深池之慘狀乎？

所謂「獨立國之地位」，其種類甚多。美蘇爲第一等強國，其次爲英法，再次爲西德與日本。吾國退居海外孤島，賴美國第七艦隊以自存，此亦形勢逼處，無足怪者。然國之爲國，有其最後根據，不可輕易放棄者，此亦神聖使命之所在。今日台灣所以繫國人之望者曰反攻曰復國。此四字爲台灣中華民國之最後根據而不可一絲一毫放棄者。中美協防條約與蔣杜放棄武力宣言，倘於提出之際答之曰：此等約文須交立法院通過然後同意。此爲美國條約訂立時之必經手續，杜氏自無辭以難我。立法院而同意也，政府自可以同意之方式答覆美國；立法院而不同意也，政府可拒絕簽字而再行協商。吾國憲法上自有此機關，可以造成民意爲後盾，可以爲政府加強地位。奈政府心目中只知一己一黨，以爲一己一黨聰明才力駕乎百千萬人之上，而不需乎「謀及庶人」。以今盟邦將強之以改國名，更與中共同出席於聯合國，不知吾政府將何以處之。工商日報社論作者不責政府之獨裁，反而指摘吾人發動民意爲多事。不知自毀國家之責，正在政府不尊重憲法上之民意機關，而不在乎吾人發動民意之主張。工商日報社論作者視發動民意爲自己懷疑現有法統，吾則以爲發動民意正所以維持法統。此項政見之異同，即獨裁派與民主派對立之所由來，工商日報不知將何去何從？倘專以阿附執政黨爲榮，我亦爲輿論界悲哀而已。

中華民國地位之孤危，未有甚於今日者。爲對美交涉，爲求自由世界之同情，惟有以孤島爲根據，自尊自量，遇有他國侮辱之言，立即提出抗議，如所謂台灣共和國云云。苟政府平日表示其反攻立場之不放棄，何至他國敢以另一國號加之於吾國。乃工商日報不責政府之不知自愛，反以「拂情悖理」責吾輩之爲政府謀解脫者乎？

工商日報社論作者又云：「如果照那位旅美寓公的主張，那是先自懷疑中華民國現有的法統」。請問貴作者，區區不及四百字之短函中，曾有何字何語涉及法統問題。所謂「臨時政府」四字曾見於舜生先生文中，其意在於收縮現時政府之龐大機構，初無摧毀現時法統之意。工商日報社論作者以爲此種「戴紅帽子」方法爲可以保存法統乎？

臨時政府四字乃李冠張戴之文，明眼人取公函與社論比較一下，自然瞭解。推其用意，在將臨時政府四字解爲推翻政府，則吾人罪狀將與共產黨同科。此乃台灣近年流行之「戴紅帽子」方法，傳染於工商日報之身矣。此可以救國乎可以反攻復國乎？

我自問處海外之日，時時研究美國朝野言論，不敢絲毫忽畧。此國家大事，既不可「立異鳴高」，尤不容「似是而非」，更不可「拂情悖理」，以兩方言論與事實可以互相校正，非我一人可以逞臆爲譚者也。工商日報社論作者評吾人之言爲「危言聳聽」爲「動搖愛國人士之忠誠」，我惟有答曰請懸吾言於國門，以待歷史之判斷而已。

一九五九年十二月五日於金山

閉關政策自取滅亡

孫寶剛

這幾個月來，印尼和菲列濱都發生了華僑問題，當然印尼的華僑問題較菲列濱的嚴重，所以一般人頗注意于印尼的華僑問題，文化界人士已爲文呼籲，中共也向印尼提出抗議，有沒有圓滿結果是另一問題，我們站在正義，和尊重人權，以及愛護華僑的立場上，應該這樣做的。

說到菲列濱所發生的華僑問題，固然在報紙上有些消息，可是一般人似還不大注意，也沒有人專論其事。當然菲列濱所發生的華僑問題是太小了，範圍所及，祇有卅一人，原則上也不應發生的，即是作爲問題看，也不過是一個移民局的事務問題，不值得一論，並且我可以武斷地說，在其他國家決不會發生的。因爲這卅一人，姑不論其如何入非境，入境以後作了些什麼？和菲列濱政府應不應強迫他們離境，但這卅一個人既都是中國人，而台灣政府又既自認是中國政府，在台灣政府的立場上，天生的有義務要接收他們。台灣政府假如爲了保護自己的國民的權利起見，應替每個人交涉是否應該被逐驅出境？現在的台灣政府沒有這樣做，而祇是和菲列賓交涉接收不接收這批人，這豈不是笑話，難怪菲列濱政府要小題大做，以不准所有中國人入境爲威脅了，這眞是自取其辱。

我們應記得，韓戰後有幾個美兵投了中共，後來又自中共那邊跑回來，站是美政府的立場上，甚至站在一般美國人民的立場上，這幾個美國兵眞是大逆不道的，可是他們既都是美國人，美國政府便不能拒絕他們回返祖國。而在回到祖國以後判了徒刑。因爲一個國家的人民，有回返祖國的絕對權利。尤其在自稱爲民主的國家，人民回祖國就等于每個人回到自己的家內去，還能有什麼問題呢？

不幸這樣的事情，發生在所謂「自由」中國的「國民」政府，並且還不是第一次，可以說是台灣十年來的一貫政策。這一次因爲牽涉了菲列賓政府在內，所以成了報紙上的新聞，使國際間的人士，知道這麼一回事。其實在以往十年來，凡是中國人要去台灣居住都很困難。連所謂「忠貞之士」也在香港流浪了好幾年，才得入境。這對一個頭腦稍清醒，稍有一些政治學常識的中國人，尤其是贊成民主自由而還想愛國的人說來，眞是啼笑皆非的事。

我曾經和台灣的官員談過這件事。據說是爲了防止匪諜滲入的關係，所以祇能因噎廢食，率性把全體國民尚未在台灣取有永久居留權的基本國民權利否定了。我當時還辯論，認爲台灣這麼多特務養來什麼用，有「這麼多的特務，還怕匪諜麼？即使是匪諜，倒底能起什麼作用，假如台灣內部很健全的話？台灣和美國已訂有防禦協定，台灣的軍事最高機密已自台灣的參謀本部遷至華盛頓的五角大厦了，所以共諜即使去了台灣，也不能得到什麼了不起的軍事秘密，其他政治、經濟、教育更有什麼秘密呢？反之，十年來能入台的人，依我在香港十年來的觀察，倒也有不十分妥當的人也去了。所以共產黨如眞的要派匪諜去台灣，我不相信他們沒有辦法。

好罷！就算阻止中國人入台，是爲了防諜，那麼，菲列賓要出境的卅一人也被拒絕入台，是否也爲了防諜呢？由此可知台灣的拒人入台，理由還不止防諜。有的消息報導說，台灣地方太小了，不能再容納人，我想這也不成理由，以以色列地方之小，以色列政府仍在招攬天下的猶太人，因爲他們要建國，所以人民愈多愈好，以香港地方之小，面積僅抵台灣百分之一，人口倒是三與一之比，香港政府還沒有嚴格禁止大陸的人入口。今天台灣如眞准中國人自由出入，海外的華僑想遷台久居的人並不多，決計不是台灣所不能容納的，昔日的以色列本是一片沙漠，現在已成一塊漠中的綠洲，農工商業和文化都是天天在發達，台灣如眞正地賢明的去發展台灣的農工商業和文化，我相信台灣再加一倍人口也不是沒有辦法的。近之，香港就是一個例子，香港今日因爲工商業的發達，確已創造了大量人民就業的機會。台灣爲什麼不這樣做呢？

所以依我的判斷，台灣的心目中，還是門戶之見在作祟吧？台灣在幾個月前，有調查大陸去而居住于台灣的八口的事，連三代祖宗都要塡報。從這一點上看，台灣自己已劃分了台灣本地人和大陸去的中國人，因此他們又把當年沒有去台灣居住的中國人，又另劃了一格。其實這是很愚蠢的，因爲這種劃分，徒然增長了台灣本地人的地方主義的心理，這個地方主義假如發展起來的話，那麼，由大陸去而今天在台灣居住的人民和本地人之間的距離，會一天天的增加，終有一天本地人會把大陸去的人摒之門外，正如今天的台灣政府把當年沒有去台灣的人民摒之門外一樣，我這個推論，並不是不可能的，因爲台灣本地人的力量，不論在軍事、農業、文化、工業和商業方面却天天在增長，增長得比大陸去的人要快得多。有的已經完全由本地人担當起來，所以他們有一天可以在一個宣言之下，使情形大變的。今天的台灣當局們不也完了麼？所以我說，台灣的當局應有這個覺悟，還是把中國人都不分彼此地作爲中國人，不要在中國人中間劃分了幾個圈子，這種門戶之見的閉關政策，自取滅亡罷了。

不做「違憲」的總統 可任「民意」的元首

最近讀到一篇「妙文」，認爲「對於『過時』的民意代表，之繼續行使職權，只能說是實施憲法遭遇困難時的一種『權宜』，似不必目爲『違憲』。」揣其用意，不過是要藉此以証明如果國民大會再選蔣先生連任第三屆總統，也祗是出於「權宜」，而非「違憲」，因爲民意代表既可「權宜」應變不加改選，則蔣氏連任第三屆總統，自亦無可厚非。

這種論點，確是勸進派中比較「高明」的說法，其着筆之巧，在於先將「過時」的民意代表，使之「權宜」化，既有「權宜」的民意代表，自可產生「權宜」的總統。前者既非違法，後者也就變爲合法了!?

就吾人所知，蔣先生一直到現在爲止，仍未表示他對於連任與否的最後決定。當然，這也自有他的苦衷在。其實問題很簡單，在我個人來看，他對於出任第三屆總統是否違憲一點，根本不會加以重視。但是，他不願意做沒有「民意」擁載的第三屆總統則是事實。因此，我覺得將違憲强自解釋成爲「權宜」的先生，也不過是自作聰明而已!?

以蔣先生數十年來的從政歷史看，其「胆識」與「魄力」，根本不是什麼法律所可加以規範的。舉一例以言之，如果當年製訂憲法時，不增訂臨時條欵，他會出任虛君制的總統嗎？如果當年國民黨以及蔣先生，眞能尊重憲法的尊嚴，不在國民大會堂旁邊，勉强蓋上這座小房子，蔣先生以多數黨的領袖出任責任內閣制的行政院長，則又焉有今天這種的尷尬僵局出現？臨時條欵在當年固已被目爲是憲法之瘤，而在今天來說，則又變成爲蔣先生便宜行事的絆脚石了，自非始料所及，眞所謂是「聰明反被聰明誤」！

因此，我覺得勸進派大可不必再多費周章了。與其坐而論「道」，不若起而多製造些「民意」，與其迫蔣先生做違憲的總統，不若讓他做「民意」的元首。豈不是乾乾脆脆，一舉而數得呢？

·小言·

從台灣的小康局面 論政治反攻與修訂國策

·宋寂·

一、

國際局勢在激烈轉變中，妥協主義的逆流，正意圖以出賣自由中國的權益，易取短暫的「和平」。置身在這個時代環境裡的中國人，遭遇的刼難，是史無前例的。

在大陸，五億的人民，淪於共產主義的極權統治；在海外，一千四百萬華僑中大多數正困擾於狹隘民族主義的排擠，與放棄傳統的作客思想，歸化異國，而自動疏遠祖國；在台灣，一千三百萬軍民，處於非常克難時期，既要從事反攻復國的努力，又要積極爭取自由民主。國人肩頭承當的歷史任務，是更艱苦，更沉重了！

二、

中共統治中國大陸，轉眼已過十年，共產主義毀滅了傳統的倫理道德，亦澈底破壞了固有的家族體統和社會制度。一個新的經濟體系扶植着一個新階級，形成共產黨員統治壓迫非共產黨員的新政治形態。一切生產管理機構與生產資料，統歸共產黨權控制。因之，國家財富集中於一個專制的新統治階級手裏。衆人皆知，共產黨徒是否定國家存在的，共產主義的終極目標是統治全人類。倒行逆施的結果，不可避免的給大陸人民帶來了沉重的災難、貧困、疾病和饑餓。

但在這漫長的十年間，偏安台灣的現政權，由於過份自信國際戰爭之必將爆發，而把整個國運與人民的安危禍福，寄望於外來的反共力量。因之，儘管大陸人民普遍反共，海外僑胞對國府懷有信心，而外在的形勢也曾出現過韓戰，鳴放以及西藏抗暴等相當有利的時機，卻皆因本身缺乏反攻的實力，無法行事。今天，依然偏促一隅，甚且偏安心理益爲濃厚，不但反攻難望，即苟安圖存似也不可。國民黨的當權派是應該對此負責的。

三、

今年雙十節，總統發表文告，說明「反攻復國勝利成功」的三大力量：「一種是反攻復國基地的全體軍民與海外僑胞團結一致，堅持戰鬥的力量；一種是大陸同胞，秉持民族大義，不願爲共匪傀儡奴役宰割，共同起而反共抗暴的力量；一種是匪黨匪軍裏，有國家觀念，有民族思想，業已醒覺的志士們，歸誠起義的力量。」因之，這三種力量的滙流，是摧毀共產主義政權的唯一憑藉。毋庸諱言，自從中美聯合公報明定「不以武力反攻大陸」後，當局所提出的「從大陸反攻大陸」的「理論」，不過是在觀望等待「大陸同胞」與「匪黨匪軍」的武裝行動，姑不論這種「假想」是否可能，即使眞如所想像的那樣，一旦出現了這種形勢，國府在政治上，經濟上又將以何種策畧相配合呢？雖然經常也聽到所謂政治反攻與台灣經濟進步的消息，但這種小康局面究有多大的作爲，實值得懷疑。更何況所謂政治反攻，直到現在祗不過是只聞雷聲，未見雨點。

今日台灣，國府一貫標榜民主自由，但言論自由卻常受干擾，基本人權也常受侵害。兼之，以黨領軍，以圖組織滲雜入機關學校等等，顯然與眞正的民主自由有甚大的距離，因此，所謂政治反攻，基本上仍是有問題的。

四、

墨子云：「君必有弗弗之臣，上必有諮諮之下。分議者延延，而敬事者諮諮焉。可以長世保國。臣下重其爵位而不言，近臣則瘖，遠臣則噤，怨結於民心，諂諛在側，善議障塞，則國危矣。」今天的國府，仍然是一個爲民愛戴的合法政府，因爲它是基於一部憲法所組成，是因爲大家都尊重這部憲法，它的基礎是民主政治的基礎，而不是個人獨裁或一黨專政的基礎。因此，如果今天仍然有人强調個人權力獨尊，個人的存亡，關繫國家的禍福，若非過份愚昧，便是相當諂諛。但，作爲一個民主自由國家的執政當局，就必須做到「分議者延延，敬事者諮諮」的起碼條件。讓一班「諂諛在側」，使行種種無法無理的迫害，使至「善議障塞」則國家焉得不危？更何況今日的局勢，僅僅偏安於台灣一隅呢？因此，今日不談政治反攻則已，要談，就得要釐定正確的國策，當局必須集思廣益，開闢賢路，使在朝在野的反共意見，能够貫通，取得一致的步驟，從而建立成一條健全的反共戰綫。

時間已迫在眉睫了！國策的商榷釐訂，事不宜遲，也不容許遲緩了。

台灣一周

憲法不容修改

自去年十二月二十三日，蔣總統在光復大陸設計研究委員會上，聲明反對修改憲法後，今年五月國民黨八屆二中全會，曾對不贊成修憲作成政治決議。到本月七日國民黨中央常務委員會，通過一項重要決議，重申「不贊成修憲主張」。事實顯示國民黨方面是澈始澈終地維護蔣總裁意見，尊重憲法的絕對尊嚴。

衆所周知，憲法修改問題，起因於總統是否能連任第三次；若連任，是否合法，但就蔣總統個人的談話看，從未計較個人出處，是以又何必不惜運用「修增臨時條欵」，非迫使蔣總統連任不可呢？

卅多年來，蔣總統一身繫國家安危，宵肝憂勞，春秋史筆自有定論，何不使七三高齡的老人，策杖優游其晚年？於今國府偏處台灣，反攻復國雖可望實現，但確非一朝一夕的事。則又何不讓蔣總統以執政黨總裁身份，退居幕後權衡國策。諸如接待外賓、招待記者、召見「僑領」等繁瑣事務，大可不必再由老人親勞親爲。

杜甫詩云：「朝回日日典春衣，每日江頭盡醉歸，酒債尋常行處有，人生七十古來稀……」那種生活情趣，在白髮蒼蒼的老人看來，是難能可貴的。

因此：主張修憲或修改臨時條欵者，似亦應考慮尊重蔣總統反對修憲的意見才是。

李萬居的質詢

來自台北十一日美聯社電訊，台灣省議員在台灣省議會會上，提出嚴厲質詢：「（一）台灣各地方議會和縣市議會的議員，都不敢發表意見。（二）當明年選出「新總統」時，應對政治犯進行特赦。……（六）台灣沒有眞正的反對黨。國民黨應准成立反對黨……」要目共二十點，詳而確要。

李氏向以敢言著稱，他底直言無忌，不但代表台灣一部份人士的意見，也和海外大部份僑胞的意見相同。

誠如李氏所云。倘地方議會的議員和縣市議會的議員，眞不敢公開發表意見，那業經失去監督政府的基本作用，「議會」也者，豈非變爲點綴「民主」的裝飾品。

對「政治犯進行特赦」的建議，原則上本無可厚非，至少像那些涉嫌被捕的「共匪同路人」，早應恢復自由。其實，政府倘能省釋張學良，並由台灣大學聘其爲明史教授，在國際、海外、國內、大陸所收獲的聲譽，實不可以道里計。

其次，是反對黨的組織問題，政府更應開誠佈公，准許其成立發展。使中華民國的民主運動史，寫下輝煌燦爛的一頁。

·孟戈·

中共可能策動印尼赤色華僑武裝暴動

·田心·

最近，中共對于印尼排華事件突然正面的採取强硬行動，在十二月十二日「人民日報」社論中認爲：「如果還有誰仍用老眼光來看問題，以爲華僑還像過去一樣，無依無靠，除了在僑居國外謀求生活以外，就別無出路，以爲中國政府和六億五千萬中國人民，還會坐視僑胞在海外遭受無端的歧視和迫害，那就大錯特錯了。」其口吻好像是若印尼不停止排華就要開兵船去作戰似的。從目前的情況來說，它當然不會這樣做的。那麼，將用何種方法來遂行其這種威脅呢？外電頻傳，華僑在印尼有武裝起來反抗的跡象。若從中共對印尼的意圖來說，這一謠傳不是沒有可能的。它可以利用赤色華僑在印尼各地製造恐怖行動，迫使印尼政府採取更峻嚴的行動，對待一般華僑，在這種情勢下，一般華僑也會不得已而由右轉左，挺而走險；若兩百萬華僑聯合起來製造更大的騷亂，再加上印尼第二大黨共產黨乘機轉取武裝暴動政策，則印尼局勢將不堪收拾。假使印尼政府一定要硬幹到底，那麼，必須要考慮到這種後果。

吾人固然反對印尼政府的不合天理人情的排華運動，亦不願見反共華僑被迫向左靠攏，更不願見由此而使印尼全國被赤色浪潮所淹沒，因此，吾人爲印尼本身利益計亦認爲印尼政府必須從新考慮其排華政策。

中共對印尼的正面政策突趨强硬的原因，除了準備利用排華事件在印尼製造紛亂以外，其內部原因不能不予以注意。

因爲，在過去數年中，中共利用對外製造緊張事件，來解決其內部困難的事例已數見不鮮，例如：去年八月，在台峽猛轟金馬，從而進行了其內部的人民公社運動，使大躍進運動更加速。今年八月，在中印邊境製造糾紛，同時在國內又提出了反右傾的口號。

自八月提出反右傾的口號以來，始終未曾全面的鼓動起來，亦未正式的宣佈一個右傾機會主義者；但在新聞的夾縫中觀察，這種反右傾的鬥爭正在激烈的進行中。據「人民日報」的報導：西安市委書記陳元方是第一個被開刀的右傾機會主義分子，繼之者是陝西省委黨校教員岳邦珣，此外，還有武漢與湖南兩個右傾集團被批判，但未曾指出姓名，這種晦澀與零落的報導，說明目前的反右傾運動是進行得並不順利的，也就是說各地的左傾勢力未必能夠壓倒右傾分子，遂形成了一個相持不下的局面。這次中共對印尼的突然正面强硬，似乎還該有對內來助其加緊反右傾的作用。

× ×

法德團結與歐洲前途

（蔡景文）

國際上一般觀察家，似乎都一致地接受了一項流行的觀念；認爲栢林問題的利害關係，及對高階層會議的看法一致，是法德間團結的主要因素。這種觀察的結果，很容易使人產生一個如此的印象；以爲法德的團結，是基於突然其來的國際緊張所造成的。其實，假如稍爲深入地探究這個問題，就不易落入掠影式的結論裡面，更可獲得一個較客觀妥當的見解，何況，法德團結是一世紀來未有的大事，這對歐洲以及北大西洋組織的影响是重大的。現在讓我對這個問題，根據歐洲歷史來加以論証。

有人說過：歐洲的近代史，是一部法德的爭霸史。這種看法，雖不免有點武斷，但也是以事實爲根據的。法國自從路易十四至拿破侖，都以擴張他們的天然國界至萊茵河爲幻夢而蹂躪德意志。德國呢？從普法戰爭至二次大戰之八十年來，曾侵入法境，直廹巴黎已三次了。廿世紀的上半世紀，歐洲的緊張來自法德，及由這二個國家爲首所組織的集團的衝突所造成的。故法德的關係，被視爲歐洲的定時炸彈。法國在第一次大戰後，對戰敗的德國在凡爾賽條約規定下的軍備，賠欵問題的執行上，是何等苛刻，在國際上，不惜用種種方法來打擊孤立德國，然而這些都不能使德國臣服，德國終於掀起了第二次世界大戰，這場戰爭，雙方都付出了最慘痛的代價。第二次世界大戰後，法國對德國再起的問題深懷恐懼，但法國基於過去慘痛的教訓，尤其是對這個只有半壁河山的西德，和共同面臨着蘇俄强大勢力威脅下，深感過去那套高壓或孤立德國的政策是行不通的，非要改弦易張不可。就西德來說；他面臨着國家遭分割的命運，尤其在歷史上不允他再蹈二面作戰的覆轍，能有一個友善的鄰國總是好事，何況，西德在戰後如不是獲法國的支持，許多問題和建設是無法解決，達成的。戰後這二個國家的政策都有了改變，法國肯破除成見與對德的恐懼，是使彼此接近的重要因素，但也是歷史的教訓與心理上的成熟結果，戰後二國的關係，我們可以不久以前愛登諾訪巴黎對法記者談話引証，他說：我們今日太易忘記我們對調和兩國關係，已有深而遠的成就。我們的關係是從廢墟建起，經過十四年後，已成爲互相諒解的盟國與友國。這是長遠的歷史因素所造成，我們能說法德的團結，只是由於柏林危機與高階層會議壓力下的偶然結果嗎？

其次，從地理及資源方面言，法德的環境與歐洲各國有不同之處；英國孤懸海外，西班牙有俾利牛斯山可屏障，意大利以瀕海及以阿爾卑斯山爲天塹，都與歐洲腹地橫隔開，而法德是居於歐洲平原的國家，在經濟與軍事勢力的發展，如果不衝突，則只有出於調和與合作之途，尤其是資源方面，法國要德國的煤，而德國需要法國羅林的鐵，現在西德由於領土被分割，不能獲得他們的穀倉（東德）的粮食，需要由法國輸入，這樣使這兩國很自然地要在戰後的廢墟中求繁榮與進步，故在經濟上非互相依賴不可，因此，法德在經濟上的團結，事實上，較政治上的協作更早，一九五一年四月十八日歐洲煤鋼集團出現即爲最佳証明，這個煤鋼集團的計劃是由當日法外長許曼所提出的，這個計劃是建立在經濟及政治的論據上，其主因是戰後歐洲經濟復興，往往爲歐洲各國間關稅壁壘所阻，其次，德國屢次侵畧法國，法雖曾聯合英美勝德，但終無從獲得歐洲的和平，如法德與其他國家之煤與鋼等等工業，由一超國家的機構以管理，從經濟上先謀合作，那麼，德國則無法獨自支配其軍事工業，以從事侵畧準備，這計劃若獲得澈底實現，可使兩國由世仇變爲經濟上的夥友，乃至經由歐洲經濟整體化，進至歐洲政治整體化。這計劃一經由法國提出，立即得到西德贊同，因爲許曼計劃可以替西德解除戰勝國對它最後的控制，西德可利用法國的鐵礦，也可以使西德成爲煤鋼集團具有較大發言權的股東，即今年同共市場的出現，亦是說明法德對經濟合作的信心與進步的結果。總之，戰後兩國的經濟利益，是一致的，其發展方面也是協同的，這是兩國團結的重要關鍵。

復次，從歐洲權力消長的歷史觀點來說，自從中歐與東歐霸主德國戰敗後，東歐勢力的眞空，迅即由蘇聯的勢力所填滿。蘇聯對歐洲擴張之勢力，使西歐各國在勢力上居於一種劣勢的平衡上。故遂由西歐同盟，以至發展爲北大西洋公約的組織，目的在挽回歐洲反共國家的權力的劣勢。雖然，法國在北大西洋公約上，對西德的加盟及武裝問題曾作若干的阻撓，後來也鑒於這樣的組織，如果缺乏像西德這樣重要的國家，將是難以有成就的，終於西德取得法國的諒解，在一九五五年五月加入北大西洋組織，換句話說，法國與德國間最後關於軍事問題障碍，終於移去，我們可以冒險地肯定地說，法德間的合作與團結，一九五五年是重要的里程碑。以後的發展，只是更進一步的表現而已。特別是在戴高樂上台以來，法國對外關係一面取得西德的合作，一面積極地爭取歐洲國家的領導權，而且，戴高樂極有意於促成歐洲聯邦的出現，而西德與英國在經濟上的競爭，以及對德國的統一，都需要法國出爲支持，更何況柏林危機及高階層會議的問題，大抵與法德的利益相衝突；西德担心英國會向所謂中立德國的「帕拉斯」計劃協妥，來犧牲西德，法國也不願在沒有原子的賭注下和英美蘇鬥牌，這些新的因素，廹使法德對外政策必需更趨一致了。

就自由世界來說，法德團結是自由歐洲一件值得大書特書的事，團結的法德是歐洲反共的中流砥柱，是維持與蘇聯勢力成均勢的最好形式。但，如果法德的團結，使英國產生疑懼，使英國認爲德法的合作將使西德成爲她經濟利益的敵手，那就會大大抵消了這個團結的意義與削弱對抗蘇聯的力量，甚至使北大西洋公約國家陷於重大歧見與誤會之中，而予蘇聯挑撥離間的機會，這是非常值得注意的事。當然沒有人會不樂見法德的團結，而柏林問題及高階層會議問題只是赫魯曉夫對西方的一種挑戰。因此英美不必認爲法德的態度，是歪纏與取鬧，而法德在情感上也應作相當的節制，大家開誠相處，共圖一致對外才是上策，本月十九日的巴黎會議正是調整歐洲大國間步調的努力。世人固希望法德團結，更希望歐洲以至整個自由世界的大團結，然後反共的前途才能充滿勝利的自信與光明。歐洲才能得眞正的解放與和平。

河南陝西今年大旱

受災田超過一億二千萬畝

「人民日報」十一月廿五日消息：今年河南省遭受了幾十年未有的嚴重乾旱。自六月份以來，全省就很少下雨，七、八、九三個月，全省平均降雨量比平常年份同期降雨量減少一半以上，特別是淮河兩岸降雨量更少，比歷年同期降雨量減少百分之八十左右。全省旱情之重，面積之廣，時間之長，都超過了歷史上旱災最重的一九四二年。今年受旱縣份達到九十多個，受旱面積將近一億畝。

又陝西省也遭受了近三十多年來少見的嚴重乾旱威脅，局部地區的乾旱嚴重情況爲近百年來所未有；旱災範圍廣而持續時間長。從今年六月下旬開始出現旱象，直到九月中旬旱象才全部解除，乾旱時間延續三個月。受旱地區包括三十個縣、市的三百六十五個人民公社（佔全省人民公社總數一半以上），受旱秋季糧食作物和棉田共達二千零六十八萬畝，佔秋糧和棉田總面積百分之五三．四，其中受旱棉田四百三十六萬畝，佔棉田總面積百分之九四．八。受旱嚴重的關中地區和漢江流域的漢中、安康兩個專區，又是全省秋糧和棉花的高產區。這種情況，對陝西今年的農業生產發生了嚴重威脅。

蔣經國新著

『危急存亡之秋』

（台北通訊）・述今・

在蔣總統連任聲中，蔣經國的新著「危急存亡之秋」一書發行了，在我們初看題目，總以為必與現階段的危急情況有關，但一看內容則是敘述卅八年一年內的大局演變經過。

猶憶前三年蔣經國也許為了紀念蔣總統的七旬華誕，曾印行了一本書，名為「我的父親」，但剛分發出來不久，即全部收回。流傳在外間的很少，至於當時收回的原因，聞係該書內容有若干不可告人者。

如今，「危急存亡之秋」一書又發表了，而且就在蔣總統七三壽誕這一天，蔣經國特將該書分贈給黨國各要員及其親信，因係非賣品，外間極難獲得，該書內容全部為他在民國三十八年這一年所寫的日記，並附錄史料極多，對於是年國內外大勢演變，記述極詳，全書以月為段，共分十二章，每章有小題。計為：

（一）激流身退忍讓為國；（二）徜徉於山林泉石之間；（三）堅百忍以圖存；（四）前進，莫退！莫退，前進！（五）乘風破浪，再接再厲；（六）建立革命復興基地；（七）劍及履及，向前邁進；（八）風雨飄搖，力挽狂瀾；（九）逆來順受，克服危機；（十）人情反覆，世路崎嶇；（十一）不顧成敗，護黨衛國；（十二）刷新更生，奠基再造。

卷首有蔣經國的序文，引用了明朝御史于謙之「石灰行」詩。詩云：千錘百鍊出深山，烈火焚燒若等閒；粉骨碎身全不惜，祗留清白在人間。

其次則述及「危急存亡之秋」的由來，原文為：

「民國三十八年，可以說是中華民國的『危急存亡之秋』，在這一年之中，國家民族所遭遇的危險困難，以及我父親所處的地位環境，乃是空前未有的惡劣和複雜。國運正如黑夜孤舟，在汪洋大海的狂風暴雨和驚濤駭浪中飄搖震盪，存續淪亡，決於俄頃。我們身歷其境的，當時也懵懵懂懂，不知不覺，恍如浮光掠影，隨波而逝。可是到了今天追憶起來，閉目沉思，始覺得當時國脈民命繫於一髮，真令人動魄驚心，不寒而自慄了」。並說：蔣總統曾於是年六月十日向麥克阿瑟將軍表示：『台灣在短期內即將成為中國反共之新的政治希望』。又於是年七月十一日，在菲律賓會談中，對季里諾總統說：『余可保証我國政府決不致被共匪消滅，如果政府當局降共或崩潰，則余必繼起領導反共到底』。蔣經國於引証上述的兩個談話後，即作如下之結論：「十年來事實與局勢之發展，一切都証明了我父親之遠見，毅力和決心。」

序文之末，還說：

「『危急存亡之秋』裏的各項資料，可說是對我父親所著『蘇俄在中國』一書內容各種理論，提供了最確實的新証據。在這裏所記述的許多事實和經過，不問其成敗得失，都足以供我全國軍民引為殷鑒，即在千百年以後，亦將仍有其歷史的價值。」

從其序文及目錄看去，讀者雖沒有讀到原書，但其內容也可思過半矣。蔣經國於此時編印本書的旨趣，當係為蔣總統洗刷失去大陸的一切過失，而將其責任完全委諸於他人。據說，本書即係「我的父親」一書的翻版，不過將其中不願意告人的若干部份刪去而已。蔣總統主政三十年，到如今還要勞其愛子來為之辯護，也太可悲了。

中央日報也談人權

（台北航訊）台北中央日報於十二月十日發表一篇社論，題為「維護人權摧毀鐵幕」，是為第十屆世界人權節而作的紀念文章。首述「人權宣言與我們國民革命的主旨深相符合，從國父手訂的臨時約法直到現行憲法，都對保障人權有明確的規定，故自此項宣言發表後，我們曾表示最高熱忱的擁護與贊助。」次指出「鐵幕國家——尤其是中共，以種種辦法奴役人民，不僅是蹂躪人權，而且在消滅人類的文化。」最後主張「要維護世界人權，就必須認清破壞人權及根本否定人權的敵人，團結全世界維護人權與爭取人權的一切力量，摧毀鐵幕，解放遭受壓害奴役的八億人民」。

人們讀了這一篇社論不免要發生幾種感想。

宣平

第一、我國國民革命的主旨既在維護人權，而約法及憲法對於保障人權又均有明確的規定；在今日的台灣應該不會有蹂躪人權的事發生了。然而如所週知，十年來，政府管制入境，不准逃避共禍的數百萬同胞步入國門，這不是蹂躪人權是什麼？當局自居於國家主人翁的地位而要求人民向個人效忠，最近重查大陸入台同胞的三代，就是一個顯著的例子，這不是蹂躪人民是什麼？至於仇視人民的言論出版等基本自由，則其餘事了。中央日報罵共產國家根本否定人權，是否也知道今日的台灣正在效法他們唯恐不及呢？

第二、中央日報主張團結世界爭取人權的力量以摧毀鐵幕而解放被迫害的八億人民，人們自然同意。但在此八億人民中，中國人却佔了一大半，政府不僅不圖反攻大陸，以解他們於倒懸，反而集中力量以破壞海內為爭取人權而反共的民主人士，中央日報似乎也應該有作主張呵！

胡適之談庚款

本月十六日聯合報「黑白集」有一篇題為「學人背影」的短文，內有「以庚子賠款撥作中法中美中英的文化基金，現在到那裏去了？」及「中美庚款向由若干權威學人經管，但以多年未向國家報賬，成為禁臠，留作逃美基金」等語。次日該報又登載主持管理中美庚款董事會胡適先生及主持管理中英庚款董事會之朱家驊先生的來函，對中美中英庚款的管理情形有所說明。胡朱兩先生於看了黑白集的那篇短文之後，即刻就寫信與聯合報的編者，其辦事之認真而迅速，殊堪欽佩。朱先生的信，說明大陸淪陷後，中英邦交斷絕，管理中英庚款的董事會已於前年呈准政府結束會務。該會曾於遷台時僅存有三干二年奉政府命購買美金庫券兌現後所得之美金二十萬餘元，亦經奉政府核准悉數補助中央研究院籌設化學研究所之用。這就是說中英庚款會已不存在，也沒有餘款了。至於胡先生的信，則更為詳細，他還說，梅貽琦先生是中美庚款第一屆留學生，他是第二屆留學生。並說，管理中美庚款的委員會現名「中華教育文化基金董事會，簡稱中基會。」大陸淪陷時，中基會將所有賬日及文件由上海移至香港，又由香港移至紐約，在紐約成立事務所，於民國三十九年在美京中國大使館開會，恢復工作；至今已十年。本年九月日四在中華民國駐美大使館開第三十次年會。中基會的每年年會紀錄及一切附件，及有會計師審查証明的每年收支詳細賬目及所有証券的詳細收入賬目，均逐年呈報中華民國外交部及教育部，並由教育部轉送審計部審核。」照胡先生的信，中美庚款並未「留作逃美基金」，當極可信；但是否「成為臠禁」，胡先生既未說明，自應存疑。依一般人的看法和想法，所謂庚款管理委員會，原係不平等條約下的產物，到了今日是否仍應繼續存在，似乎大有問題。中基會於大陸淪陷後為何不遷台灣，而遷往紐約？至今十年，尚無思蜀之跡象。該會現尚存基金若干？依何準則而使用？既無關國防或外交的機密，為何不向外公開？胡先生均未提及，未免有些美中不足吧？

遣僑案變為遊客案

予決

遣僑為手段　遊客是目的

由「遣僑案」變為遊客案而導致中菲關係的惡化，現仍在繼續中。

菲政府此次以威脅為手段，事實上對解決問題並無裨補。但是，假如我們能看穿其真正目的並不在於要求卅一名遣僑的離境，而是為達到遣配二千七百餘名華僑逾期遊客的先聲，則對其所以持此強硬態度與此激烈措施，始可了解。

台北當局不應該不知道菲方的真正目的，而未詳加考慮即授權段大使簽下協定，給菲政府有機會發揮其威脅手段。

一錯不可再錯，如今台北當局所應當心的不是卅一名遣僑（正在辦理離境手續中，目的地是大陸。）而是菲政府的第二步驟，以免再蹈覆轍，重跌陷阱。

誠實外交　首遭暗算

段茂瀾大使是一個和藹可親的老實人，與他的品性相吻合的是他的外交政策，他蒞任後便表示他主張的是誠實外交。

然而，經過短短兩個月的「實驗」後，遣僑問題的風波，証明了段大使的政策在菲是行不通的，而且在交鋒的第一回合便遭了暗算。

段大使不應該那樣老老實實地簽上了那魚餌般的遣僑協定。

十六世紀英國著名的外交官亨利瓦敦大使曾經如此說過：「大使是一個被派出外為國家撒謊的老實人。」

在遣僑案中，當局的外交政策仍是「不軟不硬，欲硬還軟」。台北如不欲接受遣僑，即應堅持立場到底，可是，事實却是在人家非正式發出絕交威脅之後，立即軟化，既已軟化，就軟化到底吧，何必又有什麼「備忘錄等於廢紙」的刺激性言論，以致事態一發而不可收拾。然後又在人家採取激烈的「報復」行動之後，始又軟化，要以接受卅一名遣僑來換取人家「報復」行動的撤消，結果還為人家所拒絕。

對遣僑立場　有改變必要

不接受非共嫌的遣僑的我國立場，其所持的理由，原是似是而非，更難為對方所同情。

菲人民對華僑之無良好印象，華僑中的少數害羣之馬之作奸犯科，可說是主要原因。為了改變菲人對華僑的印象，對這些敗類，我們原應自我取締，即使沒有非方之欲加遣配，也應自動加以遣送返國，以免使在國外為全僑之累。因此，我們既接受政治犯的共嫌，尤應接受非共嫌的犯罪遣僑。對這些罪僑，如何加以感化加以安插其生活，當然是我政府義不容辭的責任，我們總不能不承認菲方有不歡迎不良外僑的權利吧，我們總不能強要菲方容納不良份子於社會中為害人民吧。

接受罪僑　維護良善

目前，我們應與菲方談判的，應該是非共嫌的遣僑中，犯某種的罪僑，我們始欲接受；而對於犯極輕微罪過，無危害社會安寧之虞的難僑，例如無知超價五分的限價犯，我們應盡力抗爭其繼續居留的權利。這樣，既不會開了「濫遣」的惡例，也不會影響到「政治難民」性質的遊客案。假如我們一會兒完全不接受遣僑，一會兒又不分輕重，完全接受，那才會開了惡例，影響了遊客案。

台北外交當局對遣僑案有宣佈新政策的必要，昭示各國以我國對僑民中的敗類，決接受其遣送返國，以自我制裁或感化，至於良善的僑民，則決力爭其合法的僑居權利，這樣，不但可爭取外國的同情與好感，也可一勞永逸地為今後的遣僑問題確立了一項正確的解決原則。

大陸災情綜合報導

劫餘

中共號稱「人定勝天」，要「人與天爭」，然而這十年以來，所受到的自然災害，也就特爲嚴重。如一九五零年受災面積達七千五百萬畝，五一年受災面積達五千六百萬畝，五二年達六千六百萬畝，五三年九千七百萬畝，五四年一億八千萬畝，五五年一億七千萬畝，五六年二億九千萬畝，五七年二億八千萬畝，五八年四億七千萬畝。今年的災情，則更爲廣泛與突出。所受的災害，第一是水災，其次是旱災，再其次爲虫災。茲謹就有關旱災地區，簡畧報導於次：

今年乾旱的地區至爲廣泛。據八月十二日的「人民日報」報導：自南嶺武夷山以北，閩中盆地和黃河下游以南地區，包括陝西，河南，山東，安徽，江西，湖南，湖北，四川，貴州，浙江等省全省，和福建，廣西部份地區，自七月起相繼發生旱象，而在六月以前，東北地區又有旱災，可以說，整個大陸，已是一片焦乾的土地。

關於各省的旱災詳情，非本篇所能盡述，茲謹擇其突出者擇尤報導，藉悉一二以概其餘。

河南受旱最重

大陸上最嚴重的地區，第一是河南。從豫東平原到伏牛山區，從黃河兩岸，到淮黃兩岸，普遍呈現旱象，據八月七日「人民日報」消息，該省全省一億一千萬畝作物中，約有八千萬畝受旱，乾旱面積之大，爲前此所未有。

又據「人民日報」十一月二十八日消息，河南省今年受旱縣份達九十多個，受旱面積一億餘畝，其中有一千五百多萬畝稻田因旱而全部減產。

安徽災情次之

其次是安徽所受到旱災，除長江以南，和安慶專區外，淮南和淮北地區則久旱未雨，到七月十九日止全省受旱面積已達一千餘萬畝。

主要的是長江和淮河之間的丘陵地帶，以及淮北地區的潁上，鳳台，阜陽，蒙城，懷遠，鳳陽等縣，以及蕪湖專區的無爲，合山，利縣災情最爲嚴重。

湖北旱災亦重

據北平電台十一月廿三日的廣播稱：一次爲期四五個月之苦旱，已使湖北省幾達百分之廿五的農作物，遭受完全之損失。

該項廣播稱：在該省四百二十六萬公頃之農田中，受六月至十一月苦旱所影響者，約達三百六十萬公頃。此次旱災已造成一百六十六萬公頃農田之歉收，並使一百萬公頃之農田毫無收成可言。

因此有人認爲此或許爲北平報導農作物遭受完全損失之首次。

廣東抗旱不力

在廣東則由「人民公社」社員，對於抗旱工作採取消極態度，因而造成了二百多萬畝農田受到了嚴重的旱害。據粵共「南方日報」透露：今年九月以後，廣東全省農村廣大地區，繼夏旱之後，而發生不同程度的秋旱，當全面進入緊張抗旱時，各受旱地區的人民公社，均現出社員對抗旱缺乏信心，以畏難消極，鬆動洩氣的右傾情緒對待抗旱保苗保收工作。有些社幹部，不積極想辦法，進行抗旱搶種，抗旱保苗工作，故使旱象坐大，有的見旱象繼續發展，便想改種番薯。這樣，眼見許多禾田旱死，有些旱象已成，才倉卒開展抗旱搶種，和抗旱保苗保收的羣衆運動，以致造成忙亂被動現象，產生不應有的災害。

該報又說全省受旱的農田共有七百萬多畝，其中有二百多萬畝農田失收之外，其餘的五百多萬畝曾受旱的農田，也或多或減的減少。

以上均係中共的報紙已經報導的，加以綜合敘述，災情之嚴重，均屬信而有徵，是則中共所報導之豐收，實屬自相矛盾了。

中共「水利運動」的眞象

康和

「天上沒有玉皇，海底沒有龍王。我就是玉皇，我就是龍王。」這是中共誇言能夠戰勝自然災害的豪語。

「天公若奇旱，人民當龍王。」「天南地北，都可造雲降雨。」這是中共報導能夠利用飛機實行「人工造雨」，戰勝旱災。並稱去年已在吉林、甘肅、安徽、河北、湖北、湖南、上海、天津、南京等地實地試驗，成功率已達到百分之八十。

「在農田水利方面，通過一九五二和一九五六年兩次水利高潮，和一九五八年的大躍進，共修築中小型水庫渠道四百多萬處，塘壩一千五百多萬處，水井一千一百多萬眼，排灌動力機械二百九十多萬馬力。全國灌溉面積已經由一九四九年的二·四億畝，發展到現在的十億畝左右。相當於幾千年來累積形成的灌溉總面積的三倍以上，灌溉面積佔耕地的比例，由一九四九年的百分之十六點三，發展到現在的百分之六十以上。」（中共水利電力部部長傅作義的最近的報告。）

「入冬以來，全國廣大農村掀起了一個氣勢磅礴的，與農業冬季生產並驅前進的大規模水利建設高潮。這些工程的完成，將爲逐步實現農「四化」和明年繼續躍進，起着極其重大的意義。到目前，全國參加興修水利的人數，已達三千萬人。」（十二月七日中國新聞社北京消息。）

每屆農曆歲尾年頭，本來是農閒季節，農民終歲勞苦，到了這個時節，才得畧舒筋骨，稍事休息，或則縫製一些新衣，或則修葺一下農舍。或則製備一些糕餅糖果，以迎接新年，聊享田家之樂。可是，在中共控制下的農奴，這種傳統的合理的休閒和享受，都被剝奪掉了。每到農閒時節，還得要強迫農民從事各種勞役，最普遍地，就是做所謂興修水利工程。不管這種工作，有沒有實際效果，也總得被迫着去做。馬克斯痛罵資本剝削勞動者說：「勞動力的榨取者，在還有一塊筋肉，一根脈管，和一滴血可以榨取的限度內，是決不會放手的」。這一句話，却是由中共澈底地實踐了。

中共每年冬季強迫着數以千萬計的農民，從事各項水利工作，究竟有些什麼成效呢？儘管說是：「我就是玉皇，我就是龍王。」；「天南地北，都可造雲降雨；」儘管說是「幾百萬或幾千萬個」水利工程已完成了；可是，水災旱災，還是愈來愈厲害。今年大陸就有十七個省區，遭受了嚴重的旱災。受災面積，根據最低的報導數字，達三億二千萬畝。在海河流域，又遭受了重大的水災。我們雖不能說，中共歷年來所做的水利工作，沒有一絲一毫的效用；但至少是工作的方針是不正確，很多的勞力是浪費了。同時，那些「我就是龍王」等狂言，更是毫無意識。

中國大陸河流每年注入海，注入內陸湖或流出國境的平均總流量，約有二萬六千五百四十億立方米，每畝耕地所需要灌溉水量以八百立方米計，則全國耕地所需的水量是綽綽有餘的。但是總流量的絕大部份，都在長江流域及其以南地區，計共約二萬億立方米以上，而在長江以北地區（黃河、海河、灤河、淮河、沂河、沭、泗、及膠濰諸河流域）僅有一千二百餘億立方米。每畝耕地所能分得水量，僅爲一九零立方米。所以，這區域的灌溉水量是根本不足的。長江以北所以只適於旱田，不適於種水稻，原因亦就在此。在這區域裡，單是做些普通的農田水利工程，是得不到效果的。非要從事於「南水北調」的大規模水利工程不爲功。可是這種工程，一定要經長時期的努力，才可望完成。至於長江流域以南地區，水源雖很豐足，但因降水量多集中在夏季，分佈不均，以致易生災患。這也須要有整個計劃，逐漸建立蓄水和疏導的完整系統，才能收預期效果。亂發狂言，濫喊口號，是無裨實際的。

印尼宣佈「戰時狀態」的裏因

蘇蘭芳

蘇加諾總統昨天在耶加達電台宣佈：「印尼進入戰爭狀態」。這一宣佈，在原來已經動盪的局勢中，更加增了嚴重的氣氛。這一宣佈也同時反映出，印尼與中共的衝突，又達到一個前所未有的高潮。

印尼自革命軍組織革命政府與耶加達當局作戰以來，一直即施行軍事管制的制度，陸軍參謀長兼中央掌權者，各軍區司令兼地方掌權者，差不多有絕對性的權威，為的是執行戰時戒嚴法令的緣故。不過過去的戒嚴地區，只限於有戰爭行動的各島，如蘇門答臘，西里伯斯等。現在却是把這法令擴大及於全國。

對革命軍的軍事行動迄未渟止過，雖是事實，但戒嚴令的長久繼續，並非是純為革命軍的緣故。革命軍的游擊活動，實際上僅在蘇島武吉丁宜附近一帶，以及西島的萬鴉老區域，此外如爪哇島，自始便沒有發生過戰爭。戒嚴令的施行，有許多原因是屬於政治的，或且可以說是經濟的。

戰時掌權者最先干預政治是在排荷時「接受荷蘭產業」。當時此項接管荷蘭產業的工作，原由隸於內閣的委員會主辦，而直接執行接管者，則為親共的印尼總工會。在決定接管的開始，親共工會即四出控制荷人銀行，及各大企業，設武裝的糾察隊，侮辱荷僑，並有未議決接管而予以接管者，種種執行過當。因此陸軍當局乃下令糾正，無論已未接管荷人的產業，一律由中央及各地戰時掌權者直接接管。這等於是軍部與親共勢力鬥爭的第一次。失敗者當然是親共的總工會。

接着就是革命軍的對耶加達中央叛變，展開軍事行動之後，革命軍被逐出其首都巴東及武吉丁宜。因革命軍事件的牽連，與蘇加諾的國民黨並駕齊驅的回教瑪斯友美黨，勢力即被削弱，降為第二流的政黨。但乘着此一時際，共黨力量却駸駸日上，在地方選擧中，共黨在東爪哇打敗國民黨而佔優勢，在耶加達，他們亦奪去國民黨若干議席。往時「國」、「瑪」兩黨的競爭，一變而為「國」、「共」之爭。蘇加諾總統有鑒及此，乃宣佈實行「指導的民主」，及「返回一九四五年憲法」。前者為「廢棄政黨」，後者為集大權於總統一身。而所有這些禁止政黨活動的命令，就統由戰時掌權者執行。如禁止政黨地方黨部集會，及中央黨部之集會須報軍部核准及派員出席，發表談話及其內容，均須經軍部核准等，均為軍方所定的辦法。印尼共黨的「人民日報」，因違令而被查封。這是軍部與共黨鬥爭的第二次。失敗者當然又是共黨那一方面。

最近事態的發展，印尼由排荷而轉至排華。基本上是狂熱的民族主義，經濟利益的引誘；但中共的唆使印尼當局驅逐「國民黨份子」及沒收其產業，實為誘因。由沒收右派華人產業，發展成為不分左右的全面行動。中共在印尼使領，原來强調華僑登記為中共國籍，即可獲得保障，殊知事實不然！中共使館交涉無效，乃密令華僑反抗遷出鄉村，結果就有西爪哇軍區驅逐中共外交人員的命令。北平中共因此提出抗議，但印尼則指稱「咎在中共使館」，反駁陳毅的照會。日來雙方的隔江罵陣，已達高潮。陳毅原定訪問印尼，亦因恐怕肇事而中止。

可是雙方的衝突，實已極為尖銳，無法和緩。因印尼共黨既不能通過議會政治以打擊國民黨，又無法利用輿論打擊國民黨，結果便只有走「地下武裝」這一途徑。中共及親共份子，當然與印尼共黨採「聯合戰線」，秘密在鄉區組訓華僑配合印尼共黨的地下武裝活動。印尼軍方自然發覺了，便在發生問題的地區，不分皂白勒令華僑遷出鄉區。

不過前此印尼當局沒有公開宣佈，直至蘇加諾總統昨天的廣播，方才指出「親共華人已使用武裝」的事實，所以必須「全國入戰時狀態」，實由於此。目下軍方已在嚴密防範中，而印尼共黨及中共份子，仍可能隨時製造事件，也許會發生射擊或流血。

這最後一個回合的鬥爭，若以北平與耶加達來說，則北平業已戰敗。但中共在印尼份子與印尼共黨的聯合陣線，正準備向耶加達當局的權威挑釁，未來勝負誰屬，正是人們在提心吊胆中所關懷的問題。

·耶加達通訊·

中菲「遺僑糾紛」的明暗面

·湯自成·

為了菲律賓當局要遣送華僑出境的問題，中華民國政府和菲律賓政府互相爭執了達六星期之久；在這六星期內，不愉快的氣氛固然籠罩着當地華僑的遭遇，而懊惱的心情也困擾着雙方當局的最高層。中菲的傳統友誼，顯然也為此而蒙上了一重相當濃厚的陰影。

幸而，這個「遺僑糾紛」，延續至本月十七日，在雙方的積極尋求辦法下，終於獲致表面上的解決而告一段落。

菲律賓外交部長薛蘭諾已發表正式公佈了。該公佈謂：「菲律賓和中華民國，為了菲律賓政府要遣送華僑出境的問題所引起的糾紛，現在雙方已成立一協定」。

「遺僑糾紛」的起因是怎樣的哩？說起來實在十分簡單，祇是由於馬尼拉方面，要把三十一名華籍罪犯，遣回台北，而台北方面拒予接受。但菲律賓政府竟為此而大動肝火，一怒而宣佈「完全禁止華人入境」。

菲律賓政府這項報復性的措施，顯然是有「小題大做」之嫌，把一個小小的問題，一下子就悍然把它弄大。

我們可以肯定地指出：菲律賓這種「小題大做」的手法，是耍得太兇狠，顯示了執政者是十分不智！

現在「糾紛」既已告一段落，善後的辦法又將如何？這也是很值得當地華僑深切關注的。

據從有關方面獲得的消息：該項「協定」，是由菲律賓外交部與中華民國大使段茂瀾互相協商草擬，但其中仍有「一兩項小要點」，未感滿意，那就是馬尼拉此次的遣送華僑出境的實質，未有提出明朗的解釋。我國政府方面，對此也有這樣的表示：「馬尼拉的照會中，對我方所提解決的方案，謂措辭上仍稍有斟酌」。這個所謂「稍有斟酌」，當然就是還有若干小要點需要作更進一步的解決。

那末，雙方所爭持的「小要點」是甚麼？據說：那是涉及因控罪而等候菲律賓法庭審訊的十名華僑者。該十名已暫時獲得假釋而候審的華僑，其後因菲方去月八日實施華僑入境禁令而被褫奪該項特權。我國政府，經已要求菲，收回是項「取消保釋」的命令，而作為解除華人入境禁令的一部份。

這一來，我們就可以領悟到，「遺僑糾紛」至此僅是告一段落，而全面的圓滿協議，仍須有待於日後的達成。

我國官方的消息也承認，目前菲方除答覆我國政府要求澄清的問題外，並曾提出一些細節的意見。既是有了「一些細節的意見」，則顯然未達成「圓滿」的程度。

然則菲律賓方面的「細節的意見」畢竟是甚麼？其居心又到底是怎樣？這更得當地華僑密切關注。

菲律賓華僑在他們的生活環境下，對於他們「居留的權利」當然是十分重視；「遺僑糾紛」目前雖謂已告一段落，但在未獲「全面協議」之前，他們仍是感到相當尷尬和徬徨的。

換言之，他們的居留權利一日未獲得明朗化的合法保障，則他們的生活處境，無論如何，也難以獲致安定。而這個安定，就是他們發展事業的重要基本原則。因此，他們都希望雙方政府，能夠早日達成「全面的協議」。

煑飯新經驗

·蘇成·

共幹得意洋洋地擠在羣衆中提高嗓子說：「告訴你們一個好消息，我們已獲得新的煑飯經驗了」！

農民甲（輕蔑地眨了共幹一眼）：「呵！孫悟空又耍甚麼把戲」？

農民乙（扮了一個鬼臉）：「是不是毋需下米就可以煑得出飯來？哈……哈……哈」！他狂笑了起來。

農民丙（抿了抿嘴唇，幌了幌腦袋）：「唔！勞什子的把戲越搞越多，我們的肚皮就給越勒越縮好了；還說甚麼新經驗舊經驗？哈哈哈……」！他也狂笑了幾聲。

於是，羣衆立刻起了一陣騷動；嘲笑聲把共幹的面孔刺激得發紅，額頭上脹起了一條一條的青筋。

歇了好一會，共幹才鼓足蠻勁繼續說下去：「請大家不要胡鬧呀！我所說的煑飯新經驗，從它所可以獲致的效果來評價，確是社會主義的農村裡，一項廹切需要而適應現實的偉大發明哪」！

「呵！又是偉大發明」！羣衆中，嘲笑聲再度湧出。

共幹的臉龐紅得更厲害；但他仍繼續嘶着沙啞的嗓子大叫：「這新經驗，就是把稻穀去殼不去糠，摻入豆腐渣和蔬菜混合來蒸煑，煑成的飯量，可以增加百份之五十。請大家不要小覷這經驗，它是很切用的粮食增量法哩」！他說到這裡，睜大眼睛，想看清楚一下羣衆的反應。

羣衆却不耐煩地一哄而散。從他們的背影中，再傳出一陣陣的狂笑。

僑鄉近訊

中共視學生為「反動罪犯」（湖南）

·江水·

湖南漢壽縣縣立第一中學自去月發生了千餘學生大暴動後，校內恐怖的氣氛，迄未消除。本月二日，該校學生向仲明、郁兆凱、華振棠、龐魁等四人，又突告離奇失踪。一般推測：上述四學生的失踪，其命運將比在暴動當日被捕的三十多名學生更為悲慘！至於該一次暴動的爆發，決非出自偶然。據旅港的湖南僑胞最近接到的消息稱：自去年中共提出了「勤工儉學」的口號以來，當地共幹即以此為藉口，加强奴役各校學生，早已引起各校學生的憤恨；迨至今年六月，縣立一中的「黨委」竟又下令强迫該校學生修建一幢有十間課室的樓宇，所需用的紅磚和磚渣，也廹令學生自己製造；到了去月，該校「黨委」又廹令學生爭取思想勞動，學習所謂「三豐收」，進一步的對學生奴役。該校學生忍無可忍，乃起而反抗，當時羣情洶湧，空氣緊張，千餘學生，一再高呼「中共黨委滾出校門」，並有部份學生，衝入校中的「黨支部」，將該「黨支部」搗毀。其後防軍開到彈壓，一場風波，始獲平息；被指是為首的三十多名學生，當堂被抓去。自此之後，恐怖的氣氛籠罩該校，經常有防軍於深更人靜時進入該校作突擊搜查，及經常抽調學生往「縣府」盤詰，千餘學生，早已被視作「反動罪犯」云。

閩共驅策漁民作海上偵察

閩共刻已進行利用沿海漁民，充任他們的海上斥候。

據來自福州的消息稱：目前已有青壯漁民約一千二百名，被徵召在福州集中，施以海上偵察訓練，再過一個月，此等漁民即將被編成十個「海上偵察隊」，每隊配以十六艘至二十艘機動帆船，使他們以捕魚工作為掩護，在該省沿海岸，特別是馬祖以南，泉州以北的海域，進行偵察活動。閩共此擧的目的，據謂係企圖加强海上防務，藉以阻斷海上游擊隊與內陸游擊隊的聯繫云。

低能（下）

·李素·

但我畢竟低能，進步極端遲緩；只是對於如何偷懶和取巧，我倒頗有天才。我的拿手的「招牌飯」，便是菜飯；那是把青菜，猪肉及其他配料和米一起煮，熟了再打幾個鷄蛋下去，胡攪一番。飯裏有菜，其味無窮呢！既省逐項煎炒之煩，又可少洗幾個碗碟，多好！有時候我買些麵條回來，如法泡製，煮它一鍋「爛糊麵」，一家三口吃得津津有味。最低限度我是覺得有味而滿意的，所以每隔一兩天我就要一次這樣的把戲。有時候呢，孩子的爸會作欣賞狀，說：「很鮮！」老四也跟着說，「媽媽，這麵眞好吃！」我聽了就高興得合不攏嘴了。

眞沒辦法，我對烹調始終不感興趣，覺得遠不如縫衣服之有藝術意味。我既認下廚爲苦事，則我的技巧當然是永遠拙劣的了。事情也眞怪，我對這一門技術竟特別善忘！回到了香港，我又十年沒有下廚了，若要我現在去煎個鷄蛋，我依舊是手忙脚亂，顫顫抖抖的。我也常聽女友們講述烹製某菜某菜的方法，但我過耳即忘，正如我看公文程式之過目即忘一樣。

不幸，我偏遇到四個孩子和他們的爸全都講究口味，而所好各不相同，因此吃飯時就常有這一類的談話：

「這工人做的菜實在不行。好好兒一盤牛肉給她炒壞啦，又韌又沒味兒！我在台大的時候，偶然炒它一大碟，不知多好吃！」老大說着，把牛肉渣輕輕放在小碟子裡。

老二呢，吃了一箸蒸魚，眉頭一皺，嘴角微微一扁：「怪味兒！」她說了以後，筷子就再也不伸向那個碟子裡去啦，她怕腥。

老三的論調通常是另一種：「今天這菠菜魚片和炒肝尖的銷路都不好，假如是我去動手的話，保你們一早就搶光啦。」

「有什麼了不起？你煮菜就只會逞用油多。」老祖母斜着眼睛說。

「油少了怎麼煮得成好菜？怪不得工人總燒不好，就是您老人家叫她省油。我做的菜是大家都說好的呀！不是嗎？」老三的眼光向全桌轉了一圈，得意洋洋。姊妹們也都笑着齊聲說，「眞是好，最好你天天都下廚去！」

是的，老三有時下了課回來得早，偶然高興便跑進厨房去炒一兩樣菜，即使是素菜，也都可口，吃得大家眉開眼笑。

天曉得！老三是家裏唯一的男孩，也是家裏唯一的烹調能手！

孩子們的爸若吃到不合口味的東西，就往往會想起在朋友家裏吃過的好菜，於是盛讚某太太的烹調佳作，說起來似津津有餘味。

雖然如此，孩子們也還算知趣，想吃什麼都很少向我嚕囌。他們出了主意就央求祖母去辦理。但要較昂貴的東西就多半會落空，因祖母總有辦法推託，那他們只好悄悄的嚥下饞涎算了。老四特別喜歡糕餅點心之類，好吃而不會弄，却會巴結哥哥：「喂，阿省，晚上煎Pan Cake吃吧。我幫你打完鷄蛋就彈琴，你愛聽什麼我就彈什麼，讓你邊聽邊煎，不好麼？」她連哄騙帶撒嬌，多半能達到目的。因爲老三對妹妹常是千依百順。

當他們對菜餚挑剔得太過，我就忍不住要說：「東西又不是不能吃，味兒差一點打什麼緊？將就些吃飽了就算啦。像你們嫌這嫌那，弄得滿座不歡，連吃的愉快都消失了，有什麼意思？瞧，我才是最會享福的，什麼我都吃，所以又胖又健康。」

「屎你都吃呢？」孩子們的爸大笑起來。

「『民以食爲天，』」老大嘟嚕着。

「媽是『心不在焉』，『食而不知其味』的，只是對肚子盡義務吧了，當然不在乎好不好吃。」老三輕描淡寫地說了，接着扒進一大口飯，大有「知母莫若子呀」的神情。

飯桌上這一類的談話，我聽多了有時會感到煩厭，而且暗怪他們瑣屑，但我在心平氣靜時猛然一反省，却感到無限慚歉。

「女主中饋」，這是自古已然的律例，我身爲人妻、爲人母，爲一家之主婦，却不懂烹飪，眞是豈有此理！因爲我低能而懶怠，竟把丈夫與兒女的口福剝削淨盡！我眞是個低能的女人，失職的罪人啊！

對丈夫呢，我還可以抵賴。因爲他假如視口福重於一切，則他早該娶個精於烹飪的太太。既然他自願犧牲口福，則我良心上便已減輕了一半負荷。只有兒女們才眞是冤枉，他們沒有權力選擇一個好母親，所以我對他們特別抱歉。

假如我能每天精製一兩式佳餚，一兩樣美點，吃得全家齒頰生芬，歡聲雷動，那該是多麼愉快，多麼美好！

更美好的是，還可常常請請客，招待上司及同寅，跟親朋戚好聯絡感情，敦睦友誼。因爲酒樓飯館的菜有許多人吃慣了已不覺稀罕，惟有太太親自主理的家庭小酌最受人欣賞，在不拘形式的環境裏飲食談笑也倍感親切，所以這是打交情的最有效的妙法啊！而我們中國人最重人事人情，只要四面八方的交道打通了，便可得心應手，旋轉乾坤，無往而不利。若只知盡忠職守，埋頭苦幹，無暇也不屑奔走交游，逢迎請託的，除了良心舒服以外，恐怕還要吃虧呢。

低能的我既輸在這一着，也就着着都失敗的了，怪不得什麼運都不亨通，做事常常碰壁。

此生已矣，雖自知罪孽深重，但不特無從懺悔；而且遺禍無窮。因爲三個女兒都秉承我的遺傳，頗有好吃懶煮的趨勢。一個愛物理和數學，一個喜畫幾筆畫，一個愛叮咚地彈琴；一雖聊勝於嗜看色情電影或賭博或打扮，但這世界是不重精神文明的，而且也很少機會可供女人發展，故終覺不切實用。眼看她們是難免重蹈我的覆轍的了。幸而她們都還年輕，但願她們聽了我這番話能有所警惕，毅然奮起，及早自拔。

唯一的安慰是：恰是因爲我低能，才廹出了一個會下廚的兒子。但我還得寄語我未來的媳婦，不管她是誰，不要以爲可以憑他來享口福。知子莫若母，這小子只是爭强好勝，所以學縫，學煮，學詩，學文，學彈，學唱，以至駁電線，掛簾子，抓老鼠，拍蒼蠅，補籐椅，修廁所，幾乎無所不爲。他只是想暗暗對我顯本事：「哼，女人會做的事我也會做！」如此而已。

無論如何，我還是該感到欣慰的。目前既可以偶然吃幾樣可口的菜，將來即使這小子學文沒有學成，或日後爲人師表時遭到困難，教鞭給人震脫了手，也就多一條退路，可以搖身一變，由教師改行而爲厨師。若幸而混得到外國去，開它一間中國菜館，大炒其雜碎，哄哄洋鬼子，倒還可以發一筆洋財呢。

而那時候，我也該可以將功折罪了吧？

散文一輯

·桑白·

（一）小葉

一天，地球脫離了軌跡，各個星球也脫離了軌跡，而沒有運行規律，於是宇宙的一切就互相相撞，互相毀滅：

造物者曾說過：終有一天宇宙要毀滅，那並不是末日的來臨，那才是一個開始，祂要來一個大大的審判，審判所有祂創造出來的事或物……

因此，在這時候所有的事物都驚恐而戰慄着，他（它）們都很驚，因爲這就是登天堂與下地獄的最後一刻，他（它）們都知道自己小不免是有罪的，他（它）們都知道有罪便要罰。

於是他（它）們抖顫得很厲害，而瑟縮一團……

造物者向所有祂創造的說話，祂問他（它）們生前一切所做的事……

於是所有的東西都爭先恐後地向造物者說，關於他（它）們的英雄事蹟、光榮的、善良的一切也都說了出來，但他（它）們沒有說過關於自己的過失。

造物者聽完了他（它）們的說話，並沒有做聲，祂觀望着所有祂創造出來的，於是祂發現了沒有爭先恐後說話的小葉，於是祂召小葉行近祂的台前，說：

「小葉，你告訴我你生平的事蹟吧！」

小葉很禮貌地向造物者點點頭，然後很謙虛地說：

「我的主，我的生平沒有做過一件偉大的事，因爲我是如許的渺小，我的主你必須罰我。」

小葉說完便低着頭，像一隻待罪的羔羊。

於是造物者笑了，說：「你才是最謙虛的，我喜歡你。」

祂再投以忿怒的眼，向這羣自高自大的他（它）們說：

「你們必須再發上等痛悔。」

文壇泥爪

魯迅與周作人

魯迅與周作人，誰都知道他們哥兒倆不和，但誰也不知當初是爲什麼事翻了臉的。魯迅生前絕口不提，魯迅死後，周作人寫過幾篇「關於魯迅」的文章，但都未及此事。最近買到剛在香港出版的一本周作人的「過去的工作」，是他在抗戰勝利後入獄之前寫的一些散文，裏面也沒有追憶此事的文字。許壽裳曾說過，他們兄弟不和，壞在周作人那位日本太太身上，據說她很討厭她這位大伯哥，不願同他在一道住。

據魯迅日記，一九二三年七月十四日，他記着：「是夜始改在自室吃飯，自具一肴，此可記也。」這大概是兄弟二人鬧別扭的開始。這時在八道灣宅住着的，是他和周作人兩對夫婦，太夫人和周建人的太太，建人已去滬商務印書館任職。二十六日記着：「上午往磚塔胡同看屋，下午收拾書籍入箱。」已在準備搬家了。二十九日又記有「終日收書入箱」，八月一日云：「午後收拾行李。」二日記着：「下午携婦遷居磚塔胡同六十一號。」婦指他的原配朱女士，並非許廣平。在這以後記着，老太太來看他，帶來建人太太的信，向他借十元，似乎她的零用，周作人不管一般。

磚塔胡同只是賃居，此後他在十月間另買到阜內西三條胡同一所房子，次年五月遷入，有名的「老虎尾巴」就在這所房子內，他在那兒寫出的「秋夜」，「墻外兩棵樹」正是記實。

搬家後，他回到老宅去取書，兄弟倆又鬧起來了，周作人夫婦甚至打他罵他，還打電話叫了人來助威。魯迅在一九二四年六月十一日記云：「下午往八道灣宅取書及什器，比進西廂，啓孟（案即作人之字）及其妻突出罵詈毆打，又以電話招重久（案乃一日人）及張鳳舉，徐耀辰（案二人皆日本留學生任教北大）來，其妻向之述我罪狀，多穢語，凡捏造未圓處，則啓孟救正之，然終取書器而出」。此後日記中即永不見「二弟」或「啓孟」字樣了。

這次魯迅受的刺激很深，害了一場大病，他死前（一九三六年九月）給他母親的信上說：「男所生的病……是肺病，已經生了二三十年，被八道灣趕出後的一回，和章士釗鬧後的一回，躺倒過的，就都是這病。」

此事許壽裳在「亡友魯迅印象記」中，也有記載，但不如魯迅自己在日記裏記得眞確，故爲摘出。一母同胞，過去非常親愛的，爲什麼突然仇深似海，至今仍然無人能解，除非問周作人自己。

古文與白話文（四）

舜生

我在上面拉拉雜雜的寫了許多，完全是由於看了這部『高中國文』的教科書所引起，實際我所要說的話並未說完，現在再把我的意見申述如下：

一、使一個高中學生在三年中每週耗費七八小時去研習國文，其目的應該不外兩點：（一）使他們憑藉在小學和初中九年或八年所培養的國文基礎，進一步能具有欣賞中國文學的能力；（二）使升學或就業的學生，年應用方面，不過分感到國文能力的薄弱。學習中國的國文自然不是一件容易的事，可是合小學及初中高中共有十一年或十二年的時間，如果教材與教學方法適當，對上舉兩個目的，似乎是不應該不能達到。在我的理想上，高中這三年，確是學生研習國文的一個重要關鍵，繼此以往，無論就業或升學，他們正式學習國文的機會便已不多。以高中現在的國文教材（教材與教學有密切的關係）來看，則上舉兩個目的，乃確有不能達成的危險。

二、關於高中國文教材的規定（專就香港說），其用意之一，似乎是在『避熟就生』，而結果則一方面使得一個年齡到了十八九歲的青年必須讀到的若干作品無法讀到，不僅增加了他們寫作的困難，同時也削弱了他們閱讀的能力。關於這點，我覺得對於過去若干著名選家的用意，似乎應該特別予以尊重。其理由則因為經過那般選家無人不選的若干名篇鉅製，確已成了中國人的一種常識，如果把這些東西大部的避去不選，而要別出心裁另來一套，其結果對於學生欣賞與應用能力的養成，乃確實成了問題。舉例言之，如『漢書藝文志諸子畧』，小戴禮記的『經解』，曹丕的『典論論文』，以及王弼的『明象』，馬端臨的『文獻通考序』，章學誠的『書教』，甚至江藩的『漢學師承記自序』等等，不止對於一個高中學生的已有的基礎啣接不起來，近於躐等；同時對青年心理也格格不入，減少他們學習的興趣。此外如屈原的『哀郢』，王粲的『登樓賦』，李商隱的『無題』詩，周邦彥的詞等等，我更不懂得教者是如何教，學者又如何學？凡此種種，大抵都是由『避熟就生』的一種心理而來。其用意之二似乎是在『多方的顧到』，而結果則適得其反，連少數應該顧到的方面也顧不到了。例如詩經未嘗不可選，但何以獨選『陟岵』『凱風』『蓼莪』側重教孝的三章？從四書中抽出『大學』教學生讀讀未嘗不可，但何以『中庸』也非全讀不可？先生講不明白，學生不了解，便只好乞靈於坊間的一種白話解釋本，但教國文的先生們，知不知道所謂白話解釋本乃完全不是那一回事呢？『桃花扇』的『餘韻』，只是全部『桃花扇』的一個總結，一個不會讀過全部『桃花扇』的中學生，單獨讀這篇『餘韻』，也決不會感到多大的興趣，如果非選不可，便選了最後樵夫所唱『一套哀江南』也就夠了，為什麼非選上這樣一整篇，使它佔去第二學年下期全部教材七分之一（包括注釋）的地位不可呢？

總而言之，目前香港通行的這部高中國文課本，可以說是經、史、子、集、詩、詞、歌、賦、小說、散文、韻文、哲學、史學，文學批評，…無所不有，無所不包，而且大有寓讀經於讀國文之中的一個基本觀念，顧到誠然是面面顧到，但其如學生吃不消先生講不好何呢？

我現在是站在三個中學生家長的地位，希望香港教育當局以及學校的教師，就這一問題，作一番客觀而審慎的考慮。（完）

「世界之王」及其他

徐亮之

我們這個世紀眞熱鬧，一方面，火箭已經射進了月球，並準備向金星發射；另方面，做着稱王稱帝的白日夢者却偏偏大有人在。

最近本港「工商日報」曾刊載一篇有趣的新加坡航訊；這航訊乃報導「一個自封為『世界之王』的美籍某教會湯林遜主教」的故事。這位主教在自封自拜為「世界之王」的過程中，據說已有八十一個國家都被他自說自話地收入了他的「王朝版圖」；而馬來亞和星加坡則是他最近收入的第八十和八十一國。同時，他並預言說：「在明年的這個時候，我還會被選作美國的下屆總統。靠奇蹟出現，我將會輕而易舉地成為美國總統」。一句話，所有世界上的便宜，都在他口頭上佔盡佔絕了。不過，這次在泰國他却也碰了一個小釘子；據說他本於十二月十三日上午六時興沖沖由加爾各答飛往曼谷，準備十一時在曼谷國會大廈前自導自演舉行「泰國之王」的「加冕禮」之後，再於下午九時半轉飛星加坡，以同樣的方式去「加冕」為「新加坡之王」的；不料泰國的移民廳却一點也不含糊，等他一下飛機，便給扣留在機場上，隨即移交馬空機，讓他繼續雲裏霧裏冉冉向星家坡而去。而他不但一點也不臉紅，並居然竟又把這事興沖沖向星家坡的記者說：

「在飛離曼谷機場之後，我在二萬尺的高空上，用眼俯視着東南亞各國，在機上『加冕』成為泰國、柬埔寨、寮國和越南之『王』。儀禮的過程是簡單而莊嚴的；機上的機員和空中小姐是觀禮的人，飛機引擎的響聲則為我奏樂。」

航訊又報導說：這位所謂「世界之王」，並不諱言其王位乃自封自拜。不過同時他却聲明左列兩點：

第一、他雖自封自拜為王，却是根據「上帝的意旨」，也就是「受上帝的感召」使然。

第二、他說：「有人會懷疑我怎能成為『世界之王』，這是無關重要的；我心裏感覺我是王，那麼我就為王的了。」

我寫至此，乃不禁喟然歎曰：偉大哉「世界之王」！夫明知「有人會懷疑」，却仍公然能夠聲明「這是無關重要的」！這換做中國語彙，豈不就是「人言不足畏」的嗎？豈不就是「笑罵由他笑罵，好官我自為之」的嗎？因此，我不能不認為這篇航訊確乎有其重要的參考的價值；最好送給台灣負宣傳總責的陶希聖先生參考。為什麼要送給陶先生參考呢？諸君請看本報上期獨清先生「國民黨重申不修憲主張」一文可也。

四八、一二、一八。

亮齋閒話

題廖正而女史山水卷

·亮之·

山自青青水自柔，
依稀故國騁清遊。
謝家才調管家筆，
貽我江南萬斛愁！

談近代史上的幾個庚子年（一）

樊仲雲

中國近代史上的大變，主要是由於西方勢力的東來。

西方勢力之最早來到東方，為葡萄牙、西班牙及荷蘭。葡萄牙是經由非洲好望角，抵達印度，然後來到東方的。葡人之租借澳門為貿易基地已有四百餘年的歷史了。西班牙較遲於葡萄牙，是科倫布發見新大陸後，經由南美的麥哲倫海峽來到遠東的，首先到達菲律賓。在十六世紀時，西葡兩國曾是東方勢力的主要競爭者。十七世紀起，荷蘭隨着葡人的航路東來，取代了葡人的地位，以爪哇為根據，並曾佔據台灣。但如葡、西、荷三國對於我國的近代史，似俱未有何等重大的影响。使我國近代史發生巨大變化的，是英國勢力之代荷蘭而東來。

英國勢力的東來也在十七世紀，畧遲於荷蘭，首在印度取代葡人的地位。當時因為在馬來亞及爪哇方面受到葡荷兩國的阻撓，故其對華貿易不能有所發展。並且因為英國忙於經營印度，也無暇及此。到十八世紀後牛，因為北美殖民地的獨立運動，尤無力東方。但因美國的獨立，終於使英國想到「失之東隅，收之桑榆」。於是因了荷蘭之承認美國獨立，英荷兩國發生戰爭，這是一七八零年的事，戰爭到一七八四年告終，英國從此取代了荷蘭的地位。

一七八零年正是歲次庚子之年（清乾隆四十五年），英人首先在馬來亞取得勢力，於是從印度來到中國，就有了貿易的基地。一七八六年，英人領有檳榔嶼，一七九五年並從荷人手中，取得馬六甲，一八一九年並佔有新加坡，一八二四年與荷蘭訂約，平分勢力範圍，以馬來亞歸英，東印度屬荷。一八二六年，英人把檳榔嶼、馬六甲、新加坡三地合併為海峽殖民地，我華僑稱曰「三州府」。英國在馬來亞的勢力大為鞏固。

但是因為當時中國的閉關主義，英國要想打開對華貿易，仍為事不易。於是因了印度的雅片貿易問題，到一八四零年而有雅片戰爭。這是清道光二十年的事，亦歲在庚子，從此由南京條約而割讓香港，五口通商，中國從閉關主義一變而為門戶開放，西方勢力遂澎湃東來，不可抵禦了。李鴻章以此為中國歷史的大變局，誠有其理由。

寄售書目（三）

十八、宋槧大字本孟子　商務影印續古逸叢書之一，七冊，實價港幣一百元。

一九、宋本杜工部集　商務影印續古逸叢書之一，六冊，實價港幣弍百四十元。

二〇、六十種曲　據開明書店紙型重印，精裝十二厚冊，實價港幣一百弍十元。

二一、元曲選　中華據明刻本校刊，十六冊，實價港幣五十元。

二二、國朝詞綜　王昶纂。光緒木刻本，十二冊，實價港幣六十元。

二三、詞　律　清萬樹輯。中華據四部備要紙型重印。平裝四冊，實價港幣十二元。

二四、四　史　影印汲古閣本二十四冊，布套四函，實價港幣五十元。

二五、聯緜字典　符定一撰，平裝十冊，另加索引一冊，實價港幣七十元。

二六、昌黎先生集　光緒十五年廣東木刻本，八冊，實價港幣四十元。

二七、蘇東坡全集　據明成化本重印，四十八冊，實價捌十元。

二八、歐陽文忠公全集　民國十四年上海錦章圖書局印，二十四冊，實價港幣叁拾元。

二九、又一部　商務國學基本叢書本，平裝六冊，實價港幣捌元。

三〇、容齋隨筆五集　商務影印宋刊本，十二冊，實價港幣叁拾元。

三一、顧氏文房小說　上海涵芬樓影印，十冊，布套一函，實價港幣叁拾元。

要者請向九龍鑽石山大觀路惠和園三號『卓如編譯社』洽購。

圖書館及研究機構購買，一律八折優待。

本刊以前所登『王靜安先生遺書』，『彊村叢書』，『四印齋所刻詞』，『詞式』四種，刻已賣出，特此附告。

本刊已經香港政府登記

每逢星期五出版

聯合評論

週刊

United Voice Weekly

第七十二號

督印人：黃宇人　總編輯：左仲平

社址九龍金馬倫道卅八號三樓　電話61413

承印嘉羅印刷有限公司香港灣仔馬師道5號

總代理：友聯發行公司　售價每份港幣一毫

本報美洲版總經售處美國紐約中美出版社

CHINESE-AMERICAN PRESS, INC

199 CANAL STREET.,

NEW YORK31 N. Y. U.S.A.

美洲航空版零售每份美金一角

蔣先生能不能出國一行？

左舜生

一、

自從前年十二月二十三蔣總統代表政府及國民黨發表反對修憲的演說以後，與論界為了一個總統連任問題，紛紛擾擾鬧了一年。

現在的情勢很明白：贊成由蔣總統連任三屆總統的依然繼續在贊成，而且想盡種種方法使他們的目的能夠圓滿實現；反對的也依然在反對，而且在連續不斷的說明了他們種種不能苟同的理由。

我們很清楚，在台灣也有無數反對連任的人，但因為環境關係，不便把他們的主張公然說出；同時，海外反對連任的言論，也無法進入台灣。因此，從表面上看，好像是反對的少而贊成的多，而事實却是剛剛相反。

二、

贊成派以為反對派的意見只是消極的，甚至只是從私的觀點出發的；惟有他們才是積極的，而且是大公無我。老實說，天地間有許多事看似積極而實際是消極；看似大公，而實際是小私小利之尤。這一分際，有許多人自來弄不清楚。

主張蔣總統繼續連任的人有一個基本的理由，即是說目前的自由中國，還沒有一個可以代蔣總統而起之人，因此，總統一職仍非由蔣先生幹下去不可；否則不僅不能反攻復國，甚至連台灣也保全不了；像這樣一種理由，實在不值一駁。曾國藩說：「辦大事者以能找替手為第一義」；蘇老泉也說：「賢者不憂其身之死，而憂其國之衰」；蔣先生在中國秉政，已歷三十年以上，而且像「北伐」與「抗日」這類的大事，確實是由他一手所經辦；難道他便從來沒有着手培養一個可以代他而起的替手？美國的教育家杜威曾告訴我們：「要學游泳，只有跳下水去才可以學得好」。平心而論，在過去這三十幾年，以資質來說，中國並不缺少人才，可是因為在蔣先生的長期領導之下，便是任何一種人才，也從來沒有『跳下水去』練習練習的機會！如果到了今天，蔣先生仍然不願從傍扶助，給予他人一個跳水的機會，即令蔣先生繼續担任總統到一百歲，却仍非交出不可，如[illegible]個時候，依然[illegible]不出一個代他而起之人，國家的這個大任，究竟又交給誰好呢？

大家都很了解，一個國家或民族產生一個政治領袖是不太容易的；從這一領袖自身方面說，必須經過無數的困苦艱難；從這一國家的人民說，也須付出絕大的代價。因此，不獨領袖應該善用人民，人民也該善用領袖；所謂領袖者無他，國家之工具也。

大家試想想：綜合蔣先生這三十多年的歷史來看，建軍北伐為一事，西安事變為一事，八年抗戰為一事，退出大陸又為一事，在這些事變的經過中，他自己自然遭受過莫大的困苦與侮辱，但人民因此而犧牲其生命者，少說一點，更何止五千萬人！付出了這樣高價所維護的一個領袖，說大家不願愛惜而想加以摧毀，這眞是違反常識之談，不值一辯。可是所謂愛惜領袖之道怎樣呢？老實說，決不是空言一陣擁護所能了事，最要緊，乃是要使得領袖的一切行動，更能有益於國家，而他個人也更能成就其偉大。我經過長時間的考慮，蔣先生今天所處的地位，乃確有達成這兩大目的（即有益國家，也有益他自己）的可能，而與總統的連任無關係。

三、

更具體言之，我認為蔣先生今天應該把總統這個責任交給一個黨內資深望重，而又為各方面所能贊成之人，自身則担負一行政院長的名義，可是並不就職，暫交由一個穩健而負有聲望的人代理，而立即組織一個規模宏大而內容堅實的出國考察訪問團。這一個為蔣先生所導領的團，應包括如下的組成分子：（一）五六位對科學確有深造的學者；（二）五六位在若干年來辦理工業農業或其他建設確有成績而具備豐富經驗的專家；（三）五六位精通英法德日各國語言文字而學有專長的高等翻譯；（四）蔣夫人當然可以同行；合計人數以不超過兩打為限，訪問與考察時間，完全視需要而定，太短固然不好，最長似亦不必超過一年。

四、

其理由：一、年來各國的高級人士，如國王，副總統，國務卿，總理，大臣，到過台灣的已經不少，絕不加以答訪，就『禮尚往來』一點看，實在講不過去。而目前具有這種答訪資格的又却以蔣先生最為適當。

二、居留各國的反共人士，到處都有，而且在若干地點，他們也有了一定的組織，假定蔣先生以他三十年的反共經驗，對這類人士以及其他的反共團體能有一番親切的接觸，並加以痛切陳辭，我相信對於當前全世界的反共運動，必有禪益。

三、戰後這十五年以來，世界各方面都在突飛猛晉，尤其像美國這類工業標準的國家，日本這類戰後復與的國家，南韓南越這類與共產正面對立的國家，中東那些環境複雜的國家，尤其值得詳加考察，以為反共及將來重建大陸的參考。

四、蔣先生因為平日絕少走動，在世界若干人士的想像中，總覺得他多少帶有幾分的神秘性，利用一次多方訪問的機會，使大家了然於蔣先生只是一個平易近人而具有實心實力為國家服務且絕對可與他人合作的人物，我相信他們平日對蔣先生的種種誤解，必可一掃而空。

可是有人說，過去中國是四強之一，目前則逼處台灣一隅，蔣先生於此時出去，似乎不合時宜。我們應該懂得，論事須着重於大者遠者，艾森豪這次遍訪十一個國家，即在美國國內，也有人不以為然，尼克遜前次訪問南美，也曾引起當地若干反對；但為了解決大的問題，這些細微小節，根本不值得考慮。

還有人說，台灣對內對外不是完全沒有問題，平日有蔣先生坐鎮，乃得平安無事，蔣先生一旦走動，難保不發生意外。我覺得這一點也是過慮，只要蔣先生在出國前對人事有一適當安排，我不相信任何人敢在他出國期間製造任何事件。何況今天從世界任何一地飛回台灣，幾乎無異於由台南回到台北，這還值得加以顧慮嗎？

更有人說，蔣先生今年已進入七十有四，再要他這樣辛苦一趟，似乎於老年人不宜。據我所聞，蔣先生一切健康情況良好，不要說今天世界上幾位七十八十以上政治人物，隨時都在走動並未感到絲毫困難，即一八九六年李鴻章的環遊世界，也正值七十四歲的高齡，當時李的身體，遠不如今天的蔣先生，這六十多年以來旅行條件的進步，更何只百倍？而蔣先生今天對國家關係的重要，當然更不能與李相提並論。其無庸顧慮，自然更不用說。

這件事我考慮了一年，決非偶然的衝動，我覺得如果蔣先生能在高峯會議舉行前一月成行，他對於國家的貢獻之大，可能超出我們的想像以上。

答覆香港時報

張君勱

讀香港時報十一月廿五日社論，題為「愼防中共挑撥煽惑陰謀」，其中涉及我個人者曰：

> 若干淺見之士，竟為中共惡毒宣傳所中，例如旅美的某在野黨魁，日來驚相告語，「民國將亡」，可嗤亦復可憫。（下文畧）

兩個中國政策，是中共惡毒宣傳嗎？還是美國政策呢？此點首應辨別清楚。中共是一向主張臺灣為中國領土，假令沒有第七艦隊，中共與臺灣戰爭早已起了。硬拿「兩個中國」政策，作為中共惡毒宣傳，眞可以說是香港時報記者不肯面對事實，是在掩耳盜鈴。鈴是偷不到手，徒然自己騙自己。試問自司徒雷登氏於大陸撤退後，淹留南京，韓戰中第七艦隊阻止臺灣與中共之衝突，對日條約金山簽字，不准臺灣參加，以及中美協防條約與蔣杜宣言，何一事非造「兩個中國」之步驟，臺灣既無自由反攻之權，自然在形勢上形成「兩個中國」。香港時報無論如何要將一切罪惡歸之於中共，不免太看得起中共，抹煞了十年來外交史上的事實。

致愛國人士公函所舉，皆美國方面言論事實，一切有証據可查。香港時報能說出，我之所舉，不是美國眞有其事，然後可以說我受中共宣傳之毒。如駁不倒我所舉是事實，偏將「兩個中國」歸之於中共宣傳。難道中共宣傳四字，便可以解消國際間「兩個中國」的問題嗎？

我公函中所舉，僅限於艾氏與國務院之言，其時康隆報告已出來，但我沒有舉，因為這是參議院的文件，不是美國執行者的政策。我之所舉為美國最高負外交全責者的言動。香港時報記者視為不可靠，舉臺灣說客柯爾堡氏之函，說最為「深切著明」。試問捧一個不相干之柯氏視為至寶，反以為我所舉艾氏之言為不足憑信，試問估計國際政治言論之價值，可以如此辦嗎？

香港時報又舉國務院公共事務局之言以自己安慰。猶之艾氏口中說出「臺灣共和國」後，國務院繼加說明謂艾氏意指中華民國，其首都在臺灣。試問國務院如此解釋後，台灣共和國計劃便已經打消了嗎？

「兩個中國」計劃的存在，是鐵一般的事實，希望愛護「自由中國」的人，不要再諱疾忌醫，要認之為美國政策如此，遇事提出抗議，不要以美國務院之溫言慰藉，便以為滿意，更不要以為柯爾堡有多少用處。我平日好以「自力更生」，「發動民意」等話，勸告當局，其奈當局每以我為搗亂，以我為反對政府，不肯相信我的主張。茲再具體言之：（一）「台灣共和國」名詞出現後，何以外交部不提强硬抗議？（二）何以政府不宣佈將中美協防條約蔣杜宣言與今後一切外交約束，提交立法院承認？（三）對台人治台之議，何以不向台人努力解釋，做非律濱之續，有何意義？（四）其他自力更生之方針，不必在此一一臚舉？

吾之用意，美國是輿論政治，除政府當局外，尚有上下兩院，民間團體。各有主張，倘專以美援之故，一味順從，是值不得的，而且為美國所看不起。倘當局根據憲法，發揮民意，不怕沒有活動餘地。

我之所言，一切具有根據，絕不加以歪曲，絕不感情用事。香港時報名之曰「危言聳聽」，假令「民國將亡」之曰，乃由我個人逞其臆說，可以說是危言。現在我報告美國總統與赫氏商量對付中國辦法，此純乎事實，何得謂危言？到了他國宣佈政策之日，那時候即有千萬篇香港時報社論，有何用處？我自問我之所言是據實報告，聽與不聽，是在人民是在政府。我既不想搶政權，拿出愛國熱誠，報告國事岌岌不可終日，想來沒有對不起國人。孔叢子說：「燕雀處堂，子母相哺，煦煦然其相樂，自以為安，竈突炎上，棟宇將焚，燕雀顏不變，不知禍之及己也」。全國人士之聰明，苟所見不出燕雀。我其奈之何哉。

願蔣總統的話有效

・李金曄・

十二月廿三日，蔣總統在光復大陸設計委員會，第六次全會致詞，強調指出：「反共建國思想的主流，亦就是以三民主義的建設為教育思想的中心，除了賣國殃民萬惡的『共產主義』思想之外，其他思想皆當並存不悖，所謂『小德川流，大德敦化』，就是殊途同歸，共同一致來為建設三民主義的中華民國而努力。』這是他致詞全文中最重要的一節。此外，他重申去年此時在該會所說的「我不贊同修改憲法的主張」，並且再加以闡述謂：「我們維護憲法的有力行動，實莫過於光復大陸，我們光復大陸的武器，亦莫過於尊重憲法，」廿五日，蔣總統再以國大代表身份，在國大代表全國聯誼會上說：「至於此時而言修憲，立意固極高遠，然而大敵當前，見仁見智復啓紛議，分心分力轉增時艱。」雖然他在廿三日結束全篇致詞時又謂：「當然，憲法之應否修改，乃國民大會全體代表的職權，非中正個人所能干預，但中正此一願望懇切地盼能為大家所諒解和採納。」於此可見蔣總統是既不排斥共產黨主義以外的其他思想，也無意於要堅持修改憲法。他主張三民主義思想與其他思想並存不悖，也更主張尊重憲法。

蔣總統在此時此際，而有此主張，無異可以澄清海內外對修憲連任這一問題的疑慮，同時也予人一個新的印象，即共產主義以外，其他思想，祇要是符合「倫理、民主、科學」底，皆是有益於反共建國的思想。據此以論，既能夠並存不悖，自可廣為傳播，換句話說，今後在言論，出版，講學，著作方面的基本自由和基本權利，當會受到應有的重視。

其實，蔣總統的話，並無特別的新義，祇不過在修憲連任（包括修改或增訂臨時條欵，以達到蔣總統連任目的在內）之說甚囂塵上之際，以及在准許入台的「自由人」停刊；「祖國周刊」被禁止入台，以及其他海內外民間與論遭受圍剿之後，有此聲明，聽來似是分外悅耳而已！我說這樣的話，並無絲毫不敬之意，也非出於存心譏嘲。相反的，我倒是認為如果「自由人」不是因為受政治壓力停刊，「祖國周刊」不被有關機關吊銷入台內銷証，以及海內外民間與論不被圍剿，致有不平之鳴，蔣總統是不會說那樣一番話的。因為他的話，在中華民國憲法上，皆有明文規定的。

現在蔣總統重申其尊重憲法之心意，抑且自謂出言忠懇，可見行憲以來，憲法之未被徹底尊重，凡百措施之末能盡符民主憲政應有之精神，是為不可否認之事實，至造成今日積重難返的惡劣形勢，言來殊堪痛心！

但是現階段談尊重憲法，其實是一個究竟應該如何實踐尊重憲法諾言的問題。以目前的情況來論，是總統的言論與政府的措施，不相脗合；是國民黨總裁的旨意，未能為黨員所澈底遵行，此種情況反應在實際政治上，就予人以「口是心非」之印象！事實也是總統愈強調尊憲，而政府卻愈多違憲之舉措；國民黨總裁，愈強調主張民主政治，言論自由，「其他思想」可與三民主義並存不悖，而一些掌握實權黨員卻反而多作偏激攻訐之言論，專以破壞憲法保障基本人權為目的！

綜合近年來海內外的民間輿論，不僅是反對修憲，而一致的要求是在於徹底行憲。政府方面若認為民間輿論乃是「別有用心者」，則退一萬步言，最起碼也應該審慎地考慮到尊重立監兩院的意見，僅以監察院一年一度的年終檢討報告為例言，政府若眞能尊重之，接受之，實行之，雖不能算是徹底尊憲行憲，但起碼表示國民黨與政府尚有尊憲行憲之誠意。否則何能予人以信！

另一方面，蔣總統以「耿耿此心」，表示不宜修憲，甚至不計「生死毀譽」，其無意於連任第三屆總統，實已十分明顯，但國民黨中央，仍不惜透過黨組織與政府之各種關係，製造「民意」，通電擁護，截至十二月廿五日，據中央社消息，此類通電已收到一千零二件，代表二千一百零三個單位。實最令人百思不得其解。凡此種現象，亦無法令人相信，賢明如蔣總統，竟能毫無所聞，若任令繼續放任發展，也就不能不令海內外人產生不必要之懷疑了。

「尊重憲法」，不是說一句話就可以實現的，徒法不能以自行。現在已是國民黨與其總裁面臨時代考驗的最後關頭了，但願蔣總統的話，眞能發生應有的效力。

生活在永珍的華僑

總領事竟是蔣經國派特務

艾儒

寮國的戰火自經聯合國出而調查後，目前雖已趨於平靜，但危機仍然潛在，是不可忽視的。

本文無意於談寮國的內戰，而主要是將寮國永珍的華僑情況，就筆者所知，加以報導，并兼論台北派駐永珍總領事人選之失當。

寮籍華人執商業牛耳

永珍為寮國政治經濟及文化中心，雖不乏現代建築物，但大部份市區仍滯有濃厚的鄉村情調，實際上，它是個三十分鐘就可步行一圈的城市。商店多為華僑所經營，整個城市的汽車，總共不會超過一百五十輛。

在寮國生活的華僑計五萬人，惟永珍即佔有一萬五千人之多，至於已取得寮籍的華僑，約為百分之十五強，這些寮籍華人多數是永珍商業界的巨子，與寮國的經濟命脈，息息相關。

樹立了反共的文教事業

在華僑社會裏，近來文化事業也萌芽了，四開一張的「寮華日報」在質量方面雖未能盡如人意，但在那樣的客觀環境下能有一份中文報紙出現，確是難能可貴的。

兩年前，在永珍市區的街道上可以聽到各商店住戶，多數是收聽北平電台的廣播，最近的情形已有改變，人們多改聽自由世界的廣播節目。

許多商家，從前也曾一度大量的採購大陸貨品應市，可是現在永珍市內，這些來自大陸的商品，也日見減少了。

過去，永珍的寮都公學，也經常教授簡體字，有時甚至集體唱出了「義勇軍進行曲」，現在此種情形不但已根絕，而且這所永珍唯一的僑校，經過澈底的改組後，全部人事更動，該校現在已張掛着青天白日滿地紅的鮮艷國旗。

僑社工作已獲積極展開

自從寮國政府下令取締幾十年來僑社中的幫會組織後，華僑的切身日常事務，會一度陷于眞空狀態，直到今年，許多僑領們因感到非有一個團體，無法辦理僑務，乃集會商討並籌備組織「永珍華僑中華理事會」，作為領導和協助僑衆的中心機構，據聞已在申請立案中。

除了中華理事會，寮都公學外，永珍華僑的第三個團體，是永華體育會，在此人口只有一萬五千左右的永珍，有三個僑團存在自是夠理想的了。不過永珍僑社間的關係，也是很複雜的，據說這次中華理事會籌備選舉主席時，掀起了一場不大不小的風波。現在所選出來的永珍中華理事會主席，是潮籍人士陳寄南先生，一場風波雖終告平息，但以僑社的工作經驗來說，許多有名望的僑領咸認為：僑社的事，領事館應從旁指導和協助，其奈台北委出之總領事令人失望何！

蔣經國派特務蔡某任總領事

據說，國府新任寮國的總領事是蔡孟堅，他與外交界從無淵源，這一個突如其來的任命，不僅在外交圈內是件怪事，也頗令人難以索解。

按蔡某是江西萍鄉人，黃埔學生，一向幹特務工作，曾任武昌警察局長，由於擅長逢迎，官運亨通，抗戰時期，一度出任蘭州市長，後來再任江西的建設廳長。

大陸淪陷前夕，他還着某種不可告人的特殊關係，走上了太子路線，及至退處台灣後，他居然以總統代表身份赴日本從事特務方面的聯繫工作。從此成為蔣經國親信幹部，而原來蔣經國派在日本任國民黨支部的書記長的李德廉，對他亦自認望塵莫及呢！

如今，蔡孟堅居然發表了為駐寮大使，他既無眞實的學驗，更無領導的品德，與外交工作素乏關係，與華僑更無淵源，以一個幹特務的小人物去指導僑務能不令人嘆息，於此，亦可見台灣的用人行政，至今仍未洗脫那些不可告人的關係，因此，其人之能否勝任，乃至其人的品德學問如何皆可不加聞問，這是筆者要替永珍僑胞婉惜而憂慮的一件事。

從中共的動態看一九六零年

田心

過去一年，世界局勢不容否認出現了一種緩和的跡象；這種跡象之主動製造者，當爲蘇聯的首腦部，一九六〇年局勢之是否賡續上年的趨勢而繼續緩和，還是決定於蘇聯的首腦部。

人所共知，自一九五八年五月中共猛烈抨擊南共修正主義以來，中共無時不在破壞這種局勢的緩和，迄今尚無改變其兇惡態度的跡象。在刋於一九五九年第十一期「新建設」雜誌的著名經濟學家馬寅初的一篇文章中，直接指出，毛澤東基本上的着眼，是企圖利用戰爭來解決中國的人口問題；較早以前，南斯拉夫當局亦曾透露，中共某當權者曾說：中國人多，戰死三億，還有三億，從這兩種不同來源的資料來觀察，已確有掀起大戰來破壞世界局勢的緩和之意，假如蘇聯予以點頭，世界大戰老早爆發。因爲蘇聯與中共在戰爭與和平方面採取這種不同的見解，才迫使中共只能在不挑起大戰的限度以內，到處製造緊張局勢。中共自在中印邊境製造糾紛以來，它已經陷於國際上的極端孤立。雖然如此，中共還是在堅持這種緊張局勢政策。

蘇聯的緩和局勢政策，除了中共不盡贊同外，在蘇聯與共產國際內部也有一大批反對赫魯曉夫者，他們認爲赫氏的政策，實與馬列主義教條相背，而且，若繼續使局勢緩和，進行文化交流與貿易來往，則其結果，自由思潮將迅即衝入鐵幕，會促使共產黨人本身的變質，瓦解共產國際的團結。因此，赫氏若要堅持其緩和政策，也必須要以極大力量來對付來自中共，來自蘇聯，與共產國際內部的反對力量。

一九六〇年，將是赫毛在這方面鬥爭的決定年，誰要能夠支持到最後，誰就勝利。從現在他們所遭遇的情況來說，毛的內外困難較赫爲多，但毛正在用其最後一把勁，企圖作最後的一逞。但絕非易於戰勝赫魯曉夫的。假使這種觀察無誤，則世界局勢趨向於緩和的可能性較大。

至於西方集團的內部不和，其嚴重性並不像蘇聯中共；至少說，西方首腦會議已經決議要在今年四月開始與蘇聯舉行東西首腦會議；自赫魯曉夫訪美歸來以後，雖不斷的要求舉行首腦會議，但中共對此始終保持緘默，一點意見都未表示過。最近赫氏對於西方建議舉行首腦會議的信答覆得如此緩慢，這是與他的一貫熱烈態度不相吻合的，足見其中還有使其需要遲疑之處。這是東西雙方內部歧見不同之點，而西方內部即使有歧見，但並不足以影響局勢的緩和。

由上可見，不管從東方或西方來觀察，一九六〇年世界局勢的趨向緩和似乎已可肯定。

毛澤東回到斯大林路線

（高察）

最近，在「人民日報」上，有兩篇文章，頗爲值得人們注意。其一是艾思奇的「紀念斯大林誕生八十週年」，載十二月二十一日該報；其二是安子文的「進一步加强人民公社黨組織的領導作用」，載十二月十七日該報。

爲了行文方便，以下前者簡稱「艾文」，後者簡稱「安文」。

這兩篇文章，若單就其題目上來看，是很難覺得它們之間有什麼聯系，而至於值得拿來相提並論的。可是事實上，兩篇文章之間却有一種看不見的聯系在內。這種曖昧的聯系，也正是目前中共「反右傾」的主要動向。簡言之，就是中共對待黨內的反對派——被中共稱之爲「右傾機會主義份子」的——將用極嚴厲的手段去對付。這種手段的嚴厲，將是斯大林對待反對份子的手法的重覆。

首先，來看看艾思奇對斯大林的看法。艾思奇現在在馬列主義研究學院工作，他是中共內部所公認的「傑出理論家」。雖然他的舊著「大衆哲學」一書曾一度遭到批判，言其在書中對待歷史人物的態度不是「歷史唯物主義」的。又雖然在「三反」、「五反」時，有他參加編務的「學習雜誌」，曾在對資產階級的某些問題上受過批判，但是艾思奇「理論家」的地位，却一直未變。

艾思奇爲文歌頌斯大林

而且，中共近來有一個傾向，就是一些很重要的，全面性的理論文章，發表在「人民日報」或「紅旗」上的，大都是些新名字。而這些新名字，却大都是馬列主義學院或「人民大學」馬列主義教研室中的人馬。此足以証明中共對這些人的重視。所以艾思奇的文章，也足以代表中共的態度。

「艾文」的最大特點，就是對斯大林作了出人意表的歌頌。這種歌頌給人的印象是，好像過去完全未曾有過批判斯大林這回事一樣。該文開頭就說：「今天是蘇聯共產黨和蘇聯國家的傑出人物，國際共產主義運動的堅强的革命家，偉大的馬克斯列寧主義者——約瑟夫．維薩里奧諾維奇．斯大林誕生八十週年。」

緊接着，艾文又對斯大林生平事蹟作了歌頌。並且進而强調指出蘇共二十次代表大會上所揭發的罪惡，「和他的偉大的功勳相比較，只是第二位的。」

毛澤東不願生前被鞭撻

早在共產國際繼蘇共二十次代表大會對斯大林的批判而批判斯大林的時候，人們就可以看出中共對斯大林的譴責是有保留的，和蘇共的批判顯有輕重之分。中共的主要文獻是兩個：即由中共中央討論後寫成的「論無產階級專政的歷史經驗」和「再論無產階級專政的歷史經驗」。中共雖然不得不跟着赫魯曉夫的調子來批判斯大林式的「個人崇拜」。然而，言詞閃鑠，也表示了其對斯大林統治手法的留戀態度。

自從「遵義會議」以後，毛澤東便奠定了他在中共黨內的神一般的地位。這種地位，與斯大林在世時在蘇共內部的統治地位是極端相似的。那就是有如此的一個特色：在黨內，最高的原則就是「毛澤東同志」的意見。誰違背了這個意見的，就等於是違反了黨的原則。毛澤東二十多年來一直是在這種「個人崇拜」情況下當他的中共領袖。

忽然，斯大林逝世後，蘇共二十次代表大會揭發了斯大林的獨裁統治是一個錯誤，對中共內部來說，其影響是非常之大的。中共雖然在毛澤東一人領導之下，但內部的派系爭軋，在所難免。尤其是當批判斯大林的罪惡活動引起了匈牙利革命，以至大陸人民也情緒激昂，使毛澤東不得不出諸「鳴放」一途的時候，中共黨內派系傾軋也更明顯了。

對於這種派系鬥爭，其實是不必舉出誰與誰對立來的。只要看「鳴放」初期和「反右派」時期毛澤東的言論之矛盾百出，就可以知道毛澤東的神聖地位已開始受到壓力，至少表明了如此一種情形；就是敢於有人反對他的意見了。這種情形，是一定程度上受着蘇共批判斯大林的影響的。

斯大林統治方式死灰復燃

然而，毛澤東並沒有死，他還可以憑着權勢再樹立斯大林式的統治的。於是，由他個人提出的「大躍進」和「人民公社運動」就在整個大陸瘋狂地展開，一年後遭受了失敗，毛澤東退出「國家主席」的位置，換之以劉少奇，但他仍高踞着黨的領導人地位。

在目前這種情況之下，他就更須要斯大林式的統治方法了。這就是當斯大林八十歲生日時，連蘇聯也沒有什麼特殊表示，而中共却由艾思奇出面來大寫紀念文章的原因。

當然，與此同時，原先已不止一次被批判過的斯大林的理論，現在又重新被提出了。例如被用來作爲屠殺反對份子的理論根據的荒謬理論——「社會主義建設越發展，階級鬥爭就越尖銳」，就在艾文中再次出現。用意何在呢？這就聯系到了安子文的文章了。

安子文力主肅清右傾份子

安子文乃是中共中央組織部部長，他那篇文章的題目雖關於人民公社。實則，乃是一年來整黨的總結。安子文提出了對黨內右傾份子，必須澈底肅清，嚴厲處理的意見。無疑地，這個意見足以代表中共中央。

而，所謂「右傾機會主義份子」，就是反對「大躍進』，反對辦「人民公社」的黨內人員。其中更多的是一部中下級幹部，但也有高級幹部。中共加他們以「右傾」的帽子，實際上，就是因爲他們反對了毛澤東的意志而已。因爲，「大躍進」和「公社」乃是毛澤東一手所造成的。

毛澤東爲了反對異己份子，就須要嚴厲的鬥爭，是以對斯大林對待異己份子的手法就極爲欣賞，這也就難怪艾思奇奉命作文再度肯定斯大林的功績了。

上海市缺乏勞力 學校師生下放勞動

一九五九年大陸工農業生產是否能夠「繼續躍進」，不僅是中共經濟工作上一個重要的關鍵。而更重要的是決定政治鬥爭的勝敗焦點。反對中共以極爲殘酷榨取方式，進行「社會主義建設」的黨內「右傾機會主義者」對中共的「瘋狂運動」早已提出警告。如果「不幸言中」，則「毛澤東的旗幟」，將從此失去光輝。當然毛派不會甘心失敗的。

因此，在人力緊張的情形下，學校師生遂成爲勞動力挖掘對象。

據上海「解放日報」十一月廿五日消息：上海「大中學校師生在支援『三秋』完畢返校後，又派出一批四萬餘人組織的勞動大軍，支援本市工業建設，這支勞動大軍已於月初起相繼開赴工廠、基建工地，和廣大工人一起大戰」。

又據該報說：「月初前往支援工業建設的同濟大學，上海第一醫學院和各中學高中部部分師生三萬多人，有些陸續返校；上海體育學院、上海鐵道學院、上海師範學院等高等院校和部分中等學校師生則要在元旦前參加公路和鐵道小車站的修建等基勞動。

（資料室）

（台北通訊）

過時代表又將粉墨登場

達時

自政府修改國民大會組織法並由總統特派谷正綱爲國民大會代理秘書長後，當局決定再召集久失時效的第一屆國大代表來決定第三屆總統的問題，已成箭在弦上之勢，聞正式召集令不久即將發出。雖說，依憲法的規定，第一屆國大代表的任期，早應於第一屆總統任滿之前九十日終止，換言之，即應於民國四十三年三月二十八日終止；可是，在咱們這一個國度裡，法律原是跟着人走的，就是憲法也不可能例外。六年以前，因爲適應蔣總統的需要，憲法已經跟着他走了一次；如今既再有此需要，又有何不可走第二次呢？就現勢看去，第一屆國大代表和立監委員的任期，將無限的延長下去；可遺憾的，是他們個人的壽命仍不免有限延呵！

憲法學會也參加勸進

據說是由許多憲法學者所組織的憲法學會，在國民黨法學家張知本老先生領導之下於最近在台北舉行會議，一致主張增訂臨時條欵以便蔣總統再連任。在該會開會時，名政論家陶希聖會發表演說，認爲修改臨時條欵並不能被視爲修改憲法，主張憲法學者應予以研究，上述決議當係各位學者的研究心得吧？一年以來，勸進派以種種方式進行蔣總統再連任的活動，雖舉出甚多的理由，但苦於尋不出法的根據；如今國民大會召開有期；而以憲法專家資態出現的憲法學會，竟步那位自封爲名政家的後塵而作此一應時之決議，將來蔣總統連任三屆時，論功行賞，自然會有他們一份的。

勸進運動的新方向

過去一年，勸進派的着眼點乃在海外。由於華僑社會中可能運用的團體及個人，都已用到了，甚至什麼宗親會同鄉會一類莫須有的社團名義也使盡了，而三屆總統的選舉期仍尚有數月，自不容將場面冷落下來，於是他們乃轉而向內發展。數月以來，除了省市縣參議會已有籲請蔣總統「繼續領導」的決議而外，最近竟向學生打主意了。據連日中央的消息，國立政治大學全體學生代表於十二月十八日舉行聯席會議，通過上總統致敬電，中有「中華民國政府在您的英明領導之下，始終屹立在自由民主的世界上，爲反共產奴役，反極權而奮鬥，我們全國軍民同胞都一致擁戴您，望您繼續領導中華民國政府完成反共復國的大業。」等語；同時，又致電國民大會全體代表，請「應時勢所需作週詳之決定，以利國家而符民望。」

此外，國立台灣大學全體僑生亦於十二月十九日下午三時在該校總區臨時第十教室舉行籲請總統連任大會，一致通過上電總統懇請繼續連任，原電如下：

「總統鈞鑒：赤流泛濫，神州陸沉，全民待救，幸我公奮天縱之神武，砥柱中流，臺海奠復興之基，國脈啓興隆之運，縱觀歷史，盱衡世局，無智愚皆知我公之繼續領導，實爲反攻復國之最大保証。值茲總統任第二任期將屆之時，特電達効忠之忱，伏祈以國家爲重，俯允再任艱巨，俾副國人喁喁之望，實爲幸甚。謹電致敬，伏維垂鑒。」

除電呈總統外，台大僑生也致電國大代表，電文如下：

「國民大會谷祕書長祈轉全體代表鈞鑒：共匪肆虐，乾坤傾頹，幸我總統蔣公，順全國人民殷切之期望，復行視事於台灣，十年來生聚教訓之偉績豐功，匪特我海內外自由人民得享堯天舜日之樂，即大陸同胞亦莫不抱倒懸可解之望。乃剝復之機始見，而蔣公第二任總統任期已屆；生等忝爲國民，懍匹夫有責之訓，一致認爲蔣公連任總統，非特爲反攻復國之有力保証，抑且爲國運昌隆之樞機，特電陳情，尚祈俯順民意，於來年大會中一致推舉蔣公連任艱巨，無任幸甚。」

爲什麼官方報紙對於政大學生的勸進電文祇摘要刊出而對於台大僑生的勸進電文則全部照登呢？大概是認爲後者措詞優美，頗具古風，可以載之史冊，傳之久遠吧？抑或是該報的關係人代爲捉刀，借此作自我的宣揚呢？這就非局外人所得而知了。有人說，政大學生用白話文，華僑學生反而用文言文，未免太不相稱。據悉此乃勸進派諸公所擺的烏龍，他們竟將預爲該兩校學生所擬的勸進電文交互錯用了。

政大和台大的學生既已發端，其他大專的學生自將緊步後塵，說不定中小學生也要被發動來參加勸進呢？胡適之當年會說，赤色大陸沒有緘默的自由；而我們號稱反共的台灣又何嘗不是如此呵！

台北市議會捐欵勞軍的奇聞

台北市議會在去年九月二十四日舉行第四屆第二次臨時大會時，正值金馬告急，會通過議案捐欵十萬元勞軍，並設立支援金馬前綫獻金勸募大隊，由議長張祥傳爲大隊長，並通電全省各市縣議會一致進行。另外還組織一個專案小組，負推動勸募工作的專責。議員們都熱烈發言，有的還主張以身作則，率先捐獻，王議員習孔首先表示捐一萬元。但議案通過後，至今年餘，毫無消息。據說，因提案人王議員習孔自己不捐錢，其他議員也不捐，各市縣議會見台北市議會通過議案發動捐獻而自己不捐，也就沒有响應。以後前綫平靜無事，市議會雖然也舉行過多次大會和臨時大會，本案却沒有人再提，似乎大家都忘記了。

最近，因爲金門軍人之友分社致函市議會詢問，議員們乃於十二月十八日召開座談會，大家吵了一場，王議員習孔成了衆矢之的，但仍是無結果而散。

說了話不履行，就是今日台灣官場的一般現象，固不僅台北市議會諸議員爲然也。王議員習孔首倡捐獻勞軍並自願率先捐獻萬元，而事隔年餘並未交付分文，飽受責難，自屬應得；但以之與口談民主憲政而實行特務統治和口談不修憲法而却有意連任者相比，不是使人有「竊鈎者誅，竊國者侯」的感慨嗎？

元旦的新羣英會

自若干年前，中共在大陸上推行所謂勞動模範運動以後，蔣經國即在台灣發起克難運動，每年都要由各部隊中選出克難英雄若干名來台北熱鬧一番，今年雖值水災節約期間，此項盛典仍將照舊舉行。據軍聞社的消息，四十八年度國軍克難英雄已經彭參謀長孟緝核定爲一百七十九名，計陸軍七十五人，海軍三十七人，空軍五十三人，聯勤三人，警總七人，憲兵三人，國防部及直屬單位一人。其中有的是戰鬥立功英雄，有的是所謂實踐克難英雄。據說，全體英雄將於四十八年除夕以前分別自各防地前來台北集中，出席四十九年元旦在台北國軍英雄舘舉行的國軍克難英雄大會，接受公開表揚及各界的贈禮。數月以前所考取的那一批「政士」，亦奉命前來參加云。想見元旦佳節，各路英雄羣集台北，必有一番盛況，不但增加台北新年的光輝，亦可預祝總統連任順利。祇惜經國手訂的克難英雄類別中，尚缺少勸進英雄一項，致使許多勸進英雄失去此一接受公開表揚和各界贈禮之機會，未免美中不足也。

孔亮　台北通訊

勸進電文有多少？

據中央社的消息，國民大會秘書處收到海外各地公私團體致國民大會表示擁戴蔣總統連任的電文，截至十二月十三日止已達九百八十五件，代表二千零七十八個單位云。一年以來，勸進派宣稱蔣總統再連任乃全體人民的共同願望；但事實是在他們大力推動之下，勸進的電文仍不滿千，亦可見民意之所在了。

×　×

新年的新希望？

—讀蔣總統演說有感—

蔣總統於十二月二十三日向光復大陸設計研究會發表了一篇多年以來所未曾有的演說，他說，「光復大陸拯救同胞，首在消滅奸匪；而消滅奸匪的指標，一個是要消滅奸匪的組織和制度，另一個則是要消滅奸匪的思想和理論。」他認爲後者比前者更爲重要而艱鉅。並指出奸匪在大陸上的所作所爲，特別是所謂思想改造和改造歷史，不但毀滅民族倫理和歷史文化，更企圖根本毀滅人的理性以及人的一切自由和尊嚴。他又說：「大陸同胞今天所忍無可忍的，不止是物質生活被控制與摧殘，而是更加受了心靈的禁錮和人格的消滅殆盡了」。主張「我們要以民族倫理的覺醒來廹使奸匪與時偕亡；同時奸匪是要以摧毀民主，箝制人民的自由……我們亦就要如國父所昭示的，要以更多的民主來打擊奸匪的假民主和反民主，……三民主義在政治上的實質，即民有民治民享。」更列舉三民主義思想教育最基本的方針爲：

第一、是要恢復我們固有的民族精神，亦即是首先要恢復我們民族傳統的倫理道德。

第二、是要發揚人類固有的德性，要解除一切心靈思想的禁錮，激發本然的良知良能。

第三、是要尊重個人人格的尊嚴，並尊重一切人的基本自由和基本權利。」

繼後又說明「三民主義的思想教育，並不是說要以三民主義來排斥其他思想，更不是以三民主義的思想來控制其他思想。乃是要以三民主義的思想爲反共建國思想的主流……除了賣國殃民萬惡的共產主義思想之外，其他思想皆當並存不悖。所謂小德川流，大德敦化，就是殊途同歸」。最後又重申不修憲的主張，並說，「到了今天我認爲這個主張關係於我們反攻復國的大計，更爲重要。……政府民意代表和全國軍民都要全心全力，集中一切意志，一切力量以及一切時間用於反攻大陸」云云。

我讀了這篇演講之後，深覺蔣總統又恢復了當年領導北伐和抗戰時那種濶大的襟懷和無我的精神。他强調個人人格的尊嚴和一切人的基本自由，並主張以更多的民主來打擊共產黨的假民主和反民主，可見年來台灣方面許多仇視民主自由和效法共黨的措施與言論，都不是蔣總統的主意。在海內外對修憲連任問題疑雲滿佈的今日，他再次重申反對修憲的主張，更指出其關係於反攻復國的大計至爲重要，亦可表明他並無違憲連任的意向。雖然某些外報以爲他不談反攻改談哲學（見十二月廿七日星島日報）。無異已承認現實的兩國中國。但我認爲反共的本質乃是一種思想鬥爭，如果反共的中國人（包括台灣與海外）對於反共的基本觀念不能一致，則反攻大陸將徒托空言。因此，我雖然一向主張政府應急圖以自力反攻大陸，才能免於滅亡；而對於蔣總統這一篇演說仍認爲十分重要。但願他能擺脫其左右的蒙蔽和包圍，言出必隨，則舉國一致的反共形勢當可實現，國家前途也就有一線的曙光可尋了。

宇人

從拖拉機談到中共農業機械化問題

康和

共洛陽第一拖拉機廠於上月一日宣告落成，共產黨刊物，乃大吹大擂地說：「中國已進入機械化的時代了」！「耕田不用牛」的口號，就可以實現了！農業機械化，誠然是農業上的件大事。不過，目前中共的工業設備，是不是已經夠得上實行農業機械化呢？實現農業機械化應該具備些什麼條件呢？中共具備了嗎？本文擬根據事實，畧予詳述。

中共於一九五五年開始籌備洛陽第一拖拉機廠。由蘇聯專家負責設計圖樣，選定廠址，督建廠房，安裝機器（主要機器，都是由蘇聯運來），製造附屬設備，訓練員工，以及進行一切工程設施，經過四年多時間，方告完成。參加設計和供應設計及技術資料的有：莫斯科汽車拖拉機工業設計院、哈爾科夫國家拖拉機農業機械設計院、哈爾科夫機械化運輸設計院、列寧格勒高周波研究院、哈爾科夫拖拉機廠設計部。供應機器裝備及工具的有蘇聯五十七個工廠。在建廠過程中，蘇聯政府還派來了各種技術專家（包括土木建築、機械、動力、冶金、工藝等）三十八名。可以說，洛陽第一拖拉機廠是蘇聯人的產物。所以中共國務院副總理譚震林在主持該廠落成典禮時要特別鄭重地「向偉大的蘇聯共產黨和蘇聯政府致以衷心的感謝，向辛勤勞動的蘇聯專家同志致以最熱烈的祝賀。」

這個拖拉機廠生產的拖拉機，定名叫做「東方紅」拖拉機；屬於重型鏈軌式農業拖拉機的一種。裝有五十匹馬力的四汽缸高速柴油發動機。在平路上行駛的最快速度是每小時七點九公里。耕田時掛鈎上的功率是三十六馬力，每匹馬力每小時耗油二百二十克。這種拖拉機可以用作「翻地」，「耘土」，「耙土」，「播種」，「收割」，以及淺耕去皮和農產品加工。還可以作為「抽水」，「發電」，「人工降雨」等用途。在該廠沒有落成以前，曾試造了九〇二台拖拉機，預定在明年一月起全部開工以後，據說每年產量可達一萬五千台。全廠職工共約一萬餘人。該廠擁有完整的生產體系，並有各種附屬設備，規模可以說得是相當完備了。

中共自一九五三年起就開始設立拖拉機站，到去年年底止，共向外購有拖拉機四萬五千三百七十四標準台（每標準台為十五匹馬力）；聯合收割機三千四百五十二台。機耕面積共六千萬畝，約佔耕地總面積三十分之一強。假如上述數字確實，再根據這個比例來推算，假使大陸全部耕地都引用拖拉機來耕作，那末就得需要拖拉機一百卅五萬標準台以上。就是以目前洛陽第一拖拉機廠的「東方紅」牌巨型拖拉機來估計，也須得有拖拉機三十七萬五千台以上，才能敷用。以洛陽第一拖拉機廠的生產最高能力為每年一萬五千台。要製造卅七萬五千台的拖拉機，那就需時二十五年。中國大陸要實行全部農業機械化，單是拖拉機一項設備，就得需要這末長的時間。蘇聯自十月革命以來，已歷四十二年以上，目前所擁有各種拖拉機，也只有五十餘萬台呢。所以大陸要實行全部農業機械化，實現「耕田不用牛」，眞是談何容易？

況且，一般的拖拉機，只能適用於旱田，在水稻區域，根本不合使用。洛陽第一拖拉機廠生產的「東方紅」牌拖拉機是倣照蘇聯的式樣設計的，對於水稻區域，當然亦不適用。據中共報導，在江西水稻地區，曾把蘇聯所製拖拉機，加以改裝試驗，已獲成功，但實際效果究屬如何，尚未見透露。

實行農業機械化，燃料問題，尤為嚴重。根據中共報導：一九五六年原油總產量為一一六萬噸。至一九五八年產量，根據各項參考資料，予以估計，當不出二百萬噸。而此二百萬噸原油是要供各種用途的。尤其軍用。能分配到農業方面的數量極少。因之，假如大陸農業實行全部機械化，單就拖拉機一項所需燃料而言，就在二百萬噸以上。中共原油生產，要到何年何月，才能充分供應農業機械化所需用的燃料，實屬一大疑問。

實行農業機械化，不是單有了拖拉機就能濟事的。從「整地」「播種」以至「收割」「加工」各個過程中，還須有各種性能的機器設備。同時，灌溉系統的修築，各種小型中型大型的水利工程的興建，以及農村電力網的普遍設置；都屬農業機械化所不可缺的條件。這許多工程的設施，必須工業生產發展到相當高度，才能夠辦得起來。就是工業生產方面的條件已經具備了，還得有相當長的時間，方能逐步建設起來；決不是「一蹴可幾」的。所以，儘管中共現在大吹拖拉機廠已經投入生產，可是大陸工業條件根本不夠，距離「農業機械化」和「耕田不用牛」的時代還遠得很呢！中共大吹大擂的宣傳，適足証明其「幼稚」和「無知」吧了。

在前年中共強制農民實行「集體化」的過程中，大陸農村的耕牛被農民宰死的確屬不少，在去年開始厲行「公社化」的時期，也發現有同樣情況。目前大陸的農村，確呈現着耕畜不足的現象。因此，有許多地區，共幹們就強迫農民拖着犂去耕田。所以，從這一方面來講，現在大陸確已進入了「耕田不用牛」的時代。只是，這是用「人力」去替代了「畜力」，並不是用「機械力」去替代了「畜力」和「人力」罷了。這是「人力」的「畜力」化，不是農業機械化啊！

毛澤東親信周小舟被黜原因

樵夫

一九五九年八月中共八屆八中全會閉幕不久，中央機構人事，即有大規模調整，省地方機構重要更動的為湖南省第一書記周小舟。

中共據有湖南，周即出任黃克誠（前任總參謀長）的湖南省委書記的副書記，黃克誠出缺，由周遞升。後省委書記改稱第一書記，繼任以迄黜職。

周是湖南省人，與毛澤東關係殊為密切。毛以一方之寄予周，并於一九五七年八屆二次會議時，提周為候補中委。按照中共人事制度和職權之規定，省的最高統治者，并非省長而是省委第一書記，加上湖南省長程潛是靠攏份子，周更一手遮天，為所欲為。

周統治湖南十年，向以執行毛澤東的殘酷政策見寵，行情看長。今突見被黜，且無出處下文，使人意識到其中內情必不簡單。

一九五九年十一月卅日人民日報有篇「誰來掛帥」的文章，才將謎底揭開，周的去職原受右傾份子活動影響，說他有領導羣衆反抗「社會主義」的確証。

該報說：「在湖南，右傾機會主義者曾經一時佔了上風，他們在攻擊黨的總路綫、大躍進和人民公社的同時，復強迫解散許多「公共食堂」。

據上所述，湖南有權命令大量解散公共食堂的，捨周小舟外并無別人，因周為湖南省中共黨方最高級領導幹部，對羣衆影響力當然很大，因此人民日報又說：「在右傾機會主義的思想影響下，有些同志動搖、鬆勁，對計劃的完成缺乏信心，連那些有信心，有幹勁的同志，也感到壓力很大。」壓力竟能施於幹部身上，更可想見施者絕非尋常之輩。

人民日報還承認這種壓力出自黨內，「從黨內向黨進攻」，認為他們這種只「反對共產黨的絕對領導，并不反對無產階級專政和社會主義」是種顧身不顧首的思想，「共產黨的絕對領導，無產階級專政和社會主義，是三位一體而不可分割。」又說：「我們黨內某些資產階級革命家，要想按照資產主義的面貌來改造黨，湖南黨組織內，也有一小撮右傾機會主義者，更毒的攻擊黨的領導。」

人民日報這篇思想評論，已將周小舟黜職原因，和盤托出，并且反映「惡毒的攻擊黨的領導」事件非常普遍，「湖南黨組織內也有一小撮」即可概見。

周小舟是以服從毛命見寵，對奉行共產主義當亦沒有疑問，今竟蛻變反毛反黨，顯係被毛澤東一意孤行「生產大躍進」和「人民公社」所刺激。多行不義必自斃，寡助之至，親戚叛之，這能說不是毛政權自取滅亡的預兆嗎？

魏老師全家被害經過

大陸逃港學生的控訴：

・黃新・

我與魏×偉老師的邂逅相遇，是於一九五五年的寒冬，中共在上海市召開「華東區僑生積極份子代表大會」的小組討論會上。他是以無錫市團（新民主主義青年團）總書記兼市僑生生活補導員的身份列為此次大會的列席代表。後在促膝談心之餘，發覺我們沆瀣一氣，眞是相見恨晚，隨之結為刎頸之交，發誓士為知己者死。他在一九五四年八月畢業於南京師範學校，年為廿一歲，他學的是馬列主義辯証法專科，成績優等。他身材中等，風度翩翩，口才伶利。待人態度和藹。後僥倖地被分配在無錫市第三中學任政治教師兼學校團總書記等職。他地位的躍昇，有似青雲直上，的確使人百思莫解，受寵若驚，羨慕至極。不過其中的文章正是含有奧妙之處矣。因當時中共正在無錫市搞風搞雨，進行一連串的所謂「民主改革」運動。如「資本主義工商業進行社會主義改造」。「高級知識份子進行思想改造」。「肅清反革命」等慘無人道的運動。而我這位魏老師的父親，家傳為世代書香，不但是當地的資本家而且在高級知識份子中同樣享有相當地位與榮譽。成為共產黨人的眼中釘，成為「改造」和「整肅」的對象。但中共要向他下毒手，可又找不到恰當的藉口與理由。故中共惟有利用一慣的欺騙技巧——「兒女檢舉父親」的手段來推行這運動。其辦法首先是以利用虛無縹渺的甚麼「團員無限光榮」來引誘青年參加團組織，後又以「團員凡事必須帶頭」的強詞來驅使他們去鞭打與鬥倒自己的親人，再後是給他們強戴上一頂「帽子」，送至勞改營去建設社會主義。魏老師就是這運動最好的實例與無辜的犧牲者。如在一九五五底，當這所謂「民主改革」運動發展至高潮時，市黨書記就明目張胆地直接向魏老師說「你是團總書記，是黨的左手，不但應積極起帶頭作用，改造你父親，更應想出一辦法使你的父親早日向社會主義低頭」。說完且遞予他一份「檢舉反革命報告書」橫着臉對他說「你就在這上面簽上你的名字吧！」他在莫名其妙中閱見檢舉書上有自己父親的名字時。臉上自然地現出了尷尬難色。黨書記可大肆咆哮起來，板着臉大喊「難道你還需要考慮甚麼嗎？」過了數日，無×日報刊載了這樣一段新聞：「頑固的美蔣特務頭子，狡猾抵賴，匿藏已久，今已被他親生兒子，市團總書記積極帶頭檢舉……。」

黨書記採取如此措施其目的有三，（一）貫徹黨中央以拉攏鬥爭相結合為改造工商業資本家及高級知識份子思想改造的基本精神。（二）利用團的名利地位引誘青年參加鬥爭行列。（三）可向海外僑胞宣傳說：「資本家及高級知識份子完全擁護毛澤東和平改造工商業資本家的政策和樂意接受思想改造」。

× ×

日本將演全武行

・觀海・

當聖誕老人駕着鹿車行將蒞臨之際，風俗業已西方化的日本，到處顯現着一千六百年前的伯利恆色彩，但在「平安夜」的前夕，來自北極附近的並不只是玩具，而是一種可能血淋淋的鬥爭。

新「二二六」事變？

一系列的左派團體「反軍約」的示威，正以波浪式的姿態，後浪高過前浪，向着政府及執政黨進襲。這些左派，包括日共，親共的最大工會及學生團體「總評」及「全學聯」，和社會黨等。如果說這是日本戰後最大的政治危機，似乎亦不為過。明天聖誕前夕，就是他們繼續示威的日子。而明年，他們也已聲言要加强「行動鬥爭」。

自從國會通過修訂美日軍事聯防條約以後，左派即號召示威抗議，至上月稍達到了一個高潮。十一月廿七日，示威之羣衝入國會大廈，與駐守的警察大打出手，雙方負傷數百人。造成日本議會史上空前嚴重的事件。

國會是全國民意的代表機構，在政治上有無限的尊嚴，如果因為它所通過的案件不滿某一方面之意，而可以使用暴力對國會本身予以報復的話，那豈非像戰前「五一五」·「二二六」事變，「少壯軍人」兇殺元老重臣及政黨領袖一樣嗎？

事件的性質確乎是「一樣的」，只不過有程度之差罷了，同時，戰前是右翼的瘋狂，而現在則是左派的猖獗。

懲戒淺沼案

國會的莊嚴，是必須維護的。否則的話，如果會內有重要議案在表決通過，而會外有示威羣衆的威脅。那豈非會內決諸投票舉手，而會外還須決諸「大打出手」的結果？若然如此，則要國會何用！何不雙方派出「相撲」的代表，或雙方選出武士鬥劍，以決定成王敗寇呢？

然而冒犯國會的尊嚴者，却包括國會本身的成員——社會黨議員淺沼、赤松等，都參加當日的示威行列。這才是諷刺呢！「議員」的『議』字，該是言合於義，「君子動口不動手」，但日本的代議士們，却「初則口角，繼而動武」了！

於是國會謀譴責淺沼等，把他們交給紀律委員會議處。或者着令公開道歉，或者公開申誡，或予停止出席（最高一個月）。但，淺沼是社會黨的幹事長呢！社會黨議員竟以全體拒絕出席為武器，要求議長加藤辭職。就因為加藤依法把騷擾國會案提交紀律委員會。

國會內形成僵局，又只好走幕後斡旋之路，執政黨自民黨的要員，已與社會黨領袖頻頻接觸，希望談出一個雙方可下台而又能維持國會莊嚴的辦法。倒是警方認為騷擾國會事件不能不追究責任，警方已傳訊赤松勇及岩井章，赤松當日有領導衝入國會之嫌，而「總評」幹事長的岩井章，則是策動工人們向國會「進軍」的下令者。同時，自民黨議員還臨時提出了一個「禁示在國會週圍巡行示威」的法案，希望此後國會不被干擾。

片山哲脫離社會黨

對於社會黨之成為「總評」的尾巴，日本政界及一般社會人士是不以為然的。九月間自社會黨脫黨的極右派西尾末廣派，原以為只有議員廿五、六人的，現在已增至四十五人，他們已成立了「民主社會主義新黨籌備會」，由伊藤卯四郎任委員長，分設四個分組委員會，積極籌備於明年一月成立新黨。伊藤說，他們的新黨，首先將與容共勢力進行對抗，明指要與原有被左派控制的社會黨抗爭。金融界及實業界，對於這個新黨，均表歡迎，因為它「反馬克思主義（暴力鬥爭）而肯定議會路線」。在日本議會遭受暴力威脅的今日，西尾新黨的快將誕生，表示「議會路線」獲得更廣泛的肯定。

在新社會黨快將成立的同時，最近訪問中共的社會黨顧問前首相片山哲，也正式表示將脫離社會黨，且可能加入西尾等的新黨「民主社會黨」。本來，淺沼稻次郎知道片山有脫黨之意，曾特地從東京跑到藤澤市去晤片山，勸他仍留在社會黨內，但片山不肯接受，反而公開了他確定脫黨的立場，這又是淺沼的另一失敗。有人預料，以片山的資歷及過去與西尾的合作，（片山任首相時，西尾任內閣官房長官）。片山可能出任新黨的總裁。

石橋松村的雙簧

不過執政黨自民黨亦不是就沒有內爭。均是該黨巨頭之一的松村謙三及石橋湛山，在他們先後訪問中共以後，正在唱出反腔背調的雙簧。松村認為中共的存在，乃是「現實」，日本不能加以忽視。因此他反對現外交大臣藤山的「靜觀政策」——即對中共保持僵局——而主張與中共由接觸而交往。雖然他並沒有像社會黨那樣「反軍約」及主張「與蘇聯中共互不侵犯」。但松村與石橋兩個自民黨的一唱一和，可能比社會黨的活動更使岸信介為難。

社會黨呢？雖然國會和政府都在設法禁制他們軌外的行動。但「加强民衆運動」——即巡行示威罷工等——已是他們的決策，他們似乎不會中止。岸信介一月十六要到美國簽訂修正後的美日條約，他們還要發動盛大示威，阻岸信介成行，武士道的日本也許是慣於做武戲。新年開始，大概仍免不了全武行的演出。（十二月廿三日，東京。）

泰國設火箭基地及其他

・何湄・

泰皇蒲眉蓬陛下與皇后伉儷，於十八日率同外長乃他納及皇室人等，前赴越南訪問四天後，經於今日返抵曼谷。泰皇此次在越，受到極盛大歡迎，越南吳廷琰總統，曾與泰皇共申兩國政治立場相同，及兩國開始進入新而順利的時代。在此期間中，適逢泰國決定下月遣回千餘名親共越僑返回北越，越南則不甚贊成此項遣送，同時亦未接受將反共非共越僑遣回南越。鑒於日韓遣僑糾紛的風波，此間咸望能因泰皇訪越後所建立的堅固友誼，使遣回越僑問題能够順利解決。因親共越僑在泰國作間諜活動，搗亂犯法，泰方不能不予遣送。定下月五日遣送之九百餘名，即全係此種份子。

遣送越僑為泰國整頓內部之一項步驟。另一則為肅清泰南馬共，因邊警與馬共小股遊擊隊，間有遭遇之戰，現已由曼谷加派軍警至南路清剿。適在此時，有南路華僑商人，報稱「曾被馬共勒索款項」，此事原係古已有之，不過現在成為有証據定案，又適在印尼菲律賓排華激烈時候，華商深恐向來排華者有所藉口，而對華僑不利，因此惴惴不安。據悉邊境如昔羅等縣，村鎮僑商受馬共威脅勒索，實因情非得已，倘當局能絕對保護商民，渠等必不肯犯法濫費金錢。幸聞當局對此表示瞭解，只欲此後嚴予防範。乃他納外長更謂要依一貫傳統善待華僑。此一發表，使數百萬僑民，頓覺放心，透了一口氣。

寮國事件以來，泰國軍力已有重新部署及檢討。近據國防部長乃他儂上將透露謂美國將以一種「有力新式武器」援助泰國增强武力。據某報記者側面向乃差空軍總司令探詢：「是否曾要求美國派火箭中隊駐泰？」乃差氏稱：建立火箭基地，可減軍省經費，實屬必要，倘泰方請求，美必應允云云。不過乃差氏特別聲明，此舉倘若實現，「亦僅用於防衛」。看來，此事已在雙方的磋商進行中。

無聲的「鳴放」

・柯式和・

「整頓」的指示下達中山小欖公社之後，「黨委」立刻先召開「社委會議」，再召開「生產隊長會議」，傳達組織上關於「整社」的指示，佈置如何展開這一項工作。

在這一連串的會議中，「黨委」鄭重而嚴肅地着令參與會議者掀起「整社鳴放」的熱潮；一來可以探測一下幹部的心聲，二來也好得有「輝皇的成績」向組織上交代。

然而農村幹部，對這一幕把戲，抖不起勁。所謂「鳴放」，竟變成了默默無言；大家祇是呆呆的坐着。

這可把「黨委」急壞了。他氣得頭筋發脹，滿臉通紅。

公社書記看見不對樣，知道這般的僵局不能讓它持續下去，於是挺身起來湊趣：「整社是黨中央的命令，相信一定早已訂有具體辦法的了，我們大家都是擁護黨中央的，就請「黨委」同志把有關整社的辦法和步驟公佈下來吧」！——他這番話的意思，是暗示出黨的決定要怎樣整社就怎樣整社，反正他們都是祇有絕對服從的份兒，鳴放簡直是多餘的事，何必再勉强來耍這無聊的把戲。

幹部們都點點頭；但他們的嘴巴依然緊閉着，一聲不响。

「黨委」無可奈何，祇得藉此機會來打個完場。他沒精打彩的說：「也罷，就此將書記同志的意見當作你們大家的意見好了；大家都沒有異議了嗎」？

幹部們又都點點頭。

無聲的「鳴放」，就此閉幕。

僑鄉近訊

僑眷疾病和飢餓交侵日有死亡（恩平）・江水・

恩平（現已被中共歸併入開平縣）原是富庶僑鄉之一，但目前已籠罩飢餓和恐怖的陰影！頃據來自恩平的鄉民稱：該縣在晚造失收和「超額征購」的交相煎熬下，鄉民能獲一粥一飯的，已屬「天之驕子」；一般勞動力較低的僑眷，每天僅得四兩食粮，迫得以木薯片，樹頭，木瓜心等混入粥充飢。有些老體弱的僑眷，因長期吃這種食物，以致患全身水腫。在疾病與飢餓交侵下而死亡的僑眷，日有所聞；過去一個月內，僅聖堂一鄉，餓死的僑眷，就有岑伍氏，鄭美蘭等二十多人！又：僑眷呼籲港澳親人郵寄食品接濟，刻亦已受到制止；已寄回的，共幹則着令他們將食品獻交公社，歸大家享用。上述現象，刻已在君堂，聖堂，兩凱，沙湖等鄉，普遍實現。

廣州遍設狗肉飯店

不管狗肉是否合衛生？不管狗肉是否可以「補身」？但用狗肉來替代其他肉類，解決肉類的荒缺，目前在廣州確已大行其道了。廣州市區，新設的「狗肉飯店」，一時如雨後春筍。而最近開張營業的，也有劉桂康、新六記、及楊義記等三家；其中以設於小北路的劉桂康狗肉飯店規模為最大，店內一切食製，均以狗肉為主，菜式的名堂，生新而繁多，頗盡「洋洋大觀」之妙。狗肉的消耗既增，生狗的來源，於是也成為共幹壟斷的對象。據狗肉飯店中人稱：當局刻已指定，全市狗肉飯店所屠宰的生狗，均由「廣州貿易公司」統一供應。該公司的搜購生狗，除深入省內各農村外，並派員遠至四川，貴州，江西，廣西……等省搜購，運回廣州供銷，其情形一如以前猪欄商人的搜購生猪。據謂：該公司共幹，並計劃直接經營四家狗肉飯店，現已在加緊籌備中，農曆除夕前，將可啓市。

旅美鄉居雜記

望明

「今天可以去地裏清一下了，要種的東西也該準備下種子。」舅父一面吃着早點，一面這樣吩咐着，臉上平靜得像晴空萬里，看不出他心裏的動靜。舅母靠在台前一面唱着，從西洋歌劇忽然轉到程派京戲，大唱：「與陳邵在金邦……苦命的鴛鴦……」一面笑着點頭，一面又向我瞟了一眼。我本是站在大玻璃窗前望着清晨的山光樹影，在思憶着故鄉的早春情景，聽見舅父的吩咐，才回轉身，見到舅母這種灑脫自然的興緻，却不禁大笑。

「對了，」就接着舅父的話說，「再不下種，買來的那些洋葱芽都要發了，就不用種了，咱們作糖醋葱芽吃。」

「恐怕太老。」舅父抿着嘴，眼含笑意，平靜地說，隨着放下碗箸，站起身，拿起舅母給準備的午餐，走了。

吃過早點後，舅母把長拖腰際的頭髮挽起了，盤在頭頂，我把膠拖鞋穿上，出了門，拿起豎在牆邊的鋤頭，扒子等農具，一起順着蜿蜒的小路向地裏去。

當地是山區，居民多以工農爲業，左鄰右舍的當地人幾乎全是丈夫到工廠作工，妻女在家種地，而以養牛羊鷄鶩爲副業。因爲地氣暖，春回又早，滿山遍野一片新綠，尤其在早晨的柔和陽光照耀下，到處充滿了新生氣息，在這時人會自然地想到造物之微妙，不自覺地要額手稱頌宇宙之美，而感到自身的渺小。

「你從這頭兒起，我到那邊去，這樣作就快了。把所有樹根，雜碎都清除出來，堆在邊上，等另有功夫時來燒野火。這地剛開出，要連着種幾年就好了。」舅母說着向東頭走去。就把鋤頭放在地邊，先順着邊清理。有些樹根深埋在地下的只能用鋤頭挖，有些在浮面，一拔就起。一面清着，一面順手向外扔。舅母在那頭大唱。我作了一會兒，覺得熱起來了，雖在三月，但在太陽下幹活，却不覺得冷。又作了一會兒，汗珠直向下淌。強支着再作，覺得手發軟了，看着一根小枝子，從土縫中露出個頭兒來，可是拔不出來，試了半天只好歇手。舅母猛抬頭見我站着不動，笑問，「累了，歇會兒吧！」說着走過來。「啊，才作這麼點兒，就累了，你還想自己種地！」

我不好意思地笑了，我正在想：「像這樣，自己種地求自立，就準得餓死！」

「對了，忽然發現Daig爬在田邊，餓死了，嘴裡含着一根青草。」舅母大笑着說。

「那不成了兎二爺成仙的形象了嗎？」我想像到那種境況却也忍不住在笑起來。「眞慘，連麥桿兒都沒有，只能含棵青草！」

歇了一會兒又再作，直到中午才收工回家。把頭天晚上剩下的菜湯羨了鍋麵，吃完了，就躺在大玻璃窗前的地上，曬着太陽，吃着小蘿蔔，天南地北地聊天。舅母多半是講她和舅父走南闖北，國內外所遇的形形色色的人們。我也介紹我的朋友們的豪俠仗義，苦幹的精神及他們的抱負。

「我們這一代年青人，幾乎都是一樣的，我們都不在乎吃苦，我們只要能達到我們的目的。」

「你們的目的是好的，救國助人。可是一個人自己還沒站穩，怎能助人？」

「我覺得有一定的目標，就是有了這志願，也就是有着落。站穩或是沒站穩，不能以經濟來衡量，有些人經濟情況很好，可是昏昏迷迷，那樣的人並不能說他站穩了。」我隨即把話題轉到藝術，文學，戲劇。忽然想起帶來的長恨歌英譯文。

「我有件東西給你看，正好是你畫的壁畫的題材。」我說着到我房間去把譯文取出來，給舅母看。

「嗯，眞好，是你翻譯的嗎？」舅母看完了，點頭稱讚。

「我可不能這樣好，這是老頭兒的朋友翻譯的，啊，我眞希望你們能見到老頭兒，他眞是美，你一見到他，就會覺得是面對着一片湖，那樣靜，他的眼睛發亮，好像包含盡了天地間的靈秀，他這樣高超的內在美，直透出來。見到他，你就見到慈愛，寬厚，文學，藝術，音樂的現形。」

舅母微笑着聽我說，然後下個注解：「所以把你這頑石點化了。咱們把那件衣服完工了吧。」說者跳起來。

「呀！忘了燒飯了。」舅母笑着，放下了針線，站起身去準備晚飯。我把桌子清理了一下，也去幫忙作飯。

吃着晚飯，舅母告訴舅一天所作的事，最後說：「可把Daig累壞了！」舅看了我一眼，笑着說：「那塊地只有六分之一畝，你都作不了，你還想種一畝地！」

「我要是每天作，習慣了，體力自然增長，一畝地也沒有多少。現在剛開始，當然不習慣。」

「好，只要不放棄就成。是要慢慢地習慣。」舅笑着點頭說。「再加一點酒吧？」

「不行了，你看她喝得臉都成了關公了。」舅母擱着不許他給我斟酒。

「眞的不能喝了！」舅笑着問。

「我是喝一滴就臉紅，其實並不是醉。」我分辯着。「可是不多喝了。」

「你還是只有一半盛家的血，所以不能喝。」舅笑着說，自己喝了一口。

「說不喝就不喝了。我這個人即不聽勸，也不吃激。」我也笑着回頭咬了一口小蘿蔔。

舅看着我，點了點頭，微笑着，「好，這樣才好！要吃激就壞了。」

原來我不明白，他喝，不是誠意叫我制力是試探我的自。吃過飯，我和舅母收拾着廚房，見舅把工作服換上，拿了些舊報紙及火柴，推門出去。

「是去燒野火嗎？」舅母趕到門口去問，我雖沒聽舅父回答，他永遠是點頭示意，可是見到舅母進來後趕去穿外套，我也就去穿膠鞋，拿了一個手電筒，一起到地裏去，把白天清出來的樹根等堆在一起，又把乾葉枯枝扒在一起，把舊報紙團了塞在樹根枯枝之間，點起火來，漸漸地火燃起來，火星直竄到半空與暗空中的幾顆殘星爭輝。我望着火光，望着天空，望着天際的幾絲深紫的雲霞，覺得平靜，空濶，竟是個修心，修行的深山，空谷一般。

「回去吧！Daig！回去吧！」舅母的聲音把我從迷夢中喚醒，見舅父已把扒子背起來了，我於是也背起了白天丟在地邊的鋤頭，隨在他們後面，向回走。

在門口，舅順手帶了幾塊木頭進屋，堆在壁爐裏，點起火來。我把飯後泡的茶倒了三杯，三人圍着爐火坐下。

「Daig今天累了，早些去睡吧。」舅母說。

我摸着可兒的長耳朵，望着火光，「累倒是不怕，就是有時晚上睡不好。昨天又做夢和那些人吵架。」說着猶有餘憤。

「你現在還記着那些事，眞是糟了。快忘記。好好地養好精神，該做的事太多了」舅說。

「我並不是要記那些事，只是有時想到爲什麼有些人這樣陰險，而有氣，」我說。

「你眞是把世上所有男子的混氣都霸佔了，只有張飛再世，才能比你。」舅母笑着說。

「其實我並不太佩服張飛，有勇而無謀。」我想了一下，笑着說。

後來我們把話題轉到孔明。舅父感慨的說：

「你看孔明就不能算是眞强，他經不起失敗。」

「舅作過的事失敗過沒有？」我好奇地問。

舅父想了一下，搖搖頭，「我要作一件事，不想到成功或是失敗的問題，只是儘全力去作，因爲我相信儘全力去作了，即使失敗，這經驗也是可貴的。」說到這裡，我好像見到他體內的毅力，堅定，隱隱地透出體外。

「睡覺吧，不早了。」舅母說着，站起來。

「明天見！」我說，拿了一杯水，回屋去。躺在床上，細細地回味着舅父說的話及他的作事精神。

煙圈

桑白

我不懂得怎樣可以放出一個圓而美的烟圈。

然而我却不斷地放，我希望我能放出一個圓而美的烟圈。

當烟霧迷漫着我的臉，籠罩着我……

我發覺她向着我笑，彷彿笑的很甜、很美，那美麗的梨渦像及那醉人的口唇上翹，美呵！美呵！

我讚美着，我想着，她笑的時候就是這麼美，我暗地裡讚美維那斯，她造成了很多美女。……

我沒有女朋友的，連一個也沒有，因爲我的臉貌長得奇醜，大鼻子、細眼睛、太高和瘦，而且家裡也很窮。

因此，我不敢照鏡子，因爲鏡中可以看到我的怪模樣，我怒，我會把鏡子打成粉碎……

我就是那末地醜，我看見女兒家會臉紅，我看見人家看着我會怒，因此我嫉妬所有的男子和女子。

但我有什麼理由可以嫉妬他們？

於是我愛吸烟了，讓烟霧使我迷惘，迷漫着我的臉部，使人看不清楚我：……

她來了，她是最同情我的，……

但彷彿也是一個最大的諷刺，使我想起了我是個醜男子，然而我不能不讓烟霧迷漫我，我祇祈望着第一個奶白色的烟圈

文壇泥爪

魯迅買馬票

魯迅的日記，我從來未見過；今年大陸上出版了兩冊，據說是照一九五一年的影印本重印的，其中包括自民元起至民二十五魯迅逝世前一日止共二十五年間的日記。雖然每天所記極簡畧，但從中可以窺見魯迅私生活之一斑，不失爲研究魯迅生平的第一手的材料。

日記是寫給自己的看的，魯迅生前從未發表或打算出版他的日記。現在看來，裏面的確有一向不爲外人知道的一些他私生活中的秘密，我覺得非常有趣。

魯迅不是什麼聖人，超人，他有着一般平凡人的愛惡；然而他卻眞實，在別人要偷偷摸摸地去做，他光明正大地去做，不怕人家非議，並且在日記中寫上一筆。惟其如此，他這個人才更覺得可愛。否則，他若眞成了不近人情的什麼聖人，超人之類，那就毫無可愛之處了。

他在民國廿三年四月二十五日的日記裏這樣寫着：「午後在月中桂買上海競馬彩票一張，十一元。」誰不知道買馬票是賭博，是想發財走捷徑；一個清高的大學教授竟然賭馬？竟然想發財？聖人，超人能做這個嗎？十一元這個數目在當時是很大的一個數目，像夏穗卿、陳師曾之死，魯迅才各送賻儀二元，有些交情淺些的，只送一元。魯迅當時竟拿出這麼一個大數目買一張彩票，可見他的發財之心是怎樣迫切。如果把他在買馬票時的前後日記看看，便明白他那時經濟窘迫已達極點，如不中馬票就大有活不下去之概。他在教育部月薪是三百元，但經常是拖欠到一年後零碎發給，北大、師大的薪水，每月只有數元到二十幾元，也得常去催討才給。那時他剛同周作人鬧了別扭，自己搬出來住，籌劃買房子，借了朋友不少的錢。於是便豁出十一元來買了這麼一張大馬票，當然，這張馬票是萬分之九千九不中的。

除了買馬票這一件事以外，魯迅還招過一次妓；民國廿一年二月十六日記云：「夜全寓十八人皆至同寶泰飲酒，頗醉，復往蓮闥飲茗，邀一妓畧來坐，與以一元。」這時正是一二八上海戰事發生的時候，他和周建人兩個家庭的人都逃在日本人開的內山書店避難，夜間不能眠，就出去借酒消愁，花一元招妓便是爲了醉後解憂吧。

我從魯迅日記裏抽出這兩件事來，並非揭人陰私，而是在說明魯迅這個人眞實可愛，他在窮困時也和平凡人一樣想發財救急，在心情不佳時也和平凡人一樣想邀妓解憂，並且肯把這兩件別人認爲不大好聽的事記在日記上。魯迅之所以爲魯迅，正在這些地方才看得出來呢。

宰相肚內好撐船

孫寶剛

宰相肚內好撐船是一句俗語，看來很陳舊不足道，其實這句話包含着深刻的為政之道。它的含義要求做政治家的人要崇尚理智，而自寬處大處遠處來着眼，一切政務才不至弄糟，才不會快意一時而結果非常悲慘。我認為印度的尼赫魯在最近處理邊境事件上庶幾近之。說起尼赫魯，就有許多反共的人不很願意聽，因為他歷年來捧中共的場，到了今天，中共反在其邊境啓釁，全印度的人民個個悲忿填膺，要求其政府强硬對付中共，可是尼赫魯還是遲疑的說：「今天除了和中共談判以外，便祗有戰爭。强硬的意思就是指戰爭。印度祇能以堅定的態度去談判，不能以强硬的態度導致戰爭。」因為印度在軍事力量上不特不能和中共戰爭，就以內政來說，也不許可戰爭。印度自獨立以後，印度的主要課題有兩個，一個是怎樣使全國的人民都有飯吃，另一個是怎樣建立一個獨立的經濟。這兩個課題是印度能否生存下去的問題，假如印度眞和中共發生戰爭，不說誰勝誰敗，也不說有沒有外援，或是否導致世界大戰，至少這兩個課題是無由達成，這便影响到印度的生存問題。所以尼赫魯祇能忍耐，用堅定的態度尋求和中共談判的途徑，他絕不發表刺激中共的話，當然也不會做出刺激中共的事來，使邊境的事件擴大，而眞的導致了戰爭。以艾森豪總統不遠數千里而來，尼赫魯除了予艾森豪以盛大的歡迎並感謝外，他並沒有立即說拋棄中立主義，從這一點來看，他是多麼理智，能從遠處大處來處理邊境事件，他能容忍，甚至連敵人都容忍下去，所以我說宰相肚裡好撐船，尼赫魯庶幾近之。

從尼赫魯的這一種作風，使我廻想起國民黨和中共在南京和談的一幕。那時馬歇爾在南京斡旋和談，今天一般人把中共席捲大陸，和國民黨被逐到台灣的責任都推諉在馬歇爾身上。其實那時我也在南京，也參加了和平談判。就我所知，那時馬歇爾認為靠國民黨本身力量，不足以解決中共問題，需要美國的支援，並且是大量支援才有辦法，但美國正有事於西歐，即那時所施行的馬歇爾計劃，所以無力大量支持中國，馬歇爾希望國民政府能作三年的忍耐，三年以後，美國就可大量支援，協助解決中共問題。所以他主張和中共和談，以尋求暫時的妥協，在我看來這個決策不能說不對，尤其証之今日的情形，更可証明馬歇爾有遠見。而況那時中共所要求的祇是三分之一的東北，假定那時國民黨有宰相肚內好撐船的修養，不是妥協成功了麼？那麼，今日決不至被逐到台灣，也許中共問題眞的已解決了。

有的人或許認為中共反覆無常，得寸進尺，怎能妥協呢？即使妥協成功，在中共有利情況下，不是會立即反覆，以圖得寸進尺麼？對的，我也承認中共是這樣的。可是要知道，所謂暫時妥協即是拖的意思。拖的目的就是要爭取三年的時間。我們在南京和談有半年，假定眞能達成協議，而實施協議，而中共反覆，而又和談，又協議，這樣的一反一覆，以三年的時間來和中共周旋，即使在最不利的情形下，最多把整個東北送給中共。也比後來的情形好百倍。可惜當時的國民政府當局者沒有宰相肚內好撐船的修養，好使氣，不見棺材不流淚，今日在前線獲小勝，明天協議的價錢就不同了，明日前線小失利，後天又可在協議的條件上稍作讓步。沒有一定的方針，一定的預算，所以妥協不成，而和談破裂。但那時國民政府當局們還趾高氣揚，以為軍事勝利可期，想不到一敗再敗，而至不可收拾。

但是亡羊補牢，猶未為晚，今天局處小島，應當有所覺悟，培養起這種風度來了。不過讀者不要誤會，我寫這篇文字，並不是促台灣再去和中共妥協，今天的情形已大不相同，要和中共妥協，中共也不和你妥協的了。我的目的是要從事於政治工作的人們，個個要有宰相肚內好撐船的風度，未來的中國才有希望。也不是單指今日的台灣當局。

綺羅香

君左

乙亥重九次日，農圃雅集。

落帽無風，題糕有句，昨日黃花重九。旗影翻飛，歌吹六街昏晝。憶前賢意氣凌霄，弔先烈頭顱如斗，到而今冷冷清清，畫眉更比遠山瘦。　名園幽處一角，邀得吟詩作畫，幾多知友？欲問淵明，未必東籬依舊。望高峯霞蔚雲蒸，面大海波平帆秀。趁秋來博取微醺，白衣誰送酒？

亮齋閒話

我不忍相信這是毀憲的陷阱

徐亮之

台北二十三日中央社電，報導「光復設計研究委員會」於這日上午十時在台北中山堂舉行本年全體委員會議，蔣總統會蒞會講話，內中有一段重申他反對修憲的主張說：

「此外，我還要在此重申我去年在貴會所說的我不贊同修改憲法的主張。到了今天，我認為這個主張關繫於我們反攻復國的大計，更為重要。因為當前革命復國形勢的擴展，使我個人認為是我們政府民意代表和全國軍民同胞都要全心全力集中一切意志一切力量，以及一切時間用於反攻大陸、消滅奸匪、拯救大陸同胞的基本任務的前題。大家都知道我們維護憲法的有力行動，實莫過於光復大陸，我們光復大陸的武器亦莫過於尊重憲法。當然，憲法之應否修改乃為國民大會全體代表的職權，非中正個人所能干預，但中正此一願望懇切的盼能為大家所諒解和採納。」

由這段話，再聯系着去年十二月二十三日他在該會首提反對修憲主張的講話，頭尾恰恰一周年了。足見一年以來修憲論者雖鬧得滿天神佛，煞有介事，而蔣先生的主張却始終並沒有因而動搖；雖然仍舊拖了一個「憲法之應否修改乃為國民大會全體大會的職權」的尾巴。

其次，由這段話更聯系今年五月國民黨第八屆二中全會不贊成修憲的政治決議文，和十二月七日中常會同性質的決議案；則國民黨以多數黨的地位，對於反對修憲一事，這一年之內已經有過前後四次的嚴正表示了。關於這，我願於此提請國內外一切愛國同胞的嚴重注意：國民黨人是沒有違背他們的民主傳統的；是對得起中華民國的這部憲法的；同時，今後國大代表中的國民黨籍代表是不再會提出什麼修憲論者的荒謬主張的；否則，便是不服從黨的決議，便是不遵守黨的紀律，黨得隨時嚴厲制裁之。

我們始終認為：修憲即違憲，違憲即毀憲，毀憲即中華民國的罪人。而臨時條款既因憲法而產生，即憲法之一部份；不得以修改臨時條款即可脫卸修憲毀憲之責任。現在國民黨既以多數黨的地位，自總裁到全體中委都一再嚴正而公開地表示不贊成修憲了，則將來到底是誰毀憲？是責有所在，罪有所歸，關節簡單明瞭，無所逃於天地之間的。因為我不認為國民黨當局這一連串的反修憲表示，乃是「站在黃鶴樓上看翻船」；因為我不忍相信這是毀憲的陷阱。

因此，我倒不能不提請民青兩黨以及無黨無派的國大代表先生們的嚴重注意了；便是：國民黨已再三聲明不贊成修憲了；難道贊成修憲的竟是你們嗎？難道你們竟眞要與多數黨對抗而干冒毀憲的大不韙嗎？如果你們竟眞要這樣，則我也將毫不猶豫地送給你們四個大字：「請君入甕」！

四八、一二、二四。

談近代史上的幾個庚子（二）

樊仲雲

當雅片戰爭後，中國的門戶開放，尚只限於長江以南，所以如上海出版的英文報紙「字林西報」，英名「華北日報」，以後經過兩次英法聯軍，於是由天津條約，北方各地亦開為商埠。再經中法及中日戰爭，清廷勢力一落千丈，由戊戌政變的失敗，遂激成義和團的排外主義，而有一九零零年的八國聯軍，時為光緒二十六年，又當庚子之年。中國從此不但在政治經濟上門戶洞開，且在思想上也一蹶不振，惟洋是尚了。

一七八〇年第一個庚子，是以英國為代表的西方勢力，取得了從印度洋來到遠東的基地，一八四〇年第二個庚子，是英國首先打開了中國的閉關主義，一九〇〇年第三個庚子，則使中國從此屈服於西方勢力。而不敢再事反抗。但是物極必反，就在這當中，孕育着東方勢力的興起，一九〇四年的日俄戰爭，俄國敗績，實鼓舞着東方民族的意氣。這時候，由一八九八年的美西戰爭，美國領有夏威夷與菲律賓，美國勢力由太平洋而西來，中經第一次大戰，英國在東方的勢力漸為美國所取代，於是美國與日本形成太平洋的爭霸戰。到第二次大戰，由日本勢力之侵入東南亞，西方勢力遂完全撤退，各國獲得獨立，毛澤東指為「東風壓倒西風」，可說也不無理由。

但是第二次大戰的結果，日本敗績，東西太平洋俱入於美國的勢力。當是時，由雅爾達會議的決定，美國頗想與蘇聯和平共存，所以不惜以我東北利權為交換條件，換取蘇聯的合作。此時美國的政策，是國共合作，成立聯合政府，以日本為遠東的瑞士，作為中立的遊覽地。但是由大陸的變色而中共聲明一面倒於蘇聯，繼之有朝鮮戰爭，終於形勢一變。為了保衛其在西太平洋的地位，美國遂與日本訂立安全條約，轉而扶植日本，並且從阿拉斯加，日本，南韓，琉球，台灣以至菲島，形成一條西太平洋的弧形防線。最近繼着阿拉斯加，夏威夷亦成了美國的第五十州。

未來的形勢這樣很明白，今日的遠東，是在美國太平洋勢力與蘇聯大陸勢力的對立中，這是一個兩大勢力的中國大陸爭奪戰。共黨為了增强其大陸支配，在一九五五年曾利用萬隆會議以和平共存相號召，爭取亞非各國中立主義的同情，但從今年起，形勢一變，現在從中東的那塞，到印度的尼赫魯，雖仍標榜積極的中立，却明白表示反共了。這使蘇聯尤其中共，陷於不利的形勢。

今日中共，國內因人民公社的大躍進政策，正遇到了大蹉跌，繼着反右派而有反右傾機會主義，人心不安已極。國外則因尼赫魯態度的變化，失去了亞非國家的同情，自陷於孤立。對於這形勢，中共的政策是怎樣呢？明年一九六〇年又是庚子之年，在美國是總統選舉年，庚者更也，是否表示東方形勢將有重大的變動呢？毛澤東認為今日形勢是東風壓倒了西風，但就地理上的東西關係來說，誠然英國在西而中國在東，英國現在已沒落了，然而以太平洋為中心，却是美國在東而中國與蘇聯在西，這就不能說是東風壓倒西風了。

今日的時局，這樣正進入重大的轉捩點。一九六〇年庚子也許是一個重大的關鍵。舜生先生研究中國近代史，深有心得，敢以此就正於有道。（十一月廿九日）

聯合評論 週刊
本刊已經香港政府登記
每逢星期五出版
United Voice Weekly
第七十三號
督印人：黃宇人　總編輯：左仲平
社址九龍金馬倫道卅八號三樓　電話61413
承印嘉羅印刷有限公司　香港灣仔馬師道5號
總代理：友聯發行公司　售價每份港幣一毫
本報美洲版總經售處　美國紐約中美出版社
CHINESE-AMERICAN PRESS, INC
199 CANAL STREET.,
NEW YORK31 N. Y. U.S.A.
美洲航空版零售每份美金一角

和平共存聲中的中共企圖

李璜

一

一九六〇年應該是一個和平共存年，因爲高峯會議既然開會已有了期，而一開之後，又可以交由外長會議或專家會議去具體研討，一拖就是一年；情形是大家都不想打仗，而問題又根本無法解決，所以英國首相麥美倫早看準了，會議將一連串的開下去，就是高峯會議也不只開一次就能解決問題，可以十次八次的開下去的。

原來民主國家的政治外交動向，是要順從其國民的願望與表示的，第二次世界大戰結束了不過十五年，大多數的英、法、美、德老百姓的創痛未復，記憶猶新，誰能願意又去再受原子戰爭的苦難。十年來的冷戰場面，無非是蘇俄在全世界陰謀掠奪，尤其在歐洲德國問題上糾纏不已，方使得西方戒備，先有北大西洋聯盟，後有巴格達公約，以至東南亞的聯盟。不過這些聯盟與公約，只是對國際共產黨的侵略一種反應而已，最多圍堵而已，並無戰意存乎其間，故年來這種應付辦法已表現再衰三竭之勢，隨時需要美國政治家在中間打氣，在到處彌縫；但英國的老年人還認爲這種打氣與彌縫爲多事，反認爲美國政治家好戰，其實美國人又何嘗願意戰爭——韓戰打到半途收了兵，就足以証明美國人是不願意戰爭的。

而今幸得蘇俄的獨裁者赫魯曉夫放出和平空氣，高喊和平共存，而且先到了美國去表示友好，主張開高峯會議，畏戰的民主國家人民豈有不大大表示歡迎之理！即使赫魯曉夫的做法是假的，因有此和平空氣而纔得着了多數票的英保守黨政府也願意假戲眞做一下，何況赫魯曉夫的做法乃是半眞半假，可眞可假的，因此英美德法的國民及其政府都願意四鉅頭會議的認眞聚議一下了。

年來赫魯曉夫之發動和平攻勢，四出奔走，高談和平，有點仿照史太林在一九三二至一九三九的和平協調辦法。當時史太林有鑒於與西方隔絕之無利，而且感到東鄰日本的西侵，西鄰德國的復興，其勢均咄咄逼人，於是史魔令其外長李維諾夫到處出賣笑臉、到處簽訂互不侵犯條約，彼時蘇聯的和平外交會着着成功，而與以時間俾完成第三個五年計劃，將蘇聯的內部更壓得平順，國力更充實起來。——赫魯曉夫今日要聲言裁兵，以迎合民主國國民的畏戰心理，要完成其「七年計劃」，以充實其國力，並便加強控制其衛星國，我想他對於暫時的和平共存，乃是有相當的眞意存於其間的。

二

不過，赫魯曉夫這一來，中共有點着急了！中共一向希望他的老大哥帶他上國際場合去大大露面的，到今天，聯合國的席位，老大哥還未替他爭得來，中共已不免於失望，而今四鉅頭會議竟將有宰制世界之勢，在毛周及其一羣人看來，赫魯曉夫這一包辦共產世界，去與民主世界言和，他們還有甚麼好戲可唱咧！

中共不願在國際場合中，完全屈居俄共之下，這情勢在史太林死後，已經在匈牙利革命，在波蘭事變，在對於狄托主義之批評，在對於埃及的彼此相左等等事實上，看得很明白，中共不但要想獨力宰制亞洲，而還不斷伸手於中東，北非，以至南美洲，其志已不在小。中共何以敢於如此放肆？因爲民主國家在歷史上，在近年來，都表現得很明白，凡能用強力搗亂者，凡具有侵畧性的國家，都必爲愛好和平的民主國家所畏懼，而加以妥協，安撫，並得着良好的禮物，——弱者的土地與通商的便利，以滿足其要求。有侵畧性的向外擴張者，如希特拉，如史太林，都會是這樣横行一世，留下了榜樣，故目前英美人士說中共有向外擴張侵畧，乃是爲毛周輩所最樂意聽受的，並且要更進一步表演其侵畧性的行爲，以便英美法等國政治家更加疑懼，然後纔能在和平共存聲中實現其企圖。

三

中共的企圖是甚麼呢？很明瞭的，他是要國際場合中出頭露臉，對內始足以更進一步的鎮壓反動，對外始足以到處滲透無阻。在自命「風流人物」的毛澤東的志願，最好是四鉅頭會議變成五鉅頭會議；如果辦不到，則至少要加入聯合國，出席裁兵會議，以及解決台灣的問題。何況這三點早有英國及亞非會議等國家隨時在贊成他去爭取，而予以助力。毛周及其一羣不趁此大家談和平共存的當兒去爭取，又更待何時？爭取的方法，本其鬥爭原則且識得畏戰心理，則必然是你要和平，我偏不要；你怕打仗，我要打仗，此喜馬拉亞山脚下之所以集中大兵，喊打喊殺不休也！

聰明的印度尼赫魯，聞弦歌而知雅意，故對中共之來侵，始終鎮靜，別國替他着急，而他乃並不着急；艾森豪親往支持他，使他有勇氣對抗中共，而尼赫魯反爲陳兵邊境的敵人說項，還是主張中共加入聯合國，並無絲毫仇視的心理與敵對的辦法，尼赫魯或者了解到，彼項莊舞劍，固意在沛公，而不在我尼赫魯！印度的危機本甚大，而尼氏似乎有把握度此一關。

總之，中共的企圖，無論它是與赫魯曉夫在唱雙簧以求達成，或竟與俄共爭雄而有待於赫魯曉夫來俯就調協以求辦到，已是今年年內就要圖窮匕見，短兵相接的。以我讀現代歷史的眼光看來，凡是歐洲大國要求國際和平時，總不免要去犧牲弱者以暫填侵畧國的慾壑的。唉！誰教你是弱者，而不能去搗亂呢！四九、一、三

從蔣先生的敵情判斷說起

孫寶毅

打仗最要緊的，是敵情判斷。這道理是用不到筆者來多說。中共是我們今日的最大敵人，我們今日對中共，不管是冷戰或熱戰，我亦不管是從事思想戰政治戰經濟戰和外交戰等等，要之都不外是打仗，最要緊的；當然也就是關於中共情況的判斷了。

最近我們得以知道了蔣先生關於中共情況的判斷。他在元旦告全國軍民書中說：「……大家知道，我們從去年這一年以來，在奸匪內部的矛盾中，便已經得到了一個鐵的證驗，那就是奸匪不但根本沒有能够控制着中國大陸，並且它的匪黨本身正在加速的分崩離析之中，事實上在奸匪的周圍，不但有着西藏、新疆、青海、內蒙古和各省區反共抗暴運動，前仆後繼，連接不斷的爆發；而且在奸匪的內部又有着瘋狂的史達林主義者匪首毛澤東的被推倒，和它大批匪幹的被下放，被整肅，而其「反右派鬥爭」今日正在匪黨匪軍裡全面的、深入的尖銳展開，更可証明其上下疑忌內外恐怖，鬥爭排殺，勢必愈演愈烈。我們不僅確信這喪心病狂，倒行逆施的萬惡共匪，必將在我們民族大義之前，被我們全國軍民所滅亡，而且它們匪徒自己亦招認了它的匪黨裏不少嚷着反右傾的，其內心却正是右傾者，而其所指斥爲右傾的——反是反公社、反躍進的，擁護赫魯契夫，反對史達林主義者，反皆成爲標準的「右傾機會主義者」了。這豈不是它們自己亦正在埋葬自己麼？」「……殊不知克魔和毛匪二人間的關係是一回事，俄共和匪黨間的關係又是一回事，克魔要鬥爭毛匪，正是俄共已直接控制了奸匪的確據，……所以它的反黨，並不就是反俄，更不是反對它以俄共爲首的「共產集團」，這是對俄共和奸匪的本質，凡有認識的人，都能深信不疑的，所以今日毛匪在克魔的心目中，可以說是等於它國際共產集團中的一個「死胎」，乃是克魔必欲「移開」「埋葬」而後快的，現在奸匪的情勢，由於以上「克整毛」和「毛反克」的鬥爭，而其匪黨內部亦連帶觸發了擁克的洋共與擁毛的土共的鬥爭，觸發了地方匪黨和領導階層的鬥爭，換句話說：這種鬥爭，不是中共與俄共個體的衝突，乃是克酋對毛匪的權力爭奪所激起的派系鬥爭，……在這種不可救藥的絕病之下，除了毛匪個人爲了保持其對匪黨的領導權不能不與克酋勢不兩立的掙扎之外，其他匪黨裏無論是擁克的洋共派，亦無論是擁毛的土共派，因爲要苟延其匪黨的殘喘，和保持其本身的生命，免爲毛匪殉葬，而其所仰望和依靠的，就只有在俄共爲首的國際共產集團整體而不可分的關係之中，更加緊密，更加迫切。此後俄共間狼狽爲奸的事實發展，是必將自然而然打破這種所謂毛匪與克酋「爭雄」和中共與俄共「分裂」的「幻想」。

從上述兩段話中，我們可以見出：蔣先生對中共情況的判斷，其主要點是：中共不但不能有效控制中國大陸，並且本身正在加速的分崩離析之中；至於對蘇聯的關係，則克魯契夫將「埋葬」毛澤東，惟中共不會與俄共「分裂」，且將更加堅密地狼狽爲奸。

蔣先生如此說法，顯然是有其用意的，據筆者揣測；不外是：造成中共內部分崩離析的加深，造成克魯契夫和毛澤東間疑忌的加深，與夫打破盟國對中共與蘇聯分裂的幻想。然而作爲敵情的判斷來論，筆者亦總覺得恐怕並非完全根據於事實。那末，一方面根據於事實，另一方面又能達到有利於我們國策，亦就是說，使事實眞相與政治作用合而爲一，是否有其可能呢？筆者認爲是有其可能的。

因爲，事實上確是如此：中共一年來眞是「糟得很」！不但黨外，黨內，甚至軍隊內部，亦發生了鬥爭的嚴重現象。這種鬥爭的嚴重現象，可能是大整肅清黨的前夕，而這是共黨制度的不能避免的必然發展。但若說毛澤東已被推倒，而中共已不能有效控制大陸，則未免是近於主觀的願望。

至於中共與蘇聯的關係，表面上雖似乎不很一致；但在共同目標上和利益上，我們尚不能見出有什麼大出入之處；所以我們假定中共與蘇聯唱的是一齣戲，不過互相運用，手法不同，所扮角色有異，是比較要妥當些；同時誠如蔣先生所說，對共黨本質有所認識的人，亦應作如此看法。但若看到這種中共與蘇聯的表面上的分歧，而就說「克整毛」和「毛反克」，這是否是根據獨特的情報，則非我們所能知的了。

不論目前中共內部如何分崩離析；但它的頭子仍是毛澤東和其左右一小撮人，而它的黨軍特務仍是有效控制中國大陸；不論目前中共與蘇聯在政策上如何有些不一致，但基本上仍是相同的，而克魯契夫仍是共產集團的頭子，今後中共與蘇聯更狼狽爲奸地更加緊密。

這或許是比較近乎事實眞相的判斷，而我們可以之爲根據，對國內外大力宣傳，中共的虐政，毛澤東的罪惡，和克魯契夫的狠險，這樣可以鼓勵反共的加緊努力和團結，使大家根絕懶漢思想；同時可以引發大陸愛國人民的起義，與打破盟國對中共或「兩個中國」的幻想，而積極來支持我們。這豈不是更有利於遂行我們反共復國的國策嗎？

國民黨僑務政策底演變

·宋寂·

從印尼發生野蠻排華事件開端！接續是菲律賓有「遣僑案」的强橫表現；事實說明，今日的華僑問題，顯屬極端嚴重。這些新興的民族主義國家。不僅單純從經濟方面進行排華，甚而激烈通過政治權勢來迫害華僑了。

面對可怕的現實，散居海外一千四百萬華僑的絕續存亡，正臨時代的考驗。如果執政當局仍然泰然處之，而不從事研討「僑務政策」的是非得失，這支龐大的反共力量，不但不會有助於反攻復國。甚至「華僑問題」將削弱政府的聲譽，和嚴重地影響人心。

「僑務政策」種種

華僑漂流海外，歷代皇朝視爲「化外流民」，任其自生自滅，鴉片戰爭以前，中國的皇帝儼以大國自居，海禁森嚴，鄙棄僑民的意識，根深蒂固。鴉片戰爭以後，西人東來，才粉碎了閉關自守的迷夢。我引証一節發生在咸豐八年（公元一八五八年）的故事：

天津條約訂立時，美國全權代表李威廉之代表杜約，與直隸總督譚廷襄的談話：

杜：「中國應派領事赴美，以便照料中國僑民……貴國人民，在太平洋沿岸者，人數不下數十萬，開掘金鑛，頗有富有者，似頗有保護價值。」

譚：「敝國大皇帝撫有萬民，何暇顧及此區區飄流外國之浪民。大皇帝之富，不可計數，何暇與此游民，計及錙銖。」

滿清皇朝荒謬態度，由此可見一斑。海禁被迫大開後，統治者對世界潮流與華僑實際情況，始稍認識而漸有護僑之議。但眞正具體策劃輔導華僑，如「僑務政策」的釐訂，實不可能有，也根本不會有。

降至民國，孫中山先生，以革命事業奔走海外數十年。足跡遍及寰球，一方面依賴華僑的力量，一方面也洞悉華僑的艱苦。因而他極重視華僑問題。雖以內亂頻仍，國內政治未安定，國家無法統一，也不可能實施僑務政策。但，他底「華僑爲革命之母」的至理名言，一直影響整個國策，也一向使國民黨方面，不得不重視僑務，不能不再四强調「優待華僑」，保護「華僑權益」等等。

從北伐到今日反共，國民黨與華僑，關係異常重大，今日的「僑務政策」也和今日國民黨政綱分不開來。

民國十五年，國民黨第二次全國代表大會，在廣州舉行，通過有關海外黨務的五大提案，重組僑務行政機構，在廣州成立僑務委員會，直隸國民政府。當時有關華僑的政綱：「一、設法使華僑在居留地得到平等待遇。二、華僑子弟歸國求學者，須予以相當便利。三、華僑回國興辦實業者，務須予以特別保証。」這應該是最初的僑務政策了。

民國十七年統一全國，頒佈訓政時期國民政府施政綱領，國民黨行使政權，政策決定於黨方。僑務委員會隸屬中國國民黨中央執行委員會。

民國二十一年，僑務委員會改隸國民政府行政院，但國民黨的歷次會議，對僑務工作均予決定。到民國二十六年，中國國民黨五屆三中全會，通過八項海外工作要目，雖距離「僑務政策」的具體完整尺度很遠。但總較過去籠統綱領，較有條理和有目的了。

抗戰軍興，華僑熱烈捐獻，組織救亡團體，更且踴躍回國投資，及回國參加戰地服務。「爲謀保障僑胞之安全及發揮僑胞之物力人力，以用於抗戰之事業。」到民國二十九年的五屆七中全會，指出一項危機：「他黨趁我黨極度關懷國中的時候，潛入僑民居留地，藉抗戰爲名，大肆煽動，欺騙僑胞，陰謀削減本黨力量，毀滅本黨光榮歷史，此爲黨務上的危機。」由此可見，當時國民黨對華僑的態度，所謂他黨當係指共黨而言，無論如何，我們可以看出，國民黨確把華僑當作政治資本的。

民國三十四年，中國國民黨第六次全國代表大會，通過「促進戰後華僑事業」「關於華僑善後救濟事業辦法」諸案。在這一長期的訓政階段裡，「華僑問題」完全是取決於國民黨黨方的。即由黨綱決定「僑務政策」。

歷史條件會給予國民黨最好的政治本錢。在遜清末葉，如興中會、同盟會等等，都在廣泛的海外地區，用諸種掩蔽手法從事工作，像用「書報社」名義，「學塾」名義，秘密組織，吸收黨員，宣揚黨綱。因之，許多國民黨部可以公然在海外作政治活動，當地政府不聞不問。例如印尼地區，在大陸易手後，儘管當地政府業經承認中共政權，但國民黨的活動結果，反共力量日益膨脹，海外僑胞的黨性確比國內黨員的黨性强，這也是今天常常可以發現「忠貞僑領」的事實因素。

從民國十六年建都南京後，在外交部下設僑務局，並在大學院（即教育部）設華僑教育委員會起，到民國二十一年，立法院修改僑務委員會組織法直隸國民政府行政院止，這個僑務機構，一直隸屬國府與國民黨中央間，遞遭更易。整個僑務機構的主要職掌均由國民黨控制，也即是說黨決定一切。

勇敢護僑

自卅六年行憲，不久大陸易手，政府倉卒遷台，海外一支龐大的力量，引導僑務進入一個新的歷史階段。但僑務委員會和國民黨第三組，仍屬二位一體，過去是第三組長兼僑委會主席，直至陳清文氏入閣後，才和鄭彥棻氏分開。因之，我們要批評僑務的成敗利鈍，並不應該說某一個主管僑務機構的負責人，而是整個國民黨的決策正誤優劣問題。過去十年，由於中共的暴虐，使至「四海歸心」，熱烈擁護政府。顯然，在這一個時期，政府的「僑務政策」，僅針對於僑胞的向心方面。但自若干新興國家，提出什麼「菲化案」、「越化案」、「棉化案」……以及最近猛烈與野蠻的排華運動後，今日「僑務政策」，重點應該轉移到如何使華僑能繼續生存，繼續能在當地社會發展傳代了。

華僑和國民黨，關繫至深且巨，我們必須承認過去「僑務政策」，缺乏遠見和新的觀點，至使華僑面臨今日的窘境，某些且處於生死存亡之秋，現在國民黨必須堅持一種强硬的護僑立場，和必須釐訂一項適應新現實的僑務政策了。

台灣一周

反共思想並存不悖

蔣總統在台灣光復大陸設計委員會上致詞：「要以三民主義的思想爲反共建國思想主流，除了賣國殃民萬惡的共產主義思想之外，其他思想皆當幷存不悖，所謂『小德川流，大德敦化』，就是殊途同歸，共同一致爲建設三民主義的中華民國而努力。」

善哉斯言！

在一個民主自由國度裏，論議錯陳。某種思想體系自可形成某個政治黨派。作爲一個獨立的政黨，當必有其完整的思想意識，健全的理論體系。而基於公平競爭的政治制度下，爭取廣大人民的多數選票。

但，共產黨徒膜拜的革命圖騰，所謂「唯物論辯証法」，「唯物主義歷史觀」一套「思想」，却完全憑藉政治權勢，壟斷和統治人類的思想。於是乎，在極權專制的政治形式裏，祇有一個思想——一個主義，一個黨派和一個統治階級或一個獨裁者。因之，今日反共必須講民主自由，從這基本原則建立的政治制度，經濟體系和社會形態，才可以遏止共產主義的流毒，消滅共產黨的禍患。

想排除異己，迫害自由言論，實在是否定「思想皆當幷存不悖」，眞知灼見的愚蠢行爲。

作威以防怨？

報載，台北「政經半月刊」，「汚辱」國大代表，羣情憤激，國代聯誼年會通過「請政府嚴辦」的提案，可謂「聲色俱厲」了。畢竟陳副總統來得幽默，奉勸不要去看這種雜誌，蓋「目不見爲淨也」。

不特此也。該會又通過「建議有關方面尊重國民大會及代表的地位與職權，以維憲政，而崇法治」。所謂「尊重辦法」有一項是：「各報紙雜誌或官員，應尊敬國民大會及代表，如發現有侮辱言論文字或行爲者，應依法從重處罰；主管人員有包庇者，應即撤職查辦。」

像我未入國門一步的人，自難以「洞悉」台灣軍民對國大代表之態度如何？而又無法讀到「政經半月刊」，更難以知道這冊雜誌「汚辱」國大代表的眞相怎樣？但想起「人必自侮然後人侮之。」就認爲似乎大可不必小題大做的。

國大代表先生當知！憲法第十一條：「人民有言論，講學，著作及出版自由。」如果是私人的攻訐，可循司法控予誹謗，如果是抨擊國民代表，本「有則改之，無則再勉」可也。

左傳：「我聞忠善以損怨，不聞作威以防怨」。敬與諸公共勉！

○孟戈○

現階段中共黨爭新形勢

·金思愷·

中共自於去年八月開始反右傾以來，一直只在醞釀階段。但根據近月來大陸情況的表現中共黨爭似已在激烈進行中。

基層黨爭

根據第二十四期「紅旗」雜誌所刊中共中央組織部長安子文所寫的「進一步加强人民公社黨組織的領導作用」的文章說：「公社幹部存在着程度不同的右傾思想和右傾情緒，他們只是片面地强調羣衆的某些眼前的，局部的利益，以至離開了黨的方針政策。他們的思想落後於羣衆的覺悟程度，不可能領導羣衆勝利前進。他們對一部分有嚴重資本主義自發傾向的富裕農民缺乏警惕，受了他們的影响。」文章又認爲：「對於那些右傾機會主義分子和嚴重右傾、抗拒黨的政策的人，應當堅決地把他們從領導崗位上撤換下來。」「撤換下來」出諸中共組織部長安子文的口，當可說明整黨期間，在農村有大批基層幹部被整掉。

高級黨爭

「紅旗」雜誌的另一篇文章，是中共中央監察委員會書記王從吾所寫的「黨的團結和紀律」。自一九五四年高崗事件以來，可以說，未曾有過談黨內團結和紀律的文章，這足以說明，這篇文章的不平常。

文章指出，目前中共內部的右傾機會主義者斥責：一、「黨內沒有民主，不讓講話」。二、「黨內不自由，有壓力。」三、「黨的「書記掛帥」，破壞了集體領導」。

文章又强調：右傾分子只要認爲「他們的意見自以爲是對的，就可以不受任何約束，隨便發言，隨意行動，所以他們常常對上級黨組織或在同級黨組織鬧獨立性，把自己領導的地區或者部門當成獨立王國，擅自實行同上級黨委或在同級黨委的決議相反的政策。」

因此，該文章認爲一、「要繼續加强黨的團結，就必須繼續鞏固黨的鐵的紀律。」二、認爲「黨的民主原則不能脫離開黨的集中制」。「右傾機會主義分子向黨要民主，實際上是要在黨內實行資產階級民主，反對無產階級民主」。三、「右傾機會主義分子藉口集體領導，反對書記掛帥，破壞領導核心的威信，實際上就是要瓦解我們這個整體，使黨的組織陷於無政府狀態，背叛無產階級事業」。四、「反對右傾機會主義的鬥爭，絕不是無關大體的事情，這是過渡時期階級鬥爭的一種反映，是十年來我國無產階級和資產階級兩個階級你死我活鬥爭的繼續」。顯而易見，目前中共的黨爭已經達於勢不兩立的程度。

一些跡象

原來各省、市的黨委書記共有五個或者六個，但自最近以來，根據統計，有下列各省市黨委書記的調動：

北平——增加市委書記范儒生。甘肅——增加省委書記張鵬圖。新疆——增加自治區黨委書記李銓。四川——增加省委書記趙蒼璧，杜心源。貴州——增加省委書記張海華。雲南——增加省委書記劉卓甫。河南——增加省委書記宋致和。湖南——省委第一書記周小舟已被免職，新任者爲張平化，另增兩個書記華國鋒與于明濤。江蘇——增加省委書記彭冲。山東——增加省委書記劉季平。安徽——增加省委書記王光宇。

爲什麼要作這種增加？雖然我們還不能指出因這種增加而被免除了的又是些人，但無疑上述這些事實是鬥爭結果的一部分。

此外，十一月十八日「人民日報」報導：武漢黨內已有一個右傾集團被清算；十一月二十日又報導：西安市委書記陳元方已被清算；十一月三十日繼續報導：湖南省黨內有一個右傾集團已被清算；十二月五日該報稱：陝西省委黨校教員岳邦珣被批判。

如何處理

綜合上述，許多跡象說明，中共黨爭正在激烈進行中。

但是，還必須注意「黨的團結和紀律」這篇文章的另一段話：「右傾機會主義分子犯了嚴重路線的錯誤，但是由於他們在思想上有革命和反動的兩面性，所以他們同黨的矛盾還是屬於人民內部矛盾，屬於黨內性質的問題。」這段話是與前述的「兩個階級你死我活的鬥爭的繼續」是互相矛盾的，他們何以會有這種矛盾？且不追究其原因；但由這種情況來觀察，他們對於右傾分子的處理，可能還不致予以開除出黨，也可能不會公開發表，暗中留在黨內察看改造，而已發表却是一些無關重要的幹部被清算，以掩其黨內尖銳的鬥爭形勢。

× ×

一九六零年的「兩個中國」

·田心·

儘管不論在任何形勢下，欲把中國劃分成兩個，是必然爲中國人民所反對的，但自一九五〇年韓戰爆發，美國艦隊巡弋於台灣海峽以來，「兩個中國」的事實已經存在。也儘管「兩個中國」的兩個現政府所管轄下的，不被這兩個政府所管轄下的大多數人民所擁護，却自各有一套辦法來維持其政權於不墜。一年復一年，看來今年在這方面也未必有新的開展。

傳說蔣總統三度連任，已成定局；而連任當然是爲了反攻大陸。雖然說「今年形勢，有利反攻」，也不至於有何事實行動。

毛澤東目前處境，確至艱困，但若因此而認爲他即將被推倒，四方豪傑將紛起，則未免言之過早了；同時他也不會放棄大躍進，人民公社；至於說「解放台灣」，也不過是癡人說夢，充其量在金門打砲，命幾個國軍降將在海外的尾巴報寫幾篇官式文章，統戰一番，如此而已。

雙方均自稱「英雄」，均不承認失敗，但誰也無法打開「兩個中國」事實上的僵局，誰也沒有勇氣向國際壓力挑戰；「英雄」何價？生活在大陸與台灣的中國人，今年仍將像過去幾年一樣，逆來順受，委委屈屈的挨下去，再挨下去！

本來在海外的華僑，是處在這兩個政權勢力以外的，比較可以生活得自由些；然而經過去年印尼，菲律賓的排華，再加上各東南亞國家先後進行華僑的登記工作，大家也都有居無寧日的感覺。這樣，海外的孤兒在一九六〇年也難免要以更沉重的心情來面對新的形勢了！

兩個「英雄」控制「兩個中國」的事實在一九六〇年中似無改變之望，六億多中國人民的苦難生活不但無望在年內改善，其趨勢是更漸惡劣了！

世界局勢似乎是向着緩和方面邁進，從整個人類的前途來說，或可免去毀滅的悲劇；但從中國的立場來說，則將有助於兩個不被中國人民擁戴的政府統治，因此，世界局勢愈是緩和，中國人民所受的壓迫，將更沉重，將更悲慘。

說有人蓄意鼓動世界大戰，中國人自亦不願「兩個中國」作可恥的爭城之戰，但我願奉勸主持兩個政府的「英雄」，值此全世界絕大沉寂之時，何不放棄己見，何不放棄個人的「面子問題」，安安靜靜的考慮，檢討自己數十年來的所作所爲，究竟對於中國人民發生了何種影响？中國的前途是否應該仍循從現在的方向前進？也許有人以爲這是書生之見，而我却認爲這是中國人無告的悲鳴！

揭開中共統戰魔術

·高瞻遠·

中共最近對台灣一連展開了兩次統戰攻勢，第一件是「特赦」與「摘右派帽子」，第二件是刊登現任軍政大員的家鄉通訊。

先說前者，中共於十二月四日發表「特赦令」，「特赦」三十三名戰犯，其中三十名是國軍被俘將領，兩名是滿洲國君臣，一名僞蒙疆自治政府的軍官。

本來中共要「特赦」的事，九月間毛澤東已經邀請各方面人士討論過，不過，看到這次公佈的名單，使人感到中共無論作一件什麼事，假定它是一件好事吧！也是從壞的基礎上出發的。

以這次釋放的「戰犯」來說，仔細研究起來，眞正的目的並不是爲了「特赦」，而只是爲了「統戰」，試以所釋放的戰犯作分析，大體是每一個戰場上放一個或兩個人，其餘的人仍在羈押中。也許過一個時間再照樣放出來一批。

例如徐蚌會戰國軍七十萬大軍覆沒，除去當時殉國的邱清泉將軍之外，被俘將級軍官達百名之多，此次中共只釋放杜聿明及七十七軍三十七師師長李寶善。

又如前山東省主席王耀武當濟南失陷時被俘，同時被俘人員不下百名，目前僅放出王耀武一人。

再如黑山戰役爲東北最大一次損失，數十萬國軍全部損失，此次中共只放出四十九軍軍長鄭庭笈，至於當時任指揮官的廖耀湘及其他將領均未放出。

又如蒙城雙堆集戰役，第十二兵團黃維兵團覆滅，損失三個軍。中共此次放出十八軍軍長楊伯濤，至於兵團司令官黃維，副司令官兼八十五軍軍長吳紹周，則未提及。

又如天津失陷時警備司令陳長捷，副司令林偉儔均被俘，此次放出陳長捷未放林偉儔及其他將領。

又如錦州失陷，國軍損失亦達三個軍；中共此次放出第六兵團司令盧濬泉，而未釋放錦州地區司令官范漢傑。

又如釋放太原綏署少將課長白玉崑，而守衛太原城防司令王靖，孫楚何以不予釋放。

再如釋放僞滿洲國皇溥儀，第十軍管區司令官郭文林，則僞滿總理張景惠，及參議院長臧式毅，宮內府大臣熙洽等人，年齡均在七十歲以上，又何以不予釋出。

若說被釋放的一批人都是「改惡從善」的分子，何以每一戰役，每一地區被俘人員只有一人（最多二人）改過，中共此舉豈非又是政治作用大於實際政策。

即以摘右派份子帽子來說，中共電台宣佈爲一百四十二人，實際上披露名單的只有二十五人，這二十五人中若加以分析，幾乎又是每人代表一個階層。

如黃琪翔是民主黨派，費孝通，潘光且是名教授，葉恭綽是北洋官僚，林漢達是教育家，浦熙修是新聞記者，向達是史學家，陳銘德是報紙發行人，董守義是體育家，也是奧林匹克委員會三名中國籍委員之一。每一個階層放出一人或二人，無論是對內統戰還是對外統戰，其目的總是做給別人看的。

以上是屬於「特赦」及「摘帽子」部份。然後再說到刊登家鄉通訊的事，最近兩週來，中共報紙刊出台灣軍政大員的家鄉通訊的，計有彭孟緝，羅列，黎玉璽，黃杰，賴名湯，胡宗南等人，相信這種通訊還要繼續刊下去。以前中共曾利用留在大陸親屬向在台軍政大員發過勸降書，但是並未發生絲毫效果，最近一改只發表家鄉通訊，隻字不用勸降口氣，其用意當是學自「丘遲答陳伯之書」，只說「暮春三月，江南草長，雜花生樹，羣鶯亂飛」，以勾起人們思鄉之念，無疑地在宣傳方面中共已較前聰明了。

不過要說中共這兩套統戰方法，會發生什麼作用，能使反共人士轉變思想當然是一種空想，可是我們只是置之不理總不是辦法，應該爭取主動，提出反擊，例如留在大陸學人遭折磨而死的如張元濟，劉文典，冒廣生三老，政府也應該明令褒揚，使大陸學人知道政府還在惦念他們，也使海外人士知道政府大員的意識上還是統治着整個中國的。

致國大代表公開信

—四十八年十二月廿五日寄自紐約—

潘公展

國民大會代理秘書長谷正綱先生煩轉國民大會全體代表諸君公鑒：

國民大會第三次會議明年二月間便要依法開會了。這次大會的任務特別重要，我們的國家能否確立尊重憲法，維護憲法的永久規模，將取決於全體代表的選擇是否明智。一步走錯，便可開創惡例，諒必諸君身負重任，亦有同感。公展謹就我個人管窺所得，誠懇貢獻簡單的愚見，敬祈諸君慎重考慮。

第一、我願聲明以國民黨黨員一份子的身份，竭誠擁護本黨總裁去年和今年十二月廿三日的兩度鄭重宣告，和本黨中央常務委員會本年十二月七日所通過的重要決議，即「不贊同修改憲法的主張」。我個人百分之百的接受蔣總統今年十二月廿三日在光復大陸設計研究委員會致詞時的指示：「我們維護憲法的有力行動實莫過於光復大陸；光復大陸的武器亦莫過於尊重憲法。」而此項維護憲法與尊重憲法的重大責任便落在我們全體國大代表的身上。我個人自愧對於光復大陸的設計研究毫無貢獻，惟有這一點維護憲法尊重憲法的精神，竊願與全體代表諸君共勉之。

第二、或者以為憲法要適應事實的需要，而我們目前的反攻復國切需蔣總統的領導，故不能不設法修改憲法限制總統任期連選得連任一次的條文，或修改臨時條款將憲法本文這條暫時停止使用，以便蔣總統可以連任三屆總統。假使我們確有符合修憲所必需的代表法定人數，則即使修憲自亦無所不可；假如說「碍難修憲」，則臨時條款便同樣「碍難修改」，至於蔣總統以國民黨（立法院議席的多數黨）領袖的地位，繼續領導國家實施反攻復國的政策，也儘有其他合法途徑可循，合法名義可任，無碍於適應國家事實上的需要。切不可由我們國大代表自己拒絕蔣總統所提出的「懇切願望」，硬要修憲或修改臨時條款（即憲法的臨時附款），纔可表示擁戴之誠。我以為唯有尊重憲法，維護憲法，採納蔣總統不修憲的主張，而同時仍能不關閉國民黨總裁以多數黨領袖的地位「實際領導」國家政治的門，纔真正是愛護而且擁戴蔣總裁的正當途徑。

第三、頗有些人認為臨時條款究竟不是憲法，故修改臨時條款並非修憲。這是「言僞而辯」的說法。如說不是憲法的附款，便是「普通法」，天下豈有以普通法而可以限制憲法上卅九條和四十三條的暫停使用？何況臨時條款的制定，便是依據憲法所規定的修憲程序，要修改它又豈能不依據修憲的程序？因此，臨時條款便是憲法在動員戡亂時期的臨時附款。故蔣總裁和國民黨的「不修憲」主張，合法合理的詮釋，自然包括「不修改臨時條款」在內。除非我們願意不尊重或維護憲法的「精神」，否則我們在「不修憲」的前提之下，決無可以另闢一道「修改臨時條款」之路。

第四、更有人主張便利修憲或修改臨時條款計，不妨將憲法第一七四條第一款規定修憲法定人數的條文內「代表總額」不依配額三〇四五人來計算，而依現有合法代表的人數作為「總額」，如此便可將總額降低，同時亦即將修憲法定人數降低。這當然是為遷就事實所設想的「妙策」。可是我們代表將何解於第一次大會第二次大會召開時所依據的「總額」？同一國民大會而前後依據的代表「總額」人數不同，將何解於天下後世的指責？故不問是否用大法官解釋的方法來變更國民大會代表總額的規定，總之，這是一種「舞文弄法」的作風，不足昭大信於天下的。

總而言之，雖有人認為這次國民大會乃非常時期的非常會議，我個人卻以為國民大會便是國民大會，只有常會或臨時會兩種。這次既非臨時會，便是六年一次的常會，無所謂「非常」。我們不能在「非常」兩字的題目下，作些不合憲法的「非常」的舉動。假令如此，我們便剝奪了或毀損了蔣總統所稱「光復大陸的武器」，這是萬萬要不得的。最後，我個人要特別聲明，我是完全願望而且擁護蔣總統繼續領導國家的實際政治的，但不願見國民大會强其所難而走不合憲法的途徑。是否有當。敬祈諸君的公決。

（完）

勸進氣流彌漫寶島

公亮

雖然蔣總統曾於十二月二十三日在光復大陸設計委員會重申其反對修改憲法的主張，並說，「政府，民意代表和全國軍民都要全心全力，集中一切意志，一切力量以及一切時間用於反攻大陸」；可是，勸進派依然把他們全部心力，意志，力量和時間，用來推動勸進運動。自政治大學和台灣大學華僑學生被發動參加勸進以後，人們早已料到其他院校學生必將緊步後塵。果然，據十二月二十九日中央日報所載中央社訊：「國立藝術學校全體教職員及全體學生，國立台灣藝術館，國立音樂研究所全體同人暨所屬四個音樂團體—中華弦樂團，中華實驗國樂團，中華青年音樂社與台中新竹分社，中華青年合唱團全體社員及團員為効忠領袖，矢誠擁護總統，一致通過上電總統，懇請俯順輿情，繼續領導」云。又據同條新聞所載：「台灣大學學生還組織了一個擁護總統連任運動委員會，將利用廣播車，廣播電台和各種宣傳方式，向全國各界表明他們擁護總統繼續領導的決心，希望各地的青年和海外華僑青年響應他們的運動。」從這一消息看去，相信在此後若干日中，海外華僑學生的勸進電文，也將相繼見諸報端了。

除了學界而外，據中央日報消息：「台灣松山婦女會亦於十二月二十八日下午七時假民衆服務站舉行第三屆第三次理監事會議，由理事長鄭李廷主持，全體婦女一致通過擁護蔣總統繼續領導。」可見婦女界也要動員了。

在事實上，儘管勸進派怎樣的裝模作樣和煞有介事；而人們的心裡都明白這是什麼一回事。聞最近某一剛從美國開會回台並向報界表示紐約華僑對勸進不感興趣的學人，曾對某秘書長說，「你和我以及海內外人士都知道，那些擁護總統連任的函電，都是鄭彥棻一人的傑作，這是增加蔣總統的光輝還是玷辱他的聲譽呢？」可謂一針見血之言，惜乎蔣總統不願意聽取。

國大代表積極爭權

國大代表企圖利用蔣總統再連任的問題而修改憲法與他們有關的各條款，海內外報刊早有報導過。十二月二十五日和二十六日為時兩天的所謂國大年會雖未作梗性的決定；但幕後仍積極進行。聞他們堅持至少須修改憲法第二十七條最末一項。按是項規定「關於創制複決兩權，除前項第三第四兩款規定外，俟全國有半數之縣市曾經行使創制複決兩項政權時，由國民大會制定辦法並行使之。」換言之，在現行憲法之下，國民大會祇能修改憲法及複決立法院所提之憲法修正案，不能行使一般法律之創制及複決兩權。如今國大代表們認為十餘年來身處冷宮，都源於未能充份行使政權的關係，所以非在此最後的時機將他們的職權擴大不可，縱然不能承立法院的一切而代之，也要對立法院發生制衡作用，然後才可以稍吐積憤。據說，國大代表們已擬就修行草案開始連署，連署冊共三十餘冊之多，每冊已簽署三四十人。就現在看去，他們似乎抱定不到目的不止的決心，不知一再申明反對修憲的當局將如何應付也。人們對於國大代表祇知爭權，多感厭惡，聞國民黨中央亦深憎他們不服從黨令；可是，所謂上樑不正下樑歪，為了蔣總統的再連任問題，既可修改憲法以適應其需要，而國大代表們為了自身的利益又何怪其然呢？

修憲暗潮

（台北航訊）關於修憲問題，聞國民大會憲法研究小組，已擬定「關於憲法修改之重點」草案，擬修改憲法第二十七條，第二十九條，第三十條，第四十七條及五十七條二、三兩款。前三條的修改，是擴大國民大會的職權。第四十七條關於總統任期的規定，其修改的意見為：「行憲首任總統，連選得連任之」。而五十七條二、三兩款的修改，是將立法院的職權加以限制。

關於動員戡亂時期臨時條款為了總統的任期問題，也擬增加一款，其草案全文為：「為適應動員戡亂時期之需要，並達成海內外國民一致之願望，行憲首任總統，不受憲法第四十七條連任一次之限制，連選得連任。」

由此看來，國民大會修憲真正的意旨，並非為專效忠領袖，使蔣總統能夠獲得「合法」的連任；而是企圖報復三年前「國會」之爭的宿怨。自從大法官解釋後，即立法院與監察院及國民大會都是中華民國的國會，因而這三個中央級的民意機構，就結怨杯葛至今，國民黨當局也因此而困惑。

如今年八月間，聯大召開第十四屆會議，行政院循例請立法院推派的兩位委員以顧問的名義出席聯大會議，事為監察院所悉，故該院黨部常務委員孫玉琳，因分一杯羹而不得，乃與中央黨部秘書長唐縱發生不愉快的事件，而此事雙方尚耿耿於心，此即一例也。國民大會憲法研究小組所擬的修憲草案，原係秘密文件，其所以提早洩露的原因，則為本月二十五日國大聯誼會舉行年會，決定延長一天，為了增加一天的出席費（每一位代表一千元），行政院不願撥付，因而國大代表們極為不滿，乃將修憲秘密透露出來。

國民大會修憲的消息外傳後，國民黨中央黨部即於七日召開臨時中常會會議，（按：該中常會除緊急重大事件外，通常都是星期三舉行，而七日則係星期一）重申該黨今年五月八屆二中全會不贊成修改憲法的主張。這則新聞刊於八日的中央日報的『本報訊』，而不是由中央社統一發佈的。

中央日報在消息中指出：「由於第一屆第三屆國民大會即將於明年二月召開，各種準備工作已在積極進行中，對於憲法應否修改問題，至為各方所關切，據傳國大代表聯誼會正致力於準備工作，並徵詢全體國大代表對此項問題之意見，現在中常會既有不贊成修改憲法的決議，則此項決議，當必為本黨籍之國大代表所接受而予以一致支持……因此可知不贊成修改憲法，已是本黨現階段一貫的主張」云云。

如果從不經「中央社」發消息而由「中央日報」直接登報此一新聞這一角度加以透視和分析的話，則中常會反對修憲的原因，是怕國民大會藉修憲連任之詞，而節外生枝；但該項申明對增加連任的臨時條款，則隻字不提，足証不贊成修憲並非不願連任也。

（張國忠寄於台北）

大陸逃港學生的控訴：

魏老師全家被害經過（下）

·黃新·

在一九五六年三月十七日的公審大會上，魏老師的父親被市地方法庭宣判立即執行徒刑（於原月廿九日執行鎗決）。罪名是「美蔣特務一號頭子」。他本人存下的財產計有鋸木廠，織造廠，三間雜貨商店和一間三層法式洋樓住宅全被宣判沒收公有。當時魏老師所處的環境雖是很惡劣，但他還是發現了自己的良心，被「哀哀父母，生我劬勞」那養育之恩所感動。因而不顧一切的威迫利誘，坦然拒絕前往法庭親自宣讀他父親犯罪的檢舉書。同時當他媽媽和妹妹在哭得死去活來時，大胆地說了許多安慰與同情的話語，這樣一來，他即被載上「同情敵人，鬥爭消極，立場不穩」的罪名。即被解去市團總書記處處分。但黨書記爲了利用他暫時安定徨恐人心和平靜紛紛的議論，因此，先强迫他寫數萬字的「深刻的思想檢討」的檢討書後，才給他保存了「學校團總書記」和「人民政治教師」之職務。但他的家庭經這一場無情的暴風雨的掃蕩後，已一落千丈，由富有的家庭一變而成爲最窮困的家庭。他的母親當然更受不了這突如其來的「整肅」和「清算」的嚴重打擊，因而臥病不起，這時的家境又幾接近「餓死邊緣」，一日二餐的米糧已大成問題，當然談不上有錢去看醫生。他十二歲的小弟弟，爲了不忍心他媽媽的餓飯，曾數次從學校偷藏一二個饅頭回家，後被學校發覺，校長即出佈告說「頑固小童，無家教養，經學校屢教不改，數次偷竊學校公物，情節嚴重，特呈請兒童教養院予以收容，進行勞動教育」。

他一個十七歲的妹妹，當時正在無錫市第一女中讀高三，後在他父親將執行鎗決那天，被寒風悽悽，孤鳥無依的悽涼情景所觸動，悲慘地痛哭了一天。隨後學校即以「歷史有問題」之罪名，着令她退學，後來爲了找錢給她媽媽看醫生，故被迫去當地下娼妓，藉此出賣自己的靈魂，毀去創傷至無法補救了的心靈。以挽救她媽媽正在垂危中的生命。但魔鬼還是不肯把她放過，市公安局又給她套上「游手好閒，不務正業，交結亞飛，破壞社會治安」之罪名，把她押送進「勞動教養所，進行體力勞動教育」。

一九五八年元月，「大鳴，大放」之風吹至學校，市黨書記臨校作政治報告，向所有教職員工保証說「各位提出異議，個人見解……只作爲黨與學校改進工作作風，使所有黨員同志能眞正做到『眞誠爲人民服務』之精神。黨決不會向各異己份子採取任何報復手段」。隨之「大鳴大放」運動立即在學校展開，同學的意見書有似雪片般投至校長室的「意見箱」裏，老師們日夜忙着政治學習和寫大字報。魏老師隨着這運動的洪流，貼出了一張大字報，以「解凍」的標題提出了以下四點反對意見（一）「反對張校長濫用黨團權力」；（二）「反對張校長獨斷獨行的個人英雄主義」；（三）「反對張校長對高級知識份子安置工作分配不當」；（四）「反對伙食團貪汚舞弊，要求立即公佈賬目，改善同學們膳食」。因校長一向都以「黨天下」的個人英雄主義的個人獨裁來領導學校，使學校環境與氣氛變成烏烟瘴氣，人心上下不服，如對高級知識份子的所謂「安置工作問題」，而隨便舉一實例來說吧！當時有一位王×霞先生，在國民黨統治時期，曾任上海市衞戍司令部副司令官職，後投誠中共，且經中共一而再再而三地進行思想改造後，就被分配至學校安置工作，而張校長竟分配他做「管理學生宿舍」的無聊工作。他本人對此事雖憤憤不平，但由於環境的困迫，他還是敢怒而不敢言。

這張大字報雖算替那些被埋葬了的老師和無辜的學生發出了內心的共鳴。但却給魏老師自己種下了永無法拔除的殺身之禍根。原年五月，反右派鬥爭席捲學校，魏老師也就同其他老師一樣被載上「反黨,反人民，反社會主義」之罪名，情節較輕者被解職，重者被判五至十年有期徒刑。魏老師不但被開除團籍，解去「學校團總書記」和「人民政治教師」之職務，而且被地方人民法庭宣判他十二年有期徒刑，解押至「蘇北勞改農場」受刑。他年老的母親也就在他被解押那天帶病上吊自縊。而可憐的是魏老師至今尚不知他的慈母已永離人世了矣！

民國四八、十二、六日。

中共用高物價政策剝削人民的例證

康和

中共對于人民的剝削，無所不用其極。對于農民生產的糧食，用「公粮」和其他稅欵以及「公積金」「公益金」等名義，抽去了約佔總收入百分之四十。至于「餘粮」以及經濟作物，就施行統購統銷的政策，用極低廉的價格，向農民收購。對于一般人民（包括農民及其他一般人民，也就是一般的消費者），就用高物價政策，儘量從事搾取。

據日本記者丸川辰生在旅行中共區以後的報導：「據廠長對記者說，成都量具刃具廠建廠費用是二千九百萬元，到了今年五月，亦即投入生產十七個月期間，已經上繳了同樣的利潤。製造氣輪機和送風機的上海機床廠（機工六千七百人）建廠費五千萬元，去年的生產額已達七千五百萬元，利潤三千四百萬元。輕工業的利潤還要多，據重慶市的統計，該市對紡織業及其他輕工業在一九五〇年到一九五八年期間，投資七千六百二十三萬元。在這期間，向國家上繳利潤四億一千四百九十九萬元。這筆資金可以再建五十三座五萬錠的紗廠，或是購買四萬七千台拖拉機」。

這位被中共邀請訪問大陸的日本記者，在大陸旅行了一個半月，遍歷各重要地區，行程達三萬里。他在中日戰爭以前，曾在上海讀了五年書，能講中國話，可以說得是一個中國通。所以他旅行的觀察，還說得是相當的深入。他在旅行後所作的報導，是在表揚中共的各項建設成就。但是，就在他的表揚文字裏，却深刻地暴露着中共剝削人民的眞像。他讚美中共的工廠（尤其是輕工業工廠）獲得了暴利，就是說明了中共以高物價政策剝削人民。因爲中共控制着全部消費品，人民的消費品，完全仰賴中共的配給，人民對于消費品是沒有選擇的自由的。中共憑着牠壟斷市場的地位，任意訂定了獨佔的價格。一般人民呻吟于高物價政策的重壓之下，莫可奈何。所以這位日本記者在報導的結論裏也說：「中國一般人的生活還清苦」。

依據社會主義的原則，人類引用了機器，勞働力節省了，生產率提高了，生產費減低了，凡是從這許多方面所得到的利益，都應該歸人民所共享。可是，在中共暴政之下，雖然機器生產是擴展了，人民並沒有享受到機器生產的利益。勞働力儘管是節省，勞働者工作的時間非但沒有減少，反而加長。生產率儘管是提高，生產費儘管是減低，人民非但沒有能够享受到廉價的消費品，反而在高物價的重壓下喘不過氣來。只有那些共產黨的頭目們，確是騎在人民頭上，儘量的享受，吃的好，住的好，穿的好，用的好，搾取了人民的血汗，供他們任意揮霍，把他們享樂的基礎，建築在人民的痛苦上。這就叫做是「爲人民服務」！這就叫做是「社會主義的輝煌成就」！

寮國總理突告辭職

·萬清·

有寮國「强人」之稱的寮總理冼廼恭，今天宣佈決定辭職。自寮國戰爭以來，政局到此又轉入另一個階段。幾個月來，戰局忽鬆忽緊，政治動向也飄搖不定，但突然演變到冼廼恭總理的辭職，却未免有點意外。

冼廼恭氏於人民大會黨會議後，正式宣佈他將辭職。他並不諱言，係由於他「與國王的歧見」——國王接受國家利益防衞會的主張，要解散國會，實行「强力的政府政策」，冼氏本人的立場已難維持，故他必須辭職。

新王與老王

寮國國王薩旺·華丹納，是一九五九年十月廿九方才接位的，由於居於王位五十五年的他的父王西沙發旺駕崩之故。但薩旺王在東宮太子地位的時候，便早已表現出他對政治有濃厚興趣。他生於一九〇七年，現已五十二歲，自一九三〇年，即奉王命受任王室政務長，一九五一年，曾任寮國參加舊金山和會的代表團長。少年時他留學法國，攻政治學，能操流利法語。與老王的妻妾廿餘人相反，新王僅一結髮妻；老王有些像花花公子，新王却嚴肅精幹，對國家極有責任感。自老王因久病而於去年八月命薩旺王子攝政以來，人們就已預料，他必會成為寮國政治「幕後決策的主要脚色」。

寮王是「神聖不可侵犯的」，還兼王軍的最高長官。裁定及公布國會通過之法律，批准國會所承認之條約。由於權責之重，加上薩旺王的性格，就「爆出」了冼廼恭總理辭職事件。

現總理、前總理

反對黨「國家利益防衞會」的發言人金巴塞克，早就預言冼廼恭內閣「將會坍台」，由於五十五歲的前總理沙蘇里夫腦溢血逝世的緣故。沙蘇里夫於一九五五年十一月至一九五六年三月任總理時，冼廼恭充任外交部長。符馬親王任總理時，沙蘇里夫任副總理，冼廼恭則任教育、青年部長。沙蘇里夫是執政黨「人民大會黨」的主席，在國會五十九席中，他們控制了卅六席的多數。

冼廼恭在外交部長任內，便已有特出的表現，由於他鮮明的反共態度，共產黨徒曾向他的住宅放炸彈夜襲，幸未炸中。排斥共黨份子出於內閣之外，解決寮共部隊，向聯合國控訴越共侵寮，拘禁寮共領袖，都是冼廼恭的傑作。他的堅持國會路線民主政治，無非要實行堅强的反共政策。他認為日內瓦會議規定寮國中立，乃妨害寮國獨立，故他毅然廢棄日內瓦協定，引起數月前的寮國「內戰」。

聯合國的態度

聯合國調查團抵寮之前，冒充為「寮共」的越共，早已退回越境或化整為零，故調查報告成為「寮共確有外援但越共軍侵境尚無實據」。這報告充份反映「艾赫會談」的時局——美國認為並謂一切共黨動亂蘇聯應該負責及加以制止。同時報告亦百份之百是「聯合國立場」，因倘証明越共侵寮，則聯合國非採行動不可。但聯合國只望「大事化小」，韓瑪紹秘書長在處理寮局中，不斷與蘇聯代表交換意見，顯出某種密契（某種妥協）是在進行中。而到韓瑪紹秘書長訪寮後，時局亦當眞平靜了。

韓瑪紹委任聯合國歐洲經委會芬蘭籍執行秘書杜米奧常駐寮國，「提出援助問題，提供情報，並考慮其他國際協定，為寮國發展提供基礎」。其中「其他國際協定」一項，顯指一九五四年的日內瓦協定「中立寮國」那一回事。

武裝中立政策

換句話說，自冼廼恭執政，寮國自中立逐步走向反共，到了差不多接受泰國的援寮，接受東南亞聯盟的軍事支援，甚且有加入東南亞聯盟公約的趨勢，但現在，則企圖自反共那一面重拉回來，雖然不是要拉到「容共」與共黨組聯合政府那種程度，不過很可能是不太積極反共，仍然標榜中立，所謂「武裝中立」。即「在思想上是右的，在政策上是中立的」。（寮國外長潘雅的談話。）

這一立場還不至太壞。因為「武裝中立」，問題在於武裝的力量如何。「內戰」中，寮王軍全無戰鬥準備。新到寮國的美國訓練員，對於法國多年訓練的成績如此，相當吃驚。現在已由美法聯合對寮軍加以訓練，正規軍也由二萬五千名增加至二萬九千名，已分為「步、傘、炮」等多種，並使用美援的武器。此外還有自衛隊及警察等，如果都整訓完畢，就足以對付眞正內戰的叛軍而有餘了。

由於冼廼恭總理的辭職，政局將會有波動。但值得注意的倒不是繼起者誰何？而是薩旺國王的意向，究竟是怎樣的國王？這位精明强幹的國王，對政治似已發揮濃厚的興趣和影響作用。

寮國人民却似乎不理政治，只要沒有戰爭，他們便於願已足。永珍一年一度的大開賭禁（為期六個月），已於十二月五日開始，連泰國那邊邊境人民，亦到此聚賭「同樂」。泰軍可免援寮，而開來一批賭徒，倒亦是天下太平的表現呢！（一九五九年除夕）

·永珍通訊·

馬來亞近事

·俊華·

關於新身份證

馬來亞聯邦國民登記法，已在國會通過，根據該法，本邦人民，外籍居民，居住一個月以上的旅客，都須登記。目下人民所持有的身份証，係一九四八年緊急法令施行以來所發給，在一九五九年年底全部予以廢棄。一九六〇年起，全都照新的登記法，申領新的國民登記証。

新身份証經已在趕印中，印費三百二十八萬（叻幣），人民領証每人收費五角。外籍人民每人五元，預計收支相抵可有餘剩。

身份証分四種色彩，計藍色、紅色、青色及褐色，本邦公民用藍色，外籍居民為紅色，旅客為青色，在防止犯罪法令下的人物，其身份証為褐色，並且蓋有一個十字。後者這種人物，等於香港受「監視行為」的人物。

社會陣線及進步黨議員，對於身份証收費及分類表示不滿。關於收費，認為對外籍居民收取五元殊嫌過高，令人「懷疑本邦對於外籍人民有惡意」。

至於「分類」的辦法，被抨擊更烈，議員說：一個十二歲的孩子，（已達應領身份証之年）可能因無知而犯罪，如果因此便給他一張褐色身份証，可能就「誤了他一生」。進步黨議員辛尼華沙甘還幽默說：藍色身份証還該分為深藍與淺藍，「前者發給各部長，而後者發給非部長」。

國籍及移民

聯合邦及星加坡月初同時宣佈新移民條例，規定（一）非聯合邦公民的妻及子女，（二）已與丈夫分居五年（即一九五四年十二月一日以前已分居者）之公民的妻，（三）六歲或以上的公民子女，（四）以專家身份入境者的六歲或以上子女，一律禁止入境。

這一辦法，除對外籍居民及外來專家的限制外，有兩點涉及本邦公民的，一是子女，由以前「不超過十五歲」減為六歲。二是妻子，以前並無限制，現在則分居五年便不能申請為馬來亞公民。此外，還影響及華僑在大陸的父母前來馬來亞，過去華僑妻子來馬後，該僑仍可以用「父母年老無人看顧」為理由，申請前來。現在妻受限制，則父母也不能來了。

難怪國民黨領袖拿督翁抨擊說：我曾以書面提詢馬來亞之國籍如何規定？總理謂：「馬來亞公民」。但我不以為然，蓋馬來亞有「雙重國籍」，「一種土生之巫人，另一種才是馬來亞公民」。

「躍進鷄」

廖乙成

「賣鷄嚟！……賣平鷄嚟！……」

「賣平鷄呀！……來啦來啦！大平特平呀！……」

「買平鷄快來呀！……益食家！……平過猪肉呀：……」

去月間，曾有一個時期，港澳街頭，都出現不少鷄販，沿途高聲喚賣廉價鷄。據說：這種廉價鷄，係來自大陸，都是一斤左右的「皮包骨」貨式；在大陸裏，却被稱為「躍進鷄」。中共一向是誇張「生產大躍進」的，鷄的產量，自然也不會例外。然而，拆穿了它的內幕，所謂「躍進鷄」也者，却充滿了農民的辛酸血淚的！原來，那些大量運出港澳廉價推銷的「躍進鷄」，正是中共在「公養」制度下，繼「合作猪」之後另一種加强壓搾農民的「勝利品」；從壓搾的「絕招」來說，確是「大躍進」得驚人！

中共的如意算盤，目前已不僅打成「一本萬利」，簡直「躍進」至「無本生利」。據大陸的農民說，「躍進鷄」的來源是這樣的：那就是中共硬性規定了，每一農民，每季要獻鷄一隻，即使沒有養鷄的，也要購買來獻繳；至於專以養鷄為業的農民，則十鷄抽一。在這規定下，中共「無本」而獲得的鷄，自然為數不少；於是掃數運出港澳，廉價傾銷。

或問：那些「躍進鷄」為甚麼瘦得這般可憐？

唔！農民也被「躍進」到瘦得可憐囉，何况鷄？！

僑鄉近訊

粵共積極奴役印尼歸僑

粵共積極奴役各地歸僑。據悉：印尼歸僑三千餘名，最近被分別送到紫金、龍川、陸豐、揭陽、普寧等農村，撥入公社內參加「勞動生產隊」；其中一部份，則被送往「興隆華僑農場」，「陸豐華僑農場」，及「花縣華僑農場」落戶。彼等原均是工業技術人材，今竟「學非所用」，被驅到農場上，幹其毫無經驗的工作，成效低微，自不待言，而共幹則妄指彼等「頭腦固執」，存有「資產階級」思想，不斷施以「檢討」及「鬥爭」等迫害，使彼等的精神和肉體，均飽受痛苦！

中共提高稅率糧食包被迫退回

中共海關，邇來因港澳僑胞郵寄或自帶食物返鄉者日多，突將稅率提高。計（一）猪肉、臘味、鹹魚等，由原征稅率百份之百，提高到百分之二百；（二）非大陸產品，由原征稅率百分之二百，提高至百份之三百五至四百；（三）郵寄物品超過一磅者，加收「爨征稅」。由於稅率之提高，大陸人民雖接到他們的港澳親友寄回食品，亦感無力完稅，因而紛紛將郵包退回。澳門方面，每日從大陸退回的郵包，竟達三百餘宗，幾與寄出的數目相等；至於澳門僑胞從「歧關公路」自帶糧食回鄉接濟他們的親友的，也因稅額過高，迫得將自帶的物品退回澳門。

廣州郊區「反共突擊隊」活躍

廣州近郊，最近又不斷發現反共標語。此種標語，一部份係用墨筆書寫者，一部份係印刷者，其內容多為：「國軍快將反攻」，「我們應準備內外合應，打倒共產黨」，「我們要吃飯，反對將糧食拿走」，「反公社，反奴役」，「反飢餓」「消滅共產政權，爭取民主自由」。市內民心受此刺激，均極感興奮。又據市民傳說，謂郊區一帶，早已有「反共突擊隊」的秘密組織，經常與「民兵」展開肉搏；「民兵」的糧食和武器，也常被他們劫奪；田野山坑間，也常有發現被他們擊斃的「民兵」屍首。

十七年

阿木

朋友，你試過聽了一個人的話之後，含着滿眶熱淚分開，而又一夜展轉枕上，無法入眠的嗎？

如果你有過如此的經歷，那末，又能不能告訴我，那個人和你說了什麼呢？是他或她失去了愛人嗎？是他或她破產了嗎？還是，像我一樣地，是一位母親對她的孩子的思念呢？

那是前天的事。傍晚，我回家。正當我將鑰匙插進鎖孔時，突然從後面傳來一陣急促的脚步聲，一個已很蒼老的聲音叫道：「小華！小華！我在這裡；」

我不是叫小華，然而我却不能不回過頭來。因為在那個聲音中，包含着太多的希望，希望我是小華。於是我看到了一個矮小的老年婦人。昏暗的光線和她臉上的縐紋，使我覺得這猶如一幅攝影傑作。

她在我面前站定了，像是要將我吞下去似地盯住我，然後說：「對不起，先生，我又認錯人了。」

「沒有關係的，老太太。」我回答她。

她並不理會我，只是喃喃地說，用手掩着臉：「我總是認錯人的，總是認錯人的。」

「老太太，」我感到她需要安慰：「進屋來坐一會嗎？」

「不要了吧，」她的口氣很猶豫，使我知道她是會進來坐的，因為她正迫切地需要向人講出她心中的話，她正無法忍受孤獨：「我就住在你的隔壁。」

「不要緊的，既然是鄰居，就更該進來坐一會了。」

直到現在，我不知我堅持請她進來是不是應該，下面的話是她坐下後說的。

「我把你當作小華了，你真像他，他也喜歡穿茄克的。夜了，眼睛花，看不清楚，老是認錯人。小華離開的時候，也是像你那樣大，你今年二十幾？二十四，對了，小華是二十四歲，民國十七年生的，生他那天，正是冬天。」

「小華從小就很聽話，讀書更是聰明，廿四歲那年，正在上海讀大學，上海那時已經給日本人佔了。我本來是有點不放心他在上海讀書，我們只有他一個孩子呀！謝天謝地，小華回來了。那時，蘇北的交通因為打仗，是不通的。鄉下沒有什麼好吃的，我從灶肚裡摸出放了幾乎整整一冬的鷄蛋，羨熟了給他吃。誰知他碰也不碰，只說了一句話：媽，我要去當兵了。」

「你會當兵？」當時我只說了這麼一句話。會的，他說，又說了一串話，每個中國人，能夠拿起鎗桿來的，都應該去打日本鬼子。唉！我怎麼會想不起拖着他，把他送回上海去的呢？他是聽話的孩子呀！是很聽話的。

「就這樣，他走了，只帶了一件破棉襖，一夜也不留，就走了。我追了出去，他說：媽，不要再跟我來了，勝利了，我會回來的。不回來，我也會寫信來的。就這樣，小華就走了。」

「晚上，他爸爸回來，把我罵了一頓？我怎麼能拖得住小華？他爸爸沒有碰到他，算是運氣，不然，爺倆還真要打起來呢。」

「一個月以後，有一個陌生人帶來他的一封信。那封信，現在還在。用鉛筆寫的，現在還在。他說，他在當軍郵，軍中日子過得很好，叫我不要掛念。」

「半年後，又是冬天了，再過不幾天就是小華的生日，我已磨好了麵，準備掛掛麵吃，晚上，我在門口看到了一個人慢慢地走過來。這個人怎麼這樣像我的小華啊！我剛才想，他已跑過來了：媽：媽：他叫着，我告了假回來看看的，媽：你哭什麼，是我！小華！」

「噯，我又哭了，先生你別見怪。小華的樣子一點沒變，還是穿着那件破棉襖，不過補好了。我自己補的，媽，你看補得好不好，他說。我看了看，針脚足足有一寸寬！」

「第三天，小華走了，他說請假不容易，以後不到勝利，大概不會回家來。唉！只要他在外面好，不能回來就不回來吧！就這樣，盼到勝利了。他爸要我到上海去住，我不肯，到了上海，小華怎麼找得到我們？小華該有二十七歲了，鄉下有的是好姑娘，說上一門親事再讓他去上海讀書，這會可不理他怎麼倔强，非得聽我的不行。」

「但是他沒有回來。」

「到他生日那天，他會回來的，我想。但是他仍沒有回來。小華是不會不想媽的，他為什麼不回來呢？就算他在外面結了婚，兩口子一起回來不是更好讓我歡喜歡喜麼？親戚朋友嘴裡不說，心中都想着小華已經打仗打死了。不會的呀，他又不是當兵，是當軍郵，他信裡寫的。先生，你說當軍郵也會打死的麼？」

「我等着，一年一年過去，共產黨來了，我們搬來香港又十年了，報紙上我登過廣告，小華或者會看到的。」

「十七年過去了，每天，我總感到小華會回來的，有脚步聲，有敲門聲，我就會想，小華回來了！」

「今天，我看到你的背影，真的以為他回來了。先生，你說他會回來嗎？」

「先生，不打擾你了！下月是他的生日，最好你能和他一齊吃我親手做的掛麵。」

（完）

孩子的心

滄海

充滿了四月的溫和
你的心是明淨的藍天
一片光潔，沒有一絲生命的黯淡

透明而且清濯
你的心是一條美麗的小河
日夜歌唱，在音樂的搖籃中成長

綠得可愛而且柔軟
你的心是陽光照暖的草原
有紅的花，黃的花，紫的花，充
滿生命的芬芳。

雨季

桑白

下雨的日子，屬於春天的。

對風雨我原有一份愛戀，我愛它底冷，我愛它底淡淡的愁思，如我。

雨天有一種情調，一個法國的浪漫派詩人說：「愛情和雨是一件不可分離的事。」

下雨天，尤其是在晚上，行人更小了，夜街是靜的，這段時間裡就該有一段風情。

春天，是一個通常下雨的日子，也是一個有霧的季節，你是詩人，你以這個季節做筆名，你寫詩，把春天與秋天比擬，把歡樂與憂鬱對比，而歌頌青春，使人珍惜春天……

雨天，加上夜、加上霧、加上你的詩，就該有一番令人神往的情調，那華燈的光彩，暉映着雨天的路，偶然的汽車曳然而過，那水影，那車的痕蹟，自然會給你一個靈感，是屬於春天的……

而雨，就不該形容抑鬱者，抑鬱的人就應在春雨的滋養下酣然入睡，找尋他那輕盈無跡的甜夢……

於是，花開得才有意義，草長得才有意思，嶄露頭角的小葉才會歡笑，而人生才是段美滿的路，使你記憶，而雨，就應該不斷下着，讓人們在這情調下擁抱、偎依……

文壇泥爪

日記裏的魯迅

魯迅日記兩巨冊，內容又分：一、朋友來往題名，二、信函收發登記，三、個人足跡所至，四、書刊購存和金錢收支；此外很少有敘事和談感想的文字，所以一般讀者讀起來，並不感到興趣。不過如果對魯迅這個人，對從民元到民二五的文壇情況想知道一點，那麼，他日記中的片言隻語全都有非凡的價值。

人都知道魯迅是個冷靜的人，他那張嚴肅的臉孔可以說有點近於冷酷，但這只是一面，另一面是他情感衝動得相當厲害，他疾惡如仇，一點也不能忍耐，往往直斥人非，顯得沒有修養。一生樹敵之多，恐怕全由於此。可是也由於此，更看出他的為人是多麼直率無偽，有時「真」得似乎傻裏傻氣了。

民元他初到北平，住在紹興會館，鄰室有人夜間高聲談話，吵得他不能成眠，他會馬上起床來向鄰室問罪；元年九月二十日記云：「鄰室又來閩客，至夜半猶大嗥如野犬，出而叱之，少戢。」這一次的干涉算是有效，但另一次卻失敗了；三年一月三十一日記云：「夜鄰室王某處忽來一人，高談大呼，至鷄鳴不止，為之展轉不得眠，眠亦屢醒，因出囑發音稍低，而此人遽大漫罵，且以英語雜廁。人類差等之異，蓋亦甚矣。」

對待朋友，他也有偶因一言不合而和對方吵起來的事；十八年八月二十六日記云：「同赴南雲樓晚餐，席上又有楊騷、語堂及其夫人、衣萍、曙天。席將終，林語堂語含譏刺，直斥之，彼亦爭持，鄙相悉現。」這是在上海的事。楊騷是當時的詩人，衣萍就是有名的「情書一束」的作者章衣萍，曙天姓吳，章的太太。據日記上文，和魯迅「同赴」的是郁達夫和北新書局老闆李小峯。林周二人在北大、厦大都是同事，也同是語絲社中人，魯迅到厦大任教，還是林的薦引，彼此感情並不壞。然而就在民十五厦大的半年期間，他倆就開始不睦了。這時魯迅在上海的生活窘迫，住的房「屋漏不能成眠」，許廣平懷了孕，就要生產，而版稅為北新書局吞沒，他正託張友松接洽律師控告北新，心情大惡，更易於動怒。大概林博士因為辦「論語」，辦的生活幽默化了，不知不覺在酒酣耳熱之際，當衆幽了老友一默，觸起了魯迅的火氣的吧。可見幽默之為「物」，可用亦不可用也。但以後林周仍時相過從，魯迅生前，林在文字中亦從無一言相報，死後並為文揄揚，推崇備至，或以相處久，知其脾氣秉性而不怪之歟？

讀「論再生緣」

徐亮之

最近友聯出版社送了我三部新書，一部是陳寅恪先生的「論再生緣」，一部是趙聰先生的「中國文學史綱」，還有一部是趙先生校點的「水滸傳」。但同時却附了輝楷兄一封條件苛刻的信，便是要我必須寫評介的文章。我看了不覺好笑起來，原來輝楷對這點竟是一個天眞的老外行。因爲他似乎並不知道自古偷書賊尙得謂之「雅賊」，何况這三部書我乃接受饋贈而來，書既到了我手，履不履行條件，輝楷其如我何？而且政權一朝到手，便往往就想永遠覇住而傳諸子孫的也大有人在，更何況區區幾本小書之微？於是我想：這書我決意傳之子孫定了，輝楷其又如我何？再則，趙先生乃是老朋友，也是治學謹嚴而有「伜勁」的北伜子；例如這次他校點「水滸傳」竟居然能「伜」出一篇一兩萬字的「宋江考」來（刊「大學生活」63），其勁道之足，即可想見。

我一向乃「伜勁」的歌頌者；我認爲任何道地的東西，沒有道地的「伜勁」，是鑽不進去跳不出來的；而我心裡相信，關於這一點，趙先生是確然沒有辜負他的籍貫的。既然相信於心，便不必宣之於口，更不必筆之於書；否則，豈不就變成了老朋友捧場，有啥意思？至於他的「中國文學史綱」，既有舜生先生長文評介於前，直又恰是所謂「崔顥題詩在上頭」，咱家我自然樂得藏拙爲最妙。於是我又想：我決意不履行輝楷的條件定了；反正書已歸了我的，輝楷瞪眼且由他。

然而，我畢竟陷入了輝楷的陷阱之中了。這不知是否因爲寅恪先生乃是我的鄉先輩？或他這本書最薄，論的又是「再生緣」，而我今年又恰新担任講授一門「戲劇小說選」的課程的緣故？我竟首先閱讀了「論再生緣」這部書了。同時，也讀出我的滿腹不自在來了！

寅恪先生乃大詩人散原先生的公子，大畫家衡恪先生的胞弟，同時也是一位「伜勁」洋溢的典型的學人。他能懂十幾種文字；他的學問是多方面的；王國維的遺集是他做的序；馮友蘭的「中國哲學史」，曾由他和金岳霖負審查的責任；而他自己只是拚了大半生的精力專向唐代的史實掌故裡鑽；却只是以一個唐史研究者的面目與世人相見。而且他爲他的治學的「伜勁」所驅使，遠在十三年前便已雙目失明了。然而雖然雙目失明，却仍孳孳不倦，要人讀書給他聽。這部「論再生緣」便是幾年前在廣州聽人給他讀這書後寫出來的；亦即由他口授。別人代寫，再由他口頭修正的作物。而書中徵引方志雜著之繁多，以及編卷之釐然不紊，就直該教我們光着眼睛的人爲之愧死，又不特開千古著述界未有之奇而已。（過去唐文治先生亦失明後講學很久，但唐先生乃古文家，路數畢竟比較窄）。

然而，我的所謂「不自在」還不在此。我的所以「不自在」者，是因爲他這書中曾有着若干的文句和詩句。

在這書第一段的末尾，他曾有這樣的文句：

「衰年病目，廢書不觀，唯聽讀小說消日；偶至「再生緣」一書，深有感於其作者的身世，遂稍稍考其本末，草成本文。承平參養，無所用心；忖文章之得失，與窈窕之哀思，聊作無益之事，以遣有涯之生云爾。」

對於這，我之所以「不自在」者，是因爲他雖自矢深銘「承平參養」之恩，却仍然逃不脫「青年無知黨徒的唾罵」，和「連續半載的猛烈抨擊」（見本書序言）之厄。爲什麼這個「承平」之世，竟不能容許這樣一個與世無爭與人無忤而餘年待盡的殘廢學人安安靜靜地活幾年呢？

在本書的最後兩頁，他曾有這樣的兩首詩；一首是「九一八事變」起後，他和陶然亭一個清代女子題壁的丁香花詩；詩曰（第二首）：

「鍾阜徒聞蔣骨青，也無人對泣新亭；南朝舊史皆平話，說與趙家莊裡聽。」

一首是抗戰勝利第二年，他在倫敦治目疾無效，歸住南京所作；詩曰：

「金粉南朝是舊遊，徐妃半面是風流。蒼天已死三千歲，青骨成神二十秋。去國欲枯雙目淚，浮家虛說五湖舟。英倫燈火高樓夜，傷別傷春更白頭。」

這兩首詩，爲了免除後世學人註疏的不得要領，我且趁寅恪先生還健在，大胆地把其中的要點指了出來吧。這兩首詩都提到蔣子文（「蔣骨青」和「青骨爲神」），這故事見於干寶「搜神記」卷五；文曰：

「蔣子文者，廣陵人也。嗜酒、好色、佻達無度。常自謂『己骨青，死當爲神』。漢末，爲秣陵尉，逐賊至鍾山下，賊擊傷額，因解綬縛之，有頃遂死。及吳先主之初，其故吏見文於道，乘白馬，執白羽，侍從如平生。見者驚走。文追之，謂曰：『我當爲此土地神，以福爾下民。爾可宣告百姓，爲我立祠；不爾，將有大咎。』是歲夏大疫，百姓竊相恐動，頗有竊祠之者矣。文又下巫祝：『吾將大啓祐孫氏，宜爲我立祠；不爾、將使虫入耳爲災。』俄而小虫如塵虻，入耳，皆死，醫不能治。百姓愈恐。孫主未之信也。又下巫祝：『若不祀我，將又以大火爲災。』是歲，火災大發，一日數十處；火及公宮。議者以爲：鬼有所歸，乃不爲厲，宜有以撫之。於是使使者封子文爲中都侯，次弟子緒爲長水校尉，皆加印綬，爲立廟堂，轉號鍾山爲蔣山；今建康東北蔣山是也。自是災厲止息，百姓遂大事之。」

由此看來，蔣子文是在鍾山成神的；成神後是以「吾將大啓孫氏」自命而作威作福的；則詩中所指「青骨」和「蔣骨青」爲誰，思過半矣。而全詩的沉痛，便也教人讀了無論如何要「不自在」矣。

最後，他寫這書的表面目的固在「再生緣」前十七卷作者陳端生女士的生平，其實，我却以爲不無「深意存焉」。理由是：他姓陳，端生也姓陳；「陳端生」者，不啻乃他沉痛表白：無論環境如何惡劣，姓陳的必端端正正地生活下去也。他的尊人散原先生是在日僞時期威脅利誘之中端端正正地生活着以至於死，而輝煌地完成了大詩人的晚節的。他似乎已經下了決心，亦將如此。端端正正的生，才是眞正的永生哩！於此我敢斷言，只要中國文化不死亡，寅恪先生縱然一旦不諱，其人格是永生的；而我根本就不相信中國文化竟會死亡掉。

四九、一、二

亮齋閒話

雜憶錄之七

記參加東北義勇軍及長城自動抗日軍事（上）

幼椿

結客少年場，飲馬長城窟，回思往事，壯心不已，燈下記之，藉求勵我反攻復國的青年志士。

民國二十年「九一八」事變發生之後，日本軍閥竟佔據東北不去，政府既不抵抗，列强也不干涉，全國同胞一致悲憤，愛國志士因有東北義勇軍之組織，偷運槍彈炸藥出關，與愛國的東三省馬賊合流，其中多係東三省籍青年，且有國民黨的右派失意分子，皆能奮不顧身，數度炸翻南滿火車，並槍殺日本軍官，使日本軍閥眞的感到「吞東北如吞炸彈」的事實！

繼有二十一年「一二八」的淞滬抗日戰事，雖驚動了世界的觀聽，然對於收復東北的失地，仍未能有所補益，國人更爲憤懣。不過淞滬一役，因翁照垣同志的勇敢奮鬥，章太炎先生又特別爲文鼓吹，上海及廣東人士對青年黨人日形接近，朱慶瀾（子樵）先生鼓勵我們從事東北義勇軍，允爲募欵接濟，而青年同志也樂爲效死，於是我於廿一年夏自上海返抵天津，青年黨總部即下令自組義勇軍一隊，以王愼廬，王師曾兩同志主其事，率同志數十人暫駐長城之古北口與喜峯口，向機出關，實行野戰。

一

彼時，朱子樵先生在南洋所募得之九萬大洋，邱念台先生之兩萬大洋，上海人士之三萬大洋先後滙到天津，錢是有了，用來購備手槍炸藥也不成問題，但人力缺乏，只有幹部而無士兵，仍只有利用愛國的馬賊，派東北青年同志出關，與之共事，以謀突擊日軍。時東北青紗帳起，埋伏甚易，有鄧鐵梅志士在南滿路一帶幹得有聲有色，日軍爲之恐慌，下令捉拿，報紙常載，我們因派苗可秀同志出關，與之聯絡。苗同志東北人，短小精幹，機警異常，變後入關，加入本黨後，即担任偵探東北敵情工作。其被派出關，收買馬賊，並與愛國志士聯絡，衣一緊身背上鋪數層中國銀行之一百元本票，以線縫固之，從喜峯口出，千辛萬苦，歷凌南，錦西，錦州，而至溝帮子，沿途皆覓得當地抗日同志，設立站口，因是我們在長城邊暫駐的幹部始得先後出關，布置一切，以便輸往武器及炸藥。兩月後，苗可秀同志返至喜峯口，有馬賊領袖四人隨之來，聲言：能有五萬元，即可大打一仗，担保炸翻火車，並殺敵及其重要軍官。我是時適在遵化，令其來談，覺此輩綠林中人，粗豪不假，立允其請，並與之痛飲後，又令苗同志偕返東北，果然不一月即在盤山附近炸翻日本軍車，並打死其軍官數人，馬賊也有被殺被擒者，因是而苗可秀司令之名乃見於報紙，爲日人所懸賞緝拿。苗可秀同志之名既顯，青年同志願出關一試身手者日多，其中有東北講武堂學生卅餘人，時曾琦同志來長城各口巡視，令設野戰訓練班於遵化，分百餘人爲十組，各就其所長而訓練游擊之各項業務，因是喬裝出關之同志日益多，或扮小販，或作農夫，沿站設人，直伸至瀋陽以北，動作日繁，聲勢日大，自高粱地以至大都市，皆有義勇軍的出沒與動亂，隨時以手槍炸彈予日軍以創傷，因是日人搜捕義勇軍日嚴，而被捕遇害者的消息不斷傳來。

東北義勇軍雖曾予敵人以苦痛，使其不得寧處，而且發生恐慌，但注定失敗之點有二：一爲義勇軍之發動者，多爲知識分子，知識分子與老粗的馬賊氣味不投，相處不好，不免發生糾紛，引起內變；二爲義勇軍並無主力，多賴馬賊爲之前驅與後衛，而此輩綠林豪傑多嗜好，能花錢，要錢的慾望愈來愈大，且因要錢，不免亂動邀功，反轉誤事。因是南洋及上海爲我們所募得之十七八萬大洋不久即被此輩索罄，後來者無以應之，便發生叛變，而苗可秀同志終爲日軍所獲，寸磔而死，鄧鐵梅志士最後也落敵手，與苗同志一樣殉國，悲哉！

聯合評論 週刊

本刊已經香港政府登記

每逢星期五出版

United Voice Weekly

第七十四號

督印人：黃宇人　總編輯：左仲平

社址九龍金馬倫道卅八號三樓　電話61413

承印嘉羅印刷有限公司　香港灣仔馬師道5號

總代理：友聯發行公司　售價每份港幣一毫

本報美洲版總經售處美國紐約中美出版社

CHINESE-AMERICAN PRESS, INC

199 CANAL STREET.,

NEW YORK31 N. Y. U.S.A.

美洲航空版零售每份美金一角

讀蔣總統的新年文告有感

黃宇人

去年歲尾我讀了蔣總統在光復大陸設計委員會的兩篇演說之後，曾一度寄以若干希望（見本刊第七十二期）；但他今年的新年文告却給我的希望籠罩了一層陰影。他在告全國軍民書中說：「你們如能決心反共抗暴，那是不愁沒有武器的，更不患沒有友軍來策應的。須知我們國民革命的特種戰術，就是要把敵人的武器奪取過來成爲我們消滅敵人的武器。祇要你們能勇敢戰鬥，逼近敵人去奪取就得。此時，我們國軍已有充分準備，隨時可來接應你們，作有力的支援，務使早日達成我們內外夾擊消滅奸匪光復大陸的共同任務。」在同日所發表的告大陸反共革命同胞書中，蔣總統一開始就重提這一段話，可見這是他這兩篇文告的重心所在，其爲政府的現行政策無疑。

我不知大陸上尚對蔣總統存有若干希望的反共同胞如果有機會見到這兩篇文告時將感到何等的失望！台灣擁有號稱六十萬的大軍，因循十年，尚不敢越海峽一步，反而希望身處中共鐵蹄之下不能動彈的大陸同胞起來用拳頭，鋤頭，菜刀，火種等原始武器去奪取共軍手中的現代化裝備以作戰，然後國軍才去接應，似乎不像是一個負責的國家政府所應採取的政策吧？蔣總統還反覆解說我們中國國民革命傳統的特種戰術，並歷述辛亥革命及北伐時期全國人民響應義師的史實，以証明「一旦反共革命戰鬥開始，不但大陸同胞都將爭先響應，就是匪軍的官兵亦將紛紛起義而舉義歸誠」。此一論據固十分正確，但應該由政府首先發動反攻，然後才可希望大陸同胞起來響應。辛亥革命原是先由中山先生及其他許多先烈一再起義，百折不撓，激起風潮，造成時勢，然後武昌之役才能一呼百應，達到推翻專制，創建共和之目的。北伐也是先由蔣總統親率義師從廣東發難，然後全國人民才紛起響應，未及三年而統一告成。假令當年中山先生祇知在海外偷生，徒以空言號召革命，我深信沒有人會響應他的。又假令當年蔣總統祇圖困守黃埔，以求苟安，則不但北伐將永無可能，即廣東也不會統一的。如今政府按兵不動，而乃要求大陸同胞首先舉事，豈不是正與辛亥革命和北伐統一的史例背道而馳嗎？更何況在事實上，正如蔣總統所說，西藏等處的同胞早就起來和中共作戰了；然而迄於今日，國軍的支援又在那裡呢？

二

或以爲政府受中美聯防公約及蔣杜聯合聲明的限制，不能使用武力，因而祇得希望大陸同胞先將共軍擊潰，再歡迎國軍回去；最低限度也要大陸同胞先爲國軍打開一條康莊大道，然後政府才能有所作爲。此說自然是袞袞諸公所想望的。但須知大陸同胞果眞有朝一日能起而推翻中共政權，他們也不會再需要蔣總統了。今日許多人對於台灣方面尚存若干幻想，並不是他們對政府過去在大陸時代的種種敗政猶有餘戀，而乃是鑒於台灣尚擁有一些可爲反攻之用的力量，主要是軍隊。政府若祇圖保留這支軍隊在寶島上孤芳自賞而不用以反攻大陸，豈非自絕於國人？邇來國際間正醞釀某些變化，關心國事者都引以爲憂。我認爲我們的根本問題仍在內政。一個國家果有自存之道，國際的逆流祇能提高其警覺性，砥勵其奮鬥的精神。反之，倘若祇圖依賴外力，苟延殘喘，雖然有利的國際形勢到來，也將無能爲助。不幸我們的情形，正屬於後者。

由於爲時十年尚不圖反攻，不但其他許多國家認爲我們的政府是一個沒有前途的殘餘政權而紛紛想和中共建立關係；即美國亦覺得我們祇是一種負担。海內外的同胞眼見復國無期，失望和沮喪，日甚一日。青年更感報國無門，悲憤塡膺；其幸能往歐美留學者，迫於形勢，祇得作久居之計。雖云學業或有所成，生活勉可維持，但身處異國，舉目無親，每逢佳節，徒增故國之思。時至今日，政府如再因循苟且，無所作爲，將何以維繫人心？

三

再就政府本身的現狀而論，也是險象環生的。政府今日已逐漸變成了一副沒有靈魂的軀殼，軍政人員多感國家和個人兩無前途，苦悶已極；有親屬留在大陸者，更有生離死別之痛。於是，上焉者徒嘆奈何，次焉者沉於聲色，下焉者則爭權奪利，貪贓枉法，無所不爲。就是小圈子裡面的人物，表面上雖裝成一副忠貞像，似乎大有爲將總統，甚至爲經國鞠躬盡瘁，死而後已的決心，而實則不過是交互欺騙，企圖藉機會大撈一把而已。他們既沒有或無從爲國家的前途打算，當然也就不會眞心爲蔣總統或經國效力了。曾記得不久以前，本刊曾刊載一篇蔣總統在國民黨中央評議會的演說，他慨嘆身爲立監委員的國民黨中央幹部未能在各該院中爲黨的政策而辯護。可見那些在改造以後高踞中央的黨要不是不肯爲蔣總統出力即是無力可出，何況其他？至於政治風氣，則更每況愈下。年來台灣官場中，穢事頻傳，愈是內層的人物，其生活愈糜濫不堪，要職如黨報首長，高位如外交大員，都可以作爲玩女人的賞賜品。有時爲了爭一女優不遂，還不惜加以匪諜的大帽子。凡此種種，我實不忍多說。

再看看海外工作的情形，也是令人嘆息的。政府派駐海外的工作人員中，自亦有憂時憂國之士；不幸他們都無權有所作爲。而那般戴着台灣的帽子作各種卑污的活動者則大行其道。例如某些兼爲人師的高級文化人物，平日造假賬，包舞女，出入汽車，儼然大腹賈。遇台北文化顯貴過港時，則以識途老馬的姿態導其看所謂一元試片，又繼之以宿酒店，召妓女。其所花費之錢，再於次日向官方某文化救濟機構如數支取而美其名曰特別招待費。事後還要自鳴得意向友好津津道及。如此的海外工作者，與其說爲政府效忠，無寧說是爲政府造孽還比較是適合吧！

四

總之，政府今日在精神方面已步向自我敗壞的途徑，而在制度和人事上更形成了許多不易鬆解的死結；唯有急圖反攻才能免於窒息而重獲生機。蔣總統希望大陸同胞效法辛亥革命及北伐統一的典型，我却希望他把當年參加辛亥革命及領導北伐的決心和氣魄拿出來，尅日反攻大陸，那就不患人民不擁護他了。

海外民主運動的曙光

胡越

從近代中國民主運動史來看，一九五〇年前後在海外興起的民主運動所遭遇的形勢較任何以往階段爲惡劣。拿維新運動與辛亥革命來說，他們所反抗的對象是爛熟腐透的滿清王朝；當時他們所做的宣傳活動，對大陸同胞能起有效的影響；當時的知識分子普遍覺到國族的危亡，並且剛從五千年的噩夢中驚醒，生命健壯元氣淋漓。所以他們從戊戌到辛亥，僅僅十六年時間，（從同盟會成立算起只六年）就把滿清推翻了。而今天海外的民主運動已堅持了十年，雖亦有不少可貴的收獲，但是迄今仍不能對中國局勢發生決定性的影響，則是一不爭的事實。考察所以致此的原因，可就主觀因素及客觀因素兩方面來說。

就主觀因素說，歷經百年的變亂，與民主運動再三的失敗，最後遭受紅浪滔天的慘變，做爲民主運動前鋒的知識份子，多數人的生命力已呈衰微枯竭，雖然內心同情民主運動，但是疲憊憂傷自顧不暇，從事民主運動的人，亦爲有氣無力，缺乏初期民主運動那種放踵摩頂呼號奔走的氣概。還有許多民主運動的領導人物，都淪陷在大陸，來到海外的人數太單薄。

就客觀因素講，其艱難苦困幾十倍於往昔。因爲今天我們反抗的對象，是一個新興的，有龐大的嚴密組織，有精巧統治技術的中共；其次承續中華民國法統的政府依然偏安台灣，照理講它應該護持民主憲政的基礎，是當然的反共復國的中心；可是執政的國民黨，由於昏昧自私未能担起這個任務，並且由於失敗心理作祟，疑忌反共友軍，壓制在野人士；不但不擴大民主基礎來團結所有反共力量，並且遺棄憲政原則，摩仿共黨作風，急起直追要徹行一黨專政，因而造成反共陣容的內紛，而成爲民主運動的一個障礙。因此今天海外的民主運動，不僅被中共閉鎖於大陸之外，同時亦被國民黨排拒於台灣之外（這一客觀形勢使民主運動者，要與中共作殊死鬥，又要規勸國民黨行民主憲政處境十分複雜微妙，他們另一方面還要實現反共團結。）在這兩大阻壓之下，民主運動乃掉轉浪頭，一部分力量被壓縮變爲自由亞洲的文化反共運動，流進南洋華僑社會，與中共文化滲透工作相對抗；一部分力量則在以香港爲中心堅持苦鬥，遲緩的艱辛的向大陸、台灣及國際空間擴展。

乘浪頭順風向前湧進，一分力可收十分功，在一片死水裏掀起波浪，十分力不見一分功。這十年來海外的民主運動，等於在死水裏掀浪，黑暗已極，光明未始，其困厄艱辛孤涼悲壯，史未曾有。他們能够始終不渝的堅持下來，對於中國民主運動的歷史，實已做了無愧的交代。歷史是無情的，也是公道的。一粒眞種子，一定要生根發芽的，今天我們已看見青綠的新苗了，海外的青年已經逐漸從個人的天地中走出來了。另一方面，海內外互相呼應的民主憲政運動已接近成熟，國民黨當權派已感到沉重的壓力，他們除了用政治暴力來阻壓之外，在思想上已經不能做任何有效的對抗了。在台灣黨辦國辦的數十種刊物，自送沒人看，可是他們所禁阻的民主刊物却不脛而走，人心向背，已經很明顯了。只要遵循憲法的軌道，和平穩健的做下去，民主憲政的實現，反共大團結的完成，只是時間問題了。

另一方面民主運動的言論，在海外若干地區塡補了國民黨宣傳工作撤除後的眞空，使中共的龐大滲透攻勢，遭遇到頑強而有力的反擊。在香港對中共文化工作的抗爭，民主運動的書刊中盡了最大的努力，在青年層尤有突出的成功。

所有以上的收獲，雖然差堪告慰，但是距我們所期望的指標那仍是太遙遠了。

當此海外民主運動邁向第十個年頭，傳來最值得我們興奮的消息，那就是旅美中國青年學人及留學生合辦的，「海外論壇」創刊了。辛亥革命由於留學生的奮起而得到快速的發展，「海外論壇」的創刊，象徵着民主運動的曙光，讓我們高舉雙手歡呼這支生力軍的出現！

台灣省參議員

李萬居的質詢

秋風

去年十二月十日台灣省參議員李萬居向省議會提出一個書面總質詢，文長萬言，共百二十個的問題，由他的質詢裏面使海外人士多多少少，知道了國府在「政治反攻」的準備上應該做什麼，而未做的又是些什麼。

李氏質詢原文甚長，筆者謹將認爲最值得注意的下面各點綜合縷述如下：

（一）台灣往何處去　驟然看起來，這幾個字，好像有點刺眼，實際上却是值得忠誠謀國之士們深思熟慮的問題。第一、就政治來講，不容諱言，當前的政治已經做到清明沒有？進步了多少？是不是稱得上貨眞價實，童叟無欺的民主政治？檢討起來，目前所施行的一套做法，不是以黨管政嗎？黨不是在控制一切，操縱一切嗎？民主政治就是議會政治，所以民意的發揚，是在議會表現出來的，請大家客觀地看看罷，所謂代議士有幾人眞正能够替老百姓說出眞心話的，眞能暢所欲言呢？上午在議會說幾句老百姓想說的話，馬上便有特工人員向黨方報告，說不定不等到晚上，就會被叫去申斥一番咧！

（二）省長何時選舉　我國憲法已於三十六年十二月開始施行了，依法所有行政省長應改由民選。卅七年總統暨副總統是由國大代表間接選舉的。台灣自四十年地方自治施行以後，縣市長，鄉鎮長，甚至村長和鄉鎮民代表都是由人民直接選舉出來的。但是獨獨省單位的行政省長到現在仍沿襲過去訓政期的所謂委員制，主席和省府委員都由中央政府任命，結果弄成不倫不類，既不是英美式的州郡的組織，又似蘇維埃的委員制。台灣老百姓覺得台灣既然施行地方自治，政府應該讓老百姓充份發揮民權。省政府委員制，從速取消，依照憲法第一百十一條：「省設省政府、置省長一人，省長由省民選舉之」的規定，省主席改爲省長，由省民直接選舉。此事什麼時候才能實現，請主席代爲轉問中央如何？

（三）人民將被繁複的稅類拖倒了　光復後，最近幾年來，本省的各種生產確實年年有增加，但是人民的貧困如故，說出來沒有人相信，究竟原因在那裏？請看下列的繁複的稅課罷：（一）所得稅，（二）遺產稅，（三）印花稅，（四）關稅，（五）鹽稅，（六）貨物稅，（七）屠宰稅，（八）証券交易稅，（九）礦區稅，（十）土地稅，（十一）營業稅，（十二）契稅，（十三）房稅，（十四）使用牌照稅，（十五）戶稅，（十六）筵席及娛樂稅，（十七）防衛捐，（十八）港工捐，（十九）公路捐。以上稅捐計十九種，至於臨時攤派還不包括在內，眞是洋洋大觀，堪稱自由中國的「百稅」了。就貨物稅課中來說，其中有抽百分之五十的。像這樣繁複而沉重的負担，如何教老百姓不窮呢？據傳說如果不漏稅，任何工商業都沒有辦法繼續經營下去。不知政府當局對於這個嚴重的問題有否加以研討過？

（四）研究匪情資料應作有限度的開放　駐聯合國的我國常任代表蔣廷黻先生上次回國，在某次宴會席上曾慨歎地說，假使自由中國文化界對於匪情能有系統而深入的研究，這種工作對於國家和自由世界將是很有意義和貢獻。他又說當年對日抗戰如果對於日本國情有權威的研究則於國家貢獻當非小可。這話是不錯的。但就今日台灣的環境而論，研究匪情談何容易，第一、我們所需要的資料從何而來，日常偶爾看到一些報導都是間接而又間接，它的可靠性如何，無從得知。「知己知彼，百戰百勝」，今天要了解匪情，當然不是宣傳性的，而是要百分之百的正確的參考資料。莫說一般文化工作者需要匪情資料無法到手，即連日本方面的雜誌書籍到了台灣也常被扣留，訂閱者都無法看到。（編者按：香港出版的「祖國」周刊是一份研究中共問題佔三分之一篇幅的刊物，是在國際上具有一定聲譽的刊物，已被吊銷內銷台灣的准許證。）這是件令人感到多麼遺憾的事情。李氏建議政府，無論政府或私人的文化機關如有購買匪情資料應作有限度的開放，而來自日本的書籍報刊也應照此辦法。李氏進而問台灣省主席認爲可行嗎？

（五）教育應當超然於黨派之外　中華民國憲法第一百五十八條來說：「教育文化，應發展國民之民族精神，自治精神，國民道德，健全體格，科學及生活智能。」接着第一百五十九條載明：「國民受教育之機會一律平等。」翻遍整本憲法，並無規定各級學校須强制誦讀某黨某派的主義的紀載。但是今日台灣各級學校都有黨團在活動，監視學生和教職員的生活情形，高中以上的學校均强迫學生須讀三民主義，且列爲必修科，每週最少讀兩小時，入學試對此項學科也列爲必考之一。這是不是違反民主國家的常態，同時也違反了尊崇憲法的規定。按民主國家是實行政黨政治的，所謂政黨政治，就是今日甲黨當權，明天乙黨可能取而代之，一切以民意爲依歸。就今天台灣的教育情況來說，甲黨執政，學生非讀三民主義不可，那麼乙黨當權，則又須國家主義，一旦兩黨取得政權，恐怕又要非讀民主社會主義不可了。如此下去，整個教育系統勢將非常紊亂。教育爲國家百年大計，所以教育應當超然於黨派之外，學校裡面應當禁止國民黨團活動，同時取消修讀某一黨派的主義。這也是收攬民心，奠定神聖教育基礎以及爭取自由國家同情的好辦法。李氏問不知周主席也有同感嗎？

李氏同時還談到「經濟」，「人口」，「政治犯思想犯大赦」等等問題，左一句「請教主席」！右一句「主席以爲如何」？李氏的質詢範圍甚廣，如果不是以省議員身份正式以書面提出，幾令人難以相信，今日台灣之實際情況竟已發展到如此地步！

據一位來自台灣的朋友說：這次省議會大會原定自十二月七日至十一日五天爲總質詢時間，但當李氏於十日自台北到霧峯時，總質詢已臨時提早一天半結束，而那天特地趕到省議會旁聽的則不下四五百人無不乘興而來敗興而去。因此李氏只能留下他的書面質詢，待執政當局答覆了。

× × × ×

台灣一周

克拉克議員的建議

美國民主黨參議員克拉克，周游遠東歸去，論及美國對中共問題的態度時說：「若干領袖認爲最佳之政策，祇是維持現行路綫，以及希望在中國大陸上之共產革命將告失敗。」

顯而易見，其所謂之「維持現行路綫」，不過是繼續凍結中華民國的行動能力，維持第七艦隊協防台灣海峽。既促使國府放棄武力收復大陸、也要求不承認中共政權。

但他又說：「其他領袖則認爲此項政策乃屬消極及失敗，如不充份地試探其他辦法，將冒犯戰爭之危險……從事一次重大努力，使中共參加一項全世界性及永久性總裁軍計劃」。

克拉克雖將遠東若干國家領袖（？）的意見，歸納爲上述兩大類型，但他自己却斬釘截鐵地否定前者而贊同後者。且進而謂：「余手上具有勸服中共接納此一項計劃之王牌，外交承認，把離島交還中共、台灣國際化、容許中共進入聯合國，以及尤爲重要者，乃友好貿易之恢復。」

就克拉克的結論來說，他的「王牌」比製造「兩個中國」更荒唐、更令人齒冷！

張君勱先生的忠言

一個美國議員的說話，或是報紙的主張，雖然與美國政府的決策是兩回事，可以無須加以重視，不過，此刻我們必須肯定一個事實，美國野朝間確乎有一種危險的流行病癥，意圖製造「兩個中國」。

事實可以証明，張君勱先生的公函，確非「危言聳聽」。他所引「呂氏春秋」、孔叢子論勢：「燕雀處堂，子母相哺，煦煦然其相樂，自以爲安，竈突炎上，棟宇將焚，燕雀顏不變，不知禍之及己也。」也無非是藉此喻今日台灣的某些策士，希望那些謀國的大人先生們，能知聽取忠言所警惕！

切勿繼續諱疾忌醫

「寸火能焚雲，蟻穴能決大堤。」必須預防星火燎原，絕對不可諱疾忌醫，至少美國不乏主張製造兩個中國的人士，而此種傾向也日漸顯著，國府確須更努力撲滅兩個中國的陰謀。今日國步艱難，應視「輿人之論」如繼續「黨同伐異」，徒弄文墨，逞一時之快，又何所補於國家大事呢？

·孟戈·

對艾森豪國情咨文的另一種看法

美國國會復會後，艾森豪總統於七日提出了七千言的國情咨文。由於國際緊張局勢趨於緩和，對於美國未來的動向，益發令人關心，及至得睹該項咨文全豹後，若干論者皆以爲艾森豪的國情咨文過於軟弱無力。實則，作爲一個美國總統，他首先要顧及到的當然是美國當前的安危，但是就該咨文全部內容來看，仍有其積極反共的一面，實不能因爲該咨文未有直接提及其他予某些國家以軍事援助，即斷言爲軟弱無力，是一種「弱調」。

相反的，艾森豪在其咨文中謂：「全世界都知道，如果今日有任何國家想嘗試攻擊美國的話，雖然我們的國家可能受到巨大的損失，但它本身亦將迅速受到驚人的破壞。」他更進一步說：「但是我一再向各國及其人民保証，美國將永不使用這種破壞力量，除非是爲了自衞。」如果不是心存偏見，艾森豪的咨文內容，仍不失軟中帶硬。持「弱調」論者，不過是有鑑於現階段美國已決心無意於介入任何國際戰爭了。因此，不免悲觀而已。

同時，台北的官方與論也根據該項咨文說：「艾森豪的國情咨文給予我們一個印象，是美國的外交政策很少會有變動的。」誠然，從現階段國際上諸種情況來看，變動的可能性是很少的。但台北當局不是始終强調反攻大陸的主動權仍操之在我嗎？既然主動權并未喪失，那又何必要担心美國外交政策如何呢？抱怨也是多餘的。

就筆者個人的理解來說，與其抱怨美國的現行政策，毋寧多督促台北當局好自爲之，可是一談到這樣的實際問題，再以蔣總統的新年文告內容來比照，也就不敢稍存樂觀之想了！（小言）

去年度大陸災情總賬

根據北平「人民日報」十二月廿三日發表一九五九年災情的綜合報導，據稱：今年大陸自然災害很多，受災面積很大，災情持續的時間很久，而且一年來災害反復發生，有些地方幾乎是一個災緊接着一個災，沒有間斷。災多、災大、持久、反復的情況，這是歷史上最少有的。就今年最嚴重的旱災說，今年春、夏、秋三季，全國前後受旱農田就達到五億畝左右，延及二十個省區。六月以前，河北、內蒙古、陝西北部和東北三省的春旱就很嚴重。吉林省西部和南部長白山一帶，遼寧省西部和南部遼東半島都旱得大部份小河斷流，松花江水源瀕於枯竭，豐滿水庫缺水發電。六、七、八、九幾個月，我國中部黃河流域和長江流域主要農產區所產生夏旱，很多地區是七十年來所沒有的，而且發生在農作物生長最需水的季節。受旱最重的湖北、河南、安徽、江蘇（中部），陝西（中、南部），湖南（北部），四川（東部），山西（南部），七至十月的降雨總量，一般都只有平常同期雨量的百分之三十到六十五左右，有些地方甚至一百多天無雨。七、八月間，黃河以南淮河和長江中下游地區的氣溫一直保持攝氏三十八度到四十度。七月下旬南京附近的日蒸發量比去年同期增加百分之八十。長江上游四川省萬縣、遠縣綿、江津四個專區的部份乾旱嚴重地區，也旱得許多小河斷流。湖北全省塘堰到七月下旬就乾涸了百分之八十以上。八月中旬以後，小河水源也幾乎全枯竭，沼澤地區公安縣的二百五十多處較大的湖泊乾了一百九十多處。長江中游水位很低，沿江一百廿一個閘，和一百六十個明口，能放水的只有五十個閘和十三個明口。長江下游和淮河下游都出現與歷史上最旱年相同的枯水位。江蘇省鎮江、揚州、南京山區的塘堰乾了十四萬九千多個，全省受旱的稻田四百多萬畝，其中有七十二萬畝乾得發白龜裂。淮河上游河南光山縣有一萬六千多處坑塘和小型水庫完全乾枯。十月，河南、安徽、湖北和華南廣大地區又發生了嚴重的秋旱，許多地方夏旱秋旱，幾乎是延續下來的，而華南部份地區的旱情最近才有緩和。

暴雨和洪水災害早期發生在華南，六月間廣東東江流域發生了百年一遇的大雨。而當夏季中部地區發生大旱的時假，華北長城一線卻又暴雨不止。長城內外的內蒙古南部，河北、山西北部，遼寧綏中等地的水災澇災同樣超過了幾十年來的紀錄。北京地區七至十月的降雨量超出了平常雨量的一倍，爲一八四〇年有紀錄以來雨量最多的一年。受旱地區，今年虫害卻很嚴重。以山東、河南、安徽等省的蝗虫和四川、湖南，江蘇，浙江等省的水稻螟虫爲害最重。入夏以來，在我國東南沿海地區登陸的五次颱風中，有兩次風力達到十二級，這是一種帶有毀滅性的災害，福州、廈門一線受災最重。此外，河北、山西、陝西、河南、山東和北京等省市的很多地方，春夏間還遭受雹災的襲擊。

本報資料室

從上海市民的期望說起

龍吟

（紐約航訊）據此間報載：上海市民期望國軍反攻大陸心情，甚爲殷切，街頭偶聚，縱談反攻事，雖爲共幹所聞，亦不之禁。於此可見人民期待反攻心情之一斑。

國府自遷台灣後，侈言反攻大陸，年復一年，奈何未見兌現，比年以來，則爲形勢所囿，索性不談反攻，改採期待政策，一則曰第三次世界大戰必然爆發，再則曰大陸必有匈牙利式之革命發生，認爲兩者皆是反攻大陸的良機。於是亦可見台灣國府首要們坐待反攻之株守心情！

就前者言，可見大陸人民對中共政權，不滿情緒已達極點，上海市人民的心理，不但反映了整個大陸人民的心理，事實上也正是寄棲海外千萬僑胞的心理，甚至偏處台澎金馬的軍民，亦莫不歸心似箭。所以在目前而論，期待反攻是地無分東西南北，人無分海內海外的。

以後者言，國府對於反攻軍事，既已採取「株守待兎」政策，期待機會之來臨，則反攻復國之望，益發虛無縹渺，遙遙無期，因爲鑑於目前國際形勢，西方國家，幾已一致同意採取「釜底抽薪」之外交政策，藉以緩和國際間之緊張空氣，而赫魯曉夫訪美歸去後，更是連續發表和平主張，由此觀之，世界大戰發生的可能性，業已大大減少，若仍希望待世界大戰之降臨，以便乘機反攻，無異痴人說夢！至於匈牙利式革命，在大陸發生的可能性，也近乎是一種天眞幻想、須知革命必須武裝的力量，而大陸民間藏械，早在中共征服大陸初期沒收淨盡，人民手無寸鐵，革命從何而來？以一九五九年五月西藏地方革命爲例，西藏喇嘛僅有的藏械，在經過這一次流血反共鬥爭後，也已爲中共搜刮淨盡，在今後共軍的強力控制下，若無外在因素，恐難再有類似事件發生了。所以除非中共軍將領携貳，軍心離異，從而叛亂發生，否則毛政權在現階段的統治力，仍不宜輕視的。

基於上述形勢之分析，是則國府今日之處境，正所謂「夜長夢多」。苦悶心情，不言可喻，不獨如此，由於今日國際情勢，瞬息萬變，愈變而愈對我不利，更不能不加深警惕，就美國外交政策之可能轉變而論，康隆報告與洛氏基金會報告，雖然是美國一個普通人民團體的意見，但對於美國今後之外交政策，不見得便絕對毫無影响吧！須知美國一般人的心理與目的，在於保衞西半球的安全與維持國內的繁榮現狀，極不願捲入世界任何戰爭的漩渦，朝鮮戰爭所予美國人的教訓，不可謂不大，因此，國府想美國幫助反攻大陸，實等於緣木求魚，而期待美蘇衛突，東西決戰，亦是空中樓閣，期望世界大戰，既已無此可能，大陸難於發生革命，亦爲可推斷之事實，則何不力求自決自救，自強自大之道呢？

從上海市民之談論反攻與期待反攻，可知大陸人民缺乏足以爆發推倒中共政權的大規模革命力量，大陸人民雖然感覺中共政權的殘暴，但因本身缺少革命條件，所以渴望國軍之反攻，此與國府因本身反攻力量不足，期待匈牙利式革命在大陸爆發，然後乘機進取，處境同樣是可憐可惘，同樣是令人歎惜！但願國府首要們能從此正視現實，團結海外內人士，實現民主反共。打回祖國去！

一九五九年聖誕節於紐約

中共圖破壞高峯會議以反對赫魯曉夫的事證

田心

十年來，中共的反美運動始終未曾停止過；雖然，去年美蘇巨頭互訪以後，蘇聯在這方面的態度已有若干改變，但中共依舊不改其反美的態度。艾森豪威爾總統訪問亞非十一國期間，莫斯科電台以同情的態度報導其行程，但中共却說他的這項行動是「緩兵之計，暗中進行加緊冷戰的部署」。

最近以來，中共的最高黨報「人民日報」，連續刊出三篇文章，「艾森豪威爾出國訪問期間發生了什麼」，「爭取和平鬥爭的大好形勢」，「美國的和平姿態再露馬脚」；這三篇文章集中搜集証據，無非是宣傳美國的和平姿態是假的。值此世界局勢開始緩和，而兩大集團尚難取得互相信任的時節，各國間一些與「和平趨勢」不相符的行動自屬難免；復由于美蘇雙方在新聞處理方法上的不同，所以蘇聯的任何不利和平的行動可以做到完全掩蔽，這種情況并不能據此而認爲蘇聯有和平誠意而美國所企求的和平却是一種姿態。

但中共并不從這種實際情況去設想，一口咬定美國對于和平無誠意，它所以如此作，人們當很容易明白，是爲着它要維持其強硬的對外關係，繼續爲冷戰找尋藉口，雖然，最近以來，它有若干行動表現其外交政策有某種程度的緩和，但基本上，它要堅決維持國際緊張局勢的。

前述的三篇文章中，都提到了這樣一個問題：「人們怎能不懷疑美國的和平表示是虛假的呢？」這樣的問題究竟翻來覆去的在問誰？這三篇中之一篇文章的結論中，引述了毛澤東的這樣一段話：「我們應當在自己內部肅清一切軟弱無能的思想。一切過高估計敵人力量與過低估計人民力量的觀點，都是錯誤的。」犯有這種錯誤，中共主張要肅清的究竟又指的是誰？

要求問題的答案可以從下述事例中採証：

在一九五八年八月，「人民日報」已經暗中指責赫魯曉夫是「和平主義」者，說他的某些行動起瓦解「人民的鬥爭意志」的作用，要清算它；現在固然蘇聯也有攻擊美國某些行動的言論，但對于世界局勢總的估計方面，却堅定地認爲有和緩的趨勢；赫氏最近致日本人民的復信中就着重的指出了：「和平共處的原則在國際生活中日益確立，冷戰的冰層開凍了，這使各國人民產生了很大的希望」。這種觀點無疑與中共有着顯著的不同。

按照中共的說法美國的和平姿態是假的，則赫魯曉夫的答應參加高峯會議在某種角度上來說，就成爲是「軟弱無能」的表現了；這樣，似說明了中共之所以要猛烈抨擊美國的和平姿態是假的，其另一目的是在於反對蘇聯的對于世界局勢趨向于和平的樂觀估計；以具體的事實來說明，則似乎又反映了中共在阻撓蘇聯參加高峯會議；這裏，還要注意這樣的事實，儘管世界各國輿論熱烈歡迎行將在五月間舉行的高峯會議，但中共自去年以來，對于高峯會議未曾有過隻字評論。

國大代表的修憲密件

志清

自台灣方面醞釀修改憲法以來，海內外報刊對於國大代表的活動，已有不少的報導；而代表們對於修憲的努力確也十分積極。他們在表面上是要為蔣總統開三次連任的方便之門；而實則乃企圖利用此一時機擴大國大的權力。茲發現國大聯誼會所擬「關於憲法須修改之重點及關於動員戡亂時期臨時條欵須修改之內容」一個秘密文件，特將原文介紹於下，當為讀者所願意知道的。

·密　件·

「修改憲法或臨時條欵研究要點草案

茲根據本年五月九日本會發表之聲明對當前行憲問題意見之第二項「修改憲法或臨時條欵應由國民大會直接為之」及「修憲範圍當配合國家情勢力求簡要免致多所更張」之說明分別草擬憲法須修改之重點及臨時條欵之內容如後提請討論至研究應循修憲之途徑抑採修訂臨時條欵之方式擬請幹事會決定或由幹事會轉徵各代表單位之意見後再作綜合抉擇。

甲、關於憲法須修改之重點

擬修改之條欵：

第二十七條　原條文：國民大會之職權如左：

一、選舉總統副總統

二、罷免總統副總統

三、修改憲法

四、複決立法院所提之憲法修正案

關於創制複決兩權除前項第三第四兩欵規定外俟全國有半數之縣市曾經行使創制複決兩項政權時由國民大會制定辦法並行使之。

修改條文：國民大會之職權如左：

一、選舉總統副總統

二、罷免總統副總統

三、創制法律

四、複決法律

五、修改憲法

六、複決立法院所提之憲法修正案

關於第三第四兩欵由國民大會制定辦法並行使之

第二十九條　原條文：國民大會於每屆總統任滿前九十日集會由總統召集之

修改條文：國民大會每年開會一次自行集會

上列集會如適值總統任期屆滿應於總統任滿前九十日舉行之

第三十條　原條文：國民大會遇有左列情形之一時召集臨時會

一、依本憲法第四十九條之規定應補選總統副總統時

二、依監察院之決議對於總統副總統提出彈劾案時

三、依立法院之決議提出憲法修正案時

四、國民大會代表五分之二以上請求召集時

國民大會臨時會如依前項第一欵或第二欵召集時由立法院院長通告集會依第三欵或第四欵應召集時由總統召集之

修改條文：國民大會遇有左列情形之一時召集臨時會

一、依本憲法第四十九條之規定應補選總統副總統時

二、依監察院之決議對於總統副總統提出彈劾時

三、依立法院之決議提出憲法修正案時

四、國民大會代表五分之二以上請求召集時

第四十七條　原條文：總統副總統之任期為六年連選得連任一次

修改條文：總統副總統之任期為六年連選得連任一次但行憲首任總統連選得連任之

第五十七條　二三兩欵原條文：

二、立法院對於行政院之重要政策不贊同時得以決議移請行政院變更之行政院對於立法院之決議得經總統之核可移請立法院覆議覆議時如經出席立法委員三分之二維持原決議行政院院長應即接受該決議或辭職

三、行政院對於立法院決議之法律案預算案條約案如認為有窒礙難行時得經總統之核可於該決議案送達行政院十日內移請立法院覆議覆議時如經出席立法委員三分之二維持原案行政院院長應即接受該決議或辭職

修改條文：二、立法院對於行政院之重要政策不贊同時得以決議移請行政院變更之行政院對於立法院之決議得經總統之核可移請立法院覆議覆議時如經出席立法委員三分之二維持原決議行政院院長得呈報總統咨請國民大會複決

三、行政院對於立法院決議之法律案預算案條約案如認為有窒礙難行時得經總統之核可於該決議案送達行政院十日內移請立法院覆議覆議時如經出席立法委員三份之二維持原案行政院院長得呈報總統咨請國民大會複決

乙、關於動員戡亂時期臨時欵須修改之內容

原條欵全文：

茲依照憲法第一百七十四條第一欵程序制定動員戡亂時期臨時條欵如左：

總統在動員戡亂時期為避免國家或人民遭遇緊急危難或應付財政經濟上重大變故得經行政院會議之決議為緊急處分不受憲法第三十九條或第四十三條所規定程序之限制

前項緊急處分立法院得依憲法第五十七條第二欵規定之程序變更或廢止之

動員戡亂時期之終止由總統宣告或由立法院咨請總統宣告之

第一屆國民大會應由總統至遲於民國三十九年十二月二十五日以前召集臨時會討論有關修改憲法各案如屆時動員戡亂時期尚未依前項規定宣告終止國民大會臨時會應決定臨時條欵應否延長或廢止

修改條欵全文：

一、總統在動員戡亂時期為避免國家或人民遭遇緊急危難或應付財政經濟上重大變故得經行政院會議之決議為緊急處分不受憲法第三十九條或第四十三條所規定程序之限制

前項緊急處分立法院得依憲法第五十七條第二欵規定之程序變更或廢止之但行政院認為仍有必要時得呈報總統咨請國民大會複決

二、為適應動員戡亂時期之需要並達成海內外國民一致之願望行憲首任總統不受憲法第四十七條連任一次之限制連選得連任

三、行憲已屆十二載憲法所賦予人民之政權迄未全部實施值茲動員戡亂時期為求政治作用之平衡國民大會應即制定行使創制複決兩權暫行辦法並施行之不受憲法第二十七條末項之限制

四、動員戡亂終止後至遲一年內應由總統召集國民大會臨時會討論本屆國民大會歷次會議時未予討論之修改憲法各案

五、動員戡亂時期終止及本條欵之廢止修訂由國民大會決定之」

勸進派與國大代表的明爭暗鬥

國民黨勸進派原擬修改臨時條欵使蔣總統能連任或留任，但國大代表們則堅持須將與他們有關的諸條欵一併修改。近來國民黨當局深感應付困難，於是有人主張不用修改臨時條欵，祇須由國大作一決議，說明「在大陸未光復前，總統副總統及國大代表與立監委員的任期都順延下去，俟光復大陸後再依法改選」。他們以為如此，既可達到蔣總統留任的目的，又可避免修改臨時條欵時國大代表企圖藉此擴大國大職權的煩擾。雖說以過時而又不足修憲人數國大來修改憲法或臨時條欵固屬毀憲；而以國大的決議來變更憲法的規定更是古今中外憲政史上從所未有的毀憲奇聞。可是，在勸進派的心目中，毀憲和違憲都不值得考慮；而他們所躭心的，則是用國大決議的方式來將總統副總統等的任期延長下去，未免便宜了陳誠。不過，既然尋求不到其他更可行的辦法，他們也就不能不如此這般的打算了。

在國大聯誼會的這一方面，假如不讓他們也有所收獲而祇要他們來為蔣總統留任開方便之門，他們似乎並不如此聽話。因此，儘管國民黨中央和蔣總統都一再宣示反對修改憲法，國大代表們的修憲活動並未因而停止，從上述的密件中，就可看出他們的用意所在了。國大聯誼會常務幹事同時又是國民黨黨團幹事的周士傑等且公開對自立晚報的記者表示，他們對修改憲法及臨時條欵的努力，並不因國民黨中央重申反對修憲的主張而有所變更。可見他們之間已從暗鬥而進入明爭的階段了。

「國代」年會的餘波

·佚　名·

一年一度的「國大」聯誼會，每年都要在年終與光復大陸設計研究委員會，一同舉行，到了這個時會，台北冠蓋雲集，濟濟一堂，頗添一番熱鬧，尤其是今年二月國民大會將舉行第三次會議，決定第三任的正副總統，現在距大會開會時間極為促迫，被目為「行情看漲」的國大代表們，近來亦顯得特別緊張與忙碌，因之，也就平添不少的花邊新聞。

國大代表要求增加待遇

聞去年國大聯誼會開會，每代表由政府發給出席費台幣一萬元。繼因會期增加延長了一天，代表們又要求增加出席費，未達目的。目前年會已過，他們又希望每人每月增加公費一千元，政府方面難以照辦；但是為了誠恐影響「大局」似乎仍會忍痛答應的。

候補國代電請湊數

由於修改憲法或臨時條欵問題，直接關係於國民大會代表的「總額」，一羣國大代表的候補人，也以第一屆候補國大聯誼會的名義，正式向國民大會代表全國聯誼會致送代電，「臚陳所見，藉供採擇施行」。

候補人聯誼會「藉供採擇」的最後目的，是要國民大會將代表總額以三〇四五人即當初選出之總數為準，而在即將召開之第三次會議中，應該設法打破候補只以「縣為單位」和以「職業團體為單位」的限制，使候補人增加遞補機會，以求補足三〇四五總額的「過半數」。

原來在第二次國大召開前，立法院會通過一項有關國大代表遞補充條例，行政院復有職業團體及婦女團體代表缺額補充辦法的規定。但這兩項辦法都明白規定，國大代表出缺者之遞補，應以各該出缺代表原產生單位之候補人依次遞補為限，現在候補人則希望取消此項限制。

國民大會代表在憲法上所定「總額」，應以何項數字為準，迄至目前尚無定論。目前憲法學會年會的研究報告中，認為所謂「總額」，應以實際選出的名額到今天仍未失去資格的代表數為準。如照此標準，當然不會有三〇四五人之多，「過半數」就容易達到，如要遞補，也儘可以上次的補充辦法規定辦理，並無再有放寬限制一如候補人聯誼會所提「取消限制」的必要。

當然，「總額」猶待解釋決定，對於國代聯誼會或國民大會本身，國代候補人這一份「臚陳所見」的代電如何處理，自然也有待於下回解決了。

辱罵國代引起風波

正當國大聯誼會開會之際，在台北的名叫「政經」的半月刊，突然刊登一篇以「國大代表對不起中國人」為題，大罵國大代表。這篇文章的作者署名「張夢程」。他在文中開門見山的說：「『國民大會代表』這個令人作嘔的頭銜，任何一個中華民國的國民都想不出他們有什麼繼續存在的理由。」這篇文章，沒有一句話不是痛罵「國代」，可說是罵得體無完膚。

這篇罵人的文章，首先由熱河籍的國大代表李蔭國帶到會場，他以極憤慨的情緒向大會提出報告，他認為這是對全體國大的侮辱。這報告一經提出，立即引起全體的憤怒，當時會有代表擬採取直接行動，終為老成持重的國代所勸阻，故未引起不幸事端，最後則議決要求政府依法追究查辦這份雜誌的負責人。將來如何解決，迄今尚無所知。

智利議員在大陸看到：

中共以人力代替獸力

彭愉

近年來，外國新聞記者和外國政治家前往中國大陸訪問者頗不乏人。其中有一部份人因為原本就是共產黨或共黨同路人，所以，他們到中國大陸訪問的結論，乃是一種故意的歪曲，他們明明看見大陸人民苦不堪言，但是由於他們的政治立場，便硬說大陸人民幸福。這一類人訪問大陸後的報導，當然全不可信。另外一些到中國大陸訪問的人，由於他們沒有政治偏見，所以他們訪問中國大陸的結論便比較客觀，便比較接近事實。但是我們仍然要指出，任何外國訪問者到中國大陸去訪問，無論如何客觀，對於中共政權之殘暴詳情，卻仍無法充分知悉。能夠真正充分知悉的，還是只有從大陸逃出到海外的難民。這是因為前者在中共官員的故意安排下原本無法全部了解真象，而後者則皆身受其苦，因而所有難民皆有其本身之慘痛經驗的緣故。

不過，在最近一些前往中國大陸訪問的外國人中，智利眾議院外交委員會主席艾拉索斯訪問中國大陸的結果，其所得觀感，比較還算客觀。艾拉索斯是於一九五九年八月十六日應中共之邀，前往中國大陸訪問的。他曾經在中國大陸作為期一月的訪問，所得印象是：

（一）他認為中共在工業生產方面，容或有若干進步，但這完全是以消滅人性，奴役人民所換取的。

（二）中共在教育方面百分之百地奉行共產主義教條，青年學生與兒童毫無自由抉擇之可言。

（三）中共迫害宗教不遺餘力。中共蔑視宗教教義，以信仰共產主義代替宗教信仰。

（四）中共政權乃一不折不扣的獨裁政權和警察國家。

（五）破壞家庭制度，婦女被迫外出工作，全年無一日假期。

（六）實施奴役制度，以人力代替牲畜，以手工代機器，男女工作如牛馬，工資收入低微，人民敢怒而不敢言。

（七）中國大陸人民享受低劣，以住宅來說，北平一帶的市民住宅無衛生設備，更說不上舒適。

（八）中國大陸人民無表示自由意志之權。一切唯共黨命令是聽。

（九）中共與蘇聯關係密切，外傳雙方將趨於決裂，實屬夢想。

以上九點是艾拉索斯訪問中國大陸為時一月的觀感，算是外國訪客中比較客觀的報導。

艾拉索斯訪問中國大陸後，并對智利與中共的關係作如下評論，他說：

（一）智利與中共沒有建立外交關係的可能。

（二）智利與中共的貿易關係亦不樂觀。其原因之一在於中共缺乏外滙，原因之二在智利所需要的中共貨物極少。

艾拉索斯對智利與中共關係的評斷亦極明智，中共的外滙確實是非常缺乏的。儘管中共是竭澤而漁的一直在設種種辦法來榨取大陸人民的勞動果實，和誘騙海外華僑的僑資，以增加其外滙儲備，但由於中共在軍需工業方面的投資太多，以致耗費了極大數目的外滙，且不斷需要極大數目的外滙，以購買和增加軍需工業設備和其他交通設備，所以，中共在普通貿易方面的外滙，確實是非常缺乏的。有些國家對中共的貿易關係，尚抱有幻想，艾拉索斯的這一觀察則頗能把握事實，這應該可以供某些對中共貿易抱幻想的國家和人士作參考了。

從另一方面看：「大陸之窗」會指出中共對中美洲南美洲抱有陰謀，它正在配合蘇聯的赤化世界目標作統戰工作，并以拉攏中美南美若干國家的政治人物為手段。從中共於去年八月十六日邀請艾拉索斯前往中國大陸作訪問的情況來說，說明艾拉索斯之被邀，也正是中共對中南美洲所展開的統戰工作之一。不過，對中共來說，他們對艾拉索斯的統戰工作卻是失敗了。因為艾拉索斯的眼睛沒有被中共的魔術所遮蔽，他看清楚了中共的真象，可見他是未受騙的。

鄉長提改革意見中共竟指為下戰書

這是大陸人民反對人民公社的一個實例

中共推行人民公社制度後，已在大陸引起普遍憤怒，甚至反抗，這是人所共知的事實。不過，由於共黨統治嚴密，且人民手無寸鐵，所以至今尚未引發陳涉吳廣那類起義般的揭竿行動。然而，大陸人民對中共提出改革人民公社的呼聲，卻是愈來愈高的，有許多人甚至冒死以行的。這裏且舉中共自己已經公開承認的一個實例來看：

據中共人民日報一九五九年十二月卅一日載：貴州省委第一書記周林著文說：「沿河縣甘溪區鄉長蔣玉昌，他竟帶頭向黨下戰書，提出了一整套恢復資本主義制度的綱領。蔣玉昌原建議書的題目是『對改革農業生產管理和商業活動的建議』。他改建農業生產的基本點，是將一切生產資料，包括土地、森林、水利、基建工程和大型農具，分別租管到生產戶。由各生產戶按年或按作物期，向國家或集體交納一定數額的產品。實行各生產戶經營自治，盈虧自負。」

由周林所舉這一位鄉長的意見看：這位鄉長所表達的正是大陸人民現在對中共人民公社普遍不滿所提的改革要求。也正是人民要求自由的表示。所求可謂完全合理，但周林卻指斥這個建議說「這是一個徹頭徹尾恢復單幹的建議，是把已經集體化的土地、森林、水利和農具等重新分歸各人私有」。

周林又指斥蔣玉昌所提解散集體食堂，提倡雇工自由，開放自由市場，恢復私營商業，取銷一切限制，封鎖，發展零購零銷商等主張。

平時，中共極力宣傳它如何民主，如何接受人民意見，但誰都知道中共是絲毫沒有民主，也絲毫不聽人民意見，完全一意橫行的。大的事情不談，像蔣玉昌提這樣一個意見，動機善良，且所建議的內容也很公正合理，但中共卻認為蔣玉昌向共黨提意見，即是向共黨下戰書。中共且不惜把蔣玉昌所提的建議，作為典型例子公佈出來，指為「極端露骨的反動綱領」。中共老羞成怒的說蔣玉昌故意「把人民公社的缺點盡量誇大，把中共工作中的毛病竭力渲染」，「企圖証明黨和人民政府不能領導農業生產，企圖証明農業生產沒有黨和政府的領導也能夠發展」。

其實，蔣玉昌乃是在共青團受過多年教育的幹部，所以才當了鄉長。看中共這樣替他大加帽子，可見中共做賊心虛，人民公社和農業生產搞得一塌糊塗，正怕人出來帶頭指摘哩！

（王欣）

今後十年中共的中外交動向

劉裕畧

時間真是過得快，轉瞬，中國大陸即已淪陷滿十年，而公元紀年到現在已正式進入一九六○年的年度了。

在過去十年中，逃到海外的中國人，固然過着顛沛流離的凄慘生活，但比之身處大陸的同胞，被殺戮者以千萬計，其幸而不死者，亦在中共政權殘暴統治下過着牛馬不如的生活，則海外流亡人士實又已大為僥倖。因為海外流亡人士的生活固然艱苦，但畢竟是自由的。這與身陷鐵幕內大陸同胞之毫無自由，真是完全不可比了。

本來，中共政權之本質，原是基於馬列主義思想而注定了的。中國共產黨是整個國際共產黨的一部份，那末，中國共產黨所執行的將是國際共產黨的任務，這原無絲毫可疑，因之，它摧毀中國傳統文化精神，它迫害中國傳統社會組織及傳統知識份子，自係原不足怪的事。而它與西方民主國家採取敵對的鬥爭，乃至繼續的採取敵對的鬥爭，這也是毫不足怪的事。

值得奇怪的，倒是民主國家的某些自認為對共產主義和共產黨有認識的人士，竟在過去十年中，一再錯誤的估計中共的本質，最先，有的竟至認為中共乃是一種土地改革者，而不是一種真正的共產主義者，事實証明其錯誤之後，跟着，又有人夢想中共可以變狄托，殊不知，中共領導階層中并無狄托其人，毛澤東雖自誇「秦皇漢武，略輸文采，唐宗宋祖，稍遜風騷」，實則，毛澤東的奴才性并不下於石敬塘，所以，對中共變狄托的這一幻想終又落空。到近年，有些人則又以中共雖係國際共產黨的一部份，但并不完全跟着蘇聯走，於是又自作多情的判斷，以為中共將不致繼續與西方為敵，實則，今年（一九六○年）一開始，中共就早已明白要與西方繼續為敵了。

對於這一點，我們可以引中共喉舌「人民日報」一九六○年元旦的社論來証明。該社論以「展望六十年代」為題說：「馬克思主義者不是算命先生，不能算出帝國主義者在今後十年中究竟將選擇這樣或者那樣的道路。但有一點是異常清楚的，儘管歷史的具體發展還會有某些曲折，六十年代將決不是帝國主義可以橫行霸道的時代，而將是和平勢力繼續取得勝利，被壓迫人民繼續取得勝利，社會主義繼續取得勝利的時代。毛澤東同志說：「社會主義制度終要代替資本主義制度，這是一個不以人們自己意志為轉移的規律。不管反動派怎樣企圖阻止歷史車輪的前進，革命或遲或早總會發生。并且將必然取得勝利』。還在迷信侵畧政策和戰爭政策的老爺們，不是早該醒了嗎？

「日暮窮途，卑鄙無恥的帝國主義和各國反動派，異想天開地企圖挑撥社會主義國家的團結，挑撥社會主義國家和亞非和平中立國家的團結，幻想從這裏找到什麼救命的藥方。……因此在未來十年中，不但社會主義國家的團結將不斷獲得鞏固和發展……」。

從以上所引人民日報元旦社論來看，可以很明顯的看出：中共不但今年將與西方為敵，且已自己預言今後十年亦將繼續與西方為敵。此外，這一社論并已明白宣示，在今後十年中共決不致與蘇聯脫離，西方某些人目前正在憑自己的主觀，以強調毛澤東與赫魯曉夫的矛盾，并憑自己的主觀，以強調中共與蘇聯間的距離，由這一社論又可証明那又完全是出自自己的幻想了。

根本說來，所有共產主義國家或政權，其彼此間的關係原本是異常密切的。因為，根據馬列主義理論，共產黨是以世界革命為目標，不是以任何一國的革命為目標；同時，所有共產黨都共同相信一個理論——馬列主義理論，又共同服從一個中心——克姆林宮中心，而且，它們又是以無產階級為共同立場，而超過國家、種族等界限的，所以某些人之強調共產黨的國家性和民族性，實由於這些人被共產黨那通過國家民族而表現的形式所迷惑，今天，中國共產黨人是明明自白再度把它的真面貌揭開了，如果再有人以為這不是中國共產黨人的真面貌，那末，這決不是共產黨人糊塗，而是自己糊塗了。

人民日報的社論，照實說出了中共內心的話，這應該可以作為今後十年中共的外交動向看。

大陸之窗

吳廷琰訪台的底牌

・友清・

越南總統吳廷琰，已定於本月十五日前赴台灣，作爲期四天的訪問之行。當此吳氏積極準備首途之際，各方對於吳氏此行，頗有種種看法及透露。有認爲吳氏所以在百忙中訪問台灣，當然有其重要的任務，即中越韓反共同盟的建立。有些以爲應該是中日越韓的東北亞反共同盟的舊事重提。也有傳說吳氏將與中華民國蔣總統探討亞洲（自由方面）的高峯會議。衆說紛紜。

三國聯合反共

關於中越韓三國同盟一事，據提出者所申述的論點，約有數項。第一是因爲中越韓三國同是受共黨侵略而不能統一的國家。韓國因蘇俄當年的佔領，製造了北韓傀儡政權，經過一場劇烈的國際戰爭，仍劃分爲南韓與北韓兩國。越南於一九五三、四年的戰爭，也是由於中共及蘇聯支援越共作戰，在奠邊府一役之後，開始劃分南、北越的。中國方面，大陸的領土淪陷最早，雖沒有經過國際戰爭，但實際上却是蘇聯支持中共奪得了政權的。情勢極相類似。

基於三個國家都同是被共黨所破壞，領土有一半或一大部份在共黨統治的蹂躪之下，三國渴望統一的願望相同，三國的極端反共態度相同，三國的敵人，更可以說是共同敵人——即是中共。如果能夠推倒中共的話，用不着說，中越韓三國的問題都可以同時解決，三國都可以統一，回復分割前的面目，或完成革命獨立的理想。這三個「同病相憐」的國家，團結反共尤其是反中共，正是極自然而合理的事。所以中越韓將組同盟之說，在此間傳播甚盛。更有三國聯軍一百五十萬，計劃三路進攻中共大陸的豪語。

因爲吳廷琰總統曾說：倘若北越南侵，如有中華民國的六十萬精兵協助南越作戰，便可致勝。這話頗涉及軍事合作範圍。尤其是最近的情勢，韓國方面因日本遣送韓僑返回北韓而引起南、北韓的緊張。越南因寮國問題，南越與越共也在十七度線陳兵相對。台灣海峽的局面則更具爆炸性。故此認爲吳廷琰總統忽有台灣之行，乃是鑒於中共侵略的必將突破藩籬，必須三國先發制人，採取攻勢防禦的緣故。

東北亞同盟

上述的解釋，自是言之成理，持之有故。但一部份越方高級人士，却仍認爲這樣的做法還嫌不夠。他們的觀點以對中共作「一字長蛇陣」的攻擊，使中共首尾受敵。但因韓越各有韓共越共的牽制，國府又有台灣海峽的阻隔。無論進軍或互相應援，實際不易。如印尼革命政府發動推翻耶加達政府當時，印尼雖承認中共而與國府絕交，但國軍仍不能南來助革命軍作戰，便是一例。韓戰中，國軍願意派兵三個師參加爲聯合國軍援韓，但不能果行，係因政治因素的緣故。所以他們認爲在亞洲而談反共，決不能離開日本，日本的工業及技術，軍事力及經濟力，如加入在亞洲反共同盟中，在比重上可以較中共優勝，尤其日本的背後有美國的強力支持。如要舉大事的話，就非重提中日越韓的「東北亞聯盟」不可。而越南將來加入東南亞聯盟後，將有如巴基斯坦，成爲兩個聯盟之連鎖。認爲吳氏的大計必定着眼於東北亞同盟及亞洲反共高峯會議者，算是持有比較遠大切實觀點的看法。

他們並且指出，最近美日聯防條約的修訂，其中有駐日美軍可在亞洲大陸「邊緣」即蘇聯中共邊境作戰的規定，也有日本須支援美軍的條文。又隨着「日、越賠償協定」的簽訂，日本協助越南建設已具體化，這些正是東北亞同盟胚胎。

隨行人員名單

這些透露或見解，當不能說沒有相當根據，不過據權威方面的指出，則認爲三國同盟實在不如四國同盟，不過「東北亞」四國同盟，因爲日韓關係的始終難以好轉，一時還談不到什麼積極的計劃。同樣的，日本本身對於中華民國及中共的外交政策，在日本內部尚有爭論，目下仍在舉棋不定的階段。首先必須日本的政策能够堅決，採取不承認中共而援助中華民國的政策。同時日本在東南亞的經濟活動，足以解決日本的經濟問題。那時方才可能有東北亞同盟的出現。

權威方面認爲，目前吳廷琰總統的訪問台灣，不外是使前此因遺僑而幾陷破裂的中越邦交，趨向友好。同時加强經濟上的聯繫，並且在政治上就一般廣泛原則性的問題，與蔣總統交換意見。吳總統訪台隨行人員名單中，雖有國防及參謀部兩次長，但更多的是經濟方面，農業局長及經濟專家多人。他們可能協商解決的，經濟問題將更多於軍政問題。不過這總是一個開始，如果蔣總統能訪越報聘，則逐漸地溝通，也未始不可以促成一個更擴大的同盟。

・西貢通訊・

女孩子做了猪種交配專家

（閻聯）

在中共的所謂「新社會」裡，一切事事物物，都會被他們的法螺吹得離奇怪誕，使人聽了笑不可仰。最近，中共的報章，又捧出一個「政治掛帥」的「猪種交配專家」來；而這個「猪種交配專家」，竟然是一個年僅十七的未婚少女。據說：這女孩子名舒滿容，是四川資中縣銀山公社社員，現任「萬能養猪場」的副場長。在「前進」報人的筆鋒下，把她描寫成如何艷麗，如何健康，如何聰明，如何積極，如何熱心於社會主義事業，自不待言；而最令人捧腹的，就是說她雖然年紀小小，但對於牲畜（猪）的性生理和性知識，却了解得很清楚，對於協助公猪母猪交配的手法，也熟練得很精彩；不特懂得注射，閹割，配種，而且還懂得替母猪接生。於是，便把「全能猪倌」的高帽，戴到這個十七歲未婚少女的頭頂上。

以一個那麼年輕的女孩子，竟能掌握着公豬和母猪的「打種」工作，負責引致公豬去和母豬性交，寧不使人感到有點「那個」？然而中共的法螺，還繼續大吹特吹，說她新近發明了一種「雙重配種」的「先進交配」方法，能令母猪在「打種」中獲得超性能的受孕，一胎可產猪仔多至廿二頭，達成母豬的「生產大躍進」。這種妙不可言的「技術」，竟出在一個「奴家今年十七歲」的未婚女孩子手上。其「那個」的程度，自然更匪夷所思了！

給中共特務滲透了的印度加鄰旁

印度西孟加拉省轄的彈丸之地——加鄰旁，目前也顯示出有點動盪，并引起了台灣和西方國家的關懷；其中眞相究竟怎樣？想亦爲一般人所注意。

中共和印度，都曾經互相指謫過。中共說：印度政府容許西藏反共軍在加鄰旁設指揮總部，是對中共的一項極不友好的行爲。但印度總理尼赫魯也說：中共特務滲入加鄰旁，以該地爲活動中心，對印度至爲不利。

就在這互相指謫的言詞間，便更足以引起外間人士對加隣旁的懷疑。它的實際情況如何？且讓筆者來報導一下。

加鄰旁面積，僅得五方英里，爲通往西藏的要衝，也是通往錫金的唯一必經之地。居在加鄰旁的藏人，初時祇得一千二百名至一千五百名，現在也許增加了一些，但也不至增加到一倍以上。藏人居於加鄰旁，可大別之爲兩個階層：其一是赤貧的，甚至靠求乞過活；另其一則屬豪富的，他們是西藏的貴族，在「第十英里」地方，建有華麗大厦，過着豐裕的生活。據說：有關西藏的政治活動，都是在這裏作半公開式的進行，共有三派：一是「達賴」派，主張西藏獨立的；一是中共所滲加的特工，不用說，他們是要栽培或煽動部份藏人參加演出「澈底控制西藏」的把戲；一是傾向台灣的，他們反共的意念相當堅強。

中共方面，曾於一九五七年在加鄰旁設立「中國貿易機構」，表面上，是商業性的，但時至今日，藏印貿易，早已完全停頓，而該機構迄仍未撤銷，其骨子裏，自然是另有「妙用」。因此，印度政府，也就特別派出「印東邊境來復部隊」去「保護」它，所有前往訪問該機構的人，都要經過印方登記存案。由此可知，印度政府對該機構，也懷有很大的戒心。

目前，與中共有關的人員在加鄰旁活動的，約達四百人。他們都是經營着鞋店，食物店，洗衣店，玩具店，但生意很平凡，若是單純打着營業的算盤來估計，那些店子簡直連「皮費」也未足够維持，而他們却「樂此不疲」。當然，此中也是另有「妙用」。

此外，加鄰旁有華校一所，也給中共特務滲入了；他們不斷地把「社會主義」灌進莘莘學子的腦袋。中共利用青年學生，是一向具有一套獨特的手法的。

加鄰旁市區內，經常都是謠言滿天飛的；而那些謠言，却多數是透過當地土人的口裡傳出，於是更增加了動盪的氣氛。有人說：這是中共特務故意如此造出來的一種烟幕，藉以混淆外間人士的視聽。這一說法，不無可信。

・成三・

僑鄉近訊

建築深圳水庫的民伕相繼逃亡（寶安）

中共在寶安縣十三個公社中，強徵民伕一萬四千名，驅往建築深圳水庫。按照共方的計劃，該水庫係限期一九六〇年三月底完成的；但監工的共幹，爲求邀功，竟下令提前完成任務，並不惜加強奴役，延長工作時間，同時又發動種種競賽，驅迫民伕晝夜不輟。但在生活上，却視民伕如牛馬：食不飽，衣不暖，還要在工地上露宿，以致傷病纍纍，陷於垂死邊緣的，亦復不少。民伕受不了此種殘酷的迫害，於是紛紛逃亡。中共雖在工地附近，加派軍隊防守，並在各山坵上設瞭望崗，實行嚴密監視，但邇來冒着生命危險而逃亡的民伕，仍繼續不斷。

拖拉機廠已走樣（廣州）

這是中共「工業大躍進」最「傑出」的成績：一座於廣州河南新港的「廣東拖拉機廠」，自一九五七年開設迄今，從未正正式式的出產過一部拖拉機。據悉：該廠是由原日的「廣東農業機械廠」改建的，初期廠中職工不過七百餘人，廠房面積，也僅得四千六百公尺；迨一九五八以後，在「大躍進」幌子下，該廠職工「躍進」了兩倍，不斷地由港澳兩地利誘工人回到該廠參加「生產」。但說也奇怪，整個廠房和車間的置備，却始終在停頓中，並沒有裝設得完備，因此，從未正式投入生產。在這兩年多當中，雖曾試製過一些小型耕耘機和「珠江廿七」型的拖拉機，可是一經交由農業機構試用，便認爲「有許多問題」，不適宜於普遍實用，因而再沒有繼續製造。聞中共方面，最近已接受了「俄國專家」的建設，準備將拖拉機廠改爲鍛造工廠，祇負責製造小型農具而已。中共雖經常大吹大擂「技術進步」，但在機械工業方面，事實上却處處顯示出幼稚得十分可憐。

・江水・

古城之曉

盛紫娟

「鏘鏘鏘，嚌鏘嚌，鏘鏘鏘，嚌鏘嚌！」突然大作的鑼鼓聲像瘟神的號叫一般劃破了凄寒的夜靜。施爺爺在夢中翻了個身用棉被朧住頭，想擋住那惱人心神的聲音。他雖然仍在睡着，但每一個神經細胞都已醒來，並且清楚這聲音是在命令他立刻下牀。他一動不動地躺着，只怕一動就再也睡不着了，便硬裝聽不見，妄想重新入夢。但那鏘鏘鏘的聲音越來越響，還加入了震動屋瓦的鞭炮聲，吵得他眞想高聲罵出來。但他仍設想自己在睡着……。隔壁房間有動靜了，先是他的兒媳婦輕輕地叫丈夫的聲音，後來是孫女吱吱喳喳的說話聲，再後是大家悉悉索索穿衣服的聲音，及脚踩在舊地板上的咯吱聲。施爺爺却仍頑强閉着眼睛，緊緊地擁着棉被。

「致青，你去院裏打桶水來！我先去升爐子！」他聽見兒媳婦這樣說着，接着開電燈的聲音，團紙的聲音，開關門的聲音，用小鏟劃煤的聲音……。最後，有一隻冰涼的小手貼在他的面頰上，一個嬌細的聲音叫：「爺爺，起來洗臉啦！」

「你們先洗吧！我還要睡一會兒！」

「就要到時候了，爺爺！」小孫女着急地說。他正想發脾氣，就聽見居民代表扯着沙啞喉嚨叫：「市民們，已經四點了，又要開始戰鬥了！市民——們！快起牀吧，我們不要做大躍進中的落後份子！」

「公公快起吧！」兒媳婦悄悄走近他，一面不安地望着大門。

「起！起！我的老命早晚要送在你們手裏，花樣越變越新鮮，連麻雀也不放過。中國……。」他雖然不滿地嚕叨着，太陽穴的靑筋直在突突跳。但仍顫微微地伸出手來探索着蓋在棉被上的棉襖、棉褲。

屋裏的空氣冷得像凝固了似的，就像在水窖裡一他樣。他一面哆哆嗦嗦地穿棉襖，一面張開嘴的呵着氣，好像棉襖不是為了取暖的，倒像是一件刑具似的，裡裡外外凍得像一件冰衣。

「已經立了春了，怎麼還這麼冷啊？」他愁眉苦臉的說，不靈便地扣着鈕子。兒子和孫女已洗完了臉，兒媳婦幫他穿好衣服後，把熱氣騰騰的洗臉水端上來。

「居民同志們，快點出來吧！第四天的戰鬥已經開始了，大家可不能鬆勁啊！」門外又傳來嘶啞的喊聲。

施爺爺由兒媳婦扶着，慢吞吞地向門口走了，他忽然站住叫道：「我那根打狗棍呢？」

屋門一開，一股西北風像刀子，似的向他臉上撲來，施爺爺不由自主的搗了一下鼻子，一口氣縮了回去，費了很大的勁才緩過來。一股酸溜溜的液體由鼻管直流入嗓子，腦門子上也像被根棍子打了似的，又凍又僵，臉頰的肌肉彷彿是繃在繡花繃上的布，緊得嘴也拼不攏，他雖然頭上戴了毛皴的帽子，但一些也不管用。刺人的冷風像小妖精的鑽進施爺爺的衣領袖口裏去，他在屋門口站了一下，覺得自己像沒穿衣服似的，身子就像一片在秋風裏的枯葉那樣哆嗦着。

鑼鼓聲，鞭炮聲顯得更響了，冷風吹着電線，枯樹枝上的假人在東搖西幌，活像一個個吊死鬼，在朦朧的夜色中，屋頂人影幢幢，喊聲震天，嚇得那些失魂的麻雀兒，突嚕，突嚕的到處盲飛瞎撞。全城三百萬人好像突然發作了神經病。

施爺爺被安置在廊簷下，一手握緊打狗棍，兒子半瘋不傻地邊叫邊爬上屋頂，小孫躲在門洞裡，兒媳婦回到屋裡去燒粥了。施大爺才憤憤地嘀咕着：「這個天，人都快凍死了別說麻雀了！」

居民代表不時在門外經過，不停地叫大家大聲喊，使麻雀沒有喘氣的餘地。

天仍是黑黝黝的，陰慘慘的，施爺爺坐在冷風裏，半閉着眼睛，什麼也不看什麼也不想。他昏沉沉的老是想睡，但是寒氣迫他不斷的起來走動。他想：這幾天他是太累了，等到大躍進高潮過去以後，他一定要好好的睡他一覺。他想告訴兒子、兒媳或不論是誰，他想進屋去休息，因為他太疲倦了。施爺爺正胡思亂想着，心不在焉地抬頭看看，發現天色已經變了，他的兒子和鄰居張老大，正拿竹竿通房簷下的麻雀窠，街上人羣跟在一隻麻雀後面氣喘吁地邊跑邊喊，一兩隻飛得精疲力盡的麻雀，像喝醉了似的，掉在街心，被躲在門洞內的孩子拾起來，交給居民代表。幾個揹着汽槍騎在驢背上的民兵正趕到近郊去「掃盪」；周圍的一切都多麼忙亂而又莫明其妙啊！顯得多麼瘋狂啊！他不禁嘆了口氣，搖搖頭，看看自己的靴頭又看看屋頂，他的兒子把麻雀巢通下，正興高采烈地與張老大跳着，撓得瓦片嘩嘩響着，他看了心裡覺得發抖，他忿忿地唸叨着：「全是裝出來的，叫人惡心！」

小孫女一蹦一跳地從門外跑進來，手裡提着兩隻僵了的麻雀，對他嚷：「爺爺！爺爺！我也檢到兩隻呢？我也可以從居民代表那兒換到一毛錢！」

他不感興趣地瞥了一眼，馬上把頭轉過去，感慨地可憐這些無罪的小飛禽。

「公公，您先進來喝點熱粥吧！」兒媳婦從屋裏探出頭來叫。施爺爺艱難地站起來，拖着兩條硬得像棍子似的腿走進去，那股暖流使他覺得如進入仙境，他在牀沿上坐下來，接過熱氣騰騰的小米粥，一面嗅着那熱氣，一面暖着手，並不想立即吃。手心一熱，身上反覺冷，他覺得自己都凍透了，照照鏡子，像對蝦似的，眼睛、鼻頭通紅。喝了兩碗粥，全身都發熱了。小孫女突然砰的一聲踢開門，一手揚着當天的報紙，一手拿着一毛錢，嘴裡不停地嚷，「娘，爺爺我也換到一毛錢，我要買糖吃！這是今天的報，看看打麻雀的英雄，有爸爸的名字嗎？娘，我手都凍木了，我要喝熱粥！」

「乖孩兒，再在外面待一會兒，叫爺爺多歇歇，你再來喝熱粥！」

「我餓，娘！」她仰起小臉，對她母親說。

施爺爺一手握着打狗棍，一手拿着報紙站起來說：「叫她進來吧！我已經暖和了！」他肚裡有了食物，長了些力氣，但他從心底裏不願出去。

走到院子裏，天色已經大亮了，他打開報紙，慢條斯理的一段段看下去，千篇一律的是：「××郊區××小隊用拉網式捕雀法，獲得一百廿七隻。」

「鑼鼓喧天，男女老幼齊動員，天羅地網，小小麻雀無處逃。」

「打雀英雄×××，介紹經驗！簡單，有效！」

「除四害運動中，全國人民信心很強，幹勁很足，但因注意安全，昨晨××區××街××因一時疏忽，由房頂跌下摔傷右臂，已送入市立第一醫院醫治。又一老嫗爬上牆頭架假人，梯倒人傷，已送入醫院醫治。又：……。」

「喝！」施大爺坐着看報哪？」背後忽傳來居民代表聲音，施大爺嚇了一跳，忙陪了個笑臉說：「我在找打麻雀英雄中有沒有致青的名字。」

「他很積極，很有希望！」居民代表用下巴指了一指，一直在房頂上揮動竹竿哇哇喊叫的致青說，又笑着問：「施大爺，打着幾隻啦？」

「我，我的小孫女捉倒兩隻呢？」

「您也不能落後啊！」

「是！是！這是一定的！」他馬上把報紙放下，拿起打狗棍，在院裡亂跑大喊：「噢噢噢，哇哇哇，噢：……！」

他兒子在房上看見老子像中了魔似的跑來跑去，想告訴他小心別滑倒，因院子裏有許多天凍了好些冰。話還沒說出口，只聽見「叭啦踏」一聲，施大爺摔了個倒栽葱，居民代表嚇壞了，轉身就往外跑，致青和張老大匆匆順着梯子跑下來，一看地上一灘紫紅的血，慌得大叫，不好了，摔死人了！」小孫女和她的媽也氣急敗壞地跑過來看，只見施大爺痛苦地緊閉着眼，白鬍子沾滿了血。致青仔細看了，便安慰了大家道：「只是跌出鼻血來了，不要緊的，我們扶他進屋去吧！」他彎下身子拉他父親起來，施大爺老淚縱橫地撫住他兒子的臂膀說：「腿，我的左腿！」

「呵，腿斷了，孩子她媽快去報告居民委員打電話給醫院！快！」致青跺脚喊着，不禁嗚嗚哭起來。

×　×

文壇泥爪

日記裏的魯迅之二

從二十五年間的日記中，可以看到一個活的魯迅的影子，有時他也極風趣，其幽默似也不在林博士之下。如民元五月六日記云：「上午遂入山會邑館。夜臥未半小時，即見蜰蟲三四十，乃臥桌上以避之。」這是他初到北京之次日所記，山會邑館即紹興會館舊名，山會指山陰會稽。又六月十八日記云：「頭痛，與齊壽山閒話良久，始愈。」壽山乃他在教育部的同事，是齊如山之弟。閒話可醫頭痛，亦趣。

為了女師大的風潮，魯迅幹了十四年的教育部裏的差事——部員、科長、僉事，突然給當時的教育總長章士釗免了職。十四年八月十四日記云：「我之免職令發表。」當時把他氣得肺病胃病齊發，跟被周作人夫婦打罵他那次一樣，受刺激很大。病愈後，朋友們慫恿他跟那位老虎總長打官司，三十一日記云：「上午赴平政院納訴訟費三十元，控章士釗。」結果不但官司打贏了，許廣平也投入了他的懷抱。十五年三月六日記云：「舊曆正月二十二日也，夜為害馬剪去髮毛。」害馬是害群之馬的縮語，魯迅每用以戲稱許廣平。夜間親拿剪子給她剪去脖兒頸上的亂髮，想見他們親暱的程度。師生戀愛已達飽和點，無怪魯迅要在寶貴的日記篇幅中註明舊曆大書上一筆了。

民元教育部辦了一次星期講習會，魯迅在那兒担任講「美術略論」，七月五日記云：「大雨。下午四時赴講演會，講員均乞假，聽者亦無一人，遂返。」別的講員都因雨請假，在那種大雨天氣，也不會有人去聽講，然而他卻冒雨去了，結果空勞往返，聰明者或者要笑他是「阿木林」了吧，但這正是魯迅的認眞處。又一次他記着聽衆只一人，他仍然開講，講到最後，陸續來者，亦只十八。

元年九月二十六日記云：「七時三十分觀月蝕約十分之一，人家多擊銅槃以救之，此為南方所無，似較北人稍慧，然實非是，南人愛情漓盡，即月眞為天狗所食，亦更不欲拯之，非妄信已滌盡也。」擊銅器救月亮，本是鄉間迷信，如今小學生已知此事之愚妄，然而魯迅卻因此推斷南北風俗之異，不在智愚文野，而在人情之淳厚與澆漓，自是獨具深見。豈南人皆如此寡情耶？抑所謂南人者只指紹興人耶？魯迅不為他的家鄉護短，極為難得，如在他人，必不願亦不肯說出口來。魯迅之所以把老家祖傳房屋賣掉，毅然舉家北遷，在北平定居者，豈亦深惡「愛情漓盡」的故鄉，而願托身於風俗淳厚之北國歟？

由梅蘭芳一張舊扇面說起

徐亮之

偶翻敝篋，發現舊藏的一張梅蘭芳畫的絹質團扇面。畫的是梅花和月亮，乃取林和靖「暗香浮動月黃昏」的詩意而作；但絹上竟似今日梅郎命運的象徵，水漬霉痕漫佈；裝裱以後，竟像一張飽歷滄桑的古畫般。覩物思人，倒不知不覺勾起我一段淡淡的回憶來了。

在我的回憶中，對於梅蘭芳我有一個至今還沒曾改變的看法，便是他確是一個特出而有價值的人物；甚至可以說：從某種角度看，乃一個空前特出而有價值的人物。他一生以男性而通過藝術的洗禮去表揚中國的女性美；他把中國女性的內心美與外型美已經刻畫到昇華的境界了。他才確是不要課本而眞實與卓越的女性們的導師。他所塑造成功的中國女性的典型，縱然就是十分懦弱的中國男子，對之也斷然會有安全之感的；縱然就是十分粗暴的中國男子，對之也不免會憐香惜玉之心油然而生的。這業績確是空前特出而有價值的；而他的一生正恰是肯定的將全部貢獻於此。

然而，我對他的回憶却倒是傷感的成份多。我第一次看他的戲大概是三十年前，那時他的年齡還不過三十五六光景；大概因爲我還年輕，又兼對京戲還是個純然的門外漢，除了對他居然能夠扮出一個水葱兒似的美人胎兒的化妝術加以贊歎以外，竟然毫無所獲。同時，也可以說是大有所獲；因爲這畢竟保存了一個水葱兒似的梅蘭芳的印象。可是抗戰勝利以後，有一次我在上海再看他的「霸王別姬」時，這印象却毀了一半了。那時他已五十開外，他的化妝術雖然高明，却也到底不過只能把他妝成一個搔首弄姿動輒得咎的遲暮佳人而已。他的唱腔雖然仍是珠圓玉潤，然而當年矯若游龍的青春的旋律是已經消失了；他的舞步雖然仍是節拍超妙，然而當年翩若驚鴻的妖嬈的神韻是再也不見了。於是我不禁喟然嘆曰：「美人自古如名將，不許人間見白頭」，這話一點也不錯；任何美麗的女人，畢竟是經不起時間的考驗的；任何假扮美麗的女人的男人，也畢竟是經不起時間的考驗的。

可是，當我到了香港以後，在大陸出版的畫報上，或在這兒與大陸有關的報紙上，偶然看到他露天演唱的力竭聲嘶的照片，或奉命勞軍，穿着戲裝和大兵們魚龍混雜而木然毫無表情的映像，尤其是他以六十老翁的本錢，居然不得不冒險去拍攝必須身段輕盈青春洋溢的「貴妃醉酒」的電影，我對他另一半的印象，又給全毀滅了；毀得我幾乎不相信我自己的眼睛了！於是我更不禁喟然嘆曰：嗚呼梅蘭芳！

梅蘭芳今年已是六十五歲的人了；據最近報載，他因爲跟着北京伶界對「多、快、好、省」的什麼「路線」發表了不滿的意見，認爲「多、快、好、省，慢工才能出細活」云云，竟也「被『下放』到工廠、礦塲和建築工地作苦役」去了；天！

六〇、一、八。

亮齋閒話

梁節庵的風格及其遺墨

靜仁居士

一

梁節庵是滿清的忠臣，我們如以現代眼光評論他，自然貶多於褒，然而時代不同，不容一概而論的。

不過這位遺老，却是鯁直得可愛，頑固得可笑。晚近世風太壞，人心太險，人情太薄。所謂知識分子也者，大多是好話說盡了……像節庵的孤忠傻氣，有些地方，眞能夠起衰立懦，所以，他的風格，值得回憶的。

二

他是廣東番禺人，名鼎芬，字星海，節庵是他的別號，死後謚文忠。光緒六年成進士，授翰林院編修，時年二十四歲，在科第中可算少年得志。

越法事起，北洋大臣李鴻章處理失當，朝野人士敢怒而不敢言，惟有這位少年翰林，初生之犢不怕虎，上奏痛陳李氏誤國罪狀，請朝廷明正典刑以謝天下，奉旨斥爲妄奏，並降五級叙用。他雖受此打擊，但他的直聲却震動朝野了。

三

南海康有爲聞他因彈劾權臣被黜，曾賦蝶戀花一闋以慰之，詞云：『記得珠簾初捲處，人倚闌干，被酒剛微醉，翠葉飄零秋自語，曉風吹墮橫塘路。詞客看花心意苦，墜粉零香，果是誰相誤，卅六陂飛細雨，明朝顏色難如故！』節庵和之，其下半闋有云：『……多謝詞人心太苦，儂自摧殘，豈被西風誤！昨夜明月今夜雨，人生那得長如故！』南海以落花比節庵，怨悱交融，一往情篤。即此小事，亦可見老輩風義之高了！

四

人才終不埋沒的，張之洞聞到他的才學，聘爲廣雅書院講席，南京鍾山書院院長，後來偕至兩湖，參贊督府大計，又保薦他爲武昌知府，湖北按察使，布政使。未幾，奉旨入覲，他的傻勁又來了，奏劾慶親王奕劻誤國，又彈劾直隸總督袁世凱。其劾袁文有曰：『……世凱權陰邁衆，城府阻深，能陷人，又能用人，私黨滿布京津，虎步京師。臣不敢自愛其官職，並不自愛其性命，但有一日之官，即盡一日之心，言盡有淚，淚盡有血。……』這種不怕死的傻勁，古今能有幾人？民國於今四十九年，所謂民意代表，監察委員，多是只拍蒼蠅，不打老虎，而梁遺老專在老虎口上伸拳頭，可謂天下硬漢。

五

節庵得罪親王大臣，只有狼狽而歸。迨至兩宮升遐，他萬里奔喪，痛哭回里，第二年張之洞逝世，他又奔至京都，親送張靈回籍安葬。此種生死忠義，求之於近代確不多見。

清廷遜位後，他奏請留守陵寢，奉旨，在毓慶宮行走。每次入宮請安，太監例索門包四兩，方允通報。有好事者嘗賦詩嘲他云：『一律夷齊去做官，首陽薇蕨采難完。忠臣要算梁星海，四兩門包請聖安。』這雖是一時的笑話，但較之二三其德翻雲覆雨的東西，高明多多哩。

張勳復辟事起，他以爲機會降臨，日夜奔走籌劃了，但大勢已去，斷無死灰復燃之理，他連勞帶憤，一病而卒，完成滿清一代的忠臣。

六

節庵博學多才，崇尚節操，篤於義氣，又甚留意於地方古蹟文獻。我最近偶然在古董舖間，購得此老手札一通，啓事四葉。札是爲王可莊（仁堪）病故，他寫給兩個學生，汪道辰，伍鍾萃的信，說明王可莊身後蕭條。函內有言：『……十月二十日子時，王蘇州竟以急疾不救，傷何可言！昨到蘇州，入門撫棺，聲淚出臆。追思生平，彌用愴痛！……純懿之士，瞑而不返，行路太息，矧在親知！又囊無一錢，里無一椽，白頭童齒，何以過日？往年主考吾鄉，得士至多，爲數十科所未有，其時，僕在講席，可莊出闈語余曰：自閱卷之日起，未嘗四鼓睡也。校閱勤苦，實所罕見。……吾鄉風俗尚義，篤於師友，尚希厚集羣力，爲送死養生之計。……』生死之際，始見交情，此老篤於風義，求之於近代，又不多見的。——原札用『小玲瓏』信牋寫的，共計八頁，信手拈來，遒媚勁健，可與爭坐位帖，先後媲美。

啓事，是爲興修地方古蹟，與葉佩瑲，吳道鎔，梁肇修，蘇元瑞，易學清，汪兆銓（兆鏞）等三十人聯銜。原啓首言：『月之十三日下午一點鐘至三點鐘，同人集三大忠祠南園議事。』緊接列舉越秀山三君祠祀，並加註曰：『虞韓蘇三君，以典我廣東文學也。今年有某人於祠內設番菜館，腥汙不治，鼎芬致書澤棠，請丁運使逐出停止，還我舊觀。』

次又提海珠寺，亦加註曰：『祀建李忠簡公祠，以勵我廣東氣節也。前明國朝，勝流文宴，往往集此，匪獨怡情流水，實亦景仰高山。近年祠爲水師營所有，鼎芬致書李軍門，允歸回紳士料理……』——啓事共計四頁，用朱牋寫的，工整嫵媚，無一懈筆。足見老輩治事之誠，雖區區小啓，亦絲毫不苟，眞值得欽佩的。

以上十二頁遺墨，俱有關廣東文獻，藏在我處，不過作文字上的欣賞。有朝一日，大陸重光，廣東文獻機構成立，我或可慨然捐獻哩！

× ×

千石應東京帝大之約赴日，賦此送別

韋齋

叔世聲華德不孤，月明飛渡古蓬壺。天容一士兼才節，雪滿千山入畫圖。舊事應兵餘廢將，新知太學卜元夫。嗟予轅下方愁絕，早折櫻花寄酒徒。

郊遊贈韋齋

千石

秋莽何因氣未馴，霜紅照岸欲欺春，相看海水羣飛日，誰識江湖獨往人！才肯容身眞澹泊，生無媚骨自嶙峋。一絲繫命支殘局，終古三綱未易論。

本刊已經香港政府登記

聯合評論

週刊

United Voice Weekly

第七十五號

每逢星期五出版

督印人：黃宇人　總編輯：左仲平

社址九龍金馬倫道卅八號三樓　電話61413

承印：嘉羅印刷有限公司　香港灣仔馬師道5號

總代理：友聯發行公司　每份售價港幣一毫

本報美洲版總經售處　美國紐約中美出版社

CHINESE-AMERICAN PRESS, INC
199 CANAL STREET.,
NEW YORK31 N. Y. U.S.A.

美洲航空版零售每份美金一角

本報啓事

本報第七十六期原應於一月廿九日出版。適值農曆春節，印刷工友休息，故本報亦休息一期，本報第七十六期延至二月五日照常繼續出版。本報美洲航空版同樣順延一期，至二月十二日，照常繼續出版特此敬告讀者。

國大開會在卽　期待代表們愼重將事

本社同人

一、

國民大會已確定於下月二十日開會。

據說這次開會的惟一任務，便是選舉第三屆的總統與副總統。

依據憲法第四十五條規定：「中華民國國民年滿四十歲者，得被選爲總統副總統。」此外別無其他任何限制。

現在隔國民大會的集會已不足一月，究竟有什麼人願想出來競選這兩個職位，至今乃一無所聞；這不能不說是在現任將總統領導下行憲已歷十有二年的一大怪狀！這種現象不僅爲任何老牌民主國家所絕無，亦爲任何新進民主國家所不許；凡一切政客名流，論壇鬥士，平日以百口爲政府辯護，認爲現政府如何如何確有民主精神者，至此總應該爽然若失了吧！

據說，這種怪狀之所以釀成，實由在去年一年中，海外已有兩千多封電報到達台灣，一致表示擁護蔣總統連任；同時台灣有若干不知誰何的政客，也同聲加以附和；於是國大代表諸公，認爲『民意』已成，不能違反，也多數爲連任說張目。

二、

但連任，也必須有一套辦法，截至現在爲止，計擁護者所提辦法，不出三種：

其一，修改憲法，即就憲法第四十七條對總統任期的限制，予以變更。

其二，就憲法所附加的『動員戡亂時期臨時條款』增加若干文字，藉口非常時期，將憲法第四十七條加以凍結。

其三，既不修憲，也不增加臨時條款，更不需要選舉，直截了當，即由國民大會作成決議案，用到會代表起立表決的方式，一致表示擁戴蔣總統永久留任。

以第一個修憲辦法來說，姑不論前年去年蔣總統曾以總統與國民黨總裁的二重資格，代表政府，代表黨，有過兩度鄭重的聲明，對修憲表示堅決反對，凡屬國大代表中大多數的國民黨黨員，似應予之尊重；即令說修憲爲國大特權，非總統或總裁個人所得干預，但以憲法明文所規定的修憲途徑，時間，人數，無論憲法專家或大法官之類，提出任何曲解，亦已絕無可能，因此這一辦法的斷然不能適用，已屬毫無疑義。

以第二個補充臨時條款的辦法來說，則臨時條款與憲法本文具有同等的地位與效用，當日成立這一條款的程序，實與製憲毫無區別，現在要加以補充，即非符合修憲的程序不可，其在目前亦已絕無可能，也正與第一個辦法完全一樣。

至於第三個決議擁戴的辦法，則更於憲法一無根據，憲法只規定國民大會有選擧總統之權，並無擁戴之權，如果眞要這樣做，其爲毀法亂紀，實百口莫辯。我們希望這一說只是少數人急不暇擇的一種擬議，根本不會成爲事實，假定國大代表並此神聖的選擧權而放棄之，則無異自毀其立場，必爲國人所共棄。

三、

爲了便於蔣總統連任的問題，已經紛紛擾擾鬧了一年，實際都是所謂庸人自擾：第二屆的總統副總統，既已由現任的國大代表可以擧得，第三屆當然也就可以擧得；如果說第二屆爲了要去掉一個李宗仁所以需要選擧，第三屆再無李宗仁可去，選擧便可不要，這實在是誣蠛了憲法、悔辱了國民、也陷害了蔣總統，我們斷斷不能加以承認。

毫無疑義，今年是國際最多事的一年，中華民國的前途究竟如何，便在今年，即可能有一決定性的表現。目前全世界有四十幾個國家承認中華民國，在聯合國也還由我國保有常任理事國的地位，第一個原因是由於美國政府的態度還沒有變更，第二個原因是由於我們的政府，還是一個由憲法所產生的合法政府。但美國是一個與論的國家，無論共和黨或民主黨執政，大體上都只能視與論趨勢，作爲施政的準則。本來美國與論原有一部分不利於我國，到了去年的下半年，乃有所謂的「康隆報告』之類的文件產生，最近該項文件乃更大量印行，廉價發售；甚至政府當局，也偶有不穩的言論流露；萬一美國政府必須貫澈其對蘇妥協的政策，而中共與蘇聯既不可分，對蘇妥協，即無異對中共妥協，萬一不幸美國的態度對中華民國眞有改變，則所謂四十多國對中華民國的承認，便可能有多數國家將隨着美國的態度從風而靡，這一趨勢，以在最近的日本表現得最爲明白。凡此均屬有目共見的事實，而決非所謂『危言聳聽！』萬一更不幸，我國大代表諸公，無以抑制其羣衆心理而歸於理知，居然以擁戴的方式，爲中華民國製造出一於情不合，於理不該，於法無據的非法總統，則此一中華民國的合法地位，亦即歸於消失，凡不利我國的一切國際興論，必更將振振有辭，此眞無異於聚九州之鐵，鑄成大錯，我們除繼續否定以外，亦別無其他第二條路子可走。

至就蔣總統個人而論，他的惟一宗旨，乃在反攻復國，做總統，他達成此一使命的力量不因之而有所增加；不做總統，亦決不因之而有所減少；這個意思我們在本刋已詳哉言之，本着「君子愛人以德』之義，我們希望蔣總統能磊磊落落作出超乎流俗的決定，使得平日國內外一切對他懷疑的人們，不能不一改其常態，對他刮目相看，而蔣總統本人，也得造成他光榮報國史的一頁！

從吳廷琰訪華說起

李璜

越南共和國吳廷琰總統於六年前，在其國家民族存亡絕續之際，抱着宗教的信念與憂國的情操，入越主政；且能以短短六年時間，先平定內亂，次頒布憲法，創造共和，奠立民主，並積極努力於民生的建設事業；成績可觀，故能引起自由世界的重視，而國際共產黨也爲之側目。因越南政府防共黨滲入甚嚴，香港去人不易，故港人士了解越南近事者不多，但即以陳孝威先生在天文台報所介紹越南工農建設的一篇概況，其成果也算得難能可貴了，因爲越南脫出貪惰無能的殖民地統治的時間未久，人民的知識與地方的基礎，都是很薄弱的，何況尚在內憂外患之中，足見事在人爲，只要不一味官僚化，不事事徒有其表，借重人才，坐言起行，與邦定國，並非難事！

一

即以此次吳氏爲睦鄰而訪華的安排而論，也足見其細心周至，不只是官場的敷衍。先之以越南民間的經濟文化團體代表人物，使與我中華民國在台灣的社會各方面多所接觸，取得好感與觀摩，而同行者又多是建設方面的主持份子，期能深入，於交誼及參考上皆有所得，這足証明吳廷琰氏不是只做表面工夫的人。更引起筆者注意的，是吳氏能夠重視「客卿」對於比國籍的雷震遠神父，不但隨時借重，而且據陳孝威先生所報導，吳氏對雷神父，還是遇事都與之相商籌的。兩年之前，因華僑在越南的入籍問題，中越邦交曾發生一度緊張情況，終能大事化小，彼此相安，以有今日之親善，聽說雷神父在其間的奔走是很有助力的。

以今日中越親交與中菲近事相比，令人發生一種自然的感慨來：中華民國與菲律賓，也在數年前就鬧起華僑問題，其問題初止於少數中國去菲的游客，比越南的華僑問題要簡單得多，小得多。乃中菲彼此皆用官僚化的手法，一直敷衍拖延，中間又無雷神父這樣熱心人爲之奔走設計，以致鬧得彼此不耐煩，公開爭吵，將問題擴大，於國交有損，被中共笑話並稱心，這是於東南亞合作反共的共同目標大有妨害的。筆者不願去責備菲律賓的當局，但對我台北的當局，希望其對菲外交有一個反省的檢討，要從大處着眼，當機立斷，今後交涉，不宜再拖。

二

近日官方報紙對於吳廷琰總統的訪華紀載，寫得甚爲熱鬧，第一版的全版幾乎完全佔滿了！似乎台北當局在表示中華民國政府在外交上的成功，然而檢討此一成功的因素，千萬不要忘記；年來中國的學者專家在越南之工作的成績！現代外交不止於元首的來往或官場的交際，熱鬧一番，彼此邦交上就算圓滿而發生永固的效用了，最重要是知識上的交換與建設上的互助，因是而有文化交流與技術合作的新外交作用。年來台灣方面不斷有學者專家前往西貢，或講學，或以其專長貢獻於越南農業的改進與工業的建設，於是引起越南方面的好感與興趣，方有今次吳氏之來訪，並願兩國進一步的合作。因是筆者想到今日中華民國與西德及法國是這兩個重要國家，在彼我的外交上，竟處於停滯狀態中，並不是沒有作法的，至少在文化交流上可以去做一番深切的工夫，因爲西德與法國一向對中國文化均相當的重視與了解，巴黎與佛郎克佛自來都有專門研究漢學的講學機構，台灣方面應不斷請第一流的中國學者前往西德及法國講學，並請其學者前來，這是於邦交前途，大有補益的。——就是斷了邦交的英國及其殖民地，我們的眞正學者專家也可以前往，並不曾遭人拒絕的。

三

總之，中華民國今日偏處台灣，局面是太狹小了，形勢也是日感孤危，如果在台北的當政者眼光並不從外面放大來看，格局並不從外面來開展，則前途，實在可憂。茲僅就和平的外交來說，中華民國的外交部應該全盤考慮一番，那些國裡的外交僵局如何設法打開，那些國裡的外交關係如何去進一步，不止於官方的使節活動，而還得多有賴於民間人才的奔走與工作，比較更容易深入與持久。台灣有的是學者專家，且不乏第一流人才，已經不必外求，但要看當局者如何的打算與安排：安排萬不可一味官式，打算也不可去求急效，並且請求一位學者或專家向外去講學，做工作要特別對於他的誠意與能力予以信任，容許他有一長時期的用工夫，這並不是派一個宣傳員去宣揚主義，做一些官樣文章，一種留聲機式的宣傳，是從來不生絲毫效用的。

今日自由世界各國，形形色色的各式訪問，人物不斷此來彼往，鬧忙之至！就閱台灣報載，台北也有應接不暇之勢。然而台北當局好像只在辦招待，如何的藉此打開國際局面，似應早日有一個通盤籌算與相當規模的安排了，故茲就吳廷琰訪華，而想到了台北當局的外交做法。

四九、一、一八

如蔣先生專任國民黨總裁，未來國家總統怎會是傀儡？

最近「勸進派」的言論與行動，已經達到了『熱火朝天』的程度，他們唯一主張修憲（包括修改臨時條欵）連任的理由，就是認爲此時際少不了蔣先生的領導。但是「勸進派」中的人也有唱「爲了維護憲法，我們必須要求蔣總統繼續留任。」的調子的。這種作此主張的人，眞令人懷疑他究竟是否懂得什麼叫作「維護憲法」。這種調子格調之低，當然較諸前一派又要「差一皮」?!憲法既規定總統祇能連任一次，那麼既主張「爲了維護憲法」，怎能又「要求蔣總統繼續留任呢」？這種自相矛盾的論調，看來無非是蓄意讓蔣先生將來做一個非法的總統！再說吧，這種主意，如果行得通，「勸進派」中謀士如雲，「憲法專家」豈不要炒魷魚？如果行得通，還需要大費周章、虛耗國帑、開什麼聯誼會」，暗中佈置改憲、毀憲嗎？說來眞是可哂之至！

正由於唱這種低調的人，缺乏憲法常識、缺乏政黨政治的常識，遂認爲主張蔣先生專任國民黨總裁，以發揮其領導政府的作用是一個「最不合憲法的『建議』」。其實反對修憲連任的人之中，作這種建議者，本是針對現實的不得已而提出的辦法之一種，是與憲法問題不相干連的。因爲國民黨當權派主政的政府，毫無疑問一切措施、政令，皆須先取黨中央的決議，甚或是某一二人的意思，而蔣先生是黨的總裁，他當然能夠對實際政治作間接的領導。至於說：「這麼一來，等如將憲法產生的總統，降低成爲一個有名無實的傀儡。」此種結論，不過是「祇見樹木、不見森林」的說法。總統是否會成爲傀儡，那是要看總統尊重憲法的程度，與根據憲法行事的能力而定的。一個有爲的總統，必然是一個絕對尊重憲法執政的總統，他不做於法無據的事，也不說於法無據的話，怎能說一個奉公守法的總統是一個「傀儡」呢？如果說，蔣先生專任國民黨總裁以後，未來新總統將會「降低成一個有名無實的傀儡」，說這樣的話，無疑是證明了現在的蔣總統是一個獨裁者！一個絕對不尊重憲法的「朕即國家者」！而將來他雖然不能直接過問政治，但也不會做一個現代民主政黨的領袖。不過是一個不尊重黨內民主生活的獨夫，否則他豈能干涉總統職權。

就現代民主國家政黨的領袖來說——尤其是執政黨的領袖，他的職責權能是在於如何領導他的黨，調和黨內的意見，約束從政黨員的不法行爲，將黨的政綱變爲實際的福國利民的政策，而不是說由他隨心所欲的行事，獨斷獨行肆意干涉實際政治，那是斯大林、希特勒的行徑，豈是民主黨領袖所應爲？如果連這一點概念也攪不清楚還能談論問題嗎？願作此歪曲謬論者三思。

·一夫·

從統計上看印尼華僑的苦難

林言

印尼政府迫害華僑事件，使得僑胞受到有史以來的苦難，中共在外交上宣傳上近來表現得更爲緊張激烈，一反過去緘默的態度。然而祇要稍加研究，這種排華事件完全是中共引起的。

據在印尼遭受迫害拘禁最近始獲釋返國的馬樹禮報告說：「印尼華僑今日陷於如此絕境，全是中共年來在印尼的悖謬行爲所造成的。」馬氏指出：去年中共駐印尼使館以金錢賄賂耶加達軍人，刼奪華僑的資產，使印尼政府在中國人身上發了一筆大財，因而誘致印尼政府進一步對住在鄉鎮的華僑採取同樣的行動，這是中共引火自焚的結果。

至於西爪哇軍部之下令禁止華僑在鄉村居住，是因爲駐在西爪哇的第三軍區司令柯西沙上校是反共的，他目睹印尼共在中共資助和滲透之下，年來在鄉村發展甚速，且發現中共幫助印尼共黨，建立地下武力，因而不分皂白，使數十萬在鄉村的華僑同受災害。即印尼內閣限制華僑在縣城以下地區經商，和西爪哇軍部之禁止華僑在鄉村居住，兩者都是由中共所引起的。

由以上事實，加上蘇加諾政府的軍人們鑒於共黨在印尼內部發展的迅速，在反共的主觀覺悟下，把重點放在華僑身上，因是不擇手段的對付華僑，造成了今日華僑的苦難。中共對於這一事件，當然是出於意外。他們開始是集中攻擊印尼軍人，說印尼軍人是「法西斯」，并說這是「納粹」，并說這是由於美國的唆使，現在，他們覺得蘇加諾政權在親共與反共兩者之間發生動搖了，所以不能不老羞成怒，而採取激烈的態度了。

將被禁止營業的華僑小商統計數目：

地區	華僑戶數	小商數目	資本總額
西爪	二千五百家		不詳
中爪	二千餘家	二萬五千	四億餘盾
東爪	一萬家	五萬人	不詳
蘇北	五千八百家		三億盾
蘇東	五千家		不詳
蘇南	五千家		不詳

在印尼掀起了軒然大波，在整個排華浪潮之下，將有多少華僑遭受現階段的苦難，這裡有統計數字，使我們可以獲知大概。據「安打拉社」訊：除了前印尼商長關於取締外僑小商的決定之外，最近西爪哇戰時掌權者，又據中央戰時掌權者關於「限制外僑居住和旅行條例」，禁止外僑居住在各縣首府以外地區，這兩種條例執行以來，影響非常大，關係到數十萬華僑的命運。

據印尼合作社委員的資料，全印尼外商不少於六千家，資本達二十八億盾，全印尼鄉村居住的華僑人數估計最少有七十多萬人。

又據印尼總商會的統計：受影響的外僑商店僅二萬餘戶，但據外僑公民協會主席蕭玉燦談稱：「印尼各地共有六萬個鄉村，取締法例頒佈後，估計至少有六萬家外僑受影響而停業，假定每家小商店可養活一家五口的生活的話，受此項法例影響今後生活的外僑人數，總計約達三十萬人。」這個談話估計，受損失的商店數目，雖比印尼總商會統計數字增加約三倍，仍是最保守的數字。根據椰加達外交界觀察，認爲受此項法例而直接間接受影響的人數，可能達到一百萬人左右，這一百萬人又是大部分是我們的華僑吧！

又據印尼總商會的統計：印尼全國外僑經營的商店總計七萬五千四百家，其中三分之二是在城市區開設的，不受取締外，其餘三分之一是在鄉村開設的，約有二萬五千家，都在取締之列，這二萬五千家的小商店，其經營資金，總數約爲二十億盾至三十億盾左右（約合美金一億元以上），外僑結束小商店及轉讓與別人經營後，將不能收回資金的全數，至少損失總資金的百分之三十以上，換言之，營業結束後僅能得回本錢三分之二而已。

被迫遷的小商戶，能否收回這三分之二的本錢，也還是大有問題，因爲印尼政府又發表聲明：在新法例實施中，印尼籍商人或公民在接替外僑經營的小商店過程中，印尼政府將不發給貸款。因此，印尼有些報紙認爲在接替外僑經營所需的資金，既已如上所述需要二十億盾至三十億盾的數目，可不算少，叫印尼人這樣去籌措，如果印尼籍商人或公民籌不到資金，而不願意接替這種生意，那麼，鄉村日用小商店停業後，勢必連帶影響所有鄉村地區的居民生活了。印尼報紙輿論發出這種論調，不但提供了將來的嚴重問題，喚醒政府注意，而言外之音，亦同情華僑的處境了。

從以上的統計看來，由於中共的陰謀，使得印尼華僑遭受了無可估計的損失，也遭受到了空前的迫害，而且在西爪哇的芝巴鎮被迫遷的華僑，還發生了流血慘劇，死傷了數十人，將來事態的演變，迄未可知。如果「解鈴還是繫鈴人」，我們且看中共將何以善後，誰實爲之，孰令致之？眞是令人不堪設想。

× ×

台灣一周

請蔣總統考慮出國訪問

美國對華政策，正陷於魅影幢幢而惶惑迷離中。自謂「感激」中國人民以德報怨的日本政府，口血未乾，竟也在「展開具體新研究，以作爲可能改變目前外交政策之參攷。」甚而「討論打破日本與中共僵局之具體辦法。」歷史上例証，大國犧牲弱國，本是司空見慣的！

就在這個時候，越南經濟訪華團、越南總統吳廷琰先生先後台赴訪問。在歷史淵源上，中越本屬一家，而現在亦均面對着嚴重的現實考驗，因之，「有朋自遠方來」，確予國府朝野間，一種强有力的鼓勵。

由於吳廷琰總統的訪華，令人不禁又想到，是否蔣總統亦能作一次出國訪問呢？海內外的輿論均會有此建議，如果當局眞有誠意，相信此事是輕而易舉的。時代已經進入了元首互訪以促進邦交的階段了，我們的總統似乎也不宜「老死不與他國元首往來」吧？不久前英國保守黨的「星期日快報」曾刊載了一篇主張邀請毛澤東訪英的文章。不知台灣諸公會否得聞？因此希望國府的最高當局能眞誠地考慮出國訪問的這一問題。

思患而豫防之

來自加爾各答底泛亞社電訊：「加爾各答之華僑已有八千餘人遵令登記，警方在此批華人登記時，發現其中絕大部份係持中華民國之護照，少數爲無護照……警方對於業已登記之華人，一律列爲『無國籍居民』，先給予三個月之居留証，惟期滿後可以申請延長。」

印度僑胞，寧爲「無國籍居民」，而不願持中共的護照，對這種凜然的正氣，固感到無比的欽遲，但對他們的未來安危，亦感到重重的隱憂。

印度厲行華僑登記的原因看來不外：一是以邊界糾紛與中共交惡，此項措施爲防患甚或豫謀報復的行徑；一是效學印尼與菲律賓的排華運動。不論如何，此舉對二萬二千餘華僑，是有百弊無一利的。

中共與印度關係：倘繼續惡化，持中共護照的固極危殆，而被視爲「無國籍」的亦必同樣困厄。倘中共與印度間現存的敵對情勢一旦轉趨和緩，那麼印尼迫害「無國籍」華僑的惡例，可能爲印度如法泡製，敢請國府「思患而豫防之。」

·孟戈·

聲討周恩來又一次的賣國行為

○岳騫○

據法新社元月十二日新德里電訊，印度外交部公開一項檔案，說明關於中印邊界爭執經過，當一九五八年周恩來與尼赫魯在新德里會晤時，周恩來表示英國所定的麥馬洪線，係不公平，但因其係一項既成事實，且因中印緬現存的友善關係，中共政府的意見，是他們應承認此麥馬洪線。

其實這個消息不待印度外交部發表，筆者曾在「祖國」周刊三五五期上指出：「這是中共據有大陸之後，除去出賣與蘇聯、外蒙幾處領土之外，又一次巨大的賣國罪行。」

我當時所以敢作這個論斷，決不是基於政治上立場有心裁誣周某，實在是根據各方面資料推斷最後加以確定的。

首先我們要知道印度的尼赫魯誠然不是個好東西，但是這個人的本性却相當怯懦，他平時欺侮的對象只限於錫金，不丹，克什米爾三個小國（按克什米爾雖經印度獨佔，但法理上並非印度領土，和錫金地位相同，仍是獨立土邦），對於尼泊爾他已經畏首畏尾，不敢放肆，如何敢欺侮到張牙舞爪的橡皮老虎中共頭上去，若非中共自甘出賣領土，周恩來有意投懷送抱，尼赫魯那有這個胆量，敢欺負中共，强佔英國所未佔領過的藏東領土。

其次，印度强佔康藏邊區領土（即所謂麥馬洪線以南）是在一九五一年二月七日，當時印度與中共建交已二十二個月，印度也正在聯合國扮演着幫閑的脚色，協助蘇聯想把中共拖進聯合國去。西藏既然是中國領土，中共又自以為是中國的「合法」政府，既然有臉皮要求加入聯合國，為何無胆量保衛本國領土，尼赫魯進佔康藏邊區若非得到周恩來的默契，印度絕不敢作，即使印度作了，中共也沒有不提抗議之理。中共當時對於聯合國出兵援助大韓民國，硬說威脅了中國東北，不惜派大批共軍去北韓送死（連毛澤東的兒子都賠上了），為什麼對於印度佔領了如此巨大一塊土地却裝聾作啞，置之不理。

再進一步研究，中共出賣領土與印度又和賣與蘇俄不同，賣與蘇俄是心甘情願，報效上國，賣與印度則是交易，一定有所求與印度。雖然截到現在為止，印度尚未發表有關檔案，但推測當是因為韓戰關係，中共利用尼赫魯作幫兇，更通過尼赫魯關係，運動英國首相艾德禮拉着美國的腿，使聯合國軍在韓作戰只許敗不許勝，只能守不能攻，終於挽救了中共的危亡，韓戰變成不了而了，中共自以為聲威蓋世，譏美為紙老虎，不知道却是藏邊九萬平方里土地換來的。

以後尼赫魯得寸進尺，逐漸蠶食藏邊土地達九處之多，時間都在一九五四年以後，中共已在藏邊駐有軍隊，對於領土被別的國家侵佔，邊防部隊既未發一槍抵抗，「外交部」又未提一紙抗議，更滑稽的是九個地區中有一處叫做波林三多，是一九五四年四月二十九日中共與印度在北平談判，中共所指定的十個貿易市場之一，另九個是噶大克，普蘭宗，姜葉馬查克拉，姜葉馬加爾果，熱姆惹，董不惹，那不拉，尚格齊，扎錫崗。原來指定的貿易市場竟被印度强佔去，中共竟未敢抗議，世間有沒有這樣「國家」。

本來這些都是舊賬了，現在所以要特別提出來。因為目前有一種跡象，蘇聯已在壓迫中共向印度讓步，以換取印度的「中立」，所以周恩來最近致尼赫魯的信愈來愈軟弱，上一次的信是要求雙方各退二十公里，尼赫魯毫無考慮的加以拒絕，最近元月三日「人民日報」發表了周恩來再致尼赫魯的信，充滿一付搖尾乞憐的形態，口口聲聲說「邊界爭執不難解決」，只要尼赫魯肯賜予會見。而另一方面尼赫魯更加自高身價，不理會周恩來，只責成赫魯曉夫「約束中共」，看情形在赫魯曉夫訪印度之前，中共一定要把邊界問題解決，否則赫魯曉夫到印度一定要吃苦頭。尼赫魯抓住這個弱點，拼命「抬高市價」，最後中共一定要承認麥馬洪線為中印邊界，俯首聽尼赫魯宰割，這一點海外中國人應該先作一個準備，到時候我們要起而聲討，決不容許印度乘機盜竊中國的領土。

中共怎樣控制人民公社

最近以來，人民公社中的黨組織是加强了，概括的可以用發表在去年十二月十七日「人民日報」、中共中央組織部長安子文的一篇「進一步加强人民公社黨組織的領導作用」文章中的話說明之，它說：整頓後的公社黨組織，要「在黨委會的統一領導下，書記和委員應當有適當的分工，使黨委各方面的工作都有專人負責。其分工辦法大體計有兩種：

（一）黨的方面：中共甲公社委員會—↓中共甲公社××生產大隊（隊）支部委員會—↓中共甲公社××支部××生產小隊小組。

（二）行政方面：甲公社管理委員會—↓甲公社××管理區委會—↓甲公社××生產大隊（隊）管理委員會—↓甲公社××管理區××生產大隊（隊）××生產小隊長。

事實上，這兩個系統是不能分割開的，公社黨委會領導着公社管理委員會，××生產大隊（隊）支部領導着××生產大隊（隊）管理委員會，××生產小隊黨小組領導着××生產小隊。（管理區一般只是督導的機構，是故沒有專門的黨組織來領導）

在公社黨委會中，還是一個常委會；在這個常委會中，又有一個書記處；這個書記處由一個第一書記和五、六個書記組成。這就是說，在一個公社之中，最高負責人是這個公社的黨委第一書記，任何公社的社長或者主任都要聽命於他。

中共的領導制度强調集體領導和分工負責。所謂集體領導具體的說就是一切重大事件都要通過黨委會的決議，書記、常委、委員按照其工作的分配結合黨委的決議分工負責，第一書記則總其成。

假如以另一角度來看，這種集體領導分工負責制實際上是一種分片包乾的監督制度，亦即通過這種監督制度要每一個黨員負責監督某幾個戶某幾個人的生產與生活。其嚴密的程度超過歷史上的任何政府對於人民的監督。此外，在實行這種制度時節，同時還有一種對於黨員、對於幹部的監管辦法。

安子文的文章說明，在此以前，人民公社中的黨委領導下的分工負責制還沒有現在一般的嚴密，最近的整社整黨以後，才使這種制度完備起來。為什麼要使這種制度完備起來？也就是為什麼要加强對人民的監督？似乎由於大陸人民的反抗力逐漸在增强，中共感受到了這種威脅不得不加强其對人民的監督，於是才使得這種黨委領導下的分工負責制完備起來。

（資料室稿）

清華左派師生鬥爭一年無結果 力學家錢偉長學術地位未動搖

自一九五七年毛澤東的鳴放政策失敗以後，大批知識份子都被扣上右派的帽子。僅最近中共核準摘去右派帽子的已經有兩萬多人，其未經核准而仍在右派帽子下受折磨的究竟還有多少，尚無法估計。

中共為了打擊右派分子在羣衆中的影响，曾花費不少氣力。特別是對待一些學有成就的學者，如清華大學副校長劉仙洲，在十二月卅「人民日報」上發表的消息說，力學家錢偉長，在反右派運動中被鬥爭以後，政治上的地位雖受到打擊，但其學術地位却並未受到影响。許多人仍認為他「政治上雖然不行了，學術上還可以領導。」為了進一步打擊錢偉長的學術地位，據劉仙洲說：「一九五九年底，清華大學的科學工作會進行兩條道路的大辯論，要用事實証明以他為代表的資產階級的科學工作方向也是錯誤的，是走不通的。」

為了達到這樣一個目的，中共所採取的方式，並不是什麼光明正大的學術性的批評，而是吹毛求疵的尋找空隙。據說：中共「為了分析他的資產階級思想對他自己的科學研究影响」，曾動員該校的「力學和數學教師和力學研究班的教師同學，花了將近一年的時間，對他的主要著作逐一進行研究，查對文獻，校核數據。」而分析的結果，竟沒有找出什麼眞正的錯誤，而最後只提出「脫離實際」和「學術觀點中存在着唯心主義」等空洞的廢話敷衍了事。

（本報資料室）

中共對日本的關係

・田心。

自一九四九年中共政權成立以來，其對日關係可以分為下述三個階段。

一、一九五一年九月以前，是為第一階段。在這一階段中共的對日態度，可以一九五〇年二月八日，中共外交部同意蘇聯照會的要求，發表應將日皇裕仁列為細菌戰戰犯加以審訊，同時，在全國各地掀起反日運動事說明之，亦即它的對日態度是與蘇聯完全相同，而且是絕對强硬的。

二、一九五一年九月十八日，對日和約在舊金山簽字，周恩來為此發表聲明，提出了「中國人民願意與日本人民和平共處」的口號，其對日政策亦開始轉變，這是第二階段的開始。且轉變後的對日政策的原則是；「先從民間的頻繁來往并且達成協議開始，把兩國關係大大發展，最後剩下在外交上宣佈結束戰爭狀態，恢復正常關係。」在這種原則之下，至一九五八年五月止，先後簽訂了四個貿易協定。

三、第四個貿易協定中規定：中共駐日商務代表團准許懸掛中共「國旗」，不獲日本政府同意；再加當時在長崎發生了扯下一面中共「國旗」事件，中共以此為藉口，于一九五八年五月宣佈與日本斷絕一切關係，這是第三階段。

事實上，在日本懸掛中共「國旗」者，日本政府從未取締過，日本政府所反對的只是第四次貿易協定中的掛旗權利的條文而已，不可能會去干涉其商務代表機構的懸旗，足見中共提出這樣的藉口，只是掩飾其此事的主動所應負的責任而已。

因為，一九五八年五月，是中共對外採取强硬政策的開始，先後有對南斯拉夫的猛烈攻擊，砲轟金門與擺出不惜與美國一戰的姿態；于一九五九年則在寮國製造叛亂，以武裝部隊在中印邊境挑釁，在「十一慶祝會」上則慫恿叙共總書記巴格達什恣意攻擊阿聯總統納賽爾，藉口印尼排華則對印尼外長侮辱并採取强硬態度，由這一連串事實可知：中共的對日政策轉變只是其對外交政策全面轉變的一個開端而已，即使日本政府委曲求全，亦未必不找另外的藉口來對日施行强硬政策，斷絕一切關係。

短視而不深入研究的日本某些人士，為着自己的貿易利益指責其本國政府對中共政策的錯誤，這是完全與事實不符的。

目前，日本首相岸信介赴美簽訂美日安全條約，使日本的立場再度堅定下來了，上述第二階段的情況可為例子，日本的立場堅定以後，我到認為中共的對日政策可能會有新的轉變展望；當然，主要的還有待于中共全面外交政策的轉變。

台北通訊：

總統連任問題的現勢

靜吾

蔣總統未有表示

雖然一年多以來，以蔣經國為首的勸進派積極在海內外展開勸進派活動，於今尤烈；但蔣總統則尚無明確的表示。有人認為他既一而再再而三的聲明反對修改憲法，自是無意再連任的明証，胡適之就是持此說最力的一人。可是，鑒於他的傳統作風，大多數的觀察家都相信蔣總統仍將連任的。他們更以第一屆總統選舉的往事為例，當年國民大會已在南京開始議事，蔣總統曾正式向國民黨中央執行委員會宣佈不願為總統候選人，並主張另舉一位黨外的學人為總統；而結果是在若干國民黨中央要員和國大代表的勸進聲中，他竟自食其言了。如今他祇說反對修憲，對於是否連任則避而不談；更放縱勸進派到處製造空氣，說非由他繼續領導不可，這還不够表明他刻意要留任嗎？祇以海內外反對的聲浪頻傳，不得不對於留任的方式詳加考慮；因而故作神秘之狀，藉以測驗各方的反應，然後才以迅雷不及掩耳的手段造成一種既成事實，使大家無可奈何，如此而已。

官方人員的臉譜

目前官方人士都異口同聲的說，蔣總統連任已成定局；尤其那位會拜齋白石為師而又善演話劇的某院長，更說得斬釘截鐵。如果要問他們是否蔣總統已有此表示或國民黨中央已作此決定，他們又無以對。雖然所謂第一屆國民大會第三次會議已定於下月舉行，三屆總統候選人原應早就有所決定，讓人民能有機會表示一點意見，才是憲政的常軌；然而由於蔣總統至今尚保持含默，國民黨中央焉敢擅作決定？尤其是勸進派已造成了一種形勢，官方人士不但不敢有所主張，即想請蔣總統早作宣佈以釋羣疑，亦將被視為別有用心。不過，大家都知道，無論將來如何發展，隨着勸進派說話，對於他們自己才是有利無害的萬全之道。在先意承志已形成了我們的政治傳統之今日；除了極少數能愛人以德的剛健之士而外，還敢對勸進派的所作所為稍表異議啊！今日的台灣，祇有蔣總統是國家的主人，大家都祇是主人的家奴，一切必須遵循主人的意旨行事。如果主人未作明白的指示，就得察看主人的臉色，或在少主人之前打聽消息；否則就會觸怒主人而遭受不幸的。如今主人雖未宣佈仍將留任，但少主人則示意留任已成定局。於是，所謂一犬吠影，百犬吠聲，勸進的氣氛就不脛而走了。縱然也有一二忠心耿耿的老僕深覺少主人為了一己的私慾不惜以衰弱的老人去冒如此的風險，實為主人的盛德之累；然而，疏不間親，古有明訓，老主人既甘為愛子而犧牲一切，家僕原屬外人，也就不敢置喙了。

國際局勢的困擾

但就筆者的觀察，蔣總統對於是否再連任的問題，似乎確未作最後的決定。在心情上，他已習慣不能一日無權的生活，自然是不甘寂寞的；可是，目前的處境太壞了。其他方面的反對，他固不一定引以為慮；而國際的局勢則不容他不有所顧忌。現在美國急欲與蘇俄求得某些妥協，雖說東西兩方的持久和平終不可能，但暫時的緩和却是彼此都需要的。一但高峯會議實現，談到裁軍問題，勢必讓中共參加，而台灣方面反將被摒於門外。不但蘇俄將提出此項要求，即美國亦將認為有此必要。因為假如不讓中共參加，則談判雖能獲得協議而中國大陸則不受限制，豈非為蘇俄開了一道方便之門？反之，台灣一隅之地，對裁軍問題毫無作用可言，自然不會被重視了。萬一再因裁軍會議導致中共更進一步而參加其他的國際場合，對於中華民國就更不利了。最近有人主張蔣總統出國訪問，甚至說，他的目光會使某一外國官員感到如被催眠一般的魔力，好像祇要蔣總統能步出國門，用他的銳利目光一掃射，我們國家的前途就可大放光明了。果能有如此的奇跡出現，那當然太好了。不過，政府退台十年尚不圖以自力反攻大陸，反而仰賴外援以偷生。在如此的情形之下，我相信蔣總統比勸他的人們更知道得清楚，他雖然不憚奔波而對其他國家—尤其是美國作官式訪問，無論是以國家元首或政府首長的身分，恐將同樣的不易得到理想中的歡迎吧？

總之，我們一日不能對大陸有所作為，即一日無法打開國際的新局。但說到反攻大陸，則當局似乎並無此力。蔣總統的一生飽經憂患，若再因連任的問題而冒大不韙和大危險，必然是祇有所失而不可能有所得的。何況在現局之下，他不再任國家元首，仍是一切權力之源，自無不顧一切後果而死抱着總統的寶座永不鬆手之必要了。

蔣經國的處境

可是，蔣總統雖然不一定非再做總統不可，而在經國的這一方面則似乎非此不可。並非由於他對乃父有無比的信心而乃實逼處此，不得不爾。自政府退台以還，經國的權力日有增加；但其信望則適得反比例。本來，經國為人刻苦耐勞，富有奮鬥精神，尚不失為一個有用的青年；可惜蔣總統對他的培植不得其道。假設先讓他負些比較局部性的責任，藉以鍛鍊其才識，培養其信望，使其能有機會自闢前途，當可有較好的成就。如今却要他隨侍在側，僅憑血緣關係而給以如此一個極其特殊的地位，沒有官守而無所不管，沒有言責而却無不能說。再加上主持特務和生活有欠謹嚴，於是，他就變成眾矢之的了。不但國民黨內有歷史有硬骨的人心有不服，甚至有些人還對他的政治立場表示疑惑，而競相奔走於旗下者，則幾乎都是鷄鳴狗盜之徒，他們並非對經國有何信仰，不過企圖借此倖進，滿足做官和發財的私慾而已。經國乃聰明人，當然也深知的；祇以除了這些人而外，無人甘為己用，也就不得不招納他們了。他們在外的一切惡行，人們也寫在經國的賬上，於是，舉凡台灣有任何不好之事發生，無論與經國有無關係，他都無法洗脫。凡此種種，一半兒固由於經國自私，一半兒也是環境連累他的。

勸進派的決心

在此環境之下，假若蔣總統一旦引退，經國自不能再為所欲為，百無禁忌了。他既習慣了天之驕子的生活，又那肯淡泊自甘呢？因此，他視總統連任的問題為一危急存亡的鬥爭，誓拚全力以赴。他覺得祇要蔣總統能再多掩護數年，自己就可以羽毛豐滿，不畏一切了。就是近半年以來的種種跡象看去，經國已着着得勢；而一度傳說可能蔣總統繼承人的陳誠，則憂讒畏譏，岌岌自危。本來，陳誠今日的地位，大半由於蔣總統的扶植；如果蔣總統決意留任，他當然會擁護的。祇以他老人家採取了這種似退非退的欲退還進的態度，陳誠就被勸進派認為是眼中之釘了。此情此景，經國的心腹大將鄭彥棻等還引以為快。目前國際局勢如此險惡，有識之士無不以國家前途為憂。可是，在勸進派的心目中，似乎中華民國可亡，而總統却不可不連任，中共久據大陸可以不問，而陳誠則不可不防。他似乎祇要權力，不計其他。回憶過去在大陸時，蔣總統曾把無數的同志和朋友無端的化為敵人，反把許多親信激成「叛逆」。不但中山先生所艱難締造並曾盛極一時的國民黨給他的這種作風弄得面目全非；甚致錦繡河山也因而變了顏色。如今僅餘台灣這一點小小天地，假如陳誠也不能見容，恐怕亦非他老人家之福吧？中國歷史上的偏安王朝，都是面臨崩潰的前夕，還在醉生夢死的鬧派系鬥爭，但願歷史不再重演呵！

××　××

中共否認共機投降問題

大陸之窗

劉裕畧

據中華民國政府宣佈：一月十二日曾有俄製米格十五型共機一架飛台投降。但該機着陸時，機身被撞毀一部，機師身死。

自上述消息經台北宣佈後，中共初時無反應，及至一月十七日中共報紙始刊出中共「新華社北京十六日電」對此有所辯駁。茲謹將香港大公報所刊新華社原文照錄如下：

「新華社北京十六日電：一月十二日，中國人民解放軍駐浙江航空部隊某部進行訓練飛行的時候，有一架飛機由於機械發生故障，迷失方向，不幸墜毀於台灣東部海岸。」據本社記者從有關方面獲悉，這架飛機十二日上午八時十六分起飛，作編隊飛行訓練，不久即發現機械失靈，至八時二十二分奉命返航，但由於操縱系統發生故障，，接着通訊系統又發生故障，至八時二十五分失去聯絡，，迷失了航向，在台灣海峽上空遭遇到國民黨飛機的截擊，這架飛機在國民黨飛機糾纏下，燃料將盡，在台灣東北部宜蘭附近墜毀。……國民黨國防部就發表公報胡說什麼我機一架『投誠』，……可見『投誠』云云，完全是徹頭徹尾的無恥謠言。」

以上是中共新華社所發否認投誠的消息。我們知道：共機飛台投誠的事，數月前一度有過傳聞，但經政府正式宣佈的，却以此為第一次。以這一次的情節來講，由於共機飛行員着陸時身死，究竟是否前來投誠，似乎是一疑問。

現在仔細研究這一問題，共機飛行員雖已身死，但根據雙方所宣佈共機飛台過程，以及中共辯駁之漏洞，却可確定這一共機實在是飛台投誠的。因為中共的辯駁詞，漏洞太多，根本不能成立。

先說該機既如中共所說是「編隊飛行訓練」，可見該機並非單獨飛行，既非單獨飛行，則與它同時作編隊飛行的飛機，尤其是編隊飛行時的長機。（「長機」係空軍飛行時一種軍語，凡編隊飛行必有一架長機，以指揮餘機）豈有任其迷失方向而不予幫助不予監視之理？況該機照中共所說既已奉命返航，如該機不遵命返航，同作編隊飛行之其它各機，又豈不予理會之理？

再說該機原係在大陸上空作編隊飛行，如該機果如中共所言是操縱系統發生故障，則該機應立即在大陸沿海各機場降落。大陸沿海機場甚多，足可隨意降落，何至飛越台灣海峽，而至台灣東北所屬宜蘭？中共說那是迷失方向，那是機械失靈，但台灣海峽，波浪滔天，與大陸距離有百哩之遠，水陸界限分明，飛行員既非瞎子，何至如此迷失方向？又照中共說，該機於八時二十二分奉命返航，至八時二十五分始失去聯絡，其間有三分鐘之久，既然機械失靈，何以不在那三分鐘之內在大陸着陸？如機械失靈，又如何能飛越台灣海峽而飛抵台灣？

若說該機是在國民黨飛機糾纏下在台灣着陸，則同作編隊飛行之共機何以不能糾纏它在大陸着陸呢？這都是中共所作辯詞的漏洞。所有這些漏洞則恰巧反証該機蓄意向台灣投誠。

其中經過很顯然，即該機飛行員原欲利用編隊飛行飛往台灣，但八時二十二分時，中共方面已發現該機有了問題，該機則恐懼自己的企圖已被中共發覺，乃在八時二十二分後，加快飛行，脫離同作編隊飛行之其它共機，單獨衝到台灣。這是中共於八時二十五分後與該機失去聯絡的所以然了。

至於該機之所以不在台灣機場降落，則因當時急於脫離共機之編隊，剎那間，無法隨意選擇着陸點，所以就在宜蘭附近海灘強迫着陸了。該機竟因強迫降落而撞毀一部份，飛行員亦因此強迫降落而身死，則是不幸的意外。

筆者早經根據事實指出中共曾對其空軍從事「整風」，中共空軍由於黨性要求與技術要求之矛盾，內部早已不穩，觀此而益信。

至於中共這一飛機飛台投誠以後，這一飛行員雖於着地時身死，台灣當局仍懸賞一千兩黃金以待此一飛行員之家屬來領，空軍方面則乘此機會向大陸，散發三百萬份傳單，以招降中共空軍，這在心理作戰方面來說，倒都是很有意義的。

揭穿中共「統計數字」的秘密

康和

自從新年以來，中共的各種刊物上嚷着一片的「報喜」聲，不斷自拉自唱地喊着什麼「開門紅」！「滿堂紅」！「日日紅」！「一月紅」！所謂「報喜」，就是說一九五九年的各種生產指標是「勝利地」或「超額地」完成了，一九六〇年的生產數字又是繼續地「大躍進」了。李富春在一九六〇年第一期的「紅旗」半月刊還說：「一九五九年全國工業總產值大大超過了中共八屆八中全會所提出的比一九五八年增長百分之二十五點六的指標。鋼產量超額完成了一千二百萬噸的計劃指標，達到了一千三百萬噸以上，煤產量也顯著地超過了計劃指標三億三千五百萬噸的數字。一九五九年我國的農業遇到了幾十年來僅有的嚴重自然災害，受災面積達到六億多畝，約佔全部耕地面積三分之一以上，但是，我們在農業戰線上還是取得了突出的成就，農業總產值較計劃指標（五千五百億斤）超過很多。」

記得去年十月二十一日薄一波曾在北平廣播說：「農業生產雖然遭到了幾十年來沒有遇到過的災荒，但是糧食棉花等總產量，在去年大躍進的基礎上，仍在極大的增長。」筆者就在去年十一月六日的本刊上予以指出：「薄一波的報導，是一個無聊的謊言！」當時筆者還肯定地說：「本年大陸糧食的總產量，決達不到五千億斤。」現在李富春又在嚷着一九五九年農業總產值較計劃指標超過很多。筆者敢于再度指出：「李富春的報導，又是一個無聊的謊言！」農業生產是受自然條件所限制的，耕地面積和播種面積以及各種作物的平均產量，並不是毫無數字可稽的。我很為李富春和薄一波等担心，是不是像一九五八年的報告產量一樣，日後又要周恩來來一次更正，說什麼：「去年的農業產量，由于我們在大面積豐產和單位面積產量陡然大增的情況下，缺乏估算經驗……因此計算偏高。」依理，周恩來所說的更正理由，是完全站不住的。各種產品的總產量，應該由各生產單位根據實收數字報告，然後由統計機關彙集計算出來。根本不應由統計機關隨便估算的。所謂「統計機關缺乏估算經驗」「計算偏高」等理由，根本不能成立。

筆者從周恩來所說的統計機關「缺乏估算經驗」和「計算偏高」等話裏面，却發現了一個事實，就是：中共所發表的各項生產數字，根本就不是根據各生產單位的實際產量，而是由統計機關憑宣傳政策上的需要，隨意製造的。周恩來在解釋更正理由時，却無意地露出了馬脚，暴露了中共「統計政策」的一個秘密。這不是筆者憑空臆斷，而是有確切的事實根據的。在一九五七年九月中共的全國統計會議裡，薄一波就對全體統計人員作了一個重要的指示說：「統計工作是我們整個社會主義建設事業中的一門不可缺少的重要工作，是思想性，政策性很強的工作。絕不是簡單的加加減減的工作。」這不是很明顯地要統計人員根據共產黨的「思想」和「政策」來製造統計數字嗎？李富春也在那次會議上說：「我們社會主義國家的統計工作，是為勞動人民服務，為社會主義建設和社會主義改造服務的。這和資本主義國家的統計為資產階級服務有本質的區別。」統計數字應該是很客觀的、很科學的，同時也是很嚴肅的。但是中共的統計數字，却要為「勞動人民」和「社會主義建設與改造服務」；那末，他們所發佈的統計數字的價值，也就可想而知了。

中共的「統計數字」既然是「思想性」和「政策性」很強的，所以我們必須極端審慎地從「思想」和「政策」的角度來觀察他們統計數字，估定其真偽的程度。要是無條件的不加思索地接受和引用他們所發佈的數字，甚至憑着他們發佈的數字對大陸各項問題作出論斷；那就不會中了他們宣傳政策的毒，不知不覺地做了他們宣傳資料的義務推銷員。這一點，我希望凡是注視中共問題的人士，應該特別提高十分的警惕。

我們不時從歐美的書報上，看到不少記者和作家們隨便根據中共所宣佈的統計，作出輕率的報導和論斷，這實在是太天真了。

張蘭臣獲頒泰國白象章

許子由

在東南亞各地排華聲中，記者特向僑胞們報導泰國僑社的一項喜訊：泰國僑領張蘭臣氏，伍竹林氏，榮獲泰皇頒賜二等白象勳章。

白象是泰國的聖物，等于國寶，其出現被視為祥瑞，去年北部農民獲得白象，地方官憲即將之護送至京，由皇上賜以綵衣，在御廐專人供養，其貴重可知，故泰國亦稱「白象皇國」。因此白象勳章也就是很高級的勳章之一種。

張蘭臣氏和伍竹林氏所獲的二等白象勳章，是泰皇頒賜給工商界人士的最高榮譽，五十年來，尚未有人獲得，所以此間僑胞，咸認張伍兩氏不但為僑社爭光，抑且在泰國史上，「留下光輝的一頁」。

張蘭臣氏，廣東潮安縣人，在泰國經營的商業部門，相當廣泛。但他不是雄於財，而是長於德。由於他的秉性純樸，處事得體，待人接物，和藹可親，不但為僑胞所敬仰，且為泰國歷任當局所器重。張氏歷年來主持泰國中華總商會，而中華總商會又為此間九大僑團之巨擘，故張氏地位，實屬領袖羣倫。計先後膺任中華總商會主席七屆，歷十四載，凡對僑社有利之事，莫不躬親從事，悉力以赴，深受僑胞愛戴。對於中泰親善工作，尤能洞察大體，或預見機先，未雨綢繆，或臨事肆應，妥善排解，因得泰方之人望。以此成為泰國朝野與僑社及僑胞之重要橋樑。年來東南亞各國多有排華風潮，獨泰國僑胞安堵如恆，張氏居間斡旋溝通的得力，功不可沒。

伍竹林氏，泰文名「竹林藍三」，廣東省梅縣人，嶺南大學畢業後留英，到泰國任泰華農民銀行董事長，為泰國金融界權威之一，且曾任泰國貿易院主席，現兼任泰京僑社之大華醫院董事長。伍氏不但熱心公益，也樂於提拔後進，前任國務委員乃亞里，京府市長乃巴實，現任駐英使館公使級顧問乃素，東方經濟公司總經理乃本觸等，俱出伍氏門下。因伍氏學貫中英泰，交遊廣濶，造就人材，實優為之。渠更能敬老尊賢，對張蘭臣主席最為尊重，凡張氏有所囑咐，莫不唯命是從，其所成就，亦同為泰國政府所重視。

此次張蘭臣伍竹林兩氏的獲頒二等白象勳章，乃由於泰國國務院長乃沙立元帥之奏請，獲得奉准頒賜。乃沙立元帥執政以來，除加強軍事防衛外，改革及整飭政治，對於發展經濟，尤見注意，故不斷提高商界人士地位。華僑在泰國的經濟地位，以及僑社的內情，乃沙立元帥，乃他儂，乃巴博兩將軍，都極為明瞭。沙立元帥和他儂上將在多次公開演講中，均曾強調華僑來泰國多能奉公守法，對於泰國建設及各項救災卹貧等公益，尤見踴躍捐輸，特為呼籲泰國人民與華僑友好。他們在演說時，往往舉出具體的事實及數字，認為華僑對於公益的熱心及成就，每走在泰國人民的前面。這些演詞與談話，更由中泰文的報章加以揭載，對於中泰民間的友好，當然發生很大的效力。

而這亦可能就是乃沙立元帥的華僑政策的透露，即他認為泰國人民與華僑或華裔泰籍人，應該親睦，中泰應該親善。到了這次沙立元帥以張伍兩氏對國家社會有功，奏請泰皇頒賜白象勳章，更是具體地証實了乃沙立元帥已確立了基於中泰親善的對華僑政策。並且這是五十年來空前所未有的，因此尤令僑社及僑胞興奮。與張伍兩氏同時獲得泰皇頒賜皇冠勳章的，尚有鄭午樓，劉錦春，馬雪岩三位潮籍的僑領，亦均以有功社會的勛勞，而獲殊獎。日來曼谷僑報，已有僑團僑胞刊登廣告，為獲獎諸僑領慶賀，還可能有盛大的慶祝宴會。

泰國在數十年前，並沒有「中」、「泰」的疆界，現存的七、八十歲老華僑，類能道之。據他們說，自五世皇（即「國王與我」電影中的儲君）提倡中泰一家，所有政府機關及公用事業機構，均設有華文書記華語繙譯，泰人尊稱華僑為「阿哥」，相當慕敬，融洽無間。到了六世皇抨擊華僑為「東方猶太」才開始有排華的意識，但華僑到泰國居留謀生，仍如前赴自己的國土，通行無阻。限制每年二百名入境居留的限額，及保留泰人職業條例，撤銷華文中學等措施，都還是戰後才開始執行。關於入境限額問題，由不加限制實際有數千人入境而突然限制為二百名，似覺不能原情，但數目既與其他國家相同，在法理上無何話說。保留泰人職業原定十三種，但都非重要，且有數種經已撤銷，實質上無甚影響華僑經濟。不過最近「管制職業條例」已在研究擬訂中，包括對泰人及外僑。僑胞們及部份開明的泰國人士，咸希望當局對此採取慎重，不要有過份的排外性質，造成像印尼菲律濱那樣的災禍。記者年前會深入泰國地方市鎮訪問不少僑商，他們都說「只是捐稅重，但並沒有政治社會等歧視，比印尼菲律濱方面更能安居樂業」。那時印菲還沒有什麼嚴重的排華潮。

至於僑教的被限制及禁售大陸貨，限制香港華人入境等，均與中共問題有關，因親共份子曾滲入華僑文教界，及以「梁山伯祝英台」電影票房收入充作特務經費——據前國務院長乃他儂上將指出——這類問題，均與中共顛覆活動有關。所以今天的東南亞華僑問題，一則是如何疏導當地的民族意識，使勿形成排外橫決。一則在於自我整肅，勿任共諜或親共份子寄生破壞。尤其事前預防，勝於事後補救。前者可有曲突徙薪之功，後者難免焦頭爛額之苦。泰國諸位僑領們在溝通中泰人民感情上有所成就，可為東南亞其他地區僑領借鏡，也希望他們本身，更進一步努力，做華僑社會的保障。

泰皇偕后致祭鄭王

泰皇蒲眉蓬陛下偕同皇后，於昨日吞武里皇朝鄭皇升遐紀念日，特由律實宮集叻拉殿乘御用汽車至大羅斗圈鄭皇銅像前，至祭鄭王。

泰皇偕后下車後，儀仗隊即吹喇叭開始典禮，吞府庵雷信及兀鐵戍砂中學銅樂隊，高奏「皇之歌」，皇與后即在鄭皇銅像上獻花圈，繼點燃香燭向鄭皇銅像禮拜。禮畢兩陛下仍乘原車回宮。

泰皇抵達前，樞密院各大臣，副國務院長乃他儂上將，各國務委員，制憲議會主席，各議員，文武高級官員多人，已先在場迎駕。所有官員，均向鄭王銅像獻花圈，及向銅像膜拜。

之湄

按「鄭王」鄭昭，（一七三一——一七八二）係廣東八鄭鏞之子。為吞武里皇朝（一七六七——一七八二）之創建者，亦為該皇朝之末代王帝。當緬甸滅亡暹羅大城皇朝時，鄭昭身為太守，固守堅塔婆里，生聚教養，興兵驅逐緬軍，統一全國，征討萬象（寮國）柬埔寨（高棉），擴土幾及泰國今日領土之一倍，為暹羅不世之大君主，其史蹟壯烈，頗似楚霸王項羽，功業且在項羽之上。故渠雖屬華裔，且現泰國却克里皇朝之一世皇，即原係鄭皇部將，於亂事中奪得王位者。但泰國史家，仍以鄭王驅緬復國，功不可歿。當局亦於曼谷吞武里府，原鄭王建都所在地大羅斗圈地方，建立鄭皇躍馬雄姿之銅像，每年十二月廿八日鄭王升遐紀念日，泰皇均到此致祭。以紀念此一代英豪，僑胞對此，認為與有榮焉。

最近京畿市府為建大羅斗圈宏大噴水池，預算需泰幣五十萬銖（約港幣四萬元），已由中華總商會承担其事，派出林長餘君，負責捐募。並由中華總商會領銜，與各屬會館聯名各僑胞踴躍輸捐，共襄義舉。此舉不僅為美化市容，在中泰親善聲中，也是很有意義的事。

·曼谷航訊·

「牛」的爭吵

那天，中山香洲公社「菓蔬專業生產隊」的幾個隊員正坐在一棵大樹下憩息的時候，共幹陳中新大搖大擺地走過來，呵斥道：「哼！你們真會偷懶，有工作不幹，却儘坐着聊天，真是牛也不如呵」！

「牛」？一個隊員兀然站了起來：「你以為牛很值得贊揚麼？」

陳中新很神氣的點點頭：「當然囉！牛大哥是勞苦功高的呀！」

「呸！你的腦袋簡直是存有右傾思想」！那隊員嬉皮笑臉地向陳中新回罵。

陳中新給他罵得發怔，紅脹了臉龐，歇了好一會才氣憤憤的厲聲反問：「為什麼你胆敢誣指我有右傾思想」？

那隊員很刁鑽的答道：「黨委同志曾經指示過我們，着我們不要像牛一般的祇會瞎幹而不會動腦筋，而你却歌頌牛大哥；那末，如果不是你存有右傾思想，就一定是黨委同志存有右傾思想了」！說着，抿着嘴唇瞪了陳中新一眼。

陳中新給他氣得老羞成怒，當堂「牛氣」大發，突然伸出手掌，擬給那隊員一記耳光。

那隊員也不示弱，立刻舉起一對「牛角拳」，準備迎擊。坐在樹下的幾個隊員也迅速撲前，把陳中新圍在核心；「全武行」大有一觸即發之勢。幸而這時適有另一共幹走過，連忙把他們勸止。一場「牛」的爭吵，至此始告閉幕。

·方上翁·

僑鄉近訊

軍民交惡氣氛迄未銷除（廣東）

在粵省各地駐防的共軍，尤其是軍中的共幹，邇來與當地人民的關係，日趨惡劣，軍民衝突事件，屢有發生。共方的高級軍部，對此亦自承不諱。據指出：造成這種現象的原因，一方面由於人民有了「右傾思想」的傾向，激發不滿現實的情緒，向軍人發洩；另方面軍隊中也確是滋長官僚作風，英雄主義，和紀律鬆弛，每每呵斥人民，欺壓人民，行動日漸囂張，因此極易惹起人民的反感。日雙方經過長時間的磨擦，使人民含恨在心，即使發生了小糾紛，也很容易釀成大衝突。共方軍部為緩和此種惡劣氣氛，最近曾廣泛展開「擁政愛民」運動，並派出「政工」深入各地公社，召開社員座談會，藉以聯絡人民的感情。但共方此舉，迄未能使軍民衝突的情況銷除。

利用僑生向海外作虛偽宣傳（台山、中山、普寧）

粵共刻又利用各地僑生向海外華僑展開虛偽的宣傳，其手法係由各縣市「黨委」，分別召開「僑生代表」會議，「黨委」則耍出導演的把戲，透過該會議，唆使各僑生向海外親友謊報「豐收」、「生產躍進」，及「建設成就」。據普寧縣消息：該縣已舉行過一個「中等學校僑生會議」；當地「黨委」於會議中將「省黨部」發給下來的「宣傳綱領」，派給出席僑生，着令遵照該綱領的指示，向海外親友報告「晚造特大豐收」。同樣的把戲，最近也在台山、中山等僑鄉上演。據悉：「黨委」在台山、中山等僑鄉所導演的，係特別側重針對港澳僑胞，其目的係在乎透過港澳僑生，勸誘他們的港澳「親人」，回大陸觀光，及發動港澳華僑，大力投資大陸「建設」。但中共這種手法，未能獲致預期的效果，因僑生在大陸所身受目擊的，祇是一團糟，尤其是僑生的本身，也飽受痛苦，故對中共的「指示」，僅是表面上唯唯諾諾而已；相反地，僑生却把他們的苦況，不斷的向他們的親友伸訴，使各地僑胞對中共的暴政加深認識。

·江水·

大哥與二哥

沙鷗

我同胞的兩個哥哥，都比我年長得多，記得我還在小學讀書的時候，我的大哥就跟着九姑爺，到遙遠的北方去做事了。有一年，他回家渡歲，帶回一隻很精巧的走馬燈，使我在春宵提着別緻的燈籠，高興了好些日子。

後來大哥沒有再到北方去，因為父親的癱瘓，少不了他在家照料，一直到爸爸身故，好些年月，他都困守家園，生活過得很苦，但對母親的奉侍却很孝順。

記得那時候，二哥在南洋做事，入息頗豐，如果手足情深的話，也未嘗不可以接濟鄉居的長兄，但二哥所受的新教育，使他的想法與鄉間人不同，他認為家庭的家，無非是枷鎖的枷，他要獨自翺翔，而不願意受枷鎖的束縛，就這樣，他與長兄之間，較諸陌路人還要疏遠，一年到頭，難得見到片紙隻字，那裏還談得到金錢的濟助，好在長兄是個刻苦的人，在鄉間做點家庭小工業，半飢半飽，也就挨過無數苦難的歲月！

我中學畢業後，在小學作教員，每月所入，除最低的伙食費外，全數交給母親，去幫補大哥的家用。記得長兄的次子，有一次病得很重，無錢延醫買藥，我急得什麼似地，為了借薪應急，還跟校中管錢的事務員吵了一頓，但拿到錢的時候，已經遲了兩天，侄兒的病無法救治，我抱着斷了氣的小屍體，心裏無限辛酸！長兄倒很冷靜，他嘆了一口氣，對我說：「放下吧！這孩子方頭大耳，是個福像，不是我們窮家養得起的」！我默了半晌，咬着牙，揮函向校中辭職了。

大哥確是一個聰明能幹的人，雖然僅僅讀過小學，但文字寫得很好，尤以珠算最為熟練，他可以左手打算盤，右手記賬，嘴裡還跟人家談話，雖然迫於家累，但遠親近鄰，賣一條豬，或買一塊田，都要找他去代為核算，因之在鄉間人緣很好，不久，一位鹽商，找他去當掌櫃，後來他的生活也就改善了。

我的二哥，那個家庭觀念薄弱的人，那時候自南洋回到上海去讀大學，並且為我在海外安排了工作，並且對我講了一大套兄弟合作互惠的道理，我做事他讀書，過了兩年他讀完大學學程，他做事我讀書。我心想：兄弟如手足，這是合情合理的辦法，在人生崎嶇的旅途中自己蹲下來，給哥哥作踏腳櫈，讓哥哥先爬上去，然後哥哥在上面用手輕輕一拉，自己就攀上去了，如此互助合作，互相提攜，豈不是人間美事。我愉快地實行預定的計劃，在南洋工作數年，節衣縮食，把省下的錢都寄給哥哥為求學之用。

轉眼間，二哥大學畢業了，我想：該輪二哥做事，我讀大學了，然而二哥讀了大學，眼界高了，他來信說：「大學畢業，不能在社會上出人頭地，索性給我留學回來，吾弟再行升學吧！」我覺得二哥言之有理，自應遵辦，可是我不過小學教員，焉能担負二哥留學之費？於是我只得上午教書，下午在報館工作，及後更不得已借了債—向一位我不喜歡她，而她偏愛着我的女人借了債。我想：「等二哥留學回國，總可以還清債欵吧！」不久二哥總算成了碩士，我滿心喜悅，總覺得幸福的日子，快要來臨了，馬上由南洋回國，一面準備升學，一面打算在二哥那邊拿回錢去奉還那個我不願意欠她錢的女人，焉知二哥留學回來，眼界更高了，他說：「要出人頭地，就得先下資本結交權貴，所以弟弟升學及還債等事，還是緩辦。」至此，我心中一楞，我為了二哥學業，已挨過好些年頭，還能再等嗎？拖欠了不願拖欠的債又怎麼辦？我正潦倒濱湄，二哥結識了一位豪門小姐，眞的已爬上名利梯子的上層了，二哥對着他的新夫人，介紹我是他鄉下出來的堂兄，我愈覺奇怪，暗地裏二哥却低聲對我說：「弟弟！你權充哥哥吧！再說，親的堂的也是一樣，你不必計較，此中我自有道理。」我對鏡思量：「二哥有了新夫人，喜歡做我的弟弟，只要有助於二哥，讓新嫂嫂不嫌二哥年紀大，派我做什麼角色，我也樂而為之，更何況連年為了二哥的讀書費用，日夜辛勞，而又自甘飢寒，甚至有病也捨不得花錢醫治，事實上比二哥年幼七八歲的我，外表上也確實比二哥年老了！」連年烽火，長兄、二哥，音訊杳然，未知爬在名利梯子上端的二哥，仍否腳力矯健？困守鄉間的大哥，在此兵荒馬亂之日，能否溫飽？假如今日，我仍舊能夠蹲下來給二哥作踏腳櫈，縱使二哥在那名利的牆頭上，吝於伸出有力的手，無意把我拉上去，我也心甘情願；假如我還能夠像往昔一樣，將血汗所換取的報酬，對長兄作點滴的濟助，我的心也就安了！然而人為的隔閡，使手足之間無法聞問，又那得不叫我在風雨之夜繞室徬徨，憑窗悵望呢?!

夜空的懷念

靜之

我還在童稚時，父母便離開我，到省城去謀生計了。我就依着年輕的祖母（這「年輕」的觀念，是後來年紀稍長才反省到的）生活，她每天自晨至暮，都在忙這個忙那個，甚至連晚上還點着油燈來做活，自然沒有空閒來管束我了。我們的鄰居都有不少和我同年的孩子，但是我與生俱來了一個孤獨的性兒，就很少理會他們；他們少了我一個，也不會減少什麼高興，也就不理會我了。

白天，我喜歡往山野去跑，採擷些桑椹、山桔、酸味草之類的野果去嘗，或者就掘些蚯蚓，拿起漁竿到溪邊去垂釣。到了晚上，農家的壯夫和婦孺喜歡聚在一起聊天，他們有很多有趣的故事，往往使我側耳傾聽，但我又常常厭煩他們的粗獷，沒有次序的胡扯，很多時就寧願獨自跑到稍遠的地方去閒蕩——這個時候，我還不知道這就是我所愛的夜底靜穆吸引了我，只是覺得和一片喧閙相聚底無聊，便不願意地跑開罷了。我不怕黑夜的寂寞，事實上農村裏的夜晚並不如一般人所想像的冷清：春夏天，此起彼落的蛙鼓虫吟，協奏着急管繁弦的夜曲；秋冬天，閃閃亮光的星星，像是陶氣的孩子，躲在天角裡表演各式各樣的遊戲。那深邃的夜空，給我無限的迷惑（那不是麻木底靜默，是渾然底大靜默中不住推動。這是我現在說的，那時我還是渾然無知。）因此，曾經三次五次扯着祖母的衣襟，低問夜空的奧秘，「星星月亮之外，還有些什麼呢？」然而，祖母多時都不願回答我，或者就三翻四複述說那嫦娥奔月，牛郎織女之類不相干的故事，只讓我再獨自到天階去呆望夜空。

以後我也跟着到城市去了，接近夜空的機會也就相對地減少了，但很可喜的我卻會在書本中見到許多關於夜空中的故事。我對於星的知識也漸漸增多了。關於星空的故事，是這麼煩多，這麼美麗，就正如它們閃爍在天上的數量是一樣。這些故事，曾經深深地吸引過我，感動過我，但儘管它們有這麼動人的故事，漸漸我對於它們在書本上的故事竟然淡然了，我竟發現他們都是一些虛假的杜撰；而我對於夜空的奧秘，卻好像得着什麼，又像失落些什麼。書本的故事，已經不能安頓我了。

在大都會裡，尤其這地狹人稠的香港，已經沒有寧靜可言：鄰家放肆的收音機，同居爭吵的漫罵聲，夫婦的門氣聲，鞭打孩子的悽厲聲，通宵達旦的麻將聲，街上亂紛紛的叫賣聲，屐板聲，毫無忌憚的貓兒，被擠醒的嬰孩底哭叫：：：簡直使人沒有一刻安寧。偶然從狹隘的房子跑到露台去——滿想吸口清新的空氣，反而惹得滿面煤煙！抬頭仰望安靜的夜空，竟找不到一顆熟識的星星！見到的範圍太小了，雖然還有三五顆閃耀着的星星似乎在向我招手，但我竟不能認出它們了，因為我是這麼齷齪，這麼卑陋；我已經很久沒有接近廣漠的天界了。不止一次，我特意計算好月亮東昇的時刻，跑到露台去打算偷得一點靜謐去找尋童年的舊夢，可是，月光竟壓根兒沒照我一眼，匆匆忙忙便溜過了，好像她進了城市，就必需也要這麼忙似的！

去年，我有一個機會在海上航行了三天。每晚我都沒有放過機會，攀上甲板與星月對語在靜穆的深邃裡，我感到又回到那久已失去的夢境，我已忘懷自己正在海上，正在為前程而奔走，忘記世俗的繫念了。月就是我，我就是月、星星、雲朵。與我對語的星星、月亮，也就是年稚時曠野中仰望的星星、月亮。我找到她們了！我與她們在一起低唱，頌讚我們的永恒。風也來了，海也來了，都來加入我們的合唱，合唱那太靜默的夜曲。星星越來越多了，大的小的，老的少的，她們排着隊來，如蟻隊般來了，如蜂擁般來了，如流水；來了：：她們靜靜地已經排般了淡淡的「銀河」——驀然回首，我就忽然被排斥出來了，我彷彿在睡夢中被推醒般惺忪：我覺着寒冷。海浪沖擊着船舷，冷風打在我面上。

文壇泥爪

日記裏的魯迅之三

民元首任教育總長是蔡子民，不久便解職，次任是范源濂，以後屢次易長，多得數不清。魯迅曾任社會教育司的科長，後改為僉事，一直幹了十幾年，足見脾氣雖然倔強，還倒能善於應付。陶淵明不為五斗米折腰，本不是人人能學得到的呀。為了每月三百元的薪水，魯迅不知受過多少委曲和折磨。但他所得的「報酬」卻不只這一點薪水，他能夠把全家遷到北京，買到不動產，介紹他的二弟作人進北大教書，他的三弟建人進商務當編輯，全得利於他在教育部。一個平凡人所想的，無非安家立業，養親撫幼；魯迅為了家庭，為了扶植兩個弟弟，甘受委屈和折磨，捨不得拂袖而去，本無損於魯迅之所以為魯迅，否則便是不近人情了。

民初的教育部，是很腐敗的，魯迅日記上有終日在部閒坐無事可辦的記載，這就給了他從事寫作和在外兼課的機會，如果當時部裡工作忙得要命，我恐怕文學家的魯迅不一定能產生得出來吧。所以部裏有時可以不去上班，遇有要緊事現派人到他家裡叫他。

二年二月五日記云：「范總長辭職而代以海軍總長劉冠雄，下午到部演說少頃，不知所云」。海軍總長如何能懂教育，在袁世凱治下就是如此！

當時教育部最重要的大事，就是祀孔，除了孔子聖誕之外，每年二八月還要舉行丁祭，各一次，屆期由行政長官主祭，教部人員做執事，先期還得演禮。二年九月二十八日記云：「星期休息。又云是孔子生日也。昨汪總長令部員往國子監，且須跪拜，衆已譁然。晨七時往視之，則至者僅三四十人，或跪或立，或旁立而笑。」這個總長是汪大燮，可見所謂祭孔是如何兒戲，據說有位司長當時曾氣得高聲大罵！

日記中不少記有祀孔的事，魯迅都是充當執事，丁祭時必須天未亮到文廟。十二年三月二十五日記云：「黎明往孔廟執事，歸途墜車，落二齒。」這是陰曆二月的丁祭。魯迅腿腳不靈活，走路顯得笨拙，常墜車或步行時仆地受傷，日記中不只一二見。在廣州他遊山，也學那些年青人從高處往下跳，結果把腳跌傷。

二年二月八日記云：「上午赴部，車夫誤輾地上所置橡皮水管，有似巡警者及常服者三數人突來亂擊之，季世人性都如野狗，可嘆！」又六月二十日記云：「夜抵兗州，有垂辮之兵，時來窺窗，又有四五人登車，或四顧，或無端促臥人起，有一人則提予網籃而衡之，旋去。」此正民國肇造之時，魯迅竟指為「季世」，可見一點開國氣象都沒有。那時人仍多帶着髮辮，不只兵如此。

記李鴻章一八九六年的環遊世界

舜生

一

『老驥伏櫪，志在千里，烈士暮年，壯心不已！』一八九六年（清光緒二十二年），李鴻章以祝賀俄皇尼古拉二世加冕頭等專使的身分，歷聘了俄，德，荷，比，法，英，美七國。從這一年的三月二十八日自上海動身，越過印度洋蘇彝士西行，在同年的十月一日，乃橫渡太平洋歸國，歷時半年，他總算環遊了世界一次。這在李一生的歷史上不失為一件大事，即在近代的世界史上，也不失為可注目的一頁。

原來當同治元年李鴻章以淮軍八千人崛起上海的時候，還正在他四十的壯年，從此經過平髮平捻兩役，他的官階由江蘇巡撫，兩江總督（署），一直做到直隸總督，他的年齡也還不過四十有九。在他一生最後的三十年，在世界各國人的眼中，他的地位可以够得上說是惟一代表中國的人物。

二

李鴻章因為同治初年駐軍上海之故，無意中給了他一個接觸外國事物的機會；如華爾、戈登之流，也便是他最初所賞識的外國人。因此，自同治初年以迄光緒甲午中日戰爭以前，這三十年間中國的『洋務運動，』固不能不推李鴻章為巨擘；而清末的外交大權落入李鴻章之手，使他成為一個國際所熟悉的人物，其原因也正在於此。李鴻章並不是不了解他所生的時代為『中國四千年來的一大變局；』他也並不是不想把中國變成一個富強的國家，足以與歐美並駕齊驅；可是他對於西洋的文化與政治一無了解，徒然欣羨他人的富強，而並不了解其所以富強之故；因此他只知『變事，』不知『變法；』同時他又勇於任事，而短於用人；到了七十以後，他已經多少帶得有一種暮氣，對於拔擢人才，更遠不如曾國藩的公正，其召致甲午一役的慘敗，有識者是可以前知其當然的。

三

關於馬關和約的簽訂，清廷原已派有張蔭桓邵友濂為全權代表，但等張邵到達廣島（戰時日本明治天皇的駐在地），日方的代表伊藤博文，乃藉口國書形式不合，拒絕開議，且明告張邵的隨員伍廷芳，認為非李鴻章親往不可，其態度已屬咄咄逼人。及至李到了馬關，伊藤又首先提出須由日方佔領山海關，大沽，天津以為休戰議和的條件，一直等到李為日方暴徒所狙擊，身受重傷，乃僅得在無條件的休戰中，使和議達成，而割地之大，賠款之多，以及在中國設廠製造的苛酷；……乃為中國過去所簽訂的一切國際條約所未有。其時李的年齡已七十有三，一方面既受到日方這樣的侮辱，同時又大受國人的責難，他之決意要報復日本，這種心情是不難理解的。

俄、法、德三國干涉還遼，表面上好像是出於三國的自動，實際則在李未動身赴日以前；已與俄國駐華公使喀西尼作過幾度的詳商，蓋聯俄制日的方針，早已前定，李固認為不如此決不足以予日本以重大打擊也。

四

賀俄加冕的這一幕，清廷最初擬定的賀使本來是王之春的，但喀西尼認為王的資望不夠，像參與這樣一次隆重的典禮，中國方面的代表，實非李鴻章莫屬。李接到清廷的這一使命以後，表面上確曾一再懇辭，但我們知道這依然是李與喀西尼間的預定。李在離京出國以前，曾以長時間向慈禧請示，其與俄簽訂密約，得有慈禧的許可，事屬顯然。

李出國的消息一經傳播，各國請其前往訪問的電報，即已紛紛達到，可是李的主要目的地在俄。在李的心目中，為了爭朝鮮，爭東北，確有與日本一戰可能的國家，在當時僅有一個俄國，要實行他『以夷制夷』的政策，以報日本一箭之仇，他覺得除挑動日俄間的惡感以促其日俄一戰以外，實在也沒有其他的路子可走。

李的行程進入歐洲以後，他並沒有巡往西歐，即在俄國的黑海港口 Odessa 被俄人接去，這也是預定的計劃；因為他懂得他的行動可能召致國際間的干擾，不能不以迅速秘密的方式出之。中俄密約雖由李與俄外務大臣 Prince Robanor-Rostovski 簽訂，但俄方担任與李折衝之責者，則為其財政大臣 Witte。這一密約的要點不外三端：

一、中國允許俄國將西伯利亞鐵道由赤塔經過寧古塔至海參威，貫穿中國的黑吉兩省，成一直線。

二、中國允許俄國使用鐵道兩旁的若干土地，並得設護路警察。

三、中俄兩國領土若受日本的攻擊，有互相出兵援助的義務。

就上舉內容作一正常的解釋，其為一種攻守同盟的條約，自屬了無疑義。不過到了光緒二十三年以後，俄國對中國的侵畧，實已超出密約規定的範圍，這是俄國另一部分人所策動，Witte 固期期以為未可，李亦至死未肯承認。等到光緒三十年日俄戰爭爆發，中國只能宣告局外中立，而不願履行所謂『互相出兵援助的義務』，固然是日本對華宣傳的一大成功，但基本原因還是由於中國已經對俄無法繼續信賴，何況李鴻章又早於兩年前已經死去呢。

五

在李鴻章蓋棺以後的批評，大家總認為李這次所訂的這一密約，實無異於『前門拒虎，後門進狼』，對中國可以說有害無益；同時也覺得李只震於俄國陸海軍的強大，足以制服日本而有餘，但像俄國那樣一個專制黑暗的政府，決不足與一個新興而充滿朝氣的立憲國家日本為敵，則非李所能了解。關於後者，誠然不是李的知識所能理會，但『拒虎進狼』一說，則李的本意，原在引起虎狼互門，以展緩我東北生存的時間，說俄國抱有更大的野心，李並這一點認識也沒有，則未免近於厚誣；何況李在馬關所遭受的侮辱，決非人情所能忍受，他急於在求得一種報復而不暇作多方面的考慮，也還多少應受到世人的諒解呢？

更進一步的看，由於這一密約的誘惑，更引起俄國對我東北的侵畧，卒至因庚子拳變俄國對我東北的出兵，而又遷延不肯盡撤，以致到了光緒三十年乃果然爆發了日俄的大戰，其結果儘管日勝俄敗，但日本所付出的代價已屬不輕，而在我東北也僅能與俄平分秋色，究竟無法獨佔。再分別觀之，日本因為成了對帝俄的戰勝者，乃更引起了他們軍閥的驕橫，在國內國外的胡鬧，也愈演愈烈，民國二十年對我東北的佔領，二十六年發動對我的全面侵畧，乃至在對我的戰爭期間，更如中瘋走魔，不惜對英美發動太平洋大戰，其結果卒召致一度的慘敗而幾於亡國，是本窮源，何嘗不追由於光緒三十年至三十一年（一九〇四——一九〇五）的日俄戰爭所引起？又何嘗不可追溯到光緒二十二年（一八九六）李鴻章的俄國之行有若干影響存乎其間呢？

另從俄國一方面來說，因為對日戰爭的失敗，更暴露了羅曼諾夫王朝的腐敗無能，因而加速了俄國的革命，俄國一九一七年革命的成功，不僅這一王朝遭受了完全的摧毀，乃至當時親自接受李鴻章祝賀而又當面誘廹李接受他種種要求的這位尼古拉二世，也竟遭受了革命者的鎗斃，人世滄桑，其時間去日俄戰爭的結束，不過短短十二年的歲月，李鴻章地下有知，豈不要掀髯微笑！？

更從李鴻章這次出遊的另一結果來看，凡李所到的各國，除俄國外，固然只是一種普通的酬酢，可是他到了德國，不僅看見了後來在第一次大戰後被逐的威廉第二，同時他還會見了退休後的俾斯麥；在英國不只覲見了女皇維多利亞，也還會見了退休中的政治家格蘭斯頓；其時李已屆七十四歲的高齡，其參觀德國克虜伯兵工廠，該廠主另備一種輕便小車，給他在廠內坐遊；其在英國，也受着同樣的待遇；至於法國，則更由政府鄭重開會，撥出一筆錢，作為招待李鴻章的專欵。凡此，均可以看出列強對李的禮遇有加，不只湔雪了他對日戰敗的恥辱，實際乃更提高了他對國際的信望。庚子一役，當時中國的首都，已被八國聯軍佔領，慈禧已帶着光緒帝遠避西安，假如列強態度一致；即令中國不被瓜分，至少清廷必被推翻，已經不在話下。可是一經李鴻章出而講和，各國的矛盾立見，而態度也漸趨緩和，儘管辛丑條約依然是中國的一大損失，可是以當時事態的嚴重、而僅止於懲凶、謝罪、賠欵了事，並沒有割讓一寸的土地，而滿清的生命，也還延續了十年，這能說與李鴻章這一度的出遊沒有相當的關係嗎？

大埔清游歸後再賦長句以廣所懷

千石

習狎山林自在行，閑吟未必是無成。芙蓉隔院矜顏色，蘭芷空山合性情。酒有別腸容客醉，天留老眼看時清。休驚物候差池盡，一待春雷發正聲。

獨飲

千石

塵事有難言，歸來且杜門。交緣窮達見，舌豈是非存？月色猶前夜，秋聲起故園。開尊時獨飲，得句與誰論！

小除夕麗琪餐室千石思光兩詞長各以新詩見示讀後題此

亦園

燈火樓頭合有詩，識荊猶恨十年遲。清才北宋陳無已，麗句晚唐杜牧之。敢說風騷歸我輩，莫憐浪跡在天涯。儒生進退循乾象，佇看東陽入酒巵。

次韋齋遯翁招飲大埔原韻

亦園

經霜松竹未知寒，叔世琴尊有古歡。人在名山成佛易，客來閙市覓詩難。十年衰鬢欺腰脚，一醉高臺壯胆肝。莫笑謝公試游屐，胸中猶欲早安瀾。